Wolfgang J. Koschnick
Management and Marketing

Wolfgang J. Koschnick

Management and Marketing/ Management und Marketing

Encyclopedic Dictionary/
Enzyklopädisches Wörterbuch

English–German/Englisch–Deutsch

Walter de Gruyter · Berlin · New York 1998

∞ Gedruckt auf säurefreiem Papier, das die US-ANSI-Norm über Haltbarkeit erfüllt.

Die Deutsche Bibliothek – CIP-Einheitsaufnahme

Koschnick, Wolfgang J.:
Management and marketing : encyclopedic dictionary ; English–German = Management und Marketing / Wolfgang J. Koschnick. – Berlin ; New York : de Gruyter, 1998
ISBN 3-11-015197-9

© Copyright 1998 by Walter de Gruyter & Co., D-10785 Berlin
Dieses Werk einschließlich aller seiner Teile ist urheberrechtlich geschützt. Jede Verwertung außerhalb der engen Grenzen des Urheberrechtsgesetzes ist ohne Zustimmung des Verlages unzulässig und strafbar. Das gilt insbesondere für Vervielfältigungen, Übersetzungen, Mikroverfilmungen und die Einspeicherung und Verarbeitung in elektronischen Systemen.
Satz: Konvertierung durch Knipp Medien und Kommunikation, Dortmund. – Druck: Gerike GmbH, Berlin. – Buchbinderische Verarbeitung: Lüderitz & Bauer, Berlin. – Umschlagentwurf: Johannes Rother, Berlin. Printed in Germany

Abbreviations / Abkürzungen

Abk	abbreviation	Abkürzung
adj	adjective	Adjektiv
Am	American, American English	Amerikanisch, amerikanisches Englisch
brit	British, British English	Britisch, britisches Englisch
bzw.	respectively	beziehungsweise
cf.	confer (reference to antonyms and contrasted terms)	vergleiche (Verweis auf Gegenbegriffe)
colloq.	colloquial speech	umgangssprachlich
derog	derogatory	derogatorisch
eigentl	originally	eigentlich
etc.	etcetera	usw.
f	feminine	feminin, weiblich
fig	figuratively	figürlich, bildlich
m	masculine	maskulin, männlich
n	neuter	neutrum, sächlich
obsol	obsolete	obsolet, veraltet
pl	plural	Plural
sg	singular	Singular
sl	slang	Slang, Fachjargon
ungebr	not commonly used	ungebräuchlich
v/i	transitive verb	transitives Verb
v/t	intransitive verb	intransitives Verb
→	see, see also (reference to synonyms and related terms)	siehe, siehe auch (Verweis auf Synonyme und verwandte Begriffe)

A

abandon: abandonnieren, aufgeben, entsagen, preisgeben, verlassen (Arbeitsplatz)
abandoned: herrenlos
abandoner: Abandonist *m*
abandonment: Abandon *n*, vollständige Aufgabe *f* eines Wirtschaftsguts *n*, z.B. Stillegung *f*, Preisgabe *f*
abatable: aufhebbar
abate: abschaffen, abziehen, ermäßigen, herabsetzen, mindern (nachlassen), sinken
abatement: Abschaffung *f*, Abzug *m*, Ermäßigung *f*, Herabsetzung *f*
abatement of actions *pl*: Einstellung *f* von Rechtsstreitigkeiten *f/pl*, Suspendierung *f*, Unterbrechung *f* von Rechtsstreitigkeiten *f/pl*
abatement of nuisance: Beseitigung *f* einer Störung *f* oder eines Ärgernisses *n*
abbreviate: abkürzen
abbreviation: Abkürzung *f*
ABC analysis (ABC inventory management, ABC inventory control): ABC-Analyse *f*
Ein Verfahren der Problemranganalyse, das vor allem bei Absatzuntersuchungen, in der Beschaffungstechnik und dem Materialmanagement eingesetzt wird. Sinnvoll ist das Verfahren vorrangig, wenn es darum geht, eine Vielzahl von Untersuchungsobjekten oder Artikeln durch eine relativ große Aufteilung zu strukturieren. So kann beispielsweise das Materialmanagement oft nicht allen Artikeln dieselbe Aufmerksamkeit widmen. Hier erlaubt es die ABC-Analyse, das gesamte Einkaufsvolumen eines Unternehmens zu strukturieren.
Der Ansatz einer ABC-Analyse gibt Aufschluß

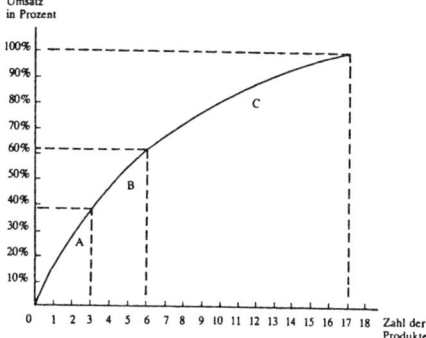

Legende:
A: Hoher Beitrag zum Gesamtumsatz (Produkte 1–3)
B: Mittlerer Beitrag zum Gesamtumsatz (Produkte 4–6)
C: Geringer Beitrag zum Gesamtumsatz (Produkte 7–17)

über die dominierenden Umsatzträger des Produktprogramms. Die Produkte bzw. homogenen Produktgruppen werden in absteigender Folge ihrer Umsätze geordnet. Je nach dem angestrebten Differenzierungsgrad der Informationen faßt man einzelne Produkte gemäß ihrem prozentualen Anteil an der Gesamtproduktzahl zu Klassen zusammen. Für die Umsätze der gebildeten Produktklassen wird ebenfalls der prozentuale Anteil am Gesamtumsatz ermittelt.
Dabei werden Schwerpunkte durch Aufstellung von drei Gruppen unterschiedlicher Bedeutung (z.B. A = höchste Wichtigkeit; B = geringe Wichtigkeit; C = keine Wichtigkeit) gebildet.
abeyance: Schwebe *f* (Zustand)
abeyant: in der Schwebe, unentschieden
abilities *pl*: Fähigkeiten *f/pl*
Das gesamte Potential einer Person, kompetent in allen Lebenssituationen zu handeln. Der Teil dieses Potentials, der überwiegend veranlagungsbedingt ist, wird als „Begabung" bezeichnet. Der Teil dieses Potentials, der durch gezieltes Training und Lernen am Arbeitsplatz vervollkommnet werden kann, wird als Fertigkeiten bezeichnet.
Man kann nach Wolfgang H. Staehle folgende Kategorien von Fähigkeiten unterscheiden:
• Sensumotorische Fähigkeiten:
• Geschicklichkeit im Umgang mit Arbeitsobjekten,
• Geschicklichkeit im Umgang mit Arbeitsmitteln,
• Kognitive Fähigkeiten,
• Wahrnehmungsfähigkeiten,
• Materialgefühl,
• technische Sensibilität,
• kooperative Sensibilität,
• Problemlösungsfähigkeiten,
• analytische Fähigkeiten,
• soziale Fähigkeiten,
• technische Fähigkeiten.
Die Beziehung zwischen Fähigkeiten und Motivation ist multiplikativer Art. Die Leistung (L) kann danach als eine Funktion von Fähigkeit (F) und Motivation (M) interpretiert werden:
$$L = f(F \times M)$$
Mit (M) ist nicht die bloße Motivaktivierung gemeint, sondern die durch die Wirkung der Erwartungen bestimmte Stärke der Motivation (Verhaltensintention). Der multiplikative Zusammenhang von Fähigkeit und Motivation ist in der folgenden Abbildung veranschaulicht.
Die Abbildung zeigt: Gleiche Leistung (= gleiche Flächen) kann unterschiedlich determiniert sein: durch hohe Motivation und geringe Fähigkeiten (A) oder geringe Motivation und große Fähigkeiten (B). Bei hoher Motivation, aber geringen Fähigkeiten, ist eine Leistungssteigerung eher durch eine Verbesserung der Fähigkeiten erreichbar, denn

ability

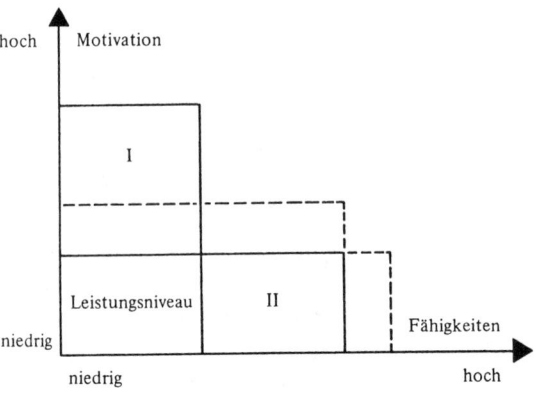

Beziehung zwischen Motivation und Fähigkeiten

durch eine weitere Motivationssteigerung; bei niedriger Motivation, aber guten Fähigkeiten, kann demgegenüber eine Steigerung der Motivation angebracht sein.
Bei den Arbeitsbedingungen handelt es sich um das situative Pendant zu den Fähigkeiten: Zu welchem konkreten Verhalten die Verhaltensabsicht führt, hängt im Bereich der Person von den Fähigkeiten und im Bereich der Situation von den Arbeitsbedingungen ab. Von der Gestaltungsart her kann man technologische, technisch-physiologische (ergonomische) und organisatorische Arbeitsbedingungen unterscheiden.
Vom Gestaltungsergebnis her äußern sich die Arbeitsbedingungen insbesondere in den Arbeitsverfahren, der Arbeitsgruppe, der Arbeitszeit und des Arbeitsraumes.
Die funktionale Beziehung zwischen Leistung, Motivation und Fähigkeiten kann durch die Berücksichtigung der Arbeitsbedingungen als den situativen Ermöglichungsbedingungen (S) wie folgt erweitert werden:
$L = f(F \times M \times S)$.
ability: Begabung f, Fähigkeit f, Kompetenz f, Talent n
ability to pay: Bonität f, Zahlungsfähigkeit f
ability to work: Arbeitsfähigkeit f
abjudicate: aburteilen
abjudication: Aburteilung f, Zuerkennung f
able: fähig, leistungsfähig, tüchtig
able-bodied: arbeitsfähig
abnormal: anormal, regellos
abnormal time: außergewöhnliche Zeit f (in Zeitstudien)
abode: Aufenthalt m
abolish: abschaffen, aufheben, vernichten
abolishment: Aufhebung f
abolition: Abschaffung f, Aufhebung f, Einstellung f eines Strafverfahrens n
abolition of tariffs: Aufhebung f der Zölle m/pl

above capacity employment: Überbeschäftigung f
above par: über pari
above par emission: Über-pari-Emission f
above par issue: Über-pari-Emission f
above the line assets pl: kurzfristige Aktiva n/pl (innerhalb von 12 Monaten fällig oder realisierbar)
above the line items pl: kurzfristige Bilanzpositionen f/pl (innerhalb von 12 Monaten realisierbare oder fällige Bilanzpositionen)
above-capacity employment: Überbeschäftigung f
abrasives industry: Schleifmittelindustrie f
abridge: verkürzen
abroad: im Ausland n
abrogate: abschaffen, außer Kraft f setzen
abrogation: Abschaffung f, Beendigung f von Verträgen pl/m durch übereinstimmende Willenserklärung f, Gesetzesaufhebung f
abscissa: Abszisse f
absconding with property: Flucht f mit Vermögen n
absence: Abwesenheit f
absence deputy: Abwesenheitsvertreter m
Der Stellvertreter eines Funktionsträgers im Unternehmen, der ausschließlich bei Abwesenheit des Vertretenen an dessen Stelle tätig wird. Die Benennung von Abwesenheitsvertretern ist für jede Vorgesetzten-Position unerläßlich, weil viele Vorgesetztenaufgaben unaufschiebbar sind und jederzeit wahrgenommen werden können müssen. Der Abwesenheitsvertreter soll in der Lage sein, die Aufgaben des Vertretenen bei dessen kürzerer oder längerer Abwesenheit zu jedem Zeitpunkt zu übernehmen. Dazu muß er entsprechend informiert und befähigt sein. In welchem Maße ihm auch die Befugnisse des Vertretenen übertragen werden, bedarf der Klärung im Einzelfall. Jedenfalls sollte er Handlungen oder Entscheidun-

gen mit langfristiger Wirkung oder von grundsätzlicher Art, die ohne Nachteil für das Unternehmen aufgeschoben werden können, nach Möglichkeit unterlassen. Andererseits muß er imstande sein, bei Bedarf auch schwerwiegende unaufschiebbare Entscheidungen zu treffen und die Führungsaufgabe gegenüber den Mitarbeitern voll wahrzunehmen.
Die Abwesenheitsvertreter von Vorgesetzten sollten bevorzugt aus dem Kreis ihrer unmittelbaren Mitarbeiter gewählt werden. Hier ist am ehesten das nötige Vertrauensverhältnis und die Möglichkeit gegeben, den Vertreter soweit an den wichtigsten laufenden Vorgängen zu beteiligen, daß er auch bei unerwarteter Abwesenheit jederzeit einspringen kann.
Bei einem kooperativen Führungsstil sollten alle geeigneten Mitarbeiter durch Information und Mitsprache soviel Einblick in die Arbeit ihres Vorgesetzten haben, daß sie Vertretungsaufgaben wahrnehmen können. Die Vertretungsbefugnis ist eine Anerkennung für hohe Qualifikation. Für Führungsnachwuchskräfte ist sie eine unentbehrliche Gelegenheit, ihr Führungskönnen zu entwickeln und zu erproben.

absence rate: Abwesenheitsrate f (berechnet nach der Formel
Gesamtzahl der versäumten Stunden : Gesamtzahl der verfügbaren Stunden)

absentee: Abwesende m

absenteeism: Absentismus m, Abwesenheit f der Arbeitnehmer m/pl, Fehlzeiten f/pl
Zahlreiche Untersuchungen haben bestätigt, daß eine inverse Beziehung von Arbeitszufriedenheit und Häufigkeit der Fehlzeiten besteht. Der Zusammenhang ist allerdings nicht so eindeutig wie im Fall von Arbeitszufriedenheit und Fluktuation. Der wesentliche Grund dafür dürfte darin liegen, daß Fehlzeiten auch eine Reihe objektiver Ursachen haben, wie Krankheit, Verkehr usw., und nicht nur Folgeerscheinungen sind, die durch unbefriedigende Arbeit hervorgerufen werden.

absolute: unumschränkt

absolute amount: absoluter Betrag m

absolute code: Maschinencode m (EDV)

absolute coding: aktuelle Programmierung f (EDV)

absolute discretion: Ermessen n, freies Ermessen

absolute liability: Gefährdungshaftung f

absolute market share: absoluter Marktanteil m
In der Wirtschaftsstatistik eine Kennzahl, die über die Stellung eines Wirtschaftsunternehmens in seiner ökonomischen Umwelt Auskunft gibt und durch Angabe des Anteils (Prozentsatzes) seiner Leistung an der Gesamtleistung aller am selben Markt operierenden Unternehmen zugleich einen Maßstab für Vergleiche mit den konkurrierenden Marktteilnehmern und einen Maßstab für die Entwicklung der eigenen Leistungseffizienz im Zeitverlauf darstellt.
Statistisch ist der Marktanteil eine Gliederungszahl, durch die das Umsatzvolumen eines Wirtschaftsunternehmens in Beziehung zum Marktvolumen gesetzt wird. Der Marktanteil läßt sich als wertmäßiger und als mengenmäßiger Anteilswert berechnen:

$$M_w = \frac{\text{Umsatz des Unternehmens mit einem Gut}}{\text{wertmäßiges Marktvolumen des Gutes}}$$

oder

$$M_w = \frac{\text{Absatzmenge des Unternehmens mit einem Gut}}{\text{mengenmäßiges Marktvolumen des Gutes}}$$

Der Marktanteil kann sowohl für den Absatzmarkt wie für den Beschaffungsmarkt des Unternehmens berechnet werden. Die Berechnung von Marktanteilen ist unproblematisch, schwierig ist hingegen ihre genaue Ermittlung.
Prinzipiell kann der Marktanteil auf der Ebene der Hersteller (Verwendung unternehmenseigener Absatzzahlen bzw. Absatzschätzungen), des Handels (mit Hilfe von Händlerbefragungen) und der Ebene der Konsumenten bzw. der Nachfrager (durch Verbraucherbefragungen) ermittelt werden. Marktanteile werden sowohl im Bereich der Absatz- bzw. Nachfrageprognose wie in der Marketingkontrolle und in der Konkurrenzanalyse verwendet. Besonders der Vergleich des Marktanteils mit dem Feldanteil gestattet informative Einblicke in die Absatz- und Marktstruktur eines Unternehmens. Im PIMS-Modell bezeichnet Marktanteil das Verhältnis zwischen eigenem Umsatz und dem Gesamtumsatz im gleichen Markt.

absolute parity of purchasing power: absolute Kaufkraftparität f
Kaufkraftparität bezeichnet den intervalutarischen Kurs, bei dem die Kaufkraft in zwei verschiedenen Ländern gleich ist. Dabei spricht man bei Bezug der Kaufkraft von Fremdwährungen auf die eigene Landeswährung zum gegenwärtigen Zeitpunkt von *absoluter Kaufkraftparität*, beim Bezug auf die im Zeitverlauf eintretenden Veränderungen von *relativer Kaufkraftparität*.
Das Problem der Vergleichbarkeit unterschiedlicher Währungen in bezug auf ihre Kaufkraft, für die der Wechselkurs natürlich kein geeigneter Indikator ist, stellt sich vor allem bei internationalen Kaufkraftvergleichen.

absolutely safe: mündelsicher

absorb: absorbieren, aufnehmen, einverleiben, verrechnen (der Kosten)

absorbed burden: verrechnete Gemeinkosten pl

absorbed cost: verrechnete Gemeinkosten pl

absorbed expense(s) *(pl)*: verrechnete Gemeinkosten *pl*
absorbed indirect cost: verrechnete Gemeinkosten *pl*
absorbed overhead: verrechnete Gemeinkosten *pl*
absorption: Vollkostendeckung *f*
Die Situation, daß die Marktpreise für ein Produkt oder eine Dienstleistung in vollem Umfang die Produktions- und Verkaufskosten decken. „Im marktwirtschaftlichen System hat ein Unternehmen auf die Dauer nur dann eine Existenzberechtigung, wenn die am Markt erzielbaren Preise die Produktions- und Verkaufskosten decken. Wird eine Vollkostendeckung nicht bei jedem Umsatzakt erzielt, so müssen in Kauf genommene Teilkostendeckungen auf lange Sicht durch anderweitige oder zu anderer Zeit erzielte Gewinne ausgeglichen werden" (Heribert Meffert).
absorption costing: Durchschnittskostenrechnung *f*, Vollkostenrechnung *f*
absorption of functions: Funktionsabsorption *f*
Der Vorgang, durch den ein Wirtschaftsunternehmen Bereiche in seine eigenen Tätigkeiten eingliedert, die in der Vergangenheit und nach allgemeiner Auffassung anderen Mitgliedern eines Absatzkanals vorbehalten waren bzw. sein sollten (z.B. der Übergang eines Herstellers dazu, selbst an Endverbraucher zu liefern und dabei den Groß-, Zwischen- und Einzelhandelzu übergehen).
Der Vorgang, durch den ein Wirtschaftsunternehmen Bereiche in seine eigenen Tätigkeiten eingliedert, die in der Vergangenheit und nach allgemeiner Auffassung anderen Mitgliedern eines Absatzkanals vorbehalten waren bzw. sein sollten (z.B. der Übergang eines Herstellers dazu, selbst an Endverbraucher zu liefern und dabei den Groß-, Zwischen- und Einzelhandelzu übergehen).
abstention from consumption: Konsumverzicht *m*
abstract: ausziehen, Auszug *m* (Grundbuch)
abstract of title: Grundbuchauszug *m*
abundance of money: Geldüberhang *m*
abundance: Reichtum *m*, Überfluß *m*, Übermaß *n*
abundant: reich, reichlich
abuse: Mißbrauch *m*, mißbrauchen
abuse of discretion: Ermessensmißbrauch *m*
abuse of office: Amtsvergehen *n*
abut: angrenzen, grenzen
abuttals *pl*: Grenzen *f/pl*, die schriftlich bezeichneten Grenzen eines Grundstücks *n*
abutter: Grundstücksanlieger *m*
accede (to): beistimmen
accelerate: beschleunigen

accelerated depreciation: beschleunigte Abschreibung *f*, Sonderabschreibung *f*
accelerating premium: Leistungsprämie
acceleration: Beschleunigung *f*
acceleration clause: Fälligkeitsklausel *f*
accelerator effect: Akzeleratoreffekt *m*
Nach dem von Werner Hicks entwickelten mathematischen Oszillationsmodell der konjunkturellen Zyklen genügt ein einmaliger Anstoß von außen als auslösender Faktor. Hicks erklärt den Konjunkturprozeß mit der wechselseitigen Abhängigkeit von Konsum- und Investitionsentwicklung. Danach löst ein Mehr an Verbrauchsgüternachfrage nach einer gewissen Zeit zusätzliche Nachfrage bei den Investitionsgüterindustrien aus. Diesen Effekt bezeichnet Hicks als Akzeleratoreffekt.
Von den Investitionsgüterindustrien strahlt die Nachfragebelebung auf die anderen Wirtschaftsbereiche weiter aus. Dies nennt Hicks den Multiplikatoreffekt. Bei Hicks sind die Schwankungen gedämpft durch den Einbau von Ober- und Untergrenzen; die Schwingungen erhalten sich aus sich selbst heraus. Es sind Schwankungen um ein dynamisches Gleichgewicht, das eine langfristig konstante Wachstumsrate des Bruttosozialprodukts voraussetzt.
Diese theoretischen Voraussetzungen indessen lassen sich durch die tatsächliche Entwicklung nicht belegen. In nahezu allen entwickelten Industrieländern sind die Wachstumsraten im Laufe der Zeit flacher geworden.
Das Akzelerations- oder Beschleunigungsprinzip wurde bereits um das Jahr 1900 von T. N. Carver erkannt und später von Albert Aftalion und John Maurice Clark näher beschrieben und formuliert. Während der Multiplikatoreffekt die Einkommenswirkungen einer zusätzlichen Ausgabe verstärkt und vervielfacht, erzeugt der Akzelerator über den daraus vermehrten Konsum (Absatz) neue Investitionen.
Nach dem Multiplikatorprinzip fließt der von einem zusätzlichen Einkommen nicht gesparte Betrag über den Konsum wieder in die Wirtschaft zurück und regt so abermals Produktion und Beschäftigung an. Von diesem neugeschaffenen Einkommen wird wiederum ein (geringerer) Teil gespart, der Rest abermals ausgegeben. In der Theorie setzt sich dieser Prozeß so lange fort, bis das zusätzliche Einkommen irgendwann freiwillig gespart, für Einfuhrgüter aus dem Ausland ausgegeben oder an den Staat abgeführt wird. Nach dem Akzelerationsprinzip regen über zusätzliche Ausgaben erhöhte Einkommen durch die verstärkte Konsumgüternachfrage auch die Investitionsneigung der Unternehmen an. Es wird angenommen, daß sie ihren Realkapitalbestand sowie die Läger den Veränderungen des Konsums, also des Absatzes anzupassen wünschen.
Diese Verbindung von Multiplikator und Akzelerator beschrieb von Paul S. Samuelson erstmals in den 1930er Jahren. Allerdings hängen die in der Theorie beschriebenen Multiplikator- und Akzele-

ratorwirkungen von einer Reihe von Voraussetzungen ab, die in der Praxis häufig nicht gegeben sind.
Während Johannsen z.B. annahm, daß beim Multiplikator Ursache und Wirkung gleichsam Hand in Hand gingen, erstreckt sich der Prozeß in Wirklichkeit über viele Perioden. Damit wird es höchst unwahrscheinlich, daß die über die Zeit unterstellten unveränderten Beziehungen (z.B. für das Verhältnis zwischen zusätzlichem Einkommen und zusätzlicher Ersparnis) in Wirklichkeit auch stabil bleiben. Es ist daher so gut wie ausgeschlossen, den Multiplikator auch nur annähernd genau vorausberechnen zu können. Werden Multiplikator und Akzelerator aber unterschätzt, besteht die Gefahr, daß die ursprünglichen Ausgaben zu hoch angesetzt werden und damit eine Überhitzung der Wirtschaft eingeleitet wird. Werden beide jedoch überschätzt, dann können die Konjunkturmaßnahmen zu schwach dosiert und damit für den erhofften Erfolg wirkungslos werden. Schließlich ist auch der Anteil der zusätzlichen Ersparnis am zusätzlichen Einkommen, aus dem die Höhe des Multiplikators berechnet wird, von Haushalt zu Haushalt verschieden. Selbst in ein und demselben Haushalt bleibt die marginale Sparquote über die Zeit nicht immer unverändert. Die Erfahrung lehrt, daß bei flauer Konjunktur oder gar drohender Arbeitslosigkeit mehr gespart wird als in Zeiten guter Konjunktur. Ähnlich verhalten sich die Unternehmen: Während der Rezession zahlen sie meist Verbindlichkeiten zurück oder halten auch liquide Bestände zurück. Selbst bei zusätzlichen Einnahmen (z.B. aus Konjunkturprogrammen) ist mit verstärkten Investitionen erst wieder bei allgemein lebhafterer Nachfrage zu rechnen.
Für die Berechnung des Multiplikators sind dies höchst ungünstige Voraussetzungen. Auch das Akzeleratorprinzip läßt sich in der Wirklichkeit kaum überzeugend belegen. Bei Unterbeschäftigung kann die Produktion bekanntlich auch ohne Investitionen gesteigert werden. In einer vollbeschäftigten Wirtschaft sind aber nicht zuletzt neue Preissteigerungen zu befürchten.
accept: akzeptieren, annehmen (entgegennehmen), antreten (Erbschaft), zusagen
accept as payment: in Zahlung nehmen
accept for employment: einstellen als Mitarbeiter *m*
acceptable: annehmbar
acceptance: 1. Akzeptanz *f*
1.1. Eines von mehreren Kriterien, auf denen die Weisungsbefugnis des Managers gegenüber anderen Personen zur Durchsetzung bestimmter Teilziele des Unternehmens basiert. Die vom Management beeinflußten Ziele, Mittel und Aufgaben können nur dann konfliktfrei und mit hoher Wirtschaftlichkeit realisiert werden, wenn die nachgeordneten Mitarbeiter die Entscheidungs- und Machtkompetenz des Managers anerkennen (Akzeptanztheorem).
In der Gewinnung dieser Anerkennung zeigt sich ein wesentlicher Aspekt der Führungsleistung. Trotz konfliktärer, z.T. inhumaner und an einseitigem Leistungs- und Gewinndenken orientierten Zielsetzungen muß es dem Manager gelingen, bei den Mitarbeitern die persönliche Anerkennung und Akzeptanz seiner Entscheidungen zu gewinnen. Scheitert die Akzeptanz, kommt es in aller Regel zu Spannungen und langwierigen Personalauseinandersetzungen, die in Desinteresse und Leistungsverweigerung („innere Kündigung") bei den durchführenden Mitarbeitern resultieren können.
1.2. Die positive Aufnahme von Innovationen, neuen Produkten, Designs, Bewertungsmaßstäben, Werten oder Kommunikationsinhalten wie z.B. Werbebotschaften durch diejenigen, an die sie gerichtet sind (potentielle Käufer, Umworbene, potentielle Nutzer usw.).
2. Abnahme *f* (von Waren), Akzept *n*, Annahme *f* (Entgegennahme), Übernahme *f*, Zusage *f*
acceptance accommodation: Gefälligkeitsakzept *n*, Gefälligkeitswechsel *m*
acceptance blank: Blankoakzept *n*, Blankocharge *f*, Akzept(einholungs)gebühr *f*
acceptance charge: Akzept(einholungs)gebühr *f*
acceptance collateral: Akzept-Aval *n*
acceptance credit: Akzeptkredit *m*
acceptance credit: Kreditzusage *f*
acceptance for honor: Ehrenakzept *n*
acceptance house: Akzepthaus *n*
acceptance in default: of Akzept *n* mangels
acceptance inspection: Abnahmeprüfung *f*
acceptance of a bill: Wechselakzept *n*
acceptance of responsibility: Verantwortungsbereitschaft *f*
acceptance sampling: statistische Qualitätskontrolle *f*, Abnahmeprüfung *f*
acceptance test: Abnahmeprüfung *f*, Annahmeprüfung *f*
acceptance theory of authority: Akzeptanztheorie *f* der Autorität
Wenn Organisationen von der bewußten, freiwilligen Bereitschaft der Mitglieder zur Kooperation abhängig sind, muß man als Indikator für das Vorliegen von Autorität (Befehlsgewalt) die Entscheidung der Menschen ansehen, einem Befehl zu gehorchen oder nicht. Wenn ein Untergebener einen Befehl nicht befolgt, hat er ihm keine Autorität zugestanden. Autorität ist aus dieser Sicht das Merkmal eines Befehls in einer formellen Organisation, kraft dessen ein Organisationsmitglied ihn akzeptiert, als Richtschnur für das, was es im Hinblick auf die Organisation tut oder unterläßt.
Diese Definition von Autorität ist unausweichlich, wenn man von dem Grundgedanken ausgeht, daß sich Organisationen durch freie Wahl (Entschei-

acceptances for customers

dung) ihrer „Mitglieder" konstituieren. Dann kann es außerhalb dieser Basis ja keine andere unabhängige Quelle von Autorität (wie etwa die Persönlichkeit des Vorgesetzten) mehr geben; es muß vielmehr um eine Quelle gehen, die bereits durch die jederzeit revidierbare (freiwillige) Anerkennung der Organisationsmitglieder legitimiert ist.

acceptances *pl* **for customers:** Akzepte *n/f/pl* für Kunden *m/pl*
accepted bill: Akzept *n*
accepting company: übernehmende Gesellschaft
acceptor: Akzeptant *m*, Annehmer *m*
acceptor for honor: Ehrenannehmer *m*
access: Zugang *m*, Zutritt *m*
access card *(brit)*: Kreditkarte *f*
access time: Zugriffszeit *f (EDV)*
accessible: zugänglich
accession: Beitritt *m*, Belegschaftszuwachs *m* während eines Zeitabschnitts *m*, Zuwachs *m*
accession rate: Belegschaftszuwachsrate *f* pro 100, Einstellungsquote *f*
accessorial service: zusätzliche Dienstleistung *f* des Spediteurs *m* (z.B. Lagerung)
accessories *pl*: Zubehör *n*
accessory: zugehörig, Begünstigter *m* (eines Verbrechens), Helfershelfer *m*, Mitschuldiger *m*, Mittäter *m*
accessory claim: Nebenforderung *f*
accessory consideration: Nebenleistung *f*
accessory detail: Nebenumstand *m*
accessory incident: Nebenumstand *m*
accessory to: mitschuldig an
accident: Unfall *m*, Unglücksfall *m*, Zufall *m*
accident analysis: Unfallursachenforschung *f*
accident and health insurance: Versicherung *f* gegen Verlust *m* der Arbeitsfähigkeit *f* durch Unfall *m* und Krankheit *f*
accident at work: Arbeitsunfall *m*, Betriebsunfall *m*
accident benefit: Unfallrente *f*
accident branch: Gefahrenklasse *f*
accident causa: Unfallursache *f*
accident control: Unfallbekämpfung *f*, Unfallverhütung *f*
accident cost: Kosten *pl* durch Unfälle *m/pl*
accident frequency rate: Unfallhäufigkeitsrate *f* pro 1 Mill. Arbeitsstunden *f/pl*
accident hazard: Unfallrisiko *n*
accident insurance: Unfallversicherung *f*
accident manager: Spartenlette *m*, „Unfall" *m* (Versicherung)

accident prevention: Arbeitsschutz *m*, Unfallverhütung *f*
accident prone employee: „Unfäller" *m*
accident proneness: Neigung *f* zu Unfällen *m/pl*, Unfallneigung *f*
accident severity rate: Rate *f* der Unfall-Schwere *f* (verlorene Arbeitszeit bezogen auf 1 Mill. Arbeitsstunden)
accidental: Unfall *m*, durch Unfall verursacht, zufällig
accidental circumstance: Nebenumstand *m*
accidental damages *pl*: Unfallschaden *m*
accommodate: aushelfen (mit Geld), gefällig sein, unterbringen accommodation Darlehen *n*, Entgegenkommen *n*, Gefälligkeit *f*, Unterbringung *f*
accommodation acceptance: Gefälligkeitsakzept *n*, Gefälligkeitswechsel *m*
accommodation address: Deckadresse *f*
accommodation bill: Freundschaftswechsel *m*, Gefälligkeitswechsel *m*
accommodation credit: Krediterleichterung *f*
accommodation endorsement: Gefälligkeitsindossament *n*
accommodation indorsement: Gefälligkeitsindossament *n*
accomplice: Begünstigter *m* (eines Verbrechens), Mitschuldiger *m*
accomplish: erfüllen, leisten, vollenden
accomplished fact: vollendete Tatsache *f*
accomplishment: Leistung *f*
accord: bewilligen, Bewilligung *f*, einräumen, Übereinstimmung *f*, Vergleich *m*
accord and satisfaction: vergleichsweise Erfüllung *f* einer schuldrechtlichen Verpflichtung *f*
accordance with local customs: Übereinstimmung *f* mit den Landessitten
according to: nach Maßgabe *f*
according to existing law: nach geltendem Recht
according to future law: Recht *n*, nach künftigem Recht
according to instruction: Vorschrift *f*, nach Vorschrift
according to schedule: planmäßig
according to specification: nach Vorschrift *f*
according to stock exchange practice: börsenüblich, usancenmäßig
according to trade custom: handelsüblich
account: Abrechnung *f*, Konto *n*
account abstract: Kontoauszug *m*
account accumulation: Investmentkonto *n*

account adjusting transaction: Berichtigungsbuchung *f*
account balance: Kontenstand *m*
account book: Rechnungsbuch *n*
account classification: Kontengliederung *f*, Kontierung *f*
account credit: Anschreibkredit *m*, Verbraucherkredit *m*
account current book: Skontrobuch *n*
account department *(brit)*: Buchhaltungsabteilung *f*
account distribution: Kontierung *f*
account journal: Grundbuchkonto *n*
account payable: Kreditoren *m/pl* (in der Bilanz), Verbindlichkeiten *f/pl*
account payable clerk: Kreditorenbuchhalter *m*
account payable department: Kreditorenbuchhaltung *f*
account payable ledger: Kreditorenjournal *n*
account payable statement: Kreditorenauszug *m*
account payable-sundry: sonstige Verbindlichkeiten *f/pl*
account payable-trade: Verbindlichkeiten *f/pl* aus Warenlieferungen *f/pl* und Leistungen *f/pl*
account receivable: Außenstände *m/pl*, Debitoren *m/pl* in der Bilanz *f*, Forderungen *f/pl*
account receivable clerk: Debitorenbuchhalter *m*
account receivable department: Debitorenbuchhaltung *f*
account receivable journal: Debitorenjournal *n*
account receivable ledger: Debitoren (Kunden-)buch *n*
account receivable register: Debitorenjournal *n*
account receivable statement: Debitorenauszug *m*
account receivable-sundry: sonstige Forderungen *f/pl*
account receivable-trade: Forderungen *f/pl* auf Grund *m* von Warenlieferungen *f/pl* und Leistungen *f/pl*
account sheet: Kontoblatt *n*
account solicitation service: Auskunft *f* über Bonität *f* prospektiver Kunden *m/pl*, Bonitätsauskunft *f*, Kreditauskunft *f*
account stated: Saldo *m*, bestätigter Saldo
account title: Kontobezeichnung *f*
account with third parties: Kontokorrentkonto *n*

accountability: Rechenschaftspflicht *f*, Verantwortung *f*
accountable: rechenschaftspflichtig, verantwortlich
accountable event: Geschäftsvorfall *m*
accountable person: Rechenschaftspflichtiger *m*
accountancy: Rechnungswesen *n*
accountant: Buchhalter *m* (qualifizierter)
accounting: Abrechnung *f*, Buchführung *f*, Buchhaltung *f*, Rechnungslegung *f*, Rechnungswesen *n*, buchmäßig
accounting area: Abrechnungsgebiet *n*
accounting book: Geschäftsbuch *n*
accounting clerk: Buchhalter *m*, Mitarbeiter *m* der Buchhaltung für Routinearbeiten
accounting cycle: Buchungskreislauf *m*
accounting department: Buchhaltung *f* (Abtlg.), Buchhaltungsabteilung *f*
accounting equation: Bilanzgleichung *f*
accounting for cash: Kassenführung *f*
accounting for decision making: Teil *m* des Rechnungswesens *n*, der sich mit der Erfassung *f*, Aufzeichnung *f* und Auswertung *f* von Buchhaltungs- und statistischen Daten *n/f/pl* für die besonderen Bedürfnisse *n/pl* der Überwachung *f*, Kontrolle *f* und Entscheidungsfindung *f* des Unternehmens *n* befaßt
accounting for quantities *pl*: Mengenrechnung *f*, Mengenverrechnung *f*, Stückrechnung *f*
accounting for services *pl*: Leistungsverrechnung *f*
accounting form: Kontoblatt *n*
accounting machine operator: Maschinenbuchhalter *m*, Tabellierer *m*
accounting machine: Buchungsmaschine *f*
accounting manager: Leiter *m* des Rechnungswesens *n*
accounting method: Abrechnungsmethode *f*
accounting office: Buchhaltung *f* (Abtlg.), Rechnungsstelle *f*
accounting organization: Buchhaltungsorganisation *f*
accounting period: Abrechnungszeitraum *m*, Rechnungsperiode *f*
accounting principles *pl*: Buchführungsgrundsätze *m/pl*
accounting rate: Buchkurs *m*
accounting report: Abschlußrechnung *f*
accounting system: Buchführungssystem *n*

accounting transaction: Buchungsvorfall *m*
accounting year: Abschlußzeitraum *m*
accounts department *(brit)*: Buchhaltungsabteilung *f*
accounts payable department: Kreditorenbuchhaltung *f*
accounts payable ledger: Kreditorenjournal *n*
accounts payable statement: Kreditorenauszug *m*
accounts receivable: Debitorenjournal *n*
accounts receivable department: Debitorenbuchhaltung *f*
accounts receivable journal: Debitorenjournal *n*
accounts receivable ledger: Debitoren (Kunden-)buch *n*
accounts receivable statement: Debitorenauszug *m*
accredited merchant: Vollkaufmann *m*
accretion: Akkreszenz *f*, Zuwachs *m*
accruable: abgrenzbar
accrual: Anfall *m*, Auflaufen *n*, Zuwachs *m*
accrual accounting: periodenechte Aufwands- *m* und Ertragszurechnung *f*, periodenechte Rechnungslegung
accrual basis of accounting: Gewinnermittlung *f* durch Vermögensvergleich *m*
accrual method of accounting: Gewinnermittlung *f* durch Vermögensvergleich *m*
accrue: anfallen, anwachsen, auflaufen
accrued and deferred items *pl*: Rechnungsabgrenzungsposten *m/pl*
accrued assets *pl*: antizipative Aktiva *n/pl*
accrued depreciation: aufgelaufene Abschreibung *f*
accrued dividend: erklärte Dividende *f*, noch nicht ausgezahlte Dividende *f*
accrued expense: passiver Rechnungsabgrenzungsposten *m* (antizipativ)
accrued expenses *(pl)*: antizipative Aufwendungen *f/pl*, antizipative Passiva *n/pl*, antizipativer Aufwand *m*
accrued income: antizipative Erträge *m/pl*
accrued interest: antizipative Zinserträge *m/pl*, aufgelaufene Zinsen *m/pl*, Stückzinsen *m/pl*, Verzugszinsen *m/pl*
accrued liabilities *pl*: antizipative Passiva *n/pl*
accrued liability: antizipative Schuld *f*, passiver Rechnungsabgrenzungsposten *m* (antizipativ)
accrued payables *pl*: antizipative Passiva *pl*
accrued pension right: Pensionsanwartschaftsrecht *n*
accrued receivable: aktiver Rechnungsabgrenzungsposten *m* (antizipativ)
accrued receivables *pl*: antizipative Aktiva *n/pl*
accrued revenues *pl*: antizipative Erträge *m/pl*
accumulate: anhäufen, ansammeln, aufhäufen, auflaufen, sammeln, thesaurieren, zusammensparen
accumulated amount: Endwert *m*
accumulated depreciation on fixed assets: Wertberichtigung *f* auf Posten des Sachanlagevermögens *n*, Wertberichtigung *f* auf das Anlagevermögen *n*
accumulated dividend: rückständige Dividende *f*
accumulated earnings *pl*: Reingewinne *m/pl* (die weder für Dividendenausschüttungen noch für Verlustausgleiche in Anspruch genommen worden sind), thesaurierter Gewinn *m*
accumulated income: Reingewinne *m/pl* (die weder für Dividendenausschüttungen noch für Verlustausgleiche in Anspruch genommen worden sind)
accumulated profit: Reingewinne *m/pl* (die weder für Dividendenausschüttungen noch für Verlustausgleiche in Anspruch genommen worden sind), thesaurierter Gewinn *m*
accumulated work: vorgetane Arbeit *f*
accumulating counter: Saldierzähler *m* *(EDV)*
accumulating reproducer: Saldierdoppler *m* *(EDV)*
accumulating speed: Sammelgang-Geschwindigkeit *f* *(EDV)*, Sammelgeschwindigkeit *f* *(EDV)*
accumulation: Anhäufung *f*, Ansammlung *f*, Sammlung *f*
accumulation account: Investmentkonto *m*
accumulation of capital: Kapitalansammlung *f*, Kapitalbildung *f*
accumulation of wealth: Wohlstandsakkumulation *f*
accumulation plan: Anlageplan *m*
accumulator: Akkumulator *m*, addierender u. subtrahierender Zahlenspeicher *(EDV)*
accumulator storage selector: Akkumulatorauswahlvorrichtung *f* *(EDV)*
accumulator storage sign: Akkumulatorvorzeichen *n* *(EDV)*

accuracy: Genauigkeit *f*, Akkuranz *f*, Treffgenauigkeit *f*
In der Statistik und bei Testverfahren das Maß, in dem eine statistische Schätzung oder das Ergebnis eines Tests sowohl von systematischen wie von unsystematischen Fehlern frei ist. In der Stichprobentheorie der den notwendigen Stichprobenumfang bestimmende Vertrauensbereich (Zufallsfehlerbereich), der bei vorgegebener Wahrscheinlichkeit nicht überschritten werden darf.

accurate: genau, sorgfältig

accusation: Anklage *f*, Anschuldigung *f*, Beschuldigung *f*, Bezichtigung *f*

accuse: anklagen, anschuldigen, beschuldigen, bezichtigen

accused: Angeklagter *m*, Angeschuldigter *m*

accuser: Ankläger *m*

achieve: erzielen

achievement: Leistung *f*

achievement motivation: Leistungsmotivation *f*
Leistungsmotivation ist ein hypothetisches Konstrukt, das zunächst in den 1950er von dem amerikanischen Psychologen David C. McClelland in seinem 1961 veröffentlichten Buch „The Achieving Society" (deutsch 1966: „Die Leistungsgesellschaft"), dann von John W. Atkinson und, im deutschsprachigen Raum, von Heinz Heckhausen zur Erklärung interindividueller (und auch intraindividueller) Unterschiede des Leistungsverhaltens, seiner Intensität, Konsistenz und Richtung, unter im übrigen gleichen Antriebsbedingungen herangezogen wurde. Diese Autoren gehen davon aus, daß die Leistungsmotivation im sozialen Kontext erlernt und wie alle übrigen Motive durch die erfahrungsabhängige Verknüpfung der Erwartung einer Affektänderung mit bestimmten Auslösebedingungen charakterisiert ist.
Die Theorie von der Leistungsmotivation war übrigens ein Nebenprodukt allgemeiner psychologischer Forschung, wie McClelland schrieb: „Das vorliegende Buch ist genaugenommen ein Zufall. Es ist keineswegs aus dem Wunsch heraus entstanden, Lösungen für Probleme zu finden, die für Ökonomen und Soziologen von Interesse sind. Der Ausgangspunkt war vielmehr ein rein theoretisches Problem der Psychologie, nämlich der Versuch, einige der elementaren menschlichen Motive zu isolieren und quantitativ zu messen. Erst nach umfangreicher Grundlagenforschung über diese Motive entstand der Gedanke, daß eines davon etwas mit wirtschaftlichem Wachstum zu tun haben könnte."
Daß David C. McClellands Werk sich trotzdem als „Psychologische Analyse der Voraussetzungen wirtschaftlicher Entwicklung" darstellt – so der Untertitel der „Leistungsgesellschaft" –, liegt nicht zuletzt an der Fülle widersprüchlicher Aussagen der klassischen Ökonomie, auf die McClelland bei seiner Arbeit stieß. Die grundlegende Schwierigkeit zu erklären, warum ein Volk zu gewissen Zeiten tatkräftiger ist als zu anderen, wie sich das zum Beispiel für das Italien der Renaissance und der Jahrhunderte danach besonders exemplarisch zeigen läßt, lenkte das Augenmerk des Psychologen McClelland auf die Art der Annäherung der Ökonomen an diese Fragen: „Im Prinzip ist das Entwicklungsmodell des Ökonomen ein rationales, eines, in dem aufgeklärtes Selbstinteresse des Menschen die Kräfte, die von innen oder von außen auf das wirtschaftliche System einwirken, in Aktivitäten umwandelt, die zu erhöhter Produktivität oder zu vermehrtem Wohlstand führen."
McClelland zweifelt, daß der ursprüngliche Impetus für wirtschaftliches Wachstum rationaler Art ist. Er zitiert die Umstände des Baus der Schienenwege durch den nordamerikanischen Kontinent, für den es zum historischen Zeitpunkt kaum eine Rechtfertigung gab, da an der Westküste nur unbedeutende, kleine Ansiedlungen existierten. Folgerichtig verloren auch Tausende von Investoren ihr in Eisenbahnaktien angelegtes Geld verloren. Doch „ohne die Entschlossenheit dieser Menschen wäre der amerikanische Westen niemals für die ‚rationale' Ausbeutung erschlossen worden".
Generell sind zwei Komponenten des Leistungsmotivs zu unterscheiden: das Streben nach Erfolg (achieve success) und die Vermeidung von Mißerfolg (avoid failure). Je nachdem, ob eine Situation Hoffnung auf Erfolg oder Furcht vor Mißerfolg aktiviert, resultiert eher ein Appetenz- oder eher ein Aversionsverhalten. Die aufsuchenden und meidenden Tendenzen bestimmen sich als Produkt von Erfolgs- bzw. Mißerfolgswahrscheinlichkeit und des Anreizes von Erfolg bzw. Mißerfolg sowie der überdauernden Motivstärke, Erfolg zu erzielen und Mißerfolg zu meiden. „Dabei verhalten sich (1) Erfolgs- und Mißerfolgswahrscheinlichkeit komplementär zueinander und (2) ist Erfolgsanreiz eine inverslineare Funktion und Mißerfolgsanreiz eine lineare Funktion der Erfolgswahrscheinlichkeit. Nach dieser multiplikativen Funktion erreichen aufsuchende und meidende Tendenzen ein Maximum, wenn die Erfolgswahrscheinlichkeit gleich 50 % ist. Je nachdem, ob das überdauernde Motiv, Erfolg zu erzielen oder das Motiv, Mißerfolg zu vermeiden, stärker ist, ist die resultierende Motivierungstendenz bei Aufgaben mittleren Schwierigkeitsgrades am stärksten bzw. am schwächsten. Empirisch konnte immer wieder nachgewiesen werden, daß Erfolgszuversichtliche und Hochmotivierte im Vergleich zu Mißerfolgsängstlichen und Niedrigmotivierten mittlere bis leicht überhöhte Schwierigkeitsgrade bevorzugen." (Heinz Heckhausen)
McClelland ging von der Hypothese aus, Leistungsmotivation (need for achievement) sei ein das wirtschaftliche Wachstum mitbestimmender Faktor. Dabei handele es sich jedoch nicht um ein allgemeiner und subjektiver Beurteilung zugängliches Phänomen, dessen Stärke oder Schwäche ohne weiteres geschätzt werden könnte. McClelland betont den Unterschied zwischen Motivation

und Handlung, zwischen Leistungs-wunsch und tatsächlicher Leistung. Das Leistungsmotiv oder -bedürfnis ist eine psychische Größe, die von anderen psychischen Antrieben isoliert, experimentell untersucht und quantifiziert werden kann.
Auf der Grundlage seiner empirischen Befunde charakterisierte McClelland die Verhaltensweisen und Persönlichkeitsmerkmale hochleistungsmotivierter Personen und ihr unternehmerisches Rollenverhalten wie folgt:
• Mäßige Risikobereitschaft: Vertrauen in die eigenen Fähigkeiten, solange das Risiko berechenbar erscheint. Verläßt sich jedoch nicht auf Chancen im Sinne des Glücksspiels.
• Bevorzugt mittelschwere Aufgaben, die neu sind und persönliche Initiative und Kreativität verlangen.
• Konzentriert sich auf die Aufgabe, nicht so sehr auf Mitarbeiter.
• Ist zukunftsorientiert und setzt sich selbst Maßstäbe für die zu erreichende Leistung.
• Bezieht Leistung eher aus dem Gefühl, eine erfolgreiche Handlung initiiert zu haben, als aus öffentlicher Anerkennung.
• Schätzt Geld nicht um seiner selbst willen, sondern nur als Maß des persönlichen Erfolgs.
Da Hochleistungsmotivierte unabhängiger von Bedürfnissen zu sozialem Anschluß sind, neigen sie weniger dazu, Positionen nach Kriterien wie Freundschaft in ihrem Unternehmen zu besetzen. Sie bevorzugen den jeweils bestmöglich verfügbaren Experten.
Die Untersuchungen ergaben indes auch, daß Personen mit hohem Leistungsbedürfnis keineswegs unter allen Bedingungen besser abschneiden. McClelland: „Erfordert die Lösung der Aufgabe bloße Routine oder schließt sie Zusammenarbeit mit anderen oder Sonderbelohnungen wie freie Zeit oder Geldpreise ein, dann werden Personen mit anderen Motiven besser abschneiden." In diesem Sinne lassen sich zwei unterschiedliche Typen von „Leistern" unterscheiden: „den Menschen, der mehr oder weniger unterschiedlos schwer und tüchtig an jeder Aufgabe arbeitet, und den anderen, der nur an solchen Aufgaben hart arbeitet, die, weil sie eine Herausforderung enthalten, ihm nach ihrer Lösung das Gefühl vermitteln, persönlich etwas vollbracht zu haben."
Leistungsmotivation ist für McClelland wesentliche Voraussetzung für einen Manager. In internationalen Vergleichstests sammelte er Belege dafür, daß Manager eine signifikant höhere Leistungsmotivation aufweisen als andere Berufsgruppen mit vergleichbarer Ausbildung. Dabei zeigt seine Charakterisierung des Menschen mit starkem Leistungsbedürfnis Anklänge an Josef Schumpeters Bild vom erfolgreichen und „schöpferischen" Unternehmer.
McClelland weitete so seine Motivationstheorie über den individualpsychologischen Bereich aus und erklärte das Leistungsmotiv zum eigentlichen Motor gesamtwirtschaftlicher Entwicklung. Ausgehend von Max Webers Hypothese über Einfluß der protestantischen Ethik auf den Geist des Kapitalismus postulierte er, daß dieser Antrieb zu wirtschaftlicher Entwicklung in seinem Wesen irrational ist: „Auf einfachste Art gesagt, entstehen in einer Gesellschaft Bedingungen – oft hervorgerufen durch eine ideologische Bewegung –, die die Eltern veranlassen, ihren Kindern frühzeitig eine ganz bestimmt geartete Erziehung zu geben. Dadurch werden mehr Kinder mit hoher Leistungsmotivation hervorgebracht, die unter günstigen Bedingungen später erfolgreiche Geschäftsunternehmer werden können."
McClelland fand eine positive Korrelation zwischen Leistungsmotivation und späterer wirtschaftlicher Entwicklung. Dabei geht ein niedriges oder hohes Leistungsniveau, wie es sich in der Literatur darstellt, jeweils etwa ein halbes Jahrhundert einem wirtschaftlichen Niedergang beziehungsweise Aufschwung voraus.
Damit wird die Bestimmung der in einer Gesellschaft manifesten Leistungsmotivation zum Instrument für wirtschaftliche Prognosen. McClelland hat sich in den 1960er Jahren selbst Fragen der Entwicklungspolitik in der dritten Welt gewidmet und seine Erfahrungen, vor allem in Indien und Tunesien, in Empfehlungen für einen „achievement development course" niedergelegt. Die Beeinflussung des individuellen Leistungsbedürfnisses durch psychologische Trainingsmethoden erscheint McClelland dabei als der kostengünstigste Weg jeder Entwicklungshilfe, die sich nicht nur im ethnozentrischen Versuch erschöpft, Produktivität durch einfache Kopie kulturfremder Institutionen zu simulieren.
Die Theorie der Leistungsmotivation, und in engem Zusammenhang mit ihr die Theorie des Anspruchsniveaus, sind auch zur Erklärung des Konsumentenverhaltens und der Kaufentscheidung herangezogen worden. So läßt sich das Anspruchsniveau von Konsumenten und ihr Konsumstandard als Ausdruck ihres Leistungsstrebens interpretieren. Günter Wiswede unterscheidet zwischen Konsumenten, die auf Sicherheit (Vermeidung von Risiko) bedacht sind, von Konsumenten, die nach Erfolg streben und deutet in diesem Kontext Unterschiede des Spar- und des Konsumverhaltens, die Neigung zu Teilzahlungskäufen oder das Verhalten von Innovatoren und Nachzüglern. „Stark leistungsmotivierte Verbraucher neigen zu einer sukzessiven Kumulation des Anspruchsniveaus: dies scheint die Quelle für das Bestehen von Expansivbedürfnissen zu sein, die im Grade ihrer Erfüllung dazu tendieren, wieder zu wachsen. Die herkömmliche Vorstellung von einer Sättigungsgrenze für Konsumbedürfnisse erhält von hier aus eine entscheidende Korrektur." (Günter Wiswede)

achievement motive: Leistungsmotiv *n*

acid rate: Barliquidität *f*, kurzfristige Liquidität *f*

acid ratio: Barliquiditätsgrad *m*

acid test: Liquiditätsermittlung *f*, Verhältnis

f der kurzfristigen Aktiva *n/pl* zu kurzfristigen Passiva *n/pl*
acknowledge: anerkennen, bestätigen
acknowledge receipt: den Empfang *m* bestätigen
acknowledgment: Anerkenntnis *f*, *n*, Bestätigung *f*, Verbriefung *f*
acknowledgment of acceptance: Quittung *f*, Übernahmeschein *m* acceptance of receipt Empfangsschein *m*, Empfangsurkunde *f*
acknowledgment of debt: Schuldanerkenntnis *f*
acknowledgment of order: Auftragsbestätigung *f*
acknowledgment of receipt: Empfangsbestätigung *f*
acoustic memory: akustischer Speicher *m* (EDV)
acoustic storage: Laufzeitspeicher *m* (EDV)
acquiesce: sich fügen, stillschweigend einwilligen, zustimmen
acquiescence: stillschweigende Einwilligung *f*, Zustimmung *f*
acquire: anschaffen, erwerben, kaufen
acquire by adverse possession: ersitzen
acquire by purchase: käuflich erwerben
acquirer's tax: Erwerbssteuer *f*
acquirer: Erwerber *m*
acquisition: Anschaffung *f*, Akquisition *f*, Errungenschaft *f*, Erwerb *m*, Neuanschaffung *f*, Neuzugang *m*
Die Gesamtheit derjenigen Außendienstaktivitäten eines Unternehmens, die entweder auf die Gewinnung neuer Kunden oder auf Geschäftsabschlüsse mit bisherigen Kunden zielen. Dabei heißen die Aktivitäten, die sich unpersönlicher Kommunikationsmittel bedienen, Werbung, und diejenigen, die persönliche Kommunikationsmittel verwenden, persönliche Akquisition unter Einsatz der Absatzaußenorganisation, persönlicher Verkauf (personal selling).
Im engeren Sinne wird der Begriff der Akquisition ausschließlich als die Gesamtheit der mit Hilfe von persönlicher Kommunikation stattfindenden Außendienstaktivitäten verstanden.
acquisition by adverse possession: Ersitzung *f*
acquisition cost: Anschaffungs- oder Herstellungskosten *pl* eines Anlagegutes *n* (aktivierungspflichtiger Aufwand)
acquisition date: Anschaffungstag *m*
acquisition inter vivos: Erwerb *m* unter Lebenden *m/pl*
acquisition mortis causa: Erwerb *m* von Todes wegen

acquisition of gain *(brit)*: Gewinnerzielung *f*
acquisition of title: Rechtserwerb *m*
acquisition policy: Akquisitionspolitik *f*
acquisition price: Anschaffungskosten *pl*, Bezugspreis *m*
acquisition value: Anschaffungswert *m*
acquisitory distribution: akquisitorische Distribution *f*
Diejenigen Aspekte und Elemente der Distributionspolitik, die durch vorwiegend akquisitorische Gesichtspunkte gekennzeichnet sind, deren Ziel es also ist, Kontakte zu potentiellen Nachfragern herzustellen, Märkte zu erschließen, Absatzkanäle zu finden und bestehende Nachfrage zu erhöhen.
acquit: freisprechen
acquittal: Freispruch *m*
acquittance: Begleichung *f*, Empfangsbescheinigung *f*, Erfüllung *f*, Quittung *f*
across the board wage increase: allgemeine Lohnerhöhung *f*
act: Gesetz *n*, handeln, Handlung *f*, Rechtshandlung *f*, Tat *f*, verfahren
act as collector: das Inkasso ausüben
Act concerning the employment of disabled persons (Disabled Persons Act): Schwerbeschädigten-Gesetz *n* (SchwBeschG)
act effectively: durchgreifen
act for: vertreten
act of bankruptcy: Konkursdelikt *n*
act of God: Höhere Gewalt *f*
act of grace: Gnadenakt *m*
act permitting conclusions: konkludente Handlung *f*
act rashly: übereilen
Act respecting co-management by employees an the board of directors and managing boards of undertakings in the mining industry and in the iron and steel industry: Mitbestimmungsgesetz *n* (MitbestG)
act respecting the payment of wages for public holidays: Gesetz *n* zur Regelung *f* der Lohnzahlung *f* an Feiertagen *m/pl*
act respecting the time limits for giving notice of dismissal to salaried employees: Gesetz *n* über die Fristen *f/pl* für die Kündigung *f* von Angestellten *m/pl*
Act to improve the economic protection of wage earners in the event of sickness: Krankengeldzuschußgesetz *n*
Act to provide against unwarranted dismissal: Kündigungsschutzgesetz *n* (KSchG)
acting: stellvertretend, kommissarisch

action: Handlung f, Klage f, Maßnahme f, Prozeß m, Tat f
action chart: Funktionsdiagramm n
action damages pl: Schadenersatzklage f
action for avoidance: Anfechtungsklage f
action for debt: Schuldklage f
action for declaratory judgment: Feststellungsklage f
action for invalidity: Nichtigkeitsklage f
action for money judgment: Forderungsklage f
action for permanent injunction: Unterlassungsklage f
action for specific performance: Leistungsklage f
action for temporary injunction: Klage f auf einstweilige Verfügung f
action for voidability: Anfechtungsklage f
action group: Aktionsgruppe f
Eine von drei Arten von Lernstattgruppen. Ziel von Aktionsgruppen ist die Lösung aktueller, komplexer und in der Regel bereichsübergreifender Probleme (z.B. Qualitätsverbesserungen, Verbesserung der Arbeitsabläufe etc.). Zu deren Bearbeitung werden sie abteilungsübergreifend gebildet und nach deren Bewältigung wieder aufgelöst. Die Teilnehmerstruktur ist problemspezifisch, die Moderation übernehmen meist untere Führungskräfte.
action of assumpsit: Schadenersatzklage f wegen Vertragsbruch m
action of ejectment: Besitzentziehungsklage f (bei Grundstücken)
action of tort: Deliktsklage f
action of trespass: Besitzstörungsklage f
action plan: Aktionsplan m
Die Delegation führt beim Management durch Delegation im theoretischen Ansatz zu einer Reduzierung der Managementebenen. Im Idealfall besteht entsprechend dem Delegationsprinzip nur noch eine dreistufige Organisationshierarchie: die *Geschäftsleitung*, die Unternehmensziele festlegt, die *Bereichs-* oder *Funktionsleitung*, die aus den Unternehmenszielen Aktionspläne erstellt und die *operative, verrichtungsorientierte Ebene*, die das Ergebnis leistet.
Für das Management durch Zielvereinbarung ist die relative Freiheit typisch, die Manager bei der Festlegung ihrer Aktionspläne besitzen. Im Vordergrund steht das Ergebnis. Innerhalb der Budgetgrenzen und der definierten Entscheidungskompetenz ist es der Innovations- und Motivationsfähigkeit des Managers überlassen, die von ihm für richtig erachteten Aktionen und Maßnahmen zu planen und zu realisieren, sofern und so lange gewährleistet ist, daß die gesetzten Ziele erreicht werden.
action program: Aktionsprogramm n
Das die Durchführung einer Managementstrategie im einzelnen beschreibende Programm einschließlich seiner Aufgliederung auf die einzelnen Bestandteile.
action research: Aktionsforschung f
Ein Modell, das fast allen Programmen der Organisationsentwicklung (OE) zugrundeliegt. Es besteht grundsätzlich aus einer ersten Diagnose, dem Sammeln von Daten durch das Klientensystem, dem Datenfeedback an das Klientensystem, Untersuchung der Daten durch das Klientensystem, der Handlungsplanung und der Durchführung der Maßnahmen.
action reserve: Aktionsreserve(n) f(pl)
Die Gesamtheit der Maßnahmen des Krisenmanagement, die einem Unternehmen für den Ernstfall einer Krise zur Verfügung stehen und dann ergriffen werden können.
actionable: klagbar, prozeßfähig, verfolgbar (gerichtlich)
activate: aktiv machen, aktivieren
activated motive: aktiviertes Motiv n
Ein Motiv ist für sich weder direkt beobachtbar noch bereits verhaltenswirksam. Um verhaltenswirksam zu werden, bedarf es der Aktivierung. Dies geschieht durch Anreize. Ein Anreiz ist „Jener Ausschnitt der wahrgenommenen Situation, der bestehende Motive des wahrnehmenden Individuums aktiviert" (Lutz von Rosenstiel).
Ein aktiviertes Motiv ist ein „Beweggrund beobachtbaren Verhaltens, der durch die Wirkung bestimmter wahrgenommener Anregungsbedingungen verhaltensrelevant wurde". „Das Zusammenspiel verschiedener aktivierter Motive, die in einer konkreten Situation das Verhalten von der Antriebsseite her determinieren" (Rosenstiel), wird als die Motivation bezeichnet.
Die Motivaktivierung führt dazu, daß Verhaltensbereitschaften als Bedürfnisse oder Drangerlebnisse bewußt werden. Diese lösen Erwartungen aus, von denen dann die Stärke der Verhaltensabsicht (Verhaltensintention) bestimmt wird. Diese Erwartungen beziehen sich insbesondere darauf, für wie geeignet die Anreizsituation zur Erreichung des Verhaltensergebnisses gehalten wird und wie hoch der Grad und die Wahrscheinlichkeit der damit erreichbaren Motivbefriedigung eingeschätzt werden.
Geprägt sind die Erwartungen von den bisherigen direkten oder indirekten Erfahrungen bei der Motivbefriedigung.
Das Verhalten, also der Prozeß des Tätigseins, wird außer von der Verhaltensintention noch von
• den Fähigkeiten als personalen Variablen sowie
• den objektiven Arbeitsbedingungen als situativen Variablen bestimmt. Der Prozeß der Leistungserbringung vollzieht sich im Bereich der Begegnung zwischen Person und Situation.
activation: Aktivierung f
In der Psychologie allgemein eine psychophysische Variable, „die sich einerseits in bestimmten körperlichen Symptomen als Grad der Bereitschaft des Organismus oder einzelner Funktionssysteme

zum Handeln bzw. zum Energieeinsatz ausdrückt, andererseits im Erleben als Gespanntheit oder Erregung zur Geltung kommen kann. Der lebende Organismus weist demnach jederzeit ein bestimmtes Aktivationsniveau (level of activation) auf" (W. Traxel). Zwischen dem Aktivitätsniveau und der Leistungsfähigkeit besteht eine umgekehrt U-förmige Beziehung: sowohl eine zu geringe wie eine zu hohe Aktivation wirken leistungshemmend. Eine optimale Leistungsfähigkeit besteht bei einer mittleren Motivation („Yerkes-Dodson-Gesetz").

activation research: Aktivierungsforschung *f*
active: tätig
active market: lebhafter Markt *m*
active property: Besitzstand *m*
active strategy: aktive Strategie *f*
Eine Strategie, die versucht, Ereignisse im Umfeld des Handelnden zu beeinflussen, anstatt lediglich auf Kräfte im Umfeld zu reagieren, wenn sie auftreten.
activity: Tätigkeit *f*
In der Netzplantechnik werden nach ihrer formalen Struktur Ereignisse, Tätigkeiten und Scheintätigkeiten unterschieden. Ein Ereignis liegt vor, wenn eine Teilaufgabe erfüllt oder abgeschlossen ist, mit einer Tätigkeit wird hingegen der Verbrauch von Ressourcen oder von Zeit erfaßt, der erforderlich ist, um von einem zum nächsten Ereignis voranzuschreiten. Scheintätigkeiten wiederum stellen funktionale Zusammenhänge dar, die keinen Zeit- und Ressourcenaufwand benötigen.
activity analysis: Tätigkeitsanalyse *f*
activity chart: Arbeitsgliederungsplan *m*
activity level: Beschäftigungsgrad *m*, Beschäftigungsstufe *f*, Beschäftigungsumfang *m*
activity-oriented: aktivitätsorientiert
activity-oriented approach (in personnel evaluation): tätigkeitsorientierter Ansatz *m* (der Personalbeurteilung)
Eine von drei Grundkonzeptionen zur Personalbeurteilung, bei der die Art des Tätigkeitsvollzugs im Mittelpunkt der Beurteilung steht, d.h. „was" und „wie" die Person arbeitet. Ausgehend von den spezifischen Anforderungen einer Tätigkeit soll beurteilt werden, inwieweit ein diesen entsprechendes Verhalten gezeigt wurde. Beurteilt wird also nicht die Persönlichkeit schlechthin, sondern das konkrete beobachtbare Arbeitsverhalten. Ausgangspunkt für jede tätigkeitsbezogene Personalbeurteilung ist eine gute Kenntnis der Arbeitsinhalte. Erst wenn bekannt ist, welche Anforderungen eine Stelle tatsächlich an den Inhaber richtet, kann auch sein Arbeitsverhalten angemessen beurteilt werden.
Um die tätigkeitsbezogenen Urteile zu ordnen und vergleichbar zu machen, ist eine Reihe von Methoden entwickelt worden. Einige der gängigeren sind:

1. *Einstufungs-Skalen (Rating-Scales)*: Dies ist die am häufigsten verwendete Methode in Personalbeurteilungssystemen. Die Beurteilung erfolgt anhand von mehrstufigen (in der Regel fünf- oder siebenstufigen) Skalen, die für eine Reihe von Beurteilungsmerkmalen vorgegeben werden.
2. *Verhaltenserwartungs-Skalen*: Hier werden die Skalenstufen durch Kurzbeschreibungen typischer arbeitsplatzbezogener Verhaltensweisen definiert („verankert"). Für jede Leistungsdimension wird in einem aufwendigen Verfahren eine Skala entwickelt, die die verschiedenen Leistungsniveaus wiedergibt. In diesem Verfahren wird der Beurteiler also aufgefordert, sich das Arbeitsverhalten des Mitarbeiters im Hinblick auf die aufgelisteten Dimensionen (= Erwartungen) zu vergegenwärtigen und dann das gezeigte Leistungsverhalten mit den alternativen Niveaus der Skala zu vergleichen und die passendste Stufe zu bestimmen.
3. *Verhaltensbeobachtungs-Skalen*: Hier werden auf systematischem Wege Leistungsdimensionen im Sinne von anforderungsgerechten Verhaltensweisen ermittelt; der Beurteiler hat dann anzugeben, wie oft er bei dem Mitarbeiter dieses Verhalten beobachtet hat.
Diese Verfahren stellen hohe Anforderungen an das Beobachtungs- und Differenzierungsvermögen des Beurteilers, da er in der Regel 8 bis 12 Beurteilungsmerkmale nach 5 bis 7 (manchmal sogar mehr) Leistungsstufen beurteilen muß. Die Praxis zeigt deshalb speziell bei dieser Methode eine Reihe von Problemen und Verzerrungen. Das aus der Sicht der Personalabteilung gravierendste Problem ist die typischerweise geringe Streubreite der Urteile. In der Regel wird nur die „bessere" Hälfte der Skala verwendet; bei einer siebenstufigen Skala liegen die Werte gewöhnlich zwischen 1 und 4 mit einem Mittelwert um 3 (Milde-Effekt).
activity ratio: Verhältnis *n* bewegt zu unbewegt
activity report: Tätigkeitsbericht *m*
actual: effektiv, tatsächlich
actual budget: nachkalkuliertes Budget *n*
Ein Budget, das im Gegensatz zum Arbeitsbudget Anpassungen erst im Rahmen der Budgetkontrolle vorsieht. Dabei dient das Ursprungsbudget zwar während der Budgetperiode als Richtschnur, wird jedoch am Ende der Periode durch ein nachkalkuliertes Budget ersetzt, das dem aktuellen Informationsstand entspricht und als Maßstab für die Kontrolle herangezogen wird. Auf diesem Wege soll vermieden werden, daß die Ist-Werte mit überholten Soll-Werten verglichen werden. Da mögliche Korrekturen erst nach dem Vollzug einsetzen, kann diese Anpassungsform keine Steuerungswirkung entfalten, sondern nur eine sachgerechtere Beurteilung bewirken. Deshalb wird häufig vorgeschlagen, die Budgetvorgaben nicht nur am Ende, sondern bereits während des Budgetjahres fortlaufend oder in kurzen Intervallen an veränderte Entwicklungen anzupassen.

actual control: Gewalt f, tatsächliche Gewalt f
actual cost: Gestehungskosten pl, Istkosten pl, nachkalkulierte Kosten pl, Selbstkosten pl, tatsächliche Kosten pl
actual cost system: Ist-Kostenrechnung f, Vollkostenrechnung f
actual delivery: effektive Lieferung f
actual hours pl: tatsächliche Arbeitsstunden f/pl
actual market: Markt m, tatsächlicher Markt m
actual minus sign: Druckminuszeichen n (EDV)
actual plus sign: Druckpluszeichen n (EDV)
actual possession: unmittelbarer Besitz m
actual receipts pl: Ist-Einnahmen f/pl
actual sign: Druckvorzeichen n (EDV)
actual time: tatsächlich aufgewandte Arbeitszeit f für einen Auftrag m, tatsächliche Arbeitszeit f (mit Stoppuhr f ermittelt), Istzeit f, tatsächlicher Zeitverbrauch m für eine Arbeitsoperation
actual total loss: wirklicher Totalverlust m
actual unit cost: Ist(stück)kosten pl, Selbstkosten pl, tatsächliche Kosten pl
actual value: Istwert m, Realwert m
actuals pl: effektiv vorhandene Ware f
actuarial: versicherungsmathematisch
actuarial department: Versicherungsmathematische Abteilung f
actuarial mathematics: Versicherungsmathematik f
actuarial reserve: Deckungskapital n (Versicherung), Prämienreserve f, Reserve f, versicherungsmathematisch errechnete Reserve f
actuarial science: Versicherungsmathematik f
actuarial table: versicherungsmathematische Tabelle f
actuary: Versicherungsmathematiker m
actuary table: versicherungsmathematische Tabelle f
acumen: Scharfsinn m
acyclic: aperiodisch, azyklisch
ad: Anzeige f, Zeitungsannonce f
ad-hoc committee: Ad-hoc-Gremium f, Ad-hoc-Komitee n
Ein Gremien, das zur Lösung einer zeitlich begrenzten Aufgabe eingesetzt wird.
ad-hoc study: Ad-hoc-Studie f, Ad-hoc-Untersuchung f
Die Untersuchung eines spezifischen Problems, die nur auf die Klärung eines aktuellen – und häufig auch akuten – Problems ausgerichtet ist und deren Befunde daher im Gegensatz zu grundsätzlicheren und längerfristig angelegten Trenduntersuchungen über das konkrete Problem hinaus keine Aussagekraft haben bzw. von der Anlage her haben können.
ad personam (argument): unsachlich
ad valorem: nach dem Wert
ad valorem duty: Wertzoll m
ad valorem tax: Wertsteuer f
adapt: anpassen
adaptability: Anpassungsfähigkeit f
adaptation: Anpassung f, Assimilation f
adaptation-level theory: Adaptations-Niveau-Theorie f
Die in der psychologischen Wahrnehmungsforschung entwickelte, auf H. Helson zurückgehende Theorie, derzufolge Verhaltensreaktionen auf Stimuli durch Anpassung an äußere und innere Kräfte determiniert sind.
Die Adaptations-Niveau-Theorie wird in der Marktpsychologie z.B. zur Erklärung der Erkenntnis verwendet, daß Konsumenten besonders bei einigermaßen bekannten Produkten eine ziemlich kleine Spannweite der Preisbereitschaft zeigen, die in aller Regel durch den jeweils zuletzt gezahlten Preis festgelegt wird, so daß die Annahme naheliegt, es existiere eine Art Urteilsanker oder mittleres Preisempfinden.
In empirischen Untersuchungen ergab sich, daß zwischen dem auf einem Kontinuum von „extrem teuer" bis „extrem billig" in der Mitte positionierten durchschnittlichen Preis und dem geometrischen Mittel aller vorgegebenen Preisinformationen eine sehr hohe Übereinstimmung besteht.
adaptive control: adaptative Kontrolle f
Die operative Kontrolle setzt sowohl im Sinne der Feedback-Kontrolle am Abschluß des Planungs- und Realisierungszyklus wie als Begleitkontrolle an, um der Gefahr verspäteter Rückkoppelungsinformationen zu entgehen. Letzteres bedeutet, daß die Kontrollzeitpunkte in die Realisationsphase vorverlagert und projektiv den Endpunkt der Realisation antizipiert, Feedforward.
Diese *adaptive Kontrolle* ist als Spezialfall der operativen Kontrolle zu verstehen und darf nicht mit der strategischen Durchführungskontrolle verwechselt werden. Denn trotz der Erhöhung der Kontrollhäufigkeit und der Vorverlagerung der Kontrollzeitpunkte dient die adaptive Kontrolle analog der normalen Feedbackkontrolle der effizienten Realisierung gegebener Ziele, während die strategische Durchführungskontrolle der Frage nach der Richtigkeit oder Validität des gewählten strategischen Kurses nachgeht.
adaptive decision: adaptative Entscheidung f
Eine Entscheidung, deren Ausführungsprogramm mit Hilfe eines Algorithmus auffindbar ist. Nach dem Grad ihrer Programmierbarkeit unterscheidet Gore zwischen routinemäßigen (Ausführungspro-

gramm ist direkt zuordenbar), adaptiven und innovativen Entscheidungen (weder Ausführungsprogramm noch Such-Algorithmus sind bekannt).

adaptive inflation: Anpassungsinflation *f*
Eine Form der Inflation, die sich ergeben kann, wenn ein einzelnes Land versucht, in einer inflatorischen Umwelt relativ mehr Stabilität zu verwirklichen. Bei festen Wechselkursen führt dies zu wachsenden Überschüssen in der Leistungsbilanz und zu einem Ungleichgewicht in der Zahlungsbilanz. In dieser Konstellation lassen sich die inflatorisch wirkenden Nachfrage- und Devisenüberschüsse dann lediglich über eine Anpassungsinflation oder über eine Korrektur des Wechselkurses ausgleichen.

adaptive innovation: adaptative Innovation *f*
Eine Innovation, bei der ein bereits existierendes Produkt nur geringfügig geändert wird (z.B. der Markenname, die Verpackung und dergleichen).

adaptive planning: Anpassungsplanung *f*
Die Gesamtheit der Management-Maßnahmen zur Ausschaltung von Störfaktoren und zur Durchsetzung von Verhaltens- und Plankorrekturen.

add: addieren, hinzufügen, nachtragen, zurechnen, zuschießen, zuschreiben

add to: vermehren

add up: summieren, zusammenrechnen

added capital: Zusatzkapital *n*

added value: Mehrwert *m*, Wertzuwachs *m*

added value tax: Mehrwertsteuer *f*

added value taxation: Mehrwertbesteuerung *f*

addendum: Nachtrag *m*, Zusatz *m*

adding: zuzüglich, Addieren, Addition

adding counter: Additionszähler *m (EDV)*

adding machine tape: Additionsstreifen *m*

adding machine: Additionsmaschine *f*

addition: Vermehrung *f*, Zugang *m* (beim Sachanlagevermögen), Zurechnung *f*, Zusatz *m*

addition rule (addition theorem): Additionstheorem *n*, Additionsregel *f*, Additionssatz *m*
In der mathematischen Wahrscheinlichkeitstheorie ist die Wahrscheinlichkeit definiert als das Verhältnis der günstigen zu den möglichen Ereignissen, also:

$$\Pr = \frac{\text{Zahl der günstigen Fälle}}{\text{Zahl der möglichen Fälle}}.$$

Dieser auf Pierre Simon de Laplace zurückgehende Wahrscheinlichkeitsbegriff setzt voraus, daß die Ereignisse gleichwahrscheinlich sind. Das ist jedoch bei zahlreichen Problemen nicht vorauszusetzen. Der auf Alexander N. Kolmogorov zurückgehende statistische Wahrscheinlichkeitsbegriff setzt demgegenüber ausgehend vom Gesetz der großen Zahlen voraus, daß sich die relative Häufigkeit eines Ereignisses mit wachsender Zahl der Fälle ergibt, die dieses Ereignis herbeiführen können. Die Wahrscheinlichkeit eines Ereignisses gilt danach also als eine theoretische Größe, für die als empirisch ermittelbarer Schätzwert die relative Häufigkeit eingesetzt wird. Die beiden grundlegenden Theoreme der Wahrscheinlichkeitstheorie sind der Additionssatz und der Multiplikationssatz. Das Additionstheorem besagt, daß die Wahrscheinlichkeit des Eintretens von mindestens einem von zwei oder mehreren, einander ausschließenden (unabhängigen) Ereignissen gleich der Summe der Einzelwahrscheinlichkeiten ist, also
$\Pr(A + B) = \Pr(A) + \Pr(B)$.
Sind A und B beliebige Ereignisse, so gilt
$\Pr(A + B) = \Pr(A) + \Pr(B) \Pr(AB)$.
Sowohl der Additions- wie der Multiplikationssatz haben in der Wahrscheinlichkeitstheorie den Charakter von Axiomen oder Definitionen. Die Wahrscheinlichkeit ist die Grundlage der Wahrscheinlichkeitsverteilungen und der Inferenzstatistik.

addition to accounts: Zuführung *f* zur Rückstellung *f* oder Rücklage *f*

addition to reserve: Zuführung *f* zur Rückstellung *f* oder Rücklage *f*

additional: zusätzlich

additional benefits *pl*: Zusatzleistung *f*

additional business: Zusatzgeschäft *n*, Nach-Geschäft *n*

additional capital allowance *(brit)*: Sonderabschreibung *f*

additional charge: Aufschlag *m* (auf Teilzahlungsvertrag für Verwaltungskosten, Zinsen usw.), Zuschlag *m*

additional charges *pl*: Nebenkosten *pl*

additional contribution: Zubuße *f*

additional cost: Mehrausgabe *f*, Zusatzkosten *pl*

additional depreciation: Sonderabschreibung *f*

additional duty: Zusatzzoll *m*

additional earnings *pl*: Nebeneinkünfte *f/pl*, Nebeneinnahmen *f/pl*

additional expense: Mehrausgabe *f*

additional expenses *pl*: Mehraufwand *m*, Mehrkosten *pl*

additional income: Nebeneinkünfte *f/pl*, Nebenerwerb *m*

additional insurance: Nebenversicherung *f*, Zusatzversicherung *f*

additional investment: Neuinvestition *f*

additional order: Nachbestellung *f*

additional payment: Nachschuß *m*, Nachzahlung *f*, Zuzahlung *f*

additional policy: Nachtragspolice *f*

additional proof: Nebenbeweis *m*

additional revenues *pl*: Mehrertrag *m*

additional sales *pl*: Mehrumsatz *m*
additional tax: Nachsteuer *f*
additional tax assessment: Steuernachforderung *f*
additional tax charge: Steuerzuschlag *m*
additions *pl* to fixed assets *pl*: Anlagenzuwachs *m*
additions *pl* **to plant and equipment:** Anlagenzuwachs *m*
address: Adresse *f*, Anschrift *f*, Aufschrift *f*, Kennzeichnung *f* einer Speicherzelle *f (EDV)*
address arithmetic: Adreßrechnung *f (EDV)*
address assignment: Adressenanweisung *f (EDV)*
address computation: Adreßrechnung *f (EDV)*
address conversion: Adreßumwandlung *f (EDV)*
address field: Adressenfeld *n (EDV)*
address file: Adressenband *n (EDV)*
address marker: Adreßmarke *f (EDV)*
address modification: Adressenumrechnung *f (EDV)*
address part: Adressenteil *m (EDV)*
address plate: Adressenplatte *f*
address printing: Adressenschreibung *f (EDV)*
addressable memory: addressierbarer Speicher *m (EDV)*
addressed bill: Domizilwechsel *m*
addressee: Adressat *m*, Empfänger *m*
addressee unknown: unzustellbar
addressing: Adressierung *f (EDV)*
addressing machine: Adressiermaschine *f*
adequacy: Angemessenheit *f*
adequacy-importance model: Angemessenheits-Wichtigkeits-Modell *n*, Adequacy-Importance-Modell *n*
Eines der von Konsumentenurteilen ausgehenden Modelle der Produktbewertung, das in der Marktforschung vor allem zur Messung von Produktqualitäten verwendet wird. Da die Ermittlung von Einstellungen, Messung, Einstellungsmessung, mitunter schwierig ist, werden dabei zunächst die tatsächlich wahrgenommenen Produktattribute ermittelt und ihnen dann Wichtigkeitswerte zugeordnet. Eine Weiterentwicklung sind die Idealproduktmodelle (Idealpunktmodelle).
adequate: angemessen, hinreichend
adequate compensation: angemessener Ausgleich *m*, angemessene Entlohnung *f*
adherence (to): Befolgung *f*
adjacent: angrenzend, benachbart
adjective law: formelles Recht *n*, Prozeßrecht *n*

adjoin: angrenzen
adjourn: vertagen
adjourn sine die: auf unbestimmte Zeit *f* vertagen
adjournment: Vertagung *f*
adjudge: erklären, gerichtlich feststellen, richten, urteilen, zuerkennen
adjudge a person as bankrupt by the court: Bankrott *m* erklären, gerichtlich Bankrott *m* erklären
adjudgment: Urteil *n*
adjudicate: entscheiden (Gericht), ein Urteil *n* fällen, urteilen
adjudication: gerichtliche Entscheidung *f*, Rechtsspruch *m*, Urteil *n*
adjudication of bankruptcy: Konkurseröffnung *f*
adjudication order: Zahlungsunfähigkeitserklärung *f* des Gerichts *n*
adjust: angleichen, ausgleichen, beilegen, berichtigen, regulieren, schlichten
adjust an account: ein Konto *n* richtigstellen
adjusted gross income: berichtigter Rohgewinn *m*
adjusted gross profit: berichtigter Rohgewinn *m*
adjusted historical cost: auf den Tageswert *m* umgerechnete historische Kosten *pl*
adjusted tariff: Staffeltarif *m*
adjusting entry: Berichtigungsbuchung *f*, Unibuchung *f*, Abschlußbuchung *f*, Ausgleichsbuchung *f*
adjusting item: Ausgleichsposten *m* (Bilanz)
adjusting transaction: Berichtigungsbuchung *f*
adjustment: Assimilation *f*, Beilegung *f*, Berichtigung *f* (Buchung), Neueinstellung *f*, Maschinen-Neueinstellung *f*, Schlichtung *f*
adjustment of averages: Seeschadenberechnung *f*
adjustor: Schiedsmann *m*, Vermittler *m*
administer: verwalten
administer an oath: einen Eid *m* abnehmen, vereidigen
administered price: kontrollierter Preis *m*
administration: Amtsführung *f*, Betriebsführung *f*, Betriebsführung *f*, Tätigkeitsbereich *n* der Betriebsführung *f*, Leitung *f*, Regierung *f*, Verwaltung *f*, Verwaltungsabteilung *f*, Verwaltungsbehörde *f*
administration agreement: Verwaltungsabkommen *n*
administration area: Verwaltungsbezirk *m*
administration assistance: Amtshilfe *f*

administration audit: Innenrevision f
administration authority: Behörde f, Verwaltungsinstanz f
administration body: Verwaltungskörperschaft f
administration burden: Belastung f mit Verwaltungsarbeit f
administration channels pl: Verwaltungsweg m
administration committee: Leitungsausschuß m, Verwaltungsrat m, Verwaltungsausschuß m
administration cost center: Verwaltungskostenstelle f
administration cost(s) (pl): Verwaltungs(gemein)kosten pl, Verwaltungskosten pl
administration council: Verwaltungsrat m
administration court: Verwaltungsgericht n
administration department: Verwaltungsabteilung f
administration department: Verwaltungsabteilung f
administration district: Verwaltungsbezirk m
administration duty: Verwaltungsaufgabe f
administration expense(s) (pl): Generalunkosten pl, Verwaltungs(gemein)kosten pl
administration fine: Bußgeld n
administration guarantee: Gerichtskaution f
administration measure: Verwaltungsakt m, Verwaltungsmaßnahme f
administration of a trust: Verwaltung f von Treuhandvermögen n
administration of an estate: Nachlaßverwaltung f
administration of justice: Gerichtswesen n, Rechtsprechung f, Rechtspflege f
administration offense: Ordnungswidrigkeit f (Recht)
administration official: Verwaltungsbeamter m
administration organization: Verwaltungsorganisation f
administration penalty: Ordnungsstrafe f
administrative action: Führungsentscheidung f (Grundsatzentscheidungen ausgenommen)
administrative agreement: Verwaltungsabkommen n
administrative assistance: Amtshilfe f
administrative audit: Innenrevision f
administrative cost center: Verwaltungskostenstelle f

administrative cost: Verwaltungs(gemein)kosten pl
administrative court: Verwaltungsgericht n
administrative department: Verwaltungsabteilung f
administrative fine: Bußgeld n
administrative measure: Verwaltungsakt m, Verwaltungsmaßnahme f
administrative offense: Ordnungswidrigkeit f (Recht)
administrative organization: Verwaltungsorganisation f
administrative penalty: Ordnungsstrafe f
administrator: Abwickler m, Liquidator m, Vermögensverwalter m, Verwalter m
administrator in receivership: Vergleichsverwalter m
administrator of an estate: Nachlaßverwalter m
administratrix: Verwalterin f
admiralty court: Admiralitätsgericht n, Seegericht n
admissibility: Zulässigkeit f
admissible: annehmbar, statthaft, zulässig
admission: Anerkenntnis f, n, Aufnahme f, Bekenntnis n, Eingeständnis n, Zugeständnis n, Zulassung f
admission tax: Einfuhrsteuer f, Einfuhrzoll m, Grenzzoll m
admit: anerkennen, aufnehmen, bekennen, eingestehen, zugeben, zulassen
admit into: aufnehmen (in die Firma)
admittance: Eintrittsgeld n, Eintrittsgebühr f, Zugang m
admittedly: zugegebenermaßen, zugestandenermaßen
admitting no appeal: unter Ausschluß m des Rechtsweges
admonish: ermahnen, warnen
adopt: adoptieren, annehmen, annehmen, anwenden
admonition: Mahnung f, Warnung f
adopt a measure: eine Maßnahme f ergreifen
adopt measures pl: Maßnahmen f/pl ergreifen, Maßnahmen f/pl treffen
adopter: Adopter m
Ein von Everett M. Rogers zur Erklärung von Innovationsprozessen aus der soziologischen Diffusionsforschung in die Konsumforschung übertragener Ansatz, der die Verbreitung von Neuerungen und insbesondere von Produktinnovationen im Zeitverlauf als durch eine Reihe von durch personen-, umwelt- und produktbedingten Einflußgrößen bestimmt versteht. Die wichtigste personenbedingte Einflußgröße ist dabei die Innovationsfreudigkeit (gemessen als die zeitliche Distanz

adopter

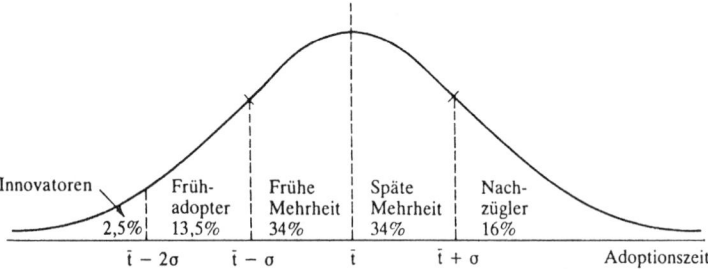

der Einführung einer Innovation und ihrer endgültigen Akzeptanz), die nach den Untersuchungen von Rogers ungefähr normalverteilt ist:
Dabei wird unterschieden zwischen den:
(1) *Innovatoren*: Sie sind die Schlüsselfiguren beim Prozeß der Adoption und Diffusion von Innovationen. Sie gehören stets zu den ersten, die ein neues Produkt, eine neue Dienstleistung, eine neue Mode, eine neue Idee oder Verhaltensweise aufgreifen und übernehmen.
Innovatoren machen gut 2,5 % der Bevölkerung aus. Sie sind durch allgemeinen Wagemut und hohe Risikobereitschaft charakterisiert. Nach ihren demographischen Eigenschaften sind sie sehr jung, haben hohes Einkommen bzw. allgemein einen höheren sozioökonomischen Status, ein hohes Sozialprestige und einen hohen Ausbildungsgrad. Aufgrund dieser Eigenschaften finden sich die Meinungsführer in besonderem Maße unter ihnen. Sie sind intensive Nutzer von Massenkommunikationsmitteln.
Aufgrund ihrer ausgeprägten Aufgeschlossenheit gegenüber Neuem, ihrer höheren Experimentier- und Risikofreudigkeit tendieren sie in nur geringem Maße zu Markentreue. In ihrem Kommunikationsverhalten ähneln sie den Meinungsführern: sie haben ein ausgeprägtes Informationsbedürfnis, suchen selbst aktiv nach Informationen, machen dabei intensiven Gebrauch von den Massenmedien, beschränken sich aber nicht bloß auf die üblichen Informationsquellen, haben dadurch einen deutlichen Informationsvorsprung vor anderen und geben die eigene Information durch interpersonelle Kommunikation an die übrigen Konsumenten weiter.
Allerdings unterscheiden sich Innovatoren und Meinungsführer in einem entscheidenden Punkt: Innovationsbereitschaft ist ein Persönlichkeitsmerkmal, das sich folglich beim Konsum von beispielsweise Kosmetika ebenso zeigt wie beim Kauf etwa von Textilien, Automobilen oder Computern, während Meinungsführerschaft im Bereich von Textilien sehr wahrscheinlich nicht zugleich auch Meinungsführerschaft bei Computern bedeutet.
Das Vorhandensein von Innovatoren bedeutet, daß eine Innovation erst eine wirkliche Aussicht auf Adoption und Diffusion hat, wenn die Innovatoren sie übernommen haben. Mithin sind die von den Innovatoren bevorzugten Werbeträger das primäre Ziel aller Kommunikationsmaßnahmen zu Beginn des Diffusionsprozesses. Die geschmacks- und entschlußsicheren Innovatoren bevorzugen offensichtlich eher rationale, sachliche Information, während die späte Mehrheit und mehr noch die Nachzügler in Geschmacks- und Modefragen eher nach Orientierungshilfen suchen.
(2) *Frühadoptern*: Sie machen etwa 13,5 % der Bevölkerung aus. Sie haben ähnliche Eigenschaften und demographische Charakteristika wie die Innovatoren und unterscheiden sich von diesen vor allem in ihrer geringeren Risikobereitschaft. Sie sind in das örtliche Sozialsystem ihrer gesellschaftlichen Umwelt stärker integriert als die Innovatoren und nehmen in ihm meist Führungspositionen ein (local influentials) im Gegensatz zu den Innovatoren, die tendenziell eher zu den Prestige-Führern (cosmopolitan influentials) zählen. Sie sind als Meinungsführer die ideale Kontaktinstanz für die Träger des Wandels (agents of change).
(3) *Frühe Mehrheit*: Sie machen etwa 34 % der Bevölkerung aus. Sie sind weniger durch ihre Innovativität und Risikobereitschaft und stärker durch gegenstandsgegebene Erwartungen und Handlungen charakterisiert. Sie sind eher besonnen und bedachtsam, überlegen sorgfältig. Nach ihren sozio-ökonomischen Charakteristika (Einkommen, Sozialprestige, Ausbildungsniveau usw.) liegen sie ein wenig über dem Durchschnitt. Sie haben beinahe kaum Führungspositionen inne, interagieren jedoch mit örtlichen Führern.
(4) *Späte Mehrheit*: Sie machen noch einmal etwa 34 % der Bevölkerung aus. Gegenüber Neuerungen sind sie eher skeptisch und akzeptieren Innovationen erst unter relativ starkem Druck von seiten der Mitglieder ihrer eigenen Gruppe. Nach ihren sozio-ökonomischen Charakteristika liegen sie insgesamt etwas unter dem Durchschnitt. Sie haben weniger weitreichende soziale Kontakte und machen weniger Gebrauch von den Massenmedien als Informationsquelle.
(5) *Nachzügler (Zauderer)*: Sie machen etwa 16 % der Bevölkerung aus. Ihr Verhalten ist an dem orientiert, was in der Vergangenheit getan wurde. Sie sind traditionsorientiert. Die Zauderer bestehen aus drei verschiedenen, aber einander überschneidenden Gruppen: a) den Nicht-Informierten ohne soziale und massenmediale Kontak-

te, b) den Konservativen und c) den Ablehnern, die aus bestimmten Gründen eine konkrete Innovation ablehnen, ohne generell innovationsfeindlich zu sein. Insgesamt sind die Zauderer am unteren Ende der sozialen Stufenleiter einer Gesellschaft angesiedelt, sie sind meist älter und haben ein geringes Einkommen.
adoption: Adoption f, Beitritt m
Die Annahme einer Innovation (eines neuen Produkts oder einer neuen Dienstleistung) durch eine einzelne Person.
adult: Erwachsener m, Großjähriger m
adult education: Erwachsenenbildung f
adulterate: verfälschen, verschneiden (Wein)
adulteration of food and drugs: Verfälschung f von Nahrungsmitteln n/pl und Medikamenten n/pl
adulteration: Verfälschung f, Verschneidung f (Wein)
adulterator: Fälscher m, Verfälscher m
advance: Beförderung f (Rang), bevorschussen, erhöhen (Rang), fördern, Lohnvorauszahlung f, Lohnvorschuß m, steigern (Preis), Steigerung f (Preis), vorauszahlen, vorschießen, Vorschuß m
advance announcement: Vorankündigung f, Voranmeldung f
advance bill of material: Vorab-Stückliste f
advance corporation tax (brit): vorausgezahlte Körperschaftsteuer f
advance development: Vorentwicklung f
advance financing: Vorfinanzierung f
advance in price: Preiserhöhung f
advance in rank: Avancement n
advance on payroll: Lohnvorschuß m
advance outstanding: ausstehender Kreditbetrag m
advance pay: Lohnvorauszahlung f
advance payment: Vorauszahlung f, Lohnvorschuß m
advance premium: Vorausprämie f
advance purchase: Vorauskauf m
advance sale: Vorausverkauf m, Vorverkauf m
advance selector: Zonensteuerung f (EDV)
advance wage payment: Lohnvorschuß m
advanced freight: vorausbezahlte Fracht f
advancement: Ausstattung f (Finanz), Vorschuß m
advancer of money on bottomry band: Bodmereinehmer m
advantage: Vorteil m
advantageous: einträglich, vorteilhaft
adventure: Spekulationsgeschäft n
adverse entgegengesetzt: t, widrig
adverse balance: Unterbilanz f

adverse balance of payments: passive Zahlungsbilanz f
adverse possession: unberechtigter Besitz m
adverse trading conditions pl: schlechter Geschäftsgang m, schlechte Geschäftsbedingungen f/pl
adverse witness: Zeuge m der Gegenpartei f
adversely claimed: von der Gegenpartei f beansprucht
advertise: annoncieren, anzeigen, ausschreiben, werben
advertisement (ad): Anzeige f, Zeitungsannonce f, Inserat n
advertisement canvasser: Anzeigenakquisiteur m
advertisement column: Anzeigenspalte f
advertising: Werbung f, Werbetätigkeit f, Reklame f
advertising account: Werbeetat m
advertising activity: Werbetätigkeit f
advertising agency: Werbeagentur f, Anzeigenbüro n
advertising allowance: Preiszuschlag m wegen Übernahme f der Werbung f, Werbeabschlag m, Werberabatt m
advertising approach: werbemäßiges Vorgehen n
Advertising Association (AA) (brit): Verband m der Werbewirtschaft f
advertising budget: Werbebudget n, Werbeetat m
advertising campaign: Werbefeldzug m, Werbekampagne f
advertising cartoon: Werbetrickfilm m
advertising character: Werbesymbol n
advertising circular: Werberundschreiben n
advertising consultant: Werbeberater m
advertising cost: Werbekosten pl
advertising department: Anzeigenabteilung f, Werbeabteilung f
advertising expenditure: Werbeausgaben f/pl
advertising expenditures pl: Werbeausgaben f/pl
advertising expense(s) (pl): Werbeaufwand m
advertising expert: Reklamefachmann m
advertising film: Werbefilm m
advertising gift: Werbegeschenk n
advertising idea: Werbeidee f
advertising letter: Werbebrief m
advertising man: Werber m

advertising manager: Werbeleiter *m*, Werbemanager *m*
advertising medium: Werbeträger *m*
advertising message: Werbebotschaft *f*
advertising movie: Werbefilm *m*
advertising pamphlet: Werbeschrift *f*
advertising program: Werbeplan *m*
advertising rate: Anzeigentarif *m*, Werbetarif *m*
advertising schedule: Werbeterminplan *m*
advertising slump: Anzeigenrückgang *m*
advertising value: Werbewert *m*
advice: Avis *n*, Benachrichtigung *f*, Bericht *m*, Meldung *f*, Mitteilung *f*, Rat *m*, Ratschlag *m*
advice of dispatch: Versandanzeige *f*
advice of remittance: Überweisungsanzeige *f*
advice of shipment: Versandanzeige *f*, Versendungsanzeige *f*
advisable: zweckmäßig
advise: avisieren, benachrichtigen, beraten, berichten, mitteilen
advisor: Berater *m*
advisory: beratend
advisory board: Beirat *m*, Beratungsausschuß *m*, Beratungsstelle *f*
advisory body: Beirat *m*
advisory committee: beratender Ausschuß *m*, Beratungsausschuß *m*, Beratungsgremium *n*
Ein Gremium, dessen Aufgabe die entscheidungsreife Bearbeitung eines Problems ist.
advisory council: Beirat *m*
advocate: Anwalt *m*
advocate: befürworten, Konsulent *m*, Rechtsanwalt *m*, verteidigen
aero-engines industry: Flugmotorenindustrie *f*
aerospace industry: Raumfahrtindustrie *f*
affair: Sache *f*
affect (affective action): Affekt *m*, Affekthandlung *f*
affected with: behaftet mit
Beim Konsumentenverhalten Handlungen, „bei denen eine Anregung unmittelbar und ohne rationale Kontrolle und die damit verbundenen Such- und Bewertungsprozesse in die Durchführungsaktivität einmündet, wobei beim reinen Typ der Affekthandlung auch noch die dem Entschluß folgende Phase (bei Kaufhandlungen z.B. also die Güterverwendungsphase) durch affektbedingte Informationsverzerrungen geprägt [ist]: man macht sich z.B. selbst etwas vor, um sich die Tatsache eines Fehlkaufs nicht eingestehen zu müssen" (Hans Raffée).

affective-cognitive consistency: affektivkognitive Konsistenz *f*
In seiner kognitiven Theorie der Einstellung, die Morris J. Rosenberg 1956 entwickelte und 1960 elaborierte, ergibt sich die Gesamteinstellung aus den subjektiven Vorstellungen des Einstellungssubjekts von den Möglichkeiten eines Einstellungsobjekts, die subjektiven Werte zu fördern bzw. zu behindern, aufgeteilt in die Bedeutung dieser Werte (value importance) und die empfundene Instrumentalität eines Objekts hinsichtlich dieser Werte (perceived instrumentality).
Die Gesamteinstellung ist das Ergebnis einer Summierung über die Zahl der Werte und nicht über die Zahl der Objekteigenschaften. Gegenüber dem herkömmlichen Drei-Komponenten-Modell handelt es sich bei dem Rosenbergschen Konsistenzmodell also um eine Zwei-Komponenten-Theorie der Einstellung, wobei die affektive Reaktion auf einen Einstellungsgegenstand auf Überzeugungen bzw. Kognitionen basiert, die das Objekt in eine Kausalbeziehung zu positiv oder negativ bewerteten Zielvorstellungen bringen. Ist ein Einstellungssubjekt überzeugt, daß ein Objekt eine negative Zielvorstellung erleichtert und eine positive Vorstellung erschwert, so führt dies zu einer negativen Einstellungskomponente. Die Einstellung einer Person ist mithin operational durch das Produkt aus der subjektiven Wichtigkeit eines Ziels für eine Person und der subjektiven Überzeugung dieser Person bestimmt, daß das Einstellungsobjekt, das jeweilige Ziel fördert bzw. behindert. Die Theorie der affektiv-kognitiven Konsistenz nimmt an, daß die Individuen danach streben, in Fällen von Dissonanzen eine affektivkognitive Konsistenz herzustellen, indem sie entweder die affektive Bewertung eines Einstellungsobjekts oder ihre kognitiven Überzeugungen über seine Beschaffenheit ändern.
affiant: eidesstattliche Erklärung *f*, Abgeber *m* einer eidesstattlichen Erklärung *f*
affidavit: eidesstattliche Erklärung *f*, eidesstattliche Versicherung *f*
affiliate: angliedern, Konzerngesellschaft *f*, als Mitglied *n* aufnehmen, Schwestergesellschaft *f*, Tochtergesellschaft *f*
affiliate company: abhängiges Unternehmen *n*
affiliated company: Konzerngesellschaft *f*, Schwestergesellschaft *f*
affiliation: Angliederung *f*, Mitgliedsaufnahme *f*
affirm: behaupten, bekräftigen, bestätigen, beteuern, versichern (Tatsachen)
affirm in lieu of an oath: an Eides Statt versichern
affirmation: Behauptung *f*, Bekräftigung *f*, Bestätigung *f*, Beteuerung *f*, Versicherung *f* (Tatsachen)
affirmative judgment: obsiegendes Urteil *n*

affix: anhängen, anheften, beidrucken (Siegel), beifügen
affluence: Überfluß *m*, Wohlstand *m*
affluent society: Überflußgesellschaft *f*
affray: öffentliche Ruhestörung *f*, Schlägerei *f*
affreightment: Seekonnossement *n*
affront: Beleidigung *f*
A.F.L. (American Federation of Labor): U.S.-Gewerkschaftsbund *m*
afloat: schwimmend
aforethought: vorbedacht
after-date bill: Datowechsel *m*
after effect: Folgeerscheinung *f*, Nachwirkung *f*, Nebenwirkung *f*
after-endorsement: Nachgiro *n*
after point alignment: stellengerecht *(EDV)*
after receipt of goods: nach Empfang *m* der Ware *f*
after-sight bill: Nachsichtwechsel *m*
after-sight draft: Nachsichtwechsel *m*
after-tax profit: Gewinn *m* nach der Besteuerung *f*
against all risks (a.a.r.): gegen alle Gefahren *f/pl*
against orders *pl*: vorschriftswidrig
against receipt: gegen Empfangsbescheinigung *f*, gegen Quittung *f*
against rules *pl*: vorschriftswidrig
age accounts payable balances *pl*: Aufgliederung *f* der Debitoren(Kreditoren-)salden *m/pl* nach Entstehungsalter *n*
age accounts receivable payable balances *pl*: Aufgliederung *f* der Debitoren(Kreditoren-)salden *m/pl* nach Entstehungsalter *n*
age, be of: volljährig sein
age, be of full: volljährig sein
age, be under: minderjährig sein
age class: Altersgruppe *f*, Jahrgang *m*
age limit: Altersgrenze *f*
age of majority: Volljährigkeit *f*
age of minority: Minderjährigkeit *f*
age pyramid: Alterspyramide *f*
age structure: Altersaufbau *m*
agency: Agentur *f*, Auftrag *m*, Stellvertretung *f*, Vertretung *f*
Ein selbständiges Unternehmen, das Güter oder Leistungen im Namen und auf Rechnung einer Firma anbietet und verkauft, mit der es einen entsprechenden Vertrag geschlossen hat. Im Normalfall erhalten Agenturen eine Umsatzprovision. In vielen Fällen auch zusätzliche Einzel- oder Pauschalvergütungen für Sonderleistungen.
agency agreement: Agenturvertrag *m*
agency by necessity: Geschäftsführung *f* ohne Auftrag *m*
agency collection: Agenturinkasso *f*
agency inspector: Versicherungsinspektor *m*
agency manager: Außendienstleiter *m* (Versicherung)
agency representative: Agenturvertreter *m*
agency shop agreement *(brit)*: Agenturvereinbarung *f*
agency shop: Betrieb *m*, in dem Nichtmitglieder *n/pl* Beiträge *m/pl* an die Gewerkschaft *f* entrichten müssen
agency superintendent: Chefinspektor *m*
agenda: Tagesordnung *f*
agent: Agent *m*, Anwalt *m*, Beauftragter *m*, Disponent *m*, Erfüllungsgehilfe *m*, Ermächtigter *m*, Handelsagent *m*, Stellvertreter *m*, Vermittler *m*, Vertreter *m*, Zwischenhändler *m*
agent by necessity: Geschäftsführer *m* ohne Auftrag *m*
agent having full power of representation: Prokurist *m*
agents account: Vertreterkonto *n*, Agentenkonto
aggravate: erschweren, verschärfen, verschlimmern
aggravating circumstances *pl*: erschwerende Umstände *m/pl*
aggravation: Erschwerung *f*, Verschärfung *f*, Verschlimmerung *f*
aggregate: belaufen, sich belaufen auf, zusammenhäufen, Zusammenhäufung *f*
aggregate amount: Gesamtbetrag *m*
aggregate demand: Gesamtnachfrage *f*
aggregate funding: vorausschauende Pensionsfondberechnung *f*
aggregate item: Sammelposten *m*
aggregate nominal amount: Gesamtnennbetrag *m*
aggregate pension funding: vorschauende Pensionsfonderrichtung *f*
aggregate remuneration *(brit)*: Gesamtlohn- und Gehaltssumme *f*
aggregate supply: Gesamtangebot *n*
aggregate value: Gesamtwert *m*
aggregated earnings value: Ertragswert *m*
aggregated rebate: Gesamtmengenrabatt *m*
aggressor: Angreifer *m*
aggrieve: beschweren, sich beschweren, schädigen
aggrieved person: Geschädigter *m*
aging schedule: Altersgliederung *f* von De-

bitoren- und Kreditorensalden *m/pl*, Terminliste *f*, Verfalliste *f*
agio: Agio *n*, Aufgeld *n*, Aufschlag *m*, Mehrbetrag *m*
agrarian: landwirtschaftlich
agrarian country: Agrarland *n*
agrarian policy: Agrarpolitik *f*
agrarian reform: Bodenreform *f*
agrarian state: Agrarstaat *m*
agree: abmachen, einig sein, einigen, sich einigen, einverstanden sein, einwilligen, übereinkommen, übereinstimmen, zustimmen
agree (to): beipflichten, beitreten (einer Meinung), einigen, sich einigen; (upon) vereinbaren
agree with: beistimmen
agreement: Abkommen *n*, Abmachung *f*, Einigung *f*, Übereinkunft *f*, Übereinstimmung *f*, Vereinbarung *f*, Verständigung *f*, Vertrag *m*, Zustimmung *f*
agreement by parole: Vertrag *m*, mündlicher Vertrag *m*
agreement of purchase and sale: Kaufvertrag *m*
agreement-oriented action: verständigungsorientiertes Handeln *n*
Für eine Verständigung ist es erforderlich, daß alle Betroffenen ihre individuellen (subjektiven) Zielvorstellungen und das verfügbare Wissen über geeignete Mittel zur Zielerreichung in Argumentationsprozesse einbringen, Gründe und Gegengründe austauschen und abwägen und schließlich auf Grund der Einsicht in die Richtigkeit einer gefundenen Begründungsbasis zu einer freien Einigung darüber kommen, welche Zwecke verfolgt und welche Mittel ergriffen werden sollen. Das so gewonnene Handlungsprogramm ist dann vernünftig (rational) in dem Sinne, daß es sich den gemeinsam gefundenen „guten Gründen" verdankt; man kann hier auch von „kommunikativer Rationalität" sprechen (im Unterschied zur „subjektiven Handlungsrationalität" des erfolgsorientierten Handelns).
Die koordinierende Kraft verständigungsorientierten Handelns beruht auf der rational motivierten Einsicht in die Richtigkeit des beabsichtigten Tuns. Es ist diese rational gestützte Einsicht – im Unterschied etwa zu Überredungs-, Belohnungs- oder Bestrafungsstrategien – die die für das gemeinsame Handeln notwendige Bindungswirkung (Verpflichtung) hervorruft.
Verständigungsorientiertes Handeln trägt der Grundeinsicht für menschliches Zusammenleben Rechnung, daß eine friedliche Beilegung von Konflikten zwischen Menschen letztlich nur dann möglich ist, wenn jeder den anderen als „Person" ernst nimmt und sich auf seine Bedürfnisse und Interessen einläßt, d.h. ihn nicht bloß als „Mittel zum Zweck" zur Verwirklichung der eigenen Ziele und Pläne begreift und instrumentatlisiert. Der andere wird als ein gleichwertiges Gegenüber angesehen, auf den man sich argumentativ einlassen muß, damit die gemeinsame Gestaltung des Lebens in friedlicher Abstimmung der Zwecke und Mittel gelingt, damit ein innerer sozialer Frieden entsteht.
Verständigungsorientiertes Handeln in diesem Sinne hat zwei wesentliche Merkmale, die es von dem anderen Handlungstypus, dem erfolgsorientierten Handeln, unterscheiden:
(1) Verständigungsorientiertes Handeln ist originär auf das Medium der Sprache angewiesen, verwirklicht sich nur durch Sprache. Es gibt keine anderen Medien der Koordination, mit deren Hilfe Argumentationen und die Überzeugungskraft guter Gründe entfaltet werden könnte.
Verständigungsorientiertes Handeln stellt deshalb den Ausgangspunkt, die Grundlage, für alle weiteren Überlegungen zur rationalen Koordination menschlichen Handelns dar.
Verständigungsorientiertes Handeln ist also die originäre Quelle von Vernunft und damit von Legitimation des Handelns. Es geht dem erfolgsorientierten Handeln immer voraus.
(2) Verständigungsorientiertes Handeln impliziert ferner die Bereitschaft, eigene Interessen und Standpunkte gegebenenfalls – in Abhängigkeit von der Qualität der vorgetragenen und geprüften Argumente – zu revidieren. Es wird damit deutlich, daß verständigungsorientiertes Handeln auf den Konsens im Sinne der freien Zustimmung aller Betroffenen abstellt. Dieser freie Konsens ist es, der die friedliche Handlungskoordination so lange gewährleistet, wie die Gründe Gültigkeit haben, auf die man sich geeinigt hat.
agricultural: landwirtschaftlich
agricultural area: Bezirk *m*, landwirtschaftlicher landwirtschaftliche Nutzfläche *f*
agricultural bank: Agrarbank *f*, Landwirtschaftsbank *f*
agricultural commodity market: Agrarmarkt *m*
agricultural cooperative: landwirtschaftliche Genossenschaft *f*
agricultural crisis: Agrarkrise *f*
agricultural economist: Agronom *m*
agricultural enterprise: landwirtschaftlicher Betrieb *m*, landwirtschaftlicher Gewinnungsbetrieb *m*
agricultural equipment manufacturing: Landmaschinenbau *m*
agricultural laborer: Landarbeiter *m*
agricultural land improvement: Melioration *f*
agricultural loan: Agrarkredit *m*
agricultural policy: Agrarpolitik *f*
agricultural tariff: Agrarzoll *m*
agricultural worker: Landarbeiter *m*

agriculturally used area: landwirtschaftliche Nutzfläche *f*
agriculture: Agrarwesen *n*, Landwirtschaft *f*
agronomist: Agronom *m*, Ökonom *m*
aid: Beihilfe *f*, Fürsorge *f*, öffentliche Fürsorge *f*, helfen, Hilfe *f*
AID: → *Abk* Automatic Interaction Detector
aid delivery: Hilfslieferung *f*
aid program: Hilfsprogramm *n*
aid to needy: families Familienbeihilfe *f*
aide memoire: Denkschrift *f*
air: senden (Funk)
air, be on the: senden (Funk)
air cargo insurance: Luftfrachtversicherung *f*
air cargo rate: Luftfrachtgebühr *f*, Luftfrachtrate *f*
air cargo: Luftfracht *f*
air carrier: Lufttransportunternehmen *n*
air-charter business: Luftchartergeschäft *n*
air chartering: Luftchartergeschäft *n*
air-engine industry: Flugmotorenindustrie *f*
air feeder: Zubringerlinie *f*
air freight broker: Luftfrachtagent *m*
air industry: Flugzeugindustrie *f*
air lane: Luftkorridor *m*
air liability insurance: Lufthaftpflichtversicherung *f*
air mail: Luftpost *f*
air mail envelope: Luftpostkuvert *n*
air mail stationery: Luftpostpapier *n*
air package tour: Ferien-Pauschalreisen *f* mit Flugzeug *n*
air pocket: „Luftloch" *n* (Abfallen eines Wertes, wenn alle anderen Werte an der Börse anziehen)
air time: Sendezeit *f* (Rundfunk)
air traffic: Luftverkehr *m*
air transport insurance: Lufttransportversicherung *f*
air transport market: Luftverkehrsmarkt *m*
air way bill (a.w.b.): Luftfrachtbrief *m*
aircraft hull insurance: Luftkaskoversicherung *f*
aircraft industry: Flugzeugindustrie *f*
aircraft liability insurance: Lufthaftpflichtversicherung *f*
aircraft-engine industry: Flugmotorenindustrie *f*
airline: Fluglinie, Luftverkehrsgesellschaft *f*, Luftverkehrslinie *f*
airline operator: Luftreeder *m*
airport: Flughafen *m*

airtransport insurance: Lufttransportversicherung *f*
aisle: Durchgang *m*, Gang *m* (zwischen den Maschinen im Betrieb)
aisle table: Verkaufstisch *m* (in der Haupthalle oder im Hauptdurchgang eines Warenhauses)
alcoholic: Alkoholiker *m*, Trunksüchtiger *m*, alkoholisch
alcoholic beverages excise: Branntweinsteuer *f*
alcoholic beverages tax: Branntweinsteuer *f*
alcoholism: Trunksucht *f*
algebra: Algebra *f*
algebraic expression: arithmetischer Ausdruck *(EDV)*
algorithm: Algorithmus *m*
In der Statistik und elektronischen Datenverarbeitung ein auf der wiederholten Anwendung einer linear geordneten Folge von Regeln oder Operationen beruhendes formalisiertes System abgeschlossener Rechenvorgänge.
alien: ausländisch, fremd, Ausländer *m*, Fremder *m*
alien corporation: ausländische Kapitalgesellschaft *f*
alien property custodian: Treuhänder *m* für Fremdvermögen *n*
alienability: Übertragbarkeit *f*, Veräußerlichkeit *f*
alienable: übertragbar, veräußerlich
alienate: entfremden, übertragen, veräußern
alienation: Entfremdung *f*, Übertragung *f*, Veräußerung *f*
alienator: Veräußerer *m*, Verkäufer *m*
alienee: Erwerber *m*, Käufer *m*
alienor: Veräußerer *m*, Verkäufer *m*
align: ausrichten
alignment: Ausrichtung *f*
all-freighter operations *pl*: Frachtbetrieb *m*
all-inclusive income statement: Gewinn- und Verlustrechnung *f* mit Nachweis *m* über Rücklagenänderung *f*
all line repeat printing: Allzeilen-Folgekartenbeschriftung *f (EDV)*
all-plant: gesamtbetrieblich
all-plant burden rate: Gemeinkostensatz *m*, einheitlicher Gemeinkostensatz *m* für den Gesamtbetrieb *m*
all-plant expense account: Kostenartensammelkonto *n* (vor der Umlage)
all-plant overhead: betriebliche Gemeinkosten *pl*, Gemeinkosten *pl*, die das Unterneh-

men *f* als Ganzes *n* verursacht und die deshalb keiner bestimmten Kostenstelle *f* anlastbar sind
all-purpose bank: Universalbank *f*
all-purpose financial statement: Allzweck-Bilanz *f* und Gewinn- und Verlustrechnung *f* (Einheitsbilanz usw.)
all rights reserved: freibleibend
all-round universal all-stage turnover tax: Allphasen-Umsatzsteuer *f*
all-stage turnover tax: Allphasen-Umsatzsteuer *f*
allegation: Behauptung *f*, Vorbringen *n*
allege: behaupten, vorbringen
alleged: angeblich
allied company: Konzerngesellschaft *f*, Tochtergesellschaft *f*
allocable: zurechenbar
allocate: dotieren, umlegen, zurechnen, zuteilen, zuweisen
allocate cost to periods over which the benefits accrue: Kosten *pl* auf die Nutzungsdauer *f* verteilen
allocation: Allokation *f*, Zuweisung *f*, Umlage *f*, Zurechnung *f*, Zuteilung *f*
Die Aufteilung des (→) Marketingbudgets auf die einzelnen Posten, Aufgaben, Abteilungen, Werbeträger etc.
allocation basis: Gemeinkostenverrechnungsbasis *f*
allocation of expense(s) *(pl)*: Gemeinkostenumlage *f*
allocation of funds *pl*: Bereitstellung *f* von Mitteln *n/pl*, Dotation *f*, Zuteilung *f* von Mitteln *n/pl*
allocation of markets *pl*: Aufteilung *f* der Märkte *m/pl*
allocation of resources *pl*: Allokation *f* der Ressourcen, Aufteilung *f* der Ressourcen
Die Aufteilung gegebener Bestände einer Volkswirtschaft auf unterschiedliche Verwendungsmöglichkeiten unter der Nebenbedingung gegebener produktiver Möglichkeiten. Unter einer *optimalen Allokation der Ressourcen* wird im Rahmen der neoklassischen Mikroökonomie ein Zustand verstanden, in dem der Nutzenindex keines Wirtschaftssubjekts ohne Nutzeneinbuße eines anderen Wirtschaftssubjekts erhöht werden kann. Unter den Prämissen der Allgemeinen Gleichgewichtstheorie führt der Preismechanismus einer Marktwirtschaft zur optimalen Allokation der Ressourcen. Eine Allokation der Ressourcen, die möglichst nahe an das Optimum heranreicht, gilt vielfach als Hauptaufgabe einer Ökonomie und die Analyse der dazu erforderlichen Bedingungen entsprechend als Hauptaufgabe der Volkswirtschaftslehre.
allot: zumessen, zuteilen, zuweisen

allotment: Verteilung *f*, Zuteilung *f*, Zuweisung *f*
allotment of shares *pl*: Aktienzuteilung *f*
allotment of stock: Aktienzuteilung *f*
allottee: Zuteilungsempfänger *m*
allow: aussetzen (eine Rente), erlauben, gestatten, gewähren, lassen, vergüten, zubilligen, zulassen
allowable: statthaft, Abzug *m* (oder Zuschlag), Erholungszuschlag *m* (bei Zeitvorgabe), Geldabfindung *f*, Nachlaß *m* (vom Verkaufspreis), Rabatt *m*, Rückstellung *f*, Taschengeld *n*, Vergütung *f*, Zubilligung *f*, Zuschlag *m* für Mehrverbrauch *m* oder Mehrkosten *pl*
allowable margin of error(s) *(pl)*: Toleranz *f*
allowance for decline of foreign currency exchange: Devisenbestandswertberichtigung *f*
allowance for decline of foreign currency exchange value: Wertberichtigung *f* für Devisenbestand *m*
allowance for dependent children: Kindergeld *n*
allowance for dependents *pl*: Kinderfreibetrag *m*, Freibetrag *m* für Familienangehörige *m/pl*
allowance for depletion: Absetzung *f* für Substanzverringerung *f*
allowance for depreciation: aufgelaufene Abschreibung *f*
allowance for doubtful accounts: Rückstellung *f* für zweifelhafte Forderungen *f/pl*
allowance for loss in value: Wertberichtigung *f*
allowance for tare: Taravergütung *f*
allowance on price: Preisnachlaß *m*
allowance time: Vorgabezeit *f*, Zeitvorgabe *f*
allowed hours *pl*: Vorgabezeit *f*, Zeitvorgabe *f*
allowed time: Vorgabezeit *f*, Zeitvorgabe *f*
alpha list entry: Alphabeteingang *m (EDV)*
alpha-numeric: alphanumerisch *(EDV)*
alphabetic: alphabetisch
alphabetic code: Alphabetschlüssel *m (EDV)*
alphabetic field limit: Alphabetfeldbegrenzung *f (EDV)*
alphabetic filing: Ablage *f*, alphabetische Ablage *f*
alphabetical: alphabetisch
alphabetical filing: alphabetische Ablage *f*

alphabetical sorting: alphabetisches Sortieren *n (EDV)*, alphabetische Sortierung *f*
alphabetical tabulating machine: alphabetschreibende Tabelliermaschine *f (EDV)*
alter: abändern, ändern, verändern
alteration: Abänderung *f*, Änderung *f*, Veränderung *f*
alteration of capital: Änderung *f* des Kapitals *n*
alteration of entry: Änderungsbuchung *f*
alteration of the articles: Änderung *f* der Satzung *f*
alteration of the articles of incorporation: Änderung *f* der Satzung *f*
alternate director: Vertretungsdirektor *m*
alternate standard: Alternativstandard *m* oder Alternativ-Vorgabe *f*
alternate tape drive: Bandwechseleinheit *f (EDV)*
alternating current: Wechselstrom *m (EDV)*
alternative: Alternative *f*
Die Grundkonfiguration der statistischen oder mathematischen Entscheidungstheorie ist eine Situation, in der zwei Personen jeweils eine Entscheidung treffen und in der diese beiden Entscheidungen zu einer bestimmten Konsequenz führen. In der Spieltheorie werden die Personen in einer solchen Situation Spieler (players) genannt, in der Entscheidungstheorie spricht man von Entscheidern (decision makers) oder Aktoren (actors). Manchmal wird die entscheidende Person als ein komplexes, vielfältige Interessen verkörperndes Gebilde verstanden, etwa als eine Nation oder eine Gesellschaft, meist jedoch als reales oder ideales Individuum. Die Personen werden oft mit P^A und P^B bezeichnet. P^A ist der Protagonist, P^B der Mitspieler (coplayer), Konkurrent (competitor) oder Opponent (opponent) von P^A.
Es seien $a_1, a_2, ..., a_m$ Alternativen für P^A und $b_1, b_2..., b_n$ die möglichen Handlungsalterursalternativen für P^B. P^A kann eine – und nur eine – der m Möglichkeiten wählen und ebenso kann P^B eine und nur eine der n Möglichkeiten wählen, wobei jede der möglichen Entscheidungen mit der gleichen Leichtigkeit getroffen werden kann. Unterschiede der Anstrengung und Mühe bei der Entscheidung bzw. der Realisierung einer Entscheidung können als Aspekt der sich ergebenden Konsequenz in die Formalisierung der Situation miteinbezogen werden.
Man bezieht sich auf die a_i als potentielle Wahlen von P^A und bezeichnet sie als *Alternativen* (alternatives) oder Optionen (options). Spricht man von einer Entscheidung (decision) oder Wahl (choice) von P^A, so meint man das Ergebnis eines Wahlakts, d.h. eine spezielle gewählte a_i. Spricht man von möglichen, potentiellen oder verfügbaren Entscheidungen oder Wahlen, so bezieht man sich stets auf Alternativen bzw. Optionen.

alternative offer: Alternativangebot *n*
alternative tax: Kapitalzuwachssteuer *f*
amalgamate: fusionieren, vereinigen, verschmelzen
amalgamation: Fusion *f*, Vereinigung *f*, Verschmelzung *f*
ambiguity: Mehrdeutigkeit *f*
ambiguous: doppelsinnig, mehrdeutig, mißverständlich
ambivalence: Ambivalenz *f*
Ein aus der Psychologie in die Markt- und Werbeforschung übernommener Terminus zur Kennzeichnung doppelwertiger, in entgegengensetzte Richtungen weisende, also teils positive (Appetenz), teils negative (Aversion) Einstellungskomponenten gegenüber einem Einstellungsobjekt. Die Entstehung ambivalenter Wahrnehmungen, Einstellungen oder Beziehungen setzt in der Regel eine starke Affektivität gegenüber dem Objekt voraus, was erklärt, warum ambivalente Bindungen entgegen der vorschnellen Annahme, es möge die Tendenz bestehen, die darin liegende Dissonanz der Einstellungen zu beseitigen, meist relativ dauerhaft sind.

ambivalent climber: ambivalenter Aufsteiger *m*
Ein Typ des Managers, der nach einer von dem amerikanischen Soziologen Robert Presthus entwickelten Typologie der Anpassung von Organisationsmitgliedern an bürokratische Großorganisationen, der das Gegenteil zum Aufsteiger repräsentiert. Er ist der introvertierte, idealistische Erfindertyp, der nur Expertenwissen und Leistung nicht aber formale Autorität anerkennt. Sein ungeschicktes Verhalten Mitarbeitern gegenüber prädestiniert ihn nicht für Führungspositionen. Man findet ihn deshalb eher als Spezialisten in Stabsstellen, als Berater oder Forscher. Er befindet sich in einem ständigen Konflikt zwischen seinem Berufsethos und den Organisationszielen, zwischen seinem Unabhängigkeitsstreben und den Erfordernissen zweckrationaler Organisation. Der Ausweg in die Indifferenz ist ihm versperrt, da er nicht wie die Indifferenten aus der Unterschicht stammt, sondern aus oberen sozialen Schichten, in denen Ehrgeiz kultiviert wird.

ameliorate: aufbessern
amelioration: Aufbesserung *f*
amend: abändern (im Sinne von verbessern), ändern (verbessern), berichtigen, ergänzen, nachtragen, verbessern
amending law: Änderungsgesetz *n*, Anpassungsgesetz *n*
amending ordinance: Änderungsverordnung *f*
amendment: Abänderung *f* (im Sinne von verbessern), Änderung *f* (Verbesserung) *f*, Änderungsgesetz *n*, Berichtigung *f* (im Sinne von Verbesserung), Ergänzung *f*, Nach-

trag *m*, Novelle *f*, (Gesetzes) Verbesserung *f*, Zusatzantrag *m*
amendment of the articles of association: Satzungsänderung *f*
American Federation of Labor (AFL) *(Am)*: Gewerkschaftsbund *m*
American Stock Exchange: Amerikanische Wertpapierbörse *f*
amicable: freundschaftlich, gütlich
amicable agreement: gütlicher Vergleich *m*
amicable settlement: Einigung *f*, gütlicher Vergleich *m*, gütliche Einigung *f*
amnesty: Amnestie *f*, Straferlaß *m*
Amoroso-Robinson equation: Amoroso-Robinson-Relation *f*, Amoroso-Robinson-Gleichung *f*
Eine von Luigi Amoroso und Joan Robinson entwickelte Gleichung zwischen Grenzausgabe und direkter Preiselastizität der Nachfrage (d.h. die Zu- oder Abnahme der mengenmäßigen Nachfrage nach einem Gut bei Änderung des Preises um eine infinitesimale Einheit). Nimmt die nachgefragte Menge um einen bestimmten Prozentsatz zu (dx/x) und der Preis entsprechend ab (dp/q), erhöht sich die Ausgabe der Abnehmer (dA) um den Prozentsatz der Erhöhung der Nachfragemenge und vermindert sich um den Prozentsatz der Preissenkung. Für die Grenzausgabe ergibt sich also:

$$\frac{dA}{dX} = p - [1 + (\frac{1}{\varepsilon})]$$

wobei

$$\varepsilon = \frac{p}{x} - \frac{dx}{dp}$$

(direkte Preiselastizität des Absatzes) bedeutet. Die Differenz zwischen Preis und Grenzausgabe nimmt mithin mit abnehmender Nachfrageelastizität zu.
amortizable: tilgbar
amortization: Abzahlung *f*, Amortisation *f*, Tilgung *f*
amortization calculation: Amortisationsrechnung *f*
Ein Verfahren der statischen Investitionsrechnung. Mit Hilfe der Amortisationsrechnung soll die statische Amortisationszeit ermittelt werden, die sich aus dem Zeitraum errechnet, der zwischen der investitionsobjektinduzierten Kapitalbindung und seiner durch entsprechende Rückflüsse bewirkten Freisetzung liegt. Dabei ergeben sich die Rückflüsse aus der Summe von Gewinn und Abschreibungen des Investitionsprojekts.
Die Amortisationszeit (Wiedergewinnungszeit) wird ermittelt, indem der ursprüngliche Kapitaleinsatz durch die jährlichen Abschreibungen und den durchschnittlichen Jahresgewinn dividiert wird. Die Formel hierzu lautet:

$$\text{Amortisationszeit} = \frac{\text{Kapitaleinsatz (DM)}}{\text{(durchschn. jährl. Gewinn + Abschreibungen DM/Jahr)}}$$

Werden zwei oder mehr Investitionsalternativen miteinander verglichen, so gilt die Alternative als die vorteilhaftere, die die kürzere bzw. kürzeste Wiedergewinnungszeit aufweist.
Dabei bieten sich zwei Varianten an. Die erste geht von jährlich durchschnittlichen Rückflüssen aus, die während der gesamten Nutzungsdauer konstant bleiben. Will man diesen Nachteil vermeiden und Rückflüsse in ihrer unterschiedlichen Höhe berücksichtigen, bietet sich als zweite Variante die Kumulationsrechnung an. Bei ihr werden die Rückflüsse so lange kumuliert, bis der ursprüngliche Kapitaleinsatz erreicht ist.
Die Amortisationsrechnung wird eingesetzt, um den Zeitraum bis zur Wiedergewinnung des eingesetzten Kapitals zu ermitteln. Sie stellt also auf die Kapitalbindungsdauer, nicht aber auf die Wirtschaftlichkeit ab.
Die Anwendung eines derartigen Verfahrens erscheint sinnvoll, wenn man berücksichtigt, daß mit zunehmender Kapitalbindungsdauer das Risiko einer Investition zunimmt. Aus diesem Grunde ist ja jede Unternehmensleitung an einer möglichst frühzeitigen Amortisation des eingesetzten Kapitals interessiert. Insofern bietet die Anwendung dieses Verfahrens ein nützliches, zusätzliches Kriterium im Rahmen der Entscheidungsfindung. Allerdings sollte dieses Verfahren nicht als alleinige Entscheidungshilfe herangezogen werden, da ihm nicht nur Wirtschaftlichkeitsgesichtspunkte, sondern auch der Zeitraum nach dem Amortisationszeitpunkt außer acht gelassen wird. Bei einer Totalbetrachtung kann sich unter Einbeziehung von Wirtschaftlichkeitskriterien (Kosten- und Ertragswirtschaftlichkeit) durchaus ein unter Amortisationsgesichtspunkten vorteilhaftes Ergebnis umkehren.
amortization schedule: Amortisationsplan *m*
amortization time: Amortisationsdauer *f*, Wiedergewinnungszeit *f*
Die Zahl der Zeitperioden, in denen ein Produkt auf dem Markt angeboten werden muß, bis kein negativer Kapitalwert mehr anfällt.
amortize: abzahlen, amortisieren, Anleihe *f* tilgen, tilgen
amortized cost: Buchwert *m*
amount: Betrag *m*, Summe *f*
amount brought forward: Übertrag *m*
amount carried forward: Übertrag *m*
amount column: Betragsspalte *f*
amount field: Betragsspalte *f*
amount insured: Versicherungssumme *f*
amount of balance: Saldobetrag *m*
amount of invoice: Rechnungsbetrag *m*
amount of property: Vermögensbestand *m*
amount received: Betrag *m* erhalten

amount to: betragen
amount to be collected on delivery: Nachnahmebetrag *m*
ample: reich, reichlich
amplifier: Verstärker *m*
amplify: verstärken
amplitude: Amplitude *f*
In der statistischen Zeitreihenanalyse der Schwankungsgrad einer Zeitreihe, d.h. die Differenz zwischen dem Maximum und dem Minimum. Die Terminologie ist nicht vollkommen einheitlich. Mitunter wird auch einfach der Maximalwert einer periodischen Schwingung als Amplitude bezeichnet.
analogous: analog
analogue computer: Analogrechenanlage *f (EDV)*, Analogrechner *m (EDV)*
analogue data *pl*: Analogwerte *m/pl*
analogue method (of site selection): Analogmethode *f* (der Standortwahl)
In der betrieblichen Standorttheorie ein Verfahren der Suche und Bewertung von Standorten das konkrete Standortentscheidungen in Analogie zu bereits früher getroffenen Standortentscheidungen trifft.
analysis: Analyse *f*, Untersuchung *f*
analysis problem: Analyseproblem *n*
Im Bereich der Problemlösung lassen sich je nach der gedanklichen Anforderungsqualität, die ein Problem stellen kann, verschiedene Problemtypen abgrenzen. Bei Analyseproblemen besteht die Anforderung im Erkennen von Strukturen, d.h. deren Elementen, Relationen zwischen den Elementen und deren Struktureigenschaften. Die Analyse beinhaltet allgemein die Klärung von Zusammenhängen.
analyst: Analytiker *m*, Kritiker *m*, Analyst *m* (Bilanz)
analyze: analysieren, untersuchen
ancestor: Erblasser *m*, Vorfahre *m*
ancestry: Abstammung *f*, Vorfahren *m/pl*
ancillary guardian: Nebenvormund *m*
ancillary trade: Nebengewerbe *n*
ancillary undertaking: Hilfsbetrieb *m*, Nebenbetrieb *m*
animal feeding stuff: Tierfuttermittel *n/pl*
annex: Anhang *m*, anheften, beifügen, Nachtrag *m*, nachtragen, Nebengebäude *n*
anniversary present: Jubiläumsgeschenk *n*
annotate: anmerken, Anmerkung *f*, mit Anmerkungen versehen, Kommentar *m* mit Anmerkungen versehen, kommentieren
annotation: Anmerkung *f*, Fußnote *f*, Kommentar *m*
announce: ankündigen, anmelden, anzeigen, bekanntgeben, bekanntmachen, melden

announce a reward: aussetzen (eine Belohnung)
announcement: Ankündigung *f*, Anmeldung *f*, Anzeige *f*, Bekanntmachung *f*, Meldung *f*
announcement campaign: Einführungskampagne *f*
annoyance: Belästigung *f*, Störung *f*
annoyance and worry: Schikane *f* und Belästigung *f*
annual: jährlich
annual account *(brit)*: Jahresabschluß *m*
annual accounting period: Steuerjahr *n*
annual accounts *pl (brit)*: Jahresabschluß *m*
annual allowance: Jahresabschreibung *f*
annual amount: Jahresposten *m*
annual audit: Jahresabschlußprüfung *f*
annual balance sheet: Jahresbilanz *f*
annual budget: Jahresbudget *n* (Aufwands- und Ertragsplan)
annual depreciation: Jahresabschreibung *f*
annual earnings *pl*: Jahresverdienst *m*
annual financial statement: Jahresabschluß *m*, Jahresbilanz *f*
annual holiday: Jahresurlaub *m*
annual income: jährliches Jahreseinkommen *n*, Jahresertrag *m*
annual meeting: Generalversammlung *f*, Hauptversammlung *f*, Jahresversammlung *f*
annual premium: Jahresprämie *f*
annual profit: Jahresgewinn *m*
annual rate of amortization: Tilgungsrate *f*
annual rate of interest: Jahreszinssatz *m*
annual report: Geschäftsbericht *m*, Jahresbericht *m*
annual result: Jahresergebnis *n*
annual return: Jahresertrag *m*
annual review: Jahreserhebung *f*, jährliche Überprüfung *f*
annual sales plan: Jahresabsatzplan *m*
In der betrieblichen Absatzplanung der aus dem die langfristigen Zielsetzungen festlegenden Generalabsatzplan abgeleitete Absatzplan der in einem Haushaltsjahr in bezug auf Absatzinstrumente und Informationsbeschaffung zu erledigenden Aktivitäten.
annual saving(s) *(pl)*: Differenz *f* zwischen den Kosten *pl* zweier Geschäftsjahre *n/pl*, Jahresersparnis *f*
annual subscription: Jahresabonnement *n*
annual summary: Jahresübersicht *f*
annual vacation: Jahresurlaub *m*
annual yield: Jahresertrag *m*

annualization: Jahresumrechnung f, Umrechnung f auf Jahresbasis f
annualize: auf Jahresbasis f umrechnen (Monatsbetrag x 12), umrechnen auf Jahresbasis f
annuitant: Jahresrentenempfänger m
annuity: Annuität f, Jahresrente f, Leibrente f, Rente f
annuity agreement: Leibrentenvertrag m
annuity assurance: Rentenversicherung f
annuity bond: Rentenbrief m
annuity business: Rentengeschäft n
annuity cash value: Rentenbarwert m
annuity certain: Zeitrente f
annuity charge: Rentenschuld f
annuity due: vorschüssig zahlbare Annuität f
annuity insurance: Rentenversicherung f
annuity method of depreciation: Abschreibung f unter Berücksichtigung der Zinsen
annuity on joint lives: Rente f auf verbundene Leben n/pl
annuity value: Rentenbarwert m, Rentenwert m
annul: annullieren, aufheben (Vertrag, Urteil), Kraft f, außer Kraft setzen, kraftlos, für kraftlos erklären, rückgängig machen
annulment: Annullierung f, Aufhebung f, Nichtigkeitserklärung f, Ungültigkeitserklärung f
anonymity: Anonymität f
anonymous: anonym
answer: Antwort f, antworten, beantworten, Beantwortung f, Einlassung f, Klagebeantwortung f
answer for: aufkommen für, bürgen, gutsagen für, verantworten
answer in the affirmative: bejahen
answerable: haftbar, verantwortlich
answerable, be for: aufkommen für, haften für
antedate: zurückdatieren
anti-avoidance provisions pl **of tax law:** gesetzliche Bestimmung f gegen Steuerumgehung f
anti-cartel law: Antikartellgesetz n
anti-cyclical economic policy: antizyklische Wirtschaftspolitik f
anti-cyclical measures pl: antizyklische Maßnahmen f/pl, marktkonforme Mittel n/pl
anti-cyclical policy: Konjunkturpolitik f
anti-monopoly law: Antikartellgesetz n
Anti-Trust Law: Kartellgesetz n
anticipate: vorwegnehmen

anticipated cost: vorweggenommene Kosten pl
anticipated cost method: vorsorgliche Höherbewertung f der Vorräte m/pl während eines Zeitraums m steigender Preise m/pl
anticipated cost valuation: Höherbewertung f der Vorräte m/pl durch Anwendung f der FiFo-Methode f während eines Zeitraums m steigender Preise m/pl
anticipated profit: nicht realisierter Gewinn m, unrealisierter Gewinn m
anticipation: Erwartung f, Vorwegnahme f, Zusatzvergütung f für Zahlung f vor Ablauf m der Skontofrist f
anticipatory profit: nicht realisierter Gewinn m, unrealisierter Gewinn m
antisocial: asozial, unsozial
antitrust authority: Antitrustbehörde f
apartment: Wohnung f
apartment houses pl: Miethäuser n/pl
apartment-house property: Mietwohn(ungs)grundstück n
aperiodic: aperiodisch
apologize: abbitten, entschuldigen (sich)
apology: Abbitte f, Entschuldigung f
apparel industry: Oberbekleidungsindustrie f
appeal: berufen, Berufung einlegen; (gerichtliche) Berufungsklage f, Berufungsverfahren n, Kassationsverfahren n, Rekurs m, Wiederaufnahmeverfahren n
appealable: berufungsfähig
appeals board: Berufungsausschuß m
appear (for): erscheinen (für), vertreten
appearance: Erscheinen n, äußere Erscheinung f
appellant: Berufungskläger m
appellate court: Appellationsgericht n, Berufungsgericht n, zweite Instanz f
appellee: Berufungsbeklagter m
appendix: Anhang m, Anlage f, Zusatz m
applicability: Anwendbarkeit f
applicable: anwendbar
applicant: Antragsteller m, Bewerber m, Gesuchsteller m
application: Antrag m, Anwendung f, Berufung f (gerichtliche), Bewerbung f, Gesuch n, Verwendung f
application blank: Personalfragebogen m
application for a job: Stellengesuch n
application for admission: Zulassungsgesuch n
application for financing: Finanzierungsantrag m
application for leave of absence: Urlaubsantrag m, Urlaubsgesuch n

approach-aversion conflict

application for license: Zulassungsantrag *m*, Zulassungsgesuch *n*
application for membership: Beitrittsgesuch *n*
application for registration: Antrag *m* auf Registrierung *f*
application for relief: Unterstützungsantrag *m*, Unterstützungsgesuch *n*
application form: Antragsformular *n*, Bewerbungsbogen *m*, Fragebogen *m* (vom Bewerber auszufüllen)
application list: Zeichnungsliste *f*
application of funds *pl*: Mittelverwendung *f*
application package: spezieller Anwendungsprogrammsatz *m (EDV)*
application sector: Geltungsbereich *m*
applied cost: zugerechnete Kosten *pl*, verrechnete Gemeinkosten *pl*
applied economics: angewandte Wirtschaftspolitik *f*, Volkswirtschaftspolitik *f*
applied indirect cost: verrechnete Fertigungsgemeinkosten *pl*
applied mathematics: angewandte Mathematik *f*
applied overhead: Fertigungsgemeinkosten *pl*, verrechnete verrechnete Gemeinkosten *pl*
applied research: angewandte Forschung *f*
apply: anwenden, verwenden
apply (methods): (Methoden) einsetzen
apply for insurance: eine Versicherung *f* beantragen
apply for: einen Antrag *m* stellen, beantragen, bewerben, sich um (eine Stelle) bewerben
apply mutatis mutandis: entsprechende Anwendung *f* finden
appoint: ernennen, bestellen, einsetzen
appoint a day: einen Termin *m* anberaumen
appoint a hearing: einen Termin anberaumen
appointed: bestimmt, festgesetzt
appointer: Vollmachtgeber *m*
appointment: Anstellung *f*, Bestallung *f*, Bestellung *f* (Ernennung), Ernennung *f*, Neueinstellung *f*, Verabredung *f*
appointment by court: Bestellung *f* durch Gericht *n*
appointment of auditor: Bestellung *f* des Abschlußprüfers *m*
appointment schedule: Terminkalender *m*
apportion: umlegen, verhältnismäßig verteilen, verteilen, zurechnen, zuweisen
apportionment: Umlage *f*, verhältnismäßige Verteilung *f*, Verteilung *f*, Zurechnung *f*, Zuweisung *f*
apportionment basis: Umlagebasis *f*
apportionment of indirect cost: Gemeinkostenumlage *f*
appraisal: Abschätzung *f*, Bewertung *f*, Schätzung *f*, Taxe *f*
appraisal fee: Schätzgebühr *f*
appraise: abschätzen, bewerten, schätzen, taxieren
appraised value: Schätzwert *m*, Taxwert *m*
appraiser: Abschätzer *m*, Bewerter *m*, Bewertungsfachmann *m*, Schätzer *m*, Taxator *m*
appreciate: aufwerten, im Wert *m* steigen, würdigen
appreciation surplus: Aufwertungsgewinn *m*, gesonderte Bilanzposten *m/pl (Am)*, Kapitalzuwachs *m* aus Werterhöhungen *f/pl* (Bilanzposten)
appreciation: Anerkennung *f*, Aufwertung *f*, Überschuß *m* des Tageswertes *m* über den Buchwert *m*, Wertzuwachs *m*, Würdigung *f*, Zuschreibung *f*
apprehend: ergreifen, festnehmen, verhaften
apprehension: Ergreifung *f*, Festnahme *f*, Verhaftung *f*
apprentice: Lehrling *m*, Auszubildende(r) *f(m)*
apprentice rate: Anlernlohnsatz *m*
apprentice school: Lehrwerkstatt *f*
apprentice training: Lehrlingsausbildung *f*
apprenticeship: Lehre *f*, Lehrzeit *f*
approach (approach behavior): Appetenz *f*, Appetenzverhalten *n*
Eine auf ein bestimmtes Ziel gerichtete Verhaltenstendenz, die in der lernpsychologisch orientierten Konsum- und Motivforschung als die von einem Produkt ausgehende Anziehungskraft bezeichnet wird.
approach-approach conflict: Appetenzkonflikt *m*
Ein Konflikt, bei dem ein Individuum vor der Wahl von an sich gleichwertigen oder als gleichwertig bewerteten wünschenswerten Alternativen steht, von denen jedoch nur eine realisierbar ist. Unabhängig, wie sich das Individuum entscheidet, es bleibt stets das Empfinden eines Verzichts erhalten.
approach-aversion conflict: Appetenz-Aversions-Konflikt *m*
Ein Konflikt, bei dem ein Individuum strebt ein positiv bewertetes Ziel anstrebt, dessen Realisierung aber mit negativen Begleitumständen, unter Umständen mit Sanktionen, verbunden ist (Normenkonflikt).

29

approbate: gutheißen
approbation: Billigung *f*
appropriate: angemessen, geeignet, hinreichend, sich aneignen, in Besitz *m* nehmen, verwenden
appropriated: zugewiesen, zweckgebunden
appropriated reserve: zweckgebundene Rücklage *f*
appropriated surplus: nicht frei verfügbares Zuwachskapital *n*, zweckgebundene Rücklage *f*
appropriateness: Angemessenheit *f*
appropriation: Aneignung *f*, Inbesitznahme *f*, Verwendung *f*
appropriation of funds *pl*: Geldbereitstellung *f*, Geldzuweisung *f*
appropriation of net earnings *pl*: Gewinnverwendung *f*
appropriation of net earnings *pl*: Gewinnverwendung *f*
appropriation of net income: Gewinnverwendung *f*
appropriation of net profit: Gewinnverwendung *f*
appropriation request: Geldbewilligungsantrag *m*
approval: Billigung *f*, Einwilligung *f*, Genehmigung *f*, Gutheißung *f*, Zustimmung *f*
approve: einwilligen, genehmigen, gutheißen, zustimmen; (of) billigen
approved budget: genehmigtes Budget *n*
approved pension plan: steuerlich genehmigter Pensionsplan *m*
approved program: genehmigtes Programm *n*
approximate: angleichen
approximate value: Näherungswert *m*, Schätzwert *m*
approximated: aufgerundet, geschätzt
approximately: circa, schätzungsweise, ungefähr
approximation: überschlägige Berechnung *f*
appurtenance: Zubehör *n*
appurtenant: zugehörig
apron: Talon *m*
apt: fähig
aptitude: Eignung *f*, Fähigkeit *f*
aptitude test: Eignungsprüfung *f*, Eignungstest *m*
arbiter: Schiedsrichter *m*
arbitrage: Arbitrage *f*
arbitrage transaction: Arbitragegeschäft *n*
arbitrageur: Arbitrageur *m*
arbitral: schiedsrichterlich

arbitral procedure: Schiedsverfahren *n*
arbitrament: Schiedsspruch *m*
arbitrariness: Eigenmächtigkeit *f*, Willkür *f*
arbitrary: eigenmächtig, mutwillig, willkürlich
arbitrary measure: Willkürmaßnahme *f*, Zwangsmaßnahme *f*
arbitrate: arbitrieren, schlichten, vermitteln
arbitration: Arbitrage *f*, Schiedsspruch *m*, Schiedsverfahren *n*, Schlichtung *f*, Vermittlung *f*
arbitration agreement: Schiedsvertrag *m*
arbitration clause: Schiedsklausel *f*
arbitration commission system: Arbitrage *f*, Schiedsspruch *m*, Schiedsverfahren *n*, Schlichtung *f*, Vermittlung *f n*
arbitration commission: Vermittlungsausschuß *m*
arbitration committee: Schlichtungsausschuß *m*
arbitration treaty: Schiedsvertrag *m*
arbitrator: Schiedsmann *m*, Schiedsrichter *m*, Vermittler *m*
archives *pl*: Archiv *n*
arduous: anstrengend, schwierig
area: Bereich *m*, Bezirk *m*, Gebiet *n*, Raum *m*
area of authority: Verantwortungsbereich *m*
area of errors *pl*: Fehlerfeld *n*
area of responsibility: Verantwortungsbereich *m*
area planning: Raumplanung *f*
area: manager Gebiets(verkaufs)leiter *m*
argue: argumentieren, streiten, verhandeln, mündlich vorbringen
argument: Argument *n*, Beweisgrund *m*, Rechtsgrund *m*, Streit *m*
argumentation: Beweisführung *f*
arithmetic mean: arithmetisches Mittel *n*
arithmetic operation: arithmetische Operation *f (EDV)*
arithmetic progression: arithmetische Progression *f*
arithmetic shift: arithmetisches Versetzen *n (EDV)*, arithmetisches Schiffen *n (EDV)*, arithmetisches Verschieben *n (EDV)*
arithmetic unit: Rechenwerk *n (EDV)*
arithmetical error: Rechenfehler *m*
armament factory: Rüstungswerk *n*
armaments boom: Rüstungskonjunktur *f*
arraign: anklagen, beschuldigen, den Angeklagten *m* vor Gericht *n* stellen
arraigner: Ankläger *m*, Anklagevertreter *m*
arraignment: Anklage *f*, Beschuldigung *f*
arrange: abmachen, anordnen, disponie-

ren, ordnen, regeln, vereinbaren, vergleichen
arranged: geordnet
arrangement: Abkommen *n*, Abmachung *f*, Anordnung *f*, Arrangement *n*, Einrichtung *f*, Ordnung *f*, Regelung *f*, Verabredung *f*, Vereinbarung *f*, Verfahren *n*, Vergleich *m*
arrangement fee: Bereitstellungsprovision *f*
arrangement in bankruptcy court: gerichtlicher Vergleich *m*
arrangement out of bankruptcy court: außergerichtlicher Vergleich *m*
arrangement outside bankruptcy proceedings: außergerichtlicher Vergleich *m*
arrears *pl*: Rückstand *m*, Zahlungsrückstand *m*, rückständige Dividende *f* für kumulative Vorzugsaktien *f/pl*
arrears *pl* **of dividend:** rückständige Dividende *f*
arrears *pl* **on interest** *pl*: Zinsrückstände *m/pl*
arrest of judgment: Urteilsaufschub *m*, Aussetzung *f* (des Urteils)
arrest: Arrest *m*, mit Beschlag *m* belegen, Beschlagnahme *f*, beschlagnahmen, Festnahme *f*, festnehmen, Haft *f*, verhaften, Verhaftung *f*
arrogance: Anmaßung *f*
arrogant: anmaßend
Arrow's paradox: Arrowsches Paradoxon *n*
Die von Kenneth Arrow formulierte Erkenntnis, daß es in der sozialen Realität kein rationales Verfahren zur Aggregierung divergierender Präferenzordnungen gibt, das nicht einzelnen oder einzelnen Gruppen der Gesellschaft Opfer abverlangt, weil es in vielen Fällen mit der Durchschnittsbetrachtung der gesellschaftlichen Verhältnisse nicht getan ist.
arson: Brandstiftung *f*
art paper: Kunstdruckpapier *n*
artic *(brit)*: Sattelschlepper *m*
article: 1. Artikel *m*
Eine Gruppe von Sorten (= kleinste, nicht weiter teilbare Einheit eines Sortiments) mit einheitlichem Warencharakter, die sich nur durch quantitative oder qualitative Merkmale wie z.B. Größe. Menge, Farbe oder Form voneinander unterscheiden (Blusen z.B. sind ein Artikel, Blusen Größe 38 ist die Sorte. Hemden ist die Produkt- oder Warengruppe).
2. Gegenstand *m*, Gesetzesabschnitt *m*, Paragraph *m*
article profit and loss statement: Artikelerfolgsrechnung *f*
Derjenige Bereich der betriebswirtschaftlichen Erfolgsrechnung, der Informationen über die Beiträge, die die speziellen Absatzsegmente Artikel und Artikelgruppen im Angebotsprogramm oder Sortiment eines Unternehmens leisten, liefert und dabei diejenigen Bestandteile der Erlöse des Unternehmens erfaßt, die durch den Absatz der einzelnen Artikel bzw. Artikelgruppen erzielt werden.
articles *pl*: Vertrag *m*
articles *pl* **of (co)partnership:** Gesellschaftsvertrag *m*
articles *pl* **of agreement:** schriftlicher Vertrag *m*
articles *pl* **of association:** Gesellschaftsvertrag *m*, Satzung *f*, Statuten *n/pl*
articles *pl* **of incorporation:** Gründungsurkunde *f* einer juristischen Person *f*, Satzung *f*
articles *pl* **of partnership:** Gesellschaftsvertrag *m* (OHG)
articulated lorry: Sattelschlepper *m*
articulation statement: Matrixbilanz *f*, Schachbrettbilanz *f*
artificial person: juristische Person *f*
artificially cheapened: künstlich verbilligt
artisan: Handwerker *m*
arts *pl* **and crafts** *pl*: Kunstgewerbe *n*
as a precaution: vorsichtshalber, vorsorglich
as a representative: vertretungsweise
as a substitute: vertretungsweise
as compared with: im Vergleich *m* mit
as far as practicable: soweit durchführbar, tunlichst
as has been proved: nachgewiesenermaßen
as is customary: usancenmäßig
as per account: laut Rechnung *f*
as per advice: laut Bericht *m*
as scheduled: planmäßig
as-required item: Produkt *n*, das nur bei Bedarf *m* gefertigt wird
ascend: steigen
ascending sequence: aufsteigende Reihenfolge *f*
ascertain: ermitteln, feststellen
ascertainable: feststellbar
ascertainment: Feststellung *f*
ascertaint a price: einen Preis *m* festsetzen
ascribe: zuschreiben
ask: anfragen
ask (for): ansuchen, auffordern, befragen, bitten, ersuchen, fordern
ask-not bid: Kurs *m* ohne Nachfrage *f*
asked price: Briefkurs *m*, Verkaufskurs *m*
asked-not bid: Kurs *m* ohne Nachfrage *f*
asking price: Angebotspreis *m*, Verkaufskurs *m*

aspiring: strebsam
asport: widerrechtliche Wegschaffung *f* einer fremden Sache *f*
assailant: Angreifer *m*
assault: tätliche Drohung *f*, versuchte Körperverletzung *f*
assault and battery: Körperverletzung *f*, Mißhandlung *f*
assaulter: Angreifer *m*
assayer: Prüfanstalt *f*
assemble: montieren, sammeln, versammeln, zusammenbauen, zusammenfügen
assembler: Sammelgroßhändler *m* (für landwirtschaftliche Produkte), Übersetzungsprogramm *n (EDV)*
assembling: Montage *f*
assembly: Montage *f*, Versammlung *f*, Zusammenbau *m* (Teil der Fertigung), Zusammenkunft *f*
assembly cost system: Kostenrechnung *f* für Montagebetrieb
assembly department: Montageabteilung *f*
assembly fixture: Montagevorrichtung *f*
assembly line: Fließband *n*, Montage(arbeits)strecke *f*
assembly line production: Fließbandfertigung *f*
assembly plant: Montagewerk *n*
assembly shop: Montagehalle *f*, Montagewerkstatt *f*
assent: einwilligen, Einwilligung *f*, zustimmen, Zustimmung *f*; (to) beistimmen
assert: behaupten, bekräftigen, geltend machen, vorbringen
assert rights *pl*: vindizieren
assertion: Behauptung *f*, Geltendmachung *f*, Vorbringen *n*
assess: besteuern, einschätzen, festsetzen, schätzen, taxieren, umlegen; (taxes) veranlagen
assessable: steuerbar
assessed unit value: Steuerwert *m*
assessed value: Einheitswert *m*, Steuerwert *m*
assessment: Besteuerung *f*, Festsetzung *f*, Schätzung *f*, Taxe *f*, Umlage *f*, Veranlagung *f* (Steuer)
assessment basis: Bemessungsgrundlage *f*
assessment center: Bewertungszentrum *n*, Assessment-Center *n*
Das Assessment-Center stellt ein systematisches Verfahren zur qualifizierten Ermittlung von Verhaltensleistungen bzw. Verhaltensdefiziten dar. Dieses Verfahren setzt sich aus mehreren Einzel- und ggf. auch Gruppenübungen zusammen, in deren Verlauf gleichzeitig mehrere Teilnehmer von mehreren, speziell dafür geschulten Führungskräften in bezug auf vorher definierte Anforderungen beobachtet und beurteilt werden.

Entscheidendes Merkmal ist mithin die konsequente mehrdimensionale Ausrichtung des Assessment-Centers, und zwar im Hinblick auf die zu beurteilenden Personen, die Beurteiler, die eingesetzten Methoden.

Assessment-Center werden gegenwärtig sehr häufig zur Lösung von Personalauswahlproblemen propagiert, aber wesentlich seltener – insbesondere von Großunternehmen tatsächlich praktiziert. In ihrer konkreten Ausgestaltung weichen sie sehr stark voneinander ab. Sie dienen neben Auswahlzwecken vereinzelt auch zur Potentialdiagnose von Führungskräften des Unternehmens, um aus den Ergebnissen individuelle Entwicklungsmaßnahmen für die betriebliche Karriere- sowie Aus- und Weiterbildungsplanung abzuleiten.

Als Auswahlinstrument weist das Assessment-Center gegenüber den „traditionellen" Informationsquellen der Personalauswahl einen ganz entscheidenden Unterschied auf. Bei den traditionellen Test-Verfahren kann der Vorgesetzte bzw. Beobachter die Gegenüberstellung von Anforderungen der vakanten Stelle mit den Fähigkeiten und dem Potential des Bewerbers nur gedanklich vornehmen. Das Assessment-Center bietet dagegen u.a. auch die Möglichkeit zur Simulation, d.h. die Teilnehmer werden mit quasirealistischen Situationen konfrontiert, die denen in ihrer künftigen Arbeitsposition gleichen. Aus dem Verhalten der Teilnehmer glaubt man, bessere Aussagen über die Eignung eines Bewerbers für die mit der zu besetzenden Stelle verbundenen Herausforderungen ableiten zu können.

Dem Assessment-Center wird im Vergleich zu den übrigen Verfahren auch deswegen eine höhere Objektivität zugesprochen, weil sehr unterschiedliche diagnostische Verfahren in einem Assessment Center gleichzeitig Anwendung finden.

Assessment-Center scheinen, so reklamieren zumindest einige Untersuchungen, eine bessere Prognosevalidität zu haben, d.h. die Erfolgsprognosen für durch Assessment-Center ausgelesene Kandidaten korrelieren stärker mit deren späterem Erfolg als es bei Einzeltestverfahren der Fall ist. Es scheint hier also eine Art Synergie-Effekt aufzutreten. Begründen läßt sich dieses Phänomen u.a. wahrscheinlich mit der redundanten Überprüfung einzelner Fähigkeiten in den unterschiedlichen Übungen, die den Abbau von Beurteilungsfehlern fördert und somit zu einer höheren Validität beiträgt.

assessment law: Feststellungsgesetz *n*
assessment of duty: Zollfestsetzung *f*
assessment system: Umlageverfahren *n*
assessment unit value of real estate: Einheitswert *m* eines Grundstücks *n*
assessment unit value: Einheitswert *m*

assessor: Beisitzer *m*, Grundsteuerbeamter *m*, Taxator *m*
ASSESSOR model: ASSESSOR-Modell *n*
Ein von Alvin J. Silk und Glen L. Urban 1978 vorgestelltes, zweigleisiges Modell, mit dessen Hilfe Markterfolgsprognosen über den langfristigen Marktanteil eines neuen Produkts auf der Grundlage von Kaufdaten, die im Labortest ermittelt wurden und zugleich auf der Grundlage von Befragungsergebnissen über Käuferpräferenzen erstellt werden, möglich sind. Dabei werden die auf beiden Wegen gefundenen Ergebnisse miteinander verglichen, um so durch frühzeitige Korrekturen des Marketingplans und damit auch eine höhere Güte der Prognose zu erreichen.
asset: Aktivposten *m*, Aktivum *n*, Aktivwert *m*, Vermögenswert *m*, Wirtschaftsgut *n*
asset account: Bestandskonto *n*
asset stripping: Aufkaufen *n* und Auseinanderreißen *n* von Unternehmen *n/pl*
assets *pl*: Aktiva *n/pl*, Aktivmasse *f*, Aktivermögen *n*, Anlagegegenstände *m/pl*, Konkursmasse *f*, Masse *f*, Vermögen *n*, Vermögensbestand *m*, Vermögensstand *m*
assets *pl* **and liabilities** *pl*: Aktiva *n/pl* und Passiva *n/pl*
assets account: Aktivkonto *n*
assets *pl* **employed:** eingesetztes Vermögen *n*
assign: abtreten, anweisen (Geld), überlassen, übertragen, zedieren, zumessen, zuschreiben, zuweisen
assign by allocation: umlegen
assignability: Übertragbarkeit *f*, Zedierbarkeit *f*
assignable: übertragbar, zedierbar
assignee: Abtretungsempfänger *m*, Begünstigter *m* (aus Vertrag), Rechtsnachfolger *m*, Zessionar *m*
assignment: Abtretung *f*, Arbeitsauftrag *m*, Überlassung *f*, Übertragung *f*, Zession *f*, Zuweisung *f*
assignment by way of security: Abtretung *f* sicherheitshalber
assignment of a participation: Abtretung *f* eines Geschäftsanteils *m*
assignment of accounts *pl* **receivable:** Forderungsabtretung *f*
assignment of an indenture: Abtretung *f* eines Geschäftsanteils *m*
assignment of receivable account: Forderungsabtretung *f*
assignor: Abtretender *m*, Zedent *m*
assimilate: angleichen
assimilation: Angleichung *f*

assimilation-contrast theory: Assimilations-Kontrast-Theorie *f*
Die auf der Erkenntnis des Wirkens eines Assimilations- und eines Kontrasteffekts beruhende Theorie, daß allgemein ein und derselbe Sachverhalt je nach der vorangegangenen Erfahrung mit einem Reizgegenstand unterschiedlich beurteilt wird. Dabei spricht man von Assimilation, wenn ein dargebotener Reiz in bezug auf einen Standard- oder Ankerreiz als ähnlicher als durch objektive Messung feststellbar und von Kontrast, wenn der dargebotene Reiz als unähnlicher empfunden wird.
Carl I. Hovland ging davon aus, daß das Ausmaß des Akzeptanzbereichs (Assimilation) für ein Objekt um so größer ist, je geringer das persönliche Engagement, die Ich-Beteiligung (ego-involvement), des Individuums für ihn ist. Danach findet also ein Einstellungswandel in Richtung auf einen Ankerreiz statt, wenn ein meinungsrelevanter Einfluß in den Akzeptanzbereich eines Individuums fällt. Die Veränderung wird um so schwächer, je weiter der Einfluß vom Anker entfernt ist. Für die Kommunikation bedeutet dies, daß alle Strategien der Einstellungsänderung die Kenntnis des Akzeptanzbereichs einer Zielgruppe voraussetzen.
assimilation process: Assimilationsprozeß *m*
Die im Bereich der Absatzwirtschaft bestehende Tendenz zur Angleichung von Angeboten und Leistungen, nachdem Innovatoren ihre ursprüngliche Dynamik verloren haben und weniger risikofreudig geworden sind.
assist: beistehen, Hilfe *f* leisten, subventionieren, unterstützen, beiwohnen
assistance: Beihilfe *f*, Beistand *m*, Entwicklungshilfe *f*, Hilfe *f*, Mitwirkung *f*, Unterstützung *f*
assistant: Assistent *m*, Gehilfe *m*
assistant branch manager: stellvertretender Filialleiter *m*
assistant general manager: stellvertretender Generaldirektor *m*
assistant shop foreman: Meistergehilfe *m*
assistant to the general manager: Assistent *m* des Generaldirektors *m*
assitant shop-foreman: Meistergehilfe *m*
assize court: Schwurgericht *n*
associate: Genosse *m*, Kompagnon *m*, Sozius *m*, Teilhaber *m*, sich verbinden mit, vereinigen, vergesellschaften
associated buying office: gemeinsames Einkaufsbüro *n* mehrerer Betriebe *m/pl*
associated companies *pl*: assoziierte Firmen *f/pl*, „nahestehende" Unternehmen *n/pl*
associated company: Tochtergesellschaft *fy*
associated company privilege (= exemption from tax and dividends received

from affiliated companies): Schachtelprivileg *n*
associates *pl*: „Nahestehende" Unternehmen *n/pl*
association: 1. Assoziation *f*
1.1 In der *Psychologie* die funktionelle Verknüpftheit psychischer Phänomene wie z.B. Vorstellungen oder Wahrnehmungen, aufgrund deren das Auftreten des einen psychischen Inhalts das Auftreten des damit verknüpften Inhalts entweder zur Folge hat und zumindestens begünstigt. Voraussetzung für das Auftreten von Assoziationen ist entweder zeitliche Nähe (Kontiguität), räumliche Nähe (Proximität) oder Ähnlichkeit bzw. Gegensätzlichkeit der betreffenden psychischen Inhalte.
1.2 In der *Statistik* (Dependenzanalyse) die Neigung von zwei oder mehr Variablen, miteinander zu korrelieren, so daß bei Kenntnis der zugrundeliegenden assoziativen Beziehung zwischen ihnen und einer der Variablen die abhängige Variable geschätzt werden kann, ohne daß dies zwangsläufig auf das Vorhandensein einer kausalen Beziehung zwischen der unabhängigen und der(den) abhängigen Variablen weist.
2. Arbeitsgemeinschaft *f*, Gemeinschaft *f*, Gesellschaft *f*, Verband *m*, Verein *m*, Vereinigung *f*, Vergesellschaftung *f*
association advertising: Gemeinschaftswerbung *f*
association agreement: Industriegruppentarifvertrag *m*
association limited by shares: Kommanditgesellschaft *f* auf Aktien *f/pl*
association of cooperative societies *pl*: Genossenschaftsverband *m*
association of shareholders *pl*: Aktionärsvereinigung *f*
association test: Assoziationstest *m*
Sammelbezeichnung für eine Vielzahl von projektiven Techniken in der Markt- und Sozialforschung, mit deren Hilfe assoziative Verknüpfungen, die Versuchspersonen im Experiment oder Befragte im Interview herstellen, psychologisch interpretiert werden.
Dabei wird unterschieden zwischen offenen und geschlossenen (gestützten) Assoziationstests. Zu den offenen Assoziationstechniken werden Verfahren gerechnet, in denen die Versuchspersonen oder Befragten aufgefordert werden zu sagen, was ihnen im Zusammenhang mit einem bestimmten, vorgegebenen Reizwort einfällt (Wortergänzungstest). Ebenfalls dazu zählen Satzergänzungstest oder Bildergänzungstests oder figurale Ergänzungstests wie der Thematische Apperzeptionstest (TAT) oder der Rosenzweigtest (Bildenttäuschungstest). Zu den gestützten Assoziationstests hingegen werden Eigenschaftszuordnungsverfahren wie z.B. das semantische Differential (Polaritätenprofil) oder andere Zuordnungsverfahren gezählt, bei denen die Versuchspersonen oder Befragten aus vorgegebenen Eigenschaftsalternativen lediglich diejenigen auswählen, die nach ihrer Ansicht in einem gegebenen Kontext zutreffen.
assort: assortieren, sortieren
assortment: Auswahl *f*, Sortiment *n*
assume: annehmen, eingehen (Verpflichtung), übernehmen, voraussetzen
assume a debt: eine Schuld *f* übernehmen
assume an obligation: eine Verpflichtung *f* übernehmen
assumpsit: Schadenersatzklage *f* wegen Vertragsbruch *m*
assumption: Annahme *f*, Schuldübernahme *f*, Übernahme *f*, Voraussetzung *f*
assumption of debt: Schuldübernahme *f*
assumption of losses *pl*: Verlustübernahme *f*
assurable: versicherbar
assurance: Assekuranz *f*, Beteuerung *f*, Erklärung *f*, Versicherung *f*
assurance savings *pl* **and loan association:** Spar- und Darlehenskasse *f*
assure: versichern, zusichern
assured: sicher, Versicherungsnehmer *m*
assurer: Versicherer *m*
asterisk: Stern-Zeichen *n*, Anmerkung *f*, Fußnote *f*
asynchronous computer: Asynchron-Rechenanlage *f (EDV)*
at a discount: unter pari
at a premium: über pari
at best price: zum besten Preis *m*
at best: bestens, im besten Falle *m*, höchstens
at one's own risk: auf eigene Rechnung *f*
at par: pari, zu pari, zum Parikurs *m*
at random: zufällig
at rough estimate: circa, schätzungsweise, ungefähr
at sight: bei Sicht *f*
at the discretion of: nach Belieben *n* von
at the disposal of: zur Verfügung *f* von
at the instigation of: auf Betreiben *n* von, auf Veranlassung *f* von
at the market: bestens
at the price of: zum Preis *m* von
at the rate of: zum Preis *m* von, in Höhe *f* von
at the request of: auf Ersuchen *n* von
at the suggestion of: auf Veranlassung *f* von
atomic power station: Atomkraftwerk *n*
atomic reactor: Kernreaktor *m*
atomic sludge: Atommüll *m*

atomic waste: Atommüll *m*
atomistic competition: atomistische Konkurrenz *f*
Die auf einem vollkommenen Markt herrschende polypolistische Konkurrenz, bei der die Kreuzpreiselastizität (Triffinscher Koeffizient) unendlich ist. Dabei ist es für den Käufer gleichgültig, die Produkte welchen Anbieters er kauft, so daß die einzelnen Unternehmer auch weder Werbung noch Verkaufsförderung zu treiben brauchen.
attach: anhängen, anheften, beifügen, mit Beschlag *m* belegen, beschlagnahmen, pfänden, verhaften, zuteilen
attach a debt: eine Forderung *f* pfänden
attachable: pfändbar, verhaftbar
attachment: Arrest *m*, dinglicher Arrest *m*, Beschlagnahme *f*, Pfändung *f*, Verhaftung *f*, Zuteilung *f*
attachment and assignment: Pfändung *f* und Überweisung *f*
attainder: Ehrverlust *m*
attempt: Versuch *m*, versuchen
attempt at bribery: Bestechungsversuch *m*
attempt at deception: Täuschungsversuch *m*
attempt to reach amicable settlement: Vergleichsversuch *m*
attend: beiwohnen, teilnehmen
attend a meeting: an einer Versammlung *f* teilnehmen
attend to: besorgen, sich kümmern um
attendance: Anwesenheit *f*
attendance card: Anwesenheitskarte *f*
attendance record: Anwesenheitsnachweis *m*
attendance time: Anwesenheitszeit *f*, Wartezeit *f*
attending: anwesend
attention: Aufmerksamkeit *f*, Beachtung *f*
attention factor: Aufmerksamkeitsfaktor *m*
attention time: Beobachtungszeitraum *m*
attest: Attest *n*, attestieren, beglaubigen, bescheinigen
attestation: Attest *n*, Beeidigung *f*, Beglaubigung *f*, Testat *n*
attitude: Einstellung *f* (innere), Gesinnung *f*, Haltung *f*, Haltung *f*, inneres Verhalten *n*
attitude survey: Einstellungsuntersuchung *f*
attorney: Anwalt *m*, Bevollmächtigter *m*, Justiziar *m*, Stellvertreter *m*, Verteidiger *m*
attorney-at-law: Rechtsanwalt *m*
attorney-in-fact: Beauftragter *m*, Bevollmächtigter *m*, Vertreter *m*
attorneys fees *pl*: Anwaltsgebühren *f/pl*
attractive: zugkräftig

attribute: beimessen, zurechnen, zuschreiben
attribute listing: Attributaufzählung *f*
Ein systemanalytisches Verfahren der Ideenfindung, das der morphologischen Analyse ähnlich ist. Allerdings wird die Methode des Attribute-Listing vorwiegend herangezogen, um ein bestehendes Produkt oder Verfahren zu verbessern bzw. weiterzuentwickeln.
Attribute-Listing stellt dann den systematischen Versuch dar, alle Ansatzmöglichkeiten für Verbesserungen aufzuzeigen. Es ist eine Methode, die vorrangig darauf zielt, einen Produkt-Lebenszyklus zu verlängern, indem man das Produkt mit einer Neuerung ausstattet, ohne daß eine grundsätzliche Neuentwicklung durchgeführt werden müßte. Das Prinzip von Attribute-Listing ist das der *systematischen Variation*.
Ausgangspunkt ist ein bestehendes Produkt oder Verfahren etc. Dieser Gegenstand wird in seine Merkmale aufgelöst, und deren Ist-Zustand wird genau beschrieben. Dann beginnt die Suche nach allen Möglichkeiten, wie jedes Merkmal anders gestaltet oder ausgeführt werden könnte. Findet man dabei die eine oder andere interessante Variation, dann kann diese Bestandteil einer Neukonzeption werden.
attribution: Attribution *f*, Attribuierung *f*, Beimessung *f*
In der Sozialpsychologie der Vorgang, durch den insbesondere in Anfangsphasen sozialer Interaktion und hier auch den sie kennzeichnenden Mangel an Transparenz der Ziele und Absichten des Interaktionspartners und damit auch der Folgen gemeinsamer Aktionen die so bestehende Intransparenz und Unsicherheit durch Zuschreibung von Ursachen für das eigene Verhalten und das Verhalten der Interaktionspartner reduziert wird. Dabei hat die Art der Ursachenzuschreibung (Attribuierung) auf das Verhalten der Interaktionspartner selbst einen Einfluß und bestimmt so den Charakter der Interaktion.
Die Attributionstheorie hat in der Analyse von Führung zur Neubelebung der Eigenschaftstheorie geführt. Die ursprüngliche Fragestellung wird dabei radikal subjektiviert, es interessieren nicht länger Eigenschaften eines Führers, sondern nur der Wahrnehmungsvorgang in Menschen, die mit ihm in Verbindung stehen. Ob Führungseigenschaften existieren oder nicht, spielt in diesem Ansatz keine Rolle, sondern ob die Bezugsgruppe einer Person ihr Führungseigenschaften zuspricht (attribuiert) und sie folglich als Führer akzeptiert. Erklärt werden soll der Zuweisungsprozeß, d.h. die Wahrnehmungsorganisation von Menschen, die schließlich dazu führt, daß anderen Personen Führungseigenschaften zugesprochen werden.
Bei diesem Wahrnehmungs- und Zuweisungsprozeß spielen Alltagstheorien der Führung – die im wesentlichen Eigenschaftstheorien sind – eine herausragende Rolle. Das ist der Grund, weshalb

auction

Objekt der Attribution \ Subjekt der Attribution	Führer	Geführter
Führer	¹ Leistungsverhalten des Führers	² **Führung als attributierte Eigenschaft**
Geführter	³ **Führung als Attributionsreaktion**	⁴ Leistungsverhalten des Geführten, Identitätsbildung

Attributionen in Führungsprozessen

sich der Attributionsprozeß um das Konzept der Führungseigenschaft rankt.
Bezogen auf Führungsprozesse in Organisationen gilt, daß Führer und Geführte nicht nur Subjekt der Attribution sind, indem sie ihrem eigenen Verhalten bzw. dessen Ergebnissen bestimmte Ursachen zuschreiben, sondern auch ihr Objekt. Der Führer ist Gegenstand der Attributionen des Geführten, der dessen Verhalten z.B. als Ausdruck bestimmter Eigenschaften sieht, denen er die Qualität von Führereigenschaften zuschreibt. Der Geführte seinerseits ist Objekt der Attributionen des Führers, der versucht, die Ursachen für das Verhalten seines Mitarbeiters zu ergründen, um daraus Schlußfolgerungen für sein eigenes Führungsverhalten abzuleiten. Insgesamt sind im Rahmen von Führungsprozessen demzufolge vier Attributionsprozesse relevant:
Der erste Quadrant (Führer als Subjekt und Objekt der Attribution) beschreibt Führung als besondere Form des Leistungsverhaltens in Organisationen. Forschungserkenntnisse zur Leistungsmotivation können herangezogen werden, um ein bestimmtes Führungsverhalten des Vorgesetzten auf der Grundlage der von ihm gemachten Attributionen zu erklären.
Der zweite Quadrant (Geführter als Subjekt, Führer als Objekt der Attribution) beschreibt Führung als eine dem Führer vom Geführten zugeschriebene Eigenschaft.
Der dritte Quadrant (Führer als Subjekt, Geführter als Objekt der Attribution) kennzeichnet Führungsverhalten als eine Reaktion auf Attributionen, die der Führer gegenüber dem Verhalten des Geführten vornimmt.
Der vierte Quadrant (Geführter als Subjekt und Objekt der Attribution) stellt das Leistungsverhalten des Geführten in den Mittelpunkt der Analyse. Dahinter verbirgt sich die Annahme, daß es für den Führungsprozeß nicht gleichgültig ist, ob der Geführte beispielsweise dazu neigt, positive Ergebnisse seines Arbeitshandelns sich selbst oder der Situation (einschließlich des Führungsverhaltens) zuzuschreiben.

auction: Auktion *f*, Versteigerung *f*, versteigern, verauktionieren
Eine öffentlich angekündigte Marktveranstaltung bei der nichtfungible Waren, Produkte oder Güter in einem Bieteverfahren an denjenigen verkauft werden, der den höchsten Preis dafür bezahlt. Voraussetzung ist die Präsenz der Waren oder mindestens von Warenmustern. Dabei wird unterschieden zwischen Aufsteigerung (Aufstrich, Auktion auf Aufstrich), Absteigerung (Abstrich, Auktion auf Abstrich) und Einschreibeverfahren. Auktionen sind üblich für Waren, die entweder schnell verderblich sind oder in der Qualität so unterschiedlich ausfallen, daß sie bei der Marktveranstaltung in Augenschein genommen werden müssen und nicht als fungible Waren börsenmäßig gehandelt werden können.
auction fee(s) *(pl)*: Auktionsgebühr(en) *f (pl)*
auction off: verauktionieren, meistbietend versteigern
auctioneer: Auktionator *m*, Versteigerer *m*
audio frequency: Tonfrequenz *f*
audio response unit: Sprachausgabe-Einheit *f (EDV)*
audio response: Sprachausgabe *f (EDV)*
audio-visual aid: optisch-akustisches Lehrhilfsmittel *n*
audit: Buchprüfung *f*, nachrechnen, pri.ifen, Prüfung *f*, revidieren, Revision *f*, überprüfen, Überprüfung *f*
audit certificate: Prüfungsbestätigung *f*
audit committee: Ausschuß *m* für Innenrevision *f*
audit engagement: Prüfungsauftrag *m*
audit fee: Wirtschaftsprüfergebühr *f*
audit finding: Prüfungsergebnis *n*
audit for fraud: Unterschlagungsprüfung *f*
audit of investment(s) *(pl)*: Portefeuilleprüfung *f*
Audit Office *(brit)*: Rechnungshof *m*
audit office: Prüfung *f* an Amtsstelle *f*
audit period: Prüfungszeitraum *m*
audit program: Prüfungsprogramm *n*
audit report: Prüfungsbericht *m*
audit standard: Prüfungsgrundsatz *m*
audit store: Testladen *m*
audit trail: Prüfungsweg *m*
audited voucher: Beleg *m* (geprüft und zur Zahlung genehmigt)

auditing: Prüfungshandlung *f*, Prüfungswesen *n*, Revision *f*
auditing firm: Wirtschaftsprüfungsgesellschaft *f*
auditor: Abschlußprüfer *m*, Buchprüfer *m*, Kassenprüfer *m*, Prüfer *m*, Rechnungsprüfer *m*
auditor's (C.P.A.s) certificate: Testat *n* (eines Wirtschaftsprüfers), Bestätigungsvermerk *m* des Wirtschaftsprüfers *m*, Prüfungsbestätigung *f*
auditor's report: Prüfungsbericht *m*, Revisionsbericht *m*
augment: mehren, vergrößern, vermehren, zunehmen
augmentation: Vergrößerung *f*, Vermehrung *f*, Zunahme *f*
austerity program: Sparprogramm *n*
authentic: echt, glaubhaft
authentic document: vollstreckbare Urkunde *f*
authenticate: beglaubigen, beurkunden, für echt erklären
authenticated copy: beglaubigte Abschrift *f*
authentication: Anerkennung *f* (Echtheit), Beglaubigung *f*
authenticity: Echtheit *f*
authoritarian: autoritär
authoritarian conflict management: autoritäre Konfliktregelung *f*
Eine Form des Konfliktmanagements, bei der als Folge eines autoritären Führungsstils Konflikte durch Machtentscheidung gelöst werden. Die Mitarbeiter haben sich der Entscheidung zu fügen. Zweifel an der Entscheidung werden nicht geduldet. Bei eigenen Konflikten versucht der Konfliktmanager, um jeden Preis zu siegen („Der Stärkere hat recht"). Konflikte werden dabei als menschliche Schwächen gedeutet. Die Konfliktregelung wird von den Interessen der Organisation bestimmt; im Zweifel müssen auch „Köpfe rollen".
authoritarian leadership: autoritäre Führung *f*, autoritärer Führungsstil *m*
Grundsätzlich sind zwei entgegengesetzte Ausprägungen des Führungsverhaltens erkennbar: autoritäres und kooperatives Verhalten. Ihr wichtigstes Kriterium ist der Umfang der Partizipation der unterstellten Mitarbeiter am Entscheidungsprozeß und das Maß an Selbststeuerung, das den Mitarbeitern zugebilligt wird.
Beim autoritären Führungsverhalten handeln die Mitarbeiter auf Anweisung ohne Entscheidungskompetenz und Mitsprache, beim kooperativen Verhalten wird der Entscheidungsprozeß in Teamarbeit zwischen Manager und Mitarbeiter realisiert.
Das Hauptkennzeichen autoritärer Führung liegt darin, daß der Vorgesetzte allein aus seiner Machtposition heraus handelt und entscheidet in der Vorstellung, wem der Herr ein Amt gibt, dem gebe er auch den Verstand. Der Vorgesetzte mißt sich selbst (allein) das Wissen, die Übersicht, das Urteil, die Erfahrung und das Können zu, um richtig handeln und entscheiden zu können. Der Vorgesetzte wird so zum Allzuständigen, Alleswissenden, Allgegenwärtigen in seinem Bereich. Alle Nachgeordneten sind nur Ausführende. Der Vorgesetzte verantwortet alle Entscheidungen allein, die Nachgeordneten verantworten nur die Ausführung der Entscheidungen, oft genug ohne zu wissen, warum sie getroffen wurden. Das Handeln des Mitarbeiters ist in vollem Umfang fremdbestimmt. Sein Freiheitsraum ist zu gering, um seine besondere Art entfalten zu können. So findet er sich in seiner betrieblichen Umwelt vorwiegend als Objekt und Mittel zu sachlichen Zwecken.
Zwischen beiden Ausprägungen ergibt sich eine Reihe von unterschiedlich gewichteten Spielarten, die durch das Kontinuum des Führungsverhaltens dargestellt sind.
Das autoritäre Führungsverhalten wird auch als direktiver oder autonomer Führungsstil bezeichnet. Der Manager plant und entscheidet autonom – eine Mitwirkung unterstellter Mitarbeiter ist ausgeschlossen. Um sicherzustellen, daß die Entscheidungen auch widerspruchslos ausgeführt werden, wird bei diesem Führungsverhalten auch eine starke Kontrolle ausgeübt. Der Manager leitet seine Legitimation aus der formalen Stellung innerhalb der Hierarchie ab. Er besitzt gegenüber den Unterstellten einen Informationsvorteil, da er Begründungen und Notwendigkeiten für bestimmte Entscheidungen und Anordnungen nicht kommuniziert. Es entwickeln sich Befehlsstrukturen und starre, formell definierte Arbeitsplätze. Die Mitarbeiter sind reine Verrichtungsorgane. Transparenz, Eigensteuerung und Initiative entwickeln sich nur innerhalb der engen zugewiesenen Arbeitsgebiete. Das autoritäre Führungsverhalten führt zur Normierung des Arbeitsverhaltens, um einen reibungslosen Vollzug der Einzelaufgaben zu garantieren. Es findet sich daher vornehmlich bei Routineprozessen, d.h. bei sich gleichmäßig über einen längeren Zeitraum hinziehenden, monotonen Arbeitsfunktionen, die quantitativ meßbar und kontrollierbar sind wie automatisierte Fertigungsprozessen, Prüfvorgänge oder Akkordarbeit. Historisch betrachtet resultiert dieses Führungsverhalten aus dem Taylorismus.
Die Mitarbeiter arbeiten grundsätzlich nur auf Anweisung. Damit wird Eigeninitiative und Innovation nicht ermöglicht. Fehlleistungen und Ergebnismängel werden „nach oben delegiert", d.h. dem autoritären Entscheider angelastet. Auf Dauer betrachtet führt dieses Führungsverhalten bei den Mitarbeitern zu Lethargie und Desinteresse, zum Verlust von Spontaneität und kreativer Arbeitsgestaltung.
Das System der autoritären Entscheidung, Vorgabe und Kontrolle führt zu einer Bürokratisierung der Organisation. Informelle Kontakte werden vermieden, die Befehlsstrukturen und -wege streng

eingehalten mit der Folge, daß lange Berichtswege und Verzögerungen in der Informationsverarbeitung auftreten. Zahlreiche Berichte und Formulare ersetzen die informale Kommunikation, die Flexibilität der Organisation geht zugunsten einer Verwaltungsbürokratie verloren. Die Organisation an sich ist stabil, erweist sich aber im Falle extern bedingter Anforderungen auf schnelle Reaktion oftmals als unfähig zur Anpassung.
In Krisensituationen kann es durchaus erforderlich sein, dieses Führungsverhalten für die kurzfristige Erreichung wichtiger Ziele zu praktizieren. Auf längere Sicht führt es aber unweigerlich zu Produktivitätsverlusten, da kreative Möglichkeiten der Wahrnehmung von Chancen aufgrund des Absicherungsverhaltens der Manager nicht entwickelt sind).
authoritative: autoritativ, kompetent, maßgeblich (oder maßgebend)
authority: Autorität *f*, Befugnis *f*, Behörde *f*, Kompetenz *f*, Macht *f*, Vertretungsmacht *f*, Vollmacht *f*
authority in charge: zuständige Behörde *f*
authority to instruct: Weisungsbefugnis *f*, Weisungsrecht *n*
authority to levy taxes *pl*: Finanzhoheit *f*
authorization: Berechtigung *f*, Bevollmächtigung *f*, Vertretungsmacht *f*
authorize: beauftragen, berechtigen, bevollmächtigen, billigen, ermächtigen, genehmigen
authorized: berechtigt, weisungsberechtigt, autorisiert
authorized absence: entschuldigte Fehlzeit *f*
authorized agent: Handlungsbevollmächtigter *m*
authorized bond: zur Ausgabe *f* genehmigte Anleihe *f*, Obligation *f*
authorized capital stock: genehmigtes Aktienkapital *n*, Grundkapital *n*, das in der Satzung *f* einer juristischen Person *f* genehmigte Grundkapital *n*, genehmigtes Grundkapital *n*
authorized to instruct: weisungsberechtigt
autocode: Symbolsprache *f (EDV)*
autocoding: automatische Kodierung *f (EDV)*
autocratic leadership: autokratische Führung *f*, autokratischer Führungsstil *m*
Ein Führungsstil, bei an die Stelle der Person des Führenden ein institutionalisierter Führungsapparat tritt, bei dem nachgeordnete Instanzen die Entscheidungen des Autokraten durchsetzen. Die Machtbefugnisse des Führers sind weitgehend uneingeschränkt.
autographic machine: Unterschriftenmaschine *f*

automate: automatisieren
automatic: automatisch, selbsttätig
automatic carriage: automatischer Schreibwagen *m (EDV)*, automatischer Transport *m (EDV)*
automatic check: automatische Prüfung *f (EDV)*, eingebaute Prüfung *f (EDV)*, Selbstprüfung *f (EDV)*
automatic checkoff agreement: Gewerkschaftsbeitrag *m*, Vertrag *m* mit dem Arbeitgeber *m* über automatische Einbehaltung *f* des automatics, Vertrag *m* über Einbehaltung *f* der Gewerkschaftsbeiträge *m/pl* durch den Arbeitgeber *m*
automatic coding: automatische Kodierung *f (EDV)*
automatic control: Gruppenkontrolle *f (EDV)*, Selbststeuerung *f*
automatic error correction: Fehlerkorrektur *f*, automatische automatic *(EDV)*
automatic error detection: automatische Fehlerkontrolle *f (EDV)*
Automatic Interaction Detector (AID): AID *n*, AID-Verfahren *n*
Ein aus der Sozialforschung in die Marktforschung übernommenes Verfahren der multivariaten Datenanalyse, mit dessen Hilfe bei umfangreichen Datenkombinationen diejenige(n) Variable(n) bestimmt werden soll(en), die das beste Unterscheidungsmerkmal und damit die beste Aufteilung in bezug auf eine abhängige Variable in jeweils zwei Segmente ermöglicht.
· Es wird damit also eine große Stichprobe in homogene Unterstichproben aufgeteilt, deren Mittel sich hinsichtlich der Kriteriumsvariablen stark voneinander unterscheiden.
Es wird damit also eine große Stichprobe in homogene Unterstichproben aufgeteilt, deren Mittel sich hinsichtlich der Kriteriumsvariablen stark voneinander unterscheiden.
Bei der Segmentation erfolgt die Unterteilung der Grundgesamtheit sukzessive jeweils anhand derjenigen unabhängigen Variablen, die zu Segmenten mit möglichst großer *Intragruppenhomogenität* und *Intergruppenheterogenität* bezüglich der Ausprägungen des Außenkriteriums führt. Der Aufspaltung liegt das Bestreben zugrunde, der Gruppierung einen möglichst hohen Varianzanteil der abhängigen Variablen zu erklären. Es handelt sich damit um eine Methode zur Erklärung einer abhängigen, metrischen oder in Prozentsätze transformierten dichotomen Variablen durch mehrere unabhängige, dichotomisierte Variablen. Die Segmentationsanalyse setzt also voraus, daß
• ein *Außenkriterium* definiert wird: Dabei handelt es sich in der Regel um ein alternatives Merkmal. Mitunter kann allerdings auch ein kontinuierliches Merkmal vorgegeben werden, das dann zu Klassen zusammengefaßt wird;

Segmentationsbaum

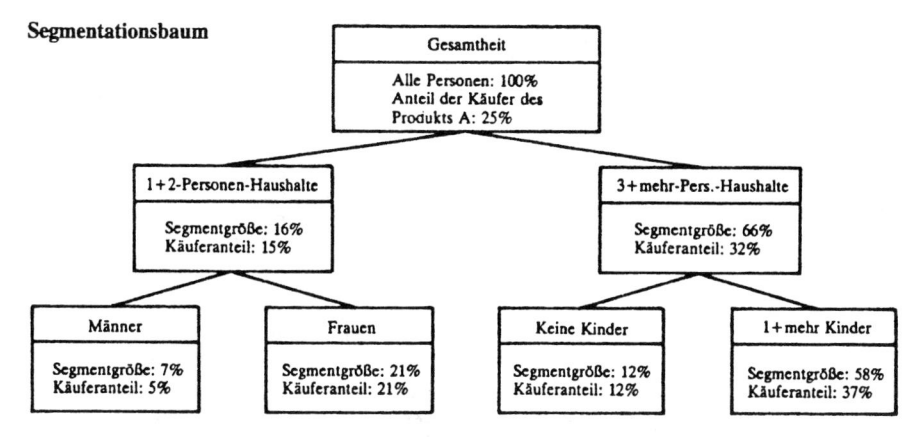

```
                        Gesamtheit
                   Alle Personen: 100%
                   Anteil der Käufer des
                   Produkts A: 25%
           ┌──────────────┴──────────────┐
   1+2-Personen-Haushalte          3+mehr-Pers.-Haushalte
   Segmentgröße: 16%               Segmentgröße: 66%
   Käuferanteil: 15%               Käuferanteil: 32%
      ┌────┴────┐                     ┌────┴────┐
   Männer    Frauen              Keine Kinder  1+mehr Kinder
   Segm.: 7% Segm.: 21%          Segm.: 12%    Segm.: 58%
   Käuf.: 5% Käuf.: 21%          Käuf.: 12%    Käuf.: 37%
```

- *aktive Variablen* bestimmt werden, anhand deren die Bildung der Segmente erfolgt;
- und schließlich *passive Variablen* vorgegeben werden. Sind die Segmente gebildet, werden sie als Gruppen gegen die passiven Merkmale gezählt, um zu prüfen, wieweit sie sich in diesen Merkmalen unterscheiden. Passiv heißen die Variablen, weil sie den Prozeß der Segmentation nicht beeinflussen können. Sie geben lediglich für die Endsegmente an, wie die prozentuale Verteilung aus dieser Variablen aussieht.

Der Automatic Interaction Detector ist eines von mehreren Verfahren zur Prüfung, welche Variable die stärkste Spreizung hinsichtlich des Außenkriteriums leistet.

Das Verfahren wurde in der amerikanischen Marketingliteratur unter der Bezeichnung seines Software-Programms AID (Automatic Interaction Detector) bekannt. Es hat inzwischen mehrere Phasen durchlaufen, angefangen von AID I, II, III bis zur jüngsten Version, die 1971 unter dem Namen „Searching for Structure" publiziert wurde. Das Verfahren ermöglicht es, auf induktivem Wege folgende Probleme zu lösen:
- Die Bestimmung der entscheidenden unabhängigen Variablen;
- Die Gewinnung eines besseren Verständnisses der Beziehungen zwischen den unabhängigen Variablen (der Interaktionen).
- Die Findung verschiedener Marktsegmente, die ein voneinander verschiedenes Durchschnittsverhalten aufweisen.

Das Programm AID teilt die Stichprobe durch eine Serie von binären Splits in einander ausschließende Gruppen, die im Hinblick auf die abhängige Variable am homogensten sind. Die Homogenität eines Segments wird durch die Summe der quadrierten Differenzen zwischen der Ausprägung der abhängigen Variablen bei jedem Individuum und der Varianz gemessen. Je kleiner die Varianz, desto größer ist die Homogenität der Gruppe. Ausgangsbasis ist aus rechentechnischen Gründen nicht die Varianz, sondern die Quadratsumme QS. Zerlegt man die Stichprobe in zwei Gruppen

$(k = 1, 2)$ vom Umfang $j = 1, \ldots, n_k$, so ergibt sich für die Quadratsumme der gesamten Stichprobe (QS_{gesamt}):

$$QS_{ges} = \sum_{j=1}^{n_k}\sum_{k=1}^{2}(x_{jk} - \bar{x})^2$$

Die QS_{ges} läßt sich vollständig in eine gruppeninterne QS (QS innerhalb der Gruppen) und eine externe QS (QS zwischen den Gruppen) zerlegen, was sich leicht nachweisen läßt, indem man die Formel um die Gruppenmittelwerte $\bar{x}_k$ erweitert:

$$\sum_{j=1}^{n_k}\sum_{k=1}^{2}(x_{jk} - \bar{x})^2 = \sum_{j=1}^{n_k}\sum_{k=1}^{2}\{(x_{jk} - \bar{x}_k) + (x_k - \bar{x})\}^2$$

Durch Quadrieren und Summieren folgt:

$$\sum_{j=1}^{n_k}\sum_{k=1}^{2}(x_{jk} - \bar{x})^2 = \sum_{j=1}^{n_k}\sum_{k=1}^{2}(x_{jk} - \bar{x}_k)^2 + \sum_{k=1}^{2}n_k(x_k - \bar{x})^2$$

$$QS_{gesamt} = QS_{in} + QS_{ex}$$

Zieht man ein Merkmal zur Aufspaltung der Gesamtstichprobe in zwei Untergruppen heran, so kann die QS_{in} als die durch die Spreizung der Stichprobe nicht erklärte QS und QS_{ex} als die durch die Spreizung erklärte QS betrachtet werden. Der Anteil der erklärten Varianz folgt damit aus

$$\frac{QS_{ex}}{QS_{ges}}.$$

Ziel der Analyse ist es, zunächst das Merkmal zur Spreizung heranzuziehen, das die erklärte Quadratsumme maximiert:

$$QS_{ex} = QS_{ges} - QS_{in} \rightarrow Max!$$

Erweitert man das Modell um zusätzliche Variablen, so ist in jeder Stufe auch für die anderen Variablen eine Dichotomisierung und QS-Berechnung des Splits erforderlich. Aus der Gesamtheit der Variablen wird jene und hierbei wiederum die Aufteilung gewählt, die die QS_{ex} maximiert. Als Ergebnis erhält man einen Kontrastgruppenbaum.

Das Verfahren wurde von James N. Morgan und John. A. Sonquist an der University of Michigan entwickelt und wird häufig auch als Baumanalyse (tree analysis) bezeichnet.
automatic printing line selection: Zeilenwahl f, automatische automatic *(EDV)*
automatic programming: automatisches Programmieren n *(EDV)*
automatic selling: Automatenverkauf m
automation: Automation f
automobile: Kraftfahrzeug n, Automobil n, Auto n
automobile expense: Auto(un)kosten pl
automobile industry: Kraftfahrzeugindustrie f
automobile insurance: Kfz-Versicherung f
automotive industry: Autoindustrie f, Automobilindustrie f
autonomous: selbständig, unabhängig
autonomous investment: autonome Investition f
autonomous spending: autonome Ausgaben f/pl
autonomy: Autonomie f, Selbständigkeit f, Unabhängigkeit f
autonomy strategy: Autonomiestrategie f
In Situationen, in denen die Stabilität des Systems der freien Marktwirtschaft bedroht erscheint, versuchen die Unternehmungen, durch Strategien auf verschiedenen Ebenen die einmal erzielte (Teil-) Autonomie gegenüber den individuellen und gesellschaftlichen Ansprüchen und Forderungen zumindest zu bewahren, und zwar nach außen durch Autonomiestrategien und nach innen durch Einbindungsstrategien. Beide werden flankiert durch Legitimationsstrategien.
Zu den Autonomiestrategien zählen vor allem:
• *Koalitionen*: Der Zusammenschluß von zwei oder mehreren Unternehmungen, um gemeinsame Ziele besser als allein zu erreichen (Absprachen, Kartelle, Konzerne).
• *Bargaining*: Verhandlungen zwischen zwei oder mehreren Gruppen oder Organisationen mit dem Ziel, eine Vereinbarung hinsichtlich des Austausches von Leistungen zu erzielen. Die Verhandlungspartner verfügen in der Regel über Machtmittel (Belohnung und Bestrafung), mit denen sie das Verhalten der anderen Partei beeinflussen können. Diese Strategie findet sich häufig bei Konflikten zwischen Arbeitgebern und Gewerkschaften (Tarifverhandlungen).
• *Kooptation*: Die Aufnahme von Mitgliedern aus Umweltbereichen, die für die Existenz der Unternehmung bedrohlich sind. Zwei Formen sind denkbar: die Beteiligung an der Verantwortung für die Machtausübung und die Beteiligung an der Machtausübung.
• *Lobbyismus*: Die Kontaktaufnahme mit Abgeordneten der Parlamente und Regierungsmitgliedern mit dem Ziel der Beeinflussung der Gesetzgebung im Sinne der Unternehmungsziele.
• *Repräsentation*: Unternehmungen streben die Mitgliedschaft in anderen einflußreichen Organisationen (Verbänden) an, um dort ihre eigenen Interessen zu vertreten.
• *Öffentlichkeitsarbeit*: Die Vermittlung und Verbreitung von Meinungen Werten und Normen (z.B. über Privateigentum, freie Marktwirtschaft, Kernenergie), die im Einklang mit den Interessen der Unternehmung stehen, damit jene in der Umwelt eine positive Aufnahme finden.
auxiliary account: Hilfskonto n, Hilfsrechnung f, Unterkonto n
auxiliary computation: Hilfsrechnung f
auxiliary department: Hilfsabteilung f
auxiliary railroad line: Zubringerlinie f
auxiliary record: Hilfsbuch n
auxiliary service: Hilfsdienst m
auxiliary storage: Hilfsspeicher m *(EDV)*
auxiliary value: Hilfswert m
auxiliary work: Nebenarbeit f
availability: Lieferbarkeit f
available: lieferbar, verfügbar
available asset: unbelasteter Vermögenswert m
available cash: Barliquidität f
available for distribution: ausschüttungsfähig
available funds pl: Geldmittelbestand m
available supply: verfügbares Angebot n
available surplus: nicht zweckgebundener Gewinn m
avail, be of: von Nutzen m sein
avarice: Geiz m
average: durchschnittlich, mittelmäßig, Durchschnitt m, Havarie f, Mittelmaß n, Seeschaden m
average adjuster: Seeschadensregulierer m
average age: Durchschnittsalter n
average agent: Havariekommissar m
average bond: Havarieverpflichtungsschein m
average burden rate: Durchschnittsgemeinkostensatz m
average capacity: Durchschnittskapazität f
average circulation: Durchschnittsauflage f
average clause: Proportionalregelung f, Proportionalvorschrift f
average collection period: durchschnittliche Zahlungsfrist f
average contribution: Havariebeitrag m
average cost: Durchschnittskosten pl
Durchschnittskosten ergeben sich dann, wenn einige Teile der fixen oder halbvariablen Kosten

nicht genau zugeordnet, sondern statt dessen auf die gesamte Produktion umgelegt werden.
average cost system: Normalkostenrechnung *f*
average disbursements insurance: Havariegelderversicherung *f*
average disbursements *pl*: Havariegelder *n/pl*
average earned rate: Durchschnittsverdienst *m*
average earnings *pl*: Durchschnittsverdienst *m*
average fixed capital: durchschnittlich gebundenes Kapital *n*
Die Summe der Buchwerte der im Anlagevermögen eines Unternemens enthaltenen Gegenstände zuzüglich des Umlaufvermögens, vermindert um die kurzfristigen Verbindlichkeiten.
average income: Durchschnittsverdienst *m*
average increment: Durchschnittszuwachs *m*
average life: durchschnittliche Lebensdauer *f* (Anlagen), durchschnittliche Nutzungsdauer *f*, betriebsgewöhnliche Nutzungsdauer *f*
average price: Durchschnittspreis *m*, Mittelkurs *m*
average quality: Durchschnittsqualität *f*
average quotation: Mittelkurs *m*
average rate earned: Durchschnittslohnsatz *m*
average rate of interest: mittlerer Zinsfuß *m*
average ratio: Durchschnittsverhältnis *n*
average speed: Durchschnittsgeschwindigkeit *f (EDV)*
average time: Durchschnittszeit *f* (in Zeitstudien)
average volume: Durchschnittsbeschäftigung *f*
average wage: Durchschnittslohn *m*
average working force: durchschnittliche Beschäftigtenzahl *f*
average yield: Durchschnittsertrag *m*, Durchschnittsverzinsung *f*

averment: Behauptung *f*
aversion: Aversion *f*
In der Psychologie die von einem Objekt oder Ziel weg gerichtete Abwendungsbewegung oder Verhaltenstendenz, die in der lernpsychologisch orientierten Konsum- und Motivforschung als die von einem Produkt ausgehende Abstoßungskraft angesehen wird. Dazu werden im weitesten Sinne allgemein wirkende Abstoßungskräfte gegenüber einem Produkt (also nicht unbedingt auch von diesem selbst ausgehend) gerechnet, die das latente Verhalten begleiten wie z.B. Schuldgefühle oder die Appetenz eines Konkurrenzprodukts.
avert: abwenden
avert a loss: einen Verlust *m* abwenden
aviation insurance: Lufttransportversicherung *f*
aviation personal accident insurance: Luftunfallversicherung *f*
avocational: außerberuflich, berufsfremd
avocational interest: außerberufliches Interesse *n*
avoid: abwenden, anfechten, aufheben, umstoßen, vermeiden
avoidable: anfechtbar, vermeidbar
avoidable cost: vermeidbare Kosten *pl*
avoidable delay: vermeidbare Verzögerung *f*, vermeidbare Arbeitsunterbrechung *f*
avoidable expense(s) *(pl)*: vermeidbare Kosten *pl*
avoidance: Anfechtung *f*, Aufhebung *f*, Vermeiden *n*
avoidance conflict: Vermeidungskonflikt *m*
Ein Konflikt, bei dem ein Individuum vor der Notwendigkeit steht, zwischen zwei als unangenehm empfundenen Alternativen zu entscheiden.
avow: eingestehen, erklären, gestehen, rechtfertigen
avowal: Bekenntnis *n*, Geständnis *n*
award: belohnen, Belohnung *f*, Schiedsspruch *m*, zubilligen, Zubilligung *f*
axiom: Grundsatz *m*, Axiom *n*
ayes and nays: die einen Vorschlag *m* befürwortenden und ablehnenden Stimmen *f/pl*, „Ja" und „Nein"-Stimmen *f/pl*

B

baby bond: Kleinobligation f, Kleinschuldverschreibung f
baby share: Kleinaktie f
Babbage principle: Babbage-Prinzip
Historisch gesehen wurden Managementfunktionen zunächst im Produktionsbereich notwendig, als der gesellschaftlichen Arbeitsteilung im Merkantilismus und später im Zuge der industriellen Revolution eine produktionstechnische Arbeitsteilung folgte.
Diese Entwicklung und die Vorteile der Arbeitsteilung hat der englische Management-Pionier Charles Babbage (1792-1871) eingehend analysiert. Auf den mit der Arbeitsteilung verbundenen Produktivitätszuwachs ergab sich als ökonomischer Vorteil, daß das für den Produktionsprozeß erforderliche Bündel an Wissen, Können und Fertigkeiten bedeutend billiger in Form getrennter Elemente – viele unqualifizierte Arbeiter, wenige qualifizierte Manager – als in Form traditionell integrierter Arbeitsangebote gekauft werden konnte. Dieses Phänomen bezeichnet man seither als *Babbage-Prinzip*, das sein Urheber folgendermaßen beschrieb: „Daß nämlich der industrielle Unternehmer durch Aufspaltung der auszuführenden Arbeit in verschiedene Arbeitsgänge, von denen jeder einen anderen Grad an Geschicklichkeit oder Kraft erfordert, gerade genau jene Menge von beidem kaufen kann, die für jeden dieser Arbeitsgänge notwendig ist; wogegen aber, wenn die ganze Arbeit von einem einzigen Arbeiter verrichtet wird, dieser genügend Geschicklichkeit besitzen muß, um die schwierigste, und genügend Kraft, um die anstrengendste dieser Einzeltätigkeiten, in welche die Arbeit zerlegt worden ist, ausführen zu können".
Das Babbage-Prinzip wurde später von der Handarbeit auch auf die Kopfarbeit übertragen und dient heute als ein Erklärungsansatz auch für die neue internationale Arbeitsteilung. Das internationale Gefälle an Lohn-, Kapital- und Infrastrukturkosten bietet für Unternehmungen in hochentwickelten Industrieländern Anreize, die Herstellung bestimmter Teile des Produktes in Länder mit günstiger Kostenstruktur zu verlagern.
bachelor: Junggeselle m
bachelor dwelling: Junggesellenwohnheim n
bachelor's tax: Ledigensteuer f
back mail: Rückporto n
back of bill: Rückseite f des Wechsels m
back off: Preissturz m (an der Börse im Anschluß an Preisanstieg)
back orders pl: Auftragsrückstand m (infolge Nichtlieferbarkeit der Ware)

back pay: Lohnnachzahlung f, Lohnrückstand m
back-to-back guarantee: Rückgarantie f
back-to-back loans pl: Gegenkredite m/pl
back-up processor: Reserveanlage f (zur Aushilfe) *(EDV)*
backdate: zurückdatieren
backed by gold: durch Gold gedeckt
backer: Hintermann m, Kapitalgeber m
background: Herkommen n (Ausbildung, Erfahrung etc. des Arbeitnehmers), Herkunft f (bei Arbeitnehmern Ausbildung, Erfahrung usw.), Hintergrund m
background information: Hintergrundinformation f, zusätzliche Information f
backing: Deckung f
backlog: Arbeitsrückstand m, Auftragsrückstand m, Reserve f (Aufträge), Rückstand m
backlog gain: Auftragsbestandszunahme f
backlog loss: Auftragsbestandsabnahme f, Auftragsrückgang m, Auftrags(bestands)rückgang m
backlog of unfilled orders: Rückstand m an unerledigten Aufträgen m/pl
backspace: rückschalten *(EDV)*, rücksetzen *(EDV)*, zurücksetzen *(EDV)*
backtracking: Entlassung f von Mitarbeitern m/pl mit kurzer Dienstzeit f
backward: rückständig, unmodern
backwardation: Prolongation f
backward integration: Rückwärtsintegration f
Der Prozeß, durch den ein Unternehmen sich vorgeschaltete Wirtschaftsstufen (z.B. Rohstoffe oder Produktionsmittel) angliedert, um so von Zulieferern unabhängig zu werden.
Vor allem Abnehmer mit großer Finanzkraft, speziellem technologischem Know-how u.ä. sind häufig in der Lage, glaubwürdig mit Rückwärtsintegration zu drohen. Sie können sich dadurch eine günstigere Verhandlungsposition verschaffen. Eine Integrationsdrohung ist vor allem dann glaubwürdig, wenn das Nachfragevolumen des Abnehmers groß genug ist, um bei Eigenprodukten alle relevanten Größenersparnisse erzielen zu können.
bad debt: dubiose Forderung f, uneinbringliche Forderung f, zweifelhafte Forderung f
bad debt reserve: Delkredere n, Delkredere-Rückstellung f, Wertberichtigung f auf Forderungen f/pl
bad debts pl: Dubiose f/pl, zweifelhafte For-

derungen *f/pl*, uneinbringliche Forderungen *f/pl*
bad debts *pl* **recovered:** Eingang *m* auf uneinbringliche Forderungen *f/pl*
bad faith: Arglist *f*, böser Glaube *m*
bad harvest: Mißernte *f*
bad merchandise: Schund *m*
bad spot: Bandfehlstelle *f (EDV)*
badge number: Werknummer *f* eines Arbeitnehmers *m*
bail: bürgen, Bürgschaft *f*, Bürgschaftssumme *f*, Kaution *f*, Sicherheit *f* (im Strafrecht), Sicherheitsleistung *f*
bail out: durch Bürgschaft *f* aus der Haft befreien
bailable: bürgschaftsfähig
bailee: mittelbarer Besitzer *m*, Besitzmittler *m*, Verwahrer *m*
bailiff: Gerichtsdiener *m*, Gerichtsvollzieher *m*
bailment: Gewahrsam *n*, mittelbarer Besitz *m*, Verwahrung *f*
bailor: Bürge *m*, Deponent *m*, Einleger *m*
bait: Anreizartikel *m*, Blickfang *m*, Köder *m*, Lockartikel *m*
balance: ausgleichen, Gleichgewicht *n*, Gleichgewicht *n*, ins Gleichgewicht *n* bringen, Rechnungssaldo *m*, Restbetrag *m*, Saldenübereinstimmung *f*, saldieren, Saldo *m*, Überschuß *m*
balance accounts *pl*: Konten *n/pl* abschließen, Konten *n/pl* ausgleichen
balance before closing: Rohbilanz *f*
balance bill: Saldowechsel *m*
balance brought forward: Eröffnungssaldo *m*, Saldoübertrag *m*, Vortrag *m* (auf dem Konto)
balance card: Bestandskarte *f*, Saldenkarte *f (EDV)*
balance carried forward: Saldovortrag *m* (am Ende des Jahres)
balance control: Saldenprüfung *f*
balance draft: Saldowechsel *m*
balance forwarded: Saldovortrag *m* (am Anfang des Jahres), Übertrag *m*
balance in our favor: Saldo *m* zu unseren Gunsten *f/pl*
balance in your favor: Saldo *m* zu Ihren Gunsten *f/pl*
balance of cash on hand: Kassenbestand *m*
balance of current transactions: Leistungsbilanz *f*
balance of delivery dates: Fristenausgleich *m*
Das sich in der betrieblichen Lagerpolitik aus dem Umstand ergebende Problem, daß die Lieferanten eines Unternehmens andere Lieferfristen haben und auch durchsetzen, als die Abnehmer der Waren dieses Unternehmens zu akzeptieren bereit sind.

balance of payments: Zahlungsbilanz *f*
Der Internationale Währungsfonds (IWF) definiert Zahlungsbilanz als die „systematische Aufzeichnung aller ökonomischen Transaktionen zwischen Inländern und Ausländern in einer Volkswirtschaft". Sie schreibt die außenwirtschaftlichen Transaktionen einer Volkswirtschaft fest und spiegelt damit auch die innere wirtschaftliche Stärke oder Schwäche eines Landes; denn sie damit eine Gesamtschau aller Güter- und Leistungsströme zwischen dem Inland und der übrigen Welt, in der der Leistungs- und Finanzverkehr mit dem Ausland aufgezeichnet wird. Während die Güterlieferungen in der Leistungsreihe erscheinen, sind die monetären Äquivalente in den Konten der Zahlungsreihe aufgezeichnet.
In die Leistungsreihe geht heute nicht nur die Übertragung von Gütern ein, sondern auch die von Dienstleistungen. Erfaßt werden der Export von Waren und Dienstleistungen sowie die Übertragungen von Kapitalerträgen (Zinsen und Dividenden). Die finanziellen Vorgänge erscheinen in der Zahlungsreihe. Hier erscheinen einmal die von den Übertragungen von Gütern und Dienstleistungen ausgelösten finanziellen Vorgänge wie z.B. Barzahlung, Kreditgewährung und Schenkung. Es gibt aber auch reine Finanztransaktionen, die nicht simultan mit der Übertragung von Waren und Dienstleistungen erfolgen. Diese Buchungen schlagen sich allein in der Zahlungsreihe nieder. Sie gehen als autonome Transaktionen in die Kapitalverkehrs- und Devisenbilanz ein. Beim Kapitalexport kann es sich ebenso um die Gewährung von Darlehen an das Ausland wie um Direktinvestitionen oder Portfolioinvestitionen im Ausland handeln. Kapitalimport ergibt sich andererseits aus ausländischen Vermögensanlagen im Inland.
Alle Transaktionen werden in der statistischen Zahlungsbilanz nach den Regeln der doppelten Buchführung aufgezeichnet. Jedem Soll-Posten (Haben-Posten) entspricht an einer anderen Stelle ein gleich großer Haben- (Soll-) Posten. Die Summe aller Soll-Posten muß deshalb notwendig der Summe aller Haben-Posten sein. Die statistische Zahlungsbilanz ist daher rechnerisch immer ausgeglichen, jedoch nicht notwendig in den Teilbilanzen. Die Summe der Salden der Teilbilanzen muß aber gleich Null sein. Der Saldo der Devisenbilanz gibt die Veränderungen der Nettowährungsreserven der Bundesbank an, das heißt die Veränderungen im Goldbestand und in der Nettodevisenposition. Die Leistungsbilanz (Warenhandel, Dienstleistungen und Übertragungen) ist der bedeutsamste Saldo der Zahlungsbilanz. Sie enthält die Güterbewegungen als den Kern der internationalen Transaktionen und zeigt an, wie sich

die Forderungs- bzw. Verschuldungsposition eines Landes netto gegenüber dem Ausland insgesamt verändert hat. Die hier aufgezeichneten Leistungsströme zwischen dem Inland und Ausland und deren Veränderungen sind weitgehend frei von zufälligen und spekulativen Einflüssen. In einem System fester Wechselkurse wird im Defizitland durch Abzug von Währungsreserven ein Prozeß der Kontraktion, im Überschußland ein Prozeß der Expansion der effektiven Nachfrage mit entsprechenden Schwankungen des Volkseinkommens und der Güterpreise ausgelöst. Die inländische Wirtschaftspolitik steht unter dem Diktat der Zahlungsbilanz.

Das System der festen Wechselkurse brach zusammen, weil die beteiligten Nationen nicht mehr bereit waren, sich dem Diktat der Zahlungsbilanz zu unterwerfen und die für die Erhaltung der festen Wechselkurse notwendigen Kontraktions- und Expansionsprozesse hinzunehmen. An die Stelle der Stabilität der Wechselkurse trat als dominierendes Ziel die Stabilisierung der Beschäftigung auf hohem Niveau, die Stabilität des Preisniveaus und ein. angemessenes wirtschaftliches Wachstum. Dazu schrieb Erich Schneider: „Nationale Autonomie in bezug auf die binnenwirtschaftlichen Ziele wurde zum Imperativ der Wirtschaftspolitik der Länder".

Auch das vom Internationalen Währungs-Fonds (IWF) favorisierte System der festen Wechselkurse mit fallweiser Korrektur brach zusammen, weil damit gleichzeitig Ziele interner und externer Stabilität verfolgt wurden. Stabile Wechselkurse auf Dauer und die Autonomie der nationalen Wirtschaftspolitik schließen einander jeodch aus. Im System der festen Wechselkurse sollten Abwertungen und Aufwertungen für den Ausgleich der Zahlungsbilanzen sorgen.

balance of payments equilibrium: Zahlungsbilanzgleichgewicht *n*

balance of payments in surplus: aktive Zahlungsbilanz *f*

balance of payments in the market sense: Zahlungsbilanz *f* im Marktsinn
Abweichend vom Begriff der statistischen Zahlungsbilanz versteht man unter Zahlungsbilanz im Marktsinn die zu einem bestimmten Zeitpunkt bestehende Angebots- und Nachfragekonstellation auf dem Devisenmarkt. Jeder Güteraustausch zwischen Wirtschaftssubjekten zweier Volkswirtschaften beruht nach Erich Schneider auf den Unterschieden in der Angebots- und Nachfragestruktur in beiden Volkswirtschaften.

Die folgende graphische Darstellung zeigt, wie es zum internationalen Warenhandel kommt. Für ein Gut, dessen Preis kleiner als p_2 ist, besteht im Land B eine Überschuß-Nachfrage, im Land A hingegen ein Überschuß-Angebot. Setzt man der Einfachheit halber die Translokationskosten (Transport und Zoll) in der Höhe von Null an, dann sind die Voraussetzungen für einen Export aus Land B in Land A gegeben:

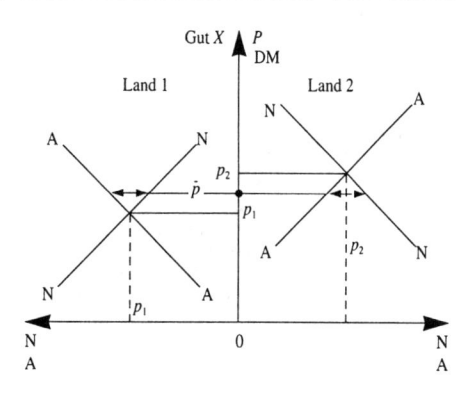

Es wird die Nachfragelücke in Land B durch den Angebotsüberschuß in Land A gerade bei dem zwischen p_1 und p_2 liegenden Preis gedeckt, bei dem beide gleich groß sind ($\hat{p}$). In diesem Falle ist das betreffende Gut ein Überschußgut des Auslands und ein Unterschußgut des Inlands. Ist p_1 größer als p_2, verhält es sich genau umgekehrt: Dann ist das Gut ein Überschußgut des Inlands und ein Unterschußgut des Auslands. Das Gut wird von Land B in Land A exportiert. Ist schließlich p_1 gleich p_2, so geht das betreffende Gut nicht in den internationalen Handel ein. Es ist ein „neutrales Gut".

balance of payments theory: Zahlungsbilanztheorie *f*
Eine Theorie über den Zusammenhang zwischen Zahlungsbilanz und Wechselkurs. Während die naive Zahlungsbilanztheorie davon ausgeht, daß Angebot und Nachfrage nach Devisen den Wechselkurs bestimmen, geht die motivierte Zahlungsbilanztheorie davon aus, daß eine passive Zahlungsbilanz – also ein Abfluß von Devisen – einen Wechselkursverfall verursacht, der im Inland als Folge der importierten Inflation zum Preisanstieg führt.

balance of trade: Außenhandelsbilanz *f*, Handelsbilanz *f*

balance sheet: Bilanz *f*

balance sheet account: Bestandskonto *n*, Bilanzkonto *n*

balance sheet audit: Bilanzprüfung *f*

balance sheet classification: Bilanzgliederung *f*

balance sheet contraction: Bilanzverkürzung *f*

balance sheet enlargement: Bilanzausweitung *f*

balance sheet evaluation: Bilanzauswertung *f*

balance sheet item: Bilanzposition *f*

balance sheet law: Bilanzgesetz *n*

balance sheet value: Bilanzwert *m*

balance theory: Balancetheorie *f*
Die von Fritz Heider 1958 in die sozialpsychologi-

sche Einstellungsforschung eingeführte Theorie, nach der interpersonelle Beziehungen ein strukturiertes Feld darstellen, dessen Kräfte stets auf die Erreichung eines Gleichgewichtszustands zielen. Sie kann als eine Vorläufertheorie der Kongruenztheorie von Charles E. Osgood und Percy H. Tannenbaum angesehen werden.
Heiders Balancetheorie geht aus von einem Drei-Personen-Modell und unterstellt, die drei Partner A, B und C in ihren Einstellungen hätten eine Tendenz zur Symmetrie, zur Balance, so daß im Falle einer positiven Besetzung der Beziehung zwischen A und B (Freundschaft) und einer negativen Besetzung zwischen B und C (Abneigung) die Kenntnis dieser Beziehungsstruktur auf eine negative Besetzung der Beziehung zwischen A und C hinauslaufen muß.

balance to deliver: ausstehende Lieferungen *f/pl*
balanced: ausgeglichen
balanced fund: Fond *m*, der in gleichem Maße *n* in Aktien *f/pl* und Rentenwerten *m/pl* investiert
balancing: Saldieren *n*
balancing depreciation allowance: Schlußabschreibung *f*
balancing item: Restposten *m*
balancing of accounts: Skontration *f*
balancing of assembly line: Austakten *n*, Fließband *n* austakten
balancing of budget: Ausgleich *m* des Staatshaushalts *m*
ballot: geheime Abstimmung *f*, wählen (geheim)
ballot box: Wahlurne *f*
ballot paper: Stimmzettel *m*
ballyhoo: marktschreierische Werbung *f*
ban: mit Beschlag *m* belegen (Bücher, Zeitungen)
band tape: Magnetband *n* (zur Ein- und Ausgabe und Zwischenspeicherung bei Rechenautomaten) *(EDV)*
bandholder: Inhaber *m* einer Schuldverschreibung *f*, Obligationär *m*, Obligationsgläubiger *m*
bandwidth: Bandbreite *f (EDV)*
bank: Bank *f*, Bankbetrieb *m*, Depositenkasse *f*, Kreditanstalt *f*
bank account: Bankkonto *n*
bank account balance: Bankguthaben *n*
bank balance sheet: Bankabschluß *m*, Bankbilanz *f*
bank bill: Bankanweisung *f*, Bankwechsel *m*
bank charge: Bankgebühr *f*, Bankprovision *f*
bank charges *pl*: Bankspesen *pl*

Bank Charter Act *(brit)*: Bankgesetz *n*
bank clerk: Bankbeamter *m*
bank confirmation: Saldenbestätigung *f* der Bank *f*
bank cover: Bankdeckung *f*
bank credit: Bankkredit *m*
bank discount rate: Bankdiskontsatz *m*, Diskontsatz *m*
bank discount: Bankdiskont *m*
bank employee: Bankbeamter *m*
bank endorsement: Bankakzept *n*
bank for central depository of securities: Wertpapiersammelbank *f*
Bank for International Settlements (BIS): Bank *f* für Internationalen Zahlungsausgleich *m*
bank giro: Banküberweisung *f*
bank holding company: Bank-Holdinggesellschaft *f*
bank holiday: Bankfeiertag *m*
bank indorsement: Bankakzept *n*
bank interest: Bankzins *m*, Bankzinsen *m/pl*
bank-like: bankmäßig
bank liquidity: Bankenliquidität *f*
Die Liquidität der Banken ist definiert durch ihre freien Liquiditätsreserven, gemessen an den Verbindlichkeiten. Sie wird u.a. beeinflußt von der Umlaufgeschwindigkeit des Geldes, dem An- und Verkauf von Wertpapieren durch die Notenbank und von der Kreditaufnahme des Staates bei der Notenbank. Die Liquidität der Banken ist bestimmt durch
• die Höhe der Überschußreserven über die gesetzliche Mindestreserve;
• den Mindestreserversatz;
• den Besitz an zentralbankfähigen Aktiva;
• die Zahlungssitten im Nichtbankenbereich.
Durch die Diskontpolitik werden die Bedingungen gestaltet, zu denen die Notenbank bereit ist, von den Geschäftsbanken Wechsel anzukaufen. Die Notenbank bestimmt und verändert die Diskontrate, sie grenzt das rediskontfähige Material in qualitativer Hinsicht durch materielle und formelle Erfordernisse und in quantitativer Hinsicht durch Kreditkontingentierung und selektive Kreditpolitik ab und beeinflußt damit die Liquidität der Geschäftsbanken.
Bei einer Diskontsenkung verbilligt sich der Refinanzierungskredit der Geschäftsbanken. Sie verfügen folglich über mehr Zentralbankgeld und können mehr Kredite vergeben. Wird der Diskontsatz erhöht, so bedeutet das für die Geschäftsbanken höhere Refinanzierungskosten.
bank loan: Bankkredit *m*
bank marketing: Bankmarketing *n*
„Das Bank-Marketing umfaßt alle Bestrebungen einer Bank, bestimmte Kunden zu gewinnen, die Geschäftsbeziehungen auf Dauer aufrecht zu er-

halten (strategische Funktion) und die Kunden je nach Wechsel der Geschäftssituation zu einer Anpassung eines Verhaltens zu bewegen, die den spezifischen Zielsetzungen der Bank entspricht (taktische Funktion). Bank-Marketing wird als systematisches Gestaltungskonzept verstanden, das die Gesamtheit aller Außenbeziehungen der Bank bestimmt. Es zielt somit – im Gegensatz zu Marketing-Konzepten von Industrie- und Handelsbetrieben – nicht allein auf die Partner einer Marktseite, sondern richtet sich auf alle Geschäftsbeziehungen im Aktiv-, im Passiv- und im Dienstleistungsgeschäft. Diese extensive Bedeutung gewinnt das Bank-Marketing aufgrund der für Banken charakteristischen Erscheinung, daß die Engpaßstellung der Funktionsbereiche je nach konjunkturellen Situationen und Notenbank-Maßnahmen wechselt: zeitweise ist das Kreditgeschäft, zeitweise ist das Einlagengeschäft der Engpaß." (Jürgen Hauschildt)
bank messenger: Bankbote *m*, Kassenbote *m*
bank note: Banknote *f*, Note *f*
bank-note rate: Sortenkurs *m*
bank notes *pl* **in circulation:** Notenumlauf *m*
bank of deposit: Depositenbank *f*
Bank of England *(brit)*: Zentralbank *f*
bank of issue: Notenbank *f*
bank overdraft: Banküberziehungskredit *m*
bank rate policy: Diskontpolitik *f*
bank rate: Bankdiskont *m*, Bankrate *f*, Bankzins *m*
Der amtliche Diskontsatz der Notenbank, der in aller Regel unter dem Diskontsatz der Geschäftsbanken liegt.
bank regulation: Bankverordnung *f*
bank secret: Bankgeheimnis *n*
bank share: Bankaktie *f*
bank statement: Bankauszug *m*, Kontoauszug *m* der Bank *f*
bank stock: Bankaktie *f*
bank stockholder: Bankaktionär *m*
bank syndicate: Bank(en)konsortium *n*
bank teller: Kassierer *m* (bei der Bank)
bank-to-bank transfer: Platzübertragung *f*
bank transfer: Banküberweisung *f*
bank transfers *pl*: Banken-Überweisungsverkehr *m*
bank's branch office: Depositenkasse *f*
bank's branch: Depositenkasse *f*
bank(er's) acceptance: Bankakzept *n*
bank(er's) discretion: Bankgeheimnis *n*
bank(er's) draft: Banktratte *f*
bank(er's) order: Dauerauftrag *m*
bank(ing) account: Bankkonto *n*
bankable: bankfähig
banker's discretion: Bankgeheimnis *n*

banker's draft: Banktratte *f*
banker's order: Dauerauftrag *m*
banker: Bankier *m*
banking department: Bankgeschäftliche Abteilung *f*
banking: Bankbetriebslehre *f*
banking district: Bankdistrikt *m*
banking establishment: Bankbetrieb *m*
banking hours *pl*: Schalterstunden *f/pl* der Bank *f*
banking house: Bank *f*, Bankhaus *n*
banking industry: Bankgewerbe *n*
Banking Law: Kreditwesengesetz *n* (KWG)
banking management: Bankbetriebslehre *f*
banking sector: Bankensektor *m*
banking service: Bankdienstleistung *f*
banking system: Bankwesen *n*, Bankensystem *n*
bankrupt: bankrott, zahlungsunfähig, Gemeinschuldner *m*, Konkursschuldner *m*, Zahlungsunfähiger *m*
bankrupt's debt: Masseschulden *f/pl*
bankrupt's estate: Konkursmasse *f*
bankruptcy: Bankrott *m*, Geschäftszusammenbruch *m*, Konkurs *m*, Pleite *f*, Zahlungseinstellung *f*, Zahlungsunfähigkeit *f*
bankruptcy act: Konkursordnung *f*
bankruptcy amendment act: Konkursergänzungsgesetz *n*
bankruptcy court: Konkursgericht *n*
bankruptcy law: Konkursordnung *f*
bankruptcy notice: Konkurserklärung *f*
bankruptcy of deceased debtor's estate: Nachlaßkonkurs *m*
bankruptcy offense: Konkursdelikt *n*
bankruptcy petition: Konkursantrag *m*
bankruptcy proceedings *pl*: Konkursverfahren *n*
bankruptcy rules *pl*: Konkursvorschriften *f/pl*
bar: Anwaltschaft *f*, ausschließen, sperren Gericht *n*
bar association *(Am)*: Anwaltskammer *f*, Vereinigung *f* der Rechtsanwälte *m/pl*
bar chart: Säulendiagramm *n*, Stabdiagramm *n*
1. In der *Statistik* ein Mittel der graphischen Darstellung, bei der Häufigkeiten oder Größenordnungen durch die Länge von Stäben oder Säulen dargestellt werden, die entweder senkrecht auf der Abszisse oder waagerecht übereinander geschichtet sind.
Ein eindeutiger Sprachgebrauch herrscht in der Literatur nicht, ein relativ häufig wird der Begriff Balkendiagramm für die Darstellung mit Hilfe waagerechter Stäbe, der Begriff Säulendiagramm oder

bar printer

19		Testbericht
18		Test
17	Versand an Handel	
16	Fertigung	
15	Lieferung Hilfstoffe	
14	Bestellung Hilfsstoffe	
13	Lieferung Rohstoffe	
12	Bestellung Rohstoffe	
11	Beschaffung der Verkaufshilfen	
10	Gestaltung der Verkaufshilfen	
9	Lieferung der Verpackung	
8	Verpackung bestellen	
7	Genehmigung der Verpackung	
6	Verpackung gestalten	
5	Druck der Testunterlagen	
4	Testunterlagen konzipieren	
3	Testhändler auswählen	
2	Testgebiete auswählen	
1	Testkonzepte erstellen	

0 1 2 3 4 5 6 7 8 9 10 11 12 13 14 15 16 17 18 19 20 21 22 23 24 25 26 27 28 29 30 31 32 33 34

Stabdiagramm für die Darstellung mit Hilfe senkrechter Stäbe verwendet.
2. Als Balkendiagramme werden auch die Hilfsmittel der *Ablauf- und Terminplanung* bezeichnet, in die vertikal die jeweils in Angriff zu nehmenden Teilaktivitäten und horizontal der Zeitablauf abgetragen werden, so daß die Dauer der Tätigkeiten im Koordinatenfeld durch einen Balken dargestellt wird.

bar printer: Stabdrucker *m*
bare majority: einfache Stimmenmehrheit *f*
bareboat charter: Übernahmevertrag *m* über leeres Schiff *n*
bargain: billiger Kauf *m*, Gelegenheitskauf *m*, Handel *m*, handeln, verhandeln, vorteilhafter Kauf *m*
bargain discount rate: Bankdiskontsatz *m*, Diskontsatz *m*
bargain employee: Bankbeamter *m*
bargain endorsement: Bankakzept *n*
bargain for central depository of securities: Wertpapiersammelbank *f*
bargain for: feilschen, handeln um
bargain sale: Verkauf *m* mit Preisnachlaß *m*, Gelegenheitsverkauf *m*
bargaining: Aushandeln
1. Eine Strategie der positiven Konfliktlösung im Konfliktmanagement, bei der trotz der Unvereinbarkeit der Ziele und Standpunkte zwischen den Konfliktparteien Zustimmung und Überzeugung angestrebt werden. Meist mündet das Aushandeln in einen Kompromiß.
2. Eine unternehmerische Autonomiestrategie, bei der zwei oder mehrere Gruppen oder Organisationen mit dem Ziel verhandeln, eine Vereinbarung hinsichtlich des Austauschs von Leistungen zu erzielen. Die Verhandlungspartner verfügen in der Regel über Machtmittel (Belohnung und Bestrafung), mit denen sie das Verhalten der anderen Partei beeinflussen können. Diese Strategie findet sich häufig bei Konflikten zwischen Arbeitgebern und Gewerkschaften (Tarifverhandlungen).

bargaining agent: Verhandlungsbeauftragter *m*
bargaining representative: Parteivertreter *m* bei Tarifverhandlung *f*, Tarifparteivertreter *m*
barge: Frachtkahn *m*, Lastkahn *m*, Schote *f*
barometric price leadership: barometrische Preisführerschaft *f*
Eine Form der Preisführerschaft, die vorliegt, wenn die Mitanbieter freiwillig ihren Preis demjenigen des Preisführers anpassen, da dieser bis jetzt die beste Marktübersicht bewiesen hat und sie deshalb glauben, er sei am ehesten in der Lage, den günstigsten Preis zu bestimmen.
barred: verjährt
barring: Ausschließung *f*
barring clause: Sperrklausel *f*
barrister *(brit)*: Rechtsanwalt *m* (der vor Gericht auftritt)
barter: Tausch *m*, tauschen, Tauschhandel *m*, Gegengeschäft *n*, vertauschen
barter away: verschachern
barter business: Kompensationsgeschäft *n*, Tauschgeschäft *n*
barter deal: Kompensationsgeschäft *n*, Gegengeschäft *f*
Die Vereinbarung zwischen zwei Geschäftspartnern, einem Auftraggeber und einem Auftragnehmer, nach der eine Leistung oder eine Ware nicht mit Geld sondern mit einer Gegenleistung oder -ware bezahlt wird.
barter transaction: Gegengeschäft *n*, Gegenseitigkeitsgeschäft *n*
barterer: Tauschhändler *m*
base: Basis *f*, Grundlage *f*
base address: Basisadresse *f (EDV)*
base pay: Grundlohn *m*
base pay rate: Grundlohnrate *f*
base period: Basisperiode *f*, Basiszeitraum *m*, Zeitabschnitt *m*, der in Indexrechnungen *f/pl* gleich 100 gesetzt ist
base points *pl*: Mindestpunktzahl *f* einer Tätigkeit *f* (Arbeitsbewertung)
base register: Adressenregister *n (EDV)*
base salary: Grundgehalt *n*
base stock: Eiserner Bestand *m*
base-stock method of valuation: „Eiserne Bestands"-Bewertung *f*
base time: Normalzeit *f* für eine Arbeitsoperation *f*
base upon: zugrundelegen
basic agreement: Grundvertrag *m*
basic attitude: grundsätzliche Haltung *f*, Grundeinstellung *f*
basic balance of payments: Grundzahlungsbilanz *f*
basic budget: Grundplan *m*

basic compensation: Hauptentschädigung *f* (Lastenausgleich)
basic contract: Grundvertrag *m*
basic demand: Grundbedarf *m*
Nach Wilhelm Vershofen läßt sich bei den verschiedenen Erscheinungsformen des Bedarfs zwischen Grund- und Zusatzbedarf unterscheiden. Dabei bezeichnet Grundbedarf den zur Deckung existenzieller Lebensnotwendigkeiten dienenden Bedarf, während zum Zusatzbedarf die Dinge zu zählen sind, die ihrem Charakter nach eher als angenehme Zutaten anzusehen sind.
basic food: Grundnahrungsmittel *n(pl)*
basic grade: Grundsorte *f*
basic income: Grundeinkommen *n*
basic industry: Grundstoffindustrie *f*
basic knowledge: Vorkenntnis *f*
basic material: Grundstoff *m*, Rohstoff *m*
basic materials industry: Grundstoffindustrie *f*
basic period: Referenzperiode *f*
basic piece rate: unveränderlicher Stücklohnfaktor
basic policy: Hauptrichtlinien *f/pl*
basic premium: Grundprämie *f*
basic price: Grundpreis *m*
Der in manchen Gewerbezweigen für eine Normalausführung oder Grundausstattung berechnete Preis, dem je nach der Art und Qualität des zusätzlichen Ausstattungszubehörs ein Aufpreis zugeschlagen wird. Der Grundpreis ist zugleich die Bezeichnung für denjenigen Preis, der die Basis für die Berechnung von Rabatten bildet.
basic quality: Grundqualität *f*
basic quantity standard: Mengenstandard *m*
basic research: Grundlagenforschung *f*
basic standard: Grundstandard *m*
basic standard cost: Grundstandardkosten *pl*, Grundplankosten *pl*, Standardkosten *pl*, langfristig unveränderte Kosten *pl*
basic strategy: grundlegende Strategie *f*
basic time: Normalzeit *f*
basic training: Grundausbildung *f*
basic utility: Grundnutzen *m*
Auf Wilhelm Vershofen geht die Einteilung des Nutzens in einen Grundnutzen und einen Zusatznutzen zurück. Dabei bezeichnet Grundnutzen den durch die technischfunktionale Seite eines Produkts, die Produktqualität, gestifteten Nutzen für den Nachfrager. Grund- und Zusatznutzen sind zwei Komponenten des Gesamtnutzens, in der Regel hat jedes Produkt sowohl einen Grundnutzen wie einen Zusatznutzen.
basic wage rate: Grundlohn *m*
basic wages *pl*: Ecklohn *m*, Grundlohn *m*
basic wiring: Grundschaltung *f (EDV)*

basing point: Ausgangspunkt *m*, Frachtbasis *f*
basis: Basis *f*, Grundlage *f*
basis of assessment: Bemessungsgrundlage *f*
basis of comparison: Vergleichsbasis *f*, Vergleichsgrundlage *f*
basis of discussion: Gesprächsbasis *f*
basis of negotiation(s) *(pl)*: Verhandlungsgrundlage *f*
basket purchase: Kauf *m* in Bausch und Bogen
batch: Materialmenge *f* (die gleichzeitig verarbeitet wird), Stapel *m*
batch costing: Serienkalkulation *f*
batch processing: Stapelbetrieb *m (EDV)*, Stapelverarbeitung *f (EDV)*
batch production: Serienproduktion *f*
Bayesian analysis: Bayes-Analyse *f*, Bayessche Analyse *f*
Der auf das Bayes-Theorem rekurrierende Ansatz für Entscheidungen unter Risiko (Ungewißheit), d.h. unter Zuschreibung subjektiver Wahrscheinlichkeiten (im Gegensatz zum Rückgriff auf Wahrscheinlichkeiten auf der Basis von relativen Häufigkeiten). Bei diesem Ansatz werden objektive Wahrscheinlichkeiten, wenn sie existieren, ebenso berücksichtigt wie die subjektiven Wahrscheinlichkeiten.

Baysian theorem: Bayes-Theorem *n*, Bayessches Theorem *n*
Das in seiner einfachsten Form aus dem Multiplikationstheorem der Wahrscheinlichkeitstheorie abgeleitete Theorem, nach dem für zwei Ereignisse A und B
$P(A \cap B) = P(A) \times P(B|A)$ und
$P(A \cap B) = P(B) \times P(A|B)$
gilt. Durch Gleichsetzung der beiden rechten Seiten ergibt sich das Bayes-Theorem:

$$P(A \mid B) = \frac{P(B \mid A) \cdot P(A)}{P(B)}.$$

Es stellt die Regel für die Berechnung der Wahrscheinlichkeit dar, daß A eingetreten ist, wenn bekannt ist, daß B eingetreten ist. Für den Fall eines Ereignissystems mit N Ereignissen B_1 bis B_N ergibt sich die bedingte Wahrscheinlichkeit $P(B_j ö A)$ durch Einsetzen der Ereigniswahrscheinlichkeit $P(B_i)$ als a-priori-Wahrscheinlichkeit in die Formel

$$P(B_j \mid A) = \frac{P(A \mid B_j) \cdot P(B_j)}{\sum_{J=1}^{N} P(A \mid B_i) \cdot P(B_i)}.$$

Sie gibt die a-posteriori-Wahrscheinlichkeit für B_j an, nachdem das Ereignis A eingetreten ist. Es bietet sich so die Möglichkeit, a-priori-Wahrscheinlichkeiten mit Hilfe der Beobachtung von Daten zu a-posteriori-Wahrscheinlichkeiten umzuformen.

Anwendungsbereiche sind vor allem die statistische Entscheidungstheorie und die Stichprobenstatistik.
bear: Baissespekulant *m*
bear in mind: berücksichtigen
bear interest: sich verzinsen, Zinsen *m/pl* abwerfen (tragen)
bear transaction: Baissegeschäft *n*
bearer: Inhaber *m* (Papier), Scheckinhaber *m*, Überbringer *m*, Urkundeninhaber *m*, Vorzeiger *m*
bearer bond: Inhaberobligation *f*, Inhaberschuldverschreibung *f*
bearer certificate: Inhaberpapier *n*
bearer check: Inhaberscheck *m*
bearer clause: Überbringerklausel *f*
bearer debenture: Inhaberschuldverschreibung *f*
bearer paper: Inhaberpapier *n*
bearer security: Inhaberpapier *n*
bearer share: Inhaberaktie *f*
bearer stock: Inhaberaktie *f*
bearing a fixed rate of interest: festverzinslich
bearing bank endorsement: bankgiriert
bearish: zur Schwäche *f* neigend (Börse)
beat down (price): (Preis) herunterhandeln
become a member: beitreten
become due: fällig werden
become effective: in Kraft *f* treten, wirksam werden
become surety: bürgen
become valid: in Kraft *f* treten, wirksam werden
bee-line: Luftlinie *f* (kürzeste Entfernung)
beginner: Anfänger(in) *m f*
beginning file label: Dateianfangsetikett *n (EDV)*, Dateivorsatz *m (EDV)*, Datenvorsatz *m (EDV)*
beginning mark: Anfangsmarke *f (EDV)*
beginning reel label: Spulenvorsatz *m (EDV)*
beginning tape label: Spulenanfangsetikett *n (EDV)*, Spulenvorsatz *m (EDV)*
behave: sich benehmen, sich verhalten
behavior: Benehmen *n*, Betragen *n*, Verhalten *n*
behavioral effect on demand: externer Konsumeffekt *m*, Nachfrageeffekt *m*
Als externe Nachfrage- oder Konsumeffekte bezeichnet man Interdependenzen zwischen Nutzenfunktionen der privaten Haushalte, die nicht allein von ökonomischen Gegebenheiten und Rahmenbedingungen wie z.B. dem verfügbaren Einkommen der Konsumenten, den Konsummengen, dem Einsatz des absatzpolitischen Instrumentariums usw., sondern von sozialen Faktoren des

Nachfrageverhaltens abhängen. Es handelt sich also gewissermaßen um solche Verhaltensweisen von Nachfragerhaushalten, die den „Vorschriften" über das wirtschaftliche Verhalten des homo oeconomicus der mikroökonomischen Haushaltstheorie nicht entsprechen. Im einzelnen rechnet man zu den Nachfrageeffekten den Mitläufereffekt (Bandwagon-Effekt), den Giffen-Effekt, den Snob-Effekt und den Veblen-Effekt.

behavioral outcome: Verhaltenskonsequenzen f/pl
In der Organisationslehre das Verhalten von Mitgliedern der Organisation Organisation.

behavior expectation scale: Verhaltenserwartungsskala f
Eine Skala zur tätigkeitsorientierten Personalbeurteilung, bei der die Skalenstufen durch Kurzbeschreibungen typischer arbeitsplatzbezogener Verhaltensweisen definiert („verankert") werden. Für jede Leistungsdimension wird in einem aufwendigen Verfahren eine Skala entwickelt, die die verschiedenen Leistungsniveaus wiedergibt. In diesem Verfahren wird der Beurteiler also aufgefordert, sich das Arbeitsverhalten des Mitarbeiters im Hinblick auf die aufgelisteten Dimensionen (= Erwartungen) zu vergegenwärtigen und dann das gezeigte Leistungsverhalten mit den alternativen Niveaus der Skala zu vergleichen und die passendste Stufe zu bestimmen.

behaviorism: Behaviorismus m
Die von John B. Watson begründete Richtung in der Psychologie, die sich auf die Analyse des manifesten, beobachtbaren menschlichen Verhaltens beschränkt und sich dabei vorwiegend des Reiz-Reaktions-Schemas, S-R-Modelle (Black-Box-Modelle) bedient, folglich alle Versuche der Erklärung menschlichen Verhaltens mit Hilfe von Analysemethoden des Verstehens oder der Introspektion für wissenschaftlich ohne Aussagekraft erklärt und auch Begriffe wie Bewußtsein, Wille, Fühlen, Denken als vorwissenschaftlich verwirft. Daraus resultiert eine starke Betonung operationaler Definitionen.
Der Neobehaviorismus hat den Verhaltensbegriff als aus innerem und äußerem Verhalten zusammengesetzt erweitert und dementsprechend das S-R-Modell durch Einbeziehung intervenierender psychologischer Variablen zu S-I-R- und S-O-R-Modellen erweitert, die davon ausgehen, daß ein Stimulus (S) auf einen Organismus (O) trifft und daß dabei sowohl die Stimulusfaktoren wie die Organismusfaktoren die Reaktion (R) des inneren (I) oder des äußeren Verhaltens bewirken.

behavioristic approach: verhaltenstheoretischer Ansatz m
Ein Ansatz in der Managementlehre, bei dem die Verhaltensweisen kooperierender Individuen im Vordergrund stehen, z.B. die Fragen, wie sich Menschen in besonderen Situationen (Streßverhalten, Monotonie, Dauerbelastung) verhalten und inwieweit es der Führungskraft gelingt, negative Verhaltensweisen wie Aggression, Desinteresse, Resignation zu vermeiden.

behavioristic school: verhaltenswissenschaftliche Schule f
Die vor allem in den Arbeiten von Chester I. Barnard (1886-1961) angelegte Orientierung der Managementlehre, die auf eine mehr oder minder radikale Abkehr von der klassischen Führungslehre hinauslief.
Grundgedanke der Barnardschen Theorie ist die Interpretation des Zustandekommens von Organisationen als „kooperative Systeme", das aus der Bereitschaft der Individuen zur Kooperation zu erklären ist. Formale Organisation bezieht sich auf diejenige Form der Zusammenarbeit von Menschen, die bewußt, absichtsgeleitet und auf einen Zweck gerichtet ist. Sie ist nach der Formulierung von Barnard „ein System von bewußt koordinierten Handlungen oder Kräften von zwei und mehr Personen." Diese Definition verbindet die gemeinsame Aufgabe als Zweck der Kooperation mit den Wünschen, Zielen oder Motiven der Menschen, deren Leistungen für die Zielerreichung erforderlich sind. Sie hat folgende Implikationen:

(1) *Motive der Kooperation:* Wenn formale Organisationen ihre Existenz der bewußten und absichtsgeleiteten Bereitschaft von Individuen zur Kooperation verdanken, dann wird es möglich, die Frage nach dem Überleben von Organisationen als Frage nach der Erfüllung der Erwartungen zu stellen, die Individuen mit ihrer freiwilligen Leistung für das gemeinsame Ziel verbinden. Werden sie nicht erfüllt, reduzieren Individuen u.U. ihre Leistungsbeiträge oder scheiden aus der Organisation aus.

Um zu überleben, muß eine Organisation also immer wieder genügend Anreize bereitstellen können, um Individuen zu Leistungen für die gemeinsame Zielerreichung zu veranlassen. Dies ist die Anreiz-Beitrags-Theorie der Organisation.

(2) *Koalitionstheorie der Organisation*: Die formale Organisation stellt danach ein offenes System dar, dessen konstitutiver Bestandteil nicht eigentlich Personen, sondern deren Handlungen sind. Handlungen sind Elemente, die durch Koordination wechselseitig aufeinander bezogen und insofern systematisch zu einem Ganzen verknüpft sind. Organisationen müssen somit alle diejenigen Individuen zur Kooperation veranlassen, deren Handlungen für die Erreichung des gemeinsamen Zweckes immer wieder neu erforderlich sind. Für Barnard sind deshalb u.a. Kapitaleigner, Arbeitnehmer, Fremdkapitalgeber, Lieferanten und Abnehmer (genauer: deren organisationsbezogene Handlungen) gleichermaßen Teilnehmer der Organisation. Organisation wird gleichsam als Koalition aller kooperierenden Personen verstanden. Als Konsequenz daraus kann sich die Managementlehre auch nicht mehr wie in dem klassischen Ansatz auf eine „intraorganisatorische", also auf eine bloße Binnenperspektive beschränken, sondern muß die Interaktion mit der Umwelt bzw. den

sie umgebenden Anspruchsgruppen zum Gegenstand ihrer Überlegungen machen.
(3) *Akzeptanztheorie der Autorität*: Wenn Organisationen von der bewußten, freiwilligen Bereitschaft der Mitglieder zur Kooperation abhängig sind, ist die Entscheidung der Menschen, einem Befehl zu gehorchen oder auch nicht zu gehorchen, der entscheidende Indikator für das Vorliegen von Autorität (Befehlsgewalt). Wenn ein Untergebener einen Befehl nicht befolgt, hat er ihm keine Autorität zugestanden. Autorität ist aus dieser Sicht das Merkmal eines Befehls in einer formellen Organisation, kraft dessen ein Organisationsmitglied ihn akzeptiert, als Richtschnur für das, was es im Hinblick auf die Organisation tut oder unterläßt. Dann kann es außerhalb der freien Wahl der Organisationsteilnehmer keine andere unabhängige Quelle von Autorität – wie etwa die Persönlichkeit des Vorgesetzten – mehr geben. Autorität ist danach durch die jederzeit revidierbare Anerkennung der Organisationsteilnehmer legitimiert. Legitimität resultiert aus freiwilliger Vereinbarung.
Der Gedanke, die Organisation als „Koalition von Individuen" zu begreifen, fand in der Managementlehre breite Akzeptanz. Wesentlich zur Verbreitung trugen die Theorien von Herbert A. Simon über Entscheidungsverhalten in Organisationen bei. Auf der Basis der Anreiz-Beitrags-Theorie analysieren March und Simon ausführlich die Entscheidung der Individuen zur Teilnahme an und zum Verlassen der Organisation, insbesondere aber die Entscheidung, produktive Beiträge zur Erfüllung des Organisationszweckes zur Verfügung zu stellen (decision to produce).

behavior observation scale: Verhaltensbeobachtungsskala *f*
Eine Skala zur tätigkeitsorientierten Personalbeurteilung, bei der auf systematischem Wege Leistungsdimensionen im Sinne von anforderungsgerechten Verhaltensweisen ermittelt werden. Der Beurteiler hat dann anzugeben, wie oft er bei dem Mitarbeiter dieses Verhalten beobachtet hat.
belief: Glaube *m*
belonging: zugehörig
belonging to: gehörig zu
below capacity employment: Unterbeschäftigung *f*
below par: unter pari
below par emission: Unter-pari-Emission *f*
bench warrant: richterlicher Haftbefehl *m*
benchmark job: Richtarbeitsplatz *m*
beneficial: benefiziarisch, vorteilhaft
beneficial interest: Nutzungsrecht *n*
beneficial ownership: nutznießendes Eigentum *n*
beneficial to the public: gemeinnützig
beneficiary: Begünstigter *m*, Nutznießer *m*, Vermächtnisempfänger *m*
beneficium: Pfründe *f*

beneficium excussionis: Einrede *f* der Vorausklage *f*
benefit: Genuß *m*, Gewinn *m*, gewinnen, Nutzen *m*, Nutzen *m* ziehen, Vorteil *m*
benefit in kind: Naturalbezug *m*
benefit of: sich bereichern
benevolence: Wohltätigkeit *f*
benevolent: wohltätig
benevolent fund: Unterstützungskasse *f*
bequeath: aussetzen (im Testament), hinterlassen (bei Vermächtnis), nachlassen (bei Erbschaft), vererben (von beweglichen Sachen), vermachen (von Sachen)
bequest: Legat *n*, Vermächtnis *n* (von Sachen)
bereavement pay: Sterbegeld *n*
BERI Index: → Business Environment Risk Index
best buy (B.B.): vorteilhaftester Kauf *m*
bet: Wette *f*, wetten
betray: betrügen
betrayal: Betrug *m*
betrayer: Betrüger *m*
better: verbessern
betterment: Aufwand *m* (der die betriebsgewöhnliche Nutzungsdauer verlängert, die Kapazität vergrößert oder die Kosten senkt), Verbesserung *f*, Verbesserungsaufwand *m*
beverage: Getränk *n*
beverage tax: Getränkesteuer *f*
biannual: zweijährlich
bias: Befangenheit *f*, Voreingenommenheit *f*, Vorurteil *n*
biased: befangen
bicycle and motor-cycle industry: Zweiradindustrie *f*
bid: anbieten, Angebot *n*, sich bewerben um (Vertrag, Zuschlag), bieten, Gebot *n* (bei Ausschreibung), offerieren, Offerte *f*
Die schriftlich oder mündlich formulierte Einladung einer Partei an eine andere zum Vertragsabschluß in der Weise, daß möglichst alle Elemente des endgültigen Vertrags in der Einladung enthalten sind und somit der Vertrag durch die Zusage der anderen Partei zustandekommt.
bid (for): sich an einer Ausschreibung *f* beteiligen
bid highest: meistbietend
bid price: Angebotspreis *m*
bidder: Anbietender *m*, Bieter *m*
bidding: Ausschreibung *f*, Ausschreibungsverfahren *m*, Bewerbung *f* (um bestimmte Arbeitsaufgabe auf Dienstalterbasis, z.B. Personal bei Fluglinien)
bidding period: Anbietungsfrist *f*
Die bei öffentlichen Ausschreibungen vorgeschrie-

bene und im Konkurrenzaufruf angegebene Frist, bis zu deren Ablauf die Angebote abgegeben worden sein müssen.
big business: Großindustrie *f*, Großunternehmen *n*
bilateral: beiderseitig, gegenseitig, zweiseitig
bilateral monopoly: zweiseitiges Monopol *n*
In der Morphologie Heinrichs von Stackelberg ergeben ein Anbieter und viele Nachfrager das Nachfragemonopol. Ein Anbieter und ein Nachfrager ergeben das zweiseitige Monopol.
bilateral trade: bilateraler Handel *m*
bill: berechnen (von Waren usw.), Faktura *f*, fakturieren, Gesetzesvorlage *f*, Note *f*, Rechnung *f*, in Rechnung *f* stellen, Wechsel *m*, gezogener Wechsel *m*
bill at usance: Usowechsel *m*
bill book: Wechselkladde *f*
bill broker: Wechselmakler *m*
bill-broking business: Wechselmaklergeschäft *n*
bill discounting: Diskontieren *n* von Wechseln *m/pl*
bill feed device: Rechnungsvorschub *m*, Rechnungseinrichtung) *(EDV)*
bill-jobbing: Wechselreiterei *f*
bill not to order: Rektawechsel *m*
bill noted for protest: protestierter Wechsel *m*
bill of cost(s) *(pl)*: Gerichtskostenrechnung *f*
bill of delivery: Ausfolgeschein *m*, Auslieferungsschein *m*, Versandrechnung *f*
bill of entry: Zolleinfuhrschein *m*
bill of exchange account: Wechselkonto *n*
bill of exchange (B/E): Akzept *n*, Tratte *f*
bill of lading (B/L): Frachtbrief *m*, Seefrachtbrief *m*, Verladeschein *m*; Konnossement *n*, Ladeschein *m*
bill of material (B/M): Stückliste *f*
bill of materials: Materialaufbaubogen *m*, Materialliste *f*
bill of rights *(Am)*: verfassungsmäßig garantierte Grundrechte *n/pl*, der Staatsbürger *m/pl*
bill of sale: Kaufurkunde *f* (über bewegliche Sachen), Übertragungsurkunde *f*, Verkaufsabrechnung *f*, Verkaufskontrakt *m*
bill payable on demand: Sichtwechsel *m*
bill payable on sight: Sichtwechsel *m*
bill payable: Schuldwechsel *m*
bill receivable: Besitzwechsel *m*
billboard: Anschlagbrett *n*, Anschlagtafel *f*, Schwarzes Brett *n*, Werbefläche *f*

billing: Berechnung *f* (von Waren usw.), Rechnungsschreibung *f*
billing clerk: Rechnungsschreiber *m*
billing department: Rechnungsabteilung *f*
billing division: Rechnungsabteilung *f*
billing machine: Fakturiermaschine *f*, Rechnungsmaschine *f*
billposting: Anschlagen *n* (von Plakaten)
bills *pl* **discounted:** diskontierte Wechsel *m/pl*
bills *pl* **of exchange act** *(brit)*: Wechselgesetz *n*
bimetallism: Bimetalismus *m*, Doppelwährung *f* (Bimetallismus *m*)
bimonthly: zweimonatlich
bin: Lagerfach *n*
bin card: Lagerfachkarte *f*
binary: binär, dual
binary adder: Bināraddierer *m (EDV)*
binary arithmetic: Binär-Zahlensystem *n (EDV)*, Dualsystem *n (EDV)*
binary cell: binäres Speicherelement *n (EDV)*
binary code: Binärcode *m (EDV)*, Dualschlüssel *m (EDV)*
binary coded character: binär verschlüsseltes Zeichen *n (EDV)*
binary coded: binärverschlüsselt
binary coded decimal: Dezimalzahl *f*, binärverschlüsselte binary *(EDV)*
binary coded decimal notation: binär verschlüsselte dezimale Darstellung *f (EDV)*
binary counter: Binärzähler *m (EDV)*
binary digit (bit): Binärziffer *f (EDV)*
binary notation: binäre Zahlendarstellung *f*
binary number: Binärzahl *f*
binary operation: binäre Operation *f (EDV)*
binary point: Binärkomma *n (EDV)*
binary search: Tabellenlesen *n* mit Halbierungsmethode *f (EDV)*
binary system: Binär-Zahlensystem *n (EDV)*
binary-to-decimal conversion: Binär-Dezimal-Umwandlung *f (EDV)*
bind: binden, verpflichten (sich)
bind by deed: verbriefen
binder: Binder *m*, Vorvertrag *m*
binding: bindend, gültig, obligatorisch, verbindlich, verpflichtend
binding effect: Verbindlichkeit *f* (Abkommen), bindende Wirkung *f*
binding force: bindende Kraft *f*
binding transaction: Fixgeschäft *n*
biquinary code: Biquinärcode *m (EDV)*
birth certificate: Geburtsurkunde *f*
birth rate: Geburtenrate *f*

bit: Magnetpunkt *m (EDV)*, Stück *n (EDV)*
bit configuration: Bitmuster *n (EDV)*
bit density: Bitdichte *f (EDV)*
bituminous coal: Steinkohle *f*
biweekly: zweiwöchentlich
B/L: *Abk* Frachtbrief *m*
black list: Schwarze Liste *f*
black listing: Boykott *m*
black market: Schleichhandel *m*, Schwarzmarkt *m*
Ein im Gegensatz zum grauen Markt illegaler Markt, der eine typische Erscheinung von Notzeiten der Bewirtschaftung und Kontingentierung ist.
black marketeering: Schwarzmarkthandel *m*
blackleg *(brit)*: Streikbrecher *m*
black-leg labor: Schwarzarbeit *f*, Schwarzarbeiter *m/pl*
black-listing: Führen *n* von Schwarzen Listen *f/pl*
blacklist: auf die Schwarze Liste *f* setzen
blackmail: erpressen
blackmailer: Erpresser *m*
blackmailing: Erpressung *f*
blank: Leerstelle *f (EDV)*, Vordruck *m*, Zwischenraum *m (EDV)*
blank acceptance: Blankoakzept *n*
blank card: Leerkarte *f (EDV)*
blank check: Blankoscheck *m*
blank column detector: Leerspaltensucher *m (EDV)*
blank column: Leerspalte *f*
blank credit: Globalkredit *m*
blank draft: Blankowechsel *m*
blank endorsement: Blanko-Indossament *n*; (form) Formular *n*
blank loan: Globalkredit *m*
blank offer: verstecktes Angebot *n* (im Werbetext)
blank order: Blankoproduktionsauftrag *m* (für bestimmtes Teil ohne Mengenangabe, auf dessen Grundlage im Bedarfsfall gefertigt werden kann)
blank rate: Pauschalsatz *m*
blanker burden rate: einheitlicher Gemeinkostensatz *m* für den Gesamtbetrieb *m*, gesamtbetrieblicher Gemeinkostenzuschlag *m*
blanker credit: Globalkredit *m*
blanker loan: Globalkredit *m*
blanker order: Blankoproduktionsauftrag *m* (für bestimmtes Teil ohne Mengenangabe, auf dessen Grundlage im Bedarfsfall gefertigt werden kann)
blanker rate: Pauschalsatz *m*
blast furnace: Hochofen *m*

blind entry: Buchung *f* ohne Beschreibung *f* des Geschäftsvorfalls *m*
blind offer: verstecktes Angebot *n* (im Werbetext)
block: Block *m (EDV)*, blockieren *(EDV)*, sperren
block address: Blockadresse *f (EDV)*
block diagram: Blockdiagramm *n (EDV)*, Flußdiagramm *n (EDV)*
block discounting: Sammeldiskontierung *f*
block floating: Blockfloating *n*
block of flats: Mietshäuser p) *n*
block period: Sperrfrist *f*
block size: Blocklänge *f (EDV)*
block sorting: Sortieren *n* innerhalb von Blöcken *m/pl (EDV)*
block transfer: Blockübertragung *f (EDV)*
blockade: Blockade *f*
blocked account: Festkonto *n*, Sperrkonto *n*
blocked balance in bank account: gesperrtes Guthaben *n*
blocked balance: Sperrguthaben *n*
blocking game: Blockierungsspiel *n*
In der Spieltheorie ein Zwei-Personen-Spielen partiell wettbewerblicher Art, das in der einfachen Normalform nicht beschrieben werden kann. Solche Spiele sind jedoch zur Untersuchung von Kooperation und Wettbewerb verwendet worden. Sie bieten sämtlich den beiden Spielern die Möglichkeit, einander gegenseitig an der Erreichung des Ziels zu hindern. Aus diesem Grund bezeichnet man sie als Blockierungs-Spiele (blocking games). Prototyp dieser Spiele ist das Fernfahrerspiel.
blocking minority: Sperrminorität *f*
blocking of property: Vermögenssperre *f*
blotter: Tagebuch *n* (einfache Buchführung)
blotting pad: Löschblock *m*
blue chip rate: Eckzins *m* für erstklassige Kreditnehmer *m/pl*
blue collar worker: Arbeiter *m*
blue-sky laws *pl*: Gesetze *n/pl* zur Verhütung *f* unlauterer Manipulationen *f/pl* bei Effektenemissionen *f/pl* und im Wertpapierhandel *m (Am)*
blueprint: Blaupause *f*, Konstruktionszeichnung *f*, Lichtpause *f*
blueprinter: Lichtpausgerät *n*
blueprinting: Reprographie *f*
board: Arbeitsausschuß *m*, Arbeitsgruppe *f*, Komitee *n*, Kommission *f*
board and lodging: Kost *f* und Logis *n*
board and lodging, free board: Wohnung *f* und Verpflegung *f*, freie Verpflegung *f*; (room) freie Station *f*
board chairman: Ausschußvorsitzender *m*

board meeting: Aufsichtsratssitzung *f*, Sitzung *f* der Geschäftsleitung *f*
board member: Ausschußmitglied *n*
board of appeals: Berufungsausschuß *m*
board of arbitration: Schlichtungsausschuß *m*
board of directors: Direktion *f*, Direktorium *n*, Verwaltungsrat *m*, Aufsichtsrat *m*
Board of Governors *(Am)*: Direktorium *n* des Bundesbanksystems *n*
board of management: Vorstand *m*
board of managers: Vorstand *m*
Board of Trade *(brit)*: Handelsministerium *n*
board of trade: Handelskammer *f*
board of trustees: Kuratorium *n*, Treuhänderrat *m*
board room: Sitzungszimmer *n*
bodily harm: Körperverletzung *f*
bodily injury: Körperverletzung *f*
bogey: „Schreck"-kosten *pl*, geschätzte Grundstandardkosten *pl*
bogus firm: Schwindelfirma *f*
bona fide: gutgläubig, im guten Glauben *m*
bona fide owner: gutgläubiger Eigentümer *m*
bona fide purchaser: gutgläubiger Erwerber *m*, Käufer *m* auf Treu *f* und Glauben *m*
bond: Kaution *f*, Obligation *f*, Regieverschluß *m*, Rentenwert *m* (Wertpapier), Schuldverschreibung *f*, Sicherheit *f*, Wertpapier *n*
bond creditor: Obligationsgläubiger *m*
bond discount at issuance: Emissionsdisagio *n*
bond discount: Anleihedisagio *n*, Emissionsdisagio *n*, Obligationsdisagio *n*
bond goods *pl*: Ware *f* unter Zollverschluß *m*
bond interest: Stückzinsen *m/pl*
bond issue: Anleihenemission *f*, Obligationsausgabe *f*
bond issued in lieu of payment: Ablöseschuldverschreibung *f*
bond market: Anleihenmarkt *m*
bond of indemnity: Schadlosbürgschaft *f*
bond posting: Handeintragung *f* (etwa das Vermerken der Anzahl guter Stücke), manuelle Buchung *f*, manuelle Übertragung *f* (Buchhaltung)
bond premium at reimbursement: Rückzahlungsagio *n*
bond premium: Agio *n* auf Schuldverschreibung *f*
bond sinking fund: Obligationstilgungsfonds *m*

bond tied to index: Indexobligation *f*
bond with stock purchase warrants: Schuldverschreibung *f* mit Optionsrecht *n*
bond yield: Effektivzins *m*
bonded: garantiert, unverzollt, durch Verpflichtung *f* gebunden
bonded goods *pl*: Ware *f* unter Zollverschluß *m*
bonded warehouse: öffentliches Lagerhaus *n* unter Zollverschluß, Transitlager *n*, Zollfreilager *n*, Zollager *n*
bonds *pl*: Börsenpapiere *n/pl*
bondwarehouse: Lagerhaus *n*, öffentliches bond unter Zollverschluß, Transitlager *n*, Zollfreilager *n*, Zollager *n*
bonification: Bonifikation *f*
Eine zusätzlich zu den Regeleinkünften einer Führungskraft mögliche Vergütung für besondere Leistungen. Vor allem beim Management durch Zielvereinbarung geht die starke Betonung der Ergebnisverantwortung mit einem entsprechenden Belohnungs- und Anreizsystem einher. Führungskräfte, die ihre Ziele erfüllen, partizipieren auf allen Stufen an bestimmten Belohnungen wie Statusveränderungen, höheren Positionen und eben auch materiellen Vergütungen.
bonus: Bonus *m*, Gratifikation *f*, Sondervergütung *f*, Tantieme *f*, Überschußdividende *f*
Ein Sonderpreisnachlaß, der sowohl Elemente des Mengenrabatts wie des Treuerabatts enthält und für einen zurückliegenden Zeitraum (z.B. Jahresumsatzbonus) gewährt wird. Die der Gewährung von Boni zugrundeliegenden Überlegungen sind etwa dieselben wie die der Gewährung von Rabatten, wobei Boni in manchen Fällen möglich sind, in denen Rabatte nicht gewährt werden können. Ihr Vorteil liegt darin, daß Rabatte sich bei den Kunden selten als größere Summen niederschlagen, während die Zahlung einer einmaligen Summe etwa für ein Jahr deutlich registriert wird. Auch für die Fakturierung ist die Rechnung mit unterschiedlichen Rabatten oft wesentlich komplizierter als die Zahlung eines Bonus für einen längeren Zeitraum.
bonus by groups: Prämienzahlung *f* für Arbeitsgruppe *f*
bonus for sale of obsolete goods: Prämie *f* für den Verkauf *m* von Ladenhütern *m/pl*
bonus in kind: Naturalrabatt *m*, Naturalzugabe *f*
bonus issue: Ausgabe *f* von Freiaktien *f/pl*
bonus-percentage of profit: Tantieme *f*
bonus plan: Prämiensystem *n*
bonus reserve for policy holders: Gewinnreserve *f* für die Versicherten *m/pl*
bonus saving (no fixed interest): Prämiensparen *n*

bonus scheme: Prämiensystem *n*
bonus scheme group: Gewinnverband *m*
bonus share: Genußschein *m*, Gratisaktie *f*
bonus system: Prämiensystem *n*
bonusing by gangs: Prämienzahlung *f* für Arbeitsgruppe *f*
book debt: Buchschuld *f*
book inventory: Buchinventur *f*, permanente Inventur *f*
book loss: Buchverlust *m*
book of account: Journal *n* Register *n* usw., das Bestandteil *m* eines Buchführungssystems *n* ist
book of commissions: Warenbestellbuch *n*
book of original entries: Grundbuch *n* (in der Buchführung)
book of original entry: Journal *n*, Register *n* usw., das Bestandteil *m* eines Buchführungssystems *n* ist
book profit: Buchgewinn *m*
book value: Buchansatz *m*, Buchwert *m*
book: Buch *n*, buchen, eintragen, verbuchen, verzeichnen
booking office: Schalter *m*
bookkeeper: Buchhalter *m*, Rechnungsführer *m*
bookkeeping: Buchführung *f*
bookkeeping charge: Buchungsgebühr *f*
bookkeeping entry: Buchung *f*, Buchungsposten *m*
bookkeeping error: Buchungsfehler *m* (Kontierungsfehler, Fehlbuchung, Rechenfehler u. dgl., nicht Bewertungsfehler)
bookkeeping machine: Buchungsmaschine *f*
bookkeeping rate: Buchungskurs *m*
booklet: Broschüre *f*
books *pl* **of account:** Handelsbücher *n/pl*
Boolean algebra: Boolesche Algebra *f*, Schalt-Algebra *f (EDV)*
boom: Hochkonjunktur *f*, Wirtschaftsaufschwung *m*
boost business: die Wirtschaft *f* ankurbeln
bootleg wage(s) *(pl)*: überhöhte Löhne *m/pl* (bei Arbeiterknappheit)
bootstrap: Ladetaste *f (EDV)*
bootstrap loader: Urlader *m (EDV)*
bootstrap routine: Startroutine *f* für Ladeprogramm *n (EDV)*
border: Grenze *f*, grenzen
border duty: Ausfuhrabgabe *f*, Ausfuhrzoll *m*, Ausgangszoll *m*, Einfuhrabgabe *f*, Einfuhrzoll *m*, Grenzzoll *m*
border tax: Ausfuhrabgabe *f*, Ausfuhrsteuer *f*, Einfuhrabgabe *f*, Einfuhrsteuer *f*, Exportsteuer *f*, Grenzabgabe *f*, Importsteuer *f*
border traffic: Grenzverkehr *m*
bordereau: Bordereau *n*
borrow: ausleihen, entleihen; (from) leihen
borrowed capital: Fremdkapital *n*
borrowed funds *pl*: fremde Gelder *n/pl*
borrower: Darlehnsnehmer *m*, Entleiher *m*, Kreditnehmer *m*
borrowing: Kreditaufnahme *f*
borrowing capacity: Kreditpotential *n*
borrowing cost: Kreditkosten *pl*
borrowing needs *pl*: Kreditbedarf *m*
borrowing power: Bonität *f*
borrowing requirements *pl*: Anforderungen *f/pl* an den Kreditnehmer *m*, Kreditbedarf *m*
boss: Chef *m*
Boston effect: → experience curve
botch: Flickwerk *n*, schludern
botched work: Schluderarbeit *f*
botcher: Pfuscher *m*
both-to-blame collision clause: Klausel *f* über Kollisionen *f/pl* bei beidseitigem Verschulden *n*
bottleneck: Engpaß *m*
bottmery voyage: Bodmereireise *f*
bottom: unterer Interventionspunkt *m*
bottom-up budgeting: Bottom-up-Budgetierung *f*, progressive Budgetierung *f*
Bei der Top-down-Budgetierung leiten die Budgetierungsorgane die Rahmendaten für das Budget der nächsten Periode aus den strategischen Plänen und Budgets ab. Aufgabe der nachgeordneten Managementebenen ist es dann, gemäß den zugeteilten Ressourcen Budgets für ihren Verantwortungsbereich zu erarbeiten und die nachgeordneten Organisationseinheiten darauf zu verpflichten. Im Gegensatz dazu beginnt beim Bottom-up-Ansatz die Budgeterstellung auf den untergeordneten Managementebenen und wird stufenweise in der Organisation nach oben geführt.
Das Bottom-up-Verfahren hat den Vorteil, daß die Ermittlung der erforderlichen Ressourcen dort erfolgt, wo das hierfür erforderliche Know-how als Synthese aus Informationsstand, Erfahrung und Verantwortung am ehesten zu vermuten ist. Es besteht jedoch die Gefahr, daß die Teilbudgets auf den verschiedenen Budgetebenen nicht hinreichend aufeinander abgestimmt werden.
Als Konsequenz aus den jeweiligen Problemen erfolgt die Budgetierung häufig nach dem Gegenstromverfahren, das eine Synthese der beiden anderen Verfahren darstellt. Dieses Verfahren wird zumeist mit einer probeweisen groben Top-down-Budgetierung eröffnet, d.h. das Top-Management gibt allgemeine Rahmendaten und globale Budgetziele für die nächste Planperiode vor. Die Budgets werden dann von den einzelnen Organisati-

onseinheiten unter Beachtung dieser Informationen geplant und in einem Bottom-up-Rücklauf zusammengefaßt – ggf. in mehreren Zyklen.
bottomrer: Bodmereigeber *m*
bottomry: Bodmerei *f*
bottomry bond: Bodmereibrief *m*, Schiffspfandbrief *m*
bottomry creditor: Bodmereigläubiger *m*
bottomry debt: Bodmereischuld *f*
bottomry lender: Bodmereigeber *m*
bottomry premium: Bodmereiprämie *f*
bottomry transaction: Bodmereigeschäft *n*
bought in: eingedeckt
bought ledger: Kreditorenbuch *n*
bounce: platzen (z.B. Scheck)
bound by contract: vertraglich gebunden (verpflichtet)
bound by instructions: weisungsgebunden
boundary line: Grenzlinie *f*
boundary: Grenze *f*
bounty: Prämie *f*
bourse: Börse *f*
box car: Güterwagen *m*
Box-Jenkins model: Box-Jenkins-Modell *n*
Eine vor allem bei Prognosen verwendete statistische Technik der Trendexpolation, die versucht, die stochastische Struktur einer Zeitreihe durch Aufgliederung in einen autoregressiven und in einen gleitenden Durchschnittsteil zu ermitteln. Mit Hilfe dieses Modells kann dann festgestellt werden, welche Trendextrapolationstechnik zur besten Prognose führt.
box number: Chiffre-Nummer *f*
boycott: Boykott *m*, boykottieren
brace: geschweifte Klammer *f*
bracket: eckige Klammer *f*
bracket of tax: Steuerstufe *f* (in der Tabelle)
bracketed figure: Klammerzahl *f*
brainstorming: schöpferisches Denken *n* in Gruppen *f/pl*, Ideenfindung *f*, Brainstorming *n*
Ein von dem amerikanischen Werbefachmann Alex F. Osborn von der New Yorker Werbeagentur Batton, Barton, Durstine and Osborn (BBDO) entwickeltes Verfahren der Ideenfindung durch Diskussion in der Gruppe. Es wird mitunter auch Konferenztechnik („... using the brain to storm a problem") in Sitzungen zur Entwicklung von Ideen für Innovationen und bei der Produktentwicklung eingesetzt.
Dabei wird der Prozeß der Entwicklung von Innovationen als aus drei Phasen der *Tatsachenfindung* (fact finding), der *Ideenfindung* (idea finding) und der *Findung von Lösungen* (solution finding) bestehend begriffen. In der aus zwischen 6 bis 12 Personen zusammengesetzten Konferenz gelten die folgenden Grundsätze:
• *Criticism is ruled out*: Da nach Osborn zahlreiche gute Ideen aufgrund von verinnerlichten Bewertungsprozessen erst gar nicht ins Bewußtsein gelangen, gilt neben dem zentralen Prinzip der Ausschaltung aller Vorab-Bewertungen („deferment of judgment") das Prinzip, jede kritische Bemerkung zu unterlassen und alle Einfälle vorzutragen und vortragen zu lassen und zu sammeln, die den Beteiligten in den Sinn kommen.
• *Freewheeling is welcomed*: Der Phantasie den freien Lauf lassen und so eine Enthemmung bewirken, die auch zur Entwicklung von zunächst verrückt erscheinenden Ideen führt.
• *Quantity is wanted*: Qualität ist durch Quantität erreichbar. Je mehr Einfälle produziert werden, desto größer ist die Chance, daß auch brauchbare Ideen dabei sind, die zu originellen Ideenkombinationen verdichtet werden können.
• *Combinations and improvements are sought*: Niemand verteidigt seine eigenen Einfälle, im Gegenteil jeder scheut sich nicht, die Ideen anderer aufzugreifen und weiterzuspinnen, um so dazu beizutragen, daß durch wechselseitige Befruchtung die Gruppe Ideen entwickelt, auf die jeder einzelne nicht gekommen wäre.
Die auf der Konferenzsitzung entwickelten Ideen werden protokolliert und später auf ihre Realisierbarkeit hin ausgewertet. Über die behauptete Effizienz der Brainstorming-Technik schreiben Günter Bollinger und Siegfried Greif in einem Bericht über empirische Überprüfungen von Kreativitätstechniken: „Es dürfte nur wenige Fragestellungen in der psychologischen Forschung geben, in denen experimentell erhobene Daten zu so eindeutigen Schlußfolgerungen zu führen scheinen, wie der Vergleich individueller Ideenproduktion mit Gruppenbrainstorming. Die zusammengefaßten Ergebnisse der allein produzierenden Individuen sind im Hinblick auf Qualität und häufig auch in der Quantität besser als die Ergebnisse der Gruppen. Im Gegensatz zu der Behauptung von Osborn produziert eine Person in der Gruppe weniger und schlechtere Ideen als allein arbeitende Individuen... Möglicherweise liegt ein entscheidender Vorzug dieser Methode eher in der Herbeiführung eines günstigen Klimas, um Vorschläge durchzusetzen. Die Anwendung der Brainstorming-Regeln, die gegenseitige Kritik verhindern und das Aufgreifen von Vorschlägen anderer propagieren, könnte die Offenheit für neue Lösungen und den Willen für ihre gemeinsame Durchsetzung verstärken".

brainwriting: Brainwriting *n*
Eine Methode der systematischen Ideenfindung, die ähnlich wie das Brainstorming auf der wechselseitigen Anregung der Teilnehmer einer Ideenfindungssitzung zielt. Allerdings werden beim Brainwriting die Ideen individuell niedergeschrieben und gelangen damit den anderen Teilnehmern nicht akustisch zur Kenntnis. Folglich sind besondere Austauschmechanismen für die aufgelisteten Ideen vorzusehen. Das bei weitem bekannteste Brainwriting-Verfahren ist die Methode 635 nach B. Rohrbach.

Zielsetzung der Methode ist es zu erreichen, daß Ideen aufgegriffen und weiterentwickelt werden und sich so die Ideenqualität steigert. Die Aufforderung zum Aufgreifen von Ideen ist zwar auch eine Brainstorming-Regel, sie wird jedoch in der Praxis meist nur in unzureichendem Maße eingehalten. Hier bieten Brainwriting-Verfahren wie die Methode 635 eine Verstärkung.

brainwriting pool: Brainwriting-Pool *m*
Eine Methode der systematischen Ideenfindung, die ähnlich wie das Brainstorming auf die wechselseitige Anregung der Teilnehmer einer Ideenfindungssitzung zielt.
Der Brainwriting-Pool wurde als Alternative zur Methode 635 konzipiert und will einige ihrer Nachteile ausräumen. Das geschieht vor allem dadurch, daß die Taktsituation der Methode 635 aufgehoben wird. Es sind auch keine besonderen Formulare erforderlich. Zu Sitzungsbeginn legt der Problemsteller auf die Mitte des Konferenztisches ein oder zwei Blätter, auf die bereits je drei oder vier mögliche Lösungen eingetragen sind. Die Teilnehmer – etwa vier bis acht – legen zunächst individuell so viele Ideen nieder, wie ihnen einfallen. Wollen sie sich erneut stimulieren lassen, dann tauschen sie ihr Papier gegen eines der Papiere in der Tischmitte („Pool") aus. Dieser Austauschprozeß kann von allen Teilnehmern beliebig häufig vorgenommen werden. Dadurch wird erreicht, daß
• jeder Teilnehmer die Ideenproduktion seinen Möglichkeiten bzw. seinem Arbeitsrhythmus anpaßt;
• jeder Teilnehmer durch häufigen Formularaustausch jeder so gut wie alle Ideen der anderen Teilnehmer erfahren kann;
• sich die Dauer der Ideenfindungssitzung flexibel gestalten läßt (üblich sind 20 bis 40 Minuten);
• keine besonderen Formulare herzustellen sind. Es genügt liniiertes Papier.
• jede Idee ohne Zeitdruck beliebig ausgestaltet werden kann;
• sich im Verlauf der Sitzung immer mehr vollgeschriebene Ideen-Blätter im Pool ansammeln.

Gegenüber dem Brainstorming hat das am weitesten verbreitete Brainwriting-Verfahren Methode 635 vor allem drei Vorteile:
• Sie bedarf keiner besonderen Moderation. Es ist ausreichend, wenn sich ein Teilnehmer bereiterklärt, die Zeitintervalle zu überwachen.
• Es entsteht automatisch ein Protokoll.
• Im Zweifelsfall kann nachgewiesen werden, welche Idee von welchem Teilnehmer stammt, wiewohl bei Ideenfindungssitzungen in Gruppen allgemein anerkannt werden sollte, daß die erzielten Ergebnisse immer die Leistung der Gruppe sind.

In der Praxis nennen Anwender der Methode 635 jedoch folgende Nachteile:
• Rückfragen sind nicht zugelassen, so daß Ideenformulierungen einfach mißverstanden werden können.
• Das Verfahren hat geringere Stimulationswirkung als Brainstorming, da die Teilnehmer nicht alle genannten Ideen zur Kenntnis erhalten.
• Die Aufforderung, 6mal hintereinander jeweils 3 Ideen in 5 Minuten zu entwickeln baut eine Streß-Situation auf, die auf viele Teilnehmer als Denkblockade wirkt.

branch: Branche *f*, Filialbetrieb *m*, Sparte *f*, Teilgebiet *n*, Unterabteilung *f*, Verzweigung *f (EDV)*, Zweigniederlassung *f*
branch accounting: Filialbuchhaltung *f*
branch bank: Filialbank *f*, Zweigstelle *f* einer Bank *f*
branch delegate: Ortsverbandsdelegierter *m*
branch depot: Zweiglager *n*
branch establishment: Filiale *f*, Zweigniederlassung *f*
branch instruction: Verzweigungsbefehl *m (EDV)*
branch limit: Spartenlimit *n*
branch manager: Filialleiter *m*, Geschäftsstellenleiter *m*
branch of activity: Tätigkeitsgebiet *n*
branch of business: Geschäftszweig *m*
branch of economy: Wirtschaftszweig *m*
branch of industry: Industriezweig *m*
branch of insurance: Versicherungszweig *m*
branch of law: Rechtsdisziplin *f*
branch of trade: Branche *f*, Handelszweig *m*
branch off: verzweigen *(EDV)*
branch office: Außenstelle *f*, Filiale *f*, Nebenstelle *f*, Zweigbüro *n*, Zweigniederlassung *f*, Zweigstelle *f*, Depositenkasse *f*, Geschäftsstelle *f*
branch program: Zweigprogramm *n (EDV)*
branch sales office: Vertriebsniederlassung *f*
brand: Marke *f*, zum Markenartikel *m* entwickeln, Markenname *m*, Sorte *f*, einbrennen
brand acceptance: Akzeptanz *f* der Marke durch den Verbraucher *m*
brand name advertising: Markenwerbung *f*
brand policy: Markenpolitik *f*
Die Gesamtheit der mit der Markierung von Produkten verbundenen unternehmerischen Grundsatzentscheidungen und Grundsatzmaßnahmen im Rahmen der Produktpolitik, deren Bandbreite von der Entscheidung für das Markenartikelabsatzsystem bis zur Entscheidung für den Vertrieb von anonymen Waren reicht.
brand value: Markenwert *m*, Wert *m* der Marke *f*
branded good(s) *(pl)*: Markenartikel *m (pl)*

breach: Bruch *m* (Vertrag), Übertretung *f*, Verletzung *f* (Kontrakt); (contract) brechen
breach of confidence: Vertrauensbruch *m*
breach of contract: Kontraktbruch *m*, Vertragsbruch *m*
breach of duty: Pflichtverletzung *f*
breach of peace: Ärgernis *n*, Friedensbruch *m*
breach of trust: Verletzung der Treuhandpflicht *f*
breach of warranty: Vertragsbruch *m* (wegen Nichtvorhandenseins zugesicherter Eigenschaften)
bread-winner: Ernährer *m*
break: brechen, Pause *f*
break a contract: vertragsbrüchig werden
break down: spezifizieren, unterteilen, versagen, zusammenbrechen, Zusammenbruch *m*
break down of balance sheet: Bilanzzergliederung *f*
break-even analysis: Gewinnschwellenanalyse *f*, Break-even-Analyse *f*
Ein deterministisches Erklärungsmodell der Betriebswirtschaftslehre zur Untersuchung der Frage, ob, wann und unter welchen Bedingungen ein Wirtschaftsunternehmen mit den von ihm abzusetzenden Waren und Diensten bei den sich am Markt bildenden Preisen den Punkt erreicht bzw. überschreitet, an dem die Kosten genau durch die Erlöse abgedeckt sind und mithin der Gewinn gleich Null ist (Gewinnschwelle/Break-Even-Punkt).
Die Break-Even-Analyse wird sowohl zur Beurteilung der Wirtschaftlichkeit eines Wirtschaftsunternehmens als Ganzem wie der Wirtschaftlichkeit neu entwickelter Produkte angewandt. Das Spezifikum der Break-Even Analyse ist es, daß durch die Ermittlung des Break-Even-Punkts („toter Punkt"), ausgehend vom Markt erzielten Verkaufspreis die variablen Kosten vom Erlös abgesetzt werden, so daß der Deckungsbeitrag für die fixen Kosten verbleibt. So lassen sich durch Aufspaltung einzelner Kostenarten in variable und fixe Kosten die Gewinnschwellen bei sich ändernden Kosten- und Gewinnverläufen feststellen.
Für die Break-Even-Menge (Schwellenmenge) z.B. bei der Einführung eines neuen Produkts, d.h. derjenigen Absatzmenge, bei der die Nettoerlöse gleich den produktbezogenen Gesamtkosten sind, gilt dann

$$M = \frac{A + G + W + V}{P - S}$$

wobei A die Jahresabschreibung der für die Herstellung des neuen Produkts zusätzlich erforderlichen Investitionsgüter bezeichnet, G die auf das neue Produkt entfallenden Gemeinkosten, W die Werbeausgaben, V die Vertriebskosten, P den Preis und S die variablen Stückkosten des neuen Produkts. Die Graphik zeigt die Zusammenhänge für den Fall linearer Umsatz- und Kostenverläufe im einzelnen:

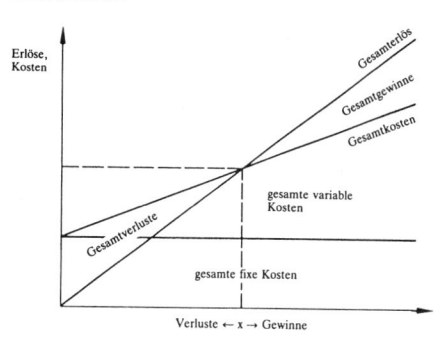

Die Break-Even-Analyse geht also von folgenden Gleichungen aus:
(1) Gewinn = Erlös – Kosten ($G = E - K$)
(2) Kosten = Fixkosten + variable Kosten ($K = K_F + K_V$)
(3) Variable Kosten = variable Stückkosten x Absatzmenge ($K_V = k_V \cdot x$)
(4) Erlös = Preis x Absatzmenge ($E = p \cdot x$)
(5) Fixkosten sind konstant ($K_F = c$).
Folglich ergibt sich für den Gewinn:
$G = p \cdot x - (k_V \cdot x + K_F)$.
Der Break-Even-Punkt ist mithin gegeben durch $K_F + k_V \cdot x = p \cdot x$. Und für die Break-Even-Absatzmenge ergibt sich danach:

$$x = \frac{K_F}{p - k_V}$$

Die Break-Even-Analyse ist ein relativ einfach zu handhabendes Bewertungsverfahren, Produktbewertung, das für eine erste Abschätzung der Erfolgsaussichten eines neuen Produkts gut geeignet ist.
break-even chart: Gewinnschwellen-Diagramm *n*, „Toter Punkt" *m*, graphische Darstellung *f* der Gewinnschwelle
break-even performance: Leistung *f*, bei der weder Gewinn *m* noch Verlust *m* eintritt
break-even point: Gewinnschwelle *f*
Der Punkt, an dem die Kosten genau durch die Erlöse abgedeckt sind und mithin der Gewinn gleich Null ist.
break in: einführen, in Tätigkeit einführen
break off negotiations: Verhandlungen *f/pl* abbrechen
break one's oath: einen Eid *m* brechen
break point: Programm-Unterbrechungspunkt *m (EDV)*, Trennpunkt *m*
break up: auflösen, dezentralisieren, verschrotten
break-up value: Abbruchwert *m*, Zwangsversteigerungserlös *m*

breakage: Bruch *m* (Ware)
breakdown: Betriebsstörung *f*, Spezifikation *f*, Unterteilung *f*
breaking point: Trennpunkt *m*
breakpoint instruction: bedingter Stop *m* (EDV)
brewery share: Brauereiaktie *f*
brewery stock: Brauereiaktie *f*
brewery: Brauerei *f*
bribe: bestechen, Bestechung *f*, Bestechungsgeld *n*
briber: Bestechender *m*
bribery: Bestechung *f*
brickyard: Ziegelei *f*
bridge system: Bridge-System *n*
Ein Sekundärsystem in Management-Informations-Systemen (MIS), dessen Aufgabe in der Verbindung zwischen operativer Datenbasis und Führungsgrößendatenbank besteht: Aus der Fülle der operativen Daten werden durch Verdichtung, Konvertierung, Extraktbildung und Modifikation repräsentative Führungsgrößen, Kennzahlen, gewonnen.
bridging loan: Überbrückungskredit *m*
brief: informieren, instruieren, Schriftsatz *m*, kurzer Schriftsatz *m*
bright: freundlich
bring: überbringen
bring action against: anstrengen, eine Klage *f* betreiben, einen Rechtsstreit *m* gegen jemanden anstrengen, verklagen
bring action in autre droit: im Namen *m* eines Dritten *m* klagen
bring action: Klage *f* erheben
bring into line: angleichen
bring out: veröffentlichen
bring suit: klagen
bring to a close: zum Abschluß *m* bringen, erledigen
bring under the hammer: versteigern
bring up-to-date: Stand *m*, auf den neuesten bring bringen
bring up: aufbringen
brisk: schwunghaft
brisk sale: schneller Absatz *m*, schneller Verkauf *m*
brisk trading: lebhaftes Geschäft *n*
broker: Makler *m*
Ein selbständiger Gewerbetreibender, der für eine Maklerprovision (Maklerlohn, Courtage) ohne ständigen Auftrag für Dritte Verträge vermittelt oder Gelegenheiten zum Vertragsabschluß nachweist, Handelsmakler. „Die Tätigkeit des Maklers beschränkt sich auf die Vermittlung von Geschäften; er führt die kaufwillige und die verkaufswillige Partei lediglich zusammen und überläßt den Vertragsabschluß den zusammengeführten Parteien." (Axel Bänsch)

broker firm: Börsenmaklerfirma *f*
broker's commission: Maklerprovision *f*
brokerage: Courtage *f*, Kurtage *f*, Maklergebühr *f*
Die Gebühr, die Börsenmakler in Form eines Prozent- oder Promillesatzes als Provision für die Vermittlung eines Börsengeschäfts erhalten.
brokerage commission: Maklergebühr *f*, Provision *f* (Makler)
Die Vergütung, die ein Makler für die erfolgreiche Vermittlung eines Geschäfts erhält. Sie besteht in der Regel in einer Provision.
brokerage contract: Maklervertrag *m*
brokerage fee: Maklergebühr *f*
brokerage firm: Maklerfirma *f*
brokerage note: Schlußnote *f*
brotherhood: Bruderschaft *f* (Gewerkschaft), Gewerkschaft *f* (Bruderschaft)
brush: Bürste *f* (EDV)
bubble: Finanzschwindel *m*
bucket shop: Schwindelbank *f*, Schwindelfirma *f*, Winkelbörse *f*
buddy system: Tutoren-System *n*
budget: Budget *n*, Etat *m*, Finanzplan *m*, Haushaltsplan *m*, Voranschlag *m*, vorausplanen, Vorausplanung *f*, Wirtschaftsplan *m*
Budgets sind schriftliche Zusammenfassungen, durch welche den Aufgabenträgern, insbesondere dem Management in einer Organisation wie z.B. einem Unternehmen für einen abgegrenzten Zeitraum fixierte Sollgrößen im Sinne von Soll-Ergebnissen geplanter Aktivitäten in wertmäßiger und mitunter auch mengenmäßiger Form vorgegeben werden.
Ein Budget stellt so die im einzelnen aus einem Absatzplan, einem Produktions- und einem Investitionsplan zusammengesetzte Aufstellung der für ein künftiges Haushaltsjahr oder eine vergleichbare betriebliche Planperiode erwarteten Einnahmen und Ausgaben zur Ermittlung des Kapital- und Geldbedarfs eines Unternehmens dar. Es ist eine aus der Gesamtplanung eines Unternehmens abgeleitete, gewöhnlich in Geldgrößen ausgedrückte Zusammenstellung von Sollzahlen der Planung.
Dem Budget werden im allgemeinen die folgenden Funktionen zugesprochen:
• *Orientierungsfunktion*: Sie sollen die Entscheidungsträger auf bestimmte Ziele hin verpflichten und ihnen ihre Ergebnisverantwortung verdeutlichen. Insofern bilden Budget-Informationen ein wesentliches Mittel, um zielorientiertes Handeln und dispositives Entscheiden herbeizuführen. Sie liefern zugleich auch einen Beitrag zur Komplexitätsreduktion, indem sie den Handlungsspielraum von Entscheidungsträgern begrenzen.
• *Koordinations- und Integrationsfunktion*: Die Budgetierung soll einen wesentlichen Beitrag zur Koordination und Integration aller Bereiche des Unternehmens leisten, indem sie eine Abstimmung zwischen gleichgeordneten ebenso wie zwi-

schen über- und untergeordneten Teilplänen erforderlich macht. Über das Gesamtbudget finden die Teile des Unternehmens die notwendigen Anschlüsse. Dies geschieht dadurch, daß mit den vorgegebenen Teilbudgets die insgesamt knappen Mittel zur Zielrealisation verteilt werden.

- *Kontrollfunktion*: Budgets geben genau definierte Plangrößen (Umsätze, Kosten, Erträge u.a.) vor, die es innerhalb einer bestimmten Planperiode zu erreichen bzw. einzuhalten gilt. Insofern setzt ein Budget auch Maßstäbe zur Leistungsmessung und übt damit eine Überwachungsfunktion aus. Im Rahmen dieser Kontrollfunktion sind auch die Ursachen der Abweichungen zu erforschen; denn ein zielorientiertes Einwirken auf betriebliche Vorgänge und Prozesse ist nur möglich, wenn die Ursachen von Abweichungen erkannt werden.
- *Motivationsfunktion*: Budgets grenzen Handlungsspielräume aus und verpflichten auf bestimmte Vorhaben. Dennoch kann sich die Vorgabe von Budgets unter bestimmten Bedingungen auch positiv auf die Leistungsmotivation der Mitarbeiter auswirken, wenn es gelingt, daß sich die Führungskräfte mit den Zielvorgaben identifizieren. Eine solche Identifikation wird gefördert, wenn die Zielvorgaben partizipativ erarbeitet werden und das Budget nicht zu restriktiv ausgelegt ist, sondern Freiräume für eigenverantwortliche Entscheidungen läßt.

Im Hinblick auf ihre Umsetzung unterscheidet man zwischen *strategischen* und *operativen Budgets*. Strategische Budgets knüpfen an die strategische Planung an und haben langfristige Wirkungen. Im Rahmen der strategischen Budgetierung werden die Ressourcen auf die Erreichung strategischer Ziele zentriert, während durch operative Budgetierung die Ressourcenallokation für das bestehende Produkt-Markt-Konzept (Leistungsprogramm) erfolgt.

Strategische Budgets werden meist als globale Rahmenbudgets konzipiert, in denen die wesentlichen Zielgrößen und Ressourcenbindungen fixiert werden, ohne daß die zu ihrer Erreichung notwendigen Handlungsschritte schon im einzelnen festgelegt sind. In dem Maße, in dem sich die strategischen Planungen konkretisieren, müssen diese Rahmenbudgets jedoch in Teilschritte zerlegt und für die Budgetperioden Maßnahmen und Ressourcen konkretisiert und terminiert werden. Die strategischen Rahmenbudgets werden so in weiteren Iterationsschritten zunehmend detailliert.

Im Unterschied zu den strategischen haben es die operativen Budgets mit Maßnahmen und Ressourcenbindungen zu tun, die aufgrund der operativen Planung erforderlich werden. Es handelt sich mithin um die Budgets, die für die betrieblichen Funktionsbereiche alle geplanten Maßnahmen wert- (und mengen-)mäßig erfassen. Darüber hinaus gibt es Projektbudgets für Sonderaufgaben.

Das *Absatzbudget* basiert auf den Ergebnissen der Absatzprognose und Absatzplanung. Es enthält auf der Leistungsseite als wichtige Information die geplanten Umsätze. Im einzelnen werden im Absatzbudget die Kosten des Umsatzes z.B. als Kosten der Akquisition (insbesondere der Werbung und Absatzförderung), der physischen Verkaufsabwicklung (direkte Verkaufskosten, Transportkosten, Lagerkosten) und der Leitung und Verwaltung (Planung, Statistik, Marktforschung) budgetiert.

Das *Produktionsbudget* dient der Ermittlung der Standardfertigungskosten bzw. – unter Einbeziehung des Fertigungsmaterials – der Standardherstellungskosten für das ausgewählte Produktionsprogramm. Aus diesem nach Produktarten und Produktmengen aufgegliederten Produktionsprogramm ergibt sich für die Planperiode das Mengengerüst der Kosten, das je nach zu belegender Kostenstelle mit spezifischen Kostensätzen multipliziert wird, um die budgetierten Standardfertigungskosten zu ermitteln.

Nach dem Grad der Flexibilität läßt sich zwischen starren und flexiblen Budgets unterscheiden. *Flexible Budgets* tragen im Gegensatz zu *starren Budgets* der Unsicherheit von Entscheidungssituationen dadurch Rechnung, daß sie entweder bereits bei der Erstellung, der Durchführung oder erst bei der Kontrolle der Budgets gewisse Anpassungsmöglichkeiten vorsehen, um drohenden Fehlsteuerungen begegnen zu können.

Um eine antizipative Berücksichtigung der Unsicherheit bemühen sich *Alternativ- bzw. Eventualbudgets*. Neben dem Arbeitsbudget werden weitere alternative Budgets im Hinblick auf denkbare Umweltentwicklungen formuliert.

Im Gegensatz dazu sehen *Nachtrags- oder Ergänzungsbudgets* und *nachkalkulierte Budgets* Anpassungen erst im Rahmen der Budgetkontrolle vor. Bei Nachtragsbudgets werden unvorhergesehene Ausgaben oder fehlkalkulierte Kosten in ein separates Budget eingebracht und dem Ursprungsbudget hinzugefügt. Bei nachkalkulierten Budgets dient das Ursprungsbudget zwar während der Budgetperiode als Richtschnur, wird jedoch am Ende der Periode durch ein nachkalkuliertes Budget ersetzt, das dem aktuellen Informationsstand entspricht und als Maßstab für die Kontrolle herangezogen wird. Auf diesem Wege soll vermieden werden, daß die Ist-Werte mit überholten Soll-Werten verglichen werden. Da in beiden Fällen mögliche Korrekturen erst nach dem Vollzug einsetzen, können diese Anpassungsformen allerdings keine Steuerungswirkung entfalten, sondern nur eine gerechtere Beurteilung bewirken. Deshalb wird häufig vorgeschlagen, die Budgetvorgaben nicht nur am Ende, sondern bereits während des Budgetjahres fortlaufend oder in kurzen Intervallen an veränderte Entwicklungen anzupassen.

Stellt man schließlich auf das Kriterium der Wertdimension ab, so können Budgets sich beziehen auf Ausgaben/Einnahmen, Aufwendungen/Erträge und Kosten/Leistungen sowie daraus abgeleitete Größen, etwa den Deckungsbeitrag oder den Gewinn. Je nach Art der verwendeten Wertdimension

können sich Budgets neben der Allokation auch auf die Akquisition von Ressourcen beziehen (z.B. Investitionsbudgets).
budget accounting: Finanzplanung f, Vorschaurechnung f
budget allocation: Budgetaallokation f
Die Aufteilung eines Budgets auf einzelne Positionen nach sachlichen und zeitlichen Gesichtspunkten.
budget board: Budgetausschuß m
budget center: Planbereich m
budget control: Budgetkontrolle f, Finanzkontrolle f, Kontrolle f durch Budget n, Lenkung f durch Budget n, durch Planung, Überwachung f der Finanzwirtschaft f
Der Prozeß des laufenden Vergleichs, der Abstimmung und gegebenenfalls auch Anpassung der Sollzahlen eines Budgets an die durch die betriebliche Buchhaltung ermittelten Ist-Zahlen.
budget cost: geplante Kosten pl
budget deficit: Haushaltsdefizit n, Mehrausgabe f
budget director: Leiter m der Finanzplanung f
budget in physical units: Budget n, ausgedrückt in Materialeinheiten f/pl, Anzahl f der Beschäftigten m/pl, Lohnstunden f/pl etc., Mengenbudget n
budget overrun: Budgetüberschreitung f
budget period: Planungszeitraum m
budget planning: Finanzplanung f
budget receipts pl: Solleinnahmen f/pl
budget surplus: Mehreinnahme f
budget underrun: Budgetunterschreitung f
budget variance: Planabweichung f, Budgetabweichung f, Kostenabweichung f gegenüber Budget n
budget variation: Planabweichung f, Budgetabweichung f, Kostenabweichung f gegenüber Budget n
budgetary accounting: Finanzplanung f, Vorschaurechnung f
budgetary control: Budgetkontrolle f, Finanzkontrolle f, Kontrolle f durch Budget n, Lenkung f durch Budget n, Kontrolle f durch Planung), Überwachung f der Finanzwirtschaft f
budgetary: etatmäßig
budgetary conflict: Budgetkonflikt m
Ein Konflikt, der durch die Aufteilung knapper Ressourcen auf konkurrierende Ziele entsteht. Generell liegt ein Konflikt dann vor, wenn sich ein Individuum zwischen unvereinbaren, sich gegenseitig ausschließenden Alternativen entscheiden muß. Ein wesentliches Merkmal des subjektiven Konflikterlebens ist der Entscheidungszwang bzw. der Entscheidungswunsch. Im Unternehmen entstehen aufgrund der Organisations- und Arbeitsbeziehungen spezifische Konfliktfelder.
budgeted balance: Sollbestand m
budgeted cost: geplante Kosten pl
budgeting: Budgetierung f, Finanzplanung f, Planung f, Vorausplanung f, Vorschaurechnung f
Die „Aufstellung und Verwendung von Budgets zur Unternehmenssteuerung..., also die Erstellung bzw. Ableitung, Vorgabe oder Vereinbarung, Kontrolle und Anpassung von Budgets", bei der es darum geht, „Soll- Ergebnisse für einzelne Organisationseinheiten oder Verantwortungsträger zu fixieren". (Jürgen Wild).
Es handelt sich um eine der betrieblichen Planung nachgelagerte Unternehmensaktivität, durch die Verantwortungen und Maßstäbe der Zielerreichung festgelegt werden.
Die Budgetierung umfaßt alle Aufgaben, die die Erstellung, Verabschiedung und Kontrolle von Budgets betreffen. Ergebnis der Budgetierung ist die wertmäßige Zusammenfassung der geplanten Entwicklung des Unternehmens in einer zukünftigen Geschäftsperiode.
Das Management wird durch die Budgetierung gezwungen, die angestrebten Ziele und Maßnahmen soweit zu konkretisieren und präzisieren, daß sie in wertmäßige Größen wie Kosten, Umsätze, Erlöse oder Gewinn überführt werden können. Budgets geben deshalb einen wichtigen Anstoß für die Umsetzung von Plänen in spezifische Maßnahmen.
Buffalo method: kreatives Problemlösen n, Buffalo-Methode f
Eine von Sidney J. Parnes und seinen Mitarbeitern in den 1950er Jahren an der University of Buffalo entwickelte Kreativitätstechnik, die in Anlehnung an allgemeine Modelle des Problemlösungsverhaltens in der Psychologie die Schritte der Tatsachenfindung (fact finding), der Problemidentifikation (problem finding), der Ideenentwicklung (idea finding) und der Lösungsfindung (solution finding) umfaßt. In der Phase der Ideenfindung werden dabei andere Kreativitätstechniken wie z.B. das Brainstorming oder das Prüflistenverfahren verwendet.
buffer: Puffer m, Scheinkäufer m (bei Versteigerung), Zwischenspeicher m (EDV)
buffer stock: Puffervorrat m
bug: Fehler m (EDV)
builder's risk insurance: Baurisikoversicherung f
building: Bau m, Bauwerk n, Gebäude n
building activity: Bautätigkeit f
building and loan association: genossenschaftliche Spar- und Kreditvereinigung f zur Finanzierung f des Wohnungsbaus m der Mitglieder n/pl, genossenschaftliche Wohnungsbaufinanzierungsgesellschaft f
building association: Bausparkasse f

building block design: Baukastensystem *n*
building code: Bauvorschriften *f/pl*
building construction: Wohnungsbau *m*
building contractor: Bauunternehmer *m*
building cost: Baukosten *pl*, Bauwert *m*
building industry: Baugewerbe *n*, Bauhauptgewerbe *n*
building loan contract: Bausparvertrag *m*
building lot: Bauplatz *m*
building material: Baumaterial *n*, Baustoff *m*
building permit: Baugenehmigung *f*
building regulations *pl*: Bauvorschriften *f/pl*
building site: Bauplatz *m*, Baustelle *f*
building society indemnity insurance: Bausparkassenversicherung *f*
building society: Baugenossenschaft *f*, Bausparkasse *f*, Siedlungsgesellschaft *f*, Wohnungsbaugenossenschaft *f*
building society investor: Bausparer *m*
building trade: Bauwirtschaft *f*
building under construction: Neubau *m* (unfertig)
buildings *pl*: Gebäude *n* (Bilanzposition)
buildings *pl* **and constructions** *pl*: Baulichkeiten *f/pl*
built-in control: automatische Kontrolle *f*
built-in department: Sonderabteilung *f*
bulk: Hauptteil *m*, Masse *f*
bulk carrier: Massengutschiff *n*
bulk commodity: Massengut *n*, Massenware *f*
Als Massengüter werden im Gegensatz zu den Massenprodukten ausschließlich Industriegüter bezeichnet, die in großen Mengen hergestellt und verbraucht werden, ein hohes Gewicht, aber einen im Verhältnis zum Gewicht relativ geringen Wert haben (Kies, Kohle, Steine, Stahl), so daß bei ihrer Verwendung stets Transport- und Standortprobleme eine entscheidende Rolle spielen.
bulk freight: Fracht *f* für Massengüter *n/pl*
bulk goods *pl*: Massengüter *n/pl*
Produkte, die im Gegensatz zu Individualgütern, die nach Spezifikation angefertigt werden, für anonyme Märkte durch programmierte Produktionsprozesse in identischer Aufmachung und Ausstattung in großen Mengen und in der Regel in Massenfertigung hergestellt werden.
bulk mailing: Versenden *n* von Massendrucksachen *f/pl*
bulk marking: Preisauszeichnung *f* für ganze Warenpartie *f*
bulk purchase: Massenkauf *m*
bulk sale: Massenverkauf *m*, Verkauf *m* in Bausch und Bogen

bulk shipping: Massengutfahrt *f*
bulky: sperrig, unhandlich
bull: Haussespekulant *m*, Haussier *m*, Spekulant *m*
bull market: Hausse *f*, Spekulationsmarkt *m*
bulletin board: Anschlagbrett *n*, Schwarzes Brett *n*
bullion: Barren *m*, ungemünztes Gold *n* oder Silbern
bullion dealer: Goldhändler *m*
bullion gold: ungemünztes Gold *n*
bullion market: Edelmetallmarkt *m*
bullish: haussierend
bunched income: Einkünfte *f/pl*, die aus Vorjahren *n/pl* stammen, aber erst im laufenden Jahr *n* bezogen werden
bundled: gebündelt
bungle: Pfuscherei *f*, schludern
bungler: Pfuscher *m*
buoyant market: Markt *m*, der durch steigende Preise *m/pl* gekennzeichnet ist
burden: Auflage *f*, belasten, Fertigungsgemeinkosten *pl*, Gemeinkosten *pl*, Last *f*, Umlagekosten *pl*
burden absorption rate: Gemeinkostenverrechnungssatz *m*
burden base: Gemeinkostenzurechnungsbasis *f*
burden basis: Gemeinkostenverrechnungsbasis *f*
burden center: Fertigungskostenstelle *f*, Kostenstelle *f*
burden charge: Gemeinkostenzuschlag *m*
burden of debts: Schuldenlast *f*
burden of proof: Beweislast *f*
burden of taxation: Steuerlast *f*
burden overabsorbed: Gemeinkostenüberdeckung *f*
burden rate: Gemeinkostensatz *m*, Gemeinkostenverrechnungssatz *m*, Zuschlagsatz *m* (bei Kosten)
burden sharing: Lastenausgleich *m*
burden underabsorbed: Gemeinkostenunterdeckung *f*
burden variance: Gemeinkostenabweichung *f*
burden variation: Gemeinkostenabweichung *f*
Bureau of Customs: Zollbehörde *f*
Bureau of Taxation and Finance: Finanzamt *n*
Bureau of the Budget *(Am)*: Rechnungshof *m*

bureaucracy: Bürokratie *f*, Bürokratismus *m*

Die Untersuchungen des deutschen Soziologen Max Weber (1864-1920) zur „bürokratischen Herrschaft", der ihretwegen häufig als der „Vater der Organisationstheorie" bezeichnet wird, zielten darauf, das Funktionieren großer Organisationen mit dem Idealtypus der Bürokratie als formal rationalste Form der Herrschaftsausübung zu erklären. Im Gegensatz zu Frederick Taylor und Henri Fayol, deren theoretische Bemühungen vorrangig darauf zielten, Prinzipien zur Optimierung betrieblicher Führung zu formulieren, wollte Weber zeigen, daß und wie es in großen Organisationen wie kapitalistischen Unternehmen gelingt, die Handlungen der Individuen aufeinander zu beziehen, regelhaft zu verstetigen und effizient zu einem Ganzen zu verbinden.

Ausgangspunkt für Webers Arbeiten war das rasche Anwachsen großer Organisationen und die Erklärungsbedürftigkeit ihres Funktionszuwachses. Der Typus der legalen Herrschaft, der Herrschaft kraft Satzung, hat in Kleingruppen noch keine Bedeutung; man kennt die wechselseitigen Handlungsgewohnheiten und kann über zukünftiges Handeln miteinander sprechen. Erst wenn diese Überschaubarkeit der Handlungssituation im Zuge des Wachstums der Unternehmung verloren geht, müssen andere Mechanismen für die Ordnung, die Regelmäßigkeit und Zielgerichtetheit im Handeln aller Organisationsmitglieder herangezogen werden.

Diese Mechanismen basieren auf Herrschaft (Autorität). Herrschaft bezeichnet nach Weber „die Chance..., für spezifische (oder: für alle) Befehle bei einer angebbaren Gruppe von Menschen Gehorsam zu finden." Wenn und soweit diese Chance langfristig besteht, wäre in der „Herrschaft" eine Erklärung für die dauerhafte Koordination individueller Handlungen durch den Befehl (als Merkmal hierarchischer Organisationen) gegeben. Unternehmungen können dann auch als Herrschaftsverbände verstanden werden. Stabilität entsteht erst dort, wo nicht äußerliche Situationsmerkmale, sondern die Anerkennung des herrschaftlichen Anspruchs, der Legitimationsglaube, den Befehlen Geltung verschafft.

Die Frage, worauf dieser Legitimitätsglaube basieren kann, führt zur Unterscheidung verschiedener Herrschaftsformen als Kern der Weberschen Analyse. Neben der *traditionellen Herrschaft* und der *charismatischen Herrschaft* ist die *legale Herrschaft* für die Neuzeit die wichtigste Herrschaftsform. Bei ihr ist die Legitimation rational, weil ihre Bindung auf gesatzter Ordnung und nicht auf geltender Tradition oder „außeralltägliche(n) Hingabe an die Heldenkraft einer Person" beruht. Gehorsam gilt nicht der Person, sondern den Regeln. Die abstrakte Regelbindung und der Glaube an die Legitimität dieser Regeln ist das besondere der legalen Herrschaft, und die bürokratische Herrschaft ist ihr reinster Typus.

Kennzeichen des Idealtypus der bürokratischen Herrschaft ist eine genaue Festlegung von Amtspflichten und präzise Abgrenzung von Autorität und Verantwortung, ein festgelegtes System von Über- und Unterordnungen (Amtshierarchie), die nach festen, erlernbaren Regeln ablaufende Amtsführung und die Aktenmäßigkeit aller Vorgänge. In diesen und weiteren formalen Merkmalen findet die bürokratische Herrschaft ihren konkreten, für die Handlungskoordination bedeutsamen Niederschlag.

Die Erfahrung lehre, so meinte Weber, daß sie die vom Standpunkt der technischen Aufgabenbewältigung her gesehen effizienteste Form zur Organisation großbetrieblicher Aufgabenvollzüge in der Wirtschaft und darüber hinaus in Staat, Kirche, Militär darstelle. Der Kapitalismus hat danach eine zentrale Rolle in der Entwicklung und Ausbildung von bürokratischen Strukturen gespielt, da er ja auf Rechenhaftigkeit, Genauigkeit, Stabilität und Effizienz angelegt sei und alle diese Eigenschaften in der Bürokratie am besten zur Geltung kämen. „Der entscheidende Grund für das Vordringen der bürokratischen Organisation war von jeher ihre rein technische Überlegenheit über jede andere Form. Ein voll entwickelter bürokratischer Mechanismus verhält sich zu diesen genau wie eine Maschine zu den nicht mechanischen Arten der Gütererzeugung. Präzision, Schnelligkeit, Eindeutigkeit, Aktenkundigkeit, Kontinuierlichkeit, Diskretion, Einheitlichkeit, straffe Unterordnung, Ersparnisse an Reibungen, sachlichen und persönlichen Kosten sind bei streng bürokratischer, speziell: monokratischer Verwaltung durch geschulte Einzelbeamte ... auf das Optimum gesteigert."

Demgegenüber analysierte der amerikanische Soziologe Robert K. Merton als schwerwiegende Dysfunktionen der Bürokratie die unzureichende Flexibilität in der Anwendung von Fähigkeiten, die Entpersönlichung von Beziehungen sowie vor allem die Verschiebung der Aufmerksamkeit von den Zielen der Organisation auf die Mittel, die häufig zum Selbstzweck werden:

„1. Eine effektive Bürokratie erfordert Verläßlichkeit in der Reaktion und strikte Befolgung des Reglements.

2. Solche Treue den Regeln gegenüber führt zu ihrer Umformung in absolute Werte; sie werden nicht mehr bezogen auf vorgegebene Zielsetzungen.

3. Dies stört eine rasche Anpassung unter besonderen Bedingungen, die zur Zeit der Formulierung der allgemeinen Regeln nicht klar vorausgesehen wurden.

4. So erzeugen gerade jene Elemente, die im allgemeinen zur Effektivität führen in spezifischen Fällen Ineffektivität."

bureaucracy games *pl*: hierarchische Unternehmungsspiele *n/pl*

bureaucratic leadership: bürokratische Führung *f*

Ein Führungsstil, bei dem ähnlich wie beim autokratischen Führungsstil ein Führungsapparat besteht. Jedoch tritt hier an die Stelle der Willkür des Autokraten ein System von Regelungen, denen sich die Geführten ebenso wie die Führer zu unterwerfen haben.

burglar: Dieb *m*, Einbrecher *m*
burglary: Diebstahl *m*, Einbruchsdiebstahl *m*, Einbruch *m*
burglary insurance: Einbruch(diebstahl)versicherung *f*
burial fund: Sterbekasse *f*
bus: Sammelschiene *f (EDV)*
business: Betrieb *m*, Geschäft *n*, Gewerbe *n*, Handelsbetrieb *m*, Unternehmen *n*, Wirtschaftsbetrieb *m*
business accounting: kaufmännisches Rechnungswesen *n*
business activity: Geschäftstätigkeit *f*, Konjunktur *f*
business administration: Betriebswirtschaft *f*, Betriebswirtschaftslehre *f*
business assets *pl*: Betriebsvermögen *n*
business barometer: Wirtschaftsbarometer *n*, Konjunkturbarometer *n*
business branch: Wirtschaftsbereich *m*, Wirtschaftszweig *m*
business broker: Makler *m* (der ganze Betriebe an- und verkauft), Unternehmensmakler *m*
business car: Geschäftswagen *m*
business climate: Betriebsklima *n*, Geschäftsklima *n*
In den 1930er Jahren entstanden unabhängig voneinander in den USA die psychologisch orientierte Organisationsklima-Forschung und in Deutschland eine soziologisch orientierte Betriebsklima-Forschung.
In Deutschland beschäftigte sich als erster Goetz Briefs (1934) unter dem Stichwort „Betriebsatmosphäre" mit dem Betriebsklima. Nach dem 2. Weltkrieg wandte sich die Industriesoziologie unter dem Einfluß der Human-Relations-Bewegung wieder verstärkt den sozialen Beziehungen im Betrieb zu. Am Frankfurter Institut für Sozialforschung leitete Ludwig von Friedeburg (1963) eine bedeutende Untersuchung über Betriebsklima. In der betrieblichen Praxis wurde das Betriebsklima-Konzept eher als Human-Relations-Technik und weniger als Konzept der empirischen Organisationsforschung angesehen.
business conduct: Geschäftsgebaren *n*
business connection: Geschäftsverbindung *f*
business consultancy: Betriebsberatung *f*
Die Aktivitäten der Führungs- und Managementberatung durch außerbetriebliche Institutionen, die als ein Brückenschlag zwischen Forschung und Betriebspraxis die Nutzung und Anwendung neuer Erkenntnisse, Erfahrungen und Verfahren vermitteln und so dazu beitragen, die Leistungsstruktur vor allem von Klein- und Mittelunternehmen, die nicht selbst über entsprechende Forschungsstellen verfügen, zu verbessern.
Neben der allgemeinen Führungs- und Managementberatung zählen dazu auch Spezialberatungen wie Personal-, Marketing-, Organisations- und EDV-Beratung, Weiterbildungsmaßnahmen sowie die Dokumentation und Publikation von Informationen.
business consultant: Betriebsberater *m*, Wirtschaftsberater *m*
business control: Betriebssteuerung *f*
business correspondence: Geschäftskorrespondenz *m*
business counselor: Betriebsberater *m*
business credit institution: Gewerbebank *f*
business cycle: Konjunktur *f*, Konjunkturzyklus *m*
Nach den Worten von Werner Vomfelde bezeichnet der Begriff Konjunktur „zyklische Schwankungen der gesamtwirtschaftlichen Produktion mit einer Gesamtdauer von mindestens drei, höchstens zwölf Jahren".
Wenn die Produktion als Indikator für die konjunkturellen Schwankungen gilt, so besagt dies, daß die Produktion um ihren eigenen Trend schwankt, der Maßstab für das langfristige Wachstum ist. Konjunktur bezeichnet als die mittelfristigen Schwingungen um den langfristigen Wachstumspfad.
Über die Ursachen der konjunkturellen Schwankungen besteht Uneinigkeit. Die wirtschaftswissenschaftliche Forschung hat rund 200 Konjunkturtheorien hervorgebracht. Einigkeit besteht lediglich darüber, daß monokausale Erklärungen nicht ausreichen, um das Phänomen der Konjunkturzyklen zu erklären, wohl aber nach den Worten von Gottfried Haberler, „daß eine ganze Reihe von Faktoren und vielleicht auch nicht einmal immer dieselbe Kombination dieser Faktoren zum Entstehen eines Wechsels von Prosperität und Depression beitragen".
Als häufigste Ursachen für wirtschaftliche Rückschläge wurden vor dem ersten Weltkrieg zumeist Kriege, Mißernten, Seuchen, später auch Spekulantentum genannt.
Nach Josef Schumpeter lassen sich die Konjunkturtheorien in endogene, exogene, monetäre, dynamische und psychologische Erklärungsversuche einteilen. Dadurch sind Hypothesen ausgeklammert, die Konjunkturschwankungen aus einer Überlagerung von Zufallseinflüssen ableiten: E. Slutzky z.B. sieht in den Wellen kein reales, sondern ein rein statistisches Phänomen. Durchaus in diesem Sinne argumentieren Walter Eucken und F. A. Lutz, die es aufgrund der individuellen Erscheinung eines jeden Zyklus ablehnen, Gesetzmäßigkeiten aus dem Ablauf zu konstruieren, wiewohl sie konjunkturelle Schwankungen an

sich anerkennen. Albert Hahn schreibt „... auch die Wirtschaftszyklen sind Kinder der Ungewißheit und des Irrtums ... bezüglich der künftigen Nachfrage." Walter Adolf Jöhr wiederum betont die Bedeutung der „Labilität" der Wirtschaftssubjekte, ihre Stimmungen und Erwartungen für die wirtschaftliche Entwicklung. Die Eigenbewegung des konjunkturellen Ablaufs beschreibt Jöhr u.a. mit dem Auftreten zahlreicher kumulativer Prozesse und Bewegungen, die offenkundig miteinander zusammenhängen und in der Lage sind, den Prozeß aus sich selbst heraus zu verstärken, zu beschleunigen oder zu verlangsamen. Tendenzen zur Selbstverstärkung ergeben sich z.b. daraus, daß ein Produktionsrückgang Arbeitslosigkeit auslösen kann. Dieser wiederum bedingt Nachfrageausfall, der einen weiteren Rückgang der Produktion bedingt, usw.

Nach Vomfelde bedingen Aufschwung und Abstieg einander wechselweise: „Der kumulative Prozeß selbst bringt mit der Zeit die Kräfte hervor, die ihn erst verlangsamen, dann beenden und schließlich die Richtungsänderung herbeiführen." Danach ist Konjunktur eine echte Wellenbewegung, in der ein Aufschwung zugleich den Abstieg hervorbringt und umgekehrt.

Nach Ragnar Frisch werden die konjunkturellen Schwankungen durch unregelmäßige äußere Anstöße ausgelöst, die aber durch die Struktur der Wirtschaft in regelmäßige Schwingungen umgesetzt werden. Auch nach Werner Hicks, der ein mathematisches Oszillationsmodell vorgelegt hat, genügt ein einmaliger Anstoß von außen. Hicks erklärt den Konjunkturprozeß mit der wechselseitigen Abhängigkeit von Konsum- und Investitionsentwicklung. Ein Mehr an Verbrauchsgüternachfrage löse nach einer gewissen Zeit zusätzliche Nachfrage bei den Investitionsgüterindustrien aus *(Akzeleratoreffekt)*. Von den Investitionsgüterindustrien strahlt die Nachfragebelebung auf die anderen Wirtschaftsbereiche weiter aus *(Multiplikatoreffekt)*. Gedämpft werden die Schwankungen durch den Einbau von Ober- und Untergrenzen; die Schwingungen erhalten sich aus sich selbst heraus. Es sind Schwankungen um ein dynamisches Gleichgewicht, das eine langfristig konstante Wachstumsrate des Bruttosozialprodukts voraussetzt. Diese Annahme läßt sich indes durch die tatsächliche Entwicklung nicht belegen. In nahezu allen Industrieländern sind die Wachstumsraten im Laufe der Zeit flacher geworden. Hicks selbst hat in sein Modell zusätzliche monetäre Erklärungsvariablen eingebaut.

Der bekannteste Vertreter einer reinen monetären Konjunkturtheorie ist Milton Friedman. Nach Friedman ist die Veränderung der Geldmenge der entscheidende auslösende Faktor für alle wirtschaftlichen Entwicklungen.

Die „dynamische Konjunkturtheorie" ist eng mit dem Namen Josef Schumpeters verbunden. Für Schumpeter sind technischer Fortschritt, Innovationen und Erfindungen das auslösende Moment. Zu den Vertretern der endogenen Konjunkturtheorien sind u.a. Karl Marx und John Maynard Keynes zu rechnen. Beide waren der Auffassung, Krisen seien im System begründet: Unterkonsumtion führe zur Depression. Zu den interessanten exogenen Erklärungsversuchen zählt der von Jevons (um 1880). Wegen der seinerzeit relativ langen Konjunkturzyklen (bis zu 12 Jahren und mehr) brachte Jevons den Konjunkturzyklus mit dem zehnjährigen Zyklus der Sonnenfleckentätigkeit in Verbindung: Sie beeinflusse die Witterung auf der Erde und damit die Ernte. Da der landwirtschaftlichen Erzeugung die entscheidende Bedeutung für die gesamtwirtschaftliche Entwicklung zukam, fand diese Sonnenfleckentheorie große Beachtung.

Auch für die Tatsache, daß der Zyklus kürzer geworden ist, gibt es keine Einzelerklärung. Allgemein läßt sich feststellen, daß für Länder mit relativ hohem wirtschaftlichem Reifegrad vergleichsweise kurze, für Länder mit niedrigem Entwicklungsstand dagegen lange Konjunkturzyklen charakteristisch sind. Entscheidend ist offenbar der wirtschaftliche Reifegrad einer Volkswirtschaft, der wiederum von der wachsenden Industrialisierung geprägt wird. Der Konjunkturzyklus ist dort am längsten, wo der Anteil der Landwirtschaft an der wirtschaftlichen Wertschöpfung noch relativ hoch ist. Das heißt, daß die Phasenlänge des Zyklus sich mit zunehmender Industrialisierung verkürzt. Die konjunkturelle Selbstverstärkung ist in einem interdependenten System dann am stärksten, wenn eine Einwirkung auf die Produktion unmittelbar auf andere Produktionsbereiche ausstrahlt. Bei einem Umweg über die Einkommen dauert der Prozeß der Selbstverstärkung dann am längsten, wenn ein relativ großer Anteil der Einkommen in die Landwirtschaft fließt.

Starken Einfluß auf die Phasenlänge hat die Konstruktionsdauer der Investitionsgüter. Die Herstellungsdauer der Investitionsgüter ist heute wesentlich kürzer als im 19. Jahrhundert. Die technische Ausreifungszeit hat sich verkürzt und der Anteil der Bauinvestitionen an den Gesamtinvestitionen ist relativ zurückgegangen. Zur Verkürzung haben auch die Reinvestitions- und Lagerzyklen beigetragen, die für sich genommen zwar nichtkonjunkturelle Bewegungen darstellen, aber die Konjunktur stark beeinflussen können. Abgenommen hat schließlich sowohl die Lebensdauer der Investitions- wie der Gebrauchsgüter; der Anteil der Lagerinvestitionen an den Gesamtinvestitionen ist geringer geworden. Die Zyklen verkürzt hat gewiß auch die Konjunkturpolitik, die vor dem ersten Weltkrieg praktisch ohne Bedeutung war, heute aber bereits den Aufschwung dämpft, um Übersteigerungen zu vermeiden. Auch das wachsende Konjunkturbewußtsein der Unternehmer kann den Konjunkturzyklus verkürzen. So mancher Aufschwung endet nur deshalb vorzeitig, weil sein Ende befürchtet wird.

Der starke Anstieg der Lohnkosten kann die Finanzierungsmöglichkeiten und die Erwartungen der Unternehmen so beeinträchtigen, daß die Pha-

senlänge des Zyklus kürzer wird. Von einem bestimmten Punkt der konjunkturellen Bewegung an (Kapazitätsauslastung, Kosten, Preise) nimmt die Elastizität des Angebots ab; damit fällt die Wachstumsrate.
Gemildert wird heute die Intensität der Schwankungen auch durch das zunehmende Konjunkturbewußtsein der Unternehmer. So halten z.B. die Unternehmer langfristige Investitionspläne oft auch in Abstiegsphasen durch. Ferner reagieren heute die Einkommen lange nicht mehr so stark auf die Schwankungen der Produktion. Die Selbstverstärkungskräfte im Konjunkturabschwung sind also geringer geworden. Stabilisierend wirkt weiter der hohe Anteil des Staates am Bruttosozialprodukt. Er gibt längerfristige Projekte auch in Zeiten konjunktureller Abschwächung nicht auf und kann mit seinem konjunkturpolitischen Instrumentarium gegensteuern. Gestiegene Sozialeinkommen und eine relativ hohe Arbeitslosenunterstützung sorgen dafür, daß der konjunkturelle Abschwung sich nicht einschneidend auswirkt. Die gleiche Wirkung hat der allgemein gestiegene Wohlstand; relativ hohe Sparkonten mindern die Konjunkturanfälligkeit des privaten Verbrauchs. Wegen der von den Aktiengesellschaften betriebenen Politik der Dividendenstabilisierung wird ein großer Teil der Kapitaleinkommen von einem Konjunkturrückgang praktisch überhaupt nicht betroffen. Der Einfluß exogener Faktoren (Kriege, Mißernten, Seuchen) hat stark abgenommen; dadurch sind die Voraussetzungen für eine vorausschauende, glättende Konjunkturpolitik allgemein günstiger geworden. Natürlich gibt es auch intensitätsverstärkende Einflüsse. Ihre Wirkungen werden jedoch von den gegenläufigen Faktoren überkompensiert. Dazu gehört z.B. die Zunahme der privaten Verschuldung, die bei einem Beschäftigungseinbruch zu Liquiditätsschwierigkeiten bei den Gläubigern (mit Auswirkungen auf die Lieferanten) führen kann.
Vomfelde hat nachgewiesen, daß seit dem zweiten Weltkrieg die Zusammensetzung des Bruttosozialprodukts auf konjunkturelle Schwankungen schneller, aber auch weniger intensiv als früher reagiert. Für den Konjunkturaufschwung gilt das für eine steigende Investitionsquote (Anteil der Bruttoanlageinvestitionen am Bruttosozialprodukt) sowie für die parallel sinkende Konsumquote.
Mit anderen volkswirtschaftlichen Größenordnungen sind auch die Beschäftigungsschwankungen im Konjunkturablauf geringer geworden. Verstärkt haben sich dagegen die Lohnschwankungen, gemessen als Abschwächung und Beschleunigung; absolute Rückgänge gibt es kaum noch. Seit 1950 ist in der Bundesrepublik der Höhepunkt der Konjunkturaufschwünge zumeist mit starken Lohnsteigerungen verbunden gewesen. Allerdings reagiert die Lohnbewegung mit deutlicher zeitlicher Verzögerung („time lag") auf konjunkturelle Veränderungen. Dieser „Lohn-Lag", der bis Mitte der 1960er Jahre bei 12 Monaten (gemessen als Abstand zwischen dem Höhepunkt der Produktion und dem Maximum der Lohnsteigerungen) und länger lag, hat sich seither wesentlich verkürzt. Das gilt offenbar nicht für die Abschwungphase; es dauert immer noch eine gewisse Zeit, ehe sich bei einem verlangsamten gesamtwirtschaftlichen Wachstumstempo auch der Lohnauftrieb abschwächt. In der Abschwungphase übertrifft der Anstieg der Löhne und Gehälter den Anstieg der Produktivität erheblich.
Da die Löhne die wichtigsten volkswirtschaftlichen Kosten sind, war dies ein entscheidender Grund dafür, daß der Preistrend in der Nachkriegszeit in der Bundesrepublik – wie in den meisten vergleichbaren Industrieländern – ausschließlich nach oben gerichtet war. Da die Preisentwicklung im Abschwung weniger an der Nachfrage als an den Kosten orientiert ist, die Löhne aber an der Preisentwicklung der Vergangenheit orientiert sind, führt das bei schwächerem Produktivitätswachstum zwangsläufig zu einer verzögerten Preisreaktion.
Im Konjunkturabschwung steht einem verringerten Nachfragesog ein anhaltender Kostendruck gegenüber. Da der Produktivitätsanstieg flacher wird, die Fixkostenbelastung je Stück bei sinkender Kapazitätsauslastung aber zunimmt, führt das zu einem steigenden Preistrend. Die Preisreaktionen auf konjunkturelle Veränderungen haben sich nicht nur zunehmend verzögert, das Ausmaß der Reaktion ist auch geringer geworden. Als Folge hat sich der Preisauftrieb von Konjunkturzyklus zu Konjunkturzyklus im Trend verstärkt.

business day: Geschäftstag *m*
business deduction: Betriebsausgabe *f*
business district: Geschäftsviertel *n*
business economist: Betriebswirt(schaftler) *m*
business enterprise: Gewerbebetrieb *m*
business entity: Firma *f*, Gewerbebetrieb *m*, Unternehmen *n*
Business Environment Risk Index (BERI Index): BERI-Index *m*
Ein auf den Einschätzungen von Experten in verschiedenen Weltregionen beruhender Risikoindex für die soziopolitische und ökonomische Anfälligkeit einzelner Länder.
business establishment: Gewerbebetrieb *m*
business executives *pl*: obere Führungskräfte *f/pl*, Top-Management *n*
business expansion: Betriebsausweitung *f*
business expense: Betriebsausgabe *f*
business failure: Bankrott *m*, Geschäftszusammenbruch *m*
business firm: Handelsfirma *f*
business for future delivery: Distanzgeschäft *n*
business friend: Geschäftsfreund *m*
business game: Planspiel *n*, Unternehmens(plan)spiel *n*

business hazard: allgemeines Unternehmerwagnis *n*
business hours *pl*: Geschäftszeit *f*, Ladenöffnungszeit(en) *f(pl)*
business in foreign currency: Devisengeschäft *n*
business income: Einkünfte *f/pl* aus Gewerbebetrieb *m*, Unternehmereinkommen *n*
business interruption: Betriebsunterbrechung *f* (BU)
business interruption insurance: Betriebsunterbrechungsversicherung *f*
business is at a low ebb: das Geschäft *n* ist flau
business law: Wirtschaftsrecht *n*
business letter: Geschäftsbrief *m*
business liability insurance: Betriebshaftpflichtversicherung *f*
business license: Betriebslizenz *f*
Eine Lizenz, durch die der Lizenznehmer das Recht erwirbt, ein geschütztes Recht ausschließlich in einem oder mehreren festgelegten Betrieb(en) zu benutzen.
business life: Geschäftsleben *n*
business line: Geschäftszweig *m*
business mathematics: Wirtschaftsrechnen *n*
business name: Firmenname *m*, Geschäftsname *m*
business objective: Geschäftsziel *n*
business on instalment system: Abzahlungsgeschäft *n*, Ratenzahlungsgeschäft *n*
business operation: Geschäftsbetrieb *m*
business opportunity: unternehmerische Chance *f*
business organization: Unternehmensorganisation *f*, Unternehmen *n*
business partnership: Handelsgesellschaft *f*
business policy: Betriebspolitik *f*, Geschäftsführungsgrundsätze *m/pl*, Geschäftsgebaren *n*, Geschäftspolitik *f* (Richtlinien oder Grundsätze, nach denen eine Firma geleitet wird)
business practice: unternehmerische Gepflogenheit *f*, Geschäftsgepflogenheit *f*
business premises *pl*: Geschäftsräume *m/pl*
business profit: Gewinn *m* aus Gewerbebetrieb *m*, Unternehmensgewinn *m*, Unternehmergewinn *m*
business recession: Geschäftsrückgang *m*
business relation: Geschäftsverbindung *f*
business reply card: Rückantwortkarte *f*

business risk: allgemeines Unternehmerwagnis *n*
business strategy: Geschäftsfeld-Strategie *f*
Mit der Geschäftsfeld-Strategie wird entschieden, wie der Wettbewerb in einem ganz bestimmten Geschäftsfeld bestritten werden soll (Wettbewerbsstrategie). Dabei geht man davon aus, daß sich die Bedingungen in den Geschäftsfeldern sowohl im Hinblick auf unternehmensinterne wie auf die externe Situation voneinander unterscheiden können, so daß für jede dieser Bedingungen eine spezielle Strategie erforderlich wird. Unternehmen mit mehreren Geschäftsfeldern können folglich mehrere unterschiedliche Strategien verfolgen. Hat ein Unternehmen nur ein Geschäftsfeld, dann erübrigt sich die Unterscheiduung in Unternehmensgesamt- und Geschäftsfeld-Strategie.
business structure: Unternehmensstruktur *f*
business time (hours): Geschäftszeit *f*
business transaction: geschäftliche Transaktion *f*, Geschäftsvorfall *m*, Geschäftsabschluß *m*
business trip: Geschäftsreise *f*, Dienstreise *f*
business unit: Gewerbebetrieb *m*, Unternehmenseinheit *f*
business usage: Handelsbrauch *m*
business volume: Beschäftigung *f*, Geschäftsumfang *m*
business with monthly settlement: Ultimogeschäft *n*
business year: Geschäftsjahr *n*
businessman: Geschäftsmann *m*
busybody: Gschaftlhuber *m*, Hans-Dampf-in-allen-Gassen
buy: abkaufen, ankaufen, einkaufen, erwerben, kaufen
buy on the never-never: auf Stottern *n* kaufen
buy out: abkaufen, auskaufen, Geschäft *n* (von jemandem) käuflich übernehmen
buy up: aufkaufen
buyer: Abnehmer *m*, Einkäufer *m*, Erwerber *m*, Käufer *m*
Ein einzelner, für die Beschaffung von Rohstoffen und Hilfsmitteln eines Industrie- oder Handelsbetriebs zuständiger Mitarbeiter, der mit dem Einkauf für dieses Unternehmen beauftragt ist.
buyer analysis: Abnehmeranalyse *f*
Die systematische Untersuchung der Größe und Zusammensetzung, der Bedürfnisse und Wünsche der tatsächlichen oder potentiellen Käufer eines Produkts oder einer Dienstleistung. Die Abnehmer spielen in der strategischen Analyse eine zentrale Rolle. Im Rahmen der strategischen Marktanalyse werden sie primär als Wettbe-

werbskraft analysiert, die mehr oder weniger stark die Rentabilität der Geschäftsfelder begrenzen kann.
Anknüpfungspunkt ist die Verhandlungsstärke der Abnehmer. Unter Abnehmern sollen dabei nicht unbedingt die Endverbraucher verstanden werden, sondern die Gruppe, die auf dem Gütermarkt des zu analysierenden Unternehmens als Nachfrager auftritt. Das können Konsumenten ebenso wie industrielle Abnehmer oder auch (Groß- und Einzel-)Handelsunternehmen sein.
Die Verhandlungsstärke der Abnehmer bestimmt sich in den meisten Fällen durch die folgenden Bedingungen:
(1) *Konzentrationsgrad* der Abnehmergruppe: Obgleich der Konzentrationsgrad der Anbieter häufig höher liegt als der der Abnehmer, gibt es viele Fälle, in denen die Abnehmer eine beträchtliche Konzentration erreichen. In manchen Fällen gibt es nur einen oder zwei große Abnehmer in einem Markt. Im Extremfall steht einem Abnehmer eine Vielzahl von Anbietern gegenüber, Monopson.
(2) *Anteil an den Gesamtkosten* der Abnehmer: Die Intensität, mit der die Abnehmergruppe die Preisverhandlungen führt und auf Preisunterschiede reagiert, hängt ferner wesentlich davon ab, welche Bedeutung sie dem Einkauf beimißt. Bildet das Marktprodukt einen großen Anteil am gesamten Einkaufsbudget, so wird härter verhandelt und intensiver gesucht als bei nur geringem Anteil.
(3) *Standardisierungsgrad*: Standardisierte Produkte stärken die Position des Abnehmers. Er kann sich immer sicher sein, einen alternativen Lieferanten zu finden, und gewinnt dadurch Verhandlungsspielraum. Umgekehrt verhält es sich bei stark differenzierten Produkten. In solchen Fällen sind allein die Umstellungskosten der Abnehmer bei einem Lieferantenwechsel gewöhnlich so hoch, daß nur eine stark abgeschwächte Preiselastizität der Abnehmer vorliegt (Quasi-Monopol bei Produktdifferenzierung). Umstellungskosten senken generell die Verhandlungsmacht der Abnehmer.
(4) *Drohung mit Rückwärtsintegration*: Abnehmer mit großer Finanzkraft, speziellem technologischem Know-how u.ä. sind häufig in der Lage, glaubwürdig mit Rückwärtsintegration zu drohen. Sie können sich dadurch eine günstigere Verhandlungsposition verschaffen. Eine Integrationsdrohung ist vor allem dann glaubwürdig, wenn das Nachfragevolumen des Abnehmers groß genug ist, um bei Eigenprodukten alle relevanten Größenersparnisse erzielen zu können. Im letztgenannten Fall ist der Druck auf die Anbieter am stärksten, denn der Abnehmer hat nur ein geringes Verhandlungsrisiko.
(5) *Bedeutung des Produkts für die Qualität des Abnehmerprodukts*: Wenn die Qualität des Abnehmerprodukts sehr sensibel auf Inputveränderungen reagiert, so stärkt dies die Position des Anbieters. Der Abnehmer ist eher geneigt, höhere Preise zu akzeptieren.
(6) *Informationsstand des Abnehmers über die Si-* *tuation der Anbieter:* Die Verhandlungsstärke eines Abnehmers steigt gewöhnlich auch in dem Maße, in dem er über seine Faktormärkte informiert ist, d.h., daß er das Nachfragevolumen, die Kostenstruktur der Anbieter, die Beschaffungssituation u.ä. kennt.
(7) *Gewinnsituation der Nachfrager:* Eine angespannte Gewinnsituation läßt in der Regel das Interesse an Preisverhandlungen stark anwachsen, um durch niedrigere Einkaufspreise eine Situationsverbesserung zu erzielen.

buyers' market: Käufermarkt *m*
Ein Markt, der dadurch charakterisiert ist, daß die Nachfrager (Käufer) im Vergleich zu den Anbietern (Verkäufern) einen Einfluß auf die Preise ausüben können, weil das Angebot die Nachfrage übersteigt. Ein solcher Angebotsüberhang tritt vor allem in Märkten auf, die nach dem Stadium des Erstausstattungs- und Nachholbedarfs die Phase des Ersatzbedarfs erreicht haben und in denen daher das Angebot schneller als die Nachfrage wächst, weil die Hersteller ihre Produktionskapazität in diesem Stadium weiterhin voll nutzen und den bereits eingetretenen Zustand der Marksättigung nicht erkannt haben.
In Käufermärkten besteht nach Franz Böcker und Lutz Thomas in zweierlei Hinsicht ein Primat des Absatzsektors: „Zum einen formen kurzfristig die Absatzmöglichkeiten die übrigen betrieblichen Funktionsbereiche, zum anderen wird aus langfristiger Sicht vor allem versucht, die Absatzchancen kontinuierlich zu verbessern. Damit ist klar, daß unter solchen Marktgegebenheiten die Absatzplanung nicht mehr am Ende der Planungsüberlegungen steht, sondern die Absatzplanung zum Ausgangspunkt der kurz- und langfristigen Unternehmensplanung wird. Unter solchen Umständen ist Absatzplanung nahezu identisch mit Gesamtunternehmensplanung."
Generell sind Käufermärkte eine typische Erscheinung von Überflußgesellschaften, in denen die Anbieter wesentlich größere Anstrengungen als die Nachfrager unternehmen müssen, um am Marktgeschehen teilnehmen zu können. Das Vorherrschen von Käufermärkten ist der eigentliche Grund für das Bestehen der Notwendigkeit von Marketing und Marketingkonzeption.

buyer's monopoly: Nachfragemonopol *n*
buyer's rate: Geldkurs *m*
buyers' loyalty: Käuferloyalität *f*
Eine hohe Käuferloyalität stellt häufig eine besonders schwer überwindbare Barriere für den Markteintritt von Konkurrenzunternehmen dar. Loyalität gründet sich gewöhnlich auf emotionale Bindungen, die durch neue Argumente nur schwer aufzulösen sind. Hohe Käuferloyalität ist in der Regel die Folge einer erfolgreichen Produktdifferenzierungspolitik, sei es durch räumliche oder zeitliche Variation des Angebots, durch Service, durch Schaffung assoziativer Unterschiede (Image) oder durch Qualitätsvariation.
Ziel der Differenzierung ist es, die Elastizität der

Nachfrage zu senken, um auf diese Weise quasimonopolistische Preisspielräume zu schaffen, monopolistische Konkurrenz. Produktdifferenzierung ist im Prinzip imitierbar, jedoch nur dann erfolgreich, wenn der Abnehmer ein gewisses Maß an Umstellungsneigung zeigt. In jedem Falle aber impliziert die Imitierbarkeit eine Preisobergrenze, von der ab der Abnehmer bereit ist, seine Loyalität aufzugeben.

buyers' survey: Abnehmerbefragung *f*
Eine Befragung der tatsächlichen Abnehmer einer Ware. Sie ist als Totalerhebung noch am ehesten im Investitionsgüterbereich durchführbar, weil dort der Abnehmerkreis überschaubar ist, innerhalb der Unternehmen die Entscheidungsträger identifizierbar und meist auch die Entscheidungsgründe reproduzierbar sind. Im Konsumgüterbereich ist in aller Regel nur die Befragung einer repräsentativen Stichprobe möglich, die Gründe für den Kauf von bestimmten Produkten (oder bestimmten Waren einer Produktkategorie) sind vielfach nur nach intensiver Motivforschung erkennbar.

buying: Einkauf *m*, Kauf *m*, Kaufen *n*, Anschaffung *f*
Die Bereitstellung von Sachgütern des Anlagevermögens eines Betriebs, die notwendig der langfristigen Planung und investitionspolitischer Überlegungen bedarf.

buying agent: Einkäufer *m*, Ankäufer *m*, Aufkäufer *m*

buying analysis: Einkaufsanalyse *f*
Neben der Einkaufsbeobachtung und der Einkaufsmarktforschung derjenige Bereich der Beschaffungsmarktforschung, der in der aktuellen, einmaligen Untersuchung der Gegebenheiten eines Beschaffungsmarkts für ein Wirtschaftsunternehmen besteht.

buying association: Einkaufsvereinigung *f*, Einkaufsgemeinschaft *f*, Einkaufsverband *m*
Eine Form der Einkaufskooperation, bei der die kooperierenden Unternehmen eine eigene Rechtsform haben, nach deutschem Recht also entweder eine EGmbH, eine AG, eine GmbH oder eine GmbH & Co KG sind. Die weitaus am stärksten verbreitete Form der Einkaufsvereinigung sind die Einkaufsgenossenschaften.

buying center: Einkaufsgremium *n*, Buying Center *n*
Nach Frederick E. Webster Jr. und Yoram Wind das funktionale Subsystem einer Organisation, in dem bei komplexen Entscheidungen über die Beschaffung von Investitionsgütern neben den eigentlichen Einkäufern (buyers), d.h. denjenigen, die mit der förmlichen Befugnis ausgestattet sind, über den Kauf eines Guts zu entscheiden, den Lieferanten auszuwählen und die Kaufkonditionen auszuhandeln, weitere Rollenträger interagieren, die unmittelbaren Einfluß auf das Ergebnis von Kaufentscheidungsprozessen haben:

• die *Verwender (users)*: diejenigen Personen, die das eingekaufte Produkt verwenden bzw. benutzen und daher häufig der auslösende Faktor des Beschaffungsprozesses sind;
• die *Berater (influencers)*: die technischen und juristischen Berater, die bei der Formulierung von Kriterien für die Einkaufsentscheidung mitwirken;
• die *verantwortlichen Entscheidungsträger (deciders)*: diejenigen Verantwortungsträger, die bei einer Kaufentscheidung das letzte Wort haben;
• die *Pförtner (gatekeepers)*: die Personen, die den Informationsfluß in einer Organisation kontrollieren und durch Kontrolle, Zurückhaltung oder gezielte Verbreitung von Informationen die Kaufentschlüsse beeinflussen können.

Die Struktur des Buying Center ist dabei für die verkaufende Organisation der grundlegende Ansatzpunkt für die eigene Marketingstrategie.

buying club: Einzelhändler-Einkaufsring *m*
Eine Form der Einkaufskooperation, bei der mehrere Handelsunternehmen ihren gemeinsamen Einkauf so organisieren, daß ein einziges von ihnen für alle im Ring zusammengeschlossenen Unternehmen zusammen einkauft und daher gegenüber den Lieferanten als alleiniger Einkäufer auftritt. Das einkaufende Unternehmen kann dabei entweder im eigenen Namen und für eigene Rechnung oder im Namen und für Rechnung der Ringunternehmen einkaufen.

buying cooperation: 1. Beschaffungskooperation *f*
Die Zusammenarbeit mehrerer Wirtschaftsunternehmen beim Warenbezug, Einkaufskooperation, oder bei der Beschaffung von Betriebsraum und Kredit.

2. Einkaufskooperation *f*
Eine Form der Zusammenarbeit einzelner Handelsbetriebe des Einzelhandels beim Einkauf von Waren, die von der bloßen Information über günstige Einkaufsmöglichkeiten bis zur Gründung von Einkaufsgenossenschaften oder anderer Rechtsformen der Einkaufsvereinigung reichen kann. Einkaufskooperation kann sowohl eine horizontale Kooperation der auf derselben Handelsstufe operierenden Unternehmen des Einzel- oder des Großhandels wie eine vertikale Kooperation mit vorgelagerten Wirtschaftsstufen, wie z.B. bei den freiwilligen Handelsketten, sein.

buying cooperative: Einkaufsgenossenschaft (EKG) *f*
Eine Genossenschaft, zu der sich eine Reihe von kleineren oder mittleren Einzelhandelsunternehmen zusammengeschlossen haben, um durch den Zusammenschluß in den Genuß der günstigeren Konditionen für Großeinkäufer beim Einkauf von Waren zu gelangen.
Während historisch am Anfang der Gründung von Einkaufsgenossenschaften allein der Gedanke der Verbesserung der Wettbewerbsfähigkeit durch den gemeinsamen Einkauf stand, nehmen die meisten heute bestehenden Einkaufsgenossenschaften eine Vielzahl unternehmerischer Funktionen, insbesondere auf dem Beschaffungsmarkt für

die Genossen wahr (z.B. Werbung, Finanzierung, Buchführung usw.).

In vielen der modernen Genossenschaften des Handels ist das Eigengewicht der sie tragenden Einzelhandelsbetriebe bereits so reduziert, daß sie von normalen Großhandelsbetrieben überhaupt nicht mehr zu unterscheiden sind. Sie organisieren nicht allein die Gemeinschaftswerbung der Genossen, sondern den Ladenbau und die Ladenausstattung ebenso wie ggf. den Umbau, die Innen- und Außengestaltung, geben Neu-, Um- und Erweiterungsbauhilfen, gewähren Kredite, führen Standortuntersuchungen, Marktanalysen und Betriebsvergleiche durch, schulen das Verkaufspersonal, organisieren die Rechts-und die Steuerberatung für die Einzelbetriebe usw.

Wegen dieser Entwicklung hat sich für diesen Typ der Einkaufsgenossenschaft der Begriff Full-Service-Genossenschaft eingebürgert. „Es ist daher sachlich richtiger, von förderungswirtschaftlich strukturierten Großhandels- und Dienstleistungsunternehmen zu sprechen, deren Eigenkapital in der Hand der Mitglieder (Aktionäre, Gesellschafter) liegt und die die Aufgabe haben, diesem Kreis ein Optimum an Leistung (Waren- und Dienstleistungen) zu vermitteln." (Erich Diederichs).

Einkaufsgenossenschaften sind eine rechtliche Sonderform und zugleich die am weitesten verbreitete Erscheinungsform der Einkaufsvereinigungen.

buying decision: Kaufentschluß *m*

buying department: Einkauf *m*, Einkaufsabteilung *f*

Die für die Beschaffung von Rohstoffen und Hilfsmitteln, die ein Wirtschaftsunternehmen für seine Produktion und den laufenden Betrieb benötigt, zuständige Abteilung eines Industrie- oder Handelsbetriebes bzw. die Funktion, die diese Abteilung erfüllt. Als Funktion des Einkaufs bezeichnet man die Beschaffung von Materialien oder (Vor-)Produkten mit der Absicht der Weiterveräußerung (Handel) oder Ver- und Bearbeitung (Produktion). Sofern die Rationalisierungsreserven einer Unternehmung im Produktionsbereich weitgehend ausgeschöpft sind und der Wettbewerb auf den Absatzmärkten keine Erlössteigerung zuläßt, gilt die Materialwirtschaft (vor allem der Einkauf) als bevorzugter Ansatzpunkt für Kostensenkungsprogramme.

Der Einkauf von Materialien (Güter und Stoffe) stellt lediglich einen Teil des Beschaffungsmanagements dar. Die Beschaffung von Finanzmitteln und Investitionsgütern untersteht der Verantwortung des Finanz- bzw. Produktionsmanagements und die von Mitarbeitern der des Personalmanagement.

buying group: Einkaufsgruppe *f*

buying habit: Kaufgewohnheit *f*

buying hedge: Kaufhedge *n*

buying incentive: Kaufanreiz *m*

buying management: Einkaufsmanagement *n*

Gegenstand des Einkaufsmanagements sind die Wahl der geeigneten Lieferanten für die von den Abteilungen spezifizierten Bestellwünsche, die genaue Produkt- und Terminspezifikation gegenüber den Lieferanten (Materialdisposition), die Warenannahme, Inspektion und Kontrolle, die Rechnungsprüfung und Zahlungsanweisung.

Zentrale Problemfelder des Einkaufsmanagements sind die lediglich sporadisch zu treffenden Entscheidungen:

• *zentraler* oder *dezentraler Einkauf*: Eine Zentralisierung des Einkaufs bietet neben Wirtschaftlichkeitsvorteilen (große Einkaufsmengen für die von den Verhandlungsposition hinsichtlich Preisen und Konditionen) die Chance, qualifizierte Einkaufsspezialisten pro Artikel einzusetzen, und erlaubt durch die organisatorische Trennung vom Besteller eine objektive, neutrale Kostenkontrolle. Lediglich bei weit auseinanderliegenden Produktionsstätten und sehr heterogenem Materialbedarf verliert die Einkaufszentralisierung an Überlegenheit gegenüber einer dezentralen Organisation (Transportkosten, Informations- und Zeitverlust).

• *Eigenfertigung* oder *Fremdbezug*: Die in vielen Betrieben vor allem mittlerer Größe anzutreffende Politik, möglichst viele Anlagen selbst zu erstellen bzw. Vorprodukte selbst zu fertigen anstatt fremdzubeziehen, beruht häufig auf der Angst vor einer Abhängigkeit von (unzuverlässigen) Lieferanten und ist Ausdruck eines Autarkiestrebens, das aktuelle Wirtschaftlichkeitsüberlegungen vernachlässigt.

Die Wahl der optimalen Fertigungstiefe (Anteil der Eigenfertigung, eigene Wertschöpfung) mit Hilfe von Wertschöpfungsanalysen gilt heute als eine zentrale unternehmungsstrategische Entscheidung. Wettbewerbsvorteile gegenüber Konkurrenten mit gleicher Fertigungstiefe bestehen dann, wenn Wertschöpfungsaktivitäten vor der eigenen Unternehmung besser und/oder billiger durchgeführt werden. Unabhängig davon empfiehlt es sich, jede Aktivität daraufhin zu überprüfen, ob sie nicht (noch) kostengünstiger in einem anderen eigenen (ausländischen) (Eigenfertigung) oder fremden Betrieb (Fremdbezug) erbracht werden kann bzw. ob nicht eine Angliederung oder Ausgliederung vorgelagerter oder nachgelagerter Produktionsstufen (neue) Wettbewerbsvorteile bringt. Im operativen Bereich befaßt sich das Einkaufsmanagement u.a. mit der Ermittlung optimaler Bestellmengen und Bestellhäufigkeiten, der Zusammenstellung eines die Kontinuität des Inputs sicherstellenden Mix von Lieferanten sowie (in Kooperation mit den Bereichen Konstruktion/Produktion) mit der systematischen Durchforstung der eigenen Produkte nach möglichen Kosteneinsparungsmöglichkeiten z.B. mit Hilfe der Wertanalyse.

buying office: Einkaufsbüro *n*

buying on margin: Kauf *m* auf Einschuß *m*

buying on the instalment system: Abzahlungskäufe m/pl
buying order: Kaufauftrag m
buying policy: Einkaufspolitik f
Die Gesamtheit der Grundsätze und Richtlinien über das Verhalten eines Unternehmens und seiner Repräsentanten auf seinen Bezugsmärkten, die den Einkauf bestimmen.

buying power: Kaufkraft f
Im weitesten Sinne bezeichnet Kaufkraft denjenigen Geldbetrag, der einem Wirtschaftssubjekt oder einer Mehrzahl von Wirtschaftssubjekten in einem festgelegten Zeitraum für den Kauf von Konsumgütern oder Produktivgütern zur Verfügung steht. Das ist diejenige Geldmenge bezeichnet, die einem Verbraucherhaushalt oder einer genau bezeichneten Mehrzahl von Verbraucherhaushalten in einem festgelegten Zeitraum und in einem festumgrenzten geographischen Gebiet für den Konsum zur Verfügung steht. Es ist also diejenige Kraft, die den Bedürfnissen Konsumpotenz verleiht und sie als Bedarf zur treibenden Kraft des Konsums der privaten Haushalte am Markt auftreten läßt.
Der wichtigste Indikator für die Kaufkraft privater Haushalte ist ihr verfügbares Einkommen:
verfügbares Einkommen = Bruttoeinkommen + Vermögensverzehr + Kredite – Steuern – Sparbeträge – Schuldentilgung.
Da dies in der Realität oft nur mit erheblichem Aufwand und unverhältnismäßigen Kosten ermittelbare Größen sind, begnügt man sich in der Praxis oft mit der Gleichsetzung von Kaufkraft und Nettoeinkommen:
Kaufkraft = Bruttoeinkommen – direkte Steuern.
Bei der Analyse der Kaufkraft privater Haushalte interessieren:
1. die Zusammenhänge zwischen der Höhe der Kaufkraft und der Höhe der Güternachfrage,
2. die zeitliche Entwicklung der Kaufkraft
3. die regionale Entwicklung der Kaufkraft
4. die gruppenspezifische Entwicklung der Kaufkraft.

buying power elasticity: Kaufkraftelastizität f
Das Verhältnis der relativen Änderung der nachgefragten Menge nach einem Gut und der Änderung der Kaufkraft. Es drückt aus, in welchem Maße sich die mengenmäßige Nachfrage nach einem Gut als Folge der Änderung der Kaufkraft der Nachfrager verändert.

buying power index: Kaufkraftkennziffer f, Kaufkraftkennzahl f
Kaufkraftkennziffern sind Gliederungszahlen, mit deren Hilfe geographische Unterschiede der Kaufkraft vergleichbar gemacht werden können. Ihre Berechnung erfolgt vorwiegend auf der Grundlage von Unterlagen der amtlichen Statistik, im wesentlichen der Finanzstatistik. Als Absatzkennziffern werden Kaufkraftkennzahlen von marketingorientierten Unternehmen vor allem als Indikatoren ihres Absatzpotentials und damit zur Disposition des Einsatzes ihrer Werbe- und Verkaufsförderungsmittel und ihrer Standortplanung verwendet. Inzwischen ist allerdings in der Marktforschung die Einsicht gewachsen, daß Kaufkraft allein ein grober Indikator der Absatzchancen von Herstellern und Händlern ist.
Neben den allgemein anerkannten GfK-Kaufkraftkennziffern haben auch das Ifo-Institut in München („Das regionale Marktpotential für industrielle Investitionsgüter"), das Institut für Demoskopie Allensbach („Kaufkraftrichtwerte"), die Gesellschaft für Marktforschung (GFM) in Hamburg (Einzelhandelsumsätze je Einwohner) und das DIVO-Institut in Frankfurt („Der westdeutsche Markt in Zahlen") Kaufkraft- bzw. Absatzkennziffern veröffentlicht.
In den USA hat der von der Zeitschrift „Sales & Marketing Management" (S & MM) entwickelte Buying Power Index (BPI) weite Verbreitung gefunden. Er wird nach der folgenden Formel berechnet:

$$BPI = \frac{5I_i + 3R_i + 2P_i}{10}$$

Dabei bedeuten:
I_i = Anteil (Prozentsatz) des Gebiets i am verfügbaren Einkommen im Gesamtgebiet der USA (I steht für income – Einkommen);
R_i = Anteil (Prozentsatz) des Gebiets i an den Einzelhandelsumsätzen im Gesamtbereich der USA (R steht für retail sales – Einzelhandelsumsätze);
P_i = Anteil (Prozentsatz) des Gebiets i an der Gesamtbevölkerung in den USA (P steht für population – Bevölkerung).
Die Zahlen 5, 3 und 2 sind Gewichtszahlen, die die relative Bedeutung der drei Faktoren in der Formel wiedergeben.

buying power parity: Kaufkraftparität f
Der intervalutarische Kurs, bei dem die Kaufkraft in zwei verschiedenen Ländern gleich ist. Dabei spricht man bei Bezug der Kaufkraft von Fremdwährungen auf die eigene Landeswährung zum gegenwärtigen Zeitpunkt von absoluter Kaufkraftparität, beim Bezug auf die im Zeitverlauf eintretenden Veränderungen von relativer Kaufkraftparität.
Das Problem der Vergleichbarkeit unterschiedlicher Währungen in bezug auf ihre Kaufkraft, für die der Wechselkurs natürlich kein geeigneter Indikator ist, stellt sich vor allem bei internationalen Kaufkraftvergleichen.

buying power threshold: Kaufkraftschwelle f
Die durch eine bestimmte Höhe der Kaufkraft oder auch des Nettoeinkommens als Ersatzgröße bestimmte Schwelle, durch die Nichtkäufer eines Produkts von Käufern getrennt werden. Da die Schwelle meist empirisch aus der durchschnittlichen Einkommenshöhe ermittelt wird und Käufer des Produkts auch unterhalb dieser Schwelle anzutreffen sind, wird als Schwelle oft die Einkom-

menshöhe genommen, die von 95 Prozent aller Käufer erreicht wird.

buying price: Kaufpreis *m*, Einkaufspreis *m*, Einkaufsrechnungspreis *m*
Der Preis, den ein Lieferant einem Käufer in Rechnung stellt einschließlich der vom Lieferanten eingeräumten Rabatte, Nachlässe, Skonti usw.

buying technology: Beschaffungstechnik *f*
Die Gesamtheit der Tätigkeiten und Verfahrensweisen, die den reibungslosen Ablauf der auf den Beschaffungsmarkt zielenden Aktivitäten eines Wirtschaftsunternehmens ermöglichen.

buying up: Aufkauf *m*
by arbitration: schiedsrichterlich
by degrees: allmählich
by express: als Expreßgut *n*
by inspection: durch Augenschein *m*
by instalments: ratenweise
by law: kraft Gesetzes *n*, von Rechts wegen
by means of: mittels, vermittels
by mistake: versehentlich
by month(s): monatsweise
by operation of law: kraft Gesetzes *n*, von Gesetzes *n* wegen
by optical inspection: durch Augenschein *m*
by order of: im Auftrag *m* von
by parcel: post als Postpaket *n*
by proxy: vertretungsweise
by rail: per Bahn *f*
by reason of: aufgrund *m* von
by return mail: postwendend
by road: per Achse *f*
by sample: nach Probe *f*
by special delivery: durch Eilboten *m*
by telegram: telegraphisch
by the same token: ebenfalls
by threats: durch Drohung *f*
by turns: turnusmäßig
by unanimous vote: einstimmig
by virtue of law: von Rechts *n* wegen
by virtue of office: von Amts *n* wegen
by virtue of the: law kraft Gesetzes *n*
by way of comparison: vergleichsweise
by way of exception: ausnahmsweise
by way of gift: schenkungsweise
by way of grace: auf dem Gnadenweg *m*
by way of mortgage: pfandweise
by way of pledge: pfandweise
by will: testamentarisch
by word of mouth: mündlich
by-pass: Umgehungsstraße *f*
by-product: Koppelprodukt *n*, Nebenergebnis *n*, Nebenprodukt *n*
bylaws *pl*: Satzung *f*, Statuten *n/pl*
Byrnes Act of 1936 *(Am)*: Gesetz gegen den Transport *m* von Streikbrechern *m/pl* in bestreikte Betriebe
byte: Byte *n* (Gruppe von Binärstellen, die jeweils als eine Einheit verarbeitet wird) *(EDV)*

C

cable: Kabel *n*, kabeln, telegrafieren, Telegramm *n*
cablegram: Kabeldepesche *f*
Caesarism: Cäsarismus *m*
Mit Cäsarismus umschreibt man ein machtbesessenes Verhalten, d.h. die Dominanz des Macht- und Herrschaftsmotivs. In der Motivstruktur des Cäsaristen spielt das Streben nach Macht eine so zentrale Rolle, daß alle anderen Motive zurückgedrängt werden und sich nicht entfalten können.
In der betrieblichen Praxis spricht man auch von „Karrieristen", d.h. von Menschen, deren Handlungen und Entscheidungen primär darauf ausgerichtet sind, ihre persönlichen Machtbefugnisse dadurch auszuweiten, daß sie in der Machtpyramide „höher klettern". So entstand auch der Ausdruck des „Pyramidenkletterers". Die Pyramidenkletterer zeigen eine Vielfalt von Symptomen für ihr gestörtes Machtstreben:
• *Egoismus, Rechthaberei und Intoleranz* gegenüber unterstellten Mitarbeitern, autoritäres Führungsgehabe und ein ausgeprägtes Mißtrauen.
• *Risikoscheu*: Sie sind unfähig und unwillig, Entscheidungen zu treffen, die mit Risiken verbunden sind; denn eine Fehlentscheidung könnte den persönlichen Erfolg in Frage stellen. Sie konzentrieren sich daher intensiv auf die strukturierten Entscheidungen innerhalb der Organisation, d.h. es kommt bei ihnen zu einer starken Überbetonung technokratischer Bürokratismen, Bürokratie. Ihre mangelnde Sachkompetenz überdecken sie mit der strengen Beachtung von Formalitäten, z.B. der Einhaltung von Terminen, der eine höhere Wertschätzung entgegengebracht wird als dem sachlichen Inhalt der Aufgaben.
calamity: Notlage *f*, Unglück *n*
calculate: berechnen (von Werten), errechnen, kalkulieren, rechnen
calculating machine: Rechenmaschine *f*
calculation: Berechnung *f* (von Werten), Errechnung *f*, Kalkulation *f*, Rechnung *f*
calculation of interest: Zinsberechnung *f*
calculator: Rechner *m (EDV)*
calculus: Differential- und Integralrechnung *f*
calendar: Kalender *m*
calendar of cases: Terminkalender *m* (Gericht)
calendar quarter: Kalendervierteljahr *n*
calendar variation: Kalenderabweichung *f*
calendar year: Kalenderjahr *n*
calibration: Eichung *f*
1. Die offizielle Überprüfung der Richtigkeit und Meßgenauigkeit normierter Maße und Gewichte bzw. Meßinstrumente und Waagen durch eine Eichbehörde.
2. In der Markt- und Sozialforschung der Vorgang der Überprüfung von Testanlagen, experimentelle Anlage, durch Transformation ihrer Rohwerte in Normwerte mit dem Ziel, die Testergebnisse vergleichend interpretieren zu können. Dafür wird eine repräsentative Eichstichprobe gebildet, mit deren Hilfe die Repräsentativität der Testwerte kontrolliert wird. Bei Nichtübereinstimmung zwischen Rohwerten und Eichwerten werden ausgehend von der Eichstichprobe Verteilungsnormen für die Korrektur (Normierung) der Rohwerte festgelegt und die Rohwerte entsprechend in allgemein interpretierbare Normwerte transformiert. Eichung ist also eine Gewichtungsoperation zur Gewinnung von Testnormen. Ziel des Normierungsvorgangs ist die Schaffung eines Bezugsrahmens, in den individuelle Testergebnisse gestellt werden, damit sie in ihrer relativen Bedeutung interpretiert und verstanden werden können.

call: Abruf *m*, abrufen, anrufen, Aufruf *m*, berufen, einberufen, Einforderung *f*, telefonieren, Vertreterbesuch *m*, Zahlungsaufforderung *f*
call a strike: einen Streik *m* ausrufen
call bond: Obligation *f*, vorzeitig rückkaufbare kündbare Schuldverschreibung *f*
call box: Fernsprechzelle *f*, Telefonzelle *f*
call for special deposits: Einforderung *f* von Sonderreserven *f/pl*
call for: abholen
call in a mortgage: eine Hypothek *f* aufkündigen
call in: aufkündigen (Hypothek), aufrufen (z.B. Übergang in der Programmfolge) *(EDV)*, einfordern
call loan: beiderseits (vorzeitig) kündbarer Kredit *m*
call money: tägliches Geld *n*, Tagesgeld *n*
call off: kündigen
call on shares: Aktienaufruf *m*
call option: Kaufoption *f*
call price: für vorzeitig gekündigte Anleihe *f* zu entrichtender Preis *m*
call slip: Vertreterbericht *m*
call together: zusammenrufen
call-back pay: Mindestlohn *m* (für Erscheinen aufgrund einer Aufforderung), zusätzliche Vergütung *f*, wenn Zurückberufung *f* nach der Normalarbeitszeit *f* erfolgt
call-instruction: Aufrufbefehl *m* (Unterprogrammaufruf) *(EDV)*

callable bond: kündbare Obligation *f*, vorzeitig rückkaufbare Schuldverschreibung *f*
callable: abrufbar, fällig
calling forward notice: Abruf *m* (Sendung)
calling in: Aufruf *m* (von Noten)
calling of witnesses: Aufruf *m* (Zeugen)
calling transport: Binnenschiffahrt *f*
cameralism: Kameralistik *f*
cancel: annullieren, aufheben (Vertrag, Anordnung, Hypothek), ausbuchen, außer Kraft setzen *f*, durchstreichen, entwerten, für nichtig erklären, löschen (von Schulden), niederschlagen (von Kosten), rückgängig machen, stempeln (Marke), stornieren, streichen, ungültig machen, wandeln, zurücknehmen, zurücktreten
cancel an order: abbestellen, Auftrag *m* zurückziehen
cancellation: Abbestellung *f*, Annullierung *f*, Aufhebung *f*, Ausbuchung *f*, Durchstreichung *f*, Entwertung *f*, Kraftloserklärung *f*, Löschung *f* (von Schulden), Rückgängigmachen *n*, Storno *n*, Streichung *f*, Ungültigkeitserklärung *f*, Ungültigmachung *f*, Wandelung *f*
cancellation of an entry: Stornobuchung *f*
cancellation of order: Auftragsstornierung *f*
cancellation of shares: Kraftloserklärung *f* von Aktien *f/pl*
cancelled check: entwerteter Scheck *m*, bezahlter Scheck *m*
cancelling stamp: Entwertungsstempel *m*
candidate: Anwärter *m*
candor: Offenheit *f*
candy industry: Schokoladen- und Zuckerwarenindustrie *f*
canned food: Konserve *f*
canon law: Kanonisches Recht *n*, Kirchenrecht *n*
canvass: akquirieren
canvasser: Akquisiteur *m*, Werber *m* (Haus zu Haus)
capability: Fähigkeit *f*, Tauglichkeit *f* (z.B. für besondere Tätigkeit)
capable: fähig, in der Lage *f*, tauglich
capable of being recorded: eintragungsfähig
capable of contracting: geschäftsfähig
capable of development: bildungsfähig, entwicklungsfähig
capable to work: arbeitsfähig
capacity: Kapazität *f*, Leistungsfähigkeit *f*, Fähigkeit *f*, Fassungsvermögen *n*, Talent *n*
capacity cost: Kapazitätskosten *pl* (gleichbedeutend mit Fixkosten), Volumenkosten *pl*
capacity expansion: Betriebserweiterung *f*, Kapazitätserweiterung *f*
capacity factor: Kapazitätsfaktor *m*
capacity for work: Leistungsfähigkeit *f* (des Arbeitnehmers *m*)
capacity increase: Betriebserweiterung *f*, Kapazitätsausweitung *f*, Kapazitätserweiterung *f*
capacity of contracting: Geschäftsfähigkeit *f*
capacity of disposing: Geschäftsfähigkeit *f*
capacity principle: Kapazitätsprinzip *n*, Engpaßprinzip *n*, Knappheitsprinzip *n*
Sowohl das Gratifikationsprinzip wie das Kapazitätsprinzip lassen sich als Grundlage einer Präzisierung der Feldtheorie von Kurt Lewin (1890-1947) begreifen. Das Kapazitätsprinzip geht von der Annahme aus, daß menschliches Verhalten nur dann adäquat erklärt werden kann, wenn der Begrenztheit menschlicher Reaktionsalternativen genügend Rechnung getragen wird: „... human organism has a constitutional capacity to react to objects, especially other human beings." (Talcott E. Parsons).
Nach G. Silberer läßt sich das Kapazitätsprinzip wie folgt erläutern: „Individuen und Organisationen sind aufgrund ihrer begrenzten Reaktionsmöglichkeiten nicht in der Lage, sämtliche potentiell relevanten Reaktionsmöglichkeiten zu erkennen, den verfolgten Zielen sowie den gegebenen Möglichkeiten entsprechend objektiv, umfassend und konsistent zu bewerten und die optimale Reaktionsalternative konsequent zu realisieren."
Zur Verdeutlichung der kapazitiven Begrenzung menschlichen Verhaltens differenziert Silberer zwischen Kapazitäts- und Wirkungsbereichen.
Bei den einzelnen Kapazitätsbereichen unterscheidet Silberer zwischen „psychologischen Fähigkeiten" und sonstigen Begrenzungen menschlichen Verhaltens, die er als „Ressourcen" bezeichnet. An möglichen begrenzten psychischen Fähigkeiten führt er folgende Bereiche an: (1) Wahrnehmungsfähigkeiten, bzw. sensorische Kapazitäten, (2) Informationsspeicherungs- und Verarbeitungskapazitäten, (3) kommunikative Fähigkeiten, und (4) manuelle Fähigkeiten und Fertigkeiten. An möglichen Ressourcenbegrenzungen führt er folgende Bereiche an: (1) verfügbare Geld- und Sachmittel einschließlich Informationen, (2) verfügbare Zeit, (3) verfüg- bzw. aktivierbares Wissen, und (4) das Energiepotential bzw. der Kräftehaushalt.
Bei den einzelnen verhaltensbezogenen Wirkungsbereichen unterscheidet Silberer in Anlehnung an den entscheidungstheoretischen Ansatz, drei Bereiche von Verhaltensalternativen:
(1) *Bereich der Wahrnehmung von Reaktionsalternativen:* Begrenzte psychologische Fähigkeiten

können eine (a) selektive, (b) sukzessive, (c) fragmentarische und (d) verzerrte Betrachtung der Handlungsmöglichkeiten bewirken. Begrenzte Ressourcen können dazu beitragen, daß bestimmte Alternativen von vornherein oder im Verlaufe eines Entscheidungsprozesses aus der Betrachtung ausscheiden.

(2) *Bereich der Bewertung von Entscheidungsalternativen:* Begrenzte Kapazitäten können dazu führen, daß (a) existente Informationspotentiale nur zum Teil genutzt werden, (b) die in Betracht gezogenen Alternativen nicht umfassend auf allen potentiell relevanten Dimensionen beurteilt werden, (c) Informationen nicht richtig bzw. logisch konsistent verarbeitet werden, (d) Entscheidungskriterien nicht konsistent sind, z.B. die Unterziele mit den Oberzielen nicht harmonieren, oder daß (e) beschaffte und kognitiv gespeicherte Informationen vergessen und verzerrt werden.

(3) *Bereich der Realisierung bzw. Durchsetzung von Entschlüssen:* Begrenzte Kapazitäten z.B. im Bereich der Kommunikationsfähigkeiten und des personalen Energiepotentials bewirken, daß beschlossenes Verhalten nur teilweise, mangelhaft oder überhaupt nicht realisiert wird.

„Bei der Erklärung menschlichen Verhaltens trägt das Kapazitätsprinzip vor allem dazu bei, die Begrenzung von Reaktionsmöglichkeiten bzw. des Verhaltensspielraums von Individuen und Organisationen aufzuzeigen. Dabei läßt sich nicht verkennen, daß auf diesem Wege in der Regel noch keine präzisen Verhaltensprognosen gewonnen werden können." (G. Silberer).

Trotz psychischer und ressourcenmäßiger Verschiedenheiten, die sich in unterschiedlichen Kapazitäten niederschlagen, die verhaltensrelevant werden können, scheinen alle Menschen ähnliche Nervensysteme und gewisse gemeinsame Grundbedürfnisse zu haben. Viele teilen ein gemeinsames kulturelles Milieu, das im Hinblick auf ihre Ziele kanalisierend wirkt, ihre Vergangenheitserfahrungen gleichen einander.

„... Ähnlichkeiten in den Randbedingungen lassen erwarten, daß sich Erklärungen nicht ausschließlich auf einzelne, sondern auch auf (kleinere oder größere) Gruppen von Individuen beziehen können" (G. Schanz). Solche überindividuell gültigen Erkenntnisse, welche Bedürfnisse, Ziele und die Verarbeitung von Vergangenheitserfahrungen von Menschen betreffen, spiegeln sich in einer motivationalen, kognitiven und lerntheoretischen Problematik im Rahmen der verhaltenswissenschaftlichen Forschung wieder, die unter dem Stichwort Gratifikationsprinzip diskutiert wird.

Für das Marketing bedeutet das Prinzip, daß das Verhalten der Partner von Interaktionen und der Träger des Marketing von den vorhandenen oder den aktivierbaren Ressourcenpotentialen abhängt, d.h. von Fähigkeiten, Fertigkeiten und Kenntnissen oder Ressourcen in Form von materiellen und immateriellen Potentialen. Das Knappheitsprinzip beruht also auf der Annahme, daß Engpässe den Austausch zwischen den Marktpartnern fördern.

Das Kapazitätsprinzip stellt eine der Leitideen für das Marketing dar. Diese Leitlinie verlangt die Ausrichtung des Marketing am dominanten Engpaßbereich einer Organisation, z.B. am Absatz. Vor allem in der öffentlichen Wirtschaft kommen häufig weitere Engpässe hinzu, z.B. der Beschaffungsmarkt sowie der Bereich der allgemeinen Öffentlichkeit. Nicht selten sehen sich öffentliche Institutionen nämlich einer Situation knapper personeller, sachlicher und finanzieller Ressourcen gegenüber, die durch eine allgemein kritische Einstellung in der Öffentlichkeit begleitet wird. Dem Marketing fällt dann die Aufgabe zu, diese Engpässe auszubalancieren. Daraus ergibt sich die Forderung nach einem Gleichgewichtsmarketing, das die simultane Realisation der Marketingziele „Sicherung ausreichender Inputs", „Kundenzufriedenheit" und „positives Image in der Öffentlichkeit" herbeiführen soll.

capacity to be sued: Passivlegitimation *f*
capacity to pay: Zahlungsfähigkeit *f*
capacity to sue: Aktivlegitimation *f*
capacity to work: Arbeitsfähigkeit *f*
capacity usage ratio: Beschäftigungsgrad *m*
capacity usage variance: Kapazitätsausnutzungsabweichung *f*
capacity usage variation: Kapazitätsausnutzungsabweichung *f*
capacity utilization: Kapazitätsausnutzung *f*
capacity variance: Beschäftigungsabweichung *f*, Leistungsabweichung *f* (bedingt durch Kapazitätsänderung)
capital: Kapital *n*, Betriebskapital *n*
capital account: Kapitalkonto *n*
capital allowance: Abschreibung *f*
capital appreciation: Wertzuwachs *m*
capital assets *pl*: Anlagevermögen *n*
capital bonus: Gratisaktie *f*
capital budget: Investitionsplan *m*, Investitionsbudget *n*
capital budgeting: Finanzplanung *f*, langfristige Investitionsrechnung *f*, Investitionsbudget *n*, Investitionsrechnung *f*
capital coefficient: Kapitalkoeffizient *m*
Das Verhältnis des Bruttosozialprodukts einer Volkswirtschaft zu ihrem Bestand an Realkapital.
capital commitment: Ausgabeverpflichtung *f*
capital consumption allowance: Abzug *m* für Entwertung *f*
capital contribution: Kapitalbeitrag *m*, Kapitaleinschuß *m*
capital crime: Kapitalverbrechen *n*
capital decrease by redemption of

shares: Kapitalherabsetzung *f* durch Einziehung *f* von Aktien *f/pl*
capital decrease: Kapitalherabsetzung *f*
capital demand: Kapitalbedarf *m*, Kapitalnachfrage *f*
capital demand function of an enterprise: Kapitalnachfragefunktion *f* eines Unternehmens
In der Mikroökonomie ordnet eine Kapitalnachfragefunktion unter der Bedingung vollständiger Konkurrenz alternativen Marktpreisen für Kapital (Zinssatz), die vom einzelnen Unternehmen nicht beeinflußt werden können, die jeweils gewinnmaximalen Kapitalnachfragemengen zu.
Jeder Punkt auf der Kapitalnachfragefunktion stellt ein Dispositionsgleichgewicht des Unternehmens dar. Alle Größen außer dem Zinssatz werden dabei gemäß der Ceteris-paribus-Methode konstant gesetzt. Unter den üblichen Annahmen an Produktionsfunktionen sind Zinssatz und Kapitalnachfrage positiv korreliert. Im Gleichgewicht entspricht der Zinssatz dem Grenzprodukt des Kapitals.
Eine solche Konstruktion der Kapitalangebotsfunktion ist ähnlich problematisch wie die aggregierte Grenzproduktivitätstheorie der Verteilung, da Kapital als Wertgröße verstanden werden muß, deren Wert ihrerseits vom Zinssatz beeinflußt wird.
capital dilution: Kapitalverwässerung *f*
capital earnings: Kapitalertrag *m*, Kapitalrendite *f*
Der Betriebsgewinn vor Steuern, bezogen auf das durchschnittlich gebundene Kapital, d.h. das Verhältnis von Gewinn zu investiertem Kapital. Beträge, die für die Inanspruchnahme unternehmenseigener Einrichtungen durch eine strategische Unternehmens-Einheit (SUE) gezahlt werden müssen, sind vom Gewinn abgezogen, während Fremdkapitalzinsen nicht berücksichtigt werden. Als durchschnittlich gebundenes Kapital wird die Summe der Buchwerte der im Anlagevermögen enthaltenen Gegenstände zuzüglich des Umlaufvermögens und vermindert um die kurzfristigen Verbindlichkeiten angesehen.
capital earnings tax: Kapitalertragsteuer *f*
capital employed: eingesetztes Kapital *n*
capital equipment: Anlagegegenstände *m/pl*
capital expenditure: aktivierungspflichtiger Aufwand *m*, Anschaffungs- oder Herstellungskosten *pl* eines Anlageguts *n*, Investition *f*, Investitionsausgabe *f*
capital expenditure analysis: Investitionsrechnung *f*
capital expenditure budget: Investitionsbudget *n*, Investitionsrechnung *f*
capital expenditure budgeting: Investitionsbudget *n*, Investitionsrechnung *f*

capital export: Kapitalexport *m*
Die Gewährung von Darlehen an das Ausland sowie Direktinvestitionen oder Portfolioinvestitionen im Ausland.
capital flight: Kapitalflucht *f*
capital flow: Kapitalfluß *m*
capital formation: Kapitalbildung *f*
capital franc: Finanzfranc *m*
capital gain: Kapitalgewinn *m*, Gewinn *m* bei Veräußerung *f* von Vermögensteilen *m/pl*, Kapitalzuwachs *m*, Wertzuwachs *m*
Da die Verzinsung des Eigenkapitals aus dem pagatorischen Gewinn erfolgt, sind die Eigenkapitalzinsen als Bestandteil des pagatorischen Gewinns anzusehen. Einige Autoren vertreten die Ansicht, daß neben den Eigenkapitalzinsen auch die Fremdkapitalzinsen Gewinnbestandteile darstellen. Der um den Betrag der Fremdkapitalzinsen vermehrte pagatorische Gewinn wird als Kapitalgewinn bezeichnet: Kapitalgewinn = Pagatorischer Gewinn + Fremdkapitalzinsen.
capital gains tax: Kapitalzuwachssteuer *f (Am)*, Vermögenszuwachssteuer *f*, Wertzuwachssteuer *f*
capital goods *pl*: Kapitalgüter *n/pl*
Der Oberbegriff für die gewerblichen Verbrauchsgüter (Produktionsgüter) und die gewerblichen Gebrauchsgüter (Investitionsgüter).
capital import: Kapitalimport *m*
Die Gesamtheit ausländischer Vermögensanlagen im Inland.
capital increase: Kapitalerhöhung *f*, Kapitalzuwachs *m*
capital increase against contribution: Kapitalerhöhung *f* gegen Bar-Einlagen *f/pl*
capital increase by contributions in kind: Kapitalerhöhung *f* gegen Sacheinlagen *f/pl*
capital increase charges *pl*: Kapitalerhöhungskosten *pl*
capital inflow: Kapitalzufluß *m*
capital input: Kapitaleinsatz *m*
capital investment: Anlagekapital *n*, Kapitaleinsatz *m*
capital investment boom: Investitionskonjunktur *f*
capital investments *pl*: Kapitalinvestitionen *f/pl*, Vermögensanlage *f*
capital levy: Kapitalabgabe *f*, Vermögensabgabe *f*
capital liable: haftendes Kapital *n*
capital loan: Investitionskredit *m*
capital loss: Verlust *m* bei Veräußerung *f* eines Vermögensteils *m*
capital majority: Kapitalmehrheit *f*
capital market: Kapitalmarkt *m*
capital market encouragement law: Kapitalmarktförderungsgesetz *n*

capital migration: Abwanderung *f* des Kapitals *n*, Kapitalabwanderung *f*
capital movement: Kapitalbewegung *f*
capital not yet called: ausstehende Einlage *f* auf das Grundkapital *n*
capital outlay: Kapitalausgabe *f*
capital redemption contract: Kapitalrückzahlungsvertrag *m*
capital redemption fund: Rückkauffonds *m*
capital reorganization: Neuordnung *f* der Kapitalverhältnisse *n/pl*
capital required for operations: betriebsnotwendiges Kapital *n*
capital required to carry on operations: betriebsnotwendiges Kapital *n*
capital reserve: Kapitalrücklage *f*
capital reserve fund: Rückkauffonds *m*
capital shortage: Kapitalmangel *m*
capital spending: Kapitalanlage *f*
capital stock: Aktienkapital *n*, gesetzliches Stamm- oder Grundkapital *n*
capital structure: Kapitalaufbau *m*, Kapitalstruktur *f*
capital subscribed: ausstehende Einlage *f* auf das Grundkapital
capital sum: Kapitalbetrag *m*, Kapitalsumme *f*
capital sum policy: Kapitalversicherung *f*
capital surplus: Gewinn *m* aufgrund von Zuschreibungen *f/pl*
capital transaction tax: Kapitalverkehrssteuer *f*
capital transactions *pl*: Kapitalverkehr *m*
Capital Transactions Law: Kapitalverkehrsgesetz *n*
capital transfer tax: Kapitalverkehrssteuer *f*
capital turnover: Kapitalumschlag *m*
capital value: Kapitalwert *m*
Der auf einen bestimmten Zeitpunkt (Bezugszeitpunkt) errechnete Kapitalwert einer Investition ergibt sich aus den auf diesen Bezugszeitpunkt abgezinsten Rückflüssen (einschließlich eines angefallenen abgezinsten Liquidationserlöses), vermindert um den Barwert der Anschaffungsauszahlungen für diese Investition.
capital-worker ratio: Kapitaleinsatz *m* pro Arbeiter *m*
capital yield: Kapitalertrag *m*
capital yields tax: Kapitalertragsteuer *f*
capitalism: Kapitalismus *m*
capitalist: Kapitalist *m*, kapitalistisch
capitalist system: kapitalistisches System *n*
capitalization: Aktivierung *f*, Aufzinsung *f*, Kapitalisierung *f*, Umwandlung *f* von Rücklagen *f/pl* in Aktienkapital *n*
capitalization issue: Ausgabe *f* von Freiaktien *f/pl*
capitalization of reserves: Umwandlung *f*
capitalize: aktivieren, aufzinsen, inventarisieren (in das Inventar aufnehmen), kapitalisieren
capitalized cost: aktivierte Kosten *pl*, kapitalisierte Kosten *pl*
capitalized expenditure: aktivierte Aufwendung *f*
capitalized expense(s) *(pl)*: aktivierte Kosten *pl*
capitalized value of earning power: Ertragswert *m*
capitation tax: Kopfsteuer *f*
caption: Eingangsformel *f (EDV)*, Schlagwort *n*, Titel *m*, Überschrift *f*
captive shop: Abteilung *f*, deren Erzeugung *f* von der Muttergesellschaft *f* (fast) ausschließlich selbst genutzt wird, Betrieb *m*, dessen Erzeugung *f* von der Muttergesellschaft *f* (fast) ausschließlich selbst genutzt wird
capture: aufbringen (Schiff), Aufbringung *f*, einfangen, Fang *m*, fangen
car: Auto *n*
car breakdown insurance: Pannen-Versicherung *f*
car dealer: Autohändler *m*
car fare: Fahrtkosten *f*
card: Karte *f*
card box: Kartonbehälter *m*
card counter: Kartenzähler *m (EDV)*
card cycle: Kartengang *m (EDV)*
card deck: Kartenstapel *m (EDV)*
card design: Kartenentwurf *m (EDV)*
card eject: Kartenablage *f (EDV)*
card feed device: Kartenzuführung *f (EDV)*
card feeding: Kartenzuführung *f (EDV)*
card field: Kartenfeld *n (EDV)*
card index: Kartei *f*
card-index cabinet: Kartenschrank *m (EDV)*
card insertion: Karteneinführung *f (EDV)*
card jam: Kartenbruch *m (EDV)*, Kartenverklemmung *f (EDV)*
card lifter: Kartenheber *m (EDV)*
card operated typewriter: kartengesteuerte Schreibmaschine *f (EDV)*
card pulling volume: Arbeitsleistung *f* beim Kartenziehen *(EDV)*
card pulling: Kartenziehen *n (EDV)*
card punch: Stanzer *m (EDV)*
card pusher: Kartenschieber *m (EDV)*

card rate: Listenpreis *m*, Tarifpreis *m*
card reader: Kartenabfühleinheit *f (EDV)*, Kartenleser *m (EDV)*
card rack: Kartenkasten *m (EDV)*
card slide: Kartenschlitten *m (EDV)*
card stacker: Kartenablage *f (EDV)*
cardboard: Pappe *f*
care: Sorgfalt *f*
care of (c/o): per Adresse *f*
career: Karriere *f*, berufliche Laufbahn *f*, beruflicher Werdegang *m*
Als Karriere bezeichnen J. Berthel und R. Koch „jede beliebige Stellenfolge einer Person im betrieblichen Stellengefüge". Das bezieht sich auf Beförderungen ebenso wie auf horizontale Versetzungen. Berthel und Koch grenzen „Karriere" von dem öffentlichen Dienst stammenden Begriff der „Laufbahn" als dem normiertem Werdegang von Beamten, ab.
Innerhalb der Lebensbiographie eines Menschen stellt der Karrierebegriff allein auf den beruflichen Teil ab; durch die enge Verflechtung von Arbeit mit anderen Lebensbereichen hat der berufliche Aufstieg in einer Leistungsgesellschaft allerdings zentrale Bedeutung für die Selbstachtung und soziale Anerkennung der Person insgesamt.
career planning: Karriereplanung *f*
Eine Politik des Management-Development, die den Mitarbeitern eines Unternehmens Möglichkeiten des Aufstiegs in höhere und verantwortungsvollere Positionen aufzeigt. Karriereplanung ist mithin die gedankliche Vorwegnahme einer Karriere, d.h. einer Stellenfolge, aus der Sicht des Unternehmens oder seines Mitarbeiters.
Als ein Instrument der Personalentwicklung (PE) zielt Karriereplanung darauf, die improvisierten, zufälligen Beförderungs- oder Versetzungsentscheidungen bei Vakanzen oder bei neu geschaffenen Stellen abzulösen. Jeder Stellenwechsel konfrontiert den Mitarbeiter mit neuen Anforderungen, auf die er sich durch Weiterbildung on- oder off-the-job vorbereiten muß. Im günstigsten Fall, z.B. der Arbeitsstrukturierung, bietet jede neue Position dem Mitarbeiter erweiterte Handlungsspielräume.
Karriereplanung läuft auch auf eine detaillierte Personalbedarfsplanung hinaus; denn Bedarf kann sich aus Vakanzen bei gleichbleibender Belegschaftsstärke (Nachfolgeplanung), aus neugeschaffenen Positionen bei Wachstum (Einstellungsplanung) und aus fehlendem Nachwuchspotential (Nachwuchsplanung) ergeben. Im Berufsleben typische Karrierephasen sind:
• *Frühe Karrierephase:* In dieser Phase wird ein Berufsanfänger, der mit hohen Erwartungen an eine anspruchsvolle Tätigkeit in die Organisation eintritt, mit einer in aller Regel restriktiven, kompetenzarmen Arbeitssituation konfrontiert, in der Lern- und Anpassungsverhalten erwartet wird. Die subjektiv wahrgenommene Diskrepanz zwischen Anspruch und Wirklichkeit führt oft zu einem Praxis- oder Realitätsschock. Durch eine in dieser Phase erworbene berufliche Spezialisierung gewinnt der Mitarbeiter eine relative Autonomie und schmiedet erste Karrierepläne.
In dieser Phase hat die Karriereplanung die Aufgabe, im Rahmen einer systematischen Personaleinführung Informationen über die Unternehmung, die Abteilung und den Arbeitsplatz (Stellen- und Positionsbeschreibungen) zur Verfügung zu stellen und dem neuen Mitarbeiter zur Betreuung einen erfahrenen Mitarbeiter zur Seite zu stellen (Patensystem).
• *Mittlere Karrierephase*: In dieser Phase werden entscheidende Weichen der weiteren Karriere gestellt: Der Erfolgreiche löst sich aus der Spezialisierung, übernimmt verstärkt Managementaufgaben und betreibt eine gezielte Karrierepolitik. Andere tun das nicht. Entsprechend differenziert muß hier eine Karriereberatung durch den Vorgesetzten bzw. die Personalspezialisten ansetzen.
Erweist sich der Mitarbeiter als Fehlbesetzung oder seine jetzige Position als Sackgasse, ist es Aufgabe der Karriereplanung, einen Positionswechsel innerhalb (Versetzung) oder außerhalb der Unternehmung (Kündigung) vorzubereiten. Im Falle von Führungskräften bietet es sich im letzteren Fall an, mit Hilfe eines Personalberaters, aber auf Kosten der Unternehmung, aus einem ungekündigten Arbeitsverhältnis heraus eine neue Position in einem anderen Unternehmen zu finden (Outplacement).
• *Späte Karrierephase*; In dieser Phase setzen die Erfolgreichen ihre Karriere fort, die weniger Erfolgreichen versuchen, ihren Status quo zu erhalten. Ein besonderes Problem besteht in der Bewältigung des für viele bedrohlichen Näherrückens des Ruhestands (Ruhestandskrise). Angst vor dem Verlust sozialer Kontakte, der gewohnten Ordnung, der Möglichkeit zur Selbstverwirklichung in der Arbeit und finanziellen Einbußen sowie dem Gefühl der Nutzlosigkeit prägen diese schwierige Vorruhestandsphase. Mit Pre-Retirement-Seminaren, Ruhestands-Workshops, Seniorenclubs und einer Vielzahl von Modellen des gleitenden Übergangs vom Erwerbsleben in den Ruhestand versucht die Karriereplanung, diese schwierige Phase überbrücken zu helfen.
careful: sorgfältig
careless: fahrlässig, saumselig, unvorsichtig
carelessness: Bummelei *f*, Fahrlässigkeit *f*
caretaker: Verwalter *m*
caretaker government: Übergangsregierung *f*
cargo: Fracht *f*, Ladung *f* (Fracht), Schiffsladung *f*, Seefracht *f*
cargo book: Frachtbuch *n*, Ladebuch *n*
cargo consignment: Frachtsendung *f*
cargo freight rate: Waggonfrachtrate *f*
cargo freight: Waggonfracht *f*
cargo insurance: Kargoversicherung *f*

cargo liner: Linienfrachter *m*
carload: Sammelladung *f*, Waggonladung *f*
carload freight: Waggonfracht *f*
carload freight rate: Waggonfrachtrate *f*
carpenter: Zimmermann *m*
carriage: Beförderung *f*, Fracht *f*, Frachtkosten *pl*, Fuhrlohn *m*, Schreibmaschinenwagen *m*, Transport *m*
carriage control: Vorschubkontrolleinrichtung *f (EDV)*
carried forward: vorgetragen
carried to …: übertragen auf …
carrier: Beförderungsunternehmen *n*, Frachtführer *m*, Fuhrmann *m*, Spediteur *m*, Transportgesellschaft *f*, Verkehrsbetrieb *m*
carrier's lien: Frachtführerpfandrecht *n*
carrier's receipt: Ladeschein *m*
carrlers *pl*: Verkehrsgewerbe *n*
carry: Zehnerübertrag *m (EDV)*
carry a motion: einen Antrag *m* durchbringen
carry back: Rücktrag *m*, Rückübertragung *f*
carry forward: Vortrag *m* (auf dem Konto)
carry on a business: betreiben, ein Geschäft *n*
carry on a lawsuit: prozessieren
carry out: ausführen, ausüben, vollstrekken, vollziehen
carry over: prolongieren
carrying capacity: Tragkraft *f*
carrying charges *pl*: Lagerhaltungskosten *pl*
carrying cost: Lagerhaltungskosten *pl*
carrying-out law: Ausführungsgesetz *n*
carrying trade: Transportgeschäft *n*, Transportgewerbe *n*
carrying value: Buchwert *m*
carryover: Prolongation *f*, Übertrag *m*
carryover transaction: Reportgeschäft *n*
cartage: Fuhrlohn *m*, Rollgeld *n*
carte blanche: unbeschränkte Vollmacht *f*
cartel: Kartell *n*
Eine horizontale Absprache zwischen wirtschaftlich und rechtlich selbständigen Wirtschaftsunternehmen mit dem Ziel einer Marktbeeinflussung durch Beschränkung des Wettbewerbs, Verbesserung der Marktordnung und verstärkte Rationalisierung. Nach den Bestimmungen des Gesetzes gegen Wettbewerbsbeschränkungen (GWB) sind Kartelle, die geeignet sind, die Erzeugung oder die Marktverhältnisse für den Verkehr mit Waren oder gewerblichen Leistungen spürbar zu beeinflussen, grundsätzlich verboten. Das grundsätzliche Verbot des § 1 GWB wird durch die folgenden §§ 2-8 GWB und die Bestimmungen über Erlaubniskartelle aufgelockert.
cartel agreement: Kartellabsprache *f*

cartel authority: Antitrustbehörde *f*, Kartellamt *n*
cartel concerning sales conditions: Konditionenkartell *n*
cartel price: Kartellpreis *m*
cartel provisions *pl*: Kartellvorschriften *f/pl*
cartel with central sales office: Syndikat *n*
cartelization: Verflechtung *f*, wirtschaftliche Verflechtung *f*
cartogram: Kartogramm *n*
Eine Form der graphischen Darstellung von statistischen Dichtezahlen in einer Landkarte. Anstelle der Dichtezahlen werden daber auch häufig graphische Darstellungen (Diagramme, insbesondere Flächendiagramme) in eine Landkarte eingetragen.
case: Fall *m*, Angelegenheit *f*, Rechtsfall *m*
case at bar: anhängiger Rechtsfall *m*
case law: Fallrecht *n*, auf Entscheidungen *f/pl* gestütztes Recht *n*, kasuistisches Recht *n*, richterliches Recht *n*
case method: Fallmethode *f*, Einzelfallmethode *f*
1. Eine Methode der Ausbildung in der *Betriebswirtschaft* und im *Management*, bei der Fähigkeiten, insbesondere die Fähigkeit, Entscheidungen zu treffen, an konkreten Einzelfällen und in Teamarbeit trainiert werden und nicht bloß in frontaler Lehrtätigkeit den passiven Lernenden Wissen vermittelt wird.
2. Die ursprünglich in der *klinischen Psychologie* entwickelte, später von der *empirischen Sozialforschung* übernommene Methode der Untersuchung der individuellen Eigenschaften, Merkmale und Entwicklungen eines einzelnen Falles (Stichprobenumfang N = 1). Charakteristikum ist die Untersuchung konkreter Einzelfälle mit Hilfe spezieller Erhebungsverfahren, Beobachtungen, Befragungen, Inhaltsanalysen usw., bei denen z.B. eine Situation oder Konstellation die Lebensgeschichte eines Individuums, Autobiographien mehrerer Einzelpersonen usw. nach den Worten von Ernest W. Burgess durch das „soziale Mikroskop" betrachtet wird. Gegenstand von Fallstudien sind neben Individuen meist Familien, Kleingruppen Organisationen, Gemeinden u. ä. Da die mit dieser Methode ermittelten Befunde idiographischen Charakter haben und eine Generalisierung daher nicht zulässig ist können Fallstudien im wesentlichen nur als Leitstudien (Voruntersuchungen) zur hypothetischen Aufdeckung möglicher Bedingungsfaktoren und möglicher Auswirkungen von Experimentalhandlungen bzw. zur Formulierung von Hypothesen eingesetzt werden.
case of need: Bedarfsfall *m*
cash: bar, bares Geld *n*, einlösen (Scheck), einziehen (Inkasso), Kassenbestand *m*, kassieren, liquide Mittel *n/pl*
cash account: Geldkonto *n*, Kassakonto *n*, Zahlungsmittelkonto *n*

cash accounting: Kassenführung *f*
cash advance: Barvorschuß *m*, Kassenkredit *m*
cash against documents (C.A.D., C/D): Kasse *f* gegen Dokumente *n/pl*
cash assets *pl*: Bargeld *n* sowie sonstige jederzeit realisierbare Vermögensteile *m/pl*, Barvermögen *n*, flüssige Mittel *n/pl* (Kasse, Schecks und Bankguthaben), liquide Mittel *n/pl*, Umlaufmittel *n/pl*
cash at call: Geld *n* auf Abruf *m*
cash at short notice: Geld *n* auf Abruf *m*
cash audit: Kassenprüfung *f*, Prüfung *f* der Kassen- und Bankgeschäfte *n/pl*
cash auditing: Kassenprüfung *f*
cash available: Barliquidität *f*
cash balance: Barsaldo *m*, Kassenbestand *m*
cash basis: accounting Buchführung *f* (die nur Kassenvorgänge erfaßt), Einnahme-Ausgaberechnung *f*
cash, be short on: in Geldverlegenheit *f* sein
cash book: Kassengrundbuch *n*
cash box: Geldkassette *f*
cash budget: Einnahmen- und Ausgabenplan *m*, Kassenvoranschlag *m*
cash buyer: Bar(zahlungs)käufer *m*
cash commodity: Kassaware *f*
cash counting machine: Geldzählmaschine *f*
cash cover: Bardeckung *f*
cash credit: Barkredit *m*, Kassenkredit *m*
cash deposit: Bardepot *n*, Bareinlage *f*, Barhinterlegung *f*
cash diary: Kassentagebuch *n*
cash disbursement: Kassenausgang *m*
cash disbursements book: Kassenausgangsbuch *n*
cash discount: Barzahlungsskonto *m*, Kassaskonto *n*
cash dispenser: Bargeldautomat *m*
cash dispensing machine: Bargeldautomat *m*
cash dividend: Bardividende *f*
cash down: bar
cash drawer: Kassenlade *f*
cash expenditure: Barauslagen *f/pl*
cash expenditures *pl*: Barauslagen *f/pl*
cash flow: Cash-flow *m*, Kapitalfluß *m* aus Umsatz
Eine betriebswirtschaftliche Kennziffer für den erwirtschafteten Zufluß von Mitteln eines Wirtschaftsunternehmens die sich aus dem aus dem Umsatz erwirtschafteten Nettoerträgen und aus der Auflösung von Abschreibungen ergibt. Es handelt sich also um den Nettozugang an liquiden Mitteln, die ein Wirtschaftsunternehmen innerhalb einer bestimmten Periode erwirtschaftet und über die es frei verfügen kann.
cash flow accounting: Finanzflußrechnung *f*
cash forecast: Kassen- und Bankvoranschlag *m*
cash in bank: Bankguthaben *n*
cash in: einkassieren, vereinnahmen
cash inflow: Einnahmenstrom *m*
cash invoice: Kassarechnung *f*
cash journal: Kassabuch *n*, Kassenbuch *n*
cash letter: Geldbrief *m*
cash method: Einnahme-Ausgabemethode *f*
cash on delivery (c.o.d.): Nachnahme *f*, zahlbar bei Auslieferung *f*
cash on delivery parcel: Nachnahmesendung *f*
cash on deposit: Festgeld *n*
cash on hand: Barvorrat *m* (Bank), Geldmittelbestand *m*, Handgeld *f*, Kassenbestand *m*
cash on shipment (c.o.s.): zahlbar bei Verschiffung *f*
cash outflow: Ausgabenstrom *m*
cash payment: Barzahlung *f*, Bezahlung *f* mit Geld *n* oder durch Scheck *m*
cash payments journal: Kassenausgangsbuch *n*
cash position: Barliquidität *f*, Geldmittelbestand *m*, Kassenlage *f*
cash price: Barpreis *m*, Kassapreis *m*
cash purchase: Bareinkauf *m*, Barkauf *m*
cash quotation: Kassakurs *m*
cash receipt(s): Bareinnahme *(n) f (pl)*
cash receipt: Kasseneingang *m*, Kassenquittung *f*
cash receipts and disbursements accounting: Einnahme-Ausgabe-Buchführung *f*
cash receipts and disbursements basis: Einnahme-Ausgabe-Rechnung *f* (steuerlich)
cash receipts and disbursements method of accounting: Einnahme-Ausgabe-Buchführung *f*, Einnahme-Ausgabe-Rechnung *f*
cash receipts book: Kasseneingangsbuch *n*
cash receipts journal: Kasseneingangsbuch *n*
cash received journal: Kasseneingangsbuch *n*

cash received sheet: Kasseneingangsbuch *n*
cash register: Kassenbuch *n*, Registrierkasse *f*
cash remittance: Barüberweisung *f*
cash requirement: Geldbedarf *m*
cash reserve: Liquiditätsreserve *f*
cash sale: Barverkauf *m*
cash settlement: Geldabfindung *f*
cash short: Kassenfehlbestand *m*
cash sickness benefits *pl*: Krankengeld *n*
cash statement: Kassen- und Bankbericht *m* (periodisch)
cash surrender value: Barablösungswert *m*, Rückkaufswert *m*
cash transaction: Bargeschäft *n*, Kassageschäft *n*, Promptgeschäft *n* (Börse)
cash upon documents: Kasse *f* gegen Dokumente *n/pl*
cash value: Barwert *m*, Geldwert *m*
cash value of an investment: Barwert *m* einer Investition
In der Break-Even-Analyse ein zur Abschätzung der Erfolgsträchtigkeit einer Investition oder eines neuen Produkts ermittelter Wert, der durch die Formel

$$D_s = \sum \frac{D_{st}}{(1+\theta)_{t-1}}$$

gegeben ist. Dabei ist D_s der auf den Entscheidungszeitpunkt (t = 0) bezogene gesamte Produktdeckungsbeitrag (= Barwert), D_{st}, der Produktdeckungsbeitrag der Periode t, θ der relevante Zinsfuß. Als positiv ist eine Investition oder ein neues Produkt dann einzustufen, wenn $D_s > 0$ ist.
cash voucher: Kassenbeleg *m*, Kassenquittung *f*
cash with order (c.w.o.): Kasse *f* bei Auftragserteilung *f*, zahlbar bei Auftragserteilung *f*
cash-and-carry wholesaler: Cash-and-Carry-Großhändler *m*
cash-in period: Liquidationszeitraum *m*, Verflüssigungszeitraum *m*
cash-in: verflüssigen
cash-outlay cost: Ausgabekosten *pl*
cashbook: Ausgabe*(n)*buch *n*, Kassenbuch *n*
cashier: Kassierer *m*, Schalterbeamter *m*, Zahlmeister *m*
cashier's division: Kassenabteilung *f*
cashier's office: Zahlstelle *f*
cashless: bargeldlos
cashless money transfer: bargeldloser Zahlungsverkehr *m*, Überweisung *f*
casing: Verpackung *f*
casting: Gießen *n*

casting of votes: Stimmabgabe *f*
casual earnings *pl*: Nebeneinkünfte *f/pl*, Nebeneinnahme *f*
casual employment: Gelegenheitsarbeit *f*
casual emuluments *pl*: Nebeneinkünfte *f/pl*, Nebeneinnahme *f*
casual insurance: Unfallversicherung *f*
casual labor: Gelegenheitsarbeit *f*, Gelegenheitsarbeiter *m/pl*
casual sale: Gelegenheitsverkauf *m*
casual worker: Gelegenheitsarbeiter *m*
casualty: Unfall *m*, Unglücksfall *m*
casualty insurance: Unfallversicherung *f*
catalog: Katalog *m*, katalogisieren
catalog price: Listenpreis *m*
catalog wholesaler: Kataloggroßhändler *m*, Versandgroßhändler *m*
catch up: nacharbeiten (Versäumtes *n*)
catch up with one's work: aufarbeiten
catchpenny article: Schleuderartikel *m*, Schleuderware *f*
caterer: Lieferant *m*
catering industry: Zulieferindustrie *f*, Catering *n*
cattle insurance: Viehversicherung *f*
causal: kausal, ursächlich
causality: Kausalzusammenhang *m*
cause: Anspruch *m*, Beschwerdegrund *m*, Entlassungsgrund *m*, Fall *m*, Grund *m*, Klage *f*, Streitsache *f*, Ursache *f*, veranlassen, Veranlassung *f*, verursachen
cause of accident: Unfallursache *f*
cause of action: Klagegrund *m*
caution: Belehrung *f* (Eidesbelehrung, Rechtsbelehrung), Eidesbelehrung *f*, Vorsicht *f*, warnen
cautionary mortgage: Sicherungshypothek *f*
cautious: umsichtig, vorsichtig
caveat emptor: ohne Haftung *f* für Mängel *m/pl* seitens des Verkäufers *m*, Mängelprüfungspflicht *f* des Käufers *m*
caveat venditor: Gesamthaftung *f* für Mängel *m/pl* liegt beim Verkäufer *m*
cavers *pl*: Bergwerksdiebe *m/pl*
cease: aufhören, erlöschen
cease and desist order: Anordnung *f* zur Unterlassung *f* bestimmter Handlungen *f/pl* (durch Behörde oder Gericht), Unterlassungsanordnung *f*, gerichtlicher Unterlassungsbefehl *m*
cede: abtreten, überlassen, zedieren
ceiling: Plafond *m*
ceiling amount: Höchstbetrag *m*
ceiling price: Höchstpreis *m*
Ein Preis, der so hoch angesetzt ist, daß bei ihm

keine Nachfrage mehr besteht, in der Preis-Absatz-Kurve also der Preis, bei dem die Kurve die Ordinate erreicht.
census: Volkszählung *f*
center: Schwerpunkt *m*, Zentrum *n*
center spread: Anzeige *f* (doppelseitige) in einer Zeitschrift *f*
central association: Spitzenverband *m*, Zentralverband *m*
central bank: Zentralbank *f*
central bank council: Zentralbankrat *m*
central buying: zentraler Einkauf *m*
central computer: Zentralrechner *m*, Zentralrechengerät *n (EDV)*
central institution: Spitzeninstitution *f*
central management: Zentralverwaltung *f*
central office: Hauptbüro *n*, Zentralstelle *f*
central organization: Spitzenorganisation *f*
central personnel office: zentrales Personalbüro *n*
Central Processing Unit (CPU): zentrale Recheneinheit *f (EDV)*; Zentralrecheneinheit *f (EDV)*
central purchasing office: gemeinsames Einkaufsbüro *n* mehrerer Betriebe *m/pl*
central purchasing: zentraler Einkauf *m*
centralism: Zentralismus *m*
centralization: Zentralisierung *f*
centralize: zentralisieren
centrally planned economy: zentralgeleitete Wirtschaft *f*
Historisch gibt es zwei Formen der zentralgeleiteten Wirtschaft: das einfache zentralgeleitete Wirtschaftssystem (Eigenwirtschaft) und die Zentralverwaltungswirtschaft.
In einem Land, in dem die einfache zentralgeleitete Wirtschaft allein besteht, arbeiten Tausende von Eigenwirtschaften nebeneinander, die keinerlei wirtschaftlichen Verkehr miteinander haben. Jede einzelne Familie versorgt sich vollständig selbst und ist ein zentralgeleitetes Gemeinwesen, das einem ihrer Mitglieder untersteht. Keines dieser Gemeinwesen ist so groß, daß zu seiner Leitung ein besonderer Verwaltungsapparat nötig wäre. In allen lenkt der Leiter selbst den ganzen Wirtschaftsprozeß, den er persönlich übersieht. Sind es total zentral geleitete Familienwirtschaften, so fehlt jeder Tausch, es gibt keine Preise und keine Tauschwerte der Güter.
Weil sich in einer solchen Eigenwirtschaft die Arbeitsteilung nicht entfalten kann, ist sie durch die Industrialisierung zunehmend von der Verkehrswirtschaft oder der Zentralverwaltungswirtschaft verdrängt worden. Die modernen Kriegswirtschaften haben die Ordnungsform der Zentralverwaltungswirtschaft besonders stark hervortreten lassen. Im Gegensatz zur Eigenwirtschaft ist dabei das ganze Land arbeitsteilig miteinander verbunden. Die Größe von Einwohnerzahl, Land und Produktionsapparat macht es unmöglich, daß eine einzige leitende Person alle wirtschaftlichen Vorgänge fortlaufend selbst übersieht, selbst die Anordnungen gibt und ihre Verwirklichung überwacht. Deshalb besteht ein Verwaltungsapparat mit zahlreichen Beamten, der allein die Wirtschaftspläne aufstellt.
Es gibt grundsätzlich drei Grundformen der zentralgeleiteten Wirtschaftsordnung:
(1) Die „total zentralgeleitete Wirtschaft" ist dadurch gekennzeichnet, daß überhaupt kein Tausch zugelassen ist. Der Einsatz der Produktivkräfte, die Verteilung der Produkte und auch der Konsum werden von der zentralen Leitung bestimmt. Den einzelnen Mitgliedern dieser Gemeinschaft ist es sogar verboten, zugewiesene Konsumgüter gegen andere zu tauschen. Ein Planträger ist für alle wirtschaftlichen Handlungen maßgebend. Die Zentralstelle weist jedem seinen Beruf sowie den Arbeitsplatz zu.
(2) In der „zentralgeleiteten Wirtschaft mit freiem Konsumguttausch" bestimmt die Zentralstelle ebenfalls den Einsatz der Produktivkräfte, den zeitlichen Aufbau der Produktion, die Verteilung der Produkte auf die Mitglieder des Gemeinwesens, die anzuwendende Technik und den Standort der Produktion. Jedoch können die bei der Verteilung zugewiesenen Konsumgüter unter den Mitgliedern ausgetauscht werden. Ein historisches Beispiel ist die Kriegswirtschaft von 1914 bis 1918 und von 1939 bis 1945 in Deutschland.
(3) In der „zentralgeleiteten Wirtschaft mit freier Konsumwahl" machen sich die Wirtschaftspläne der einzelnen Mitglieder noch stärker geltend. Auch hier bestimmt die Zentralverwaltung die Produktion, den Arbeitsplatz, die Verteilung. Die einzelnen Angehörigen des Staates haben jedoch das Recht der freien Konsumwahl. Sie erhalten zum Beispiel Brot, Fleisch und andere Konsumgüter nicht von der Zentralstelle unmittelbar oder durch Lebensmittelkarten, sondern sie empfangen Löhne und Gehälter in allgemeinen Anweisungen auf Konsumgüter. Im Rahmen seines Einkommens kann der einzelne kaufen, was er wünscht. Dennoch hat die Zentralstelle über die Preispolitik die Möglichkeit, den Wirtschaftsprozeß so zu lenken, daß weitgehend das gekauft wird, was nach dem Gesamtplan produziert und abgesetzt werden soll. Anderseits kann die Zentralstelle auch versuchen, den Umfang der Nachfrage als Indikator für die Bedürfnisse der Bevölkerung zu verwenden. Verhält sie sich grundsätzlich in dieser Weise, so ist ihr Wirtschaftsplan von den vielen Wirtschaftsplänen der Nachfragen den abhängig. Deshalb ist hier die Grenze der zentralgeleiteten Wirtschaft erreicht oder überschritten. Man könnte diesen Fall schon der Verkehrswirtschaft zuweisen: Eine Monopolverwaltung, die alle Märkte beherrscht, versucht, die Nachfrager nach dem Prinzip „bestmöglicher Versorgung" zu beliefern.
Die Grundlagen des zentralen Plans Grundlage des zentralen Wirtschaftsplans sind die Daten und gewisse Erfahrungsregeln. Erstes Datum sind die

Bedürfnisse. Die Rangordnung der Bedürfnisse – kollektive wie die Landesverteidigung oder individuelle wie Konsumgüter – bestimmt die Zentralstelle selbst. Als Mittel zur Befriedigung der Bedürfnisse muß der Plan drei weitere Daten berücksichtigen: die Arbeit, die Natur und die produzierten Produktionsmittel.
Die zentrale Leitung kombiniert die Leistungen von Natur und Arbeit aufgrund des bestehenden technischen Wissens. Schließlich ist es die rechtliche und soziale Organisation, die in ihrer Existenz und mit ihren Spielregeln ein wirtschaftliches Datum ist. Als Erfahrungsregel wird für die Planung das Gesetz vom abnehmenden Grenznutzen ausgewertet: Die Bedürfnisse nach Konsumgütern nehmen an Intensität ab, wenn ihre Befriedigung zunimmt. Das Gesetz vom abnehmenden Ertragszuwachs" besagt, daß der Mehrertrag einer Produktion sukzessive fällt, sobald der Arbeitsaufwand über einen bestimmten Punkt hinaus gesteigert wird.
Vor allem Walter Eucken (1891-1950) und sein Schüler K. Paul Hensel haben nachgewiesen, daß zentralgeleitete Wirtschaftssysteme aufgrund immanenter Lenkungsfehler – nämlich des Fehlens eines Knappheitsmessers – zur chronischen Unterversorgung der Bevölkerung tendieren.

certain: sicher
certainty: Sicherheit *f*
certificate: Beglaubigungsurkunde *f*, Bescheinigung *f*, Schein *m*, Testat *n* (eines Wirtschaftsprüfers), Zeugnis *n*
certificate of appointment: Bestallungsurkunde *f*
certificate of clearance: Zollschein *m*
certificate of competency: Befähigungsnachweis *m*
certificate of completeness: Vollständigkeitserklärung *f* (gerichtet an Wirtschaftsprüfer)
certificate of compliance: Unbedenklichkeitsbescheinigung *f*
certificate of conduct: Führungszeugnis *n*
certificate of cremation: Vernichtungsprotokoll *n*
certificate of deliverability: Lieferbarkeitsbescheinigung *f*
certificate of deposit: Hinterlegungsbescheinigung *f*, Hinterlegungsschein *m*
certificate of incorporation: Gründungsurkunde *f* einer juristischen Person *f*
certificate of indebtedness: Schatzanweisung *f*, Schuldschein *m*
certificate of origin: Ursprungszeugnis *n*
certificate of ownership: amtliche Eigentumsbestätigung *f*
certificate of posting: Posteinlieferungsschein *m*
certificate of proxy: Vollmachtsurkunde *f*

certificate of quality: Qualitätszeugnis *n*
certificate of renewal: Erneuerungsschein *m*
certificate of training: Ausbildungsbescheinigung *f*, Ausbildungszeugnis *n*
certification: Beglaubigung *f*, Bescheinigung *f*
certification of financial statements: Abschlußbestätigung *f*
certified accountant: Wirtschaftsprüfer *m*
certified check: durch die Bank *f* bestätigter Scheck *m*
certified copy: beglaubigte Abschrift *f*
certified financial statement: Bilanz *f* sowie Gewinn- und Verlustrechnung *f*, versehen mit dem Bestätigungsvermerk der(s) Wirtschaftsprüfer(s), Jahresabschluß *m* mit Bestätigungsvermerk *m* der (des) Wirtschaftsprüfer(s) *m/pl*
certified mortgage: Briefhypothek *f*
certified public accountant (C.P.A.): Wirtschaftsprüfer *m*, Abschlußprüfer *m*, Buchhaltungsfachmann *m*, öffentlich bestellter (freiberuflich tätiger) Buchprüfer *m*, öffentlich bestellter Buchprüfer *m*
certified union: staatlich zugelassene Gewerkschaft *f*
certify: attestieren, beglaubigen, bescheinigen, bestätigen, testieren
cessation: Stockung *f*
cessation of business: Geschäftsaufgabe *f*
cession: Abtretung *f*, Überlassung *f*, Verzicht *m*, Zession *f*
cestui que trust: (= He who trust) Trustnutznießer *m*
cestui que trustent: (= They who trust) Trustnutznießer *m/pl*
chaffer: schachern
chain: Kette *f*
chain command flog: Kennzeichen *n* für Befehlskettung *f (EDV)*
chain data flog: Kennzeichen *n* für Datenkettung *f (EDV)*
chain discount: Stufenrabatt *m*
chain of command: Befehlskette *f*
chain of communications: Informationskette *f*
chain of decisions: Entscheidungskette *f*
chain of distribution: Distributionskette *f* Oberbegriff für Absatzwege und Beschaffungswege.
chain of trade: Handelskette *f*
chain printer: Kettendrucker *m (EDV)*
chain store: Filialbetrieb *m*, Kettenladen *m*
chain trade: Kettenhandel *m*

chair: Vorsitz *m*
chairman: Vorsitzender *m*
chairman of directors: Aufsichtsratsvorsitzender *m*, Vorsitzender *m* des Verwaltungsrates *m*
chairman of the board: Vorsitzender *m* des Verwaltungsrates *m*
chairman's statement: Erklärung *f* des Vorsitzenden *m*
chairmanship: Vorsitz *m*
chairperson: Vorsitzende(r) *f(m)*
challenge: Ablehnung *f*, anfechten, auffordern, Aufforderung *f*, bestreiten, herausfordern, Herausforderung *f*, in Frage stellen
Chamber of Commerce: Handelskammer *f*
chamber of commerce dues *pl*: Handelskammerbeitrag *m*
Chamber of Handicrafts: Handwerkskammer *f*
Chamber of Industry and Commerce: Industrie- und Handelskammer *f*
champerty: Aufkauf *m* eines Prozesses *m*
chance: zufällig, Wagnis *n*, Zufall *m*
chance for growth: Wachstumschance *f*
chance of loss: Schadenswahrscheinlichkeit *f*
chance of promotion: Aufstiegsmöglichkeit *f*
chance-preference field: Chancen-Präferenz-Feld *n*
Die Gegenüberstellung der Schätzungen von Wahrscheinlichkeitsverteilungen voraussichtlicher Chancen und Risiken der Konsequenzen einer Entscheidung auf der einen und der Risikopräferenzen des Entscheidungsträgers auf der anderen Seite. Die Gegenüberstellung macht es möglich, eine Entscheidung über diejenige Alternative zu finden, die sowohl den Zielvorstellungen wie der Risikoneigung des Entscheidungsträgers am besten entspricht.
chance to earn (money): Verdienstmöglichkeit *f*
chancellery: Kanzleramt *n*
chancellor: Kanzler *m*
Chancellor of the Exchequer *(brit)*: Finanzminister *m*
chancery: Kanzleigericht *n*
Chandler Act: Konkursordnung *f*
change: ändern, abändern, Abänderung *f*, Änderung *f*, (Kleingeld *n*) wechseln, Tausch *m*, tauschen, umtauschen, umwandeln, Umwandlung *f*, verändern, Veränderung *f*, vertauschen, Wechselgeld *n* wechseln
change in business trend: Konjunkturänderung *f*
change in economic trend: Konjunkturänderung *f*

change in inventory: Bestandsänderung *f*
change in structure: Strukturwandel *m*
change in value: Wertänderung *f*
change in value of currency: Geldwertänderung *f*
change notice: Änderungsanzeige *f*
change of address: Adressenänderung *f*
change of corporate form: Umwandlung *f* (der Gesellschaftsform *f*)
change of employment: Stellungswechsel *m*
change of job: Stellungswechsel *m*
change of residence: Wohnungswechsel *m*
change of title: Eigentumsübertragung *f*
change record: Änderungssatz *m (EDV)*
change request: Änderungsantrag *m*
changeable: veränderlich, vertauschbar
channel: Frequenzband *n*, Kanal *m (EDV)*, Verbindungsweg *m*
channel address word: Kanaladreßwort *n (EDV)*
channel capacity: Kanalkapazität *f (EDV)*, Übertragungsgeschwindigkeit *f (EDV)*
channel captain: Absatzwegkapitän *m*
Das dominierende Unternehmen in einem Absatzweg, das ihn ins Leben gerufen hat und weiterhin führt. In der Regel, aber keineswegs immer, handelt es sich dabei um den Hersteller, für dessen Vertrieb der aus einer Vielzahl verschiedener Lieferanten, Händler und unterstützenden Organisationen bestehende Absatzweg geschaffen wurde. Das schließt nicht aus, daß viele Absatzwege keinen Absatzwegkapitän haben.
channel command word: Kanalbefehlswort *n (EDV)*
channel data check: Übertragungsprüfung *f* im Kanal *m (EDV)*
channel of communication(s): Nachrichtenweg *m*, Kommunikationskanal *m*
channel of distribution: Absatzweg *m*
channel status byte: Kanalzustandsbyte *n (EDV)*
channel status word: Kanalzustandswort *n (EDV)*
channels *pl*: Verwaltungsweg *m*
character: Zeichen *n (EDV)*
character density: Zeichendichte *f (EDV)*
character recognition: Schriftzeichenerkennung *f (EDV)*
characteristic: Merkmal *n* bezeichnend
characterize: bezeichnen
charge: Anklage *f*, anklagen, anrechnen, Anschuldigung *f*, belasten (auf dem Konto), Belastung *f*, berechnen (von Waren usw.), Berechnung *f* (von Waren usw.), beschuldi-

gen, Beschuldigung *f*, bezichtigen, Bezichtigung *f*, Gebühr *f*, Klage *f*, Last *f*, Lastschrift *f*
charge an account: ein Konto *n* belasten
charge customer: Kreditkunde *m*
charge extra: aufschlagen
charge for delay in payment: Säumniszuschlag *m*
charge hand: Vorarbeiter *m*
charge off: abbuchen, abschreiben
charge on land: Grundschuld *f*
charge sale: Kreditverkauf *m*, Verkauf *m* auf Ziel *n*
charge to be paid in kind: Naturallast *f*
charge too much: überteuern
charge upon estate: Dienstbarkeit *f*, Grundlast *f*, Servitut *n*
charge with: anschuldigen
chargeable: anrechenbar
charges *pl*: Auslagen *f/pl*, Kosten *pl*, Spesen *pl*, Unkosten *pl*
charges *pl* **on assets:** Belastungen *f/pl* auf Vermögenswerte *m/pl*
charging order: Beschlagnahmeverfügung *f*, Pfändungsbeschluß *m* (Anteile an Unternehmen)
charisma: Charisma *n*
charismatic leadership: charismatische Führung *f*
Der charismatische Führer gründet seinen Herrschaftsanspruch auf seine außergewöhnliche Persönlichkeitseigenschaften. Charismatische Führung impliziert einen uneingeschränkten Herrschaftsanspruch. Im Gegensatz zum patriarchalischen Führer sieht sich der charismatische Führer jedoch nicht zur Fürsorge verpflichtet; er verlangt ja von den Geführten auch Opferbereitschaft. Sein Beitrag besteht darin, daß er den Geführten in Aussicht stellt, sie aus einer Notlage herauszuführen bzw. sie einem künftigen „Heilszustand" näher zu bringen.
In ausgeprägter Form ist der charismatische Führer in erster Linie als Staatsführer sowie in religiösen Gruppen anzutreffen. Schon angesichts der gesetzlichen Regelungen sind einer charismatischen Führung in Wirtschaftsunternehmen von vornherein Grenzen gesetzt. Besonders in Krisensituationen sind aber auch hier Führer mit charismatischen Züge anzutreffen.
Heute wird im allgemeinen die Auffassung akzeptiert, daß Charisma im wesentlichen durch die Attribution der Geführten generiert wird. Die Geführten bzw. die Einflußadressaten beobachten das Verhalten des Führers und weisen unter bestimmten Voraussetzungen Charisma zu. Diese Zuweisung wird besonders häufig dann vorgenommen, wenn Führer 1. prägnante Visionen entwickeln, die vom Status quo stark abweichen, wie allerdings die Vorstellungswelt der Geführten zu verlassen, 2. ein selbstaufopferndes Engagement zeigen, 3.

ihre Ideen mit hohem persönlichem Risiko verfolgen, 4. ihre Ideen erfolgreich realisieren und 5. ihre Führungsmotivation klar zum Ausdruck bringen.
Die Merkmale und Wahrnehmungsprozesse, aufgrund derer Charisma attribuiert wird, sind historisch und kulturell beeinflußt, so daß diese Erklärung letztlich auf die gesellschaftlichen Bedingungen verweist, die bestimmte Merkmale für den Attributionsprozeß hervortreten lassen.
Die Theorie der charismatischen Herrschaft geht auf die Untersuchungen des deutschen Soziologen Max Weber (1864-1920) zur „bürokratischen Herrschaft" zurück. Ausgangspunkt für Webers Arbeiten war das rasche Anwachsen großer Organisationen und die Erklärungsbedürftigkeit ihres Funktionszuwachses. Der Typus der legalen Herrschaft, der Herrschaft kraft Satzung, hat in Kleingruppen noch keine Bedeutung; man kennt die wechselseitigen Handlungsgewohnheiten und kann über zukünftiges Handeln miteinander sprechen. Erst wenn diese Überschaubarkeit der Handlungssituation im Zuge des Wachstums der Unternehmung verloren geht, müssen andere Mechanismen für die Ordnung, die Regelmäßigkeit und Zielgerichtetheit im Handeln aller Organisationsmitglieder herangezogen werden.
Diese Mechanismen basieren auf Herrschaft (Autorität). Herrschaft bezeichnet nach Weber „die Chance..., für spezifische (oder: für alle) Befehle bei einer angebbaren Gruppe von Menschen Gehorsam zu finden." Wenn und soweit diese Chance langfristig besteht, wäre in der „Herrschaft" eine Erklärung für die dauerhafte Koordination individueller Handlungen durch den Befehl (als Merkmal hierarchischer Organisationen) gegeben. Unternehmungen können dann auch als Herrschaftsverbände verstanden werden. Stabilität entsteht erst dort, wo nicht äußerliche Situationsmerkmale, sondern die Anerkennung des herrschaftlichen Anspruchs, der Legitimationsglaube, den Befehlen Geltung verschafft.
Die Frage, worauf dieser Legitimitätsglaube basieren kann, führt zur Unterscheidung verschiedener Herrschaftsformen als Kern der Weberschen Analyse. Neben der *traditionellen Herrschaft* und der *charismatischen Herrschaft* ist die *legale Herrschaft* für die Neuzeit die wichtigste Herrschaftsform.
Bei ihr ist die Legitimation rational, weil ihre Bindung auf gesatzter Ordnung und nicht auf geltender Tradition oder der „außeralltägliche(n) Hingabe an die Heldenkraft einer Person" beruht. Gehorsam gilt nicht der Person, sondern den Regeln. Die abstrakte Regelbindung und der Glaube an die Legitimität dieser Regeln ist das besondere der legalen Herrschaft, und die bürokratische Herrschaft ist ihr reinster Typus.
charitable: wohltätig
charitable contribution: karitative Spende *f*, Spende *f* für karitative Zwecke *m/pl*
charitable organization: Hilfswerk *n*, Wohltätigkeitsverein *m*

charitable society: Hilfswerk n, Wohltätigkeitsverein m
charity: Wohltätigkeit f
charm price: Lockpreis m, Preis m mit Pfennigen m/pl zum Anlocken n der Konsumenten m/pl
chart: Diagramm n, graphisch darstellen, graphische Darstellung f, Tabelle f
chart of account(s) (pl): Kontenplan m
chart of company accounts: Kontenplan m
chart of ledger: Kontenplan m
charter: Charter f, chartern, Pachtvertrag m (eines Schiffes), Satzung f, Schiffsmiete f
charter money: Schiffsmiete f
charter of gift: Stiftungsurkunde f
charter of incorporation: Gründungsurkunde f einer juristischen Person f
charter party: Charterpartie f, Chartervertrag m, Frachtvertrag m, Pachtvertrag m (eines Schiffes), Schiffsmiete f
chartered accountant (brit): Buchhaltungsfachmann m, öffentlich bestellter (freiberuflich tätiger) öffentlich bestellter Buchprüfer m
charterer: Befrachter m, Charterar m
chartering: Befrachtung f, Schiffsbefrachtung f, Verfrachtung f
chartering agent: Charteragent m
chartering broker: Schiffsmakler m
charting system: Charting-System n
Beim Produktmanagement im Rahmen des Matrix-Managements die Schaffung spezieller Koordinationsorgane zur Gewährleistung einheitlicher und transparenter Regelungen bei der Durchführung abteilungsübergreifender Aufgaben mit Hilfe von Richtlinien für die Kooperation und Koordination, allgemeinen Funktionsbildern und Stellenbeschreibungen, Ziel- und Kompetenzbildern, Funktions-, Ablauf- und Kommunikationsdiagrammen.

chattel: bewegliche Sache f, Fahrnis f
chattel(s) (pl): Mobiliarvermögen n
chattel loan: Mobiliarkredit m
chattel mortgage: Sicherungsübereignung f
cheap: billig, geringwertig
cheap article: Dutzendware f, Massenartikel m
cheapen: verbilligen
cheapening: Verbilligung f
cheat: betrügen, Betrüger m, hintergehen, täuschen, übervorteilen cheating Betrügerei f, Gaunerei f, Schwindel m
cheat on tax payments: Steuerhinterziehung f
check: Bankanweisung f, beaufsichtigen, eindämmen, kontrollieren, nachprüfen, prüfen, revidieren, Scheck m, überprüfen
check back: Rückfrage f, rückfragen
check blank: Scheckformular n
check book: Scheckbuch n
check card: Scheckkarte f
check digit: Prüfzeichen n (EDV)
check drawn on a bank: Bankscheck m
check list: Prüfliste f, Kontroll-Liste f, Checkliste f
check list procedure: Prüflistenverfahren n, Kontroll-Listenverfahren n, Checklistenverfahren n
Die einfachste Form der Produktbewertung besteht in der Aufstellung einer Prüfliste von Bewertungskriterien zur Einschätzung der Erfolgschancen einer Produktidee. Im Rahmen der Bewertung wird dann lediglich überprüft, ob die in dem Schema enthaltenen Kriterien erfüllt werden oder nicht. Die folgende Übersicht zeigt ein Beispiel für ein solches einfaches Bewertungsschema für neue Produkte:
A. Bewertungsfaktoren des Entwicklungsbereichs:
a) Erfahrungen auf verwandten Gebieten
b) Beitrag zur Entwicklung anderer Projekte
c) Vorsprung vor der Konkurrenz
d) Sicherheit vor Nachahmung
B. Bewertungsfaktoren des Beschaffungsbereichs:
a) Kenntnis des neuen Beschaffungsmarkts
b) Benutzung bewährter Lieferantenverbindungen
c) Zahl der leistungsfähigen Lieferanten
d) Möglichkeit für Gegenseitigkeitsgeschäfte
e) Liefermöglichkeit in Krisenzeiten
f) Preisvorteil infolge größerer Abnahmemengen
g) Preisstabilität am Beschaffungsmarkt
C. Bewertungsfaktoren des Produktionsbereichs:
a) Beschäftigung vorhandener Arbeitskräfte
b) Körperliche Beanspruchung der Arbeitskräfte
c) Erschütterungen, Lärm-, Staub-, Feuchtigkeitsentwicklung
d) Unfallgefahr
e) Beitrag zum Ausgleich saisonaler Beschäftigungsschwankungen
f) Beitrag zur Abschwächung konjunktureller Beschäftigungsschwankungen
g) Umstellungsschwierigkeiten
h) Anpassungsfähigkeit der Anlagen an Produkt- oder Verfahrensänderungen
i) Nutzung spezieller Verfahrenskenntnisse
j) Kapazitätsreseruen der Anlagen
k) Reparaturanfälligkeit der Anlagen
l) Risiko der technischen Überholung der Anlagen
m) Erforderliche Produkttypen
n) Belästigung der Umgebung
D. Bewertungsfaktoren des Absatzbereichs:
a) Benutzung der vorhandenen Verkaufsorganisation
b) Nutzung des Goodwill bisheriger Erzeugnisse

circulation of bank notes

c) Beitrag zum Verkauf der übrigen Erzeugnisse
d) Substitutionsrisiko
e) Modische Obsoleszenz
f) Einkaufsmacht der Kunden
g) Möglichkeiten des Exports
Quelle: H. Freudenmann, Planung neuer Produkte, Stuttgart 1965, S. 148
check-list rating: Beurteilung *f* mit vorgegebener Wertskala
check off: abhaken, abstreichen (in einer Liste)
check on the: operation Arbeitskontrolle *f*
check protection: Schecksicherung *f*
check register: Scheckregister *n*
check study: Kontrolluntersuchung *f*, Kontrollzeitstudie *f*
check test: Gegenprobe *f*
check to order: Orderscheck *m*
check trader: Kaufscheck-Unternehmen *n*
check transactions: Scheckverkehr *m*
checking account: Girokonto *n*, Scheckkonto *n*
checking deposit: Scheckeinlage *f*
checking device: Kontrolleinrichtung *f (EDV)*
checking: Nachprüfung *f*
checklist: Preisliste *f*, Prüfliste *f*
checkout counter: Kasse *f* im Selbstbedienungsbetrieb *m*
checkout: Kasse *f* im Selbstbedienungsbetrieb *m*
checkpoint: Prüfpunkt *m (EDV)*, Wiederanlaufpunkt *m (EDV)*, Wiederaufsetzpunkt *m (EDV)*
checkup: Kontrolle *f*, Überprüfung *f*
chemical and allied industry: chemische und verwandte Industrie *f*
cheque *(brit)*: Scheck *m*
Chicago School: → monetarism
chicanery: Schikane *f*, Schikane *f* im Prozeß *m*
chief: hauptsächlich, Haupt-
chief accountant: Buchhaltungsleiter *m*, Chefbuchhalter *m*, Hauptbuchhalter *m*, Oberbuchhalter *m*
chief actuary: Leiter *m* der versicherungsmathematischen Abteilung *f*
chief clerk: Bürovorsteher *m*
chief designer: Chefkonstrukteur *m*
chief estimator: Leiter *m* der Vorkalkulation *f*
chief executive: leitender Direktor *m*
chief executive officer (CEO): Hauptgeschäftsführer *m*
chief general manager *(brit)*: Generaldirektor *m*

chief inspector: Chefinspektor *m*
chief institution: Spitze *f* (Organisation), Spitzeninstitution *f*
child care: Kinderbetreuung *f*
child labor: Kinderarbeit *f*
child labor law: Kinderarbeitsgesetz *n*
child labor provision: Kinderarbeitsverbot *n*
child worker: Arbeiter *m* im Kindesalter *n*
children's allowance: Kinderfreibetrag *m*
children's endowment assurance: Kinderlebensversicherung *f*
children's exemption: Kinderfreibetrag *m*
china ink: Tusche *f*
choice: Auswahl *f*, Wahl *f*
choices *pl*: Eigengestaltung *f*
Eine von drei bestimmenden Komponenten, durch die in der Managementlehre vielfach das Tätigkeitsfeld eines Managers beschrieben wird. Eigengestaltung bezeichnet den Aktivitätsraum, der frei gestaltet werden kann. Erst hier kann der Manager seiner Arbeit und seinem Umfeld seinen eigenen Stempel, z.B. durch sein Führungsverhalten, seinen Arbeitsstil, seine Konfliktlösungen, aufprägen.
choose: auswählen, optieren, wählen
chose in action: bewegliche Sache *f*, an der Berechtigter *m* keinen Besitz *m*, aber Herausgabeanspruch *m* hat, Forderung *f*
Christmas bonus: Weihnachtsgratifikation *f*
chromium steel: Chromstahl *m*
chronic: chronisch
chronological: chronologisch
chronological order: Reihenfolge *f*
church tax: Kirchensteuer *f*
c.i.f. (= cost, insurance, freight): Preisstellung *f* einschließlich Verladespesen *pl*, Versicherung *f* und Fracht *f*
C.I.O. (Congress of Industrial Organizations): U.S. Gewerkschaftsbund *m*
cipher: Chiffre *f*, chiffrieren
circle chart: Kreisdiagramm *n*
circled figure: Klammerzahl *f*
circuit: Gerichtsbezirk *m*, Stromkreis *m*
circuitry: Schaltkreise *m/pl (EDV)*
circular: kreisförmig (rund), Rundschreiben *n*
circulate: umlaufen, verbreiten
circulating asset: kurzfristiger Vermögenswert *m* (der innerhalb eines Jahres vom Stichtag der Bilanz an realisierbar ist)
circulating capital: Umlaufvermögen *n*
circulation: Auflage *f* (Zeitung), Umlauf *m*, Verbreitung *f* (Zeitschrift usw.)
circulation area: Verbreitungsgebiet *n*
circulation of bank notes: Notenumlauf *m*

89

circulation of notes: Notenumlauf *m*
circumspect: umsichtig
circumspection: Bedachtsamkeit *f*, Umsicht *f*
circumstance: Umstand *m*
circumstances *pl*: Lage *f*, Sachlage *f*, Umstände *m/pl*, äußere Umstände *m/pl*
circumstances *pl* **beyond control:** unabwendbarer Zufall *m*
circumstantial evidence: Indizienbeweis *m*
citation: Anführung *f*, gerichtliche Vorladung *f*, Zitat *n*
cite: anführen, vorladen, zitieren
citizen: Bürger *m*, Staatsangehöriger *m*
citizenship: Staatsangehörigkeit *f*, Staatsbürgerschaft *f*
city: Innenstadt *f*
city income tax: Stadteinkommensteuer *f*
city property: Kommunaleigentum *n*, Stadthaus *n*
city zone: Stadtgebiet *n*
civil: bürgerlich
civil action: Privatklage *f*, Zivilklage *f*
civil association *(brit)*: Gesellschaft *f* bürgerlichen Rechts *m*
civil code *(brit)*: Bürgerliches Gesetzbuch *n*
civil construction: öffentlicher Bau *m*
civil law: bürgerliches Recht *n*, Privatrecht *n*, Zivilrecht *n*
Civil Practice Act: Zivilprozeßordnung *f* (ZPO)
civil procedure: Zivilprozeß *m*
civil rights *pl*: Bürgerrechte *n/pl*
civil servant: Beamter *m*, öffentlicher Angestellter *m*, Staatsbeamter *m*
civil service: Beamtenschaft *f*, öffentlicher Dienst *m*, Staatsdienst *m*, Verwaltungsdienst *m*
civil suit: Zivilprozeß *m*
civil wrong: widerrechtliche Handlung *f*
civilization: Zivilisation *f*
c.K.D. (= completely knocked down): zerlegt, vollständig (Versendungsart für Maschinen)
claim: abfordern, anfordern, Anforderung *f*, Anrecht *n*, Anspruch *m*, beanspruchen, fordern, Klagerecht *n*, Recht *n* (einer Person), Titel *m*, verlangen
claim for damages: Schadenersatzanspruch *m*
claim for indemnification: Entschädigungsanspruch *m*
claim for refund: Erstattungsanspruch *m*
claim for reimbursement: Ersatzanspruch *m*

claim in respect of bonds: Schuldscheinforderung *f*
claim of ownership: Eigentumsanspruch *m*
claim to inheritance: Erbanspruch *m*
claim-free period: schadensfreie Zeit *f*
claimable: beanspruchbar
claimant: Anspruchsberechtigter *m*, Anspruchsteller *m*, Antragsteller *n*, Beanspruchender *m*, Regreßnehmer *m*
claims adjuster: Schadensregulierer *m*, Schadensschätzer *m*
claims department: Schadensabteilung *f*
claims equalization reserve: Schwankungsrückstellung *f*
claims form: Spesenerstattungsformular *n*
claims inspector: Schadensregulierer *m*
claims percentage: Schadensquote *f*
claims staff: Schadensbearbeitungspersonal *n*
claims-settling agreement: Schadensregulierungsvereinbarung *f*
class: Gattung *f*, Klasse *f*
class A deduction *(Am)*: Sonderausgabe *f*
class B deductions *(Am)*: Werbungkosten *pl*
class good: Qualitätsware *f*
class limit: Spartenlimit *n*
class of account(s) *(pl)*: Kontenklasse *f*
class of business: Geschäftssparte *f*
class of income: Einkunftsart *f*
class of insurance: Versicherungszweig *m*
class of shares: Aktiengattung *f*
class of stocks: Aktiengattung *f*
class struggle: Klassenkampf *m*
classification: Klassifikation *f*, Klassifizierung *f*, Aufgliederung *f*, Aufschlüsselung *f*
Eine Operation, durch die Elemente einer Gesamtheit von Objekten mit Hilfe eines als Klassifikationskriterium dienenden Merkmals aufgrund von Äquivalenz- oder Ähnlichkeitsbeziehungen in Gruppen so aufgeteilt werden, daß jedes einzelne Element jeweils nur einer einzigen Gruppe angehört.
classification change: Änderung *f* der Einstufung *f*, Einstufungsänderung *f*
classification of account: Kontenplan *m*
classified advertisement: Kleinanzeige *f*
classified directory: Branchenbuch *n*
classified telephone directory: Branchentelefonbuch *n*
classify: aufschlüsseln, einstufen, klassifizieren, kontieren, ordnen classifying Sortierung *f*
classless: klassenlos

clause: Bestimmung *f* (in Verträgen), Vertragsbestimmung *f*, Vertragsklausel *f*
clause forbidding competition: Konkurrenzklausel *f*
clause of warranty: Garantieklausel *f*, vertragliche Zusicherung *f* von Eigenschaften *f/pl* einer Sache
clause relating to default: Verzugsklausel *f*
clause reserving price: Preisvorbehaltsklausel *f*
claw-back system: Rückholsystem *n* (EDV)
Clayton Anti-Trust Act of 1914: Anti-Trust (Kartell)-Gesetz *n*, das die Kontrollbefugnis *f* der Federal Trade Commission erweitert (Am)
clean bill: dokumentenfreier Wechsel *m*
clean bill of lading: Konnossement *n* ohne Vorbehalte *m/pl*
clean credit: offener Kredit *m*
clean out: ausräumen
clean-up: aufräumen (des Arbeitsplatzes)
cleaning woman: Aufwartefrau *f*, Raumpflegerin *f*, Reinemachefrau *f*
clear: abfertigen, klären, löschen (EDV), räumen, verzollen
clearance charges *pl*: Zollabfertigungsgebühr *f*
clearing account: Verrechnungskonto *n*
clearing agreement: Verrechnungsabkommen *n*
clearing balance: Abrechnungssaldo *m*
clearing bank: Girobank *f*
clearing business: Giroverkehr *m*
clearing house: Abrechnungsstelle *f*, Girozentrale *f*, Verrechnungsstelle *f*
clearing office: Abrechnungsstelle *f*, Ausgleichsamt *n*, Konversionskasse *f*
clearing unit: Verrechnungseinheit *f*
client: Klient *m*, Kunde *m*
client principle: Klientenprinzip *n*
Ein Prinzip der Gestaltung von Projekten im Projekt-Management, bei dem eine strenge Trennung zwischen Fachabteilungen, die als Auftraggeber fungieren, und einem Expertenteam erfolgt. Eine gegenseitige Durchdringung von Erfahrungen und Wissen im Rahmen des Teams ist nicht gegeben, statt dessen sind umfangreiche Formalismen erforderlich, um Aufträge und Erfolge (Realisierungsphasen) abzustimmen.
climber: Aufsteiger *m*
Ein Typ des Managers, der nach einer von dem amerikanischen Soziologen Robert Presthus entwickelten Typologie der Anpassung von Organisationsmitgliedern an bürokratische Großorganisationen voll und ganz die die Erwartungen und Anforderungen der Organisation erfüllt. Er ist der autoritäre, extrovertierte, pragmatische Manager, der nach Anerkennung, Beförderung und Prestige strebt. Dafür bietet er Loyalität und Konformität. Er verbindet ein starkes Bedürfnis zu herrschen mit dem Ziel, sich unterzuordnen. Er ist der ‚ideale' Vorgesetzte mit großem Geschick im Manipulieren menschlicher Beziehungen.
close a book: abschließen, ein Buch *n* book
close a mortgage: eine Hypothek *f* löschen
close an account: ein Konto *n* abschließen
close quotation: enge Kurse *m/pl* stellen
closed account: abgeschlossenes Konto *n*
closed company: geschlossene Gesellschaft *f*
closed corporation: juristische Person *f* mit begrenzter Mitgliedschaft *f*, deren Anteilseigner *m/pl* regelmäßig aktiv tätig sind
closed loop: geschlossener Regelkreis *m* (EDV)
closed market: geschlossener Markt *m*
closed oligopoly: geschlossenes Oligopol *n*
Ein Oligopol, zu dem der Marktzutritt versperrt ist. Je nach Marktzutritt oder Marktsperre unterscheidet man zwischen offenen und geschlossenen Oligopolen.
closed shop: Betrieb *m*, der ausschließlich Mitglieder *n/pl* einer Gewerkschaft *f* beschäftigt
closed shop system: Gewerkschaftszwang *m* (sofort bei Einstellung)
closed stock: Restposten *m*
closed system: geschlossenes System *n*
Ein System wie z.B. eine Organisation, in das überhaupt keine neuen Teilnehmer oder nur eine festgelegte Zahl von neuen Teilnehmern eintreten und aus dem alte Teilnehmer entweder überhaupt nicht oder nach festgelegten Kriterien ausscheiden können.
closed transaction file: Kartei *f* abgeschlossener Geschäftsvorgänge *m/pl*
closed union: Gewerkschaft *f*, die keine neuen Mitglieder *n/pl* aufnimmt, Gewerkschaft *f*, geschlossene union (nimmt keine neuen Mitglieder auf), Gewerkschaft *f* mit begrenzter Mitgliedzahl *f*
closely held corporation: personenbezogene Aktiengesellschaft *f*
closing balance: Schlußbestand *m*
closing entry: Abschlußbuchung *f*
closing expense: Abschlußkosten *pl*
closing inventory: Endbestand *m*, Warenendbestand *m*
closing of cash account: Kassenabschluß *m*
closing out: glattstellen
closing price: Schlußpreis *m*

closing quotation: Schlußkurs *m* (Börse), Schlußnotierungen *f*
closure: Stillegung *f*
clothing allowance: Kleidergeld *n*
clothing industry: Bekleidungsindustrie *f*
club: Verein *m*
club member: Vereinsmitglied *n*
club membership: Vereinsmitgliedschaft *f*
clue: Anhaltspunkt *m*, Fingerzeig *m*
clumsiness: Schwerfälligkeit *f*, Ungeschicklichkeit *f*
clumsy: schwerfällig
co-competence: Mitzuständigkeit *f*
Mitzuständigkeit liegt vor, wenn eine Einflußnahme, Mitentscheidung oder sonstige Mitwirkung von seiten anderer Personen oder Bereiche aufgrund deren Zuständigkeit geboten ist. Beide Partner sind dann mitzuständig.
Unmittelbare Zuständigkeit besteht für Personen oder Bereiche bei Aufgaben, die sie selbst wahrzunehmen haben, unabhängig davon, ob andere Personen oder Stellen mitzuwirken haben oder nicht. Ist solche Mitwirkung vorgesehen, dann sind die Personen oder Bereiche, die diese Mitwirkung in Anspruch nehmen, für diese Aufgaben unmittelbar mitzuständig.
Mittelbare Zuständigkeit besteht für Personen oder Bereiche bei Aufgaben, die sie nicht selbst oder nicht allein wahrnehmen, sondern bei denen sie die Pflicht und die Möglichkeit haben, auf die Arbeit anderer Mitzuständiger, in der Regel unmittelbar Mitzuständiger, einzuwirken. Das kann für Vorgesetzte gegenüber Mitarbeitern oder für mitwirkende nebengeordnete Bereiche gelten.
Aus diesen Begriffspaaren ergeben sich drei Zuständigkeitsarten:
(1) Alleinzuständigkeit (= unmittelbare Alleinzuständigkeit)
(2) unmittelbare Mitzuständigkeit
(3) mittelbare Zuständigkeit (= mittelbare Mitzuständigkeit)
co-creditor: Gesamtgläubiger *m*
co-debtor: Gesamtschuldner *m*, Mitschuldner *m*
co-determination Mitbestimmung: *f*
co-determination amendment: law Mitbestimmungsergänzungsgesetz *n*
co-determination law: Mitbestimmungsgesetz *n*
co-determine: mitbestimmen
co-editor: Mitherausgeber *m*
co-heir: Miterbe *m*, Nebenerbe *m*
co-insurance: Versicherung *f* mit Risikobeteiligung *f* des Versicherungsnehmers *m*
co-maker: Mitaussteller *m* (Wechsel)
co-management: Mitbestimmung *f*
co-owner: Miteigentümer *m*, Mitinhaber *m* (einer OHG)

co-ownership: Gemeinschaft *f* zur gesamten Hand, Miteigentum *n*
co-partner: Gesellschafter *m*, Mitinhaber *m* (einer OHG), Teilhaber *m*
co-partnership: offene Handelsgesellschaft *f* (OHG)
co-plaintiff: Mitkläger *m*, Nebenkläger *m*
co-responsibility: Mitverantwortung *f*
Mitverantwortung ist dann gegeben, wenn eine Einflußnahme, Mitentscheidung oder sonstige Einwirkung von seiten anderer Personen oder Stellen vorliegt. Sowohl diese einwirkenden Personen wie der von der Einwirkung Betroffene tragen dann Mitverantwortung für das Ergebnis. Es entsteht eine gemeinsame Verantwortung. Die Mitverantwortung kann sowohl mittelbare wie unmittelbare Verantwortung sein.
co-subsidiary: Schwestergesellschaft *f*
co-surety: Mitbürge
coach: anleiten, Trainer *m*, trainieren
coach class: Touristenklasse *f* (im Flugverkehr)
coaching: Ausbildung *f* durch Anleitung bei der Arbeit *f*
Coal and Steel Community: Kohle- und Stahl-Gemeinschaft *f*, Montan-Union *f*
coal and steel industry: Kohle- und Stahlindustrie *f*
coal-mining industry: Kohlenbergbau *m*
coal pit: Kohlenzeche *f*
coalition: Koalition *f*
1. Eine Strategie der positiven Konfliktlösung im Konfliktmanagement, bei der analog dem Bargaining nach einer befriedigenden Lösung gesucht wird. Als Mittel dient die Kooperation mit geeigneten Interessenparteien (Koalitionsbildungen). Ein beliebter Koalitionspartner des mittleren Managements ist die Unternehmensleitung, während Mitarbeiter sehr oft Betriebsräte oder Kollegen als Koalitionspartner wählen. Je nach Verhandlungsverlauf können Koalitionen wechseln.
2. Eine unternehmerische Autonomiestrategie, bei der sich zwei oder mehrere Unternehmungen zusammenschließen, um durch Absprachen, Kartelle oder als Konzerne gemeinsame Ziele besser als allein zu erreichen.
coalition theory: Koalitionstheorie *f*
Die Theorie der Organisation als soziales System aller an ihr partizipierenden Individuen und Gruppen. Die erste Formulierung dieser Theorie erfolgte in der Anreiz-Beitrags-Theorie, die Organisationen als offene Systeme versteht, in die jederzeit neue Teilnehmer eintreten und aus denen alte ausscheiden können.
Nach Chester I. Barnard (1886-1961) stellt die formale Organisation ein offenes System dar, dessen konstitutiver Bestandteil nicht eigentlich Personen, sondern deren Handlungen sind. Handlungen sind Elemente, die durch Koordination wechselseitig aufeinander bezogen und insofern systematisch

zu einem Ganzen verknüpft sind. Organisationen müssen somit alle diejenigen Individuen zur Kooperation veranlassen, deren Handlungen für die Erreichung des gemeinsamen Zweckes immer wieder neu erforderlich sind. Für Barnard sind deshalb u.a. Kapitaleigner, Arbeitnehmer, Fremdkapitalgeber, Lieferanten und Abnehmer (genauer: deren organisationsbezogene Handlungen) gleichermaßen Teilnehmer der Organisation. Organisation wird gleichsam als Koalition aller kooperierenden Personen verstanden. Als Konsequenz daraus kann sich die Managementlehre auch nicht mehr wie in dem klassischen Ansatz auf eine „intraorganisatorische", also eine bloße Binnenperspektive beschränken, sondern muß die Interaktion mit der Umwelt bzw. den sie umgebenden Anspruchsgruppen zum Gegenstand ihrer Überlegungen machen.

R. M. Cyert und G. J. March griffen diesen Gedanken auf und machen ihn zum Ausgangspunkt ihrer Deutung von Organisationen als Koalitionen. Während Barnard in erster Linie die Teilnahmeentscheidung der Organisationsmitglieder (decision to participate) und die Gleichgewichtsbedingungen zwischen Anreizen und Beiträgen (inducement-contribution balance) analysiert, stellen G. J. March und Herbert A. Simon die Entscheidung zur produktiven Beitragsleistung (decision to produce) in den Mittelpunkt ihrer erweiterten Anreiz-Beitrags-Theorie. Sie analysieren drei Entscheidungstypen von Organisationsteilnehmern:

• *Entscheidung zur Teilnahme* an der Organisation,
• *Entscheidung zur Leistung eines Beitrags* zum Erreichen der Organisationsziele,
• *Entscheidung zum Verlassen* der Organisation.

Zwischen den Anreizen zur Beitritts- und Beitragsentscheidung und den Beiträgen der Teilnehmer soll nun nach Vorstellungen der Anreiz-Beitrags-Theorie ein Gleichgewichtszustand hergestellt und aufrechterhalten werden.

Ein individueller (partieller) Gleichgewichtszustand ist dann erreicht, wenn die dem Organisationsteilnehmer gebotenen Anreize (materieller und immaterieller Art) größer oder mindestens gleich den von ihm dafür geleisteten Beiträgen zur Aufgabenerfüllung des Systems sind. Hierbei werden die gebotenen Anreize in Größen gemessen, die den Ausdruck für den diesen vom Individuum zuerkannten subjektiven Nutzen darstellen, und die Beiträge in Größen, die den Ausdruck für das von ihm empfundene Opfer darstellen, gemessen an dem subjektiven Wert, den ein Individuum den Alternativen beimißt, auf die es verzichtet, wenn es seine Leistung der Organisation A und nicht B zur Verfügung stellt.

Der Organisationsteilnehmer folgt hier dem Prinzip der Opportunitätskosten, indem er die Beteiligungsentscheidung (für A) einer anderen (für B) dann vorzieht, wenn der Verlust, der ihm aus der Nichtbeteiligung bei B entsteht, überkompensiert wird durch den Nutzen, den er bei A zu erreichen glaubt.

Beim Organisationsteilnehmer stellt sich Zufriedenheit ein, wenn der Nutzen der Anreize für ihn höher oder mindestens gleich dem Opfer der Beiträge ist. Sinkt seine Zufriedenheit unter einen kritischen Punkt (zero point on the satisfaction scale) – das ist der Fall, wenn die Opfer den Nutzen zu übersteigen beginnen –, wird der Teilnehmer seine Beitrags- und Teilnahmeentscheidung in Frage stellen.

c.o.d. parcel: Nachnahmesendung *f*
code: codieren, Gesetz *n*, Gesetzbuch *n*, Kode *m*, kodifiziertes Recht *n*, Schlüssel *m*, verschlüsseln
Ein Zeichen oder Zeichensystem, mit dessen Hilfe Daten verschlüsselt werden.
code number: Schlüsselzahl *f*
code of civil procedure: Zivilprozeßordnung *f* (ZPO)
code of commercial law: Handelsgesetzbuch *n (brit)*
codicil: Testamentzusatz *m*
codicil to will: Nachtragsvermächtnis *n*
codification: Gesetzessammlung *f*, Kodifizierung *f*
codified law: kodifiziertes Recht *n*
codify: kodifizieren
coding: Codierung *f (EDV)* mit Kennziffern *f/pl* versehen, Programm *n*, Erstellung eines kodierten Programms *(EDV)*
coding form: Programmschema *n (EDV)*
coding sheet: Programmvordruck *m (EDV)*
coerce: zwingen
coercion: Gewalt *f*, Nötigung *f*, Zwang *m*
coercive: zwingend, Zwangs-
coercive measure: Zwangsmaßnahme *f*
coercive power: Zwangsmacht *f*
Eine Form der Macht, die sich nach einer Klassifikation von John R. P. French und Bertram Raven auf die sich auf der Wahrnehmung von Untergebenen gründet, daß der Vorgesetzte die Möglichkeit hat, sie bei nichtkonformen Verhalten zu bestrafen (Entlassung, Versetzung, Lohnabzug etc.).
coffee break: Kaffeepause *f*
cogent: triftig, überzeugend, zwingend (Argument)
cognate: begriffsverwandt
cohesion: Kohäsion *f*
Alle sozialen Gruppen verfügen über ein Mindestmaß an Gemeinschaftsgefühl, an Solidarität und Gruppenbindung. Diese Voraussetzung für das Bestehen einer Gruppe wird als Kohäsion bezeichnet. Kohäsion ist ein Maß für die Stabilität einer Gruppe sowie für die Attraktivität, die sie auf alte und neue Mitglieder ausübt. Existenz oder Fehlen von Kohäsion wird besonders dann deutlich, wenn in der Gruppe interne Probleme auftauchen.
So bezeichnete R. M. Stogdill mit Kohäsion die Fähigkeit einer Gruppe, auch dann ihre Existenz

zu bewahren, wenn sie Druck und Stress ausgesetzt ist.
In Wirtschaftsorganisationen interessiert primär die Beziehung zwischen Kohäsion und Gruppenleistung (Produktivität). Die im Zuge der Human-Relations-Bewegung verbreitete monokausale Annahme einer positiven Korrelation zwischen Kohäsion und Gruppenleistung, wird heute meist als Vereinfachung gesehen. Heute nimmt man in der Managementlehre meist an, daß Gruppenkohäsion die Leistungsstreuung innerhalb einer Gruppe negativ beeinflußt, d.h. mit wachsender Kohäsion die Streuung der Einzelleistungen um einen Gruppendurchschnitt deutlich abnimmt, die Konformität im Leistungsverhalten jedoch zunimmt.
Kohäsion wirkt sich auf die Leistung überhaupt nur dann positiv aus, wenn sich die kohärente Gruppe mit den Organisationszielen identifiziert. Hochkohärente Gruppen, die dies nicht tun, also in ihren Gruppennormen von den Normen der Organisation abweichen, stellen sogar eine potentielle Bedrohung für jede Organisation dar.

cohort analysis: Kohortenanalyse *f*
Kohorten sind Aggregate von Untersuchungseinheiten, die ein bestimmtes Ereignis zum selben Zeitpunkt erfahren haben und mithin zeitlich gleiche Merkmalsausprägungen haben (z.B. Personen, die im selben Jahr geboren wurden, im selben Jahre in die Schule oder Beruf eintraten, im selben Jahr heirateten usw.). In der Kohortenanalyse werden Kohorten im Zeitverlauf insbesondere im Hinblick auf Veränderungen untersucht. Gegenstand der Untersuchung können sowohl Veränderungen innerhalb einer Kohorte wie zwischen den Kohorten sein. Dabei bleibt die Gesamtheit der Merkmalsträger für den Untersuchungszeitraum, der sich maximal über die Lebensdauer einer Generation erstrecken kann, unverändert. Traditionelles Anwendungsgebiet von Kohortenanalysen ist die Demographie.

coil: Rolle *f* (Draht), Spule *f*
coin: Münze *f*, münzen, prägen
coinage: Geldprägung *f*
coincide with: zusammenfallen mit, übereinstimmen mit
coincidence: Tateinheit *f*, Zufall *m*
coincident demand: gleichzeitige Nachfrage *f*
coincident(al): gleichzeitig
coined: geprägt
coined money: gemünztes Geld *n*, geprägtes Geld *n*, Hartgeld *n*, Metallgeld *n*, Münze *f*, Münzgeld *n*
coins *pl*: Hartgeld *n*, Metallgeld *n*, Münzen *f/pl*, Wechselgeld *n*
cold storage: Kühlhaus *n*, Kühlhauslagerung *f*
cold-storage training: vorsorgliche Ausbildung *f* für gehobene Positionen *f/pl*

coldstore: im Kühlhaus *n* lagern
collaborate: mitarbeiten, zusammenarbeiten
collaboration: Zusammenarbeit *f*
collaborator: Mitarbeiter *m*
collapse: zusammenbrechen, Zusammenbruch *m*
collate: abstimmen (Konten), kollationieren, Texte *m/pl* usw. vergleichen, vergleichen, zusammenbringen *(EDV)*
collateral: Deckung *f*, Pfand *n*, verpfändeter Vermögensteil *m*
collateral acceptance: Aval *n*
collateral agreement: Nebenabrede *f*
collateral insurance: Nebenversicherung *f*
collateral loan: Lombardkredit *m*, Realkredit *m*, Rückbürgschaft *f*
collateral obligation: Nebenverpflichtung *f*
collateral proof: Nebenbeweis *m*
collateral security: Ausfallbürgschaft *f*, Deckung *f*, zusätzliche Nachbürgschaft *f*, Nebensicherheit *f*, Sicherheit *f*, sekundäre security
collateral security policy: Lombardpolitik *f*
Die Gesamtheit der Maßnahmen der Notenbank zur bewußten Gestaltung der Bedingungen, die darauf gerichtet sind, Kredite gegen Verpfändung von Werten zu gewähren. Als lombardfähig gelten Waren, Edelmetalle, Effekten, Wechsel. Die Lombardpolitik besteht in der
• Veränderung des Lombardsatzes,
• Abgrenzung des lombardfähigen Materials,
• Festsetzung und Veränderung der Kreditfristen innerhalb der gesetzlichen Vorschriften,
• Veränderung der Beleihungsgrenze.

collaterize: eine Forderung *f* durch Pfand *n* sichern
collation sequence: Sortierfolge *f (EDV)*
collator: Kartenmischer *m (EDV)*
colleague: Kollege *m*, Mitarbeiter *m*
colleague model: Kollegialmodell *n*
Ein von R. T. Golembiewski ausgearbeitetes Modell der Koordination, das die Probleme der Stab-Linien-Organisation als Integrationskonzept zu überwinden versucht. Das „Colleague Model" sieht die Lösung in der Reintegration von Stabs- und Linienfunktionen und deren Zuweisung an ein aus ehemaligen Linien-, Stabs- und ausführenden Stellen gebildetes Team, die „Colleague Group". An die Stelle der klassischen Stab-Linien-Organisation tritt dabei eine Hierarchie von Gruppen, eine übergeordnete Gruppe, die zusammen mit allen direkt untergeordneten Gruppen ein „Colleague Team" bildet. Inhaltlich zusammengehörige Aufgabenkomplexe werden einer Gruppe zur Ausführung übertragen, wobei alle zur Aufgabenlösung notwendigen Spezialisten integriert werden. Golembiewski unterscheidet zwischen
• *Leitungseinheiten* (program units), deren Aufga-

be die Ausrichtung auf die Organisationsziele ist, und
- *Erhaltungseinheiten* (sustaining units), die für die Bereitstellung aller Ressourcen zur Aufgabenerfüllung verantwortlich sind.

Gegenstand von Gruppenentscheidungen sind *substantielle Probleme* (substantive matters), d.h. Probleme, für die es keine generelle Lösung gibt und die von Fall zu Fall aus der Problemsicht der ganzen Gruppe gelöst werden müssen. Dagegen sollen im Kollegialmodell *functional* oder *technical matters* von dem Gruppenmitglied, das Mitglied des nächsthöheren Managementteams ist, in alleiniger Verantwortung entschieden werden. Golembiewski postuliert, das Kollegialmodell habe folgende Vorteile gegenüber dem Stab-Linien-Konzept:
- Es schafft die strukturellen Voraussetzungen für ein hohes Maß an Dezentralisation und Delegation.
- Es ermöglicht die Partizipation der Gruppenmitglieder an der laufenden Entscheidungsfindung in ihrem Bereich.
- Es bietet die Möglichkeit des geplanten Arbeitswechsels (Job rotation) für alle Gruppenmitglieder.
- Es eröffnet die Möglichkeit der Weiterqualifikation.

collect: Außenstände *m/pl* eintreiben, beitreiben, einkassieren, einnehmen, eintreiben, einziehen (Inkasso), erheben, das Inkasso *n* ausüben, sammeln
collectible: beitreibbar, einziehbar
collectible account: eintreibbare Forderung *f*
collecting society *(brit)*: Hausvertreter *m*
collection: Beitreibung *f*, Einkassierung *f*, Eintreibung *f*, Einziehung *f*, Einzug *m* (von Forderungen), Erhebung *f*, Inkasso *n*, Sammlung *f*
collection account: Sammelkonto *n*
collection agency: Inkassobüro *n*
collection agent: Inkassoagent *m*, Inkassovertreter *m*
collection authorization: Inkassovollmacht *f*
collection expense(s) *(pl)*: Inkassokosten *pl*
collection fee: Inkassogebühr *f*, Nachnahmegebühr *f*
collection in arrears: rückständige Zahlung *f*
collection order: Einziehungsauftrag *m*
collection period: Debitorenumschlagsfrist *f*, Kreditgewährungszeitraum *m*, durchschnittlicher Kreditgewährungszeitraum *m* bei Kundenkredit
collection rate: Zahlungsrate *f*
collection ratio: Forderungsumschlagsziffer *f*, Inkassorate *f*, Umschlagsgeschwindigkeit *f* der Forderungen *f/pl*
collection right: Inkassovollmacht *f*
collection value: Barwert *m*
collective account: Sammelkonto *n*
collective advertising: Gemeinschaftswerbung *f*
collective agreement: Mantelvertrag *m*, Tarifvertrag *m*
collective bargaining: Lohnverhandlung *f*, Tarifverhandlung *f*
collective boycott: gemeinsamer Boykott *m*
collective consignment: Sammelladung *f*
collective contract: Kollektivvertrag *m*
collective deposit of securities: Sammeldepot *n*
collective economy: Gemeinwirtschaft *f*, Kollektivwirtschaft *f*
collective employment regulation: Tarifordnung *f*
collective farm: Kolchose *f*, landwirtschaftliche Produktionsgenossenschaft *f*
collective guarantee: Kollektivgarantie *f*
collective item: Sammelposten *m*
collective labor agreement: Tarifvertrag *m*
collective leadership: Kollektivführung *f*
collective mark: Gütezeichen *n*
collective order: Sammelbestellung *f*
collective ownership: Gemeineigentum *n*
collective property: Gemeineigentum *n*
collective wage agreement: Tariflohnvereinbarung *f*
collectivization: Kollektivierung *f*
collector: Einnehmer *m*, Sammler *m*
collector of internal revenue: Steuereinnehmer *m*
collegial system: Kollegialsystem *n*
collide: zusammenstoßen
collision: Kollision *f*, Konflikt *m*, Zusammenstoß *m*
collision clause: Kollisionsklausel *f*
collude: handeln, im geheimen Einverständnis *n*
collusion: Einvernehmen *n*, geheimes Täuschung *f*, verabredete rechtswidrige
collusive price: Kartellpreis *m*, Preis *m*, vorher abgesprochener price bei öffentlichen Ausschreibungen *f/pl*
column: Rubrik *f*
column indicating device: Spaltenanzeiger *m (EDV)*
column shift: Stellenversetzung *f (EDV)*
column width: Spaltenbreite *f (EDV)*
column-binary code: Dualkartencode *m (EDV)*

columnar sheet: Kolonnenbogen *m*
combination: Konzern *m*, Kartell *n*, Vereinigung *f*
Combination Acts *(brit)*: Gesetz *n* über Zusammenschlüsse *m/pl*
combination for sharing business: Pool *m*
combination for sharing profit: Pool *m*
combination purchase: Koppelungsgeschäft *n*
Eine Sonderform der Bezugsbindung, durch die der Abnehmer einer Ware oder einer Leistung verpflichtet wird, zusätzlich eine weitere, handelsüblich oder sachlich nicht zugehörige Ware oder Leistung abzunehmen.
Für Koppelungsgeschäfte gilt grundsätzlich, daß niemandem vorgeschrieben werden kann, wie er seine Waren verkauft. Zugaben rechtfertigen nicht die Bezeichnung des Gesamtgeschäfts als Koppelungsgeschäft, wiewohl Koppelungsgeschäfte gegen das Verbot der Zugabe verstoßen können, wenn die Waren im Verhältnis einer Haupt- und einer Nebenware zueinander stehen. Ebenso gelten auch kombinierte Warenangebote, also Angebote von Waren oder Leistungen, die sachlich oder handelsüblich zusammen verkauft werden, nicht als Koppelungsgeschäfte.
Rechtsgrundlagen für die Beurteilung von Koppelungsangeboten sind die Generalklausel des § 1 des Gesetzes gegen den unlauteren Wettbewerb (UWG) und § 1 der Zugabeverordnung. Die Frage, ob Waren oder Leistungen sachlich oder handelsüblich als zusammengehörig anzusehen sind, bestimmt sich nach der Auffassung der beteiligten Verkehrskreise.
combination sale: Koppelungsverkauf *m* (Verkauf eines Erzeugnisses nur bei gleichzeitiger Abnahme eines anderen)
combine: 1. Konzern *m*
Als Konzern wird – in Anlehnung an die Definition des Aktienrechts – meist die Zusammenfassung rechtlich selbständiger Unternehmen unter einheitlicher Leitung verstanden, die in der Regel finanziell miteinander verbunden sind. Die einheitliche Leitung bedeutet, daß die Geschäftsführung der einzelnen Konzernunternehmen planmäßig koordiniert und entsprechend beeinflußt wird. Dabei muß sich die einheitliche Leitung nicht auf Einzelheiten beziehen. Es genügt, wenn die Geschäftspolitik der Konzernunternehmen und sonstige grundsätzliche Fragen der Geschäftsführung abgestimmt werden.
In der Praxis finden sich vielfältige Formen der Konzernbildung und -gestaltung. Dementsprechend variieren auch Form und Umfang der einheitlichen Leitung des Konzerns.
In dem meist üblichen Unterordnungskonzern nimmt das Management der Konzernobergesellschaft die einheitliche Leitung aufgrund eines Beherrschungsverhältnisses wahr. Das Beherrschungsverhältnis kann auf vertraglichen Grundlagen beruhen, Vertragskonzern, oder aufgrund einer absoluten oder relativen Mehrheitsbeteiligung gegeben sein, faktischer Konzern.
Die einheitliche Leitung wird durch die Geschäftsführung oder den Vorstand der Konzernobergesellschaft wahrgenommen. Bei dem relativ seltenen Gleichordnungskonzern erfolgt die einheitliche Leitung durch ein vertragliches Gemeinschaftsorgan oder durch eine anderweitige personelle Verflechtung der Geschäftsführung der beteiligten Unternehmen.
Als Konzernobergesellschaft kann entweder ein operativ am Markt tätiges Unternehmen oder eine allein konzernleitende Holding fungieren. Ein wesentlicher Unterschied zwischen beiden Formen kann darin liegen, daß im ersten Fall die Konzerninteressen sehr stark mit den produkt- und marktorientierten Interessen der Konzernobergesellschaft identifiziert werden und dementsprechend die einheitliche Leitung ausgerichtet ist. Bei einer konzernleitenden Holding wird dagegen das Interesse des Gesamtkonzerns mehr vom relativen Gleichgewicht der Konzernunternehmen bestimmt. Im einzelnen werden dabei die Interessen der Konzernunternehmen entsprechend ihrer Bedeutung für den gesamten Konzern und seine Entwicklung berücksichtigt.
Das besondere Gewicht eines Konzernunternehmens wird durch sein Ertragspotential, seine Zukunftsaussichten, aber auch durch sein Management und seine Mitarbeiter sowie deren Anzahl und Qualifikation geprägt.
Die Vorstandsmitglieder der Konzernobergesellschaft sind zur einheitlichen Leitung des Konzerns nicht nur berechtigt, sondern aufgrund ihrer allgemeinen Pflicht zur Geschäftsführung auch verpflichtet. Das Gesellschaftsrecht der jeweiligen Tochtergesellschaft beeinflußt jedoch den Umfang der Konzernleitung.
Das rechtlich entscheidende Merkmal der einheitlichen Leitung bildet auch betriebswirtschaftlich die wichtigste Komponente des Konzernverbunds, der wie ein einheitliches Unternehmen zu betrachten ist. Betriebswirtschaftlich wird die einheitliche Konzernführung mit der wirtschaftlich optimalen Nutzung der im Konzern möglichen Verbundeffekte sowie mit der finanziellen Verflechtung der Konzernunternehmen begründet.
Gegenstand der einheitlichen Leitung eines Konzerns sind analog zur Führung eines Einzelunternehmens die originären Führungsaufgaben. Dazu gehören:
• Die Festlegung von Unternehmenszielen
• Die Festlegung der Grundzüge der Markt-, Finanz-, Investitions- und Personalpolitik
• Die Zuordnung der finanziellen Ressourcen sowie die Entscheidung über geschäftliche Maßnahmen von besonderer Bedeutung
• Die Koordination wesentlicher Teilbereiche der Unternehmensführung (Gesamt-Planung, -Steuerung und -Kontrolle der Funktions- oder Geschäftsbereiche)

- Die Überwachung der Ergebnisse sowie ggf. Veranlassung von Maßnahmen zur Zielerreichung
- Die Besetzung von Führungsstellen im Unternehmen.

Spezifiziert für den Konzern bedeutet das:
- Zielsetzung für den Konzern und für die Konzernunternehmen; Festlegung der Konzernpolitik und -strategien; Konzernplanung
- Organisation und Koordination der Konzernunternehmen; insbesondere Festlegung der Konzern- und Managementstruktur
- Planung und Durchführung der Konzernfinanzierung (einschließlich der Finanzierung der Konzernunternehmen); Festlegung von Kriterien für die Durchführung von Investitionen sowie der Bilanzpolitik.
- Laufende Überwachung der Ergebnisentwicklung der Konzernunternehmen, Konzern-Controlling und Konzern-Revision
- Besetzung von Führungsstellen im Konzern.

Um die einheitliche Leitung sicherzustellen, braucht die Konzernführung nicht in alle Teilgebiete und schon gar nicht in Detailentscheidungen einzugreifen. Voraussetzung für die einheitliche Leitung ist jedoch, daß durch den koordinierten Bereich das Gesamtbild des Konzerns und seine Führung entscheidend bestimmt werden. Der finanziellen Koordination kommt wegen des Finanzverbunds ein besonderes Gewicht zu. Eine Einflußnahme in Teilbereichen, die auch nicht verbundenen Unternehmen vorkommen kann (z.B. gemeinschaftlicher Einkauf), genügt für die Annahme einer einheitlichen Leitung nicht. Ebenso reicht eine reine Überwachungs- oder Kontrollfunktion, die vergangenheitsorientiert ist, für die Begründung einer einheitlichen Leitung nicht aus. Betriebswirtschaftlich ist von der wirtschaftlichen Einheit des Konzerns auszugehen. Die Leitung hat die Aufgabe, den Konzern entsprechend seinen Zielsetzungen unter Nutzung aller wirtschaftlichen Synergieeffekte zu führen. Die Führung der Konzernunternehmen muß auch dann auf ein einheitliches Ziel oder Zielsystem ausgerichtet sein, wenn die einzelnen Unternehmen unterschiedliche Teilziele verfolgen. Durch die Konzernzielsetzung sollen die Potentiale der Einzelunternehmen zusammengefaßt werden. Die Ausrichtung auf ein einheitliches Ziel macht den Konzern zugleich steuerbar.

Die betriebswirtschaftlichen Zusammenhänge zwischen den einzelnen Konzernunternehmen können sehr unterschiedlich sein. So können Konzernunternehmen in einem Lieferanten-Kundenverhältnis stehen, am Markt als Konkurrenten auftreten, mit gleichen Produkten verschiedene Märkte bedienen oder aber in ihren Produkten völlig unabhängig voneinander auf den verschiedenen Märkten operieren.

Der finanzielle Verbund impliziert eine weitgehende Abhängigkeit der Konzernunternehmen untereinander, die über den finanzwirtschaftlichen Aspekt hinausgeht, weil die finanzielle Situation des Gesamtkonzerns entscheidend davon abhängt, wie sich die Einzelunternehmen am Markt behaupten.

Der Konzern stellt einen komplexen Unternehmensorganismus dar. Um seine Funktionsfähigkeit zu sichern, muß er in handlungsfähige, beherrschbare Teilbereiche gegliedert werden. Dabei können verschiedene Organisationsprinzipien wie eine funktionale, eine produktbezogene oder eine regionale Gliederung, zentrale oder dezentrale Entscheidungskompetenzen angewendet werden.

Generell sollten Aufgaben, Kompetenzen und Verantwortung in der Konzernorganisation überschaubar und klar strukturiert sein, damit sie zielgerichtet koordiniert und durch ein entsprechend aufgebautes Planungs-, Informations- und Kontrollsystem gesteuert werden können.

Das Konzernmanagement kann zentral oder dezentral organisiert sein. Eine starke Zentralisierung stellt relativ leicht sicher, daß Managemententscheidungen einheitlich durchgeführt werden. Gleichzeitig führt sie aber dazu, daß dem Konzernmanagement eine Fülle von Entscheidungen vorgelegt werden muß und damit der Entscheidungsablauf schwerfällig wird und relativ weit entfernt vom Marktgeschehen erfolgt. Eine starke Zentralisierung wird daher den Anforderungen an ein effizientes und flexibles Management kaum gerecht. Wie bei größeren Einzelunternehmungen bietet sich auch für den Konzern eine weitgehende Delegation von Entscheidungskompetenzen an. Dies gestattet ein flexibles Reagieren auf Markt- und Umweltanforderungen und motiviert die Manager der verschiedenen Führungsebenen.

Durch eine abgestimmte Hierarchie der Entscheidungsebenen und ein einheitlich ausgerichtetes Planungs- und Informationswesen können die Entscheidungen der verschiedenen Ebenen auf das Gesamtziel ausgerichtet werden.

Folgende Merkmale kennzeichnen die der Konzernleitung vorbehaltenen Führungsaufgaben und Entscheidungen:
- ihre besondere Bedeutung für die Vermögens-, Ertrags- und Finanzlage des Konzerns,
- die Kenntnis des Gesamtkonzerns und seiner Zusammenhänge und
- ihre mangelnde Delegierbarkeit aufgrund der Verantwortung gegenüber dem Aufsichtsrat oder den Gesellschaftern der Konzernobergesellschaft.

Damit sind grundsätzlich die originären Aufgaben der Konzernführung definiert, die das Konzernmanagement als oberste Führungs- und Entscheidungsebene wahrnimmt. Die Delegation von Führungsaufgaben auf nachgelagerte Entscheidungsebenen erfolgt entsprechend dem Konzernaufbau und der damit vorgegebenen Hierarchie der Entscheidungsebenen.

Im Rahmen der originären Führungsaufgaben hat die strategische Planung zunehmend an Bedeutung gewonnen. Sie ist ein wichtiger Bestandteil der einheitlichen Konzernleitung. Neben der Gesamtkonzernstrategie liefert das Konzernmanagement auch Vorgaben für die strategische Planung

der Einzelunternehmen und legt deren Rahmen und Methodik fest.
2. Mähdrescher *m*
3. verbinden, vereinigen
combine level: Konzernebene *f*
combined enterprise: Konzernunternehmen *n*, Konzern *m*
combined financial statement: konsolidierte Bilanz *f* nebst Gewinn- und Verlustrechnung *f*
combustible: brennbar
come into force: in Kraft *f* treten
come into operation: in Kraft *f* treten
come of age: volljährig werden
come to an agreement: einig werden, sich einigen, übereinkommen *n*, ein Übereinkommen treffen
come to an understanding: verabreden, sich verabreden, sich verständigen
come to terms: übereinkommen
come within the scope of: unter etwas fallen (z.B. Geltungsbereich, Wirkungskreis usw.)
coming into force: Inkrafttreten *n*
command chaining: Befehlskettung *f (EDV)*
command: Befehl *m*, Operationsbefehl *m (EDV)*
commence a proceeding: ein Verfahren *n* einleiten
commence an action: verklagen
commence suit: Klage *f* erheben
comment: Kommentar *m*
commentary: Kommentar *m*
commerce: Handel *m*, Verkehr *m*, Warenverkehr *m*
Der Handel stellt als *Institution* und als *Funktion* das Bindeglied zwischen der Herstellung und dem Verbrauch dar. Er ist nach Bruno Tietz im weiteren Sinne „der Austausch von Waren und Diensten zwischen Wirtschaftspartnern", im engeren Sinne lediglich der Warenaustausch zwischen Wirtschaftspartnern (Warenhandel). „Der Begriff Handel kennzeichnet in mikroökonomischer Sicht den Austauschvorgang, in makroökonomischer Sicht einen Sektor der Volkswirtschaft. Man spricht in diesem Zusammenhang auch von Distribution." Gesamtwirtschaftlich wird der Handel dem tertiären Bereich zugeordnet, dem u.a. auch Verkehrswesen, Banken, Versicherungen und beratende Berufe angehören.
Es wird unterschieden zwischen funktionellem und institutionellem Handel. Als *funktionellen Handel* bezeichnet man den Ankauf und Verkauf von Dienstleistungen und Waren (Warenhandel) ohne wesentliche Bearbeitung, d.h. die Absatzwirtschaft. Als *institutionellen Handel* bezeichnet man die Träger der Handelsfunktionen, d.h. die von Erich Schäfer als absatzwirtschaftliche Organe bezeichneten Betriebe und Hilfsbetriebe der Absatzwirtschaft: Handelsbetriebe, die vorwiegend oder ausschließlich Handel treiben, sei es als Einzelhandels- oder Großhandelsunternehmen einschließlich der Einfuhr- und Ausfuhrhändler sowie bestimmter Absatzhelfer (Handelsvertreter, Kommissionäre, Makler usw.). Je nach den Handelsstufen wird weiter zwischen dem Groß- und dem Einzelhandel unterschieden, nach der geographischen Betätigung zwischen Außenhandel und Binnenhandel, nach der Stationarität bzw. Mobilität zwischen ambulantem und stationärem Handel.
Das Verhältnis zwischen der produzierenden Industrie und dem Handel hat sich in der zweiten Hälfte des 20. Jahrhunderts stark verändert. „Betrachtete die Industrie früher den Handel mit seinen vielen Kleinbetrieben als eine von ihr weithin abhängige Absatzorganisation mit nur schwach entwickelter Eigeninitiative, vor allem mit geringem Einfluß auf das Warenangebot der Hersteller, so ist der Handel mittlerweile seiner selbst bewußt geworden und versteht sich nicht mehr als ‚Erfüllungsgehilfe' bei der Realisierung der Industrie."
commerce affairs *pl*: Handelsangelegenheiten *f/pl*
commerce crisis: Handelskrise *f*
commercial: kaufmännisch
commercial accounting: kaufmännisches Rechnungswesen *n*
commercial affairs *pl*: Handelsangelegenheiten *f/pl*
commercial agent: Handelsagent *m*, Handelsvertreter *m*, Handlungsagent *m*
commercial art: Werbegraphik *f*
commercial bank: Geschäftsbank *f*, Kreditbank *f*
commercial bill: Handelswechsel *m*, Warenwechsel *m*
commercial bills *pl* **of exchange:** Wechsel *m/pl* der gewerblichen Wirtschaft *f*
commercial building: Gewerbebau *m*
commercial code: Handelsgesetzbuch *n (brit)*
commercial convention: Handelsabkommen *n*
commercial court: Handelsgericht *n*
commercial custom: Handelsbrauch *m*, Handelsusance *f*
commercial dealings *pl*: Handelsverkehr *m*
commercial draft: Warenwechsel *m*
commercial enterprise: gewerbliches Unternehmen *n*, Wirtschaftsunternehmen *n*, Erwerbsgesellschaft *f*, Handelsunternehmen *n*
commercial exchange: Produktenbörse *f*

commercial expense(s) *(pl)*: Verwaltungs(gemein)kosten *pl*, Betriebsausgabe *f*
commercial franc: Handelsfranc *m*
commercial guarantee insurance: Veruntreuungsversicherung *f*
commercial instrument: Handelspapier *n*
commercial intercourse: Handelsverkehr *m*
commercial invoice: Faktura *f*
commercial law: Handelsgesetz *n*, Handelsrecht *n*, Kaufmannsrecht *n*
commercial manager: kaufmännischer Leiter *m*, kaufmännischer Leiter *m*
commercial papers *pl*: Geschäftspapiere *n/pl*
commercial partnership: offene Handelsgesellschaft *f* (OHG)
commercial register: Handelsregister *n*
commercial risk: allgemeines Unternehmerwagnis *n*
commercial school: Handelsschule *f*
commercial tariff: Handelstarif *m*
commercial term: Handelsausdruck *m*
commercial transaction: Handelsgeschäft *n*
commercial traveler: Handelsreisender *m*, Reisender *m*
commercial treaty: Handelsvertrag *m*
commercial undertaking: Gewerbebetrieb *m*
commercial usage: Geschäftsbrauch *m*, Handelsbrauch *m*, Handelsusance *f*
commercial value: Handelswert *m*
commissary store: Kantine *f* (mit größerem Warenangebot), betriebseigener Laden *m*
commission: Auftrag *m*, beauftragen, Begehung *f* (eines Aktes), Kommission *f*, Provision *f*, Vermittlungsgebühr *f*, Wechselgebühr *f*
commission account: Provisionskonto *n*
commission agent: Kommissionär *m*, Zwischenhändler *m*
commission basis: Provisionsbasis *f*
commission broker: Makler *m* (auf Provisionsbasis)
commission business: Auftragshandel *m*, Kommissionsgeschäft *n*
commission buyer: Einkaufskommissionär *m*
commission earnings *pl*: Einkünfte *f/pl* aus Provisionen *f/pl*, Provisionseinkünfte *pl*
commission house: Maklerfirma *f*
commission merchant: Kommissionär *m*
Ein meist im Außenhandel (Import wie Export) und oft auch im Handel mit Agrarprodukten berufstätiger selbständiger Gewerbetreibender, der nach § 383 ff. des Handelsgesetzbuchs (HGB) als akquisitorisch tätiger Absatzhelfer im eigenen Namen, aber für die Rechnung eines Auftraggebers, des Kommittenten, Waren oder Wertpapiere verkauft.
Kommissionäre übernehmen den Absatz für Rechnung des Unternehmens, allerdings im Unterschied zu den Handelsvertretern im eigenen Namen. Die Vergütung des Kommissionärs – die Kommission – wird in der Regel anhand des eingesetzten Warenwerts berechnet. Dabei ist die Art der eingesetzten Ware ähnlich wie beim Handelsvertreter maßgebend für die Höhe der Kommission. Der Kommissionär hat als Verkaufsorgan gewerblicher Betriebe erheblich an Bedeutung verloren, während man beim An- und Verkauf von Wertpapieren das Kommissionsgeschäft noch häufig findet.
Der Kommissionsvertrieb ist eine der klassischen Formen der rechtlichen Umsetzung eines kooperativen Vorgehens im Absatzkanal. Die grundlegenden Rechte und Pflichten der Vertragsparteien beim Kommissionsvertrieb sind gesetzlich geregelt in den §§ 383-406 des Handelsgesetzbuchs (HGB). Aus diesen gesetzlichen Bestimmungen leiten sich die zentralen Rechte und Pflichten von Hersteller (Kommittent) und Handel (Kommissionär) unmittelbar ab. Dazu zählen im einzelnen die Ausführungs- und Sorgfaltspflicht des Kommissionärs, die Interessenwahrungspflicht (Konkurrenzausschluß oder Verkauf nach dem Prioritätsprinzip bei mehreren Herstellern), die Pflicht, den Weisungen des Kommittenten zu folgen, die Benachrichtigungspflicht, die Rechenschaftspflicht sowie die Pflicht, den Erlös aus dem Kommissionsgeschäft an den Kommittenten weiterzuleiten.
commission of inquiry: Untersuchungsausschuß *m*
commission on current account: Kontoführungsprovision *f*
commission on entries: Postengebühr *f*
commission on loan: Darlehensprovision *f*
commission rate: Provisionssatz *m*
commission sale: Kommissionsverkauf *m*, Provisions(Vertreter-)verkauf *m*
commission sales account: Verkaufsabrechnung *f* des Kommissionärs *m*
commission system: Provisionssystem *n*
Ein System der Entlohnung im Außendienst, bei dem entweder Umsatzprovisionen oder Deckungsbeitragsprovisionen, konditionsgebundene Provisionen, Prämien, Prämienfonds oder Verkaufswettbewerbe Basis der Bezahlung von Außendienstmitarbeitern ist. Bei Umsatzprovisionen ist zwischen linearen, degressiven oder progressiven Umsatzprovisionen zu unterscheiden.
commission to agent: Vertreterprovision *f*
commissioner for oaths: Eideskommissar *m*

commit: anvertrauen, begehen (einen Akt), verpflichten (sich), verüben
commit perjury: Eidbruch *m* begehen, meineidig werden
commitment: Obligo *n*, Verpflichtung *f*
commitment fee: Bereitstellungsprovision *f*
committee: Arbeitsausschuß *m*, Gremium *n*, Ausschuß *m*, Komitee *n*, Kommission *f*
Eine zur Lösung spezifischer Abstimmungsprobleme eingesetzte Arbeitsgruppe mit Mitgliedern verschiedener Abteilungen. Ausschüsse sind gewissermaßen Koordinationsprojekte mit zeitlicher Begrenzung und mit einer relativ klar umrissenen Aufgabe.
Ein Gremium besteht aus einer Gruppe von Personen, die nur für die Zeit der Gremienarbeit von ihrer hauptamtlichen Tätigkeit befreit sind. Dabei kann es sich um ein *ständiges Gremium* zur Bewältigung von Daueraufgaben handeln, das in regelmäßigen Abständen tagt. Geht es dagegen um die Lösung einer zeitlich begrenzten Aufgabe, spricht man von einem *Ad-hoc-Gremium*.
committee chairman: Ausschußvorsitzender *m*
committee of creditors: Gläubigerausschuß *m*
committee of experts: Fachausschuß *m*, Sachverständigengremium *n*
committee organization: Gremien-Organisation *f*
Komitees, Kommissionen oder Gremien sind Personenmehrheiten, denen bestimmte Aufgaben zur Lösung übertragen werden. Handelt es sich um Daueraufgaben, wird ein *ständiges Gremium* eingerichtet, das in regelmäßigen Abständen tagt. Geht es um die Lösung einer zeitlich begrenzten Aufgabe, kann ein *Ad-hoc-Gremium* eingesetzt werden. In beiden Fällen sind die Gremienmitglieder nur für die Zeit der Gremienarbeit von ihrer hauptamtlichen Tätigkeit in der Organisation befreit (Teilzeit-Mitgliedschaft).
Je nachdem, aus welchen Positionen der Hierarchie sich die Gremienmitglieder zusammensetzen, kann man Pluralinstanzen, d.h. die Zusammenfassung gleichrangiger Instanzen und Gremien aus hierarchisch verbundenen (Mitglieder einer Abteilung) oder unverbundenen Stellen (Mitglieder aus unterschiedlichen Abteilungen) unterscheiden.
Fällt die vom Gremium zu leistende Arbeit schwerpunktartig in eine bestimmte Phase des Entscheidungsprozesses einer Abteilung oder Organisation, wird das Gremium entsprechend bezeichnet als
(1) *Informationsgremium*, dessen Aufgabe die Gewinnung und der Austausch von Informationen zur Entscheidungsvorbereitung ist;
(2) *Beratungsgremium*, dessen Aufgabe die entscheidungsreife Bearbeitung eines Problems ist;
(3) *Entscheidungsgremium*, dessen Aufgabe die Alternativendiskussion und Entscheidung ist; oder als
(4) *Ausführungsgremium*, dessen Aufgabe die Einleitung und Überwachung der Durchführung beschlossener Maßnahmen ist.
commodities *pl*: Güter *n/pl*
commodities *pl* **forward transaction:** Warentermingeschäft *n*
commodity *(pl* **commodities***)*: Ware *f* (Waren *pl*), Artikel *m*, Bedarfsartikel *m* oder Bedarfsgegenstand *m*, Gebrauchsgegenstand *m*, Gut *n*, vertretbare Sache *f*
commodity agreement: Rohstoffabkommen *n*
commodity business: Rohstoffhandel *m*
commodity card: Artikelkarte *f (EDV)*
commodity concept of labor: Warentheorie *f* der Arbeit *f*
commodity exchange: Produktenbörse *f*, Warenbörse *f*
Eine Börse, auf der fungible Güter wie z.B. Rohstoffe (Kautschuk, Baumwolle), Metalle, landwirtschaftliche Produkte (Getreide, Kaffee, Zucker, Südfrüchte usw.) gehandelt werden.
commodity group: Warenart *f*
commodity income statement: Kostenträger-Erfolgsrechnung *f*
commodity market: Rohstoffmarkt *m*
commodity money: Warengeld *n*
commodity rate: Vorzugsfrachtrate *f*
commodity theory of money: Stofftheorie *f* des Geldes *n*
commodity trading: Rohstoffhandel *m*
common: gemeinsam, gemeinschaftlich, gewöhnlich
common auction: Aufsteigerung *f*, Auktion *f* auf Aufstrich, Aufstrichverfahren *n*
Eine Auktion, bei der nach dem am meisten bekannten und ältesten Bieteverfahren der Preis mit jedem neuen Gebot erhöht wird und der Zuschlag an das Höchstgebot erteilt wird.
common average: einfacher Durchschnitt *m*
common carrier: Frachtführer *m*
common cost: Gemeinkosten *pl*
common debtor: Gemeinschuldner *m*
common fixed cost: nicht aufteilbare Fixkosten *pl*
common fixed expenses *pl*: Fixkosten *pl*
common good: Gemeinwohl *n*
common law: bürgerliches Recht *n*, gemeines Recht *n*, Gewohnheitsrecht *n*
common law spouse: Lebensgefährte *m*
common seal: Firmensiegel *n*
common sense: gesunder Menschenverstand *m* (Vernunft)
common share: Stammaktie *f*
common stock: Stammaktie *f*
common value: gemeiner Wert *m*

communal tax: Gemeindesteuer *f*
commune: Gebietskörperschaft *f*, Gemeinde *f*
communicate: kommunizieren, benachrichtigen, mitteilen
communication: Kommunikation *f*, Verkehr *m*, Zuschrift *f*
Im weitesten Sinne umfaßt Kommunikation alle Prozesse der Informationsübertragung. Im engeren Sinne ist Kommunikation eine spezifische Form der sozialen Interaktion zwischen zwei oder mehr Individuen bzw. zwischen Individuen und Institutionen (nach diesem Verständnis werden hier also sowohl Prozesse der Maschine-Maschine-Kommunikation bzw. der Mensch-Maschine-Kommunikation wie Prozesse der intrapersonalen Kommunikation nicht zu den Kommunikationsprozessen gerechnet).
Da der Prozeß der Übermittlung von Bedeutung oder Sinngehalten zwischen den Kommunikationspartnern durch Symbole oder Zeichen geschieht, kann Kommunikation auch als die Verständigung durch Symbole und Zeichen definiert werden, die primär Mitteilungsfunktion hat. Die für die zwischenmenschliche Kommunikation wichtigsten Zeichen- und Symbolsysteme sind die Sprache, bildliche Darstellungen, optische und akustische Signalsysteme sowie der mimische und pantomimische Ausdruck (die Körpersprache).
Im Anschluß an Charles Morris werden drei Funktionen der Zeichen und Symbole unterschieden:
• **Syntaktik**: die Dimension der Regelhaftigkeit und Ordnung von Zeichen und Zeichenverbindungen innerhalb einer Nachricht;
• **Semiotik**: die Dimension der Bedeutung und des Inhalts eines Zeichens oder einer Aussage.
• **Pragmatik**: die Dimension der Bedeutsamkeit von Zeichen und Bezeichnetem für Zeichengeber und/oder Zeichenempfänger. Als Subfunktion lassen sich dabei die Symbolfunktion (die im Zeichen enthaltenen kognitiven Elemente), die Symptomfunktion (die emotional-affektive Komponente von Zeichen, die der Mitteilung von Emotionen an andere bzw. ihrer Hervorrufung dient) und die Signalfunktion (die das Verhältnis von Abbildung, Handeln und Praxis betreffende Handlungskomponenten von Zeichen) unterscheiden. Sie entsprechen übrigens den drei Komponenten der Einstellung (der kognitiven, der affektiven und der Handlungskomponente).
Das Zeichen und das Objekt, das sie bezeichnen, können entweder in einer Ähnlichkeits- oder in keiner Ähnlichkeitsbeziehung stehen. Zeichen, die in einer Ähnlichkeitsbeziehung stehen (Bilder, Zeichnungen, Photographien, Skulpturen usw.), heißen **Ikone** (ikonische Zeichen); Zeichen, bei denen zwischen dem Zeichen und dem Objekt keinerlei Ähnlichkeitsbeziehung besteht und die auf einer willkürlichen Festlegung der sie benützenden Personen beruhen, werden **konventionelle Zeichen** genannt.

Bei der systematischen Analyse von Kommunikationsprozessen hat sich die Kommunikationsforschung bisher vorwiegend an der von Harold D. Lasswell 1948 geprägten Formel: „Who says what in which channel to whom with what effect?" orientiert. Dementsprechend bezeichnet Kommunikation in ihrer allgemeinsten Form einen Vorgang, bei dem ein Kommunikator eine Botschaft über einen Kanal an einen Kommunikanten (Rezipienten) emittiert und dabei eine Wirkung erzielt.
Aus dieser Systematik ergeben sich zugleich auch die Schwerpunkte der empirischen Kommunikationsforschung, nämlich die Kommunikatorforschung (who), die Inhaltsanalyse (says what), die Mediaforschung (in which channel), die Rezipientenforschung (Publikumsforschung) (to whom) und die Wirkungsforschung (with what effect).
Die Kommunikationskette läßt sich mithin in die einzelnen Faktoren Kommunikator, Verschlüsselung (Kodierung), Aussage (Botschaft), Kanal (Träger, Medium), Entschlüsselung (Dekodierung), Kommunikant, Rückkoppelung (Rückmeldung, Feedback) und Wirkung aufgliedern.
• *Kommunikator*: Die Kommunikatoren sind Einzelpersonen oder Gruppen, die an der Formulierung (Verschlüsselung) und Produktion von Aussagen im Kommunikationsprozeß beteiligt sind.
• *Verschlüsselung*: Die Wahl der Zeichen und Zeichensysteme (z.B. Schriftsprache oder Umgangssprache) für die zu übertragende Aussage durch den Kommunikator.
• *Aussage (Botschaft)*: Die Gesamtheit der vom Kommunikator ausgesendeten Inhalte.
Kanal (Medium, Träger der Aussage): Das Medium, durch das mit Hilfe der Aussage die Distanz zwischen Kommunikator und Kommunikant überwunden wird.
• *Entschlüsselung*: Der Vorgang, durch den der Kommunikant unabhängig vom Kommunikator die Aussage, so wie sie ihn erreicht, in eine für ihn verständliche Abfolge von Zeichen zu bringen versucht.
• *Kommunikant*: Der Adressat bzw. das Publikum der Kommunikation.
Rückkoppelung: Der Vorgang, durch den Informationen vom Kommunikanten an den Kommunikator zurückfließen.
• *Wirkung*: Das Maß, in dem die durch die Kommunikation angestrebte Änderung beim Kommunikator (Veränderung des Wissens, der Einstellungen, des Verhaltens usw.) eintritt.
communication barrier: Informationshindernis *n*
communication channel: Kommunikationskanal *m*, Informationsweg *m* (Kanal)
communication description: Kommunikationsbeschreibung *f*
Für die Definition des Organisationsplans eines Unternehmens sind folgende Voraussetzungen notwendig:
• Die *Stellenbeschreibung* beschreibt die verrichtungsbezogenen Aufgaben, z.B. die sachliche

Festlegung der Aufgaben, die organisatorische Eingliederung der Stelle, die Festlegung der Berichtswege, Hilfsmittel für die Aufgabenerledigung, personelle Anforderungen (Qualifikationen), Zielsetzungen des Stelleninhabers.
• Die *Instanzenbeschreibung* umfaßt Ziele und Aufgaben der Instanz, Kompetenzen bezüglich der Verfügbarkeit über Mittel, Anweisungsrechte und Dispositionsgewalt (z.B. Budgetverantwortung), Kontrollbefugnisse, Bestrafungs- und Belohnungskompetenzen gegenüber den Untergebenen, Vertretungsgewalt (Zeichnungsbefugnisse), Stellenvertretungsregelung, Kriterien der Leistungsmessung (Leistungsnachweis-Normen), Ergebnis- und Mittelverantwortung, Anzahl und Art der untergeordneten Stellen, Weisungs- und Berichtswege, Rechte und Pflichten bei Streitfällen.
• Die *Kommunikationsbeschreibung* ergibt sich formal aus den Berichtswegen, d.h. aus dem hierarchischen Aufbau der Organisation. Inhaltlich sind festzulegen, die Berichtsempfänger, Perioden/Zeitpunkte der Berichterstattung, Berichtsinhalte, Ablage-Ordnung und Behandlung vertraulicher Unterlagen (z.B. im Hinblick auf das Datenschutzgesetz), Berichtsmittel, z.B. Einsatz der elektronischen Datenverarbeitung.
Stellen-, Instanzen- und Kommunikationsbeschreibungen regeln zugleich die Ablauforganisation, d.h. den Vollzug aller Aufgaben im Unternehmen. Die Wahl der richtigen Aufbauorganisation beeinflußt demnach auch die Güte und Effektivität der Ablauforganisation.

communication intensity: Kommunikationsintensität *f*, Informationsintensität *f* eines Stelleninhabers
Die Summe der Kontakte, die der Inhaber einer Stelle im Unternehmen hat. Man unterscheidet vertikale und horizontale Kontakte: *Vertikale Kontakte* entstehen durch die Kommunikation von oben nach unten. Sie stellen die Befehls- und Berichtswege dar. *Horizontale Kontakte* entstehen durch die Kommunikation mit gleichrangigen Instanzen (Koordinationsaufgaben).
Da die Information und Kommunikation nach zeitlichen Kriterien (Häufigkeit, Zeitpunkte, Zeitdauer) und nach inhaltlichen Kriterien (Umfang, Qualität, Richtigkeit der Information, Verdichtung, formaler Aufbau) zu unterteilen ist, ergibt sich ein hoher Koordinationsaufwand für die Kommunikation und Information. Die Kontrollspanne und die Anzahl der Kontakte bestimmen den Aufwand und die Intensität für die Information. Daneben kommt es zu informeller Kommunikation. Sie bezieht sich auf den Bereich, der durch die formelle Information nicht geregelt wird, z.B. Ad-hoc-Abstimmungen und Absprachen bei besonderen Problemen, Sammlung von Zusatzinformationen oder außerbetriebliche Kontakte.

communication intentions *pl*: Kommunikationsabsichten *f/pl*
Im Rahmen der Unternehmenskommunikation sind die Kommunikationsabsichten die subjektiven Ziele, die mit der Kommunikation verfolgt werden. Dazu zählt man im allgemein dreierlei:
• *Information* über alle persönlichen und sachlichen Tatbestände, die für eine zielgerechte Aufgabenerledigung und für die persönliche Weiterbildung der Mitarbeiter von Bedeutung sind.
• *Beeinflussung*: Kommunikation wird benutzt, um das Arbeitsverhalten (d.h. die Leistungsbereitschaft) anderer Personen und Instanzen zu beeinflussen.
• *Verhaltenskorrektur*: Kommunikation kann dazu benutzt werden, die persönlichen Verhaltensweisen anderer zu verändern, z.B. um ein gefordertes Maß an Anpassung und Unterwerfung zu erzwingen.

communication manager: Kommunikationsmanager *m*
Der Mitarbeiter eines Unternehmens, der für die Koordination der Aktivitäten des Unternehmens sowohl in der Werbung wie in der Öffentlichkeitsarbeit (Public Relations) verantwortlich ist.

communication network: Nachrichtennetz *n*

communication objects *pl*: Kommunikationsobjekte *n/pl*
Im Rahmen der Unternehmenskommunikation sind die Kommunikationsobjekte die aufgaben- und zielbezogenen Tätigkeiten der Mitarbeiter des Unternehmens. Es ist eine nichtdelegierbare Aufgabe der Führungskräfte, die Verrichtungsträger in den Kommunikationsprozeß einzubeziehen und sie über Aufgaben, Ziele, Mittel für die Aufgabenerledigung, Zeitpunkte (Termine) und Zeitstrecken, Kontrollmaßstäbe, Rechte und Pflichten, Kompetenzen und Verantwortungen zu informieren. Als Kommunikationsobjekte gelten daher Tätigkeiten, Rechtsbeziehungen und alle Maßnahmen der Leistungsbewertung und -kontrolle.

communication partner: Kommunikationspartner *m*
Im Rahmen der Unternehmenskommunikation sind die Kommunikationspartner durch die Weisungsbefugnisse und durch den Instanzenaufbau des Unternehmens bestimmt. Wichtige Kommunikationspartner im Management-System sind die nachgeordneten Verrichtungsträger. Führungsmodelle, die Kommunikation in den Vordergrund stellen, zielen daher auch auf die intensive Miteinbeziehung der Mitarbeiter in das Kommunikationsspektrum der Führungskraft ab.
Weitere Kommunikationspartner ergeben sich aus den Koordinations- und Entscheidungsaufgaben: Die Abstimmung, Mitbestimmung, Kenntnisnahme sowie die Weiterleitung und Speicherung von Informationen fallen in diesen Bereich ebenso wie die Umsetzung der Informationen in Kennziffern, Standards, Anweisungen und Richtlinien.

communication relations *pl*: Kommunikationsbeziehungen *f/pl*
Die Kommunikationsbeziehungen regeln die Zuständigkeiten und Verantwortungen der im

Kommunikationsnetz z.B. einer Organisation oder eines Unternehmens miteinander gekoppelten Kommunikationsträger. Sie können durch Funktions- oder Kommunikationsdiagramme formal festgelegt werden.

communication(s) *(pl)*: Verkehrsverbindung *f*

communication system: Kommunikationssystem *n*
Mitunter wird das Unternehmen als ein Nachrichtensystem interpretiert, das als Träger des Kommunikationssystems fungiert. Das Nachrichtensystem stellt die Struktur aus Sender, Empfänger und Kanälen dar, das Kommunikationssystem beinhaltet zusätzlich die Menge der Informationen, die im Nachrichtensystem vorhanden sind bzw. erzeugt und weitergeleitet werden. Das betriebliche Kommunikationssystem ist auf die Aufgaben des Unternehmens abgestimmt.
A. G. Coenenberg unterscheidet dabei zwischen dem formalen und dem informalen Kommunikationssystem: „Das formale betriebliche Kommunikationssystem bringt die auf eine optimale Aufgabenstellung hin geplante Struktur der innerbetrieblichen Kommunikationsbeziehungen zum Ausdruck. Seine Aufgabe ist es, einen am Unternehmungsziel orientierten Fluß der betrieblich relevanten Informationen zu ermöglichen. Das informale betriebliche Kommunikationssystem umfaßt dagegen alle diejenigen Kommunikationsbeziehungen, die durch die formale Organisation nicht vorgegeben sind, die vielmehr spontan entstehen und ihre Grundlagen in den verschiedenen informalen Gruppierungsprozessen haben."
Das formale Kommunikationssystem wird durch die Strukturorganisation des Unternehmens bestimmt, d.h. durch die formale Gliederung von Instanzen, Funktionen und der sie verbindenden „Kanäle": Dienstwege und direkte Wege. Die Kommunikation beinhaltet somit:
(1) Die formale Struktur der die Instanzen und Funktionen verbindenden Wege (Berichts- und Informationslinien).
(2) Die über diese Wege übermittelten Nachrichten und Informationen.
(3) Die Mittel, die für den Nachrichtentransport eingesetzt werden.
(4) Die Zentren der Informationserschließung, Informationsverarbeitung und Informationsspeicherung.
Jede Führungskraft ist zugleich Sender und Empfänger von Informationen und damit auch Bestandteil des Kommunikationssystems. Daher unterscheidet man auch in sachbezogene (aufgabenspezifische) und personenbezogene Kommunikation.

community: Gemeinde *f*, Gemeinschaft *f*, Gemeinwesen *n*

community bond: Kommunalobligation *f*, Kommunalschuldverschreibung *f*

community by undivided shares: Bruchteilsgemeinschaft *f*, Gemeinschaft *f* nach Bruchteilen *m/pl*

community of heirs: Erbengemeinschaft *f*

community of income and profits: Errungenschaftsgemeinschaft *f*

community of interests: Interessengemeinschaft *f*

community of movables: Fahrnisgemeinschaft *f*

community of personal property: Fahrnisgemeinschaft *f*

community of property: Gütergemeinschaft *f*

community property: Gemeineigentum *n*, Gemeingut *n*, Gesamtgut *n*

community relations *pl*: Beziehungen *f/pl* des Betriebes *m* zur Gemeinde *f*, Beziehungen *f/pl* zur Gemeinde *f*
Derjenige Bereich der Öffentlichkeitsarbeit (Public Relations) eines Wirtschaftsunternehmens, der auf die Pflege der Beziehungen zur örtlichen Gemeinde zielt, in der das Unternehmen seinen Sitz hat.

community tax: Gemeindesteuer *f*, Kommunalsteuer *f*

commutation: Ablösung *f* (einer Strafe), Umwandlung *f*

commutation of sentence: Strafmilderung *f*, Urteilsumwandlung *f*

commute: pendeln, hin- und herfahren, täglich umwandeln

commuter: Pendler *m*

commuter train: Vorortzug *m*

commuting employee: Pendler *m*

company: Unternehmen *n*, Firma *f*, privatwirtschaftlicher Betrieb *m*
Eine Organisation, die sich mit der Absicht der Gewinnerzielung der Erfüllung einzelner, aus gesellschaftlichen Funktionen ableitbaren Bedürfnissen widmet.
Die Unternehmung ist also ein besonderer Betriebstyp, der auf privatwirtschaftlich-erwerbswirtschaftlicher Basis arbeitet, und zwar in einer Wirtschaftsordnung, die durch Privateigentum an den Produktionsmitteln und Koordination über den Markt (über Preise) gekennzeichnet ist. Unternehmungen sind nach Wolfgang H. Staehle durch mindestens zwei Merkmale zu charakterisieren
• das Formalziel „Gewinnerzielung"
• durch die Entscheidungsmacht des Unternehmers (abgeleitet aus dem Eigentum), die entweder von ihm selbst und/oder von angestellten Managern wahrgenommen wird.
Eine Unternehmung ist zugleich eine Institution, in der Menschen unter Zuhilfenahme von Ressourcen (Inputs) ein Gut oder eine Dienstleistung (Output) erstellen. Dabei geht es stets um die Transformation von Inputs in Outputs. Inputs verursachen Kosten, Outputs schaffen Umsatzerlöse.

Entsprechend der generellen Marktorientierung moderner Unternehmungsführung, wonach sich die Sachzielbestimmung an den Marktverhältnissen (Marktchancen) auszurichten hat, kommt der Output-Funktion heute die höchste Priorität innerhalb der materiellen Funktionsbereiche zu. Danach bestimmen die Output-Bedingungen (Absatzplanung) die Transformations- (Produktionsplanung) und Input-Erfordernisse (Beschaffungsplanung).

company agreement: Betriebsvereinbarung f
company aim: Unternehmensziel n
company bid for: bebotene Gesellschaft f
company car: Geschäftswagen m
company chart of accounts: Kontenplan m
company doctor: Betriebsarzt m
company funds: Gesellschaftskapital n
company goodwill: Geschäftswert m, Firmenwert m
Der Betrag, den ein Käufer bei Erwerb des Unternehmens in Erwartung künftiger Erträge über den bloßen Wert des Betriebsvermögens abzüglich der Schulden zu zahlen bereit ist, d.h. der eigentlich immaterielle, aber aktivierbare Wert eines Wirtschaftsunternehmens, der sich insbesondere aus der Reputation und der diese fördernden und steigernden Leistungsfähigkeit seines Managements ergibt und der über seinen Substanzwert (Summe der Vermögenswerte abzüglich Verbindlichkeiten) hinausgeht. Es besteht ein enger Zusammenhang zwischen dem klassischen betriebswirtschaftlichen Konzept des Geschäftswerts und dem Firmenimage.
company housing: Arbeiterwohnung f
company law: Gesellschaftsrecht n
company level: Unternehmensebene f
company limited by guaranty (brit): Gesellschaft f, deren Haftung f beschränkt ist durch Garantie f
company magazine: Werkzeitschrift f, Hauszeitschrift f
company newspaper: Werkszeitung f, Hauszeitung f
company objective: Unternehmensziel n
company on the register: eingetragene Aktiengesellschaft f
company pension: Firmenrente f
company pension plan: Pensionsplan m, betrieblicher company
company pension scheme: Pensionsplan m, betrieblicher company
company pensioner: Firmenpensionär m
company sales potential: akquisitorisches Potential n, Marktkapital n
Ein von Erich Gutenberg eingeführter Begriff zur Bezeichnung der Fähigkeit eines Wirtschaftsunternehmens, Abnehmer für seine Güter und/oder Leistungen sowohl anzuziehen wie festzuhalten. Der Begriff entstand im Zusammenhang mit Gutenbergs Analyse der Preispolitik polypolistischer Anbieter auf unvollkommenen Märkten. Ein einzelnes Unternehmen hat danach ein spezifisches, von dem anderer Unternehmen unterschiedenes Potential, mit dessen Hilfe es den eigenen Absatzmarkt zu individualisieren und sich so einen eigenen Stamm von Abnehmern zu schaffen vermag.

geknickte Nachfragekurve

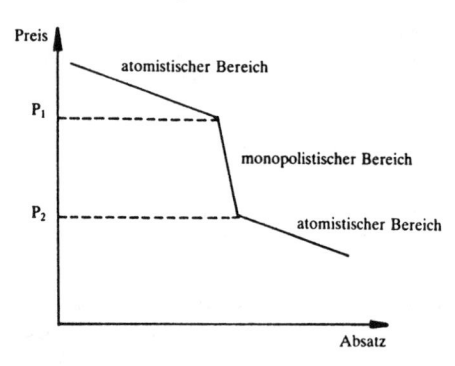

Aufgrund des Bestehens solcher Präferenzen auf der Nachfragerseite können verschiedene Preise für gleichwertige Güter nebeneinander existieren, so daß ein Unternehmen in der Lage ist, innerhalb eines mehr oder minder großen Intervalls seiner individuellen Absatzkurve autonom den optimalen Preis zu bestimmen. In diesem durch einen oberen und unteren Grenzpreis begrenzten monopolistischen Bereich kann das Unternehmen den Preis relativ frei variieren. Mit wachsendem akquisitorischen Potential wächst zugleich der monopolistische Bereich. Herbert Gross verwendet dafür den Begriff *Marktkapital*.
company secretary: Gesellschaftssekretär m
company seniority: Betriebsdienstalter n, Dienstalter n im Betrieb m
company store: Belegschaftsladen m, Kantine f (mit größerem Warenangebot)
company union: Betriebsgewerkschaft f
company with limited liability: Kapitalgesellschaft f
comparability: Vergleichbarkeit f
comparable: vergleichbar
comparative: verhältnismäßig
comparative advertising: vergleichende Werbung f
comparative balance sheet: Vergleichsbilanz f
comparative cost: vergleichbare Kosten pl
comparative data pl: Vergleichszahlen f/pl
comparative financial statement: Vergleichsbilanz f

comparative management: vergleichende Managementlehre *f*
Universalität und Übertragbarkeit des nationalen Managementwissens haben, beginnend in den 1960er Jahren zu ganz neuen Lehr- und Forschungsgebieten geführt hat (International Business mit International/Comparative Management). Während die Universalisten postulieren, es gäbe kaum nennenswerte Unterschiede in den Managementprinzipien, die das Handeln der Manager in den einzelnen Ländern leiten, betonen die Vergleichsforscher die Bedeutung unterschiedlicher Umwelten bei der Erklärung unterschiedlichen Managementverhaltens. Dabei beschränkt sich Comparative Management nicht nur auf das Identifizieren, Messen und Interpretieren von Ähnlichkeiten und Unterschieden des Managements in verschiedenen Ländern, sondern umfaßt in seiner weitesten Fassung auch Vergleiche zwischen einzelnen Organisationen ein und desselben Landes oder sogar einzelner Abteilungen ein und derselben Organisation.

```
              Comparative Management
             /                      \
  intraorganisatorisch        interorganisatorisch
                             /                    \
                 zwischen Organisationen    zwischen Kulturen
                 (cross-institutional)      (cross-cultural)
```

Objektbereich des Comparative Management

In aller Regel wird aber mit Comparative Management der interkulturelle Vergleich (cross-cultural management research) gemeint.
comparative period: Vergleichszeitraum *m*
comparative statement: Vergleichsübersicht *f*
comparative statement of earnings *pl*: Gewinn- und Verlustrechnung *f*
comparative statement of income: Vergleichs-Gewinn- und Verlustrechnung *f*
comparator: Vergleicher *m (EDV)*
compare: vergleichen (Zahlen etc.)
compared to: im Vergleich *m* zu
comparison: Vergleich *m* (von Zahlen etc.)
comparison of balance sheets: Bilanzvergleich *m*
compatibility: Kompatibilität *f*, Vereinbarkeit *f*, Verträglichkeit *f*
compatible: vereinbar
compensate: abfinden, entschädigen, ersetzen, schadlos halten, vergüten
compensation: Abfindung *f*, Abstandsgeld *n*, Ausgleich *m*, Entgelt *n*, Entschädigung *f*, Ersatz *m*, Schadloshaltung *f*, Vergütung *f*
compensation allowance: Ausgleichszulage *f*
compensation for damages: Schadenersatz *m*

compensation for loss of office: Entlassungsabfindung *f*
compensation for outlay: Auslagenersatz *m*, Kostenersatz *m*
compensation insurance: Unfallversicherung *f*
compensation market: freier Markt *m*, Markt *m*, umkämpfter Markt *m*, Wettbewerbsmarkt *m*
compensation payment: Entschädigungszahlung *f*
compensation relaxation factor: Erholungszuschlag *m*
compensation theory: Kompensationsthese *f*
Die These, daß Arbeitsleid durch attraktive Freizeit wettgemacht wird.
compensatory damages *pl*: Schadenersatzleistung *f*
compensatory spending: antizyklische Ausgabenpolitik *f*
compete: konkurrieren, in Wettbewerb *m* stehen
competence: 1. Amtsbefugnis *f*, Befugnis *f*, 2. Fähigkeit *f*, Kompetenz *f*, 3. Rechtszuständigkeit *f*, Zuständigkeit *f*
1.1 Die den dispositiv und operativ tätigen Mitarbeitern eines Unternehmens zur Erfüllung ihrer Aufgaben übertragenen Rechte und Vollmachten. Dabei handelt es sich vornehmlich um die Rechte, bestimmte Entscheidungen zu treffen, Arbeiten auszuführen, Anweisungen zu erteilen, Handlungen vorzunehmen, Kosten oder Ausgaben zu veranlassen, über Sachen und Werte zu verfügen, Verpflichtungen gegenüber Dritten einzugehen, Informationen zu geben, Vereinbarungen zu treffen, Unterschriften zu leisten u.a.
Die Ausübung dieser Befugnisse erfordert in jedem Fall Entscheidungen. Entscheidungsbefugnisse spielen deshalb eine herausragende Rolle und sind in besonderem Maße mit Verantwortung verbunden.
2.1 Die Fähigkeit, eine bestimmte Funktion erfolgreich zu erfüllen. Im Management speziell die Fähigkeit zur Erfüllung der Managementfunktionen. R. L. Katz nennt drei Schlüssel-Kompetenzen („skills") als Voraussetzungen für die Erfüllung der Managementfunktionen.
(1) *Technische Kompetenz*: Sachkenntnis und die Fähigkeit, theoretisches Wissen und Methoden auf den konkreten Einzelfall anzuwenden. Dies ist die am einfachsten zu vermittelnde Kompetenz, und die Managementlehre hat sich dementsprechend lange auf sie konzentriert.
(2) *Soziale Kompetenz*: Die Fähigkeit, mit anderen Menschen als Mitglied oder als Leiter einer Gruppe effektiv zusammenzuarbeiten. Dazu gehört neben einer grundsätzlichen Kooperationsbereitschaft auch die Fähigkeit, das Handeln anderer Menschen zu verstehen und sich in sie hineinzu-

competence

versetzen. Die soziale Kompetenz eines Managers ist auf mindestens vier Ebenen gefordert: auf der Ebene der Kollegen, der unterstellten Mitarbeiter, der Vorgesetzten und der Bezugsgruppen aus der Umwelt.

(3) *Konzeptionelle Kompetenz*: Die Fähigkeit, Probleme und Chancen im Zusammenhang zu erkennen. Die Entwicklung dieser Kompetenz setzt ein grundsätzliches Verständnis des Gesamtsystems und der Kräfte voraus, die den Leistungsprozeß in Gang halten. Konzeptionelle Kompetenz verlangt aber auch die Fähigkeit, ein Problem aus verschiedenen Perspektiven zu betrachten oder allgemeiner in verschiedenen Kategorien zu denken. Darüber hinaus verlangt sie das Vermögen, trotz unterschiedlicher Sichtweisen einen koordinierten Handlungsvollzug innerhalb und zwischen den Abteilungen sicherzustellen.

3.1 Zuständigkeit entsteht durch die Zuordnung von fest umrissenen Aufgabenfeldern zu bestimmten Personen oder Funktionsbereichen. Sie deckt sich deshalb mit dem zugewiesenen Aufgabenfeld und hat grundsätzlich dauerhaften Charakter. Werden einmalige Sonderaufgaben außerhalb festgelegter Zuständigkeiten vergeben, entstehen befristete Sonderzuständigkeiten. Die ursprünglichen Zuständigkeiten werden damit nicht aufgehoben, sondern höchstens vorübergehend ausgesetzt. Zuständigkeit beinhaltet die Pflicht, im Zuständigkeitsbereich in erforderlicher Weise tätig zu werden, sobald bestimmte Voraussetzungen oder Anlässe gegeben sind. Diese Voraussetzungen können in zwei Formen auftreten:

(1) Bei bestimmten Arten von Aufgaben wird das Tätigwerden durch Anstöße von außen ausgelöst, die in Form von Aufträgen, Anfragen, Mitteilungen oder sonstigen Ereignissen auftreten, die sich unmittelbar bemerkbar machen (fremde Initiative). Ohne solche Anstöße braucht bei diesen Aufgabenarten nicht gehandelt zu werden.

(2) Bei anderen Aufgabenarten entfallen solche Anstöße von außen. Hier muß der Zuständige aus eigener Initiative tätig werden, wenn seine Aufgabenstellung oder Zielsetzung das gebietet, oder sobald Situationsänderungen, Zustände oder Vorgänge auftreten oder zu erwarten sind, die das Tätigwerden gemäß seiner Aufgabenstellung verlangen. Der Zuständige hat in diesen Fällen die Pflicht, aus eigenem Antrieb zu prüfen, ob und wann seine Aufgabenstellung oder Zielsetzung sein Tätigwerden erfordern. D.h. er hat das betreffende Situationsfeld ständig selbst daraufhin zu beobachten, ob sich Veränderungen, Ereignisse oder Vorgänge zeigen oder zu erwarten sind, aufgrund derer er tätig werden muß. Demgemäß hat er zu handeln, zu entscheiden oder entscheiden zu lassen. Diese Situation ist namentlich für die Vorgesetzten aller hierarchischen Ebenen gegeben. Sie haben immer die Aufgabe, ihr gesamtes Aufgabenfeld sowie die Menschen, Dinge, Zustände und Geschehnisse in dem ihnen nachgeordneten Bereich ständig kritisch zu beobachten, um in eigener Initiative das Geschehen zu steuern, mögliche Verbesserungen vorzunehmen, für künftige Entwicklungen und Anforderungen vorzusorgen oder bei Fehlentwicklungen einzugreifen.

Zuständigkeit kann durchführenden, federführenden, mitwirkenden oder übergeordneten Charakter haben. Wenn die Mitwirkung nebengeordneter oder übergeordneter Stellen erforderlich ist, so in der Regel deshalb, weil deren Mitzuständigkeit (übergeordnete Zuständigkeit) gegeben ist.

Nach einem Vorschlag von Heinrich Fromm lassen sich Zuständigkeiten nach Objektarten als Systemzuständigkeit, Komponentenzuständigkeit, Betriebszuständigkeit, Fachzuständigkeit, Bereichszuständigkeit u.a. unterscheiden.

Ebenfalls nach Fromm empfiehlt es sich, die Begriffspaare Alleinzuständigkeit und Mitzuständigkeit sowie unmittelbare und mittelbare Zuständigkeit zu unterscheiden.

Alleinzuständigkeit liegt dann vor, wenn jemand im Rahmen seines Aufgabenfeldes bestimmte Handlungen oder Entscheidungen allein und selbständig vorzunehmen hat, ohne daß eine zuständige Einflußnahme oder Mitwirkung anderer Personen erforderlich ist oder stattfindet.

Mitzuständigkeit ist dann gegeben, wenn eine Einflußnahme, Mitentscheidung oder sonstige Mitwirkung von seiten anderer Personen oder Bereiche aufgrund deren Zuständigkeit geboten ist. Beide Partner sind mitzuständig.

Unmittelbare Zuständigkeit besteht für Personen oder Bereiche bei Aufgaben, die sie selbst wahrzunehmen haben, unabhängig davon, ob andere Personen oder Stellen mitzuwirken haben oder nicht. Ist solche Mitwirkung vorgesehen, dann sind die Personen oder Bereiche, die diese Mitwirkung in Anspruch nehmen, für diese Aufgaben unmittelbar mitzuständig.

Mittelbare Zuständigkeit besteht für Personen oder Bereiche bei Aufgaben, die sie nicht selbst oder nicht allein wahrnehmen, sondern bei denen sie die Pflicht und die Möglichkeit haben, auf die Arbeit anderer Mitzuständiger, in der Regel unmittelbar Mitzuständiger, einzuwirken. Das kann für Vorgesetzte gegenüber Mitarbeitern und für mitwirkende nebengeordnete Bereiche gelten.

Aus diesen Begriffspaaren ergeben sich drei Zuständigkeitsarten:
(1) *Alleinzuständigkeit* (= unmittelbare Alleinzuständigkeit)
(2) *unmittelbare Mitzuständigkeit*
(3) *mittelbare Zuständigkeit* (= mittelbare Mitzuständigkeit)

Darüber hinaus bezeichnet der Begriff der *übergeordneten Zuständigkeit* die auf übergeordneter Ebene zusammengefaßte mittelbare Zuständigkeit eines Vorgesetzten für die Aufgaben und das Geschehen in den ihm nachgeordneten Bereichen. Die übergeordnete Zuständigkeit besteht aus den Vorgesetztenfunktionen und erstreckt sich auf die Summe der Aufgabenfelder aller nachgeordneten Bereiche. Darüber hinaus können einem Vorgesetzten in gewissem Umfang zusätzlich persönliche Sachaufgaben zugewiesen werden, die seine übergeordnete Zuständigkeit nicht zu berühren brauchen.

competence conflict: Kompetenzkonflikt *m*
Ein Konflikt, der aus einem Mißverständnis zwischen Verantwortung und Entscheidungskompetenz, Kompetenz, resultiert. Im Unternehmen entstehen aufgrund der Organisations- und Arbeitsbeziehungen spezifische Konfliktfelder.

competence of court: Gerichtsstand *m*, Zuständigkeit *f* eines Gerichts *n*

competent: fähig, kompetent, rechtsfähig, sachkundig, zuständig

competent authority: zuständige Behörde *f*

competent court: zuständiges Gericht *n*

competition: Konkurrenz *f*, Wettbewerb *m*
Unter Konkurrenz wird im wirtschaftlichen Sprachgebrauch sowohl die Gesamtzahl der Mitbewerber auf einem Markt wie die Marktsituation des Wettbewerbs zwischen Anbietern auf Absatzmärkten oder Nachfragern auf Beschaffungsmärkten bzw. in der Marktformenlehre die Gesamtheit der Situationen eines polypolistischen eines oligopolistischen oder monopolistischen Wettbewerbs verstanden.
Nach der Definition des Gesetzes gegen Wettbewerbsbeschränkungen (GWB) ist Wettbewerb „jede Art wirtschaftlichen Handelns, die darauf gerichtet ist, sich im Wirtschaftskampf auf Kosten eines Wettbewerbers einen Vorteil zu verschaffen"

competition analysis: Konkurrenzanalyse *f*
Grundlage für das erfolgreiche Auftreten eines Wirtschaftsunternehmens am Markt ist neben der Analyse der Nachfrage und des Konsumentenverhaltens die genaue Erfassung und Auswertung der Zahl und der Marktanteile seiner Mitbewerber, ihres absatzpolitischen Verhaltens, ihres wirtschaftlichen Potentials, der Qualität und Quantität der von ihnen angebotenen Güter und Leistungen.
Dabei ist es sinnvoll, die Analyse zusätzlich zur Angebotskonkurrenz auch auf die Substitutionskonkurrenz zu erstrecken, da in einem Markt stets damit zu rechnen ist, daß die Nachfrage sich auf Substitutionsgüter verlagern kann. Ein geeignetes Instrument zur Messung und Beurteilung einer Substitutionsbeziehung zwischen den Angeboten verschiedener Firmen stellt die Kreuzpreiselastizität (Substitutionselastizität, Triffinscher Koeffizient) dar.
Im Rahmen der Unternehmensanalyse ist die Konkurrenzanalyse Teil der Stärken/Schwächen-Analyse, weil eine Beurteilung der eigenen Ressourcen ohne Bezugnahme auf den Wettbewerb und die relevanten Konkurrenten strategisch nicht aussagekräftig ist.
Analog zur Ressourcenanalyse beginnt die Konkurrenzanalyse damit, daß die wichtigsten Konkurrenten ausgewählt und in ihrer allgemeinen Marktposition beschrieben werden. Dabei sollte die Umsatzstärke nicht das alleinige Auswahlkriterium sein; denn aufstrebende neue Firmen mit anfangs bescheidenen Umsätzen sind für die strategische Analyse meist von größerer Bedeutung.
In der Konkurrenzanalyse wird schrittweise ein Ressourcenvergleich vorgenommen, der darauf zielt, die Vor- oder Nachteile der Konkurrenten bei den zentralen Wertaktivitäten und deren Einfluß auf ihre Marktstellung zu erkennen.
Die Konkurrenzanalyse und der damit verwobene Stärken/Schwächen-Vergleich laufen in Anbetracht der Vielzahl der Wertaktivitäten vielfach Gefahr, unübersichtlich und unökonomisch zu werden. Einen Versuch, dieses Problem zu lösen, stellt der Ansatz der Kritischen Erfolgsfaktoren dar.

competition clause: Wettbewerbsklausel *f*

competition research: Konkurrenzforschung *f*

competition policy: Wettbewerbspolitik *f*

competition strategy: Wettbewerbsstrategie *f*
Eine Unternehmensstrategie wird im wesentlichen durch sechs Elemente oder Dimensionen definiert. Eine genaue Angabe einer Unternehmensstrategie enthält eine Bestimmung der folgenden Elemente:

1. Der *Produktmarkt*, in dem das Unternehmen konkurriert: Das Betätigungsfeld eines Unternehmens wird bestimmt durch die Produkte – die es anbietet oder bewußt nicht anbietet –, durch die Märkte – die es bedienen oder bewußt nicht bedienen will –, durch die Wettbewerber – deren Konkurrenz es sucht oder vermeidet – und durch das Niveau der vertikalen Integration.

2. Das *Investitionsniveau*: Dabei ist es sinnvoll, die Alternativen mit folgenden Begriffen zu umschreiben:
• Investieren, um zu wachsen (oder überhaupt in einen Produktmarkt einzutreten)
• Investieren, um die gegenwärtige Stellung zu halten
• „melken", indem Investitionen minimiert werden
• möglichst große Teile der Vermögenswerte zurückgewinnen, indem das Unternehmen liquidiert oder veräußert wird.

3. Die *Geschäftsfeldstrategien*, die notwendig sind, um in dem ausgewählten Produktmarkt zu konkurrieren: Die spezielle Art des Wettbewerbs wird üblicherweise von einer oder mehreren Geschäftsfeldstrategien charakterisiert, z.B.:
• Produktlinienstrategie
• Positionierungsstrategie
• Preisstrategie
• Distributionsstrategie
• Produktionsstrategie
• Logistikstrategie.

4. Die *strategischen Vorteile*, die der Strategie zugrundliegen und einen dauerhaften Wettbewerbsvorteil bieten: Eine strategische Fähigkeit, oder auch einfach eine Fähigkeit, ist etwas, das eine

107

competitive

Unternehmenseinheit ganz besonders gut macht (z.B. Herstellung oder Werbung) und das von strategischer Bedeutung für das Unternehmen ist. Ein strategischer Vorteil, oder einfach ein Vorteil, ist eine Ressource, wie z.B. ein Markenname oder ein vorhandener Kundenstamm, die im Vergleich zur Konkurrenz groß sind. Bei der Strategiefestlegung müssen die Kosten berücksichtigt werden und die Möglichkeit, Vorteile oder Fähigkeiten zu schaffen oder zu erhalten, die dann die Basis für einen dauerhaften Wettbewerbsvorteil bilden.

competitive: konkurrenzfähig, wettbewerbsorientiert
competitive advantage: Wettbewerbsvorteil *m*
competitive clause: Konkurrenzklausel *f*
competitive economy: Wettbewerbswirtschaft *f*
competitive game: Konkurrenz(plan)spiel *n*
competitive market: freier Markt *m*, umkämpfter Markt *m*, Wettbewerbsmarkt *m*
competitive-parity method: Wettbewerbs-Paritäts-Methode *f*, konkurrenzbezogene Methode *f* (der Budgetierung)
competitive price: Konkurrenzpreis *m*, konkurrenzfähiger Preis *m*, Wettbewerbspreis *m*
competitive system: Wettbewerbssystem *n*
competitiveness: Konkurrenzbewußtsein *n*, Wettbewerbsfähigkeit *f*
competitor: Konkurrent *m*, Mitbewerber *m*
compilation: Sammlung *f*, Zusammenstellung *f*
compile: sammeln, zusammenhäufen, zusammenstellen
compiler: Kompiler *m* (D), kompilierendes (in Maschinensprache übersetzendes) Programm *n*, Übersetzer *m* (EDV)
complain: sich beschweren, reklamieren, rügen (Mängel)
complain (of): bemängeln
complainant: Beschwerdeführer *m*, Rügender *m*
complainer: Beschwerdeführer *m*, Querulant *m*
complaint: 1. Beschwerde *f*, Mängelrüge *f*, Reklamation *f*, Rüge *f* **2.** Klage *f*, Anklageschrift *f*, Klageschrift *f*
complaint management: Beschwerdemanagement *n*
Die sachgemäße Bearbeitung von Reklamationen und Beschwerden kann sich für ein Wirtschaftsunternehmen als ein subtiles Instrument der Marktbearbeitung erweisen. Sie ist mit Schwerpunkt vor allem im Bereich der kostspieligeren Gebrauchsgüter ein Mittel zum Abbau der bei diesen häufig sich einstellenden kognitiven Dissonanzen nach erfolgtem Kauf und als ein Mittel des Kundendienstes in der Nachkaufsituation wohl geeignet, dem in der Reklamation selbst sich manifestierenden Abbröckeln einer bestehenden Marken- oder Produkttreue wirksam entgegenzutreten.

complementary goods *pl*: Komplementärgüter *n/pl*, Komplementärartikel *m/pl*
Produkte, die einander in einer Weise ergänzen, daß der Nutzen des einen ohne das andere entweder überhaupt nicht vorhanden ist oder aber durch das Vorhandensein des anderen Produkts wesentlich erhöht wird. Zwischen einzelnen Komplementärgütern bestehen unterschiedliche Grade der Komplementarität und unterschiedliche Komplementaritätsrelationen.

complete: vollständig, ausfüllen, ergänzen, erledigen, vervollständigen, vollenden
complete delegation: vollständige Delegation *f*
Eine Form der Delegation, bei der Verantwortung und Kompetenz (Entscheidungsbefugnisse und Mitteldisposition) vollständig weitergegeben werden.
Die vollständige Delegation bewirkt die Miteinbeziehung der Mitarbeiter in den Entscheidungsprozeß. Dadurch entwickeln sich aus den ursprünglich nur weisungsgebundenen und verrichtungsorientierten Mitarbeitern selbständig handelnde und ergebnisbewußt motivierte Leistungsträger, die ihre Motivation aus der Loyalität gegenüber der Unternehmensleitung ableiten. Die Mitarbeiter erhalten Freiräume in der Gestaltung ihrer Aktionspläne und orientieren sich am ökonomischen Prinzip.

complete knowledge: umfassende und genaue Kenntnis *f*
completed-contract method: Schlußabrechnungsverfahren *n*
completeness: Vollständigkeit *f*
completion: Ergänzung *f*, Erledigung *f*
compliance: Ausführung *f*, Befolgung *f*, Beobachtung *f* (von Regeln etc.), Erfüllung *f*
complicated: schwierig
complication: Schwierigkeit *f*
complicity: Mitschuld *f*, Mittäterschaft *f*
complimentary: kostenlos, gratis, frei
complimentary copy: Freiexemplar *n*, Werbenummer *f* (Zeitschrift)
comply with: beobachten (Regeln), ausführen, befolgen, erfüllen, sich fügen, nachkommen (bei Vorschriften)
component: Bestandteil *m*
component part: Ersatzteil *m*
compos mentis: zurechnungsfähig
compose: ausarbeiten, zusammenstellen
composing machine: Setzmaschine *f*
composite depreciation: Gruppenabschreibung *f*

composite entry: Sammelbuchung *f*
composite insurance company: Universalversicherung *f*
composite-life method of depreciation: Gruppenabschreibungsmethode *f*, Gruppenabschreibung *f*
composite method of depreciation: Gruppenabschreibungsmethode *f*
composite rate: Pauschsatz *m*
composite supply: zusammengesetztes Angebot *n*
composition: Akkord *m* (Vertrag), Aufbau *m*, Vergleich *m* (mit Gläubigern)
composition program: Setzprogramm *n*
composition with creditors: Gläubigerakkord *m*
compound: akkordieren, vergleichen (mit Gläubigern)
compound duty: Mischzoll *m*, zusammengesetzter Zoll *m*
compound entry: Sammelbuchung *f*, zusammengesetzter Buchungssatz *m*
compound interest method of depreciation: Abschreibung *f* unter Berücksichtigung von Zinseszinsen *m/pl*
compound interest: Zinseszins *m*
compound-interest formula: Zinseszinsformel *f*
compound item: Sammelposten *m*
compound journal entry: Journal-Sammelbuchung *f*
compound rate: kumulativer Satz *m*
compound reversionary bonus: kumulativer Summenzuwachs *m*
comprehend: begreifen, erfassen, umfassen, verstehen
comprehension: Verständnis *n*
comprehensive car insurance policy: kombinierte Kraftfahrtversicherung *f*
comprehensive general shop: Lehrwerkstatt *f*, allgemeine Werkstatt *f*
comprehensive insurance: Kaskoversicherung *f*, Vollkaskoversicherung *f*
comprehensive motor insurance policy: kombinierte Kraftfahrtversicherung *f*
comprehensive policy: kombinierter Versicherungsschein *m*
comprise (within): subsumieren
compromise: Kompromiß *m*, schlichten, Schlichtung *f*, Vergleich *m*, vergleichen
compulsion: Nötigung *f*, Zwang *m*
compulsory: obligatorisch, verbindlich, zwingend
compulsory administration: Sequester *n*, Zwangsverwaltung *f*

compulsory arbitration: Zwangsschiedsverfahren *n*, Zwangsschlichtung *f*
compulsory arrangement: Zwangsvergleich *m*
compulsory auction: Zwangsversteigerung *f*
compulsory capital formation: Zwangskapitalbildung *f*
compulsory cartel: Zwangskartell *n*
compulsory composition: Zwangsvergleich *m*
compulsory delivery: Zwangsablieferung *f*
compulsory execution: Zwangsvollstreckung *f*
compulsory insurance: Pflichtversicherung *f*
compulsory insurance scheme for salaried employees: Angestellten(pflicht)versicherung *f*
compulsory invalidity insurance scheme: Invaliditätspflichtversicherung *f*
compulsory license: Zwangslizenz *f*
compulsory liquidation: Zwangsauflösung *f*
compulsory loan: Zwangsanleihe *f*
compulsory measure: Zwangsmaßnahme *f*
compulsory medical examination: Pflichtuntersuchung *f*
compulsory membership: Zwangsmitgliedschaft *f*
compulsory military service: Wehrdienstpflicht *f*
compulsory military service duty: Dienstpflicht *f* (Militär)
compulsory price: Zwangspreis *m*
compulsory quotation: Zwangskurs *m*
compulsory rate: Zwangskurs *m*, Zwangspreis *m*
compulsory rebate: Zwangsnachlaß *m*
compulsory redemption: Zwangseinziehung *f*
compulsory reinsurance: Zwangsrückversicherung *f*
compulsory retirement: Zwangspensionierung *f*
compulsory saving: Sparzwang *m*, Zwangssporen *n*
compulsory service: Dienstbarkeit *f*, Grundlast *f*, Servitut *n*
compulsory settlement: Zwangsvergleich *m*
compulsory social security: gesetzliche Sozialversicherung *f*
compulsory social services *pl*: gesetzliche soziale Leistungen *f/pl*

compulsory winding-up: Zwangsliquidation *f*
compulsory work: Dienstverpflichtung *f*, Pflichtarbeit *f*
computation: Berechnung *f* (von Werten), Errechnung *f*, Rechnung *f*
compute: berechnen (von Werten), errechnen, rechnen, zusammenrechnen
computer: Rechenanlage *f (EDV)*, Rechenautomat *m (EDV)*
computer center: Rechenzentrum *n (EDV)*
computer code: Computercode *m*
computer dependent: maschinenabhängig *(EDV)*
computer independent: maschinenunabhängig *(EDV)*
computer language: Maschinensprache *f (EDV)*
computer limited: verarbeitungsabhängig *(EDV)*
computer oriented language: Programmiersprache *f*, maschinenorientierte computer *(EDV)*
computer simulation: Computer-Simulation *f*
Eine Simulationstechnik, bei der ein theoretisches Modell unter gleichzeitigem Einsatz von Erfahrungswerten Untersuchungsergebnissen und anderen Informationen über Verknüpfungen in einen Rechner eingegeben wird.
computerize: auf Rechenanlage *f* übernehmen *(EDV)*
computing capacity: Rechenkapazität *f (EDV)*
computing device: Rechenanlage *f (EDV)*
computing potential: Rechenpotential *n (EDV)*
computing speed: Rechengeschwindigkeit *f (EDV)*
conceal: verdecken, verheimlichen, verschleiern, verschweigen
concealed unemployment: versteckte Arbeitslosigkeit *f*
concealment: Verheimlichung *f*, Verschleierung *f*, Verschweigen *n*
concede: anerkennen, bewilligen, einräumen, gewähren, nachgeben, zubilligen, zugestehen
concede a point: in einem Punkt *m* nachgeben
concededly: zugestandenermaßen
concentrate: konzentrieren
concentration: Konzentration *f*
concentration curve: Konzentrationskurve *f*, Lorenzkurve *f*
Eine graphische Technik zur Darstellung und Analyse relativer Konzentrationsverhältnisse, die von dem Amerikaner M. C. Lorenz zur Darstellung der Einkommensverhältnisse verwendet wurde. In die Abszisse wird die kumulierte Zahl (Prozentzahl) der Einkommensempfänger, in die Ordinate der auf den jeweiligen Anteil der Einkommensempfänger entfallende Anteil an allen erzielten Einkommen eingetragen. Bei vollkommener Gleichverteilung müßte sich eine lineare Verteilung ergeben, die in einem Winkel von 45° vom Nullpunkt ausgeht.

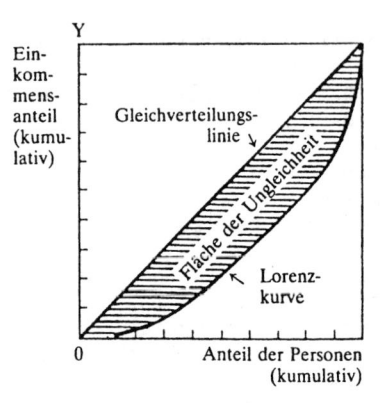

Die Kurve der tatsächlichen Einkommensverteilung, die Lorenzkurve, verläuft jedoch unterhalb der Gleichverteilungsgeraden, weil in der Realität die Angehörigen der unteren Einkommensschichten ein geringeres und die Angehörigen der oberen Einkommensschichten ein höheres als das durchschnittliche Einkommen haben. Die Anwendungsmöglichkeiten der Lorenzkurve sind keineswegs auf die Darstellung von Einkommensverteilungen beschränkt sie sind allgemein für Konzentrationsverhältnisse, also z.B. auch für die Darstellung von Umsatzstrukturen geeignet.
concentration of orders: Auftragskonzentration *f*
Die mit dem Ziel der Kostensenkung und der Erlangung von Preisvorteilen und günstigen Konditionen vorgenommene Zusammenfassung einer Mehrzahl von Einzelaufträgen zu einem einzigen Auftrag durch Organisationen wie z.B. freiwillige Ketten oder Einkaufszusammenschlüsse.
concentration strategy: Konzentrationsstrategie *f*
Eine Managementstrategie, deren Ziel es ist, alle Tätigkeiten des Unternehmens auf die stärksten Segmente und Absatzwege zu konzentrieren und demntsprechend alle Randgebiete und kleineren Absatzwege allmählich zu eliminieren.
concept: Begriff *m*, Konzept *n*
concept matching: Prinzip *n* der periodenechten Aufwands- und Ertragszuordnung *f*
concept of materiality: Bedeutung *f* eines Bilanzpostens *m* entscheidet über besonde-

re Ausweispflicht *f*, Prinzip *n* von der Wichtigkeit *f* (oder Bedeutung) des einzelnen Bilanzpostens *m* für die Richtigkeit *f* des Gesamtausweises *m*
conception: Vorstellung *f*
conceptual skills : konzeptionelle Kompetenz *f*
Eine von drei Schlüsselkompetenzen („skills"), die nach einer Aufstellung von R. L. Katz als Voraussetzungen für eine erfolgreiche Erfüllung der Managementfunktionen anzusehen sind. Konzeptionelle Kompetenz ist die Fähigkeit, Probleme und Chancen im Zusammenhang zu erkennen. Sie setzt ein grundsätzliches Verständnis des Gesamtsystems und der Bewegungskräfte des Leistungsprozesses voraus. Konzeptionelle Kompetenz verlangt aber auch die Fähigkeit, ein Problem aus verschiedenen Perspektiven zu betrachten oder allgemeiner in verschiedenen Kategorien zu denken. Darüber hinaus verlangt sie das Vermögen, trotz unterschiedlicher Sichtweisen einen koordinierten Handlungsvollzug innerhalb von und zwischen Abteilungen sicherzustellen.
concern: Angelegenheit *f*, Unternehmen *n*
concerned in, be: Teilnahme bekunden an, beteiligt sein an
concerted action: konzertierte Aktion *f*
concession: Bewilligung *f*, Konzession *f*, Sonderrecht *n*, Zubilligung *f*, Zugeständnis *n*, Zulassung *f*
concessionaire: Konzessionär *m*
conciliate: ausgleichen, versöhnen
conciliation: Vermittlung *f*
conciliation commission: Vermittlungsausschuß *m*
conciliation committee: Vermittlungsausschuß *m*
conciliator: Vermittler *m*
conciliatory proposal: Vorschlag *m* zur gütlichen Einigung *f*
conclude: abschließen, beschließen, eingehen (bei Ehe), folgern, schließen
conclude a contract: einen Vertrag *m* (ab)schließen
conclusion: Abschluß *m*, Beschluß *m*, Beschlußfassung *f*, Folgerung *f*, Schluß *m*, Schlußbemerkung *f*, Schlußfolgerung *f*, Zusammenfassung *f*
conclusion of fact: Tatsachenfolgerung *f*
conclusion of law: Rechtsfolgerung *f*
conclusive: beweiskräftig, maßgeblich (oder maßgebend), triftig
concomitant: Begleiterscheinung *f*
concur: übereinstimmen
concur in an opinion: anschließen, sich einer Ansicht *f* anschließen

concur with (in) an opinion: beitreten (jemandes Ansicht)
concurrent activity: unabhängige Tätigkeit *f* (PERT), Paralleltätigkeit *f* (PERT)
concurrent condition: Zug-um-Zug Bedingung *f*
concurrent expense(s) *(pl)*: periodenfremder Aufwand *m*
condemn: verurteilen
condemnation: Verurteilung *f*
condense: zusammenfassen
condensed balance sheet: zusammengefaßte Bilanz *f*
condensed form: zusammengefaßte Form *f*
condensed income statement: zusammengefaßte Gewinn- und Verlustrechnung *f*
condensed statement: zusammenfassende Übersicht *f*
condition: bedingen, Bedingung *f*, Befund *m*, Beschaffenheit *f*, Klausel *f*, Umstand *m*, Zustand *m*
condition of acceptance: Übernahmebedingung *f*
condition of average: Proportionalregelung *f*
condition sine quo non: unerläßliche Bedingung *f*
conditional: bedingt
conditional (upon): abhängig (von)
conditional capital: increase bedingte Kapitalerhöhung *f*
conditional jump: bedingte Verzweigung *f* (EDV)
conditional sale: bedingter Verkauf *m*, Verkauf *m* unter Eigentumsvorbehalt
conditional sales contract: Kaufvertrag *m* unter Eigentumsvorbehalt
conditional transfer: bedingte Verzweigung *f*
conditioned upon: bedingt
conditions *pl* **of repayment:** Rückzahlungsbedingungen *f/pl*
conditions *pl* **of sale:** Verkaufsbedingungen *f*
conduct: Benehmen *n*, Betragen *n*, führen, Führung *f*, leiten, Verhalten *n*
conduct a business: ein Geschäft *n* führen
conduct a clearance sale: ausverkaufen
conductive pencil: Graphitstift *m* (EDV)
confectionery: Süßwaren *pl*
Confederation of British Industry (CBI): Bundesverband *m* der Britischen Industrie *f*
confederation: Verband *m*
confer: besprechen, zuerkennen

111

confer about: Rücksprache *f* nehmen (über); (upon) beschenken, übertragen
conference: Besprechung *f*, Rücksprache *f*, Sitzung *f*, Tagung *f*
conference of department heads: Abteilungsleiterkonferenz *f*, Meisterbesprechung *f*
Die Einrichtung von Abteilungsleiterkonferenzen oder Meisterbesprechungen dient in erster Linie dazu, Abstimmungsprobleme und Konflikte zwischen Abteilungen zu klären. Im Unterschied zu den Ausschüssen sind diese Konferenzen permanente Einrichtungen mit einer unspezifischen Aufgabe. Sie sollen die allfälligen und mit einer gewissen Regelmäßigkeit zwischen den Abteilungen auftretenden Anschlußprobleme auf direktem Wege, also ohne Einschaltung der vorgesetzten Instanzen, einer Lösung zuführen.
conference method: Konferenzmethode *f*
confess: beichten, bekennen, eingestehen, gestehen
confession: Beichte *f*, Bekenntnis *n*, Eingeständnis *n*, Geständnis *n*
confidant: Vertrauensmann *m*
confide: anvertrauen, vertrauen
confidence interval: Konfidenzintervall *n*, Vertrauensbereich *m*,
confidence man: Schwindler *m*
confidence: Vertrauen *n*
confidential: vertraulich
confidential statement: vertrauliche Angabe *f*
configuration: Ausrüstung *f (EDV)*, Gestaltung *f (EDV)*, Zusammensetzung *f (EDV)*, Konfiguration *(EDV)*
configuration problem: Konstellationsproblem *n*
Im Bereich der Problemlösung lassen sich je nach der gedanklichen Anforderungsqualität, die ein Problem stellen kann, mehrere Problemtypen abgrenzen. Die spezifische Anforderungsqualität von Konstellationsproblemen besteht darin, vorhandene Wissenselemente so zu konfigurieren bzw. umzukonstellieren, daß ein neues, im Problemlösungsprozeß erforderliches Gedankenkonstrukt entsteht.
confirm: aufrecht erhalten (Entscheidung), beglaubigen, bekräftigen, bestätigen
confirm in writing: bestätigen, schriftlich verbriefen
confirmation: Beglaubigung *f*, Bekräftigung *f*, Bestätigung *f*, Genehmigung *f*
confirmation advice: Abschlußbestätigung *f*
confirmation in writing: Verbriefung *f*
confirmation of bank balance: Saldenbestätigung *f* der Bank *f*
confirmed credit: unwiderruflicher Kredit *m*

confiscate: mit Beschlag *m* belegen, beschlagnahmen, konfiszieren, sequestrieren
confiscation: Beschlagnahme *f*, Konfiskation *f*, Sequester *n*
confiscatory: konfiskatorisch
conflict: Konflikt *m*
Ein Konflikt liegt dann vor, wenn sich ein Individuum zwischen unvereinbaren, sich gegenseitig ausschließenden Alternativen entscheiden muß. Ein wesentliches Merkmal des subjektiven Konflikterlebens ist der Entscheidungszwang bzw. der Entscheidungswunsch. Man unterscheidet:
• *Appetenzkonflikte*: Ein Subjekt steht vor der Wahl von an sich gleichwertigen (oder als gleichwertig bewerteten) wünschenswerten Alternativen, von denen jedoch nur eine realisierbar ist. Unabhängig, wie sich das Individuum entscheidet, es bleibt stets das Empfinden eines Verzichts erhalten.
• *Aversionskonflikte*: Ein Individuum steht vor der Notwendigkeit, zwischen zwei als unangenehm empfundenen Alternativen entscheiden zu müssen.
• *Appetenz-Aversions-Konflikte*: Ein Individuum strebt ein positiv bewertetes Ziel an, dessen Realisierung aber mit negativen Begleitumständen, unter Umständen mit Sanktionen, verbunden ist (Normenkonflikt).
Im betrieblichen Alltag hat es sich als nützlich erwiesen, zur Analyse und Bewältigung von Konflikten drei Ebenen zu unterscheiden:
• *Personen*: Konflikte entstehen immer in und zwischen Menschen (nicht zwischen unbelebten Objekten). Wahrnehmungen und Gefühle, Einstellungen und Verhaltensweisen, persönliche Ziele und Interessen geben jedem Konflikt sein unverkennbar individuelles Gepräge.
• *Interaktionen*: Konflikte entstehen aus den Beziehungen zwischen Menschen heraus und verändern diese. Vertrauen oder Mißtrauen, offenes Gespräch oder verdecktes Lavieren, Respekt und Annahme oder Feindseligkeit und Ablehnung, eine gespannte oder eine entspannte Atmosphäre – all dies ist Bedingung, Ausdruck und Folge von Konflikten.
• *Strukturen*: In Organisationen spielen sich Konflikte innerhalb gegebener wirtschaftlicher, technischer und rechtlich-organisatorischer Rahmenbedingungen ab. Vorschriften, Informationswege, Abhängigkeiten, technische Programme, Sachzwänge usw. determinieren jeweils einen Konflikt und umgrenzen gleichzeitig das Feld möglicher Einigungsweisen.
Ein und derselbe Konflikt ist vielfältig bestimmt, kommt auf verschiedenen Ebenen zum Ausdruck und erfordert deshalb auch einen mehrfachen Zugang. Die drei Konfliktebenen stellen Perspektiven dar, die jeweils eine Dimension besonders akzentuieren, ohne die anderen aufzuheben. Ein Konflikt wird in Organisationen aber nur dann verstanden und produktiv angegangen, wenn alle drei Ebenen berücksichtigt werden. Im Unternehmen entstehen

conflict management

Faktisches Vorhandensein \ Subjektive Wahrnehmung	Keine Wahrnehmung	Schwache Wahrnehmung	Starke Wahrnehmung
Kein Konflikt	Übereinstimmung	Scheinkonflikte	Scheinkonflikte
Schwacher Konflikt	Konfliktlücke	Übereinstimmung	Konfliktüberschätzung
Starker Konflikt	Konfliktlücke	Konfliktunterschätzung	Übereinstimmung

aufgrund der Organisations- und Arbeitsbeziehungen spezifische Konfliktfelder. Man unterscheidet:
- *Innenkonflikte*: Sie entstehen innerhalb des Unternehmens und werden in der Regel auch innerhalb der geltenden Normen und Vereinbarungen ausgetragen. Sie treten in drei Variationen auf:

(1) *Individualkonflikte*: Es handelt sich hier um „Auseinandersetzungen" zwischen Individuen. Der Individualkonflikt hat seine Ursache in der Divergenz zwischen persönlichen (individuellen) Wertvorstellungen und Zielen, die mit den Anforderungen und Wertmustern der Organisation nicht vereinbar sind.

(2) *Gruppenkonflikte*: Sie entstehen durch konkurrierende Gruppen (z.B. Teams, Abteilungen), die an einer gleichen Aufgabe arbeiten oder durch Gruppen, die zwar für die Verwirklichung einer gemeinsamen Aufgabe eingesetzt sind, aber unterschiedliche Vorstellungen von den Lösungsstrategien und Maßnahmen haben. Häufig entsteht dieser „intraorganisatorische" Konflikt zwischen Stabsfunktionen und Linienmanagement.

(3) *Intragruppenkonflikte* entstehen zwischen rivalisierenden Mitarbeitern einer Gruppe oder zwischen rivalisierenden Managern, die sich um Positionen streiten (Hierarchie-Konflikte). Man spricht auch von heterogenen Gruppen oder Interessen, deren Mitglieder keine einheitliche Ausrichtung auf die Ziele und Vorgehensweisen der Organisation besitzen bzw. Individualstrategien im Verbund der Organisation durchsetzen wollen.

- *Außenkonflikte*: Sie resultieren aus den externen Beziehungen, die das Unternehmen mit Kunden (Märkten), Verbänden, Gewerkschaften, staatlichen Institutionen und Konkurrenten eingeht.

Die häufigste Ursache für betriebliche Konflikte ist die Antinomie der Wertvorstellungen. Eine weitere Ursache für das Entstehen von Konflikten ist der Konflikttransfer: Werden in einem menschlichen Erfahrungsbereich „A" (z.B. Familie) positive Konfliktlösungsmöglichkeiten versperrt, sucht sich das Individuum in einem anderen Erfahrungsbereich „B" (z.B. Beruf) Möglichkeiten der Konfliktbewältigung.

Typische Konflikte innerhalb des Unternehmens sind:

a) *Beurteilungskonflikt*: Er ist oftmals eine Folge mangelhafter Information und tritt besonders dann in Erscheinung, wenn zwei Kontrahenten zwar das gleiche Ziel verfolgen, aber unterschiedliche Bewertungen über die Strategie der Zielerreichung hegen.

b) *Verteilungskonflikt*: Er entsteht durch die Aufteilung knapper Ressourcen auf konkurrierende Ziele, man nennt ihn auch Budgetkonflikt.

c) *Zielkonflikt*: Er entsteht dann, wenn unterschiedliche Parteien divergierende Ziele verfolgen, die einander gegenseitig ausschließen.

d) *Kompetenzkonflikt*: Ein Kompetenzkonflikt ist dann gegeben, wenn ein Mißverständnis zwischen Verantwortung und Entscheidungskompetenz vorliegt.

conflict management: Konfliktmanagement *n*

Mit Konfliktmanagement bezeichnet man eine besondere Fähigkeit des Managements, Konflikte zu erkennen, zu steuern und zu lösen. Man unterscheidet die Konfliktwahrnehmung, die Konfliktsteuerung und die Konfliktlösung.

Nicht gelöste Konflikte führen beim Individuum zu einem Konfliktstau und mitunter auch zu psychischen Spannungen und Stress. Konfliktmanagement bezeichnet die Aufgabe des Managers, Konflikte innerhalb seines Verantwortungsbereichs zu erkennen und zu handhaben, d.h. Methoden der Konflikthandhabung zu trainieren, um derartige Spannungen zu reduzieren.

Durch *Konfliktwahrnehmung* kann erreicht werden, daß zwischen objektivem Vorhandensein eines Konflikts und der subjektiven Wahrnehmung eine weitgehende Identität besteht. Ist diese Identität nicht gegeben, entstehen

- *Scheinkonflikte*: Starke subjektive Sensibilisierung, obwohl faktisch keine oder nur geringe Konflikte vorliegen.
- *Konfliktlücken*: Keine Wahrnehmung trotz des Vorhandenseins von Konflikten (Ignoranz des Konfliktmanagers).

Der Zusammenhang ist in der folgenden Abbildung dargestellt:

Konfliktsteuerung und -lösung zielt darauf, extreme Reaktionen zu vermeiden. Dabei spielt der praktizierte Führungsstil eine bedeutsame Rolle. Nach H. Fittkau-Garthe kann folgende Systematik des Konfliktverhaltens in Abhängigkeit vom Führungsstil definiert werden:

- *autoritäre Konfliktregelung*: Lösung des Konflikts durch Machtentscheidung. Die Mitarbeiter haben sich der Entscheidung zu fügen. Zweifel an der Entscheidung werden nicht geduldet. Bei eigenen Konflikten versucht der Konfliktmanager, um jeden Preis zu siegen („Der Stärkere hat recht").

conflict of evaluation

Konflikte werden als menschliche Schwächen gedeutet. Die Konfliktregelung wird von den Interessen der Organisation bestimmt; im Zweifel müssen auch „Köpfe rollen".
• *kooperative Konfliktregelung*: Interaktion und Kommunikation mit den Konfliktpartnern, Kompromißbereitschaft (Vermittlerrolle), Aufnahme der Argumente des Kontrahenten, Beteiligung der Betroffenen an der Entscheidungsfindung, Ausgleichsstreben zwischen menschlichen und organisatorischen Bedürfnissen, Konflikte werden als natürliche Erscheinungen im Zusammenarbeiten von Organisationsmitgliedern betrachtet.
Zu den Strategien der positiven Konfliktlösung zählen:
• *Problemlösung* (problem-solving): Versuche, die einigenden Merkmale eines Streitfalles zu definieren und von da aus die Lösung zu suchen.
• *Überzeugung* (persuasion): Der Konfliktmanager versucht, seine Führerrolle und Legitimation gegen die Interessen des Kontrahenten durchzusetzen.
• *Aushandeln* (bargaining): Hierbei werden trotz der Unvereinbarkeit der Ziele und Standpunkte Zustimmung und Überzeugung angestrebt. Sehr oft mündet das Aushandeln in einen Kompromiß.
• *Koalitionen* (oder Politik): Analog dem Aushandeln wird hier ebenfalls nach einer „befriedigenden" Lösung gesucht. Als Mittel dient jedoch die Kooperation mit geeigneten Interessenparteien (Koalitionsbildungen). Ein beliebter Koalitionspartner des mittleren Managements ist die Unternehmensleitung, während Mitarbeiter sehr oft Betriebsräte oder Kollegen als Koalitionspartner wählen. Je nach Verhandlungsverlauf können derartige Koalitionen wechseln.
Alle vier Konfliktlösungsstrategien sind in der Praxis gleichzeitig anzutreffen. Als besonders konfliktanfällig zeigt sich das mittlere Management: Sie sind Führer und Geführte zugleich und damit ständig Zwangssituationen ausgesetzt. Bei ihnen trifft man daher häufig die Koalitionsbildung an, allerdings mit wechselnden Partnern ohne tiefergreifende Vertrauensbasis.

conflict of evaluation: Beurteilungskonflikt *m*
Ein Konflikt, der oftmals eine Folge mangelhafter Information ist und besonders dann in Erscheinung tritt, wenn zwei Kontrahenten zwar das gleiche Ziel verfolgen, aber unterschiedliche Bewertungen über die Strategie der Zielerreichung hegen.
conflict of laws: Gesetzeskollision *f*
conform: übereinstimmen
conformation: Anpassung *f*, Übereinstimmung *f*
conformity: Konformismus *m*, Übereinstimmung *f*
confront: gegenüberstellen
confrontation: Gegenüberstellung *f*
confuse: verwechseln, verwirren

confusion: Irreführung *f*, Verwechslung *f*, Verwirrung *f*
conglomerate: Mischkonzern *m*
conglomerate company: durch Fusion *f* entstandenes, in mehreren Branchen *f/pl* tätiges Großunternehmen *n*
Congress of Industrial Organizations (CIO) *(Am)*: Gewerkschaftsbund *m*
congruity: Kongruenz *f*
congruity principle: Kongruenzprinzip *n*
Ein klassisches Management-Prinzip, das besagt, Aufgaben, Kompetenz und Verantwortung müßten einander decken. Verantwortung beinhaltet die Pflicht, den übertragenen Aufgabenbereich abzudecken und über das Ergebnis Rechenschaft abzulegen. Voraussetzung für die Delegation von Macht und Verantwortung ist die Einsicht, daß beides, obwohl rechtlich in der Hand der Produktionsmitteleigentümer konzentriert, dennoch teilbar ist. Für die Gestaltung von Budgets besagt dieses Prinzip, daß eine budgetierte Stelle die erforderlichen Kompetenzen besitzen muß, um alle zum geplanten Erfolg erforderlichen Aktivitäten ergreifen zu können.
conjectural hypothesis: Konjekturalhypothese *f*
Eine von Erich Schneider formulierte Hypothese, derzufolge ein Oligopolist zwar vage, aber gewisse Vorstellungen über die wahrscheinlichen Reaktionsmöglichkeiten der Konkurrenten hat.
conjugal: ehelich
conjugal community: eheliche Gemeinschaft *f*
connect: anschließen, verbinden
connection: Beziehung *f*, Verbindung *f* *(EDV)*, Verbindungsweg *m*
connection of proximate causes: Kausalzusammenhang *m*
connector: Verbindung *f* *(EDV)*
connector cable: Verbindungskabel *n* *(EDV)*
connivance: Zustimmung *f* zu gesetzwidriger Handlung *f*
conscience money: Reugeld *n*, anonyme Steuernachzahlung *f*
conscientious: pflichtbewußt, pflichtgemäß
conscientiousness: Pflichtbewußtsein *n*
consecutive number control: laufende Nummernkontrolle *f*
consecutive number: fortlaufende Nummer *f*
consecutive voyage charter: Konsekutiv-Reischarter *f*
consecutively numbered: fortlaufend numeriert
consent: beipflichten, Billigung *f*, einwilli-

gen, Einwilligung f, genehmigen, Genehmigung f, zustimmen, Zustimmung f
consequence: Folge f, Konsequenz f
consequential damage: Folgeschaden m
consequential loss insurance: Folgeschaden-Versicherung f
consequential loss: Folgeschaden m
conservatism: vorsichtige, konservative Einstellung f, Prinzip n der kaufmännischen Vorsicht f (im Rechnungswesen)
conservative calculation: vorsichtige Berechnung f
consider: ansehen, beachten, bedenken, berücksichtigen, betrachten, erwägen
considerable: beachtlich, erheblich, nennenswert
consideration: Beachtung f, Bedachtsamkeit f, Entgelt n, Erwägung f, Gegenleistung f Gegenwert m, Preis m, Rücksicht(nahme) f, Vergütung f
consideration forfeited: Abstand m (Betrag)
consign: konsignieren, übergeben, übersenden, zusenden
consignable: versendungsfähig
consignation: Konsignation f, Konsignationsgeschäft n → consignment
consigned goods pl: Konsignationswaren f/pl
consigned stock: Kommissionslager n
consignee: Destinatar m, Empfänger m einer Ware f, Kommissionär m, Ladungsempfänger m, Warenempfänger m
consignment: Auftrag m (Lieferung), Konsignationsgeschäft n, Konsignationslieferung f, Sendung f, Übersendung f von Ware f, Versendung f, Warenlieferung f zum Verkauf m für Rechnung f des Eigentümers m Eine Form des Kommissionsgeschäfts, bei der der Kommissionär (der Konsignatar) die zu verkaufende Ware auf sein eigenes Lager (das Konsignationslager) übernimmt. Dabei trägt der Konsignant (der Kommittent) die Lagerhaltungskosten. Der Konsignatar verkauft ebenso wie der Kommissionär die Waren im Namen und für Rechnung des Konsignatanten.
Das Konsignationssystem im Handel ist eine Form der Organisation der Absatzwege, bei der ein Hersteller den Händlern vielfältige Bindungen auferlegt (einheitliche Ausstattung der Geschäfte, Durchführung von Verkaufsförderungsaktionen und Wahrnehmung von Beratungsaufgaben, Beschränkungen bei der Aufnahme der Produkte anderer Hersteller in ihr Sortiment usw.), so daß die Handelsunternehmen praktisch als eine Art verlängerter Arm des Herstellerunternehmens fungieren.

consignment for approval: Ansichtssendung f
consignment for inspection: Ansichtssendung f
consignment goods pl: Konsignationswaren f/pl
consignment note: Frachtbrief m
consignment of goods: Warensendung f
consignment purchase: Konsignationskauf m, Wareneinkauf m für Rechnung f eines Dritten m
consignment sale: Konsignationsverkauf m, Warenverkauf m für Rechnung f des Eigentümers m
consignor: Absender m einer Ware f, Auftraggeber m, Kommittent m, Sender m, Versender m
consistency: Folgerichtigkeit f, Konsistenz f
consistent execution: konsequente Durchführung f
consistent operation: konsequente Durchführung f
console: Steuerpult n (EDV)
consolidate: konsolidieren, verbinden, vereinigen, verschmelzen
consolidated balance sheet: konsolidierte Bilanz f (Konzern), Konzernbilanz f
consolidated delivery system: gemeinsames Aus- oder Zulieferungssystem n (z.B. mehrere Einzelhändler)
consolidated financial statement: konsolidierte Bilanz f nebst Gewinn- und Verlustrechnung f, Konzernabschluß m
Consolidated Fund (brit): ordentlicher Staatshaushalt m
consolidated income statement: Konzerngewinn- und Verlustrechnung f
consolidated loss: Konzernverlust m
consolidated profit: Konzerngewinn m
consolidated profit and loss statement: konsolidierte Gewinn- und Verlustrechnung f
consolidated return: zusammengefaßter Ausweis m
consolidated sheet: Konsolidierungsbogen m
consolidated shipment: Sammelladung f
consolidated stockholders' report: Konzerngeschäftsbericht m
consolidation: Fusion f, Fusion f mit Neugründung f, Konsolidierung f, Vereinigung f, Verschmelzung f
conspiracy: Komplott n, Verschwörung f
conspirator: Verschwörer m
conspire against: sich verschwören gegen

constant: konstant, beständig, ständig, unveränderliche Größe f, Konstante f
constant capital: konstantes Kapital n
constant cost: Fixkosten pl → fixed cost
constant price: konstanter Preis m
constant sharing plan: Entlohnung f mit gleichbleibender Mehrleistungsvergütung f
constant time element: festes (unveränderliches) Zeitelement n (in Zeitstudien)
constituent: Bestandteil m, Wähler m
constitute: begründen, errichten
constitution: Errichtung f, Konstitution f, Satzung f, Verfassung f
constitutional: verfassungsmäßig
constitutional court: Verfassungsgericht n
constitutional law: Grundgesetz n, Staatsrecht n, Verfassungsrecht n
constitutional state: Rechtsstaat m
constitutive: rechtsbegründend
constraints pl: Restriktionen f/pl, Nebenbedingungen f/pl
Eine von drei bestimmenden Komponenten, durch die in der Managementlehre vielfach das Tätigkeitsfeld eines Managers beschrieben wird. Restriktionen sind Begrenzungen, die der Manager in seiner Tätigkeit erfährt. Sie können von innen oder von außen kommen. So sind typischerweise Budgetlimits, Satzungen, Betriebsvereinbarungen, eingesetzte Technologien usw. zu den Restriktionen zu rechnen.
construct: bauen, errichten, verfertigen
construction: Auslegung f, Bau m
construction activity: Neubautätigkeit f
construction cost index: Baukostenindex m
construction industry: Bauhauptgewerbe n
construction investment(s) (pl): Wohnungsbauinvestition(en) f(pl)
construction value: Bauwert m
construction work in progress: im Bau m befindliche Anlage f
constructional work: Neubautätigkeit f
constructive: konstruktiv
constructive discharge: erzwungene Kündigung f
constructive interchange of ideas: gegenseitig fördernder Gedankenaustausch m
constructive ownership: wirtschaftliche Verfügungsmacht f
constructive possession: de facto Besitz m
constructive receipt (of income): Einkünfte f/pl gelten als im Vorjahr n zugeflossen
constructive total loss: angenommener Totalverlust m

constructively received: mit Bestimmtheit f eingegangen
construe: auslegen, interpretieren
consul: Konsul m
consular invoice: Konsulatsfaktura f, Konsulatsrechnung f
consult: konsultieren, um Rat m fragen
consultant: Berater m, Betriebsberater m, Unternehmensberater m
consultation: Konsultation f, Beratung f, Rücksprache f
Die kooperative Führung verlangt von Vorgesetzten, daß sie die fachlich zuständigen oder betroffenen Mitarbeiter vor wichtigen Entscheidungen konsultieren. Das ist ebenso für das Treffen richtiger Entscheidungen wie für die Motivierung und Entwicklung der Mitarbeiter wichtig. Konsultation bedeutet nicht Zustimmungsabhängigkeit des Vorgesetzten.
Wenn der Vorgesetzte A den Mitarbeiter B konsultiert, so vollzieht sich die Mitwirkung von B in verschieden intensiven Formen der Mitsprache oder Mitarbeit, die jedoch allesamt nur beratenden, ergänzenden oder unterstützenden Charakter haben. A holt nicht nur Auskünfte ein, sondern bittet B um eine weitergehende beratende Mitwirkung, eine Meinungsäußerung oder eine Stellungnahme. Dann sammelt B die erbetenen Informationen oder spricht eine Empfehlung zum weiteren Vorgehen aus, ohne jedoch weitergehend darauf Einfluß zu nehmen. Es kann auch gemeinsam über das Problem beraten und gemeinsam eine Lösung erarbeitet oder gemeinsam mit Dritten über das Problem verhandelt werden, ohne jedoch das Ergebnis von der Zustimmung des konsultierten Bereichs abhängig zu machen. B überläßt die Auswertung seiner Mitwirkung und die Entscheidung über das Ergebnis der gemeinsamen Arbeit dem konsultierenden Bereich. B arbeitet mit, aber entscheidet nicht mit.
Die Konsultation schließt Unterrichtung und Auskunftseinholung ein. Nimmt der Arbeitsbeitrag des Beteiligten größeren Umfang an und wird er nicht in engster Zusammenarbeit, sondern weitgehend selbständig geleistet, dann kann die Konsultation in Auftragserteilung übergehen.
consultative management: Betriebsführung f mittels Komitees n/pl, Betriebsführung f unter Ausdehnung f des Mitsprache- und Entscheidungsrechts n nach unten (Komitees)
consulting: beratend
consulting engineer: beratender Ingenieur m, technischer Betriebsberater m
consulting hours pl: Sprechstunde f
consumable: konsumierbar, verbrauchbar
consume: konsumieren, verbrauchen
consumer: Konsument m, Abnehmer m, Verbraucher m
Als Konsument wird nach allgemeiner Überein-

stimmung ein Wirtschaftssubjekt bezeichnet, das als Mitglied eines privaten Haushalts am Markt als Käufer und Verwender (Letztverbraucher) von Gütern oder Leistungen zum Zwecke der Befriedigung von individuellen (d.h. eigenen oder denen des Haushalts bzw. einzelner seiner Mitglieder) Bedürfnissen in Erscheinung tritt.

consumer advertising: Publikumswerbung *f*

consumer behavior: Konsumentenverhalten *n*, Konsumverhalten *n*
Unter den wechselnden Bezeichnungen Kaufentscheidung, Käuferverhalten, Konsumentscheidung, Konsumverhalten und Konsumentenverhalten werden in der Marketingliteratur die verschiedenen Partial- und Totaltheorien zur Erklärung des Kaufverhaltens zusammengefaßt. Dabei herrscht weder Übereinstimmung darüber, welcher Begriff am besten geeignet ist, die gemeinten Sachverhalte zu charakterisieren, noch darüber, welche Einzelsachverhalte unter welche Begriffe zu subsumieren sind.
Viele Autoren betonen, daß die Kaufentscheidungen privater Haushalte sich grundsätzlich von den industriellen Einkaufsentscheidungen von Wirtschaftsunternehmen unterscheiden und daher nicht in einer gemeinsamen Theorie des Kaufverhaltens abgehandelt werden können. Andere vertreten die Ansicht, daß es sich dabei nur um unterschiedliche Aspekte derselben Sache handelt, die folglich unter dem Dach einer übergreifenden Theorie behandelt werden müssen.
In diesem Buch werden die Theorien über das Kaufverhalten der privaten Haushalte unter dem Stichwort Konsumentenverhalten und die Kaufentscheidungen der Wirtschaftsunternehmen unter dem Stichwort Einkauf und) Buying Center behandelt, weil die Hersteller und Händler sich beim Kaufverhalten der privaten Haushalte einem anonymen Massenmarkt, beim industriellen Einkauf hingegen einem mehr oder minder stark individualisierten und strukturierten Einkaufsgremium gegenübersehen.

consumer borrower: Verbraucher-Kreditnehmer *m*

consumer cooperative: Konsumgenossenschaft *f*, Konsumverein *m*, Verbrauchergenossenschaft *f*
Nach § 1 Ziffer 5 des Genossenschaftsgesetzes sind Konsumgenossenschaften „Vereine zum gemeinschaftlichen Einkaufe von Lebensmitteln oder Wirtschaftsbedürfnissen im großen und Ablaß im kleinen (Konsumvereine)".
Konsumgenossenschaften entstanden historisch als hilfswirtschaftliche Zusammenschlüsse von privaten Haushalten mit dem Ziel, die eigenen Mitglieder zu möglichst günstigen Preisen und sonstigen Bedingungen mit Konsumgütern zu versorgen. Bis zu seiner Aufhebung im Jahre 1954 galt in der Bundesrepublik das Identitätsprinzip für Konsumgenossenschaften, wonach die Mitglieder der Genossenschaft zugleich ihre Kunden sind und diese daher auch nicht einem erwerbswirtschaftlichen Prinzipien entsprechenden Gewinnstreben folgen darf, sondern Gewinne zur Rücklagenbildung verwenden muß. Seit 1954 dürfen Konsumgenossenschaften ihre Waren auch an Nichtmitglieder verkaufen. Die heutigen Konsumgenossenschaften sind zu Trägern von Selbstbedienungsläden und Supermärkten, von Verbrauchermärkten, Warenhäusern und sogar von Versandhäusern für Gebrauchsgüter geworden.

consumer country: Verbraucherland *n*

consumer credit: Konsumentenkredit *m*, Verbraucherkredit *m*, Konsumtivkredit *m*, Konsumkredit *m*
Im Bereich des Kontrahierungs-Mix kommt der Kreditpolitik eines Unternehmens und hier insbesondere der Einräumung von Konsumentenkrediten auch als Instrument des Marketing-Mix eine wichtige Rolle zu. Im weitesten Sinne werden als Konsumentenkredite alle Möglichkeiten der Kreditaufnahme bezeichnet, die in einer Volkswirtschaft für Konsumenten in privaten Haushalten insgesamt zur Verfügung stehen. Vor allem im Marketing bezeichnet man als Konsumentenkredit im engeren Sinne meist nur die Formen der direkten Kreditgewährung durch den Einzelhandel selbst, in der Regel in Form von Teilzahlungskrediten, und die Formen der indirekten Kreditgewährung über Teilzahlungsbanken einschließlich der Konsumfinanzierung durch eigene Finanzierungsgesellschaften von Handelsunternehmen.

consumer credit commissioner: Beauftragter *m* für Verbraucherkredit *m*

consumer credit institutions *pl*: Verbraucherkredit-Gewerbe *n*

consumer desire: Verbraucherwunsch *m*

consumer education: Konsumentenerziehung *f*, Verbrauchererziehung *f*

consumer good: Konsumgut *n*

consumer goods *pl*: Konsumgüter *n/pl*, Konsumtivgüter *n/pl*
Im Gegensatz zu den Investitionsgütern bzw. Produktivgütern sind Konsumgüter Güter, die zur Deckung des persönlichen Bedarfs von Letztverbrauchern in privaten Haushalten dienen. Je nachdem, ob Konsumgüter zur mehrmaligen bzw. längerfristigen Verwendung oder zur einmaligen Verwendung, d.h. zum Gebrauch oder zum Verbrauch bestimmt sind, unterscheidet man zwischen Gebrauchsgütern und Verbrauchsgütern.

consumer goods industry: Konsumgüterindustrie *f*

consumer habits *pl*: Konsumentengewohnheiten *f/pl*, Verbrauchergewohnheiten *f/pl*

consumer habits survey: Untersuchung *f* der Verbrauchergewohnheiten *f/pl*

consumer income: Verbrauchereinkommen *n*

consumer market: Konsumgütermarkt *m*
consumer opinion test: Verbrauchermeinungstest *m*
consumer panel: Verbraucherpanel *n*, Verbraucher-Testgruppe *f*
consumer price index: Preisindex *m* für die Lebenshaltung, Lebenshaltungsindex *m*, Lebenshaltungskostenindex *m*,
Eine Indexzahl, die darüber Auskunft geben soll, um welchen Anteil (Prozentsatz) die Lebenshaltung in einem Lande sich ausschließlich aufgrund von Preisänderungen von einem Jahr auf das andere bzw. zwischen einer Basisperiode (einem Basisjahr) und einer Berichtsperiode (einem Berichtsjahr) verändert hat.
Zur Neutralisierung von Faktoren wie z.B. der Veränderung von Konsumgewohnheiten im Zeitverlauf muß der Indexberechnung für die in den Vergleich einbezogenen Jahre ein vergleichbarer, d.h. art- und mengenmäßig gleich zusammengesetzter Warenkorb zugrundegelegt werden. Mit wachsender Entfernung der Basisperiode, in der der Warenkorb in seiner Zusammensetzung festgelegt wurde, von der Berichtsperiode wird das immer schwieriger und erfordert eine der Realität angemessene Veränderung der Zusammensetzung des Warenkorbs, durch die wiederum langfristige Vergleiche erschwert oder unmöglich gemacht werden.
Ein Preisindex für die Lebenshaltung wird in Deutschland seit dem Jahre 1920 ermittelt. Bei der Ermittlung werden zwei Verfahren verwendet: „Neben einem Preisindex für die Lebenshaltung auf der Grundlage des fiktiven Durchschnittshaushaltes existieren verschiedene andere Preisindizes für die Lebenshaltung, die jeweils eine für einen großen Teil der Haushalte typische Struktur haben" (Rainer Hauzeneder). Das Statistische Bundesamt der Bundesrepublik berechnet die folgenden fünf Preisindizes für die Lebenshaltung:
1. *Preisindex für die Lebenshaltung aller privaten Haushalte*: In diesem Fall entspricht der Indexhaushalt in seiner Struktur dem Durchschnitt aller Haushalte und umfaßt genau zwei Erwachsene und 0,7 Kinder.
2. *Preisindex für 4-Personen-Haushalte von Angestellten und Beamten mit höherem Einkommen*: Der Indexhaushalt umfaßt zwei Erwachsene und zwei Kinder, von denen mindestens eins unter 15 Jahre alt ist.
3. *Preisindex für die Lebenshaltung von Arbeitnehmern mit mittlerem Einkommen des alleinverdienenden Haushaltsvorstands*: Indexhaushalt ist ein städtischer 4-Personen-Haushalt mit zwei Erwachsenen und zwei Kindern (mindestens eins unter 15), in dem der Haushaltsvorstand der Alleinverdiener ist.
4. *Preisindex für die Lebenshaltung von Renten- und Sozialhilfeempfängern*: Der Haushalt besteht aus zwei älteren Erwachsenen, von denen der Haushaltsvorstand der Alleinverdiener ist.
5. *Preisindex für die einfache Lebenshaltung eines Kindes*: Hier besteht nur eine einzige Indexperson, nämlich ein Kind im Alter von bis zu 18 Jahren, das allein bei der Mutter oder einem Verwandten lebt. Die Berechnung von Preisindizes für die Lebenshaltung erfolgt nach der Formel des Laspeyre-Index.

consumer product: Konsumgut *n*
consumer protection: Verbraucherschutz *m*
consumer reaction: Verbraucherreaktion *f*
consumer relations *pl*: Verbraucherbeziehungen *f/pl*
Derjenige Aspekt der Öffentlichkeitsarbeit (Public Relations) eines Unternehmens, der auf die Pflege der Beziehungen zu den Verbrauchern seiner Erzeugnisse zielt und unternehmensintern darauf gerichtet ist, die einzelnen Abteilungen und Mitarbeiter des Unternehmens verbraucherbewußter zu machen. Er hat im Zeichen der gewachsenen Verbrauchermacht und des verstärkten Interesses am Verbraucherschutz und am Konsumerismus an Gewicht gewonnen.
consumer research: Konsumentenforschung *f*
consumer spending: Konsumentenausgaben *f/pl*, Verbraucherausgaben *f/pl*
consumer surplus: Konsumentenrente *f*
consumer survey: Verbraucherumfrage *f*
consumer-borrower: Verbraucher-Kreditnehmer *m*
consumerism: Konsumerismus *m*
Die ursprünglich in den USA entstandene soziale Bewegung, deren Ziel die wirksamere Vertretung von Verbraucherinteressen gegenüber den Herstellern ist. Die Praktiker des Marketing und Anhänger des Marketingkonzepts, die dieses stets als die gezielte Bemühung um die Orientierung der Hersteller an den Konsumentenbedürfnissen und -interessen verstanden, haben die Entstehungsgründe des Konsumerismus zum Teil auch wegen seiner explizit oder implizit an der Vorstellung der Konsumentensouveränität orientierten Ausrichtung gegen alle Beeinflussung und Manipulation von Verbrauchern als einen direkten Angriff gegen das Marketing selbst und seine Existenz als die „Schande des Marketing" (so Peter F. Drucker) verstanden. Philip Kotler hingegen meint: „Der Konsumerismus ist eine mächtige Kraft, mit der das Marketing rechnen muß. Statt ihn als Bedrohung und Einschränkung anzusehen, sollte der Marketer ihn als eine Chance auffassen, seine Aufgabe des Erkennens, des Bedienens und der Erfüllung der Konsumentenwünsche durchzuführen... Die Einbeziehung der Forderungen der Konsumeristen in das Design und das Marketing der Produkte bringt das Unternehmen einen Schritt weiter bei der Verwirklichung der Marketingkonzeption."

consumers' acceptance: Akzeptanz *f* durch den Verbraucher *m*

consummate: vollziehen
consummation: Vollzug *m*
consumption: Konsum *m*, Verbrauch *m*
Mit Konsum werden gemeinhin drei Dinge bezeichnet: 1. der Verzehr bzw. die Marktentnahme von Gütern und Leistungen und die dafür erforderliche Geldausgabe zum Zwecke der Befriedigung von Bedürfnissen privater Haushalte, Konsumentenverhalten. 2. Die Gesamtmenge der in einer Volkswirtschaft konsumierten oder für den Konsum bestimmten Güter und Leistungen, die Gesamtheit der an Letztverbraucher verkauften Konsumgüter, Konsumfunktion und 3. der Forschungsbereich, der alles menschliche Handeln umfaßt, das im Rahmen der Rolle des Konsumenten erfolgt, Konsumforschung, Konsumtheorien.
Im allgemeinen wird der private Verbrauch von drei erklärenden Variablen bestimmt: vom verfügbaren Einkommen, von den Güterpreisen sowie von der Höhe der Ersparnis. In ihrer allgemeinsten Form kann die Konsumfunktion dann wie folgt geschrieben werden:
C = f(E, P, S).
Mit der Konsumfunktion ist auch zugleich die Sparfunktion gegeben.
consumption function: Konsumfunktion *f*
In der Wirtschaftstheorie der Ausdruck für die funktionale Abhängigkeit des Konsums (C) von den ihn determinierenden Einflußfaktoren insbesondere vom Einkommen. In der einfachsten Form stellt die Konsumfunktion den totalen Konsum in Abhängigkeit vom verfügbaren Einkommen dar:
C = C(Y).
Daneben gibt es zahlreiche spezielle Konsumfunktionen, die nur bestimmte Güter betreffen. Auf der Grundlage des makroökonomischen Zusammenhangs zwischen Konsum und Volkseinkommen formulierte John Maynard Keynes das „psychologische Konsumgesetz" über die Höhe der marginalen Konsumneigung: „Die Menschen werden in der Regel und im Durchschnitt willens sein, ihren Konsum zu vermehren, wenn ihr Einkommen steigt, aber nicht so viel wie die Einkommenssteigerung beträgt."
consumption from own production: Eigenverbrauch *m*
consumption of materials: Materialverbrauch *m*
consumption ratio: Konsumquote *f*
In der Wirtschaftstheorie das Verhältnis des Konsums (C) zum Volkseinkommen (Y), also C(Y). Während die Konsumquote den Anteil des privaten Verbrauchs am verfügbaren Einkommen angibt, beschreibt die marginale Konsumquote das Verhältnis zwischen Konsumänderung und der Änderung des Einkommens um eine Einheit. Aus der Erfahrung ist bekannt, daß die einer bestimmten Einkommenserhöhung entsprechende Konsumerhöhung in der Regel kleiner ist als die Einkommenserhöhung (der „Rest" wird gespart). Wenn die marginale Konsumquote mit steigendem Einkommen abnimmt, dann bedeutet das, daß gleichzeitig die marginale Sparquote (Anteil der Ersparnis am zusätzlichen Einkommen) zunimmt: Ein immer größer werdender Teil des zusätzlichen Einkommens wird gespart.
consumption tax: Verbrauchssteuer *f*
contact: Kontakt *m*
Eine Konkretisierung von Aufgaben und Kompetenzen im Rahmen der Management-Pyramide erfolgt durch die Stellen- und Instanzengliederung. Von besonderer Bedeutung ist bei der Instanzenplanung neben der Kontrollspanne die Anzahl der Kontakte. Man unterscheidet vertikale und horizontale Kontakte: *Vertikale Kontakte* entstehen durch die Kommunikation von oben nach unten. Sie stellen die Befehls- und Berichtswege dar. *Horizontale Kontakte* entstehen durch die Kommunikation mit gleichrangigen Instanzen.
Die Summe der Kontakte bestimmt die Kommunikations- und Informationsintensität eines Stelleninhabers. Da die Information und Kommunikation nach zeitlichen Kriterien (Häufigkeit, Zeitpunkte, Zeitdauer) und nach inhaltlichen Kriterien (Umfang, Qualität, Richtigkeit der Information, Verdichtung, formaler Aufbau) zu unterteilen ist, ergibt sich ein hoher Koordinationsaufwand für die Kommunikation und Information. Die Kontrollspanne und die Anzahl der Kontakte bestimmen den Aufwand und die Intensität für die Information. Daneben kommt es zu informeller Kommunikation. Sie bezieht sich auf den Bereich, der durch die formelle Information nicht geregelt ist, z.B. Ad-hoc-Abstimmungen und Absprachen bei besonderen Problemen, Sammlung von Zusatzinformationen oder außerbetriebliche Kontakte.
contact aptitude: Kontaktfähigkeit *f*
contacts *pl*: Beziehungen *f/pl*
contagious: ansteckend
contagious disease: ansteckende Krankheit *f*
container: Behälter *m*
container control: Gebindeabrechnung *f*
container control statement: Gebindeabrechnung *f*
container for rent: Leihemballage *f*, Leihverpackung *f*
container to be returned: Leihemballage *f*
container traffic: Behälterverkehr *m*
containerization: Umstellung *f* auf Container *m*
contamination of rivers: Verseuchung *f* der Flüsse *m/pl*
contango: Contango *m* (Aufschlag auf Kassapreis)
contemplate: berücksichtigen, bedenken
contend: behaupten
contention: Behauptung *f*
contents *pl*: Inhalt *m*
contest: anfechten, bestreiten, Bestreitung

f, Kampf *m*, Preisausschreiben *n*, Streit *m*, streiten, Wettbewerb *m*, Wettkampf *m*
contestability: Anfechtbarkeit *f*, Bestreitbarkeit *f*
contestable: anfechtbar, bestreitbar
contested claim: bestrittener Anspruch *m*
contesting action: Anfechtungsklage *f*
contingencies *pl*: unvorhergesehene Ausgaben *f/pl*, außerplanmäßige Ausgaben *f/pl*
contingencies *pl* **in cost accounts:** kalkulatorische Wagnisse *n/pl*
contingency: unvorhergesehenes Ereignis *n*, Notfall *m*, Möglichkeit *f* (unbestimmte, zukünftige)
contingency bond: Versicherung *f* gegen außergewöhnliche Risiken *n/pl*
contingency budget: Eventualbudget *n*, Alternativbudget *n*
Ein Budget, das sich um eine antizipative Berücksichtigung der Unsicherheit bemüht. Hierbei werden neben dem Arbeitsbudget weitere alternative Budgets im Hinblick auf denkbare Umweltentwicklungen formuliert. Man hält sich die Eventualbudgets quasi in Reserve vor, um sie ggf. bei entsprechenden Umweltveränderungen rasch zur Anwendung bringen zu können. Eine spezielle Variante dieser Vorgehensweise liegt vor, wenn sich die Flexibilität nur auf eine einzige Einflußgröße bezieht. Hier ist die flexible Plankostenrechnung zu nennen, bei der variable und fixe Kosten getrennt ausgewiesen und für unterschiedliche Beschäftigungsgrade die Sollkostenbudgets vorgeplant werden.

contingency model: Kontingenzmodell *n*
Eine von Fred E. Fiedler formulierte Theorie der Führung, deren Bezeichnung sich aus ihrer Grundaussage ableitet, die Effektivität einer Gruppe hänge vom gemeinsamen Auftreten zweier Faktoren ab (contingency = Abhängigkeit von bestimmten Umständen): dem Führungsstil („leadership style") und seinen „situativen Einflußchancen" („situational control").
In seinem Buch „A Theory of Leadership Effectiveness" (1967) postulierte Fiedler, die Effektivität einer Arbeitsgruppe werde durch das Zusammenwirken von Persönlichkeitsmerkmalen des Führers und der „Günstigkeit der Situation" bedingt. Die „situationale Günstigkeit" reicht von „äußerst günstig" (der Führer wird von der Gruppe geschätzt, besitzt eine Machtposition und einen klar umrissenen Aufgabenbereich) bis zu „weniger günstig" (der Führer ist unbeliebt, hat wenig Macht und sieht sich einer unstrukturierten Aufgabe gegenüber).
Nach Fiedler sind aufgabenorientierte Vorgesetzte in Situationen erfolgreich, die entweder sehr günstig oder extrem ungünstig sind, während beziehungsorientierte Vorgesetzte in Situationen „mittlerer Günstigkeit" Erfolg haben.
Unter dem Führungsstil versteht Fiedler ein „verfestigtes Verhaltensmuster", dem jemand in verschiedensten Führungssituationen folgt. Er unterscheidet den mitarbeiterorientierten und den aufgabenorientierten Führungsstil und wählt dafür die Bezeichnungen „beziehungsmotivierter" oder „aufgabenmotivierter" Führer.
Die Einflußchancen des Führers in einer Führungssituation werden nach Fiedler durch drei Variablen bestimmt:
(1) Die *Führer-Mitarbeiter-Beziehungen*, gemessen an dem Maß an Loyalität, Zuverlässigkeit und Unterstützung, das die Mitarbeiter dem Führer entgegenbringen. Diese Beziehungen werden als vom Stil des Führers unabhängig angesehen.
(2) Die *Aufgabenstruktur*, gemessen an dem Ausmaß, in dem Ziele, Lösungswege und Handlungsanweisungen vorhanden bzw. bekannt und im einzelnen bestimmt sind.
(3) Die *Positionsmacht*, gemessen an dem Ausmaß formaler Autorität, die es dem Führer erlaubt, Mitarbeiter zu belohnen und zu bestrafen.
Die Einflußchancen des Führers ergeben sich aus der Kombination dieser drei Variablen. Nach Fiedler ergeben sich acht mögliche Führungssituationen:
Die wichtigste der drei Determinanten sind die Führer-Mitarbeiter-Beziehungen; die zweitwichtigste Determinante ist die Aufgabenstruktur, und die Positionsmacht rangiert an letzter Stelle. In ihrer Bedeutung für die Einflußchancen des Führers sind die drei Variablen also nicht gleichwertig. Deshalb werden die situativen Einflußchancen in den Situationen I-III der Abbildung insgesamt als groß, in den Situationen IV-VI als mittel, in der Situation VII als mittel/gering und in VIII als gering eingeschätzt.
Seinen Führungsstil und seine situativen Einflußchancen ermittelt jeder Führer selbst anhand von Fragebogen mit Punktwertung. Dazu wird der betreffende Vorgesetzte aufgefordert, unter allen Personen, mit denen er irgendwann einmal zusammengearbeitet hat, sich an jene zu erinnern, mit der er am wenigsten gut zusammenarbeiten konnte („Least Preferred Co-Worker = LPC").
Diese Person ist anhand von 16 gegensätzlichen Adjektiven (angenehm – unangenehm, freundlich – unfreundlich, usw.) zu beschreiben, wobei die LPC-Skala jeweils die Werte 1 (= negativste Beschreibung) bis 8 (= positivste Beschreibung) aufweist. Die Summe der 16 Skalenwerte ergibt den LPC-Wert. Ein hoher LPC-Wert kommt zustande, wenn die am wenigsten geschätzte Person noch recht positiv beschrieben wird; je negativer die Beschreibung, desto niedriger der LPC-Wert.
Die Einstufung des individuellen Führungsstils erfolgt allein nach der Höhe des LPC-Wertes: Liegt der LPC-Wert über einem bestimmten Zahlenwert, so wird der Führer als beziehungsmotiviert eingestuft (= mitarbeiterorientierter Führungsstil); liegt der LPC-Wert unter einem bestimmten Zahlenwert, so wird der Führer als aufgabenmotiviert eingestuft (= aufgabenbezogener Führungsstil). Dieses Vorgehen begründet Fiedler so: Bei einem

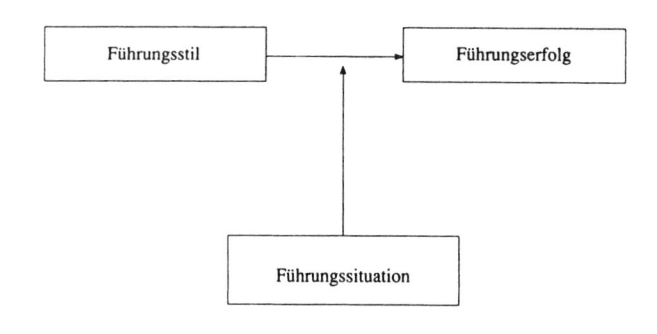

contingency model

```
┌─────────────────┐         ┌─────────────────┐
│  Führungsstil   ├────────►│  Führungserfolg │
└─────────────────┘         └─────────────────┘
                                     ▲
                                     │
                          ┌─────────────────┐
                          │ Führungssituation│
                          └─────────────────┘
```

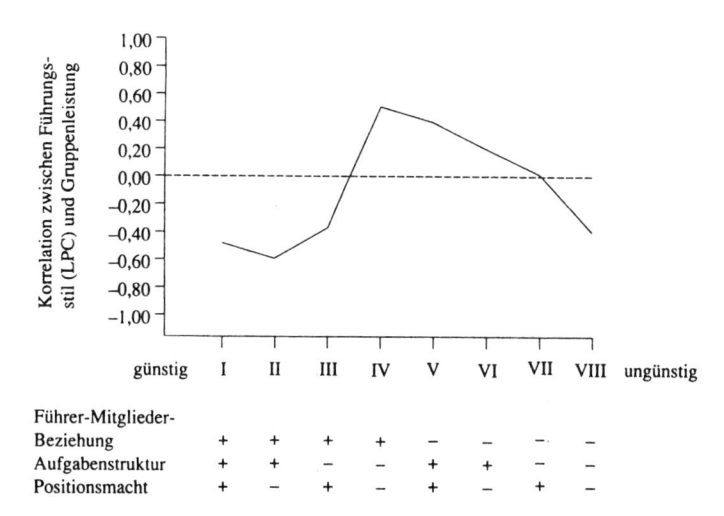

Korrelation zwischen Führungsstil (LPC) und Gruppenleistung

```
1,00
0,80
0,60
0,40
0,20
0,00 ----------------------------------
-0,20
-0,40
-0,60
-0,80
-1,00
     günstig  I  II  III  IV  V  VI  VII  VIII  ungünstig
```

	I	II	III	IV	V	VI	VII	VIII
Führer-Mitglieder-Beziehung	+	+	+	+	–	–	–	–
Aufgabenstruktur	+	+	–	–	+	+	–	–
Positionsmacht	+	–	+	–	+	–	+	–

Führer, der die von ihm am wenigsten geschätzte Person noch relativ positiv beurteilt (= hoher LPC-Wert), darf man auf ein hohes Maß an Rücksichtnahme (consideration) schließen. Bei einer negativen Beschreibung (= niedriger LPC-Wert) liegt demgegenüber der Schluß nahe, für ihn sei die Aufgabenerfüllung so wichtig, daß er sich gegenüber demjenigen, der keine gute Arbeit leistet, besonders ablehnend verhält.

Maßstab für das Ergebnis des Zusammentreffens von Führungsstil und situativen Einflußchancen ist die Effektivität der Gruppe und zwar allein im Sinne der von der Gruppe erbrachten betrieblichen Leistung. Um möglichst effektiv zu sein, müssen Führungsstil und situative Einflußchancen in Übereinstimmung gebracht werden („Leader Match"-Ansatz).

In empirischen Untersuchungen hat Fiedler für jede der 8 Führungssituationen die Korrelation zwischen LPC-Wert und Leistung der Gruppe (als Maß der Effektivität) ermittelt. Er kommt danach zu der in den beiden vorletzten Spalten der Abbildung angeführten Empfehlung:

In Situationen mit großen Einflußchancen sowie auch in Situationen mit geringen Einflußchancen erzielt der aufgabenmotivierte Führer die größte Effektivität; in Situationen mit mittleren Einflußchancen erzielt der beziehungsmotivierte Führer die größte Effektivität.

Ergibt die Selbstdiagnose, daß Führungsstil und Führungssituation nicht optimal zueinander passen, so soll der Führer laut Fiedler versuchen, die eigene Führungssituation zu ändern – nicht den eigenen Führungsstil.

Fiedler argumentiert, der Führungsstil „ist ebenso ein Bestandteil Ihrer Persönlichkeit wie Ihre Verhaltensweise Ihren Eltern oder Ihren Kindern gegenüber. Wie leicht ist Ihr Führungsstil wohl zu ändern? Um es konkret zu sagen: Sie könnten ebensogut den Versuch machen, eine vollkommen andere Person zu werden. Ihre Persönlichkeit, und deshalb auch Ihr Führungsstil, sind während Ihres ganzen Lebens herangereift, und das eine ist so schwierig zu ändern wie das andere."

Allerdings versteht Fiedler unter dem Führungsstil

Median-Korrelationen zwischen dem LPC-Wert des Führers und der Gruppenleistung in bezug auf die acht Gruppen-Aufgaben-Situationen

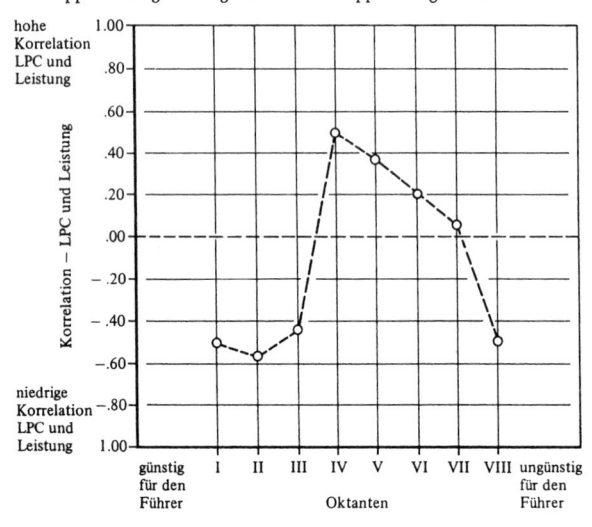

[Diagramm: Korrelation – LPC und Leistung, mit Werten von hohe Korrelation 1.00 bis niedrige Korrelation -1.00, Oktanten I bis VIII, günstig für den Führer bis ungünstig für den Führer]

Klassifikationssystem für Führungssituationen

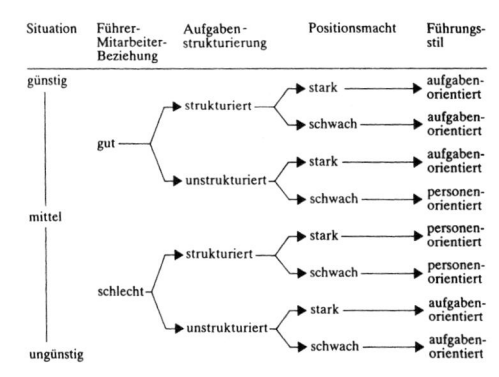

Situation	Führer-Mitarbeiter-Beziehung	Aufgaben-strukturierung	Positionsmacht	Führungsstil
günstig	gut	strukturiert	stark	aufgabenorientiert
			schwach	aufgabenorientiert
		unstrukturiert	stark	aufgabenorientiert
mittel			schwach	personenorientiert
	schlecht	strukturiert	stark	personenorientiert
			schwach	personenorientiert
		unstrukturiert	stark	aufgabenorientiert
ungünstig			schwach	aufgabenorientiert

eine in der überdauernden Bedürfnisstruktur vorhandene motivationale Orientierung, und zwar in dem Sinne, daß die beiden Vorgesetzten-Typen bei gleicher Aufgabenstellung unterschiedliche Ziele verfolgen:
• Vorgesetzte mit niedrigem LPC-Wert befassen sich mit den interpersonellen Beziehungen in der Arbeitsgruppe, um erfolgreiche Arbeit leisten zu können;
• Vorgesetzte mit hohem LPC-Wert befassen sich dagegen mit der Arbeitsaufgabe, um gute interpersonelle Beziehungen zu erzielen.
Davon zu unterscheiden ist das tatsächliche Verhalten des Vorgesetzten gegenüber seinen Mitarbeitern. Dies zeigt sich u.a. darin, daß die Möglichkeiten des Vorgesetzten, die Führer-Mitarbeiter-Beziehungen zu verändern, unabhängig vom Vorgesetzten-Typ betrachtet und empfohlen werden.

Fiedlers Führungstheorie kann man letztlich auf folgende Betrachtung reduzieren: Der Führer ist mit zweierlei konfrontiert, nämlich mit Personen und mit Aufgaben. Dementsprechend kommt es bei ihm selbst auf die Aktivierung von zwei Hauptmotiven an, nämlich auf sein Kontaktmotiv und auf sein Leistungsmotiv. Da aber als Maß des Führungserfolges allein die Gruppenleistung angesehen wird, kann es sein, daß der Vorgesetzte mit ausgeprägterem Kontaktmotiv (= beziehungsmotiviert) in bestimmten Führungssituationen erfolgreicher ist, während derjenige mit ausgeprägterem Leistungsmotiv (= aufgabenmotiviert) in anderen Situationen mehr Effektivität erzielt.

contingency risks insurance: Versicherung *f* gegen außergewöhnliche Risiken *n/pl*

contingent: bedingt

contingent agreement: bedingter Vertrag *m*
contingent annuity: bedingte Annuität *f*, bedingte Rente *f*, von Bedingungen abhängige Rente *f*
contingent contract: bedingter Vertrag *m*
contingent fee: Erfolgshonorar *n*
contingent liability: Aval *n*, Eventualverpflichtung *f* (Bürgschaft, Wechselindossament usw.)
contingent order: Auftrag *m* für Kauf *m* (Verkauf *m*) eines Wertpapiers *n* und den Verkauf *m* (Kauf) eines anderen bei einem bestimmten Kursunterschied *m*
contingent reserve: Rücklage *f* für unvorhergesehene Verluste *m/pl*
contingent right: bedingtes Recht *n*
continuance: Aufschub *m*
continuation: Prolongation *f*, Unterbrechung *f* einer Reihenfolge *f*
continuation card: Folgekarte *f (EDV)*
continue: fortfahren, prolongieren
continued: fortgesetzt
continued community of property: fortgesetzte Gütergemeinschaft *f*
continued development: Fortbildung *f*
continued education: Fortbildung *f*
continuity: Kontinuität *f*
continuity premium: Zugabe *f*, die erst nach einiger Zeit *f* ein verwendbares Ganzes *n* ergibt (z.B. Teile eines Speiseservices)
continuous audit: permanente Prüfung *f*
continuous feeding: fortlaufende Zuführung *f (EDV)*
continuous form: Endlosformular *n*
continuous inventory: permanente Bestandsaufnahme *f*, permanente Inventur *f*
continuous production: kontinuierliche Fertigung *f*
continuous timing: Zeitnahme *f* durch Ablesen *n* der Stoppuhr *f*
contra account: Gegenkonto *n*, Gegenrechnung *f*
contra bones mores: gegen die guten Sitten *f/pl*
contra entry: Gegenbuchung *f*
contraband: Bannware *f*, Konterbande *f*, Schmuggelware *f*
contract: kontrahieren, Kontrakt *n*, Liefervertrag *m*, verdingen, vereinbaren, Vereinbarung *f*, Vertrag *m*, einen Vertrag *m* (ab)schließen
contract business: Lieferungsgeschäft *n*
contract costing: Auftragskalkulation *f*

contract for material and labor: Werkvertrag *m*
contract for: kontrahieren
contract hire: Vermietung *f* von Kraftfahrzeugen *n/pl*
contract interpretation: Tarifvertragsauslegung *f*, Vertragsauslegung *f*
contract job: Bestellarbeit *f*
contract note: Abrechnung *f* (des Maklers), Schlußnote *f*
contract of affreightment: Befrachtungsvertrag *m*
contract of agency: Agenturvertrag *m*, Geschäftsbesorgungsvertrag *m*
contract of apprenticeship: Lehrvertrag *m*
contract of bailment: Verwahrungsvertrag *m*
contract of domination: Beherrschungsvertrag *m*
contract of employment: Arbeitsvertrag *m*
contract of guarantee: Kautionsvertrag *m*
contract of inheritance: Erbvertrag *m*
contract of loan for use: Leihvertrag *m*
contract of sale: Kaufvertrag *m*
contract price: Lieferpreis *m*, Vertragspreis *m*
contract right: Vertragsrecht *n*
contract size: Kontraktmenge *f*
contract stamp: Urkundensteuer *f*
contract term: Vertragsbedingung *f*
contract to merge: Verschmelzungsvertrag *m*
contract to transfer profits: Gewinnabführungsvertrag *m*
contract type: Vertragstyp *m*
contract under seal: Vertrag *m* unter Siegel *n*
contract wage: Vertragslohn *m*
Eine Form des Pensumlohns, bei der ein bestimmtes Leistungsniveau zwischen Vorgesetzten und Mitarbeitern auf der Basis von Vorgabezeiten für einen begrenzten Zeitraum individuell vereinbart wird.
contracting firm: Lieferwerk *n*
contracting party: Kontrahent *m*, Vertragspartei *f*
contracting plant: Lieferwerk *n*
contractor: Bauunternehmer *m*, Lieferant *m*, Übernehmer *m*
contractual: schuldrechtlich, vertraglich, vertragsmäßig
contractual combination: Vertragskonzern *m*
Eine Form des Unterordnungskonzerns, bei dem die einheitliche Leitung aufgrund eines Beherrschungsverhältnisses vom Management der Konzernobergesellschaft wahrgenommen wird und

das Beherrschungsverhältnis auf vertraglichen Grundlagen beruht.
contractual liability: Vertragshaftung *f*
contractual obligation: Vertragspflicht *f*
contractual regime: vertragsmäßiges Güterrecht *n*
contractual relation: Vertragsverhältnis *n*
contractual rights *pl*: Vertragsrechte *n/pl*
contractual term: Vertragsbedingung *f*, Vertragsklausel *f*
contradict: widersprechen
contradiction: Widerspruch *m*
contrary: widrig, Gegenteil *n*
contrary to agreement: vertragswidrig
contrary to contract: vertragswidrig
contrary to instructions: vorschriftswidrig
contrary to law: rechtswidrig
contrary to orders: ordnungswidrig
contrary to rule: regelwidrig
contravene: übertreten, verletzen, verstoßen (gegen)
contravention: Übertretung *f*, Verletzung *f*, Verstoß *m*
contravention of agreement: Vertragswidrigkeit *f*
contravention of contract: Vertragswidrigkeit *f*
contravention of foreign exchange law: Devisenvergehen *n*
contribute: beisteuern, beitragen, einbringen, einlegen, mitarbeiten, spenden, zuschießen
contributed: eingebracht
contributed capital: eingebrachtes Kapital *n*, eingebrachtes Grundkapital *n*
contributed property: eingebrachtes Gut *n*
contribution: Beitrag *m*, Beitragsleistung *f*, Einlage *f*, Mitwirkung *f*, Spende *f*, Zuschuß *m*
contribution budget: Deckungsbudget
Ein im Rahmen der Deckungsbeitragsrechnung und der betrieblichen Bruttoerfolgsrechnung für ein Wirtschaftsunternehmen insgesamt oder für seine selbständig operierenden Verkaufsabteilungen aufgestelltes Budget, das entweder als ausgaben- oder finanzorientiertes Deckungsbudget alle Ausgaben aufführt, die durch Aufträge wieder hereingeholt werden sollen und so eine Beurteilung der mittelfristigen Liquiditätsentwicklung des Unternehmens ermöglicht, oder als aufwandorientiertes Deckungsbudget die nicht den Aufträgen zuzurechnenden Teile des Gesamtaufwands aufführt, die durch Auftragsbeiträge in der Planperiode hereingeholt werden sollen und so die frühzeitige Abschätzung der Jahresentwicklung und des Jahreserfolgs ermöglichen soll.
contribution accounting: Deckungsbeitragsrechnung (DBR) *f* → contribution costing
contribution costing: Deckungsbeitragsrechnung (DBR) *f*
Ein Verfahren der betrieblichen Erfolgskontrolle und -planung durch Berechnung von Deckungsbeiträgen, mit deren Hilfe klare Beziehungen zwischen Kosten, Absatz und Gewinn rechnerisch dargestellt werden können. Da bei der Deckungsbeitragsrechnung bei Produktion und Absatz anfallende quantitative Größen gemessen werden, stellt sie gegenüber der bloßen Break-Even-Analyse einen weitergehenden Schritt dar, weil sie z.B. auch Prognosen verschiedener Preis-Mengen-Kombinationen möglich macht. Als produkt- oder artikelbezogene Bruttoerfolgsrechnung ermittelt die Deckungsbeitragsrechnung dabei vor allem die folgenden Variationen des allgemeinen Deckungsbeitrags:
• den Deckungsbeitrag pro Einzelprodukt
• den Deckungsbeitrag pro Produkt und Periode
• den Deckungsbeitrag als Prozentsatz des Nettoerlöses
• den Deckungsbeitrag je Geldeinheit der proportionalen Kosten
• den Deckungsbeitrag je Engpaßeinheit.
Dabei kann die DBR auch für Soll-Ist-Vergleiche in bezug auf Teilmärkte eingesetzt werden.
contribution for social insurance: Arbeitnehmeranteil *m* an der Sozialversicherungsprämie *f*
contribution in kind: Sacheinlage *f*
contribution income: Beitragsaufkommen *n*
contribution margin: Deckungsbeitrag *m*
In der betrieblichen Bruttoerfolgsrechnung und der Grenzplankostenrechnung bezeichnet man als Deckungsbeitrag die Differenz zwischen dem einem Objekt eindeutig zurechenbaren Erlös und den ihm ebenso eindeutig zurechenbaren Kosten. Von positiven Deckungsbeiträgen spricht man, wenn ein Objekt einen Beitrag zur Deckung von Gemeinkosten liefert, von negativen, wenn es das nicht tut. Dabei sind eindeutig zurechenbar in der Regel die variablen Kosten. Ziel eines Unternehmens muß es sein, möglichst hohe Deckungsbeiträge zu erzielen.
contribution margin commission: Deckungsbeitragsprovision *f*
Eine Variante des Provisionssystems der Entlohnung, bei dem die Höhe des Entgelts von dem erzielten Deckungsbeitrag abhängt.
contributory: beisteuernd, beitragspflichtig, mitwirkend
contributory negligence: konkurrierende Fahrlässigkeit *f*, mitwirkende Fahrlässigkeit *f*
contributory pension plan: Pensionsplan *m* mit zusätzlicher Prämienzahlung *f* der Arbeitnehmer *m/pl*

control: 1. kontrollieren, Kontrolle *f*, Aufsicht *f*, beaufsichtigen, Beaufsichtigung *f*
Im Managementprozeß werden die Managementfunktionen dynamisch als Phasen im Sinne einer aufeinander aufbauenden Abfolge von Aufgaben angesehen. Der klassische Managementprozeß ordnet die fünf Managementfunktionen nach dem folgenden Phasenablauf: Planung – Organisation – Personaleinsatz – Führung – Kontrolle.
Die letzte Phase des so konzipierten Managementprozesses ist die Kontrolle. Sie stellt insofern logisch den letzten Schritt dar, als sie die erreichten Ergebnisse registrieren und mit den Plandaten vergleichen soll. Der Soll-Ist-Vergleich soll zeigen, ob es gelungen ist, die Pläne in die Tat umzusetzen. Abweichungen sind daraufhin zu prüfen, ob sie die Einleitung von Korrekturmaßnahmen oder grundsätzliche Planrevisionen erfordern. Die Kontrolle bildet mit ihren Informationen zugleich den Ausgangspunkt für die Neuplanung und damit den neu beginnenden Managementprozeß. Da Kontrolle ohne Planung nicht möglich ist, weil sie sonst keine (planmäßigen) Sollvorgaben hätte, und andererseits jeder neue Planungszyklus nicht ohne Kontrollinformationen über die Zielerreichung beginnen kann, bezeichnet man Planung und Kontrolle auch als Zwillingsfunktionen.
Die Aufgabe eines Vorgesetzten ist es, mit Hilfe seiner Mitarbeiter die von der Gruppe erwartete Leistung zu erbringen. Dies setzt voraus, daß Mitarbeiter in bestimmten Bereichen eigenverantwortlich handeln. Hierzu ist seitens des Vorgesetzten ein gewisses Maß an Vertrauen in die Fähigkeiten, die Einsatzbereitschaft und die Loyalität der Mitarbeiter erforderlich. Auch bei selbständigen, kompetenten, fähigen und verläßlichen Mitarbeitern verbleibt dem Vorgesetzten die Aufgabe, die einzelnen Teilleistungen zu koordinieren und dafür zu sorgen, daß Vorgaben oder festgelegte Pläne zuverlässig eingehalten werden. Dieser Aufgabe kann der Vorgesetzte nur dadurch gerecht werden, daß er in gewissem Umfang Kontrollen durchführt.
Zu viele Kontrollen unterdrücken jedoch die Selbständigkeit der Mitarbeiter, ersticken ihre Motivation und überfordern den Vorgesetzten; zu wenig Kontrolle wiederum gefährdet auch die Kooperation und die Koordination. Kontrolle kann also nicht nur als Steuerungsinstrument gebraucht werden, sondern auch ein Instrument zur Disziplinierung der Mitarbeiter, ein Mittel zur individuellen Selbstbestätigung und der Stärkung des Selbstwertgefühls vom Vorgesetzten zu Lasten der Mitarbeiter mißbraucht werden.
2. leiten, Leitung *f*, lenken, Lenkung *f*, regeln, steuern, Steuerung *f*, überwachen, Überwachung *f*
3. bewirtschaften, Bewirtschaftung *f*
4. eindämmen
5. ausschlaggebenden Einfluß *m* haben
control account: Sammelkonto *n* für bestimmte Geschäftsvorfälle *m/pl*, die durch ein Nebenbuch *n* im einzelnen belegt sind
control block: Steuerblock *m (EDV)*
control break: Gruppenunterbrechung *f (EDV)*, Gruppenwechsel *m (EDV)*
control break item: Gruppenbegriff *m (EDV)*
control by foreign capital: Überfremdung *f*
control card: Steuerkarte *f (EDV)*
control change: Gruppentrennung *f (EDV)*
control circuit: Regelkreis *m*
control column: Kontrollspalte *f*
control console: Bedienungspult *n (EDV)*, Überwachungspult *n (EDV)*
control cycle: Kontrollzyklus *m*
Im Management durch Kontrolle beziehen sich Kontrollzyklen auf die zeitliche Einteilung der Kontrollaktivitäten während der Realisierungsphase. Man unterscheidet in *laufende Kontrollen (Prozeßkontrollen)*, bei denen ständig alle Abweichungen vom Zielwert als Kontrolldaten gespeichert und in Form von Überwachungsprotokollen zur Verfügung gestellt werden, und *periodische Kontrollen*, die kalendarisch erfolgen, z.B. als monatliche, vierteljährliche und jährliche Kontrolle von Ergebnissen. Sie können aber auch ereignisbezogen sein. In diesem Fall werden für einen Prozeß kritische Ereignisse (Zwischenergebnisse, Termine) definiert, die einer besonderen Kontrolle unterliegen (sog. „milestones").
Ein weiteres Verfahren der Kontrolle, das insbesondere das Arbeitsverhalten und die Arbeitsergebnisse zum Gegenstand hat, ist die Multi-Momentaufnahme: Sie ist ein Stichprobenverfahren, das Aussagen über die prozentuale Häufigkeit bzw. Dauer von Abweichungen mit einer hinreichenden statistischen Genauigkeit zuläßt. In diesen Bereich gehören auch die Methoden der Beobachtung des Arbeitsverhaltens von Akkordarbeitern (Arbeitszeitstudien).
control function: Kontrollfunktion *f*, Steuerungsfunktion *f*
Management ist ein dynamischer Prozeß, dessen Komponenten etwa in Form eines Regelkreises, Kybernetik, prozessual aufeinander abzustimmen sind. Der Management-Zyklus beschreibt den prozessualen Zusammenhang zwischen den regelungstechnischen Aktivitäten Zielsetzung (einschließlich Planung), Steuerung, Durchführung und Kontrolle. Der Regelkreis wird als Analogmodell der betrieblichen und unternehmerischen Aktivitäten benutzt. Zwischen den regelungstechnischen Aktivitäten besteht ein intensiver Informationsaustausch (feed forward und feed back).
Die Kontrollfunktion bezieht sich auf alle Aufgaben, die sich mit der Überwachung und Analyse der Realprozesse befassen. Eine typische Kontrollfunktion ist die Arbeit der Revision. Sie umfaßt alle Aufgaben, die operative Größen für die unmittelbare Beeinflussung der betrieblichen Prozesse

und Personen erzeugen. Operative Größen können durch eine Zerlegung von Plangrößen oder als das Ergebnis von Kontrollvorgängen entstehen. Eine typische Aufgabe im Rahmen der Steuerung ist die Budgetierung.
Durch die Arbeitsteilung in der Leitungsfunktion kommt es in aller Regel zur Bildung von unechten Stäben. Sie sind dadurch gekennzeichnet, daß sie Weisungsrechte oder Vorgabebefugnisse gegenüber dem Linienmanagement besitzen: Anweisungen gegenüber der Linie, z.B. in Form von Budgetvorgaben, Geschäftsanweisungen (Richtlinienkompetenz des Stabes), Planvorgaben und Kontrolle. Diese unechten Stäbe werden oftmals zu Steuerungsfunktionen des Unternehmens zusammengefaßt.
Die Funktion Finanzen und Controlling nimmt sehr oft den Rang einer solchen Steuerungsfunktion ein.

control methods *pl*: Kontrollmethoden *f/pl*
Die Zielsetzung des Management durch Kontrolle besteht in einer methodischen Systematik der Kontrollaktivitäten, die von den verschiedenen Management-Ebenen für die Ergebnisbeeinflussung und Leistungskorrektur ergriffen werden können.
Bei den Kontrollmethoden unterscheidet man grundsätzlich zwischen:
• *Messung*: Die quantitative Auswertung von Meßdaten oder – sofern kein absoluter Maßstab möglich ist – der Vergleich zwischen Soll- und Istgrößen.
• *Beobachtung*: Die Überwachung kritischer Aktivitäten, bei der im Abweichungsfall sofort korrigierend eingegriffen werden kann.
• *Analyse*: Hierbei werden systematische und zufällige Abweichungen ermittelt. Sie setzt umfangreiche Recherchen voraus, um aus einer Vielzahl von Kontrollinformationen repräsentative Kontroll-Standards (Kontrollziffern) zu ermitteln, z.B. im Rahmen einer A-B-C-Analyse.

control object: Kontrollobjekt *n*
Die realen Prozesse eines Unternehmens, d.h. die Verrichtungen und die Verrichtungsträger. Kontrollobjekte sind z.B. die Höhe des Umsatzes im Zeitverlauf (Periodenumsatz) und am Ende der Planungsperiode, die Höhe des Gewinns, das Budget und die Kosten, Überstundenleistungen der Mitarbeiter, die Termineinhaltung von Aufgaben.
Die Zielsetzung des Management durch Kontrolle besteht in einer methodischen Systematik der Kontrollaktivitäten, die von den verschiedenen Management-Ebenen für die Ergebnisbeeinflussung und Leistungskorrektur ergriffen werden können.

control of economy: Wirtschaftslenkung *f*
control panel: Bedienungspult *n (EDV)*, Schalttafel *f*
control point: Kontrollpunkt *m*
control routine: Organisationsprogramm *n (EDV)*, Steuerprogramm *n (EDV)*

control sequence: Kontrollfolge *f*
Die Zielsetzung der Kontrolle besteht grundsätzlich in der Kenntnis (Erfahrung) potentieller Fehlentwicklungen. Kontrollen führen daher zu Maßnahmen für die Ausschaltung von Störfaktoren, Verhaltenskorrekturen und Plankorrekturen, eben den Kontrollfolgen.
Die Zielsetzung des Management durch Kontrolle besteht in einer methodischen Systematik der Kontrollaktivitäten, die von den verschiedenen Management-Ebenen für die Ergebnisbeeinflussung und Leistungskorrektur ergriffen werden können. Kontrollaktivitäten setzen Planungen und Zieldefinitionen voraus.
Die Kontrolle führt zu Aussagen über Plan- und Zielabweichungen. Kausalitäten werden durch sie nicht aufgedeckt, dies ist Aufgabe der sich an jede Kontrollaktivität anschließenden Abweichungsanalyse. Kontrolle und Abweichungsanalyse sind daher prozessuale Komponenten im Entscheidungsprozeß des Unternehmens. Man unterscheidet zwischen Kontrolltypen, Kontrollobjekten, Kontrollzyklen und Kontrollmethoden.

control statement: Steueranweisung *f (EDV)*
control system: Kontrollsystem *n*, Steuerungs- und Überwachungssystem *n*
1. Im Management durch Kontrolle das Gesamtsystem aus Kontrolltypen, Kontrollobjekten, Kontrollzyklen und Kontrollmethoden.
2. Ein Grundtyp von Management-Informations-Systemen (MAIS), der der aktuellen Berichterstattung über die inner- und außerbetriebliche Entwicklung in bezug auf Produktionsumfang, Lagerbestand, Vertriebskosten, Umsätze, Deckungsbeiträge usw. dient, deren Kontrolle eine wesentliche Grundlage für künftige Managemententscheidungen darstellt.

control test: Gegenprobe *f*
control total: Prüfsumme *f (EDV)*
control type: Kontrolltyp *m*
Im „Management by control" unterscheidet man zwischen Kontrolltypen, Kontrollobjekten, Kontrollzyklen und Kontrollmethoden. Kontrolltypen sind:
• Die *Ergebniskontrolle*, die als Soll-Ist-Vergleich am Ende einer Planungsperiode oder nach Erreichen eines Arbeitsergebnisses durchgeführt wird.
• Die *Planfortschrittskontrolle*, die als Plan-Plan-Vergleich (alter Plan mit neuem Plan) laufend erfolgen kann.
• Die *Prämissenkontrolle*, das ist die Überprüfung der Planungshypothesen (planning assumptions) bezüglich ihrer Gültigkeit im Zeitverlauf.

control unit: Kommandowerk *n (EDV)*, Steuereinheit *f (EDV)*
controllable cost: beeinflußbare Kosten *pl*, kontrollierbare Kosten *pl*
controlled company: beherrschte Gesellschaft *f*, Tochtergesellschaft *f*
controlled economy: gelenkte Wirtschaft *f*, Planwirtschaft *f*, Zwangswirtschaft *f*

controlling

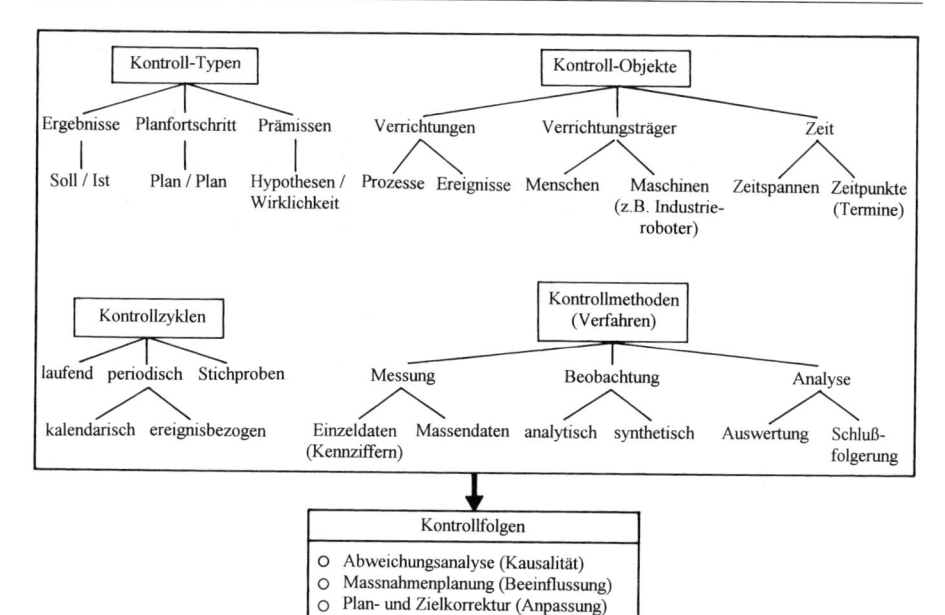

```
                    Kontroll-Typen                              Kontroll-Objekte

        Ergebnisse  Planfortschritt  Prämissen    Verrichtungen   Verrichtungsträger        Zeit
            |            |               |            / \            / \                   / \
         Soll / Ist   Plan / Plan   Hypothesen /  Prozesse Ereignisse Menschen Maschinen  Zeitspannen Zeitpunkte
                                    Wirklichkeit                              (z.B. Industrie-        (Termine)
                                                                                roboter)

                Kontrollzyklen                        Kontrollmethoden
                                                        (Verfahren)

        laufend  periodisch  Stichproben       Messung        Beobachtung          Analyse
           \       /                             / \             / \                / \
        kalendarisch  ereignisbezogen      Einzeldaten Massendaten analytisch synthetisch Auswertung Schluß-
                                          (Kennziffern)                                              folgerung

                                              Kontrollfolgen
                                        o  Abweichungsanalyse (Kausalität)
                                        o  Massnahmenplanung (Beeinflussung)
                                        o  Plan- und Zielkorrektur (Anpassung)
```

controlled machine time: beeinflußbare Maschinenzeit *f*
controlled market: gelenkter Markt *m*
controlled price: Preis *m*, gelenkter Preis *m*, gestoppte Taxe *f*
controlled subsidiary company: Organgesellschaft *f*, Tochtergesellschaft *f*
controller: Leiter *m* des Rechnungswesens *n*, Rechnungsprüfer *m*
controlling: Controlling *n*
Die laufende Überwachung und Anpassung aller organisatorischen Aktivitäten eines Unternehmens im Hinblick auf vorgegebene Ziele, Pläne und Standards, d.h. die Steuerung, Koordinierung und Überwachung des gesamten Unternehmensgeschehens.
Es handelt sich beim Controlling um eine Teilfunktion der Unternehmensführung, die durch Koordinierung und Kontrolle der Abteilungen mit Hilfe von Informationen die Leitung und Steuerung des Unternehmens unterstützt und daher dem Rechnungs-, Planungs- und Organisationswesen des Unternehmens übergeordnet ist. Dazu zählt insbesondere die Verantwortung für die innerbetrieblichen Datenverarbeitungs- und Auswertungsprozesse vor allem im Hinblick auf die Erarbeitung von Zielplanungen und die Unternehmensstrategie.
Die primäre Aufgabe des Controlling besteht also darin, die Ergebnisse aller Unternehmensfunktionen im Hinblick auf die definierten Ziele regelmäßig zu überprüfen und alle Abweichungen an die Unternehmensleitung zu berichten, um von dort aus die Planeinhaltung zu beeinflussen.

Die Kontrollverantwortung ist damit vom zielorientierten Management (d.h. dem Linien-Management) ausgegliedert, und es entsteht eine „geteilte Verantwortung" (shared responsibility).
Der Grundgedanke des Controlling geht auf die Zeit der industriellen Revolution in den USA zurück, als im Zuge zunehmender Kapitalkonzentration und Fixkostenbelastung einem „Comptroller" die finanzwirtschaftliche Überwachung der Unternehmung übertragen wurde.
Die Analyse von Kennzahlen (ratio analysis) als zentrales Instrument des Controlling wurde ab der Jahrhundertwende in den USA zur Investitions- und Finanzanalyse und später zur Kontrolle des Wirtschaftsgebarens eines Unternehmens entwickelt. Im Zuge des Unternehmenswachstums wurde das Finanzmanagement (Financial Management) in die Bereiche „Treasurership" (Finanzierung, Investition) und „Controllership" (Planungs- und Rechnungswesen) aufgeteilt.
Die zunehmende Professionalisierung des neuen Berufsstands fand 1931 in der Gründung des Controller Institute of America (1962 in Financial Executive Institute umbenannt) ihren Niederschlag. Nach der Formulierung des Controller Institute of America zählen zu den Aufgaben des Controllers vor allem:
• die Aufstellung und Koordinierung von Plänen zur Steuerung und Überwachung der Unternehmensaktivitäten;
• der Vergleich der Unternehmensleistung mit den operativen Plänen;
• Beratung bei der Festsetzung oder Aktualisierung geschäftspolitischer Grundsätze des Unternehmens;

- Beobachtung der Umwelteinflüsse und ihrer möglichen Auswirkungen für das Unternehmen;
- Ermittlung der Ergebnisse der Unternehmensaktivitäten.

P. Horvath und Gaydoul haben aufbauend auf diesem Katalog sog. Controlling-Bausteine formuliert (Organisation, Rechnungswesen, Planung, Berichtswesen, EDV, Interne Revision, Steuerangelegenheiten, Existenz einer Abteilung für Controlling) und Mitte der 1980er Jahre nach deren Verbreitung in deutschen Unternehmungen geforscht. Dabei ergab sich, daß die zentralen Bausteine Rechnungswesen, Planung und Berichtswesen in über 80 % der befragten Unternehmungen angetroffen wurden.

Als innerbetriebliches Planungs- und Kontrollsystem bildet das Controlling die Nahtstelle zwischen der strategischen Planung und der operativen Planung und Kontrolle.

Im Rahmen des Controlling fallen in einzelnen folgende Aufgaben an:
(1) Aufstellen von Teilplänen (pro Produktbereich, Funktionsbereich, Region)
(2) Abstimmen der Teilpläne
(3) Umwandlung der Plandaten in numerische Ausdrücke und deren Bewertung (Marktpreise, innerbetriebliche Verrechnungspreise)
(4) Vorgabe von wertmäßigen Plandaten (Budget)
(5) Bereitstellen von Vergleichsmaßstäben (Daten aus früheren Planperioden, Daten aus vergleichbaren Organisationen)
(6) laufende Ist-Daten-Erfassung
(7) Abweichungsanalyse
(8) Information und Einleiten von Korrekturmaßnahmen.

controlling account: Sammelkonto *n*, Sammelkonto *n* für bestimmte Geschäftsvorfälle *m/pl*, die durch ein Nebenbuch *n* im einzelnen belegt sind
controlling company: Gesellschaft *f*, herrschende Holdinggesellschaft *f*, Muttergesellschaft *f*, Obergesellschaft *f*
controlling shareholder: Mehrheitsaktionär *m*
controlling variable: Führungsgröße *f*
controversial: strittig
controversy: Auseinandersetzung *f*, Streit *m*, Streitfall *m*, Streitfrage *f*
conurbation: Ballungsgebiet *n*
conveal intentionally: arglistig verschweigen
convene: berufen (einberufen), versammeln
convenience goods *pl*: Convenience Goods *n/pl*, Kleinbedarf *m*, Klein- und Bequemlichkeitsbedarf *m*
Bei den Konsumgütern wird je nach dem für sie aufgewendeten Anteil des Haushaltsbudgets und dem mit ihrem Einkauf verbundenen Aufwand zwischen Convenience Goods (Güter des täglichen Bedarfs), Shopping Goods (Güter des Großbedarfs) und Specialty Goods (Güter des Spezialbedarfs) unterschieden.
Es handelt sich bei den Gütern des täglichen Bedarfs vorwiegend um Lebens- und Genußmittel wie Brot, Kaffee, Zigaretten usw., aber auch Gebrauchsgüter wie etwa Strümpfe u.dgl., die im Gegensatz zu den Gütern des gehobenen (Shopping Goods) oder des Spezialbedarfs (Specialty Goods) im Ausgabenetat der Verbraucher bzw. der Verbraucherhaushalte Posten von geringem Gewicht darstellen, bei denen zumindestens aus der subjektiven Sicht der Verbraucher keine nennenswerten Qualitäts- oder Preisunterschiede bestehen, die größere Beschaffungsanstrengungen rechtfertigen würden, so daß sie beim Einkauf nicht nach der besten und günstigsten Einkaufsmöglichkeit suchen, sondern nach der bequemsten und mit dem geringsten Aufwand zu erreichenden (also in der Regel in der unmittelbaren Nähe des Wohn- oder Arbeitsplatzes).
Aus der Perspektive des Prozesses der Kaufentscheidung gesehen, handelt es sich also um täglich wiederkehrende, routinemäßige, habitualisierte Entscheidungen mit geringem Engagement, low involvement, die daher vielfach stark affektgesteuert sind.

convenor: Seniorbetriebsobmann *m*
convention: Abkommen *n*, Konvention *f*, Tagung *f*, Übereinkunft *f*, Vereinbarung *f*, Versammlung *f*, Vertrag *m*, Zusammenkunft *f*
conventional sign: konventionelles Zeichen *n*
Ein Zeichen, das in keinerlei Ähnlichkeitsbeziehung zu dem Objekt steht, das es bezeichnet, und auf einer willkürlichen Festlegung der sie benützenden Personen beruht.
conversation: Unterhaltung *f*, Unterredung *f*
conversational ability: Wortgewandtheit *f*
conversion: widerrechtliche Aneignung *f* fremder Sachen *f/pl*, Austausch *m*, Konvertierung *f*, Umrechnung *f*, Umstellung *f* (Geld), Umtausch *m*, Umwandlung *f*
conversion cost: Fertigungskosten *pl*, Verarbeitungskosten *pl*
conversion into cash: Versilberung *f*
Conversion Law: Währungsumstellungsgesetz *n* (UG)
Conversion Ordinance: Währungsumstellungsverordnung *f*
conversion period: Umtauschfrist *f*
conversion plan: Umstellungsplan *m*
conversion rate: Umstellungsverhältnis *n*
conversion ratio: Umtauschverhältnis *n*
conversion routine: Umwandlungsroutine *f* (EDV)
conversion table: Umrechnungstabelle *f*

convert: konvertieren, umrechnen, umtauschen, umwandeln, wandeln
convert a debt: umschulden
convert into cash: versilbern (zu Geld machen)
convertability: Einlösbarkeit f
converter: Textilgroßhändler m, der noch Bearbeitung f vornimmt, Umwandler m (EDV)
convertibility: Konvertibilität f, Konvertierbarkeit f
convertible: konvertierbar, uniwandelbar, verkäuflich, vertauschbar
convertible bond: Optionsanleihe f, Wandelschuldverschreibung f
convertible currency: konvertierbare Währung f
convertible debenture: Wandelschuldverschreibung f
convertible insurance: Umtauschversicherung f
convertible term insurance: Risikoumtauschversicherung f
convex set: konvexe Menge f
In der mathematischen Entscheidungstheorie heißt die gesamte, einem Entscheider P^A verfügbare Menge an Strategien eine konvexe Menge. Damit ist gemeint, daß alle Punkte auf der geraden Linie zwischen zwei, jeweils reine Strategien repräsentierenden Punkten, ebenfalls in der Strategiemenge enthalten sind. Die Menge der reinen und gemischten Strategien bildet immer eine konvexe Menge, ganz unabhängig von der Anzahl der für P^A bzw. P^B verfügbaren Handlungsalternativen und von den Auszahlungen bei den verschiedenen Konsequenzen. Graphisch dargestellt braucht die Strategiemenge übrigens kein Dreieck zu bilden. Einige andere konvexe Mengen zeigen die folgenden Abbildungen:

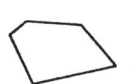

Wenn dem Mitentscheider P^B mehr als zwei Optionen zur Verfügung stehen, kann die Strategiemenge graphisch nicht mehr in zwei Dimensionen dargestellt werden, da jede Option b eine eigene Dimension erfordert. Im Falle dreier Optionen ja$_{nn}$ kann die Menge der für P^A möglichen reinen und gemischten Strategien als ein dreidimensionaler Körper vorgestellt werden. Für mehr als drei Optionen läßt sich die Strategiemenge von P^A als ein n-dimensionaler konvexer Körper beschreiben, wenn P^B über n reine Strategien verfügt.
convey: auflassen (Grundstück), befördern, transportieren, überbringen, übereignen, übermitteln, übertragen

convey a share: einen Anteil m übertragen
convey ownership: Eigentum n verschaffen
conveyance: Auflassung f, Beförderung f, Eigentumsübertragung f, Übereignung f, Übertragung f (von Grundstücken), Übertragungsurkunde f
conveyance into gold: in Gold n einlösen
conveyance into money: zu Geld n machen, realisieren
conveyance of passengers: Personenbeförderung f
conveyance of real estate: Grundstücksübereignung f
conveyor: Förderband n
conveyor belt: Förderband n
convict: Gefangener m, schuldig, für schuldig befinden, Sträfling m, überführen, Verurteilter m, Zuchthäusler m
convict labor: Gefangenenarbeit f, Strafgefangenenarbeit f
conviction: Überführung f, Verurteilung f
convocation: Berufung f, Einberufung f
convoke: berufen (einberufen)
cook the books: Frisieren n von Büchern n/pl und Bilanz f
cool a boom: Hochkonjunktur f abkühlen
cooling off period: Friedenspflichtzeitraum m (Zeitraum, in dem Streik und Aussperrung verboten sind), Streikverbotszeitraum m
cooling period: Wartezeit f
cooperate with: zusammenarbeiten mitarbeiten, mithelfen
cooperation: Kooperation f, Zusammenarbeit f, Mitwirkung f, Mithilfe f
Ein Sammelbegriff zur Bezeichnung aller Arten und Formen des Zusammenwirkens der verschiedenen Stellen und Personen in einem Unternehmen sowie zwischen Personen oder Unternehmen bei der Lösung ihrer Aufgaben. Kooperation bezeichnet sowohl das Zusammenwirken *nebengeordneter* Stellen und Personen wie das Zusammenwirken *vor- und nachgeordneter Stellen und Personen*.
Nach den Worten von Heinrich Fromm gilt: „Kooperation ist mehr als Zusammenarbeit. Unter Zusammenarbeit wird üblicherweise ein arbeitsteiliges Zusammenwirken an einer gemeinsamen Aufgabe verstanden, bei dem jeder mit seinem Leistungsbeitrag in den Grenzen seiner jeweiligen Aufgabenstellung bzw. Zuständigkeit verbleibt. Die gegenseitige Abstimmung regelt hier vornehmlich nur das Hand-in-Hand-Arbeiten an der Berührungslinie dieser Aufgabenstellungen. Kooperation geht insofern darüber hinaus, als gerade auch die Unterstützung des anderen in dessen eigenem Bereich dazugehört. Aufgrund einer gewissen Mitzuständigkeit wird durchaus in die Zustän-

digkeit des anderen hineingewirkt. Dabei bringt jeder diejenigen seiner Kenntnisse, Erfahrungen und Möglichkeiten für die Lösung der Aufgabe des anderen ein, die in Anbetracht der Sachlage und der Ergänzungsbedürfnisse des anderen jeweils hilfreich oder notwendig sind. Die Ergebnisse werden gemeinsam verabschiedet. Diese Beiträge aus Kenntnissen, Erfahrungen oder Möglichkeiten müssen nicht ausschließlich dem eigenen Zuständigkeitsbereich entstammen. Sie können ebenso zufällig und personengebunden aus anderen Quellen kommen. Nur kann es bei diesem letzten Kooperationsfall, der nicht zuständigkeitsbedingt, sondern allein personenbedingt ist, keine gegenseitige Zustimmungsabhängigkeit hinsichtlich des Kooperationsergebnisses geben.

Das Unternehmen ist ein System aus einer Vielzahl sachlicher und menschlicher Komponenten, die sich gegenseitig beeinflussen und zusammenwirken. Es ist zugleich ein von Menschen geschaffener sozialer Organismus, der ein gewisses Eigenleben entwickelt. Die Mitarbeiter sind Teil dieses Systems. Nur in seinem Wirkungszusammenhang können sie selbst wirksam werden. Deshalb sind sie auf Kooperation angewiesen. Die Regelung dieser Kooperation muß systemgerecht sein."

Generell werden drei Typen von Kooperationsbeziehungen innerhalb von Unternehmen unterschieden:

(1) *Vertikale Kooperation*: Sie kennzeichnet die Beziehung zwischen Vorgesetztem und Mitarbeiter. Ein hierarchisch gestuftes Führungssystem ordnet jeden Mitarbeiter einem bestimmten Vorgesetzten zu, der für dessen optimale Leistungsentfaltung sorgt, indem er die sachliche und personelle Führung gegenüber diesem Mitarbeiter wahrnimmt.

(2) *Laterale Kooperation*: Sie kennzeichnet die Kooperationsbeziehung zwischen nebengeordneten Bereichen. Der Terminus *lateral* berücksichtigt im Gegensatz zu *horizontal*, daß die Kooperation sich nicht nur auf gleicher hierarchischer Ebene abspielt. Die einzelnen Funktionsbereiche eines Unternehmens haben jeweils bestimmte Spezialaufgaben zu lösen. Ihre Zuständigkeit leitet sich vornehmlich davon ab, daß sie über das für diese Aufgaben benötigte Spezialwissen und -können verfügen. Bei der Lösung vieler Aufgaben müssen jedoch die Kenntnisse und Erfahrungen weiterer Spezialbereiche hinzugezogen und die Belange anderer Bereiche berücksichtigt werden. Die hierzu erforderliche Kooperation nebengeordneter Bereiche ist so zu regeln, daß sie einfach, unmittelbar und ohne Reibungsverluste abläuft.

Wird dennoch horizontaler und vertikaler Kooperation unterschieden, so bezeichnet *horizontale Kooperation* die stufengleiche Zusammenarbeit zwischen Stellen oder Personen derselben Hierarchieebene bzw. zwischen Wirtschaftsunternehmen derselben Wirtschaftsstufe. Bei letzteren wird wiederum zwischen der *Kooperation in integrierten Gruppen* und *Kooperation in kooperativen Gruppen* unterschieden. Bei der *vertikalen Kooperation* hingegen kommen die kooperierenden Partner aus verschiedenen Hierarchieebenen bzw. verschiedenen Wirtschaftsstufen.

(3) *Diagonale Kooperation*: Das Zusammenwirken zwischen den Bereichen zentraler Instanzen mit übergeordneten Aufgaben und den Bereichen dezentraler Instanzen. Mit der Größe der Unternehmen wächst das Erfordernis einer sachlichen und räumlichen Dezentralisierung bestimmter Bereiche (z.B. Betriebe, Tochtergesellschaften, Außenstellen). Für eine erfolgreiche Arbeit benötigen diese Bereiche ein hohes Maß an Selbständigkeit. Andererseits müssen auch diese Bereiche von einer übergeordneten Stelle aus geführt werden, und muß ihre Tätigkeit in das Ganze eingeordnet und unterstützt sowie bestimmten Zielsetzungen, Koordinierungen und Kontrollen unterworfen werden. Dies ist Aufgabe spezialisierter zentraler Bereiche. Sie müssen für diese Aufgaben einerseits gegenüber den dezentralen Bereichen mit bestimmten Einwirkungsrechten ausgestattet sein. Sie dürfen andererseits die Handlungsfähigkeit und Erfolgsverantwortung der dezentralen Bereiche nicht unnötig einschränken.

Das Zusammenwirken zwischen den Bereichen zentraler Instanzen mit übergeordneten Aufgaben und den Bereichen dezentraler Instanzen muß das Erfordernis dezentraler Handlungsfreiheit mit dem Erfordernis übergeordneter zentraler Koordinierung in Einklang bringen. Bestehen zwischen zentralen und dezentralen Bereichen noch halbdezentralisierte Zwischeninstanzen, so können diese vom dezentralen Bereich als übergeordnete zentrale Bereiche vom zentralen Bereich aus als nachgeordnete dezentrale Bereiche behandelt werden.

Mindestens drei Grundanforderungen müssen erfüllt sein, damit vertikale, laterale und diagonale Kooperation funktionieren können:

• Der aufbauorganisatorische Rahmen muß die Kooperation erfordern und ermöglichen.

• Die Formen und Regeln der Kooperation müssen festgelegt, den Beteiligten bekannt sein und von ihnen bejaht werden.

• Die menschliche Beziehung der beteiligten Partner muß von Offenheit, Vertrauen und der Bereitschaft zur gegenseitigen Hilfe und Ergänzung getragen sein.

Alle Anforderungen müssen in gleicher Weise erfüllt sein. Ein guter organisatorischer Rahmen allein kann weder ein gutes Arbeitsklima noch eine gute Kooperation noch eine erfolgreiche Unternehmensführung gewährleisten, wenn es an klaren Kooperationsregelungen und an Kooperationsbereitschaft fehlt. Auch nützt die beste Absicht der Beteiligten wenig, wenn aufbauorganisatorische Fehler oder ungeordnete Beziehungen Kooperation und Führungserfolg erschweren oder gar unmöglich machen. Dann leidet das Arbeitsklima, persönliche Konflikte werden gefördert. Kooperationsregeln müssen dafür sorgen, daß sachliche Auseinandersetzungen nicht zu persönlichen Konflikten ausarten.

cooperative leadership style

Nach der Definition der Katalogkommission für handels- und absatzwirtschaftliche Forschung ist Kooperation „jede auf freiwilliger Basis beruhende, vertraglich geregelte Zusammenarbeit rechtlich und wirtschaftlich selbständiger Betriebe zum Zwecke der Verbesserung ihrer Leistungsfähigkeit."
Nach den betrieblichen Kooperationssektoren unterscheidet man zwischen Absatzkooperation, Beschaffungskooperation und Verwaltungskooperation.
Nach den in der Handelspraxis häufig anzutreffenden kooperativen Systemen, die er als Verbundgruppen bezeichnet, unterscheidet Bruno Tietz unter den auf Dauer angelegten Verbänden selbständiger Unternehmen, deren Zweck in der Erledigung bestimmter Gemeinschaftsaufgaben besteht, zwischen Einkaufsgemeinschaften, freiwilligen Ketten, Franchising und den Vertragshändlersystemen.

cooperation in cooperative groups: Kooperation *f* in kooperativen Gruppen
Im Rahmen der horizontalen Kooperation, d.h. der stufengleichen Zusammenarbeit zwischen Personen oder Stellen derselben Hierarchie-Ebene bzw. zwischen Wirtschaftsunternehmen derselben Wirtschaftsstufe, arbeiten Zwischen- und Einzelhandel aufgrund wettbewerbspolitischer Notwendigkeiten zusammen (z.B. Einkaufsgenossenschaften oder freiwillige Ketten) zusammen.

cooperation in integrated groups: Kooperation *f* in integrierten Gruppen
Im Rahmen der horizontalen Kooperation, d.h. der stufengleichen Zusammenarbeit zwischen Personen oder Stellen derselben Hierarchie-Ebene bzw. zwischen Wirtschaftsunternehmen derselben Wirtschaftsstufe, sind bei der Kooperation in integrierten Gruppen Zwischen- und Einzelhandel zusammengefaßt (z.B. bei Filialbetrieben und Konsumgenossenschaften).

cooperative (coop): Genossenschaft *f*
Nach § 1 des Genossenschaftsgesetzes sind Genossenschaften Gesellschaften von nicht geschlossener Mitgliederzahl, welche die Förderung des Erwerbes oder der Wirtschaft ihrer Mitglieder mittels gemeinschaftlichen Geschäftsbetriebes bezwecken.

cooperative advertising: Gemeinschaftswerbung *f*

cooperative association: Erwerbsgenossenschaft *f*

cooperative bank: Gemeinschaftsbank *f*, Genossenschaftsbank *f*

cooperative basis: genossenschaftliche Grundlage *f*

cooperative building: Baugenossenschaft *f*

cooperative building society: Baugenossenschaft *f*, Wohnungsbaugenossenschaft *f*

cooperative buying group: Beschaffungskooperation *f*
Die Zusammenarbeit mehrerer Wirtschaftsunternehmen beim Warenbezug, Einkaufskooperation, oder bei der Beschaffung von Betriebsraum und Kredit.

cooperative credit association: Kreditgenossenschaft *f*

cooperative distribution: Gemeinschaftsvertrieb *m*
Die Kooperation mehrerer selbständiger Wirtschaftsunternehmen mit dem Ziel und Zweck, durch Rationalisierung, organisatorische Straffung und bedarfsgerechte Gestaltung des Vertriebs die Vertriebskosten zu senken und die Nachfrage effizient zu befriedigen.

cooperative house building society: Wohnungsbaugenossenschaft *f*

cooperative leadership: Führung *f* im Mitarbeiterverhältnis
Ein Konzept der Führung, das nach den Worten von Reinhold Höhn folgende Grundsätze beinhaltet:
„• Die betrieblichen Entscheidungen werden nicht mehr lediglich von einem einzelnen oder einigen Männern an der Spitze des Unternehmens getroffen, sondern jeweils von den Mitarbeiter auf den Ebenen, zu denen sie ihrem Wesen nach gehören.
• Die Mitarbeiter werden nicht mehr durch einzelne Aufträge vom Vorgesetzten geführt. Sie haben vielmehr einen festen Aufgabenbereich mit bestimmten Kompetenzen, in dem sie selbständig handeln und entscheiden.
• Die Verantwortung ist nicht mehr auf die oberste Spitze allein konzentriert. Ein Teil dieser Verantwortung wird vielmehr zusammen mit den Aufgaben und den dazugehörigen Kompetenzen auf die Ebene übertragen, die sich ihrem Wesen nach damit zu beschäftigen hat.
• Das Unternehmen wird nicht mehr, wie dies typisch für eine der absolutistischen Denkweise ensprechende Form der Organisation ist, von oben nach unten aufgebaut, indem die vorgesetzte Instanz nur das abgibt, was ihr zuviel wird, sondern von unten nach oben, wobei die vorgesetzte Instanz der untergeordneten nur diejenigen Entscheidungen abnimmt, die ihrem Wesen nach nicht mehr auf die untere Ebene gehören."

cooperative leadership style: kooperativer Führungsstil *m*
Nach dem Umfang der Mitarbeiterpartizipation am Entscheidungsprozeß und dem Maß an Selbststeuerung, das den Mitarbeitern zugebilligt wird, unterscheidet die Managementlehre autoritärem und kooperativem Führungsverhalten.
Während die Mitarbeiter beim autoritären Führungsverhalten auf Anweisung ohne Entscheidungskompetenz und Mitsprache handeln, werden beim kooperativen Führungsstil Entscheidungen in Teamarbeit zwischen Management und Mitarbeitern getroffen.

Der kooperative Führungsstil ist durch eine Objektivierung der Entscheidungsprozesse gekennzeichnet. Der Entscheidungsprozeß wird für alle daran Beteiligten transparent. Es handelt sich demnach um einen hohen Standard der Kommunikation und Informationsweitergabe: Der Manager diskutiert Hypothesen, Alternativen, Ziele und Einsatzmittel mit den Fachpromotoren und delegiert Verantwortung und Aufgaben. Kontrollstandards sowie Leistungs- und Erfüllungsnormen werden in der Gruppe festgelegt. Das kooperative Führungsverhalten nutzt auch informelle Kommunikations- und Weisungswege, etwa durch die Einschaltung von Koordinationsteams.

Die Mitarbeiter erhalten einen hohen Informationsstand über alle Ziele, Aufgaben und Einsatzfaktoren. Durch die Mitarbeit am Planungs- und Entscheidungsprozeß entsteht ein hohes Maß an Identifikation mit der Aufgabe und durch die Anerkennung ihres Fachwissens eine starke Leistungsmotivation. In der Aufgabenausführung sind die Mitarbeiter relativ frei. Ihre kreativen Fähigkeiten können sich entfalten. Zwischen Mitarbeitern und Vorgesetzten entsteht ein Vertrauensverhältnis, das aus der gemeinsamen Verpflichtung gegenüber den Sachaufgaben resultiert.

Zugleich wird jedoch ein relativ hoher Abstimmungs- und Koordinationsaufwand erforderlich. Daher ist dieser Führungsstil vorwiegend für komplexe, nichtstrukturierte Entscheidungsprozesse (z.B. Investitionsplanung, Personalplanung, Einführung von Informationssystemen) geeignet, bei denen das Fachwissen vieler Instanzen und Funktionen zu integrieren ist. Die Arbeit in Gruppen macht es für das Management erforderlich, Kenntnisse über Gruppenverhalten und Gruppendynamik zu erwerben.

cooperative insurance association: Berufsgenossenschaft *f*

cooperative society: Konsumgenossenschaft *f*, Konsumverein *m*, Verbrauchergenossenschaft *f*

cooperative store: Konsumgeschäft *n*

cooperative trading society: Erwerbsgenossenschaft *f*

cooperativeness: Bereitschaft *f* zur Zusammenarbeit *f*

cooptation: Kooptation *f*
Eine unternehmerische Autonomiestrategie, die in der Aufnahme von Mitgliedern aus Umweltbereichen besteht, die für die Existenz einer Unternehmung bedrohlich sind. Zwei Formen sind denkbar: die Beteiligung an der Verantwortung für die Machtausübung und die Beteiligung an der Machtausübung.

coordinate: koordinieren, zuordnen

coordinated advertising: zentrale Verwendung *f* des gleichen Motivs *n* bei allen Werbemitteln *n/pl*

coordinated economic group: Verbundwirtschaft *f*, Wirtschaftsverbund *m*

coordinated enterprise: Verbundbetrieb *m*

coordination: Koordination *f*, Koordinierung *f*
Die Abstimmung einer Menge von Teilaktivitäten mit dem Ziel, ein vereinbartes Ergebnis zu erzielen. Die Zusammenfassung der Teilaktivitäten einer Aufgabe resultiert in einem Ganzen, das durch die Zielvorgabe der Aufgabe bestimmt ist.

Die Koordination ist eine der schwierigsten Management-Aufgaben, es erfordert ein ausgeprägtes Systemdenken und die Fähigkeit, mehrere Aufgaben im Gesamtzusammenhang zu beurteilen und zu beeinflussen. Man unterscheidet meist:

• *Sachliche Koordination*: In diesem Fall werden arbeitsteilig verrichtete Aufgaben so beeinflußt, daß die Summe der Teilerfolge (Teiloptima) ein Gesamtoptimum der übergeordneten Aufgaben erreicht.

• *Organisatorische Koordination*: Sie bezieht sich auf die Zusammenfassung von Organisationseinheiten (Stellen, Instanzen, Funktionen) mit dem Ziel, gemeinsame Verantwortungen und Tätigkeiten im Hinblick auf ein gemeinsames Gesamtziel zu definieren.

• *Personelle Koordination*: Sie ist durch die Bildung von Arbeitsgruppen gekennzeichnet, deren Mitglieder aus verschiedenen Aufgabengebieten stammen, die jedoch eine gemeinsame Aufgabe zu bewältigen haben. Sie läuft auf eine Teamorganisation hinaus und findet sich sehr oft bei Projekten, die außerhalb der Routine-Aufgabe stehen.

• *Informationelle Koordination* bedeutet die Sammlung, Selektion, Bewertung und Aufbereitung einer Vielzahl von Einzelinformationen zu aussagefähigen und repräsentativen Kennzahlen.

• *Zeitliche Koordination*: Die Beeinflussung von Zeitspannen und Terminen vieler Einzeltätigkeiten im Hinblick auf einen fixierten (geplanten) Endtermin der Gesamtaufgabe.

Je nachdem, ob sich der Manager bei der Erfüllung seiner Koordinationsaufgaben mehr auf formale, bürokratische oder eher auf personale, verhaltenswissenschaftliche Koordinationsinstrumente verläßt, unterscheidet Wolfgang H. Staehle zwischen *verfahrensorientierter* und *verhaltensorientierter* Koordination.

Zur **verfahrensorientierten Koordination** wiederum zählt u.a.

• *Programmierung*: Die Formulierung genereller Handlungsvorschriften in Form von Entscheidungsregeln und -programmen, die sich vorrangig bei einfachen, immer wiederkehrenden Aufgabenstellungen anbietet. Ihre Anwendung setzt eine Standardisierung, Formalisierung und Typisierung von Entscheidungs- und Koordinationsproblemen voraus, so daß Handlungsanweisungen nach dem Wenn-Dann-Schema (Konditionalprogramme) möglich werden (z.B. Vorgabe eines Kontenrahmens zur Integration dezentraler Buchführungen).

Unter einem Programm versteht man dabei eine detaillierte Vorschrift, die die Reihenfolge der Schritte festlegt, mit denen ein System auf eine komplexe Aufgabe zu reagieren hat. Mit System sind Menschen und Maschinen gemeint; der Organisator programmiert nicht nur die Arbeitsweise von Maschinen, sondern auch die Verhaltensweise von Menschen. Programme geben detailliert in chronologischen Schritten an, in welcher Weise und Reihenfolge bestimmte Handlungen erfolgen sollen. Sie legen also zusammen mit anderen Richtlinien den Aufgabenbereich einer Stelle fest, Stellenbeschreibung.

Nach dem Ausmaß des Handlungsspielraums, den eine generelle Vorschrift noch offenläßt, werden neben Programmen Grundsätze und Richtlinien sowie Handlungsanweisungen unterschieden.

- *Planung*: Während Programmierung darauf angelegt ist, personales und organisatorisches Verhalten auf längere Zeit festzulegen, sind Pläne als Koordinationsmechanismen flexibler, da sie nur für einen bestimmten Zeitraum gelten und mehr Richtliniencharakter haben.

Gegenstände der Koordination innerhalb der Planung sind der Planungsinhalt (einschließlich der Ziele) und das plankonforme Handeln. Während die „Planung der Pläne" hohen Kommunikationsaufwand zwischen Planentwerfern, Planträgern und Planausführenden erfordert, ist die Koordination arbeitsteiliger Stellen durch die Pläne selbst gewährleistet, d.h. ohne personale Interventionen möglich.

Unter dem Rubrum **verhaltensorientierte Koordination** faßt Staehle Motivation und Führung zusammen.

Zur Koordination der Entscheidungen dezentraler Abteilungen (auf das Gewinnziel hin) wird neben Plänen auch die Vorgabe von Verrechnungspreisen vorgeschlagen *(pretiale Lenkung)*. Heute werden drei Arten der durch Verrechnungspreise unterschieden:

- *Inputorientierte (kostenorientierte) Abstimmung*: Diese Form der Koordination sieht eine Bewertung der innerbetrieblichen Leistungen mit den entstandenen Kosten (Voll- bzw. Grenzkosten) vor. Sie bietet sich an, wenn diese Leistungen unterstützende Funktion für andere Leistungserstellungen haben.
- *Outputorientierte (marktpreisorientierte) Abstimmung*: Hier wird die leistungerstellende Abteilung selbst als Kostenträger betrachtet, für deren Dienstleistungen vergleichbare Marktpreise existieren (z.B. Werbeabteilung, interne Revision, Rechenzentrum).
- *Knappheitsorientierte (gewinnorientierte) Abstimmung*: Diese Art der Abstimmung bietet sich dann an, wenn geprüft werden soll, ob unter der Prämisse knapper Mittel die Leistung oder Teile davon überhaupt notwendig sind, ob sie die angefallenen Kosten rechtfertigt und/oder ob nicht kostengünstigere externe Leistungen angefordert werden können. In Zeiten der Rezession sind gerade zu diesem Problembereich neue Bewertungsverfahren, wie Gemeinkosten-Wertanalyse, Zero Base Budgeting und Administrative Wertanalyse entwickelt worden.

In vertikaler Hinsicht gilt es bei hierarchisch strukturierten Organisationen, die einzelnen Managementebenen koordinativ zu verbinden. Zur vertikalen, Abstimmung von Plänen werden folgende drei Verfahren diskutiert:

- *Top-Down (retrograde) Planung*: Hier verläuft der Planungsprozeß von oben nach unten, d.h. aus den strategischen Absichten der Unternehmungsleitung werden Ziele sukzessive in konkrete Maßnahmen für die untergeordneten Managementebenen; abgeleitet. Dem Vorteil eines einheitlichen, in sich widerspruchsfreien Planungswerkes mit hohem Konkretisierungsgrad (Planung aus einem Guß) stehen schwerwiegende Nachteile gegenüber. So führt die fehlende Beteiligung nachgeordneter Stellen an der Planung zu Informationszurückhaltung, unrealistischen Planvorgaben und Demotivation der Verplanten.
- *Bottom-Up (progressive) Planung*: Hier verläuft der Planungsprozeß von unten nach oben, d.h. die Planerstellung beginnt auf der untersten Planungsebene und verdichtet sich nach oben zu den letzten strategischen Zielen. Zweifellos wird hierdurch eine hohe Identifikation der am Planungsprozeß Beteiligten mit den dann auch als realistisch erachteten Plänen zu erzielen sein; allerdings verleitet diese Vorgehensweise zur Formulierung konservativer Pläne (Extrapolation von Vergangenheitswerten) und vernachlässigt das Problem der Divergenzen und Konflikte zwischen Teilplänen auf den einzelnen Planungsebenen als Folge fehlender Rahmenrichtlinien.
- *Down-Up Planung (Gegenstromverfahren)*: Hierbei handelt es sich um eine Synthese beider Verfahren, wobei die einzelnen Schritte des Top-Down-Vorlaufs und des Bottom-Up Rücklaufs von einem Planungsstab koordiniert werden. Bei der Planaufstellung (vor allem Zielplanung) hat sich in der Praxis überwiegend das iterative Gegenstromverfahren durchgesetzt, d.h. Ziele und Pläne werden nicht von oben nach unten entwickelt oder umgekehrt, sondern in mindestens einem Vor- und Rücklauf durch die Hierarchie werden, ausgehend von globalen Rahmenplänen, durch schrittweise Präzisierung und Modifikation die endgültigen Soll-Vorgaben entwickelt.

In zeitlicher Hinsicht muß eine Koordination von Plänen unterschiedlicher Fristigkeit erfolgen, d.h. die Integration kurz-, mittel- und langfristiger Planung, z.B. in einem System der rollenden Planung mit laufender Aktualisierung der Planwerte.

Eine solche Koordination von Plänen kann erfolgen durch

- *Reihung*: Aneinanderfügen von isolierten zeitlichen Stufen
- *Staffelung*: Zeitliche Überlappung der Stufen
- *Schachtelung*: Integration der Stufen in einen Langfristplan

Neben der Verkettung besteht auch die Möglichkeit einer systematischen Fortschreibung bzw.

Konkretisierung eines an sich starren Jahresplans durch eine monatliche Aktualisierung der Planvorgaben für die jeweils nächsten 12 Monate (rollende oder gleitende Planung). Pläne und vor allem präzise Sollvorgaben werden erst dann handlungsrelevant, wenn sie von der Organisationsspitze autorisiert und von den Handelnden als solche akzeptiert worden sind.

coordination game: Koordinationsspiel n
Eine wichtige Unterscheidung in der Spieltheorie ist die Unterscheidung zwischen strikt wettbewerblichen Spielen, reine Strategie, Koordinations-Spielen und partiell wettbewerblichen Spielen, gemischte Strategie. Bei Koordinations-Spielen (coordination games) befinden sich die Spieler hinsichtlich des gewünschten Spielausgangs in keinem Interessengegensatz, doch können bei der Verfolgung des gewünschten Ziels Probleme strategischer Art entstehen.

coordination team: Koordinationsteam n
Aus der arbeitsteiligen Organisation von Managementprozessen und als Folge der damit verbundenen Delegation, Management durch Delegation, ergibt sich die Notwendigkeit der Koordination. Koordination bedeutet die Zusammenfassung von Teilaktivitäten einer Aufgabe zu einem Ganzen, wobei das „Ganze" durch die Zielvorgabe der Aufgabe bestimmt ist. Koordination ist die Abstimmung einer Menge von Teilaktivitäten im Hinblick auf die Erreichung eines vereinbarten Ergebnisses.

Eine originäre Koordination liegt dann vor, wenn die Koordinationsaufgabe unmittelbar von der Führungskraft ausgeführt wird. Die Arbeitsteilung und die fortschreitende Differenzierung des Führungsprozesses machen es erforderlich, daß die Koordinationsaufgabe delegiert wird, abgeleitete Koordination.

Bedingt durch Plan- und Zielkorrekturen sowie durch die ständig möglichen Abweichungen und Störungen bilden sich in der Praxis sogenannte Koordinationsteams. Dies bedeutet, daß die Koordinationsaufgabe vom Management an spezielle Aufgabenträger – die Koordinatoren – delegiert wird. Die Koordination wird damit zu einer ständigen (institutionalisierten) Einrichtung, an die auch Kontrollaufgaben übertragen werden. Aus den Koordinationsteams entwickeln sich dann Stabsabteilungen.

Die folgende Abbildung verdeutlicht den Zusammenhang zwischen Koordinatoren (K1, K2, K3) und Führungskräften (B1, B2, ÜB1): Die Koordinatoren berichten an die jeweilige Führungskraft, besitzen aber aufgrund der Delegation Kompetenzen gegenüber den Abteilungen A1-A7. ÜB1 (Bereichsmanagement) hat sich eine Koordinationsfunktion gegenüber B1 und B2 geschaffen (vertikale oder Überkoordination).

Arbeitet ein Team im Hinblick auf eine bestimmte Aufgabe temporär (z.B. Planungsintegration), spricht man auch von einer „Task Force". Wird sie als Daueraufgabe definiert, bildet sich eine Stabsfunktion.

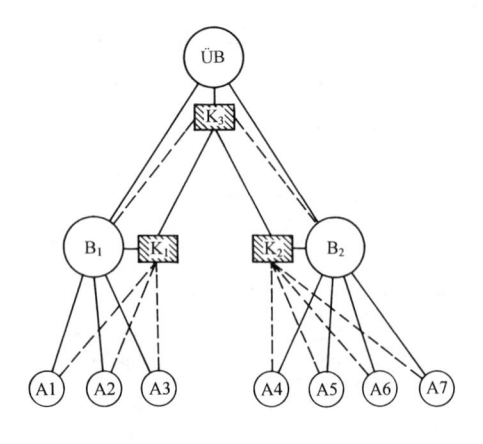

coordinator: Koordinator m
Ein häufig verwendetes Instrument zur Lösung spezifischer Abstimmungsprobleme ist die Benennung eines Koordinators, der für eine kontinuierliche Abstimmung zwischen leistungsmäßig angrenzenden Abteilungen zu sorgen hat und bei auftretenden Konflikten aktiv nach einer Lösungsmöglichkeit suchen soll („liason role").

Copeland Act of 1934 *(Am)*: Gesetz n zum Verbot n von Repressalien *f/pl* gegen Bauarbeiter *m/pl*, die gestreikt haben

copy: abschreiben, Abschrift *f*, Exemplar n (Druck), Kopie *f*, kopieren, Nachbildung *f*, Nachschrift *f*, Text m (Werbung), übertragen, vervielfältigen

copyhold: Erbpacht *f*

copy invoice: Rechnungsdurchschlag m

copying ink pencil: Kopierstift m, Tintenstift m

copying machine: Kopiermaschine *f*, Vervielfältigungsmaschine *f*

copying process: Vervielfältigungsprozeß m, Vervielfältigungsverfahren n

copyright: Urheberrecht n, Wiedergaberecht n

copywriter: Werbetexter m

core allocation: Arbeitsspeicher-Zuordnung *f (EDV)*

core period: Kernzeit *f*

core storage: Kernspeicher m *(EDV)*

corner cut: Eckenabschnitt m *(EDV)*

corner the market: aufkaufen

corporate: körperschaftlich, korporativ

corporate acquisition: Aufkauf m von Gesellschaften *f/pl*

corporate address: Sitz m der Gesellschaft *f*

corporate analysis: Unternehmensanalyse *f*

Der Prozeß der strategischen Planung gliedert sich in fünf Hauptelemente Umweltanalyse, Unternehmensanalyse, strategische Optionen, strategische Wahl und strategische Programme. Dabei ist die Unternehmensanalyse das Gegenstück der Umweltanalyse. Sie ist auf die interne Ressourcensituation („interne Umwelt") gerichtet. Hier wird geprüft, welchen strategischen Spielraum die Unternehmung hat und ob sie im Vergleich zu den wichtigsten Konkurrenten spezifische Stärken oder Schwächen aufweist, die einen Wettbewerbsvorteil/-nachteil begründen (können). Sowohl die Umweltanalyse als auch die Unternehmensanalyse müssen wegen der Komplexität und Dynamik der Analysefelder als selektive Informationsverarbeitungsprozesse betrachtet werden, können also immer nur unvollständig und damit risikobehaftet sein. Die Unternehmensanalyse besteht aus zwei Elementen:
(1) der Ressourcenanalyse, d.h. der Analyse der Unternehmenspotentiale und ihrer Nutzung; und
(2) der Konkurrenzanalyse, d.h. der Einschätzung der eigenen Potentiale im Lichte der Konkurrenz.
Erst beide zusammen lassen eine Bestimmung der strategischen Stärken und Schwächen eines Unternehmens zu. Ob eine bestimmte Ressourcenausstattung eine Stärke oder Schwäche ist, läßt sich nämlich nicht absolut bestimmen, sondern hängt in entscheidendem Maße von der Ressourcenausstattung der wichtigsten Konkurrenten ab.
Die Stärken-/Schwächen-Analyse dient auch als Grundlage zur Beantwortung der weiteren Frage, ob sich das vorhandene Potential eignet, um Zukunfts-Märkte zu erschließen oder in neue Märkte im Sinne einer Diversifikation einzutreten. Dies sind dann Fragen der Unternehmensgesamt-Strategie.
Die Ressourcenanalyse ist durch eine fortlaufende Setzung von Annahmen (Prämissen) gekennzeichnet, die helfen, das unüberschaubare Informationsfeld bearbeitbar zu machen.
Um eine gute Entscheidungsgrundlage zu schaffen, kann sich die Ressourcenanalyse nicht mit einer einfachen Beschreibung der strategisch bedeutsamen Ressourcen begnügen, sie muß auch die Steuerungskräfte miterfassen, die die Ressourcen bewegen, d.h. Gegenstand der Analyse müssen auch die Planung, die Organisation und die Kontrolle der Ressourcenverwendung sein. Betriebliche Sachbereiche und Führungspotentiale sind also gleichermaßen Gegenstand der Ressourcenanalyse.

corporate body: juristische Person *f*, Körperschaft *f*

corporate buying: Beschaffung *f*
Die Gesamtheit der betrieblichen Aktivitäten, deren Ziel es ist, einem Wirtschaftsunternehmen von seinen Beschaffungsmärkten Güter zu besorgen, die es benötigt, aber nicht selbst herstellt. Es handelt sich dabei um Güter, Dienstleistungen, Informationen, Geld und Personal, die für den reibungslosen Ablauf des Betriebs erforderlich sind. Mitunter wird der Begriff der Beschaffung nur auf die Bereitstellung der kontinuierlich benötigten Güter, Leistungen usw. wie Werk-, Hilfs- und Betriebsstoffe angewandt und für die einmalige Beschaffung von Anlagen der Begriff Anschaffung verwendet. Im weiteren Sinne ist Beschaffung neben dem Absatz eine der zwei Grundfunktionen, durch die ein Unternehmen mit den ihm vor- bzw. nachgelagerten Märkten verbunden ist.

corporate capital: Gesellschaftskapital *n*

corporate communication: Unternehmenskommunikation *f*
Die Gesamtheit der sowohl nach innen wie nach außen gerichteten kommunikativen Aktivitäten eines Wirtschaftsunternehmens.

corporate culture: Unternehmenskultur *f*
Unternehmenskultur bezeichnet einen Ansatz in der Managementlehre, der die Unternehmung als eine Art Kultursystem begreift. Unternehmen entwickeln danach eigene, unverwechselbare Vorstellungs- und Orientierungsmuster, die das Verhalten der Mitglieder und der betrieblichen Funktionsbereiche auf wirkungsvolle Weise prägen. Unternehmenskultur ist der „Geist" oder „Stil des Hauses", seine „Linie", sein „Charakter", sein „besonderes Profil", kurz: die Summe der Überzeugungen, Regeln und Werte, die das Typische und Einmalige eines Unternehmens ausmachen.
Der Kultur-Begriff ist der Ethnologie bzw. der Kulturanthropologie entliehen und bezeichnet dort die besonderen, historisch gewachsenen und zu einer komplexen Gestalt geronnenen Merkmale von Volksgruppen. Gemeint sind damit insbesondere Wert- und Denkmuster einschließlich der sie vermittelnden Symbolsysteme, wie sie im Zuge menschlicher Interaktion entstanden sind. So definierte Edward Tylor Mitte des 19. Jahrhunderts Kultur als „jene komplexe Ganzheit, die Kenntnisse, Glaubensüberzeugungen, Künste, Sitte, Recht, Gewohnheiten und jede andere Art von Fähigkeiten und Dauerbetätigungen einschließt, die ein Mensch als Mitglied einer Gesellschaft erwirbt".
Die Managementlehre hat diesen Kulturbegriff auf Organisationen übertragen. Dem liegt die Vorstellung zugrunde, daß jede Organisation für sich eine je spezifische Kultur entwickelt, d.h. in gewisser Hinsicht eine eigenständige Kulturgemeinschaft darstellt, eigene unverwechselbare Vorstellungs- und Orientierungsmuster entwickelt, die das Verhalten der Mitglieder nach innen und außen von dem Verhalten anderer Kulturgemeinschaften unterscheiden.
Allerdings füllt eine große Vielzahl von Definitionen den Markt. So bezeichnet E. H. Schein als Unternehmens- bzw. Organisationskultur „das Muster der Grundannahmen, die eine bestimmte Gruppe erfunden, entdeckt oder entwickelt hat, indem sie gelernt hat, ihre Probleme externer An-

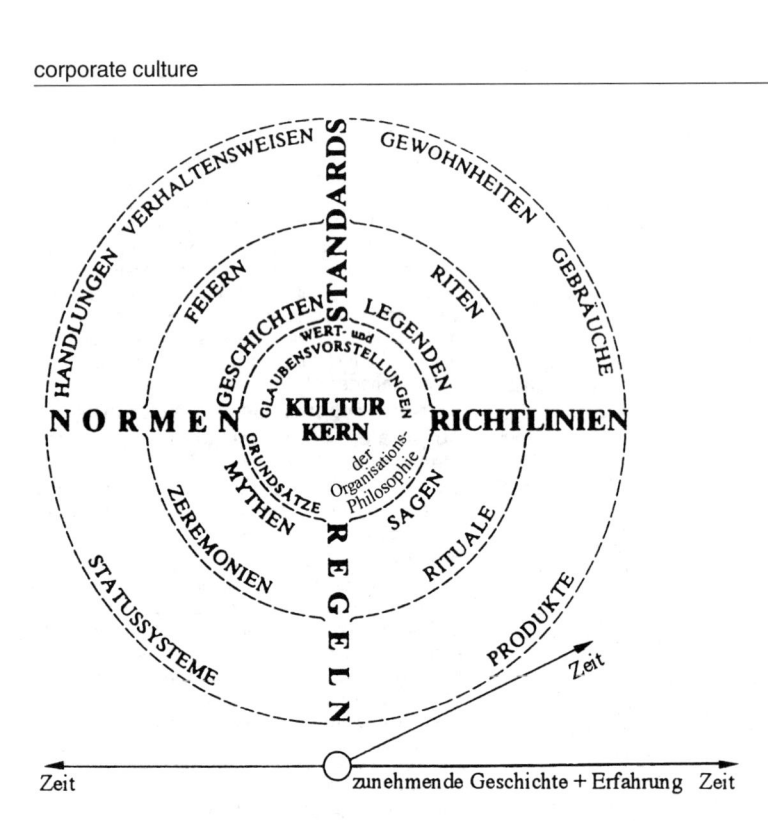

corporate culture

Diagram: Concentric circles showing Unternehmenskultur. Innermost: KULTUR KERN (Wert- und Glaubensvorstellungen, Grundsätze, der Organisationsphilosophie). Middle ring: Geschichten, Legenden, Mythen, Sagen. Outer ring labeled with NORMEN – STANDARDS – RICHTLINIEN – REGELN, including Verhaltensweisen, Gewohnheiten, Riten, Gebräuche, Handlungen, Feiern, Zeremonien, Statussysteme, Rituale, Produkte. Axes: Zeit ← → zunehmende Geschichte + Erfahrung Zeit

passung und interner Integration zu bewältigen und die sich soweit bewährt haben, daß sie als gültig betrachtet werden und deshalb neuen Mitgliedern als die richtige Haltung gelehrt werden sollen, mit der sie im Hinblick auf die genannten Probleme wahrnehmen, denken und fühlen sollen."

Einfacher schreibt E. Heinen: „Unternehmenskultur ist als Werte- und Normengefüge der Zweckgemeinschaft Unternehmen zu verstehen." G. W. Dyer meint, Unternehmenskultur sei die Summe „Artefakte, Perspektiven, Werte und Annahmen, die von den Organisationsmitgliedern geteilt werden." Hingegen meint A. M. Pettigrew: „Zielgerichtetheit, Verpflichtung und Ordnung werden in einer Organisation erzeugt durch die Legierung von Glaubensüberzeugungen, Ideologie, Sprache, Ritual und Mythos, die wir im Etikett Organisationskultur zusammenfassen."

S. Sackmann hat versucht, den Zusammenhang der einzelnen Inhalte von Unternehmenskulturdefinitionen zu veranschaulichen, indem sie, ausgehend vom „Kulturkern", die anderen Konzepte konzentrisch in zunehmender Distanz von diesem Mittelpunkt anordnete:

Mit zunehmender Geschichte und Erfahrung beginnt sich ein immer größer und dichter werdendes Netzwerk um den Kulturkern zu spinnen. Dieses besteht aus ideellem und materiellem Kulturgut. Je näher Elemente des Kulturnetzes beim Kulturkern liegen, um so wichtiger sind sie für die Aufrechterhaltung der bestehenden Kultur. Kernelemente, die heute allgemein mit dem Begriff der Unternehmenskultur verbunden werden, sind:

(1) Unternehmenskultur ist ein im wesentlichen implizites Phänomen; sie hat keine separate, quasi physische Existenz, die sich direkt beobachten ließe. Unternehmenskulturen sind gemeinsam geteilte Überzeugungen, die das Selbstverständnis und die Eigendefinition der Organisation prägen.

(2) Unternehmenskulturen werden gelebt, ihre Orientierungsmuster sind selbstverständliche Annahmen, wie sie dem täglichen Handeln zugrundeliegen. Ihre (Selbst-)Reflexion ist die Ausnahme, keinesfalls die Regel.

(3) Unternehmenskultur bezieht sich auf gemeinsame Orientierungen, Werte usw. Es handelt sich also um ein kollektives Phänomen, das das Handeln des einzelnen Mitglieds prägt. Kultur macht infolgedessen organisatorisches Handeln einheitlich und kohärent jedenfalls bis zu einem gewissen Grade.

(4) Unternehmenskultur ist das Ergebnis eines Lernprozesses im Umgang mit Problemen aus der Umwelt und der internen Koordination. Bestimmte, kulturell anderweitig vorgeprägte Handlungsweisen werden zu erfolgreichen Problemlösungen, andere weniger. Zug um Zug schälen sich bevorzugte Wege des Denkens und Problemlösens heraus, bis schließlich diese Orientierungsmuster zu mehr oder weniger selbstverständlichen Voraussetzungen des organisatorischen Handelns gemacht werden. Unternehmenskultur hat also immer eine Entwicklungsgeschichte.

corporate environment

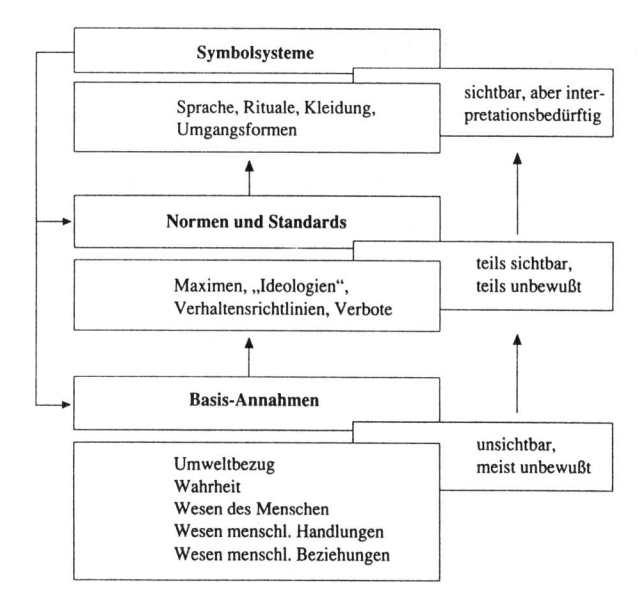

Symbolsysteme	
Sprache, Rituale, Kleidung, Umgangsformen	sichtbar, aber interpretationsbedürftig
Normen und Standards	
Maximen, „Ideologien", Verhaltensrichtlinien, Verbote	teils sichtbar, teils unbewußt
Basis-Annahmen	
Umweltbezug Wahrheit Wesen des Menschen Wesen menschl. Handlungen Wesen menschl. Beziehungen	unsichtbar, meist unbewußt

(5) Unternehmenskultur repräsentiert die „konzeptionelle Welt" der Organisationsmitglieder. Sie vermittelt Sinn und Orientierung in einer komplexen Welt, indem sie Muster vorgibt für die Selektion und die Interpretation von Handlungsprogrammen. Die Organisationsmitglieder verschaffen sich ein Bild von der Aufgabenumwelt auf der Basis eines gemeinsam verfügbaren Grundverständnisses.

(6) Unternehmenskultur wird in einem Prozeß der Sozialisation vermittelt. Sie wird nicht bewußt gelernt. Organisationen entwickeln zumeist eine Reihe von Mechanismen, die dem neuen Organisationsmitglied verdeutlichen, wie im Sinne der kulturellen Tradition zu handeln ist.

Unternehmenskulturen sind komplexe Phänomene. Zu ihr gehören nicht nur die Orientierungsmuster und Programme, sondern auch ihre sichtbaren Vermittlungsmechanismen und Ausdrucksformen. Ein Versuch, die verschiedenen Ebenen einer Kultur zu ordnen und ihre Beziehung zueinander zu klären, ist das Modell von Schein:

corporate design: Unternehmensdesign *n*, Corporate Design *n*
Die Gesamtheit der das äußere Erscheinungsbild und den Firmenstil eines Wirtschaftsunternehmens prägenden Gestaltungselemente.

corporate entity: Gesellschaft *f*

corporate environment: Unternehmensumwelt *f*
Marktwirtschaftliche Organisationen wie Unternehmen stehen in einem permanenten Austauschprozeß mit ihrer Umwelt und werden dabei fortwährend mit neuen Anforderungen und Notwendigkeiten konfrontiert. Diese konnten lange Zeit auf ein beherrschbares Maß reduziert werden. Doch seit Ende der 1960er/Anfang der 1970er haben Unternehmen in wachsendem Maße die Erfahrung gemacht, daß die bisher bewährten Mittel und Maßnahmen nicht mehr greifen. Stagnierendes Wachstum, härtere internationale Konkurrenz, immer schnellere und turbulentere Veränderungen in Form zunehmender Unabwägbarkeiten wirtschaftlicher Märkte, rasanter Entwicklungen im Technologiebereich, steigender Komplexität organisatorischer Aufgaben und wachsender Ansprüche der Mitarbeiter nach mehr immaterieller Bedürfnisbefriedigung bedingen für viele Organisationen die unabdingbare (Überlebens-)Notwendigkeit, dieser für sie zum Teil doch bedrohlichen Entwicklung zu begegnen und entsprechende Anpassungsleistungen zu erbringen.

Im Bereich der Produktion läßt sich dies entsprechend den beiden bestimmenden Gestaltungsmerkmalen des Produktionsprozesses, dem Entwicklungsstand der Technik und der jeweiligen Form der Arbeitsorganisation, im wesentlichen durch Einführung neuer Technologien und/oder neuer Formen der Arbeitsorganisation zu realisieren. Innovationen auf technischem Gebiet in den vergangenen Jahren sind vor allem Computertechnologie, Mikroelektronik, Mikroprozessoren, CNC-Maschinen und Roboter, auf arbeitsorganisatorischem Gebiet zum einen die neuen Formen der Arbeitsorganisation wie geplanter Arbeitsplatzwechsel (Job Rotation), Arbeitsvergrößerung (Job Enlargement), Arbeitsanreicherung (Job-Enrichment), die Teilautonomen Arbeitsgruppen (TAG) und die Qualitätszirkel, die allesamt das Prinzip der weitgehenden horizontalen und vertikalen Arbeitsteilung grundsätzlich in Frage stellen und versuchen, durch Schaffung partizipativer Strukturen mit entsprechenden Autonomie- und Handlungsspielräumen, Interaktions- und Mitsprachemöglichkeiten, zugleich eine Steigerung von Kreativität, Engagement und Mitdenken der Mitarbeiter sowie eine Verbesserung von Flexibilität, Elastizität und Adaptibilität der betrieblichen Prozesse zu erreichen.

corporate financing: Gesellschaftsfinanzierung *f*

corporate form: Gesellschaftsform *f*

corporate funds *pl*: Gesellschaftsvermögen *n*

corporate identity: Unternehmenspersönlichkeit *f*, Corporate Identity *f*

Die durch das gezielte Streben nach Schaffung eines einheitlichen Erscheinungsbilds und Unternehmensimage gekennzeichneten Kommunikationsbemühungen eines Wirtschaftsunternehmens, die sowohl nach innen die Identifizierung der Mitarbeiter mit ihrem Betrieb und die Entstehung eines ausgeprägten Firmenbewußtseins tatkräftig zu fördern und in Übereinstimmung mit diesem Bewußtsein ein ganzheitliches Image und eine in sich schlüssige Selbstdarstellung des Unternehmens zu entwickeln und aufrechtzuerhalten versuchen.

„Corporate Identity als Strategie koordiniert und integriert die unterschiedlichen Verhaltensweisen und Kommunikationen so, daß daraus ein abgestimmtes Verhaltenskonzept entsteht, was eine ökonomische Konzentration der kommunikativen Kräfte des Unternehmens bewirkt". (Clodwig Kapferer)

Corporate Identity ist also die „strategisch geplante und operativ eingesetzte Selbstdarstellung und Verhaltensweise eines Unternehmens nach innen und außen auf Basis eines definierten (Soll-)Images, einer festgelegten Unternehmensphilosophie und Unternehmenszielsetzung und mit dem Willen, alle Handlungsinstrumente des Unternehmens in einheitlichem Rahmen nach innen und außen zur Darstellung zu bringen". (Birkigt/Stadler)

Dabei kommt der expliziten Formulierung der Unternehmensphilosophie in Form eines Unternehmensleitbilds zentrale Bedeutung zu, da nur ein formuliertes Wertesystem kommunizierbar ist.

Das Unternehmensleitbild liefert Handlungsrahmen und -perspektive für die Entscheidungen auf allen Führungsebenen. Es soll die Mitarbeiter, aber auch die Kunden, die Lieferanten, die Kapitalgeber und die Öffentlichkeit über Zwecksetzung, Hauptziele und Verhaltensweisen des Unternehmens informieren.

Ziel ist die Schaffung einer unternehmensspezifischen Identität, durch die ein widerspruchsfreies, einheitliches Bild der vielfältigen Rollen eines Unternehmens entsteht, ein unverwechselbarer Gesamterscheinungseindruck bei den Konsumenten und Abnehmern, der als homogenes Firmenimage dem Unternehmen z.B. auch bei der Einführung neuer Produkte zugute kommt, weil das Firmenimage gleich auf das neueingeführte Produkt übertragen wird.

corporate image: Unternehmensimage *n*, Firmenimage *n*, Corporate Image (CI) *n*

In der Imageanalyse wird nach dem Träger eines Images zwischen drei verschiedenen Imagearten unterschieden: dem Produktimage, dem Markenimage und dem Firmenimage. Das Firmenimage ist das bei bestimmten Personenkreisen (wie den beteiligten Verkehrskreisen, den Abnehmern den Kunden, der Konkurrenz usw.) oder auch der allgemeinen Öffentlichkeit vorherrschende Vorstellungsbild über eine Firma ein Wirtschaftsunternehmen.

Ein positives Firmenimage erleichtert insbesondere die Einführung neuer Produkte und die Durchsetzung von Innovationen, minimiert das dabei bestehende Risiko und damit meist auch die Kosten der Einführungswerbung.

Diffizil ist hingegen die Beziehung der drei Imagearten zueinander, insbesondere die Frage, ob sich z.B. ein positives Firmenimage generell auf ein neues Produkt übertragen läßt (auch wenn das Firmenimage nicht produktadäquat ist, also z.B. ein als Hersteller von teuren Luxusgütern bekanntes Unternehmen billige Massenwaren zu lancieren versucht). Nach Uwe Johannsen ist dabei zwischen vier Grundmöglichkeiten zu unterscheiden:

1. *Identität*: Das Firmen- und das Produktimage sind deckungsgleich.

2. *positive Integration*: Firmen-, Marken- und Produktimage sind eng miteinander verknüpft, wenn auch nicht deckungsgleich; die Erzeugnisse und Marken der Firma entsprechen in ihrer psychologischen Struktur derjenigen der Firma und ihrem Image.

3. *Desintegration*: Der Versuch, bei der Einführung neuer Produkte auch solche unter dem Firmendach unterzubringen, die mit dem bisherigen Firmenimage überhaupt nicht in Übereinstimmung zu bringen sind.

4. *Isolation*: Die strenge Trennung von Firmen- und Markenimage, die sich vor allem in Fällen als sinnvoll erweist. in denen bei starker Diversifikation verschiedene Produkte nicht zu einem verankerten Firmenimage passen.

corporate income tax: Einkommensteuer *f* (juristischer Personen), Körperschaftsteuer *f*

corporate leadership: Unternehmensführung *f*

Über die Definition des Begriffs Unternehmensführung besteht keine einheitliche Auffassung. Häufig wird der Begriff jedoch verwendet, um die *Institution* des obersten Leitungsorgans in einem Unternehmen zu bezeichnen. Dabei wird der Begriff meist synonym zu Unternehmensleitung, Geschäftsführung oder Top-Management gebraucht. Zum anderen versteht man unter Unternehmensführung die *Funktion* der Leitungsorganisation, d.h. die Summe bestimmter Aktivitäten. Vielfach wird bei einer relativ weiten Fassung des Begriffs Unternehmensführung mit Management im Sinne der folgenden Definitionen gleichgesetzt:

Es handelt sich um „sachbezogenes Leiten und personenbezogenes Führen auf allen Leitungsstufen des Betriebes" (Akademie für Organisation).
corporate logo (corporate logotype): Geschäftsabzeichen *n*
Ein Symbol oder Kennzeichen, das durch die charakteristischen Merkmale seiner Gestaltung, Aufmachung oder Ausstattung typisch für ein Wirtschaftsunternehmen ist, ohne eine Geschäfts-, Firmen- oder Namensbezeichnung darzustellen. Geschäftsabzeichen können zum Beispiel charakteristische Firmensymbole, bestimmte Hausfarben, Werbeslogans, einprägsame Telefonnummern, oder Aufmachungs- und Ausstattungsmerkmale wie bestimmte Uniformen, eine bestimmte Kleidung oder auch eine Geschäftsausstattung sein. Geschäftsabzeichen, die zugleich zur Kennzeichnung von Waren verwendet werden, sind auch Warenzeichen und genießen den damit verbundenen rechtlichen Schutz. Darüber hinaus sind Geschäftsabzeichen gegen Nachahmung oder Verwechslung nur dann geschützt, wenn sie Verkehrsgeltung erlangt haben (§ 16 Abs. III UWG).
corporate personality: juristische Person *f*, selbständige Körperschaft *f*
corporate purchasing: Anschaffung *f*, Beschaffung *f*, Einkauf *m*
Die Bereitstellung von Sachgütern des Anlagevermögens eines Betriebs, die notwendig der langfristigen Planung und investitionspolitischer Überlegungen bedarf.
corporate profit: Gewinn *m* einer Kapitalgesellschaft *f*
corporate rights *pl*: Rechte *n/pl* einer juristischen Person
corporate status: Status *m* einer juristischen Person *f*
corporate strategy: Unternehmensgesamt-Strategie *f*
In der Unternehmensgesamt-Strategie geht es darum, die Geschäftsfelder eines Unternehmens festzulegen und die Ressourcen auf die Geschäftsfelder im Sinne der strategischen Zielsetzung zu verteilen.
corporate tax bill: Körperschaftsteuerschuld *f*
corporate tax on distributed profits: Körperschaftsteuer *f* auf Gewinnausschüttungen *f/pl*
corporate tax rate: Körperschaftsteuersatz *m*
corporate tax return: Körperschaftsteuererklärung *f*
corporation: Aktiengesellschaft *f*, Gesellschaft *f*, juristische Person *f*, Kapitalgesellschaft *f*, Körperschaft *f*, selbständige Körperschaft *f*
corporation income tax law: Körperschaftsteuergesetz *n* (KStG)

corporation income tax: Körperschaftsteuer *f*
Corporation Law: Aktiengesetz *n* (AktG)
corporation law: Gesellschaftsrecht *n*, Gesellschaftsrecht *n* der Kapitalgesellschaften *f/pl*
corporation sole: Einmanngesellschaft *f*
corporation tax law: Körperschaftsteuergesetz *n* (KStG)
corporation under public law: Körperschaft *f* des öffentlichen Rechts *n*
corpus delicti: äußerer Tatbestand *m* (eines Verbrechens), Beweisstück *n*
correct: fehlerfrei, richtig, berichtigen, verbessern
correcting entry: Berichtigungsbuchung *f*
correcting journal entry: Berichtigungsbuchung *f*
correcting the invalidity: Berichtigen *n* der Nichtigkeit *f*
correction: Bereinigung *f*, Berichtigung *f* (im Sinne von Verbesserung), Verbesserung *f*
correction feed: Korrekturkartenzufuhr *f* (EDV)
corrective: Korrektiv *n*
corrective action: Abhilfemaßnahme *f*, korrigierendes Eingreifen *n*, des Vorgesetzten *m*
corrective entry: Änderungsbuchung *f*, Bereinigungsbuchung *f*
corrective measure: Abhilfemaßnahme *f*
correctness: Richtigkeit *f*
correlated mixed strategy: korrelierte gemischte Strategie *f*
In der mathematischen Entscheidungstheorie eine Strategie, in der ein Protagonist P^A seine Wahlen in der Weise mischt und die von Fall zu Fall, und zwar in Abstimmung mit seinem Mitspieler P^B variiert. Die aufeinander folgenden gemeinsamen Entscheidungen wären dann etwa a_1b_1, a_2b_2, a_1b_1, a_2b_2, usw. Dies nennt man eine korrelierte oder koordinierte gemischte Strategie. Sie ist manchmal bei Verhandlungsspielen angebracht.
correspondence: Briefwechsel *m*, Korrespondenz *f*, Schriftverkehr *m*, Schriftwechsel *m*
correspondence course: Fernkursus *m*
correspondence school: Fernlehrinstitut *n*
correspondence training: Fernschulung *f* mittels Lehrbriefen *m/pl*
correspondent bank: Korrespondenzbank *f*
corroboration: Bekräftigung *f*
corroborative proof: Nebenbeweis *m*
corrupt: bestechen, verderben
corrupter: Bestechender *m*

corruptibility: Bestechlichkeit *f*
corruptible: bestechlich corruption Bestechung *f*, Korruption *f*
cosignatory: Mitunterzeichner *m*
cost(s) *(pl)*: Kosten *pl*

Es ist umstritten, ob Kosten im Rahmen der Preispolitik als Ziele oder als „interne Daten", also wie Umweltbedingungen, zu behandeln sind. Definiert man als Umweltbedingung alle ergebnisbeeinflussenden Größen des Entscheidungsfelds, die vom Entscheidungsträger selbst nicht oder nur unwesentlich beeinflußt werden können, so sind die Kosten sicherlich nicht als Daten in diesem Sinne anzusehen. Vielmehr werden sie durch preispolitische Entscheidungen direkt oder indirekt sogar sehr stark beeinflußt.

Andererseits wird Preispolitik vordringlich nicht betrieben, um die Kosten zu beeinflussen. Dies ist letztlich nur dann sinnvoll, wenn damit mittel- oder langfristig neuer Spielraum für die marktgerichteten Ziele der Preispolitik geschaffen werden soll. Den Kosten fehlt deshalb der Charakter genereller Handlungsimperative; sie stellen für die Preispolitik eher Nebenbedingungen dar.

Da auf lange Sicht ein Unternehmen nur dann überleben kann, wenn die Erlöse die Kosten zumindest decken, stellt die Berücksichtigung der Kosten im Rahmen der Preispolitik jedoch auch eine Ausprägung des Strebens nach Sicherheit und Substanzerhaltung dar. Ihre Berücksichtigung bei der Preisfestsetzung soll verhindern, daß das Unternehmenspotential durch Unterschreiten von Preisuntergrenzen gemindert wird. Die Problematik einer kostenorientierten Preispolitik liegt dabei in der Kostenverrechnung auf Artikel, Aufträge oder andere Kalkulationsobjekte, die sich nicht immer streng nach dem Kostenverursachungsprinzip vornehmen läßt. Die dabei auftretenden Probleme sind dann nur unter Einbeziehung weiterer Ziele in das Entscheidungskalkül lösbar. Ein typisches Beispiel dafür ist die Verrechnung von Produktionskosten nach dem Tragfähigkeitsprinzip im Rahmen der Preiskalkulation von Kuppelprodukten, die damit letztlich am Umsatzziel orientiert ist. Trotz dieser Einschränkungen erfüllen die Kosten im Rahmen der Preispolitik wichtige Steuerungs- und Bewertungsfunktionen.

Die große Relevanz der Kosten als Zielgröße der Preispolitik zeigt sich z.B. bei Saisonausverkäufen mit besonders niedrigen Preisen, die vom Handel unter anderem deshalb organisiert werden, um Lager- und Kapitalkosten einzusparen. Darüber hinaus stellt sich das Kostenproblem grundsätzlich bei allen gewinnorientierten Preisüberlegungen, da Gewinne kalkulatorisch als Differenz von Erlösen und Kosten definiert sind und die Kosten sich nicht proportional zu den Erlösen, sondern mit einer eigenen Gesetzmäßigkeit verändern. Diese wird in Kostenfunktionen analytisch abgebildet. In einer solchen Analyse müssen verschiedene Kostenkategorien unterschieden werden, wenn die Zusammenhänge zwischen Kosten, Preisen und Gewinnen hinreichend genau erfaßt werden sollen.

Eine erste Kostenkategorisierung stellt die Unterscheidung von Ist- und Plankosten dar (Zeitbezug der Kosten). Da Entscheidungen immer zukunftgerichtet sind, kommen für preispolitische Entscheidungskalküle immer nur Plankosten, d.h. der im voraus bestimmte, bewertete und leistungsbezogene Mittelverzehr in Betracht. Dies wird deutlich, wenn man sich vor Augen hält, daß die Mengenkomponente des Leistungsverzehrs über den Preis-Absatz-Zusammenhang stark vom zukünftigen Preis der abgesetzten Güter abhängt und auch die Wertkomponente durch inflatorische und andere ökonomische Entwicklungen (z.B. Ressourcenverknappung) ständigen Veränderungen unterliegt.

Andererseits beinhaltet die Preispolitik auch die Kontrolle preispolitischer Entscheidungen und bedarf deshalb auch bestimmter Ist-Kosteninformationen, zumal diese dann wiederum zum Ausgangspunkt für eine zukunftsgerichtete Kostenplanung werden.

Eine zweite preispolitisch relevante Kostenkategorisierung bezieht sich auf die Abhängigkeit der Kosten vom Beschäftigungsgrad. *Variable Kosten* (K_v) verändern sich linear, progressiv oder degressiv mit dem Beschäftigungsgrad, *fixe Kosten* (K_f) sind von ihm unabhängig. Viele Kostenarten besitzen allerdings sowohl fixe wie variable Komponenten und werden deshalb *semivariabel* genannt.

Dieser Einteilung muß allerdings eine bestimmte, mit der Abgrenzung der Plan- bzw. Betrachtungsperiode kongruente Zeitabgrenzung zugrunde gelegt werden. Insofern ist der Begriff der Fixkosten relativ.

Wählt man als Indikator für den Beschäftigungsgrad die Absatzmenge eines Unternehmens, so wird die Summe der variablen Kosten bei einer negativ geneigten Preis-Absatz-Funktion um so geringer sein, je höher der Preis festgesetzt wird, während die fixen Kosten im Rahmen einer gegebenen Kapazität konstant bleiben.

In die Gruppe der variablen Kosten gehören z.B. die Kosten für Roh-, Hilfs- und Betriebsstoffe sowie die Energiekosten. Da die Erhöhung oder Verringerung der Ausbringungsmenge eines Betriebs einen entscheidenden Einfluß auf die Höhe der variablen Kosten hat, sind diese Kosten im Hinblick auf kurzfristige Entscheidungen, die die Beschäftigung betreffen, entscheidungsrelevante Kosten.

Zu den fixen Kosten zählen z.B. die Mietkosten sowie die Gehälter für die Unternehmensleitung. Da diese fixen Kosten zum einen Voraussetzung für die Sicherung der Produktionsbereitschaft des Betriebs sind und zum anderen kurzfristige Entscheidungen über die Produktionsmenge somit nicht unmittelbar beeinflussen, sind sie bezogen auf Beschäftigungsentscheidungen entscheidungsirrelevante Kosten.

Es wäre jedoch falsch, daraus den Schluß zu ziehen, daß alle variablen Kosten Entscheidungen über die Produktion beeinflussen, alle fixen Kosten

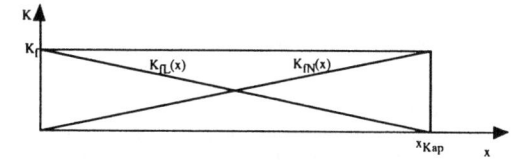

Der Zusammenhang zwischen Nutz- und Leerkosten bei einem Betriebsmittel

dagegen nicht. Vielmehr muß man der Tatsache Rechnung tragen, daß eine bestimmte Kostenart nicht in jedem Fall variabel und eine andere Kostenart nicht in jedem Fall fix ist.

So existiert eine Vielzahl von Kostenarten, die in bestimmten Entscheidungssituationen fixen Charakter aufweisen, während die gleichen Kostenarten in anderen Entscheidungssituationen variabel sind. Bestimmend für die Beantwortung der Frage, ob eine Kostenart als fix oder variabel einzuordnen ist, sind im wesentlichen die beiden Kriterien Fristigkeit des Entscheidungszeitraums und Teilbarkeit der Produktionsfaktoren.

Das erste Kriterium ist die Fristigkeit des Entscheidungszeitraums. Grundsätzlich gilt, daß mit zunehmender Länge der betrachteten Zeitperiode die Kosten immer stärker variablen Charakter annehmen. Langfristig sind alle Kosten variabel. So stellen z.B. die Gehaltskosten für den Zeitraum der Kündigungsfrist fixe Kosten dar. Betrachtet man dagegen den Zeitraum von einem Jahr, so sind praktisch alle Personalkosten variabel, da die Kündigungsfrist in aller Regel nicht über einen derart langen Zeitraum erstreckt.

Ähnliche Situationen können bei einer Betriebsstillegung auftreten. Tritt dieser Fall ein, ohne daß bei Inanspruchnahme von Fremdkapital dieses zurückgezahlt werden kann, so müssen auch weiterhin Fremdkapitalzinsen entrichtet werden. Sie stellen, da ihre Höhe unabhängig von der Beschäftigung ist, fixe Kosten dar. Stellt andererseits jedoch eine Betriebsveräußerung eine zusätzliche und realisierbare Handlungsalternative dar, so sind die Fremdkapitalzinsen als variable Kosten zu betrachten. Die Beantwortung der Frage, ob Kosten fix oder variabel sind, ist also von der jeweiligen betrieblichen Entscheidungssituation abhängig.

Das zweite Kriterium für die Unterscheidung von fixen und variablen Kosten besteht in der mangelnden Teilbarkeit der Produktionsfaktoren. Eine vollständige Teilbarkeit der Produktionsfaktoren wird z.B. bei der Produktionsfunktion vom Typ A unterstellt und läßt diese zur Abbildung und Erklärung industrieller Prozeßstrukturen weitgehend als ungeeignet erscheinen.

Die mangelnde Teilbarkeit der Produktionsfaktoren ist der Grund dafür, daß bestimmte Kosten nicht kontinuierlich, sondern sprunghaft steigen. Diese Kosten zeichnen sich dadurch aus, daß sie zunächst für ein bestimmtes Beschäftigungsintervall fix sind, mit der Ausweitung der Beschäftigung dann plötzlich ansteigen, um dann wiederum auf dieser neuen Höhe für ein weiteres Beschäftigungsintervall fest zu bleiben.

Verfügt z.B. ein Unternehmen über vier gleichartige Maschinen, so fallen pro Periode u.a. fixe Kosten in Höhe der kalkulatorischen Abschreibungen für diese vier Maschinen an. Ist der Betrieb aufgrund starker Nachfrage gezwungen, eine fünfte Maschine anzuschaffen, so steigen infolge zusätzlicher Maschinenabschreibungen die fixen Kosten sprunghaft an, um anschließend für ein bestimmtes Beschäftigungsintervall, das von der quantitativen Periodenkapazität dieser fünften Maschine bestimmt wird, konstant zu bleiben. Diese Kosten bezeichnet man als *Sprungkosten* oder *intervallfixe Kosten*.

Generell kann für deren Verlauf festgehalten werden: In dem Maße, in dem die Teilbarkeit der Produktionsfaktoren zunimmt und die zugehörigen Beschäftigungsintervalle kleiner werden, erfolgen um so häufiger die Sprünge mit der Konsequenz, daß die festen Sprungkosten sich den variablen Kosten annähern.

Weist die fünfte Anlage z.B. eine Periodenkapazität von 1000 Mengeneinheiten pro Periode auf, werden jedoch entsprechend der vorliegenden Nachfrage nur 700 Mengeneinheiten gefertigt, so stellen 70 % der auf die Maschine entfallenden fixen Kosten in Form von kalkulatorischen Abschreibungen Nutzkosten dar, während 30 % der Maschinenabschreibungen als Leerkosten bezeichnet werden. Sinkt die Produktionsmenge auf 0 Mengeneinheiten bzw. steigt auf 1000 Mengeneinheiten, so liegen im ersten Fall 0 % Nutzkosten und 100 % Leerkosten, im zweiten Fall 100 % Nutzkosten und 0 % Leerkosten vor.

Es gilt:

$$K_f = K_{fN}(x) + K_{fL}(x)$$

$$K_{fN}(x) = \frac{K_f}{x_{Kap}} \cdot x$$

$$K_{fL}(x) = (x_{Kap} - x) \frac{K_f}{x_{Kap}}$$

Darin bedeuten:
x = Ausbringung, Produktionsmenge, Beschäftigung;
x_{Kap} = Quantitative Periodenkapazität des Betriebsmittels;
K_f = Fixe Kosten (Abschreibungen pro Periode);
$K_{fN}(x)$ = Nutzkosten der Periode;
$K_{fL}(x)$ = Leerkosten der Periode.

Leerkosten sind also feste Kosten nicht aufgrund der Tatsache, daß sie ihrem Wesen nach fix sind, sondern als Folge der Tatsache, daß der Produktionsfaktor Betriebsmittel nicht teilbar ist. Dieser Sachverhalt verbietet eine stufenlose Anpassung der Kosten an Beschäftigungsschwankungen und läßt nur eine sprunghafte Anpassung zu. Gleiche Überlegungen gelten auch für den Produktionsfaktor Arbeit.

Bildet man die erste Ableitung der beiden obigen Gleichungen nach der Produktionsmenge x, so liefert dieses die Grenznutzkosten

$$K'_{fN}(x) = \frac{dK_{fN}(x)}{dx} = \frac{K_f}{x_{Kap}}$$

und die Grenzleerkosten

$$K'_{fL}(x) = \frac{dK_{fL}(x)}{dx} = -\frac{K_f}{x_{Kap}}.$$

Für die Entscheidungsrelevanz der Sprungkosten gilt also: Hat der Betrieb sich mit der Entscheidung über die Anschaffung eines beschränkt teilbaren Produktionsfaktors für einen zusätzlichen Produktionsmengenbereich festgelegt, so sind die Sprungkosten innerhalb jedes Beschäftigungsintervalls fix, also entscheidungsirrelevant. Wird diese Festlegung jedoch dahingehend aufgehoben, daß die Veräußerung des Produktionsfaktors selbst zur Disposition steht, dann werden die intervallfixen Kosten zu variablen Kosten, d.h. sie sind dann entscheidungsrelevant.

Bei der Betrachtung von möglichen Kostenverläufen geht es um die Gesamtkosten K (x) in Abhängigkeit von der Beschäftigung x, die Durchschnittskosten (Stückkosten, Kosten pro Mengeneinheit)

$$K'(x) = \frac{dK(x)}{dx}$$

sowie die Grenzkosten

$$k(x) = \frac{K(x)}{x}$$

Prinzipiell können die folgenden Kostenverläufe, aufgeteilt nach variablen und fixen Kosten, unterschieden werden.

(A) Für die variablen Kosten:
(1) Ein *proportionaler Verlauf* liegt vor, wenn jede relative Beschäftigungsänderung (%) zur gleichen relativen Kostenänderung (%) führt. Eine Vervielfachung der Ausbringungsmenge bedingt auch eine entsprechende Vervielfachung der Kosten. Die Kostenkurve verläuft, beginnend im Ursprung, linear steigend.
(2) Von einem *degressiven Verlauf* spricht man, wenn die relative Beschäftigungsänderung (%) größer ist als die relative Kostenänderung (%). Nehmen die Kosten mit wachsender Beschäftigung zu, so liegt ein degressiv steigender Kostenverlauf vor. Geht dagegen eine Beschäftigungszunahme mit einer Kostenabnahme einher, so ist der Kostenverlauf degressiv fallend. In beiden Fällen verhalten sich die Dabei wird die endgültige Verlaufsform der aus der Produktionsfunktion vom Typ B Kosten unterproportional zur Ausbringungsmenge. abgeleiteten Gesamtkostenfunktion von der Art des jeweiligen Anpassungsprozesses.
(3) Ein *progressiver Verlauf* liegt vor, wenn die relative Beschäftigungsänderung bzw. der Kombination von verschiedenen Anpassungsmaßnahmen bestimmt. Auch hier ist zwischen progressiv steigendem und progressiv fallendem Kostenverlauf zu unterscheiden. Die Kosten verhalten sich in beiden Fällen überproportional steigend zur Ausbringungsmenge,

(B) Für die fixen Kosten:
(1) Von einem *fixen Verlauf* spricht man, wenn jede Beschäftigungsänderung zu einer Kostenänderung von Null führt. Schwanken die Ausbringungsmengen, so ändern sich dadurch die Kosten nicht und bleiben konstant.
(2) Ein *intervallfixer Verlauf* ist dadurch charakterisiert, daß sich die Kosten innerhalb bestimmter Beschäftigungsintervalle fix verhalten, beim Überschreiten der oberen Intervallgrenzen sprunghaft ansteigen, um dann wiederum für eine Intervallänge konstant zu bleiben, jedoch auf einem höheren Niveau.

In der folgenden Abbildung sind die drei Varianten proportionaler, degressiv steigender und progressiv steigender Verlauf der variablen Gesamtkosten einschließlich der zugehörigen Durchschnitts- und Grenzkosten in Abhängigkeit von der Beschäftigung abgebildet.

Die Abbildung beinhaltet die Darstellung des fixen und des intervallfixen Gesamtkostenverlaufs einschließlich der zugehörigen Durchschnitts- und Grenzkosten in Abhängigkeit von der Beschäftigung.

Die Durchschnittskosten und die Grenzkosten bei einem progressiv steigenden Verlauf der variablen Kosten können auch linear oder degressiv verlaufen, wenn beispielsweise der Exponent 2 oder kleiner ist. Der Verlauf der Kurve der fixen Stückkosten $k_f(x)$ hat mathematisch die Form einer Hyperbel. Im Zusammenhang mit diesem hyperbolischen Verlauf spricht man häufig von der *Fixkostendegression*.

Für die Verläufe der Gesamtkostenfunktionen, die auf den Produktionsfunktionen vom Typ A und Typ B basieren, ist festzustellen: Produktionsfunktionen vom Typ A können lineare und S-förmige Gesamtkostenverläufe zur Folge haben, während für Produktionsfunktionen vom Typ B lineare und S-förmige Gesamtkostenverläufe, aber auch Sprungfunktionen charakteristisch sind.

Speziell im Hinblick auf die Preiskalkulation, d.h. die kostengebundene Preisbindung, werden nach dem Kriterium der Zurechenbarkeit Einzel- und Gemeinkosten unterschieden. *Einzelkosten* lassen sich einer einzelnen Leistungseinheit nach dem Kostenverursachungsprinzip unmittelbar zurechnen, während dies bei *Gemeinkosten* nicht möglich ist, da sie für verschiedene und/oder eine Mehrzahl von Leistungseinheiten anfallen.

Im Bemühen um den Ausbau der Kostenrechnung vom reinen Abrechnungs- zu einem Entschei-

cost(s)

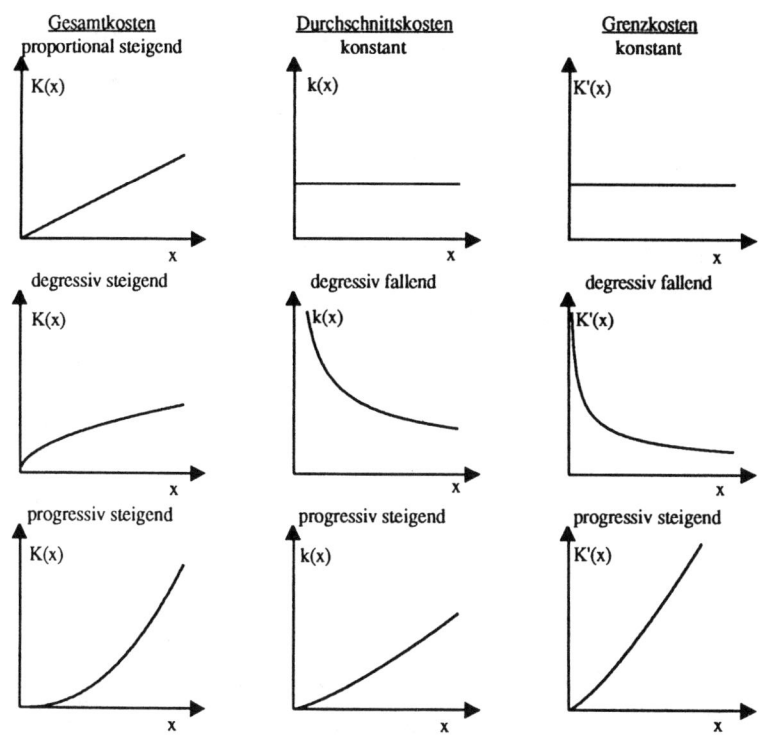

Gesamtkosten proportional steigend	Durchschnittskosten konstant	Grenzkosten konstant
K(x)	k(x)	K'(x)
degressiv steigend	degressiv fallend	degressiv fallend
K(x)	k(x)	K'(x)
progressiv steigend	progressiv steigend	progressiv steigend
K(x)	k(x)	K'(x)

Verläufe der variablen Gesamtkosten, der Durchschnittskosten und der Grenzkosten in Anhängigkeit von der Ausbringung

Gesamtkosten fix (konstant)	Durchschnittskosten degressiv fallend	Grenzkosten konstant Null
K(x)	k(x)	K'(x)
intervallfix	degressiv fallend mit Sprüngen	konstant Null mit Lücken
K(x)	k(x)	K'(x)

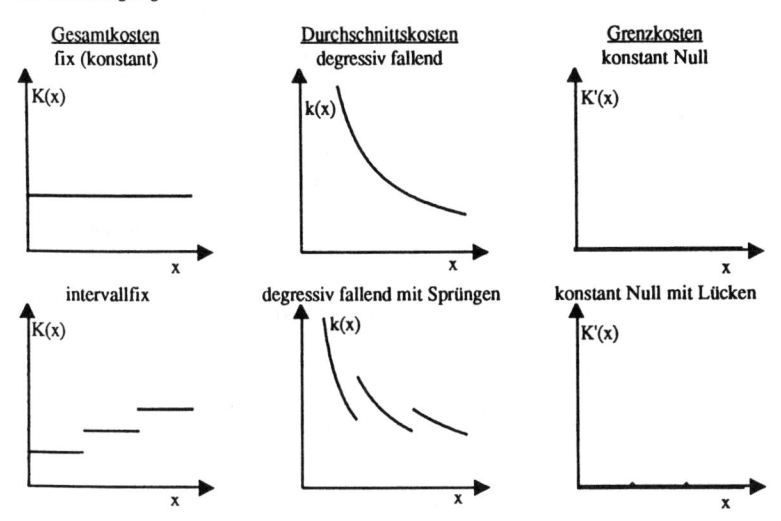

Verläufe der fixen und intervallfixen Gesamtkosten, der Durchschnittskosten und der Grenzkosten in Abhängigkeit von der Ausbringung

dungsinstrument wird in modernen Kostenrechnungssytemen der Begriff der Einzelkosten allerdings relativiert, indem als Zurechnungsobjekt nicht nur einzelne Leistungseinheiten, sondern

cost account

Kostenverlauf	$K_v(x)$ bzw. $K_f(x)$	$k_v(x)$ bzw. $k_f(x)$	$K_v'(x)$ bzw. $K_f'(x)$
proportional steigend	$K_v(x) = x$	$k_v(x) = 1$	$K_v'(x) = 1$
degressiv steigend	$K_v(x) = \sqrt{x}$	$k_v(x) = \dfrac{1}{\sqrt{x}}$	$K_v'(x) = \dfrac{1}{2\sqrt{x}}$
progressiv steigend	$K_v(x) = x^{2,3}$	$k_v(x) = x^{1,3}$	$K_v'(x) = 2,3 \times x^{1,3}$
fix (konstant)	$K_f(x) = 1$	$k_f(x) = \dfrac{1}{x}$	$K_f'(x) = 0$
intervallfix	$K_f(x) = \begin{cases} 0,6 & \text{für } 0 \leq x \leq 0,5 \\ 1 & \text{für } 0,5 < x \leq 1 \\ 1,4 & \text{für } x > 1 \end{cases}$	$k_f(x) = \begin{cases} \dfrac{0,6}{x} & \text{für } 0 \leq x \leq 0,5 \\ \dfrac{1}{x} & \text{für } 0,5 < x \leq 1 \\ \dfrac{1,4}{x} & \text{für } x > 1 \end{cases}$	$K_f'(x) = 0$

auch andere Kalkulationsobjekte zugelassen werden. Als Kalkulationsobjekt kommen dabei alle denkbaren Entscheidungsgegenstände, etwa Produkte, Kostenstellen, Produktgruppen, Absatzwege, Absatzregionen oder Kundengruppen in Frage, denen man bestimmte Kosten unmittelbar zurechnen kann.

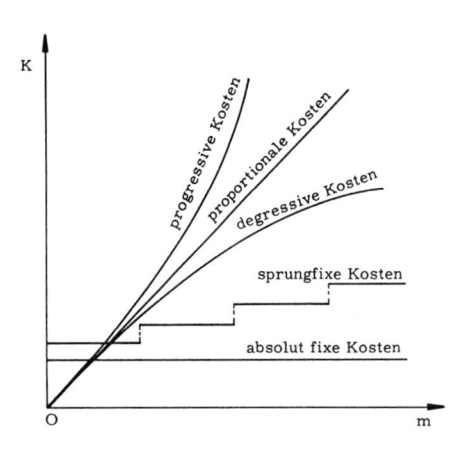

Man spricht wegen dieser Relativierung des Einzelkostenbegriffs von relativen Einzel- bzw. relativen Gemeinkosten. Die Notwendigkeit einer segmentspezifischen Preispolitik macht eine solche relative Einzelkosten- und Deckungsbeitragsrechnung zu einem nützlichen Informations- und Steuerungssystem. Insbesondere wird es dadurch möglich, die Kosten des Marketing (Verkauf, Werbung, Produktentwicklung, Verkaufsförderung etc.) in differenzierter Form in eine gewinnorientierte Preispolitik einzubeziehen.

Steht z.B. zur Debatte, ob eine neue Maschine angeschafft werden soll, um zwei preislich differenzierte Produktvarianten anbieten zu können, sind die dafür notwendigen Investitionskosten relevante, u.U. auf Teilabschnitte des Planungszeitraums zu periodisierende Kosten. Erweist sich die Produktvariante nach ihrer Markteinführung entgegen den Erwartungen als nicht absetzbar, so sind für eine dann u.U. anstehende Preissenkungsentscheidung – soweit es keine anderen Einsatzmöglichkeiten der Maschine gibt – die kalkulatorischen Abschreibungen auf diese Maschine irrelevante Kosten (sog. sunk costs), weil sie sich durch eine solche Preissenkung nicht mehr verändern lassen. Bestehen hohe „sunk costs", liegt also der Liquidationswert des Unternehmens weit unter den buchmäßigen Aktiva, und ist der Bestand an nichtaktivierbaren immateriellen Vermögenswerten groß, dann besteht ein großer preispolitischer Spielraum nach unten, und damit wird ein Preiskampf wahrscheinlicher.

Neben den sunk costs als Spezialfall irrelevanter Kosten spielen im Rahmen der Preispolitik auch Opportunitätskosten als Spezialfall der relevanten Kosten eine Rolle. Sie stellen den „entgehenden Nutzen dar, den man in der besten aller nicht realisierten Alternativen hätte erzielen können" (S. Hummel/W. Männel). Solche Entscheidungssituationen treten vor allem bei der Preislinienpolitik sowie bei der Bestimmung von Preisuntergrenzen auf.

cost account: Kostenkonto *n*
cost accountant: Betriebsbuchhalter *m*, Kalkulator *m*, Kostenrechner *m*
cost accounting: Betriebsbuchhaltung *f*, Kalkulation *f*, Kostenrechnung *f*, Kostenträgerrechnung *f*
cost accounting clerk: Werksbuchhalter *m*
cost accounting department: Kalkulationsabteilung *f*, Werksbuchhaltung *f*
cost accumulation: Kostenartenrechnung *f*
cost allocation: Kostenaufschlüsselung *f*, Kostenumlage *f* oder -verteilung *f*, Kostenzurechnung *f* oder Kostenzuteilung *f*
cost analysis: Kostenanalyse *f*
cost and freight (C & F): Kosten *pl* und Fracht *f*
cost and output statement: Leistungsabrechnungsbogen *m*
cost ascertainment: Kostenerfassung *f*

cost based valuation: Bewertung *f* mit Kosten *pl*
cost basis of accounting: Bewertung *f* zu Anschaffungskosten *pl*
cost budget: Kostenbudget *n*
cost center: Fertigungskostenstelle *f*, Hauptkostenstelle *f*, Kostenstelle *f*, Gemeinkostenstelle *f*, Hilfskostenstelle *f*, allgemeine Kostenstelle *f*
cost center burden rate: Kostenstellen-Gemeinkostenzuschlag *m*
cost classification: Aufwandsarten *f/pl*
cost classified by type: Aufwandsart *f*
cost clerk: Kalkulator *m*
cost code: Kostenschlüssel *m*
cost consciousness: Kostenbewußtsein *n*
cost consumption: Kostenverzehr *m*
cost control: Kostenkontrolle *f*, Kostenüberwachung *f*
cost curve: Kostenkurve *f*
cost department: Betriebsbuchhaltung *f* (Abt.), Kalkulationsabteilung *f*
cost determination: Kostenermittlung *f*
cost distribution: Kostenumlage *f* oder -verteilung *f*, Kostenzurechnung *f* oder Kostenzuteilung *f*
cost distribution sheet: Betriebsabrechnungsbogen *m*
cost estimate: Kosten(vor)anschlag *m*, Vorkalkulation *f*
cost estimating: Kostenvorrechnung *f*
cost finding division: Kalkulationsabteilung *f*
cost finding: Kostenerfassung *f*
cost for negotiating bills: Wechselbegebungskosten *pl*
cost function: Kostenfunktion *f*
Die Darstellung der Kosten als Funktion der Produktionsmenge (K = f (y) = K (y)) Die Einsatzgüter im Produktionsprozeß sind in der Regel knapp und daher kann ihnen ein Preis zugeordnet werden. Bewertet man den Verbrauch an Einsatzgütern mit diesem Preis, so nennt man diese bewerteten Mengen an Produktionsfaktoren Kosten (Werteverzehr zur Wertschöpfung).
Die Kostentheorie will für Erklärungs- und Prognosezwecke die Beziehungen zwischen der Höhe der Kosten und ihren Bestimmungsgrößen (den Kosteneinflußgrößen) ermitteln. Da aber die Kosten durch den Verbrauch von Einsatzgütern im Produktionsprozeß entstehen, ist der in der Produktionstheorie bzw. Produktionsfunktion erfaßte Produktionsprozeß der Ausgangspunkt für die Erfassung der Kosten.
Die in der Produktionsfunktion und damit in der Verbrauchsfunktion angegebenen Einsatzmengen werden mit den jeweiligen Preisen multipliziert und zu dem so bezeichneten Gesamtwert „Kosten" zusammengefaßt. Diese werden dann in Abhängigkeit von den Ausbringungsmengen (Outputs) formal dargestellt, um den Zusammenhang zwischen Veränderungen des Outputs und den Veränderungen der Kosten untersuchen zu können. Die Kostenfunktion bei Verwendung der Vektorfunktion h lautet dann:

$K_1, K_2, ..., K_n = (o_1, o_2, ..., o_m)$.

Beschränkt man die Analyse auf den Ein-Gut-zwei-Produktionsfaktoren-Fall, so ergeben sich die nachfolgend abgeleiteten Kostenfunktionen:

(1) *Optimale Produktionsplanung bei konstanten Faktorpreisen – Die Minimalkostenkombination:* Bei substitutiven Produktionsmitteln muß der Unternehmer das Einsatzverhältnis für jede Ausbringung festlegen. Diese Festlegung wird so ausfallen, daß die Kosten bei jeder Produktionsmenge so gering wie möglich sind. Diese Situation wird mit Minimalkostenkombination bezeichnet. Damit ergibt sich folgende Problemstellung:
• Die Produktionsfunktion, ausgedrückt durch ein Isoquantensystem, betrachtet der Unternehmer als Datum.
• Ebenso betrachtet er die Preise für die beiden Produktionsmittel l_1 und l_2 als Datum (Mengenanpasser).
Gesucht ist also: minimale Kosten bei optimalem Faktormengeneinsatzverhältnis für eine feste Produktionsmenge. Die Kostengleichung erhält man dann, bei gegebener Kostensumme K und konstanten Faktorpreisen l_1 und l_2, zu:

$K = l_1 \cdot i_1 + l_2 \cdot i_2$

bzw. für die Darstellung im $i_1 - i_2$-Diagramm:

$i_2 = -\dfrac{l_1}{l_2} \cdot i_1 + \dfrac{K}{l_2}$.

Dabei ist vorausgesetzt, daß die Fixkosten K_f gleich Null sind, um die Analyse zu vereinfachen. Stellt man diese Funktion wie in der folgenden Abbildung gezeigt dar, so erhält man die *Isokostenlinie* oder *Isotime* mit den Koordinatenabschnitten K/l_1 und K/l_2 und der Steigung

$\tan \alpha = \dfrac{di_2}{di_1} = -\dfrac{l_1}{l_2}$.

Die Isotime ist damit der geometrische Ort aller Faktorkombinationen (i_1, i_2), die ein Unternehmen bei gegebenem Kostenbetrag K und gegebenen Faktorpreisen l_1 und l_2 maximal kaufen kann.
Für die geometrische Bestimmung der Minimalkostenkombination zeichnet man eine Schar von Isotimen (konstante Preise l_1 und l_2), die jeweils andere Kostenbeträge darstellen. Dazu eine Isoquante, die die gegebene Produktionsmenge darstellt. Den optimalen Punkt P erhält man, wenn die Steigung der Substitutionstangente

$\tan \alpha = \dfrac{di_2}{di_1} = -\dfrac{\dfrac{\partial o}{\partial i_1}}{\dfrac{\partial o}{\partial i_2}}$

145

cost function

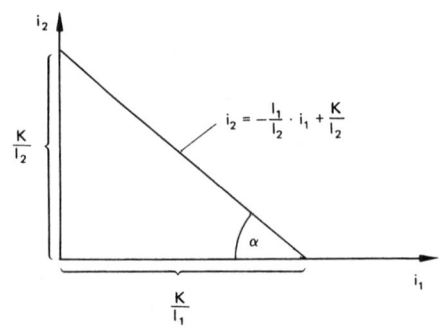

Die Isotime

gleich der Steigung der Isotimen

$$\tan \alpha = \frac{di_2}{di_1} = -\frac{l_1}{l_2}$$

ist.

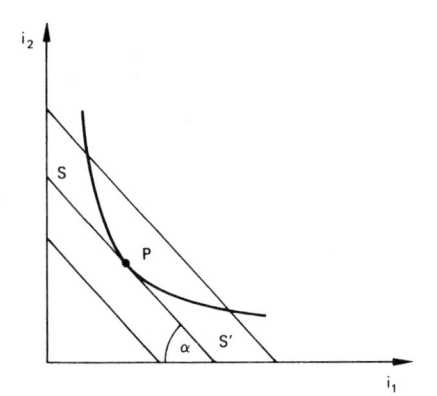

Die Minimalkostenkombination

Daraus ergibt sich das Gesetz der Minimalkostenkombination:

$$\frac{\frac{\partial o}{\partial i_1}}{\frac{\partial o}{\partial i_2}} = \frac{l_1}{l_2} \quad \text{oder} \quad \frac{\frac{\partial o}{\partial i_1}}{l_1} = \frac{\frac{\partial o}{\partial i_2}}{l_2}$$

Dieses Gesetz besagt: Wenn sich die Grenzproduktivitäten der eingesetzten Produktionsmittel wie deren Preise verhalten bzw. wenn der Grenzertrag des Geldes bei allen eingesetzten Produktionsmitteln gleich ist, dann ist die Minimalkostenkombination verwirklicht. Analytisch kann diese Bedingung auch über die Lagrange-Funktion abgeleitet werden aus:
Minimiere $K = l_1 i_1 + l_2 i_2$
unter der Nebenbedingung
$o = o\,(i_1, i_2) = \bar{o}$
Für diese Produktionsfunktionen können die Minimalkostenkombinationen konkret bestimmt werden. Das gilt nicht für die Leontief-Produktionsfunktion, da der Unternehmer stets die effiziente Kombination verwirklichen wird. Graphisch bedeutet dies, daß durch den effizienten Produktionspunkt P beliebig viele Isotimen gezeichnet werden können.

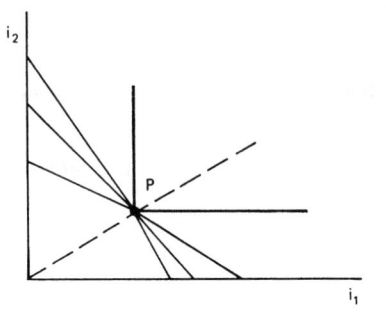

Die Minimalkostenkombination bei limitationalen Produktionsmitteln

(2) Der *Expansionspfad:* Hier geht es um die Ermittlung aller kostenminimierenden Faktorkombinationen für jeweils gegebene, wachsende Produktionsmengen. Das bedeutet, daß eine Schar von Isoquanten gegeben ist und wir für jede Isoquante den Punkt suchen, da die Steigung der Tangente an die Isoquante mit der Steigung der Isokostenlinie übereinstimmt (= Minimalkostenkombination). Verbindet man diese Punkte, so erhält man die Faktoranpassungskurve oder auch Expansionspfad genannt.

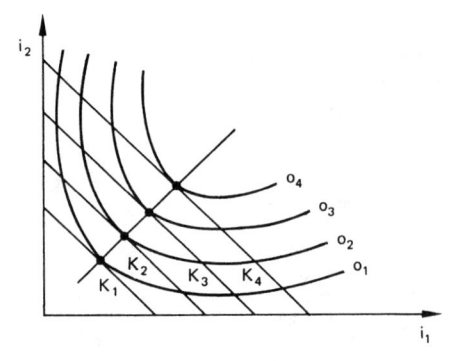

Man sieht, daß jeder Isoquante und der entsprechenden Isokostenlinie eine bestimmte Produktionsmenge und eine bestimmte minimale Kostensumme zugeordnet ist. Damit kann man auch die Kostenfunktion bestimmen.
(3) Die *Kostenfunktion bei linear-homogenen Produktionsfunktionen (Konstante Skalenerträge):* Bei den linear-homogenen Produktionsfunktionen gilt, daß jede Output-Menge mit konstanter Faktorintensität produziert wird (Strahl aus dem Ursprung) und auf diesem Strahl eine konstante Ska-

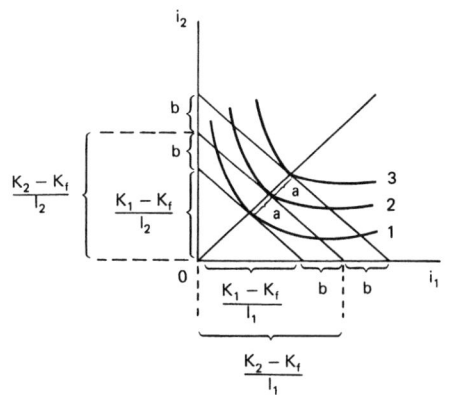

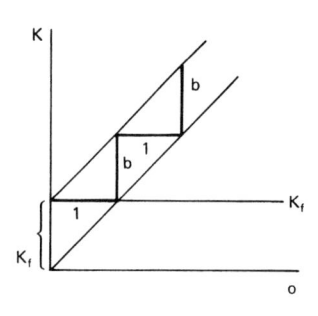

cost function

Die Erhöhung von o um 1 Einheit ergibt eine Erhöhung von K um b.

Expansionspfad und Kostenkurve bei linear-homogenen Produktionsfunktionen

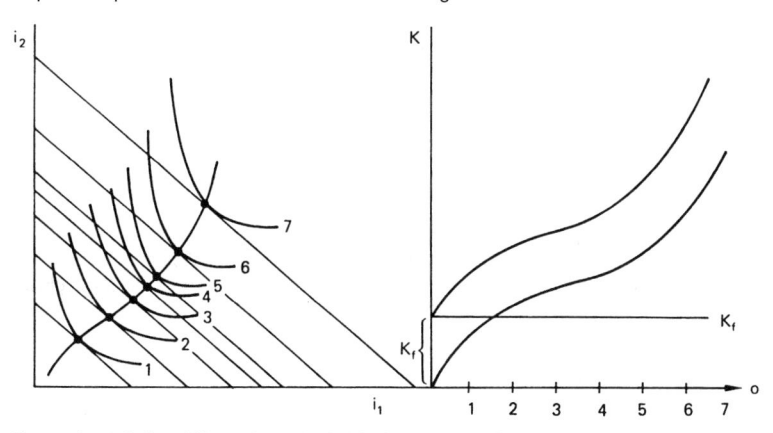

Expansionspfad und Kostenkurve bei nicht-homogenen Produktionsfunktionen

la der Produktionsmengen gegeben ist. Graphisch ergeben sich der Expansionspfad und die Kostenkurve nach den folgenden Abbildungen:
Eine Erhöhung von o um 1 Einheit ergibt eine Erhöhung von K um b.

(4) Die *Kostenfunktion bei homogenen Produktionsfunktionen:* Bei zunehmenden Skalenerträgen rücken die Isoquanten entlang des Strahls aus dem Ursprung immer weiter zusammen, ebenso die Isokostengeraden. Damit nehmen die Minimalkostenzuwächse mit zunehmender Produktionsmenge ab. Bei abnehmenden Skalenerträgen rücken die Isoquanten und Isokostengeraden immer mehr auseinander, es ergeben sich zunehmende Minimalkostenzuwächse.
Diese Kostenverläufe zeigt die folgende Abbildung:

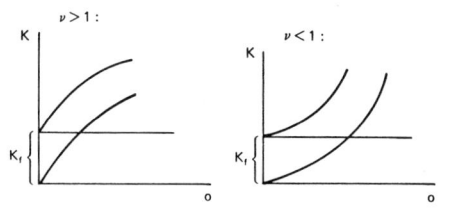

(5) Die *Kostenfunktion bei nicht-homogener Produktionsfunktion:* Unterstellt man die Situation der folgenden Abbildung, dann nehmen die Isoquanten- und Isokostengeraden-Abstände zuerst ab, dann zu. Damit werden für jeweils eine zusätzliche Produktionsmengeneinheit die Minimalkosten-

Kostenfunktionen bei homogenen Produktionsfunktionen

zuwächse zuerst geringer, dann wieder größer (zunächst abnehmende, dann zunehmende Steigung der Kostenkurve). Diesen Verlauf bezeichnet man als den typischen Kostenverlauf.
Die Bezeichnung des typischen Kostenverlaufs als ertragsgesetzlichen Kostenverlauf ist nicht ganz richtig; denn das Ertragsgesetz gilt nur bei Variation eines Faktors (Schnitt parallel zu einer Achse, senkrecht zur Grundfläche). Damit kann man direkt die Kostenfunktion ermitteln, d.h. es gibt keine Isoquanten, damit auch keine Wahl der optimalen

cost function

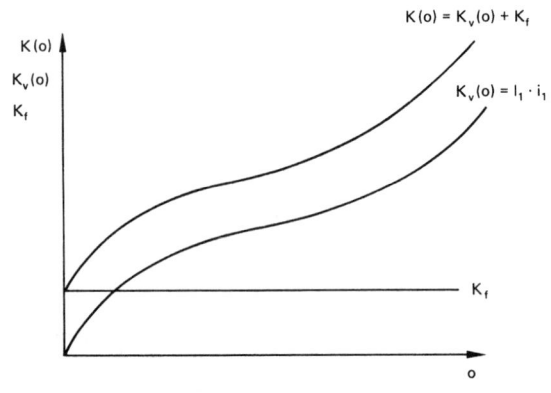

Die ertragsgesetzliche Kostenkurve

Faktorkombination entlang des Expansionspfades. Es gilt:

$$K = l_1 \cdot i_1 + l_2 \cdot \bar{i}_2$$
$$K = \underbrace{l_1 \cdot f(o)}_{K_v(o)} + K_f$$

Multiplikation mit den Preisen, fixe Kosten berücksichtigt.

Bei dieser Betrachtung ergibt sich aber eine gleiche Kostenfunktion wie in der vorangegangenen Abbildung, daher die Bezeichnung ertragsgesetzliche Kostenfunktion. Die folgende Abbildung zeigt den entsprechenden Verlauf.

Bei verschiedenen betrieblichen Analysen zur Kostenlage und deren Einfluß auf die Preisstrategie ist die Betrachtung der Durchschnittskosten und Grenzkosten sinnvoll. Formal lauten die entsprechenden Gleichungen:

Gesamtkosten: $K = K_v(o) + K_f$
Durchschnittliche Fixkosten: $K_{f/o}$
Durchschnittliche variable Kosten: K_v/o
Durchschnittliche gesamte Kosten = Stückkosten:

$$\frac{K}{o} = \frac{K_v(o)}{o} + \frac{K_f}{o}$$

Grenzkosten:

$$K' = \frac{dK}{do} = \frac{dK_v(o)}{do}$$
$$= \frac{\text{Kostenänderung}}{\text{Ausbringungsänderung}}$$

Betrachtet man diese Kostenfunktionen, so kann die Kostenfunktion bei homogenen Produktionsfunktionen entweder in linearer Form betrachtet werden oder in zusammengesetzter Form (zuerst $v > 1$, also zunehmende Skalenerträge, dann $v < 1$, also abnehmende Skalenerträge) bei der ertragsgesetzlichen Kostenfunktion. Die gesamten Kostenfunktionen und deren Abhängigkeiten zeigt die Abbildung Seite 149.

Für die ertragsgesetzliche Kostenfunktion gilt:

- Im Wendepunkt W hat die Grenzkostenkurve K' ein Minimum.
- Im Punkt T hat die Steigung der Tangente den gleichen Wert wie der Fahrstrahl aus A. Da letzterer die durchschnittlichen variablen Kosten erfaßt, gilt in T, daß das Minimum der

$$\frac{K_v}{o} = K'$$

ist. Dieser Punkt wird daher auch Betriebsminimum bzw. Produktionsschwelle bezeichnet.

- In S ist die Steigung des Fahrstrahls aus 0 gleich der Steigung der Tangente. Es gilt also:

$$\frac{K}{o} = K'$$

Ab der entsprechenden Ausbringungsmenge steigen die Stückkosten wieder an. Man spricht daher auch vom Betriebsoptimum. Bei einem erzielbaren Marktpreis über diesen minimalen Stückkosten wird der Gewinn erzielt, der bei der Menge in S maximal ist.

Bei dem linearen Kostenverlauf existiert kein Betriebsminimum oder Betriebsoptimum. Ist ein Preis über den Stückkosten zu erzielen, so sollte für ein Gewinnmaximum die größtmögliche Menge verkauft und damit produziert werden, also die Menge an der Kapazitätsgrenze o_{KG}. Bei den Überlegungen zum Gewinnmaximum ist zu beachten, daß sich der Gewinn aus der Differenz zwischen dem Wert der abgesetzten Endprodukte (Umsatz U) und den Kosten K ergibt, also zu $G = U - K$.

Bei der Analyse des Kostenverlaufs bei ertragsgesetzlicher Produktionsfunktion geht man am besten von der Annahme konstanter Preise für die Einsatzgüter aus. Anknüpfend an die Produktionsfunktion vom

cost function

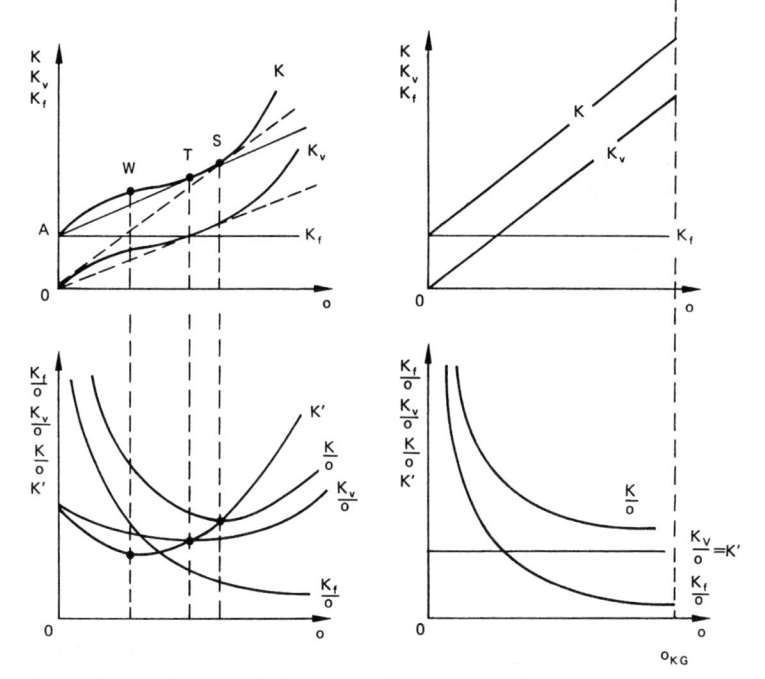

Gesamtkosten, Durchschnittskosten, und Grenzkosten bei ertragsgesetzlichem und linearem Kostenverlauf

Typ A geht man zunächst der Frage nachgegangen, wie die Kostenfunktion verläuft, wenn lediglich die Einsatzmenge eines Faktors variiert wird, während die Einsatzmengen aller anderen Faktoren konstant bleiben.

Gegenstand der anschließenden Überlegungen ist die Frage, wie der Kostenverlauf sich gestaltet, wenn die Einsatzmengen von zwei Faktoren variiert werden. In diesem Zusammenhang interessiert für jedes Ertragsniveau nur diejenige Einsatzmengenkombination der beiden Faktoren, die der Minimalkostenkombination entspricht. Die gesuchte Kostenfunktion ergibt sich somit aus den geometrischen Örtern für alle Ertragsniveaus, die mit minimalen Kosten realisiert werden können.

Dabei zeigt es sich, daß lineare Gesamtkostenverläufe entstehen, wenn die ertragsgesetzliche Produktionsfunktion linear-homogen ist. Weist die Produktionsfunktion dagegen eine nichtlinear-homogene Struktur auf, so führt dies zu S-förmigen Gesamtkostenverläufen, die als typisch für die Produktionsfunktion vom Typ A betrachtet werden.

Ausgangspunkt ist die folgende Situation: Für die Herstellung der Ausbringungsmenge x eines Produkts werden n Einsatzfaktoren R_i (i = 1, 2, ..., n) benötigt. Der Faktor R_1 wird mit variierbarer Menge r_1 eingesetzt, die Einsatzmengen $r_2, r_3, ..., r_n$ der übrigen Faktoren sind konstant. Die ertragsgesetzliche Produktionsfunktion lautet dann

$$x = f(r_1) = f(r_1, \bar{r}_2, \bar{r}_3, ..., \bar{r}_n)$$

Für die Herleitung der Kostenfunktion sind die Einsatzmengen der Faktoren mit ihren festen Preisen π_i (i = 1, 2, ..., n) zu bewerten und diese bewerteten Güterverbräuche anschließend zu addieren. Das liefert die Kostenfunktion

$$K(x) = r_1 \cdot \pi_1 + \sum_{i=2}^{n} \bar{r}_i \cdot \pi_i$$

Aufgrund der Voraussetzung, daß x von $\bar{r}_1$ abhängt, von $\bar{r}_2, \bar{r}_3, ..., \bar{r}_n$ jedoch nicht, stellt das erste Glied der rechten Seite in der Gleichung die variablen Kosten $K_v(x)$ dar, während das zweite Summenglied die fixen Kosten K_f repräsentiert.

Für eine mathematische Herleitung der Kostenfunktion K(x) geht man von der ersten

149

cost function

Gleichung aus. Sofern die Funktion $x = f(r_1)$ streng monoton ist, besitzt sie auch eine Umkehrfunktion (inverse Funktion). Damit ist die generelle Bildungsvorschrift für Umkehrfunktionen anwendbar, die lautet: Auflösung der gegebenen umkehrbaren Funktion $y = f(x)$ nach x und gegebenenfalls anschließende Vertauschung der Bezeichnungen der Veränderlichen. Die Umkehrfunktion der Funktion $x = f(r_1)$ lautet also $r_1 = f^{-1}(x)$. Damit erhält man die Funktion $K_v(x) = f^{-1}(x) \cdot \pi_1$ und schließlich für die Kostenfunktion:

$$K(x) = f^{-1}(x) \cdot \pi_1 + \sum_{i=2}^{n} \bar{r}_i \cdot \pi_i$$

Zur graphischen Bestimmung der Kostenfunktion trägt man die Ausbringungsmenge x zum einen als Funktion der variablen Einsatzmenge r_1, also $x = f(r_1)$, und zum anderen als Funktion der variablen Kosten $K_v = r_1 \cdot \pi_1$, also $x = F(K_v)$, auf. Die Funktion $x = F(K_v)$ trägt im Gegensatz zur Produktionsfunktion $x = f(r_1)$ die Bezeichnung monetäre Produktionsfunktion.
Für $\pi_1 = 0,5$ Geldeinheiten pro Mengeneinheit der Einsatzfaktorart R_1 ist dieser Sachverhalt in der folgenden Abbildung dargestellt. In dieser repräsentiert der Punkt P den Maximalwert beider Funktionen.
Spiegelt man nun die monetäre Produktionsfunktion an der Winkelhalbierenden des ersten Quadranten ($x = K_v(x)$) und vertauscht anschließend die Achsen, so erhält man die Funktion der variablen Kosten $K_v(x)$. In dieser repräsentiert der Punkt P^* die Kostenobergrenze für eine ökonomisch sinnvolle Betrachtung; denn wachsen die variablen Kosten $K_v(x)$ über diesen Wert hinaus, so korrespondieren sie mit einer Ausbringungsmenge x, die auch mit wesentlich geringeren variablen Kosten erbracht werden kann.
Als Beispiel eines Kostenmodells auf der Grundlage der partiellen Variation eines Faktors wird die Kostenfunktion K (x) in dieser Abbildung genauer betrachtet.
Diese Funktion weist an der Stelle $x = x_1$ ihren Wendepunkt auf. Das ist zugleich die Stelle, an der die zugehörige Grenzkostenfunktion K' (x) ihren geringsten Wert annimmt. Zu dieser Gesamtkostenfunktion K (x) gehören die Funktion der variablen Durchschnittskosten k_v (x) und die Funktion der gesamten Durchschnittskosten k (x).

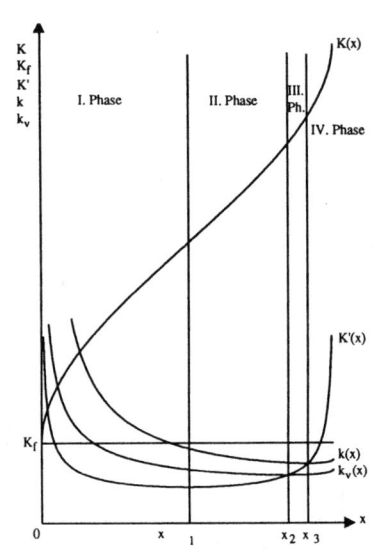

Gesamtkostenfunktion, Funktion der gesamten Durchschnittskosten, Funktion der variablen Durchschnittskosten und Grenzkostenfunktion

Erstere erreicht ihr Minimum im Schnittpunkt mit der Grenzkostenfunktion an der Stelle $x = x_2$. Letztere weist an der Stelle $x = x_3$ ihren Minimalwert auf.
Der Wendepunkt an der Stelle $x = x_1$ sowie die beiden Minima der variablen Durchschnittskosten und der gesamten Durchschnittskosten teilen den gesamten Funktionsbereich in vier Phasen ein. Die wesentlichen Charakteristika dieser Phasen sind der folgenden Tabelle zu entnehmen.
Vergleicht man das Vier-Phasen-Schema der Kostenfunktion mit dem Vier-Phasen-Schema der Ertragsfunktion, so fallen zwei wesentliche Unterschiede auf:
(1) Das Maximum der Gesamtertragsfunktion findet keine Entsprechung auf der Gesamtkostenkurve. Dies resultiert aus der Tatsache, daß eine Vermehrung der Einsatzmenge r_i über den Maximalwert des Gesamtertrags hinaus ineffizient wäre.
(2) Während im Vier-Phasen-Schema der Ertragsfunktion 5 nur eine Durchschnittsgröße, der Durchschnittsertrag, auftritt, unterscheidet die Abbildung oben zwischen variablen Durchschnittskosten und gesamten Durchschnittskosten.
Eine linear-homogene Produktionsfunktion ist dadurch charakterisiert, daß die Vermehrung der Einsatzmengen aller Einsatzgüter um denselben Prozentsatz zu einer Erhö-

cost function

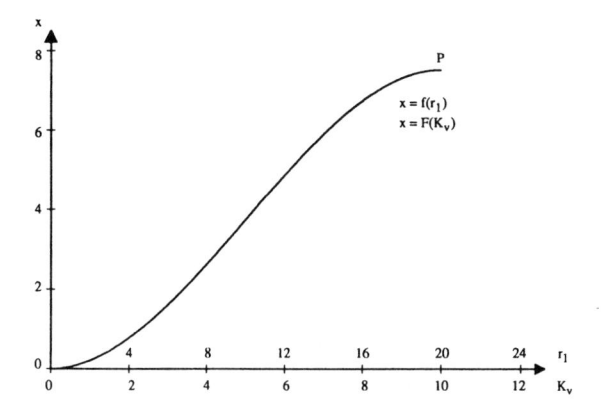

Produktionsfunktion und monetäre Produktionsfunktion bei einem variierbaren Einsatzfaktor

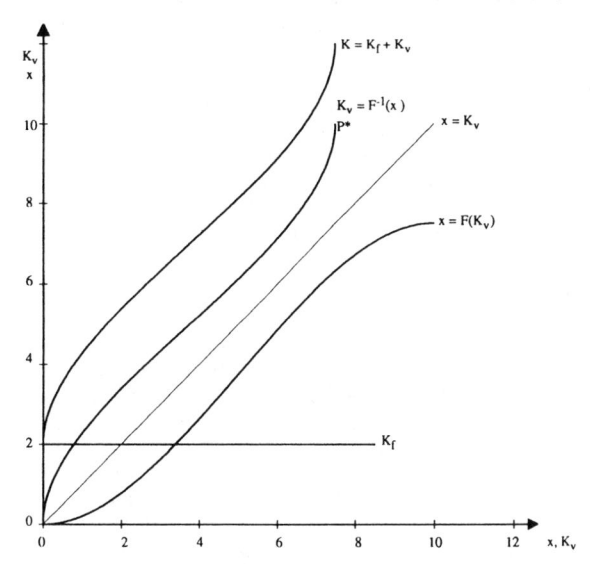

Herleitung der Kostenfunktion aus der ertragsgesetzlichen Produktionsfunktion bei einem variierbaren Einsatzfaktor

Phase	Gesamtkosten K(x)	variable Durchschnittskosten $k_v(x)$	gesamte Durchschnittskosten k(x)	Grenzkosten K'(x)	Endpunkte
I	positiv steigend	positiv fallend	positiv fallend	positiv fallend bis Min.	Wendepunkt K'(x) = min K''(x) = 0
II	positv steigend	positiv fallend bis Min.	positiv fallend	positiv steigend $K'(x) < k_v(x)$ $K'(x) < k(x)$	Minium der variablen Durchschnittskosten
III	positiv steigend	positiv steigend	positiv fallend bis Min.	positiv steigend $K'(x) > k_v(x)$ $K'(x) < k(x)$	Minimum der gesamten Durchschnittskosten
IV	positiv steigend	positiv steigend	positiv steigend	positiv steigend $K'(x) > k_v(x)$ $K'(x) > k(x)$	

Vier-Phasen-Schema der Kostenfunktion

hung der Ausbringungsmenge um genau denselben Prozentsatz führt. Betrachtet man nun zwei variierbare Einsatzfaktoren R_1 und R_2 mit den jeweiligen Einsatzmen-

cost function

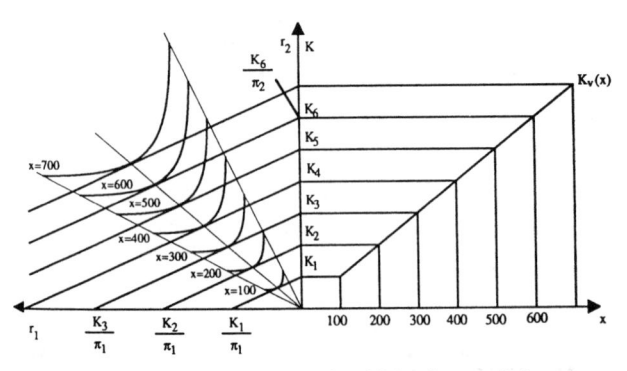

Entwicklung der Kostenfunktion aus dem Minimalkostenpfad

gen r_1 und r_2, so läßt diese Kennzeichnung der Linear-Homogenität für die Isoquantendarstellung folgende Aussagen zu:

(1) Im dreidimensionalen Ertragsgebirge sind die Steigungslinien auf der Oberfläche, die durch den Ursprung gehen, Geraden. Die Abstände der Isoquanten mit gleichbleibender Zunahme der Ausbringungsmenge sind konstant. So gilt z.B. für eine beliebig gewählte Ursprungsgerade der Abbildung oben hinsichtlich der einzelnen Streckenabschnitte $A_1A_2 = A_2A_3 = A_3A_4 = A_4A_5 = \ldots$. Jede andere Ursprungsgerade weist ebenfalls gleiche Streckenabschnitte auf, die jedoch in Abhängigkeit von der Steigung dieser Geraden betragsmäßig mehr oder weniger stark vom Betrag A_1A_2 abweichen.

(2) Zieht man Parallelen zu den beiden Achsen der Abbildung, so nehmen dem ertragsgesetzlichen Verlauf der partiellen Ertragskurven entsprechend die Abstände zwischen den Ertragsisoquanten zunächst ab, um anschließend wieder zu steigen. So gilt für die Abbildung z.B. $B_1B_2 > B_2B_3$ und $B_{12}B_{13} < B_{13}B_{14}$.

Zur Herleitung der Kostenfunktion $K_v(x)$ der variablen Kosten führen die folgenden Überlegungen. Für jedes Ertragsniveau x interessiert nur die Einsatzmengenkombination der beiden Einsatzfaktoren R_1 und R_2, die der Minimalkostenkombination entspricht. Im linken Quadranten der Abbildung oben sind sieben Ertragsisoquanten für die Ertragsniveaus x = 100 bis x = 700 eingetragen. Ergänzt wird diese Darstellung durch die Kostenisoquanten, die die minimalen Geldbeträge repräsentieren, welche für die Realisierung der jeweiligen Ertragsniveaus erforderlich sind. So bedarf es mindestens eines Geldbetrags K_1, um das Ertragsniveau x = 100 zu verwirklichen. Bei Konstanz der Faktorpreise stellen die Berührungspunkte der Kostenisoquanten und der Ertragsisoquanten die jeweilige Minimalkostenkombination dar. Verbindet man diese Tangentialpunkte miteinander, so erhält man den Minimalkostenpfad (Expansionspfad, Faktoranpassungsfunktion, Skalarkurve). In der folgenden Abbildung wird dieser Minimalkostenpfad durch die Gerade 0A repräsentiert.

Die Gleichung für die Kostenisoquante lautet

$K = r_1\pi_1 + r_2\pi_2 = $ const.

Der Betrag K entspricht der Größe $K_v(x)$. Die Kostenisoquante schneidet die Ordinate im Abstand K/π_2 und die Abszisse im Abstand K/π_1. Setzt man den Faktorpreis $\pi_2 = 1$, so stellt der Ordinatenabschnitt für jedes Ertragsniveau die variablen Kosten $K_v(x)$ dar, die bei der Realisierung der jeweiligen Minimalkostenkombination auftreten. Da auf dem Minimalkostenpfad die Abstände zwischen den Punkten, die die jeweilige Minimalkostenkombination repräsentieren, gleich groß sind und da alle Kostenisoquanten parallel zueinander verlaufen, nehmen die variablen Kosten $K_v(x)$ von Ertragsniveau zu Ertragsniveau auch um den gleichen Betrag zu. Trägt man die variablen Kosten $K_v(x)$ gegen die Ausbringungsmenge x auf, so liefert das folglich einen linearen Kostenverlauf für $K_v(x)$ (vgl. den rechten Quadranten der Abbildung).

Soll die Kostenfunktion $K_v(x)$ zur Gesamtkostenfunktion $K(x)$ weiterentwickelt werden, so sind lediglich die fixen Kosten K_f zu addieren. Man erhält letztere, indem man die konstanten Einsatzmengen aller nicht variierbaren Einsatzfaktoren in Geld bewertet.

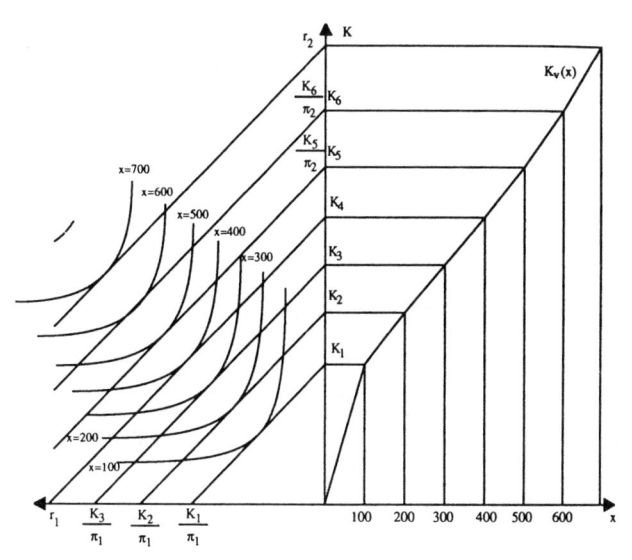

Entwicklung der Kostenfunktion aus dem Minimalkostenpfad

Das Kostenmodell wird dahingehend verändert, daß die Abstände auf dem Minimalkostenpfad zwischen den Punkten, die die jeweilige Minimalkostenkombination repräsentieren, nicht mehr konstant sind. Vielmehr nehmen diese, vom Ursprung aus betrachtet, zunächst ab und anschließend wieder zu (vgl. den linken Quadranten der Abbildung).
Die zunächst abnehmenden und anschließend wieder zunehmenden Abstände auf dem Minimalkostenpfad führen dazu, daß wiederum unter der Voraussetzung $\pi_2 = 1$ auch die Zuwächse an variablen Kosten erst ab- und anschließend wieder zunehmen. Entsprechend ändern sich die zugehörigen Ordinatenabschnitte. Trägt man die variablen Kosten $K_v(x)$ gegen die Ausbringungsmenge x auf, so folgt daraus ein nichtlinearer Kostenverlauf $K_v(x)$, der im Beispiel von S-förmiger Struktur ist (vgl. den rechten Quadranten der Abbildung). Durch Addition der fixen Kosten K_f kann auch in diesem Modell die Kostenfunktion $K_v(x)$ zur Gesamtkostenfunktion $K(x)$ weiterentwickelt werden.
Für die Kostenmodelle auf der Grundlage der Produktionsfunktion vom Typ A läßt sich festhalten:
(1) Die Kostenfunktion auf der Basis des Ertragsgesetzes weist einen S-förmigen Verlauf auf, wenn bei konstanten Faktorpreisen nur ein Faktor mit variierbarer Menge einsetzbar ist.

(2) Sind mehrere Faktoren mit variierbaren Mengen einsetzbar, so kann auch bei Konstanz der Faktorpreise aus dem Ertragsgesetz kein typischer Kostenverlauf abgeleitet werden. Ein S-förmiger Kostenverlauf ergibt sich nur dann, wenn die Produktionsfunktion nach dem Ertragsgesetz durch zusätzliche Eigenschaften charakterisiert ist.

Aus der Produktionstheorie sind unter dem Oberbegriff der kurzfristigen Anpassungsprozesse die Varianten der intensitätsmäßigen, der zeitlichen und der quantitativen Anpassung bei unverändertem Potentialfaktorbestand bekannt. Dabei steht die Herleitung der Kostenverläufe in Abhängigkeit von der Beschäftigung im Mittelpunkt, wobei jede einzelne Anpassungsmaßnahme isoliert betrachtet wird. Die Erfordernisse der Praxis zeigen, daß es häufig betriebswirtschaftlich sinnvoll ist, zwei oder mehrere Anpassungsarten miteinander zu kombinieren.

Aus der Vielzahl dieser Möglichkeiten sind die Kostenverläufe bei zeitlich-intensitätsmäßiger und bei quantitativ-zeitlicher Anpassung von besonderem Interesse. Eine besondere Form der quantitativen Anpassung stellt die *selektive Anpassung* dar.

Es ist für einen Betrieb mit funktionsgleichen, aber qualitativ unterschiedlichen Betriebsmitteln eine Entscheidung darüber zu treffen, welche Anlagen bei Beschäftigungsrückgang stillzulegen bzw. bei Beschäfti-

cost function

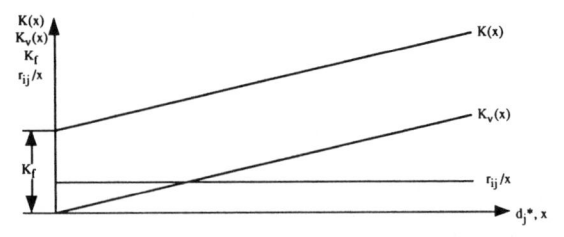

Linearer Kostenverlauf bei leistungsunabhängigem Faktorverbrauch

gungsausweitung wieder in Betrieb zu nehmen sind.
Eine intensitätsmäßige Anpassungsmaßnahme liegt dann vor, wenn eine Erhöhung bzw. Verringerung der Ausbringungsmenge bei unverändertem Bestand an Betriebsmitteln und Arbeitskräften sowie bei konstanter Arbeitszeit durch eine Variation der Produktionsgeschwindigkeit realisiert wird. Für die Herleitung der zugehörigen Kostenfunktion $K_v(x)$ knüpft man an die für die Produktionsfunktion vom Typ B an, wie sie für den Einproduktbetrieb entwickelt wurde:

$$r_i = \sum_{j=1}^{m} f_{ij}(d_j) \cdot b_j \quad (i = 1, 2, \ldots, n)$$

Die Summe der Produkte aus den Verbrauchsmengen r_i und den zugehörigen konstanten Preisen π_i stellt folglich die variablen Kosten $K_v(x)$ dar:

$$K_v(x) = \sum_{i=1}^{n} r_i \cdot \pi_i = \sum_{i=1}^{n}\sum_{j=1}^{m} \pi_i \cdot f_{ij}(d_j) \cdot b_j$$

Die r_i-Werte stehen für den leistungsbedingten Faktormengenverzehr, während der kalenderzeitabhängige, zu Fixkosten führende Faktormengenverzehr nicht ausgewiesen wird. Mit dieser Gleichung sind sowohl die mittelbaren wie die unmittelbaren Produktionsfaktor-Produkt-Beziehungen erfaßt, letztere für $f_{ij}(d_j)$ = konstant. Diese Gleichung geht über in

$$K_v(x) = \sum_{i=1}^{n} r_i \cdot \pi_i = \sum_{i=1}^{n}\sum_{j=1}^{m} \pi_i \cdot f_{ij}(\frac{a_j \cdot x}{t_j}) \cdot a_j \cdot x$$

Da die Summanden dieser Gleichung sowohl die technischen Verbrauchsfunktionen wie die Produktmenge x als Faktoren enthalten, können aus dieser Tatsache Schlußfolgerungen für den möglichen Verlauf der Kostenfunktion bei intensitätsmäßiger Anpassung gezogen werden: Ist die Situation gegeben, daß die Verzehrmenge einer Faktorart je physikalischer Arbeitseinheit von der physikalisch-technischen Leistung unabhängig ist, so gilt diese Unabhängigkeit auch für die Verzehrmenge einer Faktorart je Outputeinheit als Funktion der ökonomischen Leistung. In beiden Fällen verläuft die Verbrauchskurve für eine Faktorart r_{ij}/b_j = $f(d_j)$ bzw. $r_{ij}/x = f_{ij}^*(d_j^*)$ parallel zur Abszisse d_j bzw. d_j^*. Kostenarten, die durch eine derartige Situation charakterisiert sind, führen bei schwankender Produktmenge zu linearen Verläufen der Kostenfunktion $K_v(x)$.

Liegt dagegen die Situation vor, daß die Verzehrmenge einer Faktorart je physikalischer Arbeitseinheit bzw. je Outputeinheit von der physikalisch-technischen bzw. ökonomischen Leistung abhängig ist, so verlaufen die Verbrauchskurven nicht mehr parallel zur Abszisse. Die Beantwortung der Frage, welcher Verlauf für die Funktion $K_v(x)$ der variablen Kosten dieser Faktoreinsatzarten zu erwarten ist, hängt zum einen vom Verlauf der speziellen Verbrauchsfunktion jeder einzelnen Faktoreinsatzart ab, zum anderen ist für den Verlauf der Funktion $K_v(x)$ bei der Berücksichtigung von verschiedenen Faktoreinsatzarten entscheidend, ob, und wenn ja, in welchem Ausmaß sich die Kurvenverläufe der verschiedenen Verbrauchsfunktionen einschließlich ihrer ökonomischen Bewertung gegenseitig kompensieren oder nicht. So kann im Ergebnis die intensitätsmäßige Anpassung zu einem S-förmigen Verlauf der Funktion $K_v(x)$ führen. Eine Gesetzlichkeit hierfür existiert jedoch nicht.

Zu den hier erwähnten Einflußgrößen auf den Verlauf der Funktion $K_v(x)$ tritt mitunter Einflußgröße, die als Remanenz der variablen Kosten bezeichnet wird. Im Vergleich zu den Remanenzerscheinungen bei intervallfixen Kosten treten diese Erscheinungen bei den variablen Kosten zwar relativ selten auf; vernachlässigbar sind sie dagegen nicht. Das Auftreten einer derartigen Kostenremanenz kann z.B. anhand der folgen-

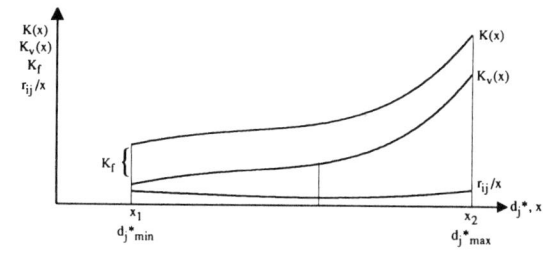

S-förmiger Kostenverlauf bei leistungsabhängigem Faktorverbrauch

den Situation beschrieben werden: Ein Betrieb arbeitet mit überhöhten Leistungsgraden, die erhebliche Kosten der Überbeanspruchung zur Folge haben. Können bei nun einsetzender rückläufiger Nachfrage die Kosten der Überbeanspruchung nicht schnell genug normalisiert werden, sind Remanenzerscheinungen die Folge. Diese Situation ist in der nächsten Abbildung dargestellt.

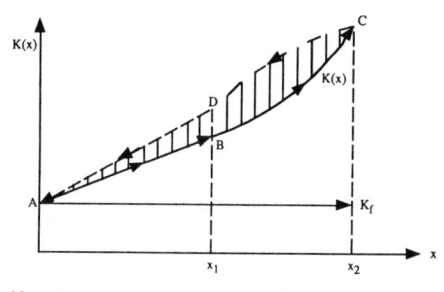

Kostenremanenz bei variablen Kosten

Der Betrieb ist gezwungen, die Beschäftigung von x_1 auf x_2 zu erhöhen. Aufgrund betriebsindividueller Gegebenheiten kommt als Anpassungsmaßnahme nur die intensitätsmäßige Anpassung in Betracht. Ihre Durchführung führt zum progressiven Gesamtkostenverlauf von Punkt B nach Punkt C. Nunmehr erfolgt ein Rückgang der Beschäftigung, wobei die Intensität jedoch nur zögernd normalisiert wird. Die Folge davon ist, daß an die Stelle des ursprünglichen Gesamtkostenverlaufs von Punkt A über Punkt B nach Punkt C nunmehr der remanente Kostenverlauf beginnend bei Punkt C über Punkt D nach Punkt A tritt. Die schraffierte Fläche in der Abbildung ist somit ein Maß für den möglichen Umfang der Remanenzerscheinungen bei variablen Kosten.
Intensitätsmäßige Anpassungsprozesse sind in der Praxis häufig dann anzutreffen, wenn die Stillegung eines Produktionsprozesses entweder nicht durchführbar oder unwirtschaftlich ist.

Eine weitere kurzfristige Anpassungsmaßnahme stellt die zeitliche Anpassung dar. Sie beinhaltet definitionsgemäß die Variation der Ausbringungsmenge durch Veränderung der Betriebszeit bei Konstanz der Anzahl der eingesetzten Betriebsmittel und Arbeitskräfte und bei gleichbleibender Intensität, wobei es sich bei letzterer in aller Regel um die optimale handelt.

Somit steht die tägliche, wöchentliche oder monatliche Arbeitszeit zur Disposition, sei es durch Einführung von Kurzarbeit oder Überstunden, sei es durch Einlegen von Feier- oder Wochenendschichten. Für die Herleitung der variablen Kosten $K_v(x)$ knüpft man wiederum an die folgende Gleichung an:

$$r_i = \sum_{j=1}^{m} f_{ij}(d_j) \cdot b_j \qquad (i = 1, 2, \ldots, n)$$

Aufgrund der Bedingungen $b_j = a_j \cdot x = d_j \cdot t_j$ ist bei konstanten a_j und d_j die Größe b_j den Größen x und t_j sowie die Größe x der Größe t_j proportional. Damit können in der Gleichung unter den charakteristischen Bedingungen der zeitlichen Anpassung die Größen b_j bzw. $a_j \cdot x$ als Variable interpretiert werden, in denen die Produktionszeit Berücksichtigung findet.
Im Falle der zeitlichen Anpassung geht die Produktionsfunktion vom Typ B zudem in die Sonderform der Leontief-Produktionsfunktion über, d.h. die Produktionskoeffizienten r_i/x sind konstant. Daraus folgt letztendlich, daß die variablen Kosten bei rein zeitlicher Anpassung unter den genannten Bedingungen arbeitszeit- und ausbringungsmengenproportional sein müssen. Die Kurve der variablen Gesamtkosten verläuft bei zeitlicher Anpassung also linear. Für die Gleichung oben ergibt sich unter Berücksichtigung der Gleichung $\rho_{ij} = f_{ij}(d_j)$:

cost group

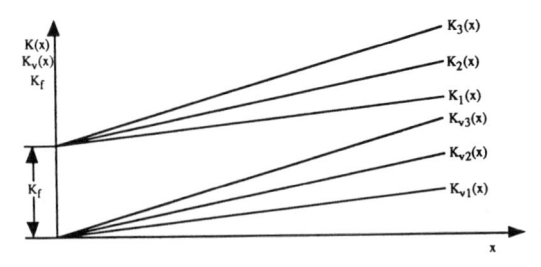

Kostenverlauf bei zeitlicher Anpassung

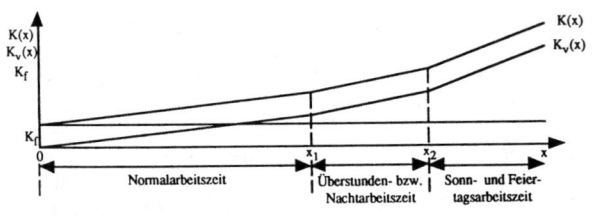

Zeitliche Anpassung bei Änderung des Preises für den Produktionsfaktor Arbeit

$$r_i = \sum_{j=1}^{m} \rho_{ij} \cdot a_j \cdot x \quad (i = 1, 2, \ldots, n)$$

Das liefert für die variablen Gesamtkosten bei zeitlicher Anpassung:

$$K_v(x) = \sum_{i=1}^{n} r_i \cdot \pi_i = \sum_{i=1}^{n}\sum_{j=1}^{m} \pi_i \cdot \rho_{ij} \cdot a_j \cdot x$$

Bei Konstanz der Größen π_i, ρ_{ij} und a_j sind die variablen Kosten $K_v(x)$ der Ausbringungsmenge x direkt proportional. Mit einer Änderung der Preise π_i ändern sich auch die Steigungen der Funktion $K_v(x)$ bzw. $K(x)$.

Im Rahmen der zeitlichen Anpassungsprozesse nehmen die Lohnkosten eine gewisse Sonderstellung ein. Da die Tariflohnsätze nur für die normale Arbeitszeit gelten, muß der Arbeitgeber für die Abgeltung von Überstunden oder Nachtarbeit einen bestimmten prozentualen Überstunden- oder Nachtzuschlag zahlen.

Führt daher ein zeitlicher Anpassungsprozeß zu der Konsequenz, daß von einer bestimmten Ausbringungsmenge x_1 an Nachtarbeit oder Überstunden erforderlich werden, so hat das an dieser Stelle eine Änderung des Preises für den Produktionsfaktor Arbeit zur Folge. Das bedeutet für die Funktionen $K_v(x)$ bzw. $K(x)$ einen Knick an der Stelle $x = x_1$, wobei für $x > x_1$ die Steigung beider Funktionen zunimmt.

Erfordert die Erhöhung der Nachfrage gar die Inanspruchnahme zusätzlicher Sonn- bzw. Feiertagsarbeit mit entsprechend hohen Sonn- bzw. Feiertagszuschlägen, so kann dies von einer bestimmten Ausbringungsmenge $x = x_2$ ($x_2 > x_1$) an zu einem weiteren Knick in den Funktionen $K_v(x)$ bzw. $K(x)$ führen, wobei das Steigungsmaß beider Funktionen nochmals zunimmt.

In Analogie zur Verlaufscharakteristik der Gesamtkostenfunktion bei intensitätsmäßiger Anpassung durch Rückführung auf die auf die Einheit der Laufzeit umgerechnete Verbrauchsfunktion kann festgestellt werden, daß bei zeitlicher Anpassung der Verlauf der Funktion $K_v(x)$ und damit auch $K(x)$ dem Verlauf der Faktoreinsatzfunktion entspricht. Was den Einsatz zeitlicher Anpassungsprozesse in der Praxis betrifft, so wird man davon ausgehen können, daß diese Anpassungsart in der Industrie vorherrschend ist.

cost group: Kostenartengruppe *f*
cost inflation: Kosteninflation *f* → cost-push inflation
cost journal: Ausgabenjournal *n*
cost lag: Kostenremanenz *f*
cost minimization: Kostenminimierung *f*
Eine Unternehmensstrategie, die auf einem dauerhaften Kostenvorteil bei einem wichtigen Element eines Produkts oder einer Dienstleistung basiert. Die Position der generellen Kostenführerschaft kann durch einen hohen Marktanteil oder durch andere Vorteile, wie günstiger Zugang zu Rohstoffen oder Produktionstechniken auf dem neuesten Stand der Entwicklung, erreicht werden. Eine Strategie der Kostenminimierung muß nicht mit niedrigen Preisen verbunden sein. Niedrige Herstel-

lungskosten können anstelle von niedrigeren Preisen zu größerem Gewinn oder höheren Werbeausgaben führen.

cost of goods pl sold: Kosten pl der verkauften Erzeugnisse n/pl, Umsatzselbstkosten pl

cost of living: Lebenshaltungskosten pl

cost of living bonus: Zuschlag m für gestiegene Lebenshaltungskosten pl

cost of living index: Lebenshaltungsindex m, Lebenshaltungskostenindex m

cost of living supplement: Teuerungszulage f

cost of operation: Betriebskosten pl (betriebsübliche Aufwendungen im Gegensatz zu betriebsfremden Aufwendungen)

cost of training: Ausbildungskosten pl

cost or market, whichever is lower: Niederstwertprinzip n, Bewertung f zum Niederstwertprinzip n

Eine Form der Bewertung zu den Anschaffungs- oder Herstellungskosten oder zum Marktpreis, je nachdem, welcher niedriger ist.

cost-oriented setoff price: kostenorientierter Verrechnungspreis m

Eine Form der Koordination der Entscheidungen dezentraler Abteilungen auf das Gewinnziel der Unternehmung hin, bei der innerbetriebliche Leistungen mit den entstandenen Kosten (Voll- bzw. Grenzkosten) bewertet werden. Eine kostenorientierte Verrechnung bietet sich an, wenn diese Leistungen unterstützende Funktion für andere Leistungserstellungen haben.

cost over-absorption: Kostenüberdeckung f

cost per item: Stückkosten pl

cost-plus: Kosten pl plus zulässiger Gewinn m

cost-plus contract: Auftrag m auf der Basis von Selbstkosten pl plus Gewinn m

cost-plus method: Kosten-plus-Methode f

Eine Methode zur Preisbestimmung, bei der zunächst die Kosten eines Produkts oder einer Dienstleistung ermittelt werden, und auf diese dann ein absoluter oder relativer Gewinn- oder Deckungsbeitragssatz aufgeschlagen wird. Dieses Verfahren hat den Nachteil, daß es die komplexe Struktur der Beziehung zwischen Gewinnen bzw. Deckungsbeiträgen und dem Preis vernachlässigt. Die Kenntnis der Preis-Gewinn-Beziehung ist jedoch die Voraussetzung für jede rationale Preisentscheidung. Kritischster Bestandteil ist dabei die Wirkung des Preises auf den Absatz. Ohne die Kenntnis der Preis-Absatz-Funktion kommt ein optimaler Preis allenfalls per Zufall zustande.

Mit zunehmendem Preis steigt zwar der Deckungsbeitrag pro Stück, aber gleichzeitig geht die absetzbare Menge zurück. Irgendwann wird ein Punkt erreicht, an dem der Mengenrückgang prozentual stärker wirkt als der Zuwachs des Deckungsbeitrags. Als Folge sinkt der Gewinn bei weiterer Preiserhöhung. Ein zu hoher Preis ist deshalb ebenso riskant wie ein zu niedriger Preis. Die in der Praxis verbreitete Vorliebe für eine Kalkulation „nach der sicheren Seite", d.h. einen höheren Preis, geht an den Realitäten der Preiswirkung vorbei.

cost point: Kostenplatz m

cost price: Einstandspreis m, Selbstkostenpreis m, Kostenpreis m, Anschaffungswert m, Gestehungskosten pl

Der aus dem Einkaufspreis und den im Zusammenhang mit dem Einkauf eines Produkts entstandenen Beschaffungskosten zusammengesetzte Gesamtpreis, den ein Abnehmer abzüglich der sich dabei ergebenden Rabatte, Nachlässe, Skonti usw. tatsächlich für das Produkt zu bezahlen hat.

cost-push inflation: Kosteninflation f

Vor allem in den 1950er Jahren wurden Thesen der Nachfrage- und Kosteninflation diskutiert. In seiner Schrift „How to pay for the war" (1940) erklärte John Maynard Keynes Inflation aus einem Geldüberhang, d.h. aus einer im Verhältnis zum Gesamtangebot zu hohen monetären Gesamtnachfrage. Die Differenz bezeichnete er als „inflatorische Lücke".

Während Nachfrageinflationen häufig mit einem Versagen der Wirtschaftspolitik erklärt werden, schreibt man Kosteninflationen vor allem einer Verkrustung der Märkte, d.h. monopolistischen Verhaltensweisen zu. In der Praxis hat sich jedoch herausgestellt, daß beide Inflationstypen in der Diagnose nur schwer voneinander abzugrenzen sind. So steigen Preise und Löhne in Inflationen immer. Löhne aber sind Kosten und Nachfrage zugleich.

Die Rolle von Kosten und Löhnen: In der Theorie ist weiter viel über die Preispolitik der Unternehmen (profit-push inflation) wie über die Lohnpolitik der Gewerkschaften (wage-push inflation) als Ursachen der Inflation geschrieben worden. Beides ist mit Marktmacht und mit politischer Macht erklärt worden. Während Milton Friedman z.B. den Gewerkschaften neben dem Markt überhaupt keinen bestimmenden Einfluß zumißt, sieht Edward H. Chamberlin ihre Rolle als entscheidend an. Gottfried Bombach bezeichnet die Lohnentwicklung als „die Hauptdeterminante der Preisentwicklung". Nach Werner Hicks besitzt jedes Wirtschaftssystem einen „Lohnstandard", und das Preisniveau ist durch die durchschnittliche Lohnhöhe bestimmt.

Auch der deutsche Sachverständigenrat zur Begutachtung der gesamtwirtschaftlichen Entwicklung hat für die Erklärung der „hausgemachten" (nichtimportierten) Inflation vor allem die Kostenhypothese vertreten.

Erfahrungsgemäß steigt in der ersten Phase des Aufschwungs bei besser ausgelasteten Kapazitäten und Arbeitskräftepotential die Produktivität besonders kräftig. Bei mäßig steigenden Löhnen sinken folglich die Lohnstückkosten. „Dennoch werden die Preise im allgemeinen nicht gesenkt – eine Verhaltensweise, deren große Bedeutung für die Erklärung der schleichenden Inflation offensichtlich ist" (H. J. Schmahl). In der Spätphase des Aufschwungs läßt mit zunehmender Kapazitätsauslastung der Produktivitätsanstieg nach. Mit dem Lohnanstieg verstärkt sich der Zuwachs der Lohnstückkosten – was die Unternehmen wiederum in den Preisen weiterzugeben versuchen. Das wird noch deutlicher in der Abschwungphase: Bei sinkender Kapazitätsauslastung und nachlassendem Produktivitätsforschritt steigen die Löhne noch eine Zeitlang weiter. Dadurch verstärkt sich der Anstieg der Lohnstückkosten, was wiederum die Überwälzungsversuche der Anbieter verstärkt.

cost recording: Kostenerfassung *f*
cost recovery: Kostendeckung *f*
cost reduction: Kostensenkung *f*
cost responsibility: Kostenverantwortlichkeit *f*
cost saving(s) *(pl)*: Kostenersparnis *f*
cost sheet: Kostenbogen *m*
cost statement: Kostenbogen *m*
cost structure: Kostengefüge *n*
cost summary sheet: Kostensammelblatt *n*, Kostensammelbogen *m*
cost system: Kostenrechnungssystem *n*
cost underabsorption: Kostenunterdeckung *f*
cost unit: Kostenträger *m*
cost value: Anschaffungswert *m*, Kostenwert *m*, Barwert *m*
cost variance: Kostenabweichung *f*
cost variation: Kostenabweichung *f*, Kostenabweichung *f* gegenüber Budget *n*
cost-volume-profit relationship: Beziehung *f* zwischen Kosten *pl*, Beschäftigung *f* und Gewinn *m*
costing: Kostenermittlung *f*
costing clerk: Kalkulator *m*
costing date: Kostenunterlagen *f/pl*
costly: aufwendig, kostspielig, teuer
cotenant: Mitpächter *m*
cottage: Hütte *f*
cottier: Häusler *m*
cotton exchange: Baumwollbörse *f*
cotton industry: Baumwollindustrie *f*
council: Versammlung *f*
counsel: Anwalt *m*, beraten, Konsulent *m*, Rat *m*, Ratgeber *m*, Ratschlag *m*, Rechtsanwalt *m*, Rechtsbeistand *m*
counseling: Aussprache *f* (mit Mitarbeitern)
counsellor: Berater *m* (der Mitarbeiter), Konsulent *m*, Ratgeber *m*
count: zählen
count of an indictment: Anklagegrund *m*, Klagepunkt *m*
count over: durchrechnen, durchzählen
counter: Ladentisch *m*, Schalter *m*, Verkaufstisch *m*, Zähler *m (EDV)*
counter bid: Gegenangebot *n*
counter bill of exchange: Gegenwechsel *m*
counter capacity: Zählerkapazität *f (EDV)*
counter claim: Gegenforderung *f*
counter declaration: Gegenerklärung *f*
counter demand: Gegenforderung *f*
counter display: Ladentischausstellung *f*
counter measure: Gegenmaßnahme *f*
counter offer: Gegenangebot *n*
counter service: Schalterdienst *m*
counter signature: Gegenunterschrift *f*, Gegenzeichnung *f*
counterbalance: saldieren
counterbalanced: durch Gegenrechnung *f* beglichen
countercharge: Widerklage *f*
countercheck: gegenprüfen, Gegenprüfung *f*
counterclaim: aufrechnen, Aufrechnung *f*, Gegenanspruch *m*, Widerklage *f*
countercondition: Gegenbedingung *f*
counterdemand: Rückforderung *f*
counterdraft: Gegenwechsel *m*
counterevidence: Gegenbeweis *m*
counterfeit: fälschen, verfälschen
counterfeit money: Falschgeld *n*
counterfeiter: Fälscher *m*, Falschmünzer *m*
counterfeiting: Fälschung *f*, Falschmünzerei *f*, Nachahmung *f*
counterfoil: Kontrollabschnitt *m*
countermand: Widerruf *m*, widerrufen
countermanded payment: Zahlungsverweigerung *f*
countermotion: Gegenantrag *m*
counterorder: abbestellen, Abbestellung *f*
counterpart funds *pl*: Gegenwertmittel *n/pl*
countersign: gegenzeichnen
countersigner: Mitunterzeichner *m*
countersuit: Widerklage *f*
countervailing duty: Ausgleichssteuer *f*
countervailing import duty: Import-Ausgleichssteuer *f*
countervailing power: gegengewichtige Marktmacht *f*
Das von John Kenneth Galbraith erstmals 1954 formulierte Gegenmachtprinzip der Wettbewerbspolitik, nach dem auf dem Markt stets Gegenkräfte vorhanden sind, die dem Mißbrauch wirtschaftlicher Macht entgegenwirken und auf lange Sicht

seine Ausbreitung verhindern. Ursprünglich eine Vorstellung der Möglichkeit einer Neutralisierung von Anbietermacht, wurde sie später auch auf die Neutralisierung von Nachfragermacht ausgedehnt.
Tatsächlich stellen die verschiedenen Formen der Kooperation mittelständischer Unternehmen im Handel, z.B. in Form von Genossenschaften oder freiwilligen Ketten nichts anderes als eine Weise der vertikalen Bildung von Marktgegengewichten dar. Zu den Erscheinungsformen der Verwirklichung des Gegenmachtprinzips zählen z.B. auch der Verbraucherschutz, die Ökologiebewegung, die Aktivitäten von Bürgerinitiativen usw.

country: Gebiet *n*, Gegend *f*, Land *n*
country bank: Provinzbank *f*
country in development: Entwicklungsland *n*
country of origin: Herkunftsland *n*, Ursprungsland *n*
county: Bezirk *m*, Kreis *m*
county court: Amtsgericht *n*, Bezirksgericht *n*
coupon: Abschnitt *m*, Coupon *m*, Gutschein *m*, Kupon *m*
coupon bond: Inhaberobligation *f*, Obligation *f* mit Zinsabschnitt *m*
coupon sheet: Kuponbogen *m*
coupon tax: Kouponsteuer *f*
Cournot point: Cournotscher Punkt *m*
Derjenige Punkt auf der Preis-Absatz-Funktion eines Monopolisten, bei dem die gewinnmaximale Preis-Mengen-Kombination erreicht ist, Gewinnmaximierung. Die diesem Punkt entsprechende Absatzmenge heißt Cournotsche Menge, der ihm entsprechende Preis Cournotscher Preis.
Dieses klassische Modell der gewinnmaximalen Preis-Mengen-Kombination geht auf den französischen Mathematiker und Nationalökonomen Antoine Augustin Cournot zurück (1838). Es ist ein reines Denkmodell, das auf der Voraussetzung basiert, daß die Nachfrage-, die Gesamterlös-, die Grenzerlös- und die Unkostenfunktion des Monopolisten bekannt sind und daß dieser weder im Hinblick auf seine finanziellen Ressourcen noch auf seine Kapazität irgendwelchen Beschränkungen unterworfen ist.
Im Modell wird aus der linear fallenden Preis-Absatz-Funktion durch Multiplikation der möglichen Preise mit den ihnen zugeordneten Absatzmengen die Gesamterlösfunktion abgeleitet. Ihr steht die linear steigende Gesamtkostenkurve gegenüber. Das Gewinnmaximum ergibt sich dann genau dort, wo der senkrechte Abstand zwischen Gesamterlös- und Kostenfunktion am größten ist. Den Cournotschen Punkt erhält man, indem man eine parallel zur Gesamtkostenkurve verlaufende Tangente an die Gesamterlöskurve zieht und vom Tangentialpunkt, an dem die Parallele die Gesamterlöskurve berührt, das Lot fällt. Der Ordinatenwert des Punkts C ist dann der Cournotsche Preis, der Abszissenwert die Cournotsche Menge.

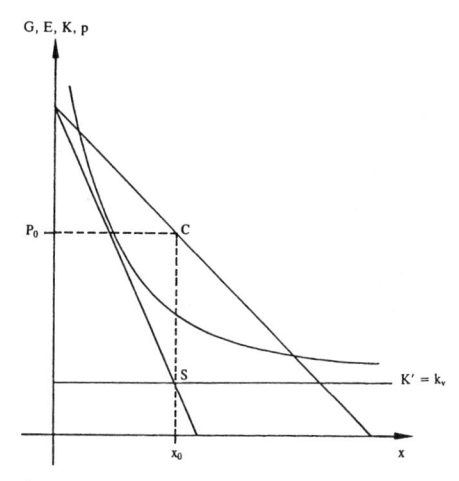

Cournotscher Punkt

Da der Gewinn die Differenz zwischen Erlös und Kosten ist,
$G(x) = E(x) - K(x)$,
ergibt sich für das Gewinnmaximum durch Differenzierung der Funktion nach der Absatzmenge und Gleichsetzung mit Null
$G'(x) = E'(x) - K'(x) = 0$;
$E'(x) = K'(x)$,
d.h. der Punkt, an dem die Grenzkosten gleich dem Grenzerlös sind.

course: Kurs *m*, Notierung *f*
course of business: Geschäftsverkehr *m*
course of instruction: Kursus *m*, Lehrplan *m*
course of law: Rechtsweg *m*
course of practical work: Praktikum *n*
court: Gericht *n*
court arbitrated settlement: gerichtlicher Vergleich *m*
court below: Gericht *n* erster Instanz *f*
court bond: Gerichtskaution *f*
court cost: Gerichtskosten *pl*, Prozeßkosten *pl*
court decision: Gerichtsentscheidung *f*, Gerichtsurteil *n*, gerichtliche Entscheidung *f*
court fees *pl*: Gerichtsgebühren *f/pl*, Gerichtskosten *pl*
court files *pl*: Gerichtsakten *f/pl*
court guarantee: Gerichtskaution *f*
court of admiralty: Seeamt *n*, Seegericht *n*
court of appeal(s) *(pl)*: Appellationsgericht *n*, Berufungsgericht *n*, Beschwerdegericht *n*, Revisionsinstanz *f*
court of arbitration: Schiedsgericht *n*

court of bankruptcy: Konkursgericht *n*
court of chancery *(brit)*: Billigkeitsgericht *n*
court of claims: Rückerstattungsgericht *n*
court of equity: Billigkeitsgericht *n*
court of first instance: Gericht *n* in erster Instanz *f*
court of honor: Ehrengericht *n*
court of inquiry: Untersuchungsgericht *n*
court of jurors: Schöffengericht *n*
court of justice: Gericht *n*, Tribunal *n*
court of law: Gerichtshof *m*
court of record: ordentliches Gericht *n*
court order: Gerichtsbeschluß *m*
court records *pl*: Gerichtsakten *f/pl*
court roll: Gerichtsakten *f/pl*
covenant: Vereinbarung *f*, Vertrag *m*
covenantee: Vertragsberechtigter *m*
covenantor: Vertragsverpflichteter *m*
cover: bedecken, decken, Deckung *f*, Hülle *f*, Schutz *m*, umfassen, Umschlag *m*, Umschlagseite *f*, umschließen, verdecken
cover a risk: Risiko *n* decken
cover note: Deckungszusage *f*
coverable: deckungsfähig
coverage: Verbreitung *f* (Zeitschrift usw.), Versicherungsschutz *m*
covered employment: versicherte Tätigkeit *f*
covered gap: gedeckte Lücke *f*
Im Rahmen der Lückenanalyse wird die langfristige Entwicklung von Zielgrößen wie Umsatz, Gewinn etc. einer Unternehmung auf der Grundlage des gegenwärtigen Produktprogramms der langfristigen Zielplanung für das Unternehmen gegenübergestellt. Weichen beide Entwicklungen voneinander ab, so spricht man von der strategischen Lücke. Wird dabei zusätzlich dargestellt, wie sich die Zielgröße unter Berücksichtigung laufender Produktverbesserungen entwickelt, unterscheidet man zwischen der gedeckten und der ungedeckten Lücke.
covered job: pflichtversicherte Arbeit *f*
covered market: Markthalle *f*
covered work: pflichtversicherte Arbeit *f*
covered worker: pflichtversicherter Arbeitnehmer *m*
covering agreement: Mantelvertrag *m*
covering entry: fiktive Buchung *f*
covering law: Rahmengesetz *n*
covering letter: Begleitbrief *m*
covering mortgage: Deckungshypothek *f*
covering transaction: Sicherungsgeschäft *n*
C.P.A. firm: Treuhandgesellschaft *f*, Wirtschaftsprüfungsgesellschaft *f*
craft: Gewerbe *n*, Handwerk *n*

craft cooperative: Handwerksgenossenschaft *f*
craft(s) union: Spezialistengewerkschaft *f*, Handwerkergewerkschaft *f*, Fachgewerkschaft *f*
craftsman: Handwerker *m*
crash project: Dringlichkeitsprojekt *n*, dringliches Projekt *n*
crate: Gestell *n* (Verpackung)
create: begründen, bestellen (errichten)
creation: Errichtung *f*, Gründung *f*
creation of an obligation: Begründung *f* eines Schuldverhältnisses *n*
creation of money: Geldschöpfung *f*
creation of ownership: Eigentumsbildung *f*
creative ability: schöpferische Fähigkeit *f*
creative impulse: Schaffensdrang *m*
creative power: Schaffenskraft *f*
creativity: Kreativität *f*, schöpferische Schaffenskraft *f*
Die Fähigkeit, ungewöhnliche Einfälle zu entwickeln, neue Ideen zu produzieren und von herkömmlichen Denkweisen und Denkschemata abzuweichen, Originalität bei der Sichtung und Nutzung von Zusammenhängen zu zeigen. „Kreativität ist die Fähigkeit des Menschen, Denkergebnisse beliebiger Art hervorzubringen, die im wesentlichen neu sind und demjenigen, der sie hervorgebracht hat, vorher unbekannt waren. Es kann sich dabei um Imagination oder um eine Gedankensynthese, die mehr als eine bloße Zusammenfassung ist, handeln. Kreativität kann die Bildung neuer Systeme und neuer Kombinationen aus unbekannten Informationen involvieren sowie die Übertragung bekannter Beziehungen auf neue Situationen und die Bildung neuer Systeme. Eine Kreativität muß absichtlich und zielgerichtet sein, nicht nutzlos und phantastisch." (Gisela Ulmann)
J. Drevdahl definiert: „Kreativität ist die Fähigkeit von Menschen, Kompositionen, Produkte oder Ideen gleich welcher Art hervorzubringen, die in wesentlichen Merkmalen neu sind und dem Schöpfer vorher unbekannt waren. Sie kann in vorstellungshaftem Denken bestehen oder in der Zusammenfügung von Gedanken, wobei das Ergebnis mehr als eine reine Aufsummierung des bereits Bekannten darstellt. Kreativität kann das Bilden neuer Muster und Kombinationen aus Erfahrungswissen einschließen und die Übertragung bekannter Zusammenhänge auf neue Situationen ebenso wie die Entdeckung neuer Beziehungen. Das kreative Ergebnis muß nützlich und zielgerichtet sein und darf nicht in reiner Phantasie bestehen – obwohl es nicht unbedingt sofort praktisch angewendet zu werden braucht oder perfekt und vollständig sein muß. Es kann jede Form des künstlerischen oder wissenschaftlichen Schaffens betreffen oder prozeßhafter oder methodischer Natur sein."
Im Zentrum der psychologischen Kreativitätsfor-

schung steht die Analyse der kreativen Persönlichkeit und des kreativen Prozesses, während im Vordergrund des Interesses von Managementlehre und -praxis die Förderung der Kreativität, die Entwicklung von Kreativitätstechniken und ihre Nutzung für gewerbliche Prozesse der Produktentwicklung und -erfindung sowie der Einführung von Innovationen steht.

Die Fähigkeit zu kreativem Verhalten bzw. zu kreativen Schaffensprozessen beruht im wesentlichen auf drei elementaren Komponenten:

(1) Das *verfügbare Wissen*: Ein wesentliches Merkmal schöpferischer Prozesse besteht in der Reorganisation bereits bekannter Wissenselemente. Je vielfältiger und umfassender das Wissen eines Individuums ist, desto größer und origineller ist grundsätzlich die Zahl der von ihm herstellbaren Denkverbindungen.

(2) *Mechanismen der Wissensverarbeitung*: Hierzu zählen die benutzten Denkprinzipien, -methoden und Freiheitsgrade des Denkens, z.B. Aspektmannigfaltigkeit bei der Betrachtung von Phänomenen, Urteilsbildung, Dekomponierung von Komplexitäten, Assoziationsbereitschaft, Denken in Analogien usw.

(3) *Psychodynamische Antriebskräfte*: Dieser Komponente kommt wegen ihrer Auslösefunktionen eine zentrale Bedeutung zu. Die psychodynamischen Triebkräfte haben zwar ihre wesentlichen Wurzeln in der kreativen Person selbst (z.B. Neugierverhalten, Wunsch nach Selbstverwirklichung, Einfühlungs- und Identifikationsbereitschaft, Bedürfnisspektrum usw.), stehen aber in Wechselwirkung mit äußeren Einflüssen wie Rollenzuweisung, Anerkennung, Verantwortung, sozial wirksame Repressionen, Freude- und Leid-Erlebnisse usw. Kreativitätsentwicklung kann also nur bedingt am Individuum isoliert erfolgen, sondern betrifft ebenso die Gestaltung der Umweltbereiche, mit denen das Individuum in Beziehung steht.

Zu den wichtigsten Erkenntniszielen der psychologischen Kreativitätsforschung gehören Untersuchungen der kreativen Persönlichkeit, der Förderung kreativer Fähigkeiten, des Ergebnisses kreativen Schaffens und des kreativen Prozesses.

Die Annahmen der Psychologie zur Frage, ob es Persönlichkeitsmerkmale sind, die kreative Leistungen begünstigen, schwanken zwischen den Extremen der Hypothese vom angeborenen Genie bis zur Hypothese, lediglich ein günstiges Zusammenspiel verschiedenster biographischer Zufälle rufe Kreativität hervor.

Grundsätzlich bieten sich wenigstens zwei Möglichkeiten an, kreative Persönlichkeiten zu erkennen:

(1) Es lassen sich bestimmte Merkmale, Eigenschaften und Einstellungen kreativer Persönlichkeiten isolieren. Die Merkmale kreativer Menschen werden dabei meist aus denk- und persönlichkeitstheoretischen Theorien oder aus Beobachtungen bzw. Befragungen gewonnenen Befunden über signifikante Unterschiede zwischen kreativen und unkreativen Personen. Daß jemand hochkreativ sei, wird dabei meist bei Personen unterstellt, die hervorragende, allgemein anerkannte Leistungen (z.B. eine große Zahl herausgegebener Patente) erbracht haben, während die Personen einer Vergleichsgruppe nur unterdurchschnittliche oder durchschnittliche Ergebnisse erzielten.

Eine Zusammenfassung von Persönlichkeitsmerkmale, die in empirischen Untersuchungen als typisch für Kreative befunden wurden, stammt von G. Ulmann. Danach sind folgende Merkmale charakteristisch für kreative Personen: eine offene und kritische Haltung gegenüber der Umwelt, die Loslösung von konventionellen und traditionellen Anschauungen, Vorliebe für Neues, die Fähigkeit, das eigene Wahrnehmungsfeld unter verschiedenen Aspekten zu sehen, die Fähigkeit, Konflikte aus Wahrnehmungen und Handlungen ertragen zu können, eine Vorliebe für komplexe Situationen und mehrdeutige Stimuli, die Fähigkeit, ausdauernd an einer Lösung zu arbeiten, die Zentrierung auf die Lösung einer Aufgabe, nicht auf die Erlangung von Ruhm und Anerkennung, die Neigung, energisch, initiativ, erfolgsmotiviert, mutig, autonom, sozial introvertiert, sich selbst genügend zu sein, emotionale Stabilität, Dominanz, eine gewisse Neigung zur Aggressivität, ein hohes Verantwortungsgefühl, ästhetisches Empfinden, weniger ausgeprägte soziale und religiöse Werthaltungen, sensibles und differenziertes Reagieren auf die Umwelt, Humor.

(2) Man kann die in bestimmten Situationen bzw. unter bestimmten Anforderungen entfaltete Kreativität direkt messen. Dabei bedient man sich meist der Faktorenanalyse. Es gibt verschiedene Ansätze, die Globalfähigkeit „Intellekt" in abgrenzbare Faktoren zu zerlegen, deren individuelle Ausprägungsstärken nach geeigneten Verfahren an der Versuchsperson gemessen werden.

Große Bedeutung hat dabei meist das von Joy P. Guilford entwickelte theoretische Modell, das allein 120 Intelligenzfaktoren unterscheidet. Jeder Faktor baut sich aus der Kombination einer Denkoperation, eines Denkprodukts und eines Denkinhalts auf und repräsentiert ein Problem, das ein Individuum besser oder schlechter zu lösen in der Lage ist. Für jeden Faktor kann daher eine Testaufgabe entworfen werden, die dessen intellektuelle Anforderung repräsentiert. Die Zusammenfassung entsprechender Tests ergibt eine Testbatterie, mit der individuelle Intelligenz- oder Kreativitätsquotienten ermittelt werden. Bei der Bestimmung der individuellen Werte ein empirisch ermittelter Durchschnitt als relatives Kreativitätsmaß herangezogen:

$$KQ = \frac{\text{individuelles Testergebnis}}{\text{durchschnittliches Testergebnis einer Stichprobe}}$$

So bedeutet ein Kreativitätsquotient (KQ) von 130, daß die Testergebnisse der Versuchsperson um 30 % über dem Durchschnitt liegen, ein KQ von 100 entspricht durchschnittlicher Kreativität usw.

Übereinstimmend beschreiben die meisten Autoren im Anschluß an H. Poincaré den Kreativitätsprozeß als eine Abfolge der folgenden Stufen:

(1) *Vorbereitungsphase*: Die Phase der allmählichen Entwicklung eines Bewußtseins für das Bestehen eines Problems, seine Entdeckung und Formulierung und seine Analyse. Die Vorbereitungsphase beginnt mit dem Erkennen oder Bewußtwerden eines Problems und setzt sich mit der Analyse des problematischen Tatbestandes fort. Das Individuum versucht, sich wesentliche Zusammenhänge des Problems transparent zu machen, aktiviert sein möglicherweise problemrelevantes Wissen und versucht, dieses Wissen flexibel zu einer Antwort auf das Problem zu verarbeiten.

(2) *Inkubationsphase*: Die Phase der Formulierung der ersten Hypothesen und Ansätze zur Lösung des Problems. Die Inkubationsphase liegt zwischen dem Aufstellen der ersten Hypothesen und dem Finden der endgültigen Lösung. Es wird angenommen, daß während der Inkubationsphase unterbewußte Denkprozesse eine bedeutsame Rolle spielen. In diesen Prozessen wird problembezogenes Material mit anderem Erfahrungsmaterial in Verbindung gebracht und zu vielen Konstellationen durchkombiniert, von welchen die eine oder andere eine Lösung des Problems oder eine weiterführende Antwort in Lösungsrichtung beinhalten kann. Die Inkubationszeit läßt sich so als „unterbewußte Problemverarbeitung" deuten, die selbst dann stattfindet, wenn sich das Individuum bewußt mit anderen Sachverhalten auseinandersetzt.

(3) *Illuminationsphase*: Die Phase, in der die erleuchtende Idee für die Lösung des Problems entwickelt und die Realisierung der Lösung dadurch in greifbare Nähe rückt. Die Erleuchtung ist das unvermittelte, plötzliche Bewußtwerden einer Idee, der Geistesblitz als Ergebnis unterbewußten Denkens.

(4) *Verifizierungsphase*: Die endgültig entwickelte Idee wird an den Kriterien der Neuigkeit, Durchführbarkeit und Brauchbarkeit geprüft, ob sie den Gegebenheiten und Anforderungen an die Problemsituation auch gerecht wird. Besteht sie die Prüfung, so folgt die Innovation.

creativity methods *pl*: Kreativitätstechniken *f/pl*, Ideenfindungsmethoden *f/pl*, Ideenproduktion *f*

In der Unternehmenspraxis und der wissenschaftlichen Kreativitätsforschung ist eine Vielzahl von Techniken entwickelt worden, von denen die meisten versuchen, auf der Basis sozialpsychologischer Erkenntnissen zur Gruppendynamik das höhere Leistungspotential von in Gruppen interagierenden Individuen zu fördern und zu steuern. Diese Verfahren und Techniken werden vor allem bei der Entwicklung von Konzeptionen und Innovationen sowie in allen Situationen angewendet, in denen es darauf ankommt, neue Ideen hervorzubringen, wie z.B. bei der Neuproduktentwicklung.

Die Methoden der Ideenfindung sind ein relativ unspezifisches Instrumentarium und finden sinnvollerweise Anwendung zur Lösung von schlechtstrukturierten Problemen. Wohlstrukturierte Problemsituationen löst man zwingend, meist sogar nur rechnerisch, aus den konkreten Gegebenheiten.

Einen höheren Bedarf an kreativen Lösungen und damit eine höhere Anwendungshäufigkeit für Methoden der Ideenfindung haben vor allem Unternehmen bzw. Funktionsbereiche von Unternehmen, die durch ihre besonderen Aufgaben wesentlich häufiger mit Innovationsproblemen konfrontiert werden, die sich rasch an den Wandel anpassen müssen und nur in geringem Maße Routineverhalten ausprägen können. Innerhalb eines Unternehmens betrifft das vor allem die Funktionsbereiche Forschung und Entwicklung, Konstruktion, Produktion und Marketing.

Insgesamt sind heute gut 50 verschiedene Techniken der Ideenfindung bekannt. Die bekanntesten sind das Brainstorming, das Brainwriting, die Synektik, die morphologische Analyse, die Funktionsanalyse, die Bionik, das kreative Problemlösen (Buffalo-Methode), die Merkmalslistenmethode, die Problemkreisanalyse, die Methode 635 und die Delphimethode.

Zu der für Praktiker bedeutsamen Frage, welche der Methodenalternativen bei einem konkret vorliegenden Problem den größten Erfolg versprechen, liegen bisher kaum aussagefähige Erkenntnisse vor. Nach einer Formulierung von Helmut Schlicksupp bestimmt sich die Methodenauswahl im wesentlichen nach zwei Kriterienbereichen:

(1) Nach den *Merkmalen des zu lösenden Problems*: Zwei Problemeigenschaften beeinflussen die Wahl einer geeigneten Methode der Ideenfindung, und zwar die *Komplexität* und der *Typ des vorliegenden Problems*. Was die Problemkomplexität anbelangt, so läßt sich vereinfachend feststellen, daß

- *intuitiv-kreative Methoden* auf abgegrenzte, wenig komplexe Fragestellungen angewendet werden sollten, und

- *analytisch-systematische Methoden* auch herangezogen werden können, um sehr komplexe Sachverhalte zu verarbeiten. Nimmt man die gedankliche Anforderungsqualität, die ein Problem stellen kann, als Unterscheidungsmerkmal, dann lassen sich 5 Problemtypen voneinander abgrenzen:

1. *Suchprobleme*: Hier besteht der Problemlösungsprozeß aus einem kognitiven Suchvorgang, bei dem die Suchkriterien durch die Definition des Problems vorgegeben sind. Die Suche erstreckt sich auf das Auffinden bereits existierender Lösungen.

2. *Analyseprobleme*: Die Anforderung besteht im Erkennen von Strukturen, d.h. deren Elemente, Relationen zwischen den Elementen und von

creativity methods

Vorgegebenes Komplexproblem: Entwicklung einer Arbeitsleuchte

Problemtyp (Teilproblem)	Beispiel	Geeignete Methoden der Ideenfindung
Analyseproblem	Welche Funktionen (z.B. Verstellung, Helligkeit usw.) soll die Leuchte erfüllen?	▶ Progressive Abstraktion ▶ Hypothesenmatrix ▶ Funktionsanalyse ▶ Morphologischer Kasten
Suchproblem	Welche lichterzeugenden Quellen können benutzt werden?	▶ Brainstorming ▶ Brainwriting (Methode 635) ▶ Brainwriting-Pool ▶ Problemlösungsbaum
Konstellationsproblem	Konzeption einer Vorrichtung zur flexiblen Positionierung	▶ Brainstorming ▶ Klassische Synektik ▶ Visuelle Synektik ▶ Reizwortanalyse ▶ Morphologischer Kasten ▶ TILMAG-Methode
Konsequenzproblem	Berechnung des Wirkungsgrades der Lichtquelle X	keine!
Auswahlproblem	Welches der verschiedenen Materialien ist im Hinblick auf Temperaturfestigkeit und Preis optimal?	keine!

Struktureigenschaften. Die Analyse beinhaltet allgemein die Klärung von Zusammenhängen.

3. *Konstellationsprobleme*: Die spezifische Anforderungsqualität dieses Problemtyps besteht darin, vorhandene Wissenselemente so zu konfigurieren bzw. umzukonstellieren, daß ein neues, im Problemlösungsprozeß erforderliches Gedankenkonstrukt entsteht.

4. *Auswahlprobleme*: Sie betreffen Vorgänge der Unterscheidung von Alternativen nach dem Gesichtspunkt ihres Nutzens für ein vorgegebenes Ziel. Der Prozeß der Auswahl ist in der Regel dadurch gekennzeichnet, daß aus dem Ziel Kriterien zur Bewertung abgeleitet werden, an denen die Qualität der in Frage stehenden Alternativen gemessen wird. Auswahlprobleme sind ihrer Natur nach wohlstrukturierte Probleme und können deshalb mit Methoden der Ideenfindung nicht sinnvoll bearbeitet werden.

5. *Konsequenzprobleme*: Dieser Problemtyp ist durch die logische Befolgung erkannter Gesetzmäßigkeiten im Problemlösungsprozeß charakterisiert. Auch Konsequenzprobleme sind ihrer Natur nach wohlstrukturierte Probleme und können deshalb mit Methoden der Ideenfindung nicht sinnvoll bearbeitet werden.

Die in der Praxis auftauchenden Such-, Analyse- und Konstellationsprobleme sind oft genug so komplex, daß alle Problemtypen mitunter sogar mehrfach in ihnen enthalten sind. Will man deshalb im Rahmen eines Problemlösungsprozesses jeweils eine gut geeignete Methode der Ideenfindung anwenden, so muß man den gesamten Problemkomplex zunächst so lange zerlegen, bis die abgespalteten Teilprobleme als eindeutige Such-, Analyse- oder Konstellationsprobleme erkennbar sind. Welche Methoden sich erfahrungsgemäß für diese Problemtypen empfehlen, läßt sich aus der folgenden tabellarischen Übersicht ersehen:

(2) Nach den *situativen Umständen der Problemlösung*: Besondere Umstände der Problemlösungssituation, wie verfügbare Zeit, Größe der Problemlösungsgruppe usw., beeinflussen die Auswahl einer geeigneten Methode der Ideenfindung ebenso wie die Art des vorliegenden Problems. Welche situativen Bedingungen des Problemlösens es gibt und welche Methoden sich erfahrungsgemäß für diese Problemtypen empfehlen, läßt sich aus der folgenden tabellarischen Übersicht ersehen:

In Einzelfällen lassen sich jedoch mit einer nach dieser Übersicht nicht angemessenen Methode mitunter gute Ergebnisse erzielen. Die Einsatzbe-

creativity training

Situative Bedingung		Empfohlene Methoden*
Verfügbare Zeit	knapp	BS, 635, RWA
	reichlich	SY, MK, MT, AL, PLB
Teilnehmerzahl der Problemlösungsgruppe	1 bis 4	MK, MT, PLB, AL
	5 bis 8	BS, 635, SY, RWA
Beziehung der Gruppenmitglieger zueinander	vertraut	alle Methoden
	fremd	Vorsicht mit SY
Spannungen, Konflikte zwischen den Gruppenmitgliedern zu befürchten		635
Erfahrungen mit Methoden der Ideenfindung	wenig	BS, 635, AL, RWA, PLB
	gute	MK, MT, SY
Verfügbare Arbeitsmittel (Flip, Pinwände usw.)	vollständig	MK, MT, AL, PLB, SY, RWA
	keine	BS, 635
Problemkenntnis der Gruppenmitglieder	Fachleute	MK, MT, PLB
	heterogen	BS, 635, RWA, SY, AL
Ideenurheberschaft	nachzuweisen	635
	gleichgültig	alle anderen Methoden

* Zuordnung auf einige wichtige Methoden der Ideenfindung beschränkt.

Es bedeuten:
BS = Brainstorming
635 = Methode 635
RWA = Reizwortanalyse
SY = Synektik
MK = Morphologischer Kasten
MT = Morphologisches Tableau
AL = Attribute-Listing
PLB = Problemlösungsbaum

	Verfasser	I. Schw. G	II. G/E	III. Mod.	Ø-Dauer	IV. Prot.
Progressive Abstraktion	Geschka	3	G,E	++	2 h	P!
Hypothesen-Matrix	Schlicksupp	2	E	o	>1 Tag	P
KJ-Methode	Kawakita	2	E (G)	(++)	>1 Tag	P!
Morphologischer Kasten	Zwicky	3	E (G)	(++)	bis >1 Tag	A
Sequentielle Morphologie	Schlicksupp	3	E (G)	(++)	bis >1 Tag	A
Attribute-Listing	Crawford	1	E, G	o	bis >1 Tag	A
Morphologisches Tableau	Zwicky	2	E (G)	(+)	bis >1 Tag	P
Problemlösungsbaum		2	E (G)	(+)	bis >1 Tag	A
Brainstorming	Osborn	2	G	+	0,5 bis 1h	P!
Methode 635	Rohrbach	1	G	o	0,75 h	A
Brainwriting-Pool	Schlicksupp	1	G	o	0,75 h	A
SIL-Methode	Schlicksupp	2	G	++	2 h	P
Synektik	Gordon	3	G (E)	++	3 h	P!
TILMAG-Methode	Schlicksupp	2	G (E)	+	2 bis 3 h	P!
Semantische Intuition	Schlicksupp	1	G, E	+	1 h	P!
Visuelle Synektik	Geschka/ Schaude/ Schlicksupp	1	G, E	+	1 h	P!

I. Schwierigkeitsgrad:
1 = nicht sehr hoch: gut als „Einstiegs"- oder „Anfängermethode"
2 = setzt gute Methodenkenntnisse voraus
3 = schwierige Methode, die ausreichend zu trainieren ist

II. Eignung für
E = Einzelarbeit
G = Gruppenarbeit
( ) = bedingte Eignung

III. Moderation
o = keine Anforderung
+ = normale Anforderungen
++ = besondere Anforderungen
( ) = wenn in Gruppen angewandt

IV. Protokollierung
A = „automatisches" Protokoll
P = normale Protokollsorgfalt
P! = besondere Protokollsorgfalt (z.B. zus. Tonband-Aufz.)

reiche der Methoden der Ideenfindung gehen fließend ineinander über.

creativity training: Kreativitäts-Training *n*
Es gilt als einigermaßen gesicherter Befund der psychologischen Kreativitätsforschung, daß das

vorhandene kreative Potential eines Menschen nicht konstant ist und durch Übung verbessert werden kann.
credibility: Glaubwürdigkeit *f*
credibility test: Glaubwürdigkeitsuntersuchung *f*
credible: glaubhaft, glaubwürdig
credit: Anleihe *f*, Bonität *f*, erkennen (Konto), gutschreiben, Gutschrift *f*, Kredit *m*, kreditieren; (Cr.) Haben *n*
credit acceptance: Kreditzusage *f*
credit accommodation: Krediterleichterung *f*
credit advice: Gutschriftsanzeige *f*
credit against documents: Dokumentenkredit *m*
credit against income tax: Gutschrift *f* von Einkommensteuer *f*
credit against transfer of documents: Dokumentenkredit *m*
credit agency: Kreditvermittlungsbüro *n*
credit an account: ein Konto *n* erkennen
credit and collections department: Kredit- und Inkassoabteilung *f*
credit and collections manager: Leiter *m* der Kundenkredit- und Inkassoabteilung *f*
credit application: Kreditantrag *m*
credit balance: Guthaben *n*, Habensaldo *n*, Kreditsaldo *m*, Saldoguthaben *n*
credit by mortgage: Hypothekarkredit *m*
credit capacity: Kreditfähigkeit *f* (durch Einkommen *n* bestimmt)
credit card: Kreditkarte *f*
credit card holder: Kreditkarteninhaber *m*
credit ceiling: Kreditplafond *m*
credit charges *pl*: Kreditkosten *pl*
credit commitment: Kreditengagement *n*, Kreditverpflichtung *f*
credit contract: Kreditvertrag *m*
credit control: Kreditüberwachung *f*
credit customer: Kreditkunde *m*
credit department: Kreditabteilung *f*
credit entry: Gutschrift *f*, Habenbuchung *f*, Habenposten *m*, Kredit-(Haben-)posten *m*
credit entry for interest: Zinsgutschrift *f*
credit entry for interest earned: Zinsgutschrift *f*
credit expansion (through administrative measures): Kreditschöpfung *f*
credit facility: Kreditfazilität *f*
credit for refugees: Flüchtlingskredit *m*
credit granted on note or draft with interest deducted in advance: Diskontkredit *m*
credit grantor: Kreditgeber *m*
credit guarantee: Kreditbürgschaft *f*
credit institution: Kreditinstitut *n*

credit instrument: Kreditinstrument *n*
credit insurance: Kreditversicherung *f*
credit investigation: Bonitätsprüfung *f*, Kreditwürdigkeitsprüfung *f*
credit item: Habenposten *m*, Kredit-(Haben-)posten *m*
credit limit: Kreditgrenze *f*, Kreditlimit *n*, Kreditplafond *m*, Plafond *m*
credit line: Kreditlinie *f*, Kreditobergrenze *f*
credit loss: Kreditausfall *m*
credit memorandum: Gutschriftsanzeige *f*, Rechnungsgutschrift *f*
credit money: Kreditgeld *n*
credit note (C/N): Gutschriftsanzeige *f*
credit on goods: Warenkredit *m*
credit on landed property: Realkredit *m*
credit on real estate: Realkredit *m*
credit oversupply: Kreditinflation *f*
credit policy: Kreditpolitik *f*
credit rating: Bonität *f*, Bonitätseinstufung *f*, Krediteinschätzung *f*, Kreditwürdigkeit *f*
credit record: Bericht *m* über Zahlungsgewohnheiten *f/pl*
credit records *pl*: Bericht *m* über Zahlungsgewohnheiten *f/pl*
credit reference agency: Kreditauskunftei *f*
credit reference bureau: Kreditauskunftei *f*
credit request: Kreditantrag *m* (Kreditansuchen *n*)
credit restriction: Kreditrestriktion *f*, Kreditdrosselung *f*
credit restriction policy: Kreditrestriktionspolitik *f*, Kreditdrosselungspolitik *f*
Das Bündel von Maßnahmen, mit denen die Notenbank die Refinanzierungsmöglichkeiten der Geschäftsbanken einschränkt. Dabei wird zwischen quantitativer, qualitativer, spezieller und genereller Kreditrestriktion, Kreditkontingentierung und Kreditkonversion unterschieden. Die Deutsche Bundesbank hat auch die Möglichkeit, besondere Vorschriften für einzelne Wirtschaftszweige zu erlassen. So kann sie beschließen, Wechsel bestimmter Wirtschaftszweige zu ungünstigen Bedingungen oder überhaupt nicht zu rediskontieren. Sie kann den Geschäftsbanken auch Sonderanweisungen für deren Kreditverhalten gegenüber einzelnen Wirtschaftszweigen geben.
Die Notenbank kann ferner den Umfang der Bankkredite bei den einzelnen Geschäftsbanken direkt festlegen. Sie kann z.B. das Gesamtkreditvolumen nach einem bestimmten Stichtag in der Vergangenheit begrenzen oder das Kreditvolumen durch Vorschriften für bestimmte Wirtschaftszweige oder für einzelne Geschäftsbanken beschränken. Gesetzlich festgelegte Grundsätze sollen eine angemessene Ausstattung der Kreditinstitute mit haftendem Eigenkapital und ausreichender Liquidität garantieren. Von der Einhaltung dieser Grund-

sätze macht die Bundesbank die Refinanzierungsmöglichkeiten abhängig.
credit risk: Kreditrisiko *n*
credit sale: Kreditverkauf *m*
credit sale promotion: Förderung des Kreditverkaufs *m*
credit slip: Gutschriftszettel *m*
credit standing: Kreditwürdigkeit *f*
credit summary: Kreditübersicht *f*
credit supply: Kreditversorgung *f*
credit symbol: Habenzeichen *n (EDV)*, Kreditzeichen *n*
credit transactions *pl*: Kreditverkehr *m*
credit turnover: Habenumsatz *m*
credit union: Kreditgenossenschaft *f*
credit worthiness: Kreditwürdigkeit *f*
credit worthy: kreditwürdig
creditor: Gläubiger *m*, Kreditor *m*
creditor country: Gläubigerland *n*
creditor having priority: bevorrechtigter Gläubiger *m*
creditor interest rate: Haben-Zinssatz *m*
creditor meeting: Gläubigerversammlung *f*
creditor of bankrupt's estate: Massegläubiger *m*
creditor of bankrupt: Konkursgläubiger *m*
creditor participating in the bankruptcy: Konkursgläubiger *m*
creditors' ledger: Kreditorenbuch *n*
creeping inflation: schleichende Inflation *f*
cremate: verbrennen
cremation certificate: Vernichtungsprotokoll *n*
crew: Bedienungspersonal *n*, Mannschaft *f*, Personal *n*
crime: Delikt *n* (Strafrecht), strafbare Handlung *f*, strafrechtliche Handlung *f*, Verbrechen *n*, Vergehen *n*
criminal: kriminell, strafrechtlich, verbrecherisch, Verbrecher *m*
criminal case: Strafsache *f*
criminal code: Strafgesetzbuch *n*
criminal court: Strafgericht *n*, Strafkammer *f*
criminal court judge: Strafrichter *m*
criminal court justice: Strafrichter *m*
criminal court procedure: Strafgerichtsordnung *f*
criminal investigation department: Kriminalpolizei *f*
criminal justice: Strafgerichtsbarkeit *f*
criminal law: Strafrecht *n*
criminal offense: Delikt *n* (Strafrecht), strafbare Handlung *f*, Straftat *f*
criminal procedure: Strafprozeßordnung *f*
criminal proceedings *pl*: Strafverfahren *n*

criminal record: Strafregister *n*
crisis: Krise *f*
Krisen sind Prozesse, die ein Unternehmen in seiner Existenz gefährden. Für das Auslösen einer Krise können demnach viele unterschiedliche Prozesse verantwortlich sein, z.B. Finanzierung (zu hoher Anteil an Fremdkapital), Beschaffung (Verlust von Zulieferfirmen), Produktion (veraltete Produktionstechniken), Forschung und Entwicklung (keine eigene Patente, Abhängigkeit von Lizenzen), Führungsprozeß (inflexibles Management) und Organisation (starre Hierarchie ohne Anpassungsfähigkeit, Bürokratie), Personal (mangelhaftes Engagement der Mitarbeiter, hohe Fluktuation, mangelnde Mobilität).
Sinnvoll ist es, zwischen externen und internen Prozessen, die zu einer Krise führen können, zu unterscheiden. Ferner läßt sich nach der Wirkungsintensität und die Dauer zwischen konjunkturellen (kurzfristig, einmalig wirkenden), strukturelle (langfristig wirkenden) Gefährdungsprozessen unterscheiden.

crisis approach: Krisenansatz *m*
Ein Ansatz in der strategischen Planung, bei dem die Angst vor der Krise ausgenutzt wird, um die notwendigen strategischen Veränderungen durchzusetzen.

crisis management: Krisenmanagement *n*
Krisensteuerung ist die Summe der Maßnahmen, die Führungskräfte ergreifen, um eine aktuelle Krisensituation zu beheben. Unter Krisenmanagement versteht man drei Aktivitätenbereiche des Managements, die darauf zielen, Krisen zu bewältigen:
• Krisenwahrnehmung
• Analyse und Problemlösung
• Aktionsplanung und Bewältigung der Krise.
Eine Sensitivität gegenüber Krisensituationen ist erforderlich, um rechtzeitig richtige Anpassungsentscheidungen (Krisenaktionen) ergreifen zu können. Bei der rechtzeitigen Wahrnehmung einer Krisensituation spielen die Sensitivität des Managements und die Zielrichtung des Unternehmens eine entscheidende Rolle. Ein Unternehmen, das beispielsweise einseitig auf Vertriebserfolge ausgerichtet ist, wird aufgrund der Fixierung seiner Ziele und der entsprechenden Konzentration seiner Aktivitäten eine Krise im Bereich der Forschung und Entwicklung oft zu spät erkennen. Umgekehrt wird ein planungs- und kontrollintensives Management Krisen im Personalbereich (Fluktuation, Verlust von Fachkräften und fähigen Managern) vielfach ignorieren oder zu spät wahrnehmen.
Beim präventiven Krisenmanagement handelt es sich um eine Art Potientialanalysen von Krisen. Das Unternehmen wird durch ständige Beobachtungen der Umweltdaten (z.B. internationale Patente, welche die eigenen Produkte betreffen) potentiell gefährdende Einflüsse auf die internen Prozesse analysieren müssen, um negative Überraschungen vermeiden zu können. Präventives Kri-

senmanagement bezieht sich jedoch nicht nur auf die ständige Analyse der entsprechenden Umweltdaten, sondern auch auf die Planung und die Bereitstellung von „Aktionsreserven". Darunter versteht man die Summe der Maßnahmen, die für einen Ernstfall ergriffen werden können. Zum präventiven Krisenmanagement gehören auch die Schaffung von Reserven und die Schwachstellenanalyse.

Das Krisensystem eines Unternehmens bezieht sich auf ein Informationssystem, das alle relevanten Daten der Umwelt sammelt, bewertet, verdichtet und in Form von Kennzahlen zur Verfügung stellt.

Zur Deutung der Krisensymptome dienen „Early-Warning-Systeme", die in Form von Kennziffern und Trends frühzeitig Informationen über betriebliche Prozesse wie Fluktuation, Ausschußquoten, Absatzzahlen, Liquiditätsziffern, Forderungen und Verbindlichkeiten zur Verfügung stellen, Frühwarnsystem.

Präventives Krisenmanagement, Krisensystem und -organisation bilden die Voraussetzungen für die Steuerung und Handhabung aktueller Krisen.

critical event: kritisches Ereignis *n*
critical factors *pl* **of success:** kritische Erfolgsfaktoren *m/pl*

Die Konkurrenzanalyse und der mit ihr verbundene Stärken/Schwächen-Vergleich laufen in Anbetracht der Vielzahl der zu untersuchenden Wertaktivitäten mitunter Gefahr, unübersichtlich und unökonomisch zu werden. Ein Versuch, diesem Problem zu begegnen, ist der Ansatz der kritischen Erfolgsfaktoren. Er läuft darauf hinaus, die gesamten Wertaktivitäten auf die bedeutsamsten Erfolgsfaktoren zu verdichten. Ziel ist es, diejenigen Wettbewerbsfaktoren herauszufinden, die für den Markterfolg eines Unternehmens entscheidend sind.

critical path: kritischer Pfad *m*, kritischer Weg *m*
Critical Path Method (CPM): Methode *f* des kritischen Weges *m* (CPM), Methode *f* des kritischen Pfades

Das erste und bekannteste Verfahren der Netzplantechnik, das 1957 als ein deterministisches Terminplanungsmodell zur Planung von Kosteneinsparungen bei Erweiterungsinvestitionen entwickelt und eingesetzt wurde.

critical incident: kritisches Ereignis *n* → method of critical incidents
critical path scheduling (CPM): Netzplantechnik *f* des kritischen Pfades, des kritischen Weges
crop: Ernte *f*
crop contract: Anbauvertrag *m*
crop insurance: Ernteversicherung *f*
cross-acceptance: Wechselreiterei *f*
cross action: Gegenklage *f*
cross-addition: Queraddition *f*

cross-bill: Rückwechsel *m*
cross-check: querrechnen
cross-checking: Querkontrolle *f (EDV)*
cross-cultural management research: interkulturelle Managementforschung *f*
cross-examination: Kreuzverhör *n*
cross-examine: ins Kreuzverhör *n* nehmen
cross-foot: querrechnen
cross-footing: Querkontrolle *f (EDV)*, querrechnen
cross-level analysis: Mehrebenenanalyse *f*
cross liability: wechselseitiges Haftungsverhältnis *n*
cross price elasticity: Kreuzpreiselastizität *f*, Preiskreuzelastizität *f*, Substitutionselastizität *f*, Triffinischer Koeffizient *m*

Die Wirtschaftstheorie unterscheidet zwischen direkter Preiselastizität und Kreuzpreiselastizität. Während die direkte Preiselastizität das Verhältnis zwischen der relativen Änderung der Mengennachfrage und der sie bewirkenden Änderung des Preises dieses Gutes angibt, beschreibt die Kreuzpreiselastizität das Verhältnis zwischen der relativen Änderung der Mengennachfrage und der sie bewirkenden relativen Änderung des Preises eines anderen Bedarfsgutes.

Der Koeffizient für die Kreuzpreiselastizität gibt also das Verhältnis zwischen der relativen Änderung der mengenmäßigen Nachfrage nach einem Gut und der dadurch bewirkten relativen Änderung des Preises für ein anderes Gut an:

$$\varepsilon_{x_i p_k} = \frac{\frac{dx_i}{x_i}}{\frac{dp_k}{p_k}} = \frac{dx_i}{dp_k} \cdot \frac{p_k}{x_i}$$

Dabei bezeichnet dx_i die Änderung der mengenmäßigen Nachfrage nach dem Gut i, dp_k die Preisänderung des Gutes k und ε die Kreuzpreiselastizität. Handelt es sich bei den Gütern i und k um Substitutionsgüter, so ist die Kreuzpreiselastizität positiv, handelt es sich um Komplementärgüter, so ist sie negativ. Besteht keinerlei Wechselbeziehung zwischen dem Preis des einen und der mengenmäßigen Nachfrage nach dem anderen Gut, so ist der Koeffizient gleich Null. Je größer der Wert des Koeffizienten ist, um so stärker ist die Konkurrenzrelation zwischen i und k; ist er unendlich, so besteht vollkommene Konkurrenz, es handelt sich um homogene Güter; liegt er zwischen Null und unendlich, handelt es sich um heterogene Güter.

cross rate: Usancekurs *m*
cross reference: Verweis *m* (auf Gegenbuchung oder Beleg)
cross reference list: Zuordnungstabelle *f*
cross-section: Querschnitt *m*

167

cross-sectional function: Querschnittsfunktion *f*
Nach Heinrich Fromm nimmt die Ordnungsfunktion im Unternehmen interne Dienstleistungen gegenüber den anderen Bereichen des Unternehmens wahr. Sie ist dadurch charakterisiert, daß sie für erforderliche direkte Einwirkungen auf andere Bereiche weder auf unverbindliche Beratung beschränkt ist, noch fachliche Weisungsrechte besitzt, sondern sich auf Beteiligungspflicht und Vetorecht abstützt. Dafür verwendet Fromm die Bezeichnung Querschnittsfunktion. Fromm: „Der Begriff Ordnungsfunktion ist der allgemeinere und bringt zum Ausdruck, daß diese Funktionsart auf ihrem jeweiligen Fachgebiet die Aufgabe hat, auf alle anderen Bereiche, in denen dieses Fachgebiet auftritt, nach einheitlichen Gesichtspunkten unmittelbar fachlich ordnend einzuwirken.
Die Ordnungsfunktionen wirken also auf ihren Fachgebieten quer in alle Bereiche hinein, in denen ihr Fachgebiet eine Rolle spielt. Sie wirken sowohl in die Hauptfunktionen wie in die anderen Ordnungsfunktionen, wie in die Stabsfunktionen hinein. Sie sind für diese Einwirkung mit dem Vetorecht auf Gegenseitigkeit ausgestattet. Für die anderen Bereiche besteht gegenüber der Ordnungsfunktion in Fragen des Fachgebietes der Ordnungsfunktion Beteiligungspflicht, für die Ordnungsfunktion Mitwirkungspflicht. Umgekehrt besteht auch für die Ordnungsfunktionen Beteiligungspflicht gegenüber den Bereichen, in die sie hineinwirken, und für diese Mitwirkungspflicht. Durch Beteiligungspflicht und Vetorecht entsteht gegenseitige Zustimmungsabhängigkeit im Fachgebiet der Ordnungsfunktion. Beide Seiten sind gezwungen, sich in allen gemeinsam zu behandelnden Fragen zu verständigen, d.h. einen Kompromiß zu suchen, dem beide unter dem Gesichtspunkt ihrer unterschiedlichen aufgabenbedingten Belange zustimmen können."
cross-section paper: kariertes Papier *n*
crossed: gekreuzt
crossed check: Verrechnungsscheck *m*
crossing: Kreuzvermerk *m*
crossing out: Streichung *f*
crucial point: Schwerpunkt *m*
crude: roh, unbearbeitet
crude carrier: Rohöltanker *m*
crude material: Rohstoff *m*
crude oil: Rohöl *n*
crude steel: Rohstahl *m*
crystallization: schwebende Last *f* wird zur festen Belastung *f*
crystallize: zur festen Last (Belastung) *f* werden
ctw.: Zentner *m*
culmination point: Höhepunkt *m*, Kulminationspunkt *m*, Scheitelpunkt *m*
culpability: Schuld *f*, Strafbarkeit *f*
culpable: kriminell, schuldhaft, strafbar

culpable neglect: schuldhafte Vernachlässigung *f*, schuldhafte Fahrlässigkeit *f*
culprit: Angeklagter *m*, Angeschuldigter *m*, Schuldiger *m*
cultivation: Anbau *m*, Kultivierung *f*
cultural ecology: Kulturökologie *f*
Eine theoretische Orientierung in der Soziologie und Kulturanthropologie, bei der die Beziehung zwischen dem soziokulturellen System einer Gesellschaft und ihrer Umwelt im Vordergrund steht. Sie versteht Kultur als Instrument, das die Überlebensfähigkeit einer Gesellschaft unter wechselnden Umweltbedingungen sicherstellt. Kulturelle Veränderungen sind daher Folge von Anpassungsprozessen des Gesamtsystems oder einzelner Institutionen an Umweltveränderungen. Die materialistische Version der Kulturökologie spricht der Anpassung des technologischen Systems die führende Rolle für die kulturelle Entwicklung zu. Technologische Änderungen bewirken soziostrukturelle Anpassungen, die wiederum das Überzeugungssystem einer Gesellschaft beeinflussen. Ökologische Überlegungen stehen auch im Vordergrund situativer Ansätze und der Kontingenztheorie in der Organisationslehre, die davon ausgehen, daß unterschiedliche Umwelten jeweils unterschiedliche Organisationsstrukturen verlangen, die auf der Basis objektivierbarer Variablen, wie Spezialisierung oder Formalisierung, beschrieben werden.
cum cap(italization): Ausgabe *f* eines Bezugrechtes *n* an Aktionäre *m/pl*
cum dividend: einschließlich Dividendenanspruch *m* (Börsenwert der Aktie enthält erklärte Dividende)
cum interest: mit Stückzinsen *m/pl*
cum rights *pl*: einschließlich der Bezugsrechte *n/pl*
cum scrip: mit Bezugrecht *n*
cumbersome: schwerfällig
cumulative dividend: Dividende *f* auf kumulative Vorzugsaktie *f*
cumulative issue: kumulative Vorzugsaktie *f*
cumulative preference share: kumulative Vorzugsaktie *f*
cumulative preference stock: kumulative Vorzugsaktie *f*
cumulative voting: right kumulatives Stimmrecht *n*
cunning: schlau, Schlauheit *f*
curator: Pfleger *m*
curator absentis: Abwesenheitspfleger *m*
curatorship: Pflegschaft *f*
curb dealing: Handel *m* am Straßenrand *m*
curbstone opinion: leichtfertiges Gutachten *n*

cure a form: einen Formmangel *m* beseitigen
curfew: Ausgangsbeschränkung *f*, Ausgangssperre *f*
currency: Geld *n*, gemünztes Geld *n*, Münzgeld *n*, Währung *f*, Zahlungsmittel *n*, gesetzliches Zahlungsmittel *n*
currency area: Währungsgebiet *n*
currency conversion: Währungsumstellung *f*
currency crisis: Währungskrise *f*
currency dumping: Währungs-Dumping *n*
Eine Form des Dumping durch eine über die Kaufkraftparität hinausgehende Abwertung der eigenen Währung.
currency devaluation: Geldabwertung *f*
Während eine Aufwertung den Zweck hat, einen Überschuß zu vermindern oder gar zu beseitigen, soll eine Abwertung ein Defizit ausgleichen. Während bei einer Aufwertung der Gedanke zugrundeliegt, daß diese die Währung des aufwertenden Landes – und damit dessen Güterangebot auf den internationalen Märkten – verteuert und die Einfuhr gleichzeitig verbilligt und folglich zu einer sinkenden Auslandsnachfrage, einer steigenden Inlandsnachfrage und einer Abnahme des Überschusses führt, verbilligt umgekehrt eine Abwertung die Währung des abwertenden Landes, damit dessen Güterangebot auf den Weltmärkten und verteuert gleichzeitig den Import.
In einem System freier Wechselkurse werden automatische Auf- und Abwertungen zum Ausgleich der Zahlungsbilanz erwartet. Die Wirkung einer Änderung des Wechselkurses auf die Zahlungsbilanz hängt davon ab, wie der Wert des Exports und des Imports von der Wechselkursänderung beeinflußt wird. Im Regelfall vergrößert eine Abwertung den Überschuß in einer Zahlungsbilanz und vermindert ein Defizit. Sie verbilligt den heimischen Export und verteuert den Import aus dem Ausland. Vergrößert eine Abwertung den positiven Saldo einer Zahlungsbilanz, so spricht man davon, daß sie „normal" reagiert. Im Fall einer Verminderung des positiven Saldos spricht man von einer „anomalen Reaktion" (Marshall-Lerner condition).
In der Regel führt eine Abwertung dazu, daß der Mengen-Import abnimmt, die Importpreise in heimischer Währung steigen, die Exportmenge ebenfalls zunimmt. Da Menge und Preis des Exports (in heimischer Währung) bei einer Abwertung steigen, nimmt der Wert des Exports. Da der mengenmäßige Import bei einer Abwertung abnimmt, der Preis in heimischer Währung dagegen steigt, kann der Wert des Imports in heimischer Währung sinken, steigen oder konstant bleiben. Bei völlig inelastischer (elastischer) Import-Nachfrage steigt (fällt) der Wert des Imports. Welcher Fall eintritt, hängt von der Elastizität des Angebots an Importgütern in bezug auf den Auslandspreis und von der Elastizität der Nachfrage nach Importgütern in bezug auf den Preis in heimischer Währung ab.

currency flow: Kapitalfluß *m*, Kapitalbewegung *f*
currency in circulation: Geldumlauf *m*, Zahlungsmittel *n/pl*, umlaufende Zahlungsmittelumlauf *m*
currency of credit: Akkreditivwährung *f*
currency parity: Währungsparität *f*
currency reform: Währungsreform *f*
currency reserve: Währungsreserve *f*
currency restriction: Devisenbewirtschaftung *f*
currency stability: Währungsstabilität *f*
current: gängig, laufend, umlaufend
current account: Konto *n*, laufendes Kontokorrent *n*, Kontokorrentkonto *n*, laufende Rechnung *f*
current account deposits *pl*: Einlagen *f/pl* auf Kontokorrentkonten *n/pl*
current asset: kurzfristig realisierbarer Vermögenswert *m*
current assets *pl*: Umlaufvermögen *n*
current balance: Saldo *m* der laufenden Posten *m/pl*
current business expense(s) *(pl)*: laufende Betriebsausgabe *f(pl)*
current cost: Istkosten *pl*, laufende Kosten *pl*, Tageskosten *pl*
current expense(s) *(pl)*: Aufwand *m* der laufenden Periode *f*, Aufwand *m* einer bestimmten Periode *f*, Periodenaufwand *m*
current liability: kurzfristiger Schuldposten *m* (der innerhalb eines Jahres vom Stichtag der Bilanz on fällig ist), kurzfristige Verbindlichkeit *f* (innerhalb eines Jahres vom Bilanzstichtag fällig)
current market price: Zeitwert *m*
current market value: Tageswert *m*
current maturity: Anteil *m* einer langfristigen Verbindlichkeit *f*, der innerhalb der nächsten 12 Monate fällig wird
current money: Kurantgeld *n*
current price: Tagespreis *m*
current rate: Tageskurs *m*
current ratio: Liquiditätsgrad *m*, Liquiditätskennzahl *f* (Verhältnis *n* der current assets *pl* zu den current liabilities *pl*)
current return: Effektivzins *m*
current standard cost: laufend berichtigte Plankosten *pl*
current value: Zeitwert *m*
current year: laufendes Jahr *n*
current yield: laufende Rendite *f*
curriculum: Lehrplan *m*
curriculum vitae: Lebenslauf *m*
curtail: beschränken, schmälern, verkürzen

curtailment: Beschränkung f, Schmälerung f
curtailment of work: Arbeitseinschränkung f
curve: Kurve f
curve chart: Kurvendiagramm n, Liniendiagramm n
custodian bank: Depotbank f
custodian: Hausmeister m, Treuhänder m, Vermögensverwalter m, Verwahrer m, Verwalter m
custody: Aufbewahrung f, Gewahrsam n, Haft f, Obhut f, Verwahrung f
custom: Brauch m, Gebrauch m, Gewohnheit f, Sitte f, Usance f
custom-made: auf Bestellung f angefertigt
custom-made good: Ware f nach Kundenbestellung f
customary: althergebracht, gang und gäbe, gebräuchlich, gewöhnlich, handelsüblich, üblich
customary abode: gewöhnlicher Aufenthaltsort m
customary place of abode: gewöhnlicher Aufenthaltsort m
customary rate of interest: landesüblicher Zins m
customary time: übliche Zeit f
customer: Abnehmer m, Auftraggeber m, Besteller m, Debitor m, Kunde
customer analysis: Kundenanalyse f
Ein Teilgebiet der Marktforschung im Einzelhandel, das die soziodemographischen Charakteristika, Einkaufsgewohnheiten und Wünsche von Kunden mit Hilfe von Befragungen oder Beobachtungen ermittelt.
Nach einer von Erich Schäfer entwickelten Einteilung der Marktforschung in die Erforschung des Bedarfs (Nachfrage), die Erforschung der Konkurrenz (Angebot) und die Erforschung der Absatzwege, lassen sich neben der Absatzwegeforschung vor allem zwei große Bereiche der Marktforschung unterscheiden: die Konkurrenzanalyse und die Analyse der eigenen Kunden, bei der wiederum vielfach zwischen der Kundenforschung im engeren Sinne, der Imageforschung, der Bedarfsforschung, der Sortimentsforschung und der Standortforschung unterschieden werden kann.
customer check: Kundenscheck m
customer credit note: Kundengutschrift f
customer engineer: Außendiensttechniker m (EDV)
customer engineering: technischer Außendienst m (EDV)
customer group: Kundengruppe f
customer ledger: Kontokorrentbuch n

customer liabilities pl **for acceptances:** Akzeptkredit m
customer number: Kundennummer f
customer order number: Kundenauftragsnummer f
customer relations pl: Beziehungen f/pl zu Kunden m/pl
customer sales pl: Kundenumsatz m
Eine Kennzahl, die den Gesamtumsatz eines Wirtschaftsunternehmens in Beziehung zur Gesamtzahl seiner Kunden setzt. Die Formel lautet:

$$\text{Kundenumsatz} = \frac{\text{Gesamtumsatz}}{\text{Anzahl der Kunden}}.$$

customer service: Kundendienst m
customer service department: Kundendienstabteilung f (all)
customer statement: Debitoren-Kontoauszug m, Kontoauszug m
customer's statement: Debitoren-Kontoauszug m, Kontoauszug m
customers pl: Kundenkreis m, Kundschaft f
customers' ledger: Kontokorrentbuch n
customs: Zoll m
customs administration: Zollverwaltung f
customs area: Zollgebiet n
customs assessment value: Zollwert m
customs authorities pl: Zollbehörde f
customs barrier: Zollschranke f
customs bonding procedure: Zollaufschubverfahren n
customs boundary: Zollgrenze f
customs clearance bill: Zollquittung f
customs clearance: Zollabfertigung f
customs declaration: Zollabfertigungsschein m, Zolldeklaration f, Zollerklärung f
customs district: Zollbezirk m
customs dues pl: Zollabgabe f, Zollgebühr f
customs duty: Zollabgabe f, Zollgebühr f
customs examination: Abfertigung f, zollamtliche Zollrevision f
customs formality: Zollformalität f
customs-free zone: Zollausschlußgebiet n
customs house: Zollabfertigungsstelle f, Zollamt n
customs invoice: Zollrechnung f
customs law: Zollgesetz n
customs office: Zollabfertigungsstelle f, Zollamt n
customs officer: Zollbeamter m
customs policy: Zollpolitik f
customs procedure: Zollverfahren n
customs receipt: Zollquittung f, Zollschein m

customs regulations *pl*: Zollvorschriften *f/pl*
customs seal: Zollplombe *f*, Zollverschluß *m*
customs surveillance: Zollaufsicht *f*
customs tariff: Zolltarif *m*
customs union: Zollunion *f*
customs valuation: Zollbewertung *f*
customs warehouse: Zolleigenlager *n*
cut down: einschränken, kürzen
cut down expenses: sparen (Kosten)
cut down of business activity: Betriebseinschränkung *f*, Konjunkturabschwächung *f*
cut down price: verbilligen
cut in pay: Gehaltskürzung *f*
cut prices *pl*: Preise *m/pl* drücken
cut-off date: Abschlußtag *m*
cut-off point: gemeinsamer Endpunkt *m* bei vergleichender Investitionsrechnung *f*
cut-price offer: Schleuderangebot *n*
cut-rate price: Kampfpreis *m*, Kampftarif *m*
cutback of performance: Leistungsverminderung *f*
cutback of work: Arbeitsverminderung *f*
cutthroat competition: halsabschneiderische Konkurrenz *f*
cybernetic approach: kybernetischer Ansatz *m*
Ein Ansatz in der Managementlehre, der Führung als Steuerungsprozeß begreift. Der Manager muß danach grundsätzlich die Fähigkeit besitzen, Zielvorgaben, Steuerungsvorgänge und Feedback-Analysen zu beherrschen. Die Führung wird dominierend von den Methoden des Management durch Zielvorgaben und Management durch Ausnahmeregeln bestimmt.
cybernetics: Kybernetik *f*
Die formale Theorie der Funktionsweise informationsverarbeitender Kommunikationssysteme und die Erforschung von Steuerungs- und Regelvorgängen in komplexen, sich selbst regelnden Systemen mit Hilfe von mathematischen Modellen. Der Begriff wurde 1948 von Norbert Wiener als Bezeichnung für die Erforschung von Steuerungs- und Regelvorgängen in Technik, Biologie und den Sozialwissenschaften verwendet („Cybernetics or control and communication in the animal and the machine"). Dabei macht die Kybernetik grundsätzlich keinen Unterschied zwischen Organismen, lebenden, sozialen und technischen Systemen. Die heutigen Möglichkeiten der kybernetischen Darstellung und Forschung sind durch vier Entdeckungen geprägt:
1. Die Erkenntnis, daß ein stabiles Systemverhalten bei unberechenbaren Störeinflüssen nur durch Rückmeldung des momentanen Fehlers dann erreichbar ist, wenn der Fehlbetrag als Korrekturgröße wirksam wird;
2. die Entdeckung, daß der Informationsgehalt einer Nachricht meßbar ist;
3. die Entdeckung, daß Schaltungsstrukturen von der Art der Nervennetze die Erkennungssicherheit bei transformierten Eingangssignalen oder Zeichen aufrechterhalten können und
4. die Entdeckung, daß informationsverarbeitende Systeme mit einheitlichen Mitteln theoretisch geschlossen darstellbar sind.
cycle: Kreislauf *m*, Programmschleife *f (EDV)*, Zyklus *m*
cycle count: Schleifenzählung *f (EDV)*
cycle delay: Gangverzögerung *f (EDV)*
cycle inventory: zyklische (periodische) Bestandsaufnahme *f*
cycle timing: Zeitstudie *f* für Gesamtarbeitsvorgang *m*
cyclical: konjunkturell, Konjunktur-
cyclical factor: konjunktureller Faktor *m*, zyklischer Faktor *m*
cyclical fluctuation: zyklische Konjunkturschwankung *f*, zyklische Schwankung *f*
cyclical movement: zyklischer Konjunkturverlauf *m* (über Inflation, Rezession, Depression, Wiederbelebung bis zur Prosperität)
cyclical unemployment: konjunkturelle Arbeitslosigkeit *f*, zyklische Arbeitslosigkeit *f*

D

D/A (= documents against acceptance): Dokumente *n/pl* gegen Akzept *n*
dabble in: dilettieren
daily: täglich, pro Tag *m*, Tagesbericht *m* des Versicherungsvertreters *m*
daily allowance: Tagegeld *n*
daily benefits insurance: Tagegeldversicherung *f*
daily benefits *pl*: Tagegeld *n*
daily cash receipts *pl*: Tageslosung *f*
daily cash report: Tageskassenbericht *m*
daily fees *pl*: Diäten *f/pl*, Tagegelder *n/pl*
daily log: Tagebuch *n*
daily output: Tagesleistung *f*
daily performance: Tagesleistung *f*
daily performance record(s) *(pl)*: täglicher Arbeitsnachweis *m*
daily rate: Tageslohnsatz *m*
daily receipts *pl*: Tageskasse *f*
daily routine: tägliche Verrichtung *f*, Tagesroutine *f*
daily wage basis: Tageslohnbasis *f*
daily wages *pl*: Tagelohn *m*
dairy farmers' cooperative: Molkereigenossenschaft *f*
dairy product: Molkereierzeugnis *n*
damage: benachteiligen, Benachteiligung *f*, beschädigen, Beschädigung *f*, schaden, Schaden *m*, schädigen, verletzen, Verletzung *f*, Verlust *m*
damage claim: Ersatzanspruch *m*
damage to property: Sachbeschädigung *f*, Sachschaden *m*
damaged: beschädigt, defekt, schadhaft
damaged at sea: seebeschädigt
damaged condition: Schadhaftigkeit *f*
damages *pl*: Entschädigungssumme *f*, Schadenersatz *m*
damages in transport: Transportschäden *m/pl*
dampen a boom: Hochkonjunktur *f* dämpfen
danger money: Gefahrenzulage *f*
danger pay: Gefahrenzulage *f*
danger to life: Lebensgefahr *f*
danger zone bonus: Gefahrenzulage *f*
data *pl*: Daten *n/pl*
Daten sind Symbolstrukturen, die sich auf bestimmte Gegenstände oder Phänomene der Außenwelt beziehen. Bei der Interpretation eines Programms verarbeitet eine Maschine (ein Computer) die Daten gemäß den Prozeßvorschriften der Methode und gibt das Ergebnis in geeigneter Form, etwa auf einem Drucker oder einem Bildschirm, an den Entscheider aus.

data acquisition: Datenerfassung *f*
data acquisition system: Datenerfassungssystem *n*
data acquisition system for external information: Datenerfassungssystem *n* für externe Informationen
Ein spezielles Klassifikations- und Datenerfassungssystem, das für die Aufbereitung und Umsetzung externer Informationen in Management-Informations-Systemen (MIS) erforderlich ist und die Aufgaben der Bewertung, Quantifizierung, Selektion und Zuordnung des externen Informationsmaterials übernimmt.

data address: Datenadresse *f (EDV)*
data bank: Datenbank *f (EDV)*
Die Zusammenfassung einer Vielzahl von Dateien zu einem integrierten Datenbestand, der mit Hilfe geeigneter Software verwaltet und nutzbar gemacht wird und den Benutzern über das Datenbanksystem den Zugriff zu den einzelnen Daten und Dateien mit Hilfe einer entsprechenden Software ermöglicht. Dabei ist eine räumliche Zentralisierung der Daten nicht unbedingt erforderlich, besonders da auch die Möglichkeiten der Datenfernübertragung der Nutzung keine geographischen Grenzen setzen.

data carrier: Datenträger *m (EDV)*
In der elektronischen Datenverarbeitung jedes Medium, das Daten speichert.

data cell drive: Magnetstreifeneinheit *f (EDV)*
data center: Rechenzentrum *n (EDV)*
data chaining: Datenkettung *f (EDV)*
data collection: Datenerfassung *f (EDV)*
data collection system: Datenerfassungssystem *n (EDV)*
data communication: Datenkommunikation *f*, Datenübertragung *f (EDV)*
Die Gesamtheit der Austauschprozesse von Daten zwischen Menschen und Maschinen (Mensch-Maschine-Kommunikation) und zwischen Maschinen und Maschinen (Maschine-Maschine-Kommunikation).

data communication equipment: Datenübertragungseinrichtung *f (EDV)*
data communication system: Datenfernverarbeitungssystem *n (EDV)*
data configuration: Datenkonstellation *f (EDV)*
Die zur Beschreibung einer Situation, z.B. der Geschäftslage eines Unternehmens, verfügbaren Daten. Soll eine zukünftige Situation durch Daten

beschrieben werden, so müssen infolge von Prognoseschwierigkeiten im allgemeinen stets mehrere Datenkonstellationen für möglich gehalten werden.
data conversion: Datenumsetzung *f (EDV)*, Datenumwandlung *f (EDV)*
data converter: Datenumsetzer *m (EDV)*
data division: Datenteilung *f (EDV)*
data exchange control: Datenaustauschsteuerung *f (EDV)*
data field: Datenfeld *n (EDV)*
data file: Datei *f*
Eine Reihe von Datenbeständen, die dem gleichen Datensatztyp angehören und in sich geordnet bzw. gespeichert sind. Mehrere Dateien werden zu Datenbanken zusammengefaßt.
data flow: Datenfluß *m (EDV)*
data flow chart: Datenflußplan *m (EDV)*
data gathering: Datenerfassung *f (EDV)*
data management: Datenverwaltung *f (EDV)*
data processing: Datenverarbeitung *f*
Im weitesten Sinne jeder Vorgang, durch den analoge oder digitale Daten manuell, mechanisch oder elektronisch auf systematische Weise aufbereitet, übertragen und verknüpft werden.
data processing bureau: Datenauswertung *f*, Lohnarbeitsbetrieb *m* für Datenauswertung *f*
data processing department: Datenverarbeitungsabteilung *f (EDV)*
data processing machine: datenverarbeitende Maschine *f (EDV)*
data processing system: Datenverarbeitungssystem *n (EDV)*
data processing terminal equipment: Datenein- und ausgabevorrichtung *f (EDV)*
data processor: datenverarbeitende Maschine *f (EDV)*
data record: Datensatz *m (EDV)*
data record name: Datensatzname *m (EDV)*
data redundancy: Datenüberfluß *m (EDV)*
data terminal equipment processing term: Datenein- und -ausgabevorrichtung *f (EDV)*
data terminal: Datenein- und -ausgabegerät *n (EDV)*
data transcription: Datenübertragung *f (EDV)*
data transmission: Datenübertragung *f (EDV)*
date draft: Datowechsel *m*
date exchange control: Datenaustauschsteuerung *f (EDV)*
date of acceptance: Empfangstermin *m*
date of acquisition: Anschaffungstag *m*

date of delivery: Liefertermin *m*
date of issue: Ausfertigungsdatum *n*, Ausstellungstag *m*
date of maturity: Fälligkeitstermin *m*, Verfallzeit *f*
date of receipt: Empfangstermin *m*
date of settlement: Abrechnungstag *m*
date: datieren, Datum *n*, Termin *m*
dated check: Datoscheck *m*
dater: Datumsstempel *m*
dating: Datierung *f* (Brief)
datum (*pl* data): Tatsache *f*
Davos manifest: Davoser Manifest *n*
Ein Katalog mit Grundsätzen zur Unternehmensethik, der 1973 auf dem 3. Europäischen Management Symposium in Davos vorgestellt wurde. Das Manifest hat folgenden Wortlaut:
„**A.** Berufliche Aufgabe der Unternehmensführung ist es, Kunden, Mitarbeitern, Geldgebern und der Gesellschaft zu dienen und deren widerstreitende Interessen zum Ausgleich zu bringen.
B.1. Die Unternehmensführung muß den Kunden dienen. Sie muß die Bedürfnisse der Kunden bestmöglich befriedigen. Fairer Wettbewerb zwischen den Unternehmen, der größte Preiswürdigkeit, Qualität und Vielfalt der Produkte sichert, ist anzustreben.
Die Unternehmensführung muß versuchen, neue Ideen und technologischen Fortschritt in marktfähige Produkte und Dienstleistungen umzusetzen.
2. Die Unternehmensführung muß den Mitarbeitern dienen, denn Führung wird von den Mitarbeitern in einer freien Gesellschaft nur dann akzeptiert, wenn gleichzeitig ihre Interessen wahrgenommen werden.
Die Unternehmensführung muß darauf abzielen, die Arbeitsplätze zu sichern, das Realeinkommen zu steigern und zu einer Humanisierung der Arbeit beizutragen.
3. Die Unternehmensführung muß den Geldgebern dienen. Sie muß ihnen eine Verzinsung des eingesetzten Kapitals sichern, die höher ist als der Zinssatz auf Staatsanleihen. Diese höhere Verzinsung ist notwendig, weil eine Prämie für das höhere Risiko eingeschlossen werden muß. Die Unternehmensführung ist Treuhänder der Geldgeber.
4. Die Unternehmensführung muß der Gesellschaft dienen. Die Unternehmensführung muß für die zukünftigen Generationen eine lebenswerte Umwelt sichern. Die Unternehmensführung muß das Wissen und die Mittel, die ihr anvertraut sind, zum Besten der Gesellschaft nutzen.
Sie muß der wissenschaftlichen Unternehmensführung neue Erkenntnisse erschließen; und den technischen Fortschritt fördern. Sie muß sicherstellen, daß das Unternehmen durch seine Steuerkraft dem Gemeinwesen ermöglicht, seine Aufgabe zu erfüllen. Das Management soll sein

Wissen und seine Erfahrungen in den Dienst der Gesellschaft stellen.
C. Die Dienstleistung der Unternehmensführung gegenüber Kunden, Mitarbeitern, Geldgebern und der Gesellschaft ist nur möglich, wenn die Existenz des Unternehmens langfristig gesichert ist. Hierzu sind ausreichende Unternehmensgewinne erforderlich. Der Unternehmensgewinn ist daher ein notwendiges Mittel, nicht aber Endziel der Unternehmensführung."

day book: Kladde *f*, Memorial *n*, Tagebuch *n*
day book sheet: Journalblatt *n*
day laborer: Tagarbeiter *m*, Tagelöhner *m*
day letter: Telegramm *n*
day of maturity: Verfalltag *m*
day of payment: Verfallfrist *f*, Verfalltermin *m*, Zahlungstermin *m*
day of settlement: Vergleichstermin *m*, Zahltag *m*, Zahlungstermin *m*
day order: Tagesauftrag *m*
day shift: Tagschicht *f*
day-to-day money: Tagesgeld *n*
daybook: Manual *n*
days *pl* **of grace:** Diskretionstage *m/pl*, Respekttage *m/pl*, Verzugstage *m/pl*
days sale: Tagesumsatz *m*
days wages *pl*: Tagelohn *m*
daywork: Schichtarbeit *f* bei Tag
de jure: rechtlich, rechtmäßig, von Rechts wegen
de lege ferenda: nach künftigem Recht *n*
de lege lata: nach geltendem Recht *n*
dead capital: brachliegendes Kapital *n*, totes Kapital *n*, ungenutztes Kapital *n*
dead-end job: totes Geleis *n* (figurativ), Position *f* ohne Aufstiegsmöglichkeiten *f/pl*, Tätigkeit *f* ohne Aufstiegsmöglichkeiten *f/pl*
dead freight: Ballast *m* (Ladung)
dead loss: absoluter Verlust *m*, Totalverlust *m*
dead order: elimination Auftragsbereinigung *f*
dead pledge: Faustpfand *n*
dead spot: Platz *m* im Einzelhandelsgeschäft *n*, der von der Kundschaft *f* nicht beachtet wird
dead time: Verlustzeit *f* durch Maschinenausfall *m*, Materialmangel *m* usw., Wartezeit *f*
deadheading pay: Bezahlung *f* für Anmarschweg *m*
deadline: Anzeigenschluß *m* (Termin), letzter Termin *m* (z.B. Annoncen), Schlußtermin *m*, Stichtag *m*, Termin *m*
deadlock: festfahren (z.B. Verhandlungen)

deal: Handel *m*, Handel *m*, vorteilhafter Handel *m*, handeln
deal in: handeln mit
deal with: sich befassen mit, fertig werden mit
dealer: Händler *m*, Kaufmann *m*, Verteiler *m*
dealer aid advertising: Werbeunterstützung *f* für den Handel *m*
dealer franchise: Exklusivverkaufsrecht *n*
dealer in antiques: Antiquitätenhändler *m*
dealer rebate: Händlerrabatt *m*
dealer survey: Händlerumfrage *f*
dealer's brand: Händlermarke *f*, Handelsmarke *f*
Eine als Resultat der an Bedeutung gewachsenen Rolle des Handels und der sich daraus ergebenden, gewachsenen Nachfragemacht des Handels gegenüber der Industrie entstandene Form der Markenware, die teils als unmittelbare Konkurrenz zur Herstellermarke, teils als Ergänzung des vorhandenen Sortiments als Haus- und Eigenmarke eines einzelnen Unternehmens (eines Warenhauses, Filialunternehmens, Versandhauses usw.), eines einzelnen Großhändlers oder Importeurs oder als Handelsmarke von Einkaufsgenossenschaften oder freiwilligen Ketten des Groß- und Einzelhandels die Markenbezeichnung eines Händlers trägt. Ziel der Entwicklung von Handelsmarken ist vor allem die Abgrenzung eines Handelsunternehmens bzw. einer kooperativen Gruppe von Unternehmen von ihren Konkurrenten und die Umwandlung von Hersteller-Markentreue in Händlertreue.
dealing for future delivery: Termingeschäft *n*
dealings *pl*: Geschäftsverkehr *m*
dealings *pl* **in futures** *pl*: Stellagegeschäft *n*
death benefits *pl*: Sterbegeld *n*
death certificate: Sterbeurkunde *f*
death duty: Nachlaßsteuer *f*
death grant: Sterbegeld *n*
death rate: Sterberate *f*, Sterblichkeitsrate *f*
death risk: Sterberisiko *n*
debasement of money: Verschlechterung *f* des Geldes *n*
debatable: strittig
debate: Debatte *f*, debattieren
debenture: Obligation *f*, Prioritätsanleihe *f*, Prioritätsobligation *f*, Schuldschein *m*, Schuldverschreibung *f*
debenture bond: Pfandbrief *m*, Schuldverschreibung *f*, festverzinsliche Schuldverschreibung *f*, ungesicherte ungesicherte Obligation *f*
debenture capital: Kapital *n* aus dem Verkauf *m* von Schuldverschreibungen *f/pl*

175

debenture discount: Anleihedisagio *n*
debenture holder: Obligationär *m*
debenture stock: certificate Zertifikat *n* über eine Schuldverschreibung *f*
debenture with stock purchase warrants: Schuldverschreibung *f* mit Optionsrecht *n*
debit (Dr.): belasten (auf dem Konto), Debet *n*, debitieren, Lastschrift *f*, Soll *n* (Buchung)
debit an account: ein Konto *n* belasten
debit balance: Debetsaldo *m*, Schuldsaldo *m*, Sollsaldo *m*
debit entry for interest: Zinslastschrift *f*
debit entry: Belastung *f*, Lastschrift *f*, Sollbuchung *f*, Sollposten *m*
debit item: Debetposten *m*, Sollposten *m*
debit memorandum: Belastungsanzeige *f*, Lastschrift *f*
debit note: Lastschrift *f*, Lastschriftzettel *m*
debit side: Debitseite *f*, Sollseite *f*
debit symbol: Debetzeichen *n*
debit transfer: Einzugsauftrag *m*
debit turnover: Sollumsatz *m* (Bank)
debt: Schuld *f* (Geld)
debt amortization: Schuldentilgung *f*
debt conversion: Umschuldung *f*
debt discount: Überschuß *m* des Nennbetrags *m* einer Schuld *f* über den vereinnahmten Betrag *m*
debt due: fällige oder überfällige Verbindlichkeit *f*, fällige Schuld *f*
debt management: Schuldenhandhabung *f*
debt redemption: Schuldeinlösung *f*
debt register: Schuldbuch *n*
debt repayment: Schuldrückzahlung *f*
debt service: Schuldendienst *m*
debtor: Debitor *m*, Schuldner *m*
debtor interest rate agreement: Soll-Zinsabkommen *n*
debtor interest rate: Sollzinssatz *m*
debtor interest: Sollzins *m*
debtor's failure: Schuldnerbankrott *m*
debtor's ledger: Debitorenbuch *n*
debtor's property: Schuldnervermögen *n*
debtors ledger: Debitorenbuch *n*
debts conference: Schuldenkonferenz *f*
debts profits levy: Kreditgewinnabgabe *f*
debug: Fehler *m* suchen, Fehler bereinigen) *(EDV)*
debugging: Fehlerberichtigung *f (EDV)*, Programmberichtigung *f (EDV)*
debugging of computer routines: Programme *n/pl* mit Hilfe *f* von Tests *m/pl* auf Fehler *m/pl* prüfen *(EDV)*
decartelization: Entflechtung *f*
decartelize: entflechten

decasualization: Überführung *f* von Gelegenheitsarbeitern *m/pl* in ständige Beschäftigung *f*
decay rate: Abflußquote *f*
In der Standortforschung derjenige Anteil der Gesamtnachfrage bzw. des Nachfragepotentials im Einzugsgebiet von Einzelhandelsunternehmen, der nicht innerhalb dieses Einzugsgebiets selbst gedeckt wird, mithin also die aus diesem Gebiet gewissermaßen abfließende potentielle Nachfrage.
decease: Ableben *n*, sterben
deceased: verstorben, Erblasser *m*, Verstorbener *m*
decedent: Erblasser *m*, Verstorbener *m*
deceit: Betrug *m*, Hinterlist *f*, Täuschung *f*
deceitful: arglistig, hinterlistig
deceive: betrügen, hintergehen, täuschen
decent: ordentlich
decentralization: Dezentralisierung *f*
decentralize: dezentralisieren
deception: Betrug *m*, Täuschung *f*
deceptive advertising: irreführende Werbung *f*
decide: beschließen, bestimmen, erkennen (in Urteilen), urteilen
decimal: dezimal, Dezimalbruch *m*, Dezimalstelle *f*
decimal classification: Dezimalklassifikation *f*
decimal digit: Dezimalziffer *f*
decimal-minute stop watch: Dezimalstoppuhr *f*
decimal notation: Dezimalschreibweise *f (EDV)*
decimal number: Dezimalzahl *f*
decimal point: Dezimalstelle *f*
decimal-to-binary conversion: Dezimal-Binär-Umwandlung *f (EDV)*
decipher: dechiffrieren, enträtseln
decision: Entscheidung *f*, Bescheid *m*, Beschluß *m*, Beschlußfassung *f*, Entschluß *m*, Erkenntnis *f* des Gerichts
Die Auswahl zwischen mehreren alternativen Handlungen und Unterlassungen im Hinblick auf einen bestimmten Zielwert. Entscheidungen stellen Willensakte dar, bestimmte Handlungen zu vollziehen oder eine geforderte Handlung zu unterlassen. Das Diagramm auf Seite 177 zeigt die nach dem Kriterium der Sicherheit des Wissens um die Ergebnisse von Alternativen unterscheidbaren Arten von Entscheidungen.
decision calculus approach: Decision-Calculus-Ansatz *m*
Ein von John D. C. Little 1970 entwickeltes Grundkonzept der Bildung von Informations- und Entscheidungssystemen, das eine möglichst getreue Nachbildung des menschlichen Entscheidungs-

decision-making competence

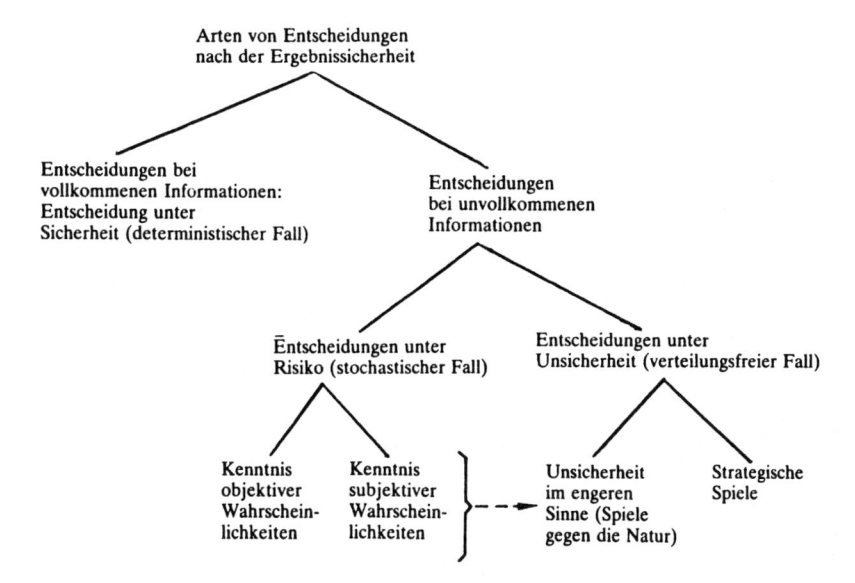

```
                    Arten von Entscheidungen
                    nach der Ergebnissicherheit
                   /                          \
Entscheidungen bei                    Entscheidungen
vollkommenen Informationen:           bei unvollkommenen
Entscheidung unter                    Informationen
Sicherheit (deterministischer Fall)     /            \
                          Entscheidungen unter    Entscheidungen unter
                          Risiko (stochastischer Fall)   Unsicherheit (verteilungsfreier Fall)
                           /         \                    /              \
                     Kenntnis      Kenntnis          Unsicherheit      Strategische
                     objektiver    subjektiver       im engeren        Spiele
                     Wahrschein-   Wahrschein-       Sinne (Spiele
                     lichkeiten    lichkeiten        gegen die Natur)
```

verhaltens im Modell anstrebt, „indem der als relevant erachtete Ausschnitt der zur Verfügung stehenden Daten, Meinungen und Erwartungen so integriert wird, daß das formale Gebilde ein objektiviertes und vollständiges Abbild des unternehmerischen Denkprozesses darstellt. Das Konzept verkörpert deshalb vor allem ein Programm zur konsistenten, schnellen und zuverlässigen Verarbeitung der einem Entscheidungsträger zur Verfügung stehenden Informationen." (R. Nieschlag/ E. Dichtl/H. Hörschgen)

Anlaß für die Entwicklung des Decision-Calculus-Ansatzes war die Erkenntnis, daß die meisten Managementmodelle in der Managementpraxis nicht verwendet werden, weil sie keine direkten Handlungsanweisungen enthalten, die Modelle oft unvollständig sind, und die Manager sie nicht verstehen. Dementsprechend formulierte Little die folgenden Modellanforderungen:

- *Einfachheit*: Ein Modell muß leicht zu verstehen sein.
- *Robustheit*: Die Plausibilität der Ergebnisse muß gewährleistet sein; das Modell darf keine offenkundig schlechten oder falschen Lösungen vorschlagen.
- *Prüfbarkeit*: Auch die Ergebnisse müssen leicht überprüfbar sein, so daß die Transformation von Input zu Output nicht schwer nachvollziehbar ist.
- *Anpassungsfähigkeit*: Das Modell muß in der Lage sein, sich ohne große Schwierigkeiten neuen Informationen, neuen Denkmustern und individuellen Benutzeranforderungen anzupassen.
- *Vollständigkeit*: Alle relevanten Aspekte eines zu lösenden Problems bzw. eines Realprozesses müssen in dem Modell enthalten sein.
- *Kommunikationsfähigkeit*: Der Benutzer muß die Möglichkeit haben, mit dem Modell schnell und direkt zu kommunizieren.

Anders als die Modelle des Operations Research bieten die vom Decision-Calculus-Konzept ausgehenden Modelle vor allem eine Entscheidungshilfe und nicht ein bis in die letzte Konsequenz durchgerechnetes mechanistisches Entscheidungsmodell.

decision field: Entscheidungsfeld *n*
In der Entscheidungstheorie das durch eine Entscheidungsmatrix dargestellte formallogische Grundmodell der für eine Entscheidung des Entscheidungsträgers erforderlichen Informationen. Es setzt sich zusammen aus der Summe der Entscheidungsalternativen (Alternativenraum oder Aktionsraum), d.h. der Zahl und der Art der Personen und Sachen, die der Entscheidungsträger direkt oder indirekt beeinflussen kann, der Summe der die Auswirkungen dieser Entscheidungsalternativen beeinflussenden Umweltfaktoren (Ereignis- oder Zustandsraum), d.h. den für den Entscheidungsträger nicht beeinflußbaren Umweltgebenheiten, und den Auswirkungen der Entscheidungsalternativen bei gegebener Umweltsituation (Ergebnisraum oder Ergebnisfunktion).

decision making: Entscheiden *n*

decision-making committee: Entscheidungsgremium *n*
Ein Gremium, dessen Aufgabe die Diskussion und Entscheidung von Alternativen ist.

decision-making competence: Entscheidungsbefugnis *f*
Eines von mehreren Kriterien, auf denen die Weisungsbefugnis des Managers gegenüber anderen Personen zur Durchsetzung bestimmter Teilziele des Unternehmens basiert. Das Treffen von Entscheidungen gilt als das hervorragende Kriterium eines Managers. Man unterscheidet Routine-Entscheidungen, die lediglich aufgrund der definierten Verfügungsgewalt und Verantwortung vom Mana-

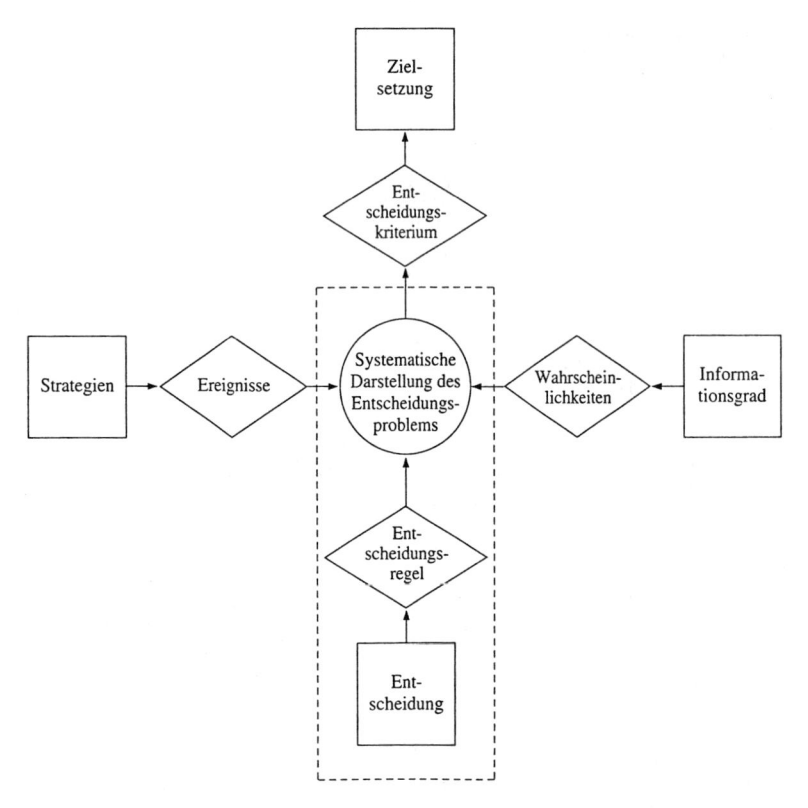

ger erledigt werden, und Führungsentscheidungen, die dort entstehen, wo durch eine neue Kombination der Produktionsfaktoren völlig neue Möglichkeiten der Zielerreichung eröffnet werden. Führungsentscheidungen in diesem Sinne beziehen sich auf Innovation.

decision-making cost: Entscheidungskosten *pl*
Als Entscheidungskosten bezeichnet Gerhard Scherhorn den Aufwand an Zeit, Kenntnissen, psychischer Anstrengung und auch Geld, der für die sachgemäße Vorbereitung und Durchführung der Kaufentscheidung eines Nachfragers auf den heterogenen und unübersichtlichen Konsumgütermärkten in hochentwickelten Volkswirtschaften erforderlich ist, wobei er davon ausgeht, daß die Kosten einer sachgemäßen Entscheidung mit wachsender Komplexität des Gutes und wachsender Unübersichtlichkeit des Marktes einen wachsenden Anteil an den Gesamtkosten ausmachen würden.

decision-making criteria *pl*: Entscheidungskriterien *n/pl*
Die Richtlinien, nach denen ein Entscheidungsträger bei Entscheidungen unter Risiko und Entscheidungen unter Unsicherheit seine Entscheidung nach möglichen Sicherheits- oder Höhenpräferenzen trifft. Durch sie werden die Bedingungen für die Optimalität einer Entscheidung formuliert. Dabei ist zu unterscheiden zwischen Entscheidungsprinzipien und Entscheidungsregeln.

decision-making process: Entscheidungsprozeß *m*, Entscheidungsverfahren *n*
Entscheidungsprozesse umfassen eine Reihe von Phasen. So unterscheidet man beispielsweise die Phasen der Diagnose, der Zielsetzung und Problemdefinition, der Suche nach Alternativen, der Prognose der Konsequenzen von Entscheidungsalternativen, der Handhabung der Prognoseunsicherheit, der Bewertung und des Vergleichs von Entscheidungsalternativen, der Durchsetzung von Entscheidungen und schließlich des Testens des Entscheidungsergebnisses und der Kontrolle. Alle diese Phasen können Gegenstand spezifischer Methoden sein.

Der Entscheidungsprozeß beschreibt Prozeßstufen von Aktivitäten, die aufeinander abgestimmt von verschiedenen Personen mit unterschiedlichen Methoden organisatorisch unter der Leitung des Entscheidungsträgers realisiert werden. Grundsätzlich ist zu trennen in:

In der Phase der Entscheidungsvorbereitung überwiegen die Fachpromotoren (Expertenwissen). Diese Phase stellt eine typische Stabsarbeit dar, und das Ergebnis sollte ein transparentes, vollständiges Paket möglicher Alternativen für den

Entscheider sein. Als Teilaufgaben für die Entscheidungsvorbereitung gelten:
- *Informationssuche* und *Informationsbewertung* mit dem Ziel der Situationsbewertung;
- *Informationsaufbereitung* und *-verarbeitung* zu betriebswirtschaftlichen Kennziffern;
- *Auswahl der Alternativen* und deren Bewertung im Hinblick auf das Risiko der Zielerreichung;
- *Abschätzung des Aufwands* für die Entscheidungsrealisierung;
- *Dokumentation der Ergebnisse* und Information des Entscheiders.
- Die Phase des Entscheidungsvollzugs bedeutet für den Entscheider Kontrolle.

Die Güte der Alternativen hat einen unmittelbaren Einfluß auf die Güte der Entscheidung und auf das Ergebnis. Um optimale Alternativen zu erkennen, lassen sich oftmals Techniken der Ideenfindung anzuwenden. Untersuchungen haben ergeben, daß viele Manager eine sogenannte „Ein-Alternativen-Präferenz" besitzen. Das bedeutet, daß sie an der zuerst und unmittelbar vorgebrachten Alternative festhalten und alle weiteren Aktivitäten dazu mißbrauchen, lediglich diese Alternative zu stützen.

Mit der Alternativenwahl verbunden ist stets die Alternativenbewertung, d.h. die Berechnung von Eintrittswahrscheinlichkeiten eines gewünschten Erfolgs im Verhältnis zum Aufwand seiner Realisierung.

decision-making research: Entscheidungsforschung *f*
Im Gegensatz zu den im Rahmen der Entscheidungstheorie entwickelten Modellen und Theorien untersucht die Entscheidungsforschung in einem umfassenderen Ansatz sowohl das faktische Entscheidungsverhalten von Personen (deskriptive Entscheidungsforschung) wie die aufgrund der verfügbaren Informationen und im Hinblick auf bestimmte Ziele bestehenden optimalen Entscheidungsalternativen (normativ-präskriptive Entscheidungsforschung). Dabei befaßt sich die normative Entscheidungsforschung mit den optimalen Entscheidungsalternativen für allgemein anerkannte Ziele (Normen), die präskriptive Entscheidungsforschung mit den Entscheidungsalternativen für subjektive, individuelle Ziele.

decision-making unit: Entscheidungseinheit *f*
Die Gesamtzahl der Personen, Gruppen, Institutionen oder Wirtschaftsunternehmen, die in bezug auf eine bestimmte Entscheidung insgesamt ihre Entscheidungsziele selbständig festsetzen und über die dabei einzusetzenden Mittel autonom entscheiden.
Im gewerblichen Bereich sind Entscheidungseinheiten „alle Unternehmungen, deren Leitungsorgane innerhalb des Datenkranzes ihre Handlungsziele und die zur Zielerreichung einzusetzenden Mittel selbständig zu bestimmen vermögen" (Johannes Bidlingmaier). Danach sind Hilfsbetriebe und die selbständigen, aber von den Entscheidungen der Gesamtunternehmensleitung abhängigen Einzelbetriebe eines Konzerns nicht zu den Entscheidungseinheiten zu rechnen.
Bei Konsumenten ist es eines der zentralen Anliegen der Marktforschung, die jeweiligen Entscheidungseinheiten für den Kauf verschiedener Waren und Dienstleistungen zu ermitteln.

decision matrix: Entschiedungsmatrix *f*
Die formalisierte Darstellung eines Entscheidungsfelds in Form einer Matrix. Es ist eine Fortentwicklung der Ergebnismatrix, bei der die mit den Eintrittswahrscheinlichkeiten multiplizierten Ergebniswerte der Ergebnismatrix als Erwartungswerte bei Wahl der jeweiligen Aktionsalternativen dargestellt sind. Dabei stehen die möglichen Aktionsalternativen des Entscheidungsträgers in den Zeilen der Matrix, die möglichen Ergebnisse in den Spalten, und die Elemente stellen mithin den möglichen Nutzen bzw. die möglichen Verluste der entsprechenden Aktionsalternative dar.
Der Vorgang der Aufstellung einer Entscheidungsmatrix läßt sich in der untenstehenden Darstellung illustrieren, die zugleich auch den Zusammenhang der Ergebnismatrix und der Entscheidungsmatrix verdeutlicht. Für mehrstufige und mehrparametrische Entscheidungsprobleme sind Entscheidungsmatrizen nur begrenzt verwendbar. In diesen Fällen sind andere Instrumente wie z.B. Entscheidungsbäume wesentlich besser geeignet.
Die Entscheidungsmatrix stellt die Abhängigkeit des Zielerreichungsgrades (Z) von möglichen Umweltsituationen U und den alternativen Strategien dar:

	U_1	U_2	...	U_n	
S_1	Z_{11}	Z_{12}	...	Z_{1n}	
S_2	Z_{21}	Z_{22}	...	Z_{2n}	S_{opt}
.	.	.		.	
.	.	.		.	
.	.	.		.	
S_n	Z_{n1}	Z_{n2}	...	Z_{nn}	

decision model: Entscheidungsmodell *n*
Eine vereinfachte, zweckorientierte Abbildung eines in der Realität bestehenden Entscheidungsproblems, das eine Situationsbewertung gestattet. Entscheidungsträger verfolgen mit der Anwendung von Modellen unterschiedliche Zwecke. Aufgabe der Modellanalyse kann eine Vorhersage oder aber die Beeinflussung realer Phänomene sein. Nach ihrer Zwecksetzung im Entscheidungsprozeß werden deshalb Prognose- und Entscheidungsmodelle unterschieden.
Entscheidungsmodelle dienen der Bewertung und Ordnung von Alternativen. Sie bezwecken die Bestimmung einer befriedigenden oder optimalen Alternative und stellen damit Handlungsvorschriften für den Entscheidungsträger bereit. Ihre Ergebnisse sagen also nicht, was sein wird, sondern was sein soll. In Entscheidungsmodelle müssen daher

neben Tatsachenaussagen auch Informationen über die zu berücksichtigenden Ziele und Werte eingehen.
Dabei wird in der Regel unterschieden zwischen heuristischen Modellen und Optimierungsmodellen. Vielfach wird auch differenziert zwischen Entscheidungsmodellen mit oder ohne Extremwertbedingungen, wobei zu den ersten Modelle zählen, die z.B. eine Gewinnmaximierung oder eine Kostenminimierung anstreben, und zu den letzteren solche Modelle, die befriedigende Lösungen anstreben.
Modelle sind vereinfachte Abbilder der Wirklichkeit, d.h. bestimmte Eigenschaften der Elemente, Beziehungen und Verhaltensweisen eines realen Systems werden in vereinfachter Weise dargestellt.
Je nachdem, aus welchen Bausteinen ein Modell zusammengesetzt wird, unterscheidet man
- *ikonische (materiale) Modelle*: meist bildhafte Verkleinerungen oder Vergrößerungen des abzubildenden Sachverhalts;
- *analoge Modelle*: wie etwa die Darstellung des volkswirtschaftlichen Kreislaufs als hydraulisches System sowie
- *symbolische Modelle*: In symbolischen Modellen repräsentieren Zeichen wie Figuren, Buchstaben oder Zahlen die interessierenden Eigenschaften der Elemente, deren Beziehungen oder sonstige Aspekte des abzubildenden realen Systems. Zu den symbolischen Modellen zählen insbesondere die mathematischen Modelle, die zur Unterstützung wirtschaftlicher Entscheidungen entwickelt wurden. Mathematische Modelle haben gegenüber verbalen Modellen den Vorteil, exakt formulierbar zu sein. Ein mathematisches Modell besteht aus einer oder mehreren Gleichungen oder Ungleichungen, welche die zu untersuchenden wirtschaftlichen Zusammenhänge zum Ausdruck bringen.
Modelle zur Unterstützung wirtschaftlicher Entscheidungen können sehr komplexer Natur sein. Sie können aus einer Vielzahl von Gleichungen mit Hunderten von Variablen und Parametern bestehen.

decision-oriented management information system: entscheidungsorientiertes Führungsinformationssystem *n*

decision principle: Entscheidungsprinzip *n*

decision rule: Entscheidungsregel *f*
In der Entscheidungstheorie eine Regel für die Wahl unter Optionen.

decision system: Entscheidungssystem *n*
Ein ablauforientiertes System der Datenverarbeitung, das in Management-Informations-Systemen (MIS) die programmgesteuerte Durchführung von Simulationsmodellen, Prognoserechnungen, Optimierungsaufgaben, Operations-Research-Modellen usw. besorgt. Das Ergebnis besteht in Entscheidungsvorlagen, Alternativen, Risikoanalysen und statistischen Auswertungen.

decision table: Entscheidungstabelle *f*

decision theory: Entscheidungstheorie *f*, Entscheidungslogik *f*
Unter Entscheidungstheorie wird traditionell eine formale, interdisziplinäre Theorie über die rationale Entscheidung eines Individuums oder einer sozialen Institution verstanden; ein Aussagesystem über die Wahl einer Alternative, wenn mehrere Alternativen möglich sind.
Neben dieser auch als Entscheidungslogik bezeichneten normativen Entscheidungstheorie hat sich eine verhaltenswissenschaftliche, deskriptive Entscheidungstheorie herausgebildet, die den Entscheidungsprozeß als formalen Überbau zur Funktionalbetrachtung (Planung, Organisation, Kontrolle etc.) heranzieht, zugleich aber erkennt, daß Management als Funktion und Prozeß nicht getrennt gesehen werden kann von den Strukturen (der Organisation), in denen es abläuft.
Die Grundkonfiguration der statistischen oder mathematischen Entscheidungstheorie ist eine Situation, in der zwei Personen jeweils eine Entscheidung treffen und in der diese beiden Entscheidungen zu einer bestimmten Konsequenz führen.
In der Spieltheorie werden die Personen in einer solchen Situation Spieler (players) genannt, in der Entscheidungstheorie spricht man von Entscheidern (decision makers) oder Aktoren (actors). Manchmal wird die entscheidende Person als ein komplexes, vielfältige Interessen verkörperndes Gebilde verstanden, etwa als eine Nation oder eine Gesellschaft, meist jedoch als reales oder ideales Individuum. Die Personen werden oft mit P^A und P^B bezeichnet. P^A ist der Protagonist (protagonist), P^B der Mitspieler (coplayer), Konkurrent (competitor) oder Opponent (opponent) von P^A.
Die Annahme einer Situation mit zwei Personen erlaubt die Darstellung der Elemente der Zwei-Personen-Spieltheorie. Aber man kann auch das Entscheidungsverhalten einer einzelnen Person betrachten, indem man P^B als die „Natur" – und nicht als eine „Person" – deutet.
Allgemein bezeichnet „Natur" eine Menge möglicher Ereignisse, deren jeweiliges Eintreten nicht als Resultat der Entscheidung einer Person betrachtet werden kann. Dabei wird unterstellt, daß das eintretende Ereignis ebenso wie die Entscheidung von P^A Entscheidung in einer Beziehung zu der sich ergebenden Konsequenz steht. Für die Analyse einer Entscheidungssituation ist bedeutsam, ob es sich bei P^B um eine rationale und egoistische Person oder um eine desinteressierte Natur handelt.
Es seien $a_1, a_2, ..., a_m$ Alternativen für P^A und $b_1, b_2, ..., b_n$ die möglichen Handlungsalterungsalternativen für P^B. P^A kann eine – und nur eine – der m Möglichkeiten wählen und ebenso kann P^B eine und nur eine der n Möglichkeiten wählen, wobei jede der möglichen Entscheidungen mit der gleichen Leichtigkeit getroffen werden kann. Unterschiede der Anstrengung und Mühe bei der Entscheidung bzw. der Realisierung einer Entscheidung können als Aspekt der sich ergebenden Kon-

sequenz in die Formalisierung der Situation miteinbezogen werden.

Man bezieht sich auf die a_i als potentielle Wahlen von P^A und bezeichnet sie als Optionen (options) Alternativen (alternatives). Spricht man von der Entscheidung (decision) oder Wahl (choice), die P^A getroffen hat, so meint man das Ergebnis eines Wahlakts, d.h. eine spezielle gewählte a_i. Spricht man von möglichen, potentiellen oder verfügbaren Entscheidungen oder Wahlen, so bezieht man sich stets auf Optionen bzw. Alternativen.

Der Begriff der Strategie (strategy) wird unterschiedlich verwendet. Manchmal wird er synonym mit Option oder Entscheidung gebraucht. Häufig bezeichnet er auch einen Plan für eine terminale Entscheidung; wenn beispielsweise eine Option die Form eines Plans für je nach möglichen Kontingenzen unterschiedliche terminale Entscheidungen hat, nennt man sie meist eine Strategie. Schließlich wird der Begriff auch synonym mit dem Begriff „Entscheidungsprinzip" verwendet, der eine Regel für die Wahl unter Optionen bezeichnet.

Wird P^B als Natur interpretiert, so werden die Optionen üblicherweise Zustände der Natur (states of nature), Zustände der Welt (states of the world) oder auch Hypothesen (hypotheses) genannt. Das als Folge einer Wahl der Natur eintretende Ereignis wird als der wahre Zustand der Natur der wahre Zustand der Welt bzw. die wahre Hypothese oder aber als das Ergebnis bezeichnet.

Eine gemeinsame Entscheidung läßt sich in der Form a_ib_j darstellen. Dabei impliziert das nicht zwangsläufig Konkurrenz oder Kooperation zwischen P^A und P^B, sondern verweist lediglich auf Kombinationen der jeweiligen Optionen oder Entscheidungen beider Personen. Der aus dieser gemeinsamen Entscheidung resultierende Zustand heißt Konsequenz (consequence). Eine sich aus der gemeinsamen Entscheidung a_ib_j ergebende Konsequenz wird mit o_{ij} symbolisiert. Verbal wird eine Konsequenz normalerweise beschrieben in der Form „P^A erhält von P^B X DM". Es gibt m x n mögliche gemeinsame Entscheidungen und ebensoviele mögliche Konsequenzen. Die möglichen Entscheidungen von P^A und P^B sowie die entsprechenden Konsequenzen können nach dem folgenden Muster in einer Spielmatrix (game matrix) dargestellt werden:

	b_1	b_2	b_3
a_1	o_{11}	o_{12}	o_{13}
a_2	o_{21}	o_{22}	o_{23}
a_3	o_{31}	o_{32}	o_{33}

Im allgemeinen wäre es für P^A vorteilhaft, die Entscheidung von P^B zu kennen, bevor er selbst entscheidet; und für P^B gilt das gleiche. Nimmt man jedoch an, daß P^A und P^B sich zu ihren jeweiligen Entscheidungen ohne vorherige Kenntnis der Wahl des anderen entschließen müssen, so beschreibt die Formalisierung die sogenannte Normalform eines Spiels. Da in vielen tatsächlichen Entscheidungssituationen die Spieler abwechselnd ihren Zug machen, also nicht gleichzeitig entscheiden, könnten die bei der Normalform zugrundegelegten Annahmen die Anwendbarkeit der Theorie einschränkend erscheinen. Jedoch kann ein in der Form abwechselnder Züge zwischen den Personen beschriebenes Spiel (extensiven Form eines Spiels) auch in Normalform dargestellt werden.

Die mathematische Analyse rationalen Entscheidungsverhaltens erfordert die quantitative Bewertung der Konsequenzen für jede Person, nicht jedoch für die Natur. Im allgemeinen geht man davon aus, daß der Wert einer Konsequenz für eine Person durch einen einzelnen Nutzen (utility) repräsentiert werden kann; manchmal werden auch multidimensionale Nutzenwerte in Betracht gezogen.

Die Nutzenmatrix (utility matrix) ist der Spielmatrix ähnlich, nur enthält sie Nutzenwerte anstelle von Konsequenzen. Der Nutzen einer Konsequenz wird im allgemeinen bei zwei Personen, P^A und P^B unterschiedlich sein, so daß man für jede Konsequenz zwei Nutzenwerte benötigt. Der Nutzen einer Konsequenz o_{ij} für P^A wird mit u_{ij}^A symbolisiert und der Nutzen dieser Konsequenz für P^B mit u_{ij}^B. In der folgenden Tabelle ist die Nutzenmatrix dargestellt.

Im Falle nur einer einzelnen entscheidenden Person wäre für jede Zelle der Matrix nur ein einzelner Wert u_{ij}^A erforderlich, da davon ausgegangen wird, daß die Natur weder die Konsequenzen bewertet noch bei ihrer ‚Wahl' solche Werte berücksichtigt; hier ist daher das Superskript A bzw. B überflüssig und es genügt zur Repräsentation des Nutzens einer Konsequenz das Symbol u_{ij}.

	b_1	b_2	b_3
a_1	U_{11}^A, U_{11}^B	U_{12}^A, U_{12}^B	U_{13}^A, U_{13}^B
a_2	U_{21}^A, U_{21}^B	U_{22}^A, U_{22}^B	U_{23}^A, U_{23}^B
a_3	U_{31}^A, U_{31}^B	U_{32}^A, U_{32}^B	U_{33}^A, U_{33}^B

Nutzenmatrix

Häufig ist die Art, in der Zahlen in eine Nutzenmatrix eingesetzt werden, nutzentheoretisch eigentlich nicht zu rechtfertigen. Oft handelt es sich um Geldbeträge, die eine Person je nach der sich ergebenden Konsequenz erhalten oder verlieren wird; aber man kann im allgemeinen nicht einfach voraussetzen, daß die quantitative Menge an Geld als solche genau dem Nutzen dieser Geldmenge für eine Person entspricht. Dennoch wird oft mit Geldbeträgen anstelle von Nutzenwerten gearbeitet, da Geldbeträge jedem vertraut sind und zudem vermutlich innerhalb des Bereiches der Beträge, um die es normalerweise geht, den Nutzenwerten in etwa entsprechen. Man spricht deshalb häufig auch von Auszahlungsmatrix (payoff matrix). Desgleichen spricht man vom Wert (value) einer Konsequenz, symbolisiert durch v_{ij}; bei einem Wert mag es sich um einen Nutzen oder um ein anerkanntermaßen vergleichbares Surrogat handeln.

Je nach den situativen Bedingungen des Entscheidens trifft jemand seine Entscheidung unter einer der folgenden Bedingungen: Gewißheit (certainty), Risiko (risk) Ungewißheit (uncertainty) oder rationaler Wettbewerb (rational competition).

Der Protagonist P^A trifft seine *Entscheidung unter Gewißheit*, wenn bei jeder Option nur eine einzige Konsequenz möglich ist; diese Situation läßt sich durch eine Spielmatrix mit nur einer Spalte darstellen. Das einzige Entscheidungskriterium für diese Situationen lautet, P^A solle diejenige Entscheidung treffen, deren Konsequenz den höchsten Nutzen hat.

„Gewißheit" ist eine mathematische Abstraktion. Entscheidungssituationen im Alltag enthalten stets Momente der Unsicherheit – auch diejenigen, die als Situationen der Gewißheit charakterisiert werden. Die mit dem Wert einer Konsequenz verbundene Unsicherheit findet sich nicht nur unter der Bedingung der Gewißheit.

Der Protagonist P^A trifft eine *Entscheidung unter Risiko*, wenn er sich der Wahrscheinlichkeiten der verschiedenen für P^B möglichen Alternativen bewußt ist. P^B wird in einer solchen Situation im allgemeinen eher als Natur denn als Mitspieler interpretiert.

In einer Entscheidungssituation unter Risiko kann jede der Optionen, die P^A hat, als eine Art Glücksspiel (gamble) oder als Wette oder Lotterie verstanden werden. In der Entscheidungstheorie ist ein solches Spiel um Geld als eine Handlungsalternative definiert, bei der die Wahrscheinlichkeiten der möglichen Konsequenzen bekannt oder zumindest kalkulierbar sind; die Alternativen bei Spielen wie etwa Roulette führen mit bestimmten bekannten Wahrscheinlichkeiten zu Konsequenzen bzw. Auszahlungen und stellen daher im entscheidungstheoretischen Sinne Glücksspiele dar.

Der Protagonist P^A trifft seine *Entscheidung unter Ungewißheit*, und zwar sieht er, daß eine Entscheidung zu unterschiedlichen Konsequenzen führen kann, er sich aber völlig darüber im unklaren ist, *welche dieser Konsequenzen* eintreten könnte. Weder gibt es für ihn einen Grund zu der Annahme, sie komme durch die Wahl eines rationalen Opponenten zustande, noch gibt es für ihn Anhaltspunkte zur Abschätzung der Wahrscheinlichkeiten der Konsequenzen. Der Protagonist weiß also, daß seine Entscheidung zu irgendeiner von mehreren denkbaren Konsequenzen führen kann – aber das ist auch alles.

Der Protagonist P^A trifft eine *Entscheidung unter der Bedingung rationalen Wettbewerbs*, wenn sein Konkurrent P^B ein „rationales Wesen" ist, das also jede dem eigenen Interesse entsprechende Strategie wählen kann und wird. Das für eine solche Situation empfohlene Entscheidungskriterium basiert auf der Annahme, daß jede für einen völlig rationalen Protagonisten akzeptable Strategie für den rationalen Konkurrenten gleichermaßen akzeptabel und auch evident ist. In einem wirklichen Spiel zwischen zwei Personen mag die Annahme allerdings unrealistisch sein, die Versuchsperson in der Rolle von P^B sei ein rationaler Konkurrent. Immerhin jedoch dürfte eine reale Person eher einem rationalen Mitspieler als der Natur ähneln.

Die vier Bedingungen, unter denen Entscheidungen getroffen werden können, stellen Idealtypen dar. Viele reale Entscheidungssituationen scheinen irgendwo in der Mitte zwischen den Kategorien Risiko und Ungewißheit angesiedelt zu sein. Oft empfiehlt es sich für P^A, einen Zufallsmechanismus bestimmen zu lassen, welche Alternative gewählt werden soll. P^A kann sich z.B. vornehmen, a_1 zu wählen, wenn bei einem Münzwurf die Zahl oben liegt, und a_3 zu wählen, wenn die Münze den Adler zeigt. Ein solches Vorgehen stellt entscheidungstheoretisch eine zufallsgesteuerte oder randomisierte gemischte Strategie dar.

Allgemein formuliert besteht eine gemischte Strategie aus einer Untermenge der ursprünglichen Menge an Optionen sowie einer Angabe der Wahrscheinlichkeit der Wahl jeder zu dieser Untermenge gehörenden Option. Eine derartige Strategie wird meistens symbolisiert mit $(p_1 a_1, p_2 a_2, \ldots, p_m a_m)$. Die Optionen mit Wahrscheinlichkeiten von Null werden nicht miteinbezogen. Die Annahme geht dahin, daß P^A zunächst die Wahrscheinlichkeiten – einschließlich der Wahrscheinlichkeiten von Null – für seine gemischte Strategie spezifiziert, dann aber keinen weiteren Einfluß mehr auf die Strategie nimmt, auf die er sich festgelegt hat; diese wird vielmehr durch irgendeinen Zufallsmechanismus mit entsprechenden Wahrscheinlichkeiten gesteuert.

Die ursprünglichen, also nicht durch Wahrscheinlichkeiten näher spezifizierten Optionen $a_1, a_2, \ldots, a_n$ nennt man demgegenüber reine Strategien. Das Symbol a_i wird auch bei der Behandlung gemischter Strategien zur Bezeichnung einer beliebigen Strategie aus der Gesamtmenge reiner und gemischter Strategien benutzt.

Wenn man alle überhaupt möglichen gemischten Strategien in Betracht zieht, so gibt es eine unendlich große Anzahl möglicher Strategien, aus denen P^A wählen kann; sogar bei nur zwei reinen Strategien a_1 und a_2 gibt es bereits unendlich viele Werte für p_1 bzw. p_2.

In manchen Situationen kann es für P^A empfehlenswert sein, seine Wahlen in der Weise zu mischen, daß er sie von Fall zu Fall ändert – allerdings in einem systematischen und nicht einem zufallsgesteuerten Verfahren. Insbesondere könnte P^A gut daran tun, seine Entscheidungen in Abstimmung mit P^B zu variieren; die aufeinander folgenden gemeinsamen Entscheidungen wären dann

etwa a_1b_1, a_2b_2, a_1b_1, a_2b_2, usw. Dies nennt man eine korrelierte oder koordinierte gemischte Strategie. Sie ist manchmal bei sogenannten Verhandlungsspielen angebracht.
Die folgende Abbildung zeigt eine Auszahlungsmatrix sowie die graphische Darstellung der ihr entsprechenden Strategiemengen der reinen und der gemischten Strategien eines Zwei-Personen-Spiels in einem Strategie-Mengen-Diagramm.

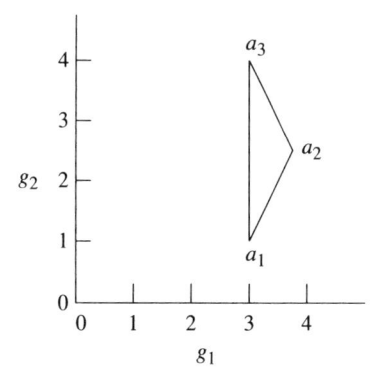

	b_1	b_2
a_1	2	1
a_2	3	2,5
a_3	2	4

Strategie-Mengen-Diagramm

Die Strategiemenge besteht aus den Punkten auf den Grenzen und innerhalb der Grenzen des Dreiecks. Jeder Punkt in der Darstellung repräsentiert eine mögliche Strategie für P^A – rein oder gemischt. Die Abszisse g_1 zeigt die erwartete Auszahlung für P^A bei einer bestimmten Strategie, wenn P^B die Alternative b_1 wählt; die Ordinate g_2 zeigt die erwartete Auszahlung für P^A, wenn P^B die Alternative b_2 wählt. Eine erwartete Auszahlung ist die durchschnittliche Auszahlung pro Durchgang, die sich ergibt, wenn sehr viele Durchgänge des Spiels abgewickelt werden. Die Berechnung von g_1 erfolgt unter der Annahme, P^B habe b_1 gewählt, die Berechnung von g_2 demgegenüber unter der Annahme, P^B habe b_2 gewählt. Für eine reine Strategie ergibt sich die erwartete Auszahlung durch den Eintrag in der Auszahlungsmatrix; jeder Durchgang bringt P^A – bei konstanter Strategie a_i und konstantem b_j – die gleiche Auszahlung.
Für eine gemischte Strategie ist die erwartete Auszahlung der Durchschnitt der mit den Wahrscheinlichkeiten der Strategienwahl gewichteten Auszahlung. Jede der drei reinen Strategien ist in dem Strategie-Mengen-Diagramm in der Abbildung oben dargestellt. Die durch Mischung von je zwei reinen Strategien sich ergebenden möglichen Strategien werden durch die Punkte auf der geraden Linie zwischen den zwei Punkten abgebildet, die diese zwei reinen Strategien repräsentieren. Jeder Punkt innerhalb des durch die drei reinen Strategien gebildeten Dreiecks stellt eine zumindest denkbare Strategie dar. Alle überhaupt möglichen Strategien liegen innerhalb des Dreiecks oder auf seinen Grenzlinien.
Die gesamte P^A verfügbare Menge an Strategien heißt eine konvexe Menge; damit ist gemeint, daß alle Punkte auf der geraden Linie zwischen jeweils zwei reine Strategien repräsentierenden Punkten ebenfalls in der Strategiemenge enthalten sind. Die Menge der reinen und gemischten Strategien bildet immer eine konvexe Menge, ganz unabhängig von der Anzahl der für P^A bzw. P^B verfügbaren Handlungsalternativen und von den Auszahlungen bei den verschiedenen Konsequenzen. Graphisch dargestellt braucht die Strategiemenge kein Dreieck zu bilden. Einige andere konvexe Mengen zeigen die Abbildungen (a) und (b):

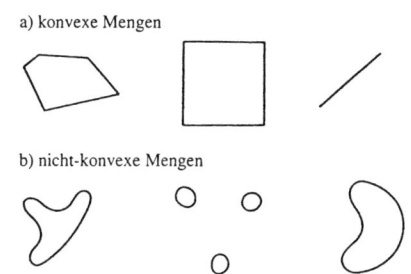

a) konvexe Mengen

b) nicht-konvexe Mengen

Wenn P^B mehr als zwei Optionen zur Verfügung stehen, kann die Strategiemenge graphisch nicht mehr in zwei Dimensionen dargestellt werden, da jede Option b eine eigene Dimension erfordert. Im Falle dreier Optionen ja$_{nn}$ die Menge der für P^A möglichen reinen und gemischten Strategien als ein dreidimensionaler Körper vorgestellt werden. Wenn es um mehr als drei Optionen geht, läßt sich die Strategiemenge von P^A als ein n-dimensionaler konvexer Körper beschreiben, wenn P^B über n reine Strategien verfügt.
Wenn Strategie a_i' für P^A mindestens bei einer Option von P^B eine höhere Auszahlung bietet als Strategie a_i und eine ebenso hohe oder höhere Auszahlung bei allen anderen Optionen, so sagt man, daß Strategie a_i' die Strategie a_i schwach dominiere. Von strenger Dominanz spricht man, wenn Strategie a_i' bei jeder Option von P^B eine höhere Auszahlung bietet als Strategie a_i. Ohne weitere Spezifikation wird der Begriff „Dominanz" im Sinne schwacher Dominanz verstanden, d.h. für Strategie a_i' und Strategie a_i kann die Auszahlung bei mindestens einer Option b_j gleich sein – muß es aber nicht. Strenge Dominanz ist ein Spezialfall der (schwachen) Dominanz. Wenn also eine Strategie a_i' eine andere Strategie a_i streng do-

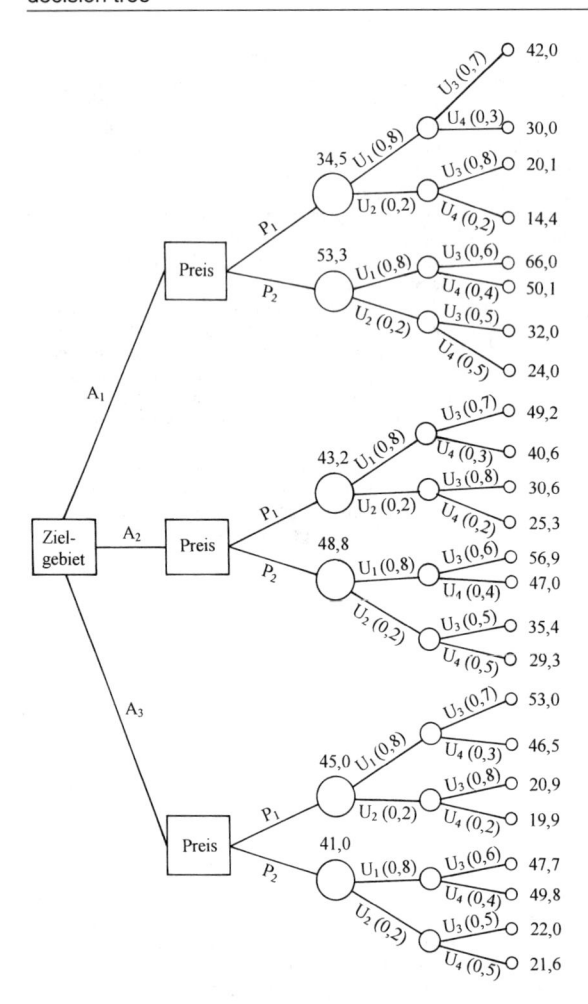

miniert, dann muß sie a_i auch (schwach) dominieren, aber nicht umgekehrt.

Alle Strategien einer Strategiemenge, die nicht durch irgendeine andere Strategie dieser Menge dominiert werden, heißen zulässige Strategien.

Die am häufigsten für das Handeln in Entscheidungssituationen verfochtene Regel ist das Erwartungswert-Prinzip (expected value principle), das auch als Bayes-Regel bekannt ist.

Bei der Lösung eines Entscheidungsproblems nach dem Erwartungswert-Prinzip kann man gemischte Strategien ignorieren; bei der Anwendung des Maximin-Prinzips kann man das nicht tun, da eine gemischte Strategie ein höheres Sicherheitsniveau haben mag als irgendeine reine Strategie.

Das Maximin-Prinzip wird oft auch Minimax-Prinzip genannt: Stellen die Einträge in der Auszahlungsmatrix potentielle Verluste dar, so ist eine Konsequenz um so weniger wünschenswert, je größer der Eintrag ist. Hier muß es P^A also um eine Minimierung der maximalen Verluste gehen. Beide Prinzipien sind jedoch äquivalent.

Das Erwartungswert- und das Maximin-Prinzip stellen neben dem Dominanzprinzip die wichtigsten Entscheidungsprinzipien dar. Weitere bekannte Entscheidungsprinzipien sind das Laplace-Prinzip und das Minimax-Regret-Prinzip.

decision tree: Entscheidungsbaum m

decision tree analysis: Entscheidungsbaumanalyse f

Die Strukturierung von Entscheidungsprozessen ist in vielen Fällen eines der diffizilsten Probleme mehrparametrischer oder mehrstufiger Entscheidungen. Eines der wegen seiner Anschaulichkeit besonders nützlichen Hilfsmittel ist dabei die graphische Darstellung einer Entscheidungsstruktur mit Hilfe eines Entscheidungsbaums (siehe Abb. oben).

Ausgangspunkt der Darstellung ist der die Entscheidung charakterisierende Entscheidungs-

decision under uncertainty

punkt, von dem die verschiedenen Alternativen als Entscheidungsäste (Kanten) ausgehen. Die Entscheidungsäste münden bei mehrparametrischen Entscheidungsstrukturen ihrerseits in weitere Entscheidungspunkte oder in Ereignispunkte, die durch Kreise gekennzeichnet sind. Jedem Ereignispunkt sind Erwartungswerte zugeordnet, die sich auf der Grundlage der angewandten Entscheidungsregel aus den Ereignisästen ergeben. Dabei repräsentiert jeder Ereignisast einen mit einer bestimmten Wahrscheinlichkeit auftretenden Umweltzustand. Jeder endet seinerseits wieder in einem Endereignispunkt, dem eine Ergebnisschätzung für eine bestimmte Kombination von Entscheidungsalternativen und Umweltzuständen zugeordnet ist; er ist also mit der Zelle einer Entscheidungsmatrix äquivalent.

Entscheidungsbaumanalysen sind insbesondere bei Entscheidungen unter Risiko (stochastischer Fall) ein geeignetes Instrument zur Verdeutlichung der Problemstruktur, dessen Grenzen als Planungsmodell allerdings in dem erheblichen Aufwand an Wahrscheinlichkeitsschätzungen schon bei einer relativ kleinen Zahl von Entscheidungsalternativen und stufen begründet ist.

decision under certainty: deterministischer Fall m, Entscheidung f unter Sicherheit, Entscheidung f unter Gewißheit

Eine Entscheidungssituation, bei der die Auswirkung jeder Handlungsalternative vollkommen bestimmt ist und bekannt ist. Unter diesen Bedingungen läßt sich die optimale Entscheidung in jedem Fall bestimmen. Problematisch wird das lediglich in Fällen, in denen die Zahl der Entscheidungsalternativen sehr groß ist.

Der Protagonist P^A trifft eine Entscheidung unter Gewißheit, wenn bei jeder Option nur eine einzige Konsequenz möglich ist; diese Situation läßt sich durch eine Spielmatrix mit nur einer Spalte darstellen. Das einzige Entscheidungskriterium für diese Situationen lautet, P^A solle diejenige Entscheidung treffen, deren Konsequenz den höchsten Nutzen hat.

„Gewißheit" ist eine mathematische Abstraktion. Entscheidungssituationen im Alltag enthalten stets Momente der Unsicherheit – auch diejenigen, die als Situationen der Gewißheit charakterisiert werden. Die mit dem Wert einer Konsequenz verbundene Unsicherheit findet sich nicht unter der Bedingung der Gewißheit.

Eine der Techniken der Entscheidung bei Sicherheit ist z.B. die lineare Programmierung.

decision under rational competition: Entscheidung f unter der Bedingung rationalen Wettbewerbs

In der Entscheidungstheorie trifft der Protagonist P^A eine Entscheidung unter der Bedingung rationalen Wettbewerbs, wenn sein Konkurrent P^B ein „rationales Wesen" ist, das jede dem eigenen Interesse entsprechende Strategie wählen kann und wird. Das für eine solche Situation empfohlene Entscheidungskriterium basiert auf der Annahme, daß jede für einen völlig rationalen Protagonisten akzeptable Strategie für den rationalen Konkurrenten akzeptabel sein muß und auch evident ist. In einem wirklichen Spiel zwischen zwei Personen mag die Annahme allerdings unrealistisch sein, die Versuchsperson in der Rolle von P^B sei ein rationaler Konkurrent. Immerhin jedoch dürfte eine reale Person eher einem rationalen Mitspieler als der Natur ähneln.

decision under risk: stochastischer Fall m, Entscheidung f unter Risiko

Bei den Entscheidungen bei unvollkommenen Informationen unterscheidet man in der Entscheidungstheorie zwischen Entscheidungen unter Risiko und Entscheidungen unter Unsicherheit. Charakteristikum der Entscheidungen unter Risiko ist es, daß die Auswirkungen solcher Entscheidungen mit Hilfe der vorhandenen Informationen nicht genau vorauszubestimmen sind, weil sich insgesamt mehrere subjektive oder objektive Wahrscheinlichkeiten für das Eintreten der einzelnen denkbaren Auswirkungen (Umweltzustände) angeben lassen. Dennoch liegen genügend Informationen vor, die es gestatten, die Wahrscheinlichkeiten der Realisierung möglicher Auswirkungen oder Erwartungen anzugeben. Dabei spricht man von *subjektiven Wahrscheinlichkeiten*, um die auf Ansichten, Meinungen, Vermutungen, Schätzungen, Expertisen usw. beruhenden Schätzungen über die Eintrittswahrscheinlichkeit von Auswirkungen zu bezeichnen, von *objektiven Wahrscheinlichkeiten*, um Schätzungen zu bezeichnen, die entweder auf mathematisch-statistischen Berechnungen oder auf intersubjektiv überprüfbaren und jederzeit wiederholbaren Tests beruhen.

Der Protagonist P^A trifft eine Entscheidung unter Risiko, wenn er sich der Wahrscheinlichkeiten der verschiedenen für P^B möglichen Alternativen bewußt ist. P^B wird in einer solchen Situation im allgemeinen eher als Natur denn als Mitspieler interpretiert.

In einer Entscheidungssituation unter Risiko kann jede der Optionen, die P^A hat, als eine Art Glücksspiel (gamble) oder als Wette oder Lotterie verstanden werden. In der Entscheidungstheorie ist ein solches Spiel um Geld als eine Handlungsalternative definiert, bei der die Wahrscheinlichkeiten der möglichen Konsequenzen bekannt oder zumindest kalkulierbar sind; die Alternativen bei Spielen wie etwa Roulette führen mit bestimmten bekannten Wahrscheinlichkeiten zu Konsequenzen bzw. Auszahlungen und stellen daher im entscheidungstheoretischen Sinne Glücksspiele dar.

Es sind verschiedene Verfahren der Entscheidungsfindung unter Risiko entwickelt worden. Zu den bekanntesten Techniken gehören die Methode des Entscheidungsbaums, Markov-Prozesse, die Monte-Carlo-Simulation und die Warteschlangentheorie. Die meisten Probleme im Management sind entweder Entscheidungsprobleme unter Risiko oder unter Unsicherheit.

decision under uncertainty: verteilungs-

freier Fall *m*, Entscheidung *f* unter Unsicherheit, Entscheidung *f* unter Ungewißheit
Bei Entscheidungen mit unvollkommener Information unterscheidet man in der Entscheidungstheorie zwischen Entscheidungen unter Unsicherheit und Entscheidungen unter Risiko (stochastischer Fall).
Der Protagonist P^A trifft seine Entscheidung unter Ungewißheit, wenn er zwar sieht, daß eine Entscheidung zu unterschiedlichen Konsequenzen führen kann, er sich aber völlig darüber im unklaren ist, welche dieser Konsequenzen wohl eintreten könnte. Weder gibt es für ihn einen Grund zu der Annahme, sie komme durch die Wahl eines rationalen Opponenten zustande, noch gibt es für ihn Anhaltspunkte zur Abschätzung der Wahrscheinlichkeiten der Konsequenzen. Der Protagonist weiß also, daß seine Entscheidung zu irgendeiner von mehreren denkbaren Konsequenzen führen kann – aber das ist auch alles.
Charakteristikum der Entscheidungen unter Unsicherheit ist es, daß für die Wahrscheinlichkeit des Eintretens der Auswirkungen der alternativen Entscheidungen keine Anhaltspunkte gegeben sind. Zwar sind alle denkbaren Entscheidungsalternativen und Auswirkungserwartungen bekannt, für ihr Eintreten sind jedoch keine Wahrscheinlichkeiten angebbar.
Entscheidungen unter Unsicherheit sind das Charakteristikum der weitaus meisten Probleme des Managementplanung. Für die Entscheidungsfindung unter Unsicherheit ist eine ganze Reihe von Verfahren und Kriterien entwickelt worden, deren Formalisierungsgrad jedoch nicht darüber hinwegtäuschen sollte, daß sie durchweg subjektiven Charakter haben. Die wichtigsten dieser Verfahrensregeln sind das Maximax Kriterium, das Maximin-Kriterium, die Minimax-Regel (Wald-Regel), die Minimax-Regret-Regel (Savage-Niehans-Regel), das Laplace-Prinzip, die Bayes-Regel, die Hodge-Lehmann-Regel und das Hurwicz-Kriterium (α-Kriterium).
decisive: ausschlaggebend, entscheidend, maßgeblich (oder maßgebend)
decisive vote: ausschlaggebende Stimme *f*
decisiveness: Entschlossenheit *f*
deck cargo: Deckladung *f*
declaration: Angabe *f*, Anmeldung *f*, Erklärung *f*, Revers *m*
declaration of abandonment: Abandonerklärung *f*
declaration of avoidance: Anfechtungserklärung *f*
declaration of bankruptcy: Bankrotterklärung *f*
declaration of intent: Willenserklärung *f*
declaration of legal intent: Willenserklärung *f*
declaration of option: Bezugserklärung *f*
declaration of value: Wertangabe *f*

declaration policy: Abschreibungspolice *f*
declaratory: deklaratorisch
declaratory act: Willenserklärung *f*
declaratory judgment: Feststellungsurteil *n*
declare: anmelden, aussagen, deklarieren, erklären, verzollen
declare a dividend: eine Dividende *f* beschließen
declare forfeited: für verfallen erklären
declare incompetent: entmündigen
declared capital: ausgewiesenes Grundkapital *n*
declared dividend: erklärte Dividende *f*
declared value: deklarierter Wert *m*
decline: abfallen, ablehnen, Ablehnung *f*, Abnahme *f*, Absage *f*, absagen, fallen, Rückgang *m*, sinken, vermindern, Verminderung *f*, verweigern, im Wert *m* abnehmen, zurückgehen
decline in business activity: Betriebseinschränkung *f*, Konjunkturabschwächung *f*
decline in economic usefulness: Abnahme *f* der wirtschaftlichen Verwendungsfähigkeit *f*
decline in employment: Beschäftigungsabnahme *f*
decline in price: Preisrückgang *m*
decline in value: Wertverfall *m*
decline of marginal cost (per unit): Kostendegression *f*
declining balance depreciation: Buchwertabschreibung *f*
declining economic activity: rückläufige Konjunktur *f*
decode: entkodieren, entschlüsseln *(EDV)*
decoder: Dekodierer *m (EDV)*
decomposition: Abbau *m*, Zerfall *m*, Zerlegung *f*
decoration: Auszeichnung *f*
decrease: abfallen, Abnahme *f*, abnehmen, Abschwächung *f*, fallen (Wert, Menge), Minderung *f*, sinken, verkleinern, vermindern, Verminderung *f*, verringern, Verringerung *f*
decrease in business activity: Betriebseinschränkung *f*, Konjunkturabschwächung *f*
decrease in cost(s): Kostenrückgang *m*, Kostensenkung *f*
decrease in demand: Nachfragerückgang *m*
decrease in inventory: Abgang *m* (Bestand), Bestandsverminderung *f*
decrease in stock on hand: Bestandsverminderung *f*

decrease in stock: Abgang *m* (Lager), Bestandsverminderung *f*
decrease in value: im Wert *m* abnehmen, Wertverlust *m*
decrease of earning capacity: Erwerbsminderung *f*
decreasing depreciation: abnehmende Abschreibung *f*, fallende Abschreibung *f*
decreasing term insurance: Risikolebensversicherung *f* mit abnehmender Summe *f*
decree: Bescheid *m*, Dekret *n*, Erlaß *m* (von Urteilen), Urteil *n*, verfügen, Verfügung *f*, verordnen, Verordnung *f*
decree nisi: vorläufiges Scheidungsurteil *n*
decrement: Wertabnahme *f*
deduce: folgern
deduct: absetzen, abziehen, skontieren, subtrahieren
deductibility: Abzugsfähigkeit *f*
deductible: abzugsfähig
deductible amount: abzugsfähiger Betrag *m*, Dekort *n*, Franchise *f* (Selbstbeteiligung)
deductible expenses *pl*: abziehbare Kosten *pl*
deductible franchise: Abzugsfranchise *f*
deductible taxes *pl*: abzugsfähige Steuern *f/pl*
deducting: abzüglich
deduction: Absetzung *f*, Abzug *m*, Folgerung *f*, Kürzung *f*
deduction at source: Steuerabzug *m* an der Quelle (z.B. Lohnsteuer)
deduction of input tax: Vorsteuerabzug *m*
deductive generalization: deduktive Generalisierung *f*
Die Ableitung einer Verallgemeinerung als Sonderfall einer umfassenderen Theorie.
deed: Dokument *n*, Tat *f*, Urkunde *f*, Vertragsurkunde *f*
deed of assignment: Abtretungsurkunde *f*
deed of association: Gesellschaftsvertrag *m*
deed of conveyance: Auflassungsurkunde *f*, Grundstücksübertragungsurkunde *f*, Übertragungsurkunde *f*
deed of gift: Schenkungsurkunde *f*
deed of mortgage: Pfandbrief *m*
deed of partnership: Sozietätsvertrag *m*, Teilhabervertrag *m*
deed of trust: Treuhanderrichtungsurkunde *f*, Treuhandvertrag *m*
Deeds of Arrangement Act *(brit)*: Gesetz *n* über Vergleichsanträge *m/pl*
deem: erachten
deep mining: Untertagebetrieb *m*

deepfrozen food: tiefgekühlte Lebensmittel *pl*
defalcate: unterschlagen (von Geldern)
defalcation: Unterschlagung *f*
defamation: Beleidigung *f*, Ehrenkränkung *f* (allgemein), Ehrverletzung *f*, Schmähung *f*, Verleumdung *f*
defamatory: verleumderisch
defame: beleidigen (allgemein), schmähen, verleumden
default: im Verzug *m* sein, Nichterfüllung *f* (einer Verbindlichkeit), Versäumnis *n*, Verzug *m*
default in accepting delivery: Annahmeverzug *m*
default in payment: Zahlungsverzug *m*
defaulter: säumiger Schuldner *m*
defaulting: säumig, vertragsbrüchig
defaulting shareholder: säumiger Aktionär *m*
defeasance: Aufhebung *f*
defect: Defekt *m*, Fehler *m*, Mangel *m*, Schaden *m*
defect of form: Formfehler *m*, Formmangel *m*
defect of quality: Sachmangel *m*
defect of title: Rechtsmangel *m*
defective: beschädigt, defekt, fehlerhaft, mangelhaft, schadhaft, unvollständig
defective good(s) *(pl)*: Ausschußware *f*
defective title: unsicherer Rechtstitel *m*
defective work: Ausschuß *m*
defectiveness: Fehlerhaftigkeit *f*, Mangelhaftigkeit *f*, Schadhaftigkeit *f*, Unvollständigkeit *f*
defend: einwenden, rechtfertigen, verteidigen
defendant: Angeklagter *m*, Beklagter *m*
defender: Verteidiger *m* defense Einrede *f*, Rechtfertigung *f*, Schutz *m*, Verteidigung *f*
defender burden: Verteidigungslasten *f/pl*
defender of statute of limitations: Verjährungseinrede *f*
defense of statute of limitations: Verjährungseinrede *f*
defer: aufschieben, stunden, verzögern
deferment: Aufschub *m*, transitorische Abgrenzung *f*
deferment of punishment: Strafaufschub *m*
deferral: transitorische Abgrenzung *f*
deferred annuity: aufgeschobene Rente *f*
deferred benefit: spätere Leistung *f*
deferred change order: aufgeschobener technischer Änderungsauftrag *m*, (der dem

187

Betrieb den Verbrauch überschüssiger Materialien ermöglichen soll)
deferred charge(s) *(pl)*: aktive Rechnungsabgrenzung f, soweit kein Forderungscharakter m gegeben ist (z.B. Organisationskosten, Marktforschungskosten usw.), transitorisches Aktivum n ohne Forderungscharakter m (z.B. Organisationskosten, Marktforschungskosten usw.), transitorische Aktiva n/pl (vorausbezahlte Miete, Steuern, Versicherungsprämien usw.)
deferred credit: passiver Rechnungsabgrenzungsposten m (transitorisch), transitorische Passiva n/pl
deferred creditor: im Range nachstehender Gläubiger m
deferred debit: transitorisches Aktivum n ohne Forderungscharakter m (z.B. Organisationskosten, Marktforschungskosten usw.), aufgeschobene Forderung f
deferred income: passiver Rechnungsabgrenzungsposten m (transitorisch), transitorische Passiva n/pl
deferred liability: aufgeschobene Schuld f, gestundete Schuld f
deferred maintenance: unterlassene (verzögerte) Instandhaltung f
deferred payment: Terminzahlung f
deferred payment sale: Verkauf auf Abzahlung f
deferred performance: spätere Leistung f, Nachleistung f
deferred repairs *pl*: unterlassene Instandhaltung f, verzögerte Instandhaltung f
deferred retirement: verschobene Pensionierung f
deferred revenue(s) *(pl)*: passiver Rechnungsabgrenzungsposten m (transitorisch), transitorische Passiva n/pl
deferred share: Nachzugsaktie f
deferred stock: Nachzugsaktie f
deferred taxes *pl*: aufgeschobene Steuern f/pl
deficiency: 1. Fehlmenge f
Eine Fehlmenge ist in der betrieblichen Distributionspolitik diejenige Bedarfsmenge an einem Gut, die höher als die verfügbare Menge ist.
2. Ausfall m, Defekt m, Defizit n, Fehlbetrag m, Mangel m, Manko n, Minderbetrag m, Unterbilanz f
deficiency cost(s) *(pl)*: Fehlmengenkosten pl
Die durch das Vorhandensein von Fehlmengen sich ergebenden Verluste durch entgangenen Umsatz. Das Gegenstück zum Fehlmengenrisiko in der betrieblichen Lagerpolitik sind die Kosten der Unterhaltung eines Sicherheitsbestands.
deficiency note: Fehlmengenmitteilung f
deficiency payment: Ausgleichszahlung f
deficient: beschädigt, defekt, unvollständig
deficit: Ausfall m, Defizit n, Fehlbetrag m, Manko n, Unterbilanz f, Verlust m
deficit account: Verlustkonto n
definite: bestimmt, definitiv, endgültig
deflation: Deflation f, Wertabnahme f
deflation due to lack of credit: Deflation f wegen Kreditverknappung f
defraud: betrügen, übervorteilen
defrauder: Betrüger m
defrauding: Hinterziehung f
defraudment: Betrug m
defray: aufbringen (Kosten), erstatten
defunct company: aufgelöste Gesellschaft f
degradation: Abbau m, Absetzung f, Herabsetzung f, Herabwürdigung f
degrade: herabsetzen, herabstufen, herabwürdigen
degree: Ausmaß n, Grad m (akademischer), Maß n
degree of fitness: Tauglichkeitsgrad m
degree of liquidity: Liquiditätsgrad m, Liquiditätskennzahl f
degree of relationship: Verwandtschaftsgrad m
degree of utilization: Auslastung f
degressive taxation: degressive Besteuerung f
deinvestment: Desinvestition f
Der Prozeß der Freisetzung von Kapital.
del credere: Delkredere n, Delkrederegeschäft n
Eine besondere Form des Fremdgeschäfts von Einkaufsvereinigungen, bei dem Waren im Auftrag und auf Rechnung des Einzelmitglieds einer Einkaufsvereinigung, jedoch durch die Vermittlung der Vereinigung zugestellt werden und diese gegenüber den Lieferanten entweder eine Ausfallbürgschaft oder eine selbstschuldnerische Bürgschaft für das Mitglied übernimmt. Im Normalfall jedoch erfolgt die Bezahlung durch das einzelne Mitglied. Auch beim Factoring ist es ein Charakteristikum der Leistungen von Factoring-Unternehmen, das Delkredere zu übernehmen, wenn ein Abnehmer seine Verbindlichkeiten bei Fälligkeit nicht erfüllt.
del credere agent: Vertreter m, der Delkredere n übernimmt
delay: Arbeitsunterbrechung f, Aufenthalt m, aufschieben, Aufschub m, verlangsamen, verschieben, Verspätung f, verzögern, Verzögerung f, Verzug m

delay allowance: Vergütung *f* für nicht verschuldete Arbeitsunterbrechung *f*
delay charge: Säumniszuschlag *m*
delay granted: Stundung *f*
delay in payment: Zahlungsverzug *m*
delay line: Verzögerungsstrecke *f (EDV)*
delay-line storage: Verzögerungsspeicher *m (EDV)*
delay memory: Laufzeitspeicher *m (EDV)*
delay of payment: Zahlungsaufschub *m*
delayed boom: Nachkonjunktur *f*
delayed feed: verzögerte Zuführung *f (EDV)*
delayed: gestundet, verspätet
delcredere arrangement: Übernahmevereinbarung *f* für Delkredere-Risiko *n*
delegate: abordnen, Beauftragter *m*, delegieren, Delegierter *m*, übertragen;
delegate responsibility: Verantwortung *f* übertragen
delegation: Abordnung *f*, Bevollmächtigung *f*, Delegation *f*
delegation of authority: Delegation *f*, Delegierung *f*, Übertragung *f* (von Weisungs- und Führungsbefugnis)
Die bewußte Übertragung von Zuständigkeiten und Befugnissen, die im Zusammenwirken zwischen Vorgesetzten und Mitarbeitern und insbesondere zwischen übergeordneten Vorgesetzten und nachgeordneten Vorgesetzten erforderlich ist, um
• den übergeordneten Vorgesetzten vom Detail zu entlasten und für echte Managementaufgaben frei zu machen,
• dem Nachgeordneten eine größere Selbständigkeit und freiere Entfaltung seiner Kräfte und Fähigkeiten zum Nutzen seiner Leistung und Leistungsmotivierung zu ermöglichen,
• durch praxisnähere Entscheidungen eine schnellere Anpassung an veränderte Gegebenheiten zu erzielen und
• Doppelarbeit und Zuständigkeitsunklarheit zu vermeiden.
Das Maß der Delegation wird von dem Grundsatz bestimmt, daß keine übergeordnete Stelle Aufgaben oder Entscheidungen wahrnehmen soll, die eine ihr nachgeordnete Stelle ebenso gut oder besser wahrnehmen kann. Die Entscheidungen sollen von der jeweils untersten Stelle getroffen werden, die noch über den dazu nötigen Überblick verfügt.
delete: löschen (von Schulden), streichen
deletion: Streichung *f* deliberate absichtlich, erwägen, vorsätzlich, wissentlich
deliberation: Beratung *f*, Erwägung *f*, Überlegung *f*
delicate: dünn, fein, schwierig
delineate: abgrenzen

delinquent tax: rückständige Steuer *f*
deliver: abgeben (Erklärung), abladen, abliefern, andienen, ausfolgen, aushändigen, ausliefern (abliefern), einliefern, herausgeben, liefern, überbringen, übergeben, zustellen (liefern, senden)
deliver an opinion: ein Gutachten *n* abgeben
deliver subsequently: nachliefern
deliverability: Lieferbarkeit *f*
deliverable: lieferbar
deliverer: Überbringer *m*
delivery: Ablieferung *f*, Aushändigung *f*, Auslieferung *f*, Einlieferung *f*, Lieferung *f*, Spedition *f*, Übergabe *f*, Zustellung *f*
delivery charges *pl*: Versandkosten *pl*, Zustell(ungs)gebühr *f*
delivery commitment: Lieferverpflichtung *f*
delivery date: Abladetermin *m*, Ablieferungstermin *m*, Liefertermin *m*
delivery note: Lieferschein *m*
delivery notice: Lieferanzeige *f*
delivery obligation: Ablieferungspflicht *f*
delivery order: Auslieferungsanweisung *f*
delivery period: Lieferfrist *f*
delivery service: Lieferservice *m*
Die Gesamtheit der durch die vier Komponenten Lieferzeit, Lieferzuverlässigkeit, Lieferungsbeschaffenheit und Lieferbereitschaft bestimmten Hauptfaktoren der Marketinglogistik (physischen Distribution). Lieferservice ist ein Teil des Kundenservice.
Ob die Beschaffenheit der Lieferung Anlaß zu Beanstandungen gibt, hängt vom Zustand der gelieferten Produkte ab und davon, ob die tatsächlich bestellten Produkte in der gewünschten Art und Menge ausgeliefert wurden (= Liefergenauigkeit). Die Modalitäten der Auftragserteilung betreffen z.B. die Mindestabnahmemengen, die Auftragsgröße oder die Art der Auftragsübermittlung.
Der Lieferservice als Instrument der Marketingpolitik soll dazu beitragen, Präferenzen beim Kunden zu schaffen. Daher darf die Leistung des Distributionssystems nicht nur in Kosten gemessen werden.

delivery store: Auslieferungslager *n*
Ein im Bereich der Abnehmerzentren (Konsumzentren) errichtetes regionales Warenlager, das direkt von der Produktionsstätte beliefert wird und die Ware eines Herstellers ständig am Platz der Käufer zur Verfügung hält. In der Praxis sind Auslieferungslager meist Industrievertriebsorgane auf der Großhandelsstufe.
delivery term: Lieferbedingung *f*, Lieferfrist *f*
delivery ticket: Lieferschein *m*
delivery time: Lieferzeit *f*
delivery truck: Lieferwagen *m*

delivery unit: Liefereinheit *f* (z.B. 100 Stück)
delivery van: Lieferwagen *m*, Lkw *m*
Delphi method: Delphi-Methode *f*, Delphi-Befragungstechnik *f*
Eine qualitative Technik der Mehrfachbefragung von Experten, Expertenbefraugng, die darauf zielt, durch Intensivbefragung das Wissen der Experten für die Formulierung von Prognosen zu nutzen. Dabei werden die Experten für ein Fachgebiet in mehreren Befragungswellen über den Untersuchungsgegenstand schriftlich und anonym befragt. Im Normalfall wird jeder Befragte zunächst um die Abgabe einer möglichst differenzierten und begründeten, schriftlichen Prognose gebeten. Die Ergebnisse dieser Befragungswelle werden dann analysiert und vor der nächsten Welle bei Wahrung der Anonymität der Personen den Experten unter Angabe von Durchschnittswerten und Streuungen zur Überprüfung ihrer eigenen Position, und insbesondere ihrer zuvor abgegebenen Prognose wieder zugeleitet.
Diese Form der Rückkoppelung ist das eigentliche Spezifikum der Delphi-Methode. In der zweiten Welle werden die Experten mit stärker spezifizierten Fragen gebeten, ihre vorherige Prognose noch einmal zu überprüfen und ggf. zu begründen, weshalb sie in der zweiten Befragung ihre erste Prognose revidiert oder beibehalten haben. Der Prozeß kann so lange fortgesetzt werden, bis sich eine klare Mehrheit gebildet hat oder die befragten Experten keine Bereitschaft mehr zur Revision ihrer Prognosen zeigen.
Grundgedanke des Verfahrens ist die allmähliche Erzielung eines Konsens durch eine Rückkoppelungstechnik, die den Konformitätsdruck, der von Gruppendiskussionen häufig ausgeht, bewußt zu vermeiden versucht. Es bestehen allerdings berechtigte Zweifel, ob das wirklich gelingt, da ein Mitläufereffekt durch Orientierung der Experten am Gruppenurteil zumindest sehr plausibel erscheint.
Das Verfahren wurde 1959 von Olaf Helmer und P. Rescher von der amerikanischen RAND-Corporation entwickelt und findet heute als ein generelles Prognoseverfahren vor allem in Konstellationen Verwendung, in denen es an objektiven Erfahrungsdaten fehlt und die subjektiven Erfahrungseinschätzungen von Experten eine sinnvolle Prognosebasis darstellen. Es hat sich in der Praxis vor allem bei Absatzprognosen für neue Produkte und bei Innovationen bewährt.

demand: 1. Nachfrage *f*
Im Gegensatz zu bloßen Bedürfnissen, die erst durch Kaufkraft zu marktwirksamem Bedarf werden, bezeichnet Nachfrage das als Marktentnahme effektive Streben von Wirtschaftssubjekten, Güter und Leistungen auf dem Markt zu erwerben. Dabei wird zwischen der latenten Nachfrage, den Bedürfnissen, und der manifesten Nachfrage, der tatsächlichen Marktentnahme unterschieden. „Die Nachfrage ist der zu einem bestimmten Zeitpunkt an einem bestimmten Ort marktwirksam gewordene Bedarf. Aus der Gegenüberstellung von Nachfrage und Angebot ergibt sich schließlich das Kaufvolumen. Das letztere wird insbesondere dann vom Nachfragevolumen abweichen, wenn zu einem bestimmten Zeitpunkt und an einem bestimmten Ort ein üblicherweise dort zum Kauf angebotenes Produkt nicht verfügbar ist." (Franz Böcker/Lutz Thomas)
2. anfordern, auffordern, Aufforderung *f*, beanspruchen, Bedarf *m*, fordern, Forderung *f*, verlangen, Verlangen *n*, zumuten
demand account: Sichtkonto *n*
demand analysis: Nachfrageanalyse *f*
Die empirische Analyse der Kausalbeziehungen zwischen der manifesten Nachfrage und den sie bestimmenden Faktoren mit dem Ziel der Ableitung von Prognosen über künftige Entwicklungen der Nachfrage und/oder der Formulierung allgemeiner Hypothesen bzw. einer allgemeinen Nachfragetheorie. Da im Normalfall marktwirtschaftlicher Verhältnisse davon ausgegangen werden kann, daß Angebotsbeschränkungen nicht bestehen, kann die sich ja in Käufen manifestierende Nachfrage als Absatz oder Umsatz gemessen werden.
demand back: zurückfordern
demand bill: Sichtwechsel *m*
demand deposit: täglich fällige Einlage *f*, täglich fällige Sichteinlage *f*
demand elasticity: Nachfrageelastizität *f*
Das Verhältnis der relativen Änderung der Nachfrage nach einem Gut zu der sie auslösenden Änderung des Preises oder anderer Marketingaktivitäten für dieses Gut. Formalisiert ausgedrückt als Preiselastizität der Nachfrage gilt also:

$$\varepsilon = -\frac{\frac{dx}{x}}{\frac{dP}{P}} = -\frac{dx \cdot P}{dP \cdot x}.$$

Dabei bedeuten:
P = Ausgangspreis,
dP = Preisänderung,
x = Ausgangsmenge,
dx = Mengenvariation.
Nach allgemeiner Übereinkunft erhält der Ausdruck ein Minuszeichen, um zu erreichen, daß der Wert ε im Fall einer normalen Reaktion (Zunahme der nachgefragten Menge bei Preissenkung und Abnahme der nachgefragten Menge bei Preiserhöhung) positiv ist.

demand for funds: Finanzbedarf *m*, Kapitalbedarf *m*
demand for payment: Zahlungsaufforderung *f*
demand from: abfordern
demand curve: Nachfragekurve *f*
demand forecast: Nachfrageprognosse *f*
Die Formulierung von Prognosen über die künftige

Entwicklung der Nachfrage ist eines der zentralen Anliegen der Marktforschung, das besondere Bedeutung mit der Entwicklung der Absatzmärkte von Verkäufermärkten zu Käufermärkten erlangt hat. Die dabei verwendeten Prognosemethoden sind grundsätzlich dieselben wie die allgemeinen Methoden der Prognose, deren Charakteristikum und Problem die Tatsache ist, daß es sich um Voraussagen menschlichen Verhaltens im allgemeinen und des Konsumentenverhaltens im besonderen handelt.

demand function: Nachfragefunktion *f*
Die den formalen Zusammenhang zwischen der Nachfrage nach einem Gut und den diese determinierenden Faktoren darstellende Funktion. In der Regel wird dabei die Nachfrage als Funktion des Preises angesehen, Preis-Absatz-Funktion. Die bei einem Preis von Null gegebene Nachfrage stellt das Marktpotential dar.

demand management: Konjunkturpolitik *f*, Nachfragepolitik *f*

demand monopoly: Nachfragemonopol *n*
In der Morphologie Heinrichs von Stackelberg ergeben ein Anbieter und viele Nachfrager das Nachfragemonopol. Ein Anbieter und ein Nachfrager bilden das zweiseitige Monopol.

demand oligopoly: Nachfrageoligopol *n*
Aus der Morphologie Heinrich von Stackelbergs geht hervor, daß wenige Anbieter und viele Nachfrager ein Angebotsoligopol ergeben, viele Anbieter und wenige Nachfrager bilden hingegen das Nachfrage-Oligopol.

demand note: Mahnzettel *m*, Sichtwechsel *m*

demand of credit: Kreditbedarf *m*

demand payment: mahnen

demand period: Nachfrageperiode *f*
Die Zeitspanne, während derer ein Produkt in der Regel auf dem Markt nachgefragt wird.

demand power: Nachfragemacht *f*
Im allgemeinsten Sinne die sich aufgrund der Stärke und des Umfangs der Nachfrage ergebende Fähigkeit eines Nachfragers, den Handlungs- und Verhandlungsspielraum von Anbietern mit dem Resultat der gleichzeitigen Erweiterung seines eigenen Handlungs- und Verhandlungsspielraums zu verengen. Nachfragemacht charakterisiert prinzipiell die Verhältnisse auf Käufermärkten Angebotsmacht die Verhältnisse auf Verkäufermärkten.

demand structure: Nachfragestruktur *f*

demand-pull inflation: Nachfrageinflation *f*
Vor allem in den 1950er Jahren wurden Thesen der Nachfrage- und Kosteninflation diskutiert. In seiner Schrift „How to pay for the war" (1940) erklärte John Maynard Keynes Inflation aus einem Geldüberhang, d.h. aus einer im Verhältnis zum Gesamtangebot zu hohen monetären Gesamtnachfrage. Die Differenz bezeichnete er als „inflatorische Lücke".
Während Nachfrageinflationen häufig mit einem Versagen der Wirtschaftspolitik erklärt werden, schreibt man Kosteninflationen vor allem einer Verkrustung der Märkte, d.h. monopolistischen Verhaltensweisen zu. In der Praxis hat sich jedoch herausgestellt, daß beide Inflationstypen in der Diagnose nur schwer voneinander abzugrenzen sind. So steigen Preise und Löhne in Inflationen immer. Löhne aber sind Kosten und Nachfrage zugleich.
Die Rolle von Kosten und Löhnen In der Theorie ist weiter viel über die Preispolitik der Unternehmen (profit-push inflation) wie über die Lohnpolitik der Gewerkschaften (wage-push inflation) als Ursachen der Inflation geschrieben worden. Beides ist mit Marktmacht oder auch mit politischer Macht erklärt worden. Während Milton Friedman z.B. den Gewerkschaften neben dem Markt überhaupt keinen bestimmenden Einfluß zumißt, sieht Edward H. Chamberlin ihre Rolle als entscheidend an. Gottfried Bombach bezeichnet die Lohnentwicklung als „die Hauptdeterminante der Preisentwicklung". Nach Werner Hicks besitzt jedes Wirtschaftssystem einen „Lohnstandard", und das Preisniveau ist durch die durchschnittliche Lohnhöhe bestimmt.

demand research: Nachfrageforschung *f*, Bedarfsforschung *f*

demands *pl*: Handlungszwänge *m/pl*
Eine von drei bestimmenden Komponenten, durch die in der Managementlehre vielfach das Tätigkeitsfeld eines Managers beschrieben wird. Als Handlungszwänge werden alle Aktivitäten wie Berichterstattung, Budgeterstellung, Gegenzeichnung von Briefen usw. bezeichnet, die zu den fest umrissenen Pflichten eines Stelleninhabers gehören.

demand theoretical approach: nachfragetheoretischer Ansatz *m*
Ein in den 1950er Jahren von Kaldor entwickelter Ansatz in der Theorie der Einkommensverteilung, wonach in einer vollbeschäftigten Wirtschaft die Lohnquote allein durch eine Verminderung der Investitionsquote und/oder durch Steigerung der Sparquote der Lohnempfänger zu erreichen sei. Danach hängt die Einkommensverteilung allein vom Spar- und Investitionsverhalten ab.
Als Mindesthöhe der Gewinnquote gilt jener Anteil, den die Unternehmer als eine ausreichende Mindestverzinsung des Kapitals betrachten. Die äußerste Grenze der Lohnquote ist das Existenzminimum der Arbeitnehmer. Lohnsteigerungen steigern den Reallohn so lange, wie die Unternehmen bei einer Verminderung der Gewinnquote diese Kostensteigerungen nicht auf die Preise abwälzen.

demarcate: abgrenzen

demarcation dispute: Streit *m* über Tätigkeitsabgrenzung *f*

demise: Ableben *n*

democracy at the workbench: „Demokratie *f* an der Werkbank" *f*

demolish: niederreißen (Gebäude)
demolition: Abbrucharbeit *f*, Zerstörung *f*
DEMON model: DEMON-Modell *n*
Ein formalisiertes globalanalytisches Modell zur Einführung neuer Produkte, mit dessen Hilfe in der Terminologie stochastischer Netze die Entscheidung unterstützt wird, ob ein neues Produkt zu einem gegebenen Zeitpunkt eingeführt, ob die Entscheidung über seine Einführung zu einem späteren Zeitpunkt getroffen oder ob das Produkt überhaupt nicht eingeführt werden soll.
Dabei wird in jeder Phase des Entscheidungsprozesses geprüft, ob eine Produktidee aufgegeben werden soll (NO-Entscheidung) oder ob sie weiterverfolgt werden soll (GO-Entscheidung) oder ob weitere Informationen benötigt werden (ON-Entscheidung). Im Verlauf des gesamten Entscheidungsprozesses werden so sukzessive alle für den ökonomischen Erfolg eines Produkts relevanten Faktoren quantifiziert und in den Entscheidungsprozeß einbezogen. Zusätzlich zu dem durch die Produkteinführung zu erwartenden Zusatzgewinn wird zugleich auch das Einführungsrisiko berechnet.
demonetization: Demonetisierung *f*
demonstrable: beweisbar
demonstrate: darlegen, demonstrieren, vorführen, zeigen
demonstration: Beweisführung *f*, Darlegung *f*, Demonstration *f*, Vorführung *f*
demoralize: demoralisieren
demote: herabstufen, zurücksetzen, auf einen niedrigeren Posten zurückstufen
demotion: Herabstufung *f* (von Arbeitnehmern), Zurückstufung *f*
demur: Einspruch *m* erheben, Rechtseinwand *m* erheben, beanstanden
demurrage: Liegegeld *n*, Standgeld *n*, Überliegezeit *f*
demurrer: Beanstandung *f*, Rechtseinwand *m*
denationalization: Privatisierung *f*, Reprivatisierung *f*
denationalize: privatisieren, reprivatisieren
denial: Ablehnung *f*, Ableugnung *f*, Abrede *f* (Zurückweisung), Bestreitung *f*, Dementi *n*, Gegenerklärung *f*, Verweigerung *f*, Zurückweisung *f*
denial by oath: Ableugnungseid *m*
denominate: bezeichnen
denomination: Bezeichnung *f*, Religionsbekenntnis *n*, Stückelung *f* (bei Aktien)
denominator: Nenner *m*
denounce: anzeigen, rügen
density: Dichte *f*, Speicherdichte *f* *(EDV)*
denunciate: denunzieren
denunciation: Anzeige *f*, Denunzierung *f*
deny: ablehnen, ableugnen, in Abrede *f* stellen, abstreiten, bestreiten, dementieren, leugnen, verweigern
deny a motion: einen Antrag *m* ablehnen
department: 1. Abteilung *f*, Kostenstelle *f*, Ressort *n*
Die Basis-Leitungseinheit in einer Organisation wie z.B. einem Wirtschaftsunternehmen heißt Instanz. Das ist eine Stelle mit Weisungsbefugnis. Die Zusammenfassung mehrerer Stellen unter der Leitung einer Instanz heißt Abteilung.
2. Instanz *f*
Eine Leitungsfunktion, die gegenüber verrichtungsorientierten Stellen weisungsbefugt ist. Eine Instanz oder Abteilung entsteht dadurch, bei der Stellenplanung die Leitungsaufgaben verschiedener Stellen zu einer ranghöheren Stelle zusammengefaßt werden. Werden mehrere Abteilungen einer ranghöheren Instanz zugeordnet, entstehen hierarchische Strukturen. Die Gesamtheit der Instanzen ist im Organisationsplan des Unternehmens enthalten. Der Organisationsplan ist also das Verzeichnis der Instanzen eines Unternehmens.
Von besonderer Bedeutung sind bei der Instanzenplanung zwei Kriterien:
• Die *Leitungs-* oder *Kontrollspanne*: Mit ihr wird definiert, wieviel Stellen jeweils an eine nächst höhere Instanz berichten.
• Die *Anzahl der Kontakte*: Die Summe der Kontakte bestimmt die Kommunikations- und Informationsintensität des Stelleninhabers. Dabei unterscheidet man vertikale und horizontale Kontakte: *Vertikale Kontakte* entstehen durch die Kommunikation von oben nach unten. Sie stellen die Befehls- und Berichtswege dar. Horizontale Kontakte entstehen durch die Kommunikation mit gleichrangigen Instanzen (Koordinationsaufgaben).
Da die Information und Kommunikation nach zeitlichen Kriterien (Häufigkeit, Zeitpunkte, Zeitdauer) und nach inhaltlichen Kriterien (Umfang, Qualität, Richtigkeit der Information, Verdichtung, formaler Aufbau) zu unterteilen ist, ergibt sich ein hoher Koordinationsaufwand für die Kommunikation und Information. Die Kontrollspanne und die Anzahl der Kontakte bestimmen den Aufwand und die Intensität für die Information. Daneben kommt es zu informeller Kommunikation in dem Bereich, der durch die formelle Information nicht geregelt ist, wie z.B. Ad-hoc-Abstimmungen und Absprachen bei besonderen Problemen, die Sammlung von Zusatzinformationen oder außerbetriebliche Kontakte.
Die Stellen- und Instanzengliederung eines Unternehmens konkretisiert Aufgaben und Kompetenzen im Rahmen der Managementpyramide.
department burden: Stellengemeinkosten *pl*
department burden rate: Abteilungsgemeinkostensatz *m*
department cost distribution sheet: Betriebsabrechnungsbogen *m*

department cost method: Abteilungskostenrechnung *f*
department costing: Kostenstellenrechnung *f*
department description: Instanzenbeschreibung *f*
Die Beschreibung der Ziele und Aufgaben einer Instanz, ihrer Kompetenzen bei der Verfügung über Mittel, ihrer Weisungsrechte und Dispositionsgewalt (z.B. Budgetverantwortung), ihrer Kontrollbefugnisse, Bestrafungs- und Belohnungkompetenzen gegenüber den Untergebenen, der Vertretungsgewalt (Zeichnungsbefugnisse), Stellenvertretungsregelung, der Kriterien der Leistungsmessung (Leistungsnachweis-Normen), der Ergebnis- und Mittelverantwortung, der Anzahl und Art der untergeordneten Stellen, der Weisungs- und Berichtswege sowie der Rechte und Pflichten bei Streitfällen.
department head: Abteilungsleiter *m*
department incentive system: Abteilungsprämiensystem *n*
Department of Commerce *(Am)*: Handelsministerium *n*
Department of Health, Education and Weltare (HEW) *(Am)*: Ministerium *n* für Gesundheit *f*, Erziehung *f* und Volkswohlfahrt *f*
department of knowledge: Sachgebiet *n*
Department of Labor *(Am)*: Arbeitsministerium *n*
department overhead: Abteilungsgemeinkosten *pl*, Stellengemeinkosten *pl*
department profit: Abteilungserfolg *m*
department seniority: Abteilungsdienstalter *n*, Dienstalter *n* in der Abteilung *f*
department store: Kaufhaus *n*, Warenhaus *n*
departmental budget: Abteilungsbudget *n*
departmental burden: Stellengemeinkosten *pl*
departmental burden rate: Abteilungsgemeinkostensatz *m*
departmental cost distribution sheet: Betriebsabrechnungsbogen *m*
departmental costing: Kostenstellenrechnung *f*
departmental overhead: Abteilungsgemeinkosten *pl*, Stellengemeinkosten *pl*
departmentalization: Abteilungsgliederung *f*, Kostenstellengliederung *f*, Stellenbildung *f*
dependability: Verläßlichkeit *f*, Zuverlässigkeit *f*
dependable: verläßlich, zuverlässig
dependence: Abhängigkeit *f*
dependency exemption: Unterhaltsfreibetrag *m*

dependency: Abhängigkeit *f*
dependent: abhängig, bedingt, unselbständig, Unterhaltsberechtigter *m*, unterhaltsberechtigter Angehöriger *m*, vom Steuerpflichtigen Unterstützter *m*, Unterstützungsbedürftiger *m*
dependent company: abhängiges Unternehmen *n*
dependent enterprise: abhängiges Unternehmen *n*
dependent on: abhängig von, vorbehaltlich
dependents' allowance: Familienzulage *f*
dependents' pension: Hinterbliebenenrente *f*, Überlebensrente *f*
depletable: dem Substanzverzehr *m* unterworfen sein
deplete: erschöpfen (Vorräte)
depleted cost: Restkosten *pl*, Restkosten *pl* nach Abzug *m* aufgelaufener Abschreibung *f* auf die Substanz *f*
depletion: Abbauverlust *m*, Substanzverzehr *m*
deployment: Einsatz *m*
deport: Deport *n*
Eine von der Notenbank eines Landes autonom gesetzte Gebühr, die den Geldexport bestraft.
deposit: Anzahlung *f*, bestellen (Sicherheit), deponieren, Depositeneinlage *f*, Einlage *f*, einlegen, einzahlen, Einzahlung *f*, hinterlegen, Hinterlegung *f*, Verwahrung *f*
deposit account: Depositenkonto *n*, Termineinlagekonto *n*
deposit accounting: Depotbuchhaltung *f*
deposit agreement: Verwahrungsvertrag *m*
deposit bank: Depositenbank *f*, Depotbank *f*
deposit contract: Verwahrungsvertrag *m*
deposit in cash: Bareinlage *f*
deposit liability: Einlageverpflichtung *f*
deposit on purchase contract: Vorauszahlung *f* (in der Bilanz)
deposit policy: Einlagenpolitik *f*
Neben ihrer Funktion als „Bank der Banken" ist die Notenbank auch Refinanzierungs- und Depositenbank der öffentlichen Hand. Als Depositenbank des Bundes kann die Deutsche Bundesbank nach § 17 des Bundesbankgesetzes eine je nach der konjunkturellen Lage entweder expansive oder kontraktive Einlagenpolitik betreiben. Nach § 17, Absatz 1 Bundesbankgesetz sind Bund und Länder verpflichtet, ihre Kassenüberschüsse bei der Bundesbank zu hinterlegen. Da sie diese Überschüsse nicht bei den Geschäftsbanken deponieren können, wird dadurch eine restriktive Wirkung erzielt; denn diese Mittel sind den Kreditinstituten für ihre geschäftlichen Dispositionen

grundsätzlich entzogen. Allerdings betrifft § 17 nicht die Gemeinden und die Träger der Sozialversicherungen. Die Vorschrift beschränkt sich auf die Kassenüberschüsse des Bundes, der Länder und die Sondervermögen des Bundes. § 17, Absatz 2 bestimmt, daß der Bund auf Antrag seine Kassenüberschüsse zur anderweitigen Anlage im Geschäftsbankensystem verwenden kann. Diese Bestimmung sichert der Bundesbank die Möglichkeit, durch Genehmigung oder Ablehnung eines solchen Antrags einen expansiven oder kontraktiven Effekt zu erzielen.

deposit receipt: Depositenschein *m*, Depotschein *m*
deposit slip: Depot-Auszug *m*, Einzahlungsbeleg *m*
deposit transaction: Depotgeschäft *n*
depositary bank: Depotbank *f*
depositary: Depositar *m*, Verwahrer *m*
depositee: Verwahrer *m*
depositor: Deponent *m*, Depotkunde *m*, Einleger *m*, Hinterleger *m*
depository: Hinterlegungsstelle *f*, Verwahrungsstelle *f*
deposits *pl*: Depositengelder *n/pl*
depot: Depot *n*, Stapelplatz *m*, Verwahrungsort *m*
depot charge: Depotgebühr *f*
depreciable: abschreibbar
depreciable cost: abschreibbare Kosten *pl* eines Wirtschaftsgutes (gewöhnlich Anschaffungs- oder Herstellungskosten)
depreciable value: Abschreibungsgrundwert *m*
depreciate: abnutzen, abschreiben, abwerten, entwerten, verringern
depreciated: abgeschrieben
depreciated amount: abgeschriebener Betrag *m*
depreciated cost: Kosten *pl* abzüglich aufgelaufene Abschreibungen *f/pl*, Restbuchwert *m* (Kosten minus aufgelaufene Abschreibungen), Restwert *m*
depreciation: Abnutzung *f*, Abschreibung *f*, Abwertung *f*, Alterungsverlust *m*, Entwertung *f*, Verringerung *f*
depreciation accounting: systematische Verteilung *f* der Anschaffungskosten *pl* von Anlagen *f/pl* auf deren betriebsgewöhnliche Nutzungsdauer *f*
depreciation at varying rates: schwankende Abschreibung *f*
depreciation base: Summe *f* der abschreibbaren Kosten *pl* eines Wirtschaftsguts (gewöhnlich Anschaffungs- oder Herstellungskosten)

depreciation charge: Abschreibungsbetrag *m*
depreciation expense: Abschreibungsaufwand *m*
depreciation for depletion: Substanzabschreibung *f*, Verbrauchsabschreibung *f*
depreciation for erosion of: assets Absetzung *f* für Substanzverringerung *f*
depreciation for obsolescence: Veralterungsabschreibung *f*
depreciation for use: Verbrauchsabschreibung *f*
depreciation for wasting assets: Absetzung *f* für Substanzverringerung *f*
depreciation fund: Ersatzbeschaffungsfond *m*, Geld *n* oder marktfähige Wertpapiere *n/pl*, die für die Ersatzbeschaffung *f* abgeschriebener Sachanlagen *f/pl* reserviert sind, Reservefonds *m*, Abschreibungs-Reservefonds *m*
depreciation guidelines *pl (Am)*: Abschreibungsrichtlinien *f/pl*
depreciation in cost accounts: kalkulatorische Abschreibung *f*
depreciation method: Abschreibungsmethode *f*, Abschreibungsverfahren *n*
depreciation of currency: Geldentwertung *f*, Inflation *f*
depreciation privilege: Abschreibungserleichterung *f*
depreciation rate: Abschreibungssatz *m*
depreciation reserve: aufgelaufene Abschreibung *f*
depreciation tax privilege: steuerliche Abschreibungsbegünstigung *f*
depreciation unit: Bewertungsgruppe *f*
depreciation value: Abschreibungsgrundwert *m*
depression: Depression *f*, Wirtschaftskrise *f*
deprivation: Beraubung *f*, Entziehung *f*
deprivation of (a) right: Rechtsentziehung *f*
deprivation of liberty: Freiheitsentziehung *f*
deprive (of): berauben, entziehen
deprive of rights *pl*: Rechte *n/pl* aberkennen
deputy: stellvertretend, Stellvertreter *m*
deputy manager: stellvertretender Leiter *m*, Stellvertreter *m*
deputy managing director: stellvertretender Geschäftsführer *m*
deputy regulation: Vertretungsregelung *f* Ein Aufgabenbereich der Funktionsorganisation im Unternehmen. Dabei wird unterschieden zwi-

schen ständiger Vertretung und Abwesenheitsvertretung. Der ständige Vertreter ist auch bei Anwesenheit des vertretenen Stelleninhabers als Vertreter tätig. In vielen Führungssystemen ist der Einsatz eines ständigen Vertreters namentlich für höhere Vorgesetztenpositionen allgemein vorgesehen. Es läßt es auch bei sorgfältiger Aufgaben- und Befugnisabgrenzung oft nicht vermeiden, daß dabei die Vorgesetztenposition unklar wird und die Mitarbeiter zwei Vorgesetzte haben. In jedem Fall ist eine enge, ständige und zeitraubende Verständigung zwischen dem Stelleninhaber und seinem ständigen Vertreter notwendig. Bei einem kooperativen Führungsstil können ständige Vertreter im Interesse klarer Führungsverhältnisse vermieden werden. Voraussetzung dafür sind richtig bemessene Kontrollspannen.

Abwesenheitsvertreter werden nur bei Abwesenheit des Vertretenen als Vertreter tätig. Der Abwesenheitsvertreter soll in der Lage sein, die Aufgaben des Vertretenen bei dessen kürzerer oder längerer Abwesenheit zu jedem Zeitpunkt zu übernehmen. Dazu muß er entsprechend informiert und befähigt sein. In welchem Maße ihm auch die Befugnisse des Vertretenen übertragen werden, bedarf der Klärung im Einzelfall. Jedenfalls sollte er Handlungen oder Entscheidungen mit langfristiger Wirkung oder von grundsätzlicher Art, die ohne Nachteil für das Unternehmen aufgeschoben werden können, nach Möglichkeit unterlassen. Andererseits muß er imstande sein, auch schwerwiegende unaufschiebbare Entscheidungen zu treffen und die Führungsaufgabe gegenüber den Mitarbeitern voll wahrzunehmen.

Die Abwesenheitsvertreter von Vorgesetzten sollten bevorzugt aus dem Kreis ihrer unmittelbaren Mitarbeiter gewählt werden. Hier ist am ehesten das nötige Vertrauensverhältnis und die Möglichkeit gegeben, den Vertreter soweit an den wichtigsten laufenden Vorgängen zu beteiligen, daß er auch bei unerwarteter Abwesenheit jederzeit einspringen kann. Bei kooperativer Führungsweise sollten alle geeigneten Mitarbeiter durch Information und Mitsprache soviel Einblick in die Arbeit ihres Vorgesetzten haben, daß sie Vertretungsaufgaben wahrnehmen können. Die Vertretungsbefugnis ist eine Anerkennung für hohe Qualifikation. Für Führungsnachwuchskräfte bietet sie Gelegenheit, ihr Führungskönnen zu entwickeln und zu erproben.

dequalification hypothesis: Dequalifizierungs-These *f*
Eine in der Qualifikationsforschung diskutierte These zur längerfristigen Qualifikationsentwicklung, derzufolge bei zunehmender Mechanisierung die Qualifikationsanforderungen zunächst ansteigen, dann aber wieder sinken, da die prozeßgebundenen Qualifikationen wie z.B. handwerkliche Fertigkeiten und Materialgefühl immer stärker entwertet werden.

derelict: herrenlos, pflichtvergessen
dereliction: Besitzaufgabe *f*

dereliction of duty: Pflichtvergessenheit *f*
deride: verhöhnen **derivation** Herkunft *f*, Provenienz *f*
derivative: Ableitung *f*, abgeleitet
derive: ableiten, herleiten
derived coordination: abgeleitete Koordination *f*
Während eine originäre Koordination dann vorliegt, wenn die Koordinationsaufgabe unmittelbar von der Führungskraft ausgeführt wird, bezeichnet man die durch Arbeitsteilung und fortschreitende Differenzierung des Führungsprozesses erforderliche Delegation der Koordinationsaufgabe als abgeleitete Koordination. Sie ist typisch für die aufgrund von Plan- und Zielkorrekturen sowie durch Abweichungen und Störungen in der Praxis entstehenden Koordinationsteams.
Dabei delegiert das Management die Aufgabe der Koordination an spezielle Aufgabenträger, die Koordinatoren. Damit wird die Koordination institutionalisiert, und an diese ständige Einrichtung werden auch Kontrollaufgaben übertragen. Aus den Koordinationsteams entwickeln sich dann Stabsabteilungen.
Die Notwendigkeit der Koordination ergibt sich aus der arbeitsteiligen Organisation von Managementprozessen und als Folge der damit verbundenen Delegation, Management durch Delegation. Koordination bedeutet die Zusammenfassung von Teilaktivitäten einer Aufgabe zu einem Ganzen. Es ist die Abstimmung einer Menge von Teilaktivitäten im Hinblick auf die Erreichung eines vereinbarten Ergebnisses.

derived demand: abgeleitete Nachfrage *f*
Die durch die unmittelbare Nachfrage der Konsumenten nach Gütern und Dienstleistungen ausgelöste Nachfrage der Produzenten nach Produktivgütern.

descend: abstammen
descendant: Abkömmling *m*, Nachkomme *m*
descending: absteigend
describe: beschreiben, bezeichnen
description: Beschreibung *f*, Bezeichnung *f*, Darstellung *f*
description by metes and bounds: geometrische Bezeichnung *f* eines Grundstücks *n*
description of occupation: Berufsbild *n*
descriptive decision-making research: deskriptive Entscheidungsforschung *f*
Derjenige Bereich der Entscheidungsforschung, der im Gegensatz zu den im Rahmen der Entscheidungstheorie entwickelten Modellen das faktische Entscheidungsverhalten von Personen untersucht.
descriptive statistics: deskriptive Statistik *f*, beschreibende Statistik *f*
Sammelbezeichnung für diejenigen statistischen Verfahren und Techniken, die dazu dienen, empiri-

desert

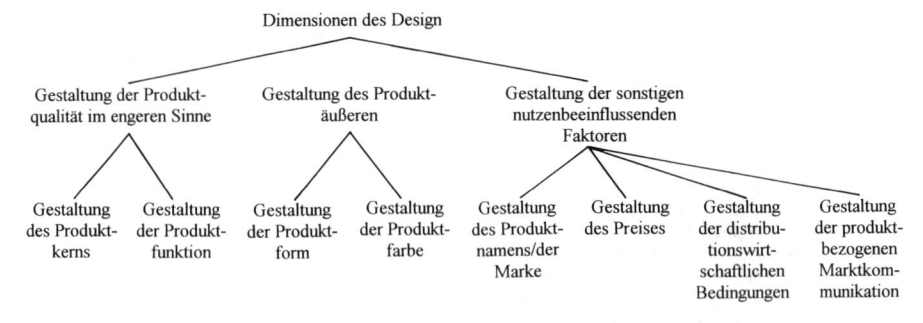

Dimensionen des Design

- Gestaltung der Produktqualität im engeren Sinne
  - Gestaltung des Produktkerns
  - Gestaltung der Produktfunktion
- Gestaltung des Produktäußeren
  - Gestaltung der Produktform
  - Gestaltung der Produktfarbe
- Gestaltung der sonstigen nutzenbeeinflussenden Faktoren
  - Gestaltung des Produktnamens/der Marke
  - Gestaltung des Preises
  - Gestaltung der distributionswirtschaftlichen Bedingungen
  - Gestaltung der produktbezogenen Marktkommunikation

sche Daten mit Hilfe von Maßzahlen und graphischen Darstellungen so aufzubereiten, daß ihr wesentlicher Inhalt möglichst leicht erkennbar dargestellt, charakterisiert und zusammengefaßt wird. Dabei bleiben die graphischen und numerischen Beschreibungen auf die Menge von Fällen beschränkt, für die Daten erhoben wurden. Die Datenaufbereitung kann entweder dann bestehen, die in ihnen enthaltene Redundanz zu verringern (Datenverdichtung) oder darin, die in einem gegebenen Zusammenhang relevanten Informationen einer Datenmenge herauszuarbeiten (Datenreduktion).

desert: aufgeben, desertieren, verlassen (Arbeitsplatz), böswillig verlassen

desertion: die vollständige Aufgabe *f* eines Wirtschaftsguts, z.B. Stillegung eines Rüstungswerkes, Desertation *f*, Eheverlassung *f*, böswilliges Verlassen *n*

design: Design *n*, entwerfen, Entwurf *m*, Form *f*, Gebrauchsmuster *n*, Muster *n*, Plan *m*, planen, Vorhaben *n*, Vorsatz *m*, Zeichnung *f*

Die visuelle und graphische Gestaltung und Formgebung eines Objekts bzw. eines Produkts für die industrielle Serienfertigung, d.h. die mit Hilfe von Gestaltungsmitteln wie Material, Verpackung, Farbe, Formgebung, Druck, Gestaltung usw. geprägte äußere Erscheinung einer Ware, durch die ihre Absatzfähigkeit und Attraktivität für potentielle Käufer erhöht werden soll.

Definiert man Produkte als Güter, die Bedürfnisse befriedigen und Nutzen stiften, kommen als Gegenstände des Produktdesign grundsätzlich alle mit den Nutzenerwartungen der Konsumenten verknüpften Faktoren in Betracht. Die graphische Darstellung oben zeigt die wichtigsten Bereiche des Design auf.

Die Dimensionen bedeuten dabei im einzelnen:

1. Die *Produktqualität im engeren Sinne*: Die im engen Zusammenhang mit dem Grundnutzen des Produkts stehenden, objektiv meßbaren bzw. feststellbaren Produkteigenschaften.

a) Produktkern: Die stofflich-technischen Produkteigenschaften wie z.B. Gewicht, Größe, Länge, technische Lebensdauer usw.

b) Produktfunktion: Der durch Aspekte wie die Anwendungsbreite, wirtschaftliche Haltbarkeit, Zuverlässigkeit, Gebrauchstüchtigkeit, Leichtigkeit der Handhabung, usw. gegebene Verwendungsnutzen des Produkts für seine Konsumenten.

2. *Produktäußeres*: Die Gesamtheit der vorwiegend den Zusatznutzen eines Produkts bestimmenden Faktoren seines äußeren Erscheinungsbilds

a) Produktform: Sowohl die Form des Produkts selbst wie die seiner Verpackung.

b) Produktfarbe: Ebenfalls die des Produkts wie die der Verpackung.

3. *Sonstige nutzenbeeinflussende Faktoren*:

a) Produktname: Die mit dem Namen des Produkts, Markenartikel, bzw. der Herstellerfirma verknüpften Nutzenerwartungen.

b) Preis: Die mit dem Produktpreis verknüpften Qualitätserwartungen, Preis-Qualitäts-Assoziationen.

c) Distributionswirtschaftliche Bedingungen: Die Gesamtheit der mit dem Ort des Verkaufs verknüpften Nutzenerwartungen.

d) produktbezogene Marktkommunikation: Die durch Maßnahmen der Werbung erzeugten Nutzenerwartungen hinsichtlich des Produkts.

Im 20. Jahrhundert hat sich die Erkenntnis in der Industrie und im Handel durchgesetzt, daß technisch perfekte, im übrigen aber klobige und den ästhetischen Wünschen ihrer potentiellen Verwender nicht entsprechende Produkte nur schlecht zu verkaufen sind. Dabei folgt die Entwicklung des Designs von Produkten in der Regel sowohl ästhetischen wie funktionellen Bedürfnissen.

design pooling agreement: Geschmacksmusterkartell *n*

design registration: Gebrauchsmustereintragung *f*, Musterschutz *m*

designate: bestimmen, bezeichnen, designieren

designation: Bestimmung *f*, Bezeichnung *f*

designer: Designer *m*, Formgestalter *m*

Ein Beruf im Bereich der industriellen Formgebung, zu dessen Aufgaben die ästhetisch ansprechende und funktionelle Gestaltung von Gebrauchs- und Verbrauchsgütern sowie ihren Verpackungen gehört. Designer werden auf Kunsthochschulen, Werkkunstschulen und spezialisier-

ten Fachschulen für industrielle Formgebung ausgebildet.
desintegration: Auseinanderfallen *n*, Desintegration *f*, Zerfall *m*
desk: Schreibtisch *m*, Pult *n*
desk calculator: Tischrechenmaschine *f*
desk jobber: Streckenhändler *m*, Streckengroßhändler *m*
desk jobbing: Streckenhandel *m*, Streckengroßhandel *m*
Der Handel (Großhandel), bei dem der Händler ausschließlich dispositive, jedoch keinerlei physische Funktionen wie Lagerhaltung oder Warentransport erfüllt. Der Unternehmer lenkt dabei im wesentlichen den Güterstrom, ohne selbst mit ihnen in Berührung zu kommen. Typisch für den Streckenhandel ist der Großhandel mit Massengütern wie Getreide, Eisen, Südfrüchten, Baustoffen usw.
desk pad: Schreibunterlage *f*
despecialization: Entspezialisierung *f*
despecialize: entspezialisieren
destination: Reiseziel *n*, Bestimmungsort *m*
destine to: bestimmen für
destitute: unversorgt, verarmt
destocking: Lagerabbau *m*
destroy: vernichten
destruction of money: Geldvernichtung *f*
destructiveness: Schädlichkeit *f*
detail: aufzählen, Detail *n*, Einzelheit *f*
detail card: Einzelkarte *f (EDV)*
detail drawing: Teilzeichnung *f*
detail work: Kleinarbeit *f*
detailed: ausführlich
detailed statement: Einzelaufstellung *f*
detailed system analysis: Feinsystemanalyse *f*
detailing: mündliche Einzelwerbung *f* (durch Kundenbesuch), Propagandistenwerbung *f*
details *pl*: Einzelangaben *f/pl*
detain: vorenthalten, zurückbehalten, zurückhalten
detect: aufdecken
detection: Aufdeckung *f*
detector of inactive account: Kontensucher *m* für unbewegte Konten *n/pl (EDV)*
detention: Arrest *m*, Vorenthaltung *f*, Zurückbehaltung *f*, Zurückhaltung *f*
deteriorate: verderben, verlieren (an Wert verlieren), verschlechtern
deterioration: Minderung *f* (Güte), Verderb *m*, Verschlechterung *f*, Wertabnahme *f*
deterioration of money value: Geldentwertung *f*
deterioration of value: Wertminderung *f*

determinant: Determinante *f* ausschlaggebend, bestimmend
determination: Bestimmung *f*, Feststellung *f*
determination of the annual financial statement: Feststellung *f* des Jahresabschlusses *m*
determine: bestimmen, entscheiden, ermitteln, festlegen, festsetzen, feststellen, urteilen
determining factor: Bestimmungsfaktor *m*
deterministic relationship: deterministische Beziehung *f*
Eine Beziehung, in der die Abhängigkeit der abhängigen Variablen frei von Zufallseinflüssen ist und daher zwei Größen dadurch gekennzeichnet sind, daß die eine die andere oder beide einander bedingen; Wahrscheinlichkeiten spielen dabei keinerlei Rolle.
detinue: Klage *f* auf Herausgabe *f* einer widerrechtlich vorenthaltenen beweglichen Sache *f*
detriment: Nachteil *m*, Schaden *m*
detrimental: nachteilig, schädlich
devaluation: Abwertung *f*, Devaluation *f*
devaluation of currency: Geldabwertung *f*
Während eine Aufwertung den Zweck hat, einen Überschuß zu vermindern oder gar zu beseitigen, soll eine Abwertung ein Defizit ausgleichen. Während bei einer Aufwertung der Gedanke zugrundeliegt, daß diese die Währung des aufwertenden Landes – und damit dessen Güterangebot auf den internationalen Märkten – verteuert und die Einfuhr gleichzeitig verbilligt und folglich zu einer sinkenden Auslandsnachfrage, einer steigenden Inlandsnachfrage und einer Abnahme des Überschusses führt, verbilligt umgekehrt eine Abwertung die Währung des abwertenden Landes, damit dessen Güterangebot auf den Weltmärkten und verteuert gleichzeitig den Import.
In einem System freier Wechselkurse werden automatische Auf- und Abwertungen zum Ausgleich der Zahlungsbilanz erwartet. Die Wirkung einer Änderung des Wechselkurses auf die Zahlungsbilanz hängt davon ab, wie der Wert des Exports und des Imports von der Wechselkursänderung beeinflußt wird. Im Regelfall vergrößert eine Abwertung den Überschuß in einer Zahlungsbilanz und vermindert ein Defizit. Sie verbilligt den heimischen Export und verteuert den Import aus dem Ausland. Vergrößert eine Abwertung den positiven Saldo einer Zahlungsbilanz, so spricht man davon, daß sie „normal" reagiert. Im Fall einer Verminderung des positiven Saldos spricht man von einer „anomalen Reaktion" (Marshall-Lerner-condition).
In der Regel führt eine Abwertung dazu, daß der Mengen-Import abnimmt, die Importpreise in heimischer Währung steigen, die Exportmenge ebenfalls zunimmt. Da Menge und Preis des Exports (in heimischer Währung) bei einer Abwertung stei-

gen, nimmt der Wert des Exports. Da der mengenmäßige Import bei einer Abwertung abnimmt, der Preis in heimischer Währung dagegen steigt, kann der Wert des Imports in heimischer Währung sinken, steigen oder konstant bleiben. Bei völlig inelastischer (elastischer) Import-Nachfrage steigt (fällt) der Wert des Imports. Welcher Fall eintritt, hängt von der Elastizität des Angebots an Importgütern in bezug auf den Auslandspreis und von der Elastizität der Nachfrage nach Importgütern in bezug auf den Preis in heimischer Währung ab.

devaluation of money: Geldentwertung *f*
Der Vorgang des Anstiegs der Verbraucherpreise, der dadurch charakterisiert ist, daß die Kaufkraft des Geldes sich umgekehrt proportional zur Entwicklung des Preisniveaus verhält.

devalue: abwerten
develop: ausbilden, entwickeln
developing company: Bauträgergesellschaft *f*
developing country: Entwicklungsland *n*
development: Ausbildung *f*, Entwicklung *f*, Schulung *f* (Ausbildung)
development aid: Entwicklungshilfe *f*
development area: Siedlungsgelände *n*
development expense(s) *(pl)*: Entwicklungskosten *pl*
development policy: Entwicklungspolitik *f*
development forecast: Entwicklungsprognose *f*
Bei Prognosen allgemein und bei Absatzprognosen insbesondere unterscheidet man zwischen Wirkungsprognosen und Entwicklungsprognosen. Entwicklungsprognosen sind Vorausschätzungen der künftigen Veränderung von Größen, die von nicht direkt kontrollierbaren Variablen abhängen. Für ein Wirtschaftsunternehmen zeigen solche in Form von Zeitreihen darstellbare Prognosen Entwicklungstendenzen auf, die als Daten für die Marketingplanung von großer Wichtigkeit sein können, weil sie Potentiale und Lücken für die langfristige Zielplanung des Unternehmens aufzeigen können.

development prognosis: Entwicklungsprognose *f*
development project: Entwicklungsprojekt *n*
deviate: abweichen
deviation: Abweichung *f*
deviation analysis: Abweichungsanalyse *f*, Soll-Ist-Analyse *f*
Eine Form der Umsatzanalyse, deren Funktion die Untersuchung des relativen Beitrags verschiedener Faktoren zu dem Auftreten eines deutlichen Auseinanderfallens von tatsächlich erzielten Umsätzen oder Erlösen (Ist) und erwarteten Umsätzen oder Erlösen (Soll) ist. Ziel der Analyse ist es, nach Ermittlung der Gründe für das Zurückbleiben der Istwerte hinter den Sollwerten entsprechende Anpassungsmaßnahmen einzuleiten.

Unter der Voraussetzung, daß die Ermittlung des Ist und der Abweichungen fehlerfrei vorgenommen wurde, lassen sich Abweichungen meist zurückführen auf:
- *Planungsfehler*: Die Nichtberücksichtigung bekannter Einflußgrößen, eine falsche Gewichtung von Faktoren.
- *Störgrößen*: unvorhersehbare, die Grundlage der Planung verändernde Ereignisse.
- *Fehlleistungen:* Mehr- oder Minderleistungen, Fehlentscheidungen und Fehlverhalten.

Da die Analyse der Abweichungen Zeit und Geld kostet, ist es aus wirtschaftlichen Gründen oft zweckmäßig, einen Selektionsfilter einzusetzen. Er bewirkt, daß nur solche Abweichungen analysiert werden, die ein zuvor festgelegtes „kritisches Abweichungsmaß" überschreiten.
Die Bestimmung eines solchen Abweichungsmaßes setzt allerdings Vorkenntnisse der Ergebnisse voraus, die eigentlich durch die Abweichungsanalyse erst erbracht werden sollen. Sie erfordert jedenfalls eine gute Situationskenntnis und ein weitgehend antizipierbares Wirkungsfeld. In welcher Höhe die kritische Schwelle zu bemessen ist, muß von Fall zu Fall und in Abhängigkeit von der Bedeutung der Vergleichsobjekte im Hinblick auf die Gesamtunternehmung entschieden werden. Sie hängt auch vom Grad der Ungewißheit bei der Fixierung der Sollwerte und von den an die Kontrollinformationen gestellten Ansprüchen ab.

deviation clause: Abweichungsklausel *f*
device: Gerät *n*, Vorrichtung *f*
devise: hinterlassen (von Grundstücken), nachlassen (bei Erbschaft), vererben (von unbeweglichen Sachen), vermachen (von Grundstücken), Vermächtnis *n* (von Grundstücken)
devisee: Vermächtnisempfänger *m* (von unbeweglichen Sachen)
devisor: Erblasser *m* (unbewegliche Sachen)
devolve upon: anheimfallen
dexterity: Geschicklichkeit *f*
diagnosis: Diagnose *f*
Nach Hans Zetterberg die Beschreibung eines Objekts oder Problems „im Rahmen einer begrenzten Zahl von Definitionen und Dimensionen".

diagonal cooperation: diagonale Kooperation *f*
Eine Kooperationsbeziehung innerhalb von Unternehmen, die das Zusammenwirken zwischen den Bereichen zentraler Instanzen mit übergeordneten Aufgaben und den Bereichen dezentraler Instanzen bezeichnet. Mit der Größe des Unternehmens wächst das Erfordernis einer sachlichen und räumlichen Dezentralisierung bestimmter Bereiche (z.B. Betriebe, Tochtergesellschaften, Außenstellen).
Für eine erfolgreiche Arbeit benötigen diese Bereiche ein hohes Maß an Selbständigkeit. Andererseits müssen auch diese Bereiche von einer über-

geordneten Stelle aus geführt, und muß ihre Tätigkeit in das Ganze eingeordnet und unterstützt sowie bestimmten Zielsetzungen, Koordinierungen und Kontrollen unterworfen werden. Dies ist Aufgabe spezialisierter zentraler Bereiche. Sie müssen für diese Aufgaben einerseits gegenüber den dezentralen Bereichen mit bestimmten Einwirkungsrechten ausgestattet sein. Sie dürfen andererseits die Handlungsfähigkeit und Erfolgsverantwortung der dezentralen Bereiche nicht unnötig einschränken. Das Zusammenwirken zwischen den Bereichen zentraler Instanzen mit übergeordneten Aufgaben und den Bereichen dezentraler Instanzen muß das Erfordernis dezentraler Handlungsfreiheit mit dem Erfordernis übergeordneter zentraler Koordinierung in Einklang bringen. Die diagonale Kooperationsbeziehung spielt eine Rolle bei Unternehmungen oder Konzernen, die divisional gegliedert sind, Divisionalisierung. Sie haben in der Regel unternehmerisch selbständig handelnde, dezentralisierte Geschäftsbereiche, Betriebe, Außenstellen oder Tochtergesellschaften, denen fachlich spezialisierte Zentralbereiche in der Hauptverwaltung zur planenden, steuernden, überwachenden, unterstützenden Einwirkung gegenüberstehen. Solche Zentralbereiche werden für alle wichtigen Fachgebiete gebildet, die in dezentralen Haupt- oder Ordnungsfunktionen auftreten und einer zentralen fachlichen Koordinierung, Systematisierung, Überwachung, Einwirkung oder Unterstützung bedürfen.
Die Bildung von Zentralbereichen setzt voraus, daß eine genügende Anzahl dezentraler Geschäftsbereiche besteht, die eine Ausgliederung und zentrale Zusammenfassung bestimmter Funktionen lohnend macht. Diese Zentralbereiche haben den Charakter von Ordnungsfunktionen und arbeiten mit den dezentralen Bereichen im normalen Lateralverhältnis zusammen. Trotzdem ist diese diagonale Beziehung zu den Zentralbereichen von besonderer Art. Denn die Zentralbereiche sind den Bereichen der nachgeordneten dezentralisierten Instanzen insofern nicht nebengeordnet als sie Bestandteil der übergeordneten Instanz sind, in deren Auftrag sie handeln. Sie haben demgemäß gegenüber den dezentralen Geschäftsbereichen oft übergeordnete Aufgaben und Einwirkungen wahrzunehmen, die mit Führungsaufgaben verwandt sind, wie Planungs-, Steuerungs- und Überwachungsaufgaben oder die Bearbeitung außergewöhnlicher Fälle. Anderseits sind sie den dezentralen Geschäftsbereichen insofern nicht übergeordnet als sie keinerlei Weisungsrechte haben. Sie bleiben Ordnungsfunktionen und haben deshalb gegenüber den nachgeordneten Instanzen und deren Haupt- und Ordnungsfunktionen keine anderen Einwirkungsmöglichkeiten, als ihr Ordnungsfunktionscharakter erlaubt.
Bestehen zwischen zentralen und dezentralen Bereichen noch halbdezentralisierte Zwischeninstanzen, so können diese vom dezentralen Bereich als übergeordnete zentrale Bereiche vom zentralen Bereich aus als nachgeordnete dezentrale Bereiche behandelt werden.

diagram: Diagramm *n*, graphische Darstellung *f*, Plan *m*, Schaubild *n*, Schautafel *f*, Schema *n*
dialectical problem: dialektisches Problem *n*
Eine Problemsituation, in der ein Aktor überhaupt nicht weiß, was er eigentlich genau will.
diary: Tagebuch *n*
dictating machine: Diktiergerät *n*
dictation: Diktat *n*
dictum: richterliche Ansicht *f*, die in einer Entscheidung *f* zum Ausdruck *m* gebracht wird, ohne daß sie sich auf den konkreten Fall *m* bezieht
die: Gußform *f*, sterben
dies ad quem: Empfangstermin *m*, Endtermin *m*
difference: Differenz *f*, Unterschied *m*
difference estimation: Differenzenschätzung *f*
Eine Form der gebundenen Hochrechnung, bei der die Ermittlung von Parametern einer Grundgesamtheit aufgrund von Stichprobenwerten durch Multiplikation der Differenzen zwischen Untersuchungsmerkmalen und Basiswerten in der Stichprobe mit dem Kehrwert des Auswahlsatzes erfolgt:

$$X = Y + \frac{N}{n}(\sum x_i - \sum y_i)$$

difference in rate of exchange: Wechselkursdifferenz *f*
difference of opinion: Meinungsverschiedenheit *f*
differential: differential, Unterscheidungs-
differential cost: Differentialkosten *pl*, Deckungskosten *pl*
differential costing: Deckungsbeitragsrechnung *f*, Grenzkostenrechnung *f*
differential piece rate: differenzierter Akkordsatz *m*
differential piece-rate system according to Taylor: Prämiensystem *n* nach Taylor
differential tariff: Staffeltarif *m*
differentiated: gestaffelt
differentiation: Differenzierung *f*
differentiation phase: Differenzierungsphase *f*
differentiation stage: Differenzierungsphase *f*
In dem Phasenmodell der Organisationsentwicklung (OE), die das Nederland Pädagogisch Instituut (NPI) entwickelt hat, beginnt die Entwicklung einer Organisation mit der Pionierphase. Die Überforderung des Pioniers leitet den Übergang zur *Differenzierungsphase* ein, in der das Betriebsge-

schehen durch ein logisches System von Regeln beherrscht wird. Systematische Planung, effiziente Arbeitsmethoden und rationelle Organisation halten ihren Einzug. Spezialisierte Tätigkeiten, Funktionen und Abteilungen entwickeln sich, deren Verbindung untereinander durch Koordination gewährleistet werden muß. Das bedeutet Gewinn an Ordnung, Übersicht und Vorausschau und damit erhöhte Produktivität.

Der Betrieb in der Phase der Differenzierung weist folgende Tendenzen auf:
- *Mechanisierung*: Substitution menschlicher Arbeit durch Maschinen.
- *Standardisierung*: Vereinheitlichung von Produkten, Verfahren und Prozessen erleichtert Serien- und Massenfertigung.
- *Spezialisierung* nach Funktionen: Einkauf, Produktion, Verkauf nach Führungsebenen: obere, mittlere, untere nach Phasen: Planung, Ausführung, Kontrolle
- *Koordination*: horizontale und vertikale Kommunikation, Stab-Linien-Organisation.

Probleme am Ende der Differenzierungsphase, wie Erstarrung (Formalisierung und Bürokratisierung), interne und externe Kommunikationsbarrieren, Konflikte zwischen Stab und Linie, mangelnde Motivation, mangelnde Koordination von Aktionen und Mißtrauen der Konsumenten leiten den Übergang zur letzten Phase ein.

differentiation strategy: Differenzierungsstrategie *f*
Eine Unternehmensstrategie, bei der sich die Präsentation der Produkte oder Dienstleistungen eindeutig und gezielt von der aller Konkurrenten unterscheidet. Dabei wird dem Kunden eine bestimmte Wertigkeit vermittelt, sei es im Hinblick auf höhere Gebrauchsfähigkeit, bessere Qualität, mehr Prestige, unterschiedliche Merkmale, besseren Service, größere Zuverlässigkeit oder größeren Komfort des Produkts bzw. der Dienstleistung.

Der Prototyp einer Differenzierungsstrategie, im Gegensatz zur Kostenminimierung, ist die Qualitätsstrategie. Eine Methode der Differenzierung z.B. von Dienstleistungen ist das Angebot von peripheren Leistungen. Eine andere Differenzierungsstrategie ist eine breite Produktpalette, so daß man den Kunden eine Systemlösung und den Vorteil des Kaufens „unter einem Dach" bieten kann.

Differenzierungsstrategien sind normalerweise mit besserer Leistung oder mehr Bequemlichkeit als Differenzierungsmerkmal verbunden. Ein Ansatz ist die Qualitätsstrategie, die bei genauer Betrachtung multidimensional ist.

Differenzierung ist nicht zwangsläufig mit einem höheren Preis verbunden. In PIMS-Studien hat sich ergeben, daß Qualitätsstrategien durchschnittlich zu höheren Kapitalerträgen (ROI) führen. Differenzierungsstrategien können auch auf einem Markennamen, auf Kundenorientierung, Produktmerkmalen, Patenten, peripheren Leistungen, Vertriebswegen und auf der Breite der Produktlinie basieren.

Für die Entwicklung von Differenzierungsstrategien gibt es zwei generelle Ansatzpunkte:
- Senkung der Nutzungskosten und/oder
- Steigerung des Nutzungswertes.

Im Falle einer Senkung der Nutzungskosten liegt der Wert der Einmaligkeit darin, daß ein Produkt oder eine Dienstleistung geeignet ist, die Nutzungskosten des Abnehmers zu senken.

Im Fall einer Steigerung des Nutzungswerts wird die Einmaligkeit des Produkts bzw. der Dienstleistung durch die Schaffung eines Zusatznutzens bewirkt. Typische Quellen für eine solche Differenzierung sind: Kundendienst, Standort, Betriebsgröße (Zahl der Agenturen, internationale Verbindungen usw.), Qualität, Design oder Integration (z.B. Gesamtpaket für Leistungen).

Erfolgreich kann eine solche Differenzierungsstrategie nur dann sein, wenn der zusätzlich angebotene Nutzen für die Abnehmer wichtig ist und von ihnen auch als solcher wahrgenommen wird. Ein weiteres Erfolgsmerkmal ist die Frage, wie leicht die Differenzierung von den Konkurrenten imitiert werden kann. Die Differenzierung eines Guts ist in der Regel nur mit höheren Kosten möglich. Eine Differenzierung ist deshalb auch nur so lange attraktiv, wie die zusätzlich erzielbaren Erträge größer als die zusätzlichen Aufwendungen für die Differenzierung sind.

Differenzierung ist gewöhnlich mit einer Verschlechterung der Kostenstruktur verbunden; die Kostenstrategie stellt auf eine Optimierung der Kostenstruktur ab und erlaubt deshalb nur eine durchschnittliche Qualität und Differenzierung.

difficult: schwierig
difficulty: Schwierigkeit *f*
diffusion: Diffusion *f*
In der Soziologie bezeichnet Diffusion den Kommunikationsprozeß, durch den soziale Ideen, Kulturgüter, Informationen, Einstellungen, Meinungen, Vorurteile, Gerüchte und Innovationen sich über die in einem sozialen System bestehenden Kommunikationswege ausbreiten. Die grundlegende These des Diffusionismus lautet, daß es Urkulturen oder Kulturzentren gibt, von denen sich kulturelle Merkmale auf andere Gesellschaften ausbreiten. Kulturelle Entwicklung folgt danach nicht einer inneren Logik im Sinne der Evolution, sondern sie wird geprägt durch direkte und indirekte Kontakte, bei denen Kulturgüter aus einer Kultur in eine andere weitergegeben beziehungsweise übernommen werden.

Gegenstand der Diffusionsforschung ist dieser Kommunikationsprozeß unter besonderer Berücksichtigung der sozialen, sozioökonomischen und psychologischen Verhaltensmerkmale der daran beteiligten Individuen sowie ihrer sozialen Interaktionen auf der einen Seite und der Rolle der Kommunikationsmedien auf der anderen Seite.

In der Managementlehre und der Absatzwirtschaft liegt der Schwerpunkt des Interesses naturgemäß

auf der Untersuchung der Ausbreitung neuer Produkte und Dienstleistungen, neuer Konsumgewohnheiten und Verhaltensweisen.
Folgt man dem diffusionistischen Prinzip, muß der Glaube aufgegeben werden, daß erfolgreiche Unternehmensentwicklung das Werk unternehmerischer Kreativität oder Erfindungsgabe sei. So kritisierte beispielsweise Robert H. Waterman, der Koautor des Buchs „In Search of Excellence" die in vielen Firmen in Europa und USA vorherrschende Haltung, immer wieder das Ei des Kolumbus erfinden zu wollen. Japan dagegen, mit seiner ständig praktizierten Aufnahme fremder Impulse und gründlicher Analyse ausländischer Märkte, sei ein Meister der Imitation technologischer Produkte.
Diffusionen sind übrigens ebenso auf dem Feld der Sozialtechniken zu beobachten. Viele der in bundesdeutschen Unternehmen eingesetzten Managementmodelle kommen aus den USA.
Dem Verständnis der Ausbreitung einer Neuerung als Kommunikationsprozeß, der als eine Häufigkeitsverteilung bzw. graphisch als Diffusionskurve der Zahl der Übernehmer einer Innovation im Zeitverlauf darstellbar ist, Adoptionsprozeß, entspricht es, daß bei der Erforschung des Diffusionsprozesses entweder die psychische Innovationsdisposition der Individuen oder einzelner Gruppen oder aber die soziale Innovationskraft der individuellen und der Massenkommunikation eine zentrale Rolle spielen.
Die individuelle Innovationsbereitschaft ist ein zentrales Kriterium in den Adoptionsmodellen, denen die Annahme unterschiedlicher Innovationsbereitschaft bei verschiedenen Marktsegmenten bzw. Bevölkerungskategorien zugrundeliegt.
Im Zusammenhang der kommunikationsorientierten Diffusionstheorien sind vor allem die Theorien über die Funktion der Meinungsführer, Zwei-Stufen-Fluß der Kommunikation, als entscheidende Träger der Diffusion von Bedeutung. Für Manamgent und Marketing ergibt sich daraus die Notwendigkeit, den Diffusionsprozeß für eine Neuerung dadurch zu aktivieren, daß die Innovatoren (Konsumpioniere) und die Meinungsführer erreicht werden, und für die Marktforschung resultiert daraus das Problem, diese zu identifizieren.
Dabei empfiehlt es sich, mit Hans-Joachim Hoffmann zwischen *Gegenstandsdiffusion* und *Nachrichtendiffusion* zu unterscheiden. Nachrichtendiffusion ist die Ausbreitung der Information über das Vorliegen einer Innovation, also eines neuen Produkts, die in der Werbeforschung z.B. als Informationsgrad mit Hilfe von Erinnerungsfragen gemessen werden kann. Gegenstandsdiffusion hingegen ist der Prozeß der tatsächlichen Übernahme der Innovation, also z.B. der Kauf des neueingeführten Produkts.
diffusion of responsibility: Diffusion *f* der Verantwortung
diffusion research: Diffusionsforschung *f*
digit: Ziffer *f (EDV)*
digit control: Zahlensteuerung *f (EDV)*

digit position: Ziffernstelle *f (EDV)*
digital: digital, ziffernmäßig
digital computer: Digitalrechner *m (EDV)* Ziffernrechner *m (EDV)*
digital data processing system: digitales Datenverarbeitungssystem *n (EDV)*
digital datum: Digitalwert *m (EDV)*
digital display: digitale Anzeige *f (EDV)*
digital output: Digitalausgabe *f (EDV)*
dilatory: aufschiebend, dilatorisch, säumig, saumselig
dilatory decree: aufschiebendes Urteil *n*
dilatory plea: aufschiebende Einrede *f*, anspruchshemmende Einrede *f*
diligence: Eifer *m*, Fleiß *m*, Sorgfalt *f*
diligent: fleißig
dilute labor *(brit)*: ungelernte Arbeiter *m/pl* einstellen
dilutee *(brit)*: Anlernling *m*
dilution of labor: Arbeitsverlangsamung *f*, Einstellung *f* ungelernter Arbeitskräfte *f/pl*
dimension: Abmessung *f*, Dimension *f*, Größe *f*, Maß *n*
diminish: abnehmen, abschwächen, mindern, schmälern, verkleinern, vermindern, verringern
diminishing balance: depreciation Buchwertabschreibung *f*
diminishing productivity: abnehmende Produktivität *f*
diminishing returns *pl*: abnehmende Erträge *m/pl*
diminution: Abnahme *f*, Abschwächung *f*, Schmälerung *f*, Schwächung *f*, Verminderung *f*, Verringerung *f*
diploma: Diplom *n*
direct: anordnen, anweisen, dirigieren, leiten, lenken, schicken, steuern, unmittelbar
direct access: direkter Zugriff *m (EDV)*
direct access method: Direktzugriffsmethode *f (EDV)*
direct addressing: direkte Adressierung *f (EDV)*
direct advertising: Direktwerbung *f*
direct bill: Rektawechsel *m*
direct collection: Direkt-Inkasso *n*
direct competence: unmittelbare Zuständigkeit *f*
Eine Zuständigkeit für Personen oder Bereiche bei Aufgaben, die sie unabhängig davon, ob andere Personen oder Stellen mitzuwirken haben oder nicht, selbst wahrzunehmen haben. Ist solche Mitwirkung vorgesehen, dann sind die Personen oder Bereiche, die diese Mitwirkung in Anspruch nehmen, für diese Aufgaben unmittelbar mitzuständig.
direct control: Direktsteuerung *f (EDV)*

direct cost: direkte Kosten *pl*, Einzelkosten *pl* (Fertigungsmaterial und Lohn), Grenzkosten *pl*, Kosten *pl*, direkt zurechenbare leistungsabhängige Kosten *pl*

direct costing: Direct-Costing *n*, Deckungsbeitragsrechnung *f*, Teilkostenrechnung *f*, Grenzkostenrechnung *f*
Das Verfahren und Prinzip der Findung der direkt leistungsabhängigen Kosten eines Unternehmens durch Ermittlung derjenigen Ausbringungsmenge, deren Deckungsbeitrag zur Abdeckung aller fixen Kosten ausreicht. Dabei wird also der Deckungsbeitrag als die Differenz zwischen den Erlösen und den variablen Kosten definiert.

direct debiting: Einzugsauftrag *m*
direct depreciation: direkte Abschreibung *f*
direct distribution: Direktvertrieb *m*
Eine Form des unmittelbaren Verkaufs von Waren oder Dienstleistungen eines Herstellers oder Erstanbieters ohne Zwischenschaltung nachgelagerter Handelsstufen an den letzten Nachfrager z.B. durch eigene Verkaufsstätten, durch Direktversand, eigene Handelsreisende oder andere Direktvertriebssysteme (wie z.B. der Haustürverkauf). Der Hersteller oder Erstanbieter organisiert dabei den gesamten Vertrieb seiner Ware oder Leistung in eigener Regie.
In der Literatur ist eine Differenzierung nach Direktvertrieb im weiteren und im engeren Sinne anzutreffen, wobei der direkte Vertrieb im engeren Sinne als das Angebot von Waren oder Leistungen durch einen Hersteller oder Händler an private Endverbraucher unter Einsatz von Handelsvertretern, Eigenhändlern oder anderen Vertriebsbeauftragten verstanden wird. In der betrieblichen Absatzwegepolitik spielt der Direktabsatz besonders in den beratungs- und serviceintensiven Bereichen der Produktionsgüterindustrie und in zahlreichen Dienstleistungszweigen eine große Rolle.

direct export: Direktexport *m*, direkter Export *m*
Eine Form des Direktabsatzes im Export, die darin besteht, daß der Hersteller oder Erstanbieter einer Ware in den Export seiner Güter kein Exportunternehmen im eigenen Land oder in den Durchfuhrländern einschaltet. Dabei ist unerheblich, ob innerhalb des Importlandes direkte oder indirekte Absatzwege für den Verkauf der Güter gewählt werden. Insbesondere im Bereich von Investitionsgütern und beratungs- und wartungsintensiven Anlagen ist der Direktexport schon immer der normale Absatzweg gewesen.

direct import: direkte Einfuhr *f*
direct insurance: Direktversicherung *f*
direct insurer: Erstversicherer *m*
direct investment: Direktinvestition *f*
direct labor cost: Fertigungslöhne *m/pl*, Fertigungslohnkosten *pl*, Lohneinzelkosten *pl*
direct labor hour: Fertigungslohnstunde *f*

direct labor hour rate: Lohnstundenrate *f*
direct loss: versicherter Schaden *m* (im Gegensatz zum Folgeschaden)
direct-mail advertising: Briefwerbung *f*
direct market: direkter Markt *n*
Hauptmerkmale des Absatzmarkts einer Unternehmung sind die Abnehmergruppen und die geographischen Absatzgebiete. Die Abnehmergruppen sind durch Branchen, Größenklassen, Vertriebsweg u.ä. beschrieben. Die gegenwärtig von einem Unternehmen bedienten Märkte werden als direkte Märkte bezeichnet.
Demgegenüber ist der für eine strategische Geschäftseinheit relevante Markt durch die Abnehmergruppen und/oder Regionen gekennzeichnet, der nicht nur von dem Unternehmung selbst, sondern auch von den derzeitigen oder potentiellen Wettbewerbern bedient werden. Nur durch die Analyse der relevanten Märkte können Chancen wie die Erschließung neuer Absatzgebiete und Bedrohung wie die Marktstellung und Strategie der Hauptkonkurrenten realistisch beurteilt werden.

direct marketing: Direktmarketing *n*
Die Gesamtheit der Marketingaktivitäten, die ein Wirtschaftsunternehmen durch direkte, individuelle Kommunikation mit den Mitgliedern einer Zielgruppe verfolgt. Es handelt sich um eine Methode des Marketing, bei der ein Hersteller sowohl die Methoden der Einzelumwerbung durch schriftliche Werbemittel, die Direktwerbung wie die Instrumente der Verkaufsförderung und des persönlichen Verkaufs weitgehend oder vollständig in eigener Regie durchführt
Ziel des Direktmarketing ist die Herstellung eines unmittelbaren, persönlichen Kontakts zum Abnehmer. Er kann nur erfolgversprechend hergestellt werden, wenn relativ gute Informationen über die Charakteristika und Gewohnheiten der tatsächlichen und potentiellen Abnehmer vorliegen.

direct material: Fertigungsmaterial *n*, Produktionsmaterial *n*, Rohstoff *m*
direct offer: Direktemissionsangebot *n*
direct payer: direkter Zahler *m*
direct possession: unmittelbarer Besitz *m*
direct premium: Zugabe *f*
direct price elasticity: direkte Preiselastizität *f*
Die Wirtschaftstheorie unterscheidet zwischen direkter Preiselastizität und Kreuzpreiselastizität. Die direkte Preiselastizität gibt das Verhältnis zwischen der relativen Änderung der Mengennachfrage und die sie bewirkenden Änderung des Preises dieses Gutes an, während die Kreuzpreiselastizität das Verhältnis zwischen der relativen Änderung der Mengennachfrage und der sie bewirkenden relativen Änderung des Preises eines anderen Bedarfsguts beschreibt.

direct responsibility: unmittelbare Verantwortung *f*
Unmittelbare Verantwortung trägt jemand für sein eigenes Verhalten, für das, was er persönlich tut,

unterläßt, sagt, schreibt, entscheidet oder anordnet, und dessen Folgen, unabhängig davon, ob andere Personen eingewirkt haben oder nicht. Haben andere Personen auf seine Handlungsweise eingewirkt, dann ist er für sein Tun insoweit unmittelbar mitverantwortlich. Ist seine Handlung nur Teil einer gemeinsamen Handlung, dann ist er auch für diese gemeinsame Handlung unmittelbar verantwortlich. Die unmittelbare Verantwortung erstreckt sich auf alle Einzelheiten des eigenen Tuns. Die Alleinverantwortung ist immer zugleich unmittelbare Verantwortung. Die unmittelbare Verantwortung kann sowohl Allein- wie Mitverantwortung sein.

direct retrieval system: Direkt-Abfrage-System *n*
Ein Kennzeichen operationeller Systemtypen des Management-Informations-Systems (MIS) ist der Einsatz benutzerfreundlicher Sprachen (Dialog- bzw. Generator- und Query-Sprachen) für die Deckung des spontanen Informationsbedarfs, für die Lösung benutzerspezifischer Problemstellungen und für die gezielte Suche von Informationen aus den operativen Datenbeständen bzw. aus der Führungsgrößendatenbank.

direct sale: Direktverkauf *m* (unter Umgehung des Großhandels) → direct distribution

direct selling: Direktverkauf *m* (unter Umgehung des Großhandels) → direct distribution

direct shipment: Direktlieferung *f* (vom Hersteller an den Einzelhandel oder Konsumenten)

direct tax: direkte Steuer *f*, nicht abwälzbare Steuer *f*

direct taxation: Direktbesteuerung *f*

direct wage(s) *(pl)*: Fertigungslöhne *m/pl*

direct-writing company: Erstversicherer *m*

directing currency: Leitwährung *f*

direction: Anordnung *f*, Anweisung *f*, Lenkung *f*

directions *pl* **for use:** Gebrauchsanweisung *f*

directive: Anordnung *f*, Anweisung *f*, Direktive *f*, Richtlinie *f*, Verordnung *f*
Die Erteilung eines Auftrags, gegen die es kein Vetorecht gibt, sondern höchstens den Versuch, Gegenargumente vorzutragen und so ändernd einzuwirken. Bleibt dies ohne Erfolg, dann ist im äußersten Fall nur noch die Beschwerde beim übernächsten Vorgesetzten mit Unterrichtung des direkten Vorgesetzten oder der Rücktritt möglich. Das Stab-Linien-System unterscheidet nicht zwischen Weisung und Auftrag. Das Recht zur Erteilung von Ausführungsaufträgen haben dort immer nur die direkten Vorgesetzten. Dadurch erhält jeder Auftrag den Charakter einer Weisung.
Bei lateraler Kooperation besteht die Möglichkeit der Auftragserteilung zwischen nebengeordneten Bereichen und Personen unabhängig vom Instanzenweg. Die Auftragserteilung ist eine extreme Kommunikationsform im Rahmen des Lateralverhältnisses. Damit besteht ein deutlicher Unterschied zwischen Auftrag und Weisung.
Das Recht zur Anweisung einzelner ist grundsätzlich den direkten Vorgesetzten vorbehalten. Es ist ein Bestandteil der Linienbeziehung.
Das Auftragsrecht ist nicht an die Stellung des Vorgesetzten gebunden und kann im Rahmen des Lateralverhältnisses zwischen den Funktionsbereichen auf direktem Wege unabhängig von der Stellung des Auftraggebenden und unabhängig vom Dienstweg vorgesehen und ausgeübt werden. Gegen den Auftrag besteht die Vetomöglichkeit, d.h. die Annahme des Auftrages kann bei triftiger Begründung abgelehnt werden (z.B. wegen fehlender Zuständigkeit, unklarem Auftrag, unzulässigen Auftragsbedingungen, nicht zu bewältigendem Auftragsumfang).
Inhalt, Umfang und Bedingungen des Auftrags sind demgemäß unter gegenseitiger Zustimmungsabhängigkeit zwischen den Partnern zu vereinbaren. Aufträge können auch von indirekt übergeordneten Vorgesetzten auf direktem Wege an mittelbar nachgeordnete Ausführungsstellen erteilt werden. Die dabei zunächst umgangenen Zwischenvorgesetzten müssen selbst regeln, wie weit die bearbeitenden Stellen solche Aufträge unmittelbar annehmen und bearbeiten dürfen, bzw. ob und in welchen Fällen diese die Zwischenvorgesetzten vor der Annahme oder während der Bearbeitung zu beteiligen haben (z.B. zur Regelung der terminlichen Einordnung oder zur Entscheidung über die Art der Bearbeitung oder zur Kontrolle des Bearbeitungsergebnisses) bzw. ob und in welcher Form sie nach der Bearbeitung zu unterrichten sind.

directive leadership: → authoritarian leadership

directly liable: selbstschuldnerisch

director: Aufsichtsratsmitglied *n*, Direktor *m*

director's fee(s) *(pl)*: Aufsichtsratsvergütungen *f/pl*

director's report: Bericht *m* der Geschäftsleitung *f*

director's share-holdings *pl*: Aktienbesitz *m* der Geschäftsleitung *f*

director's valuation: Bewertung *f* durch die Geschäftsleitung *f*

directorate: Direktorium *n*, Vorstand *m*

directory: Adreßbuch *n*

dirt pay: Schmutzzulage *f*

dirt-cheap: zum Schleuderpreis *m*

dirty bill of lading: unreines Konnossement *n*

dirty floating: schmutziges Floating *n*

dirty money: Schmutzzulage *f*

disability: Arbeitsunfähigkeit *f*, Erwerbsunfähigkeit *f*, Unfähigkeit *f*, Unvermögen *n*

disability benefits *pl*: Invalidenrente *f*, Schwerbeschädigtenrente *f*
disability insurance: Invalidenversicherung *f*
disability leave: Krankheitsurlaub *m*
disability pension: Invalidenrente *f*
disability pensioner: Invalidenrentenempfänger *m*
disability retirement: Pensionierung *f*, vorzeitige Pensionierung *f* wegen Invalidität *f*
disable: lähmen, unfähig machen; (law) entmündigen
disabled: arbeitsunfähig, erwerbsunfähig, unfähig, kriegsversehrt
disabled person: Schwerbeschädigter *m*
disablement before retirement age: Frühinvalidität *f*
disablement insurance: Invalidenversicherung *f*
disadvantage: Nachteil *m*, Schaden *m*
disadvantageous: nachteilig, unvorteilhaft
disaffirm: aufheben (Rechtsgeschäft), Rechtsgeschäft *n* rückgängig machen, umstoßen
disagio: Abschlag *m*, Disagio *n*
disagree: verschiedener Meinung *f* sein
disagreement: Meinungsverschiedenheit *f*, Unstimmigkeit *f*
disallow: abweisen, einräumen, nicht verwerfen, zurückweisen
disallow compensation: Schadenersatz *m* aberkennen
disallowed: nicht abzugsfähig
disapproval: Genehmigungsverweigerung *f*, Mängelrüge *f*, Mißbilligung *f*
disapprove: ablehnen, mißbilligen
disarm: abrüsten
disassemble: auseinandernehmen, zerlegen
disaster: Unglück *n*, Unheil *n*
disaster area: Notstandsgebiet *n*
disavow: die Genehmigung *f* verweigern, widerrufen
disavowal: Genehmigungsverweigerung *f*, Nichtanerkennung *f*, Widerruf *m*
disavowal benefits *pl*: Schwerbeschädigtenrente *f*
disavowal insurance: Invalidenversicherung *f*
disburse: ausgeben (Geld), auslegen (Geld), auszahlen, verausgaben, verauslagen
disbursement clause: Auslagenklausel *f*
disbursement record: Auszahlungsliste *f*
disbursements *pl*: Auslagen *f/pl*, Barauslagen *f/pl*, Spesen *pl*

discard: ausmustern, ausrangieren, wegwerfen
discerning: einsichtig
discernment: Einsicht *f* (Verständnis)
discharge: ablösen (Mitarbeiter), Ablösung *f*, ausladen, Ausladung *f*, einlösen, Einlösung *f*, entfernen, entladen, Entladung *f*, entlassen, Entlassung *f*, entlasten, freigeben, Freisetzung *f*, Kündigung *f*, löschen (von Ladungen), Löschung *f* (von Ladungen); (von Schulden) verrichten
discharge from office: Amtsenthebung *f*, Dienstenthebung *f*; (from responsibility) Entlastung *f*
discharge in bankruptcy: Konkursaufhebung *f*
discharge of a task: Verrichtung *f* einer Aufgabe *f*
discharge of debt: Schuldbefreiung *f*
discharge rate: Entlassungsquote *f*
dischargeable: vollstreckbar
discharged: Entlassener *m*
disciplinary action: Disziplinarmaßnahme *f*, Disziplinarverfahren *n*
disciplinary authority: Strafgewalt *f*
disciplinary fine: Ordnungsstrafe *f*
disciplinary punishment: Disziplinarstrafe *f*, Maßregelung *f*
discipline: Disziplin *f*
disclaim: ausschlagen, entsagen, verzichten
disclaimer: Ablehnung *f*, Ausschlagung *f*, Verzicht *m*, Verzichtleistung *f*
disclaimer of liability: Haftungsausschluß *m*
disclose: aufdecken, ausweisen (Bilanz), enthüllen, offenbaren, offenlegen
disclosed reserve: offene Rücklage *f*
disclosure: Aufdeckung *f*, Aufschluß *m*, Enthüllung *f*, Offenbarung *f*, Offenlegung *f*
disclosure of information: Offenlegung *f* von Informationen *f/pl*
discontinuation: Aufhebung *f*, Einstellung *f*, Zurückziehung *f* einer Klage *f*
discontinue: Abstand nehmen, aufheben (Vollstreckung), aussetzen, einstellen, unterbrechen, unterlassen
discount: **1.** Diskont *m*, Discount *m*
Der für einen noch nicht fälligen Wechsel für die Zeit bis zum Fälligkeitstermin berechnete Zins.
2. Nachlaß *m*, Preisnachlaß *m*, Nachlaßpreis *m*, Rabatt *m*
Der Verkauf von Waren zu Preisen, die erheblich unter den sonst üblichen, empfohlenen bzw. vorgeschriebenen Richtpreisen liegen in Einzelhandelsunternehmen, die aufgrund des mehr oder

minder vollkommenen Verzichts auf Service- und andere Kosten verursachenden Leistungen, ständig dazu in der Lage sind, einen Preisnachlaß für die von ihnen angebotenen Waren zu gewähren.

3. Abschlag *m*, abziehen, abzinsen, Abzinsung *f*, Abzug *m*, Disagio *n*, diskontieren, Ermäßigung *f*, nachlassen (bei Preis), Zinsabzug *m*

discount allowed: Kundenskonto *m*, Skontoaufwand *m*
discount broker: Wechselmakler *m*
discount earned: Skontoertrag *m*
discount house: Dikonter *m*, Diskount-Warenhaus *n*
discount lost: Skontoverlust *m*
discount plan: Rabattstaffel *f*
discount policy: Rabattpolitk *f*
Im Rahmen des Kontrahierungs-Mix sind Rabatte spezifische Marketinginstrumente, die in engem Zusammenhang mit der Preispolitik stehend, entweder eine besondere Leistung eines einzelnen Abnehmers belohnen und/oder in einer Art Feinabstimmung gegenüber dem groben Instrument des Preises beim Abnehmer akquisitorische Wirkungen zu erzielen versuchen, indem sie den Preis an die individuelle Besonderheit des Anbieter-Abnehmer-Verhältnisses anpassen. Die betriebliche Rabattpolitik setzt das Instrument der Rabatte gezielt als Instrument bei der Erreichung betriebswirtschaftlicher Ziele ein. „Während die Preiskalkulation den gegenüber allen oder vielen Abnehmern gültigen Preis festlegt, schneidet die Rabattpolitik den vom einzelnen Abnehmer zu entnchtenden Geldbetrag auf die individuellen Gegebenheiten des Kunden-Lieferantenverhältnisses zu." (Thorismund Weller)
Rabatte sind daher von allgemeinen Preisreduktionen ebenso wie von den genossenschaftlichen Rückvergütungen als einer Form der Überschußverwendung abzugrenzen. Ein Bonus hingegen ist ein Rabatt, nämlich einer, der für einen abgelaufenen Zeitraum gewährt wird. Bei strenger Betrachtungsweise sind so die Funktionsrabatte und die Konsumentenrabatte, die meist in Form von Rabattmarken gewährt werden, keine echten Rabatte, weil durch sie nicht die Leistungen einzelner Anbieter honoriert werden.
Nach einer vom Battelle-Institut entwickelten Systematik lassen sich die gebräuchlichsten Arten von Rabatten zunächst danach unterteilen, ob sie auf der Wiederverkäuferebene oder auf der Verbraucherebene gewährt werden. Dabei ist dann neben den Funktionsrabatten zwischen Mengenrabatten, Zeitabatten und Treuerabatten zu unterscheiden, wobei eine Sonderform des Treuerabatts auf der Verbraucherebene die Konsumentenrabatte sind.
Zu den mit der Rabattpolitik angestrebten Zielen zählen in aller Regel die Ausweitung von Umsätzen bzw. des Absatzes, die Erhöhung der Kundentreue, die Rationalisierung der Auftragsabwicklung, die Steuerung der zeitlichen Streuung der Auftragseingänge und die Sicherung des Images teurer Güter bei gleichzeitiger Möglichkeit, sie zu einem niedrigeren Effektivpreis anzubieten.

discount promise: Diskontzusage *f*
discount rate: Diskontsatz *m*
discount rate policy: Diskontpolitik *f*
Das Wechseldiskontgeschäft ist mit das bedeutendste Aktivgeschäft der Banken. Die Banken kaufen einen noch nicht fälligen Wechsel. Für die Zeit bis zum Fälligkeitstermin ziehen sie einen bestimmten Zins, den Diskont, ab. Um sich zu refinanzieren, reichen die Geschäftsbanken diese Wechsel, sofern sie „zentralbankfähig" sind, d.h. den Anforderungen der Notenbank genügen, bei der Zentralbank ein. Diese rediskontiert die Wechsel, den Geschäftsbanken fließen liquide Mittel zu, auf deren Grundlage sie weitere Kredite einräumen können. Der Diskontsatz der Notenbank, der in aller Regel unter dem der Geschäftsbanken liegt, wird als der amtliche Diskontsatz, als Bankrate oder als Rediskontsatz bezeichnet.
Bis 1933 war die Diskontpolitik in Deutschland das einzige kreditpolitische Instrument der Reichsbank. Heute werden unter Diskontpolitik alle Maßnahmen zur bewußten Gestaltung der Bedingungen verstanden, zu denen die Notenbank bereit ist, Wechsel von den Geschäftsbanken anzukaufen. Die Notenbank bestimmt und verändert die Diskontrate, sie grenzt das rediskontfähige Material in qualitativer Hinsicht durch materielle und formelle Erfordernisse und in quantitativer Hinsicht durch Kreditkontingentierung und selektive Kreditpolitik ab.
Bei einer Diskontsenkung verbilligt sich der Refinanzierungskredit der Geschäftsbanken. Sie verfügen folglich über mehr Zentralbankgeld und können mehr Kredite vergeben. Wird der Diskontsatz erhöht, so bedeutet das für die Geschäftsbanken höhere Refinanzierungskosten. Man erwartet, daß durch die Zinserhöhung Lagerhaltung, Investitionsneigung und Produktionsaufträge zurückgehen, daß allgemein eine kontraktive Wirkung eintritt.

discount received: Lieferantenskonto *m*
discount rise: Diskonterhöhung *f*
discount sale: Verkauf *m* mit Preisnachlaß *m*
discount scheme: Rabattstaffel *f*
discountable: diskontfähig
discounted cash-flow method: interne Zinsfußmethode *f* (Investitionsrechnung)
discounted value: Barwert *m*
discover: auffinden, ausfindigmachen, entdecken
discovery: Aufschluß *m*, Entdeckung *f*
discredit: anzweifeln, herabsetzen, Kredit *m* entziehen, Vertrauen *n* entziehen

205

discrepancy: Diskrepanz f, Unstimmigkeit f, Widerspruch m (Tatsachen)
discrepancy approach: Diskrepanzansatz m
Ein theoretischer Ansatz, der Zufriedenheit wie z.B. Arbeitszufriedenheit oder Lohnzufriedenheit auf der Grundlage der Theorie des Anspruchsniveaus aus der Differenz zwischen dem erklärt, was eine Person berechtigterweise glaubt, fordern zu können, und dem, was sie tatsächlich erhält.
discrepancy note: Fehlmengenmitteilung f
discretion: Befugnis f, Belieben n, Diskretion f, Ermessen n, Verfügungsgewalt f
discretionary: beliebig, unumschränkt, willkürlich
discretionary clause: Kennvorschrift f
discretionary cost: durch Leitungsentscheidung f bestimmte vermeidbare Kosten pl
discretionary order: „Bestens"-Auftrag m für Makler m
discretionary power: Ermessensspielraum m, unbeschränkte Befugnis f, Verfügungsgewalt f
discrimatory: diskriminierend
discriminate: diskriminieren, unterschiedlich behandeln
discrimination: Diskriminierung f, unterschiedliche Behandlung f
discuss: Rücksprache f nehmen, mündlich verhandeln, diskutieren
discuss thoroughly: durchsprechen
discussion: Debatte f, Diskussion f, Rücksprache f, Unterredung f, Verhandlung f
disease: Krankheit f
disembark: ausschiffen
disenfranchise: das Wahlrecht n entziehen, entrechten, Rechte n/pl entziehen
disfranchisement: Entrechtung f, Entziehung f des Wahlrechts n, Rechtsentziehung f
disengage: entbinden, loslassen, (in Zeitstudien)
disengagement: Entbindung f, Loslösung f
disguised share capital: verdecktes Grundkapital n
disguised unemployment: verdeckte Arbeitslosigkeit f
dishonest: unehrenhaft, unehrlich, unredlich, untreu
dishonesty: Unehrenhaftigkeit f, Unehrlichkeit f, Unredlichkeit f, Untreue f
dishonor: nicht honorieren, nichteinlösen eines Schecks (oder Wechsels), Protest m (Wechsel), unterlassen, die Bezahlung f einer Schuld f verweigern, die Bezahlung f einer Schuld Zahlung f verweigern, Zahlungsverweigerung f
dishonor a claim: Bezahlung f (einer Schuld) unterlassen oder verweigern
dishonorable: ehrenrührig, ehrlos, unehrenhaft
dishonored: ungedeckt (Scheck)
dishonored note: Rückwechsel m
dishonoring (of a bill): Nichtzahlung f (eines Wechsels)
disinherit: enterben
disinheritance: Enterbung f
disinterested: unparteiisch
disk address: Magnetplattenadresse f (EDV)
disk file: Magnetplattendatei f (EDV), Plattendatei f (EDV)
disk storage unit: Magnetplatteneinheit f (EDV)
disk track: Magnetplattenspur f (EDV)
disk unit: Magnetplatteneinheit f (EDV)
disloyal: pflichtvergessen
dismantle: demontieren, niederreißen (Gebäude)
dismantlement: Demontage f
dismantling cost: Abbruchkosten pl
dismiss: abweisen, entlassen, kündigen
dismiss with costs pl: kostenpflichtig abweisen
dismissal: Abweisung f, Amtsenthebung f, Entlassung f
dismissal interview: Entlassungsinterview n
dismissal of complaint: Abweisung f einer Klage f, Klageabweisung f
dismissal pay: Entlassungsabfindung f
dismissal without notice: fristlose Entlassung f, fristlose Kündigung f
disobedience: Ungehorsam m
disobliging: ungefällig, unkollegial
disorder: Ordnungswidrigkeit f, Unordnung f
disorderliness: Unordentlichkeit f
disorderly: ordnungswidrig
disparage: herabsetzen, heruntersetzen (figurativ)
disparaging advertising: herabsetzende Werbung f
disparaging competition: herabsetzender Wettbewerb m
disparity: Disparität f, Mißverhältnis n
dispassionate: objektiv, unparteiisch
dispatch: abfertigen, Abfertigung f, abschicken, absenden, schicken, senden,

Spedition *f*, verladen, Versand *m*, versenden
dispatch date: Absendetermin *m*
dispatch earning: Versandkostenersparnis *f* durch schnelle Entladung *f* am Bestimmungsort *m*
dispatch note: Versandanzeige *f*
dispatcher: Expedient *m*
dispatching: Verteilen *n* von Aufträgen *m/pl* auf Mitarbeiter *m/pl* und/oder Betriebseinheiten *f/pl*
dispensable: abkömmlich, entbehrlich
dispensation: Austeilung *f*, Befreiung *f* (Pflichten)
dispense: austeilen, dispensieren
dispense from: befreien (ausnehmen)
dispense justice: Recht *n* sprechen
dispense with: Abstand nehmen
dispension: Dispens *m*
dispersion: Streuung *f*
displaced person: Vertriebener *m*
display: Auslage *f* (Schaufenster), ausstellen (Ware), Ausstellung *f*, zur Schau *f* stellen, zeigen, Zurschaustellung *f*
display advertisement: Großanzeige *f*
display case: Schaukasten *m*
disposable: verfügbar
disposable purchasing power: verfügbare Kaufkraft *f*
Derjenige Teil des verfügbaren Einkommens privater Haushalte, der sich nach Erich Schäfer als Summe aus Einkommen, Vermögensverzehr und Konsumtionskredit ergibt:
verfügbare Kaufkraft = Einkommen + Vermögensverzehr + Konsumtionskredit.
disposable income: verfügbares Einkommen *n* nach Abzug *m* der Steuern *f/pl*
Das Nettoeinkommen nach Abzug von Steuern und Pflichtbeiträgen.
disposal: Disposition *f*, Veräußerung *f*, Verfügung *f*, Verkauf *m*
disposal of estate by auction: Nachlaßversteigerung *f*
disposal request: Verwertungsantrag *m*
disposal value: Verkaufswert *m* (eines genutzten Anlagegegenstandes)
disposal variable: Schlupfvariable *f* (Operations Research)
dispose: anordnen, disponieren, verfügen; (of) abschaffen
dispose of: veräußern
disposition: Verfügung *f*
disposition mortis causa: Verfügung *f* von Todes wegen
disposition of net earnings *pl*: Gewinnverwendung *f*

disposition of net income: Gewinnverwendung *f*
disposition of net profit: Gewinnverwendung *f*
disposition power: Verfügungsgewalt *f*
Eines von mehreren Kriterien, auf denen die Weisungsbefugnis des Managers gegenüber anderen Personen zur Durchsetzung bestimmter Teilziele des Unternehmens basiert. Verfügungsgewalt ist die Macht über Personen und Sachmittel, die sich aufgrund der Mitwirkung des Managers an der Realisierung von Teilzielen des Unternehmens ergibt. Die Disposition über Ressourcen, Ressource-Management, ist die Verfügung über einen Teil der betrieblichen Produktionsfaktoren wie Betriebsmittel, Kapital, Information (d.h. Zugriffsermächtigung zu Informationsspeichern) und menschliche Arbeitskraft. Mit der Verfügungsgewalt einher geht ein bestimmtes Maß an Verantwortung, die sich darin ausdrückt, daß mit den zur Verfügung gestellten Ressourcen entsprechend dem ökonomischen Prinzip umzugehen ist.
dispositional achievements *pl*: dispositive Arbeitsleistungen *f/pl*
Nach einer Formulierung von Erich Gutenberg liegen „dispositive Arbeitsleistungen ... vor, wenn es sich um Arbeiten handelt, die mit der Leitung und Lenkung der betrieblichen Vorgänge im Zusammenhang stehen."
Der arbeitende Mensch wird danach also einmal als Manager zum Subjekt, d.h. zum Träger des dispositiven Faktors, und zum anderen als Arbeiter zu einem im Hinblick auf eine optimale Ergiebigkeit manipulierbaren Objekt des vom dispositiven Faktor beherrschten Kombinationsprozesses. Der dispositive Faktor steuert den Prozeß der Kombination der produktiven Faktoren nach dem Wirtschaftlichkeitsprinzip. Da sich der dispositive Faktor nach Ansicht Gutenbergs in kein rationales Schema einfangen läßt und damit quantifizierenden Methoden nur begrenzt zugänglich ist, wird er aus der produktionstheoretischen Analyse ausgeschlossen. Mit der Ausklammerung des dispositiven Faktors aus den produktionstheoretischen Überlegungen rücken Fragen der Geschäfts- und Betriebsleitung mehr und mehr in den Vordergrund eigenständiger wissenschaftlicher Untersuchungen.
dispossess: Besitz *m* entziehen, enteignen
dispossession: Besitzentziehung *f*, Enteignung *f*
disproportion: Mißverhältnis *n*
disproportionate: unverhältnismäßig
disprove: widerlegen
disputability: Bestreitbarkeit *f*
disputable: bestreitbar
dispute: abstreiten, anfechten, bestreiten, Kontroverse *f*, Streit *m*, streiten, Streitigkeit *f*
dispute claims *pl*: Schadensansprüche *m/pl* bestreiten

disputed: streitig
disqualification: Abberufung f (z.B. Geschäftsführer m), Disqualifikation f
disqualify: disqualifizieren
disregard: außer Acht lassen, Nichtachtung f, Rücksichtslosigkeit f
disrespect: Nichtachtung f
disseize: Besitz m entziehen (widerrechtlich)
disseizing: widerrechtliche Besitzentziehung f
disseminate: verbreiten
dissemination: Verbreitung f
dissent: anderer Meinung f sein, Genehmigungsverweigerung f, Meinungsverschiedenheit f
dissolution: Aufhebung f, Auflösung f
dissolve: aufheben (Vertrag, Gemeinschaft), auflösen
dissolve a corporation: eine Kapitalgesellschaft f auflösen
disstorted cost: verzerrte Kosten pl
distance: Entfernung f (räumlich), Ferne f
distance freight: Distanzfracht f
distilled spirits industry: Spirituosenindustrie f
distinction: Auszeichnung f
distinguish: auszeichnen, unterscheiden
distinguished: angesehen
distort: verdrehen, verzerren
distort competition: Wettbewerb m verzerren
distortion: Verdrehung f, Verzerrung f
distrain: mit Beschlag m belegen, pfänden
distrainable: pfändbar
distraint: Pfändung f, Zwangsvollstreckung f
distress: Bedürftigkeit f, Elend n, Not f, Notlage f
distress warrant: Pfändungsbefehl m
distressed area: Notstandsgebiet n
distributable earnings pl: ausschüttbarer Gewinn m
distributable income: ausschüttbarer Gewinn m
distributable: ausschüttungsfähig, verteilungsfähig
distribute: aufschlüsseln, ausschütten, austeilen, umlegen, verbreiten, verteilen, vertreiben (verkaufen), zuteilen
distribute pro rata: anteilig aufteilen
distribute profits or losses: Gewinn m oder Verlust m verteilen
distributed profit: ausgeschütteter Gewinn m
distributing agency: Vertriebsagentur f

distributing company: Vertriebsgesellschaft f
distribution: 1. Vertrieb m, Distribution f
1.1. Im weitesten Sinne diejenige der insgesamt drei Grundtypen wirtschaftlicher Betätigung, die eine Vermittlungsfunktion zwischen der Herstellung (Produktion) von Gütern und Leistungen und ihrer Konsumtion (Verbrauch und Gebrauch) erfüllt, indem sie für die Bereitstellung und Verwendbarkeit der produzierten Güter und Leistungen für die Verwendung durch die privaten Haushalte und die Wirtschaftsunternehmen und Institutionen sorgt.
1. 2. Im engeren Sinne bezeichnet man in der Distributionsanalyse mit Distribution auch die Verbreitung eines Gutes an den für seinen Absatz vorgesehenen Angebotsstellen. Der Distributionsgrad oder die Distributionsquote bezeichnet dabei das Verhältnis der Angebotsstellen, in denen ein Gut tatsächlich präsent ist, zur Gesamtzahl der Angebotsstellen, in denen es präsent sein könnte.
2. Teilung f, Umlage f, Verbreitung f, Verteilung f, Zuteilung f
3. Aufschlüsselung f, Aufteilung f, Ausschüttung f
distribution activity: Verkaufstätigkeit f
distribution basis: Gemeinkostenverrechnungsbasis f, Verteilungsbasis f
distribution cartel: Vertriebskartell n
distribution conflict: Verteilungskonflikt m
Ein Konflikt, der durch die Aufteilung knapper Ressourcen auf konkurrierende Ziele entsteht. Man nennt ihn auch Budgetkonflikt. Generell liegt ein Konflikt dann vor, wenn sich ein Individuum zwischen unvereinbaren, sich gegenseitig ausschließenden Alternativen entscheiden muß. Ein wesentliches Merkmal des subjektiven Konflikterlebens ist der Entscheidungszwang bzw. der Entscheidungswunsch. Im Unternehmen entstehen aufgrund der Organisations- und Arbeitsbeziehungen spezifische Konfliktfelder.
distribution cost: Vertriebskosten pl, Distributionskosten pl
Derjenige Anteil an den Gesamtkosten eines Produkts der von seiner Herstellung an bis zu dem Punkt anfällt, an dem das Produkt den Konsumenten erreicht, d.h. die Summe der Vertriebskosten und der Handelsspannen (Großhandels- und Einzelhandelsspannen) der beteiligten Handelsbetriebe: die Differenz zwischen Verkaufspreis und Produktionskosten.
Durch sie werden im Gegensatz zu den Vertriebskosten die Gesamtkosten für den innerhalb einer Absatzkette anfallenden Aufwand angegeben.
distribution cost analysis: Vertriebskostenanalyse f, Vertriebskostenuntersuchung f
distribution department: Vertriebskostenstelle f
distribution expense(s) (pl): Vertriebskosten pl

distribution manager: Verkaufsleiter *m*, Vertriebsleiter *m*
distribution method: Vertriebsmethode *f*
distribution mix: Distributions-Mix *n*, Distributionspolitik *n*
Neben dem Produkt-Mix, dem Kontrahierungs-Mix und dem Kommunikations-Mix eine von vier Komponenten des Marketing-Mix, d.h. alle Entscheidungen, die im Zusammenhang mit dem Weg eines Produkts zum Endkäufer stehen. Es handelt sich mit anderen Worten um den Komplex von Unternehmensentscheidungen, die sich auf den Weg beziehen, den ein Produkt von seiner Herstellung bis hin zu seinem Käufer nimmt, d.h. die Kombination von Standortwahl, Absatzwegepolitik und Marketing-Logistik (physischer Distribution). Distributionspolitik umfaßt mithin „alle betrieblichen Aktivitäten, die mit der Versorgung der Verbraucher bzw. Verwender mit Gütern und Dienstleistungen verbunden sind" (Robert Nieschlag/Erwin Dichtl/Hans Hörschgen). Historisch ist die Bedeutung der Distributionspolitik neben den anderen Komponenten des Marketing-Mix wie der Produktpolitik der Preispolitik und der Kommunikations- und Werbepolitik häufig unterschätzt worden.
Kennzeichnend für die Distributionspolitik ist es, daß ebenso wie in der Absatzwegepolitik eine einmal getroffene Entscheidung nicht mehr leicht oder wenigstens kurzfristig gar nicht revidierbar ist, weil durch sie das gesamte Absatzgefüge des Unternehmens festgelegt wird. Ist also die Entscheidung über eine bestimmte Distributionspolitik für ein Unternehmen einmal getroffen, so bildet sie eine der Rahmenbedingungen, innerhalb derer die Entscheidungen über die anderen Komponenten des Marketing-Mix noch variiert werden können.
distribution occupation: Verkaufsberuf *m*
distribution of earnings *pl*: Gewinnausschüttung *f*
distribution of profit: Gewinnverteilung *f*, Gewinnausschüttung *f*
distribution organization: Distributionsbetrieb *m*
Sammelbezeichnung für die drei im Hinblick auf ihre Distributionstätigkeit zu unterscheidenden Betriebstypen:
1. die *Produktionsbetriebe* selbst mit ihren Einkaufs- und Verkaufsabteilungen (ihre Hauptaufgabe ist die Produktion die Distribution ist eine Nebenaufgabe),
2. die *Handelsunternehmen*, die Waren beschaffen und unverändert absetzen (ihre Hauptaufgabe ist die Distribution) und
3. die *Distributionshilfsbetriebe* wie z.B. Handelsvertreter, Agenturen, Transportunternehmen, Messen usw., die dadurch am Eigenumsatz entweder der Produktions- oder der Handelsbetriebe oder beider mitwirken, daß sie einige ihrer Distributionsfunktionen wahrnehmen (Hauptaufgabe: die Wahrnehmung derjenigen Distributionsfunktion, auf die sie spezialisiert sind).
distribution quota: Ditributionsquote *f*
distribution rate: Ditributionsgrad *m*
Das Maß der Erhältlichkeit bzw. Vorrätigkeit eines Guts und insbesondere eines Markenartikels bei den Absatzmittlern eines bestimmten Absatzgebiets innerhalb eines bestimmten Zeitraums. Es wird gemessen als das Verhältnis der für den Vertrieb des Guts bzw. des Markenartikels tatsächlich herangezogenen zu den insgesamt vorhandenen bzw. den für den Vertrieb in Frage kommenden Handelsbetrieben.
distribution sheet: Verteilungsbogen *m*
distribution warehouse: Auslieferungslager *n*
distributive occupation: Verkaufsberuf *m*
distributor: Händler *m*, Verteiler *m*, Vertreter *m* (Verkäufer), Vertriebsgesellschaft *f*, Wiederverkäufer *m*
distributor discount: Händlerrabatt *m*
district: Bezirk *m*, Gebiet *n*
district attorney: Ankläger *m*, Anklagevertreter *m*
district court: Bezirksgericht *n*
district heating: Fernheizung *f*
district management: Bezirksdirektion *f*
district manager: Bezirksdirektor *m*, Gebiets(verkaufs)leiter *m*
district officer: Bezirkssekretär *m*
distrust: mißtrauen, Mißtrauen *n*
disturb: beeinträchtigen, belästigen, stören
disturbance: Beeinträchtigung *f*, Belästigung *f*, Störung *f*
disturbance of possession: Besitzstörung *f*
disuse: Nichtgebrauch *m*
diversification: Diversifikation *f*, Diversifizierung *f*
Die Aufteilung des verfügbaren Kapitals auf verschiedene Aktivitäten. Eine Diversifikation liegt stets dann vor, wenn ein Unternehmen aus mehreren strategischen Unternehmens-Einheiten (SUE) besteht. In der Regel verfügt eine strategische Unternehmens-Einheit über einen eigenen Produktionsapparat. Dies schließt nicht aus, daß sie auch die produktiven Leistungen anderer strategischer Einheiten in Anspruch nimmt, ähnlich dem Fremdbezug bei eigenständigen Unternehmen. Sie kann jedoch auch *innerhalb* einer einzigen strategischen Unternehmens-Einheit bestehen. Dies ist dann der Fall, wenn mit demselben Produktionsapparat Güter hergestellt werden, die auf unterschiedlichen Märkten abgesetzt werden.
Der Begriff der Diversifikation bezieht sich mithin auf die hergestellten Erzeugnisse, wobei es nur eine untergeordnete Rolle spielt, ob diese Erzeugnisse von derselben strategischen Unterneh-

mens-Einheit oder von verschiedenen Einheiten hergestellt werden.
Diversifikation bedeutet Aufteilung des verfügbaren Kapitals auf mehrere strategische Unternehmens-Einheiten oder auch -Aktivitäten, d.h. die Herstellung und der Absatz eines bestimmten Erzeugnisses oder einer bestimmten Erzeugnisgruppe mit einheitlichem Markt. Geht man davon aus, daß die Höhe des Marktanteils positiv mit dem Gewinn korreliert ist, und Kapital nur in beschränktem Umfange zur Verfügung steht, so wird deutlich, daß Diversifikation nur innerhalb festumrissener Grenzen sinnvoll ist.
Diversifikation stellt neben der Flexibilität eine zweite Möglichkeit dar, dem Risiko entgegenzuwirken, das aus der Unsicherheit oder auch Nichtvorhersehbarkeit künftiger Entwicklungen resultiert.
In der Produkt- und in der Sortimentspolitik bezeichnet Diversifikation die Erweiterung des Angebots- und Leistungsprogramms eines Wirtschaftsunternehmens um ein Produkt oder eine Leistung, das/die bisher noch nicht hergestellt bzw. angeboten wurde, mit dem Ziel der Erhöhung seines Gesamtumsatzes bzw. oder auch der Abwendung seines Rückgangs bzw. seiner Absicherung gegen Marktrisiken (Politik der Risikostreuung durch Schaffung neuer Märkte).
In stagnierenden oder schrumpfenden Märkten, in denen ein weiteres Wachstum durch Verdrängung der Konkurrenz (und die damit verbundenen hohen Marketingaufwendungen) nicht möglich oder zu teuer ist, kann Diversifikation der beste Weg zur Verwertung ungenutzter Kapazitätsreserven eines Unternehmens sein. Als ein Instrument der Risikostreuung ist Diversifikation um so erfolgversprechender, je negativer die Korrelation zwischen dem Ausgangsmarkt und dem Diversifikationsmarkt eines Unternehmens ist. Ein weiteres Diversifikationsmotiv kann das Bemühen um die Erschließung von Wachstumsbranchen sein, wenn die bisherigen Absatzmärkte gesättigt sind.
In der Ansoffschen Produkt-Markt-Matrix stellt Diversifikation zusammen mit der Marktdurchdringung (Penetration), der Marktentwicklung und der Produktentwicklung eine von vier möglichen strategischen Alternativen langfristiger Unternehmenspolitik dar.
Untersuchungen haben ergeben, daß Diversifikationen, die in Zusammenhang mit der bisherigen Tätigkeit eines Unternehmens standen, in der Regel erfolgreicher waren als solche, mit denen vollkommenes Neuland betreten wurde.
Bei Diversifikationen unterscheidet man im allgemeinen:
I. nach der Art der Ausweitung der Marktaktivitäten
(1) *horizontale Diversifikation*: Dabei erfolgt die Programmerweiterung auf derselben Wirtschaftsstufe, auf der das Unternehmen bereits in der Vergangenheit tätig war, und zwar entweder auf der Produktionsebene oder auf der Absatzehene (dafür wird auch der Ausdruck *homogene* oder *mediale Diversifikation* verwendet). Dadurch kann das diversifizierende Unternehmen an sein bisheriges Know-how anknüpfen, sich meist auch an seine bisherigen Abnehmer oder zumindest an Abnehmer derselben Wirtschaftsstufe wenden und so generell das Diversifikationsrisiko mindern und vorhandene Kapazitäten besser nutzen.
(2) *vertikale Diversifikation (Vor- oder/und Nachstufendiversifikation)*: In diesem Fall erweitert ein Unternehmen seine Leistungstiefe in bisher vor- oder nachgelagerte Wirtschaftsstufen. d.h. es gliedert sich entweder vorgeschaltete Wirtschaftsstufen (z.B. Rohstoffe oder Produktionsmittel) an, um so von Zulieferern unabhängig zu werden, Rückwärtsintegration, oder es gliedert sich nachgelagerte Wirtschaftsstufen (z.B. den Absatz der bisher produzierten Waren) ein, um Marktkenntnis zur Senkung von Kosten zu nutzen, Vorwärtsintegration.
(3) *laterale Diversifikation*: Die Erweiterung des Leistungsprogramms eines Unternehmens um Produkte, die in überhaupt keinem sachlichen Zusammenhang mit dem bisherigen Produkt-Markt-Bereich des diversifizierenden Unternehmens stehen. Sie ist die typische Diversifikationsform von Mischkonzernen (conglomerates) und dient vor allem der Erhöhung der Eigenkapitalrendite oder der Erschließung von Wachstumsbranchen.
(4) *strukturelle Diversifikation*: Eigentlich im weitesten Sinne eine Form der horizontalen Diversifikation, die dadurch charakterisiert ist, daß „ein bestehendes Bedürfnis durch Produkte eines anderen Industriezweiges befriedigt wird" (Edwin Borschberg).
II. nach der Art der neuen Produkte
(1) *Diversifikation durch Marktneuheiten*: Die Erweiterung des Leistungsprogramms eines Unternehmens durch die Innovation eines Produkts, das bis dahin noch nicht auf dem Markt angeboten wurde. d.h. die Schaffung eines vollkommen neuen Markts.
(2) *Diversifikation durch Betriebsneuheiten*: Die Erweiterung des Leistungsangebots um ein Produkt, das zwar schon auf dem Markt existiert, aber bisher nicht zur Angebotspalette des diversifizierenden Unternehmens gezählt hat.
III. nach der Durchführungsart
(1) Diversifikation durch Nutzung vorhandener Kapazitäten
(2) Diversifikation durch Errichtung neuer Betriebe oder Betriebszweige
(3) Diversifikation durch Akquisition von bisher nicht zum eigenen Unternehmen zählenden Betrieben.

diversification strategy: Diversifikationsstrategie *f*, Diversifizierungsstrategie *f*
diversify: diversifizieren
diversionary action: Ablenkungsmanöver *n*
diversionary manoeuvre: Ablenkungsmanöver *n*
diversity: Verschiedenheit *f*

divest: desinvestieren, entledigen, fortnehmen
divesting: Desinvestition f, Fortnahme f
divesture: Abstoß m
divide: abtrennen, teilen, trennen, verteilen
divide into lots: parzellieren
divide profits or losses: Gewinn m oder Verlust m verteilen
dividend: Dividende f, Gewinnanteil m, Konkursquote f, Sparzinsen m/pl
dividend-bearing share: Dividendenpapier n
dividend coupon: Dividendenschein m, Gewinnanteilschein m, Koupon m
dividend-equalization reserve: Dividendenausgleichs-Rücklage f (Bereitstellung von Dividende für gewinnarme Jahre)
dividend in arrears: rückständige Dividende f
dividend in shares: Aktiendividende f
dividend notice: Dividendenbekanntmachung f
dividend on preferred stock: Dividende f auf Vorzugsaktien f/pl
dividend payable: Dividendenverbindlichkeit f
dividend payment: Dividendenausschüttung f
dividend policy: Dividendenpolitik f
dividend proposal: Dividendenvorschlag m, Gewinnverteilungsvorschlag m
dividend warrant: Dividendenschein m, Gewinnanteilschein m, Koupon m
dividing wall: Scheidewand f
divisibility: Teilbarkeit f, Trennbarkeit f
divisible: teilbar, zerlegbar
division: 1. Verteilung f, 2. Abteilung f, 3. Teilung f
division of labor: Arbeitsteilung f
Die Zerlegung der Arbeit in möglichst kleine Arbeitselemente.
division of markets: Aufteilung f der Märkte m/pl
division of work: Arbeitsteilung f
divisionalization: Divisionalisierung f
Die organisatorische Aufgliederung eines Unternehmens in Geschäftsbereiche (Sparten oder Divisions), die in ihren spezifischen Aufgaben- und Leistungsgebieten quasiautonom und vollverantwortlich sind. Es handelt sich um eine Form des Management durch Dezentralisierung einer bis dahin zentralisierten Unternehmensorganisation. In Management und Marketing spricht man von Divisionalisierung im Zusammenhang mit der Spartengliederung der produktorientierten Marketingorganisation von Betrieben, Produktmanagement, durch die neben der Spezialisierung der Objekte eine Dezentralisation von Entscheidungswegen und damit die Fähigkeit zu raschen Reaktionen auf Veränderungen des Markts angestrebt wird.
Bei der objektorientierten Organisation bilden im Gegensatz zur funktionalen Organisation Produkte oder Güter (einschließlich Dienstleistungen) das gestaltbildende Kriterium für Arbeitsteilung und Spezialisierung:
Die Objektorientierung auf der zweitobersten Hierarchieebene eines Stellengefüges wird divisionale Organisation, Spartenorganisation oder Geschäftsbereichsorganisation genannt. Die Divisionen werden meist nach den verschiedenen Produkten bzw. Produktgruppen gebildet.
Beim Divisionalisierungskonzept kommt zur objektorientierten Gliederung hinzu, daß die Divisionen gewöhnlich eine weitgehende Autonomie im Sinne eines Profit Centers erhalten, d.h. sie sollen quasi wie Unternehmen im Unternehmen geführt werden. Für die organisatorische Aufgabenzuweisung bedeutet das, daß eine Division (Geschäftsbereich) zumindest die Kern-Sachfunktionen umfassen muß.
In jedem Falle gehen bei der divisionalen Organisation durch das Prinzip der Gewinnverantwortlichkeit weitreichende Kompetenzen an die Sparten, so daß in jedem Fall Probleme der Koordination auftauchen. Ein funktionstüchtiges Steuerungs- und Kontrollsystem für die Unternehmens- bzw. Konzernspitze hat sich daher als Voraussetzung jeder erfolgreichen Divisionalisierung erwiesen.
Ein wesentlicher Aspekt der Gesamtsteuerung ist typischerweise der Verbleib der Finanzierungsfunktion und die Allokation der finanziellen Ressourcen auf die elnzelnen Sparten.
Grundvoraussetzung für den Einsatz der divisionalen Organisation ist die Zerlegbarkeit der geschäftlichen Aktivitäten in homogene, voneinander weitgehend unabhängige Sektoren – und zwar sowohl intern hinsichtlich einer getrennten Ressourcennutzung wie extern hinsichtlich des Markts und der Ressourcenbeschaffung.
divisor: Divisor m
divorce: Ehescheidung f, trennen
dock: Anklagebank f, Dock m
dock receipt: Dockempfangsschein m
dock strike: Hafenarbeiterstreik m, Hafenstreik m
dock worker: Hafenarbeiter m, Schauermann m, Werftarbeiter m
docker: Werftarbeiter m
docket: Liste f, Zettel m
docket of cases: Terminkalender m (Gericht)
dockyard: Schiffswerft f, Werft f
Doctor of Law: Doktor m der Rechte n/pl
document: Akte f, Beleg m, Beweisstück n, Dokument n, Schriftstück n, Urkunde f, verbrieftes Recht n
document file: Aktenhefter m

211

document of title to goods *pl*: Traditionspapier *n*
document of title: Traditionspapier *n*
documentary: dokumentarisch, urkundlich
documentary acceptance credit: Dokumentenakzeptkredit *m*
documentary authentication: Beurkundung *f*
documentary credit: Dokumentenakkreditiv *n*, Dokumentenkredit *m*, Realkredit *m*, Rembourskredit *m*
documentary credit advice: Remboursbenachrichtigung *f*
documentary draft (D/D): Dokumententratte *f*, Rembours-Wechsel *m*, Dokumentenwechsel *m*
documentary evidence: Urkundenbeweis *m*
documentary function of price: Dokumentationsfunktion *f* des Preises
Eine Funktion der Marktpreise eines Unternehmens, die darin besteht, daß der Preis einen zusammengefaßten Ausdruck einer Leistung darstellt, durch die sich ein Unternehmen gegenüber seinen Mitbewerbern bei seinen Abnehmern zu behaupten versucht.
documentary letter of credit (L/C): Dokumentenakkreditiv *n*, Kreditbrief *m*
documentary proof: Urkundenbeweis *m*
documentation: Dokumentation *f*
documentation system: Dokumentationssystem *n*
Ein Grundtyp von Management-Informations systemen (MIS), durch das wichtige Managementinformationen jederzeit abrufbar systematisch gespeichert werden.
documented: verbrieft, dokumentiert
documented evidence: schriftlicher Beweis *m*
documents bank: Dokumentenbank *f*
Ein Datenverwaltungssystem für Managementinformationen, das für die Speicherung, Pflege, Sicherung und Wiederauffindung von Texten, Dokumenten, Katalogen, Berichten und Monographien benutzt wird.
dole, be on the: stempeln gehen, arbeitslos sein
domestic trade: Binnenhandel *m*
Der sich im Gegensatz zum Außenhandel innerhalb nationaler Grenzen eines Landes vollziehende Handel mit Gütern, die entweder in diesem Land erzeugt oder für den Ge- oder Verbrauch im Inland importiert werden.
dominance: → sure-thing principle
dominant price leadership: dominierende Preisführerschaft *f*
Eine Form der Preisführerschaft, die sich darin manifestiert, daß die relativ kleinen Unternehmen sich in der Preisbestimmung für ihre Produkte und Dienstleistungen nach dem Preis eines Unternehmens richten, das dank seines besonders hohen Marktanteils gegenüber den übrigen Konkurrenten die preispolitische Situation beherrscht, Marktführer.

donated surplus: Kapitalzuwachs *m* aus Schenkungen *f/pl*, Schenkungskapital *n*, Zuwachskapital *n* aus Schenkungen *f/pl*
Dorfman-Steiner theorem: Dorfman-Steiner-Theorem *n*
Ein von den beiden amerikanischen Wirtschaftswissenschaftlern R. Dorfman und P. O. Steiner 1954 entwickelter marginalanalytischer Ansatz zur Formulierung der Optimalitätsbedingungen für die Kombination der absatzpolitischen Instrumente Preis, Produktqualität und Werbeaufwand bei im übrigen statischen Verhältnissen der wirtschaftlichen Umwelt. Das Theorem gibt den Punkt an, an dem ein Unternehmen durch Einsatz der Aktionsparameter Produktpreis (p), Produktqualität (q) und Werbeaufwendungen pro Zeiteinheit (s) das Gewinnmaximum erreicht.
Zur Bestimmung dieser optimalen Kombination des Marketing-Mix wird schrittweise vorgegangen, indem aus dem Optimum der Kombination von Preis und Werbung und dem Optimum der Kombination von Preis und Produktqualität das Optimum der Verknüpfung beider Optima abgeleitet wird.
Das Dorfman-Steiner-Theorem besagt in Worten ausgedrückt, daß ein optimales Marketing-Mix für ein Unternehmen vorliegt, wenn die Preiselastizität der Nachfrage gleich der mit dem Quotienten aus Preis und Durchschnittskosten multiplizierten Qualitätselastizität der Nachfrage und diese wiederum gleich dem Grenzertrag der Werbung ist.
dormant company: ruhende Gesellschaft *f*
dormant partner: stiller Gesellschafter *m*, stiller Teilhaber *m*
double indemnity insurance: Versicherung *f* auf doppelten Wert *m* (Unfall)
double insurance: Versicherung *f* auf doppelten Wert *m* (Unfall)
double taxation treaty: Doppelbesteuerungsabkommen *n*
doubtful account: Dubiose *f/pl*, zweifelhafte Forderungen *f/pl*
down move: Abwärtsbewegung *f*
down payment: Anzahlung *f*
down price movement: Abschwächungstendenz *f* (Börse)
down time: Ausfallzeit *f* (einer Maschine)
down tools *pl*: Arbeit *f* niederlegen
down trend: fallende Tendenz *f*
downgrading: Herabstufung *f* (von Arbeitnehmern)
downtown: Innenstadt *f*, Einkaufsviertel *n*
downtown area: Innenstadt *f*
downtrend: Abwärtsbewegung *f*

downturn: Abwärtsbewegung f
down-up budgeting: Gegenstromverfahren n
Ein Ansatz der Budgetierung, der eine Synthese des Top-down- und den Bottom-up-Verfahrens darstellt. Es wird zumeist mit einer probeweisen Top-down-Budgetierung eröffnet, d.h. das Top-Management gibt allgemeine Rahmendaten und globale Budgetziele für die nächste Planperiode vor. Die Budgets werden dann von den einzelnen Organisationseinheiten unter Beachtung dieser Informationen geplant und in einem Bottom-up-Rücklauf zusammengefaßt, ggf. in mehreren Zyklen.
Bei der Top-down-Budgetierung („retrograde Budgetierung") leiten das Top-Management bzw. die vom Top-Management autorisierten Budgetierungsorgane aus den strategischen Plänen und Budgets die Rahmendaten für die Budgeterstellung der nächsten Periode ab. Aufgabe der nachgeordneten Führungsebenen ist es dann, gemäß den zugeteilten Ressourcen Budgets für ihren Verantwortungsbereich zu erstellen und die nachgeordneten Organisationseinheiten darauf zu verpflichten.
Im Gegensatz dazu beginnt beim Bottom-up-Ansatz („progressive Budgetierung") die Budgeterstellung auf den untergeordneten Führungsebenen und wird stufenweise in der Organisation nach oben geführt. Dieses Verfahren weist den Vorteil auf, daß die Ermittlung der erforderlichen Ressourcen dort erfolgt, wo das erforderliche Know-how als Synthese aus Informationsstand, Erfahrung und Verantwortung am ehesten zu vermuten ist. Es besteht jedoch die Gefahr, daß die Teilbudgets auf den verschiedenen Budgetebenen nicht hinreichend aufeinander abgestimmt sind.
downward drift: fallende Tendenz f
dowry: Aussteuer f
dozen (doz): Dutzend n
D/P (= documents against payment, documents upon payment): Dokumente n/pl gegen Kasse f
draft: abfassen, Akzept n, ausarbeiten, entwerfen, Entwurf m, gezogener Wechsel m, Tratte f, Wechsel m
draft agreement: Vertragsentwurf m
draft contract: Vertragsentwurf m
draft for balance: Saldowechsel m
draft minutes pl: Protokoll n aufnehmen
draftsman: technischer Zeichner m, Zeichner m
drain: Abfluß m, aufzehren, entwässern
draw: ausstellen (Urkunden), trassieren, zeichnen, ziehen (Wechsel), Zugartikel m
draw a bill (upon): einen Wechsel m ausstellen
draw by lot: auslosen
draw lots for: auslosen
draw out: abheben (Bank)
draw out of the bank account: von der Bank f abheben
draw up: abfassen, aufnehmen (Urkunde), ausfertigen (von Urkunden)
draw up a balance sheet: Bilanz f aufstellen, Bilanz f ziehen; (financial statement) bilanzieren
draw up a contract: einen Vertrag m abfassen
draw upon: zurückgreifen auf
drawback: Nachteil m
drawee: Akzeptant m, Angewiesener m, Bezogener m, Trassat m, Übernehmer m
drawees' commitment: Bezogenen-Obligo n
drawer of a bill: Wechselgeber m
drawer: Anweisender m, Aussteller m (von Schecks und Wechseln), Bezieher m, Schubfach n, Trassant m
drawing: Konstruktionszeichnung f, Zeichnung f
drawing account: Entnahmekonto n
drawing board: Reißbrett n
drawing by lot: Auslosung f
drawings pl: Entnahmen f/pl
drayage: Fuhrlohn m
drift: schwanken
drift back: nachgeben (Kurse)
drift down: abbröckeln (Kurs)
drive: Antrieb m, Laufwerk n (EDV)
driver's license: Führerschein m
drop: fallen, fallen lassen, Fallen n (von Preisen), sinken, Sinken n (von Preisen)
drop a policy: eine Versicherungspolice f aufkündigen
drop shipment: Direktlieferung f (vom Hersteller an den Einzelhandel oder Konsumenten), Drop Shipment n
drum memory: Trommelspeicher m (EDV)
drunkard: Trinker m, Trunksüchtiger m
drunken person: Betrunkener m
drunkenness: Betrunkenheit f, Trunkenheit f, Trunksucht f
dry up: austrocknen
dry cargo: Trockenfracht f
dry goods pl: Textilien f/pl
dry-goods dealer: Manufakturenwarenhändler m
dry runs pl: Versuchs- und Probeläufe m/pl (EDV)
dual access: zweiter Zugriffsarm m (EDV)
dual card: Verbundkarte f (EDV)
dual distribution: Dualdistribution f, duale Distribution f
In der Absatzwegepolitik die Einschaltung von

zwei Absatzwegesystemen durch einen Hersteller, um dieselben Abnehmer zu erreichen (z.b. der Vertrieb von Produkten sowohl durch unternehmenseigene Verkaufsstellen wie durch fremde Einzelhandelsunternehmen oder die gleichzeitige Belieferung von Groß- und Einzelhandel).

dual feed automatic carriage: zweifacher automatischer Schreibwagen *m (EDV)*
dual printing: Zweifachschreibung *f (EDV)*
dual standard: Doppelwährung *f*
dual use package: weiterverwendungsfähige Verpackung *f*
dubious account: dubioses Konto *n*
due: fällig, ordnungsmäßig, zahlbar
due care: gebührende Sorgfalt *f*
due date: Abrechnungstag *m*, Abrechnungstermin *m*, Fälligkeitstermin *m*, Verfalltag *m*
due date of tax return: Steuererklärungstermin *m*
due date register: Fälligkeitsverzeichnis *n*
due notice: Mahnbrief *m*, Mahnung *f*
due receipts *pl*: Solleinnahmen *f/pl*
dues *pl*: Abgabe *f*, Beitrag *m*, Gebühr *f*
dues check-off system: Beitragseinziehungssystem *n*
dull: lustlos
dull trading: schleppendes Geschäft *n*
duly: ordnungsmäßig, regelrecht
dummy: Strohmann *m*
dummy activity: Blindaktivität *f*, Scheinarbeitsgang *m*; (PERT) fiktive Tätigkeit *f*; (PERT, CPM) Scheinaktivität *f*
In der Netzplantechnik werden nach ihrer formalen Struktur Ereignisse, Tätigkeiten und Scheintätigkeiten unterschieden. Ein Ereignis liegt vor, wenn eine Teilaufgabe erfüllt oder abgeschlossen ist, mit einer Tätigkeit wird hingegen der Verbrauch von Ressourcen oder von Zeit erfaßt, der erforderlich ist, um von einem zum nächsten Ereignis voranzuschreiten. Scheintätigkeiten wiederum stellen funktionale Zusammenhänge dar, die keinen Zeit- und Ressourcenaufwand benötigen.
dummy job: Blindaktivität *f*; (PERT) Scheinarbeitsgang *m*
dummy note: Kellerwechsel *m*
dummy pack: Attrappe *f*, Schaupackung *f*
dummy record: Pseudosatz *m (EDV)*
dummy section: Pseudoabschnitt *m (EDV)*
dummy statement: Pseudoanweisung *f (EDV)*
dummy transaction: Scheingeschäft *n*
dumping: Dumping *n*, Preisdruck *m*, Preisschleuderei *f*, Preisunterbietung *f*
Die Gesamtheit der Maßnahmen staatlicher Handelspolitik, die darauf zielen, direkt oder indirekt die Exportpreise zu entlasten. Dazu zählen Exportsubventionen (Prämien-Dumping), erniedrigte Exporttarife im Transportwesen (Frachten-Dumping), die Verbilligung von Exportkrediten (Zins-Dumping) oder eine über die Kaufkraftparität hinausgehende Abwertung der eigenen Währung (Währungs-Dumping). In der wirtschaftlichen Praxis ist der Auslandsverkauf unter Inlandspreisen der wichtigste Fall des internationalen Dumping.
Dumping ist ein Sonderfall der regionalen Preisdifferenzierung, der nach einer Formulierung von Gottfried Haberler als Schlagwort verwendet wird, „mit dem man jede Art von lästiger Auslandskonkurrenz belegt".
Privatwirtschaftliches Dumping bezieht sich auf Wettbewerbsbeschränkungen durch leistungsbedingte Monopole und Unternehmenszusammenschlüsse. Voraussetzung sind Zollschutz oder Kontingente gegen die Wiedereinfuhr bestimmter Waren.
Volkswirtschaftlich stellt das Dumping für ein Einfuhrland stets dann einen Vorteil dar, wenn es vom Exportland langfristig betrieben wird. Für das Ausfuhrland ist Dumping nachteilig, wenn der Inlandspreis dadurch erhöht wird und der Verlust der Konsumenten nicht durch Gewinnsteigerung der Produzenten überkompensiert wird. Der volkswirtschaftliche Nachteil liegt nicht in den Wirkungen des niedrigeren Auslandspreises, sondern in der Wettbewerbsbeschränkung. Der Inlandspreis liegt höher als bei vollständigem Wettbewerb.

dumping export: Schleuderausfuhr *f*
dumping price: Dumpingpreis *m*, Kampfpreis *m*, Dumpingtarif *m*, Schleuderpreis *m*
dun: mahnen
dunning: Mahnung *f*
dunning form: Mahnformular *n*
dunning letter: Mahnbrief *m*, Mahnung *f*
duopoly: Duopol *n*, Dyopol
In der Volkswirtschaftslehre eine Marktform des Angebots, bei der als der einfachsten Form des Oligopols zwei marktbeherrschende Anbieter miteinander in Konkurrenz stehen. Unter der Annahme eines vollkommenen Markts und im Prinzip unbeschränkter Kapazitäten, kann derjenige der beiden Dyopolisten den gewinnmaximalen Preis erzielen, dessen Grenzkosten am niedrigsten sind. Da die Preis-Absatz-Funktion für die Dyopolisten gegeben ist, sind ihre Aktionsparameter entweder die Angebotsmenge oder der Angebotspreis. Da aber die Angebotsmenge des Dyopolisten A die des Dyopolisten B beeinflußt, muß B bei einer Mengenänderung bei A seinen Preis ändern, womit er wiederum die Absatzmenge von A beeinflußt. Nach Erich Gutenburg besteht eine „zirkulare Interdependenz" zwischen den Dyopolisten.
Im Anbetracht dieser Situation bestehen für die Dyopolisten drei Alternativen der Preismengenpolitik
(1) eine Politik des beiderseitigen Wohlverhaltens,
(2) die Vereinbarung einer Marktabsprache (vorausgesetzt sie ist rechtlich möglich) oder
(3) eine Verdrängungspolitik.

duplicate: abschreiben, Abschrift f, Doppel n, Duplikat n, duplizieren, Kopie f
duplicate original: Zweitschrift f
duplicate system: Durchschreibsystem n
duplicating device: Doppler m (EDV), Wiederholungseinrichtung f (EDV)
duplicating machine: Vervielfältigungsmaschine f
duplicating method: Durchschreibeverfahren n, Vervielfältigungsmethode f
duplicating process: Vervielfältigungsprozeß m, Vervielfältigungsverfahren n
duplication check: Parallelprüfung f (EDV), Zwillingsprüfung f (EDV)
duplicator: Vervielfältiger m
durability: Dauerhaftigkeit f, Lebensdauer f, betriebsgewöhnliche Nachhaltigkeit f, Permanenz f
durable: dauerhaft
durable good: Gebrauchsgut n, langlebiges Konsumgut n
Güter des privaten Konsums, die zum mehrmaligen und längerfristigen Gebrauch bestimmt sind (wie z.B. Gebrauchsgüter für Verkehr und Nachrichtenübermittlung, für Bildung und Unterhaltung und für Haushaltsführung). Die grundlegende Unterteilung der Konsumgüter in Gebrauchs- und Verbrauchsgüter schließt nicht aus, daß in einzelnen Fällen die Grenzen fließend sein können. Es ist ein Charakteristikum der durch einen wachsenden Lebensstandard gekennzeichneten Industriegesellschaften, daß die Kauftätigkeit der privaten Haushalte bei langlebigen Konsumgütern verstärkt und entsprechend bei kurzlebigen Konsumgütern abgeschwächt wird.
Die Nachfrage insbesondere nach sehr langlebigen und hochentwickelten Gebrauchsgütern des gehobenen Bedarfs wird in starkem Maße durch Faktoren wie Einkommen, Kaufkraft, Familienstruktur Stellung im Familien-Lebenszyklus, Freizeit usw. bestimmt. Die Nachfrage nach Gebrauchsgütern ist außerordentlich elastisch, Nachfrageelastizität.
duration: Dauer f, Laufzeit f
duration of contract: Vertragsdauer f
duration of stay: Aufenthaltsdauer f
duress: Gewalt f, Nötigung f, Zwang m
Dutch auction: Absteigerung f, Auktion f auf Abstrich, Abstrichverfahren n
Eine Form der Auktion, bei der ein Auktionator von einem Höchstpreis ausgeht und diesen sukzessive verringert, bis ein Preis erreicht ist, für den sich ein Käufer findet.
dutiable: abgabenpflichtig, zollpflichtig
dutiable value: Wert m, zollpflichtiger Zollwert m
dutiful: pflichtgemäß
dutiful examination: pflichtgemäße Prüfung f
duty: Abgabe f, Aufgabe f, Arbeitsaufgabe f, Auflage f, Dienst m, Einfuhrzoll m, Maut f, Obliegenheit f, Pflicht f, Steuer f, Zoll m
duty, be on: Dienst m haben
duty bound: pflichtschuldig
duty drawback: Zollerstattung f
duty-free: abgabefrei, zollfrei
duty of diligence: Sorgfaltspflicht f
duty of disclosure: Aufklärungspflicht f, Auskunftspflicht f
duty paid: verzollt
duty to inform: Mitteilungspflicht f
duty to make compensation: Ersatzpflicht f
duty to report: Berichtspflicht f
duty to secrecy: Verschwiegenheitspflicht f
dwt (= tons deadweight): Tragfähigkeit f
dye-works plant: Färberei f
dynamic programming: dynamische Planungsrechnung f, dynamische Programmierung f (Operations Research)

E

early retirement: Frühpensionierung *f*, vorzeitige Pensionierung *f*
early warning system: Frühwarnsystem *n*
Zur Früherkennung von Entwicklungen und Krisen in der Umwelt und der Unternehmung werden neben den klassischen Scanning-Techniken verstärkt sogenannte „Early-warning-Systeme" eingesetzt. Das Krisensystem eines Unternehmens bezieht sich auf ein Informationssystem, das alle relevanten Daten sammelt, bewertet, verdichtet und in Form von Kennzahlen zur Verfügung stellt. Die Frühwarnsysteme stellen dabei in Form von Kennziffern und Trends frühzeitig Informationen über betriebliche Prozesse wie Fluktuation, Ausschußquoten, Absatzzahlen, Liquiditätsziffern, Forderungen und Verbindlichkeiten zur Verfügung. Sie verwenden meist die folgenden Frühindikatoren:
1. *Externe Frühindikatoren*:
- ökonomische Indikatoren (z.B. ökonometrische Modelle, Konjunkturindikatoren)
- Indikatoren der Marktentwicklung (z.B. Expertenbefragung, Marktforschung)
- technologische Indikatoren (z.B. Patente, Messen, Ausstellungen, Forschungsförderung)
- soziale Indikatoren (z.B. Fruchtbarkeit, Sterblichkeit, Migration, Einstellungen, Werthaltungen)
- politische Indikatoren (z.B. Gesetzgebung, Parteiprogramme).
2. *Interne Frühindikatoren*:
- finanzwirtschaftliche Kennzahlen (z.B. Rentabilität)
- produktionswirtschaftliche Kennzahlen (z.B. Ausschußrate)
- absatzwirtschaftliche Kennzahlen (z.B. Reklamationsrate)
- personalwirtschaftliche Kennzahlen (z.B. Fluktuation, Absentismus).

earmark: an einen Zweck *m* binden, kennzeichnen, Merkzeichen *n*
earmarked account: zweckgebundenes Bankguthaben *n* (z.B. Akkreditiv), zweckgebundenes Konto *n*
earmarked cash: zweckgebundenes Bankguthaben *n* (z.B. Akkreditiv)
earn: erwerben (durch Arbeit), verdienen
earned income: Arbeitseinkommen *n*, Einkommen *n* (aus persönlichen Dienstleistungen), realisierter Ertrag *m*
earned income exemption: Steuerermäßigung *f* auf Arbeitseinkommen *n*
earned income relief: Steuerermäßigung *f* auf Arbeitseinkommen *n*
earned rate: Durchschnittsstundenlohn *m*
earned surplus: akkumulierter Gewinn *m* (abzüglich Ausschüttungen an die Aktionäre und Zuschreibungen zum Grundkapital), nicht ausgeschütteter Gewinn *m* aus Betriebstätigkeit *f*, unverteilter Gewinn *m*, thesaurierter Gewinn *m*
earnest money: Angeld *n*, Handgeld *f*
earning assets *pl*: werbende Aktiva *pl*
earning capacity: Ertragskraft *f*
earning power: Ertragskraft *f*, Rentabilität *f*
earning value: Ertragswert *m*
earnings *pl*: Einkommen *n*, Gewinn *m*, Verdienst *m*
earnings card: Lohnkarte *f (EDV)*
earnings record: Verdienstnachweis *m*
earnings-related scheme: Lohnbezogenes System *n*
earnings statement: Gewinn- und Verlustrechnung *f*
ease off: leichter werden
easement: Dienstbarkeit *f*, Grunddienstbarkeit *f*, Servitut *n*
easy market: Markt *m*, der durch niedrigen Zinssatz *m* und großes Geldangebot *n* gekennzeichnet ist
easy money policy: Politik *f* des billigen Geldes *n*
echo check: Echoprüfung *f (EDV)*
echo checking: Echokontrolle *f (EDV)*
ecological approach: ökologischer Ansatz *m*
Eine Strömung in der Managementlehre, die an die Systemtheorie anknüpft. Der ökologische oder evolutionstheoretische Ansatz ist stark an der Biologie orientiert, konzentriert sich primär für den evolutionären Ausleseprozeß und versucht die Frage zu beantworten, weshalb bestimmte Systeme ihr Überleben sichern können, andere dagegen nicht. Die Idee ist, daß die Umwelt wie in der Natur aus der Vielfalt der Systeme diejenigen ausfiltert, die sich an die speziellen externen Gegebenheiten nicht oder eben nicht hinreichend angepaßt haben. Unangepaßte Systeme werden ausgelesen, neue Systeme entstehen, der evolutorische Prozeß formt die Entwicklung und Zusammensetzung der Systempopulation nach seiner Dynamik.
Vom Ergebnis her führt der evolutionstheoretische Ansatz in ein Paradox – zumindest für die Managementlehre. Die Bedeutung der betrieblichen Steuerungsleistung und antizipierenden Systemgestaltung tritt zurück zugunsten eines unbeherrschbaren Ausleseprozesses, der noch nicht einmal seine zukünftige Auselogik freigibt. In der Konsequenz treten auf einzelwirtschaftlicher

Ebene Glück und Zufall als zentrale Erklärungsfaktoren für den Erfolg in den Vordergrund.

econometrics: Ökonometrie *f*
Ein Bereich der Volkswirtschaftslehre, der sich 1930 als eigenständiger Wissenschaftszweig konstituierte, als Wirtschaftswissenschaftler, Mathematiker und Statistiker aus verschiedenen Ländern die „Econometric Society" gründeten, deren Organ die Zeitschrift *Econometrica* ist.
Die Ökonometrie vereint die speziellen Fähigkeiten von Ökonomen, Statistikern und Mathematikern, um die Entwicklung empirisch gestützter ökonomischer Theorien voranzutreiben. Von ökonomischer Seite kommen die Hypothesen über den Zusammenhang zwischen bestimmten wirtschaftlichen Größen; die Statistiker stellen zu diesen Größen gesammelte Daten zur Verfügung; die Mathematiker bilden durch mathematische Verfahren die Verbindung zwischen beiden. Das Ziel der Ökonometrie ist doppelter Art:
(1) *Hypothesenschätzung:* Die ökonomische Hypothese, die lediglich in Form einer allgemeinen Funktion vorgegeben ist, soll numerisch bestimmt werden.
(2) *Hypothesentest:* Der Wahrheitsgehalt der Hypothese soll überprüft werden. Unter theoretischem Aspekt ist der Hypothesentest von größerer Bedeutung, da er über Annahme oder Ablehnung der Hypothese entscheidet. Aus wirtschaftspolitischen Erwägungen ist die Hypothesenschätzung bedeutsam, da sie die Grundlage für numerisch spezifizierte Simulationen oder Prognosen bildet; dies setzt die Annahme der Hypothese voraus.
Der Ausdruck „Ökonometrie" ist eine Wortbildung aus Ökonomie und Metrie (metron bedeutet Griechisch „Maß" oder „Messung"). Zu den Mitbegründern der Ökonometrischen Gesellschaft zählen vor allem Irving Fischer (1867-1947) und Ragnar Frisch (1895-1973). Als Vorläufer, die schon im 19. Jahrhundert die Notwendigkeit betonten, empirische Untersuchungen mathematisch-statistisch zu fundieren, rechnet man Nationalökonomen wie Johann Heinrich von Thünen (1783-1850), Antoine Augustin Cournot (1801-1877), William Stanley Jevons (1835-1882) und Alfred Marshall (1842-1924).
Im Rahmen der Ökonometrie ergeben sich zwei grundsätzliche Probleme:
• Eine ökonometrische Analyse kann keinen Kausalbeweis liefern. Sie kann auch nicht einen kausalen Zusammenhang ausschließen.
• Ökonometrische Untersuchungen stützen sich immer nur auf das ihnen zur Verfügung stehende Datenmaterial. Dieses kann jedoch fehlerhaft oder unvollständig sein, da es stets nur einen Ausschnitt der Realität widerspiegelt. Deshalb liegen oft widersprüchliche ökonometrische Ergebnisse zur selben Hypothese vor, mit der Folge, daß Schätzung und Beurteilung von Hypothesen einem ständigen Wandel unterliegen und günstigenfalls Hypothesen mit zeitlich beschränkter Gültigkeit (Quasi-Gesetze) bestätigt werden können.

economic: ökonomisch, wirtschaftlich
economic abuse: wirtschaftlicher Mißbrauch *m*
economic activity: wirtschaftliche Betätigung *f*
economic adjustment: Wirtschaftsanpassung *f*
economic adviser: Wirtschaftsberater *m*
economic aid: Wirtschaftshilfe *f*
economic analysis: Wirtschaftsanalyse *f*
economic background: Wirtschaftslage *f*
economic branch: Wirtschaftszweig *m*
economic committee: Wirtschaftsausschuß *m*
economic cooperation: wirtschaftliche Zusammenarbeit *f*
economic crisis: Wirtschaftskrise *f*
economic cycle: Konjunktur *f*, Konjunkturzyklus *m*
Nach den Worten von Werner Vomfelde bezeichnet der Begriff Konjunktur „zyklische Schwankungen der gesamtwirtschaftlichen Produktion mit einer Gesamtdauer von mindestens drei, höchstens zwölf Jahren".
Wenn die Produktion als Indikator für die konjunkturellen Schwankungen gilt, so besagt dies, daß die Produktion um ihren eigenen Trend schwankt, der Maßstab für das langfristige Wachstum ist. Konjunktur bezeichnet als die mittelfristigen Schwingungen um den langfristigen Wachstumspfad.
Über die Ursachen der konjunkturellen Schwankungen besteht Uneinigkeit. Die wirtschaftswissenschaftliche Forschung hat rund 200 Konjunkturtheorien hervorgebracht. Einigkeit besteht lediglich darüber, daß monokausale Erklärungen nicht ausreichen, um das Phänomen der Konjunkturzyklen zu erklären, wohl aber nach den Worten von Gottfried Haberler, „daß eine ganze Reihe von Faktoren und vielleicht auch nicht immer dieselbe Kombination dieser Faktoren zum Entstehen eines Wechsels von Prosperität und Depression beitragen".
Als häufigste Ursachen für wirtschaftliche Rückschläge wurden vor dem ersten Weltkrieg zumeist Kriege, Mißernten, Seuchen, später auch Spekulantentum genannt.
Nach Josef Schumpeter lassen sich die Konjunkturtheorien in endogene, exogene, monetäre, dynamische und psychologische Erklärungsversuche einteilen. Dadurch sind Hypothesen ausgeklammert, die Konjunkturschwankungen aus einer Überlagerung von Zufallseinflüssen ableiten: E. Slutzky z.B. sieht in den Wellen kein reales, sondern ein rein statistisches Phänomen. Durchaus in diesem Sinne argumentieren Walter Eucken und F. A. Lutz, die es aufgrund der individuellen Erscheinung eines jeden Zyklus ablehnen,

Gesetzmäßigkeiten aus dem Ablauf zu konstruieren, wiewohl sie konjunkturelle Schwankungen an sich anerkennen. Albert Hahn schreibt „... auch die Wirtschaftszyklen sind Kinder der Ungewißheit und des Irrtums ... bezüglich der künftigen Nachfrage." Walter Adolf Jöhr wiederum betont die Bedeutung der „Labilität" der Wirtschaftssubjekte, ihre Stimmungen und Erwartungen für die wirtschaftliche Entwicklung. Die Eigenbewegung des konjunkturellen Ablaufs beschreibt Jöhr u.a. mit dem Auftreten zahlreicher kumulativer Prozesse und Bewegungen, die offenkundig miteinander zusammenhängen und in der Lage sind, den Prozeß aus sich selbst heraus zu verstärken, zu beschleunigen oder zu verlangsamen. Tendenzen zur Selbstverstärkung ergeben sich z.B. daraus, daß ein Produktionsrückgang Arbeitslosigkeit auslösen kann. Dieser wiederum bedingt Nachfrageausfall, der einen weiteren Rückgang der Produktion bedingt, usw.

Nach Vomfelde bedingen Aufschwung und Abstieg einander wechselweise: „Der kumulative Prozeß selbst bringt mit der Zeit die Kräfte hervor, die ihn erst verlangsamen, dann beenden und schließlich die Richtungsänderung herbeiführen." Danach ist Konjunktur eine echte Wellenbewegung, in der ein Aufschwung zugleich den Abstieg hervorbringt und umgekehrt.

Nach Ragnar Frisch werden die konjunkturellen Schwankungen durch unregelmäßige äußere Anstöße ausgelöst, die aber durch die Struktur der Wirtschaft in regelmäßige Schwingungen umgesetzt werden. Auch nach Werner Hicks, der ein mathematisches Oszillationsmodell vorgelegt hat, genügt ein einmaliger Anstoß von außen. Hicks erklärt den Konjunkturprozeß mit der wechselseitigen Abhängigkeit von Konsum- und Investitionsentwicklung. Ein Mehr an Verbrauchsgüternachfrage löse nach einer gewissen Zeit zusätzliche Nachfrage bei den Investitionsgüterindustrien aus *(Akzeleratoreffekt)*. Von den Investitionsgüterindustrien strahlt die Nachfragebelebung auf die anderen Wirtschaftsbereiche weiter aus *(Multiplikatoreffekt)*. Gedämpft werden die Schwankungen durch den Einbau von Ober- und Untergrenzen; die Schwingungen erhalten sich aus sich selbst heraus. Es sind Schwankungen um ein dynamisches Gleichgewicht, das eine langfristig konstante Wachstumsrate des Bruttosozialprodukts voraussetzt. Diese Annahme läßt sich indes durch die tatsächliche Entwicklung nicht belegen. In nahezu allen Industrieländern sind die Wachstumsraten im Laufe der Zeit flacher geworden. Hicks selbst hat in sein Modell zusätzliche monetäre Erklärungsvariablen eingebaut.

Der bekannteste Vertreter einer reinen monetären Konjunkturtheorie ist Milton Friedman. Nach Friedman ist die Veränderung der Geldmenge der entscheidende auslösende Faktor für alle wirtschaftlichen Entwicklungen.

Die „dynamische Konjunkturtheorie" ist eng mit dem Namen Josef Schumpeters verbunden. Für Schumpeter sind technischer Fortschritt, Innovationen und Erfindungen das auslösende Moment. Zu den Vertretern der endogenen Konjunkturtheorien sind u.a. Karl Marx und John Maynard Keynes zu rechnen. Beide waren der Auffassung, Krisen seien im System begründet: Unterkonsumtion führe zur Depression. Zu den interessanten exogenen Erklärungsversuchen zählt der von Jevons (um 1880). Wegen der seinerzeit relativ langen Konjunkturzyklen (bis zu 12 Jahren und mehr) brachte Jevons den Konjunkturzyklus mit dem zehnjährigen Zyklus der Sonnenfleckentätigkeit in Verbindung: Sie beeinflusse die Witterung auf der Erde und damit die Ernte. Da der landwirtschaftlichen Erzeugung die entscheidende Bedeutung für die gesamtwirtschaftliche Entwicklung zukam, fand diese Sonnenfleckentheorie große Beachtung.

Auch für die Tatsache, daß der Zyklus kürzer geworden ist, gibt es keine Einzelerklärung. Allgemein läßt sich feststellen, daß für Länder mit relativ hohem wirtschaftlichem Reifegrad vergleichsweise kurze, für Länder mit niedrigem Entwicklungsstand dagegen lange Konjunkturzyklen charakteristisch sind. Entscheidend ist offenbar der wirtschaftliche Reifegrad einer Volkswirtschaft, der wiederum von der wachsenden Industrialisierung geprägt wird. Der Konjunkturzyklus ist dort am längsten, wo der Anteil der Landwirtschaft an der wirtschaftlichen Wertschöpfung noch relativ hoch ist. Das heißt, daß die Phasenlänge des Zyklus sich mit zunehmender Industrialisierung verkürzt. Die konjunkturelle Selbstverstärkung ist in einem interdependenten System dann am stärksten, wenn eine Einwirkung auf die Produktion unmittelbar auf andere Produktionsbereiche ausstrahlt. Bei einem Umweg über die Einkommen dauert der Prozeß der Selbstverstärkung dann am längsten, wenn ein relativ großer Anteil der Einkommen in die Landwirtschaft fließt.

Starken Einfluß auf die Phasenlänge hat die Konstruktionsdauer der Investitionsgüter. Die Herstellungsdauer der Investitionsgüter ist heute wesentlich kürzer als im 19. Jahrhundert. Die technische Ausreifungszeit hat sich verkürzt und der Anteil der Bauinvestitionen an den Gesamtinvestitionen ist relativ zurückgegangen. Zur Verkürzung haben auch die Reinvestitions- und Lagerzyklen beigetragen, die für sich genommen zwar nichtkonjunkturelle Bewegungen darstellen, aber die Konjunktur stark beeinflussen können. Abgenommen hat schließlich sowohl die Lebensdauer der Investitions- wie der Gebrauchsgüter; der Anteil der Lagerinvestitionen an den Gesamtinvestitionen ist geringer geworden. Die Zyklen verkürzt hat gewiß auch die Konjunkturpolitik, die vor dem ersten Weltkrieg praktisch ohne Bedeutung war, heute aber bereits den Aufschwung dämpft, um Übersteigerungen zu vermeiden. Auch das wachsende Konjunkturbewußtsein der Unternehmer kann den Konjunkturzyklus verkürzen. So mancher Aufschwung endet nur deshalb vorzeitig, weil sein Ende befürchtet wird.

Der starke Anstieg der Lohnkosten kann die Finanzierungsmöglichkeiten und die Erwartungen der Unternehmen so beeinträchtigen, daß die Phasenlänge des Zyklus kürzer wird. Von einem bestimmten Punkt der konjunkturellen Bewegung an (Kapazitätsauslastung, Kosten, Preise) nimmt die Elastizität des Angebots ab; damit fällt die Wachstumsrate.

Gemildert wird heute die Intensität der Schwankungen auch durch das zunehmende Konjunkturbewußtsein der Unternehmer. So halten z.B. die Unternehmer langfristige Investitionspläne oft auch in Abstiegsphasen durch. Ferner reagieren heute die Einkommen lange nicht mehr so stark auf die Schwankungen der Produktion. Die Selbstverstärkungskräfte im Konjunkturabschwung sind also geringer geworden. Stabilisierend wirkt weiter der hohe Anteil des Staates am Bruttosozialprodukt. Er gibt längerfristige Projekte auch in Zeiten konjunktureller Abschwächung nicht auf und kann mit seinem konjunkturpolitischen Instrumentarium gegensteuern. Gestiegene Sozialeinkommen und eine relativ hohe Arbeitslosenunterstützung sorgen dafür, daß der konjunkturelle Abschwung sich nicht einschneidend auswirkt. Die gleiche Wirkung hat der allgemein gestiegene Wohlstand; relativ hohe Sparkonten mindern die Konjunkturanfälligkeit des privaten Verbrauchs. Wegen der von den Aktiengesellschaften betriebenen Politik der Dividendenstabilisierung wird ein großer Teil der Kapitaleinkommen von einem Konjunkturrückgang praktisch überhaupt nicht betroffen. Der Einfluß exogener Faktoren (Kriege, Mißernten, Seuchen) hat stark abgenommen; dadurch sind die Voraussetzungen für eine vorausschauende, glättende Konjunkturpolitik allgemein günstiger geworden. Natürlich gibt es auch intensitätsverstärkende Einflüsse. Ihre Wirkungen werden jedoch von den gegenläufigen Faktoren überkompensiert. Dazu gehört z.B. die Zunahme der privaten Verschuldung, die bei einem Beschäftigungseinbruch zu Liquiditätsschwierigkeiten bei den Gläubigern (mit Auswirkungen auf die Lieferanten) führen kann. Vomfelde hat nachgewiesen, daß seit dem zweiten Weltkrieg die Zusammensetzung des Bruttosozialprodukts auf konjunkturelle Schwankungen schneller, aber auch weniger intensiv als früher reagiert. Für den Konjunkturaufschwung gilt das für eine steigende Investitionsquote (Anteil der Bruttoanlageinvestitionen am Bruttosozialprodukt) sowie für die parallel sinkende Konsumquote.

Mit anderen volkswirtschaftlichen Größenordnungen sind auch die Beschäftigungsschwankungen im Konjunkturablauf geringer geworden. Verstärkt haben sich dagegen die Lohnschwankungen, gemessen als Abschwächung und Beschleunigung; echte Rückgänge gibt es kaum noch. Seit 1950 ist in der Bundesrepublik der Höhepunkt der Konjunkturaufschwünge zumeist mit starken Lohnsteigerungen verbunden gewesen. Allerdings reagiert die Lohnbewegung mit deutlicher zeitlicher Verzögerung („time lag") auf konjunkturelle Veränderung. Dieser „Lohn-Lag",
der bis Mitte der 1960er Jahre bei 12 Monaten (gemessen als Abstand zwischen dem Höhepunkt der Produktion und dem Maximum der Lohnsteigerungen) und länger lag, hat sich seither wesentlich verkürzt. Das gilt offenbar nicht für die Abschwungphase; es dauert immer noch eine gewisse Zeit, ehe sich bei einem verlangsamten gesamtwirtschaftlichen Wachstumstempo auch der Lohnauftrieb abschwächt. In der Abschwungphase übertrifft der Anstieg der Löhne und Gehälter den Anstieg der Produktivität erheblich.

Da die Löhne die wichtigsten volkswirtschaftlichen Kosten sind, war dies ein entscheidender Grund dafür, daß der Preistrend in der Nachkriegszeit in der Bundesrepublik – wie in den meisten vergleichbaren Industrieländern – ausschließlich nach oben gerichtet war. Da die Preisentwicklung im Abschwung weniger an der Nachfrage als an den Kosten orientiert ist, die Löhne aber an der Preisentwicklung der Vergangenheit orientiert sind, führt das bei schwächerem Produktivitätswachstum zwangsläufig zu einer verzögerten Preisreaktion.

Im Konjunkturabschwung steht einem verringerten Nachfragesog ein anhaltender Kostendruck gegenüber. Da der Produktivitätsanstieg flacher wird, die Fixkostenbelastung je Stück bei sinkender Kapazitätsauslastung aber zunimmt, führt das zu einem steigenden Preistrend. Die Preisreaktionen auf konjunkturelle Veränderungen haben sich nicht nur zunehmend verzögert, das Ausmaß der Reaktion ist auch geringer geworden. Als Folge hat sich der Preisauftrieb von Konjunkturzyklus zu Konjunkturzyklus im Trend verstärkt.

economic development: Wirtschaftsentwicklung *f*, wirtschaftliche Entwicklung *f*

economic doctrine: wirtschaftliche Lehrmeinung *f*

economic forecast: Konjunkturprognose *f*

economic goods *pl*: Wirtschaftsgüter *n/pl*, knappe Güter *n/pl*, wirtschaftliche Güter *n/pl*

economic growth: Wirtschaftswachstum *n*, wirtschaftliches Wachstum *n*

„Die Wachstumstheorie ist ein unterentwickeltes Gebiet der Nationalökonomie", schrieb Abramowitz noch 1952. Seitdem ist zwar eine Flut von Veröffentlichungen auf diesem Gebiet auf den Markt gekommen, aber der Erkenntniswert der Veröffentlichungen verhält sich keineswegs proportional zu ihrer Menge. Noch 1973 hatte Bernhard Gahlen behaupten können „... daß die Wachstumstheorie weitgehend die gegenwärtigen wirtschaftspolitischen Probleme aus den Augen verloren hat und vielmehr modellimmanenten Gesetzmäßigkeiten gefolgt ist. Nur wenige ihrer Hypothesen haben Informationsgehalt. Diese Ausnahmefälle sind dann aber zumeist noch durch die Realität falsifiziert worden".

Wirtschaftliches Wachstum ist stets das Ergebnis des Zusammenwirkens der produktiven Faktoren einer Volkswirtschaft. Zu ihnen werden im allgemeinen der Einsatz und die Qualität von Arbeit, Kapital, Boden sowie der technische Fortschritt gerechnet. Da der Produktionsfaktor Boden nicht beliebig vermehrbar ist und mit zunehmender Industrialisierung für die Wertschöpfung an Bedeutung verloren hat, wird das Wachstum einer Wirtschaft unter Vernachlässigung des Produktionsfaktors Boden aus dem Einsatz von Arbeit, Kapital und dem technischen Fortschritt abgeleitet. Damit steht eine Produktionsfunktion in der einfachsten und allgemeinsten Form zur Verfügung. Darüber hinaus wird institutionellen und politischen Faktoren (Wirtschaftsverfassung, Rechtsordnung, Wettbewerbspolitik) eine bestimmende Bedeutung zugeschrieben.

Der Beitrag der Produktionsfaktoren Arbeit und Kapital zur Wertschöpfung und damit zu deren Höhe und Wachstum hängt sowohl von der verfügbaren Einsatzmenge wie von der Qualität dieses Einsatzes und der Faktorkombination ab. So wird der Einsatz des Produktionsfaktors Arbeit von der Bevölkerungsentwicklung bestimmt. Aber selbst bei stagnierender Bevölkerung kann die Arbeitsmenge noch vermehrt werden. Einmal u.a. dadurch, daß die Zahl der Erwerbstätigen z.B. durch Zuwanderungen (ausländische Arbeitskräfte) oder durch die Mobilisierung inländischer Reserven (höhere Frauenarbeitsquote) gesteigert wird. Zum anderen ist es möglich, die Arbeitszeit auszudehnen, Streiks und Krankheitstage zu reduzieren. Als mit am wichtigsten wird heute allgemein die Produktivität des Faktors Arbeit beschrieben. Gemeint sind damit vor allem die allgemeine Bildung sowie die spezifische berufliche Qualifikation.

Nach Edward F. Denison ist die Veränderung der totalen Faktorproduktivität vor allem eine Folge der verbesserten Ausbildung, des gestiegenen Wissensstands, der Arbeitszeitverkürzung, allgemein der Qualitätserhöhung. Kendrick hat errechnet, daß die durchschnittliche Wachstumsrate des Sozialprodukts in den Vereinigten Staaten (nach Denison von 1929 bis 1957 = 2,9 %) zu zwei Fünftel durch eine Vermehrung des Faktoreinsatzes und zu drei Fünftel durch eine Vermehrung des Faktoreinsatzes und zu drei Fünftel durch eine Erhöhung der totalen Faktorproduktivität erklärt werden könne. Besonders große Bedeutung kommt nach diesen Berechnungen für das Wachstum des Sozialprodukts neben der Erhöhung der Beschäftigung der Erziehung und Ausbildung zu. Ein zweites augenfälliges Ergebnis ist der geringe Anteil des Faktors Kapital am Wachstum mit lediglich 15 %. Hieraus folgt, daß auch nur zu einer geringen Erhöhung der Wachstumsrate bereits sehr hohe Investitionsanstrengungen erforderlich sind.

Im technischen Fortschritt (Produktivität) erblickt die moderne Wachstumstheorie die wichtigste Ursache für das Wirtschaftswachstum. Er wird üblicherweise so definiert, daß bei konstantem Faktoreinsatz die Produktionsmenge (der „output") gesteigert wird oder daß die gleiche Produktmenge bei geringerem Faktoreinsatz erzeugt wird. Technischer Fortschritt ist nur dann möglich, wenn sich das technische und organisatorische Wissen vermehrt. Nach den Thesen von Kaldor und Arrow gehen von neuen Bruttoinvestitionen zwei produktionssteigernde Wirkungen aus: Einmal vergrößern sie den Realkapitalbestand und damit die Produktionsmenge. Zum anderen erhöhen sich durch den Einsatz neuer Produktionsanlagen Erfahrung und Fertigkeiten der Arbeitskräfte. Auf diese Weise wächst das ökonomisch relevante technische Wissen, das seinerseits wiederum produktionssteigernd wirkt. In der Wirtschaftswissenschaft wird unterschieden zwischen neutralem, arbeitssparendem und kapitalsparendem technischen Fortschritt. Neutraler technischer Fortschritt liegt vor, wenn Arbeit und Kapital im gleichen Ausmaß freigesetzt werden.

In seinem Hauptwerk „Wealth of Nations" (1772) hat Adam Smith (1723-1790) als Grundlage des Wachstums einen Fonds der jährlichen Arbeit geschildert, aus dem ein Volk lebt. Dieser Fonds hängt ab von der Geschicklichkeit der Arbeiter, von der Erwerbsquote, d.h. dem Verhältnis der Zahl der Arbeiter zu den Nichtarbeitern, und von der absoluten Zahl der Arbeiter. Durch zunehmende Arbeitsteilung und Kapitalakkumulation lasse sich dieser Fonds vergrößern und in Verbindung mit einer liberalen Wirtschaftsordnung der „Wohlstand der Nationen" vermehren.

Während Smith ein ständiges Wachstum für möglich hielt, formulierte David Ricardo (1772-1823) mit seinem Gesetz des abnehmenden Ertragszuwachses die Theorie eines um das Existenzminimum oszillierenden Lohnsatzes der Arbeiter. Danach bremsen die Kosten die Gewinne, das beeinträchtigt wiederum Investitionen und das Wachstum.

Während John Maynard Keynes die Wachstumstheorie vor allem als Beschäftigungstheorie formulierte, betont Domar den dualen Charakter der Investitionen: Sie hätten nicht nur einen Einkommens-, sondern auch einen Kapazitätseffekt. Während Domar den Kapitalkoeffizienten, d.h. das Verhältnis des Sozialprodukts zum Realkapitalbestand, als technologisch gegeben und konstant ansieht, erklärt Harrod den Kapitalkoeffizienten aus dem technischen Fortschritt und dem Unternehmerverhalten. Die natürliche Wachstumsrate leitet er aus dem Bevölkerungswachstum und dem technischen Fortschritt ab.

Gegen die dem Harrod-Domar-Modell eigene Instabilität wendete Solow ein, daß gleichgewichtiges Wachstum dann vorliegt, wenn die Wachstumsraten von Arbeit und Kapital gleich sind, da dann eine einmal erreichte Vollbeschäftigung stets aufrecht erhalten bleibe. Der Grund für die Stabilität des Systems liege in der Substituierbarkeit von Arbeit und Kapital.

Um das mittel- bis langfristige Wachstum zu erklären, nimmt die neoklassische Wirtschaftstheorie zunächst eine geschlossene Volkswirtschaft ohne staatliche Aktivität sowie eine stetige Vollbeschäftigung von Arbeit und Kapital an. Die Nettoproduktion sei eine Funktion von Arbeit, Kapital und technischem Wissen. Gleichgewichtiges Wachstum bedeutet hier, daß die Wirtschaft in all ihren Bestimmungsgrößen mit konstanter Rate wächst. Eine Volkswirtschaft könne lediglich das Niveau des Wachstumspfades verschieben, nicht jedoch die eigene Wachstumsrate erhöhen. Eine höhere Investitionsquote bedeute ein höheres Niveau des Gleichgewichtswachstumspfades. Die Gewinne würden von den Wirtschaftssubjekten investiert, der technische Fortschritt sei Motor der wirtschaftlichen Entwicklung.

Gegen die neoklassische Wachstumstheorie hat sich vor allem Joan Robinson gewandt. Sie kritisiert vor allem die Grenzproduktivitätstheorie der Verteilung: Wenn der Lohn gleich dem Grenzprodukt der Arbeit und der Zins gleich dem Grenzprodukt des Kapitals ist, dann ist bei Vollbeschäftigung von Arbeit und Kapital die Verteilung des Sozialprodukts gewissermaßen naturgesetzlich festgelegt. Das würde bedeuten, daß auch im Sozialismus die Verteilung nicht geändert werden könnte und in marktwirtschaftlichen Systemen alle gewerkschaftliche Aktivität in dieser Richtung zur Erfolglosigkeit verurteilt ist, jedenfalls wenn die Vollbeschäftigung aufrechterhalten werden soll.

economic lot size: wirtschaftliche (optimale) Losgröße *f*

economic man: homo oeconomicus *m*
Das der mikroökonomischen Haushaltstheorie zugrundeliegende Menschenbild, demzufolge Kaufentscheidungen das Resultat vollkommen rationaler ökonomischer Wahlhandlungen sind. Bei der Entscheidungsfindung des homo oeconomicus ist bedeutsam, daß er vollständige Kenntnis seiner eigenen Bedürfnisstruktur, vollständige Kenntnis aller Möglichkeiten der Bedürfnisbefriedigung (vollständige Markttransparenz), keinerlei markenbezogene Präferenzen, sondern lediglich produktbezogene Präferenzen (Homogenität des Markts) hat, alle Marken eines Produkts in zeitlicher und räumlicher Hinsicht gleichartig einstuft (keine zeitliche und räumliche Präferenz), nach Maximierung seines persönlichen Nutzens strebt, eine unbegrenzte Kapazität der Informationsverarbeitung besitzt und ohne Beeinflussung durch andere Personen oder durch Erfahrungen (soziale Isolation und Unfähigkeit zum Lernen) entscheidet.

economic miracle: Wirtschaftswunder *n*

economic order: Wirtschaftsordnung *f*
Nach den Worten von Walter Eucken, ist die Wirtschaftsordnung „die Gesamtheit der Formen, in denen die Lenkung des alltäglichen Wirtschaftsprozesses in concreto – hier und dort, in Gegenwart und Vergangenheit – erfolgte und erfolgt."
Eucken sah die Aufgabe der Wissenschaftler darin, der neuen industrialisierten Wirtschaft mit ihrer weitgreifenden Arbeitsteilung eine funktionsfähige und menschenwürdige Ordnung zu geben, die dauerhaft ist: „In ihr soll die Knappheit an Gütern, die sich Tag für Tag in den meisten Haushaltungen drückend geltend macht, so weitgehend wie möglich und andauernd überwunden werden.

Und zugleich soll in dieser Ordnung ein selbstverantwortliches Leben möglich sein." Eine Wirtschaftsverfassung, die zureichende Ordnungsgrundsätze verwirklicht, muß nach Eucken den Leistungswettbewerb als wesentliches Ordnungsprinzip verwirklichen. Die meisten Wirtschaftsordnungen sind jedoch historisch gewachsene Ordnungen und nur in Ausnahmefällen durch umfassende Ordnungspläne geschaffen worden.

So sind beispielsweise Privateigentum, Vertragsfreiheit und Wettbewerb die fundamentalen Ordnungsgrundsätze des Kapitalismus. Adam Smith war davon überzeugt, man könne durch ein „einfaches System der natürlichen Freiheit" eine wohlgeordnete Wettbewerbswirtschaft herstellen. Doch die tatsächlichen Wirtschaftsordnungen, die sich auf dieser wirtschaftsverfassungsrechtlichen Grundlage erhoben, entfernten sich immer weiter von den Grundsätzen der Wirtschaftsverfassungen. Die Vertragsfreiheit wurde dazu benutzt, die Marktformen zu ändern und Machtgebilde zu schaffen. Die „unsichtbare Hand", von der Adam Smith sprach, verwirklichte mit dem „einfachen System der natürlichen Freiheit" wider Erwarten nicht die Wettbewerbsordnung.

Die zahlreichen historischen Wirtschaftsordnungen lassen sich durch „pointierend hervorhebende Abstraktion" (Walter Eucken) auf zwei idealtypische Ordnungen reduzieren. Wird der Wirtschaftsprozeß durch eine Vielzahl individueller Wirtschaftspläne bestimmt, die über den Markt- und Preismechanismus koordiniert werden, so spricht man von einer individualistischen Verkehrswirtschaft. Wird der Ablauf des Wirtschaftsprozesses von einer Zentralstelle gelenkt und das wirtschaftliche Geschehen über einen einzigen Gesamtplan gesteuert, dem sich alle Wirtschaftssubjekte (Unternehmungen und private Haushalte) unterzuordnen haben, so spricht man von einer zentralgeleiteten, verkehrslosen und kollektivistischen Wirtschaft, von einer Zentralverwaltungswirtschaft.

economic order quantity (EOQ): Bestellpunkt *m*
In der betrieblichen Lagerhaltungspolitik derjenige Punkt, der erreicht ist, wenn der Lagerbestand so klein geworden ist, daß neue Bestellungen erforderlich werden. Der Bestellpunkt (BP) ist dadurch determiniert, daß der vorhandene Vorrat bei normalem Verbrauch und bei Einhaltung aller Lieferfristen bis auf eine Sicherheitsreserve abgesunken ist, die nicht aufgebraucht wird, wenn die Bestellungen rechtzeitig eintreffen:
BP = Sicherheitsreserve + Normallieferfrist x Normalverbrauch.

Das Problem der Festlegung der optimalen Bestellmenge stellt sich für alle Unternehmen, die Waren möglichst kostensparend beschaffen und lagern wollen.

economic order quantity model (EOQ model): Bestellpunktverfahren *n*
Ein Verfahren der betrieblichen Lagerhaltungspolitik, bei dem Neubestellungen aufgrund von vorher

festgelegten Bestellpunkten ausgelöst werden. Die Nachbestellung erfolgt, wenn der mengenmäßige Lagerbestand einen bestimmten Tiefpunkt erreicht hat.

economic performance: wirtschaftliche Leistung *f*
economic planning: gesamtwirtschaftliche Planung *f*
economic policy: Wirtschaftspolitik *f*, Konjunkturpolitik *f*
economic potential: Wirtschaftspotential *n*
economic profit: Erlös *m* abzüglich variable Kosten *pl*, Grenzkostenergebnis *n*, Roherfolg *m*
economic prospects *pl*: Konjunkturaussichten *f/pl*
economic pump-priming: Konjunkturspritze *f*
economic relations *pl*: Wirtschaftsbeziehungen *f/pl*
economic research: Wirtschaftsforschung *f*
economic situation: Konjunktur *f*, Konjunkturlage *f*, Wirtschaftslage *f*
economic slowdown: wirtschaftliche Abschwächung *f*
economic strength: wirtschaftliche Stärke *f*
economic support: Wirtschaftshilfe *f*
economic theory: Volkswirtschaftstheorie *f*
economic trend: Konjunktur *f*, Konjunkturentwicklung *f*, Wirtschaftsentwicklung *f*
economic warfare: Kriegführung *f* mit wirtschaftlichen Maßnahmen *f/pl*, Wirtschaftskrieg *m*
economical: haushälterisch, ökonomisch, sparsam, wirtschaftlich
economics: Nationalökonomie *f*, Ökonomie *f*, Volkswirtschaft *f*, Wirtschaftslehre *f*
Ein Sammelbegriff für einzelne Gebiete der Wirtschaftswissenschaft, deren Erkenntnisgegenstand generell Erscheinungen des Wirtschaftslebens sind. Zusammen mit der Soziologie und der Politikwissenschaft gehört die Wirtschaftswissenschaft gehört zur Sozialwissenschaft und ist damit eine Realwissenschaft.
Der englische Nationalökonom Alfred Marshall (1842-1924) definiert: „Political Economy or Economics is a study of mankind in the ordinary business of life; it examines that part of individual and social action which is most closely connected with the attainment and with the use of the material requisites of well-being."
Dagegen schreibt Ch. L. Robbins: „Economics is the science which studies human behaviour as a relationship between ends and scarce means which have alternative uses."
Sehr eng gefaßt ist demgegenüber die Definition von Paul A. Samuelson: „Economics is the study of how men and society end up choosing with or without the use of money, to employ scarce productive resources which could have alternative uses, to produce various commodities and distribute them for consumption, now or in the future, among various people and groups in society."
Innerhalb der Volkswirtschaftslehre unterscheidet man grob zwischen Makroökonomie und Mikroökonomie. Eine andere Unterteilung ist die zwischen Wirtschaftsgeschichte, Wirtschaftstheorie und Wirtschaftspolitik. Und eine dritte Unterteilung differenziert zwischen Finanzwissenschaft und Betriebswirtschaftslehre.
Nachbarwissenschaften der Volkswirtschaftslehre sind alle wissenschaftlichen Disziplinen, deren Erkenntnisgegenstände in einem interdependenten Zusammenhang mit der Volkswirtschaftslehre stehen. Das sind vor allem die Politikwissenschaft, die Sozialwissenschaft, die Psychologie, die Rechts- und die Geschichtswissenschaft.
Hilfswissenschaften der Volkswirtschaftslehre sind vor allem die Mathematik, die Statistik und die Rechtswissenschaft. Die zunehmende Zusammenarbeit von Wirtschaftswissenschaftlern, Mathematikern und Statistikern hat dazu geführt, daß sich innerhalb der Volkswirtschaftslehre eine eigene Spezialdisziplin, die Ökonometrie, herausgebildet hat.

economies *pl* **of scale:** Ersparnisse *f/pl* durch Massenproduktion *f*, Kostendegression *f* durch Volumen
economist: Nationalökonom *m*, Volkswirtschaftler *m*, Wirtschaftspolitiker *m*
economize: rationalisieren, sparen
economizing: Rationalisierung *f*
economy: Ökonomie *f*, Sparsamkeit *f*, Volkswirtschaft *f*, Wirtschaft *f*, Wirtschaftlichkeit *f*
economy as a whole: Gesamtwirtschaft *f*
economy class: Touristenklasse *f* (im Flugverkehr)
economy measure: Sparmaßnahme *f*
edict: Dekret *n*
edifice: Bauwerk *n*, Gebäude *n*
edit: aufbereiten (zum Druck) *(EDV)*, herausgeben (von Büchern)
edition: Auflage *f* (Buch), Ausgabe *f* (Buch)
editor: Herausgeber *m*, Redakteur *m*, Schriftleiter *m*
editor-in-chief: Chefredakteur *m*
editorial: Leitartikel *m*, Redaktions-
editorial office: Redaktion *f*, Schriftleitung *f*
educate: ausbilden, erziehen
education: Ausbildung *f*, Vorbildung *f*
educational assistance: Ausbildungshilfe *f*
educational endowment: assurance Ausbildungsversicherung *f*
educational requirement: Vorbildungserfordernis *n*

educational system: Schulsystem *n*, Schulwesen *n*

educational tariff: Erziehungszoll *m*

effect: ausführen, Auswirkung *f*, bewirken, Geltung *f*, wirken, Wirksamkeit *f*, Wirkung *f*

effect of an innovation: Wirkung *f* einer Innovation

Ein Kriterium für das Vorhandensein einer Innovation, das im Einfluß auf bisherige Verhaltens- und Denkgewohnheiten besteht: Je radikaler sie verändert werden, desto höher ist der Innovationsgrad eines neuen Produkts.

effect of judgment: Urteilswirkung *f*

effective: gültig, nachhaltig, wirksam

effective contribution margin: wirksamer Deckungsbeitrag *m*

effective date: Termin *m* des Inkrafttretens *n*, Zeitpunkt *m* des Inkrafttretens *n*

effective profit-capital ratio: Kapitalrendite *f*

effective purchasing power: betätigte Kaufkraft *f*

Derjenige Teil des verfügbaren Einkommens privater Haushalte, der sich nach Erich Schäfer als Differenz von verfügbarer Kaufkraft und Sparbetrag ergibt:
betätigte Kaufkraft = Einkommen + Vermögensverzehr + Konsumtionskredit − Sparbetrag.
Die betätigte Kaufkraft ist also diejenige Kaufkraft, die in Gestalt von effektiver Nachfrage nach Gütern und Leistungen am Markt in Erscheinung tritt. Zur Berechnung der Kaufkraft dienen die Kaufkraftkennziffern.

effective rate earned: Effektivverzinsung *f*, Rendite *f*

effectiveness: Effektivität *f*, Wirksamkeit *f*

In der Managementlehre bezeichnet Effektivität heute meist das Maß der Zielerreichung und vor allem die Verfolgung der „richtigen" Ziele.

effectiveness of managers: Effektivität *f* des Managers

In seinem 3-D-Management-Konzept definiert William J. Reddin Effektivität des Managers als „das Ausmaß, in dem eine Führungskraft die Leistungsvorgaben erreicht, die sie aufgrund ihrer Position erbringen muß."
Für Reddin ist Effektivität die einzige, zentrale Aufgabe einer Führungskraft. Jeder Führungsstil kann effektiv oder weniger effektiv sein, je nach den spezifischen Anforderungen. Reddin veranschaulicht die Führungssituation an einem Würfel mit den drei Dimensionen „Beziehungsorientierung", „Aufgabenorientierung" und „Effektivität" und nannte seine Theorie aus diesem Grund „3-D-Konzept".

effects *pl*: Habe *f*

efficiency: Effizienz *f*, Leistung *f*, Leistungsfähigkeit *f*, Nutzeffekt *m*, Wirkungsgrad *m*

1. In der *Theorie der Organisation* unterscheidet man zwischen der Effizienz und der Effektivität von Organisationen. Eine Organisation ist *effizient* in dem Maße, in dem ihr gelingt, die individuellen Kooperationsmotive zu erfüllen. Sie ist *effektiv* in dem Maße, in dem der gemeinsame Organisationszweck erreicht wird. Wenn eine Organisation ineffizient ist, kann sie nicht effektiv sein und geht unter, weil die Kooperation zerbricht. Und umgekehrt ist Effektivität der Organisation notwendig, um effizient zu sein und die erwarteten Leistungen für die Organisationsmitglieder bereitzustellen. Erforderlich ist also für das Überleben von Organisationen gleichsam ein langfristiger Gleichgewichtszustand zwischen Anreizen und Beiträgen, das Anreiz-Beitrags-Gleichgewicht.

2. In der *Managementlehre* wird Effizienz meist als etwas diffuses Synonym für Leistungsfähigkeit verwendet, d.h. Effizienz bezeichnet heute den Einsatz der richtigen Mittel (Wirtschaftlichkeitsprinzip).
Mitunter unterscheidet man bei der Diskussion von Effizienz im Unternehmen zwischen der Perspektive des Zielansatzes und der des Systemansatzes. Der Zielansatz geht davon aus, daß eine Organisation ein zweckrationales Gebilde ist, in dem klar definierte Ziele gesetzt wurden, deren Erreichung überprüfbar ist.
Der Systemansatz geht davon aus, daß innerhalb der Organisation unterschiedliche Interessengruppen mit teils schwer vereinbaren Zielvorstellungen existieren, daß innerhalb solcher Interessengruppen verschiedene Vorstellungen mit unterschiedlichen Prioritäten anzutreffen sind und daß auch von außen allgemeine Wertvorstellungen, Vorschriften und konkrete Erwartungen an die Organisation herangetragen werden. Nach dieser Perspektive sind Organisationen komplexe soziale Systeme, deren Effizienz sich nicht danach bemißt, wie gut einzelne Ziele einzelner Interessenträger erreicht wurden, sondern danach, wie weit das Überlebenspotential dieser Organisation innerhalb einer sich wandelnden Umwelt gestärkt wurde.
Effizienz wird damit jedoch zu einem abstrakten, mehrdimensionalen Konstrukt, das sich der direkten Erfassung entzieht. Dem hohen Grad theoretischer Adäquanz steht der niedrige Grad empirischer Meßbarkeit entgegen. Um diesen Effizienzbegriff dennoch handhabbar zu machen, sind einzelne Indikatoren zu bestimmen, die einen Hinweis auf das organisatorische Überlebenspotential gestatten.

3. In der *Statistik* ist Effizienz ein Maß für die Leistungsfähigkeit einer Schätzfunktion, d.h. sowohl für ihre Fähigkeit, die in den Beobachtungsdaten enthaltene Information auszuschöpfen (Suffizienz), wie für ihre Erwartungstreue. Gemessen wird sie durch die Varianz der Schätzwerte. Je größer die Varianz, desto kleiner die Effizienz. Bei

einer 100%igen Effizienz ist umgekehrt die Varianz gleich Null.
Bei Tests bezeichnet Effizienz die Fähigkeit eines Testverfahrens, für eine bestimmte Nullhypothese bei gegebenem Stichprobenumfang und bei festgelegter Wahrscheinlichkeit eines Fehlers der ersten Art die geringste Wahrscheinlichkeit eines Fehlers der zweiten Art zu erzielen und damit die größte Trennschärfe zu erreichen.

efficiency analysis: Wirtschaftlichkeitsanalyse *f*
Die Untersuchung der Effizienz, d.h. der positiven Effekte einer Maßnahme. Im Management geht es bei Effizienzanalyse in der Regel um die Prüfung der Frage, inwieweit eine konkrete Maßnahme innerhalb einer bestimmten Organisation mit ihrer eigenen Struktur und Kultur dazu beiträgt, die technisch-ökonomischen, individual-sozialen sowie flexibilitätsfördernden Voraussetzungen zu schaffen, um Anpassungs- und Überlebensfähigkeit dieser Organisation innerhalb einer sich wandelnden Umwelt zu stärken.
Jede Effizienzanalyse setzt die Lösung von drei Problemkreisen voraus:
(1) Das *Identifikationsproblem*: Dies betrifft die Benennung und Spezifikation der Effekte, die als Folge der organisatorischen Maßnahmen zu erwarten sind. Im Grunde setzt die Lösung dieses Problems eine gültige Theorie voraus, auf deren Basis sich bei einer konkreten organisatorischen Maßnahme spezifische Effekte prognostizieren ließen.
(2) Das *Zurechnungsproblem*: Es ergibt sich aus der Tatsache, daß gleiche Wirkungen verschiedene Ursachen haben können. Es geht also darum, auf der Ursachenseite auszuschließen, daß noch andere Faktoren als die zu untersuchende Maßnahme in der beobachteten Wirkung geführt haben. Die Lösung dieses Problems setzt eigentlich eine umfangreiche experimentelle Anlage mit Kontrollgruppen voraus.
(3) Das *Meßproblem*: Neben diesen theoretischen Problemen existieren noch die empirisch-technischen Schwierigkeiten, die vermuteten Ursachen und Effekte auch zuverlässig und gültig zu messen. Dabei ist zu bedenken, daß die Messung selbst einen Eingriff darstellt, der u.U. größere Wirkungen auslöst, als die organisatorische Maßnahme, Hawthorne-Effekt. Die gefundenen Ergebnisse wären dann Artefakte der Untersuchung.

efficiency control: Wirtschaftlichkeitsrechnung *f*
efficiency expert: Rationalisierungsfachmann *m*
efficiency improvement cartel: Rationalisierungskartell *n*
efficiency rate: tatsächliche Leistung *f* in Prozent der Soll-Leistung *f*
efficiency rating: Einstufung *f* (der Mitarbeiter) nach Leistung, Leistungseinstufung *f*
efficiency ratio: Wirtschaftlichkeitsgrad *m*
efficiency report: Leistungsbericht *m*

efficiency statement: Leistungsnachweis *m*
efficiency test: Leistungsprüfung *f*
efficiency thesis: Effizienzthese *f*
Die im Rahmen von Legitimationsstrategien vertretene These, die privatwirtschaftlich organisierte Produktion und Distribution sei als die effizienteste Form der Lösung des gesellschaftlichen Problems materieller Bedürfnisbefriedigung. Unternehmungen erbringen nicht nur ein marktgerechtes Output, sondern gewähren auch eine leistungsgerechte Entlohnung für überlassenen Input (Kapital, Arbeit, Material usw.). Darüber hinaus sei die kapitalistische Wirtschaftsweise, wenn sie sich ungehindert von staatlichen und gewerkschaftlichen Eingriffen entfalten kann, ein Garant für steigende Löhne, wachsenden Lebensstandard, zunehmende Freizeit, sichere Arbeitsplätze und steigendes Steueraufkommen.
efficiency variance: Leistungsgradabweichung *f*
efficiency variation: Leistungsgradabweichung *f*
efficient: leistungsfähig
effort: Anstrengung *f* (bei Arbeitsbewertung)
egress: Ausfahrt *f*, Ausgang *m*
eject: den Besitz *m* entziehen (Immobilien), exmittieren
ejectment: Besitzentziehung *f* (Grundstück), Besitzentzug *m*, Eigentumsklage *f* (Grundstück), Exmission *f*
elaborate: ausarbeiten
elapse: ablaufen
elapsed time: für einen Auftrag *m* tatsächlich aufgewandte Arbeitszeit *f*, die für Auftrag *m* aufgewandte Gesamtarbeitszeit *f*
elastic supply: elastisches Angebot *n*
elasticity: Elastizität *f*
Allgemein das Verhältnis der relativen Änderung einer abhängigen Variablen (einer abhängigen Größe) zur relativen Änderung der sie verursachenden unabhängigen Variablen:

$$\varepsilon = \frac{dy}{y} : \frac{dx}{x} = \frac{dy}{dx} : \frac{x}{y}.$$

Der Begriff der Elastizität wurde vor allem von Alfred Marshall entwickelt. Er gibt an, welcher Anteil (wieviel Prozent) sich die Mengennachfrage ändert, wenn sich das Einkommen und/oder der Preis/die Preise in bestimmter prozentualer Höhe ändert/ändern. So zeigt die Einkommenselastizität, um wieviel % sich die Mengennachfrage ändert, wenn sich das Einkommen (unter sonst gleichbleibenden Umständen) um 1 % ändert.
Im Regelfall nimmt die Mengennachfrage mit steigendem Einkommen zu, d.h. die Einkommenselastizität ist positiv. Eine Ausnahme bilden inferiore Güter: Bei steigender Konsumsumme nimmt die

Mengennachfrage nach diesen Erzeugnissen absolut ab; die Einkommenselastizität ist negativ. Bei positiver Einkommenselastizität, die größer als 1 ist, spricht man von elastischer Nachfrage, d.h. bei einer Einkommenserhöhung von 1 % wächst die Nachfrage stärker als 1 %.
Demgegenüber wird eine Nachfrage als unelastisch bezeichnet, wenn die Elastizität kleiner als 1 ist: Bei einer Einkommenserhöhung von 1 % wächst die Nachfrage nach diesen Gütern weniger als 1 %. Bei einer Elastizität von Null spricht man von einer „vollkommen unelastischen Nachfrage".
Im Management sind vor allem die Absatzelastizität, die Angebotselastizität, die Bedarfselastizität, die Einkommenselastizität, die Kreuzpreiselastizität, die Nachfrageelastizität, die Preiselastizität, die Verbrauchselastizität und die Werbeelastizität von Bedeutung.

elasticity coefficient: Elastizitätskoeffizient *m*

elasticity of demand: Elastizität *f* der Nachfrage *f*, Nachfrageelastizität *f*

Das Maß für die aufgrund von Einkommensveränderungen bei Nachfragern aufgetretene Änderung ihrer mengenmäßigen Nachfrage nach einem Gut. Sie wird gemessen als das Verhältnis der relativen Änderung der mengenmäßigen Nachfrage zur relativen Änderung des Einkommens. Ist also die mengenmäßige Nachfrage nach einem Gut x, die Veränderung der mengenmäßigen Nachfrage dx, das Einkommen e und die relative Einkommensänderung e, so gilt für die Einkommenselastizität:

$$\varepsilon = \frac{dx}{x} : \frac{de}{x} = \frac{de}{dx} \cdot \frac{e}{x}.$$

Ist ε = 1, so entspricht der relativen Einkommensänderung eine ebenso große Änderung der relativen Änderung der mengenmäßigen Nachfrage. Ist ε > 1, entspricht der relativen Einkommensänderung eine Änderung der mengenmäßigen Nachfrage, die größer als die der Einkommensänderung ist (es liegt Einkommenselastizität vor). Ist ε < 1, so ist die relative Änderung der mengenmäßigen Nachfrage kleiner als die des Einkommens (es liegt folglich keine Einkommenselastizität der Nachfrage vor).
Unelastisch ist z.B. die Nachfrage nach Grundnahrungsmitteln, negativ die nach inferioren und positiv die nach Luxusgütern. Da Verbraucher in vielen Fällen bei wachsendem Einkommen nicht stets wachsende Mengen aller Güter, sondern vielfach höhere Qualitäten ähnlicher Güter kaufen, verwendet Erich Schäfer für diese spezifische Form der Einkommenselastizität den Terminus Elastizität der Nachfragequalität (im Gegensatz zur Nachfragemenge).

elasticity of substitution: Substitutionselastizität *f* (der Produktionsfaktoren)

elasticity of supply: Angebotselastizität *f*, Elastizität *f* des Angebots *n*

elect: wählen
elected director: Verwaltungsratsmitglied *n*
election: Wahl *f*
election of public accountant: Wahl *f* der Abschlußprüfer *m/pl*
election proposal: Wahlvorschlag *m*
election system: Wahlverfahren *n*
elector: Wähler *m*
electoral body: Wahlorgan *n*
electric: elektrisch
electric furnace: Elektroofen *m*
electric light company: Elektrizitätsgesellschaft *f*
electric oven: Elektroofen *m*
electric power consumption: Stromverbrauch *m*
electric power plant: Elektrizitätswerk *n*
electric rate schedule: Stromtarif *m*
electrical engineering: Elektrotechnik *f*
electrical outlet: Steckdose *f*
electrical transcription: Tonbandaufnahme *f*
electrician: Elektriker *m*
electricity: Elektrizität *f*
electrographic ink: leitfähige Tinte *f (EDV)*
electrographic pen: Graphitstift *m (EDV)*
electronic: elektronisch
electronic computer: Elektronenrechner *m (EDV)*
electronic data processing (EDP): elektronische Datenverarbeitung *f (EDV)*
Electronic Data Processing Bureau: Lohnarbeitsbetrieb *m* für elektronische Datenauswertung *f*
electronic data processing machine (EDPM): elektronische Datenverarbeitungsmaschine *f (EDV)*
electronic tube: Elektronenröhre *f (EDV)*
electronic typesetting and composing machine: elektronisch gesteuerte Fotosetzmaschine *f*
element: Teilvorgang *m*
element time: Zeitverbrauch *m* für Arbeitselement *n*
elemental breakdown: Arbeitszerlegung *f* (in Elemente), Aufteilung *f* einer Arbeitsoperation *f* in Arbeitselemente *n/pl*, Zerlegung der Arbeit *f* in Arbeitselemente *f/pl*
eligibility: Qualifikation *f*, Wählbarkeit *f*
eligible: wählbar
eligible for rediscount: rediskontfähig, zentralbankfähig
eliminate: beseitigen, eliminieren, entfernen
elimination: Ausscheiden *n* (Korrektur),

Ausscheidung *f*, Beseitigung *f*, Eliminierung *f*
elimination of competition: Ausschaltung *f* des Wettbewerbs *m*
eliminations ledger: Hilfsbuch *n*, das für die Aufstellung *f* der konsolidierten Bilanz *f* usw. geführt wird
embargo: Handelssperre *f*, Schiffahrtssperre *f*
embark: einschiffen
embarkation: Einschiffung *f*, Verladung
embarrassed: verlegen, verschuldet
embarrassment: Verlegenheit *f*, Verschuldung *f*, Geldverlegenheit *f*
embezzle: entwenden, Geld *n* unterschlagen, veruntreuen
embezzlement: Entwendung *f*, Geldunterschlagung *f*, Unterschlagung *f*, Veruntreuung *f*
embezzlement of public funds: Amtsunterschlagung *f*
embezzler: Unterschlagender *m*, Veruntreuer *m*
embody: aufnehmen (einverleiben)
emergency: unvorhergesehenes Ereignis *n*, Not *f*, Notfall *m*, Notstand *m*, Notstand *m*
emergency address: Notadresse *f*
emergency bill: Notstandsgesetz *n*
emergency change: vordringliche (technische) Änderung *f* Vermeidung *f* von Verzögerungen *f/pl* und Sonderaufwendungen *f/pl* in der Fertigung *f*
emergency credit: Stützungskredit *m*
emergency decree: Notverordnung *f*
emergency facility: Reserveanlage *f* (z.B. der Rüstungsindustrie)
emergency law: Ausnahmegesetz *n*
emergency legislation: Not(stands)gesetzgebung *f*
emergency money: Notgeld *n*
emigrant: Auswanderer *m*
emigrate: auswandern
emigration: Auswanderung *f*
eminent: ausgezeichnet
eminent domain: Zwangsenteignungsrecht *n* (gegen angemessene Entschädigung)
emission: Ausgabe *f* (von Wertpapieren), Emission *f*
emission of currency: Geldemission *f*
emit: ausgeben (Wertpapiere), emittieren
emitter digit selector: Impulsbuchse *f* (EDV)
emolument: Bezüge *pl* (für Dienstleistungen), Gehalt *n*, Verdienst *m*
emoluments *pl*: Nutzungen *f/pl*

emotion: Emotion *f*, Gefühl *n*
emotional reaction: gefühlsmäßige Reaktion *f*
emotional sales argument: emotionales Verkaufsargument *n*
emotional stability: Ausgeglichenheit *f*
empathy: Empathie *f*
Die Fähigkeit, das Handeln anderer Menschen zu verstehen und sich in sie hineinzuversetzen.
emphasis: Nachdruck *m*
emphatic: nachdrücklich
empirical principle: Erfahrungsregel *f*
empirical school in management: empirische Schule *f* im Management
Eine Denkrichtung in der Managementlehre, deren Vertreter die Erfahrungen erfolgreicher Manager und die Fehler, die im Management vorkommen, nach dem Motto auswerten „Erfahrung ist der beste Lehrmeister". Dieses induktivistische Vorgehen richtet zukünftige Entscheidungen ausschließlich an den Erfahrungen der Vergangenheit aus. Als Vehikel zur Vermittlung dieser Erfahrungen dienen Fallstudien und vergleichende Analysen.
empirical proof: Erfahrungsbeweis *m*
employ: anstellen, anwenden, benutzen, beschäftigen, brauchen, in Dienst *m* nehmen, engagieren, gebrauchen; (methods) anwenden; (people) einsetzen
employed: berufstätig
employee: Angestellter *m*, Arbeitnehmer *m*, Mitarbeiter *m*, Beschäftigter *m*
employee association: Arbeitnehmerverband *m*
employee attitude: Einstellung *f* der Mitarbeiter *m/pl*, Haltung *f* der Mitarbeiter *m/pl*
employee compensation department (of the industry): Berufsgenossenschaft *f*
employee contribution: Arbeitnehmeranteil *m*
employee council: Personalrat *m*
employee director: Arbeitsdirektor *m*
employee evaluation: Mitarbeiterbeurteilung *f*
employee file: Mitarbeiterkartei *f*
employee food service: betrieblicher Mittagstisch *m*
employee group insurance: Mitarbeiter-Gruppenversicherung *f*
employee library: Werksbücherei *f*
employee mobility: Mobilität *f* der Arbeitnehmer *m/pl*
employee morale: Arbeitsmoral *f*
employee newspaper: Werkszeitung *f*
employee pension fund: Pensionsrückstellung *f*, Rückstellung *f* für Ruhegeldverpflichtungen *f/pl*

employee performance rating: Mitarbeiterbeurteilung *f*
employee rating: Mitarbeiterbeurteilung *f*
employee rating scale: Mitarbeiterbeurteilungsskala *f*
employee rating system: Mitarbeiter-Beurteilungssystem *n*
employee receivables *pl*: Forderungen *f/pl* gegenüber Angestellten *m/pl*
employee selection: Mitarbeiterauswahl *f*
employee share: Belegschaftsaktie *f*
Employee's Insurance Fund: Angestellten(pflicht)versicherung *f*
employees *pl*: Belegschaft *f*
employees' manual: Angestelltenleitfaden *m*
Ein Instrument der Human Relations, das den Mitarbeitern eines Unternehmens zur Hand gegeben wird und Informationen über das eigene Unternehmen enthält.
employees' representative: Arbeitnehmervertreter *m*, Betriebsratsmitglied *n*
employees' rights *pl*: Arbeitnehmerrechte *n/pl*
employer: Arbeitgeber *m*, Auftraggeber *m*, Dienstberechtigter *m*, Dienstherr *m*, Unternehmer *m* als Arbeitgeber *m*
employer's liability: Haftpflicht *f* des Arbeitgebers *m*, Haftung *f* des Arbeitgebers *m*
employers mutual insurance association: Berufsgenossenschaft *f*
employers' association: Arbeitgeberverband *m*, Unternehmerverband *m*, Vereinigung *f* der Arbeitgeber *m/pl*
employers' compensation insurance department (of the industry): Berufsgenossenschaft *f*
employers' contribution: Arbeitgeberanteil *m*
employers' contribution to compulsory pension fund: Arbeitgeberbeitrag *m* zur Angestelltenversicherung *f*
employers' federation: Arbeitgeberverband *m*
employers' liability: Haftpflicht *f* des Arbeitgebers *m*, Haftung *f* des Arbeitgebers *m*
employers' mutual insurance association: Berufsgenossenschaft *f*
employment: Anstellung *f*, Arbeit *f*, Benutzung *f*, Beschäftigung *f*, Dienst *m*
employment agency: Arbeitsvermittlungsbüro *n*, Stellennachweis *m*
employment agent: Stellenvermittler *m*
employment application: Bewerbung *f*
employment bureau: Arbeitsvermittlung *f*

employment certificate: Arbeitsbescheinigung *f*
employment contract: Arbeitsvertrag *m*, Dienstvertrag *m*
Ein Dienstvertrag ist eine schuldrechtliche Verpflichtung, durch die sich ein Vertragspartner (der Dienstnehmer) verpflichtet, einem anderen Vertragspartner (dem Dienstberechtigten) durch Einsatz seiner Arbeitskraft einen Dienst der vertraglich vereinbarten Art zu leisten, für die der Dienstberechtigte eine Vergütung zu bezahlen hat (§ 611 ff. BGB). Unterschieden wird zwischen Dienstverträgen mit unselbständig Tätigen, zu denen z.B. Arbeitsverträge zu rechnen sind, und Dienstverträgen zwischen selbständig Tätigen, zu denen auch Beratungsverträge zählen.
employment counselor: Berufsberater *m*
employment interview: Einstellungsinterview *n*
employment of capital: Kapitaleinsatz *m*
employment of funds: Kapitaleinsatz *m*
employment offIce: Arbeitsamt *n*
employment permit: Arbeitserlaubnis *f*
employment procedure: Einstellungsverfahren *n*
employment records *pl*: Arbeitspapiere *n/pl*
employment test: Eignungsprüfung *f* (bei der Einstellung)
empower: bevollmächtigen, ermächtigen
empties *pl*: Leergut *n*
emptor: Erwerber *m*, Käufer *m*
empty container: leere Verpackung *f*
empty containers *pl*: Leergut *n*
emulator: Emulator *m (EDV)*
enable: befähigen
enact: verfügen, verordnen enactment Erlaß *m* (von Gesetzen), Verfügung *f*, Verordnung *f*
encash: einlösen von Schecks *m/pl*, einziehen (Inkasso)
encashment: Einziehung *f*, Inkasso *n*
enclose: beifügen
enclosed: anbei, beigefügt
enclosure: Anlage *f* (im Brief)
encroach: beeinträchtigen, übergreifen
encroachment: Beeinträchtigung *f*, Eingriff *m*, Übergriff *m*
encroachment on a person's rights: Rechtseingriff *m*
encumber: belasten (dinglich)
encumbrance: dingliche Belastung *f*, Last *f*
end: aufhören, beenden, Beendigung *f*, Ende *n*, enden
end consumer: Endverbraucher *m*
Wiewohl im strengen Sinne ein Pleonasmus, weil wer immer ein Produkt verbraucht, am Ende der

Entwicklungsstufen des Produkts steht, wird der Begriff zur Bezeichnung derjenigen Personen verwendet, die eine Ware in der Absicht kaufen, sie zu konsumieren, im Gegensatz zu Wirtschaftsunternehmen, die Erzeugnisse kaufen, um sie weiterzuverarbeiten oder zu bearbeiten, und auch im Gegensatz zu Groß-, Zwischen- oder Einzelhändlern, die sie kaufen, um sie unverändert weiterzuverkaufen.
end in itself: Selbstzweck *m*
end label: Spulenendeetikett *n (EDV)*, Spulennachsatz *m (EDV)*
end of block: Blockende *n (EDV)*
end of file: Dateiende *n (EDV)*, Magnetband-Ende *n (EDV)*
end of job: Programmende *n (EDV)*
end of line: Zeilenende *n (EDV)*
end of message: Nachrichtenende *n (EDV)*
end of period financial statement: Schlußbilanz *f*
end of reel: Spulenende *n (EDV)*
end-of-season sale: Saisonausverkauf *m*
end of tape: Spulenende *n (EDV)*
end of transmission: Ende *n* der Übertragung *f (EDV)*
endanger: gefährden
ending inventory: Schlußbestand *m*
endorsable: durch Indossament *n* übertragbar, indossierbar
endorse: girieren, indossieren
endorsed bill: indossierter Wechsel *m*
endorsee: Girat *m*, Indossat *m*
endorsement: Giro *n*, Indossament *n*
endorsement in blank: Blanko-Indossament *n*
endorser: Girant *m*, Indossant *m*
endorsing ink: Stempelfarbe *f*
endow: ausstatten, aussteuern, dotieren, stiften
endowment: Dotation *f*, Pfründe *f*, Stiftung *f*, Zweckzuwendung *f*
endowment assurance: Erlebensfallversicherung *f*
endowment assurance policy: Erlebensfallversicherungspolice *f*
endowment fund: Ausstattungskapital *n*
endowment insurance: Erlebensfallversicherung *f*
endowment mortgage: Festhypothek *f*
endowment policy: Rentenpolice *f*
endurance: Ausdauer *f* endure dulden, ertragen
enduring: dauerhaft, permanent
energy gap: Energielücke *f*
energy supply: Energieversorgung *f*
enforce: durchsetzen, erzwingen, geltend machen, vollstrecken

enforce a claim: einen Anspruch *m* geltend machen
enforceable by law: gesetzlich erzwingbar
enforceable in court: gerichtlich erzwingbar
enforceable judgment: vollstreckbarer Titel *m*
enforcement: Erzwingung *f*, Geltendmachung *f*, Vollstreckung *f*
enfranchise: das Wahlrecht *n* erteilen
engage: anstellen, beschäftigen, engagieren, verpflichten (sich)
engagement: Anstellung *f*, Beschäftigung *f*, Obligo *n*, Verpflichtung *f*, Versprechen *n*
Engel's law: Engelsches Gesetz *n*, Engelkurve *f*, Engel-Schwabesches Gesetz *n*
Die von dem preußischen Statistiker Ernst Engel 1857 auf der Grundlage amtlicher Statistiken entdeckte Gesetzmäßigkeit, daß die Ausgaben privater Haushalte für Nahrungsmittel mit wachsendem Einkommen absolut steigen, aber relativ sinken. Die Ausgaben für Nahrungsmittel nehmen also prozentual weniger zu als die Gesamtausgaben, die Einkommenselastizität der Nachfrage nach Nahrungsmitteln ist kleiner als eins ($\varepsilon < 1$).
In einem allgemeineren Sinn bezeichnet man heute als Engel-Kurve die Beziehung zwischen den Verbrauchsausgaben für eine bestimmte Art oder Gruppe von Gütern und dem Einkommen oder den Gesamtausgaben der Haushalte. Eine Beziehung entdeckte bald nach Engel der Statistiker Schwabe für den Zusammenhang zwischen Wohnungsausgaben und wachsendem Einkommen, so daß die Gesetzmäßigkeit zusammenfassend für Nahrungs- und Wohnungsausgaben als Engel-Schwabesches Gesetz bezeichnet wird. Es ist eines der wenigen „Gesetze" für ökonomische und soziale Zusammenhänge, an dessen Gültigkeit auch in historisch und ökonomisch sehr unterschiedlichen Situationen empirisch bestätigt worden ist.
engine: Maschine *f*, Motor *m*
engine trouble: Maschinenschaden *m*
engineer: Ingenieur *m*, Maschinist *m*, Techniker *m*
engineering: Ingenieurwesen *n*
engineering change: technische Änderung *f*
engineering department: technische Abteilung *f*, technisches Büro *n*
engineering design department: Konstruktionsabteilung *f*
engineering expense(s) *(pl)*: Entwicklungskosten *pl*
engineering improvement: technische Verbesserung *f*
engineering loss of profits policy: technische Gewinnausfallversicherung *f*
engineering release: technische Freigabe *f*

engineering standards *pl*: Normung *f*
engross: den Markt *m* auskaufen
engrossment: Aufkauf *m*, Urkunde *f*
enhancement in value: Wertsteigerung *f*
enjoin: auferlegen
enjoyment: Genuß *m*
enlarge: ausweiten, erweitern, vergrößern, vermehren
enlargement: Ausweitung *f*, Erweiterung *f*, Vergrößerung *f*, Vermehrung *f*
enrich: anreichern, bereichern
enrichment: Anreicherung *f*, Bereicherung *f*
enroll: einschreiben, eintragen
enrollment: Aufnahme *f*, Einschreibung *f*, Eintragung *f*
enter: aufzeichnen, eintragen, eintreten
enter a law suit: eine Klage *f* anstrengen
enter a protest: Einspruch *m* erheben
enter a venture: ein Wagnis *n* eingehen
enter into a contract: einen Vertrag *m* (ab)schließen
enter into an agreement: kontrahieren, einen Vertrag *m* (ab)schließen
enter into minutes: protokollieren
enter into negotiations: in Verhandlungen *f/pl* eintreten
enter into partnership: sich assoziieren
enter into relations: in Geschäftsverbindung *f* treten, in Verbindung *f* treten
enter into the books: buchen, verbuchen
enter upon the duties: Amt antreten
enterprise: Firma *f*, Unternehmen *n*, Wirtschaftsbetrieb *m*, privatwirtschaftlicher Betrieb *m*
Eine Organisation, die sich mit der Absicht der Gewinnerzielung der Erfüllung einzelner, aus gesellschaftlichen Funktionen ableitbaren Bedürfnissen widmet.
Die Unternehmung ist also ein besonderer Betriebstyp, der auf privatwirtschaftlich-erwerbswirtschaftlicher Basis arbeitet, und zwar in einer Wirtschaftsordnung, die durch Privateigentum an den Produktionsmitteln und Koordination über den Markt (über Preise) gekennzeichnet ist. Unternehmungen sind nach Wolfgang H. Staehle durch mindestens zwei Merkmale zu charakterisieren
• das Formalziel „Gewinnerzielung"
• durch die Entscheidungsmacht des Unternehmers (abgeleitet aus dem Eigentum), die entweder von ihm selbst und/oder von angestellten Managern wahrgenommen wird.
Eine Unternehmung ist zugleich eine Institution, in der Menschen unter Zuhilfenahme von Ressourcen (Inputs) ein Gut oder eine Dienstleistung (Output) erstellen. Dabei geht es stets um die Transformation von Inputs in Outputs. Inputs verursachen Kosten, Outputs schaffen Umsatzerlöse.
Entsprechend der generellen Marktorientierung moderner Unternehmungsführung, wonach sich die Sachzielbestimmung an den Marktverhältnissen (Marktchancen) auszurichten hat, kommt der Output-Funktion heute die höchste Priorität innerhalb der materiellen Funktionsbereiche zu. Danach bestimmen die Output-Bedingungen (Absatzplanung) die Transformations- (Produktionsplanung) und Input-Erfordernisse (Beschaffungsplanung).
enterprise value: Firmenwert *m*, Unternehmenswert *m* → company goodwill
enterprising spirit: Unternehmungsgeist *m*
entertaining customers: Kundenbewirtung *f*
entertainment: Bewirtung *f*, Unterhaltung *f*
entertainment expense(s) *(pl)*: Bewirtungsspesen *pl*
entertainment tax: Vergnügungssteuer *f*
entitle: berechtigen, betiteln
entitled: berechtigt
entitled to a pension: pensionsberechtigt, versorgungsberechtigt
entitled to, be: Anspruch *m* haben, berufen sein
entitled to dividend: dividendenberechtigt
entitled to inherit: erbberechtigt
entitled to share: anteilsberechtigt
entitled to sue: aktiv legitimiert
entitled to vote: stimmberechtigt
entity capital: Eigenkapital *n*
entrance exam(ination): Aufnahmeprüfung *f*, Zulassungsprüfung *f*
entrance rate: Einstell-Lohn *m*, Stundenlohn *m* bei der Einstellung *f*
entrance wage rate: Anfangslohn *m*
entrepreneur: Unternehmer *m*
entrepreneurial expectations *pl*: unternehmerische Erwartung *f*
entrust with: anvertrauen, betrauen
entry: Aufzeichnung *f*, Buchung *f*, Eingang *m*, Eintragung *f*, Eintritt *m*, Inbesitznahme *f* (eines Grundstücks *n*)
entry age: Eintrittsalter *n*
entry hub: Eingangsbuchse *f (EDV)*
entry in the land registry: Grundbucheintragung *f*
enumerate: aufzählen
enumeration: Aufzählung *f*
envelope: Briefumschlag *m*, Kuvert *n*
environment: Umwelt *f*
Im Anschluß an Kurt Lewins Feldtheorie ist Verhalten eine Funktion der Interaktion von Person (bzw. deren Persönlichkeitsmerkmalen) und Umwelt:
$V = f(P, U)$.
Als Umwelt sind dabei solche externen Faktoren definiert, die eine Person als auf Verhaltensbestimmung ausgerichtete Informationen erreichen.

In der Vielzahl von Umweltfaktoren sind die sozialen Einflüsse besonders wichtig, d.h. jene Verhaltensdeterminanten, die in der sozialen Umwelt der betrachteten Person ihren Ursprung haben.
environmental analysis: Umweltanalyse *f*
Der Prozeß der strategischen Planung gliedert sich in fünf Hauptelemente Umweltanalyse, Unternehmensanalyse, strategische Optionen, strategische Wahl und strategische Programme.
Die Umweltanalyse ist das Herzstück jedes strategischen Planungsprozesses, weil sie die informatorischen Voraussetzungen für eine erfolgreiche Strategieformulierung schafft. Sie setzt sich aus zwei gleich bedeutsamen Teilen zusammen, der Umweltanalyse und der Unternehmensanalyse. Aufgabe der Umweltanalyse ist es, das externe Umfeld der Unternehmung daraufhin zu erkunden, ob sich Anzeichen für eine Bedrohung des gegenwärtigen Geschäftes und/oder für neue Chancen und Möglichkeiten erkennen lassen. Die Umweltanalyse kann sich nicht nur auf das nähere Geschäftsumfeld der jeweiligen Unternehmung beschränken, sondern hat auch globalere Entwicklungen und Trends zu berücksichtigen, die möglicherweise für Diskontinuitäten und Überraschungen im engeren Geschäftsumfeld sorgen.
Zur globalen Umwelt gehört die allgemeine technologische Entwicklung, gesellschaftliche Strömungen und Veränderungen wie z.B. der Wertewandel, politische Strukturen und ähnliche Faktoren, während für die engere Geschäftsumwelt die jeweiligen Wettbewerbskräfte maßgeblich sind.
environmental condition: Umweltbedingung *f*
environmental influence: Umwelteinfluß *m*
environmental protection: Umweltschutz *m*
environmental protection agency (E.P.A.): Umweltschutzbehörde *f*
environmental protection cost: Umweltschutzkosten *pl*
environmental protection expenses *pl*: Umweltschutzkosten *pl*
environmental protection legislation: Umweltschutzgesetzgebung *f*
environmentalist: Umweltschützer *m*
E.O.M. (= end of month): Ende *n* des Monats *m*
equal: gleich, gleichmäßig
equality: Gleichheit *f*
equalization: Ausgleich *m*, Gleichstellung *f*
equalization claim: Ausgleichsforderung *f*
equalization contribution: Ausgleichsabgabe *f*
equalization debt: Ausgleichsschuld *f*
equalization fund: Ausgleichsfonds *m*
equalization levy: Ausgleichsabgabe *f*

equalization of burdens law: Lastenausgleichsgesetz *n* (LAG)
equalization tax on imports: Umsatzausgleichssteuer *f*
equated account: Staffelrechnung *f*
equation: Gleichung *f*
equation of international demand: Gleichung *f* der internationalen Nachfrage
Die in John Stuart Mills (1806-1873) Theorie der internationalen Werte formulierte Hypothese, nach der ärmere Länder am meisten durch den freien Güteraustausch gewinnen. Der allgemeine Vorteil des Außenhandels bestehe im wirkungsvolleren Einsatz der weltweiten Produktionsfaktoren.
equilibrate: ins Gleichgewicht *n* bringen
equilibrium: Gleichgewicht *n*
equilibrium balance of payments: ausgeglichene Zahlungsbilanz *f*
equilibrium model: Gleichgewichtsmodell *n*
1. Für die Organisationsentwicklung (OE) als dem geplanten Wandel ist der natürliche Wandel von grundlegender Bedeutung, weil je nach der Entwicklungsphase, in der sich ein konkretes Unternehmen gerade befindet, andere OE-Maßnahmen angebracht sein können.
Nach dem Gleichgewichtsmodell von Kurt Lewin gibt es in jeder Situation gleichermaßen Kräfte, die auf einen Wandel drängen, und Kräfte , die das Bestehende stabilisieren wollen. Gleichgewicht besteht, wenn die Summe dieser Kräfte gleich ist. Dieses Gleichgewicht muß hergestellt werden, weil weder die stabilisierenden noch die progressiven Kräfte dominieren dürfen.
Wenn die stabilisierenden Kräfte dominieren, droht Erstarrung; wenn die progressiven Kräfte dominieren, droht permanente Unruhe aufgrund laufender Veränderungen. Die Veränderung eines Gleichgewichtszustands erfordert dreierlei:
(1) Auftauen (unfreezing) des gegenwärtigen Gleichgewichts,
(2) Bewegen (moving) zum neuen Gleichgewicht,
(3) Einfrieren (freezing) des neuen Gleichgewichts.
Eine Erweiterung dieses Modells haben R. Lippitt, B. Watson und R. Westley vorgenommen, indem sie den OE-Berater (Change Agent) mit einbezogen. Er ist ein verhaltenswissenschaftlich geschulter, meist externer, Berater. Das erweiterte Modell enthält fünf Phasen, wobei innerhalb der dritten Phase wiederum drei Stufen unterschieden werden.
(1) Entwicklung eines Bedürfnisses nach Wandel bei den Betroffenen („Auftauen"),
(2) Aufbau einer vertrauensvollen Beziehung zum Change Agent,
(3) Durchführung des Wandels („Bewegen") mit den Teilphasen,
• Identifikation des System-Problems,
• Prüfung von alternativen Lösungen,
• Realisierung des Wandels,

(4) Generalisierung und Stabilisierung des Wandels („Einfrieren"),
(5) Abbau der Beziehung zum Change Agent, um Abhängigkeit zu vermeiden.

2. Im Rahmen der Koalitionstheorie ist eine Organisation ein offenes soziales System aller an ihr partizipierenden Individuen und Gruppen. Im Mittelpunkt dieser Theorie stehen die Teilnahmeentscheidung der Organisationsmitglieder (decision to participate) und die Gleichgewichtsbedingungen zwischen Anreizen und Beiträgen (inducement-contribution balance). Zusätzlich stellten J. G. March und Herbert A. Simon die Entscheidung zur produktiven Beitragsleistung (decision to produce) in den Mittelpunkt ihrer erweiterten Anreiz-Beitrags-Theorie und analysierten drei Entscheidungstypen von Organisationsteilnehmern:

- Entscheidung zur Teilnahme an der Organisation,
- Entscheidung zur Leistung eines Beitrags zum Erreichen der Organisationsziele,
- Entscheidung zum Verlassen der Organisation.

Zwischen den Anreizen zur Beitritts- und Beitragsentscheidung und den Beiträgen der Teilnehmer muß nach der Anreiz-Beitrags-Theorie ein Gleichgewichtszustand hergestellt und aufrechterhalten werden. Ein individueller (partieller) Gleichgewichtszustand ist dann erreicht, wenn die dem Organisationsteilnehmer gebotenen Anreize (materieller und immaterieller Art) größer oder mindestens gleich den von ihm dafür geleisteten Beiträgen zur Aufgabenerfüllung des Systems sind. Hierbei werden die gebotenen Anreize in Größen gemessen, die den Ausdruck für den diesen vom Individuum zuerkannten subjektiven Nutzen darstellen, und die Beiträge in Größen, die den Ausdruck für das von ihm empfundene Opfer darstellen, gemessen an dem subjektiven Wert, den ein Individuum den Alternativen beimißt, auf die es verzichtet, wenn es seine Leistung der Organisation A und nicht B zur Verfügung stellt.

equilibrium price: Gleichgewichtspreis m
In der Preistheorie ein Preis, bei dem auf einem vollkommenen Markt Angebot und Nachfrage sich genau ausgleichen, also dieselbe Menge angeboten wie nachgefragt wird. Unter Bedingungen des vollkommenen Markts stellt sich der Gleichgewichtspreis automatisch ein und kann von den Anbietern nicht beeinflußt werden. Den Anbietern bleibt allein die Möglichkeit einer Mengenstrategie, d.h. die Möglichkeit, sich mit ihren Absatzmengen so an den vorgegebenen Preis anzupassen, daß sie ihr Gewinnmaximum, Gewinnmaximierung, erreichen.

equip: ausrüsten, ausstatten

equipment: Ausrüstung f, Ausstattung f, Betriebsausstattung f, Einrichtung f, Einrichtungsgegenstände m/pl, Geräte n/pl, Werkzeuge n/pl, Maschinen f/pl usw. eines Gewerbebetriebes m, Gerätschaften f/pl, Maschinen f/pl, Maschinenpark m, Produktionsmittel n/pl, Sachanlage f

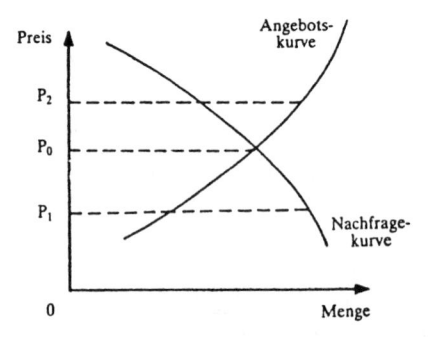

equipment industry: Maschinen- und Gerätebau m, Maschinenbauindustrie f

equipment insurance: Maschinenversicherung f

equipment of a plant: Maschinenpark m

equipment record(s) (pl): Liste f der Einrichtungsgegenstände m/pl (nur stückmäßig)

equipment testing: Maschinenprüfung f (EDV)

equipment utilization: Maschinenauslastung f

equitable: billig, recht und gerecht

equitable owner: rechtmäßiger Eigentümer m

equitable pricing: angemessene Preisgestaltung f

equity: Ansprüche m/pl oder Rechte n/pl auf Vermögenswerte m/pl des Unternehmens (= Eigenkapital), Billigkeit f, Billigkeitsrecht n, Gerechtigkeit f

equity account: Eigenkapitalkonto n, Kapitalkonto n

equity capital: Eigenkapital n

equity financing: Eigenfinanzierung f, Finanzierung f über Aktien f/pl

equity issue: Stammaktienemission f

equity-linked: aktiengebunden

equity of redemption: Amortisationsbetrag m (bei Hypothek), Rückkaufsrecht n

equity ratio: Verhältnis n der Aktiva pl zum Eigenkapital n

equity reorganization: Neuordnung f des Aktienkapitals n

equity security: Aktie f

equity theory: Billigkeitstheorie f, Equity-Theorie f
Die von dem amerikanischen Sozialpsychologen J. S. Adams entwickelte Theorie, daß Personen allgemein in Situationen des sozialen Austausches (social exchange) nach dem Prinzip der Bil-

ligkeit solchen Transaktionen den Vorzug geben, bei denen sie das Äquivalent dessen herausholen, das sie einbringen.

Im Blick auf wirtschaftliche Transaktionen ist das ein Ansatz, der von allen traditionellen Betrachtungsweisen für wirtschaftliches Verhalten weit entfernt ist. Die Theorie unterstellt auch, daß z.B. die Inhaber niedriger Einkommen nicht allein deshalb mit ihrer Situation unzufrieden sind, weil ihre Bedürfnisse um so dringender sind. Vielmehr stelle sich das Gefühl der subjektiv empfundenen Ungerechtigkeit (inequity) erst dann ein, wenn eine Person das Gefühl hat, daß die Ergebnisse einer Transaktion nicht der von ihr eingebrachten Leistung entsprechen. Die durch solchermaßen unausgewogene Interaktionen ausgelösten Dissonanzen zwischen den Interaktionspartnern lösen Reduktionsaktivitäten aus.

Grundgedanke der Equity-Theory ist es, daß eine Person darauf aus ist, für einen von ihr erbrachten „Einsatz" einen „Ertrag" zu erhalten, den sie im sozialen Vergleich als gerecht (fair, gleich) empfindet. Es geht also um zweierlei:

- Wenn eine Person einen Einsatz tätigt, so hofft sie, daß daraus – im Sinne eines Tauschgeschäfts – ein Ertrag für sie entsteht.

- Dabei erwartet die Person, daß sie im Vergleich mit anderen gerecht abschneidet, d.h. daß sie bei gleichem Einsatz auch den gleichen Ertrag erhält.

Unter „Einsatz" (Input, Aufwand) ist jedes Merkmal der Person zu fassen, das sie bei der Tauschbeziehung als relevant erachtet. Das können nicht nur „Aufwendungen" im üblichen Sinne sein, wie etwa Arbeitseinsatz, Zeit, sondern auch Merkmale wie Schönheit, Alter und dgl.

Unter „Ertrag" (Outcome, Ergebnis) ist alles zu fassen, was die Person bei dem Austausch als relevante Gegenleistung empfindet, wie z.B. Geld und Aufstieg, aber auch Anerkennung, Kritik und dgl.

Die Person setzt den Ertrag zu dem Einsatz in Beziehung und vergleicht das bei ihr entstandene Verhältnis mit dem Ertrag-Einsatz-Verhältnis, das sie bei anderen wahrnimmt. In schematischer Darstellung:

Gleichheit empfindet die Person, wenn

$$(1) = \frac{\text{Ertrag der Person}}{\text{Einsatz der Person}} = \frac{\text{Ertrag der Vergleichsperson}}{\text{Einsatz der Vergleichsperson}}$$

Ungleichheit empfindet die Person, wenn entweder

$$(2) = \frac{\text{Ertrag der Person}}{\text{Ertrag der Vergleichsperson}} < \frac{\text{Ertrag der Vergleichsperson}}{\text{Einsatz der Vergleichsperson}}$$

oder

$$(3) = \frac{\text{Ertrag der Person}}{\text{Einsatz der Person}} > \frac{\text{Ertrag der Vergleichsperson}}{\text{Einsatz der Vergleichsperson}}$$

Bei dieser Verhältnisbildung werden alle Bewertungen aus der Sicht der Person vorgenommen. Die Zusammenstellung in der folgenden Abbildung zeigt, welche Situationen der Gleichheit oder Ungleichheit möglich sind.

Zwei Arten von Tauschbeziehungen werden unterschieden: Bei der *direkten Tauschbeziehung* vergleicht sich die Person unmittelbar mit dem (die) Anderen. Bei der *indirekten Tauschbeziehung* vergleicht sich die Person mit einer anderen, wobei beide – die „Person" und der „Andere" – in einer Austauschbeziehung zu einem Dritten stehen.

Sämtliche Bewertungen erfolgen ausschließlich aus der Sicht der „Person" und nicht des „Anderen" bzw. eines objektiven Beobachters.

Es muß eine Vergleichsperson vorhanden sein. Es bleibt offen, nach welchen Erwägungen diese Vergleichsperson ausgewählt wird. Deshalb hat R. D. Pritchard ein alternatives Konzept vorgelegt, nach dem statt von einer konkreten Person auch von einer „verinnerlichten Vergleichsperson" ausgegangen werden kann: Durch Erfahrungen und soziale Normen bilden sich „innere Standards" als Vergleichsmaßstab heraus.

Die Bildung eines Quotienten zwischen Ertrag und Einsatz stellt höhere Anforderungen an Maßskala und Meßwerte, als etwa Summen- oder Differenzbildung. Hinzu kommt, daß Erträge und Einsätze jeweils als Summen von sehr unterschiedlich dimensionierten Merkmalen anfallen, also in eine gemeinsame Einheit transformiert werden müssen.

Die Equity-Theorie kann zwar grundsätzlich für alle Arten von Belohnungen herangezogen werden, sie wird jedoch im wesentlichen nur auf die Beziehung zwischen Leistung und finanzieller Belohnung angewendet.

equivalence: Äquivalenz *f*

equivalence principle: Äquivalenzprinzip *n*
In der Entlohnung das „Gerechtigkeitspostulat" der Entsprechung von Lohn und Leistung sowie der Entsprechung von Lohn und Arbeitsanforderungen.

equivalent: gleichbedeutend, Gegenleistung *f*, Gegenwert *m*

equivalent to: gleichwertig mit

equivalent unit: Äquivalenzziffer *f*, Verrechnungseinheit *f*

erasable storage: löschbarer Speicher *m* (EDV)

erase: löschen (EDV)

erase head: Löschkopf *m* (EDV)

eraser knife: Radiermesser *n*

eraser: Radiergummi *m*

erasure: Radierung *f*

erect: errichten, montieren

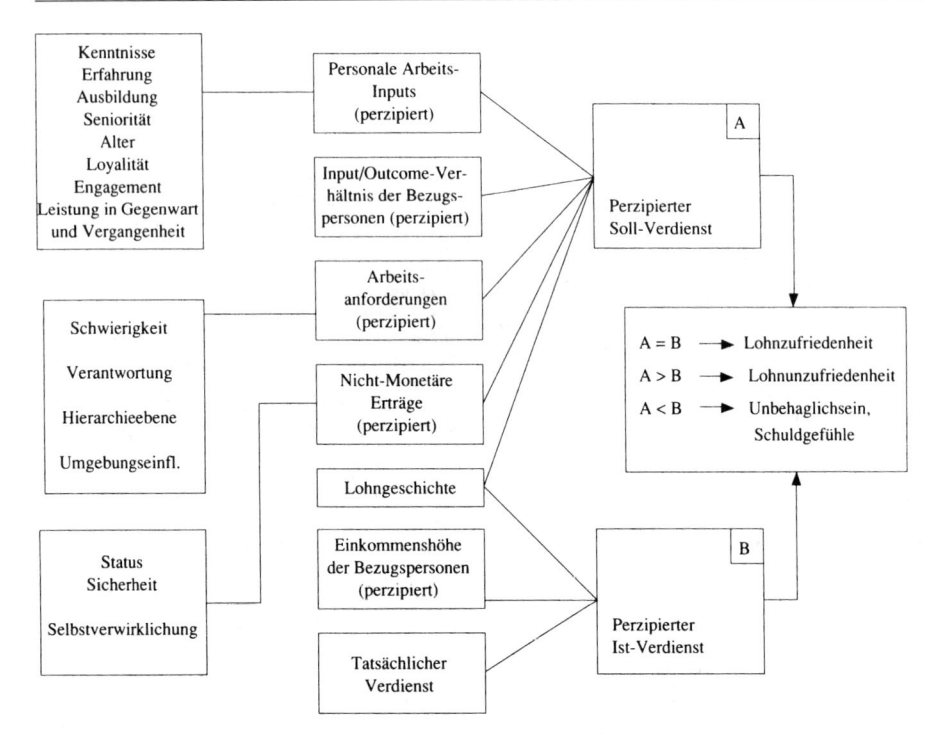

erection: Errichtung f, Montage f
ERG theory: ERG-Theorie f
Angesichts der enttäuschenden Ergebnisse empirischer Untersuchungen zur Theorie von Abraham Maslow zur Erklärung des Arbeitsverhalten, Hierarchie der Bedürfnisse, wurden mehrere Versuche unternommen, diese Theorie zu modifizieren, ohne die Hierarchie-These aufzugeben.
Besondere Beachtung fand dabei die ERG-Theorie von C. Alderfer, die statt – wie Maslow fünf – nur noch drei Klassen von Bedürfnissen unterscheidet:
- Grundbedürfnisse (**E**xistence),
- soziale Bedürfnisse (**R**elatedness) und
- Entfaltungsbedürfnisse (**G**rowth).

Auf diese drei Bedürfnisklassen, die seiner Theorie den Namen gaben, wendet Alderfer die folgenden vier Prinzipien an:
(1) Die *Frustrations-Hypothese*: Ein unbefriedigtes Bedürfnis wird dominant.
(2) Die *Befriedigungs-Progressions-Hypothese*: Wenn ein Bedürfnis befriedigt wird, so wird das in der Hierarchie höhere Bedürfnis dominant.
(3) Die *Frustrations-Regressions-Hypothese*: Wenn ein Bedürfnis nicht befriedigt wird, so wird das in der Hierarchie niedrigere Bedürfnis dominant.
(4) Die *Frustrations-Progressions-Hypothese*: Auch wenn ein Bedürfnis nicht befriedigt wird, können höhere Bedürfnisse aktiviert werden, weil diese Frustrationserfahrung zur Entwicklung der Persönlichkeit und ihres Anspruchsniveaus beitragen kann.

Durch Anwendung dieser Hypothesen auf die obigen Bedürfnisklassen kam Alderfer zu Aussagen über die verschiedenen Beziehungen zwischen Befriedigung und Aktivierung von Bedürfnissen. Zunächst wies seine Theorie sieben derartiger Grundaussagen auf. Aufgrund späterer empirischer Untersuchungen strich er zwei dieser Grundaussagen wieder und veränderte die meisten anderen. Danach kommt er zu den folgenden Hauptaussagen:
- Je weniger die Grundbedürfnisse befriedigt werden, desto stärker werden sie.
- Wenn sowohl die Grund- wie die sozialen Bedürfnisse frustriert sind, werden bei relativ geringerer Befriedigung der sozialen Bedürfnisse die Grundbedürfnisse verstärkt.
- Wenn die sozialen Bedürfnisse relativ frustriert sind, werden sie bei weiterer Frustration verstärkt; wenn die sozialen Bedürfnisse relativ befriedigt sind, werden sie bei weiterer Befriedigung verstärkt.
- Wenn sowohl die sozialen Bedürfnisse als auch die nach Entfaltung relativ befriedigt sind, werden bei relativ stärkerer Befriedigung der sozialen Bedürfnisse die Entfaltungsbedürfnisse verstärkt.
- Wenn die Entfaltungsbedürfnisse relativ frustriert sind, werden sie bei weiterer Frustration verstärkt; wenn sie relativ befriedigt sind, werden sie bei weiterer Befriedigung verstärkt.

Obwohl empirische Untersuchungen eine gewisse Überlegenheit dieser Aussagen gegenüber den Ableitungen aus dem Maslow-Modell erbrachten, mangelt es auch dieser Theorie an einer ausreichenden empirischen Bestätigung.
err: irren
errand: Besorgung *f*
erroneous entry: irrtümliche Buchung *f*, Fehlbuchung *f*
error: Fehler *m*, Irrtum *m*
error checking code: Fehlerprüfcode *m (EDV)*
error correcting code: Fehlerkorrekturcode *m (EDV)*
error detecting code: Fehlererkennungscode *m (EDV)*
error in form: Formfehler *m*
error of fact: Tatsachenirrtum *m*
error of law: Rechtsirrtum *m*
error probability: Fehlerwahrscheinlichkeit *f*
error range: Fehlerbereich *m*
error rate: Fehlerhäufigkeit *f*, Fehlerrate *f*
error source: Fehlerquelle *f*
errors *pl* **and omissions** *pl* **excepted (E & OE):** Irrtum *m* vorbehalten
escalation clause: Gleitklausel *f*
escalation price: Vertragspreis *m*, bis zu dem wegen gestiegener Kosten *pl* erhöht werden kann
escalator: Rolltreppe *f*
escalator clause: Steigerungsklausel *f* (in Tarifverträgen für den Fall gestiegener Lebenshaltungskosten)
escapable cost: vermeidbare Kosten *pl*
escape: Ausweg *m*, fliehen, Flucht *f*
escape clause: Ausweichklausel *f*
escape period: Rücktrittsfrist *f*
escheat: anheimfallen, Heimfall *m* (an den Lehnsherrn oder Staat); Heimfall *m* (von Grundstücken an Landesherrn oder Staat), heimfallen
escheatable: heimfällig
escrow: Aushändigung *f* einer Urkunde *f* oder Geldsumme *f* an Dritte (die erst nach Erfüllung bestimmter Bedingungen Berechtigten auszuhändigen ist, andernfalls Rückgabe on Eigentümer), Hinterlegung *f*, Hinterlegung *f* von Urkunden *f/pl* etc. bei Dritten *m/pl*, Treuhandvertrag *m*
essential: hauptsächlich, wesentlich
essential part: wesentlicher Bestandteil *m*
establish: begründen, errichten, festsetzen, feststellen, gründen, niederlassen, sich stiften
establishing: Errichtung *f*
establishing cost: Errichtungskosten *f*
establishing grounds *pl*: Begründung *f*
establishment: Betrieb *m*, Festsetzung *f*, Gründung *f*, Niederlassung *f*, Unternehmen *n*
estate: Besitzrecht *n*, Besitztum *n*, Erbe *m* (Nachlaß), Erbmasse *f*, Landbesitz *m*, Masse *f*, Erbmasse *f*, Nachlaß *m* (Erbe), Vermögen *n*, Vermögensmasse *f*
estate accounting: Buchführung *f* (über Nachlaß), Nachlaßbuchführung *f*
estate agent: Immobilienmakler *m*
estate department: Grundstücksabteilung *f*
estate duty: Nachlaßsteuer *f*
estate for life: Nießbrauch *m* an einem Grundstück *n*
estate in common: Miteigentum *n* nach Bruchteilen *m/pl*
estate in fee simple: unbeschränktes Grundeigentum *n*
estate in tail: erbrechtlich beschränktes Eigentum *n*
estate income: Einkünfte *f/pl* oder Einkommen *n* aus einem Nachlaß *m*
estate of heritance: Nachlaß *m* estatetax Erbschaftssteuer *f*, Nachlaßsteuer *f*
estate tax: Erbschaftssteuer *f*, Nachlaßsteuer *f*
esteemed: angesehen
estimate: abschätzen, Abschätzung *f*, berechnen, Berechnung *f*, überschlägige kalkulieren, schätzen, Schätzung *f*, taxieren, überschlägige Berechnung *f*, tJberschlagsrechnung *f*, veranschlagen, Voranschlag *m*, würdigen
estimate in the lump: pauschalieren
estimate of damages: Schadensschätzung *f*
estimated: überschlägig
estimated balance: geschätzter Saldo *m*, Sollbestand *m*
estimated cost: Budgetkosten *pl*, Kosten *pl*, geschätzte Kosten *pl*, vorgeplante Sollkosten *pl*, vorkalkulierte Kosten *pl*
estimated cost system: Prognosekostenrechnung *f*, Standardkostenrechnung *f*
estimated quotation: Taxkurs *m*
estimated receipts *pl*: Solleinnahmen *f/pl*
estimated uncollectible account(s) *(pl)*: Delkredere *n*
estimated useful life: geschätzte betriebsgewöhnliche Nutzungsdauer *f*
estimated value: Näherungswert *m*, Schätzwert *m*
estimated yield: Sollaufkommen *n*
estimating: Schätzung *f*, Schätzen *n*

estimating clerk: Vorkalkulator *m*
estimating cost system: Prognosekostenrechnung *f*
estimation: Schätzung *f*, Schätzverfahren *n*, Vorausschätzung *f*, Würdigung *f*
Die Gesamtheit der Verfahren der Punkt- und der Intervallschätzung zur Schätzung von Wahrscheinlichkeiten einzelner zufälliger Ereignisse, der Dichte- und Verteilungsfunktionen sowie der Ermittlung anderer statistischer Kennwerte wie z.B. Mittelwerte und Streuungsmaße und anderer Parameter von Grundgesamtheiten auf der Grundlage von Repräsentativerhebungen in Stichproben. Ziel ist die Gewinnung von Erwartungswerten für den wahren Wert.
estopped: gehemmt, durch eine frühere Handlung *f* oder aufgrund *m* unwiderlegbarer Tatsachen *f/pl* an der Ausübung eines Rechts *n* gehindert, durch eine frühere Handlung *f* oder aufgrund *m* unwiderlegbarer Tatsachen *f* an der Ausübung *f* eines Rechts
estoppel: Arglisteinrede *f*, Unmöglichkeit *f*, eine Tatsache *f* zu behaupten, zu verneinen oder ein Recht *n* zu beanspruchen, weil im Widerspruch *m* zu früherem Verhalten *n*
ethical drug: anerkanntes pharmazeutisches Produkt *n*
European Agricultural Guidance and Guarantee Fund: Europäischer Ausgleichs- und Garantiefonds *m* für die Landwirtschaft *f*
European Assembly: Europäisches Parlament *n*
European Atomic Energy Community (EURATOM): Europäische Atomgemeinschaft *f* (EURATOM)
European Coal and Steel Community: Europäische Montan-Union *f*
European Commission: Europäische Kommission *f*
European Commissioner: Europakommissionar *m*
European Court of Justice: Europäischer Gerichtshof *m*
European Currency Unit: Europäische Währungseinheit *f*
European Economic Community (EEC): Europäische Wirtschaftsgemeinschaft *f* (EWG)
European Monetary Agreement: Europäisches Währungsabkommen *n*
European Monetary Fund (EMF): Europäischer Währungsfonds *m* (EWF)
European Monetary Union: Europäische Währungsunion *f*

European Parliament: Europäisches Parlament *n*
European Payments Union (EPU): Europäische Zahlungsunion *f* (EZU)
European Social Fund: Europäischer Sozialfonds *m*
European Union: Europäische Union *f*
European Unit of Account: Europäische Verrechnungseinheit *f*
evacuate: räumen
evacuation: Räumung *f*
evade: ausweichen, umgehen
evade taxation: Steuern *f/pl* hinterziehen
evade taxes *pl*: Steuern *f/pl* hinterziehen
evade the law: das Gesetz *n* umgehen
evaluate: abschätzen, auswerten, beurteilen, bewerten, einschätzen, schätzen
evaluated wage rate: durch Arbeitsbewertung *f* festgesetzter Lohnsatz *m*
evaluation: Evaluierung *f*, Evaluation *f*, Abschätzung *f*, Beurteilung *f*, Bewertung *f*, Schätzung *f*, Wertbestimmung *f*
In der empirischen Sozialforschung die sich meist der Technik der teilnehmenden Beobachtung bedienende Untersuchung und Bewährungskontrolle sozialer und politischer Programme, Planungen, Modellversuche und Projekte in allen Lebensbereichen, die mit dem Ziel der Verbesserung dieser Programme, der Steigerung ihrer Effizienz und der Rationalisierung von Entscheidungsabläufen durchgeführt wird.
evaluation error: Schätzfehler *m*
evaluation method: Auswertungsverfahren *n*, Bewertungsverfahren *n*
evaluation of balance sheet items: Bilanzbewertung *f*
evaluation principle: Auswertungsprinzip *n*, Bewertungsprinzip *n*
evaluation sheet: Auswertungsbogen *m*, Beurteilungsbogen *m*, Bewertungsbogen *m*
evaluation system: Beurteilungsverfahren
evaluator: Abschätzer *m*, Beurteiler *m*, Bewerter *m*, Bewertungsfachmann *m*
evasion: Ausflucht *f*, Ausweichen *n*
evasion of law: Gesetzumgehung *f*
evasive: ausweichend
even: gleichmäßig
even lot: 100 Aktien *f/pl* oder ein Mehrfaches davon
even parity check: geradzahlige Paritätskontrolle *f (EDV)*
even up: ausgleichen
evening up (an old position): glattstellen (einer alten Position *f*)
event: Ereignis *n*, Vorkommnis *n*
In der Netzplantechnik werden nach ihrer formalen

Struktur Ereignisse, Tätigkeiten und Scheintätigkeiten unterschieden. Ein Ereignis liegt vor, wenn eine Teilaufgabe erfüllt oder abgeschlossen ist, mit einer Tätigkeit wird hingegen der Verbrauch von Ressourcen oder von Zeit erfaßt, der erforderlich ist, um von einem zum nächsten Ereignis voranzuschreiten. Scheintätigkeiten wiederum stellen funktionale Zusammenhänge dar, die keinen Zeit- und Ressourcenaufwand benötigen.

event of damage: Schadensfall *m*
event of loss: Verlustfall *m*
event oriented: ereignisorientiert
event space: Ereignisraum *m*, Zustandsraum *m*
In der Entscheidungstheorie die Summe der die Auswirkungen von Entscheidungsalternativen beeinflussenden Umweltfaktoren, d.h. der für einen Entscheidungsträger nicht beeinflußbaren Umweltgegebenheiten.

evict: durch Urteil *n* den Besitz *m* entziehen
eviction: Besitzentziehung *f* eines Grundstücks *n* durch Urteil *n*
evidence: Beweis *m*, Beweismaterial *n*, Beweismittel *n*, Nachweis *m*, Offenkundigkeit *f*
evidence of adequate insurance: Nachweis *m* angemessener Versicherungsdeckung *f*
evident: offenkundig
evolutionism: Evolutionismus *m*
Ein Ansatz in der Soziologie und Kulturanthropologie, der den Versuch unternimmt, die Entwicklungslinien gesellschaftlicher Veränderungen nachzuzeichnen und zu erklären. Zum Teil wird dabei Evolution als stetiger Aufstieg zu jeweils höheren Entwicklungsebenen wie wachsende Differenzierung, Komplexität oder Integration verstanden.
Der evolutionistische Gedanke findet sich in Stufenmodellen der Organisationsentwicklung (OE) wieder, die zentrale Charakteristika von Unternehmen wie Unternehmensziele, Struktur oder Führungsstil definieren und allgemeingültige Sequenzen aufstellen, nach denen diese Merkmale variieren. Innere Anlässe bringen danach Entwicklungen in Gang. Vor allem Veränderungen in der Machtausübung und -verteilung prägen den Entwicklungszyklus einer Organisation. Jede Machtkonfiguration enthält zugleich Kräfte zu ihrer Zerstörung, durch die entweder neue Konfigurationen entstehen oder das Unternehmen untergeht. Eine dieser Konfigurationen ist die missionarische, die sich aus einer autokratischen entwickelt: das Charisma des Firmengründers wird in Form von Sagen, Normen oder Traditionen gefestigt und institutionalisiert. Dadurch wird die Belegschaft auf die Mission des Gründers eingeschworen und die autoritäre Machtstruktur entbehrlich.

ex factory: ab Werk *n*
ex mill: ab Werk *n*
ex officio: von Amts wegen

ex rights: ausschließlich der Bezugsrechte *n/pl*
ex ship: ab Schiff *n*
ex works: ab Werk *n*
ex works price: Fabrikpreis *m*
Der Preis, zu dem ein industrieller Hersteller die von ihm produzierten Waren weiterverkauft.
ex-all: ohne alles (z.B. ohne Stückzinsen)
ex-convict: Strafentlassener *m*
ex-div: Aktie *f* ohne Dividendenrechte *n/pl*, ohne Dividendenanspruch *m* (bei Verkauf von Wertpapieren)
ex-dividend: Aktie *f* ohne Dividendenrechte *n/pl*, ohne Dividendenanspruch *m* (bei Verkauf von Wertpapieren)
ex-interest: ohne Stückzinsen *pl*
ex-post cost determination: Nachkalkulation *f*
ex-rights: Aktie *f* ohne Bezugsrecht
ex-rights share: Aktie *f* ohne Bezugsrecht
ex-rights-scrip: ohne Zusatzaktien *f/pl*
ex-rights-servicemen *pl*: entlassene Soldaten *m/pl*
exact: genau
exact interest: Zinsen *m/pl* auf Basis 365 Tage
exactly defined: genau bestimmt
exaggerated: übertrieben
examination: Befragung *f*, Besichtigung *f*, Durchsicht *f*, Nachprüfung *f*, Prüfung *f*, Untersuchung *f*, Verhör *n*, Vernehmung *f*
examine: befragen, besichtigen, einsehen,- nachprüfen, prüfen, revidieren, untersuchen, verhören, vernehmen
examiner: Prüfer *m*, Untersuchender *m*
examining judge: Untersuchungsrichter *m*
examining magistrate: Untersuchungsrichter *m*
example: Beispiel *n*, Vorbild *n*
exceed: überschießen, überschreiten, übertreffen
excellent: ausgezeichnet
except: ausgenommen, ausnehmen
exception: Ausnahme *f*, Beanstandung *f* (Qualifikation im WP-Bericht)
exception reporting: Ausnahmeberichterstattung *f*, Berichterstattung *f* nach dem Prinzip *n* der Ausnahme *f*
exceptional: außergewöhnlich, außerordentlich, exzeptionell
exceptional case: Ausnahmefall *m*
exceptional court: Ausnahmegericht *n*
exceptional expense(s) *(pl)*: außerordentliche Aufwendungen *f/pl*
exceptional income: außerordentlicher Ertrag *m*

exceptional item: außerordentlicher Posten *m*
exceptional law: Ausnahmegesetz *n*
exceptional position: Sonderstellung *f*
excess: überschüssig, Ausschreitung *f*, Übermaß *n*, Überschreitung *f*, Überschuß *m*
excess capacity: freie Kapazität *f*, ungenutzte Kapazität *f*, Überkapazität *f*
excess charge: Überpreis *m*
excess code: Überschußcode *m (EDV)*
excess cost: überhöhte Kosten *pl*
excess demand: Übernachfrage *f*
excess expenditure: Mehrausgabe *f*
excess franchise: Abzugsfranchise *f*
excess investment: Überinvestition *f*
excess liquidity: Überliquidität *f*
excess loan: Zusatzdarlehen *n*
excess material: überschüssiges Material *n*, Überschußmaterial *n*
excess money supply: Geldüberhang *m*
excess of cash: Kassenüberschuß *m*
excess of line: Exzedent *m*
excess-of-line reinsurance: Summenexzedenten-Rückversicherung *f*
excess population: Bevölkerungsüberschuß *m*
excess postage: Nachgebühr *f*, Nachporto *n*
excess present value method: Kapitalwertmethode *f* (Investitionsrechnung)
excess price: Überpreis *m*
excess profit: Übergewinn *m*, Wuchergewinn *m*
excess profit(s) (pl) tax: Übergewinnsteuer *f*
excess profit(s) tax: Übergewinnsteuer *f*
excess purchasing power: Kaufkraftüberhang *m*
excess receipts *pl*: Mehreinnahme *f*
excess revenues *pl*: Mehrertrag *m*
excess shares *pl*: Überschußaktien *f/pl*
excess supply: Überangebot *n*
excess weight: Mehrgewicht *n*, Übergewicht *n*
excess work: Mehrarbeit *f*
excessive: übermäßig, überschüssig, übertrieben
excessive cost: überhöhte Kosten *pl*
excessive price: Überpreis *m*
excessive purchasing power: Kaufkraftüberhang *m*
exchange: 1. Austausch *m*, austauschen, auswechseln, Tausch *m*, tauschen, Tauschen *n*, Umtausch *m*, vertauschen, wechseln

2. Börse *f*
Eine Marktveranstaltung, die regelmäßig und dauernd an einem bestimmten Ort stattfindet und auf der vertretbare, d.h. standardisierte und in ihrer Beschaffenheit eindeutig beschreibbare Güter (fungible Güter) gehandelt werden, die am Handelsort selbst nicht anwesend sein müssen und dort in der Regel auch nicht anwesend sind. Am eindeutigsten ist die Fungibilität und damit die Börsenfähigkeit bei Wertpapieren, während Warenbörsen die Vertretbarkeit der auf ihnen gehandelten Güter vorwiegend durch meist sehr restriktive Zugangsbedingungen regeln. Je nach den auf ihnen gehandelten Objekten werden die folgenden Börsenarten unterschieden:
(1) *Devisenbörsen*, auf denen ausländische Valuta gehandelt werden;
(2) *Warenbörsen* (Produktenbörsen), auf denen fungible Güter wie z.B. Rohstoffe (Kautschuk, Baumwolle) Metalle, landwirtschaftliche Produkte (Getreide, Kaffee, Zucker, Südfrüchte usw.) gehandelt werden;
(3) *Effektenbörsen* (Wertpapierbörsen) für den Handel mit Aktien, Obligationen, Rentenpapieren, Kuxen, Bezugsrechten usw.;
(4) *Dienstleistungsbörsen* wie z.B. Versicherungs- und Frachtbörsen.

exchange agreement: Austauschabkommen *n*
exchange assets *pl*: Devisenguthaben *n*
exchange business: Devisengeschäft *n* (Bank)
exchange control: Devisenbewirtschaftung *f*
exchange gain: Kursgewinn *m*
exchange loss: Kursverlust *m*
exchange market: Devisenmarkt *m*
exchange of goods: Güteraustausch *m*
exchange profit: Kursgewinn *m*
exchange quotation: Börsennotierung *f*, Börsenpreis *m*
exchange rate: Umrechnungskurs *m*, Wechselkurs *m*
Die Höhe des Wechselkurses wird vor allem vom Verhältnis des inländischen Bedarfs aus Auslandsgütern und -diensten zum Bedarf des Auslands an den Gütern und Diensten einer betreffenden Volkswirtschaft bestimmt. Je stärker der Importbedarf, desto höher ist der Kurs der ausländischen Währung. Aber auch der Anstieg des inländischen Volkseinkommens wirkt sich auf den Wechselkurs aus. Je höher das Volkseinkommen, desto stärker die Importnachfrage, da mit steigendem Volkseinkommen die Neigung zum Importieren wächst. Schließlich beeinflußt auch das Verhältnis der Preise und Kosten im In- und Ausland den Wechselkurs. Je höher das inländische Preis- und Kostenniveau, desto stärker ist die Importneigung und desto höher der Kurs der ausländischen Währung.

exchange rate differentials *pl*: Kursgefälle *n*
exchange rate policy: Wechselkurspolitik *f*
exchange regulations *pl*: Börsenbestimmungen *f/pl*
exchange restriction: Devisenbewirtschaftung *f*
exchange rules *pl*: Börsenbestimmungen *f/pl*
exchange theory: Austauschtheorie *f*
Grundgedanke der austauschtheoretischen Konzeptionen ist, der Mensch strebe danach, daß sich das, was er gibt, mit dem, was er bekommt, in einem Gleichgewicht befindet. Die bekannteste austauschtheoretische Konzeption ist die Equity-Theorie.
exchange trade: Tauschgeschäft *n*, Tauschhandel *m*
Im allgemeinsten Sinn eine Zahlungsform, bei der ein Lieferant für seine Absatzleistung nicht Geld, sondern gleichfalls Güter, Dienste oder Rechte erhält – eine moderne Variante des Naturaltauschs.
exchange transaction: Börsengeschäft *n*, Devisengeschäft *n* (Bank)
exchange transfer tax: Börsenumsatzsteuer *f*
exchange value: Tauschwert *m*
excise: Akzise *f*, Maut *f*
excise duty: Verbrauchszoll *m*, Verbrauchsabgabe *f*
excise tax: indirekte Steuer *f*, Verbrauchssteuer *f*
exclude: ausschließen
exclusion: Ausschließung *f*, Ausschluß *m*
exclusion from voting right: Ausschluß *m* vom Stimmrecht *n*
exclusions *pl* **from gross income** *pl*: steuerfreie Einkünfte *f/pl*
exclusive: ausschließlich
exclusive agency: Alleinvertretung *f*
exclusive agreement: Ausschließlichkeitsvertrag *m*, Ausschließlichkeitsklausel *f*
1. Das vertraglich fixierte Verbot für einen Vertragspartner, zugleich Vertragsvereinbarungen oder Geschäftsabschlüsse mit einem Dritten zu treffen.
2. In Agenturverträgen eine Klausel, derzufolge die mit der Streuung der Werbung beauftragte Werbeagentur das ausschließliche Recht hat, die Werbung für das Produkt oder die Leistung zu streuen, das/die Gegenstand des Vertrags ist. In solchen Fällen ist es dem Werbungtreibenden untersagt, andere Werbungsmittler mit der Streuung von Werbemitteln für dieses Produkt oder diese Leistung zu beauftragen. Bei Zuwiderhandlungen entstehen für die Agentur Ansprüche aus entgangenem Gewinn.

exclusive authority: ausschließliche Befugnis *f*
exclusive competence: Alleinzuständigkeit *f*, unmittelbare Alleinzuständigkeit *f*
Alleinzuständigkeit liegt dann vor, wenn jemand im Rahmen seines Aufgabenfelds bestimmte Handlungen oder Entscheidungen allein und selbständig vorzunehmen hat, ohne daß eine zuständige Einflußnahme oder Mitwirkung anderer Personen erforderlich ist oder stattfindet.
exclusive distribution: Alleinvertrieb *m*, Alleinvertriebsvereinbarung *f*
Eine vertragliche Vereinbarung zwischen einem Hersteller und einem Händler, durch die dem Händler das alleinige Recht des Vertriebs eines oder mehrerer Erzeugnisse des Herstellers in einem fest umgrenzten Gebiet („Gebietsschutz") eingeräumt wird. Dabei können im einzelnen die den Händlern zugesagten Ausschließlichkeitsrechte je nach Art und Absicherung und auch nach dem Umfang der von ihnen übernommenen Vertriebsfunktionen unterschiedlich gestaltet werden. Generell beschränken die Alleinvertretungsverträge in der Regel die rechtsgeschäftliche Handlungsfreiheit des Händlers, des Herstellers oder beider (Vertriebswegebindung des Händlers, Alleinvertriebsverpflichtung des Herstellers, Preisbindungen, Bindungen des tatsächlichen Händlerverhaltens).
exclusive possession: Alleinbesitz *m*
exclusive privilege: Exklusivrecht *n*, ausschließliches Recht *n*
exclusive representation: Alleinvertretung *f*
Die vertraglich vereinbarte Einräumung des Rechts an einen Handelsvertreter, einen Hersteller in einem genau begrenzten Gebiet exklusiv zu vertreten.
exclusive right: Exklusivrecht *n*, ausschließliches Recht *n*
exclusive responsibility: Alleinverantwortung *n*, ausschließliche Verantwortung *f*
Alleinverantwortung liegt dann vor, wenn jemand bestimmte Entscheidungen oder Handlungen allein und selbständig und ohne Einflußnahme oder Mitwirkung anderer Stellen oder Personen vornimmt oder unterläßt.
Die Alleinverantwortung ist immer zugleich unmittelbare Verantwortung. Die unmittelbare Verantwortung kann sowohl Allein- wie Mitverantwortung sein. Die mittelbare Verantwortung ist stets eine Mitverantwortung gegenüber und mit anderen, die ihrerseits entweder unmittelbar oder auch mittelbar verantwortlich sind. Die Mitverantwortung kann sowohl mittelbare wie unmittelbare Verantwortung sein.
exclusive sale: Alleinverkauf *m*
exclusively entitled to: alleinberechtigt
exclusivity stipulation *(brit)*: Ausschluß-Klausel *f*

exculpate: entschuldigen, exkulpieren, sich rechtfertigen
exculpation: Entschuldigung *f*, Exkulpation *f*, Rechtfertigung *f*
exculpatory evidence: Entlastungsbeweis *m*
excusable: entschuldbar
excuse: Ausrede *f*, entschuldigen, Entschuldigung *f*
executable: vollstreckbar
execute: abschließen (Vertrag), ausfertigen (von Urteilen), ausführen, ausüben, durchführen, erledigen, verrichten, vollstrecken, vollziehen
execution: Abschluß *m* (Vertrag), Ausfertigung *f* (von Urteilen), Ausführung *f*, Ausübung *f* (Tätigkeit), Erledigung *f*, Verrichtung *f*, Vollstreckung *f*, Vollzug *m*, Zwangsvollstreckung *f*
execution against debtor: Zwangsvollstreckung *f* gegen Schuldner *m*
execution committee: Ausführungsgremium *n*
Ein Gremium, dessen Aufgabe die Einleitung und Überwachung der Durchführung beschlossener Maßnahmen ist.
execution of judgment: Urteilsvollstreckung *f*
execution of power: Machtausübung *f*
Eines von mehreren Kriterien, auf denen die Weisungsbefugnis des Managers gegenüber anderen Personen zur Durchsetzung bestimmter Teilziele des Unternehmens basiert. Die Machtausübung äußert sich vorwiegend in der Verfügungsgewalt gegenüber nachgeordneten (unterstellten) Personen und Instanzen. Die wichtigsten Mittel der Machtausübung gegenüber Personen sind:
• *Entscheidungen über den Arbeitsplatz*: Der operativ orientierte Mitarbeiter steht in einem Abhängigkeitsverhältnis gegenüber dem Management, d.h. seinem Arbeitgeber. Dieser kann kraft Gesetz und Vereinbarung (Arbeitsvertrag) unter Wahrung der Kündigungsfrist das Arbeitsverhältnis einseitig auflösen oder – bei Krisensituationen des Unternehmens – Massenentlassungen beantragen. Die Abhängigkeit des Nicht-Managers verleiht den Führungskräften des Unternehmens eine starke Dispositionsgewalt und zwingt den Mitarbeiter zur Einhaltung der vorgegebenen Anweisungen und Richtlinien.
• *Entscheidungen über die Entlohnung*: Der Manager ist im Rahmen seiner Dispositionsgewalt in der Lage, das über den tariflich vereinbarten Lohn hinausgehende Entgelt zu beeinflussen. Hier wirken die speziellen Anreiz- und Lohnsysteme, die jedes Unternehmen einsetzt, um die Machtpositionen der Führungskräfte materiell zu unterstützen.
• *Entscheidungen über die Beförderung*: Der Manager kann im Rahmen der betrieblich vereinbarten Beförderungspolitik entscheiden, ob nachgeordnete Mitarbeiter seines Entscheidungsbereichs ranghöhere bzw. ihm gleichgestellte Positionen einnehmen können.
• *Entscheidungen über die Arbeitserledigung*: Hierbei handelt es sich um die Festlegung der Prioritäten, mit denen einzelne Aufgaben zu erledigen sind, um die Mitarbeiter-Einsatzplanung und um die Zuordnung der Sachmittel für die Arbeitserledigung sowie um die Festlegung von Terminen und Zeitstrecken für die Erstellung des Arbeitsergebnisses.
In arbeitsteiligen Organisationen sind folgende Grundlagen der Machtausübung möglich:
(1) *Macht durch Belohnungs- und Bestrafungsmöglichkeiten*: B unterwirft sich A aus Angst vor Bestrafung und/oder aus der Hoffnung auf Belohnung. Jedes Unternehmen besitzt Anreiz- und Drohsysteme. Die Anreizsysteme beziehen sich auf die Motive der Mitarbeiter, die Drohsysteme stellen jeweils die Negation der Anreize dar. Die dominierenden Leistungsmotive (Anreize) sind Macht, Status und materieller Zugewinn. Dementsprechend sind die Anreizsysteme auf diese Motive abgestellt. Die Drohungen bestehen in der Reduktion erreichter Machtkompetenz, Statussymbole und materieller Zulagen (Rückstufungen) und reichen in der massivsten Form bis zur Entlassung.
(2) *Macht durch Vereinbarung*: B unterwirft sich A aufgrund einer vertraglichen, beide Seiten bindenden Regelung. Die wichtigste Vereinbarung ist der Arbeitsvertrag und die zwischen Betriebsrat und Unternehmensleitung geschlossenen Betriebsvereinbarungen.
(3) *Macht durch Sachkenntnisse* („Wissen ist Macht"): A besitzt Informationsvorteile, die es ihm erlauben, Entscheidungen zu treffen, von denen B annimmt, daß sie ihm Vorteile bringen. B unterwirft sich A, um an dessen Informations- und Entscheidungsvorteilen zu partizipieren.
(4) *Macht durch Identifikation*: B identifiziert sich mit A („folgt" ihm), weil er sich mit dessen Absichten und Entscheidungen einverstanden erklären kann. Man spricht in diesem Fall auch von der „Führerschaft" des A, dem es gelingt, eine Gruppe von Menschen für seine Ziele einzusetzen.
(5) *Macht durch Besitz*: A hat gegenüber B einen materiellen Vorteil und B unterwirft sich A, um am Besitz des A zu partizipieren. A erreicht die Gefolgschaft des B durch Zuwendungen. Ursprünglich resultierte die Macht des Unternehmers einseitig aus dem Besitz der Produktionsmittel und des Kapitals.
Innerhalb des Unternehmens sind die Grundlagen der Macht durch die Aufbauorganisation geregelt oder werden informell durch stillschweigende Übereinkunft und Duldung ausgeübt.
execution of sentence: Strafvollstreckung *f*, Strafvollziehung *f*, Strafvollzug *m*
execution time: Ausführungszeit *f (EDV)*
executive: Führungs-, Leitungs-, vollzie-

hend, Führungskraft *f*, leitender Angestellter *m* (nur oberste Leitung)
executive ability: Führungseigenschaften *f/pl*, Führungsfähigkeit *f*
executive board: Vorstand *m*
executive committee: Komitee *n* leitender Angestellter *m/pl*, Leitungsausschuß *m*, Vollzugsausschuß *m*
executive development: Führungsausbildung *f*, Führungskräfte *f/pl*, Weiterbildung *f* (und Ausbildung) von Führungskräften
executive director: leitender Direktor *m*, Hauptgeschäftsführer *m*, hauptamtlicher Geschäftsführer *m*
executive power: Exekutivgewalt *f*, Vollzugsgewalt *f*
executive ratio: Anzahl *f* leitender Mitarbeiter *m/pl* auf 1000 Beschäftigte
executive routine: Steuerungsprogramm *n* (EDV)
executive talent: Führungseigenschaften *f/pl*, Führungsfähigkeit *f*
executive vice president: geschäftsführender Direktor *m*, stellvertretender Generaldirektor *m*, stellvertretender Vorstandsvorsitzender *m*
executor: Vollstrecker *m*
executor of a will: Testamentsvollstrecker *m*
executory officer: Vollstreckungsbeamter *m*
executrix Testamentsvollstreckerin: *f*
exemplary musterhaf: t
exemplification: gerichtliche Beglaubigung *f*
exemplify: beglaubigte Abschrift *f* anfertigen, beweisen, durch beglaubigte Abschrift *f* gerichtlich beglaubigen
exempt: ausgenommen, ausnehmen, befreit, dispensieren, lastenfrei
exempt amount: Freibetrag *m* (Steuer)
exempt from: befreien (ausnehmen)
exempt from compulsory insurance: versicherungsfrei
exempt from duty: zollfrei
exempt from insurance: versicherungsfrei
exempt from punishment: straflos
exempt from taxation: steuerfrei
exempt from taxes: steuerbefreit
exemption: Befreiung *f* (Dienst, Pflicht), Freibetrag *m*, Lastenfreiheit *f*
exemption from duty: Zollfreiheit *f*
exemption from income tax: Befreiung *f* von Einkommensteuer *f*
exemption from tax: Befreiung *f* (von Steuer), Steuerbefreiung *f*

exemption from taxation: Steuerfreiheit *f*
exercise: ausüben, Ausübung *f*, Übung *f*
exercising the voting right: Ausübung *f* des Stimmrechts *n*
exert (influence): ausüben (Einfluß)
exert oneself: sich anstrengen
exhaust: ausbeuten, Auspuff *m* (Kfz), erschöpfen
exhaustion: Erschöpfung *f*, Überanstrengung *f*, Überarbeitung *f*
exhibit: Anlage *f* (Beleg), ausstellen (Ware), Ausstellungsgegenstand *m*, darlegen, zeigen
exhibition: Ausstellung *f*, Messe *f*, Zurschaustellung *f*
„Eine Ausstellung ist eine zeitlich begrenzte Veranstaltung, auf der eine Vielzahl von Ausstellern ein repräsentatives Angebot eines oder mehrerer Wirtschaftszweige oder Wirtschaftsgebiete ausstellt und vertreibt oder über dieses Angebot zum Zweck der Absatzförderung informiert." (§ 65 der Gewerbeordnung).
exhibition stand: Ausstellungsstand *m*
exhibitor: Aussteller *m* (Ware)
exit: Ausfahrt *f*, Ausgang *m*
exit hub outlet: Ausgangsbuchse *f (EDV)*
exit interview: Entlassungsinterview *n*, Interview *n* beim Verlassen *n* des Betriebes *m*
exonerate: befreien (von einem Vorwurf), entbinden (Eid), entlasten
exoneration: Entbindung *f*, Entlastung *f*
expand: ausbreiten, ausdehnen, erweitern, expandieren, vergrößern
expansion: Ausbreitung *f*, Ausdehnung *f*, Erweiterung *f*, Expansion *f*
expansion investment: Erweiterungsinvestition *f*
Eine Investition, deren Ziel die Ausdehnung der vorhandenen Kapazität des investierenden Unternehmens ist.
expansion of an order: Auftragserweiterung *f*
Bei Verträgen im allgemeinen die Ausdehnung des ursprünglich vereinbarten Vertragsvolumens.
expansionary: expansiv
expansive: aufwendig, kostspielig, teuer
expatriate: ausbürgern
expatriation: Ausbürgerung *f*
expect: erwarten, voraussehen, zumuten
expectancy: Anwartschaft *f* (Grundbesitz), Erwartung *f*, Wahrscheinlichkeit *f*
expectant: Anwärter *m*
expectation: Erwartung *f*
Im weitesten Sinne bezeichnet Erwartung die Annahme einer bestimmten Wahrscheinlichkeit für das Eintreten eines vermuteten bzw. für möglich gehaltenen Ereignisses, d.h. eine subjektive

Wahrscheinlichkeit, daß eine Handlungsalternative ein bestimmtes Handlungsergebnis bewirkt. Sie reicht von 0 (extrem unwahrscheinlich) bis 1 (sicher). In den Worten von S. Lersch sind Erwartungen „die vorstellungsmäßige Vorwegnahme und Vergegenwärtigung kommender Ereignisse in ihrem Bezug auf die Thematik unserer Strebungen", die in aller Regel aus den Kenntnissen und Erfahrungen der Erwartenden abgeleitet ist.

Im engeren Sinne bezeichnen Erwartungen die an das Verhalten eines Rollenträgers gerichteten Verhaltensanforderungen. Erwartungen fungieren als Wahrnehmungsfilter, die zusammen mit der im Kommunikationsprozeß dargebotenen Information die tatsächliche Wahrnehmung der Rezipienten beeinflussen.

expectation of life: Lebenserwartung *f*

expectation valence theory: Erwartungsvalenztheorie *f*

Die Erwartungs-Valenz-Theorien und die Austauschtheorie der Verhaltensmotivation sind Prozeßtheorien. Im Gegensatz zu den Inhaltstheorien lassen die Prozeßtheorien weitgehend unbestimmt, auf welche Ziele sich das Verhalten richtet. Sie befassen sich vielmehr mit den kognitiven Prozessen, Kognition, die im Individuum ablaufen und ein bestimmtes Verhalten bewirken.

Wie das klassische Modell des homo oeconomicus geht die Erwartungs-Valenz-Theorie von der Vorstellung aus, der Mensch entscheide ausschließlich rational. Allerdings bleibt hier die Frage nach den verfolgten (End-)Zielen offen. Grundgedanke der Erwartungs-Valenz-Theorien ist die Annahme, das Individuum strebe danach, diejenige Verhaltensalternative zu wählen, deren subjektiv erwarteter Nutzen am höchsten ist.

Die Wurzel dieser Verhaltenstheorien kann daher bereits in dem auf das Jahr 1738 zurückgehenden Bernoulli-Prinzip gesehen werden, d.h. der Entscheidungsregel, wonach der erwartete Nutzen einer Entscheidungsalternative (EN) bestimmt wird als Summe der Produkte aus Nutzenwert (u_i) und Wahrscheinlichkeit (p_i) der aus der Entscheidung resultierenden Ereignisse i:

$EN = u_i - p_i$ (i = 1)

Die Entscheidungsregel besagt dann: Es ist jene Alternative zu wählen, deren EN maximal ist; formal:

$EN = \Sigma u_{ij} - p_i$ max
(j = 1,..., m) i = 1

Der Erwartungs-Wert-Ansatz ist in mehrere psychologische Theorien eingegangen. Die Erwartungstheorie von Victor H. Vroom interpretiert menschliches Verhalten als Entscheidungsverhalten: Das Individuum hat sich für eine von mehreren Handlungsalternativen zu entscheiden. Aufgabe der Motivationstheorie ist es nun, zu erklären, warum eine bestimmte Alternative favorisiert wird. Dabei unterscheidet Vroom zwei Arten von „Ergebnissen":

• die *Endziele* oder „eigentlichen" Ziele, um die es einer Person letztlich geht;

• die *Handlungsergebnisse*, die als Mittel zur Erreichung der eigentlichen Ziele dienen.

Die einzelnen Elemente der Theorie sind:

• *Valenz* (V): Der Wert, den eine Person einem Handlungsergebnis oder einem Endziel beilegt.

• *Instrumentalität* (I): Der Zusammenhang zwischen Handlungsergebnis und Handlungsendziel. Dadurch wird eingeschätzt, in welchem Ausmaß das Mittel die Erreichung des Zieles bewirkt bzw. verhindert. Der Wertebereich geht von -1 (das Handlungsergebnis verhindert die Zielerreichung) bis +1 (das Handlungsergebnis garantiert die Zielerreichung).

• *Erwartung* (E): Die subjektive Wahrscheinlichkeit, daß die Handlungsalternative das Handlungsergebnis bewirkt. Sie reicht von 0 (extrem unwahrscheinlich) bis 1 (sicher).

• *Kraft* (K): Die Stärke der Verhaltensintention.

Die Theorie von Vroom enthält zwei Modelle: das Valenzmodell, das den Grad an Zufriedenheit mit einem bestimmten Handlungsergebnis erklärt, und das Kraftmodell, das die Stärke der Handlungsabsicht erklärt.

Das *Valenzmodell* besteht aus der Aussage: Der Wert eines Handlungsergebnisses ergibt sich als Summe der Produkte aus Wert des Endzieles und Instrumentalität des Handlungsergebnisses. Die Formel lautet:

$V_j = \Sigma f(v_{k^*} - I_{ik})$,
(j = 1,..., m) k = 1

Es bedeuten:
V_j = Valenz des Handlungsergebnisses j,
v_{k^*} = Valenz des Endzieles k,
k = Instrumentalität des Handlungsergebnisses („Mittel") j für das Ziel k,
n = Anzahl der in Betracht gezogenen Ziele,
m = Anzahl der möglichen Handlungsergebnisse.
Über die Funktion (f) nimmt Vroom an, sie sei monoton ansteigend.

Das *Kraftmodell* beinhaltet die Aussage: Die Stärke der Handlungsabsicht ergibt sich als Summe der Produkte aus dem Wert der Handlungsergebnisse und der subjektiven Wahrscheinlichkeit, die Handlungsergebnisse erreichen zu können. Das Kraftmodell setzt also das Valenzmodell voraus. Die Formel lautet:

$K_i = E_{ij} - V_j$,
(i = 1,..., r)

Darin bedeuten:
K_i = Stärke der Intention, die Handlung i auszuführen,
E_{ij} = Stärke der Erwartung (subjektive Wahrscheinlichkeit), daß die Handlung i zum Ergebnis j führt,
r = Anzahl der möglichen Handlungen.
Dabei wird von dem allgemeinen Fall ausgegangen, daß eine Handlung zu mehreren Handlungsergebnissen führen kann. Wenn jede Handlungsalternative nur jeweils zu einem Handlungsergebnis führt, ist r = m und die Formel vereinfacht sich auf

$K_i = E_{ij} - V_j$, (i = j).

Während die Erwartungstheorie von Vroom als ein

expectation valence theory

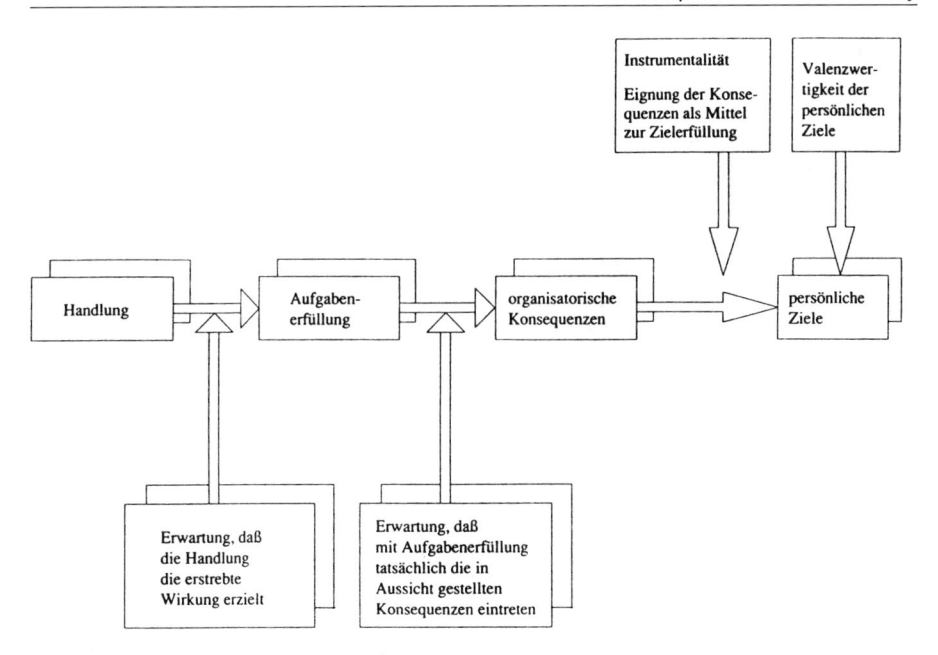

```
                                    ┌─────────────────┐  ┌──────────────┐
                                    │ Instrumentalität│  │ Valenzwer-   │
                                    │ Eignung der Konse-│ tigkeit der  │
                                    │ quenzen als Mittel│ persönlichen │
                                    │ zur Zielerfüllung│  │ Ziele        │
                                    └────────┬────────┘  └──────┬───────┘
                                             ▼                  ▼
┌──────────┐   ┌──────────┐   ┌──────────────┐   ┌──────────────┐
│ Handlung │──▶│ Aufgaben-│──▶│organisatorische│─▶│ persönliche  │
│          │   │ erfüllung│   │ Konsequenzen  │   │ Ziele        │
└──────────┘   └────┬─────┘   └──────┬───────┘   └──────────────┘
      ▲             ▲                ▲
┌──────────┐   ┌──────────────┐
│Erwartung,│   │ Erwartung, daß│
│ daß die  │   │ mit Aufgaben- │
│ Handlung │   │ erfüllung     │
│die erstrebte│ tatsächlich die│
│ Wirkung  │   │ in Aussicht   │
│ erzielt  │   │ gestellten    │
│          │   │ Konsequenzen  │
│          │   │ eintreten     │
└──────────┘   └──────────────┘
```

allgemeines Motivationsmodell angesehen werden kann, ist die Motivationstheorie von E. M. Porter und E. E. Lawler im wesentlichen eine Theorie der Leistungsmotivation. Porter und Lawler haben zunächst ein Motivationsmodell entwickelt, das in der folgenden Abbildung wiedergegeben ist.

EP steht für die Erwartung der Person, das Leistungsverhalten mit einer bestimmten Wahrscheinlichkeit zeigen zu können. Diese Erwartung ist abhängig von Erfahrungen in ähnlichen Situationen, und zwar sowohl von selbst gemachten als auch bei den anderen beobachteten Erfahrungen sowie vom Selbstwertgefühl.

P^O steht für die Wahrscheinlichkeit, daß mit diesem Verhalten Ergebnisse (outcomes) bestimmter Wertigkeit erzielt werden können. (P^O entspricht dem E bei Vroom.) Diese Wahrscheinlichkeit hängt im wesentlichen von zwei Einflußgrößen ab:

• Von der *internen und externen Kontrolle*: Das ist die Überzeugung der Person, daß sie die Konsequenzen ihres Handelns selbst bestimmen kann („intern"), bzw., daß sie in ihrem Handeln von der Umwelt bestimmt wird („extern").

• Von den in der Vergangenheit gemachten *Erfahrungen über den Zusammenhang von Leistung und Belohnung*.

V steht für Valenz, also für den Wert, den man einem zukünftigen Ergebnis beimißt. Sie hängt von dem erlebten Wert der Belohnung ab.

$\sum P^O - V$ beinhaltet somit die Wertschätzung des Leistungsergebnisses. Da P^E und $P^O - V$ multiplikativ verknüpft sind, heißt das, daß keine Handlungstendenz entsteht, wenn eine der beiden Größen O ist. Wenn also jemand glaubt, daß er außerstande sei, eine bestimmte Leistung zu erbringen, dann wird er ebensowenig dazu neigen, sich anzustrengen, wie wenn er glaubt, daß die erbringbare gute Leistung nicht zu einem positiv bewerteten Erfolg führt.

Der Leistungseinsatz, d.h. die Bereitschaft sich anzustrengen, ist nur einer von mehreren Faktoren, von denen die Leistung abhängt. Es kommen hinzu die Gegebenheiten der Situation, die Fähigkeiten, sowie der Problemlösungsansatz und die Rollenwahrnehmung.

Mit der letzten Größe ist gemeint, daß eine Person wissen muß, wie sie in der konkreten Situation ihre Fähigkeiten zum Einsatz bringen kann. Mit der Anstrengung verbinden sich die Fähigkeiten und der Problemlösungsansatz multiplikativ.

Bei der auf die Leistung folgenden Belohnung ist danach differenziert, ob eine intrinsische oder eine extrinsische Motivation vorliegt. Der gestrichelte Pfeil steht für eine intrinsische, der ausgezogene für eine extrinsische Motivation. Damit sollen zwei Abläufe unterschieden werden:

(1) Eine vorwiegend *intrinsisch motivierte Person* ist an der Leistungserbringung aus eigenem inneren Antrieb interessiert; einer Belohnung durch Dritte mißt sie keinen besonderen Wert bei. Sie stellt daher unmittelbar fest, ob das Leistungsergebnis den selbstgesetzten Anforderungen entspricht und erfährt ggf. in dem Erfolgserlebnis die wichtigste Belohnung.

(2) Eine vorwiegend *extrinsisch motivierte Person* erfährt die Belohnung aus der Einschätzung der Leistung durch Dritte (in Form von Geld, Aufstieg, Anerkennung usw.). Ob und inwieweit die Belohnungen zur Zufriedenheit führen, hängt von der subjektiven Vorstellung der Person ab, was als ge-

rechte Belohnung für die erbrachte Leistung angesehen wird.
Eine Besonderheit ergibt sich für eine intrinsisch motivierte Person, was durch die gestrichelte Pfeilverbindung zwischen den Kästchen E^P und P^O angezeigt ist. Damit soll ausgesagt werden, daß die Höhe von P^O u.a. auch von E^P bestimmt wird. Mit dieser Beziehung wird eine Erkenntnis der Theorie der Leistungsmotivation von John W. Atkinson berücksichtigt, die besagt, daß für bestimmte Personen die Leistungsmotivation dann am stärksten ist, wenn sich die Erfolgs- und Mißerfolgschancen etwa die Waage halten (je 50 % Wahrscheinlichkeit), wohingegen sowohl eine sehr geringe wie eine sehr hohe Erfolgswahrscheinlichkeit wenig motivierend wirken.
Den Charakter einer Herausforderung („challenge") hat eine Situation also nur dann, wenn die Erfolgswahrscheinlichkeit weder zu hoch noch zu niedrig eingeschätzt wird.

expected capacity: geschätzter Beschäftigungsgrad *m*

expected earnings *pl*: geschätzter Durchschnittslohn *m* (bei Akkordfestsetzung)

expected life: voraussichtliche Nutzungsdauer *f* eines Wirtschaftsguts *n*

expected mortality: Sterblichkeitswahrscheinlichkeit *f*

expected time: erwartete Zeit *f*

expected value: Erwartungswert *m*
In der statistischen Schätztheorie ein zur Ermittlung der Erwartungstreue einer Schätzfunktion verwendeter Wert, der aus dem Mittelwert der Grundgesamtheit besteht, der bei mehrfacher Zufallsentnahme für die Zufallsgröße X zu erwarten ist. Für den diskreten Fall gilt also, wenn x_i ($1 \leq i \leq k$) die Ausprägungen der Zufallsgröße X und $f(x_i)$ die zugehörigen Wahrscheinlichkeiten bezeichnen
$$E(X) = \mu = \sum x_i f(x_i)$$
Dabei ergibt sich der systematische Fehler (Bias) als die Differenz zwischen Erwartungswert und Parameter. Umgekehrt ist eine Schätzung erwartungstreu wenn Erwartungswert und wahrer Wert gleich sind.

expected value principle: Erwartungswertprinzip *n*
Ein Entscheidungsprinzip in der mathematischen Entscheidungstheorie. Es besagt, daß die Alternative mit dem größten Erwartungswert gewählt werden sollte. Sie wird nur bei Entscheidungen unter Risiko angewandt; denn um die Erwartungswerte der Alternativen berechnen zu können, müssen Wahrscheinlichkeiten der Zustände der Natur bekannt sein.
In einer Entscheidung unter Risiko gibt es eine spezifische Wahrscheinlichkeit p für jeden Zustand der Natur b_i. Der „Erwartungswert" stellt ein zentrales Konzept der Wahrscheinlichkeitstheorie dar, wo sich der „Wert" des „Erwartungswerts" nicht auf irgend etwas Wünschbares, sondern auf eine quantitative Größe bezieht.

Der Erwartungswert einer Alternative a_i berechnet sich dann folgendermaßen:
$$EV_i = p_1 v_{i1} + p_2 v_{i2} + \ldots + p_j v_{ij} + \ldots p_n v_{inn}$$
Nach dem Erwartungswert-Prinzip sollte P^A die Erwartungswerte der Handlungsalternativen vergleichen und schließlich die Alternative a_i mit dem größten EV wählen. Sollten zwei oder mehr Alternativen den gleichen größten − Erwartungswert haben, so stellt die Regel P^A die Wahl unter ihnen frei. Zwar kann eine zufallsgesteuerte gemischte Strategie einen gleich hohen Erwartungswert haben wie eine optimale reine Strategie, doch niemals einen höheren Erwartungswert; daher kann P^A sämtliche gemischten Strategien ignorieren und seine Wahl unter den verfügbaren reinen Strategien treffen.
Definitionsgemäß ist bei Entscheidungen unter Risiko jede reine Strategie a_i ein Spiel. Die erwartete Auszahlung bei einem Spiel kann man sich als die durchschnittliche Auszahlung an P^A vorstellen, wenn er dieses Spiel in einer prinzipiell unendlich großen Anzahl von Durchgängen wählen und jeweils die entsprechende Auszahlung erhalten würde. Man kann natürlich nicht wirklich „erwarten", in jedem Durchgang die „erwartete Auszahlung" zu bekommen: Wenn z.B. P^A ein Spiel zu wählen hat, bei dem $p_1 = 1/3$, $p_2 = 2/3$, $v_1 = +1$ DM und $v_2 = -1$ DM ist, beträgt die erwartete Auszahlung 1/3 DM; doch im einzelnen Durchgang beträgt sie entweder +1 DM oder -1 DM, sie kann nicht 1/3 DM betragen.
Das Erwartungswert-Prinzip steht in Einklang mit dem Dominanzprinzip, d.h. die nach dem Erwartungswert-Prinzip optimale Strategie ist stets auch zulässig. Welche der zulässigen Strategien im Einzelfall jedoch gewählt wird, hängt von den Werten der Wahrscheinlichkeiten p_i ab. Nun kann allerdings durch entsprechende Spezifikation der p jede zulässige Strategie optimal im Sinne des Erwartungswert-Prinzips gewählt werden. Mit anderen Worten, die Menge der zulässigen Strategien und die Menge der nach dem Erwartungswert-Prinzip optimalen Strategien sind identisch.
Das Erwartungswert-Prinzip besteht im Grunde aus einer Gruppe von Prinzipien, die sich in der Interpretation der Werte v_i und der Wahrscheinlichkeiten p_i unterscheiden. Sowohl die Werte v_{ij} wie die Wahrscheinlichkeiten p_j können entweder als „objektiv" oder als subjektiv verstanden werden. Mit einem „objektiven" Wert ist im allgemeinen ein Geldbetrag oder irgendein anderes Gut gemeint; der „subjektive" Wert einer Konsequenz für eine Person wird als Nutzen bezeichnet. Und ebenso kann es sich bei der Wahrscheinlichkeit eines Ereignisses um eine „objektive" oder um eine „subjektive", personenspezifische Größe handeln. Mit diesen Unterscheidungen ergeben sich vier Prinzipien oder Modelle, deren Bezeichnungen die folgende Tabelle zeigt.

expected volume: geschätzter Beschäftigungsgrad *m*

expected yield: Sollaufkommen *n*

Wahrscheinlich-keiten	Auszahlungen	
	Objektiv	Subjektiv
Objektiv	Objektiv erwarteter Wert (*O*bjectively *E*xpected *V*alue)	Erwarteter Nutzen (*E*xpected *U*tility)
Subjektiv	Subjektiv erwarteter Wert (*S*ubjectively *E*xpected *V*alue)	Subjektiv Erwarteter Nutzen (*S*ubjectively *E*xpected *U*tility)

Gruppe der Erwartungswertmodelle

expediency: Zweckmäßigkeit *f*
expedient: zweckdienlich, zweckmäßig, Behelf *m*, Hilfsmittel *n*, Maßnahme *f*, Maßregel *f*, Notbehelf *m*
expedient rationality: subjektive Handlungsrationalität *f*, Zweckrationalität *f*
Eine Form des rationalen Handelns, bei der ein Aktor seinen Nutzen nach Maßgabe seiner eigenen Präferenzfunktion und seines Mittelwissens dadurch maximiert, daß er in einer gegebenen Handlungssituation die Wirkungen der möglichen Mittelwahlen abschätzt und dann die geeigneten optimalen Mittel auswählt. Diese Rationalitätsidee liegt u.a. der (normativen) betriebswirtschaftlichen Entscheidungstheorie zugrunde. Sie versteht das Individuum als rationales Wesen, homo oeconomicus, dessen Rationalität sich nicht erst in einem Prozeß gemeinsamer Begründungsanstrengungen und den daraus resultierenden „guten Gründen" manifestiert. Die subjektive Handlungsrationalität kann auch – weil die Präferenzfunktion der Individuen als gegeben vorausgesetzt wird – niemals (wie die kommunikative Rationalität des verständigungsorientierten Handelns) die Ebene der konfligierenden Zwecke explizit thematisieren.
expedite: abfertigen, beschleunigen
expediter: Arbeitsflußüberwacher *m*, Terminüberwacher *m*
expediting: Terminüberwachung *f*
expedition: Abfertigung *f*, Beschleunigung *f*
expel: ausschließen, ausstoßen, ausweisen (des Landes verweisen), vertreiben (austreiben)
expend: aufwenden, ausgeben (Geld), verausgaben, verauslagen, verwenden
expenditure: Aufwand *m*, Ausgabe *f* (von Geld)
expenditure authorization: Ausgabengenehmigung *f*, Beschaffungsgenehmigung *f*
expenditure card: Aufwandskarte *f (EDV)*
expenditure control: Ausgabenkontrolle *f*
expenditure for capital goods: Ausgaben *f/pl* für Investitionsgüter *n/pl*
expenditure for consumer goods: Ausgaben *f/pl* für Konsumgüter *n/pl*
expenditure for direct labor *(brit)*: Lohneinzelkosten *pl*
expenditure item: Ausgabepasten *m*
expenditure journal: Ausgabenjournal *n*
expenditure voucher: Ausgabebeleg *m*
expenditure(s) *(pl)*: Auslagen *f/pl*, Kosten *pl*
expense: Aufwand *m*, Ausgabe *f* (von Geld)
expense account: Aufwandskonto *n*, Spesenkonto *n*
expense budget: Gemeinkostenbudget *n*
expense classification: Aufwandsarten *f/pl*
expense classified by type: Aufwandsart *f*
expense distribution sheet: Betriebsabrechnungsbogen *m*
expense(s) *(pl)*: Auslagen *f/pl*, Kosten *pl*, Spesen *pl*, Unkosten *pl*
expense(s) *(pl)* **against earnings** *(brit)*: Werbungkosten *pl*
expense(s) *(pl)* **for dishonored notes:** Rückgriffkosten *pl* (Wechsel)
expense(s) *(pl)* **for repairs:** Instandsetzungskosten *pl*
expense(s) *(pl)* **of administration:** Massekosten *pl*, Verwaltungskosten *pl*
expense(s) *(pl)* **of bankruptcy proceedings:** Massekosten *pl*
expense(s) *(pl)* **paid in advance:** vorausgezahlte Kosten *pl*
expense(s) *(pl)* **paid:** spesenfrei
expensed: über Aufwand *m* abgebucht
expenses claims form: Spesenerstattungsformular *n*
expenses of bankruptcy proceedings: Massekosten *pl*
expenses ratio: Kostensatz *m*
expenses reimbursement: Spesenerstattung *f*
expenses report: Spesenabrechnung *f*
expenses-sales ratio: Ausgaben/Umsatz-Verhältnis *n*
Eine im Rahmen der Jahresplankontrolle eines Unternehmens vorzunehmende Überprüfung des Verhältnisses der Ausgaben und ihrer Komponenten während der Planperiode zu den im selben

Zeitraum erzielten Umsätzen. Besonders der Vergleich mit denselben Verhältniszahlen vergangener Perioden macht es möglich zu beurteilen, ob sich die Ausgaben in einem vernünftigen Rahmen bewegen.

experience: erfahren (etwas), Erfahrung f
experience curve: Erfahrungskurve f, Boston-Kurve f
experience curve effect: Erfahrungskurveneffekt m, Boston-Effekt m

Das Konzept der Erfahrungskurve wurde Mitte der 1960er Jahre von der amerikanischen Unternehmensberatungsgesellschaft „Boston Consulting Group" (BCG) entwickelt und als Instrument zur Formulierung effektiver Geschäftsstrategien propagiert.

Auf dem Hintergrund bekannter ökonomischer Gesetzmäßigkeiten („Gesetz der Massenproduktion", Betriebsgrößenersparnisse) stellte die BCG empirische Untersuchungen zur langfristigen Gesamtkostenentwicklung ihrer Klienten an und fand heraus, daß im Zeitablauf gesehen zwischen der Entwicklung der Stückkosten und der Produktionsmenge folgender Zusammenhang besteht: Mit jeder Verdoppelung der kumulierten Produktmenge (= Erfahrung) sinken die inflationsbereinigten Stückkosten um 20 bis 30 %.

Da angenommen werden darf, daß zwischen den kumulierten Produktmengen und den Marktanteilen der miteinander in Konkurrenz stehenden Unternehmen eine enge Beziehung besteht, verdeutlicht der Boston-Effekt, daß unter der Voraussetzung gleichbleibender Preise die potentiellen Stückkosten mit wachsenden Marktanteilen sinken, während die vergleichbaren potentiellen Ertragsspannen wachsen. Wie wichtig dabei die relativen Marktanteile sind, wird deutlich, wenn man sich vor Augen führt, daß vom Standpunkt des Marketing eine Umsatzsteigerung bei Verlust eines Marktanteils ein Mißerfolg und umgekehrt ein Umsatzverlust bei gleichzeitigem Wachsen des Marktanteils (d.h. die Verluste der Mitbewerber sind noch größer als die eigenen) ein Erfolg ist.

Bei der Erfahrungskurve geht es nicht um die Entwicklung des Umsatzes, sondern um die der Kosten und zwar in Abhängigkeit von der produzierten Menge. In dem Maße, in dem immer mehr von einem bestimmten Produkt gefertigt wird, gewinnt man Erfahrungen, die zu einer Verringerung der Stückkosten genutzt werden können.

Dieses Phänomen einer steigenden Ausbringung pro Zeiteinheit bei rückläufiger Fehlerquote wurde vor allem auf das Lernen der Arbeiter durch häufige Übung zurückgeführt. Dasselbe Phänomen ist aus der Psychologie unter dem Begriff Lernkurve bekannt.

Doch während die Erfahrungskurve das Schema der sinkenden Kosten beschreibt und dabei alle Kosten außer den für gekaufte Teile umfaßt, beinhaltet das Konzept der Lernkurve nur die direkten Lohnkosten. Im einzelnen sind das die Gemeinkosten Herstellung, Werbung, Verkauf, Distribution, Außendienst und Verwaltung. Obwohl die Wertschöpfungskosten nicht die Kosten der von außen gekauften Teile umfassen, kann man davon ausgehen, daß diese Kosten oft ebenfalls mit steigender Erfahrung abnehmen.

Die Erfahrungskurve ist mithin eine recht genaue und prognostizierbare Funktion. Sie besagt, daß jedesmal, wenn die kumulative Produktion sich verdoppelt, die Wertschöpfungskosten um einen bestimmten Prozentsatz sinken, der situationsbedingt ist. So gehen bei einer 80-Prozent-Erfahrungskurve die Kosten um 20 Prozent auf 80 % ihres vorhergehenden Niveaus zurück, jedesmal wenn die kumulierte Produktion sich verdoppelt. Die Graphik auf Seite 247 zeigt eine 80-Prozent-Erfahrungskurve.

Im oberen Teil der Abbildung (a) sinken die Kosten zunächst sehr schnell, weil relativ wenige Einheiten notwendig sind, um die Produktion zu verdoppeln. Mit kumulativ steigender Produktion sind mehr Einheiten erforderlich, um die Produktmengen zu verdoppeln. Somit flacht die Kurve ab. Wenn man Kosten und kumulative Produktion doppelt logarithmisch zeichnet, erscheint die Erfahrungskurve als eine gerade Linie, wie der untere Teil (b) der Abbildung zeigt.

Als Erklärung für diesen empirisch nachgewiesenen Effekt führte die Boston Consulting Group das Zusammenspiel von Größendegressionseffekten, Verfahrensdegressionseffekten, Lern- und Spezialisierungseffekten an.

(1) Der *Lerneffekt*: Die Lernkurve bietet im wesentlichen die Erklärung, daß jemand lernt, etwas schneller und effizienter zu tun, wenn er es oft genug wiederholt. Dieses Prinzip, das sich auf die Mitarbeiter in der Produktion bezieht, gilt auch für andere Mitarbeiter. Programme, mit denen die Methoden und Abläufe verbessert werden können, können sehr effektiv sein.

(2) *Technologische Verbesserungen (Verfahrensdegression)* der Produktion: Die Installation neuer Anlagen, um den Produktionsprozeß zu modernisieren oder die Kapazität zu erweitern, kann in kapitalintensiven Branchen einen sehr großen Einfluß haben. Die Automation bestimmter Arbeitsabläufe ist eine solche Entwicklung.

(3) *Veränderungen im Produktdesign (Spezialisierung)*: Eine wichtige Methode, Kosten zu reduzieren und sich somit entlang der Erfahrungskurve zu bewegen, ist das Verändern des Produktdesigns. Ein Produkt kann z.B. vereinfacht werden, so daß man weniger Teile kaufen oder zusammensetzen muß. Ein anderer Ansatz ist es, anderes Material zu verwenden.

(4) *Skaleneffekte (Kostendegression)*: Skaleneffekte widerspiegeln die natürlicherweise mit einer größeren Menge verbundene Effizienz wieder. Fixe Kosten für Verwaltung, Einrichtungen, Ausrüstung, Angestellte und Forschung und Entwicklung, können auf mehr Einheiten verteilt werden. Im Zusammenhang mit der Erfahrungskurve ist es von Bedeutung, daß diese empirisch beobachtbaren Kostendegressionseffekte keiner Gesetzmä-

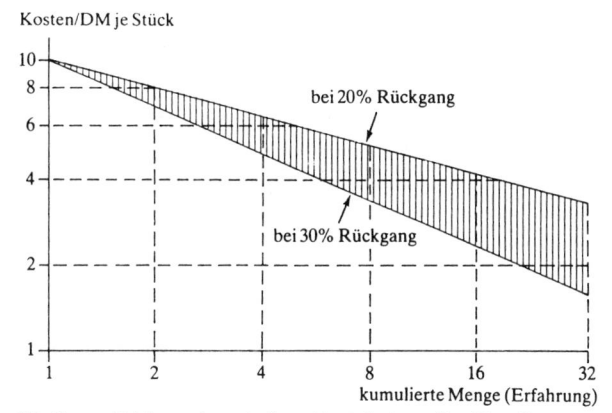

experience curve effect

Kosten/DM je Stück

[Diagramm: Die Kosten-Erfahrungskurve bei logarithmisch eingeteilten Koordinaten, mit Kurven bei 20% Rückgang und bei 30% Rückgang; x-Achse: kumulierte Menge (Erfahrung) 1, 2, 4, 8, 16, 32]

Die Kosten-Erfahrungskurve bei logarithmisch eingeteilten Koordinaten

Kosten/DM je Stück

[Diagramm: Die Kosten-Erfahrungskurve bei linear eingeteilten Koordinaten, mit Kurven bei 20% Rückgang und bei 30% Rückgang; x-Achse: kumulierte Menge (Erfahrung) 1, 2, 4, 6, 8, 10, 12, 14, 16, 18]

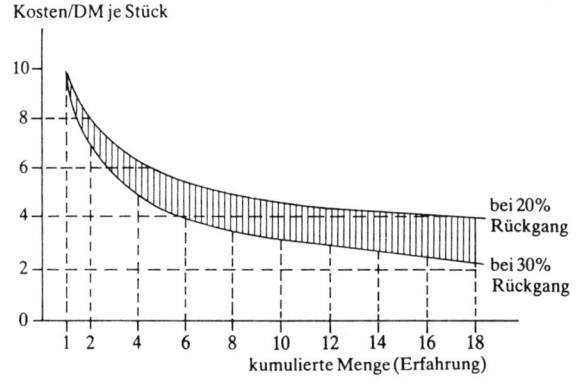

Die Kosten-Erfahrungskurve bei linear eingeteilten Koordinaten

ßigkeit folgen, sondern größtenteils das Ergebnis von Managementmaßnahmen sind, die durch das größere Produktionsvolumen technisch möglich und ökonomisch sinnvoll wurden. Dazu zählen vor allem folgende Maßnahmen:
- *Auslastung* der bestehenden und Aufbau neuer Kapazitäten (Größen- bzw. Kostendegression)
- *Rationalisierung* (Substitution von Arbeit durch Automaten, EDV-gestützte Fertigungssteuerung, Verbesserung der Arbeitsorganisation, Erhöhung der Arbeitsteilung)
- *Materialverbesserung* (Verringerung der Toleranzen, Reduzierung von Ausschuß, Qualitätssteigerung).

Das Erfahrungskurvenkonzept ist vielfach kritisiert worden. Die Haupteinwände sind:

(1) Das Erfahrungskurvenkonzept kann keine generelle Gültigkeit beanspruchen, da empirisch auch gänzlich andere Kostenverläufe feststellbar sind.

(2) Die Verwendung von Marktanteilen als Indikator für die kumulierte Menge im Konkurrentenvergleich ist nur auf den unrealistischen Prämissen möglich: homogene Produkte, gleiche Erfahrungsraten, einheitliche Marktpreise für alle Anbieter und gleiche Markteintrittszeitpunkte.

(3) Das Konzept der Erfahrungskurve ignoriert die Tatsache, daß „Erfahrung" häufig in der Branche (unbeabsichtigt) diffundiert.

(4) Ferner hat das Erfahrungskurvenkonzept nur für eine gegebene Technologie Gültigkeit; Sprünge in der Entwicklung der Fertigungstechnologie begründen eine neue Erfahrungskurve.

Ebenso wie bei der Produktlebenszykluskurve liegt der Wert der Erfahrungskurve vorrangig in ihrer Signalwirkung für das Management. Sie weist auf das Kostensenkungspotential bei hohen Stückzahlen hin, das meist nur in der Massen- und Serienfertigung erreicht werden kann, und macht deutlich, warum das Streben nach einem hohen Marktanteil mit entsprechend großem Umsatzvolumen eine ökonomisch sinnvolle Strategie sein kann.

experienced: erfahren, sachkundig
experienced operator: erfahrener Arbeiter
experienced worker: erfahrener Arbeiter *m*
experience-exchanging group: Erfahrungsaustauschgruppe *f* (ERFA-Gruppe *f*)
Eine auf Initiative des Rationalisierungskuratoriums der Deutschen Wirtschaft (RKW) gebildete Gruppe von Betriebsangehörigen einer oder mehrerer Branchen, die unter der Betreuung einer Industrie- und Handelskammer (IHK) regelmäßige Sitzungen mit dem Zweck des zwanglosen Austausches von Erfahrungen und Informationen der betriebswirtschaftlichen und technischen Praxis zwischen den einzelnen Wirtschaftsunternehmen abhält. Dabei werden vor allen Dingen Informationen über Fragen der Rationalisierung ausgetauscht.

experiment: Versuch *m*, Experiment *n*
experimental method: experimentelle Methode *f*
experimental model: Versuchsmuster *n*
experimental work: Versuchsarbeit *f*
experimentation: Versuchs- und Probeläufe *m/pl (EDV)*
expert: sachkundig
expert: Experte *m*, Fachmann *m*, Gutachter *m*, Sachkundiger *m*, Sachverständiger *m*, Spezialist *m*
In seiner nach den Gründen für ihre Anwesenheit in der Leitung von Großunternehmen gebildeten Managertypologie hat Siegfried Cassier den Typ des Fachmanns als einen Manager gekennzeichnet, dessen Legitimation auf seiner besonderen fachlichen Qualifikation, und zwar aufgrund von Intelligenz, Erfahrung und Anciennität sowie angeborener Entschlußkraft beruht.

expert appraiser: amtlicher Schätzer *m*
expert judgment: Gutachten *n*
expert knowledge: Sachkenntnis *f*
expert opinion: Gutachten *n*, Expertise *f*, Sachverständigengutachten *n*, Sachkenntnis *f*
expert power: Expertenmacht *f*
Eine Form der Macht, die sich nach einer Klassifikation von John R. P. French und Bertram Raven auf Wahrnehmung des Untergebenen gründet, daß der Vorgesetzte Wissensvorteile in einem speziellen Gebiet hat. Je höher der zuerkannte Wissensvorsprung, desto stärker wird diese Machtgrundlage. Expertenmacht ist aber grundsätzlich begrenzt auf den Wissensbereich, für den relative Wissensvorteile zuerkannt werden. Außerhalb dieser Grenzen entfällt die Möglichkeit der Beeinflussung dieser Art.

expert promoter: Fachpromoter *m*
Die sachlichen Management-Aufgaben verdeutlichen, daß Manager Kenntnisse besitzen müssen, die befähigen, in der Komplexität wechselnder Ziel- und Planungsaufgaben die jeweils richtigen Aufgabenvorgaben zu definieren. Aus diesem Grunde hat sich bei besonders komplexen Aufgabenstellungen eine zweiseitige Arbeitsteilung entwickelt, die das Zusammenwirken von Fachexperten und Führungskräften regelt.
Die Fachleute oder *Fachpromoter* arbeiten gemeinsam mit dem Manager, dem *Machtpromoter* an der Lösung schwieriger Aufgaben. Die Fachpromotoren müssen nicht unbedingt aus dem gleichen Verantwortungsbereich stammen, sondern werden ad hoc je nach Dringlichkeit einer Aufgabe aus verschiedenen Unternehmensfunktionen für eine begrenzte Zeitdauer einberufen. Es entwickeln sich Teams aus Experten und Managern („Task Force Management"), die eine vollständige Absicherung und rationale Begründung für Entscheidungen definieren. Das Ergebnis derartiger Teamarbeit wirkt sich auf verschiedenen Ebenen aus:
• Transparenz der sachlichen Notwendigkeiten für eine Entscheidung.
• Berücksichtigung der Machbarkeit („feasibility") und damit eine höhere Wahrscheinlichkeit der Zielerreichung.
• Reduzierung des Risikos einer Fehlentscheidung.
• Erhöhte Motivation der Beteiligten, die dadurch nicht zu Vollzugsorganen degradiert werden.
• Einblick der Fachleute in unternehmerische Notwendigkeiten und damit Erweiterung ihres Wissensstands.
Entscheidungsprozesse, die durch Teamarbeit zwischen Fachexperten und Managern vollzogen werden, sind u.a. ein Kennzeichen für einen kooperativen Führungsstil.

experts' survey: Expertenbefragung *f*
Eine Form der Befragung, deren Ziel die Erhebung der sachverständigen Urteile von Spezialisten ist. Es handelt sich dabei weniger um den Versuch, eine repräsentative Stichprobe von Spezialisten durch Einsatz eines entsprechenden Auswahlverfahrens zu bilden, als vielmehr um die Realisierung der Vorstellung, daß so viele befragte Experten schlecht irren können.
Expertenbefragungen dienen vorwiegend der Entwicklung längerfristiger Prognosen, speziell bei Innovationen oder der Entwicklung neuer Produkte, Entwicklungsprognosen, für die bisher verfügbare Daten bzw. Datenreihen (z.B. Zeitreihen) gar nicht oder nur begrenzt verwendbar sind. Gerade weil es sich nicht um statistisch repräsentative Befragungen handelt, sind Expertenbefragungen eigentlich nur im Stadium der Exploration und als Leitstudien sinnvoll. Ein relativ subtiles Verfahren der Expertenbefragung ist die Delphi-Methode.

expiration: Ablauf *m*, Ende *n*, Erlöschung *f*, Verfall *m* (durch Zeit)

expiration date: Verfalltag *m*

expiration of time limit: Fristablauf *m*

expire: ablaufen, enden, erlöschen, verfallen (durch Zeit)

expired: abgelaufen

expired cost: durch ursprüngliche Entscheidung f festgelegte nicht mehr veränderbare Kosten pl
expired expense(s) *(pl)*: Aufwand m, von dem kein weiterer Nutzen m erwartet werden kann
explain: erklären
explanation of an entry: Buchungstext m
explanation statement: Erläuterungsbericht m
explanation: Aufschluß m, Ausführung f (Erklärung), Erklärung f
explanatory report: Erläuterungsbericht m
explicit: ausdrücklich
exploit: abbauen (Bodenschätze), ausbeuten, ausnutzen (Patente usw.)
exploitation of a patent: Patentverwertung f
exploitation: Abbau m, Ausbeutung f, Ausnutzung f
exponential function: Exponentialfunktion f, exponentieller Trend m
Trends vom Typ der exponentiellen Funktionen haben die allgemeine Form
$$y = ab^t.$$
Darin bedeuten:
y = abhängige, zu prognostizierende Variable
a, b = zu bestimmende Parameter
t = Zeitparameter (t = 1, ... , T).
Ihr Charakteristikum ist die Konstanz des relativen Zuwachses der zu prognostizierenden Variablen. Mit Hilfe von Logarithmen und Bildung der Normalgleichungen können die unbekannten Konstanten a und b relativ einfach bestimmt werden.
exponential smoothing: exponentielle Glättung f
In der statistischen Zeitreihenanalyse ein Verfahren der Trendbestimmung, das sich vorwiegend zur Ermittlung kurzfristiger Prognosen eignet. Dem Verfahren, das eine Verallgemeinerung der Methode der gleitenden Durchschnitte darstellt, liegt die Vorstellung zugrunde, daß die Zeitreihenwerte mit wachsender zeitlicher Entfernung vom Prognosezeitraum an Bedeutung verlieren. Diesem Grundgedanken entspricht es, daß die aktuellen Zeitreihenwerte bei der exponentiellen Glättung höher als die weiter zurückliegenden Werte gewichtet werden, d.h. die Gewichtungskoeffizienten nehmen mit wachsender zeitlicher Entfernung geometrisch ab. In ihrer einfachsten Form lautet die Gleichung für die zu prognostizierende Größe für die Periode t + 1:
$$\hat{y}_{t+1} = \alpha \times y_t + (1 - \alpha)\hat{y}_t.$$
Dabei bedeuten:
$\hat{y}_{t+1}$ der für die Periode t + 1 zu prognostizierende Wert
y_t der in der Periode t tatsächlich beobachtete Wert,
y_t der durch Glättung gebildete, gewichtete Mittelwert der vergangenen Zeitperioden,

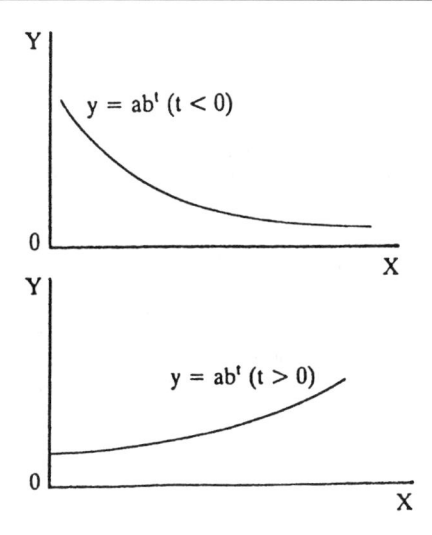

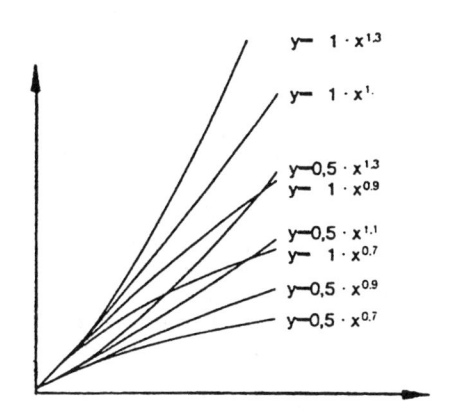

$\hat{y}_t$ der Glättungsparameter ($0 \leq \alpha \leq 1$), der als der frei wählbare Gewichtungsfaktor aufgrund von Erfahrungen festgelegt werden kann (je nachdem, wieviel Gewicht den aktuellen Zeitreihenwerten für die Prognose gegenüber den weiter zurückliegenden Werten zugemessen wird).

Das zentrale Problem bei der Anwendung des Verfahrens der exponentiellen Glättung ist also die Festlegung des auf eine konkrete Zeitreihe am besten passenden Glättungsparameters. Es gilt allgemein: Verändern sich die Einzelwerte einer Zeitreihe nur langsam, ist ein entsprechend niedriger Glättungsfaktor angemessen, verändern sie sich von Fall zu Fall sehr stark, ist ein hoher Glättungsfaktor einzusetzen. Wegen dieses Vorgangs der Anpassung der Parameterschätzung wird das Verfahren der exponentiellen Glättung zu den Methoden der adaptiven Prognose gerechnet.

exponentiate: potenzieren

export: ausführen (Waren), Ausfuhr f, Export m, exportieren
export business: Exporthaus n, Exportunternehmen n
export cartel: Exportkartell n
export credit guarantee: Ausfuhrkreditgarantie f, Exportkreditgarantie f
export duty: Ausfuhrabgabe f, Ausfuhrzoll m, Ausgangszoll m, Exportsteuer f
export embargo: Ausfuhrsperre f
export factoring: Export-Factoring n
Finanzierung durch Factoring ist selbstverständlich auch im Außenhandel möglich und sinnvoll, zumal hier die Risiken in der Regel größer sind als im Binnenhandel. Allerdings spielt sich das Factoring im Export etwas komplizierter ab. Zunächst kommt es zur Vertragsgestaltung zwischen dem Forderungsverkäufer, also dem Factoring- oder Anschluß-Kunden, und dem Factor, der in diesem Fall als Exportfactor auftritt.
Da der Export-Factor nicht selbst rund um die Welt präsent sein kann, arbeitet er mit einem Factor im Bestimmungsland für die Ware zusammen, dem sogenannten Import-Factor. Dieser prüft die Kreditwürdigkeit des End-Abnehmers der Ware und setzt ein Kreditlimit fest, bis zu dem nach seiner Ansicht gefahrlos exportiert werden kann. Der Import-Factor, der sich also mit dem Export-Factor die Arbeit teilt, muß die Forderung eintreiben. Der Factoring-Kunde erhält sein Geld vom Export-Factor, der zusehen muß, daß er vom Import-Factor sein Geld zurückerhält. Das geht normalerweise reibungslos, weil der Import-Factor gegenüber dem Export-Factor einen Haftungszusage abgibt.
export house: Exporthaus n
export-import balance: Handelsbilanz f
export license: Ausfuhrbewilligung f, Ausfuhrgenehmigung f
export market: Exportmarkt m
export market research: Exportmarktforschung f
Derjenige Bereich der Auslandsmarktforschung, der sich mit der systematischen Analyse ausländischer Absatzmärkte beschäftigt. Die Instrumente und Methoden der auf den Binnenmarkt und der auf die Auslandsmärkte gerichteten Marktforschung sind dieselben, lediglich aufgrund der Verschiedenanigkeit, der Vielzahl und Heterogenität der Märkte ergeben sich spezifische Fragestellungen. Die Besonderheiten der Exportmarktforschung resultieren aus dem Umstand, daß einem ausländischen Unternehmen die tägliche Erfahrung mit den kulturellen, wirtschaftlichen, technischen und politischen Gegebenheiten eines bzw. mehrerer fremder Märkte fehlt und es diese Informationen zunächst einmal beschaffen muß. Zu den dabei vor allen Dingen zu beschaffenden Rahmeninformationen gehören nach einer von K. Ringel entwickelten Aufstellung:
• naturgegebene Faktoren und infrastrukturelle Daten (geographische und klimatische Gegebenheiten, demographische und Infrastrukturinformationen insbesondere über Verkehrs- und Transportwege)
• kulturelle Informationen (Sprache, Bildung, Religion, ethnische Verhältnisse usw.)
• Daten zur effektiven und potentiellen Bedarfssituation (sozioökonomische und psychodemographische Informationen)
• Daten zur allgemeinen Wirtschaftslage und -struktur
• Informationen über die rechtlichen, gesellschaftsund staatspolitischen Verhältnisse des Landes
• spezielle Marktinformationen über Besonderheiten.

export merchant: Exporteur m
export merchants' rebate: Ausfuhrhändlervergütung f
export of capital: Kapitalausfuhr f
export of goods: Warenausfuhr f, Warenexport m
export order: Exportauftrag m
export-orientated industry: exportorientierte Industrie f
export permit: Ausfuhrbewilligung f
export premium: Ausfuhrprämie f, Exportbonus m
export price: Exportpreis m
Bei der Gestaltung der Exportpreise ergibt sich die Notwendigkeit einer eigenständigen, vom Binnenmarktpreis unabhängigen Preiskalkulation einerseits, weil die normale Preiskalkulation sowohl an den Herstellungskosten wie den Binnenmarktpreisen orientiert ist und andererseits die Exportpreise vielfach den auf verschiedenen ausländischen Märkten geltenden Marktpreisen angepaßt werden müssen. Dann kann sich vielfach die Notwendigkeit ergeben, den Exportpreis niedriger als den Binnenmarktpreis zu halten, wobei auch denkbar und faktisch durchaus nicht unüblich ist, daß der Exportpreis lediglich die Gestehungs- und Vertriebskosten des Herstellers deckt.
export quota: Exportquote f
export rebate: Ausfuhrvergütung f
export refund: Exportvergütung f
export restraint: Exportbeschränkung f
export sales pl: Exportverkäufe m/pl
export subsidy: Exportsubvention f
export surplus: Ausfuhrüberschuß m, Exportüberschuß m
export tax: Exportabgabe f, Exportsteuer f
export trade: Außenhandel m
exporter: Exporteur m
expose: aufdecken, bloßstellen
exposition: Ausstellung f, Darlegung f
exposure at sea: Aussetzung f (auf See)
exposure of a child: Aussetzung f (eines Kindes)

express: ausdrücklich, äußern, ausdrücken
express authority: ausdrückliche Vollmacht *f*
express condition: Bedingung *f*, ausdrückliche express
express freight: Expressgut *n* express goods Eilgut *n*
express letter: Eilbrief *m*
express rate: Eilfracht *f*, Eilfrachtgebühr *f*
express train: Schnellzug *m*
expressed: ausdrücklich
expression: Ausdruck *m*, Wort *n*
expropriate: enteignen
expropriation: Enteignung *f*
expulsion: Ausschließung *f*, Ausstoßung *f*, Ausweisung *f*
extend: ausdehnen, erweitern, stunden, vergrößern, verlängern
extend a business: etc. ausbreiten
extend period of repayment: die Tilgung *f* strecken
extended co-determination: erweiterte Mitbestimmung *f*
extended import: verlängerte Einfuhr *f*
extension: Ausbreitung *f*, Ausdehnung *f*, Erweiterung *f*, Stundung *f*, Verlängerung *f*
extension of business: Geschäftsumfang *m*
extension of credit: Kreditausweitung *f*, Kreditverlängerung *f*
extension of leave: Nachurlaub *m*, Urlaubsverlängerung *f*
extension of time for filing tax returns: Fristverlängerung *f* für die Abgabe *f* von Steuererklärungen *f/pl*
extension of time: Fristverlängerung *f*
extensive form of a game: extensive Form *f* eines Spiels
Ein in der Form abwechselnder Züge zwischen den Personen beschriebenes Spiel. Die Grundkonfiguration der statistischen und mathematischen Entscheidungstheorie ist eine Situation, in der zwei Personen jeweils eine Entscheidung treffen und in der diese beiden Entscheidungen zu einer bestimmten Konsequenz führen.
In der Spieltheorie werden die Personen in einer solchen Situation Spieler (players) genannt, in der Entscheidungstheorie spricht man von Entscheidern (decision makers) oder Aktoren (actors). Es seien $a_1, a_2, ..., a_m$ Alternativen für P^A und $b_1, b_2, ..., b_n$ die möglichen Handlungsalterungsalternativen für P^B. P^A kann eine – und nur eine – der m Möglichkeiten wählen und ebenso kann P^B eine und nur eine der n Möglichkeiten wählen. Man bezieht sich auf die a_i als potentielle Wahlen von P^A und bezeichnet sie als Optionen (options) oder Alternativen (alternatives). Mit einer Entscheidung (decision) oder Wahl (choice) von P^A meint man das Ergebnis eines Wahlakts, d.h. eine spezielle gewählte a_i. Spricht man von möglichen, potentiellen oder verfügbaren Entscheidungen oder Wahlen, so bezieht man sich stets auf Optionen bzw. Alternativen.
Generell wäre es für P^A vorteilhaft, die Entscheidung von P^B zu kennen, bevor er sich selbst entscheidet; und für P^B gilt das gleiche. Nimmt man jedoch an, daß P^A und P^B sich zu ihren jeweiligen Entscheidungen ohne vorherige Kenntnis der Wahl des anderen entschließen müssen, so beschreibt die Formalisierung die sogenannte Normalform eines Spiels. Da in vielen tatsächlichen Entscheidungssituationen die Spieler abwechselnd ihren Zug machen, also nicht gleichzeitig entscheiden, könnten die bei der Normalform zugrundegelegten Annahmen als die Anwendbarkeit der Theorie außerordentlich einschränkend erscheinen. Ein in der Form abwechselnder Züge zwischen den Personen beschriebenes Spiel – eben die *extensive Form eines Spiels* – kann jedoch auch in Normalform dargestellt werden.

extent: Ausdehnung *f*, Ausmaß *n*, Maß *n*
extenuate: mildern, schwächen
extenuating circumstance: Strafmilderungsgrund *m*
extenuating circumstances *pl*: mildernde Umstände *m/pl*
external audit: Außenprüfung *f*
external co-determination: überbetriebliche Mitbestimmung *f*
external co-management: überbetriebliche Mitbestimmung *f*
external conflict: Außenkonflikt *m*
Im Unternehmen entstehen aufgrund der Organisations- und Arbeitsbeziehungen spezifische Konfliktfelder. Außenkonflikte resultieren aus den externen Beziehungen, das das Unternehmen mit Kunden (Märkten), Verbänden, Gewerkschaften, staatlichen Institutionen und Konkurrenten eingeht.

external contribution: Außenbeitrag *m*
external debts *pl*: Auslandsschulden *f/pl*
external element: Arbeitselement *n* außerhalb einer zusammenhängenden Arbeitsoperation *f*
external environment: Aufgabenumwelt *f*, externe Umwelt *f*
Vielfach unterteilt man die Umwelt einer Organisation oder eines Unternehmens eine externe Aufgabenumwelt (task environment) und eine interne Umwelt. Zur Aufgabenumwelt einer Unternehmung gehören vor allem folgende vier großen Umweltsysteme:
• Kunden (customers, clients)
• Lieferanten (suppliers)
• Konkurrenten (competitors)
• Verwaltung, Behörden (regulatory agencies)
Die interne Umwelt ist der organisatorische Kontext, in dem die Planung abläuft. Eine Reihe von

Untersuchungen hat die Hypothese bestätigt, wonach mit zunehmender Komplexität und Dynamik der Aufgabenumwelt das Ausmaß der Planung zunimmt. Die Manager vor allem von großen Unternehmungen versuchen, den Prozeß ihrer Langfristplanung an die wahrgenommenen Umweltbedingungen anzupassen.
external reporting: externes Berichtswesen *n*
external trade figures *pl*: Außenhandelszahlen *f/pl*
external trade: Außenhandel *m*
external value of money: Außenwert *m* des Geldes *n*
external voucher: Fremdbeleg *m*
extinct: erloschen
extinction of a right: Rechtserlöschung *f*, Rechtsuntergang *m*
extinction: Aufhebung *f*, Auslöschung *f*, Erlöschung *f*, Tilgung *f*
extinguish: auslöschen, erlöschen
extort: erpressen
extortion: Erpressung *f*
extortionate rent: Mietwucher *m*, Wuchermiete *f*
extra: zusätzlich, Zugabe *f*
extra allowance: Sondervergütung *f*
extra charge(s) *(pl)*: Aufschlag *m*, Sonderbelastung *f*, Sonderkosten *pl*
extra cost: Sonderkosten *pl*
extra dividend: Superdividende *f*
extra expense insurance: Mehrkostenversicherung *f*, Versicherung *f* der Mehrkosten *pl* bei Betriebsstörung *f*
extra expenses *pl*: Nebenausgaben *f/pl*, Sonderaufwendungen *f/pl*
extrafunctional qualification: extrafunktionale Qualifikationen *f/pl*
Die normativen Orientierungen eines Mitarbeiters wie Verantwortungsbereitschaft, Arbeitsdisziplin, Anpassungsbereitschaft, Identifikation mit den Unternehmenszielen und der betrieblichen Herrschaftsordnung, die einen störungsfreien Arbeitsablauf gewährleisten. Sie können in aller Regel nicht in gleicher Weise wie funktionale Qualifikationen gelehrt und gelernt werden.
extra gain: Nebenverdienst *m*
extra pay: Sondervergütung *f*, Zulage *f*
extra pay for Sunday and holiday work: Sonn- und Feiertagsvergütung *f*
extra performance: Sonderleistung *f*
extra premium: Gefahrenzulage *f*, erhöhte Versicherungsprämie *f* für spezielles Risiko *n*, Zusatzprämie *f*
extra profit: Nebengewinn *m*, Nebenverdienst *m*, Überverdienst *m*, Zusatzgewinn *m*
extra shift: Sonderschicht *f*

extra tax: Sondersteuer *f*
extra work: Nacharbeit *f*, Sonderarbeit *f*
extract: aussortieren *(EDV)*, ausziehen, Auszug *m*, Auszug *m* anfertigen, Feldauswahl *f (EDV)*, herausholen
extraction: Abkunft *f*, Gewinnung *f*, Herkunft *f*
extraditable: auslieferbar
extradite: ausliefern
extradition: Auslieferung *f*
extradition treaty: Auslieferungsvertrag *m*
extrajudicial: außergerichtlich
extraordinary: ausgezeichnet, außergewöhnlich, außerordentlich
extraordinary budget: außerordentlicher Haushalt *m*
extraordinary depreciation: Sonderabschreibung *f*, außergewöhnliche Abschreibung *f*, außerordentliche Abschreibung *f*
extraordinary expense(s) *(pl)*: außerordentliche Aufwendungen *f/pl*, außerordentlicher Aufwand *m*
extraordinary general meeting: außerordentliche Hauptversammlung *f*
extraordinary income: außerordentliche Einkünfte *pl*, außerordentliche Erträge *m/pl*, außerordentlicher Ertrag *m*
extraordinary item: außerordentlicher Posten *m*
extraordinary loss: außerordentlicher Verlust *m*
extraordinary meeting: außerordentliche Versammlung *f*
extraordinary obligation: außergewöhnliche Belastung *f* (im Sinne des Steuerrechts)
extraordinary provision: Sonderrückstellung *f*
extraordinary reserve: außerordentliche Rücklage *f*, Sonderrücklage *f*, Sonderrückstellung *f*
extraordinary resolution: außerordentlicher Beschluß *m*
extrapolation: Extrapolation *f*
1. Die Schätzung oder Hochrechnung einer unbekannten Variablen aus zwei oder mehr bekannten Variablen bzw. die Fortschreibung der in einer Datenreihe enthaltenen, auf die Vergangenheit bezogenen Werte in die Zukunft. Der Operation liegt die Annahme zugrunde, daß die in der Vergangenheit festgestellte Regelmäßigkeit, z.B. ein Trend, sich auch in der Zukunft fortsetzen wird.
2. Die Erweiterung einer Hypothese oder einer Theorie über den Bereich der unmittelbaren Erfahrung hinaus.
extraprofessional: außerberuflich
extras *pl*: Nebenausgaben *f/pl*

extraterritorial: außerstaatlich
extreme: übermäßig
extreme limit: letzter (äußerster) Termin *m*
extrinsic motivation: extrinsische Motivation *f*
Eine Motivation durch äußere Antriebe. Eine vorwiegend extrinsisch motivierte Person erfährt eine Belohnung aus der Einschätzung ihrer Leistung durch Dritte (in Form von Geld, Aufstieg, Anerkennung usw.). Ob und inwieweit die Belohnungen zur Zufriedenheit führen, hängt von der subjektiven Vorstellung der Person ab, was als gerechte Belohnung für die erbrachte Leistung angesehen wird. In bezug auf das Arbeitsverhalten von Mitarbeitern in Unternehmen sind extrinsisch Motive, deren Befriedigung durch Folgen oder Begleitumstände der Arbeit erfolgt, während die Befriedigung intrinsischer Motive durch das Arbeitsverhalten selbst erfolgt. Je nach Situation können dieselben Arbeitsmotive extrinsisch oder intrinsisch sein. Motive, die als Gründe beruflicher Arbeit wesentlich sein können, sind vor allem:
(1) *Bedürfnis nach Geld*: Es unterscheidet sich von den anderen Motiven dadurch, daß Geld als Anreiz vieldeutig ist. Es kann der Besitz von Geld selbst befriedigen; es kann seine Bedeutung aber auch vom jeweils angestrebten Ziel erhalten, wie z.B. Befriedigung menschlicher Grundbedürfnisse, Eigenheimerwerb oder Erlangung von sozialer Geltung.
(2) *Menschliche Grundbedürfnisse*: Dazu werden stets Hunger und Durst gezählt. Aber auch die Bedürfnisse nach Wärme und Wohnung gehören hierher. Die Befriedigung dieser Bedürfnisse kann einer der Gründe für das Streben nach Geld sein.
(3) *Sicherheitsbedürfnis*: Es äußert sich vor allem darin, daß nicht nur das momentan gebotene Entgelt als Arbeitsanreiz wirkt, sondern auch die Sicherheit des Arbeitsplatzes sowie die finanzielle Absicherung für Alter und Invalidität.
(4) *Geltungsbedürfnis*: Das Bestreben, im Urteil anderer Menschen einen möglichst hohen Rang einzunehmen. Allgemeine Geltungswerte sind Beachtung, Ehre, Anerkennung, Beifall, Ruhm, Bewunderung, Respekt, Zeichen für die Befriedigung des Geltungsbedürfnisses im Unternehmen können die Höhe des Gehalts, Titel, Statussymbole und bestimmte Privilegien sein. Anerkennung kann der einzelne zum einen im jeweiligen Unternehmen finden, wobei diese so eng mit der eigentlichen Tätigkeit verbunden sein kann, daß man sie zu den intrinsischen Anreizen zählen kann. Zum anderen kann der berufliche Erfolg die Achtung beeinflussen, die er im Privatleben erfährt.
(5) *Kontaktbedürfnis*: Das Streben nach zwischenmenschlichen Beziehungen und nach Zugehörigkeit zu einer Gemeinschaft. Viele Berufe bedingen einen intensiven Kontakt mit anderen Menschen. Hier wirkt das Kontaktbedürfnis als intrinsisches Arbeitsmotiv. Beispiel für das Kontaktbedürfnis als extrinsisches Arbeitsmotiv ist dagegen der Fall, daß eine Frau, deren erwachsene Kinder das Haus verlassen haben, wieder eine berufliche Tätigkeit aufnimmt, die selbst zwar keine sozialen Kontakte beinhaltet, in den Pausen und nach Dienstschluß aber Gelegenheit zu Gesprächen mit Kollegen gibt.
(6) *Bedürfnis nach Tätigkeit*: Der Mensch ist auch deshalb tätig, weil der Wunsch nach Energieabfuhr besteht. Der Mensch wird auch tätig, weil Tätigkeit selbst befriedigt. Tätig sein hilft, unlustbetonte emotionale Zustände zu überwinden, bzw. zu vermeiden.
(7) *Bedürfnis nach Leistung*: Das Bedürfnis, ein Ziel zu erreichen, das man sich selbst gesetzt hat oder zumindest als eigenes Ziel akzeptiert. Befriedigung kann das Leistungsmotiv also nur durch solche beruflichen Aufgaben finden, die der Betreffende akzeptiert und in denen er etwas sieht, mit dem er sich leistungsmäßig auseinandersetzen kann.
(8) *Machtbedürfnis*: Das Streben, andere Menschen im eigenen Sinne zu beeinflussen und sich die Kontrolle über die dazu notwendigen Mittel zu verschaffen. Man kann zwei Formen des Machtmotivs unterscheiden: eine primitive Form, die sich z.B. in körperlicher Aggressivität zeigt und auf Unterdrückung aus ist; und eine Form, bei der andere dazu gebracht werden sollen, das zu wollen, was man möchte, daß sie es wollen. Stärker als bei den anderen Motiven sind die Möglichkeiten zur Befriedigung von Machtbedürfnissen je nach Arbeitsplatz sehr verschieden. Für einzelne Machtmotivierte kann er ein ganz entscheidendes Motiv sein, eine bestimmte Funktion auszuüben; bei vielen anderen kommt es mangels Gelegenheit nicht zur Auswirkung.
(9) *Bedürfnis nach Sinngebung und Selbstverwirklichung*: Im Unterschied zu den anderen Motiven ist das Bedürfnis nach Selbstverwirklichung oder Selbstentfaltung inhaltlich nicht, bzw. nur aufgrund individueller Lernprozesse, bestimmt. Denn die Selbstverwirklichung zeigt sich ja gerade in der Erweiterung bisheriger Erlebnis- und Verhaltensmöglichkeiten, die nicht vorbestimmt sein sollten. Von seiten der situativen Gegebenheiten im Unternehmen bedeutet dies, daß dem einzelnen ein entsprechender Freiheitsspielraum zur Erweiterung seiner eigenen Möglichkeiten gewährt werden sollte.
(1) bis (4) treten vorwiegend als extrinsische Motive, (6) bis (9) vorwiegend als intrinsische Motive auf. Das Kontaktbedürfnis (5) tritt häufig sowohl intrinsisch wie extrinsisch auf.

eye amount: Nennbetrag *m*, Nennwert *m* (Obligation, Aktie, Wechsel), Nominalbetrag *m*

eye appeal: Blickfang *m*

eye face: Vorderseite *f*

eye of bill: Vorderseite *f* des Wechsels *m*

eye value: augenscheinlicher Wert *m*, Nennbetrag *m*, Nennwert *m* (Obligation, Ak-

tie, Wechsel), Nominalbetrag *m*, Nominalwert *m*
eye value of policy: Versicherungsbetrag *m*, Versicherungssumme *f*, Versicherungswert *m*
eyewitness: Augenzeuge *m*

F

face amount: Nennbetrag *m*, Nennwert *m* (Obligation, Aktie, Wechsel), Nominalbetrag *m*
face of bill: Vorderseite *f* des Wechsels *m*
face value: augenscheinlicher Wert *m*, Nennbetrag *m*, Nennwert *m* (Obligation, Aktie, Wechsel), Nominalbetrag *m*, Nominalwert *m*
facilitate: erleichtern
facilitating marketing agency: Absatzhelfer *m*, Absatzförderungsagentur *f*, Absatzförderungsunternehmen *n*
Die Gesamtheit der sekundären Elemente des Marketingsystems, die am Marktgeschehen nicht direkt als Käufer oder Verkäufer beteiligt sind, gleichwohl aber einen Anbieter mit ihren Dienstleistungen bei der Erfüllung seiner absatzwirtschaftlichen Aufgaben unterstützen, ohne dabei selbst Glied in der Absatzkette zu sein. Dazu zählen z.B. Handelsvertreter, Kommissionäre, Spediteure, Werbeagenturen, Marktforschungsunternehmen, Banken, Versicherungen usw.
facilitation: Erleichterung *f*
facilities *pl*: Produktionsmittel *n/pl*
facilities mix variance: Produktionsmittelabweichung *f*
facilities planning: Planung *f* der Produktionsmittel *n/pl*
facility: Einrichtung *f*, Sachanlage *f*
facsimile posting machine: Postenumdrucker *m (EDV)*
facsimile signature: faksimilierte Unterschrift *f*
fact: Angelegenheit *f*, Tatsache *f*, Umstand *m*
fact-finding: Ist-Aufnahme *f*, Tatsachenfeststellung *f*
factor: Faktor *m*, Handelsagent *m*, Koeffizient *m*, Kommissionär *m*, Umstand *m*
factor comparison method: Stufenwertzahlverfahren *n*
factor cost: Faktorkosten *pl*
factor income: Faktoreinkommen *n*
factor of growth: Wachstumsfaktor *m*
factor of production: Produktionsfaktor *m*
factor out: kürzen (Bruch)
factor-related planning: faktorbezogene Planung *f*
In der operativen Planung unterscheidet man zwischen funktionsbezogener und faktorbezogener Planung. Während die faktorbezogene Planung über die betrieblichen Funktionsbereiche hinweg die Faktorverbräuche für Programme und Projekte nach Faktorarten registriert, konzentriert sich die funktionsbezogene Planung auf die betrieblichen Funktionsbereiche und registriert die aus dem kurzfristigen Produktionsprogramm resultierenden funktionsspezifischen Faktoranforderungen und Leistungen.
factorage: Kommissionsgebühren *f/pl*
factoring: Factoring-Geschäft *n*, Factoring *n*
Ein Verfahren der Absatzfinanzierung, bei dem ein Finanzierungsunternehmen, der Factor, die Forderungen einer möglichst geschlossenen Lieferantengruppe aufkauft und mit dem Erwerb der Forderungen auch die Debitorenbuchhaltung und -verwaltung übernimmt. Durch die Abtretung können die Lieferanten mittelfristige Finanzierungslücken ausgleichen, die sich aus den Laufzeiten der Forderungen ergeben könnten, indem sie noch vor Fälligwerden Vorschüsse des Factors in Anspruch nehmen und sich die Kosten und den Aufwand für die Debitorenverwaltung sparen.
Factoring ist mithin definiert als „der laufende Ankauf und die Verwaltung (Fakturierung, Buchführung, Mahnwesen, Inkasso) von Forderungen aus Warenlieferungen und Dienstleistungen aufgrund längerfristiger vertraglicher Vereinbarungen mit oder ohne Übernahme des Bonitätsrisikos und Bevorschussung der Forderungen durch ein spezialisiertes Finanzierungs-institut." (Johann Heinrich von Stein)
Im allgemeinen unterscheidet man zwischen den folgenden Varianten des Factoring:
1. *Echtes Factoring* (oder *Standard-Factoring*): Dieses Verfahren ist in der Bundesrepublik am häufigsten. Der Factor kauft von seinem Factoring-Kunden (Anschlußkunden) sämtliche Forderungen an dessen Abnehmer, wobei in der Regel pro Abnehmer gemäß dessen Bonität Höchstlimits vereinbart sind. Sobald der Factor von seinem Factoring-Kunden die Rechnung erhält, bevorschußt er diese Rechnung zu 80 bis 90 %, so daß der Factoring-Kunde sofort über Liquidität verfügt. Der restliche Rechnungsbetrag wird auf einem Sperrkonto einbehalten, bis der Abnehmer der Waren die Rechnung bezahlt. Skontoabzüge oder sonstiges werden durch den Abnehmer einbehalten und als Abzüge von der Restsumme beglichen. Außerdem kann für den Fall des Zahlungsausfalls durch den Abnehmer mit dem Factoring-Kunden vereinbart sein, daß dann die Auszahlung des Restbetrages durch den Factor entfällt. In der Regel haben die Forderungen beim Factoring eine Maximallaufzeit von 90 Tagen. Mit dem Kauf der Forderung übernimmt der Factor meist das Delkredere-Risiko.
2. *Fälligkeits-Factoring*: Diese Variante unterscheidet sich vom echten Factoring dadurch, daß

255

es keine Bevorschussung der eingereichten Rechnung gibt. Der Factor zahlt an seinen Kunden erst, wenn die Forderung, etwa nach 90 Tagen, fällig geworden ist.
3. *Export-Factoring*: Factoring ist selbstverständlich auch im Außenhandel möglich und sinnvoll, zumal hier die Risiken in der Regel größer sind als im Binnenhandel. Allerdings spielt sich das Factoring im Export etwas komplizierter ab. Zunächst kommt es zur Vertragsgestaltung zwischen dem Forderungsverkäufer, also dem Factoring- oder Anschluß-Kunden, und dem Factor, der in diesem Fall als Export-Factor auftritt. Da der Export-Factor nicht selbst rund um die Welt präsent sein kann, arbeitet er mit einem Factor im Bestimmungsland für die Ware zusammen, dem sogenannten Import-Factor. Dieser prüft die Kreditwürdigkeit des End-Abnehmers der Ware und setzt ein Kreditlimit fest, bis zu dem nach seiner Ansicht gefahrlos exportiert werden kann. Der Import-Factor, der sich also mit dem Export-Factor die Arbeit teilt, muß die Forderung eintreiben. Der Factoring-Kunde erhält sein Geld vom Export-Factor, der zusehen muß. daß er vom Import-Factor sein Geld zurückerhält. Das geht normalerweise reibungslos, weil der Import-Factor gegenüber dem Export-Factor einen Haftungszusage abgibt.
4. *Unechtes Factoring*: Bei dieser Variante übernimmt der Factor nicht das Delkredere-Risiko. Da es sich hier nach höchstrichterlichen Urteilen um ein Kreditgeschäft handelt, bei dem auch sämtliche damit zusammenhängenden Probleme wie der verlängerte Eigentumsvorbehalt der Lieferanten auftreten, spielt diese Variante heute kaum noch eine Rolle.
5. *Forfaitierung*: Dieses Finanzierungsinstrument wird vornehmlich im Export eingesetzt. Anders als beim Factoring werden meist mittelfristig Forderungen auch gegenüber wechselnden Kunden vom Forfaiteur gekauft, der wegen des höheren Risikos auf einer Absicherung der Forderung durch Akzept, Aval oder auch Bankgarantie besteht. Der Forfaiteur übernimmt nicht nur das Delkredere-Risiko, sondern auch das politische, das Transfer- und das Währungsrisiko. Der Forderungsverkäufer haftet nur für den restlichen Bestand der Forderung.

factory: Betrieb *m*, Fabrik *f*, Werk *n*
factory accounting: Betriebsbuchhaltung *f*
factory agreement: Betriebsvereinbarung *f*
factory building: Fabrikgebäude *n*, Werksanlage *f*
factory canteen: Werksküche *f*
factory cost: Fertigungskosten *pl*
factory cost adjustment: Herstellungskostenberichtigung *f*
factory cost of goods manufactured: Herstell(ungs)kosten *pl*
factory doctor: Betriebsarzt *m*
factory equipment: Betriebsanlage *f*, Betriebsausstattung *f*
factory expense: Fertigungsgemeinkosten *pl*
factory floor: Werkebene *f*
factory for hand-made articles: Manufaktur *f*
factory gate: Werktor *n*
factory inspector: Gewerbeaufsichtsbeamter *m*
factory ledger: Betriebshauptbuch *n*
factory legislation *(brit)*: Industriegesetzgebung *f*
factory level: Werkebene *f*
factory manager: Betriebsleiter *m*, Werksleiter *m*
factory office: Betriebsbüro *n*
factory output control: Betriebsleistungsüberwachung *f*
factory overhead cost: Fertigungsgemeinkosten *pl*
factory overhead: Fertigungsgemeinkosten *pl*
factory price: Fabrikpreis *m*
Der Preis, zu dem ein industrieller Hersteller die von ihm produzierten Waren weiterverkauft.
factory security guard: Werkschutz *m*
factory superintendent: Betriebsleiter *m*, Werksleiter *m*
factory supplies *pl*: Betriebsstoffe *m/pl*
factory yard: Fabrikhof *m*
facts *pl* **of the case:** Sachverhalt *m*
factual: tatsächlich, faktisch
factual concern: faktischer Konzern *m*
Eine Form des Unterordnungskonzerns, bei dem die einheitliche Leitung aufgrund eines Beherrschungsverhältnisses vom Management der Konzernobergesellschaft wahrgenommen wird und das Beherrschungsverhältnis aufgrund einer absoluten oder relativen Mehrheitsbeteiligung gegeben ist.
Die einheitliche Leitung wird durch die Geschäftsführung oder den Vorstand der Konzernobergesellschaft wahrgenommen. Bei dem relativ seltenen Gleichordnungskonzern erfolgt die einheitliche Leitung durch ein vertragliches Gemeinschaftsorgan oder durch eine anderweitige personelle Verflechtung der Geschäftsführung der beteiligten Unternehmen.
factual proof: Tatbeweis *m*
facultative clause: Fakultativklausel *f*
facultative reinsurance: fakultative Rückversicherung *f*
fail: Bankrott machen, erfüllen, nicht mißlingen, Pleite *f* machen, unterlassen, versäumen, versagen, zahlungsunfähig werden
fail to: verfehlen
fail to do: verabsäumen
failure: Konkurs *m*, Mangel *m*, Mißerfolg *m*,

Mißgriff *m*, Pleite *f*, Unterlassung *f*, Zahlungseinstellung *f*, Zusammenbruch *m* (eines Unternehmens)
failure of consideration: Mangel *m* der Gegenleistung *f*
failure of intent: Willensmangel *m*
failure of performance: Nichterfüllung *f*
fair: angemessen, billig, gerecht, leidlich (gut), Ausstellung *f*, Messe *f*
fair day's work: Arbeitsmenge *f*, die unter normalen Umständen *f/pl* geleistet werden kann, Tagewerk *n* (beim Leistungslohn die Mindestleistung, die erforderlich ist, um das garantierte Lohnminimum zu erreichen)
Fair Labor Standards Act of 1938: Gesetz *n* über Löhne *m/pl*, Arbeitsbedingungen *f/pl* und Arbeitszeit *f (Am)*, Kinderarbeitsverbot *n*
fair market price: angemessener Marktpreis *m*
fair market value: Tageswert *m*
fair trade legislation *(Am)*: Wettbewerbsverbot *n*
fairness: Gerechtigkeit *f*
fait accompli: vollendete Tatsache *f*
faith: Glaube *m*
faithful: pflichttreu, treu
faithfulness: Treue *f*
fall: fallen, sinken
fall-back pay *(brit)*: Lohnausgleich *m*
fall-down: Unter-Standard-Leistung *f*
fall due: fällig werden
fall in prices: Preisverlust *m*
fall off: abfallen, absinken
fall short: unterschreiten, zurückbleiben
fall under statute of limitations: verjähren
falling off: Rückgang *m*, Rückschritt *m*
falling profit rate: fallende Gewinnrate *f*
false: falsch, unecht
false accusation: falsche Anschuldigung *f*
false claim: unberechtigter Anspruch *m*
false factoring: unechtes Factoring *n*
Eine Variante des Factoring, bei der ein Factor nicht das Delkredere-Risiko übernimmt. Da es sich hier nach höchstrichterlichen Urteilen um ein Kreditgeschäft handelt, bei dem auch sämtliche damit zusammenhängenden Probleme der verlängerte Eigentumsvorbehalt der Lieferanten auftreten, spielt diese Variante heute kaum noch eine Rolle.
false imprisonment: widerrechtliche Freiheitsberaubung *f*
false oath: Meineid *m*
false pretense: Vorspiegelung *f* falscher Tatsachen *f/pl*, falsche Behauptung *f*
false staff: unechter Stab *m*
Durch die Arbeitsteilung in der Leitungsfunktion kommt es in aller Regel zur Bildung von „unechten Stäben". Sie sind dadurch gekennzeichnet, daß sie Weisungsrechte oder Vorgabebefugnisse gegenüber dem Linienmanagement besitzen. Unechte Stäbe werden oftmals zu Steuerungsfunktionen des Unternehmens zusammengefaßt. Die Funktion Finanzen und Controlling nimmt sehr oft den Rang einer solchen Steuerungsfunktion ein.
falsification: Fälschung *f*, Verfälschung *f*, Falsifizierung (Radio/Fernsehen)
falsification of documents: Urkundenfälschung *f*
falsifier: Fälscher *m*
falsify: fälschen, verfälschen
family allowance: Familienzulage *f*, Kinderzulage *f*
family assistance: Familienbeihilfe *f*
family budget: Haushaltsrechnung *f*
family income: Familieneinkommen *n*
family income benefit policy: Familienversorgungs-Versicherung *f*
family income supplement: Familieneinkommenergänzung *f*
family name: Familienname *m*
family-owned business: Familiengesellschaft *f*
family-owned enterprise: Familienbetrieb *m*
family partnership: Familiengesellschaft *f*
family protection policy: Familienversorgungs-Versicherung *f*
family size package: Haushaltspackung *f*
fancy name: Phantasiename *m*
fanfold paper: zickzack-gefaltetes Papier *n* (EDV)
fanfolded: leporello-gefalzt *(EDV)*
fare: Fahrgeld *n*, Kost *f*
farm: Bauernhof *m*
farm hand: Landarbeiter *m*
farm income: landwirtschaftliche Einkünfte *f/pl*
farm laborer: Landarbeiter *m*
farm levy: Abschöpfung *f* auf Agrarimporte *m/pl*
farm loan: Agrarkredit *m*
farm price(s) *(pl)*: Agrarpreis *m*
farm product: Agrarerzeugnis *n*
farm production: Agrarproduktion *f*
farm proprietor: selbständiger Bauer *m*
farm surplus: Agrarüberschuß *m*
farm worker: Landarbeiter *m*
farmer: Bauer *m*, Landwirt *m*
farmers' association: Bauernverband *m*
farmers' cooperative association: landwirtschaftliche Genossenschaft *f*

257

fas (f.a.s.) – free alongside ship: frei längsseits des Schiffes *n*
FAS price: Preis *m* einschließlich sämtlicher Kosten bis zum Schiff
fashion: Mode *f*
fashion article: Modeware *f*
fashion parade: Modenschau *f*
fashion show: Modenschau *f*
fashion store: Modehaus *n*
fast freight train: Eilgüterzug *m*
fast moving goods *pl*: Waren *f/pl* mit hoher Umschlagsgeschwindigkeit *f*
fast tax write-off: steuerliche Sonderabschreibung *f*
fatigue: Ermüdung *f*, Erschöpfung *f* (durch Arbeitsleistung *f*)
fatigue allowance: Erholungszuschlag *m* (bei Zeitvorgabe)
fatigue curve: Ermüdungskurve *f*
fatiguing: anstrengend, strapaziös
fault: Fehler *m*, Mangel *m*, Verschulden *n*
faultiness: Fehlerhaftigkeit *f*, Mangelhaftigkeit *f*
faultless: fehlerfrei, tadellos
faulty: fehlerhaft, mangelhaft, schadhaft
faulty possession: fehlerhafter Besitz *m*
favor: begünstigen, Entgegenkommen *n*, Gefälligkeit *f*
favorable: vorteilhaft
favorable balance of trade: aktive Handelsbilanz *f*, Handelsbilanzüberschuß *m*
f.c. & s. (= free of capture and seizure): „Frei von Beschlagnahme *f* und Aufbringung *f*"
fearlessness: Furchtlosigkeit *f*
feasibility: Durchführbarkeit *f*, Machbarkeit *f*
feasibility study: Durchführbarkeitsuntersuchung *f*, Machbarkeitsstudie *f*, Durchführbarkeitsstudie *f*
Eine vor allem im Bereich der Management- und Technologiepolitik vor Entscheidungen über die Einführung oder Realisation komplexer Systeme oder großer Anlagenprojekte übliche Vorstudie, durch die geprüft wird, ob ein geplantes Projekt überhaupt durchführbar ist.
feasible: durchführbar
featherbedding: Arbeitsstreckung *f* (ungerechtfertigt), Forderung *f* der Gewerkschaften *f/pl* nach Herabsetzung *f* der Soll-Leistung *f*
feature: spezielle Einrichtung *f*, Merkmal *n*, Zusatz *m*
Federal Agency: Bundesbehörde *f*
Federal Audit Office: Bundesrechnungshof *m*

Federal Bank: Bundesbank *f*
Federal Bank Open Market Committee: Zentralbankrat *m*
Federal Bank Supervisory Agency: Bankenaufsichtsstelle *f* der Bundesbank *f*
federal budget: Bundeshaushalt *m*
Federal Cartel Authority: Bundeskartellamt *n*
Federal Constitutional Court: Bundesverfassungsgericht *n*
federal court: Bundesgericht *n*
Federal Debt Administration: Bundesschuldenverwaltung *f*
Federal Debt Register: Bundesschuldbuch *n*
Federal Debt: Bundesschuld *f*
federal estate tax: Bundesnachlaßsteuer *f*
federal excise tax: Bundesverbrauchsteuer *f*
Federal Finance Court: Bundesfinanzhof *m* (BFH)
Federal Food, Drug and Cosmetic Act of 1938 *(Am)*: Gesetz *n* über Kennzeichnung *f* und Einhaltung *f* von Standards *m/pl* bei Drogen *f/pl*, Kosmetika *n/pl* und Lebensmitteln *pl*
Federal Funds *pl* **borrowed:** aufgenommenes Zentralbankgeld *n*
Federal Funds *pl* **loaned:** ausgeliehenes Zentralbankgeld *n*
Federal Gazette: Bundesanzeiger *m*
federal gift tax: Bundesschenkungssteuer *f*
federal government: Bundesregierung *f*
federal government budget: Bundeshaushalt *m*
Federal Income Tax (F.I.T.) *(Am)*: Bundeseinkommensteuer *f*
Federal Insurance Contribution Act (F.I.C.A.) *(Am)*: Gesetz *n* über Abgaben *f/pl* zur Sozialversicherung *f*
Federal Labor Court: Bundesarbeitsgericht *n*
federal law: Bundesrecht *n*
federal loan: Bundesanleihe *f*
Federal Mediation Service: Bundesvermittlungsdienst *m*
Federal Minister of Economics: Bundeswirtschaftsminister *m*
Federal Minister of Finance: Bundesfinanzminister *m*
Federal Minister of Labor: Bundesarbeitsminister *m*
Federal Ministry for Postal Services and Telecommunications: Bundespostministerium *n*

Federal Ministry of Economics: Bundeswirtschaftsministerium *n* (BWM)
Federal Ministry of Finance: Bundesfinanzministerium *n* (BFM)
Federal Out-work Act: Bundesheimarbeitsgesetz *n*
Federal Postal Administration: Bundespost *f*
federal properties *pl*: Bundesvermögen *n*
Federal Railway System: Bundesbahn *f*
Federal Reserve Advisory Board *(Am)*: Bundesbankrat *m*
Federal Reserve System: Bundesbanksystem *n* (in USA werden diese Aufgaben von den 12 zum Federal Reserve System zusammengeschlossenen Banken übernommen) Zentralbank *f*
Federal Social Court: Bundessozialgericht *n*
federal state: Bundesstaat *m*
federal supervision: Bundesaufsicht *f*
Federal Supreme Court: Bundesgerichtshof *m* (BGH)
federal tax: Bundessteuer *f*
Federal Trade Commission (FTC) *(Am)*: Bundesbehörde *f* zur Verhinderung *f* monopolistischer oder wettbewerbseinschränkender Praktiken *f/pl*
federation: Verband *m*
Federation of Employers' Associations: Bundesvereinigung *f* der Arbeitgeberverbände *m/pl*
Federation of Industry: Bundesverband *m* der Industrie *f*
fee simple: Grundstückseigentum *n*
fee: Gebühr *f*, Honorar *n*
feed: Zuführung *f (EDV)*
feed control unit: Mischervergleichseinheit *f (EDV)*
feed cycle: Zuführungsgang *m (EDV)*, Zuführungszyklus *m (EDV)*
feedback: Rückkoppelung *f*, Außenrücklauf *m (EDV)*, Rückinformation *f*
feedback loop: Rückkoppelungsschleife *f*
feeder air line: Zubringerlinie *f*
feeder line: Zubringerlinie *f*
feeder service: Zubringerdienst *m*
feedforward: Vorwärtskoppelung *f*, Feedforward *n*
Als Feedforward bezeichnet man in der Kybernetik Informationen über die Faktoren, die künftig auf die Regelstrecke einwirken werden. Beim einfachen Regelkreis ist dieser Fall nicht enthalten. Inhalt und Bedeutung des Feedforward werden deutlich, wenn man es in seinem Verhältnis zur Störgröße und zur Regelgröße betrachtet.

Störgrößencharakter haben jene Faktoren, die auf den zu regelnden Prozeß (Regelstrecke) einwirken und die zu einer Soll-Ist-Abweichung führen. Dabei ist es begrifflich ohne Bedeutung, ob die Soll-Ist-Abweichung letztlich als günstig oder als ungünstig bewertet wird. Störgröße kann also z.B. auch eine unerwartet starke Kundennachfrage sein, auch wenn diese Entwicklung für die Zukunftsaussichten noch so sehr begrüßt wird. Denn, da man sich auf eine niedrigere Nachfrage eingestellt hatte, ist es zu einer Soll-Ist-Abweichung gekommen und allein dies ist für die – wertneutrale – Fassung des Störgrößenbegriffes von Bedeutung.
Das Feedforward gibt Aufschlüsse über die auf die Regelstrecke wirkenden Faktoren. Wird ein Faktor richtig und rechtzeitig vorausgesagt, kann seine Wirkung bei der Stellgrößenbestimmung berücksichtigt werden. In diesem Falle hat der Faktor dann nicht mehr Störgrößencharakter.
Von der Gesamtheit aller auf den zu regelnden Prozeß (Regelstrecke) einwirkenden Faktoren haben nur jene Störgrößencharakter, deren Wirkung bei der Gestaltung der Stellgröße nicht oder nicht ausreichend berücksichtigt („eingeplant") wurde. Die Grundlage für die Berücksichtigung der künftigen Faktoreinwirkungen liefert das Feedforward.
Das Feedback, Rückkopplung, informiert über den Istzustand des Systems, d.h. über das Ergebnis eines in der Regelstrecke ablaufenden Prozesses. Im Unterschied zum technischen Regelkreis muß dieser Zustand jedoch nicht bereits tatsächlich eingetreten sein:
• Die Regelgröße kann den Charakter einer Information über das Ergebnis eines bereits abgelaufenen Prozesses haben (Vergangenheits-Ist).
• Die Regelgröße kann aber auch den Charakter einer Voraussage über das Ergebnis eines noch nicht abgelaufenen Prozesses haben (Prognose-Ist). Das Prognose-Ist unterscheidet sich vom Feedforward dadurch, daß es das Ergebnis des in der Regelstrecke ablaufenden Prozesses zum Gegenstand hat, während sich das Feedforward auf die das Prozeßergebnis bestimmenden Faktoren richtet.

fees *pl*: Gebühren *f/pl*, Kosten *pl*
feigned: fingiert
feint: Finte *f*, Manöver *n*
fellowship: Gemeinschaft *f*, Stipendium *n*
felon: Verbrecher *m*
felonious: verbrecherisch
felony: Verbrechen *n*, Vergehen *n*
felony connected with bankruptcy: Konkursverbrechen *n*
female workers *pl*: weibliche Arbeitskräfte *f/pl*
ferrite core: Ferritkern *m (EDV)*
ferrous: eisenhaltig
ferrous coated tape: Magnetschichtband *n (EDV)*
fetter: fesseln

fettered registered share: vinkulierte Namensaktie *f*
fettered registered stock: vinkulierte Namensaktie *f*
fiction: Fiktion *f*, Vorspiegelung *f*
fiction at law: juristische Fiktion *f*
fiction of law: juristische Fiktion *f*
fictitious: erdichtet, fiktiv, fingiert, unecht
fictitious assets *pl*: unechte Aktiva *n/pl*
fictitious bargain: Scheingeschäft *n*
fictitious bill: Kellerwechsel *m*
fictitious profit: fiktiver Gewinn *m*, Scheingewinn *m*
fictitious purchase: Scheinkauf *m*
fictitious sale: fiktiver Verkauf *m*, Scheinverkauf *m*
fiddle the books: Frisieren *n* von Büchern *n/pl* und Bilanz *f*
fidelity bond: Betriebstreuhandversicherung *f*, Unterschlagungsversicherung *f*, Vertrauensschadenversicherung *f*
fidelity guarantee insurance: Veruntreuungsversicherung *f*
fidelity-guarantee insurance: Veruntreuungsversicherung *f*
fidelity insurance: Kautionsversicherung *f*, Unterschlagungsversicherung *f*
fiduciary: treuhänderisch, Betrauter *m*, Treuhänder *m*
fiduciary accounting: Treuhandbuchführung *f*
fiduciary capacity: treuhänderische Eigenschaft *f*
fiduciary issue: Notenausgabe *f* ohne Deckung *f*
fiduciary management: Treuhandverwaltung *f*
field: Feld *n*
field audit: Prüfung *f* an Ort *m* und Stelle *f*
field auditor: Innenrevisor *m*, der Prüfungen *f/pl* bei Zweigwerken *n/pl* durchführt, Prüfer *m*, der Außenprüfung *f* bei Zweigwerken *n/pl* oder Klienten *m/pl* durchführt
field inventory: Außenlager *n*
field investigator: Marktbefrager *m*
field mark: Feldmarke *f (EDV)*
field of activity: Arbeitsfeld *n*, Tätigkeitsgebiet *n*, Arbeitsbereich *m*
Der Aufgabenbereich einer Person oder kleinen Arbeitsgruppe. Jedes Arbeitsfeld ist mit einem mehr oder weniger umfangreichen Handlungsspielraum verbunden, der sich aus der
• horizontalen Dimension des *Tätigkeitsspielraums* (quantitative Arbeitsfeldvergrößerung, wie Arbeitserweiterung und -wechsel) und der
• vertikalen Dimension des *Entscheidungs- und Kontrollspielraums* zusammensetzt (qualitative Arbeitsfeldvergrößerung, zum Beispiel Arbeitsbereicherung).
field of application: Anwendungsbereich *m*
field of knowledge: Sachgebiet *n*
field organization: Außendienst *m*
Dasjenige Instrument des Marketing-Mix eines Unternehmens, mit dessen Hilfe durch persönliche Gespräche von eigens dafür eingesetzten Mitarbeitern mit Kunden Aufträge eingeholt und Verkäufe getätigt werden, zugleich jedoch auch eine mehr oder minder intensive Kontaktpflege stattfindet, die tatsächlichen und potentiellen Kunden informiert und beraten werden und so zugleich Informationen über die allgemeine Marktsituation auf der Abnehmerseite gewonnen werden.
field organization reporting: Außendienstberichtswesen *n*
Die systematische Erfassung und Auswertung der Berichte von Reisenden Handelsvertretern und anderen Mitarbeitern des Außendiensts eines Unternehmens mit dem Ziel, Erkenntnisse über die allgemeine Absatzsituation und die spezifischen Probleme und Bedingungen für den Absatz der eigenen Erzeugnisse zu gewinnen. Die Bandbreite der für die Außendienstberichterstattung bedeutsamen Interessenbereiche reicht dabei von Informationen über die Beurteilung der technischen Qualität der Erzeugnisse durch die Abnehmer bis hin zur allgemeinen Einschätzung der Kaufbereitschaft auf dem Absatzmarkt.
field organization policy: Außendienstpolitik *f*
Die mit der Planung des teuersten Instruments im Marketing-Mix eines Unternehmens verknüpften Grundsatzentscheidungen über die Höhe des Verkaufsetats, die Zahl der Außendienstmitarbeiter die Frage, ob sie festangestellt oder selbständig für das Unternehmen tätig sein sollen ihre Auswahl und Schulung, die für sie festzulegende Besuchshäufigkeit und -dauer bei einzelnen Kunden und in einzelnen Gebieten, die Reiserouten der Verkäufer, die Aufteilung nach Verkaufsbezirken, die Festsetzung der Zahl der von jedem einzelnen Verkäufer zu betreuenden Kunden, die Festlegung des Entlohnungssystems usw.
field personnel: Außendienstmitarbeiter *m/pl*, Außendienststab *m*
Die Gesamtheit der entweder als festangestellte Mitarbeiter, Reisende oder unabhängig von dem Unternehmen, für das sie tätig werden, Handelsvertreter, operierenden Verkaufsorgane.
field selection: Feldauswahl *f (EDV)*
field service: Außendienst *m*
field staff: Außendienstmitarbeiter *m/pl*, im Außendienst *m* tätige Personen *f/pl*, Außendienststab *m*
Die Gesamtheit der entweder als festangestellte Mitarbeiter, Reisende oder unabhängig von dem Unternehmen, für das sie tätig werden, Handelsvertreter, operierenden Verkaufsorgane.

field staff employee: Außendienstmitarbeiter *m*
field survey: Felduntersuchung *f*, Feldstudie *f*, Marktuntersuchung *f*
field test: Feldtext *m*, Einsatzerprobung *f*
field trip: Betriebsbesichtigung *f*
field work: Außendienst *m* (die Tätigkeit)
field worker: Außendienstmitarbeiter *m*
fifo (= first-in, first-out): Bewertung *f* des Schlußbestandes *m* mit den neuesten Preisen *m/pl*
fifo method (= first-in, first-out method): Bewertung *f* des Vorratsvermögens *n* mit dem Preis *m*, zu dem der letzte Posten *m* vor Abschluß *m* angeschafft worden ist
fifty-fifty: halb und halb, halbpart
figure of speech: Redensart *f*
figurehead: Galionsfigur *f*
In seiner Managertypologie hat H. Mintzberg die Management-Tätigkeiten als Ausdruck der Erfüllung von zehn Rollen im Sinne generalisierter Verhaltenserwartungen interpretiert, die er als Kern jeder Managementaufgabe begreift. Der Manager als Galionsfigur bezeichnet darin die Rolle der Darstellung und Vertretung der Unternehmung oder der Abteilung nach innen und nach außen. Der Manager fungiert hier gewissermaßen als Symbolfigur. Nicht die konkrete Arbeit, sondern seine Anwesenheit oder seine Unterschrift als solche sind hier von Bedeutung.
figurework: Zahlenarbeit *f*
file: 1. abgeben (Erklärung), ablegen, Akte *f*, Aktenablage *f*, einordnen, einreichen (einen Antrag oder eine Steuererklärung), Kartei *f*, Registratur *f*, registrieren
2. Datei *f*
Eine Reihe von Datenbeständen, die dem gleichen Datensatztyp angehören und in sich geordnet bzw. gespeichert sind. Mehrere Dateien werden zu Datenbanken zusammengefaßt.
file a complaint: Beschwerde *f* einlegen
file a petition in bankruptcy: sich bankrott erklären
file a protest: Einspruch *m* einlegen
file a tax return: eine Steuererklärung *f* einreichen
file card: Karteikarte *f*
file control: Dateisteuerung *f (EDV)*
file identification: Dateibezeichnung *f (EDV)*, Dateiname *m (EDV)*
file maintenance: Karteiführung *f*
file management: Dateiverwaltung *f (EDV)*
file mark: Abschnittsmarke *f (EDV)*
file name: Dateiname *m (EDV)*
file protecting ring: Schreibring *m (EDV)*
file protection: Dateischutz *m (EDV)*
file scan: Datensuchen *n (EDV)*

file scan function: Datensucheinrichtung *f (EDV)*
file signal: Kartenreiter *m*, Reiter *m*
file suit: Klage *f* erheben
file updating: Aktualisierung *f* einer Datei *f*, Änderung einer Datei *f*, auf den neuesten Stand *m* bringen) *(EDV)*
file(s) *(pl)*: Ablage *f*, Archiv *n*
filing: Abheften *n*, Ablegen *n*, Archivieren *n*
filing cabinet: Aktenschrank *m*, Registratur *f*
filing card: Karteikarte *f*
filing clerk: Karteiführer *m*, Registrator *m*
filing department: Registratur *f*
filing folder: Aktendeckel *m*
filing of inventory: Inventarerrichtung *f*
filing of protest: Einspruchserhebung *f*
filing system: Registratur *f*
fill a gap: eine Lücke füllen
fill character: Füllzeichen *n (EDV)*
fill in: ausfüllen
fill-in order: Füllauftrag *m*
filler: Füllzeichen *n (EDV)*
filling station: Tankstelle *f*
film analysis: Bewegungsstudie *f* (mittels Filmkamera), Film-Bewegungsstudie *f*
film distribution: Filmverleih *m*
film distributor: Filmverleiher *m*
final: abschließend, definitiv, endgültig
final account: Schlußabrechnung *f*
final assembly: Endmontage *f*
final balance sheet after adjustments: Schlußbilanz *f*
final balance sheet: endgültige Bilanz *f*
final consumer: Endverbraucher *m*
final date: letzter Termin *m*, äußerster Termin *m*
final day: Endtermin *m*
final distribution: Schlußverteilung *f*
final dividend: Abschlußdividende *f*, Schlußdividende *f*
final inspection: Endprüfung *f*
final judgment: Endurteil *n*, Schlußurteil *n*, abschließendes Urteil *n*
final maturity: endgültige Fälligkeit *f*
final observation: Schlußbemerkung *f*
final payment: Restzahlung *f*
final product: Endprodukt *n*
final provision: Schlußvorschrift *f*
final remark: Schlußbemerkung *f*
final report: Schlußbericht *m*
final result: Schlußergebnis *n*
final settlement: Schlußabrechnung *f*
finance: Finanz-, finanzieren, Finanzwesen *n*
finance bill: Finanzwechsel *m*

finance charge(s) *(pl)*: Finanzierungskosten *pl*
finance committee: Finanzausschuß *m*
finance company: Finanzierungsgesellschaft *f*, Kreditbüro *n*
finance fee: Finanzierungsgebühr *f*
finance house *(brit)*: Finanzierungsinstitut *n*
finance in advance: vorfinanzieren
finance man: Finanzier *m*
finance temporarily: zwischenfinanzieren
financer: Finanzier *m*, Kapitalgeber *m*
financial account: Finanzkonto *n*, Geschäftskonto *n*
financial accountant: Finanzbuchhalter *m*
financial accounting: Finanzbuchhaltung *f*, Geschäftsbuchhaltung *f*
financial accounts *pl*: Geschäftskonten *n/pl*
financial administration: Finanzverwaltung *f*, Finanz(verwaltungs)abteilung *f*
financial aid: Finanzhilfe *f*
financial analysis: Bilanzanalyse *f*, Finanzanalyse *f*
financial analyst: Bilanzanalytiker *m*
financial assistance: finanzielle Unterstützung *f*
financial banker: Finanzier *m*
financial books *pl*: Geschäftskonten *n/pl*
financial budget: kurzfristiger Finanzplan *m*
financial budgeting: Finanzplanung *f*
financial charges *pl*: Finanzkosten *pl*
financial condition: Finanzlage *f*
financial condition statement: Finanzstatus *m*
financial control: Finanzkontrolle *f*, Überwachung *f* der Finanzwirtschaft *f*
financial crisis: Finanzkrise *f*
financial depression: Finanzkrise *f*
financial distress: finanzielle Notlage *f*
financial equalization scheme: Finanzausgleich *m* (zwischen Bundesländern)
financial establishment: Kreditinstitut *n*
financial expense: Finanzierungskosten *pl* (eines Unternehmens)
financial expertise: Sachkenntnis *f* in Finanzfragen *f/pl*
financial forecast: Finanzplan *m*
financial forecasting: Finanzplanung *f*
financial franc: Finanzfranc *m*
financially embarrassed, be: in Geldverlegenheit *f* sein
financial incentive: Arbeits- oder Leistungsanreiz *m*, finanzieller Arbeitsanreiz *m* durch höheren Lohn *m* oder Prämie *f*

financial information: finanzielle Information *f*, geschäftliche Information *f*
financial insolvency: Überschuldung *f*
financial institution: Finanzierungsinstitut *n*, Kreditinstitut *n*
financial management: Finanzmanagement *n*
Die zielgerichtete, situationsgemäße Gestaltung aller betrieblichen Zahlungsströme, d.h. der Kapital freisetzenden und Kapital zuführenden Ströme, der Kapital bindenden und der Kapital entziehenden Ströme.
Jede dispositive Maßnahme in einer Unternehmung hat finanzielle Auswirkungen bzw. wird von Finanzierungsmöglichkeiten limitiert. Die Ziele finanzwirtschaftlicher Entscheidungen lassen sich nach den Hauptinteressenlagen in unternehmungsinterne (z.B. Liquidität, Rentabilität, risikoentsprechende Finanzierung, finanzielle Elastizität, Unabhängigkeit und Dispositionsfreiheit) und unternehmungsexterne Ziele (z.B. Kapitalwertmaximierung, Aktienkursmaximierung, Maximierung des Anteilseignervermögens) differenzieren.
Strategische finanzwirtschaftliche Entscheidungen betreffen etwa das langfristige Investitionsprogramm sowie die Gestaltung einer der Unternehmungsentwicklung angemessenen Kapital- und Vermögensstruktur.
Operative Maßnahmen haben dagegen zu gewährleisten, daß die geldwirtschaftlichen Voraussetzungen zum reibungslosen Ablauf der betrieblichen Transformationsprozesse jederzeit gegeben sind.
Letztlich soll die Gestaltung der Zahlungsströme situationsgemäß erfolgen, d.h. die Wahl der Finanzierungsinstrumente und Investitionsvorhaben kann sinnvollerweise nur im Anschluß an eine umfassende Situationsanalyse (Finanzanalyse) erfolgen. Aufgabe dieser Situationsanalyse ist es u.a., die relevanten Einflußfaktoren auf finanzwirtschaftliche Entscheidungen zu ergründen, zu systematisieren und hinsichtlich ihres Einflusses auf die Gesamtunternehmung zu gewichten.
Im einzelnen sind folgende finanzwirtschaftlichen Vorgänge Gegenstand des Finanzmanagements:
• Die *Beschaffung und Bereitstellung von Finanzmitteln*: Als Quellen für Finanzmittel kommen neben den Umsatzerlösen in Frage eine Beteiligungsfinanzierung (Einlagen von bereits vorhandenen oder neu aufgenommenen Miteigentümern), die Selbstfinanzierung (aus zurückbehaltenen Gewinnen), die Finanzierung aus Abschreibungen, Kreditfinanzierung (Beschaffung von Fremdkapital durch Inanspruchnahme von Krediten), Factoring (Verkauf von Forderungen) oder eine Subventionsfinanzierung (finanzielle Hilfen des Staates oder öffentlicher Organe)
• *Investition* als Umwandlung von Geld in Sach- und Finanzanlagen: Entsprechend den unterschiedlichen Zielen lassen sich Investitionen zumindest analytisch trennen in Ersatzinvestitionen (Erhaltung der Kapazität), Erweiterungsinvestitio-

nen (Ausdehnung der Kapazität), Rationalisierungsinvestitionen (Steigerung der Effizienz der Leistungserstellung), Sicherungsinvestitionen (Sicherung des Zugangs zu betriebsnotwendigen Ressourcen und deren Pflege).
- *Steuerung und Kontrolle des Wertekreislaufs*: Überwachung der Kapitalbindung in den Transformationsprozessen und Überwachung der Kapitalfreisetzung (Desinvestition)
- *Rückführung von Finanzmitteln* an die entsprechenden Kapitalquellen einschließlich anfallender Kosten und Reinvestition verbleibender Mittel.

Eines der wichtigsten finanzwirtschaftlichen Instrumente, dessen sich das Finanzmanagement zur Durchführung seiner Aufgaben bedient, ist der Finanzplan.

financial market: Finanzmarkt *m*
financial marketing: Finanzmarketing *n*
Derjenige Bereich der Marketingaktivitäten eines Wirtschaftsunternehmens, der durch den Einsatz des beschaffungspolitischen Instrumentariums und der Beschaffungsmarktforschung auf Finanzmärkten Finanzierungsmittel und Kredite beschafft.

financial newspaper: Börsenblatt *n*, Börsenzeitung *f*
financial notice: Finanzanzeige *f*
financial plan: Finanzplan *m*
financial planning: Finanzplanung *f*
Im Finanzplan werden alle zukünftigen Ausgabe- und Einnahmeströme eines Unternehmens erfaßt und anschließend zielorientiert abgestimmt, d.h. durch finanzielle und güterwirtschaftliche Dispositionen werden beide Zahlungsströme (Ausgaben und Einnahmen) fristentsprechend aufeinander bezogen. Das bedingt, daß der Finanzplan auch mit anderen betrieblichen Teilplänen, vor allem Absatz-, Produktions- und Investitionsplan, abgestimmt werden muß.
Jeder Finanzplan sollte durch eine entsprechende Finanzkontrolle ergänzt werden. Dabei sind für die Finanzkontrolle die jeweils jüngsten Planwerte heranzuziehen und mit den Istwerten zu vergleichen.

financial policy: Finanzpolitik *f* → fiscal policy
financial position: Vermögensanlage *f*, Vermögensverhältnisse *n/pl*
financial press: Wirtschaftspresse *f*
financial ratio: finanzwirtschaftliche Verhältniszahl *f*
financial reorganization: Sanierung *f* (mit Zuführung neuer Mittel)
financial resources *pl*: finanzielle Ressourcen *f/pl*
Das sind Ressourcen wie Cash-flow, Kreditwürdigkeit etc., die meist als Basisressourcen betrachtet werden, weil sie in einer Marktwirtschaft Voraussetzung für den Einsatz der anderen Ressourcen sind und das Ende der Transformationskette bilden. Während ihre Analyse allgemein nach den gängigen finanzwirtschaftlichen Kriterien (Eigenkapitalrentabilität, Kapitalumschlag, Cashflow, Verschuldungsgrad, Liquidität etc.) erfolgen kann, werden die anderen Ressourcen auf dem Hintergrund der betrieblichen Sach- und Führungsfunktionen analysiert.

financial results *pl*: Geschäftserfolg *m*
financial sovereignty: Finanzhoheit *f*
financial statement: Abschluß *m* (Jahresstatement), Bilanz *f* (einschließlich Gewinn- und Verlustrechnung und Bericht über Herkunft und Verwendung der Mittel), Finanzstatus *m*
financial statement analysis: Bilanzanalyse *f* (z.B. Rentabilität, Deckungsgrad, Liquiditätsgrad)
financial statement transfer: Übertragungsbilanz *f*
financial status: Finanzstatus *m*, Vermögenslage *f*
financial strain: finanzielle Belastung *f*
financial strength: Finanzkraft *f*
financial summary: Übersicht *f* über Geschäftserfolg *m*
financial syndicate: Konsortium *n*
financial system: Finanzverfassung *f*
financial transaction: Finanzgeschäft *n*
financial transactions *pl*: Zahlungsverkehr *m*
financial year: Haushaltsjahr *n*
financial: finanziell, finanzwirtschaftlich, geldlich
financing: Finanzierung *f*
financing and controlling: Finanzen *f/pl* und Controlling *n*
Eine Steuerungsfunktion im Unternehmen, deren wichtigste Aufgaben bestehen in der:
- Zerlegung der Planungen in operative Steuerungsgrößen, z.B. Budgetvorgaben, Ergebnisvorgaben.
- Kontrolle der Vorgabewerte.
- Konsolidierung aller Ergebnisse.
- Information der Geschäftsleitung über Gesamtergebnisse und Abweichungen.

financing capital: Finanzkapital *n*
financing of housing construction: Wohnungsbaufinanzierung *f*
financing of residual margin: Spitzenfinanzierung *f*
financing plan: Finanzierungsplan *m*
financing risk: Finanzierungsrisiko *n*
Die unternehmerischen Zielsetzungen lassen sich auf die Variablen Wachstum, Rendite und Finanzierungsrisiko zurückführen. Unternehmerisches Wachstum äußert sich meist im Streben nach höherem Marktanteil über höheren Umsatz. Reales Umsatzwachstum bedeutet in bezug auf das

263

Kapital einen höheren Kapitalumschlag oder zusätzlichen Kapitaleinsatz. Eine ausreichende Rendite soll durch angemessene Verzinsung des Eigenkapitals die Risikokapitalbasis der Unternehmen absichern und zugleich eine angemessene Finanzierung ermöglichen.

Das Finanzierungsrisiko besteht im Prinzip darin, daß zur Zielerreichung in der Gegenwart Kapital investiert werden muß, um in der Zukunft liegende und daher unsichere Gewinnchancen nutzen zu können. Insbesondere im Verschuldungsgrad der Unternehmung kommt seine Bereitschaft zum Ausdruck, ein bestimmtes Finanzierungsrisiko zu übernehmen. Art und Umfang der Finanzierung sollen die ständige Zahlungsbereitschaft der Unternehmung und eine der Entwicklung der Unternehmensrisiken adäquate Finanzierung gewährleisten.

Der finanzielle Rahmen wird wesentlich davon bestimmt, welches Finanzierungsrisiko eingegangen werden soll und kann. Hierbei ist das „Soll" eine Frage der Unternehmenspolitik, das „Kann" eine Frage der Kreditwürdigkeit und der Finanzierungsmöglichkeiten des Unternehmens. Ein hohes Finanzierungsrisiko drückt sich in einem hohen Verschuldungsgrad aus, während umgekehrt bei einem niedrigen Verschuldungsgrad ein geringeres Finanzierungsrisiko gegeben ist. Eine zusätzliche Meßlatte für das Finanzierungsrisiko stellt die fristenkongruente Finanzierung der Vermögensposten, also die fristenmäßig gegliederte Finanzstruktur dar.

Der finanzielle Rahmen läßt sich damit durch eine bestimmte Bilanzstruktur darstellen, wobei die Veränderung von Vermögensaufbau und Kapitalstruktur für die strategische Planung eine bedeutsame Rolle spielen. Dabei sind folgende Faktoren bestimmend:
• Eigenkapitalausstattung des Unternehmens
• Möglichkeiten zusätzlicher Eigenkapitalbeschaffung, im Weg der Selbstfinanzierung (Gewinnthesaurierung) oder durch Kapitaleinlagen
• Fremdkapitalausstattung und Fremdkapitalstruktur (Art, Laufzeit und Konditionen für das Fremdkapital)
• Möglichkeiten zusätzlicher Kreditaufnahmen, vertragliche Kredittilgung oder sonstige Notwendigkeiten von Kreditreduzierungen.

Die künftigen Kapitalbeschaffungsmöglichkeiten hängen von der langfristigen Renditeentwicklung des Unternehmens, den Verhältnissen der Eigenkapitalgeber (z.B. Familienunternehmen oder Kapitalgesellschaften mit kapitalkräftigen Großaktionären) sowie den besonderen Anforderungen der Kapitalgeber ab. Die Anforderungen der Kreditgeber sind stark von den in der (nationalen) Kreditwirtschaft geltenden Konventionen hinsichtlich Bilanzkennziffern, Sicherheiten u.ä. geprägt.

Der finanzielle Rahmen und seine Entwicklung werden durch folgende Größen bestimmt:
• Rendite des Gesamtkapitals: Diese Rendite ist Ausdruck des spezifischen unternehmerischen Risikos und nur indirekt abhängig von der Kapitalausstattung des einzelnen Unternehmens. Ziel ist eine angemessene Verzinsung des Fremd- und Risikokapitals.
• Der Verschuldungsgrad, ausgedrückt z.b. durch das Verhältnis von Netto-Verschuldung zu Cashflow sowie durch eine Mindest-Eigenkapitalausstattung (Finanzierungsrahmen im engeren Sinn).
• Gewinnausschüttung: Die danach mögliche Gewinnthesaurierung erhöht das Eigenkapital und damit den Finanzierungsrahmen im engeren Sinn. Der so definierte finanzielle Rahmen ist nicht nur stichtagsbezogen zu betrachten. Es sind insbesondere auch die Veränderungen seiner Bestimmungsgrößen im Planungszeitraum und ihre Übereinstimmung mit den entwickelten Zielvorstellungen anzusehen.

Unter Berücksichtigung der Eckdaten ist im Rahmen der strategischen Planung eine Zielvorstellung für den dynamisch definierten Finanzierungsrahmen zu bestimmen, der die Unternehmung finanziell nachhaltig absichert und zugleich eine optimale Finanzierung gewährleistet. Damit sollen ein überhöhtes Finanzierungsrisiko vermieden, die Finanzierungskosten optimiert und eine weitgehende Unabhängigkeit von bestimmten Fremdkapitalgebern gewährleistet werden. Wegen des Finanzierungsverbunds der Konzernunternehmen gehört es zu den wichtigsten Aufgaben der Konzernleitung, den finanziellen Rahmen für den Konzern und daraus abgeleitet für die einzelnen Konzernunternehmen festzulegen.

Im vorgegebenen Finanzierungsrahmen ist zunächst das laufende Geschäft zu finanzieren. Das ist dann gewährleistet, wenn bei Ausschöpfung bzw. Einhaltung des vorgegebenen Verschuldungsgrades der Cash-flow die Zahlungsverpflichtungen des laufenden Geschäfts, die Dividenden und produktionsnotwendigen Investitionen im Anlage- und Umlaufvermögen deckt. Das danach verbleibende Finanzierungspotential stellt den Finanzierungsspielraum für strategische Investitionen dar. Dabei genügt es in der Regel, wenn der finanzielle Rahmen im engeren Sinn mittelfristig, d.h. innerhalb von zwei bis drei jahren eingehalten wird. Damit sollen „normale" Finanzierungsverhältnisse bewahrt werden, die ein ausreichendes Widerstandsvermögen gegen die raschen Umweltveränderungen garantieren.

Reicht der finanzielle Spielraum nicht aus, um strategische Investitionen zu finanzieren, die für eine marktgerechte Unternehmensentwicklung und damit zur Absicherung der Kontinuität der Unternehmung notwendig sind, so ist zu entscheiden, ob dazu ein höheres Finanzierungsrisiko akzeptiert werden kann. Wenn nicht, ist das Unternehmen auf die Zuführung weiteren Risikokapitals oder auf eine Reduzierung seines Geschäftsvolumens angewiesen.

Der aus dem finanziellen Rahmen und dem für die Aufrechterhaltung des laufenden Geschäfts notwendigen Kapitalbedarf ermittelte finanzielle Spielraum soll angeben, welche finanziellen Mittel zur Verwirklichung geplanter Strategien zur Verfü-

fiscal policy

gung stehen. Die Spielraumrechnung wird damit ein wichtiges Instrument zur Planung und Steuerung von strategischen Geschäftseinheiten. Dementsprechend liegt der finanziellen Spielraumrechnung ein zentrales Finanzmanagement zugrunde. Die Verteilung der finanziellen Mittel auf die strategischen Geschäftseinheiten erfolgt prinzipiell unabhängig von ihrer Quelle.
Die Grenzen zwischen notwendigen und zusätzlichen strategischen Investitionen sind naturgemäß fließend.

financing with borrowed capital: Fremdfinanzierung f
financing with borrowed funds: Fremdfinanzierung f
find fault (with): bemängeln
finder: Finder m
finder's reward: Finderlohn m
finding: Befund m, Erkenntnis f
fine: Bußgeld n, Geldbuße f, Geldstrafe f, eine Strafe f ansetzen, strafen
fine art dealer: Kunsthändler m
fine gold content: Feingoldgehalt m
fine weight: Feingewicht n
fineness: Feingehalt m
finish: Ausarbeitung f, erledigen, veredeln (Produkt), vollenden
finish-to-go-home basis of pay: volle Lohnzahlung f bei Beendigung f der vorgegebenen Leistung f (zeitunabhängig)
finished goods pl: Fertigerzeugnisse n/pl
finished goods account: Fertigerzeugniskonto n
finished goods inventory: Bestand m an Fertigerzeugnissen n/pl
finished goods ledger: Fertigbeständebuch n
finished goods pl **purchased:** Handelsware f
finished goods purchased: Handelsware f
finished goods store: Fertiglager n, Fertigwarenlager n
finished manufactures pl: Enderzeugnisse n/pl
finished product: Endprodukt n, Fertigerzeugnis n, Fertigprodukt n
finished stock: Fertigerzeugnisse n/pl, Fertigwarenbestand m
finishing industry: Veredelungsindustrie f
finishing time: Arbeitsschluß m
fink: Streikbrecher m
fire: fristlos entlassen, hinauswerfen, kündigen (fristlos)
fire and theft: Feuer n und Diebstahl m
fire damage: Brandschaden m
fire department: Feuerwehr f, Werksfeuerwehr f

fire insurance: Brandkasse f, Brandschadenversicherung f, Feuerversicherung f
fire insurance value: Brandversicherungssumme f
fire regulations pl: Brandordnung f, feuerpolizeiliche Vorschriften f/pl
fired: Entlassener m
firing: Entlassung f
firm: fest, hart, festigen, Firma f, Gewerbebetrieb m, gewerbliches Unternehmen n, Wirtschaftsbetrieb m
firm contract: bindender (verbindlicher) Vertrag m
firm name: Firmenname m
firm price: Vertragspreis m
first: Erzeugnis n der besten Güteklasse, Primaqualität f
first aid: erste Hilfe f
first buyer: Ersterwerber m
first class: performance Spitzenleistung f
first-class bill: erstklassiger Wechsel m
first-class borrower: erste Adresse f
first-class quality: erste Qualität f, Spitzenqualität f
first copy: Original n
first entry: Ersteintragung f
first-hand: aus erster Hand
First Lord of Treasury (brit): Finanzminister m
first mortgage: erste Hypothek f
first name: Taufname m, Vorname m
first piece time: Arbeitszeit f für das erste Stück n (einschließlich Einrichtezeit)
first premium: Erstprämie f
first purchaser: Ersterwerber m
first-rate: hochwertig, erstklassig
first refusal: Vorkaufsrecht n
first right of purchase: Vorkaufsrecht n
fiscal: fiskalisch, steuerlich
fiscal burden: steuerliche Belastung f
fiscal charge(s) (pl): steuerliche Belastung f
fiscal harmonization: Harmonisierung f der Steuern f/pl
fiscal measure: steuerliche Maßnahme f
fiscal period: Abrechnungszeitraum m, Bilanzperiode f, Buchungszeitraum m, Geschäftsjahr n, Rechnungsabschnitt m, Wirtschaftsjahr n
fiscal policy: Finanzpolitik f (des Staates)
Nach einer Definition von F. K. Mann ist Finanzpolitik ein Programm, das sich nicht allein mit der erstrebenswertesten Art der Mittelbeschaffung, sondern darüber hinaus vor allem mit der Regulierung von Produktion, Volkseinkommen und Einkommensverteilung, von Preisen, Verbrauch und

fiscal policy

Beschäftigung befaßt. Während Haller von „konjunkturpolitisch orientierter Finanzpolitik" spricht, verwendet Gerloff den Begriff „Ordnungsfinanz" und versteht darunter die Anwendung finanzwirtschaftlicher Maßnahmen zur Verfolgung ordnungspolitischer Zwecke. Der Finanzwissenschaftler Fritz Neumark definiert: „Fiscal Policy ist die Lehre von den produktions- und verteilungspolitischen Motiven, Methoden und Wirkungen finanzwirtschaftlicher Maßnahmen aller Art, soweit diese der Sicherung eines möglichst stetigen – und im Rahmen der durch die herrschenden Gerechtigkeitsideale bestimmten Grenzen möglichst starken Wirtschaftswachstums bei hohem Beschäftigungsgrad sowie annähernd stabilem Geldwert zu dienen bestimmt sind."

Die Ziele der Finanzpolitik sind vor allem definiert mit Vollbeschäftigung, Wachstum, Geldwertstabilität, gerechter Einkommensverteilung. Hinzu kommen Nebenziele, wie Glättung der Konjunkturschwankungen, Beeinflussung von Wettbewerb, Marktformen und Produktpreisen. Diese Ziele stehen in der Regel in Widerspruch zueinander. Für die Finanzpolitik kommt es daher darauf an, eine sinnvolle Kombination ohne Verletzung elementarer Grundziele anzustreben. Als Grundsatz hat der Sachverständigenrat zur Begutachtung der gesamtwirtschaftlichen Entwicklung vorgeschlagen, in kritischen Situationen jenen Zielen den Vorrang zu geben, die in der aktuellen historischen Situation jeweils am meisten gefährdet sind.

Seit John Maynard Keynes (1883-1946) ist der Finanzpolitik auch langfristig immer stärker die Aufgabe zugefallen, die über die Vollbeschäftigung in einer Volkswirtschaft zu sichern. Im Gegensatz zur klassischen Nationalökonomie postulierte Keynes, die wirtschaftliche Entwicklung tendiere keineswegs zu einer Vollbeschäftigung der Produktionsfaktoren; es werde sich langfristig vielmehr ein „Gleichgewicht" bei Unterbeschäftigung einstellen. Dem Staat falle durch expansive Ausgaben- und Defizitpolitik die Aufgabe zu, diese Nachfragelücke auf Dauer zu schließen.

Die Theorie der Einkommens- und Beschäftigungswirkungen zusätzlicher Staatsausgaben unterscheidet primäre, sekundäre und tertiäre Wirkungen. Unter *primären Beschäftigungswirkungen* werden jene Konsequenzen verstanden, die sich daraus ergeben, daß der Staat Güter und Dienste in Anspruch nimmt. Das ist unmittelbar der Fall bei den Personalausgaben: Staatsbedienstete werden beschäftigt und beziehen Einkommen. Beschäftigung und Einkommensbezug in den Unternehmen, von denen die öffentliche Hand Güter und Dienstleistungen kauft, zählen dazu ebenso wie Beschäftigung und Einkommensbezug in jenen Unternehmen, die unmittelbar an den Staat liefern oder Zulieferungen leisten.

Die Wirkungen zusätzlicher Staatsausgaben können um ein Vielfaches durch den Multiplikatoreffekt *(sekundäre Auswirkungen)* verstärkt werden: Von den zu Einkommen gewordenen Ausgaben fließt ein größerer Teil wieder in den Konsum und schafft abermals neue Einkommen. Dieser Prozeß setzt sich solange fort, bis das zusätzliche Einkommen irgendwann freiwillig gespart, für Einfuhrgüter aus dem Ausland ausgegeben oder an den Staat abgeführt wird. Als wichtigster Prozeßverstärker gilt in der Theorie der Investitionsmultiplikator.

Während Keynes das Multiplikatorprinzip zur Grundlage seiner expansiven Beschäftigungstheorie entwickelte, wies der norwegische Nationalökonom Trygve Haavelmo 1945 nach, daß auch ein Staatshaushalt, der ohne zusätzliche Kreditaufnahme expandiert – zusätzliche Staatsausgaben werden voll durch zusätzliche Steuereinnahmen finanziert – Sozialprodukt und Volkseinkommen vergrößert. Unter seinen Annahmen und Voraussetzungen ist der Multiplikator gleich 1, d.h. der Höhe der zusätzlichen Staatsausgabe entspricht eine gleichhohe Zunahme des Volkseinkommens (Haavelmo-Theorem).

Im Anschluß an Arbeiten von Alfred Aftalion und John Maurice Clark hat Paul A. Samuelson vor allem die *tertiären Beschäftigungswirkungen* ursprünglicher Staatsausgaben beschrieben. Nach dem von Samuelson formulierten Akzelerator- oder Beschleunigungsprinzip regen über zusätzliche Ausgaben erhöhte Einkommen – durch verstärkte Konsumgüternachfrage – auch die Investitionsneigung der Unternehmen an. Es wird angenommen, daß sie ihren Realkapitalbestand sowie die Läger den Veränderungen des Konsums, also des Absatzes, anzupassen wünschen.

Es gibt keine wirtschaftspolitische Maßnahme des Staates, die nicht verteilungspolitische Effekte hat oder haben kann. Die deutsche Sozialpolitik vertritt seit Ende des 19. Jahrhunderts den Gedanken der Umverteilung mit dem Ziel einer Verringerung von Einkommensunterschieden. Als Ansatzpunkt dafür kann sowohl das Nominaleinkommen wie das Realeinkommen gewählt werden. Während das Nominaleinkommen durch progressive Einkommensteuern und Geldtransfers an bedürftige Haushaltungen verändert werden kann, läßt sich das Realeinkommen durch Subventionen zur Verbilligung von Massenverbrauchsgütern zugunsten der Einkommensschwachen verändern. Eine progressive, die höheren Einkommen stärker belastende Gestaltung des Tarifs z.B. der Einkommensteuer wird auch gefordert, um die Regressionswirkungen der indirekten Steuern und Zölle – relativ zum Einkommen werden die einkommensschwächeren Schichten durch sie stärker belastet – auszugleichen.

Es ist umstritten, in welchem Maße eine Einkommensumverteilung mit Hilfe steuerpolitischer Eingriffe überhaupt möglich ist. Carl Föhl bestreitet eine solche Wirkung grundsätzlich und behauptet, die auf Unternehmergewinne gelegten Steuern würden stets auf die Konsumenten abgewälzt. In der Finanzwissenschaft hat sich die Erkenntnis durchgesetzt, daß gesamtwirtschaftliche Wirkungen weit effizienter mit der Ausgaben- als mit der Steuerpolitik erreicht werden können: Bei den

Ausgaben sei man schlechterdings sicher, daß sie Einkommen und Beschäftigung erhöhten, während z.b. der durch Steuersenkungen bewirkte Zuwachs an Kaufkraft bei den Privaten zumindest zu hohen Anteilen gespart werden könne. Als Mittel der Ausgabenpolitik stehen dem Staat Personal-, Sachausgaben, allgemeine Haushalts- und Zweckausgaben, Transferzahlungen (Subventionen und Sozialleistungen) sowie die öffentlichen Investitionsausgaben zur Verfügung. Sie sind jedoch mit Ausnahme der Investitionen allesamt wenig oder weniger effizient, um konjunktur- und wachstumspolitische Ziele zu erreichen. Folglich verbleiben für die nachfragewirksame Steuerung fast ausschließlich die öffentlichen Investitionen.

fiscal year: Etatjahr *n*, Geschäftsjahr *n*, Haushaltsjahr *n*, Rechnungsjahr *n*, Steuerjahr *n*, Veranlagungszeitraum *m*
fiscalist: Fiskalist *m*
Fisher index: Fisher-Index *m*
Ein von dem amerikanischen Statistiker Irving Fisher 1922 entwickelter Index, der im geometrischen Mittel des Laspeyre-Index und des Paasche-Index besteht:

$$I_F = \sqrt{I_L \cdot I_P}.$$

fisheries *pl*: Fischwirtschaft *f*
fishing: Fischwirtschaft
fist money: Befehlsgeld *n*
fit: geeignet, tüchtig
fit for work: arbeitsfähig
fit of goods: Tauglichkeit *f* von Waren zum gewöhnlichen Gebrauch
fitness: Tauglichkeit *f*, Zweckmäßigkeit *f*
fitting: Einrichtung *f*
fittings *pl*: Ausrüstung *f*, Geräte *n/pl*, Werkzeuge *n/pl*, Maschinen *f/pl* usw. eines Gewerbebetriebes, Zubehör *n*
fix: fest, bestimmen, festlegen, festsetzen, Klemme *f*, reparieren, in Ordnung *f* bringen
fix a day: einen Termin *m* anberaumen
fix a hearing: einen Gerichtstermin *m* anberaumen
fix a period: befristen
fix a quota: kontingentieren
fix the limits of: abgrenzen
fixed: bestimmt, fest, festgelegt, festgesetzt
fixed asset: Anlagevermögensgegenstand *m*, langlebiges Wirtschaftsgut *n*
fixed assets *pl*: Anlagevermögen *n*, Anlagevermögen *n*, körperliches Sachanlagevermögen *n*
fixed asset cost: Anschaffungs- oder Herstellungskosten *pl* eines Anlageguts *n* (aktivierungspflichtiger Aufwand)
fixed asset under construction: im Bau befindliche Anlage *f*

fixed cost

fixed budget: starres Budget *n* (volumenunabhängig)
fixed capital formation: Anlageinvestitionen *f/pl*, Anlagekapitalbildung *f*
fixed capital: fixes Kapital *n*, Anlagekapital *n*, gebundenes Kapital *n*
Produzierte Produktionsfaktoren, deren Lebensdauer sich über mehrere Perioden erstreckt.
fixed charge(s) *(pl)*: feste Belastung *f*, fixe Kosten *pl*, Fixkosten *pl*
fixed cost: fixe Kosten *pl*, Fixkosten *pl*, Kapazitätskosten *pl*, zeitabhängige Kosten *pl*
Diejenigen Kosten, die unabhängig von der Höhe der Produktion entstehen und in diesem Sinne als fix bezeichnet werden. Ob Kosten als fix oder variabel bezeichnet werden, hängt in erster Linie vom unterstellten Zeithorizont und der Zielsetzung der Überlegungen ab.
Variable Kosten (K_v) verändern sich linear, progressiv oder degressiv mit dem Beschäftigungsgrad, *fixe Kosten* (K_f) sind von ihm unabhängig. Viele Kostenarten besitzen allerdings sowohl fixe wie variable Komponenten und werden deshalb *semivariabel* genannt.
Dieser Einteilung muß allerdings eine bestimmte, mit der Abgrenzung der Plan- bzw. Betrachtungsperiode kongruente Zeitabgrenzung zugrunde gelegt werden. Insofern ist der Begriff der Fixkosten relativ.
Wählt man als Indikator für den Beschäftigungsgrad die Absatzmenge eines Unternehmens, so wird die Summe der variablen Kosten bei einer negativ geneigten Preis-Absatz-Funktion um so geringer sein, je höher der Preis festgesetzt wird, während die fixen Kosten im Rahmen einer gegebenen Kapazität konstant bleiben. In die Gruppe der variablen Kosten gehören z.B. die Kosten für Roh-, Hilfs- und Betriebsstoffe sowie die Energiekosten. Da die Erhöhung oder Verringerung der Ausbringungsmenge eines Betriebs einen entscheidenden Einfluß auf die Höhe der variablen Kosten hat, sind diese Kosten im Hinblick auf kurzfristige Entscheidungen, die die Beschäftigung betreffen, entscheidungsrelevante Kosten.
Zu den fixen Kosten zählen z.B. die Mietkosten sowie die Gehälter für die Unternehmensleitung. Da diese fixen Kosten zum einen Voraussetzung für die Sicherung der Produktionsbereitschaft des Betriebs und zum anderen kurzfristige Entscheidungen über die Produktionsmenge somit nicht unmittelbar beeinflussen, sind sie bezogen auf Beschäftigungsentscheidungen entscheidungsirrelevante Kosten.
Es wäre jedoch falsch, daraus den Schluß zu ziehen, daß alle variablen Kosten Entscheidungen über die Produktion beeinflussen, alle fixen Kosten dagegen nicht. Vielmehr muß man der Tatsache Rechnung tragen, daß eine bestimmte Kostenart nicht in jedem Fall variabel und eine andere Kostenart nicht in jedem Fall fix ist. So existiert eine Vielzahl von Kostenarten, die in bestimmten Ent-

267

scheidungssituationen fixen Charakter aufweisen, während die gleichen Kostenarten in anderen Entscheidungssituationen variabel sind. Bestimmend für die Beantwortung der Frage, ob eine Kostenart als fix oder variabel einzuordnen ist, sind im wesentlichen die beiden Kriterien Fristigkeit des Entscheidungszeitraums und Teilbarkeit der Produktionsfaktoren.

Das erste Kriterium ist die Fristigkeit des Entscheidungszeitraums. Grundsätzlich gilt, daß mit zunehmender Länge der betrachteten Zeitperiode die Kosten immer stärker variablen Charakter annehmen. Langfristig sind alle Kosten variabel. So stellen z.B. die Gehaltskosten für den Zeitraum der Kündigungsfrist fixe Kosten dar. Betrachtet man dagegen den Zeitraum von einem Jahr, so sind praktisch alle Personalkosten variabel, da die Kündigungsfrist sich in aller Regel nicht über einen derart langen Zeitraum erstreckt.

Ähnliche Situationen können bei einer Betriebsstillegung auftreten. Tritt dieser Fall ein, ohne daß bei Inanspruchnahme von Fremdkapital dieses zurückgezahlt werden kann, so müssen auch weiterhin Fremdkapitalzinsen entrichtet werden. Sie stellen, da ihre Höhe unabhängig von der Beschäftigung ist, fixe Kosten dar. Stellt andererseits jedoch eine Betriebsveräußerung eine zusätzliche und realisierbare Handlungsalternative dar, so sind die Fremdkapitalzinsen als variable Kosten zu betrachten. Die Beantwortung der Frage, ob Kosten fix oder variabel sind, ist also von der jeweiligen betrieblichen Entscheidungssituation abhängig.

Das zweite Kriterium für die Unterscheidung von fixen und variablen Kosten besteht in der mangelnden Teilbarkeit der Produktionsfaktoren. Eine vollständige Teilbarkeit der Produktionsfaktoren wird z.B. bei der Produktionsfunktion vom Typ A unterstellt und läßt diese zur Abbildung und Erklärung industrieller Prozeßstrukturen weitgehend als ungeeignet erscheinen. Die mangelnde Teilbarkeit der Produktionsfaktoren ist der Grund dafür, daß bestimmte Kosten nicht kontinuierlich, sondern sprunghaft steigen. Diese Kosten zeichnen sich dadurch aus, daß sie zunächst für ein bestimmtes Beschäftigungsintervall fix sind, mit der Ausweitung der Beschäftigung dann plötzlich ansteigen, um dann wiederum auf dieser neuen Höhe für ein weiteres Beschäftigungsintervall fest zu bleiben. Verfügt z.B. ein Unternehmen über vier gleichartige Maschinen, so fallen pro Periode u.a. fixe Kosten in Höhe der kalkulatorischen Abschreibungen für diese vier Maschinen an. Ist der Betrieb aufgrund starker Nachfrage gezwungen, eine fünfte Maschine anzuschaffen, so steigen infolge zusätzlicher Maschinenabschreibungen die fixen Kosten sprunghaft an, um anschließend für ein bestimmtes Beschäftigungsintervall, das von der quantitativen Periodenkapazität dieser fünften Maschine bestimmt wird, konstant zu bleiben. Diese Kosten bezeichnet man als *Sprungkosten* oder *intervallfixe Kosten*.

Generell kann für deren Verlauf festgehalten werden: In dem Maße, in dem die Teilbarkeit der Produktionsfaktoren zunimmt und die zugehörigen Beschäftigungsintervalle kleiner werden, erfolgen um so häufiger die Sprünge mit der Konsequenz, daß die festen Sprungkosten sich den variablen Kosten annähern.

fixed date note: Tageswechsel m
fixed day: Termin m
fixed deposit: Festgeld n, Kündigungsgeld n
fixed exchange rate: fester Wechselkurs m, gebundener Wechselkurs m
fixed factory expense(s) *(pl)*: fixe Betriebskosten pl
fixed freight: feste Frachtrate f
fixed freight price: feste Frachtrate f
fixed freight rate: feste Frachtrate f
fixed interest bearing security: festverzinsliches Wertpapier n
fixed-interest fund: Rentenfond m
fixed-interest security: Rente f, Rentenpapier n
fixed interest stock: festverzinsliches Wertpapier n
fixed liability: langfristige Schuld f
fixed loan: festes Darlehen n
fixed minimum price: festgelegter Mindestpreis m
fixed mortgage: Festhypothek f
fixed point: Festkomma n *(EDV)*
fixed point calculation: Festkommarechnung f *(EDV)*
fixed price: Festpreis m, Limit n, gebundener Preis m

Ein Preis, der entweder durch behördliche Verordnung oder durch verbindliche Vorschrift des Herstellers in seiner Höhe festgelegt ist. Der behördlich verordnete Preis wird als regulierter Preis bezeichnet, bei den privatwirtschaftlich gebundenen Preisen wird zwischen horizontal, d.h. durch Kartellabsprache auf derselben Wirtschaftsstufe gebundenen und vertikal gebundenen Preisen unterschieden, bei denen ein Hersteller den ihm nachgelagerten Wirtschaftsstufen den Abgabepreis für das ihnen gelieferte Erzeugnis genau vorschreibt (vertikale Preisbindung).

Bis zur Aufhebung der vertikalen Preisbindung im Jahre 1973 bestand in der Bundesrepublik die Möglichkeit für Hersteller von Markenartikeln, Preisbindungen zur Genehmigung beim Kartellamt vorzulegen. Heute gilt diese Form der Preisbindung der zweiten Hand nur noch für Ladenpreise von Verlagserzeugnissen, d.h. Büchern und Zeitschriften.

fixed-price contract: Festpreisvertrag m
fixed rate of exchange: fester Wechselkurs m
fixed resale price: gebundener Preis m,

Mindestwiederverkaufspreis *m* (vorgeschrieben vom Hersteller)
fixed retail price: gebundener Einzelhandelspreis *m*
fixed retailing price: gebundener Einzelhandelspreis *m*, Mindestwiederverkaufspreis *m* (vorgeschrieben vom Hersteller)
fixed salary system: Festgehaltssystem *n*
Ein System der Entlohnung im Außendienst, bei dem entweder ausschließlich ein reines Festgehalt gezahlt wird oder aber das Festgehalt mit einer Prämie bei Erreichung einer festgelegten Leistungsgrenze (einer bestimmten Anzahl vermittelter Verkäufe) gekoppelt ist.
fixed selling and advertising expense(s) *(pl)*: fixe Verkaufs- und Werbungkosten *pl*
fixed share reinsurance: Quotenrückversicherung *f*
fixed standard: festgesetzte Valuta *f*
fixed tangible assets *pl*: Sachanlagen *f/pl*
fixed trade margin: Festspanne *f*, gebundene Handelsspanne *f*, gebundene Spanne *f*
Eine Handelsspanne, die entweder vertraglich (Verbandsspanne) oder durch behördliche Vorschrift (Zwangsspanne) festgelegt worden ist. Gebundene Handelsspannen sind entweder *Festspannen*, die in der festgelegten Höhe genau eingehalten werden müssen, *Höchstspannen*, die unter- aber nicht überschrittten werden dürfen, oder *Mindestspannen*, die über-, aber nicht unterschritten werden dürfen.
fixed transfer price: fester Verrechnungspreis *m*
fixed value: Festwert *m*
fixed word length: feste Wortlänge *f (EDV)*
fixing: Festsetzung *f*, Reparatur *f*
fixing committee: Kursfeststellungs-Ausschuß *m*
fixing of a period (of time): Fristbestimmung *f*
fixture: Inventarstück *n*, Vorrichtung *f*, betriebliche Zubehör *n* (Grundstück)
fixtures *pl*: Einrichtungsgegenstände *m/pl*, Grundstückszubehör *m*
flag: Fehlerkennzeichen *n (EDV)*, Kennzeichen *n (EDV)*
flag bit: Kennzeichenbit *n (EDV)*
flair: Fingerspitzengefühl *n*, Intuition *f*
flannel board: Flanell-Tafel *f*
flash report: Blitzbericht *m*, Schnellbericht *m*
flat *(brit)*: Wohnung *f*, pauschal
flat amount: Pauschalbetrag *m*
flat pension: Einheitsrente *f*
flat price: Einheitspreis *m*

flat rate: einheitlicher Satz *m*, einheitlicher Lohnsatz *m*
flat-rate benefit: Grundleistung *f*
flat rate method of: depreciation lineare Abschreibung *f*
flat-rate contribution: Grundbeitrag *m*
flat-rate tax: Einheitssteuer *f*
flat sum: Pauschalbetrag *m*
flawless: tadellos
fleet: Flotte *f*, Wagenpark *m*
fleet of trucks: Fuhrpark *m*
fleet owner: Fuhrparkbesitzer *m*
flexibility: Flexibilität *f*
Die Fähigkeit einer strategischen Unternehmenseinheit (SUE), auf nicht vorhergesehene Datenentwicklungen so zu reagieren, daß die dadurch eintretenden Beeinträchtigungen und Verschlechterungen in möglichst engem Rahmen gehalten werden.
Es ist in diesem Zusammenhang zweckmäßig, zwischen starren, d.h. nicht korrigierbaren, und flexiblen, d.h. in gewissem Umfange korrigierbaren Maßnahmen unterschieden. Eine *starre Maßnahme* schafft eine Gegebenheit, die nicht oder nur unter großen Opfern wieder beseitigt werden kann. Eine *flexible Maßnahme* hingegen führt zu einer Gestaltung, die, falls die eintretende Entwicklung es wünschenswert erscheinen läßt, relativ einfach geändert oder auch wieder rückgängig gemacht werden kann.
Stellt man sich eine Skala mit den Endpunkten „völlige Starrheit" und „absolute Flexibilität" (oder Korrigierbarkeit) vor, dann läßt sich jeder Maßnahme ein bestimmter Punkt auf dieser Skala zuordnen. Oft besteht die Möglichkeit, alternativ zwischen Maßnahmen unterschiedlicher Flexibilität zu wählen. Man kann also bewußt ein Unternehmen so gestalten, daß es eine höhere Flexibilität aufweist als ein anderes, vom Leistungsprogramm her gleiches Unternehmen.
Führen zwei Maßnahmen unterschiedlicher Flexibilität zum gleichen Ergebnis, dann ist es angesichts der Unsicherheit der Daten immer günstiger, die flexiblere zu wählen. Welches Maß an Flexibilität angestrebt werden soll, wird jedoch dann zu einem Problem, wenn – was in der Regel der Fall ist – Flexibilität etwas „kostet".
Bindungen, die ein Unternehmen in der Regel eingehen muß, um seine produktive Aufgabe erfüllen zu können, sind vor allem:
• der *Einsatz von Kapital* zur Anschaffung von Anlagen, Maschinen, Einrichtungen usw., aber auch für Forschung und Entwicklung, zum Aufbau einer Organisation, zur Markterschließung, zur Herstellung von Geschäftsverbindungen u.ä.;
• *Verträge*, die das Unternehmen langfristig verpflichten und aus denen Zahlungen resultieren, die das Unternehmen zu leisten hat;
• die *Anstellung von Arbeitskräften*, da ihnen erst nach Ablauf bestimmter Fristen gekündigt werden

kann und die Kündigung oft auch noch Ausgleichszahlungen nach sich zieht.
Strebt ein Unternehmen eine möglichst hohe Flexibilität an, so muß es bemüht sein,
(1) die zur Bewältigung seiner Aufgaben einzugehenden Bindungen möglichst niedrig zu halten und
(2) möglichst nur solche Bindungen einzugehen, die möglichst leicht und möglichst verlustfrei wieder aufgelöst werden können.
Daraus resultieren zwei Kategorien von Maßnahmen, die es einem Unternehmen möglich machen, die eigene Flexibilität zu erhöhen. Zu den Möglichkeiten aus der ersten Kategorie zählen z.B.:
• Die *Wahl unterschiedlicher Produktionsverfahren*: Ein Produktionsziel läßt sich oft mit unterschiedlichen Verfahren erreichen. In der Regel unterscheiden sie sich voneinander auch hinsichtlich des notwendigen Kapitaleinsatzes. Die geringere Bindung wird bei der Wahl des am wenigsten kapitalintensiven Verfahrens eingegangen.
Der bei Anwendung eines bestimmten Verfahrens notwendige Kapitaleinsatz läßt sich mit Hilfe des Quotienten:

$$\frac{\text{Benötigtes Kapital}}{\text{Menge der Ausbringung in der Periode}}$$

messen. Diese Größe ändert sich als Folge der Abnutzung des Produktionsapparats im Zeitablauf. Für Vergleichszwecke empfiehlt es sich daher, den durchschnittlichen Kapitalbedarfsquotienten, ermittelt für einen längeren, mehrere Perioden umfassenden Zeitraum heranzuziehen.
Ob das Verfahren mit dem niedrigsten Kapitalbedarfsquotienten tatsächlich gewählt werden soll, hängt auch von den Kosten ab, die im einen oder anderen Falle entstehen. Eine höhere Flexibilität (= niedrigere Kapitalbindung) „kostet" etwas, wenn die Produktionskosten des flexibleren Verfahrens höher liegen als die entsprechenden Kosten bei Verwendung eines weniger flexiblen Verfahrens.
• *Unterschiedliche Produktionstiefe*: Die (Kapital-)bindung kann dadurch niedrig gehalten werden, daß das Unternehmen die von ihm angebotenen Erzeugnisse nur zu einem Teil selbst fertigt, also mehr oder weniger stark von der Möglichkeit des Fremdbezugs Gebrauch macht. Je geringer die Produktionstiefe ist, um so niedriger liegt auch die Kapitalbindung – vorausgesetzt, daß sich die Verträge mit den Zulieferern, gemessen an den Zeitvorstellungen der strategischen Planung, relativ kurzfristig an veränderte Verhältnisse anpassen lassen.
• *Leasing*: Kann ein Teil des Produktionsapparats geleast werden und sehen die Leasingverträge vor, daß die Anlagen nach nicht zu langer Zeit zurückgegeben werden können, so bedeutet auch dies eine unter Umständen wesentliche Minderung der ansonsten einzugehenden Bindungen.
• *Einstellung von Aushilfskräften auf Zeit*: Können Arbeiten von Arbeitskräften erledigt werden, die lediglich kurzfristig angelernt werden müssen, so bedeutet die Beschäftigung solcher Aushilfskräfte anstelle fest angestellten Personals eine Erhöhung der Flexibilität.
• *Personal-Leasing*: Durch die Möglichkeit des Personal-Leasing läßt sich eine höhere Flexibilität auch bei Arbeiten erreichen, für die qualifiziertes Personal erforderlich ist.
Die Flexibilität kann auch dadurch gering gehalten werden, daß ein Unternehmen nur Bindungen eingeht, die im Bedarfsfall relativ leicht und ohne zu große Einbußen gelöst werden können. Auflösbar ist eine Bindung nicht nur dann, wenn eine Anlage veräußert, sondern auch dann, wenn sie anderweitig im Unternehmen eingesetzt werden kann. Ob eine solche Möglichkeit besteht, hängt von der Anlage selbst und der Struktur des Gesamtunternehmens ab.
Auch durch Diversifikation, d.h. den Aufbau mehrerer strategischer Unternehmens-Einheiten (SUE), wird im Rahmen eines Unternehmens die Möglichkeit geschaffen, Anlagen oder auch Arbeitskräfte, die wegen nicht vorhersehbarer Ereignisse in einer Einheit nicht mehr benötigt werden, in einer anderen Einheit weiter zu verwenden. Für die abgebende Einheit erzeugt die Diversifikation zusätzliche Flexibilität.
Flexibilität ist immer dann von Nutzen, wenn Entwicklungen nicht ausgeschlossen werden können, deren negative Auswirkungen um so schwerer wiegen, je weniger flexibel die SUE ist.
Im allgemeinen ist anzunehmen, daß ein Unternehmen eine bestimmte Risikoschwelle nicht überschreiten will. Als Gesamtrisiko kann der Verlust angesehen werden, der bei ungünstiger Entwicklung (die indes nicht auszuschließen ist) befürchtet werden muß. Durch Erhöhung der Flexibilität kann dieser möglicherweise eintretende Verlust reduziert werden. Entspricht das ohne Erhöhung der Flexibilität bestehende Verlustrisiko dem gerade noch für tragbar erachteten Gesamtrisiko, so kann durch die Erhöhung der Flexibilität ein „Risikospielraum" gewonnen werden. Das Unternehmen kann dann zusätzliche Aktionen ins Auge fassen, durch die zwar der insgesamt bei ungünstiger Entwicklung zu erwartende Verlust erhöht wird, die aber andererseits gute Gewinnchancen bieten.
Ohne erhöhte Flexibilität würde durch solche Aktionen die zulässige Grenze des Gesamtrisikos überschritten werden, sie müßten also unterbleiben, um die Existenz der SUE nicht zu gefährden.

flexibility approach: Flexibilitätsansatz m
Ein Ansatz in der strategischen Planung, bei dem ein weites Spektrum von Fähigkeiten entwickelt wird, um möglichen Herausforderungen gegenüber gewappnet zu sein.

flexible budget: veränderliches (bewegliches) Budget n, flexibles Budget n (an das jeweilige Volumen anpassungsfähig)

flexible standard cost system: flexible Plankostenrechnung f
Eine Form der Plankostenrechnung, bei der variable und fixe Kosten getrennt ausgewiesen und für

unterschiedliche Beschäftigungsgrade die Sollkostenbudgets vorgeplant werden.
flextime: Gleitzeit *f*
flight of capital: Kapitalflucht *f*
flipflop: elektronischer Schaltkreis *m* mit zwei stabilen Zuständen *m/pl (EDV)*
float: Kassenvorschuß *m*, Pufferzeit *f*, Schlupf *m* (PERT, CPM), Zeitspielraum *m* (PERT)
float a loan: auflegen Anleihe *f*
float an issue: eine Emission *f* begeben
floater: Abschreibepolice *f*
floating: gleitend, schwimmend, unsicher (Preis), variabel
floating address: relative Adresse *f (EDV)*
floating asset: kurzfristiger Vermögenswert *m* (der innerhalb eines Jahres vom Stichtag der Bilanz an realisierbar ist)
floating charge(s) *(pl)*: schwebende Belastung *f*
floating debt: kurzfristige Schuld *f*, schwebende Schuld *f*
floating exchange rate: gleitender Wechselkurs *m*
floating interest: schwankender Zins *m*
floating liability: kurzfristiger Schuldposten *m* (der innerhalb eines Jahres vom Stichtag der Bilanz on fällig ist)
floating point: gleitendes Komma *n* (Gleitkomma) *(EDV)*, Gleitkomma *n (EDV)*
floating point arithmetic: Gleitkommarechnung *f (EDV)*
floating point calculation: Gleitkommarechnung *f (EDV)*
floating point number: Gleitkommazahl *f (EDV)*
floating point register: Gleitkommaregister *n (EDV)*
floating policy: Abschreibepolice *f*, Abschreibungspolice *f*
floating purchasing power: vagabundierende Kaufkraft *f*
Derjenige Teil des verfügbaren Einkommens privater Haushalte, der zwischen verschiedenen Alternativen der Verwendung vagabundiert, für die sich die Konsumenten nach eigenem Gutdünken entscheiden können.
floating rate of exchange: freier Wechselkurs *m*
floating rate of interest: variabler Zins *m*
floating the rate of exchange: Freigabe *f* des Wechselkurses *m*
floating working hours *pl*: gleitende Arbeitszeit *f*
floor: Stockwerk *n*, Tiefstpreis *m*

floor broker: Börsenhändler *m*, Ringmakler *m*
floor check: Anwesenheitskontrolle *f* (durch Augenschein)
floor partner: Börsenhändler *m*
floor plan: Bauplan *m*
floor price: Mindestpreis *m*
floor walker: Abteilungsleiter *m* (im Warenhaus)
flop: Flop *m*, Reinfall *m*
flop rate: Floprate *f*
Das Verhältnis der gescheiterten Neueinführungen zur Gesamtzahl der Produkte, deren Neueinführung versucht wurde. Bei der Einführung neuer Produkte sowie allgemein bei Innovationen hat es sich durchgesetzt, erfolglose Neueinführungen, Konzeptionen und auch Marketing- und Werbekampagnen, die nicht mit der Durchsetzung des neuen Produkts oder einem vergrößerten Marktanteil für ein altes Produkt enden, als „Flops" zu bezeichnen.
flourishing: schwunghaft
flow: Durchlauf *m*, Produktionsmenge *f*
flow chart: Ablaufdiagramm *n (EDV)*, Arbeitsablaufdiagramm *n*, Flußdiagramm *n*, Arbeitsablaufbogen *m*
Die graphische Darstellung der logischen Abfolge von Entwicklungs- und Abfolgeprozessen in Form eines Diagramms, in dem die Entwicklungsstadien nach einer Flußsequenz miteinander verbunden sind. Flußdiagramme finden in wachsendem Maße Verbreitung, weil sie eine klare Darstellung logischer Strukturen und zeitlicher Operationsabläufe gestatten.
flow diagram: Ablaufdiagramm *n (EDV)*
flow of cost: Kostenfluß *m*
flow of materials: Materialfluß *m*
flow of production: Fertigungsablauf *m*, Produktionsablauf *m*
flow of work: Arbeitsablauf *m*
fluctuate: schwanken
fluctuating rate of interest: schwankender Zins *m*
fluctuating ratio between prices of agricultural and industrial products: Preisschere *f* zwischen Agrar- und Industrieprodukten
fluctuation: Schwankung *f*, Fluktuation *f*
fluctuation in exchange rate: Wechselkursschwankung *f*, Kursschwankung *f*
fluctuation in price: Preisschwankung *f*
fluctuation in quotation: Kursschwankung *f*
fluctuation margin: Schwankungsbreite *f*
fluctuation of business cycle: konjunkturelle Schwankung *f*
fluctuation of economic cycle: konjunkturelle Schwankung *f*

fluctuation of price

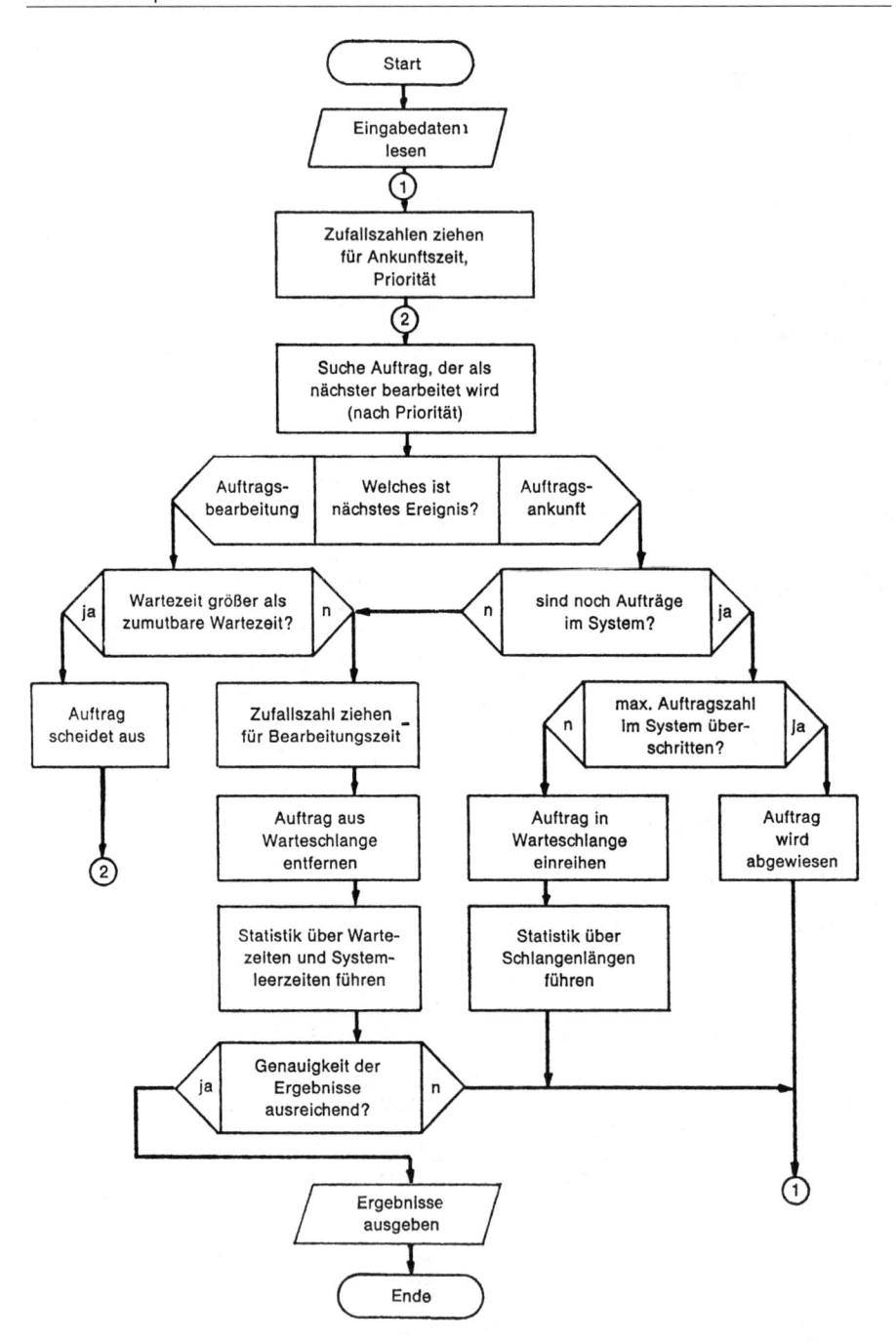

```
                        ┌─────────┐
                        │  Start  │
                        └────┬────┘
                             │
                   ┌─────────────────┐
                   │  Eingabedaten   │
                   │     lesen       │
                   └────────┬────────┘
                          (1)
                   ┌─────────────────┐
                   │ Zufallszahlen ziehen │
                   │  für Ankunftszeit,  │
                   │     Priorität       │
                   └────────┬────────┘
                          (2)
                   ┌─────────────────┐
                   │  Suche Auftrag, der als │
                   │  nächster bearbeitet wird │
                   │     (nach Priorität)    │
                   └────────┬────────┘
                             │
              Auftrags-  Welches ist  Auftrags-
             bearbeitung nächstes Ereignis? ankunft
```

Decision: Wartezeit größer als zumutbare Wartezeit? — ja / n

Decision: sind noch Aufträge im System? — n / ja

- ja → Auftrag scheidet aus → (2)
- n → Zufallszahl ziehen für Bearbeitungszeit → Auftrag aus Warteschlange entfernen → Statistik über Wartezeiten und Systemleerzeiten führen

Decision: max. Auftragszahl im System überschritten? — n / ja
- n → Auftrag in Warteschlange einreihen → Statistik über Schlangenlängen führen
- ja → Auftrag wird abgewiesen → (1)

Decision: Genauigkeit der Ergebnisse ausreichend? — ja / n
- ja → Ergebnisse ausgeben → Ende
- n → (1)

fluctuation of price: Preisschwankung f

flyer: Anzeigenzeitung f, Flugzettel m (Werbemittel), Handzettel m (Werbemittel)

flying squad: Sondereinsatzgruppe f zur Übernahme f unvorhergesehener Arbeiten f/pl (Springer am Fließband)

flyleaf: Vorsatzblatt *n*
f.o.b. (= free on board): frei on Bord *m*
focus: Brennpunkt *m*, konzentrieren
focus strategy: Fokusstrategie *f*
Eine Unternehmensstrategie, für entweder die Konzentration auf eine relativ enge Käuferschicht oder einen Teil der Produktlinie charakteristisch ist. Eine derartige Konzentration kann entscheidend sein für das Schaffen eines dauerhaften Wettbewerbsvorteils. Auch Differenzierung und Kostenminimierung sind mit dieser Strategie verbunden.
folder: Aktendeckel *m*, Hefter *m*, Prospekt *m*, Schnellhefter *m*
folio: Blatt *n*, Folio *n*
folio reference: Bezugnahme *f* (in der Buchführung), Folioverweis *m*, Verweis *m* auf Folio *n* in der Buchführung *f*
folio-up file: Wiedervorlagemappe *f*
folio-up letter: Kettenbrief *m*, Nachfaßbrief *m*
folio volume: Foliant *m*
follow: befolgen
follow up: beobachten (Auswirkungen), verfolgen (einen Vorgang), Beobachtung *f* (von Auswirkungen etc.)
follow-up examination: Nachuntersuchung *f*
follow-up system: Nachfaßsystem *n*, Wiedervorlageverfahren *n*
font: Schriftsatz *m* (Druck)
food: Eßwaren *f/pl*, Lebensmittel *n/pl*
food department: Lebensmittelabteilung *f*
food service: betrieblicher Mittagstisch *m*, betrieblicher Verpflegungsdienst *m*
food stuff: Nahrungsmittel *n/pl*
foolproof: betriebssicher, narrensicher
foot: addieren (der Journalspalten)
footing: Addition *f* (der Grund- und Hauptbücher)
footnote: Anmerkung *f*, Fußnote *f*
footwear industry: Schuhindustrie *f*
f.o.q. (= free on quai): frei Kai *m*
f.o.r. (= free on rail): frei Eisenbahn *f*
for a consideration: entgeltlich, gegen Entschädigung *f*
for account of whom it may concern: für Rechnung *f*, wen es angeht
for appropriate action: zur weiteren Behandlung *f*, Veranlassung *f*, zur weiteren Veranlassung *f*, zur weiteren Verfolgung *f*
for cash: bar, gegen Barzahlung *f*, gegen Bar
for collection: zum Inkasso *n*
for hire: zu vermieten
for inpection: zur Ansicht *f*

for ready money: gegen Barzahlung *f*
for rent: mietbar
for safety: sicherheitshalber
for sale: verkäuflich, zum Verkauf *m*
for the benefit of: zum Besten von
for the public good: im öffentlichen Interesse *n*, zum öffentlichen Wohl *n*
for value received: Wert *m* erhalten
for value: entgeltlich
for your account and risk: auf Ihre Rechnung *f* und Gefahr *f*
forbear: enthalten, sich unterlassen
forbearance: Enthaltung *f*, Nachsicht *f*, Unterlassung *f*
forbearing: nachsichtig
forbid: verbieten
forbidden combination check: Prüfung *f* auf unzulässige Code-Kombination *f (EDV)*
force: erzwingen, Gewalt *f*, Kraft *f*, zwingen
force majeure: Höhere Gewalt *f*
force up prices: übersteigern (Auktion)
forced choice: gruppierte Aussagenliste *f* mit Wahlzwang
Ein Verfahren der tätigkeitsorientierten Personalbeurteilung, das es dem Beurteiler nicht erlaubt, das eigene Urteil zu steuern und damit unter Umständen auch einzelne Personen bewußt zu bevorzugen oder zu benachteiligen. Bei der „forced choice"-Methode liegen dem Beurteiler zahlreiche, meist zu Paaren zusammengefaßte Beschreibungen von typischen Arbeitsverhaltensweisen vor. Der Beurteiler wählt aus den jeweils zwei (oder mehr) Aussagen scheinbar gleich positiver oder negativer Wertigkeit diejenige aus, die seiner Meinung nach den zu Beurteilenden treffender bzw. weniger treffend zu charakterisieren ist. Für die spätere Beurteilung ist jedoch nur eine der positiven bzw. negativen Beschreibungen relevant, die anderen sind sog. „zero-credit items" und nehmen auf das Ergebnis keinen Einfluß. Die Entscheidung, welche der Items ergebnisrelevant sein sollen, basiert auf Voruntersuchungen, die für diese Items im Gegensatz zu den „zero-credit items" hohe signifikante Korrelationen mit Effektivitätskriterien ergeben hatten.
Dem Beurteiler bleibt es also unbekannt, welche Items zählen und welche nicht. Der Bewertungsschlüssel wird geheimgehalten, um subjektive Einflüsse und Manipulationsmöglichkeiten auszuschließen. Die Auswertung der Beurteilung erfolgt in der Personalabteilung. Für jeden Mitarbeiter wird ein Gesamtwert errechnet, der dann die Bildung einer Rangordnung ermöglicht.
forced distribution: erzwungene Verteilung *f*
forced distribution method: Verfahren *n* der erzwungenen Verteilung
Ein Verfahren der tätigkeitsorientierten Personalbeurteilung, das entwickelt wurde, um dem Pro-

blem der mangelnden Streubreite („Milde-Effekt") bei Beurteilungen entgegenzuwirken. Es zwingt den Beurteiler, die zu beurteilenden Personen den entsprechenden Leistungsstufen so zuzuteilen, daß sie einer bestimmten Verteilung, meist der Normalverteilung, entsprechen. Im Hinblick auf bestimmte Leistungsmerkmale sind z.B. 10 % aller Beurteilten als sehr gut (sehr schlecht), 20 % als gut (schlecht) und 40 % als mittel einzustufen. Diese Methode erbringt also scharf herausgefilterte Extremgruppen und eine große undifferenzierte Mittelgruppe.

forced labor: Zwangsarbeit *f*
forced loan: Zwangsanleihe *f*
forced sale: Zwangsverkauf *m*, Zwangsversteigerung *f*
forced-sale value: Zwangsverkaufswert *m*
forcible: nachdrücklich, triftig
forcing up prices: Preistreiberei *f*
Fordism: Fordismus *m*

Als Fordismus bezeichnet man die Managementstrategie Henry Fords (1863-1947), die sich auf die Rationalisierung des industriellen Fertigungsprozesses bei Massenproduktion (Autos) konzentriert und neben der arbeitsorganisatorisch optimalen Anordnung von Menschen und Maschinen bei der Montage uniformer Massenprodukte, eine drastische Lohnerhöhung, eine Arbeitszeitverkürzung auf 48 Stunden pro Woche und eine erhebliche Senkung der Verkaufspreise zur Steigerung der Absatzmengen vorsieht. Ford verfolgte damit folgende Prinzipien:
- hohe Typisierung der Produkte,
- hohe Mechanisierung der Produktion, Fließfertigung nach dem Conveyor-System,
- Eignungsuntersuchungen zur Selektion der besten Arbeiter,
- hohe Löhne und niedrige Preise zur Schaffung einer kaufkräftigen Nachfrage nach seinen Produkten,
- Verbot von Gewerkschaften in seinen Betrieben.

Die Verwendung der Fließbandfertigung hat nicht nur zu einer erheblichen Produktivitätssteigerung geführt, sondern auch den hohen personellen Kontrollaufwand reduziert, der im Taylor-System, wissenschaftliche Betriebsführung, erforderlich ist. Das unpersönliche Kontrollinstrument des „Montagebands" übernahm die Arbeit der Aufseher im Taylor-System.

forecast: Prognose *f*, Voranschlag *m*, vorausplanen, Voraussage *f*, voraussagen, Vorschau *f*

Im allgemeinsten Sinne bezeichnet man in den empirischen Wissenschaften als Prognosen begründete Aussagen über mögliche oder wahrscheinliche zukünftige Ereignisse oder Sachverhalte. Im Gegensatz zur Hochrechnung sind Prognosen quantitative Aussagen über voraussichtliche Entwicklungen in der Zukunft.

Im Mittelpunkt des Interesses im Management stehen vor allem Markt- und Absatzprognosen. Dabei handelt es sich nach der Formulierung von Heribert Meffert um „eine auf die Empirie gestützte Vorhersage des zukünftigen Absatzes von bestimmten Produkten oder Leistungen einer Unternehmung an ausgewählte Käuferschichtten (Abnehmer) in einem bestimmten Zeitabschnitt und bei einer bestimmten absatzpolitischen Mittelkombination".

Gegenstand der Prognose sind vor allem der künftige Zustand bzw. die Entwicklung des Marktpotentials, des Absatzpotentials, des Marktvolumens und des Marktanteils eines Unternehmens-Ziel der Prognose ist es entweder, mögliche Differenzen zwischen Umsatzzielen und -erwartungen bei Beibehaltung bisher angewandter Strategien aufzudecken (und somit den Boden für die mögliche Entwicklung notwendig gewordener neuer Strategien zu bereiten), oder die Wirkungen möglicher alternativer Absatzstrategien abzuschätzen um herauszufinden, ob mit Ihnen bessere Umsätze zu erzielen sind, oder zu untersuchen, welche Rückwirkungen die künftige Gesamtentwicklung des Absatzes auf die mengenmäßigen Dispositionen in nachgelagerten Bereichen, wie z.B. Fertiglager, Herstellung oder Einkauf, hat. Die Bandbreite der Prognoseverfahren reicht von der auf bloßer Intuition beruhenden Entwicklung hoffnungsfroher Erwartungen der Geschäftsleitung eines Unternehmens über Trendexpolationen bis hin zu vielschichtigen Befragungsmethoden.

forecasting: Vorausplanung *f*, Vorschaurechnung *f*
foreclose: ausschließen, die Zwangsvollstreckung *f* betreiben
foreclose a mortgage: eine Hypothek *f* für verfallen erklären
foreclosure: Ausschließung *f*, Pfändung *f*, Verfallerklärung *f*, Zwangsvollstreckung *f*
foreign: ausländisch, fremd
foreign aid: Auslandshilfe *f*
foreign aid program: Auslandshilfsprogramm *n*
foreign assets *pl*: Auslandsvermögen *n*, Devisenguthaben *n*
foreign bill: Auslandswechsel *m*
foreign branch: Auslandsniederlassung *f*
foreign capital: Auslandskapital *n*
foreign capital influence: Überfremdung *f*
foreign claim: Auslandsforderung *f*
foreign chamber of commerce: Auslandshandelskammer *f*

Eine zur Erleichterung der Handelsbeziehungen zwischen inländischen und ausländischen Märkten gegründete Handelskammer im Ausland. Zu ihren Aufgaben gehören neben der allgemeinen Förderung und Pflege des Außenhandels und konkreten Hilfestellungen bei handelspolitischen Fragen eine intensive Auskunfts- und Beratungstätigkeit.

foreign controlled: überfremdet

foreign corporation: ausländische Kapitalgesellschaft *f*
foreign country: Ausland *n*
foreign currency: ausländische Zahlungsmittel *n/pl*, Devisen *f/pl*, Valuta *f*
foreign currency account: Fremdwährungskonto *n*, Währungskonto *n*
foreign currency balance: Währungsguthaben *n*
foreign currency book: Devisenbuch *n*
foreign currency claim: Valutaforderung *f*
foreign currency control: Devisenbewirtschaftung *f*, Devisenkontrolle *f*
foreign currency deficit: Devisenlücke *f*
foreign currency inflow: Devisenzufluß *m*
foreign currency outflow: Devisenabfluß *m*
foreign currency receipts *pl*: Deviseneinnahmen *f/pl*
foreign debts *pl*: Auslandsschulden *f/pl*
foreign department: Auslandsabteilung *f*
foreign exchange: ausländische Zahlungsmittel *n/pl*, Devisen *f/pl*, Valuta *f*
foreign exchange adjustment: Kursdifferenzberichtigung *f*
foreign exchange assets *pl*: Devisenguthaben *n*
foreign exchange bourse: Devisenbörse *f*
Eine Börse, auf der ausländische Valuta gehandelt werden.
foreign exchange broker: Devisenmakler *m*
foreign exchange control: Devisenbewirtschaftung *f*
foreign exchange dealer: Devisenhändler *m*
foreign exchange department: Devisenabteilung *f*
foreign exchange earnings *pl*: Deviseneinnahmen *f/pl*
foreign exchange embargo: Devisensperre *f*
foreign exchange holdings *pl*: Devisendecke *f*, Devisenvorrat *m*
foreign exchange limit: Devisenplafond *m*
foreign exchange loss: Kursverlust *m*
foreign exchange market: Devisenmarkt *m*
foreign exchange position: Devisenbilanz *f*
foreign exchange profit: Devisenkursgewinn *m*, Kursgewinn *m* (Devisen)
foreign exchange rate: Devisenkurs *m*
foreign exchange receipts *pl*: Deviseneinnahmen *f/pl*

foreign exchange regulations *pl*: Devisenbestimmungen *f/pl*
foreign exchange reserve: Reserve *f* in fremder Währung *f*
foreign exchange risk: Konvertierungsrisiko *n*
foreign exchange spending: Devisenausgaben *f/pl*
foreign exchange statement: Devisenabrechnung *f*
foreign exchange trade: Devisenhandel *m*
foreign exchange transfer risk: Konvertierungsrisiko *n*
foreign factoring: Auslandsfactoring *n*
Eine Form des Factoring, durch die die Risiken des Außenhandels gemindert werden können. Dabei arbeiten ein Exporteur und sein Factor auf der einen und ein Importeur und sein Factor auf der anderen Seite zusammen. Die wechselseitigen Geschäftsbeziehungen sind so geregelt, daß der Factor im Land des Exporteurs sich gegenüber dem Factor des Importeurs zum Ankauf der Forderungen bei ausreichender Bonität des Abnehmers und meist auch zur Übernahme des Kreditrisikos verpflichtet. Eine entsprechende Zusage gibt der Inlandsfactor seinem Klienten.
Nach erfolgter Exportlieferung verkauft der Exporteur die Forderung an seinen Factor und der verkauft sie an seinen Korrespondenten im Land des Importeurs weiter, so daß dadurch die Transaktion sowohl für den Importeur wie den Exporteur zu einem Inlandsgeschäft wird. Eine andere Möglichkeit (Importfactoring) ist es, daß ein Exporteur direkt mit einem Factor im Land des Importeurs zusammenarbeitet.
foreign income: Auslandseinkommen *n*
foreign issue: Auslandsemission *f*
foreign laborer: Gastarbeiter *m*
foreign loan: Auslandsanleihe *f*
foreign market: Auslandsmarkt *m*
foreign market research: Auslandsmarktforschung *f*
Die auf die Erschließung ausländischer Absatz- oder/und Beschaffungsmärkte zielenden Marktforschungsanstrengungen. Sofern sie nicht mit den allgemeinen Aktivitäten der Marktforschung identisch sind, zielen sie vor allem auf die Erforschung des spezifischen Handlungsrahmens für Absatz- und Beschaffungsaktivitäten im Ausland in den Grenzen der durch kulturelle, historische, religiöse, politische, sprachliche Umstände und den Entwicklungsstand eines ausländischen Staats gegebenen Operationsbedingungen. Kostenerwägungen und die Tatsache, daß für eine Reihe von Unternehmen mehrere ausländische Märkte Ziel der Auslandsmarktforschung sind, führen in der Praxis dazu, daß sich die Untersuchung der allgemeinen Verhältnisse und Eigenarten eines ausländischen Staats sehr viel stärker

auf Sekundärforschung als die Binnenmarktforschung stützt.

foreign notes *pl* **and coins** *pl*: Geldsorten *f/pl*

Foreign Office *(brit)*: Auswärtiges Amt *n*

foreign order: Auslandsauftrag *m*

foreign sales *pl*: Auslandsabsatz *m*

foreign sales *pl* **below domestic prices:** Auslandsverkauf *m* unter Inlandspreisen
Ein Sonderfall des Dumping, den Gottfried Haberler folgendermaßen definiert: „Auslandsverkauf zu einem Preis, der niedriger ist als der Verkaufspreis derselben Ware zur gleichen Zeit unter sonst gleichen Umständen (Zahlungsbedingungen) im Inland unter Berücksichtigung des Unterschiedes in den Transportkosten."

foreign trade: Auslandshandel *m*, Außenhandel *m*
Derjenige Teil der Außenwirtschaft, durch den Handelswaren über nationale Grenzen hinweg verbracht werden, sei es durch Importhandel, Exporthandel oder Transithandel. Der internationale Warenaustausch erfüllt die Funktion der Steigerung wirtschaftlicher Effizienz und Mehrung des Wohlstands durch eine globale Arbeitsteilung. Er lenkt so die Waren-, Handels- und Geldströme.
Zu den kennzeichnenden Besonderheiten des internationalen Handels zählen vor allem:
(1) die nationale Gebundenheit der Produktionsmittel,
(2) die Verschiedenheit des Geldwesens,
(3) Kontrollen, Regulierungen,
(4) Transportkosten im grenzüberschreitenden Warenverkehr.
Mit dem Leitsatz jedes klugen Familienoberhauptes, niemals Dinge im eigenen Hause herstellen zu lassen, deren Anfertigung teurer zu stehen käme als ihr Kauf, hat Adam Smith (1723-1790) eine auch heute gültige Maxime für die internationale Handelspolitik formuliert: „Was in der Lebensführung jeder privaten Familie Klugheit ist, kann in derjenigen eines großen Reiches kaum Torheit sein."

foreign trade balance: Handelsbilanz *f*, Außenhandelsbilanz *f*, Außenbilanz *f*

foreign trade balance sheet: Außenhandelsbilanz *f*, Handelsbilanz *f*, Außenbilanz

foreign trade contingent: Auslandshandelskontingent *n*
Ein Sonderfall der direkten Mengenregulierung im Außenhandel, das eingesetzt wird, um die Zahlungsbilanz auszugleichen. Besondere Formen sind Ein- und Ausfuhrverbote, die nichtstaatliche Kontingentierung, der Beimischungszwang. Kontingente werden unterschieden nach der Menge oder nach dem Wert oder nach beidem. Ein allgemeines Globalkontingent bestimmt die während eines Zeitraums zugelassene Gesamteinfuhrmenge einer bestimmten Ware. Üblich ist die Aufteilung in Länderquoten.

foreign trade fair: Auslandsmesse *f*
Eine Messe, die im Ausland stattfindet und auf der Außenhandelsfirmen des Inlands ihre Erzeugnisse für ausländische Abnehmer vorstellen.

foreign trade financing: Exportfinanzierung *f*

foreign trade marketing: Außenhandelsmarketing *n*
Die Gesamtheit der Anbahnungs- und Abwicklungsaktivitäten, die ein Wirtschaftsunternehmen im Zusammenhang mit seiner Akquisitionstätigkeit im Außenhandel entwickelt wie z.B. technische, vertrags- und gesellschaftsrechtliche Beratung, Reparaturen und Gewährleistungen, die die Funktionsfähigkeit des Außenhandels beeinflussen.

foreign trade monopoly: Außenhandelsmonopol *n*
Ein Instrument zentralverwaltungswirtschaftlicher Gestaltung der Außenwirtschaft, das von dem ordnungspolitischen Grundsatz der Aufstellung und Koordination der einzelwirtschaftlichen Pläne durch die staatliche Zentralverwaltungswirtschaft geprägt wird. Erste Ansätze dieser staatlichen Lenkungsform gab es im Merkantilismus.
Beim partiellen Außenhandels-Monopol übernimmt der Staat für bestimmte Teile der Im- und Exportgüter das Außenhandelsgeschäft. Beim totalen Außenhandels-Monopol hingegen koppelt die staatliche Zentralstelle den gesamten Außenhandel vom übrigen Preis- und Kostenniveau ab. Der Import dient dann als Lückenbüßer, der Export als eine Art Sicherheitsventil.

foreign trade multiplier: Außenhandels-Multiplikator *m*
Ein Exportüberschuß führt stets zur Steigerung von Produktion und Beschäftigung und damit des Volkseinkommens. Dies wiederum steigert den Konsum, was noch einmal zur Produktionssteigerung und zum Beschäftigungswachstum führt. Die Zunahme des Exports löst so einen die ganze Wirtschaft erfassenden kumulativen Prozeß nach oben aus.
Ein sinkendes Exportvolumen hat dieselbe kumulative Wirkung in umgekehrter Richtung. Schwankungen des Volkseinkommens können ein gestörtes außenwirtschaftliches Gleichgewicht wiederherstellen: Eine zunehmende Ausfuhr erhöht das Volkseinkommen und damit die Importnachfrage. Die Einfuhrzunahme bleibt jedoch in der Regel hinter der Ausfuhrsteigerung zurück. „Damit sich das Gleichgewicht wieder herstellt, müssen also noch Preise und Wechselkurse in Aktion treten." (Paul A. Samuelson.) Bei freiem Außenhandel neigen die Lohnsätze dazu, sich hinauf auf das höhere Niveau der Exportgüterindustrien zu bewegen.

foreign trade policy: Außenhandelspolitik *f*

foreign trade surplus: Außenhandelsüberschuß *m*

foreign worker: Fremdarbeiter *m*, Gastarbeiter *m*

foreign: ausländisch, fremd

foreigner: Ausländer *m*, Fremder *m*
forelady: Vorarbeiterin *f*
foreman: Gruppenführer *m*, Meister *m*, Vorarbeiter *m*, Vormann *m* (im Sinne von Meister gebraucht), Werkführer *m*, Werkmeister *m*
foresight: Vorsorge *f*
forestall: aufkaufen, zuvorkommen
forestry: Forstwirtschaft *f*
forex dealer: Devisenhändler *m*
forfeit: Bußgeld *n*, Reugeld *n*, verfallen (von Rechten), verwirken
forfeit for nonfulfillment of contract: Reugeld *n*
forfeitable: verwirkbar
forfeiture: Reugeld *n*, Verfall *m* (von Rechten), Verlust *m* (von Eigentum und Rechten), Verwirkung *f*
forfeiture of a right: Rechtsverlust *m*
forfeiture of shares: (Aktien)-Kaduzierung *f*
forfeiture of stock: (Aktien)Kaduzierung *f*
forge: fälschen, Hütte *f* (Industrie), schmieden, verfälschen
forger: Fälscher *m*, Schmied *m*
forgery: Fälschung *f*, Nachahmung *f*, Verfälschung *f*
forgery of bills: Wechselfälschung *f*
forget: versäumen
forging: Schmiedestück *n*
forging plant: Gesenkschmiede *f*
forklift: Gabelstapler *m*
form: formen, Formular *n*, formulieren, gründen, Vordruck *m*
form of acceptance: Annahmeformular *n*
formal: förmlich, formal
formal approach: formeller Ansatz *m*
In der Managementlehre ein Ansatz, nach dem Führung aus der formalen Organisation eines Unternehmens resultiert. Der Organisationsplan, d.h. der etablierte Aufbau der Instanzen und die bestehenden Weisungs- und Berichtswege, bestimmen die Zuweisung der Führungsvollmacht (starre Regelung der Führung).
Der Ranghöhere besitzt grundsätzlich und ungeachtet seiner Fähigkeiten die größere Entscheidungskompetenz (Legitimation kraft Position). Es handelt sich um das System der Bürokratie, in dem u.a. auch nach Dienstjahren die Regelung der Führungsnachfolge erfolgt.
Der Führungsstil bestimmt die Art der Aufgabenerledigung. Der jeweils praktizierte Führungsstil zeigt sich darin, wie und mit welchen Methoden es der Führungskraft gelingt, ihren Auftrag – andere zur optimalen Erledigung von Aufgaben anzuleiten – innerhalb der bestehenden Regeln und Normen der Personal- und Unternehmenspolitik zu erfüllen.

Bedeutsam für das Führungsverhalten ist das Selbstverständnis der Manager, d.h. die Rolle, die sie als „Führer" in einer soziotechnischen Organisation einnehmen wollen.
formal communication system: formales Kommunikationssystem
A. G. Coenenberg unterscheidet zwischen dem formalen und dem informalen Kommunikationssystem: „Das formale betriebliche Kommunikationssystem bringt die auf eine optimale Aufgabenstellung hin geplante Struktur der innerbetrieblichen Kommunikationsbeziehungen zum Ausdruck. Seine Aufgabe ist es, einen am Unternehmungsziel orientierten Fluß der betrieblich relevanten Informationen zu ermöglichen. Das informale betriebliche Kommunikationssystem umfaßt dagegen alle diejenigen Kommunikationsbeziehungen, die durch die formale Organisation nicht vorgegeben sind, die vielmehr spontan entstehen und ihre Grundlagen in den verschiedenen informalen Gruppierungsprozessen haben."
Das formale Kommunikationssystem wird durch die Strukturorganisation des Unternehmens bestimmt, d.h. durch die formale Gliederung von Instanzen, Funktionen und der sie verbindenden „Kanäle": Dienstwege und direkte Wege. Die Kommunikation beinhaltet somit:
(1) Die formale Struktur der die Instanzen und Funktionen verbindenden Wege (Berichts- und Informationslinien).
(2) Die über diese Wege übermittelten Nachrichten und Informationen.
(3) Die Mittel, die für den Nachrichtentransport eingesetzt werden.
(4) Die Zentren der Informationserschließung, Informationsverarbeitung und Informationsspeicherung.
formal education: Schulbildung *f*
formal error: Formfehler *m*
formal group: formale Gruppe *f*
formal interview: geplantes Interview *n*
formal organization: formale Organisation *f*
Diejenige Form der Zusammenarbeit von Menschen, die bewußt, absichtsgeleitet und auf einen Zweck gerichtet ist. Sie ist ein System von bewußt koordinierten Handlungen oder Kräften von zwei und mehr Personen. Diese Definition verbindet die gemeinsame Aufgabe als Zweck der Kooperation mit den Wünschen, Zielen oder Motiven der Menschen, deren Leistungen für die Zielerreichung erforderlich sind.
formality: Formalität *f*
format: Format *n*
formation: Bildung *f*, Entstehen *n*, Gründung *f*
formation cost: Gründungsaufwand *m*
formation examination: Gründungsprüfung *f*
formation of capital: Kapitalbildung *f*

formation of prices: Preisbildung *f*
formation report: Gründungsbericht *m*
formation of departments: Abteilungsbildung *f*
In Unternehmen lassen sich Abteilungen aufgrund von Art und Inhalt der zugeteilten Aufgaben, des zugewiesenen Machtumfangs und der Art der Einbindung in das organisatorische Informations- und Kommunikationssystem definieren. Die Bildung von Abteilungen impliziert also Entscheidungen über Aufgaben-, Informations- und Machtzuteilungen.
Abteilungen bilden die Nahtstelle zwischen den grundlegenden Konzepten Differenzierung und Koordination. Einerseits sind sie das Ergebnis von Innendifferenzierung, andererseits wird durch die Art ihrer Bildung eine Vorentscheidung über das zu verwendende Koordinationsinstrument getroffen.
In Anlehnung an die Organisationssoziologie unterscheidet man zwischen horizontaler und vertikaler Abteilungsbildung.
formula: Formel *f*
formulate: formulieren
formulation: Formulierung *f*
fortuitous: zufällig
fortuitous condition: zufälliger Umstand *m*
forward: befördern, nachsenden, senden, übersenden, verfrachten, verladen, verschicken, versenden, weiterbefördern, zusenden, zustellen (liefern, senden)
forward account: Terminkonto *n*
forward commodity: Terminware *f*
forward deal: Termingeschäft *n*
forward dealing: Termingeschäft *n*
forward foreign exchange transaction: Devisen-Termingeschäft *n*
forward integration: Vorwärtsintegration *f*
Der Prozeß, durch den ein Unternehmen sich nachgelagerte Wirtschaftsstufen (z.B. den Absatz der bisher produzierten Waren) eingliedert, um Marktkenntnis zur Senkung von Kosten zu nutzen.
forward market: Terminmarkt *m*
forward metal: Terminmetall *n*
forward purchase: Terminkauf *m*, Vorauskauf *m*
forward rate: Terminkurs *m*
forward sale: Terminverkauf *m*, Vorausverkauf *m*
forward transaction: Börsentermingeschäft *n*, Termingeschäft *n*, Spekulationsgeschäft *n*
forwarder: Spediteur *m*, Versender *m*
forwarder's receipt: Spediteur-Übernahmebescheinigung *f*
forwarding: Absendung *f*, Beförderung *f*, Übersendung *f*, Verladung, Versand *m*, Zustellung *f*

forwarding agency: Spedition *f*
forwarding agent: Spediteur *m*, Transportmakler *m*
forwarding agent's certificate of receipt: Spediteur-Übernahmebescheinigung *f*
forwarding business: Speditionsgeschäft *n*
forwarding charge(s) *(pl)*: Speditionsgebühr *f*, Zustell(ungs)gebühr *f*
forwarding clerk: Expedient *m*
forwarding cost: Versandkosten *pl*
forwarding instruction(s) *(pl)*: Versandanweisung *f*
forwarding merchant: Spediteur *m*, Transportmakler *m*
forwarding transaction: Distanzgeschäft *n*
fostering competition: Pflege *f* des Wettbewerbs *m*
f.o.t. (= free on truck): frei auf Waggon *m*
foul bill of lading: unreines Konnossement *n*
found: gründen, stiften
foundation: Gründung *f*, Grundlage *f*, Stiftung *f*
foundation with cash suscriptions only: Bargründung *f*
foundation with pari of the suscriptions in kind: Sachgründung *f*
founder: Gründer *m*, Stifter *m*
founders' share: Gründeraktie *f*, ausgestattet mit Privilegien *n/pl* oder Bedingungen *f/pl*
foundry: Hütte *f* (Industrie)
fount *(brit)*: Schrift *f*, Schriftsatz *m*
four-day week: Viertagewoche *f*
f.p.a. free of particular average: frei von Schäden *m/pl* in besonderer Havarie *f*
fraction: Bruch *m*, Bruchteil *m*
fractional pari: Bruchteil *m*
fractional right: Teilrecht *n*
fractions *pl* **of votes** *pl*: Stimmanteile *m/pl*
fragment: Stück *n*
frame: abfassen, formulieren, Rahmen *m*
framework: Rahmen *m*
franchise: Gerechtsame *f*, Konzession *f*, Sonderrecht *n*, Vorrecht *n*
franchise clause: Franchiseklausel *f*
franchise tax: Konzessionssteuer *f*
franchised: konzessioniert
franchised dealer: konzessionierter Händler *m*
franchising: Franchising *n*
Eine vertraglich geregelte Form der langfristigen Kooperation zwischen zwei selbständigen Unternehmen, bei der ein Franchise-Geber (Franchisor) einem Franchise-Nehmer (Franchisee) das Recht

einräumt, ein Betriebssystem, bestimmte Produkte oder Dienstleistungen unter festgelegten Bedingungen und gegen Zahlung eines Entgelts (entweder eines einmaligen Betrags oder laufender Beträge oder beider) an den Franchise-Geber, im übrigen aber unter Verwendung der Ausstattung, Warenzeichen, Namen und sonstigen Schutzrechten sowie der technischen und gewerblichen Erfahrungen des Franchise-Gebers und unter Beachtung des von diesem entwickelten Absatz- und Organisationssystems anzubieten – so die etwas erweiterte Definition des „Arbeitsausschusses für Begriffsdefinitionen der Kommission zur Förderung der handels- und absatzwirtschaftlichen Forschung".

Nach der Formulierung des Deutschen Franchise-Verbands gehört es zu den Charakteristika des Franchising, daß das System am Markt einheitlich auftritt und durch das arbeitsteilige Leistungsprogramm der Systempartner durch ein Weisungs- und Kontrollsystem zur Sicherung eines systemkonformen Verhaltens geprägt wird: „Das Leistungsprogramm des Franchise-Gebers ist das Franchisepaket; es besteht aus einem Beschaffungs-, Absatz- und Organisationskonzept, der Gewährung von Schutzrechten, der Ausbildung des Franchise-Nehmers und der Verpflichtung des Franchise-Gebers, den Franchise-Nehmer aktiv und laufend zu unterstützen und das Konzept ständig weiterzuentwickeln. Der Franchise-Nehmer ist im eigenen Namen und für eigene Rechnung tätig; er hat das Recht und die Pflicht, das Franchise-Paket gegen Entgelt zu nutzen. Als Leistungsbeitrag liefert er Arbeit, Kapital und Informationen."

Der fundamentale Vorteil des Franchising liegt für den Franchise-Geber darin, daß er durch die Verbindung mit dem Kapital der Franchise-Nehmer stärker expandieren kann, als er es nur mit Hilfe des eigenen Kapitals könnte, besonders wenn das Franchise-System mit einem Filialsystem kombiniert wird, was häufig der Fall ist. Der Franchise-Nehmer genießt den Vorteil einer selbständigen Tätigkeit in einem vertraglich festgelegten, auch einigermaßen gesicherten Rahmen der ihm einen unternehmerischen Aktionsradius bietet, zu dem er ohne die vertraglich geregelte Kooperation mit dem Franchise-Geber nicht in der Lage wäre.

Vom Lizenzsystem unterscheidet sich das Franchise-System vor allem durch die straffer geregelten Beziehungen zwischen den Vertragsparteien, vom Filialsystem durch die unangetastete Selbständigkeit der Franchise-Nehmer und von den freiwilligen Ketten vor allem dadurch, daß zwischen den Franchise-Partnern Nutzungsrechte übertragen werden.

franking machine: Fankiermaschine *f*, Freistempler *m*
frankness: Offenheit *f*
fraud: Arglist *f*, arglistige Täuschung *f*, Betrug *m*, Hinterlist *f*, Schwindler *m*, Täuschung *f*

fraudulence: Betrügerei *f*
fraudulent: arglistig, betrügerisch, hinterlistig
fraudulent bankruptcy: betrügerischer Konkurs *m*
fraudulent breach of trust: betrügerischer Vertrauensbruch *m*
fraudulent conveyance: betrügerische Vermögensübertragung *f*
fraudulent entry: Falschbuchung *f*
fraudulent intent: betrügerische Absicht *f*
fraudulent manipulation: betrügerische Manipulation *f*
fraudulent preference of creditors: betrügerische Bevorzugung *f* von Gläubigern *m/pl*
fraudulent preference: betrügerische Bevorzugung *f*
free: befreien, frei, befreit, erlaubt, freigebig, öffentlich, unabhängig
free alongside: frei längsseits
free alongside ship (F.A.S.): frei Seeschiffseite *f*
free board and lodging: freie Wohnung *f* und freie Verpflegung *f*
free choice of job: freie Arbeitsplatzwahl *f*
free choice of place of residence: Freizügigkeit *f*
free competition: freier Wettbewerb *m*
free copy: Freiexemplar *n*, Gratisexemplar *n*
free currency: konvertierbare frei konvertierbare Währung *f*, freie Währung *f*
free deal: Freiangebot *n*, Gratisangebot *n*
free economy: freie Marktwirtschaft *f*, Privatwirtschaft *f*, freie Wirtschaft *f*, Verkehrswirtschaft *f*
free enterprise system: freie Marktwirtschaft *f*, Privatwirtschaft *f*, freies Unternehmertum *n*
free exchange rate: freier Wechselkurs *m*
free float: freie Pufferzeit *f*
free from debt: schuldenfrei
free from defects: mangelfrei, ohne Mängel *m/pl*
free from encumbrances: lastenfrei
free from taxes: steuerfrei
free gift advertising: Werbung *f* durch Zugaben *f/pl*, Zugabewerbung *f*
free goods *pl*: freie Güter *n/pl*
free-hand method: Freihandmethode *f*
Ein in der statistischen Trendanalyse bei Zeitreihen oder allgemeiner bei Datenreihen und in der Korrelationsanalyse und der Regressionsanalyse verwendetes, grobes Schätzverfahren, bei dem die Zusammenhänge durch Ziehung einer Linie

nach Augenmaß grob kalkuliert werden. Dabei wird die Gerade oder Kurve mit der bestmöglichen Anpassung an die Punkte im Koordinatenkreuz gesucht. Das Verfahren hat den Vorteil, daß es auf meist sehr einfache Weise eine gute Orientierung bietet, jedoch den Nachteil, daß es keine berechnete Beziehung zwischen den einzelnen Punkten der Datenreihe und der graphischen Trend- oder Regressionsgeraden gestattet.

free labor: Arbeitskräftereserve *f*
free list: (Zoll-)Freiliste *f*
free market: freier Markt *m*
free market economy: freie Marktwirtschaft *f*, Verkehrswirtschaft *f*
Alle Wirtschaftsordnungen werden traditionell auf der Basis der Planung auf zwei idealtypische Ordnungen zurückgeführt: die Zentralverwaltungswirtschaft und die Verkehrswirtschaft.
In der Zentralverwaltungswirtschaft wird der Wirtschaftsprozeß von einem zentralen Plan gesteuert, der für alle Wirtschaftssubjekte bindende Daten für Produktion, Absatz, Verteilung und Verbrauch setzt, dem sich die Individuen unterzuordnen haben.
Plant aber jeder einzelne Haushalt, jede Unternehmung, der Staat und die Verbände jeder für sich, richten die Wirtschaftssubjekte ihr Handeln an eigenverantwortlich getroffenen Entscheidungen aus, dann handelt es sich um eine Verkehrswirtschaft oder freie Marktwirtschaft.
Während in der Zentralverwaltungswirtschaft mittels der Planung nur die Knappheit zu überwinden ist, müssen in der Verkehrswirtschaft alle Einzelpläne zu einem sinnvollen Ganzen zusammengefügt werden. Koordinationszentrale und Koordinationsmedium sind in der Verkehrswirtschaft der Markt und der Preismechanismus. Die allgemeine funktionsfähige Rechenskala, an der die Wirtschaftssubjekte die ökonomische Effizienz ihrer Dispositionen messen können, ist die Geldordnung. Die heutige Wirtschaft ist daher eine Tauschwirtschaft in Form der Geldwirtschaft (Kreditwirtschaft). „Bei der Verkehrswirtschaft werden zahllose autonome Einzelpläne zahlloser Betriebe und Haushalte mittels des Preissystems so koordiniert, daß die Gesamtheit der Verbraucher durch ununterbrochene unverabredete, individuelle und direkte Urabstimmung mit Geldscheinen bestimmt, was produziert werden, wie sich der räumliche und zeitliche Aufbau der Produktion vollziehen soll." (Franz Böhm)
Verkehrswirtschaft ist immer zugleich Wettbewerbsordnung. Der über das Preissystem als Knappheitsmesser gesteuerte Leistungswettbewerb hat die Tendenz, die höchstmögliche wirtschaftliche Effizienz in Produktion und Verteilung anzustreben. Gleichzeitig sorgt er dafür, daß private oder staatliche Machtpositionen gar nicht erst entstehen können.
In der Zeit des ungebremsten Wirtschaftsliberalismus hatte sich gezeigt, daß der Wettbewerb sich nicht von selbst verwirklicht. Vielmehr neigen die Wirtschaftssubjekte dazu, die Konkurrenz zugunsten privater Machtpositionen zu beschränken. Deshalb muß ein institutioneller Rahmen vorhanden sein, der diesen Wettbewerb durchsetzt und sichert. Der Staat beeinflußt die Formen, das institutionelle Rahmenwerk, eben die Wirtschaftsordnung, und er setzt die Bedingungen, unter denen sich eine funktionsfähige und menschenwürdige Wirtschaftsordnung entwickelt. So führt der Staat beispielsweise die Wettbewerbs- und Monopolkontrolle durch, aber er lenkt nicht selbst den Wirtschaftsprozeß. Das ist Sache der privaten Haushalte und Wirtschaftsunternehmen, die im Rahmen dieser Wirtschaftsordnung frei planen und handeln. „Staatliche Planung der Formen – ja; staatliche Lenkung des Wirtschaftsprozesses – nein." (Walter Eucken)
In einer Verkehrswirtschaft mit dem tragenden Prinzip der Wettbewerbsordnung hat der Staat demnach entsprechend den als richtig und notwendig erkannten Ordnungsgrundsätzen auf die Marktformen Einfluß zu nehmen. Er wird darauf zu achten haben, ob Angebot und Nachfrage auf den Märkten offen oder geschlossen sind. „Offen" sind Angebot und Nachfrage, wenn jeder oder ein – im Verhältnis zum Markt – großer Kreis von Personen als Anbieter oder als Nachfrager zum Markt zugelassen wird und wenn jeder einzelne so viel anbieten oder nachfragen darf, wie er für richtig hält. Ist jedem die Ausübung des Berufs als Handwerker, Handler, Industrieller, Landwirt, Arbeiter und Angestellter bedingungslos oder unter leicht zu erfüllenden Bedingungen gestattet und gelten keine Investitionsverbote, so liegt ein „offenes" Angebot vor. „Geschlossen" sind Angebot und Nachfrage dann, wenn nicht jeder als Anbieter oder Nachfrager am Markt erscheinen darf, wenn z.B. nur ein bestimmter geschlossener Kreis von Unternehmern zur Belieferung eines Marktes oder zum Kauf auf einem Markte zugelassen sind. Herrscht auf einem Markt vollständige Konkurrenz, wird auch der Zugang zum Markt frei sein. Gibt es aber Einschränkungen des Wettbewerbs durch Oligopole oder Monopole, dann sind die Märkte auch nicht mehr „offen".

free of charge: gebührenfrei, gratis, kostenfrei, kostenlos, ohne Berechnung *f*, spesenfrei, umsonst, unberechnet
free of commission: provisionsfrei
free of excise duty: akzisenfrei
free of interest: zinsfrei
free offer: Freiangebot *n*, freibleibendes Angebot *n*, Gratisangebot *n*
free on rail (f.o.r.): frei Bahn *f*, frei Versandbahnhof *m*
free on ship (f.o.s.): frei Schiff *n*
free on truck: frei Lastwagen *m*
free policy: beitragsfreie Versicherung *f*
free port: Freihafen *m*
free price: beeinflußbarer Preis *m*

free purchasing power: freie Kaufkraft *f*, vagabundierende Kaufkraft *f*
Derjenige Teil des verfügbaren Einkommens privater Haushalte, der zwischen verschiedenen Alternativen der Verwendung vagabundiert, für die sich die Konsumenten nach eigenem Gutdünken entscheiden können.
free reserve: freie Rücklage *f* einschließlich Gewinn- oder Verlustvortrag *m*
free sample: kostenlose Warenprobe *f*
free slack time: freie Pufferzeit *f*
free supplement: Gratisbeilage *f*
free surplus: freie Rücklage *f*
free territory: Zollausschlußgebiet *n*
free trade: Freihandel *m*
Historisch war vor allem David Hume (1711-1776) der Wegbereiter des Wandels vom Merkantilismus zur Idee des Freihandels in der englischen Nationalökonomie. Mit seinem Preis-Geldmengen-Mechanismus zeigte er, daß es weder nötig noch auf Dauer möglich sei, Edelmetalle ins Land zu ziehen, wie dies die Merkantilisten postulierten. Nach Humes Nivellierungstheorie führt die Vermehrung von Geld- und Edelmetallen in einem Lande über die dadurch verstärkte Nachfrage zu höheren Preisen und daher auch zu verminderter Ausfuhr und zu vermehrtem Import. Damit aber strömen Geld und Edelmetalle wieder ins Ausland ab, und die Preise im Inland sinken. Das wiederum regt den Export neu an, und dämpft die Einfuhrneigung.
Das geistige Fundament der Freihandelslehre stammt indes von Adam Smith. Er lehrte, es sei vor allem die internationale Arbeitsteilung, die den Wohlstand der Völker mehrt. Die von Land zu Land bestehenden Unterschiede der Produktionskosten führen nach Smith dazu, daß eine Volkswirtschaft bestimmte Güter nur zu höheren Kosten als im Ausland herstellen kann. Für ein solches Land lohnt sich, diese Güter zu importieren. Umgekehrt zieht ein Land Vorteile aus dem Export von Gütern, die es selbst mit niedrigeren Kosten als im Ausland herstellen kann.
Free Trade Area: Freihandelszone *f*
free trial: kostenlose Warenprobe *f*, freier Versuch, kostenloser Versuch *m*
free wage negotiations *pl*: freie Lohnverhandlungen *f/pl*
free zone: Freizone *f*
freedom: Freiheit *f*
freedom from want: Freiheit *f* von Not *f*
freedom of action: Handlungsfreiheit *f*
freedom of association: Koalitionsfreiheit *f*
freedom of consumption: Konsumfreiheit *f*
freedom of movement: Freizügigkeit *f*
freedom of press: Pressefreiheit *f*
freedom of religion: Religionsfreiheit *f*
freedom of speech: Redefreiheit *f*
freedom of trade: Gewerbefreiheit *f*

freehold: Eigenbesitz *m*, Eigentum *n*, freies Grundeigentum *n*
freehold tenure: Grundstücke *n/pl* in Eigenbesitz *m*
freeholder: Grundbesitzer *m*, Grundeigentümer *m*, freier Grundeigentümer *m*
freight: befrachten, Fracht *f*, Schiffsfracht *f*, Schiffsfrachtgebühren *f/pl*, Transportkosten *pl*, Transportpreis *m*
freight bill: Frachtrechnung *f*
freight car: Güterwagen *m*
freight cartel: Frachtkartell *n*
freight charges *pl*: Beförderungskosten *pl*, Frachtkosten *pl*
freight conference: Schiffahrtskonferenz *f*
freight dumping: Frachten-Dumping *n*
Eine Form des Dumping durch erniedrigte Exporttarife im Transportwesen.
freight forwarder: Spediteur-Frachtführer *m*
freight-in: Eingangsfracht *f*
freight insurance: Frachtversicherung *f*, Transportversicherung *f*
freight inward: Eingangsfracht *f*
freight-out: Ausgangsfracht *f*
freight outward: Ausgangsfracht *f*
freight prepaid: vorausbezahlte Fracht *f*
freight price: Frachtrate *f*
freight rate: Frachtsatz *m*
freight rates *pl*: Frachttarif *m*
freight terminal: Güterbahnhof *m*
freight-ton mile: Frachttonnenmeile *f*
freight traffic: Güterverkehr *m*
freight train: Güterzug *m*
freight yard: Güterbahnhof *m*
freightage: Befrachtung *f*, Frachtgebühr *f*, Frachtkosten *pl*, Schiffsbefrachtung *f*
freighting: Befrachtung *f*
frequency: Frequenz *f*, Häufigkeit *f*
frequency distribution: Häufigkeitsverteilung *f*
frequency of purchase: Einkaufshäufigkeit *f*
frequency ratio: Häufigkeitsverhältnis *n*
frequent: häufig
friction: Reibung *f*, Spannung *f*
frictional unemployment: friktionale Arbeitslosigkeit *f*, temporäre Arbeitslosigkeit *f* infolge mangelnder Anpassungsfähigkeit *f* der Arbeitskräfte *f/pl*
friendly: freundlich, freundschaftlich, gütlich
fringe benefit expense(s) *(pl)*: soziale Aufwendungen *f/pl*
fringe benefits *pl*: freiwillige Sozialleistungen *f/pl*, sämtliche Vergütungen *f/pl* an Ar-

beitnehmer *m/pl* neben dem Lohn *m* oder Gehalt *n* (einschließlich Überstundenvergütungen), Zahlungen *f/pl* des Arbeitgebers *m* zugunsten der Arbeitnehmer *m/pl*, die nicht eindeutig Lohn *m* oder Gehalt *n* sind (z.B. Arbeitgeberanteil zur Sozialversicherung, freiwillige Zahlungen)
from experience: erfahrungsgemäß
front: Vorderseite *f*
front-feed: vorstecken *(EDV)*
frontier adjustment: Grenzausgleich *m*
frozen account: Sperrkonto *n*
frozen credit: eingefrorener Kredit *m*
frozen goods *pl*: tiefgekühlte Erzeugnisse *n/pl*
frugal: sparsam
fuel: anheizen, Heizöl *n*, Treibstoff *m*
fulfill: erfüllen, vollziehen
fulfill one's obligations: seinen Verpflichtungen *f/pl* nachkommen
fulfillment: Erfüllung *f*, Vollziehung *f*, Vollzug *m*
full age: Großjährigkeit *f*, Volljährigkeit *f*
full covenant deed: Grundstücksübereignungsurkunde *f* (die folgende Zusicherungen enthält: 1. das Eigentums- u. Verfügungsrecht des Veräußerers, 2. des ungestörten Besitzes, 3. der Lastenfreiheit, 4. des einwandfreien Rechtstitels, 5. der Gewährleistung für Rechtsmängel)
full coverage: volle Risikoübernahme *f* durch den Versicherer *m*, volle Risikoübernahme *f* ohne Selbstbeteiligung *f*
full employment: Vollbeschäftigung *f*
Seit John Maynard Keynes (1883-1946) ist der Finanzpolitik auch langfristig immer stärker die Aufgabe zugefallen, vor allem die Vollbeschäftigung in einer Volkswirtschaft zu sichern. Im Gegensatz zur klassischen Nationalökonomie postulierte Keynes, die wirtschaftliche Entwicklung tendiere keineswegs zu einer Vollbeschäftigung der Produktionsfaktoren; es werde sich langfristig vielmehr ein „Gleichgewicht" bei Unterbeschäftigung einstellen. Dem Staat falle durch expansive Ausgaben- und Defizitpolitik die Aufgabe zu, diese Nachfragelücke auf Dauer zu schließen. Die Theorie der Einkommens- und Beschäftigungswirkungen zusätzlicher Staatsausgaben unterscheidet primäre, sekundäre und tertiäre Wirkungen. Unter primären Beschäftigungswirkungen werden jene Konsequenzen verstanden, die sich daraus ergeben, daß der Staat Güter und Dienste in Anspruch nimmt. Das ist unmittelbar der Fall bei den Personalausgaben: Staatsbedienstete werden beschäftigt und beziehen Einkommen. Auch Beschäftigung und Einkommensbezug in den Unternehmen, von denen die öffentliche Hand Güter und Dienstleistungen kauft, zählen dazu ebenso wie Beschäftigung und Einkommensbezug in jenen Unternehmen, die unmittelbar an den Staat liefern oder Zulieferungen leisten. Die Wirkungen von zusätzlichen Staatsausgaben können sie um ein Vielfaches durch den Multiplikatoreffekt (sekundäre Auswirkungen) verstärkt werden: Von den zu Einkommen gewordenen Ausgaben fließt ein größerer Teil wieder in den Konsum und schafft abermals neue Einkommen. Dieser Prozeß setzt sich solange fort, bis das zusätzliche Einkommen irgendwann freiwillig gespart, für Einfuhrgüter aus dem Ausland ausgegeben oder an den Staat abgeführt wird. Als wichtigster Prozeßverstärker gilt in der Theorie der Investitionsmultiplikator. Während Keynes das Multiplikatorprinzip zur Grundlage seiner expansiven Beschäftigungstheorie entwickelt hat, hat der norwegische Nationalökonom Trygve Haavelmo 1945 nachgewiesen, daß auch ein Staatshaushalt, der ohne zusätzliche Kreditaufnahme expandiert – zusätzliche Staatsausgaben werden voll durch zusätzliche Steuereinnahmen finanziert – Sozialprodukt und Volkseinkommen vergrößert. Unter seinen Annahmen und Voraussetzungen ist der Multiplikator gleich 1, d.h. der Höhe der zusätzlichen Staatsausgabe entspricht eine gleichhohe Zunahme des Volkseinkommens (Haavelmo-Theorem).

full employment policy: Vollbeschäftigungspolitik *f*
full-keyboard adding machine: Addiermaschine *f* mit Volltastenfeld *n*
full liability: Vollhaftung *f*
full power of representation: Prokura *f*
full service bank: Universalbank *f*
full service cooperative: Universalgenossenschaft *f*
Sammelbezeichnung für eine Form der Kooperation in genossenschaftlich und genossenschaftsähnlich organisierten Zweckverbänden wie Einkaufsvereinigungen oder freiwilligen Ketten, die dadurch gekennzeichnet ist, daß sich das ursprünglich auf eine begrenzte Anzahl von Serviceangeboten beschränkte Bündel der für die Mitgliedsunternehmen erbrachten Leistungen auf alle wirtschaftlich und technisch relevanten Gebiete ausgedehnt hat und von der Einkaufsrationalisierung, der allgemeinen Nutzung von Rationalisierungsvorteilen in der Sortimentsbildung und Lagerhaltung auf weitere Bereiche wie z.B. die Durchführung von Standortuntersuchungen, die Beschaffung und Gestaltung von Geschäftsräumen und Ladeneinrichtungen, die Beratung in Finanzierungs- und Steuerfragen, Kredithilfen, Ausbildung, Training und Weiterbildung der Mitgliedsunternehmen und ihres Personals, Hilfeleistungen im Rechnungswesen einschließlich Inkasso usw. ausgedehnt hat.

full set of documents: vollständiger Satz *m* Dokumente *n/pl*
full settlement: Abgeltung *f*

full-time capital stock: voll eingezahltes Grundkapital *n*
full-time employment: Ganztagsbeschäftigung *f*
full-time work: Ganztagsarbeit *f*
fully developed: produktionsreif
fully employed: vollbeschäftigt
fully paid-in capital stock: volleingezahltes Kapital *n*
fully secured claim: gesicherte Forderung *f*
function: Funktion *f*, Tätigkeit *f*, Arbeitsaufgabe *f*, Arbeitsbereich *m* (Aufgabe), Betriebsfunktion *f*
functional: funktional, praktisch
functional absorption: Funktionsabsorption *f*
Der Vorgang, durch den ein Wirtschaftsunternehmen Bereiche in seine eigenen Tätigkeiten eingliedert, die in der Vergangenheit und nach allgemeiner Auffassung anderen Mitgliedern eines Absatzkanals vorbehalten waren bzw. sein sollten (z.B. der Übergang eines Herstellers dazu, selbst an Endverbraucher zu liefern und dabei den Groß-, Zwischen- und Einzelhandel zu übergehen).

functional analysis: Funktionsanalyse *f*
Bei der Innovation von Produkten eine zu den Kreativitätstechniken zählende Methode der systematischen Gewinnung von Produktideen und -konzeptionen, deren Ausgangspunkt stets die Formulierung und detaillierte Analyse der Funktionen ist, die zur Lösung konkreter Probleme durch eine Innovation zu bewältigen sind.
Im einzelnen stellt das Verfahren also eine Kombination von Arbeitsablauf-, Zeit- und Kostenstudien dar. Aus der Aufstellung der Einzelfunktionen und der Funktionslösungen wird dann durch Kombinationen der Funktionslösungen das optimale Funktionslösungspaket entwickelt.
Das Verfahren wurde von Bruno Hake 1967 vor allem für den Investitionsgüterbereich dargestellt und sollte vorwiegend dazu dienen, die in bestimmten Bereichen von Abnehmerbetrieben zu lösenden Aufgaben in allen Einzelheiten zu untersuchen und darauf aufbauende Problemlösungen in Gestalt von Produkten oder auch Dienstleistungen zu entwickeln.

functional approach (in management): funktionaler Ansatz (in der Managementlehre)
Nach einer aus der Organisationssoziologie in die Lehre des Managements übernommenen Begriffsbildung wird Management traditionell sowohl als *Institution* wie als *Funktion*, d.h. als Komplex von Aufgaben verstanden, die zur Steuerung eines Systems erfüllt werden müssen. Dieser begrifflichen Unterscheidung entspricht die Differenzierung zwischen dem institutionellen und einem funktionalen Ansatz in der Managementlehre.
Management als Institution bezeichnet danach die Positionen einer Unternehmenshierarchie, die sich in die Führungsaufgabe teilen. Manager sind folglich alle Unternehmensmitglieder, die Vorgesetztenfunktionen wahrnehmen, angefangen vom Meister bis zum Vorstandsvorsitzenden. In der Konsequenz dieser vor allem in angelsächsischen Ländern vorherrschenden Sichtweise liegt es, daß auch der Eigentümer-Unternehmer zum Management zu zählen ist. Sie ignoriert hingegen die in der industrie-ökonomischen Forschung gebräuchliche Unterscheidung zwischen Managern im Sinne von Funktionären ohne Kapital, die von den Kapitaleignern zur Führung eines Unternehmens bestellt werden, und Eigentümern als den durch das eingebrachte Kapital legitimierten Unternehmensführern.
Demgegenüber knüpft der funktionale Ansatz unabhängig von einer vorherigen Fixierung auf bestimmte Positionen und Führungsebenen an diejenigen Handlungen an, die der Steuerung des Leistungsprozesses, d.h. aller zur Aufgabenerfüllung notwendigen auszuführenden Arbeiten in der Unternehmung – oder allgemeiner: in der Organisation – dienen. Diese Steuerungshandlungen können Planungs-, Organisations- oder auch Kontrollaufgaben sein. Beim funkationalen Ansatz geht es nicht um einen bestimmten Personenkreis oder eine bestimmte Ebene in der Unternehmenshierarchie.
Leitungspositionen, Instanzen, sind zu gewissen Teilen, aber nicht vollständig, damit betraut, diese Funktionen zu erfüllen. Daneben haben sie aber auch Sachaufgaben zu erfüllen. Häufig ist der Anteil der Managementaufgaben am Gesamtaufgabenbudget eines Managers um so kleiner, je niedriger er in der Unternehmenshierarchie angesiedelt ist. Dennoch gibt es viele Industriebetriebe, in denen Führungskräfte der unteren Ebenen so gut wie ausschließlich Managementfunktionen erfüllen.
Die Managementfunktionen stehen zu den originären betrieblichen Funktionen, den Sachfunktionen wie Einkauf, Produktion oder Verkauf in einem komplementären Verhältnis. Insofern ist das Management eine komplexe Verknüpfungsaktivität, die den gleichsam netzartig den Leistungsprozeß überlagert und steuernd in alle Sachfunktionsbereiche eindringt. Ein gutes Betriebsergebnis ist nur erzielbar, wenn Sach- und Managementfunktionen eng zusammenwirken und aufeinander abgestimmt sind.
Das funktionale Managementkonzept versteht mithin Management als eine Art Querschnittsfunktion, die den Einsatz der Ressourcen und die Koordination der Sachfunktionen steuert. Managementfunktionen fallen daher in allen Unternehmensbereichen an: im Einkauf ebenso wie in der Finanzierung oder im Vertrieb. Diese Aufgaben sind auch auf jeder Hierarchiestufe zu erfüllen, wenn auch unterschiedlich nach Art und Umfang.
Management ist nach dem funktionalen Ansatz also ein Komplex von Steuerungsaufgaben, die bei der Erstellung und Sicherung von Leistungen in

functional authority to instruct

arbeitsteiligen Systemen erbracht werden müssen. Diese Aufgaben stellen sich ihrer Natur nach als wiederkehrende Probleme dar, die im Prinzip in jeder Leitungsposition und unabhängig davon zu lösen sind, in welchem Ressort, auf welcher Hierarchieebene und in welchem Unternehmen sie anfallen. Dazu schreiben H. Steinmann und G. Schreyögg: „Obwohl die Situationen erheblich unterschiedlich, die Probleme gänzlich different, die zu erstellenden Leistungen usw. völlig anderer Art sein können, trotzdem gibt es einen generellen Katalog von Systemsteuerungsaufgaben. Sie werden in der Regel von speziell dazu bestellten Personen erfüllt, den Führungskräften, also dem Management im institutionalen Sinne."

functional authority to instruct: funktionales Weisungsrecht n
Das einer Stabsstelle allein bei Sonderaufträgen eingeräumte, zeitlich begrenzte Weisungsrecht.

functional budget: Funktionsplan m

functional clothing: Berufskleidung f

functional component: Funktionseinheit f

functional cost center: Funktionskostenstelle f
In der Marketingkontrolle die für die Wahrnehmung einer Funktion oder mehrerer Funktionen zuständigen Verantwortungsbereiche des Vertriebsapparats.

functional division of labor: funktionale Arbeitsteilung f
Die Arbeitsteilung nach Sachfunktionen innerhalb einer Organisation.

functional filing: funktionale Ablage f

functional foreman: Funktionsmeister m

functional foreman system: Funktionsmeistersystem n
Eine Variante des Mehr-Linien-Systems, die auf dem Spezialisierungsprinzip aufbaut und der Führungsaufgabe auf mehrere spezialisierte Instanzen mit der Folge verteilt, daß eine Stelle mehreren weisungsbefugten Instanzen untersteht, d.h. ein Mitarbeiter berichtet mehreren Vorgesetzten. Im Funktionsmeistersystem von Frederick W. Taylor erfuhr die Idee des Mehr-Linien-Prinzips ihre prägnanteste Ausformulierung, wissenschaftliche Betriebsführung. Durch Funktionsspezialisierung soll hierbei Gewinnung von Übungsvorteilen und eine Verkürzung der Anlernzeiten erreicht werden. Taylor schlug eine Aufgliederung der Meistertätigkeit je nach Aufgabenkomplexität in bis zu acht verschiedene Funktionsmeisterstellen vor, z.B. Geschwindigkeitsmeister, Instandhaltungsmeister, Arbeitsverteiler usw.
Bei seinen Bemühungen um die Werkstattorganisation billigte Taylor allen Stabsstellen des Unternehmens direkte funktionale Weisungsrechte gegenüber den verschiedenen Meistern des Betriebes zu. Er gab diese Lösung jedoch wieder auf, nachdem sich gezeigt hatte, daß unkoordinierte funktionale Weisungen nicht zu vermeiden waren und die Verantwortlichkeit der Werkstattführung praktisch verlorenging.
Taylor ging zum Stab-Linien-System zurück und gab dem über den Meistern stehenden Betriebsleiter das alleinige Weisungsrecht gegenüber den Werkstätten. Die Stäbe durften nur noch über den Betriebsleiter und selbst dann nur beratend einwirken. Damit lag die Koordination in der Hand des Betriebsleiters. Seine Verantwortlichkeit blieb gesichert.
Eine Änderung führte Taylor nur insofern ein, als er den Stäben zusätzlich noch das direkte Beratungsrecht gegenüber den Werkstätten einräumte. Damit war es Sache der Meister, wie weit sie von diesen Einwirkungswünschen im Beratungswege Gebrauch machten. Ergaben sich unkoordinierte Widersprüche oder Beeinträchtigungen ihrer eigenen Belange, so konnten sie die Einwirkung abweisen.

functional innovation: funktionale Innovation f
Eine Innovation, bei der ein Produkt dasselbe bleibt, jedoch die Art, wie es seine Funktion erfüllt, neu ist.

functional leadership behavior: funktionales Führungsverhalten n
Grundsätzlich sind zwei entgegengesetzte Ausprägungen des Führungsverhaltens erkennbar: autoritäres und kooperatives Verhalten. Ihr wichtigstes Kriterium ist der Umfang der Partizipation der unterstellten Mitarbeiter am Entscheidungsprozeß und das Maß an Selbststeuerung, das den Mitarbeitern zugebilligt wird.
Zwischen beiden Ausprägungen ergibt sich eine Reihe von unterschiedlich gewichteten Spielarten, die durch das Kontinuum des Führungsverhaltens dargestellt sind.
Beim funktionalen Führungsverhalten wird die formale Über- und Unterordnung aufgehoben. Die Ausprägung einer speziellen Führungsrolle oder eines Führungsanspruchs ist nicht gegeben. Entscheidungsprozesse werden durch eine Gruppe gleichrangiger Mitarbeiter gelöst, die auch zugleich die Arbeitsteilung und Verantwortung regelt. Je nach Bedarf oder für bestimmte Aufgaben außerhalb der Gruppe wird temporär ein Gruppensprecher benannt. Man spricht auch von „sich selbst steuernden Gruppen".
Die Sicherheit und das Selbstwertgefühl der Mitarbeiter werden so gesteigert. Die Befreiung von externen Kontrollen fördert die Mündigkeit der Mitarbeiter, die sich ihre Ziele selbst setzen und meist auch den Ehrgeiz entwickeln, sie zu erreichen. Voraussetzung ist allerdings, daß die Gruppen homogen sind und die Mitarbeiter Rivalitäten und Machtansprüche zurückstellen. Sonst besteht die Gefahr, daß die Gruppen aufgrund persönlicher Einzelansprüche instabil werden und damit das Gruppenziel gefährden. Sehr oft kommt es indes dazu, daß die Gruppe sich von der übrigen formellen Organisation absondert.
Die funktionale Führung kann für spezielle Aufga-

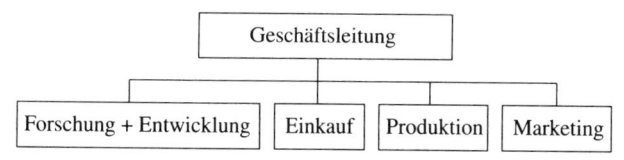

functional planning

```
                    ┌──────────────────┐
                    │  Geschäftsleitung │
                    └──────────────────┘
        ┌──────────────┬─────┴──────┬──────────────┐
┌───────────────────┐ ┌───────┐ ┌──────────┐ ┌───────────┐
│Forschung+Entwicklung│ │Einkauf│ │Produktion│ │ Marketing │
└───────────────────┘ └───────┘ └──────────┘ └───────────┘
```

Die funktionale Organisation

ben, die außerhalb der Routine stehen (Projekte), angewandt werden. Sie ist ein dynamisches Führungsprinzip, das nicht generell, sondern funktionstypisch („task-oriented") eingesetzt werden kann. Sie setzt ein hohes Maß an Selbstdisziplin bei den Gruppenmitgliedern voraus und erfordert einen hohen Informationsstand. Entscheidend ist das Ergebnis der Gruppe die individuelle Einzelleistung tritt zugunsten der Gruppenleistung zurück. Die Eigensteuerung und Selbstorganisation der Gruppen wirken sich meist günstig auf die Produktivität aus.

functional management games *pl*: Simulations-Modelle *n/pl*, die einen Teilbereich *m* des Unternehmens *n* erfassen

functional matters *pl*: funktionale Probleme *n/pl*
Im Kollegialmodell Probleme, die von dem Gruppenmitglied, das Mitglied eines nächsthöheren Managementteams ist, in alleiniger Verantwortung entschieden werden sollen.

functional maturity: Funktionsreife *f*
Die auf dem 3-D Führungsmodell von William J. Reddin aufbauende Theorie der Führung, die Paul Hersey und Kenneth Blanchard entwickelten, unterscheiden sie zwischen Funktionsreife und psych(olog)ischer Reife der Untergebenen. Funktionsreife bezeichnet die Fähigkeiten, das Wissen und die Erfahrung, die ein Mitarbeiter zur Erfüllung seiner Aufgabe mitbringt. Die psychische Reife ist eine Art Motivationsdimension, die auf Selbstvertrauen und achtung abstellt und Leistungsorientierung und Verantwortungsbereitschaft signalisieren soll.

functional organization: funktionale Organisation *f*
Die wohl bekannteste Form der organisatorischen Arbeitsteilung ist die Spezialisierung auf Verrichtungen (Funktionen). Gleichartige Verrichtungen werden zusammengefaßt; dies gilt sowohl für die Stellenbildung wie für die Abteilungsbildung. Die Vorteile einer verrichtungsorientierten Arbeitsteilung liegen in der Nutzung von Spezialisierungsvorteilen und in der Bildung in sich homogener Handlungseinheiten mit hoher Kompetenzdichte und entsprechend effizienter Nutzung der Ressourcen.
Von einer funktionalen Organisation spricht man dann, wenn die zweithöchste Hierarchieebene eines Stellengefüges (wie z.B. einer Unternehmung oder eines Geschäftsbereichs) eine Spezialisierung nach Sachfunktionen vorsieht. Die Kernsachfunktionen eines Industriebetriebs sind Einkauf, Forschung und Entwicklung, Produktion, Marketing. Daneben sind aber auch unterstützende Sachfunktionen wie Finanzierung oder Personal von großer Bedeutung.
Die funktionale Organisation findet am häufigsten bei Unternehmungen Verwendung, die nur ein Produkt herstellen, Ein-Produkt-Unternehmen, oder über ein homogenes Produktprogramm verfügen. Als typische Probleme ergeben sich Abstimmungsschwierigkeiten zwischen den Funktionsabteilungen mit jeweils spezialisierter Ausrichtung und mangelnde Flexibilität. Ein weiteres Problem ist die geringe Zurechenbarkeit von Ergebnissen auf einzelne Akteure.

functional organizational scheme: Funktionsgliederung *f*, funktionale Gliederung *f*, Funktionsorganisation *f*
Die organisatorische Gliederung, die das System der Arbeitsteilung in einer Organisation wie z.B. einem Unternehmen festlegt. Sie hat im wesentlichen folgende Aufgaben:
• Festlegung der Arbeitsteilung durch lückenlose Aufteilung aller im Unternehmen wahrzunehmenden Aufgaben.
• Zusammenfassung der Teilfunktionen in Funktionsbereiche von führungsmäßig praktikabler Größenordnung und deren Einordnung in einen gestuften hierarchischen Aufbau.
• Kooperationsgerechte Gestaltung der Unternehmensstruktur, die es ermöglicht, die aufgeteilten Funktionen zur angestrebten Gesamtleistung zusammenzuführen.
• Regelung der Beziehungen und Ordnung des Zusammenwirkens der Funktionsbereiche.
Es handelt sich also um eine Form der organisatorischen Gliederung eines Unternehmens in Abteilungen, bei der im Gegensatz zur Objektorganisation (Produktorganisation) die einzelnen gebildeten Abteilungen für die Erfüllung von Funktionen und nicht für die Betreuung von Objekten (Produkten) zuständig sind.

functional planning: funktionsbezogene Planung *f*
In der operativen Planung unterscheidet man zwischen funktionsbezogener und faktorbezogener Planung. Während die *faktorbezogene Planung* über die betrieblichen Funktionsbereiche hinweg die Verbräuche von Produktionsfaktoren für Programme und Projekte nach Faktorarten registriert, konzentriert sich die *funktionsbezogene Planung* auf die betrieblichen Funktionsbereiche und registriert die aus dem kurzfristigen Produktionspro-

285

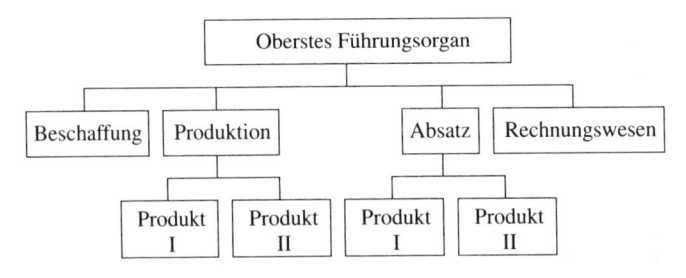

```
                    Oberstes Führungsorgan
        ┌──────────────┬──────────────┬──────────────┐
   Beschaffung     Produktion        Absatz     Rechnungswesen
                    ┌────┴────┐      ┌────┴────┐
                  Produkt  Produkt  Produkt  Produkt
                    I        II       I        II
```

gramm resultierenden funktionsspezifischen Faktoranforderungen und Leistungen.

functional principle: Funktionsprinzip *n*
Das Gegenstück zum Prinzip der Einheit der Auftragserteilung. Nach dem Funktionsprinzip erteilt der auf eine bestimmte Funktion spezialisierte Vorgesetzte nur für diesen Bereich Weisungen. Tangiert die Erfüllung einer Aufgabe mehrere Funktionsbereiche, so erhält der Ausführende auch von mehreren Vorgesetzten Anweisungen. Das Funktionsprinzip ist typisch für die Koordination von Mitarbeitern im Mehr-Linien-System.

functional qualification: funktionale Qualifikation *f*
Die spezifisch technisch-fachlichen Qualifikationen eines Mitarbeiters.

functional quality: Grundqualität *f*, Funktionalqualität *f*
In der Produktpolitik wird meist zwischen der Grundqualität eines Produkts, die in der Stiftung des Grundnutzens für die Käufer besteht (beim Automobil z.B. die Tatsache, daß es fährt), und seinen Zusatzqualitäten unterschieden, die Zusatznutzen stiften (z.B. starke Beschleunigung, Formschönheit).

functional responsibility: Verrichtungsverantwortung *f*
Die Verantwortung der Aufgabenstellung und Zielsetzung des operativen Management für die zeitlich und sachlich richtige Ausführung der Teilpläne eines Unternehmens.

functional statement: Funktionsbeschreibung *f*

functional strategy: Funktionalstrategie *f*
Bisweilen wird die Ebene der betrieblichen Funktionen als strategische Ebene begriffen. Man spricht dann von Funktionalstrategien, also Strategien für die einzelnen Funktionsbereiche wie etwa Marketingstrategie, Personalstrategie, Beschaffungsstrategie oder Fertigungsstrategie.

functional utility: Gebrauchsnutzen *m*
Der im Gegensatz zum Geltungsnutzen eines Erzeugnisses allein durch seine Zweckrationalität und seinen Gebrauchswert bestimmte Nutzen, den eine Ware für einen Konsumenten hat.

functionalistic principle: funktionalistisches Prinzip *n*
Nach dem funktionalistischen Prinzip ist jedes Element wie z.B. die materielle Ausstattung, Gewohnheiten, Interaktionsregelungen etc. in einem Unternehmen erklärungsbedürftig – und sei es noch so irrational oder abwegig – und zwar im Hinblick darauf, welche Funktion es für die Befriedigung der Bedürfnisse der Belegschaftsmitglieder erfüllt. So vermitteln subkulturelle Gruppierungen ihren Mitgliedern ein Gefühl der Geborgenheit und Zugehörigkeit. Gemeinschaftliche Aktivitäten, die nichts mit der formalen Zielerfüllung des Unternehmens zu tun haben, wie Betriebsausflüge oder Weihnachtsfeiern, schaffen Abwechslung von der Monotonie des Arbeitsalltags, bieten Gelegenheit zur Entspannung und Erholung oder ermöglichen Interaktionsfreiräume, in denen man andere näher kennenlernt und Freundschaften schließt. Auch scheinbar rationale Managementtechniken wie Marktanalysen, strategische Planung, Personalauswahl oder -beurteilungsmethoden, deren Unbrauchbarkeit längst erkannt ist, dienen oft als magische Techniken der Milderung von Angst und Unsicherheit in Situationen, in denen Taten verlangt werden, aber sichere Kriterien für ihre Begründung fehlen.

functionary: Funktionär *m*
fund: Deckung *f*, Finanzierungsquelle *f*, Fonds *m*
fund for financial equalization of family burdens: Familienausgleichskasse *f*
fund of funds: Dachfonds *m*
fund principle: Grundbedingung *f*, Grundlage *f*, Grundprinzip *n*
fund rate: üblicher Mindestlohnsatz *m*
fund statement: Bewegungsbilanz *f*
fund to cover liabilities: Deckungsstock *m*
fundamental: grundlegend, fundamental
fundamental condition: Grundbedingung *f*
fundamental innovation: fundamentale Innovation *f*, echte Innovation *f*
Eine Innovation, bei der ein neues Produkt entwickelt wird, das auf gänzlich neuen Ideen beruht und dem Verbraucher eine völlig neue Art der Bedürfnisbefriedigung bietet.
fundamental wage rate: üblicher Mindestlohnsatz *m*
funded: fundiert
funded debt: verbriefte Schuld *f* (meist langfristig)
funded reserve: Reserve *f* (Rücklage) in Form *f* von Bankguthaben *n/pl*, Wertpapieren *n/pl* usw.

funding bond: Schuldverschreibung *f*, die zur Tilgung *f* laufender oder langfristiger Schulden *f/pl* bzw. zur Finanzierung *f* laufender Ausgaben *f/pl* (Investitionen) ausgegeben worden ist
funds analysis: Kapitalanalyse *f*
funds *pl* **for manoeuvre purposes:** Manipulationsfond *m*
funds *pl* **for repayment:** Ablösungsfond *m*, Ablösungsmittel *n/pl*
funds *pl*: Fond *m*, Kapital *n*, Mittel *n/pl*
funeral: Bestattung *f*
funeral expense(s) *(pl)* **insurance:** Sterbegeldversicherung *f*
funeral home: Bestattungsunternehmen *n*
funeral insurance: Sterbekasse *f*
fungibility: Fungibilität *f*
Die gleichmäßige Beschaffenheit einzelner Stücke oder Mengen einer Ware, durch die es möglich wird, daß minimale Qualitätsunterschiede in Kauf genommen werden müssen, und die Waren untereinander beliebig austauschbar sind. Fungibilität von Waren ist die Voraussetzung für ihre Börsenfähigkeit.
fungible: vertretbar, fungibel (Güter)
fungible good: vertretbare Sache *f*, fungibles Gut *n*
fungible goods *pl*: fungible Güter *n/pl*
fungibles *pl*: Gattungssachen *f/pl*, Gattungswaren *f/pl*
furlough: beurlauben, Urlaub *m*
furnish: beliefern, bereitstellen, bestellen, liefern, möblieren, zur Verfügung *f* stellen, versorgen, zuschießen
furnish evidence: Beweismaterial *n* liefern, den Nachweis *m* führen
furnish meals without charge: Essen *n* kostenlos ausgeben
furnish subsequently: nachliefern
furniture: Mobiliar *n*
furniture and fixtures *pl*: Geschäftsausstattung *f*
furniture industry: Möbelindustrie *f*
furnitures *pl* **and fixtures** *pl*: Einrichtungsgegenstände *m/pl*
furrier's trade: Kürschnergewerbe *n*
further: weiter, fördern
further inquiry: Rückfrage *f*
furtherance: Förderung *f*
furtherer: Förderer *m*
fusion: Verschmelzung *f*, Fusion *f*
futile: nichtig, zwecklos
futility: Nichtigkeit *f*, Zwecklosigkeit *f*
future: zukünftig, Börsentermingeschäft *n*, Effektentermingeschäft *n*, Termingeschäft *n*, Zukunft *f*
future date: Termin *m*

future earnings *pl*: zukünftige Erträge *m/pl*
future-oriented management: zukunftsorientiertes Management *n*
Ein von Horst Dreyer entwickeltes Modell der Führungslehre, das den drei Dimensionen Person, Aufgabe, Situation als vierte Dimension den Zukunftsbezug hinzufügt. Zukunftsorientierte Unternehmensführung bedeutet für Dreyer Gestaltung der Zukunft, d.h. Optimierung oder Maximierung einer bestehenden Situation muß nicht zwangsläufig auch ein Optimum für die Zukunft bedeuten, zugunsten zukünftiger Optima muß u.U. ein gegenwärtiges Minimum im Sinne eines Suboptimums entschieden werden.
future price: Terminpreis *m* an der Börse *f*
future prospects *pl*: Zukunftsaussichten *f/pl*
future transaction: Termingeschäft *n*
future transactions *pl*: Terminhandel *m*
futures *pl*: Termingeschäfte *n/pl*, Terminware *f*, Warentermingeschäft *n*
futures exchange: Börse *f* für Termingeschäfte *n/pl*
futures market: Terminmarkt *m*, Warenterminmarkt *m*
futures operations *pl*: Termingeschäft *n*
futures price: Terminpreis *m*
futures trading: Terminhandel *m*
futures transaction: Termingeschäft *n*, Warentermingeschäft *n*
futurology: Futurologie *f*, Zukunftsforschung *f*
Eine interdisziplinäre Forschungsrichtung, die Naturwissenschaften und Sozialwissenschaften mit dem Ziel zusammenführt, über die Vorhersage punktueller Ereignisse und Entwicklungen hinaus Aussagen über die künftigen Entwicklungslinien sozialer Gesamtstrukturen und langfristiger Tendenzen der sozialen, kulturellen und wirtschaftlichen Lebensbedingungen zu machen. Das besondere Interesse der Futurologie gilt den sich unter dem Einfluß der technologisch-wissenschaftlichen Entwicklungen ergebenden wirtschaftlichen, demographischen, ökologischen und kulturellen Perspektiven, insbesondere im Blick auf die Möglichkeiten ihrer Beeinflussung und Regulierung.
Für die Beziehungen zwischen Futurologie und Management ist nach Bruno Tietz der Ansatzpunkt für die Abschätzung sozialökonomischer Entwicklungen in einer Zeit starker sozialer Wandlungen an der Wertedynamik anzusetzen. „Die Veränderungen im Geburtenverhalten, im Konsumverhalten und im Investitionsverhalten der letzten Jahre haben gelehrt, daß die Zuverlässigkeit der Zukunftsaussagen auf der richtigen Erfassung und Beurteilung der Werte beruht, die Menschen in den unterschiedlichen Funktionen als Konsument, als Erwerbstätiger, als Auszubildender, als Unternehmer, als Familienmitglied, als Verkehrsteilnehmer oder als Staatsbürger zugrunde legen."

G

gain: Ausbeute *f*, erwerben, Gewinn *m*, gewinnen, Nutzen *m*, Nutzen *m* ziehen, verdienen, Vorteil *m*, zunehmen
gain and loss: Gewinn *m* und Verlust *m*
gain or loss: Nettoergebnis *n* einer Transaktion *f* oder Transaktionsgruppe *f*
gain-seeking: gewinnsüchtig
gain sharing: Gewinnbeteiligung *f* (der Arbeitnehmer)
gainful: gewinnbringend, vorteilhaft
gainful occupation: Beruf *m*, Berufstätigkeit *f*, Erwerbstätigkeit *f*
Nach Max Weber ist Beruf Grundlage für eine kontinuierliche Versorgungs- und Erwerbschance. Darüber hinaus gilt er als Voraussetzung und Rechtfertigung eines sozialen Status. Letztlich ist Beruf danach ein „Sich-Berufen-Fühlen" für eine Aufgabe oder einen Aufgabenbereich. Lernen bedeutet in diesem Zusammenhang die Internalisierung von Arbeitsstrukturen, die dem technischen Wandel unterliegen.
Faßt man Arbeit als Führung auf, so wird neben hoher Sachkompetenz im Zuge sozialen Wandels auch eine erhöhte Verantwortung für die Mitarbeiter gefordert. Ein so verstandener Beruf ist die Lebensbestätigung eines Menschen als Person im Dienste eines Gemeinschaftszwecks.
Kerschensteiner bezeichnete die Berufsbildung als das „Tor zur Menschenbildung". Demnach dient individuelle Leistungsfähigkeit, die an Ausbildung, Prüfungen oder Erfolgen gemessen wird, als Qualifikationsnachweis zum Eintritt in vorhandene Berufspositionen. Persönlichkeit entsteht jedoch nur durch die Verinnerlichung geltender Werte und berücksichtigt auch die Belange anderer mitarbeitender Menschen.
Der rasche technologische Fortschritt hat das überlieferte Berufsgefüge der Industriegesellschaft in Bewegung gebracht. Die Arbeitsprozesse der industriellen Produktion unterliegen dem technischen Wandel. Überkommene Tätigkeiten verlieren zunehmend an Bedeutung, neue Berufe entstehen in wachsender Zahl.
Arbeitsteilung, weitgehende Spezialisierung, unübersichtliche Arbeitsabläufe in den modernen Leistungsprozessen bedeuten eine fast beliebige Auswechselbarkeit des arbeitenden Menschen als Funktionsträger sowie die Abnahme von Arbeitsethos, Minderung beruflichen Bewußtseins und den Abbau beruflicher Solidarität der arbeitenden Menschen.
Der Pluralismus der Industriegesellschaft stellt den Berufsbegriff als Ordnungselement gesellschaftlichen Lebens in Frage. Die Mehrheit der Menschen sieht berufliche Arbeit zwar nach wie vor als unerläßlich für die Entfaltung ihrer Persönlichkeit an, die ausschließliche Erfüllung und den Sinn ihres Lebens erkennen sie hierin nicht mehr. Fortschreitende Bürokratisierung, die Zunahme gesetzlicher Vorschriften, prozessuale Umschichtungen, fortwährendes Lernen, Klagen über Streß und Leistungsdruck zeigen an, daß der Einfluß und die Gestaltungsmöglichkeiten einzelner immer mehr schwinden und die Wertschätzung von Beruf und Arbeit immer weiter abnimmt.
Weite Teile der Arbeitnehmerschaft neigen zu einer eher instrumentellen Auffassung von Arbeit. Abgesehen von einer Verlagerung der Wertprioritäten vieler Menschen in den privaten Bereich, wird berufliche Arbeit häufig als Mittel angesehen, das einzig den persönlichen Lebensunterhalt und persönliche Bedürfnisse befriedigt. Psychologen sprechen von einer Vertragsauffassung des Lebens, der höhere Ideen weichen mußten und die sich als Bilanzierung des Gebens und Nehmens in allen Bevölkerungsschichten und allen Altersgruppen feststellen läßt.
Managementlehre und industrielle Praxis versuchen gleichermaßen, Arbeitsrestriktionen mit Formen der Arbeitsvergrößerung (Job enlargement) und Arbeitsanreicherung (Job enrichment) zu begegnen.
gainfully employed: erwerbstätig
galloping inflation: galoppierende Inflation *f* → hyperinflation
gamble: Glücksspiel *n*
In der mathematischen Entscheidungstheorie bezeichnet man in einer Entscheidungssituation unter Risiko jede der Optionen des Protagonisten als ein Glücksspiel, als Wette oder als Lotterie. Ein solches Spiel um Geld ist dabei als eine Handlungsalternative definiert, bei der die Wahrscheinlichkeiten der möglichen Konsequenzen bekannt oder zumindest kalkulierbar sind; die Alternativen bei Spielen wie etwa Roulette führen mit bestimmten bekannten Wahrscheinlichkeiten zu Konsequenzen bzw. Auszahlungen und stellen daher im entscheidungstheoretischen Sinne Glücksspiele dar. Vielfach mögen in derartigen Situationen die Wahrscheinlichkeiten nicht objektiv bestimmbar sein. In diesen Fällen dürfte der Protagonist jedoch immerhin über subjektive Wahrscheinlichkeiten für die verschiedenen Konsequenzen verfügen.
gambler: Spieler *m*
gambler's winning: Spielgewinn *m*
gambling: Glücksspiel *n*
gambling debt: Spielschuld *f*
gambling gain: Spielgewinn *m*
game against nature: Spiel *n* gegen die Umwelt *f*, Spiel *n* gegen die Natur *f*
game theory: Spieltheorie *f* → theory of games

games and sports equipment industry: Spielwaren- und Sportartikel-Industrie *f*
gamesman: Spielmacher *m*
In seiner Managertypologie hat Michael Maccoby den „Gamesman" (Spielmacher) als den in den USA vorherrschenden Typ des Managers beschrieben: In sportlicher Haltung, gewiefter Cleverneß und Härte gegen sich und andere verfolgt er nur ein Ziel: Gewinnen, Erster werden. Die Firma, das Produkt oder irgendwelche Grundwerte sind sekundär. Er ist der Profi, der auf dem Transfermarkt für eine bestimmte Summe zu haben ist und in jedem Team mitspielen kann. Es geht ihm aber nicht ums Team, sondern um den eigenen Erfolg.
gang: Arbeitsgruppe *f*
gang job card: Gruppenakkordkarte *f*
gang punch: Schnellstanzer *m (EDV)*
gang summary punch: Summenstanzer *m (EDV)*
Gantt chart: Gantt-Chart *f*
Ein von Henry L. Gantt (1861-1919) entwickeltes Leistungskontrollschaubild, mit dessen Hilfe die Arbeitsleistung im Unternehmen durch ständigen Vergleich von Soll- und Ist-Werten verfolgt werden kann. Das Gantt-Arbeitsforschttsbild ist Bestandteil des von Gantt entworfenen Lohnanreizsystems.
gap: Blocklücke *f (EDV)*, Blockzwischenraum *m (EDV)*, Kluft *f*, Lücke *f*
gap analysis: Lückenanalyse *f*, Gap-Analyse *f*
Um weiterbestehen zu können, muß ein Unternehmen Gewinne erzielen und zugleich sein Gewinnpotential laufend erneuern. Das Problem besteht darin, die richtige Balance zwischen beiden Aufgabenstellungen zu halten. Eine Methode, die hierfür verwendet wird, ist die Lückenanalyse (Gap Analysis). Ihr liegt die Idee zugrunde, sowohl die künftigen Budgets wie die in Zukunft erwarteten Gewinnströme nach der Verursachung in strategische und operative Komponenten zu zerlegen.
Im Rahmen der Lückenanalyse wird die langfristige Entwicklung einer Zielgröße wie Umsatz, Gewinn etc. auf der Grundlage des gegenwärtigen Produktprogramms der langfristigen Zielplanung für das Unternehmen gegenübergestellt. Weichen beide Entwicklungen voneinander ab, so spricht man von der strategischen Lücke. Dabei läßt sich die Aussage dadurch differenzieren, daß zusätzlich dargestellt wird, wie sich die Zielgröße unter Berücksichtigung laufender Produktverbesserungen entwickelt. Man unterscheidet dann die gedeckte und die ungedeckte Lücke.
Die strategische Lücke erklärt sich aus dem begrenzten Wachstum der gegenwärtigen Produkt-Markt-Kombinationen der Unternehmung, die sich insbesondere aus dem Produkt-Lebenszyklus ergibt.
garbage: zur Verarbeitung *f* ungeeignete Daten *n/pl (EDV)*, Kehricht *m*

garnish: beschlagnahmen, pfänden
garnishee: Dritter *m*, bei dem eine Forderung *f* oder Eigentum *n* des Schuldners *m* beschlagnahmt wird, Drittschuldner *m*
garnisher: Veranlasser *m* einer Beschlagnahme *f* oder Pfändung *f*
garnishment: Beschlagnahme *f*, Lohnpfändung *f*, Pfändung *f*, Verbot *n* an den Schuldner *m*, Zahlungen *f/pl* zu leisten
gas: Benzin *n*
gas corporation: Gasversorgungsgesellschaft *f*
gasification plant: Gaswerk *n*
gasoline: Benzin *n*
gasoline production: Gaserzeugung *f*
gasoline station: Tankstelle *f*
gasoline supply: Gasversorgung *f*
gasoline tax: Benzinsteuer *f*, Mineralölsteuer *f*, Treibstoffsteuer *f*
gasworks *pl (brit)*: Gaswerk *n*
gate release: Torfreigabe *f*
gatekeeper: Informationsselektierer *m*, Gatekeeper *m*, Pförtner *m*, Türhüter *m*
Das in der Massenkommunikationsforschung zum Gattungsbegriff gewordene Konzept des Pförtners wurde erstmals 1943 von Kurt Lewin als Modell im Rahmen von Kleingruppenuntersuchungen in seiner „psychologischen Ökologie" zur Erklärung des Zugangs von Lebensmitteln zu bestimmten Kaufkanälen verwendet und auf den Informationsfluß durch Kommunikationskanäle angewandt.
Nach Lewin ist die soziale Organisation wie ein Kanalsystem strukturiert, das in besondere Schleusenbereiche (Pforten) gegliedert ist, in denen die Entscheidung getroffen wird, ob ein Kanalsegment geöffnet oder geschlossen wird: „Die Pforten-Segmente werden entweder durch neutrale Regeln oder durch Pförtner, beherrscht. Im zweiten Fall hat ein Individuum oder eine Gruppe die Macht, über die Entscheidung zwischen ‚offen' oder ‚geschlossen'. Das Verstehen der Funktion der Pforte wird damit gleichbedeutend mit dem Verstehen der Ursachen, die die Entscheidungen der ‚Pförtner' bestimmen, und Veränderung des sozialen Geschehens erfordert die Beeinflussung oder Ersetzung des ‚Pförtners'." (Kurt Lewin)
Die Massenkommunikationsforschung, in der etwa gleichzeitig das Konzept des Zwei-Stufen-Flusses der Kommunikation und des Meinungsführers entdeckt wurde, bezeichnet den Begriff des „Gatekeeping" heute noch spezifischer, als Lewin dies tat, als den Prozeß der Produktion und Selektion von Informationen und Nachrichten durch einen Kommunikator, der im Gegensatz zum Meinungsführer diese Nachrichten und Informationen nicht direkt, sondern über ein Medium weiterleitet. In diesem Sinne versteht die Massenkommunikationsforschung die Journalisten in den Massenmedien als die Schleusenwärter, die darüber entscheiden, ob bestimmte Informationen und Nach-

richten von den Massenmedien zu den Meinungsführern und von diesen zu den weniger aktiven Teilen der Bevölkerung fließen.
Die Öffentlichkeitsarbeit (Public Relations) hat aus der Theorie des Gatekeeping die Schlußfolgerung abgeleitet, daß es am effektivsten ist, alle Anstrengungen der Öffentlichkeitsarbeit direkt an die Schleusenwärter in den Massenmedien und über diese an die Meinungsführer zu richten.
gather: sammeln
gathering: Versammlung f
gauge: eichen, Meßgerät n
gear: Gang m (Motor)
geared fond: Kapitalanlage f mit geborgten Mitteln n/pl
gearing: Verhältnis n zwischen Eigenkapital n und Vorrangkapital n
general: allgemein
general account: Sachkonto n
general accountant: Buchsachverständiger m, der in allen Sparten f/pl des Rechnungswesens n eines Unternehmens n tätig wird, Finanzbuchhalter m
general accounting: Finanzbuchhaltung f
general accounting department: Finanzbuchhaltung f
general administrative expense(s) (pl): allgemeine Verwaltungskosten pl
General Agreement on Tariffs and Trade (GATT): Allgemeines Zoll- und Handelsabkommen n
general authority: Generalvollmacht f
general average: gemeinschaftliche Havarie f
general average loss: Schaden m aus gemeinschaftlicher Havarie f
general burden: Gemeinkosten pl, die das Unternehmen f als Ganzes n verursacht und die deshalb keiner bestimmten Kostenstelle f anlastbar sind, Handlungskosten pl
general burden department: Allgemeine Abteilung f, allgemeine Kostenstelle f
general business risk: allgemeines Unternehmerrisiko n
general cargo: Stückgut n
general cargo traffic: Stückgutverkehr m
general council: Generalrat m
general cover contract: Versicherungsvertrag m, der schwankende Lagerbestände m/pl einschließt
general creditor: Massegläubiger m
general delivery: postlagernd
general election: allgemeine Wahl f
general expense account: Gemeinkostenkonto n
general expense(s) (pl): Handlungskosten pl, Handlungsunkosten pl, Gemeinkosten pl,

die das Unternehmen f als Ganzes n verursacht und die deshalb keiner bestimmten Kostenstelle f anlastbar sind
general familiarity: allgemeine Kenntnis f
general foreman: Obermeister m (steht zwischen Meister und Betriebsleiter)
general fund: allgemeiner Fond m
General Iron and Steel Carriage Tariff: Allgemeiner Eisen- und Stahl-Frachttarif m
general journal: Grundbuch n, Hauptjournal n, Journal n, allgemeines Sammelbuch n, Sammeljournal n, Tagebuch n
general ledger: Hauptbuch n
general ledger account: Hauptbuchkonto n
general management games pl: Spiel(Simulations)-Modelle n/pl, die alle Bereiche m/pl des Unternehmens n erfassen
general manager: Generaldirektor m
general meeting: Generalversammlung f, Hauptversammlung f, Mitgliederversammlung f
general meeting of shareholders: Hauptversammlung f
general meeting of stockholders: Hauptversammlung f
general overhaul: Generalüberholung f
general overhead: Gemeinkosten pl, die das Unternehmen f als Ganzes n verursacht und die deshalb keiner bestimmten Kostenstelle f anlastbar sind, Handlungskosten pl
general pardon: Amnestie f
general partner: (aktiver) Teilhaber m ohne Haftungsbeschränkung f, Komplementär m
general partnership: offene Handelsgesellschaft f (OHG)
general plant shutdown: Betriebsschließung f
general power of attorney (P/A): Generalvollmacht f
general price increase: allgemeine Teuerung f
general proxy: General-Vertretungsvollmacht f
general public: Allgemeinheit f
general purpose computer: Allzweckrechenautomat m (EDV)
general reserve: allgemeine Rücklage f
general salesman: Vertreter m, der mehrere Firmen f/pl vertritt
general secretary: Generalsekretär m
general service department: allgemeine Hilfsabteilung f (Reinigung, Instandhaltung usw.), allgemeine Kostenstelle f
general store: Gemischtwarenhandlung f
general strike: Generalstreik m

general tariff: Einheitstarif *m*, Einheitszoll *m*
generate: erzeugen
generic accounts *pl*: Bilanz- und Erfolgskonten *n/pl*
generic term: Gattungsbezeichnung *f*
generous: freigebig, großzügig
gentlemen's agreement: mündliches Übereinkommen *n*
genuine: echt
genuine factoring: echtes Factoring *n* Eine Form des Factoring, bei dem der Factor von seinem Factoringkunden (Anschlußkunden) sämtliche Forderungen an dessen Abnehmer kauft. Dabei sind in der Regel pro Abnehmer gemäß dessen Bonität Höchstlimits vereinbart. Sobald der Factor von seinem Factoring-Kunden die Rechnung erhält, bevorschußt er diese Rechnung zu 80 bis 90 %, so daß der Factoring-Kunde sofort über Liquidität verfügt. Der restliche Rechnungsbetrag wird auf einem Sperrkonto einbehalten, bis der Abnehmer der Waren die Rechnung bezahlt. Skontoabzüge oder sonstiges werden durch den Abnehmer einbehalten und diese Abzüge von der Restsumme beglichen. Außerdem kann für den Fall des Zahlungsausfalls durch den Abnehmer mit dem Factoring-Kunden vereinbart sein, daß dann die Auszahlung des Restbetrages durch den Factor entfällt. In der Regel haben die Forderungen beim Factoring eine Maximallaufzeit von 90 Tagen. Mit dem Kauf der Forderung übernimmt der Factor meist das Delkredere-Risiko.
genuineness: Echtheit *f*
geographical combination: Gebietskartell *n*
geographical differential: örtlicher Lohnunterschied *m*
geometric mean: geometrisches Mittel *n*
geometric progression: geometrische Progression *f*
geometrical: geometrisch
German Federal Bank: Deutsche Bundesbank *f*
German Industrial Standard: Deutsche Industrie Norm(en) *f/pl* (DIN)
German Trade Unions' Federation: Deutscher Gewerkschaftsbund *m*
get lost: abhanden kommen
giant concern: Riesenkonzern *m*
giant size package: übergroße Packung *f*
Giffen paradox: Giffen-Paradox *n* Das bei inferioren Gütern manchmal beobachtbare Auftreten einer negativen Absatzelastizität, das als eine anormale Nachfragereaktion auf steigende Preise nicht zu einem Absinken, sondern zu einem Anstieg der abgesetzten Menge führt. Dieses Paradox geht auf die Beobachtung von Sir R. Giffen zurück, daß in englischen Haushalten mit sehr niedrigen Einkommen im 19. Jahrhundert steigende Brotpreise zu einem steigenden Brotverbrauch führten.
Die Erklärung für dieses Verhalten ist in dem Umstand zu suchen, daß die Haushalte bei steigenden Preisen für ihr Hauptnahrungsmittel Brot nicht mehr in der Lage waren, höherwertige Nahrungsmittel zu kaufen, und daher in noch stärkerem Maße als zuvor auf Brot ausweichen mußten. In der modernen Industriegesellschaft ist derselbe Effekt in der Weise zu beobachten, daß die Verteuerung eines Produkts einen Verknappungseffekt ergibt, der die Attraktivität des Produkts zumindest bei einigen Sozialschichten erhöht und durch Snob-Effekte zu Prestigekonsum führt, der wiederum bei Angehörigen von Unterschichten bzw. sozial benachteiligten Schichten eine relative soziale Deprivation auslöst, die Verlagerungen der Einkommensverwendung zugunsten des verteuerten Produkts zur Folge hat.
gift: Begabung *f*, Geschenk *n*, Schenkung *f*, Spende *f*, Zuwendung *f*
gift in contemplation of death: Schenkung *f* von Todes wegen
gift inter vivos: Schenkung *f* unter Lebenden
gift mortis causa: Schenkung *f* von Todes wegen
gift tax return: Schenkungssteuererklärung *f*
gift tax: Schenkungssteuer *f*
gifted: begabt
gilt-edged: „Goldgeränderte" *n/pl*, mündelsichere Staatspapiere *n/pl*
gilt-edged stock: Wertpapier *n* mit besonders hoher Sicherheit *f*
gilts *pl*: „Goldgeränderte", mündelsichere Staatspapiere *n/pl*
give: geben, gewähren, schenken, übermitteln, übertragen, zuwenden
give a dowry: aussteuern
give advance notice: kündigen
give an opinion: begutachten
give away: verschenken, weggeben
give bail: Bürgschaft *f* leisten
give evidence of: beweisen
give in: nachgeben
give notice of appeal: Berufung *f* (einlegen)
give notice of: ankündigen
give notice: aufkündigen, kündigen
give priority rights: bevorrechtigen
give priority: bevorrechtigen
give reasons *pl*: begründen
give sick leave: beurlauben (bei Krankheit)
give up: aufgeben, preisgeben, verzichten
give way: nachgeben
giveaway leaflet: Werbeflugblatt *n*, Werbezettel *m*

given name: Taufname *m*
global budget: Rahmenbudget *n*
Ein Budget, in dem lediglich die wesentlichen Zielgrößen und groben Ressourcenbindungen fixiert werden, ohne daß die zu ihrer Erreichung notwendigen Handlungsschritte schon im einzelnen festgelegt sind. In dem Maße, in dem sich die strategischen Planungen konkretisieren, müssen Rahmenbudgets in Teilschritte zerlegt und für die Budgetperioden Maßnahmen und Ressourcen konkretisiert und terminiert werden. Die strategischen Rahmenbudgets werden so in weiteren Iterationsschritten zunehmend detailliert.
global enterprise: globales Unternehmen *n*
global sum insured: Gesamtversicherungssumme *f*
gloss: Glanz *n*, Randbemerkung *f*
glue: Klebstoff *m*, Leim *m*
go bankrupt: Bankrott machen, Konkurs *m* machen, Pleite *f* machen
go bust: Pleite *f* gehen
go on strike: in den Ausstand *m* treten, in Streik *m* treten
go over an account: zurückrechnen
go public: sich an die Öffentlichkeit *f* wenden, ursprünglich private Aktien *f/pl* im Markt *m* anbieten
go-slow movement: Bummelstreik *m*
go-slow strike: Bummelstreik *m*
go to waste: verderben, verschwendet werden
goal: Ziel *n*
goal achievement: Zielerreichung *f*
Die betriebswirtschaftliche Organisationslehre sieht den Aspekt der Zielerreichung als die zentrale funktionelle Aufgabe eines Unternehmens an. Alle Elemente einer Organisation werden auf das Ziel der ökonomisch effizienten Produktion von Gütern und Dienstleistungen abgestimmt. Um dieses Ziel zu erreichen, sind formale Strukturen wie Hierarchie, Standardisierung und Spezialisierung erforderlich.
goal conflict: Zielkonflikt *m*
Ein Konflikt liegt dann vor, wenn sich ein Individuum zwischen unvereinbaren, sich gegenseitig ausschließenden Zielen entscheiden muß. Ein wesentliches Merkmal des subjektiven Konflikterlebens ist der Entscheidungszwang bzw. der Entscheidungswunsch. Im Unternehmen entstehen aufgrund der Organisations- und Arbeitsbeziehungen spezifische Konfliktfelder.
Ein Zielkonflikt entsteht dann, wenn unterschiedliche Parteien divergierende Ziele verfolgen, die sich gegenseitig ausschließen.
goal congruence: Zielübereinstimmung *f*
Der Grad der Übereinstimmung zwischen einem angestrebten Ziel und dem durch konkrete Maßnahmen erreichten Erfolg.
goal programming: lineare Programmierung *f* mit multipler Zielfunktion *f* (Operations Research), zielorientierte Programmierung *f*
going concern: aktiver Betrieb *m*, Geschäft *n* in vollem Betrieb, Geschäft *n*, „lebendes" Geschäft *n*, schwunghaftes Geschäft *n*, tätige Gesellschaft *f*
going concern value: Ertragswert *m*, Teilwert *m*
going rate: Lohnsatz *m*, gültiger Lohnsatz *m*, üblicher (durchschnittlicher) Lohnsatz *m*
going value: Ertragswert *m*, Teilwert *m*
gold and silver manufacture: Gold- und Silberwarenindustrie *f*
gold backing: Golddeckung *f*
gold bullion: Goldbarren *m*
gold-bullion standard: Goldbarrenstandard *m*
gold content: Goldgehalt *m*
gold dealer: Goldhändler *m*
gold drain: Goldabzug *m*
gold exchange standard: Golddevisenstandard *m*
gold export point: Goldausfuhrpunkt *m*
gold import point: Goldeinfuhrpunkt *m*
gold inflow: Goldzufluß *m*
gold ingot: Goldbarren *m*
gold market: Goldmarkt *m*
gold parity: Goldparität *f*
gold point: Goldpunkt *m*
gold quota: Goldtranche *f*
gold reserve: Goldbestand *m*, Goldreserve *f*, Goldvorrat *m*
gold standard: Goldstandard *m*, Goldwährung *f*
gold stock: Goldvorrat *m*
gold value: Goldwert *m*
goldbricking Arbeitstempo: *n* verlangsamen, faulenzen (während der Arbeitszeit)
golden handshake: goldener Händedruck *m*

Gompertz curve: Gompertzkurve *f*
Gompertz function: Gompertzfunktion *f*
Eine in der Wirtschaftsprognostik verwendete asymmetrische Sättigungsfunktion (Wachstumsfunktion), in der das Wachstum als ein konstanter Anteil dargestellt ist. Ihre allgemeine Formel lautet:
$$Y = ae^{-bct}$$
Darin bezeichnet Y die abhängige Variable, a das geschätzte Sättigungsniveau von Y, b eine geschätzte Konstante (b < a), c das Steigungsmaß (wobei 0 < c < 1) und t den Zeitparameter (t = 1, 2, ..., T). Bei Prognosen für die ein hoher Anspruch an die zu erzielende Präzision nicht erhoben wird, lassen sich die Schätzwerte b und c einfach durch Ausprobieren bestimmen.
Die Gompertzfunktion gehört ebenso wie die modifizierte Exponentialfunktion und die logistische

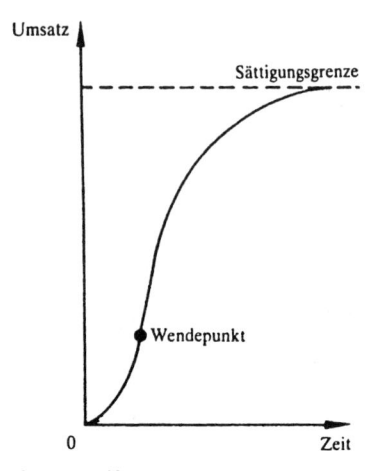

Gompertz-Kurve

(Diagramm: Umsatz über Zeit mit Sättigungsgrenze und Wendepunkt)

Funktion zu den Prognosemodellen, die auf Sättigungsfunktionen beruhen. Zusammen mit den logistischen Kurven zählen Gompertzkurven zu den durch einen s-förmigen Verlauf gekennzeichneten Kurven. Im Gegensatz zu den zu beiden Seiten des Wendepunkts symmetrisch verlaufenden logistischen Kurven sind Gompertzkurven jedoch asymmetrisch, d.h. sie sind durch einen relativ steilen Anstieg, dann jedoch durch ein lang anhaltendes nahezu lineares Wachstum und eine langsame allmähliche Anpassung an das Sättigungsniveau charakterisiert.

good: gültig, Gut *n*, Nutzen *m*, Vorteil *m*
good faith: guter Glaube *m*, Treu und Glauben
good morals *pl*: gute Sitten *f/pl*
good quality: gute Qualität *f*
good reason: triftiger Grund *m*
good-till-canceled order: Auftrag *m*, der bis zu seiner Annullierung *f* gültig bleibt
good value: preiswert
good will: Ruf *m* (einer Firma)
goods *pl*: Güter *n/pl*, Mobilien *pl*, Ware *f*, Waren *f/pl*

Als Gut bezeichnet die Volkswirtschaftslehre ein materielles oder immaterielles Mittel zur Befriedigung von Bedürfnissen. Statt von Gütern spricht man mitunter auch von Leistungen, wobei dann Sachleistungen (Sachgüter) und Dienstleistungen unterschieden werden. Im Rahmen dieser pauschalen Definition lassen sich folgende *Arten von Gütern* unterscheiden:

A. Nach dem *Grad der Knappheit* unterscheidet man zwischen freien Gütern und Wirtschaftsgütern:

(1) *Freie Güter* sind die Ausnahme von der Regel, daß Güter knapp sind. Sie sind zwar aufgrund der Endlichkeit des Planeten Erde auch nur begrenzt, jedoch im Verhältnis zu den Bedürfnissen nach diesen Gütern im Überfluß vorhanden (z.B. Luft). Daher kann man freie Güter erhalten, ohne dafür eine Gegenleistung zu erbringen. Der Preis eines freien Guts ist Null.

(2) *Wirtschaftsgüter* dagegen sind knapp. Sie zeichnen sich außerdem dadurch aus, daß sie prinzipiell erreichbar sind und Nutzen stiften. Der Nutzen eines knappen Guts ist der positive Beitrag des Guts zur Bedürfnisbefriedigung. Man erhält Wirtschaftsgüter nur, wenn man eine Gegenleistung erbringt. Dies geschieht in den meisten Fällen durch eine Bezahlung in Form von Geld. Wirtschaftsgüter haben also einen Preis, der größer als Null ist.

Ob es sich bei einem Gut um ein freies Gut oder ein Wirtschaftsgut handelt, ist zeit- und ortsabhängig (z.B. Trinkwasser), also keine einem Gut wesensmäßig zugehörige Eigenschaft. Das Auseinanderklaffen zwischen nahezu unbegrenzten menschlichen Bedürfnissen und der Knappheit der Wirtschaftsgüter zwingt dazu, die vorhandenen Güter mit dem Ziel zu verwenden, eine möglichst hohe Bedürfnisbefriedigung zu erreichen. Da sich eine optimale Bedürfnisbefriedigung nicht von selbst einstellt, sind Entscheidungen darüber zu treffen, wie die knappen Güter eingesetzt werden sollen. Aus der Anzahl aller möglichen Handlungsalternativen ist die bestgeeignete auszuwählen.

B. Nach der *Greifbarkeit* lassen sich materielle und immaterielle Güter unterscheiden:

(1) *Materielle Güter* sind Sachgüter, die durch ihre Lagerungsfähigkeit gekennzeichnet sind. Zu den materiellen Gütern zählen auch die *fungiblen Güter*, d.h. standardisierte und in ihrer Beschaffenheit eindeutig beschreibbare Güter.

(2) *Immaterielle Güter* sind Leistungen aller Art, die dadurch gekennzeichnet sind, daß sie nicht lagerungsfähig sind. Zwar sind alle Dienstleistungen immateriell, jedoch nicht alle immateriellen Güter sind Dienstleistungen. Der immaterielle Charakter von Nominalgütern (Darlehen, Beteiligungen etc.) ist zwar gegeben, jedoch liegen keine Dienstleistungen bzw. Verrichtungen vor, gleiches gilt für immaterielle Realgüter, vor allem Rechte auf materielle und immaterielle Güter (Patente, Konzessionen etc.).

C. Nach dem Maß ihrer *Vermehrbarkeit* unterscheidet man mitunter *vermehrbare*, d.h. reproduktionsfähige, Güter und *nicht vermehrbare*, d.h. *nicht reproduktionsfähige, Güter*. Nicht reproduktionsfähig sind im wesentlichen die natürlichen Ressourcen.

D. Nach dem *Aggregatzustand* von Gütern, d.h. nach ihrer Konsistenz, lassen sich vier Gruppen unterscheiden:

(1) *Stückgüter* sind alle Objekte fester Konsistenz, die einzeln oder in Partien zum Transport gelangen. Dazu zählen z.B. Kartons, Kisten, Säcke, Maschinen, Fahrzeuge, Rollen, Bleche, Rohre, Flaschen, Tonnen, lebende Tiere u.a.m..

(2) *Schüttgüter* sind stückige, körnige und staubförmige Güter, die lose zum Transport aufgeliefert

werden und zur Be- und Entladung in die Transportgefäße hinein bzw. aus ihnen herausgeschüttet, gesaugt oder -gedrückt werden. Deswegen ist neben dem Begriff „Schüttgut" auch die Bezeichnung „Sauggut" geläufig. Unter die Gruppe der Schütt- bzw. Sauggüter fallen z.B. Kohle, Erde, Getreide, Mehl, Kies, Kartoffeln, Zement, Zucker und Kunstdünger.

(3) *Flüssiggüter* sind alle zäh- und dünnflüssigen Güter, die lose transportiert werden. Ihre Be- und Entladung erfolgt wie bei Schüttgut per Schwerkraft, Über- oder Unterdruck. Beispiele sind Getränke, Erdöl, Kraftstoffe, Benzol, Teer, Laugen und Säuren.

(4) *Gasförmige Güter* sind alle lose zu transportierenden Gase, die in einem zum Transportmittel gehörenden Gefäß befördert werden. Dazu zählen z.B. Natur- und Raffineriegase.

E. Darüber hinaus lassen dich *Form, Abmessungen und Gewichte* sowie sonstige Eigenschaften von Gütern grundsätzlich als weitere Gliederungskriterien heranziehen. Ob dies notwendig und zweckmäßig ist, läßt sich nur vor dem Hintergrund einer konkreten Situation beurteilen. So unterscheidet man z.B. nach Art, Form, Qualität, Abmessung, Verpackung, Aufmachung usw. zischen heterogenen und homogenen Gütern.

(1) *Heterogene Güter* sind im Gegensatz zu den homogenen Gütern nach Art, Form, Qualität, Abmessung, Verpackung, Aufmachung usw. voneinander verschieden. Die Heterogenität kann auf objektiven Gütereigenschaften oder Konsumenteneinschätzung beruhen. Die Kriterien für die Heterogenität von Gütern sind ähnlicher Art wie bei der Marktteilung im Monopol. Man unterscheidet räumliche, zeitliche, sachliche und persönliche Präferenzen, die ein Gut gegenüber anderen Gütern gleichen Verwendungszwecks abheben.

(2) *Homogene Güter* sind dagegen nach Art, Form, Qualität, Abmessung, Verpackung, Aufmachung und anderen relevanten Merkmalen untereinander gleichartig, vergleichbar, austauschbar (fungibel). Da sie objektiv qualitäts- und formgleich sind, sind sie vollkommen substituierbar. Wenn die Güter homogen sind, bezeichnet man den Markt als vollkommen, sind sie heterogen, als unvollkommen. Einige Autoren wählen den Terminus unvollkommener Markt auch dann, wenn die Reaktionsgeschwindigkeit kleiner als unendlich oder die Markttransparenz nicht vollständig ist.

F. Nach ihrer *Funktion im Produktions- bzw. Konsumtionsprozeß* unterteilt man die Wirtschaftsgüter zunächst einmal grob in drei Kategorien:

(1) *Konsumgüter:* Güter, die zur Deckung des persönlichen Bedarfs von Letztverbrauchern in privaten Haushalten dienen.

a) Je nachdem, ob Konsumgüter zur mehrmaligen bzw. längerfristigen Verwendung oder zur einmaligen Verwendung, d.h. zum Gebrauch oder zum Verbrauch bestimmt sind, unterscheidet man zwischen Gebrauchsgütern (Besitzgütern) und Verbrauchsgütern.

- *Verbrauchsgüter* werden bei der Nutzung verbraucht und gehen dabei unter.
- *Gebrauchsgüter* ermöglichen eine wiederholte Nutzung über einen längeren Zeitraum, bei der sie durchaus auch einem verwendungsbedingtem Verschleiß unterliegen können.

b) Eine weitere Unterscheidung ist die im US-amerikanischen Marketing verbreitete Unterscheidung nach dem Kriterium des für sie aufgewendeten Anteil des Haushaltsbudgets und dem mit ihrem Erwerb verbundenen Kaufrisiko zwischen Convenience Goods (Güter des täglichen Bedarfs), Shopping Goods (Güter des gehobenen Bedarfs) und Specialty Goods (Spezialitäten).

c) Eine andere, aus dem amerikanischen Marketing übernommene Unterscheidung ist die zwischen *Low-interest-Produkten* und *High-interest-Produkten*.

d) Noch eine Unterscheidung ist die zwischen inferioren und superioren Gütern.

- Güter gelten als relativ superior, wenn die Einkommenselastizität der Nachfrage größer als eins ist ($E_i(y)) > 1$) und die Nachfrage nach dem Gut bei steigendem Einkommen nicht nur überhaupt, sondern sogar überproportional steigt.
- Weisen Güter eine Einkommenselastizität der Nachfrage zwischen Null und eins auf ($0 < E_i(y) < 1$), so werden sie als absolut superior oder relativ inferior bezeichnet.

Die Begriffe erklären sich daraus, daß die Nachfrage nach solchen Gütern zwar absolut gesehen noch zunimmt, im Verhältnis zum Einkommen aber sinkt. Schließlich gibt es noch Güter deren Nachfrage bei steigendem Einkommen sogar absolut zurückgeht ($E_i(y) < 0$) und die entsprechend als inferior klassifiziert werden. Dabei handelt es sich um Güter, die einen niedrigen Rang in der Präferenzskala des Haushalts einnehmen, aber dennoch gekauft werden, weil höher geschätzte Substitute bei geringem Einkommen nicht erschwinglich sind.

(2) *Produktivgüter (Kapitalgüter):* Produktivgüter sind sowohl die *gewerblichen Verbrauchsgüter* (→ Produktionsgüter) wie die *gewerblichen Gebrauchsgüter* (→ Investitionsgüter).

(a) Alle Objekte, die im Produktionsprozeß weder unverändert noch verändert in die Erzeugnisse eingehen und nicht durch Verbrauch untergehen, werden als *Investitionsgut* bezeichnet. Sie unterliegen allenfalls einer Abnutzung, es handelt sich z.B. um Maschinen und Anlagen.

Werner Hans Engelhardt und Bernd Günter definieren Investitionsgüter als „Leistungen, die von Organisationen (Nicht-Konsumenten) beschafft werden, um mit ihrem Einsatz (Ge- oder Verbrauch) weitere Güter für die Fremdbedarfsdeckung zu erstellen oder sie unverändert an andere Organisationen weiterzuveräußern, die diese Leistungserstellung vornehmen".

Die nachstehend wiedergegebene Gütersystematik von Werner Pfeiffer und Peter Bischof zeigt die vier Güterarten, die überhaupt auftreten können:
- Sachgüter

- Dienstleistungen
- Rechte
- Nominalgüter.

(b) Alle anderen produktiv eingesetzten Waren sind *Produktionsgüter*, die sich weiter unterscheiden lassen: Rohstoffe werden aus Anbau, au und Recycling gewonnen; Einsatzstoffe und Halbfabrikate sind bereits bearbeitet, unterliegen in der Weiterverarbeitung aber noch Veränderungen; Bauteile gehen als Fertigprodukte unverändert in das erstellte Erzeugnis ein, und Hilfs- und Betriebsstoffe werden bei der Produktion verbraucht, ohne Bestandteil des erstellten Versorgungsobjekts zu werden; Anlagen (Anlagegüter) sind Investitionsgüter wie Maschinen, die von Betreibern im Produktionsprozeß eingesetzt und z.B. in der Bilanz einer Aktiengesellschaft zusammenfassend als „Maschinen und maschinelle Anlagen" bezeichnet werden. Sie stellen für den Hersteller Endprodukte dar, die als solche nicht mehr weiterverarbeitet werden, sondern ihrerseits aus Material, Halbfabrikaten und Bauteilen zusammengefügt werden.

Oft wird in der Literatur jedoch auf die Feindifferenzierung zwischen Investitions- und Produktionsgütern und ihre Subsumierung unter den Oberbegriff der Produktivgüter ganz verzichtet, der Begriff Investitionsgüter als Gegenbegriff zu Konsumgütern aufgefaßt und als die Gesamtheit aller materiellen Güter verstanden, die nicht Konsumgüter sind.

(3) *Dienstleistungen:* Im weitesten Sinne entweder körperliche oder geistige Tätigkeiten, durch die im wirtschaftlichen Sinne ein Bedürfnis befriedigt wird, ohne daß dabei ein Sachgut hergestellt wird. Gemeinhin wird zwischen physischen und geistigen, dispositiv-führenden und ausführenden, isolierten und an Sachleistungen gekoppelten sowie zwischen persönlichen (→ direkten) und unpersönlichen (→ indirekten) Dienstleistungen zwischen einem Mensch und einem Wirtschaftsunternehmen unterschieden.

Nach dem Dienstobjekt differenziert man zwischen personenbezogene und sachbezogene Dienstleistungen. Dieses Merkmal ist von der Art des Vollzugsobjekts abhängig und insbesondere aus dem Blickwinkel der persönlichen Betroffenheit des Dienstempfängers zu sehen. Persönliche Verrichtungen werden direkt an Personen vollzogen.

Nach der Rolle im Kaufentscheidungsprozeß lassen sich Dienstekonsum durch den Entscheider und Dienstekonsum durch Verrichtung an Personen (Diensteverwender) unterscheiden, die nicht darüber entschieden haben bzw. den Dienstekaufvertrag eingingen, oder Objekte, über die ein Entscheider verfügt.

Handelt es sich bei den Diensteobjekten um Personen, ist die Relation zwischen dem Kaufentscheider und dem Diensteobjekt zu klären. Im privaten Bereich kann es sich dabei um Familienmitglieder handeln. Handelt es sich um Entscheidungen in Organisationen, kann ebenfalls nach dem Grad der Betroffenheit des Entscheiders gefragt werden.

G. Nach einem von Klaus Chmielewicz entwickelten Schema lassen sich die folgenden Güterarten unterscheiden:

H. In der allgemeinen Gleichgewichtstheorie werden die Güter nach *physischer Beschaffenheit, Ort und Zeit des Konsums* unterschieden. Diese Unterscheidungen sind wichtig für die Preistheorie: Das in einem numeraire ausgedrückte Tauschverhältnis physisch unterschiedlicher Güter am gleichen Ort und zur gleichen Zeit wird als Preis, das Tauschverhältnis physisch identischer Güter an verschiedenen Orten als Wechselkurs und das intertemporale Tauschverhältnis physisch identischer Güter als Zins bezeichnet.

I. Nach dem *der Austauschbarkeit* unterscheidet man *komplementäre, substitutive* und *indifferente (unverbundene) Güter.*

(1) *Komplementärgüter:* Das sind Produkte, die einander in einer Weise ergänzen, daß der Nutzen des einen ohne das andere entweder überhaupt nicht vorhanden ist oder aber durch das Vorhandensein des anderen Produkts wesentlich erhöht wird.

(2) *Substitutionsgüter:* Eine Nachfragebeziehung zwischen zwei oder mehr Gütern ist durch Substitutionalität gekennzeichnet, wenn die Mindernachfrage nach dem einen Gut durch eine entsprechende Mehrnachfrage nach dem anderen Gut ersetzt (substituiert) wird. Zwei Güter i und j werden als substitutional bezeichnet, wenn die Kreuzpreiselastizitäten der Nachfrage positiv sind. Steigt der Preis der Ware j, so steigt die Nachfrage nach der Ware i und umgekehrt. Die ökonomische Ursache besteht darin, daß die Güter einander im Konsum ersetzen.

(3) *Indifferente Güter:* Das sind Güter, die weder in einer Komplementaritäts- noch einer Substitutionsbeziehung zueinander stehen. Mit anderen Worten: Zwischen den Gütern besteht keine Preis-Mengen-Beziehung.

J. Mit Hilfe des *Nicht-Ausschlußprinzips* (Güter, die vollständig von den Wirtschaftssubjekten konsumiert werden) und der *Nicht-Rivalität im Konsum* (die Anzahl der Konsumenten hat keinen Einfluß auf das Konsumniveau der einzelnen Wirtschaftssubjekte) definiert man öffentliche im Gegensatz zu privaten Gütern.

(1) *Öffentliche Güter* sind Güter wie z.B. Rüstung, Straßenbeleuchtung und Rundfunk. Eine paretoeffiziente Allokation öffentlicher Güter verlangt, daß die Summe der Grenzraten der Substitution der Grenzrate der Transformation entspricht. Öffentliche Güter können als Spezialfall externer Effekte interpretiert werden.

(2) *Private Güter* sind Güter wie Lebensmittel und Kleidung, deren Verwendung durch das Wirtschaftssubjekt A andere Wirtschaftssubjekte vom Konsum ausschließt. Dieses Definitionsmerkmal privater Güter wird als Ausschlußprinzip oder Rivalität im Konsum bezeichnet.

K. Zur Charakterisierung von Produkten nichtkom-

Güterarten		Realgüter		Nominalgüter (stets immateriell und meist an materielle Trägersubstanz gebunden)	
		Materiell	Immateriell	Ausland	Inland
Ursprüngliche Güter	naturgegeben oder produziert = Elementargüter	Naturgegebene Sachgüter a) Boden b) Wasser c) Luft d) Tiere e) Pflanzen	Naturgegebene immaterielle Güter a) menschl. Arbeit b) tier. Arbeit c) Informationen d) adjunktive Güter e) Vorrätigkeit (Kapital)	Naturgegebenes Auslandsgeld	Naturgegebenes Inlandsgeld
		Ursprüngliche Realgüter = **absolute Güter**		Ursprüngliche Nominalgüter = **Bargeld**	
	immer produziert (nie naturgegeben)	Produzierte Sachgüter a) mobil oder immobil b) für Gebrauch (abnutzbar o. nicht) oder Verbrauch	Produzierte immaterielle Güter a) Abnutzung produzierter Gebrauchsgüter b) Dienste c) Rechte	Produziertes Auslandsgeld	Produziertes Inlandsgeld
Abgeleitete Güter (= Ansprüche auf ursprüngliche Güter; stets immateriell und meist an materielle Trägersubstanz gebunden)	Ansprüche gegen Ausland		Ansprüche gegen Ausland auf Realgüter	Ansprüche gegen Ausland auf Auslandsgeld	Ansprüche gegen Ausland auf Inlandsgeld
		Abgeleitete Realgüter = Ansprüche auf materielle oder immaterielle Realgüter **(Realforderungen oder -schulden)**		Abgeleitete Nominalgüter = Ansprüche auf Nominalgüter **(Nominalforderungen oder -schulden)**	
	Ansprüche im Inland		Ansprüche im Inland auf Realgüter	Ansprüche im Inland auf Auslandsgeld	Ansprüche im Inland auf Inlandsgeld

Güterarten

merzieller Organisationen spielt die *Realisierung von Eigentumsrechten* eine Rolle. Danach wird zwischen individuellen Gütern, kollektiven Gütern und meritorischen Gütern unterschieden.

(1) *Individualgüter* werden von öffentlichen Unternehmen erzeugt und in der Regel gegen ein Entgelt abgegeben. Man kann dabei private und öffentliche Individualgüter unterscheiden. Individuelle Güter sind dadurch gekennzeichnet, daß externe Personen vom Gebrauch des Guts ausgeschlossen werden können. Das Ausschlußprinzip besagt dabei, daß genau dann ein Ausschluß vorgenommen wird bzw. vorgenommen werden kann, wenn vom Benutzer des Gutes keine adäquate Gegenleistung an den Anbieter desselben erbracht wird.

a) *Private Individualgüter* werden zu Marktpreisen abgesetzt. Beispiele für private Individualgüter sind etwa die von öffentlichen Luftverkehrsgesellschaften erbrachten Transportleistungen. Private Güter implizieren als Individualgüter somit eine Rivalität im Konsum und könnten aufgrund eines ge-

botenen Marktpreises ohne weiteres von privater Seite angeboten werden könnten.

b) *Öffentliche Individualgüter* – die man auch als *meritorische Güter* bezeichnet – werden dagegen zu einem nicht kostendeckenden Entgelt angeboten. Die partielle Subventionierung meritorischer Güter zu Lasten eines öffentlichen Budgets geschieht deshalb, weil das Angebot solcher Güter im öffentlichen Interesse liegt. Ein Beispiel für ein öffentliches Individualgut bzw. meritorisches Gut sind die Informations- und Bildungsangebote der Stiftung Verbraucherinstitut, Berlin. Meritorische Güter sind also Leistungen zur Deckung von Kollektivbedürfnissen, d.h. Güter, die aufgrund einer politischen Entscheidung den Charakter öffentlicher Individualgüter erlangen. Sie könnten durchaus auch von privater Seite angeboten werden (z.B. private Theaterveranstaltung). Durch die öffentliche Subventionierung des Herstellungsprozesses wird die angebotene Menge gemäß der staatlichen Intentionen erhöht.

(2) Betrachtet man die Gegenleistung der Abneh-

mer, so können diese die ihnen bereitgestellten privaten, meritorischen und kollektiven Güter monetär und nichtmonetär entgelten. Im einzelnen lassen sich unterscheiden:
a) Individuelle Güter, bei denen die Gegenleistung ein Preis mit Kostenelementen ist wie die Eintrittskarte für den Besuch einer Theatervorstellung, Gebühren als Gegenleistung für die Inanspruchnahme öffentlicher Leistungsbehörden.
b) Individuelle Güter, bei denen die Gegenleistung immateriell entgolten wird wie das Akzeptanzverhalten als Gegenleistung für eine Schenkung von Eigentumsrechten.
c) Kollektive Güter, bei denen die Gegenleistung Abgaben, Mitgliedsbeiträge, Steuern u.ä. sind wie die Aufrechterhaltung der äußeren Sicherheit durch die Bundeswehr.
d) Kollektive Güter, bei denen die Gegenleistung immateriell entgolten wird wie Dankbarkeit oder Akzeptanzverhalten für eine Sachspende in der Dritten Welt.

goods inwards inspection: Wareneingangsinspektion *f*
goods inwards office: Warenannahme *f*
goods issued note: Warenausgangsmeldung *f*
goods issuing department: Warenausgabe *f*
goods on bond: Vorrat *m*, Warenvorrat *m*
goods outwards office: Warenausgabe *f*
goods *pl* **afloat:** schwimmende Ware*(n) f(pl)*
goods *pl* **and chattels** *pl*: Hab und Gut *n*
goods *pl* **in bond:** Ware *f* unter Zollverschluß *m*
goods *pl* **in consignment:** Konsignationswaren *f/pl*
goods *pl* **in process account:** Fabrikationskonto *n*
goods *pl* **in process:** Halbfabrikate *n/pl*
goods *pl* **in short supply:** Mangelware *f*
goods *pl* **in transit:** Durchgangsgüter *pl n*, Transitware *f*
goods-in-transit insurance: Transportversicherung *f* (nur Kargoteil)
goods received note: Liefereingangsschein *m*
goodwill: Geschäftswert *m*, Firmenwert *m*
Der Betrag, den ein Käufer bei Erwerb des Unternehmens in Erwartung künftiger Erträge über den bloßen Wert des Betriebsvermögens abzüglich der Schulden zu zahlen bereit ist, d.h. der eigentlich immaterielle, aber aktivierbare Wert eines Wirtschaftsunternehmens, der sich insbesondere aus der Reputation und der diese fördernden und steigernden Leistungsfähigkeit seines Managements ergibt und der über seinen Substanzwert (Summe der Vermögenswerte abzüglich Verbindlichkeiten) hinausgeht. Es besteht in enger Zusammenhang zwischen dem klassischen betriebswirtschaftlichen Konzept des Geschäftswerts und dem Firmenimage.
goodwill write-off: Goodwillabschreibung *f*
goon: Streitmacher *m*, Unfriedenstifter *m* (während eines Streiks)
Gossen's laws *pl*: Gossensche Gesetze *n/pl*
Bezeichnung für die zwei aus dem Nutzenkonzept abgeleiteten, 1854 von H. H. Gossen formulierten Regeln, die allgemein als das Bedürfnissättigungsgesetz (1. Gossensches Gesetz) bzw. als das Bedürfnisausgleichsgesetz (2. Gossensches Gesetz) bezeichnet werden.
Das 1. Gossensche Gesetz, das auch als das Gesetz der abnehmenden Grenzrate der Substitution bezeichnet wird, besagt, daß der Nutzen eines Gutes mit wachsender verfügbarer Menge abnimmt.
Das 2. Gossensche Gesetz besagt, daß ein Maximum an Bedürfnisbefriedigung erreicht wird, wenn die Grenznutzen der zuletzt erworbenen Güter gleich sind. Mit anderen Worten: Ein Gut wird nur bis zu dem Punkt konsumiert, an dem der stets abnehmende Grenznutzen geringer wird als der mögliche Konsum anderer Güter.
Nach den Gossenschen Gesetzen ist also anzunehmen, daß die Konsumenten bei ihren Kaufentscheidungen ständig darauf achten, daß die zuletzt erworbenen Gütermengen den gleichen Grenznutzen haben.
Heute wird allgemein davon ausgegangen, daß die Gossenschen Gesetze vorwiegend für physiologische Bedürfnisse gelten, nicht jedoch für soziale oder geistige Bedürfnisse, Geltungsnutzen. Auch die Theorie des Anspruchsniveaus deutet in dieselbe Richtung, daß nämlich bei Annahme einer Additivität verschiedener Nutzenarten desselben Gutes nicht durchweg von der Annahme eines monoton abnehmenden Grenznutzens ausgegangen werden kann.

gossip: Gerücht *n*, Geschwätz *n*, Schwätzer(in) *m(f)*, Tratsch *m*
govern: leiten
governing body: Kuratorium *n*
government: Regierung *f*, Staat *m*
government agency: Verwaltungsbehörde *f*
government auditing office: Rechnungshof *m*
government auditor: Regierungsprüfer *m*
government bond: Behördenkaution *f*
government bonds *pl*: Staatspapiere *n/pl*
government budget: Staatsetat *m*, ordentlicher Staatshaushalt *m*
government contract: öffentlicher Auftrag *m*
government control: Staatsaufsicht *f*
government control of products: Bewirtschaftung *f*

government controlled: staatlich gelenkt
government controlled economy: Staatswirtschaft f, Zentralverwaltungswirtschaft f
Eine Wirtschaftsordnung, in der im Gegensatz zur Verkehrswirtschaft ein zentraler Plan den Wirtschaftsprozeß steuert, der für alle Wirtschaftssubjekte bindende Daten für Produktion, Absatz, Verteilung und Verbrauch setzt, dem sich die Individuen unterzuordnen haben.
Ebenso wie die zu erzeugenden Güter sowie die Art und das Ausmaß ihrer Verteilung bestimmt die Zentralverwaltung auch die Bedürfnisse von privaten Haushalten und Unternehmen. Nicht die Preise, sondern Plansalden sind in der Zentralverwaltungswirtschaft Indikatoren gesamtwirtschaftlicher Knappheitsgrade (K. Paul Hensel). Wenn in der Zentralverwaltungswirtschaft die zentralen Pläne vollständig verwirklicht werden, hat der Wirtschaftsprozeß sein Ziel erreicht – unabhängig davon, in welchem Maße dabei die individuellen Bedürfnisse der Menschen befriedigt werden.
government controlled quotation: Zwangskurs m
government department: Dienststelle f
government directed: staatlich gelenkt
government disbursement: Auszahlung f von Staatsgeldern n/pl
government employee: Regierungsangestellter m
government employment office: öffentliche Arbeitsvermittlungsstelle f
government expenditures pl: Regierungsausgaben f/pl, Staatsausgaben f/pl
government expenses pl: Regiekosten pl, Staatsausgaben f/pl
government financing: Staatsfinanzierung f
government grader: Regierungsprüfer m (Qualität)
government insurance pool: staatliche Versicherungskasse f
government intervention: Regierungseingriff m
government loan: öffentliche Anleihe f, Staatsanleihe f
government manufacture: Regiebetrieb m
government monopoly: Staatsmonopol n
government office: Dienststelle f, Kanzlei f
government official: Staatsbeamter m, Verwaltungsbeamter m
government order: öffentlicher Auftrag m
government owned enterprise: öffentlicher Betrieb m, bundeseigenes Unternehmen n, Regiebetrieb m
government permit: staatliche Genehmigung f
government property: Behördeneigentum n, Staatseigentum n

government revenues pl: Staatseinnahmen f/pl
government securities pl: Staatspapiere n/pl
government spending: Regierungsausgaben f/pl
government subvention: Staatszuschuß m
government supervision: Staatsaufsicht f
governmental: staatlich, Regierungs-
governmental accounting: Kameralistik f
governmental cash revenue-expense accounting: Kameralistik f
governmental price fixing: staatliche Preisfestsetzung f
governor: Leiter m, Regler m
grace period: Stundungsfrist f
gradation: Abstufung f, Stufenfolge f
grade: abstufen, Güteklasse f, klassifizieren
grade down: herabstufen
grade labeling: Qualitätsauszeichnung f, Qualitätskennzeichnung f
graded tax: gestaffelte Steuer f, Stufensteuer f
grading: Klassifikation f, Klassifizierung f
graduated income tax: abgestufte Einkommensteuer f
graduated taxation: Staffelbesteuerung f
grain elevator: Getreidespeicher m
grain equivalent: Getreidewert m
grain industry: Mühlenindustrie f
grain milling: Mühlenindustrie f
granary elevator: Getreidespeicher m
grand larceny: schwerer Diebstahl m
grand total: Abschlußsumme f, Endsumme f
grant: bewilligen, Bewilligung f, genehmigen, gewähren, Gewährung f, Stipendium n, übereignen, Übereignung f, übertragen, Übertragung f, verleihen, zubilligen, Zubilligung f
grant a loan: Kredit m gewähren, leihen
grant a motion: einem Antrag m stattgeben
grant delay: stunden
grant-in-aid: Beihilfe f, Stipendium n, Zuschuß m
grant leave of absence: beurlauben
grant of real estate: Grundstückserwerber m
grant tenure: anstellen, langfristig oder auf Lebenszeit f
grantee: Käufer m
granting clause: Übereignungsklausel f
grantor: Verkäufer m, Verleiher m
grantor of real estate: Grundstückverkäufer m

grapevine: Gerücht *n*, Tratsch *m*
graph: Diagramm *n*, graphische Darstellung *f*
graphic arts industry: graphisches Gewerbe *n*
grasp: Arbeitsgriff *m*
grass roots method: Graswurzelmethode *f*
Ein qualitatives Verfahren der Erstellung von Absatzprognosen mit Hilfe von Befragungen, das gewissermaßen das unternehmensinterne Korrelat der unternehmensexternen Delphi-Methode darstellt. Sie besteht nach der Formulierung von G. S. Saval darin, daß „entlang dem ganzen graswurzelartigen Aufbau des Vertriebsapparates – angefangen beim Bezirksvertreter für einzelne Produkte bis zur zentralen Vertriebsleitung – die Prognosen der jeweiligen Vorstufen gesammelt, mit der eigenen verglichen, korrigiert und an die nächsthöhere weitergegeben" werden.

gratification: Gratifikation *f*
Der durch den Vorgang des sozialen Handelns aufgrund einer bestehenden Bedürfnisdisposition erreichte Grad der Bedürfnisbefriedigung.

gratification principle: Gratifikationsprinzip *n*
Ein aus dem sozialwissenschaftlichen Begriff der Gratifikation abgeleitetes, allgemeines Prinzip der Motivation, das dem Interaktionsparadigma zugrundeliegt. Ganz in der Denktradition der Theorie des Nutzens stehend, postuliert es, daß die motivationalen Antriebskräfte des Verhaltens von Individuen und Organisationen in erwarteten oder vorweggenommenen Belohnungen oder Bestrafungen bestehen und daß generell soziale Austauschprozesse sich im Kontext des Strebens nach Belohnungen und der Vermeidung von Bestrafungen vollziehen.
Auf der Grundlage dieses Prinzips wird Verhalten als die Resultante einer interdependenten Konstellation der Merkmale einer handelnden Person oder Organisation auf der einen und ihrer Umwelt auf der anderen erklärt, und dementsprechend hängt es ganz von den in einer konkreten Situation wirksamen Faktoren der handelnden Person bzw. Organisation ab, was als eine positive oder negative Gratifikation empfunden wird.
„Gratifikationen lassen sich auch als Anreize und Beiträge, Nutzen und Kosten oder auch – im Falle positiver Gratifikationen – als Güter auffassen, wobei man unter einem Gut alles verstehen kann, was für Individuen bzw. Organisationen einen Wert besitzt, so daß dessen Gewinnung Individuen bzw. Organisationen zu belohnen und dessen Entzug sie zu bestrafen vermag. Die Gratifikationen (Güter, Anreize usw.), auf die die Erwartungen der in (Marketing-) Austauschprozessen involvierten Parteien gerichtet sind, können sehr vielfältig sein und beschränken sich keineswegs nur auf die auf einem ‚Markt' angebotenen wirtschaftlichen Güter. Generell können hier tangible, d.h. greifbare Güter (z.B. Sachgüter) und intangible (ideelle, symbolische) Güter (z.B. Anerkennung, Selbstachtung, Zeit) in Betracht kommen." (Hans Raffée, Klaus Peter Wiedmann und Bodo Abel)

gratuitous: gratis umsonst, unentgeltlich
gratuitous agency: unentgeltliche Stellvertretung *f*
gratuitous contract: unentgeltlicher Vertrag *m*
gratuity: Geschenk *n*, Gratifikation *f*, einmalige Zahlung *f*
gravel pit: Kiesgrube *f*
graveyard shift: Nachtschicht *f*
gravitation method (of site selection): Gravitationsmethode *f* (der Standortwahl)
In der betrieblichen Standorttheorie ein von David L. Huff 1964 entwickeltes stochastisches Verfahren der Suche nach und der Bewertung von möglichen Standorten, bei dem in einem stufenweisen Vorgehen zunächst für jeden Standort und für alternative Betriebsgrößen das entsprechende Umsatzpotential bestimmt, für jede Alternative der voraussichtliche Zahlungsüberschuß festgestellt und dann der Standort mit dem höchsten Zahlungsüberschuß ausgewählt wird.
Das Huffsche Gravitationsmodell betrachtet die Wahrscheinlichkeit des Besuchs eines Einkaufszentrums durch die Bewohner eines bestimmten Orts als Funktion des Transferaufwands, der Fahrtzeit sowie des durch die Verkaufsfläche indizierten Agglomerationsgrads und interpretiert das Verhältnis von Transferaufwand zu Agglomerationsgrad als den relativen Attraktivitätsfaktor eines bestimmten Zentrums, der Teil der Summe der Attraktivitätsfaktoren aller relevanten Einkaufszentren ist. Je höher der Anteil des einzelnen Einkaufszentrums an der gesamten Attraktivität aller relevanten Zentren, desto höher ist die Wahrscheinlichkeit für den Besuch des betrachteten Zentrums. In formalisierter Ausdrucksweise:

$$P_{ij} = \frac{\frac{S_j}{D_{ij}^\lambda}}{\sum_{j=1}^{n} \frac{S_j}{D_{ij}^\lambda}}$$

Darin bedeuten:
P_{ij} = die Wahrscheinlichkeit, daß ein Konsument aus dem Herkunftsort zum Einkauf in das Einkaufszentrum des Ortes j fährt;
S_j = die Verkaufsfläche des Einkaufszentrums in j;
D_{ij} = die zeitliche Distanz zwischen dem Herkunftsort i und dem Ort des Einkaufszentrums in j;
λ = ein empirisch festzulegender Parameter, der als räumlicher Widerstandskoeffizient ein Ausdruck für die Zeit ist, die ein Konsument für bestimmte Einkäufe aufzuwenden bereit ist. Durch λ wird also eine Verbindung zwischen der Fahrtzeit und der Art der Einkaufsfahrt hergestellt, wobei das Einzugsgebiet einer Produktgruppe um so kleiner ist, je größer λ ist;
n = Gesamtzahl der Einkaufszentren;

$\sum_{j=1}^{n} \frac{S_j}{D_{ij}^A}$ = Gesamtattraktivität aller relevanten Einkaufszentren.

Durch Multiplikation von P_{ij} mit der Einwohnerzahl von i ergibt sich die Zahl der in i wohnenden Konsumenten, die wahrscheinlich im Einkaufszentrum in j einkaufen werden. Durch Addition der Konsumenten in allen Gemeinden läßt sich die Gesamtzahl der Kunden im Einzugsgebiet, das Marktpotential, bestimmen.

gravity feed: Schwerkraftzuführung f, automatische Zuführung f unter Ausnutzung f der Schwerkraft f

gray market: grauer Markt m
Sammelbezeichnung für alle Formen des Direktabsatzes (Direktvertrieb) unter Umgehung der Absatzwege des institutionellen Einzelhandels, durch die Letztverbraucher durch den Wegfall der entsprechenden Handelsspannen zu Preisnachlässen gelangen, die sie vom Einzelhandel nicht bekommen. Zu den vielfältigen Erscheinungsformen des grauen Markts zählen insbesondere der Behörden-, Belegschafts-, Betriebs- und Beziehungshandel und der durch lockere Handhabung von Zugangsbeschränkungen gekennzeichnete Direktabsatz von Herstellern und Großhändlern.

Wettbewerbsrechtlich ist der Handel auf dem grauen Markt prinzipiell zulässig, die ihn ermöglichenden Absatzmittler verstoßen in der Regel lediglich gegen private Absatz- und Vertriebsbedingungen bzw. gegen Preisbindungen, sofern diese gesetzlich vorgeschrieben sind.

greatly encumbered: überschuldet

„great-man theory" of leadership: Eigenschaftsansatz m
Dem Eigenschaftsansatz der Führung liegt die Vorstellung zugrunde, daß sich Führerschaft durch die Person des Führers erklären läßt. Maßgebend ist die Idee, daß bestimmte Persönlichkeitseigenschaften zum Führer prädestinieren und daß verhältnismäßig wenige Menschen über solche Eigenschaften verfügen. Häufig verbindet sich diese Perspektive noch mit der Überzeugung, die Führungseigenschaften seien in bestimmten sozialen Klassen, nämlich den höheren, häufiger vertreten sind als in den unteren Klassen.

Die Forschung richtete demgemäß ihr Hauptaugenmerk auf die Suche und Entdeckung relevanter Eigenschaften, die den Führer von den Geführten unterscheiden. Dabei wird vielfach angenommen, die Führungsqualitäten seien angeboren, mitunter aber auch, sie seien erworben.

Die verbreiteten Kataloge von Führungseigenschaften verwenden die unterschiedlichsten Eigenschaften. Sie werden manchmal intuitiv-introspektiv, manchmal aber auch empirisch-statistisch gewonnen.

• In den vorwiegend *intuitiv-introspektiven Katalogen* tauchen vor allem die Eigenschaften wie Selbstvertrauen, Entschlußkraft, Fähigkeit zur richtigen Entschlußfassung, Willensstärke, breites Wissen, Überzeugungskraft und Selbstgenügsamkeit auf. Häufig genannt wird auch Intelligenz. Die Frage nach der Beziehung der Eigenschaften untereinander, inwieweit z.B. Intelligenz und Wissen hohe Entscheidungsfreudigkeit ausschließen oder begünstigen, bleibt dabei oft unberücksichtigt.

• Die *empirisch-statistischen Kataloge* versuchen, diejenigen Eigenschaftsmerkmale von Führern herauszukristallisieren, die universell Führer von Geführten unterscheiden. Der Grad der Übereinstimmung ist auch hier gering geblieben. So analysierte R. Stogdill z.B. eine Vielzahl einschlägiger Untersuchungen und fand nur wenige Eigenschaften, die in mehreren Untersuchungen bei Führern häufiger auftraten als bei Geführten. Das waren namentlich: höhere Intelligenz, bessere Schulleistungen und stärkere Teilnahme an Gruppenaktivitäten.

Eine Neubelebung erfuhr die Eigenschaftstheorie durch die Attributionstheorie, speziell durch den eigenschaftsorientierten Ansatz, den B. Calder 1977 formulierte. Calder geht von der phänomenologischen Vorstellung aus, Führung stelle eine Persönlichkeitsdisposition dar, die nicht unabhängig von den Geführten existiert: „Führung existiert nur als Wahrnehmung". Die Geführten beobachten das Verhalten ihres Vorgesetzten direkt oder erschließen es über die Wirkungen, die es gehabt hat. Auf der Grundlage dieser Informationen attribuieren sie anderen Personen Führereigenschaften. Ob Führungseigenschaften existieren oder nicht, spielt nach diesem Ansatz keine Rolle. Entscheidend ist vielmehr, daß einer Person von ihrer Bezugsgruppe Führungseigenschaften zugeschrieben werden und daß diese Person daher als Führer akzeptiert wird. Natürlich spielen bei diesem Wahrnehmungs- und Zuweisungsprozeß Alltagstheorien der Führung eine herausragende Rolle, und diese sind im wesentlichen Eigenschaftstheorien.

Wesentliche Grundlage der dann erfolgenden Attribution sind die Erwartungen des Geführten an Führer, d.h. ihre implizite Führungstheorie. Diese wiederum bildet sich im Rahmen vielschichtiger Sozialisationsprozesse heraus und ist nach Ansicht Calders insbesondere von der Sozialschicht der Geführten den Beobachtungen des Führungsverhaltens anderer Vorgesetzter abhängig.

Heute wird im allgemeinen die Auffassung akzeptiert, daß es im wesentlichen die Zuschreibung der Geführten ist, die das Charisma generiert. Die Geführten bzw. die Einflußadressaten beobachten das Verhalten des Führers und weisen in bestimmten Fällen Charisma zu. Diese Zuweisung wird besonders häufig dann vorgenommen, wenn Führer 1. prägnante Visionen entwickeln, die vom Status quo stark abweichen, ohne allerdings die Vorstellungswelt der Geführten zu verlassen, 2. ein selbstaufopferndes Engagement zeigen, 3. ihre Ideen mit hohem persönlichem Risiko verfolgen, 4.

ihre Ideen erfolgreich realisieren und 5. ihre Führungsmotivation klar zum Ausdruck bringen. Die Merkmale und Wahrnehmungsprozesse, aufgrund derer Charisma attribuiert wird, sind historisch und kulturell beeinflußt, so daß diese Erklärung letztlich auf die gesellschaftlichen Bedingungen verweist, die bestimmte Merkmale für den Attributionsprozeß hervortreten lassen.

greedy: gewinnsüchtig
green card: grüne Versicherungskarte *f*
green insurance card: grüne Versicherungskarte *f*
greengrocer: Gemüsehändler *m*
grievance: Arbeitsstreitigkeit *f*, Beschwerde *f* (bei Arbeitsstreitigkeiten), Beschwerdegrund *m*
grievance committee: Schlichtungsausschuß *m*
grievance procedure: Verfahren *n* zur Regelung *f* von Arbeitsstreitigkeiten *f/pl* (meist in Tarifverträgen bindend geregelt), Schlichtungsverfahren *n*
grocer: Lebensmitteleinzelhändler *m*
grocery store: Kolonialwarengeschäft *n*
gross: brutto, grob, roh
gross amount: Bruttobetrag *m*, Rohbetrag *m*
gross assets *pl*: Bruttovermögen *n*, Rohvermögen *n*
gross book value: Bruttobuchwert *m* (Kosten ohne Berücksichtigung der Abschreibungen)
gross domestic investment: Bruttoanlageinvestitionen *f/pl*
gross earnings *pl*: Bruttoeinkommen *n*
gross ill-treatment: grobe Mißhandlung *f*
gross income: Bruttoeinkommen *n*
gross loss: Bruttoverlust *m*, Rohverlust *m*, Überschuß *m* der Kosten *pl* über den Erlös *m*
gross margin: Handelsspanne *f*
Derjenige Bestandteil des Preises, der als Resultat von Handelstätigkeiten sowohl des institutionellen wie des funktionellen Handels entsteht und als Differenz zwischen dem Einstandspreis und dem Verkaufspreis für ein oder mehrere Handelsunternehmen berechnet werden kann.
Je nachdem, ob die Spanne pro Stück oder die Gesamtspanne eines Handelsunternehmens berechnet wird, unterscheidet man zwischen Stückspanne und Betriebsspanne. Darüber hinaus wird auch zwischen Artikelgruppen- und Branchenspannen sowie Großhandels- und Einzelhandelsspannen unterschieden. Die Handelsspanne ist das Entgelt für die Leistung des Handels und dient sowohl zur Deckung der Handelskosten wie der Erzielung eines Gewinns.

gross national product (GNP): Bruttosozialprodukt *n*
Die wirtschaftliche Wertschöpfung eines Landes, d.h. die Summe aller Güter und Dienstleistungen, die in einem Wirtschaftsjahr erstellt werden. Das *nominale Bruttosozialprodukt* ist das nicht preisbereinigte Sozialprodukt zu laufenden Preisen, während als *reales Bruttosozialprodukt* das preisbereinigte Sozialprodukt zu konstanten Preisen bezeichnet wird.
gross national product (GNP) in real terms: reales Bruttosozialprodukt *n*
Das preisbereinigte Bruttosozialprodukt zu konstanten Preisen.
gross negligence: grobe Fahrlässigkeit *f*
gross operating revenues *pl*: Rohertrag *m*
gross pay: Bruttolohn *m*
gross premium: Bruttoprämie *f*
gross price: Bruttopreis *m*
Der ohne Berücksichtigung von Rabatten und Skonto geltende Verkaufspreis für eine Ware oder eine Leistung.
gross proceeds *pl*: Bruttoertrag *m*
gross profit: Bruttogewinn(satz) *m*, Roherfolg *m*, Rohgewinn *m*
Die Erlöse abzüglich der direkt zurechenbaren Kosten.
gross profit analysis: Rohgewinnanalyse *f*
gross profit margin: Bruttogewinnspanne *f*
gross profit method of inventory (valuation): Vorratsbewertung *f* durch retrograde Kalkulation *f* mit Hilfe *f* des Rohgewinns *m*
gross profit on sales: Bruttogewinn *m*
gross profit test: Rohgewinnprobe *f*
gross profits *pl*: Rohertrag *m*
gross profits *pl* **on sales:** Bruttoertrag *m*
gross receipts *pl*: Bruttoeinnahme *f*, Roheinnahme *f*, Rohertrag *m*
gross revenues *pl*: Umsatz *m*
gross sales *pl*: Bruttoumsatz *m*, Roherlös *m*
gross sales profit rate: Bruttoumsatzgewinnrate *f*
Der als Anteil (in Prozent) des Erlöses ausgedrückte Bruttogewinn.
gross tonnage: Bruttotonnengehalt *m*, Tonnage *f*
gross trading profits *pl*: Bruttobetriebsgewinn *m*, Warenrohgewinn *m*
gross variance: Gesamtabweichung *f* der Ist-Kosten *pl* von den Standardkosten *pl*
gross variation: Gesamtabweichung *f* der Ist-Kosten *pl* von den Standardkosten *pl*
gross weight: Bruttogewicht *n*, Rohgewicht *n*
gross yield: Bruttoertrag *m*, Bruttorendite *f*, Rohertrag *m*

ground: Boden *m*, Gelände *n*, Grund *m*, Land *n*
ground of contestation: Bestreitungsgrund *m*
ground plan: Bauplan *m*
grounds *pl* **for avoidance:** Anfechtungsgrund *m*
group: Gruppe *f*, Mannschaft *f*, Konzern *m*, gruppieren
group account: Gruppenkonto *n*
group agreement: Betriebsvereinbarung *f*
group bonus wage system: Gruppenprämiensystem *n*
group buying: Sammeleinkauf *m*
group company: Konzerngesellschaft *f*
group conflict: Gruppenkonflikt *m*
Eine Form des Innenkonflikts, die in Organisationen durch konkurrierende Gruppen (z.B. Teams, Abteilungen), die an einer gleichen Aufgabe arbeiten, oder durch Gruppen entstehen, die zwar für die Verwirklichung einer gemeinsamen Aufgabe eingesetzt sind, aber unterschiedliche Vorstellungen von den Lösungsstrategien und Maßnahmen haben. Häufig entsteht dieser intraorganisatorische Konflikt zwischen Stabsfunktionen und Linienmanagement.
group decision: kollektive Entscheidung *f*, Gruppenentscheidung *f*
group decision making: kollektive Entscheidungsfindung *f*
group depreciation: Gruppenabschreibung *f*
group discount: Mehrheitenachlaß *m*
group division: Konzerngruppe *f*
group endowment policy: Gruppenversicherung *f* für den Todes- und Erlebensfall *m*
group incentive: Gruppenarbeitsanreiz *m*, Gruppenprämie *f*
group incentive plan: Gruppenakkordsystem *n*
group incentive system: Gruppenprämiensystem *n*
group indication: Gruppenanzeige *f*, ausgelöst durch letzte Karte *f (EDV)*
group indication elimination: Gruppenanzeigeunterbindung *f (EDV)*
group insurance: Gruppenversicherung *f*, Kollektivversicherung *f*
group leader: Gruppenführer *m*, Kolonnenführer *m*
group life insurance: GruppenLebensversicherung *f*
group membership: Gruppenzugehörigkeit *f*
group of companies: Konzern *m*
group of experts: Fachausschuß *m*, Sachverständigengremium *n*

group piece rate: Gruppenstückakkordsatz *m*
group piecework: Gruppenstückakkord *m*
group piecework plan: Gruppenstückakkordsystem *m*
group policy pension plan: Gruppenpensionsversicherung *f*
group profits *pl*: Gruppengewinn *m*, Konzerngewinn *m*
group relationships *pl*: Gruppenbeziehungen *f/pl*
group sorting: Leitkartensortierung *f (EDV)*
group structure: Konzernstruktur *f*
group suggestion scheme: betriebliches Gruppenvorschlagswesen (BVW) *n*
Eine Form des betrieblichen Vorschlagswesen, bei der Verbesserungsvorschläge nicht von Einzelpersonen, sondern von Gruppen eingereicht werden. Bei den meisten Gruppen-Verbesserungsvorschlägen handelt es sich um die Sonderleistung von spontan und informell gebildeten Gruppen (Einreichergemeinschaften). Sie werden nicht offiziell organisiert und sie erhalten auch keine Hilfestellung seitens der Unternehmung, etwa durch Trainingsmaßnahmen in Gruppenarbeits- und Problemlösungsmethoden. Sie sind lediglich aufgrund des Wortlauts der Betriebsvereinbarungen über das betriebliche Vorschlagswesen als Einreichergruppe zugelassen. In diesen Klein- und Kleinstgruppen beteiligen sich spontan zwei oder drei, selten vier und mehr Mitarbeiter. Gruppenvorschläge sind folglich die Verbesserungsvorschläge von zwei und mehr Einreichern, die im Rahmen des betrieblichen Vorschlagswesens behandelt werden. Unter den Oberbegriff „Gruppenvorschlag" fallen sowohl Vorschläge von informellen wie von formellen Gruppen. Die besondere Bedeutung von Gruppenvorschlägen besteht darin, daß in sie das Know-how und die speziellen Informationen des betrieblichen Umfelds mehrerer Mitarbeiter in den Verbesserungsvorschlag einfließen.
Dadurch werden Gruppenvorschläge in höherem Maße verwirklicht. Daher fühlen sich die beteiligten Mitarbeiter auch in höherem Maße anerkannt, weil weniger Vorschläge abgelehnt werden. Durch die Anerkennung von in Gruppen entwickelten Ideen werden am Rand stehende Mitarbeiter angeregt, sich an der Gruppenarbeit ebenfalls zu beteiligen. Insgesamt läßt sich die Sensibilität aller Mitarbeiter wesentlich verbessern, wenn das vernetzende Denken im System mehr und mehr das bisherige lineare Denken ersetzt.
In der Regel werden Gruppenvorschläge von informellen (Vorschlags-)Gruppen nach abgeschlossener Begutachtung und Realisierung in der Bewertungskommission so prämiert, daß jeder Einreicher entsprechend der Gruppengröße den gleichen Prämienanteil erhält.
Das betriebliche Vorschlagswesen ist in hohem Maße eine Paralleleinrichtung zu Kleingruppen-

konzepten wie etwa den Qualitätszirkeln. Mit der zunehmenden Einführung von Qualitätszirkeln in den Unternehmen treten auch Gruppenvorschläge von formellen Kleingruppen in Erscheinung. Dabei wird besonderer Wert auf die Reproduzierbarkeit von Prämien für Gruppenvorschläge gelegt. Seit Mitte der 1970er Jahre gewinnen Gruppenvorschläge in den größeren Unternehmen wachsende Aufmerksamkeit.

group ticket: Sammelfahrschein *m*
grow: mehren, wachsen, zunehmen
growing crop: Ernte *f* auf dem Halm *m*
growing demand: steigende Nachfrage *f*
growth: Wachstum *n*, Zunahme *f*
Wachstum bedeutet die marktgerechte Fortentwicklung der unternehmerischen Aktivitäten. Es äußert sich in zunehmenden Absatzmengen pro Planperiode, in wachsenden Marktanteilen oder steigenden Gewinnen pro Zeitraum oder Kapitaleinsatz. Wachstum wird als wesentliche Voraussetzung für das Überleben einer Unternehmung angesehen.

Das Wachstumsziel läßt sich wie folgt begründen: Letztlich entscheidend für den Bestand der Unternehmung ist die Erzielung einer angemessenen Rendite. Die damit notwendige Aufrechterhaltung und Stärkung des Ertragspotentials hängt wesentlich von der Marktstellung des Unternehmens ab. Um diese zumindest zu erhalten, erscheint es notwendig, daß die Unternehmung am Wachstum ihrer Branche und relevanten Märkte oder der Gesamtwirtschaft teilnimmt. Darüber hinaus kann Wachstum notwendig sein, um eine für das Unternehmen und seinen Bestand notwendigen Kostendegression zu halten oder sicherzustellen.

Allgemein formuliert ist Wachstum der Unternehmung dann und in dem Ausmaß notwendig, in dem sichergestellt ist, daß die Unternehmung für ihre Kunden und Lieferanten im weitesten Sinne sowie für ihre Mitarbeiter und Kapitalgeber attraktiv bleibt und sich damit im Markt nachhaltig behaupten kann. Nur dann nämlich werden dem Unternehmen die notwendigen Ressourcen zur Verfügung stehen und seine Produkte am Markt erfolgreich absetzbar sein.

Die Zielkonzeption der Unternehmung muß aber neben den Produkt- und Wachstumszielen auch ein Erfolgs- und Liquiditätsziel erfassen. Das Erfolgsziel gibt den von der Unternehmung für einen bestimmten Zeitraum angestrebten Gewinn an. Er soll vor allem die Kapitalversorgung der Unternehmung gewährleisten. Das Liquiditätsziel beinhaltet die Aufrechterhaltung der jederzeitigen Zahlungsbereitschaft der Unternehmung. Erfolgs- und Liquiditätsziel, zweckmäßigerweise ergänzt um Zielvorstellungen zur Kapitalstruktur der Unternehmung, stellen den finanziellen Rahmen der strategischen Planung dar.

Unternehmenswachstum kann durch folgende Maßnahmen erreicht werden:
1. Intensivere Nutzung des Marktes bei unveränderter Produktlinie oder Produktgruppe und gegebenem Marktgebiet
2. Ausweitung des Marktgebietes bei unveränderter Produktgruppe
3. Erschließung neuer Käufergruppen durch Vervollständigung der Produktgruppe und/oder Entdeckung und Bekanntmachung neuer Anwendungsgebiete
4. Diversifikation: Übergang zu neuen Produktfeldern.

growth company: Wachstumsbetrieb *m*
growth curve: Wachstumskurve *f*
growth function: Wachstumsfunktion *f*
growth fund: Wachstumfonds *m*
growth industry: Wachstumsindustrie *f*
growth motive: Wachstumsmotiv *n*
Das Bedürfnis, sich einem angestrebten Ziel zu nähern.
growth potential: Wachstumschance *f*, Wachstumspotential *n*
growth rate: Wachstumsrate *f*, Zuwachsrate *f*
growth rate of earnings *pl*: Einkommenswachstumsrate *f*
growth theory: Wachstumstheorie *f*
grumbler: Querulant *m*
guarantee: 1. Garantie *f*, Gewährleistung *f*, garantieren, gewährleisten
Die schriftlich auf einem Vordruck zugesicherte Gewährleistung (Einstehen für Mängel einer Sache bei Kauf- und Werkverträgen), für eine oder mehrere bestimmte Eigenschaften wie z.B, die Qualität, Güte, Funktionstüchtigkeit und Haltbarkeit eines Produkts verbunden mit der Zusage, innerhalb einer festgelegten Frist seit dem Kauf auftretende Mängel kostenlos zu beheben. Das Bürgerliche Gesetzbuch kennt den Begriff der Garantie nicht, im Rechtssinne handelt es sich entweder um eine Gewährleistung oder eine Bürgschaft. Garantien sind ein besonders wirksames Instrument der Nachkaufwerbung und des Kundendienstes. Garantieregelungen sind häufig auch in den Allgemeinen Geschäftsbedingungen (AGB) enthalten.

Die rechtlich relevanten Vorschriften über Garantieleistungen finden sich in den §§ 469ff. BGB (Gewährleistungspflicht), in § 3 des Gesetzes gegen den unlauteren Wettbewerb (UWG) (irreführende Garantiezusagen) und in der ZugabeVO (unübliche Garantiezusagen).

Das Höchstmaß, das unter ertrags- und kostenwirtschaftlichen Aspekten für einen Hersteller bei der Festlegung von Garantiefristen tragbar ist, läßt sich mit Hilfe der Break-even-Analyse genau bestimmen. Unter der Annahme, daß die Umsatzerlöse mit längerer Garantiedauer linear, die Kosten der Garantiegewährung jedoch aufgrund des im Zeitverlauf zunehmenden Verschleißes überproportional steigen, ist das Maximum dort erreicht, wo eine Verlängerung der Garantiedauer zu keinem Mehrgewinn mehr führt.

2. Bürgschaftsbegünstigter *m*, Bürgschaftsversprechen *n*, bürgen, verbürgen
guaranteed account: gesichertes Konto *n*
guaranteed annual wages *pl*: garantierter Jahreslohn *m*
guaranteed bond: gesicherte Obligation *f*
guaranteed dividend: garantierte Dividende *f*
guaranteed minimum: garantiertes Minimum *n* (bei Akkord)
guaranteed rate: garantiertes Minimum *n* (bei Akkord)
guaranteed shares *pl*: garantierte Aktien *f/pl*
guaranteed stock: garantierte Aktien *f/pl*
guarantor: Bürge *m*, Garant *m*
guarantor on a bill of exchange: Avalist *m*
guaranty: bürgen, Bürgschaft *f*, Garantie *f*, Gewähr *f*, Gewährleistung *f*, Sicherheit *f* → guarantee
guaranty offer: Garantieangebot *n*
guardian: Vormund *m*
guardian's allowance: Vormundschaftsbeihilfe *f*
guidance: Anleitung *f*, Lenkung *f*
guide: anleiten, führen, leiten, lenken, steuern, Leitkarte *f*
guide card: Leitkarte *f*
guideline: Richtschnur *f*
guideline price: Richtpreis *m*
guiding of lending: Kreditlenkung *f*
guiding price: Richtpreis *m*
guild: Innung *f*, Zunft *f*
guilt: Schuld *f* (im Strafrecht)
guiltless: schuldlos, unschuldig
guilty: schuldig

H

Haavelmo theorem: Haavelmo-Theorem *n* Ein von dem norwegischen Nationalökonom Trygve Haavelmo 1945 formuliertes Theorem, das postuliert, auch ein Staatshaushalt, der ohne zusätzliche Kreditaufnahme expandiert, vergrößere das Sozialprodukt und das Volkseinkommen, da zusätzliche Staatsausgaben voll durch zusätzliche Steuereinnahmen finanziert werden. Unter den von Haavelmo formulierten Annahmen und Voraussetzungen ist der Multiplikatoreffekt gleich 1, d.h. der Höhe der zusätzlichen Staatsausgabe entspricht eine gleich hohe Zunahme des Volkseinkommens.
habeas corpus: Rechtsmittel *n* zur Nachprüfung *f* der Rechtmäßigkeit *f* einer Freiheitsentziehung *f*
habit: Gewohnheit *f*
habits *pl* **of consumption:** Konsumgewohnheiten *f/pl*
habits survey: Untersuchung *f* der Verbrauchergewohnheiten *f/pl*
habitual: gewohnheitsmäßig
haggle: schachern
hail insurance: Hagelversicherung *f*
hair splitting: Wortklauberei *f*
half: halb
hallmark: Feingehaltsstempel *m*, Garantiestempel *m*
halo effect: Überdeckungseffekt *m* (unrichtige Einschätzung einer Person oder Tätigkeit aufgrund einer hervorstechenden Eigenschaft oder eines subjektiven Eindrucks)
Halsey gain-sharing plan *(Am)*: Halsey-Prämien-System *n*
halving agreement: „Halbe-Halbe-Vereinbarung" *f*
hammering: Bekanntmachung *f* des Verzuges *m* eines Maklers *m* im Börsensaal *m*
hammerlock: Hammersperre *f (EDV)*
hand: Arbeiter *m*, Handbreite *f* (= 4 Zoll), Handschrift *f*, Matrose *m*, Unterschrift *f*
hand and seal: Unterschrift *f* und Siegel *n*
hand-operated: handbetrieben
hand out: Pressemitteilung *f* (der Public Relations Abteilung), Almosen *n*
hand over: ausfolgen, aushändigen, ausliefern, übergeben
hand posting: Handeintragung *f* (etwa das Vermerken der Anzahl guter Stücke), manuelle Buchung *f*, manuelle Übertragung *f* (Buchhaltung)
hand-to-mouth buying: Hol-in-den-Mund-Kauf *m* = Einkauf für notwendigen Bedarf *m*, jedoch ohne Lagerhaltung *f*
handbill: Handzettel *m* (Werbemittel)
handbook: Manual *n*, Handbuch *n*
handcuff: fesseln, Handfesseln *f/pl* anlegen
handicapped: Behinderter *m*, Beschädigter *m*
handicapped worker: körperbehinderter Arbeitnehmer *m*
handicapped worker rate: Ausnahmetarif für körperbehinderte Arbeitnehmer *m/pl*
handicraft: Handwerk *n*
handing over: Aushändigung *f*
handle: Griff *m*, handhaben
handling time: Bearbeitungszeit *f*, Materialtransportzeit *f* (im Betrieb)
handprinting reader: Handschriftenleser *m* (EDV)
handwriting: Handschrift *f*
handwriting expert: Graphologe *m*, Schriftsachverständiger *m*
hang-over life span: überschüssige Anlagenlebensdauer *f*, nicht benötigte Anlagenlebensdauer *f*
happen: (sich) ereignen
harbor: Hafen *m*
harbor dues *pl*: Hafengebühren *f/pl*
hard currency: harte Währung *f*, Hartwährung *f*
hard-fought market: umkämpfter Markt *m*
hard goods *pl*: Gebrauchsgüter *n/pl*, langlebige Konsumgüter *n/pl*, Besitzgüter *n/pl* Güter des privaten Konsums, die zum mehrmaligen und längerfristigen Gebrauch bestimmt sind (wie z.B. Gebrauchsgüter für Verkehr und Nachrichtenübermittlung, für Bildung und Unterhaltung und für Haushaltsführung). Die grundlegende Unterteilung der Konsumgüter in Gebrauchs- und Verbrauchsgüter schließt nicht aus, daß in einzelnen Fällen die Grenzen fließend sein können. Es ist ein Charakteristikum der durch einen wachsenden Lebensstandard gekennzeichneten Industriegesellschaften, daß die Kauftätigkeit der privaten Haushalte bei langlebigen Konsumgütern verstärkt und entsprechend bei kurzlebigen Konsumgütern abgeschwächt wird.
Die Nachfrage insbesondere nach sehr langlebigen und hochentwickelten Gebrauchsgütern des gehobenen Bedarfs wird in starkem Maße durch Faktoren wie Einkommen, Kaufkraft, Familienstruktur Stellung im Familien-Lebenszyklus, Freizeit usw. bestimmt. Die Nachfrage nach Gebrauchsgütern ist außerordentlich elastisch, Nachfrageelastizität.

hard labor: Zwangsarbeit *f*
hard pressed, be: in einer Zwangslage *f* sein
hard-wearing: strapazierfähig
hardware: Bauelement *n (EDV)*, Eisenwaren *f/pl*, „harte" Güter *n/pl* (Haushalts- und Eisenwaren, Werkzeuge usw.), Haushaltswaren *f/pl*, Konstruktionselement *n (EDV)*, Maschinen *f/pl*, Maschinen *f/pl* etc. eines elektronischen Datenverarbeitungssystems *n (EDV)*
hardware dealer: Eisenwarenhändler *m*
hardware store: Eisenwarengeschäft *n*, Haushaltswarengeschäft *n*
harm: schaden, Schaden *m*, schädigen, Schädigung *f*, Unheil *n*, verletzen, Verletzung *f*
harmful: schädlich
harmfulness: Schädlichkeit *f*
harmonization of law: Harmonisierung *f* des Rechts *n*
harmonization of taxes: Harmonisierung *f* der Steuern *f/pl*
harvest: Ernte *f*
hash total: Kontrollsumme *f (EDV)*
hashed: kontrollsummiert *(EDV)*
hatch: schraffieren
hatching: Schraffierung *f*
haul: fördern (Bergbau)
haul away: abtransportieren
hauling: Beförderung *f* (Waren), Transport *m* (Güter)
have an interest in: beteiligt sein an
have an interest: Anteil *m* haben
have authority: befugt sein
have confidence: vertrauen, Vertrauen *n* haben
have in custody: aufbewahren
have-not: Habenichts *m*
having a share in: beteiligt sein an, mitbeteiligt
having an interest in: mitbeteiligt
having tenure: unkündbar
Hawthorne effect: Erwartungseffekt *m*, Hawthorne-Effekt *m*
Der verzerrende Einfluß auf Untersuchungsergebnisse, der sich bei offenen Beobachtungen daraus ergibt, daß die Beobachteten sich unter Beobachtung anders verhalten, als wenn sie nicht beobachtet werden. Es handelt sich in der empirischen Markt- und Sozialforschung um eine Fehlerquelle bei der Durchführung von Experimenten, die darin besteht, daß Versuchspersonen ihr Verhalten an ihren eigenen Erwartungen über die möglichen Auswirkungen der Experimentalhandlung auf ihr Verhalten ausrichten und sich daher im Experiment aufgrund der Erwartungen anders verhalten, als sie sich ohne diese Erwartungen verhalten würden.

Hawthorne experiments *pl*: Hawthorne-Experimente *n/pl*
Die Ende der 1920er Jahre in den Hawthorne-Werken der Western Electric Company in Chicago, einer Tochter der AT&T (American Telephone und Telegraph Company), begonnenen und 1932 im Gefolge der Wirtschaftskrise beendeten empirischen Untersuchungen von Elton Mayo, in deren Folge sich dann in der zweiten Hälfte der 1930er und Anfang der 1940er Jahre die Human-Relations-Bewegung entwickelte.
Bei diesen Experimenten ergab es sich, daß keineswegs allein die Mehrung wirtschaftlicher Vorteile im Mittelpunkt des Interesses der Arbeiter stand, sondern ihr Bedürfnis nach persönlicher Geltung und Anerkennung, nach Erhaltung von Prestige- und Statusrelationen und nach Gewinn von Befriedigung aus den arbeitsbedingten sozialen Beziehungen.
Bleibendes Verdienst der Hawthorne-Experimente ist es, die Bedeutung der ungeplanten, spontan entstehenden zwischenmenschlichen Beziehungen in Organisationen empirisch belegt zu haben. Später hat die verhaltenswissenschaftliche Schule in der Tradition dieser Experimente dann drei zentrale Themenbereiche entfaltet und in die Managementlehre integriert, nämlich das „Individuum in der Organisation" (Individuenverhalten, Motivationstheorien), die „Gruppe in der Organisation" (Gruppenverhalten) und der „Vorgesetzte in der Organisation" (Vorgesetztenverhalten).
hazard: Gefährdung *f*, Risiko *n*
hazard bonus: Gefahrenzulage *f*
hazardous speculation: waghalsige Spekulation *f*
head: Haupt-
head bookkeeper: erster Buchhalter *m*, Hauptbuchhalter *m*
head card: Kopfkarte *f (EDV)*
head of a charge: Klagepunkt *m*
head of administrative department: Dezernent *m*
head of division: Abteilungsleiter *m*
head of personnel department: Personalchef *m*
head of purchasing: Einkaufschef *m*
head of purchasing department: Einkaufschef *m*
head office: Hauptbüro *n*, Zentrale *f*
heading: Rubrik *f*, Schlagwort *n*, Überschrift *f*
head tax: Kopfsteuer *f*
heading card: Kopfkarte *f (EDV)*
headline: Schlagzeile *f*, Überschrift *f*
headnote: Leitsatz *m* eines Urteils
headquarter(s): Hauptbüro *n*, Hauptverwaltung *f*, Zentrale *f*

health: Gesundheit f, Gesundheitszustand m
health and accident insurance: Kranken- und Unfallversicherung f
health and safety standards pl: Mindestvorschriften f/pl für Qualität f und Sicherheit f
health certificate: ärztliches Zeugnis n
health insurance: Krankenversicherung f
hear: anhören, hören
hearing: Anhörung f, Gerichtsverhandlung f, mündliche Verhandlung f, Sitzung f (des Gerichts), Vernehmung f
hearing of witnesses: Beweisaufnahme f, Zeugenvernehmung f
hearsay: Hörensagen n
heavily capitalized: kapitalintensiv
heavy indebtedness: Überschuldung f
heavy industry: Schwerindustrie f
heavy returner: Kunde m, der übermäßig viel Ware f zurücksendet
heavy sale: schlechter Absatz m
hedge: Geschäfte n/pl (Ein- und Verkauf), die derart gestaltet sind, daß Preisschwankungen f/pl ausgeglichen werden, Hedge-Geschäft n, Termingeschäfte pl (Ein- und Verkauf), die Preisschwankungen f/pl ausgleichen
hedge clause: Schutzklausel f, die oft von Maklern m/pl verwandt wird (z.B. vorstehende Information stammt aus gewöhnlich gut unterrichteter Quelle. Garantie für die Richtigkeit wird nicht übernommen)
hedge operation: Preissicherungsgeschäft n
hedge transaction: Preissicherungsgeschäft n
hedging: Preisabsicherung f
heir: Erbe m
heir apparent: mutmaßlicher Erbe m
heir at law: gesetzlicher Erbe m
heir's certificate: Erbschein m
heiress: Erbin f
heirless: ohne Erben m/pl, erblos
heirloom: Erbgegenstand m, Erbstück n
heir to, be: beerben
herds of cattle insurance: Viehversicherung f
hereditable: erbfähig, erblich, vererblich
hereditary tenant: Erbpächter m
hereditary: althergebracht, erblich
hereinafter: nachstehend
heriditament: Erbgut n
heritable: erbfähig
heritage: Erbe n, Erbfall m, Erbschaft f
heterogenization competition: Heterogenisierungswettbewerb m, Heterogenisierungskonkurrenz f
Eine Wettbewerbspolitik, die darauf abzielt, die auf dem Markt angebotenen Güter (Waren und Dienstleistungen) von konkurrierenden Gütern klar, eindeutig und dauerhaft abzuheben und so das eigene Angebot in einer Weise zu individualisieren, daß im Idealfall die Anbieter von Substitutionsgütern keine Konkurrenz darstellen. „Die Abhebung von der Konkurrenz ermöglicht eine zumindest temporäre Marktabspaltungsstrategie, d.h. die Schaffung von Sondermärkten, Teilmärkten, Neumärkten, Spezialmärkten, Exklusivmärkten, Marktnischen (Marktlücken), Marktsegmenten, Mini-Monopolen, Mini-Oligopolen. Die Abhebung von der Konkurrenz kann soweit gehen, daß sich der Heterogenisierer ein Kontrastsortiment aufbaut, das sich nach Qualität und Bedarfs- und Kundengruppen völlig von dem der Wettbewerber unterscheidet." (Arno Sölter)
heterogenous competition: heterogene Konkurrenz f
Eines der Instrumente zur Erfassung der Marktstruktur nach Verhaltensweisen ist die Kreuzpreiselastizität: Ist der Triffinsche Koeffizient gleich Null, so liegt ein reines Monopol vor, ist er gleich unendlich, so besteht homogene atomistische Konkurrenz. Dazwischen liegen die verschiedenen Grade der heterogenen Konkurrenz. Oligopolistische Konkurrenz liegt vor, wenn der Triffinsche Koeffizient von Null verschieden ist.
heterogenous goods pl: heterogene Güter n/pl
Güter, die im Gegensatz zu den homogenen Gütern nach Art, Form, Qualität, Abmessung, Verpackung, Aufmachung usw. voneinander verschieden sind. „Die Unterscheidungsmerkmale bei heterogenen Gütern können aber nicht nur sachlich-funktionaler, sondern auch ästhetischer, geschmacklicher, prestigemäßiger oder imagemäßiger Art sein. Dem Abnehmer kann ein Gebrauchs- oder Verbrauchsnutzen, ein Sonder-, Zusatz- oder Mehrfachnutzen geboten werden. Wettbewerblich gesehen kann das heterogene Gut somit ein mehr oder minder hohes Maß an Präferenzen vor Konkurrenzgütern haben." (Arno Sölter)
heterogenous groups pl: heterogene Gruppen f/pl
Innerhalb von Organisationen wie Unternehmen entstehen mitunter Konflikte zwischen rivalisierenden Mitarbeitern einer Gruppe oder zwischen rivalisierenden Managern, die sich um begehrenswerte Positionen streiten (Hierarchie-Konflikte). Man spricht in diesen Fällen von *heterogenen Gruppen* oder Interessen, deren Mitglieder keine einheitliche Ausrichtung auf die Ziele und Vorgehensweisen der Organisation besitzen bzw. Individualstrategien im Verbund der Organisation durchsetzen wollen.
Heterogene Gruppen werden mitunter auch gezielt gebildet, um zu erreichen, daß sich in der Auseinandersetzung die „besseren Argumente" durch-

setzen oder daß durch die Rivalität der Gruppenmitglieder zusätzliche Energien und Leistungspotentiale freigesetzt werden.

heterogenous oligopoly: heterogenes Oligopol *n*
Ein Oligopol von Anbietern, deren Produkte in einem Markt sich voneinander unterscheiden. Je nachdem, ob die Produkte der Anbieter völlig homogen oder heterogen sind, unterscheidet Robert Triffin zwischen homogenem und heterogenem Oligopol.

heuristic: Heuristik *f*, heuristische Prinzipien *n/pl*, heuristische Entscheidungsmodelle *n/pl*
Die Wissenschaftstheorie bezeichnet als Heuristik die Lehre von der Entwicklung von Methoden, Verfahren und Lösungsmöglichkeiten, mit deren Hilfe wissenschaftliche Erkenntnisse gewonnen werden. Als heuristisch werden auch Annahmen gekennzeichnet, die das wissenschaftliche Suchverhalten in die Richtung neuer Erkenntnis lenken, ohne selbst notwendig empirisch richtig zu sein.
Seit den 1950er Jahren wird als Heuristik die Gesamtheit der Verfahren und Techniken bezeichnet, das wissenschaftliche Suchverhalten ebenso wie das praktische Entscheidungsverhalten methodisch zu steuern und Annäherungslösungen zu finden, deren Vorzug darin besteht, daß sie sich in der Praxis bewähren. Ziel der heuristischen Modelle ist es also, gute – und nicht zwangsläufig optimale – Lösungen zu finden.
Gemeinsames Kennzeichen aller heuristischen Modelle ist es, daß sie von Erfahrungssätzen und -regeln ausgehen, von denen angenommen wird, daß sich mit ihrer Hilfe und in Form von mehr oder minder genauen Faustregeln Problemlösungen finden lassen.

hidden defect: verborgener Mangel *m*

hidden distribution of profits *pl*: verdeckte Gewinnausschüttung *f*

hidden earnings *pl*: versteckter Gewinn *m*

hidden inflation: latente Inflation *f*, versteckte Inflation *f*

hidden offer: verstecktes Angebot *n* (im Werbetext)

hidden reserve: stille Reserve *f*

hidden tax: verdeckte Steuer *f*

hide: verdecken, verheimlichen

hierarchical conflict: Hierarchie-Konflikt *m*
Ein Konflikt zwischen rivalisierenden Mitarbeitern einer Gruppe oder zwischen rivalisierenden Managern, bei dem es um begehrte Positionen in einer Organisation wie einem Unternehmen geht. Man spricht in diesen Fällen von *heterogenen Gruppen* oder Interessen, deren Mitglieder keine einheitliche Ausrichtung auf die Ziele und Vorgehensweisen der Organisation besitzen bzw. Individualstrategien im Verbund der Organisation durchsetzen wollen.

hierarchy: Hierarchie *f*, Rangordnung *f*
Die asymmetrische Verteilung von Macht in sozialen Gebilden wie z.B. Organisationen oder Wirtschaftsunternehmen.

hierarchy of demand: Bedürfnishierarchie *f*
Eine von dem amerikanischen Sozialforscher Abraham H. Maslow formulierte Theorie, nach der es eine aus fünf Ebenen bestehende hierarchische Rangfolge qualitativ unterschiedlicher menschlicher Bedürfnisse gebe. Es handelt sich um eine wertbezogene Hierarchie von Motivklassen, die von der untersten Ebene der „niederen" Bedürfnisse zur höchsten Ebene der „höheren" Bedürfnisse reicht. Von unten nach oben gesehen sind die fünf Bedürfniskategorien: (1) physiologische Bedürfnisse (Hunger, Durst, Sexualität), (2) Sicherheitsbedürfnisse,(3) Zugehörigkeits- und Geselligkeitsbedürfnisse, (4) Bedürfnisse nach Geltung, Ansehen und Achtung und (5) Bedürfnisse nach Selbstverwirklichung.
Maslows Hypothese besagt, daß die Bedürfnisse einer höheren Ebene erst entstehen und befriedigt werden, wenn die Bedürfnisse der jeweils darunter liegenden Ebenen befriedigt worden sind: ein Grundbedürfnis wird erst dann aktiviert, wenn die Bedürfnisse mit niederer Rangordnung befriedigt worden sind.
Wiewohl die Theorie empirisch kaum belegt ist, wird ihr zumindestens einige Plausibilität eingeräumt. Insbesondere in den westlichen Industriegesellschaften wird sie zur Erklärung dafür herangezogen, daß mit wachsender Befriedigung der physiologischen Bedürfnisse der untersten Ebene der Bedürfnishierarchie der Symbolcharakter von Waren, ihr Prestige- und Statuswert, im Lichte des Strebens nach Befriedigung von Bedürfnissen der höheren Ebenen eine wachsende Bedeutung erlangen wird und Waren daher nicht oder nicht ausschließlich und allgemein in immer geringerem Maße wegen ihres Gebrauchswerts, sondern wegen des Zusatznutzens, den man von ihnen erwartet, gekauft werden.

hierarchy of objectives: Zielhierarchie *f*
Die Gesamtheit der von einem Unternehmen verfolgten Ziele, wobei die Ziele der mittleren und unteren Unternehmensebenen zu den obersten Unternehmenszielen in einem Mittel-Zweck-Verhältnis stehen, d.h. eine Zielhierarchie bilden.
In einer komplexen Unternehmensorganisation kommt es auf eine klare Hierarchie der Unternehmensziele an, die durch zunehmende Konkretisierung und Detaillierung einerseits und durch abnehmende Fristen zur Zielerreichung andererseits gekennzeichnet ist. Eine übersichtliche Zielhierarchie gewährleistet, daß die Einzelziele insgesamt auf die übergeordneten Zielsetzungen ausgerichtet sind. Zugleich motiviert sie die nachgeordneten Planungs- und Entscheidungsebenen, die ihre Teilziele damit im Rahmen der Gesamtzielsetzung identifizieren können.
Die für ein Unternehmen gesetzten Ziele müssen

unter den für sie gegebenen Umständen (verfügbare Ressourcen, Entwicklung der Umwelt, Verhalten der Konkurrenz) erreichbar sein. Sie sollen andererseits eine Herausforderung für die Unternehmung, ihr Management und ihre Mitarbeiter darstellen. Die Ziele müssen ferner hinreichend spezifiziert und meßbar sein, damit ihre Verwirklichung überwacht werden kann. Schließlich müssen die verschiedenen Unternehmensziele miteinander vereinbar sein.

Da letztlich ausreichende Gewinnerzielung über die Existenz der Unternehmung entscheidet, sind die Wachstums- und Produktziele keine allein dominierenden Zielsetzungen. So wie eine sinnvolle Planung eine Kombination von Top-down- und Bottom-up-Approach darstellt, sind auch die verschiedenen Planziele miteinander zu verknüpfen. Diejenigen Planziele, mit denen sich die Unternehmensleitung spezifisch zu befassen hat, sind dadurch gekennzeichnet, daß sie keine unmittelbaren Produkt-Markt-Beziehungen voraussetzen. Soweit die Unternehmensobergesellschaft nicht selbst mit eigenen Produkten unmittelbar am Markt auftritt, wird sie sich mit Zielsetzungen für Produkt-Markt-Kombinationen nur global befassen und sich stärker auf die finanzwirtschaftlich ausgerichteten Ziele Rendite und Verschuldungsgrad konzentrieren. Sie stellen wichtige Vorgaben für die weitergehende strategische Planung des Unternehmens dar.

Es ist Aufgabe der Unternehmensleitung, die Unternehmensphilosophie und das unternehmenspolitische Leitbild zu definieren. Die Unternehmenspolitik legt allgemeingültige, zeitlich meist unbeschränkte, übergeordnete Zielsetzungen fest, die ihren Niederschlag im Unternehmenszweck sowie in unternehmenspolitischen Leitsätzen finden. Derartige Unternehmensgrundsätze, die nicht direkt auf konkrete Situationen bezogen sind, sollen für die Geschäftspolitik und damit auch für die Planung Orientierungshilfen darstellen.

Ausgangspunkt zur Formulierung der Unternehmenspolitik und der Unternehmensstrategie bilden eine Analyse des sozialen Umfelds, der gesellschaftspolitischen Rahmenbedingungen und die Wertvorstellungen der Mitglieder der Unternehmensleitung. Dabei spielen die rechtlichen Einschränkungen, die sich aus dem Unternehmensrecht und dem Mitbestimmungsrecht ergeben, eine besondere Rolle.

Während die Produktziele weitgehend in die Zuständigkeit der operativen Unternehmung fallen, hat sich die Unternehmensleitung stärker hei den Wachstumszielen einzuschalten. Aus Unternehmenssicht erscheint Wachstum notwendig, damit zur nachhaltigen Absicherung eines ausreichenden Ertragspotentials der Unternehmens im Rahmen des zu erwartenden Wirtschafts- und Marktwachstums seine Marktstellung behauptet oder sogar ausbaut. Die Marktstellung des Unternehmens läßt sich bei stark diversifizierten Unternehmen nur unzureichend aus der Addition der Marktposition der Unternehmensunternehmen in ihren relevanten Märkten ableiten. Von besonderer Bedeutung sind in diesem Zusammenhang das finanzielle Standing des Unternehmens und seine relative Bedeutung auf den relevanten Finanzmärkten.

Bei den Wachstumszielen geht es im einzelnen um die Diversifikation durch Erwerb von Unternehmen oder Teilbetrieben, die Aufnahme neuer Produktgruppen, die Erschließung neuer Märkte und die Erzielung höherer Marktanteile. Von der Unternehmensleitung vorzugebende Wachstumsziele können darüber hinaus auch durch entsprechend steigende Renditeziele definiert werden.

Im weiteren Ablauf sind aus Unternehmenssicht die finanzwirksamen Strategien besonders interessant, nämlich alle Ziele und Maßnahmen im Zusammenhang mit Investitionen, Kapitalausstattung und Liquidität. Die von der Unternehmensleitung in jedem Fall festzulegenden Zielsetzungen für die strategische Planung betreffen die für den Gesamtkonzern und die einzelnen Unternehmensunternehmen anzustrebende Rendite und die Vorgabe für einen einzuhaltenden Finanzierungsrahmen.

hifo (highest in, first out): diejenigen Waren *f/pl* gelten als zuerst verbraucht, die zum höchsten Preis *m* eingekauft wurden
higgle: schachern
high-grade good(s) *(pl)*: Primaware *f*
high income: Spitzeneinkommen *n*
high-low-equal compare: Vergleicher *m (EDV)*
high-order position: Prioritätsindikator *m* (äußerste Linksposition eines Feldes) *(EDV)*
high-order zero: führende Null *f (EDV)*
high-priority message: Nachricht *f* hoher Priorität *f (EDV)*
high-quality good: Qualitätsware *f*
high-quality product: Qualitätsprodukt *n*
high-quality work: Qualitätsarbeit *f*
high-quality workmanship: Qualitätsarbeit *f*
high seas *pl*: hohe See *f*
high speed card reader: Kartenabfühler *m* mit hoher Geschwindigkeit *f (EDV)*
high speed channel: Hochleistungskanal *m (EDV)*
high speed computer: Hochgeschwindigkeitsrechner *m*, Maschine *f* mit hoher Rechengeschwindigkeit *f (EDV)*
high speed feed: beschleunigte Zuführung *f (EDV)*, Schnell-Zuführung *f (EDV)*
high speed printer: Schnelldrucker *m (EDV)*
high speed railroad: Schnellbahn *f*
high speed railway: Schnellbahn *f*

high speed storage: Schnellspeicher *m* (EDV)
high voltage current: Starkstrom *m*
high-yielding: hochrentierlich
higher bid: Mehrangebot *n*, Übergebot *n*, Nachgebot *n*
higher claim: Mehrforderung *f*
higher demand: Mehrforderung *f*
higher qualification thesis: Höherqualifizierungs-These *f*
Eine in der Qualifikationsforschung diskutierte Thesen zur längerfristigen Qualifikationsentwicklung, die sich mit dem in Langzeitanalysen der Berufsstrukturen in Industrieländern beobachteten kontinuierlichen Trend zur Höherqualifikation befaßt. Diese Tendenz zur Höherqualifizierung läßt sich heute für die Gruppen der schon Hochqualifizierten belegen. Sie geht jedoch einher mit einer tendenziellen Dequalifizierung der nicht oder falsch Qualifizierten.

highest bid: Höchstgebot *n*
highest bidder: Meistbietender *m*
highest quality: Spitzenqualität *f*
highlight: herausstellen, Schlaglicht *n*
highway: Landstraße *f*
highway carrier: Straßen-Transportunternehmen *n*
hinder: abhalten, verhindern
hindrance of competitors: Behinderung *f* von Konkurrenten
Unter den Bedingungen der marktwirtschaftlichen Konkurrenz ist die Behinderung von Mitbewerbern nur in den nach der Generalklausel des § 1 des Gesetzes gegen den unlauteren Wettbewerb (UWG) für sittenwidrig anzusehenden Fällen von Androhung oder Zufügung von Zwang, Rufschädigung, ruinösem Wettbewerb, Boykott oder Aufruf dazu, Diskriminierung, Marktverstopfung u.ä. wettbewerbswidrig.

hint: Fingerzeig *m*, Hinweis *m*
hinterland: Hinterland *n*
hire: anstellen, Arbeitslohn *m*, in Dienst *m* nehmen, verdingen, einstellen (Mitarbeiter), Miete *f*, mieten, Sachmiete *f*
hire from: abmieten
hire out: sich verdingen, vermieten (bewegliche Sachen)
hire-purchase agreement: Mietkaufvertrag *m*
hire-purchase price: Mietkaufpreis *m*
hire-purchase terms *pl*: Mietkaufbedingungen *f/pl*
hired hand: Arbeiter *m*
hirer: Mieter *m*
hiring: Personaleinstellung *f*, Vermietung *f*
hiring policy: Einstellungspolitik *f*
hiring procedure: Einstellungsverfahren *n*

historic costing: Bewertung *f* zu Anschaffungspreisen *m/pl*
historical cost system: Istkostenrechnung *f*
historical cost: Istkosten *pl* der Vergangenheit *f*, nachkalkulierte Istkosten *pl*, ursprüngliche Anschaffungskosten *pl*
hit: Schlager *m*, Zugartikel *m*
hoard: hamstern, horten, thesaurieren
hoarding: Hortung *f*
Hodge-Lehman rule: Hodge-Lehmann-Regel *f*
In der Entscheidungstheorie ein Sonderfall der Entscheidungen unter Unsicherheit (verteilungsfreier Fall) für Situationen, in denen zwar Wahrscheinlichkeiten für das Eintreten der verschiedenen Umweltzustände vorliegen, jedoch die ausschließliche Orientierung am Erwartungswert der wahrscheinlichkeitsverteilten Ergebnisse nicht als ratsam erscheint, so daß danach das Entscheidungskriterium eine Größe ist, die sich aus der Gewichtung des Erwartungswertes und des ungünstigsten Ereignisses ergibt.

hold: besitzen, innehaben, Schiffsraum *m*
hold accountable: verantwortlich machen
hold harmless agreement: Haftungsübernahmevertrag *m*
hold in custody: in Aufbewahrung *f* haben, verwahren
hold off: abhalten, abwehren
hold responsible: verantwortlich machen
holder: Besitzer *m*, Inhaber *m*
holder for value: Besitzer *m*, unentgeltlicher Besitzer *m*, gutgläubiger Besitzer *m*, gutgläubiger Erwerber *m*, gutgläubiger Inhaber *m*
holder in due course: legitimierter Besitzer *m*, gutgläubiger Indossatar *m*
holder in due time: rechtmäßiger Inhaber *m*
holder of a monopoly: Monopolinhaber *m*
holder of a proxy: Bevollmächtigter *m*
holder of an account: Kontoinhaber *m*
holder of bank stock: Bankaktionär *m*
holder of bill: Wechselgläubiger *m*, Wechselinhaber *m*
holder of certificate: Zertifikatinhaber *m*
holding: 1. Holding *f*
Die Dachgesellschaft eines Konzerns, die nicht selbst tätig ist, sondern den Konzern leitet und Aktien oder Stammkapital ihrer Tochtergesellschaften verwaltet. Eine Holding ist eine reine Führungsgesellschaft, d.h. ihre Aufgabe ist ausschließlich die Ausübung der Konzernleitung. Sie ist nicht mit der Produktion oder dem Vertrieb von Gütern beschäftigt; gleichwohl geht ihre Aufgabe über eine bloße Anteilsverwaltung hinaus. Aufgabe einer geschäftsleitenden Konzernholding

ist es, unter Berücksichtigung der Zielsetzung für den gesamten Konzern unternehmensübergreifende Strategien zu entwickeln und durchzusetzen und zugleich die einzelnen Konzernunternehmen zu einer strategischen Planung zu veranlassen, die in den von der Konzernleitung gesetzten Gesamtrahmen eingefügt ist. Dieser Gesamtrahmen wird bestimmt durch die Konzernzielsetzung und die unternehmensübergreifenden Ziele und Strategien.
2. Anteil *m*, Besitz *m*, Innehabung *f*
holding company: Besitzgesellschaft *f*, Beteiligungsgesellschaft *f*, Dachgesellschaft *f*, Holdinggesellschaft *f*, Muttergesellschaft *f*, Schachtelgesellschaft *f*
holding of shares: Aktienbesitz *m*
holiday: Feiertag *m*, Urlaub *m*
holiday allowance: Urlaubsgeld *n*
holiday pay: Feiertagslohn *m*, Sonn- und Feiertagsvergütung *f*
holiday premium: Feiertagszuschlag *m*
holiday provisions *pl*: Urlaubsregelung *f*
holographic: eigenhändig, handschriftlich
holographic will: eigenhändiges Testament *n*
home consumption value: Inlandswert *m*
home for old people: Altersheim *n*
home industry: Heimindustrie *f*
home market: Binnenmarkt *m*
home office: Büro *n* am Hauptsitz *m* einer Firma *f*, Hauptbüro *n*, Verwaltung *f* am Hauptsitz *m* einer Firma *f*, Zentrale *f*
home port: Heimathafen *m*
home-service insurance man: Hausvertreter *m*
homebuilding: Wohnungsbau *m*
homeless: obdachlos
homeostatic system: homöostatisches System *n* (Operations Research)
homeowner's insurance: Hausratsversicherung *f*
homework: Hausarbeit *f*, Heimarbeit *f*
homogeneity: Einheitlichkeit *f*, Gleichförmigkeit *f*, Homogenität *f*, Uniformität *f*
homogeneous: einheitlich, homogen, uniform
homogeneous atomistic competition: homogene atomistische Konkurrenz *f*
Eine Marktstruktur, die dadurch gekennzeichnet ist, daß der Triffinsche Koeffizient als Maß der Kreuzpreiselastizität gleich unendlich ist.
homogeneous competition: homogene Konkurrenz *f*
Eines der Instrumente zur Erfassung der Marktstruktur nach Verhaltensweisen stellt die Kreuzpreiselastizität dar: Ist der Triffinsche Koeffizient gleich Null, so liegt ein reines Monopol vor, ist er gleich unendlich, so besteht homogene atomistische Konkurrenz. Dazwischen liegen die verschiedenen Grade der heterogenen Konkurrenz. Oligopolistische Konkurrenz liegt vor, wenn der Triffinsche Koeffizient von Null verschieden ist.
homogeneous goods *pl*: homogene Güter *n/pl*
Güter, die im Gensatz zu den heterogenen Gütern nach Art, Form, Qualität, Abmessung, Verpackung, Aufmachung und anderen relevanten Merkmalen untereinander gleichartig, vergleichbar, austauschbar (fungibel) sind. Es handelt sich dabei vor allem um genormte oder typisierte Rohstoffe, Bauelemente, Halbfabrikate, standardisierte Gebrauchs- oder Verbrauchsgüter, anonyme Stapelgüter, Konsumware im Gegensatz zu Markenartikeln, problemlose Waren.
„Entscheidendes Charakteristikum homogener Güter ist der identische Ge- oder Verbrauchsnutzen (funktionaler Nutzen)." Da sie objektiv qualitäts- und formgleich sind, sind sie vollkommen substituierbar. „Diese totale wettbewerbliche Fungibilität hat zur Folge, daß beim Sichbewerben von Anbietern um die Abnehmer grundsätzlich allein der Preis- und Konditionenwettbewerb zum Zuge kommt. Jeglicher Qualitätswettbewerb entfällt insbesondere bei genormten Gütern. ... Homogene Güter unterliegen daher besonders der Gefahr der Preisroutierung bzw. des ruinösen Preiswettbewerbs." (Arno Sölter)
homogeneous oligopoly: homogenes Oligopol *n*
Ein Oligopol, bei dem die Produkte der Anbieter in einem Markt völlig homogen sind. Je nachdem, ob die Produkte der Anbieter in einem Markt homogen oder heterogen sind, unterscheidet Robert Triffin zwischen homogenem und heterogenem Oligopol.
honest: redlich, treu
honesty: Redlichkeit *f*, Treue *f*
honor: Ehre *f*, einlösen, honorieren
honor a bill of exchange: akzeptieren
honor a draft: ein Akzept *n* einlösen
honorable: ehrenhaft
honorary: ehrenamtlich, ehrenhalber
honorary president: Ehrenpräsident *m*
hook: Anreizartikel *m*, Blickfang *m*, Haken *m*, Lockartikel *m* (Köder)
hope: hoffen, Hoffnung *f*
hopeless: aussichtslos
hopper: Kartenmagazin *n* (EDV)
horizontal combination: Horizontalkonzentration *f*
horizontal contact: horizontaler Kontakt *m*
Horizontale Kontakte entstehen in einer Organisation wie z.B. einem Unternehmen durch die Kommunikation mit gleichrangigen Instanzen (Koordinationsaufgaben).
horizontal cooperation: horizontale Kooperation *f*
Die stufengleiche Zusammenarbeit zwischen Per-

horizontal diversification

```
                    Oberstes Führungsorgan
        ┌──────────────┬──────────┬──────────────┐
   Beschaffung    Produktion    Absatz    Rechnungswesen
                   ┌────┐         ┌────┐
                Produkt Produkt Produkt Produkt
                   I     II       I      II
```

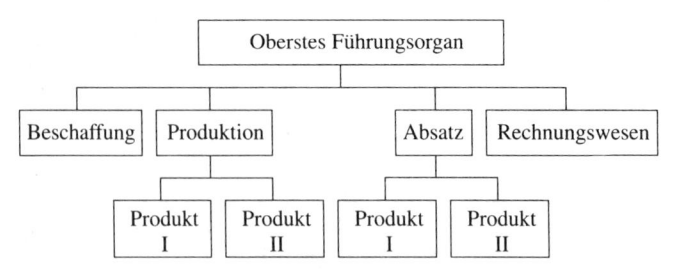

Funktionsmanagement im Verrichtungsmodell

sonen oder Stellen derselben Hierarchie-Ebene bzw. zwischen Wirtschaftsunternehmen derselben Wirtschaftsstufe. Dabei ist zwischen der Kooperation in integrierten und in kooperativen Gruppen zu unterscheiden ist.

Bei *Kooperation in integrierten Gruppen* sind Zwischen- und Einzelhandel zusammengefaßt (z.B. bei Filialbetrieben und Konsumgenossenschaften), bei *Kooperation in kooperativen Gruppen* arbeiten sie aufgrund wettbewerbspolitischer Notwendigkeiten zusammen (z.B. Einkaufsgenossenschaften oder freiwillige Ketten).

Bei der *vertikalen Kooperation* hingegen kommen die kooperierenden Partner aus verschiedenen Wirtschaftsstufen (wie z.B. bei der Zusammenarbeit zwischen Herstellern und Händlern).

horizontal diversification: horizontale Diversifikation *f*

Eine Form der Diversifikation, bei der die Erweiterung des Angebots- und Leistungsprogramms eines Unternehmens auf derselben Wirtschaftsstufe erfolgt, auf der das Unternehmen bereits in der Vergangenheit tätig war, und zwar entweder auf der Produktionsebene oder auf der Absatzebene (dafür wird auch der Ausdruck *homogene* oder *mediale Diversifikation* verwendet). Dadurch kann das diversifizierende Unternehmen an sein bisheriges Know-how anknüpfen, sich meist auch an seine bisherigen Abnehmer oder zumindest an Abnehmer derselben Wirtschaftsstufe wenden und so generell das Diversifikationsrisiko mindern und vorhandene Kapazitäten besser nutzen.

horizontal formation of departments: horizontale Abteilungsbildung *f*

Eine Form der Abteilungsbildung, bei der man zwischen dem Verrichtungsmodell (der Funktionalorganisation), dem Objektmodell (Geschäftsbereichs- oder Spartenorganisation nach Produkten, Projekten, Kunden) und dem Regionalmodell unterscheidet.

- *Verrichtungsmodell*: Im Verrichtungsmodell werden Stellen nach dem Prinzip der Verrichtungszentralisation gebildet. Typischerweise werden Abteilungen auf der zweiten Ebene nach betrieblichen Funktionen wie Beschaffung, Produktion, Absatz, Rechnungswesen, geschaffen, und auf der dritten Ebene nach Produkten.

Das Verrichtungsmodell findet typischerweise in mittleren und kleinen Unternehmungen mit einem homogenen Produktionsprogramm und relativ stabiler Umwelt Anwendung, in denen durch funktionale Spezialisierung hohe Wirtschaftlichkeit der Leistungserstellung und -verwertung angestrebt wird. Konfliktträchtig sind dabei vor allem die Beziehungen zwischen den Abteilungen, die vom Prozeßablauf her zur Kooperation gezwungen sind, dazu aber nicht motiviert werden. So sind die Funktionsmanager (z.B. in der Produktion) lediglich auf die Erreichung der eigenen Abteilungsziele (z.B. Kapazitätsauslastung, optimale Losgrößen) orientiert und haben nicht das Gesamtinteresse der Unternehmung im Auge. Dies macht aufwendige Koordinationsmaßnahmen von seiten des höchsten Führungsorgans notwendig.

- *Objektmodell*: Im Objektmodell werden Stellen nach dem Prinzip der Objektzentralisation gebildet. Typischerweise werden Abteilungen auf der 2. Ebene nach Produkten bzw. einheitlichen Produktgruppen, Projekten oder vor allem in Dienstleistungsunternehmungen nach Kunden bzw. Kundengruppen geschaffen, und auf der 3. Ebene nach Verrichtungen bzw. Funktionen gebildet. Die Input-Funktion (Beschaffung von Arbeit, Kapital, Material) bleibt meist zentralisiert.

Der Organisationsplan des Objektmanagements ist typisch für große Unternehmungen der Investitionsgüterindustrie mit heterogenem Produktionsprogramm, und zwar als Folge einer Strategie der Diversifikation.

Im Konsumgüterbereich, vor allem in der Markenartikelindustrie, hat sich, in Weiterentwicklung des 1928 von Procter & Gamble in den USA eingeführten Brand-Manager-Systems, weitgehend die Produktmanager-Organisation durchgesetzt. Die hierarchische Einordnung von Produktmanagern erfolgt überwiegend durch Bildung einer Stabsstelle oder einer Linieninstanz unter dem Marketingleiter. Die sich unmittelbar anbietende Konzeption als Matrix-Organisation wird nur selten verwirklicht.

- *Regionalmodell*: Im Regionalmodell werden Stellen nach dem Prinzip der lokalen Dezentralisation gebildet. Typischerweise werden Abteilungen auf der 2. Ebene nach Absatzgebieten und auf der 3. Ebene nach Produktgruppen (Produktionsstätten) geschaffen. Alle Funktionsbereiche sind regional dezentralisiert.

Das Regionalmodell findet sich in großen interna-

```
              ┌─────────────────────────┐
              │  Oberstes Führungsorgan │
              └─────────────────────────┘
                          │
        ┌─────────────────┼─────────────────┐
┌───────────────┐ ┌───────────────┐ ┌───────────────┐
│ Produktgruppe I│ │Produktgruppe II│ │Produktgruppe III│
└───────────────┘ └───────────────┘ └───────────────┘
```

┌───────────┐ ┌──────────┐ ┌───────┐ ┌────────────┐
│Entwicklung│ │Produktion│ │Absatz │ │ Controlling│
└───────────┘ └──────────┘ └───────┘ └────────────┘

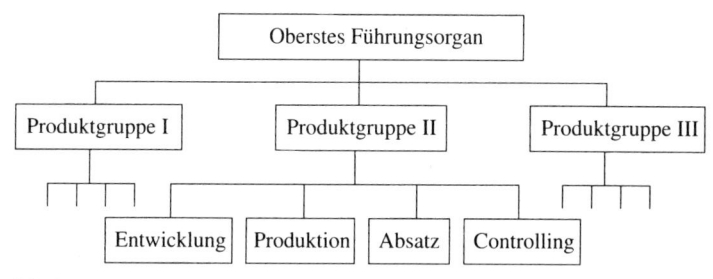

Objektmanagement im Objektmodell

tionalen Unternehmungen, die als Folge einer Strategie der räumlichen Expansion auf dem Weltmarkt tätig sind. In einer solchen Situation erleichtert das Regionalmodell eine gebietsspezifische Anpassung an die jeweiligen Marktchancen sowie die Entwicklung länderspezifischer Produktstrategien (Produkt-, Preisdifferenzierung, unterschiedliche Lebenszyklen).

- *Profit-Center-Konzept*: Hier stellen die einzelnen Abteilungen einer Unternehmung weitgehend autonome Einheiten mit einer bestimmten Produktgruppe, eigenem Ein- und Verkaufsmarkt sowie eigener Erfolgsrechnung dar. An der Spitze eines jeden Profit Center steht ein Manager oder ein Team von Managern, der bzw. das die Unternehmung in der Unternehmung weitgehend eigenverantwortlich leitet, weshalb häufig die Bezeichnung „Responsibility Center" verwendet wird. Abteilungen werden nach dem Profit Center-Konzept als quasiautonome Geschäftsbereiche gebildet, die produktspezifisch administrative und auch strategische Aufgaben übernehmen und damit das oberste Führungsorgan entlasten. Diese Unternehmungsbereiche verfügen über alle zur unmittelbaren Erfüllung ihrer Aufgaben notwendigen Funktionen.

Zentral werden in der Regel nur noch die Funktionen Einkauf (aus Wirtschaftlichkeitsüberlegungen), Finanzierung (aus rechtlichen Gründen) und Grundlagenforschung (Konzentration von Ressourcen) ausgeübt. Daneben existieren einige Koordinationsabteilungen mit Rahmenrichtlinienkompetenz (z.B. Planung, Personal).

Primäres Ziel der Managementtätigkeit eines Profit Centers ist es, einen bereichsspezifischen Gewinn oder Deckungsbeitrag zu erzielen. Bei der Konzeption von Profit-Center-Systemen wird jedoch in der Regel davon ausgegangen, daß nicht die Maximierung des Gewinns als einer absoluten Größe, oberstes Ziel der Unternehmung sowie aller Teilbereiche ist sondern die Maximierung einer relativen Größe, des Return on Investment (ROI), d.h. des Verhältnisses von Gewinn zu investiertem Kapital. Der ROI wird als Kennzahl zur Beurteilung der gesamten Unternehmung sowie ihrer dezentralisierten Teilbereiche angesehen.

Der Manager kann aber nur dann für die Rentabilität seines Profit Centers verantwortlich gemacht werden, wenn er fremde Leistungen von anderen Abteilungen bzw. Unternehmungen beziehen und eigene Erzeugnisse an andere verkaufen darf und zwar zu Preisen, die das Ergebnis einer selbständigen Kalkulation seines Bereichs sind und somit auch seine eigene Leistung als Manager widerspiegeln.

Die Organisationsform mit den nach Produkt/Markt-Beziehungen organisierten autonomen Geschäftsbereichen in Verbindung mit dem Profit-Center-Konzept galt lange Zeit als ideale Lösung der Strukturprobleme industrieller Großunternehmungen. Im Laufe der Jahre zeigte sich jedoch eine ganze Reihe gravierender Mängel, wie unzureichende organisationsweite Koordination (unerwünschte Suboptimierung), kurzfristige Gewinnorientierung (verhindert Investitionen in Produkt- und Verfahrensinnovationen), einseitige Ausrichtung auf eine Steuerungsgröße wie den Gewinn bzw. den ROI.

Mit der Entwicklung des Konzepts des Portfolio-Management sollen diese Nachteile überwunden werden, ohne auf die Vorteile der dezentralen Unternehmungsorganisation verzichten zu müssen.

horizontal integration: horizontale Verflechtung *f*

horizontal product differentation: horizontale Produktdifferenzierung *f*

Die horizontale Differenzierung besteht darin, „daß bei gleichbleibender stofflich-technischer Grundstruktur andere Eigenschaften des Produkts variiert werden und so eine mehr oder minder deutliche Abhebung erreicht wird" (Herbert Wilhelm). Typisches Beispiel ist das Angebot ein und desselben Artikels in verschiedenen Farben, die Veränderung des Gewichts, des Volumens oder der Stückzahl einer Ware.

„Während bei der horizontalen Produktdifferenzierung kaum Anlaß besteht, die übrigen Komponenten der Absatzpolitik zu verändern, damit sie mit der horizontalen Abhebung korrespondieren, verlangt die vertikale Produktdifferenzierung in der Regel eine flankierende Unterstützung durch die übrigen absatzpolitischen Instrumente, insbesondere durch Preisgestaltung und Werbung" (H. Wilhelm).

horizontal union: horizontale Gewerkschaft *f*

hortatory process: Mahnverfahren *n*
horticulture: Gartenbau *m*
hospital benefits *pl*: Krankenhauskostenzuschuß *m*
hospitalization insurance: Krankenhauskostenversicherung *f*
host country: Gastland *n*
hot money: heißes Geld *n*
hotchpotch duty: Ausgleichspflicht *f* (Erbschaft)
hotel and tourist industry: Fremdenverkehrsindustrie *f*
hotel industry: Hotelgewerbe *n*
hour employee: Arbeiter *m*, Lohnempfänger *m*
hour labor: Arbeitskräfte *f/pl* im Stundenlohn *m*, Stundenarbeit *f*
hour payroll: Lohnabrechnung *f*
hour rate: Lohnstundensatz *m*, Stundenlohnsatz *m*
hour wage(s) *(pl)*: Stundenlohn *m*, Zeitlohn *m*
hourly departmental overhead rate: Gemeinkosten-Stundensatz *m* je Kostenstelle *f*
hourly labor: Arbeitskräfte *f/pl* im Stundenlohn *m*, Stundenarbeit *f*
hours *pl*: Zeit *f*, Öffnungszeit *f*
hours *pl* **absent:** Fehlstunden *f/pl*
hours *pl* **of operation:** Betriebszeit *f*, Laufzeit *f*
hours *pl* **of work:** Arbeitszeit *f*
house brand: Hausmarke *f*
Die Terminologie ist mehrdeutig. Häufig wird als Hausmarke eine Sonderform der Handelsmarke verstanden, die von einem Handelsunternehmen unter ihrem eigenen Firmennamen oder auch einer anderen Markenbezeichnung, meist zu einem besonders günstigen Preis, vertrieben wird. Häufig wird darunter jedoch auch eine Eigenmarke verstanden, die als echte Hausmarke bezeichnet wird, wenn sie aus eigener Produktion stammt, und als unechte Hausmarke oder einfach als Handelsmarke, wenn sie das nicht tut.
house flag: Reedereiflagge *f*
house organ: Hausorgan *n*, Haus-Zeitung *f*, Werkzeitung *f*
house-to-house distribution through post office: Postwurfsendung *f*
house-to-house retailing: Hausieren *n*
housebuilding: Wohnungsbau *m*
household: Haushalt *m*
Ein in den Wirtschafts- und Sozialwissenschaften außerordentlich vieldeutiger Begriff zur Bezeichnung einer Verbindung von Personen zum Zweck gemeinsamer Lebens- und Wirtschaftsführung. Im Sinne einer Lebens- und Wirtschaftsgemeinschaft wird in der Wirtschafts- und Sozialstatistik als Haushalt eine zusammen wohnende und gemeinsam wirtschaftende Personengruppe sowie eine allein wohnende und allein wirtschaftende Einzelperson bezeichnet. Die Personengruppe schließt verwandte, familieneigene Personen und Familienfremde wie z.B. Hausangestellte, Untermieter, gewerbliche und landwirtschaftliche Arbeitskräfte ein.
Soziologisch wie statistisch schwierig ist in Einzelfällen die Abgrenzung der Haushaltung vom biologischen Begriff der Familie. Zwar fallen sie häufig zusammen (Familienhaushalt), aber es kennzeichnet den Haushalt im Gegensatz zur Familie, daß er auch familienfremde Personen einschließen kann und daß heute viele Lebens- und Wirtschaftsgemeinschaften aus Personen bestehen, die nicht verheiratet sind und folglich nicht einer Familie angehören. Umgekehrt können Familien auch über mehrere Haushalte verteilt sein.
A. Das Statistische Bundesamt gliedert die Haushaltungen in
1. *Einzelhaushalte*: Haushalte, die aus einer einzelnen Person bestehen.
2. *Mehrpersonenhaushalte*: Haushalte, in denen mehrere Personen zusammenleben. Dabei wird weiter unterschieden zwischen
a) Haushalten, die nur aus Ehegatten und/oder Familienangehörigen bestehen, die in gerader auf- und absteigender Linie miteinander verwandt sind;
b) Haushalte, zu denen zusätzlich zu den unter a) angeführten Familienangehörigen weitere Verwandte oder Verschwägerte gehören (oder die nur aus solchen bestehen);
c) Haushalte, die auch Familienfremde umfassen und
d) Haushalte, die nur aus Personen bestehen, die nicht in einem Verwandtschaftsverhältnis zueinander stehen.
3. *Anstaltshaushalte*: Personengruppen, deren meist einzeln stehende Mitglieder in einer gemeinsamen Unterkunft untergebracht sind, hier gemeinsam betreut und meist auch gemeinsam verpflegt werden.
B. Ein anderes, in der Statistik verbreitetes Unterscheidungsverfahren ist die Differenzierung nach:
1. *Vollhaushalten*: Ein Haushalt, bei dem der Haushaltungsvorstand mit seinem Ehepartner und mit oder ohne Kind(er) zusammenlebt;
2. *Resthaushalten*: Ein Haushalt bei dem der Haushaltungsvorstand ledig, verwitwet oder geschieden ist;
3. *Teilhaushalten*: Ein Haushalt, in dem der Haushaltungsvorstand wohl verheiratet ist, aber nicht mit dem Ehepartner zusammenlebt.
Problematisch war und ist die Festlegung, wer *Haushaltsvorstand* ist. Während traditionell stets der Ehemann als Haushaltsvorstand galt, wurde in den 1970er Jahren dazu übergegangen, denjenigen oder diejenige so zu bezeichnen, der/die in einer Erhebung angab, Haushaltsvorstand zu sein oder von anderen als solcher bezeichnet wurde. Seit 1983 hat das Statistische Bundesamt die Bezeichnung ganz durch die der *Bezugsperson* er-

setzt. Als Bezugsperson gilt dabei diejenige, die sich bei einer Erhebung als solche bezeichnet.
household account: Wirtschaftsrechnung *f*
household budget: Wirtschaftsrechnung *f*, Haushaltsrechnung *f*
household day: Hausarbeitstag *m*
household goods *pl*: Haushaltsgüter *n/pl*
household income: Haushaltseinkommen *n*, Haushaltsnettoeinkommen *n*
Die Summe der monatlichen Nettoeinkünfte aller Mitglieder eines Haushalts aus Erwerbstätigkeit bzw. Renten (Pensionen), Versicherungen, aus eigener Bewirtschaftung, Vermietung und Verpachtung (ohne Steuern und Pflichtbeiträge zur Sozialversicherung).
household money: Wirtschaftsgeld *n*
household taxation: Haushaltsbesteuerung *f*
householder's comprehensive insurance: Gebäude- und Hausratversicherung *f*
housekeeping: Haushalten *n*, den Betrieb *m* in Ordnung *f* halten (Reinigen, Aufräumen usw.)
housing: Unterkunft *f*, Wohnung *f*
housing agency: Wohnungsnachweis *m*
housing aid: Wohnungsbeihilfe *f*
housing allowance: Wohnungsgeldzuschuß *m*
housing assistance: Wohnungsbeihilfe *f*
housing authority: Baubehörde *f*, Wohnungsamt *n*
housing bond: Wohnungsbauanleihe *f*
housing construction: Wohnungsbau *m*
housing minister: Wohnungsbauminister *m*
housing policy: Wohnungspolitik *f*
housing shortage: Wohnungsnot *f*
hub: Buchse *f (EDV)*
hull insurance: Menschen-Seekaskoversicherung *f*
Human Behavior School: Human-Behavior-Schule *f*
Eine von Elton Mayo (1880-1949) begründete Denkrichtung in der Managementlehre, deren Kernauffassung es ist, daß im Mittelpunkt aller Handlungen des Managements Menschen innerhalb ihres sozialen Kontexts stehen. Gegenstand ihrer Untersuchungen sind die zwischenmenschlichen Beziehungen, die Motivation und die soziale Kommunikation. Diese Schule macht sich Erkenntnisse der Psychologie und der Sozialpsychologie zunutze und ist der Meinung, daß die besten Arbeitsergebnisse dann erzielt werden, wenn dabei die psychischen Bedürfnisse der Arbeitnehmer befriedigt werden.
human engineering: experimentelle Anwendung *f* psychologischer Erkenntnisse

human relations

f/pl auf menschliche Probleme *n/pl* im Betrieb *m*
human labor: menschliche Arbeit *f*
human relations *pl*: werbende Führung *f*, Human Relations *pl*
Die als eine Art „Öffentlichkeitsarbeit nach innen" konzipierte Pflege der menschlichen Beziehungen und des Betriebsklimas in Wirtschaftsunternehmen und Institutionen.

Historisch entwickelte sich die Human-Relations-Bewegung in der zweiten Hälfte der 1930er und Anfang der 1940er Jahre in der Folge von empirischen Untersuchungen von Elton Mayo in den Hawthorne-Werken der Western Electric Company in Chicago, bei denen sich ergab, daß keineswegs allein die Mehrung wirtschaftlicher Vorteile im Mittelpunkt des Interesses der Arbeiter stand, sondern ihr Bedürfnis nach persönlicher Geltung und Anerkennung, nach Erhaltung von Prestige- und Statusrelationen und nach Gewinn von Befriedigung aus den arbeitsbedingten sozialen Beziehungen, Hawthorne-Experimente.
Als Kerngedanke im Lehrgebäude der Human-Relations-Bewegung bildete sich die Vorstellung heraus, daß „glückliche (zufriedene) Arbeiter gute Arbeiter" sind. Auf dem Hintergrund einer traditionellen Organisationsstruktur müssen also die zwischenmenschlichen Beziehungen am Arbeitsplatz so gestaltet werden, daß sie die sozialen Bedürfnisse der Organisationsmitglieder in hohem Maße befriedigen. Dies ist die notwendige Bedingung für die ökonomische Effizienz der Unternehmung. So gesehen läßt sich dann auch kein Widerspruch mehr zwischen den Zielen der Mitarbeiter und Zielen der Organisation ausmachen: Soziale und ökonomische Rationalität werden deckungsgleich.
Insgesamt haben die Hawthorne-Experimente die große Bedeutung der ungeplanten, spontan entstehenden zwischenmenschlichen Beziehungen in Organisationen herausgearbeitet. Die verhaltenswissenschaftliche Schule hat in der Tradition dieser Experimente dann drei zentrale Themenbereiche entfaltet und in die Managementlehre integriert, nämlich das „Individuum in der Organisation" (Individuenverhalten, Motivationstheorien), die „Gruppe in der Organisation" (Gruppenverhalten) und der „Vorgesetzte in der Organisation, (Vorgesetztenverhalten).
In dem Maße, in dem man aus der Mikroperspektive der Arbeitssituation die Bedingungen der Zufriedenheit der Mitarbeiter als entscheidende Vorbedingung für die Produktivität ansah, traten indes die generellen organisatorischen Regelungen, die Strukturen der Gesamtorganisation und damit die „Makroperspektive" in den Hintergrund. Hier setzten später die Forschungen der Organisationstheorie an, die das organisatorische Kernproblem der Integration von Mitarbeiterbedürfnissen und ökonomischen Organisationszielen nicht mehr auf der Basis einer vorausgesetzten Harmonie angingen, sondern einen Konflikt konstatierten, der u.a.

auch durch geeignete Strukturentwürfe der Organisation gelöst werden sollte.

Als ein Instrument der werbenden Führung im Betrieb wird Human Relations heute meist entweder als das nach innen gerichtete Korrelat der nach außen gerichteten Öffentlichkeitsarbeit (Public Relations) oder auch als ein Teil der Öffentlichkeitsarbeit verstanden. Zu den als Mittel der betriebsinternen Kommunikation einsetzbaren Vehikeln zählt Hanno Müller im einzelnen: den Angestelltenleitfaden (mit Informationen über das Unternehmen), das Anschlagbrett, die Werkszeitung, Briefe an die Arbeitnehmer, Beilagen zum Lohnbeutel, die Werkslautsprecheranlage, Betriebsausflüge, Betriebssoziologen und Betriebsfürsorgerinnen, Betriebsbesichtigungen für Angehörige, das betriebliche Vorschlagswesen.

human resources *pl*: Arbeits(kraft)reserven *f/pl*

human resources approach: Arbeits(kraft)reservenansatz *m*, Human-Ressourcen-Ansatz *m*

Ein Ansatz in der Managementlehre, der die von der Human-Relations-Bewegung vernachlässigten Strukturen der Organisation wieder stärker betonte. Man diagnostizierte ein Spannungsverhältnis, das sich aus den traditionellen Organisationsstrukturen und den Entfaltungsbedürfnissen der Menschen ergibt und sich in den Spannungen zwischen bürokratischer Effizienz und nichtrationalem Verhalten, zwischen Disziplin und Autonomie, zwischen formalen und informalen Beziehungen äußert. Dieses Spannungsverhältnis führe im Ergebnis zu einer Verschwendung von Human-Ressourcen. Erst wenn dieses Spannungsverhältnis hinreichend thematisiert werde und neue, den menschlichen Bedürfnissen besser angepaßte Organisationsstrukturen entworfen würden, könne von einer angemessenen theoretischen Behandlung des Organisationsproblems gesprochen werden.

Zu den kritischen Autoren, die Lösungsvorschläge unterbreiteten zählen D. McGregor, Chris Argyris und Rensis Likert. Sie versuchten, auf der Basis von Überlegungen der Motivationstheorie zum Streben des Menschen nach Selbstverwirklichung am Arbeitsplatz Führungsprinzipien und Strukturmodelle zu entwickeln, die einen Zusammenklang von individueller Bedürfnisbefriedigung und ökonomischer Zielerreichung ermöglichen sollten. Die Kritik dieser Ansätze gegenüber der traditionellen Organisation und der traditionellen Organisationslehre hebt im Kern darauf ab, daß die menschlichen Potentiale nicht zur Entfaltung kommen können und traditionelle Organisationen deshalb ineffektiv sind. Wenn man etwa mit Argyris unterstellt, daß der gesunde Mensch von der Kindheit bis zum Erwachsenenalter einen Reifeprozeß durchmacht, der von starker Abhängigkeit hin zur autonomen Persönlichkeit führt, die durch vielfältige Interessen, differenzierte Verhaltensweisen, Bewußtsein der eigenen Persönlichkeit etc. gekennzeichnet ist, so folgt, daß die traditionelle Organisation von den Mitarbeitern als demotivierend und leistungshemmend erlebt werden muß. Die extreme Spezialisierung, die Einheit des Befehlsweges, die Trennung von Planung (Anweisung) und Ausführung, kurz alle Prinzipien des Taylorismus, wissenschaftliche Betriebsführung, die ursprünglich zur Steigerung der Arbeitsproduktivität konzipiert wurden, erweisen sich im Lichte dieser Motivationstheorie als dysfunktional. Reformen der Organisationsstrukturen sollen deshalb so beschaffen sein, daß sie den Mitarbeitern mehr Entfaltungsmöglichkeiten bieten, Partizipation am Entscheidungsprozeß ermöglichen, Vertrauen statt Furcht in zwischenmenschlichen Beziehungen schaffen, die Informationsflüsse vielseitig und nicht nur von unten nach oben (als Gegenstrom zum Befehlsweg) gestalten, die Arbeitsgruppe als organisatorische Einheit (statt des Individuums) integrieren, Fremdkontrolle durch weitgehende Selbstkontrolle substituieren etc.

Ein spezieller Zweig der Human-Ressourcen-Schule beschäftigt sich mit dem Problem des geplanten Wandels von Organisationen, der heute als Organisationsentwicklung (OE) bezeichnet wird. Ausgangspunkt für diese Sonderentwicklung waren Schwierigkeiten, Human-Ressourcen-Programme in die Praxis umzusetzen, insbesondere bürokratische Organisationen für diese neuen Ideen zu öffnen. Die Forschung in diesem Gebiet führte zu einem Kanon verschiedener Vorgehensweisen und Methoden. Sie stellen alle darauf ab, bestehende verfestigte Strukturen zu lockern („Unfreezing") und den Organisationsmitgliedern die Angst vor Neuem und Ungewohntem zu nehmen. Ein Pionier auf diesem Gebiet war Rensis Likert, der Direktor am amerikanischen Institute for Social Research in Ann Arbor, Michigan, der durch kontinuierliche Befragung der Organisationsmitglieder und durch Rückkoppelungsgespräche in Arbeitsgruppen dem Prozeß des Wandels die vorwärtstreibenden Impulse geben wollte („Survey Feedback").

human work: menschliche Arbeitsleistung *f*

Einer von drei produktiven Faktoren in Erich Gutenbergs Produktionstheorie. Als Wirtschaftstheoretiker nahm Gutenberg einen konsequent produktionstheoretischen Standpunkt ein, von dem aus er alle anderen betrieblichen Funktionsbereiche erklärte. Im Gutenbergschen System der produktiven Faktoren werden diese so miteinander kombiniert, daß ein optimales Verhältnis von Faktoreinsatz zu Faktorertrag (Produktivitätsbeziehung) erzielt wird.

Da dieser Kombinationsprozeß der drei Faktoren *menschliche Arbeitsleistung, Betriebsmittel* und *Werkstoffe* jedoch nicht von selbst abläuft, unterteilte Gutenberg den Elementarfaktor „menschliche Arbeitsleistung" in die objektbezogene, anordnende Arbeit und in die dispositive Arbeitsleistung, die als Geschäfts- und Betriebsleitung den vierten Faktor im System bildet: „Unter objekt-

hygiene factors

bezogener Arbeitsleistung werden alle diejenigen Tätigkeiten verstanden, die unmittelbar mit der Leistungserstellung, der Leistungsverwertung und mit finanziellen Aufgaben im Zusammenhang stehen, ohne dispositiv-anordnender Natur zu sein ... Dispositive Arbeitsleistungen liegen dagegen vor, wenn es sich um Arbeiten handelt, die mit der Leitung und Lenkung der betrieblichen Vorgänge im Zusammenhang stehen."
Der arbeitende Mensch wird danach also einmal als Manager zum Subjekt, d.h. zum Träger des dispositiven Faktors, und zum anderen als Arbeiter zu einem im Hinblick auf eine optimale Ergiebigkeit manipulierbaren Objekt des vom dispositiven Faktor beherrschten Kombinationsprozesses. Der dispositive Faktor steuert den Prozeß der Kombination der produktiven Faktoren nach dem Wirtschaftlichkeitsprinzip. Da sich der dispositive Faktor nach Ansicht Gutenbergs in kein rationales Schema einfangen läßt und damit quantifizierenden Methoden nur begrenzt zugänglich ist, wird er aus der produktionstheoretischen Analyse ausgeschlossen. Mit der Ausklammerung des dispositiven Faktors aus den produktionstheoretischen Überlegungen rücken Fragen der Geschäfts- und Betriebsleitung mehr und mehr in den Vordergrund eigenständiger wissenschaftlicher Untersuchungen.

humbug: Humbug *m*, Spiegelfechterei *f*
humdrum way: Schlendrian *m*
hundred per cent incentive: Vollvergütung *f* der Mehrleistung *f*
hundreds position: Hunderterstelle *f*
hundredweight: Zentner *m*
hunting and fishing stage: Jagd und Fischerei-Stufe *f*
husband: Ehemann *m*
husband's separate estate: eheliches Vorbehaltsgut *n*
hush money: Schweigegeld *n*
hybrid computer: Hybridrechner *m (EDV)*
hybrid method of accounting: Gewinnermittlung *f* durch Teilbestandsvergleich *m*
hydroelectric power: Wasserkraft *f*
hydroelectric power plant: Wasserkraftwerk *n*
hygiene factors *pl*: Hygiene-Faktoren *m/pl*
In seiner Zwei-Faktoren-Theorie zur Erklärung des Arbeitsverhaltens und zur Motivation von Mitarbeitern unterscheidet Frederick Herzberg zwei Arten von Faktoren, die Zufriedenheit bzw. Unzufriedenheit bei der Arbeit bewirken: Hygiene-Faktoren und Motivatoren.
Die *Hygiene-Faktoren* hängen nicht mit der Arbeit selbst zusammen, sondern mit Bedingungen, die die Ausführung der Arbeit lediglich umgeben, also extrinsischer Art sind. Sie erhielten ihre Bezeichnung, weil sie analog wirken wie die Prinzipien den medizinischen Hygiene: Hygiene heilt nicht, sondern vermag lediglich Gesundheitsrisiken aus der Umwelt des Menschen zu beseitigen. Entsprechend vermögen diese Faktoren lediglich zu vermeiden, daß Unzufriedenheit entsteht; sie vermögen aber keine Zufriedenheit zu erzeugen.
Die wichtigsten Hygiene-Faktoren sind nach Herzberg:
• Gehalt,
• Beziehungen zu Untergebenen, Vorgesetzten und Gleichgestellten,
• Status,
• Technische Aspekte der Führung,
• Unternehmenspolitik und -organisation,
• Physische Arbeitsbedingungen,
• Persönliche berufsbezogene Lebensbedingungen,
• Arbeitsplatzsicherheit.

	Aussagen über Bereich A											
	A1	A2	A3	A4	A5	A6	A7	A8	A9	...	...	...
B1								x				
B2	x	x										
B3							x					
B4												
B5				x		x						
B6							x					
B7		x										
B8	x					x						
B9			x									
...											x	
...												

Aussagen über Bereich B (Zeilen)

Beispiele für Verknüpfungssymbole in der Hypothesen-Matrix

B \ A	1	2	3	4	
1		x			Zusammenhang zwischen A3 und B1
2	←				A1 wirkt sich auf B2 aus
3	↑				B3 wirkt sich auf A2 aus
4				↕	Wechselseitige Beeinflussung A4/B4
5		⁒			Kein Zusammenhang
6	●	○	●		Geringer, mittlerer, starker Zusammenhang
7	0,3		0,7		Korrelationsstärke des Zusammenhangs
8	+	−			Positiver oder negativer Zusammenhang
9	?				Beziehung fraglich
10	!				Beziehung sehr bedeutungsvoll
⋮					

hyper inflation: Hyperinflation *f*, „galoppierende Inflation" *f*
Ein kumulativer Teuerungsprozeß, der in seinen Auswirkungen der Gewalt von Naturkatastrophen gleicht, weil dabei das Geld seine Funktionen als Wertaufbewahrungs- und Tauschmittel verliert. Hyperinflationen gelten in der Wirtschaftstheorie nach Herbert Giersch vorwiegend als Nachkriegserscheinungen, die vor allem durch die Finanzierung großer Haushaltsdefizite mit Hilfe der Notenpresse, eine zerrüttete Produktionsstruktur und eine außerordentlichen Instabilität der politischen Verhältnisse verursacht werden. Die Kausalkette wird meist so formuliert: Staatliche Haushaltsdefizite führen zu erhöhtem Notenumlauf, verstärkter Güternachfrage, damit zu erhöhten Güterpreisen und schließlich zu einer Abwertung der Währung nach außen.

hypermarket *(brit)*: Supermarkt *m*, Hypermarché *m*

hyphenation program: Silbentrennungsprogramm *n (EDV)*

hypothecary: hypothekarisch

hypothecary claim: Hypothekenforderung *f*

hypothecary credit: Hypothekarkredit *m*

hypothecary debt: Hypothekenschuld *f*

hypothecate: hypothekarisch verpfänden, dinglich verpfänden

hypothecated asset: hypothekarisch belastetes Wirtschaftsgut *n*

hypothecation: Bestellung *f* einer Hypothek *f*, hypothekarische Verpfändung *f*, Hypothekenbestellung *f*, Verpfändung *f*

hypothesis: Hypothese *f*, Annahme *f*

hypothesis matrix: Hypothesen-Matrix *f*
Eine Methode der Ideenfindung und Problemanalyse, die darauf angelegt ist, komplexe Sachverhalte zu durchdringen, Verknüpfungen transparent zu machen und latente Probleme aufzudenken.
Der typische Anwendungsfall für die Hypothesen-Matrix ist die Analyse der vorhandenen Verflechtungen, das Aufzeigen aller Beziehungen und Wechselwirkungen zwischen zwei komplexen Gegenstandsbereichen, formal einmal Bereich A und Bereich B genannt. Häufig bleiben bei solchen Interdependenz-Analysen wesentliche Zusammenhänge verborgen, weil gewohnte Sichtweisen das Entdecken bisher latenter Verknüpfungen blockieren.
Um bisher unentdeckte Beziehungen zwischen den Bereichen A und B analytisch aufzuzeigen, wird über diese Bereiche nun jeweils eine Vielzahl unterschiedlichster Aussagen getroffen, die entweder auf gesichertem Wissen beruhen oder auch reine Hypothesen oder gar Spekulationen sein können. Diese Aussagen werden in der Kopfzeile und Vorspalte einer Matrix angeordnet:
Dann wird jede Aussage des Bereichs A mit jeder des Bereichs B konfrontiert, und es wird versucht herauszufinden, ob zwischen A und B Beziehungen bestehen. Ist dies sicher oder wahrscheinlich, dann wird in das entsprechende Feld der Matrix ein Kreuz eingetragen. Auf diese Weise ergeben sich in den Zeilen und Spalten unterschiedliche Kreuzhäufungen. Vertiefende Untersuchungen werden nun zu jenen Aussagen unternommen, bei denen überdurchschnittlich viele Zusammenhänge angezeigt sind. Der Vorteil der Hypothesen-Matrix besteht vor allem darin, daß sie den Problemlöser zwingt, Sachverhalte unter sehr vielen Aspekten zu betrachten. Das führt zu neuen Einsichten, die Grundlage neuer Lösungswege sein können.

I

icon: Ikon *n*, ikonisches Zeichen *n*
Ein Zeichen wie ein Bild, eine Zeichnung, eine Photographie, Skulptur usw., das in einer Ähnlichkeitsbeziehung zu dem Objekt, das es bezeichnet, steht.

iconic model: ikonisches Modell *n*, materiales Modell *n*
Eine meist bildhafte Verkleinerung oder Vergrößerung des im Modell abzubildenden Sachverhalts mit einer meist stark reduzierten Zahl von Wirkungsfaktoren.

I.D. card: Ausweispapier *n*

idea generation: Kreativitätstechniken *f/pl*, Ideenfindungsmethoden *f/pl*, Ideenproduktion *f*
In der Unternehmenspraxis und der wissenschaftlichen Kreativitätsforschung ist eine Vielzahl von Techniken entwickelt worden, von denen die meisten versuchen, auf der Basis sozialpsychologischer Erkenntnissen zur Gruppendynamik das höhere Leistungspotential von in Gruppen interagierenden Individuen zu fördern und zu steuern. Diese Verfahren und Techniken werden vor allem bei der Entwicklung von Konzeptionen und Innovationen sowie in allen Situationen angewendet, in denen es darauf ankommt, neue Ideen hervorzubringen, wie z.B. bei der Neuproduktentwicklung.
Die Methoden der Ideenfindung sind ein relativ unspezifisches Instrumentarium und finden sinnvollerweise Anwendung zur Lösung von schlechtstrukturierten Problemen. Wohlstrukturierte Problemsituationen löst man zwingend, meist sogar nur rechnerisch, aus den konkreten Gegebenheiten.
Einen höheren Bedarf an kreativen Lösungen und damit eine höhere Anwendungshäufigkeit für Methoden der Ideenfindung haben vor allem Unternehmen bzw. Funktionsbereiche von Unternehmen, die durch ihre besonderen Aufgaben wesentlich häufiger mit Innovationsproblemen konfrontiert werden, die sich rasch an den Wandel anpassen müssen und nur in geringem Maße Routineverhalten ausprägen können. Innerhalb eines Unternehmens betrifft das vor allem die Funktionsbereiche Forschung und Entwicklung, Konstruktion, Produktion und Marketing.
Insgesamt sind heute gut 50 verschiedene Techniken der Ideenfindung bekannt. Die bekanntesten sind das Brainstorming, das Brainwriting, die Synektik, die morphologische Analyse, die Funktionsanalyse, die Bionik, das kreative Problemlösen (Buffalo-Methode), die Merkmalslistenmethode, die Problemkreisanalyse, die Methode 635 und die Delphimethode.
Zu der für Praktiker bedeutsamen Frage, welche Methodenalternativen bei einem konkret vorliegenden Problem den größten Erfolg versprechen, liegen bisher kaum aussagefähige Erkenntnisse vor. Nach einer Formulierung von Helmut Schlicksupp bestimmt sich die Methodenauswahl im wesentlichen nach zwei Kriterienbereichen:
(1) Nach den *Merkmalen des zu lösenden Problems*: Zwei Problemeigenschaften beeinflussen die Wahl einer geeigneten Methode der Ideenfindung, und zwar die *Komplexität* und der *Typ des vorliegenden Problems*. Was die Problemkomplexität anbelangt, so läßt sich vereinfachend feststellen, daß
• *intuitiv-kreative Methoden* auf abgegrenzte, wenig komplexe Fragestellungen angewendet werden sollten, und
• *analytisch-systematische Methoden* auch herangezogen werden können, um sehr komplexe Sachverhalte zu verarbeiten. Nimmt man die gedankliche Anforderungsqualität, die ein Problem stellen kann, als Unterscheidungsmerkmal, dann lassen sich 5 Problemtypen voneinander abgrenzen:
1. *Suchprobleme*: Hier besteht der Problemlösungsprozeß aus einem kognitiven Suchvorgang, bei dem die Suchkriterien durch die Definition des Problems vorgegeben sind. Die Suche erstreckt sich auf das Auffinden bereits existierender Lösungen.
2. *Analyseprobleme*: Die Anforderung besteht im Erkennen von Strukturen, d.h. deren Elemente, Relationen zwischen den Elementen und von Struktureigenschaften. Die Analyse beinhaltet allgemein die Klärung von Zusammenhängen.
3. *Konstellationsprobleme*: Die spezifische Anforderungsqualität dieses Problemtyps besteht darin, vorhandene Wissenselemente so zu konfigurieren bzw. umzukonstellieren, daß ein neues, im Problemlösungsprozeß erforderliches Gedankenkonstrukt entsteht.
4. *Auswahlprobleme*: Sie betreffen Vorgänge der Unterscheidung von Alternativen nach dem Gesichtspunkt ihres Nutzens für ein vorgegebenes Ziel. Der Prozeß der Auswahl ist in der Regel dadurch gekennzeichnet, daß aus dem Ziel Kriterien zur Bewertung abgeleitet werden, an denen die Qualität der in Frage stehenden Alternativen gemessen wird. Auswahlprobleme sind ihrer Natur nach wohlstrukturierte Probleme und können deshalb mit Methoden der Ideenfindung nicht sinnvoll bearbeitet werden.
5. *Konsequenzprobleme*: Dieser Problemtyp ist durch die logische Befolgung erkannter Gesetzmäßigkeiten im Problemlösungsprozeß charakterisiert. Auch Konsequenzprobleme sind ihrer Natur nach wohlstrukturierte Probleme und können deshalb mit Methoden der Ideenfindung nicht sinnvoll bearbeitet werden.
Die in der Praxis auftauchenden Such-, Analyse- und Konstellationsprobleme sind oft genug so

idea generation conference

Vorgegebenes Komplexproblem: Entwicklung einer Arbeitsleuchte		
Problemtyp (Teilproblem)	**Beispiel**	**Geeignete Methoden der Ideenfindung**
Analyseproblem	Welche Funktionen (z.B. Verstellung, Helligkeit usw.) soll die Leuchte erfüllen?	▶ Progressive Abstraktion ▶ Hypothesenmatrix ▶ Funktionsanalyse ▶ Morphologischer Kasten
Suchproblem	Welche lichterzeugenden Quellen können benutzt werden?	▶ Brainstorming ▶ Brainwriting (Methode 635) ▶ Brainwriting-Pool ▶ Problemlösungsbaum
Konstellationsproblem	Konzeption einer Vorrichtung zur flexiblen Positionierung	▶ Brainstorming ▶ Klassische Synektik ▶ Visuelle Synektik ▶ Reizwortanalyse ▶ Morphologischer Kasten ▶ TILMAG-Methode
Konsequenzproblem	Berechnung des Wirkungsgrades der Lichtquelle X	keine!
Auswahlproblem	Welches der verschiedenen Materialien ist im Hinblick auf Temperaturfestigkeit und Preis optimal?	keine!

komplex, daß alle Problemtypen mitunter sogar mehrfach in ihnen enthalten sind. Will man deshalb im Rahmen eines Problemlösungsprozesses jeweils eine gut geeignete Methode der Ideenfindung anwenden, so muß man den gesamten Problemkomplex zunächst so lange zerlegen, bis die abgespaltenen Teilprobleme als eindeutige Such-, Analyse- oder Konstellationsprobleme erkennbar sind. Welche Methoden sich erfahrungsgemäß für diese Problemtypen empfehlen, läßt sich aus der folgenden tabellarischen Übersicht ersehen:

(2) Nach den *situativen Umständen der Problemlösung*: Besondere Umstände der Problemlösungssituation, wie verfügbare Zeit, Größe der Problemlösungsgruppe usw., beeinflussen die Auswahl einer geeigneten Methode der Ideenfindung ebenso wie die Art des vorliegenden Problems. Welche situativen Bedingungen des Problemlösens es gibt und welche Methoden sich erfahrungsgemäß für diese Problemtypen empfehlen, läßt sich aus der folgenden tabellarischen Übersicht ersehen:

In Einzelfällen lassen sich jedoch mit einer nach dieser Übersicht nicht angemessenen Methode mitunter gute Ergebnisse erzielen. Die Einsatzbereiche der Methoden der Ideenfindung gehen fließend ineinander über.

idea generation conference: Ideenfindungskonferenz *f*, Innovationsklausur *f*
Ein massiver Anlauf zur Bewältigung eines anstehenden Problems, bei dem konsequent systematisch-analytische Techniken der Ideenfindung eingesetzt werden. Die Einberufung einer Ideenfindungskonferenz oder Innovationsklausur empfiehlt sich, wenn ein Problem in Einzelarbeit nicht befriedigend bewältigt werden kann, wenn es sich um ein für das Unternehmen sehr bedeutungsvolles Problem handelt und/oder eine gute Lösung in relativ kurzer Zeit gefunden werden muß.
In den meisten Fällen ist eine Innovationsklausur mit 5 bis 7 Teilnehmern oder, wenn in zwei Gruppen gearbeitet werden kann, mit 10 bis 14 Teilnehmern optimal besetzt. Die Teilnehmer sollten nach fachlichen Gesichtspunkten und aufgrund ihrer Methodenkenntnisse ausgewählt werden. Teams, die aus Experten und Laien gemischt sind, haben sich in der Praxis oft als fruchtbar erwiesen. Großen Einfluß auf den Erfolg nimmt der Moderator, der bezüglich Problem, Lösungsstrategien und Methoden sowie Teamarbeit erfahren sein sollte.
Inhaltlich lassen sich in einer Ideenfindungskonferenz die Phasen Problemanalyse und -definition, Zielanalyse, Strukturierung und Zerlegung des Problems, Aufarbeitung der Teilprobleme, Bewer-

idea generation conference

Situative Bedingung		Empfohlene Methoden*
Verfügbare Zeit	knapp	BS, 635, RWA
	reichlich	SY, MK, MT, AL, PLB
Teilnehmerzahl der Problemlösungsgruppe	1 bis 4	MK, MT, PLB, AL
	5 bis 8	BS, 635, SY, RWA
Beziehung der Gruppenmitglieder zueinander	vertraut	alle Methoden
	fremd	Vorsicht mit SY
Spannungen, Konflikte zwischen den Gruppenmitgliedern zu befürchten		635
Erfahrungen mit Methoden der Ideenfindung	wenig	BS, 635, AL, RWA, PLB
	gute	MK, MT, SY
Verfügbare Arbeitsmittel (Flip, Pinwände usw.)	vollständig	MK, MT, AL, PLB, SY, RWA
	keine	BS, 635
Problemkenntnis der Gruppenmitglieder	Fachleute	MK, MT, PLB
	heterogen	BS, 635, RWA, SY, AL
Ideenurheberschaft	nachzuweisen	635
	gleichgültig	alle anderen Methoden

* Zuordnung auf einige wichtige Methoden der Ideenfindung beschränkt.

Es bedeuten:
BS   = Brainstorming
635 = Methode 635
RWA = Reizwortanalyse
SY   = Synektik
MK   = Morphologischer Kasten
MT   = Morphologisches Tableau
AL   = Attribute-Listing
PLB = Problemlösungsbaum

	Verfasser	I. Schw. G	II. G/E	III. Mod.	Ø-Dauer	IV. Prot.
Progressive Abstraktion	Geschka	3	G,E	++	2 h	P!
Hypothesen-Matrix	Schlicksupp	2	E	o	>1 Tag	P
KJ-Methode	Kawakita	2	E (G)	(++)	>1 Tag	P!
Morphologischer Kasten	Zwicky	3	E (G)	(++)	bis >1 Tag	A
Sequentielle Morphologie	Schlicksupp	3	E (G)	(++)	bis >1 Tag	A
Attribute-Listing	Crawford	1	E, G	o	bis >1 Tag	A
Morphologisches Tableau	Zwicky	2	E (G)	(+)	bis >1 Tag	P
Problemlösungsbaum		2	E (G)	(+)	bis >1 Tag	A
Brainstorming	Osborn	2	G	+	0,5 bis 1h	P!
Methode 635	Rohrbach	1	G	o	0,75 h	A
Brainwriting-Pool	Schlicksupp	1	G	o	0,75 h	A
SIL-Methode	Schlicksupp	2	G	++	2 h	P!
Synektik	Gordon	3	G (E)	++	3 h	P!
TILMAG-Methode	Schlicksupp	2	G (E)	+	2 bis 3 h	P!
Semantische Intuition	Schlicksupp	1	G, E	+	1 h	P!
Visuelle Synektik	Geschka/ Schaude/ Schlicksupp	1	G, E	+	1 h	P!

I. Schwierigkeitsgrad:
1 = nicht sehr hoch: gut als „Einstiegs"- oder „Anfängermethode"
2 = setzt gute Methodenkenntnisse voraus
3 = schwierige Methode, die ausreichend zu trainieren ist

II. Eignung für
E = Einzelarbeit
G = Gruppenarbeit
( ) = bedingte Eignung

III. Moderation
o = keine Anforderung
+ = normale Anforderungen
++ = besondere Anforderungen
( ) = wenn in Gruppen angewandt

IV. Protokollierung
A = „automatisches" Protokoll
P = normale Protokollsorgfalt
P! = besondere Protokollsorgfalt (z.B. zus. Tonband-Aufz.)

tung und Lösungssynthese unterscheiden, wobei für jede Phase die jeweils angemessensten Methoden zu bestimmen sind. Eine Protokollierung aller erzielten Ergebnisse und Zwischenergebnisse hat sich als sinnvoll erwiesen.

Ziel der Ideenfindungs-Konferenz ist es, möglichst

viele Ideen und Lösungsansätze für das gestellte Problem aufzuzeigen. Dies wird durch die strikte Trennung der Phasen Ideenfindung und Ideenbewertung unterstützt. Dabei ist zu berücksichtigen, daß viele Ideen nur die allgemeine Lösungsrichtung aufzeigen und deshalb vor der Bewertung in Einzelheiten ausgearbeitet werden müssen. Die Bewertungskriterien werden aus der Zielanalyse abgeleitet, möglichst exakt formuliert und in ihrer relativen Bedeutung zueinander gewichtet.

Da das ideale ideengenerierende Team nicht zwangsläufig auch das ideale Bewerter-Team ist, empfiehlt es sich, die Ergebnisse der Ideenfindung einem Gremium zu überlassen, das speziell für die Bewertung konstituiert wurde.

In welchen Schritten eine Ideenfindungs-Konferenz organisiert werden kann und abläuft, zeigt das folgende Ablaufschema:

ideal capacity: Betriebsoptimum *n*, maximale Kapazität *f*, Maximalkapazität *f* des Betriebes *m*
ideal standard cost: optimale Standardkosten *pl* (= Kosten des Erzeugnisses im Optimum), Plankosten *pl* auf Basis *f* der Optimalbeschäftigung *f*
identical: identisch
identifiable cost method of valuation: Bewertung *f* des Vorratsvermögens *n* mit nachweisbaren Kosten *pl*
identification: Identifizierung *f*, Legitimation *f*
identification card: Ausweis *m*, Ausweispapier *n*
identification paper: Ausweispapier *n*
identification tag: Anlagenerkennungsmarke *f*, Anlagenerkennungsschild *n*
identify: identifizieren, legitimieren
identify oneself: sich ausweisen
identity principle: Identitätsprinzip *n*
Das für Genossenschaften mitunter geltende Prinzip, wonach die Mitglieder der Genossenschaft zugleich ihre Kunden (bei Konsumgenossenschaften) bzw. ihre Eigentümer zugleich auch ihre Arbeiter sind (bei Produktivgenossenschaften) und diese daher auch nicht einem erwerbswirtschaftlichen Prinzipien entsprechenden Gewinnstreben folgen darf, sondern Gewinne zur Rücklagenbildung verwenden muß. Kapital und Arbeit bzw. Kapital und Konsum sind damit in einer Person vereint. Es besteht Rollenidentität.
In der Bundesrepublik Deutschland galt das Identitätsprinzip bis 1954. Seit seiner Aufhebung dürfen Konsumgenossenschaften ihre Waren auch an Nichtmitglieder verkaufen.

identity proof: Nämlichkeitsnachweis *m*
idiom: Redensart *f*
idiosyncrasy credit: Idiosynkrasie-Kredit *m*
Der nach einer Definition von E. P. Hollander innerhalb einer Gruppe erworbene Status, der das Ausmaß bezeichnet, bis zu dem ein Individuum von den Erwartungen der Gruppe abweichen darf, ohne Sanktionen befürchten zu müssen. Die Höhe des durch die Gruppe gewährten Kredits für eigenes idiosynkratisches Verhalten sagt dann etwas über die Höhe des Status innerhalb der Gruppe aus.

Organisatorischer Status ergibt sich einmal aus der *vertikalen Arbeitsteilung* (Position in der Hierarchie) und/oder aus der *funktionalen Arbeitsteilung*. Während die Sinnhaftigkeit von Status-Differenzierungen für die Zwecke der Organisation umstritten ist – primär wird eine Leistungsmotivation als Folge von differenzierten Statussymbol-Zuweisungen vermutet –, gilt es als gesichert, daß das Organisationsmitglied durch die Abgrenzung gegenüber anderen Mitgliedern Selbstwertgefühle verstärken und Bedürfnisse nach Fremdwertschätzung befriedigen kann.

idle: im Leerlauf *m*, stillstehend, faulenzen, leer laufen
idle, be: stilliegen, stillstehen
idle capacity: freie Kapazität *f*, ungenutzte Kapazität *f*, Leerkapazität *f*, Leer(lauf)kapazität *f*
idle capacity cost: Kapazitätsabweichung *f*, Kostenabweichung *f* infolge Nichtausnutzung *f* der Produktionsmittel *pl*, Leer(lauf)kosten *pl*
idle-facilities cost: Stillstandskosten *pl*
idle facility: stilliegende Betriebsanlage *f*
idle funds *pl*: brachliegende Gelder *n/pl*, betriebliche Reservekapazität *f*
idle plant capacity: ungenutzte Kapazität *f*, Leerkapazität *f*, Leer(lauf)kapazität *f*
idle plant expense(s) *(pl)*: Stillstandskosten *pl*
idle shift: Feierschicht *f*
idle time: Leerlaufzeit *f*, Verlustzeit *f*
idle-time cost: Stillstandskosten *pl*
idling: Faulenzen *n*
ignorance: Nichtwissen *n*, Unkenntnis *f*, Unwissenheit *f*
ignorant: nichtwissend, unwissend
ignorant of, be: nicht kennen
ignore: nicht beachten, nicht kennen, übersehen, wissentlich übersehen
ill-treatment: Mißhandlung *f*
illegal: illegal, gesetzwidrig, ordnungswidrig, rechtswidrig, ungesetzlich, unrechtmäßig, widerrechtlich
illegal act: widerrechtliche Handlung *f*
illegal character: unzulässiges Zeichen *n* (EDV)
illegal employment: Schwarzarbeit *f*
illegal labor: Schwarzarbeit *f*

illegal undervaluation

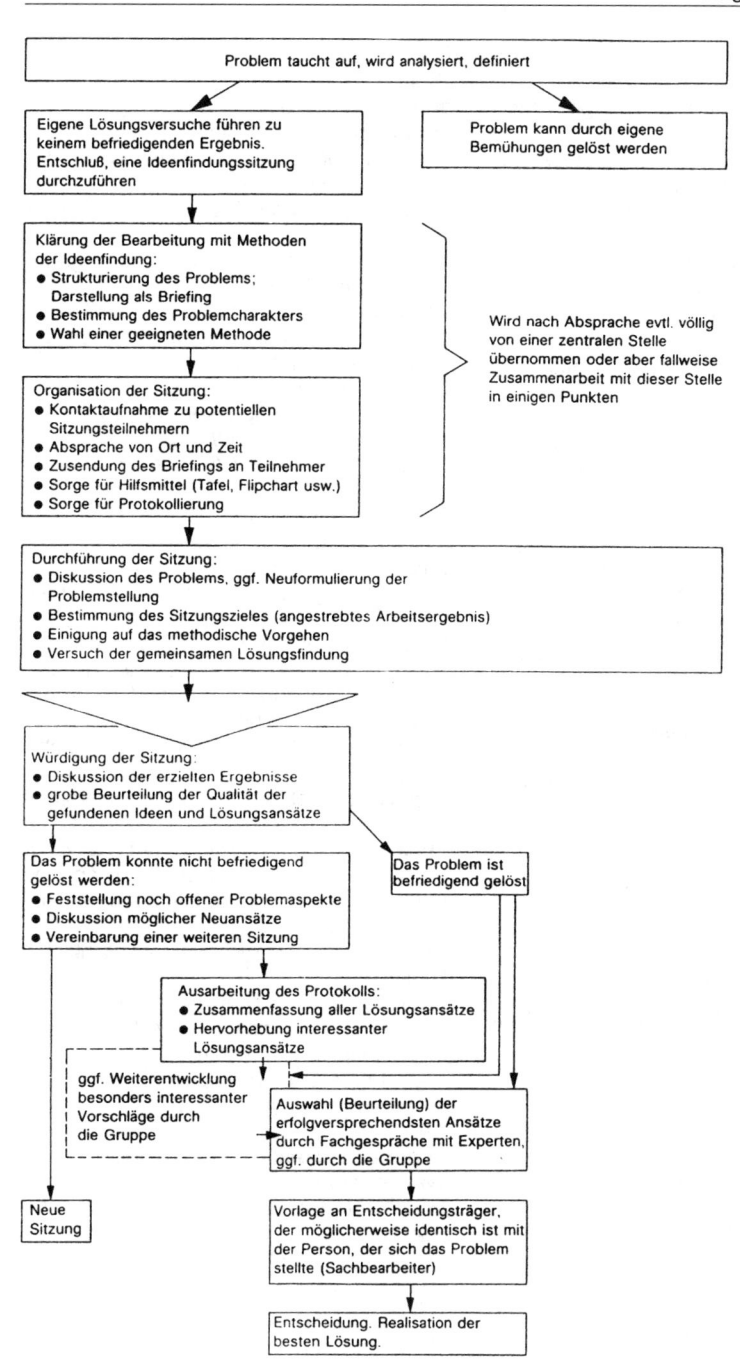

```
┌─────────────────────────────────────────────────────────────┐
│           Problem taucht auf, wird analysiert, definiert    │
└─────────────────────────────────────────────────────────────┘
           │                                    │
           ▼                                    ▼
┌───────────────────────────────┐    ┌──────────────────────────────┐
│ Eigene Lösungsversuche führen │    │ Problem kann durch eigene    │
│ zu keinem befriedigenden      │    │ Bemühungen gelöst werden     │
│ Ergebnis.                     │    └──────────────────────────────┘
│ Entschluß, eine Ideenfindungs-│
│ sitzung durchzuführen         │
└───────────────────────────────┘
```

Klärung der Bearbeitung mit Methoden der Ideenfindung:
- Strukturierung des Problems; Darstellung als Briefing
- Bestimmung des Problemcharakters
- Wahl einer geeigneten Methode

Organisation der Sitzung:
- Kontaktaufnahme zu potentiellen Sitzungsteilnehmern
- Absprache von Ort und Zeit
- Zusendung des Briefings an Teilnehmer
- Sorge für Hilfsmittel (Tafel, Flipchart usw.)
- Sorge für Protokollierung

Wird nach Absprache evtl. völlig von einer zentralen Stelle übernommen oder aber fallweise Zusammenarbeit mit dieser Stelle in einigen Punkten

Durchführung der Sitzung:
- Diskussion des Problems, ggf. Neuformulierung der Problemstellung
- Bestimmung des Sitzungszieles (angestrebtes Arbeitsergebnis)
- Einigung auf das methodische Vorgehen
- Versuch der gemeinsamen Lösungsfindung

Würdigung der Sitzung:
- Diskussion der erzielten Ergebnisse
- grobe Beurteilung der Qualität der gefundenen Ideen und Lösungsansätze

Das Problem konnte nicht befriedigend gelöst werden:
- Feststellung noch offener Problemaspekte
- Diskussion möglicher Neuansätze
- Vereinbarung einer weiteren Sitzung

Das Problem ist befriedigend gelöst

Ausarbeitung des Protokolls:
- Zusammenfassung aller Lösungsansätze
- Hervorhebung interessanter Lösungsansätze

ggf. Weiterentwicklung besonders interessanter Vorschläge durch die Gruppe

Auswahl (Beurteilung) der erfolgversprechendsten Ansätze durch Fachgespräche mit Experten, ggf. durch die Gruppe

Neue Sitzung

Vorlage an Entscheidungsträger, der möglicherweise identisch ist mit der Person, der sich das Problem stellte (Sachbearbeiter)

Entscheidung. Realisation der besten Lösung.

illegal operation: unzulässige Operation *f* (EDV)

illegal undervaluation: unzulässige Unterbewertung *f*

illegality: Gesetzwidrigkeit f, Rechtswidrigkeit f, Ungesetzlichkeit f
illegitimacy: Unehelichkeit f, Ungesetzlichkeit f, Unrechtmäßigkeit f
illegitimate: außerehelich, illegitim, unehelich, ungesetzlich, unrechtmäßig
illicit: rechtswidrig, ungesetzlich, widerrechtlich
illicit purchase: Schwarzkauf m
illicit work: Schwarzarbeit f
illiquidity: Illiquidität f, Zahlungsunfähigkeit f
illiterate: Analphabet m, Schreibunkundiger m
illness: Erkrankung f, Krankheit f
illness allowance: Krankheitsbeihilfe f
illness frequency rate: Krankheits(häufigkeits)rate f (je 1000 Mitarbeiter)
illumination phase: Illuminationsphase f
In Kreativitätsprozessen die Phase, in der die erleuchtende Idee für die Lösung des Problems entwickelt wird und die Realisierung der Lösung dadurch in greifbare Nähe rückt. Die Erleuchtung ist das unvermittelte, plötzliche Bewußtwerden einer Idee, der Geistesblitz als Ergebnis unterbewußten Denkens.
illusionary profit: Scheingewinn m
imitate: imitieren, nachahmen
imitation: Imitation f, Nachahmung f
immaterial: nebensächlich, unbedeutend, unerheblich, unkörperlich, unwesentlich
immediate: umgehend, unmittelbar, unverzüglich
immediate access storage: Schnellspeicher m (EDV)
immediate access: Direktzugriff m, unmittelbarer Zugriff m (EDV)
immediate annuity: Sofortrente f
Immediate Assistance Law: Soforthilfegesetz n (SAG)
immediate Assistance Levy: Soforthilfeabgabe f
immediate benefit: Sofortleistung f
immediate order: „Bestens"-Auftrag m
immediate superior: direkter Vorgesetzter m
immediate supervisor: direkter Vorgesetzter m
immediately effective mit: sofortiger Wirkung f
immediately following: nächstfolgend
immigrant: Einwanderer m
immigrate: einwandern
immigration: Einwanderung f
imminent: bevorstehend, drohend (bevorstehen)

imminent danger: Gefährdung f, drohende Gefahr f
immobilize: stillegen
immoderate: übermäßig
immoral: gegen die guten Sitten f/pl verstoßend, unsittlich
immorality: Sittenwidrigkeit f, Unsittlichkeit f
immovable: unbeweglich, unbewegliche Sache f, Immobilie f
immovables pl: Immobilien f/pl, unbewegliche Habe f, unbewegliche Sachen f/pl, unbewegliches Vermögen n
immune: immun, unverletzlich
immunity: Befreiung f (von Steuer), Immunität f, Unverletzlichkeit f
impact: Einwirkung f (von Werbemitteln), Stoß m, Stoßwirkung f (der Werbung), Wirkung f (der Werbung)
impact of taxation: Steuerwirkung f
impair: beeinträchtigen, gefährden, schaden, schädigen, schmälern, schwächen, vermindern
impairment of capital: Kapitaländerung f, (Betrag, um den ausgewiesenes Kapital durch Ausschüttungen und Verluste abgenommen hat), Kapitalminderung f
impairment: Beeinträchtigung f, Gefährdung f
impartial: objektiv, unparteiisch, unvoreingenommen
impartial referee (Am): unparteiischer Schlichter m (bei Arbeitsstreitigkeiten, von Gewerkschaften und Arbeitgebern gemeinsam gewählt)
impartiality: Objektivität f, Sachlichkeit f, Unparteilichkeit f
impeach: beschuldigen, verklagen
impeachment: Anklage f, Beschuldigung f
impediment: Hindernis n
impediments pl **to international trade:** Hindernisse n/pl im internationalen Handel m
imperfect competition: unvollständiger Wettbewerb m
imperfect monopoly: unvollständiges Monopol n
Als vollkommenes Monopol bezeichnet man in der Wettbewerbstheorie nach Fritz Machlup eine Marktform, in der der Gewinn dann am höchsten ist, wenn die Grenzkosten der verkauften Menge gleich dem Grenzerlös sind. Bei einem unvollkommenen Monopol hingegen wird unterstellt, daß die Aktionsfreiheit des Monopolisten beschränkt ist; Preis- und Absatzpolitik werden von Verboten, Folgeandrohungen oder Befürchtungen verschiedener Art mitbestimmt.

imperfection: Mangelhaftigkeit f
imperil: gefährden
impersonal account: Sachkonto n
implement: Maschine f zur Ausübung f eines Gewerbes n, Werkzeug n zur Ausübung f eines Gewerbes n, zur Ausführung f bringen
implementation of a system: Einführung f eines Systems n
implementation problem: Implementationsproblem n
Das für den Erfolg der strategischen Planung ausschlaggebende Problem ihrer Realisierung. Diese sich oft über Jahre erstreckende Planumsetzung ist von vielen Unwägbarkeiten und Barrieren begleitet. Um trotz aller dieser Schwierigkeiten einen strategischen Erfolg sicherstellen zu können, kam die Forderung nach einem Strategie-Management auf. Damit ist eine Ausdehnung der strategischen Aktivitäten über den reinen Planungsprozeß hinaus gemeint mit dem Ziel, die (neue) strategische Orientierung im Tagesgeschäft nachhaltig zu verankern. Dementsprechend wird dann auch erweiternd von strategischem Management oder strategischer Unternehmensführung gesprochen.
Geeignete Maßnahmen, mit deren Hilfe sich die Implementierbarkeit einer Strategie-Änderung vergrößern läßt, sind:
(1) die partizipative Gestaltung des Planungsprozesses;
(2) die ständige Information über die Gründe für die Planung, den Planungsfortschritt, die damit verbundenen Erwartungen usw. sowie ihre Diskussion;
(3) die Information der Beteiligten mit den Konzeptionen und den Techniken der Planung;
(4) Die Konzentration des Planungsprozesses auf die Probleme zu konzentrieren, die durch die strategische Diagnose identifiziert wurden.
(5) die Einfachheit der Problemlösungsprozeduren. Sie müssen kompatibel sein mit dem Kenntnisstand und den Fähigkeiten der Beteiligten. Nachdruck zu legen ist auf das Verstehen und die Logik der Probleme, nicht auf technische Einzelheiten der Lösung.
(6) die Mitarbeit jeder Gruppe an solchen Teilen des Gesamtproblems, die unmittelbaren Einfluß auf ihre Tätigkeit haben;
(7) die Zugänglichkeit aller verfügbaren strategischen Informationen für die Planungsgruppen;
(8) die frühe Inangriffnahme der Verwirklichung der Strategieänderung.
implementing regulation: Ausführungsbestimmung f, Durchführungsverordnung f (DVO)
implements pl: Geräte n/pl, Werkzeuge n/pl, Maschinen f/pl usw. eines Gewerbebetriebes, Handwerkszeuge n/pl, Werkzeuge n/pl
implicated in, be: hineinverwickelt sein

implication: Folgerung f, Verwicklung f (in)
implied: stillschweigend
implied authority: stillschweigende (vermutete) Vertretungsmacht f, vermutete Vollmacht f, stillschweigende Vollmacht f
implied condition: stillschweigende Bedingung f
implied consent: stillschweigende Zustimmung f
implied contract: stillschweigend geschlossener Vertrag m
implied power: vermutete Vollmacht f
implied tacit approval: stillschweigende Genehmigung f, stillschweigende Zustimmung f
imponderable: unwägbar
import: einführen (Sachen), Einfuhr f, Import m, importieren
import and export unit value index: Index m der Import- und Exportpreise m/pl je Einheit f
import duty: Einfuhrzoll m
import embargo: Einfuhrverbot n
import factoring: Import-Factoring n
Eine Sonderform des Factoring, bei der ein Exporteur direkt mit einem Factor seiner Wahl im Land des Importeurs zusammenarbeitet.
import levy: Einfuhrabschöpfung f
import license: Einfuhrgenehmigung f
import market: Importmarkt m
import of capital: Kapitaleinfuhr f
import of goods pl: Wareneinfuhr f, Warenimport m
import permit: Einfuhrbewilligung f
import quota: Einfuhrquote f
import rebate: Einfuhrsteuervergünstigung f, Importvergünstigung f
import restriction: Einfuhrbeschränkung f
import surplus: Importüberschuß m
import tariff: Zoll m
import tax: Einfuhrsteuer f, Einfuhrzoll m
import trade: Einfuhrhandel m
import trust receipt: Papier n, das anstelle eingelagerter Import-Waren f/pl als Verkaufsunterlage f dient (z.B. Orderlagerschein)
importance: Bedeutung f
importation: Einfuhr f
imported inflation: importierte Inflation f
Der im System fester Wechselkurse mögliche, rein geldwirtschaftliche Inflationsimport, der dadurch zustandekommt, daß Banken und Wirtschaftsunternehmen an der Zentralbank vorbei Geld aus dem Ausland beschaffen, weil es dort billiger und reichlicher zu bekommen ist. Der direkte Import von Geld kann sich ganz unabhängig von einem

Ungleichgewicht in der Leistungs- und Grundbilanz vollziehen.
Die Autonomie einer Notenbank wie der Deutschen Bundesbank wird nicht allein durch binnenwirtschaftliche Einflüsse – wie den Maßnahmen der öffentlichen Hand und das Verhalten der Tarifpartner – eingeschränkt. Die nationale Geldpolitik kann durch außenwirtschaftliche Einflüsse unterlaufen werden. Der Versuch eines Landes, in einer inflatorischen Umwelt relativ mehr Stabilität zu verwirklichen, führt bei festen Wechselkursen zu wachsenden Überschüssen in der Leistungsbilanz und zu einem Ungleichgewicht in der Zahlungsbilanz. Die inflatorisch wirkenden Nachfrage- und Devisenüberschüsse lassen sich dann lediglich über eine Anpassungsinflation oder über eine Korrektur des Wechselkurses ausgleichen.
Gegen den Inflationsimport kann sich ein Land mit Aufwertungen, mit Methoden des direkten und indirekten Zinsausgleichs oder mit dem Übergang zu freien Wechselkursen zur Wehr setzen. Während dirigistische Maßnahmen in der Regel relativ wirkungslos sind, kann eine Aufwertung ein Land wenigstens für einige Zeit von der internationalen Preisinflation abschirmen. Allerdings wird dies erhebliche Belastungen in den außenwirtschaftlichen Beziehungen nach sich ziehen.

importer: Einfuhrhändler *m*, Importeur *m*
impose a fine (upon): eine Geldstrafe *f* auferlegen
impose cost: Kosten *pl* auferlegen
impose on: aufbürden, auferlegen
imposition: Auferlegung *f*, Bürde *f*
impossibility: Unmöglichkeit *f*
impossibility of performance: Unmöglichkeit *f* der Leistung *f*
impost: Abgabe *f*, Steuer *f*, Zoll *m*
impostor: Betrüger *m*, Schwindler *m*
imposture: Betrug *m*, Schwindel *m*
impound: mit Beschlag *m* belegen, beschlagnahmen, einsperren (Tiere)
impracticable: undurchführbar, untunlich
impression: Auflage *f* (Anzahl), Eindruck *m*
imprest: Kassenvorschuß *m*
imprest cash: Bargeldkasse *f*
imprest cash system: Bezahlung *f* erfolgt grundsätzlich mittels Scheck. Kleine Ausgaben werden mit Bargeld bezahlt *(Am)*
imprest fund: Bargeldkasse *f*
imprest system *(Am)*: Zahlungssystem *n*, bei dem grundsätzlich die Bezahlung *f* mittels Scheck *m* erfolgt (nur kleinere Ausgaben werden in bar geleistet)
imprison: ins Gefängnis *n* setzen, inhaftieren
imprisonment: Freiheitsberaubung *f*, Gefangenschaft *f*, Inhaftierung *f*
improbable: unwahrscheinlich
improper: falsch, unsachgemäß

improve: aufbessern, erholen, sich nachbessern, verbessern, veredeln, vervollkommnen
improvement: Aufbesserung *f*, Verbesserung *f*, Vervollkommnung *f*
improvement budget: Modernisierungsplan *m*, Plan *m* für Ausbau *m* des Betriebs *m*
improvement factor: Verbesserungsfaktor *m*, Verbesserungskennzahl
improvise: improvisieren
improvised abode: Notwohnung *f*
imprudent: unklug, unvorsichtig
impugament: Anfechtung *f*
impugn: anfechten, bestreiten
impulse: Impuls *m*
impulse buyer: Impulskäufer(in) *m(f)*
impulse goods *pl*: Impulsgüter *n/pl*
impunity: Straffreiheit *f*
imputation system: Anrechnungssystem *n*
imputation: Anschuldigung *f*, Beimessung *f*, Beschuldigung *f*, Bezichtigung *f*, Subsumtion *f*, Zurechnung *f*
impute: anrechnen, anschuldigen, beimessen, beschuldigen, bezichtigen, subsummieren, zuschreiben
imputed cost: kalkulatorische Kosten *pl*, nicht erfaßte Kosten *pl* (Begriff wird in der Volkswirtschaft zur Bezeichnung solcher Kosten benutzt, die in der Buchhaltung nicht vorkommen, z.B. Zinsen auf Brachland), Zusatzkosten *pl*
imputed rent: Mietwert *m* der vom Eigentümer *m* genutzten Wohnung *f*
imputed risk: kalkulatorisches Wagnis *n*
imputed risk premium: kalkulatorische Wagniskosten *pl*, kalkulatorischer Wagniszuschlag *m*
imputed value: kalkulatorischer Wert *m*, theoretischer Wert *m*
in abeyance: in der Schwebe *f*, unentschieden
in accordance with the tariff: tarifmäßig
in accordance with local customs: landesüblich, ortsüblich
in accord, be: einig sein
in advance: im voraus, pränumerando, vorweg, vorzeitig
in agreement, be: übereinstimmen
in arrears: rückständig
in ascending line: in aufsteigender Linie *f*
in attendance: anwesend
in autre droit: im Namen Dritter
in bad faith: arglistig, bösgläubig, in bösem Glauben
in behalf of: im Namen *m* von, im Auftrage *m* von

in blank: blanko
in bond: unter Zollverschluß *m*, unverzollt
in cash: bar
in charge of: verantwortlich für
in charge of, be: besorgen
in chief: Haupt-
in cipher: chiffriert
in circulation: umlaufend
in consideration of: unter Berücksichtigung *f* von, in Anbetracht von
in controversy: streitig
in court: vor Gericht *n*
in default, be: in Verzug *m* sein
in default of acceptance: mangels Akzept *n*
in default of acceptance, be: im Annahmeverzug *m* sein
in default of in: Ermangelung *f* von, mangels
in default of payment: mangels Zahlung *f*
in descending line: in absteigender Linie *f*
in direct line: in direkter Linie *f*, in gerader Linie *f*
in dispute: im Streit *m* befangen, streitig, strittig
in due course: zur richtigen Zeit *f*, rechtzeitig
in due form: formgerecht, vorschriftsmäßig
in due time: termingerecht
in equal moieties: je zur Hälfte *f*
in equal shares *pl*: zu gleichen Anteilen *pl*, zu gleichen Teilen *n/pl*
in escrow: zu treuen Händen *f/pl*
in fact: tatsächlich
in force: in Kraft *f*
in force, be: gelten
in full account of: zum Ausgleich *m* von, zum Ausgleich *m*
in full and final payment: endgültige Abfindung *f*
in full of account: zum Ausgleich *m* von, zum Ausgleich *m*
in general economic terms *pl*: allgemeinwirtschaftlich
in good faith: auf Treu *f* und Glauben *m*, gutgläubig
in good working condition: betriebsfähig
in kind: in natura
in-line: innerhalb des Systems *n (EDV)*
in lieu of: anstatt
in lieu of cash: an Zahlung *f* statt
in lieu of payment: an Zahlungs Statt
in my capacity as: in meiner Eigenschaft *f* als
in my opinion: nach meinem Dafürhalten *n*
in need of repair: reparaturbedürftig

in operation, be: in Betrieb *m* sein, in Kraft *f* sein
in pais: außergerichtlich, gütlich
in paper cover: broschiert
in person: schuldrechtlich (Anspruch)
in personam: schuldrechtlich (Anspruch)
in-plant: innerbetrieblich
in-plant location: innerbetrieblicher Standort *m*
in-plant training: innerbetriebliche Ausbildung *f*
in process: in Arbeit *f* befindlich
in proportion: anteilig
in re: in Sachen
in rem: dinglich, sachenrechtlich
in settlement of: zum Ausgleich *m* von
in stages *pl*: stufenweise
in surplus: überschüssig
in suspense: in der Schwebe *f*, schwebend
in the course of business: im Geschäftsgang *m*
in the field: im Außendienst *m*
in the long run: auf die Dauer *f*, auf lange Sicht *f*, auf Dauer *f*
in the matter of: in der Angelegenheit *f*, betrifft (betr.), in Sachen
in the place of: anstatt
in time: fristgerecht, fristgemäß
in transit: auf dem Transport *m* befindlich, auf dem Transport *m* befindlich, unterwegs
in triplicate: in dreifacher Ausfertigung *f*, dreifach
in trust: zu treuen Händen *f/pl*
in-use display: Ausstellung *f*, bei der Maschinen *f/pl* in Tätigkeit *f* gezeigt werden
in view of: in Anbetracht von
in vogue: modern, zugkräftig
in working condition: betriebsfähig
in writing: handschriftlich, schriftlich
inability: Unvermögen *n*
inaccuracy: Ungenauigkeit *f*
inactive: inaktiv, umsatzschwach
inactive account: inaktives Konto *n*
inactive company: ruhende Gesellschaft *f*
inactivity: Stillstand *m*
inadequacy: Mißverhältnis *n*, Unangemessenheit *f*, Unzulänglichkeit *f*
inadequate: unangemessen, unzulänglich, ungeeignet, inadäquat
inadmissible: unzulässig
inalienability: Unveräußerlichkeit *f*
inalienable: unveräußerlich
inalienable portion of inheritance: Pflichtteil *m*
inapplicability: Unanwendbarkeit *f*

inapplicable: nicht zutreffend, unanwendbar

inappropriate: unangemessen, ungeeignet, unsachgemäß

inaugurate a life insurance: Lebensversicherung *f* abschließen

inbound transportation: Eingangsfracht *f*

incapable: unfähig

incapable of being: terminated by notice unkündbar

incapacitated (for work): arbeitsunfähig

incapacity: Unfähigkeit *f*, Unvermögen *n*, Unwirksamkeit *f*

incapacity to hold office: Amtsunfähigkeit *f*

incapacity to hold public office: Amtsunfähigkeit *f*

incentive: Anreiz *m*, Ansporn *m*, Arbeitsanreiz *m*

Im *Management* sind Anreize jene Gegebenheiten eines Unternehmens, die von der betreffenden Person wahrgenommen werden und bei ihr Motive aktivieren. Dies kann nur durch solche Einwirkungen geschehen, die der Betreffende als Anreize wahrnimmt. Grundsätzlich lassen sich vier Anreizgruppen unterscheiden:

(1) Finanzielle Anreize: Die motivationale Wirksamkeit der finanziellen Anreize kann sehr verschieden sein. Es können insbesondere folgende Motive aktiviert werden:
- Das Bedürfnis nach Geld als Mittel zur Befriedigung der Grund- und Sicherheitsbedürfnisse sowie anderer Motive außerhalb des Unternehmens,
- das Geltungsbedürfnis, wenn in der Gehaltshöhe ein Statussymbol gesehen wird,
- das Bedürfnis nach Geld als Selbstzweck.

Die Verhaltenswirkung der finanziellen Anreize hängt auch davon ab, inwieweit andere Anreize gegeben sind.

(2) Soziale Anreize: Soziale Anreize ergeben sich zum einen im Verhältnis zwischen Vorgesetztem und Mitarbeiter, zum anderen innerhalb von Arbeitsgruppen im Verhältnis untereinander. In beiden Fällen können soziale Kontakte dazu dienen, Kontaktbedürfnisse zu befriedigen. Aus der Sicht des Vorgesetzten können soziale Kontakte als Mittel eingesetzt werden, um das Leistungsverhalten der Mitarbeiter zu beeinflussen, um auch Machtmotive zu befriedigen und zwar sowohl bei sich selbst als auch bei den Mitarbeitern. Schwergewichtige Bedeutung können soziale Kontakte in Arbeitsgruppen bei monotoner Arbeitsweise erlangen, und zwar als Ausgleich für die mangelnde Befriedigung anderer Motive.

(3) Aufgabeninhalt: Anreize aus der Arbeit als solcher ergeben sich insbesondere im Zusammenhang mit dem Spezialisierungsgrad und der Bedeutung, welche der Aufgabe beigemessen wird. Die Bedeutung, die der Mitarbeiter einer Aufgabe beimißt, steht wiederum im Zusammenhang mit seinen vorhandenen oder gewünschten Fähigkeiten. Der Arbeitsinhalt vermag die Bedürfnisse nach Tätigkeit, Leistung, sozialer Geltung und Selbstverwirklichung zu aktivieren; allerdings nur dann, wenn die Aufgabe als interessant und bedeutend empfunden wird. Der Aufgabeninhalt ist besonders für solche Personen von erheblicher Motivationswirkung, bei denen intrinsische Motive bedeutend sind.

(4) Entfaltungsmöglichkeiten: Anreize, welche eine Aktivierung von Selbstentfaltungsmotiven bewirken können, sind insbesondere Weiterbildungsmöglichkeiten, Aufstiegschancen, der Grad an Autonomie am Arbeitsplatz und die von der Aufgabe ausgehenden Anforderungen an die persönlichen Fähigkeiten.

incentive discount: Anspornrabatt *m*

incentive fee: Anreizhonorar *n*

incentive operation: Akkordarbeit *f*, Prämienarbeit *f*

incentive premium: Anspornprämie *f*

incentive rebate: Anspornrabatt *m*

incentive system: Anreizsystem *n*, Anspornsystem *n*, Prämiensystem *n*, Leistungslohnsystem *n*

Jedes Unternehmen besitzt ein System von Anreizen und Drohungen. Die Anreizsysteme beziehen sich auf die Motive der Mitarbeiter, die Drohsysteme stellen jeweils die Negation der Anreize dar. Die dominierenden Leistungsmotive (Anreize) sind Macht, Status und materieller Zugewinn. Dementsprechend sind die Anreizsysteme auf diese Motive abgestellt.

Als Incentives werden im Rahmen des Marketingmanagement die insbesondere, aber nicht ausschließlich im Bereich des Außendienstes an Reisende oder Verkäufer gewährten materiellen Anreize wie z.B. die Orientierung von Leistungsvergütungen am Umsatz, Sachgeschenke, die Gewährung von Aktienbezugsrechten, die Erhöhung der Altersversorgung, Erfolgs- und Kapitalbeteiligungen usw. bezeichnet.

In den 1970er Jahren ist in wachsendem Maße an die Stelle der Geldprämien und Sachleistungen die Gewährung von Incentive-Reisen getreten, die in einer durch Freizeitorientierung und Freizeitkonsum geprägten Gesellschaft, in der die Haushalte mit materiellen Gütern meist gut versorgt sind, von besonderer Attraktivität sind, nachdem Geldprämien – vor allem weil sie auch versteuert werden müssen – an Anziehungskraft verloren haben.

Im Vordringen dieses Instruments der Mitarbeitermotivation dokumentiert sich ein Wertewandel, der durch die Verschiebung vom Besitzstreben hin zum Freizeiterlebnis und vom Streben nach dem Erwerb von Statussymbolen hin zur aktiven Freizeitgestaltung charakterisiert ist. „Die als Incentive-Reise geplante Reise ist dabei nicht nur ‚Belohnung'; auch das hat sie anderen Incentive-Prämien voraus. Sie eignet sich zugleich als Maßnahme zur Umsetzung der ‚nach innen' gerichteten Corporate Identity-Bemühungen. Die dem Verkaufswettbewerb folgende Incentive-Reise schafft ‚Wir-Bewußtsein" weil die Prämie nicht vom einzelnen Mitarbeiter individuell, sondern von mehreren Mitarbeitern im Außendienst gemeinsam ‚erlebt' wird. Nicht allein in der kurzfristigen Umsatzerhöhung liegt deshalb der Wert von Verkaufs-Wettbewerben mit Reise-Prämien. Die Reise selbst setzt die motivierenden Kräfte frei; das Gruppen-Erlebnis fördert das kollektive Zusammengehörigkeits-Gefühl im Sinne der angestrebten Unternehmens-Identität. Die Reise ist damit nicht Abschluß als ‚Belohnung' sondern auch ‚Initialzündung' zur Festigung eines dauerhaften Korps-Geistes." (Horst Kleinert)

incentive to buy: Kaufanreiz m
incentive wage: Leistungslohn m (z.B. Akkordlohn)
incentive wage system: Leistungslohnsystem n
incident: Ereignis n, Vorfall m, Vorgang m, Zufall m
incidental: gelegentlich, zufällig
incidental to: gehörig zu
incidental charges pl: Nebenkosten pl
incidental consequences pl: Nebenwirkung f
incidental cost: Nebenkosten pl
incidental expense(s) (pl): Nebenausgaben f/pl
incidental gain: Nebenverdienst m
incidental occupation: Nebenbeschäftigung f
incidental profit: Nebengewinn m, Nebenverdienst m
inclination: Neigung f, Tendenz f
include: einschließen, erfassen, subsumieren
include in financial statement: bilanzieren
inclusion: Einschluß m, Subsumtion f
income: Auskommen n, Einkommen n, Einkünfte f/pl, Erträge m/pl, Ertrag m, Verdienst m
Die einem Wirtschaftssubjekt in Form von Arbeitsentgelten (d.h. Löhnen, Gehältern sowie Sozialleistungen), Versorgungsbezügen (Renten und Pensionen, Arbeitslosenunterstützung und Sozialfürsorgeleistungen, Unterhaltsgewährung u.ä.) oder aus Vermögen zufließenden Geldwerte.
income account: Ertragskonto n
income and expense: Ertrag m und Aufwand m
income available for distribution: ausschüttungsfähiger Gewinn m
income bond: Gewinnschuldverschreibung f
income bracket: Einkommensgruppe f

income class: Einkommensgruppe f
income deduction: betriebsfremder Aufwand m, neutraler Aufwand m
income derived from work: Arbeitseinkommen n
income determination: Einkommensermittlung f, Erfolgsberechnung f, Erfolgsermittlung f
income effectiveness: Erfolgswirksamkeit f
income elasticity of demand: Einkommenselastizität f der Nachfrage
Das Maß für die aufgrund von Einkommensveränderungen bei Nachfragern aufgetretene Änderung ihrer mengenmäßigen Nachfrage nach einem Gut. Sie wird gemessen als das Verhältnis der relativen Änderung der mengenmäßigen Nachfrage zur relativen Änderung des Einkommens. Ist also die mengenmäßige Nachfrage nach einem Gut x, die Veränderung der mengenmäßigen Nachfrage dx, das Einkommen e und die relative Einkommensänderung e, so gilt für die Einkommenselastizität:

$$\varepsilon = \frac{dx}{x} : \frac{de}{x} = \frac{de}{dx} \cdot \frac{e}{x}.$$

Ist $\varepsilon = 1$, so entspricht der relativen Einkommensänderung eine ebenso große Änderung der relativen Änderung der mengenmäßigen Nachfrage. Ist $\varepsilon > 1$, entspricht der relativen Einkommensänderung eine Änderung der mengenmäßigen Nachfrage, die größer als die der Einkommensänderung ist (es liegt Einkommenselastizität vor). Ist $\varepsilon < 1$, so ist die relative Änderung der mengenmäßigen Nachfrage kleiner als die des Einkommens (es liegt folglich keine Einkommenselastizität der Nachfrage vor).
Unelastisch ist z.B. die Nachfrage nach Grundnahrungsmitteln, negativ die nach inferioren und positiv die nach Luxusgütern. Da Verbraucher in vielen Fällen bei wachsendem Einkommen nicht stets wachsende Mengen aller Güter, sondern vielfach höhere Qualitäten ähnlicher Güter kaufen, verwendet Erich Schäfer für diese spezifische Form der Einkommenselastizität den Terminus Elastizität der Nachfragequalität (im Gegensatz zur Nachfragemenge).

income from affiliates: Beteiligungserträge m/pl, Erträge m/pl aus Tochtergesellschaften f/pl, Ertrag m aus Beteiligungen f/pl
income from agriculture and forestry: Einkünfte f/pl aus Land- und Forstwirtschaft f
income from business: Einkünfte f/pl aus Gewerbebetrieb m
income from capital: Einkünfte f/pl aus Kapitalvermögen n
income from capital decrease: Ertrag m aus Kapitalherabsetzung f

income from dependent work: Einkünfte *f/pl* aus nichtselbständiger Arbeit *f*
income from employment: Arbeitseinkommen *n*
income from farming and forestry: Einkünfte *f/pl* aus Land- und Forstwirtschaft *f*
income from independent professional and other services: Einkünfte *f/pl* aus selbständiger Arbeit *f*
income from independent work: Einkünfte *f/pl* aus selbständiger Arbeit *f*
income from investments: Beteiligungserträge *m/pl*
income from investment of capital: Einkünfte *f/pl* aus Kapitalvermögen *n*
income from letting and leasing: Einkünfte *f/pl* aus Vermietung *f* und Verpachtung *f*
income from rentals and leases: Einkünfte *f/pl* aus Vermietung *f* und Verpachtung *f*
income from renting and leasing: Einkünfte *f/pl* aus Vermietung *f* und Verpachtung *f*
income from salaries and wages *pl*: Einkünfte *f/pl* aus nichtselbständiger Arbeit *f*
income from sales *pl*: Warenerlös *m*
income from self-employment: Einkünfte *pl* aus selbständiger Tätigkeit *f*
income fund: Einkommenfonds *m*
income in kind: Naturaleinkommen *n*
income level: Einkommensniveau *n*
income statement: Gewinn- und Verlustrechnung *f*
income subsidy: Einkommenssubvention *f*
income tax: Einkommensteuer *f*
income tax burden: Einkommensteuerbelastung *f*
income tax form: Einkommensteuererklärungsvordruck *m*
income tax law: Einkommensteuergesetz *n* (EStG)
income tax on corporations: Körperschaftsteuer *f*
income tax rate: Einkommensteuersatz *m*
income tax return: Einkommensteuererklärung *f*
income tax schedule: Einkommensteuertabelle *f*
income taxation: Einkommensbesteuerung *f*
incoming freight: Eingangsfracht *f*
incoming partner: neu eintretender Teilhaber *m*
incompatibility: Unvereinbarkeit *f*, Unverträglichkeit *f*

incompatible: unvereinbar, unverträglich
incompetent: unfähig
incomplete: unvollständig
incompleteness: Unvollständigkeit *f*
incongruity: Mißverhältnis *n*
incongruous: unverhältnismäßig
inconsiderate: rücksichtslos, unbedacht, unvorsichtig
inconsistent: folgewidrig, unvereinbar
inconvertibility: Unkonvertierbarkeit *f*
inconvertible: unkonvertierbar
incorporate: eintragen, gerichtlich einverleiben, eine juristische Person *f* gründen
incorporation: Gründung *f* einer juristischen Person *f*
incorporation with subscriptions in cash and kind: Simultangründung *f*
incorporator: Gründer *m* einer juristischen Person *f*
incorporeal: nichtkörperlich
incorrect statement: unrichtige Darstellung *f*
incorrect: unrichtig
incorrectness: Unrichtigkeit *f*
incoterms *pl*: Incoterms *pl*, Handelsbedingungen *f/pl*, standardisierte internationale Vertragsformeln *f/pl*, Standard-Vertragsformeln *f/pl* für den internationalen Warenhandel *m*
increase: ansteigen, anwachsen, Aufschlag *m*, erhöhen, Erhöhung *f*, Heraufsetzung *f*, mehren, steigen, steigern, Steigerung *f*, vergrößern, vermehren, Vermehrung *f*, Zuwachs *m*
increase (price): aufschlagen
increase in business activity: Betriebsausweitung *f*, Konjunkturaufschwung *m*, Konjunkturbelebung *f*
increase in capacity: Betriebserweiterung *f*, Kapazitätsausweitung *f*
increase in capital: Kapitalvermehrung *f*
increase in cost: Kostenzunahme *f*
increase in demand: Nachfragebelebung *f*
increase in employment: Beschäftigungszunahme *f*
increase in sales *pl*: Mehrumsatz *m*
increase in turnover: Mehrumschlag *m*, Umsatzzuwachs *m*
increase in value: Mehrwert *m*, Wertsteigerung *f*, Wertzuwachs *m*
increase of capital: Kapitalerhöhung *f*
increase of marginal cost (per unit): Kostenprogression *f*
increase of wages *pl*: Lohnerhöhung *f*
increased claim: Mehrforderung *f*

increased consumption: Mehrverbrauch *m*
increased demand: erhöhte Nachfrage *f*
increased performance: Leistungssteigerung *f*
increased processing speed: Programmzeitverkürzung *f (EDV)*
increasing depreciation: steigende Abschreibung *f*, progressive Abschreibung *f*
increasingly oppressive taxation: Steuerschraube *f*
increment: Wertzuwachs *m*, Zuwachs *m*
increment tax: Wertzuwachssteuer *f*
incremental cost: Grenzkosten *pl*
incremental costing: Deckungsbeitragsrechnung *f*, Grenzkostenrechnung *f*
incremental profit: Grenzgewinn *m*, Mehrertrag *m*
incubation: Inkubation *f*
incubation phase: Inkubationsphase *f*
Generell die Zeit, die verstreicht zwischen dem Zeitpunkt, zu dem ein Wirkfaktor eintritt und dem Zeitpunkt, in dem er seine Wirkung zu entfalten beginnt. Bei Kreativitätsprozeßen ist die Inkubationsphase der Zeitraum, in dem ersten Hypothesen und Ansätze zur Lösung des Problems formuliert werden. Genauer liegt die Inkubationsphase zwischen dem Aufstellen der ersten Hypothesen und dem Finden der endgültigen Lösung. Es wird angenommen, daß während der Inkubationsphase unterbewußte Denkprozesse eine bedeutsame Rolle spielen. In diesen Prozessen wird problembezogenes Material mit anderem Erfahrungsmaterial in Verbindung gebracht und zu vielen Konstellationen durchkombiniert, von denen die eine oder andere eine Lösung des Problems oder eine weiterführende Antwort in Lösungsrichtung beinhalten kann. Die Inkubationszeit läßt sich so als „unterbewußte Problemverarbeitung" deuten, die selbst dann stattfindet, wenn sich das Individuum bewußt mit anderen Sachverhalten auseinandersetzt.
inculpate: anklagen
incumbent: Amtsinhaber *m*, Stelleninhaber *m*
incumbrance: Belastung *f* von Sachen *f/pl* oder dinglichen Rechten *n/pl*
incumbrancer: Berechtigter *m* aus Grundpfandrecht *n*
incur: eingehen (bei Verpflichtung) auf sich laden, sich zuziehen
incur a liability: eine Verbindlichkeit *f* eingehen
incur debts *pl*: Schulden *f/pl* machen
indebted: verschuldet
indebted, be: schulden
indebtedness: Schulden *f/pl*, schuldrechtliche Verpflichtung *f*, Verschuldung *f*
indecisive: schwankend, unentschlossen

indeed: tatsächlich
indefeasibility: Unverletzlichkeit *f* (von Rechten und Ansprüchen)
indefeasible: unverletzlich (Rechte und Ansprüche)
indelible ink: urkundenechte Tinte *f*
indelible pencil: Tintenstift *m*
indemnification: Abfindung *f*, Abstandsgeld *n*, Entschädigung *f*, Schadenersatz *m*, Schadenersatzleistung *f*, Schadloshaltung *f*
indemnify: abfinden, entschädigen, ersetzen, Schadenersatz *m* leisten, schadlos halten
indemnitor: Haftungsschuldner *m*
indemnity: Abfindungsgeld *n*, Abstandsgeld *n*, Aufwandsentschädigung *f*, Entschädigung *f*, Schadenersatz *m*, Schadloshaltung *f*, Vergütung *f*
indemnity bond: Schadlosbürgschaft *f*
indemnity for losses: Entschädigung *f* für Verluste *m/pl*
indemnity in cash: Barabfindung *f*
indemnity insurance: Schadenersatzversicherung *f*
indenture: Vertragsurkunde *f*, Vertragsurkunde *f* unter Siegel *n*
indenture of apprenticeship *(brit)*: Lehrvertrag *m*
indenture of mortgage: Hypothekenbrief *m*
indentured labor: vertraglich verpflichtete Arbeitskräfte *f/pl*
independence: Selbständigkeit *f*, Unabhängigkeit *f*
independent: selbständig, unabhängig
independent accountant: unabhängiger Buchsachverständiger *m*, unabhängiger Wirtschaftsprüfer *m*
independent contractor: selbständiger Bauunternehmer *m*
independent division: verselbständigter Unternehmensteil *m*
independent retailer: unabhängiger Einzelhändler *m*
independent union: unabhängige Gewerkschaft *f* (USA; nicht der AFL-CIO angeschlossen)
index: indizieren, Verzeichnis *n*, Index *m*
index annuity: Indexrente *f*
index bond: Indexobligation *f*
index card: Karteikarte *f*
index guide: Indexliste *f*
index-linked wage: Indexlohn *m*
index number: Indexzahl *f*, Indexziffer *f*, Index *m*
In der Deskriptivstatistik eine Kennzahl, durch die

selbständige statistische Massen zueinander in Beziehung gesetzt werden, die zueinander in einem Verhältnis der Koordination oder Nebenordnung stehen, also gleichartig sind. Indexzahlen sind somit in methodischer Hinsicht eine Parallele zu statistischen Meßzahlen.
Charakteristikum von Indices ist es, daß durch sie bestimmte Größen zu Reihen zusammengefaßt werden können und die durchschnittliche Veränderung dieser Reihe durch Beziehung auf eine gemeinsame Basisgröße (100) meist zeitlich, aber auch räumlich oder sachlich verglichen werden kann. Je nach Art der Basisgröße dienen Indices
(1) dem *Zeitvergleich* zur Ermittlung relativer Änderungen im Zeitverlauf;
(2) dem *Objektvergleich* zur Erkennung relativer Unterschiede zwischen verschiedenen Objekten;
(3) dem *Soll-Ist-Vergleich* zur Feststellung relativer Planabweichungen.
Es ist zwischen *einfachen Indexzahlen*, die den Vergleich von Einzelgrößen ermöglichen, und *zusammengesetzten Indexzahlen* zu unterscheiden, durch die der Vergleich von Summen bzw. von Mittelwerten möglich wird. Unter den zusammengesetzten Indices spielen die sog. Aggregatindices, d.h. die Mengenindexzahlen und die Preisindexzahlen wie z.B. der Laspeyre-Index oder der Paasche-Index eine besondere Rolle. Da eine Indexziffer immer nur verständlich ist, wenn angegeben wird, auf welchen Basiswert sie bezogen ist, kommt der Entscheidung über diesen Wert, der die Grundlage für den Vergleich bildet und der in der Indexformel im Nenner des Quotienten steht, zentrale Bedeutung zu. Dabei ist zwischen zwei Möglichkeiten der Festlegung des Basiswerts zu unterscheiden:
1. *fixe Basis*: Alle Glieder der statistischen Ursprungsreihe, die in Indexzahlen umgerechnet wird, werden auf dieselbe Größe bezogen, wobei entweder das Anfangsglied der Reihe, irgendein beliebiges Reihenglied oder ein fiktiver Wert gewählt werden kann.
2. *Kettenbasis*: Jedes Reihenglied der Ursprungsreihe stellt dabei die Basis für das jeweils folgende Glied dar.
Sinnvoll ist die Berechnung von Indices mit Kettenbasis besonders dann, wenn es um die Darstellung der Zunahme oder Abnahme von einem Berechnungszeitraum zum nächsten geht, also um Vergleiche über längere Zeiträume hinweg.
Der Aussagewert von Indices ist sehr umstritten. Die Kritik richtet sich vor allem auf die Probleme der Basiswahl und der insbesondere bei wirtschaftlichen Indices erforderlichen Vereinfachungen und Standardisierungen wie vor allem zum Beispiel beim Lebenshaltungsindex.

index of names: Namensregister *n*
index pension: Indexrente *f*
index register: Indexregister *n (EDV)*
index wage: an Lebenshaltungsindex *m* gebundener Lohn *m*, Indexlohn *m*

indication: Hinweis *m*
indication of denomination: Stückelung *f* (Wertpapiere)
indicator: Kennzahl *f*
indict: anklagen, anschuldigen, belangen
indictable: strafrechtlich verfolgbar
indictment: Anklage *f*, Anklage *f*, öffentliche Anklageerhebung *f*, Anklageschrift *f*, Anschuldigung *f*
indifferent manager: Indifferenter *m*
Ein Typ des Managers, der nach einer von dem amerikanischen Soziologen Robert Presthus entwickelten Typologie der Anpassung von Organisationsmitgliedern an bürokratische Großorganisationen, im Gegensatz zum Aufsteiger nicht angepaßt ist. Er strebt nach Bedürfnissen, deren Befriedigung ihm große Organisationen nicht bieten können. Deshalb arbeitet er lediglich, um seinen Lebensunterhalt zu verdienen, und weicht sonst in die Freizeit aus. Weder Ehrgeiz, noch Streben nach Status und Autorität plagen ihn. Die in der Organisation erlebte Frustration führt bei ihm nicht zur Auflehnung (Aggression), sondern zur Resignation (Indifferenz). Der Indifferente sucht den Sinn seines Lebens außerhalb der Arbeit. Es erfolgt eine Interessenverschiebung von der Produktion (Tun) zum Konsum (Genießen).

indifference curve: Indifferenzkurve *f*
In der mikroökonomischen Haushaltstheorie die graphische Darstellung aller Mengenkombinationen zweier substituierbarer Güter, die nach Einschätzung des Konsumenten denselben Nutzen stiften. Es ist also der geometrische Ort aller Güterkombinationen, mit denen ein Haushalt denselben Nutzenindex erreicht. Die Steigung der Indifferenzkurve ist die Grenzrate der Substitution.
In der Indifferenzkurvenanalyse wird das kardinale Meßkonzept durch das ordinale ersetzt. Anstelle des Versuchs, den Nutzen in absoluten Einheiten zu messen, wird gefragt, ob ein bestimmtes Nutzenniveau höher oder niedriger als ein anderes ist, wobei das absolute Maß verschiedener Nutzenniveaus offenbleibt. Ferner geht man – anders als beim 1. Gossenschen Gesetz – von mehreren Gütern aus. Die Indifferenzkurven-Analyse untersucht den Einfluß von drei Determinanten der Nachfrage:
• die Bedürfnisse der Haushalte,
• die Einkommen der Haushalte und
• die Preise der Konsumgüter.
Der Einfluß der Bedürfnisse wird unter der Annahme analysiert, daß einem Haushalt von zwei Gütern verschiedene Mengen zur Verfügung stehen. Die Indifferenzkurve ist die Verbindungslinie (der geometrische Ort) solcher Güterkombinationen, die nach Ansicht des Haushalts denselben Nutzen stiften, d.h. für ihn gleichwertig (indifferent) sind.
Die Darstellung in Form von Isonutzenkurven geht auf Theorien und Überlegungen Vilfredo Paretos (1848-1923) zur Ophelimität zurück. Es wird da-

von ausgegangen, daß jeder Haushalt eine je nach der Struktur seines Bedarfs unterschiedliche Schar von Indifferenzkurven hat. Dabei wird jeweils durch die Grenzrate der Substitution angegeben, auf welche Menge eines Gutes verzichtet werden muß, um durch eine infinitesimale Erhöhung einer anderen Menge dasselbe Nutzenniveau zu behalten.

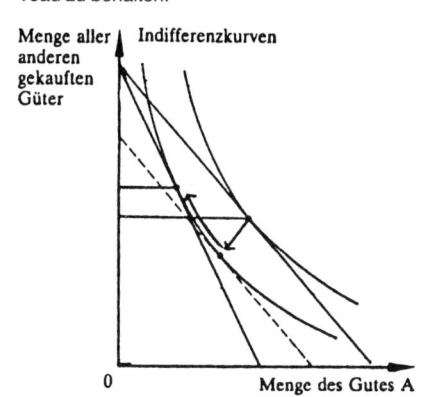

[Diagramm: Indifferenzkurven – Menge aller anderen gekauften Güter (y-Achse) gegen Menge des Gutes A (x-Achse)]

Während jeder Punkt auf einer Indifferenzkurve Güterkombinationen darstellt, die vom Haushalt gleich beurteilt werden, bedeutet eine Bewegung im Indifferenzkurvensystem nach außen den Übergang zu einer bevorzugten Güterkombination.

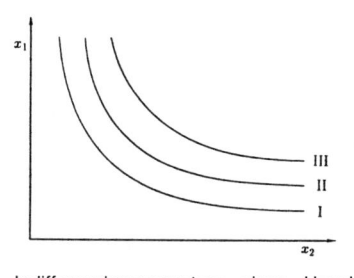

[Diagramm: Indifferenzkurvensystem mit Kurven I, II, III; Achsen x_1 und x_2]

Indifferenzkurvensystem eines Haushalts hinsichtlich x_1 und x_2

Beispielsweise werden alle Mengenkombinationen der Güter 1 und 2 auf der Indifferenzkurve II allen Mengenkombinationen auf der Indifferenzkurve I vorgezogen.

indifference-preference theory: Indifferenz-Präferenz-Theorie *f*
Eine von J. R. Hicks und F. Y. Edgeworth formulierte Weiterentwicklung der klassischen mikroökonomischen Haushaltstheorie, bei der ökonomischer Nutzen auf ordinaler Ebene gemessen wird und die Haushalte beim Vergleich von zwei Gütern lediglich angeben müssen, welche Mengenkombinationen sie gegenüber anderen Kombinationen entweder gleich bewerten (Indifferenz) oder vorziehen (Präferenz). Dabei wird unterstellt, daß ein Konsument diejenige unter mehreren sich ergebenden Mengenkombinationen, die denselben Gesamtnutzen stiften, wählt, die er sich bei Einsatz seines verfügbaren Einkommens leisten kann.

indifference principle: Indifferenzprinzip *n*
Ein Entscheidungsprinzip in der mathematischen Entscheidungstheorie, das die Zuordnung gleicher Wahrscheinlichkeiten zu den Zuständen der Natur für Entscheidungen unter Ungewißheit empfiehlt. Diese Regel wird vielfach auch als Prinzip vom unzureichenden Grunde bezeichnet.
indirect: mittelbar
indirect addressing: indirekte Adressierung *f (EDV)*
indirect advertising: indirekte Werbung *f*, Werbung *f* ohne unmittelbare Kaufaufforderung
indirect competence: mittelbare Zuständigkeit *f*
Eine Zuständigkeit, die für Personen oder Bereiche bei Aufgaben besteht, die sie nicht selbst oder nicht allein wahrnehmen, sondern bei denen sie die Pflicht und die Möglichkeit haben, auf die Arbeit anderer Mitzuständiger, in der Regel unmittelbar Mitzuständiger, einzuwirken. Das kann für Vorgesetzte gegenüber Mitarbeitern oder für mitwirkende nebengeordnete Bereiche gelten.
indirect cost: Ausgaben *f/pl*, laufende Gemeinkosten *pl*, Umlagekosten *pl*, Unkosten *pl*, Fertigungsgemeinkosten *pl*
indirect cost budget: Gemeinkostenbudget *n*
indirect cost ledger: Fertigungsgemeinkosten-Nebenbuch *n*
indirect department: Hilfskostenstelle *f*
indirect depreciation: indirekte Abschreibung *f*
indirect distribution cost: Vertriebsgemeinkosten *pl*
indirect expense: Fertigungsgemeinkosten *pl*
indirect import: indirekte Einfuhr *f*
indirect labor: Fertigungsgemeinkostenlohn *m*, Gemeinkostenlohn *m*, Hilfslohn *m*
indirect material: Gemeinkostenmaterial *n*, Hilfsmaterial *n*, Hilfsstoff *m*
indirect possession: mittelbarer Besitz *m*
indirect product cost: Fertigungsgemeinkosten *pl*
indirect product cost ledger: Fertigungsgemeinkosten-Nebenbuch *n*
indirect responsibility: mittelbare Verantwortung *f*
Mittelbare Verantwortung entsteht, wenn jemand bestimmte Tätigkeiten oder Entscheidungen nicht selbst vornimmt, sondern die Möglichkeit hat, auf das Verhalten, die Leistungen, Überlegungen,

Entscheidungen, Handlungen oder Argumente anderer oder auf deren Ergebnisse Einfluß zu nehmen, und Einfluß nimmt, ohne jedoch diese Aktivitäten in allen Einzelheiten bestimmen zu können. Die mittelbare Verantwortung ist stets eine Mitverantwortung gegenüber und mit anderen, die ihrerseits entweder unmittelbar oder auch mittelbar verantwortlich sind.

indirect sale: Verkauf *m* durch Mittelsmann *m* (Agenten, Makler, Kommissionär)
indirect selling: Verkaufen *n* durch Mittelsmann *m* (Agenten, Makler, Kommissionär), Verkauf *m* durch Mittelsmann *m* (Agenten, Makler, Kommissionär)
indirect tax: indirekte Steuer *f*
indirect wages *pl*: indirekte Löhne *m/pl*
indispensable: unerläßlich
indispensable condition: conditio sine qua non
indisputable: unbestreitbar
individual: einzeln, individuell, Einzel-, Einzelperson *f*, Individuum *n*, natürliche Person *f*
individual bargaining: einzelvertragliches Aushandeln *n* der Arbeitsbedingungen *f/pl*
individual conflict: Individualkonflikt *m*
Eine Form des Konflikts, der zwischen Individuen ausgetragen wird. Individualkonflikte haben ihre Ursachen in der Divergenz zwischen persönlichen (individuellen) Wertvorstellungen und Zielen, die mit den Anforderungen und Wertmustern der Organisation nicht vereinbar sind.
individual contract: Einzelvertrag *m*
individual cost: Einzelkosten *pl* (Fertigungsmaterial und Lohn)
individual decision: Individualentscheidung *f*
individual decision making: Individualentscheidungsfindung *f*
individual piece work: Einzelakkord *m*
individual policy pension plan: Einzelvertragspensionsversicherung *f*
individual proprietor: Einzelinhaber *m*, Einzelunternehmer *m*
individual proprietorship: Einzelfirma *f*, Einzelunternehmen *n*
individually: adv einzeln, persönlich
indivisible: unteilbar
indoor staff: Personal *n*, im Innendienst *m* tätiges
indorsable: durch Indossament *n* übertragbar, indossierbar
indorse: girieren, indossieren
indorsed bill: indossierter Wechsel *m*
indorsee: Girat *m*, Indossat *m*, Indossatar *m* indorsement Giro *n*, Indossament *n*
indorsement: Giro *n*, Indossament *n*

indorsement in blank: Blanko-Indossament *n*
indorser: Girant *m*, Indossant *m*
indorsing ink: Stempelfarbe *f*
induce: anreizen, bewegen, überreden, veranlassen
induced investment: induzierte Anlagen *f/pl*
induced spending: induzierte Ausgaben *f/pl*
inducement: Beweggrund *m*, Überredung *f*, Veranlassung *f*
inducement to buy: Kaufanreiz *m*
induction: Einführung *f* (eines neuen Mitarbeiters am Arbeitsplatz), Einführungsschulung *f*
induction training: Einführungsschulung *f*
indulgence: Nachsicht *f*
indulgent, be: Nachsicht *f* üben
industrial: betrieblich, gewerblich
industrial accident: Arbeitsunfall *m*
industrial accident reserve: Betriebsunfall-Rückstellung *f*
industrial accounting: industrielles Rechnungswesen *n*
industrial action: Arbeitskampf *m*
industrial administration: Betriebswirtschaftslehre *f*, Industrieverwaltung *f*
industrial advertising: Industriewerbung *f*
industrial anarchy: Arbeitsanarchie *f*
industrial area: Industriegebiet *n*
industrial bank: Industriebank *f*
industrial bond: Industrieanleihe *f*, Industrieobligation *f*
industrial brand: Industriemarke *f*, Herstellermarke *f*
Ein Markenartikel, dessen Träger im Gegensatz zur Handelsmarke ein industrieller Hersteller ist. Zum Vertrieb seines Produkts bedient sich der Hersteller in der Regel des institutionellen Handels, wenn er seine Waren nicht selbst direkt verkauft. Lediglich durch die Werbung stellt er einen direkten Kontakt mit den Verbrauchern her.
industrial building: Industriebau *m*
industrial center: Industriezentrum *n*
industrial code: Gewerbeordnung *f*
industrial combine: Kombinat *n*
industrial concern: Industrieunternehmen *n*
industrial consumer: gewerblicher Abnehmer *m*
industrial cooperative: gewerbliche Genossenschaft *f*
industrial country: Industrieland *n*
industrial court: Gewerbegericht *n*

industrial goods

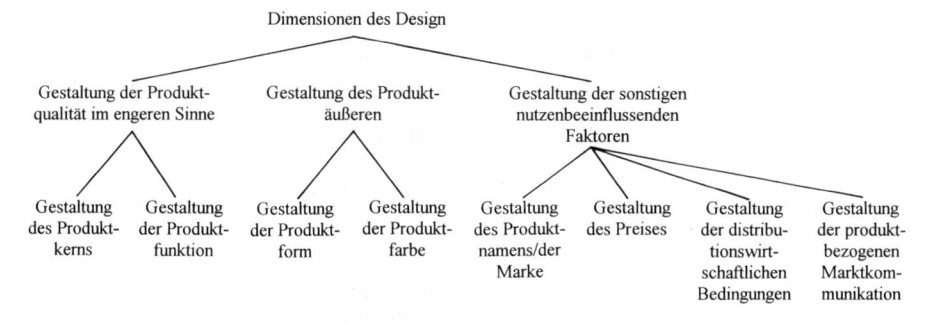

```
                        Dimensionen des Design
         ┌──────────────────────┼──────────────────────┐
Gestaltung der Produkt-   Gestaltung des Produkt-   Gestaltung der sonstigen
qualität im engeren Sinne         äußeren           nutzenbeeinflussenden
                                                           Faktoren
   ┌─────────┐              ┌─────────┐        ┌─────────┬─────────┬─────────┐
Gestaltung Gestaltung    Gestaltung Gestaltung Gestaltung Gestaltung Gestaltung Gestaltung
des Produkt- der Produkt- der Produkt- der Produkt- des Produkt- des Preises der distribu- der produkt-
kerns       funktion     form       farbe      namens/der            tionswirt-  bezogenen
                                                Marke                schaftlichen Marktkom-
                                                                     Bedingungen munikation
```

industrial democracy: Wirtschaftsdemokratie *f*

industrial design: industrielle Formgebung *f*

Die visuelle und graphische Gestaltung und Formgebung eines Objekts bzw. eines Produkts für die industrielle Serienfertigung, d.h. die mit Hilfe von Gestaltungsmitteln wie Material, Verpackung, Farbe, Formgebung, Druck, Gestaltung usw. geprägte äußere Erscheinung einer Ware, durch die ihre Absatzfähigkeit und Attraktivität für potentielle Käufer erhöht werden soll.

Definiert man Produkte als Güter, die Bedürfnisse befriedigen und Nutzen stiften, kommen als Gegenstände des Produktdesign grundsätzlich alle mit den Nutzenerwartungen der Konsumenten verknüpften Faktoren in Betracht. Die graphische Darstellung oben zeigt die wichtigsten Bereiche des Design auf:

Die Dimensionen bedeuten dabei im einzelnen:

1. Die *Produktqualität im engeren Sinne*: Die im engen Zusammenhang mit dem Grundnutzen des Produkts stehenden, objektiv meßbaren bzw. feststellbaren Produkteigenschaften.

a) Produktkern: Die stofflich-technischen Produkteigenschaften wie z.B. Gewicht, Größe, Länge, technische Lebensdauer usw.

b) Produktfunktion: Der durch Aspekte wie die Anwendungsbreite, wirtschaftliche Haltbarkeit, Zuverlässigkeit, Gebrauchstüchtigkeit, Leichtigkeit der Handhabung, usw. gegebene Verwendungsnutzen des Produkts für seine Konsumenten,

2. *Produktäußeres*: Die Gesamtheit der vorwiegend den Zusatznutzen eines Produkts bestimmenden Faktoren seines äußeren Erscheinungsbilds

a) Produktform: Sowohl die Form des Produkts selbst wie die seiner Verpackung.

b) Produktfarbe: Ebenfalls die des Produkts wie die der Verpackung.

3. *Sonstige nutzenbeeinflussende Faktoren*:

a) Produktname: Die mit dem Namen des Produkts, Markenartikel, bzw. der Herstellerfirma verknüpften Nutzenerwartungen.

b) Preis: Die mit dem Produktpreis verknüpften Qualitätserwartungen, Preis-Qualitäts-Assoziationen.

c) Distributionswirtschaftliche Bedingungen: Die Gesamtheit der mit dem Ort des Verkaufs verknüpften Nutzenerwartungen.

d) produktbezogene Marktkommunikation: Die durch Maßnahmen der Werbung erzeugten Nutzenerwartungen hinsichtlich des Produkts.

Im 20. Jahrhundert hat sich die Erkenntnis in der Industrie und im Handel durchgesetzt, daß technisch perfekte, im übrigen aber klobige und den ästhetischen Wünschen ihrer potentiellen Verwender nicht entsprechende Produkte nur schlecht zu verkaufen sind. Dabei folgt die Entwicklung des Designs von Produkten in der Regel sowohl ästhetischen wie funktionellen Bedürfnissen.

industrial designer: Industriedesigner *m*, industrieller Formgestalter *m*

Ein Beruf im Bereich der industriellen Formgebung, zu dessen Aufgaben die ästhetisch ansprechende und funktionelle Gestaltung von Gebrauchs- und Verbrauchsgütern sowie ihren Verpackungen gehört. Designer werden auf Kunsthochschulen, Werkkunstschulen und spezialisierten Fachschulen für industrielle Formgebung ausgebildet.

industrial dispute: Arbeitskampf *m*

industrial distributor: Großhändler *m*, der Industriebetriebe *m/pl* beliefert

industrial economics: Industriebetriebslehre *f*, industrielle Betriebswirtschaft *f*

industrial engineer: Wirtschaftsingenieur *m* (Ingenieur, der sich vorwiegend mit Organisation, Planung und Fertigung befaßt)

industrial equipment industry: Industrieanlagenbau *m*

industrial equipment manufacturer: Maschinenfabrik *f*, Maschinenhersteller *m*

industrial espionage: Werkspionage *f*, Wirtschaftsspionage *f*

industrial fair: Industrieausstellung *f*, Industriemesse *f*

industrial giant: Riesenkonzern *m*

industrial goods *pl*: Industriegüter *n/pl*, industrielle Güter *n/pl*

Die Gesamtheit der als Produktivgüter dem industriellen Bedarf dienenden Rohstoffe, Hilfsstoffe, Halbfabrikate, Anlagen, Maschinen, Geräte, Teile und Zubehörbestandteile, die im Gegensatz zu

den Konsumgütern nicht direkt zur Bedürfnisbefriedigung der Konsumenten beitragen und als Wiedereinsatzfaktoren der Herstellung weiterführender Produkte dienen.
industrial injuries plan: Berufsunfallversorgung *f*
industrial injuries scheme: Berufsunfallversorgung *f*
industrial injury: Arbeitsunfall *m*, Berufsunfall *m*
industrial magazine: Industrie-Fachzeitschrift *f*
industrial management: Industriebetriebslehre *f*, industrielle Betriebswirtschaft *f*
industrial medicine: Arbeitsmedizin *f*
industrial nation: Industrienation *f*
industrial output: Industrieausstoß *m*, Industrieproduktion *f*
industrial peace: Arbeitsfriede *m*
industrial plant construction: Industrieanlagenbau *m*
industrial plant: Werksanlage *f*
industrial policy: Industriepolitik *f*
industrial premises *pl*: gewerblich genutzte Grundstücke *n/pl*
industrial production: Industrieerzeugung *f*, Industrieproduktion *f*
industrial relations *pl*: Arbeitsbeziehungen *f/pl*, Beziehungen *f/pl* zu Arbeitnehmern *m/pl* und Gewerkschaften *f/pl*, Industrial Relations *pl*
Der Sachbereich der Human Relations (werbende Führung), der alle das Arbeitsverhältnis individuell oder kollektiv beeinflussenden Verhaltensweisen von Arbeitgebern und Arbeitnehmern und insbesondere die durch ihre Repräsentanten und den Staat gestalteten industriellen Arbeitsbeziehungen umfaßt. Im engeren Sinne bezeichnet der Begriff die Pflege und Gestaltung der Beziehungen eines Wirtschaftsunternehmens zu Verbänden und Gewerkschaften, zu Staat und Öffentlichkeit.
industrial retail store: Kantine *f* (mit größerem Warenangebot)
industrial revolution: industrielle Revolution *f*
industrial share: Industrieaktie *f*
industrial stock: Industrieaktie *f*
industrial trade union: Industriegewerkschaft *f* (IG)
industrial training: gewerbliche Ausbildung *f*
industrial union: Industriegewerkschaft *f*
industrial unrest: betriebliche Unruhe *f*
industrial worker: Fabrikarbeiter *m*, Industriearbeiter *m*
industrialist: Industrieller *m*
industrialization: Industrialisierung *f*

industrialized country: Industrieland *n*
industrious: fleißig, strebsam
industry: Gewerbe *n*, Industrie *f*, Strebsamkeit *f*
industry advertising: Industriewerbung *f*
industry code: Branchenschlüssel *m*
industry-wide labor contract: Manteltarifvertrag *m*
ineffective: außer Kraft *f*, kraftlos, unwirksam
ineffectiveness: Kraftlosigkeit *f*
inefficacious: unwirksam
inefficacy: Unwirksamkeit *f*
inefficiency: Erfolglosigkeit *f*, Kraftlosigkeit *f*, Unfähigkeit *f*, Unwirksamkeit *f*, Unwirtschaftlichkeit *f*
inefficient: erfolglos, kraftlos, unfähig, unproduktiv, unwirksam, unwirtschaftlich
inelastic demand: starre Nachfrage *f*, unelastische Nachfrage *f*
inequitable: unangemessen, unbillig, ungerecht
inequity: Unbilligkeit *f*
inertia: Beharrungsvermögen *n*, Trägheit *f*
inexcusable: unentschuldbar, unverantwortlich
inexcusable action: unverantwortliche Handlungsweise *f*
inexpensive: billig
inexperienced: unerfahren
inexperienced worker: unerfahrener Arbeiter *m*
infamous: ehrlos
infancy: Minderjährigkeit *f*
infant: Minderjähriger *m*
infantilism: Infantilismus *m*
Neben dem Cäsarismus findet man in komplexen Organisationen auch ausgeprägte infantile Charaktere bei den Führungskräften. Typische Kennzeichen sind:
• Ausgeprägtes Imponiergehabe, das sich in einer Vielzahl äußerer Symbole offenbart: Kleidung, bevorzugte Automarken, besondere Ausstattungen des Büros etc.
• Symbole spielen bei solchen Menschen eine wichtige Rolle (und seien es nur Belobigungen, die sie beispielsweise anläßlich eines Vertreterwettbewerbes erhielten und die nun in Leder gerahmt den Schreibtisch zieren).
• Überhöhte Statusansprüche: Der Infantile fordert ständig nach Ehrerbietungen und sichtbaren Beweisen des Untertanentums (Gessler-Syndrom).
• Der infantile Typus zeichnet sich auch dadurch aus, daß er für jede Fehlleistung zugleich die Schuldigen kennt und benennt, d.h. er sucht für sein Versagen stets andere, da er zu eigener Persönlichkeitsanalyse nicht fähig ist. Die Einsicht

in die Möglichkeit eigenen Versagens ist ihm verwehrt.
• Seine Legitimation leitet er aus einer starken Bürokratie- und Technologie-Gläubigkeit ab. Wachstumsraten und Erfolgsziffern sind die dominierenden Leitideen seines Verhaltens. Über den Sinn dieser Ziele reflektiert er nicht.

infer: entnehmen (folgern), folgern, schließen

inference: Folgerung *f*, Schlußfolgerung *f*

inferior: minderwertig, untergeordnet

inferior goods *pl*: inferiore Güter *n/pl*
Die von den Konsumenten als geringerwertig angesehenen Güter, deren nachgefragte Menge mit wachsendem Einkommen sinkt und durch die Nachfrage nach höherwertigen Gütern ersetzt wird. Die Inferiorität eines Gutes bedeutet nicht zwangsläufig eine objektiv geringerwertige Produktqualität, sondern lediglich eine auch einem gesellschaftlichen Wandel oder der Beeinflussung unterworfene Einschätzung durch die Konsumenten.

inferior quality: schlechte Qualität *f*, minderwertige Qualität *f*

inferiority: Minderwertigkeit *f*

inferiority complex: Minderwertigkeitskomplex *m*

inflammable: brennbar

inflate: aufblähen

inflation: Inflation *f*, Aufblähung *f*
Die andauernde Ausdehnung der Geldmenge und der fortwährende Anstieg der Geldeinkommen oder auch ein anhaltendes Schrumpfen des Außenwerts einer Währung. In der breiten Öffentlichkeit hat sich vor allem das Verständnis von Inflation als ein stetiger Anstieg des Preisniveaus, gemessen am Preisindex für die Lebenshaltung, durchgesetzt.
Vielfach wird auch zwischen *schleichender (gedämpfter* oder auch *säkularer) Inflation* auf der einen und *galoppierender Inflation* auf der anderen Seite unterschieden. Für Volkswirtschaften, die sehr hohe Teuerungsraten kennen, haben einige Autoren den Begriff der „trabenden Inflation" eingeführt. Allerdings ist es so gut wie unmöglich, einigermaßen genau zu beschreiben, wo die schleichende Inflation aufhört und wo die trabende Inflation beginnt. Offensichtlich sind die Übergänge fließend und auch von der jeweiligen Gewöhnung und der Inflationstoleranz und -mentalität der betroffenen Nation abhängig.
Als „galoppierende Inflation" (Hyperinflation) bezeichnet man kumulative Prozesse, deren Auswirkungen der Gewalt von Naturkatastrophen gleichen, weil damit das Geld seine Funktionen als Wertaufbewahrungs- und Tauschmittel verliert. Sie sind in der Wirtschaftstheorie als Nachkriegserscheinungen angesehen worden, deren Ursachen vor allem in der Finanzierung großer Haushaltsdefizite mit Hilfe der Notenpresse, in einer zerrütteten Produktionsstruktur und in einer außerordentlichen Unstabilität der politischen Verhältnisse liegen.
Als herrschende Meinung über die Ursachen von Inflationen hat sich heute der von Milton Friedman und seiner Chicago-School vertretene Monetarismus durchgesetzt. Er stellt eine empirische Quantitätstheorie dar, nach der eine feste Beziehung zwischen den Veränderungen der Geldmenge (z.B. Bargeld und Sichteinlagen) als die bestimmende Variable und mit zeitlicher Verzögerung den Veränderungen des Preisniveaus bestehe. Nach Friedman ist die Erhöhung der Geldmenge nicht nur die notwendige, sondern auch die hinreichende Bedingung für die Entstehung und den Ablauf jeder Inflation. Alle weiteren Erklärungen werden entweder als abwegig oder irrelevant angesehen. Vereinfacht ausgedrückt steht hinter den Thesen des Monetarismus die Aussage, daß eine von der Zentralbank zugelassene oder bewußt gesteuerte Erhöhung der Geldmenge auch die volkswirtschaftliche Nachfrage erhöhe, was bei zunächst gleichem Güterangebot automatisch zu steigenden Preisen führe. Das Ausmaß der Teuerung ist dabei ausschließlich von der Stärke der Geldmengenvermehrung abhängig. Die Zentralbanken bedeutender Industrieländer orientieren ihre Geldpolitik an den Erkenntnissen und Lehren des Monetarismus.
Vor allem in den 1950er Jahren wurden Thesen der Nachfrage- und Kosteninflation diskutiert. In seiner Schrift „How to pay for the war" (1940) erklärte John Maynard Keynes Inflation aus einem Geldüberhang, d.h. aus einer im Verhältnis zum Gesamtangebot zu hohen monetären Gesamtnachfrage. Die Differenz bezeichnete er als „inflatorische Lücke".
Während Nachfrageinflationen häufig mit einem Versagen der Wirtschaftspolitik erklärt werden, schreibt man Kosteninflationen vor allem einer Verkrustung der Märkte, d.h. monopolistischen Verhaltensweisen zu. In der Praxis hat sich jedoch herausgestellt, daß beide Inflationstypen in der Diagnose nur schwer voneinander abzugrenzen sind. So steigen Preise und Löhne in Inflationen immer. Löhne aber sind Kosten und Nachfrage zugleich.
Vielfach werden entweder die die Preispolitik der Unternehmen (profit-push inflation) oder die Lohnpolitik der Gewerkschaften (wage-push inflation) als Verursacher der Inflation bezeichnet. Beides wird netweder mit Marktmacht oder mit politischer Macht erklärt. Während Milton Friedman z.B. den Gewerkschaften neben dem Markt überhaupt keinen bestimmenden Einfluß zumißt, sieht Edward H. Chamberlin ihre Rolle als entscheidend an. Ähnlich bezeichnet Gottfried Bombach die Lohnentwicklung als „die Hauptdeterminante der Preisentwicklung". Nach Werner Hicks besitzt jedes Wirtschaftssystem einen „Lohnstandard", und das Preisniveau ist durch die durchschnittliche Lohnhöhe bestimmt.
Auch der deutsche Sachverständigenrat zur Begutachtung der gesamtwirtschaftlichen Entwick-

lung hat für die Erklärung der „hausgemachten" (nichtimportierten) Inflation vor allem die Kostenhypothese vertreten.
Erfahrungsgemäß steigt in der ersten Phase des konjunkturellen Aufschwungs bei besser ausgelasteten Kapazitäten und Arbeitskräftepotential die Produktivität besonders kräftig. Bei mäßig steigenden Löhnen sinken folglich die Lohnstückkosten. „Dennoch werden die Preise im allgemeinen nicht gesenkt – eine Verhaltensweise, deren große Bedeutung für die Erklärung der schleichenden Inflation offensichtlich ist" (H. J. Schmahl). In der Spätphase des Aufschwungs läßt mit zunehmender Kapazitätsauslastung der Produktivitätsanstieg nach. Mit dem Lohnanstieg verstärkt sich der Zuwachs der Lohnstückkosten – was die Unternehmen wiederum in den Preisen weiterzugeben versuchen. Das wird noch deutlicher in der Abschwungphase: Bei sinkender Kapazitätsauslastung und nachlassendem Produktivitätsforschritt steigen die Löhne noch eine Zeitlang weiter. Dadurch verstärkt sich der Anstieg der Lohnstückkosten, was wiederum die Überwälzungsversuche der Anbieter verstärkt.

inflation due to excess credit: Kreditinflation f

inflation of aspirations: Anspruchsinflation f
Das Spannungsverhältnis zwischen hohen Erwartungen (Ansprüchen) und einer beschränkten Fähigkeit zur Problemlösung.

inflationary: inflationistisch

inflationary pressure: inflationistischer Druck m

inflationary profit: Scheingewinn m

inflationary reserve: Freissteigerungsrücklage f

inflict damage: Schaden m zufügen

inflict disciplinary punishment: maßregeln

inflict upon: verhängen, zufügen

inflow: Zufluß m

influence: beeinflussen, Einfluß m, einwirken, Macht f

influence-matrix project management: Einfluß-Matrix-Projektmanagement n, Einfluß-Projekt-Management n
Eine Form des Projektmanagement, bei dem die Bearbeiter eines Projekts weiterhin den Weisungen ihrer ursprünglichen Abteilungsleiter unterworfen bleiben und folglich dem Projektmanager nicht unterstellt sind. Der Projektmanager übt bestenfalls eine dezentralisierte Stabsfunktion aus und kann die dezentralisierten Teilaufgaben des Projekts koordinieren und kontrollieren.

influence by suggestion: suggerieren

influence process model: Einflußprozeß-Modell n
Die Interaktionstheorie deutet Führerschaft als einen Prozeß der sozialen Beeinflussung. Sie betrachtet Führungsverhalten nicht ausschließlich als persönlichkeitsbestimmt, wie das der Eigenschaftsansatz tat, sondern auch als abhängig von äußeren Ursachen, d.h. von Umwelteinflüssen. Das gilt sowohl für das Verhalten der Führungsperson wie für das Verhalten der Geführten.
Im Anschluß an Kurt Lewins Feldtheorie ist Verhalten eine Funktion der Interaktion von Person (bzw. deren Persönlichkeitsmerkmalen) und Umwelt:
$V = f (P,U)$.
Als Umwelt sind dabei solche externen Faktoren definiert, die eine Person als auf Verhaltensbestimmung ausgerichtete Informationen erreichen. In der Vielzahl von Umweltfaktoren sind die sozialen Einflüsse besonders wichtig, d.h. jene Verhaltensdeterminanten, die in der sozialen Umwelt der betrachteten Person ihren Ursprung haben. Man spricht nur in folgenden Fällen von Führungsverhalten:
(1) Wenn der Beeinflussende über ein gewisses *Sanktionspotential* und einen *Informationsvorsprung* verfügt: Es liegt eine asymmetrische Verteilung der Einflußchancen vor. In hierarchischen Organisationen ist diese Asymmetrie zugunsten des formellen Führers strukturell verankert. Durch vertragliche Bindungen wie auch durch Belohnungs- und Bestrafungspotentiale, Belohnungsmacht, läßt sich das Übergewicht der Führungskraft dauerhaft sichern.
(2) Wenn der *Einflußversuch zur Wahrnehmung von Funktionen* unternommen wird, *die für die Existenz des sozialen Systems wichtig sind* (z.B. Integration, Zielerreichung, Wandel).
(3) Wenn der Einflußversuch in einer *direkten sozialen Beziehung* unternommen wird: Soziale Einflußversuche über Medien oder von Personen, die keine unmittelbare Beziehung zu den Beeinflußten haben, wären demnach nicht als Führungsverhalten einzustufen.
Von Führungsverhalten wird auch dann gesprochen, wenn der Einflußversuch erfolglos endet, der Beeinflußte also sein Verhalten nicht in der intendierten Weise ausrichtet. Führung bzw. Führerschaft ist mithin der Prozeß einer asymmetrischen und direkten sozialen Beziehung, der durch einen intendierten Elnflußversuch zur Wahrnehmung systemrelevanter Funktionen gekennzeichnet ist. Löst man die Führerschaft ab von der formalen Zuweisung in einer Organisation, dann kann hiernach potentiell jedes Individuum in einer Gruppe als Führer in diesem Sinne wirken.
Der so verstandene Führungsprozeß im Interaktionsgefüge von Person und Umwelt läßt sich in folgenden vier Grundvariablen umreißen:
(1) *Persönlichkeit des Beeinflussers*: seine Bedürfnisse, Einstellungen und Erfahrungen;
(2) *Persönlichkeit des (der) Beeinflußten*: seine (ihre) Bedürfnisse, Einstellungen und Erwartungen;
(3) *Struktureigenschaften des sozialen Systems*, in dem der Einflußversuch abläuft: Rollenstruktur, Statusstruktur, Kohäsionsgrad, Konformitätsgrad etc.;

(4) *unmittelbare Situation*, innerhalb der der Beeinflussungsversuch unternommen wird: Art der Aufgabe, äußere Bedingungen, gesetzte Ziele der Gruppe etc.

Die Analyse des Einflußprozesses gibt zugleich Antworten auf die Frage, unter welchen Bedingungen ein Einflußversuch erfolgreich oder erfolglos sein wird. Generell gilt: Je mehr das Ziel, dem die Beeinflussung dienen soll, und das gewünschte Verhalten den Zielen des Beeinflußten entgegenkommt bzw. seiner Bedürfnisbefriedigung in instrumenteller Weise dienlich ist (Zielkongruenz) und über je mehr Einflußpotentiale der Beeinflusser verfügt, um so eher wird der Beeinflußte dem Einflußversuch stattgeben und umgekehrt.

Weiterhin gilt: Je weniger die Ziele des Beeinflußten mit dem Ziel der Beeinflussung und dem gewünschten Verhalten konform gehen bzw. je weniger diese als geeignet erweisen, die Bedürfnisbefriedigungssituation zu verbessern, um so größer müssen die Einflußpotentiale sein, wenn der Einflußversuch dennoch erfolgreich enden soll.

influencing: mißerfolgswirksam
influencing profit: erfolgswirksam
influx: Zufluß *m*, Zustrom *m*
inform: anzeigen, benachrichtigen, informieren, melden, mitteilen
inform on: denunzieren
informal agreement: formlose Vereinbarung *f*
informal communication system: informales Kommunikationssystem *n*
A. G. Coenenberg unterscheidet zwischen dem formalen und dem informalen Kommunikationssystem: „Das formale betriebliche Kommunikationssystem bringt die auf eine optimale Aufgabenstellung hin geplante Struktur der innerbetrieblichen Kommunikationsbeziehungen zum Ausdruck. Seine Aufgabe ist es, einen am Unternehmungsziel orientierten Fluß der betrieblich relevanten Informationen zu ermöglichen. Das informale betriebliche Kommunikationssystem umfaßt dagegen alle diejenigen Kommunikationsbeziehungen, die durch die formale Organisation nicht vorgegeben sind, die vielmehr spontan entstehen und ihre Grundlagen in den verschiedenen informalen Gruppierungsprozessen haben."

informal group: informale Gruppe *f*
informal interview: Stegreifinterview *n*
informal investigation: Untersuchung *f* mittels Stegreifinterview *n*
informal: zwanglos
informal organization: informale Organisation *f*
informant: Gewährsmann *m*, Informant *m*
information: Information *f*, Mitteilung *f*, Nachricht *f*, Anzeige *f*, Auskunft *f*, Benachrichtigung *f*

information barrier: Informationshindernis *n*
information bureau: Auskunftsbüro *n*
information channel: Informationskanal *m*, Nachrichtenübermittlungsweg *m*
information committee: Informationsgremium *n*
Ein Gremium, dessen Aufgabe die Gewinnung und der Austausch von Informationen zur Entscheidungsvorbereitung ist.

information horizon: Informationshorizont *m*
In Situationen der Problemlösung steht dem objektiven Informationsbedarf und der subjektiv geäußerten Informationsnachfrage steht ein Informationsangebot gegenüber, das als die Summe der zu einem bestimmten Zeitpunkt verfügbaren Information bezeichnet werden kann. Das Informationsangebot eines Zeitpunktes t_x setzt sich zusammen aus:
a) Summe der im Unternehmen latent vorhandenen Informationen – b) Summe der bis zum Zeitpunkt t_x nicht erreichbaren Informationen + c) Summe der bis zum Zeitpunkt t_x zusätzlich beschaffbaren Informationen = Summe der verfügbaren Informationen zum Zeitpunkt t_x. Dieser Wert stellt den Informationshorizont dar.

information management: Informationsmanagement *n*
Die Sonderstellung der Informationswirtschaft im Unternehmen resultiert aus dem Umstand, daß sie allen übrigen Funktionsbereichen als Service- und Clearingstelle dient. Schließlich bildet Information als zweckorientiertes Wissen die Voraussetzung für die Entscheidungen aller Funktionsbereiche eines Unternehmens. Zu den zentralen Aufgaben des Informationsmanagement zählt es, Informationen aus externen und internen Quellen zu gewinnen, Informationen zu transformieren, d.h. aufzubereiten, zu spezifizieren, zu selektieren und zu verdichten, Informationen zu speichern sowie zu dokumentieren, wiederzugewinnen und zu übermitteln.

information office: Auskunftei *f*
information pipeline: Informationskanal *m*, Nachrichtenübermittlungsweg *m*
information processing: Informationsverarbeitung *f*
information processing method: Informationsverarbeitungsmethode *f*
Eine Methode, die symbolische Objekte transformiert. Den Endzustand, der durch die Anwendung einer Informationsverarbeitungsmethode erreicht werden soll, bezeichnet man als Problemlösung. Einen Hinweis auf die spezifischen Merkmale von Informationsverarbeitungsmethoden geben die Funktionen, sie in Entscheidungsprozessen erfüllen können.

In Entscheidungsprozessen unterscheidet man meist die Phasen der Diagnose, der Zielsetzung und Problemdefinition, der Suche nach Alternativen, der Prognose der Konsequenzen von Entscheidungsalternativen, der Handhabung der Prognoseunsicherheit, der Bewertung und des Vergleichs von Entscheidungsalternativen, der Durchsetzung von Entscheidungen und schließlich des Testens des Entscheidungsergebnisses und der Kontrolle. Jede dieser Phasen kann Gegenstand spezifischer Methoden sein.

information retrieval: Wiederauffinden *n* von Informationen *f/pl*

information retrieval system: Information-Retrieval-System *n*, Informationsabrufsystem *n*
Ein Subsystem in Management-Informations-Systemen (MIS), das aus einem Dialogsystem besteht, das zur Abfrage von Dokumenten, die als Orientierungsinformationen für Entscheidungs- und Problemlösungsprozesse erforderlich sind, eingesetzt wird.

information source: Nachrichtenquelle *f*
information system: Informationssystem *n*, Informationswesen *n*, Nachrichtenübermittlungssystem *n*
information theory: Informationstheorie *f*
information track: Informationsspur *f* *(EDV)*
informational coordination: informationelle Koordination *f*
Die Sammlung, Selektion, Bewertung und Aufbereitung einer Vielzahl von Einzelinformationen führt zu aussagefähigen und repräsentativen Kennzahlen. Als Koordination bezeichnet man die Zusammenfassung von Teilaktivitäten einer Aufgabe zu einem Ganzen, wobei das Ganze durch die Zielvorgabe der Aufgabe bestimmt ist.

informer: Angeber *m*, Denunziant *m*
infraction: Verletzung *f*, Verstoß *m*
infrastructure: Infrastruktur *f*
infringe: brechen (Vertrag), übertreten, verletzen, zuwiderhandeln
infringement: Rechtsverletzung *f*, Übergriff *m*, Übertretung *f*, Verletzung *f*, Verstoß *m*, Zuwiderhandlung *f*
infringement of a contract: Vertragsbruch *m*
infringement of a patent: Patentverletzung *f*
infringer: Rechtsverletzer *m*, Verletzer *m*
ingenuity: Einfallsreichtum *m*
ingot: Barren *m*, Block *m* (Metall)
inhabit: bewohnen
inhabitant: Bewohner *m*, Einwohner *m*
inherent: anhaftend
inherent delay: unvermeidbare Arbeitsunterbrechung *f*, durch das Verfahren bestimmte Arbeitsunterbrechung *f*
inherent vice: innerer Verderb *m*

inheretrix: Erbin *f*
inherit: erben, ererben, nachfolgen, sukzedieren
inherit from: beerben
inheritable: erblich, ererbbar
inheritance: Beerbung *f*, Erbschaft *f*, Nachlaß *m* (Erbe)
inheritance tax: Erbschaftssteuer *f*, Nachlaßsteuer *f*
inheritor: Erbe *m*
inheritress: Erbin *f*
initial: abzeichnen (mit dem Anfangsbuchstaben), Initial *n*, Anfangsbuchstabe *m*, anfänglich
initial advertising: Einführungswerbung *f*
initial cost: Anfangskosten *pl*, Anschaffungskosten *pl*
initial credit balance: Anfangsguthaben *n* (bei einer Bank)
initial debit balance: Anfangsschuld *f* (bei einer Bank)
initial depreciation allowance: Anfangsabschreibung *f*
initial expense: Anfangskosten *pl*
initial expense(s) *(pl)*: Anlaufkosten *pl*
initial platform: Ausgangsplattform *f*
Ein Instrument der strategischen Unternehmensplanung, das zwei Gruppen von Komponenten umfaßt: Die Gruppe der Verhaltenskomponenten und die Gruppe der Systemkomponenten.
Im Rahmen der Gruppe der *Verhaltenskomponenten* geht es darum, durch geeignete Maßnahmen die Abneigung gegen eine geplante Strategie-Änderung möglichst klein zu halten, das Verständnis für die Notwendigkeit der neuen Strategie und ihrer Wirkung zu fördern und Unterstützung zu sichern.
Ferner sind betriebspolitische Maßnahmen vorzusehen, durch die eine Einmischung solcher Führungskräfte, von denen Opposition zu erwarten ist, möglichst gering gehalten wird, und zugleich eine Koalition zugunsten der angestrebten Strategieänderung aufgebaut wird, die stark genug ist, mögliche Widerstände zu überwinden.
Im Rahmen der Gruppe der *Systemkomponenten* ist dafür zu sorgen, daß
• den mit der Einführung der neuen Strategie befaßten Führungskräften die dazu erforderliche Zeit zur Verfügung steht,
• diese Zeit so abgeschirmt wird, daß sie durch operative Aktivitäten nicht beeinträchtigt werden kann und
• die Führungskräfte herausgefunden und beauftragt werden, die über die nötige Qualifikation verfügen und der angestrebten neuen Strategie positiv gegenüberstehen.
Beim Aufbau der Ausgangsplattform lassen sich folgende Schritte unterscheiden:

1. Eine *strategische Diagnose* der zu lösenden strategischen Probleme und ihrer Dringlichkeit;
2. eine *Verhaltensdiagnose* zur Aufdeckung des zu erwartenden Widerstandes gegen die Strategieänderung und der zu erwartenden Unterstützung;
3. Maßnahmen zur *Verringerung des Widerstands* und zur Sammlung der Unterstützung;
4. Entwurf eines *ad-hoc-Planungs- und Implementierungsprozesses* zur Lösung der vordringlichsten Probleme.

initial position: Ausgangsbasis *f*
initial program loader: Urlader *m (EDV)*
initial quotation: Emissionskurs *m*
initial salary: Anfangsgehalt *n*
initial value: Anfangswert *m*, Ausgangswert *m*
initiate: einführen
initiating voucher: auslösender Buchungsbeleg *m*
initiation: Aufnahme *f*, Einführung *f*
initiation fee: Aufnahmegebühr *f*
initiative: Initiative *f*
injunction: Anordnung *f* zur Unterlassung *f* bestimmter Handlungen *f/pl* (durch Behörde oder Gericht), gerichtliche Verfügung *f*, gerichtlicher Unterlassungsbefehl *m*
injure: benachteiligen, beschädigen, schaden, schädigen, verletzen
injured: beschädigt, schadhaft
injured party: Geschädigter *m*
injured person: Beleidigter *m*, Benachteiligter *m*, Beschädigter *m*, Geschädigter *m*
injurious: schädlich
injury: Benachteiligung *f*, Beschädigung *f*, Schaden *m*, Schädigung *f*, Verletzung *f*
injury benefits *pl*: Unfallgeld *n*
injustice: Unbilligkeit *f*, Ungerechtigkeit *f*, Unrecht *n*
ink: Tinte *f*
ink pad: Stempelkissen *n*
inland: Inland *n*
inland marine insurance: Binnenschiffahrtstransportversicherung *f*
inland navigation: Binnenschiffahrt *f*
inland port: Binnenhafen *m*
inland traffic: Binnenverkehr *m*
inland water ways *pl*: Binnengewässer *n/pl*
inland waters *pl*: Binnengewässer *n/pl*
inland waterways transport: Binnenschiffahrt *f*
inmate: Insasse *m*, Zuchthäusler *m*
inner relationship: Innenverhältnis *n*
innkeeper: Gastwirt *m*
innocence: Arglosigkeit *f*, Unschuld *f*
innocent: arglos, unschuldig
innocently: ohne böse Absicht *f*

innovation process

innovate: erneuern
innovation: Innovation *f*, Neuerung *f*
innovation decision: Innovationsentscheidung *f*, Neuerungsentscheidung *f*
Eine Entscheidungen, für die kein Programm vorliegt. Innovationsentscheidungen sind entsprechend den kreativen Fähigkeiten des Entscheiders zu lösen. Man spricht von unstrukturierten Entscheidungen oder auch von Problemlösungsentscheidungen.
Daneben sind auch teilstrukturierte Entscheidungen möglich, bei denen zwar eine Kenntnis der grundsätzlichen Entscheidungsparameter vorhanden ist, aber keine exakte Vorschrift für das Entscheidungsprogramm existiert.
Bei allen Entscheidungstypen können Routine- und Innovationsentscheidungen auftreten. Im Gegensatz zu den Innovationsentscheidungen sind Routineentscheidungen gleichartige, sich über einen längeren Zeitraum hinziehende und wiederkehrende Entscheidungen.

innovation process: Innovationsprozeß *m*, Neuerungsprozeß *m*
In der Soziologie ganz allgemein ein sozialer Prozeß, durch den neue Ideen und Techniken, bislang unbekannte Produkte oder Rollen in einem sozialen System oder Subsystem hervorgebracht, durchgesetzt, übernommen und angewendet werden. Die sozialökonomische Futurologie, in deren Mittelpunkt die Entwicklung des Wirtschaftswachstums und damit der Nachfrage vor dem Hintergrund eines je gegebenen technischen Entwicklungsstandes und des technischen und ökonomischen Fortschritts stehen, beschäftigt sich neben der Entstehung und Entwicklung von wissenschaftlichen Entdeckungen durch Grundlagenforschung und ihrer praktisch-technischen Umsetzung durch angewandte Forschung in Form von Erfindungen (Invention) auch mit ihrer technisch-ökonomischen Realisierung in Form von neuartigen Gütern bzw. Leistungen (Innovationen) ebenso wie mit der Bereitschaft, die Neuentwicklungen zu verwerten, Rezeption, mit dem Prozeß der Kommunikation von Innovationen an die Mitglieder eines sozialen Systems, Diffusion, sowie mit dem Prozeß der Übernahme und Durchsetzung der Innovation durch die Mitglieder des sozialen Systems, Adoption (Implementation).
Einige Autoren trennen den Prozeß der Erfindung von dem der Innovation und betrachten Innovation vorwiegend unter dem Aspekt des sozialen Wandels. Im allgemeinen überwiegen in der Fachliteratur zum Thema Innovation jedoch Arbeiten, die sich mit den Themen Diffusion und Adoption befassen. Insbesondere im Mittelpunkt der Marketing- und Marktforschungsliteratur steht der Prozeß, durch den neue Produkte und Produktideen in Volkswirtschaften eingeführt werden. Auch in der marktpsychologischen Fachliteratur ist von Innovationen meist nur im Zusammenhang mit den sog. Kreativitätstechniken beim innerbetrieblichen

343

Prozeß der Entwicklung und Lancierung von Neuerungen die Rede.

Im weitesten Sinne kann als innovativ alles Neue verstanden werden, ob es nun neue Gedanken, Theorien, Verfahren oder Produkte sind. In diesem Sinne definieren auch Everett M. Rogers und F. Floyd Shoemaker: „Eine Innovation ist eine Idee, eine Handlung oder ein Objekt, das von einem Individuum als neu wahrgenommen wird." B. Ghiselin formuliert demgegenüber die Anforderung, daß eine Produktinnovation „ohne Vorläufer ist. Jedes Produkt muß in allen seinen Bestandteilen neu sein."

Zwischen diesen beiden Extrempositionen bewegen sich die meisten der in der Fachliteratur anzutreffenden Definitionen. Nach Alfred Kieser ist von Produktinnovation dann zu sprechen, „wenn ein Unternehmen ein Produkt auf den Markt bringt, das bisher nicht im Produktionsprogramm dieses Unternehmens enthalten war; wird das betreffende oder ein ähnliches Produkt von der Konkurrenz bereits auf dem Markt angeboten, so ist zwar die Lösung einiger Teilprobleme der Produktinnovation für das Unternehmen einfacher, es müssen aber im Prinzip dieselben Phasen des Innovationsprozesses durchlaufen werden wie bei einer völligen Neuentwicklung."

Die meisten Autoren nennen als weitere Kriterien für das Vorhandensein einer Innovation „Nützlichkeit" und „Wirkung". Nützlichkeit ist gegeben, wenn sich durch ein Produkt im Vergleich zum bis dahin bestehenden Zustand eine Verbesserung ergibt. Die Wirkung einer Innovation besteht in ihrem Einfluß auf bisherige Verhaltens- und Denkgewohnheiten: Je radikaler sie verändert werden, desto höher ist der Innovationsgrad des neuen Produkts.

Eine Innovation kann mithin das Resultat von Marketingmaßnahmen sein, durch die den Konsumenten das Erlebnis einer Neuerung vermittelt wird, ohne daß dem entsprechende technische Neuerungen zugrundelägen, oder das Resultat des Einsatzes neuer technischer Materialien und Verfahren oder das Resultat einer Kombination von beiden.

Die Unternehmen setzen Innovationen als Instrumente und Motoren des wirtschaftlichen Wachstums ein. Zahlreiche Untersuchungen beschäftigen sich mit der Frage, durch welche strukturellen, sozialen, organisatorischen und individuellen Faktoren und Konstellationen Innovationen begünstigt werden: Die vielfach in der Literatur vertretene Ansicht, monopolistische Märkte seien innovationsfeindlich, weil die Monopolunternehmen ihre Marktstellung durch Innovationen nicht verbessern können, oligopolistische Unternehmen seien hingegen innovationsfreundlich, weil sie die für die Finanzierung von Innovationen erforderliche Größe und aufgrund ihrer Marktstellung auch die dafür erforderliche Motivation haben, trifft zwar tendenziell zu, muß insgesamt relativiert werden, weil es auch in oligopolistischen Märkten zahlreiche Klein- und Mittelunternehmen gibt, die Innovationen entwickeln.

Innovationen treten überall dort auf, wo sich Marktnischen (Marktlücken) ergeben. Der Innovationsprozeß steht dabei in engem Zusammenhang mit dem Assimilationsprozeß. Für das den Innovationsprozeß systematisch organisierende Unternehmen ist damit ein erhebliches Innovationsrisiko verbunden. Das Risiko kann technischer Art sein, d.h. darin bestehen, daß eine Produkt- oder Leistungsidee technisch nicht realisierbar ist. Es kann planerischer Art sein, indem es einen unangemessen hohen Aufwand an Zeit und Kosten erfordert. Es kann ökonomischer Art sein, wenn die realisierte Innovation wirtschaftlich nicht verwertet werden kann (Verwertungsrisiko), z.B. weil fremde gewerbliche Schutzrechte dem entgegenstehen, zu hohe Fertigungskosten die Verwertung vereiteln, oder auch die Innovation am Markt keine Akzeptanz findet (Markteinführungsrisiko).

innovation risk in planning: planerisches Innovationsrisiko *n*

Innovationen treten überall dort auf, wo sich Marktnischen (Marktlücken) ergeben. Der Innovationsprozeß steht dabei in engem Zusammenhang mit dem Assimilationsprozeß. Für das den Innovationsprozeß systematisch organisierende Unternehmen ist damit ein erhebliches Innovationsrisiko verbunden. Das Risiko kann technischer Art sein, d.h. darin bestehen, daß eine Produkt- oder Leistungsidee technisch nicht realisierbar ist. Es kann planerischer Art sein, indem es einen unangemessen hohen Aufwand an Zeit und Kosten erfordert. Es kann ökonomischer Art sein, wenn die realisierte Innovation wirtschaftlich nicht verwertet werden kann (Verwertungsrisiko), z.B. weil fremde gewerbliche Schutzrechte dem entgegenstehen, zu hohe Fertigungskosten die Verwertung vereiteln, oder auch die Innovation am Markt keine Akzeptanz findet (Markteinführungsrisiko).

innovative decision: innovative Entscheidung *f*

Eine Entscheidung, für die weder ein Ausführungsprogramm noch ein Such-Algorithmus bekannt sind. Nach dem Grad der Programmierbarkeit unterscheidet Gore zwischen routinemäßigen (Ausführungsprogramm ist direkt zuordenbar), adaptiven (Ausführungsprogramm ist mit Hilfe eines Algorithmus auffindbar) und innovativen Entscheidungen.

innovator: Innovator *m*, Erneuerer *m*

In seiner Managertypologie hat H. Mintzberg die Management-Tätigkeiten als Ausdruck der Erfüllung von zehn Rollen im Sinne generalisierter Verhaltenserwartungen interpretiert, die er als Kern jeder Managementaufgabe begreift. Der Manager als Innovator bezeichnet darin die Managementaufgabe der Initiierung und Ausformung des geplanten Wandels in Organisationen. Grundlage dieser Aktivität ist das fortwährende Aufspüren von Problemen und die Nutzung sich bietender Chancen.

inofficial: inoffiziell
inoperative: betriebsfähig, nicht kraftlos, unwirksam
inoperativeness: Kraftlosigkeit *f*
input: Eingabe *f (EDV)*, Eingang *m (EDV)*, Einsatz *m* von Gütern *n/pl* und Mitteln *n/pl*, Gütereinsatz *m*
input area: Eingabebereich *m (EDV)*
input block: Eingabeblock *m (EDV)*
input buffer: Eingabepuffer *m (EDV)*
input data *pl*: Eingabedaten *n/pl (EDV)*
input device: Eingabegerät *n (EDV)*
input file: Eingabedatei *f (EDV)*
input logistics: Eingangslogistik *f*
In der Ressourcenanalyse bezeichnet man als Eingangslogistik alle Aktivitäten, die den Eingang, die Lagerung und Bereitstellung von Betriebsmitteln und Werkstoffen (Roh-, Hilfs- und Betriebsstoffen) betreffen.
input-output control: Eingabe-Ausgabe-Steuerung *f (EDV)*
input-output analysis: Input-Output-Analyse *f*, Input-Output-Methode *f*, Input-Output-Rechnung *f*
In der Volkswirtschaftslehre ist die von Wassilij Leontief als Instrument der volkswirtschaftlichen Gesamtrechnung entwickelte Input-Output-Analyse ein ökonometrisches Verfahren zur Darstellung und Untersuchung wirtschaftlicher Leistungsströme zwischen den einzelnen Sektoren oder Industriezweigen einer ökonomischen Gesamtheit mit Hilfe von Input-Output-Tabellen. Diese haben den Charakter von Matrizen, in denen alle Sektoren der Gesamtheit (der gesamten Volkswirtschaft oder auch eines einzelnen Unternehmens) sowohl als Zeilen- wie als Spalteneintragung auftauchen und die Transaktionen zwischen ihnen in den Zellen der Tabelle eingetragen werden. Die Matrix zeigt dann in den Zeilen die Eingaben (die Lieferungen, die Inputs) der einzelnen Sektoren an alle anderen Sektoren und in den Spalten die Ausgaben (die Bezüge, die Outputs) jedes Sektors von allen anderen Sektoren. Dabei muß die Summe der Eingaben in jedem Sektor gleich der Summe der Ausgaben sein, so daß die Summe der Ausgaben der Bruttoproduktion der ökonomischen Gesamtheit und die Summe der Eingaben den Bruttokosten entspricht.
Strittig ist die Frage der Anwendbarkeit der Input-Output-Analyse in der Marktforschung und insbesondere bei Absatzprognosen sowie bei Prognosen allgemein. Zahlreiche Autoren lehnen ihre Anwendung in der betriebswirtschaftlichen Marktforschung wegen ihres teilweise statischen Charakters und einer Reihe weiterer für die Anwendbarkeit geltender einschränkender Bedingungen vollkommen ab. Manfred Hüttner meint immerhin, daß die betriebswirtschaftliche Nutzbarmachung dieses Instruments noch nicht genügend durchleuchtet worden ist.

Ein besonderer Vorzug der Methode liegt in jedem Fall in dem Umstand, daß mit Hilfe der Input-Output-Rechnung auch ein komplex strukturiertes Feld von Beziehungen ökonomischer Größen erfaßt werden kann, vorausgesetzt es ist möglich, es durch ein System simultaner Gleichungen abzubilden. Ihre Anwendung scheitert allerdings häufig am erheblichen technischen und rechnerischen Aufwand der Input-Output-Analyse bzw. am Fehlen des für sie erforderlichen statistischen Grundmaterials.
input-output unit: Eingabe-Ausgabe-Einheit *f (EDV)*
input quantity: Einsatzmenge *f*
input queue: Eingabe-Warteschlange *f (EDV)*
input routine: Eingaberoutine *f (EDV)*
inquest: Untersuchung *f* (gerichtlich)
inquire: anfragen, forschen
inquire into: untersuchen
inquiry: Anfrage *f*, Enquete *f*, Ermittlung *f*, Gerichtsermittlung *f*, Forschung *f*, Nachforschung *f*, Nachfrage *f*, Umfrage *f*, Untersuchung *f*
inquiry office: Auskunftei *f*, Auskunftsbüro *n*
insanity: Geisteskrankheit *f*
inscribed mortgage: brieflose Hypothek *f*, Buchhypothek *f*
inscribed share: Namensaktie *f*
inscribed stock: Namensaktie *f*
inscription: Aufschrift *f*, Beschriftung *f*
insecure: unsicher
insert: Zeitungsbeilage *f*
insert advertising: Werbung *f* mittels Zeitungsbeilage *f*
insertion order: Anzeigenauftrag *m*
inset: Zeitungsbeilage *f*
inside staff: Innendienst *m*
insider dealings *pl*: Aktienhandel *m* durch Eingeweihte *m*, Insidergeschäfte *n/pl*
insider trading: Aktienhandel *m* durch Eingeweihte *m*, Insidergeschäfte *n/pl*
insight: Einblick *m*, Einsicht *f* (Verständnis)
insignificance: Geringfügigkeit *f*
insignificant: geringfügig, unbedeutend, unerheblich, unwesentlich
insist upon: beharren
insolence: Schnodderigkeit *f*
insolvency: Insolvenz *f*, Zahlungsunfähigkeit *f*
insolvent: insolvent, zahlungsunfähig
insolvent account: dubioses Konto *n*
inspect: in Augenschein *m* nehmen, besichtigen, einsehen, prüfen
inspected material: geprüftes Material *n*
inspection: Ansicht *f*, Besichtigung *f*,

inspection and quality control

Schema einer Input-Output-Tabelle

Liefernde Sektoren \ Empfangende Sektoren	Produktionssektoren Vorleistungen				Gesamte Zwischen- nachfrage	Autonome Sektoren Endnachfrage		Gesamte End- nachfrage	Gesamte Brutto- produktion
	1	2	... j	... n		n+1	... s		
Intermediärer Input 1	x_{11}	x_{12}	... x_{1j}	... x_{1n}	$x_1.$	$x_{1,n+1}$	... x_{1s}	y_1	x_{10}
2	x_{21}	x_{22}	... x_{2j}	... x_{2n}	$x_2.$	$x_{2,n+1}$	... x_{2s}	y_2	x_{20}
.	.	.	....	....	.	.	...	.	.
i	x_{i1}	x_{i2}	... x_{ij}	... x_{in}	$x_i.$	$x_{i,n+1}$	... x_{is}	y_i	x_{i0}
.	.	.	....	....	.	.	...	.	.
n	x_{n1}	x_{n2}	... x_{nj}	... x_{nn}	$x_n.$	$x_{n,n+1}$	... x_{ns}	y_n	x_{n0}
Intermediärer Input (insgesamt)	$x_{.1}$	$x_{.2}$	... $x_{.j}$	... $x_{.n}$					
Primärer Input n+1	$x_{n+1,1}$	$x_{n+1,2}$	... $x_{n+1,j}$	... $x_{n+1,n}$					
.	.	.	....	....					
r	x_{r1}	x_{r2}	... x_{rj}	... x_{rn}					
Primärer Input (insgesamt)	w_1	w_2	... w_j	... w_n					
Gesamtkosten (einschl. Gewinne)	x_{01}	x_{02}	... x_{0j}	... x_{0n}					

Durchsicht *f*, Inspektion *f*, Kontrolle *f*, Prüfung *f*
inspection and quality control: Prüfwesen *n* und Güteüberwachung *f*
inspection committee: Überwachungsausschuß *m*
inspection department: Prüfabteilung *f*
inspection fees *pl*: Besichtigungsgebühren *f/pl*
inspection report: Besichtigungsbericht *m*, Besichtigungsprotokoll *n*
inspection standard: Kontrollnorm *f*
inspection ticket: Kontrollzettel *m*, Prüfzettel *m*
inspector: Inspektor *m*, Kontrolleur *m*, Verwalter *m*
inspector of agencies: Versicherungsinspektor *m*
install: aufstellen, einbauen, einsetzen, installieren, montieren
installation: Aufstellung *f* (von Maschinen)

installation cost: Aufstellungskosten *pl* (von Maschinen usw.), Einbaukosten *pl*
installation date: Installationsdatum *n*
instalment: Abschlagszahlung *f*, Abzahlungsrate *f*, Rate *f* (beim Ratengeschäft), Teillieferung *f*, Teilzahlung *f*
instalment buying: Abzahlungskäufe *m/pl*
instalment contract: Teilzahlungsvertrag *m*
instalment debt: Ratenschuld *f*
instalment method of accounting: Buchungsmethode *f*, bei der Rohgewinne *m/pl* sukzessiv mit Eingang *m* der Raten *f/pl* realisiert werden
instalment plan: Abzahlungs(Teilzahlungs)plan *m*, Ratenzahlungsplan *m*, Teilzahlungsplan *m*
instalment purchase: Ratenkauf *m*, Teilzahlungskauf *m*
instalment sale: Ratengeschäft *n*, Abzah-

lungsverkauf *m*, Teilzahlungsverkauf *m*, Verkauf auf Abzahlung *f*
instalment sales finance company: Ratenzahlungsfinanzierungsgesellschaft *f*, Teilzahlungsfinanzierungsgesellschaft *f*
instance: Beispiel *n*, Instanz *f*
instead: anstatt
instead of cash: an Zahlungs Statt
instigate: anreizen, anstiften, veranlassen
instigate a management: Geschäftsführung *f* einsetzen
instigation: Anreizung *f*, Anstiftung *f*, Veranlassung *f*
instigator: Anstifter *m*, Rädelsführer *m*
instinct: Fingerspitzengefühl *n*, Instinkt *m*
institute: einleiten, einsetzen, Institut *n*, stiften, verordnen
institution: Institution *f*, Anstalt *f*
Eine durch zielorientierte Festlegung von Regeln, formalisierte generelle Verhaltenserwartungen, Systemstruktur, und organisierte Arbeits- und Funktionsteilung und den Anspruch der beteiligten Mitglieder, gestellte Ziele möglichst rational zu erreichen und entsprechend effizient zusammenzuarbeiten, verfestigtes soziales Gebilde mit einem angebbaren Kreis von Mitgliedern.
Organisation als Managementfunktion stellt einen Entscheidungs- und Durchführungsprozeß dar, dessen Ergebnis, ein mehr oder weniger formalisiertes Ordnungsmuster (Struktur) als Mittel (Instrument) der möglichst dauerhaften Lösung der Systemprobleme (Institution) dient.
institution of bankruptcy proceedings: Eröffnung *f* eines Konkursverfahrens *n*, Konkurseröffnung *f*
institutional advertising: Firmenwerbung *f*
institutional approach (in management): institutionaler Ansatz *m* (in der Managementlehre)
Nach einer aus der Organisationssoziologie in die Managementlehre übernommenen Begriffsbildung wird Management traditionell sowohl als *Institution* wie als *Funktion*, d.h. als Komplex von Aufgaben verstanden, die zur Steuerung eines Systems erfüllt werden müssen. Dieser begrifflichen Unterscheidung entspricht die Differenzierung zwischen dem institutionalen und dem funktionalen Ansatz in der Managementlehre.
Management als Institution bezeichnet danach die Positionen einer Unternehmenshierarchie, die untereinander die Aufgabe der Führung aufteilen. Manager sind nach diesem Ansatz folglich alle Unternehmensmitglieder, vom Meister bis zum Vorstandsvorsitzenden, die Vorgesetztenfunktionen wahrnehmen. In der Konsequenz dieser vor allem in den angelsächsischen Ländern vorherrschenden Sichtweise liegt es, daß auch der Eigentümer-Unternehmer zum Management zu zählen ist. Sie ignoriert indes die in der industrie-ökonomischen Forschung gebräuchliche Unterscheidung zwischen Managern im Sinne von Funktionären ohne Kapital, die von den Kapitaleignern zur Führung eines Unternehmens bestellt werden, und Eigentümern als den durch das eingebrachte Kapital legitimierten Unternehmensführern.
institutional household: Anstaltshaushalt *m*
In der Wirtschafts- und Sozialstatistik ein neben den privaten Haushalten bestehender Typ der Haushaltung mit großer Personenzahl und folglich auch mit im Einzelfall großer Nachfrage wie z.B. Krankenhäuser, Klöster, Erziehungsheime, Altersheime, Gefängnisse, Kasernen, Schulen und ähnliche Träger konsumtiven Bedarfs (Großverbraucher).
institutionalization: Institutionalisierung *f*
Ein Prozeß, in dessen Verlauf Handlungen sowie die Handelnden selbst in ihrem Verhalten typisiert, normiert und damit auf längere Zeit festgeschrieben werden. Das Ergebnis einer solchen Typisierung und Normierung nennt man eine Institution.
instruct: anleiten, anordnen, anweisen, instruieren, unterweisen instruction Anleitung *f*, Anordnung *f*, Anweisung *f*, Befehl *m*, Direktive *f*, Unterweisung *f*, Verfügung *f*, Vorschrift *f*
instruction: Dienstvorschrift *f*, Weisung *f*, Anweisung *f*
Die Erteilung eines Auftrags, gegen die es kein Vetorecht gibt, sondern höchstens den Versuch, Gegenargumente vorzutragen und einzuwirken. Bleibt dies ohne Erfolg, dann ist im äußersten Fall nur noch die Beschwerde beim übernächsten Vorgesetzten mit Unterrichtung des direkten Vorgesetzten oder der Rücktritt möglich.
Das Stab-Linien-System unterscheidet nicht zwischen Weisung und Auftrag. Das Recht zur Erteilung von Ausführungsaufträgen haben dort immer nur die direkten Vorgesetzten. Dadurch erhält jeder Auftrag den Charakter einer Weisung.
Bei lateraler Kooperation besteht die Möglichkeit der Auftragserteilung zwischen nebengeordneten Bereichen und Personen unabhängig vom Instanzenweg. Die Auftragserteilung ist eine extreme Kommunikationsform im Rahmen des Lateralverhältnisses. Damit besteht ein deutlicher Unterschied zwischen Auftrag und Weisung.
Das Recht zur Anweisung einzelner ist grundsätzlich den direkten Vorgesetzten vorbehalten. Es ist ein Bestandteil der Linienbeziehung.
Das Auftragsrecht ist nicht an die Stellung des Vorgesetzten gebunden und kann im Rahmen des Lateralverhältnisses zwischen den Funktionsbereichen auf direktem Wege unabhängig von der Stellung des Auftraggebenden und unabhängig vom Dienstweg vorgesehen und ausgeübt werden. Gegen den Auftrag besteht die Vetomöglichkeit, d.h. die Annahme des Auftrages kann mit triftiger Begründung abgelehnt werden (z.B. wegen fehlender Zuständigkeit, unklarem Auftrag, unzulässigen

Auftragsbedingungen, nicht zu bewältigendem Auftragsumfang).
Inhalt, Umfang und Bedingungen des Auftrags sind demgemäß unter gegenseitiger Zustimmungsabhängigkeit zwischen den Partnern zu vereinbaren. Aufträge können auch von indirekt übergeordneten Vorgesetzten auf direktem Wege an mittelbar nachgeordnete Ausführungsstellen erteilt werden. Die dabei zunächst umgangenen Zwischenvorgesetzten müssen selbst regeln, wie weit die bearbeitenden Stellen solche Aufträge unmittelbar annehmen und bearbeiten dürfen, bzw. ob und in welchen Fällen diese die Zwischenvorgesetzten vor der Annahme oder während der Bearbeitung zu beteiligen haben (z.B. zur Regelung der terminlichen Einordnung oder zur Entscheidung über die Art der Bearbeitung oder zur Kontrolle des Bearbeitungsergebnisses) bzw. ob und in welcher Form sie nach der Bearbeitung zu unterrichten sind.

instruction card: Arbeitsanweisung(skarte f) f, Befehlskarte f *(EDV)*
instruction code: Befehlscode m *(EDV)*
instruction for accounting: Buchungsanweisung f
instruction for use: Gebrauchsanweisung f
instruction manual: Dienstanweisungs-Handbuch n
instruction sheet: Unterweisungsmerkblatt n
instructor: Ausbilder m, Instrukteur m
instrument: Dokument n, Instrument n, Urkunde f
instrument of debt: Schuldbrief m
instruments engineering: Meß- und Regeltechnik f
instrument of payment: Zahlungsmittel n
instrumentality: Instrumentalität f
In seinem Erwartungs-Valenz-Modell der Motivation modelliert Victor H. Vroom menschliches Verhalten grundsätzlich als Entscheidungsverhalten. Das Individuum hat sich jeweils zwischen mehreren Handlungsalternativen zu entscheiden. Er definiert Motivation dementsprechend „als Prozeß, der die Wahl zwischen verschiedenen (freiwilligen) Aktivitäten bestimmt."
Um die Präferenz für eine Handlungsalternative zu bestimmen, stützt sich Vroom auf die beiden Begriffe der Valenz und der Instrumentalität.
Valenz bezieht sich ganz allgemein darauf, wie sehr das Individuum eine bestimmte Handlungsalternative bzw. deren Ergebnis („first level outcome") schätzt. Die Instrumentalität dagegen zeigt an, welche Eignung das Individuum einem „Ergebnis erster Stufe" zuspricht, ein „Ergebnis zweiter Stufe" („second level outcome") herzustellen. Die Instrumentalität kann positiv, neutral oder negativ sein; es gibt Handlungsalternativen, die der Errei-chung der persönlichen Ziele nicht nur nicht förderlich, sondern sogar abträglich sind.
Der Nutzen (eben die Valenz) eines „Ergebnisses erster Stufe" bestimmt sich dann auf dem Hintergrund seiner Instrumentalität, bestimmte Zielzustände herzustellen und dem Wert (Valenz*), den das Individuum diesen Zielzuständen (Ergebnisse zweiter Stufe) beimißt. Mathematisch drückt Vroom die Valenz eines Ergebnisses erster Stufe als eine monoton steigende Funktion der algebraischen Summe der Produkte aus den Valenzen* aller „second level outcomes" und der kognizierten Instrumentalität, diese zu erreichen, aus:

$$V_j = f_j \left[\sum_{k=1}^{n} (V_k^* I_{jk}) \right] \quad j = 1,\ldots,n$$
$$f_j' > 0$$

Darin bedeuten:
V_j = Valenz des first level outcome j;
V_k^* = Valenz des second level outcome k;
I_{jk} = die kognizierte Instrumentalität (-1 < I_{jk} < 1) von first level outcome j zur Erreichung von second level outcome k.

instruments *pl* **of suplly policy:** beschaffungspolitisches Instrumentarium n, beschaffungspolitische Instrumente n/pl
Die Gesamtheit der im Rahmen der Beschaffungspolitik zum Einsatz gebrachten Methoden und Mittel, mit denen ein Unternehmen versucht, auf dem Beschaffungsmarkt im Hinblick auf den Absatz optimale Lösungen zu finden. In Analogie zum absatzpolitischen Instrumentarium kann man dazu rechnen:
1. die *Qualitäts- und Programmpolitik* der Beschaffung: Bestimmung von Qualität und Quantität der zu beschaffenden Ressourcen;
2. die *Entgeltpolitik*: die Festsetzung von Preisen bzw. von Preisobergrenzen bei der Beschaffung sowie allgemeine Entscheidungen über die Nutzung von Rabatten, Zahlungsbedingungen usw.;
3. die *Beschaffungsmethode*: Bestimmung der zu benutzenden Beschaffungskanäle und der einzusetzenden Beschaffungsorgane, der Zeitpunkte und Formen der Beschaffung wie über die Übernahme von Tätigkeiten im Rahmen der physischen Akquisition einschließlich der Verpackungs-, Transport- und Lagerfragen;
4. die *Kommunikationspolitik*: die werblichen Maßnahmen zur Herstellung und Pflege von Beschaffungsbeziehungen mit den Anbietern;
5. die *Kontrahierungspolitik*: Entscheidung über die allgemeinen Konditionen Lieferzeiten usw., zu denen Ressourcen beschafft werden sollen.
Ebenso wie im Bereich der Absatzpolitik besteht auch im Beschaffungsmarketing die Notwendigkeit zur sorgfältigen Abstimmung aller Instrumente im Rahmen des Beschaffungsmarketing-Mix.

insubordination: Ungehorsam m, Insubordination f
insult: beleidigen (allgemein), Beleidigung

f, beschimpfen, Beschimpfung *f*, Ehrverletzung *f*, Hohn *m*, verhöhnen
insulting: beleidigend
insurable: versicherungsfähig
insurable value: Versicherungswert *m*
insurance: Assekuranz *f*, Versicherung *f*
insurance against burglary: Einbruch(diebstahl)versicherung *f*
insurance against damage in transit: Transportversicherung *f*
insurance agent: Versicherungsagent *m*
insurance benefits *pl*: Versicherungsleistung *f*
insurance broker: Versicherungsmakler *m*
insurance certificate: Versicherungspolice *f*, Versicherungsschein *m*
insurance claim: Versicherungsanspruch *m*
insurance company: Versicherer *m*, Versicherungsanstalt *f*, Versicherungsgesellschaft *f*
insurance coverage: Versicherungsdeckung *f*
insurance department: Versicherungsabteilung *f*
insurance fund: Versicherungsfonds *m*
insurance other than life: Sachversicherung *f*
insurance pension insurance: Pensionsversicherung *f*
insurance policy: Versicherungspolice *f*, Versicherungsschein *m*
insurance premium: Versicherungsprämie *f*
insurance protection: Versicherungsschutz *m*
insurance rate: Versicherungssatz *m*
insurance register: Versicherungsregister *n*
insurance representative: Versicherungsagent *m*
insurance reserve: Selbstversicherungsreserve *f*, Selbstversicherungs-Rücklage *f*
insurant: Versicherungsnehmer *m*
insure: versichern
insured: versichert, Policeninhaber *m*, Versicherungsnehmer *m*
insured work: pflichtversicherte Arbeit *f*, pflichtversicherte Tätigkeit *f*
insured worker: pflichtversicherter Arbeitnehmer *m*
insurer: Assekurant *m*, Versicherer *m*, Versicherungsträger *m*
intact: unversehrt
intangible: immateriell, unkörperlich
intangible asset: Anlagegut *n*, immaterielles immaterielle Anlage *f*, immaterieller Wert *m*, immaterielles Wirtschaftsgut *n*
intangible assets *pl*: immaterielle Wirtschaftsgüter *n/pl* (Anlagegut), immaterielles Vermögen *n*
intangible value: Firmenwert *m*, ideeller immaterieller Wert *m*
intangible value(s) *(pl)*: Goodwill *m* (z.B. geheime Fabrikationsverfahren, Patente, Warenzeichen usw.)
intangibles *pl*: immaterielles Vermögen *n*
integer programming: ganzzahlige Programmierung *f* (Operations Research)
integer: ganze Zahl *f*, ganzzahlig
integral quality: Integralqualität *f*, integrale Qualität *f*
Nach Werner Pfeiffer ist in der Qualitätspolitik zwischen der funktionalen und der integralen Qualität eines Produkts zu unterscheiden. Als Teilqualität der funktionalen Qualität eines Aggregats bezeichnet die Integralqualität seine Integrationsfähigkeit in ein Produktionssystem.
„Die Integralqualität kann sich auf Produkte des eigenen Programms beziehen, kann aber auch auf das Angebot anderer Anbieter von komplementären Produkten abgestellt sein. Der Begriff der Integralqualität läßt sich schließlich auch auf die Gesamtheit des Sortiments eines Mehrproduktbetriebes anwenden, in das die verschiedenen Teilleistungen in allen Fällen eingepaßt werden müssen, in denen das Sortiment als akquisitorischer Faktor gegenüber bestimmten Nachfragern eingesetzt wird. So weit gefaßt kann der Begriff der Integralqualität sowohl auf die Funktionalqualität als auch auf die Stilqualität im Sinne der Zusammenfassung aller ästhetischen Teilqualitäten bezogen werden." (Werner Hans Engelhardt)
integrate: eingliedern, integrieren, zusammenschließen
integrated circuit: integrierte Schaltung *f* (EDV)
integrated data processing: integrierte Datenverarbeitung *f (EDV)*
integrated economic group: Verbundwirtschaft *f*, Wirtschaftsverbund *m*
integrated enterprise: eingegliedertes Unternehmen *n*, verbundenes Unternehmen *n*, Verbundbetrieb *m*
integrated-operating plan: Gesamtbetriebs(fertigungs)plan *m*, Gesamtfertigungsplan *m*, umfassender Fertigungsplan *m*
integrated store: Kettenladen *m*
integrated stores *pl*: Kettenläden *m/pl* und Filialen *f/pl*
integration: Eingliederung *f*, Integration *f*, Verflechtung *f*, wirtschaftlicher Zusammenschluß *m*

integration manager: Integrationsmanager *m*

Eine weitgehende Institutionalisierung der Koordinationsaufgabe des Managements stellt die Bildung von Integrationsstellen dar, die sich hauptsächlich um die horizontale Koordination der Aktivitäten verschiedener Abteilungen kümmern. Die Besonderheit dabei ist, daß der Integrator nicht selbst Mitglied einer der zu integrierenden Abteilungen ist, sondern einen separaten Status erhält. Die bekannteste Anwendungsform ist der Produktmanager, dessen Hauptaufgabe darin besteht, sämtliche Aktivitäten für Entwicklung, Fertigung und Vermarktung eines Produkts so aufeinander abzustimmen, daß die übergreifende Produktzielsetzung zum Tragen kommt. Er hat vor allem dafür zu sorgen, daß sich die durch Arbeitsteilung entstehenden Teilziele der Funktionsabteilungen nicht verselbständigen.

Eine systematische Ausgestaltung erhält das Konzept des Integrationsmanagers in der Matrixorganisation, in der die gesamte funktionale Organisation horizontal von einer produkt- oder projektorientierten Organisation überlagert wird.

Die Leiter der Funktionsabteilungen sind für die effiziente Abwicklung der Aufgaben ihrer Funktionen verantwortlich und für die Integration des arbeitsteiligen Leistungsprozesses innerhalb ihrer Funktionen. Im Unterschied dazu haben die Produkt- oder Projektmanager das Gesamtziel ihres Produkts oder ihres Projektes über die Funktionen hinweg zu verfolgen. Sie sollen also die zentrifugalen Effekte, die eine komplexe Arbeitsteilung mit sich bringt, auffangen und den Einsatz von Ressourcen aus einer integrativen Perspektive bündeln helfen.

integration phase: Integrationsphase *f*

In dem Phasenmodell der Organisationsentwicklung (OE), die das Nederland Pädagogisch Instituut (NPI) entwickelt hat, beginnt die Entwicklung einer Organisation mit der *Pionierphase*. Die Überforderung der Pioniers leitet den Übergang zur *Differenzierungsphase*, in der das Betriebsgeschehen durch ein logisches System von Regeln beherrscht wird.

In der dritten Phase, der *Integrationsphase*, entwickelt sich die Organisation zu einem dynamischen System, das Mensch und Arbeit integriert. Die Menschen werden Mitarbeiter, die verantwortlich im Sinne des Ganzen handeln können. Diese Integration wird ermöglicht durch die Ausgestaltung einer Unternehmenspolitik, die jeder einzelne so gut wie möglich kennen und verstehen muß, damit er in seiner Situation sinnvolle Entscheidungen treffen kann. Dies setzt voraus, daß Wissen, Einsicht und Fähigkeiten bei allen Mitarbeitern mehr als zuvor gefördert werden. Symptome für das Herankommen dieser neuen Entwicklungsphase sind daher auch die rapide Zunahme aller Arten von Ausbildung und die Bemühungen um die Förderung von Führungskräften. Kommunikation und Beratung mit „vollwertigen Mitarbeitern" treten in den Vordergrund.

Auch die Organisationsstruktur verändert sich. Sie baut auf eine Folge miteinander zusammenhängender Entscheidungen und Handlungen, die auf ein gemeinsames Endergebnis ausgerichtet sind, d.h. die „Prozeßorganisation".

integration principle: Prinzip *n* der Integration

Der Grundsatz, der die aktive, verantwortliche Partizipation des Einzelnen am Entscheidungsprozeß einer Organisation fordert, damit sowohl die Ziele der Organisation wie die individuellen Bedürfnisse der Organisationsmitglieder in gleicher Weise Berücksichtigung finden.

integration rate: Eingliederungsrate *f*, Eingliederung *f* von Minoritäten *f/pl*

integrative style: Integrationsstil *m*, 9.9-Stil *m*

Ein Führungsstil, der durch partizipatives Management in Projektteams charakterisiert ist. Er entspricht dem 9.9-Stil beim Verhaltensgitter.

integrity: Lauterkeit *f*, Unversehrtheit *f*

intelligence quotient (I.Q.): Intelligenz-Quotient *m*

Man kann die in bestimmten Situationen bzw. unter bestimmten Anforderungen entfaltete Intelligenz direkt messen. Dabei bedient man sich meist der Faktorenanalyse. Es gibt verschiedene Ansätze, die Globalfähigkeit „Intelligenz" in abgrenzbare Faktoren zu zerlegen, deren individuelle Ausprägungsstärken nach geeigneten Verfahren an der Versuchsperson gemessen werden. Große Bedeutung hat dabei meist das von Joy P. Guilford entwickelte theoretische Modell, das allein 120 Intelligenzfaktoren unterscheidet. Jeder Faktor baut sich aus der Kombination einer Denkoperation, eines Denkprodukts und eines Denkinhalts auf und repräsentiert ein Problem, das ein Individuum besser oder schlechter zu lösen in der Lage ist. Für jeden Faktor kann daher eine Testaufgabe entworfen werden, die dessen intellektuelle Anforderung repräsentiert. Die Zusammenfassung entsprechender Tests ergibt eine Testbatterie, mit der individuelle Intelligenz- oder Kreativitätsquotienten ermittelt werden. Bei der Bestimmung der individuellen Werte ein empirisch ermittelter Durchschnitt als relatives Kreativitätsmaß herangezogen:

$$IQ = \frac{\text{individuelles Testergebnis}}{\text{durchschnittliches Testergebnis einer Stichprobe}}$$

So bedeutet ein Intelligenzquotient (IQ) von 130, daß die Testergebnisse der Versuchsperson um 30 % über dem Durchschnitt liegen, ein IQ von 100 entspricht durchschnittlicher Intelligenz usw.

intend: beabsichtigen

intended for: bestimmt für

intensify: steigern, verstärken

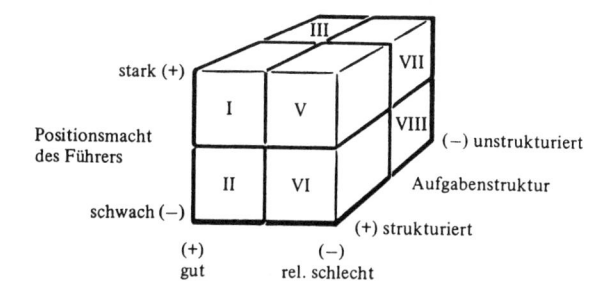

```
         III
   ┌───┬───┬───┐
stark(+) │ I │ V │ VII │
         ├───┼───┤VIII│ (−) unstrukturiert
Positionsmacht│   │   │   │
des Führers  ├───┼───┤   │
         │ II│ VI│   │ Aufgabenstruktur
schwach(−)└───┴───┴───┘
         (+)   (−)   (+) strukturiert
         gut   rel. schlecht
```

intensity of competition: Wettbewerbsintensität *f*
M. E. Porter hat speziell zur Bestimmung der Wettbewerbsintensität einer Branche unter Rückgriff auf die Umweltsysteme fünf strukturelle Determinanten analysiert:
- Rivalität unter den bestehenden Wettbewerbern
- Bedrohung durch neue Konkurrenten
- Bedrohung durch Ersatzprodukte (Substitution)
- Verhandlungsstärke der Lieferanten
- Verhandlungsstärke der Abnehmer.

Die jeweilige Ausprägung dieser Wettbewerbskräfte bestimmt die Wettbewerbsintensität und Rentabilität einer Branche. Sie erfordert je unterschiedliche strategische Antworten.

intent: Absicht *f* (Recht), Vorsatz *m*
intention: Absicht *f*, Vorhaben *n*, Vorsatz *m*
intentional: absichtlich, vorsätzlich
interaction: Interaktion *f*, Wechselwirkung *f*
Im weitesten Sinne ist von Interaktionen die Rede, wo immer zwei oder mehr Individuen sich zueinander verhalten, sei es im Gespräch, in Verhandlungen, im Spiel, im Streit, in Liebe oder in Haß. „Doch auch die Beziehungen zwischen sozialen Gebilden, wie Gruppen, Organisationen, Institutionen, Nationen werden, zumindest sofern sie als beobachtbare und/oder meßbare Wechselwirkung definiert werden, als Interaktion bezeichnet." (C. F. Graumann)
Dementsprechend versteht George C. Homans als Interaktion eine „gemeinsame Teilnahme an einem sozialen Vorgang von zwei oder mehreren Personen".

interaction analysis: Interaktionsanalyse *f*
Eine Untersuchungsmethode zur Analyse der wechselseitig aufeinander bezogenen Verhaltensweisen zweier oder mehrerer Individuen in Gruppen und Institutionen auf der Basis von Beobachtungsdaten. Dabei ist die strukturierte Beobachtung als Methode der Interaktionsanalyse darauf ausgerichtet, Standardsituationen festzulegen, um das zu beobachtende Interaktionsverhalten registrieren und klassifizieren zu können.

interaction approach: Interaktionsansatz *m*
Die Festlegung von Effizienzkriterien des Managements erfolgt nach den Vorstellungen des interaktionsorientierten Effizienzansatzes nicht monologisch, sondern dialogisch, d.h. sie ist das Ergebnis eines Interaktionsprozesses zwischen dem Management einer Organisation und externen Gruppen, die ein nachweisliches Interesse an der Organisation haben.
Ausgangspunkt zur Spezifikation von Effizienzkriterien sind Interessengruppen, die als entscheidende und als positiv oder negativ sanktionierende Handlungsträger die Macht besitzen, auf den Fortbestand der Organisation einzuwirken, die also aufgrund von Austauschbeziehungen mit der betrachteten Organisation in Interaktion stehen. Effizienzkriterien werden gegenüber der Organisation von den verschiedenen Interessengruppen nach der Art und Höhe (= Anspruchsniveau) ausgehandelt und mehr oder weniger offen formuliert. Als Maßstab zur Beurteilung der Organisation angelegt, liefern sie den Grund dafür, die Organisation positiv oder negativ zu sanktionieren.

interactionist leadership theory: interaktionistische Führungstheorie *f*
Eine Führungstheorie, die mehr noch als das normative Entscheidungsmodell von Victor H. Vroom und P. W. Yetton die Gleichberechtigung personaler und situationaler Bedingungen für die Erklärung von Führungsverhalten betont. Formuliert wurde sie von F. Luthans auf der Grundlage von Albert Banduras Theorie des sozialen Lernens.
Die interaktionistische Führungstheorie knüpft auch an Banduras Interaktionsbegriff an, der von der kontinuierlichen und reziproken Determination von Person-, Situations- und Verhaltensvariablen ausgeht. Die soziale Lerntheorie des Führungsverhaltens nimmt dementsprechend an, daß der Führer (mit seinen kognitiven Prozessen), dessen Führungsverhalten und die Führungssituation (einschließlich der Geführten und der Organisationstruktur) einander gegenseitig beeinflussen.
So bewirkt eine *motivationale Orientierung* des Vorgesetzten ein Führungsverhalten, durch das sich Arbeitsverhalten der Geführten verändert. Diese Verhaltensänderung hat ihrerseits Einfluß auf die motivationale Orientierung des Vorgesetzten: Er wird bei nächster Gelegenheit die beobachtete Reaktion des Geführten antizipativ berücksichtigen. Führer schaffen mithin durch ihr eigenes Verhalten situative Bedingungen, die wiederum ihr eigenes Verhalten mitbeeinflussen. Das Verhalten des von ihm Geführten wird dabei nicht direkt determiniert. Der Führer variiert die in der Arbeitssi-

interbank deposit

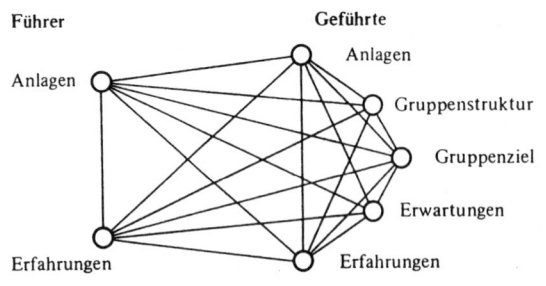

Führer — Anlagen
Geführte — Anlagen, Gruppenstruktur, Gruppenziel, Erwartungen, Erfahrungen
Erfahrungen

Grundmodell der interaktionistischen Führungstheorie

tuation des Geführten präsenten Stimuli allein über sein Führungsverhalten. Die Geführten selektieren diese Stimuli aktiv, interpretieren, organisieren und transformiert sie u.U. sogar.

interbank deposit: Bank-bei-Bank-Einlage *f*
interbank loan: Bank-an-Bank-Kredit
interbank money transfer: Überweisungsverkehr *m*
interbank transfer: Überweisungsverkehr *m*
intercept: abfangen, unterschlagen (von Postsachen)
interception: Abfang *m*, Unterschlagung *f*
interceptor: Unterschlagender *m*
interchange: Austausch *m* auswechseln, vertauschen
interchangeable: austauschbar, auswechselbar
intercity rapid transit system: Städteschnellverkehr *m*
intercompany: innerhalb eines Konzern *m*, zwischenbetrieblich
intercompany elimination: Eliminierung *f* zwischenbetrieblicher Beteiligungen *f/pl*, Forderungen *f/pl*, Verbindlichkeiten *f/pl*, Käufe *m/pl*, Verkäufe *m/pl* usw. zwecks Aufstellung *f* eines konsolidierten Abschlusses *m*
intercompany profit: zwischenbetrieblicher Gewinn *m*
intercompany transfer price: zwischenbetrieblicher Verrechnungspreis *m*
intercourse: Verkehr *m*
interdependence: Interdependenz *f*, wechselseitige Abhängigkeit *f*
interdict: entmündigen, verbieten
interdiction: Verbot *n*
interest: Anrecht *n*, Anspruch *m*, Anteil *m*, Nutzen *m*, Recht *n* (einer Person), Verzinsung *f*, Zinsen *m/pl*
interest-bearing: verzinslich, zinsbringend
interest-bearing loan: Zinsdarlehen *n*

interest burden: Zinslast *f*
interest calculation: Zinsberechnung *f*
interest clause: Zinsklausel *f*
interest coupon: Zinsschein *m*
interest due date: Zinstermin *m*
interest dumping: Zins-Dumping *n*
Eine Form des Dumping durch die Verbilligung von Exportkrediten.
interest earned: Habenzinsen *m/pl*, Zinsertrag *m*
interest effect of open-market policy: Zinseffekt *m* der Offenmarktpolitik
Als Nachfrager und Anbieter von festverzinslichen Wertpapieren übt die Zentralbank einen nicht nur einen Einfluß auf die Barreserven der Kreditinstitute aus, sie beeinflußt damit gleichzeitig die Höhe des Kurses bzw. den effektiven Zinssatz dieser Papiere. Dies bezeichnet man als den *Zinseffekt der Offenmarktpolitik*.
interest expense: Zinsaufwand *m*
interest for default: Verzugszinsen *m/pl*
interest-free: unverzinslich, zinsfrei
interest in work: Arbeitsinteresse *n*
interest income: Ertragszinsen *m/pl*, Habenzinsen *m/pl*, Zinsertrag *m*
interest margin: Zinsgefälle *n*, Zinsspanne *f*
interest on capital: Kapitalzins *m*
interest on current account: Kontokorrentzinsen *m/pl*
interest on permanent debts: Dauerschuldzinsen *m/pl*
interest on principal: Kapitalverzinsung *f*
interest payable: Passivzinsen *pl*, fällige Zinsen *m/pl*
interest rate: Zinsfuß *m*
interest receivable: Aktivzinsen *f/pl*, Zinsforderung *f*
interest table: Zinstabelle *f*
interest terms *pl*: Zinskonditionen *f/pl*
interest withholding tax: von Zinsen *m/pl* einbehaltene Abzugsteuer *f*
interested in, be: beteiligt sein an

interested party: Beteiligter *m*, Interessent *m*, Mitbeteiligter *m*
interface event (PERT): Aktivität *f* oder Arbeitsstufe *f*, die mehreren Netzplänen *m/pl* gemeinsam ist, „Übergangs"-Ereignis *n*
interfere: beeinträchtigen, einschreiten
interfere with: sich einmischen
interference: Beeinträchtigung *f*, Einmischung *f*, Einschreiten *n*, Interferenz *f*
interference time: Verlustzeit *f* durch Bedienung *f* mehrerer Maschinen *f/pl*
interfirm comparison: Betriebsvergleich *m*, zwischenbetrieblicher Vergleich *m*
Die systematische Gegenüberstellung von Daten und Kennziffern verschiedener Wirtschaftsunternehmen mit dem Ziel, Informationen über die relative Leistung eines bzw. mehrerer Unternehmen zu erhalten. Dabei werden die Daten durch Fragebogenerhebungen aus den Unterlagen des betrieblichen Rechnungswesens gewonnen. Vor allem bei den von externen Organisationen durchgeführten Jahresbetriebsvergleichen werden qualitative Strukturmerkmale erhoben, durch die die daran beteiligten Unternehmen ihre eigene Situation mit der ähnlicher Betriebe vergleichen können.
interim: einstweilig, vorläufig
interim aid: Überbrückungshilfe *f*
interim audit: Zwischenprüfung *f* (vor Ablauf des Geschäftsjahres)
interim balance sheet: Zwischenbilanz *f*
interim bill: Zwischenrechnung *f*
interim budget: Zwischenplan *m*
interim certificate: Interimschein *m*
interim closing: Zwischenabschluß *m* (vor Ablauf des Geschäftsjahres)
interim credit: Zwischenkredit *m*
interim dividend: Zwischendividende *f*
interim financing: Zwischenfinanzierung *f*
interim injunction: einstweilige Verfügung *f*
interim interest: Zwischenzinsen *m/pl*
interim invoice: Proforma-Rechnung *f*, vorläufige Rechnung *f*, Zwischenrechnung *f*
interim payment on retained earnings: Abschlagszahlung *f* auf den Bilanzgewinn *m*
interim report: Zwischenbericht *m*
interim return: Zwischenausweis *m* (Bank)
interim solution: Zwischenlösung *f*
interior display: Ausstellung *f* im Inneren *n* des Ladens *m*
interlocutory decree: vorläufiges Urteil *n*, Zwischenurteil *n*
interlocutory injunction: einstweiliges Verbot *n*
interlocutory judgment: Vorbescheid *m*, Zwischenurteil *n*

interlocutory relief: vorläufiger Rechtsschutz *m*
intermediary: Vermittler *m*, Zwischenhändler *m*
intermediary financing: Vorfinanzierung *f*, Zwischenfinanzierung *f*
intermediary trade: Zwischenhandel *m*
intermediate account: Zwischenabrechnung *f*, Zwischenkonto *n*
intermediate control: Hauptgruppenkontrolle *f (EDV)*, Zwischenkontrolle *f (EDV)*
intermediate product: Zwischenprodukt *n*
intermediate result: Zwischenergebnis *n*
intermediate stage: Zwischenstufe *f*
intermittent: unterbrochen
intermittent production: diskontinuierliche Fertigung *f*, Produktion *f* kleinerer Mengen *f/pl* von Prototypen *m/pl*
internal: innerbetrieblich, Innen-
internal accounting control: Kontrolle *f* der ordnungsmäßigen und systematischen Abrechnung *f*
internal administrative control: Kontrollen *f/pl*, die das Befolgen *n* der Geschäftspolitik *f* sicherstellen und fördern sollen
internal audit: Hausrevision *f*, Innenrevision *f*, betriebseigene Revision *f*
internal auditor: Innenrevisor *m*
internal conflict: Innenkonflikt *m*
Im Unternehmen entstehen aufgrund der Organisations- und Arbeitsbeziehungen spezifische Konfliktfelder. Innenkonflikte entstehen innerhalb des Unternehmens und werden in der Regel auch innerhalb der geltenden Normen und Vereinbarungen ausgetragen. Sie treten in den folgenden Variationen auf:
1. *Individualkonflikte*: Es handelt sich hier um „Auseinandersetzungen" zwischen Individuen. Der Individualkonflikt hat seine Ursache in der Divergenz zwischen persönlichen (individuellen) Wertvorstellungen und Zielen, die mit den Anforderungen und Wertmustern der Organisation nicht vereinbar sind.
2. *Gruppenkonflikte*: Sie entstehen durch konkurrierende Gruppen wie etwa Teams oder Abteilungen) die an einer gleichen Aufgabe arbeiten oder durch Gruppen, die zwar für die Verwirklichung einer gemeinsamen Aufgabe eingesetzt sind, aber unterschiedliche Vorstellungen von den Lösungsstrategien und Maßnahmen haben. Häufig entsteht dieser „intraorganisatorische" Konflikt zwischen Stabsfunktionen und Linienmanagement.
3. *Intragruppenkonflikte*: Sie entstehen zwischen rivalisierenden Mitarbeitern einer Gruppe oder zwischen rivalisierenden Managern, die sich um begehrte Positionen streiten. Ausgetragen werden sie von heterogenen Gruppen oder Interessen, deren Mitglieder keine einheitliche Ausrichtung auf die Ziele und Vorgehensweisen der Organisation

besitzen. Heterogene Gruppen werden oft planmäßig in der Absicht gebildet, durch die Rivalität der Gruppenmitglieder zusätzliche Energien und Leistungspotentiale freizusetzen.

internal control: interne Kontrolle *f*, Kontrolle *f*, innere Methodik *f*, allgemeine Kontrolle *f*, mittels derer die Kontrollaufgabe *f* in einem Unternehmen *n* ausgeübt wird

internal cost of capital: interner Zinsfuß *m*

internal data flow: interner Datenfluß *m (EDV)*

internal element: zum Arbeitsgang *m* Arbeitselement *n*

internal flow: interner Datenfluß *m (EDV)*

internal rate of interest: interner Zinsfuß *m*

internal rationalization: innerbetriebliche Rationalisierung *f*
Ein optimales betriebliches Anpassungsverhalten an sich verändernde Umweltbedingungen, das über die rein technische oder technologische bzw. ökonomische Rationalisierung (den Ersatz von arbeitsintensiven durch kapital- und technologieintensive Prozesse) hinaus auch neue Formen der innerbetrieblichen Koordination und Organisation der Arbeitsprozesse umfaßt. Dazu gehören neue Formen von Entscheidungsprozessen, neue Führungs- und Managementverfahren, der Abbau innerbetrieblicher Hierarchien sowie die Verlagerung und Verteilung von Kompetenzen und Handlungsspielräumen auf untergeordnete Ebenen.
Diese Formen der innerbetrieblichen Organisation werden auch als „Betriebliche Partnerschaft", „Mitarbeiterbeteiligung" oder „Partizipation" beschrieben. Betriebliche Partnerschaft ist aufzufassen als ökonomisch und sozial begründete innerbetriebliche Innovationsstrategie, mit der sowohl die betriebliche Effizienz, die Zufriedenheit der Mitarbeiter wie auch eine gesellschaftspolitische Zielvorstellung – die Stabilisierung des marktwirtschaftlichen Systems – erreicht werden sollen.

internal reporting: internes Berichtswesen *n*

internal reporting system: innerbetriebliches Berichtswesen *n*

internal revenue: Steuereinnahmen *f/pl*

Internal Revenue Code: Steuergesetz *n (Am)*

internal revenue office: Finanzamt *n*

internal revenue service (IRS): Finanzverwaltung *f*

Internal Revenue Service (IRS): Finanzamt *n*

internal sales organization: Verkaufsinnenorganisation *f*
Die Gesamtheit der unternehmenseigenen Organe die als Bestandteile der betrieblichen Absatzorganisation absatzbezogene Aufgaben und Tätigkeiten erfüllen.

internal storage: innerer Speicher *m (EDV)*

internal tariff: Binnenzoll *m*

internal transfer account: Durchgangskonto *n*

internal voucher: Eigenbeleg *m*

internal working regulations *pl*: Betriebsordnung *f*

International Air Transport Association (IATA): Internationaler Verband *m* der Luftfahrtgesellschaften *f/pl*

International Bank for Reconstruction and Development: Internationale Bank *f* für Wiederaufbau *m* und Entwicklung *f*

International Chamber of Commerce: Internationale Handelskammer *f*
Die Internationale Handelskammer (International Chamber of Commerce – ICC) mit Sitz in Paris wurde 1919 in Atlantic City in den USA gegründet. Sie ist eine private Organisation von über 6000 Unternehmen, über 1500 Wirtschafts- und Berufsverbänden und individuellen Mitgliedern aus mehr als 100 Ländern der Welt. Sitz der Deutschen Gruppe (sie besteht seit 1925) ist Köln. Ziel der ICC ist es, die Entwicklung der Weltwirtschaft durch Förderung der internationalen Zusammenarbeit im Welthandel zu verbessern.

international: zwischenstaatlich

international commerce: Welthandel *m*

International Confederation of Free Trade Unions (ICFTU): Internationaler Bund *m* freier Gewerkschaften *f/pl*

International Court: Internationaler Gerichtshof *m*

international department: Auslandsabteilung *f*

international enterprise: internationales Unternehmen *n*, übernationales Unternehmen *n*

international exhibition: internationale Ausstellung *f*

International Fiscal Association: Internationale Steuervereinigung *f*

International Labour Office (ILO): Internationales Arbeitsamt *n*

international market: Auslandsmarkt *m*

International Monetary Fund (IMF): Internationaler Währungsfonds *m*

international payment lags *pl*: Zurückhalten *n* von internationalen Zahlungen *f/pl*

international trade: Welthandel *m*

internship: Praktikum *n*, Lehre *f* (für höher qualifizierte Berufe)

interperiod comparison: Zeitvergleich *m*

interplead: Aufforderung *f* zwecks Feststellung *f* des Berechtigten *m* erlassen, Interventionsklage *f* erheben

interpleader: Ausfechten *n* eines Rechtsstreites *m* zwischen zwei Personen *f/pl*, die

den gleichen Anspruch *m* an einen Dritten *m* haben, Interventionsklage *f*
interpolation: Interpolation *f*
In der Statistik der Vorgang der Schätzung einer Variablen, die zwischen zwei bekannten Größen liegt.
interpolation problem: Interpolationsproblem *n*
Eine Problemsituation, in der ein Aktor weiß, was er will und auch die Mittel kennt, mit denen der angestrebte Zielzustand erreichbar ist. Sein Problem liegt daher darin, die richtige Kombination der Mittel zu finden, durch die eine Interpolationsbarriere überwunden werden kann.
interpose: dazwischentreten, einschalten, einschreiten, intervenieren
interposition: Einschaltung *f*, Einschreiten *n*, Intervention *f*
interpret: auslegen, auswerten, interpretieren, übersetzen
interpretation: Auslegung *f*, Auswertung *f*, Erklärung *f*, Interpretation *f*
interpretation of the law: Gesetzesauslegung *f*
interpreter: Dolmetscher *m*, Übersetzer *m*
interrecord gap: Satzlücke *f*, Satzzwischenraum *m* *(EDV)*
interrogate: befragen, verhören, vernehmen
interrogation: Befragung *f*, Verhör *n*, Vernehmung *f*
inter-role connflict: Inter-Rollen-Konflikt *m*
Ein Rollenkonflikt, der entsteht, wenn die Erwartungen unterschiedlicher Rollen einer Person miteinander kollidieren, d.h. sich ganz oder teilweise ausschließen. Eine spezielle Form des Inter-Rollen-Konflikts ist die Rollenüberladung (role overload), die Rollen sind dann zwar dem Inhalt nach miteinander verträglich, nicht aber der zeitlichen Anforderung nach. Der Rollenempfänger kann nicht alle Rollen gleichzeitig bewältigen.
Als Sonderfall ist der sog. Person-Rollen-Konflikt anzusprechen. Hier steht die Rollenerwartung des Senders im Widerspruch zu den Werten und Orientierungen des Rollenempfängers.
interrupt: unterbrechen
interrupt flag register: Unterbrechungsmarkenregister *n* *(EDV)*
interrupt level: Unterbrechungsebene *f* *(EDV)*
interrupt state: Unterbrechungszustand *m* *(EDV)*
interrupt status register: Unterbrechungszustandsregister *n* *(EDV)*
interruption: Unterbrechung *f*
inter se: untereinander
interstate: Fernstraße *f*, zwischenstaatlich, zwischen den Staaten

interstate commerce: zwischenstaatlicher Handel *m* (zwischen den Bundesländern der USA); (highway) Autobahn *(Am)*
interstate highway: Fernstraße *f*
intervene: dazwischentreten, einschreiten, intervenieren
intervention: Dazwischentreten *n*, Eingriff *m*, Intervention *f*
interview: befragen, Befragung *f*, Interview *n*
intestate: Erblasser *m* ohne letztwillige Verfügung *f*, Verstorbener *m* ohne letztwillige Verfügung *f*
intimidate: einschüchtern
intimidation: Einschüchterung *f*
intoxication: Betrunkenheit *f*, Rausch *m*, Trunkenheit *f*
intracompany: innerbetrieblich, innerhalb eines Konzerns *m*
intracompany training: innerbetriebliche Ausbildung *f*
intracompany transfer price: innerbetrieblicher Verrechnungspreis *m*, Transferpreis *m*
Betrachtet man den inländischen Güteraustausch als Gegenstand der Preispolitik innerhalb eines Konzerns (Intrakonzern-Preispolitik), so fällt der Warenverkehr zwischen Produktionsstätten, Niederlassungen und Tochtergesellschaften, die in verschiedenen Ländern ihren Sitz haben, unter den Begriff Interkonzern-Preispolitik.
Die zusätzlichen Einflußfaktoren, die im Gegensatz zu Verrechnungspreisen in einem Land auftreten, leiten sich aus der Souveränität der Staaten ab und sind vor allem Zoll- und Steuervorschriften, Devisenbeschränkungen einschließlich Restriktionen bezüglich des Gewinntransfers und Änderungen der Währungsparitäten.
Bei international weit verbreiteten und verflochtenen Unternehmen ist der Auf- und Ausbau des Transferpreissystems eine Entscheidung auf höchster Ebene, da eine Reihe von Zielen internationaler Unternehmen nur durch ein entsprechendes Transferpreissystem erreicht werden. Neben Gewinnmaximierung und Kontrolle der weltweiten Operationen als Oberziele unterstützen Transferpreise vor allem folgende teilweise miteinander konkurrierende Zielsetzungen:
• *Steuerminimierung:* Zwischen- und Fertigprodukte werden an Tochtergesellschaften in Ländern mit niedrigem Steuersatz zu niedrigen Transferpreisen exportiert, was zu einer Aufblähung des Gewinns in diesen Ländern führt.
• *Zollminimierung:* Im Fall von Wertzöllen ist eine Verringerung des Zolls durch einen niedrigeren Transferpreis zu erzielen.
• *Umgehung von Außenhandelsrestriktionen:* z.B. können wertmäßige Höchstgrenzen beim Import oder Export durch niedrige Transferpreise umgangen werden.

- *Kapitalrückfluß:* Devisenausfuhrbeschränkungen können durch den Export zu niedrigen Transferpreisen umgangen werden.
- *Reduzierung von Auf- und Abwertungsrisiken durch entsprechend manipulierte Verrechnungspreise bzw. Zahlungsbedingungen:* Durch Vorauszahlungen von der von Abwertung bedrohten Tochtergesellschaft und durch Aufschiebung der Forderung dieser Tochtergesellschaft gegenüber anderen Konzerngesellschaften auf einen Zeitpunkt nach der Abwertung können Wechselkursverluste eingedämmt werden.
- *Antizipierung politischer Unsicherheiten:* Überhöhte Preise beim Export nach und erniedrigte Preise beim Import aus einem politisch instabilen Land führen zu einer Verringerung der dortigen Barbestände; eine Übertreibung einer derartigen Politik verstärkt allerdings die Gefahr teilweiser oder völliger Enteignung.
- *Verbesserung der Kreditwürdigkeit:* „Optische" Korrekturen in Bilanz sowie in Gewinn- und Verlustrechnung durch Manipulation der Transferpreise verbessern die Kreditwürdigkeit.

Die Gestaltung von Transferpreisen stellt gewissermaßen ein „Symbol" der Eigenständigkeit und Unabhängigkeit internationaler Unternehmen dar. Die nationalstaatlichen Regierungen lassen daher ein zunehmend stärkeres Interesse an einer Kontrolle der Transferpreiskalkulation erkennen. Die Festlegung der Transferpreise hat aber auch intraorganisationale Auswirkungen. Beispielsweise kann durch zu hohe Transferpreise ein Tochterunternehmen in die Illiquidität getrieben und so der Rückzug aus einem Markt vollzogen werden. Je nach kapitalmäßiger Verflechtung und entsprechendem Grad der Unabhängigkeit wendet sich das bedrohte Tochterunternehmen anderen Lieferanten zu. Imageverluste und Konflikte mit der Muttergesellschaft sind einige der denkbaren Folgen.

Die Höhe der anzusetzenden Transferpreise kann sich zwischen zwei Extrempunkten, den Marktpreisen und den Kostenpreisen bewegen.

(1) *Marktpreise:* Das liefernde Unternehmen kann als Profit Center geführt werden, es differenziert nur zwischen externen und internen Kunden. Problematisch wird es bei Zwischenprodukten und solchen Gütern, für die kein Markt existiert. Ein künstlich kalkulierter Preis kann die Wettbewerbsfähigkeit des empfangenden Unternehmens reduzieren und Konflikte hervorrufen.

(2) *Kostenpreise:* Die Unternehmen tauschen die Güter zu Selbstkosten aus. Dies kann zu Unzufriedenheiten bei den liefernden Unternehmen führen, da sie mit Profit Centern des Unternehmens nicht mehr vergleichbar sind. Darum kann es auch zu Produktionsstörungen kommen, wenn das liefernde Unternehmen zuerst externe Nachfrage befriedigt, um Erlöse zu erzielen.

Im günstigsten Fall dürfte der Transferpreis zwischen beiden Extremen liegen und sollte das Ergebnis von Verhandlungen zwischen liefernden und empfangenden Unternehmen und der Muttergesellschaft sein. Nur auf dieser Basis ist eine ertragbringende Kooperation zwischen den Konzernunternehmen denkbar.

intra-group conflict: Intragruppenkonflikt *m*, Binnenkonflikt *m* in einer Gruppe
Eine Form des Konflikts, die in Organisationen zwischen rivalisierenden Mitarbeitern einer Gruppe oder zwischen rivalisierenden Managern ausgetragen wird, die sich um Positionen streiten. Man spricht auch von heterogenen Gruppen mit Interessen, deren Mitglieder keine einheitliche Ausrichtung auf die Ziele und Vorgehensweisen der Organisation besitzen oder Individualstrategien im Verbund der Organisation durchsetzen wollen. Heterogene Gruppen werden oft in der Absicht gebildet, durch die Rivalität der Gruppenmitglieder zusätzliche Energien und Leistungspotentiale freizusetzen.

intra-role conflict: Intrarollenkonflikt *m*
Ein Rollenkonflikt, bei dem der Rollenempfänger im Kräftefeld einander widersprechender Erwartungen steht. Der Konflikt manifestiert sich entweder darin, daß die Instruktionen und Erwartungen eines Rollensenders widersprüchlich sind und einander ausschließen (Intra-Sender-Konflikt) oder darin, daß die Erwartungen, die ein Sender kommuniziert, mit den Erwartungen anderer Sender nicht kompatibel sind (Inter-Sender-Konflikt).

intrastate: innerstaatlich

intra vires: im Rahmen *m* der Rechte *n/pl* einer juristischen Person *f*

intrinsic: wesentlich (eigentlich)

intrinsic motivation: intrinsische Motivation *f*
Die Motivation aus eigenem inneren Antrieb. Eine intrinsisch motivierte Person mißt einer Belohnung durch Dritte mißt keinen besonderen Wert bei. Sie stellt daher unmittelbar fest, ob das Leistungsergebnis den selbstgesetzten Anforderungen entspricht und erfährt ggf. in dem Erfolgserlebnis die wichtigste Belohnung.

intrinsic value: innerer Wert *m*

introduce: einführen (Mitarbeiter, Methoden), einleiten, orientieren, vorstellen, zuführen

introduce evidence: Beweis *m* antreten, Beweismaterial *n* vorlegen

introduction: Einführung *f* (eines neuen Mitarbeiters am Arbeitsplatz), Einleitung *f*, Vorstellung *f*, Zuführung *f*

introduction price: Einführungspreis *m*

introductory: einleitend

introductory advertising: Einführungswerbung *f*

introductory law: Einführungsgesetz *n*

introductory price: Einführungspreis *m*
Die Preispolitik bei der Produkteinführung wirft besonders diffizile Probleme für jedes Wirtschaftsunternehmen auf, weil zum Zeitpunkt der Einführung die Wirkungen des einzusetzenden absatzpoliti-

schen Instrumentariums und vor allen Dingen die Nachfrage- und die Einkommenselastizität des Preises für das neueingeführte Produkt noch vollkommen unbekannt sind, und es somit an gesicherten Kriterien für die Festlegung der Höhe des Preises fehlt. Je nach der gegebenen Marktsituation und der Marketingstrategie eines Unternehmens kann es sich dabei als sinnvoll erweisen, eine Preispolitik des Skimming (Politik hoher Einführungspreise) oder der Penetration (Politik niedriger Einführungspreise) zu verfolgen.

intuition: Fingerspitzengefühl n, Intuition f
intuitive forecast method: intuitive Prognosemethode f
intuitive prognosis method: intuitive Prognosemethode f
Bei Prognosen wird meist zwischen objektiven und intuitiven Prognosemethoden unterschieden, wobei die intuitiven sich allein auf die Erfahrungen, Kenntnisse, das Urteilsvermögen und das Gefühl des Prognostizierenden stützen und damit zwar jeder wissenschaftlichen Objektivität entbehren, aber durchaus schöpferisch und zutreffend sein können.

inure: gewöhnen, gültig werden
invalid: Kraft f, außer kraftlos, nichtig, rechtsungültig, ungültig, unwirksam
invalid character: unzulässiges Zeichen n (EDV)
invalidate: außer Kraft setzen f, entkräften, erklären, für nichtig, für kraftlos erklären, ungültig machen
invalidation: Entkräftung f, Kraftloserklärung f, Nichtigkeitserklärung f, Ungültigkeitserklärung f, Ungültigmachung f
invalidity: Invalidität f, Kraftlosigkeit f, Nichtigkeit f, Rechtsungültigkeit f, Ungültigkeit f, Unwirksamkeit f
invalidity insurance scheme: Invaliditätspflichtversicherung f
invalidity of resolutions of the shareholders' meeting: Nichtigkeit f von Hauptversammlungsbeschlüssen m/pl
invariable: beständig, unveränderlich
invent: erfinden
invention: Erfindung f
inventor: Erfinder m
inventory: Bestandsverzeichnis n, Inventar n, Lagerbestand m, Vorräte m/pl (Roh-, Hilfs- und Betriebsstoffe, Halbfabrikate, Fertigerzeugnisse, Waren), Vorrat m
inventory account: Warenkonto n
inventory adjustment: Inventurdifferenzberichtigung f
inventory audit: Inventurprüfung f
inventory buildup: Ansteigen n der Vorräte m/pl, Anstieg m der Vorräte m/pl, Bestandsaufbau m, Bestandszunahme f

inventory by quantity: Mengeninventur f
inventory card: Bestandskarte f, Lagerkarte f
inventory certificate: eine in den USA übliche Darstellung f der Geschäftsleitung f für Wirtschaftsprizfer m/pl über die Bestandsaufnahme f der Vorräte m/pl, Bewertung f und Eigentumsverhältnisse n/pl, Inventurbescheinigung f
inventory checker: Bestandsprüfer m
inventory control: Bestandmanagement n
Die Planung und Organisation der Verfügbarkeit von Waren und Artikeln zu bestimmten Terminen und festgelegten Lagerorten mit dem Ziel, ihre Lieferbereitschaft zu möglichst niedrigen Kosten und ohne mehr als unbedingt notwendige Kapitalbindung zu erreichen.
inventory cutting: Vorratsabbau m
inventory difference: Inventurdifferenz f
inventory fluctuation: Inventar(wert)schwankung f
inventory increase: Bestandsaufbau m
inventory labor: Inventurlohn m
inventory labor cost: Inventurlohn m
inventory level: Bestandshöhe f, Höhe f der Vorräte m/pl
inventory liquidation: Abbau m der Vorräte m/pl
inventory management: → inventory control
inventory model: Bestandsmodell n
inventory pricing: Inventurbewertung f, Vorrätebewertung f, Vorratsbewertung f
inventory register: Inventurbuch n
inventory reserve: Wertberichtigung f auf Vorratsvermögen n
inventory sale: Inventurausverkauf m
inventory shrinkage: Bestandsverlust m, Schwund m (des Bestands)
inventory tag: Anhängezettel m für Inventurzwecke m/pl
inventory taking: Bestandsaufnahme f, Inventur f
inventory theory: Bestandsmodelle n/pl, Bestandstheorie f
inventory turnover: Lagerumschlag m, Umschlagsgeschwindigkeit f der Bestände m/pl, Umschlagshäufigkeit f der Vorräte m/pl
Die Geschwindigkeit (d.h. die Zahl der Artikel pro Zeiteinheit), mit der eine Ware am Verkaufspunkt (point of sale) verkauft wird.
inventory turnover ratio: Umschlagshäufigkeitskennzahl f
inventory valuation: Bestandsbewertung f, Bewertung f des Vorratsvermögens n, In-

venturbewertung f, Vorrätebewertung f, Vorratsbewertung f
inventory variation: Inventurabweichung f, Inventurdifferenz f
inventory verification: Inventurprüfung f
inverse matrix: Kehrmatrix f
inversion: Inversion f, Umkehrung f, Umstellung f (Zahlen)
invest: anlegen, festlegen (Geld), investieren
invest money: Geld n festlegen
invested capital: Anlagekapital n, eingesetztes Kapital n, investiertes Kapital n
investigate: ermitteln, nachforschen, nachspüren, prüfen, untersuchen
investigation: Ermittlung f, Nachforschung f, Prüfung f, Untersuchung f
investigation committee: Untersuchungsausschuß m
investigator: Rechercheur m, Untersuchender m
investment: Investition f, Anlage f (von Kapital), Beteiligung f, Kapitalanlage f
investment account: Investmentkonto m
investment activities pl: Investitionstätigkeit f
investment analysis: Investitionsrechnung f
investment bank: Emissionsbank f oder -gesellschaft f, Organisation f, die Aktien f/pl und andere Emissionen f/pl als Ganzes n kauft und anschließend stück- oder paketweise verkauft
investment boom: Investitionskonjunktur f
investment capital: Anlagekapital n, Kapitaleinsatz m
investment company: Anlagegesellschaft f, Investmentgesellschaft f, Kapitalanlagegesellschaft f
investment counselor: Finanzberater m
investment credit: Anlagekredit m, Abschreibungsbegünstigung f, steuerliche Sonderabschreibung f außerhalb der Bilanz f, steuerwirksame Sonderabschreibung f
investment decision: Anlagedisposition f (Bank), Anlageentscheidung f, Investitionsentscheidung f
investment from own sources: Eigeninvestition f
investment goods pl: Investitionsgüter n/pl
Investitionsgüter sind Produktivgüter, die ausschließlich zum Zwecke der Produktion, und zwar in der Regel über mehrere Produktionsperioden hinweg längerfristig bzw. mehrmalig genutzt werden (mehrmalige Nutzung) und dabei im Gegensatz zu den Produktionsgütern, die bei der Verwendung verbraucht werden (einmalige Nutzung), weder verändert werden noch durch Bearbeitung oder Verarbeitung in die Produkte eingehen.
Die Terminologie ist in der Gütersystematik und daher auch bei den Investitionsgütern uneinheitlich. Im allgemeinsten Sinne werden als Investitionsgüter diejenigen Produktivgüter bezeichnet, die als Anlageinvestitionen der Erweiterung, Verbesserung oder Erhaltung von Produktionsausrüstungen dienen. Oft wird in der Literatur jedoch auf die Feindifferenzierung zwischen Investitions- und Produktionsgütern und ihre Subsumierung unter den Oberbegriff der Produktivgüter ganz verzichtet, der Begriff Investitionsgüter als Gegenbegriff zu Konsumgütern aufgefaßt und als die Gesamtheit aller materiellen Güter verstanden, die nicht Konsumgüter sind.
Nach Werner Pfeiffer und Peter Bischof läßt sich die im EDV-Bereich übliche Unterscheidung zwischen Hardware und Software fruchtbar auch auf Investitionsgüter anwenden. Danach ist bei Investitionsgütern zwischen materiellen Sachleistungen (Hardware) und immateriellen Dienstleistungen (Software) zu unterscheiden, weil jede erfolgreiche Lösung von Investitionsproblemen in der Kombination der Bereitstellung von technischen Anlagen und der für ihren Einsatz im Verwenderbereich notwendigen Dienstleistungen besteht.
Speziell im Hinblick auf das Investitionsgütermarketing lassen sich nach einem von Werner Kirsch und Michael Kutschker entwickelten Schema je nach der Kaufsituation in der sich der industrielle Verwender befirndet, drei Typen von Investitionsgütern unterscheiden. Die Wahl des Unterscheidungskriteriums Kaufsituation gestattet es, die neben der Art und Bedeutung des Gutes für Marketing- und Kaufentscheidung wichtigen psychologischen, soziologischen und organisationalen Einflußfaktoren zu berücksichtigen, so daß sich unter Verwendung dreier allgemeiner Dimensionen unterschiedliche Typen von Marketing- und Beschaffungsentscheidungen bilden lassen. Ausgangspunkt ist die Annahme, daß Dauer, Verlauf und Teilnehmer einer gemeinsamen Investitionsentscheidung nur gering mit der Art des Investitionsguts variieren und mehr vom Wert des Investitionsguts, der Neuartig keit der Problemlösung und dem Umfang der organisationalen Veränderungen abhängen, die es bei der Hersteller- bzw. Verwenderorganisation hervorruft. Dementsprechend werden je nachdem, wie stark diese Merkmale ausgeprägt sind, Investitionsgüter vom Typ A, Typ B oder Typ C unterschieden.
Die Neuartigkeit der Problemdefinition staffelt sich bei der Verwenderorganisation danach, ob ein reiner bzw. modifizierter Wiederholungskauf oder ein Erstkauf vorliegt. Beim Hersteller ist dagegen zu unterscheiden, ob das Investitionsgut aus einer Serienfertigung stammt, ob Modifikationen eines Seriengutes vorliegen oder ob nach Auftrag produziert werden muß.
Der Wert des Investitionsgutes wird beim Verwender in Relation zum jährlichen Investitionsvolu-

men, beim Hersteller in Relation zum Umsatz gesetzt. Als Indikator für den Umfang der hervorgerufenen organisationalen Veränderungen kann der Quotient aus Kosten der Veränderungen und Anschaffungspreis dienen, wobei Kosten der Umschulung und Neueinstellung von Mitarbeitern, der Veränderung der Distributions- und Produktionsprozesse sowie der Installation des Gutes als Kosten des organisationalen Wandels verstanden werden." (Werner Kirsch/Michael Kutschker)
Jede einzelne dieser drei Dimensionen ist als Kontinuum mit den Extremen hoch (groß) und niedrig (gering) vorstellbar und erlaubt es, je nach der Stärke des Zusammentreffens dieser Ausprägungen die einzelnen Investitionsentscheidungen abzugrenzen. Treffen sie in niedriger (geringer) Ausprägung zusammen, handelt es sich um Marketing- bzw. Investitionsentscheidungen des Typs A, bei mittlerer Ausprägung um Entscheidungen des Typs B und bei hoher (großer) Ausprägung um Entscheidungen des Typs C. Die folgende Graphik illustriert die Zusammenhänge.

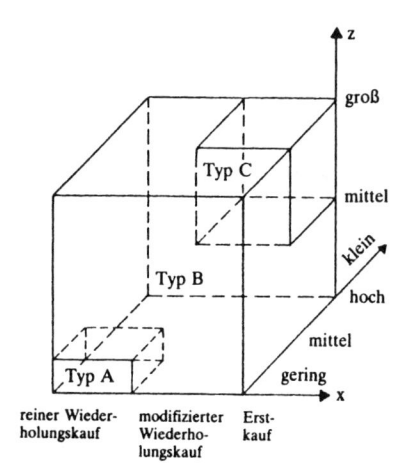

investment in fixed assets *pl*: Anlageinvestition *f*
investment income: Ertrag *m* aus Beteiligungen *f/pl*
investment intensity: Investitionsintensität *f*
Ds Verhältnis zwischen dem durchschnittlich gebundenen Kapital und dem Umsatz, den ein Unternehmen erzielt. Diese Größe ist im PIMS-Programm deutlich negativ mit dem Return on Investment (ROI) und auch dem Cash-flow korreliert.
investment per employee: Investition *f* pro Mitarbeiter *m*
investment plan: Anlegeplan *m*
investment pricing: Preisfestsetzung *f* aufgrund der Investitionen *f/pl*

investment quota: Investitionsquote *f*
Das Verhältnis der Bruttoanlageinvestitionen einer Volkswirtschaft am Bruttosozialprodukt.
investment requirement: Anlagebedarf *m* (Bank)
investment scheme: Anlageprogramm *n*
investment security: Anlagepapier *n*, Anlage(wert)papier *n*
investment trust: Anlagegesellschaft *f*, Kapitalanlagegesellschaft *f*
investment value: Anlagewert *m*
investment wage(s) *(pl)*: Investivlohn *m*
investments *pl*: Finanzanlagevermögen *n*
investment(s) *(pl)* **in fixed asssets:** Anlageninvestition *f*
investor: Geldanleger *m*, Investor *m*, Kapitalgeber *m*
inviolability: Unverletzlichkeit *f*
inviolability of letters: Briefgeheimnis *n*
inviolable: unverletzlich
invisible: unsichtbar
invisible defect: geheimer Mangel *m*
invisible services *pl*: unsichtbare Leistungen *f/pl*
invisibles *pl*: unsichtbare Leistungen *f/pl*
invitation: Aufforderung *f*, Einladung *f*
invitation for subscription: Zeichnungsaufforderung *f*
invitation for tenders: Ausschreibung *f*
Eine Marktveranstaltung des Beschaffungsmarketing, die vor allem durch die folgenden Merkmale charakterisiert ist:
• Ein Nachfrager richtet eine schriftliche Aufforderung an Anbieter, schriftliche Angebote für eine zu erbringende Leistung an ihn zu richten, an die die Anbieter innerhalb der Zuschlagsfrist gebunden sind;
• vertrauliche Behandlung des Inhalts, der Zahl und der Absender von Angeboten während der Anbietungsfrist (d.h. mindestens bis zum Eröffnungstermin);
• Verzicht auf Zusatz- oder Nachverhandlungen mit den Anbietern während der Zuschlagsfrist;
• Zuschlag wird an denjenigen Anbieter erteilt, der das günstigste Angebot unterbreitet hat.
Die Ausschreibung ist eine Maßnahme, die Nachfrager ergreifen können, um die Angebote verschiedener Anbieter vergleichbar zu machen und dadurch die Beschaffung zu erleichtern. Es handelt nach einer Formulierung von Otto Gandenberger um ein „Verfahren der organisierten Konkurrenz", das insbesondere von der öffentlichen Hand, aber keineswegs nur von ihr eingesetzt wird.
Unterschieden wird zwischen *öffentlichen Ausschreibungen*, bei denen freier Zugang aller Anbieter herrscht, die meinen, daß sie die Bedingungen der Ausschreibung zu erfüllen in der Lage sind, und *beschränkten Ausschreibungen*, bei de-

nen die Aufforderung zur Unterbreitung von Angeboten an eine begrenzte Zahl von Anbietern gerichtet wird.

Die beschränkte Ausschreibung bietet dem öffentlichen Nachfrager in besonderer Weise die Möglichkeit, bestimmte Anbieter (z.B. mittelständische Betriebe, Betriebe in strukturschwachen Gebieten) durch die Auftragsvergabe gezielt zu fördern und mit Hilfe der Beschaffungspolitik auch übergeordneten wirtschaftlichen Zielen zu dienen.

Führt die beschränkte Ausschreibung nicht zum Erfolg, so kommt die *freihändige Vergabe* des öffentlichen Auftrags in Betracht. Im Gegensatz zur freihändigen Vergabe verhindert das Verfahren der beschränkten Vergabe ein Ausspielen der Nachfragemacht des öffentlichen Nachfragers; denn direkte Preisverhandlungen sind vor und nach dem Ablauf der Angebotsfrist verboten. Die Ausschreibung verhindert auch eine nachfragemonopolistische Preisdifferenzierung, d.h. unterschiedliche Preissetzungen des öffentlichen Nachfragers für verschiedene Anbieter.

Dabei wird entweder ein begrenzter Kreis von Anbietern (beschränkte Ausschreibung) oder jeder sich als leistungsfähig betrachtender Lieferant (offene Ausschreibung) öffentlich aufgefordert, ein Angebot auf der Basis genau festgelegter Spezifikationen abzugeben. Diese Beschreibung der geforderten Leistungen in einem Lastenheft (Tender) ist Kern der Ausschreibungsunterlagen, die der Nachfrager bzw. ein von ihm Beauftragter (z.B. ein Beratungsunternehmen) zusammenstellt. Sie enthalten außerdem Angaben über Anbietungsfrist und Abgabetermin, Öffnungstermin der eingegangenen Angebote (öffentlich oder zumindest mit Ladung der Anbieter), Aussagen über Nachverhandlungen, Zuschlagsbedingungen und bestimmte geforderte Vorleistungen der Anbieter.

Auch die *freihändige Vergabe* wird im weitesten Sinne zu den Ausschreibungen gerechnet. Bei dieser Vergabeform herrscht weitgehende Formfreiheit, so daß der Nachfrager dabei auch die Möglichkeit zu Preisverhandlungen oder zu Verhandlungen über Zusatzleistungen und andere Modalitäten hat. Die freihändige Vergabe ist möglich, wenn eine zuvor durchgeführte öffentliche oder beschränkte Ausschreibung kein akzeptables Ergebnis erbracht hat oder wenn technische Neuentwicklungen beschafft werden müssen (Entwicklungsaufträge) oder bei Leistungen, die eine Geheimhaltung erfordern (z.B. militärische Aufträge).

Darüber hinaus ist die freihändige Auftragsvergabe möglich bei besonderer Dringlichkeit und bei sehr vorteilhaften Gelegenheiten, ferner bei Kleinaufträgen. Allerdings sind öffentliche Betriebe bei der freihändigen Auftragsvergabe dazu verpflichtet, formlose Preisermittlungen bei qualifizierten Anbietern durchzuführen, sofern dies möglich ist. Obwohl die freihändige Vergabe öffentlicher Aufträge eine Ausnahme bilden soll, stellt sie die in der Praxis am meisten eingesetzte Form der Auftragsvergabe dar.

In der Regel sind Ausschreibungen Einkaufsverfahren, wiewohl es auch Verkaufsausschreibungen (Einschreibungen) gibt. Besonders verbreitet sind Ausschreibungen bei der Vergabe öffentlicher Aufträge im Baugewerbe. Im Zuge der Einführung des Europäischen Binnenmarkts müssen seit 1993 öffentliche Aufträge in vielen Fällen europaweit ausgeschrieben werden. Das bislang geltende nationale Recht bei der Vergabe öffentlicher Bau- und Lieferaufträge wird somit grundsätzlich internationalisiert.

Mit dem Ausschreibungsverfahren verfolgt man mehrere Zwecke. Indem alle Anbieter den gleichen Bedingungen unterworfen werden, versucht man, vergleichbare Voraussetzungen und vergleichbare Angebote zu schaffen. Ferner soll das Verfahren Gefälligkeits- und Günstlingswirtschaft verhindern, die Bindungen an traditionell bevorzugte Lieferanten abbauen, den Wettbewerb unter den Anbietern erhöhen und nicht zuletzt – was für die öffentliche Hand von besonderer Bedeutung ist – eine bessere Kontrolle des Beschaffungsprozesses ermöglichen.

Der Grundgedanke, daß bei völlig vereinheitlichten Bedingungen nur noch der Preis als Indikator der Wettbewerbsfähigkeit der Lieferanten ausschlaggebend wird, kann nicht nur von den Anbietern in bestimmten Fällen unterlaufen werden, (z.B. durch Absprachen, aber auch durch Abgabe von Parallelangeboten), sondern führt evtl. auch zu Nachteilen für den Nachfrager. Das formalisierte Vergabeverfahren setzt einen wohlstrukturierten Bedarf voraus und engt die Problemlösung unter Umständen sehr zuungunsten des Ausschreibenden ein. Außerdem ist es recht aufwendig.

Inzwischen ist man generell davon abgekommen, stets nur dem billigsten Angebot den Zuschlag zu geben, da Leistungsabweichungen unvermeidbar sind sowie Prognosen über die Leistungsfähigkeit, Pünktlichkeit und Zuverlässigkeit der Anbieter zusätzlich in die Entscheidungsfindung eingehen sollten. In sehr vielen Fällen hat sich die Ausschreibung trotz ihrer Nachteile als nützliche Hilfe bei der Beschaffung sowohl problemloser wie komplexer Güter bewährt. Die Anbieter müssen in ihrer Absatzstrategie damit rechnen und sich auf solche Verfahren einstellen, wobei auch an Ansätze zur Beeinflussung der Ausschreibungsinhalte zu denken ist.

Bei formellen Ausschreibungen sind Nachverhandlungen nicht grundsätzlich ausgeschlossen, aber selten und auf geringfügige Abwandlungen ausgerichtet. Bei freihändiger Vergabe kann es gegenüber zu recht intensiven Verhandlungen kommen, insbesondere dann, wenn der Betreiber einen bestimmten Lieferanten heranziehen will, dessen Angebot aber entweder technologische Schwächen oder einen zu hohen Preis aufweist.

Der Anbieter wird dann bei entsprechendem Interesse an dem Auftrag versuchen, die Leistung zu

invitation for tenders

modifizieren, evtl. auch „abzumagern", Kosten zu senken und seine Sublieferanten im Preis zu drücken. Oft trägt auch der Nachfrager weitere Wünsche heran, die zu erheblichen Veränderungen des ursprünglichen Angebots führen können.

Dieser Prozeß hat einen intensiven Einsatz des persönlichen Verkaufs zur Folge, der u.U. auf mehreren hierarchischen Ebenen abgewickelt werden muß. Evtl. wird während der Verhandlungen ein sogenannter „Letter of intent" gegeben, der als Absichtserklärung des Abnehmers, den Kauf bei einem bestimmten Lieferanten tätigen zu wollen, anzusehen ist.

Eine einklagbare Forderung auf Abschluß des Kaufvertrags entsteht dadurch zwar nicht, dennoch wird die Planung für den Anbieter auf eine sicherere Basis gestellt. Das ist deshalb von Bedeutung weil in der Nachverhandlungsphase in der Regel noch mit mehreren Konkurrenten verhandelt wird.

Für alle diese Angebote gilt in der Regel, daß die Basisforderungen erfüllt sind. Es wird evtl. eine „Schwarze Liste" der noch strittigen Probleme aufgestellt, die schließlich auf einer höheren Verhandlungsebene Gegenstand der Erörterungen wird.

Manchmal wird auch die Methode der Projektverteidigung angewendet, in der die Anbieter sich gegenüber bestimmten Einwänden gegen die von ihnen geplante Projektlösung verteidigen müssen. Die Nachverhandlungsphase kann außerordentlich lang und anstrengend sein.

Bei den Nachverhandlungen kann man die Leistungsverhandlungen von den Preisverhandlungen (einschließlich der Finanzierungsbedingungen) trennen. Daraus ergibt sich der von Praktikern gern formulierte Satz „Eine Anlage muß zweimal verkauft werden", weil nämlich das Einverständnis der Techniker auf der Nachfragerseite mit der Leistungsauslegung noch lange nicht die Bereitschaft zum Abschluß des Kaufvertrags einschließt, sondern weitere mühsame Preis- und Konditionenverhandlungen bedingt.

Häufig werden die Verhandlungen mit einem oder zwei Konkurrenten von dem Abnehmer, der sich technologisch bereits entschieden hat, nur weitergeführt, um einen Preiswettbewerb initiieren oder forcieren zu können.

Für einen Anbieter bei einer Ausschreibung stellt sich das Problem, die für ihn optimale Preisforderung zu bestimmen. Dabei sind folgende Einflußfaktoren zu beachten: das verfolgte Ziel, die erwarteten Kosten der Auftragserfüllung, die Kapazitätsbeanspruchung sowie die verfügbaren Kapazitäten, das vermutete Zuschlagsverhalten des Nachfragers und das vermutete Verhalten der Konkurrenten.

Die Entscheidungssituation eines Anbieters kann in einem Competitive-Bidding-Modell abgebildet werden, das die Elemente Entscheidungskriterium, alternative Preisforderungen, Kosten der Auftragserfüllung und Zuschlagswahrscheinlichkeiten bei den alternativen Preisforderungen enthält.

In den Zuschlagswahrscheinlichkeiten schlägt sich sowohl das vermutete Zuschlagsverhalten des Nachfragers wie das vermutete Verhalten der Konkurrenten nieder. Das Grundmodell des Competitive-Bidding zur Bestimmung der optimalen Preisforderung eines Anbieters läßt sich so charakterisieren: Für eine per Ausschreibung zu vergebende Leistung habe ein Nachfrager die Kosten der Auftragserfüllung auf c geschätzt. Erwogen werden sollen die alternativen, absoluten Preisforderungen p_i^{abs} (i = 1, ..., n). Die zugehörigen Zuschlagswahrscheinlichkeiten belaufen sich auf $P(z(p_i))$. Nach dem Kriterium des Gewinnerwartungswerts ergibt sich die optimale Preisforderung gemäß

$$E(G(p_{opt})) = \max_{p_i}[G(p_i) \cdot P(z(p_i))]$$
$$= \max_{p_i}[(p_i^{abs} - c) \cdot P(z(p_i))].$$

Dabei werden korrespondierende relative Preise p_i und absolute Preise p_i^{abs} unterschieden; zwischen ihnen gilt folgende Beziehung:

$$p_i^{abs} = p_i \cdot c \quad \text{bzw.} \quad p_i = \frac{p_i^{abs}}{c}.$$

Ausgangspunkt bei der Ermittlung der Zuschlagswahrscheinlichkeiten sind die tatsächlichen Preisforderungen der einzelnen Konkurrenten bei vergangenen Ausschreibungen, die anhand der eigenen Kostenschätzungen für die vergangenen Ausschreibungen zu relativieren sind. Die resultierende empirische Verteilung der relativierten Konkurrenzpreise stellt eine Basis für die Ermittlung der Wahrscheinlichkeitsverteilungen der möglichen, relativen Preisforderungen der einzelnen Konkurrenten für eine aktuelle Ausschreibung dar. Unter Berücksichtigung der jeweiligen Erwartungen bezüglich des Zuschlagsverhaltens des Nachfragers und der Konkurrenzsituation lassen sich dann Erfolgswahrscheinlichkeiten gegenüber den einzelnen Konkurrenten herleiten. Zur Ermittlung der Zuschlagswahrscheinlichkeiten, d.h. der Erfolgswahrscheinlichkeiten gegenüber allen Konkurrenten, ist es noch erforderlich zu antizipieren, ob sich die Konkurrenten voneinander unabhängig oder abhängig verhalten werden.

Im ersten Schritt sind die Wahrscheinlichkeitsverteilungen der möglichen relativen Preisforderungen der einzelnen Konkurrenten zu ermitteln. Ausgangspunkt dieser Analyse sind die empirischen Verteilungen der relativen Preisforderungen der einzelnen Konkurrenten, also deren Preisforderungen in der Vergangenheit, relativiert jeweils anhand der eigenen Kostenschätzung. Folgende Vorgehensweisen sind denkbar:

- Wenn ausreichend große Fallzahlen vorliegen (im allgemeinen n ≥ 100), können – unter Bezugnahme auf den zentralen Grenzwertsatz – die empirischen Verteilungen selbst herangezogen werden.

invitation to the public

$P(q_{kl})$

$q_k \leq p_i$
bedingte Erfolgswahrscheinlichkeit = 0

$q_k > p_i$
bedingte Erfolgswahrscheinlichkeit = 1

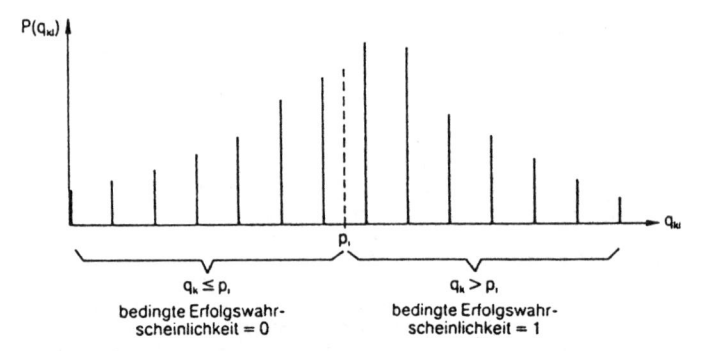

Ausgangslage zur Ermittlung der Erfolgswahrscheinlichkeit gegenüber einem Konkurrenten ohne Begünstigung

- Bei zu kleinen Fallzahlen hingegen ist mit Hilfe von Chi-Quadrat-Anpassungstests zu prüfen, ob die empirischen Verteilungen jeweils gewissen theoretischen Verteilungen folgen. Die Parameter der theoretischen Verteilungen können aufgrund des empirischen Datenmaterials bestimmt werden.
- Grundsätzlich ist auch denkbar, daß – ausgehend von den empirischen Verteilungen der relativierten Konkurrenzpreise – subjektive Wahrscheinlichkeitsschätzungen vorgenommen werden.

Im zweiten Schritt sind die Erfolgswahrscheinlichkeiten gegenüber einem einzelnen Konkurrenten zu ermitteln. Für den Fall, daß ein Konkurrent k mit Sicherheit ein Angebot abgeben wird und das betrachtete Unternehmen den Zuschlag erhält, wenn es den niedrigsten Preis fordert, sind in der folgenden Abbildung auf der Abszisse die möglichen relativen Preise des Konkurrenten k, q_{kl} (1 = 1, ... , L), auf der Ordinate deren Eintrittswahrscheinlichkeiten $P(q_{kl})$ abgetragen.

Ausgegangen wird von der beliebigen eigenen Preisforderung p_i. Für mögliche Konkurrenzpreisforderungen kleiner bzw. gleich dem eigenen Preis p_i gilt, daß die bedingte Erfolgswahrscheinlichkeit gleich Null ist. Für Konkurrenzpreisforderungen hingegen, die p_i übersteigen, ist die bedingte Erfolgswahrscheinlichkeit gleich Eins. Unter Zugrundelegung des Theorems der absoluten Wahrscheinlichkeit ergibt sich nun die Erfolgswahrscheinlichkeit gegenüber dem Konkurrenten k bei der eigenen Preisforderung p_i, $P(z_k(p_i))$, als:

$$P(z_k(p_i)) = 0 \cdot \sum_{q_{kl} \leq p_i} P(q_{kl}) + 1 \cdot \sum_{q_{kl} > p_i} P(q_{kl})$$
$$= \sum_{q_{kl} > p_i} P(q_{kl}) \quad \text{(für alle k, } p_i\text{)}.$$

Bei der Ermittlung von Zuschlagswahrscheinlichkeiten können auch Begünstigungen einzelner Anbieter (z.B. mittelständischer Unternehmen) bzw. eine nicht mit Sicherheit bekannte Konkurrenzsituation gegeben sein. Dann ist die Vorgehensweise zur Ermittlung von Erfolgswahrscheinlichkeiten gegenüber einzelnen Konkurrenten zu modifizieren.

Im dritten Schritt sind die Zuschlagswahrscheinlichkeiten, d.h. die Erfolgswahrscheinlichkeiten gegenüber allen Konkurrenten, zu bestimmen. Deren Ermittlung hängt davon ab, ob sich die Konkurrenten preispolitisch unabhängig oder abhängig verhalten. Im Fall eines unabhängigen Verhaltens der Konkurrenten ergeben sich die Zuschlagswahrscheinlichkeiten für alternative eigene Preisforderungen als Produkt der entsprechenden Erfolgswahrscheinlichkeiten gegenüber den einzelnen Konkurrenten:

$$P(z(p_i)) = \prod_{k=1}^{K} P(z_k(p_i)) \quad \text{(für alle } p_i\text{)}.$$

Denkbar ist auch, daß einige Konkurrenten sich dadurch abhängig verhalten, daß sie im Rahmen eines Submissionskartells Preisabsprachen treffen. In diesem Fall empfiehlt es sich, die Gruppe der sich abhängig verhaltenden Konkurrenten durch einen einzigen konkurrierenden Anbieter zu erfassen und jeweils nur die niedrigste Preisforderung der Gruppe zu berücksichtigen. Alternativ können Zuschlagswahrscheinlichkeiten auch auf der Basis des Winning-Bid-Approach, eines Durchschnittskonkurrenten, von einzeln zu erfassenden Konkurrenten sowie eines Durchschnittskonkurrenten (für die restlichen Konkurrenten) ermittelt werden.

invitation to the public: Angebot *n* an das Publikum *n*

invite: auffordern, einladen

invite bids *pl*: ausschreiben

invite tenders *pl*: ausschreiben

invoice: berechnen (von Waren usw.), Faktura *f*, fakturieren, Note *f*, Rechnung *f*

invoice amount: Rechnungsbetrag *m*

invoice auditing: Rechnungsprüfung *f*

invoice copy: Rechnungsdurchschlag *m*

invoice department: Rechnungsabteilung *f*

invoice discounting: Bevorschussung *f* von Rechnungen *f/pl*
invoice price: Rechnungspreis *m*
invoice summary card: Rechnungssummenkarte *f (EDV)*
invoice total: Rechnungsbetrag *m* (Gesamtbetrag)
invoke: appellieren (an), sich berufen (auf)
involuntary: unabsichtlich, unfreiwillig
involuntary bankruptcy proceedings *pl*: Zwangskonkursverfahren *n*
involuntary reorganization: Sanierung *f*
i-o-control: Eingabe-Ausgabe-Steuerung *f (EDV)*
IOU (I owe you): Schuldschein *m*
iron and steel industry: Schwerindustrie *f*
iron-ore mine: Eisenerz-Bergwerk *n*
ironmonger *(brit)*: Eisenwarenhändler *m*
irrecognition: Nichtanerkennung *f*
irreconcilable: unvereinbar
irrecoverable: uneinbringlich, uneintreibbar
irrecoverable debts *pl*: uneinbringliche Forderungen *f/pl*
irredeemable: unablösbar, uneinlöslich, unkündbar, untilgbar
irrefutable: unumstößlich, unwiderlegbar
irregular: ordnungswidrig, regellos, regelwidrig, unregelmäßig
irregular entry: Falschbuchung *f*
irregularity: Ordnungswidrigkeit *f*, Unregelmäßigkeit *f*
irregulars *pl*: fehlerhafte Erzeugnisse *n/pl* (2. Wahl)
irrelevant: belanglos, unerheblich
irrepealable: unwiderruflich
irrespective of percentage (i.o.p.): ohne Franchise *f*
irresponsibility: Unverantwortlichkeit *f*, Verantwortungslosigkeit *f*
irresponsible: unverantwortlich, verantwortungslos
irretrievable: unauffindbar, uneinbringlich, unwiederbringlich
irretrievable debts *pl*: uneinbringliche Forderungen *f/pl*
irrevocable: unumstößlich, unwiderruflich
irrevocable credit: unwiderruflicher Kredit *m*
irrevocable letter of credit: bestätigtes und unwiderrufliches Akkreditiv *n*
irritate: ärgern, belästigen, reizen
issuance: Erlaß *m*
issuance of declaratory decision: Feststellungsbescheid *m*
issue: ausfertigen, Ausfertigung *f*, ausgeben (Wertpapiere), ausstellen (Urkunden), Ausstellung *f* (Dokumente), begeben, Begebung *f*, Emission *f*, emittieren, Streitfrage *f*
issue a loan: Anleihe *f* auflegen
issue a receipt: quittieren
issue an execution: eine Zwangsvollstreckung *f* erwirken
issue by prospectus: Emission *f* durch Prospekt *m*
issue note: Ausgabebeleg *m*
issue of bank notes: Notenausgabe *f*
issue of bonds: Ausgabe *f* von Schuldverschreibungen *f/pl*
issue of currency: Geldemission *f*
issue of securities: Wertpapieremission *f*
issue of shares: Aktienausgabe *f*
issue of stocks: Aktienausgabe *f*
issue price: Ausgabekurs *m*, Begebungskurs *m*, Emissionspreis *m*
issue quotation: Ausgabekurs *m*, Begebungskurs *m*
issue risk insurance: Leibeserbenrisikoversicherung *f*
issue through the tap: freihändige Abgabe *f*
issued capital: ausgegebenes Kapital *n*
issuer: Aussteller *m* (von Schecks und Wechseln)
issuing agency: Ausgabestelle *f*
issuing bank: Emissionsbank *f*, Emissionsbank *f* oder -gesellschaft *f*
issuing clerk: Materialausgeber *m*, Warenausgeber *m*
issuing house: Emissionshaus *n*
issuing syndicate: Emissionskonsortium *n*
item: Artikel *m*, Gegenstand *m*, Posten *m*
item counter: Postenzähler *m (EDV)*
item number: Postanzahl *f*
item on the agenda: Tagesordnungspunkt *m*
itemization: Aufgliederung *f*, Spezifikation *f*
itemize: aufgliedern, spezifizieren
itemized analysis: Bilanzzergliederung *f*
itemized deduction: Einzelabzug *m*
iteration: Wiederholung *f*
iterative: sich wiederholend, wiederkehrend, iterativ
iterative routine: wiederkehrender Programmablauf *m (EDV)*
itinerant trade: ambulanter Handel *m*
Sammelbezeichnung für die verschiedenen Betriebsformen des Einzelhandels, die Waren mit Hilfe von standortunabhängigen und standortungebundenen mobilen Verkaufseinrichtungen (im Gegensatz zum stationären Einzelhandel) absetzen. Im einzelnen wird unterschieden zwischen 1. dem

Markthandel (Straßen- und Wochenmärkte), 2. dem mobilen Straßenhandel, 3. dem zentrumorientierten Straßenhandel (Straßenhandel, der längere Zeit an einem festen Standort verweilt) und 4. dem Hausierhandel.

itinerary: Reiseroute *f*

J

jack prices: Preise *m/pl* anheben
jacket: Schutzumschlag *m* (Buch)
jail: Gefängnis *n*
jailer: Gefängniswärter *m*
janitor: Hausmeister *m*
jeopardize: gefährden
jeopardy: Gefährdung *f*, Gefahr *f*
jetsam: Strandgut *n*
jewellery industry: Gold- und Silberwarenindustrie *f*
jewellery manufacture: Gold- und Silberwarenindustrie *f*
jig: Haltevorrichtung *f*
jigs *pl* **and tools** *pl*: Vorrichtungen *f/pl* und Werkzeuge *n/pl*
job: Arbeit *f*, Arbeitsaufgabe *f*, Arbeitsbereich *m* (Aufgabe), Arbeitsplatz *m*, Posten *m*, Tätigkeit *f*, Verrichtung *f*
job analysis: Arbeitsstudie *f*, Arbeitsanalyse *f*
job analyst: Spezialist *m* für Arbeitsstudien *f/pl*
job application: Stellengesuch *n*
job attribute: Tätigkeitsmerkmal *n*
job breakdown: Tätigkeitsbeschreibung *f*
job card: Akkordkarte *f*
job characteristics *pl*: Charakteristika *n/p* einer Arbeit, Besonderheiten *f/pl* einer Arbeit *f*, Besonderheiten *f/pl* einer Tätigkeit *f*
job class: Gruppe *f* gleichwertiger Tätigkeiten *f/pl*, Tätigkeiten *f/pl* gleicher Wertstufe *f*
job classification: Berufsgruppenstatistik *f*, Einstufung *f* von Tätigkeiten *f/pl*
job conditions *pl*: Arbeitsbedingungen *f/pl*, äußere Umwelteinflüsse *m/pl* am Arbeitsplatz
job content: Arbeitsinhalt *m*
job cost(s) *(pl)* **summary sheet:** Auftragskosten-Sammelblatt *n*
job cost sheet: Auftragskostensammelblatt *n*, Kostensammelblatt *n*, Auftragskostenbogen *m*, Kostensammelbogen *m*
job cost system: Kostenrechnung *f* für Einzelfertigung *f*
job costing: Auftrags(Einzelfertigungs-)kostenrechnung *f*, Auftragskalkulation *f*, Kostenrechnung *f* bei Einzelfertigung, Zuschlagskalkulation *f*
job description: Stellenbeschreibung *f*, Tätigkeitsbeschreibung *f*
Nach H. B. Acker ist eine Stellenbeschreibung „die schriftliche, verbindliche und in einheitlicher Form abgefaßte Festlegung der Eingliederung einer Stelle in den Betriebsaufbau, ihrer Ziele, Aufgaben und Funktionen, ihrer Verantwortlichkeiten und Kompetenzen sowie ihrer wichtigen Beziehungen zu anderen Stellen."
Durch eine Stellenbeschreibung wird jedem Mitarbeiter sein Platz und seine Aufgabe innerhalb der Organisation fest zugeordnet. Sie ist zugleich eine Abgrenzung gegenüber gleichgeordneten Mtarbeitern und über- oder untergeordneten Stelleninhabern. Die Stellenbeschreibung ist ein Handlungsrahmen, der die Befugnisse und Aufgaben des Mitarbeiters regelt.
Vorgesetzte wie Mitarbeiter finden vorgegebene Stellen vor. Ihre eigene Initiative sowie ihr selbständiges Denken und Handeln müssen sich in diesem festgelegten Rahmen entwickeln. Sie bildet zugleich die Grundlage für die Delegation. Inhaltlich werden folgende Tatbestände geregelt:
• Stellenbezeichnung, wobei eine Unterscheidung in Linien-, Stabs- und Dienstleistungsfunktion vorgenommen wird.
• Titel oder Amtsbezeichnung des Stelleninhabers.
• Hierarchische Einordnung des Stelleninhabers: Über- und Unterstellungsverhältnis und damit die Festlegung der Berichts- und Weisungswege.
• Zielsetzung der Stelle (Aufgaben).
• Festlegung der Stellvertretung.
• Beschreibung der Teilaufgaben je Mitarbeiter innerhalb der Stelle.
• Kennzeichnung der Kompetenzen.
job difficulty: Arbeitsschwierigkeit *f*
job difficulty allowance: Schwierigkeitszuschlag *m*
job dilution: Aufteilung *f* einer Tätigkeit *f* in Arbeitsgänge *m/pl* gleichen Schwierigkeitsgrades *m*
job duration: Tätigkeitsdauer *f*
job enlargement: Arbeitsausweitung *f*, Aufgabenvergrößerung *f*, Vergrößerung *f* des Tätigkeitsbereich *m*
Ein Modell der Arbeitsstrukturierung, das auf eine Ausweitung der Aufgabenvielfalt durch gestalterische Eingriffe in den Arbeitsplatz und den Arbeitsablauf zielt. Dabei werden mehrere strukturell gleichartige, stark zersplitterte, aber miteinander in Beziehung stehende, vor- und nachgelagerte Arbeitsfunktionen oder Arbeitsaufgaben, die ursprünglich von verschiedenen Arbeitern durchgeführt wurden, wieder an einem Arbeitsplatz zusammengefaßt.
Die Erweiterung der Arbeit besteht in einer zahlenmäßigen Vergrößerung qualitativ gleichartiger Operationen. Dadurch erfolgt für die betroffenen

job enrichment

Mitarbeiter eine quantitative Erweiterung des Tätigkeitsspielraums. Im Gegensatz zum geplanten Arbeitsplatzwechsel (Job-Rotation) wechselt der Mitarbeiter nicht seinen Arbeitsplatz. Es wird vielmehr versucht, den Umfang der Aufgaben zu vergrößern, indem man die Anzahl der Vollzugstätigkeiten an einem Arbeitsplatz erhöht. Somit vollzieht sich die Arbeit nicht mehr sukzessiv sondern simultan.

Die Aufgabenvergrößerung sieht keine Einbeziehung des Entscheidungs- und Kontrollspielraums in die Umstrukturierung der Arbeit vor. Arbeitsplatzwechsel wie auch Arbeitsvergrößerung stellen sich deshalb nicht so sehr als geeignete Konzepte dar, die Motivation in signifikantem Maße zu steigern. Gleichwohl vermögen sie zweifellos im Einzelfall geeignet sein, stark belastende Arbeitssituationen abzumildern und eine positivere Arbeitssituation herbeizuführen.

Job-Enlargement und Arbeitsanreicherung (Job-Enrichment) werden in der Literatur teilweise unterschiedlich abgegrenzt. Während G. Reber die Begriffe Job-Enlargement und Job-Enrichment synonym verwendet, interpretiert P. U. Kupsch Job-Enlargement so umfassend, daß Job-Enrichment völlig vernachlässigt wird. Er unterscheidet statt dessen „sachorientiertes Job-Enlargement" und „phasenorientiertes Job-Enlargement", das jedoch im wesentlichen mit der allgemein gebräuchlichen Job-Enrichment-Definition übereinstimmt.

job enrichment: Arbeitsanreicherung *f*, Arbeitsplatzbereicherung *f*

Eine Form der Arbeitsstrukturierung, bei der strukturell gleiche und verschiedene, vor-, nach- und nebengelagerte Arbeitsfunktionen oder -aufgaben zu einer neuen Aufgabe zusammengefaßt werden.

Durch die qualitative Bereicherung des Arbeitsinhalts wird der Handlungsspielraum des Mitarbeiters vergrößert, d.h. er hat mehr Entscheidungs-, Kontroll-, Durchführungs- und Verantwortungskompetenzen als zuvor. Damit hebt die Arbeitsanreicherung am unteren Ende der Management-Hierarchie die traditionelle Trennung von leitender und ausführender Tätigkeit ansatzweise auf, indem sie den Entscheidungs- und Kontrollspielraum von Mitarbeitern erweitert („vertikale Ladung").

Vielfach wird Job-Enrichment als ein auf den einzelnen Arbeitsplatz gerichtetes Konzept betrachtet („individuenzentrischer Ansatz"). Da es bei der Ausweitung des Entscheidungs- und Kontrollspielraums im Grunde um den Einbau von Vorgesetztenfunktionen in die Aufgabe des Mitarbeiters geht, wird deutlich, daß die Beschränkung auf die Individualebene eine deutliche Begrenzung der Arbeitsanreicherungsmöglichkeiten darstellt.

Bei den Ansätzen zur qualitativen, vertikalen Arbeitsfeldvergrößerung (Job Enrichment), werden neben der Addition von Arbeiten vergleichbarer Schwierigkeiten Managementaufgaben wie Planung und Kontrolle reintegriert. Theoretische Basis dieses Konzepts ist Frederick Herzbergs Zwei-Faktoren-Theorie, derzufolge Arbeitszufriedenheit unter der Voraussetzung, daß die Arbeit stimulierend und sinnhaft ist und Gelegenheit zur Entwicklung, Anerkennung und Höherqualifikation bietet, durch diese selbst erreicht werden kann.

Die Erkenntnis, daß positive Einstellungen von Mitarbeitern zur Arbeit andere Ursachen haben als negative, veranlaßte ihn, das klassische Konzept der Arbeitszufriedenheit, das von einem Kontinuum von ‚zufrieden' bis ‚unzufrieden' ausgeht: Das Gegenteil von Unzufriedenheit sei nicht Zufriedenheit, sondern Fehlen von Unzufriedenheit. Diese Neufassung des Zufriedenheitskonzepts dient heute weltweit zur Rechtfertigung von Job-enrichment-Programmen. Jedenfalls lenkte die Zwei-Faktor-Theorie im Management das Hauptinteresse vom Kontext der Arbeit weg, Hygiene-Faktoren, auf die Arbeit selbst, den Arbeitsinhalt (job content). Herzberg empfahl ja, die leicht zu identifizierenden negativen Aspekte in den Hygiene-Faktoren zu eliminieren und sich auf die Motivatoren zu konzentrieren.

Trotz zahlreicher positiver Berichte über Job-enrichment-Programme gelten sie keineswegs als Allheilmittel zur Überwindung von Monotonie und Desinteresse am Arbeitsplatz. Auch die generelle Hypothese, starke Arbeitsteilung führe zu Langeweile und Unzufriedenheit, wurde vielfach widerlegt. In empirischen Untersuchungen finden sich zahlreiche Hinweise darauf, daß bestimmte Arbeiter repetitive, monotone Tätigkeiten vorziehen.

job enrichment on group basis: Arbeitsanreicherung *f* auf Gruppenbasis, Arbeitsplatzbereicherung *f* auf Gruppenbasis

Ein soziozentrisches Modell der Arbeitsstrukturierung, in dessen Zentrum selbststeuernde (teilautonome) Arbeitsgruppen als Kleingruppen im Gesamtsystem der Unternehmung stehen. Ihre Mitglieder haben zusammenhängende Aufgabenvollzüge gemeinsam und eigenverantwortlich zu erfüllen und verfügen zur Wahrnehmung dieser Funktion über entsprechende – vormals auf höheren hierarchischen Ebenen angesiedelte – Entscheidungs- und Kontrollkompetenzen. Je nach den Sachverhalten, die der Arbeitsgruppe zur eigenverantwortlichen Wahrnehmung übertragen werden, kann man verschiedene Grade der Selbststeuerung unterscheiden.

job evaluation: Arbeitsplatzbewertung *f*

Die Arbeitsbewertung zielt darauf ab, bestimmte Anforderungen an eine Arbeit oder eines Arbeitsplatzes im Vergleich zu anderen Arbeiten nach einem einheitlichen Maßstab zu bestimmen. Es geht dabei darum, unabhängig von bestimmten Personen als Arbeitsplatzinhabern Schwierigkeitsunterschiede zwischen einzelnen Arbeiten festzulegen. Arbeitswertstudien dienen vor allem der Ermittlung eines anforderungsgerechten Lohns.

Auf der verfahrenstechnischen Ebene stehen als Arten der Bewertung die summarische und die analytische Arbeitsbewertung, als Arten der Quantifizierung die Reihung und Stufung zur Verfügung. Summarische Verfahren nehmen eine Bewertung der Arbeitsschwierigkeit als Ganzes vor und verzichten damit auf eine getrennte Analyse einzelner Anforderungsarten. Bei den analytischen Verfahren wird hingegen die Höhe der Beanspruchung nach Anforderungsarten aufgegliedert, und diese werden jeweils einzeln bewertet.

Die Quantifizierung des Urteils über die Arbeitsschwierigkeit kann bei beiden Verfahrensgruppen entweder durch Reihung oder durch Stufung erfolgen. Bei der Reihung wird eine Rangordnung der Arbeitsplätze gemäß dem jeweiligen Schwierigkeitsgrad vorgenommen. Bei der Stufung werden hingegen unterschiedliche Schwierigkeitsklassen gebildet, in die dann die einzelnen Tätigkeiten bzw. Anforderungsarten eingruppiert werden. Kombiniert man diese Unterscheidungsmerkmale, so lassen sich vier Verfahren der Arbeitsbewertung unterscheiden:

1. Summarische Arbeitsbewertungsverfahren:
- *Rangfolgeverfahren*: Beim Rangfolgeverfahren werden die im Unternehmen anfallenden Arbeiten in einem ersten Schritt anhand von Arbeitsbeschreibungen aufgelistet. Anschließend werden diese Arbeiten durch paarweise Gegenüberstellung miteinander verglichen und nach der Arbeitsschwierigkeit geordnet. Diese Rangordnung bildet die Grundlage für die Lohnsatzdifferenzierung. Dabei werden die Arbeitsplätze, die nach ihrer Arbeitsschwierigkeit als gleichwertig eingeschätzt werden, in einer Lohn- und Gehaltsgruppe zusammengefaßt.

Den Vorteilen der einfachen Handhabbarkeit und leichten Verständlichkeit stehen gravierende Nachteile gegenüber. So ist das Rangfolgeverfahren allenfalls in kleinen, überschaubaren Betrieben oder einzelnen Abteilungen mit vertretbarem Aufwand durchführbar. Auch bleibt die Größe der Rangabstände zwischen den einzelnen Tätigkeiten unberücksichtigt, und es fehlt eine exakte Bezugsgröße für die Transformation der Arbeitswerte in Lohnsätze.

An den Beurteiler werden damit sehr hohe Anforderungen gestellt, was einen breiten Raum für subjektive Einflüsse eröffnet und die Gefahr von Fehlurteilen erhöht. In der Praxis findet das Rangfolgeverfahren aus diesen Gründen nur sehr selten Anwendung.

- *Lohngruppenverfahren*: Beim Lohngruppenverfahren, das Tarifverträgen häufig zugrundeliegt, wird die Vorgehensweise des Rangfolgeverfahrens umgedreht. Zuerst bildet man einen Katalog von Lohngruppen, der unterschiedliche Schwierigkeitsgrade der verschiedenen Arbeitsplätze darstellt. Um die Einstufung in die einzelnen Lohngruppen zu erleichtern, ergänzt man die summarische Beschreibung der einzelnen Schwierigkeitsstufen in der Regel durch Richtbeispiele. Im zweiten Schritt werden dann die einzelnen Arbeitsplätze den Lohn-/Gehaltsgruppen zugeordnet. Die Zahl der Lohngruppen umfaßt je nach Tarifgebiet und dem gewünschten Genauigkeitsgrad zwischen acht und vierzehn Lohngruppen.

Die Vorzüge des Lohngruppenverfahrens liegen wiederum in der einfachen und verständlichen Handhabung. Problematisch ist die hinreichend klare und aussagekräftige Abgrenzung der einzelnen Entgeltgruppen. Außerdem werden die spezifischen Arbeitsbedingungen nur unzureichend berücksichtigt.

2. Analytische Arbeitsbewertungsverfahren:
Die analytischen Verfahren der Arbeitsbewertung zielen darauf ab, die Nachteile der summarischen Verfahren durch einen detaillierteren Bewertungsvorgang zu umgehen. Die Arbeitsschwierigkeit wird nicht als Ganzes ermittelt, sondern man gliedert die Höhe der Beanspruchung nach einzelnen Anforderungsarten auf und bewertet diese jeweils einzeln. Die Gesamtbeanspruchung ergibt sich aus der Addition der jeweiligen Einzelurteile.

- *Rangreihenverfahren*: Bei diesem Verfahren wird – in Analogie zum Rangfolgeverfahren – eine Rangordnung der Verrichtungen vorgenommen, und zwar für jede Anforderungsart getrennt. Zur Ermittlung des Arbeitswerts werden die ordinalen Ränge bzw. Platzziffern in addierbare Zahlenwerte (meist Prozentzahlen) überführt. Darüber hinaus ist eine Gewichtung erforderlich, die die Relation der einzelnen Anforderungsarten zur Gesamtanforderung festlegt.

- *Stufenwertzahlverfahren*: Beim Stufenwertzahlverfahren werden jeder einzelnen Anforderungsart Stufen vorgegeben, die unterschiedliche Belastungen durch die jeweilige Anforderungsart widerspiegeln sollen. Jede dieser Bewertungsstufen wird definiert, durch Richtbeispiele erläutert und mit einer Punktzahl (Wertzahl) versehen. Der jeweils höchste Wert der gebildeten Stufen ergibt die maximal erreichbare Punktzahl für eine Anforderungsart. Gewichten lassen sich die einzelnen Anforderungsarten zueinander, indem man je nach Bedeutung der Anforderungsart jeweils unterschiedlich viele Stufen wählt.

Die Hauptprobleme beim Einsatz analytischer Arbeitsbewertungssysteme liegen darin, geeignete Anforderungsarten auszuwählen und den Anteil der einzelnen Anforderungsarten an der Gesamtanforderung zu bestimmen. Die Bemühungen um eine stärkere Objektivierung im Rahmen analytischer Verfahren können jedoch nicht darüber hinwegtäuschen, daß auch diese Vorgehensweise letztlich quasiobjektiv bleibt. Quasiobjektiv sind solche Verfahren deshalb, weil schon die Auswahl der einzelnen Tatbestandsmerkmale und ihre Gewichtung Raum für subjektive Beurteilungen gibt. Sie können daher bei der Erstellung von Lohnsystemen (nur) als Argumentationshilfe dienen, nicht aber die zugrundeliegenden normativen Fragen beantworten.

Unabhängig davon, ob analytische oder summarische Verfahren herangezogen werden, stellen die ermittelten Arbeitswerte schließlich die Basis für eine Lohnsatzdifferenzierung unter Beachtung des in den Tarifverträgen festgelegten Mindestgrundlohns dar.

job factors *pl*: Besonderheiten *f/pl* Arbeit *f*, Besonderheiten *f/pl* einer einer Tätigkeit *f*

job family: Gruppe *f* ähnlicher Tätigkeiten *f/pl*

job grading: wertmäßige Einstufung *f* von Tätigkeiten *f/pl*

job holder: Stelleninhaber *m* (Planstelle)

job hopping: häufiger Stellenwechsel *m*, häufiger Wechsel *m* des Arbeitsplatzes

job hunting: Stellungssuche *f*

job instruction: Arbeitsunterweisung *f*

job know-how: Kenntnis *f* der Arbeitsaufgabe *f*

job knowledge: Kenntnis *f* der Arbeitsaufgabe *f*

job layout: Arbeitsplatzgestaltung *f*
Eine Aufgabe des Personal-Management, die darin besteht, den Arbeitsplatz eines Mitarbeiters entsprechend den Anforderungen der zu erledigenden Aufgaben im Hinblick auf psychische und physische Zumutbarkeit zu gestalten. Zur Arbeitsplatzgestaltung zählen die Bereitstellung von Arbeitsmitteln, eine menschengerechte Gestaltung des Arbeitsplatzes, z.B. durch die Beachtung ergonomischer Faktoren, die Einrichtung von Sicherheitsvorkehrungen bei gefährdeten Arbeitsplätzen (Schutzfunktion).

job ledger: Auftragsbuch *n*

job lot: Kleinserie *f*, Partie *f*

job lot production: Kleinserienfertigung *f*

job monopoly: Arbeitsmonopol *n*
Eine Form des Monopols, bei der eine künstliche Verknappung des Arbeitsangebots vorliegt. Goetz Briefs spricht in diesem Zusammenhang von den Gewerkschaften „als Preiskartell mit der Tendenz zur Angebotskontingentierung und Konditionen-Normierung".

job offer: Stellenangebot *n*

job order: Arbeitsauftrag *m*, Fabrikationsauftrag *m*

job order costing: Auftrags(Einzelfertigungs-)kostenrechnung *f*, Kostenrechnung *f* bei Einzelfertigung, Zuschlagskalkulation *f*

job order number: Arbeitsauftragsnummer *f*, Auftragsnummer *f*, Fabrikationsauftragsnummer *f*

job organization: Arbeitsstrukturierung *f*
Die Gestaltung von Inhalt, Umfeld und Bedingungen der Arbeit auf der Ebene eines Arbeitssystems. Arbeitsstrukturierung ist sowohl eine Technik der Organisationsentwicklung (OE) wie der Personalentwicklung (PE).
Unter dem Schlagwort „Humanisierung der Arbeit" (HdA) oder „Qualität des Arbeitslebens" werden in den Wirtschafts-, Sozial- und Arbeitswissenschaften verstärkt Neue Formen der Arbeitsorganisation (NFA) diskutiert, an die die Erwartung geknüpft wird, daß sie die im Zuge extremer Arbeitsfeldverkleinerung festgestellten Dysfunktionen korrigieren sollen.

Umfassende Ansätze, die von der Analyse der Arbeitsorganisation (work organization) ausgehen, finden sich vor allem in Großbritannien und Skandinavien, wo der sociotechnical approach des Tavistock Instituts und der ‚Industrial Democracy' Bewegung eine der Komplexität industrieller Arbeitsstrukturen angemessene situationsbezogene, integrative Betrachtungsweise von technisch-organisatorischen, menschlich-sozialen und gesamtgesellschaftlichen Bezügen gefördert haben.

In Norwegen beauftragten der Gewerkschaftsbund und die Nationale Arbeitgebervereinigung das Institut für Industrielle Sozialforschung in Trondheim, das sich seinerseits der wissenschaftlichen Mitarbeit des Tavistock Institute in London versicherte, in Feldversuchen die Leistungsfähigkeit alternativer Organisationsformen der Arbeit zu untersuchen.

Entsprechende Programme bzw. Arbeitsstrukturierungsprojekte finden sich ab 1970 in Schweden und ab 1974 in der Bundesrepublik Deutschland. Während ‚Industrial Democracy' sich auf die Veränderung einer ganzen Industriegesellschaft richtet, zielen ‚Work Democracy' Ansätze auf der Basis soziotechnischer Systemforschung zunächst auf eine Humanisierung von Arbeitsplätzen bzw. Arbeitsorganisationen. Dabei wird zwischen einem direkten (participatory) und einem indirekten (representative) Ansatz unterschieden. Ersterer geht davon aus, daß politisch mündiges Verhalten in einer Gesellschaft u.a. die Folge von Arbeitsbedingungen und -strukturen ist, die ein ebensolches Verhalten wie Mitbestimmung am Arbeitsplatz ermöglichen. Dieser Ansatz prägt vor allem die HdA-Bemühungen in Norwegen. In der Bundesrepublik Deutschland wird dagegen ein mehr indirekter Ansatz bevorzugt, der sich auf die bekannten institutionalisierten Mitbestimmungsorgane wie z.B. Betriebsrat, Aufsichtsrat, Wirtschaftsausschuß stützt. HdA-Ansätze, die eine direkte Mitbestimmung vorsehen, werden in der Tendenz von Arbeitgeberseite befürwortet, von Gewerkschaftsseite jedoch abgelehnt, da sie zu einer ‚Aushöhlung' bewährter repräsentativer Mitbestimmungsorgane führen könnten.

1974 legte die Bundesregierung ein Programm „Humanisierung des Arbeitslebens" vor. Im einzelnen handelte es sich um folgende Aktionsrichtungen:

• Verbesserung der Arbeitsinhalte und Arbeitsbeziehungen

• Abbau von Über- und Unterbeanspruchungen

• Erhöhung der Arbeitssicherheit

• Verminderung negativer Wechselbeziehungen zwischen Arbeitswelt und anderen Lebensbereichen

• Entwicklung übergreifender Strategien der Humanisierung.

Dabei sollten verstärkt solche Maßnahmen gefördert werden, welche die Erweiterung von Hand-

lungs- und Dispositionsspielräumen u.a. mit dem Ziel der Höherqualifikation zum Gegenstand haben. Nach dem Regierungswechsel von 1983 wurde das HdA-Programm weitgehend bedeutungslos.
Konkret zielen HdA-Maßnahmen auf folgende Aspekte des Arbeitsvollzugs oder Kombinationen davon:
a) Erweiterung des Tätigkeits- und Entscheidungsspielraums (Handlungsspielraum)
b) Integration von Service- und Stabstätigkeiten
c) Verlängerung der Zykluszeiten
d) Schaffung von Zwischenlagern (Puffer)
e) Mitbestimmung am Arbeitsplatz
f) räumliche Anordnung, die soziale Kontakte erlaubt
g) Anlern- und Umschulungsprogramme, Mobilität
h) gleitende Arbeitszeit.

job price: Auftragspreis m, Schleuderpreis m

job production: Einzelfertigung f

job rate: Akkordlohnsatz m

job rating: Arbeitsbewertung f

job record: Arbeitsbericht m

job requirement: Anforderungsmerkmal n

job rotation: Arbeitsplatz(ring)tausch m, geplanter Arbeitsplatzwechsel m
Ein Ansatz der Arbeitsorganisation, bei dem die Mitarbeiter nach vorgeschriebenen oder selbst gewählten Zeit- und Reihenfolgen ihre (strukturell gleichartigen) Arbeitsplätze wechseln. Die Mitarbeiter führen dabei also mehrere gleichartige oder ähnliche Arbeitsaufgaben im zeitlichen Wechsel aus. Dieser Wechsel kann geplant oder ungeplant, selbstbestimmt oder fremdbestimmt sein und sich auf ein oder mehrere (Teil-)Produkt(e) erstrecken. Die Dauer des Wechselintervalls beträgt in der Regel Wochen, seltener Stunden oder Monate.
Mit Hilfe von Job Rotation erreicht man ohne gestalterische Eingriffe in die Arbeitsplätze für den wechselnden Mitarbeiter eine Erhöhung der Aufgabenvielfalt nach Maßgabe der Aufgabenanforderungen.
In der Beschränkung auf die gegebenen Arbeitsplätze liegt eine der wesentlichen Grenzen dieser Form der Arbeitsorganisation. Die Aufgabenvielfalt kann nur nach Maßgabe der vorhandenen Arbeitsplätze variieren.

job satisfaction: Arbeitszufriedenheit f
Im Zuge der Untersuchungen zur Arbeitsmotivation schob sich immer deutlicher die Arbeitszufriedenheit als zentrales Konzept in den Vordergrund. Arbeitszufriedenheit wird dabei meist als Indikator für eine hohe Arbeitsmotivation verstanden, als ein positiver Zustand, in dem die arbeitsrelevanten Bedürfnisse in einem hohen Maße befriedigt werden. Bisweilen wird Arbeitszufriedenheit auch als eine positive Einstellung zur Arbeit und zur Organisation verstanden.
Im Unterschied zu Frederick Herzbergs Zwei-Faktoren-Theorie gehen die meisten Ansätze von einer eindimensionalen Vorstellung aus, d.h. Arbeitszufriedenheit wird meist als das Ergebnis eines sozialen Vergleichs zwischen dem, was man an Bedürfnisbefriedigung von einem Arbeitsplatz erwartet (Soll) und den tatsächlich vorfindbaren Bedürfnisbefriedigungsmöglichkeiten (Ist), betrachtet.
Die Bildung eines Anspruchsniveaus ist im wesentlichen durch Sozialisation und gesellschaftliche Entwicklungen bestimmt. Die Standards für die Bewertung des Soll/Ist-Vergleichs werden ihrerseits in der Regel wieder aus sozialen Vergleichen gewonnen.
Zur Messung der Arbeitszufriedenheit ist eine Vielzahl von Instrumenten entwickelt worden. Im wesentlichen kann man zwischen individuellen qualitativen Instrumenten unterscheiden, die auf den speziellen Befragungskontext eingehen, und standardisierten quantitativen Skalen, die von generell gültigen Ansprüchen an die Arbeit ausgehen.
Die von Herzberg verwendete Methode der kritischen Ereignisse gehört zu den qualitatitiven Instrumenten. Bei den quantitativen Skalen hat der „Job Description Index" am meisten Prominenz erlangt, der auch in einer deutschen Version als ABB (Arbeits-Beschreibungs-Bogen) vorliegt.
Empirische Untersuchungen haben auf eine Reihe von Handlungskonsequenzen der Arbeitszufriedenheit erkannt:
(1) *Fluktuation*: Je zufriedener eine Person mit ihrer Arbeit ist, desto weniger ist sie geneigt, ihren Arbeitsplatz zu wechseln, d.h. mit steigender Arbeitszufriedenheit nimmt die Fluktuationsrate tendenziell ab. Eine Differenzierung und bessere Erklärungsmöglichkeit ergibt sich, wenn man Fluktuation nicht nur als Funktion der Arbeitszufriedenheit, sondern auch möglicher Alternativen und erwarteter Änderungen begreift. Die Entscheidung über den Verbleib in einer Organisation wird dann auch davon abhängen, ob ein Individuum überhaupt günstigere Alternativen zur Verfügung hat.
(2) *Fehlzeiten*: Untersuchungen bestätigen, daß eine inverse Beziehung von Arbeitszufriedenheit und Häufigkeit der Fehlzeiten besteht. Der Zusammenhang ist indes nicht so eindeutig wie bei der Fluktuation. Ein wesentlicher Grund dafür muß darin gesehen werden, daß Fehlzeiten auch eine Reihe objektiver Ursachen haben, wie Krankheit, Verkehr usw., und nicht nur Folgeerscheinungen sind, die durch unbefriedigende Arbeit hervorgerufen werden.
(3) *Unfallhäufigkeit*: Eine inverse Beziehung zwischen Arbeitszufriedenheit und Unfallhäufigkeit konnte mehrmals in empirischen Untersuchungen bestätigt werden. Eine Erklärung könnte so lauten, daß mit geringerer Arbeitszufriedenheit ein geringeres Interesse an der Arbeit und damit ein weniger sorgfältiger und damit unfallträchtigerer Arbeitsvollzug einhergeht. Eine umgekehrte Erklärung ist ebenso plausibel. Erhöhte Unfallgefahr hat eine geringere Arbeitszufriedenheit zur Folge.
(4) *Arbeitsproduktivität*: Die insbesondere von der Human-Relations-Bewegung vertretene Hypothe-

se, daß Arbeitszufriedenheit in jedem Fall zu erhöhter Arbeitsproduktivität führen würde, läßt sich so generell empirisch nicht bestätigen. Die Ergebnisse von Felduntersuchungen, die Victor H. Vroom zu einer Sekundäranalyse zusammengetragen hat, sind widersprüchlich; die Korrelationen variieren zwischen 0,86 und 0,31, der Mittelwert liegt bei 0,14. Eine Erklärung dieser Resultate muß in den mannigfachen Einflußfaktoren wie unterschiedlichen Interessen von Individuum und Organisation, Ausbildung, Fähigkeit gesucht werden, die hier ebenfalls wirksam sind. Die Haupterklärung wird aber in der mangelnden instrumentellen Verknüpfung von Produktivität und Arbeitszufriedenheit zu suchen sein; die Erwartungs-Valenz-Theorie macht deutlich, daß nur unter solchen Umständen ein Zusammenhang zu erwarten ist.

(5) *Lebenszufriedenheit*: Die Arbeitszufriedenheit erwies sich als bedeutsamer Faktor für die Lebenszufriedenheit insgesamt. Dieser positive Bezug unterstreicht die Bedeutung der Arbeitssituation für das Lebensglück schlechthin und steht zu der Kompensationsthese im scharfen Widerspruch, wonach Arbeitsleid durch attraktive Freizeit wettgemacht wird.

Die häufig bestätigte Beziehung zwischen einem höheren Grad an Abwechslung (Variation der eigenen Handlungen, steigender Komplexitätsgrad der Aufgabe, und Arbeitszufriedenheit muß allerdings relativiert werden: Die Abwechslung muß als dynamischer Prozeß gesehen werden; d.h. nach gewisser Zeit tritt ein neuer Gewöhnungseffekt ein, und die Erwartungen richten sich auf neue Änderungen.

Je weniger ein Individuum die Entscheidungen über seine Arbeitsbedingungen und Arbeitsablauf beeinflussen kann, d.h. je machtloser es ist, desto geringer ist gewöhnlich die Arbeitszufriedenheit und umgekehrt.

Stark zergliederte Arbeitsprozesse, die eine Einordnung der Tätigkeit in einen Gesamtprozeß schwer nachvollziehbar machen, wurden als unbefriedigend empfunden, selbst dann, wenn Wünsche und Erwartungen an die Arbeit eng begrenzt waren. Die Möglichkeit, intensive Sozialkontakte bei der Arbeit zu pflegen, und die Mitgliedschaft in einer kohäsiven Gruppe erhöht in der Mehrzahl der Fälle die Arbeitszufriedenheit. Je mehr die Arbeitsverhältnisse eine Selbstverwirklichung und Persönlichkeitsentwicklung gestatten, desto höher ist in der Regel die Arbeitszufriedenheit.

Es konnte bisher kein eindeutiger Bezug zwischen absoluter Lohnhöhe und Zufriedenheit festgestellt werden, der soziale Vergleich spielt hier die entscheidende Rolle.

Relativ häufig und konsistent konnte die Annahme bestätigt werden, daß freundliches, unterstützendes Vorgesetztenverhalten die Arbeitszufriedenheit erhöht.

In mehreren Untersuchungen konnte eine positive Beziehung zwischen Positionshöhe und Zufriedenheit konsistent bestätigt werden. Der Hauptgrund ist wohl in den anspruchsvolleren Arbeitsinhalten, wie sie mit steigender Positionshöhe einhergehen, zu sehen.

Ausgehend von der Überlegung, daß Frauen in unserer Gesellschaft aus ihrer spezifischen Rollendefinition heraus ein geringeres Anspruchsniveau haben, was die Bedürfnisbefriedigungsmöglichkeiten am Arbeitsplatz anbelangt, wird für sie häufig eine höhere Zufriedenheit vermutet. Tendenzen in dieser Richtung ließen sich öfter bestätigen. Die Unterschiede (Männer/Frauen) waren jedoch in der Regel nicht sehr deutlich ausgeprägt.

job security: Sicherheit *f* des Arbeitsplatzes *m*

job seniority: Dienstalter *n* (berechnet auf Basis der ununterbrochenen Ausübung einer Tätigkeit)

job shop: Betrieb *m* für Einzelfertigung *f*

job simplification: Arbeitsvereinfachung *f*

job specialization: Arbeitsspezialisierung *f*

job specification: Arbeitsplatzbeschreibung *f*, Tätigkeitsbeschreibung *f*

job standardization: Arbeitsvereinheitlichung *f*, Tätigkeitsvereinheitlichung *f*

job ticket: Akkordzettel *m*

job time: Stückzeit *f*

job title: Tätigkeitsbezeichnung *f*

job work: Akkordarbeit *f*, Stückarbeit *f*

jobber: Grossist *m*, Spekulant *m*, Wertpapierhändler *m* (Londoner Börse)

jobless *pl*: Arbeitslose *m/pl*

jobless: arbeitslos

jobs offered *pl*: offene Stellen *f/pl*, Stellenangebote *n/pl*

join: anschließen, beitreten (einer Partei), eintreten, mitmachen, verbinden, vereinigen, zusammenschließen

join (a firm) as a partner: eintreten als Teilhaber *m*

join (small enterprises) into cooperatives: vergenossenschaftlichen

join as defendant: eine Klage *f* ausdehnen

joined, be: beitreten (Rechtsstreit)

joining: Beitritt *m*

joining of issue: Einlassung *f*

joint: gemeinsam, gemeinschaftlich, gesamt

joint account: gemeinschaftliches Bankkonto *n*, gemeinschaftliche Rechnung *f*, gemeinschaftliches Konto *n*, Metarechnung *f*

joint and survivors' annuity: Annuität *f*, zahlbar an Versicherungsnehmer *m/pl* und weitere Personen *f/pl*, Rente *f*, die an Versicherungsnehmer *m/pl* und weitere Personen *f/pl* zahlbar ist

joint annuity: Rente *f* auf verbundene Leben *n/pl*
joint capital: Aktienkapital *n*
joint committee: gemischter Ausschuß *m*
joint control: Mitkontrolle *f*
joint cost: gemeinsame Kosten *pl*, Kosten *pl* von Koppelprodukten *n/pl*, Kuppelproduktkosten *pl*, Schlüssel(gemein)kosten *pl*, Schlüsselkosten *pl*, Umlagekosten *pl*
joint costing: Kostenrechnung *f* für Koppelprodukte
joint council: gemeinsamer Beirat *m*
joint creditor: Gesamtgläubiger *m*
joint debtor: Gesamtschuldner *m*, Mitschuldner *m*, Solidarschuldner *m*
joint estate: gemeinsamer Besitz *m*, gemeinschaftlicher Besitz *m*, gemeinschaftliches Eigentum *n*, Gesamteigentum *n*, Miteigentum *n* zur gesamten Hand
joint fixed cost: nicht aufteilbare Fixkosten *pl*
joint floating: Blockfloating *n*
joint guarantee: Kollektivgarantie *f*
joint heir: Miterbe *m*
joint household expenses *pl*: ehelicher Aufwand *m*
joint issue: einlassen
joint liability: Gesamthaftung *f*
joint life policy: verbundene Lebensversicherung *f*
joint managing director: Mitgeschäftsführer *m*
joint negotiation committee: gemeinsamer Verhandlungsausschuß *m*
joint owner: Mitbesitzer *m*
joint owner by fractions: Miteigentümer *m* nach Bruchteilen *m/pl*
joint ownership: Mitbesitz *m*, Miteigentum *n*
joint possession gemeinsamer: Besitz *m*, gemeinschaftliches Eigentum *n*, Mitbesitz *m*
joint possessor Mitbesitzer: *m*
joint product: Koppelprodukt *n*
joint property: gemeinschaftliches Eigentum *n*, Gesamteigentum *n*
joint proprietor: Miteigentümer *m*
joint rate setting: gemeinsame Lohnfestsetzung *f* durch Arbeitgeber und -nehmer *m/pl*
joint return: gemeinsame Steuererklärung *f*, gemeinsame Veranlagung *f*
joint security: Solidarhaftung *f*
joint signature: Mitunterschrift *f*
joint stock: Aktienkapital *n*
joint stock association: Aktiengesellschaft *f*
joint stock bank: Aktienbank *f*
joint stock capital: Aktienkapital *n*
Joint Stock Companies Act: Aktiengesetz *n* (AktG)
joint stock company: Aktiengesellschaft *f*
joint stock corporation: Aktiengesellschaft *f*
joint subsidiary: gemeinsame Tochtergesellschaft *f*
joint surety: Mitbürge *m*
joint tax return: gemeinsame Steuererklärung *f*
joint tenancy: Miteigentum *n* zur gesamten Hand
joint tenant: Miteigentümer *m* zur gesamten Hand *f*
joint time study: Zeitstudie *f* durch mehrere Beobachter *m/pl*, gemeinsame Zeitstudie *f* durch Arbeitgeber-Arbeitnehmer-Vertreter *m/pl*
joint venture: Joint Venture *n*, Gemeinschaftsunternehmen *n*, gemeinsames Handelsunternehmen *n*, gemeinschaftliches Handelsunternehmen

Eine spezielle Form der Zusammenarbeit vor allem von international tätigen Unternehmen der Großindustrie, internationales Marketing, zur einmaligen Verwirklichung eines gemeinsamen Projektes oder einer größeren Zahl von gemeinsamen Projekten auf der Grundlage einer prinzipiell gleichberechtigten Kapital- oder Vertragsbindung bei gleichzeitiger Erhaltung der vollen Selbständigkeit der beteiligten Partnerunternehmen. Ziel ist die Vereinigung von Kräften, Kapital und Know-how zur gemeinschaftlichen Erschließung eines neuen Markts.
Ein Hauptimpuls für das Etablieren von Joint Ventures in vielen Ländern ist die Abneigung der jeweiligen Regierungen gewesen, das Vordringen von ausländischen Firmen im eigenen Lande zu fördern und zugleich das Bestreben, die Entwicklung einer eigenen Industrie zu beschleunigen. Auf seiten der Unternehmen erleichtert die Kooperation mit einem örtlichen Partner den Zugang zu Vertriebskanälen und die allgemeinen Operationsbedingungen in einem fremden Land bei einem gleichzeitig gegenüber der Direktinvestition im Ausland reduzierten Risiko.

jointly and severally: gemeinschaftlich und einzeln (Haftung), gesamtschuldnerisch, solidarisch
jointure: Wittum *n*, Witwenleibgedinge *n*
jotter: Notizblock *m*
journal: Buch *n* (Buchhaltung), Geschäftstagebuch *n*, Grundbuch *n* (in der Buchführung), Journal *n*, Memorial *n*, Tagebuch *n*
journal entry: Berichtigungsbuchung *f*, Uni-

buchung *f*, Buchung *f* im Journal *n*, Journalbuchung *f*
journal proper: Tagebuch *n*
journal voucher: Buchungsbeleg *m*
journalize: ins Journal *n* eintragen, journalisieren
journeyman: Geselle *m*
judge: richten, Richter *m*, urteilen
judge in probate court: Nachlaßrichter *m*
judgeship: Richteramt *n*
judgment: Ermessen *n*, gerichtliche Entscheidung *f*, Rechtsspruch *m*, Scharfsinn *m*, Urteil *n*, Urteilsfähigkeit *f*, Urteilskraft *f*
judgment by confession: Anerkenntnisurteil *n*
judgment by contention: Anerkennungsurteil *n*
judgment by default: Versäumnisurteil *m*
judgment creditor: Urteilsgläubiger *m*
judgment debtor: Urteilsschuldner *m*
judgment for damages: Schadenersatzurteil *n*
judgment of annulment: Nichtigkeitsurteil *n*
judicature: Gerichtswesen *n*
judicature act: Gerichtsverfassungsgesetz *n* (GVG)
judicial: gerichtlich, richterlich
judicial assistance: Rechtshilfe *f*
judicial decision: gerichtliche Entscheidung *f*
judicial decree: gerichtliche Entscheidung *f*, Gerichtsbeschluß *m*, richterliche Verfügung *f*
judicial discretion: richterliches Ermessen *n*
judicial dissolution: gerichtliche Auflösung *f*
judicial execution: Zwangsvollstreckung *f*
judicial oath: richterlicher Eid *m*
judicial order: richterliche Verfügung *f*
judicial separation: Ehetrennung *f* (durch Urteil), gerichtliche Trennung *f*
jumble sale: Ramschverkauf *m*
jump: verzweigen *(EDV)*
jump up: emporschnellen
junior employee: Angestellter *m* zwischen 14 und 18 Jahren, Mitarbeiter *m* mit geringerer Erfahrung *f*, untergeordneter Mitarbeiter *m*

junior executive: untergeordnete Führungskraft *f*
junior mortgage: nachstellige Hypothek *f*
junior securities *pl*: Effekten *pl*, die erst Gewinn- und Liquidationsanteile *m/pl* erhalten, wenn alle Vorzugsrechte *n/pl* befriedigt sind
junior staff planning: Nachwuchsplanung *f*
Eine Form der Karriereplanung bzw. Personalbedarfsplanung, bei der Bedarf aus sich aus fehlendem Nachwuchspotential ergibt.
junk: Abfall *m*, Ramsch *m*, Schrott *m*, Schund *m*
junk mail: Postwurfsendung *f*
junk-shop: Ramschgeschäft *n*, Ramschladen *n*
junk value: Schrottwert *m*
junk-yard: Schrottplatz *m*
juridical: juristisch
jurisdiction: Amtsbereich *m*, Gerichtsbarkeit *f*, Jurisdiktion *f*
jurisdictional strike: Anerkennungsstreik *m*
jurisprudence: Jurisprudenz *f*, Rechtswissenschaft *f*
juror: Geschworener *m*, Schöffe *m*
jury: Geschworene *m/pl*
juryman: Schöffe *m*
jurymen *pl*: Geschworene *m/pl*
just: billig, billig, recht und gerecht
just and reasonable: recht und billig
justice: Gerechtigkeit *f*, Justiz *f*, Richter *m* (übergeordnetes Gericht)
justice of peace: Friedensrichter *m*
justifiability: Vertretbarkeit *f*
justifiable: begründbar, vertretbar
justification: Begründung *f*, Berechtigung *f*, Entschuldigung *f*, Rechtfertigung *f*
justify: begründen, berechtigen, entschuldigen, rechtfertigen
justly: mit Berechtigung *f*, mit Recht
justness: Billigkeit *f*, Gerechtigkeit *f*
juvenile: jugendlich, Jugendlicher *m*
juvenile court: Jugendgericht *n*
juvenile delinquency: Jugendkriminalität *f*, jugendliches Verbrechertum *n*
juvenile delinquent: jugendlicher Verbrecher *m*
juvenile offender: jugendlicher Verbrecher *m*

K

KD (= Knocked Down): zerlegt
keelage: Hafengebühren *f/pl*
keen: eifrig
keen competition: scharfe Konkurrenz *f*
keep: aufheben (aufbewahren), Lebensunterhalt *m*, verwahren
keep an account: ein Konto *n* führen
keep books: Bücher *n/pl* führen
keep house: wirtschaften
keep in stock: lagern
keep minutes: Protokoll *n* führen
keep-out price: Abwehrpreis *m*
Ein relativ niedrig angesetzter Preis, den ein Monopolist oder Quasimonopolist für sein Produkt ansetzt, um dadurch potentielle Konkurrenten aus dem Kreis der Anbieter auf seinem Markt abzuschrecken.
keep safely: aufbewahren
keep secret: geheimhalten, verschweigen
keep track: nachspüren
keep track of cost: Kosten *pl* kontrollieren, den Kosten nachspüren
keep up: instandhalten
keep up-to-date: auf dem laufenden halten
key: Schlüssel *m*, Schlüsselzahl *f*, Taste *f*
keyboard: Tastatur *f*
key button: Tastenknopf *m (EDV)*
key financial figures *pl*: Schlüsselzahlen *f/pl* des Betriebes *m*
key indicator: wichtige Kennzahl *f*, Schlüsselzahl *f*
key industry: Schlüsselindustrie *f*
key information: Führungsgröße *f*
Eine repräsentative Schlüssel-Informationen.
key information data bank: Führungsgrößendatenbank *f*
Ein komplexes Datenverwaltungs- und Datenorganisationssystem, das zur Speicherung, Pflege, Fortschreibung, Sicherung und Verknüpfung repräsentativer Management-Informationen betrieben wird. Diese Größen haben ihren Ursprung teils in den operativen Datenbeständen, teils im Datenklassifikationssystem der externen Informationen und sind durch spezielle Verdichtungs-, Selektions-, Bewertungs- und Konvertierungsprozesse entstanden.
key job: Richtarbeitsplatz *m*, Schlüsseltätigkeit *f*
key number: Kennziffer *f*
key operating figures *pl*: Schlüsselzahlen *f/pl* des Betriebes *m*
key operating ratios *pl*: Schlüsselkennzahlen *f/pl* des Betriebes *m*

key personnel: Schlüsselarbeitskräfte *f/pl*
key position: Schlüsselstellung *f*
key ratio: Spitzenkennzahl *f*, Schlüsselkennzahl *f*
Eine Kennzahl, die eine Schlüsselverhältniszahl eines Kennzahlensystems darstellt und daher nicht zur Erklärung anderer Kennzahlen herangezogen wird. Durch ihre Zerlegung lassen sich die Haupteinflußfaktoren und die Schwachstellen der Spitzenzahl analysieren und gegebenenfalls korrigierende Maßnahmen in die Wege leiten.
Voraussetzung für die Arbeit mit Kennzahlen ist ihre Vergleichbarkeit. Da das jedoch bei unabhängig voneinander gewonnenen einzelnen Kennzahlen vielfach nicht möglich ist, ist es sinnvoll, mehr oder minder zusammenhanglose Kennzahlen zu Kennzahlensystemen zu verknüpfen. Dieser Verknüpfungsvorgang besteht in der Entwicklung einer Spitzenkennzahl und ihrer Zerlegung.
keying: mit Kennziffern *f/pl* versehen
Keynesian: Keynesianer *m*
Keynesian economics: Keynessche Wirtschaftslehre *f*, Keynesianismus *m*
Die in wesentlichen Zügen in dem Buch „Allgemeine Theorie der Beschäftigung, des Zinses und des Geldes" (1936) von John Maynard Keynes (1883-1946) niedergelegte Lehre, wonach Arbeitslosigkeit durch Mangel an effektiver Nachfrage entsteht. Steigt die Nachfrage, so steigen auch die Investitionen und damit die Beschäftigung. Aufgabe des Staates sei es, mit zusätzlicher Nachfrage über Maßnahmen der Arbeitsbeschaffung und Finanzpolitik („fiscal policy") Investitionen und Beschäftigung anzuregen und auf einem hohen Niveau zu halten.
Mit seinem Buch „A Treatise on Money" (1930) verfolgte Keynes das Ziel, „die dynamischen Gesetze zu entdecken, welche den Übergang eines monetären Systems von einer Gleichgewichtsposition zu einer anderen beherrschen". Seine Idee einer internationalen Zentralbank sollte Nationalismus und Autarkiestreben verhindern.
Während die klassische Nationalökonomie gelehrt hatte, daß Sparen und Investieren einander im allgemeinen auf den Kapitalmärkten durch die Zinsbewegungen ausglichen, ihre Änderungen keine Veränderungen der Nachfrage nach sich zögen und darum auch für die Beschäftigung indifferent seien, postulierte Keynes das Gegenteil. Veränderungen beim Sparen und Investieren führen zu Inflation und Deflation, mithin zu Schwankungen der Beschäftigung im Einklang mit der Nachfrage nach Arbeit, die wiederum mit der Geldmenge schwankt, d.h. mit der „Liquiditätsvorliebe", mit der marginalen Konsumneigung und mit der marginalen Produktivität des Kapitals. Keynes zufolge kann die Beschäftigung nur steigen, wenn die Re-

allöhne sinken; dieses werde durch die „Geldillusion" der Arbeiter ermöglicht.
Seine Kritik konzentrierte Keynes auf den Sparer: „Je tugendhafter, je entschlossener sparsam, je hartnäckiger orthodox wir in unserer staatlichen und persönlichen Geldgebarung sind, desto mehr werden unsere Einkommen fallen müssen, wenn der Zinsfuß im Verhältnis zur Grenzleistungsfähigkeit des Kapitals steigt." Keynes behauptete, der klassische Fall der Vollbeschäftigung, bei dem Sparen gleich Investieren ist, sei nur ein besonderer Glücksfall: Entgegen der klassischen Theorie verschwinde Unterbeschäftigung nicht durch das freie Spiel von Preisen, Löhnen und Zinsen. Der Staat müsse deshalb die Vollbeschäftigung vor allem durch eine expansive Finanzpolitik garantieren.
Keynes bestritt ebenfalls, der Sparanteil der bei einer Produktionsausdehnung erzielten Mehreinnahmen führe automatisch zu einer mit der Einkommenssteigerung korrespondierenden Mehrnachfrage nach Kapitalgütern. Er unterschied grundsätzlich zwischen Nachfrage nach Konsumgütern und Nachfrage nach Kapitalgütern. Die Nachfrage nach Konsumgütern variiere mit dem Produktions- und Einkommensvolumen, während die Nachfrage nach Kapitalgütern von der allgemeinen ökonomischen Situation einschließlich des technischen Fortschritts, der Bevölkerungsentwicklung u.dgl. bestimmt werde.
Die Nachfrage nahm Keynes zum Ausgangspunkt seiner Beschäftigungstheorie in Gestalt der Multiplikatoranalyse: Er untersuchte die Wirkungen zusätzlicher Nachfrage nach Kapitalgütern auf die Höhe des Volkseinkommens. Die aufgrund überschüssiger Ersparnis nicht abgesetzten Güter stellte er einer unfreiwilligen Investition gleich. Sie führen über den Nachfrageausfall zu Beschäftigungseinschränkungen, bis die De-facto-Investition gleich der geplanten Investition und damit das System im Gleichgewicht ist.
Da Arbeitslosigkeit aus fehlender effektiver Nachfrage entsteht, hielt Keynes das klassische Mittel der Lohnsenkung für ineffizient, da bei gleichbleibender Nachfrage nach Kapitalgütern und gleichbleibender Konsumquote lediglich eine korrespondierende Preissenkung die Folge wäre, ohne daß die Gewinnspanne der Investoren dabei wächst.
Er verneinte die Wirksamkeit des Zinsmechanismus als Stimulans der Investitionstätigkeit, weil der Zins abhängig von der Liquiditätspräferenz der Wirtschaftssubjekte sei.
Die Zinspolitik müsse deshalb unter Berücksichtigung der Konsumneigung durch finanzpolitische Maßnahmen der Investitionssteigerung beispielsweise dadurch unterstützt werden, daß in Zeiten der Depression öffentliche Aufträge vergeben werden. Keynes behauptete, es bestehe stets die Gefahr, daß die effektive Nachfrage nicht stark genug ist, um die für die Vollbeschäftigung notwendigen Investitionen anzuregen. Aus diesem Grunde sprach er sich für öffentliche Arbeitsbeschaffungsprogramme, für Investitionslenkung und für eine Veränderung der Einkommensverteilung aus.
Der Konsum fördert nach Keynes die Produktion, neue Investitionen schaffen neue Einkommen, zusätzliche Einkommen bedeuten höhere Ersparnisse. Eine Politik des billigen Geldes und der Staatsinvestitionen könne daher die Wirtschaft im Zustand einer dauerhaften Vollbeschäftigung halten. Die Rolle der Geldpolitik bestehe ausschließlich darin, die Zinssätze niedrig zu halten.

keystroke: Anschlag *m (EDV)*
keystroke counter: Anschlagzähler *m (EDV)*
kind: Art *f*, Gattung *f*, Sorte *f*
kindness: Entgegenkommen *n*, Gefälligkeit *f*
kite: Reitwechsel *m*
kiting: Wechselreiterei *f*
KJ method: KJ-Methode *f*
Eine Methode der Ideenfindung und Problemanalyse, die darauf angelegt ist, Kernfragen in problematischen Sachverhalten und Gefügezusammenhänge von Problemstrukturen aufzudecken. Sie wurde nach dem japanischen Anthropologen Jiro Kawakita benannt und wird u.a. auch zur Formulierung wissenschaftlicher Hypothesen, zur Lösung ingenieurtechnischer Probleme und bei der Erarbeitung von Werbekonzeptionen angewandt. Die Methode hat insofern systemanalytischen Charakter, als alle relevanten Problemelemente erfaßt, ihr Zusammenhang in Substrukturen (Teilsystemen) dargestellt und wesentliche Beziehungen zwischen den Teilsystemen offengelegt werden.
Die Methode ist komplex, kann in zahlreichen Varianten (individuell und im Team) durchgespielt werden und ist relativ zeitaufwendig. Helmut Schlicksupp hat das Vorgehen bei der KJ-Methode folgendermaßen beschrieben: „Man beginnt die KJ-Methode damit, daß man zu einem vorgegebenen Problembereich möglichst viele Informationen sammelt und jede dieser Informationen auf ein kleines Kärtchen schreibt. Die Zahl der ausgeschriebenen Kärtchen ist nicht vorbestimmt und hängt weitgehend vom Problem ab. Einzelinformationen in der Größenordnung von 100 bis 200 mögen aber der für diese Methode richtige Umfang sein. Im nächsten Verfahrensschritt werden diese Kärtchen auf einer großen Tischfläche ausgebreitet; nun versucht man, solche Kärtchen zu kleinen Stapeln zusammenzufassen, deren Informationsgehalte miteinander in Beziehung zu stehen scheinen. Für jeden dieser so entstehenden Stapel wird ein neues Deckkärtchen geschrieben, welches den Inhalt der darunterliegenden Informationen als Oberbegriff erfaßt. Was vorher mit den Einzelkarten geschah, wird nun nochmals mit den kleinen Kartenstößen wiederholt. Die Zahl der verbleibenden Stöße hat sich dann bereits auf eine überschaubare Menge reduziert. Diese Kartenstapel, die wiederum oberbegrifflich benannt worden sind, werden nun daraufhin untersucht, welche

Beziehungen und Abhängigkeiten zwischen ihnen bestehen (in dieser Phase hat die KJ-Methode systemanalytischen Charakter). Die gefundenen Beziehungen zwischen den einzelnen Kartenstößen werden nun vertieft und konkretisiert, indem auf die Einzelkarten der miteinander in Beziehung stehenden Kartenstöße zurückgegriffen wird. Auf diese Weise werden neue Einsichten gewonnen und Problemstellungen und Hypothesen formuliert."

Mit der KJ-Methode lassen sich regelrechte „Problemlandschaften" entwerfen, die auf anschauliche Art die Gesamtkomplexität eines Problems und mögliche Lösungsrichtungen einsichtig machen.

knitwear and hosiery: industry Strick- und Wirkwarenindustrie f

knock down: zerlegen, bei Auktion f zuschlagen

knock-for-knock agreement: Schadensteilungsvereinbarung f

knocking advertising: herabsetzende Werbung f

knocking competition: herabsetzende Konkurrenz f

knot: Knoten m, Seemeile f (1833, 248 m), verknoten

know one's metes and bounds: seine Grenzen f/pl kennen

knowingly: wissentlich

knowledge of human nature: Menschenkenntnis f

knowledge: Kenntnis f, Kenntnisse f/pl, Wissen n

known as ...: genannt ...

kraft paper: Packpapier n

Kyodotai: Kyodotai n
Charakteristikum der Entscheidungsfindung im Management japanischer Unternehmen ist die Schaffung eines Organisationsklimas, in dem Marathon-Sitzungen und endlos verlaufende Entscheidungsprozesse nicht als Last sondern als wünschenswert oder notwendig empfunden werden, um aus der Gemeinsamkeit Kraft und Begeisterung zu schöpfen. Kyodotai ist die japanische Bezeichnung für die harmonische, organische Zusammenarbeit einer Gemeinschaft bei gegenseitiger verständnisvoller und freundschaftlicher Unterstützung.

Langwierige Verhandlungen und komplexe Entscheidungen reifen im japanischen Management im Bereich des Kyodotai. Das Kyodotai trägt so dazu bei, rational inkompatible und konfliktträchtige Bereiche der Organisation emotional so zu integrieren, daß die getroffenen Entscheidungen durch die Gesamtheit der Unternehmung, nicht nur durch ihr Management, getragen werden.

Der Entscheidungsfindung kommt so nach der Formulierung von H. Koboyashi ein beinahe „zeremonieller Charakter" zu, der die Einstimmung der Gruppe auf einen meist einstimmigen Beschluß durch zahlreiche, langwierige Konferenzen erfordert. Mehrheitsbeschlüsse werden vermieden, weil sie gegen das Postulat der Harmonie verstoßen. Derartige Beratungen und Besprechungen *(kaigi)* tragen allerdings einen Gruppencharakter und dienen nicht – wie meist in westlichen Firmen – der Selbstdarstellung und Imagepflege einzelner Persönlichkeiten.

Im günstigen Falle führt schließlich das *seikatsu kyodotai* nach den Worten von M. Tsuda zu einer Situation, in der „check and balance is often better explained emotionally than logically". Zugleich entsteht im Umfeld persönlicher Vertrautheit und gewachsener Bindungen ein Gemeinschaftsgefühl, das letztlich Entscheidungen hervorzubringen vermag, die endlich einstimmig *(matomarie)* gefaßt, mit großer Solidarität und gemeinsamer Kraft *(isshokenmei)* realisiert werden.

L

label: Aufschrift f, Auszeichnung f, bezeichnen (abstempeln als), Bezeichnung f, bezetteln, Etikett n, etikettieren, Kennsatz m (EDV), Zettel m
label agreement: Tarifvertrag m
label name: Etikettname m (EDV), Kennsatzname m (EDV)
labor: Arbeit f, Arbeitskräfte f/pl, arbeitende Klasse f, Produktionsfaktor Arbeit f
labor budget: Personalplan m
labor camp: Arbeitslager n
labor class: Gruppe f gleichwertiger Tätigkeiten f/pl
labor committee: Betriebsrat m
labor contract: Tarifvertrag m
labor cost: Löhne m/pl, Lohnkosten pl
labor cost distribution: Lohnverteilung f
labor court: Arbeitsgericht n
labor dilution: Arbeitsverlangsamung f, Einstellung f ungelernter Arbeitskräfte f/pl
labor dispute: Arbeitsstreitigkeit f, Streitigkeit f über Tarifvertrag m, Tarifstreit m
labor distribution: Lohnverteilung f
labor economies pl: Arbeitseinsparung f
labor efficiency: Wirtschaftlichkeit f des Arbeitseinsatzes m (der Arbeit)
labor exchange (Am): Arbeitsamt n
labor force: Arbeitskräfte f/pl, Belegschaft f
labor grade: Arbeitswertstufe f
labor-intensive activity: lohnintensive Fertigung f, lohnintensive Arbeit f
labor jurisdiction: Arbeitsgerichtsbarkeit f
labor law: Arbeitsrecht n
labor legislation: Arbeitsgesetzgebung f
labor-management-committee: Arbeitnehmer-Arbeitgeber-Ausschuß m
labor manager: Arbeitsdirektor m
labor market: Arbeitsmarkt m
labor office: Arbeitsamt n
labor organization: Arbeitnehmer-Organisation f, Gewerkschaft f (im Arbeitsrecht)
labor piracy: Abwerbung f von Arbeitnehmern m/pl
labor pirating: Personalabwerbung f
labor poaching: Abwerbung f von Arbeitskräften f/pl
labor productivity: Arbeitsproduktivität f
labor rate: Lohnstundensatz m
labor relations pl: Arbeitsbeziehungen f/pl, Beziehungen f/pl zu Arbeitnehmern und Gewerkschaften, Beziehungen f/pl zwischen Betrieb m, Arbeitgeberverbänden m/pl und Gewerkschaften f/pl
labor report: Arbeitsbericht m, Arbeitsnachweis m
labor representation on supervisory boards of corporations: Vertretung f der Gewerkschaften f/pl in den Aufsichtsräten m/pl der Aktiengesellschaften f/pl
labor representative: Arbeitnehmervertreter m
labor saving: Arbeitsersparnis f
labor savings pl: Arbeitskostenersparnis f
labor scout: Anwerber m, Arbeitskräftewerber m
labor-stock item: regelmäßig benötigtes Teil n, geringwertiges Teil n (z.B. Schrauben, Muttern usw.)
labor supply: Arbeitsangebot n
labor theory of value: Arbeitswerttheorie f
Die Theorie, derzufolge im Produktionsprozeß durch den produktiven Einsatz der Ware Arbeitskraft Geld in mehr Geld (Mehrwert) transformiert wird. Keine andere Ware außer der Arbeitskraft verfügt nach dieser Auffassung über die Eigenschaft, ihrem Käufer (dem Unternehmer bzw. Kapitalisten) Mehrwert einzubringen. Andere Einkommensarten wie Zinsen, Renten entstehen nicht aufgrund einer Arbeitsleistung, sondern primär aufgrund eines Besitztitels. Mehrwert entsteht im Produktionsprozeß, wenn im Verlauf dieses Prozesses mehr Wert geschaffen wird, als der Wert der im Lohn vergüteten Arbeitskraft ausmacht.
Dieser Wert (Lohn) bemißt sich, wie der anderer Waren auch nach dem Wert der Waren, die zur Herstellung bzw. Reproduktion der Arbeitskraft notwendig sind. Der Wert der Waren, die zum Erhalt der Arbeitskraft auf einem bestimmten Niveau erforderlich sind, ist in unterschiedlichen Situationen und Entwicklungsstadien einer Gesellschaft unterschiedlich hoch.
Aus welchen Gründen auch immer sich zwischen dem bezahlten Input an Arbeitskraft und dem am Markt verwertbaren Arbeitsergebnis eine positive Differenz ergibt, dann entsteht ein Mehrwert, der den Kapitaleignern nach Abzügen zusteht. Auffassungen, wie Geld oder Kapital „arbeite" von selbst, oder, Werte entstünden im Markt während des Tauschvorgangs, sind demnach irrig.
labor ticket: Lohnstreifen m, Lohnzettel m
labor time ticket: Zeitlohnzettel m
labor turnover: Fluktuation f von Arbeitskräften f/pl, Kündigungsrate f, Personal-

wechsel *m*, Umschlag *m* der Arbeitskräfte *f/pl*
labor turnover cost: Kündigungskosten *pl*
labor turnover rate: Kündigungsrate *f*
labor union: Gewerkschaft *f*
labor usage variance: Fertigungslohn-Leistungsgradabweichung *f*
labor variance: Fertigungslohn-Leistungsgradabweichung *f*, Lohnsatzabweichung *f*
labor variation: Fertigungslohn-Leistungsgradabweichung *f*, Lohnsatzabweichung *f*
laborer: Arbeiter *m*
labour exchange *(brit)*: Arbeitsamt *n*
laches: Nachlässigkeit *f* (Recht), Untätigkeit *f*, Verzug *m*
laches and acquiescence: Nachlässigkeit *f* und stillschweigende Zustimmung *f*
lack: Mangel *m*
lack of capital: Kapitalmangel *m*
lack of consideration: Rücksichtslosigkeit *f*
lack of discernment: Betriebsblindheit *f*
lack of due care: Fahrlässigkeit *f*
lack of form: Formmangel *m*
lack of interest: Desinteresse *n*, Interesselosigkeit *f*
lack of sales: Absatzmangel *m*
lack of use: Nichtgebrauch *m*
lack of work: Arbeitsmangel *m*
lading: Ladung *f* (Fracht), Verladen *n*
lag: nachhinken, Verzögerung *f*, zurückbleiben
lag behind: hinterherhinken, nachhinken, nachbleiben, zurückbleiben
laid off: Entlassener *m*
laissez-faire leadership: Laissez-Faire-Führung *f*
Ein Führungsstil, bei dem kein ausgeprägtes Vorgesetztenbild mehr existiert. Der Vorgesetzte beschränkt sich darauf, eine Situation zu schaffen, in der gearbeitet werden kann, z.B. indem er die erforderliche Kommunikation mit den anderen Abteilungen herstellt und aufrechterhält. Die Wahl der Arbeitsmethoden und die Bestimmung der Arbeitsziele werden der Arbeitsgruppe überlassen.
Die Laissez-faire-Führung kann als Grenzfall der Führung überhaupt angesehen werden, weil dabei nur noch eingeschränkt von einer Beeinflussung des Verhaltens durch Führung die Rede sein kann.
laissez-faire system: System *n* des freien Wettbewerbs *m*, Wettbewerbssystem *n*
laissez-faire theory: Laissez-Faire-Theorie *f*
land: Land *n*, Boden *m*, Gelände *n*

land charge indenture: Grundschuldbrief *m*
land charge: Grundschuld *f*
land hoarding charge: Baulandsteuer *f*
land hoarding tax: Baulandsteuer *f*
land improvements *pl*: Grundstückseinrichtungen *f/pl*
land owner: Grundbesitzer *m*, Grundstückseigentümer *m*
land reform: Bodenreform *f*
land register: Grundbuch *n* (bei Grundstükken)
Land Registry: Grundbuchamt *n*
land retirement program: Boden-Stillegungsprogramm *n*
land settlement credit: Siedlungskredit *m*
land tax: Grundsteuer *f*, Realsteuer *f*
land tenure: Bodenverfassung *f*, Grundbesitzverhältnisse *n/pl*
land transfer tax: Grunderwerbssteuer *f*
land without buildings: unbebaute Grundstücke *n/pl*
landed price: ausgezeichneter oder berechneter Preis *m* einer Ware *f* einschließlich Nebenkosten *pl*
landed property: Grundbesitz *m*, Grundeigentum *n*, Landbesitz *m*
landed proprietor: Grundbesitzer *m*, Grundeigentümer *m*
landlord: Grundstückseigentümer *m*, Hauseigentümer *m*, Vermieter *m*, Verpächter *m*
landlord's right of distress: Vermieterpfandrecht *n*
landowner: Grundeigentümer *m*
Laplace criterion: Laplace-Kriterium *n*
In der mathematischen Entscheidungstheorie eines der klassischen Entscheidungsprinzipien bei Entscheidungen unter Unsicherheit. Es geht davon aus, daß mangels anderer Informationen jede mögliche Umweltkonstellation dieselbe Eintrittswahrscheinlichkeit besitzt. Dann wird der Nutzen für jede einzelne Alternative ermittelt und die Alternative mit dem maximalen Erwartungswert gewählt. Das Entscheidungsprinzip besteht also in der Wahl derjenigen Alternative, deren Gesamtnutzen im Vergleich zu allen anderen Alternativen unter Berücksichtigung aller Umweltkonstellationen den maximalen Gesamtnutzen erwarten läßt.
Nach dem Laplace-Prinzip sollte der Protagonist unter der Bedingung, daß er keinen Zustand der Natur begründet für wahrscheinlicher als einen anderen halten kann, die Alternative mit der höchsten durchschnittlichen Auszahlung wählen. Dies entspricht dem Erwartungswert-Prinzip bei Zugrundelegung gleicher subjektiver Wahrscheinlichkeiten für die Zustände der Natur. Die Empfehlung der Zuordnung gleicher Wahrscheinlichkeiten zu den Zuständen der Natur im Falle der Ungewißheit ist

als Prinzip vom unzureichenden Grunde oder Indifferenzprinzip bekannt.
Laplace rule: Laplace-Regel f
lapse: Ablauf m, ablaufen, Erlöschen n, erlöschen, Erlöschung f, heimfallen, Verfall m (von Rechten), verfallen (von Rechten), verjähren
lapse of time: Zeitablauf m
lapse profit: Stornogewinn m
lapsed: verjährt
lapsed policy: verfallene Versicherungspolice f (wegen Nichtzahlung der Prämie)
larceny: Diebstahl m, Entwendung f
large enterprise: Großunternehmen n
large-scale electronic equipment: elektronische Großanlage f (EDV), elektronische Großrechenanlage f
large-scale operation: Großunternehmen n, Großbetrieb m
large-scale price reduction: Preiseinbruch m
large-scale production: Massenfertigung f, Massenproduktion f
Laspeyre index number: Laspeyre-Index m
Eine Indexzahl, die in der Wirtschaftspraxis als Preis- oder Mengenindex am meisten verwendet wird. Als *Preisindex* berechnet er sich nach der Formel:

$$L_p = \frac{\sum_{i=1}^{n} p_{1i} \cdot q_{0i}}{\sum_{i=1}^{n} p_{0i} \cdot q_{0i}}.$$

Dabei bezeichnen p_{0i} den Preis des i-ten Gutes im Basiszeitraum, p_{1i} den Preis im Berichtszeitraum und q_{0i} die Menge des i-ten Gutes im Basiszeitraum. Der Preisindex mißt also bei konstanter Menge (der des Basiszeitraums) die Veränderung der Preise im Zeitverlauf. Auf bestimmte Haushalte oder Haushaltsgruppen bezogen ist er ein Maß der durch Preisveränderungen ausgelösten Änderungen in den Haushaltsausgaben unter der Voraussetzung, daß die konsumierten Mengen sowohl im Basiszeitraum wie im Berichtszeitraum gleich sind.
Als *Mengenindex* wird der Laspeyre-Index wie folgt berechnet:

$$L_q = \frac{\sum_{i=1}^{n} p_{0i} \cdot q_{1i}}{\sum_{i=1}^{n} p_{01} \cdot q_{0i}}.$$

Dabei bezeichnet q_{1i} die Menge des i-ten Gutes im Berichtszeitraum.
last card indication: Anzeige f der letzten Karte f (EDV), Gruppenanzeige f, ausgelöst durch letzte Karte f (EDV)
last day (of period): Ultimo m
last in, first out: Lifo
last quarter of a year and first quarter of next year: Winterhalbjahr n
last will: letztwillige Verfügung f, Testament n, Verfügung f von Todes wegen
last year: Vorjahr n
lasting: dauerhaft (dauernd), nachhaltig, permanent
late: verspätet, verstorben
late payment: Nachzahlung f, verspätete Zahlung f
latent: verborgen
later improvement: Nachbesserung f
lateral cooperation: laterale Kooperation f
Die Kooperation zwischen nebengeordneten Bereichen innerhalb eines Unternehmens. Der Terminus *lateral* berücksichtigt im Gegensatz zu *horizontal*, daß die Kooperation sich nicht nur auf gleicher hierarchischer Ebene abspielt. Die einzelnen Funktionsbereiche eines Unternehmens haben jeweils bestimmte Spezialaufgaben zu lösen. Ihre Zuständigkeit leitet sich vornehmlich davon ab, daß sie über das für diese Aufgaben benötigte Spezialwissen und -können verfügen. Zur Lösung vieler Aufgaben müssen jedoch die Kenntnisse und Erfahrungen weiterer Spezialbereiche hinzugezogen und die Belange anderer Bereiche berücksichtigt werden. Die hierzu erforderliche Kooperation nebengeordneter Bereiche ist so zu regeln, daß sie einfach, unmittelbar und ohne Reibungsverluste abläuft.
Während die Bedeutung der vertikalen Kooperationsbeziehung in der Auswirkung des Führungsvorgangs auf das Unternehmen liegt und sie in erster Linie vom Verhalten der Beteiligten bestimmt wird, spielen in der lateralen Kooperation zusätzlich die Art, Häufigkeit und Vielgestaltigkeit der Kommunikationsvorgänge eine Rolle. Daraus ergeben sich besondere Anforderungen an die Funktionsorganisation und an die Unterscheidung der Funktionsarten und der Funktionsverhältnisse. Dabei geht es vornehmlich um einen Mittelweg zwischen funktionalen Weisungsrechten mit ihren verwirrenden Folgen und unverbindlichen Beratungsrechten.
Für die Art, in der ein Bereich andere beteiligt, sind im Rahmen des Lateralverhältnisses grundsätzlich fünf Formen möglich. Sie stellen zugleich die Schritte dar, in denen sich der Kooperationsvorgang üblicherweise abspielt:
(1) *Unterrichtung*: Die Kooperation beginnt damit, daß A bei gegebenem Kooperationserfordernis die Initiative ergreift und den Partner B über das anstehende Problem, eingegangene Informationen, über Geschehnisse oder Erkenntnisse, beabsichtigte Handlungen oder Maßnahmen, bevorstehende Verhandlungen oder Entscheidungen, erbete-

ne Auskunft usw. informiert. Die Unterrichtung löst im anderen Bereich entweder nur eine Kenntnisnahme oder auch weitere Handlungen aus, ohne daß eine Reaktion gegenüber dem unterrichtenden Bereich erfolgen muß. Sie ist trotzdem möglich und üblich und kann zu Stufen intensiverer Mitwirkung führen. Erforderlichenfalls gibt A an, welche Art der Mitwirkung er aufgrund der Unterrichtung von B erbittet. Im Rahmen des Lateralverhältnisses besteht bei gegebener Zuständigkeit Unterrichtungspflicht.

(2) *Auskunftseinholung*: A erbittet von B eine Auskunft über benötigte Daten oder sonstige für die eigene Aufgabe benötigte Angaben, die mit oder ohne Kommentar gegeben werden. B nimmt auf die weitere Auswertung dieser Angaben keinen Einfluß. Es ist ratsam, bei der Auskunftseinholung den Verwendungszweck der Auskunft anzugeben, um möglichst zweckentsprechende gezielte Auskünfte zu erhalten. Wird eine Rückinformation über das Verwendungsergebnis der erteilten Auskunft gewünscht, so kann sie gegeben werden. Die Auskunftseinholung schließt eine vorausgegangene Unterrichtung ein.

(3) *Konsultation*: A konsultiert B. Die Mitwirkung von B vollzieht sich in verschieden intensiven Formen der Mitsprache oder Mitarbeit, die jedoch alle nur beratenden, ergänzenden oder unterstützenden Charakter haben. A holt nicht nur Auskünfte ein, sondern bittet B um eine weitergehende beratende Mitwirkung. Im Rahmen des Lateralverhältnisses ist B verpflichtet, dieser Bitte nachzukommen und äußert zu der anstehenden Frage seine Meinung, gibt eine Stellungnahme ab oder erarbeitet einen Beitrag, sammelt die erbetenen Informationen und spricht eine Empfehlung zum weiteren Vorgehen aus, ohne jedoch weiter darauf Einfluß zu nehmen. Es kann auch gemeinsam über das Problem beraten und gemeinsam eine Lösung erarbeitet oder gemeinsam mit Dritten über das Problem verhandelt werden, ohne jedoch das Ergebnis von der Zustimmung des konsultierten Bereiches abhängig zu machen. B überläßt die Auswertung seiner Mitwirkung und die Entscheidung über das Ergebnis der gemeinsamen Arbeit dem konsultierenden Bereich. B arbeitet mit, aber entscheidet noch nicht mit. Konsultation ist auch außerhalb des Lateralverhältnisses und damit ohne Beteiligungspflicht möglich.

Die Konsultation schließt Unterrichtung und Auskunftseinholung ein. Nimmt der Arbeitsbeitrag des Beteiligten größeren Umfang an und wird er nicht in engster Zusammenarbeit, sondern weitgehend selbständig geleistet, dann kann die Konsultation in Auftragserteilung übergehen.

(4) *Gemeinsame Entscheidung*: Besteht ein Lateralverhältnis, kann B das weitere Vorgehen und dessen Ergebnis i
von seiner Zustimmung abhängig machen. Die Mitwirkung von B beschränkt sich nicht auf Beiträge an Erfahrungen, Vorschlägen oder Arbeitsleistungen zur Erarbeitung einer Lösung, sondern wird auf die Entscheidung über die gefundene Lösung ausgedehnt. Solche Mitentscheidung ist auch ohne vorausgegangene Mitarbeit möglich. In der Regel setzt jedoch eine mehr oder minder intensive gemeinsame Arbeit an der anstehenden Aufgabe ein, die sich über längere Zeit erstrecken kann. Es besteht gegenseitige Zustimmungsabhängigkeit. Sie beruht auf dem beiderseitigen Vetorecht gegenüber den Absichten, Entschlüssen oder Handlungen des anderen, soweit davon der jeweils eigene Zuständigkeitsbereich berührt wird. Es ist eine gleichberechtigte Verständigung mit dem Ziel des Einvernehmens erforderlich. Die Entscheidung über das Ergebnis wird gemeinsam getroffen und verantwortet. Ist die letzte Entscheidung über dieses Ergebnis höheren Instanzen vorbehalten, dann ist der Inhalt der gemeinsamen Vorentscheidung ein Vorschlag an diese Instanzen. Kommt eine unmittelbare Verständigung nicht zustande, so sind die übergeordneten Stellen anzusprechen.

Die gemeinsame Entscheidung ist die häufigste Form der Kooperation. Sie schließt eine Unterrichtung, eine Auskunftseinholung und eine Konsultation ein. Das heißt, im Rahmen des Lateralverhältnisses können Unterrichtungspflicht, Auskunftserteilung und Konsultation mit dem Zustimmungserfordernis gekoppelt werden.

(5) *Auftragserteilung*: Ergibt sich bei Konsultation oder gemeinsamer Entscheidung, daß es aus Gründen der Sachkunde, der Kapazität, der Zuständigkeit oder aus anderen Gründen zweckmäßig oder geboten ist, die beim Federführenden anstehende Aufgabe im ganzen oder Teile davon anderen Stellen zur weitgehend selbständigen Bearbeitung zu übertragen oder bestimmte Partner um selbständige, unterstützende oder ergänzende Handlungen oder Beiträge zu bitten, so kann das im direkten Auftragsverhältnis geschehen. A überträgt oder überläßt dann die Sachbearbeitung für klar umrissene Aufgaben oder Teilaufgaben anderen, für diese Aufgabe sachkundigeren, geeigneteren oder zuständigen Bereichen zur weitgehend eigenverantwortlichen Erledigung. Der Auftrag kann auf der Grundlage des Vetorechts aus triftigen Gründen zurückgewiesen werden (z.B. fehlende Zuständigkeit, unklarer Auftrag, unzulässige Auftragsbedingungen, nicht zu bewältigender Auftragsumfang). Inhalt, Umfang und Bedingungen des Auftrages sind demgemäß unter gegenseitiger Zustimmungsabhängigkeit zwischen den Partnern zu vereinbaren. Das kann generell oder von Fall zu Fall geschehen.

Der auftraggebende Bereich hat das Recht der sachlichen und terminlichen Überwachung und Koordinierung vergebener Aufträge und des Vetos gegenüber der Art der Auftragserledigung und dem Ergebnis. Der auftragnehmende Bereich hat die übernommene Aufgabe sach- und vereinbarungsgemäß zu erledigen und ist gegenüber dem Auftraggeber in Fragen des übernommenen Auftrages auskunftspflichtig. Er hat in vorher vereinbarten Stadien der Bearbeitung die Zustimmung des Auftraggebers zum erzielten Zwischenergeb-

nis und zur weiteren Bearbeitung einzuholen. Namentlich sollte der Auftragnehmer verpflichtet werden, den Auftraggeber unverzüglich über sich anbahnende Schwierigkeiten, zusätzliche Kosten, Terminverzögerungen und ähnliches zu informieren. Der Auftragnehmer hat das Ergebnis der Erledigung dem Auftraggeber mitzuteilen bzw. den Abschluß der Erledigung zu melden. Es sind einmalige Aufträge und Daueraufträge möglich. Die letzten können auch befristet sein.
Die Auftragserteilung schließt Unterrichtung, Auskunftseinholung, Konsultation und gemeinsame Entscheidung ein. Bei der Auftragserteilung geht die Federführung für den Inhalt des übernommenen Teilauftrags und für die Dauer seiner Erledigung an den auftragnehmenden Bereich über (Sekundärfederführung). Dieser hat den auftraggebenden (bis dahin federführenden oder primärfederführenden) Bereich während der Auftragserledigung seinerseits in vorher zu vereinbarender Weise zu beteiligen (Rückbeteiligung, Zustimmungserfordernis), so daß das Ergebnis der Auftragserledigung von beiden gemeinsam entschieden und verantwortet werden kann. Mit Abschluß des Auftrages geht die Federführung an den Auftraggeber zurück.

lateral diversification: laterale Diversifikation *f*
Eine Form der Diversifikation, durch die Unternehmen sein Angebots- und Leistungsprogramm um Produkte erweitert, die in keinerlei sachlichem Zusammenhang mit seinem bisherigen Produkt-Markt-Bereich stehen. Sie ist die typische Diversifikationsform von Mischkonzernen (conglomerates) und dient vor allem der Erhöhung der Eigenkapitalrendite oder der Erschließung von Wachstumsbranchen.

latitude: Spielraum *m*
launch: lancieren, anlaufen lassen
launch an issue: eine Emission *f* begeben
launching cost: Anlaufkosten *pl*
law: Gesetz *n*, Recht *n*, Statut *n*
law against premium advertising: Zugabeverbot *n*
law against restraint of competition: Gesetz *n* gegen Wettbewerbsbeschränkungen *f/pl*
law concerning collective agreements: Tarifrecht *n*
law concerning labor contracts: Tarifrecht *n*
law concerning limited liability: partnerships Gesetz *n* der Kommanditgesellschaften *f/pl* auf Aktien *f/pl*
law concerning the granting of off-duty time for women with own household: Hausarbeitsgesetz *n*
law concerning the supervision of private insurance companies and building and loan associations: Gesetz *n* über die Beaufsichtigung *f* der privaten Versicherungsunternehmungen *f/pl* und Bausparkassen *f/pl*, Versicherungsaufsichtsgesetz *n*
law governing matters of noncontentious jurisdiction: Gesetz *n* über die Angelegenheiten *f/pl* der freiwilligen Gerichtsbarkeit *f*
law of collective agreements: Tarifvertragsrecht *n*
law of comparative advantages: Gesetz *n* der komparativen Kosten *pl* (David Ricardo)
law of comparative costs: Gesetz *n* der komparativen Kosten *pl*
law of contracts: Vertragsrecht *n*
law of demand: Gesetz *n* der Nachfrage, Gesetz *n* der fallenden Nachfrage
Der Grundsatz, daß normalerweise bei einem niedrigeren Preis eine größere und bei einem höheren Preis für ein Gut eine kleinere Menge nachgefragt wird.
Für die Geltung dieser Regel ist es relativ irrelevant, ob sich die Konsumenten rational oder irrational verhalten, weil ihr Konsumverhalten durch die Begrenztheit ihrer Mittel bestimmt wird, obwohl ihre Wünsche meist über das hinausgehen, was mit den gegebenen Mitteln erfüllbar ist. Nach einer von Gerhard Scherhorn gegebenen Zusammenstellung hat das Gesetz der Nachfrage die folgenden Implikationen:
• Bei Verknappung eines Gutes paßt sich die Nachfrage an, weil der steigende Preis dafür sorgt, daß weniger nachgefragt wird.
• Umgekehrt paßt sich die Nachfrage bei Vergrößerung der verfügbaren Menge eines Gutes ebenfalls an, weil der sinkende Preis dafür sorgt, daß mehr nachgefragt wird.
• Bei Entknappung sinkt die Preiselastizität der Nachfrage; denn der anteilmäßige Zuwachs der nachgefragten Gesamtmenge, mit der die Nachfrager auf eine Preissenkung reagieren, wird geringer, so daß für die Anbieter der Anreiz zu Preissenkungen sinkt.
• Zugleich wird auch die prozentuale Verringerung der nachgefragten Gesamtmenge geringer, mit der die Nachfrager auf eine Preiserhöhung reagieren, so daß das Widerstreben der Nachfrager gegen Preissteigerungen für die Anbieter weniger fühlbar wird.
• Der Effekt der Verringerung der Preiselastizität tritt auch ein, wenn das durchschnittliche Einkommen der Nachfrager steigt.

law of diminishing marginal productivity: Gesetz *n* der abnehmenden Grenzerträge *m/pl*
law of diminishing physical marginal productivity: Gesetz *n* der abnehmenden Grenzerträge *m/pl*
law of diminishing physical productivity:

Gesetz *n* der abnehmenden Grenzerträge *m/pl*

law of diminishing utility: Bedürfnissättigungsgesetz *n*, 1. Gossensches Gesetz *n*
Eine der zwei aus dem Konzept des Nutzens abgeleiteten, 1854 von H. H. Gossen formulierten Regeln, die auch als das 1. Gossensche Gesetz oder auch als das Gesetz der abnehmenden Grenzrate der Substitution bezeichnet wird. Es besagt, daß der Nutzen eines Gutes mit wachsender verfügbarer Menge abnimmt.
Nach den Gossenschen Gesetzen ist davon auszugehen, daß die Konsumenten bei ihren Kaufentscheidungen ständig darauf achten, daß die zuletzt erworbenen Gütermengen den gleichen Grenznutzen haben.
Heute wird allgemein davon ausgegangen, daß die Gossenschen Gesetze vorwiegend für physiologische Bedürfnisse gelten, nicht jedoch für soziale oder geistige Bedürfnisse, Geltungsnutzen.
Auch die Theorie des Anspruchsniveaus deutet in dieselbe Richtung, daß nämlich bei Annahme einer Additivität verschiedener Nutzenarten desselben Gutes nicht durchweg von der Annahme eines monoton abnehmenden Grenznutzens ausgegangen werden kann. Nach einer Formulierung von Lutz von Rosenstiel und G. Ewald ist es ferner „kaum realistisch anzunehmen, daß sich der Konsument vor dem Erwerb eines Gutes jedesmal die Mühe macht, paarweise Grenznutzenvergleiche anzustellen".

law of domestic relations: Familienrecht *n*

law of evidence: Beweisrecht *n*

law of large numbers: Gesetz *n* der großen Zahl *f*

law of satiable wants: Bedürfnisausgleichsgesetz *n*, 2. Gossensches Gesetz *n*
Eine der zwei aus dem Konzept des Nutzens abgeleiteten, 1854 von H. H. Gossen formulierten Regeln, die auch als das 2. Gossensche Gesetz bezeichnet wird. Das 2. Gossensche Gesetz besagt, daß ein Maximum an Bedürfnisbefriedigung erreicht wird, wenn die Grenznutzen der zuletzt erworbenen Güter gleich sind. Mit anderen Worten: Ein Gut wird nur bis zu dem Punkt konsumiert, an dem der stets abnehmende Grenznutzen geringer wird als der möglicher Konsum anderer Güter.
Nach den Gossenschen Gesetzen ist also davon auszugehen, daß die Konsumenten bei ihren Kaufentscheidungen ständig darauf achten, daß die zuletzt erworbenen Gütermengen den gleichen Grenznutzen haben.
Heute wird allgemein davon ausgegangen, daß die Gossenschen Gesetze vorwiegend für physiologische Bedürfnisse gelten, nicht jedoch für soziale oder geistige Bedürfnisse, Geltungsnutzen.
Auch die Theorie des Anspruchsniveaus deutet in dieselbe Richtung, daß nämlich bei Annahme einer Additivität verschiedener Nutzenarten desselben Gutes nicht durchweg von der Annahme eines

monoton abnehmenden Grenznutzens ausgegangen werden kann.

law of substitution: Substitutionsgesetz *n*

law of supply and demand: Gesetz *n* von Angebot *n* und Nachfrage *f*

law on the codetermination of employees in enterprises of the mining and the iron and steel industry: Gesetz *n* über die Mitbestimmung *f* der Arbeitnehmer *m/pl* in Unternehmen *n/pl* des Bergbaus *m* und der Eisen *n* und Stahl *m* erzeugenden Industrie *f*

law regarding bills of exchange: Wechselrecht *n*

lawful: gesetzlich, gesetzmäßig, legal, rechtlich, rechtmäßig, rechtsgültig

lawful currency: gesetzliches Zahlungsmittel *n*

lawful possession: rechtmäßiger Besitz *m*

lawful share: Pflichtanteil *m*, Pflichtteil *m*

lawfulness: Rechtmäßigkeit *f*, Rechtsgültigkeit *f*

lawless: rechtswidrig, ungesetzlich

lawlessness: Rechtswidrigkeit *f*, Ungesetzlichkeit *f*

lawmaker: Gesetzgeber *m*

lawsuit: Prozeß *m*, Rechtsstreit *m*, Streitigkeit *f*, Rechtsstreitigkeit *f*

lawyer: Advokat *m*, Anwalt *m*, Justiziar *m*, Rechtsanwalt *m*

lawyer's office: Anwaltskanzlei *f*, Kanzlei *f*

lay: Laien-, legen

lay aside: ablegen

lay claim to: beanspruchen

lay judge: Schöffe *m*

lay off: vorübergehende Entlassung *f*, vorübergehend entlassen

lay out (cash): ausgeben

layman: Laie *m*

layoff *(Am)*: vorübergehende Entlassung *f*

layout: räumliche Anordnung *f*

layout of workplace: Arbeitsplatzgestaltung *f*

laziness: Trägheit *f*, Untätigkeit *f*

lead: Blei *n*, führen, leiten, lenken, Plombe *f*

lead number: Leitnummer *f*

lead time: Lieferzeit *f* (gerechnet vom Zeitpunkt der Bestellung)

leader: Anreizartikel *m*, Führer *m*, Führungspersönlichkeit *f*

leadership: Führerschaft *f*, Führung *f*
Im Managementprozeß werden die Managementfunktionen dynamisch als Phasen im Sinne einer aufeinander aufbauenden Abfolge von Aufgaben angesehen. Der klassische Managementprozeß ordnet die fünf Managementfunktionen nach dem folgenden Phasenablauf: Planung – Organisation – Personaleinsatz – Führung – Kontrolle.

leadership behavior

Sind mit der Planung der Organisation und dem Personaleinsatz die mehr strukturellen Voraussetzungen für den Aufgabenvollzug geschaffen, schließt sich idealtypisch die permanente, konkrete Veranlassung der Arbeitsausführung und ihre zieladäquate Feinsteuerung im vorgegebenen Rahmen als zentrale Führungsaufgabe eines jeden Managers an. Der tägliche Arbeitsvollzug und seine Formung durch den Vorgesetzten, als die Führung im engeren Sinne, sowie das Einflußgefüge als Mikro-Struktur zwischen den Beteiligten und diejenigen Maßnahmen, durch die eine Steuerung der Arbeitsaktivitäten optimal möglich wird, stehen im Vordergrund: Motivation, Kommunikation und der Führungsstil sind die herausragenden Bereiche dieser Managementfunktion.

Führung bezeichnet mithin die Gesamtheit der Entscheidungen, die zur Erreichung der Ziele einer soziotechnischen Organisation notwendig sind. Diese Entscheidungen lassen sich in drei Hauptgruppen untergliedern:
- *Zielentscheidungen*: Festlegung der Ziele, die das Unternehmen innerhalb geplanter Perioden erreichen will (Entschlußfassungen).
- *Personalentscheidungen*: Beeinflussung des Arbeitsverhaltens untergeordneter Personen (Mitarbeiter).
- *Sachentscheidungen*: Verfügung über Produktionsmittel, Kapital und Information als Einsatzfaktoren für die Zielerreichung.

Führungskräfte haben die generelle Aufgabe, an der Zielerreichung des Unternehmens dadurch mitzuwirken, daß sie Arbeitsgruppen anweisen, zielorientierte Verrichtungen auszuführen: „Führen bedeutet, Ziele zu setzen und diese mit Hilfe der Entfaltung von sachlichen wie menschlichen Leistungen anderer zu erreichen. Dazu müssen andere Menschen zu gemeinsamem Denken und Handeln miteinander und mit den Führenden gebracht werden." (K. H. Neumann)

leadership ability: Führungsbefähigung *f*, Führungsfähigkeit *f*

leadership behavior: Führungsverhalten *n*
Grundsätzlich sind zwei entgegengesetzte Ausprägungen des Führungsverhaltens erkennbar: Autoritäres und kooperatives Verhalten. Ihr wichtigstes Kriterium ist der Umfang der Partizipation der unterstellten Mitarbeiter am Entscheidungsprozeß und das Maß an Selbststeuerung, das den Mitarbeitern zugebilligt wird. Zwischen beiden Ausprägungen ergibt sich eine Reihe von unterschiedlich gewichteten Spielarten, die durch das Kontinuum des Führungsverhaltens dargestellt sind.

Beim *autoritären Führungsverhalten*, das auch als direktiver oder autonomer Führungsstil bezeichnet wird, handeln die Mitarbeiter auf Anweisung ohne Entscheidungskompetenz und Mitsprache, beim kooperativen Verhalten hingegen wird der Entscheidungsprozeß in Teamarbeit zwischen Manager und Mitarbeiter realisiert.

Bei der autoritären Führung plant und entscheidet der Manager autonom – eine Mitwirkung unterstellter Mitarbeiter ist ausgeschlossen. Um sicherzustellen, daß die Entscheidungen auch widerspruchslos ausgeführt werden, wird bei diesem Führungsverhalten auch eine starke Kontrolle ausgeübt. Der Manager leitet seine Legitimation aus der formalen Stellung innerhalb der Hierarchie ab. Er besitzt gegenüber den Unterstellten einen Informationsvorteil, da er Begründungen und Notwendigkeiten für bestimmte Entscheidungen und Anordnungen nicht kommuniziert. Es entwickeln sich Befehlsstrukturen und starre, formell definierte Arbeitsplätze.

Die Mitarbeiter sind reine Verrichtungsorgane. Transparenz, Eigensteuerung und Initiative entwickeln sich nur innerhalb der engen zugewiesenen Arbeitsgebiete. Das autoritäre Führungsverhalten führt zur Normierung des Arbeitsverhaltens, um einen reibungslosen Vollzug der Einzelaufgaben zu garantieren. Es findet sich daher vornehmlich bei Routineprozessen, d.h. bei sich gleichmäßig über einen längeren Zeitraum hinziehenden, monotonen Arbeitsfunktionen, die quantitativ meßbar und kontrollierbar sind (z.B. bei automatisierten Fertigungsprozessen, bei Prüfvorgängen, in der Akkordarbeit). Historisch betrachtet resultiert dieses Führungsverhalten aus dem Taylorismus.

Die Mitarbeiter arbeiten grundsätzlich nur auf Anweisung. Damit wird Eigeninitiative und Innovation nicht ermöglicht. Fehlleistungen und Ergebnismängel werden „nach oben delegiert", d.h. dem autoritären Entscheider angelastet. Auf Dauer führt dieses Verhalten bei den Mitarbeitern zu Lethargie und Desinteresse, zum Verlust von Spontaneität und Kreativität.

Das System der autoritären Entscheidung, Vorgabe und Kontrolle führt zu einer Bürokratisierung der Organisation. Informelle Kontakte werden vermieden, die Befehlsstrukturen und -wege streng eingehalten mit der Folge, daß lange Berichtswege und Verzögerungen in der Informationsverarbeitung auftreten. Berichte und Formulare ersetzen die informale Kommunikation, die Flexibilität der Organisation geht zugunsten einer Verwaltungsbürokratie verloren. Die Organisation ist stabil, erweist sich aber im Falle extern bedingter Anforderungen auf schnelle Reaktion oftmals als unfähig zur Anpassung.

In Krisensituationen kann dieses Führungsverhalten sehr effizient sein, wenn es darum geht, kurzfristig wichtige Ziele zu erreichen. Auf Dauer führt es jedoch zu Produktivitätseinbußen.

Das *kooperative Führungsverhalten* ist dagegen durch eine Objektivierung der Entscheidungsprozesse gekennzeichnet. Der Entscheidungsprozeß wird für alle Beteiligten transparent. Es handelt sich demnach um einen hohen Standard der Kommunikation und Informationsweitergabe: Der Manager diskutiert mit den Mitarbeitern, den Fachpromotoren, Hypothesen, Alternativen, Ziele und Einsatzmittel und delegiert Verantwortung und Aufgaben. Kontrollstandards sowie Leistungs- und

Erfüllungsnormen werden in der Gruppe festgelegt (Teamarbeit). Das kooperative Führungsverhalten nutzt – etwa durch die Einschaltung von Koordinationsteams – auch informelle Kommunikations- und Weisungswege.

Die Mitarbeiter sind dabei sehr gut informiert über alle Ziele, Aufgaben und Einsatzfaktoren. Durch die Mitwirkung am Planungs- und Entscheidungsprozeß entsteht ein hohes Maß an Identifikation mit der Aufgabe und durch die Anerkennung ihres Fachwissens eine ausgeprägte Leistungsmotivation der Mitarbeiter. In der Aufgabenausführung sind die Mitarbeiter relativ frei. Zwischen Mitarbeitern und Vorgesetzten entsteht ein Vertrauensverhältnis, das aus der gemeinsamen Verpflichtung gegenüber den Sachaufgaben resultiert.

Auf der anderen Seite entsteht ein relativ hoher Abstimmungs- und Koordinationsaufwand. Daher ist dieses Führungsverhalten vorwiegend für komplexe, nichtstrukturierte Entscheidungsprozesse (z.B. Investitionsplanung, Personalplanung, Einführung von Informationssystemen) geeignet, bei denen das Fachwissen vieler Instanzen und Funktionen zu integrieren ist.

Durch die Arbeit in Gruppen ist es notwendig, daß Kenntnisse über Gruppenverhalten und -dynamik bei den Mitgliedern der Organisation entwickelt werden.

Durch das beim kooperativen Führungsverhalten entwickelte Engagement der Mitarbeiter und aufgrund der Selbststeuerungsmöglichkeiten werden die Leistungsergebnisse positiv beeinflußt. Die Erhöhung des Informationsstands führt zu einer erhöhten Mobilität, die sich z.B. in der Bereitschaft zur Übernahme neuer Aufgaben ausdrückt.

Beim *funktionalen Führungsverhalten* schließlich wird die bei den anderen Formen des Führungsverhaltens gegebene formale Über- und Unterordnung aufgehoben. Die Ausprägung einer speziellen Führungsrolle oder eines Führungsanspruchs ist nicht gegeben. Entscheidungsprozesse werden durch eine Gruppe gleichrangiger Mitarbeiter gelöst, die auch zugleich die Arbeitsteilung und Verantwortung regelt. Je nach Bedarf oder für besondere Aufgaben außerhalb der Gruppe wird temporär ein Gruppensprecher benannt. Man spricht auch von „sich selbst steuernden Gruppen".

Die Sicherheit und das Selbstwertgefühl der mündigen Mitarbeiter werden dadurch gesteigert. Die Befreiung von externen Kontrollen führt dazu, daß die Mitarbeiter sich ihre Ziele selbst vorgeben. Allerdings setzt dieses Verhalten voraus, daß homogene Gruppen existieren und die Mitarbeiter mögliche Rivalitäten und Machtansprüche zurückstellen. Sonst besteht die Gefahr, daß die Gruppen aufgrund persönlicher Einzelansprüche instabil werden und das Gruppenziel gefährden.

Die funktionale Führung kann für spezielle Aufgaben, die außerhalb der Routine stehen (Projekte) angewandt werden. Sie ist ein dynamisches Führungsprinzip, das nicht generell, sondern aufgabenorientiert („task-oriented") eingesetzt werden kann. Sie setzt ein hohes Maß an Selbstdisziplin bei den Gruppenmitgliedern voraus und erfordert einen hohen, gleichartigen Informationsstand. Werden derartige Gruppen gebildet, kommt es sehr oft zu „Isolationserscheinungen", d.h. die Gruppe sondert sich von der übrigen (formellen) Organisation.

Entscheidend ist das Ergebnis der Gruppe, die individuelle Einzelleistung tritt zugunsten der Gruppenleistung zurück. Da sehr viel Eigensteuerung und Selbstorganisation vorhanden ist, wirkt sich das positiv auf die Produktivität aus.

leadership decision: Führungsentscheidung *f*

Das Treffen von Entscheidungen gilt als das hervorragende Kriterium eines Managers. Man unterscheidet Routine-Entscheidungen als wiederkehrende, gleichartig ausführbare Entscheidungen und Führungsentscheidungen. *Routine-Entscheidungen* werden nach einem festen Schema entsprechend einem einmal eingeübten Entscheidungsprozeß (Programm) vollzogen. Sie werden lediglich aufgrund der definierten Verfügungsgewalt und Verantwortung vom Manager erledigt.

Führungsentscheidungen entstehen dort, wo durch eine neue Kombination der Produktionsfaktoren völlig neue Möglichkeiten der Zielerreichung eröffnet werden. Führungsentscheidungen in diesem Sinne beziehen sich auf Innovation. Innovative Entscheidungen entstehen durch:

- *Neue Ziele (Zielentscheidungen)*: Zum Beispiel der Übergang von einem Monoprodukt zu einer diversifizierten Produktpalette.
- *Neue Strategien (strategische Entscheidungen)*: Strategie als Mittel der Unternehmenspolitik wird überall dort angewandt, wo neue Methoden und Mittelkombinationen für die Durchsetzung der unternehmerischen Ziele eingesetzt werden.
- *Neue Mittelkombinationen (Mittel-Entscheidungen)*: Die Produktionsfaktoren werden in bezug auf die Zielerreichung neu kombiniert, um z.B. Substitution menschlicher Arbeitskraft durch Maschinen eine höhere Profitabilität zu erzielen.

leadership dyad model: Führungsdyaden-Modell *n*

Während die meisten Modelle Führung mit Hilfe eines dimensionalen Führungsstilkonzepts erfassen, verstehen G. Graen und seine Mitarbeiter Führungsverhalten als Austauschbeziehung zwischen Vorgesetzten und Untergebenen. Diese Austauschbeziehung, die Interaktionen aller am Führungsprozeß Beteiligten, steht bei den Interaktions- oder Transaktionsabsätzen der Führung im Mittelpunkt.

Das Führungsdyaden-Modell geht von den Annahmen aus, daß sich eine Austauschbeziehung über die Zeit entwickelt und dabei zwei dichotome Formen annehmen kann: Führung (leadership) im Sinne einer Interaktion mit den Geführten, die deren Bedürfnisse berücksichtigt, und Führung (supervision) im Sinne von Kontrolle und Überwachung, die auf formaler Autorität beruht.

Im Gegensatz zu den dimensionalen Führungskonzepten unterstellt Graen nicht, daß sich ein Führer gegenüber jedem seiner Untergebenen gleich bzw. ähnlich verhält. Aus diesem analysieren Graen et al. jede Vorgesetzten-Untergebenen-Beziehung (vertikale Dyade) für sich; denn sie meinen, daß „die vertikale Dyade ... die geeignete Untersuchungseinheit [ist], um Führungsprozesse zu analysieren, weil die vertikale Dyade die Prozesse enthält, die Untergebene und Vorgesetzte miteinander verbinden."

Das Führungsdyaden-Modell versucht, die Frage zu beantworten, unter welchen Bedingungen und in welcher Form es dazu kommt, daß der Führer sich in einigen Dyaden im Extremfall darauf beschränkt, die Einhaltung des Arbeitsvertrags zu überwachen (supervision), während in anderen Dyaden ein weit darüber hinausgehender intensiver sozialer Austausch stattfindet.

Da zu erwarten ist, daß eine vertikale Dyade bereits unmittelbar nach ihrer Entstehung ausgeformt wird, untersuchen Graen et al. Dyaden kurz nach ihrer Entstehung, aber auch zu späteren Zeitpunkten, um etwaige Veränderungen und deren Folgen zu erfassen. Zum Zeitpunkt der Entstehung einer Dyade komme es wesentlich darauf an, ob der Vorgesetzte es seinem Mitarbeiter ermöglicht, aufgabenbezogene Angelegenheiten mit ihm auszuhandeln. Je mehr Verhandlungsspielraum dem Geführten von Anfang an eingeräumt wird, desto größer ist die Wahrscheinlichkeit, daß der Vorgesetzte tatsächlich führt (im Sinne von „leadership") und nicht nur seine formale Autorität einsetzt.

leadership model: Führungsmodell *n*
Unter Führungsmodell versteht man ein normatives Konzept für Führung eines Gesamtsystems wie einer Unternehmung. Nach Jürgen Wild stellen Führungsmodelle „Soll-Konzepte in Gestalt konditionaler normativer Denkmodelle dar, die etwas darüber aussagen, wie Führung in Unternehmungen vollzogen werden sollte."
Dabei unterscheidet er vier Aussagekategorien von Führungsmodellen: (1) Aussagen über Ziele und Prämissen der Modellanwendung, (2) Aussagen, die die Gestaltungs- oder Handlungsempfehlungen des Modells beinhalten, (3) Aussagen über die Anwendungswirkungen des Modells und seine Zweckeignung, (4) wissenschaftliche Begründung für den Zusammenhang von (2) und (3) bei Geltung von (1).

leadership profile: Führungsprofil *n*
Führungsprofile haben das Ziel, das Verhalten eines Managers transparent, meßbar und beeinflußbar zu machen. Sie werden – nach ihrem Schöpfer Rensis Likert – wie folgt entwickelt: Zwischen den Gegensätzen des autoritären und partizipativen (kooperativen) Führungsverhaltens sind grundsätzlich ner Ausprägungen (Systeme) möglich:
• Exploitive authoritative system
• Benevolent authoritative system
• Consultative system
• Participative group.

Auf diese vier Systeme der Ausprägung des Führungsverhaltens bezog Likert eine Reihe von Charakteristika:
1. Leadership processes used (eingesetzte Führungsprozesse),
2. Character of motivational forces (Charakter der Motivationskräfte),
3. Character of communication process (Art der Kommunikationsprozesse),
4. Character of interaction-influence process (Art der Beeinflussung durch Interaktion),
5. Character of decision-making process (Art des Entscheidungsprozesses),
6. Character of goal setting or ordering (Art der Zielsetzung oder Anweisung),
7. Character of control process (Art des Kontrollprozesses),
8. Performance goals and training (Ergebnis/Leistung der Ziele und der Schulung)

Diese Variablen werden noch weiter differenziert, so daß sich insgesamt 51 „organizational variables" ergeben. Sie repräsentieren insgesamt das Führungsverhalten, für dessen Charakterisierung in Form einer Profilkurve folgende Schritte erforderlich sind:

• *Definition einer Matrix*: Die Zeilen enthalten die Variablen des Führungsverhaltens, die Spalten kennzeichnen die vier Grundsysteme.
• *Bewertung*: Für jede Variable wird eine kennzeichnende ordinale Bewertung mit fünf Bewertungsgraden eingeführt, z.B. von „very little" (sehr schwach ausgeprägt), „quite a bit" (etwas ausgeprägt) bis zu „much with both individuals and group" (starke Ausprägung sowohl beim Einzelnen als auch in der Gruppe).
• *Justierung*: Entsprechend dem praktizierten System werden die bewerteten Variablen in die Matrix eingetragen, ihre Verbindung ergibt eine Kurve, das Führungsprofil.

So kann z.B. die Effektivität von Maqnagement-Schulungen zur Verbesserung des Führungsverhaltens daran abgelesen werden, wie sich die Profilkurve vor der Schulung im Vergleich zur Profilkurve nach der Schulung verändert hat.
Das Verfahren der Führungsprofile macht deutlich, daß in verschiedenen Management-Systemen gleiche Verhaltensvariablen mit unterschiedlicher Gewichtung und Bewertung auftreten können. Durch Zeitvergleiche gelingt es, Verhaltensänderungen eines Managers nachzuweisen.

leadership principle: Führungsgrundsatz *m*
Führungsgrundsätze sind schriftlich formulierte Richtlinien, die Führungskräfte bei ihrer Führungstätigkeit zugrunde legen oder legen sollen. Sie sind bewußt situationsunabhängig gefaßt und stellen deshalb in der Regel lediglich abstrakte generelle Prinzipien dar.
In den weitaus meisten Führungsgrundsätzen wird

leadership responsibility

Charakteristik des Führungsverhaltens "organizational variables"	System 1 Bewertung 1...5	System 2 Bewertung 1...5	System 3 Bewertung 1...5	System 4 Bewertung 1...5
1			A B	
2				
3				
4				
...				
51				

Profilkurven des Führungsverhaltens nach Rensis Likert (A = Profilkurve vor einer Schulung; B = Profilkurve nach der Schulung)

eine Form partizipativen bzw. kooperativen Führungsverhaltens proklamiert.

leadership responsibility: Führungsverantwortung f
Das Prinzip der Delegation fordert, daß Mitarbeiter die Handlungsverantwortung und Vorgesetzte die Führungsverantwortung tragen. In der betrieblichen Realität lassen sich aber beide Bereiche meist nur sehr schwer trennen.
In aller Regel wird der Vorgesetzte indirekt und zumindest auf längere Sicht auch für das Versagen seiner Mitarbeiter verantwortlich gemacht, mit der Folge, daß er sich in der Regel auch für alle in seinem Bereich stattfindenden Entwicklungen und Ergebnisse verantwortlich fühlt. Eine Verantwortung, die Vorgesetzte in diesem Umfang gar nicht übernehmen können.

leadership style: Führungsstil m
Nach einer Formulierung von J. Häusler ist „Führungsstil ... die Form sowie die Art und Weise, in der die Führungs- und Leitungsaufgaben von den Führungskräften im Rahmen der Organisation ausgeübt werden; er ist die konkrete Verhaltensweise der Führungskräfte innerhalb des Spielraums der Leistungsstruktur des Unternehmens."
R. Wunderer und W. Grunwald definieren Führungsstil als „ein zeitlich überdauerndes und in bezug auf bestimmte Situationen konsistentes Führungsverhalten von Vorgesetzten gegenüber Mitarbeitern."
Der Führungsstil bestimmt die Art der Aufgabenerledigung. Der jeweils praktizierte Führungsstil zeigt sich darin, wie und mit welchen Methoden es der Führungskraft gelingt, den an sie delegierten Auftrag – Anleitung anderer zur optimalen Aufgabenerledigung – innerhalb der bestehenden Regeln und Normen der Personal- und Unternehmenspolitik zu erfüllen.
Bedeutsam für das Führungsverhalten ist das Selbstverständnis der Manager, d.h. die Rolle, die sie als „Führer" in einer soziotechnischen Organisation einzunehmen gewillt sind. Hierfür dienen verschiedene Erklärungsansätze des Führungsverhaltens:

1. *Personalistischer Ansatz*: Dabei wird versucht, bestimmte charakteristische Eigenschaften für die Eignung zur Führungskraft zu definieren, z.B. ein hohes Maß an Durchsetzungsvermögen, ein bestimmter Intelligenzquotient, ein besonderes Maß an Ausstrahlungsvermögen und Überzeugungskraft. Derartige Daten spiegeln sich häufig in den Einstellungspraktiken der Unternehmen wider, die mittels Fragebogen und Tests umfangreiche Informationen über die Bewerber auswerten. Sichere Rückschlüsse auf das Führungsverhalten sind aber dadurch nur bedingt ableitbar, da die Führung auch von den zu führenden Mitarbeitern, der Organisation des Unternehmens und den speziellen Situationen der Aufgabenerledigung abhängig ist.

2. *Soziale Interaktion*: Dieser Ansatz versteht die Führung vorwiegend als einen sozialen Interaktionsprozeß zwischen Vorgesetzten und Mitarbeitern. Dementsprechend spezifisch sind die für das Führungsverhalten betrachteten Eigenschaften:

Kooperations- und Kommunikationsverhalten, die Fähigkeit, auf andere einzugehen und deren Argumente kritisch zu verarbeiten, die Art und Weise der Problemlösung und gruppendynamische Fähigkeiten im Problemlösungsprozeß werden als dominierende Eigenschaften eines Managers angesehen.

3. *Situative Ansätze*: Die Führungsposition wird je nach Aufgaben- und Problemstellung besetzt. Lediglich die Art der Aufgabenstellung entscheidet darüber, welcher Managertyp in Frage kommt. Besondere Anwendung dieses Prinzips findet sich bei Unternehmungen, die in einer Krisensituation sind und die sich nach durchsetzungsfähigen Problemlösern („Management by breakthrough") umsehen. Dies hat zur Folge, daß Management-Positionen häufig wechseln.

4. *Formeller Ansatz*: Die Führung resultiert aus der formalen Organisation des Unternehmens. Der Organisationsplan, d.h. der etablierte Instanzenaufbau und die bestehenden Weisungs- und Berichtswege bestimmen die Zuweisung der Führungsvollmacht (starre Regelung der Führung). Der Ranghöhere besitzt ungeachtet seiner Fähigkeiten grundsätzlich die größere Entscheidungskompetenz (Legitimation kraft Position). Es handelt sich um das System der Bürokratie, in dem u.a. auch nach Dienstjahren die Regelung der Führungsnachfolge erfolgt.

5. *Kybernetischer Ansatz*: Führung bedeutet hierbei Steuerung. Der Manager muß grundsätzlich die Fähigkeit besitzen, Zielvorgaben, Steuerungsvorgänge und Feedback-Analysen zu beherrschen. Die Führung wird vorrangig von den Methoden des Management durch Zielvorgaben (management by objectives) und Management durch Ausnahmeregeln (management by exception) bestimmt.

6. *Systemtheoretischer Ansatz*: Das Führungsverhalten orientiert sich am Zusammenspiel aller Komponenten des Führungsprozesses. Der Manager muß systemtheoretisch und praktisch denken können und logistische Prozesse analysieren und steuern.

7. *Verhaltenstheoretischer Ansatz*: Hierbei stehen die Verhaltensweisen kooperierender Individuen im Vordergrund, z.B. die Fragen, wie sich Menschen in besonderen Situationen (Streß, Monotonie, Dauerbelastung) verhalten und inwieweit es der Führungskraft gelingt, negative Verhaltensweisen wie Aggression, Desinteresse, Resignation zu vermeiden.

Bei diesen Ansätzen handelt es sich um monistische Erklärungen des Führungsverhaltens: Sie basieren auf einer bestimmten Hypothese über das Führungsverhaltens, ohne damit den Gesamtprozeß der Führung und des Führungsstils erklären zu können. In der konkreten Ausprägung des Führungsverhaltens finden sich jeweils mehrere dieser Ansätze in einer Person verwirklicht.

R. T. Morris und M. Seeman haben vor allem die Berücksichtigung der individualpsychologischen Faktoren hervorgehoben. Sie unterscheiden folgende Faktoren für die Ausprägung des Führungsstils:
a) Group factors
b) Individual factors
c) Leadership behavior
d) Definition of leader (formale Positionierung).

Als Rückwirkung auf Führungsverhalten nennen die Autoren:
e) Gruppenleistung (group efficiency, morale, integration, goal achievement and survival).
f) Persönliche, individuelle Leistungen der Mitarbeiter (personal success, votes for leader, merit ratings, job satisfaction, changes initiated).

leadership style typology: Führungsstil-Typologie *f*

1. Die Frage nach dem Verhalten des Führers wurde in der Führungsforschung zunächst mit Hilfe von Typologien zu beantworten versucht. Danach werden die verschiedenen Arten von Führungsstilen als Idealtypen verstanden, d.h. sie beschreiben Verhaltensmuster nicht von realen, sondern von ausgedachten Führern. Traditionell werden vor allem die folgenden vier Führungsstile unterschieden:

• Der *patriarchalische Führungsstil*: Hier handelt es sich um die Übertragung der traditionellen Vaterfigur in der Familie auf den Betrieb. Kennzeichen sind der uneingeschränkte Herrschaftsanspruch auf der einen Seite und die Fürsorgeverpflichtung gegenüber den Geführten auf der anderen Seite. In der Organisationsstruktur ist lediglich eine Entscheidungsinstanz vorgesehen. Dieser Führungsstil findet sich vorwiegend in kleinen und mittleren Unternehmen.

• Der *charismatische Führungsstil*: Der charismatische Führer gründet seinen Herrschaftsanspruch auf außergewöhnliche Eigenschaften. Auch hier besteht ein uneingeschränkter Herrschaftsanspruch. Dagegen bekennt sich der charismatische Führer nicht zur Fürsorge verpflichtet; er verlangt ja von den Geführten auch Opferbereitschaft. Sein Beitrag besteht darin, daß er den Geführten in Aussicht stellt, sie aus einer Nodage herauszuführen bzw. sie einem künftigen „Heilszustand" näher zu bringen. In ausgeprägter Form ist der charismatische Führer in erster Linie als Staatsführer sowie in religiösen Gruppen anzutreffen. Schon angesichts der gesetzlichen Regelungen sind einer charismatischen Führung in Wirtschaftsunternehmen von vornherein gewisse Grenzen gesetzt. Besonders in Krisensituationen sind aber auch hier Führer mit charismatischen Züge anzutreffen.

• Der *autokratische Führungsstil*: Bei diesem Führungsstil tritt an die Stelle der Person des Führenden ein institutionalisierter Führungsapparat, bei dem nachgeordnete Instanzen die Entscheidungen des Autokraten durchsetzen. Die Machtbefugnisse des Führers sind uneingeschränkt.

• Der *bürokratische Führungsstil*: Wie beim autokratischen Führungsstil besteht auch hier ein Führungsapparat. Jedoch tritt hier an die Stelle der

leadership technique

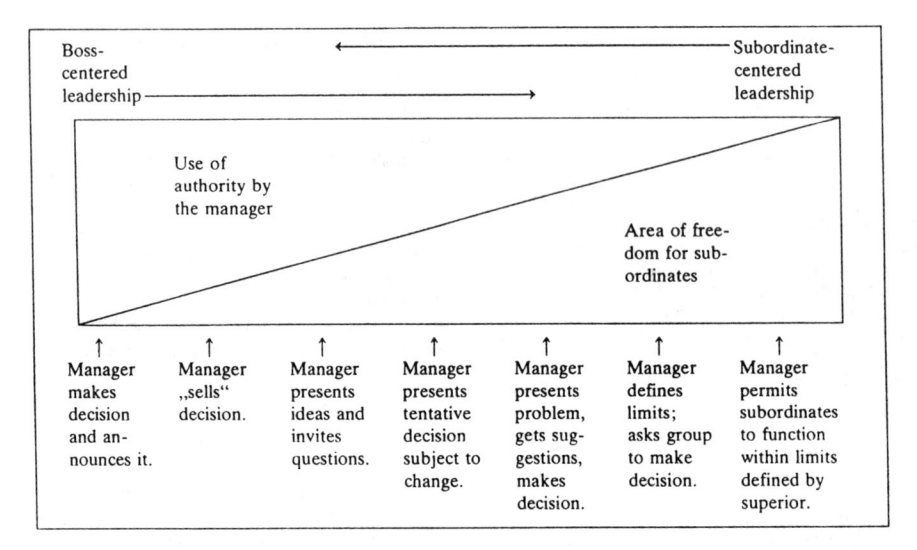

Boss-centered leadership ⟵						Subordinate-centered leadership
Use of authority by the manager						Area of freedom for subordinates
↑ Manager makes decision and announces it.	↑ Manager „sells" decision.	↑ Manager presents ideas and invites questions.	↑ Manager presents tentative decision subject to change.	↑ Manager presents problem, gets suggestions, makes decision.	↑ Manager defines limits; asks group to make decision.	↑ Manager permits subordinates to function within limits defined by superior.

Willkür des Autokraten ein System von Regelungen, denen sich nicht nur die Geführten sondern auch die Führer zu unterwerfen haben.

Die traditionellen Führungsstile basieren durchweg auf Max Webers Typologie der Herrschaftsansprüche, die zwischen legaler, traditionaler und charismatischer Herrschaft unterscheidet.

Neben der verbreiteten Zweier-Unterscheidung in autoritären und kooperativen Führungsstil wird oft auch eine Dreier-Unterscheidung gemacht und als dritter Führungsstil die Laissez-faire-Führung genannt. Bei diesem Führungsstil existiert kein ausgeprägtes Vorgesetztenbild mehr. Der Vorgesetzte beschränkt sich darauf, eine Situation zu schaffen, in der gearbeitet werden kann, z.B. indem er die erforderliche Kommunikation mit den anderen Abteilungen herstellt und aufrechterhält. Die Wahl der Arbeitsmethoden und die Bestimmung der Arbeitsziele werden der Arbeitsgruppe überlassen.

Die Laissez-faire-Führung kann als Grenzfall einer Führung überhaupt angesehen werden, weil dabei nur noch eingeschränkt von einer Verhaltensbeeinflussung gesprochen werden kann.

2. Statt einzelne Führungsstile isoliert zu unterscheiden, gehen Percy H. Tannenbaum/Schmidt von einem Kontinuum des Führungsverhaltens aus: Das in der Praxis beobachtbare Führungsverhalten ordnen sie nach dem Grad der Entscheidungsfreiheit des Mitarbeiter einem Kontinuum zu, dessen Endpunkte auf der einen Seite die extrem autoritäre und auf der anderen Seite die extrem partizipative Führung sind:

Das richtige (= situationsgerechte) Führungsverhalten ist nach Tannenbaum/Schmidt abhängig von bestimmten charakteristischen Merkmalen

• *des Vorgesetzten*: sein Wertsystem, Vertrauen in die Mitarbeiter, Führungsqualitäten;

• *der Mitarbeiter*: Erfahrung in der Entscheidungsfindung, fachliche Kompetenz, Bedürfnisse, Problemengagement;

• *der Situation*: Organisationsstruktur, Art des Problems, zeitlicher Spielraum.

Jede unterschiedliche Konstellation der Charakteristiken aus diesen drei Gruppen erfordert ein unterschiedliches Führungsverhalten. Es gibt also keinen Führungsstil im Sinne eines von der Situation unabhängigen Verhaltensmusters.

Daraus folgt die Empfehlung, ein Vorgesetzter solle darauf achten, daß er die verschiedenen Einflußfaktoren realistisch einschätzt und sich entsprechend flexibel verhält. Mit dieser Empfehlung geht der Ansatz von Tannenbaum/Schmidt über die situationsunabhängige Betrachtung von Führungsstilen.

leadership technique: Führungstechnik *f*
Führungstechniken stellen Führungshilfen für den Manager dar, die ihn bei der Ausübung seiner Führungstätigkeit unterstützen sollen. Zu den wichtigsten zählen das Management durch Zielvorgaben (Management by Objectives) und das Management durch Ausnahmeregeln (Management by Exception).

leading article: Hauptartikel *m*
leading case: Leitfall *m*, Präzedenzfall *m*
leading zero: führende Null *f (EDV)*
leaf: Blatt *n*
leaflet: Merkblatt *n*
leak: auslaufen (Behältnis), Leck *n*, lecken
leakage: Leckage *f*
leap-frogging: Überspringen *n* (z.B. Gehaltsstufen)
learn: erfahren (etwas), lernen
learner: Anfänger(in) *m f*, Arbeitnehmer *m* (während der Anlernzeit), Lernender *m*
learner's rate: Anlernlohnsatz *m*

legal

learning: Lernen n
Der Erwerb relativ überdauernder Änderungen des Verhaltens bzw. der Verhaltensmöglichkeiten aufgrund von Erfahrung. Erfahrung bezeichnet wiederum die Aufnahme und Verarbeitung von Informationen. Lernen kann nicht direkt beobachtet werden; beobachtet werden kann hingegen die aufgrund des Lernvorganges gezeigte Leistung, Lernkurven. Der Lernprozeß als ein Prozeß der Vorbereitung (der Lernende stellt sich auf eine Aufgabe ein, wendet ihr Aufmerksamkeit zu und nimmt wahr) und der Aneignung (der Lernende bearbeitet das Material) ist eng mit dem Gedächtnis und der Erinnerung verknüpft.

learning action approach: Lern-Aktions-Ansatz m
Die zeitlich mehr oder weniger parallele Entwicklung der Management-Fähigkeiten und Einführung einer Unternehmens-Strategie. Zu den charakteristischen Merkmalen des Lern-Aktions-Ansatzes gehört vor allem:
1. Der Ansatz ist problemorientiert im Gegensatz zu der herkömmlichen Methode, die systemorientiert ist. Problemorientiert bedeutet: Der Prozeß der Neueinführung der Strategie ist vornehmlich darauf gerichtet, die diagnostizierten Probleme zu lösen.
2. Es werden simultan und interagierend die zwei Ziele verfolgt, (a) eine neue Strategie zu installieren und (b) den Übergangsprozeß möglichst reibungslos zu gestalten, so daß ein Minimum von Zusatzkosten und Verzögerungen durch Widerstand entsteht.
3. Der Ansatz ist bei der Lösung der Probleme flexibel im Hinblick auf die verfügbare Zeit, den wahrscheinlichen Widerstand und die verfügbare Macht, den Widerstand zu überwinden.
4. Die Entwicklung einer Atmosphäre der Akzeptanz, die Entwicklung der notwendigen Managementfähigkeiten und die Installierung der Strategie sind miteinander vernetzt, wodurch die für den Strategiewechsel benötigte Zeit wesentlich verkürzt wird.
5. Mit der Implementation von Teilprojekten wird jeweils schon am Ende der aufeinander folgenden Schritte begonnen.

learning approach: Lernansatz m
Ein Ansatz in der strategischen Planung, bei dem mit der Einführung der neuen Strategie so lange gewartet wird, bis das Management die dazu notwendigen Fähigkeiten in einem allmählichen Lernprozeß, Lernen, entwickelt hat.

leasable: verpachtbar
lease: mieten, Mietvertrag m, Pacht f, pachten, Pachtvertrag m, vermieten (Grundstücke), verpachten, Verpachtung f
leased line: Mietleitung f (EDV)
leased line network: Mietleitungsnetz n (EDV)
leasehold: Pacht f, Pachtbesitz m, Rechte n/pl und Pflichten f/pl der Mieter m/pl oder Pächter m/pl aufgrund m eines Miet- oder Pachtvertrages m
leasehold improvements pl: Aufwendungen f/pl (meist werterhöhend) auf gemietetem oder gepachtetem Grundstück n
leasehold property: Pachtland n
leaseholder: Mieter m, Pächter m
leasing: Leasing n, Pachtung f, Vermietung f, Verpachtung f
Eine Art der Vermietung von Gebrauchs- und Investitionsgütern, die dadurch gekennzeichnet ist, „daß der Mieter eine eigentümerähnliche Rechtsposition erhält, aus der ihm eine Reihe von Risiken und Pflichten erwachsen, die sonst vom Vermieter getragen zu werden pflegen." (Robert Nieschlag/ Erwin Dichtl/Hans Hörschgen).
Als Instrument der Absatzfinanzierung bedeutet Leasing für den Käufer von teuren Anlagegütern eine wesentliche Finanzierungserleichterung gegenüber dem Barkauf. Sein Vorteil als absatzpolitisches Instrument liegt im wesentlichen im Konkurrenzvorteil gegenüber Wettbewerbern, die ihre Produkte noch nicht leasen.

leasing rental: Pachtbetrag m
least-cost combination: Minimalkostenkombination f
leather goods industry: Lederwarenindustrie f
leather tanning and dressing industry: Lederindustrie f
leave: lassen, räumen, überlassen, Urlaub m, verlassen
leave behind: hinterlassen
leave out: auslassen, weglassen
leave out schedule: Urlaubsplan m
lecture: Vortrag m
ledger: Buch n (Buchhaltung), Buchhaltungsbuch n, Hauptbuch n
ledger account: Sachkonto n
ledger clerk: Buchhalter m, Kontenführer m (Sachkonten)
ledger entry: Hauptbucheintragung f
ledger folio: Buchfolio n
ledger sheet: Kontenblatt n, Kontoblatt n
ledger type journal: amerikanisches Journal n
ledgerless bookkeeping: kontenlose Buchführung f
left-most position: erste Stelle f (einer Zahl) (EDV)
left shift: Stellenverschiebung f nach links (EDV)
leftovers pl: Nachbleibsel n
legacy: Legat n, Vermächtnis n
legal: gesetzlich, gesetzmäßig, gültig, legal, rechtlich, rechtmäßig, rechtsgültig, rechtskräftig, statthaft

legal ability to enter union contracts: Tariffähigkeit f
legal ability: Rechtsfähigkeit f
legal action: Gerichtsverfahren n, gerichtlicher Schritt m
legal adviser: Rechtsberater m
legal age: Großjährigkeit f, Volljährigkeit f
legal aid: Rechtshilfe f
legal aid insurance: Rechtsschutzversicherung f
legal aid service: Rechtsberatungsdienst m
legal and consulting service: Rechts- und Beratungsdienst m
legal capacity: Geschäftsfähigkeit f, Rechtsfähigkeit f
legal capacity to enter into labour contract negotiations: Tariffähigkeit f
legal capital: gesetzliches Grund- oder Stammkapital n
legal claim: Rechtsanspruch m
legal counsel: Rechtsbeistand m
legal department: Rechtsabteilung f
legal document: Rechtsurkunde f
legal effect: Rechtswirksamkeit f
legal entity: juristische Person f
legal entity of firm: Firmenmantel m
legal equality: Gleichberechtigung f vor dem Gesetz n
legal expense(s) insurance: Rechtsschutzversicherung f
legal force: Rechtskraft f
legal form: Rechtsform f
legal holiday: gesetzlicher Feiertag m
legal holiday pay: Feiertagslohn m (für gesetzliche Feiertage), gesetzliche Feiertagslöhne m/pl
legal incapacity: Geschäftsunfähigkeit f, Rechtsunfähigkeit f
legal interest rate: gesetzlicher Zinsfuß m
legal language: Kanzleisprache f, Kanzleistil m
legal obligation: rechtliche Bindung f, Rechtspflicht f
legal opinion: Rechtsgutachten n
legal owner: rechtmäßiger Eigentümer m
legal person: juristische Person f
legal possession: gesetzmäßiger Besitz m, rechtmäßiger Besitz m
legal presumption: Rechtsvermutung f
legal provision: gesetzliche Bestimmung f
legal question: Rechtsfrage f
legal redress: Rechtshilfe f
legal remedy: Rechtsmittel n
legal representative: Nachlaßverwalter m, Testamentsvollstrecker m

legal reservation: Rechtsvorbehalt m
legal reserve: gesetzliche Rücklage f
legal rule: gesetzliche Bestimmung f
legal service: Rechtsberatungsdienst m
legal service insurance: Rechtsschutzversicherung f
legal status: Personenstand m
legal succession: Rechtsnachfolge f
legal tender: Geld n, gesetzliches Zahlungsmittel n, Kurantgeld n
legal term: Rechtsausdruck m
legal title: Eigentumsrecht n, Rechtstitel m
legal validity: Rechtsgültigkeit f
legality: Gesetzlichkeit f, Gesetzmäßigkeit f, Gültigkeit f, Legalität f, Rechtmäßigkeit f
legalization: Beglaubigung f, Beurkundung f, Legalisierung f
legalize: beglaubigen, beurkunden, legalisieren
legally: mit Recht, von Rechts wegen
legally binding: rechtskräftig, rechtsverbindlich
legally effective: rechtswirksam
legally invalid: rechtsunwirksam
legally operative: rechtswirksam
legally required audit: Pflichtprüfung f
legatee: Vermächtnisempfänger m (von unbeweglichen Sachen), Vermächtnisnehmer m (von unbeweglichem Vermögen n)
legator: Vermächtnisgeber m
legend: Beschriftung f, Zeichenerklärung f
legislate: ein Gesetz n verabschieden
legislation: Gesetzgebung f
legislation protecting tenants: Mieterschutzgesetzgebung f
legislation to protect the underaged: Jugendschutzgesetzgebung f
legislation to protect youth: Jugendschutzgesetzgebung f
legislative: gesetzgebend
legislator: Gesetzgeber m
legislature: gesetzgebende Körperschaft f, Legislative f
legitimacy: Ehelichkeit f, Gesetzlichkeit f, Legitimität f
legitimate: ehelich, gesetzlich, gesetzmäßig, legitim, legitimieren, Recht, mit rechtlich, rechtmäßig
legitimation: Legitimation f, Ausweis m, Ehelichkeitserklärung f
legitimation strategy: Legitimationsstrategie f
In Situationen, in denen die Stabilität des marktwirtschaftlichen Systems bedroht erscheint, versuchen die Unternehmungen durch Strategien auf verschiedenen Ebenen, die einmal erzielte

(Teil-)Autonomie gegenüber den individuellen und gesellschaftlichen Ansprüchen und Forderungen zumindest zu bewahren, und zwar nach außen durch Autonomiestrategien und nach innen durch Einbindungsstrategien. Beide werden flankiert durch Legitimationsstrategien.

Die extern und intern orientierten Strategien der Herrschaftssicherung werden durch Legitimationsstrategien begleitet, die häufig auch als Unternehmer- bzw. Managerideologien bezeichnet werden:

1. *Effizienzthese*: Die privatwirtschaftlich organisierte Produktion und Distribution werden als die effizienteste Form der Lösung des gesellschaftlichen Problems materieller Bedürfnisbefriedigung bezeichnet. Unternehmungen erbringen nicht nur ein marktgerechtes Output, sondern gewähren auch eine leistungsgerechte Entlohnung für überlassenen Input (Kapital, Arbeit, Material usw.). Darüber hinaus sei die kapitalistische Wirtschaftsweise, wenn sie ungehindert von staatlichen und gewerkschaftlichen Eingriffen entfalten kann, ein Garant für steigende Löhne (Lebensstandard), steigende Freizeit, sichere Arbeitsplätze und steigendes Steueraufkommen.

2. *These von der Unverzichtbarkeit der Hierarchie*: Die asymmetrische Machtverteilung in Unternehmungen wird als legal und notwendige Voraussetzung für eine effiziente Zielerreichung dargestellt. Der Verweis auf die Legalität und organisatorische Notwendigkeit hierarchischer Organisation führt zu deren Akzeptanz. Generell wird zwar Chancengleichheit in bezug auf das Erreichen von herausgehobenen Positionen in der Hierarchie verkündet, de facto wirken jedoch die als Eingangsvoraussetzung geforderten Bildungsnachweise (symbolisiert durch Zeugnisse und Diplome) sowie Loyalitäts- und Fügsamkeitsanforderungen prohibitiv.

3. *Mitbestimmungsthese*: Aus der Erkenntnis heraus, daß der Kapitalismus nur dann überlebensfähig ist, wenn er schrittweise Zugeständnisse an die ‚Systemgeschädigten' macht, werden der stärksten Gruppe neben den Arbeitgebern, den Arbeitnehmern und deren Interessenvertretern, Partizipationsrechte gewährt und kooperative Führung angeboten. Auch Mitbestimmung läßt sich hierbei funktional nutzen, indem sie eine Einbindung der Arbeitnehmervertreter in die unternehmerische Verantwortung ermöglicht und somit u.a. die Durchsetzung unpopulärer Entscheidungen erleichtert.

4. *Entlastungsthese*: Durch die Mystifizierung großer Unternehmer- und Managerpersönlichkeiten (charismatische Führer) wird versucht, die für die Mehrheit der Bürger schwer durchschaubaren Strukturen und Prozesse zu personalisieren, Angst zu reduzieren und Vertrauen zu schaffen.

leisure time: Freizeit *f*

leisure time activity: Freizeitbeschäftigung *f*

lend: ausleihen (verleihen), beleihen, darleihen, verleihen, vorstrecken, leihen
lend-lease: Leihe *f* und Pacht *f*
lend on: beleihen
lender: Ausleiher *m*, Darlehnsgeber *m*, Darleiher *m*, Kreditgeber *m*, Verleiher *m*
lender credit: Leihkredit *m*
lending: Kreditgewährung *f*, Verleihen *n*
lending and investment business: Aktivgeschäft *n*
Der wirtschaftliche Vorgang der Kreditgewährung durch Banken.
length of service: Dienstalter *n*
length of time: Dauer *f*
leniency: Nachsicht *f*, Milde *f*
leniency effect: Milde-Effekt *m*
Die mangelnde Streubreite bei Personalbeurteilungen. Es handelt sich um ein vor allem beim Einsatz von Verhaltensbeobachtungsskalen feststellbares Verhalten, das dazu führt, daß die Beurteiler in der Regel nur die „bessere" Hälfte der Skala verwenden. Bei einer siebenstufigen Skala z.B. liegen die Werte gewöhnlich zwischen 1 und 4 mit einem Mittelwert um 3.
Eine Methode, die darauf zielt, dem Milde-Effekt entgegenzuwirken, ist das Verfahren der erzwungenen Verteilung (forced distribution), das den Beurteiler zwingt, die zu beurteilenden Personen den entsprechenden Leistungsstufen so zuzuteilen, daß sie einer bestimmten Verteilung, meist der Normalverteilung, entsprechen.
lenient, be: Nachsicht *f* üben
less: abzüglich, weniger
less valuable: minderwertig
lessee: Mieter *m*, Pächter *m*
lessen: abnehmen, mindern, schmälern, verkleinern, vermindern, verringern
lessening: Schmälerung *f*
lessor: Vermieter *m*, Verpächter *m*
let: gestatten, lassen, vermieten (Grundstücke), vermieten, zu verpachten
letter file: Briefordner *m*, Schnellhefter *m*
letter of advice: Benachrichtigungsschreiben *n*
letter of allotment: Mitteilung *f* über Zuteilung *f* von Aktien *f/pl*
letter of application: Bewerbungsschreiben *n*
letter of attorney: Vollmacht *f* für Anwalt *m*
letter of credit: Akkreditiv *n*
letter of dismissal: Kündigungsschreiben *n* (des Arbeitgebers)
letter of guarantee: Garantiebrief *m*
letter of intent: schriftliche Bereitwilligkeitserklärung *f*, schriftliche Mitteilung *f* einer festen Vertragsabsicht *f*

letter of license: Erlaubnis *f* zur Geschäftsführung *f*
letter of recommendation: Empfehlungsbrief *m*
letter of refusal: Absagebrief *m*
letter of resignation: Abschiedsgesuch *n*, Kündigungsschreiben *n* (des Arbeitnehmers), Rücktrittsgesuch *n*
letter of transmittal: Anschreiben *n*, Begleitbrief *m*
letter ot attorney: Vollmacht *f* für Anwalt *m*
letter punch: Brieflocher *m*
letter transmitting proxy: Zustellungsbevollmächtigter *m*
letterhead: Briefkopf *m*
letting: Vermietung *f*
letting agency: Zimmernachweis *m*
letting bureau: Zimmernachweis *m*
level: eben, Bezugsebene *f*, Ebene *f*, Niveau *n*, Stufe *f*, Wasserwage *f*
level indicator: Stufenbezeichnung *f (EDV)*
level of aspirations: Anspruchsniveau *n*
Der Bezugsrahmen, innerhalb dessen ein Individuum nach Kurt Lewin seine eigenen Leistungen bewertet und innerhalb dessen sich auch seine eigenen Leistungserwartungen bewegen. Das Anspruchsniveau bezeichnet also das von einem Individuum angestrebte Zielausmaß, das von ihm als verbindlicher Anspruch an das eigene Handeln erlebt wird. Mit der Festsetzung des Anspruchsniveaus gibt ein Individuum oder eine Personengruppe sich selbst Zielvariablen vor, die es bzw. sie als befriedigend und zielerfüllend betrachtet.
Das Anspruchsniveau ist also nicht vorgegeben und unveränderlich. Es wandelt sich vielmehr aufgrund von Erfahrungen und paßt sich laufend an veränderte Situationen an. Auch Erfolgs- und Mißerfolgserlebnisse hängen vom Anspruchsniveau ab: Wird ein oberhalb des eigenen Anspruchsniveaus liegendes Ziel nicht erreicht, so erscheint das nicht als wirklicher Mißerfolg ebenso wie das Erreichen eines unterhalb des eigenen Anspruchsniveaus liegenden Ziels nicht als wirklicher Erfolg gilt.
Eine wesentliche Determinante des Anspruchsniveaus sind die Erwartungen, die ein Individuum über den Eintritt bestimmter Umweltzustände und über die Folgen seiner Handlungen hegt. Mit dem Erreichen des selbstgesetzten Zielniveaus ist ein Erfolgserlebnis (Bedürfnisbefriedigung) verbunden, das zu einer Erhöhung zukünftiger Anspruchsniveaufestlegungen führt.
Die Theorie des Anspruchsniveaus wird in der Marktpsychologie vor allem im Zusammenhang mit Theorien des Konsumentenverhaltens diskutiert. Generell wird dabei auch postuliert, das Anspruchsniveau der absatzpolitischen Instrumente und das tatsächliche Niveau der Absatzleistungen sollten nicht auseinanderklaffen.
level of consumption: Konsumniveau *n*, Verbrauchsniveau *n*

level of efficiency: Leistungsgrad *m*
level of employment: Beschäftigungsniveau *n*
level of organization: Organisationsebene *f*, Organisationsstufe *f*
level of output: Beschäftigungsgrad *m*
level of performance: Leistungsgrad *m*, Leistungsstand *m*
level of prices: Preisniveau *n*
level of security: Sicherheitsniveau *n*
In der mathematischen Entscheidungstheorie ist bei Entscheidungen unter Risiko definitionsgemäß jede reine Strategie a_i ein Spiel. Die erwartete Auszahlung bei einem Spiel kann man sich als die durchschnittliche Auszahlung an den Protagonisten P^A vorstellen, wenn er dieses Spiel in einer prinzipiell unendlich großen Anzahl von Durchgängen wählen und jeweils die entsprechende Auszahlung erhalten würde.
Bei jeder möglichen Alternative gibt es zumindest eine schlechteste Konsequenz, d.h. eine Konsequenz mit der geringsten Auszahlung. Diese schlechteste Konsequenz stellt das Sicherheitsniveau bei der Wahl dieser Alternative dar. Im Falle gemischter Strategien ist das Sicherheitsniveau die geringste erwartete Auszahlung. Nach dem Maximin-Prinzip sollte P^A die Alternative mit dem höchsten Sicherheitsniveau wählen: die Alternative, welche die maximale von allen minimalen Auszahlungen bringt.
Während man bei der Lösung eines Entscheidungsproblems nach dem Erwartungswert-Prinzip gemischte Strategien ignorieren kann, ist das bei Anwendung des Maximin-Prinzips nicht möglich, da eine gemischte Strategie ein höheres Sicherheitsniveau haben mag als irgendeine reine Strategie. Ohne nähere Spezifikation geht man stets davon aus, daß die Lösung des Problems auf der Basis der gesamten Strategiemenge erfolgt; andernfalls spricht man von dem Maximin-Prinzip bezüglich der reinen Strategien. Auch wenn aber eine Lösung vor dem Hintergrund der gesamten Strategiemenge erfolgt, kann die gefundene Alternative entweder rein oder gemischt sein.
Während man bei der Lösung eines Entscheidungsproblems nach dem Erwartungswert-Prinzip gemischte Strategien ignorieren kann, ist das bei Anwendung des Maximin-Prinzips nicht möglich, da eine gemischte Strategie ein höheres Sicherheitsniveau haben mag als irgendeine reine Strategie. Ohne nähere Spezifikation geht man stets davon aus, daß die Lösung des Problems auf der Basis der gesamten Strategiemenge erfolgt; andernfalls spricht man von dem Maximin-Prinzip bezüglich der reinen Strategien. Auch wenn aber eine Lösung vor dem Hintergrund der gesamten Strategiemenge erfolgt, kann die gefundene Alternative entweder rein oder gemischt sein.
Das Maximin-Prinzip wird oft auch Minimax-Prinzip genannt: Stellen die Einträge in der Auszahlungsmatrix potentielle Verluste dar, so ist eine

Konsequenz um so weniger wünschenswert, je größer der Eintrag ist. Hier muß es P^A also um eine Minimierung der maximalen Verluste gehen. Beide Prinzipien sind jedoch äquivalent.
Ebenso wie beim Erwartungswert-Prinzip kann sich auch bei der Anwendung des Maximin-Prinzips mehr als eine Alternative als optimal herausstellen, da nämlich zwei oder mehr Alternativen ein gleich hohes Sicherheitsniveau haben können. Wenn nur eine einzige Alternative optimal ist, so ist sie auch zulässig. Sind mehrere Alternativen optimal, muß mindestens eine von ihnen zulässig sein.
Für jede Auszahlungsmatrix kann mindestens eine zulässige Maximinlösung gefunden werden. Da die Menge der zulässigen Strategien mit der Menge der nach dem Erwartungswert-Prinzip optimalen Strategien identisch ist, muß die Lösung nach dem Maximin-Prinzip eine der nach dem Erwartungswert-Prinzip möglichen Lösungen sein. Während jedoch die Lösung nach dem Erwartungswert-Prinzip sowohl von den Werten v_{ij} der Konsequenzen wie von den Wahrscheinlichkeiten p abhängt, sind für die Lösung nach dem Maximin-Prinzip nur die Werte v_{ij} relevant; die Wahrscheinlichkeiten p_j spielen keine Rolle.

level off: abflachen (Kurve)
level premium: gleichbleibende Prämie f
leveled time: Durchschnittszeitverbrauch m, Normalzeitverbrauch m
leveling theory: Nivellierungstheorie f
Die von David Hume (1711-1776) als Gegenposition zum Merkantilismus formulierte Theorie, derzufolge die Vermehrung von Geld- und Edelmetallen in einem Lande über die dadurch verstärkte Nachfrage zu höheren Preisen und daher auch zu verminderter Ausfuhr und zu vergrößertem Import führt. Damit aber strömen Geld und Edelmetalle wieder ins Ausland ab, und die Preise im Inland sinken. Das wiederum regt den Export neu an, und dämpft die Einfuhrneigung.
leverage: Einfluß m, Hebelkraft f, Hebelwirkung f, Hebelwirkung f von Krediten m/pl, Tendenz f des Gewinns m, sich disproportional zum Umsatz m zu verändern
leverage fund: Kapitalanlage f mit geborgten Mitteln n/pl
levy: Abgabe f, Aufbringung f, erheben (Steuern), Erhebung f, pfänden, Pfändung f, Umlage f, umlegen
levy a distress on: mit Beschlag m belegen
levy an execution: eine Zwangsvollstreckung f erwirken
levy on currency reform gains from liabilities other than mortgages: Kreditgewinnabgabe f
levy on currency reform gains from mortgages: Hypothekengewinnabgabe f
levy taxes pl: Steuern f/pl erheben
levy under the law on equalization of burdens incidential to war and its aftermath: Lastenausgleichsabgabe f
liabilities pl: Passiva n/pl (Bilanzausweis), Schulden f/pl
liabilities pl **and capital:** Passiva n/pl (Bilanzausweis)
liabilities pl **to net worth ratio:** Verhältnis n sämtlicher Verbindlichkeiten f/pl zum Eigenkapital n
liability: Haftbarkeit f, Haftpflicht f, Haftung f, Obligo n, Schuld f (im Zivilrecht), Schuldübernahme f, Verantwortung f, Verbindlichkeit f, geldliche Verpflichtung f
liability account: Passivkonto n
liability for cost: kostenpflichtig
liability for damages: Schadenersatzpflicht f, Schadenshaftung f
liability for debts: Schuldenhaftung f
liability for military duty: wehrdienstpflichtig
liability for subsequent capital payments: nachschußpflichtig
liability for subsequent payments: nachschußpflichtig
liability funds pl: haftende Mittel n/pl (Bank)
liability insurance: Haftpflichtversicherung f
liability on Nostro account: Nostroverbindlichkeit f
liable: haftbar, haftpflichtig, verantwortlich
liable, be: haften
liable to change: veränderlich
liable for damages: ersatzpflichtig, schadenersatzpflichtig
liable to duty: steuerbar, zollpflichtig
liable to recourse: regreßpflichtig
liaison account: Brückenkonto n, Übergangskonto n, Verbindungskonto n
liaison role: Koordinatorenrolle f, Rolle f des Verbindungsmanns
libel: beleidigen (schriftlich), Beleidigung f (schriftlich), Ehrenkränkung f (schriftlich), verleumden (schriftlich), Verleumdung f (schriftlich)
libeler: Verleumder m
libelous: beleidigend, verleumderisch
liberal: freigebig
liberalization: Liberalisierung f
liberate: befreien
librarian: Bibliothekar m
library: Bibliothek f, Bücherei f, Archiv f
license: erlauben, Erlaubnis f, Genehmigungsbescheid m, Konzession f, konzessionieren, Lizenz f, Zulassung f
Eine Lizenz ist die Befugnis, ein gewerberechtlich

geschütztes Recht eines anderen, insbesondere im Patent- und Urheberrecht, aber auch im Gebrauchsmusterrecht und Warenzeichenrecht, zu benutzen. Das Recht dazu erwirbt der Lizenznehmer durch eine vertragliche Vereinbarung mit dem Lizenzgeber. Da für Lizenzverträge keine gesetzlichen Formvorschriften bestehen, bleibt die Gestaltung des Umfangs und der Grenzen der Rechtsübertragung weitgehend den vertragschließenden Parteien überlassen. Auf jeden Fall wird durch den Lizenzvertrag lediglich das Nutzungsrecht am Lizenzgegenstand, nicht das Eigentum daran übertragen.

Nach dem Inhalt der Übertragung werden einfache, ausschließliche, beschränkte und unbeschränkte Lizenzen unterschieden. Durch einfache Lizenzen entsteht eine schuldrechtliche Beziehung ausschließlich zwischen Lizenzgeber und Lizenznehmer, wobei der Lizenzgeber das Recht der eigenen Benutzung und der Weitergabe seines Rechts an Dritte behält. Durch ausschließliche Lizenzen hingegen erwirbt der Lizenznehmer das ausschließliche Benutzungsrecht, auch gegenüber dem Eigentümer. Er erhält damit auch das Recht, Unterlizenzen zu vergeben. Lizenzen können in bezug auf den Nutzungszeitraum, auf das Nutzungsgebiet, auf bestimmte Personen, Mengen, Unternehmen, Gegenstände oder Benutzungsarten beschränkt sein. Je nach der Art der Beschränkung werden die folgenden Arten von beschränkten Lizenzen unterschieden:

- *Herstellungslizenzen*: Der Lizenznehmer erhält lediglich das Recht, die geschützte Ware zu produzieren. Alle übrigen Rechte, vor allem das des Verkaufs, bleiben beim Lizenzgeber.
- *Gebrauchslizenzen*: Der Lizenznehmer erwirbt das Recht, ein geschütztes Verfahren zur Herstellung von Waren zu verwenden, die selbst nicht Gegenstand des Schutzrechts sind.
- *Betriebslizenzen*: Der Lizenznehmer darf ein geschütztes Recht ausschließlich in einem (oder mehreren) festgelegten Betrieb(en) benutzen.
- *Vertriebslizenzen*: Der Lizenzvertrag gestattet dem Lizenznehmer nur den Vertrieb einer Ware oder Leistung (meist in einem begrenzten Gebiet).
- *Ausstattungslizenzen* (Warenzeichenlizenzen): Der Lizenznehmer erhält lediglich das Recht der Nutzung einer Ausstattung oder eines Warenzeichens, Franchising.

Insbesondere im internationalen Marketing ist die Lizenznahme und -vergabe zu einem wichtigen Marketinginstrument geworden, weil dem Lizenzgeber hohe Kosten und das hohe Risiko des Vordringens in einen ausländischen Markt erspart bleiben und der Lizenznehmer durch Nutzung fremden Knowhows hohe Entwicklungs- und Forschungskosten vermeidet. Beiden Partnern eröffnet die Lizenzierung so Möglichkeiten der Erschließung von neuen Märkten, die sowohl dem Lizenzgeber wie dem Lizenznehmer auf andere Weise nicht so leicht möglich wären.

license fee: Lizenzgebühr *f*

licensee: Ermächtigter *m*, Konzessionsinhaber *m*, Konzessionär *m*, Lizenzinhaber *m*
licensor: Lizenzgeber *m*
lien: Anrecht *n*, dinglicher Anspruch *m*, Pfandrecht *n*, Retentionsrecht *n*, Rückbehaltungsrecht *n*, Zurückbehaltungsrecht *n*
lien date: Entstehungszeitpunkt *m* einer Steuerschuld *f*
liener: Rückhaltungsberechtigter *m*
lienor: dinglich gesicherter Gläubiger *m*
life: Lebensdauer *f*, Nutzungsdauer *f* (Anlagen), Wechselverfallzeit *f*
life annuitant: Empfänger *m* einer Rente *f* auf Lebenszeit *f*, Lebensrentenempfänger *m*, Leibrentenempfänger *m*
life annuity: Lebensrente *f*, Leibrente *f*
life appointment: Lebensstellung *f*
life assurance: Kleinlebensversicherung *f*, Lebensversicherung *f*
life estate: Nießbrauch *m* an einem Grundstück *n*
life expectancy: Lebenserwartung *f*
life insurance: Lebensversicherung *f*
life of partnership: Beteiligungsdauer *f*, Beteiligungszeit *f*
life of patent: Patentdauer *f*, Patentlaufzeit *f*
life profit reserve: Gewinnreserve *f* für die Versicherten *m/pl*
life span: betriebsgewöhnliche Lebensdauer *f*, menschliche Lebensdauer *f*
life style: Lebensstil *m*
Die im Konsum-, Freizeit- und Sozialverhalten beobachtbaren, schichtspezifischen Lebensweisen von Individuen und Gruppen, deren Kostspieligkeit anders als beim Lebensstandard nicht in einem direkten Verhältnis zur wirtschaftlichen Lage der sie praktizierenden Personen steht. Lebensstile unterliegen in besonders starkem Maße dem Einfluß kultur- oder schichtspezifisch geprägter Weltanschauungen, Normen, Werte, Einstellungen und Interessen. Lebensstile spielen eine wichtige Rolle bei der Analyse des Konsumentenverhaltens.
life tenancy: Nießbrauchrecht *n*
life tenant: Nießbraucher *m*
lifo method (last-in, first-out method): Bewertung *f* des Vorratsvermögens *n* mit alten Preisen *m/pl*
Dabei wird angenommen, daß die aus den Vorjahren übernommenen Bestände noch vorhanden sind. Sie können in der Schlußbilanz mit denselben Werten wie in der Eröffnungsbilanz *f* übernommen werden.
light pen: elektrischer Griffel *m* (d.h. Photozelle *f*) *(EDV)*
lighter: Feuerzeug *n*, Frachtkahn *m*, Schote *f*

lightning strike: Blitzstreik *m*
likelihood: Wahrscheinlichkeit *f*
limit: befristen, begrenzen, beschränken, einschränken, Grenze *f*, Höchstbetrag *m*, Limit *n*, Maximalbetrag *m*, terminieren
limit a risk: Risiko *n* begrenzen
limit act *(brit)*: Verjährungsgesetz *n*
limit by proviso(s) *(pl)*: einschränken, verklausulieren
limit of action: Anspruchsverjährunlight pen elektrischer Griffel *m* (d.h. Photozelle *f*) *(EDV) f*, Klageverjährung *f*
limit of encumbrance: Verschuldungsgrenze *f*
limit of time: Zeitbestimmung *f*
limit period: Verjährungsfrist *f*
limitation: Begrenzung *f*, Beschränkung *f*, Einschränkung *f*, Fristbestimmung *f*, Verjährung *f*
limitation period: Verjährungsfrist *f*
limited: beschränkt
limited boom: Sonderkonjunktur *f*
limited flexibility in exchange rates: beschränkte Flexibilität *f* der Wechselkurse *m/pl*
limited function wholesaler: Großhändler *m*, der nicht alle Großhandelsfunktionen *f/pl* ausübt
limited in disposing capacity: beschränkt geschäftsfähig
limited liability: beschränkte Haftung *f*
Limited Liability Companies Act: GmbH-Gesetz *n*
limited liability company: Gellschaft *f* mit beschränkter Haftung *f*
limited-life asset: kurzfristig abnutzbares Wirtschaftsgut *n*, kurzlebiges Wirtschaftsgut *n*
limited-life assets *pl*: kurzlebiges Vermögen *n*
limited order: limitierter Auftrag *m*
limited partner: Kommanditist *m*
limited partnership: Kommanditgesellschaft (KG) *f*
limited power of attorney: beschränkte Vollmacht *f*
limited price store: Einheitspreisgeschäft *n* Eine Betriebsform des Einzelhandels, die vor allem in der Zeit vor dem 1. Weltkrieg bestand. Die Einheitspreisgeschäfte führten nur sehr wenige Waren sehr niedriger Preisstufen. Ihr Sortiment war breit und flach und faßte vorwiegend geringwertige Waren des täglichen Bedarfs.
Die Einheitspreisgeschäfte nahmen als 1879 gegründete Penny Stores von F. W. Woolworth ihren Anfang. Sie waren teils branchenbezogen sortiert, teils hatten sie den Charakter von Mehrbranchen- oder Gemischtwarengeschäften.
Herausragender Vertreter des Einheitspreiskonzepts in Deutschland war Woolworth. Das erste deutsche Woolworth-Geschäft wurde 1927 in Bremen nach der Firmengründung im November 1926 in Berlin eröffnet. Ursprünglich wurden in den Einheitspreisgeschäften Preise von 10, 25, 50 Pfennig und einer Mark gefordert, d.h. runde Preise mit nur eng begrenzter Preislinienpolitik („price lining") für alle Waren.
Zur Stellung der Einheitspreisgeschäfte in den 1930er Jahren stellt Robert Nieschlag fest: „Für den wirtschaftspolitisch interessierten Leser dürfte es heute noch von Interesse sein zu erfahren, daß die Wirkung, die die Einheitspreisgeschäfte Ende der zwanziger, Anfang der dreißiger Jahre in Deutschland (ebenso wie in anderen Ländern) auf den Preiswettbewerb ausübten, ungewöhnlich stark war, obwohl Ende 1931 im damaligen Reichsgebiet nur rund 400 Gemischtwaren-Einheitspreisgeschäfte mit einem Umsatz von etwa 300 Mill. RM bestanden, was einem Anteil von 1,0 bis 1,2 v. H. am Einzelhandelsumsatz entsprach. Daraus könnte geschlossen werden, daß die Einheitspreisgeschäfte kaum der Rede wert gewesen seien. Das Gegenteil war aber der Fall: Die als geradezu revolutionierend empfundene Preiskonkurrenz hatte scharfe wirtschaftspolitische Kämpfe zur Folge."
Ende der 1930er Jahre sind die Einheitspreisgeschäfte von den alten Prinzipien der einheitlichen Preise für viele Artikel und den niedrig angesetzten Höchstpreisen für eine Warenart abgekommen und haben den Preisspiegel, d.h. die Anzahl der Preisstellungen für den Konsumenten, vergrößert sowie das Qualitätsspektrum nach oben ausgebaut. Nach dem 2. Weltkrieg stieg der oberste Preis bald auf 50 DM und mehr. Im Gegensatz zu den Vereinigten Staaten haben die Lebensmittel im Sortiment der deutschen Kleinpreisgeschäfte einen vergleichsweise hohen Anteil.
Die Variante der fachlich orientierten Einheitspreisgeschäfte, das Serienpreisgeschäft, hat in der Bundesrepublik Deutschland als Fachdiskonter etwa seit Beginn der 1970er Jahre wieder an Bedeutung gewonnen.

limited stock corporation: Kommanditgesellschaft *f* auf Aktien *f/pl*
limited tax liability: beschränkte Steuerpflicht *f*
line: Linie *f*
In der Managementlehre bzw. der Organisationssoziologie stellt die Linie die hierarchisch angeordneten Mitglieder mit Leitungs-, Anweisungs-, Verwaltungs- und Amtsautorität dar.
line and staff organization: Linien- und Stabsorganisation *f*
line-at-a-time printer: Zeilendrucker *m* *(EDV)*
line chart: Linienschaubild *n*

line counter: Zeilenzähler *m (EDV)*
line delay line: Verzögerungsstrecke *f (EDV)*
line department: Linienabteilung *f*
line feed: Zeilenvorschub *m (EDV)*
line finder: Zeilenbegrenzer *m (EDV)*
line function: Linienfunktion *f*, Linienstelle *f*
line graph: Liniendiagramm *n*
line management: Linienmanagement *n*
In der Managementlehre bzw. der Organisationssoziologie derjenige Bereich des Management, der in seiner Aufgabenstruktur sehr stark auf die Verwirklichung der vorgegebenen Zielsetzungen konzentriert ist. Zu seinen Schwerpunktaufgaben zählen:
• Entscheidungen für die unmittelbare Zielerfüllung;
• optimaler Einsatz der vorgegebenen Ressourcen (Budget, Sachmittel, Personal);
• Terminverfolgung;
• Problemlösung;
• Ergebniskontrolle;
• Kontrollbefugnisse innerhalb des Verantwortungsbereiches;
• Aktionsplanung;
• Konzentration der Informations- und Kommunikationsaufgaben auf den zugewiesenen Verantwortungsbereich.

line number: Zeilennummer *f (EDV)*
line of business: Branche *f*, Geschäftszweig *m*, Handelszweig *m*
line of command: Befehlslinie *f*
Die in einer Hierarchie von oben nach unten laufenden Linien.
line of communication: Verbindungsweg *m*
line of credit: Kreditlinie *f*, Kreditobergrenze *f*
line organization: Linienorganisation *f*, Liniensystem *n*
In der Organisationssoziologie und insbesondere der Betriebssoziologie wird zwischen der Linie und dem Stab unterschieden. Die Linie stellt die hierarchisch angeordneten Mitglieder mit Leitungs-, Anweisungs-, Verwaltungs- und Amtsautorität dar. Den Stab hingegen bilden einzelne, den Linienstellen zugeordnete Personengruppen, deren wesentliche Funktionen in der Entscheidungsvorbereitung und Ausführung bestehen.
Linienorganisationen sind dementsprechend straff geführte Betriebsorganisationen mit klarer hierarchischer Gliederung und klaren, einheitlichen Befehlswegen von der obersten bis zur untersten Ebene. Die Linienhierarchie ist vertikal und stellt sicher, daß jede nachgeordnete Stelle nur einen Vorgesetzten hat.
Allen reinen Liniensystemen ist gemeinsam, daß sie aufgrund ihrer eindimensionalen hierarchischen Struktur Koordinierungsprobleme erzeugen.

line position: Linienstelle *f*
line printer: Zeilendrucker *m (EDV)*
line responsibility: Verantwortung *f* der Linienstelle *f*, Verantwortungsbereich *m* einer Linienstelle *f*
line selection device: Zeilenwähler *m (EDV)*
line skipping: Zeilenvorschub *m (EDV)*
line space lever: Zeileneinsteller *m (EDV)*
line spacing: Zeilentransport *m (EDV)*
line supervision: Aufsicht *f* in Linienabteilung *f*
line system: → line organization
linear: gradlinig
linear depreciation: lineare Abschreibung *f*
linear programming: lineare Planungsrechnung *f*, lineare Programmierung *f* (Operations Research); (LP) Linearplanung *f*
Im allgemeinsten Sinne ist Lineare Programmierung ein Verfahren der Festlegung optimaler Verhaltensweisen zur Erreichung angestrebter Ziele unter Einsatz von begrenzten Hilfsmitteln. In der Betriebswirtschaft wird die lineare Planungsrechnung zur Ermittlung derjenigen von mehreren Kostenkonstellationen verwendet, bei der sich der größte Ertrag ergibt. Diese Ermittlung ist möglich, wenn zwischen den verschiedenen Kostenfaktoren eines Wirtschaftsunternehmens eine lineare Beziehung besteht.
liner: Ozeandampfer *m*, Überseeschiff *n*
link: verbinden, Verbindungsglied *n*, Verbindungsstück *n*
linked transaction: Koppelungsgeschäft *n*
linking pin: Gruppenkoordinator *m*
In dem von Rensis Likert formulierten Partizipationsmodell wird den Arbeitsgruppen, die nach Fachwissen zusammengesetzt sind und idealerweise einen hohen Grad an Kohäsion aufweisen, die Lösung jeweils einer aufgrund von Arbeitsteilung und Spezialisierung gewonnenen Teilaufgabe zugewiesen. Die Koordination dieser einzelnen Arbeitsgruppen erfolgt mittels eines Gruppenkoordinators (linking pin), der als Mitglied zweier Gruppen für den notwendigen Informationsaustausch sorgt.
Diese Koordinatoren lösen den traditionellen Vorgesetzten des klassischen Modells ab und bilden damit die Schlüsselfiguren des neuen Systems, mit denen die gesamte Organisationsstruktur nach dem partizipativen Modell steht und fällt. Während die Koordination in der Hierarchie abwärts gerichtet ist, soll das Linking-pin-Modell eine Aufwärts-Integration gewährleisten. Erst später nahm Likert noch zusätzlich horizontale (laterale) Kommunikationswege in sein Modell auf.
Der Gruppenkoordinator ist aus der Sicht der Organisationspraxis der anfälligste Punkt im partizipativen Modell. Wenn seine Aufgabe von einem autoritären Vorgesetzten im klassischen Stil wahrgenommen wird, der den Informationsaustausch

linking pin model

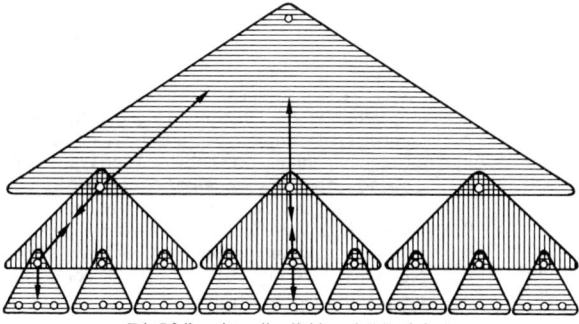

(Die Pfeile zeigen die „linking pin"-Funktion)
Organisationsstruktur im partizipativen Modell

zwischen den beiden Gruppen zum eigenen Vorteil filtert, färbt oder gar stoppt, um dadurch die eigene Machtpositionen auf- und auszubauen, so ist kaum der Unterschied zum Modell der autoritären Führung bestenfalls noch minimal. Deshalb schlug Likert auch vor, daß jede Basisgruppe ein gewähltes Mitglied als Beobachter in die nächst höhere Gruppe delegiert, damit durch diesen zusätzlichen Kommunikationsweg gewährleistet wird, daß der Gruppenkoordinator seine hervorgehobene Position nicht zum Nachteil der Gruppe mißbraucht.

linking pin model: Partizipationsmodell *n*
Rensis Likert, der ehemalige Direktor am amerikanischen Institute for Social Research in Ann Arbor, Michigan, hat versucht, seine Vorstellungen von der direkten (eigenen Gruppe) und indirekten (über linking pins) Partizipation aller Organisationsmitglieder an den Entscheidungen der Organisation institutionell durch ein System überlappender Gruppen zu realisieren. Dabei ging er aus von Prinzip der Integration, das die aktive, verantwortliche Partizipation des Einzelnen am Entscheidungsprozeß fordert, damit sowohl die Ziele der Organisation wie die individuellen Bedürfnisse der Organisationsmitglieder in gleicher Weise Berücksichtigung finden.

Nach partizipativen Vorstellungen geht das Organisationsmitglied mit der Organisation einen psychologischen Kontrakt ein, der ihm als Gegenleistung für seine Arbeitskraft wirtschaftliche und soziale Sicherheit, Selbstachtung und Selbstverwirklichung anbietet.

Die Interaktionen zwischen den Organisationsmitgliedern werden bei Likert vom Prinzip der „supportive relationships" beherrscht. Dieses besagt, daß fruchtbare zwischenmenschliche Beziehungen auf gegenseitigem Vertrauen und gegenseitiger Unterstützung und Hilfe beruhen und in den Organisationsmitgliedern stets das Gefühl für den Wert des einzelnen Menschen wachhalten. Diese Interaktionen finden im partizipativen Modell nicht in einer straffen Hierarchie statt, sondern in einem Netz vermaschter Arbeitsgruppen, die das Rückgrat der Organisation bilden.

Den Arbeitsgruppen, die nach Fachwissen zusammengesetzt sind und idealerweise einen hohen Grad an Kohäsion aufweisen, wird die Lösung jeweils einer aufgrund von Arbeitsteilung und Spezialisierung gewonnenen Teilaufgabe zugewiesen. Die Koordination der einzelnen Gruppen erfolgt mittels eines Gruppenkoordinators (linking pin), der als Mitglied zweier Arbeitsgruppen für den notwendigen Informationsaustausch sorgt.

Diese Koordinatoren lösen den traditionellen Vorgesetzten des klassischen Modells ab und bilden damit die Schlüsselfiguren des neuen Systems; mit ihnen steht und fällt die gesamte Organisationsstruktur nach dem partizipativen Modell. Während die Koordination in der Hierarchie abwärts gerichtet ist, soll das Linking-pin-Modell eine Aufwärts-Integration gewährleisten. Erst später nahm Likert noch zusätzlich horizontale (laterale) Kommunikationswege in sein Modell auf.

Entscheidungen werden nach diesem Modell in der Gruppe gefällt (Prinzip des group decision making); der Führungsstil ist partizipativ und nicht autoritär wie im klassischen Modell. Dennoch kann der Gruppenleiter nach der Gruppendiskussion auch gegen die Gruppenmeinung entscheiden; dafür ist er auch der allein Verantwortliche.

Durch die Teilnahme möglichst vieler Organisationsmitglieder am Entscheidungsprozeß wird primär darauf abgestellt, daß diese sich auch für eine erfolgreiche Implementation der gemeinsam getroffenen Entscheidung einsetzen.

Alle eventuell auftauchenden Konflikte sollen innerhalb der eigenen Gruppe und nicht durch die Hierarchie gelöst werden. Voraussetzung für ein erfolgreiches Praktizieren dieses Modells ist jedoch, daß die Organisationsmitglieder – vor allem die Koordinatoren – zum Kooperieren und nicht zum Konkurrieren motiviert sind.

Kritisch wird zum partizipativen Modell der überlappenden Gruppe ausgeführt, daß es in formeller Hinsicht lediglich die Auflösung der straffen klassischen Hierarchie in ein Geflecht untereinander vermaschter Teams, die jedoch nach wie vor in hierarchischen Beziehungen zueinander stehen, anbietet.

link-relative method

Der aus der Sicht der Organisationspraxis wohl anfälligste Punkt im gesamten partizipativen Modell ist der Gruppenkoordinator (linking pin). Stellt man sich an diesen entscheidenden strategischen Punkten autoritäre Vorgesetzte im klassischen Stil vor, die den Informationsaustausch zwischen den beiden Gruppen, in denen sie jeweils Mitglied sind, zu ihrem Vorteil filtern, färben oder gar stoppen, um dadurch eigene Machtpositionen auf- und auszubauen, so ist kaum noch ein Unterschied zum klassischen Modell festzustellen. Diese Gefahr hat auch Likert gesehen und als Korrektiv vorgeschlagen, daß jede Basisgruppe ein gewähltes Mitglied als Beobachter in die nächst höhere Gruppe delegiert. Durch diesen zusätzlichen Kommunikationsweg soll gewährleistet werden, daß der Gruppenkoordinator seine hervorgehobene Position nicht zum Nachteil der Gruppe mißbraucht.

link-relative method: Gliedziffernmethode f, Gliedzahlenmethode f nach Persons
In der statistischen Zeitreihenanalyse ein von dem amerikanischen Statistiker Warren M. Persons entwickeltes Verfahren zur Ausschaltung des Trends, das darauf hinausläuft, jeden Wert der Ursprungsreihe als Anteilswert (in %) des jeweils vorangegangenen Werts auszudrücken. Hat also die Zeitreihe ursprünglich die Werte $X_0, X_1, X_2, \ldots X_n$ so werden zunächst einmal die entsprechenden Gliedziffern gebildet, also:

$$G_1 = \frac{X_1}{X_0} \cdot 100$$

$$G_2 = \frac{X_2}{X_1} \cdot 100$$

$$G_3 = \frac{X_3}{X_2} \cdot 100$$

$$G_4 = \frac{X_4}{X_3} \cdot 100$$

$$\ldots$$

$$G_n = \frac{X_n}{X_{n-1}} \cdot 100$$

In der Wirtschaftspraxis handelt es sich bei den Zeitreihenwerten meist um Monatswerte, die jeweils als Prozentzahlen der Vormonatswerte ausgedrückt werden.
Im zweiten Schritt wird dann die Streuung der Gliedzahlen untersucht und zur Ausschaltung des Zufalls das arithmetische Mittel für Gliedziffern gleicher Art (also z.B. desselben Monats in verschiedenen Jahren) berechnet bzw. Extremwerte Ausreißer, fallengelassen. Sodann werden die voneinander getrennten Gliedziffern durch fortlaufende Multiplikation miteinander verkettet:

$$K_1 = G_1$$

$$K_2 = \frac{K_1 G_2}{100}$$

$$K_3 = \frac{K_2 G_3}{100}$$

$$\ldots$$

$$K_n = \frac{K_{n-1} G_n}{100}$$

Dadurch ergibt sich eine Reihe mit fester Basis. Das Verfahren der Gliedziffern eignet sich sowohl für die Berechnung von Saisonschwankungen wie für die Berechnung saisonbereinigter Werte. Bedingung für die Anwendbarkeit der Methode ist allerdings, daß der Trend ungefähr einer Exponentialkurve entspricht und sich die Amplituden der darüber liegenden periodischen Schwankungen proportional zu den Werten des Trends verhalten.
liquid: flüssig, verfügbar
liquid assets pl: flüssige Mittel n/pl (Kasse, Schecks und Bankguthaben), liquide Mittel n/pl, kurzfristig liquidierbare Vermögensteile m/pl
liquid current assets pl: flüssige Mittel n/pl (Kasse, Schecks und Bankguthaben), liquide Mittel n/pl
liquid reserve: Liquiditätsreserve f
liquid strength: liquide Mittel n/pl, kurzfristig liquidierbare Vermögensteile m/pl
liquidate: ablösen (Schuld), abwickeln, auflösen, bezahlen, liquidieren, löschen (von Schulden), tilgen, versilbern (zu Geld machen)
liquidating balance sheet: Liquidationsbilanz f
liquidation: Ablösung f, Abwicklung f (einer Firma), Auflösung f, Auseinandersetzung f, Bezahlung f, Liquidation f, Löschung f (von Schulden), Tilgung f, Versilberung f
liquidation of annuity: Rentenablösung f
liquidation of debt(s) (pl): Schuldabzahlung f
liquidation of rent: Rentenablösung f
liquidation sale: Räumungsverkauf m
liquidation value: Liquidationswert m
liquidator: Abwickler m, Liquidator m
liquidity: Liquidität f
liquidity goal: Liquiditätsziel n
In der strategischen Planung muß die Zielkonzeption eines Unternehmens neben Produkt- und Wachstumszielen auch ein Erfolgs- und Liquiditätsziel erfassen. Das Liquiditätsziel beinhaltet die Aufrechterhaltung der jederzeitigen Zahlungsbereitschaft der Unternehmung. Das Erfolgsziel gibt den von der Unternehmung für einen bestimmten Zeitraum angestrebten Gewinn an. Er soll vor allem die Kapitalversorgung der Unternehmung gewährleisten. Erfolgs- und Liquiditätsziel, zweckmäßigerweise ergänzt um Zielvorstellungen zur Kapitalstruktur der Unternehmung, stellen den finanziellen Rahmen der strategischen Planung dar.
liquidity ratio: Liquiditätsgrad m, Liquiditätskennzahl f

liquidity trend: Liquiditätsentwicklung *f*
lis pendens: anhängiger Rechtsstreit *m*, Rechtshängigkeit *f*
list: aufzählen, Liste *f*, Register *n*, verzeichnen, Verzeichnis *n*
list of assets and liabilities: Inventar *n*
list of balances: Saldenbilanz *f*, Saldenliste *f*
list of goods: Warenverzeichnis *n*
list of quotations: Börsenzettel *m*, Kurszettel *m*
list of references: Quellenangabe *f*
list of total debits and credits: Summenbilanz *f*, Umsatzbilanz *f*
list price: Listenpreis *m*
Der in einer Preisliste angesetzte Preis für eine Ware oder eine Dienstleistung. Er dient als Grundlage der Preiskalkulation und der Berechnung von Rabatten, Skonti, sonstigen Nachlässen und Provisionen.
list print: Listenschreibung *f (EDV)*
list program generator: Listenprogrammgenerator *m (EDV)*
list security: notiertes Wertpapier *n*, (an der Börse) zugelassenes Wertpapier *n*
list share: notierte Aktie *f*
list stock: notierte Aktie *f*
listed bond: notierte Schuldverschreibung *f*
listed security: notiertes Wertpapier *n*, (an der Börse) zugelassenes Wertpapier *n*
listed share: notierte Aktie *f*
listed stock: notierte Aktie *f*
listing: Listenschreibung *f (EDV)*, Registrierung *f*
literal: wörtlich, Literat *n (EDV)*
literal pool: Literal-Bereich *m (EDV)*
litigant: Prozeßpartei *f*
litigate: prozessieren
litigation: Prozeß *m*, Rechtsstreit *m*, Streitsache *f*
litigation value: Streitwert *m*
litigious: prozeßsüchtig, strittig
live separate and apart: getrennt leben
live stock market: Viehmarkt *m*
live stock: Vieh *n* (Bestand)
livelyhood: Auskommen *n*, Lebensunterhalt *m*
livery: Besitzübertragung *f* (Grund und Boden)
living: Lebensunterhalt *m*, Lebensweise *f*
living allowance: Trennungsgeld *n*
living habits *pl*: Lebensgewohnheiten *f/pl*
living standard: Lebensstandard *m*
LL.D.: Doktor *m* der Rechte *n/pl*
load: aufladen, Auslastung *f*, befrachten, beladen, laden (von Fracht), Ladung *f* (Fracht), Last *f*, verladen
loading: Aufschlag *m* (auf Teilzahlungsvertrag für Verwaltungskosten, Zinsen usw.), Beladen *n*, Belastung *f* mit Nebenkosten *pl*,
loading capacity: Ladefähigkeit *f*, Leistungsfähigkeit *f* (E-Werk), Tragfähigkeit *f*
loading for contingencies: Sicherheitszuschlag *m*
loading limit: Ladefähigkeit *f*, Tragfähigkeit *f*
loading routine: Ladeprogramm *f (EDV)*
loafing: Bummelei *f*
loan: Anleihe *f*, ausleihen (verleihen), Darlehen *n*, Darleihung *f*, Kredit *m*
loan application: Darlehensgesuch *n*, Kreditantrag *m*
loan capital: Darlehenskapital *n*
loan conditions *pl*: Darlehensbedingungen *f/pl*
loan financing: Fremdfinanzierung *f*
loan for consumption: Verbraucherdarlehen *n*
loan for use: Leihe *f*, Sachleihe *f*
loan limit: Beleihungsgrenze *f*
loan of money: Darlehen *n*
loan office: Darlehenskasse *f*
loan on personal security: ungesichertes Darlehen *n*
loan on real value: Sachwertanleihe *f*
loan shark: Kreditwucherer *m*, Kredithai *m*
loan transaction: Darlehnsgeschäft *n*
loan value: Beleihungswert *m* (z.B. Lebensversicherungspolice)
loan with tax privileges: steuerbegünstigte Anleihe *f*
lobby: Interessengruppe *f*
lobbyism: Lobbyismus *m*
Eine unternehmerische Autonomiestrategie, die in der Kontaktaufnahme mit Abgeordneten der Parlamente und Regierungsmitgliedern mit dem Ziel der Beeinflussung der Gesetzgebung im Sinne der Unternehmungsziele besteht.
lobster shift: Nachtschicht *f*
local: örtlich
local agent: Bezirksvertreter *m*
local authority: Ortsbehörde *f*
local bill of exchange: Platzwechsel *m*
local bonus: Ortszuschlag *m*
local business: Platzgeschäft *n*
local call: Ortegespräch *n*
local court: Amtegericht *n*, Bezirksgericht *n*
local court judge: Amtsrichter *m*
local custom: Ortsgebrauch *m*
local tax: Kommunalsteuer *f*
local traffic: Lokalverkehr *m*, Nahverkehr *m*

local train: Personenzug *m*
local transfer: Platzübertragung *f*
local union: örtliche Gewerkschaft *f*
local usage: Ortegebrauch *m*
locality: Ort *m*
locate errors *pl*: Fehler *m/pl* aufdecken
location: Platz *m*, Speicherplatz *m* *(EDV)*, Standort *m*
location card index: Lagerplatzkartei *f*
location counter: Zuordnungszähler *m* *(EDV)*
location of goods *pl*: Lagerort *m*
lock: Schleuse *f* (Schleusenkammer), Schloß *n*, verriegeln
lock box: Schließfach *n*
lock charge(s) *(pl)*: Schleusengebühr *f*
lock out: aussperren
locker: Schließfach *n*
lockout: Aussperrung *f*
lodge: einreichen, hinterlegen
lodge a complaint: anzeigen
lodge an appeal against: Berufung *f* (einlegen)
lodging: Wohnung *f*
lodgings *pl*: Quartier *n*
lodgings agency: Zimmernachweis *m*
lodgings bureau: Zimmernachweis *m*
log: aufzeichnen *(EDV)*, Logbuch *n* *(EDV)*, protokollieren *(EDV)*
logarithm: Logarithmus *m*
logical decision: logische Entscheidung *f* *(EDV)*
logistic curve: logistische Kurve *f*
logistic function: logistische Funktion *f*
Eine in der Wirtschaftsprognostik verwendete symmetrische Wachstumsfunktion, die ebenso wie die Gompertzfunktion und die modifizierte Exponentialfunktion auf Sättigungsfunktionen beruht. Ihre allgemeine Formel lautet:

$$Y = \frac{a}{1 + be^{-ct}}$$

Dabei bezeichnet a das geschätzte Sättigungsniveau von Y, b den Abstand des Nullpunkts vom Wendepunkt, c das Steigungsmaß und e die Basis der natürlichen Logarithmen. Die graphische Darstellung der logistischen Funktion ergibt ebenso wie die Gompertzfunktion eine s-förmige Kurve, die allerdings im Gegensatz zu dieser symmetrisch verläuft. Logistische Kurven sind ebenso wie Gompertzkurven für die Prognose langfristiger Entwicklungen geeignet. Hinlänglich genaue Werte für b und c können durch Schätzung aufgrund von Zeitreihendaten oder durch Versuch und Irrtum (Trial and Error) und Vergleich mit Werten, die in der Vergangenheit tatsächlich beobachtet wurden, ermittelt werden. Bis zum Wendepunkt nimmt das Wachstum zu, danach nimmt es ab.

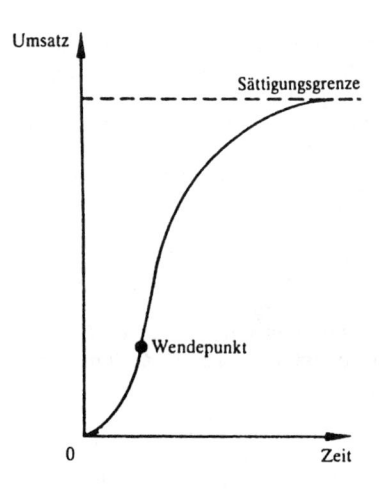

lombard rate: Lombardsatz *m*
London Debt Agreement: Londoner Schuldenabkommen *n*
long distance call: Ferngespräch *n*
long distance exchange: Fernamt *n*
long-distance hauling: Güterfernverkehr *m*
long-distance traffic: Fernverkehr *m*
long-distance train: Fernzug *m*
long-lived asset: langlebiges Wirtschaftsgut *n*
long-range: langfristig
long-range plan: langfristiger Plan *m*
long-range planning: langfristige Planung *f*
long-range profit-planning: langfristige Erfolgsplanung *f*
long-term: langfristig
long-term contract: langfristiger Vertrag *m*
long-term credit: langfristiger Kredit *m*
long-term goal: langfristige Zielsetzung *f*
long-term investment: langfristige Investition *f*
long-term liability: langfristige Schuld *f*, langfristige Verbindlichkeit *f*
long-term objective: Fernziel *n*
long-term obligation: langfristige Verbindlichkeit *f*
long-term savings contract: Kapitalansammlungsvertrag *m*, langfristiger Sparvertrag *m*
long-term target: Fernziel *n*
longevity increase: Treuezulage *f*
longshoreman: Hafenarbeiter *m*, Schauermann *m*
loop: Programmschleife *f* *(EDV)*, Programmzyklus *m* *(EDV)*, Schleife *f* *(EDV)*

loop routine: wiederkehrender Programmablauf *m (EDV)*
loophole: Gesetzeslücke *f*
loose locker rate: überhöhter Akkordsatz *m*
loose rate: überhöhter Akkordsatz *m*
loose standard: reichliche Vorgabe *f*
loose-leaf accounting record: Lose-Blatt-Buchführung *f*
loose-leaf binder: Einlegeheft *n*, Lose-Blatt-Buch *n*, Lose-Blatt-Ordner *m*
loose-leaf book: Ringbuch *n*
loosing venture: Zuschußbetrieb *m*
loot: Beute *f*, plündern
lorry: Lastwagen *m*, Lieferwagen *m*, Lkw *m*
lose: einbüßen, verlieren
lose a right: eines Rechtes *n* verlustig gehen
lose-through speculation: verspekulieren
loss: Ausfall *m*, Einbuße *f*, Schaden *m*
loss by friction: Reibungsverlust *m*
loss carry back *(Am)*: Verlustausgleich *m* durch Verrechnung *f* mit den Gewinnen *m/pl* der (beiden) Vorjahre *n/pl*
loss carry forward: Verlustvortrag *m*, Verlustausgleich *m* durch Verrechnung *f* mit den Gewinnen der nächsten Jahre
loss carry-over: Verlustvortrag *m*
loss compensation: Verlustausgleich *m*
loss deduction: Verlustabzug *m*
loss frequency: Schadenshäufigkeit *f*
loss in value: Wertminderung *f*
loss of assets: Vermögensverlust *m*, Verlust *m* von Vermögenswerten *m/pl*
loss of civil rights: Verlust *m* der Bürgerrechte *n/pl*, Verlust *m* der bürgerlichen Ehrenrechte
loss of earnings *pl*: Verdienstausfall *m*
loss of production: Produktionsausfall *m*
loss of rent: Mietausfall *m*
loss of time: Zeitverlust *m*
loss of use: entgangene Nutznießung *f*
loss of wage payments for sickness: Lohnfortzahlung *f* im Krankheitsfall *m*
loss of weight: Gewichtsverlust *m*, Schwund *m*
loss on bad debts: Forderungsverluste *m/pl*, Kundenausfall *m*
loss settlement: Schadensregulierung *f*
loss statistics: Schadensstatistik *f*
loss suffered at sea: Seeschaden *m*
lost: entgangen
lost-and-found office: Fundbüro *n*
lost discount: Skontoverlust *m*

lost profit: entgangener Nutzen *m*
lost profits *pl*: entgangener Gewinn *m*
lost-property office: Fundbüro *n*
lost time: Verlustzeit *f*
lot: Bauplatz *m*, Grundstück *n*, Liefereinheit *f* bei Aktien *f/pl* (z.B. 100 Stück), Partie *f*, Posten *m*
lot of shares: Aktienpaket *n*
lot of stock: Aktienpaket *n*
lot size: Auftragsgröße *f*, Losgröße *f*
lot subdivision: Parzelle *f*
lottery: Auslosung *f*, Glücksspiel *n*, Lotterie *f*
low: niedrig
lower bid: Mindergebot *n*
lower bound: Untergrenze *f*
lower court: erste Instanz *f*
lower management: unteres Management *n*, untere Führungsebene *f*
Das untere Management stellt die Nahtstelle zwischen den Managementpositionen und den allein ausführend tätigen Mitarbeitern dar. Typisch hierfür ist die Position des Meisters.
lower point of intervention: unterer Interventionspunkt *m*
lowest bid: Mindestgebot *n*
lowest rate: Minimalsatz *m*
lowest sum: Mindestbetrag *m*
low-order position: die äußerste Rechtsposition *f* eines Feldes *n (EDV)*
low-priced: billig
low valued: geringwertig
loyal: pflichttreu, treu
loyality: Pflichttreue *f*, Treue *f*
lucidity: Klarheit *f*
lucrative: einträglich, gewinnreich, lukrativ, rentabel
lucrum cessans: entgangener Gewinn *m*
lump sum: Pauschalbetrag *m*, Pauschale *f*, Pauschbetrag *m*
lump sum purchase: Kauf *m* in Bausch und Bogen
lump sum settlement: Kapitalabfindung *f*
lump sum taxation: Pauschbesteuerung *f*
lunch break: Mittagspause *f*
luncheon voucher: Mittagessensgutschein *m*
luxury goods *pl*: Luxusgüter *n/pl*
Waren höchster Qualität und meist hoher Preise, die ausschließlich der Deckung eines Zusatzbedarfs dienen. Die Begriffsbestimmung ist weder sehr genau, noch sehr sinnvoll, weil die Vorstellungen darüber, welche Güter Luxusartikel sind, in ständigem Wandel unterliegen.
luxury tax: Luxussteuer *f*

M

machine: Maschine f
machine accountant: Maschinenbuchhalter m
machine accounting: Maschinenbuchhaltung f
machine address: Maschinenadresse f (EDV)
machine and equipment: Maschinen f/pl und Ausrüstungen f/pl
machine attention time: Maschinenüberwachungszeit f
machine burden rate: Maschinenkostensatz m
machine burden unit: Platzkostensatz m
machine capacity: Maschinenkapazität f
machine code: Maschinencode m (EDV)
machine controlled: maschinenabhängig (EDV)
machine controlled time: maschinenabhängige Zeit f
machine cycle: Maschinenzeit f zur Durchführung f eines Arbeitsgangs m
machine down time: Maschinenstillstandszeit f (vorgesehen oder unvorhergesehen)
machine element: maschinenabhängiges Zeitelement n
machine employment: Maschineneinsatz m
machine hour: Maschinenstunde f
machine-hour rate: Maschinenstundensatz m
machine idle time: Maschinenstillstandszeit f (vorgesehen oder unvorhergesehen)
machine instruction: Maschinenbefehl m (EDV)
machine language: maschinenorientierte Programmiersprache f (EDV)
machine layout: räumliche Maschinenanordnung f, räumliche Maschinenaufstellung f
machine load report: Maschinenauslastungsbericht m
machine load: Maschinenbelastung f
machine load(ing) schedule: Maschinenauslastungsplan m, Maschineneinsatzplan m
machine on loan: verliehene Maschine f (Bilanzposten)
machine operation: Maschinenarbeitsgang m, Maschinenoperation f
machine operator: Maschinenbediener m, Maschinist m
machine-oriented language: maschinenorientierte Programmiersprache f (EDV)
machine program: Maschinenprogramm n (EDV)
machine run: Maschinendurchlauf m (EDV)
machine shop circle: Werkstattzirkel m
Eine Problemlösungsgruppe in einem Unternehmen, die von Meistern und Vorarbeitern moderiert wird, um vom Management oder vom Betriebsrat ausgewählte Themen zu behandeln. Nach Lösung der Aufgabe wird die Gruppe wieder aufgelöst. Das Werkstattzirkelmodell wurde in Deutschland durch seinen Einsatz bei VW bekannt. In ihm kommen Metaplanmethoden und ähnliche Instrumente wie in der Lernstatt bei der Gruppenarbeit zur Anwendung. Aber im Gegensatz zur Lernstatt weisen Werkstattzirkel wesentlich stärkere thematische und strukturelle Restriktionen auf. So werden etwa die zu bearbeitenden Themen vom Management vorgegeben und vorstrukturiert, ebenso wie die zur Problembearbeitung zur Verfügung stehende Zeit in der Regel auf fünf Sitzungen begrenzt wird. Der Beitrag der Werkstattzirkelteilnehmer reduziert sich bei diesem Vorgehen häufig auf die Generierung alternativer Lösungsvorschläge, ohne daß es zur tatsächlichen Problemlösung in der Gruppe kommt.
machine time: Maschinenzeit f
machine tools pl: Werkzeugmaschinenvorrichtung f
machine wrecking: Maschinenstürmerei f
machinery: Maschinen f/pl, Maschinenpark m
machining: Bearbeitung f
machinist: Maschinist m
macro economics: Makroökonomie f, Volkswirtschaftslehre f
macro instruction: Makroaufruf m (EDV), Makrobefehl m (EDV)
macro library: Makrobibliothek f (EDV)
made to measure: Maßarbeit f
made work: künstlich geschaffene Arbeit f (z.B. in Arbeitsbeschaffungsprogrammen der Regierung)
magistrate: Friedensrichter m
magnetic card: Magnetkarte m (EDV)
magnetic character reader: Magnetschriftleser m (EDV)
magnetic core: Magnetkernspeicher m (EDV)

magnetic core calculator: Magnetkern-Rechner m (EDV)
magnetic core computer: Magnetkern-Rechner m (EDV)
magnetic core memory: Magnetkernspeicher m (EDV)
magnetic core storage: Magnetkernspeicherung f (EDV)
magnetic disk: Magnetplatte f (EDV)
magnetic disk memory: Magnetplattenspeicher m (EDV)
magnetic drum: Magnettrommel f (EDV)
Magnetic Drum Data processing Machine (MDPM): Magnettrommelrechner m (EDV)
magnetic drum drive: Magnettrommellaufwerk n (EDV)
magnetic drum memory: Magnettrommelspeicher m (EDV)
magnetic drum storage: Magnettrommelspeicher m (EDV)
magnetic field: Magnetfeld n (EDV)
magnetic head: Magnetkopf m (EDV)
magnetic ink: leitfähige Tinte f (EDV), Magnettinte f (EDV)
magnetic ink printer: Magnetschriftdrucker m (EDV)
magnetic memory: Magnetspeicher m (EDV)
magnetic reel: Magnetspule f (EDV)
magnetic storage unit: Magnetbandspeicher m (EDV)
magnetic strip: Magnetstreifen m (EDV)
magnetic tape: Magnetband n (zur Ein- und Ausgabe und Zwischenspeicherung bei Rechenautomaten) (EDV), Magnetschichtband n (EDV), Magnetstreifen m (EDV)
magnetic track: Magnetspur f (EDV)
magnetic unit: Magnetbandgerät n (EDV)
mail: aufgeben (auf der Post), Post f, zur Post f bringen, mit der Post versenden
mail bag: Postsack m
mail box: Briefkasten m, Postkasten m
mail charges pl: Porto n
mail-in premium: Zugabe f für eingesandten Gutschein
mail-order business: Versandhandel m
mail-order house: Versandhaus n
mail rates pl: Posttarif m
mail room: Poststelle f
mail service: Post(beförderungs)dienst m
mailed goods pl: Postsachen f/pl
mailing list: Adressenliste f, Postliste f
mailman: Briefträger m, Postbote m
main: hauptsächlich, hohe See f
main establishment: Hauptniederlassung f
main file: Hauptregister n (EDV)

main memory: Arbeitsspeicher m (EDV), Hauptspeicher m (EDV)
main office: Hauptbüro n, Zentrale f
main program: Hauptprogramm n (EDV)
main road: Fernstraße f, Landstraße f
main routine: Hauptprogramm n (EDV)
main storage: Hauptspeicher m (EDV)
main thing: Hauptsache f
maintain: alimentieren, aufrecht erhalten, behaupten, erhalten, geltend machen, instandhalten, unterhalten, unterstützen, versorgen, warten (Maschine)
maintain records pl: Bücher n/pl führen
maintenance: Erhaltung f, Instandhaltung f, Lebensunterhalt m, Unterhalt m, Versorgung f, Wartung f
maintenance and repair: Instandhaltungen f/pl und Reparaturen f/pl (Kostenart)
maintenance and repair expenses pl: Instandhaltungskosten pl
maintenance claim: Versorgungsanspruch m
maintenance cost: Reparaturkosten pl
maintenance engineer: Wartungsingenieur m
maintenance grant: Unterhaltsbeitrag m
maintenance of capital: Kapitalerhaltung f
maintenance work order: Instandhaltungsauftrag m, Reparaturauftrag m
majority: Großjährigkeit f, Majorität f, Mehrheit f, Volljährigkeit f
majority decision: Mehrheitsentscheidung f
majority of votes: Stimmenmehrheit f
majority-owned subsidiary: Tochtergesellschaft f, deren Aktienkapital n zu mehr als 50 % der Muttergesellschaft f gehört
make: abgeben (Erklärung), eingehen (bei Vertrag), Fabrikat n, fabrizieren, herstellen, Marke f
make a complaint: Beschwerde f einlegen
make a contract: einen Vertrag m (ab)-schließen
make a declaration: deklarieren, erklären
make a deposit: anzahlen, einzahlen (Bankkonto)
make a gift: schenken, verschenken, zuwenden
make a loan on goods pl etc.: lombardieren
make a motion: einen Antrag m stellen
make a rough estimate: über den Daumen m schätzen (oder peilen)
make a will: testieren
make allowances for: Nachsicht f üben
make amends (for): gutmachen

make an application: einen Antrag *m* stellen, bewerben, sich make um (Stelle)
make an appointment: ernennen, verabreden
make an oath: schwören
make available: andienen, zur Verfügung *f* stellen
make cheap: verbilligen
make do: auskommen
make full use of: ausnutzen, auswerten
make good: nacharbeiten (Versäumtes *n*)
make good a claim: begründen, Nachweis erbringen
make good a demand: eine Forderung *f* durchsetzen
make known: bekanntgeben
make or buy decision: Eigenfertigung *f* versus Fremdbezug *m*, Entscheidung *f* über Eigenfertigung *f* oder Fremdbezug *m*
Die Entscheidung, ob ein konkretes Produkt oder einzelne seiner Bestandteile im eigenen Unternehmen hergestellt („make") oder durch Zukauf („buy") in das Programm genommen werden sollen. In einem weiteren Sinne geht es bei den Make-or-buy-Entscheidungen um die Alternative zwischen dem Einsatz eigener oder fremder Leistungen und Mittel. Insbesondere im Zuge der gewachsenen Möglichkeiten der Nutzung der internationalen Arbeitsteilung und des Bezugs von Waren oder Teilen aus Billiglohnländern, stehen Unternehmer immer häufiger vor dieser Entscheidung. Sofern es allein um quantitative Größen und vor allem um Kostenentscheidungen geht, ist z.B. die Break-even-Analyse ein geeignetes Mittel der Entscheidungsfindung. Sie bietet Lösungsmöglichkeiten für Entscheidungen wie z.B.
• von welcher Absatzmenge an ist Eigenfertigung oder Zukauf einzelner Fertigprodukte für ein Unternehmen profitabler,
• von welchem Absatzniveau an ist der Einsatz von Reisenden dem von Handelsvertretern vorzuziehen,
• bei welcher Zahl von regelmäßig durchgeführten Marktforschungsuntersuchungen im Jahr lohnt sich der Einsatz eines festangestellten Marktforschers,
• bei welchem Transportvolumen ist der Einsatz eines eigenen Fuhrparks rentabler als die Inanspruchnahme gewerblicher Spediteure?
Die in vielen Betrieben vor allem mittlerer Größe anzutreffende Politik, möglichst viele Anlagen selbst zu erstellen bzw. Vorprodukte selbst zu fertigen anstatt fremdzubeziehen, beruht häufig auf der Angst vor einer Abhängigkeit von (unzuverlässigen) Lieferanten und/oder ist Ausdruck eines übertriebenen Autarkiestrebens, das aktuelle Wirtschaftlichkeitsüberlegungen vernachlässigt.
Die Wahl der optimalen Fertigungstiefe (Anteil der Eigenfertigung, eigene Wertschöpfung) mit Hilfe von Wertschöpfungsanalysen gilt heute als eine zentrale unternehmungsstrategische Entscheidung. Wettbewerbsvorteile gegenüber Konkurrenten mit gleicher Fertigungstiefe bestehen dann, wenn Wertschöpfungsaktivitäten von der eigenen Unternehmung besser und/oder billiger durchgeführt werden. Unabhängig davon empfiehlt es sich, jede Aktivität daraufhin zu überprüfen, ob sie nicht (noch) kostengünstiger in einem anderen eigenen (ausländischen) (Eigenfertigung) oder fremden Betrieb (Fremdfertigung) erbracht werden kann bzw. ob nicht eine Angliederung oder Ausgliederung vorgelagerter oder nachgelagerter Produktionsstufen (neue) Wettbewerbsvorteile bringt. Die Entscheidung über Eigenproduktion und Fremdbezug beeinflußt vor allem die Flexibilität. Die (Kapital-)bindung eines Unternehmens kann dadurch niedrig gehalten werden, daß es die von ihm angebotenen Erzeugnisse nur zu einem Teil selbst fertigt. Je geringer die eigene Produktionstiefe ist, um so niedriger liegt auch die Kapitalbindung – vorausgesetzt, daß sich die Verträge mit den Zulieferern, gemessen an den Zeitvorstellungen der strategischen Planung, relativ kurzfristig an veränderte Verhältnisse anpassen lassen.
make out: ausfertigen (einer Rechnung), ausstellen (Scheck, Urkunde)
make out a bill (upon): einen Wechsel *m* ausstellen
make payment: Zahlung *f* leisten
make provisions *pl*: Vorkehrungen *f/pl* treffen
make public: verkünden
make ready: vorbereiten
make-ready time: Einrichtzeit *f*, Vorbereitungszeit *f*, um eine Maschine *f* oder ein sonstiges Produktionsmittel *n* einsatzbereit zu machen
make restitution: wiedergutmachen
make safe: sicherstellen
make subsequent payments: nachschießen
make tender: andienen
makeup (make-up): Ausstattung *f*, Warenausstattung *f*, ersetzen, ausstatten
Die Gesamtheit der das Erscheinungsbild und die spezifischen Charakteristika einer Ware ausmachenden Gestaltungsmerkmale wie z.B. Form, Farbe, Verpackung usw., die sie in ihrer Einzigartigkeit mehr oder minder deutlich von anderen Waren absetzen und ihre Herkunft aus einem bestimmten Unternehmen erkennen lassen. Es ist also ein weiter gefaßter Begriff als der der Aufmachung und insbesondere der des Warenzeichens. Hat die Ausstattung einer Ware Verkehrsgeltung erlangt, d.h. gilt sie bei den beteiligten Verkehrskreisen (den Abnehmern der Warenart) als ein unverwechselbares Kennzeichen der einzelnen Ware, so hat sie nach § 25 des Warenzeichenschutzgesetzes einen gesetzlichen Schutz gegen die Verwendung der gleichen oder einer ähnlichen

Ausstattung durch einen Mitbewerber. Dieser Schutz ist durch die Verkehrsgeltung allein gegeben und bedarf keiner zusätzlichen Anstrengungen wie etwa Eintragung, Anmeldung usw. wie der Warenzeichenschutz.
make up (for): nachholen, wiedergutmachen
make-up pay: Differenzbetrag *m* zwischen Mindestlohn *m* und zu niedrigem Leistungslohn *m*, Lohnausgleich *m* für Minderverdienst *m*, Lohnzuschlag *m* zur Anpassung *f* an Minderverdienst *m*, Minderverdienstausgleich *m*
make-up price: Abrechnungskurs *m*
make-up time: Zeitzuschlag *m* (um Mindestlohn zu erreichen)
make use of: gebrauchen, verwerten
make valid: validieren
maker: Aussteller *m* (von Schecks und Wechseln), Trassant *m*
makeshift: Hilfsmittel *n*, Notbehelf *m*, Surrogat *n*
maladjusted: unausgeglichen
maladministration: Mißwirtschaft *f*
mala fide: bösgläubig
mala fides: Arglist *f*, böser Glaube *m*
male: männlich
malfeasance: rechtswidriges Handeln *n*, vertragswidriges Handeln *n*
malfunction: Fehlfunktion *f*, Fehler *m* (EDV), technische Störung *f*
malice: Arglist *f*, Betrug *m*, Böswilligkeit *f*
malicious: arglistig, böswillig
malicious mischief: böswillige Beschädigung *f*, grober Unfug *m*, vorsätzliche Sachbeschädigung *f*
malicious prosecution: böswillige Klageerhebung *f*
maliciously: in böser Absicht *f*
man: besetzen (Stelle)
man minute (manit): Arbeitsminute *f*
man-day: Tagewerk *n*
man-hour: Arbeiter-Stunde *f*, Arbeitsstunde *f*
man-hour output: Ausstoß *m* pro Arbeiterstunde *f*, Leistung *f* pro Arbeiter-Stunde *f*
man-land ratio: Bevölkerungs-Flächen-Verhältnis *n*
man-to-man scale: Ranglistenbewertungsskala *f* (für Personal)
manage: bewirtschaften, dirigieren, disponieren, führen, handhaben, leiten, verwalten, wirtschaften
manage with: auskommen
managed currency: manipulierte oder kontrollierte Währung *f*

management: Management *n*, Betriebsführung *f*, Direktion *f*, Direktorium *n*, Führung *f*, Geschäftsführung *f*, Geschäftsleitung *f*, Leitung *f*, Verwaltung *f*
Als Management bezeichnet man sowohl die *Institution* wie die *Funktion*, den Personenkreis und die Methoden der verantwortlichen und zielorientierten Leitung, Planung und Organisation von Organisationen und insbesondere von Wirtschaftsunternehmen. Entsprechend wird ein institutioneller Ansatz und ein funktionaler Ansatz in der Managementlehre unterschieden.
Mit Management als Institution meint man alle Positionen der Unternehmenshierarchie, die mit Anweisungsbefugnis betraut sind, also alle Stellen, die sich in die Führungsebene teilen. Manager sind demnach alle Firmenmitglieder, die Vorgesetztenfunktionen wahrnehmen, angefangen vom Meister bis zum Vorstandsvorsitzenden.
Diese im angelsächsischen Sprachraum gebräuchliche Verständnis des Begriffs geht weit über die im deutschsprachigen Raum verbreitete Beschränkung auf das Top-Management, die oberen Führungsebenen, hinaus. Es schließt auch den Eigentümer-Unternehmer ein und verzichtet auf die in der industrie-ökonomischen Forschung gebräuchliche Unterscheidung zwischen Managern im Sinne von kapitallosen Funktionären, die von den Kapitaleignern zur Führung eines Unternehmens bestellt sind, und Eigentümern als den durch das eingebrachte Kapital legitimierten Unternehmensführern.
Der funktionale Ansatz knüpft dagegen an die Handlungen an, die der Steuerung des Leistungsprozesses, d.h. aller zur Aufgabenerfüllung notwendigen auszuführenden Arbeiten in der Unternehmung oder allgemeiner in der Organisation, dienen; solche Steuerungshandlungen können ganz verschiedener Art sein, z.B. planender, organisierender oder kontrollierender Art.
Leitungspositionen (Instanzen) sind zu gewissen Teilen, keineswegs aber vollständig mit der Erfüllung dieser Funktionen betraut. Sie haben daneben in mehr oder weniger großem Umfang auch Sachaufgaben zu bewältigen. In der Regel ist der Anteil der Managementaufgaben am Gesamtbudget der Aufgaben eines Managers um so kleiner, je niedriger er in der Unternehmenshierarchie angesiedelt ist. Es gibt jedoch auch viele Industriebetriebe, in denen gerade Führungskräfte der unteren Ebenen so gut wie ausschließlich mit Managementfunktionen betraut sind.
Die Managementfunktionen stehen zu den originären betrieblichen Funktionen wie Einkauf, Produktion oder Verkauf (Sachfunktionen) in einem komplementären Verhältnis. Man kann sich das Management als eine komplexe Verknüpfungsaktivität vorstellen, die den Leistungserstellungsprozeß gleichsam netzartig überlagert und in alle Sachfunktionsbereiche steuernd eindringt.
Gute Betriebsergebnisse lassen sich nur erzielen, wenn Sach- und Managementfunktionen zusam-

menwirken aufeinander abgestimmt sind. Das funktionale Managementkonzept sieht das Management als eine Querschnittsfunktion, die den Einsatz der Ressourcen und die Koordination der Sachfunktionen steuert. Managementfunktionen fallen demzufolge in jedem Bereich des Unternehmens an, gleichgültig ob es sich nun um den Einkaufs-, Finanzierungs-, Vertriebs- oder einen sonstigen betrieblichen Bereich handelt. Diese Aufgaben sind auch auf jeder Hierarchiestufe zu erfüllen, wenn sie sich auch nach Art und Umfang unterscheiden. Management ist danach ein Komplex von Steuerungsaufgaben, die bei der Leistungserstellung und -sicherung in arbeitsteiligen Systemen erbracht werden müssen.

Diese Aufgaben stellen sich ihrer Natur nach als immer wiederkehrende Probleme dar, die im Prinzip in jeder Leitungsposition zu lösen sind, und zwar unabhängig davon, in welchem Ressort, auf welcher Hierarchieebene und in welchem Unternehmen sie anfallen. Obwohl die Situationen, Probleme und die zu erbringenden Leistungen sich unterscheiden, gibt es einen generellen Katalog von Systemsteuerungsaufgaben, die das Management im institutionellen Sinne erfüllen muß.

Zur Erleichterung der unternehmerischen Führungsaufgaben ist eine Palette von Heuristiken erfolgreichen Managements in Gestalt der „Management-by-Systeme" entwickelt worden. Die wichtigsten davon sind:

- *Management nach Zielvorgaben (Management by Objectives)*: Dies ist eine Strategie der Unternehmensleitung, bei der aus der gesamten Zielplanung stufenweise Unterziele für die einzelnen Teilbereiche und unteren Ebenen abgeleitet werden und die Einzelziele für jeden Mitarbeiter in Zielbildern schriftlich festgelegt werden. Innerhalb der Zielvorgaben besteht für die Mitarbeiter ein Ermessensspielraum. Vor allem bleibt es den Mitarbeitern freigestellt, die Wege und Methoden zur Erreichung der vorgegebenen Ziele zu bestimmen.
- *Management nach Ausnahmeprinzipien (Management by Exception)*: Eine Strategie mit einer detaillierten Aufgaben- und Kompetenzengliederung, bei der die mittleren und unteren Entscheidungsebenen im Normalfall selbständig operieren und das Management nur in Ausnahmefällen, d.h. bei Aufgaben, die über die Bedeutung und Komplexität normaler Betriebsabläufe hinausgehen (Aufgabenausnahmen), oder in Fällen, in denen Ist-Werte von vorgegebenen Soll-Werten über bestimmte Toleranzbereiche hinausgehen (Ergebnisausnahme), eingreift. Voraussetzung für das Funktionieren ist eine weitgehende Arbeitsteilung und Verantwortungsdelegation bei gleichzeitiger Konzentration der Unternehmensleitung auf Kontrollaufgaben.
- *Management nach Ergebnissen (Management by Results)*: Bei dieser Strategie wird die Zielplanung aller Ebenen unter den Voraussetzungen des Managements nach Zielvorgaben zur Erreichung der jeweils maximalen Zielalternativen angehalten.
- *Management nach Organisationen (Management by Organization)*: Eine Managementstrategie, bei der das Gesamtunternehmen in Subsysteme aufgeteilt wird, für die eine einzelne Führungskraft die alleinige Verantwortung trägt.
- *Management durch Delegation (Management by Delegation)*: Eine Führungsstrategie, bei der die einzelnen Mitarbeiter dauerhaft festgelegte Aufgabenstellungen in festumrissenen Arbeitsgebieten haben, innerhalb derer sie Entscheidungs- und Handlungsverantwortung tragen.
- *Management durch Entscheidungsregeln (Management by Decision Rules)*: Hier stehen im Rahmen der Bedingungen des Managements durch Delegation den Mitarbeitern zusätzliche Entscheidungsregeln als Dispositionshilfen zur Verfügung, aus denen sie ersehen können, was sie in welchen Situationen zu tun haben.

Weitere bekannte Management-by-... Systeme sind das *Management durch Kommunikation (Management by Communication)*, d.h. die systematische Planung des innerbetrieblichen Kommunikationsprozesses durch Beeinflussung des Kommunikationsverhaltens und der Kommunikationsstrukturen als eine Strategie der personenbezogenen Führung das *Management durch Motivation (Management by Motivation)*, die auf den Kenntnissen der Motivationsforschung aufbauende Führung mit dem Ziel die Leistungsmotivation der Mitarbeiter fördernden und steigernden Gestaltung der Arbeitsorganisation, das diesem verwandte *Management durch Verstärkung (Management by Reinforcement)*, das den systematischen Einsatz von Belohnungen und anderen Verstärkern für erwünschte Verhaltensweisen durch Mitarbeiter beinhaltet, das *systemorientierte Management (Management by Systems)*, bei dem ein Unternehmen als ein dynamisches Gesamtsystem verstanden wird, dessen Subsysteme so koordiniert werden sollen, daß die Teiloptima für jedes Subsystem dem Optimum für das Gesamtsystem entsprechen, und das *Management durch Innovation (Management by Innovation)*, das die systematische Erarbeitung von Innovationen in den Mittelpunkt der Unternehmensziele und seiner Führungsstrategie stellt.

management accounting: entscheidungsorientiertes Rechnungswesen *n*
Der Teil des Rechnungswesens, der sich mit der Erfassung, Aufzeichnung und Auswertung von Buchhaltungs- und statistischen Daten für die besonderen Bedürfnisse der Überwachung, Kontrolle und Entscheidungsfindung des Unternehmens befaßt.

management audit: Management-Audit *m*, Managementrevision *f*
Nach einer Formulierung von G. R. Terry kann Management Audit definiert werden als „die periodische Überprüfung der Planungs-, Organisations-, Durchführungs- und Controlling-Maßnah-

management board

men einer Unternehmung in bezug auf ein bestimmtes Anspruchsniveau... Dies im Hinblick auf die Vergangenheit, Gegenwart und Zukunft des Unternehmens".

Im Rahmen von innerbetrieblichen Zeitvergleichen (ex-post- und ex-ante- Betrachtung) werden mittels geeigneter Fragen Aktivitäten bzw. Funktionsbereiche einer Unternehmung analysiert, wie z.B. Unternehmungsziele und -politik, Unternehmungsziele, Unternehmungsstrategien und -politik, Public Relations, Unternehmungsphilosophie, Organisation und Management, langfristige Analyse der Wettbewerbsfähigkeit, Wirtschaftliche Entwicklung, Markt, Kapital, Arbeit, vorherrschende Branchen-Charakteristiken, politische Einflüsse und Trends. Diese Vorgehensweise entspricht den betriebswirtschaftlichen Vergleichsrechnungen mit Hilfe von Kennzahlensystemen.

Vergleiche können durchgeführt werden als Zeitvergleiche (Gegenüberstellung von Kennzahlen zu verschiedenen Zeitpunkten oder als Soll-Ist-Vergleiche (Gegenüberstellung von Soll- und Istzahlen zu einem Zeitpunkt).

Der intraorganisatorische Zeit- und der Soll-Ist-Vergleich von Kennzahlen stellen für die Unternehmung Kontrollinstrumente des Betriebsgebarens dar, die einen Überblick über die wirtschaftliche Lage geben und zugleich auf Fehlentwicklungen hinweisen.

Der interorganisatorische Vergleich von Kennzahlen erlaubt es dem Unternehmen, seine Stellung im Verhältnis zu anderen gleichartigen Betrieben derselben Branche zu erkennen. Als Vergleichsmaßstab dienen hier häufig Richtzahlen (industry standards), die als Branchendurchschnittszahlen von Wirtschaftsverbänden aufgestellt werden.

Ein Problem des Management Audit liegt in der Methode der Bewertung. Ein „Enterprise-Self-Audit" hat nur für eine einzelne Organisation Bedeutung. Bemühungen, die Eigenbewertung zu objektivieren, führten zur Einrichtung möglichst unabhängiger Auditors und der Aufstellung „allgemeingültiger" Bewertungslisten (mit bis zu 300 Fragen mit vorgegebenen Gewichtungsfaktoren.

Das American Institute of Management (AIM) hat versucht, mit dieser Methode dem potentiellen Investor eine Managementbewertung zu liefern. Trotz großer Bemühungen, das Verfahren transparent und objektiv zu gestalten, hat das Management Audit nicht die ursprünglich vermutete Bedeutung erreichen können.

management board: Vorstand *m*

management by communication: Management *n* durch Kommunikation

„Management by Communication" stellt keine explizite Führungstechnik dar. Sie ist integraler Bestandteil aller übrigen Managementmethoden.

1. Aus der Sicht der Führungskraft sind vier Kommunikationslinien von Bedeutung:
(1) Kommunikation an übergeordnete Instanzen
(2) Kommunikation an nachgeordnete Instanzen und Personen
(3) Kommunikation an hierarchisch gleichgestellte Personen und Instanzen
(4) Kommunikation an externe Stellen (Außenverhältnis des Unternehmens).

2. Mitunter wird das Unternehmen als ein Nachrichtensystem interpretiert, das als Träger des Kommunikationssystems fungiert. Das Nachrichtensystem stellt die Struktur aus Sender, Empfänger und Kanälen dar, das Kommunikationssystem beinhaltet zusätzlich die Menge der Informationen, die im Nachrichtensystem vorhanden sind bzw. erzeugt und weitergeleitet werden. Das betriebliche Kommunikationssystem ist auf die Aufgaben des Unternehmens abgestimmt.
A. G. Coenenberg unterscheidet dabei zwischen dem formalen und dem informalen Kommunikationssystem: „Das formale betriebliche Kommunikationssystem bringt die auf eine optimale Aufgabenstellung hin geplante Struktur der innerbetrieblichen Kommunikationsbeziehungen zum Ausdruck. Seine Aufgabe ist es, einen am Unternehmungsziel orientierten Fluß der betrieblich relevanten Informationen zu ermöglichen. Das informale betriebliche Kommunikationssystem umfaßt dagegen alle diejenigen Kommunikationsbeziehungen, die durch die formale Organisation nicht vorgegeben sind, die vielmehr spontan entstehen und ihre Grundlagen in den verschiedenen informalen Gruppierungsprozessen haben."

Das formale Kommunikationssystem wird durch die Strukturorganisation des Unternehmens bestimmt, d.h. durch die formale Gliederung von Instanzen, Funktionen und der sie verbindenden „Kanäle": Dienstwege und direkte Wege. Die Kommunikation beinhaltet somit:

a) Die formale Struktur der die Instanzen und Funktionen verbindenden Wege (Berichts- und Informationslinien).
b) Die über diese Wege übermittelten Nachrichten und Informationen.
c) Die Mittel, die für den Nachrichtentransport eingesetzt werden.
d) Die Zentren der Informationserschließung, Informationsverarbeitung und Informationsspeicherung.

Jede Führungskraft ist zugleich Sender und Empfänger von Informationen und damit auch Bestandteil des Kommunikationssystems. Daher unterscheidet man auch in sachbezogene (aufgabenspezifische) und personenbezogene Kommunikation.

3. Darüber hinaus ist die Kommunikation zu gliedern in:
• *Kommunikationspartner*: Die Kommunikationspartner sind durch die Weisungsbefugnisse und durch den Instanzenaufbau des Unternehmens bestimmt. Wichtige Kommunikationspartner im Management-System sind die nachgeordneten Verrichtungsträger. Führungsmodelle, in denen die Kommunikation im Vordergrund steht, zielen daher auch auf die intensive Miteinbeziehung der Mitarbeiter in das Kommunikationsspektrum der Führungskraft. Weitere Kommunikationspartner

ergeben sich aus den Koordinations- und Entscheidungsaufgaben: Die Abstimmung, Mitbestimmung, Kenntnisnahme sowie die Weiterleitung und Speicherung von Informationen fallen in diesen Bereich ebenso wie die Umsetzung der Informationen in Kennziffern, Standards, Anweisungen und Richtlinien.

• *Kommunikationsobjekte*: Kommunikationsobjekte sind die aufgaben- und zielbezogenen Tätigkeiten der Mitarbeiter des Unternehmens. Daraus folgt, daß die Verrichtungsträger in den Kommunikationsprozeß miteinbezogen werden müssen. Es ist eine nichtdelegierbare Aufgabe der Führungskräfte, die Mitarbeiter zu informieren über Aufgaben, Ziele, Mittel für die Aufgabenerledigung, Zeitpunkte (Termine) und Zeitstrecken, Kontrollmaßstäbe, Rechte und Pflichten, Kompetenzen und Verantwortungen. Als Kommunikationsobjekte gelten daher Tätigkeiten, Rechtsbeziehungen und alle Maßnahmen der Leistungsbewertung und -kontrolle.

• *Kommunikationsabsichten*: Mit der Kommunikation wird dreierlei verfolgt: 1) *Information* über alle persönlichen und sachlichen Tatbestände, die für eine zielgerechte Aufgabenerledigung und für die persönliche Weiterbildung der Mitarbeiter von Bedeutung sind. 2) *Beeinflussung*: Kommunikation wird benutzt, um das Arbeitsverhalten (d.h. die Leistungsbereitschaft) anderer Personen und Instanzen zu beeinflussen. 3) *Verhaltenskorrektur*: Kommunikation kann dazu benutzt werden, die persönlichen Verhaltensweisen anderer zu verändern, z.B. um ein gefordertes Maß an Anpassung und Unterwerfung zu erzwingen.

• *Kommunikationsmittel*: Durch zunehmende Automation wird im Beziehungsgefüge der Kommunikation verstärkt die elektronische Datenverarbeitung eingesetzt. Daraus resultieren folgende Kommunikationsbeziehungen: Mensch-Maschine-Kommunikation (z.B. Bildschirmarbeitsplätze) und Maschine-Maschine-Kommunikation (z.B. nationale Netzwerkverbindungen von Computerzentren). Die EDV eignet sich jedoch primär für die sachbezogene Kommunikation. Alle persönlichen Kommunikationsbeziehungen bleiben zweiseitige Prozesse zwischen Führungskraft und Mitarbeitern. Sie setzt hierfür Mittel wie Gespräche, Konferenzen, Rundschreiben, „Schwarze Bretter", Kontakt-Meetings und informelle Absprachen ein.

• *Kommunikationsarten*: Die wichtigste Art der Kommunikation ist der persönliche Dialog mit dem betreffenden Kommunikationspartner. Hierzu dienen Einzelgespräche, Seminare und Konferenzen. Daraus folgt, daß die Führungskraft ständigen Kontakt mit den Mitarbeitern pflegen muß. Alle übrigen Kommunikationsarten – z.B. Schriftwechsel, Protokolle, Formulare – sind formeller Natur und sollten daher auch nur für formelle Absichten benutzt werden.

• *Kommunikationsbeziehungen*: Sie regeln die Zuständigkeiten und Verantwortungen der im Kommunikationsnetz miteinander gekoppelten Kommunikationsträger. Sie können durch Funktions- oder Kommunikationsdiagramme formal festgelegt werden.

management by control: Management *n* durch Kontrolle

Eine Managementtechnik, deren Zielsetzung in einer methodischen Systematik der Kontrollaktivitäten besteht, die von den verschiedenen Managementebenen für die Ergebnisbeeinflussung und Leistungskorrektur ergriffen werden können. Kontrollaktivitäten setzen Planungen und die Definition von Zielen voraus.

Die Kontrolle führt zu Aussagen über Plan- und Zielabweichungen. Kausalitäten kann sie nicht aufdecken. Das ist Aufgabe der Abweichungsanalyse. Kontrolle und Abweichungsanalyse sind daher prozessuale Komponenten im Entscheidungsprozeß des Unternehmens. Man unterscheidet zwischen Kontrolltypen, Kontrollobjekten, Kontrollzyklen und Kontrollmethoden.

(1) *Kontrolltypen* sind:
• Die *Ergebniskontrolle*, die als Soll-Ist-Vergleich am Ende einer Planungsperiode oder nach Erreichen eines Arbeitsergebnisses durchgeführt wird.
• Die *Planfortschrittskontrolle*, die als Plan-Plan-Vergleich (alter Plan mit neuem Plan) laufend erfolgen kann.
• Die *Prämissenkontrolle*, d.h. die Überprüfung der Planungshypothesen (planning assumptions) bezüglich ihrer Gültigkeit im Zeitverlauf.

(2) *Kontrollobjekte* sind die realen Prozesse des Unternehmens, d.h. die Verrichtungen, und die Verrichtungsträger, d.h. die mit der Durchführung beauftragten Personen. Beispiele für Kontrollobjekte: Höhe des Umsatzes im Zeitverlauf (Periodenumsatz) und am Ende der Planungsperiode, Höhe des Gewinns, Budget und Kosten, Überstundenleistungen der Mitarbeiter, Termineinhaltung von Aufgaben.

(3) *Kontrollzyklen* beziehen sich auf die zeitliche Einteilung der Kontrollaktivitäten während der Realisierungsphase. Man unterscheidet laufende Kontrollen (Prozeßkontrollen), bei denen ständig alle Abweichungen vom Zielwert als Kontrolldaten gespeichert und in Form von Überwachungsprotokollen zur Verfügung gestellt werden, und periodische Kontrollen, die kalendarisch erfolgen, z.B. als monatliche, vierteljährliche und jährliche Kontrolle von Ergebnissen. Sie können aber auch ereignisbezogen sein. In diesem Fall werden für einen Prozeß kritische Ereignisse (Zwischenergebnisse, Termine) definiert, die einer besonderen Kontrolle unterliegen („milestones").

Ein weiteres Verfahren der Kontrolle, das insbesondere das Arbeitsverhalten und die Arbeitsergebnisse zum Gegenstand hat, ist die Multi-Momentaufnahme. Sie ist ein Stichprobenverfahren, das Aussagen über die prozentuale Häufigkeit bzw. Dauer von Abweichungen mit einer hinreichenden statistischen Genauigkeit zuläßt. In diesen Bereich gehören auch die Methoden der Beobachtung des Arbeitsverhaltens von Akkordarbeitern (Arbeitszeitstudien).

(4) *Kontrollmethoden*: Bei den Kontrollmethoden unterscheidet man grundsätzlich in:
- *Messung*: Die quantitative Auswertung von Meßdaten oder, sofern kein absoluter Maßstab möglich ist, der Vergleich zwischen Soll- und Ist-größen.
- *Beobachtung*: Die Überwachung kritischer Aktivitäten, bei der im Abweichungsfall sofort korrigierend eingegriffen werden kann.
- *Analyse*: Hierbei werden systematische und zufällige Abweichungen ermittelt. Sie setzt umfangreiche Recherchen voraus, um aus einer Vielzahl von Kontrollinformationen repräsentative Kontroll-Standards (Kontrollziffern) zu ermitteln, z.B. im Rahmen einer A-B-C-Analyse.

Die Zielsetzung der Kontrolle besteht grundsätzlich darin, potentielle Fehlentwicklungen zu erkennen. Kontrollen führen daher zu Maßnahmen für die Ausschaltung von Störfaktoren, zu Verhaltenskorrekturen und Plankorrekturen (Anpassungsplanung). Für eine sinnvolle Maßnahmenplanung sind eine Ursachenanalyse, Beeinflussungsanalyse, Prognosen und eine Reaktionszeit-Analyse erforderlich.

Voraussetzungen für ein wirksames Kontrollsystem des Managements sind die Entwicklung von Kontrollstandards, die Definition von Toleranzgrenzen je Kontrollstandard, die Reduzierung des Kontrollvolumens durch klassifizierende Auswertungen (Stichproben, Milestones, ABC-Analyse) und die Einbettung des Kontrollsystems in den gesamten Planungs- und Entscheidungsprozeß.

Das Kontrollsystem ist stets im Zusammenhang mit den korrespondierenden Methoden des Management durch Zielvorgaben und des Management durch Ausnahmeregeln zu sehen. Werden Kontrollen ohne Bezugnahme auf die Management-Prozesse Planung, Zielerreichung und Entscheidung durchgeführt, kommt es zum Kontrollmißbrauch, d.h. zu Kontrollen, die der primär der Beeinflussung des Unterwerfungs- und Gehorsamsverhaltens der Mitarbeiter dienen und ohne Bezug zur vereinbarten Zielsetzung und Arbeitsleistung stehen.

Erst durch die Einbettung des Kontrollsystems in die Methoden des Management durch Zielvorgaben und des Management durch Ausnahmeregeln erreicht der Managementzyklus seine volle Wirkung. Der Aufbau einer Kontrollsystematik ermöglicht eine schnelle und direkte Reaktion bei Abweichungen, eine Kenntnis der systematischen Störfaktoren, die Eingrenzung der Ursachen und damit eine zielorientierte Maßnahmenplanung.

Ausgedehnte Kontrollsysteme erfordern einen hohen Aufwand für die Auswertung und Verfolgung der Kontrolldaten – es entstehen separate Kontrollbereiche im Unternehmen, Controlling. Damit entsteht aber sehr oft auch ein Transparenzverlust durch die versteckten Kontrollen („overcontrolling"). Kontrollsysteme können auch zu einem Absicherungsverhalten führen, zu einer Strategie der Vorsicht, die sich negativ auf die Verhaltensweisen der Manager und Mitarbeiter auswirkt.

management by coordination: Management *n* durch Koordination

Aus der arbeitsteiligen Organisation von Managementprozessen und als Folge der damit verbundenen Delegation, Management durch Delegation, ergibt sich die Notwendigkeit der Koordination, d.h. der Zusammenfassung von Teilaktivitäten einer Aufgabe zu einem Ganzen, wobei das „Ganze" durch die Zielvorgabe der Aufgabe bestimmt ist. Koordination ist die Abstimmung einer Menge von Teilaktivitäten im Hinblick auf die Erreichung eines vereinbarten Ergebnisses. Man unterscheidet meist:
- *Sachliche Koordination*: Arbeitsteilig verrichtete Aufgaben werden so beeinflußt, daß die Summe der Teilerfolge (Teiloptima) ein Gesamtoptimum der übergeordneten Aufgaben erreicht.
- *Organisatorische Koordination*: Die Zusammenfassung von Organisationseinheiten (Stellen, Instanzen, Funktionen) mit dem Ziel, gemeinsame Verantwortungen und Tätigkeiten im Hinblick auf ein gemeinsames Gesamtziel zu definieren.
- *Personelle Koordination*: Die Bildung von Arbeitsgruppen, deren Mitglieder aus verschiedenen Aufgabengebieten stammen, die jedoch eine gemeinsame Aufgabe zu bewältigen haben. Sie läuft auf eine Teamorganisation hinaus und findet sich sehr oft bei Projekten, die außerhalb der Routine-Aufgabe stehen.
- *Informationelle Koordination*: Die Sammlung, Selektion, Bewertung und Aufbereitung einer Vielzahl von Einzelinformationen zu aussagefähigen und repräsentativen Kennzahlen.
- *Zeitliche Koordination*: Die Beeinflussung von Zeitspannen und Terminen vieler Einzeltätigkeiten im Hinblick auf einen fixierten (geplanten) Endtermin der Gesamtaufgabe.

Eine *originäre Koordination* liegt dann vor, wenn die Koordinationsaufgabe unmittelbar von der Führungskraft ausgeführt wird. Eine *abgeleitete Koordination* liegt vor, wenn die Arbeitsteilung und die fortschreitende Differenzierung des Führungsprozesses es erforderlich machen, die Koordinationsaufgabe zu delegieren. Bedingt durch Plan- und Zielkorrekturen sowie durch die ständig möglichen Abweichungen und Störungen bilden sich in der Praxis Koordinationsteams, durch die das Management die Koordinationsaufgabe an spezielle Aufgabenträger delegiert. Die Koordination wird damit zu einer ständigen Einrichtung, an die auch Kontrollaufgaben übertragen werden. Aus den Koordinationsteams entwickeln sich dann Stabsabteilungen.

management by delegation: Management *n* durch Delegation

Delegation bedeutet die Übertragung von Aufgaben und Zuständigkeiten (Kompetenz) an hierarchisch nachgeordnete Instanzen und Personen. Die Komplexität der Unternehmensaufgaben führt dabei zu einer Differenzierung in Ziele, Aufgaben und Fähigkeiten.

Mit der Delegation wird beabsichtigt, Aufgaben-

und Zielverantwortungen (Ergebnisverantwortungen) an Personen zu übertragen, die eine höchstmögliche Zielerfüllungsgarantie zu bieten versprechen. Erweist sich dies als Trugschluß, kommt es in aller Regel zur Re-Delegation, d.h. der Rücknahme der Aufgabe und der Kompetenz, oder zum Austausch der mit der Aufgabe und Kompetenz beauftragten Person (Positionswechsel).
Die Delegation führt im theoretischen Ansatz zu einer Reduzierung der Managementebenen. Im Idealfall besteht entsprechend dem Delegationsprinzip nur noch eine dreistufige Organisationshierarchie:
Die *Geschäftsleitung*, die Unternehmensziele festlegt, die *Bereichs*- oder *Funktionsleitung*, die aus den Unternehmenszielen Aktionspläne erstellt und die *operative, verrichtungsorientierte Ebene*, die das Ergebnis leistet.
Man unterscheidet die einseitige Delegation *(Pseudo-Delegation)* und die vollständige Delegation. Die einseitige Delegation ist dadurch gekennzeichnet, daß lediglich die Verantwortung (d.h. das Commitment) an die nachfolgende Stelle bzw. Person weitergegeben wird, nicht aber die Entscheidungskompetenz und Dispositionsgewalt über die Einsatzfaktoren. Die einseitige Delegation führt beim Empfänger zu einem Ziel-Mittel-Konflikt. Sie findet sich vornehmlich in Unternehmungen, die eine umfangreiche hierarchische Gliederung aufweisen.
Die *vollständige Delegation* bezieht sich auf die Weitergabe von Verantwortung und Kompetenz (Entscheidungsbefugnisse und Mitteldisposition).
Mit der Delegation werden grundsätzlich drei Ziele verfolgt:
- *Komplexitätsreduzierung* der unternehmerischen Aufgabe durch die Definition einer Vielzahl verantwortlicher Funktionen.
- *Entlastung des Managements* durch die Ausgliederung von Teilkompetenzen und Verantwortungen, die von nachfolgenden Instanzen und Personen selbständig zu bewerkstelligen sind.
- *Entwicklung der Eigenverantwortung* und Selbständigkeit der Mitarbeiter („organizational development").
Die Delegation ist entsprechend ihren Zielsetzungen an bestimmte Voraussetzungen und organisatorische Bedingungen gebunden:
- *Geringe Anzahl hierarchischer Stufen*, da sonst die Gefahr der Pseudo-Delegation mit ihren Mittel-Ziel-Konflikten gegeben ist.
- *Miteinbeziehung der Mitarbeiter in den Entscheidungsprozeß*, um ihnen die Möglichkeiten der Information über die Tragweite der delegierten Verantwortung zu geben.
- *Ausbildung und Information der Mitarbeiter*, um die Eigenverantwortlichkeit zu schulen. Dazu gehört auch die Motivation der Mitarbeiter, die zu engagierten Arbeitseinsatz für die Zielerreichung führen soll.
- *Stellenbeschreibungspläne*, um die jeweilige Entscheidungskompetenz gegenüber anderen Instanzen und Personen abzugrenzen.
- *Selbststeuerungsmöglichkeiten*, d.h. relative Freiheit in der Aktionsplanung und die Möglichkeit der Rückinformation an diejenige Stelle, die die Delegation beschlossen hat.

Die vollständige Delegation bewirkt die Miteinbeziehung der Mitarbeiter in den Entscheidungsprozeß. Dadurch entwickeln sich aus den ursprünglich nur weisungsgebundenen und verrichtungsorientierten Mitarbeitern selbständig handelnde und ergebnisbewußt motivierte Leistungsträger, die ihre Motivation aus der Loyalität gegenüber der Unternehmensleitung ableiten. Die Mitarbeiter erhalten Freiräume in der Gestaltung ihrer Aktionspläne und orientieren sich am ökonomischen Prinzip.
Das Delegationsprinzip mündet in der Praxis sehr oft in die einseitige Delegation. Die Delegation wird als Alibifunktion vom Management mißbraucht, und lediglich Routine-Arbeiten werden delegiert, die keine Identifikation mit den Zielsetzungen zulassen.

management by exception (MbE): Management *n* durch Ausnahmeregeln, Betriebsführung *f* aufgrund von Abweichungen *f/pl* vom normalen Verlauf *m*, Betriebsführung *f* nach dem Prinzip *n* der Ausnahme *f*, Führung *f* durch Ausnahmeentscheidung *f*
In der einfachsten Form besagt diese Methode, die im Englischen als „management by exception" (MbE) bezeichnet wird, daß der dispositive Faktor – also die Tätigkeiten der Manager – erst dann wirksam wird, wenn in einem Arbeitsprozeß Probleme auftreten. Probleme aber sind „Abweichungen vom Normalen", d.h. die Ausnahmen („exceptions").
Mit Steuerung bezeichnet man entsprechend dem kybernetischen Modell den korrigierenden Eingriff eines Entscheiders in einen Prozeß, sofern eine Zielabweichung außerhalb der Toleranzgrenzen festgestellt wird. Unter „Problemen" versteht man im allgemeinen die Zielabweichungen. In einem weiter gefaßten Verständnis bezieht sich die Methode des MbE auf besondere Prozesse und Funktionen, nämlich auf die kritischen Bereiche.
Zielsetzung des MbE ist es, die Kontroll- und Steuerungsaktivitäten des Managers zu reduzieren. Der Manager wird nur in Problemfällen aktiv. Er wird damit von Routinearbeiten entlastet, während anderseits die Mitarbeiter eine Selbststeuerung so lange ausführen, so lange die Aufgaben innerhalb der zuverlässigen Toleranzen sind.
Eine wichtige Voraussetzung für das Funktionieren des MbE ist die Quantifizierung von Zielen (Arbeitsergebnissen) je Arbeitsprozeß und die Bestimmung von Toleranzgrenzen (Plus/Minus-Abweichungen).
Die für ein funktionsfähiges Management durch Ausnahmeregeln erforderlichen Meßkriterien lassen sich unterscheiden in:
- *Branchenspezifische Kriterien*, die über den Unternehmenserfolg innerhalb der Branche Auskunft

management by exception (MbE)

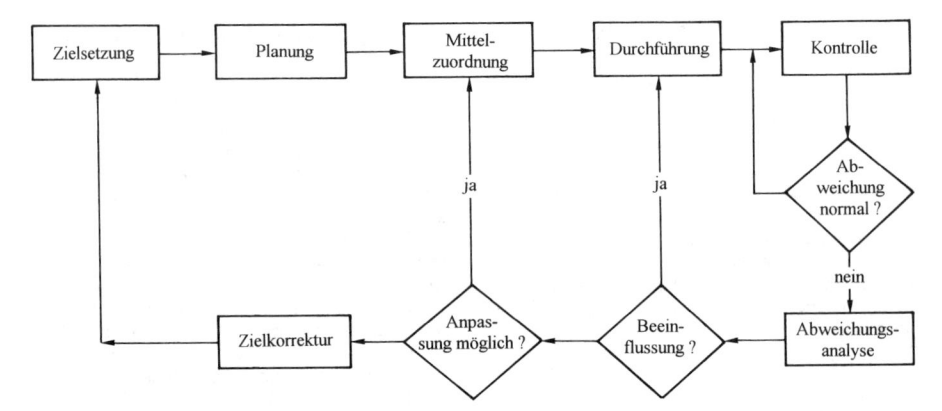

Schematische Darstellung der MbE-Methode in Form eines Blockdiagramms

geben wie z.B. Marktanteile, Kundenanzahl, Umsatzvolumen.
- *Funktionale Kriterien*, die sich auf die Messung der Leistung bestimmter Bereiche des Unternehmens beziehen wie z B. Beschaffung, Finanzen.
- *Prozessuale Kriterien*, die sich auf die quantifizierbaren Ergebnisse und Kenngrößen der Arbeitsprozesse beziehen wie z.B. Kostenanteil, Termine, Kapazitäten, Ausschußquoten, Verbrauchsziffern, Mitteleinsatz, Belastungsziffern.
- *Persönliche Kriterien*, die das Leistungsverhalten der Mitarbeiter meßbar machen wie z.b. Fluktuationsrate, Krankenstand, Ausstoß je Mitarbeiter, Umsatz je Mitarbeiter, Aufwand je Mitarbeiter etc.

Diese Kriterien führen zu einem System der betrieblichen Kennziffern, die als Meßgrößen für alle zu beobachtenden Prozesse und Aktionen des Unternehmens definiert werden.

Festgestellte Abweichungen führen zu Maßnahmen des Managements, und zwar zur:
- *Abweichungsanalyse*: Durch sie wird geklärt, ob systematische oder zufällige Abweichungen vorliegen, der Arbeitsprozeß durch Beseitigung von Störfaktoren oder Fehlerquellen unmittelbar beeinflußt werden kann, durch eine Erhöhung des Mitteleinsatzes das Ziel erreicht werden kann, ob Störungen durch menschliches Versagen vorliegen, wie groß die Wahrscheinlichkeit der Wiederholung ist und ob die gesetzten Ziele realistisch sind.
- *Zielkorrektur*: Führt das Ergebnis der Abweichungsanalyse zu der Erkenntnis, daß trotz der Prozeßbeeinflussung weiterhin mit Abweichungen zu rechnen ist, erfolgt eine Zielkorrektur.

Das Management durch Ausnahmeregeln macht also eine ständige und unmittelbare Rückkoppelung der Prozeßergebnisse an das Management erforderlich. Dies führt zur Notwendigkeit eines Berichtsystems, das den Manager ständig über die Ergebnisse informiert. Es muß aktuell sein, da bei verzögerter Rückmeldung der Abweichung die Maßnahmen u.U. die Prozesse zu spät beeinflussen, so Über- oder Untersteuerungen als Folge verspäteter Reaktionen auftreten.

Um die Gefahr der Über- oder Untersteuerung zu reduzieren, kann das MbE auch für prognostische Zwecke eingesetzt werden: Ausgehend vom Soll-Ist-Vergleich wird gleichzeitig das neue Ist (faktische Informationen) in die Zukunft projiziert und damit ein Plan/Plan-Vergleich ermöglicht: Die ursprünglichen Planwerte werden mit den neuen Planwerten, die aufgrund der rückgemeldeten Informationen hochgerechnet wurden, verglichen. Damit wird verhindert, daß nur kurzfristig wirksame Störungen sofort zu Korrekturmaßnahmen führen. Erst die historische (vergangenheitsbezogene) und prognostische (planbezogene) Abweichungsanalyse führt zu steuernden Eingriffen.

Damit ergibt sich für das MbE eine prozessuale Folge mit den Aktivitäten:
- Festlegung der Sollgrößen (Zielwerte).
- Bestimmung der zulässigen Abweichungen (Toleranzen).
- Vereinbarung über die Rückmeldung in zeitlicher und inhaltlicher Hinsicht (Berichtswesen).
- Abweichungsanalyse nach Überschreiten der Toleranzbereiche.
- Entscheidung über die Maßnahmen: Erhöhung des Inputs, Plankorrektur, Beeinflussung des Leistungsverhaltens der Mitarbeiter (Motivation).
- Abstellung der Störfaktoren.

Diese Aktivitäten entsprechen prinzipiell einem kybernetischen Regelkreismodell.

Das MbE führt bei normal verlaufenden Prozessen zur Reduzierung der Kontrollaktivitäten, zur Entlastung des Managements und zu einer auf die konkreten Probleme bezogene Aktionsplanung. Darüber hinaus kann eine höhere Arbeitszufriedenheit erzielt werden, da innerhalb der gegebenen Toleranzgrenzen eine weitgehende Selbststeuerung der Mitarbeiter möglich ist. Prozesse, die intellektuelle Fähigkeiten erfordern, lassen sich nur umständlich in das System des MbE eingliedern. Das MbE führt zu einem intensiven Berichtsystem (Aufbereitung historischer

Werte, aktueller Größen und neuer Planwerte). Da ein Prozeß immer möglichst schnell stabilisiert werden muß, führt dies bei der Vielzahl der zu analysierenden Tatbestände zu relativ hoher Hektik und zu Streßsymptomen. Hektik und nicht abgestimmte Berichtszyklen und Berichtsinhalte führen sehr leicht zur Übersteuerung mit der Folge, daß erneute Fehler und Abweichungen auftreten.

management by motivation: Management *n* durch Motivation *f*

„Management by Motivation" zielt darauf ab, die Mitarbeiter des Unternehmens durch entsprechende Anreize so zu stimulieren, daß sie sich mit größtmöglicher Leistungsbereitschaft für die Realisierung der Unternehmensziele einsetzen. Damit tritt die Frage in den Vordergrund, welches die dominierenden Anreize sind, die Menschen zur Leistung veranlassen.

Die Motivationsforschung erhielt starke Impulse durch Abraham Maslows Theorie der Selbstverwirklichung, die von der grundsätzlichen Überlegung ausgeht, daß prinzipiell jeder Mensch nach Selbstverwirklichung strebt, d.h. nach einem Zustand, in dem er alle seine Neigungen, Wünsche und Bedürfnisse nach eigenem Ermessen befriedigen kann. Um dieses Endziel der Wünsche und Bedürfnisse zu erreichen, ist jedoch eine Reihe vorgelagerter Einzelziele zu erfüllen. Die schrittweise Realisierung der Teilziele führt zu einer Hierarchie der Bedürfnisse: Zunächst strebt der Mensch nach der Befriedigung seiner biologischen Grundbedürfnisse wie Nahrung, Kleidung und Wohnung. Sind diese Grundbedürfnisse erfüllt und gesichert, tritt als Motor seines Leistungsstrebens eine neue Bedürfniskategorie auf: Langfristige Sicherheit (z.B. Altersversorgung), Komfort, Wohlstand und finanzielle Reserven. Aber auch nach Erreichen dieser Bedürfnisse bleiben weitere Ziele bestehen: Das Streben nach sozialer Anerkennung und nach Machtausübung. Auf der vierten Stufe der Bedürfnispyramide strebt der Mensch nach herausragenden Positionen, nach bestimmten Statussymbolen, d.h. nach der Befriedigung seiner sozialen Geltungssucht. Erst wenn er diese Stufe erreicht hat, ist der Weg frei für die Selbstverwirklichung.

Die betriebliche Praxis hat sich dieses durch verschiedene Bedarfsgüter materieller und immaterieller Art bestimmte Motivationsprinzip angeeignet. Sichtbaren Ausdruck findet es in den Anreizsystemen des Unternehmens: Wer sich den Anforderungen stellt und sein Verhalten entsprechend ausrichtet, kann normalerweise stufenweise eine höhere Bedürfnisbefriedigung erreichen – das Leistungsprinzip ist auf die Motivationsfaktoren des Individuums eingestellt. Gleichzeitig mit den Anreizsystemen (Entlohnung, Beförderung, Status), die der Leistungssteigerung dienen, bestehen auch Drohsysteme, die als Negationen der Anreize (Rückstufungen) fungieren.

Damit konzentriert die Motivierung auf zwei gegensätzliche Methoden, deren gemeinsame Zielsetzung darin besteht, Leistungsbereitschaft zu maximieren: Hoffnung auf Mehrung von Geld, Status und Macht auf der einen Seite und Angst, das bisher Erreichte teilweise zu verlieren bzw. von der weiteren Mehrung ausgeschlossen zu werden.

management by objectives: Management *n* durch Zielvereinbarung, dezentralisierte Führung *f*, Management *n* mit Leistungsbeurteilung *f* nach Zielerreichung *f*

Der Ausdruck „Management durch Zielvereinbarung" bzw. „Management durch Zielvorgaben" ist eine wörtliche Übersetzung des Terminus „Management by Objectives" (MbO). Als analoge Begriffe werden auch „Management by Motivation", „Management by Results" und „Accountability Management" verwendet. Im allgemeinsten Sinn bedeutet „Management by Objectives" eine zielorientierte Unternehmensführung, die auf folgenden Prinzipien aufbaut:

• *Definition einer Zielhierarchie*, die für alle Ebenen des Managements verbindlichen Charakter hat.
• *Ständige Kontrolle des tatsächlich erreichten Ergebnisses* mit den vereinbarten Zielen.
• *Größtmögliche Selbststeuerung der Führungskräfte und der ausführenden Organe*. Innerhalb des Entscheidungsspielraums wird nicht vorgegeben, welche Maßnahmen für die Zielerreichung einzusetzen sind.

Die Methode des MbO ist ergebnisorientiert. Nicht die Handlungen und Aktionen stehen im Vordergrund, sondern die Garantie der Zielerreichung. Die Führungskräfte unterliegen einem System der „commitments", d.h. der Zustimmung zu den vereinbarten Zielen.

Die Unternehmensziele sind analog der Arbeitsteilung in arbeitsteilig realisierbare, quantifizierte (operable) Teilziele für jeden Management-Bereich zu zerlegen. Den Ausgangspunkt bilden die Unternehmensziele (die „Unternehmensphilosophie"), die oftmals als ein langfristiges Programm (Zielkonzeption) definiert sind. Als Beispiel für die Zerlegung der Unternehmensziele in Teilziele kann das sog. Return-on-Investment-Chart (ROI-Chart) dienen:

Die Auffächerung und Aufschlüsselung der wichtigsten quantitativen Ausdrucksformen und Relationen (Kennzahlen) spielen für die wirtschaftliche Planung, die Zielprogrammierung und die Kontrolle eine bedeutende Rolle. Es kann sich um vergangene oder erwartete, eigene oder vergleichbare fremde Werte handeln, die den produktions-, finanz-, personal- oder informationswirtschaftlichen Bereich betreffen können.

Für die Durchsetzung der Unternehmensziele werden bestimmte Strategien definiert. Die Summe der Strategien und Entscheidungen bestimmt die Unternehmenspolitik. Für deren Realisierung ist es notwendig, die Absichtserklärungen der Unternehmensleitung in eine Menge abgestimmter Teilziele zu zergliedern, die sich bis auf die einzelne Verrichtung im Unternehmen auswirken.

management by objectives

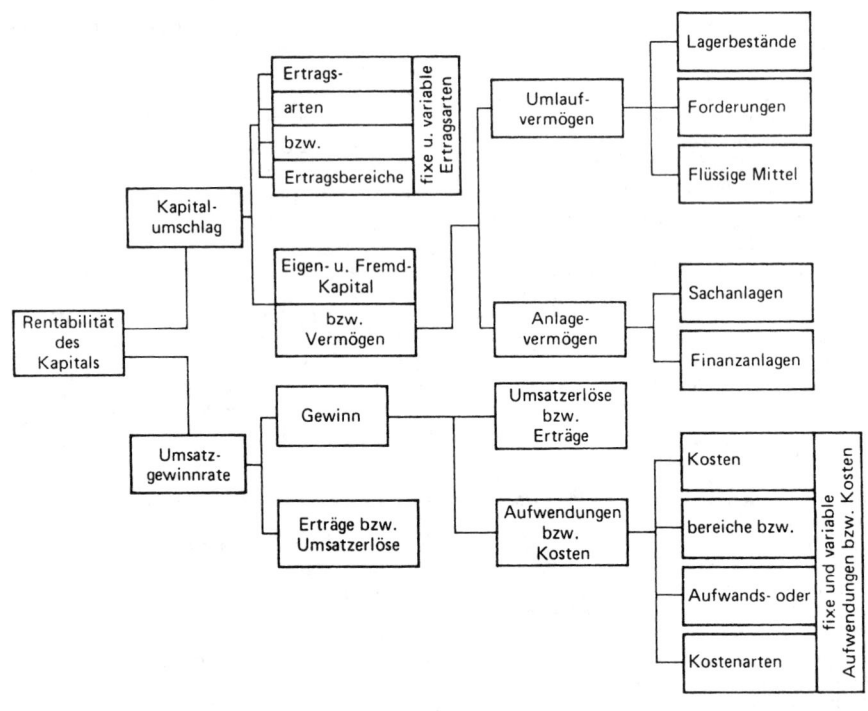

Return-on-Investment-Chart (ROI-Chart)

Entsprechend der Aufbauorganisation des Unternehmens entstehen durch die Zielzerlegung Bereichsziele, Hauptabteilungsziele, Abteilungs- und Aufgabenziele. Während die Unternehmensziele langfristig sind und eine relative Konstanz aufweisen, sind die nachgelagerten Teilziele kurzfristig und von der Dynamik der sich ändernden Umweltbedingungen beeinflußt.
Alle Ziele müssen im MbO operationalisiert sein.
Die definierten Ziele sind durch vorgelagerte Teilziele (die zu Zwischenergebnissen führen) erreichbar, die in einer zeitlich abstimmbaren Reihenfolge schrittweise realisiert werden. Dieser Prozeß führt zur Planung, deren wesentliches Kennzeichen die zukunftsbezogene Festlegung der Teilziele und Aktionen für die Erreichung des Gesamtzieles ist.
Die Planungssystematik im MbO bezieht sich auf:
- *Planungsobjekte*: z.B. Produkte, Finanzen, Ergebnisse (Umsatz, Rendite).
- *Planungszeiträume*: Langfristige (strategische), mittelfristige (taktische) und kurzfristige (operative) Planung.
- *Planungsverantwortliche*: Manager der verschiedenen Managementebenen.

Für die Realisierung der geplanten Aktionen und Ziele sind betriebliche Einsatzfaktoren erforderlich, und zwar auf allen Stufen der Managementebenen: Finanzen (Kapital, Budget), Sachmittel, Personen. Mit der Planungssystematik einher geht im MbO ein detailliertes Budget-System, dessen Ziel die geringstmögliche Menge der Einsatzfaktoren für die Zielerreichung ist. Die Budgetierung zielt auf ein „System der Vorgaben" ab, in dem durch die Zielvorgaben über eine Konsolidierung aller Pläne die Gewinn- und Rentabilitätsplanung des Gesamtunternehmens möglich wird.

Eine besondere Herausforderung für das Management im MbO sind externe Störfaktoren (Marktänderungen) oder Planungsfehler (Prognosefehler) auftreten, die eine kurzfristige Reaktion im Sinne einer Neudefinition des Planungssystems erforderlich machen. Dies führt in vielen Fällen zu Planungshektik und zu Streßsituationen. Da der Manager mit seinen jeweiligen Planungen zugleich ein „commitment" abgegeben hat, kann er die Planungsaufgabe nicht delegieren – die Zustimmung zu seinem Plan führt ihn in die Ergebnisverantwortung, an der seine Führungsleistung gemessen wird. Dies macht ein System der Ergebniskontrollen erforderlich.

Die Ergebniskontrolle ist analog der Planungssystematik hierarchisch geordnet: Das operative Management überwacht die Ergebnisse der Verrichtungen und Einzelaufgaben, konsolidiert die Summe der Ergebnisse (Ertrag, Kosten, Aufwand, Ausstoß etc.) und meldet diese an die nächsthöhere Führungskraft. Diese konsolidiert wiederum die Ergebnisse aller an sie berichtenden Führungskräfte und meldet das Ergebnis weiter.
Die Planung erfolgt von „oben nach unten" (Unter-

nehmensziele Verrichtungsziele), die Ergebniskontrolle von „unten nach oben" (Verrichtungsergebnisse Unternehmensergebnis).
Um zu verhindern, daß derjenige, der Ziele definiert und Aktionen plant, „sich selbst kontrolliert" und damit die Möglichkeit der Manipulation bekommt, wird die Ergebniskontrolle einem gesonderten Bereich zugeordnet. So entsteht der Bereich des Controlling, dessen primäre Aufgabe darin besteht, die Ergebnisse aller Unternehmensfunktionen im Hinblick auf die definierten Ziele regelmäßig zu überprüfen und alle Abweichungen an die Unternehmensleitung zu berichten, um die Einhaltung des Plans zu beeinflussen.
Die Kontrollverantwortung ist damit vom zielorientierten Management, d.h. dem Linienmanagement, ausgegliedert, und es entsteht eine „geteilte Verantwortung" (shared responsibility). Damit ist das Prinzip der „Checks and Balances" umrissen, das zwischen Linienverantwortung (Ergebnisverantwortung) und Kontrollverantwortung unterscheidet.
Die starke Betonung der Ergebnisverantwortung geht mit einem entsprechenden Belohnungs- und Anreizsystem einher. Führungskräfte, die ihre Ziele erfüllen, partizipieren auf allen Stufen an bestimmten Belohnungen: Statusveränderungen, höhere Positionen und materielle Vergütungen. Damit kann eine Führungskraft neben der Regeleinkünften zusätzliche Bonifikationen erwerben.
Da die Aktionspläne auf einer Vielzahl von individuellen Verrichtungen beruhen, müssen für jeden Mitarbeiter Individualziele vereinbart werden (persönliche Arbeitsziele). Bei neuen Verfahren, Technologien, Methoden etc. bedeutet dies auch die Entwicklung individueller Schulungs- und Ausbildungspläne für die Mitarbeiter und eine qualitative Weiterentwicklung ihrer Fähigkeiten. Daraus entwickeln sich für die Mitarbeiter:
• Ausbildungs- und Schulungsprogramme;
• Beförderungssysteme in der fachlichen Laufbahn, Karriereplanung;
• Planung der Führungs-Nachfolge (Management-Laufbahn);
• Leistungsbewertungssysteme, die darauf abzielen, die Mitarbeiter entsprechend ihrer Zielerfüllung zusätzlich zu belohnen.
Typisch für das MbO ist die relative Freiheit, die Manager bei der Festlegung ihrer Aktionspläne besitzen. Im Vordergrund steht das Ergebnis. Innerhalb der Budgetgrenzen und der definierten Entscheidungskompetenz ist es der Innovations- und Motivationsfähigkeit des Managers überlassen, die von ihm für richtig erachteten Aktionen und Maßnahmen zu planen und zu realisieren, sofern und so lange gewährleistet ist, daß die gesetzten Ziele erreicht werden.
Das MbO ist ein dynamisches System. Plankorrekturen innerhalb einer Funktion oder innerhalb der Unternehmensleitung führen unmittelbar zu Änderungen in den Aktionsplänen und in den Prioritäten der Aufgabenstellungen bei den Mitarbeitern. Eine Konstanz der verrichtungsorientierten Arbeiten ist nicht gewährleistet, die Mitarbeiter sind ständig neuen Zielvorgaben und wechselnden Prioritäten unterworfen.
Die Ergebnisorientierung führt andererseits zu einer einseitigen Betonung der quantifizierbaren Ergebnisse. Tätigkeiten, deren Ergebnisse erst langfristig in Erscheinung treten, werden kaum gefördert.
Das MbO ist kontrollintensiv. Die Führungskräfte konzentrieren sich primär darauf, die Pläne einzuhalten und vernachlässigen ihre personellen Führungsaufgaben. Die intensive Planungs- und Kontrolltätigkeit führt zu hohem Verwaltungsaufwand. Es entwickeln sich Stabshierarchien, die neben den eigentlichen Grundfunktionen des Unternehmens die Tendenz haben, sich zu verselbständigen und aufgrund ihres Informationsvorsprungs (Ziel-, Planungs- und Ergebnisinformationen) zur eigentlichen Lenkungsfunktion im Unternehmen werden. Man spricht hier mitunter vom „Machtpotential der Stäbe".

management by perception: Führung f mit Fingerspitzengefühl n

management committee: Führungsausschuß m, Verwaltungsausschuß m

management configuration: Leitungsgliederung f, Managementgliederung f
Die klassische Organisationslehre hat sich eingehend mit der Breite und Tiefe von Leitungsgliederungen befaßt. Dabei wird die Breite der Leitungsgliederung mit der Kennzahl Kontrollspanne oder Leitungsspanne (span of control, span of authority, span of supervision) gemessen, während die Tiefe der Leitungsgliederung mit der Zahl der Leitungsebenen, d.h. der Managementebenen (vertikale Spanne) gemessen wird. Dabei ist die Tiefe der Leitungsgliederung bei formaler Betrachtung eine Funktion der Breite und umgekehrt; denn bei unveränderter Mitarbeiterzahl führt eine Reduzierung der Kontrollspanne zu einer Vertiefung der Managementpyramide und umgekehrt.

management consultant: Betriebsberater m, Unternehmensberater m

management control tool: Managementkontrollinstrument n, Führungskontrollinstrument n

management cycle: Managementzyklus m
Management ist ein dynamischer Prozeß, dessen Komponenten als in Form eines Regelkreises, kybernetik, prozessual aufeinander abgestimmt verstanden werden können. Der Managementzyklus beschreibt den prozessualen Zusammenhang zwischen den regelungstechnischen Aktivitäten Zielsetzung (einschließlich Planung), Steuerung, Durchführung und Kontrolle. Der Regelkreis wird als Analogmodell der betrieblichen und unternehmerischen Aktivitäten benutzt. Zwischen den regelungstechnischen Aktivitäten besteht ein intensiver Informationsaustausch (feed forward und feed back).
• Die *Planungsfunktion* umfaßt alle Aufgaben, die

management decision

PLANUNG

Prognose, Zieldefinition, Alternativenbestimmung, Simulation, Entscheidung, Strategienplanung, Mittelplanung, Unternehmensplanung, Festlegung von Kontrollgrößen und Standards.

STEUERUNG

Disposition, Organisation der Realisierung, Projektorganisation, Motivation, Führung, Anweisung, Aktionsprogramme, Planzerlegung, Zeiteinteilung (Scheduling), Mittelzuordnung (resource allocation), Vorgabe von operativen Steuerdaten, direkte Prozeßbeeinflussung, Veranlassen von Korrekturen.

REALISIERUNG

Durchführung, Abwicklung, Vollzug, Erledigung, Ausführung, Bearbeitung, Verwaltung, Buchung, Abrechnung, Verwahrung, Betätigung, Bestätigung, Behandlung, Beschäftigung.

KONTROLLE

Ist-Werteerfassung, Prüfung, Untersuchung, Revision, Vergleich, Soll-Ist-Vergleich, Analyse, Abweichungsanalyse, Problemanalyse, Protokollierung, Ausnahmemeldung, Bericht, Statistik.

Der Managementzyklus sich mit der Zielfindung, der Erarbeitung und Bewertung von Alternativen, Entscheidungen und Plänen befassen. Das Ergebnis der Planung sind Plangrößen, d.h. quantifizierte Vorgaben (Sollwerte).

- Die *Steuerungsfunktion* umfaßt alle Aufgaben, die operative Größen für die unmittelbare Beeinflussung der betrieblichen Prozesse und Personen erzeugen. Operative Größen können durch eine Zerlegung von Plangrößen oder als das Ergebnis von Kontrollvorgängen entstehen. Eine typische Aufgabe im Rahmen der Steuerung ist die Budgetierung.

- Die *Realisierungsfunktion* umfaßt alle Aufgaben, die im Zusammenhang mit dem Vollzug der durch die Plan- und Steuerungsgrößen bestimmten Aufgabenstellungen stehen. Das Ergebnis der Durchführungsaufgaben sind Regelgrößen.

- Die *Kontrollfunktion* bezieht sich auf alle Aufgaben, die sich mit der Überwachung und Analyse der Realprozesse befassen. Eine typische Kontrollfunktion ist die Arbeit der Revision.

Der Managementzyklus ist in der folgenden Abbildung dargestellt:

Der Managementzyklus kann durch die Berücksichtigung weiterer Funktionen zu einem Management-Modell erweitert werden.

management decision: Managemententscheidung *f*, Führungsentscheidung *f*, Leitungsentscheidung *f*
Eine zentrale Management-Aufgabe ist das Treffen von Entscheidungen. Entscheidungen stellen Willensakte dar, bestimmte Handlungen zu vollziehen oder eine geforderte Handlung zu unterlassen. Für das Management ergeben sich drei Typen von Entscheidungen:
- Personalentscheidungen,
- Zielentscheidungen,
- Sachentscheidungen,

Bei allen Entscheidungstypen können Routine- und Innovationsentscheidungen auftreten. *Routineentscheidungen* sind gleichartige, sich über einen längeren Zeitraum hinziehende und wiederkehrende Entscheidungen, z.B. die Genehmigung von Urlaub, die Inanspruchnahme von Spesenvorschüssen, die Entscheidung über Sonderschichten. Routineentscheidungen sind durch ein Netz von Verwaltungsvorschriften geregelt, man spricht daher auch von strukturierten Entscheidungen: Es besteht ein genau definierter Ablauf des Entscheidungsvollzugs.
Für *Innovationsentscheidungen* liegt demgegenüber kein Programm vor. Sie sind entsprechend den kreativen Fähigkeiten des Entscheiders zu lösen. Man spricht von unstrukturierten Entscheidungen oder auch von Problemlösungsentscheidungen.
Daneben sind auch teilstrukturierte Entscheidungen möglich, bei denen zwar eine Kenntnis der

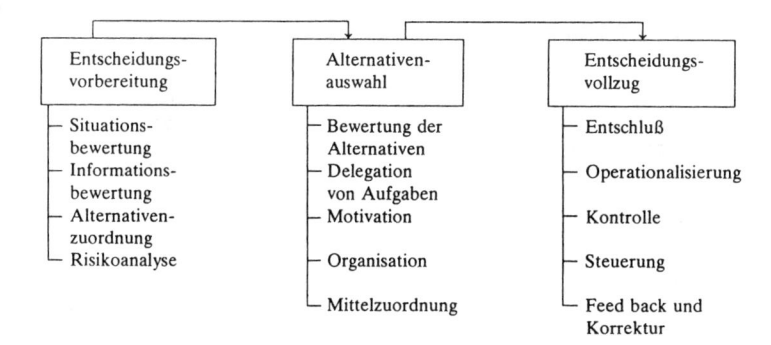

Entscheidungs-vorbereitung	Alternativen-auswahl	Entscheidungs-vollzug
– Situationsbewertung	– Bewertung der Alternativen	– Entschluß
– Informationsbewertung	– Delegation von Aufgaben	– Operationalisierung
– Alternativenzuordnung	– Motivation	– Kontrolle
– Risikoanalyse	– Organisation	– Steuerung
	– Mittelzuordnung	– Feed back und Korrektur

grundsätzlichen Entscheidungsparameter vorhanden ist, aber keine exakte Vorschrift für das Entscheidungsprogramm existiert.
Grundsätzlich gilt die Faustformel: „Entscheiden heißt: zwischen Alternativen zur Erreichung eines Zieles auswählen." Dies erfordert:
• Kenntnis des Zieles
• Kenntnis der Alternativen und der verfügbaren Mittel für die Zielerreichung
• Abschätzung der Folgen (Risiken) der Entscheidung
• Motivation der Durchführungsorgane der Entscheidung.
Gleichgültig, ob eine Routineentscheidung oder eine echte dispositive (innovative) Leistung im Entscheidungsprozeß erbracht werden muß, immer sind mindestens zwei Alternativen erkennbar: Unterlassen einer Handlung oder zweckorientiertes Handeln.
Der Entscheidungsprozeß beschreibt eine Phasenfolge (Prozeßstufen) von Aktivitäten, die aufeinander abgestimmt von verschiedenen Personen mit unterschiedlichen Methoden organisatorisch unter der Leitung des Entscheidungsträgers (und damit des Verantwortlichen) realisiert werden. Grundsätzlich ist zu trennen in:
In der Phase der Entscheidungsvorbereitung überwiegen die Fachpromotoren (Expertenwissen). Sie stellt eine typische Stabsarbeit dar, und das Ergebnis sollte ein transparentes, vollständiges Paket möglicher Alternativen für den Entscheider sein. Als Teilaufgaben für die Entscheidungsvorbereitung gelten:
• Informationssuche und Informationsbewertung mit dem Ziel der Situationsbewertung;
• Informationsaufbereitung und -verarbeitung zu betriebswirtschaftlichen Kennziffern;
• Auswahl der überhaupt möglichen Alternativen und deren Bewertung im Hinblick auf das Risiko der Zielerreichung;
• Abschätzung des Aufwands für die Entscheidungsrealisierung;
• Dokumentation der Ergebnisse und Information des Entscheiders.
Die Phase des Entscheidungsvollzugs bedeutet für den Entscheider Kontrolle.
Die Güte der Alternativen hat einen unmittelbaren Einfluß auf die Güte der Entscheidung und auf das Ergebnis. Um optimale Alternativen zu erkennen, lassen sich Kreativitätstechniken einsetzen. Untersuchungen haben ergeben, daß viele Manager eine „Ein-Alternativen-Präferenz" besitzen: Sie halten an der zuerst und unmittelbar vorgebrachten Alternative fest und mißbrauchen alle weiteren Aktivitäten dazu, diese Alternative zu stützen.
Mit der Alternativenwahl verbunden ist stets die Alternativenbewertung, d.h. die Berechnung von Eintrittswahrscheinlichkeiten eines gewünschten Erfolgs im Verhältnis zum Aufwand seiner Realisierung.
Hilfreich bei der Alternativenbewertung ist oft eine Nutzwertanalyse, die als eine Methode der mehrdimensionalen Bewertung von Alternativen auf folgendem Vorgehen basiert:
(1) Aufstellen eines Zielkatalogs.
(2) Bewertung dieser Ziele: Dabei handelt es sich um eine relative (ordinale) Bewertung, bei der die Summe der Zielwerte einen konstanten Betrag ergehen muß.
(3) Auswahl relevanter Alternativen.
(4) Bewertung der Alternativen nach Maßgabe der Zielerfüllung: Entweder in Form einer Zielerfüllungswahrscheinlichkeit je Ziel oder als Vergleich aller Alternativen, wobei dann die Summe der Zielerfüllungsgrade jeweils einen konstanten Wert ergeben muß.
(5) Messende Bewertung: Der Zielwert, multipliziert mit dem Zielerfüllungsgrad, ergibt den Wert je Ziel, die Summe der Werte für alle Ziele den Wert der Alternative.
Vor allem in Entscheidungsprozessen, in denen das persönliche Verhalten des Managers eine entscheidende Rolle spielt, können kognitive Dissonanzen auftreten.

management development: Management *n* durch Führungskräfte-Entwicklung, Ausbildung *f* von Führungskräften *f/pl*, Weiterbildung *f* (und Ausbildung) von Management *n*, Heranbildung *f* von Führungskräften *f/pl*
Mit „Management Development" bezeichnet man eine spezielle Personalaufgabe des Managements, die darauf abzielt,
• neue Führungskräfte auszubilden und auf zukünftige Aufgaben vorzubereiten,
• vorhandene Führungskräfte durch Schulungs-

management development

und Trainingsprogramme für neue Aufgaben und Methoden auszubilden und
• einen möglichst hohen Standard an Führungsqualitäten bei allen Managern und fachlich verantwortlichen Mitarbeitern zu entwickeln. Diese Zielsetzung bezeichnet man auch mit „Organizational Development", Organisationsentwicklung (OE).
Es handelt sich also um die systematische Förderung und Entwicklung von Führungs- und Führungsnachwuchskräften im Unternehmen. Während Management Development (MD) nur den Personenkreis vom „Upper-lower Management" bis zum „Top-Management" umfaßt, bezieht die Personalentwicklung sämtliche Mitarbeiter eines Unternehmens ein.

Das Ziel aller MD-Maßnahmen ist es, Mitarbeiter richtig einzusetzen und so zu fördern, daß sie aufgrund von Erfahrung und persönlichen Ambitionen in die gegenwärtige und zukünftige Entwicklung einer Organisation passen. Ausschlaggebend für die Überlegungen des Management Development sind die wachsende Komplexität der Aufgaben- und Unternehmensstrukturen, die gestiegenen Anforderungen an unternehmerische Flexibilität und der Wunsch, alle innovativen Kräfte im Unternehmen zu mobilisieren und zu aktivieren. Parallel hierzu sind auch das Bewußtsein und das Verlangen der Mitarbeiter nach beruflichen Perspektiven und beruflicher Selbstverwirklichung gewachsen. MD hat die Aufgabe, Unternehmensziele und Individualziele zu integrieren.

Für ein sinnvolles Management durch Führungskräfte-Entwicklung ist eine breite Informationsbasis erforderlich, die bei den Unternehmenszielen beginnt bzw. sich daraus ableitet. Diese Informationsbasis setzt bei der Frage nach dem gegenwärtigen und zukünftigen quantitativen und qualitativen Personalbedarf an, geht weiter über Informationen über die derzeitige Mitarbeiterstruktur und -qualifikation und mündet schließlich ein in einem Maßnahmenkatalog zur Mitarbeiterförderung und -entwicklung.

Voraussetzung für eine systematische Führungskräfte-Entwicklung ist also zunächst die Bedarfsplanung. Sie konzentriert sich sowohl auf den qualitativen Führungskräfte-Bedarf (wie z.B. die Planung und Entwicklung bestimmter Eigenschaften und Fähigkeiten der zukünftigen Führungskräfte durch die Anwendung neuzeitlicher Methoden der Personalführung) wie den quantitativen Führungskräfte-Bedarf, der sich aus den Wachstumspotentialen des Unternehmens ergibt.

Wesentliche Komponenten des Management-Development-Systems sind daher:
1. *Potentialanalysen des Unternehmens*: Als üblicher Maßstab für das Unternehmenswachstum gilt der reale Umsatzzuwachs. Die entscheidende Ziel der Potentialanalyse ist es zu klären, mit wievielen Mitarbeitern insgesamt der geplante höhere Umsatz in der Zukunft zu bewältigen ist. Damit müssen zusätzliche Parameter in der Potentialanalyse berücksichtigt werden, z.B. Personalstruktur des Unternehmens (Altersaufbau, Fluktuation), geplante organisatorische Veränderungen (z.b. Neustrukturierung der Unternehmensbereiche, Übergang zur Diversifikation, Profit-Center-Organisation etc.), Einfluß der Rationalisierung auf den Mitarbeiterbestand (Produktivitäts- und Substitutionseffekte), zukünftige Marktsituation des Unternehmens (z.b. Übergang von einem Käufermarkt zu einem Verkäufermarkt).

2. *Potentialanalyse des Managements*: Durch sie soll geklärt werden, ob sich der aus der Potentialanalyse des Unternehmens abgeleitete Bedarf an Führungskräften qualitativ, quantitativ und zeitlich decken läßt. Bei der quantitativen Bedarfsplanung sind der Altersaufbau und Fluktuation der vorhandenen Führungskräfte und die potentiellen Nachwuchskräfte (z.B. die Stellvertreter) zu berücksichtigen.

Die qualitative Analyse bezieht sich auf die Flexibilität und Mobilitätsbereitschaft der vorhandenen Führungskräfte; die Lernbereitschaft und Lernfähigkeiten als Vorbereitung für neue, zukünftige Aufgaben sowie auf die Analyse hemmender Faktoren für die Annahme neuer Aufgaben.

Die Potentialanalysen führen zu einer Aktionsplanung für die Realisierung des Management-Developments. Dieser beinhaltet:
• Die Erfassung aller potentiellen Nachwuchskräfte. Ist mit ihnen der Bedarf nicht zu decken, wird mit Unternehmensberatern, die sich auf die Stellenvermittlung von Führungskräften spezialisiert haben, eine mittelfristige Planung entwickelt, um den Bedarf von außen zu decken.
• Die Entwicklung von Ausbildungs- und Schulungsprogrammen für die vorhandenen und für die neu zu ernennenden Führungskräfte.
• Den Entwurf von Stellenbeschreibungsplänen.
• Die Definition von Anforderungskatalogen für die zukünftigen Managementaufgaben.
• Die Entwicklung von Kontrollstandards, um die Ergebnisse der Development-Politik messen zu können.

Eine systematische Management-Development-Politik zeigt den Mitarbeitern des Unternehmens Möglichkeiten des Aufstiegs in höhere und verantwortungsvollere Positionen auf (Karriereplanung). Dies setzt allerdings voraus, daß die Development-Politik als Bestandteil der allgemeinen Personalpolitik definiert und den Mitarbeitern bekannt ist. Durch die Development-Politik kann es gelingen, einen Großteil aller vakanten Positionen durch eigenes Personal zu besetzen und damit eine Kontinuität in der Führung des Unternehmens zu bewahren.

Schwierigkeiten entstehen, wenn die prognostizierten Wachstumspotentiale durch Änderungen der gesamtwirtschaftlichen und betrieblichen Wachstumsraten nicht eintreffen. Damit kann ein Überangebot interner Stellenbewerber und eine Überqualifikation entstehen. Es entstehen bei vielen potentiellen Managern Frustrationserscheinungen, da die durch die Management-Development-Programme stimulierten Hoffnungen auf höherwertige Positionen nicht erfüllt werden. Ein

management development

ständiger Vergleich des Management-Potentials mit dem Unternehmungspotential ist daher erforderlich.
Grundsätzlich unterscheidet man die Maßnahmen des Management durch Führungskräfte-Entwicklung in On-the-job- und Off-the-job-Komponenten.
(1) *On-the-job-Maßnahmen*: Die Bewährung einer Führungs- oder Führungsnachwuchskraft in einer konkreten Position ist zunächst die Grundlage für weitere Entwicklungsmaßnahmen. Neben den vertikalen hierarchischen Aufstieg tritt in verstärktem Maße der horizontale Arbeitsplatzwechsel (Job-Rotation). Vor allem in großen, international operierenden Unternehmen ist die Bewährung in verschiedenen Funktionen und Positionen sowohl im In- wie im Ausland notwendige Voraussetzung für eine Position auf Top-Managementebene. So ist der beste Weg der Führungskräfteentwicklung, Erfahrungen in verschiedenen Tätigkeiten mit dem Hilfsmittel der Job-Rotation, verbunden mit einem begleitenden Managementtraining, zu sammeln.
(2) *Off-the-job-Maßnahmen*: Unter Off-the-job-Maßnahmen sind alle begleitenden Weiterbildungsmaßnahmen zu verstehen, die außerhalb des Arbeitsplatzes stattfinden. Im wesentlichen handelt es sich dabei um Seminare, Kurse oder längerfristige Managementprogramme. Das Angebot reicht von fachspezifischen (functional management) über fachübergreifende (general management) Themen bis hin zum Training von Verhaltensweisen und -änderungen. Mit steigender Führungsebene nimmt dabei der Anteil rein funktionaler, fachbezogener Themen ab. Besonders im Rahmen der Executive Education-Programme dominieren heute aktive Lehrmethoden (Fallmethode, Planspiele), die im Vergleich zu den passiven Lehrmethoden wie Referaten und Vorträgen wesentlich lernintensiver sind.
Da Unternehmen wie Mitarbeiter sich in einem ständigen Entwicklungsprozeß befinden, sind auch die MD-Maßnahmen situationsbezogen zu gestalten. Das läßt sich am Beispiel der drei Managementebenen (lower, middle und Top-Management), die Mitarbeiter stufenweise durchlaufen, verdeutlichen.
• *Lower Management (Führungsnachwuchskräfte)*: Für die gezielte Einarbeitung von Führungsnachwuchskräften könnte zu Beginn eines umfassenden Management-Development-Systems ein Trainee-Programm stehen. Trainee-Programme sind 12- bis 24monatige Nachwuchsförderungsprogramme, die durch einen systematischen Arbeitsplatzwechsel in einem oder mehreren Funktionsbereichen gekennzeichnet sind. Ein Trainee-Programm ist somit eine Job-Rotation mit kürzerer Verweildauer auf den einzelnen Stationen, wobei der Trainee schrittweise Aufgabenverantwortung übernimmt. Es dominiert das Prinzip des Learning by doing, ergänzt durch gezielte interne und externe Weiterbildungsmaßnahmen. Je nach personalpolitischer Zielsetzung dienen Trainee-Programme der gezielten Vorbereitung auf eine von vornherein bestimmte Position, oder man verwendet sie zur Schaffung eines Reservoirs von vielseitig verwendbaren Nachwuchskräften.

• *Middle Management*: Für Führungskräfte der mittleren Managementebene bietet sich zur gezielten Weiterentwicklung eine Job-Rotation an, d.h. die Führungskraft ist in verschiedenen Positionen und Funktionen über einen längeren Zeitraum verantwortlich tätig. Das „Ausbrechen" aus rein fachspezifischen Laufbahnen hin zu einem fachübergreifenden beruflichen Erfahrungsspektrum ist durchweg das geeignetste Mittel zur Vorbereitung auf Führungspositionen der oberen Managementebene. Gezielte Management-Seminare, die sowohl fachliche Defizite wie globalere Themen aufarbeiten, die durch den Einsatz moderner Lehrmethoden (Fallstudien, Planspiele) zu besseren Problemlösungstechniken und zur Persönlichkeitsentwicklung beitragen, sollten die praktische Tätigkeit begleiten. Wichtig ist dabei, daß die mit den wechselnden Einsätzen verbundenen Strategien und Pläne des Unternehmens (geschäftspolitisch wie personell), z.B. die Expansion des Auslandsgeschäfts und damit verbunden die spätere Leitung einer Auslandsgesellschaft, dem Mitarbeiter transparent gemacht werden.

• *Top-Management*: Internationale Konzerne, die ihren Führungsnachwuchs aus den eigenen Reihen rekrutieren, nutzen die Möglichkeit, ihr potentielles Top-Management in Management Development-Programmen schulen zu lassen, wobei besonders Kandidaten berücksichtigt werden, die ihre Hierarchieebene sehr schnell erreicht haben und für weiterführende Managementaufgaben vorgesehen sind. Dabei handelt es sich in der Regel um Akademiker unterschiedlicher Studienrichtungen (Wirtschaftswissenschaftler, Ingenieure, Naturwissenschaftler), die direkt nach dem Studium in das Unternehmen eingetreten sind und bereits mehrjährige Managementerfahrung haben. Die Themen der Programme reichen von allgemeinen „Strategy-" und „Business-Environment-Programmen" bis hin zu den sogenannten „Functional Management-Seminaren", die einzelne Schwerpunktbereiche wie Finanz- und Rechnungswesen oder Marketing behandeln. Besonders effektiv sind die Programme durch ihre Lernmethoden und Lehrkräfte: Hochqualifizierte Dozenten aus Wissenschaft und Praxis stehen aufgrund der niedrigen Teilnehmerzahlen der Programme (etwa 20 bis 50 Personen) dem einzelnen für die Dauer des Seminars zu intensivem Gedankenaustausch zur Verfügung. Das erfolgreiche Absolvieren eines Management-Development-Programms setzt auf seiten der Teilnehmer eine hohe Einsatzbereitschaft voraus. So umfaßt ein „normaler" Arbeitstag auf einem solchen Seminar mit Vor- und Nachbereitung der Kurse 12 bis 16 Stunden. Zudem ist die Unterrichtssprache in den meisten Fällen Englisch, damit die Teilnehmer nach Abschluß des Seminars über verhandlungssichere Sprachkenntnisse verfügen. Man darf jedoch die Belastung

management education

durch sprachliche Eingewöhnungsschwierigkeiten nicht unterschätzen.

In größeren, international operierenden Unternehmen wird Management Development vielfach aus dem Personalressort ausgegliedert und als Stabsstelle „Führungskreis" dem Vorstandsvorsitzenden zugeordnet. Die Verwirklichung von unternehmerischen Strategien läßt sich eben nur dann realisieren, wenn entsprechende Manager in der erforderlichen Anzahl, mit der notwendigen Qualifikation und Mobilität zur Verfügung stehen.

Personal-, Personalentwicklungs- sowie Bildungsabteilungen können hierfür Konzeptionen und Förderungsprogramme ausarbeiten, wie z.B. ein Trainee-Programm, oder den Linienmanagern personalpolitische Instrumente, wie etwa ein Personalinformationssystem oder das Beurteilungswesen zur Verfügung stellen, das externe Bildungsangebot selektieren, ein internes Bildungsangebot entwickeln, organisieren und auf Effizienzkriterien hin überprüfen, also das Rahmengerüst für Management Development schaffen. Die entscheidenden Impulse für das Management durch Führungskräfte-Entwicklung gehen jedoch letztlich von den Vorgesetzten und den Mitarbeitern selbst aus. Der Vorgesetzte beeinflußt mit seiner Beurteilung des Mitarbeiters, mit seiner Versetzungs- und Beförderungspolitik maßgeblich die weitere berufliche Entwicklung der Mitarbeiter. Den wichtigsten Part in diesem Zusammenspiel tragen jedoch die Mitarbeiter selbst: Ihr berufliches Engagement, ihre Eigeninitiative, ihr Lern-, Leistungs- und Entwicklungspotential sind die Hauptelemente im gesamten Prozeß des Management durch Führungskräfte-Entwicklung.

management education: Führungsausbildung *f*

management function: Managementfunktion *f*

Die Managementfunktionen beschreiben Aufgaben, die von Managern wahrgenommen werden oder wahrgenommen werden sollen. Die Zahl der Kataloge von Managementfunktionen ist unüberschaubar. Dennoch hat sich ein im großen und ganzen akzeptiertes Bild von Basisfunktionen herausgebildet. Von besonderem Einfluß war dabei die an Henri Fayol (1841-1925) anknüpfende POSDCORB-Klassifikation von L. H. Culick. Dieses Konzept unterscheidet die folgenden Funktionen:

Planning, d.h. die allgemeine Bestimmung dessen, was zu tun ist und wie es getan werden soll, um die Unternehmensziele zu erreichen.

Organizing, d.h. die Errichtung einer formalen Autoritätsstruktur, die Arbeitseinheiten bildet, definiert und im Hinblick auf das Gesamtziel koordiniert.

Staffing, d.h. die Anwerbung und Schulung von Personal und die Gewährleistung adäquater Arbeitsbedingungen.

Directing, d.h. das fortlaufende Treffen von Einzelentscheidungen und ihre Umsetzung in fallweise oder generelle Anweisungen.

Coordinating, d.h. die allgegenwärtige Aufgabe, die verschiedenen Teile des Arbeitsprozesses zu verknüpfen.

Reporting, d.h. die fortlaufende Information der vorgesetzten Ebene über die Entwicklung des Aufgabenvollzugs. Dies schließt die fortwährende Eigeninformation und die der unterstellten Mitarbeiter mit ein.

Budgeting, d.h. die Wahrnehmung aller der Aufgaben, die zur Budgetierung gehören, insbesondere Budgetaufstellung und Budgetkontrolle.

Aus diesem und anderen Konzepten hat sich der klassische Fünferkanon von Managementfunktionen herausgebildet, wie er für die Managementlehre bis heute Geltung hat und von Harold Koontz und Cyril O'Donnell beschrieben wurde:
(1) Planung (planning)
(2) Organisation (organizing)
(3) Personaleinsatz (staffing)
(4) Führung (directing)
(5) Kontrolle (controlling).

Weder Koordination noch Management-Entscheidung werden danach als eigenständige Funktionen angesehen, weil sie per se keine Teilfunktion, sondern eine funktionsübergreifende Meta-Funktionen darstellen, die jeder Managementfunktion inhärent sind und durch eine Vielzahl unterschiedlicher Führungshandlungen bewirkt werden.

In der Konzeption von Koontz/O'Donnell ist die Ordnung und Abfolge der fünf Managementfunktionen festgelegt. Sie werden als Phasen im Sinne einer aufeinander aufbauenden Abfolge von Aufgaben angesehen. Der klassische Managementprozeß ordnet die fünf Managementfunktionen nach dem folgenden Phasenablauf: Planung Organisation Personaleinsatz Führung Kontrolle.

R. L. Katz hat drei Schlüssel-Kompetenzen („skills") genannt, die er als Voraussetzungen für die erfolgreiche Erfüllung der Managementfunktionen betrachtet:

(1) *Technische Kompetenz*: Sachkenntnis und die Fähigkeit, theoretisches Wissen und Methoden auf den konkreten Einzelfall anzuwenden. Dies ist die am einfachsten zu vermittelnde Kompetenz, und die Managementlehre hat sich dementsprechend lange auf sie konzentriert.

(2) *Soziale Kompetenz*: Die Fähigkeit, mit anderen Menschen als Mitglied oder als Leiter einer Gruppe effektiv zusammenzuarbeiten. Dazu gehört neben einer grundsätzlichen Kooperationsbereitschaft auch die Fähigkeit, das Handeln anderer Menschen zu verstehen und sich in sie hineinzuversetzen. Die soziale Kompetenz eines Managers ist auf mindestens vier Ebenen gefordert: auf der Ebene der Kollegen, der unterstellten Mitarbeiter, der Vorgesetzten und der Bezugsgruppen aus der Umwelt:

(3) *Konzeptionelle Kompetenz*: Die Fähigkeit, Probleme und Chancen im Zusammenhang zu erkennen. Die Entwicklung dieser Kompetenz setzt ein grundsätzliches Verständnis des Gesamtsystems

management information

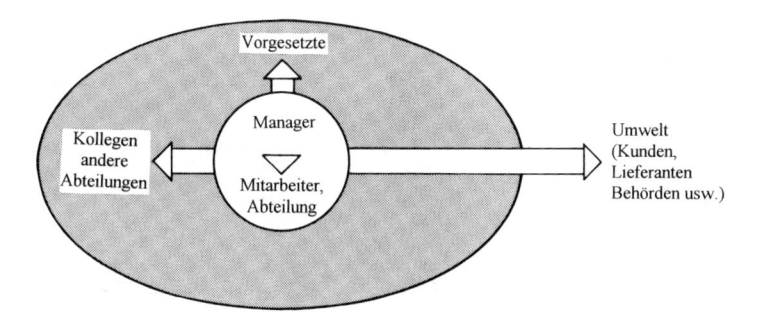

und der Kräfte voraus, die den Leistungsprozeß in Gang halten. Konzeptionelle Kompetenz verlangt aber auch die Fähigkeit, ein Problem aus verschiedenen Perspektiven zu betrachten oder allgemeiner in verschiedenen Kategorien zu denken. Darüber hinaus verlangt sie das Vermögen, trotz unterschiedlicher Sichtweisen einen koordinierten Handlungsvollzug innerhalb und zwischen den Abteilungen sicherzustellen.

management game: Unternehmens(plan)spiel n

management group: Führungsgruppe f, Leitungsgruppe f

management guide: Stellenbeschreibung f, Tätigkeitsbeschreibung f

management hierarchy: Führungshierarchie f, Führungspyramide f

management information: Management-Information f, Führungsinformation f

Die Erfüllung der Vielzahl von Managementaufgaben mit ihren wechselnden Prioritäten erfordert eine Fülle von Informationen. Bei der Analyse des Management-Informationsbedarfs sind zwei Betrachtungsebenen zu unterscheiden:

(1) *Subjektive Informationsnachfrage*: Die Informationen, die ein Entscheider für die Lösung seines Problems verlangt.

(2) *Objektive Informationsnachfrage*: Diejenigen Informationen, die einem gegebenen Problem objektiv, unabhängig von der Person des damit beschäftigten Entscheiders, zugeordnet werden können, um zu einer Lösung zu gelangen.

Beide Betrachtungsebenen sind miteinander verknüpft:

Der Bereich „s" stellt die Informationsmenge dar, die ein Entscheider für die Lösung eines Problems nach subjektiver Überzeugung benötigt. Der Bereich „o" stellt diejenige Menge an Informationen dar, die aus der Struktur der Aufgabe bzw. des Problems objektiv erforderlich ist. Der Bereich „U" umfaßt die Informationsmenge, die sowohl aus der Struktur der Aufgabe resultiert wie dem subjektiven Empfinden des Aktors entspricht.

Mit zunehmender Kenntnis eines Aktors über die Struktur und Lösungsmethodik eines Problems wird der Bereich „s" zugunsten des Bereichs „U" verringert. Lernprozesse führen zu einer Reduzie-

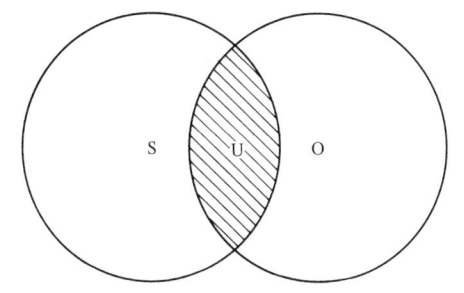

Die Überschneidung von objektivem und subjektivem Informationsbedarf

rung subjektiver und probleminadäquater Informationsnachfrage und damit zu einer Reduzierung kognitiver Dissonanzen. Allerdings ist bei komplexen Entscheidungssituationen eine Kongruenz zwischen „s" und „o" nicht erzielbar, da Entscheidungsträger unvollkommene Informationsnachfrage äußern.

Dem objektiven Informationsbedarf und der subjektiv geäußerten Informationsnachfrage steht das Informationsangebot gegenüber. Es kann als die Summe der zu einem bestimmten Zeitpunkt verfügbaren Information bezeichnet werden. Das Informationsangebot eines Zeitpunktes t_x setzt sich zusammen aus:

a) Summe der im Unternehmen latent vorhandenen Informationen – b) Summe der bis zum Zeitpunkt t_x nicht erreichbaren Informationen + c) Summe der bis zum Zeitpunkt t_x zusätzlich beschaffbaren Informationen = Summe der verfügbaren Informationen zum Zeitpunkt t_x (Informationshorizont).

Aufgrund von technischen Mängeln der Informationsverarbeitungsprozesse sowie Mängeln in der organisatorischen Regelung oder in der Leistungsfähigkeit eines Kommunikationsnetzes oder der Kommunikationsmittel entspricht das zu einem bestimmten Zeitpunkt vorhandene Informationsangebot oft nicht dem Informationsbedarf bzw. der geäußerten Informationsnachfrage. Die Diskrepanz zwischen Informationsnachfrage und Informationsangebot kann sich dabei auf die Informationsmenge, auf die Form der Darbietung, auf die Qualität, den Zeitpunkt, die Bestimmtheit und auf

management information system (MIS)

die Genauigkeit beziehen. Die Folgen sind Unterinformation oder Fehlinformation:

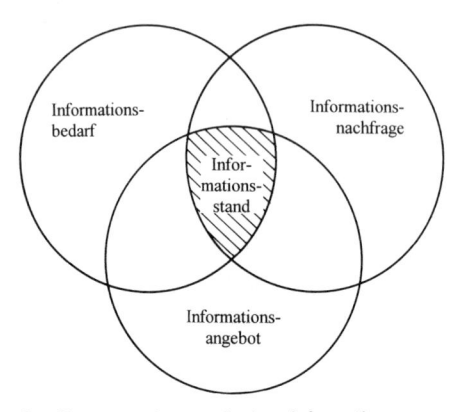

[Venn-Diagramm mit drei Kreisen: Informationsbedarf, Informationsnachfrage, Informationsangebot; Schnittfläche: Informationsstand]

Der Zusammenhang zwischen Informationsangebot, Informationsnachfrage und Informationsbedarf

Der zu einem bestimmten Zeitpunkt t_x einer Entscheidungssituation zuzuordnende Informationsstand ergibt sich als Schnittfläche der Informationsnachfrage, des objektiven Informationsbedarfs und des Informationsangebots. Im Idealfall decken sich alle drei Flächen: Das Entscheidungsproblem ist informatorisch vollkommen abgebildet. Das Vorhandensein von Informationslücken begründet die Notwendigkeit der Verbesserung des Informationsversorgungssystems, d.h. den Einsatz technischer Hilfsmittel für die bedarfsgerechte Versorgung der Aktoren mit aktuellen Informationen.
Für unterschiedliche Aufgaben sind verschiedene Arten von Informationen notwendig. Nach J. Wild unterscheidet man:

Informationsart	Aussagen über ...
faktische	Wirklichkeit
prognostische	Zukunft
explanatorische	Ursachen von Sachverhalten
konjunktive	Möglichkeit (Hypothese)
normative	Ziele, Werte
logische	Notwendigkeiten, Bedingungen
explikative	Definitionen, Regeln
instrumentale	methodologische Beziehungen

management information system (MIS):
Management-Informationssystem (MIS) *n*, Führungsinformationssystem *n*, betriebliches Informationssystem *n*
Ein rechnergestütztes Informationssystem, das die Aufgabe hat, Informationsprobleme des Managements durch den Einsatz von Datenverarbeitung und entsprechender Anwendungen zu lösen.
Eine einheitliche Definition des Wesens, der Funktionen und des Geltungsbereichs eines Management-Informationssystems ist bislang nicht gelungen. So werden mitunter Kontrollinformationssysteme, Berichtswesenorganisationen, Operations-Research-Modelle, funktionale Teilsysteme oder Datenverwaltungssysteme mit dem Begriff MIS gleichgesetzt.
Vom Standpunkt der Anwendungstechnik bezeichnet MIS ein aufgabenspezifisches Teilinformationssystem einer Unternehmung, das seine Zielsetzung aus den speziellen Aufgabenstrukturen der Anwender ableitet. Als Anwender gilt das Management, wobei es weitgehend eine Frage der Praktikabilität, des Aufwands und des finanziellen Risikos ist, wie weit der Kreis des Managements aufgefaßt werden soll. Die Unterstützung des Managements durch den Einsatz von Methoden und Systemen der EDV bezieht sich auf folgende Tatbestände:
(1) Auf den Empfänger abgestimmte Informationsbereitstellung.
(2) Automation strukturierter Prozesse und Entscheidungen.
(3) Vorbereitung komplexer Entscheidungssituationen durch vereinfachte Informationsbeschaffung, Einsatz mathematisch-statistischer Modelle und Methoden, Vereinfachung der Kommunikation.
Als computergestützte Organisations- und Informationssysteme gestalten MIS das interne und externe Informations- und Kommunikationssystem so, daß dem Management die für die Durchführung seiner Aufgaben benötigte mehrdimensionale Informationsstruktur zur Verfügung gestellt wird. Die Mehrdimensionalität der Information umfaßt dabei: Zeitbezug (vergangenheits-, ist- und zukunftsbezogene Informationen), Aktualität, Rechtzeitigkeit, formale Eindeutigkeit, quantitative und qualitative Optimierung, Beachtung des Informationsnutzens im Verhältnis zum Informationsaufwand, Situationsbezogenheit, organisatorische Integration und Sicherheit.
Daraus leiten sich folgende Teilziele eines MIS ab:
I. Information:
Ein MIS dient der Information des dispositiv tätigen Managements:
1. Es versorgt die Geschäftsleitung mit den notwendigen Informationen zur Bestimmung der langfristigen Geschäftspolitik und der daraus abgeleiteten Zielsetzungen.
2. Es paßt sich an das bestehende interne Informationssystem des Unternehmens an.
3. Es gestattet die Erfassung, Auswertung und Zuordnung externer Informationen.
4. Es gewährleistet eine wirtschaftliche Organisation und Verwaltung diverser Datenbestände für alle Unternehmensbereiche.
5. Es bietet die Möglichkeit der Kontrolle betrieblicher Vorgänge durch Vergleichs- und Signalinformationen, die das Ergebnis eines weitgehend automatisch durchgeführten Vergleichs zwischen Zielinformationen und Istinformationen sind.
6. Es schafft die Ausgangsbasis für die Erstellung funktionaler Einzelpläne und damit die Vorausset-

zung für einen integrierten unternehmensweiten Gesamtplan.
7. Es paßt sich der struktur-organisatorischen Gliederung des Unternehmens an.
II. Kommunikation:
1. Es erzielt eine Beschleunigung des Informationsflusses durch die Möglichkeit des Direktzugriffs zu repräsentativen Informationen (Führungsgrößen).
2. Es erzielt eine Vereinfachung des betrieblichen Kommunikationsnetzes durch zentrale Gruppierungen (Gruppierung mehrerer Anwender um eine gemeinsame Datenbasis).
3. Es erzielt eine Entlastung des Kommunikationsnetzes durch den Aufbau und Betrieb von Sekundärspeichern.
III. Entscheidung:
1. Es gestattet die Simulation von Entscheidungsfällen mit alternativen Entscheidungsparametern durch den Aufbau und die Pflege von Methodenbanken.
2. Es erlaubt die Berechnung von Zeitreihen und Trends und deren wahrscheinlichstem Verlauf in der Zukunft.
3. Es ermöglicht die Berechnung von Korrelationskoeffizienten interdependenter Reihen unter Beachtung von Time-lags (zeitlichen Wirkungsverzögerungen).
4. Es schafft die Voraussetzung für kurzfristige Dispositionsanalysen (Differentialanalysen, Problemlösungen und Abweichungsanalysen).

Ausgangspunkt der Entwicklung eines MIS bildet das Mensch-Maschine-Kommunikationssystem. Es besteht in seiner Grundstruktur aus den Elementen Datenbasis, Computer und Benutzer (Manager), wobei dem Benutzer spezifische Operationsmöglichkeiten zur Verfügung gestellt werden. Als solche gelten:
- *Dialog- und Abfragesprachen*: Das sind Methoden und Verfahren, um im Dialog mit dem Computer Daten- und Rechenprobleme zu lösen. Ihren Einsatzschwerpunkt bilden strukturierte und/oder teilstrukturierte Prozesse.
- *Berichtsgeneratoren*: Abruf „genormter" Berichte, benutzerabhängige Definition von Berichtsformen und inhalten. Einsatzmöglichkeiten: Deckung des strukturierten (programmierbaren) Informationsbedarfs.
- *Information Retrieval*: Suchsysteme zur Deckung des spontanen Informationsbedarfs durch den Einsatz von problemindifferenten Programmiersprachen (sog. Query-Languages).

Der technologische Gestaltungsrahmen des Mensch-Maschine-Kommunikationssystems besteht prinzipiell aus sieben Systemtypen mit insgesamt vier grundsätzlich zu unterscheidenden Datenbasen:
A) Kennzeichen der MIS-typischen Datenbasen:
1. *Operative Datenbasis*: Die betrieblichen Primärdatenbestände bilden die operative Datenbasis eines MIS. Sie sind kein integrativer Bestandteil des MIS, sondern stellen eine Hilfsfunktion für dessen Benutzung dar: Sie sind die Grundlage für den Aufbau der Führungsgrößendatenbank, für gezielte Direktabfragen von Einzelinformationen und für das Signalsystem.
2. *Führungsgrößendatenbank*: Sie stellt ein komplexes Datenverwaltungs- und Datenorganisationssystem dar, das zur Speicherung, Pflege, Fortschreibung, Sicherung und Verknüpfung repräsentativer Managementinformationen betrieben wird. Diese Größen haben ihren Ursprung teils in den operativen Datenbeständen, teils im Datenklassifikationssystem der externen Informationen und sind durch spezielle Verdichtungs-, Selektions-, Bewertungs- und Konvertierungsprozesse entstanden.
3. *Methodenbank*: Sie stellt einen Speicher für die Verwaltung vordefinierter Programme, Algorithmen und Prozeduren dar, die durch entsprechende Verknüpfung für die Unterstützung der Entscheidungs- und Problemlösungsprozesse eingesetzt werden können. Sie enthält die Programme für die Entscheidungs- und Planungssysteme.
4. *Dokumentenbank*: Sie stellt ein Datenverwaltungssystem dar, das für die Speicherung, Pflege, Sicherung und Wiederauffindung von Texten, Dokumenten, Katalogen, Berichten und Monographien benutzt wird.

B) Kennzeichen der operationellen Systemtypen des MIS
1. *Direkt-Abfrage-System*: Einsatz benutzerfreundlicher Sprachen (Dialog- bzw. Generator- und Query-Sprachen) für die Deckung des spontanen Informationsbedarfs, für die Lösung benutzerspezifischer Problemstellungen und für die gezielte Suche von Informationen aus den operativen Datenbeständen bzw. aus der Führungsgrößendatenbank.
2. *Signalsystem*: Das Signalsystem ist ein aktives System: Der periodische oder laufende Vergleich zwischen Istdaten und Sollwerten führt zur automatischen Ausgabe entsprechender Führungsinformationen.
3. *Berichtssysteme*: Aufbauend auf den repräsentativen Daten der Führungsgrößendatenbank werden den spezielle Berichtsgeneratoren und Datenverknüpfungssysteme als Bestandteil des Betriebsystems eingesetzt, die eine standardisierte Informationsaufbereitung in Abhängigkeit von der vom Benutzer definierten Berichtsstruktur durchführen.
4. *Entscheidungssystem*: Das Entscheidungssystem ist ein ablauforientiertes System der Datenverarbeitung; es handelt sich um die programmgesteuerte Durchführung von Simulationsmodellen, Prognoserechnungen, Optimierungsaufgaben, Operations-Research-Modellen usw. Das Ergebnis besteht in Entscheidungsvorlagen, Alternativen, Risikoanalysen und statistischen Auswertungen.
5. *Information-Retrieval-System*: Es besteht aus einem Dialogsystem, das zur Abfrage von Dokumenten, die als Orientierungsinformationen für Entscheidungs- und Problemlösungsprozesse erforderlich sind, eingesetzt wird.
6. *Bridge-System*: Das Bridge-System stellt im

Rahmen eines MIS ein Sekundärsystem dar, dessen Aufgabe in der Verbindung zwischen operativer Datenbasis und Führungsgrößendatenbank besteht: Aus der Fülle der operativen Daten werden durch Verdichtung, Konvertierung, Extraktbildung und Modifikation repräsentative Führungsgrößen, Kennzahlen, gewonnen.

7. *Datenerfassungssystem für externe Informationen*: Für die Aulbereitung und Umsetzung externer Informationen in Managementinformationen ist in der Regel ein spezielles Klassifikations- und Datenerfassungssystem erforderlich. Es übernimmt die Aufgaben der Bewertung, Quantifizierung, Selektion und Zuordnung des externen Informationsmaterials.

Operationelle Systemtypen, die vorwiegend der Information des dispositiven Managements dienen, haben eine Tendenz zur funktionalen Dezentralisation, während die entscheidungsorientierten Systemtypen aufgrund der Notwendigkeit für die Datenintegration und die Methodenintensität zur Integration neigen.

management inventory: Führungsinventur *f* (Stellenbesetzungsplan, Qualifikationsnachweis und andere Einzelangaben für Führungs- und Führungsnachwuchskräfte)

management level: Managementebene *f*
Die Funktion des Managers besteht vor allem in der Mitwirkung an der Profitabilität, die jedes marktwirtschaftlich orientierte Unternehmen anstrebt und arbeitsteilig zu realisieren versucht. Entsprechend arbeitsteilig sind auch die Führungsaufgaben. Dabei unterscheidet man nach Fachgebieten (Unternehmensaufgaben), die sich jeweils bestimmten Unternehmensfunktionen zuordnen lassen (z.B. Vertrieb, Produktion, Finanzen, Personal) und nach der Kompetenz, d.h. nach den Machtbefugnissen der Führungskräfte. Dadurch lassen sich neben der funktionalen (arbeitsteiligen) Gliederung auch verschiedene Machthierarchien – die Managementebenen – definieren.

So unterscheidet man beispielsweise in der anglo-amerikanischen Managementlehre die folgenden Ebenen:
I Top Manager
II Senior Management
III Upper Middle Management
IV Lower Middle Management

Oft findet man auch eine Numerierung nach Organisationsebenen, z.B.:
First Line Management
Second Line Management
Third Line Management
Fourth Line Management

Eine weitere Gliederungsmöglichkeit der Managementebenen geht von einem pyramidenförmigen Aufbau der Organisation und ihrer Führungskräfte aus, Management-Pyramide. Man unterscheidet dabei:
• *Strategisches Management*: Die Unternehmensleitung mit den Aufgaben der Festlegung der Unternehmenspolitik und der Zielkonzeption.
• *Taktisches Management*: Die Bereichs- oder Funktionsleitung mit den Aufgaben der Planung, Mittelzuweisung und Umsetzung der Unternehmensziele in funktionale, operable Teilziele.
• *Operatives Management*: Abteilungs- oder Funktionsgruppenleitung mit der Aufgabe der Realisierung der Pläne durch die unmittelbare Beeinflussung der Verrichtungsträger.

management model: Management-Modell *n*
Der Managementzyklus kann durch die Berücksichtigung weiterer Funktionen zu einem Management-Modell erweitert werden: „Die kybernetische Analyse des Managementprozesses läßt nun wichtige Voraussetzungen einer funktionsfähigen Führung erkennen. So wird unter anderem deutlich, daß die vorgesetzte Instanz über
• operative Ziele
• geeignete Steuerungsinformationen
• Kontrollstandards zur Messung des Zielerreichungsgrades
• eine rasche und präzise Rückkoppelung (feed back)
• Vorkopplungsinformationen (feed forward) und
• Kontroll- und Abweichungsinformationen
verfügen muß, um ihre Führungsfunktionen wahrzunehmen. Diese Größen stellen also unverzichtbare Führungsinformationen dar. Die Prozesse, durch die sie gewonnen oder in denen sie verarbeitet werden, also die Prozesse der Planung, Zielbildung, Entscheidung, Durchsetzung, Messung, Kontrolle, Abweichungsanalyse und Ziel-, Plan- und Systemanpassung (Management Development) wiederholen sich ständig im Sinne eines Lernprozesses." (J. Wild)

management of complaints: Beschwerdemanagement *n*
Die sachgemäße Bearbeitung von Reklamationen und Beschwerden kann sich für ein Wirtschaftsunternehmen als ein subtiles Instrument der Marktbearbeitung erweisen. Sie ist mit Schwerpunkt vor allem im Bereich der kostspieligeren Gebrauchsgüter ein Mittel zum Abbau der bei diesen häufig sich einstellenden kognitiven Dissonanzen nach erfolgtem Kauf und als ein Mittel des Kundendienstes in der Nachkaufsituation wohl geeignet, dem in der Reklamation selbst sich manifestierenden Abbröckeln einer bestehenden Marken- oder Produkttreue wirksam entgegenzutreten.

management planning: Management-Planung *f*

management principle: Führungs(Leitungs-)Grundsatz *m*

management process: Managementprozeß *m*

management process school: Managementprozeßschule *f*
Eine von dem Franzosen Henri Fayol (1841-1925) begründete Denkrichtung in der Managementlehre, die unter Management den Inbegriff spezifischer Managementfunktionen versteht, deren

Erfüllung die Management-Mitglieder vor Nicht-Management-Mitgliedern auszeichnet. Ihr Einfluß war lange Zeit so stark, daß die Managementlehre als die „Lehre vom Managementprozeß" verstanden wurde.

Die Erfüllung der Managementfunktionen vollzieht sich innerhalb eines Prozesses, dessen Analyse Aufgabe der Managementforschung ist. Der Managementprozeß wird als unabhängig von der Art der Unternehmung und der Höhe der Führungsebene betrachtet, und zwar als ein Prozeß der Aufgabenerreichung durch in Gruppen kooperierende Mitarbeiter.

Im Managementprozeß werden die Managementfunktionen dynamisch als Phasen im Sinne einer aufeinander aufbauenden Abfolge von Aufgaben angesehen. Der klassische Managementprozeß ordnet die fünf Managementfunktionen nach dem folgenden Phasenablauf: Planung – Organisation – Personaleinsatz – Führung – Kontrolle.

Der Managementprozeß wird definiert durch die Abfolge der drei abstrakten Systemfunktionen Selektion, Kompensation und Entwicklung. Alle fünf Managementfunktionen tragen zu diesen generellen Funktionen bei, wenn auch mit unterschiedlichem Gewicht. Die Planung hat ihren Schwerpunkt bei der Selektion, die Kontrolle in der Kompensation. Die Organisation ist ihrem Wesen nach eher ein Instrument der Selektion, trägt aber auch wesentlich zur Öffnung des Systems bei. Führung und Personaleinsatz sind für alle Systemfunktionen gleichermaßen bedeutsam.

management pyramid: Managementpyramide *f*

Die Legitimation der Machtverhältnisse des Managements findet ihren sichtbaren Ausdruck in der organisatorischen Gliederung des Unternehmens. Die Struktur- oder Aufbauorganisation eines Unternehmens ist hierarchisch gegliedert: Beginnend von ausführenden (operativen) Tätigkeiten bis zu den lenkenden (dispositiven) Tätigkeiten Unternehmensspitze zeigt das Unternehmen einen pyramidenförmigen Aufbau in den Kompetenzverhältnissen, eben die „Management-Pyramide".

In einer vereinfachten Form wird die Management-Pyramide in drei Managementebenen unterteilt.

Informations- und Dispositionscharakteristik der Managementebenen.

Die einzelnen Managementebenen lassen sich kennzeichnen durch:
- Eine jeweils höhere Machtbefugnis, d.h. durch Anordnungs- und Weisungsgewalt gegenüber der nächst tieferen Ebene.
- Weitergehende Entscheidungsbefugnisse, Befugnis, und Verantwortungen (z.B. durch Zeichnungsbefugnisse).
- Größeres Maß an Verfügungsgewalt über betriebliche Einsatzfaktoren.
- Höhere rechtliche Befugnisse.
- Größerer Umfang der Vertretungsbefugnisse nach außen.
- Größere Anzahl der zu beeinflussenden Instanzen und Personen.

Mit der horizontalen Einteilung geht auch eine spezifische Art der Arbeitsteilung sowie der Informations- und Dispositionscharakteristik einher. Neben der horizontalen Gliederung läßt die Management-Pyramide auch eine vertikale Unterteilung zu: Diese zeigt die funktionale Gliederung des Unternehmens auf. Als betriebliche Grundfunktionen können beispielsweise definiert werden: Produktion, Vertrieb, Beschaffung, Personal, Finanzen, Organisation und Verwaltung, Technik (Arbeitsplanung und -vorbereitung), Forschung und Entwicklung.

Jede Unternehmensfunktion ist dadurch gekennzeichnet, daß sie sich über alle Managementebenen hinweg mit einer speziellen Aufgabe, einer besonderen Zielsetzung, mit besonderen Methoden und mit einem speziellen Unternehmensobjekt befaßt.

Die Kombination von Funktion und Hierarchie zeigt Kompetenzen und Aufgaben innerhalb der Management-Pyramide auf und weist auf die arbeitsteiligen Prozesse der Sach- und Personalaufgaben hin.

Eine Konkretisierung von Aufgaben und Kompetenzen in der formalen Übersicht des Unternehmens erfolgt durch die Stellen- und Instanzengliederung. Stellen sind arbeitsteilig gegliederte Funktionseinheiten mit konkreten Arbeitsaufgaben und Mittelbefugnissen. Für die Bildung einer Stelle (Stellenplanung) sind zwei Möglichkeiten gegeben:
- Das *Objektprinzip*: Ausgehend von den sachlichen (objektiven) Merkmalen einer Arbeit (z.B. Fertigungsaufträge) wird die Stelle definiert.
- Das *Verrichtungsprinzip*: Gleiche Verrichtungen bestimmen die Bildung einer Stelle.

Die Notwendigkeit der Rang- und Hierarchiebildung einer Stelle resultiert daraus, daß die Arbeit in Leitungs(Lenkungs)- und Durchführungsaufgaben geteilt wird. Werden die Leitungsaufgaben verschiedener Stellen zu einer ranghöheren Stelle zusammengefaßt, dann entsteht eine Instanz oder Abteilung. Instanzen sind demnach Leitungsfunktionen, die gegenüber verrichtungsorientierten Stellen weisungsbefugt sind. Werden mehrere Abteilungen einer nächst ranghöheren Instanz zugeordnet, entstehen hierarchische Strukturen. Die Gesamtheit der Instanzen ist im Organisationsplan des Unternehmens enthalten. Der Organisationsplan ist also das Instanzenverzeichnis des Unternehmens. Er ist formal als Baumstruktur gegliedert:

Von besonderer Bedeutung sind bei der Instanzenplanung zwei Kriterien:
- Die *Leitungs- oder Kontrollspanne*: Mit ihr wird definiert, wieviel Stellen jeweils an eine nächst höhere Instanz berichten.
- Die *Anzahl der Kontakte*: Man unterscheidet vertikale und horizontale Kontakte: Vertikale Kontakte entstehen durch die Kommunikation von oben nach unten. Sie stellen die Befehls- und Berichts-

425

management ratio

F_1
F_2 — Bereich
Hauptabteilung
F_3 — Abteilung
Stellen

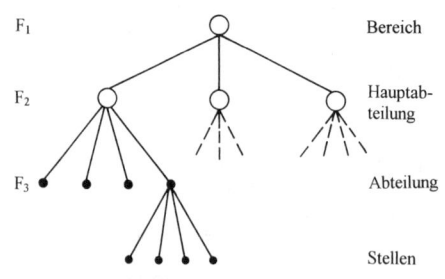

Baumstruktur für eine dreistufige Hierarchie mit den Instanzen Bereich, Hauptabteilung, Abteilung (F = Führungsebenen)

wege dar. Horizontale Kontakte entstehen durch die Kommunikation mit gleichrangigen Instanzen (Koordinationsaufgaben). Die Summe der Kontakte bestimmt die Kommunikations- und Informationsintensität des Stelleninhabers.

management ratio: Anzahl *f* leitender Mitarbeiter *m/pl* auf 1000 Beschäftigte *m/pl*
management reporting system: betriebliches Informationssystem *n*
management research: Managementforschung *f* → management science
management reserve group: Führungsnachwuchsgruppe *f*
management science: Managementwissenschaft *f*, Managementforschung *f*, Wissenschaft *f* von der Betriebsführung *f*
Im angelsächsischen Sprachgebrauch hat sich der Begriff „management science" durchgesetzt, also die „Wissenschaft vom Management". Der Anspruch, das Erfahrungsobjekt „Manager" bzw. „Management" zum Gegenstand einer eigenen Wissenschaft zu erheben, wird vielfach mit der Begründung als überzogen bezeichnet, das Erkenntnisobjekt „industrielles Unternehmen" sei bereits Bestandteil und Gegenstand der Betriebs- und Volkswirtschaftslehre.
In diese Wissenschaften ist die Entscheidungstheorie eingegliedert, die sich mit den Grundlagen rationaler Entscheidungen und mit den kognitiven Prozessen der Entscheidungsfindung beschäftigt. Die Bedingungen und Handlungsweisen der Akteuren sind ein Teilaspekt der allgemeinen Entscheidungstheorie. Man spricht daher auch von „Managementlehre" oder „Führungslehre" und geht davon aus, daß sie folgende Aufgaben hat:
• Die Ableitung von Funktionsmerkmalen und typischen Kriterien der Führung industrieller Unternehmungen.
• Die Analyse typischer Handlungsweisen, die für die Erfüllung der Zielsetzungen nachweisbar sind.
• Die Untersuchung der Verhaltensweisen derjenigen Personen, die mit der Ausübung der Führung beauftragt sind.
• Die Ableitung praktischer Aussagen für eine Planung, Lenkung und Gestaltung des Systems Unternehmung.

management selection: Auswahl *f* von Führungs(nachwuchs)persönlichkeiten *f/pl*
management system: Managementsystem *n*, Führungssystem *n*
management team: Management-Team *n*, Führungsgruppe *f*, Leitungsgruppe *f*
management technology: Management-Technologie *f*
Die Gesamtheit der Modelle, Problemlösungs- und Diagnoseverfahren, Computermodelle und Simulationsverfahren, die das Management zur Wahrnehmung seiner entscheidungsorientierten Aufgaben unterstützen.
management training: Managementausbildung *f*, Führungsausbildung *f*
manager: Manager *m*
Nach einer Formulierung von Peter F. Drucker stellen die „industriellen Führungskräfte, die wir unter dem Begriff des Management zusammenfassen, ... innerhalb der industriellen Gesellschaft eine besondere und zwar führende Gruppe dar. ... Der unternehmerische Mensch, der Manager, bildet in jedem Unternehmen das dynamische, vorwärtsdrängende Element."
Andererseits findet sich auch die Meinung, daß Management „ein bewunderungswürdiges Ergebnis einer weder lehr- noch lernbaren Führungskunst sei" – eine Auffassung, die eine 1970 veröffentlichte Studie von Carmen Lakaschus bestätigt wird, derzufolge 68 % der befragten Führungskräfte die Überzeugung vertraten, daß man „zur Führungskraft geboren sein muß und Führung nicht erlernen kann", was eine elitäre Selbsteinschätzung ebenso deutlich macht wie die überhöhte Bewertung der persönlichen Führungsqualitäten. Dabei ließen nur 7 % der Befragten eine Neigung zur Fortschrittlichkeit und Zukunftsplanung erkennen.
Gemeinhin unterscheidet man drei Problembereiche, um das Erfahrungsobjekt „Manager" zu analysieren:
• die Abgrenzung und inhaltliche Beschreibung des Management-Begriffs;
• die Definition der objektiv ableitbaren Aufgaben des Managers innerhalb soziotechnischer Systeme;
• die Beschreibung der subjektiven Ausprägungen jener Personen, die derartig definierte objektive Aufgaben wahrnehmen wie z.B. Führungsstil und Führungsverhalten.
Vielfach werden spezielle subjektive Eigenschaften handelnder Personen mit objektiv gegebenen Aufgabenstellungen vermengt, was nicht selten die Ursache für eine negative Einstellung gegenüber dem Gesamtkomplex des Managements ist.
In der Managementlehre unterscheidet man daher:

- Organisationsspezifische Aufgabenstellungen und
- Verhaltensweisen jener Personen, die diese Aufgaben wahrnehmen.

Als Manager bezeichnet man eine Führungskraft, die gegenüber einer Gruppe von Menschen weisungsbefugt ist. Die Weisungsbefugnis resultiert aus einem Auftrag, der entweder von anderen Menschen vorgegeben (delegiert) wurde oder den sich die Führungskraft selbst zuweist.

Führungskräfte mit Weisungsbefugnissen haben die generelle Aufgabe, an der Zielerreichung des Unternehmens dadurch mitzuwirken, daß sie Arbeitsgruppen anweisen, zielorientierte Verrichtungen auszuführen: „Führen bedeutet, Ziele zu setzen und diese mit Hilfe der Entfaltung von sachlichen wie menschlichen Leistungen anderer zu erreichen. Dazu müssen andere Menschen zu gemeinsamem Denken und Handeln miteinander und mit den Führenden gebracht werden." (K. H. Neumann)

Ein „Nicht-Manager" ist demnach jemand, der vorwiegend auf Anweisung verrichtungsorientiert arbeitet. Führungskräfte sind *dispositiv* tätig. Sie treffen Entscheidungen zur gezielten Beeinflussung des Arbeitsverhaltens anderer, die *operativ* tätig sind. Die wichtigste Funktion des Managers ist die Mitwirkung an der Zielerreichung des Unternehmens im Rahmen geltender Regeln und Normen.

Da das Unternehmen eine Zielhierarchie verfolgt, sind unterschiedliche Zielaufgaben definierbar. So hat beispielsweise ein Vertriebsmanager eine andere Aufgabenstellung als ein Manager in der betrieblichen Kostenrechnung – aber beide leiten ihre Legitimation aus den Zielen „Kostenreduzierung" und „Umsatzsteigerung" ab, die letztlich auf das Generalziel Profitabilität zurückführbar sind.

Die Funktion des Managers besteht daher in der Mitwirkung an der Profitabilität, die jedes marktwirtschaftlich orientierte Unternehmen anstrebt. Die sich bei der arbeitsteiligen Realisierung dieses generellen Unternehmensziels ergebenden Führungsaufgaben unterscheidet man nach Fachgebieten (Unternehmensaufgaben), die sich jeweils bestimmten Unternehmensfunktionen (wie Vertrieb, Produktion, Finanzen, Personal) zuordnen lassen und nach der Kompetenz, d.h. nach den Machtbefugnissen der Führungskräfte. Dadurch lassen sich neben der funktionalen Gliederung auch verschiedene Machthierarchien, die Managementebenen definieren.

Die Weisungsbefugnis des Managers gegenüber anderen Personen zur Durchsetzung bestimmter Teilziele des Unternehmens basiert auf der Erfüllung folgender Kriterien des Managements:

(1) *Verfügungsgewalt*: Die Mitwirkung an der Realisierung von Teilzielen des Unternehmens bedingt die Verfügungsgewalt (Macht) über Personen und Sachmittel. Die Disposition über Ressourcen (Ressource-Management) bezeichnet die Verfügung über einen Teil der betrieblichen Produktionsfaktoren (Betriebsmittel, Kapital, Information und menschliche Arbeitskraft. Mit der Verfügungsgewalt einher geht ein bestimmtes Maß an Verantwortung, die sich darin ausdrückt, daß mit den zur Verfügung gestellten Ressourcen entsprechend dem ökonomischen Prinzip umzugehen ist.

(2) *Entscheidungsbefugnisse*: Das Treffen von Entscheidungen gilt als die herausragende Tätigkeit eines Managers. Man unterscheidet Routine-Entscheidungen als wiederkehrende, gleichartig ausführbare Entscheidungen, und Führungsentscheidungen. *Routine-Entscheidungen* werden nach einem festen Schema entsprechend einem einmal eingeübten Entscheidungsprozeß (Programm) vollzogen. Sie werden lediglich aufgrund der definierten Verfügungsgewalt und Verantwortung vom Manager erledigt. Um *Führungsentscheidungen* geht es dort, wo durch eine neue Kombination der Produktionsfaktoren neue Möglichkeiten der Zielerreichung geschaffen werden. Führungsentscheidungen in diesem Sinne beziehen sich auf Innovation. Innovative Entscheidungen entstehen durch:

- *Neue Ziele (Zielentscheidungen)*: Zum Beispiel der Übergang von einem Monoprodukt zu einer diversifizierten Produktpalette.
- *Neue Strategien (strategische Entscheidungen)*: Strategie als Mittel der Unternehmenspolitik wird überall dort angewandt, wo neue Methoden und Mittelkombinationen für die Durchsetzung der unternehmerischen Ziele eingesetzt werden.
- *Neue Mittelkombinationen (Mittel-Entscheidungen)*: Die Produktionsfaktoren werden in bezug auf die Zielerreichung neu kombiniert, um eine höhere Profitabilität zu erzielen (z.B. Substitution menschlicher Arbeitskraft durch Maschinen.

(3) *Machtausübung*: Die Machtausübung äußert sich vorwiegend in der Verfügungsgewalt gegenüber nachgeordneten (unterstellten) Personen und Instanzen.

(4) *Akzeptanz*: Die vom Management beeinflußten Ziele, Mittel und Aufgaben können nur dann reibungslos, konfliktfrei und wirtschaftlich verwirklicht werden, wenn die nachgeordneten Mitarbeiter die Entscheidungs- und Machtkompetenz des Managers anerkennen.

In der Gewinnung dieser Anerkennung zeigt sich ein wesentlicher Aspekt der Führungsleistung. Trotz konfliktärer muß es dem Manager gelingen, bei den Mitarbeitern die Akzeptanz seiner Entscheidungen zu gewinnen. Gelingt das nicht, kommt es in aller Regel zu Spannungen und langwierigen Personalauseinandersetzungen.

Die Kriterien der Tätigkeit des Managers lassen sich nach H.-M. Schönfeld zusammenfassen:
a) das Treffen von Entscheidungen,
b) die Anleitung von Mitarbeitern, das Erteilen von Anweisungen und die Vertretung des Betriebes gegenüber Dritten (Verteilungs-, Personal- und Repräsentationsfunktion),
c) die Übernahme von Verantwortung.

Aus der Personal- und Sachverantwortung des Managers lassen sich sechs allgemeine Eigenschaften ableiten:

(1) *Überzeugungskraft*: Der Manager übernimmt

eine Vermittlerrolle insoweit, als er gegenüber den unterstellten Mitarbeitern seines Verantwortungsbereichs die Maßnahmen der Geschäftsleitung und deren Entscheidungen plausibel macht (Informationsaufgabe des Managers).

(2) *Integrität*: Aus der Weisungsbefugnis und der Machtausübung folgt, daß der Manager den Arbeitseinsatz und das Leistungsverhalten beeinflussen kann. Insbesondere bei der Entlohnung und Beförderung reagieren die Mitarbeiter sensibel, da dies deren dominierende Motivationsfaktoren sind. Ein weiterer Anspruch an die persönliche Integrität besteht in der Forderung nach Zuverlässigkeit.

(3) *Sachverstand*: Mitunter wird die Meinung vertreten, ein „guter" Manager müsse nicht zwingend über Sachverstand in seinem Entscheidungsbereich verfügen. Wichtiger seien die Zielvorgaben und die Durchsetzungskraft seiner Entscheidungen. Aber eine ökonomisch sinnvolle Mittelkombination sowie die Mittelzuordnung zu Sachaufgaben erfordert dennoch die grundsätzliche Kenntnis der Aufgaben. Manager ohne Sachverstand geraten leicht in die Abhängigkeit von Experten wie umgekehrt Manager mit zuviel Sachverstand der Gefahr ausgesetzt sind, Details beeinflussen zu wollen, wo grundlegende Orientierungen nötig sind. Der erforderliche Sachverstand betrifft zumindest:

• die Kenntnis der Teilaufgaben des unmittelbaren Entscheidungsbereichs und deren Zusammenhänge;

• die Fähigkeit, die gestellten Teilaufgaben in das Gesamtsystem der Unternehmenspolitik einzuordnen, um von da aus die Bedeutung und das Risiko abzuleiten;

• ein fundiertes Wissen über gruppendynamische, psychische und soziale Zusammenhänge, die bei der Zusammenarbeit von Menschen und Gruppen wesentlich sind.

(4) *Problembewußtsein*: Management bedeutet auch, ständig mit neuen Problemen konfrontiert zu werden. Problemlösungsfähigkeit erfordert Kreativität.

(5) *Entscheidungsfähigkeit*: Entscheidungen zu treffen gilt als das dominierende Qualifikationsmerkmal des Managers.

(6) *Planungs- und Koordinationsfähigkeit*: Die Vielfalt der den Unternehmenszielen vorgelagerten Teilziele und die daraus resultierenden Teilaufgaben erfordern eine intensive Planung und Koordination.

Arbeitsaktivitäts-Studien haben versucht, unvoreingenommen zu registrieren, was Manager konkret tun. Folgende Charakteristika der Managementarbeit ergaben sich:

1. *Offene Zyklen*: Die Arbeit hat keinen klar geschnittenen Anfang und kein eindeutiges Ende. Sie ist vielmehr durch das Lösen permanenter Probleme gekennzeichnet. Es sind dies Probleme, die sich nicht grundsätzlich lösen lassen, weil eine dynamische externe und interne Umwelt sie fortwährend aktiviert, wenn auch in unterschiedlichster Form.

2. *Der Arbeitstag ist zerstückelt*: Die Arbeit vollzieht sich nicht in einem geordneten, nach Phasen gegliederten Ablauf, sondern ist gekennzeichnet durch eine Vielzahl von Einzelaktivitäten, ad hoc-Gesprächen, ungeplanten Besuchen und einem ständigen Hin- und Herspringen zwischen trivialen Alltagsproblemen und Jahrhundertentscheidungen.

3. *Verbale Kommunikation*: Die meiste Zeit wird mit Gesprächen verbracht. In allen Studien zeigte sich übereinstimmend, daß der wesentliche Teil der Arbeit im Kontakt und über den Kontakt mit Menschen geleistet wird. In den vielen Untersuchungen gab es kaum einen Manager, der weniger als 70 % seiner Zeit für Gespräche verwandt hätte.

4. *Fragen und Zuhören*: Die Kontakte bestehen nur zum geringsten Teil aus Anweisungen, eine wesentlich größere Rolle spielen die Fragen, die der Manager stellt, das Zuhören und das Geben von Auskünften.

5. *Ambiguität*: Die Tätigkeit des Managers ist gekennzeichnet durch Komplexität und Ungewißheit. Die zu lösenden Probleme sind häufig schwer strukturierbar und stellen sich zumeist in einer Form, wie sie vorher nicht bekannt war. In der Regel muß eine Entscheidung fallen, lange bevor alle benötigten Informationen gesammelt sind.

Vielfach wird das Tätigkeitsfeld eines Managers als durch drei Komponenten bestimmt beschrieben:

(1) *Handlungszwänge* (demands): Das sind alle Aktivitäten, die zu den fest umrissenen Pflichten eines Stelleninhabers gehören (Berichterstattung, Budgeterstellung, Gegenzeichnung von Briefen usw.).

(2) *Restriktionen* (constraints): Das sind Begrenzungen, die der Manager in seiner Tätigkeit erfährt. Sie können von innen oder von außen kommen. Begrenzungen der gemeinten Art stellen z.B. dar: Budgetlimits, Satzungen, Betriebsvereinbarungen, eingesetzte Technologien usw.

(3) *Eigengestaltung* (choices): Das ist der Aktivitätsraum, der frei gestaltet werden kann. Erst hier kann der Manager seiner Arbeit und seinem Umfeld durch sein Führungsverhalten, seinen Arbeitsstil, seine Konfliktlösungen einen Stempel aufprägen.

H. Mintzberg hat die Management-Tätigkeiten als Ausdruck der Erfüllung von zehn Rollen im Sinne generalisierter Verhaltenserwartungen interpretiert, die er als Kern jeder Managementaufgabe begreift. Die zehn Rollen sind nach drei Aktivitätsgruppen gegliedert: dem Aufbau und der Aufrechterhaltung interpersoneller Beziehungen, der Aufnahme und Abgabe von Informationen und dem Treffen von Entscheidungen:

A) Interpersonelle Beziehungen

1) *Galionsfigur*: Die Darstellung und Vertretung der Unternehmung oder der Abteilung nach innen und nach außen. Der Manager fungiert hier gewis-

Bereich	Interpersonelle Beziehungen	Informationen	Entscheidung
Rollen	– Galionsfigur – Vorgesetzter – Vernetzer	– Radarschirm – Sender – Sprecher	– Innovator – Problemlöser – Ressourcenzuteiler – Verhandlungsführer

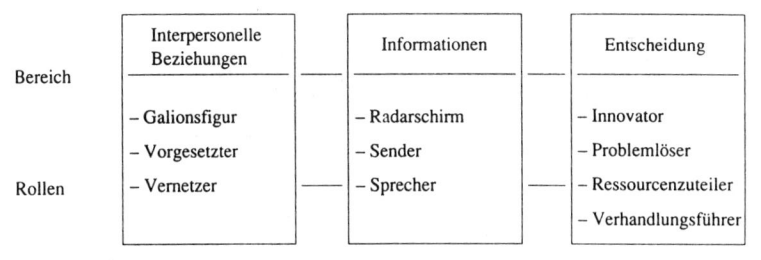

Managementrollen nach H. Mintzberg

sermaßen als Symbolfigur. Nicht die konkrete Arbeit, sondern seine Anwesenheit oder seine Unterschrift als solche sind hier von Bedeutung.
2) *Vorgesetzter*: Die Anleitung und Motivierung der unterstellten Mitarbeiter sowie deren Auswahl und Beurteilung.
3) *Vernetzer*: Der Aufbau und die Aufrechterhaltung eines funktionstüchtigen, reziproken Kontaktnetzes innerhalb und außerhalb des Unternehmens.

B) *Informationen*
4) „*Radarschirm*": Die kontinuierliche Sammlung und Aufnahme von Informationen über interne und externe Entwicklungen, insbesondere über das selbst aufgebaute „Netzwerk".
5) *Sender*: Die Übermittlung und Interpretation relevanter Informationen und handlungsleitender Werte an die Mitarbeiter und andere Organisationsmitglieder.
6) *Sprecher*: Die Information externer Gruppen und die Vertretung der Organisation in der Öffentlichkeit.

C) *Entscheidungen*
7) *Innovator*: Die Initiierung und die Ausformung geplanten Wandels in Organisationen. Grundlage dieser Aktivität ist das fortwährende Aufspüren von Problemen und die Nutzung sich bietender Chancen.
8) *Problemlöser*: Die Schlichtung von Konflikten und die Beseitigung unerwarteter Probleme und Störungen, die zur Handlung zwingen.
9) *Ressourcenzuteiler*: Dazu gehören drei Zuteilungsbereiche: die Verteilung von eigener Zeit und damit die Bestimmung dessen, was wichtig und unwichtig ist; die Verteilung von Aufgaben und generellen Kompetenzen (Organisation); die selektive Autorisierung von Handlungsvorschlägen und damit zugleich die Zuteilung finanzieller Ressourcen.
10) *Verhandlungsführer*: Die Vertretung der eigenen Organisation oder Abteilung in Verhandlungen.

Der Bankier Siegfried Cassier hat in den 1960er Jahren nach den Gründen für ihre Anwesenheit in der Leitung die folgende Managertypologie an der Spitze deutscher Großunternehmungen entwickelt:
1. Der Typ des *Fachmanns*: Seine Legitimation beruht auf seiner besonderen fachlichen Qualifikation, und zwar aufgrund von, Intelligenz, Erfahrung und Anciennität sowie angeborener Entschlußkraft.
2. Der Typ des *Nepos*: Seine Legitimationsbasis sind Kapitalerbe und seine Stellung als Familienexponent.
3. Der Typ des *Bezugsgruppen-Anwalts*: Seine Legitimation ist die Interessenvertretung, sei es als Bankenvertreter, Marktpartner (Abnehmer, Lieferanten), Eigentümervertreter, Arbeitnehmervertreter oder als Öffentlichkeitsvertreter.
Eine Typologie der Anpassung von Organisationsmitgliedern an bürokratische Großorganisationen, die der amerikanische Soziologe Robert Presthus entwickelte, unterscheidet folgende Managertypen:
• Der *Aufsteiger*: Er erfüllt die Erwartungen und Anforderungen der Organisation voll und ganz. Er ist der autoritäre, extrovertierte, pragmatische Manager, der nach Anerkennung, Beförderung und Prestige strebt. Dafür bietet er Loyalität und Konformität. Er verbindet ein starkes Bedürfnis zu herrschen mit einem ebensolchen Ziel, sich unterzuordnen. Er ist der ‚ideale' Vorgesetzte mit großem Geschick im Manipulieren menschlicher Beziehungen.
• Der *Indifferente*: Er ist im Gegensatz zum Aufsteiger nicht angepaßt. Er strebt nach Bedürfnissen, deren Befriedigung ihm große Organisationen nicht bieten können. Deshalb arbeitet er lediglich, um seinen Lebensunterhalt zu verdienen, und weicht sonst in die Freizeit aus. Ihn plagt kein Ehrgeiz, kein Streben nach Status und Autorität. Die in der Organisation erlebte Frustration führt bei ihm nicht zur Auflehnung (Aggression) sondern zur Resignation (Indifferenz). Der Indifferente sucht den Sinn seines Lebens außerhalb der Arbeit; es erfolgt eine Interessenverschiebung von der Produktion (Tun) zum Konsum (Genießen).
• Der *Ambivalente*: Er repräsentiert das Gegenteil zum Aufsteiger. Er ist der introvertierte, idealistische Erfindertyp, der nur Expertenwissen und Leistung nicht aber formale Autorität anerkennt. Sein ungeschicktes Verhalten gegenüber Mitarbeitern prädestiniert ihn nicht für Führungspositionen. Man findet ihn deshalb eher als Spezialisten in Stabsstellen, als Berater oder Forscher. Er befindet sich in einem ständigen Konflikt zwischen seinem Berufsethos und den Organisationszielen, zwischen seinem Unabhängigkeitsstreben und den Erfordernissen zweckrationaler Organisation.

manager authority

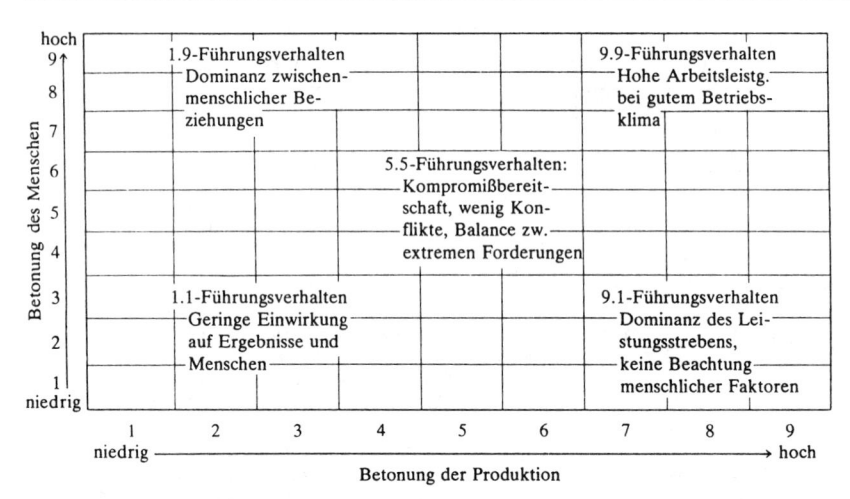

Verhaltensgitter (Managerial Grid)

Diagramm: Betonung des Menschen (Ordinate, 1 niedrig bis 9 hoch) vs. Betonung der Produktion (Abszisse, 1 niedrig bis 9 hoch):
- 1.9-Führungsverhalten: Dominanz zwischenmenschlicher Beziehungen
- 9.9-Führungsverhalten: Hohe Arbeitsleistg. bei gutem Betriebsklima
- 5.5-Führungsverhalten: Kompromißbereitschaft, wenig Konflikte, Balance zw. extremen Forderungen
- 1.1-Führungsverhalten: Geringe Einwirkung auf Ergebnisse und Menschen
- 9.1-Führungsverhalten: Dominanz des Leistungsstrebens, keine Beachtung menschlicher Faktoren

Der Ausweg in die Indifferenz ist ihm versperrt, da er nicht wie der Indifferente aus der Unterschicht stammt, sondern aus oberen sozialen Schichten, in denen Ehrgeiz kultiviert wird.

manager authority: Führungsbefugnis *f*
manager decision theory: betriebliche Entscheidungstheorie *f*, betriebliche Entscheidungslehre *f*, betriebliche Management-Entscheidungslehre *f*
manager decision: Management-Entscheidung *f*
manager disease: Manager-Krankheit *f*
manager economics: Betriebswirtschaft *f*, Betriebswirtschaftslehre *f*
manager employee: leitender Angestellter *m*
manager responsibility: Führungsverantwortung *f*
managerial accounting: Management-Rechnungswesen *n*
managerial control: → management control
managerial decision: Führungsentscheidung *f* → management decision
managerial grid: Managementgitter *n*, Verhaltensgitter

Robert R. Blake und Jane S. Mouton haben in ihrem Buch „The Managerial Grid" (1964) versucht, die verschiedenen Anforderungen und Ausprägungen von Führungsstilen integriert darzustellen und deren Abhängigkeiten aufzuzeigen. Das Verhaltensgitter zeigt nicht nur die polaren Gegensätze zwischen einer Erfolgsorientierung (Produktionsorientierung) und Mitarbeiterorientierung auf, sondern es weist auch nach, daß je nach Situation und Problemfall verschiedene Formen des Führungsverhaltens möglich sind („management according to task").

Ihre „Grid-Methode zur optimalen Führung in Wirtschaft und Verwaltung" ist ein Instrument, mit dem nach Auffassung der Autoren jeder Manager den eigenen Führungsstil ebenso wie den dominierenden Stil im Unternehmen kritisch durchleuchten und beeinflussen kann.

Die beiden Psychologen bildeten aus je neun horizontalen und vertikalen Linien ein zweidimensionales Gitterschema mit den Dimensionen „Betonung des Menschen" und „Betonung der Produktion". Eckpunkte und Mittelpunkt dieses Gitters („grid") bilden typische Führungsstile.

Der Manager soll durch die Analyse des Verhaltensgitters die eigene Führungsrolle, die er bewußt oder unbewußt einnimmt und praktiziert, erkennen. Dadurch erhofft man sich eine Verhaltenskorrektur oder Lernprozesse in dem Sinne, daß der Manager eine optimale Strategie seines gesamten Führungsverhaltens annimmt. Führung wird als ein dynamischer Prozeß interpretiert, der sich u.a. in der Anpassungsfähigkeit des Managers an wechselnde Aufgabenstellungen beweist, und der auch erlernbar ist.

Das Verhaltensgitter besteht aus einem Koordinatensystem, bei dem die Ordinate die Mitarbeiterorientierung und die Abszisse die Produktions- oder Leistungsorientierung angibt. Die Skala reicht von 1 bis 9, wobei der Wert 9 die höchste Intensität zum Ausdruck bringt.

In diesem Koordinatensystem werden vier extreme Ausprägungen (Führungsverhalten 1.1., 1.9, 9.1 und 9.9) dargestellt, die durch die jeweils höchste Intensität des Verhaltens (Wert 9) oder niedrigste Intensität (Wert 1) gekennzeichnet sind. Sie sind wie folgt beschreibbar:

1.1-Führungsverhalten: Aus dem Koordinatensystem ist abzulesen, daß hierbei die geringste Einwirkung auf die Mitarbeiter und auf die Leistungsziele erfolgt. Das Verhalten des Managers entspricht einem „Laissez Faire-Stil". Er begnügt sich mit der formalen Wahrnehmung seiner Führerrolle, zeigt aber kein Engagement im Einsatz für die Produktionsziele oder für die Förderung und Motivation der Mitarbeiter. Es liegt ein passives Führungsverhalten vor.

1.9-Führungsverhalten: Dieses Führungsverhalten ist dadurch gekennzeichnet, daß zwar eine intensive Beachtung der zwischenmenschlichen Beziehung, der Kommunikation und der Problemlösung erfolgt, jedoch gleichzeitig eine Vernachlässigung der Leistungs- und Produktivitätsziele gegeben ist. Bei diesem Führungsverhalten entsteht ein gutes Betriebsklima, eine „Sozialhygiene", das auf der Überzeugung aufbaut, daß „zufriedene Menschen", die in einer guten Atmosphäre arbeiten, ein hohes Maß von Eigenverantwortung und damit auch von Leistungsbereitschaft aufbringen.

9.1-Führungsverhalten: Bei diesem Führungsverhalten werden menschliche Belange nicht berücksichtigt („hard boiled salesman approach"). Das Streben nach Maximalleistung steht im Vordergrund der Zielsetzungen des Managers. Dieses Verhalten geht auf die Überzeugung zurück, daß die Individualbedürfnisse eines Menschen grundsätzlich im Widerspruch zu den Interessen des Unternehmens stehen und daher von diesen auch nicht berücksichtigt werden können, Taylorismus. „Business-orientiertes" Handeln ist die einzige Motivation für die Manager und für die Mitarbeiter, alle persönlichen Interessen haben hinter den Erfordernissen des nach Profitabilität strebenden Unternehmens zurückzutreten.

9.9-Führungsverhalten: Dieses Führungsverhalten gilt als das erstrebenswerte (lernbare) Ziel: Individualziele und Unternehmensziele stehen im Einklang, die erstrebte Arbeitsleistung wird im Rahmen eines guten Betriebsklimas von engagierten Mitarbeitern erbracht. Die Motivation der Mitarbeiter resultiert weitgehend aus der Identität ihrer persönlichen Ziele mit jenen ihrer Arbeitsaufgaben.

Innerhalb des Verhaltensgitters sind neben den „Eckpositionen" auch Mischformen enthalten, z.B. das

5.5-Führungsverhalten: Diese Verhaltensweise enthält Komponenten aus allen anderen Ausprägungen und ist durch eine starke Kompromißbereitschaft gekennzeichnet. Das „volle Maß" wird weder im persönlichen noch im leistungsorientierten Bereich erreicht, die Gefahr der Mittelmäßigkeit ist gegeben. Allerdings ist diese Verhaltensweise weitgehend frei von Konflikten, da die extremen Positionen nicht erreicht werden.

Das Verhaltensgitter ist ein analytisches Instrument, das es dem Manager ermöglicht, sein Führungsverhalten und seine Grundeinstellung zum Problem der Führung zu erkennen. Die Grid-Lehre versucht, das Führungsverhalten der Manager in die Richtung des 9.9-Führungsverhaltens zu lenken.

managing: geschäftsführend, leitend
managing clerk: Prokurist *m*
managing committee: geschäftsführender Ausschuß *m*
managing director: geschäftsführender Direktor *m*, geschäftsführendes Vorstandsmitglied *m*, Geschäftsführer *m*
managing executive: leitender Angestellter *m*

Wenn in Deutschland von Managern geredet wird, denkt man abgesehen vom Top-Management als den obersten Führungsorganen meist an die leitenden Angestellten. Sie bilden in der hierarchischen Struktur der Unternehmung das Bindeglied zwischen dem obersten Führungsorgan (Vorstand, Geschäftsführung) und den Mitarbeitern (Arbeiter, Angestellte). Sie stehen somit zwischen zwei Fronten, den Kapitaleignern bzw. deren Repräsentanten auf der einen und der Belegschaft auf der anderen Seite.

Besondere Relevanz erhält diese Zwitterstellung durch den Umstand, daß auch der Gesetzgeber von einer Dichotomie der Arbeitgeber- und der Arbeitnehmerseite ausgeht. Die leitenden Angestellten müssen folglich in kritischen Fällen einer dieser Seiten zugeordnet werden.

Die Abgrenzung der leitenden Angestellten wird auch dadurch erschwert, daß die übliche skalare Differenzierung von Führungskräften in Top-, Middle- und Lower-Management heute immer mehr durch eine funktionale Differenzierung ergänzt wird. Führungsaufgaben wie Planen, Organisieren, Entscheiden und Kontrollieren werden von sehr vielen Mitarbeitern wahrgenommen – nur in unterschiedlichem Ausmaß.

Neben den effektiv leitenden Angestellten sind die Angestellten mit Leitungsaufgaben auf den unteren und mittleren Managementebenen zu unterscheiden. Sie befinden sich im gleichen Abhängigkeitsverhältnis wie ausführend tätige Mitarbeiter, so daß von einer Sonderstellung – außer der höheren Bezahlung – keine Rede sein kann. Managementfunktionen werden auf allen Ebenen der Unternehmung ausgeübt: im Top-Management, im mittleren Management und im unteren Management.

Das *untere Management* stellt die Nahtstelle zwischen den Managementpositionen und den allein ausführend tätigen Mitarbeitern dar. Typisch hierfür ist die Position des Meisters.

Das *mittlere Management* ist dagegen nach oben orientiert, und zwar mit eindeutigen Karriereerwartungen. Der Mittel-Manager stammt aus einer anderen sozialen Schicht als der untere, ist besser ausgebildet und eher aufstiegsmotiviert. Seine zentrale Aufgabe besteht darin, Ziele und unternehmungspolitische Entscheidungen in Programme, Regeln und konkrete Vorgaben zu übersetzen und deren Einhaltung bzw. Ausführung zu überwachen. Hierzu sind neben technischen auch erhebliche soziale Qualifikationen erforderlich.

Das *obere Management* trifft die zentralen unternehmungspolitischen Entscheidungen. Erich Gutenberg hat zur Kennzeichnung des Aufgabenbereichs des oberen Managements den folgenden Katalog der Führungsentscheidungen formuliert:
• Festlegung der Unternehmenspolitik auf weite Sicht
• Koordinierung der großen betrieblichen Teilbereiche
• Beseitigung von Störungen im laufenden Betriebsprozeß
• Geschäftliche Maßnahmen von außergewöhnlicher betrieblicher Bedeutsamkeit
• Besetzung der Führungsstellen im Unternehmen.

managing partner: geschäftsführender Gesellschafter *m*
mandamus: Befehl *m* eines höheren Gerichts *n* an ein nachgeordnetes Gericht *n*
mandatary: Mandator *m*, Prozeßbevollmächtigter *m*
mandate: Auftrag *m*, Mandat *n*, Vollmacht *f*
mandate of court: richterlicher Befehl *m*
mandatory: obligatorisch, zwingend, Bevollmächtigter *m*, Vollmachtinhaber *m*
mandatory injunction: gerichtliche Anordnung *f*, durch die die Vornehme *f* einer Handlung *f* oder die Wiederherstellung *f* des Status quo *m* gesichert wird
manifest: Manifest *n*, sich offenbaren, offenbar, offensichtlich
manifestation: Offenbarung *f*
manipulate: handhaben, manipulieren, zurechtmachen („frisieren")
manipulated market: gelenkter Markt *m*
manipulation: Behandlung *f*, Manipulation *f*, Verfahren *n*
manner: Art *f*
manner of representation: Darstellungsweise *f*
manners *pl*: Umgangsformen *f/pl*
manning table: Besetzungsplan *m*, Gruppierung *f* der Arbeiter *m/pl* nach Geschlecht *n*, Alter *n*, Familienstand *m*, Körperbehinderung *f*, Erfahrung *f* usw.in besonderer Übersicht *f*, Stellenbesetzungsplan *m*
manpower budget: Personalbudget *n*, Personalplan *m*
manpower: Arbeitskräfte *f/pl*
manpower inventory: Bestandsverzeichnis *n* (Mitarbeiter), Mitarbeiterbestandsverzeichnis *n* (enthält Qualifikationen etc.), Mitarbeiterinventar *n*, Personalbestandsverzeichnis *n*, Personalinventar *n*
manpower management: Personalführung *f*, gesamte Tätigkeit *f* der Personalabteilung *f*

manpower market: Arbeitsmarkt *m*
manpower requirements *pl*: Personalbedarf *m*
manual: eigenhändig, manuell, Handbuch *n*
manual dexterity: manuelle Geschicklichkeit *f*, Handfertigkeit *f*
manual element: Handarbeitselement *n*
manual exchange: Handvermittlung *f (EDV)*
manual input: Handeingabe *f (EDV)*
manual labor: Handarbeit *f*
manual laborer: Schwerarbeiter *m*
manual mechanical bookkeeping: Durchschreibebuchführung *f*
manual of instructions: Dienstanweisungs-Handbuch *n*
manufacture: anfertigen, erzeugen, Erzeugung *f*, fabrizieren, herstellen, Manufaktur *f*, produzieren, verarbeiten
manufacture of components: Teilefertigung *f*
manufacturer: Fabrikant *m*, Hersteller *m*, Produzent *m*
manufacturer's brand: Erzeugermarke *f*, Herstellermarke *f*, Fabrikmarke *f*
Ein im Gegensatz zur Handelsmarke auf den Namen des Herstellers einer Ware eingetragenes Warenzeichen das in rechtlicher Hinsicht im übrigen einer Handelsmarke gleichgestellt ist. Es handelt sich um ein eigenes Warenzeichen der Herstellerfirma.
manufacturing account: Fabrikationskonto *n*
manufacturing accounting: Betriebsbuchhaltung *f*
manufacturing board: Fertigungs(leitungs)ausschuß *m*
manufacturing concern: Fabrikationsbetrieb *m*
manufacturing control: Fertigungssteuerung *f*
manufacturing cost: Herstell(ungs)kosten *pl*, Verarbeitungskosten *pl*
manufacturing cost center: Fertigungskostenstelle *f*, Hauptkostenstelle *f*
manufacturing department: Fertigungsabteilung *f*, Hauptkostenstelle *f*, Produktionsabteilung *f*
manufacturing engineering: Arbeitsplanung *f*
manufacturing enterprise: Fertigungsbetrieb *m*, Produktionsbetrieb *m*
manufacturing establishment: Verarbeitungsbetrieb *m*
manufacturing expenses *pl*: Fertigungsgemeinkosten *pl*, Fertigungskosten *pl*

manufacturing lag: Laufkarte *f*
manufacturing margin: Deckungsbeitrag *m*, Fertigungsüberschuß *m* (in der Grenzkostenrechnung), Verarbeitungsspanne *f*
manufacturing method: Fertigungsmethode *f*
manufacturing order: Fabrikauftrag *m*, innerbetrieblicher Auftrag *m*, Werkstattauftrag *m*
manufacturing overhead: Fertigungsgemeinkosten *pl*
manufacturing period: Produktionsperiode *f*
manufacturing plant: Fertigungsbetrieb *m*
manufacturing process: Fertigungsverfahren *n*, Produktionsprozeß *m*, Produktionsverfahren *n*
manufacturing program: Fertigungsprogramm *n*, Produktionsprogramm *n*
manufacturing right: Fabrikationsrecht *n*
manufacturing statement: Bericht *m* über Einzelheiten *f/pl* der Herstellkosten *pl*
manufacturing: Fabrikation *f*, Fertigung *f*, Herstellung *f*, Verarbeitung *f*
margin: Kreditsicherung *f*, Überdeckungsbetrag bei Rohgewinn *m*, Spanne *f*, Überdeckung(sbetrag) *m*
margin account: Einschußkonto *n*
margin buying: Wertpapierkauf *m* auf Einschuß *m*
margin of error: Fehlergrenze *f*
margin of fluctuation: Schwankungsbreite *f*
margin of interest: Zinsspanne *f*
margin of profit: Gewinnspanne *f*
margin of safety figure: Sicherheitskoeffizient *m*
margin of safety: Sicherheitsspanne *f*
margin of trade: Bruttogewinn(satz) *m*
marginal: Grenz-, marginal
marginal analysis: Marginalanalyse *f*, Grenzanalyse *f*
Eine seit dem 17. Jahrhundert in vielen Bereichen der Nationalökonomie übliche Form der ökonomischen Theoriebildung, die mit Hilfe der Methoden der Infinitesimalrechnung die Zusammenhänge zwischen mehreren Variablen bei Änderung einer als Einflußgröße betrachteten Variablen um eine infinitesimale Quantität analysiert. Einige der auch für das Management bedeutsamen Untersuchungsgegenstände, die unter Verwendung marginalanalytischer Begriffe wie Grenzanbieter, Grenzerlös, Grenznutzen oder Grenzrate analysiert werden, sind z.B. die Elastizität von Preisen oder der Nachfrage, Kreuzpreiselastizität, Substitutionsbeziehungen, Optimierungsmodelle oder die Bestimmung von gewinnmaximalen Preismengenkombinationen bei verschiedenen Marktformen, Cournotscher Punkt. Im Management finden marginalanalytische Lösungsansätze vor allem dort Verwendung, wo es um die Bestimmung von Gewinnmaxima geht.
Dem sich aus dem hohen Mathematisierungsgrad marginalanalytischer Modelle ergebenden Gewinn an quantitativer Genauigkeit steht allerdings der erhebliche Nachteil ihrer geringen Operationalität infolge des Vorliegens vielfältig bestehender Prämissen (Substituierbarkeit der Instrumente, Isoliertbarkeit von Interaktionseffekten, Abwesenheit von Beharrungseffekten oder Wirkungsverzögerungen und anderen Ausstrahlungseffekten usw.) gegenüber.
marginal balance: Erlösüberschuß *m* in der Grenzkostenrechnung *f* (Differenz zwischen Erlös und Grenzkosten)
marginal borrower: Grenzkreditnehmer *m*
marginal buyer: Grenzkäufer *m*
marginal check: Grenzwertprüfung *f (EDV)*
marginal condition: Grenzbedingung *f*
marginal consumption ratio: marginale Konsumquote *f*
Während die Konsumquote den Anteil des privaten Verbrauchs am verfügbaren Einkommen angibt, beschreibt die marginale Konsumquote das Verhältnis zwischen Konsumänderung und der Änderung des Einkommens um eine Einheit. Aus der Erfahrung ist bekannt, daß die einer bestimmten Einkommenserhöhung entsprechende Konsumerhöhung in der Regel kleiner ist als die Einkommenserhöhung (der „Rest" wird gespart). Wenn die marginale Konsumquote mit steigendem Einkommen abnimmt, dann bedeutet das, daß gleichzeitig die marginale Sparquote zunimmt: Ein immer größer werdender Teil des zusätzlichen Einkommens wird gespart.
Auf der Grundlage des makroökonomischen Zusammenhangs zwischen Konsum und Volkseinkommen formulierte John Maynard Keynes das „psychologische Konsumgesetz" über die Höhe der marginalen Konsumneigung: „Die Menschen werden in der Regel und im Durchschnitt willens sein, ihren Konsum zu vermehren, wenn ihr Einkommen steigt, aber nicht so viel wie die Einkommenssteigerung beträgt."
marginal cost: Grenzkosten *pl*, Marginalkosten *pl*
Die bei der Vergrößerung der Produktionsmenge eines Unternehmens für die Herstellung der letzten Produktionseinheit verursachten Mehrkosten. Wird die in Produktionseinheiten gemessene Beschäftigung (x) eines Unternehmens um eine Einheit vermehrt, so steigen die Gesamtkosten (K) um einen bestimmten Betrag. Dieser Betrag ist gleich den Grenzkosten.
Würden die Kosten jeder produzierten Einheit (die Grenzkosten) mit wachsender Produktionsmenge konstant bleiben oder sinken, so könnte ein gewinnmaximierendes Unternehmen eine höhere

433

Menge dagegen auch bei konstanten oder sinkenden Marktpreisen anbieten.
Analytisch gesehen sind die Grenzkosten gleich dem Steigungsmaß der Gesamtkostenfunktion für eine bestimmte Ausbringungsmenge.
Grenzkosten bei partieller Faktorvariation sind die durch eine infinitesimale Produktionssteigerung zusätzlich entstehenden Kosten. Im Fall der Cobb-Douglas-Funktion bei partieller Faktorvariation steigen die Grenzkosten. Das Ausmaß der Steigerung hängt von den Produktionselastizitäten ab.
Grenzkosten bei totaler Faktorvariation sind die durch eine infinitesimale Produktionssteigerung zusätzlich entstehenden Kosten. Im Fall der Cobb-Douglas-Funktion bei totaler Faktorvariation sind die Grenzkosten konstant.

marginal costing: Deckungsbeitragsrechnung *f*, Grenzkostenrechnung *f*

marginal efficiency of capital: Grenzertrag *m* des Kapitals *n*

marginal income: Erlösüberschuß *m* in der Grenzkostenrechnung *f* (Differenz zwischen Erlös und Grenzkosten), Grenzertrag *m*

marginal income statement: Ergebnisrechnung *f* auf Basis *f* der variablen Kosten *pl*

marginal land: Grenzboden *m*

marginal lender: Grenzkreditgeber *m*

marginal note: Randbemerkung *f*

marginal product: Grenzprodukt *n*
Der Wert eines Grenzprodukts ist gegeben durch den Zuwachs zum Gesamtprodukt, der sich bei Vermehrung der Einsatzmenge eines Produktionsfaktors und Konstanz aller anderen Faktoren ergibt. Je höher das Grenzprodukt eines Faktors relativ zu den anderen ist, desto höher fällt bei gleichen eingesetzten Faktormengen sein Anteil am Gesamtprodukt aus.

marginal productivity: Grenzproduktivität *f*

marginal profit: Erlös *m* abzüglich variable Kosten *pl*, Grenzkostenergebnis *n*, Marginalgewinn *m*

marginal rate of substitution: Grenzrate *f* der Substitution
Der Differentialquotient, der die Menge eines Gutes x_2 angibt, auf die ein Konsument verzichten muß, um durch eine entsprechende Erhöhung der Menge des Gutes x_1 um eine infinitesimale Einheit denselben Nutzen wie bei unverändertem Mengen x_1 und x_2 zu erzielen, d.h. das Austauschverhältnis für infinitesimal kleine Mengenverschiebungen der Güter 1 und 2:

$$\text{Austauschverhältnis} = \frac{\text{Abnahme des ersetzten Gutes 1}}{\text{Zunahme des ersetzenden Gutes 2}} = dx_1 - dx_2.$$

Gegeben ist die Grenzrate der Substitution durch die Steigung der Indifferenzkurve.

marginal revenue (MR): Grenzerlös *m*
Der Gesamterlös eines Wirtschaftsunternehmens ergibt sich als Produkt des Verkaufspreises p seiner Erzeugnisse und der Absatzmenge x, wobei x über die Nachfragefunktion von p abhängt, also E = px = f(x)x. Eine Preisänderung von p_1 zu p_2 bewirkt je nach Art der Nachfragefunktion eine Änderung der Absatzmenge von x_1 zu x_2, wobei im Normalfall, für den allerdings auch einige Ausnahmen gelten, Nachfrageeffekte, eine Preissteigerung eine Verminderung und eine Preissenkung eine Erhöhung der Absatzmenge bewirkt. Dabei wird als Grenzerlös E'(x) die Änderung des Gesamterlöses E um eine infinitesimale Einheit bezeichnet. Mathematisch ausgedrückt ist die Grenzerlösfunktion die 1. Ableitung der Erlösgleichung:

$$E'(x) = \frac{dE(x)}{dx} = f(x) + f(x)$$

Durch sie wird die funktionale Abhängigkeit von Absatzmenge und Grenzerlös angegeben. In analoger Weise ergibt sich die Grenzkostenfunktion als 1. Ableitung der Gesamtkostenfunktion.

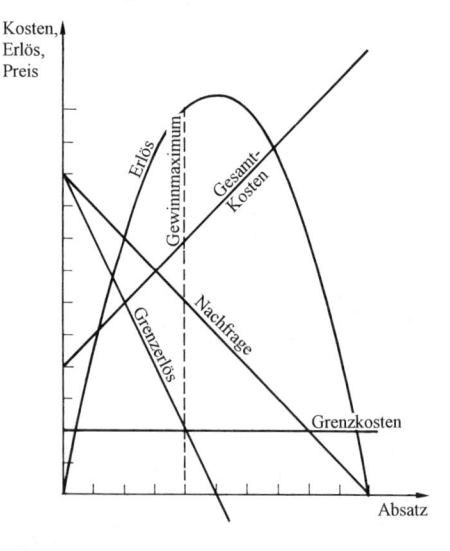

marginal saving ratio: marginale Sparquote *f*
Das Verhältnis der Ersparnis zum zusätzlichen Einkommen. Nach der Beschäftigungstheorie von John Maynard Keynes spielt die marginale Sparquote eine entscheidende Rolle, weil Vollbeschäftigung sich in der Regel nicht im freien Spiel der Kräfte einstelle. Sie könne nur über zusätzliche staatliche Ausgabenprogramme garantiert werden, die ihre Wirkung auf die ganze Wirtschaft verstärken. Als entscheidend für die Nachfragelücke und damit den Mangel an Beschäftigung sah Keynes die „überschüssige Ersparnis" an.

market analysis

Eben diese fehlende effektive Nachfrage sollte der Staat ausgleichen. Für die Stärke einer zusätzlichen Ausgabe sei die Höhe der Ersparnis entscheidend. Jener Teil des zusätzlichen Einkommens, der gespart wird, versickert, fällt mithin für die weitere Anregung aus. Je kleiner die „marginale Sparquote" ist, desto größer ist daher der Multiplikator (ihr Kehrwert).

marginal supplier: Grenzanbieter *m*, Grenzbetrieb *m*
In der Preistheorie ein Anbieter, dessen Grenzkosten gleich den Durchschnittskosten und diese gleich dem Preis sind. Ein solcher Anbieter befindet sich in einer betrieblichen Grenzsituation: Ohne eine Änderung seiner Kostenstruktur kann er ein weiteres Absinken der Preise für seine Erzeugnisse nicht verkraften, weil seine Erlöse ihm lediglich gestatten, seine Kosten zu decken.

marginal tax rate: Marginalsteuersatz *m*
marginal unit cost: Grenzstückkosten *pl*
marginal utility: Grenznutzen *m*
Die Änderung des Gesamtnutzens, die sich für eine gegebene Güterkombination bei Erhöhung des Konsums eines Gutes um eine infinitesimale Einheit ergibt, mit anderen Worten die 1. Ableitung der Nutzenfunktion für ein bestimmtes Gut.

marginal utility theory of interest: Grenznutzentheorie *f* des Zinses *m*
marginal wages *pl*: Grenzlohn *m*
marginal worker: Grenzarbeiter *m*
marine: See-, Marine-
marine insurance: Seetransportversicherung *f*, Seeversicherung *f*
marine liability insurance: Seehaftpflichtversicherung *f*
marital: ehelich
marital community property: eheliches Gesamtgut *n*
marital deduction: Verheiratetenabzug *m*
marital status: Familienstand *m*
maritime: Schiffahrts-, maritim
maritime commerce: Seehandel *m*
maritime court: Schiffahrtsgericht *n*, Seeamt *n*, Seegericht *n*
maritime insurance policy: Seeversicherungspolice *f*
maritime law: Seerecht *n*
mark: auszeichnen mit Preisen *pl m* oder anderen Angaben *f/pl*, bezeichnen, Bezeichnung *f*, kennzeichnen, Marke *f*, Merkzeichen *n*, signieren, Zeichen *n*, zeichnen
mark down: herabsetzen, Preis *m* herabsetzen, Preisnachlaß *m* (ausgedrückt in Prozent des neuen Verkaufspreises)
mark down cancellation: Wiedererhöhung *f* herabgesetzter Preise *m/pl*
mark-on: Handelsaufschlag *m*, Vertriebskosten- und Gewinnaufschlag *m*

mark scanning reproducer: Kartendoppler *m* mit Zeichenabfühlung *f (EDV)*
mark scanning: Zeichenabfühlung *f (EDV)*
mark sensing reproducer: Kartendoppler *m* mit Zeichenabfühlung *f (EDV)*
mark sensing: Zeichenabfühlung *f (EDV)*
mark up: Preis *m* heraufsetzen
markdown: Preissenkung *f*
market: Markt *m*, Absatzgebiet *n*, absetzen (verkaufen), verkaufen, vertreiben
In der Volkswirtschaftstheorie wird als Markt der ökonomische Ort des Aufeinandertreffens von Angebot und Nachfrage bezeichnet, an dem Güter und Dienstleistungen ausgetauscht werden und die Preisbildung sich vollzieht. Der Begriff umfaßt also sowohl die als Marktveranstaltungen organisierten wie die nichtorganisierten Märkte.
Nach einer Definition von Rainer J. Willecke umfaßt der Markt „die Austauschbeziehungen zwischen anbietenden und nachfragenden Wirtschaftseinheiten, die hinsichtlich ihrer Verkaufsbzw. Einkaufsmöglichkeiten in einem so engen Verhältnis gegenseitiger Abhängigkeit stehen, daß das Zustandekommen der Preis- und Mengenentscheidungen jeder Wirtschaftseinheit nur aus dem Zusammenhang der Tauschgruppe erklärt werden kann."
Die Wettbewerbstheorie unterscheidet zwischen vollkommenen und unvollkommenen Märkten. Eine andere Unterscheidung ist die zwischen offenen und geschlossenen Märkten je nach dem Maß der Zugänglichkeit für neue Mitbewerber. Neben den legalen und regulären „weißen" Märkten ist zu unterscheiden zwischen grauem und schwarzem Markt. Nach dem unterschiedlichen Gewicht von Angebot und Nachfrage lassen sich Käufermärkte und Verkäufermärkte voneinander abgrenzen. Für das einzelne Unternehmen gibt es sowohl einen Absatz- wie einen Beschaffungsmarkt.
Die Marktformenlehre befaßt sich mit der Systematisierung und Analyse unterschiedlicher Marktstrukturen. Die Untersuchung der Marktseitenverhältnisse basiert auf der Annahme, daß die Marktpolitik von der Betrachtungsweise der Anbieter durch die Nachfrager und der Nachfrager durch die Anbieter auf dem Markt abhängig ist. Ein behavioristischer Ansatz ist die Theorie der Marktverhaltensweisen.

market analysis: Marktanalyse *f*
Nach einem von Erich Schäfer unterbreiteten Gliederungsvorschlag läßt sich bei der betriebswirtschaftlichen Marktforschung zwischen der auf die Analyse der räumlichen Marktstruktur gerichteten Untersuchungstätigkeit in Form von Marktanalysen auf der einen und der auf die Analyse der zeitlichen Marktdynamik zielenden Marktbeobachtung auf der anderen Seite unterscheiden. „Diese gedankliche Trennung des Raum- und Zeitaspektes läßt sich in der praktischen Marktforschung heute kaum mehr vertreten" (Horst-Joachim Jaeck). Heute wird als Marktanalyse meist die systemati-

sche Bestandsaufnahme und Untersuchung eines Markts und insbesondere der Stellung eines einzelnen Unternehmens im Marktgeschehen mit Hilfe der Methoden der Marktforschung verstanden.

market analyst: Marktanalytiker *m*
market average: Durchschnittsmarktpreis *m/pl* (z.B. im Dow-Jones-Index)
market capacity: Marktkapazität *f*
Das Maß der Aufnahmefähigkeit eines Markts unabhängig von der Kaufkraft mithin also der Ausdruck der bestehenden Bedürfnisse der Nachfrager (im Gegensatz zum Bedarf). Die Marktkapazität ist also größer als das Marktpotential und das Marktvolumen.

market capital: akquisitorisches Potential *n*, Marktkapital *n*
Ein von Erich Gutenberg eingeführter Begriff zur Bezeichnung der Fähigkeit eines Wirtschaftsunternehmens, Abnehmer für seine Güter und/oder Leistungen sowohl anzuziehen wie festzuhalten. Der Begriff entstand im Zusammenhang mit Gutenbergs Analyse der Preispolitik polypolistischer Anbieter auf unvollkommenen Märkten. Ein einzelnes Unternehmen hat danach ein spezifisches, von dem anderer Unternehmen unterschiedenes Potential, mit dessen Hilfe es den eigenen Absatzmarkt zu individualisieren und sich so einen eigenen Stamm von Abnehmern zu schaffen vermag.

geknickte Nachfragekurve

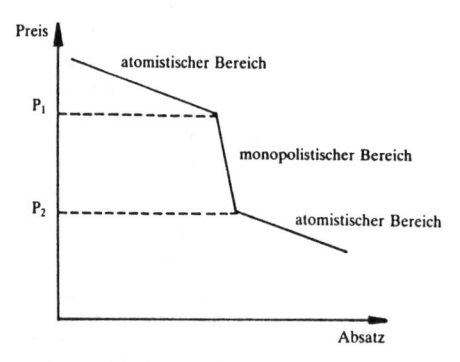

[Diagramm: Preis-Absatz-Kurve mit P_1 und P_2, atomistischer Bereich, monopolistischer Bereich, atomistischer Bereich]

Aufgrund des Bestehens solcher Präferenzen auf der Nachfragerseite können verschiedene Preise für gleichwertige Güter nebeneinander existieren, so daß ein Unternehmen in der Lage ist, innerhalb eines mehr oder minder großen Intervalls seiner individuellen Absatzkurve autonom den optimalen Preis zu bestimmen. In diesem durch einen oberen und unteren Grenzpreis begrenzten monopolistischen Bereich kann das Unternehmen den Preis relativ frei variieren. Mit wachsendem akquisitorischen Potential wächst zugleich der monopolistische Bereich. Herbert Gross verwendet dafür den Begriff Marktkapital.

market challenger: Marktherausforderer *m*
Beim Ringen um Marktanteile ist der Marktherausforderer ein Unternehmen, das entweder neu auf einen Markt vordringt und allen anderen, auf demselben Markt bereits etablierten Unternehmen Marktanteile streitig macht (bzw. zu machen versucht) oder ein auf einem Markt bereits über einen mehr oder minder hohen Marktanteil verfügendes Unternehmen, das den Versuch unternimmt, die Position des Marktführers zu erringen.

market conditions *pl*: Marktzustand *m*
market coverage: Marktabdeckung *f*
market coverage strategy: Marktabdeckungsstrategie *f*
Je nach der Menge der in die Absatz- und Marketingplanung eines Wirtschaftsunternehmens als Zielmärkte einbezogenen Marktsegmente lassen sich nach Philip Kotler fünf verschiedene Marketingstrategien voneinander abgrenzen. Bei der Strategie der *Produktmarktkonzentration* konzentriert sich das Unternehmen auf ein einziges Marktsegment und besetzt nur eine Marktnische in einem Teil des Gesamtmarkts. Im Fall der *Produktspezialisierung* entwickelt das Unternehmen eine komplette Produktlinie für alle Käufergruppen. Die Strategie der *Marktspezialisierung* besteht in der Entwicklung einer Produktlinie für unterschiedliche Bedürfnisse der Käufer einer Marktnische. Durch selektive Spezialisierung wird das Unternehmen in mehreren, miteinander nicht verbundenen und untereinander auch unähnlichen Nischen aktiv, deren gemeinsames Kennzeichen es lediglich ist, daß sie attraktive Marktchancen bieten. Die Strategie der *vollständigen Marktabdeckung* schließlich zielt auf die Erringung der Position der Marktführung.

market dealings *pl*: Börsenhandel *m*
market development Marktentwicklung: *f*
market dominance: Marktbeherrschung *f*
market dues *pl*: Marktgebühr *f*
market economy: Marktwirtschaft *f*
market elasticity: Marktelastizität *f*
market equilibrium: Marktgleichgewicht *n*
market floatation: öffentliche Emission *f*
market fluctuation: Konjunkturschwankungen *f/pl*, Marktschwankung *f*
market force: Marktkraft *f*
market forecast: Marktprognose *f*
market hall: Markthalle *f*
market indicator: Marktindikator *m*, Marktindex *m*
Da die amtliche Statistik für viele Marktvorgänge nur unvollständige Unterlagen zur Verfügung stellt, bedient sich die Marktforschung, das Management und das Marketing einer Vielzahl von Kennzahlen und Indizes, die als Indikatoren auf Vorgänge und Gegebenheiten des Markts gewertet werden, für die direkte Beobachtungen und Daten nicht vorhanden sind. Zu den in der Marktforschung hauptsächlich verwendeten Marktindikatoren zählen vor allem Kaufkraft- und Absatzkennziffern.

market introduction: Markteinführung f
Innovationen treten überall dort auf, wo sich Marktnischen (Marktlücken) ergeben. Der Innovationsprozeß steht dabei in engem Zusammenhang mit dem Assimilationsprozeß. Für das den Innovationsprozeß systematisch organisierende Unternehmen ist damit ein erhebliches Innovationsrisiko verbunden. Das Risiko kann technischer Art sein, d.h. darin bestehen, daß eine Produkt- oder Leistungsidee technisch nicht realisierbar ist. Es kann planerischer Art sein, indem es einen unangemessen hohen Aufwand an Zeit und Kosten erfordert. Es kann ökonomischer Art sein, wenn die realisierte Innovation wirtschaftlich nicht verwertet werden kann (Verwertungsrisiko), z.B. weil fremde gewerbliche Schutzrechte dem entgegenstehen, zu hohe Fertigungskosten die Verwertung vereiteln, oder auch die Innovation am Markt keine Akzeptanz findet (Markteinführungsrisiko).

market investigation: Marktforschung f
market leader: Marktführer m
Ein Unternehmen, das mit einem Gut, einem Produkt oder einer Leistung auf dem Markt einen größeren Marktanteil als alle mit ihm um Marktanteile auf demselben Markt konkurrierenden Unternehmen hat.

market management: → marketing management

market niche (niche in the marketplace): Marktlücke f
In der klassischen Absatztheorie wird als Marktlücke ein Bereich innerhalb eines Absatzmarkts bezeichnet, bei dem ein bestehender Bedarf durch das vorhandene Angebot nicht oder unzureichend gedeckt wird. Der bestehenden Nachfrage steht entweder überhaupt kein oder ein die Nachfrage nicht vollkommen befriedigendes Angebot gegenüber.
Schlüsselbegriffe in der auf Kurt Lewin zurückgehenden Feldtheorie und dem psychologischen Marktmodell von Bernt Spiegel sind die Konzepte der latenten und der manifesten Nische und des Aufforderungsgradienten. Spiegel geht davon aus, daß nicht oder nicht allein die objektive Beschaffenheit eines Produkts, sondern diese und das subjektive Vorstellungsbild der Konsumenten, das Image des Produkts, die zusammen im subjektiven Bild enthalten sind, die marktpsychologische Realität des Guts ausmachen. Die Nähe oder Entfernung zum Einstellungsobjekt Produkt kann mit Hilfe des Feldmodells durch Angabe des räumlichen Abstands innerhalb eines n-dimensionalen Raums anschaulich gemacht werden. Bei Einführung eines Produkts formieren sich Anhänger und Ablehner, so daß es für den Hersteller darauf ankommt, sein Image so zu gestalten, daß die Anhängerschaft des Produkts möglichst groß ist. Besteht zwischen den Bedürfnissen der Konsumenten und den Produkten Deckung, so haben sie dieselbe Position im sozialen Feld. Bestehen für bestimmte Bedürfnisse keine Produkte, entstehen die Marktnischen.

Die Anhängerschaft einzelner Produkte kann mit Hilfe von Distanzmaßen wie etwa der Euklidischen Distanz gemessen werden. Die Anhängerschaft bestimmt sich aber auch nach der Bedürfnishöhe und dem zusätzlichen Aufforderungswert des Produkts, der Steilheit des Aufforderungsgradienten. Eine *manifeste Marktnische* (= Marktlücke) besteht, wenn die Konsumenten keines der vorhandenen Produkte als zur Befriedigung ihrer Bedürfnisse geeignet ansehen (obwohl sie über sie informiert sind), weil ihr Aufforderungsgradient für sie zu flach ist.

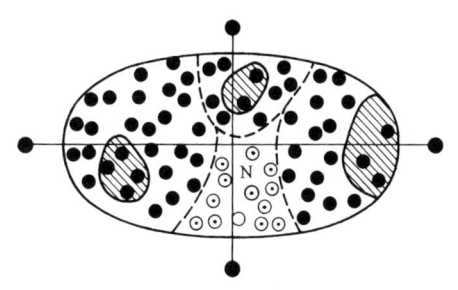

Die Situation konkurrierender Meinungsgegenstände

Dabei bedeuten:
○ = Nicht-Informierte
⊙ = Indifferente
● = Anhänger
△ = Ablehner

▨ = Bereich der spontanen Anhänger bzw. Position des von den jeweiligen Anhängern bevorzugten Meinungsgegenstandes

N = Marktlücke bzw. „manifeste Nische"

Die nicht näher gekennzeichneten Dimensionen des Modells bestimmen sich nach den zugrunde gelegten Gliederungskriterien

Quelle: B. Spiegel, Die Struktur der Meinungsverteilung im sozialen Feld, Stuttgart und Bern 1961, S. 29.

Eine *latente Marktnische* hingegen ist dadurch charakterisiert, daß zwischen den Idealvorstellungen der Konsumenten über ein Produkt und den realen Produkten eine Diskrepanz besteht, die jedoch nicht groß genug ist, um den Kauf der Produkte zu verhindern. Die Konsumenten würden jedoch ein ihren Idealvorstellungen besser entsprechendes Produkt mit einem höheren Aufforderungsgradienten kaufen, wenn es vorhanden wäre.

market observation: Marktbeobachtung f
Im Gegensatz zur Marktanalyse ist die Marktbeobachtung die kontinuierliche Untersuchung von Marktvorgängen mit Hilfe der Methoden der Marktforschung im Zeitverlauf. Einige Autoren grenzen

den Begriff auf die sich der Methoden der Beobachtung aus der empirischen Sozialforschung bedienende Untersuchung der Marktstellung und -entwicklung eines Unternehmens mit Hilfe primärstatistischer Verfahren ein.

market opportunity: Marktchance *f*
market order: Marktordnung *f*
market penetration: Marktdurchdringung *f*
market penetration model: Marktdurchdringungsmodell *f*
Sammelbezeichnung für eine Reihe von Modellen zur Prognose von Marktanteilen und Erstkäufen, in denen der Anteil der Käufer, die ein Produkt wenigstens einmal gekauft haben, als Durchdringung oder Marktdurchdringung bezeichnet wird, der im Zeitverlauf einen Grenzwert annimmt.

Durchdringungsmodelle dienen z.B. zur Abschätzung künftiger Marktanteile in Testmärkten. Grundsätzlich ist zwischen einfachen geometrischen Durchdringungsmodellen (L. A. Fourt & J. W. Woodlock) und exponentiellen Durchdringungsmodellen (J. H. Parfitt & B. J. K. Collins) zu unterscheiden.

Das von Fourt & Woodlock 1960 formulierte Modell nimmt an, daß der Zuwachs der Erstkäufer mit der Zeit abnimmt und daß ihre kumulierte Gesamtzahl einen deutlich unterhalb der Zahl der Mitglieder des Haushaltspanels im Testmarkt liegenden Grenzwert annimmt.

Der Zuwachs (Δ_t) der Marktdurchdringung in einer Periode ist danach proportional zum insgesamt erreichbaren Grenzwert der Erstkäufer (α):

$$\Delta_t = \beta\alpha (1 - \beta_{t-1}).$$

Darin bezeichnet α einen im Zeitverlauf konstanten Käuferanteil, d.h. die Durchdringungsgrenze, und β eine von Null verschiedene, im Zeitverlauf konstante und für alle Konsumenten gleich hohe Einkaufswahrscheinlichkeit. Es ergibt sich also für die kumulierte Zahl der Erstkäufer im Beobachtungszeitraum T:

$$K_T = \sum_{t=1}^{T} \beta\alpha(1-\beta)^{t-1}.$$

Bei der Berücksichtigung von Wiederkäufen (Wiederholungskäufen) ist zwischen Wiederkaufraten unterschiedlicher Ordnung zu unterscheiden. Der Anteil der Erstkäufer mit einmaliger Kaufwiederholung stellt die Wiederkaufrate erster Ordnung dar, der Anteil der Erstkäufer mit zweimaliger Kaufwiederholung die Wiederkaufrate zweiter Ordnung usw. Entsprechend gilt für die Wiederkaufrate R_x, des x-ten Kaufs im gesamten Beobachtungszeitraum:

$$R_x = \frac{\text{Anzahl der Käufer mit x-ter Wiederholung des Erstkaufs}}{\text{Anzahl der Käufer mit } (x-1)\text{-ter Wiederholung des Erstkaufs}}.$$

Die Gesamtzahl der Käufer am Ende der Beobachtungsperiode ergibt sich entsprechend durch Multiplikation der prognostizierten Durchdringung und der Wiederkaufraten. „Aufgrund der kaufzahlabhängigen Bestimmung der Wiederholungskäufe sind relativ lange Beobachtungszeiträume erforderlich, so daß der Einsatz des Modells auf kurzlebige Verbrauchsgüter beschränkt ist. Problematisch ist auch die Annahme zeitlich konstanter Modellparameter. So hat sich in empirischen Anwendungen ergeben, daß das Modell dazu neigt, den Verlauf der Erstkäufe zu Beginn des Beobachtungszeitraums zu unterschätzen. Fourt und Woodlock (1960) sprechen von einem heavy-buyer-Effekt, den sie durch Addition einer heuristisch geschätzten Konstanten zu berücksichtigen trachten. Auch muß zusätzlich noch eine Schätzung der Kaufmengen pro Kauf erfolgen, damit das Modell eine Absatzprognose leisten kann." (W. Beeskow/E. Dichtl/G. Finck/S. Müller)

Das 1968 formulierte gängige exponentielle Durchdringungsmodell von Parfitt & Collins gibt zunächst ganz ähnlich die kumulierte Zahl der Erstkäufer in der Beobachtungsperiode wie folgt an:

$$K_T = \alpha (1 - e^{\beta t}).$$

Anstelle der Annahme der Kaufzahlabhängigkeit der Wiederkaufrate geht dieses Modell jedoch von der Abhängigkeit von der Zeit nach dem Erstkauf aus. Die Durchführung des Parfittschen Modells zur Prognose des Marktanteils erfordert ebenfalls den Einsatz eines Verbraucherpanels. Dabei wird der langfristige Marktanteil (MA) als Produkt der Grenzrate der Durchdringung (Erstkäuferzahl) α, dem Grenzwert der Wiederkaufrate und der konstanten relativen Konsumintensität (Kaufintensität) i bei Stabilisierung der Marktdurchdringung berechnet:

$$MA = \alpha \cdot w \cdot i.$$

Der Grenzwert der Wiederkaufrate wird nach dem Parfittmodell durch graphische Extrapolation von periodenbezogenen Wiederkaufraten bestimmt (operationalisiert als Anteil der Wiederkaufmenge des Produkts an der Gesamtnachfrage in der entsprechenden Produktklasse).

„Als Hauptvorteil dieses Modells kann die getrennte funktionale Darstellung einzelner Determinanten des Marktanteils, die dadurch auch einzeln validierbar sind, genannt werden. Obwohl die Wiederkaufraten jetzt zeitabhängig und in Bezug auf die Gesamtnachfrage in der Produktklasse bestimmt werden, verbleiben auch in diesem Modell einige Mängel. Beispielsweise bleibt der Handel, für den man einen ähnlichen Durchdringungsprozess annehmen darf (kumulative Distribution), völlig unberücksichtigt. Eine weitere Schwachstelle liegt auch bei diesem Modell in der Notwendigkeit begründet, einen relativ langen Beobachtungszeitraum (etwa 1 Jahr) abwarten zu müssen, um zuverlässige Schätzungen via Extrapolation des Datenmaterials zu erhalten. Damit dürfte aller-

market saturation

dings die Annahme stabiler Marketingaktivitäten sowohl seitens der Konkurrenten als auch seitens der Unternehmung selbst zur reinen Fiktion werden." (W. Beeskow/E. Dichtl/G. Finck/S. Müller)

market pointer: Marktweiser *m*
market pool: Gebietskartell *n*
market position: Marktgeltung *f*, Marktposition *f*
market potential: Marktpotential *n*, potentielle Verkaufschancen *f/pl*
market power: Marktmacht *f*
In der Wettbewerbstheorie bezeichnet der Begriff Marktmacht den Grad der Marktbeherrschung (als Gradmesser der Abwesenheit von Wettbewerb) durch eine Marktpartei, durch die diese einer anderen Marktpartei trotz formaler Gleichstellung (Anbieter/Nachfrager; Arbeitgeber/Arbeitnehmer) wirtschaftlich überlegen ist. Nach Gérard Gäfgen drückt die Marktmacht sich in der Möglichkeit aus, die eigenen Bedingungen auch gegen den Widerstand eines anderen Marktteilnehmers durchzusetzen und „das eigene Realeinkommen auch auf Kosten des Realeinkommens des Tauschpartners erhöhen zu können". „Machtbeziehungen im Marketingsystem geben darüber Aufschluß, ob Rollenerwartungen potentielle oder aktuelle Entscheidungsprämissen für die Systemmitglieder darstellen. Das Beziehungsmuster der Machtverhältnisse spiegelt eine bestimmte Machtverteilung im Marketingsystem wider" (Heribert Meffert).
Gäfgen unterscheidet zwischen vier Grundformen der Marktmacht. Dabei ist *Marktlagenmacht* das Resultat eines partiellen oder totalen Nachfrage- oder Angebotsüberschusses, Käufermarkt oder Verkäufermarkt. *Marktformenmacht* ist das Resultat wirtschaftlicher Konzentration, in der Praxis auf der Seite der Anbieter, und wirkt sich in der Regel als Wettbewerbsbeschränkung aus. In *Marktverbandsmacht* drückt sich organisierte politisch-wirtschaftliche Macht aus. *Marktklassenmacht* wiederum entsteht durch die Existenz eines beliebigen informellen sozialen Gebildes, durch welches das Verhalten einer Anbieter- oder Nachfragerrolle normiert oder direkt beeinflußt wird.

market price: Marktpreis *m*
Ein allein aufgrund des Wechselspiels von Angebot und Nachfrage auf dem Markt sich bildender Preis. Nach Alfred R. Oxenfeldt ist zwischen den folgenden Funktionen der Marktpreise eines Unternehmens zu unterscheiden:
1. *Dokumentationsfunktion*: Der Preis stellt einen zusammengefaßten Ausdruck einer Leistung dar, durch die sich ein Unternehmen gegenüber seinen Mitbewerbern bei seinen Abnehmern zu behaupten versucht.
2. *Signalfunktion*: Ein in bestimmter Höhe bestehender Preis signalisiert, daß gegenüber einem vorher bestehenden Zustand eine erhöhte oder nur eine verrringerte Nachfrage befriedigt werden kann.
3. *Motivationsfunktion*: Da der erzielte Preis unmittelbar zur Realisierung der Unternehmensziele beiträgt, führen Preisänderungen auch zur Veränderung des Zielbeitrags, z.B. des Gewinns, so daß die über die Preiserwartung abgeleiteten Gewinnerwartungen zur wirtschaftlichen Tätigkeit motivieren.

market profit: Konjunkturgewinn *m*
market purchasing: marktgerechter Einkauf *m* (Materialbedarf wird bei erwarteten Preissteigerungen oder Lieferschwierigkeiten noch rechtzeitig zu günstigen Bedingungen eingekauft)
market quotation: Kursbericht *m*, Kursnotierung *f*
market regulation(s) *(pl)*: Marktordnung *f*
market report: Marktbericht *m*, Marktzettel *m*
market research: Marktforschung *f*
market researcher: Marktforscher *m*
market saturation: Marktsättigung *f*
Der Markt für ein bestimmtes Gut ist gesättigt, wenn alle potentiellen Abnehmer es gekauft haben, die Nachfrage hinter dem Angebot zurückfällt, der Grenznutzen des Guts gleich Null ist und sein Absatz entweder stagniert oder auf den Ersatzbedarf beschränkt bleibt, das Marktpotential also erschöpft ist. Auf den Markt bezogen ist Sättigung durch einen hohen Anteil der Nachfrager definiert, deren Neubedarf gedeckt ist. Sättigung ist keine unabänderliche Größe. Bei kurzlebigen Verbrauchsgütern erscheint die Annahme einer Marktsättigung überhaupt nicht sinnvoll. Marktsättigung stellt sich primär als ein für Gebrauchsgüter und längerlebige Verbrauchsgüter bestehendes Problem dar. Es kann sich beispielsweise im Zeitverlauf der Verwendungszweck eines Guts ändern, so daß nach einer längeren Stagnation wieder eine Phase der Expansion folgt. Insbesondere ist die Vorstellung irreführend, Sättigung sei mit einer 100prozentigen Marktversorgung (der Haushalte) identisch, weil sich die Menge der gleichzeitig gebrauchten Einheiten eines Gutes erhöhen kann (Zweitfernseher, Zweitauto) oder die Zeitspanne bis zum Auftreten des Ersatzbedarfs verkürzt wird, Mode oder Obsoleszenz.
Als Phase des Produktlebenszyklus fällt die Marktsättigung mit dem Wendepunkt der Nachfragekurve zusammen. In dieser Phase erzielt ein Unternehmen in der Regel den höchsten Deckungsbeitrag. Rechnerisch ergibt sich der Marktsättigungsgrad als der Quotient des Marktvolumens und des Marktpotentials: Marktvolumen

$$\text{Sättigungsgrad} = \frac{\text{Marktvolumen}}{\text{Marktpotential}}.$$

Die Darstellung des Prozesses der Marktsättigung erfolgt mit Hilfe von Sättigungsfunktionen (Sättigungskurven) wie z.B. logistischen Funktionen, der Gompertzfunktion oder der modifizierten Exponentialfunktion.

market segmentation

Ist das Wachstumspotential eines Markts weitgehend erschöpft, so wird die Konkurrenz um Umsatzsteigerungen zum Nullsummenspiel. Mit anderen Worten, in der Wachstumsphase ist die Wettbewerbsintensität gewöhnlich geringer als in der Sättigungsphase. Dieser Aspekt verstärkt sich bei Homogenität der Produkte, bei hohen Fixkostenanteilen und bei begrenzter Mobilität.

market segmentation: Marktsegmentierung f, Marktsegmentation f

Die Marketingstrategie der Marktsegmentierung besteht in der Gestaltung eines differenzierten Leistungsprogramms eines Anbieters für mehrere homogene Teilmärkte (Marktsegmente). Für jedes einzelne Marktsegment wird mithin ein spezifisches Marketing-Mix gewählt. Diese differenzierte Marktbearbeitung knüpft an demographische, soziodemographische, geographische soziale oder psychologische Merkmale der Abnehmer oder an ihr beobachtbares Konsumverhalten (z.B. Kaufgewohnheiten, Medienkonsum) an, um mit Hilfe multivariater Analyseverfahren spezifische Konsumententypologien zu erarbeiten, für die maßgeschneiderte Marketingstrategien entwickelt werden.

Der Marktsegmentierung liegt meist der Gedanke zugrunde, daß der Aufforderungscharakter von Produkten mit wachsender Nähe der Produkte zu den Idealvorstellungen der Konsumenten wächst und folglich keine Marktnischen in Teilmärkten bestehen. „Hauptziel der Marktsegmentierung ist immer, einen hohen Grad von Identität zwischen der angebotenen Marktleistung und einer bestimmten Zahl von Käufern zu erzielen" (Heribert Meffert).

Der Entwicklung segmentspezifischer Marketing- und Marktbearbeitungsstrategien muß die analytische Zerlegung des Markts vorausgehen, durch die mit Hilfe geeigneter statistischer Verfahren wie etwa der Clusteranalyse, der Diskriminanzanalyse, der multiplen Regressionsanalyse der multidimensionalen Skalierung (MDS) oder der Faktorenanalyse *intern homogene* und *extern heterogene Segmente* gebildet werden können. Bei den zur Identifikation von Marktsegmenten verwendeten Methoden ist zwischen den folgenden Verfahren zu differenzieren:

1. *demographische Marktsegmentierung*: Sie ist das klassische Segmentierungsverfahren. Die Segmente werden nach sozioökonomischen oder geographischen Kriterien gebildet. Ihr entscheidender Mangel ist jedoch, daß demographische Daten weder Einstellungen noch Konsumverhalten spezifischer Marktsegmente hinreichend zu erklären vermögen.

2. *psychographische Marktsegmentierung*: Sie zielt auf die Zusammenfassung von Individuen zu Marktsegmenten aufgrund von psychologischen Kriterien wie Einstellungen, Erwartungen, Persönlichkeitsmerkmalen (Charaktereigenschaften) oder Verhaltensmerkmalen (Konsumgewohnheiten, Lebensgewohnheiten, Leseverhalten usw.).

Die Identifikation und Aufteilung in Marktsegmente macht die Entwicklung einer segmentgerechten Marketingstrategie möglich.

market share: Marktanteil m

Eine Kennzahl, die über die Stellung eines Wirtschaftsunternehmens in seiner ökonomischen Umwelt Auskunft gibt und durch Angabe des Anteils (Prozentsatzes) seiner Leistung an der Gesamtleistung aller am selben Markt operierenden Unternehmen zugleich einen Maßstab für Vergleiche mit den konkurrierenden Marktteilnehmern und einen Maßstab für die Entwicklung der eigenen Leistungseffizienz im Zeitverlauf darstellt. Statistisch ist der Marktanteil eine Gliederungszahl, durch die das Umsatzvolumen eines Wirtschaftsunternehmens in Beziehung zum Marktvolumen gesetzt wird. Der Marktanteil läßt sich als wertmäßiger und als mengenmäßiger Anteilswert berechnen:

$$M_w = \frac{\text{Umsatz des Unternehmens mit einem Gut}}{\text{wertmäßiges Marktvolumen des Gutes}}.$$

oder

$$M_w = \frac{\text{Absatzmenge des Unternehmens mit einem Gut}}{\text{mengenmäßiges Marktvolumen des Gutes}}.$$

Der Marktanteil kann sowohl für den Absatzmarkt wie für den Beschaffungsmarkt des Unternehmens berechnet werden. Die Berechnung von Marktanteilen ist unproblematisch, schwierig ist hingegen ihre genaue Ermittlung.

Prinzipiell kann der Marktanteil auf der Ebene der Hersteller (Verwendung unternehmenseigener Absatzzahlen bzw. Absatzschätzungen), des Handels (mit Hilfe von Händlerbefragungen) und der Ebene der Konsumenten bzw. der Nachfrager (durch Verbraucherbefragungen) ermittelt werden. Marktanteile werden sowohl im Bereich der Absatz- bzw. Nachfrageprognose wie in der Marketingkontrolle und in der Konkurrenzanalyse verwendet. Besonders der Vergleich des Marktanteils mit dem Feldanteil gestattet informative Einblicke in die Absatz- und Marktstruktur eines Unternehmens.

Im PIMS-Modell bezeichnet Marktanteil das Verhältnis zwischen eigenem Umsatz und dem Gesamtumsatz im gleichen Markt. Problematisch kann hier die Marktabgrenzung werden. An die Stelle des (absoluten) Marktanteils kann der *relative Marktanteil* treten. Er ist im Rahmen von PIMS-Studien definiert als der Quotient aus eigenem Marktanteil und der Summe der Marktanteile der drei größten Konkurrenten. PIMS-Studien haben ergeben, daß zwischen dem Marktanteil – und zwar sowohl dem absoluten wie dem relativen Marktanteil und dem Return on Investment (ROI) sowie dem Cash-flow eine starke positive Korrelation besteht. In der folgenden Abbildung ist dieser Zusammenhang wiedergegeben:

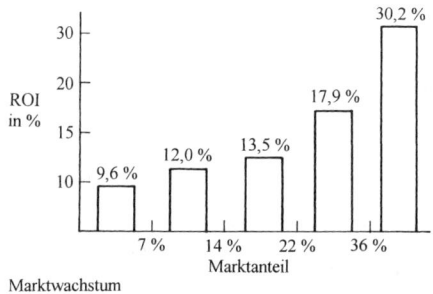

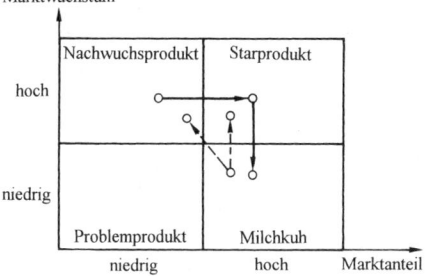

Im Durchschnitt gesehen führt ein um zehn Prozent höherer Marktanteil zu einem um 5 % höheren ROI. Da es sich um Durchschnittswerte handelt, abgeleitet aus den Angaben sehr vieler und z.T. auch sehr unterschiedlicher strategischer Unternehmenseinheiten (SUE), besteht durchaus die Möglichkeit, daß eine strategische Einheit mit einem relativ niedrigen Marktanteil einen höheren ROI aufweist als eine strategische Einheit mit hohem Marktanteil. Allerdings sind die Erwartungen, einen höheren ROI zu erzielen, um so günstiger, je größer der Marktanteil ist. Untersuchungen haben ergeben, daß die Wahrscheinlichkeit, einen ROI (vor Steuern) in Höhe von mindestens 25 % zu erzielen, für strategische Einheiten mit einem Marktanteil von über 37 % immerhin 64 % beträgt, während von über 100 strategischen Einheiten mit einem Marktanteil von unter 9 % nur 23 einen ROI in dieser Höhe erreichen.

In den Ergebnissen der Abbildung wird die Wirkung von Faktoren verwischt, die mitbestimmend dafür sind, wie stark der Einfluß des Marktanteils jeweils ist. Ergänzende Studien bestätigten jedoch, daß die Bedeutung des Marktanteils erhebliche Unterschiede aufweist je nachdem, welche speziellen Merkmale die betrachtete Unternehmenseinheit und den Markt, auf dem sie tätig ist, kennzeichnen. In ihrer 1975 erschienenen Arbeit „Market share – Key to Profitability" wiesen R. D. Buzzell, R. T. Gale und R.G.M. Sultan auf zwei den Marktanteil beeinflussende Gegebenheiten hin:
1. Die Bedeutung des Marktanteils ist für Gebrauchsgüter, also längerlebige Erzeugnisse (z.B. Möbel, Elektrogeräte, Autos) wesentlich größer als für Erzeugnisse, die in relativ kurzen Zeitabständen immer wieder gekauft werden (z.B. Nahrungs- und Genußmittel, Kosmetika, Büroartikel usw.).
2. Eine ähnliche Wirkung geht davon aus, ob der Hauptteil des Umsatzes mit relativ wenigen großen Kunden gemacht wird, oder ob sich der gesamte Umsatz auf relativ viele Abnehmer verteilt. Der Einfluß des Marktanteils auf den ROI ist bei relativ vielen Abnehmern um immerhin ein Drittel stärker als bei wenigen Großkunden.

market situation: Absatzverhältnisse *n/pl*
market structure: Marktstruktur *f*
Das einigermaßen stabile, durch bestimmte Gesetzmäßigkeiten charakterisierte Gefüge des Aufbaus und Ablaufs der Interaktionen zwischen den Anbietern und Nachfragern auf dem Markt. Der klassische, in engem Zusammenhang mit der Preistheorie stehende Ansatz zur Differenzierung von Marktstrukturen ist die auf Walter Eucken zurückgehende Marktformenlehre, der im weitesten Sinne die Lehre von den unterschiedlichen Verhaltensweisen der Marktpartner bei unterschiedlicher Ausprägung der Kreuzpreiselastizität (Triffinscher Koeffizient) zuzurechnen ist. Ein weiterer Ansatz ist die von Paul Theisen entwickelte Lehre von den Marktseitenverhältnissen oder die auf Ragnar Frisch und Erich Schneider zurückgehende Lehre von den Marktverhaltensweisen.
market survey: Marktanalyse *f*
market vacillation: Konjunkturschwankung *f*, Marktschwankung *f*
market value: Kurswert *m*, Marktpreis *m*, Marktwert *m*, Tageswert *m*, Verkehrswert *m*
market valuation Kurswert: *m*
market value balance sheet: Tageswertbilanz *f*
market value balance statement: Tageswertbilanz *f*
marketability: Marktfähigkeit *f*, Verkäuflichkeit *f*
marketable: absatzfähig, börsenfähig, gängig, marktfähig, verkäuflich
marketable security: börsenfähiges Wertpapier *n*, Umlaufwertpapier *n*
marketing: Marketing *n*
Seit seinem Aufkommen in der Zeit nach der Jahrhundertwende zum 20. Jahrhundert in den USA hat der Begriff des Marketing entwicklungsgeschichtlich bis zur heutigen Zeit verschiedene Bedeutungen angenommen. Ursprünglich bedeutete Marketing auch in den USA nichts anderes als die Lehre vom Absatz und vom Handel in den Verkäufermärkten der Knappheitswirtschaft, also in Märkten, die durch eine das Angebot übersteigende Nachfrage charakterisiert sind, in denen die Marketinglogistik (physische Distribution) der abzusetzenden Güter, ihre Vermarktung, das wesentliche Problem der Absatzwirtschaft war. Im Zuge des Übergangs von der Knappheitswirt-

schaft zur Ökonomie der affluenten Gesellschaft mit ihrer durch einen Angebotsüberhang gekennzeichneten Käufermärkten, wurde Marketing immer mehr zum Schlüsselbegriff für eine Grundhaltung in der Unternehmensführung, „die sich mit konsequenter Ausrichtung aller mittelbar oder unmittelbar den Markt berührenden Entscheidungen an den evidenten Erfordernissen und Bedürfnissen der Verbraucher (Marketing als Maxime), mit dem Bemühen um Schaffung von Präferenzen und damit Erringung von Wettbewerbsvorteilen durch gezielten Einsatz des absatzpolitischen Instrumentariums (Marketing als Mittel) und mit der systematischen, moderne Techniken nutzenden Entscheidungsfindung (Marketing als Methode) umschreiben läßt" (Robert Nieschlag/Erwin Dichtl/Hans Hörschgen). Allerdings hat selbst die American Marketing Association (AMA) noch 1960 Marketing als „The performance of business activities that direct the flow of goods and services from producer to consumer or user" definiert.

Das mit dem weiteren Vordringen der Überflußgesellschaft bis in die 1960er Jahre sich weiter durchsetzende Marketingkonzept ist eine Konzeption der Unternehmensführung vom Markt her, die davon ausgeht, daß alle Unternehmensaktivitäten auf die Bedürfnisse, Wünsche und Gewohnheiten der Konsumenten ausgerichtet sein müssen. „Marketing bedeutet dementsprechend Planung Koordination und Kontrolle aller auf die aktuellen und potentiellen Märkte ausgerichteten Unternehmensaktivitäten. Durch eine dauerhafte Befriedigung der Kundenbedürfnisse sollen die Unternehmensziele im gesamtwirtschaftlichen Güterversorgungsprozeß verwirklicht werden." (Heribert Meffert) Nach Meffert sind für diese Konzeption sieben Aspekte charakteristisch:

1. Die bewußte Orientierung aller Unternehmensbereiche auf die Probleme Wünsche und Bedürfnisse aktueller und potentieller Kunden (Philosophieaspekt).
2. Die Erfassung und Beobachtung der für ein Unternehmen relevanten Umweltschichten (Käufer, Absatzmittler, Konkurrenten, Staat u.a.) zur Analyse ihrer Verhaltensmuster (Verhaltensaspekt).
3. Die planmäßige Erforschung des Markts (Informationsapekt).
4. Die aktive Beeinflussung und planmäßige Gestaltung des Markts, d.h. der zieladäquate und harmonische Einsatz aller Instrumente des Marketing-Mix (Aktionsaspekt).
5. Die bewußte Marktdifferenzierung, die durch Marktsegmentierung die Grundlage für eine intensitätsmäßig abgestufte Marktbearbeitung bildet (Segmentierungsaspekt).
6. Die organisatorische Verankerung des Marketingkonzepts in der Unternehmensorganisation und die entsprechende Koordination aller marktgerichteten Unternehmensaktivitäten (Koordinations- bzw. Organisationsaspekt).
7. Die Einordnung der Marketingentscheidungen in größere soziale Systeme (Sozialaspekt).

In den Sektoren der Volkswirtschaft hat sich Marketing und mithin auch das Marketingkonzept mit zeitlichen Verzögerungen ausgebreitet. Vorreiter war die Konsumgüterindustrie, Konsumgütermarketing, und hier vor allem die Markenartikelindustrie. Ihr folgten in Deutschland erst in der Zeit nach dem 2. Weltkrieg die Hersteller von Produktivgütern, Investitionsgütermarketing, Beschaffungsmarketing, und noch später der tertiäre Sektor, Handelsmarketing, Dienstleistungsmarketing, Bankmarketing, Versicherungsmarketing Kommunalmarketing, öffentliches Marketing, und der primäre Sektor, Agrarmarketing.

Zu Anfang der 1970er Jahre erfolgte mit der Formulierung des generischen Marketing (generic concept of marketing) und dem weiteren Schritt zum Metamarketing eine radikale Begriffserweiterung. Als Marketing wird seither definiert jede „menschliche Tätigkeit, die darauf abzielt, durch Austauschprozesse Bedürfnisse und Wünsche zu befriedigen bzw. zu erfüllen" (Philip Kotler). Diese Austauschprozesse können materieller und immaterieller Art sein, und im Zuge dieser Begriffserweiterung wird seither zwischen dem traditionellen kommerziellen Marketing auf der einen und Marketing von Nichtunternehmen, im einzelnen also dem Dienstleistungsmarketing, dem Organisationsmarketing, dem Personenmarketing, dem Kommunal-, Raum- oder öffentlichen Marketing und dem Soziomarketing auf der anderen Seite unterschieden.

marketing agent: Absatzmittler *m*
Diejenigen Organe der Absatzwirtschaft, die als wirtschaftlich und rechtlich selbständige Einheiten und im Gegensatz zu Absatzhelfern, als Groß- oder als Einzelhandelsunternehmen durch den Einsatz absatzpolitischer Instrumente im Distributionsprozeß die Verfügbarkeit über Sachleistungen vermitteln. Es handelt sich um selbständige Organe, die Waren kaufen, um sie wieder zu verkaufen ohne sie dabei überhaupt und wenn doch, dann jedenfalls nicht in erheblicher Weise produktionswirtschaftlich zu verändern.

marketing audit: Marketing Audit *m*, Marketingrevision *f*
Eine im Rahmen der Marketingkontrolle periodisch durchgeführte, systematische und umfassende Überprüfung und Bewertung des gesamten Marketingsystems eines Wirtschaftsunternehmens oder einer anderen, Marketing betreibenden Organisation mit dem Ziel der Aufdeckung von Problembereichen und Entwicklungsmöglichkeiten sowie der Erstellung eines Korrekturmaßnahmenplans zur Verbesserung der Marketingleistung. Das Konzept der Marketingrevision wurde ursprünglich nach dem Modell der Prüfung von Unternehmen anhand der Jahresabschlüsse im Rahmen der Buchprüfung entwickelt.

marketing board: staatliche Marktstelle *f*
marketing channel: Marketingkanal *m*, Absatzkanal *m*
marketing company: Marketinggesellschaft *f*

marketing organization

Nachfragekonstellation	Bezeichnung der Marketingaufgabe
1. negative Nachfrage	(→) Konversions-Marketing (Conversional Marketing)
2. fehlende Nachfrage	(→) Anreiz-Marketing (Stimulational Marketing)
3. latente Nachfrage	(→) Entwicklungs-Marketing (Developmental Marketing)
4. stockende Nachfrage	(→) Revitalisierungs-Marketing (Remarketing)
5. schwankende Nachfrage	(→) Synchro-Marketing
6. optimale Nachfrage	(→) Erhaltungsmarketing (Maintenance Marketing)
7. übersteigerte Nachfrage	(→) Reduktions-Marketing (Demarketing)
8. schädigende Nachfrage	(→) Kontra-Marketing (Countermarketing)

marketing consultant: marketingberater *m*
marketing cooperative: Absatzgenossenschaft *f*
marketing cost: Marketingkosten *pl*
marketing director: Marketingleiter *m*, Direktor *m* für Absatzförderung *f*
marketing function: Marketingfunktion *f*
marketing industry: Absatzwirtschaft *f*
„Die Gesamtheit aller Einrichtungen und Bemühungen, die der Übertragung von Gütern und Dienstleistungen der Produktionswirtschaft (im wesentlichen Landwirtschaft, Industrie Handwerk) an die Verwender produktiver (Betriebe) oder konsumtiver Art (Haushaltungen) gewidmet sind. Soweit diese Verknüpfung zwischen Produktion und Verwertung vom Verwender ausgeht, schlägt sich dies in Einkaufsvorgängen, sonst aber vor allem in Verkaufsvorgängen nieder." (Erich Schäfer)
marketing management: Marketingmanagement *m*, Marketingführung *f*
Der Begriff des Marketingmanagement wird in der Fachliteratur mit einer solchen Vielzahl verschiedener Inhalte gefüllt, daß es fraglich erscheinen mag, ob seine Verwendung überhaupt noch sinnvoll ist. Die American Marketing Association (AMA) definiert ihn als „die Planung, Durchführung und Kontrolle der gesamten Marketingaktivitäten einer Firma, einschließlich der Formulierung von Marketingzielen, -grundsätzen, -programmen und -strategien und üblicherweise auch unter Einschluß der Produktentwicklung, der Organisation und personellen Besetzung von Plänen, der Überwachung von Marketingoperationen und der Kontrolle der Marketingleistung". Im weitesten Sinne verwenden viele Autoren den Begriff zur Bezeichnung der Gesamtheit der durch das Marketingkonzept getragenen und geprägten Managementaktivitäten. Häufig wird er auch synonym mit Marketingpolitik oder als Oberbegriff für Marketingplanung, Marketingorganisation, Marketingentscheidungen und Marketingkontrolle verwendet.
Philip Kotler definiert: „Das Marketing-Management umfaßt die Analyse, die Planung, die Durchführung und Kontrolle von Programmen, die darauf gerichtet sind, zum Erreichen der Organisationsziele einen beidseitig nützlichen Austausch und Beziehungen mit Zielmärkten einzuleiten, aufzubauen und zu erhalten. Das Marketing-Management stützt sich dabei in erster Linie auf die systematische Analyse der Bedürfnisse, Wünsche, Wahrnehmungen und Präferenzen der Zielgruppen sowie der Zwischenmärkte. Die Ergebnisse dieser Analysen bilden die Grundlage zur effizienten Gestaltung des Produktdesign, der Preisbildung, der Kommunikation und der Distribution."
Nach Kotler hat das Marketingmanagement somit die Aufgabe, „das Niveau, die zeitlichen Aspekte und die Art der Nachfrage in Übereinstimmung mit den Organisationszielen" eines Unternehmens bzw. eines anderen Trägers des Marketing zu bringen. Da das gegenwärtige Nachfrageniveau entweder über, unter oder genau auf dem angestrebten Nachfrageniveau liegen kann, ergeben sich acht mögliche Nachfragekonstellationen, denen die in der folgenden tabellarischen Übersicht angeführten Aufgaben des Marketingmanagement entsprechen:
marketing manager: Marketingmanager *m*, Marketingleiter *m*, Marketingdirektor *m*
Der Leiter der Marketingabteilung eines Wirtschaftsunternehmens.
marketing measure: absatzwirtschaftliche Maßnahme *f*
marketing operation: absatzwirtschaftliche Maßnahme *f*
marketing organization: Marketingorganisation *f*, Absatzorganisation *f*, Vertriebsorganisation *f*
Die Durchsetzung des Marketingkonzepts als eine Strategie der marktorientierten Unternehmensführung, durch die ein Wirtschaftsunternehmen zur Realisierung der eigenen Ziele die Zielgruppen seiner Umwelt zu einem Höchstmaß an Kooperation und Unterstützung zu bewegen versucht, haben zu einer grundlegenden Veränderung der Führungsstruktur derjenigen Wirtschaftsunternehmen geführt, die ihre gesamten Funktionen auf den Markt hin orientiert haben. Der Wandel betrifft nicht allein die Einrichtung von Marketingabteilungen als Teil der Unternehmensleitung oder die Umbenennung früherer Vertriebs- oder Verkaufsabteilungen in Marketingabteilungen, sondern die gesamte Unternehmensstruktur. Die Marketingorganisation bedeutet daher nichts anderes als die institutionelle Verankerung des Marketingkonzepts im Unternehmen und damit die Überwindung der produktions- oder der verkaufsorientierten Unternehmensorganisation. Typisch für die traditionelle Organisationsstruktur eines Unternehmens ist es, daß die seine einzelnen Funktionsbereiche repräsentierenden Abteilungen jede

marketing planning

für sich, und im Extremfall vollkommen isoliert und unkoordiniert, auf den Markt einwirken. Die marketinggerechte Organisation hingegen ist prinzipiell darauf ausgerichtet, eine Koordination aller Unternehmensplanungen und -aktivitäten unter Marketinggesichtspunkten sicherzustellen, bevor sie den Markt erreichen. Zu den spezifischen Kriterien der Leistungswirksamkeit der Organisationsformen für das Marketing sind nach Heribert Meffert die Ermöglichung eines integrierten Marketing, d.h. sowohl die effiziente Koordinierung aller Marketingaktivitäten wie ihre Abstimmung mit den anderen Subsystemen des Unternehmens, die Fähigkeit, auf Änderungen ihrer Umweltbedingungen aufgrund der Marktdynamik flexibel zu reagieren, ihre Fähigkeit zur Erhöhung der Kreativität und Innovationsbereitschaft aller Beteiligten und die Gewährleistung einer sinnvollen Spezialisierung der Organisationsteilnehmer nach Funktionen, Produktgruppen, Abnehmergruppen und Absatzgebieten, zu rechnen.

marketing planning: Marketingplanung *f*
Die Marketingplanung ist derjenige Teilbereich der Gesamtplanung eines Wirtschaftsunternehmens, der den Einsatz der im Rahmen der Marketingziele marktwirksamen Instrumentalvariablen und die dabei zu wählenden Mittel und Wege, Marketingstrategie, plant. Je nach Fristigkeit ist zwischen strategischer (langfristiger), taktischer (mittelfristiger) und operativer (kurzfristiger) Planung zu unterscheiden. Resultat der Marketingplanung ist vor allem die Festlegung des Marketing-Mix und der Art, Zahl und des Umfangs der Marketinginstrumente. Der Prozeß der Marketingplanung besteht aus vier Phasen:
- der Marktanalyse, die in der Untersuchung der für ein Wirtschaftsunternehmen gegebenen Marktsituation besteht,
- der Marktprognose, die im Versuch einer möglichst genauen Abschätzung der künftigen Markt- und Absatzentwicklung des Unternehmens besteht,
- der Festlegung der Marketingziele und
- der Entscheidung über die zur Realisierung der Ziele einzusetzenden Marketingstrategien.

marketing policy: Marketingpolitik *f*, Absatzpolitik *f*, absatzpolitisches INstrumentarium *n*, absatzpolitische Instrumente *n/pl*
Die Gesamtheit der im Rahmen der Absatzpolitik zum Einsatz gebrachten Methoden und Mittel, mit denen ein Unternehmen versucht, das Geschehen auf dem Absatzmarkt in seinem eigenen Interesse und zu seinen eigenen Gunsten zu beeinflussen und zu gestalten, wird in der volkswirtschaftlichen Literatur seit Erich Gutenberg als das absatzpolitische Instrumentarium oder die absatzpolitischen Instrumente bezeichnet. Andere Autoren bezeichnen dasselbe Maßnahmenbündel als die „absatzpolitischen Mittel" (Edmund Sundhoff), die „Instrumente der Marktgestaltung" (Robert Nieschlag), die „Absatzmittel" (Lukas Beyeler) oder auch als das Marketing-Mix. Gutenberg zählt dazu im einzelnen: 1. die Absatzmethode, 2. die Produktgestaltung, 3. die Werbung und 4. die Preispolitik. Andere Systematisierungsansätze sind in der Literatur vielfach anzutreffen.
Meist wird heute die Gesamtheit marktbeeinflussender Aktionsparameter in vier Submix-Bereiche zusammengefaßt:
1. das Produkt-Mix (Produktpolitik), d.h. die Entscheidung darüber, welche Leistungen auf dem Markt angeboten werden sollen (dessen wichtigste Instrumente die Produktqualität, das Sortiment, die Marke, die Verpackung und der Kundendienst sind);
2. das Distributions-Mix (Distributionspolitik). d.h. die Entscheidung darüber an welche Käufer und auf welchen Wegen die Leistungen und Erzeugnisse verkauft bzw. an die Käufer herangebracht werden sollen (wichtigste Instrumente: Absatzkanäle und Logistik);
3. das Kontrahierungs-Mix (Kontrahierungspolitik), d.h. die Entscheidung darüber, zu welchen Bedingungen die Leistungen angeboten werden sollen (wichtigste Instrumente: Preise, Rabatte, Kredite, allgemeine Konditionen, Lieferzeiten) und
4. das Kommunikations-Mix (Kommunikationspolitik), d.h. die Entscheidung darüber, welche Maßnahmen der Information und Beeinflussung ergriffen werden sollen, um die Leistungen und Erzeugnisse abzusetzen (wichtigste Instrumente: persönlicher Verkauf, Verkaufsförderung, Werbung und Öffentlichkeitsarbeit (Public Relations).
In der Fachliteratur finden sich zahlreiche Kataloge absatzpolitischer Instrumente, die sich im wesentlichen in der Zuordnung einzelner Instrumente zu den grundlegenden Submixbereichen voneinander unterscheiden. Der folgende Überblick zeigt die bekanntesten Kataloge mit unterschiedlicher Systematisierung:
- Franz Böcker und Lutz Thomas unterscheiden ähnlich wie Gutenberg zwischen:
1. Produktpolitik
2. Entgeltpolitik
3. Distributionspolitik
4. Kommunikationspolitik
- Karl Banse differenziert zwischen:
1. Preispolitik
2. Qualitätspolitik
3. Werbung
4. Vertriebsorganisation
5. Verpackung
- Robert Nieschlag/Ernst Dichtl/Hans Hörschgen unterscheiden zwischen:
1. *Leistungsbereitschaft* (Betriebsgröße, Standort, Absatzmethode, Betriebs- und Lieferbereitschaft)
2. *Leistungssubstanz* (Produkt-, Sortimentspolitik, Garantieleistungen, Kundendienst)
3. *Abgeltung von Leistungsbereitschaft und Leistungssubstanz* (Preispolitik, Rabattpolitik, Lieferungs- und Zahlungsbedingungen, Kreditgewährung und Leasing)
4. *Information über Leistungsbereitschaft, Leistungssubstanz und deren Abgeltung* (Werbung, Verkaufsförderung, Öffentlichkeitsarbeit).

- Edmund Sundhoffs Katalog absatzpolitischer Mittel differenziert zwischen:
1. *Entgeltpolitik* (Preispolitik, Handelsspannenpolitik)
2. *Sachleistungspolitik* (Qualitätspolitik, Produktgestaltungspolitik)
3. *Dienstleistungspolitik* (Konditionenpolitik, Servicepolitik)
4. *Beeinflussungspolitik* (Werbepolitik, Zugabepolitik)
5. *Einpassungspolitik* (Sortimentspolitik, Präsentationspolitik).

Die Vielzahl unterschiedlicher Darstellungen und Systematiken der absatzpolitischen Instrumente macht deutlich, daß es an einer eindeutigen Abgrenzung absatzpolitischer (bzw. marketingpolitischer) von nichtabsatzpolitischen (nichtmarketingpolitischen) Instrumenten und Maßnahmen fehlt. Ihnen liegt dieselbe Fragestellung zugrunde, die Gutenbergs Systematik zugrundeliegt: „Welche Mittel und Möglichkeiten besitzen die Unternehmen, um auf die Vorgänge in ihren Absätzmärkten einzuwirken? Welcher Art sind die Instrumente die ihnen zur Verfügung stehen, um den Absatz zu beschleunigen oder zu verlangsamen, seine Richtung zu ändern, seine werbende Wirkung zu erhöhen?" (Erich Gutenberg)

marketing quota: Absatzquote *f*
Die systematische Gewinnung und Analyse von Informationen zur Erkennung und Lösung von Problemen im Bereich des Marketing sowie die „Begründung von Annahmen über alle für Ziel- und Maßnahmenentscheide im Marketing relevanten Gegebenheiten, Entwicklungstendenzen und Möglichkeiten" (Wilhelm Hill).
Als ein formal organisiertes Kommunikationssystem dient sie als eine Rückkoppelungsschleife, durch die Marktinformationen zum anbietenden Wirtschaftsunternehmen zurückübermittelt werden. Ziel aller Marketingforschung ist es, Unterlagen für Marketingentscheidungen zur Verfügung zu stellen. Gegenstand und Ziele der Marketingforschung sind daher deutlich von denen der Absatzforschung zu unterscheiden, wiewohl einige der auch in der Fachliteratur herrschenden Begriffsverwirrung vorwiegend dem Umstand zuzuschreiben ist, daß der angloamerikanische Begriff „marketing research" sowohl die traditionelle Absatzforschung wie ihre Erweiterung und Sublimierung durch das Marketingkonzept in Gestalt der Marketingforschung im oben erläuterten Sinn umfaßt. Abzugrenzen ist die Marketingforschung auch nach ihren Zielsetzungen und ihrem Gegenstand von der Marktforschung, wiewohl beide sich weitgehend derselben Forschungsmethoden und verfahren bedienen.

marketing research: Marketingforschung *f*
marketing strategy: Marketingstrategie *f*
In der Marketingplanung legen die Marketingstrategien die zur Erreichung der Marketingziele einzusetzenden langfristigen Maßnahmenkomplexe, d.h. die für den Einsatz konkreter Mittel und Maßnahmen langfristig geltenden Handlungsmaximen fest. Grundlegende Strategiealternativen enthält z.B. die Ansoffsche Matrix der Marketingstrategien.
Nach Heribert Meffert ist zwischen zwei Formen von Marktbearbeitungsstrategien zu unterscheiden:
1. *konzentrierte Marketingstrategien*: Strategien, bei denen sich ein Unternehmen darauf konzentriert, auf einem oder wenigen Teilmärkten eine besonders starke Stellung zu erringen. Sie laufen im Extremfall auf eine Skimming-Politik hinaus, im Normalfall entsprechen sie dem Konzept der Marktnische.
2. *differenzierte Marketingstrategien*: Strategien, bei denen das Ziel verfolgt wird, „durch unterschiedlichen Einsatz der Marketinginstrumente alle in den einzelnen Marktsegmenten in Betracht kommenden Personen zu erreichen. Diese Strategie entspricht dem Grundprinzip des Marketing, da sie versucht, sich auf die Kunden einzustellen und das Marketingprogramm entsprechend ihren Motiven und Einstellungen zu gestalten" (Heribert Meffert).

marketing system: Marketingsystem *n*, Absatzwesen *n*
marking: Auszeichnen *n* mit Preisen *m/pl* oder anderen Angaben *f/pl*, Preisauszeichnung *f*
marking down: Kursabschlag *m*
Markov process: Markoffprozeß *m*, Markovprozeß *m*
Ein stochastischer Prozeß, der dadurch charakterisiert ist, daß die Wahrscheinlichkeit eines Zustands durch die Wahrscheinlichkeit des vorangegangenen Zustands bestimmt wird. Dadurch ist der Gesamtprozeß durch die Ausgangswahrscheinlichkeiten und die Übergangswahrscheinlichkeiten aller Zustände definiert. Ein Sonderfall des Markovprozesses ist die Markovkette mit abzählbarem Zustandsraum oder diskreter Zeit und beliebigem Zustandsraum. Es handelt sich um eine Folge von Zufallsvariablen, die eine abzählbare Menge von Zuständen annehmen können. Die Verteilung der n-ten Variablen hängt allein von der (n − 1)-ten Variablen ab, so daß sich das Ergebnis des n-ten Zustands allein aus der Übergangswahrscheinlichkeit ergibt.
Markovprozesse werden zur Beschreibung einer Vielzahl von Prozessen verwendet, in denen die Übergänge zu einem bestimmten Zustand von dem vorangehenden Zustand abhängig sind, also z.B. bei Prognosen von Marktanteilen oder der Budgetplanung.

markup: Handelsaufschlag *m*, Preiserhöhung *f*, Vertriebskosten- und Gewinnaufschlag *m*
marriage: Ehe *f*, Eheschließung *f*
marriage broker: Heiratsmakler *m*
marriage contract: Ehevertrag *m*
married: verheiratet

married couple: Ehepaar *n*
marshalling assets *pl*: Feststellung *f* der Rangordnung *f* im Konkursverfahren *n*, Verteilung *f* von Aktiven *pl* im Konkurs *m*
mask: Maske *f (EDV)*, verschleiern
masked inflation: latente Inflation *f*, versteckte Inflation *f*
mass: Masse *f*
mass circulation: Massenauflage *f*
mass commodity: Massengut *f*, Massenware *f*
Als Massengüter werden im Gegensatz zu den Massenprodukten ausschließlich Industriegüter bezeichnet, die in großen Mengen hergestellt und verbraucht werden, ein hohes Gewicht, aber einen im Verhältnis zum Gewicht relativ geringen Wert haben (Kies, Kohle, Steine, Stahl), so daß bei ihrer Verwendung stets Transport- und Standortprobleme eine entscheidende Rolle spielen.
mass dismissal: Massenentlassung *f*
mass display: Ausstellung *f* einer Vielzahl *f* von gleichartigen Gütern *n/pl*, Massenausstellung *f*
mass manufacture: Massenproduktion *f*
mass merchandising: Warenhandel *m* in großen Mengen *f/pl*
mass picketing: Streikposten *m/pl* in großer Zahl *f*
mass-produced article: Dutzendware *f*, Massenartikel *m*
mass-produced goods *pl*: Dutzendware *f*, Massenartikel *m*
mass production: Massenproduktion *f*
mass storage: Massenspeicher *m (EDV)*
mass unemployment: Massenarbeitslosigkeit *f*
master: Haupt-, Dienstberechtigter *m*, Dienstherr *m*, Lehrer *m*
master budget: Gesamtbudget *n*
master card: Leitkarte *f*, Matrizenkarte *f (EDV)*, Stammkarte *f (EDV)*
master control: Federführung *f*
Beim Zusammenwirken zweier Stellen in lateraler Kooperation ist zwischen dem federführenden und dem zu beteiligenden Bereich unterscheiden. Federführung bedeutet, daß der betreffende Funktionsbereich den Fortgang der ihm übertragenen Aufgaben zuständigerweise betreibt. Dabei ist es ohne Belang, wieweit er die dazu erforderliche Sachbearbeitung selbst durchführt oder ihre Erledigung ganz oder teilweise durch andere in der Einzelheit sachkundigere, mitzuständige oder zu beteiligende Stellen veranlaßt, steuert und koordiniert. Ebenso ist es für die Federführung ohne Belang, wieweit der Federführende die für den Fortgang der Sache benötigten Entscheidungen selbst zu treffen befugt ist, wieweit andere an diesen Entscheidungen zu beteiligen oder übergeordnete Stellen zu diesen Entscheidungen zu veranlassen sind.
Soweit der federführende Bereich Sachbearbeitung und Entscheidungen nicht selbst oder nicht allein vornimmt, veranlaßt er die notwendigen Untersuchungen, Beteiligungen und Koordinierungen, sammelt die erforderlichen Informationen, veranlaßt die notwendige Kooperation, erteilt die nötigen Sachbearbeitungsaufträge über Teilaufgaben an andere, steuert, überwacht und koordiniert alle benötigten Beiträge und Teilaufgaben sachlich und terminlich, bereitet die fälligen Entscheidungen vor, bereitet er die hierzu erforderlichen Unterlagen, Alternativen und Vergleiche auf bzw. erstellt den Abschlußbericht, sorgt für das Zustandekommen der Entscheidungen, veranlaßt die daraus resultierenden Folgerungen und hat für das Erreichen des gesteckten Zieles und für die Verwirklichung der Ergebnisse zu sorgen.
Im Rahmen des Lateralverhältnisses hat der Federführende kein stärkeres Einflußrecht auf die gemeinsame Entscheidung als die anderen beteiligten Partner. Es ist eine gleichberechtigte Verständigung erforderlich. Durch das Lateralverhältnis unter den Beteiligten ist sichergestellt, daß die Belange und Erfahrungen aller Beteiligten soweit berücksichtigt werden oder einfließen, wie es der einzelne für nötig oder vertretbar hält.
Die Festlegung der Federführung beschneidet nicht das allgemeine Initiativrecht der sonst an der jeweiligen Aufgabe interessierten, beteiligten oder von ihr betroffenen Funktionsbereiche. Jeder Funktionsbereich hat das Recht, jederzeit initiativ zu werden, wo er es im Interesse des Unternehmens für notwendig hält, unabhängig von bestehenden Federführungszuständigkeiten und auch unabhängig von den Grenzen seiner eigenen Zuständigkeit. Innerhalb seines Aufgabengebiets ist jeder darüber hinaus auch verpflichtet, alle zur Erfüllung seiner Aufgaben und zur Erreichung seiner Ziele notwendigen Initiativen rechtzeitig zu ergreifen. Das gilt auch für Initiativen gegenüber anderen zu beteiligenden Bereichen. Besonders besteht für den Federführenden im Rahmen seines Aufgabengebietes die Pflicht zur Initiative.
Auf Sachgebieten, für deren Bearbeitung bestimmte Ordnungsfunktionen dienstleitend (und meistens auch federführend) zuständig sind, haben darüber hinaus auch die zu bedienenden und deshalb mitzuständigen Bereiche die Initiativpflicht zur Inanspruchnahme dieser Dienstleistungen, sobald die Notwendigkeit hierzu in ihrem Bereich erkennbar wird. Der betroffene Ordnungsfunktionsbereich erledigt diese Dienstleistungsaufgabe dann in der Regel federführend. Das schließt nicht aus, daß Teilaufgaben in Sekundärfederführung an den zu bedienenden Bereich aufgrund des Lateralverhältnisses rückdelegiert oder an andere Bereiche weitergegeben werden. Ordnungsfunktionen können demgemäß auf gleichen Sachgebieten sowohl auf eigene als auch auf fremde Initiative hin tätig werden. Bei jeder Initiative ist sicherzustellen, daß sofort die bestehenden Beteili-

gungspflichten und Zustimmungsabhängigkeiten sowie evtl. festgelegte Federführungszuständigkeiten wahrgenommen werden.
Die Klarstellung der Federführung ist überall da geboten, wo zur Lösung bestimmter Aufgaben mehrere Stellen oder Personen zusammenwirken müssen. Dabei ist wesentlich, daß die Federführung immer nur bei einem, dem Hauptzuständigen, liegen kann, obgleich mehrere Mitzuständige und darum Beteiligte an der Erarbeitung der Lösung mitwirken und meistens auch mehrere (oft andere) Beteiligte gemeinsam die Entscheidung treffen. Deshalb ist stets verbindlich festzulegen, welcher Funktionsbereich für welche Aufgabengebiete federführend zuständig ist.
Die Federführung kann generell (z.B. durch die Funktionsorganisation oder die Aufgabenbeschreibungen), oder auch von Fall zu Fall festgelegt, kann häufig unmittelbar zwischen den Beteiligten vereinbart, und kann für Teilaufgaben im Auftragsverhältnis weitergegeben werden (Sekundärfederführung).
Die federführende Zuständigkeit sollte sich vornehmlich danach richten, in welchem Bereich die höhere Sachkunde und Eignung für die gemeinsam zu bearbeitende Aufgabe vorliegt. In dieses Arbeitsgebiet sollte dann auch der Schwerpunkt der Bearbeitung und damit die Federführung fallen. Im Rahmen einer Matrix-Organisation zwischen Projektleitern und beteiligten Fachbereichen sind die Projektleiter primärfederführend und geben die Sekundärfederführung für einzelne Projekt-Komponenten im Auftragsverhältnis an zuständige Fachbereiche weiter. Häufig wird die Federführung bei der Stelle liegen, von der im Einzelfall die Initiative ausgeht. In den Aufgabenbeschreibungen zu den Funktionsorganisationsplänen werden überwiegend federführende Zuständigkeiten genannt. Denn bei der Übertragung von Aufgaben auf bestimmte Personen oder Bereiche handelt es sich meistens um die Übertragung federführender Zuständigkeit mit der Pflicht zur Initiative. Die zu beteiligenden Stellen werden dabei in der Regel nicht ausdrücklich genannt. Sie ergeben sich von Fall zu Fall aus den berührten Zuständigkeiten bestehender anderer Funktionsbereiche, die aus deren Aufgabenbeschreibungen ersichtlich sind. Werden nichtfederführende Zuständigkeiten genannt, dann werden sie meistens als Mitwirkung bezeichnet.

master copy: Matrize *f*
master data *pl*: Stammdaten *n/pl*
master file: Stammdatei *f (EDV)*
master key: Hauptschlüssel *m*
master of an apprentice: Lehrherr *m*
Master of Law (LL.M.): Magister *m* der Rechte *n/pl*
master pay record: Lohnsammelkonto *n*
master plan: Gesamtplan *m*
master policy: Hauptpolice *f*
master record: Hauptsatz *m (EDV)*
master scheduling: Gesamtplanung *f*
master summary sheet: Betriebsabrechnungsbogen *m*, Übersichts(Betriebsabrechnungs)bogen *m*
master tape: Hauptband *n (EDV)*, Stammband *n (EDV)*
master's degree (M.A.): Magister Artium *m*
match: vergleichen (beim Kartenmischen) *(EDV)*, zuordnen *(EDV)*
match-merge: mischen mit aussteuern *(EDV)*, zusammensortieren (in vorgegebener Reihenfolge) *(EDV)*
matching concept: Prinzip *n* der periodenechten Aufwands- und Ertragszuordnung *f*
matching of (related) revenues *pl* **and expenses** *pl*: periodische Abgrenzung *f* von Aufwand *m* und Ertrag *m*
matching of income and expenditures *pl*: periodische Abgrenzung *f* von Aufwand *m* und Ertrag *m*
mate's receipt (M.R.): Empfangsquittung *f* einer Ladung *f* an Bord *m*, Verladebescheinigung *f*
material : bedeutend, erheblich, hauptsächlich, materiell, wesentlich, Fertigungsmaterial *n*, Material *n*, Rohmaterial *n*, Stoff *m*
material accounting: Materialabrechnung *f*
material budget: Material-Budget *n*, Materialkostenplan *m*
material code: Materialschlüssel *m*
material contract: wesentlicher Vertrag *m*
material control: Materialkontrolle *f*
material cost: Materialkosten *pl*
material cost burden rate: Materialgemeinkostensatz *m*, Materialgemeinkostenzuschlag *m*
material costing: Materialkostenermittlung *f*
material flow: Materialfluß *m*
material handling: innerbetriebliches Förderwesen *n*, Materialtransport *m*
material handling cost(s) *(pl)*: Materialgemeinkosten *pl*
material handling expense: Materialgemeinkosten *pl*
material handling expenses *pl*: Materialgemeinkosten *pl*
material handling overhead: Materialgemeinkosten *pl*
material in process: Halbfabrikate-Material *m*
material in stock: eingelagertes Material *n*
material need: Materialbedarf *m*
material on hand: eingelagertes Material *n*, Vorratsmaterial *n*

material on order: bestelltes, noch nicht eingegangenes Material *n*
material overhead: Materialgemeinkosten *pl*
material price: Materialpreis *m*
material price variance: Materialpreisabweichung *f*
material price variation: Materialpreisabweichung *f*
material quantity variance: Materialmengenabweichung *f*, Materialverbrauchsabweichung *f*
material receipt: Materialeingang(sschein *m*) *m*, Wareneingang *m*
material requirement: Materialbedarf *m*
material requisition: Materialanforderung *f*, Materialbezugsschein *m*, Materialentnahmeschein *m*
material shortage: Materialknappheit *f*
material slip: Materialentnahmeschein *m*
material status report: Lagerbestandsbericht *m*
material store: Materiallager *n*
material storing and handling expense: Materialgemeinkosten *pl*
material storing and handling expenses *pl*: Materialgemeinkosten *pl*
material testing: Materialprüfung *f*, Werkstoffprüfung *f*
material transaction register: Materialbewegungsliste *f*
material usage variance: Materialverbrauchsabweichung *f*
material usage: Materialverbrauch *m*
material usage variation: Materialverbrauchsabweichung *f*
material voucher: Materialbeleg *m*, Werkstoffbeleg *m*
material wealth: materieller Wohlstand *m*
materialization: Verwirklichung *f*
materialize: verwirklichen
materials abstract: Materialverbrauchsstatistik *f*
materials accounting: Lagerbuchhaltung *f*
materials allowance: Materialzuschlag *m*
materials-consumed sheet: Materialverbrauchsbogen *m*
materials-consumption sheet: Materialverbrauchsbogen *m*
materials credit slip: Materialrückgabeschein *m*
materials disposition: Materialdisposition *f*
Die genaue Produkt- und Terminspezifikation gegenüber den Lieferanten im Rahmen des Materialmanagement.

materials inspection department: Warenkontrolle *f*
materials issued analysis sheet: Materialverbrauchsstatistik *f*
materials management: Materialmanagement *n*
Die Steuerung und Planung der Interaktionen zwischen Unternehmung und Beschaffungsmärkten und, beim Versand der Fertigprodukte, auch den Absatzmärkten. Das Materialmanagement umfaßt vor allem die Bereiche Einkauf und Lagerhaltung (einschließlich aller Bewegungen beim Gewinnen, Be- und Verarbeiten sowie beim Verteilen von Materialien). Der Einkauf von Materialien (Güter und Stoffe) stellt lediglich einen Teil des Beschaffungsmanagements dar. Die Beschaffung von Finanzmitteln und Investitionsgütern untersteht der Verantwortung des Finanz- bzw. Produktionsmanagements und die von Mitarbeitern der des Personalmanagement.
Unter Einkauf versteht man die Beschaffung von Materialien oder (Vor-)Produkten mit der Absicht der Weiterveräußerung (Handel) oder Ver- und Bearbeitung (Produktion). Sofern die Rationalisierungsreserven einer Unternehmung im Produktionsbereich ausgeschöpft sind und der Wettbewerb auf den Absatzmärkten keine Erlössteigerung zuläßt, gilt die Materialwirtschaft (vor allem der Einkauf) als bevorzugter Ansatzpunkt für Kostensenkungsprogramme.
Gegenstand des Einkaufsmanagements sind die Wahl der geeigneten Lieferanten für die von den Abteilungen spezifizierten Bestellwünsche, die Materialdisposition, die Warenannahme, Inspektion und Kontrolle, die Rechnungsprüfung und Zahlungsanweisung.
Zentrale Problemfelder des Einkaufsmanagements sind vor allem die folgenden Entscheidungen:
• *zentraler* oder *dezentraler Einkauf*: Eine Zentralisierung des Einkaufs bietet neben Wirtschaftlichkeitsvorteilen (große Einkaufsmengen stärken die Verhandlungsposition hinsichtlich Preisen und Konditionen) die Chance, qualifizierte Einkaufsspezialisten pro Artikel einzusetzen. Die organisatorische Trennung vom Besteller erlaubt eine objektive, neutrale Kostenkontrolle. Lediglich bei örtlich weit auseinanderliegenden Produktionsstätten und sehr heterogenem Materialbedarf sind die Vorteile eines Zentralisierung des Einkaufs gegenüber einer dezentralen Organisation (Transportkosten, Informations- und Zeitverlust) minimal.
• *Eigenfertigung* oder *Fremdbezug* (Make-or-Buy-Entscheidung): Die in vielen Betrieben vor allem mittlerer Größe anzutreffende Politik, möglichst viele Anlagen selbst zu erstellen bzw. Vorprodukte selbst zu fertigen, anstatt sie fremdzubeziehen, beruht häufig auf der Angst vor einer Abhängigkeit von mehr oder minder zuverlässigen Lieferanten oder ist Ausdruck eines Autarkiestrebens.

Die Wahl der optimalen Fertigungstiefe (Anteil der Eigenfertigung, eigene Wertschöpfung) mit Hilfe von Wertschöpfungsanalysen gilt heute als eine zentrale unternehmungsstrategische Entscheidung. Wettbewerbsvorteile gegenüber Konkurrenten mit gleicher Fertigungstiefe bestehen dann, wenn Wertschöpfungsaktivitäten von der eigenen Unternehmung besser und/oder billiger durchgeführt werden. Unabhängig davon ist jede Aktivität daraufhin zu überprüfen, ob sie nicht (noch) kostengünstiger in einem anderen eigenen (ausländischen) (Eigenfertigung) oder fremden Betrieb (Fremdfertigung) erbracht werden kann bzw. ob nicht eine Angliederung bzw. Ausgliederung vorgelagerter oder nachgelagerter Produktionsstufen Wettbewerbsvorteile bringt.

Im operativen Bereich befaßt sich das Einkaufsmanagement u.a. mit der Ermittlung optimaler Bestellmengen und Bestellhäufigkeiten, der Zusammenstellung eines die Kontinuität des Inputs sicherstellenden Mix von Lieferanten sowie in Kooperation mit den Bereichen Konstruktion bzw. Produktion mit der systematischen Durchforstung der eigenen Produkte nach möglichen Kosteneinsparungsmöglichkeiten. Ein geeignetes Hilfsmittel hierfür ist die Wertanalyse.

Da das Materialmanagement nicht allen Artikeln dieselbe Aufmerksamkeit entgegenbringen kann, läßt sich mit Hilfe der ABC-Analyse das gesamte Einkaufsvolumen eines Unternehmens strukturieren.

Lagerhaltung betrifft die Gesamtheit der *grundsätzlich-strategischen Entscheidungen* darüber, ob ein Unternehmen überhaupt ein Lager unterhalten oder Streckenhandel betreiben soll, der *ökonomisch-dispositiven Entscheidungen* über den optimalen Lagerumfang und dessen Finanzierung sowie der *technisch-organisatorischen Entscheidungen* über die Durchführung und Abwicklung der Lagerhaltung und der dafür erforderlichen Bauten.

Die Lagerhaltung dient grundsätzlich der Überbrückung (zeitlich und räumlich) von Diskontinuitäten im Input-Transformation-Output-Prozeß. Sie regelt den Zufluß und Abfluß von Materialien und erlaubt durch Pufferbildung die Entkoppelung kontinuierlich angelegter Fertigungsverfahren.

materials manual: Materialhandbuch *n*
materials overhead: Materialgemeinkostenzuschlag *m*
materials returned note: Materialrückgabeschein *m*
materials sheet: Materialblatt *n*
materials transfer note: Materialübertragungsschein *m*
maternity: Mutterschaft *f*
maternity allowance: Mutterschaftsbeihilfe *f*
maternity benefit: Wochengeld *n*, Wochenhilfe *f*
maternity grant: Mutterschaftsbeihilfe *f*

mathematical check: mathematische Prüfung *f (EDV)*
mathematical decision theory: mathematische Entscheidungstheorie *f* → Entscheidungstheorie
mathematical model: mathematisches Modell *n*
Ein mathematisches Modell besteht aus einer oder mehreren Gleichungen oder Ungleichungen, die Zusammenhänge zum Ausdruck bringen. Soweit die durch die Symbole abgebildeten Eigenschaften unterschiedliche Ausprägungen annehmen können, werden sie im Modell durch Variablen wiedergegeben. Konstante oder konstant gehaltene Eigenschaften sind demgegenüber Parameter des Modells. Zwischen den Modellvariablen bestehen funktionale Beziehungen. Diese bringen die Gesetzmäßigkeiten zum Ausdruck, welche die Eigenschaften der Elemente bzw. Beziehungen des realen Systems und die Veränderungen des Systemzustands im Zeitablauf determinieren.

Modelle sind vereinfachte Abbilder der Wirklichkeit, durch die bestimmte Eigenschaften der Elemente, Beziehungen und Verhaltensweisen eines realen Systems in vereinfachter Weise dargestellt werden. Mathematische Modelle gehören zur Kategorie der symbolischen Modelle, in denen Zeichen wie Figuren, Buchstaben oder Zahlen die interessierenden Eigenschaften der Elemente, deren Beziehungen oder sonstige Aspekte des abzubildenden realen Systems repräsentieren. Gegenüber verbalen Modellen haben mathematische Modelle den Vorteil, daß sie exakt formulierbar sind.

mathematical programming: mathematische Programmierung *f* (Operations Research)
matrimonial: ehelich
matrimonial regime: eheliches Güterrecht *n*
matrix: Matrix *f*
In der Mathematik eine Form der Darstellung für n Größen, die m lineare Beziehungen haben, in einem rechteckigen, zwei- oder mehrdimensionalen, tabellenähnlichen Schema von Zeilen. Die Zahlen in den Zeilen der Matrix heißen Zeilenvektoren, die in den Spalten Spaltenvektoren. Es handelt sich um ein aus der Determinantenmethodik zur Lösung linearer Gleichungen mit mehreren Unbekannten hervorgegangenes Instrument der Datenaufbereitung und -analyse, durch das Objekte und Variablen einander zugeordnet werden.

Im Fall einer zweidimensionalen Matrix werden in den Zeilen (i = 1,2,3, ... , n) die Erhebungsdaten für die Versuchspersonen und in den Spalten die Merkmalsvariablen (j = 1, 2, 3, ... , m) eingetragen. Ein Element X_{ij} gibt folglich also einen Wert für die i-te Versuchsperson und die j-te Merkmalsvariable wieder.

Einer der Vorteile von Datenmatrizen ist es, daß die in die Zellen eingetragenen Zellenwerte aus

matrix algebra

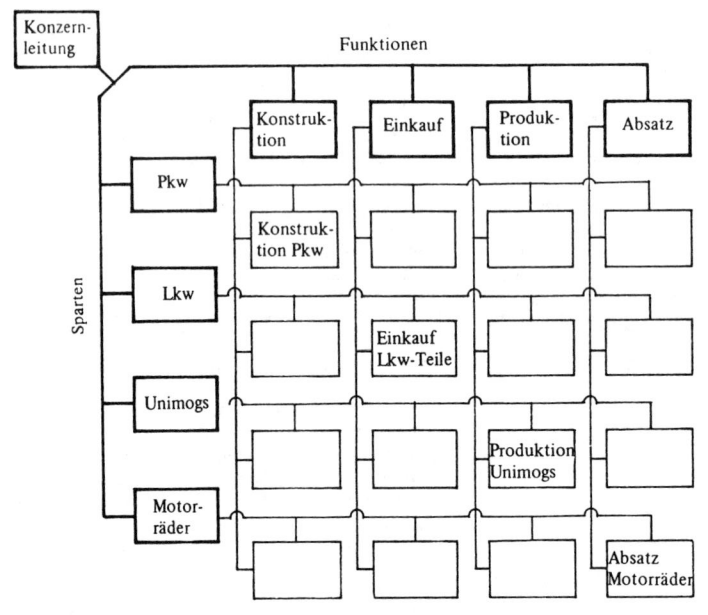

Matrix-Management

Versuchspersonen i / Merkmalsvariablen j	1	2	...	m-1	m	Σ
1	x_{11}	x_{12}	...	x_{1m-1}	x_{1m}	
2	x_{21}	x_{22}	...	x_{2m-1}	x_{2m}	
:	:	:	...	:	:	
.	.	.	.t.			
n-1	$x_{(n-1)1}$	$x_{(n-1)2}$	...	$x_{(n-1)m-1}$	$x_{(n-1)m}$	
n	x_{n1}	x_{n2}	...	$x_{n(m-1)}$	x_{nm}	
Σ						ΣΣ

Matrix

Daten aller vier Skalierungsniveaus bestehen können (also sowohl nominal-, ordinal-, intervall- oder verhältnisskaliert sein können) und daß dabei auch das Skalenniveau von Spalte zu Spalte variieren kann. Für die Umformung von Matrizen gelten besondere Rechenregeln.

Matrizen werden in vielen Bereichen der Managementlehre sowie der Markt- und Sozialforschung verwendet, z.B. als Entscheidungsmatrizen, in der Faktorenanalyse, in der Kontingenzanalyse, der Korrelationsanalyse usw.

matrix algebra: Matrizenrechnung *f*

matrix management: Matrixmanagement *n*
Eine Form des Management, deren Charakteristikum die Zusammenführung von Fachexperten verschiedener Funktionen unter einer einheitlichen Leitung ist. Es handelt sich um eine Zwischenform zwischen dem hierarchischen System des Linienmanagement und dem Stab-Linien-System. Weil darin mehrere Linien vorgesehen sind, wird das Matrix-Management auch als eine moderne Ausgestaltung des Prinzips der Mehr-Linien-Organisation bezeichnet. Es läuft darauf hinaus, unterhalb der Unternehmensleitung sowohl horizontale wie vertikale Linienfunktionen zu etablieren. Eine Weiterentwicklung dieser zweidimensionalen Unternehmensorganisation ist das Würfelsystem.

Als eine Variante des klassischen Liniensystems resultiert die Matrix-Organisation in einer Gliederung sowohl nach Produkten, Produktmanagement, wie nach Funktionen. Das Leitungssystem besteht also aus zwei Koordinationsebenen, den Produktmanagern (Integrationsmanagern) und den Funktionsmanagern. Selbst wenn die Möglichkeit bedacht wird, daß entweder die einen oder die anderen und nicht alle beide weisungsbefugt sind, so sind Konflikte in jedem Fall bereits in der Konstruktion angelegt und unvermeidlich. Die Abbildung oben auf dieser Seite zeigt das Muster einer Matrix-Organisation.

Dabei werden Teams gebildet, die als neu definierte Stelle in die bisherige Organisation einzugliedern sind. Zwei Varianten sind möglich:

1. Die neu definierte Stelle erhält eine eigene Leitungsfunktion, einen Projektmanager, der einen

besonderen Berichts- und Befehlsweg (in der Regel direkt zur Geschäftsleitung) einzuhalten hat.
2. Die neu definierte Stelle wird einer bisherigen Funktion, die eine dominierende Rolle bei der Realisierung der Aufgabe einnimmt, zugeordnet. In diesem Fall berichtet der Projektleiter an den Leiter dieses Funktionsbereichs.
Von besonderer Bedeutung ist im Matrix-Management die Zusammensetzung und Arbeitsorganisation des Teams. Das Team besteht aus mehreren Abteilungen, die eine hierarchische Ordnung erfordern und damit temporär den Rang und die Bedeutung einer eigenen Funktion annehmen. Die Matrix-Organisation konzentriert die Aufmerksamkeit in Anknüpfung an das Mehr-Linien-System simultan zwei Aspekten eines Problembereichs (z.B. Verrichtung und Objekt), die Tensor-Organisation tut das sogar bei drei Aspekten (Verrichtung, Objekt und Region).
In der Matrix-Organisation als einer Kombination zweier Hierarchiesysteme wird die traditionelle, nach Funktionen gegliederte Organisationsstruktur (vertikale Linien) wird von einer projekt- oder produktorientierten Struktur (horizontale Linien) überlagert. Damit kreuzen sich zwei Kompetenzsysteme, so daß man von einem kombinierten Zwei-Linien-System sprechen kann. Im Schnittpunkt beider Linien befinden sich eine oder mehrere Stellen, die aus einem einzigen Mitarbeiter oder einer Gruppe bestehen können.
Bei Konflikten wird dabei keine organisatorisch bestimmte Dominanzlösung zugunsten der einen oder der anderen Achse geschaffen wird. Man vertraut auf die Argumentation und die Bereitschaft zur Kooperation. Durch das Aufeinandertreffen von Funktions- und Produkt/Projekt-Belangen, bei dem die Kompetenzen nicht klar aufgeteilt sind, wird der Konflikt zwischen Differenzierungs- und Integrationsnotwendigkeit direkt in die Organisation hineingetragen und seine Lösung der direkten Verhandlung und Abstimmung anheim gestellt. Konflikte werden in diesem Konzept nicht mehr länger als Bedrohung einer Ordnung verstanden, sondern als produktives Element, das die Abstimmungsprobleme einer sinnvollen Lösung zuführen kann.
Die besondere Hürde, die eine Übernahme des Matrix-Konzepts mit sich bringt, ist die Abkehr von dem Prinzip der Einheit der Auftragserteilung und damit die Aufgabe der Ein-Linien- zugunsten einer Mehr-Linien-Organisation. Die Funktionsmanager und die Produkt- oder Projektmanager stehen einander gleichberechtigt gegenüber, und nachgeordnete Mitarbeiter haben in bestimmten Fällen zwei Vorgesetzte. Dieses Mehr-Linien-System erfordert zwangsläufig eine Vielzahl von Abstimmungsprozeduren und Konferenzen, um die von dieser Struktur-Konfiguration verstärkten Konflikte zu lösen.
Funktionstüchtig ist die Matrix-Organisation grundsätzlich nur dann, wenn die personellen Voraussetzungen dafür geschaffen worden sind. Die betroffenen Personen müssen in der Lage sein, sich von dem herkömmlichen hierarchischen Autoritätsdenken zu lösen und statt dessen auf ihre Konfliktregelungskompetenz zu vertrauen. Der für die Matrix-Koordination typische geringe Einsatz formaler Machtmittel erfordert in der Regel eine Neuorientierung im Verhalten, die nicht ohne weiteres realisiert werden kann.

matrix organization: Matrixorganisation *f* → matrix management
matrix project management: Matrix-Projekt-management *n* → project management
matter: Angelegenheit *f*, Sache *f*, Stoff *m*
matter in dispute: Streitfall *m*, Streitfrage *f*
matter of fact: Sachverhalt *m*, Tatbestand *m*
matter of secondary importance: Nebensache *f*
mature: fällig, reif
mature: fällig werden, verfallen (von Schulden)
matured bond: fällige Obligation *f*
matured coupon: fälliger Kupon *m*, noch nicht eingelöster Kupon *m*
matured liability: fällige oder überfällige Schuld *f*
maturing liability: Schuld *f*, die in naher Zukunft *f* fällig wird
maturity: Fälligkeit *f*, Reife *f*, Verfall *m* (von Schulden), Verfallzeit *f*
maturity age: Endalter *n* (Versicherung)
maturity cycle theory of leadership: Reifezyklustheorie *f* der Führung
Aufbauend auf dem 3-D Führungsmodell von William J. Reddin entwickelten Paul Hersey und Kenneth Blanchard eine Theorie der Führung, deren Ausgangspunkt eine Führungsstiltaxonomie ist, in der die zwei Dimensionen Aufgaben- und Personenorientierung zu vier Stilen kombiniert werden. Die Situation wird mit einer einzigen Moderatorvariablen in Ansatz gebracht, der Reife der Untergebenen. Diese bestimmt sich aus zwei Faktoren, der Funktionsreife und der psychologischen Reife. Funktionsreife bezeichnet die Fähigkeiten, das Wissen und die Erfahrung, die ein Mitarbeiter zur Erfüllung seiner Aufgabe mitbringt. Die psychologische Reife ist eine Art Motivationsdimension, die auf Selbstvertrauen und achtung abstellt und Leistungsorientierung und Verantwortungsbereitschaft signalisieren soll.
Die Autoren unterscheiden vier Reifestadien und ordnen diesen die vier Führungsstile zu. Bei sehr „unreifen" Mitarbeitern (M1) erzielt Führungsstil 1, der sich durch eine hohe Aufgabenorientierung und eine nur schwach betonte Mitarbeiterorientierung auszeichnet, die höchste Effektivität (= Zielerreichung). Mit zunehmender Reife (M2, M3) wird die Aufgabenorientierung immer unbedeutender, die Mitarbeiterorientierung dagegen immer wichtiger (Stil 2, 3), bis schließlich das höchste Reifesta-

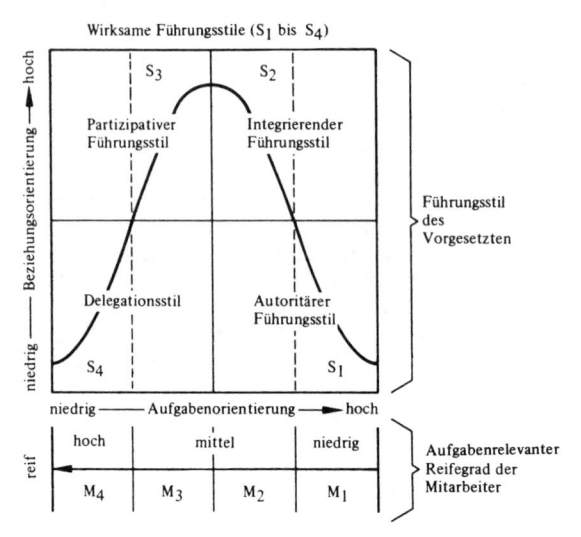

Reifezyklus der Führung

Wirksame Führungsstile (S_1 bis S_4)

- S_3: Partizipativer Führungsstil
- S_2: Integrierender Führungsstil
- S_4: Delegationsstil
- S_1: Autoritärer Führungsstil

Achsen: Beziehungsorientierung (niedrig – hoch), Aufgabenorientierung (niedrig – hoch)

Führungsstil des Vorgesetzten

Aufgabenrelevanter Reifegrad der Mitarbeiter: reif – hoch (M_4) – mittel (M_3) – niedrig (M_2, M_1)

dium erreicht ist (M4), dem Führungsstil 4 mit seiner breiten Delegation und seiner Betonung von Selbständigkeit am besten gerecht wird.

Eine solche Anpassung des Führungsverhaltens an das vorgefundene Reifeniveau der Untergebenen ist jedoch tendenziell zirkulär, denn das arbeitsrelevante Reifeniveau ist ja keine Naturkonstante, sondern entwickelt sich im Arbeitskontext und ist damit wesentlich von der Art der Führung abhängig.

Hersey und Blanchard fügten deshalb ihrem Modell eine dynamische Komponente hinzu. Längerfristig wird ein Einfluß des Führers auf die „Situation" in Rechnung gestellt; der Führer kann und soll den Reifegrad der Mitarbeiter durch gezielte Förderung kontinuierlich erhöhen und seinen Führungsstil bei Erfolg entsprechend anpassen.

maturity date: Fälligkeitsdatum n, Verfalltag m

maturity stage: Reifephase f im Produktlebenszyklus

Die dritte Phase im Produktlebenszyklus, die dadurch charakterisiert ist, daß bei fortgesetzter Marktausdehnung die Zuwachsraten des Umsatzes und die Umsatzrentabilität des Produkts bereits abzusinken beginnen. Die Gewinnrate hat ihren Höhepunkt bereits überschritten und sinkt bei unvermindert steigenden Umsätzen bis zum Ende der Reifephase, die meist mit dem allmählichen Abflachen der absoluten Umsatzzuwächse angesetzt wird. Ihr schließt sich die Marktsättigungsphase an.

maturity value: Fälligkeitswert m

maxim: Grundsatz m, Maxime f

maximal float: maximale Pufferzeit f

maximal slack: maximale Pufferzeit f

maximal slack time: Maximalschlupf m (PERT)

maximax criterion: Maximaxkriterium n

In der mathematischen Entscheidungstheorie ein Kriterium für Entscheidungen unter Unsicherheit (verteilungsfreier Fall), das die Wahl derjenigen Entscheidungsalternative, die den maximalen Nutzen verspricht, nahelegt. In der Entscheidungsmatrix ist dies die Handlung mit dem Zeilenmaximum. Die Entscheidungsregel drückt eine optimistische Einschätzung der Handlungsalternativen aus, da sie sich ausschließlich an dem höchstmöglichen erreichbaren Nutzen orientiert.

maximax rule: Maximaxregel f

maximin criterion: Maximinkriterium n

In der mathematischen Entscheidungstheorie ein Kriterium für Entscheidungen unter Unsicherheit (verteilungsfreier Fall), das im Gegensatz zur extrem optimistischen Maximax-Regel und zur extrem pessimistischen Minimax-Regel die Wahl derjenigen Handlungsalternative nahelegt, durch die der minimale Nutzen maximiert wird, mithin also die Strategie ausgewählt wird, deren Zeilenminimum in der Entscheidungsmatrix am größten ist (Wahl der besten unter den schlechtesten Alternativen).

Definitionsgemäß ist bei Entscheidungen unter Risiko jede reine Strategie a_i ein Spiel. Die erwartete Auszahlung bei einem Spiel kann man sich als die durchschnittliche Auszahlung an den Protagonisten P^A vorstellen, wenn er dieses Spiel in einer prinzipiell unendlich großen Anzahl von Durchgängen wählen und jeweils die entsprechende Auszahlung erhalten würde.

Bei jeder möglichen Alternative gibt es zumindest eine schlechteste Konsequenz, d.h. eine Konsequenz mit der geringsten Auszahlung. Diese

schlechteste Konsequenz stellt das Sicherheitsniveau bei der Wahl dieser Alternative dar. Im Falle gemischter Strategien ist das Sicherheitsniveau die geringste erwartete Auszahlung. Nach dem Maximin-Prinzip sollte P^A die Alternative mit dem höchsten Sicherheitsniveau wählen: die Alternative, welche die maximale von allen minimalen Auszahlungen bringt.
Während man bei der Lösung eines Entscheidungsproblems nach dem Erwartungswert-Prinzip gemischte Strategien ignorieren kann, ist das bei Anwendung des Maximin-Prinzips nicht möglich, da eine gemischte Strategie ein höheres Sicherheitsniveau haben mag als irgendeine reine Strategie. Ohne nähere Spezifikation geht man stets davon aus, daß die Lösung des Problems auf der Basis der gesamten Strategiemenge erfolgt; andernfalls spricht man von dem Maximin-Prinzip bezüglich der reinen Strategien. Auch wenn aber eine Lösung vor dem Hintergrund der gesamten Strategiemenge erfolgt, kann die gefundene Alternative entweder rein oder gemischt sein.
Das Minimax-Prinzip geht davon aus, daß die Einträge in der Auszahlungsmatrix potentielle Verluste darstellen und eine Konsequenz um so weniger wünschenswert, je größer der Eintrag ist. Hier muß es P^A also um eine Minimierung der maximalen Verluste gehen. Beide Prinzipien sind jedoch äquivalent.
Ebenso wie beim Erwartungswert-Prinzip kann sich auch bei der Anwendung des Maximin-Prinzips mehr als eine Alternative als optimal herausstellen, da nämlich zwei oder mehr Alternativen ein gleich hohes Sicherheitsniveau haben können. Wenn nur eine einzige Alternative optimal ist, so ist sie auch zulässig. Sind mehrere Alternativen optimal, muß mindestens eine von ihnen zulässig sein.
Für jede Auszahlungsmatrix kann mindestens eine zulässige Maximin-Lösung gefunden werden. Da die Menge der zulässigen Strategien mit der Menge der nach dem Erwartungswert-Prinzip optimalen Strategien identisch ist, muß die Lösung nach dem Maximin-Prinzip eine der nach dem Erwartungswert-Prinzip möglichen Lösungen sein. Während jedoch die Lösung nach dem Erwartungswert-Prinzip sowohl von den Werten v_{ij} der Konsequenzen wie von den Wahrscheinlichkeiten p abhängt, sind für die Lösung nach dem Maximin-Prinzip nur die Werte v_{ij} relevant; die Wahrscheinlichkeiten p_j spielen keine Rolle.
Das Maximin-Prinzip ist für Spiele gegen die Natur wie auch für Spiele gegen andere Personen propagiert worden. Bei Entscheidungen unter Ungewißheit etwa kann das Erwartungswert-Prinzip nicht angewandt werden, weil keine Wahrscheinlichkeiten p_j bekannt sind; hier liefert das Maximin-Prinzip eine Losung.
Das Maximin-Prinzip ist konservativ ist: Es schützt den Protagonisten für den Fall, daß die Entscheidungen von P^B besonders ungünstig für ihn ausfallen. Aber es gibt selten gute Gründe für die Annahme, daß die Entscheidungen von P^B für P^A ausgesprochen ungünstig sein dürften – außer im Fall eines Nullsummenspiels mit rationalem Wettbewerb.
Die folgende Tabelle (a) zeigt eine Nullsummenmatrix, in der die Einträge die Auszahlungen für beide Spieler darstellen. Tabelle (b) zeigt die vereinfachte Form der Matrix, mit der üblicherweise gearbeitet wird; hier sind nur die Auszahlungen für P^A eingetragen, während auf den Eintrag der Auszahlungen für P^B verzichtet wird, da sie sich ja als die negativen Beträge P^A's ergeben.

	b_1	b_3
a_1	2, −2	4, −4
a_2	−8, 8	3, −3
a_3	1, −1	6, −6
a_4	−3, 3	−1, 1

	b_1	b_2
a_1	2	4
a_2	−8	3
a_3	1	6
a_4	−3	−1

Nullsummenmatrix

Bei Nullsummenspielen mit rationalem Wettbewerb gibt es gute Gründe für die Anwendung des Maximin-Prinzips. Die Maximin-Lösung für diesen Fall haben John von Neumann & Oscar Morgenstern in ihrem Buch „Theory of Games and Economic Behavior" (1953; dt.: „Spieltheorie und wirtschaftliches Verhalten", 1961) dargestellt.
In der Spieltheorie wird versucht, für jeden der beiden rationalen Spieler eine rationale Strategie zu spezifizieren. Dabei wird angenommen, daß jeder Spieler die Auszahlungen kennt und auch weiß, daß sein Mitspieler ebenso rational ist wie er selbst. Jeder Spieler muß sich also überlegen, daß jede Strategie, die er selbst als in seinem Sinne rational rechtfertigen kann, von seinem Mitspieler antizipiert werden kann, der dieses Wissen bei der Planung einer eigenen Strategie auszunutzen suchen wird. Im Falle von Nullsummenspielen empfiehlt die Spieltheorie eine reine Maximin-Strategie, in anderen Fällen eine gemischte Maximin-Strategie.
Es ist leicht feststellbar, ob eine Lösung akzeptabel ist. Man suche die reine Maximin-Strategie für jeden Spieler; dies seien a_i und b_j. Angenommen, beide Spieler würden a_i bzw. b_j wählen – dann bestimme man die schlechteste Konsequenz, die es dabei für P^A geben kann, sowie die schlechteste Konsequenz, die es für P^B geben kann. Wenn die schlechteste Konsequenz für beide Spieler die

maximin criterion

	(a)		
	b_1	b_2	b_3
a_1	-2	8	-5
a_2	4	6	7

	(b)		
	b_1	b_2	b_3
a_1	-2	8	-5
a_2	4	2	7

Zwei Auszahlungsmatrizen

gleiche Konsequenz o_{ij} ist, dann ist für P^A die Strategie a und für P^B die Strategie b die Lösung. Die Konsequenz o_{ij} heißt in einem solchen Fall der Sattelpunkt des Spieles.
In Tabelle (a) ist für P^A die reine Maximin-Strategie a_2, da sie im schlechtesten Fall – der Konsequenz o_{21} – 4 DM liefert; für P^B ist die reine Maximin-Strategie b_1, denn sie bringt im schlechtesten Fall – ebenfalls der Konsequenz o_{21} – eine Auszahlung von -4 DM. Die Konsequenz o_{21} stellt also einen Sattelpunkt des Spieles dar; die Lösung ist das Strategiepaar a_2b_1. Eine Matrix kann übrigens mehrere Sattelpunkte haben – der Spieler kann dann irgendeine der Sattelpunktstrategien wählen, vorausgesetzt, er wählt keine dominierte Strategie; alle diese Strategien bringen beiden Spielern die gleichen Auszahlungen.
In Tabelle (b) ist für P^A die reine Maximin-Strategie a_2, denn sie bringt im schlechtesten Fall – der Konsequenz o_{22} – 2 DM, während für P^B die reine Maximin-Strategie b_1 ist, die im schlechtesten Fall – der Konsequenz o_{21} – die Auszahlung -4 DM bringt. Wenn demnach P^A und P^B beide jeweils ihre reine Maximin-Strategie spielen, führt dies zu unterschiedlichen schlechtesten Konsequenzen (o_{22} bzw. o_{21}). Es gibt also keinen Sattelpunkt; das Strategiepaar a_2b_1 stellt spieltheoretisch keine Lösung dar. Beide Spieler sind in gleicher Weise rational. Wenn P^A die Strategie a_2 als für ihn am günstigsten ermittelt, da sie ihm im schlimmsten Fall noch 2 DM bringt, würde P^B am besten die Strategie b_2 wählen, da sein Verlust dann nur 2 DM beträgt. Aber P^A – ebenso rational wie P^B – kann diese Überlegungen antizipieren und würde dann am besten die Strategie a_1 wählen, wenn ihm 8 DM einträge, was wiederum P^B dazu veranlassen würde, Strategie b_3 zu wählen, die ihm 5 DM bringt, etc. – ein endloser Zyklus. Eine solche zyklische Argumentation kann sich dann nicht ergeben, wenn es – wie bei der in Tabelle (a) gezeigten Auszahlungsmatrix – einen Sattelpunkt gibt. Hier stellen a_2 und b_1 die reinen Maximin-Strategien dar. Selbst wenn P^A in diesem Fall die Wahl von b_1 durch P^B antizipiert, gibt es für ihn keinen Anlaß zur Änderung seiner Entscheidung, da er sich bei einer anderen Strategie nur schlechter stehen kann. Ebenso gibt es für P^B auch bei Antizipation der Wahl von a_2 durch P^A keinen Grund zum Wechsel der Strategie.
Wenn es für keinen Spieler – auch wenn er die Wahl des Opponenten kennt und sicher ist, daß dieser seine Richtung nicht ändern würde – einen Grund gibt, die eigene Entscheidung zu ändern,

dann ist a_ib_j ein Gleichgewichtspaar. Sattelpunktstrategien bilden stets ein Gleichgewichtspaar; aber auch wenn kein Sattelpunkt existiert, kann immer ein Gleichgewichtspaar gemischter Strategien gefunden werden, nämlich gemischter Maximin-Strategien. Das Konzept des Gleichgewichts ist für die Rechtfertigung, der Maximin-Lösung bei Nullsummenspielen zwischen rationalen Spielern entscheidend, da ohne die Möglichkeit eines Gleichgewichts die Festlegung eines rationalen Spielers auf eine bestimmte Strategie schwer zu begründen wäre.
Mit Hilfe gemischter Maximin-Strategien läßt sich die Lösung für die Matrix in Tabelle (b) ableiten. Sie ist nicht schwer zu finden, da es nur zwei Strategien a_i gibt. Bei nur zwei a_i müssen alle für P^A möglichen gemischten Strategien die Form (p_1a_1, p_2a_2) haben; dabei sind p_1 und p_2 in diesem Zusammenhang allerdings p_i und nicht p_j. Da $p_2 = 1 - p_1$ ist, kann durch Festlegung von p_1 jede gemischte Strategie erhalten werden. Bei einem Erwartungswert g_j einer Strategie für P^A bei einer gegebenen Wahl von b_j durch P^B, ist

$g_j = p_1v_{1j} + p_2v2j$
$= p_1v_{1j} + (1 - p)v_{2j}$
$= p_1 (v_{1j} - v_{2j}) + v_{2j}$

Die Gleichung zeigt, daß der Erwartungswert g_j bei einer gegebenen Auszahlungsmatrix eine lineare Funktion von p_1 ist. Abbildung zeigt die drei Geraden g_j für die Auszahlungsmatrix in Tabelle (b).
Der Erwartungswert g_j einer gemischten Strategie (p_1B_1, p_2B_2) für den Protagonisten, wenn der Opponent die Strategie b_i wählt. Die Darstellung bezieht sich auf die Auszahlungsmatrix in Tabelle (b).
Für jede gemischte Strategie – also für jede Wahrscheinlichkeit p_1 – existiert ein niedrigster Erwartungswert für P^A bei den drei Wahlen von b durch P^B. Wenn p_1 gering ist, ist der kleinste Erwartungswert mit b_2 gegeben; für mittlere p_1 ist er mit b_1 gegeben; und für die höheren p_1 ist er mit b_3 gegeben. In der Abbildung kennzeichnet die stärkere Linie den geringsten Erwartungswert als eine Funktion von p_1; sie zeigt den niedrigsten Erwartungswert für e_j jeder von ihm gewählten Strategie. Die Linie repräsentiert die Sicherheitsniveaus bezüglich der gemischten Strategien. Der Pfeil weist auf das maximale Sicherheitsniveau; die entsprechende Wahrscheinlichkeit p_1 kann auf der Abszisse abgelesen werden. Es kann auch analytisch eine Lösung gefunden werden, wenn man weiß, daß die Lösung bei $g_1 = g_2$ liegt, kann man schreiben:

$p_1 (v_{11} - v_{21} + v_{21}) = p_1 (v_{12} - v_{22}) + v_{22}.$

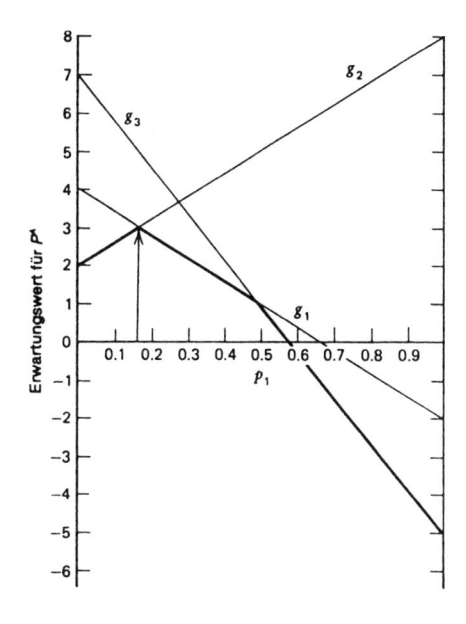

Bei bekannten Werten für v_{ij} hat die Gleichung eine Unbekannte, nämlich p_1; im Beispiel errechnet sich p_1 als 1/6. Ist p_1 bekannt, kann man den Erwartungswert des Spiels für P mit Hilfe von Gleichung für g_1 oder g_2 berechnen und erhält $g = 3$. Dasselbe Verfahren kann bei der Auszahlungsmatrix in Tabelle (a) – einer Sattelpunktmatrix – angewandt werden, die das Sicherheitsniveau repräsentierende Linie wäre maximal bei $p_1 = 0$, d.h. bei der reinen Strategie a_2.
Aus der Graphik kann man entnehmen, daß eine Strategie die Form (p_1b_1, p_2b_2) haben muß, da nur die Strategien b_1 und b_2 die Auszahlung für P^A so gering wie möglich halten können – bei einem Nullsummenspiel stehen ja die Auszahlungen für P^B in umgekehrter Beziehung zu den Auszahlungen für P^A; in diesem Fall sind p_1 und p_2 wieder p_i. Da es nur um eine einzige Variable, die Wahrscheinlichkeit $p_{1, geht}$, kann man die Lösung für P^B in der gleichen Weise wie für P^A ermitteln; allerdings muß man als Werte v für P^B die ij-Einträge in der Matrix mit negativen Vorzeichen versehen.
Die Maximin-Strategien für P^A und P^B bilden bei Nullsummenspielen stets ein Gleichgewichtspaar. Selbst wenn also ein Spieler die Maximin-Strategie seines Opponenten antizipiert, gibt es für ihn keinen Grund, von seiner eigenen Maximin-Strategie abzuweichen. Aber im Spiel muß P^A sich für a_1 oder a_2 und P^B sich für b_1 oder b_2 entscheiden. Da jedoch jede Wahl nur mit einer gewissen Wahrscheinlichkeit getroffen wird, kann ein Spieler die Entscheidung seines Opponenten nie mit Sicherheit antizipieren. Aber er kann dessen Entscheidungen unter der Voraussetzung abschätzen, daß dieser sich rational verhält.

maximin rule: Maximinregel *n*

maximization of profits *pl*: Gewinnmaximierung *f*
Unter Verhältnissen des marktwirtschaftlichen Wettbewerbs wird generell davon ausgegangen, daß die Erreichung des Gewinnmaximums das herausragende marktpolitische Ziel eines Wirtschaftsunternehmens ist, dem auf der Seite der Verbraucherhaushalte als Korrelat das Ziel der Nutzenmaximierung gegenübersteht. Bei der Verwirklichung des Ziels nach Gewinnmaximierung ist zwischen zwei Möglichkeiten zu unterscheiden:
1. Bei *polypolistischer Konkurrenz auf einem vollkommenen Markt* hat der einzelne Anbieter keine Möglichkeit, einen anderen als den sich Markt als Resultat von Angebot und Nachfrage ergebenden Preis festzusetzen, er muß mithin bei gegebener Kostenstruktur seine Absatzmenge so festlegen, daß in der Gewinnfunktion die Differenz zwischen Gesamterlös und Gesamtkosten maximiert wird, so daß das Gewinnmaximum bei der Absatzmenge erreicht ist, bei der der Preis gleich den Grenzkosten ist.
2. Bei *polypolistischer Konkurrenz auf einem unvollkommenen Markt* ist der Preis von der Absatzmenge abhängig, so daß der Anbieter aufgrund seines akquisitorischen Potentials den Preis und mit ihm seine Absatzmengen beeinflussen kann und daher die Gewinnmaximierungsbedingung Preis = Grenzkosten nicht mehr gilt. Das Gewinnmaximum liegt dann dort, wo der Grenzumsatz gleich den Grenzkosten ist.

maximization of utility: Nutzenmaximierung *f*
Unter marktwirtschaftlichen Wettbewerbsverhältnissen und speziell in der mikroökonomischen Haushaltstheorie wird generell angenommen, daß dem herausragendsten Ziel eines Wirtschaftsunternehmens, nämlich der Gewinnmaximierung, auf der Seite der Verbraucherhaushalte das Ziel der Maximierung ihres subjektiven Nutzens gegenübersteht.
Das Streben des homo oeconomicus auf seiten der Unternehmer nach Gewinnmaximierung und auf seiten der Verbraucher nach Nutzenmaximierung ist eine der Voraussetzungen für das Vorliegen vollkommener Märkte. Grundlage dieser Annahme ist die Vermutung, daß die Konsumenten bewußt oder unbewußt Präferenzurteile und Präferenzrangordnungen bezüglich verschiedener Produkte, Produktalternativen und Produktkombinationen bilden. Das Nutzenmaximum ist bei gegebenem Haushaltsbudget erreicht, wenn der Grenznutzen der jeweils letzten Einheit aller Produkte gleich Null ist.

maximum: Maximum *n*

maximum amount: Höchstbetrag *m*, Maximalbetrag *m*

maximum amount accepted as security: Beleihungsgrenze *f*

maximum amount mortgage: Höchstbetragshypothek *f*

maximum capacity: Betriebsmaximum n, Höchstleistungsgrenze f, Maximalkapazität f des Betriebs m
maximum inventory: Maximalbestand m an Vorräten m/pl
maximum limit: Höchstgrenze f
maximum load: Höchstbelastung f, Maximalbelastung f
maximum number: Höchstzahl f
maximum output: Maximalleistung f
maximum performance: Höchstleistung f
maximum-plant capacity: Maximalkapazität f des Betriebes m
maximum price: Höchstpreis m
Ein Preis, der so hoch angesetzt ist, daß bei ihm keine Nachfrage mehr besteht, in der Preis-Absatz-Kurve also der Preis, bei dem die Kurve die Ordinate erreicht.
maximum punishment: Höchststrafe f
maximum rate: Höchstkurs m, Höchstsatz m
maximum selling price: Höchstverkaufspreis m
maximum slack time: maximale Pufferzeit f
maximum stock: Maximalbestand m, Maximalvorrat m
maximum tariff: Maximaltarif m
maximum trade margin: Höchstspanne f
Eine Form der gebundenen Handelsspanne, die unter-, aber nicht überschrittten werden darf.
maximum useful load: Höchstzuladung f
maximum value: Höchstwert m
maximum wages pl: Höchstlöhne m/pl, Spitzenlohn m
maximum weight: Höchstgewicht n, Maximalgewicht n
meal allowance: Essenzulage f, Essenzuschuß m
mean: arithmetisches Mittel n, Mittelwert m, beabsichtigen, bedeuten, meinen
mean accretion: Durchschnittszuwachs m
mean increment: Durchschnittszuwachs m
mean price: Durchschnittspreis m
mean value: mittlerer Wert m
meaning: Bedeutung f, Sinn m
means: Mittel n/pl, finanzielle Mittel n/pl, Vermögensverhältnisse n/pl
means decision: Mittel-Entscheidung f
Eine innovative Entscheidung, die sich auf neue Mittelkombinationen bezieht: Die Produktionsfaktoren werden in hezug auf die Zielerreichung neu kombiniert, um z.B. Substitution menschlicher Arbeitskraft durch Maschinen eine höhere Profitabilität zu erzielen.
Das Treffen von Entscheidungen gilt als das hervorragende Kriterium eines Managers. Man unterscheidet Routine-Entscheidungen als wiederkehrende, gleichartig ausführbare Entscheidungen und Führungsentscheidungen. Führungsentscheidungen entstehen dort, wo durch eine neue Kombination der Produktionsfaktoren völlig neue Möglichkeiten der Zielerreichung eröffnet werden. Führungsentscheidungen in diesem Sinne beziehen sich auf Innovation.
means of evidence: Beweismittel n/pl
means of payment: Zahlungsmittel n/pl
means of production: Produktionsmittel n/pl
means of transportation: Beförderungsmittel n/pl, Verkehrsmittel n/pl
measurable: meßbar
measure: Maß n, Maßnahme f, Maßregel f, Maßstab m, messen
measure of economizing: Rationalisierungsmaßnahme f
measure of value: Wertausdruckmittel n
measure standard cost: Grundstandardkosten pl
measure to influence business activity: konjunkturpolitische Maßnahme f
measure to maintain: market value Kurspflege f
measure to procure capital pl: Maßnahmen f/pl der Kapitalbeschaffung f
measure to stimulate business activity: konjunkturpolitische Maßnahme f
measured day rate: Tagesvorgabe f
measured day work: Tagesvorgabe f
measurement: Abmessung f, Maß n, Messung f
measurement of performance: Leistungsmessung f
measures to decrease capital pl: Maßnahmen f/pl der Kapitalherabsetzung f
measuring: Messung f, Messen n
measuring instrument: Meßgerät n, Meßinstrument
measuring tape: Maßband n
measuring unit: Maßeinheit f
mechanic's lien: Zurückbehaltungsrecht n des Handwerkers m
mechanical bookkeeping: maschinelle Buchführung f
mechanical checking: mechanische Prüfung f
mechanical engineer: Maschinenbauer m
mechanical handling equipment: Fördermittel n/pl
mechanism: Mechanismus m
mechanization: Mechanisierung f
Die Substitution menschlicher Arbeit durch Maschinen.
mechanize: mechanisieren

media analysis: Mediaanylse f, Werbeträgeruntersuchung f
medial diversification: mediale Diversifikation f
Eine Form der Diversifikation, bei der die Erweiterung des Angebots- und Leistungsprogramms eines Unternehmens auf derselben Wirtschaftsstufe erfolgt, auf der das Unternehmen bereits in der Vergangenheit tätig war, und zwar entweder auf der Produktionsebene oder auf der Absatzebene. Dadurch kann das diversifizierende Unternehmen an sein bisheriges Know-how anknüpfen, sich meist auch an seine bisherigen Abnehmer oder zumindest an Abnehmer derselben Wirtschaftsstufe wenden und so generell das Diversifikationsrisiko mindern und vorhandene Kapazitäten besser nutzen.

median: Median m, Zentralwert m
mediate: schlichten, vermitteln
mediation: Schlichtung f, Vermittlung f
mediator: Mittelsperson f, Mittler m, Schlichter m, Vermittler m
medicaid (Am): staatliche Krankenversorgung f (nur für Versorgungsempfänger)
medical certificate: ärztliches Attest n, ärztliches Zeugnis n
medical examination: ärztliche Untersuchung f
medical officer: Amtsarzt m, Werksarzt m
medical service: Gesundheitsdienst m
medicare: staatlicher Zuschußplan m für ärztliche Dienste m/pl und Krankenhauskosten pl (für US-Bürger über 65)
mediocre: mittelmäßig
mediocre quality: Durchschnittsqualität f
mediocrity: Mittelmäßigkeit f
medium: Mittel n
medium-dated: mittelfristig
medium haul air transport: Mittelstrekken-Luftverkehr m
medium hiring: mittelfristiges Mietverhältnis n
medium income brackets pl: mittlerer Einkommensbereich m
medium of exchange: Tauschmittel n
medium quality: Mittelsorte f, mittlere Qualität f
medium-scale electronic equipment: elektronische Anlage f mittlerer Größe f (EDV)
medium term: mittelfristig
meet: erfüllen (Schuld), nachkommen (bei Verpflichtungen), treffen, versammeln
meeting: Sitzung f, Tagung f, Versammlung f, Zusammenkunft f
meeting of all members: Mitgliederversammlung f
meeting room: Sitzungssaal m
megacycle: eine Million Schwingungen f/pl (EDV)
megalopolis: großes zusammenhängendes Stadtgebiet n
melter: Raffineur m
member: Mitglied n
member of the board of management: Vorstandsmitglied n
member of the board: Aufsichtsratsmitglied n, Vorstandsmitglied n
member of workers' council: Betriebsratsmitglied n
member's purchase discount: Warenrückvergütung f (in einer Genossenschaft f)
membership: Mitgliedschaft f
membership association: nicht eingetragener Verein m
membership corporation: eingetragener Verein m (E.V.)
memo: Memorandum n
memo book: Kladde f, Merkbuch n
memo pad: Notizblock m
memorandum: Aktennotiz f, Aufzeichnung f, Denkschrift f, Memorandum n, Note f, Notiz f, Vermerk m
memorandum of law: Schriftsatz m
memory: Erinnerung f, Gedächtnis n, Speicher m (EDV)
memory address register: Speicheradreßregister n (EDV)
memory dump: Speicherabzug m, Speicherauszug m (EDV)
memory location: Speicherstelle f (EDV)
memory register: Speicherregister n (EDV)
memory size: Speichergröße f (EDV)
memory unit: Speichereinheit f (EDV)
menace: bedrohen, Bedrohung f, drohen, Drohung f
mend: ausbessern, nachbessern
mendacity: Verlogenheit f
mendicity: Bettelei f
mending: Ausbesserung f, Reparatur f
mental ability: geistige Fähigkeit f
mental effort: geistige Anstrengung f
mental reservation: Mentalreservation f, geheimer Vorbehalt m
mentality: Mentalität f
mercantile: kaufmännisch, merkantil
mercantile contract: Handelsvertrag m
mercantile law: Handelsgesetz n, Handelsrecht n, Kaufmannsrecht n
mercantile system: merkantiles System n, System n des Merkantilismus

mercantilism: Merkantilismus *m*
Die Theorie und Praxis staatlicher Außenhandelslenkung, die sich historisch im 17. Jahrhundert ausgehend von Frankreich in ganz Europa ausbreitete und bis zur Mitte des 19. Jahrhunderts (der Aufhebung der Navigationsakte) andauerte. Die Grundvorstellung der Merkantilisten war es, Reichtum an Edelmetallen fördere die Macht des Staates, des Landesherrn und die Wohlfahrt der Untertanen. Den Zustrom von Edelmetallen suchten die Merkantilisten über den Außenhandel anzuregen, d.h. sie subventionierten die Ausfuhr und behinderten die Einfuhr, um eine aktive Handelsbilanz zu erreichen.
Die Gegenposition vertraten vor allem die Physiokraten wie François Quesnay (1694-1774) mit ihrer Lehre vom „ordre naturel" und „laissez faire". Sie proklamierten statt dessen die Idee des „libre échange", d.h. die Freiheit des internationalen Güteraustauschs.

merchandise: Handelsware *f*, Ware *f*, Waren *f/pl*
merchandise broker: Warenmakler *m*
merchandise export: Warenexport *m*
merchandise import: Warenimport *m*
merchandise in transit: Transitware *f*
merchandise inventory: Handelswarenbestand *m*
merchandise policy: Verkaufspolitik *f*
merchandise purchase account: Wareneinkaufskonto *n*
merchandise sold on commission: Kommissionsware *f*
merchandising: Merchandising *n*, Absatzfunktionen *f/pl*, Ausübung *f* der Handelsfunktionen *f/pl*, Ausübung *f* der Absatzfunktionen *f/pl*
Der Begriff des Merchandising ist in den USA, wo er entstand, nicht minder unklar als im deutschsprachigen Raum. In der Regel wird darunter die Gesamtheit aller Maßnahmen der Absatzförderung verstanden, die ein Hersteller beim Einzel- und Großhandel ergreift. Es sind also im weitesten Sinne Maßnahmen der Produktgestaltung, der Packung, auch der Werbung, des Vertriebs, der Verkaufsförderung, des Kundendienstes, der Preisgestaltung, die Bereithaltung von Händlerhilfen, die Beratung und Unterstützung des Handels bei der Organisation des Vertriebs, beim Auspacken, Auszeichnen der Waren, bei der Regalpflege usw.
Als Aufgabe der Unternehmensführung gehört das Merchandising zum unmittelbaren Aufgabenbereich des Verkaufsmanagement. Dementsprechend lautet die Definition der American Marketing Association (AMA) „the planning and supervision involved in marketing the particular merchandise or service at the places, times, and prices and in the quantities which will best serve to realize the marketing objectives of the business".

merchandising budget: Verkaufsplan *m*
merchandising margin: Handelsspanne *f*, Vertriebsüberschuß *m*
merchandising policy: Verkaufsgrundsatz *m*
merchandising scheme: Verkaufsplan *m*
merchant: Händler *m*, Kaufmann *m*, Kommissionär *m*
merchant law: Handelsrecht *n*, Kaufmannsrecht *n*
merchant man: Handelsschiff *n*
merchant marine: Handelsmarine *f*
merchant ship: Handelsschiff *n*
merchant shipping: Handelsschiffahrt *f*, Seeschiffahrt *f*
merchantable: marktfähig, verkäuflich
merge: aufgehen in (anderer Unternehmung), fusionieren, mischen *(EDV)*, vereinigen, verschmelzen, zusammenschließen
merged company: fusionierte Gesellschaft *f*
merger: Fusion *f*, Geschäftszusammenschluß *m*, Konzernbildung *f*, Unternehmenszusammenschluß *m*, Vereinigung *f*, Verflechtung *f*, Verschmelzung *f*, Zusammenschluß *m*
merger broker: Unternehmensmakler *m*
merit: Verdienst *n*
merit increase: Leistungszulage *f*
merit rating: Beurteilen *n* der Leistung *f* (von Mitarbeitern), Einstufung *f* nach Leistung *f*, Leistungsbeurteilung *f* (von Mitarbeitern)
merit system: leistungsabhängiges System *n*, für Beförderung *f* oder Einstufung *f*
merits *pl*: Beurteilungsgrundlagen *f/pl* eines Rechtsfalles *m*
merits law: eigentliche Rechtsfrage *f* eines Falles *m*
merits profits *pl*: zwischenzeitliche Nutzungserträge *m/pl* (während der Zeit des unrechtmäßigen Besitzes)
meroduopoly: Merodyopol *n*
In der Wettbewerbstheorie eine Marktkonstellation, bei der praktisch ein Dyopol mit einem beherrschenden Anbieter besteht.
meromonopoly: Meromonopol *n*
In der Wettbewerbstheorie eine Marktkonstellation, bei der auf der Angebotsseite ein einziger, das Angebot beherrschender Anbieter existiert, dessen Mitanbieter jedoch zusammengenommen so stark sind, daß der vorherrschende Anbieter ihr Verhalten mit in Rechnung ziehen muß.
merooligopoly: Merooligopol *n*
In der Wettbewerbstheorie eine Marktkonstellation, bei der praktisch ein Oligopol mit einem be-

method

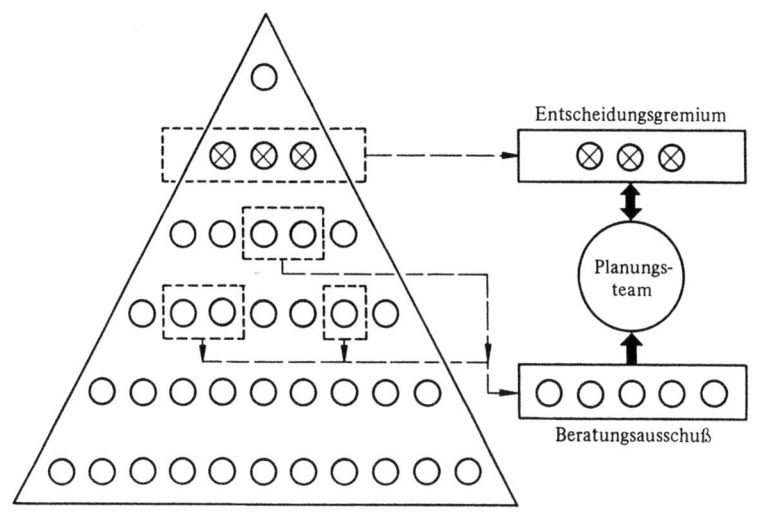

Vermaschtes Team

herrschenden Anbieter auf der Angebotsseite besteht.

meshed team: vermaschtes Team *n*
Eine Form des Teams. Es besteht aus mehreren Teams, deren Koordination dadurch erfolgt, daß je ein Teammitglied gleichzeitig Mitglied eines anderen Teams ist.
Schwarze Punkte bedeuten im Hierarchiesystem Vorgesetzte und im Teamsystem Teamsprecher. Über sie erfolgt eine Koordination mit allen anderen betroffenen Teams der Organisation (laterale Kommunikation).

mesne interest: Zwischenzinsen *m/pl*

message: Botschaft *f*, Nachricht *f*, Meldung *f*
Eine sinnvolle Kombination von Zeichen (Buchstaben, Ziffern, etc.), die beim Empfänger zur Information werden, sofern dieser sie für Entscheidungen zur Erreichung seiner Aufgaben(ziele) benötigt. Dabei bestimmt die Qualität der Information (hinsichtlich Inhalt und Aktualität) bei konstanter Verarbeitungsqualität die Qualität der Entscheidung. Die Entscheidung selbst stellt wieder eine neue Information dar, so daß der Entscheidungsprozeß selbst als ein Transformationsprozeß von Eingangs- in Ausgangsinformationen interpretiert werden kann.

message diffusion: Nachrichtendiffusion *f*
Bei der Diffusion von Innovationen empfiehlt es sich, mit Hans-Joachim Hoffmann zwischen Gegenstandsdiffusion und Nachrichtendiffusion zu unterscheiden. Nachrichtendiffusion ist die Ausbreitung der Information über das Vorliegen einer Innovation, also eines neuen Produkts, die in der Werbeforschung z.B. als Informationsgrad mit Hilfe von Erinnerungsfragen gemessen werden kann.

message switching: Nachrichtenvermittlung *f (EDV)*

message system: Nachrichtensystem *n*
Mitunter wird das Unternehmen als ein Nachrichtensystem interpretiert, das als Träger des Kommunikationssystems fungiert. Das Nachrichtensystem stellt danach die Struktur aus Sender, Empfänger und Kanälen dar, das Kommunikationssystem beinhaltet zusätzlich die Menge der Informationen, die im Nachrichtensystem vorhanden sind bzw. erzeugt und weitergeleitet werden.

Messrs. (= messieurs): Firma *f* (Anrede), Herren *m/pl* (Briefanrede)
metal content: Metallgehalt *m*
metal cutting: spanabhebende Fertigung *f*
metal exchange: Metallbörse *f*
metal processing industry: metallverarbeitende Industrie *f*
metal processing: Metallverarbeitung *f*
metal waste: Schrott *m*
metal worker: Metallarbeiter *m*
metallism: Metallismus *m*
Metalworkers' Trade Union: Metallarbeitergewerkschaft *f*
meter: Meßgerät *n*, Meßinstrument), Meter *n*, Zähler *m*
metes *pl* **and bounds** *pl*: Grenzlinien *f/pl* eines Grundstücks *n*
method: Methode *f*, Verfahren *n*
Die Beschreibung einer Vorgehensweise, in der Objekte in einer Folge von Einzelschritten von einem Anfangszustand in einen bestimmten Endzustand transformiert, d.h. ein bestimmtes Ergebnis erreicht werden soll. Die Beschreibung einer Methode enthält nach Werner Kirsch und Heinz K. Klein mithin die folgenden Merkmale:

459

method engineering

(1) Den *Anfangszustand*, auf den die Methode angewandt wird; also was transformiert werden soll, d.h. die Objekte der Methode. Als Objekte von Methoden kommen im wesentlichen physikalische oder symbolische Objekte in Frage. Methoden, die symbolische Objekte transformieren, heißen Informationsverarbeitungsmethoden.
(2) Die durchzuführenden *Einzelschritte* und ihre Reihenfolge. Im Falle von informationsverarbeitenden Methoden spricht man hier von Prozessen der Informationsverarbeitung.
(3) Den *Endzustand*, der durch die Anwendung der Methode erreicht werden soll. Dieser Endzustand wird bei Informationsverarbeitungsmethoden als Problemlösung bezeichnet.
(4) Die am Prozeß *Beteiligten*, unabhängig davon, ob sie den ganzen Prozeß oder nur Teilschritte ausführen. Am Prozeß können sowohl Maschinen wie Menschen aber auch Gruppierungen aus Maschinen und Menschen beteiligt sein.

Einen Hinweis auf die spezifischen Merkmale von Informationsverarbeitungsmethoden geben die Funktionen, die diese Methoden in Entscheidungsprozessen erfüllen können. Entscheidungsprozesse umfassen eine Reihe von Phasen. So unterscheidet man beispielsweise die Phasen der Diagnose, der Zielsetzung und Problemdefinition, der Suche nach Alternativen, der Prognose der Konsequenzen von Entscheidungsalternativen, der Handhabung der Prognoseunsicherheit, der Bewertung und des Vergleichs von Entscheidungsalternativen, der Durchsetzung von Entscheidungen und schließlich des Testens des Entscheidungsergebnisses und der Kontrolle. Jede einzelne dieser Phasen kann Gegenstand spezifischer Methoden sein.

Entsprechend umfaßt das Arsenal von Methoden zur Unterstützung organisatorischer Führungsprozesse Methoden der Diagnose der einer Entscheidung zugrundeliegenden Ausgangssituation, der Zielsetzung und Problemdefinition, der Suche nach geeigneten alternativen Problemlösungen und Maßnahmen, der Prognose der Konsequenzen dieser Maßnahmen, der Handhabung der mit der Zukunftsbezogenheit der Entscheidungen sich zwangsläufig ergebenden Unsicherheit, der Bewertung und des Vergleichs alternativer Lösungsvorschläge sowie der Bestimmung optimaler oder befriedigender Lösungen.

Methoden zur Unterstützung von Entscheidungsprozessen beziehen sich aber auch auf Probleme der Durchsetzung, der sozialen Beeinflussung und Machtausübung, der Mobilisierung und Erhaltung von Unterstützung sowie der Handhabung von Konflikten und der Konsensbildung.

Schließlich sind die vielfältigen Methoden des Testens und der Kontrolle zu nennen, die gleichzeitig Hinweise auf neue Probleme liefern und neue Entscheidungsprozesse auslösen können.

Methoden zur Unterstützung wirtschaftlicher Entscheidungen unterscheiden sich insbesondere auch danach, ob sie exakt oder inexakt formuliert sind. Entscheidungskriterium ist dabei allein, inwieweit die Merkmale einer Methode eindeutig formuliert sind, nicht aber etwa, wie „gut" oder „schlecht" die mit Hilfe der Methode gewonnenen Informationen sind.

Exakt formulierbare Methoden können grundsätzlich einer Maschine zur Ausführung übertragen und damit automatisiert werden. Die durchzuführenden Einzelschritte der Methode werden dann nicht von einem Menschen, sondern von einer Maschine, in aller Regel einem Computer durchgeführt.

Die symbolische Beschreibung der einzelnen Schritte einer Methode zur Lösung einer bestimmten Klasse von Aufgaben heißt ein Programm. Wenn die Maschine die einzelnen Schritte der Methode abarbeitet, sagt man auch, sie interpretiere das Programm. Formal gesehen ist eine solche Methode nichts weiter als eine Folge von Symbolen oder eine Symbolstruktur. Das Designatum dieser Symbolstruktur, d.h. das, worauf sie sich bezieht, ist aber kein Gegenstand der Außenwelt, sondern ein Prozeß.

Von den Symbolstrukturen zur Beschreibung der Methode sind die Daten zu unterscheiden. Daten sind Symbolstrukturen, die sich auf bestimmte Gegenstände oder Phänomene der Außenwelt beziehen. Bei der Interpretation des Programms verarbeitet die Maschine die eingegebenen oder gar selbst gewonnenen Daten gemäß den Prozeßvorschriften der Methode und gibt das Ergebnis in geeigneter Form, etwa auf einem Drucker oder einem Bildschirm, an den Entscheider aus.

In bestimmten Fällen, wie beispielsweise bei Prozeßrechnern kann die Maschine auch die Entscheidungen selbst ausführen. Nicht jede Methode, die grundsätzlich automatisierbar wäre, wird auch tatsächlich einem Computer übertragen. Für die Entscheidung, ob eine Maschine zur Interpretation einer Methode herangezogen werden soll, spielt die Wirtschaftlichkeit eine ausschlaggebende Rolle. In aller Regel ist es dann wirtschaftlich, eine Methode zu automatisieren, wenn sie sehr große Datenmengen für sich ständig wiederholende Aufgaben verarbeitet.

Methoden sind inexakt formuliert, wenn die Ausgangsdatenkonstellation, vor allem aber die transformierenden Einzelschritte oder ihre Reihenfolge nur ungenau beschrieben werden können. Inexakte Methoden enthalten demnach Begriffe, Definitionen oder Prozeßvorschriften, die vage, also mehrdeutig interpretierbar sind. Es besteht keine Garantie, daß die Ausführung einer solchen Methode bei verschiedenen Menschen in der gleichen Weise vollzogen wird.

method engineering: Verfahrenstechnik *f*
method of critical incidents: Methode *f* der kritischen Ereignisse
1. Eine Methode zur Erhebung von Daten, die das Arbeitsverhalten erklären sollen. Dabei werden die Befragten gebeten, über Situationen der eigenen beruflichen Tätigkeit zu berichten, die sie als ungewöhnlich angenehm oder ungewöhnlich unan-

genehm in Erinnerung haben. Es werden also nicht typische oder repräsentative, sondern extreme Ereignisse erhoben.

2. In der Personalbeurteilung, ein Verfahren, das unterstellt, es gäbe bestimmte Verhaltensweisen, die über Erfolg oder Mißerfolg eines Aufgabenvollzugs- und Führungsprozesses entscheiden (kritische Ereignisse). Dem Beurteiler wird für die vom zu Beurteilenden auszuführende Aufgabe eine Liste der wichtigsten Arbeitsanforderungen (critical job requirements) vorgegeben.

Die Aufgabe des Beurteilers besteht darin, den Untergebenen im Hinblick auf diese Kriterien bei der Arbeit zu beobachten und herausragende Ereignisse (critical incidents) positiver oder negativer Art festzuhalten. Auf diese Weise entsteht Stück für Stück ein Verhaltensprotokoll, das ausführlich über das Leistungsverhalten des zu Beurteilenden unterrichtet. Die im Zeitverlauf beobachteten kritischen Ereignisse werden nach Häufigkeit und Bedeutung geordnet und bilden so die Grundlage für eine zusammenfassende Beurteilung.

Der Vorteil dieser Methode besteht darin, daß der Vorgesetzte die Beurteilung nicht mehr an diffusen Persönlichkeitsmerkmalen, sondern an konkreten Ereignissen festzumachen hat. Darüber hinaus wird durch die kontinuierliche Protokollführung der häufig zu beobachtenden Tendenz entgegengewirkt, die Beurteilung schwergewichtig auf die kurz vor dem Beurteilungszeitpunkt gezeigten Verhaltensweisen zu stützen.

Ein Nachteil dieses Verfahrens ist der extrem hohe Zeitaufwand für den Vorgesetzten. Ferner werden Vorgesetzte durch diese Methode dazu verleitet, Untergebene permanent zu kontrollieren. Das Vorgesetzten-Mitarbeiter-Verhältnis wird dadurch nachhaltig belastet. Untergebene fühlen sich unbehaglich, weil alles, was sie tun, in einem Protokoll seinen Niederschlag findet („Sündenregister").

method of depreciation: Abschreibungsmethode f, Abschreibungsverfahren n

method of understanding (method of verstehen): verstehende Methode f

Ein Ansatz in der Organisationssoziologie und in der Managementlehre, der davon ausgeht, daß Handeln und Verhalten von Menschen sich nur aus der Analyse von Handlungssituationen verstehen und erklären lassen. „Das Verstehen richtet sich nicht auf die Entdeckung von Gesetzmäßigkeiten, sondern auf die Rekonstruktion von Handlungssituationen. Dabei geht man von der Annahme aus, daß die in bestimmten Situations-Motivations-Konstellationen ergriffenen Handlungsweisen eine gewisse Zwangsläufigkeit haben..." (Heinen/Dietel)

Man versteht also eine Handlungs- oder Verhaltensweise, wenn man die Situation rekonstruiert hat, in der der Handelnde Problem und Kontext wahrgenommen hat. Verstehen und Deuten setzt also voraus, daß man zunächst in der Lage ist, Handlungssituationen anhand bestimmter Dimensionen zu beschreiben. Unter Situation wird dabei die Gesamtheit der objektiv herrschenden und der von den handelnden Individuen wahrgenommenen und erlebten Handlungsbedingungen verstanden. Die subjektive Situation (und damit vor allem verhaltensrelevante Aspekte) wird somit neben der ‚objektiven' zur gleichgewichtigen Erhebungseinheit, um Handeln und Verhalten zu analysieren. Das Subjekt bildet sich durch selektive Informationswahrnehmung und -verarbeitung ein internes Modell seiner Umwelt, eine subjektive Theorie, und lediglich die wahrgenommenen und akzeptierten Handlungsprämissen werden zu Gegebenheiten der subjektivea Situation. Handeln und Verhalten stellen also orientierte Reaktionen auf wahrgenommene Reize in bestimmten Situationen dar.

method of valuation: Bewertungsmethode f

methodical: methodisch, systematisch

methodology: Methodik f, Methodologie f, Methodenlehre f

methods and procedures department: Organisationsabteilung f

methods bank: Methodenbank f

In Management-Informations-Systemen (MIS) und in Marketing-Informations-Systemen (MAIS) sind in der Methodenbank Programme zur statistischen Verarbeitung und formale Modelle der in der Datenbank gespeicherten Informationen zugriffsbereit zusammengefaßt. Sie stellt einen Speicher für die Verwaltung vordefinierter Programme, Algorithmen und Prozeduren dar, die durch entsprechende Verknüpfung für die Unterstützung der Entscheidungs- und Problemlösungsprozesse eingesetzt werden können. Sie enthält die Programme für die Entscheidungs- und Planungssysteme.

Dabei können neben den auf quantitativen Daten basierenden Methoden auch solche eingesetzt werden, die vorwiegend auf qualitative Daten gestützt sind. Zu den in der Methodenbank zusammengefaßten Verfahren zur Verarbeitung der in der Datenbank gespeicherten Informationen zählen beispielsweise Techniken der Mittelwertbildung der Berechnung von Trends der Durchführung von Korrelations- und Regressionsrechnungen oder der Kreuztabulierung, der Erstellung von Prognosen und der Durchführung von Cluster-, Diskriminanz- und Faktoranalysen usw.

Es wird im allgemeinen empfohlen, die Methodenbank parallel oder sogar mit einem gewissen Vorlauf zur Datenbank aufzubauen, um von Anfang an eine möglichst große Effizienz des Systems zu gewährleisten und sicherzustellen, daß keine unnötigen Daten gespeichert werden. Dies gilt insbesondere für bestimmte langfristige Zeitreihen sowie in zweifacher, lediglich unterschiedlich verdichteter oder autbereiteter Form vorliegende Informationen" (R. Nieschlag/E. Dichtl/H. Hörschgen). Der Übergang von der Methoden- zur Modellbank ist oft fließend.

methods engineer: Arbeitsmethodeningenieur *m*
methods *pl* **and procedures** *pl*: Ablauforganisation *f*, Methoden *pl f* und Verfahren *n/pl*
methods study: Arbeitsmethodenanalyse *f*, Arbeitsmethodenuntersuchung *f*
metra-potential method (MPM): Metra-Potential-Methode (MPM) *f*
Ein 1958 in Frankreich entstandenes Verfahren der Netzplantechnik, dessen Darstellungsweise auf der Graphentheorie basiert und durch Prinzipien der logischen Strukturierung die Optimierung von Projektplänen durch lineare Programmierung ermöglicht. Ähnlich wie die Critical Path Method (CPM) oder die Project Evaluation and Review Technique (PERT) hat sich dieses Verfahren bei der Neuproduktplanung als untauglich erwiesen; denn es setzt voraus, daß alle während des Prozesses relevanten Tätigkeiten bekannt sind, darüber hinaus auch ausgeführt werden, und das Projekt mit der Einführung des neuentwickelten Produkts abgeschlossen wird.
metric system: metrisches System *n*
metropolitan railroad: Stadtbahn *f*
metropolitan railway: Stadtbahn *f*
metropotitan area: Ballungszentrum *n*
micro-economic: mikroökonomisch
micro economy: Mikroökonomie *f*, mikroökonomische Haushaltstheorie *f*
Die neoklassische Haushaltstheorie der Nationalökonomie ist ein mikroökonomischer Ansatz zur Entwicklung von Modellen des Konsumentenverhaltens und der Kaufentscheidungen mit dem Ziel der Ableitung aggregierter Preis-Absatz-Funktionen (Nachfragefunktionen). Auf der Grundlage des Menschenbilds des „homo oeconomicus" interpretieren diese Modelle die Kaufentscheidungen als Resultat vollkommen rationaler ökonomischer Wahlhandlungen. Zwei Gruppen von Variablen bestimmen danach das Kaufverhalten:
1. die *Variablen des Haushalts* (sein Einkommen, seine Präferenzstruktur, sein Ziel der Nutzenmaximierung) und
2. die *Umweltvariablen* (die Güter und deren Preise).
Das Grundmodell der mikroökonomischen Haushaltstheorie versucht, eine Antwort zu finden, für welche Güter sich ein Haushalt, dessen Ziel die Nutzenmaximierung ist, bei gegebener Konsumsumme und bei gegebenen Preisen entscheidet. Bei der Entscheidungsfindung des homo oeconomicus ist bedeutsam, daß er vollständige Kenntnis seiner eigenen Bedürfnisstruktur, vollständige Kenntnis aller Möglichkeiten der Bedürfnisbefriedigung (vollständige Markttransparenz), keinerlei markenbezogene Präferenzen, sondern lediglich produktbezogene Präferenzen (Homogenität des Markts) hat, alle Marken eines Produkts in zeitlicher und räumlicher Hinsicht gleichartig einstuft (keine zeitliche und räumliche Präferenz), nach Maximierung seines persönlichen Nutzens strebt, eine unbegrenzte Kapazität der Informationsverarbeitung besitzt und ohne Beeinflussung durch andere Personen oder durch Erfahrungen (soziale Isolation und Unfähigkeit zum Lernen) entscheidet.

„Das Nutzenmaximum des Haushalts ist dadurch gekennzeichnet, daß bei fixierter Präferenzordnung die Grenzrate der Substitution zweier Waren gleich dem umgekehrten Preisverhältnis ist. Durch genauere Charakterisierung der Güter lassen sich Verfeinerungen des Modells erzielen. So wird zwischen Substitutions-, Komplementär- und unabhängigen Gütern einerseits sowie inferioren und Gütern des gehobenen Bedarfs andererseits unterschieden. Die Verfügung über ein Substitutionsgut senkt die über ein Komplementärgut erhöht den Nutzen eines bestimmten Gutes." (Heribert Meffert)
Es leuchtet unmittelbar ein, daß dieses Modell aufgrund seines hohen Abstraktionsgrades und wegen der Realitätsferne der homo-oeconomicus-Annahme als Erklärung des Konsumentenverhaltens kaum geeignet ist, die Wirkung einzelner absatzpolitischer Instrumente unterschätzt und die Bedeutung eines Preis-Mengen-Mechanismus und damit die Preispolitik generell überschätzt. Dennoch erlaubt sie die Ableitung einiger auch unter realen Bedingungen gültiger Regelmäßigkeiten:
• „Bei gegebener Budgetsumme nimmt mit steigendem Preis die Nachfragemenge nach einem Produkt ab und umgekehrt.
• Bei gegebener Budgetsumme nimmt mit steigendem Preis des Produktes i die Nachfragemenge von Produkt j zu, wenn i und j hinsichtlich eines Bedürfnisses substitutive Produkte sind; die Nachfragemenge von Produkt j nimmt hingegen ab, wenn i und j komplementäre Produkte sind.
• Konsumenten streben bei der Planung ihrer Bedürfnisbefriedigung eine Situation an, bei der alle alternativen Möglichkeiten der Bedürfnisbefriedigung gleich ‚gut' sind." (Franz Böcker/Lutz Thomas)
Die Gesamtheit der Mengenkombinationen zweier substituierbarer Güter, die nach Einschätzung des Konsumenten denselben Nutzen stiften, wird in der mikroökonomischen Haushaltstheorie in sog. Indifferenzkurven graphisch dargestellt (siehe Seite 463 oben).
Die Darstellung in Form von Isonutzenkurven geht auf Theorien und Überlegungen Vilfredo Paretos zur Ophelimität zurück. Es wird davon ausgegangen, daß jeder Haushalt eine je nach der Struktur seines Bedarfs unterschiedliche Schar von Indifferenzkurven hat. Dabei wird jeweils durch die Grenzrate der Substitution angegeben, auf welche Menge eines Gutes verzichtet werden muß, um durch eine infinitesimale Erhöhung einer anderen Menge dasselbe Nutzenniveau zu behalten.
microfilm: Mikrofilm *m*
microgenesis: Aktualgenese *f*
In der Wahrnehmungspsychologie der Prozeß des

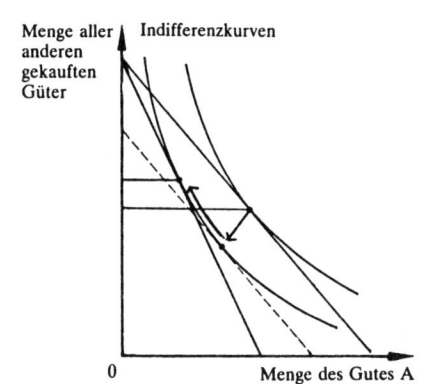

Menge aller anderen gekauften Güter | Indifferenzkurven

0   Menge des Gutes A

Entstehens der Wahrnehmung und Auffassung einer Gestalt aus komplexhaft-ganzheitlichen Vorgestalten, aus anfänglich diffusen Eindrücken bis zur vollen Wahrnehmung. Auch im Hinblick auf die Wirkung von werblicher Kommunikation ist durch Einsatz des Tachistoskops und durch intensive Befragungen versucht worden, in der Werbepsychologie bei Testpersonen das Erlebnis der Entstehung von Gestalten zu erforschen. Dabei konzentrierte sich das Interesse besonders auf die emotionale Erstanmutung der Werbebotschaft. Die aktualgenetischen Verfahren der Werbemittel- und Marktforschung zielen auf die zeitliche Verkürzung des Wahrnehmungsprozesses entweder durch apparative Verfahren mit Hilfe von technischen Geräten wie dem Tachistoskop oder durch Verhaltensinstruktionen wie bei der Greifbühne, um so durch Spontanhandlungsverfahren Wahlhandlungen zu untersuchen, die unreflektiert verlaufen.

micro-instruction: Mikrobefehl *m (EDV)*
micromotion study: Griff- und Bewegungsstudium *n*, Griff- und Bewegungsstudie *f*
microprogram: Mikroprogramm *n (EDV)*
microprogramming: Mikroprogrammierung *f (EDV)*
microsecond: Mikrosenkunde (eine Millionstel Sekunde)
middle class: Mittelstand *m*
middle class credit: Mittelstandskredit *m*
middle management: mitleres Management *n*, mittlere Führungsebene *f*, mittlere Führungskräfte *f/pl*, mittlere Führungsschicht *f*, mittlere Betriebsführung *f*
Die in der Management-Pyramide zwischen dem Top-Management und dem unteren Management stehende Management-Ebene. Charaktistisch für das mittlere Management ist, daß es mit eindeutigen Karriereerwartungen nach oben orientiert ist. Der Mittel-Manager stammt aus einer anderen sozialen Schicht als der untere Manager, er ist besser ausgebildet und stärker aufstiegsmotiviert. Seine zentrale Aufgabe besteht darin, Ziele und unternehmungspolitische Entscheidungen in Programme, Regeln und konkrete Vorgaben zu übersetzen und deren Einhaltung/Ausführung zu überwachen. Das erfordert neben technischer auch soziale Kompetenz.
Das mittlere Management ist besonders konfliktanfällig; denn die Manager der mittleren Ebene sind Führer und Geführte zugleich und damit ständig Zwangslagen ausgesetzt. Bei ihnen trifft man daher häufig die Koalitionsbildung an, allerdings mit wechselnden Partnern ohne tiefergreifende Vertrauensbasis.

middleman: Makler *m*, Mittelsmann *m*, Mittler *m*, Vermittler *m*, Zwischenhändler *m*
middleman's profit: Zwischenhandelsgewinn *m*
middling: mittelmäßig
middling quality: Durchschnittsqualität *f*, mittlere Qualität *f*
middling size: Durchschnittsgröße *f*, Mittelmaß *n*
migrant worker: Saisonarbeiter *m*, Wanderarbeiter *m*
migration: Wanderung *f*
migration into cities: Landflucht *f*
migration of capital: Kapitalabwanderung *f*
migration of employees: Arbeiterwanderung *f*
migration of labor: Arbeiterwanderung *f*
migratory labor: Pendelarbeiter *m/pl*, Wanderarbeiter *m/pl*
mileage allowance: Meilengeld *n* (wie Kilometergeld)
milestones *pl*: Meilensteine *m/pl*
Ein ereignisbezogener Kontrollzyklus, durch den für einen Prozeß im Rahmen des Management durch Kontrolle kritischer Ereignisse (Zwischenergebnisse, Termine) definiert werden, die einer besonderen Kontrolle unterliegen.
military aid: Militärhilfe *f*
millisecond: Millisekunde *f* (eine Tausendstel Sekunde)
mine: Bergwerk *n*, Grube *f*, Zeche *f*
miner: Bergarbeiter *m*
mineral oil: Erdöl *n*
miners' insurance: Knappschaftsversicherung *f*
minicomputer: Minicomputer *m (EDV)*
minimal stock: Mindestbestand *m*, Mindestvorrat *m*
minimax criterion: Minimax-Kriterium *n*
In der Entscheidungstheorie eine Regel für Entscheidungen unter Unsicherheit (verteilungsfreier Fall), die von A. Wald konzipiert wurde. Sie korrespondiert der Maximin-Regel; denn nach ihr gilt diejenige Alternative als optimal die zum kleinsten der maximal möglichen Verluste führt (Wahl der

schlechtesten unter den besten Alternativen). Ihr Gegenstück ist die Maximax-Regel.

minimax regret rule: Minimax-Bedauern-Prinzip n, Minimax-Bedauern-Regel f, Minimax-Regret-Rgel f, Savage-Niehans-Regel f, Regel f des geringsten Bedauerns
Eine von L. J. Savage in der Entscheidungstheorie entwickelte Regel für Entscheidungen unter Unsicherheit (verteilungsfreier Fall), die der Maximin-Regel sehr verwandt ist. Ebenso wie das Maximin-Kriterium ist die Ausgangsposition eine pessimistische Grundhaltung. Vom Entscheider wird erwartet, daß er sich für diejenige Handlungsalternative entscheidet, bei der das maximale Bedauern pro Alternative minimiert wird. Er soll also diejenige Strategie wählen, bei der bei Eintreten eines bestimmten Umweltzustandes das Ausmaß der Frustration oder Enttäuschung des Entscheidungsträgers darüber, daß er nicht die nun eindeutig bestimmbare optimale Strategie gewählt hat, so gering wie möglich ist. Der Entscheidungsträger wählt mithin diejenige Strategie, bei der er sicher gehen kann, weniger als bei jeder anderen Strategie zu verlieren, d.h. weniger als in allen anderen alternativen Strategieoptionen enttäuscht zu sein.

Für jede Konsequenz o_i kann ein Bedauerns-Wert (regret) berechnet werden; er ergibt sich als die Differenz zwischen der bei gegebenen b_j maximal möglichen Auszahlung und der bei a_{ib} faktisch sich ergebenden Auszahlung. Die folgende Tabelle zeigt eine Auszahlungsmatrix und die ihr entsprechende Matrix der Bedauerns-Werte:

Auszahlungsmatrix

	b_1	b_2	b_3
a_1	7	3	5
a_2	−2	8	−4
a_3	10	−5	0

Bedauernsmatrix

	b_1	b_2	b_3
a_1	3	5	0
a_2	12	0	9
a_3	0	13	5

Eine Auszahlungsmatrix und die entsprechende Bedauernsmatrix

Den Bedauerns-Wert für Konsequenz o_{11} erhält man, indem man die Auszahlung bei $a_1 b_1$ von der bei gegebenen b_1 maximal möglichen Auszahlung subtrahiert. Diese Größe wird als „Bedauerns-Wert" bezeichnet, weil P^A ja bedauern würde, nicht Strategie a_3 gewählt zu haben, wenn er feststellen muß, daß P^B die Strategie b_1 gewählt hat;

denn mit a_3 hätte er unter dieser Bedingung die maximal mögliche Auszahlung erzielt. Das Ausmaß des Bedauerns von P^A hängt von der Größe der Differenz zwischen der faktischen Auszahlung aufgrund seiner Entscheidung und derjenigen Auszahlung ab, die er hätte erhalten können. Wenn P^A ohnehin die Alternative wählt, bei der die Auszahlung bei gegebenem b_j maximal ist, kann sein Bedauerns-Wert für die entsprechende Konsequenz nur 0 sein. Definitionsgemäß muß somit mindestens eine Zelle in jeder Spalte der Bedauerns-Matrix 0 sein und müssen die restlichen Zellen positive Werte enthalten; für P^B sind die Bedauerns-Werte natürlich auf die Strategien a_i, also die Zeilen der Bedauerns-Matrix bezogen, so daß jede Zeile zumindest einen Bedauerns-Wert von 0 enthält.

Nach dem Minimax-Regret-Prinzip sollte P^A die Alternative mit dem minimalen der maximalen Bedauerns-Werte wählen. Bei jeder reinen Strategie a_i gibt es einen maximalen – bzw. bei gemischten Strategien einen erwarteten – Bedauerns-Wert, und P^A sollte sich für die Strategie mit dem geringsten dieser Maxima entscheiden. Die Lösung findet man, indem man die Werte der Bedauerns-Matrix mit negativem Vorzeichen versieht, diese Werte dann als „Auszahlungen" interpretiert und die Maximin-Lösung berechnet.

minimax rule: Minimax-Regel f
minimization: Minimierung f
minimize a loss: einen Verlust m minimieren
minimum: Mindest-, Mindestmaß n
minimum access coding: optimale Programmierung f, Bestzeitprogrammieren n (EDV)
minimum amount: Mindestbetrag m, Minimalbetrag m
minimum business assets pl: betriebsnotwendiges Vermögen n
minimum call pay: Mindestlohn m für Erscheinen (wenn keine rechtzeitige Benachrichtigung über Arbeitsmangel erfolgt)
minimum capital for operations: betriebsnotwendiges Kapital n
minimum cash reserve: Mindestreserve f (Bank), Pflichtreserve f (Bank)
minimum cash reserve policy: Mindestreservepolitik f, Pflichtreservepolitik f
Nach dem Gesetz über die Deutsche Bundesbank (§ 16) müssen die Geschäftsbanken einen bestimmten Prozentsatz ihrer Einlageverbindlichkeiten als Mindestreserven bei der Bundesbank unterhalten. Mindestreservenpolitik bedeutet die Festsetzung und Veränderung der Mindestreservesätze sowie Nichtverzinsung dieser Reserven. Die Bundesbank darf den Vom-Hundert-Satz für Sichtverbindlichkeiten nicht über 30, für befristete Verbindlichkeiten nicht über 20 und für Spareinlagen nicht über 10 % festsetzen. Jede Kreditbank

muß zumindest im Durchschnitt des Monats das Reservesoll erreichen. Die Mindestreservesätze sind gestaffelt nach der Art der Einlage (Sicht-, Zeit-, Spardepositen), nach dem Einlageort (an Bankplätzen müssen höhere Einlagen entrichtet werden als an Nebenplätzen), nach der Höhe der reservepflichtigen Verbindlichkeiten und nach den Einlagen von Inländern und Ausländern (für Ausländereinlagen sind die Reservesätze höher). Die Mindestreservepolitik dient in erster Linie dazu, die Zusammensetzung der Zentralbankgeldmenge – nicht jedoch ihren Bestand – regulieren. Zum Teil werden diese Zwangseinlagen auch als Liquiditätsreserve der Geschäftsbanken angesehen:
- die Banken müssen nicht die vollen Mindestreserven halten, wenn sie bereit sind, einen Strafzins (3 % über dem jeweiligen Lombardsatz) an die Zentralbank für den Fehlbetrag zu zahlen.
- Das Reserve-Soll braucht nur im Durchschnitt des Monats erfüllt zu werden. Die Banken können also in der ersten Monatshälfte höhere Reserven ansammeln, um am Monatsende bei der üblichen Liquiditätsverengung freier disponieren zu können.

In der Mindestreservenpolitik liegt die Initiative allein bei der Notenbank. Sie ist damit eines der wirksamsten geldpolitischen Instrumente, weil sie direkte Wirkung erzielt. Sie entzieht oder gewährt den Geschäftsbanken unmittelbar Liquidität. Sie eignet sich vor allem für längerfristige Operationen.

minimum configuration: Minimalausrüstung f *(EDV)*
minimum discount charge: Mindestdiskontsatz m
minimum initial deposit: Mindesteinschuß m
minimum inventory: Mindestbestand m an Vorräten m/pl
minimum investment: Mindesteinlage f
minimum living wages pl: Subsistenzlohn m
minimum lot size: Mindestauftragsgröße f
minimum nominal amount: Mindestnennbetrag m
minimum number: Mindestzahl f
minimum price: Mindestpreis m, Preisuntergrenze f
Der nach einem oder mehreren festgelegten Kriterien angesetzte Preis, bei dessen „Unterschreitung der Verzicht auf den Güterverkauf in einem bestimmten Zeitpunkt die Zielsetzung(en) des Wirtschaftssubjekts besser erfüllt als der Verkauf des Gutes" (Hans Raffée). Dem Mindestpreis für den Anbieter entspricht der Höchstpreis für den Nachfrager.
Die Entwicklung von Kriterien und damit die endgültige Ziehung einer Preisuntergrenze zählt zu den grundlegenden Problemen der betrieblichen Preispolitik. Im einfachsten Fall werden die Preisuntergrenzen für ein Produkt durch die durchschnittlichen Stückkosten determiniert, es sei denn es wird eine Mischkalkulation für attraktivitätssteigernde Lockartikel vorgenommen. Dadurch ist auch keineswegs ausgeschlossen, daß ein Unternehmen bei der Einführung neuer Produkte oder im Falle eines Verdrängungswettbewerbs kurzfristig bewußt Verluste in Kauf nehmen kann. Langfristig gesehen allerdings wird der Mindestpreis durch die gesamten Stückkosten oder Effektivkosten festgelegt.
„Im marktwirtschaftlichen System hat ein Unternehmen auf die Dauer nur dann eine Existenzberechtigung, wenn die am Markt erzielbaren Preise die Produktions- und Verkaufskosten decken. Wird eine Vollkostendeckung nicht bei jedem Umsatzakt erzielt, so müssen in Kauf genommene Teilkostendeckungen auf lange Sicht durch anderweitige oder zu anderer Zeit erzielte Gewinne ausgeglichen werden" (Heribert Meffert). Unter dem Einfluß der Ausrichtung auch der klassischen Betriebswirtschaftslehre an der Marketingkonzeption kommt allerdings den „kostenwirtschaftlich determinierten Preisuntergrenzen eine eher begrenzte Entscheidungsrelevanz zu. Sie sind entweder durch absatzwirtschaftliche Faktoren zu modifizieren oder werden von vornherein durch ertragswirtschaftlich determinierte Preisuntergrenzen ersetzt" (Hans Raffée).
minimum rate: Mindestlohnsatz m, Mindestsatz m
minimum reserve: Mindestreserve f
minimum time: Bestzeit f (in Zeitstudien)
minimum trading margin: Mindesteinschuß m
minimum value: Mindestbetrag m, Mindestwert m
minimum wage: Mindestlohn m
mining: Bergbau m
Mining Acts pl: Berggesetze n/pl
mining company: Bergwerksgesellschaft f, Gewerkschaft f (im Bergrecht)
mining enterprise: Bergbaubetrieb m, Gewinnungsbetrieb m
mining industry: Montanindustrie f
mining law: Bergrecht n
mining right: Schürfrecht n
mining share: Bergwerksaktie f, Kux m, Montanaktie f
mining stock: Bergwerksaktie f, Kuxe m/pl
Minister of Economic Affairs: Wirtschaftsminister m
Minister of Finance: Finanzminister m
minister: Geistlicher m, Minister m
ministry: Ministerium n
Ministry of Labour (brit): Arbeitsministerium n
minor: geringer, geringfügig, klein, min-

derjährig, unbedeutend, Minderjähriger *m*, Mündel *n*
minor incident: Nebenumstand *m*
minority: Minderheit *f*, Minderjährigkeit *f*, Minorität *f*
minority interest: Minderheitsanteil *m* am Grundkapital *n*
minority of votes: Stimmenminderheit *f*
minority rights *pl*: Minoritätsrechte *n/pl*
mint: Münze *f* (Stätte), münzen, Münzstätte *f*, prägen
mintage: geprägtes Geld *n*
minted: geprägt
minutes book: Protokollbuch *n*
minutes *pl*: Niederschrift *f*, Protokoll *n*, Sitzungsprotokoll *n*
misapplication: Fehlverwendung *f*, unrichtige Verwendung *f*
misapply: unrichtig, falsch verwenden
misappropriate: aneignen, sich unberechtigt entwenden, unterschlagen (von Geldern), veruntreuen
misappropriation: Aneignung *f*, unberechtigte Entwendung *f*, Unterschlagung *f*, Veruntreuung *f*
miscalculation: Rechenfehler *m*
miscarriage: Fehlgeburt *f*, Mißlingen *n*
miscarriage of justice: Justizirrtum *m*
miscarry: mißlingen
miscellaneous: verschieden, sonstig, Sonstiges *n*
miscellaneous expenses *pl*: Gemeinkosten *pl*, verschiedene Unkosten *pl*
miscellaneous goods *pl*: Sammelgüter *n/pl*
miscellaneous income: sonstige Erträge *m/pl*, verschiedene Einkünfte *f/pl*
miscellaneous work allowance: Zeitvorgabe *f* für Nebenverrichtung *f*
mischief: Schaden *m*, Unfug *m*, Unheil *n*
mischievous: boshaft, mutwillig
misconception: Mißverständnis *n*
misconduct: Mißverhalten *n*
misconstruction: falsche Auslegung *f*
miscount: falsch rechnen, verzählen
misdate: falsch datieren
misdemeanant: Übeltäter *m*
misdemeanor: Gesetzesübertretung *f*, Handlung *f*, unerlaubte Übertretung *f*
misdirected investment: Fehlinvestition *f*
misery: Verelendung *f*
misfeasance: fahrlässige Handlungsvornahme *f*, unzulässige Handlung *f*
misfit: nicht anpassungsfähiger Arbeitnehmer *m*, anpassungsunfähiger Mitarbeiter *m*
misfortune: Unglück *n*

misguide: fehlleiten
misguided investment: Kapitalfehlleitung *f*
misinterpretation: falsche Auslegung *f*, Fehlinterpretation *f*
mislay: verlegen (Sachen)
mislead: irreführen
misleading: irreführend
mismanagement: Mißmanagement *n*, Mißwirtschaft *f*
Unter Mißmanagement versteht man die Vernachlässigung oder die bewußte Fehlsteuerung von Personal- und/oder Sachaufgaben mit der Absicht, persönliche Vorteile durch die Organisation und ihre Mitglieder zu erzielen. Mißmanagement ist die Vernachlässigung von Führungsaufgaben im personellen Bereich und die Verletzung des Prinzips der Wirtschaftlichkeit als Folge nicht sachgerechter Entscheidungen. Das Mißmanagement hat seine Ursachen in aller Regel in der Persönlichkeit des Managers.
Der „Mißmanager" ist zum Vorgesetzten nicht qualifiziert, entwickelt jedoch mitunter eine „politische Intelligenz", die es ihm ermöglicht, Positionen zu erringen und zu festigen und sich gegenüber anderen Bewerbern und Rivalen durchzusetzen. Er schafft sich seine Legitimation durch die formale Stellung in der Organisation und durch eine „Anhängerschaft" (Lobby), die ihm folgt, weil sie sich von ihm die Erfüllung persönlicher Ziele erhofft.
So entstehen Cliquen und Koalitionen innerhalb der Organisation, die sich zu Machtblöcken ausweiten können mit der Folge, daß in alle Personal- und Sachentscheidungen stets Gruppen- und Hierarchie-Interessen einfließen. Zwei Erscheinungsformen des Mißmanagement treten besonders häufig auf:
(1) *Cäsarismus*: Ein Verhalten, das durch die Dominanz des Macht- und Herrschaftsmotivs gekennzeichnet ist. In der Motivstruktur des Cäsaristen spielt das Streben nach Macht eine so bedeutende Rolle, daß alle anderen Motive dahinter zurückgedrängt werden.
In der betrieblichen Praxis spricht man von „Karrieristen", d.h. von Menschen, deren Handlungen und Entscheidungen primär darauf ausgerichtet sind, ihre persönlichen Machtbefugnisse dadurch auszuweiten, daß sie in der Machtpyramide „höher klettern". „Pyramidenkletterer" werden meist durch folgende Symptome charakterisiert:
• Egoismus, Rechthaberei und Intoleranz gegenüber unterstellten Mitarbeitern, autoritäres Führungsgehabe und ein ausgeprägtes Mißtrauen.
• Risikoscheu: Sie sind unfähig und unwillig, Entscheidungen zu treffen, die mit Risiken verbunden sind: Eine Fehlentscheidung könnte den persönlichen Erfolg in Frage stellen. Sie konzentrieren sich daher intensiv auf die strukturierten Entscheidungen innerhalb der Organisation. Ihre mangelnde Sachkompetenz überdecken sie mit der strengen

Beachtung von Formalitäten, denen sie mehr Aufmerksamkeit schenken als dem sachlichen Inhalt ihrer Aufgaben.
(2) *Infantilismus*: Typische Kennzeichen sind:
• Ausgeprägtes Imponiergehabe, das sich in einer Vielzahl äußerer Symbole offenbart: Kleidung, Automarken, Ausstattung des Büros etc.
• Symbole spielen eine wichtige Rolle (und seien es nur Belobigungen, die sie beispielsweise anläßlich eines Vertreterwettbewerbes erhielten und die nun in Leder gerahmt den Schreibtisch zieren).
• Überhöhte Statusansprüche: Der Infantile fordert ständig nach Ehrerbietungen und sichtbaren Beweisen des Untertanentums (Gessler-Syndrom).
• Der infantile Typus zeichnet sich auch dadurch aus, daß er für jede Fehlleistung zugleich die Schuldigen kennt und benennt, d.h. er sucht für sein Versagen stets andere, da er zu eigener Persönlichkeitsanalyse nicht fähig ist. Die Einsicht in die Möglichkeit eigenen Versagens ist ihm verwehrt.
• Seine Legitimation leitet er aus einer starken Bürokratie- und Technologie-Gläubigkeit ab. Wachstumsraten und Erfolgsziffern sind die dominierenden Leitideen seines Verhaltens; über den Sinn derartiger Handlungen kann er nicht reflektieren.
Beim Mißmanagement entsteht kein Vertrauensverhältnis zwischen Führungskraft und Mitarbeitern. Das Herrschaftsverhältnis funktioniert nur kraft formeller Organisation und Vereinbarung („Dienstanweisung"). Die Mitarbeiter verlieren jedes persönliches Engagement und fähige Mitarbeiter und Führungskräfte verlassen das Unternehmen. Tendenziell entsteht auf allen Ebenen der Organisation ein ausgeprägtes Absicherungsstreben mit der Folge, daß keine innovativen Entscheidungen gefällt werden („Dienst nach Vorschrift").

misnomer: falsche Benennung *f*
misrepresent: arglistig täuschen, unrichtig darstellen
misrepresentation: falsche Angabe *f*, arglistige Täuschung *f*, falsche Darstellung *f*, unrichtige Darstellung *f*, Vorspiegelung *f* falscher Tatsachen *f/pl*
miss: verfehlen, vermissen
missionary salesman: Verkäufer *m*, der Abnehmer *m/pl* schult
mistake for: verwechseln mit
mistake: Fehler *m*, Irrtum *m*, Mißgriff *m*, Verwechslung *f*
mistaken, be: irren
mistake of fact: Tatsachenirrtum *m*
mistrust: Mißtrauen *n*
misunderstanding: Mißverständnis *n*
misuse: Mißbrauch *m*, mißbrauchen
mitigate: abschwächen, mildern

mitigating circumstances *pl*: strafmildernde Gründe *m/pl* Milderungsgründe *m/pl*, mildernde Gründe *m/pl*, mildernde Umstände *m/pl*
mitigation: Abschwächung *f*, Milderung *f*
mitigation of penalty: Strafmilderung *f*
mix: mischen, Mischung *f*, vermischen
mix up: verwechseln, verwirren
mix variance: Kostenabweichung *f* durch Änderung *f* des Mengenverhältnisses *n* der produzierten Erzeugnisse *n/pl* zueinander, Kostenabweichung *f* durch Änderung *f* der produktmäßigen Zusammensetzung *f* des Fertigungsprogramms *n*, Mischungsabweichung *f*, Programmabweichung *f*
mixed account: gemischtes Konto *n* (z.B. Warenkonto)
mixed cargo: Stückgut *n*
mixed cargo traffic: Stückgutverkehr *m*
mixed property: Mischeigentum *n* (bewegliche und unbewegliche Sachen)
mixed strategy: gemischte Strategie *f*, partiell wettbewerbliches Spiel *n*
Allgemein formuliert besteht in der mathematischen Entscheidungstheorie eine gemischte Strategie aus einer Untermenge der ursprünglichen Menge an Optionen sowie einer Angabe der Wahrscheinlichkeit der Wahl jeder zu dieser Untermenge gehörenden Option. Eine derartige Strategie wird meistens symbolisiert mit $p_1a_1, p_2a_2, ..., p_ma_m$. Die Optionen mit Wahrscheinlichkeiten von Null werden nicht miteinbezogen. Die Annahme geht dahin, daß P^A zunächst die Wahrscheinlichkeiten – einschließlich der Wahrscheinlichkeiten von Null – für eine gemischte Strategie spezifiziert, dann aber keinen weiteren Einfluß mehr auf die reine Strategie nimmt, auf die er sich festgelegt hat; diese wird vielmehr durch irgendeinen Zufallsmechanismus mit entsprechenden Wahrscheinlichkeiten gesteuert.
Die ursprünglichen, also nicht durch Wahrscheinlichkeiten näher spezifizierten Optionen $a_1, a_2, ..., a_n$ nennt man demgegenüber reine Strategien. Das Symbol a_i wird auch bei der Behandlung gemischter Strategien zur Bezeichnung einer beliebigen Option aus der Gesamtmenge reiner und gemischter Strategien benutzt.
Wenn man alle überhaupt möglichen gemischten Strategien in Betracht zieht, so gibt es eine unendlich große Anzahl möglicher Strategien, aus denen P^A wählen kann; sogar bei nur zwei reinen Strategien a_1 und a_2 gibt es bereits unendlich viele Werte für p_1 bzw. p_2.
Für einen Protagonisten P^A empfiehlt es sich oft, die Wahl der Alternativen einem Zufallsmechanismus zu überlassen. P^A kann sich z.B. vornehmen, a_1 zu wählen, wenn bei einem Münzwurf die Zahl oben liegt, und a_3 zu wählen, wenn die Münze den Adler zeigt. Ein solches Vorgehen stellt eine zu-

fallsgesteuerte oder randomisierte gemischte Strategie dar.
In manchen Situationen kann es für P^A empfehlenswert sein, seine Wahlen in der Weise zu mischen, daß er sie von Fall zu Fall ändert – allerdings in einem systematischen und nicht einem zufallsähnlichen Verfahren. Insbesondere könnte P^A gut daran tun, seine Entscheidungen in Abstimmung mit P^B zu variieren; die aufeinanderfolgenden gemeinsamen Entscheidungen wären dann etwa a_1b_1, a_2b_2, a_1b_1, a_2b_2, usw. Dies nennt man eine korrelierte oder koordinierte gemischte Strategie. Sie ist manchmal bei Verhandlungsspielen angebracht.
Die Mengen der reinen und der gemischten Strategien eines Zwei-Personen-Spiels können mit einer graphischen Darstellung illustriert werden. Die folgende Abbildung zeigt eine Auszahlungsmatrix sowie die graphische Darstellung der ihr entsprechenden Strategiemengen in einem Strategie-Mengen-Diagramm:

	b_1	b_2
a_1	2	1
a_2	3	2,5
a_3	2	4

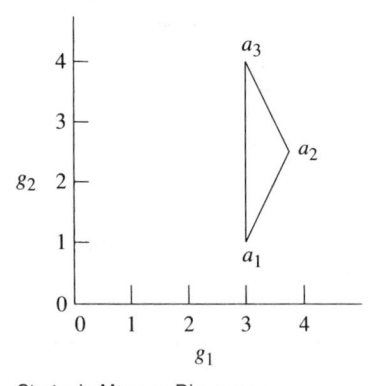

Strategie-Mengen-Diagramm

Die Strategiemenge besteht aus den Punkten auf den Grenzen und innerhalb der Grenzen des Dreiecks. Jeder Punkt in der Darstellung repräsentiert eine mögliche Strategie für P^A – rein oder gemischt. Die Abszisse g_1 zeigt die erwartete Auszahlung für P^A bei einer bestimmten Strategie, wenn P^B die Alternative b_1 wählt; die Ordinate g_2 zeigt die erwartete Auszahlung für P^A, wenn P^B die Alternative b_2 wählt.
Eine erwartete Auszahlung ist die durchschnittliche Auszahlung pro Durchgang, die sich also ergibt, wenn sehr viele Durchgänge des Spiels abgewickelt werden. Die Berechnung von g_1 erfolgt unter der Annahme, P^B habe b_1 gewählt, die Berechnung von g_2 demgegenüber unter der Annahme, P^B habe b_2 gewählt. Für eine reine Strategie ergibt sich die erwartete Auszahlung durch den Eintrag in der Auszahlungsmatrix; jeder Durchgang bringt P^A – bei konstanter Strategie a_i und konstantem b_j – die gleiche Auszahlung.
Für eine gemischte Strategie ist die erwartete Auszahlung der Durchschnitt der mit den Wahrscheinlichkeiten der Strategienwahl gewichteten Auszahlung.
Jede der drei reinen Strategien ist in dem Strategie-Mengen-Diagramm in der Abbildung dargestellt. Die durch Mischung von je zwei reinen Strategien sich ergebenden möglichen Strategien werden durch die Punkte auf der geraden Linie zwischen den zwei Punkten abgebildet, die diese zwei reinen Strategien repräsentieren. Jeder Punkt innerhalb der durch die drei reinen Strategien gebildeten Dreiecks stellt eine zumindest denkbare Strategie dar. Alle überhaupt möglichen Strategien liegen innerhalb des Dreiecks oder auf seinen Grenzlinien.

mixup: Verwechslung *f*, Verwirrung *f*
mnemonic code: mnemotechnischer Code *m*
mnemonic code system: mnemotechnisches Schlüsselsystem *n*
mnemonic name: Merkname *m*
mnemonic operation code: symbolischer Operationsbefehl *m (EDV)*
mobile data acquisition: Mobile Datenerfassung (MDE) *f*
Ein vorwiegend zur Auftragserfassung im Außendienst verwendetes Verfahren zur Eingabe von Daten vom Ort und Zeitpunkt ihrer Entstehung mit Hilfe eines Taschen- oder Handterminals, in den die Daten sofort über eine Tastatur oder einen optischen Lesestift eingegeben und von dort in den Rechner des Unternehmens übertragen werden können. Diese Technologie wird auch zur Vereinfachung von Bestellvorgängen im Einzelhandel eingesetzt.
mobility: Beweglichkeit *f*, Mobilität *f*
mobilize: mobilisieren
mock: Schein-, täuschen
mock action: Scheinklage *f*
mock auction: Scheinauktion *f*
mock-up: Lehrmodell *n*
mockery: Hohn *m*
mode: Art *f* und Weise *f*, Modus *m*
mode of payment: Zahlungsmodus *m*, Zahlungsweise *f*
model: Modell *n*
1. Modelle sind vereinfachte Abbilder der Wirklichkeit, d.h. bestimmte Eigenschaften der Elemente, Beziehungen und Verhaltensweisen eines realen Systems werden in vereinfachter Weise dargestellt. Der Begriff Modell wird in den Sozialwissenschaften zur Bezeichnung von formalisierten und

oft auch mathematisierten Abbildungen sozialer Prozesse verwendet, die in vielerlei Hinsicht den Charakter eines reinen Gedankenexperiments haben, da ihnen ein System denkbarer Wirkungen und Zusammenhänge zwischen einzelnen Faktoren zugrundeliegt, dessen Gesetzmäßigkeiten sich in dieser Eindeutigkeit und mathematischen Genauigkeit meist nicht in der Realität zeigen.

Zwar können Modelle sowohl abstrakt wie konkret sein, auf jeden Fall haben sie aufgrund ihrer Konstruktion einen relativ hohen Grad an Realitätsferne, aufgrund deren sie stets nur dem Kriterium innerer logischer Stimmigkeit, nicht aber der Forderung nach empirischer Geltung zu genügen brauchen. Zwischen der Formalstruktur des Modells und der Realstruktur bestehen unterschiedliche Grade der Übereinstimmung, d.h. unterschiedliche Isomorphiegrade. Die Verwechslung eines Modells mit der Theorie zu deren Konkretisierung es dient, wird oft als Modellplatonismus bezeichnet.

In den empirischen Wissenschaften unterscheidet man in der Regel zwischen Analogiemodellen, Simulationsmodellen Symbolmodellen, Modellen als interpretierenden Bezugssystemen und theoretischen Modellen.

• *Analogiemodelle* dienen der Veranschaulichung theoretischer Überlegungen zur Explikation eines Begriffs.

• *Simulationsmodelle* sind meist bildhafte Verkleinerungen oder auch Vergrößerungen des abzubildenden Sachverhalts mit einer meist stark reduzierten Zahl von Wirkungsfaktoren. Man bezeichnet sie auch als ikonische oder materiale Modelle.

• In *symbolischen Modellen* repräsentieren Zeichen wie Figuren, Buchstaben oder Zahlen die Eigenschaften der Elemente, deren Beziehungen oder sonstige Aspekte des abzubildenden realen Systems. Symbolische Modelle haben für eine Unterstützung wirtschaftlicher Entscheidungen die größte Bedeutung. Dazu zählen vor allem mathematische Modelle, die zur Unterstützung wirtschaftlicher Entscheidungen entwickelt wurden. Ein mathematisches Modell besteht aus einer oder mehreren Gleichungen oder Ungleichungen, welche die zu untersuchenden wirtschaftlichen Zusammenhänge zum Ausdruck bringen. Soweit die durch die Symbole abgebildeten Eigenschaften unterschiedliche Ausprägungen annehmen können, werden sie im Modell durch Variable wiedergegeben. Konstante und konstant gehaltene Eigenschaften sind demgegenüber Parameter des Modells. Zwischen den Modellvariablen bestehen funktionale Beziehungen. Diese bringen die Gesetzmäßigkeiten zum Ausdruck, welche die Eigenschaften der Elemente bzw. Beziehungen des realen Systems und die Veränderungen des Systemzustands im Zeitablauf determinieren.

• *Modelle als interpretierende Bezugssysteme* sind theoretische Definitionen der Realität, mit deren Hilfe diese interpretiert werden.

• *kanntheoretische Modelle* schließlich präzisieren die Beziehungen zwischen Variablen zum Zweck der Ableitung von Hypothesen in Form einer Theorie.

Modelle zur Unterstützung wirtschaftlicher Entscheidungen können sehr komplexer Natur sein. Sie können aus einer Vielzahl von Gleichungen mit Hunderten von Variablen und Parametern bestehen, so daß man sie nur noch mit Hilfe einer Datenverarbeitungsanlage einsetzen kann.

Entscheidungsträger verfolgen mit der Anwendung von Modellen unterschiedliche Zwecke. Aufgabe der Modellanalyse kann eine Prognose oder die Beeinflussung realer Phänomene sein. Nach ihrer Zwecksetzung im Entscheidungsprozeß werden deshalb Prognose- und Entscheidungsmodelle unterschieden.

Mit *Prognosemodellen* lassen sich Informationen darüber ableiten, was in der Zukunft sein wird. Prognosemodelle transformieren in bestimmten Schritten Informationen in Vorhersagen über zukünftige Zustände und Ereignisse. Für eine wissenschaftlich fundierte Prognose werden dabei Informationen über die konkret gegebenen Bedingungen (Ausgangsdaten) sowie Gesetzeshypothesen oder zumindest Quasigesetze über Elemente und Beziehungen im realen System benötigt. Output des Prognosemodells sind Vorhersagen über das zukünftige Verhalten bestimmter Größen, die für die Entscheidung als wichtig erachtet werden.

Entscheidungsmodelle dienen dagegen der Bewertung und Ordnung von Alternativen. Sie bezwecken die Bestimmung einer befriedigenden oder optimalen Alternative und stellen damit Handlungsvorschriften für den Entscheidungsträger bereit. Ihre Ergebnisse sagen also nicht, was sein wird, sondern was sein soll. In Entscheidungsmodelle müssen daher neben Tatsachenaussagen auch Informationen über die zu berücksichtigenden Ziele und Werte eingehen.

2. Muster *n*, Norm *f*, Schablone *f*, Vorbild *n*

model bank: Modellbank *f*
In den Management-Informations-Systemen (MIS) ebenso wie den Marketing-Informations-Systemen (MAIS) bestehen neben den Datenbanken und den Methodenbanken die Modellbanken. Sie enthalten alle Systeme von Regeln über die Datenverknüpfung, mit deren Hilfe Daten transformiert werden können. „Die Modellbank übernimmt im Marketing-Informations-System alle diejenigen Modelle, die geeignet sind, den Entscheidungsträger auf unterschiedlichen Hierarchieebenen problemorientiert bei der Lösung der Aufgaben im Rahmen der Produkt-, Distributions-, Preis- und Werbepolitik zu unterstützen. Dabei kann es sich um den optimalen Einsatz eines Marketinginstruments, eines Bündels von Marketinginstrumenten oder sämtlicher Marketinginstrumente handeln" (Günter Mathieu).

model plant: Musterbetrieb *m*
moderate: billig, gemäßigt, mäßigen
moderation: Bescheidenheit *f*, Mäßigung *f*, Moderation *f*

moderator approach: Moderator-Ansatz *m*
Ein situativer Ansatz in der Führungsforschung, bei dem die Situation als exogene Größe zwischen Führungsstil und Führungserfolg tritt. Methodisch gesehen, ist die situative Beziehung folgendermaßen umschrieben: Bei einem gegebenen Wert der Variable C (Führungssituation) gibt es einen speziellen kongruenten Wert der Variablen A (Führungsstil), der den höchsten Wert bei Variable B (Führungserfolg) bewirkt. Abweichungen von dieser Kongruenzbeziehung zwischen A und C, gleichgültig in welcher Richtung, reduzieren den Wert der Erfolgsgröße B.
Unter den Moderatoransätzen nimmt zweifellos das Kontingenzmodell der Führung den prominentesten Platz ein.

modest: anspruchslos, bescheiden
modesty: Bescheidenheit *f*
modification: Abänderung *f*, Gesetzesaufhebung *f*, Modifizierung *f*, Neugestaltung *f*, Umgestaltung *f*, Veränderung *f*
modify: abändern, modifizieren, verändern
modular method: Modular-Methode *f*
Eine Methode, bei der sich das Ganze aus relativ selbständigen Teilen (Modulen) zusammensetzt. Die Strategie-Planung vollzieht sich in mehreren Schritten. Aufgabenmodule bzw. Planungsmodul bauen teils aufeinander auf, teils stehen sie komplementär nebeneinander.
modulo-n-check: Modulo-N-Kontrolle *f (EDV)*
moiety: Hälfte *f*
molest: belästigen
molestation: Belästigung *f*
monetarism: Monetarismus *m*, Chicagoer Schule *f*
Die von Milton Friedman und seiner Chicago-School vertretene empirische Quantitätstheorie, nach der eine feste Beziehung zwischen den Veränderungen der Geldmenge (z.B. Bargeld und Sichteinlagen) als der bestimmenden Variablen und (mit zeitlicher Verschiebung) den Veränderungen des Preisniveaus besteht.
Die Chicago School versteht sich als Gegenpol zur Theorie des Keynesianismus. Dreh- und Angelpunkt der monetaristischen Theorie ist die Geldmenge. Nach Friedman gehen vom Niveau der Geldversorgung, vor allem von den Veränderungsraten der Geldmenge, die entscheidenden Impulse auf die wirtschaftliche Aktivität aus. Die umgekehrte Wirkung wird zwar inzwischen nicht mehr bestritten, aber in der Bedeutung doch stark relativiert.
Die Erhöhung der Geldmenge ist nach Friedman nicht nur die notwendige, sondern auch die hinreichende Bedingung für die Entstehung und den Ablauf jeder Inflation. In ihrer Untersuchung über die Geld- und Währungsgeschichte in den Vereinigten Staaten kamen Friedman und Schwartz zu dem Ergebnis, daß „... appreciable changes in the rate of growth of the stock of money are necessary and sufficient conditions for appreciable changes in the rate of growth of money income."
Hinter den Thesen des Monetarismus steht die Aussage, daß eine von der Zentralbank zugelassene oder bewußt gesteuerte Erhöhung der Geldmenge auch die Nachfrage erhöhe, was bei zunächst gleichem Güterangebot automatisch zu steigenden Preisen führe. Das Ausmaß der Teuerung ist dabei ausschließlich von der Stärke der Geldmengenvermehrung abhängig.
Für die Steuerung der Geldmenge empfehlen die Monetaristen eine möglichst stetige, an der Entwicklung des Produktionspotentials orientierte Entwicklung der Geldmenge. Friedman hat vorgeschlagen, jährlich eine konstante Wachstumsrate der Geldmenge vorzugeben, um die gesamtwirtschaftliche Entwicklung zu verstetigen. Dabei betont er, daß Konstanz wichtiger als die genaue Höhe der Wachstumsrate (um 4 % jährlich) sei, weil von der Konstanz der Wachstumsrate das weitere Schicksal der Wirtschaft ganz entscheidend abhängt.
Friedman vertritt umgekehrt die Überzeugung, daß häufige Änderungen in der Geldpolitik stets mehr schaden als nützen, weil sie wegen der langen und variablen Wirkungsverzögerungen geldpolitischer Maßnahmen zwangsläufig zu spät kommen. Wenn dann sogar die Konjunktur längst umgeschlagen ist, wirken geldpolitische Maßnahmen sogar prozyklisch und damit destabilisierend. Deshalb plädiert Friedman für eine Geldpolitik, die auf fallweise diskretionäre Maßnahmen verzichtet und sich ausschließlich auf ein konstantes Geldmengenwachstum festlegt.
In einer Reihe statistischer Untersuchungen haben die Monetaristen empirische Belege dafür gesammelt, daß Veränderungen der Geldmenge zunächst nach zwei bis drei Quartalen eine Änderung in der Produktion oder der Einkommen bewirken, während eine Wirkung auf die Preise erst weitere zwei bis drei Quartale später eintritt. Kurzfristig berühren demnach monetäre Änderungen hauptsächlich die Produktion. Langfristig hingegen beeinflußt die monetäre Wachstumsrate vor allem die Preise.
Aus diesem Grund lehnen die Monetaristen die Politik des leichten Geldes als Mittel zur Erreichung und Erhaltung der Vollbeschäftigung ab, das Credo des Keynesianismus darstellt. Reale Beschäftigungswirkungen seien nur durch laufende Erhöhungen der Inflationsrate zu erreichen, die zwangsläufig in die Hyperinflation münde.
Konsequent postulieren die Monetaristen daher, daß Maßnahmen der Finanzpolitik weder als Instrument der Beschäftigungspolitik noch sonstwie irgendeinen volkswirtschaftlichen Nutzen stiften.
Die Zentralbanken bedeutender Industrieländer, unter ihnen vor allem die Federal Reserve Bank der USA und die Deutsche Bundesbank, orientieren ihre Geldpolitik inzwischen an den Erkenntnissen und Lehren der monetaristischen Schule.

monetary: geldlich

monetary agreement: Währungsabkommen n
monetary capital: Geldkapital n
monetary crisis: Währungskrise f
monetary holding: Geldbestand m
monetary piece work pay: Geldakkord m
Eine Form des Akkordlohns, bei der die Stückzahl die Grundlage der Entgeltberechnung darstellt. Für den Arbeitenden wird ein fester Geldwert je Produktionseinheit zugrundegelegt, der sich aus der Division des Akkordrichtsatzes durch die pro Zeiteinheit bei Normalleistung zu erstellende Stückzahl ergibt und als Akkordsatz bezeichnet wird.
Zur Berechnung des Akkordsatzes wird der Mindestlohn und der Akkordzuschlag auf Minuten umgerechnet (Minutenfaktor). Multipliziert man den Minutenfaktor mit der Vorgabezeit in Minuten pro Stück – sie entspricht der in Zeitstudien festgestellten Normalarbeitszeit – so erhält man den Akkordsatz. Der endgültige Lohn ergibt sich dann aus dem Produkt von Akkordsatz und Zahl der produzierten Einheiten.

$$\frac{\text{Verdienst}}{\text{Zeiteinheit}} = \frac{\text{Menge (Stückzahl)}}{\text{Zeiteinheit}} \cdot \text{Akkordsatz}$$

Im finanziellen Ergebnis unterscheiden sich Geld- und Zeitakkord nicht, da sich der Ausdruck (Minuten/Stück) x (DM/Minuten) zu (DM/Stück) kürzen läßt. Der Zeitakkord stellt damit letztlich eine Ausdifferenzierung des Geldakkords dar. Der Vorteil dieser Ausdifferenzierung liegt darin, daß der Zeitakkord bei Tarifänderungen schnell und einfach angepaßt werden kann. Es muß lediglich ein neuer Geldfaktor vereinbart werden, während beim Geldakkord neue Akkordsätze bestimmt werden müssen.
monetary policy: Geldpolitik f, Währungspolitik f
monetary reform: Währungsreform f
monetary sovereignty: Münzhoheit f
monetary standard: Valuta f
monetary system: Geldwesen n
monetary unit: Münzeinheit f
monetary value: Geldwert m
money: Geld n
money and banking: Geld- und Bankwesen n
money at call: Geld n auf Abruf m
money available at one day's notice: tägliches Geld n
money claim: Geldforderung f
money consideration: Geldvergütung f
money-creation: Geldschöpfung f
Der wirtschaftliche Vorgang, durch den Banken Kredite einräumen, die von den Kreditnehmern monetarisiert werden, wodurch Buchgeld zu Zentralbankgeld wird.

money debt: Geldschuld f
money due at end of month: Ultimogeld n
money exchange: Wechselstube f
money exchange office: Wechselstube f
money export: Geldexport m
Die wirtschaftliche Transaktion, bei der eine inländische Bank Geld im Ausland anlegt oder eine ausländische Bank im Inland angelegtes Geld zurückruft.
money-holding propensities pl: Neigung f zur Kassenhaltung f
money import: Geldimport m
Die wirtschaftliche Transaktion, bei der ausländische Banken Geld im Inland anlegen oder inländisches Geld aus dem Ausland repatriiert wird.
money in account: Buchgeld n, Giralgeld n
money lender: Geldverleiher m
money market: Geldmarkt m
money-market rate: Geldmarktsatz m
money on one day's call: tägliches Geld n
money on one day's notice: Tagesgeld n
money order (M.O.): Geldanweisung f, Zahlkarte f, Zahlungsanweisung f
money paid to nursing mothers: Stillgeld n
money paid up on shares: Einlage f
money rate: Geldkurs m
money transfer: Überweisung f
money value: Geldwert m
monopolistic: monopolistisch
monopolistic behavior: monopolistisches Verhalten n
Das Marktverhalten eines Anbieters, der annimmt, daß sein Absatz ausschließlich von seinen eigenen absatzpolitischen Maßnahmen und vom Verhalten der Nachfrager, nicht jedoch von den Maßnahmen anderer Anbieter abhängt.
monopolistic price fixing: monopolistische Preisfixierung f
Eine Politik der Preissetzung, bei der ein Anbieter ausschließlich den „Preis" als Variable seines Marktverhaltens einsetzt und die von ihm abgesetzte Menge allein vom Nachfragerverhalten abhängt.
monopolize: monopolisieren
monopolous: alleinberechtigt, monopolartig, monopolistisch
monopoly: Monopol n, Alleinbetrieb m, Alleinverkaufsrecht n
Dogmengeschichtlich wird in der Marktformenlehre zunächst recht grob zwischen Monopol und Wettbewerb unterschieden. Die klassische Nationalökonomie bezeichnete als Monopol all jene Marktsituationen, bei denen das Angebot u.a. durch öffentliche Privilegierung oder durch private Abreden „künstlichen Restriktionen" unterliege und so ein unter das Kostenniveau sinkender Preis verhindert werde.

Als eine wegweisende Lösung gilt vielfach noch heute die mathematische Darstellung des französischen Mathematikers und Nationalökonomen Antoine Augustin Cournot (1801-1877). Ausgehend vom Monopol leitete Cournot durch Einfügung eines oder mehrerer Konkurrenten das Dyopol, Oligopol und schließlich als Grenzfall den vollkommenen Wettbewerb ab.

Die klassische Preistheorie hat unterschiedliche Preis-Absatz-Funktionen für die verschiedenen Marktformen entwickelt und geht von einem linearen Verlauf der Preis-Absatz-Funktion bei monopolistischer Konkurrenz, von einem parallel zur Abszisse gehenden Verlauf bei vollständiger Konkurrenz und von einem dem im Monopol grundsätzlich ähnelnden Verlauf bei oligopolistischer Konkurrenz aus:

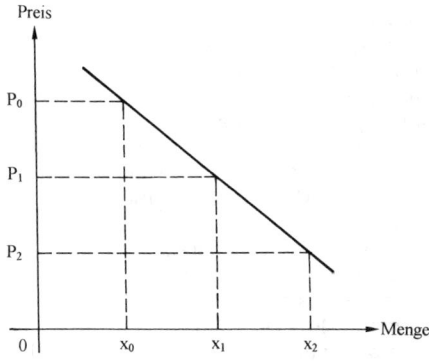

Preis-Absatz-Funktion bei monopolistischer Konkurrenz

Wörtlich aus dem Griechischen übersetzt bedeutet Monopol „Alleinverkauf". Daran knüpft auch die Morphologie Heinrichs von Stackelberg an, wonach z.B. ein Anbieter und viele Nachfrager das Nachfragemonopol ergeben; ein Anbieter und ein Nachfrager das zweiseitige Monopol. Walter Eucken spricht von einem Monopol dann, wenn ein Marktteilnehmer nur die auf sein Verhalten hin erwarteten Reaktionen der Marktgegenseite als Planungsproblem beachtet. Erich Schneider kennzeichnet eine Monopolstellung damit, daß sich ein Wirtschaftssubjekt in seinen Dispositionen nur von seinen eigenen Aktionsparametern, nicht auch von denen anderer Wirtschaftseinheiten der gleichen Marktseite abhängig fühlt.

Als vollkommenes Monopol wird in der Theorie jene Marktform bezeichnet, in der der Gewinn dann am höchsten ist, wenn die Grenzkosten der verkauften Menge gleich dem Grenzerlös sind (Fritz Machlup). Bei einem unvollkommenen Monopol wird unterstellt, daß die Aktionsfreiheit des Monopolisten beschränkt ist; Preis- und Absatzpolitik werden von Verboten, Folgeandrohungen oder Befürchtungen verschiedener Art mitbestimmt. Ein Teilmonopol liegt vor, wenn sich ein Großer und mehrere Kleine den Markt teilen: Die Kleinen akzeptieren für sich den Verkaufspreis des Großen und rechnen damit, zum festgesetzten Preis jede Menge, die sie auf den Markt bringen, absetzen zu können. Bei einem Arbeits-Monopol liegt z.B. eine künstliche Verknappung des Arbeitsangebots vor. Goetz Briefs spricht von den Gewerkschaften „als Preiskartell mit der Tendenz zur Angebotskontingentierung und Konditionen-Normierung".

Die Folgen von Monopolmacht zeigen sich vor allem in höheren Preisen, Kosten und Gewinnen, und zwar im Vergleich zu jenen bei nichtbestehender oder nichtgenutzter Monopolmacht.

Monopole sind historisch zunächst durch staatliche Privilegierung entstanden. Der Staat selbst hat sich für den Vertrieb von bestimmten Waren in zahlreichen Ländern bis heute ein Monopol vorbehalten. In der jüngsten Wirtschaftsgeschichte sind vor allem die internationalen Rohstoffkartelle, u.a. das der OPEC für das Öl, mit entsprechenden monopolistischen Praktiken hervorgetreten. Allgemein wird die Entstehung von Monopolen begünstigt durch Trustbildung, Kartellierung, Alleinverfügung über Grundstoffe, Erfindungspatente, Schutzzölle, Einfuhrverbote.

monopoly authorities *pl*: Antitrustbehörde *f*

monopsony: Monopson *n*
In der Wettbewerbstheorie eine Marktkonstellation, bei der einem Abnehmer eine Vielzahl von Anbietern gegenübersteht.

monotony: Eintönigkeit *f*

Monte-Carlo method: Monte-Carlo-Methode *f*
Sammelbezeichnung für eine Reihe von Verfahren, deren gemeinsames Merkmal die Simulation und numerische Bestimmung von aus Verteilungsfunktionen aufgebauten mathematischen Ausdrücken unter Einsatz geeigneter Zufallsmechanismen und auf der Grundlage von Erkenntnissen der Wahrscheinlichkeitstheorie und der mathematischen Statistik ist.

Die Zufallssteuerung der simulierten Prozesse wird durch Zufallszahlen erreicht. Dabei werden die folgenden Schritte eingeschlagen: 1. Zunächst wird ein dem jeweils in Frage stehenden Problem entsprechendes stochastisches Modell entwickelt, 2. dann werden anhand des stochastischen Modells Zufallsexperimente durchgeführt (Monte-Carlo-Simulation), 3. werden dann anhand der mit Hilfe der Zufallsexperimente ermittelten Ergebnisse auf das Problem und das stochastische Modell bezogene statistische Parameter geschätzt und 4. schließlich wird die dadurch gewonnene Schätzung als die Lösung eines mathematischen Problems interpretiert.

Die Verfahren lassen sich als eine Umkehrung des Vorgehens bei der Stichprobenbildung verstehen; denn während bei der Stichprobenbildung die Parameter aufgrund der gegebenen Verteilungswerte der Grundgesamtheit geschätzt werden, sind bei der Monte-Carlo-Methode die Parameter gegeben, mit deren Hilfe Stichproben gebildet werden, die die Verteilung repräsentieren.

Weil bei diesen Verfahren große Mengen von Zufallszahlen verwendet werden, deren Streuung die Realität widerspiegelt, um Erwartungswerte zu simulieren, wurde zur Bezeichnung der Name des Spielkasinos in Monte Carlo gewählt.
Im Management gibt es vielfältige Anwendungsmöglichkeiten für die Monte-Carlo-Methode in allen Situationen, in denen Planungsprobleme zu lösen sind.

month: Monat *m*
month under report: Berichtsmonat *m*
monthly: monatlich
monthly allowance: Monatswechsel *m*
monthly balance sheet: Monatsabschluß *m*
monthly closing: Monatsabschluß *m*
monthly consumption: Monatsverbrauch *m*
monthly instalment: Monatsrate *f*
monthly labor summary: monatliche Lohnübersicht *f*
monthly magazine: Monatszeitschrift *f*
monthly report: Monatsbericht *m*
monthly respite: Monatsfrist *f*
monthly salary basis: Monatsgehaltsbasis *f*
monthly salary: Monatsgehalt *n*
monthly settlement: monatliche Abrechnung *f*, Ultimoabrechnung *f*, Ultimoregulierung *f*
monthly statement: Monatsaufstellung *f*
monthly summary card: Monatssummenkarte *f (EDV)*
moonlighting: Doppelbeschäftigung *f* (bei 2 Arbeitgebern), Freizeitarbeit *f*, Schwarzarbeit *f*
moral: sittlich
moral suasion: Seelenmassage *f*, moralische Bearbeitung *f*, moralische Beeinflussung *f*
Ein Instrument der Notenbankpolitik, das vielfach auch als Seelenmassage bezeichnet wird. So kann sie die Zentralbank verlauten lassen, sie werde eine Preissteigerung durch Kreditkontraktion bremsen. Darauf reagieren die Geschäftsbanken durch entsprechende Zurückhaltung in der Kreditgewährung.
morale: Arbeitsmoral *f*, Arbeitsklima *n*
morale survey: Untersuchung *f* der Arbeitsmoral *f*
moratorium: Moratorium *n*, Stillhalteabkommen *n*, Stundung *f*, Zahlungsaufschub *m*
morbidity rate: durchschnittlicher Arbeitsausfall *m* pro Arbeitnehmer *m* infolge von Krankheit *f*

morphology: Morphologie *f*
Eine nach bestimmten Kriterien hergestellte Ordnung, interdisziplinäre Methodenlehre und integrale, vergleichende Betrachtungsweise. Gegenstand der Morphologie im allgemeinen ist es, Struktur- oder Denkprinzipien oder -regeln aufzuzeigen, deren Befolgung in problematischen Situationen ein zielgerichtetes, vernünftiges, richtiges Vorgehen ermöglicht.

morphological analysis: morphologische Analyse *f*, morphologische Methode *f*, diskursive Problemlösungsmethode *f*
Eine der Funktionsanalyse verwandte Kreativitätstechnik, die der Schweizer Astrophysiker Fritz Zwicky entwickelt hat. Zwicky verband mit der morphologischen Analyse den Anspruch, zu einem gegebenen Problem ein „Totallösungssystem" aufzubauen, das alle denkbaren Lösungsmöglichkeiten oder -richtungen in geordneter Form enthält. Dem Verfahren liegt der Gedanke zugrunde, alle Kombinationsmöglichkeiten von Merkmalen sämtlicher Dimensionen durchzuspielen, durchzuprüfen und ggf. zu modifizieren. Um dies tun zu können, wird im Anschluß an die allgemeine Formulierung der zu lösenden Aufgabe das Problem in alle die Lösung beeinflussenden Komponenten zerlegt, so daß alle *intensionalen Merkmale* des Problems offengelegt werden. Dann werden für jedes intensionale Merkmal *extensionale Merkmale*, d.h. Lösungsalternativen, aufgestellt und zusammen mit den intensionalen Merkmalen je nach Anzahl der in Betracht gezogenen Dimensionen entweder in einer zweidimensionalen morphologischen Matrix oder in einem dreidimensionalen morphologischen Kasten zusammengestellt und zu kreativen Lösungsansätzen kombiniert.
Die Handhabung der morphologischen Analyse erfolgt prinzipiell in den folgenden Schritten:
(1) Analyse, Definition und gegebenenfalls zweckmäßige Verallgemeinerung des Problems.
(2) Bestimmung der Parameter des Problems, wobei ein Parameter jeweils ein grundsätzlich auftauchendes Lösungselement allgemein definiert. Beim Aufstellen eines Morphologischen Kastens muß der Problemlöser in gedanklicher Vorwegfassung die Grundstrukturen potentieller Lösungen erfassen. Diese Strukturteile nennt Zwicky Parameter oder Dimensionen. Es handelt sich dabei um die oberbegrifflich beschriebenen Komponenten von Lösungen, die wiederkehrende Bestandteile aller denkbaren Alternativen sind.
(3) Anordnung der Parameter in der Vorspalte einer Tabelle. Dann werden für alle Parameter Ausprägungen gesucht, d.h. jene konkreten Ausgestaltungen, die sie theoretisch und praktisch annehmen können. Natürlich kann diese Art der Anordnung auch für Morphologien mit mehr als drei Parametern beibehalten werden, die dann allerdings nicht mehr als Matrix (zweidimensional) oder Kasten (dreidimensional) aufgebaut werden können.
(4) Jede mögliche Kombination je einer Aus-

prägung aus jeder Zeile stellt eine Lösung im Morphologischen Kasten dar, die beispielsweise mit einem Zickzack-Linienzug markiert werden kann. Die Form der kombinatorischen Lösungssynthese erzeugt zwangsläufig eine große Zahl von Alternativen.
(5) Das Herausfinden geeigneter Lösungen ist ein iterativer Prozeß, bei dem gedanklich sehr viele (Teil-) Kombinationen durchgespielt werden. Eine Optimierung kann erreicht werden, wenn es gelingt, anhand problemspezifischer Kriterien zeilenweise die günstigsten Ausprägungen festzustellen und diese zur optimalen Lösung der 1. Näherung zu verbinden. Jedoch können auch nichtoptimale Ausprägungen durch besondere Kombinationsvorteile zu guten Gesamtlösungen führen. Die optimale Lösungsalternative wird dann verwirklicht:

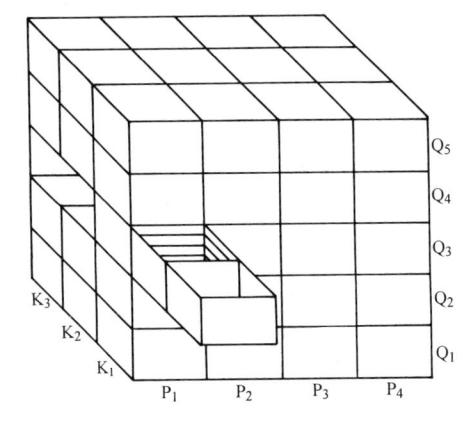

Das erste Bestimmungsstück für ein Problem ist das zu verkaufende Produkt P, welches folgende Eigenschaften haben kann:
P1 = sofort lieferbar
P2 = es liegen erst vorläufige Versuchsexemplare vor
P3 = Produkt theoretisch durchgeplant aber nicht verwirklicht
P4 = Produkt muß noch geplant oder erfunden werden
Der zweite Parameter Q charakterisiert die Qualität des Produktes
Q1 = ausgezeichnet
Q2 = gut
Q3 = mittelmäßig
Q4 = schlecht
Q5 = total unbrauchbar

Morphologischer Kasten

morphological table: morphologisches Tableau n, Problemfelddarstellung f, Erkenntnismatrix f
Eine der morphologischen Analyse verwandte systemanalytische Methode der Ideenfindung und der der strukturierten, systematischen Verarbeitung komplexer Problematiken. Es wird ebenso wie die morphologische Analyse aus Parametern und Ausprägungen aufgebaut. Doch es unterscheidet sich dadurch, daß die Ausprägungen jeweils entlang der Kopfzeile und der Vorspalte einer Matrix eingetragen werden.
Auf diese Weise werden Alternativen nicht wie bei der morphologischen Analyse durch einen Linienzug gebildet, sondern jeder Kombination der Ausprägungen ist ein Feld des morphologischen Tableaus zugeordnet.
Im einfachsten Fall baut sich ein morphologisches Tableau aus zwei Parametern und ihren Ausprägungen auf. Die Zuordnung einzelner Felder zu den Kombinationen der Ausprägungen verleiht dem morphologischen Tableau gegenüber dem morphologischen Kasten bei der praktischen Problemlösungsarbeit einige Vorteile:
(1) Alle bereits bekannten Lösungen können eingetragen bzw. kenntlich gemacht werden, was beim morphologischen Kasten zu einer verwirrenden Vielfalt von Linienzügen führen würde.
(2) Widersinnige Kombinationen lassen sich als „Nullfelder" schraffieren. Sie scheiden aus weiteren Betrachtungen aus.
(3) Leerfelder treten sichtlich hervor und signalisieren Bereiche, zu welchen noch keine Lösungen bekannt sind.
Beim morphologischen Tableau geht man meist folgenden Schritten vor:
1. Exakte Analyse und Definition des Problems.
2. Bestimmung der Parameter, mit welchen das Problem zielrichtig strukturiert und in Teilbereiche zerlegt werden kann.
3. Aufzählung der Ausprägungen.
4. Bestimmung der Nullfelder (d.h. der widersinnigen, unrealistischen Kombinationen von Ausprägungen).
5. Kennzeichnung der Felder mit bereits bekannten Lösungen.
6. Hervorhebung der interessanten Leerfelder – für die es ja noch keine oder nur sehr wenige Lösungen gibt –, die weiter untersucht werden sollen.

mortality: Sterblichkeit f
mortality rate: Sterblichkeitsrate f
mortality table: Sterblichkeitstabelle f
mortgage: dinglich verpfänden, hypothekarisch belasten, Hypothek f, hypothekarische Belastung f
mortgage bank: Hypothekenbank f, Pfandbriefanstalt f, Realkreditinstitut n, Rentenbank f
mortgage bond: Hypothekaranleihe f, Hypothekenbrief m, Hypothekenpfandbrief m, Schuldverschreibung f, hypothekarisch gesicherte mortgage
mortgage certificate: Hypothekenanteilschein m, Hypothekenbrief m, Pfandvertrag m, Pfandbrief m
mortgage claim: Hypothekenforderung f
mortgage debt: Hypothekenschuld f
mortgage deed: Hypothekenanteilschein

Morphologisches Tableau für eine Uhr

		Extensionale Merkmale		
	Funktionselement	Bekannte und mögliche Lösungen		
Intensionale Merkmale	Energiequelle	Aufzug von Hand	Starkstromnetz	Temperaturschwankungen
	Energiespeicher	Angehobene Gewichte	Feder	Akkumulator
	Motor	Federmotor	Elektromotor	Hydraul. Motor
	Geschwindigkeitsregler	Fliehkraftregler	Hippscher-Pendel	Netzfrequenz
	Getriebe	Zahnradgetriebe	Kettengetriebe	Magnetgetriebe
	Anzeigung	Zeiger u. Zifferblatt	Rollen und Fenster	Wendeblätter

Quelle: F. Zwicky, Entdecken, Erfinden, Forschen im morphologischen Weltbild, München 1966

m, Hypothekenbrief *m*, Pfandvertrag *m*, Pfandbrief *m*
mortgage in favor of the owner: Eigentümerhypothek *f*
mortgage interest: Hypothekenzinsen *m/pl*
mortgage lien: Hypothekenpfandrecht *n*
mortgage loan: Hypothekendarlehen *n*, Sachwertanleihe *f*
mortgage profits levy: Hypothekengewinnabgabe *f*
mortgageable: hypothekarisch belastbar
mortgagee: Hypothekengläubiger *m*
mortgages *pl* payable: Hypothekenschulden *f/pl* in der Bilanz *f*
mortgages *pl* receivable: hypothekarisch gesicherte Forderungen *f/pl* (Bilanzposten)
mortgaging: Verpfändung *f*
mortgagor: Hypothekenschuldner *m*, Verpfänder *m*
mortis causa: von Todes *m* wegen
mortis causa acquisition: Erwerb *m* von Todes wegen
mortis causa disposition: Verfügung *f* von Todes wegen
mortmain: unveräußerliches Gut *n*, tote Hand *f*
most favored clause: Meistbegünstigungsklausel *f*
most favored nation clause: Meistbegünstigungsklausel *f*
most likely time: höchstwahrscheinliche Zeit *f* (PERT)
motion: Bewegung *f*, Gesuch *n*, Zwischenantrag *m*
motion analysis: Bewegungsstudie *f*
motion cycle: Arbeitsgang *m*
motion study: Bewegungsstudie *f*
motionless: bewegungslos, stillstehend

motivation: Motivation *f*
Nach einer Formulierung von Victor H. Vroom der „Prozeß, der die Wahl zwischen verschiedenen (freiwilligen) Aktivitäten bestimmt."
motivation equation: Motivationsgleichung *f*
Eine von R. House im Zusammenhang mit der Weg-Ziel-Theorie der Führung entwickelte Gleichung der Arbeitsmotivation, in die wesentliche Variablen der Erwartungstheorie eingingen:

$$M = IV_b + P_1[IV_a + (P_{2i} \times EV_i)]$$

wobei:
M = Arbeitsmotivation
IV_b = intrinsische Valenz des zielorientierten Verhaltens (Tätigkeit)
IV_a = intrinsische Valenz der Zielerreichung (Ergebnisse)
EV_i = extrinsische Valenz der Zielerreichung (Ergebnisse)
P_1 = Weg-Instrumentalität des zielorientierten Verhaltens (Tätigkcit)
P_2 = Weg-Instrumentalität des Ergebnisses für extrinsische Valenz.
Wenn z.B. die intrinsische Valenz der Tätigkeit (IVb) und die wahrgenommene Instrumentalität der Tätigkeit (P_1) zur eigenen Bedürfnisbefriedigung gegen Null streben, strebt nach dieser Gleichung auch die Arbeitsmotivation der Geführten gegen Null.
motivator: Motivator *m*
motive: Motiv *n*, Beweggrund *m*, Grund *m*
In der Psychologie, der Sozialforschung und der Marktforschung werden die Begriffe Bedürfnis, Trieb, Wunsch, Instinkt, Neigung oder Ziel vielfach als Synonyme benutzt. Als das menschliche Verhalten steuernde und aktivierende Faktoren sind sie der unmittelbaren Beobachtung und Messung nicht zugänglich und als hypothetische Konstrukte (intervenierende Variable) mithin nur indirekt erschließbar. Im weitesten Sinne umfaßt so der Begriff der Motivation die Gesamtheit der nicht unmittelbar aus äußeren Stimuli (Reizen) ableitbaren

Variablen, die das menschliche Verhalten in seiner Intensität und in seiner Richtung beeinflussen und kontrollieren. Da in diesem Sinne zu den das Handeln beeinflussenden Faktoren auch Kognitionen zu rechnen wären, wird als Motiv im engeren Sinne ein lediglich affektiver Handlungsantrieb verstanden.

Ausgehend vom Grundbegriff des Bedürfnisses und der dabei angewandten Unterbegriffsbildung wird auch im Zusammenhang der Motivforschung zwischen verschiedenen Arten von Motiven unterschieden. Am stärksten hat sich die Unterscheidung zwischen primären und sekundären Motiven durchgesetzt. Primäre Motive sind die phylogenetisch und ontogenetisch zuerst vorhandenen, erbbedingten, physiologischen Motive wie z.B. Hunger, Durst, Sexualtrieb, für die meist der Begriff des Triebs verwendet wird. Sekundäre Motive sind durch Lernen, Erfahrung, Erziehung, Sozialisation erworbene Handlungsantriebe, die aus den primären Motiven hervorgegangen sind. Sie werden auch abgeleitete oder gelernte Motive genannt, weil sie durch Assoziierung mit primären Motiven zustandekommen und direkt oder indirekt der Befriedigung primärer Motive dienen.

Auf H. F. Harlow geht die Unterscheidung zwischen homöostatischen und nichthomöostatischen Motiven (Bedürfnissen) zurück. Homöostatische Triebe wie Hunger oder Durst leiten Regulationsprozesse ein, die das physiologische Gleichgewicht des Organismus wiederherstellen bzw. aufrechterhalten sollen. Hingegen liegt der Ursprung nichthomöostatischer Motive außerhalb des Organismus in äußeren Objekten (z.B. das Bedürfnis nach Erkundung der Umwelt), so daß bei ihnen eine Motivreduktion mit Entfernung der externen Reizquellen eintritt. Eine andere Unterscheidung, die z.B. von Henry A. Murray und Gordon W. Allport vertreten wird, ist die zwischen viszerogenen und psychischen Motiven.

In der Psychologie ebenso wie in der Markt- und Konsumforschung ist eine schier unübersehbare Vielzahl von verschiedenen Motivationskatalogen zusammengestellt worden, zu denen im weitesten Sinne auch die Maslowsche Bedürfnishierarchie zu rechnen ist und von denen die meisten den Charakter vollkommener Beliebigkeit haben. „Wenn man die Gesamtheit aller Handlungsantriebe als Motivation versteht, dann erweist es sich als wenig sinnvoll, nach Katalogen von wenigen ‚Grundmotiven' zu suchen, auf die das gesamte menschliche Verhalten zurückgeführt werden soll" (Peter Beike/Gerhard Christmann). Eng ist auch der Zusammenhang von Emotion und Motivation, die beide ein Produkt aus physiologischer Erregung und kognitiver Situationsbewertung sind: „Emotion und Motivation lassen sich aus neuropsychologischer Sicht nicht auseinanderhalten. Nach ihren organischen Grundlagen kann keine eindeutige Abgrenzung vorgenommen werden. Beide sind Ausdruck der Aktivität einer einzigen psychologischen Grunddimension deren Auswirkungen durch den psychologischen Begriff ‚Aktivierung' umschrieben werden können" (G. Guttmann).

Die für das Arbeitsverhalten wesentlichen Motive werden in unterschiedlicher Weise klassifiziert. Eine häufig vorgenommene Einteilung geht von dem Bezug der Motivbefriedigung zum Arbeitsverhalten aus. Danach wird unterschieden in:

• *extrinsische Motive*: Motive, deren Befriedigung durch Folgen oder Begleitumstände der Arbeit erfolgt.

• *intrinsische Motive*: Motive, deren Befriedigung durch das Arbeitsverhalten selbst erfolgt.

Motive, die bei einzelnen als Gründe beruflicher Arbeit wesentlich sein können, sind:

(1) *Bedürfnis nach Geld*: Es unterscheidet sich von den anderen Motiven dadurch, daß Geld als Anreiz vieldeutig ist. Es kann der Besitz von Geld selbst befriedigen; es kann seine Bedeutung aber auch vom jeweils angestrebten Ziel erhalten, wie z.B. Befriedigung menschlicher Grundbedürfnisse, Eigenheimerwerb oder Erlangung von sozialer Geltung.

(2) *Menschliche Grundbedürfnisse*: Dazu werden stets Hunger und Durst gezählt. Aber auch die Bedürfnisse nach Wärme und Wohnung gehören hierher. Die Befriedigung dieser Bedürfnisse kann einer der Gründe für das Streben nach Geld sein.

(3) *Sicherheitsbedürfnis*: Es äußert sich vor allem darin, daß nicht nur das momentan gebotene Entgelt als Arbeitsanreiz wirkt, sondern auch die Sicherheit des Arbeitsplatzes sowie die finanzielle Absicherung für Alter und Invalidität.

(4) *Geltungsbedürfnis*: Das Bestreben, im Urteil anderer Menschen einen möglichst hohen Rang einzunehmen. Allgemeine Geltungswerte sind Beachtung, Ehre, Anerkennung, Beifall, Ruhm, Bewunderung, Respekt. Zeichen für die Befriedigung des Geltungsbedürfnisses im Unternehmen können die Höhe des Gehalts, Titel, Statussymbole und bestimmte Privilegien sein. Anerkennung kann der einzelne zum einen im jeweiligen Unternehmen finden, wobei diese so eng mit der eigentlichen Tätigkeit verbunden sein kann, daß man sie zu den intrinsischen Anreizen zählen kann. Zum anderen kann der berufliche Erfolg die Achtung beeinflussen, die er im Privatleben erfährt.

(5) *Kontaktbedürfnis*: Das Streben nach zwischenmenschlichen Beziehungen und nach Zugehörigkeit zu einer Gemeinschaft. Viele Berufe bedingen einen intensiven Kontakt mit anderen Menschen. Hier wirkt das Kontaktbedürfnis als intrinsisches Arbeitsmotiv. Beispiel für das Kontaktbedürfnis als extrinsisches Arbeitsmotiv ist dagegen der Fall, daß eine Frau, deren erwachsene Kinder das Haus verlassen haben, wieder eine berufliche Tätigkeit aufnimmt, die selbst zwar keine sozialen Kontakte beinhaltet, in den Pausen und nach Dienstschluß aber Gelegenheit zu Gesprächen mit Kollegen gibt.

(6) *Bedürfnis nach Tätigkeit*: Der Mensch ist auch deshalb tätig, weil der Wunsch nach Energieabfuhr besteht. Der Mensch wird auch tätig, weil Tätigkeit selbst befriedigt. Tätig sein hilft, unlustbe-

tonte emotionale Zustände zu überwinden, bzw. zu vermeiden.

(7) *Bedürfnis nach Leistung*: Das Bedürfnis, ein Ziel zu erreichen, das man sich selbst gesetzt hat oder zumindest als eigenes Ziel akzeptiert. Befriedigung kann das Leistungsmotiv also nur durch solche berufliche Aufgaben finden, die der Betreffende akzeptiert und in denen er etwas sieht, mit dem er sich leistungsmäßig auseinandersetzen kann.

(8) *Machtbedürfnis*: Das Streben, andere Menschen im eigenen Sinne zu beeinflussen und sich die Kontrolle über die dazu notwendigen Mittel zu verschaffen. Man kann zwei Formen des Machtmotivs unterscheiden: eine primitive Form, die sich z.B. in körperlicher Aggressivität zeigt und auf Unterdrückung aus ist; und eine Form, bei der andere dazu gebracht werden sollen, das zu wollen, was man möchte, daß sie es wollen. Stärker als bei den anderen Motiven sind die Möglichkeiten zur Befriedigung von Machtbedürfnissen je nach Arbeitsplatz sehr verschieden. Für einzelne Machtmotivierte kann es ein ganz entscheidendes Motiv sein, eine bestimmte Funktion auszuüben; bei vielen anderen kommt es mangels Gelegenheit nicht zur Auswirkung.

(9) *Bedürfnis nach Sinngebung und Selbstverwirklichung*: Im Unterschied zu den anderen Motiven ist das Bedürfnis nach Selbstverwirklichung oder Selbstentfaltung inhaltlich nicht, bzw. nur aufgrund individueller Lernprozesse, bestimmt. Denn die Selbstverwirklichung zeigt sich ja gerade in der Erweiterung bisheriger Erlebnis- und Verhaltensmöglichkeiten, die nicht vorbestimmt sein sollten. Von seiten der situativen Gegebenheiten im Unternehmen bedeutet dies, daß dem einzelnen ein entsprechender Freiheitsspielraum zur Erweiterung seiner eigenen Möglichkeiten gewährt werden sollte.

(1) bis (4) treten vorwiegend als extrinsische Motive, (6) bis (9) vorwiegend als intrinsische Motive auf. Das Kontaktbedürfnis (5) tritt häufig sowohl intrinsisch wie extrinsisch auf.

motor: Motor *m*, motorisch

motor industry *(brit)*: Kraftfahrzeugindustrie *f*

motor show: Automobilausstellung *f*

motor vehicle statistic: Kraftfahrzeugstatistik *f*

motor vehicle tax: Kraftfahrzeugsteuer *f*

motorship (M.S.): Motorschiff *n*

mould: Form *f* (tech.), formen, Matrize *f*

mount: ansteigen, steigen

movable: beweglich, transportfähig

movable good: bewegliche Sache *f*

movables *pl*: bewegliche Habe *f*, bewegliche Sachen *f/pl*, Fahrnis *f*, Mobiliarvermögen *n*, Mobilien *pl*, bewegliches Vermögen *n*

move: abtransportieren, einen Antrag stellen, beantragen, bewegen

mover: Antragsteller *m*, Spediteur *m*

moving: beweglich, gleitend, Umzug *m*, Umziehen *n*

moving and storage company: Speditions- und Lagerbetrieb *m*

moving annual plan: gleitender Jahresplan *m*

Ein Jahresplan eines Unternehmens, der durch eine monatliche Aktualisierung der Planvorgaben für die jeweils nächsten 12 Monate systematisch fortgeschrieben bzw. konkretisiert wird.

moving average: gleitender Durchschnitt *m*

In der statistischen Zeitreihenanalyse ein Verfahren zur Trendbestimmung, Saisonbereinigung und Ausschaltung zufälliger Einzelschwankungen, das darin besteht, fortschreitende Durchschnitte für eine Zeitreihe zu bilden. Der Grundgedanke des Verfahrens besteht darin, zur Glättung der Reihe den Wert für ein Datum nicht allein aus den zum jeweiligen Zeitpunkt erhobenen Beobachtungen zu bilden, sondern die Daten der zeitlich umliegenden Beobachtungseinheiten mitzuberücksichtigen.

Im Prinzip wird dabei so vorgegangen, daß anstelle des für den bestimmten Punkt gemessenen Werts das arithmetische Mittel aus diesem und den n − 1 vorangegangenen Werten eingesetzt wird. Dies wird nacheinander für alle aufeinanderfolgenden Punkte in der Weise getan, daß der jeweils erste Wert aus der Mittelwertsbildung ausgeschieden und der neue Wert als letzter Wert hinzugefügt wird. Bei diesem Vorgehen fällt am Ende und am Anfang der Ursprungsreihe je ein Wert weg, allgemein fallen je m Werte weg. Für ein beliebiges m ist die gleitende Durchschnittsbildung gegeben durch:

$$x_t = \frac{1}{2m+1}(x_{t-m} + x_{t-m+1} + \ldots + x_{t-1} + x_t + x_{t+1} + \ldots + x_{t+m}).$$

Angenommen die Reihe $x_1, x_2, x_3, \ldots x_t$, so lassen sich beispielsweise die folgenden gleitenden Mittel errechnen:

$$x_2 = \frac{1}{3}(x_1 + x_2 + x_3);$$

$$x_3 = \frac{1}{3}(x_2 + x_3 + x_4); \ldots;$$

$$x_t = \frac{1}{3}(x_{t-1} + x_t + x_{t+1});$$

wobei t ≥ 2 (Dreierdurchschnitte).

$$x_3 = \frac{1}{3}(x_1 + x_2 + \ldots + x_5);$$

$$x_4 = \frac{1}{3}(x_2 + x_3 + \ldots + x_6); \ldots;$$

$$x_t = \frac{1}{3}(x_{t-2} + \ldots + x_t + \ldots + x_{t+2});$$

wobei $t \geq 3$ (Fünferdurchschnitte).

Besondere Bedeutung kommt bei den gleitenden Durchschnitten dem Zwölferdurchschnitt (Zwölfmonatsdurchschnitt) zu, bei dem das arithmetische Mittel aus 12 Monatswerten in der Weise gebildet wird, daß jeweils 5½ Monatswerte vor bzw. nach dem betreffenden Monat mit eingerechnet werden; dabei wird ebenso wie in allen anderen Fällen, in denen der gleitende Durchschnitt für eine gerade Anzahl von Zeitreihenwerten berechnet wird, jeweils das erste und das letzte Glied der Reihe mit ½ gewichtet:

$$x_7 = \frac{1}{12}\left(\frac{1}{2}x_1 + x_2 + \ldots + x_{12} + \frac{1}{2}x_{13}\right)$$

$$x_8 = \frac{1}{12}\left(\frac{1}{2}x_2 + x_3 + \ldots + x_{13} + \frac{1}{2}x_{14}\right)$$

Bei den hier geschilderten gleitenden Durchschnitten handelt es sich um gleitende arithmetische Durchschnitte. In Fällen in denen nicht die absoluten Abweichungen der Ursprungswerte von den Trendwerten, sondern die relativen Abweichungen von gleicher Intensität sind, werden gleitende geometrische Durchschnitte gebildet.

moving budget: veränderliches Budget *n*, bewegliches Budget *n*
moving company: Spedition *f*
moving expense(s) *(pl)*: Umzugskosten *n/pl*
moving party: Antragsteller *m*, Gesuchsteller *m*
multi-employer bargaining: Tarifverhandlung *f* auf Verbandsebene *f*, Verbandstarifverhandlung *f*
multi-line posting machine: Vielzeilenumdrucker *m (EDV)*
multi-step statement: Gewinn- und Verlust-Rechnung in Staffelform *f*
multicurrency accounting: Währungsbuchhaltung *f*
multilateral: multilateral, vielseitig
multilateral agreement: multilaterales Abkommen *n*
multilateral trade: multilateraler Handel *m*
multilingual: mehrsprachig
multinational enterprise: multinationales Unternehmen *n*
multiple: vielfach
multiple-activity operation chart: synchron-optische Darstellung *f* mehrerer Arbeitsoperationen *f/pl*
multiple address instruction: Mehradressen-Befehl *m (EDV)*

multiple control circuit: Mehrfachregelungskreis *m* (Operations Research)
multiple control system: Mehrfachregelungssystem *n* (Operations Research)
multiple goals *pl*: multiple Zielsetzung *f* (Operations Research)
multiple intervention model: multiples Verknüpfungsmodell *n*
In dem situationalen Führungsmodell von G. A. Yukl treten zwischen das Führungsverhalten und den Führungserfolg moderierende und intervenierende Situationsvariablen:
Intervenierende Variablen sind Prozeßvariablen, die Kausal- in Endresultat-Variablen transformieren. Sieben Variablen wurden als maßgeblich ausgewählt: (1) Mitarbeitenmotivation, (2) Aufgabenklarheit, (3) Mitarbeiterqualifikation, (4) Leistungsvermögen der Serviceeinheiten, (5) Arbeitsorganisation, (6) Gruppenkohäsion und (7) Führer-Mitarbeiter-Beziehungen. Grundsätzlich gilt: Je positiver diese intervenierenden Variablen ausgeprägt sind, um so höher liegt die (Gruppen-)Leistung.
Die moderierenden Variablen werden nach drei Klassen unterschieden, je nachdem, an welcher Stelle sie in der Wirkungskette Einfluß ausüben. Die erste Klasse bezieht sich auf die Möglichkeiten des Führers, die intervenierenden Variablen in eigenem Sinne zu gestalten. Die zweite Klasse als Moderatoren bezieht sich auf überformende Faktoren wie Organisationsstruktur, Lohnsystem, Betriebsklima und ihren direkten Einfluß auf die intervenierenden Variablen. Die dritte Moderatorenklasse schließlich stellt auf Einflußkräfte ab, die Bedeutung der einzelnen intervenierenden Variablen zueinander bestimmen.
Die Basisthese des Modells ist nun, daß der Führungserfolg sich im wesentlichen danach bestimmt, ob es dem Führer gelingt, bestehende Defizite in den intervenierenden Variablen abzubauen. Die Moderatorvariablen bestimmen, welche intervenierenden Variablen besonders wichtig sind, welche Defizite auftreten und welcher Korrekturspielraum dem Manager zu Gebote steht. Eine erfolgreiche Kompensation ist durch Einsatz des jeweils passenden Führungsstils möglich.
Yukl verweist jedoch darauf, daß langfristig auch eine Einflußbeziehung vom Manager auf die Moderator-Variablen in Rechnung zu stellen ist.
multiple-line card: Mehrzeilenkarte *f (EDV)*
multiple-line printing: Mehrzeilenschreibung *f (EDV)*
multiple-line system: Mehr-Linien-System *n*
Ein System der Managementkontrolle, das auf dem Spezialisierungsprinzip aufbaut und die Führungsaufgabe auf mehrere spezialisierte Instanzen verteilt. Dadurch untersteht eine Stelle mehreren weisungsbefugten Instanzen, d.h. ein Mitarbeiter berichtet mehreren Vorgesetzten.
Im Mehr-Linien-System ist eine hierarchisch nied-

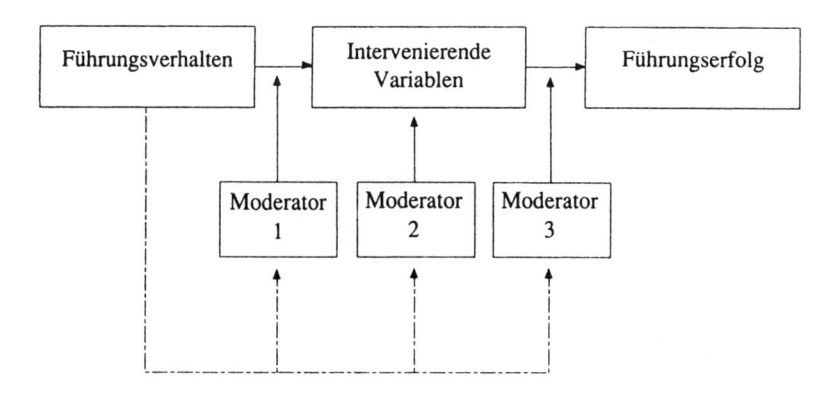

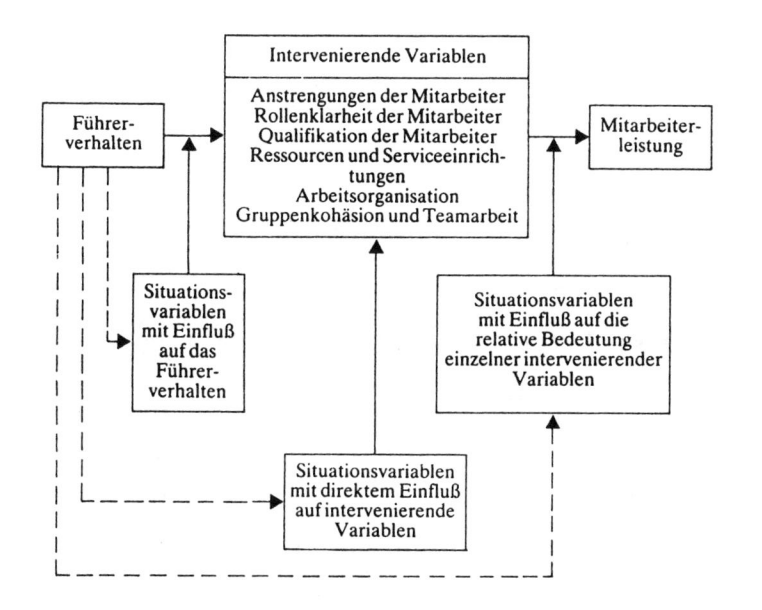

multiple-line system

rigere Stelle durch mehrere Linien mit mehreren hierarchisch höheren Stellen verbunden (Mehrfachunterstellung). Dies bedeutet eine Abkehr vom Prinzip der Einheit der Auftragserteilung und eine Koordination von Mitarbeitern nach dem Funktionsprinzip, d.h. der auf eine bestimmte Funktion spezialisierte Vorgesetzte erteilt nur für diesen Bereich Weisungen. Wenn die Aufgabenerfüllung mehrere Funktionsbereiche tangiert, erhält der Ausführende auch von mehreren Vorgesetzten Anweisungen.

Die Idee des Mehr-Linien-Prinzips fand eine besonders prägnante Ausformulierung im Funktionsmeistersystem bei Frederick W. Taylor. Durch Funktionsspezialisierung soll hierbei Gewinnung von Übungsvorteilen und eine Verkürzung der Anlernzeiten erreicht werden. Die Idee, die Hierarchie nach dem Mehr-Linien-System aufzubauen, hat lange Zeit in der Praxis wegen der damit verbundenen Aufweichung der Autorität wenig Anklang gefunden.

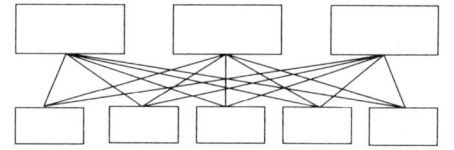

Mehr-Linien-System

Diesem Strukturtyp steht als Gegentyp das Ein-Linien-System gegenüber, das nach dem Prinzip der Einheit der Auftragserteilung konstruiert ist, wonach ein Mitarbeiter nur *einen* direkt weisungs-

479

befugten Vorgesetzten haben soll („one man, one boss"). Dies gilt nicht umgekehrt, eine Instanz ist gewöhnlich mehreren untergeordneten Stellen gegenüber weisungsbefugt.

multiple management: mehrstufige Betriebsführung *f*, multiple Betriebsführung *f*, Unternehmensführung *f* durch Ausschüsse *m/pl*

mutiple product company: Mehrprodukt-Unternehmen *n*
Ein Wirtschaftsunternehmen, das im Gegensatz zum Einprodukt-Unternehmen mehrere Güter oder Dienstleistungen auf dem Markt anbietet.

multiple shift cost: Mehrschichtkosten *pl*
multiple shift operation: Mehrschichtarbeit *f*
multiple shops *pl*: Ladenkette *f*
multiple snapshot: Multi-Momentaufnahme *f*
Ein Verfahren der Managementkontrolle, das insbesondere das Arbeitsverhalten und die Arbeitsergebnisse zum Gegenstand hat. Die Multi-Momentaufnahme ist ein Stichprobenverfahren, das Aussagen über die prozentuale Häufigkeit bzw. Dauer von Abweichungen mit einer hinreichenden statistischen Genauigkeit zuläßt. In diesen Bereich gehören auch die Methoden der Beobachtung des Arbeitsverhaltens von Akkordarbeitern (Arbeitszeitstudien).

multiple stage(s) tax: Allphasensteuer *f*, Mehrphasensteuer *f*
multiple store business: Kettenladen-Unternehmung *f*
multiple store company: Kettenladen-Unternehmung *f*
multiple store enterprise: Kettenladen-Unternehmung *f*
multiple subordination: Mehrfachunterstellung *f*
Die Situation, daß eine in der Unternehmenshierarchie niedrigere Stelle durch mehrere Linien mit mehreren hierarchisch höheren Stellen verbunden ist. Dies läuft auf eine Abkehr vom Prinzip der Einheit der Auftragserteilung und eine Koordination von Mitarbeitern nach dem Funktionsprinzip hinaus, d.h. der auf eine bestimmte Funktion spezialisierte Vorgesetzte erteilt nur für diesen Bereich Weisungen. Wenn die Erfüllung einer Aufgabe mehrere Funktionsbereiche tangiert, erhält der Ausführende auch von mehreren Vorgesetzten Anweisungen. Die Mehrfachunterstellung ist typisch für das Mehr-Linien-System.

multiple time plan: Leistungslohnsystem *n* mit steigendem Stundenlohnsatz *m*
multiple vote share: Mehrstimmrechtsaktie *f*
multiple vote stock: Mehrstimmrechtsaktie *f*
multiple voting right: Mehrstimmrecht *n*
multiple voting share: Mehrstimmrechtsaktie *f*
multiplex mode: Multiplex-Betrieb *m (EDV)*
multiplicand: Multiplikand *m*
multiplication: Multiplikation *f*, Vervielfältigung *f*
multiplier: Multiplikator *m*
In der Kommunikationstheorie eine Person oder auch ein Medium, die bzw. das in besonders starkem Maße Nachrichten und Information verbreitet. Es handelt sich um Personen oder Organisationen, denen eine Schlüsselstellung bei der Verbreitung von Meinungen, Kenntnissen, Einstellungen, Moden usw. zukommt und die in dieser Hinsicht den Meinungsführern sehr ähneln.

multiplier effect: Multiplikatoreffekt *m*
Nach dem von Werner Hicks entwickelten mathematischen Oszillationsmodell der konjunkturellen Zyklen genügt ein einmaliger Anstoß von außen als auslösender Faktor, Konjunktur. Hicks erklärt den Konjunkturprozeß mit der wechselseitigen Abhängigkeit von Konsum- und Investitionsentwicklung. Danach löst ein Mehr an Verbrauchsgüternachfrage nach einer gewissen Zeit zusätzliche Nachfrage bei den Investitionsgüterindustrien aus. Diesen Effekt bezeichnet Hicks als Akzeleratoreffekt. Von den Investitionsgüterindustrien strahlt die Nachfragebelebung auf die anderen Wirtschaftsbereiche weiter aus. Dies nennt Hicks den Multiplikatoreffekt.
Die Schwankungen werden gedämpft durch den Einbau von Ober- und Untergrenzen; die Schwingungen erhalten sich aus sich selbst heraus. Es sind Schwankungen um ein dynamisches Gleichgewicht, das eine langfristig konstante Wachstumsrate des Bruttosozialprodukts voraussetzt. Diese theoretischen Voraussetzungen indessen lassen sich durch die tatsächliche Entwicklung nicht belegen. In nahezu allen entwickelten Industrieländern sind die Wachstumsraten im Laufe der Zeit flacher geworden.
Die Idee der multiplikativen Wirkungen einer Erhöhung oder Abnahme der effektiven Nachfrage auf Einkommen und Beschäftigung taucht bereits um das Jahrhundert 1900 in der Wirtschaftstheorie auf. Erstmals formuliert hat N. Johannsen das „multiplizierende Prinzip" in seinem Buch „Die Steuer der Zukunft", und zwar zunächst im Zusammenhang mit dem konjunkturellen Kontraktionsprozeß: „Dieses Prinzip beruht auf dem Umstand, daß die durch den Sparprozeß (in seiner störenden Form) geschädigten und in ihrem Einkommen verkürzten Individuen ihrerseits Einschränkungen machen und dadurch die schon verminderte Gesamtnachfrage abermals verkürzen." Weiter heißt es bei Johannsen: „... so wirkt umgekehrt dieses Prinzip auch im guten Sinne, wenn von anderer Seite her irgendein Anstoß erfolgt, der die Nachfrage belebt. Würde zur Zeit der Geschäftsstille eine neue, zuzügliche Absatzquelle eröffnet, zum Betrage einer Million, so würde das den Gesamtabsatz und die Gesamtproduktion nicht bloß

um eine Million heben, sondern um mindestens fünf Millionen."
John Maynard Keynes baute in seinem unter dem Eindruck der Weltwirtschaftskrise entstandenen Buch „General Theory of Employment, Interest and Money" (1936) eine expansive Beschäftigungstheorie auf dem Multiplikatorprinzip auf. Anhand dieses Prinzips untersuchte er die Wirkungen zusätzlicher Nachfrage nach Kapitalgütern auf die Höhe des Volkseinkommens. Vollbeschäftigung, so argumentierte Keynes, werde sich in der Regel nicht im freien Spiel der Kräfte einstellen. Sie könne nur über zusätzliche staatliche Ausgabenprogramme, die ihre Wirkung auf die ganze Wirtschaft verstärken, garantiert werden. Als entscheidend für die Nachfragelücke und damit den Mangel an Beschäftigung sah Keynes die „überschüssige Ersparnis" an. Die fehlende effektive Nachfrage sollte der Staat ausgleichen. Für die Stärke einer zusätzlichen Ausgabe sei die Höhe der Ersparnis entscheidend. Jener Teil des zusätzlichen Einkommens, der gespart wird, versickert, fällt mithin für die weitere Anregung aus. Je kleiner die „marginale Sparquote" ist, desto größer ist daher der Multiplikator (ihr Kehrwert).
Als wichtigster Prozeßverstärker gilt in der Theorie der Investitions-Multiplikator. Ähnliche Wirkungen werden dem Export-, Import-, Staatsausgaben- und Steuer-Multiplikator zugeschrieben. Mitunter ist auch die Rede von Einkommens-, Beschäftigungs-, Preis- und Konsum-Multiplikatoren.
multiply: mehren, multiplizieren, vervielfältigen
multiprocessing: gleichzeitige Bearbeitung *f* durch mehrere Funktionseinheiten *f/pl* (z.B. Rechenwerke) *(EDV)*
multiprocessor: Multiprozessorsystem *n (EDV)*
multiprogramming: Mehrprogrammverarbeitung *f (EDV)*
multiprogramming mode: Mehrprogrammbetrieb *m (EDV)*
municipal: Gemeinde-, städtisch
municipal accounting: kommunales Rechnungswesen *n*
municipal authority: städtische Behörde *f*, Gemeindebehörde *f*, Kommunalbehörde *f*, Stadtbehörde *f*

municipal bond: Kommunalobligation *f*, Kommunalschuldverschreibung *f*, Obligation *f* der öffentlichen Hand *f*
municipal district: Stadtbezirk *m*
municipal enterprise: kommunaler Eigenbetrieb *m*, kommunales Unternehmen *n*, städtisches Unternehmen *n*
municipal government: Stadtverwaltung *f*
municipal loan: Kommunalanleihe *f*, Stadtanleihe *f*
municipal ordinance: städtische Verordnung *f*
municipal(ity) bond: Kommunalobligation *f*, Kommunalschuldverschreibung *f*
municipality: Gebietskörperschaft *f*, Gemeinde *f*, Stadtgemeinde *f*
mutilate: verstümmeln
mutilation: Verstümmelung *f*
mutineer: Meuterer *m*
mutinous: aufrührerisch
mutiny: Aufruhr *m*, Meuterei *f*, meutern
mutual: beiderseitig, gegenseitig, reziprok, wechselseitig
mutual agreement: gegenseitiger Vertrag *m*
mutual delivery system: gemeinsames Aus- oder Zulieferungssystem *n* (z.B. mehrere Einzelhändler)
mutual fund: Investitionsgesellschaft *f*, Investmentfond *m*, Investmentgesellschaft *f*
mutual insurance: Versicherung *f* auf Gegenseitigkeit *f*
mutual insurance company: Versicherungsverein *m* auf Gegenseitigkeit *f* (V.V.a.G.)
mutual rating: gegenseitige Einstufung *f*
mutual savings bank: genossenschaftsähnliche Sparkasse *f* mit Staatsgarantie *f*
mutuality: Gegenseitigkeit *f*, Wechselseitigkeit *f*
mutually participating enterprises *pl*: wechselseitig beteiligte Unternehmen *n/pl*

N

n persons game: N-Personen-Spiel *n*
n years certain annuity: Rente *f* für *n* Jahre *n/pl*
naïve quantity theory of money: naive Quantitätstheorie *f* des Geldes *n*
name: benennen, Benennung *f*, Bezeichnung *f*, Name *m*, nennen
name file: Namensregister *n*
name of maker: Name *m* des Ausstellers *m* (Wechsel)
narrative form: Berichtsform *f* (im Gegensatz zur kontenförmigen Darstellung der Gewinn- und Verlustrechnung)
narrow: eng, knapp, schmal, schmälern
narrow gauged: schmalspurig
narrow-gauge railroad: Schmalspurbahn *f*
narrow-gauge railway: Schmalspurbahn *f*
narrowing: Schmälerung *f*
national: inländisch, national, Inländer *m*, Staatsangehöriger *m*
national bank: Staatsbank *f*
national bankruptcy: Staatsbankrott *m*
national brand: national verbreitete Marke *f*
national currency: Landeswährung *f*
national custom: Landesbrauch *m*
national income: Sozialprodukt *n*, Volkseinkommen *n*
national income accounting: volkswirtschaftliche Gesamtrechnung *f*
Ein System von Definitionen gesamtwirtschaftlicher Größen und deren empirische Darstellung. Obwohl sich die theoretischen und empirischen Arbeiten zur Erfassung des gesamtwirtschaftlichen Einkommens bis in das 18. Jahrhundert zurückverfolgen lassen, handelt es sich bei der Volkswirtschaftlichen Gesamtrechnung in ihrer heutigen Form um eine relativ junge Entwicklung. Entscheidende Anstöße gab 1936 der britische Wirtschaftswissenschaftler John Maynard Keynes (1883-1946) mit seiner *General Theory of Employment, Interest and Money*. Nach dem 2. Weltkrieg schufen sich zahlreiche Länder volkswirtschaftliche Rechnungssysteme als Teil der amtlichen Statistik, die später durch weitgehende Übernahme eines Standardsystems international vereinheitlicht wurden.
Die englische Bezeichnung National Income Accounting deutet die Aufgabe der Volkswirtschaftlichen Gesamtrechnung an: Generell sollen mit ihr die neu geschaffenen Werte eines Landes, gemessen am Volkseinkommen oder Sozialprodukt, für einen bestimmten Zeitraum erfaßt werden. Von der Volkswirtschaftlichen Gesamtrechnung zu unterscheiden ist die Volksvermögensrechnung, in die nicht der Wertzuwachs einer Zeitperiode, sondern der Wertbestand in einem bestimmten Zeitpunkt eingeht.
Mit der Messung neu geschaffener Werte läßt sich ein wirklichkeitsnahes, quantitatives Gesamtbild über das Ergebnis des wirtschaftlichen Geschehens gewinnen. Aus diesem Grund dient die Volkswirtschaftliche Gesamtrechnung insbesondere dazu,
• das Verständnis für gesamtwirtschaftliche Zusammenhänge zu fördern;
• wissenschaftliche Aussagen zu bestätigen oder zu falsifizieren;
• wirtschaftspolitische Vorschläge und Entwicklungen rational zu fundieren.
Diese Zielsetzungen erfordern, daß die empirischen Daten nicht als einziger Maßstab (z.B. für die Konjunkturlage oder gar den „Volkswohlstand") angesehen und dadurch möglicherweise falsch interpretiert werden.
Bei der Volkswirtschaftlichen Gesamtrechnung kann man verschiedene Formen ausmachen, insbesondere die nationale Buchhaltung, die Input-Output-Rechnung und die Flow of Funds-Analyse. Weitaus am gebräuchlichsten ist die *nationale Buchhaltung*, die dem betrieblichen System der doppelten Buchführung stark ähnelt. Die Volkswirtschaft als Ganzes wird gleichsam als ein einziger Betrieb behandelt, die Volkswirtschaftliche Gesamtrechnung ist eine Art gesamtwirtschaftliches Rechnungswesen. Konten gibt es für bestimmte Sektoren: Haushalte, Unternehmen, Staat und Ausland. Daneben oder statt dessen werden Konten auch nach ökonomischen Funktionen – wie Produktion, Finanzierung, Einkommens- und Vermögensbildung – geführt.
Die *Input-Output-Rechnung* ist ebenso wie die Volkswirtschaftliche Gesamtrechnung ein System von Definitionsgleichungen und eine spezielle Statistik, auf der theoretische Analysen aufbauen. Ex post sind die Angebots- und Nachfragemengen für die einzelnen Teile der Wirtschaft simultan gleich. Jeder Teil der Wirtschaft figuriert in einer Input-Output-Tabelle dementsprechend zweimal, in der Angebots- und der Nachfragespalte.
Die Input-Output-Rechnung wird vor allem verwendet, um die intersektoralen Güterströme und damit die Interdependenzen (Strukturen) zwischen den einzelnen Industrien sichtbar zu machen. Im Gesamtergebnis weicht sie – bei gleicher Definition – nicht von der nationalen Buchhaltung ab, die sie ergänzt und erweitert.
Die *Flow of Funds-Analyse (Geldstrom-Analyse)*, die auf den amerikanischen Nationalökonomen Morris A. Copeland zurückgeht, erfaßt alle Transaktionen des Geld- und Kreditsektors. Deshalb bleiben – im Vergleich zur nationalen Buchführung – einseitig reale Transaktionen (z.B. Schen-

kungen) und interne Vorgänge (z.B. Abschreibungen) unberücksichtigt. Eine entsprechende Statistik gibt es in den USA, die sich von der analogen, gesamtwirtschaftlichen Finanzierungsrechnung der Deutschen Bundesbank (seit 1950) erheblich unterscheidet.

Theoretische Basis der Volkswirtschaftlichen Gesamtrechnung ist der volkswirtschaftliche Kreislauf. Beachtet werden muß jedoch, daß die Volkseinkommens- oder Produktionsrechnung die Transaktionen nur mit dem Teil erfaßt, der eine Wertschöpfung darstellt (Wertschöpfungs-, nicht Umsatzrechnung). Wertschöpfung einer Zeitperiode wird im Kreislauf an drei Meßstellen erfaßt: bei der Produktion, bei der Entlohnung der Produktionsfaktoren und beim Verbrauch.

Auf diese Weise erhält man Daten, die Aufschluß geben über die gesamtwirtschaftliche Struktur des Volkseinkommens bei seiner Entstehung, Verteilung und Verwendung. Die jeweiligen Summen der Entstehungs-, Verteilungs- und Verwendungsrechnung sind bei einem „geschlossenen" Kreislauf größengleich.

Ein Kreislauf gilt als geschlossen, wenn die Summe der herausfließenden Ströme gleich der Summe der hineinfließenden Ströme ist (Kreislaufaxiom). Buchhalterisch gesehen erfordert das Kreislaufaxiom, daß die Konten insgesamt ausgeglichen sind (Budgetforderung), was bedeutet: Jede Buchung erscheint gemäß den Grundsätzen der doppelten Buchführung zweimal. Ein geschlossener Kreislauf im so definierten Sinn darf nicht mit dem Kreislauf einer geschlossenen Volkswirtschaft (Volkswirtschaft ohne Auslandsbeziehung) verwechselt werden.

Ein wichtiges Merkmal der Kreislaufgrößen ist ihre Zeitdimension. Einkommen und Produktion werden für eine bestimmte Zeitperiode festgestellt, in der Volkswirtschaftlichen Gesamtrechnung meist für ein Jahr. Durch den Bezug auf eine bestimmte Zeitperiode erhält eine quantitative Angabe zur Wertschöpfung überhaupt erst ihre Bedeutung.

Man nennt Größen, die für eine bestimmte Zeitperiode definiert sind, also eine Zeitdimension haben, Stromgrößen (flows) zum Unterschied von Bestandsgrößen (stocks), die für einen bestimmten Zeitpunkt ermittelt werden (z.B. Geld- oder Kapitalbestände). Aufzeichnungen über bewertete Bestände werden als Vermögensrechnungen bezeichnet.

Änderungen der Bestände (Zu- und Abgänge) sind Stromgrößen, da sie notwendig eine Zeitdimension haben. In die Volkswirtschaftliche Gesamtrechnung gehen nur Stromgrößen ein. Da Stromgrößen auch Bestandsänderungen sein können, besteht zwischen der Volkswirtschaftlichen Gesamtrechnung und der Vermögensrechnung eine Verbindung.

Die Volkswirtschaftliche Gesamtrechnung bezieht sich stets auf eine Zeitperiode, die in der Vergangenheit liegt. Sie ist damit eine Ex-post-Analyse, mit der die Ergebnisse von Entscheidungen der Wirtschaftssubjekte für einen zurückliegenden Zeitraum sichtbar gemacht werden. Von der Ex-post- ist die Ex-ante-Analyse zu unterscheiden, der erwartete oder geplante Größen zugrunde liegen. Die Ex-ante-Analyse ist für die mikro- und makroökonomische Untersuchung ökonomischen Verhaltens typisch. Die methodisch erforderliche Trennung von Ex-post- und Ex-ante-Analyse darf nicht als ein Entweder-Oder mißverstanden werden. Beide Arten der Analyse können nebeneinander bestehen und einander aus sachlich gebotenen Gründen sogar bedingen, so z.B., wenn die definitorischen Festlegungen der Volkswirtschaftlichen Gesamtrechnung in makroökonomische Verhaltenshypothesen eingehen.

Die Volkswirtschaftliche Gesamtrechnung ist eine Wertrechnung, d.h. Mengen werden mit Preisen bewertet, so daß man einen Geldausdruck erhält. Auf diese Weise werden unterschiedliche Güter und Dienstleistungen national und – nach Umrechnung in eine bestimmte Währung – auch international vergleichbar. Die Bewertung erfolgt, soweit dies möglich ist, zu Marktpreisen. Bewertungsprobleme ergeben sich bei Gütern, deren Erfassung notwendig erscheint, die jedoch keinen Marktpreis haben. Zu denken ist vor allem an nicht marktgängigen Eigenverbrauch und an staatliche Leistungen. Im ersten Fall behilft man sich mit den Marktpreisen vergleichbarer Transaktionen, im zweiten Fall mit dem Kostenwertprinzip. Sämtliche Staatsleistungen gehen in Höhe der Personal- und Sachausgaben in die Wertschöpfung ein – angesichts des hohen staatlichen Anteils am Volkseinkommen eine unbefriedigende Lösung. Bei jeder Wertrechnung erhöht sich der Wert auch ohne Änderungen der Güter- und Dienstleistungsmengen, wenn die Preise im Durchschnitt steigen. Analoges gilt für Preissenkungen. In den meisten Fällen haben Wertänderungen eine Mengen- und Preiskomponente. Um beide zu isolieren, rechnet man zunächst mit Marktpreisen (bzw. nach den angegebenen Bewertungsregeln).

Die so ermittelte Gesamtgröße wird als nominales Volkseinkommen (Volkseinkommen in jeweiligen Preisen) bezeichnet. Ihm wird das reale Volkseinkommen gegenübergestellt, das man durch Bewertung mit Preisen erhält, die als konstant unterstellt werden.

Nach Ermittlungen eines Preisindexes kann man aus dem nominalen unmittelbar das reale Volkseinkommen berechnen, indem das nominelle Volkseinkommen durch den Preisindex dividiert wird. Am realen Volkseinkommen läßt sich die Änderung in der Güterversorgung ablesen, an der Differenz zwischen der Wachstumsrate des realen und nominalen Volkseinkommens das durchschnittliche Steigen oder Fallen der Preise (Inflation oder Deflation).

In der Entstehungsrechnung der Volkswirtschaftlichen Gesamtrechnung wird das Produktionsergebnis einer bestimmten Zeitperiode erfaßt. Ausgangsgröße für die Ermittlung ist der *Bruttoproduktionswert (gross output)*, der sich aus dem wirtschaftlichen Umsatz, den Bestandsänderungen –

Inlandskonzept (Inlandsprodukt)	Saldo der Erwerbs- und Vermögenseinkommen (F) aus dem Ausland / an das Ausland	Inländerkonzept (Sozialprodukt = Volkseinkommen)
Bruttoinlandsprodukt zu Marktpreisen (BI)	+ −	Bruttosozialprodukt zu Marktpreisen = Bruttovolkseinkommen (GNP)
− Abschreibungen (D)		− Abschreibungen (D)
= Nettoinlandsprodukt zu Marktpreisen	+ −	= Nettosozialprodukt zu Marktpreisen (Y_I)
− indirekte Steuern + Subventionen (T_i)		− indirekte Steuern + Subventionen (T_i)
= Nettoinlandsprodukt zu Faktorkosten = Wertschöpfung	+ −	= Nettosozialprodukt zu Faktorkosten = Volkseinkommen = Nettovolkseinkommen (NI)

Inlandsprodukt und Sozialprodukt (Volkseinkommen)

des Kapitalstocks und der auf Lager genommenen Güter – und den selbsterstellten Anlagen zusammensetzt.
Werden vom Bruttoproduktionswert die Vorleistungen (z.B. Material, Energie und Dienstleistungen) abgezogen, erhält man das *Bruttoinlandsprodukt zu Marktpreisen*. Das Bruttoinlandsprodukt zu Marktpreisen – errechnet in jeweiligen und in konstanten Preisen – dient als Basis für weitere Berechnungen.
Nach Abzug des durch Abschreibungen erfaßten Anlagenverschleißes erhält man das *Nettoinlandsprodukt zu Marktpreisen*. Da der Ermittlung Umsatzzahlen zugrunde liegen, die auch indirekte Steuern enthalten, würden z.B. Erhöhungen dieser Steuern eine Vergrößerung des Inlandsprodukts zu Marktpreisen zur Folge haben, ohne daß sich der Beitrag der Produktionsfaktoren geändert hat. Umgekehrtes gilt für Subventionen, die zu einer Verringerung der Marktpreise führen.
Deshalb zieht man vom Nettoinlandsprodukt zu Marktpreisen die indirekten Steuern ab, während die Subventionen hinzugerechnet werden (Saldo beider Positionen: indirekte Steuern abzüglich Subventionen). Das Ergebnis wird als *Nettoinlandsprodukt zu Faktorkosten (Wertschöpfung)* bezeichnet, das den von Unternehmer- und Nichtunternehmerhaushalten aus der Inlandsproduktion erzielten Einkommen (in Form von Löhnen, Gehältern, Gewinnen u.a.) entspricht.
Die beiden Nettoinlandsproduktdefinitionen heben auf den Einfluß bestimmter staatlicher Aktivitäten ab und nicht – wie der Ausdruck „zu Marktpreisen" nahelegen könnte – auf den Unterschied zwischen nominalen und realen Größen. Das nationale Produktionskonto weist demgemäß folgende Systematik auf.
Die Inlandsprodukte – brutto wie netto – sind räumlich abgegrenzt (domestic product): Sie schließen die Gesamtheit der innerhalb der Landesgrenzen von Inländern und Ausländern erstellten wirtschaftlichen Leistungen ein.
Man kann jedoch auch eine Abgrenzung nach Inländern und Ausländern vornehmen: Dann spricht man vom (Brutto- oder Netto-) *Sozialprodukt* oder *Volkseinkommen (national product)*, das die Gesamtheit der an Inländer im In- und Ausland fließenden wirtschaftlichen Leistungen umfaßt. Inlands- und Sozialprodukt weichen um die Einkommen (aus Erwerbstätigkeit und Vermögensbesitz) ab, die inländische Wirtschaftseinheiten (Personen und Institutionen) im Ausland und ausländische Wirtschaftseinheiten im Inland bezogen haben.
Das Sozialprodukt ist demnach gleich dem Inlandsprodukt, vermindert um die von Ausländern im Inland und vermehrt um die von Inländern im Ausland verdienten Einkommen.
Darin bedeuten die abgekürzten Symbole (in Anlehnung an die international üblichen Bezeichnungen):
T = Taxes (Steuern);
i = indirect (indirekt);
D = Depreciation (Abschreibung);
NI = National Income (Volkseinkommen);
Y_i = Nettosozialprodukt zu Marktpreisen [Inländerkonzept];
GNP = Gross National Product (Bruttosozialprodukt).
In Gleichungsform läßt sich schreiben:
   GNP = BI + F = NI + T_i + D = Y_I + D
   Y_I = NI + T_i
Die Entstehung des Bruttosozialprodukts zu Marktpreisen, auf das auch die übrigen Ermittlungsarten abstellen, wird von der Statistik nach folgendem Schema ausgewiesen, in dem die Wirt-

schaftsbereiche aufgeführt sind: BI steht für das Bruttoinlandsprodukt, F für den Saldo der Erwerbs- und Vermögenseinkommen zwischen In- und Ausland. Die Beiträge zum Bruttoinlandsprodukt enthalten – mit Ausnahme der Beiträge von im Haushalt angestellten Arbeitskräften – nicht die Arbeitsleistungen im Haushalt, die vor allem von Frauen erbracht werden. Die Ursache dafür liegt in den praktischen Schwierigkeiten der Erfassung und Bewertung, die in gewissem Umfang auch in anderen Bereichen auftauchen. Theoretisch gesehen gibt es keinen Grund, häusliche Arbeitsleistungen auszuschließen.

Wertschöpfung und – das von ihr um den Einkommenssaldo zwischen In- und Ausland abweichende – Volkseinkommen setzen den Rahmen für die Einkommensverteilung einer Periode. Die Verteilungsrechnung der Volkswirtschaftlichen Gesamtrechnung geht deshalb vom Volkseinkommen aus. Statistisch werden nur zwei Gruppen von Einkommensempfängern unterschieden: die Bezieher von Einkommen aus unselbständiger Arbeit oder aus Unternehmertätigkeit und Vermögen.

Das *Bruttoeinkommen aus unselbständiger Arbeit* umfaßt die Bruttolöhne und -gehälter, Arbeitgeberbeiträge zur Sozialversicherung (einschließlich der Zusatzversicherung im öffentlichen Dienst und der fiktiven Pensionsfonds für Beamte) sowie zusätzliche Sozialaufwendungen der Arbeitgeber.

Der Anteil des Einkommens der Unselbständigen am Volkseinkommen – ausgedrückt in Prozent – wird als *Lohnquote* bezeichnet. Hinter dem Begriff *Bruttoeinkommen aus Unternehmertätigkeit und Vermögen* verbirgt sich eine Vielzahl von Einkünften, die man statistisch durch Abzug der Einkommen aus unselbständiger Arbeit vom Volkseinkommen als Restgröße ermittelt.

Da das Unselbständigeneinkommen relativ genau bekannt ist, schlagen sich alle Mängel der Volkseinkommensrechnung in der Restgröße nieder. Im einzelnen schließt sie u.a. ein: das Einkommen der privaten Haushalte und des Staates aus Zinsen, Nettopachten, Einkommen aus immateriellen Werten, Dividenden und nicht ausgeschüttete Gewinne.

Werden zum Volkseinkommen – Basis der Verteilungsrechnung – die indirekten Steuern (abzüglich Subventionen) und Abschreibungen hinzugerechnet, erhält man das *Bruttosozialprodukt*. Die Begriffssystematik kann auch durch folgende Identitäten dargestellt werden:

$$GNP = W_u + P_r + T_i + D$$
$$Y_I = W_u + P_r + T_i$$

Die Verwendungsrechnung der Volkswirtschaftlichen Gesamtrechnung ist ein Nachweis der Ausgabenrichtungen des Bruttosozialprodukts. Unterschieden werden vier Verwendungszwecke: privater Verbrauch, Staatsverbrauch, Investitionen und Außenbeitrag.

Der *private Verbrauch* umfaßt die Waren- und Dienstleistungskäufe der inländischen privaten Haushalte für Konsumzwecke. Neben den tatsächlichen Käufen werden bestimmte fiktive Käufe erfaßt, z.B. die Wohnungsnutzung durch den Eigentümer und Deputate der Arbeitnehmer. Der Erwerb von Wohneigentum ist in den Investitionen des Unternehmenssektors enthalten, da die privaten Haushalte definitionsgemäß nur konsumieren und sparen, also kein Erwerbsvermögen bilden.

Der *Staatsverbrauch* entspricht den Aufwendungen des Staates für zivile und militärische Leistungen, die der Allgemeinheit fast immer ohne spezielles Entgelt zur Verfügung gestellt werden. Zu den zivilen Aufwendungen zählen die Einkommen aus unselbständiger Arbeit der beim Staat Beschäftigten, unterstellte Zahlungen in fiktive Pensionsfonds für Beamte, Waren- und Dienstleistungskäufe des Staates sowie fiktive Nettomieten für die vom Staat benutzten Gebäude. Es handelt sich also um konsumtive Ausgaben (Konsum des Staates). Die zivilen Ausgaben für Investitionen sind bei den Investitionen erfaßt. Zu den Aufwendungen für Verteidigungszwecke gehören neben den laufenden Personal- und Sachausgaben (konsumtive Ausgaben) auch die Käufe von Rüstungsgütern und militärische Bauten (militärische „Investitionen").

Die *Investitionen der Privatwirtschaft (Unternehmen)* und des Staates setzen sich aus Anlage- und Vorratsinvestitionen zusammen. Die Anlageinvestitionen werden unterteilt in Ausrüstungsinvestitionen (neue Ausrüstungen: Maschinen und sonstige Ausrüstungen, Fahrzeuge; gebrauchte Ausrüstungen: Käufe abzüglich Verkäufe gebrauchter Ausrüstungen einschließlich Anlageschrott) und Bauinvestitionen (neue Bauten: Wohnbauten und sonstige Bauten; gebrauchte Bauten: Differenz aus Käufen und Verkäufen von vorhandenen Bauten und Land). Als Vorratsinvestition gilt die Bestandsänderung von Roh-, Halb- und Fertigprodukten der eigenen Produktion und der Handelsware im Laufe der Berichtsperiode. Die Bewertung erfolgt zu Wiederbeschaffungspreisen; damit wird der Ausweis von Scheingewinnen oder -verlusten vermieden, die aus preisbedingten Änderungen der Buchwerte resultieren.

Der *Außenbeitrag* ist die Differenz zwischen der Ausfuhr und Einfuhr von Waren und Dienstleistungen. Erfaßt werden die Umsätze zwischen Inländern und der übrigen Welt sowie die Erwerbs- und Vermögenseinkommen, die Inländer von Ausländern und Ausländer von Inländern bezogen haben.

Die Aufgliederung der Verwendungsrechnung zeigt die Tabelle auf Seite 487 oben. Darin bedeuten:
G = government = Staatsverbrauch;
$I + I_E$ = die Bruttoinvestitionen (I für die Nettoinvestitionen, I_E für die durch die Abschreibung erfaßten Ersatzinvestitionen);
X = Export und
M = Import.

In Gleichungsform gebracht, erhält man:
$$GNP = C + G + I + I_E + X - M$$
und wegen $GNP - D = Y_I$

Privater Verbrauch	(C)
+ Staatsverbrauch	(G)
1. Verbrauch für zivile Zwecke	
2. Verteidigungsaufwand	
+ Investitionen	$(I + I_E)$
1. Ausrüstungsinvestitionen	
2. Bauinvestitionen	
3. Vorratsinvestitionen	
= Inländische Verwendung	
+ Außenbeitrag (Ausfuhr ./. Einfuhr)	$(X - M)$
= Bruttosozialprodukt zu Marktpreisen	(GNP)

Verwendungsrechnung des Sozialprodukts

sowie $I_E - D = 0$:
$Y_I = C + G + I + X - M$.
Aus folgenden Gründen ist es zweckmäßig, die Verteilungs- und die Verwendungsrechnung zu verbinden: Das auf Unselbständige und Unternehmer (einschließlich Vermögensbesitzer) verteilte Einkommen deckt sich nicht mit dem Einkommen, das für private Ausgaben verfügbar ist. Einerseits beziehen die privaten Haushalte vom Staat und vom Ausland Einkommen (wie Renten, Pensionen und Unterstützungen), die man als Transferzahlungen oder laufende Übertragungen bezeichnet. Andererseits enthält das Volkseinkommen noch an den Staat abzuführende direkte Steuern, wie die Bezeichnungen „Bruttoeinkommen" bei beiden Empfängergruppen andeuten.
Die ursprüngliche Verteilung („Primärverteilung") wird durch die Aktivität des Staates korrigiert. Ihr Ergebnis ist die „Sekundärverteilung". Erhöht man das Volkseinkommen um die Transferzahlungen und zieht man davon die direkten Steuern ab, ergibt sich das *verfügbare Einkommen* (Y_v).
Vom verfügbaren Einkommen zieht man mitunter noch die nicht ausgeschütteten Gewinne ab (verfügbares persönliches Einkommen). Aus dem verfügbaren Einkommen wird der private Verbrauch der Inlandshaushalte (Konsumausgaben) bestritten; die verbleibende Restgröße heißt Ersparnis (Sparen). Der definitorische Zusammenhang ergibt sich aus der folgenden Tabelle.
Die Begriffssystematik kann auch durch folgende Identitäten dargestellt werden:
$GNP = W_u + P_r + T_i + D = C + S + T_d + T_i + D$
$Y_I = W_u + P_r + T_i = C + S + T_d + T_i$
Der erste Ausdruck für GNP bzw. Y_I ist Verteilungs-, der zweite Ausdruck Verwendungsrechnung.
Für einen gegebenen Zeitraum ist das auf drei Wegen ermittelte Bruttosozialprodukt identisch, wie die folgende Tabelle verdeutlicht.
Die Gleichheit des auf verschiedenen Wegen ermittelten Ergebnisses geht auch aus den Berechnungen der amtlichen Statistik hervor.
Ein Vergleich der Ermittlungsarten führt zu folgenden Identitäten: Das Bruttosozialprodukt zu Marktpreisen ist:
$GNP = BI + F = C + S + T + D$
$= C + G + I + I_E + X - M$.

Wegen $D = I_E$ gilt für das Nettosozialprodukt zu Marktpreisen ($Y_I = GNP - D$):
$Y_I = BI + F - D = C + S + T$
$= C + G + I + X - M$.
Definiert man $Y_I + M = Y$, wird diese Gleichung zu:
$Y = Y_I + M = BI + F - D + M$
$= C + S + T + M = C + G + I + X$.
In der Form $Y = C + 'G + I + X$ stellt Y die volkswirtschaftliche Netto-Endnachfrage dar, d.h. die während einer Periode für das Netto-Produktionsergebnis eines Landes insgesamt getätigte Ausgabe ($A = Y$). Y kann auch durch Größen dargestellt werden, die aus der Gegenüberstellung von Güter- und Geldkreislauf bekannt sind.
Da die Volkswirtschaftliche Gesamtrechnung auf Einkommen und nicht auf Umsätze abstellt, muß man die Verkehrsgleichung $M_S \cdot V = Q \cdot P$ – statt M (Importwert) steht hier für die Geldmenge M_S (money supply) – modifizieren: Die Gütermenge schließt nur die in den Endprodukten (Waren und Dienstleistungen) erfaßte Wertschöpfung ein (Q^*). Aus diesem Grund werden auch die Mengen mit Endproduktpreisen (P^*) bewertet. Dem Güterwert ($Q^* \cdot P^*$) entspricht aus definitorischen Gründen der Geldwert, dessen Komponente Geldmenge (M_S) durch den Übergang von der Umsatz- auf die Einkommensrechnung nicht tangiert wird, während sich die Komponente Umlaufgeschwindigkeit auf den Einkommenskreislauf (V^*) bezieht.
Wenn auf das über den Anlagenverschleiß hinausgehende, um den Import vergrößerte Sozialprodukt abgehoben und $BI + F - D + M$ fortgelassen wird, läßt sich schreiben:
$Y = C + S + T + M = C + G + I + X$
$= M_S \cdot V^* = Q^* \cdot P^*$.
Die ersten zwei Ausdrücke für Y entstammen dem Begriffssystem der Theorie von Keynes, die letzten zwei der Quantitätstheorie. Es ergibt sich:
$S + T + M = C + I + X$.
Auf der linken Seite stehen Kontraktions- oder Restriktionsgrößen (R): Sparen (S) ist nicht verausgabtes, Steuern (T) nicht verfügbares und Import (M) nicht im Inland verausgabtes Einkommen. Die rechte Seite enthält Expansionsgrößen (E), weil ein Sozialprodukt nur insoweit entsteht, wie Ausgaben für im Inland produzierte Güter und Dienstleistungen getätigt werden. Zu den Expansionsgrößen gehört auch das durch Kürzung entfallene C. Setzt man $R = S + T + M$ und $E = G + I + X$, ergibt sich:
$R = E$.
Durch Umstellung erhält man:
$S = I + (G - T) + (X - M)$,
$S = I + (G - T)$ für $X - M = 0$ und
$S = I$ für $G = 0$ und $X - M = 0$.
Sind nicht nur $X - M = 0$, sondern auch $X = 0$ und $M = 0$, ergibt sich:
$Y = C + S + T = C + 1 + G$.
Gilt überdies $T = 0$ und $G = 0$, erhält man:
$Y = C + S = C + I$ und
$Y - C = S = I$.
Wenn X und M gleich Null sind, also keine Aus-

	Sparen	(S)
+	Privater Verbrauch	(C)
=	Verfügbares (disponibles) Volkseinkommen	(Y_v)
+	Direkte Steuern abzüglich Transferzahlungen	(T_d)
=	Nettosozialprodukt zu Faktorkosten = Volkseinkommen	(NI)
	1. Bruttoeinkommen aus unselbständiger Arbeit	(W_u)
	2. Bruttoeinkommen aus Unternehmertätigkeit und Vermögen	(P_r)
+	Indirekte Steuern abzüglich Subventionen	(T_i)
=	Nettosozialprodukt zu Marktpreisen	(Y_l)
+	Abschreibungen	(D)
=	Bruttosozialprodukt zu Marktpreisen	(GNP)

Rechte Klammer-Gruppierungen:
- (Y_v), (T_d): Einkommensumverteilung (Sekundärverteilung)
- (NI), (W_u), (P_r): Einkommensverteilung (Primärverteilung)

Verteilungs- und Verwendungsrechnung des Sozialprodukts

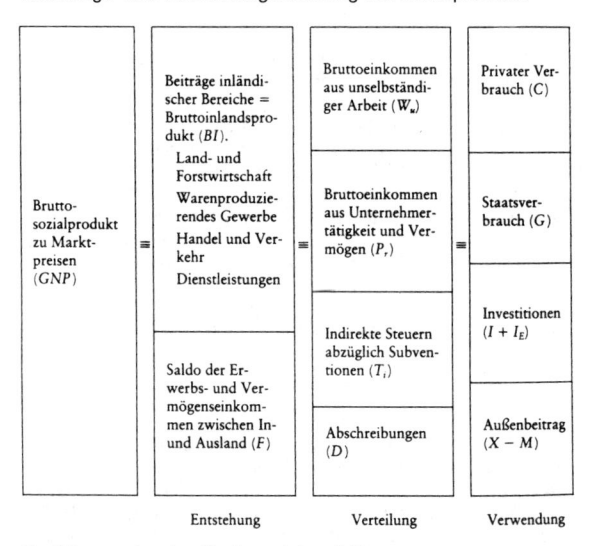

Bruttosozialprodukt zu Marktpreisen (GNP)	Entstehung	Verteilung	Verwendung
	Beiträge inländischer Bereiche = Bruttoinlandsprodukt (BI). Land- und Forstwirtschaft, Warenproduzierendes Gewerbe, Handel und Verkehr, Dienstleistungen	Bruttoeinkommen aus unselbständiger Arbeit (W_u)	Privater Verbrauch (C)
		Bruttoeinkommen aus Unternehmertätigkeit und Vermögen (P_r)	Staatsverbrauch (G)
	Saldo der Erwerbs- und Vermögenseinkommen zwischen In- und Ausland (F)	Indirekte Steuern abzüglich Subventionen (T_i)	Investitionen $(I + I_E)$
		Abschreibungen (D)	Außenbeitrag $(X - M)$

Ermittlungsarten des Bruttosozialprodukts

und Einfuhr von Waren und Dienstleistungen erfolgt, spricht man von einer geschlossenen Volkswirtschaft, im Gegensatz zu einer nach außen offenen. Sind T und G gleich Null, werden also weder Steuern noch die mit G symbolisierten Staatsausgaben getätigt, spricht man von einer Volkswirtschaft ohne staatliche Aktivität; diese Ausdrucksweise ist irreführend, wenn wie üblich S und I nicht nur den privaten, sondern auch den staatlichen Sektor umfassen.

National Insurance Contribution *(brit)*: Sozialversicherungsbeitrag *m*

National Labor Relations Act of 1935 *(Am)*: Gesetz *n* zur Verminderung der Arbeitsstreitigkeiten

national law: Landesrecht *n*

national market: Inlandsmarkt *m*

national order: Binnenauftrag *m*

national sales *pl*: Inlandsverkauf *m*

national union: Gewerkschaft *f*, die Mitglieder *n/pl* in allen Staaten *pl m* der USA hat

national value: fiktiver Wert *m*

national wealth: Volkswohlstand *m*, nationaler Wohlstand *m*

national: nationale Marke *f*

nationality: Nationalität *f*, Staatsangehörigkeit *f*

nationalization: Verstaatlichung *f*

nationalize: verstaatlichen

native: Eingeborener *m*, Inländer *m*

natural account: Bilanzkonto *n*

natural advantage: natürlicher Vorteil *m*

natural advantage of location: natürlicher Standortvorteil *m*
natural business year: natürliches Geschäftsjahr *n* (z.B. Auslauf am Ende der Saison)
natural expense item: Kostenart *f*
natural gas: Erdgas *n*
natural person: natürliche Person *f*
natural product: Naturprodukt *n*, Roherzeugnis *n*, Rohprodukt *n*
natural representative: Rechtsnachfolger *m*
naturalization: Einbürgerung *f*
naturalize: einbürgern
nature: Natur *f*, Umwelt *f*
In der mathematischen Entscheidungstheorie eine Menge möglicher Ereignisse, deren jeweiliges Eintreten nicht als Resultat der Entscheidung einer Person (des Protagonisten) betrachtet werden kann. Dabei wird unterstellt, das eintretende Ereignis stehe ebenso wie die Entscheidung des Protagonisten (P^A) in einer Beziehung zu der sich ergebenden Konsequenz. Für die Analyse einer Entscheidungssituation ist es bedeutsam, ob es sich bei dem Mitspieler P^B um eine rationale und egoistische Person oder um eine desinteressierte Natur handelt.

naval court: Schiffahrtsgericht *n*, Seegericht *n*
navigable: schiffbar
navigable river: Wasserstraße *f*
navigate: befahren, schiffen
navigation: Schiffahrt *f*
navvy: Erdarbeiter *m*, Schwerarbeiter *m*, Straßenarbeiter *m*
neat: ordentlich
necessaries *pl*: Bedarfsartikel *m/pl*, Lebensbedürfnisse *n/pl*, notwendiger Unterhalt *m*
necessity: Bedürfnis *n*, Dringlichkeit *f*, Notwendigkeit *f*
necessity project: Dringlichkeitsprojekt *n*, dringliches Programm *n*
need: Bedürfnis *n*, benötigen, brauchen, Not *f*, Notfall *m*
Das mit dem Streben nach seiner Beseitigung oder Verringerung verbundene Gefühl eines Mangels, das vorökonomischen Ursprungs ist und als eine physiologische, psychologisch oder auch soziologisch zu erklärende Erscheinung deutlich vom Bedarf zu unterscheiden ist, der nach Karl Oldenberg „die Summe der mit Kaufkraft unterstützten Bedürfnisse" ist.
Die Beseitigung der durch die Bedürfnisse erzeugten subjektiven Mangelgefühle ist mithin die treibende Kraft des Konsums und der wirtschaftlichen Tätigkeit der in privaten Haushalten lebenden Menschen.

Viele Autoren verwenden die Begriffe Bedürfnis und Motiv oder auch Wunsch und Trieb (wenigstens für primäre Bedürfnisse) vollkommen oder weitgehend synonym (z.B. Werner Kroeber-Riel oder Franz Böcker und Lutz Thomas) zur Bezeichnung für von äußeren Auslösern freie Verhaltensantriebe.
Vor allem in der Psychologie ist eine ganze Reihe von Kategorisierungsmodellen für Bedürfnisse entwickelt worden (so von Sigmund Freud, Alfred Adler, Henry A. Murray), von denen vor allem die Maslowsche Bedürfnishierarchie weite Verbreitung erlangt hat.

need of money: Geldbedarf *m*
needs *pl*: Lebensbedürfnisse *n/pl*
negative balance: Minussaldo *m*
negative confirmation: negatives Testat *n*
negative covenant: Unterlassungsversprechen *n*
negative report: Fehlanzeige *f*
neglect: Nachlässigkeit *f*, vernachlässigen, Vernachlässigung *f*, versäumen, Versäumnis *n*
negligence: Bummelei *f*, Fahrlässigkeit *f*, Nachlässigkeit *f*, Säumigkeit *f*, Saumseligkeit *f*, Versäumnis *n*
negligent: fahrlässig, nachlässig, saumselig, unvorsichtig
negligible: geringfügig
negotiability: Begehbarkeit *f*
negotiable: bankfähig, begebbar, übertragbar, durch Indossament vertretbar, zedierbar
negotiable instrument: Inhaberpapier *n*, Orderpapier *n*, durch Indossament *n* übertragbares Papier *m*
negotiable instruments law *(Am)*: Wechsel- und Scheckgesetz *n*
negotiable security: börsenfähiges Wertpapier *n*, Orderpapier *n*
negotiate: abhandeln, abschließen (Vertrag), begeben, verhandeln
negotiate a bill: einen Wechsel *m* begeben
negotiate a loan: ein Darlehen *n* aufnehmen, über ein Darlehen *n* verhandeln
negotiation: Verhandlung *f*
negotiation game: Verhandlungsspiel *n*
Das in der Spieltheorie erdachte Nullsummenspiel hat sich als kein sehr passendes Modell für Interaktionen im realen Leben erwiesen. Daher ist die Spieltheorie auf Nicht-Nullsummenspiele und besonders auf solche partiell wettbewerblicher Natur erweitert worden.
Die Nicht-Nullsummenspiele sind idealtypisch in verhandelbare und nichtverhandelbare Spiele unterteilt worden; der Unterschied liegt in der Art der Spieldurchführung: Bei verhandelbaren Spielen (Kooperationsspiel) ist vor dem Spiel eine

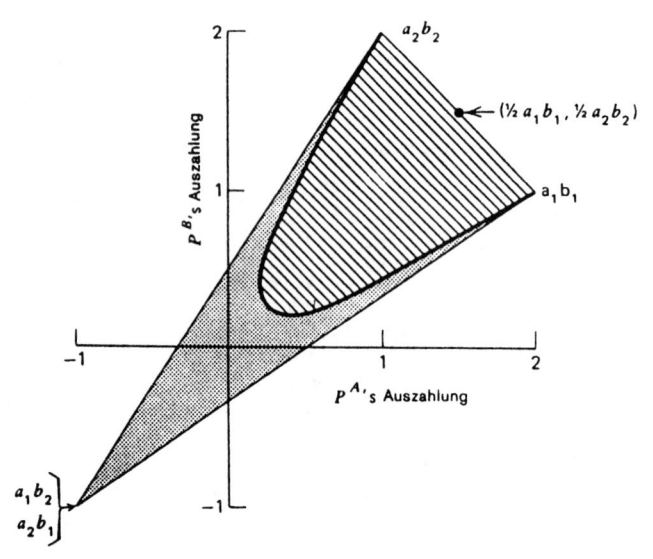

Strategienpaar-Diagramm für den „Kampf der Geschlechter"

Verständigung der Kontrahenten miteinander zulässig, in deren Verlauf die Spieler vielleicht zu einer Einigung über ihr jeweiliges Verhalten – die dann bindend ist – kommen. Die Vereinbarung ist einer geschäftlichen Abmachung oder einem Vertrag vergleichbar. Bei nichtverhandelbaren Spielen (Nicht-Kooperationsspielen) muß der Spieler seine Entscheidung ohne vorherige Abmachung mit dem Mitspieler oder vorherige Kenntnis von dessen Absichten treffen.

Im Strategienpaar-Diagramm kann jedes Strategienpaar $a_i b_j$ als Punkt dargestellt werden: Die Abszisse repräsentiert die Auszahlung bzw. erwartete Auszahlung für P^A bei diesem Strategienpaar, die Ordinate stellt die entsprechende Konsequenz für P^B dar.

Die Matrix stammt von Luce & Raiffa, die sie als repräsentativ für den „Kampf der Geschlechter" interpretieren: P^A und P^B sind ein Mann und eine Frau, die sich beide entscheiden müssen, ob sie zu einem Boxkampf oder ins Ballett gehen wollen. Der Mann bevorzugt den Boxkampf, die Frau das Ballett. Jeder von beiden würde jedoch noch lieber gemeinsam zu der nicht bevorzugten Veranstaltung als alleine zu der bevorzugten Veranstaltung gehen.

Die Strategienpaare $a_1 b_2$ und $a_2 b_1$ führen zu den gleichen Auszahlungen und werden daher im Diagramm durch den gleichen Punkt dargestellt; solche Paare werden als äquivalent bezeichnet. Paare randomisierter gemischter Strategien können in dem Diagramm gleichfalls dargestellt werden, doch es muß sich nicht um eine konvexe Menge handeln. In der Abbildung enthält der gepunktete Bereich mit seinen Begrenzungslinien alle reinen und alle zufallsgesteuerten gemischten Strategien, die den Spielern P^A und P^B in einem nichtverhandelbaren Spiel verfügbar sind.

Jede gemischte Strategie, die in einem nichtverhandelbaren Spiel gewählt werden kann, ist auch in einem verhandelbaren Spiel verfügbar – die Spieler können sich darauf einigen, jedes reine oder gemischte Strategienpaar zu spielen, das sie auch ohne Absprache hätten spielen können. Darüber hinaus ermöglicht das Verhandeln die Berücksichtigung von Strategienpaaren, die unter der Bedingung der Nicht-Verhandelbarkeit unmöglich wären. Diese neuen Strategienpaare stellen korrelierte gemischte Strategien dar. Sie sind gemischt, weil die Strategie eines Spielers die Wahl von mehr als einer Alternative als Möglichkeit einschließt, und sie sind korreliert, weil die Entscheidungen beider Spieler in einem Durchgang nicht unabhängig voneinander getroffen werden.

Das bekannteste und am intensivsten untersuchte partiell wettbewerbliche Spiel ist das Häftlingsdilemma (Prisoner's Dilemma Game – PDG).

negotiation price: Übernahmepreis m

negotiator: Verhandlungsführer m, Unterhändler m, Vermittler m

In seiner Managertypologie hat H. Mintzberg die Management-Tätigkeiten als Ausdruck der Erfüllung von zehn Rollen im Sinne generalisierter Verhaltenserwartungen interpretiert, die er als Kern jeder Managementaufgabe begreift. Der Manager als Verhandlungsführer bezeichnet darin die Managementaufgabe der Vertretung der eigenen Organisation oder Abteilung in Verhandlungen.

neo-behaviorism: Neobehaviorismus m

In der Psychologie ist der Neobehaviorismus die Weiterentwicklung des auf John B. Watson zurückgehenden Behaviorismus durch Einfügung von als intervenierende Variablen fungierenden hypothetischen Konstrukten wie etwa Antrieb, Intelligenz, Erwartung, Einstellung usw. in die ursprünglichen S-R-Modelle, und deren Ausweitung zu S-O-R-Modellen, in denen auch die Wirkung nichtbeobachtbarer Vorgänge berücksichtigt wird. Die S-I-R- und S-O-R-Modelle des Neobehaviorismus gehen davon aus, daß ein Stimulus (S) auf einen Organismus (O) trifft und daß dabei sowohl die Stimulusfaktoren wie die Organismusfaktoren die Reaktion (R) des inneren (I) oder des äußeren Verhaltens bewirken.

nepos: Nepos *m*
In seiner nach den Gründen für die Anwesenheit eines Managers in der Leitung von Großunternehmen gebildeten Managertypologie hat Siegfried Cassier den Typ des Nepos als einen Manager gekennzeichnet, dessen Legitimationsbasis sein Kapitalerbe und seine Stellung als Familienexponent sind.

nepotism: Nepotismus *m*, Vetternwirtschaft *f*
Die Bevorzugung von Verwandten.

net: netto
net amount: Nettobetrag *m*
net assets *pl*: Eigenkapital *n*, Reinvermögen *n*
net assets levy: Vermögensabgabe *f*
net avails *pl*: Gegenwert *m* eines diskontierten Wechsels *m*
net balance: Nettosaldo *m*
net book value: Nettobuchwert *m*, Restbuchwert *m*
net change in business inventories: Nettobestandsveränderung *f* der Vorräte (in der volkswirtschaftlichen Gesamtrechnung)
net current assets *pl*: Betriebskapital *n*
Der Überschuß der current assets über die current liabilities.
net earnings *pl*: Nettoverdienst *m*
net gain or loss: Nettoergebnis *n*
net income: Nettoeinkommen *n*, Reingewinn *m*
net investment: Nettoinvestition *f*
net labor turnover rate: Netto-Kündigungs-Rate *f*
net loss: Nettoverlust *m*, Verlust *m*, Reinverlust *m*
net national income: Nettosozialprodukt *n*
net operating income: Nettobetriebserfolg *m*
net pay list(ing): Nettolohnliste *f*
net price: Nettopreis *m*
Der unter Einschluß aller Rabatte und Skonto effektiv zu zahlende Verkaufspreis einer Ware oder Dienstleistung. Wird in der Preispolitik mit Nettopreisen operiert, so wird damit oft an das Preisbewußtsein der Verbraucher appelliert; denn es geschieht meist unter Hinweis darauf, daß die Waren durch den Rabatt selbst sowie durch die Kosten der Ausgabe von Rabattmarken, Konsumentenrabatte, der Abrechnung von Rabatten usw. wieder verteuert würden und daher den Verbrauchern durch Nettopreise besser gedient sei. Lediglich Mengenrabatte können bei der Preisbildung nach dem Nettopreissystem nicht von vornherein berücksichtigt werden.

net price system: Nettopreissystem *n*
net proceeds *pl*: Nettoertrag *m*, Reinertrag *m*
net profit: Nettogewinn *m*, Reingewinn *m*
net profit on sales *pl*: Rohgewinn *m* abzügl. der direkten Vertriebs- und sonstigen Gemeinkosten *pl*
net sales *pl*: Nettoumsatz *m* (Bruttoumsatz minus Rücklieferungen, Preisnachlässe usw.), Netto-Verkaufserlöse *m/pl*
net sales income: Netto-Umsatz-Erfolg *m*
net sales *pl* **revenues** *pl*: Nettoumsatzerträge *m/pl* (Bruttoumsatz minus Rücklieferungen, Preisnachlässe usw.)
net weight: Nettogewicht *n*, Reingewicht *n*
net working capital: Betriebskapital *n* (= Überschuß der current assets *pl* über die current liabilities *pl*), Überschuß *m* der kurzfristigen Aktiva *n/pl* über die kurzfristigen Passiva *n/pl*, arbeitendes Kapital *n*
net worth: Eigenkapital *n*
net worth levy: Vermögensabgabe *f*
net worth tax: Vermögensteuer *f*
net yield: Nettoertrag *m*, Reinertrag *m*
network: Netzplan *m*, Sendernetz *n*
network analysis: Netzplantechnik *f*
Ein ursprünglich im Rahmen des Operations Research zur Bestimmung der zeitlichen Abfolge aller mit einem bestimmten Arbeitsvorgang oder Projekt zusammenhängenden Tätigkeiten verwendetes Planungsinstrument zur Gestaltung der optimalen Ablaufplanung. Den verschiedenen Verfahren der Netzplantechnik gemeinsam ist die detaillierte Festlegung der Reihenfolge der verschiedenen Tätigkeiten einschließlich der Festlegung des frühest- und spätestmöglichen Ereigniszeitraums für jede einzelne Tätigkeit.
Nach der formalen Struktur werden bei allen Netzplantechniken Ereignisse, Tätigkeiten und Scheintätigkeiten unterschieden. Ein Ereignis liegt vor, wenn eine Teilaufgabe erfüllt oder abgeschlossen ist, mit einer Tätigkeit wird hingegen der Verbrauch von Ressourcen oder von Zeit erfaßt, der erforderlich ist, um von einem zum nächsten Ereignis voranzuschreiten. Scheintätigkeiten hingegen stellen funktionale Zusammenhänge dar, die keinen Zeit- und Ressourcenaufwand benötigen. Die Abhängigkeiten der Operationen eines Gesamtplans werden graphisch im Netzplan dargestellt. Die auf diesem beruhende Gesamtplanung stellt den Versuch einer optimalen Koordinierung der Einzeltermine dar.
Die Netzplantechniken werden im Management

vielfach zur Gestaltung der effizienten und überschaubaren Planung der Durchführung von Managementaktivitäten eingesetzt. Nach einer Darstellung von Hans H. Bauer sind allen Varianten der Netzplantechniken die folgenden Zielsetzungen gemeinsam:
1. Aufzeigen des strukturell-logischen Zusammenhangs aller Teilaufgaben eines Projekts.
2. Darstellung des zeitlichen Ablaufs der einzelnen Vorgänge und des Gesamtgeschehens.
3. Aufdeckung jener Tätigkeiten, die zur Erreichung des Projektziels in dem Sinne kritisch sind, daß ihre zeitliche Verzögerung die Dauer des Projekts insgesamt erhöht.
4. Analyse der in jeder Phase benötigten organisatorischen und finanziellen Ressourcen; dadurch können etwa die Personal- und Finanzplanung erleichtert und die Mittel rentabler eingesetzt werden.
Formale Grundlage der Netzplantechnik ist die Graphentheorie.
1957 wurde mit der Critical-path-Methode (CPM) das erste Verfahren der Netzplantechnik entwickelt. Weitere bekannte Verfahren sind die Metra-Potential-Methode (MPM), die Graphical Evaluation and Review Technique (GERT) und die Program Evaluation and Review Technique (PERT).

networker: Vernetzer *m*
In seiner Managertypologie hat H. Mintzberg die Management-Tätigkeiten als Ausdruck der Erfüllung von zehn Rollen im Sinne generalisierter Verhaltenserwartungen interpretiert, die er als Kern jeder Managementaufgabe begreift. Der Manager als Vernetzer bezeichnet darin die Managementaufgabe des Aufbaus und der Aufrechterhaltung eines funktionstüchtigen, reziproken Kontaktnetzes innerhalb und außerhalb des Unternehmens.

network of carrier: Streckennetz *n*
network technique: Netzplantechnik *f*
neutral business: neutrale Geschäfte *n/pl*
Der wirtschaftliche Vorgang, bei dem die Geschäftsbanken für ihre Kunden Dienstleistungsgeschäfte wie Überweisungen u.dgl. durchführen.

new business: Neugeschäft *n*
new demand: Neubedarf *m*
Der im Gegensatz zum Ersatzbedarf erstmals, zur Deckung des Erstausstattungsbedarfs eintretende Bedarf.

new hire: Neueingestellter *m*
new issue: Neubegebung *f*
new product introduction: Neuprodukteinführung *f*
Der aufgrund einer Produktdifferenzierung oder Diversifikation des Originalsortiments eines Wirtschaftsunternehmens in Gang gebrachte Prozeß der Einbringung neuer Waren und Dienstleistungen auf dem Absatzmarkt.
Voraussetzung für die erfolgreiche Einführung ist neben der Entwicklung der Marktreife auch die Erarbeitung einer Strategie der Markterschließung, eine erfolgreiche Einführungswerbung und die Realisierung eines detaillierten Marketingprogramms für das neue Produkt.

new purchase: Neuanschaffung *f*
news: Meldung *f*, Nachricht *f*
news service: Nachrichtendienst *m*
news stand: Kiosk *m*, Zeitungsstand *m*
news syndicate: Nachrichtenbüro *n*
newspaper advertising: Zeitungswerbung *f*
next heir: Nacherbe *m*
night duty: Nachtdienst *m*
night flight: Nachtflug *m*
night letter: Brieftelegramm *n*
night service: Nachtdienst *m*
night shift: Nachtarbeit *f*, Nachtschicht *f*
night shift bonus: Nachtschichtvergütung *f*
night watchman: Nachtwächter *m*
night work: Nachtarbeit *f*
no charge: ohne Berechnung *f*
no par value stock: Quotenaktie *f*
no sufficient funds *pl* **(NSF):** „nicht gedeckt" (Vermerk auf ungedecktem Scheck)
node: Knotenpunkt *m* (in der Netzplantechnik)
noise level: Geräuschpegel *m*
nomenclature: Namensverzeichnis *n*, Nomenklatur *f*
nominal account: Erfolgskonto *n*
nominal amount: Merkposten *m*, Nennbetrag *m*, Nominalbetrag *m*, unbedeutend
nominal capital: Aktienkapital *n*, Grundkapital *n*, ausgewiesenes Nennkapital *n*, Stammkapital *n*
nominal figure: Merkposten *m*
nominal gross national product (nominal GNP): nominales Bruttosozialprodukt *n*
Das nicht preisbereinigte Bruttosozialprodukt zu laufenden Preisen.

nominal hours *pl*: geplante Arbeitszeit *f*
nominal income: Nominaleinkommen *n*
Während das Nominaleinkommen durch progressive Einkommensteuern und Geldtransfers an bedürftige Haushaltungen verändert werden kann, läßt sich das Realeinkommen durch Subventionen zur Verbilligung von Massenverbrauchsgütern zugunsten der Einkommensschwachen verändern. Eine progressive, die höheren Einkommen stärker belastende Gestaltung des Tarifs z.B. der Einkommensteuer auch gefordert, um die Regressionswirkungen der indirekten Steuern und Zölle – relativ zum Einkommen werden die einkommensschwächeren Schichten durch sie stärker belastet – auszugleichen.

nominal rate of interest: nomineller Zinsfuß *m*

nominal rate of return: nomineller Zinsfuß *m*
nominal sum: Nominalbetrag *m*
nominal value: Münzwert *m*, Nennwert *m*, Nominalwert *m*, Pariwert *m*
nominal wage(s) *(pl)*: Nominallohn *m*
nominate: aufstellen (Kandidaten), benennen (nominieren), bezeichnen, ernennen
nominating right: Vorschlagsrecht *n*
nomination: Bezeichnung *f*, Ernennung *f*, Nennung *f* (nominieren)
nominee: Benannter *m*, Kandidat *m*
nominee company: Wertpapierverwaltungsgesellschaft *f*
nomograph: Nomogramm *n*
no-name product: anonyme Ware *f*
Eine Ware, die entweder mit gar keinem oder mit einem Phantasienamen gekennzeichnet ist und daher im Gegensatz zum Beispiel zur Eigenmarke, zur Herstellermarke oder zur Handelsmarke keinen Rückschluß auf ihren Hersteller oder ihre Herkunft zuläßt.
non appealable: unanfechtbar
nondurable consumer goods *pl* (**nondurables** *pl*): Verbrauchsgüter *n/pl*, kurzlebige Konsumgüter *n/pl*
Je nachdem, ob Konsumgüter zum mehrmaligen oder zum einmaligen Konsum (Verbrauch) bestimmt sind, wird zwischen Gebrauchsgütern und Verbrauchsgütern unterschieden. Zu den Verbrauchsgütern zählen alle Nahrungs- und Genußmittel sowie die meisten Güter des täglichen Bedarfs, Convenience Goods.
non-ledger asset: Wirtschaftsgut *n*, das nicht buchungsfähig ist (z.B. künftige Forderungen, Wertzuwachs usw.)
non-listing cycle: Sammelgang *m (EDV)*
non-par-value share: nennwertlose Aktie *f*
non-par-value stock: nennwertlose Aktie *f*
nonacceptance: Akzeptverweigerung *f*, Nichtannahme *f*
nonage: Geschäftsunfähigkeit *f*, Minderjährigkeit *f*
nonappearance: Nichterscheinen *n*
nonassignable: nicht übertragbar
nonbanks *pl*: Nicht-Banken *f/pl*
nonbinding effect: Unverbindlichkeit *f*
noncash: remuneration Sachbezug *m*
noncompetence: Unzuständigkeit *f*
noncompetent: unzuständig
noncompliance: Nichtbefolgung *f*, Nichteinhaltung *f*, Nichterfüllung *f*, Zuwiderhandlung *f*
noncontent: Antragsgegner *m*, „Nein"-Stimmender *m*
noncontributing pension plan: Pensionsplan *m* ohne Zuzahlung *f* der Arbeitnehmer *m/pl*
noncontributory pension plan: Pensionsplan *m* ohne Zuzahlung *f* der Arbeitnehmer *m/pl*, Pensionsversicherung *f* ohne Beitragsleistung *f* der Arbeitnehmer *m/pl*
noncontrollable: unbeeinflußbar, unkontrollierbar
noncontrollable cost: nicht kontrollierbare Kosten *pl*, weil mittels Umlage *f* der Kostenstelle *f* angelastet, nicht beeinflußbare Kosten *pl*
noncovered employment: nicht versicherte Tätigkeit *f*
noncurrent expense(s) *(pl)*: periodenfremder Aufwand *m*
noncurrent liability: langfristige Verbindlichkeit *f*
nondeductible: nicht abzugsfähig
nondelegable: nicht übertragbar
nondeliverable: unbestellbar, unzustellbar
nondelivery: Nichtlieferung *f*
nondisabling disability: Krankheit *f*, die nicht arbeitsunfähig macht
nondurable good: Verbrauchsgut *n*, kurzlebiges Konsumgut *n*
Je nachdem, ob Konsumgüter zum mehrmaligen oder zum einmaligen Konsum (Verbrauch) bestimmt sind, wird zwischen Gebrauchsgütern und Verbrauchsgütern unterschieden. Verbrauchsgüter werden bei der Nutzung verbraucht und gehen dabei unter.
Zu den *Verbrauchsgütern* zählen alle Nahrungs- und Genußmittel sowie die meisten Güter des täglichen Bedarfs (→ Convenience Goods). Die grundlegende Unterteilung der Konsumgüter in Gebrauchs- und Verbrauchsgüter schließt nicht aus, daß in einzelnen Fällen die Grenzen fließend sein können. Es ist ein Charakteristikum der durch einen wachsenden Lebensstandard gekennzeichneten Industriegesellschaften, daß die Kauftätigkeit der privaten Haushalte bei langlebigen Konsumgütern verstärkt und entsprechend bei kurzlebigen Konsumgütern abgeschwächt wird.
Bei Verbrauchsgütern zeigen Konsumenten nur selten ein ausgeprägtes Preisbewußtsein. Im allgemeinen herrschen bei den Konsumenten für derartige Güter nur einigermaßen diffuse Preisvorstellungen vor.
„Es mag Konsumenten geben, die sich aufgrund spezieller Kenntnisse ein Bild von der Qualität der zahlreichen Verbrauchsgüter machen können. Ihre Zahl fällt aber nicht ins Gewicht. Der Normalverbraucher jedenfalls orientiert sich bei der Qualitätsbeurteilung in erster Linie am Preis und außerdem noch am Produktversprechen. Für ihn gilt ein hoher Preis als Ausdruck einer Spitzenqualität und umgekehrt – normalerweise jedenfalls." (Wolfgang J. Machnik)

Nach Hermann Diller prägen sich nicht markentreue Konsumenten vor allem Preisschwellen ein, um in einer Kaufsituation urteilen zu können: z.B. untere Schwelle zur Absicherung gegen schlechte Qualität, Zwischenstufen preisgünstig, normal, usw., obere Grenze zur Absicherung gegen Übervorteilung.
Insbesondere bei kurzfristigen Verbrauchsgütern dient diese Preiskognition zur Bestimmung akzeptabler und nicht akzeptabler Marken, solange die Marken bestimmte Qualitätsanspruchsniveaus zu erfüllen scheinen. Produkte mit stark streuenden Preisen werden zu Preisklassen zusammengefaßt. Als Vorstufe zur Wahl findet die Entscheidung für bestimmte Preisklassen statt. Das Vorhandensein von Preisschwellen scheint nicht davon abzuhängen, ob die Produkte absolut viel oder wenig kosten, ob man sie häufig oder selten kauft oder ob man sie gebraucht oder verbraucht.
Bei Verbrauchsgütern sind es auch die Kenntnis der Marke und die positiven Erfahrungen früherer Käufe, die einen Abnehmer zur Markentreue veranlassen. Der Erstkauf schafft damit ein akquisitorisches Potential, das zu Folgekäufen führt („intrapersoneller Carryover-Effekt"). Andererseits bewirken der Wunsch nach Abwechslung sowie das Auftauchen neuer, u.U. attraktiverer Marken einen Markenwechsel bzw. eine Markenobsoleszens. Allerdings haben das veränderte gesellschaftliche Bewußtsein, ein gewisses Nachlassen der Konsumorientierung und eingeschränkte finanzielle Möglichkeiten breiter Bevölkerungsschichten (Stagnation oder Rückgang der disponiblen → Kaufkraft) seit Mitte der 1970er Jahre das Preisbewußtsein bei Verbrauchsgütern wieder stark ansteigen lassen. Als Antwort auf diese erhöhte Preissensitivität der Konsumenten haben nahezu alle Handelsbetriebe ihre Sonderangebots- und Preispolitik deutlich aktiviert.
Nach Durchsicht von neun Studien über den Kauf von Verbrauchsgütern, die im Supermarkt erhältlich sind, kam der belgische Konsum- und Verhaltensforscher H. L. Davis 1976 zur Einsicht, daß tatsächlich die verbreitete Meinung wenigstens zum Teil zutrifft, bis zu 85 Prozent der Familienbudgets gingen durch die Hände der Frauen: Die Ehefrau erledigt den Kauf im Supermarkt und der Ehemann übt allenfalls Beraterfunktion aus. Danach fällen Frauen Kaufentscheidungen von Verbrauchsgütern, wie Lebens- und Nahrungsmitteln, Putzmitteln und anderen täglich benötigten Gütern. Bei Gebrauchsgütern hingegen tritt auch der Mann wesentlich häufiger als Entscheidungsträger in Erscheinung.
nondurable goods industry: Verbrauchsgüterindustrie *f*
nonexecution: Nichtvollziehung *f*
nonfeasance: schuldhafte, pflichtwidrige Unterlassung *f* einer Handlung *f*
nonferrous: nicht eisenhaltig
nonfinancial incentive: nicht finanzieller Arbeits- oder Leistungsanreiz *m*

nonfulfillment: Nichterfüllung *f*, Nichtvollziehung *f*
noninterest bearing: unverzinslich
nonmanual workers union: Angestelltengewerkschaft *f*
nonmeasurable: nicht meßbar
nonnegotiable: nicht übertragbar
nonnegotiable check: Verrechnungsscheck *m*
nonnegotiable notice: Sperrvermerk *m*
nonnumeric character: nichtnumerisches Zeichen *n (EDV)*
nonofficial: inoffiziell
nonoperating company: ruhende Gesellschaft *f*
nonoperating expense(s) *(pl)*: betriebsfremder Aufwand *m*, neutraler Aufwand *m*
nonoperating revenue: betriebsfremder Ertrag *m*, neutraler Ertrag *m*
nonpayment: Nichtzahlung *f*
nonperformance: Nichterfüllung *f*
nonpreferential: ohne Vorzug *m*
nonproduction bonus: Sondervergütung *f*, die von der Produktion *f* unabhängig ist (z.B. Gewinnbeteiligung, Weihnachtsgratifikation usw.)
nonproductive cost: Gemeinkostenlohn *m*, Hilfslohn *m*
nonproductive department: Hilfskostenstelle *f*, allgemeine Kostenstelle *f*
nonproductive labor: Arbeitskräfte *f/pl* im Hilfslohn *m*
nonproductive material: Gemeinkostenmaterial *n*, Hilfsmaterial *n*
nonprofit enterprise: gemeinnütziges Unternehmen *n*
nonprofit organization: gemeinnützige Organisation *f*
nonrecognition: Nichtanerkennung *f*
nonrecurring: einmalig, nicht wiederkehrend
nonrecurring expense(s) *(pl)*: außerordentliche Aufwendungen *f/pl*
nonrecurring income: außerordentlicher Ertrag *m*
nonreimbursable cost: nicht vergütungsfähige Kosten *pl*
nonrepetitive work: unregelmäßig wiederkehrende Arbeit *f*
nonresident: Devisenausländer *m*
nonresident taxpayer: beschränkt Steuerpflichtiger *m*
nonreturnable container: verlorener Behälter *m*, Einwegbehälter *m*, verlorene Verpackung *f*

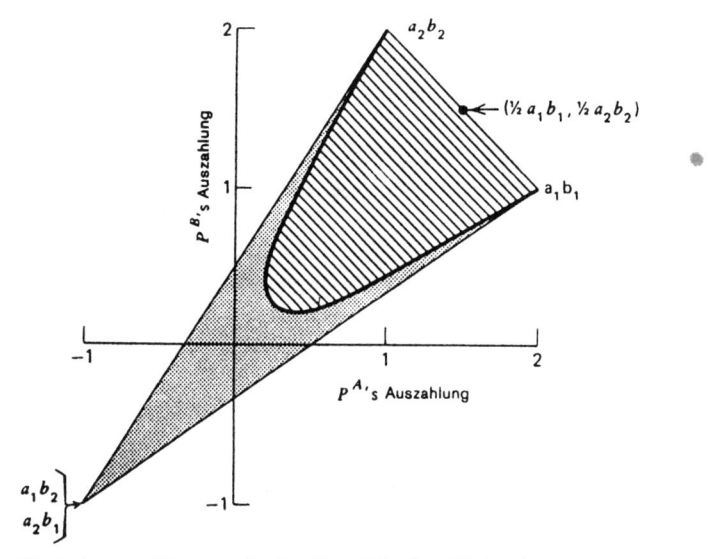

Strategienpaar-Diagramm für den „Kampf der Geschlechter"

non-stationary trade: ambulanter Handel *m*
Sammelbezeichnung für die verschiedenen Betriebsformen des Einzelhandels, die Waren mit Hilfe von standortunabhängigen und standortungebundenen mobilen Verkaufseinrichtungen (im Gegensatz zum stationären Einzelhandel) absetzen. Im einzelnen wird unterschieden zwischen 1. dem Markthandel (Straßen- und Wochenmärkte), 2. dem mobilen Straßenhandel, 3. dem zentrumorientierten Straßenhandel (Straßenhandel, der längere Zeit an einem festen Standort verweilt) und 4. dem Hausierhandel.
nonsuit: Abweisung *f* einer Klage *f*, Klageabweisung *f*
nontaxable: nicht steuerbar
nontrade receivables *pl*: sonstige Forderungen *f/pl*
nontransferable: nicht übertragbar
nonunion labor: nichtorganisierte Arbeitskräfte *f/pl*
nonvoting share: stimmrechtslose Aktie *f*
nonvoting stock: stimmrechtslose Aktie *f*
non-zero sum game: Nicht-Nullsummenspiel *n*
Das in der Spieltheorie erdachte Nullsummenspiel hat sich als kein passendes Modell für Interaktionen im realen Leben erwiesen. Daher ist die Spieltheorie auf Nicht-Nullsummenspiele und besonders auf solche partiell wettbewerblicher Natur erweitert worden.
Die Nicht-Nullsummenspiele sind idealtypisch in verhandelbare und nichtverhandelbare Spiele unterteilt worden; der Unterschied liegt in der Art der Spieldurchführung: Bei verhandelbaren Spielen (Kooperationsspiel) ist vor dem Spiel eine Verständigung der Kontrahenten miteinander zulässig, in deren Verlauf die Spieler vielleicht zu einer Einigung über ihr jeweiliges Verhalten – die dann bindend ist – kommen. Die Vereinbarung ist einer geschäftlichen Abmachung oder einem Vertrag vergleichbar. Bei nichtverhandelbaren Spielen (Nicht-Kooperationsspielen) muß der Spieler seine Entscheidung ohne vorherige Abmachung mit dem Mitspieler oder vorherige Kenntnis von dessen Absichten treffen.

Im Strategienpaar-Diagramm kann jedes Strategienpaar a_ib_j als Punkt dargestellt werden: Die Abszisse repräsentiert die Auszahlung bzw. erwartete Auszahlung für P^A bei diesem Strategienpaar, die Ordinate stellt die entsprechende Konsequenz für P^B dar.

Die Matrix stammt von Luce & Raiffa, die sie als repräsentativ für den „Kampf der Geschlechter" interpretieren: P^A und P^B sind ein Mann und eine Frau, die sich beide entscheiden müssen, ob sie zu einem Boxkampf oder ins Ballett gehen wollen. Der Mann bevorzugt den Boxkampf, die Frau das Ballett. Jeder von beiden würde jedoch noch lieber gemeinsam zu der nicht bevorzugten als alleine zu der bevorzugten Veranstaltung gehen.

Die Strategienpaare a_1b_2 und a_2b_1 führen zu den gleichen Auszahlungen und werden daher im Diagramm durch den gleichen Punkt dargestellt; solche Paare werden als äquivalent bezeichnet. Paare randomisierter gemischter Strategien können in dem Diagramm gleichfalls dargestellt werden, doch es muß sich nicht um eine konvexe Menge handeln. In der Abbildung enthält der gepunktete Bereich mit seinen Begrenzungslinien alle reinen und alle zufallsgesteuerten gemischten Strategi-

en, die den Spielern P^A und P^B in einem nichtverhandelbaren Spiel verfügbar sind.
Jede gemischte Strategie, die in einem nichtverhandelbaren Spiel gewählt werden kann, ist auch in einem verhandelbaren Spiel verfügbar – die Spieler können sich darauf einigen, jedes reine oder gemischte Strategienpaar zu spielen, das sie auch ohne Absprache hätten spielen können. Darüber hinaus ermöglicht das Verhandeln die Berücksichtigung von Strategienpaaren, die unter der Bedingung der Nicht-Verhandelbarkeit unmöglich wären. Diese neuen Strategienpaare stellen korrelierte gemischte Strategien dar. Sie sind gemischt, weil die Strategie eines Spielers die Wahl von mehr als einer Alternative als Möglichkeit einschließt, und sie sind korreliert, weil die Entscheidungen beider Spieler in einem Durchgang nicht unabhängig voneinander getroffen werden.
Das bekannteste und am intensivsten untersuchte partiell wettbewerbliche Spiel ist das *Häftlingsdilemma* (Prisoner's Dilemma Game – PDG).

nopar share: nennwertlose Aktie *f*, Quotenaktie *f*
nopar value: ohne festgesetzten Wert *m*
norm: Norm *f*, Regel *f*
normal capacity: Normalbeschäftigung *f*, Normalkapazität *f* des Betriebes *m*
normal case: Regelfall *m*
normal cost system: Normalkostenrechnung *f*
normal elemental time: normaler Zeitverbrauch *m* für ein Arbeitselement *n*
normal form of a game: Normalform *f* eines Spiels
Die Grundkonfiguration der statistischen oder mathematischen Entscheidungstheorie ist eine Situation, in der zwei Personen jeweils eine Entscheidung treffen und in der diese beiden Entscheidungen zu einer bestimmten Konsequenz führen. In der Spieltheorie werden die Personen in einer solchen Situation Spieler (players) genannt, in der Entscheidungstheorie spricht man von Entscheidern (decision makers) oder Aktoren (actors). Manchmal wird die entscheidende Person als ein komplexes, vielfältige Interessen verkörperndes Gebilde verstanden, etwa als eine Nation oder eine Gesellschaft, meist jedoch als reales oder ideales Individuum. Die Personen werden oft mit P^A und P^B bezeichnet. P^A ist der Protagonist, P^B der Mitspieler (coplayer), Konkurrent (competitor) oder Opponent (opponent) von P^A.
Es seien $a_1, a_2, ..., a_m$ Alternativen für P^A und $b_1, b_2, ..., b_n$ die möglichen Handlungsalterungsalternativen für P^B. P^A kann eine – und nur eine – der m Möglichkeiten wählen und ebenso kann P^B eine und nur eine der n Möglichkeiten wählen, wobei jede der möglichen Entscheidungen mit der gleichen Leichtigkeit getroffen werden kann. Unterschiede der Anstrengung und Mühe bei der Entscheidung bzw. der Realisierung einer Entscheidung können als Aspekt der sich ergebenden Konsequenz in die Formalisierung der Situation miteinbezogen werden.
Man bezieht sich auf die a_i als potentielle Wahlen von P^A und bezeichnet sie als Optionen (options) oder Alternativen (alternatives). Als Entscheidung (decision) oder Wahl (choice) eines Protagonisten P^A bezeichnet man das Ergebnis eines Wahlakts, d.h. eine speziell gewählte a_i. Spricht man von möglichen, potentiellen oder verfügbaren Entscheidungen oder Wahlen, so bezieht man sich stets auf Optionen bzw. Alternativen.
Im allgemeinen wäre es für P^A vorteilhaft, die Entscheidung von P^B zu kennen, bevor er selbst entscheidet; und für P^B gilt das ebenfalls. Nimmt man jedoch an, daß P^A und P^B sich zu ihren jeweiligen Entscheidungen ohne vorherige Kenntnis der Wahl des anderen entschließen müssen, so beschreibt die Formalisierung der *Normalform eines Spiels*. Da in vielen tatsächlichen Entscheidungssituationen die Spieler abwechselnd ihren Zug machen, also nicht gleichzeitig entscheiden, könnten die bei der Normalform zugrundegelegten Annahmen als die Anwendbarkeit der Theorie einschränkend erscheinen. Jedoch kann ein in der Form abwechselnder Züge zwischen den Personen beschriebenes Spiel – man spricht hier von der extensiven Form eines Spiels – auch in Normalform dargestellt werden.

normal hours *pl*: Standardmaschinen- und -arbeitszeit *f* für bestimmte Operationen *f/pl*
normal load: Normalbelastung *f*
normal operator: Durchschnittsarbeiter *m*
normal pace: Normalgeschwindigkeit *f*
normal performance: Normalleistung *f*
normal plant capacity: Normalbeschäftigung *f*, Normalkapazität *f* des Betriebes *m*
normal price: normaler Preis *m*, üblicher Preis *m*
normal return: landesübliche Kapitalverzinsung *f*, landesübliche Verzinsung *f*
normal standard cost: Standardkosten *pl* auf Basis *f* der Durchschnittskosten *f/pl* früherer Abrechnungszeiträume *m/pl*
normal time: Durchschnittszeitverbrauch *m*, Normalzeitverbrauch *m*
normal working area: Griffbereich *m*
normative: normativ
normative decision-making research: normative Entscheidungsforschung *f*
normative-prescriptive decision-making research: normativ-präskriptive Entscheidungsforschung *f*
Derjenige Bereich der Entscheidungsforschung, der im Gegensatz zu den im Rahmen der Entscheidungstheorie entwickelten Modellen die aufgrund der verfügbaren Informationen und im Hinblick auf bestimmte Ziele bestehenden optimalen Entscheidungsalternativen untersucht. Dabei befaßt sich die normative Entscheidungsforschung mit den optimalen Entscheidungsalternativen für

allgemein anerkannte Ziele (Normen), die präskriptive Entscheidungsforschung mit den Entscheidungsalternativen für subjektive, individuelle Ziele.
Nostro account: Nostrokonto *n*
not allowed: nicht absetzbar
not authenticated: unverbürgt
not binding: unverbindlich
not deductible: nicht abziehbar
not entitled: nicht berechtigt
not exceeding: bis (zu)
not feasible: undurchführbar
not for profit: gemeinnützig
not for profit organization: gemeinnützige Organisation *f*
not genuine: unecht
not guilty: unschuldig
not in debt: schuldenfrei
not machine controlled: maschinenunabhängig *(EDV)*
not marked: ohne Preisangabe *f*
not operating: außer Betrieb *m*
not operational: außer Betrieb *m*
not prepaid: unfrankiert, unfrei
not priced: ohne Preisangabe *f*
not processed: unverarbeitet
not subject to distraint: unverpfändbar
not-to-order bill of lading: Rektakonnossement *n*
not working: außer Betrieb *m*
nota voting right(s): stimmberechtigt
notable: bemerkenswert, meldenswert
notarial: notariell
notarial act: notarielle Beurkundung *f*
notarial certification: notarielle Beurkundung *f*
notarial documentation: notarielle Beurkundung *f*
notarial fee: Notariategebühr *f*
notarial official: Urkundsbeamter *m*
notary: Notar *m*, Urkundsbeamter *m*
notary public fee: Notargebühr *f*, Notariategebühr *f*
notary public: Notar *m*, Urkundsbeamter *m*
notation: Aufzeichnung *f*, Bezeichnung *f*, Quotierung *f*
notch: Kerbe *f*, kerben
notching: Kerben *n* (beim Prüfen) *(EDV)*
note: Anmerkung *f*, aufzeichnen, Aufzeichnung *f*, Memorandum *n*, Mitteilung *f*, Note *f*, notieren, Notiz *f*, Vermerk *m*, vermerken, Wechsel *m*, Zettel *m*
note of bond: Schuldschein *m*
note of suretyship: Avalvermerk *m*
note paper: Briefpapier *n*

note payable: eigenes Schuldversprechen *n*, Schuldwechsel *m*
note receivable: empfangenes Schuldversprechen *n*
note receivable discounted: diskontierter Besitzwechsel *m*, den der Bezogene *m* noch nicht eingelöst hat
note receivable in collection: zum Inkasso *n* gegebener Besitzwechsel *m*
note register: Wechselbuch *n*
notebook: Notizbuch *n*
noted: namhaft
notes in circulation *pl*: Geldumlauf *m*, Zahlungsmittelumlauf *m*
notes *pl* **payable:** Wechselverbindlichkeiten *f/pl*
notes *pl* **receivable:** Wechselforderungen *f/pl*
notes *pl* **receivable on bond:** Wechselportefeuille *n*
notes *pl* **receivable portfolio:** Wechselportefeuille *n*
noteworthy: bemerkenswert, nennenswert
notice: Ankündigung *f*, Anzeige *f*, Aushang *m*, Bekanntgabe *f*, Kündigung *f*, Meldung *f*, wahrnehmen
In der Karriereplanung ein Positionswechsel außerhalb eines Unternehmens.
notice of assessment: Veranlagungsbescheid *m*
notice of defects: Mängelanzeige *f*
notice of delivery: Andienung *f*, Lieferanzeige *f*
notice of dishonor: Mitteilung *f* des Wechselprotests
notice of dividend: Dividendenbekanntmachung *f*
notice of general meeting: Einladung *f* zur Hauptversammlung *f*
notice of protest: Mitteilung *f* des Wechselprotests, Wechselprotest *m*
notice of receipt: Eingangsvermerk *m*
notice of withdrawal: Abmeldung *f*
notification: Anmeldung *f*, Anzeige *f*, Bekanntgabe *f*, Benachrichtigung *f*, Meldung *f*, Mitteilung *f*
notify: anmelden, anzeigen, bekanntgeben, benachrichtigen, berichten, melden, mitteilen
noting for protest: Vormerkung *f* zum Protest *m*
notion: Absicht *f*, Begriff *m*, Meinung *f*
notorious: notorisch, offenkundig
notwithstanding: unbeschadet
novation: Erneuerung *f* eines Schuldverhältnisses *n*

novelty: Neuheit *f*
now for then: mit rückwirkender Kraft *f*
noxious: schädlich
nuclear age: Atomzeitalter *n*
nuclear power: Atomenergie *f*, Atommacht *f*
nuclear power plant: Atomkraftwerk *n*
nuclear power station: Atomkraftwerk *n*
nuclear propulsion: Atomantrieb *m*
nuclear waste: Atommüll *m*
nugatory: unwirksam
nuisance: Belästigung *f*, Störung *f*, Unfug *m*
null: nichtig
null and void: kraftlos, nichtig, nichtig, vollkommen null und nichtig, ungültig, unwirksam
nullification: Aufhebung *f*, Nichtigkeitserklärung *f*, Ungültigkeitserklärung *f*
nullify: aufheben, für nichtig erklären
nullity: Nichtigkeit *f*, Ungültigkeit *f*
number: Anzahl *f*, Nummer *f*
number detector: Nummernsucher *m (EDV)*

number two (person): zweiter Mann *m*
numerator: Zähler *m*
numeric(al): numerisch, ziffernmäßig
numeric(al) code: numerischer Schlüssel *m (EDV)*
numeric(al) control: numerische Steuerung *f*
numeric(al) datum: Zahlenangabe *f*
numeric(al) example: Zahlenbeispiel *n*
numeric(al) filing: numerische Ablage *f (EDV)*
numeric(al) sequence: numerische Reihenfolge *f*
numeric(al) sorting: numerische Sortierung *f (EDV)*, numerisches Sortieren *n (EDV)*
numerically: zahlenmäßig
numismatic: specimen Sammlermünze *f*
nunc pro tunc: mit rückwirkender Kraft *f*
nuncupative will: mündliches Testament *n* vor Zeugen *m/pl*

O

oath: Eid *m*
oath of abrogation: Ableugnungseid *m*
oath of disclosure: Offenbarungseid *m*
oath of manifestation: Offenbarungseid *m*
oath of office: Amtseid *m*, Diensteid *m*
obey: befolgen
object: beanstanden, Einspruch *m* erheben, Gegenstand *m*, Objekt *n*, Sache *f*, widersprechen, Widerspruch *m* (erheben), Ziel *n*
object classification: Gruppierung *f* der Ausgaben *f/pl* nach Sachgruppen *f/pl* (z.B. Rohmaterial, Maschinen, Dienstleistungen usw.)
object of a business: Betriebszweck *m*
object of a company: Gesellschaftszweck *m*, Zweck *m* der Gesellschaft *f*
object of a firm: Betriebszweck *m*
object program: Maschinenprogramm *n* (EDV)
objecting shareholder: widersprechender Gesellschafter *m*
objection: Beanstandung *f*, Einspruch *m*, Einwand *m*, Widerspruch *m*
objective: objektiv, sachlich, Vorhaben *n*, Ziel *n*, Zielsetzung *f*
objective approach: Zielansatz *m*
In der Managementlehre unterscheidet man bei der Diskussion von Effizienz im Unternehmen zwischen der Perspektive des Zielansatzes und der des Systemansatzes. Der Zielansatz geht davon aus, daß eine Organisation ein zweckrationales Gebilde ist, in dem klar definierte Ziele gesetzt wurden, deren Erreichung überprüfbar ist.
objective decision: Zielentscheidung *f*
Das Treffen von Entscheidungen gilt als das hervorragende Kriterium eines Managers. Man unterscheidet Routine-Entscheidungen als wiederkehrende, gleichartig ausführbare Entscheidungen und Führungsentscheidungen.
Führungsentscheidungen entstehen dort, wo durch eine neue Kombination der Produktionsfaktoren völlig neue Möglichkeiten der Zielerreichung eröffnet werden. Führungsentscheidungen in diesem Sinne beziehen sich auf Innovation. Innovative Entscheidungen, die durch neue Ziele entstehen, bezeichnet man als Zielentscheidungen: Zum Beispiel der Übergang von einem Monoprodukt zu einer diversifizierten Produktpalette.
objective function: Zielfunktion *f* (Operations Research)
objective information demand: objektive Informationsnachfrage *f*
Diejenigen Management-Informationen, die einem gegebenen Problem objektiv, d.h. unabhängig von der Person des damit beschäftigten Entscheiders, zugeordnet werden können, um zu einer Lösung zu gelangen.
objective probability: objektive Wahrscheinlichkeit *f*
Die entweder auf mathematisch-statistischen Berechnungen oder auf intersubjektiv überprüfbaren und jederzeit wiederholbaren Tests beruhende Schätzung über die Eintrittswahrscheinlichkeit von Auswirkungen.
objective proof: Sachbeweis *m*
objective value: objektiver Wert *m*
objective value of an outcome: objektiver Wert *m* einer Konsequenz
Ein Geldbetrag oder irgendein anderes Gut. In der Entscheidungstheorie ist bei Entscheidungen unter Risiko jede reine Strategie definitionsgemäß a_i ein Spiel. Die erwartete Auszahlung bei einem Spiel kann man sich als die durchschnittliche Auszahlung an den Protagonisten P^A vorstellen, wenn er dieses Spiel in einer prinzipiell unendlich großen Anzahl von Durchgängen wählen und jeweils die entsprechende Auszahlung erhalten würde. Man kann natürlich nicht wirklich „erwarten", in jedem einzelnen Durchgang die „erwartete Auszahlung" zu bekommen: Wenn z.B. P^A ein Spiel zu wählen hat, bei dem $p_1 = 1/3$, $p_2 = 2/3$, $v_1 =$ +1 DM und $v_2 = -1$ DM ist, beträgt die erwartete Auszahlung 1/3 DM; doch im einzelnen Durchgang beträgt sie entweder +1 DM oder -1 DM, sie kann nicht 1/3 DM betragen.
Das Erwartungswert-Prinzip steht in Einklang mit dem Dominanzprinzip, d.h. die nach dem Erwartungswert-Prinzip optimale Strategie ist stets auch zulässig. Welche der zulässigen Strategien im Einzelfall jedoch gewählt wird, hängt von den Werten der Wahrscheinlichkeiten p_j ab. Durch entsprechende Spezifikation der p kann jede zulässige Strategie optimal im Sinne des Erwartungswert-Prinzips gewählt werden, d.h. die Menge der zulässigen Strategien und die Menge der nach dem Erwartungswert-Prinzip optimalen Strategien sind identisch.
Das Erwartungswert-Prinzip besteht im Grunde aus einer Gruppe von Prinzipien, die sich in der Interpretation der Werte v_i und der Wahrscheinlichkeiten p unterscheiden. Sowohl die Werte v_{ij} wie die Wahrscheinlichkeiten p_j können entweder als „objektiv" oder als subjektiv verstanden werden. Mit einem „objektiven" Wert ist im allgemeinen ein Geldbetrag oder irgendein anderes Gut gemeint; der „subjektive" Wert einer Konsequenz für eine Person wird als Nutzen bezeichnet. Und ebenso kann es sich bei der Wahrscheinlichkeit eines Ereignisses um eine „objektive" oder um ei-

ne „subjektive", personenspezifische Größe handeln.
objectivity: Objektivität *f*, Sachlichkeit *f*
object-oriented organization: objektorientierte Organisation *f*
Bei der objektorientierten Organisation werden Stellen nach dem Prinzip der Objektzentralisation gebildet. Typischerweise werden Abteilungen auf der 2. Ebene nach Produkten bzw. einheitlichen Produktgruppen, Projekten oder vor allem in Dienstleistungsunternehmungen nach Kunden bzw. Kundengruppen geschaffen, und auf der 3. Ebene nach Verrichtungen bzw. Funktionen gebildet. Die Input-Funktion (Beschaffung von Arbeit, Kapital, Material) bleibt meist zentralisiert. Dabei bilden im Gegensatz zur funktionalen Organisation Produkte oder Güter (einschließlich Dienstleistungen) das gestaltbildende Kriterium für Arbeitsteilung und Spezialisierung:

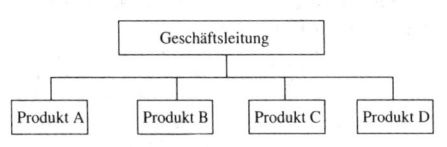

```
                 Geschäftsleitung
                        |
    ┌───────────┬───────┴───────┬───────────┐
 Produkt A   Produkt B      Produkt C    Produkt D
```

Die objektorientierte Organisation

Bei dieser Organisationsform werden also nicht gleichartige Verrichtungen, sondern, ausgehend von Objekten, verschiedenartige Verrichtungen zusammengefaßt, nämlich jene, die für die Erstellung des betreffenden Objekts notwendig sind.
Die Alternative Objekt- versus Verrichtungsorientierung stellt sich grundsätzlich auf jeder hierarchischen Ebene; keineswegs muß eines der beiden Prinzipien durchgehalten werden. Es ist vielmehr die Regel, beide Prinzipien zu mischen. Die Gliederung der zweiten Hierarchieebene ist jedoch eine besonders wichtige Organisationsentscheidung, sie stellt die Weichen für die Grundausrichtung des gesamten Systems.
Die Objektorientierung auf der zweitobersten Hierarchieebene eines Stellengefüges wird divisionale Organisation, Spartenorganisation oder Geschäftsbereichsorganisation genannt. Die Divisionen werden meist nach den verschiedenen Produkten bzw. Produktgruppen gebildet.
Beim Divisionalisierungskonzept kommt zur objektorientierten Gliederung hinzu, daß die Divisionen gewöhnlich eine weitgehende Autonomie im Sinne eines Profit Centers erhalten, d.h. sie sollen wie Unternehmen im Unternehmen geführt werden. Für die organisatorische Aufgabenzuweisung bedeutet das, daß eine Division (Geschäftsbereich) zumindest die Kern-Sachfunktionen umfassen muß.
Im Rahmen der objektorientierten Organisation ist auch eine regionale Gliederung denkbar. Hier werden die Objekte nach dem Prinzip der lokalen Bündelung zusammengefaßt. Eine Stellen- und Abteilungsbildung unter dem regionalen Gesichtspunkt wird häufig im Zuge einer Expansionsstrategie gewählt. In vielen Fällen ist aber auch das Bestreben, die Transportkosten zu minimieren, für die Entscheidung zugunsten einer lokal dezentralisierten Gliederung der Aktivitäten ausschlaggebend.
Ein dritter Gliederungsgesichtspunkt im Rahmen der Objektorientierung ist auf zentrale Abnehmergruppen oder auch Zuliefergruppen gerichtet.
Im Hinblick auf die rechtliche Ausgestaltung gibt es zwei grundsätzliche Alternativen, nämlich die Sparten als Abteilung zu führen oder sie rechtlich zu verselbständigen. Im Falle der rechtlichen Verselbständigung der Sparten entsteht ein Konzern. Bisweilen gehört bei sehr großen Unternehmen zu den einzelnen Sparten eine Reihe von (rechtlich selbständigen) Tochter- bzw. Enkelgesellschaften. Die Spartengesellschaft ist dann als Teilkonzern anzusehen. In solchen Fällen wird die Konzernobergesellschaft häufig als Holding ausgelegt. Die Holding ist eine reine Führungsgesellschaft, d.h. ihre Aufgabe ist ausschließlich die Ausübung der Konzernleitung, sie ist nicht mit der Produktion oder dem Vertrieb von Gütern beschäftigt; gleichwohl geht ihre Aufgabe über eine bloße Anteilsverwaltung hinaus.
In jedem Falle gehen bei der divisionalen Organisation durch das Prinzip der Gewinnverantwortlichkeit weitreichende Kompetenzen an die Sparten, so daß sich die Frage der Gesamtkoordination stellt. Ein funktionstüchtiges Steuerungs- und Kontrollsystem für die Unternehmens- (Konzern)-Spitze hat sich daher als Voraussetzung jeder erfolgreichen Divisionalisierung erwiesen. Ein wesentlicher Aspekt der Gesamtsteuerung ist typischerweise der Verbleib der Finanzierungsfunktion und die Allokation der finanziellen Ressourcen auf die einzelnen Sparten.
Grundvoraussetzung für den Einsatz der divisionalen Organisation ist die Zerlegbarkeit der geschäftlichen Aktivitäten in homogene, voneinander weitgehend unabhängige Sektoren. Diese Zerlegbarkeit gilt sowohl intern hinsichtlich einer getrennten Ressourcennutzung wie extern hinsichtlich des Marktes und der Ressourcenbeschaffung.
object principle: Objektprinzip
Ein für die Bildung einer Stelle (Stellenplanung) in Unternehmen bestehender Grundsatz, demzufolge die Stelle auf der Basis der sachlichen (objektiven) Merkmale einer Arbeit (z.B. Fertigungsaufträge) definiert wird.
object-related communication: sachbezogene Kommunikation *f*
Jede Führungskraft ist zugleich Sender und Empfänger von Informationen und damit auch Bestandteil des Kommunikationssystems. Daher unterscheidet man auch in sachbezogene (aufgabenspezifische) und personenbezogene Kommunikation.
object-related coordination: sachliche Koordination *f*
Als Koordination bezeichnet man die Zusammen-

fassung von Teilaktivitäten einer Aufgabe zu einem Ganzen, wobei das Ganze durch die Zielvorgabe der Aufgabe bestimmt ist. Koordination ist die Abstimmung einer Menge von Teilaktivitäten im Hinblick auf die Erreichung eines vereinbarten Ergebnisses.
Im Fall der sachlichen Koordination werden arbeitsteilig verrichtete Aufgaben so beeinflußt, daß die Summe der Teilerfolge (Teiloptima) ein Gesamtoptimum der übergeordneten Aufgaben erreicht.

object-related job performance: objektbezogene Arbeitsleistung *f*
Ein von Erich Gutenberg geprägter Begriff, der „alle diejenigen Tätigkeiten ... [bezeichnet], die unmittelbar mit der Leistungserstellung, der Leistungsverwertung und mit finanziellen Aufgaben im Zusammenhang stehen, ohne dispositiv-anordnender Natur zu sein."

obligate: verpflichten, zwingen
obligation: Verpflichtung *f*, Obliegenheit *f*, Obligation *f*, Schuld *f* (im Zivilrecht), Schuldverhältnis *n*, Servitut *n*, Verbindlichkeit *f*, verbriefte Schuld *f*
obligation, be under an: verpflichtet sein
obligation, be under no: nicht verpflichtet sein
obligation in kind: Gattungsschuld *f*
obligation of contract: schuldrechtliche Verpflichtung *f*, Vertragspflicht *f*
obligation to accept: Annahmezwang *m*
obligation to cash: Einlösungspflicht *f*
obligation to pay: Obligo *n*, Zahlungspflicht *f*
obligation to redeem: Einlösungspflicht *f*
obligation to reimburse: Rückerstattungspflicht *f*
obligation to report: Meldepflicht *f*
obligatory: bindend, obligatorisch, schuldrechtlich bindend, verbindlich, verpflichtend
obligatory disposition: Mußvorschrift *f*
obligatory reinsurance: Zwangsrückversicherung *f*
oblige: binden, verpflichten
obligee: Forderungsberechtigter *m*, Gläubiger *m*, Obligationsgläubiger *m*, Vertragsberechtigter *m*
obligor: Obligationsschuldner *m*, Schuldner *m*, Verpflichteter *m*, Vertragsverpflichteter *m*
obliterate: ungültig machen, vernichten
obliteration: Ausstreichung *f*, Ungültigmachung *f*, Vernichtung *f*
observation: Beobachtung *f*
observation board: Zeitaufnahmebrett *n*
observation form: Beobachtungsbogen *m*
observation period: Beobachtungszeitraum *m*, Untersuchungszeitraum *m*

observational technique: Beobachtungsverfahren *n*
observe: beachten, befolgen, beobachten, einhalten, wahrnehmen
obsolescence: Veralten *n*, Veralterung *f*, Obsoleszenz *f*
Mit Obsoleszenz wird zunächst ganz wertfrei der aufgrund der Lebensdauer und des Produktlebenszyklus vorwiegend von Gebrauchsgütern entstehende Funktions- und Wertverlust materieller Güter infolge von Abnutzung und Veralterung bezeichnet. In diesem weiteren Verständnis umfaßt der Begriff also den objektiven Prozeß des Veralterns eines Produkts unabhängig davon, ob dies ein natürliches Absterben oder ein absichtlich erzeugter Prozeß der künstlichen Veralterung ist.
Der Begriff wird geplanten Obsoleszenz wird vor allem seit der Fundamentalkritik des amerikanischen Werbekritikers Vance Packard in seinem Buch *The Hidden Persuaders*, 1957) (Deutsch: Die geheimen Verführer – Der Griff nach dem Unbewußten in Jedermann, Düsseldorf 1968) an der Werbung und den Marketingaktivitäten der Wirtschaftsunternehmen in der westlichen Überflußgesellschaft diskutiert. Packard unterscheidet zwischen funktioneller, qualitativer und psychischer Obsoleszenz:
Funktionelle Obsoleszenz ergibt sich aufgrund der Einführung neuer, technisch weiterentwickelter, besser funktionierender Produkte, die objektiv eine Veralterung der weniger weitentwickelten Produkte bewirken.
Qualitative Obsoleszenz ist eine Unternehmensstrategie des „eingebauten Verschleißes", bei der die physische Nutzungsdauer von Gebrauchsgütern absichtlich verkürzt wird, sei es durch Nichtbeseitigung erkannter und behebbarer Produktmängel, durch Verwendung minderwertigen Materials oder sogar durch bewußten Einbau von Mängeln und Bruchstellen.
Psychische Obsoleszenz wird insbesondere durch Werbe- und Marketingstrategien ausgelöst und besteht in der planmäßigen Veralterung von durchaus funktionstüchtigen Gütern durch Beschleunigung der Modezyklen, ständige Änderung des jeweils gerade modernen Design und Styling, die Entwicklung neuer Farbkombinationen usw. Ziel der psychischen Obsoleszenz durch laufende Änderung der Mode ist es, ständig neue Waren auf dem Markt absetzen zu können, wenn die vorhandenen Waren noch gebrauchsfähig sind.
Gegen diese Strategien der geplanten Obsoleszenz richtet sich in besonderem Maße die Kritik des Konsumerismus am modernen Marketing und der Werbung auch wegen der damit erzeugten übermäßigen Beanspruchung von Ressourcen und Energien, der Belastung der Umwelt und der damit verbundenen Wachstumsideologie, die Wachstum ohne wirkliche Verbesserung der Lebensqualität, sondern als bloße Steigerung des Bruttosozialprodukts verstehe.
Oft fehlt der Beurteilung der Lebensdauer aller-

dings der ökonomische Realismus. So spricht für den geplanten Verschleiß u.a.:
• die Aktivierung von Lebensdauer und tatsächlicher Nutzung,
• die rasche Berücksichtigung veränderter Qualitäts- und Sicherheitsanforderungen,
• die Beachtung des technischen Fortschritts,
• die Harmonisierung von Produkten mit Langzeitteilen und Verschleißteilen, d.h. die Festlegung der Ersatzhäufigkeit von Verschleißteilen gegenüber Langzeitteilen,
• die Verwendung neuer Rohstoffe,
• die Anpassung an neue Distributions- und Marketingkonzepte,
• die Anpassung an veränderte Reparaturbedarfe aufgrund der Preissteigerungen für Reparaturlöhne.
Die Strategie der Obsoleszenz hat somit beachtliche Wirkungen. Die technische und ökonomische Lebensdauer von Produkten bestimmen im übrigen in beträchtlichem Umfang das Niveau der Beschäftigung. Drastische Verlängerungen der Lebensdauer würden die Arbeitslosigkeit erhöhen. Die ökonomisch zweckmäßige Lebensdauer ist somit ein zentrales gesellschaftspolitisches Phänomen.
obsolete: nicht mehr gültig, veraltet
obsolete material: Altmaterial *n*, veraltetes Material *n*
obstacle: Hindernis *n*, Schwierigkeit *f*
obstruct: behindern, verhindern, versperren
obstruction: Behinderung *f*, Hindernis *f*
obstruction of competitors: Behinderung *f* von Konkurrenten
Unter den Bedingungen der marktwirtschaftlichen Konkurrenz ist die Behinderung von Mitbewerbern nur in den nach der Generalklausel des § 1 des Gesetzes gegen den unlauteren Wettbewerb (UWG) für sittenwidrig anzusehenden Fällen von Androhung oder Zufügung von Zwang, Rufschädigung, ruinösem Wettbewerb, Boykott oder Aufruf dazu, Diskriminierung, Marktverstopfung u.ä. wettbewerbswidrig.
obtain: erlangen, erhalten, erzielen
obtain ownership: Eigentum *n* erlangen
occasion: Gelegenheit *f*
occasional: gelegentlich, zufällig
occasional customer: Laufkunde *m*
occasional customers *pl*: Laufkundschaft *f*
occasional sale: Gelegenheitsverkauf *m*
occupancy: Aneignung *f*, Besitzergreifung *f*, Innehabung *f*
occupant: Besitzer *m*, Inhaber *m*, Wohnungsinhaber *m*
occupant at will: prekarischer Besitzer *m*
occupant of dwelling: Wohnungsinhaber *m*
occupant of premises: Bewohner *m*

occupation: Beruf *m*, Beschäftigung *f*, Besetzung *f*, Besitznahme *f*
occupation code: Arbeitsartenschlüssel *m*
occupation with minimal training requirement(s) *(pl)*: Anlernberuf *m*
occupational: beruflich
occupational accident: Arbeitsunfall *m*
occupational disease: Berufskrankheit *f*
occupational group: Berufsgruppe *f*
In der amtlichen Statistik die nach der sozialen Stellung im Beruf klassifizierten Gruppen der (1) Selbständigen, (2) mithelfenden Familienangehörigen, (3) Beamten, (4) Angestellten und (5) Arbeiter.
occupational guide: Berufsbild *n*
occupational hazard: Berufsrisiko *n*
occupational illness: Berufskrankheit *f*
occupational rate: Lohnsatz *m* für bestimmte Tätigkeit *f*
occupational wage rate: berufstypischer Lohnsatz *m*
occupied with, be: sich befassen mit
occupy: sich aneignen, mit Beschlag *m* belegen, besetzen, innehaben
occupy oneself (with): sich beschäftigen (mit)
occur: sich ereignen
occur successively: aufeinanderfolgen
occurrence: Ereignis *n*, Vorkommen *n*, Vorkommnis *n*
occurrence of the damage: Schadensereignis *n*
occurrence of the loss: Schadensereignis *n*
ocean bill of lading: Seekonnossement *n*
ocean freight: Seefracht *f*
octal: oktal *(EDV)*
odd: seltsam, ungerade (Zahl)
odd-even check: Paritätskontrolle *f (EDV)*
odd job: irreguläre oder unregelmäßige Tätigkeit *f*
odd lot: eine kleinere Anzahl *f* Aktien *f/pl*
odd-lot dealer: Wertpapierhändler *m* in kleinen Mengen *f/pl*
odd parity: ungerade Parität *f (EDV)*
odd parity check: Prüfung *f* auf ungerade Parität *f (EDV)*
odd price: gebrochener Preis *m*
Eine Preispolitik, bei der als Preis eine meist ungerade Zahl, die unterhalb einer bestimmten Preishöhe liegt, festgelegt wird, weil die Annahme besteht, daß der höhere Preis von den Konsumenten als einer anderen Preisgrößenordnung zurechenbar angesehen wird (also statt DM 8000.- ein Preis von DM 7995.-).
Insbesondere der Einzelhandel geht ganz allgemein davon aus, daß die Konsumenten günstiger

reagieren, wenn ungerade Preise unmittelbar unter einer runden Zahl festgesetzt werden. Empirische Untersuchungen haben ergeben, daß Preiserhöhungen bis zu einem bestimmten Punkt ohne Wirkung auf die Verbraucherhaltung blieben. Die Preis-Absatz-Funktion in der Abbildung illustriert den Fall, daß die Verbraucher günstiger reagieren, solange ein Preis unterhalb einer psychologischen Preisschwelle bleibt:

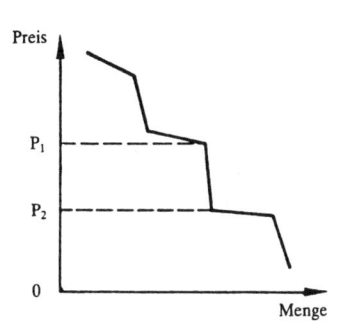

odd-price effect (odd-number effect): Endziffereneffekt *m*
In der Preispolitik spielen unter den eher optischen Einflußfaktoren für das Konsumentenverhalten sowohl Preisschwelleneffekte wie die Wirkungen der Endziffern bei Preisauszeichnungen eine Rolle. Welche Effekte gerade oder ungerade oder auch „runde" Endziffern (0 oder 5) bei Preisen haben, ist bislang ungenügend erforscht. Nach einer von J. Flämig und G. Weyer mitgeteilten Untersuchung, für die allerdings bislang keine Bestätigung gefunden wurde, sollen sich mit runden Endziffern bei den Verbrauchern positive Vorstellungen wie übersichtlich, nüchtern, gut und glatt verbinden, mit ungeraden Endziffern hingegen negative Vorstellungen wie eckig, gespannt, häßlich und aufdringlich (insbesondere bei den Endziffern 1 und 7), wohingegen Preise mit geraden Endziffern ambivalente Vorstellungen auslösen sollen.

odds and ends *pl*: Kleinigkeiten *f/pl*, Ramsch *m*, Ramschware *f*, Überreste *m/pl*
of age: großjährig, mündig
of considerable means: bemittelt
of full age: großjährig
of high value: hochwertig
of lawful age: geschäftsfähig
of legal age: großjährig
of moderate means: minderbemittelt
of poor quality: minderwertig
of stable value: wertbeständig
of value: entgeltlich
of vital importance: lebenswichtig
off-board market: Freiverkehr *m*, nicht organisierter Wertpapiermarkt *m* (außerhalb der Börse)
off duty: außer Dienst *m*

off-line operation: Betrieb *m* eines datenverarbeitenden Geräts *n* unabhängig von datenlieferndem Gerät *n (EDV)*, in unabhängiger Operation *f (EDV)*
off-peak season: ruhige Zeit *f*
off-season: tote Saison *f*
off-standard performance: Leistungsgradabweichung *f*
off-time: Freizeit *f*
off-the-job training: Off-the-job-Training *n*
Alle begleitenden Weiterbildungsmaßnahmen, die außerhalb des Arbeitsplatzes stattfinden. Im wesentlichen handelt es sich um Seminare, Kurse oder längerfristige Managementprogramme. Das Angebot reicht von fachspezifischen (functional management) über fachübergreifende (general management) Themen bis hin zum Training von Verhaltensweisen und -änderungen.
Mit steigender Management-Ebene nimmt dabei der Anteil rein funktionaler. fachbezogener Themen ab. Besonders im Rahmen der Executive-Education-Programme dominieren heute aktive Lehrmethoden (Fallstudien, Planspiele), die im Vergleich zu den passiven Lehrmethoden wie Referate und Vorträge wesentlich lernintensiver sind.
offend: beleidigen (allgemein), verstoßen (gegen)
offended party: Beleidigter *m*
offender: Angreifer *m*, Beleidiger *m*, Delinquent *m*, Übeltäter *m*, Verbrecher *m*
offense: Ärgernis *n*, Beleidigung *f*, Delikt *n* (Zivilrecht), Gesetzesübertretung *f*, Vergehen *n*, Verstoß *m*,
offensive: beleidigend
offer: anbieten, Angebot *n*, Antrag *m*, bieten, offerieren, Offerte *f*
offer evidence: Beweis *m* antreten
offer for sale: feilhalten, Verkaufsangebot *n*
offer for sale by tender: Ausschreibung *f*
offer more: überbieten
offer of compromise: Vergleichsvorschlag *m*
offer of employment: Stellenangebot *n*
offer of mediation: Vermittlungsvorschlag *m*
offer price: Ausgabepreis *m*, Briefkurs *m*
offered, not bid: Kurs *m* ohne Nachfrage *f*
offeree: Empfänger *m* eines Angebotes *n*
offerer: Anbietender *m*, Antragender *m*
offering circular: Angebotsrundschreiben *n*
offering price: Verkaufskurs *m*
office: Amt *n*, Büro *n*, Kontor *n*
office appliances *pl*: Bürogeräte *n/pl*, Bürohilfsmittel *n/pl*
office audit: Prüfung *f* an Amtsstelle *f*

office equipment: Büroausstattung *f*, Büroeinrichtung *f*
office furniture: Büroeinrichtung *f* (Möbel)
office hours *pl*: Bürostunden *f/pl*, Dienststunden *f/pl*, Geschäftszeit *f*, Sprechstunde *f*
office layout: Bürogestaltung *f*, Büroraumanordnung *f*
office machine: Büromaschine *f*
office management: Leitung *f* der Büro- und Verwaltungsarbeit *f*
office manager: Büroleiter *m*, Bürovorsteher *m*
office of tax affairs: Steuerabteilung *f*
office salaries *pl*: Bürogehälter *n/pl*
office salary: Angestelltengehalt *n*
office services section: Arbeitsgruppe *f* für allgemeine Bürodienste *m/pl*
office supplies *pl*: Bürobedarf *m*, Büromaterial *n*
office worker: Bürokraft *f*
officer: Angestellter *m* (im öffentlichen Dienst), Beamter *m*, leitender Angestellter *m* (nur oberste Leitung), Leiter *m* einer Stabsstelle *f*, Vorstandsmitglied *n*, Bezirkssekretär *m*
officer (of a firm): leitender Angestellter *m*
officers' receivables *pl*: Forderungen *f/pl* an Vorstandsmitglieder *n/pl*
officese: Amtsdeutsch *n*, Beamtendeutsch *n*, Kanzleideutsch *n*
official: amtlich, dienstlich, offiziell, Beamter *m*
official authority: Amtegewalt *f*
official business: Dienstsache *f*
official channel(s) *(pl)*: Dienstweg *m*, Instanzenweg *m*
Die in einer Hierarchie von unten nach oben laufenden, für Meldungen, Mitteilungen oder Beschwerden vorgesehenen Linien.
official channel of distribution: Dienstweg *m*
official charge: Taxe *f*
official document: Aktenstück *n*
official duty: Amtspflicht *f*
official exchange rate: amtlicher Kurs *m*, amtlicher Wechselkurs *m*
official expert: Sachbearbeiter *m*
official function: Amtshandlung *f*
official gazette: Amtsblatt *n*, Verordnungsblatt *n*
official holiday: gesetzlicher Feiertag *m*
official income: Dienstbezüge *m/pl*
official journey: Dienstreise *f*
official note by post oftice: Postvermerk *m*
official organ: Amtsblatt *n*, Verordnungsblatt *n*, Staatsanzeiger *m*

official position: Dienststellung *f*
official power: Amtegewalt *f*
official quotation: amtliche Kursnotierung *f*
official rate of exchange: amtlicher Kurs *m*, amtlicher Wechselkurs *m*
official receiver: amtlicher Verwalter *m*, Konkursverwalter *m*
official residence: Dienstwohnung *f*
official seal: Amtssiegel *n*
official secrecy: Amtsverschwiegenheit *f*
official secret: Amtsgeheimnis *n*
official stock exchange quotation: amtlicher Börsenkurs *m*
official stockbroker: Kursmakler *m*
official trip: Dienstreise *f*
officialdom: Beamtentum *n*, Bürokratismus *m*
officialese: Amtsdeutsch *n*, Beamtendeutsch *n*, Kanzleideutsch *n*
officialism: Beamtenwirtschaft *f*
officially certified copy: amtlich oder öffentlich (gerichtlich, notariell oder behördlich) beglaubigte Abschrift *f*
officially: von Amts wegen
officiate: amtieren
officious: offiziös
offset: aufrechnen, ausbuchen, Ausgleich *m*, ausgleichen, gegenbuchen
offset account: Verrechnungskonto *n*, Wertberichtigungskonto *n*
offset agreement: Verrechnungsabkommen *n*
offset item: Verrechnungsposten *m*
offset transactions *pl*: Geschäfte *n/pl* gegeneinanderaufrechnen
offsetting contribution: Deckungsbeitrag *m*
offsetting entry: Änderungsbuchung *f*, Ausbuchung *f*, Gegenbuchung *f*, Stornobuchung *f*
oil company: Erdölgesellschaft *f*
oil shipping: Tankschiffahrt *f*
old age and disability insurance: Invalidenversicherung *f*
old age and survivors insurance: Alters- und Hinterbliebenenversicherun gf
old age annuity: Altersrente *f*
old age assistance: Altersunterstützung *f*
old age benefit: insurance Altersversicherung *f*
old age benefits *pl*: Altersrente *f*, Altersversicherung *f*, Altersversorgung *f*
old age exemption: Altersfreibetrag *m*
old age insurance: Altersversicherung *f*, Pensionsversicherung *f*
old age pension: Altersrente *f*

Angebot \ Nachfrage		monopolistisch (ein Nachfrager)	oligopolistisch (wenige Nachfrager)	atomistisch (viele Nachfrager)
monopolistisch (ein Anbieter)	V	bilaterales Monopol	beschränktes Angebotsmonopol	reines Angebotsmonopol
	U	bilaterales Monopoloid	beschränktes Angebots-Monopoloid	Angebotsmonopoloid (= unvollständiges Angebotsmonopol)
oligopolistisch (wenige Anbieter)	V	beschränktes Nachfragemonopol	bilaterales Oligopol	reines Angebotsoligopol
	U	beschränktes Nachfragemonopoloid	bilaterales Oligopoloid	Angebotsoligopoloid
atomistisch (viele Anbieter)	V	Nachfragemonopol	Nachfrage-Oligopol	atomistische Konkurrenz
	U	Nachfragemonopoloid	Nachfrage-Oligopoloid	polypolistische Konkurrenz

old age pension insurance: Altersversicherung *f*
old age provision: Altersvorsorge *f*
old stock: Ladenhüter *m*
oligopolist: Oligopolist *m*
oligopolistic behavior: oligopolistisches Verhalten *n*
Das Marktverhalten eines Anbieters, der erwartet, daß sein Absatz von seinen eigenen Maßnahmen, dem Verhalten der Nachfrager und dem Verhalten der Mitbewerber abhängt und er weiter damit rechnet, daß Änderungen im Einsatz seiner marketingpolitischen Instrumente Gegenmaßnahmen der Anbieter auslösen (Reaktionsverbundenheit der Anbieter).
oligopolistic pricing: Oligopolpreisbildung *f*, oligopolistische Preisfixierung *f*
Eine Politik der Preissetzung, bei der ein Anbieter annimmt, daß die von ihm absetzbare Menge von seiner eigenen Preissetzung, der Reaktion der Nachfrager und den Preisen der Mitbewerber abhängt und daß Änderungen seiner eigenen Preise auch die konkurrierenden Anbieter zu einer Änderung ihrer Preise veranlassen werden.
oligopoly: Oligopol *n*
Die klassische Nationalökonomie bezeichnete als Monopol all jene Marktsituationen, bei denen das Angebot u.a. durch öffentliche Privilegierung, durch private Abreden, „künstlichen Restriktionen" unterliege und so ein unter das Kostenniveau sinkender Preis verhindert werde. Eine Differenzierung führte Antoine Augustin Cournot (1801-1877) ein, der ausgehend vom Monopol durch Einfügung eines oder mehrerer Konkurrenten das Dyopol, Oligopol und schließlich als Grenzfall die vollständige Konkurrenz ableitete.
In seinem Buch „Marktform und Gleichgewicht" (1934) verwendete Heinrich von Stackelberg als Kriterien für die Bestimmung der Angebots- und Nachfrageseite, die in ihrer Zusammenfassung die Marktform bilden, Anzahl und Größe der Marktteilnehmer. Diese bezeichnete er als relativen Marktanteil. Je nachdem, ob viele/wenige, kleinere/-größe Marktteilnehmer kombiniert wurden, können daraus entweder mehr der Konkurrenz oder mehr dem Monopol zuneigende Marktformen abgeleitet worden.

Stehen beispielsweise viele Anbieter vielen Nachfragern gegenüber, so nennt Stackelberg diese Marktform vollständige Konkurrenz. Wenige Anbieter und viele Nachfrager ergeben ein Angebotsoligopol. Steht ein Anbieter vielen Nachfragern gegenüber, so besteht ein Angebotsmonopol.
Das umfassendste Gliederungsschema ist das auf der Basis der Anzahl der Anbieter, das sowohl für vollkommene (V) wie für unvollkommene Märkte (U) entwickelt werden kann.
Die in diesem morphologischen Marktformenschema zu differenzierenden Marktformen sind durch spezifische Verhaltensweisen der Marktpartner charakterisiert. Eines der Instrumente zur Erfassung der Marktstruktur nach Verhaltensweisen ist die Kreuzpreiselastizität: Ist der Triffinsche Koeffizient gleich Null, so liegt ein reines Monopol vor, ist er gleich unendlich, so besteht homogene atomistische Konkurrenz. Dazwischen liegen die verschiedenen Grade der heterogenen Konkurrenz. Oligopolistische Konkurrenz liegt vor, wenn der Triffinsche Koeffizient von Null verschieden ist.
Nach Fritz Machlup taucht das Wort Oligopol zum erstenmal in der „Utopia" (1518) von Thomas Morus auf. Nach der Definition von Machlup entspricht dem Oligopol die Marktstellung eines Verkäufers, der mit einigen wenigen Konkurrenten im Wettbewerb steht und entweder absprachegemäß oder ohne jedes Einvernehmen in seiner Verkaufspolitik auf etwaige Reaktionen dieser Konkurrenten Rücksicht nimmt.
Nach Edward H. Chamberlin liegt ein Oligopol vor, wenn die Zahl der Anbieter nicht ausreichend groß ist und demzufolge der einzelne Anbieter den gemeinsamen Marktpreis durch seine Angebotspolitik merklich beeinflussen könne. Bei Walter Eucken rechnet die Einzelwirtschaft im Falle eines Oligopols in ihren Wirtschaftsplänen mit den voraussichtlichen Reaktionen der Marktgegenseite und Wettbewerber: Ein Marktteilnehmer betrachtet

die auf sein Verhalten hin erwarteten Reaktionen der Marktgegenseite und gleichzeitig die Reaktionen von Konkurrenten als Planungsproblem. Ein Teiloligopol liegt nach Eucken vor, wenn ein Marktteilnehmer sowohl mit der Reaktion der Marktgegenseite wie mit der von mehreren Konkurrenten rechnet; ferner nimmt er an, daß weitere Konkurrenten den Marktpreis als Datum hinnehmen. Je nach Marktzutritt oder Marktsperre ergibt sich ein offenes oder geschlossenes Oligopol. Je nachdem, ob die Produkte der Anbieter vollkommen homogen (identisch) oder etwas verschieden sind, wird nach Robert Triffin zwischen homogenem oder heterogenem Oligopol unterschieden.

Nach der Konjekturalhypothese Erich Schneiders hat der Oligopolist zwar vage, aber gewisse Vorstellungen über die wahrscheinlichen Reaktionsmöglichkeiten der Konkurrenten. Demgegenüber ist der Oligopolist nach der Spieltheorie auf alle möglichen Gegenzüge vorbereitet und wählt von allen zur Verfügung stehenden Strategien jene mit dem „günstigsten aller schlimmsten Ergebnisse", Maximin-Kriterium. Obwohl der sich dabei ergebende Gewinn der kleinste aller größten Gewinne ist, die er erzielen könnte, wenn er genau wüßte, wie der Gegner handeln wird, so ist er doch der höchste aller kleinsten Gewinne unter der Annahme, daß der Gegner die für ihn ungünstigste Gegenhandlung wählt (Machlup).

Das Verhalten im Oligopol ist zumeist wirtschaftsfriedlich. Fast alle Oligopoltypen sind dadurch gekennzeichnet, daß die Konkurrenten einander nicht gegenseitig provozieren. Das hat seinen Grund darin, daß alle Marktteilnehmer damit rechnen, nach einer erwarteten Gegenreaktion schlechter zu stehen als vor der eigenen Aktion gestanden hat. Die Konkurrenz im Oligopol beschränkt sich daher zumeist auf den Qualitätswettbewerb, auf die Werbung, auf zusätzlichen Kundendienst, Zugaben und Gratisleistungen. An den Preisen, die in der Regel um so höher über dem Konkurrenzpreis liegen, je mehr Barrieren den Marktzutritt verbauen, wird nach Möglichkeit wenig geändert. Ein friedliches Oligopol kann jedoch dann in Kampf umschlagen, wenn ein Marktteilnehmer glaubt, sich eine monopolähnliche Marktstellung verschaffen zu können. Der Preiskampf ist in der Regel eine Angelegenheit zwischen drei oder zwei Konkurrenten, von denen jeder mit der Kapitulation des Gegners rechnet. Typische Kampfziele sind zum Beispiel, den Gegner endgültig aus dem Felde zu schlagen, ihn zur friedlichen Zusammenarbeit oder zu Kartellabsprachen zu zwingen, ihn zur Fusion zu bewegen. Die klassische Preistheorie hat unterschiedliche Preis-Absatz-Funktionen für die verschiedenen Marktformen entwickelt und geht von einem linearen Verlauf der Preis-Absatz-Funktion bei monopolistischer Konkurrenz, von einem parallel zur Abszisse gehenden Verlauf bei vollständiger Konkurrenz und von einem dem im Monopol grundsätzlich ähnelnden Verlauf bei oligopolistischer Konkurrenz aus. Im Falle des Oligopols hängt der genaue Verlauf der Kurve auf vollkommenen Märkten von den Absatzmengen der Mitbewerber, auf unvollkommenen Märkten von den Absatzpreisen der Mitbewerber ab:

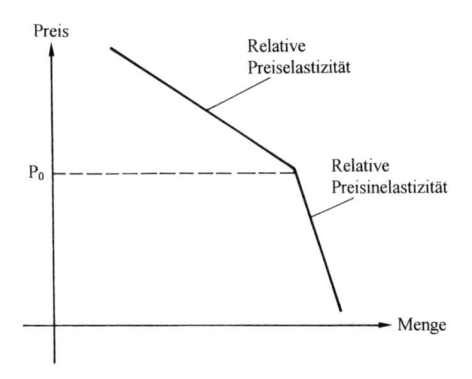

Preis-Absatz-Funktion bei oligopolistischer Konkurrenz

omission: Auslassung *f*, Unterlassung *f*, Versäumnis *n*
omit: auslassen, unterlassen, verabsäumen, versäumen, weglassen
on account: Kauf *m* oder Verkauf *m* auf Ziel *n*
on account of: a conto
on account of debts *pl*: schuldenhalber
on approval: zur Ansicht *f*, zur Billigung *f*, ohne Kaufzwang *m*, auf Probe *f*
on average: durchschnittlich
on behalf of: im Auftrag *m* von
on charge: Gemeinkostenzuschlag *m*
on condition: unter der Bedingung *f*
on condition that: vorbehaltlich
on consignment: in Kommission *f*
on current account: auf offene Rechnung *f*
on demand: auf Verlangen *n*
on hand: vorhanden, vorrätig
on inspection: auf Besichtigung
on lease: mietweise, pachtweise
on-line: mitlaufend *(EDV)*
on-line operation: in abhängiger Operation *f (EDV)*
on maturity: bei Fälligkeit *f*, beri Eintritt *m* des Versicherungsfalles *m*, bei Verfall *m*
on request: auf Verlangen *n*
on schedule: planmäßig
on sick leave: beurlaubt, wegen Krankheit *f*
on sight: bei Sicht *f*
on strike: ausständig, im Ausstand *m*, im Streik *m*

on the high seas: jenseits der Hoheitsgrenze *f*

on-the-job training: Ausbildung *f* am Arbeitsplatz *m*, innerbetriebliche Ausbildung *f* (am Arbeitsplatz), Schulung *f* am Arbeitsplatz *m*, On-the-job-Training *n*
Neben den vertikalen hierarchischen Aufstieg tritt heute in vielen Unternehmen in verstärktem Maße der horizontale Arbeitsplatzwechsel (Job-Rotation). Vor allem in großen, international operierenden Unternehmen gilt die Bewährung einer Führungs- oder Führungsnachwuchskraft in einer konkreten Position als Grundlage für weitere Entwicklungsmaßnahmen. So ist der beste Weg der Führungskräfteentwicklung die Akkumulation von Erfahrungen in verschiedenen Tätigkeiten durch Job-Rotation, verbunden mit einem begleitenden Managementtraining.

on the record: aktenkundig

on trial: auf Probe *f*, zur Probe *f*

oncost: laufende Ausgaben *f/pl*, Unkosten *pl*

one best way: optimale Methode *f*

one-address instruction: Einadreßbefehl *m (EDV)*

one-alternative preference: Ein-Alternativen-Präferenz *f*
Empirische Untersuchungen des Entscheidungsverhaltens von Managern haben ergeben, daß viele Manager eine eindeutige „Ein-Alternativen-Präferenz" haben: Sie halten an der zuerst und unmittelbar vorgebrachten Entscheidungsalternative, die ihnen präsentiert wird, fest und mißbrauchen alle weiteren Aktivitäten dazu, lediglich diese Alternative zu stützen.

one-and-for-all expenditure: Einmalaufwand *m*

one-family home: Einfamilienhaus *n*

one for one: eins zu eins

one-line system: Ein-Linien-System *n*
Ein System der Managementkontrolle, das nach dem Prinzip der Einheit der Auftragserteilung konstruiert ist, wonach ein Mitarbeiter nur *einen* direkt weisungsbefugten Vorgesetzten haben soll („one man, one boss"), d.h. eine hierarchisch niedrige Stelle ist nur durch eine Linie mit jeweils einer hierarchisch höheren Stelle verbunden. Dies gilt nicht umgekehrt, eine Instanz ist gewöhnlich mehreren untergeordneten Stellen gegenüber weisungsbefugt.
Die in einer Hierarchie von oben nach unten laufenden Linien werden als Befehlslinien bezeichnet (Instanzenweg), und die von unten nach oben laufenden Linien sind für Meldungen, Mitteilungen oder Beschwerden vorgesehen (Dienstweg).
Da nach dem klassischen Prinzip der Einheit der Auftragserteilung jeder Untergebene nur einen einzigen Vorgesetzten, ein Vorgesetzter jedoch mehrere Untergebene hat, können Konflikte kaum auftreten. Wenn sie dennoch auftreten, wird das

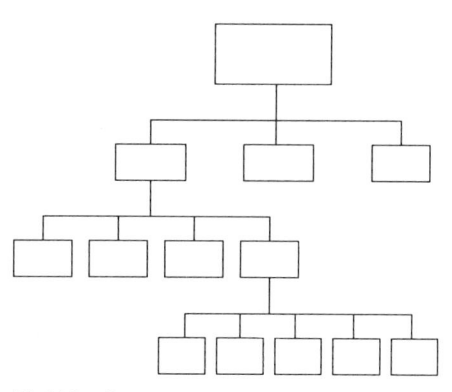

Ein-Linien-System

Problem innerhalb der Management-Pyramide bis zu der hierarchischen Ebene weitergereicht, auf der sich der gemeinsame Vorgesetzte der betroffenen Parteien befindet.
Diesem Strukturtyp steht als Gegentyp das Mehr-Linien-System gegenüber, das auf dem Prinzip der Spezialisierung aufbaut und die Führungsaufgabe auf mehrere spezialisierte Instanzen mit der Folge verteilt, daß eine Stelle mehreren weisungsbefugten Instanzen untersteht, d.h. ein Mitarbeiter berichtet mehreren Vorgesetzten.

one-line shop: Fachgeschäft *n*, Spezialgeschäft *n*

one-man business: Einzelunternehmen *n*

one-man car differential: Zulage *f* für Einmannbetrieb *m* (Verkehrsbetrieb)

one-man, one boss principle: Einheit *f* der Auftragserteilung
Ein klassisches Managementprinzip, demzufolge jeder Untergebene nur *einen* einzigen direkt weisungsbefugten Vorgesetzten hat („one man, one boss"), ein Vorgesetzter jedoch mehrere Untergebene hat. Bei diesem Prinzip und dem aus ihm resultierenden Ein-Linien-System können Konflikte – zumindest nach Ansicht seiner Befürworter – kaum auftreten. Sollten sie dennoch auftreten, so wird das Problem innerhalb der Management-Pyramide bis zu der hierarchischen Ebene weitergereicht, auf der sich der gemeinsame Vorgesetzte der betroffenen Parteien befindet. Dieser muß *per definitionem* über so viel Autorität und überlegenes Wissen verfügen, daß er den Konflikt löst.

one-of-a-kind job: nur einmal im Betrieb *m* vorhandene Tätigkeit *f*

one-off expenditure: Einmalaufwand *m*

one-off production: Einzelfertigung *f*

one-page spread: einseitige Anzeige *f*

one-person household: Einzelhaushalt *m*, Ein-Personen-Haushalt *m*
Ein privater Haushalt, der aus einer einzelnen Person besteht.

one-price policy: Einheitspreispolitik *f*

one-product company: Ein-Produkt-Unternehmen *n*
Ein Wirtschaftsunternehmen, das nur ein einziges Gut oder eine einzige Dienstleistung auf dem Markt anbietet. Ein-Produkt-Unternehmen kommen in der wirtschaftlichen Wirklichkeit nur selten vor, werden jedoch aus Gründen der Vereinfachung vielen Denkmodellen der Volkswirtschaftslehre zugrundegelegt.

one-sided: einseitig
onerous: drückend, lästig
onerous clause: lästige Bedingung *f*
onerous one-shot cost: Kosten *pl*, die auf einmal in voller Höhe *f* fällig werden
onerous tax: drückende Steuer *f*
onus probandi: Beweislast *f*
open account: laufendes Konto *n*, ungedecktes Konto *n*
open account credit: Kredit *m*, laufender Buchkredit *m*, laufender Kredit *m*
open account deposits *pl*: Einlagen *f/pl* auf Kontokorrentkonten *n/pl*
open an account: ein Konto *n* eröffnen
open-and-shut: klar auf der Hand
open check: Barscheck *m*, Scheck *m* zur Barauszahlung
open credit: Blankokredit *m*, ungesicherte Forderung *f* oder Verbindlichkeit *f*
open-door policy: Politik *f* der offenen Tür *f*
open-end mutual fund: Investmentgesellschaft *f* mit variabler Anzahl *f* von Anteilen *m/pl*
open gap: ungedeckte Lücke *f*
Im Rahmen der sogenannten Lückenanalyse wird die langfristige Entwicklung von Zielgrößen wie Umsatz, Gewinn etc. in einer Unternehmung auf der Grundlage des gegenwärtigen Produktprogramms der langfristigen Zielplanung für das Unternehmen gegenübergestellt. Weichen beide Entwicklungen voneinander ab, so spricht man von der strategischen Lücke.
Dabei läßt sich die Aussage dadurch differenzieren, daß zusätzlich dargestellt wird, wie sich die Zielgröße unter Berücksichtigung laufender Produktverbesserungen entwickelt. Man unterscheidet dann die gedeckte und die ungedeckte Lücke.

open item: offenstehender Betrag *m*
open-item file: Offene-Posten-Kartei *f* *(EDV)*
open-items statement: Offene-Posten-Auszug *m*
open market: freier Markt *m*, offener Markt *m*
open market policy: Offenmarktpolitik *f*
Nach einer Formulierung von Erich Schneider ist die Offenmarktpolitik der „Inbegriff aller Maßnahmen, die auf eine Veränderung der primären Aktiva abzielen". Die Notenbank kauft und verkauft Gold, Valuten und festverzinsliche Wertpapiere. Die Offenmarktpolitik ist beschränkt auf kurzfristige, mittelfristige und langfristige festverzinsliche Wertpapiere. Die Liquidität der Geschäftsbanken wird über den Preis und die Menge beeinflußt. Kauft die Notenbank Wertpapiere, dann bedeutet das zusätzliche Liquidität für die Geschäftsbanken; verkauft sie Wertpapiere, dann verknappt sie damit die Liquidität. Nach § 21 des Gesetzes über die Deutsche Bundesbank kann die Notenbank rediskontfähige Handelswechsel, kurzfristige Schatzwechsel, mittelfristige Schatzanweisungen, Schuldverschreibungen und Schuldbuchforderungen der öffentlichen Hand für die Offenmarktpolitik einsetzen.
Als Nachfrager und Anbieter von festverzinslichen Wertpapieren übt die Zentralbank nicht nur einen Einfluß auf die Barreserven der Kreditinstitute aus, sie beeinflußt damit gleichzeitig die Höhe des Kurses bzw. den effektiven Zinssatz dieser Papiere (Zinseffekt der Offenmarktpolitik). In der Bundesrepublik allerdings setzt die Bundesbank die An- und Verkaufsätze der Geldmarktpapiere autonom fest. Die Offenmarktpolitik gilt als das liberalste Instrument der Notenbankpolitik. Sie ist äußerst flexibel und in der Lage, in einer die Ertragssituation der Kreditinstitute weitgehend schonenden Weise Liquidität auch in großem Umfang zu neutralisieren.

open-mindedness: Aufgeschlossenheit *f*
open oligopoly: offenes Oligopol *n*
Ein Oligopol, zu dem der Marktzutritt offen ist. Je nach Marktzutritt oder Marktsperre unterscheidet man zwischen offenen oder geschlossenen Oligopolen.

open order: widerruflicher Auftrag *m*
open-pit mine: Tagebau *m*
open-pit mining: Tagebau *m*
open policy (O.P.): offene Police *f*
open price: nicht festgelegter Preis *m*, freier Preis *m*
open shop: Betrieb *m*, der sowohl Gewerkschaftsmitglieder *n/pl* wie Nichtmitglieder *n/pl* beschäftigt
open subroutine: unselbständiges Unterprogramm *n (EDV)*
open system: offenes System *n*
Ein System wie z.B. eine Organisation, in das jederzeit neue Teilnehmer eintreten und aus dem alte Teilnehmer jederzeit ausscheiden können.

open up: eröffnen (ein Geschäft)
opening: Arbeitsplatz *m*, freier Eröffnung *f*, Öffnung *f*, freie Stelle *f*
opening balance: Anfangsbestand *m*, Eröffnungssaldo *m*
opening balance sheet: Eröffnungsbilanz *f*
opening entry: Eröffnungsbuchung *f*
opening inventory: Warenanfangsbestand *m*
opening of an account: Konteneröffnung *f*

opening of bankruptcy: Konkurseröffnung f
opening of bankruptcy proceedings: Konkurseröffnung f
opening of credit: Akkreditiveröffnung f
opening of documentary credit: Akkreditivgestellung f
opening price: Anfangskurs m, Eröffnungspreis m
opening-up of markets: Markterschließung f
operand: Operand m (EDV)
operand pari: Operandenteil m (EDV)
operate: betreiben, handhaben, operieren, wirken
operate on: einwirken auf
operating: in Betrieb m
operating budget: Budget n der betrieblichen Aufwendungen f/pl und Erträge m/pl
operating characteristic (OC): Operationscharakteristik f, OC-Kurve f
Eine Operationscharakteristik ist in der Entscheidungsstatistik eine Funktion, durch die jedem wahren, unbekannten Wert eines zu prüfenden Parameters die Wahrscheinlichkeit für die Nichtablehnung der Nullhypothese zugeordnet wird, wobei Nullhypothese, Signifikanzniveau und Stichprobenumfang als konstant vorausgesetzt werden. Für jeden Wert des Parameters addieren sich Operationscharakteristik und Trennschärfefunktion auf 1, so daß die OC-Kurve zeigt, wie ein Test- oder Entscheidungsverfahren funktioniert unabhängig davon, ob es richtig oder falsch ist.
In der Operationscharakteristik wird bei Verfahren der statistischen Qualitätskontrolle das Risiko eines Abnehmers, daß ein Los durch einen Auswahlplan angenommen wird, obwohl es den Anforderungen nicht entspricht, als das Konsumentenrisiko bezeichnet. In der statistischen Hypothesenprüfung ist das Konsumentenrisiko nichts anderes als die Wahrscheinlichkeit der Zurückweisung einer unrichtigen Hypothese, Fehler 2. Art, in der Operationscharakteristik also der unterhalb der OC-Kurve gelegene Bereich. Umgekehrt ist das Produzentenrisiko das Risiko des Herstellers, daß ein Los durch einen Auswahlplan zurückgewiesen wird, obwohl es den Anforderungen entspricht. In der statistischen Hypothesenprüfung ist das Produzentenrisiko also nichts anderes als die Wahrscheinlichkeit der Zurückweisung einer zutreffenden Hypothese, Fehler 1. Art, in der Operationscharakteristik also der oberhalb der OC-Kurve gelegene Bereich.
operating code: Befehlscode m (EDV)
operating committee: geschäftsführender Ausschuß m
operating company: aktiver Betrieb m
operating condition: betriebsfähiger Zustand m

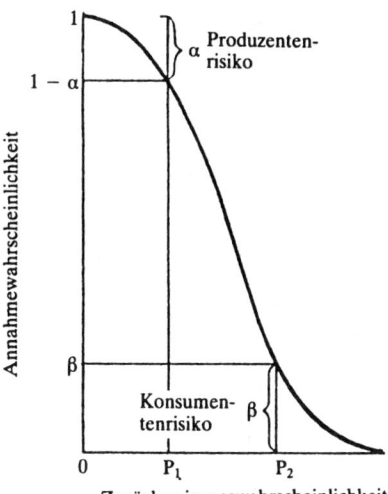

operating conditions pl: Betriebsverhältnisse pl n, Betriebszustand m
operating cost: Bereitschaftskosten pl, Betriebskosten pl
Die Gesamtheit der betriebsüblichen Aufwendungen im Gegensatz zu den betriebsfremden Aufwendungen.
operating cycle: Betriebskreislauf m (Geld, Vorräte, Forderungen, Geld)
operating department: Fertigungsabteilung f, Hauptkostenstelle f
operating division: Fertigungszweigwerk n
operating efficiency: betriebliche Leistungsfähigkeit f, Wirtschaftlichkeit f
operating efficiency statistics: Betriebsleistungsstatistik f
operating expense(s) (pl): betrieblicher Aufwand m, Betriebsaufwand m, Betriebskosten pl
Die Gesamtheit der betriebsüblichen Aufwendungen im Gegensatz zu den betriebsfremden Aufwendungen.
operating feature: Arbeitselement n (an der Maschine) (EDV), Arbeitsfunktion f, Operatingseigenschaft f einer Maschine f (EDV)
operating income: Betriebsergebnis n, Betriebsgewinn m, Unternehmensgewinn m
operating instructions pl: Betriebsanleitung f, Betriebsanweisung f, Gebrauchsanweisung f
operating loss: Betriebsverlust m
operating method: Arbeitsmethode f
operating on a profit basis: erwerbswirtschaftlich
operating plan: Produktionsplan m

operating proceeds *pl*: Erlöse *m/pl* aus der Tätigkeit *f* des Betriebs *m*
operating profit: Betriebsergebnis *n*, Betriebsgewinn *m*
operating ratio: Betriebskoeffizient *m*, Verhältnis *n* der Positionen *f/pl* in der Gewinn- und Verlustrechnung *f* zum Netto-Verkaufserlös *m*
operating report: Betriebsbericht *m*
operating results *pl*: Betriebsergebnis *n*
operating revenues *pl*: Erlöse *m/pl* aus der Tätigkeit *f* des Betriebs *m*
operating speed: Arbeitsgeschwindigkeit *f*
operating statement: Betriebsergebnisrechnung *f*
operating supplies *pl*: Betriebsstoffe *m/pl*
operating system: Betriebssystem *n (EDV)*
operating unit: Betriebseinheit *f*, Fertigungszweigwerk *n*
operating volume: Beschäftigungsgrad *m*, Kapazitätsausnutzung *f*
operating yield: Bruttogewinn(satz) *m*
operation: Arbeitsgang *m*, Arbeits- oder Maschinenoperation *f*, Rechtswirksamkeit *f*, Tätigkeit *f*, Wirksamkeit *f*, Wirkung *f*
operation analysis: Arbeitsstudie *f*
operation card: Arbeitskarte *f*, Laufkarte *f*
operation code: Operationsschlüssel *m (EDV)*
operation element: Arbeitselement *n*
operation flow chart: Arbeitsflußdiagramm *n*
operation instruction card: Arbeitsanweisung(skarte *f*) *f*, Befehlskarte *f (EDV)*
operation number: Arbeitsgangnummer *f*
operation pari: Operationsteil *m (EDV)*
operation record: Arbeitsfolgenplan *m (EDV)*
operation sign: Rechenvorzeichen *n (EDV)*
operation time: Laufzeit *f*, Nutzzeit *f*
operational auditing: Prüfung *f* betrieblicher Arbeitsabläufe *m/pl*
operational secret: Betriebsgeheimnis *n*
operational: einsatzbereit
operations *pl*: Betriebstätigkeit *f*
operations breakdown: Tätigkeitsbeschreibung *f*
operations engineering: ingenieurmäßige Kontrolle *f* und Manipulation *f* der Fertigung *f*, Planungstechnik *f*
operations research (OR): Operations Research (OR) *n*, Optimalplanung *f*, Planungsforschung *f*, Unternehmensforschung *f*, Verfahrensforschung *f*
Die sich mathematischer Methoden bedienende Entwicklung formaler und quantitativer Entscheidungsmodelle für die Unternehmensführung, mit deren Hilfe die im Hinblick auf eine bestimmte Zielsetzung jeweils optimale Entscheidung gefunden werden kann.
operations scheduling: Arbeitsvorbereitung *f*
operative: einsatzfähig, wirksam, Mitarbeiter *m* eines Detektivbüros *n*
operative budget: operatives Budget *n*
Die Unterscheidung zwischen strategischen und operativen Budgets nimmt primär eine sachliche Konkretisierung vor. Dabei findet die operative Budgetierung ihren Bezugspunkt in der Ressourcenallokation für das bestehende Produkt-Markt-Konzept (Leistungsprogramm). Demgegenüber ist im Rahmen der strategischen Budgetierung die Zuteilung der Ressourcen darauf gerichtet, strategische Ziele zu erreichen.
Im Unterschied zu den strategischen haben es die operativen Budgets mit allen denjenigen Maßnahmen und Ressourcenbindungen zu tun, die aufgrund der operativen Planung erforderlich werden. Genauer lassen sich hier die Budgets kennzeichnen, die für die betrieblichen Funktionsbereiche alle geplanten Maßnahmen wert-(und mengen-)mäßig erfassen. Darüber hinaus gibt es Projektbudgets für Sonderaufgaben.
Im Rahmen der operativen Budgetierung wird die Anzahl der Teilbudgets stark durch die unternehmensspezifische Organisationsstruktur geprägt, weil mit den Organisationsbereichen Entscheidungskompetenzen und Verantwortungen verbunden und diese dann auch in ihren ressourcenmäßigen Konsequenzen durch Budgets festgemacht werden sollen.

operative control: operative Kontrolle *f*
Im Gegensatz zur strategischen Kontrolle liegt der Schwerpunkt der operativen Kontrolle auf der Durchführungskontrolle in Form der Ergebniskontrolle und Planfortschrittskontrolle.
Somit knüpft die operative Kontrolle an die im Rahmen der Planung eruierten – ggf. durch die Budgetierung konkretisierten – Kontrollstandards an, registriert die erreichten Ergebnisse und vergleicht diese mit den Plandaten. Die operative Kontrolle stellt im stärkeren Maße, als dies bei der strategischen Kontrolle der Fall ist, ein nachgeordnetes, an die fertige Planung angeschlossenes Prüfungsverfahren dar.
Nach der Zwecksetzung prüft die operative Kontrolle auf der Basis einer gegebenen Strategie, ob die in der Planung festgelegten Maßnahmen geeignet waren, die angestrebten Unternehmensziele zu erreichen. Während die operative Kontrolle also der Zielerreichung und damit der Effizienzförderung dient, stellt die strategische Kontrolle auf die Zielvalidierung und damit die Förderung der Effektivität ab.
Auf der inhaltlichen Ebene zielt die operative Kontrolle mithin auf die Identifikation von Abweichungen bei der Planrealisierung ab, während die stra-

operative control

tegische Kontrolle auf die Identifikation von Strategiebedrohungen gerichtet ist. Die materielle Ausdifferenzierung der operativen Kontrolle wird damit entscheidend durch die operative Planung vorgeprägt.

Die operative Kontrolle kann auf verschiedenen Ebenen anfallen; auf Projektebene, auf Funktionsbereichs-, auf Geschäftsbereichs- und/oder auf Unternehmensebene. So ist etwa die Return-on-Investment-Kontrolle typischerweise eine operative Kontrolle auf Unternehmensebene.

Die operative Kontrolle setzt sowohl im Sinne der Feedback-Kontrolle am Abschluß des Planungs- und Realisierungszyklusses wie als Begleitkontrolle an, um der Gefahr verspäteter Rückkoppelungsinformationen zu entgehen. Letzteres bedeutet, daß man die Kontrollzeitpunkte in die Realisationsphase vorverlagert und projektiv den Endpunkt der Realisation antizipiert, feed forward.

Weiterhin erfolgt die Überwachung im Rahmen der operativen Kontrolle typischerweise periodisch, und die Informationsprozesse, d.h. insbesondere die Informationsgewinnungs- und Informationsverarbeitungsprozesse, sind stark formalisiert.

Der als Ergebniskontrolle konzipierte Prozeß der operativen Kontrolle wird üblicherweise als kybernetisches Regelkreismodell mit folgenden Phasen dargestellt:

1. *Bestimmung des Soll*: Jeder Vergleich setzt die Existenz von Vergleichsmaßstäben voraus. Durch die Bestimmung der Sollgrößen wird festgelegt, welche Zustände bestimmte Outputgrößen durch das Tun (oder Unterlassen) der Organisationsmitglieder annehmen sollen. Somit bilden die Sollgrößen die Maßstäbe, an welchen die erreichten Zustände (Ist), also z.B. die Leistung sowie das Verhalten der Mitarbeiter, gemessen werden müssen. Die Sollwerte können ihrer Maßstabsfunktion zum Zeitpunkt der Kontrolle um so eher gerecht werden, je mehr sie in eindeutig meßbare Größen transformierbar sind. Problematischer sind dagegen Sollgrößen qualitativer Natur, etwa zur Beurteilung des Erfolgs von Aus- und Weiterbildungsmaßnahmen, da hier subjektive Interpretationsspielräume die Objektivität der Kontrolle einschränken.

2. *Ermittlung des Ist*: Bei der Ermittlung des Ist muß darauf geachtet werden, daß Soll und Ist auch wirklich vergleichbar sind, d.h. sie müssen in sachlicher und zeitlicher Hinsicht kongruent sein. Zur Sicherung dieser Kongruenz ist eine eindeutige Definition der Vergleichsgrößen und die genaue Abstimmung zwischen Planungs- und Kontrollzeitraum erforderlich. Die sachliche Kongruenz wäre z.B. nicht gewahrt, wenn bei der Ermittlung des Ist-Umsatzes „Retouren" anders behandelt würden als bei der Planung. Werden dagegen Umsätze, die im Mai realisiert werden, erst im Juni abgerechnet, so ist die zeitliche Kongruenz verletzt worden.

3. *Soll/Ist-Vergleich und Abweichungsermittlung*: Der Soll/Ist-Vergleich dient der Feststellung der Übereinstimmung oder Nichtübereinstimmung (Abweichung) von Soll und Ist. Bei eindeutig quantifizierbaren, kongruenten Vergleichsgrößen ist die Feststellung der Übereinstimmung oder Nichtübereinstimmung unproblematisch. Dagegen können bei Vergleichsgrößen mit qualitativem Charakter leicht Interpretationsprobleme auftreten. Im Interesse künftiger Planungen muß der Kontrolle positiver Abweichungen (Soll übererfüllt) und negativer Abweichungen (Soll nicht erfüllt) die gleiche Aufmerksamkeit gewidmet werden. Es ist durchaus denkbar, daß eine Übererfüllung des Solls in einem Teilbereich im Interesse des Ganzen unerwünscht ist. So mag es etwa sein, daß ein Unternehmen z.B. durch eine wesentliche Überschreitung des Produktionssolls ohne entsprechende Umsätze in Zahlungsschwierigkeiten gerät.

4. *Abweichungsanalyse*: Im Rahmen der Abweichungsanalyse soll versucht werden, die Ursachen festgestellter Abweichungen zu ermitteln. Unter der Voraussetzung, daß die Ermittlung des Ist und der Abweichungen fehlerfrei vorgenommen wurde, lassen sich Abweichungen meist zurückführen auf:

- *Planungsfehler*: Die Nichtberücksichtigung bekannter Einflußgrößen, eine falsche Gewichtung von Faktoren.

- *Störgrößen*: unvorhersehbare, die Grundlage der Planung verändernde Ereignisse.

- *Fehlleistungen*: Mehr- oder Minderleistungen, Fehlentscheidungen und Fehlverhalten.

Da die Analyse der Abweichungen Zeit und Geld kostet, ist es aus wirtschaftlichen Gründen oft zweckmäßig, einen Selektionsfilter einzusetzen. Er bewirkt, daß nur solche Abweichungen analysiert werden, die ein zuvor festgelegtes „kritisches Abweichungsmaß" überschreiten.

Die Bestimmung eines solchen Abweichungsmaßes setzt allerdings Vorkenntnisse der Ergebnisse voraus, die eigentlich durch die Abweichungsanalyse erst erbracht werden sollen. Sie erfordert jedenfalls eine gute Situationskenntnis und ein weitgehend antizipierbares Wirkungsfeld. In welcher Höhe die kritische Schwelle zu bemessen ist, muß von Fall zu Fall und in Abhängigkeit von der Bedeutung der Vergleichsobjekte im Hinblick auf die Gesamtunternehmung entschieden werden. Sie hängt auch vom Grad der Ungewißheit bei der Fixierung der Sollwerte und von den an die Kontrollinformationen gestellten Ansprüchen ab.

5. *Berichterstattung*: Damit die Kontrolle ihren Zweck erfüllen kann, muß jeder Mitarbeiter diejenigen Kontrollergebnisse kennen, die für seinen Zuständigkeitsbereich von Bedeutung sind. Es ergibt sich also immer dann die Notwendigkeit zur Berichterstattung, wenn Kontrollergebnisse, die an einer Stelle anfallen, für Entscheidungen relevant sind, die an anderer Stelle getroffen werden müssen. Somit ist es erforderlich, Kontrollergebnisse sowohl in vertikaler wie in horizontaler Richtung weiterzuleiten.

operative data basis: operative Datenbasis *f*
Die betrieblichen Primärdatenbestände eines Management-Informations-Systems (MIS), die kein integraler Bestandteil des Systems sind, sondern eine Art Hilfsfunktion für dessen Benutzung darstellen. Sie sind die Grundlage für den Aufbau der Führungsgrößendatenbank, für gezielte Direktabfragen von Einzelinformationen und für das Signalsystem.

operative management: operatives Management *n*
Die Managementebene der Abteilungs- oder Funktionsgruppenleitung, deren Aufgabe es ist, Pläne durch die unmittelbare Beeinflussung der Verrichtungsträger zu realisieren. Das operative Management leitet seine Aufgabenstellung und Zielsetzung aus der Verantwortung für die zeitlich und sachlich richtige Ausführung der Teilpläne (Verrichtungsverantwortung) ab.

operative planning: operative Planung *f*, operative Unternehmensplanung *f*
Die kurzfristige, ablauforientierte Aktionsplanung. In einem umfassenden Planungssystem vollzieht sich die Unternehmensplanung in drei Stufen: Strategische, taktische und operative Planung. Die strategische Planung befaßt sich mit den langfristigen Entwicklungszielen der Unternehmung, und die taktische Planung dient der Konkretisierung der strategischen Planung durch längerfristige Bedarfs- und Beschaffungsplanung.
Strategische und operative Planung unterscheiden sich nach zeitlichem Planungshorizont, Detaillierungsgrad, Häufigkeit und den Planungsorganen, vor allem aber auch nach dem Planungsansatz und der Fragestellung. Aus der strategischen Planung leiten sich die Ziele für die operative Planung ab.
Strategische Planung bedarf der Ergänzung durch einen operativen Plan ebensosehr wie operative Planung in eine strategische Planung oder zumindest in strategische Überlegungen eingebettet sein sollte.
(1) Man unterscheidet zwischen *Standard- und Projektplanung*. Unterscheidungskriterium ist die Frage, ob eine gegenwärtig verfolgte Strategie beibehalten werden soll oder – zur Sicherung des Erfolgspotentials – mehr oder weniger langfristige Änderungen des Produkt-Markt-Konzepts beabsichtigt werden. Soweit letzteres der Fall ist, müssen rechtzeitig Aktivitäten in Gang gesetzt werden, mit deren Hilfe strategische Umsteuerungen vollzogen werden können.
Alle Aktivitäten zur Umsteuerung der laufenden Strategie werden im operativen System in Form von (strategischen) Projektplänen aufgenommen und bis zur Handlungsreife konkretisiert. Als strategische Projekte werden darüber hinaus solche Vorhaben bezeichnet, die zwar der Realisierung der gewählten Strategie dienen, denen aber ex ante eine für diese Realisierung bedeutsame Rolle zuerkannt wird. Zu berücksichtigen ist ferner, daß es neben strategischen auch operative Projekte gibt, die nicht unmittelbar der Umsteuerung der gegebenen Strategie dienen, sondern die die Voraussetzungen für die Realisierung der laufenden Strategie verbessern sollen oder kurzfristig gebotene Maßnahmen zur Existenzsicherung des Unternehmens betreffen.
Alle anderen Pläne, die der Verwirklichung der laufenden Strategie (des gegebenen Produkt-Markt-Konzepts) und der Aufrechterhaltung der Systemfunktionen gewidmet sind, gehören zur operativen Standardplanung. Sie beziehen sich vor allem auf die Planung des Realgüterprozesses (des Produktprogramms und seiner Konsequenzen für die betrieblichen Funktionsbereiche) und andererseits des Wertumlaufprozesses (der monetären Konsequenzen der Handlungsprogramme im Realgüterprozeß).
(2) Eine andere Unterscheidung ist die zwischen *funktionsbezogener* und *faktorbezogener Planung*. Letztere registriert über die betrieblichen Funktionsbereiche hinweg die Faktorverbräuche für Programme und Projekte nach Faktorarten, erstere konzentriert sich auf die betrieblichen Funktionsbereiche und registriert die aus dem kurzfristigen Produktionsprogramm resultierenden funktionsspezifischen Faktoranforderungen und Leistungen.
(3) Der Anknüpfungspunkt der operativen (Standard-)Planung ist das Produkt-Markt-Konzept der laufenden Strategie in dem durch die strategische Maßnahmenplanung vorgegebenen Konkretisierungsgrad. Die operative Programmplanung hat in Verwirklichung ihrer Vollzugsfunktion die Aufgabe, die effiziente Realisierung dieses Produkt-Markt-Konzepts denkerisch vorzubereiten; dabei muß sie gleichzeitig die kurzfristigen Rentabilitäts- und Liquiditätsanforderungen und andere Aspekte der aktuellen Funktionssicherung als Restriktionen der Strategierealisierung ausreichend zur Geltung bringen.
(4) Im Übergang von der strategischen zur operativen Planung kehrt sich das Ziel planerischen Denkens also gleichsam um. Es geht nun um die Umsetzung des strategischen Produkt-Markt-Konzepts in ein optimales Handlungsprogramm. Es ist dafür erforderlich, weitere eigenständige Aufwands- und Ertragskalkulationen anzustellen, um herauszufinden, welche in den vorgegebenen strategischen Geschäftsfeldern angelegten Umsatzmöglichkeiten tatsächlich unter dem Aspekt der Effizienz und unter Berücksichtigung der bestehenden aktuellen Handlungsrestriktionen genutzt werden sollen. Zu diesen Restriktionen gehören neben den vorgegebenen strategischen Geschäftsfeldern und den durch die strategische Maßnahmenplanung fixierten strategischen Erfolgsfaktoren eine Vielzahl von kurzfristig unbeeinflußbaren Tatbeständen der internen und externen Umwelt der Unternehmung.

operative project: operatives Projekt *n*
In der operativen Planung ein Projekt, das nicht

unmittelbar der Umsteuerung der gegebenen Strategie dient, sondern die Voraussetzungen für die Realisierung der laufenden Strategie verbessern soll oder kurzfristig gebotene Maßnahmen zur Existenzsicherung des Unternehmens betrifft.
In der operativen Planung wird meist zwischen Standard- und Projektplanung unterschieden. Unterscheidungskriterium ist die Frage, ob eine gegenwärtig verfolgte Strategie beibehalten werden soll oder mehr oder weniger langfristige Änderungen des Produkt-Markt-Konzepts beabsichtigt werden.
Alle Aktivitäten, die darauf zielen, die laufende Strategie umzusteuern, werden im operativen System in Form von (strategischen) Projektplänen aufgenommen und bis zur Handlungsreife konkretisiert. Als *strategische Projekte* werden dabei Vorhaben bezeichnet, die zwar der Realisierung der gewählten Strategie dienen, denen aber ex ante eine für diese Realisierung bedeutsame Rolle zuerkannt wird.

operative standard planning: operative Standardplanung *f*

operator: Bedienungsperson *f* für eine Maschine *f*, Maschinenbediener *m*

ophelimity: Ophelimität *f*
Das Maximum an subjektiver Bedürfnisbefriedigung, das nach Vilfredo Paretos Wahlhandlungstheorie erreicht werden kann. Nach Pareto verhalten sich Konsumenten gegenüber bestimmten Mengenkombinationen indifferent: Alle diese Punkte liegen auf der Indifferenzkurve (Ophelimitätsindex). Die Menge des Gutes Nummer zwei, deren Abgang den Zugang einer Mengeneinheit des Gutes Nummer eins im Urteil des Haushalts gerade ausgleicht, wird als Grenzrate der Substitution bezeichnet.
Es wird davon ausgegangen, daß jeder Haushalt eine je nach der Struktur seines Bedarfs unterschiedliche Schar von Indifferenzkurven hat. Dabei wird jeweils durch die Grenzrate der Substitution angegeben, auf welche Menge eines Gutes verzichtet werden muß, um durch eine infinitesimale Erhöhung einer anderen Menge dasselbe Nutzenniveau zu behalten. Eine der Schwachstellen dieser und ähnlicher, auf der Grundannahme eines sich vollkommen rational verhaltenden homo oeconomicus basierenden Theorien ist die Unterstellung einer weitgehenden Substituierbarkeit von Gütern.

opinion: Ansicht *f*, Meinung *f*, Standpunkt *m*, Stellungnahme *f*

opponent: Antragsgegner *m*, Gegenpartei *f*, Gegenseite *f*, Gegner *m*

opportunity: Gelegenheit *f*

opportunity cost: Opportunitätskosten *pl*
Ein Spezialfall der (→) relevanten Kosten. Sie stellen den „entgehenden Nutzen dar, den man in der besten aller nicht realisierten Alternativen hätte erzielen können" (S. Hummel/W. Männel).

opportunity cost principle: Opportunitätskostenprinzip *n*
In der mathematischen Entscheidungstheorie ein Entscheidungsprinzip, wonach jemand eine Entscheidung (für A) einer anderen Entscheidung (für B) dann vorzieht, wenn der Verlust, der ihm aus Nicht-Entscheidung zugunsten von B entsteht, überkompensiert wird durch den Nutzen, den er durch die Entscheidung zugunsten von A zu erreichen glaubt.

oppose: sich widersetzen, widersprechen
opposing party: Gegenpartei *f*
opposition: Opposition *f*, Gegenpartei *f*
oppress: bedrücken, unterdrücken
oppression: Bedrückung *f*, Unterdrückung *f*, Zwang *m*
oppressive: hart, unbillig
oppressive tax burden: zu hohe Steuerlast *f*
oppressor: Unterdrücker *m*
opt: optieren
optical: optisch
optical character reader: Klarschriftleser *m (EDV)*
optical control: Sichtprüfung *f*
optical display unit: optische Anzeigeeinheit *f (EDV)*, optische Ausgabeeinheit *f (EDV)*
optical mark reader: Markierungsleser *m (EDV)*
optical reader: Klarschriftleser *m (EDV)*, optischer Leser *m (EDV)*
optical scanning: optische Abtastung *f (EDV)*
optimal inventory: Optimalbestand *m*
optimal method: optimale Methode *f*
optimal plant size: optimale Betriebsgröße *f*
optimal programming: optimale Programmierung *f (EDV)*
optimal size: optimale Betriebsgröße *f*, optimale Größe *f*
optimal standard cost: Plankosten *pl* auf Basis *f* der Optimalbeschäftigung *f*
optimal stock: Optimalbestand *m*, Optimalvorrat *m*
optimalization: Optimalisierung *f*, Optimalplanung *f*
optimization: Optimalisierung *f*, Optimalplanung *f*
optimization model: Optimierungsmodell *n*
Ganz allgemein sind Optimierungsmodelle Computerprogramme, mit deren Hilfe bei gegebenen Randbedingungen optimale Lösungen für ein je gegebenes Problem gesucht werden.
Mathematische Optimierungsmodelle lassen sich letztlich als Ausdifferenzierungen eines allgemei-

optimize

nen Problems begreifen, nämlich eine Zielfunktion unter Nebenbedingungen (Restriktionen) zu optimieren (zu maximieren oder zu minimieren), wobei die (Entscheidungs-)Variablen nur nicht-negative Werte annehmen dürfen. In formaler Schreibweise:

$f(x_i) = \Sigma c_j x_j$ opt! (max! oder min!) (1)
$g_i(X_1, \ldots, X_n) = 0$ (i = 1, ..., m) (2)
$x > 0$ (j = 1, ..., n) (3)

In der Grundstruktur besteht eine Ähnlichkeit dieses mathematischen Ansatzes mit dem allgemeinen ökonomischen Problem, i (i = 1,..., m) knappe Ressourcen so auf j (j = 1,..., n) verschiedene mögliche Verwendungsrichtungen zu verteilen, daß der Nutzen ein Maximum wird. Die Obergrenzen der Ressourcen und ihre Beanspruchung in jeder Verwendungsrichtung pro Einheit lassen sich durch die Nebenbedingungen (2) erfassen, die Nutzenmaximierung durch (1), und die Tatsache, daß ökonomische Probleme nur nicht-negative Lösungen haben können (negative Lösungen also sinnlos sind) durch (3).

optimize: zeitlich aufeinander abstimmen, optimalisieren

optimum: Optimum n, Bestwert m

option: Option f, Vorkaufsrecht n, Wahl f, Wahlrecht n, Belieben n

Die Grundkonfiguration der statistischen oder mathematischen Entscheidungstheorie ist eine Situation, in der zwei Personen jeweils eine Entscheidung treffen und in der diese beiden Entscheidungen zu einer bestimmten Konsequenz führen. In der Spieltheorie werden die Personen in einer solchen Situation Spieler (players) genannt, in der Entscheidungstheorie spricht man von Entscheidern (decision makers) oder Aktoren (actors). Manchmal wird die entscheidende Person als ein komplexes, vielfältige Interessen verkörperndes Gebilde verstanden, etwa als eine Nation oder eine Gesellschaft, meist jedoch als reales oder ideales Individuum. Die Personen werden oft mit P^A und P^B bezeichnet. P^A ist der Protagonist, P^B der Mitspieler (coplayer), Konkurrent (competitor) oder Opponent (opponent) von P^A.

Es seien $a_1, a_2, \ldots, a_m$ Alternativen für P^A und $b_1, b_2, \ldots, b_n$ die möglichen Handlungsalterungsalternativen für P^B. P^A kann eine – und nur eine – der m Möglichkeiten wählen und ebenso kann P^B eine und nur eine der n Möglichkeiten wählen, wobei jede der möglichen Entscheidungen mit der gleichen Leichtigkeit getroffen werden kann. Unterschiede der Anstrengung und Mühe bei der Entscheidung bzw. der Realisierung einer Entscheidung können als Aspekt der sich ergebenden Konsequenz in die Formalisierung der Situation miteinbezogen werden.

Man bezieht sich auf die a_i als potentielle Wahlen von P^A und bezeichnet sie als *Optionen* (options) oder Alternativen (alternatives). Spricht man von einer Entscheidung (decision) oder Wahl (choice) von P^A, so meint man das Ergebnis eines Wahlakts, d.h. eine spezielle gewählte a_i. Spricht man von möglichen, potentiellen oder verfügbaren Entscheidungen oder Wahlen, so bezieht man sich stets auf Optionen bzw. Alternativen.

option-business: Prämiengeschäft n

optional: beliebig, fakultativ, frei bleibend, wahlweise

optional feature: wahlweise lieferbare Zusatzeinrichtung f *(EDV)*

optional retirement: freiwillige Pensionierung f

optionee: durch Wahlrecht Begünstigter m

optionor: durch Wahlrecht Verpflichteter m

oral: mündlich

oral agreement: mündliche Vereinbarung f

oral communication: mündliche Kommunikation f

oral hearing: mündliche Verhandlung f

oral information: mündliche Information f

order: anordnen, Anordnung f, anweisen, Anweisung f, Auftrag m, beauftragen, Befehl m, befehlen, bestellen (in Auftrag geben), Bestellung f, bestimmen, Ordnung f, verfügen, Verfügung f, verordnen, Verordnung f

Die Erteilung eines Auftrags, gegen die es kein Vetorecht gibt, sondern höchstens den Versuch, Gegenargumente vorzutragen und so ändernd einzuwirken. Bleibt dies ohne Erfolg, dann ist im äußersten Fall nur noch die Beschwerde beim übernächsten Vorgesetzten mit Unterrichtung des direkten Vorgesetzten oder der Rücktritt möglich.
Das Stab-Linien-System unterscheidet zwischen Weisung und Auftrag. Das Recht zur Erteilung von Ausführungsaufträgen haben dort immer nur die direkten Vorgesetzten. Dadurch erhält jeder Auftrag den Charakter einer Weisung.
Bei lateraler Kooperation besteht die Möglichkeit der Auftragserteilung zwischen nebengeordneten Bereichen und Personen unabhängig vom Instanzenweg. Die Auftragserteilung ist eine extreme Kommunikationsform im Rahmen des Lateralverhältnisses. Damit besteht ein deutlicher Unterschied zwischen Auftrag und Weisung.
Das Recht zur Anweisung einzelner ist grundsätzlich den direkten Vorgesetzten vorbehalten. Es ist ein Bestandteil der Linienbeziehung.
Das Auftragsrecht ist nicht an die Stellung des Vorgesetzten gebunden und kann im Rahmen des Lateralverhältnisses zwischen den Funktionsbereichen auf direktem Wege unabhängig von der Stellung des Auftraggebenden und unabhängig vom Dienstweg vorgesehen und ausgeübt werden. Gegen den Auftrag besteht die Vetomöglichkeit, d.h. die Annahme des Auftrages kann bei triftiger Begründung abgelehnt werden (z.B. wegen fehlender Zuständigkeit, unklarem Auftrag, unzulässigen Auftragsbedingungen, nicht zu bewältigendem Auftragsumfang).
Inhalt, Umfang und Bedingungen des Auftrags sind demgemäß unter gegenseitiger Zustim-

mungsabhängigkeit zwischen den Partnern zu vereinbaren. Aufträge können auch von indirekt übergeordneten Vorgesetzten auf direktem Wege an mittelbar nachgeordnete Ausführungsstellen erteilt werden. Die dabei zunächst umgangenen Zwischenvorgesetzten müssen selbst regeln, wie weit die bearbeitenden Stellen solche Aufträge unmittelbar annehmen und bearbeiten dürfen, bzw. ob und in welchen Fällen diese die Zwischenvorgesetzten vor der Annahme oder während der Bearbeitung zu beteiligen haben (z.B. zur Regelung der terminlichen Einordnung oder zur Entscheidung über die Art der Bearbeitung oder zur Kontrolle des Bearbeitungsergebnisses) bzw. ob und in welcher Form sie nach der Bearbeitung zu unterrichten sind.

order backlog: Auftragsbestand *m*
order book: Auftragsbuch *n*, Bestellbuch *n*, Kommissionsbuch *n*
order clause: Orderklausel *f*
order copy: Bestellkopie *f*
order filling cost: Auftragszusammenstellungskosten *pl*
order form: Bestellformular *n*
order function: Ordnungsfunktion *f*
Ein von Heinrich Fromm vorgeschlagener Begriff, der die Funktionen der Linie und des Stabs sinnvoll ergänzt. Die Beschränkung des Stab-Linien-Systems auf Kommunikationsformen wie Information, Beratung und Weisung war eine Konsequenz der autoritären Führungsvorstellung, unter der das System entstand. Dem Stab-Linien-System lag die Absicht zugrunde, alle Entscheidungen, alle Weisungen, alle Einwirkungen, alle Koordination gegenüber den nachgeordneten Bereichen ausschließlich durch den einen alleinverantwortlichen höheren Vorgesetzten geschehen zu lassen. Den Stäben mußten deshalb unmittelbare Einwirkungsmöglichkeiten verwehrt bleiben.
Da heute jedoch weitere Kommunikationsformen wie Mitsprache, Konsultation, Kontrolle, Veto, Auftrag u.a. bekannt sind, hält Fromm es für sinnvoll, durch Einführung der Ordnungsfunktion für „das Zusammenwirken zwischen dem einwirkenden Nicht-Linien-Bereich und jeweiligen Partner ... Formen zu finden, bei denen die Grenzen der beiderseitigen Verantwortung klar bleiben und die weder aus einseitiger Weisung noch aus unverbindlicher Beratung bestehen dürfen". Dazu wird zwischen einer bisher als Stab bezeichneten Stelle, z.B. der Organisationsstelle, und allen anderen Bereichen, in denen Organisationsfragen zu lösen sind, für das Gebiet der Organisation eine gegenseitige Beteiligungs- und Mitwirkungspflicht und das gegenseitige Vetorecht festgelegt. Fromm: „Dann kann keine Stelle im Unternehmen mehr organisieren, ohne die Organisationsstelle zu beteiligen. Diese ist zur Mitwirkung verpflichtet. Zur fachlichen Einwirkung auf andere Bereiche steht ihr das Vetorecht zur Verfügung. Da es beide Partner besitzen, kann auch die Organisationsstelle nicht

order function

organisieren, ohne die Zustimmung der jeweils betroffenen Stelle.
Beide sind auf unmittelbare, gegenseitige Verständigung angewiesen. Beide sind in organisatorischen Fragen von der Zustimmung des anderen abhängig. Diese Verständigung ist zur Erzielung richtiger Lösungen deshalb sinnvoll und notwendig, weil beide Partner verschiedene Erfahrungen und Gesichtspunkte einbringen. Die eine Stelle bringt die generelle Organisationskenntnis und ein Konzept der Gesamtorganisation des Unternehmens, die andere die Kenntnis der besonderen Belange ihres speziellen Bereiches ein. Das Wissen beider Stellen muß in die Lösung einfließen und beider Belange müssen berücksichtigt und koordiniert werden, wenn die Lösung brauchbar sein soll. Beide Partner haben dabei die Aufgabe, einerseits ihre jeweils unterschiedlichen Belange zu vertreten und ihre unterschiedlichen Kenntnisse einzubringen und andererseits dem Partner soweit entgegenzukommen, wie es die eigenen Belange, Ziele und Grundsatzrichtlinien zulassen. Damit sind für beide ihre Grenzen bei dem Verständigungsprozeß gezogen. Die für eine brauchbare Lösung sachlich notwendige ergänzende Verständigung und Koordinierung ist so organisatorisch erzwungen. Ein höherer Vorgesetzter braucht nur in den seltenen Fällen eingeschaltet zu werden, in denen die unmittelbare Verständigung nicht gelingt.
Danach kann nun die Organisationsstelle durchaus für die Brauchbarkeit der Gesamtorganisation im Unternehmen verantwortlich gemacht werden. Denn es kann nirgends organisiert werden ohne ihre Mitwirkung und Zustimmung. Nur kann sie nicht allein verantwortlich sein, weil die jeweils Betroffenen ebenfalls mitwirken oder mindestens zustimmen müssen und damit mitverantwortlich sind. Umgekehrt bleibt die umfassende Verantwortung aller anderen Bereichsleiter für das gesamte Geschehen in ihrem jeweiligen Bereich bestehen, da auch in ihrem Bereich nicht gegen ihren Willen organisiert werden kann. Diese Stellen haben nunmehr mit Hilfe des Vetorechtes auch die Möglichkeit, die Einwirkungswünsche anderer stabsähnlicher Stellen auf ihren Bereich nach Maßgabe der speziellen Belange ihres Bereiches selbst zu koordinieren ohne Inanspruchnahme höherer Vorgesetzter. Entsprechend hat auch die Organisationsstelle die Möglichkeit gewonnen, das gesamte organisatorische Geschehen in allen Bereichen des Unternehmens unter ihrem Gesichtspunkt einer optimalen Gesamtorganisation unmittelbar zu beeinflussen und zu koordinieren, ebenfalls ohne Einschaltung höherer Vorgesetzter. Gleichzeitig vollzieht sich in der Organisationsstelle ein zwangsläufiger Erfahrungsaustausch unter allen Bereichen des Unternehmens auf dem Gebiet der Organisation."
Die Organisationsabteilung kann in organisatorischen Fragen auch ohne Weisungsrecht auf alle anderen Bereiche ausreichend und unmittelbar einwirken. Trotzdem ist sie nicht auf wirkungslose

Beratung beschränkt. Eine weitergehende Einwirkungsmöglichkeit, wie sie z.b. das funktionale Weisungsrecht bietet, wäre überdies für die Brauchbarkeit des Einwirkungsergebnisses nur schädlich.

In dem von Fromm skizzierten Modell bleiben Linienbereiche und Stabsstellen entsprechend ihrer ursprünglichen Definition und Aufgabenstellung erhalten. Er bezeichnet dabei die Linienbereiche als „Hauptfunktionen".

Stabsfunktionen haben nach wie vor anderen Bereichen gegenüber lediglich ein Informations- und Beratungsrecht sowie eine Unterrichtungs- und Beratungspflicht gegenüber ihrem unmittelbaren Vorgesetzten. Da der Stab auf andere Bereiche keine weitergehende Einwirkung ausübt, gelten für ihn weder Beteiligungspflicht noch Vetorecht.

Die Ordnungsfunktion nimmt interne Dienstleistungen gegenüber den anderen Bereichen des Unternehmens wahr. Sie ist dadurch charakterisiert, daß sie für erforderliche direkte Einwirkungen auf andere Bereiche weder auf unverbindliche Beratung beschränkt ist, noch fachliche Weisungsrechte besitzt, sondern sich auf Beteiligungspflicht und Vetorecht abstützt. Dafür verwendet man mitunter auch die Bezeichnung Querschnittsfunktion oder Dienstleistungsfunktion. Fromm: „Der Begriff Ordnungsfunktion ist der allgemeinere und bringt zum Ausdruck, daß diese Funktionsart auf ihrem jeweiligen Fachgebiet die Aufgabe hat, auf alle anderen Bereiche, in denen dieses Fachgebiet auftritt, nach einheitlichen Gesichtspunkten unmittelbar fachlich ordnend einzuwirken.

Die Ordnungsfunktionen wirken also auf ihren Fachgebieten quer in alle Bereiche hinein, in denen ihr Fachgebiet eine Rolle spielt. Sie wirken sowohl in die Hauptfunktionen wie in die anderen Ordnungsfunktionen, wie in die Stabsfunktionen hinein. Sie sind für diese Einwirkung mit dem Vetorecht auf Gegenseitigkeit ausgestattet. Für die anderen Bereiche besteht gegenüber der Ordnungsfunktion in Fragen des Fachgebietes der Ordnungsfunktion Beteiligungspflicht, für die Ordnungsfunktion Mitwirkungspflicht. Umgekehrt besteht auch für die Ordnungsfunktionen Beteiligungspflicht gegenüber den Bereichen, in die sie hineinwirken, und für diese Mitwirkungspflicht.

Durch Beteiligungspflicht und Vetorecht entsteht gegenseitige Zustimmungsabhängigkeit im Fachgebiet der Ordnungsfunktion. Beide Seiten sind gezwungen, sich in allen gemeinsam zu behandelnden Fragen zu verständigen, d.h. einen Kompromiß zu suchen, dem beide unter dem Gesichtspunkt ihrer unterschiedlichen aufgabenbedingten Belange zustimmen können."

Die Ordnungsfunktionen nehmen vornehmlich Aufgaben wahr, die in mehreren Bereichen wiederkehren und ursprünglich von diesen Bereichen selbst und oft ohne ausreichende Sachkunde versehen und später ausgegliedert und in fachlich spezialisierten Ordnungsfunktionen zusammengefaßt wurden. Die Ausgliederung hat folgende Vorteile:

• Zusammengefaßte einheitliche und neutrale Wahrnehmung der ausgegliederten Aufgaben durch spezialisierte Fachkräfte.
• Durch die Zusammenfassung ermöglichte stärkere Systematisierung, Spezialisierung und Rationalisierung der zugehörigen Verfahren und Tätigkeiten.
• Möglichkeit zu neutraler und hauptamtlicher Bearbeitung von Grundsatzfragen unabhängig vom Tagesgeschäft.
• Besserer personeller Belastungsausgleich in den ausgegliederten Aufgabengebieten.
• Selbsttätige dezentrale Koordinierung in den Fachgebieten der Ordnungsfunktionen zwischen allen Bereichen.
• Ausrichtung der zu den ausgegliederten Fachgebieten gehörenden Tätigkeiten und Arbeitsverfahren in den anderen Bereichen nach einheitlicher Konzeption und Optimierung dieser Verfahren durch den zwangsläufig erzielten und in den Ordnungsfunktionen verkörperten Erfahrungsaustausch.
• Gewährleistung richtigerer Entscheidungen durch die zwangsweise Beteiligung aller mitzuständigen und betroffenen Bereiche und durch die gesicherte Koordinierung und Berücksichtigung ihrer unterschiedlichen Erfahrungen und Belange.
• Ausschaltung von Doppelarbeit.
• Bessere Einsichtnahme in die ausgegliederten Funktionen für die übergeordneten Führungsstellen.
• Bildung neutraler Instrumente für die planenden, steuernden, koordinierenden und kontrollierenden Einwirkungsbedürfnisse der höheren Führungsstellen, vornehmlich gegenüber den Hauptfunktionen. Verbesserung der Steuerungsmöglichkeit des Geschehens in den Hauptfunktionen, ohne deren Verantwortlichkeit einzuschränken.
• Bessere Möglichkeit zur Dezentralisierung der Hauptfunktionen, da die Ordnungsfunktionen die notwendige Integration sichern.
• Bessere Transparenz des gesamten Unternehmens und Möglichkeit zur Auflösung allzu autarker Bereiche.
• Schaffung von zwei Wegen zur Information über jedes auf nachgeordneter Ebene auftretende Problem für die Unternehmensspitze, und zwar einer über die Kette der Linieninstanzen und ein anderer über die fachlich zuständige Ordnungsfunktion mit gegenseitiger Kontrollmöglichkeit.
• Geschlossene Vertretung und zwangsläufige Beteiligung der Belange und Fachkenntnisse der ausgegliederten Funktionsbereiche bei der Mitwirkung an übergeordneten Entscheidungen. Dadurch kommt es zu besseren Entscheidungen.
• Möglichkeit zur Intensivierung der Gesamtintegration des Unternehmens durch die Querschnittswirkung der Ordnungsfunktionen.
• Wesentliche Entlastung der oberen Führungsstellen von Optimierungs-, Koordinierungs-, Planungs-, Steuerungs- und Kontrollaufgaben sowie

von der Erarbeitung von Grundsatzregelungen und von Einzelheiten.
- Gründe für Mehrfachunterstellungen und funktionale Weisungen entfallen.

„Mit Einführung der Ordnungsfunktion zeigt sich, daß die meisten in der Industrie bisher als Stab bezeichneten Bereiche in Wirklichkeit interne Dienstleistungsinstanzen, d.h. Ordnungsfunktionen sind, und daß echte Stabsstellen recht selten auftreten. Mit der Komplizierung des Geschehens und der Zusammenhänge im Industriebetrieb nimmt die Zahl und Bedeutung der Ordnungsfunktionen zu. Sie sind die eigentlichen Planungs-, Steuerungs- und Kontrollorgane des Unternehmens. Ordnungsfunktionen können auf allen Führungsebenen auftreten. Ihre Anzahl überwiegt die Zahl der Bereiche mit anderem Funktionscharakter bei weitem. Zentrale Konzernverwaltungen bestehen fast nur aus Ordnungsfunktionen."

order ledger: Auftragshauptbuch *n*
order of attachment: Pfändungsbeschluß *m*, Verhaftungsbefehl *m*
order of court: Gerichtsbeschluß *m*
order of merit: Rangordnung *f*
order of payment: Mahnbescheid *m*, Zahlungsbefehl *m*
order of precedence: Rangordnung *f*
order of succession: Erbfolge *f*, Reihenfolge *f*
order quantity: Bestellmenge *f*
order register: Auftragsbuch *n*, Auftragsregister *n*
order size: Auftragsgröße *f*, Bestellmenge *f*
order slip: Bestellzettel *m*
order to pay: Zahlungsbefehl *m*
ordering date: Bestelltermin *m*
orderliness: Ordnungsmäßigkeit *f*, Regelmäßigkeit *f*
orderly: ordentlich, ordnungsmäßig, regelmäßig
ordinance: Dekret *n*, Durchführungsverordnung *f*), Rechtsverordnung *f*, Verordnung *f*
ordinance of municipality: städtische Verordnung *f*
ordinary: ordentlich, regelmäßig
ordinary annuity: nachschüssig zahlbare Annuität *f*
ordinary care: verkehrsübliche Sorgfalt *f*
ordinary interest: Zinsen *m/pl* auf Basis von 360 Tagen
ordinary meeting: Hauptversammlung *f*
ordinary share: Stammaktie *f*
ordinary shareholders' meeting: ordentliche Hauptversammlung *f*, ordentliche HV *f*
ordinary stock: Stammaktie *f*
ordinary trade value: Handelswert *m*
organ company: Organgesellschaft *f*

organization: Organisation *f*, Betrieb *m*, Einrichtung *f*, Unternehmen *n*
1. Üblicherweise wird zwischen Organisation als Funktion (der Tätigkeit des Organisierens) und Organisation als Institution unterschieden. Management als Funktion, Managementfunktion, vollzieht sich in und zwischen Organisationen.
Während Organisationen wie Unternehmungen als soziale Gebilde in erster Linie Gegenstand der Organisationstheorie sind, stellt die Tätigkeit des Organisierens eine der wichtigsten Funktionen dar, die Gegenstand der Managementtheorie sind. Heute analysiert man Management meist als ein Subsystem des soziotechnischen Systems Organisation, während früher Organisation lediglich im Rahmen der Managementfunktion Organisieren behandelt wurde.
Organisation als *Managementfunktion* stellt einen Entscheidungs- und Durchführungsprozeß dar, dessen Ergebnis, ein mehr oder weniger formalisiertes Ordnungsmuster (Struktur) als Mittel (Instrument) zur dauerhaften Lösung der Systemprobleme (Institution) dient. Die Analyse dieser drei Aspekte von Organisation (Funktion, Instrument, Institution) erfolgt interdisziplinär.
Organisationen sind zielorientierte soziale Gebilde mit einem angebbaren Mitgliederkreis. Der Anspruch der beteiligten Organisationsmitglieder, die gestellten Ziele möglichst rational zu erreichen und entsprechend effizient zusammenzuarbeiten, führt zur zielorientierten Institutionalisierung einer Reihe von Regeln (formelle Organisation: formalisierte generelle Verhaltenserwartungen, Systemstruktur, organisierte Arbeits- und Funktionsteilung).
Das Handeln in Organisationen ist bewußt geplant, geordnet und auf die Realisierung spezifischer Ziele gerichtet, wozu eine rational gestaltete Struktur funktional sein soll. Unter Institutionalisierung versteht man einen Prozeß, im Verlauf dessen Handlungen sowie die Handelnden selbst in ihrem Verhalten typisiert, normiert und damit auf längere Zeit festgeschrieben werden. Das Ergebnis einer solchen Typisierung und Normierung nennt man eine Institution.
2. Im Managementprozeß werden die Managementfunktionen dynamisch als Phasen im Sinne einer aufeinander aufbauenden Abfolge von Aufgaben angesehen. Der klassische Managementprozeß ordnet die fünf Managementfunktionen nach dem folgenden Phasenablauf: Planung – Organisation – Personaleinsatz – Führung – Kontrolle.

organization analysis: Untersuchung *f* der Organisation *f*, Organisationsanalyse *f*, Organisationsprüfung *f*, Untersuchung *f* der Organisation *f*
organization audit: Organisationsanalyse *f*, Organisationsprüfung *f*, Untersuchung *f* der Organisation *f*
organization chart: Organisationsplan *m*

organization cost: Gründungskosten *pl*
organization department: Organisationsabteilung *f*
organization development (OD): Organisationsentwicklung (OE) *f*

Im Begriff „Organisationsentwicklung" (OE) oder „Organization Development" (OD) ist „Organisation" als allgemeine Bezeichnung für ein soziotechnisches System zu verstehen. Organisationsentwicklung bezeichnet den bewußt beabsichtigten und entsprechend geplanten und durchgeführten Wandel von Organisationen und der Verhaltensmuster, Einstellungen und Fähigkeiten ihrer Mitglieder. Ziele der Organisations-Entwicklung sind:

(1) Ziele für die Erhaltung der Organisation,
- Entwicklung eines vertrauensvollen Klimas in der gesamten Organisation,
- Entwicklung offener Kommunikation,
- offene Konfliktaustragung,
- Förderung von Kooperation und Teamarbeit,
- Entwicklung der Fähigkeit zur organisatorischen Revitalisierung.

(2) Ziele für den Erfolg der Organisation,
- Partizipative Formulierung klarer Organisationsziele,
- Identifikation mit Organisationszielen,
- Schaffung eines positiven Klimas für Problemlösungen,
- Steigerung der Fähigkeit zur Innovation (nach außen und innen),
- Effiziente Nutzung aller Ressourcen der Organisation.
- Ziele für die Mitarbeiter,
- Kompetenz im zwischenmenschlichen Bereich,
- Selbstkontrolle und Selbstbestimmung,
- Entfaltung der gesamten Persönlichkeit,
- Offenheit gegenüber Wandel.

Eine verbreitete Auffassung geht dahin, daß Organisationen als künstliche Organismen ebenso wie die natürlichen Organismen bestimmte Lebensphasen durchlaufen, in denen typische Probleme auftreten. Ein solches Phasenmodell stammt vom Nederland Pädagogisch Instituut (NPI), das drei aufeinanderfolgende Entwicklungsphasen unterscheidet:

- *Pionierphase*: Die Entwicklung einer Organisation beginnt mit der Pionierphase, die durch die Persönlichkeit, die Ideen und die Tatkraft des Pionierunternehmers geprägt ist. Die Verhältnisse sind übersichtlich und durch den engen Kontakt mit den Mitarbeitern funktioniert die Organisation auf der Basis persönlicher Entscheidungen und Absprachen.
- *Organisationsphase*: Ist das nicht mehr möglich, so tritt eine neue Phase ein, in der das Betriebsgeschehen durch ein System von Regeln bestimmt wird. Systematische Planung, effiziente Arbeitsmethoden und rationale Organisation halten ihren Einzug. Individuelle Aktivitäten werden in spezialisierte Funktionen und Abteilungen aufgeteilt, deren Verbindung untereinander durch Koordination gewährleistet wird. Das bedeutet Gewinn an Ordnung, Übersicht und Vorausschau und damit erhöhte Produktivität.

Die Menschen, die in der Pionierzeit noch eine persönliche Beziehung zu ihrer Arbeit hatten, werden Instrument und „Produktionsfaktor". Der Raum für persönliche Bedürfnisse und individuelle Entwicklung wird kleiner. Als Gegengewicht entsteht die betriebliche Fürsorge und die Sorge für das gute Betriebsklima. Ist die Produktivität in technischer Hinsicht gesteigert, bahnt sich eine Krise an, die zur dritten Entwicklungsphase führen kann.

- *Integrationsphase*: In dieser Phase wird die Organisation ein „dynamisches System", in dem Mensch und Arbeit zur Integration gelangen müssen. Diese Integration wird ermöglicht durch die Ausgestaltung einer „Betriebspolitik", die jeder einzelne gut kennen und verstehen muß, damit er Entscheidungen treffen kann.

Für die Organisationsentwicklung als dem geplanten Wandel ist der natürliche Wandel von grundlegender Bedeutung. Je nachdem, in welcher Entwicklungsphase sich ein konkretes Unternehmen gerade befindet, können nämlich andere OE-Maßnahmen angebracht sein.
Nach dem Gleichgewichtsmodell von Kurt Lewin gibt es in jeder Situation gleichermaßen Kräfte, die auf einen Wandel drängen, und Kräfte, die das Bestehende stabilisieren wollen. Gleichgewicht besteht, wenn die Summe dieser Kräfte gleich ist. Dieses Gleichgewicht muß hergestellt werden, weil weder die stabilisierenden noch die progressiven Kräfte dominieren dürfen. Wenn die stabilisierenden Kräfte dominieren, droht Erstarrung; wenn die progressiven Kräfte dominieren, droht permanente Unruhe aufgrund laufender Veränderungen. Die Veränderung eines Gleichgewichtszustands erfordert dreierlei:
(1) Auftauen (unfreezing) des gegenwärtigen Gleichgewichts,
(2) Bewegen (moving) zum neuen Gleichgewicht,
(3) Einfrieren (freezing) des neuen Gleichgewichts.
Eine Erweiterung dieses Modells haben R. Lippitt, B. Watson und R. Westley vorgenommen, indem sie den OE-Berater (Change Agent) mit einbezogen. Er ist ein verhaltenswissenschaftlich geschulter, meist externer, Berater. Das erweiterte Modell enthält fünf Phasen, wobei innerhalb der dritten Phase wiederum drei Stufen unterschieden werden.
(1) Entwicklung eines Bedürfnisses nach Wandel bei den Betroffenen („Auftauen"),
(2) Aufbau einer vertrauensvollen Beziehung zum Change Agent,
(3) Durchführung des Wandels („Bewegen") mit den Teilphasen,
- Identifikation des System-Problems,
- Prüfung von alternativen Lösungen,
- Realisierung des Wandels,
(4) Generalisierung und Stabilisierung des Wandels („Einfrieren"),

(5) Abbau der Beziehung zum Change Agent, um Abhängigkeit zu vermeiden.
In eine andere Richtung geht das Modell von H. J. Leavitt. Es versteht eine Organisation als ein System, in dem Menschen im Rahmen von Strukturen mit Technologien versuchen, Aufgaben zu bewältigen. Die vier Systemvariablen stehen dabei in einem wechselseitigen Verhältnis, wie die folgende Abbildung zeigt:

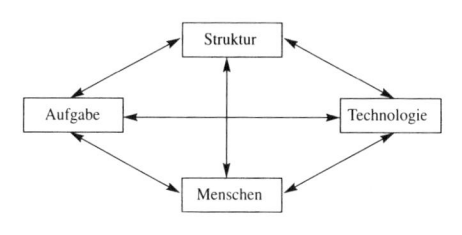

```
        Struktur
       ↗   ↑   ↘
      ↙    ↓    ↘
  Aufgabe ←→ Technologie
      ↘    ↑    ↗
       ↘   ↓   ↙
        Menschen
```

Soll nun eine bestimmte Aufgabenstellung anders als bisher bewältigt werden, so kann die Veränderung an jeder der drei übrigen Variablen ansetzen. Dementsprechend findet man in der Literatur häufig die Unterscheidung in personale, strukturelle und technologische Ansätze der Organisationsentwicklung.
Die bekannteste derartige Systembetrachtung ist das 7-S-Modell, aus den Vorarbeiten der damaligen McKinsey-Berater Thomas J. Peters und Robert H. Waterman bei ihrer Suche nach den Erfolgsursachen erfolgreicher Unternehmen entstand.
Im OE-Prozeß können verschiedene Phasen unterschieden werden. Fast allen OE-Programmen liegt das Aktionsforschungsmodell zugrunde, das grundsätzlich aus einer ersten Diagnose, dem Sammeln von Daten durch das Klientensystem, den Datenfeedback an das Klientensystem, der Untersuchung der Daten durch das Klientensystem, der Handlungsplanung und der Durchführung der Maßnahmen besteht. Als weitere Phase läßt sich die Prüfung des neuen Istzustands unter dem Aspekt der gesetzten Ziele hinzufügen.
Nach Lawrence und Lorsch läuft der OE-Prozeß in folgenden vier Phasen ab:
(1) *Diagnose*: Der Ist-Zustand und die Umweltfaktoren werden analysiert und das Ausmaß der Abweichung vom gewünschten Soll- Zustand ermittelt.
(2) *Aktions-Planung*: Eine bestimmte Veränderungsstrategie wird ausgewählt.
(3) *Implementation*: Die erforderlichen Maßnahmen zur Umsetzung der Strategie in die Realität werden ergriffen und das neue Handeln eingeübt.
(4) *Evaluation*: Der neu entstehende Ist-Zustand wird daraufhin geprüft, ob er dem gewünschten Soll entspricht. Dies kann zugleich die erste Phase eines neuen OE-Prozesses sein.
organization expense: Gründungsaufwand *m*, Gründungskosten *pl*

organization expenses *pl*: Gründungsaufwand *m*, Gründungskosten *pl*
organization expert: Organisationsberater *m*
Organization for Economic Cooperation and Development (OECD): Organisation *f* für wirtschaftliche Zusammenarbeit *f* und Entwicklung *f*
organization hierarchy: Organisationshierarchie *f*
organization level: Organisationsebene *f*, Organisationsstufe *f*, Stufe *f* der Unternehmensorganisation *f*
organization manual: Organisationshandbuch *n*
organization research (OR): Organisationsforschung *n*
organization structure: Organisationsstruktur *f*
organizational climate: Organisationsklima *n*
Die Gesamtheit der von den Organisationsmitgliedern wahrgenommenen und damit verhaltensrelevanten Merkmale einer Organisation. Zwischen die objektiven, rational planbaren Aspekte der Organisation (Strukturvariablen) und das Verhalten von Organisationsmitgliedern (Verhaltenskonsequenzen) schiebt sich quasi als Filter das Konzept des Organisationsklimas. Darunter ist die gesamthafte, wahrnehmungsbezogene, kognitive Verarbeitung organisationaler (= situativer) Stimuli durch das betreffende Individuum zu verstehen.
Wie die Organisationsmitglieder ihr Organisationsklima wahrnehmen und beschreiben ist demzufolge eine Funktion situativer und personaler Faktoren, die sich zu einem „persönlichen Bild" von der Organisation und ihren inneren und äußeren Gegebenheiten formen. Das Organisationsklima wird also entscheidend von den Wahrnehmungs- und Kognitionsprozessen der Organisationsmitglieder bestimmt.
So definieren Renato Tagiuri und Litwin: „Organisationsklima ist die relativ überdauernde Qualität der internen Umwelt einer Organisation, die a) durch ihre Mitglieder erlebt wird, b) ihr Verhalten beeinflußt und c) durch die Werte einer bestimmten Menge von Charakteristika (oder Attributen) der Organisation beschrieben werden kann".
James und Jones verfeinerten den Eigenschaftsansatz und führten eine Aufspaltung des summarischen Konzepts Organisationsklima in ein auf die Organisation bezogenes Organisationsklima und ein auf die Person bezogenes psychologisches Klima ein. Das psychologische Klima stellt dabei explizit auf entscheidende, im Kopf des Organisationsmitglieds ablaufende psychische Elemente und Verarbeitungsprozesse ab, die eine befriedigende theoretische Verknüpfung organisationaler Variablen (Situation) und Verhaltensvariablen (Reaktion) überhaupt erst ermöglichen.

519

In den 1930er Jahren entstanden unabhängig voneinander in den USA die psychologisch orientierte Organisationsklima-Forschung und in Deutschland eine soziologisch orientierte Betriebsklima-Forschung.
In Deutschland beschäftigte sich als erster Goetz Briefs (1934) unter dem Stichwort „Betriebsatmosphäre" mit dem Betriebsklima. Nach dem 2. Weltkrieg wandte sich die Industriesoziologie unter dem Einfluß der Human Relations Bewegung wieder verstärkt den sozialen Beziehungen im Betrieb zu. Am Frankfurter Institut für Sozialforschung leitete Ludwig von Friedeburg (1963) eine bedeutende Untersuchung über Betriebsklima. In der betrieblichen Praxis wurde das Betriebsklima-Konzept eher als Human-Relations-Technik und weniger als Konzept der empirischen Organisationsforschung angesehen.

organizational coordination: organisatorische Koordination f
Die Zusammenfassung von Organisationseinheiten wie Stellen, Instanzen, Funktionen mit dem Ziel, gemeinsame Verantwortungen und Tätigkeiten im Hinblick auf ein gemeinsames Gesamtziel zu definieren. Als Koordination bezeichnet man allgemein die Zusammenfassung von Teilaktivitäten unter einer Aufgabe zu einem Ganzen, das durch die Zielvorgabe der Aufgabe bestimmt ist. Koordination ist die Abstimmung einer Menge von Teilaktivitäten im Hinblick auf die Erreichung eines vereinbarten Ergebnisses.

organizational culture: Organisationskultur f
Nach einer Formulierung von E. H. Schein „das Muster der Grundannahmen, die eine bestimmte Gruppe erfunden, entdeckt oder entwickelt hat, indem sie gelernt hat, ihre Probleme externer Anpassung und interner Integration zu bewältigen und die sich soweit bewährt haben, daß sie als gültig betrachtet werden und deshalb neuen Mitgliedern als die richtige Haltung gelehrt werden sollen, mit der sie im Hinblick auf die genannten Probleme wahrnehmen, denken und fühlen sollen."
A. M. Pettigrew schreibt: „Zielgerichtetheit, Verpflichtung und Ordnung werden in einer Organisation erzeugt durch die Legierung von Glaubensüberzeugungen, Ideologie, Sprache, Ritual und Mythos, die wir im Etikett Organisationskultur zusammenfassen."
Der aus der Kulturanthropologie stammende Begriff der „Kultur" wurde in der aus der international vergleichenden Organisationsforschung (cross cultural management) auf die Mikro-Ebene der Organisation übertragen. Eine Organisationskultur entsteht im Laufe vieler Jahre und Jahrzehnte durch die Verfestigung bewährter Verhaltensweisen dominanter Organisationsmitglieder (Gründer und Top-Manager). Sie vermittelt sich neuen Organisationsmitgliedern Äußerungsformen wie eine einheitliche Sprachregelung und organisationstypische Symbolsysteme wie Geschichte, Sagen, Mythen, Legenden, Rituale, Zeremonien.
Wissenschaftsgeschichtlich stammt das Konzept des Organisationsklimas in der Psychologie und das der Organisationskultur aus der Kulturanthropologie. Der Begriff des Organisationsklimas beschränkt sich darauf, die organisationale Wirklichkeit zu beschreiben, während Organisationskultur über die Deskription hinaus auch Wertungen, Meinungen und Annahmen einschließt. Und schließlich ist das Kulturkonzept stärker vergangenheitsorientiert als das ahistorische, meßorientierte Klimakonzept.
Die Organisationskultur ist in hohem Maße dafür verantwortlich, wie Organisationsmitglieder die organisationale Realität wahrnehmen. Offen bleibt, ob die Organisationskultur durch das Management so manipulierbar ist, daß es das gewünschte (Leistungs-)Verhalten bei den Organisationsmitgliedern produziert.

organizational development: organisatorische Entwicklung f
Eine spezielle Personalaufgabe des Managements, die darauf abzielt, einen möglichst hohen Standard an Führungsqualitäten bei allen Managern und fachlich verantwortlichen Mitarbeitern zu entwickeln.

organizational effectiveness: Organisationseffektivität f
Analog zu der Ende der 1950er Jahre von Douglas McGregor entwickelten Theorie X, die sich primär mit Hypothesen über das menschliche Verhalten in komplexen Organisationen befaßte und deren Grundthese lautet, der Durchschnittsmensch habe eine generelle Abneigung gegen Arbeit und müsse daher „zur Arbeit gezwungen" werden, kam Chris Argyris in seinem Buch „Interpersonal Competence and Organizational Effectiveness" (1962) zu dem Ergebnis, passives Verhalten sei die Folge bürokratischer Dressate.
Argyris verglich die Auswirkung bürokratischer Strukturen auf das Mitarbeiterverhalten – „Muster A" als organisatorisches Pendant zur Theorie X – mit den Effekten einer stärker humanistisch-demokratischen Unternehmensorganisation – „Muster B" entsprechend der Theorie Y – und glaubte wie McGregor, daß ohne „zwischenmenschliche Beziehungen und eine psychologisch sichere Umgebung die Organisation ein Nährboden für Mißtrauen, Gruppenkonflikte ist, was zu einer Abnahme der erfolgreichen Problemlösungen führt".
Demgegenüber seien in einem Unternehmen, in dem die humanistischen Werte hoch geschätzt würden, nicht nur zufriedenere, sondern auch produktivere Mitarbeiter anzutreffen. Deshalb sei er der Theorie Y eine humanistisch-demokratische Unternehmensorganisation – eben „Muster B" – gegenüber.
Die Zusammenhänge sah Argyris jedoch komplizierter als McGregor: „Gewöhnlich sind XA und YB miteinander verknüpft." Aber das sei nicht zwingend: „Unter gewissen Umständen kann Muster A

mit Theorie Y und Muster B zusammen mit Theorie X auftreten."
Im Mittelpunkt seiner Überlegungen steht das menschliche Streben nach Selbstverwirklichung. Argyris unterschied mehrere Dimensionen, die in der Entwicklung des Individuums zur ausgereiften Persönlichkeit von ausschlaggebender Bedeutung sind und postulierte eine generelle Tendenz zur Entwicklung auf die maximale Reife hin. Ausgehend von diesen Vorstellungen stellte Argyris fest, die traditionelle Führung und Unternehmensorganisation sei so konzipiert, daß die Menschen weitgehend im Stadium der Immaturität festgehalten, d.h. in ihrem Reifungsstreben blockiert werden. Es bestehen für gewöhnlich nur wenig Möglichkeiten, an der Arbeit zu wachsen. Die Folgen sind Apathie und häufig Aggression, Human-Ressourcen werden vergeudet, die Motivationspotentiale, die sich mit dem Reifungsstreben verbinden, liegen brach.
„Mit fortschreitender Arbeitsteilung wird die Tätigkeit der überwiegenden Mehrheit derjenigen, die von ihrer Arbeit leben, also der Masse des Volkes, nach und nach auf einige wenige Arbeitsgänge eingeengt, oftmals auf nur einen oder zwei. Nun formt aber die Alltagsbeschäftigung ganz zwangsläufig das Verständnis der meisten Menschen. Jemand, der tagtäglich nur wenige einfache Handgriffe ausführt, die zudem immer das gleiche oder ein ähnliches Ergebnis haben, hat keinerlei Gelegenheit, seinen Verstand zu üben. Denn da Hindernisse nicht auftreten, braucht er sich auch über deren Beseitigung keine Gedanken zu machen. So ist es ganz natürlich, daß er verlernt, seinen Verstand zu gebrauchen, und so stumpfsinnig und einfältig wird, wie ein menschliches Wesen nur eben werden kann. Solch geistige Trägheit beraubt ihn nicht nur der Fähigkeit, Gefallen an einer vernünftigen Unterhaltung zu finden oder sich daran zu beteiligen, sie stumpft ihn auch gegenüber differenzierten Empfindungen, wie Selbstlosigkeit, Großmut und Güte ab, so daß er auch vielen Dingen gegenüber, selbst jenen des täglichen Lebens, seine gesunde Urteilsfähigkeit verliert."
Die Beziehung zwischen einer Person und der Organisation schafft nach Argyris "the basic dilemma between the needs of individuals aspiring for psychological success and self-esteem and the demand of the pyramidal structure."
Argyris ging davon aus, daß die traditionellen organisatorischen Zwänge dem Individuum die Trennung von wichtigen Dimensionen der eigenen Persönlichkeit abverlangen:
„(1) The person is required to behave rationally, thus divorcing the self from emotions. (2) The principle of specialization prohibits the worker from pursuing the need to utilize the range of abilities. (3) The mechanisms used by individuals to compensate or escape, including daydreaming, absenteeism, turnover, trade unions, and noninvolvement, further drive the person from the need to be a producing, growing person. (4) The principle of power places the individual in subordinate, passive, and dependent states. This condition worsens the lower the level in the chain of command. (5) The same principle removes the worker from self-responsibility. (6) The principle of control (separation) places the evaluation of one's work in the hands of another."

organizational expert: Organisator m
organizational goal: Organisationsziel n
organizational hierarchy: Betriebshierarchie f
organizational latitude: Organisationsspielraum m
Mit Hilfe des Konzepts des Organisatonsspielraumes hat J. von Sydow versucht, methodologisch eine Brücke zwischen voluntaristischen und deterministischen Ansätzen der Management- und Organisationslehre zu schlagen. Neben den Möglichkeiten zeigt er auch die technischen, ökonomischen, sozialen und rechtlichen Grenzen organisatorischer Gestaltung auf.
Organisationsspielräume werden als hierarchisch miteinander verschränkt und als Ergebnis der Einflußnahme von Individuen mit unterschiedlichen Interessen aufgefaßt. Im Sinne einer verhaltenswissenschaftlichen Weiterentwicklung des situativen Ansatzes unterscheidet Sydow vorgegebene und durch das Management bzw. die Gestalter subjektiv wahrgenommene Organisationsspielräume. Dabei geht er davon aus, daß die vorgegebenen Strukturbedingungen über die subjektive Wahrnehmung und Interpretation der Organisationsspielräume durch die Gestalter durchsetzen und damit die strukturellen Gemeinsamkeiten hierarchischer Organisationen einander bedingen.
organizational objective: Organisationsziel n
organizational planning: Organisationsplanung f
organizational plan: Organisationsplan m
Werden im Rahmen der Management-Pyramide die Leitungsaufgaben verschiedener Stellen zu einer ranghöheren Stelle zusammengefaßt, so entsteht eine Instanz oder Abteilung. Werden mehrere Abteilungen einer nächst ranghöheren Instanz zugeordnet, entstehen hierarchische Strukturen. Die Gesamtheit der Instanzen ist im Organisationsplan des Unternehmens enthalten. Der Organisationsplan ist also das Instanzenverzeichnis des Unternehmens. Er ist formal als Baumstruktur gegliedert.
Für die Definition eines Organisationsplans sind folgende Voraussetzungen notwendig:
(1) *Stellenbeschreibung*: Sie beschreibt die verrichtungsbezogenen Aufgaben, z.B. die sachliche Festlegung der Aufgaben, die organisatorische Eingliederung der Stelle, die Festlegung der Berichtswege, Hilfsmittel für die Aufgabenerledigung, personelle Anforderungen (Qualifikationen), Zielsetzungen des Stelleninhabers.
(2) *Instanzenbeschreibung*: Diese umfaßt Ziele und Aufgaben der Instanz, Kompetenzen bezüglich der Verfügbarkeit über Mittel, Anweisungs-

rechte und Verfügungsgewalt (z.B. Budgetverantwortung), Kontrollbefugnisse, Bestrafungs- und Belohnungkompetenzen gegenüber den Untergebenen, Vertretungsgewalt (Zeichnungsbefugnisse), Stellenvertretungsregelung, Kriterien der Leistungsmessung (Leistungsnachweis-Normen), Ergebnis- und Mittelverantwortung, Anzahl und Art der untergeordneten Stellen, Weisungs- und Berichtswege, Rechte und Pflichten bei Streitfällen.
(3) *Kommunikationsbeschreibung*: Sie ergibt sich formal aus den Berichtswegen, d.h. aus dem hierarchischen Aufbau der Organisation. Inhaltlich sind festzulegen, die Berichtsempfänger, Perioden/Zeitpunkte der Berichterstattung, Berichtsinhalte, Ablage-Ordnung und Behandlung vertraulicher Unterlagen (z.b. im Hinblick auf das Datenschutzgesetz), Berichtsmittel, z.B. Einsatz der elektronischen Datenverarbeitung
Stellen-, Instanzen- und Kommunikationsbeschreibungen regeln zugleich die Ablauforganisation, d.h. den Vollzug aller Aufgaben im Unternehmen. Die Wahl der richtigen Aufbauorganisation beeinflußt demnach auch die Güte und Effektivität der Ablauforganisation.

organizational set-up: Organisationstyp *m*
organizational structure: Organisationsstruktur *f*
organizational unit: Leistungsträger *n*
organizational variable: organisatorische Variable *f*
organize: aufziehen (eine Gesellschaft), organisieren
organized branch of knowledge: Disziplin *f*
organized labor: Arbeitnehmer *m/pl*, die einer Gewerkschaft *f* angehören, Gewerkschaftsmitglieder *n/pl*, Gewerkschaftsmitgliedschaft *f*
organized market: organisierter Markt *m*
organizer: Organisator *m*
orientate: orientieren
orientation: Einführung *f* (eines neuen Mitarbeiters am Arbeitsplatz)
orientation check list: Einführungskontrollbogen *m*
orientation price: Leitpreis *m*
In der Preispolitik orientieren Unternehmen ihre Preise entweder am Kostenprinzip oder an einem Leitpreis, der entweder dem Branchendurchschnitt oder dem Preis des Marktführers entspricht. Dabei dient der Leitpreis als Orientierungsrichtlinie. Er kann aber je nach Marktlage und Konkurrenzverhältnissen durchaus über oder unter dem endgültig festzulegenden Preis liegen.
orientation procedure: Einführungsverfahren *n*
orientation seminar: Informationsseminar *n*

orientation training: Einführungsschulung *f*
origin: Entstehung *f*, Herkunft *f*, Provenienz *f*, Ursprung *m*
origin brand: Herkunftsbezeichnung *f*
original: Urschrift *f*
original capital: Stammkapital *n*, Gründungskapital *n*
original capital contribution: Stammeinlage *f* (GmbH)
original copy: Original *n*, Erstausfertigung *f*
original cost: ursprüngliche Herstell(ungs)kosten *pl*, ursprüngliche Anschaffungskosten *pl*
original document: Urbeleg *m*
original draft: Primawechsel *m*
original entry: Grundbuchung *f*
original insurance: Direktversicherung *f*
original insurer: Erstversicherer *m*
original investment: Einlage *f* bei Geschäftsgründung *f*, Gründungseinlage *f*
original medium: Urbeleg *m*
original share of stock: Stammaktie *f*
original value: Ausgangswert *m*
originary coordination: originäre Koordination *f*
Aus der arbeitsteiligen Organisation von Managementprozessen und als Folge der damit verbundenen Delegation, Management durch Delegation, ergibt sich die Notwendigkeit der Koordination. Eine originäre Koordination liegt dann vor, wenn die Koordinationsaufgabe unmittelbar von der Führungskraft ausgeführt wird. Die Arbeitsteilung und die fortschreitende Differenzierung des Führungsprozesses machen es erforderlich, daß die Koordinationsaufgabe delegiert wird (abgeleitete Koordination). Bedingt durch Plan- und Zielkorrekturen sowie durch die ständig möglichen Abweichungen und Störungen bilden sich in der Praxis Koordinationsteams. Dies bedeutet, daß die Koordinationsaufgabe vom Management an spezielle Aufgabenträger – an Koordinatoren delegiert wird. Die Koordination wird damit institutionalisiert. Aus den Koordinationsteams, an die auch Kontrollaufgaben übertragen werden, entwickeln sich dann Stabsabteilungen.
Arbeitet ein Team im Hinblick auf eine bestimmte Aufgabe temporär (z.B. Planungsintegration), spricht man auch von einer „Task Force", Projektteam. Wird sie als Daueraufgabe definiert, bildet sich eine Stabsfunktion.
originary leadership task: originäre Führungsaufgabe *f*
Zu den originären Führungsaufgaben in Einzelunternehmen oder Konzernen zählen vor allem:
• die Festlegung von Unternehmenszielen;
• die Festlegung der Grundzüge der Markt-, Finanz-, Investitions- und Personalpolitik;
• die Zuordnung der finanziellen Ressourcen so-

wie die Entscheidung über geschäftliche Maßnahmen von besonderer Bedeutung;
- die Koordination wesentlicher Teilbereiche der Unternehmensführung (Gesamt-Planung, -Steuerung und -Kontrolle der Funktions- oder Geschäftsbereiche);
- die Überwachung der Ergebnisse sowie ggf. Veranlassung von Maßnahmen zur Zielerreichung;
- die Besetzung von Führungsstellen im Unternehmen.

Die originären Führungsaufgaben sind grundsätzlich von der Unternehmensleitung als oberste Führungs- und Entscheidungsebene wahrzunehmen. Die Delegation von Führungsaufgaben auf nachgelagerte Entscheidungsebenen erfolgt entsprechend dem Unternehmensaufbau und der damit vorgegebenen Hierarchie der Entscheidungsebenen. Analog zur Definition der originären Unternehmensführungsaufgaben ist für die einzelnen Entscheidungsebenen der Gestaltungsspielraum abzustecken. Im Rahmen der originären Führungsaufgaben hat die strategische Planung zunehmend an Bedeutung gewonnen.

originate: abstammen, entstehen
other assets *pl*: sonstiges Vermögen *n*
other deductions *pl*: neutraler Aufwand *m*
other expenses *pl*: neutraler Aufwand *m*, sonstiger Aufwand *m*
other income: betriebsfremder Ertrag *m*, neutraler Ertrag *m*
other party: Gegenseite *f*
other people's property: fremde Sachen *f/pl*
other revenue: neutraler Ertrag *m*
other revenues *pl*: neutraler Ertrag *m*, sonstiger Ertrag *m*
other than banks: Nicht-Banken *pl*
oust: Besitz *m* entziehen, vertreiben
ouster: Immobiliarrechtsstörung *f*
out-of-balance amount: Abstimmungsdifferenz *f*
out-of-bond: vom unverzollten Lager *n*
out of court: außergerichtlich
out-of-court settlement: außergerichtlicher Vergleich *m*
out-of-date: altmodisch, verjährt
out of force: ungültig
out-of-line: abweichend vom Üblichen *n*
out-of-pocket expense(s) *(pl)*: Ausgabekosten *pl*, Auslagen *f/pl*, Barauslagen *f/pl*
out of wedlock: außerehelich
out of work: arbeitslos
out-work wage(s) *(pl)*: Heimarbeiterlohn *m*
outbid: überbieten
outbound transportation: Ausgangsfracht *f*

outcome: Konsequenz *f*, Resultat *n*
Die Grundkonfiguration der statistischen oder mathematischen Entscheidungstheorie ist eine Situation, in der zwei Personen jeweils eine Entscheidung treffen und in der diese beiden Entscheidungen zu einer bestimmten Konsequenz führen. Es seien $a_1, a_2, ..., a_m$ Alternativen für den Protagonistern P^A und $b_1, b_2, ..., b_n$ die möglichen Handlungsalterungsalternativen für seinen Mitspieler P^B. P^A kann eine – und nur eine – der m Möglichkeiten wählen und ebenso kann P^B eine und nur eine der n Möglichkeiten wählen. Man bezieht sich auf die a_i als potentielle Wahlen von P^A und bezeichnet sie als Optionen (options) oder Alternativen (alternatives). Spricht man von Entscheidung (decision) oder Wahl (choice) des P^A, so meint man das Ergebnis eines Wahlakts, d.h. eine spezielle gewählte a_i. Spricht man von möglichen, potentiellen oder verfügbaren Entscheidungen oder Wahlen, so bezieht man sich stets auf Optionen bzw. Alternativen. Eine gemeinsame Entscheidung läßt sich in der Form $a_i b_j$ darstellen. Dabei impliziert das keinerlei Konkurrenz oder Kooperation zwischen P^A und P^B, sondern verweist lediglich auf Kombinationen der jeweiligen Optionen oder Entscheidungen beider Personen.

Der aus der so verstandenen gemeinsamen Entscheidung resultierende Zustand heißt Konsequenz (consequence). Eine aus der gemeinsamen Entscheidung $a_i b_j$ sich ergebende Konsequenz wird mit o_{ij} symbolisiert. Verbal wird eine Konsequenz normalerweise beschrieben in der Form „P^A erhält von P^B X DM". Es gibt m x n mögliche gemeinsame Entscheidungen und ebensoviele mögliche Konsequenzen. Die möglichen Entscheidungen von P^A und P^B sowie die entsprechenden Konsequenzen können nach dem folgenden Muster in einer Spielmatrix (game matrix) dargestellt werden:

	b_1	b_2	b_3
a_1	o_{11}	o_{12}	o_{13}
a_2	o_{21}	o_{22}	o_{23}
a_3	o_{31}	o_{32}	o_{33}

outcome control: Ergebniskontrolle *f*
Die Zielsetzung des Management durch Kontrolle besteht in einer methodischen Systematik der Kontrollaktivitäten, die von den verschiedenen Management-Ebenen für die Ergebnisbeeinflussung und Leistungskorrektur ergriffen werden können. Kontrollaktivitäten setzen Planungen und Zieldefinitionen voraus.
Die Kontrolle führt zu Aussagen über Plan- und Zielabweichungen. Kausalitäten werden durch sie nicht aufgedeckt, dies ist Aufgabe der sich an jede Kontrollaktivität anschließenden Abweichungsanalyse. Kontrolle und Abweichungsanalyse sind

daher prozessuale Komponenten im Entscheidungsprozeß des Unternehmens.
Die Ergebniskontrolle ist analog der Planungssystematik hierarchisch geordnet: Das operative Management überwacht die Ergebnisse der Verrichtungen und Einzelaufgaben, konsolidiert die Summe der Ergebnisse (Ertrag, Kosten, Aufwand, Ausstoß etc.) und meldet diese an die nächsthöhere Führungskraft. Diese konsolidiert wiederum die Ergebnisse aller an sie berichtenden Führungskräfte und meldet das Ergebnis weiter.
Die Planung erfolgt von „oben nach unten" (Unternehmensziele Verrichtungsziele), die Ergebniskontrolle von „unten nach oben" (Verrichtungsergebnisse Unternehmensergebnis).
Um zu verhindern, daß derjenige, der Ziele definiert und Aktionen plant, „sich selbst kontrolliert" und damit die Möglichkeit der Manipulation besitzt, wird die Ergebniskontrolle einem gesonderten Bereich zugeordnet. So entsteht der Bereich des Controlling, dessen primäre Aufgabe darin besteht, die Ergebnisse aller Unternehmensfunktionen im Hinblick auf die definierten Ziele regelmäßig zu überprüfen und alle Abweichungen an die Unternehmensleitung zu berichten, um von da aus die Planeinhaltung zu beeinflussen.
Die Kontrollverantwortung ist damit vom zielorientierten Management (d.h. dem Linien-Management) ausgegliedert, und es entsteht eine „geteilte Verantwortung" (shared responsibility).

outcome exception: Ergebnisausnahme *f*
Einer von zwei Fällen, in denen beim Management nach Ausnahmeprinzipien (Management by Exception) das Management in die normalerweise selbständig operierenden mittleren und unteren Entscheidungsebenen eines Unternehmens eingreift. Ergebnisausnahmen sind alle Fälle, in denen Ist-Werte von vorgegebenen Soll-Werten über bestimmte Toleranzbereiche hinausgehen.

outcome function: Ergebnisfunktion *f*
In der statistischen Entscheidungstheorie die in Form einer Ergebnismatrix übersichtlich darstellbare Funktion $e_{ij} = f(a_i, z_j)$, die über die mit jeder realisierbaren Handlungsmöglichkeit bestehende Alternative a_i (i = 1, ..., m), bei Eintreten des Umweltzustands z_j (j = 1, ..., n) informiert. Sie gilt insbesondere bei Planungsproblemen als das entscheidungstheoretische Grundmodell.

outcome matrix: Ergebnismatrix *f*
In der statistischen Entscheidungstheorie die übersichtliche Darstellung einer Ergebnisfunktion. Dabei werden in der Matrix die bei Eintritt jedes möglichen Umweltzustands zu erwartenden bzw. mit ihm verbundenen der realisierbaren Handlungsalternativen einander gegenübergestellt. Grundlage für die Bestimmung der realisierbaren Alternative bilden die Ergebnisse der verfügbaren Alternativen (siehe rechte Spalte oben).

outcome-oriented approach (in personnel evaluation): ergebnisorientierter Ansatz *m* (in der Personalbeurteilung)
Eine von drei Grundkonzeptionen zur Personalbeurteilung, bei der das Ergebnis der Tätigkeit, das anhand von vorab festgelegten Zielen eingeschätzt werden soll, Gegenstand der Beurteilung ist. Im Mittelpunkt der Beurteilung steht also das, was von dem Mitarbeiter tatsächlich erreicht wurde.
Dieser Ansatz stellt einen Versuch dar, den Motivationszweck im Rahmen der Personalbeurteilung besser erreichbar zu machen. Er ist integraler Bestandteil des Management nach Zielvorgaben (management by objectives).
Der ergebnisorientierte Ansatz hat mehrere Vorzüge: Die Partizipationsmöglichkeiten der Mitarbeiter, die eindeutige Festlegung der Leistungserwartungen und die Möglichkeit zur Selbstkontrolle wirken motivationsfördernd. Darüber hinaus bringt dieser Ansatz mehr Transparenz und Objektivität, weil er Mehrdeutigkeiten der traditionellen Bewertungsmethoden durch operationale Zielstandards vermeidet.

outcome space: Ergebnisraum *m*
In der Entscheidungstheorie die Summe der Auswirkungen der Entscheidungsalternativen bei gegebener Umweltsituation.

outdated: veraltet, nicht zeitnah
outdo: übertreffen
outdoor outerwear industry: Oberbekleidungsindustrie *f*
outdoor staff: Außendienstmitarbeiter *m/pl*, im Außendienst *m* tätige Personen *f/pl*
outfit: ausstatten, Ausstattung *f*
outfitter: Konfektionär *m*
outflow: Abfluß *m*
outflow of gold: Goldabfluß *m*
outgoing: ausscheidend
outgoing freight: Ausgangsfracht *f*
outgoings *pl*: Ausgaben *f/pl*
outlaw: ächten, Geächteter *m*, Verbrecher *m*, verjähren
outlaw strike: wilder Streik *m*, von der Gewerkschaft *f* nicht genehmigter Streik *m*
outlawed: geächtet, rechtlos, verjährt
outlay: Aufwand *m*, Ausgabe *f* (von Geld) Auslagen *f/pl*, auslegen (Geld)
outlay taxation: Aufwandssteuer *f*
outlay taxes *pl*: Aufwandssteuer *f*

Alternativen \ Umweltzustand	z_1	z_2	·	·	z_j	·	·	z_n
a_1	e_{11}	e_{12}	·	·	e_{1j}	·	·	e_{1n}
a_2	e_{21}	e_{22}	·	·	e_{2j}	·	·	e_{2n}
·	·	·			·			·
a_i	e_{i1}	e_{i2}	·	·	e_{ij}	·	·	e_{in}
·	·	·			·			·
a_m	e_{m1}	e_{m2}	·	·	e_{mj}	·	·	e_{mn}

outlet: Verkaufsstelle f, Filialbetrieb m
outline: entwerfen, Entwurf m, umreißen, Umriß m
outplacement: Outplacement n
In der Karriereplanung ein Positionswechsel von Führungskräften außerhalb des Unternehmens, der mit Hilfe eines Personalberaters, aber auf Kosten des Unternehmens, darauf hinausläuft, für einen Manager aus einem ungekündigten Arbeitsverhältnis heraus eine neue Position in einem anderen Unternehmen zu finden.
output: Arbeitsleistung f, Ausbeute f, Ausgabe f (EDV), Ausstoß m, Leistung f, Produktion f, Produktionsmenge f
output accounting: Leistungsrechnung f
output area: Ausgabebereich m (EDV)
output block: Ausgabeblock m (EDV)
output device: Ausgabeeinheit f (EDV)
output file: Ausgabedatei f (EDV)
output level: Produktionsausstoßmenge f, Produktionshöhe f, Produktionsniveau n
output method of depreciation: produktionsabhängiges Abschreibungsverfahren n
output of a mine: Förderung f (Bergbau)
output of industry: Industrieproduktion f
output-oriented setoff price: marktpreisorientierter Verrechnungspreis m
Eine Form der Koordination der Entscheidungen dezentraler Abteilungen auf das Gewinnziel der Unternehmung hin, bei der die leistungerstellende Abteilung selbst als Kostenträger betrachtet wird, für deren Dienstleistungen vergleichbare Marktpreise existieren (z.B. Werbeabteilung, interne Revision, Rechenzentrum).
output per man: Ausstoß m pro Kopf m, pro Mitarbeiter m
output per man-hour: Ausstoß m pro Arbeitsstunde f
output per shift: Schichtleistung f
output quantity: Ausstoßmenge f
output shortfall: Minderleistung f
output standard: Leistungsvorgabe f, mengenmäßige Leistungsvorgabe f
output statement: Produktionsmeldung f
output summary: Produktionsstatistik f
output unit: Kostenträger m
output volume: Produktionsvolumen n
outright: gerade heraus
outrun: übersteigen (Quantität)
outside capital: Fremdkapital n
outside capital influence: Überfremdung f
outside collector: Inkassoagent m, Inkassovertreter m
outside countries pl: Drittländer n/pl
outside financing: Fremdfinanzierung f
outside funds pl: fremde Mittel n/pl
outside service: Fremdleistung f

outside shareholders' interest: Minderheitenanteil m
outside staff: Außendienst m
outsider: Außenseiter m
In der Preispolitik ein Unternehmen, das sich den Bedingungen bei den Marktdispositionen und der Festsetzung von Preisen durch Kartelle und Interessenverbände widersetzt oder in monopolistischen Märkten den Preis des Monopolisten unterläuft oder als Anbieter eines Markenartikels an die für diesen allgemein geltende Preisbindung nicht gebunden ist.
outstanding: ausstehend, hervorragend, offenstehend, rückständig, im Umlauf m befindlich, umlaufend
outstanding accounts pl: Außenstände m/pl
outstanding, be: ausstehen
outstanding debt: Forderung f, Rückstand m
outstanding deliveries pl: ausstehende Lieferungen f/pl
outstanding money: Geldforderung f
outstanding performance: Spitzenleistung f
outweigh: überwiegen
overabsorbed cost: Kostenüberdeckung f
overabsorbed indirect product cost: Fertigungsgemeinkostenüberdeckung f
overabsorbed overhead: Gemeinkostenüberdeckung f
overage: Mehrbetrag m, Überfluß m, Überschuß m
overall: Gesamt-, gesamt, global
overall budget: Gesamtbudget n
overall labor agreement (for whole industry): Manteltarifvertrag m
overall load factor: Gesamtladefaktor m
overall logistics function: zentrale Logistikfunktion f, zentrale Einsatzsteuerung f
overall organization: Gesamtorganisation f, Gesamtunternehmung f
overall policy: Gesamtgeschäftspolitik f, Geschäftspolitik f, Gesamtpolitik f
over-and-short account: Konto n für Kassendifferenzen f/pl
overapplied cost: Kostenüberdeckung f
overapplied indirect product cost: Fertigungsgemeinkostenüberdeckung f
overbearing: überheblich
overbid: Mehrgebot n, übersteigern (Auktion)
over budget: Budgetüberschreitung f
overburden: überladen, überlasten
overburdened: überlastet
over capacity: Überkapazität f

overcapitalize: überfinanzieren, überkapitalisieren
overcharge: überfordern, Überforderung f, überladen, Überteuerung f, übervorteilen
overcharging: Überteuerung f
over controlling: Überkontrolle f
overcrowded area: Ballungszentrum n
overdraft: Überziehung f (eines Bankkontos)
overdraft capability: Überziehungsmöglichkeit f
overdraft commission: Überziehungsprovision f
overdraw: überziehen
overdraw one's account: seinen Kredit m überschreiten (oder überziehen)
overdrawal: überzogene Summe f
overdrawn account: überzogenes Konto n
overdue: überfällig
overdue file: Mahnkartei f
overdue fine: Mahngebühr f
overestimate: überschätzen, Überschätzung f
overexert: überanstrengen
overexertion: Überanstrengung f
overfine: Mahngebühr f
overflow: Überfluß m, Überlauf m (EDV), Zeilenbegrenzung f (EDV)
overhaul: überholen (reparieren), Überholung f (Reparatur)
overhaul plant: Betrieb m für Überholungsarbeiten f/pl, Reparaturbetrieb m, Reparaturwerk n, Überholungsbetrieb m
overhead: Fertigungsgemeinkosten pl, Umlagekosten pl
overhead absorption: Gemeinkostenverrechnung f
overhead absorption rate: Gemeinkostenverrechnungssatz m
overhead budget: Gemeinkostenbudget n
overhead burden: Gemeinkostenumlage f
overhead charge: Gemeinkostenzuschlag m
overhead charges on prime cost: Fertigungseinzelkostenzuschlag m
overhead charges pl **on direct wages:** Fertigungsgemeinkostenzuschlag m auf Lohnkosten pl
overhead charges pl **on materials** pl: Materialgemeinkostenzuschlag m
overhead cost: Fertigungsgemeinkosten pl, Gemeinkosten pl
overhead distribution: Gemeinkostenumlage f
overhead expense form: Gemeinkostenzettel m

overhead rate: Gemeinkostensatz m, Zuschlagsatz m (bei Kosten)
overhead recovery rate: Gemeinkostenverrechnungssatz m
overhead summary sheet: Gemeinkosten-Sammelblatt n
overhead variance: Gemeinkostenabweichung f
overhead variation: Gemeinkostenabweichung f
over-indebtedness: Überschuldung f
overinsurance: Überversicherung f
overlap: überlagern, überlappen, Überlappung f, Überschneidung f
overlapping groups pl: überlappende Gruppen f/pl → system of overlapping groups
overlay: überlagerndes Programmsegment n (EDV), Überlagerungssegment n (EDV)
overload: überladen, überlasten, Überlastung f
overloaded: überlastet
overlook: übersehen, nicht bemerken
overmanning: personelle Überbesetzung f
overpay: überzahlen
overpayment: Überzahlung f
overpopulation: Überbevölkerung f, Übervölkerung f
overproduction: Überproduktion f
override: aufheben (Anordnung), überwiegen
overriding commission: Superprovision f
overrun: Überschreitung f
overseas: in Übersee f, Übersee-, überseeisch
overseas bank: Überseebank f
overseas branch: Auslandsniederlassung f
overseas investment: ausländische Kapitalanlage f
overseas market: Überseemarkt m
overseas trade: Überseehandel m
overseer: Gruppenführer m, Vorarbeiter m, Vormann m (oft im Sinne von Meister gebraucht), Werkführer m, Werkmeister m
overshipment: Überlieferung f
overspill area: Entlastungsgebiet n
overstaffed, be: personell übersetzt sein, personell überbesetzt sein
overstaffing: Überbesetzung f mit Arbeitskräften f/pl
overstate: zu hoch angeben, überbetonen
overstocked, be: überbevorratet sein
overstocking: Überbevorratung f
overstrain: überanstrengen, Überanstrengung f, überlasten
oversubscribe: überzeichnen

oversubscription: Überzeichnung f
over-the-counter market: Freiverkehr m, Freiverkehrsmarkt m, nicht organisierter Wertpapiermarkt m (außerhalb der Börse)
over-the-counter receipts pl: Tageslosung f
overt market: offener Markt m
overtime (O.T.): Überstunden f/pl
overtime pay: Überstundenlohn m
overtime payment: Überstundenvergütung f
overtime permit: Überstundenpass m
overtime premium: Überstundenzuschlag m
overtime rate: Überstundenlohnsatz m
overvaluation: Überbewertung f
overvalue: überbewerten
overweight: Mehrgewicht n, Übergewicht n
overwork oneself: sich überarbeiten
overwork: überanstrengen, Überanstrengung f, Überarbeitung f
owe: schulden
own: eigen, besitzen, zu eigen, besitzen
own consumption: Eigenverbrauch m

own jointly: mitbesitzen
own retail store: betriebseigener Laden m
owner: Eigentümer m
Ein durch das von ihm eingebrachte Kapital legitimierter Unternehmensführer.
owner in fee simple: Grundstückseigentümer m
owner's equity: Eigenkapital n
owner's equity invested in fixed assets pl: durch Eigenkapital n finanzierter Anlagevermögen n
owner-manager: Eigentümer-Unternehmer n, Eigentümer-Manager n
Ein Manager, der zugleich Eigentümer des Unternehmens ist, dessen Führung in seiner Hand liegt.
owner-occupied dwelling: Eigenheim n
owner-occupied house: Eigenheim n
ownership: Eigentum n
ownership account: Kapitalkonto n
ownership certificate: Eigentumsurkunde f
ownership on goods pl: Eigentum n an der Ware f
oyer and terminer: übergeordnete Strafinstanz f

P

Paasche index number: Paasche-Index *m*
Eine zusammengesetzte Indexzahl, die in der Wirtschaftspraxis relativ häufig verwendet wird. Sie hat als Preis- oder Mengenindex die allgemeine Form:

$$P_p = \frac{\sum_{i=1}^{n} p_{1i} \cdot q_{1i}}{\sum_{i=1}^{n} p_{0i} \cdot q_{1i}}$$

bzw.

$$P_m = \frac{\sum_{i=1}^{n} q_{1i} \cdot p_{1i}}{\sum_{i=1}^{n} q_{0i} \cdot p_{1i}}$$

Dabei bedeuten p_{0i} den Preis des i-ten Guts in der Basisperiode, p_{1i} den Preis des i-ten Guts im Berichtszeitraum, q_{0i} die Menge des i-ten Guts im Basiszeitraum und q_{1i} die Menge des i-ten Guts im Berichtszeitraum.

pace: Leistung *f*, Schritt *m*, Tempo *n*
pace rating: Leistungsgradschätzen *n*
pace setter: Schrittmacher *m*
pack: packen, verpacken, Wortzusammenfassung *f (EDV)*
package: Bündel *n*, packen, Packung *f*, Paket *n*, verpacken, Verpackung *f*

In der Unternehmenspraxis werden die Begriffe Packung und Verpackung meist als Synonyme verwendet. Demgegenüber hat Hans-Dieter Gruschka zutreffend darauf hingewiesen, daß als *Packung* die gestaltete Verpackung bzw. das unter werblichen und technischen Gesichtspunkten verarbeitete Packungsmaterial und als *Verpackung* die technisch-funktionelle Umhüllung einer Ware bzw. die Aufgabenstellung und Problemlösung für die Herstellung von Umhüllungen für Produkte, also der Bereich der Produktion von Packungen bezeichnet werden sollte.

Demgemäß definiert er als Packung „die für einen Marktzweck (nicht für Transportzwecke) portionierte Wareneinheit." Besonders in der Markenartikelwerbung ist die Packung ein Werbemittel von fundamentaler Bedeutung, da für den Konsumenten die Packung so gut wie identisch mit dem Produkt ist.

Verpackungen haben folgende Funktionen zu erfüllen:
• Schutz bei der Raum-/Zeitüberbrückung,
• Produktionserleichterung (Aufnahme der Produkte), Lagerungserleichterung,
• Transport- und Umschlagserleichterung,
• Verkaufserleichterung (Signal- und Informationswert, → Anmutungsqualität etc.),
• Verwendungs- und Entsorgungserleichterung.

Bei der Gestaltung der Verpackung treten verschiedene Wahlprobleme auf, und zwar hinsichtlich: Packstoffen (Glas, Blech, Holz etc.), Packformen (unter Beachtung von Apperzeption und Akzeptanz der Formprägnanz sowie Transport und Lagererfordernissen), Packfarben und Möglichkeiten der graphischen und textlichen Gestaltung (für die Kommunikation im mikrologistischen System, im makrologistischen System und mit dem Konsumenten).

Vorwiegend bei Markenartikeln, bei denen Packungen nicht bloß der Abpackung von Abfüllmengen und dem Schutz der abgepackten Ware dienen, sind allgemein die folgenden Kriterien der Packungsgestaltung anerkannt:

1. Der Produktvorteil muß auf der Packung deutlich gemacht werden.
2. Die Packung muß den Verwendungs- und Verbrauchsgewohnheiten entsprechen; so muß z.B. der Inhalt von Konservendosen der typischen Bedarfsmenge der Haushalte angepaßt sein – Portionsgerechtigkeit.
3. Der Anwendungsbereich des Produkts muß aus der Packung eindeutig hervorgehen (Funktion, Eignung, Verträglichkeit usw.).
4. Die Packung muß dem Produkt adäquat sein, d.h. Aufmachung und Text dürfen weder mehr noch weniger versprechen, als das Produkt zu halten vermag (Beispielsweise wäre es wenig sinnvoll, eine teure Seife „billig" zu verpacken und umgekehrt!).
5. Die Packung muß Modernität und Fortschrittlichkeit ausstrahlen.
6. Die Packung muß emotional ansprechen, d.h. Sympathie erzeugen. (Robert Nieschlag/Erich Dichtl/Hans Hörschgen)

Nach James M. Vicary ist für die Werbewirksamkeit eine emotionalisierende Packungsgestaltung von entscheidender Bedeutung. Die Packungen müssen „Symbole mit Entrückungswert" bieten, nicht einfach Pilze, sondern ihr Schmoren in Butter, nicht einfach Steaks, sondern ihr Brutzeln in der Pfanne.

Die Höhe der Verpackungskosten pro Packung für eine Abrechnungsperiode ergibt sich nach der Formel

$$\text{Verpackungskosten} = \frac{E + (x-1) \cdot (R+I) - A + L + K + F + S}{x \cdot m} \text{DM/Stück}$$

Darin bedeuten:
E = Kosten der Packmittel,
R = Rücktransport der Verpackung,
A = Altmaterialwert,
K = Kapitalkosten,
S = durch Verpackung verursachter Schaden,

package

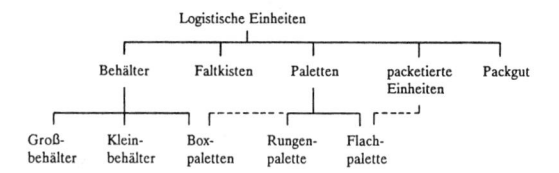

```
                        Logistische Einheiten
         ┌──────────┬──────────┬──────────┬──────────┐
      Behälter   Faltkisten  Paletten  packetierte  Packgut
                                        Einheiten
   ┌─────┴────┐           ┌──────┴──────┐
  Groß-    Klein-       Box-      Rungen-   Flach-
 behälter  behälter   paletten   palette   palette
```

x = Einsatzhäufigkeit der Verpackung,
I = Instandhaltung und Reinigung,
L = Personalkosten,
F = Fremdleistungskosten,
m = Packmittel in dem Unternehmen.
Die Bildung logistischer Einheiten, d.h. das Zusammenfassen der auszuliefernden Güter zu größeren Einheiten, dient unter anderem der Standardisierung der Form in Einheit und Abmessung, der Erleichterung des Einsatzes mechanischer Hilfsmittel bei Manipulationsvorgängen, der Stapelfähigkeit und der Bildung von Transportketten. Eine Abgrenzung zwischen den verschiedenen logistischen Einheiten ist nicht immer möglich.
Im einzelnen spielen im Verpackungswesen vor allem die in der Abbildung oben angeführten Begriffe eine Rolle.
Aerosolverpackung: Ein Packmittel für unter Druck stehendes Füllgut, das bei Betätigung eines Ventils durch den Druck eines Treibmittels als Sprühnebel, Schaum, Puder, Paste oder Flüssigkeit dosierbar oder nicht dosierbar austritt. Fertigpackungen mit Erzeugnissen in Aerosolform sind seit 1978 mit der Nennfüllmenge nach Volumen zu kennzeichnen.
Becher: Das sind Packmittel mit nach unten abnehmendem Querschnitt beliebiger Form der Grundfläche mit einem Volumen bis zu 1000 cm^2 die in leerem Zustand meist ineinandergestapelt werden können.
Behältnis: Formbeständige Behältnisse sind Metall-, Holz- und Kunststoff-Fässer sowie Glasflaschen (Korbflaschen) nach Volumen standardisierte Behältnisse sind Dosen, Eimer, Gläser, Schachteln, Trommeln, Tuben.
Beutel: Beutel sind flexible vollflächige, raumbildende Packmittel meist unter 2700 cm^2 Fläche (Länge × Breite + ggf. Faltenbreite).
Dose: Ein formbeständiges, meist zylindrisches, prismatisches oder kegelstumpf- oder pyramidenstumpfförmiges Packmittel mit einem Volumen bis zu etwa 10 Litern.
Einwegverpackung: Eine für den einmaligen Gebrauch bestimmte Verpackung.
Einzelpackung: Eine einzelne, im allgemeinen kleinste Packungseinheit (Grundpackung).
Faltschachtel: Sammelbezeichnung für eine Reihe von Verkaufs-, Lager- und Versandpackungen verschiedener Bauart, die gebrauchsfertig flachliegend geliefert werden und vom Verwender erst aufgestellt oder aufgerichtet werden.
Faß: Ein bauchiges oder zylindrisches, rollbares Packmittel.
Fertigpackung: Ein Produkt in einer Verpackung beliebiger Art, das in Abwesenheit des Käufers abgepackt und verschlossen wurde, so daß die Menge des darin enthaltenen Produkts ohne Öffnung bzw. ohne merkliche Änderung der Verpackung nicht verändert werden kann.
Flasche: Ein Packmittel mit einem engen Hals, das aus verschiedenen Werkstoffen wie Glas, Kunststoff oder Metall bestehen kann und entweder mit Korken, Kronenkorken oder Schraubverschluß verschlossen wird.
Geschenkverpackung: Eine Verpackung in dekorativer Aufmachung und Ausstattung für ein Geschenk, das nach allgemeiner Verkehrsauffassung ein Luxusgegenstand ist.
Kanister: Ein formbeständiges Packmittel mit Ausgießöffnung für Flüssigkeiten und einem rechteckigen, seltener auch quadratischen Querschnitt für Volumen bis zu 60 Litern.
Kiste: Ein Packmittel aus Holz, das meist aus zwei Seitenteilen, zwei Kopfteilen und einem Deckel besteht, die fest miteinander verbunden sind.
Kombinationspackung: Die Zusammenfassung verschiedener Wareneinheiten zu einer Packungseinheit.
Konservendose: Eine kochfeste Dose, die zur Herstellung von Konserven verwendet und luftdicht verschlossen wird.
Mehrwegpackung: Eine mehrmals verwendbare Verpackung, die im allgemeinen im Leih- und Rückgabeverkehr verwendet wird.
Mehrzweckpackung: Eine Verpackung, die zusätzlich zu ihrer eigentlich vorgesehenen Verpackungsaufgabe auch noch für andere Zwecke verwendet werden kann.
Mogelpackung: Eine Verpackung, die den Eindruck erweckt, daß sie einen größeren Füllinhalt hat, als das tatsächlich der Fall ist.
Sack: Ein flexibles, vollflächiges, raumbildendes Packmittel von meist über 2700 cm^2 (Breite × Länge).
Sammelpackung: Die Zusammenfassung einer handelsüblichen Anzahl von Einzelpackungen (Grundpackungen) für Lager, Versand und Endverbraucher. Sie enthält einzelne, aber gesondert verpackte Fertigpackungen gleicher Füllmenge oder ungleicher Füllmenge, gleicher oder ungleicher Art.
Schachtel: Ein ein- oder mehrteiliges, vielfach quadratisches verschließbares Packmittel in verschiedenen Bauarten, Ausführungen oder Lieferformen.
Sichtverpackung: Eine Packung deren Packgut wegen seines durchsichtigen Packstoffs ganz oder teilweise sichtbar ist.
Tube: Ein Packmittel mit rundem oder ovalem Querschnitt, der an einem Ende durch eine Tuben-

schulter zu einer verschließbaren Öffnung eingezogen (Tubenhals), an anderen Ende durch Falzen oder Schweißen verschlossen wird und so zum Entleeren zusammendrückbar ist.
Umverpackung: Die Umhüllung einer einzelnen Fertigpackung.
Zweikomponentendose: Eine Dose mit zwei voneinander getrennten Füllräumen zur Aufnahme von Füllgütern, die erst vor dem Gebrauch vermischt werden.
package deal: Kauf *m* in Bausch und Bogen
package freight: Stückgutfracht *f*
package insert: Packungsbeilage *f*
packaging: Verpacken *n*, Verpackung *f*
packaging industry: Verpackungsindustrie *f*
packer: Markthelfer *m*, Packer *m*
packing: Dichtung *f*, Packen *n*
packing cost: Verpackungskosten *pl*
packing density: Packungsdichte *f*
packing material: Packmaterial *n*, Verpackungsmaterial *n*
packing slip: Packzettel *m*
packing ticket: Packzettel *m*
pack-up: verpacken
pactum nudum: einseitig verpflichtender Vertrag *m*
pad: auspolstern, Block *m* (Papier), Polster *n*
padding: Wattierung *f*
padding (expenses *pl* etc.)**:** aufblähen (Abrechnung)
page: Seite *f*
page counter: Seitenzähler *m (EDV)*
page limit: Seitenbegrenzung *f (EDV)*
page number: Seitennummer *f*
page overflow: Seitenüberlauf *m (EDV)*
page printer: Blattschreiber *m (EDV)*
paid: bezahlt
paid by the hour: im Stundenlohn *m* stehend
paid leave of absence: bezahlter Urlaub *m*
paid vacation: bezahlter Urlaub *m*
paid-for: bezahlt
paid-in capital: eingezahltes Kapital *n*
paid-in surplus: Rücklage *f*, Teil *m* der der aus Einzahlungen *f/pl* stammt (z.B. Agio)
paid-up: voll eingezahlt, vollbezahlt
paid-up capital: eingezahltes Kapital *n* (Grundkapital und Agio), voll eingezahltes Grund- oder Stammkapital *n*, volleingezahltes Kapital *n*
paid-up insurance: Versicherung *f*, für die sämtliche Prämien *f/pl* bezahlt sind
paid-up policy: beitragsfreie Versicherung *f*
painstaking: sorgfältig

pamphlet: Broschüre *f*, Merkblatt *n*
panic buying: Angstkauf *m*
paper: Papier *n*, Wertpapier *n*
paper clip: Briefklammer *f*, Büroklammer *f*
paper currency: Papierwährung *f*
paper money: Papiergeld *n*
paper profit: Buchgewinn *m*, nicht realisierter Gewinn *m*, Scheingewinn *m*
paper template: Papierschablone *f*
paper weight: Briefbeschwerer *m*
paper work: Büroarbeiten *f/pl*
paperback: broschiert
par: pari
par(i) quotation: Parikurs *m*
par for par: eins zu eins
Par model: Par-Modell *n*
Par report: Par-Report *m*
Mit Hilfe eines analytischen Modells („Par Modell") läßt sich ermitteln, welcher Return on Investment (ROI) bzw. Cash-flow für eine bestimmte strategische Unternehmens-Einheit (SUE) angesichts der für sie gültigen unabhängigen Determinanten normal wäre.
Das Ergebnis der Modellrechnung wird in einem Par Report zusammengestellt. Aus dem Par Report ist auch ersichtlich, in bezug auf welche Determinanten die strategische Einheit günstig, im Hinblick auf welche anderen sie ungünstig dasteht. Daraus lassen sich Hinweise ableiten, wie eine Verbesserung der strategischen Position der Einheit erreicht werden könnte.
par value: Nennwert *m*, Nominalbetrag *m*, Pariwert *m*
par value capital stock: Grundkapital *n*, dessen Aktien *f/pl* über einen bestimmten Nennbetrag *m* lauten
par value share: Aktie *f* mit Nennwert *m*, Summenaktie *f*
par value stock: Aktie *f* mit Nennwert *m*, Summenaktie *f*
paragraph: Absatz *m* (Abschnitt), Abschnitt *m*, Paragraph *m*
parallel loans *pl*: Gegenkredite *m/pl*
parallel market: Parallelmarkt *m*
parallel operation: parallele Bearbeitung *f*
parallel pricing: Oligopolpreisbildung *f*
paralyze: lähmen
parameter: Parameter *m*
Eine konstante Größe einer Grundgesamtheit, die einen Verteilungstyp charakterisiert, wie z.B. ein Mittelwert. Parameter sind von statistischen Maßzahlen zu unterscheiden, durch die eine Stichprobe in ihren Eigenschaften beschrieben wird. Da Parameter meist unbekannt sind, werden ihre Werte mit Hilfe von Stichproben, Parameterschätzung, geschätzt.
parameter of action: Aktionsparameter *m*
In Entscheidungssituationen eine kontrollierte Va-

riable, die der Entscheidungsträger entweder festlegen oder beeinflussen kann. In der Absatzlehre eine Tätigkeit, durch die ein Wirtschaftsunternehmen auf den Absatzmarkt einwirkt bzw. einzuwirken versucht.
parcel: Paket n
parcel delivery: Paketbeförderung f
parcel form: Paketkarte f
parcel of land: Grundstück n, Parzelle f
parcel of samples: Mustersendung f
parcel of shares: Aktienpaket n
parcel of stock: Aktienpaket n
parcel out: aufteilen, parzellieren, verteilen
parcel post: Paketpost f
parcel receiving office: Paketannahme f
parcel receiving station: Paketannahme f
parcelled goods pl: Stückgut n
pardon: begnadigen, Begnadigung f
parent company: Dachgesellschaft f, Muttergesellschaft f, Obergesellschaft f, Schachtelgesellschaft f, Stammhaus n (Zentrale)
parent store: Stammhaus n (Einzelhandel), Zentrale f (Einzelhandel)
parenthesis: geschweifte Klammer f, Klammersatz m
parenthetical expression: Klammerausdruck m, parenthetischer Ausdruck m
parity: Gleichheit f, Parität f, Wechselparität f
parity check: Paritätskontrolle f (EDV)
parity digit: Prüfzeichen n (EDV)
parity error: Paritätsfehler m (EDV)
parity of purchasing power: Kaufkraftparität f
parity price: Paritätspreis m
parity value: Wert m des Bezugsrechts n
parking fee: Parkgebühr f
parole: Ehrenwort n, Begnadigung f
parole agreement: mündlicher Vertrag m
parole evidence: Zeugenbeweis m
part: auseinandergehen, Bestandteil m, Ersatzteil n, Teil m, teilen, trennen
part damage: Teilschaden m
part number: Teilenummer f
part of elements: Griffe m/pl (Handgriffe bei Arbeitsoperation)
part owner: Teilbesitzer m
part-payment: Teilzahlung f
part-payment term: Teilzahlungsbedingung f
part-performance: Teilleistung f
part requirement: Teilebedarf m
part-time: Teilzeit-, Halbtags-
part-time agent: Freizeitvertreter m

part-time employment: Teilzeitbeschäftigung f
part-time job: Teilzeitarbeit f, Teilzeitbeschäftigung f
part-time occupation: Nebenbeschäftigung f
part-time work: Arbeit f im Sinne einer Nebenbeschäftigung f, Halbtagsarbeit f, Kurzarbeit f, Teilzeitarbeit f
part-time worker: Teilzeitarbeiter m
partial: teilweise
partial amount: Teilbetrag m
partial backing: Teildeckung f
partial cancellation: Teilstornierung f
partial direct control: Beherrschung f (durch Aktienmehrheit)
partial disability: teilweise Arbeitsunfähigkeit f
partial discontinuance: Teilkündigung f
partial loss: Teilschaden m
partial monopoly: Teilmonopol n
Als vollkommenes Monopol bezeichnet man in der Wettbewerbstheorie nach Fritz Machlup eine Marktform, in der der Gewinn dann am höchsten ist, wenn die Grenzkosten der verkauften Menge gleich dem Grenzerlös sind. Bei einem unvollkommenen Monopol wird unterstellt, daß die Aktionsfreiheit des Monopolisten beschränkt ist; Preis- und Absatzpolitik werden von Verboten, Folgeandrohungen oder Befürchtungen verschiedener Art mitbestimmt. Ein Teilmonopol liegt vor, wenn sich ein Großer und mehrere Kleine den Markt teilen: Die Kleinen akzeptieren für sich den Verkaufspreis des Großen und rechnen damit, zum festgesetzten Preis jede Menge, die sie auf den Markt bringen, absetzen zu können.
partial oligopoly: Teiloligopol n
Ein Teiloligopol liegt nach Walter Eucken vor, wenn ein Marktteilnehmer sowohl mit der Reaktion der Marktgegenseite als auch mit der von mehreren Konkurrenten rechnet und ferner annimmt, daß weitere Konkurrenten den Marktpreis als Datum hinnehmen.
partial payment: Abschlagszahlung f, Teilzahlung f
partial-payment contract: Teilzahlungsvertrag m
partial shipment: Teillieferung f, Teilsendung f
partial solution: Teillösung f
partial success: Teilerfolg m
partially competitive game: partiell wettbewerbliches Spiel n
partially owned by public and partially owned by government enterprise: gemischtwirtschaftliches Unternehmen n
partially-paid shares pl: teilbezahlte Aktien f/pl

partially secured claim: teilweise gesicherte Forderung *f*
participant: Beteiligter *m*, Teilhaber *m*, Teilnehmer *m*
participate: Anteil *m* haben, beteiligen, sich teilhaben, teilnehmen
participating: anteilsberechtigt, beteiligt
participating bond: Gewinnschuldverschreibung *f*
participating capital stock: Vorzugsaktie *f*, die neben garantierter Dividende *f* Anspruch *m* auf Beteiligung *f* am Liquidationsgewinn *m* hat
participation: Partizipation *f*, Anteil *m*, Beteiligung *f*, Teilnahme *f*

Die Gesamtheit der Beteiligungsmöglichkeiten von Mitarbeitern am Betriebsablauf eines Unternehmens, die über die gesetzlich vorgeschriebenen Anhörungs-, Informations-, Mitwirkungs- und Mitbestimmungsrechte der Arbeitnehmer und ihrer Repräsentanten hinausgehen. Partizipation ist damit eine vertraglich vereinbarte Form der Zusammenarbeit zwischen Unternehmensleitung und Mitarbeitern. Sie soll allen Beteiligten ein Höchstmaß an Selbstentfaltung ermöglichen und durch verschiedene Formen der Mitwirkung und Mitbestimmung bei entsprechender Mitverantwortung einer Fremdbestimmung entgegenwirken. Abzugrenzen ist Partizipation vom Mitbestimmungsbegriff des Betriebsverfassungsgesetzes, der den Sachverhalt der gesetzlichen Fixierung eines Machtgleichgewichtes von Kapital und Arbeit im Rahmen einer wirtschaftsdemokratischen Neuordnung kennzeichnet.

Die Beteiligung der Mitarbeiter an Erfolg, Vermögen, Kapital und Entscheidungsprozessen im Unternehmen gilt vielfach als die humanste und sinnvollste Form der Rationalisierung. Dabei spricht man von innerbetrieblicher Rationalisierung, um ein optimales betriebliches Anpassungsverhalten an sich verändernde Umweltbedingungen zu kennzeichnen, das nicht nur die mit diesem Begriff oft assoziierte technische oder technologische Rationalisierung umfaßt, d.h. den Ersatz von arbeitsintensiven durch kapital- und technologie-intensive Prozesse, sondern auch neue Formen der innerbetrieblichen Koordination und Organisation der Arbeitsprozesse selbst. Dazu gehören neue Formen von Entscheidungsprozessen, neue Führungs- und Managementverfahren, der Abbau innerbetrieblicher Hierarchien sowie die Verlagerung und Verteilung von Kompetenzen und Handlungsspielräumen auf untergeordnete Ebenen. So entstanden vielfältige Formen der innerbetrieblichen Partizipation:
• Erfolgs-, Vermögens- und Kapitalbeteiligungsmodelle,
• Mitwirkungs- und Mitbestimmungsmodelle,
• Stiftungsunternehmen,
• Alternativbetriebe,
• Arbeitnehmergesellschaften.

Diese Modelle unterscheiden sich von einer traditionellen Betriebsorganisation dadurch, daß herkömmliche Formen eines zentralisierten, hierarchischen Betriebsablaufs zugunsten einer materiellen und/oder immateriellen Beteiligung der Arbeitnehmer am Betriebsgeschehen aufgebrochen wurden. Die „Alternativbetriebe" unterscheiden sich von den konventionellen Beteiligungsmodellen noch insofern, als hier eine sozial- und gesellschaftspolitische Vision oder Zielvorstellung die Grundlage für das wirtschaftliche Handeln und die Struktur der innerbetrieblichen Organisation darstellt; eine Zielvorstellung, die explizit über die bestehenden Formen der Arbeits- und Lebensgestaltung hinausgeht. In den „traditionellen" Betrieben mit Mitarbeiterbeteiligung steht demgegenüber die ökonomische Effizienz des Betriebsablaufs im Vordergrund, die gerade durch erweiterte Beteiligungsmöglichkeiten aller Arbeitnehmer erhöht werden soll. Partizipation ist in diesem Fall ein Mittel zur Stabilisierung der bestehenden gesellschaftlichen Strukturen und der Wirtschaftsordnung.

„Mitarbeiterbeteiligung" läßt sich grundsätzlich in materielle und immaterielle Beteiligungsrechte differenzieren. Während die materielle Form der Partizipation die Vermögensbeteiligung in Arbeitnehmerhand sowie die Erfolgs- bzw. Kapitalbeteiligung im Rahmen einer Beteiligung der Arbeitnehmer am Produktivvermögen der Wirtschaft umfaßt, ermöglicht die immaterielle Beteiligung den Mitarbeitern eine Einflußnahme auf betriebliche Entscheidungsprozesse. Sie beinhaltet damit zusätzliche Informations-, Anhörungs- und Einwirkungsmöglichkeiten und hat in der Regel eine Dezentralisierung und Verlagerung des Entscheidungsprozesses „nach unten" zur Folge. In diesem Sinne soll Mitarbeiterbeteiligung drei Ziele verwirklichen:
• Die Motivation und die Leistungsbereitschaft der Beschäftigten sowie deren Selbstentfaltungsmöglichkeiten sollen durch Förderung der Identifikation mit den Zielen der Unternehmung verbessert werden.
• Die Eigenkapitalbasis, d.h. Ertragskraft und Effizienz, sollen durch eine Kombination von materiellen und immateriellen Elementen der Mitarbeiterbeteiligung nachhaltig gestärkt werden.
• Sie soll das System der sozialen Marktwirtschaft stabilisieren.

Partizipation wird von den Initiatoren der Beteiligungsmodelle als neuer, wirtschaftlich effizienter und sozial verpflichtender Führungsstil bezeichnet, der im Rahmen der bestehenden Eigentumsverhältnisse Entscheidungsprozesse modifiziert und dezentralisiert, das Letztentscheidungsrecht jedoch auf seiten der Kapitaleigner beläßt. Ökonomisch ausgedrückt heißt das: Durch betriebliche Partnerschaft werden die hohen Kosten einer streng hierarchischen Betriebsorganisation durch die Einführung dezentraler Entscheidungsstrukturen gesenkt, ohne vollständig auf die Vorteile einer betrieblichen Hierarchie zu verzichten.

participation certificate

Neben die ideelle Form der Begründung der Partizipation treten oft reale gesellschaftspolitische Motive. Danach macht eine materielle Mitarbeiterführung die Arbeitnehmer zu Miteigentümern der Unternehmen. In der in diesem Zusammenhang geäußerten Erwartung, auf diese Weise den Gegensatz zwischen Kapital und Arbeit verringern oder gar aufheben zu können, spiegelt sich die Idee der betrieblichen Partnerschaft besonders deutlich wider.

participation certificate: Anteilschein *m*
participation clause: Teilnahmeklausel *f*
participation in profits *pl*: Gewinnbeteiligung *f*
participation in the decision-making process: Mitbestimmung *f*
participative management: partizipative Führung *f*, Teamführung *f*
participatory effect: Partizipationseffekt *m*
Einer von drei Arten von Absatzeffekten, mit denen nach Axel Bänsch bei der Produktdifferenzierung generell zu rechnen ist. Durch die Differenzierung gewinnt das herstellende Unternehmen Käufer, die das neue Produkt bisher gar nicht oder bei einem anderen Unternehmen gekauft haben und partizipiert so an einem bisher verschlossenen Markt.
„Während Partizipationseffekte und Bedarfssteigerungseffekte in jedem Fall erwünscht sind, kann der Substitutionseffekt in so nachteiliger Weise auftreten, daß eine entsprechende Produktdifferenzierung unrational erscheinen mag." (Axel Bänsch)
particular average: besondere oder kleinere Havarie *f*
particular average loss: Schaden *m* in besonderer Havarie *f*
particular charges *pl*: Aufwendungen *f/pl* zur Sicherung *f* eines versicherten Gegenstandes *m* (Versicherungsvertrag)
particulars *pl*: Einzelangaben *f/pl*
particulars *pl* **about a person:** Personalien *f/pl*
partition: abtrennen, aufteilen, Auseinandersetzung *f* (in bezug auf Grundstücke), Grundstücksteilung *f*, Scheidewand *f*, teilen, Teilung *f*, Trennwand *f*, Unterteilung *f*, verteilen, Verteilung *f*
partitioning of inheritance: Erbteilung *f*
partly manufactured goods *pl*: Halbfertigwaren *f/pl*, Halbfabrikate *n/pl*
Im Investitionsgütermarketing sind Halbfabrikate Fertigprodukte, die im Produktionsprozeß eines Abnehmers verarbeitet werden. Halbfabrikate sind auf Anlagegüter bezogen und diesen in der Verarbeitungsstufe vorgelagert. Sie können fremdbezogen oder selbstgefertigt sein. Im Falle der Eigenfertigung kann über die Verwendung im Herstellerbetrieb hinaus auch der Markt beliefert werden.

Die wesentliche Unterscheidung zwischen Bauteilen und Halbfabrikaten liegt in der Veränderung im Produktionsprozeß, in den sie eingehen. Bauteile werden eingebaut, Halbfabrikate (z.B. Metallprofile, Schaumstoffrollen bzw. -platten, Stahlblech-Coils, Werkzeug-Rohlinge usw.) verarbeitet.

partly autonomous workgroup: teilautonome Arbeitsgruppe (TAG) *f*
Eine Form des Teams, d.h. eine betriebliche Arbeitsgruppe von circa 3-10 Personen, der ein Aufgabenzusammenhang – beispielsweise die Erstellung eines kompletten (Teil-)Produkts oder einer Dienstleistung – übertragen wird, dessen Regelung sie eigenverantwortlich vorgenimmt, so daß alle vorkommenden Tätigkeiten und Interaktionen selbstgesetzten Normen unterstellt sind. Dabei werden also auf der Ebene der überwiegend ausführenden Tätigkeiten Arbeitsgruppen gebildet, die bestimmte dispositive Tätigkeiten wie z.B. die zeitliche Einteilung und Verteilung der Arbeitsaufgaben, die Einrichtung und Wartung der Arbeitsgeräte sowie die Kontrolle der Arbeitsergebnisse selbst wahrnehmen. Der Grad an Autonomie kann sehr unterschiedlich sein. In jedem Falle aber werden den einzelnen Arbeitsgruppen spezifische Freiräume gewährt, innerhalb derer sie autonom handeln und entscheiden können.
Mit der Bildung teilautonomer Arbeitsgruppen wird versucht, der Entstehung von zu monotonen Arbeitssituationen aufgrund hochspezialisierter Fertigungsverfahren entgegenzuwirken. Die Gewährung mehr oder weniger großer autonomer Handlungsspielräume eröffnet den Arbeitsgruppen bzw. den beteiligten Mitarbeitern die Möglichkeit, anstelle der bisher im Produktionsprozeß üblichen, nahezu ausschließlichen Fremdbestimmung bei Fragen, die den eigenen Arbeitsbereich betreffen, mit- oder sogar selbstbestimmen zu können. Auf seiten der Unternehmensleitung erhofft man sich aufgrund der größeren Tätigkeitsbereiche eine stärkere Identifikation der Mitarbeiter mit ihrer Aufgabe und dem gesamten Produktionsprozeß.
Die Klassifizierung möglicher Autonomiegrade wird meist entsprechend der jeweiligen Entscheidungskompetenz der Gruppe vorgenommen und erstreckt sich in der Regel von Entscheidungen, die den Aufbau und die Zielsetzung des gesamten Unternehmens beeinflussen, über solche, die eine interne Kooperation mit dem übrigen System erfordern, bis zu Entscheidungen, die das übrige System nicht tangieren.
Teilautonome Arbeitsgruppen basieren auf dem „soziotechnischen Systemsatz" des britischen Tavistock Institute of Human Relations und wurden erstmalig Anfang der 1960er Jahre in Norwegen und Schweden und ab Anfang der 1970er Jahre in der Bundesrepublik Deutschland praktisch erprobt. Vorreiterfunktion hatten insbesondere Unternehmen der Automobilindustrie. Am bekanntesten sind die Versuche mit TAG bei Volvo in der südschwedischen Stadt Kalmar geworden, wo bereits bei der Planung und beim Bau eines neuen

Werks auf die spezifischen Erfordernisse und Besonderheiten teilautonomer Gruppenarbeit geachtet wurde.
partner to collective agreement: Tarifpartner *m*
partner: Beteiligter *m*, Geschäftsteilhaber *m*, Gesellschafter *m*, Kompagnon *m*, Mitbeteiligter *m*, Partner *m*, Sozius *m*, Teilhaber *m*
partners' capital account: Einlagekonto *n* (der Gesellschafter)
partnership: offene Handelsgesellschaft *f* (OHG), Partnerschaft *m*, Personengesellschaft *f*, Teilhaberschaft *m*
partnership agreement: Gesellschaftsvertrag *m*
partnership assets *pl*: Gesellschaftsvermögen *n*
partnership capital: Gesellschaftskapital *n*
partnership insurance: Teilhaberversicherung *f*
partnership interest: Gesellschaftsanteil *m*
partnership property: Gesellschaftsvermögen *n*
partnership with stockholders: Kommanditgesellschaft *f* auf Aktien *f/pl*
parts list: Stückliste *f*
parts *pl* **of elements:** Griffe *m/pl* (Handgriffe bei Arbeitsoperation)
party: Beteiligter *m*, Partei *f*, Prozeßpartei *f*
party concerned: Beteiligter *m*, Interessent *m*
party to a contract: Kontrahent *m*, Vertragspartei *f*, Vertragspartner *m*
party to, be a: beteiligt sein an
pass: Ausweis *m*
pass a bill: ein Gesetz *n* verabschieden
pass a law: ein Gesetz *n* erlassen
pass a resolution: beschließen (durch Versammlung)
pass a statute: ein Gesetz *n* erlassen
pass an expert opinion: begutachten
pass by: übergehen
pass expert judgment: begutachten
pass judgment: richten, Urteil *n* sprechen, urteilen
pass on: abwälzen
pass register: Vorauszahlungsregister *n*
pass to: übergehen zu
passage: Durchgang *m*
passage of an act: Annahme *f* eines Gesetzes
passage of bill: Gesetzesverabschiedung *f*
passage of cards: through the machine Kartendurchlauf *m (EDV)*
passage of law: Gesetzesverabschiedung *f*
passage of title: Eigentumsübergang *m*

passbook: Bankbuch *n*, Sparbuch *n*, Sparkassenbuch *n*
passed dividend: Dividende *f*, die entgegen den üblichen Gepflogenheiten *f/pl* bis zu einem bestimmten Zeitpunkt *m* nicht erklärt wurde
passenger: Fahrgast *m*, Mitfahrer *m*, Passagier *m*
passenger carriage: Personentransport *m*
passenger mile: Fluggastmeile *f*
passenger traffic: Passagierverkehr *m*, Personenverkehr *m*
passenger train: Personenzug *m*
passenger's luggage: Passagiergepäck *n*
passing of a resolution: Beschlußfassung *f*
passing of risk: Gefahrenübergang *m*
passport: Reisepaß *m*
past due: überfällig
pasteboard: Pappe *f*
patchboard: Schalttafel *f (EDV)*
patchcord: Steckschnur *f (EDV)*
patent: Patent *n*, offenkundig
Ein Patent ist eine Form des gewerblichen Rechtsschutzes, durch die dem Patentinhaber in einem rechtsgestaltenden Verwaltungsakt für eine Erfindung das Recht zur ausschließlichen Verwertung der Erfindung durch das Patentamt für eine Dauer von 18 Jahren verliehen wird. Das Patent beinhaltet für diesen Zeitraum die alleinige Befugnis des Erfinders, den Erfindungsgedanken zu nutzen oder nutzen zu lassen, Lizenzierung, und das Patent wirtschaftlich für sich auszuwerten.
patent application: Patentanmeldung *f*
patent attorney: Patentanwalt *n*
patent fee: Patentgebühr *f*
patent holder: Patentinhaber *m*
patent infringement: Patentverletzung *f*
patent inquiries *pl*: Patentrecherchen *f/pl*
patent law: Patentrecht *n*
patent lessee: Lizenznehmer *m*
patent lessor: Lizenzgeber *m*
patent litigation: Patentstreit *m*
patent office: Patentamt *n*
patent pending: Patent *n* angemeldet
patent register: Patentregister *n*
patent specification: Patentbeschreibung *f*
patent suit: Patentklage *f*
patentable: patentfähig
patentee: Patentinhaber *m*
paternalism: Paternalismus *m*, paternalistische Betriebsführung *f*
path analysis: Pfadanalyse *f*
Ein Verfahren der statistischen Dependenzanalyse, mit dessen Hilfe die Struktur der Einflußgrößen mehrfach determinierter Sachverhalte in ihren Abhängigkeitsverhältnissen von einer Menge von

Variablen dargestellt werden kann. Zunächst wird eine Korrelationsmatrix erarbeitet, aus der die Dependenzkoeffizienten abgeleitet werden. Der die Abhängigkeit zwischen Faktoren beschreibende Pfadkoeffizient drückt den Teil der Variation in der abhängigen Variablen aus, den eine unabhängige Variable direkt kontrolliert. Bei gleichzeitiger Untersuchung des Einflusses mehrerer unabhängiger Variablen auf abhängige Variablen werden sowohl direkte wie indirekte Einflüsse ausgewiesen, die Folge einer Interkorrelation mehrerer unabhängiger Variablen untereinander sind.

In den Pfadkorrelationen drückt sich also die der Struktur des Einflusses entsprechende Zerlegung der Gesamtkorrelation in Teilgrößen aus, wobei das Vorzeichen der Koeffizienten anzeigt, ob die beiden Variablen positiv oder negativ miteinander variieren. Es wird mithin die Multikollinearität der Einflußgrößen dargestellt und analysiert.

Die Darstellung der Abhängigkeitsverhältnisse zwischen abhängigen und unabhängigen Variablen in der Pfadanalyse erfolgt mit Hilfe von Pfaddiagrammen, deren Konstruktionsprinzipien aus der Graphentheorie abgeleitet sind.

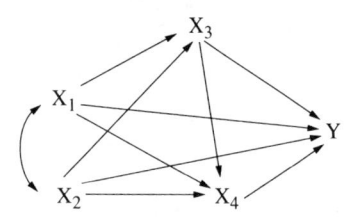

path-goal theory of leadership: Weg-Ziel-Theorie *f* der Führung

Die Weg-Ziel-Theorie von R. House und M. G. Evans rekonstruiert Führungsprozeß und sein Wirkungsgeschehen vor dem Hintergrund des Entscheidungsprozesses der Geführten. Den methodischen Hintergrund hierfür bildet die Führungsprozeß-Theorie und die Erwartungs-Valenz-Theorie. Die theoretische Leitfrage lautet dementsprechend, unter welchen Umständen der Mitarbeiter die organisationszielbezogenen Führungsanstrengungen des Vorgesetzten als instrumentell für die Erreichung seiner Ziele (= Motivation) einschätzt.

Führungsverhalten muß also, um im Sinne der Organisationsziele effektiv zu sein, vom Mitarbeiter als für sich „nützlich" angesehen werden. Unter welchen Umständen ein bestimmtes Führungsverhalten als nützlich (= motivierend) angesehen wird, hängt wesentlich von den Zielen und Vorstellungen des Mitarbeiters und von den sonstigen Situationsgegebenheiten der Aufgabenumwelt (Aufgabentyp, Gruppe, Organisationsstruktur) ab.

Das Individuum wird – der zugrundeliegenden Nutzenmaximierungsannahme entsprechend – diejenige Handlungsalternative ergreifen, die ihm die beste Zielerreichung (den höchsten Erwartungs-Valenz-Wert) verspricht. In der Weg-Ziel-Theorie ist der Führungsstil einer von mehreren Faktoren, die Erwartungswahrscheinlichkeiten und die Instrumentalitätskognitionen der Mitarbeiter beeinflussen können.

Der Führer kann die Zufriedenheit, die Motivation und die Leistung der Gruppenmitglieder auf prinzipiell zwei Wegen beeinflussen. Er kann zum einen das Belohnungssystem so ausrichten, daß die Leistungen mit den Möglichkeiten der Bedürfnisbefriedigung verknüpft werden („Instrumentalität"). Zum anderen kann er dazu beitragen, die Pfade zu den Leistungszielen zu klären und frustrierende Hindernisse auf dem Weg zr diesen beseitigen („Erwartung").

Die Erfüllung dieser Aufgaben stellt je nach Situation unterschiedliche Anforderungen an den Vorgesetzten, und sie hängt natürlich auch von dem Spielraum ab, den die Organisation dem Vorgesetzten zugesteht.

Grundsätzlich geht die Weg-Ziel-Theorie davon aus, daß ein Vorgesetzter verschiedene Führungsstile nebeneinander praktizieren kann und daß er den jeweils situationsadäquaten Führungsstil einsetzt, d.h. den Stil, der den Erwartungs-Valenz-Wert des Mitarbeiters für hohe Leistungsziele am positivsten beeinflussen kann.

House entwickelte eine Motivationsgleichung, in die wesentliche Variablen der Erwartungstheorie eingingen:

$$M = IV_b + P_1[IV_a + (P_{2i} \times EV_i)]$$

wobei:

M = Arbeitsmotivation
IV_b = intrinsische Valenz des zielorientierten Verhaltens (Tätigkeit)
IV_a = intrinsische Valenz der Zielerreichung (Ergebnisse)
EV_i = intrinsische Valenz der Zielerreichung (Ergebnisse)
P_1 = Weg-Instrumentalität des zielorientierten Verhaltens (Tätigkcit)
P_2 = Weg-Instrumentalität des Ergebnisses für extrinsische Valenz.

Wenn z.B. die intrinsische Valenz der Tätigkeit (IVb) und die wahrgenommene Instrumentalität der Tätigkeit (P_1) zur eigenen Bedürfnisbefriedigung gegen Null streben, strebt nach dieser Gleichung auch die Arbeitsmotivation der Geführten gegen Null.

Die jüngste Fassung des Weg-Ziel-Ansatzes unterscheidet zusätzlich zum Verhalten der Geführten verstärkt Führungsverhalten und intervenierende situative Faktoren.

Führungsverhalten kann danach in vier Ausprägungen auftreten:

• *directive (instrumental) leadership*: Planung, Organisation, Koordination und Kontrolle der Mitarbeitertätigkeiten. Hypothese: Stark strukturierende Eingriffe werden bei mehrdeutigen Aufgaben positiv, bei klar definierten Aufgaben negativ aufgenommen.

• *supportive leadership*: Rücksichtnahme auf Be-

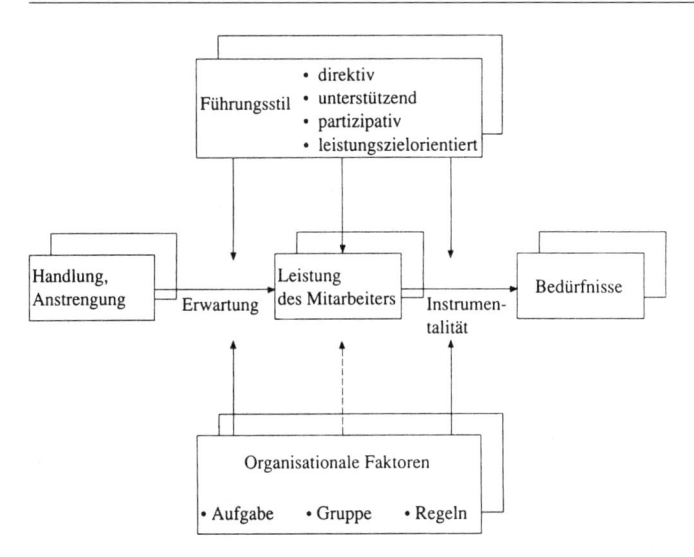

```
                    ┌─────────────────────────┐
                    │         • direktiv      │
       Führungsstil │ • unterstützend         │
                    │ • partizipativ          │
                    │ • leistungszielorientiert│
                    └─────────────────────────┘
                         │    │    │    │
                         ▼    ▼    ▼    ▼
┌──────────┐      ┌──────────┐              ┌──────────┐
│ Handlung,│      │ Leistung │              │Bedürfnisse│
│Anstrengung│◄─Erwartung─│des Mitarbeiters│─Instrumen-─►│          │
└──────────┘      └──────────┘   talität    └──────────┘
                         ▲
                         │
                  Organisationale Faktoren
                  • Aufgabe  • Gruppe  • Regeln
```

dürfnisse der Mitarbeiter, Schaffen einer angenehmen Arbeitsatmosphäre. Hypothese: Unterstützendes Führungsverhalten wirkt sich positiv auf die Arbeitszufriedenheit aus bei Mitarbeitern mit Wachstumsbedürfnissen und bei streßerzeugenden, frustrierenden Aufgaben.
- *achievement-oriented leadership*: Setzen anspruchsvoller Ziele, hohe Leistungsorientierung, Vertrauen. Hypothese: Bei mehrdeutigen Aufgaben führt leistungsorientierte Führung zu hohen Instrumentalitäts-Erwartungen, bei Routineaufgaben zu geringen.
- *participative leadership*: Gemeinsame Beratung und Entscheidungsfindung. Hypothese: Partizipative Führung ist erfolgreich, wenn sie als instrumentell zur Reduzierung von Ambiguität wahrgenommen wird.
Bei Verhalten bzw. Einstellungen der Geführten wird zwischen Arbeitszufriedenheit, Führerakzeptanz, Motivation und bei den Kontingenz-Faktoren zwischen Charakteristika der Untergebenen und Umwelt-Faktoren unterschieden.

patriarchal leadership: patriarchalische Führung *f*
Ein Führungsstil, der von der Vorstellung unstrittiger Gültigkeit der mit einer bestimmten Vorgesetztenposition automatisch verbundenen Positionsautorität ausgeht. Hier handelt es sich um die Übertragung der traditionellen Vaterfigur in der Familie auf den Betrieb. Kennzeichen sind der uneingeschränkte Herrschaftsanspruch auf der einen Seite und die Fürsorgeverpflichtung gegenüber den Geführten auf der anderen Seite. Eine Konsequenz dieser Auffassung ist es, daß die patriarchalische Führung keine bewußte Delegation von Entscheidungsbefugnissen kennt. In der Organisationsstruktur ist lediglich eine Entscheidungsinstanz vorgesehen. Selbst da, wo mehrere Stufen über- und nachgeordneter Vorgesetztenebenen bestehen, entspricht es patriarchalischer Gewohnheit, daß die höheren Vorgesetzten in die Aufgabengebiete der nachgeordneten Vorgesetzten mit autoritären Weisungen eingreifen und damit die Verantwortlichkeit nachgeordneter Vorgesetzter aufheben.
Solche Eingriffe erfolgen häufig sogar unter Übergehung nachgeordneter Zwischenvorgesetzter. Selbst wenn Delegation beabsichtigt ist und demgemäß von der Verantwortung nachgeordneter Vorgesetzter gesprochen wird, wird durch solches Verhalten diese nachgeordnete Führungsverantwortung in Wirklichkeit wieder aufgehoben.
Die Mitarbeiter können sich unter einer patriarchalischen Führung infolge fehlenden Verantwortungsspielraumes, fehlender Mitsprachemöglichkeit und fehlenden Ausbildungsbemühens der Vorgesetzten nicht entfalten. Das System ist sowohl in der Herausforderung noch unentwickelter Mitarbeiterfähigkeiten wie in der Aktivierung bereits entwickelter Fähigkeiten und damit in der Ausschöpfung des Leistungspotentials der Mitarbeiter unrationell.
Dieser Führungsstil findet sich vorwiegend in kleinen und mittleren Unternehmen. Der patriarchalischen Führung entspricht organisatorisch das Stab-Linien-System, das ja bei größeren Führungseinheiten der Überlastung der Spitze durch die Führungshilfe der Stäbe zu begegnen versucht.

patronage dividend: Gewinnanteil *m* des Genossen, Rückvergütung *f*
pattern: Muster *n*, Schablone *f*, Schnittmuster *n*, Verhaltensmuster *n*
pattern book: Musterbuch *n*
pattern of organization: Organisationstyp *m*
pauper's oath: Offenbarungseid *m*

pawn: Faustpfand *n*, Pfand *n*, verpfänden
pawn business: Lombardgeschäft *n*, Pfandleihgeschäft *n*
pawn ticket: Pfandschein *m*
pawnable: lombardfähig, verpfändbar
pawnbroker: Leihhausinhaber *m*, Pfandleiher *m*
pawnee: Pfandgläubiger *m*, Pfandnehmer *m*
pawner: Pfandgeber *m*, Verpfänder *m*
pawning: Verpfändung *f*
pawnshop: Leihhaus *n*, Pfandhaus *n*
pay: Entlohung *f*, Arbeitsentgelt *n*, Arbeitslohn *m*, Besoldung *f*, bezahlen, einlösen, Gehalt *n*, honorieren, Lohn *m*, zahlen

Die Entlohnung als eine der wichtigen Maßnahmen zur Erhaltung der quantitativen und qualitativen Arbeitskraft in der Unternehmung ist mehr als alle anderen Elemente der Managementfunktion Personaleinsatz durch den größeren Rahmen des industriellen Lohnkonflikts geprägt.

Der Prozeß der Lohnfindung läßt sich durch Verfeinerung der Instrumente der Arbeitsbewertung, Differenzierung der Arbeitsstudien-Verfahren und Verbesserungen der REFA-Ausbildung objektivieren.

In der betrieblichen Praxis finden sich vielfältige Formen, Methoden und Systeme zur individuellen Entgeltbestimmung. Das Arbeitsentgelt und die Entgeltdifferenzierung läßt sich auf drei Grundelemente zurückführen:

• *Lohnsatzdifferenzierung*: Das sind die personenunabhängigen Anforderungen, die eine Arbeitsaufgabe an die Arbeitskraft stellt.
• *Lohnformdifferenzierung*: Das sind die individuellen Leistungen, die eine Arbeitskraft erbringt. Die leistungsbezogene Entgeltdifferenzierung kann dabei durch die Wahl und den Einsatz einer bestimmten Lohnform herbeigeführt werden.
• *Korrekturfaktoren*: Während hinter diesen beiden Elementen der Entgeltdifferenzierung die „Gerechtigkeitspostulate" der Entsprechung von Lohn und Anforderungen sowie der Entsprechung von Lohn und Leistungsgrad zum Ausdruck kommen (Äquivalenzprinzip), wird dieses theoretische Lohnkonzept in der betrieblichen Praxis durch Korrekturfaktoren wie soziale Gesichtspunkte und Einflüsse des externen Arbeitsmarktes wie z.B. Familienstand, Lebensalter, Betriebszugehörigkeit und Garantie des Lohnniveaus im Falle von Versetzungen modifiziert.

Die Bestimmung der Arbeitsschwierigkeit als Basis der Lohnsatzdifferenzierung erfolgt durch die Arbeitsbewertung. Sie zielt darauf ab, bestimmte Anforderungen an eine Arbeit (oder an einen Arbeitsplatz) im Vergleich zu anderen Arbeiten nach einem einheitlichen Maßstab zu bestimmen. Es geht dabei darum, unabhängig von bestimmten Personen als Arbeitsplatzinhabern Schwierigkeitsunterschiede zwischen einzelnen Arbeiten festzulegen. Auf der verfahrenstechnischen Ebene stehen als Arten der Bewertung die summarische und die analytische Arbeitsbewertung, als Arten der Quantifizierung die Reihung und Stufung zur Verfügung.

Summarische Verfahren nehmen eine Bewertung der Arbeitsschwierigkeit als Ganzes vor und verzichten damit auf eine getrennte Analyse einzelner Anforderungsarten. Bei den analytischen Verfahren wird hingegen die Höhe der Beanspruchung nach Anforderungsarten aufgegliedert, und diese werden jeweils einzeln bewertet. Die Quantifizierung des Urteils über die Arbeitsschwierigkeit kann bei beiden Verfahrensgruppen entweder durch Reihung oder durch Stufung erfolgen. Bei der Reihung wird eine Rangordnung der Arbeitsplätze gemäß dem jeweiligen Schwierigkeitsgrad vorgenommen. Bei der Stufung werden hingegen unterschiedliche Schwierigkeitsklassen gebildet, in die dann die einzelnen Tätigkeiten bzw. Anforderungsarten eingruppiert werden. Kombiniert man diese Unterscheidungsmerkmale, so lassen sich vier Verfahren der Arbeitsbewertung unterscheiden:

(1) Summarische Verfahren:
• *Rangfolgeverfahren*: Beim Rangfolgeverfahren werden die im Unternehmen anfallenden Arbeiten in einem ersten Schritt anhand von Arbeitsbeschreibungen aufgelistet.
• *Lohngruppenverfahren*: Beim Lohngruppenverfahren, das Tarifverträgen häufig zugrundeliegt, wird die Vorgehensweise des Rangfolgeverfahrens umgedreht. Zuerst bildet man einen Katalog von Lohngruppen, der unterschiedliche Schwierigkeitsgrade der verschiedenen Arbeitsplätze darstellt.

(2) Analytische Verfahren:
Die analytischen Verfahren der Arbeitsbewertung zielen darauf ab, die erwähnten Nachteile der summarischen Verfahren durch einen detaillierteren Bewertungsvorgang zu umgehen. Die Arbeitsschwierigkeit wird nicht als Ganzes ermittelt, sondern man gliedert die Höhe der Beanspruchung nach einzelnen Anforderungsarten auf und bewertet diese jeweils einzeln.

• *Rangreihenverfahren*: Bei diesem Verfahren wird eine Rangordnung der Verrichtungen vorgenommen, und zwar für jede Anforderungsart getrennt. Zur Ermittlung des Arbeitswerts werden die ordinalen Ränge bzw. Platzziffern in addierbare Zahlenwerte (meist Prozentzahlen) überführt.
• *Stufenwertzahlverfahren*: Beim Stufenwertzahlverfahren werden jeder einzelnen Anforderungsart Stufen vorgegeben, die unterschiedliche Belastungen durch die jeweilige Anforderungsart widerspiegeln sollen. Jede dieser Bewertungsstufen wird definiert, durch Richtbeispiele erläutert und mit einer Punktzahl (Wertzahl) versehen.

Unabhängig davon, ob analytische oder summarische Verfahren herangezogen werden, stellen die ermittelten Arbeitswerte schließlich die Basis für eine Lohnsatzdifferenzierung unter Beachtung des in den Tarifverträgen festgelegten Mindestgrundlohns dar.

Die zweite grundsätzliche Entscheidung, die im Rahmen der Entgeltdifferenzierung zu treffen ist, bezieht sich auf die Wahl der Lohnform. Mit ihr soll dem Grundsatz der Äquivalenz von Entgelthöhe und Leistungsgrad entsprochen werden. Die zahlreichen in der Praxis angewandten Lohnformen lassen sich auf vier Grundformen zurückführen, den Zeit-, Akkord-, Prämien- und Pensumlohn.

- *Zeitlohn*: Dabei wird die Arbeitszeit (Stunden, Tage, Wochen, Monate, Jahre) vergütet, die der Beschäftigte im Rahmen des Arbeits(Dienst)Vertrags dem Unternehmen zur Verfügung stellt. Der Verdienst des Arbeitnehmers verläuft damit proportional zur Arbeitszeit, da der Lohnsatz pro Zeiteinheit konstant ist. Der häufig vorgebrachte Vorwurf, der Zeitlohn sei ergebnisunabhängig, ist insoweit nicht richtig, als in der Praxis mit der Zahlung von Zeitlöhnen oder festem Gehalt auch eine, teilweise recht konkrete, Vorstellung über die zu erwartenden Arbeitsergebnisse verbunden ist. Daher liegt zumindestens eine mittelbare Beziehung zwischen Entgelthöhe und erbrachter Leistung vor.

Angewendet wird der Zeitlohn überall dort, wo die Vielgestaltigkeit und mangelnde Quantifizierbarkeit der geforderten Arbeitsleistung eine im Sinne der analytischen Arbeitsbewertung exakte Leistungsbewertung unmöglich macht, der Qualität der Arbeitsleistung ein besonderer Stellenwert zukommt oder der Leistungsspielraum weitgehend durch die technologischen Bedingungen vorgegeben ist und damit nicht der individuellen Einflußnahme unterliegt.

Die Vorteile des Zeitlohns liegen auf der Hand. Der Beschäftigte hat sein festes Einkommen garantiert, weder wird durch überhastetes Arbeiten die Gesundheit gefährdet, noch droht bei vorübergehenden Schwächen ein empfindlicher Lohnverlust. Die Entwicklung und Pflege sozialer Beziehungen wird durch diese egalisierende Lohnform erleichtert. Daneben ist die einfache Lohnbemessung und -verwaltung als Vorteil zu nennen.

- *Akkordlohn*: Beim Akkordlohn wird im Gegensatz zum Zeitlohn regelmäßig ein unmittelbarer Bezug zwischen erbrachter Mengenleistung und Entgelthöhe hergestellt. Idealtypisch wird der Lohn proportional zur gefertigten Zahl der Produktionseinheiten bezahlt. Das System der proportionalen Bezahlung wurde allerdings inzwischen durch Tarifverträge insoweit modifiziert, als sie bestimmte Mindestverdienste (leistungsunabhängig) sicherstellen. Der Akkordlohn setzt sich somit aus dem tariflichen Mindestlohn, der die Bewertung des Arbeitsplatzes und die Arbeitsmarktlage widerspiegelt, und dem Akkordzuschlag zusammen. Er repräsentiert den Lohn einer Arbeitskraft bei Normalleistung und wird als Akkordrichtsatz bezeichnet. Der Akkordlohn kann als Geld- bzw. Stückakkord oder als Zeitakkord ausgestaltet werden.

- *Prämienlohn*: Beim Prämienlohn als dritte selbständige Lohnform wird zu einem vereinbarten Grundlohn (meist Zeitlohn) noch eine Zulage, die Prämie, gewährt. Sie bemißt sich nach quantitativen und qualitativen Mehrleistungen. Die Prämienentlohnung setzt sich somit aus einer leistungsabhängigen Prämie und einem leistungsunabhängigen Grundlohn zusammen, der zumeist dem tariflich vereinbarten Lohn entspricht. Durch die von den Gewerkschaften erreichte Mindestlohn-Garantie beim Akkordlohn, haben sich Prämien- und Akkordlohn aufeinander zubewegt.

Denkbar sind auch Terminprämien (für das Einhalten oder Unterschreiten vorgegebener Termine), Anwesenheits- oder Unfallverhütungsprämien. Prämienarten lassen sich auch miteinander kombinieren. Besonders häufig wird eine Kombination von Menge und Güte gewählt. Anzutreffen sind aber auch umfangreichere Kombinationen, so z.B. die von Nutzungszeit, Wartungszeit, Stoffeinsatz und Güte. Nicht zuletzt diese Vielfalt an kombinatorischen Möglichkeiten macht den Einsatz des Prämienlohnes gegenüber dem Akkordlohn attraktiver.

- *Pensumlohn*: Die Grundidee des Pensumlohns ist es, im Unterschied zu Prämien- und Akkordlohn nicht die erbrachte, sondern die erwartete Leistung im voraus durch eine Leistungsabsprache zu vereinbaren und zu vergüten. Der Pensumlohn setzt sich unter Berücksichtigung der Leistungen in der vergangenen Abrechnungsperiode aus einem garantierten Grundlohn und dem Pensum als Leistungsanteil zusammen. Bei Erfüllung des Pensums erfolgt ein Zuschlag von bis zu 30 % auf den Grundlohn, wobei durchaus dem Prämienlohn verwandte Bezugsgrößen (Menge, Qualität etc.) herangezogen werden. Von den vielfältigen Ausgestaltungen des Pensumlohnes kommt insbesondere den nachfolgenden Ausprägungen besondere Bedeutung zu:

- *Vertragslohn*: Hierbei wird ein bestimmtes Leistungsniveau zwischen Vorgesetzten und Mitarbeitern auf der Basis von Vorgabezeiten für einen begrenzten Zeitraum individuell vereinbart.

- *Programmlohn*: Dieser sieht bei der Erfüllung einer klar umrissenen Arbeitsaufgabe (Programm) einen festen Lohn für eine bestimmte Zeiteinheit vor.

- *Systeme der Zielsetzung*: Zum Pensumlohn lassen sich auch alle Zeit- und Prämienlohnsysteme rechnen, die eine Zielvereinbarung zwischen Vorgesetzten und Mitarbeitern beinhalten. Diese Vorgehensweise ist inhaltlich offen für eine individuelle Schwerpunktbildung und erlaubt es, frühzeitig die Konsequenzen bestimmter Leistungen im Dialog zwischen dem Vorgesetzten und dem Mitarbeiter klarzustellen.

pay (debts *pl*): (Schulden *f/pl*) abtragen
pay a first instalment: anzahlen
pay abroad: im Ausland *n* zahlbar
pay afterwards: nachzahlen
pay-as-you-earn income tax: laufend zahlbare Einkommensteuer *f*, Lohnsteuer *f*
pay as you go: Zahlung *f* nach Wunsch *m* des Kunden *m*

pay as you go plan: Zahlungsplan *m* aus laufenden Einnahmen *f/pl* (keine Rückstellungen), Pensionszahlungsplan *m* aus laufenden Einnahmen *f/pl*
pay at sight: zahlbar bei Sicht *f*
pay back: abdecken, zurückzahlen
pay by instalments: abstottern
pay check: Gehaltsscheck *m*, Lohnscheck *m*
pay damages *pl*: Schadenersatz *m* leisten
pay day: Lohntag *m*, Zahltag *m*
pay debts *pl*: Schulden *f/pl* bezahlen, Schulden *f/pl* regulieren
pay down: anzahlen
pay duty: verzollen
pay duty on: verzollen
pay envelope: Lohntüte *f*
pay in: einzahlen
pay in addition: zuzahlen
pay in advance: im voraus bezahlen, vorauszahlen
pay interest: verzinsen
pay later: nachbezahlen
pay load: Nutzlast *f*
pay loading: Nutzlast *f*
pay off: abfinden, amortisieren, löschen (von Schulden), tilgen
pay off a debt: eine Schuld abbezahlen *f*
pay off in instalments: in Raten *f/pl* bezahlen, abzahlen
pay-off period: Tilgungszeitraum *m*
pay on account: abzahlen, anzahlen, vorschießen
pay on demand: zahlbar bei Sicht *f*
pay on pass: vorausbezahlen, vorauszahlen
pay out: ausbezahlen, ausgeben, auszahlen
pay over: abführen (Gelder)
pay packet: Lohntüte *f*
pay per shift: Schichtlohn *m*
pay period: Lohnzahlungszeitraum *m*
pay sheet: Auszahlungsliste *f*, Lohnliste *f*
pay taxes *pl*: Steuern *f/pl* zahlen
pay taxes *pl* **on:** versteuern
pay up: abzahlen, vollständig einzahlen
pay wages *pl*: besolden
payable: einlösbar, fällig, zahlbar
payable at sight: zahlbar bei Sicht *f*
payable on demand: zahlbar bei Sicht *f*
P.A.Y.E. *(brit)*: Lohnsteuer *f*
payee: Anweisungsempfänger *m*, Empfänger *m*, Remittent *m*, Zahlungsempfänger *m*
payer: Auszahler *m*, Zahlender *m*
payer for: honor Ehrenzahler *m*

paying habits *pl*: Zahlungsgepflogenheiten *f/pl*, Zahlungsgewohnheit *f*
paying office: Zahlstelle *f*
paying-in slip: Depositenschein *m*
paymaster: Zahlmeister *m*
paymaster robbery insurance: Versicherung *f* gegen Lohngeldberaubung
paymaster's office: Lohnbuchhaltung *f*
payment: Abgeltung *f*, Auszahlung *f*, Begleichung *f*, Bezahlung *f*, Einlösung *f*, Einzahlung *f*, Zahlung *f*, Zahlungsleistung *f*, Zahlungsvorgang *m*
payment after services *pl* **(end of month):** postnumerando (Gehaltszahlung)
payment agreement: Zahlungsabkommen *n*
payment at fixed dates *pl*: Terminzahlung *f*
payment before services *pl* **(beginning of month):** pränumerando Gehaltszahlung *f*
payment by check: Scheckzahlung *f*
payment by instalments *pl*: Ratenzahlung *f*
payment by result(s) *(pl)*: Bezahlung *f* nach Erfolg *m*, Erfolgshonorar *n*, Bezahlung *f* nach Arbeitsleistung *f*
payment countermand: Zahlungsverweigerung *f*
payment date: Verfallfrist *f*, Verfalltermin *m*, Zahlungstermin *m*
payment for honor: Ehrenzahlung *f*
payment in advance: Vorausbezahlung *f*, Vorauszahlung *f*, Vorschußzahlung *f*, vorzeitige Zahlung *f*
payment in instalments *pl*: Abzahlung *f*
payment in kind: Naturalleistung *f*, Sachbezug *m*, Sachleistung *f*, Sachzuwendung *f*
payment in lieu of vacation: Urlaubsabgeltung *f*
payment of balance: Restzahlung *f*
payment of interest: Zinszahlung *f*
payment on account: Abschlagszahlung *f*, Akontozahlung *f*, Anzahlung *f*, Vorschuß *m*
payment terms *pl*: Zahlungsbedingung *f*, Zahlungsmodalität *f*
payments akin to dividends: dividendenähnliche Zahlungen *f/pl*
payoff: Auszahlung *f*, Bestechung *f*, Resultat *n*
payoff matrix: Auszahlungsmatrix *f*, Payoff-Matrix *f*
In der Spieltheorie werden in eine Nutzenmatrix oft Geldbeträge eingesetzt, die eine Person je nach der sich ergebenden Konsequenz eines Spiels erhalten oder verlieren wird. Eine solche Matrix wird deshalb auch als Auszahlungsmatrix bezeichnet. Zwar kann man im allgemeinen nicht einfach vor-

	b_1	b_2
a_1	2	1
a_2	3	2,5
a_3	2	4

aussetzen, daß die quantitative Menge an Geld als solche genau dem Nutzen dieser Geldmenge für eine Person entspricht. Dennoch wird oft mit Geldbeträgen anstelle von Nutzenwerten gearbeitet, da Geldbeträge jedem vertraut sind und zudem vermutlich innerhalb des Bereichs der Beträge, um die es normalerweise geht, den Nutzenwerten in etwa entsprechen.
payroll: Lohnaufwand *m*
payroll account: Lohnkonto *n*
payroll accounting: Lohnabrechnung *f*, Lohnbuchhaltung *f*
payroll book: Lohnbuch *n*
payroll clearing account: Lohnverrechnungskonto *n*
payroll clerk: Lohnbuchhalter *m*
payroll deduction: Lohnabzug *m* (für Steuer, Versicherung usw.)
payroll denomination count: Geldsortenzählung *f* für Lohngeld *n*
payroll department: Lohnbüro *n*
payroll distribution: Lohnverteilung *f*
payroll journal: Lohnbuch *n*
payroll period: Lohnzahlungszeitraum *m*
payroll records *pl*: Lohnunterlagen *f/pl*
payroll register: Lohnliste *f*
payroll sheet: Auszahlungsliste *f*, Lohnliste *f*
payroll summary: Lohnübersicht *f*
payroll tax: Lohnsummensteuer *f*, Abzug *m* für Alters- und Hinterbliebenen-Versicherung *f*, Sozialversicherungsbeitrag *m*
payroll variance: Lohnabweichung *f* (Differenz zwischen durchschnittlicher Abteilungslohnrate und effektiver Lohnrate)
payroll withholding tax *(Am)*: Lohnsteuer *f*
p.c. (percent): von Hundert *n*, Prozent *n*, vom Hundert
pd.: *Abk* bezahlt
peace obligation: Friedenspflicht *f*
peacetime production: Friedensproduktion *f*
peak: Höchststand *m*, Spitze *f*
peak capacity: Höchstleistungsgrenze *f*, Maximalkapazität *f*
peak demand: Spitzenbedarf *m*
peak hour: Hauptverkehrszeit *f*
peak load: Arbeitshäufung *f* (Stoßarbeit), Belastungsspitze *f*, Spitzenbelastung *f*
peak load capacity: Spitzenbedarfskapazität *f*
peak performance: Maximalleistung *f*, Spitzenleistung *f*
peak season: Hochsaison *f*
peak selling season: Hauptverkaufssaison *f*, Verkaufshochsaison *f*
peak yield: Ertragsspitze *f*
peaking capacity: Spitzenkapazität *f* (bei Energie-Erzeugung)
peculate: Geld *n* unterschlagen, veruntreuen
peculation: Gelderunterschlagung *f*, Veruntreuung *f*
peculator: Veruntreuer *m*
pecuniary: geldlich, pekuniär
pecuniary benefit: Vorteil *m* in Geld, geldwerter Vorteil *m*
pecuniary damage: Vermögensschaden *m*
pecuniary difficulty: Geldschwierigkeit *f*
pecuniary embarrassment: Geldschwierigkeit *f*
pecuniary injury: Vermögensschaden *m*
pecuniary loss: Geldverlust *m*, Vermögensschaden *m*
peddlar *(brit)*: ambulanter Händler *m*
peddler: ambulanter Händler *m*, Hausierer *m*, Straßenhändler *m*
peddling: Hausieren *n*
peg: anpflocken, festlegen, Pflock *m*, Zapfen *m*
peg board: Klammerplatte *f*
peg point wages *pl*: Ecklohn *m*
peg point: Festpunkt *m*, Markierungspunkt *m*
peg prices *pl*: festlegen (Preise), stützen (Preise), valorisieren
penal: strafbar, strafrechtlich
penal authority: Strafgewalt *f*
penal clause: Strafbestimmung *f*
penal code regulation: Strafbestimmung *f*
penal code: Strafgesetzbuch *n (brit)*, Strafrecht *n* (kodifiziert)
penal court procedure: Strafgerichtsordnung *f*
penal interest: Verzugszinsen *m/pl*
penal justice: Strafgerichtsbarkeit *f*
penal legislation: Strafgesetzgebung *f*
penal offense: strafbare Handlung *f*
penal order: Strafbefehl *m*
penal provision: Strafvorschrift *f*
penal regulation: Strafbestimmung *f*
penalize: bestrafen, eine Strafe *f* ansetzen
penalty for breach of a contract: Konventionalstrafe *f*

penalty for forfeit of a contract: Konventionalstrafe *f*
penalty: Geldbuße *f*, Geldstrafe *f*, Säumniszuschlag *m*, Strafe *f*, Strafmaß *n*, Vertragsstrafe *f*
pencil: Bleistift *m*
pencil sharpener: Bleistift(an)spitzer *m*
pendency of action: Rechtshängigkeit *f*
pending: anhängig, schwebend
pending action: anhängiger Rechtsstreit *m*
pending debt: schwebende Schuld *f*
pending in court: rechtshängig
pending judicial decision: rechtsanhängig
pending litigation: anhängiger Rechtsstreit *m*
penetrate: durchdringen
penetration: Durchdringung *f*
penetration model: Durchdringungsmodell *n*, Marktdurchdringungsmodell *n*
Sammelbezeichnung für eine Reihe von Modellen zur Prognose von Marktanteilen und Erstkäufen, in denen der Anteil der Käufer, die ein Produkt wenigstens einmal gekauft haben, als Durchdringung oder Marktdurchdringung bezeichnet wird, der im Zeitverlauf einen Grenzwert annimmt.
Durchdringungsmodelle dienen z.B. zur Abschätzung künftiger Marktanteile in Testmärkten. Grundsätzlich ist zwischen einfachen geometrischen Durchdringungsmodellen (L. A. Fourt & J. W. Woodlock) und exponentiellen Durchdringungsmodellen (J. H. Parfitt & B. J. K. Collins) zu unterscheiden.
Das von Fourt & Woodlock 1960 formulierte Modell nimmt an, daß der Zuwachs der Erstkäufer mit der Zeit abnimmt und daß ihre kumulierte Gesamtzahl einen deutlich unterhalb der Zahl der Mitglieder des Haushaltspanels im Testmarkt liegenden Grenzwert annimmt.
Der Zuwachs (Δ_t) der Marktdurchdringung in einer Periode ist danach proportional zum insgesamt erreichbaren Grenzwert der Erstkäufer (α):
$\Delta_t = \beta\alpha (1 - \beta_{t-1})$.
Darin bezeichnet α einen im Zeitverlauf konstanten Käuferanteil, d.h. die Durchdringungsgrenze, und β eine von Null verschiedene, im Zeitverlauf konstante und für alle Konsumenten gleich hohe Einkaufswahrscheinlichkeit. Es ergibt sich also für die kumulierte Zahl der Erstkäufer im Beobachtungszeitraum T:

$$K_T = \sum_{t=1}^{T} \beta\alpha(1-\beta)^{t-1}.$$

Bei der Berücksichtigung von Wiederkäufen (Wiederholungskäufen) ist zwischen Wiederkaufraten unterschiedlicher Ordnung zu unterscheiden. Der Anteil der Erstkäufer mit einmaliger Kaufwiederholung stellt die Wiederkaufrate erster Ordnung dar, der Anteil der Erstkäufer mit zweimaliger Kaufwiederholung die Wiederkaufrate zweiter Ordnung usw. Entsprechend gilt für die Wiederkaufrate R_x, des x-ten Kaufs im gesamten Beobachtungszeitraum:

$$R_x = \frac{\text{Anzahl der Käufer mit x-ter Wiederholung des Erstkaufs}}{\text{Anzahl der Käufer mit } (x-1)\text{-ter Wiederholung des Erstkaufs}}.$$

Die Gesamtzahl der Käufer am Ende der Beobachtungsperiode ergibt sich entsprechend durch Multiplikation der prognostizierten Durchdringung und der Wiederkaufraten. „Aufgrund der kaufzahlabhängigen Bestimmung der Wiederholungskäufe sind relativ lange Beobachtungszeiträume erforderlich, so daß der Einsatz des Modells auf kurzlebige Verbrauchsgüter beschränkt ist. Problematisch ist auch die Annahme zeitlich konstanter Modellparameter. So hat sich in empirischen Anwendungen ergeben, daß das Modell dazu neigt, den Verlauf der Erstkäufe zu Beginn des Beobachtungszeitraums zu unterschätzen. Fourt und Woodlock (1960) sprechen von einem heavy-buyer-Effekt, den sie durch Addition einer heuristisch geschätzten Konstanten zu berücksichtigen trachten. Auch muß zusätzlich noch eine Schätzung der Kaufmengen pro Kauf erfolgen, damit das Modell eine Absatzprognose leisten kann." (W. Beeskow/E. Dichtl/G. Finck/S. Müller)
Das 1968 formulierte gängige exponentielle Durchdringungsmodell von Parfitt & Collins gibt zunächst ganz ähnlich die kumulierte Zahl der Erstkäufer in der Beobachtungsperiode wie folgt an:
$K_T = \alpha (1 - e^{\beta t})$.
Anstelle der Annahme der Kaufzahlabhängigkeit der Wiederkaufrate geht dieses Modell jedoch von der Abhängigkeit von der Zeit nach dem Erstkauf aus. Die Durchführung des Parfittschen Modells zur Prognose des Marktanteils erfordert ebenfalls den Einsatz eines Verbraucherpanels. Dabei wird der langfristige Marktanteil (MA) als Produkt der Grenzrate der Durchdringung (Erstkäuferzahl) α, dem Grenzwert der Wiederkaufrate und der konstanten relativen Konsumintensität (Kaufintensität) i bei Stabilisierung der Marktdurchdringung berechnet:

$MA = \alpha \cdot w \cdot i$.

Der Grenzwert der Wiederkaufrate wird nach dem Parfittmodell durch graphische Extrapolation von periodenbezogenen Wiederkaufraten bestimmt (operationalisiert als Anteil der Wiederkaufmenge des Produkts an der Gesamtnachfrage in der entsprechenden Produktklasse).
„Als Hauptvorteil dieses Modells kann die getrennte funktionale Darstellung einzelner Determinanten des Marktanteils, die dadurch auch einzeln validierbar sind, genannt werden. Obwohl die Wiederkaufraten jetzt zeitabhängig und in Bezug auf die Gesamtnachfrage in der Produktklasse bestimmt werden, verbleiben auch in diesem Modell einige Mängel. Beispielsweise bleibt der Handel, für den man einen ähnlichen Durchdringungspro-

zess annehmen darf (kumulative Distribution), völlig unberücksichtigt. Eine weitere Schwachstelle liegt auch bei diesem Modell in der Notwendigkeit begründet, einen relativ langen Beobachtungszeitraum (etwa 1 Jahr) abwarten zu müssen, um zuverlässige Schätzungen via Extrapolation des Datenmaterials zu erhalten. Damit dürfte allerdings die Annahme stabiler Marketingaktivitäten sowohl seitens der Konkurrenten als auch seitens der Unternehmung selbst zur reinen Fiktion werden." (W. Beeskow/E. Dichtl/G. Finck/S. Müller)

penniless: mittellos
penny elimination: Pennyelimination f, Penny-Unterdrückung f (bei betriebsinternen Buchungsvorgängen)
penny stock: Aktien f/pl, die zum Preis von weniger als $ gehandelt werden
penny store: Einheitspreisgeschäft n
Eine Betriebsform des Einzelhandels, die vor allem in der Zeit vor dem 1. Weltkrieg bestand. Die Einheitspreisgeschäfte führten nur sehr wenige Waren sehr niedriger Preisstufen. Ihr Sortiment war breit und flach und faßte vorwiegend geringwertige Waren des täglichen Bedarfs.
Die Einheitspreisgeschäfte nahmen als 1879 gegründete Penny Stores von F. W. Woolworth ihren Anfang. Sie waren teils branchenbezogen sortiert, teils hatten sie den Charakter von Mehrbranchen- oder Gemischtwarengeschäften.
Herausragender Vertreter des Einheitspreiskonzepts in Deutschland war Woolworth. Das erste deutsche Woolworth-Geschäft wurde 1927 in Bremen nach der Firmengründung im November 1926 in Berlin eröffnet. Ursprünglich wurden in den Einheitspreisgeschäften Preise von 10, 25, 50 Pfennig und einer Mark gefordert, d.h. runde Preise mit nur eng begrenzter Preislinienpolitik („price lining") für alle Waren.
Zur Stellung der Einheitspreisgeschäfte in den 1930er Jahren stellt Robert Nieschlag fest: „Für den wirtschaftspolitisch interessierten Leser dürfte es heute noch von Interesse sein zu erfahren, daß die Wirkung, die die Einheitspreisgeschäfte Ende der zwanziger, Anfang der dreißiger Jahre in Deutschland (ebenso wie in anderen Ländern) auf den Preiswettbewerb ausübten, ungewöhnlich stark war, obwohl Ende 1931 im damaligen Reichsgebiet nur rund 400 Gemischtwaren-Einheitspreisgeschäfte mit einem Umsatz von etwa 300 Mill. RM bestanden, was einem Anteil von 1,0 bis 1,2 v. H. am Einzelhandelsumsatz entsprach. Daraus könnte geschlossen werden, daß die Einheitspreisgeschäfte kaum der Rede wert gewesen seien. Das Gegenteil war aber der Fall: Die als geradezu revolutionierend empfundene Preiskonkurrenz hatte scharfe wirtschaftspolitische Kämpfe zur Folge."
Ende der 1930er Jahre sind die Einheitspreisgeschäfte von den alten Prinzipien der einheitlichen Preise für viele Artikel und den niedrig angesetzten Höchstpreisen für eine Warenart abgekommen und haben den Preisspiegel, d.h. die Anzahl der Preisstellungen für den Konsumenten, vergrößert sowie das Qualitätsspektrum nach oben ausgebaut. Nach dem 2. Weltkrieg stieg der oberste Preis bald auf 50 DM und mehr. Im Gegensatz zu den Vereinigten Staaten haben die Lebensmittel im Sortiment der deutschen Kleinpreisgeschäfte einen vergleichsweise hohen Anteil.
Die Variante der fachlich orientierten Einheitspreisgeschäfte, das Serienpreisgeschäft, hat in der Bundesrepublik Deutschland als Fachdiskonter etwa seit Beginn der 1970er Jahre wieder an Bedeutung gewonnen.

pension: Altersversorgung f, Pension f, Ruhegehalt n, Ruhegeld n
pension claim: Versorgungsanspruch m
pension contribution: Pensionsbeitrag m
pension fund contribution: Pensionsbeitrag m
pension fund: Pensionsfond m, Pensionskasse f
pension insurance: Altersversicherung f, Pensionsversicherung f
pension off: pensionieren, in den Ruhestand m versetzen
pension plan: Pensionsplan m
pension reserve: Pensionsrückstellung f, Rückstellung f für Ruhegeldverpflichtungen f/pl
pension scheme: Pensionsplan m
pensioner: Pensionär m
pensioning: Pensionierung f
penury: Mangel m (Knappheit)
people's share: Volksaktie f
per annum: im Jahr n, jährlich
per capita: pro Kopf m
per day: täglich, pro Tag m
per diem: Diäten f/pl, täglich, Tag m, Proper
per diem allowance: Reisespesen-Tagessatz m
per diem charge: Tagegeld n für die Benutzung von Waggons
per pro (per procurationem): Prokura f
per proxy: Prokura f
percent: Prozent n, von Hundert n
percentage: Prozentsatz m, Vom-Hundertsatz m
percentage of recovery: Konkursquote f
perception: Wahrnehmung f
peremptory: anspruchsvernichtend, peremptorisch, unbedingt, zwingend
peremptory plea: perem(p)torische Einrede f
perfect: vollkommen, vervollkommnen
perfect competition: vollkommene Konkurrenz f → pure competition
perfect market: vollkommener Markt m
Die Volkswirtschaftstheorie differenziert Märkte

543

nach dem Grad ihrer Marktvollkommenheit. Als vollkommener Markt gilt eine qualitative Struktur von Angebot und Nachfage, die sechs Bedingungen zu genügen hat: (1) Die ausgetauschten Güter sind sachlich gleichartig (homogen), es bestehen keine Leistungsunterschiede zwischen allen Anbietern; (2) daher bestehen auch keine persönlichen Präferenzen der Nachfrager für bestimmte Anbieter; (3) alle Marktteilnehmer handeln nach dem Maximumprinzip, streben also nach maximalem Nutzen (Nutzenmaximierung) bzw. Gewinn (Gewinnmaximierung); (4) es bestehen keine räumlichen Differenzierungen zwischen den Marktteilnehmern; (5) es bestehen keine zeitlichen Differenzierungen zwischen den Marktteilnehmern (alle Reaktionsprozesse vollziehen sich mit unendlich großer Geschwindigkeit, d.h. ohne jegliche Verzögerung); und (6) es besteht vollständige Markttransparenz.

Mit dem Begriff der vollständigen Konkurrenz wird dabei das Polypol auf dem vollkommenen Markt bezeichnet. Als Polypol versteht man dabei eine quantitative Struktur von Angebot und Nachfrage, in der viele kleine Anbieter vielen kleinen Nachfragern gegenüberstehen.

Nach dem von William Stanley Jevons (1835-1882) formulierten Indifferenzgesetz („law of indifference") kann es auf vollkommenen Märkten keine Preisunterschiede geben, weil dann alle Nachfrager sofort zum preisgünstigeren Anbieter abwandern würden, woraufhin die übrigen Anbieter ihren Preis ebenfalls sofort anpassen würden, so daß es – wegen der unendlich schnellen Anpassung – gar nicht erst zu Käuferfluktuationen kommen kann.

In der Realität sind alle Märkte mehr oder weniger unvollkommen, was für die Anbieter erst die Voraussetzung dafür schafft, den Preis als Aktionsvariable einzusetzen: Die Leistungsangebote unterscheiden sich im Grund- und/oder Zusatznutzen (Produktheterogenität), die Markttransparenz ist – nicht zuletzt wegen der Kosten der Informationsbeschaffung – unvollständig, Anbieter wie Nachfrager streben nicht unbedingt nach Nutzenmaximierung, sondern verwenden oft vereinfachende Entscheidungsregeln, und die Anpassungsprozesse nehmen gelegentlich Jahre in Anspruch.

perfection: Vervollkommnung *f*, Vollkommenheit *f*
perfection standard cost: Optimalplankosten *pl*, Optimalstandardkosten *pl*, Standardkosten *pl* auf Basis *f* der bestmöglichen Leistung *f* unter optimalen Bedingungen *f/pl*
perforate: durchlöchern, perforieren
perform: erfüllen, leisten, verrichten, vollziehen
perform a contract: einen Vertrag *m* erfüllen
performance: Arbeitsleistung *f*, Besorgung *f*, Erfüllung *f* (Kontrakt), Leistung *f*, Leistungsgrad *m*, Verrichtung *f*

performance accounting: Leistungsrechnung *f*
performance appraisal: Arbeitsplatzbewertung *f*, Leistungsbewertung *f*
performance competition: Leistungswettbewerb *m*
Derjenige Wettbewerb, durch den ein Anbieter durch qualitative und quantitative Verbesserung seines Angebots in Gestalt von Produktvariationen sowie Variationen der Konditionen und des Standorts und in Form von entsprechenden Kommunikationsmaßnahmen, die sich auf sachlich zutreffende Information konzentrieren, in Konkurrenz zu anderen Unternehmen tritt, so daß die Schädigung der Konkurrenten schlimmstenfalls die Folge nicht jedoch die Absicht und das Mittel des Wettbewerbs ist. Es handelt sich eher um eine sich ausschließlich aus dem Leistungsstreben zur Förderung des eigenen Geschäftsbetriebs objektiv ergebende Konkurrenz, die weder auf Behinderung von Konkurrenten oder Verdrängungswettbewerb noch auf den Einsatz von Methoden des unlauteren Wettbewerbs hinausläuft.
performance efficiency: Leistungsgrad *m*, Zeitgrad *m*, Leistungsniveau *n*
performance factor: Leistungsfaktor *m*
performance in kind: Naturalleistung *f*
performance level: Leistungsgrad *m*, Leistungsstand *m*
performance measurement: Leistungsmessung *f*
performance of a contract: Erfüllung *f* eines Vertrages *m*, Vertragserfüllung *f*
performance of duty: Pflichterfüllung *f*
performance payment: zeitunabhängige Lohnzahlung *f* bei Beendigung *f* der vorgegebenen Leistung *f*
performance rating: Einstufung *f* (der Mitarbeiter) nach Leistung, Leistungsbeurteilung *f*, Leistungseinstufung *f*, Leistungsgradschätzen *n*
performance rating factor: Leistungsfaktor *m*
performance rating scale: Leistungsgradschätzskala *f*
performance report: Leistungsbericht *m*
performance review sheet: Leistungsbeurteilungsbogen *m*
performance review: Leistungsbesprechung *f* (mit Untergebenen), Leistungsbeurteilung *f*
performance standard: Leistungsstandard *m*, Leistungsvorgabe *f*
performance trade test: Leistungsprüfung *f* (stellt Kenntnisse und Arbeitsgeschwindigkeit test)
peril: Gefahr *f*, Risiko *n*

peril of transportation: Transportgefahr *f*
perimeter: Umfang *m*, Umkreis *m*
period: Dauer *f*, Frist *f*, Periode *f*, Punkt *m* (Satzzeichen), Zeitabschnitt *m*
period for appeal: Berufungsfrist *f*
period for justification: Begründungsfrist *f*
period of conversion: Umtauschfrist *f* (Wandelschuldverschreibung)
period of dull sales *pl*: Absatzflaute *f*
period of grace: Nachfrist *f*
period of limitation: Verjährungsfrist *f*
period of notice: Kündigungsfrist *f*
period of prescription: Verjährungsfrist *f*
period of probation: Bewährungsfrist *f*, Probezeit *f*
period of restriction (as to employment): Karenzzeit *f*
period of retention: Aufbewahrungsfrist *f*
period of validity: Gültigkeitsdauer *f*, Laufzeit *f*
period of warranty: Gewährleistungsfrist *f*
period payment: Rente *f*
period to maturity: Verfallzeit *f*
periodic average inventory plan: Bestandsbewertungsverfahren *n* zu Perioden-Durchschnittspreisen *m/pl*
periodic average inventory valuation: Bewertung *f* des Vorratsvermögens *n* zu Perioden-Durchschnittspreisen *m/pl*
periodic controls *pl*: periodische Kontrollen *f/pl*
Bei Kontrollzyklen, die sich auf die zeitliche Einteilung der Kontrollaktivitäten während der Realisierungsphase beziehen, unterscheidet man zwischen laufenden Kontrollen (Prozeßkontrollen), bei denen ständig alle Abweichungen vom Zielwert als Kontrolldaten gespeichert und in Form von Überwachungsprotokollen zur Verfügung gestellt werden, und periodische Kontrollen, die kalendarisch erfolgen, z.B. als monatliche, vierteljährliche und jährliche Kontrolle von Ergebnissen. Sie können aber auch ereignisbezogen sein. In diesem Fall werden für einen Prozeß kritische Ereignisse (Zwischenergebnisse, Termine) definiert, die einer besonderen Kontrolle unterliegen (sog. „milestones").
periodic payment: Rente *f*
periodical: periodisch, Zeitschrift *f*
periodical act of performance: wiederkehrende Leistung *f*
periodicity: Periodizität *f*
periodogram procedure: Periodogrammverfahren *n*
Ein Verfahren der Bestimmung jahreszeitlicher Schwankungen in der Zeitreihenanalyse, das im wesentlichen in drei Schritten vorgeht. Zunächst wird der Ursprungswert für jeden Monat als Anteilswert (Prozentsatz) des Jahresdurchschnitts ausgedrückt, dann werden diese Anteilswerte von Monat zu Monat zu Werten der zentralen Tendenz zusammengefaßt und schließlich wird die Reihe auf etwa notwendig werdende Korrekturen überprüft, z.B. um zu erreichen daß die Saisonnormalen so gestaltet sind, daß die Jahressummen der unbereinigten und der bereinigten Reihen bei Bereinigung der Zeitreihen gleichbleiben. Das Periodogramm einer Zeitreihe $x_1, x_2 \ldots, x_n$ ist gegeben durch

$$I(\lambda)^2 = \frac{2}{n}\left[\left(\sum_{t=1}^{n} x_t \cos\frac{2\pi t}{\lambda}\right)^2 + \left(\sum_{t=1}^{n} x_t \sin\frac{2\pi t}{\lambda}\right)^2\right],$$

wobei λ die periodische Schwankung der zyklischen Komponente der Zeitreihe und $I(\lambda^2)$ ihre Amplitude darstellt.
peripheral equipment: Maschinen *f/pl* außerhalb des Systems *n (EDV)*, Peripheriegerät *n (EDV)*, Randmaschinen *f/pl (EDV)*, Zusatzgeräte *n/pl (EDV)*
perishable: verderblich, vergänglich
perishable commodity: Verbrauchsgut *n*
perishable freight: verderbliche Fracht *f*
perishable good(s) *(pl)*: verderbliche Ware*(n) f(pl)*
perishable good: verderbliches Gut *n*
perishable tool: Kleinwerkzeug *n*, Verschleißwerkzeug *n*
perjure oneself: einen Meineid *m* leisten, meineidig werden, wissentlich falsch schwören
perjured: meineidig
perjurer: Eidbrüchiger *m*, Meineidiger *m*
perjury: Eidbruch *m*, Meineid *m*
perk up: sich wiedererholen
permanence: Dauerhaftigkeit *f*, Nachhaltigkeit *f*, Permanenz *f*
permanent: beständig, dauernd, nachhaltig, permanent, ständig
permanent committee: ständiges Gremium *n*
Ein Gremium, das zur Lösung einer oder mehrerer Daueraufgaben eingerichtet wurde und in regelmäßigen Abständen tagt.
permanent debt: Dauerschuld *f*
permanent deputy: ständiger Stellvertreter *m*, ständiger Vertreter *m*
Der Stellvertreter eines Funktionsträgers im Unternehmen, der auch bei Anwesenheit des vertretenen Stelleninhabers als Vertreter tätig ist. In vielen Führungssystemen ist der Einsatz eines ständigen Vertreters namentlich für höhere Vorgesetztenpositionen allgemein vorgesehen. Es läßt es auch bei sorgfältiger Aufgaben- und Befugnisabgrenzung oft nicht vermeiden, daß dabei die Vorgesetztenposition unklar wird und die Mitarbeiter zwei Vorgesetzte haben. In jedem Fall ist eine enge, ständige und zeitraubende Verständigung zwi-

schen dem Stelleninhaber und seinem ständigen Vertreter notwendig. Bei einem kooperativen Führungsstil sollten und können ständige Vertreter im Interesse klarer Führungsverhältnisse vermieden werden. Wichtigste Voraussetzung dafür sind richtig bemessene Kontrollspannen.

permanent employment: Dauerbeschäftigung f

permanent establishment: Betriebsstätte f

permanent income hypothesis: Dauereinkommenshypothese f
Die vor allem von Milton Friedman (1957) sowie von F. Modigliani und R. E. Brumberg vertretene Hypothese, daß der Konsum einer bestimmten Periode nicht vom *gegenwärtigen* Einkommen eines privaten Haushalts abhängt, sondern von seinem *langfristigen Durchschnittseinkommen*, dessen Höhe sich aus dem gegenwärtigen und dem voraussehbaren künftigen Einkommen ermittelt.
Damit versteht sich die Dauereinkommenshypothese als Antithese zur zu der relativen Einkommenshypothese von J. S. Duesenberry, nach der die Konsumquote weniger von der absoluten Höhe des Einkommens als von der Position des einzelnen in der Einkommenspyramide und der Höhe des zuvor bezogenen Einkommens abhängt.

permanent inventory: permanente Inventur f

permanent inventory control: Bestandsüberwachung f, Erfassung f der Lagerbestände m/pl, Kontrolle f der Vorräte m/pl durch buchmäßige und physische Methoden f/pl, Überrechnung f der Bestände m/pl

permanent investment: Beteiligung f, langfristige Daueranlage f, dauernde Kapitalanlage f

permanent piece rate: langfristig gültiger Akkordsatz m

permanent poster: Dauerplakat n

permanent standard cost: langfristige Grundstandardkosten pl, Grundstandardkosten pl, Standardkosten pl, langfristig unveränderte Kosten pl

permanent working place: Dauerarbeitsplatz m

permissibility: Zulässigkeit f

permissible: erlaubt, zulässig

permissible strategy: zulässige Strategie f
Alle Strategien einer Strategiemenge, die nicht durch irgendeine andere Strategie dieser Menge dominiert werden, heißen zulässige Strategien. Zulässige Strategien können in der graphischen Darstellung nur auf der nordöstlichen Grenzlinie liegen, da es nur für die Punkte auf dieser Linie nordöstlich keine anderen Punkte gibt. Man findet das Segment der nordöstlichen Grenzlinie, auf dem die zulässigen Strategien liegen, indem man erst eine waagerechte Linie von Norden nach Süden verschiebt, bis sie die Strategiemenge berührt, und dann eine senkrechte Linie von Osten nach Westen verschiebt, bis sie ebenfalls an die Menge stößt. Die zulässigen Strategien liegen dann auf der Grenzlinie der Menge, welche die zwei durch die Linien berührten zulässigen Strategien miteinander verbindet.
In der Abbildung ist dies für die Strategiemenge aus der vorangegangenen Abbildung illustriert, wobei nun auch gemischte Strategien miteinbezogen sind. Die waagerechte Linie berührt die Menge an einem einzelnen, eine zulässige Strategie repräsentierenden Punkt; die senkrechte Linie berührt die Menge in einem längeren Abschnitt der Grenzlinie, aber nur der nördlichste Punkt dieses Abschnitts repräsentiert eine zulässige Strategie. Die in der Darstellung stärker gezeichnete schräge obere Linie stellt daher das Segment dar, auf dem die zulässigen Strategien der Menge liegen. In diesem Fall ist das Segment eine einzige gerade Strecke, doch es kann durchaus auch aus einer Reihe gerader Liniensegmente bestehen. Eine kontinuierliche Krümmung in einem Teil der Grenzlinie der Strategiemenge bedeutet die Existenz unendlich vieler reiner Strategien; man nimmt hier nur endlich viele Strategien an.

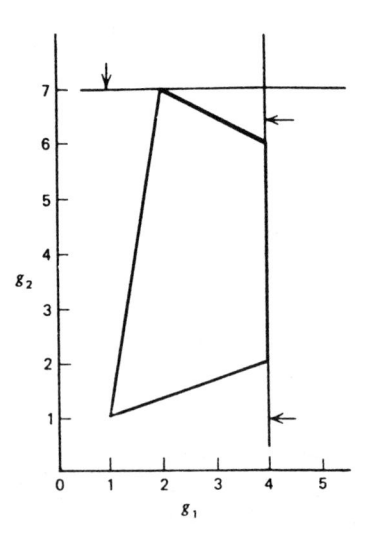

Das Segment zulässiger Strategien ist durch die starke Linie markiert.

permission: Duldung f, Erlaubnis f, Zulassung f

permissive: nachgiebig

permissiveness: Nachgiebigkeit f, liberale Grundhaltung f

permit card: Erlaubnisschein m

permit: Bewilligung f, dulden (gestatten), erlauben, Erlaubnis f, genehmigen, Genehmigung f, Genehmigungsbescheid m, ge-

statten, gewähren, Gewährung f, zulassen, Zulassungsschein m
permit of entry: Einreiseerlaubnis f
permitted: erlaubt
permitting recourse to Central Bank System: refinanzierungsfähig
permitting recourse: refinanzierungsfähig
permutation: Permutation f, Vertauschung f
In der Kombinatorik eine Bezeichnung für die Anzahl der möglichen Anordnungen von n disjunkten Elementen in einer Reihenfolge, d.h. die Zahl der möglichen Permutationen von n ist n! (n Fakultät). Die folgende graphische Darstellung zeigt die Permutationen von A, B, C und D.

Permutationen

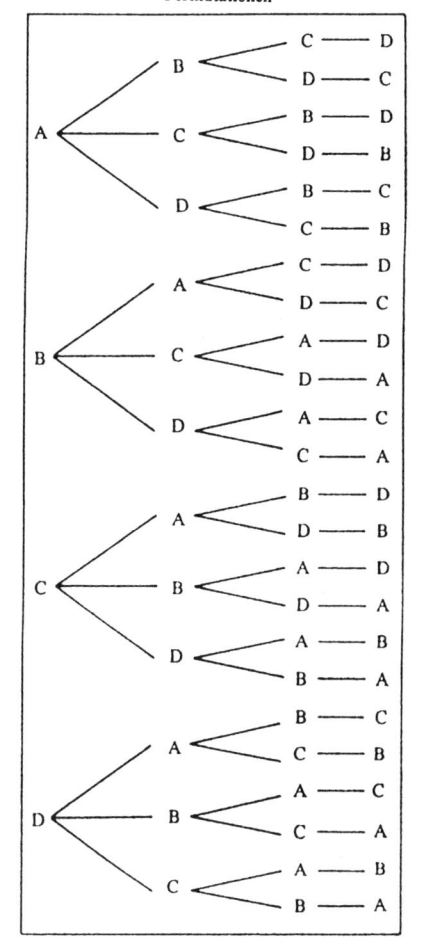

```
        C —— D
      B
        D —— C
   A    C    B —— D
        D —— B
        B —— C
      D
        C —— B
        C —— D
      A
        D —— C
   B    C    A —— D
        D —— A
        A —— C
      D
        C —— A
        B —— D
      A
        D —— B
   C    B    A —— D
        D —— A
        A —— B
      D
        B —— A
        B —— C
      A
        C —— B
   D    B    A —— C
        C —— A
        A —— B
      C
        B —— A
```

Es handelt sich also um eine Folge von n Elementen unter Berücksichtigung einer Reihenfolge, wobei die Elemente in der Folge nicht mehrmals auftreten dürfen. So lassen sich z.B. die Zahlen 1, 2, 3 auf 6 Arten anordnen, nämlich 123, 213, 312, 132, 231, 321, also n! = 3! = 6.
Wichtig für die Stichprobentheorie ist die Feststellung, daß man aus n verschiedenen Elementen auf

$$\frac{n}{r!(n-r)!}$$

Arten eine Stichprobe im Umfang r ziehen kann. Kürzer ausgedrückt wird dieser Ausdruck

$$K_T = \sum_{t=1}^{T} \beta\alpha(1-\beta)^{t-1}.$$

geschrieben (Binomialkoeffizient). Dabei gilt

$$\binom{n}{r}$$

perniciousness: Schädlichkeit f
perpetrate: begehen (eine Tat), verüben
perpetration: Begehung f (einer Tat), Verübung f
perpetrator: Täter m
perpetual: dauerhaft, dauernd, permanent, ständig, ständig wiederkehrend, unaufhörlich
perpetual book inventory: permanente Inventur f
perpetual debt: Dauerschuld f
perpetual injunction: gerichtliches Dauerverbot n nach Entscheidung f zur Hauptsache f
perpetual inventory file: laufende Bestandskartei f
perpetual inventory: Buchinventur f, permanente Inventur f
perquisite: Sachbezug m (z.B. Kost und Logis)
perquisites pl: Nebeneinkünfte f/pl
perseverance: Ausdauer f, Strebsamkeit f
persevere: beharren (auf)
persevering: ausdauernd
persist (in): beharren (auf)
persistence: Ausdauer f
persistency: Beharrlichkeit f
persistent: ausdauernd, beharrlich, nachhaltig
person of full age: Volljähriger m, Großjähriger m
person with full power of attorney to represent the company: Prokurist m
personal: persönlich, unsachlich (ad personam), personal
personal account: Personenkonto n

personal allowance: persönlich bedingte Verlustzeit *f*
personal assets *pl*: Privatvermögen *n*
personal communication: personenbezogene Kommunikation *f*
Jede Führungskraft ist zugleich Sender und Empfänger von Informationen und damit auch Bestandteil des Kommunikationssystems. Daher unterscheidet man auch in sachbezogene (aufgabenspezifische) und personenbezogene Kommunikation.
personal contribution for social insurance: Arbeitnehmeranteil *m* an der Sozialversicherungsprämie *f*
personal corporation: personenbezogene Aktiengesellschaft *f*
personal credit: Personalkredit *m*
personal finance company: Personalkreditinstitut *n*
personal income tax: Einkommensteuer *f* (natürlicher Personen)
personal injury: körperliche Verletzung *f*
personal insurance: Personenversicherung *f*
personal liability insurance: Haftpflichtversicherung *f*
personal loan: Personalkredit *m*
personal loan company: Personalkreditinstitut *n*
personal price differentiation: personelle Preisdifferenzierung *f*
Eine Form der Preisdifferenzierung, bei der je nach der Person des Nachfragers verschieden hohe Preise gefordert werden. Kriterium der Höhe des Preises ist dabei meist die Zugehörigkeit zu einer bestimmten sozialen Schicht, Berufs-, Standes- oder Altersgruppe.
personal property: bewegliche Habe *f*, bewegliche Sache *f*, Fahrnis *f*, Mobiliarvermögen *n*, Mobilien *pl*, Privatvermögen *n*
personal rating: persönliche Einstufung *f*
personal selling: persönlicher Verkauf *m*
personalistic approach: personalistischer Ansatz *m*
Ein Ansatz in der Managementlehre, der charakteristische Eigenschaften für die Eignung zur Führungskraft wie z.B. ein hohes Maß an Durchsetzungsvermögen, ein bestimmter Intelligenzquotient, ein besonderes Maß an Ausstrahlungsvermögen und Überzeugungskraft definiert. Derartige Daten spiegeln sich häufig in den Einstellungspraktiken der Unternehmen wider, die mittels Fragebogen und Tests umfangreiche Informationen über die Bewerber auswerten. Sichere Rückschlüsse auf das Führungsverhalten sind aber dadurch nur bedingt ableitbar, da die Führung auch von den zu führenden Mitarbeitern, der Organisation des Unternehmens und den speziellen Situationen der Aufgabenerledigung abhängig ist.

Der Führungsstil bestimmt die Art der Aufgabenerledigung. Der jeweils praktizierte Führungsstil zeigt sich darin, wie und mit welchen Methoden es der Führungskraft gelingt, den an sie delegierten Auftrag, andere zur optimalen Aufgabenerledigung anzuleiten, innerhalb der bestehenden Regeln und Normen der Personal- und Unternehmenspolitik erfüllt.
personality: Persönlichkeit *f*
personally conducted joint stock company: personenbezogene Aktiengesellschaft *f*
personally liable partner: persönlich haftender Gesellschafter *m*
personally: mündlich, persönlich (selbst)
personalty: Mobiliarvermögen *n*
personnel: Belegschaft *f*, Personal *n*
personnel accounting: Personalbuchhaltung *f* (Lohn- und Gehaltsbuchhaltung)
personnel administration: gesamte Tätigkeit *f* Personalabtailung *f*, der Personalführung *f*, Personalverwaltung *f*, Tätigkeit *f* der Personalabteilung *f*
personnel audit: Überprüfung *f* der Personalpolitik
personnel coordination: personelle Koordination *f*
Die Bildung von Arbeitsgruppen, deren Mitglieder aus verschiedenen Aufgabengebieten stammen, jedoch eine gemeinsame Aufgabe zu bewältigen haben. Die personelle Koordination läuft auf eine Teamorganisation hinaus und findet sich sehr oft bei Projekten, die außerhalb einer Routine-Aufgabe stehen. Als Koordination bezeichnet man die Zusammenfassung von Teilaktivitäten einer Aufgabe zu einem Ganzen, das durch die Zielvorgabe der Aufgabe bestimmt ist. Koordination ist die Abstimmung einer Menge von Teilaktivitäten im Hinblick auf die Erreichung eines vereinbarten Ergebnisses.
personnel department: Personalabteilung *f*
personnel deployment: Personaleinsatz *m*
Im Grundsatz sind es drei Kernaktivitäten, die zu dem Aufgabenbereich Personal gehören: die Gewinnung, der Aufbau und die Erhaltung des geeigneten Personals. Die Managementfunktion „Personaleinsatz" deckt nur einen Teil dieser Aufgabengebiete ab, nämlich den, die in den Personalverantwortungsbereich eines jeden Vorgesetzten fallen.
Im Sinne der funktionalen Differenzierung hat es sich als zweckmäßig erwiesen, die insbesondere im Zuge des Unternehmenswachstums und der damit einhergehenden komplexeren Arbeitsteilung in immer größerer Zahl anfallenden Personalprobleme von dafür wiederum spezialisierten Fachleuten bearbeiten zu lassen. Die „Professionalisierung der Personalarbeit" sollte eine exaktere und effizientere Bearbeitung der Personalprobleme garantieren.

Die Personalplanung wird – wie alle betriebswirtschaftlichen Faktorplanungen – grundsätzlich in eine Bedarfsplanung und eine Deckungsplanung untergliedert und dabei jeweils nach Quantität, Qualität, Zeit und Ort aufgefächert. Eine weitere Differenzierung ergibt sich hinsichtlich des thematischen Umfangs und des Detaillierungsgrades der Unterpläne. Zumeist wird nach folgenden Plänen unterschieden:

(1) *Bedarfsplanung*: Sie ermittelt den kurz-, mittel- und langfristigen Personalbedarf in quantitativer und qualitativer Hinsicht nach folgendem Grundmuster:

Soll-Bestand – vorhandene Deckungsmöglichkeiten = Personalbedarf.

Der Personalbedarfsplan setzt sich aus dem Einsatzbedarf und einem entsprechenden Reservebedarf zusammen. Die Personalbedarfsplanung ist eine im wesentlichen derivative Planung, die sich aus dem strategischen Plan und/oder aus vorgeordneten Sachplänen, wie dem Fertigungs- und dem Vertriebsplan ableitet.

(2) *Beschaffungsplanung*: Planung der Maßnahmen zur Deckung von gegenwärtigen und zukünftigen Fehlbeständen, wie sie sich aus der Gegenüberstellung von Personalbedarfsplan und vorhandenen Deckungsmöglichkeiten ergeben haben. Dabei ist zwischen internen und externen Beschaffungsmaßnahmen zu unterscheiden.

(3) *Bildungsplanung*: Eng im Zusammenhang mit der Beschaffungsplanung steht die Planung der innerbetrieblichen Bildungsmaßnahmen, also der Maßnahmen, die geboten erscheinen, um den aktuellen oder zukünftigen Fehlbestand durch eigene Schulung zu decken.

(4) *Karriereplanung*: Ein weiterer wichtiger Aspekt der Personalplanung ist der Aufbau von generellen Karrierewegen („Laufbahnen") und die Einrichtung entsprechender Promotionskader (z.B. Führungskreis oder „Generalstab"). Die Laufbahnplanung strukturiert die qualitative Personalplanung zu einem wesentlichen Teil vor.

(5) *Abbauplanung*: Bei überschüssigen Deckungsmöglichkeiten – deren frühzeitige Erkennung erst durch eine systematische Bedarfsplanung möglich wird – ergibt sich die Notwendigkeit einer Planung des Personalabbaus. In die Planung einzubeziehen sind Maßnahmen des direkten Personalabbaus (Entlassungen, Auflösungsverträge, vorzeitige Pensionierungen etc.) sowie des indirekten Personalabbaus (Nicht-Verlängerung von Zeitverträgen, Versetzungen, Einstellungsstops).

Die Personalbeschaffung setzt den in der Planung ausgewiesenen Fehlbedarf in konkrete Maßnahmen um. Für die an die Beschaffung anschließende Personalauswahl stellt die Personalabteilung für gewöhnlich Expertenkenntnisse bereit, der Auswahlprozeß als solcher wird jedoch in den meisten Fällen von den Linienmanagern selbst durchgeführt. Unterstützung bieten die Spezialisten in der Personalabteilung in Form von psychologischen Testverfahren, vorselektierenden Lebenslaufanalysen, Sonder-Interviews usw.

Bei größerzahligen Einstellungen, Versetzungen, Projekten, Reorganisationen usw. stellt sich das Zuordnungsproblem, d.h. die Zuweisung von Arbeitskräften der benötigten Art zur erforderlichen Zeit auf die vakanten Stellen. Für die Personalzuordnung sind zahlreiche, in der Praxis jedoch kaum verwendete Optimierungs-Modelle entwickelt worden. Als Optimierungskriterien finden dabei z.B. Verwendung: Minimierung der Differenz zwischen Eignungs- und Anforderungsprofil oder Minimierung der Einarbeitungskosten.

Weitere Probleme der Personalzuordnung sind die Überbrückung von Engpässen (Springer, Reserve usw.) und die personelle Besetzung von „Sonderschichten".

Mit der Personalbeurteilung sollen in systematischer Weise Arbeitsverhalten, Leistungsergebnisse und Leistungspotentiale von Mitarbeitern erfaßt werden. Die Personalbeurteilung wird für eine Vielzahl von Zwecken eingesetzt: Mitarbeitermotivation, Entgeltfindung, Bildungsplanung, Bewerberauslese etc.

Am häufigsten werden Beurteilungsverfahren zur Gewinnung einer nachvollziehbaren Basis für die Lohndifferenzierung verwendet, teilweise sind dafür sogar tarifliche Vereinbarungen getroffen.

Ein wichtiges Einsatzgebiet der Personalbeurteilung ist die Personalentwicklung, sie bietet die konkretesten Informationen über den qualitativen und quantitativen Bildungsbedarf, jedenfalls dort, wo es um Defizitabbau und Qualitätssteigerung geht.

personnel development: Personalentwicklung (PE) *f*, Mitarbeiterförderung *f*

Ein relativ neues Instrument der Mitarbeiterförderung, das in der klassischen Personalwirtschaftslehre meist mit betrieblicher Bildung gleichgesetzt wird. Eine erste Entwicklungsstufe hin zu PE in einem umfassenderen Sinn stellt die systematische Koordination aller bereits in der Unternehmung praktizierten PE-Maßnahmen dar sowie deren organisatorische Zusammenfassung in einer speziellen Abteilung des Personalwesens.

PE stellt eine Form der zielgerichteten Beeinflussung menschlichen Verhaltens dar (wie Motivation und Führung) und zwar über die Erweiterung und/oder Vertiefung bestehender und/oder Vermittlung neuer Qualifikationen. Die geplante betriebliche Fort- bzw. Weiterbildung wird dabei als Kern der PE (im engeren Sinne) verstanden. Alle Formen der Selbst-Qualifikation und Entwicklung sowie des ungeplanten, nicht organisierten Lernens werden dabei allerdings ausgeklammert.

Ebenso wie sich Organisationen permanent verändern, aber nur der geplante organisatorische Wandel als Organisationsentwicklung (OE) bezeichnet wird, versteht man unter PE nur die geplante Entwicklung des Personals. Hierzu zählen aber neben der betrieblichen Bildungsarbeit Maßnahmen der Laufbahnentwicklung, Karriereplа-

personnel director

nung, Versetzung und Beförderung, Maßnahmen der Organisationsentwicklung, Einführung von Teamarbeit und Aufgabenbereicherung sowie generell die Schaffung von persönlichkeitsförderlichen Arbeitsstrukturen und -prozessen.
Im Gegensatz zur Management- bzw. Führungskräfte-Entwicklung (Management Development), als umfassender Weiterbildung und Förderung von Managern, wendet sich PE an Mitarbeiter sämtlicher Hierarchieebenen (allerdings mit sehr unterschiedlicher Intensität). Entsprechend definieren Heymann und Müller: „Unter der Personalentwicklung eines Unternehmens sind alle Maßnahmen zu verstehen, die der individuellen beruflichen Entwicklung der Mitarbeiter aller Hierarchieebenen dienen und ihnen unter Beachtung ihrer persönlichen Interessen die zur Wahrnehmung ihrer aktuellen und auch zukünftigen Aufgaben notwendigen Qualifikationen vermitteln".

personnel director: Personalchef *m*, Personalleiter *m*

personnel evaluation: Personalbeurteilung *f*, Leistungsbeurteilung *f* (von Mitarbeitern)
Die Beurteilung von Eigenschaften, Verhaltensweisen und Leistungen von Individuen und Gruppen verfolgt vorrangig die folgenden Zwecke:
• Ermittlung von Grundlagen für eine über die Arbeitsplatzbewertung hinausgehende Lohn- und Gehaltsdifferenzierung (bessere Erfüllung des Grundsatzes der Äquivalenz von Lohn und Leistung), Äquivalenzprinzip.
• Fundierung personeller Auswahlentscheidungen: Entlassungen, Versetzungen, Beförderungen (d.h. auch Ermittlung der potentiellen Leistungsfähigkeit), Personaleinsatzplanung.
• Evaluation der Effizienz personalpolitischer Instrumente: Ermittlung der Validität von Verfahren für die Auswahl von Bewerbern und für die Zuweisung von Positionen und Analyse des Erfolgs aller Arten von Aus- und Weiterbildungsmaßnahmen.
• Ermittlung relevanter Informationen für die Bestimmung des Fort- und Weiterbildungsbedarfs sowie der inhaltlichen Gestaltung (der Ziele) der Fort- und Weiterbildungsveranstaltungen.
• Steigerung der Motivation und Förderung der individuellen Entwicklung von Organisationsmitgliedern. Zum einen wird erwartet, daß die Vorstellung, beurteilt zu werden, leistungsstimulierend wirkt und daß die Mitteilung kritischer Leistungsaspekte zu einer Änderung des Leistungsverhaltens führt. Zum anderen sollen mit Leistungsbeurteilungen Stärken und Schwächen in Wissen, Einstellungen und Fähigkeiten der Mitarbeiter aufgezeigt werden, um individuelle Entwicklungsprozesse anzustoßen.
• Information der Mitarbeiter.
Es gibt im wesentlichen drei Grundkonzeptionen zur Personalbeurteilung: den Eigenschafts-, Tätigkeits- und die ergebnisorientierten Ansatz.
(1) *Eigenschaftsorientierter Ansatz (Input)*: Im Mittelpunkt der Beurteilung steht die Persönlichkeit des Mitarbeiters. Es interessiert vor allem das Vorhandensein bestimmter, für relevant erachteter Eigenschaften (z.B. Loyalität, Dominanz, Intelligenz, Kreativität). Eigenschaften werden dabei als universelle und generelle Verhaltensdispositionen betrachtet.
(2) *Tätigkeitsorientierter Ansatz (Transformation)*: Zu beurteilen ist, „was" und „wie" die Person arbeitet, d.h. die Art des Tätigkeitsvollzugs. Ausgehend von den spezifischen Anforderungen einer Tätigkeit soll beurteilt werden, inwieweit ein diesen entsprechendes Verhalten gezeigt wurde. Beurteilt wird also nicht die Persönlichkeit schlechthin, sondern das konkrete beobachtbare Arbeitsverhalten.
(3) *Ergebnisorientierter Ansatz (Output)*: Gegenstand der Beurteilung ist das Ergebnis der Tätigkeit, das anhand von vorab festgelegten Zielen eingeschätzt werden soll. Im Mittelpunkt der Beurteilung steht also das, was von dem Mitarbeiter tatsächlich erreicht wurde.
Ausgangspunkt für jede tätigkeitsorientierte Personalbeurteilung ist eine gute Kenntnis der Arbeitsinhalte. Erst wenn bekannt ist, welche Anforderungen eine Stelle tatsächlich an den Inhaber richtet, kann auch sein Arbeitsverhalten angemessen beurteilt werden.
Um die tätigkeitsbezogenen Urteile zu ordnen und vergleichbar zu machen, ist eine Reihe von Methoden entwickelt worden. Einige der gängigeren sind:
• *Einstufungsskalen (Rating-Scales)*: Dies ist die am häufigsten verwendete Methode in Personalbeurteilungssystemen. Die Beurteilung erfolgt anhand von mehrstufigen (in der Regel fünf- oder siebenstufigen) Skalen, die für eine Reihe von Beurteilungsmerkmalen vorgegeben werden.
• Bei den *Verhaltenserwartungsskalen* werden die Skalenstufen durch Kurzbeschreibungen typischer arbeitsplatzbezogener Verhaltensweisen definiert („verankert"). Für jede Leistungsdimension wird eine Skala entwickelt, die verschiedene Leistungsniveaus wiedergibt. In diesem Verfahren wird der Beurteiler also aufgefordert, sich das Arbeitsverhalten des Mitarbeiters im Hinblick auf die aufgelisteten Dimensionen (= Erwartungen) zu vergegenwärtigen und dann das gezeigte Leistungsverhalten mit den alternativen Niveaus der Skala zu vergleichen und die passendste Stufe zu bestimmen.
• Einen weiteren Skalentyp stellen die *Verhaltensbeobachtungsskalen* dar. Hier werden auf systematischem Wege Leistungsdimensionen im Sinne von anforderungsgerechten Verhaltensweisen ermittelt; der Beurteiler hat dann anzugeben, wie oft er bei dem Mitarbeiter dieses Verhalten beobachtet hat.
Insgesamt gesehen stellen diese Verfahren hohe Anforderungen an das Beobachtungs- und Differenzierungsvermögen des Beurteilers, da er in der Regel 8-12 Beurteilungsmerkmale nach 5-7 (manchmal sogar mehr) Leistungsstufen beurteilen muß.
Die Praxis zeigt deshalb speziell bei dieser Metho-

personnel management

de eine Reihe von Problemen und Verzerrungen. Das aus der Sicht der Personalabteilung gravierendste Problem ist die typischerweise geringe Streubreite der Urteile. In der Regel wird nur die „bessere" Hälfte der Skala verwendet; bei einer siebenstufigen Skala liegen die Werte gewöhnlich zwischen 1 und 4 mit einem Mittelwert um 3 (Milde-Effekt).

• *Verfahren der erzwungenen Verteilung (forced distribution)*: Dieses Verfahren wurde entwickelt, um dem Problem der mangelnden Streubreite entgegenzuwirken. Es zwingt den Beurteiler, die zu beurteilenden Personen den entsprechenden Leistungsstufen so zuzuteilen, daß sie einer bestimmten Verteilung, meist der Normalverteilung, entsprechen. Im Hinblick auf bestimmte Leistungsmerkmale sind z.B. 10 % aller Beurteilten als sehr gut (sehr schlecht), 20 % als gut (schlecht) und 40 % als mittel einzustufen. Diese Methode erbringt also scharf herausgefilterte Extremgruppen und eine große undifferenzierte Mittelgruppe.

• *Gruppierte Aussagenliste mit Wahlzwang (forced choice)*: Die bisher erläuterten Methoden erlauben es dem Beurteiler, das eigene Urteil zu steuern und damit unter Umständen auch einzelne Personen bewußt zu bevorzugen oder zu benachteiligen. Das soll durch die „forced choice"-Methode ausgeschlossen werden. Bei dieser Methode liegen dem Beurteiler zahlreiche Beschreibungen von typischen Arbeitsverhaltensweisen vor, meist zu Paaren zusammengefaßt.
Der Beurteiler wählt jeweils aus den zwei (oder mehreren) Aussagen scheinbar gleich positiver oder negativer Wertigkeit diejenige aus, die seiner Meinung nach den zu Beurteilenden treffender bzw. weniger treffend zu charakterisieren vermag. Für die (später zu erstellende) Beurteilung ist jedoch nur eine der positiven bzw. negativen Beschreibungen relevant, die anderen sind sog. „zero-credit items" und nehmen auf das Ergebnis keinen Einfluß. Die Entscheidung, welche der Items ergebnisrelevant sein sollen, wird nicht willkürlich getroffen, sondern basiert auf Voruntersuchungen, die für diese Items im Gegensatz zu den „zero-credit items" hohe signifikante Korrelationen mit Effektivitätskriterien ergeben hatten.

• *Methode der kritischen Ereignisse (critical incidents)*: Diese Methode geht davon aus, daß es gewisse Verhaltensweisen gibt, die über Erfolg oder Mißerfolg eines Aufgabenvollzugs- und Führungsprozesses entscheiden (kritische Ereignisse). Dem Beurteiler wird für die vom zu Beurteilenden auszuführende Aufgabe eine Liste der wichtigsten Arbeitsanforderungen (critical job requirements) vorgegeben. Die Aufgabe des Beurteilers besteht darin, den Untergebenen im Hinblick auf diese Kriterien bei der Arbeit zu beobachten und herausragende Ereignisse (critical incidents) positiver oder negativer Art festzuhalten. Auf diese Weise entsteht Stück für Stück ein Verhaltensprotokoll, das ausführlich über das Leistungsverhalten des zu Beurteilenden unterrichtet. Die über die Zeit beobachteten kritischen Ereignisse werden nach Häufigkeit und Bedeutung geordnet und bilden so die Grundlage für eine zusammenfassende Beurteilung.

personnel file: Personalakte *f*, Personalkartei *f*

personnel inventory: Mitarbeiterbestandsverzeichnis *n*, Mitarbeiterinventar *n*, Personalbestandsverzeichnis *n*, Personalinventar *n*

personnel management: Personal-Management *n*, Personalführung *f*, Personalleitung *f*

Aus der Verfügungsgewalt des Managers leitet sich sein Recht des Arbeitseinsatzes ab. Grundsätzlich ist dieses Recht im Arbeitsvertrag fixiert und das Arbeitsrecht kennt die Begriffe Beschäftigungspflicht des Arbeitgebers und Arbeitspflicht des Arbeitnehmers. Rechtlich ist das Beschäftigungsverhältnis durch den Arbeitsvertrag geregelt. Hinzu tritt eine Vielzahl betrieblicher Sondervereinbarungen (z.B. Arbeitszeitregelung, Überstundenvereinbarungen, Betriebsurlaub) und gewerkschaftlicher, tariflicher Regelungen (z.B. Urlaubsansprüche). Rechte und Pflichten beider Parteien – Unternehmer und Arbeitnehmer – sind durch das Betriebsverfassungsgesetz definiert (z.B. die Frage der Mitbestimmung).

Die Kenntnis des bestehenden Regelwerks – gesetzliche, tarifliche, betriebliche Vereinbarungen – ist eine Voraussetzung für Führungskräfte, die anderen Menschen Arbeitsplätze und Aufgaben zuordnen. Die betrieblichen (unternehmerischen) Aufgaben der Personalführung beziehen sich darüber hinaus auf folgende Funktionen:

• *Arbeitsplatzgestaltung*: Der Arbeitsplatz eines Mitarbeiters ist entsprechend den jeweiligen Anforderungen der zu erledigenden Aufgaben im Hinblick auf psychische und physische Zumutbarkeit zu gestalten. Zur Arbeitsplatzgestaltung zählen: die Bereitstellung von Arbeitsmitteln, eine menschengerechte Gestaltung des Arbeitsplatzes, z.B. durch die Beachtung ergonomischer Faktoren, die Einrichtung von Sicherheitsvorkehrungen bei gefährdeten Arbeitsplätzen (Schutzfunktion).

• *Aufgabenerledigung*: Die operativen Aufgaben sind von den Führungskräften so zu planen, daß sie von den Mitarbeitern entsprechend ihrem fachlichen Können und Wissen innerhalb vernünftiger Zeitspannen erledigt werden können. Weder Über- noch Unterbeschäftigung sollte durch die Arbeitszuweisung entstehen. Das setzt voraus, daß eine abgestimmte Arbeitsplanung erstellt wird, insbesondere für Arbeitsplätze, bei denen mit Spitzenbelastungen zu rechnen ist. Zur Aufgabenerledigung gehört auch die Zielvorgabe gegenüber den Mitarbeitern, die Definition ihres Entscheidungsspielraumes, die Vorgabe von Zeiten und Einsatzmitteln sowie die Gewährung individueller Erholungspausen.

Die Management-Aufgabe besteht in der richtigen

551

Arbeitsverteilung an eine Gruppe von Mitarbeitern und in der Steuerung und Koordination der Teilaufgaben. Ein wichtiges Kriterium ist die personenbezogene Aufgabenerledigung, die die Fähigkeiten, das individuelle Arbeitstempo, die Ausbildung und Erfahrung sowie die persönlichen Neigungen der Mitarbeiter berücksichtigt.

- *Ausbildung und Schulung*: Die Führungskräfte müssen langfristig dafür Sorge tragen, daß die Mitarbeiter jenes Wissen erhalten, das sie insbesondere im Zeichen des sich wandelnden technischen Fortschritts befähigt, neue Aufgaben wahrzunehmen. Mitarbeiter müssen die Gelegenheit erhalten, sich durch interne und externe Schulungen die erwünschten Voraussetzungen für neue Arbeitsgebiete anzueignen. Im Rahmen der Arbeitsplanung muß daher auch der erforderliche Zeitaufwand für die Weiterbildung der Mitarbeiter geplant werden. Dazu zählen: Information der Mitarbeiter über zukünftige Entwicklungen und Änderungen in der Technologie und Organisation des Unternehmens, die sich auf die Art der Aufgabenerledigung beziehen, die Veranstaltung von Informationstagungen, Arbeitsplatzwechsel (job rotation), Kursbesuche, Selbststudium-Unterlagen, Aufklärung und Beschaffung von Fachliteratur (Werksbibliothek).

- *Personalförderung*: Personalförderung bezieht sich sowohl auf die Ausbildung und Schulung wie auf die Beförderung. Die Beförderung kann grundsätzlich auf zwei Gebieten erfolgen:

Fachliche Beförderung: Durch eine entsprechende Weiterbildung werden Mitarbeiter in qualitativ höherwertige Arbeitsplätze eingesetzt.

Personelle Beförderung: Mitarbeiter erhalten zusätzlich zur fachlichen Verantwortung auch einen Teil personeller Verantwortung, z.B. als Gruppenleiter, Vorarbeiter oder Stellvertreter. Damit wird die Voraussetzung für die spätere Übernahme einer Management-Position geschaffen.

Zur Personalförderung zählt auch die Motivation der Mitarbeiter durch die Führungskraft.

- *Entlohnung und Belohnung*: Die jeweils vorgesetzte Führungskraft ist verantwortlich für die den Entlohnungssystemen entsprechende Bezahlung und die Zuteilung der Sonderzulagen (z.B. Boni, Überstunden) für die Mitarbeiter.

Die Personalpolitik der Unternehmensleitung definiert den generellen Rahmen für die Erfüllung der Personalaufgaben durch die Führungskräfte. Als Hilfsmittel dienen:

- *Personalprogramme*: Regelungen über die Entlohnung, die Gratifikationen, die Beförderungen, Schulung und Ausbildung sowie die Behandlung von Streitfällen (Beschwerdewege).

- *Kontakte*: Regelungen über Mitarbeitergespräche, Informationstagungen, Verbesserungsvorschläge und Rechte der Mitarbeiter bei der Arbeitsgestaltung.

- *Information*: Regelmäßige Unterweisung der Mitarbeiter über die notwendigen sachlichen Kenntnisse des Betriebes und seiner Organisation, Recht auf Zugriff zu Informationen, Rechte auf Weiterbildung und Schulung.

Als Ziel gilt generell die Schaffung eines guten Betriebsklimas, die Etablierung von menschlichen Beziehungen, Human Relations, zwischen Führern und Geführten, um möglichst ohne Konflikte und Spannungen auf der Basis gegenseitiger Loyalität die Unternehmensziele zu verwirklichen.

personnel manager: Personalchef *m*, Personalleiter *m*

personnel needs *pl*: Personalbedarf *m*

personnel policy: Personalpolitik *f*

personnel rating: Einstufung *f* (der Mitarbeiter) nach Leistung

personnel ratio: Zahl *f* der Mitarbeiter *m/pl* in der Personalabteilung *f* pro 100 Arbeitnehmer *m/pl*

personnel record: Personalakte *f*

personnel reduction: Personalabbau *m*

personnel relations *pl*: Beziehungen *f/pl* zu den Mitarbeitern

personnel replacement schedule: Personalersatzplan *m*

personnel requisition: Anforderung *f* eines oder mehrerer Mitarbeiter *m/pl*, Personalanforderung *f*

personnel review: Beurteilen *n* der Leistung *f* (von Mitarbeitern)

personnel selection: Personalauswahl *f*

Eine Personalfunktion, die von jedem Manager wahrzunehmen ist. Sie zielt auf eine Auslese unter den Bewerbern für eine zu besetzende Stelle. Im Kern geht es also darum, eine begründete Aussage darüber zu treffen, wer aus dem Kreis der Bewerber für eine vakante Stelle im Unternehmen am besten qualifiziert ist.

Einen Sinn macht die systematische Fundierung von Auswahlentscheidungen freilich nur dann, wenn die folgenden Voraussetzungen vorliegen:

1. Für die zu besetzende Stelle sind interindividuelle Unterschiede relevant.

2. Die Bewerber unterscheiden sich auch tatsächlich in den (stellenrelevanten) Fähigkeiten und Fertigkeiten, so daß manche Bewerber geeigneter für die Stelle sind als andere.

Beide Voraussetzungen dürften im Normalfall für die in einem Unternehmen zu besetzenden Stellen gegeben sein.

In prozessualer Sicht knüpft die Personalauswahl an die Maßnahmen der Personalbeschaffung an. Dort werden auf der Grundlage der Personalplanung Maßnahmen ergriffen, damit sich überhaupt eine angemessene Zahl von potentiellen Bewerbern für das Unternehmen bzw. die zu besetzenden Stellen interessiert. Die Personalbeschaffung beschränkt sich dabei nicht auf die Suche und Anwerbung externer Mitarbeiter, sondern schließt auch die Gewinnung von bereits im Unternehmen arbeitenden Mitarbeitern für vakante Stellen mit ein.

Traditionelle Instrumente der externen Personalbeschaffung sind etwa die Stellenanzeige oder Vakanzmeldungen an das Arbeitsamt.
Eine zentrale Voraussetzung für einen Auswahlprozeß sind aussagekräftige Kriterien. Ein häufig verwendetes Instrument ist die Stellenbeschreibung. Das entscheidende Problem bei der Personalauswahl ist die Prognose darüber, wie der Bewerber mit den Anforderungen des Arbeitsplatzes und des ihn umgebenden sozialen Systems zurecht kommen wird. Um die Treffgenauigkeit der Prognose zu erhöhen, hat man systematische Verfahren der Personalauswahl entwickelt.
Zu den wichtigsten Informationsquellen zur Fundierung der Auswahlentscheidung zählen die folgenden Instrumente:
1. Analyse der Bewerbungsunterlagen (Personalfragebogen)
2. Auswahlgespräch bzw. -interview
3. psychologische Tests
4. Assessment-Center.

persuade: überreden
persuasibility: Beeinflußbarkeit f, Persuasibilität f
Im weitesten Sinne eine Konstellation von Persönlichkeitsvariablen bei den Rezipienten von Kommunikation, die sich in einer allgemeinen Aufgeschlossenheit gegenüber Einflüssen jeglicher Art zu Themen jeglicher Art und insbesondere gegenüber einer auf Überredung zielenden Kommunikation äußert. Gegenstand zahlreicher Untersuchungen im Bereich von Kommunikations- und Werbeforschung ist das Ausmaß der Beeinflußbarkeit bestimmter Rezipientengruppen (Männer/Frauen, Personen mit starkem/geringem Selbstbewußtsein, mit niedrigem/hohem Bildungsniveau). Dabei hat sich ergeben, daß tendenziell Frauen leichter als Männer, Jüngere leichter als Ältere und Personen mit geringem Selbstbewußtsein leichter als Personen mit starkem Selbstbewußtsein zu beeinflussen sind.
persuasion: Überredung f
PERT (Program Evaluation and Review Technique): optimale Projektfortschrittsplanung f
pertaining to property law: sachenrechtlich
pertinent: zur Sache f gehörig, sachgemäß, einschlägig
pertinent law: einschlägiges Gesetz n
pertness: Keckheit f, Schnoddrigkeit f
perturbance variable: Störungsgröße f (Operations Research)
pessimism: Pessimismus m
petition (for): ansuchen, Ansuchen n, Antrag m, beantragen, Bittschrift f, Eingabe f, Gesuch n
petition in bankruptcy: Konkursantrag m
petitioner: Antragsteller m, Bittsteller m, Gesuchsteller m

petroleum: Erdöl n
pettiness: Geringfügigkeit f, Kleinlichkeit f
petty: geringfügig, kleinlich
petty cash: Bargeldkasse f, Barkasse f, Handgeldkasse f, Kasse f, kleine Portokasse f
petty cash voucher: Barzahlungs(kassen)beleg m
petty causa: Bagatellsache f
petty expenses pl: kleine Auslagen f/pl
petty larceny: geringfügiger Diebstahl m
pettyfogger Winkeladvokat: m
pharmaceutical industry: pharmazeutische Industrie f
phase: Phase f
phase in: stufenweise einführen (Programm)
phase out: stufenweise einstellen (Programm)
phasing out of products: Auslauf m von Erzeugnissen n/pl
philosophy: grundsätzliche Haltung f, Weltanschauung f, Philosophie f
phlegm: Phlegma n, Trägheit f
photographic layout: Photomontage f
photoprint: Photokopie f
photostat: Fotokopie f, Photokopie f
photostatic copy: Fotokopie f, Photokopie f
physical: körperlich, physikalisch, physisch
physical ability: körperliche Fähigkeit f, physische Leistungsfähigkeit f
physical asset(s) (pl): Sachanlagevermögen n
physical budget: Budget n ausgedrückt in Materialeinheiten, Anzahl der Beschäftigten, Lohnstunden etc., Mengenbudget n, ausgedrückt in Materialeinheiten f/pl, Beschäftigten m/pl, Lohnstunden f/pl etc.
physical capacity: Arbeitskraft f
physical capacity appraisal: Untersuchung f der physischen Leistungsfähigkeit f
physical count: körperliche Bestandsaufnahme f
physical demand: physische Anforderung f
physical depreciation: Gebrauchsabschreibung f
physical distribution: physische Distribution f, Marketinglogistik f
Der Begriff Logistik stammt aus dem Militärbereich und bezeichnet dort eine Führungsaufgabe, die in der rationalen und ökonomischen materiellen Versorgung der Truppen, der Erhaltung des Materials der Organisation des Transport- und Verkehrswesens, der Quartierung und Lagerung von Truppen und Gütern, der Organisation des Nachschubs,

dem Abschub von Verwundeten und Kranken und dem militärischen Verbindungswesen besteht. Die amerikanische Managementwissenschaft hat den militärischen Begriff der Logistik auf alle wirtschaftlichen Funktionen der Raumüberwindung und Zeitüberbrückung zwischen sozialen Systemen und die mit der Beschreibung, Erklärung und Gestaltung der Prozesse des Material-, Energie- und Produktflusses befaßte wissenschaftliche Disziplin übertragen.

In diesem Sinne verwendet das Marketing im Rahmen der Distributionspolitik (Distributions-Mix) den mit der physischen Distribution synonymen Begriff der Marketinglogistik im Gegensatz zur akquisitorischen Distribution, Absatzmethoden, als den Bereich der Distribution, dessen Aufgabe es ist, „die richtige Menge der richtigen Warenart zu dem Ort und zu der Zeit zu optimalen Kosten zur Verfügung zu stellen, wenn eine Nachfrage besteht" (Ludwig G. Poth).

Die physische Distribution dient mithin dem Marketingvollzug. Über die einzelnen Teilbereiche gibt es sehr unterschiedliche Ansichten. Die amerikanische Literatur rechnet meist die Nachfrageprognose, Auftragsabwicklung, Lagerhaltung, Materialverwaltung, Standortwahl, Transport, Auslieferungslager, Lieferservice (Kundendienst) und Verpackung zur physischen Distribution.

Zur Erfüllung der Aufgaben der physischen Distribution sind nach Hans-Christian Pfohl die folgenden Basisentscheidungen zu treffen:

- *Entscheidungen über die Gestaltung des Auslieferungsnetzes*: Wieviele Auslieferungspunkte sind notwendig? Wo sollen sie stehen? Sollen sie als Fabriklager, betriebseigene Außenlager oder Spediteurlager geführt werden und welche Kundengruppen sollen die einzelnen Lager beliefern?
- *Entscheidungen über den Güterstrom*: Sollen alle Produkte oder nur bestimmte Produktgruppen an allen Auslieferungspunkten vorrätig gehalten werden? Welche Gütermengen sind zu lagern? Auf welche Weise sollen die Lager ergänzt werden? Über welche Transportwege und mit welchen Transportmitteln sind die Versorgungspunkte untereinander und mit den Abnehmern verbunden?
- *Entscheidungen über den Informationsssstrom*: Wie ist der Auftragseingang (per Post, Telefon, Fernschreiber) organisiert? Sollen die Aufträge manuell oder per EDV bearbeitet werden? Wie werden die Lagerbestände überwacht und in welcher Form werden Lagerkontrollen durchgeführt?
- *Entscheidungen über einzelne Operationen im Distributionssystem*: Wo und wie werden Einzelgüter oder Gütergruppen gelagert? Welche technischen Einrichtungen existieren in den Lagerhäusern?
- *Entscheidungen über die Instandhaltung und die Erneuerung* des Fuhrparks, der Lagereinrichtung usw.

physical effort: körperliche Anstrengung *f*

physical inventory: körperliche Inventur *f*, körperliche Bestandsaufnahme *f*
physical inventory control: materielle Prüfung *f*, Bestandsprüfung *f*
physical life: technische Nutzungsdauer *f*
physical variance: Leistungsgradabweichung *f*
physically handicapped: körperbehindert
pick up: abholen, sich erholen
picket: Streikposten *m*
picket line: Streikpostenkette *f*
picketing: Streikwache *f* halten
pickup: kleiner Lkw *m*
pickup truck: kleiner Lkw *m*
picture trade-mark: Bild-Markenzeichen *n*, Bildzeichen *n*
pie chart: Kreisdiagramm *n*
piece: Stück *n*
piece accounting: Stückrechnung *f*
piece rate: Akkordsatz *m*, Stücklohnsatz *m*
piece-rate plan: Akkordsystem *n*
piece-rate wage: Akkordlohn *m*, Leistungslohn *m* (z.B. Akkordlohn)
piece work: Akkord *m* (Stücklohn), Akkordarbeit *f*, Stückarbeit *f*
piece-work pay: Akkordlohn *m*, Leistungslohn *m*

Eine von vier Lohnformen, bei der im Gegensatz zum Zeitlohn regelmäßig ein unmittelbarer Bezug zwischen erbrachter Mengenleistung und Entgelthöhe hergestellt wird. Idealtypisch wird der Lohn proportional zur gefertigten Zahl der Produktionseinheiten bezahlt. Das System der proportionalen Bezahlung wurde allerdings inzwischen durch Tarifverträge so modifiziert, daß bestimmte Mindestverdienste (leistungsunabhängig) sichergestellt sind.

Der Akkordlohn setzt sich somit aus dem tariflichen Mindestlohn, der die Bewertung des Arbeitsplatzes und die Arbeitsmarktlage widerspiegelt, und dem Akkordzuschlag zusammen. Er repräsentiert den Lohn einer Arbeitskraft bei Normalleistung und wird als Akkordrichtsatz bezeichnet.

Der Akkordlohn kann als Geld- bzw. Stückakkord oder als Zeitakkord ausgestaltet werden. Beim Geldakkord als ältester Form ergebnisbezogener Entlohnung bildet die Stückzahl die Grundlage der Entgeltberechnung. Für den Arbeitenden wird ein fester Geldwert je Produktionseinheit zugrundegelegt, der sich aus der Division des Akkordrichtsatzes durch die pro Zeiteinheit bei Normalleistung zu erstellende Stückzahl ergibt und als Akkordsatz bezeichnet wird. Zur Berechnung des Akkordsatzes wird der Mindestlohn und der Akkordzuschlag auf Minuten umgerechnet (Minutenfaktor). Multipliziert man den Minutenfaktor mit der Vorgabezeit in Minuten pro Stück – sie entspricht der in Zeitstudien festgestellten Normalarbeitszeit – so erhält man den Akkordsatz. Der endgültige Lohn ergibt sich dann aus dem Produkt von Akkordsatz und Zahl der produzierten Einheiten.

$$\frac{\text{Verdienst}}{\text{Zeiteinheit}} = \frac{\text{Menge (Stückzahl)}}{\text{Zeiteinheit}} \cdot \text{Akkordsatz}$$

Beim Zeitakkord, der heute den Geldakkord weitgehend verdrängt hat, verzichtet man auf die Berechnung des Stücklohns; statt dessen wird eine (Vorgabe-)Zeit pro Leistungseinheit festgelegt, und die Division des Akkordrichtsatzes durch 60 (Minuten) ergibt den sog. Geldfaktor. Der Verdienst pro Zeiteinheit errechnet sich dann aus dem Produkt der erzielten Leistungseinheiten, der Vorgabezeit und dem Geldfaktor:

$$\frac{\text{Verdienst}}{\text{Zeiteinheit}} = \frac{\text{Menge (Stückzahl)}}{\text{Zeiteinheit}} \cdot$$
$$\text{Vorgabezeit} \left(\frac{\text{Minuten}}{\text{Stück}}\right) \cdot \text{Geldfaktor}.$$

Im finanziellen Ergebnis unterscheiden sich Geld- und Zeitakkord nicht, da sich der Ausdruck (Minuten/Stück) x (DM/Minuten) zu (DM/Stück) kürzen läßt. Der Zeitakkord stellt damit letztlich eine Ausdifferenzierung des Geldakkords dar. Der Vorteil dieser Ausdifferenzierung liegt darin, daß der Zeitakkord bei Tarifänderungen schnell und einfach angepaßt werden kann. Es muß lediglich ein neuer Geldfaktor vereinbart werden, während beim Geldakkord neue Akkordsätze bestimmt werden müssen.

Akkordlöhne können für den einzelnen Arbeiter (Einzelakkord) oder für eine ganze Arbeitsgruppe (vor allem dort, wo Gruppenarbeit mit wechselnder Arbeitsverteilung vorliegt und Leistungsunterschiede nicht ermittelbar sind) vereinbart sein. Für den Betrieb bietet der Akkordlohn eine sichere Kalkulationsgrundlage, da die direkten Fertigungskosten pro Stück gleich bleiben, sofern die Arbeiter die Normalleistung erreichen.

Durch Aktivierung ungenutzter Leistungsreserven bringt die Einführung des Akkordlohns in der Regel zunächst erhebliche Leistungssteigerungen. Nach einiger Zeit jedoch wirkt er infolge Verdrängung aller übrigen Leistungsmotive und durch das Bemühen der Belegschaft um günstige Leistungsmaßstäbe, Sicherung vermeintlicher Akkordvorteile und Abwälzung des Minderleistungsrisikos auf das Unternehmen ins entgegengesetzter Richtung und wird so im Extremfall zur bewußt und solidarisch betätigten Leistungsbremse. Das Verdienstinteresse tritt bei der Arbeit in den Vordergrund des Bewußtseins. Der Sinn der Arbeit wird ebenso wie die Verantwortungsbereitschaft gegenüber dem Unternehmen auf die Grenzen des unmittelbaren Verdienstinteresses zurückgeführt und nur noch materialistisch gesehen. Außerdem bedingt der Akkord bald erhebliche Gemeinkostensteigerungen an anderen Stellen (z.B. Qualitätsminderung, erhöhter Kontrollaufwand, Betriebsmittelverschleiß und Schlichtungsaufwand), die seinen Vorteil weitgehend zunichte machen. Schließlich vergiftet der ständige Streit um den richtigen Leistungsmaßstab, manipulierte Leistungsmessungen und um legale und illegale Akkordvorteile die Atmosphäre.

Grundsätzlich wird durch Akkordentlohnung ein Wettbewerbsklima geschaffen, das Feindseligkeit und Neid zwischen den Beschäftigten provozieren kann. Die unvermeidliche Hierarchisierung in gut, mittel und gering Leistende behindert die zwischenmenschlichen Kontakte und entmutigt die geringer Leistenden; die Befriedigung wichtiger menschlicher Bedürfnisse auch am Arbeitsplatz ist damit nicht mehr gewährleistet.

Zum Thema Akkordlohn schreibt Heinrich Fromm: „Da, wo den Vorgesetzten kein anderer Ausweg zur Leistungsmotivierung mehr einfällt als ein rücksichtsloser Leistungslohn oder andere materielle Leistungsanreize, kann man im Grunde nur von einer Bankrotterklärung der Führungskunst sprechen. Im Gegensatz zu dieser Auffassung steht fest, daß die Mehrzahl der Menschen ein erhebliches Quantum an ursprünglichem guten Willen und guten Leistungsmotiven besitzt, das gepflegt und ausgebaut und nicht nur verbraucht werden sollte. Dazu ist es notwendig, daß der gute Wille seine Bewährung und Bestätigung erfährt. Freude an der Arbeit und Zufriedenheit im Betrieb sind wichtige Leistungsvoraussetzungen. Traurigstes Ergebnis einer in dieser Hinsicht versagenden Führung ist ein nicht zum Zuge gekommener guter Wille der Mitarbeiter. Das führt zu Verbitterung und Resignation und bedeutet Zerstörung aller Leistungsmotive bis auf das ärmste, das Verdienstinteresse. Vielerorts kennzeichnet eine solche Situation langjährige schlechte Führung."

piece-work rate: Akkordlohnsatz *m*
piece-work wages *pl*: Stücklohn *m*
piece worker: Akkordarbeiter *m*
pier: Kai *m*
pierage: Kaigebühren *f/pl*, Kaigeld *n*
piggy-back service: Huckepack-Verkehr *m*
pile up reserves: bevorraten
pilfer: entwenden, stehlen
pilferage: Entwendung *f*, geringfügiger Diebstahl *m*
pilferage and theft risk: Diebstahlgefahr *f*
pilferer: kleiner Dieb *m*
pilot: Lotse *m*, Pilot *m*, Versuchspilot *m*
pilot lot: Versuchsserie *f*
pilot plant: Versuchsbetrieb *m*
pilot run: Probelauf *m*
pilot through: durchlotsen
pilotage: Lotsengebühr *f*, Lotsengeld *n*
PIMS: PIMS-Studie *f*
PIMS ist die Abkürzung für „Profit Impact of Market Strategies" und bezeichnet – wörtlich übersetzt – die „Wirkung von Marktstrategien auf den Gewinn". Ausgangspunkt der Überlegungen, die dem PIMS-Modell zugrundeliegen, sind folgende Fragen:

- Welche Höhe des „Return on Investment" (ROI) ist für einen bestimmten Unternehmenstyp oder eine bestimmte strategische Unternehmenseinheit (SUE) ist bei gegebenen Markt- und sonstigen Bedingungen normal?
- Welche strategischen Faktoren sind für die unterschiedliche Höhe des ROI unterschiedlicher strategischer Unternehmenseinheiten verantwortlich?
- Wie beeinflussen bestimmte strategische Maßnahmen den ROI einer bestimmten strategischen Unternehmenseinheit?

Das PIMS-Programm ging aus einem Forschungsprojekt des amerikanischen Marketing Science Institute hervor, das mit der Harvard Business School assoziiert ist. Der Elektronik-Konzern General Electric (GE) beauftragte damals S. Schoeffler, die gesamten Controlling-Daten des Konzerns korrelationsstatistisch auszuwerten, um mögliche Einflußfaktoren auf den Gewinn (ROI) und Cashflow eines Geschäftsbereichs zu identifizieren und darüber hinaus generelle Marktgesetze („laws of the marketplace") zu finden. So entstand das PIMS-Projekt, das ab 1972 neben GE auch Daten von weiteren Unternehmungen in die Datenbank aufnahm. 1975 schlossen sich die Mitgliedsfirmen, denen heute auch europäische Unternehmungen angehörten, zum Strategic Planning Institute (SPI) mit Sitz in Cambridge, Massachusetts, zusammen.

Die PIMS-Studien haben vor allem die überragende Bedeutung des Marktanteils für den Erfolg einer Geschäftseinheit empirisch belegt.

In der ersten Phase der Studien, die Anfang 1972 begann, stützten sich die Untersuchungen auf Informationen, die von 36 Unternehmen mit insgesamt rund 350 strategischen Unternehmenseinheiten zur Verfügung gestellt wurden. Ende 1972 begann die zweite Phase des PIMS-Projekts, in der sich die Untersuchungen auf die Informationen von 57 Unternehmen mit rund 620 strategischen Unternehmenseinheiten stützten.

Im PIMS-Modell stellt der ROI (Gewinn der Geschäftseinheit vor Steuern zu durchschnittlich investiertem Kapital) die abhängige Variable dar, deren Bestimmungsfaktoren (unabhängige Variablen) eher zufällig auf induktivem Wege (also nicht theoriegeleitet) korrelationsstatistisch aus dem umfangreichen Datenmaterial analysiert werden sollen. So liegen pro Geschäftseinheit über 200 quantifizierbare Daten zur Auswertung vor, die für jede strategische Geschäftseinheit bezogen auf ein Jahr erhoben werden. Sie betreffen z.B. ihre Wettbewerbsposition, die spezifischen Charakteristika der Umwelt, in der sie wirkt, Art und Struktur des Produktionsprozesses, Investitionen, Höhe und Art der Aufwendungen für Forschung und Entwicklung, der Marketingaufwendungen u.ä.

Abhängige Variablen, die es zu erklären gilt, sind der Return on Investment (ROI) der Cash-flow. Return on Investment ist dabei definiert als der Betriebsgewinn vor Steuern, bezogen auf das durchschnittlich gebundene Kapital. Beträge, die für die Inanspruchnahme konzerneigener Einrichtungen durch die betreffende SUE gezahlt werden müssen, sind vom Gewinn abgezogen, während Fremdkapitalzinsen nicht berücksichtigt werden. Als durchschnittlich gebundenes Kapital wird die Summe der Buchwerte der im Anlagevermögen enthaltenen Gegenstände zuzüglich des Umlaufvermögens und vermindert um die kurzfristigen Verbindlichkeiten angesehen. In den späteren Phasen der PIMS-Studie werden Vier-Jahresdurchschnitte der erhobenen Größen den Rechnungen zugrunde gelegt.

Auf der Basis des empirischen Materials haben die PIMS-Erhebungen Antworten auf die grundlegenden Fragen erarbeitet:
- welche Faktoren die Ertragskraft einer strategischen Einheit beeinflussen, insbesondere ihren ROI, und in welchem Umfange sie das tun und
- wie sich der ROI in Abhängigkeit von strategischen Maßnahmen und Änderungen in den Marktbedingungen verändert.

Als Endergebnis der Auswertungen mit Hilfe der multiplen linearen Regressionsanalyse. erhielt man für den ROI eine Regressionsgleichung mit 37 unabhängigen Variablen (= Determinanten des ROI), die mehr als 80 % der Varianz dieser Größe erklären. Zu den Haupteinflußgrößen, denen besondere Bedeutung zukommt, zählen vor allem:
- *Investitionsintensität*: Das Verhältnis zwischen dem durchschnittlich gebundenen Kapital und dem Umsatz. Diese Größe ist deutlich negativ mit ROI und auch Cash-flow korreliert.
- *Marktanteil* (als Indikator der *Stärke der Wettbewerbsposition*): Das Verhältnis zwischen eigenem Umsatz und dem Gesamtumsatz im gleichen Markt. Problematisch kann dabei die „richtige" Marktabgrenzung werden. An die Stelle des absoluten Marktanteils kann der relative Marktanteil treten. Er ist definiert als der Quotient aus eigenem Marktanteil und der Summe der Marktanteile der drei größten Konkurrenten. Ein hoher Marktanteil – und zwar sowohl absolut wie relativ gesehen – beeinflußt ROI und Cash-flow positiv.
- *Marktwachstum* (als Indikator der *Attraktivität des Markts*): Während der Gewinn in absoluten Zahlen mit dem Marktwachstum positiv korreliert ist, läßt sich eine Wirkung auf den ROI nicht feststellen. Der Einfluß auf den Cash-flow ist negativ.
- *Produkt-, Dienstleistungs-Qualität*: Diese Größe kann z.B. wie folgt gemessen werden: Es wird gefragt, wieviel Prozent des eigenen Umsatzes auf Güter (Dienstleistungen) entfallen, die denen der Mitbewerber a) überlegen, b) unterlegen sind. Die Differenz zwischen den Prozentsätzen a) und b) dient als Maß für die Produkt-Dienstleistungs-Qualität. Diese Größe ist sowohl mit dem ROI wie dem Cash-flow positiv korreliert.
- *Marketingaufwand*: Die Kosten des absatzpolitischen Instrumentariums ohne die Kosten der Distribution.
- *Forschungs- und Entwicklungsaufwand*: Der Aufwand zur Verbesserung der Produktionsverfahren, insbesondere aber auch zur Entwicklung

und Einführung neuer Produkte und ihrer speziellen Gestaltung, um sie von ähnlichen Erzeugnissen der Konkurrenz abzuheben. Diese Größe ist sowohl mit dem ROI wie dem Cash-flow positiv korreliert.

- *Wertschöpfung je Beschäftigtem* (als Indikator der *Produktivität*): Zwischen dieser Größe und den abhängigen Variablen ROI und Cash-flow besteht eine positive Korrelation.
- *Wertschöpfung zu Umsatz* oder *vertikale Integration*: Der Quotient zwischen der eigenen Wertschöpfung und dem Umsatz. Der Einfluß dieser Größe auf ROI und Cash-flow ist unterschiedlich je nachdem, ob es sich um einen rasch wachsenden, schrumpfenden oder auch oszillierenden Markt auf der einen Seite oder einen relativ umsatzstabilen Markt auf der anderen Seite handelt. In den erstgenannten Fällen ist die Korrelation negativ, im zweitgenannten positiv.

Zwischen den Determinanten der abhängigen Variablen bestehen Interdependenzen. Sie führen dazu, daß manche Faktoren einander in ihrer Wirkung gegenseitig hemmen, während andere Faktoren eine komplementäre Verknüpfung aufweisen, einander also in ihrer Wirkung fördern. Es genügt mithin nicht, die Determinanten jeweils isoliert zu betrachten. In der Regel üben jeweils bestimmte Kombinationen dieser Faktoren eine spezifische Wirkung auf die unabhängigen Variablen aus.

Lassen sich ROI und Cash-flow auf eine Reihe unabhängiger Determinanten zurückführen, und läßt sich die jeweilige Stärke des Einflusses dieser Determinanten auf die Höhe der genannten Größen feststellen, dann kann umgekehrt aus den für eine SUE gegebenen unabhängigen Determinanten geschlossen werden, welchen ROI bzw. Cashflow diese Unternehmenseinheit erbringen müßte. Im Rahmen des PIMS-Projekts wird diese Rechnung mit Hilfe des analytischen „Par-Modells" durchgeführt. Das Ergebnis der Modellrechnung, der „Par Report", gibt an, welcher ROI bzw. Cashflow für die betrachtete strategische Einheit angesichts der für sie gültigen unabhängigen Determinanten normal wäre.

Aus dem Par Report geht ferner hervor, bezüglich welcher Determinanten die strategische Einheit günstig, im Hinblick auf welche anderen sie ungünstig dasteht. Daraus können Hinweise abgeleitet werden, wie sich eine Verbesserung der strategischen Position der Einheit erreichen ließe.

Der Gedanke, Hinweise für künftige strategische Maßnahmen zu gewinnen, wird in einem einem komplexen Simulationsmodell vertieft, das dazu dient, die von den Veränderungen bestimmter unabhängiger Variablen auf ROI bzw. Cash-flow ausgehenden Wirkungen festzustellen. Insbesondere Veränderungen des Marktanteils, der vertikalen Integration und der Investitionsintensität werden so mit der Absicht geprüft, die im Hinblick auf eine bestimmte Zielsetzung der Unternehmenseinheit optimale Strategie zu bestimmen. Als *optimale Strategie* werden dabei die Ausprägungen der unabhängigen Variablen verstanden, die eine Unternehmenseinheit im Hinblick auf ihr Ziel anstreben sollte.

Gegen das Konzept der PIMS-Studien und gegen die Anwendbarkeit der gewonnenen Ergebnisse sind vor allem die folgenden Einwände erhoben worden:

Die PIMS-Studien stützen sich auf Datenmaterial, das aus z.T. sehr unterschiedlichen Industrie- und Geschäftszweigen stammt. Die ermittelten Beziehungen zwischen den unabhängigen Determinanten und den abhängigen Größen ROI und Cashflow geben mithin den durchschnittlichen Einfluß wieder, gewonnen aus den Daten sehr verschiedener Geschäftszweige.

So sind z.B. nach den PIMS-Befunden Marktanteil und damit Unternehmungsgröße, Marktwachstum, Produktqualität und Produktivität positiv mit dem ROI korreliert. Jedoch wäre es verfehlt, aus diesen durch Querschnittsanalyse gewonnenen Befunden die strategische Empfehlung abzuleiten, ein konkretes Unternehmen brauche nur seinen Marktanteil zu erhöhen, damit auch sein ROI steigt; denn gerade kleinere und mittlere Unternehmungen können ihren ROI dadurch steigern, daß sie eine Nischenstrategie verfolgen, sich also auf einen kleinen Marktausschnitt spezialisieren.

Ein weiterer Einwand lautet, die PIMS-Studien stützten sich nahezu ausschließlich auf das Datenmaterial amerikanischer Unternehmungen. Es sei darum zweifelhaft, ob die so gewonnenen Erkenntnisse auf z.B. europäische Verhältnisse übertragen werden könnten.

Eine an der Manchester Business School vorgenommene PIMS-Studie, die auf dem Datenmaterial von 20 britischen Unternehmen basierte, führte indes zu Ergebnissen, die weitgehend mit den in den USA gewonnenen übereinstimmten. Doch auch wenn diese Übereinstimmung nicht bestünde oder sich für andere Länder nicht ergäbe, würde der Wert des PIMS-Verfahrens nicht beeinträchtigt. Das Verfahren müßte dann lediglich auf das Datenmaterial des betreffenden Landes oder der betreffenden Region angewandt werden, um zu relevanten Ergebnissen zu gelangen.

Ein hoher Marktanteil beispielsweise kann aufgefaßt werden als das Ergebnis besonderer Qualitäten und Fähigkeiten der Unternehmensführung. Ist es einem Unternehmen gelungen, Produkte zu konzipieren und zu gestalten, die den Wünschen der Konsumenten weitgehend entsprechen, ferner diese Erzeugnisse kostengünstig zu produzieren und eine geschickte Marktpolitik zu betreiben, dann führen solche Maßnahmen gleichzeitig zu einem günstigen Marktanteil und einer günstigen Gewinnposition. Nicht der Marktanteil wäre dann die Ursache des günstigen Gewinnes, sondern Gewinn und Marktanteil wären die Folgen der hohen Qualität des Managements.

In der Tat ergab sich ein zeitliches Vorausgehen der Veränderungen der unabhängigen Variablen gegenüber den – entsprechend der behaupteten Korrelation zu erwartenden – Veränderungen der

557

abhängigen Variablen. Die Auffassung, die erkannte Korrelation basiere auf einer Kausalität zwischen den als unabhängig angesehenen Variablen und den abhängigen Größen, wird dadurch gestützt.
Um die Erkenntnisse der PIMS-Studie für die strategische Planung verwerten zu können, muß auch folgende Voraussetzung erfüllt sein: Die Aussage, welche Wirkung die Veränderung einer unabhängigen Variablen auf den ROI bzw. Cash-flow hat, ist aus dem Datenmaterial vergangener Perioden abgeleitet. Eine solche Aussage hat mithin für die strategische Planung nur dann Relevanz, wenn angenommen werden kann, daß der festgestellte Wirkungszusammenhang nach Art und Stärke auch in der Zukunft, und zwar auch in der ferneren Zukunft, fortbestehen wird, daß also keine Entwicklungen eintreten werden, die diesen Wirkungszusammenhang verändern. Dabei genügt es nicht, daß sich etwa nur der Durchschnitt nicht ändert, sondern es darf auch keine Änderung des Wirkungszusammenhangs im Hinblick auf die einzelne strategische Unternehmenseinheit eintreten. Ob diese Voraussetzung in einem konkreten Falle erfüllt ist, muß geprüft werden.
Besteht ein Zusammenhang zwischen bestimmten Gewinngrößen, insbesondere dem ROI und anderen Größen, die die Höhe der betrachteten Gewinngröße determinieren, und sind diese Beziehungen quantifizierbar, genügt es, die Wirkung bestimmter Maßnahmen auf die Gewinndeterminanten zu prognostizieren, um die Wirkung dieser Maßnahmen auf die Gewinngröße selbst voraussagen zu können. Damit ist gleichzeitig die Verbindung zwischen den Kosten dieser Maßnahmen und den daraus entspringenden Erfolgen hergestellt.
Dabei genügt es, die künftigen Veränderungen der Gewinndeterminanten zu prognostizieren. Ist dies geschehen, so kann sofort auf den jeweiligen zu erwartenden ROI geschlossen werden. Ohne PIMS muß der Gewinn im einzelnen über die Erträge und Kosten ermittelt werden. Es sind also nicht nur die Veränderungen der Gewinndeterminanten zu prognostizieren, sondern es ist auch im einzelnen abzuschätzen, welche Wirkung sie auf Erträge und Kosten haben werden.
Bei Heranziehung der PIMS-Methode wird versucht, das Strategie-Problem auf der Basis der Größen zu lösen, die auch die Basis der Ideallösung bilden: Die strategischen Maßnahmen werden nach den damit verbundenen Kosten und Erträgen beurteilt und ausgewählt. Hier liegt ein wesentlicher Unterschied zu den Portfolio-Techniken.
Das PIMS-Verfahrens hat grundsätzlich gezeigt, durch welche Maßnahmen sich der Gewinn einer strategischen Einheit tendenziell verbessern läßt. Die Kenntnis der Gewinndeterminanten und das Wissen um die Stärke ihres Einflusses gibt Hinweise darauf, welche Veränderungen welcher Gewinndeterminanten angestrebt werden sollten.

Den PIMS-Mitgliedsfirmen werden als Gegenleistung dafür, daß sie ihre Daten zur Verfügung stellen, regelmäßig folgende Berichte geliefert:
• *Par-ROI/Cash-flow Report*: Welcher ROI/Cash-flow ist normal (par) für eine bestimmte Art von Geschäftseinheit, definiert als der Mittelwert aller über diesen Typ gespeicherter Daten? Der Teilnehmer kann hier erkennen, welcher ROI für diese Geschäftseinheit erwartet werden kann.
• *Strategy Analysis Report*: Welche Konsequenzen haben alternative, mit dem Computer simulierte Strategien für den ROI einer bestimmten Geschäftseinheit?
• *Optimum Strategy Report*: Welche Kombination von strategischen Maßnahmen ist optimal hinsichtlich eines angestrebten ROI-Ziels?

pioneer stage (of an organization): Pionierphase *f* (einer Organisation)
Eine verbreitete Auffassung betrachtet Organisationen als künstliche Organismen, die ebenso wie natürliche Organismen bestimmte Lebensphasen durchlaufen, in denen typische Probleme auftreten. Das Phasenmodell des vom Nederland Pädagogisch Instituut (NPI) unterscheidet so drei aufeinanderfolgende Entwicklungsphasen, von denen die erste als *Pionierphase* bezeichnet wird. Mit der Pionierphase beginnt die Entwicklung einer Organisation. In dieser Phase wird alles, was geschieht, durch die Ideen und die Tatkraft des Pionierunternehmers bewirkt. Seine Persönlichkeit und die seiner nächsten Mitarbeiter drücken dem Betrieb den Stempel auf. Durch die Übersichtlichkeit der Situation und den engen Kontakt mit den Mitarbeitern kann alles auf persönliche Entscheidungen und Absprachen aufgebaut werden. Ist das nicht mehr möglich, so tritt eine neue Phase ein.

pioneer strategy: Pionierstrategie *f*
Die erste Umsetzung einer Strategie auf einem Geschäftsfeld. Sie bringt einen strategischen Vorteil oder eine strategische Fähigkeit, die Basis für einen dauerhaften Wettbewerbsvorteil ist.
piracy: Seeräuberei *f*
pirating: Personalabwerbung *f*
pit: Grube *f*
placard: Aushang *m*, Plakat *n*
place: Ort *m*, Platz *m*, plazieren, Punkt *m*, Raum *m*, setzen
place an order: einen Auftrag *m* erteilen, einen Auftrag *m* vergeben
place in custody: in Aufbewahrung *f* geben, sicherstellen
place into an account: einzahlen (Bank)
place of business: Niederlassung *f*
place of delivery: Erfüllungsort *m*
place of destination: Bestimmungsort *m*
place of discharge: Abladeplatz *m*, Abladeort *m*, Abladestelle *f*
place of issue: Ausstellungsort *m*
place of jurisdiction: Gerichtsstand *m*

place of management: Sitz *m* der Geschäftsleitung *f*
place of payment: Erfüllungsort *m* (für Zahlung), Zahlungsort *m*
place of performance: Erfüllungsort *m* (für Lieferung oder Dienstleistung), Leistungsort *m*
place of safe-keeping: Verwahrungsort *m*
place on record: registrieren
place which has Central Bank Branch: Bankplatz *m*
placement service: Arbeitsamt *n*, Berufsberatungsdienst *m*, Stellenvermittlungsdienst *m*
placing of order: Auftragserteilung *f*
Eine Form der lateralen Kooperation, die zustandekommt, wenn sich bei Konsultation oder gemeinsamer Entscheidung ergibt, daß es aus Gründen der Sachkunde, der Kapazität, der Zuständigkeit oder aus anderen Gründen zweckmäßig oder geboten ist, die beim Federführenden anstehende Aufgabe im ganzen oder Teile davon anderen Stellen zur weitgehend selbständigen Bearbeitung zu übertragen oder bestimmte Partner um selbständige, unterstützende oder ergänzende Handlungen oder Beiträge zu bitten. Dabei überträgt oder überläßt der auftraggebende Bereich die Sachbearbeitung für klar umrissene Aufgaben oder Teilaufgaben anderen, für diese Aufgabe sachkundigeren, geeigneteren oder zuständigen Bereichen zur weitgehend eigenverantwortlichen Erledigung. Der Auftrag kann auf der Grundlage des Vetorechts aus triftigen Gründen zurückgewiesen werden (z.B. fehlende Zuständigkeit, unklarer Auftrag, unzulässige Auftragsbedingungen, nicht zu bewältigender Auftragsumfang). Inhalt, Umfang und Bedingungen des Auftrages sind demgemäß unter gegenseitiger Zustimmungsabhängigkeit zwischen den Partnern zu vereinbaren. Das kann generell oder von Fall zu Fall geschehen.
Der auftraggebende Bereich hat das Recht der sachlichen und terminlichen Überwachung und Koordinierung vergebener Aufträge und des Vetos gegenüber der Art der Auftragserledigung und dem Ergebnis. Der auftragnehmende Bereich hat die übernommene Aufgabe sach- und vereinbarungsgemäß zu erledigen und ist gegenüber dem Auftraggeber in Fragen des übernommenen Auftrages auskunftspflichtig. Er hat in vorher vereinbarten Stadien der Bearbeitung die Zustimmung des Auftraggebers zum erzielten Zwischenergebnis und zur weiteren Bearbeitung einzuholen. Namentlich sollte der Auftragnehmer verpflichtet werden, den Auftraggeber unverzüglich über sich anbahnende Schwierigkeiten, zusätzliche Kosten, Terminverzögerungen und ähnliches zu informieren. Der Auftragnehmer hat das Ergebnis der Erledigung dem Auftraggeber mitzuteilen bzw. den Abschluß der Erledigung zu melden. Es sind einmalige Aufträge und Daueraufträge möglich. Die letzten können auch befristet sein.
Die Auftragserteilung schließt Unterrichtung, Auskunftseinholung, Konsultation und gemeinsame Entscheidung ein. Bei der Auftragserteilung geht die Federführung für den Inhalt des übernommenen Teilauftrags und für die Dauer seiner Erledigung an den auftragnehmenden Bereich über (Sekundärfederführung). Dieser hat den auftraggebenden (bis dahin federführenden oder primärfederführenden) Bereich während der Auftragserledigung seinerseits in vorher zu vereinbarender Weise zu beteiligen (Rückbeteiligung, Zustimmungserfordernis), so daß das Ergebnis der Auftragserledigung von beiden gemeinsam entschieden und verantwortet werden kann. Mit Abschluß des Auftrags geht die Federführung an den Auftraggeber zurück.
Demgegenüber unterscheidet das Stab-Linien-System nicht zwischen Weisung und Auftrag. Das Recht zur Erteilung von Ausführungsaufträgen haben dort immer nur die direkten Vorgesetzten. Dadurch erhält jeder Auftrag den Charakter einer Weisung.

plaintiff: Kläger *m*
plan: Plan *m*, planen
plan balancing: Planbilanzierung *f*
Die Aufstellung einer Planbilanz auf der Grundlage einer Gewinn- und Verlustrechnung liefert wichtige Informationen für die Abschätzung der zu erwartenden Rentabilität eines Unternehmens. Die Planung der Aufwendungen und Erträge gibt eine Vorstellung über den planmäßigen Erfolg (Gewinn oder Verlust) der betrachteten Periode. Die Planbilanz informiert über die Vermögens- und Kapitalstruktur und gibt damit die Möglichkeit, verschiedene Rentabilitätskennziffern (Gesamtkapitalrentabilität, Eigenkapitalrentabilität) als Plangrößen zu bestimmen.
Alle Modelle der Planbilanzierung wurzeln letztlich in der Grundidee der Bilanzfortschreibung. Insoweit geht es eigentlich zunächst eher um Prognosemodelle (oder Projektionsmodelle) als um Planungsmodelle. Ausgehend von der Schlußbilanz des Jahres t − 1 (= Anfangsbilanz von t) werden dabei mit Hilfe vorgegebener Daten (z.B. Bilanzwerte der Vergangenheit, geschätzter Umsatz etc.) und Parameter (z.B. Kennziffern wie: Forderungen/Umsatz) die Schlußbilanz und die Gewinn- und Verlust-Rechnung des Jahres t prognostiziert.

plan for action: Aktionsplan *m*
Die Delegation führt beim Management durch Delegation im theoretischen Ansatz zu einer Reduzierung der Managementebenen. Im Idealfall besteht entsprechend dem Delegationsprinzip nur noch eine dreistufige Organisationshierarchie: Die *Geschäftsleitung*, die Unternehmensziele festlegt, die *Bereichs-* oder *Funktionsleitung*, die aus den Unternehmenszielen Aktionspläne erstellt und die *operative, verrichtungsorientierte Ebene*, die das Ergebnis leistet.
Für das Management durch Zielvereinbarung ist

planification

die relative Freiheit typisch, die Manager bei der Festlegung ihrer Aktionspläne besitzen. Im Vordergrund steht das Ergebnis. Innerhalb der Budgetgrenzen und der definierten Entscheidungskompetenz ist es der Innovations- und Motivationsfähigkeit des Managers überlassen, die von ihm für richtig erachteten Aktionen und Maßnahmen zu planen und zu realisieren, sofern und so lange gewährleistet ist, daß die gesetzten Ziele erreicht werden.

planification: Planifikation *f*, gesamtwirtschaftliche Planung *f*

planned economy: Planwirtschaft *f*, Zentralverwaltungswirtschaft *f*

planning: Planung *f*

Die Planungsfunktion umfaßt alle Managementaufgaben, die sich mit der Zielfindung, der Erarbeitung und Bewertung von Alternativen, Entscheidungen und Plänen befassen. Das Ergebnis der Planung sind Plangrößen, d.h. quantifizierte Vorgaben (Sollwerte). Im Managementprozeß werden die Managementfunktionen dynamisch als Phasen im Sinne einer aufeinander aufbauenden Abfolge von Aufgaben angesehen.

Der klassische Managementprozeß ordnet die fünf Managementfunktionen nach dem folgenden Phasenablauf: Planung, Organisation, Personaleinsatz, Führung, Kontrolle.

Den logischen Ausgangspunkt des klassischen Management-Prozesses bildet die Planung, d.h. das Nachdenken darüber, was erreicht werden soll und wie es am besten zu erreichen ist. Es geht also zu allererst um die Bestimmung der Zielrichtung, die Entfaltung und die Auswahl zukünftiger Handlungsoptionen. Dabei beinhaltet Planung u.a. die Festsetzung von Zielen, Rahmenrichtlinien, Programmen und Verfahrensweisen zur Programmrealisierung für die Gesamtunternehmung oder einzelne ihrer Teilbereiche. Diese Idee des Prozeßanfangs schreibt der Planung die Rolle der Primärfunktion in dem Sinne zu, daß alle anderen Funktionen aus der Planung abzuleiten sind. Die Planung schafft so den Rahmen, in den sich alle anderen Steuerungsaktivitäten einordnen. Alle übrigen Managementfunktionen sind Mittel zur effizienten Planrealisierung, die ihre Sinnbestimmung aus der Planung erhalten. Sie lösen Probleme, die sich aus dem Planvollzug ergeben.

Erich Gutenberg formuliert dies so: „Während Planung den Entwurf einer Ordnung bedeutet, nach der sich der gesamtbetriebliche Prozeß vollziehen soll, stellt Organisation den Vollzug, die Realisierung dieser Ordnung dar. ... Die Organisation hat also immer nur dienenden oder instrumentalen Charakter. ... So muß denn überhaupt versucht werden, die Unternehmung als Gegenstand betriebswirtschaftlicher Theorie in eine Ebene zu projizieren, in der zwar Organisation vorhanden ist, aber nur eine solche, die der eigenen Problematik entbehrt."

planning climate: Planungsklima *n*

Die Summe aller Wahrnehmungen von Werten, Motiven und Einstellungen der am Planungsprozeß Beteiligten hinsichtlich des Planungssystems. Erfolg und Mißerfolg eines formalen Planungssystems hängen von dem Planungsklima ab, das in einer Organisation vorherrscht.

Kritiker weisen vor allem auf das kurzfristige Profitdenken hin, das dem strategischen Denken entgegengesetzt sei und sich in der Überschätzung formaler Systeme manifestiere: „Ohne ein angemessenes Planungsklima produzieren selbst die ausgefeiltesten Planungsmethoden nur Berge von Papier, die keinerlei Einfluß darauf haben, wie die Verhältnisse sein werden oder sein sollten" (R. Nurmi).

planning committee: Budgetausschuß *m*

planning department: Planungsabteilung *f*, Budgetabteilung *f*

Die Planungsarbeit der Manager wird in vielen Unternehmen von Planungsabteilungen unterstützt. Dies sind Spezialabteilungen, die in besonderer Weise mit den Instrumenten und Methoden der Planung vertraut sind. Sie sind zumeist als Stabsabteilungen den Instanzen zugeordnet. Häufig wird, um das Dilemma zwischen Sachverstand und Methodenwissen zu lösen, für strategische Planungen eine Projektgruppe gebildet, in der zeitlich begrenzt Manager und Planer ein Team bilden.

planning function: Planungsfunktion *f*

planning horizon: Planungshorizont *m*

planning module: Planungsmodul *m*, Planungsbaustein *m*

Ein einzelner Planungsschritt innerhalb der Modular-Methode.

planning period: Planungszeitraum *m*

planning process control: Planfortschrittskontrolle *f*

Man unterscheidet zwischen Kontrolltypen, Kontrollobjekten, Kontrollzyklen und Kontrollmethoden. Zu den Kontrolltypen zählt auch die Planfortschrittskontrolle, die als Plan-Plan-Vergleich (alter Plan mit neuem Plan) laufend erfolgt.

Die Zielsetzung des Management durch Kontrolle besteht in einer methodischen Systematik der Kontrollaktivitäten, die von den verschiedenen Management-Ebenen für die Ergebnisbeeinflussung und Leistungskorrektur ergriffen werden können. Die Kontrolle führt zu Aussagen über Plan- und Zielabweichungen. Kausalitäten werden durch sie nicht aufgedeckt, dies ist Aufgabe der Abweichungsanalyse. Kontrolle und Abweichungsanalyse sind daher prozessuale Komponenten im Entscheidungsprozeß des Unternehmens.

plant: Betrieb *m*, Betriebsstätte *f*, Fabrik *f*, Werk *n*

Ein Betrieb ist eine rein technisch-organisatorische Produktionsstätte.

plant accountant: Betriebsbuchhalter *m*, der die Buchhaltung *f* eines selbständigen Abrechnungsbereichs *m* (Teilbetrieb, Werk *n*) leitet

plant agreement: Betriebsvereinbarung *f*
plant analysis: Betriebsanalyse *f*
Die Ermittlung und Zusammenstellung von Daten für die Bildung von Kennzahlen und ihre verbale Interpretation zur Beurteilung der gegenwärtigen Lage eines Betriebs oder seiner Teilbereiche.
plant capacity: Betriebskapazität *f*, betriebliche Kapazität *f*
plant engineer: Betriebsingenieur *m*
plant equipment: Betriebsanlage *f*
plant factor: Leistungsgrad *m* eines Kraftwerkes *n*
plant holidays *pl*: Betriebsferien *pl*
plant layout: Anlage *f* des Betriebes *m*, Grundriß *m* des Betriebes, Werksplanung *f*
plant license: Betriebslizenz *f*
Eine Lizenz, durch die der Lizenznehmer das Recht erwirbt, ein geschütztes Recht ausschließlich in einem oder mehreren festgelegten Betrieb(en) zu benutzen.
plant machinery: Betriebsanlage *f*
plant management: Betriebsleitung *f*
plant manager: Betriebsleiter *m*, Leiter *m* des Betriebes *m*, Werkleiter *m*, Werksleiter *m*
plant observation: Betriebsbeobachtung *f*
Die Untersuchung und Auswertung von Kennziffern zur Beurteilung der Gesamtentwicklung eines Wirtschaftsunternehmens oder seiner Teilbereiche im Zeitverlauf.
plant preparedness: Betriebsbereitschaft *f*
plant property ledger: Betriebsanlagenbuch *n*
plant records division: Anlagenbuchhaltung *f*
plant shutdown: Betriebsstillegung *f*, Fabrikschließung *f*
plant superintendent: Werkaleiter *m*
plant-training: innerbetriebliche Ausbildung *f*
plant use: Betriebseigenverbrauch *m* (nur bei Kraftwerken)
plant vacation: Betriebsferien *pl*
plant-wide burden rate: einheitlicher Gemeinkostenzuschlag *m* für Gesamtbetrieb *m*, gesamtbetrieblicher Gemeinkostenzuschlag *m*
plant-wide seniority: Dienstalter *n* innerhalb des Zweigwerkes *n* oder des Unternehmens *n*
plasterer: Gipsar *m*
plastic: Kunststoff *m*
platform scales: Tafelwaage *f*
plausible: triftig
play-back: Außenrücklauf *m* *(EDV)*, Rückinformation *f*, Rückkopplung *f (EDV)*

plea: Bitte *f*, Einrede *f*, Einspruch *m*, Einwand *m*, Geltendmachung *f*, Gesuch *n*
plea of beneficium: praecussionis Einrede *f* der Vorausklage *f*
plea of nullity: Nichtigkeitsklage *f*
plead: sich berufen, einwenden, geltend machen, plädieren, verhandeln, vorbringen
pledged asset: verpfändetes Wirtschaftsgut *n*
plow-back of profits *pl*: Selbstfinanzierung *f*
plural department: Pluralinstanz *f*
Die Zusammenfassung gleichrangiger Instanzen und Gremien aus hierarchisch verbundenen (Mitglieder einer Abteilung) oder unverbundenen Stellen (Mitglieder aus unterschiedlichen Abteilungen) zu einem Gremium.
point evaluation: Punktbewertung *f*
point evaluation method: Punktbewertungsverfahren *n*
Ein Verfahren der Produktbewertung, dessen Grundgedanke es ist, die Gesamtbeurteilung eines Objekts wie z.B. einer Produktidee als eine Linearkombination der Einzelbeurteilungen und damit das Gesamturteil als Summe der gewichteten Einzelurteile aufzufassen. Nach Franz Böcker und Lutz Thomas sind die folgenden Kennzeichen von Punktbewertungsverfahren hervorzuheben:
„• Die Beurteilung der einzelnen Objekte geschieht anhand von Faktoren, deren Ausprägungen für die einzelnen Objekte hinreichend verläßlich festgestellt werden können (beurteilungsnahe Faktoren).
• Die Faktoren, die der Einzelbeurteilung zugrundegelegt werden erfassen die Gesamtheit der auf den Erfolg des Objekts einwirkenden relevanten Einflußgrößen (Vollständigkeit der Faktoren)
• Alle Produkte werden für alle Faktoren mittels einer einheitlichen Skala beurteilt. Üblicherweise weist die Skala fünf bis sieben Ausprägungsstufen auf, wobei die extremen Ausprägungen verbal durch die Attribute sehr gut bzw. sehr schlecht gekennzelchnet werden.
• Die Beurteilung der Objekte auf den einzelnen Beurteilungsskalen wird mittels Wahrscheinlichkeitsangaben vorgenommen. Es sind also vom Beurteiler Urteile folgender Art abzugeben: Bezüglich Faktor X weist Objekt Y die Ausprägung ,gut, mit einer Wahrscheinlichkeit von 0,5 auf."
Für eine adäquate Ableitung eines Gesamturteils müssen, ebenfalls nach Franz Böcker und Ludwig Thomas, die folgenden Bedingungen erfüllt sein:
„• Für alle Faktoren sind Gewichte festzulegen. Diese Gewichte bringen zum Ausdruck welchen Anteil ein einzelner Faktor zur Erfolgsträchtigkeit beiträgt. Diese Gewichte sind naturgemäß von Produktbereich zu Produktbereich verschieden. Es ist sinnvoll, die Gewichte so zu bestimmen, daß die Summe der Gewichte über alle Faktoren 1,0 beträgt. Die Gewichte der einzelnen Faktoren werden häufig schrittweise fixiert. Zuerst werden die Gewichte der Hyperfaktoren festgelegt (Summe

der Gewichte aller Hyperfaktoren gleich 1,0), sodann die Gewichte der Faktoren je Hyperfaktor (Summe der Gewichte gleich 1,0) schließlich die Gewichte der Faktoren im Hinblick auf das Gesamturteil durch Multiplikation der Gewichte der entsprechenden Faktoren und der Hyperfaktoren errechnet.
- Den Skalenausprägungen sind numerische Werte zuzuweisen, wobei die numerischen Werte als Nutzenindikatoren zu interpretieren sind.
- Die Summe der Skalenwerte eines Faktors mit den faktorspezifischen Wahrscheinlichkeitsangaben über alle Skalenausprägungen ergibt die Beurteilung eines Produkts hinsichtlich dieses Faktors.
- Die Summe der gewichteten Urteilswerte über alle Faktoren ergibt den Gesamturteilswert."

In der Literatur hat insbesondere das Punktbewertungsmodell von John T. O'Meara Beachtung gefunden, das den Versuch der Entwicklung eines möglichst allgemeingültigen Katalogs von Kriterien der Produktbewertung auf der Grundlage der vier Faktorengruppen Markttragfähigkeit, Lebensdauer, Produktionsmöglichkeiten und Wachstumspotential darstellt. Die nebenstehende Tabelle zeigt die Teilfaktoren und Subfaktoren des Punktbewertungsmodells nach O'Meara:

polarization thesis: Polarisierungs-These f
Eine in der Qualifikationsforschung diskutierte Thesen zur längerfristigen Qualifikationsentwicklung, derzufolge es bei zunehmender Automatisierung sowohl zu Höherqualifizierungs- wie zu Dequalifizierungstendenzen – eben zu einer Polarisierung – komme. Die Arbeit an (teil)automatisierten Aggregaten erfordert demnach sowohl einfache Allerweltstätigkeiten wie hochqualifizierte Anlerntätigkeiten. Die Analyse wird erleichtert durch eine Differenzierung von Qualifikationen in prozeßgebundene bzw. prozeßabhängige (auf die technischen Erfordernisse des konkreten Arbeitsplatzes ausgerichtet) und prozeßunabhängige (auf andere Arbeitsplätze transferierbare) Qualifikationen. Während prozeßabhängige Qualifikationen durch technologischen Wandel laufend entwertet werden, steigt die Bedeutung prozeßunabhängiger Qualifikationen wie Flexibilität, technische Intelligenz und Sensibilität, Verantwortung.

policy dividend: Beitragserstattung f der Versicherung f auf Gegenseitigkeit f
policy loan: Policendarlehen n
poll: Abstimmung f (namentlich), namentlich abstimmen
poll tax: Bürgersteuer f, Wahlsteuer f
pollster: Meinungsforscher m
polypolistic behavior: polypolistisches Verhalten n
Das Marktverhalten eines Anbieters, der damit rechnet, daß sein Absatz von seinem eigenen Verhalten, dem Verhalten der Nachfrager und dem Verhalten der Mitbewerber abhängt. Er erwartet jedoch nicht, daß Änderungen im Einsatz seiner eigenen Maßnahmen Gegenmaßnahmen seiner Mitbewerber auslösen können.

polypolistic competition: polypolistische Konkurrenz f
Eine Form des marktwirtschaftlichen Wettbewerbs, bei der viele kleine Anbieter miteinander konkurrieren. Sie kann auf unvollkommenen und auf vollkommenen Märkten stattfinden:
(1) Bei *polypolistischer Konkurrenz auf einem vollkommenen Markt* hat der einzelne Anbieter keine Möglichkeit, einen anderen als den sich Markt als Resultat von Angebot und Nachfrage ergebenden Preis festzusetzen. Er muß mithin bei gegebener Kostenstruktur seine Absatzmenge so festlegen, daß in der Gewinnfunktion die Differenz zwischen Gesamterlös und Gesamtkosten maximiert wird, so daß das Gewinnmaximum bei der Absatzmenge erreicht ist, bei der der Preis gleich den Grenzkosten ist. Dabei ergeben sich für ein auf dem Markt als Anbieter auftretendes Unternehmen unterschiedliche Mengenstrategien, je nachdem ob von einem s-förmigen oder einem linearen Verlauf der Gesamtkostenkurve auszugehen ist.
(a) *Gewinnmaximum bei s-förmiger Gesamtkostenkurve:* Aus der folgenden Graphik ist ersichtlich, daß das betriebsindividuelle Gleichgewicht (Preis = Grenzkosten) bei s-förmigem Verlauf der Gesamtkostenkurve an dem Punkt erreicht wird, an dem eine Parallele zur Gesamterlöskurve die Gesamtkostenkurve tangiert. Dabei bezeichnen die durch die Absatzmengen x_1 (Gewinnschwelle) und x_2 (Gewinngrenze) begrenzten Ordinatenwerte die sog. Gewinnzone (wegen ihrer Form in der graphischen Darstellung auch: Gewinnlinse) eines Betriebs.

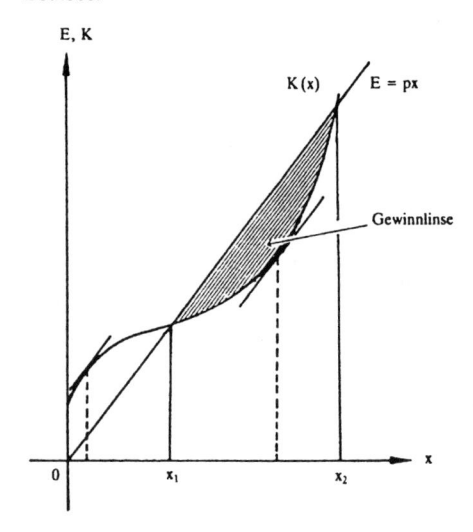

Gewinnkurve bei s-förmiger Gesamtkostenkurve

(b) *Gewinnmaximum bei linearer Gesamtkosten-*

polypolistic competition

	sehr gut	gut	durchschnittlich	schlecht	sehr schlecht
I. Markttragfähigkeit					
A. Erforderliche Absatzwege	ausschließlich gegenwärtige	überwiegend gegenwärtige	zur Hälfte gegenwärtige	überwiegend neue	ausschließlich neue
B. Beziehung der bestehenden Produktgruppe	Vervollständigung der zu schmalen Produktgruppe	Abrundung der Produktgruppe	Abrundung der Produktgruppe	stofflich mit der Produktgruppe verträglich	unverträglich mit der Produktgruppe
C. Preis-Qualitätsverhältnis	Preis liegt unter dem ähnlicher Produkte	Preis liegt z.T. unter dem ähnlicher Produkte	Preis entspricht dem ähnlicher Produkte	Preis liegt z.T. über dem ähnlicher Produkte	Preis liegt meist über dem ähnlicher Produkte
D. Konkurrenzfähigkeit	Produkteigenschaften werblich verwertbar und Konkurrenzprodukten überlegen	mehrere werblich bedeutsame Produkteigenschaften sind Konkurrenzprodukten überlegen	werblich bedeutsame Produkteigenschaften entsprechen den Konkurrenzprodukten	einige überlegene Produkteigenschaften	keine überlegenen Produkteigenschaften
E. Einfluß auf Umsatz alter Produkte	steigert Umsatz der alten Produkte	unterstützt Umsatz der alten Produkte	kein Einfluß	behindert Umsatz der alten Produkte	verringert Umsatz der alten Produkte
II. Lebensdauer					
A. Haltbarkeit	groß	überdurchschnittlich	durchschnittlich	relativ gering	schnelle Veraltetung zu erwarten
B. Marktbreite	Inland und Export	breiter Inlandsmarkt	breiter Regionalmarkt	enger Regionalmarkt	enger Spezialmarkt
C. Saisoneinflüsse	keine	kaum	geringe	etliche	starke
D. Exklusivität	Patentschutz	z.T. Patentschutz	Nachahmung schwierig	Nachahmung teuer	Nachahmung leicht und billig
III. Produktionsmöglichkeiten					
A. Benötigte Produktionsmittel	Produktion mit stilliegenden Anlagen	Produktion mit vorhandenen Anlagen	vorhandene Anlagen können z.T. verwendet werden	teilweise neue Anlagen notwendig	völlig neue Anlagen erforderlich
B. Benötigtes Personal und techn. Wissen	vorhanden	im wesentlichen vorhanden	teilweise erst zu beschaffen	in erheblichem Umfang zu beschaffen	gänzlich neu zu beschaffen
C. Benötigte Rohstoffe	bei Exclusivlieferanten erhältlich	bei bisherigen Lieferanten erhältlich	von einem Neulieferanten zu beziehen	von mehreren Neulieferanten zu beziehen	von vielen Neulieferanten zu beziehen
IV. Wachstumspotential					
A. Marktstellung	Befriedigung neuer Bedürfnisse	erhebliche Produktverbesserung	gewisse Produktverbesserung	geringe Produktverbesserung	keine Produktverbesserung
B. Markteintritt	sehr hoher Investitionsbedarf	hoher Investitionsbedarf	durchschnittlicher Investitionsbedarf	geringer Investitionsbedarf	kein Investitionsbedarf
C. Erwartete Zahl an Endverbrauchern	starke Zunahme	geringe Zunahme	Konstanz	geringe Abnahme	erhebliche Abnahme

kurve: In diesem Fall liegt die gewinnmaximale Absatzmenge stets (also auch bei einem sinkenden Marktpreis) an der Kapazitätsgrenze des Unternehmens.

polypolistic pricing

U, K

U = Gesamtumsatz
G = Gewinnzone
K = Gesamtkosten

x_{max} (Kapazitätsgrenze)

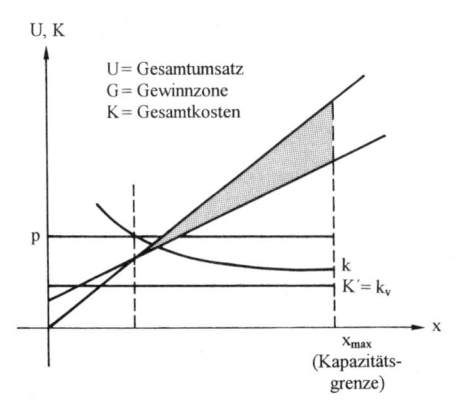

$K' = k_v$

Gewinnmaximum bei linearer Gesamtkostenkurve

(2) Bei *polypolistischer Konkurrenz auf einem unvollkommenen Markt* ist der Preis von der Absatzmenge abhängig, so daß der Anbieter aufgrund seines akquisitorischen Potentials den Preis und mit ihm seine Absatzmengen beeinflussen kann und daher die Gewinnmaximierungsbedingung Preis = Grenzkosten nicht mehr gilt. Das Gewinnmaximum liegt dann dort, wo der Grenzumsatz gleich den Grenzkosten ist. Die Graphik illustriert die Bestimmung des Gewinnmaximums für den Fall einer linear verlaufenden Gesamtkostenkurve:

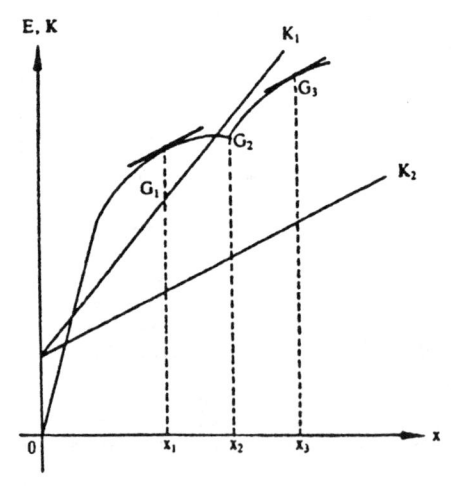

E, K, K_1, G_3, G_2, K_2, G_1, x_1, x_2, x_3

Gewinnmaximum auf einem unvollkomenen Markt bei linearer Gesamtkostenkurve

polypolistic pricing: polypolistische Preisfixierung *f*
Eine Politik der Preissetzung, bei der ein Anbieter damit rechnet, daß sein Absatz vom eigenen Preis, der Reaktion der Nachfrager und den Preisen der konkurrierenden Anbieter abhängig ist, ohne zu erwarten, Änderungen des eigenen Preises könnten die übrigen Anbieter zur Änderung ihrer Preise veranlassen.
pool: Gewinnpool *m*, Interessengemeinschaft *f*, Pool *m*, Quotenkartell *n*, Versicherungskonsortium *n*
pool agreement: Interessengemeinschaftsvertrag *m*
pool money: Geld *n* zusammenlegen
pool profits *pl*: Gewinne *m/pl* zusammenlegen
poor: arm, minder, minderwertig
poor law: Armenrecht *n*
poor quality: schlechte Qualität *f*
poorhouse: Armenhaus *n*
popular article: Zugartikel *m*
population: Bevölkerung *f*, statistische Masse *f*, Grundgesamtheit *n*
population density: Bevölkerungsdichte *f*
population economy: Populationsökonomie *f*
Ein Modell in der Organisationssoziologie, nach dem Organisationen nicht als isoliert voneinander existierende Systeme gesehen werden, sondern als Mitglieder einer Gattung, die in einer ökologischen Nische um knappe Ressourcen konkurrieren. Die Herausbildung einer Organisationsform innerhalb einer ökologischen Nische wird durch drei Prinzipien erklärt: Produktion von Varietäten, Selektion gemäß den Umweltbedingungen und Konservierung günstiger Varietäten. Für Unternehmen wird daher die Fähigkeit, die Trägheit ihrer Strukturen zu überwinden, zum entscheidenden Überlebenskriterium. Nach einer Formulierung des Organisationspsychologen K. Weick sind daher nicht planvolle, durchorganisierte, geradlinige oder zielgerichtete Organisationen erforderlich, sondern „schwatzhafte, unbeholfene, abergläubische, heuchlerische, gräßliche, tintenfischartige, umherirrende oder quengelige."
population increase: Bevölkerungszuwachs *m*
population policy: Bevölkerungspolitik *f*
port: Hafen *m*
port charge(s) *(pl)*: Hafengebühr *f*
port dues *pl*: Hafengeld *n*
port of arrival: Ankunftshafen *m*
port of call: Anlaufhafen *m*
port of departure: Abgangshafen *m*
port of destination: Bestimmungshafen *m*
port of entry: Eingangshafen *m*
port of reshipment: Umschlaghafen *m*
port of transshipment: Umschlaghafen *m*
portable: tragbar, beweglich, transportfähig
portable typewriter: Reiseschreibmaschine *f*
portage: Trägerlohn *m*
portal-to-portal pay: Lohn *m* für An- und

portfolio management

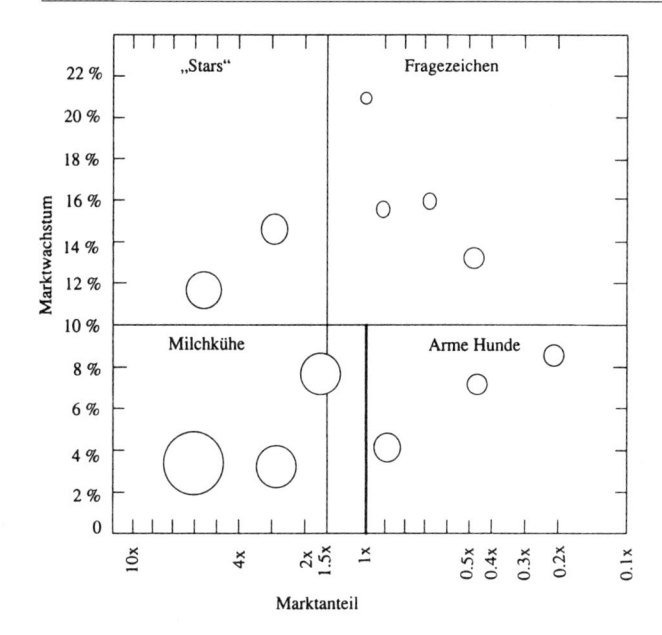

Abmarschzeit *f* vom Werktor *n* bis zum Arbeitsplatz *m* (z.B. Bergwerk *n*)
porter: Hausdiener *m*, Markthelfer *m*, Träger *m*
portfolio: Portefeuille *n*
portfolio analysis: Portfolio-Analyse *f*
In der einfachsten Form der Portfolio-Analyse wird die Position der Produkte einer strategischen Unternehmenseinheit (SUE) anhand des relativen Marktanteils (Unternehmenskomponente) und des Wachstums des relevanten Markts (Umweltkomponente) festgelegt.

Dem Marktanteils-Wachstums-Portfolio liegen folgende Hypothesen zugrunde: Je höher der relative Marktanteil eines Produkts ist, um so höher ist sein Absatz im Vergleich zu den Konkurrenzprodukten und um so geringer ist das Marktrisiko einzuschätzen. Je höher der relative Marktanteil, um so eher ist die Unternehmung in der Lage, den Lebenszyklus eines Produkts, Produkt-Lebenszyklus, in seinem Sinne zu beeinflussen. Ein höherer relativer Marktanteil ermöglicht gegenüber der Konkurrenz eine höhere Gewinnspanne und auch einen höheren Cash-flow. Bei starkem Marktwachstum sind zur Aufrechterhaltung des relativen Marktanteils entsprechende Investitionen notwendig. Der erzielbare Cash-flow hängt wesentlich von der ggf. durch entsprechende Marktinvestitionen erreichten Marktstellung ab.

Das strategische Ziel eines Unternehmens, das sich gegen Marktrisiken absichern will, muß es sein, in einem expansiven Markt mit einem hohen Marktanteil vertreten zu sein. Zur langfristigen Sicherung des Erfolgspotentials ist daher die Orientierung am relativen Marktanteil von besonderer Bedeutung.

Das vorhandene Produktsortiment einer strategischen Geschäftseinheit läßt sich aufgrund seiner Position im Markt sowie entsprechend der Entwicklung der relevanten Märkte in die Marktanteils-Wachstums-Matrix einordnen. Daran anschließend können ein anzustrebendes Zielsortiment und die zu seiner Verwirklichung notwendigen Strategien formuliert werden.

Die Portfolio-Analyse erleichtert durch die ihr zugrundeliegende Systematisierung und die daraus abgeleiteten Normstrategien die strategische Planung. Sie läßt sich unter Hervorhebung weiterer strategischer Erfolgsfaktoren verfeinern.

Die Methode stammt aus dem Bankwesen und der Geldtheorie, wo mit Hilfe der Portfolio-Selection die optimale Vermögensstruktur eines Individuums, d.h. die optimale Mixtur verschiedenartiger Wertpapiere unter Berücksichtigung des jeweiligen Risikos, Ertrags, der Rendite und der Wachstumserwartungen und im Blick auf die gegebenen Zielsetzungen des Inhabers ermittelt wird.

portfolio audit: Portefeuilleprüfung *f*
portfolio management: Portfolio-Management *n*
Die Portfolio-Technik ist ein komplexes Instrument der strategischen Unternehmensführung mit dem Ziel der Bestimmung eines nach Chancen und Risiken künftiger Ertragsentwicklungen ausgewogenen Produktionsprogramms unter Berücksichtigung sowohl der Situation des eigenen Unternehmens wie der zu erwartenden Entwicklung der Umweltbedingungen vor dem Hintergrund des Umstands, daß die verschiedenen Produkte eines

portion

Marktwachstum

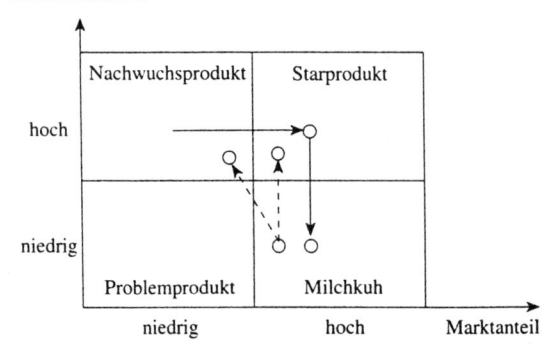

```
         ┌─────────────────┬─────────────────┐
         │ Nachwuchsprodukt│ Starprodukt     │
  hoch   │         ○╌╌╌╌╌╌╌╌→○              │
         │         ↑         │               │
         │                   │               │
  niedrig│                   ○  ○            │
         │                                   │
         │ Problemprodukt  │ Milchkuh        │
         └─────────────────┴─────────────────┘
              niedrig           hoch       Marktanteil
```

──▶ Entwicklungsrichtung der Produkte im Zeitverlauf
╌╌▶ Richtung der Finanzströme (Cash-flow)

Marktwachstums-Marktanteils-Portfolio

Wirtschaftsunternehmens sehr unterschiedliche Positionen im Produktlebenszyklus haben.
Der Begriff des Portfolio-Management ist von dem im Bankwesen und der Geldtheorie übernommenen Begriff der Portfolio-Analyse abgeleitet. Im Mittelpunkt des Portfolio-Management steht die zentrale Frage der strategischen Unternehmensführung: „Wie muß das Produktionsprogramm gemischt sein, um die Ziele der Unternehmung (z.b. Rendite, Wachstum, Arbeitsplatzsicherheit) jetzt und in der Zukunft zu erreichen. Es sollten sowohl Produkte im Programm sein, die heute Gewinn abwerfen, wie Produkte, in die man heute investiert, damit sie in der Zukunft Gewinn abwerfen. Vermieden werden soll die sogenannte ‚strategische Lücke'. Sie kann dadurch entstehen, daß „Zielgrößen der Zukunft mit einem gegenwärtigen Produktionsprogramm nicht mehr erreicht werden könnten, weil Märkte und sonstige Umweltbedingungen sich ändern." (Michael van Geldern)
Der erste Schritt des Portfolio-Management besteht in der Bildung von Strategischen Geschäftsbereichen (SGB). Ein SGB weist im Idealfall die folgenden Merkmale auf:
1. Er ist ein relativ selbständiger Geschäftsbereich oder eine Ansammlung eng verwandter Bereiche.
2. Er hat eine Aufgabe die sich von denen der anderen Geschäftsbereicße deutlich abhebt.
3. Er hat seine eigenen Konkurrenten.
4. Er wird von einem verantwortlichen Manager geführt.
5. Er besteht aus einer oder mehreren Programm- und funktionalen Ebenen.
6. Er kann von der strategischen Planung profitieren.
7. Er kann unabhängig von den anderen Bereichen geplant werden.
Im zweiten Schritt erfolgt dann die Einordnung der SGB in eine Portfolio-Matrix, die in der Regel die Form einer Vier-Felder-Matrix oder auch einer Neun-Felder-Matrix hat. Weitaus am häufigsten werden die Dimensionen Marktwachstum und Marktanteil verwendet (Marktwachstum-Marktanteils-Portfolio), wobei die Produktpositionierung nach den Ausprägungen der Merkmale Marktwachstum und Marktanteil erfolgt:
Jeder Quadrant des Portfolios zeigt dann unterschiedliche Cash-Flow-Situationen, im abgebildeten Beispiel etwa *Stars* (Strategische Geschäftsbereiche mit einem hohen Marktwachstum und hohen Marktanteilen), *Milchkühe* (Bereiche mit niedrigem Wachstum, aber hohem Marktanteil), *Fragezeichen* oder *Sorgenkinder* (schnelles Wachstum bei niedrigem Marktanteil) und *Arme Hunde* oder *Geldschlucker* (niedriges Wachstum und niedriger Marktanteil).
Im dritten Schritt erfolgt dann aufgrund der Einordnung der Strategischen Geschäftsbereiche in die Portfolio-Matrix eine Beurteilung und Bewertung der unterschiedlichen Geschäftsbereiche.
Neben den beiden oben erwähnten werden auch die Dimensionen Markt und Produktlebenszyklus (Marktproduktlebenszyklus-Portfolio) und die Dimensionen Geschäftsfeld und Ressourcen (Geschäftsfeld-Ressourcen-Portfolio) verwendet.
Für die mit Hilfe der Portfolio-Matrizen entwickelten Geschäftsbereichstypen ergeben sich unterschiedliche Investitionsstrategien (für die Stars z.B. eine Investitionsstrategie, für die Fragezeichen je nach Lage entweder eine Investitions- oder Desinvestitionsstrategie, für die Milchkühe eine Abschöpfungsstrategie und für die Armen Hunde eine Desinvestitionsstrategie).

portion: Anteil *m*, Teil *m*

POSDCORB classification (of management functions): POSDCORB-Klassifikation *f* (der Managementfunktionen)
Eine an die Werke von Henri Fayol anknüpfende,

positioning

von L. H. Culick entwickelte Klassifikation, die folgende Managementfunktionen unterscheidet:
Planning, d.h. die allgemeine Bestimmung dessen, was zu tun ist und wie es getan werden soll, um die Unternehmensziele zu erreichen.
Organizing: die Errichtung einer formalen Autoritätsstruktur, die Arbeitseinheiten bildet, definiert und im Hinblick auf das Gesamtziel koordiniert.
Staffing: die Anwerbung und Schulung von Personal und die Gewährleistung adäquater Arbeitsbedingungen.
Directing: das fortlaufende Treffen von Einzelentscheidungen und ihre Umsetzung in fallweise oder generelle Anweisungen.
Coordinating: die allgegenwärtige Aufgabe, die verschiedenen Teile des Arbeitsprozesses zu verknüpfen.
Reporting: die fortlaufende Information der vorgesetzten Ebene über die Entwicklung des Aufgabenvollzuges. Dies schließt die fortwährende Eigeninformation und die der unterstellten Mitarbeiter mit ein.
Budgeting: die Wahrnehmung aller der Aufgaben, die zur Budgetierung gehören, insbesondere Budgetaufstellung und Budgetkontrolle.

position: Stelle *f*, Position *f*, Stand *m*, Stellung *f*, Lage *f*
Eine von mehreren arbeitsteilig gegliederte Funktionseinheiten mit konkreten Arbeitsaufgaben und Mittelbefugnissen. Die Management-Pyramide ist eine formale Übersicht des Unternehmens. Eine Konkretisierung von Aufgaben und Kompetenzen erfolgt durch die Stellen- und Instanzengliederung.

position charge: Placierungsaufschlag *m* (für Anzeige)

position description: Stellenbeschreibung *f*, Tätigkeitsbeschreibung *f*
Nach H. B. Acker ist eine Stellenbeschreibung „die schriftliche, verbindliche und in einheitlicher Form abgefaßte Festlegung der Eingliederung einer Stelle in den Betriebsaufbau, ihrer Ziele, Aufgaben und Funktionen, ihrer Verantwortlichkeiten und Kompetenzen sowie ihrer wichtigen Beziehungen zu anderen Stellen."
Durch eine Stellenbeschreibung wird jedem Mitarbeiter sein Platz und seine Aufgabe innerhalb der Organisation fest zugeordnet. Sie ist zugleich eine Abgrenzung gegenüber gleichrangigen Mtarbeitern und über- oder untergeordneten Stelleninhabern. Die Stellenbeschreibung ist ein Handlungsrahmen, der die Befugnisse und Aufgaben des Mitarbeiters regelt.
Vorgesetzte wie Mitarbeiter finden vorgegebene Stellen vor. Ihre eigene Initiative sowie ihr selbständiges Denken und Handeln müssen sich in diesem festgelegten Rahmen entwickeln. Sie bildet zugleich die Grundlage für die Delegation. Inhaltlich werden folgende Tatbestände geregelt:
• Stellenbezeichnung, wobei eine Unterscheidung in Linien-, Stabs- und Dienstleistungsfunktion vorgenommen wird.

• Titel oder Amtsbezeichnung des Stelleninhabers.
• Hierarchische Einordnung des Stelleninhabers: Über- und Unterstellungsverhältnis und damit die Festlegung der Berichts- und Weisungswege.
• Zielsetzung der Stelle (Aufgaben).
• Festlegung der Stellvertretung.
• Beschreibung der Teilaufgaben je Mitarbeiter innerhalb der Stelle.
• Kennzeichnung der Kompetenzen.

position holder: Stelleninhaber *m* (Planstelle)

position planning: Stellenplanung *f*
Die Management-Pyramide ist eine formale Übersicht des Unternehmens. Eine Konkretisierung von Aufgaben und Kompetenzen erfolgt durch die Stellen- und Instanzengliederung. Für die Stellenplanung sind zwei Möglichkeiten gegeben:
• *Objektprinzip*: Ausgehend von den sachlichen (objektiven) Merkmalen einer Arbeit (z.B. Fertigungsaufträge) wird die Stelle definiert.
• *Verrichtungsprinzip*: Gleiche Verrichtungen bestimmen die Bildung einer Stelle.
Beide Prinzipien beabsichtigen die Schaffung sachlicher Voraussetzungen für die Realisierung konkreter Aufgaben.
Daneben sind formale Kriterien von Bedeutung, nämlich die Rang- und Hierarchiebildung einer Stelle. Die Notwendigkeit der Rangbildung resultiert daraus, daß die Arbeit in Leitungs- (Lenkungs)- und Durchführungsaufgaben geteilt wird. Werden die Leitungsaufgaben verschiedener Stellen zu einer ranghöheren Stelle zusammengefaßt, dann entsteht eine Instanz oder Abteilung. Instanzen sind demnach Leitungsfunktionen, die gegenüber verrichtungsorientierten Stellen weisungsbefugt sind. Werden mehrere Abteilungen einer nächst ranghöheren Instanz zugeordnet, entstehen hierarchische Strukturen. Die Gesamtheit der Instanzen ist im Organisationsplan des Unternehmens enthalten.

positioning: Positionierung *f*
Im allgemeinsten Sinne bedeutet die Positionierung eines Produkts die Schaffung oder Betonung von unverwechselbaren Stärken und Qualitäten, durch die es klar von anderen Produkten abgehoben wird. Es geht bei der Produktpositionierung als Marketingstrategie zur Aufdeckung und Besetzung von Marktnischen nicht allein und nicht einmal primär um die objektiven Gegebenheiten der Produktgestaltung, sondern ebenso sehr, wenn nicht vorrangig, um die einem Produkt durch die Konsumenten einer Zielgruppe bzw. eines Marktsegments zugeschriebenen Anmutungen.
„Ziel der Produktpositionierung ist die Registrierung einer Produktidentität, d.h. einer Einmaligkeit. Sie muß in Form einer Marke symbolhaft innerhalb einer Produktkategorie stehen. Sie muß unverwechselbar sein und darf nicht für andere Produktaussagen verwandt werden." (Bruno Albrecht)
Der fundamentale Fehlschluß bei der Lancierung neuer Produkte ist es, aufgrund von Verbraucher-

befragungen ein Produkt auf den Markt bringen zu wollen, das in seinen charakteristischen Eigenschaften der Mehrheit der Konsumenten gefällt (Mehrheitsirrtum), wenn nicht zugleich sichergestellt ist, daß es unverwechselbar von anderen, bereits existierenden Produkten abgehoben ist und nicht einer Reihe anderer Produkte ähnelt.
Bei der Positionierung geht es im Regelfall darum, das Angebot, für das hier als Beispiel das Produkt steht, im Erlebnisraum des Nachfragers im erwünschten Sinn zu plazieren. Eine bestimmte Positionierung kann dadurch erreicht werden, daß das Produkt selbst modifiziert wird – was allerdings gelegentlich auch zu unerwarteten Wahrnehmungsänderungen im Sinne der Irradiation führt, aber auch dadurch, daß die Absatzmethode, der Preis oder die Werbung verändert werden."
(Peter Neumann/Lutz von Rosenstiel)

positional authority: Positionsautorität *f*
Die mit einer Position in einer Hierarchie wie z.B. der Management-Pyramide verbundene Amtsautorität. Die Vorstellung von Positionsautorität ist das Hauptkennzeichen autoritärer Führung, die davon ausgeht, daß Vorgesetzte allein aus ihrer Machtposition heraus handeln und entscheiden: Wem der Herr ein Amt gibt, dem gebe er auch den Verstand.

positional power: Positionsmacht *f*
Das Ausmaß formaler Autorität, die es einem Führer erlaubt, Mitarbeiter zu belohnen und zu bestrafen.

positional notation: Stellenschreibweise *f* *(EDV)*
possess: besitzen
possess in common: mitbesitzen
possession: Besitz *m*, Besitzung *f*
possessor servant: Besitzdiener *m*
possessor: Besitzer *m*, Inhaber *m*
possessory: besitzmäßig, besitzrechtlich, possessorisch
possessory property: besitzmäßiges Eigentum *n*
possessory right: Besitzrecht *n*
possessory title: Besitztitel *m*
possibility: Möglichkeit *f*
possible: möglich
post: aufgeben (auf die Post), Post *f*, zur Post *f* bringen, Posten *m*, übertragen (der Buchungen aus dem Journal in das Hauptbuch), verbuchen
post box: Briefkasten *m*, Postkasten *m*
post card: Postkarte *f*
post entry: nachträgliche Buchung *f*
post mortem budget: nachkalkuliertes Budget *n*
Ein Budget, das im Gegensatz zum Arbeitsbudget Anpassungen erst im Rahmen der Budgetkontrolle vorsieht. Dabei dient das Ursprungsbudget zwar während der Budgetperiode als Richtschnur, wird jedoch am Ende der Periode durch ein nachkalkuliertes Budget ersetzt, das dem aktuellen Informationsstand entspricht und als Maßstab für die Kontrolle herangezogen wird. Auf diesem Wege soll vermieden werden, daß die Ist-Werte mit überholten Soll-Werten verglichen werden. Da mögliche Korrekturen erst nach dem Vollzug einsetzen, kann diese Anpassungsform keine Steuerungswirkung entfalten, sondern nur eine sachgerechtere Beurteilung bewirken. Deshalb wird häufig vorgeschlagen, die Budgetvorgaben nicht nur am Ende, sondern bereits während des Budgetjahres fortlaufend oder in kurzen Intervallen an veränderte Entwicklungen anzupassen.

post mortem cost: nachkalkulierte Kosten *pl*
post office: Postamt *n*
post office box: Postfach *n*, Postschließfach *n*
post office clerk: Postbeamter *m*
post office receipt: Posteinlieferungsschein *m*
post office regulation(s) *(pl)*: Postordnung *f*
post office savings service: Postsparkasse *f*
post payment: Nachzahlung *f*
postage: Porto *n*
postage due: Nachporto *n*
postage free: portofrei
postage meter: Frankiermaschine *f*, Freistempler *m*
postage prepaid: portofrei
postage rate: Portosatz *m*
postage stamp: Briefmarke *f*, Freimarke *f*
postal authority: Postbehörde *f*
postal charge: Postgebühr *f*
postal check: Postscheck *m*
postal checking account: Postscheckkonto *n*
postal checking account office: Postscheckamt *n*
postal checking service: Postscheckamt *n*
postal code: Postleitzahl *f*
postal collection order: Postauftrag *m*
postal delivery: Postzustellung *f*
postal district: Postbezirk *m*
postal employee: Postbeamter *m*
postal giro check: Postanweisung *f*
postal-giro office: Postscheckamt *n*
postal-giro standing order: Postscheck-Dauerauftrag *m*
postal money order: Postanweisung *f*
postal money order form: Zahlkarte *f*
postal number: Postleitzahl *f*
postal order: Geldanweisung *f*
postal rate: Portogebühr *f*, Posttarif *m*

postal regulation: Postvorschrift f
postal savings account: Postsparkonto n
postal secret: Postgeheimnis n
postal service: Post(beförderungs)dienst m
postal stamp: Briefmarke f
postal sub-office: Postnebenstelle f
postal sub-station: Posthilfsstelle f
postal traffic: Postverkehr m
postal transfer account: Postscheckkonto n
postal transfer and savings service: Postscheckamt n
postal zone number: Postbezirksnummer f, Postleitzahl f
postdate: nachdatieren
poste restante: postlagernd
poster: Plakat n, Anschlagzettel m
poster advertising: Plakatwerbung f
poster panel: Anschlagfläche f, Anschlagwand f, Werbefläche f, Plakatfläche f
poster site: Anschlagstelle f, Stelle f
posting: Journal-Hauptbuchübertragung f, Übertragung f (von Buchhaltungszahlen)
posting check: Buchungshaken m
posting medium: Buchungsunterlage f (z.B. Beleg, Rechnung usw.)
postman: Briefträger m, Postbote m
postmark: Poststempel m
postpaid: frankiert, franko
postponability: Verschiebbarkeit f
postponable: aufschiebbar
postponable cost: verschiebbare Kosten pl
postpone: aufschieben, verschieben, vertagen
postponed: gestundet, verschoben
postponed debt: gestundete Forderung f
postponement: Aufschiebung f, Aufschub m, Verschiebung f, Vertagung f
potential: möglich, potentiell, Möglichkeit f (Fähigkeit), Potential n
potential analysis: Potentialanalyse f
Zwei Formen der Potentialanalyse werden gemeinhin unterschieden:
1. Die *Potentialanalyse des Unternehmens*: Als üblicher Maßstab für das Unternehmenswachstum gilt der reale Umsatzzuwachs. Die entscheidende Ziel der Potentialanalyse ist es zu klären, mit wievielen Mitarbeitern insgesamt ist der geplante höhere Umsatz in der Zukunft zu bewältigen ist. Damit müssen in der Analyse zusätzliche Parameter berücksichtigt werden, z.B. Personalstruktur des Unternehmens (Altersaufbau, Fluktuation), geplante organisatorische Veränderungen (z.B. Neustrukturierung der Unternehmensbereiche, Übergang zur Diversifikation, Profit-Center-Organisation etc.), Einfluß der Rationalisierung auf den Mitarbeiterbestand (Produktivitäts- und Substitutionseffekte), zukünftige Marktsituation des Unternehmens (z.B. Übergang von einem Käufermarkt zu einem Verkäufermarkt).
2. Durch die *Potentialanalyse des Managements* soll geklärt werden, ob sich der aus der Potentialanalyse des Unternehmens abgeleitete Bedarf an Führungskräften qualitativ, quantitativ und zeitlich decken läßt. Bei der quantitativen Bedarfsplanung sind der Altersaufbau und Fluktuation der vorhandenen Führungskräfte und die potentiellen Nachwuchskräfte (z.B. die Stellvertreter) zu berücksichtigen.
Die qualitative Analyse bezieht sich auf die Flexibilität und Mobilitätsbereitschaft der vorhandenen Führungskräfte, die Lernbereitschaft und Lernfähigkeiten als Vorbereitung für neue, zukünftige Aufgaben sowie auf die Analyse hemmender Faktoren für die Annahme neuer Aufgaben (z.B. konservativer Führungsstil, Dominanz eines Sicherheits- und Beharrungsstrebens der Manager).
Die Potentialanalysen führen zu einer Aktionsplanung für die Realisierung der Management-Entwicklung (Management Development). Ist mit den potentiellen Nachwuchskräften der Bedarf nicht zu decken, wird mit Unternehmensberatern, die sich auf die Stellenvermittlung von Führungskräften spezialisiert haben, eine mittelfristige Planung entwickelt, um den Bedarf von außen zu decken.
potential competition: mögliche Konkurrenz f
potential earnings pl: erwarteter Lohn m (bei Akkord)
potential market: potentieller Markt m
pound sterling: englisches Pfund n
poverty: Armut f, Bedürftigkeit f
power: Macht f
Im Anschluß an Max Weber kann Macht definiert werden als die Chance, in einer sozialen Beziehung den eigenen Willen auch gegen Widerstreben durchzusetzen. Machtausübung führt dazu, daß der Entscheidung der Betroffenen über ihr Verhalten fremdgesetzte Daten zugrunde liegen, d.h. ihr Bereich alternativer Handlungsweisen eingeschränkt wird. Im Extremfall besteht nur noch eine Handlungsmöglichkeit.
Die Verfügungsgewalt des Managers leitet sich aus dessen Befugnissen ab. „Macht" bedeutet eine bestimmte Art der Beziehungen zwischen Personen innerhalb einer Organisation. Sie zeigt sich allgemein in der Möglichkeit, andere Personen zu einer bestimmten Art ihres Verhaltens und ihrer Leistung zu veranlassen. Die Formulierung, „A hat Macht gegenüber B", kann bedeuten:
• A kann B zu einem von ihm gewünschten Verhalten bzw. zu einer bestimmten Leistung veranlassen, die B ohne die Einwirkung von A nicht erbringen würde.
• A ist gegenüber B überlegen (physisch, intellektuell, formal, kraft gesetzlicher Regelung).
• B ist in einem materiellen Abhängigkeitsverhält-

nis gegenüber A. B muß die Anweisungen des A akzeptieren.
Am bekanntesten ist die Klassifikation der verschiedenen Machtgrundlagen von John R. P. French und Bertram Raven. Sie unterscheiden fünf Machtgrundlagen:
(1) *Belohnungsmacht (reward power)*: Sie basiert auf der Wahrnehmung einer Person B, daß eine Person A die Möglichkeit hat, sie zu belohnen. Ein Vorgesetzter hat dann Macht über einen Untergebenen, wenn der Untergebene weiß, daß der Vorgesetzte Lohnerhöhungen oder Förderungsmaßnahmen für ihn empfehlen kann und wenn der Untergebene diese Anreize begehrenswert findet. Belohnungsmacht ist streng zu unterscheiden von der bloßen Existenz eines Belohnungsinstrumentariums. Verhaltensbeeinflussend wirkt lediglich die perzipierte – und positiv bewertete – Aussicht auf erhöhte Bedürfnisbefriedigung bei konformem Verhalten. Für die Erhaltung dieser Machtgrundlage ist die tatsächliche Gewährung der in Aussicht gestellten Belohnung notwendig. Bei wiederholter Nichtgewährung der Belohnung, trotz konformen Verhaltens, wird diese Machtgrundlage verloren gehen.
(2) *Zwangsmacht (coercive power)*: Sie gründet sich auf die Perzeption von Untergebenen, daß der Vorgesetzte die Möglichkeit hat, sie bei nichtkonformen Verhalten zu bestrafen (Entlassung, Versetzung, Lohnabzug etc.).
(3) *Beziehungsmacht (referent power)*: Sie gründet sich auf Identifikation oder den Wunsch, dem Vorgesetzten zu gefallen. Eine mögliche Erklärung für diese Transformation von Belohnungs- in Beziehungsmacht ist die, daß die Autorität, Belohnungen zu gewähren, eine Person attraktiv macht und daß diese Attraktivität zur Identifikation anregt. Im Gegensatz zur Macht durch Belohnung bzw. Bestrafung ist diese Machtgrundlage schwer herstellbar, sie ist spontanen Ursprungs.
(4) *Expertenmacht (expert power)*: Sie gründet sich auf die Perzeption des Untergebenen, daß der Vorgesetzte Wissensvorteile in einem speziellen Gebiet hat. Je höher der zuerkannte Wissensvorsprung, desto stärker wird diese Machtgrundlage. Expertenmacht ist aber grundsätzlich begrenzt auf den Wissensbereich, für den relative Wissensvorteile zuerkannt werden. Außerhalb dieser Grenzen entfällt die Möglichkeit der Beeinflussung dieser Art.
(5) *Macht durch Legitimation* (legitimate power): Sie gründet sich auf die Akzeptierung spezieller Normen und Werte, die besagen, daß bestimmte Personen (Positionsinhaber) das Recht haben, Einfluß auszuüben. Mitarbeiter sind bereit, den Weisungen des Vorgesetzten zu folgen, weil sie dessen Recht anerkennen, Weisungen zu erteilen.

power interruption insurance: Stromunterbrechungsversicherung *f*

power of adaptation: Anpassungsvermögen *n*

power of attorney: Vertretungsbefugnis *f*, Vertretungsvollmacht *f*, Vollmacht *f*
power of disposition: Verfügungsbefugnis *f*
power of resistance: Widerstandsfähigkeit *f*
power of substitution: Recht *n* zur Unterbevollmächtigung *f*, Untervollmacht *f*
power plant: Generatorenstation *f*, Kraftwerk *n*
power press: hydraulische Presse *f*
power promoter: Machtpromoter *m*
Manager müssen Kenntnisse haben, die sie befähigen, in der Komplexität wechselnder Ziel- und Planungsaufgaben die jeweils richtigen Aufgabenvorgaben zu definieren. Aus diesem Grunde hat sich bei komplexen Aufgabenstellungen eine zweiseitige Arbeitsteilung entwickelt, die das Zusammenwirken von *Fachexperten* und *Führungskräften* regelt.
Die Fachleute oder *Fachpromoter* arbeiten gemeinsam mit dem Manager, dem *Machtpromoter*, an der Lösung schwieriger Aufgaben. Die Fachpromotoren müssen nicht unbedingt aus dem gleichen Verantwortungsbereich stammen, sondern werden ad hoc je nach Dringlichkeit einer Aufgabe aus verschiedenen Unternehmensfunktionen für eine begrenzte Zeitdauer einberufen. Es entwickeln sich Teams aus Experten und Managern („Task Force Management"). Sie definieren die vollständige Absicherung und rationale Begründung für Entscheidungen. Das Ergebnis derartiger Teamarbeit wirkt sich auf verschiedenen Ebenen aus:
• Transparenz der sachlichen Notwendigkeiten für eine Entscheidung.
• Berücksichtigung der Machbarkeit („feasibility") und damit eine höhere Wahrscheinlichkeit der Zielerreichung.
• Reduzierung des Risikos einer Fehlentscheidung.
• Erhöhte Motivation der Beteiligten, die dadurch nicht zu Vollzugsorganen degradiert werden.
• Einblick der Fachleute in unternehmerische Notwendigkeiten und damit Erweiterung ihres Wissensstandes.
Entscheidungsprozesse, die durch Teamarbeit zwischen Fachexperten und Managern vollzogen werden, sind u.a. ein Kennzeichen für einen kooperativen Führungsstil.
power requirements *pl*: Strombedarf *m*
power supply: Energieversorgung *f*
power theory of income distribution: Machttheorie *f* der Einkommensverteilung
Die Theorie, derzufolge die in einer Gesellschaft bestehende Einkommensverteilung ausschließlich durch Macht – sei es Markt-, Verhandlungs- oder Eigentumsmacht – bestimmt wird, nicht jedoch durch Angebot und Nachfrage nach der relativen Seltenheit der Produktionsverfahren.
Prominente Vertreter der Machttheorie sind

Tugan-Baranowsky, Sismondi, Johann Karl Rodbertus-Jagetzow (1805-1875), Ferdinand Lassalle, Lujo Brentano (1844-1931) und Lexis. Nach diesen Theorien hängt die Lohnhöhe von der Stärke der Verhandlungsposition der Gewerkschaften und Arbeitgeberverbände ab. Während Werner Hicks beispielsweise die erwartete Streikdauer anführt, stellt Preiser ausschließlich auf den Eigentumsvorteil (die Besitzenden seien nicht auf laufendes Einkommen angewiesen) ab.
Diesen machttheoretischen Erklärungen hat vor allem Eugen von Böhm-Bawerk widersprochen: Erzwängen die Gewerkschaften ein marktwidriges Lohnniveau, so würden die Unternehmen auf lange Sicht Arbeit durch Kapital substituieren. Der durch Macht (kurzfristig) errungene Vorteil verschwände wieder. Die Löhne könnten nur kurzfristig vom Grenzprodukt der Arbeit abweichen. Langfristig würden sich die ökonomischen Gesetze durchsetzen. Böhm-Bawerks Argumentation berücksichtigt allerdings nicht den Einkommenseffekt von Lohnänderungen: Höhere Löhne erhöhen nicht nur die Kosten, sondern auch die Nachfrage nach Gütern, so daß Arbeitslosigkeit keineswegs zwangsläufig entstehen muß.

power to direct: Leitungsbefugnis f, Leitungsmacht f
practicability: Ausführbarkeit f
practicable: anwendbar ausführbar, durchführbar, praktisch
practical: praktisch, zweckmäßig
practical application: Nutzanwendung f
practical capacity: Betriebsoptimum n
practical plant capacity: optimale Kapazität f, Optimalbeschäftigung f, Optimalkapazität f
practical standard cost: Standardkosten pl auf Basis f der echten Kosten pl des Erzeugnisses n
practice (brit **practise**)**:** Anwendung f, ausüben, Praxis f, ständige Übung f, üben, Verfahren n, ausüben, Ausübung f (Beruf)
practitioner: Praktiker m
praise: Lob n, loben
pre-employment interview: Einstellungsinterview n
preamble: Eingangsformel f, Einleitung f
preaudit: vorprüfen, Vorprüfung f
precarious: unsicher
precaution: Vorkehrung f, Vorsichtsmaßregel f, Vorsorge f
precautionary: vorsichtshalber, vorsorglich
precautionary buying: Voreindeckung f, Vorsichtskauf m
precautionary measure: Sicherheitsmaßnahme f, Vorkehrung f, Vorsichtsmaßregel f
precede: vorausgehen precedence Priorität f, Vorrang m

precedent: Präzedenzfall m
precedent condition: aufschiebende Bedingung f, Vorbedingung f
preceding endorser: Vormann m (Wechsel)
preceding: vorhergehend
preceding year: Vorjahr n
preceptive faculty: Auffassungsgabe f
precipitate: übereilen
precision: Präzision f, Treffgenauigkeit f
In der Statistik und in der statistischen Hypothesenprüfung die Streuung (bzw. deren Abwesenheit) von Beobachtungen oder Ergebnissen um einen den Zielpunkt bzw. den wahren Wert in bestimmtem Grade verfehlenden Wert. Je kleiner die Schwankungsbreite zufälliger Fehler ist, desto größer ist die Präzision eines Experiments, was wiederum nichts anderes besagt, als daß die Alternativhypothese, deren Annahme die Voraussetzung für die Bestätigung der experimentellen Hypothese ist, um so eher unter der Bedingung der Richtigkeit der Alternativhypothese akzeptiert werden kann, je höher die Präzision des Experiments ist.
preclosing trial balance: Probebilanz f (vor Abschluß der Erfolgskonten)
preclude: ausschließen
preclusion: Ausschließung f, Ausschluß m
precollection letter: letzte Mahnung f (vor der Zwangseintreibung)
predate: vordatieren
predatory exploitation: Raubbau m
predecessor company: Vorgesellschaft f (= Rechtsvorgänger)
predecessor: Vorgänger m
predecessor in the business: Geschäftsvorgänger m
predecessor in title: Rechtsvorgänger m, Vorbesitzer m
predetermine: vorausbestimmen
predetermined cost: vorkalkulierte Kosten pl
predict: voraussagen
predicted cost: Plankosten pl, Standardkosten pl
prediction: Voraussage f
preeemptive share: Bezugsaktie f
preemployment physical examination: ärztliche Einstellungsuntersuchung f
preemployment training: Ausbildung f vor der Einstellung f
preempt: Vorkaufsrecht n ausüben
preemption price: Vorkaufspreis m
preemption: Vorkauf m
preemptive price: Abwehrpreis m
Ein relativ niedrig angesetzter Preis, den ein Monopolist oder Quasimonopolist für sein Produkt an-

setzt, um dadurch potentielle Konkurrenten aus dem Kreis der Anbieter auf seinem Markt abzuschrecken.
preemptive right: Bezugsrecht *n* auf junge Aktien *f/pl*, Bezugsrecht *n* des Aktionärs *m*
preemptive share: Bezugsaktie *f*
prefabricate: vorfertigen
prefabricated: vorgefertigt
preface: einleiten, Einleitung *f*
prefer: begünstigen, bevorzugen, vorziehen, den Vorzug *m* geben
preference bond: Prioritätsanleihe *f*, Prioritätsobligation *f*
preference share: Prioritätsaktie *f*
preference stock: Vorzugsaktie *f*
preference: Bevorzugung *f*, Präferenz *f*, Vergünstigung *f*, Vorrang *m*, Vorrecht *n*, Vorzug *m*
preferential: bevorrechtigt, vorzugsweise
preferential discount rate: Vorzugsdiskontsatz *m*
preferential right to satisfaction: abgesonderte Befriedigung *f*
preferential shop: Betrieb *m*, der bei Einstellungen *f/pl* Gewerkschaftsmitglieder *n/pl* gegenüber Nichtmitgliedern *n/pl* bevorzugt
preferential tariff: Ausnahmetarif *m*, Zollvergünstigungen *f/pl*
preferential treatment: Meistbegünstigung *f*, Sonderbehandlung *f*, Vergünstigung *f*, Vorzugsbehandlung *f*
preferred: bevorrechtigt, bevorzugt
preferred claim: bevorrechtigte Forderung *f*
preferred creditor: bevorrechtigter Gläubiger *m*, Vorzugsgläubiger *m*
preferred dividend: Vorzugsdividende *f*
preferred satisfaction: vorzugsweise Befriedigung *f*
preferred share: Mehrstimmrechtsaktie *f*, Vorzugsaktie *f*
preferred stock: Mehrstimmrechtsaktie *f*, Vorzugsaktie *f*
prefix: voranstellen (Einleitung), vorsetzen, Vorsilbe *f*
prefix a number: eine Zahl *f* voransetzen
pregnancy: Schwangerschaft *f*
pregnant: schwanger
preinventory sale: Inventurausverkauf *m*
prejudice: Befangenheit *f*, benachteiligen, Benachteiligung *f*, Nachteil *m*, Präjudiz *n*, Schaden *m*, Voreingenommenheit *f*, Vorurteil *n*
prejudiced: befangen, voreingenommen
prejudicial: nachteilig, schädlich
preliminaries *pl*: Vorbereitung *f*

preliminary: einleitend, vorbereitend, vorläufig
preliminary agreement: Vorvertrag *m*
preliminary decree: Vorbescheid *m*
preliminary discussion: Vorbesprechung *f*
preliminary investigation: Voruntersuchung *f*
preliminary license: Vorlizenz *f*
preliminary notice: Voranmeldung *f*
preliminary proceedings *pl*: Ermittlungsverfahren *n*
preliminary retirement: vorzeitige Pensionierung *f*
preliminary sales tax return: Umsatzsteuervoranmeldung *f*
preliminary statement: Voranschlag *m*
preliminary systems design: Entwicklung *f* des künftigen Systems *n* in großen Zügen *m/pl*, vorläufiges System *n*
preliminary turnover tax return: Umsatzsteuervoranmeldung *f*
preliminary work: Vorarbeit *f*
premature: vorzeitig
premise control: Prämissenkontrolle *f*
Man unterscheidet zwischen Kontroll-Typen, Kontroll-Objekten, Kontrollzyklen und Kontrollmethoden. Zu den Kontrolltypen zählt auch die Prämissenkontrolle, d.h. die Überprüfung der Planungshypothesen (planning assumptions) bezüglich ihrer Gültigkeit im Zeitverlauf.
premises *pl*: Anwesen *n*, Grundstück *n*
premium: Agio *n*, Aufgeld *n*, Prämie *f*, Preis *m*
premium bond: Prämienschein *m*
premium dumping: Prämien-Dumping *n*
Eine Form des Dumping durch Subventionierung des Exports.
premium notice: Prämienrechnung *f*
premium offer: Zugabeangebot *n*
premium on bonds of shares: Emissionsagio *n*
premium on capital stock: Aktienagio *n*
premium on export: Ausfuhrprämie *f*
premium pay for Sundays and legal holidays: Sonn- und Feiertagszuschlag *m*
premium token: Bon *m*, Gutschein *m*
premium treasury bond: Prämienschatzanweisung *f*
premium wage: Prämienlohn *m*
Eine von vier Lohnformen, bei der zu einem vereinbarten Grundlohn, meist einem Zeitlohn, eine Zulage, die Prämie, gewährt wird. Sie bemißt sich nach quantitativen und qualitativen Mehrleistungen. Die Prämienentlohnung setzt sich somit aus einer leistungsabhängigen Prämie und einem leistungsunabhängigen Grundlohn zusammen, der zumeist dem tariflich vereinbarten Lohn ent-

spricht. Durch die von den Gewerkschaften erreichte Mindestlohn-Garantie beim Akkordlohn, haben sich Prämien- und Akkordlohn aufeinander zubewegt. Denkbar sind auch Terminprämien (für das Einhalten oder Unterschreiten vorgegebener Termine), Anwesenheits- oder Unfallverhütungsprämien. Prämienarten lassen sich auch miteinander kombinieren. Besonders häufig wird eine Kombination von Menge und Güte gewählt. Anzutreffen sind aber auch umfangreichere Kombinationen, so z.B. die von Nutzungszeit, Wartungszeit, Stoffeinsatz und Güte. Nicht zuletzt diese Vielfalt an kombinatorischen Möglichkeiten macht den Einsatz des Prämienlohnes gegenüber dem Akkordlohn attraktiver.

prenumbered: vornumeriert
prepaid: vorausbezahlt
prepaid assets *pl*: transitorisches Aktivum *n* ohne Forderungscharakter *m* (z.B. Organisationskosten *pl*, Marktforschungskosten *pl* usw.)
prepaid expense(s) *(pl)*: aktiver Rechnungsabgrenzungsposten *m* (transitorisch), transitorisches Aktivum *n* ohne Forderungscharakter *m*, transitorische Aktiva *n/pl* (vorausbezahlte Miete, Steuern, Versicherungsprämien usw.), vorausgezahlte Kosten *pl*
prepaid wage plan: Lohnvorauszahlungsplan *m* für vorübergehend Arbeitslose *m/pl*
preparation: Vorbereitung *f*
preparatory: vorbereitend
preparatory course: Vorbereitungskursus *m*
preparatory training: vorbereitende Ausbildung *f*, Vorbereitungsausbildung *f*
preparatory work: Vorarbeit *f*
prepare: aufbereiten, ausarbeiten, vorbereiten, zubereiten
prepared: bereit
prepay: vorauszahlen
prepayment: Vorausbezahlung *f*, Vorauszahlung *f*
preponderance: Überlegenheit *f*, Überwiegen *n*, Vorherrschen *n*
prepossessor: Vorbesitzer *m*
prerequisite: Erfordernis *n*, Voraussetzung *f* (Bedingung)
prerogative: Vorrecht *n*
prescribe: verfügen, verordnen, vorschreiben
prescribed: bestimmt, vorgeschrieben
prescriptable: verjährbar
prescription: Ersitzung *f*, Verjährung *f* (rechtl.), Verordnung *f*, Vorschrift *f*
prescription of resale price: Preisbindung *f* der zweiten Hand *f*

prescriptive decision research: präskriptive Entscheidungsforschung *f*
Derjenige Bereich der Entscheidungsforschung, der im Gegensatz zu den im Rahmen der Entscheidungstheorie entwickelten Modellen die aufgrund der verfügbaren Informationen und im Hinblick auf bestimmte Ziele bestehenden optimalen Entscheidungsalternativen untersucht und sich dabei mit den *Entscheidungsalternativen für subjektive, individuelle Ziele* befaßt. Demgegenüber untersucht die normative Entscheidungsforschung die optimalen Entscheidungsalternativen für allgemein anerkannte Ziele (Normen).
prescriptive law: Gewohnheitsrecht *n*
preselection: Vorauswahl *f*
presence: Anwesenheit *f*, Präsenz *f*
present: anwesend, einreichen (einen Antrag oder eine Steuererklärung), Geschenk *n*, schenken, Schenkung *f*
present at, be: beiwohnen
present value: Gegenwartswert *m*, Zeitwert *m*
present with: beschenken mit
present worth: Barwert *m*, Gegenwartswert *m*
presentation: Darstellung *f*, Vorlegen *n*, Vorzeigen *n*
presenter: Vorzeiger *m*
preservation: Erhaltung *f*
preserve: erhalten, verwahren
preserve integrity of possession: den Besitzstand *m* wahren
preserved work: vorgetane Arbeit *f*
preside: präsidieren, den Vorsitz *m* haben
presidency: Präsidentschaft *f*, Vorsitz *m*
president: Generaldirektor *m*, Präsident *m*, Vorsitzender *m*, Vorstandsvorsitzer *m*
presidential system: Präsidialsystem *n*
press: drängen, Presse *f*, pressen
press advertising: Anzeigenwerbung *f*, Zeitungs- und Zeitschriftenwerbung *f*
press agency: Nachrichtenbüro *n*
press comment: Pressestimme *f*
press cutting: Zeitungsausschnitt *m*
press for payment: mahnen
press item: Zeitungsnotiz *f*
press law: Presserecht *n*
press release: Freigabe *f* für die Presse *f*, Presseinformation *f*, Presseverlautbarung *f*
pressing: dringend, eilig, unaufschiebbar
pressure: Druck *m*, Klemme *f*, Nachdruck *m*, Verlegenheit *f*, Zwang *m*
pressure group: Interessengruppe *f*
prestige: Ansehen *n*, Geltung *f*, Prestige *n*
prestige advertising: Repräsentationswerbung *f*

prestige utility: Geltungsnutzen *m*, Prestigenutzen *m*
Der von Wilhelm Vershofen vorgeschlagenen Einteilung entsprechend wird in der betriebswirtschftlichen Fachliteratur im allgemeinen zwischen dem Grundnutzen oder – was im Prinzip dasselbe bedeutet – Gebrauchsnutzen von Produkten und ihrem Zusatznutzen unterschieden. Der durch ein Produkt gestiftete Geltungs- oder Prestigenutzen liegt in dem Zuwachs an Ansehen, das ein Käufer durch den Erwerb und die Nutzung eines prestigebehafteten Produkts zu gewinnen hofft und möglicherweise sogar gewinnt. Es ist also neben der physisch-funktionalen, zweckrationalen Dimension (Gebrauchsnutzen, Grundnutzen) eines Produkts, der ästhetischen Dimension, Erbauungsnutzen, die soziale Dimension eines Produkts, die seinen Geltungsnutzen stiftet. Produkte mit besonders hohem Geltungsnutzen sind Statussymbole. Zweifellos ergibt sich der Geltungsnutzen eines Produkts nicht einfach aus den Produkteigenschaften selbst und auch nicht immer einfach aus dem in einer Gesellschaft herrschenden Wertesystem, das einzelnen Produkten höheren und anderen Produkten geringeren Geltungsnutzen zuschreibt. Prinzipiell läßt sich Geltungsnutzen auch mit Hilfe von Marketing- und Werbestrategien erzeugen, d.h. durch eine entsprechende Image- oder Leitbildwerbung, die sich vor allem auf die für die Umworbenen relevanten Bezugsgruppen ausrichtet.
presumable: vermutlich, voraussichtlich
presume: annehmen, unterstellen, vermuten, voraussetzen
presumption: Anmaßung *f*, Annahme *f*, Mutmaßung *f*, Überheblichkeit *f*, Vermutung *f*
presumption of death: Todesvermutung *f*
presumption of law: Rechtsvermutung *f*
presumptious: anmaßend, überheblich, vermessen
pretax profit: Gewinn *m* vor der Besteuerung *f*
pretense *(brit* **pretence***):* Anspruch *m*, Spiegelfechterei *f*, Vorspiegelung *f*, Vorwand *m*, Behauptung *f* (falsche)
pretension: Anmaßung *f*
prevail: durchsetzen, sich überwiegen, vorherrschen
prevailing: ausschlaggebend sein
prevailing rate: vorherrschender Lohnsatz *m*
prevent: hindern, verhindern, verhüten
prevented by duty: dienstlich verhindert
prevention: Hinderung *f*, Verhinderung *f*, Verhütung *f*, Vorbeugung *f*
preventive: vorbeugend
preventive action: Vorbeugungsmaßnahme *f*

preventive crisis management: präventives Krisenmanagement *n*
Eine Form des Krisenmanagement, die eine Art Potentialanalyse von Krisen darstellt. Dabei analysiert das Management eines Unternehmens durch ständige Beobachtungen der Umweltdaten potentiell gefährdende Einflüsse auf die internen Prozesse, um negative Überraschungen zu vermeiden.
Präventives Krisenmanagement bedeutet darüber hinaus auch die Planung und die Bereitstellung von „Aktionsreserven", d.h. Maßnahmen, die für einen Ernstfall ergriffen werden können, die Schaffung von Reserven und die Schwachstellenanalyse.
preventive maintenance: vorbeugende Instandhaltung *f*
preventive measure: Gegenmaßnahme *f*, Schutzmaßnahme *f*, Verhütungsmaßnahme *f*, Vorbeugungsmaßnahme *f*
preview: Vorschau *f*
previous: vorausgegangen
previous conviction: Vorstrafe *f*
previous judgment: Vorentscheidung *f*
previous knowlegde: Vorkenntnis *f*
previous year: Vorjahr *n*
price: Preis *m*, Kurs *m*, auspreisen, bewerten, einen Preis *m* festsetzen
Der in Geld ausgedrückte Tauschwert einer Ware oder einer Leistung. Nach Alfred R. Oxenfeldt ist zwischen den folgenden Funktionen der Marktpreise eines Unternehmens zu unterscheiden:
1. *Dokumentationsfunktion*: Der Preis stellt einen zusammengefaßten Ausdruck einer Leistung dar, durch die sich ein Unternehmen gegenüber seinen Mitbewerbern bei seinen Abnehmern zu behaupten versucht.
2. *Signalfunktion*: Ein in bestimmter Höhe bestehender Preis signalisiert, daß gegenüber einem vorher bestehenden Zustand eine erhöhte oder nur eine verrringerte Nachfrage befriedigt werden kann.
3. *Motivationsfunktion*: Da der erzielte Preis unmittelbar zur Realisierung der Unternehmensziele beiträgt, führen Preisänderungen auch zur Veränderung des Zielbeitrags, z.B. des Gewinns, so daß die über die Preiserwartung abgeleiteten Gewinnerwartungen zur wirtschaftlichen Tätigkeit motivieren.
price adjustment: Preisberichtigung *f*
price administration: Preisüberwachung *f*
price advance: Preiserhöhung *f*, Preissteigerung *f*
price allowance: Preisnachlaß *m*
price analysis: Preisanalyse *f*
price bid: Preisangebot *n*
price boom: Preiskonjunktur *f*
price boost: Preiserhöhung *f*
price cartel: Preiskartell *n*

price ceiling: Limit *n*, Preis-Limit *n*, Preisobergrenze *f*
price change: Preisänderung *f*
price change notice: Preisänderungsmitteilung *f*
price change slip: Preisänderungsmitteilung *f*
price chart: Preistafel *f*
price combination: Preiskartell *n*
price competition: Preiskonkurrenz *f*, Preiswettbewerb *m*
Eine Form des Wettbewerbs, die ausschließlich oder vorwiegend über den Preis einer Ware oder einer Dienstleistung ausgetragen wird. Sie ist besonders typisch für homogene Güter, die nach Art, Form, Qualität, Abmessung, Verpackung, Aufmachung und anderen relevanten Merkmalen untereinander gleichartig, vergleichbar, austauschbar (fungibel) sind, sowie für gesättigte Märkte, in denen die konkurrierenden Produkte einander in Qualität und Ausstattung immer ähnlicher werden. „Entscheidendes Charakteristikum homogener Güter ist der identische Ge- oder Verbrauchsnutzen (funktionaler Nutzen)." Da sie objektiv qualitäts- und formgleich sind, sind sie vollkommen substituierbar. „Diese totale wettbewerbliche Fungibilität hat zur Folge, daß beim Sichbewerben von Anbietern um die Abnehmer grundsätzlich allein der Preis- und Konditionenwettbewerb zum Zuge kommt. Jeglicher Qualitätswettbewerb entfällt insbesondere bei genormten Gütern ... Homogene Güter unterliegen daher besonders der Gefahr der Preisderoutierung bzw. des ruinösen Preiswettbewerbs." (Arno Sölter)
Mit der grundlegenden Wandlung der Märkte von Verkäufermärkten zu Käufermärkten haben sich die Bedingungen bzw. die Zwänge zur Marktstimulierung entscheidend geändert. Dies hat sich in der Tatsache niedergeschlagen, daß heute der Preiswettbewerb (price-competition) in gewissem Maße vom Qualitätswettbewerb (non-price-competition) abgelöst bzw. überlagert worden ist.
Diesen Wandel berücksichtigt sowohl die Mikroökonomie wie die Preistheorie. Während die klassische Preistheorie im Prinzip vom reinen Preiswettbewerb (= „Preis-Mengen-Mechanik" auf der Basis vollkommener Märkte) ausging, hat die moderne Preistheorie auch stärker den Qualitätswettbewerb in ihre Modelle einzubeziehen versucht (= Berücksichtigung von → Präferenzen oder Vorzugsstellungen, Unterscheidung unvollkommener Märkte).
Marketingstrategisch können somit unter dem Aspekt der Marktstimulierung oder Marktlenkung zwei grundlegende Ansatzmöglichkeiten unterschieden werden: eine Präferenzstrategie oder eine Preis-Mengen-Strategie.
Da Märkte, in denen die Nachfrage stagniert oder nur noch schwach wächst, durch einen hohen Sättigungsgrad von Grundbedürfnissen der Abnehmer charakterisiert sind, suchen die Unternehmen in solchen Märkten konsequent nach der Befriedigung von Zusatzbedürfnissen (z.B. Differenzierungs- bzw. Prestigebedürfnissen), zumal die verfügbare Kaufkraft der Konsumenten ständig zugenommen hat.
Der Schwerpunkt des unternehmerischen Handelns hat sich daher in vielen Märkten – und zwar insbesondere in den jeweils mittleren und gehobenen Marktschichten – auf den Einsatz solcher Instrumente verlagert, die Präferenzen oder Vorzugsstellungen aufzubauen vermögen: z.B. Produkt-/Qualitätsinnovation, Markenname, Stil/Design, Verpackung, Abnehmerselektion, Service usw.
Ausgehend vor allem von Überlegungen L. Abbotts wird das absatzwirtschaftliche Instrumentarium in der modernen Preistheorie nach den Aktionsbereichen Preiswettbewerb (= alle preisbestimmenden Entscheidungen) und Qualitätswettbewerb (= alle nicht-preisbestimmenden Entscheidungen, d.h. alle qualitätsbestimmenden Entscheidungen im weiteren Sinn) abgegrenzt.
Gegen diese Abgrenzung absatzstrategischer Handlungsweisen ist eingewendet worden, daß sich auch aufgrund von preispolitischen Maßnahmen (z.B. einer gezielten → Niedrigpreispolitik) Präferenzen oder Vorzugsstellungen schaffen lassen. Darüber hinaus ist darauf hingewiesen worden, daß der Preis in allen Fällen, in denen die (Produkt-)Qualität für den Abnehmer intransparent ist, zum Qualitätsmaßstab wird und somit selbst Teil der Qualitätspolitik ist. Insofern erweist sich in der Tat die Unterscheidung von Preiswettbewerb und Nicht-Preiswettbewerb (= Einsatz aller nichtpreislichen Aktionsparameter) zunächst als nicht völlig eindeutig.
Während die Präferenzstrategie in ihrer konsequentesten Umsetzung als Markenartikelstrategie über einen ausgeprägten mehrdimensionalen Qualitätswettbewerb „monopolistische Preisspielräume" zu erarbeiten trachtet, ist die Preis-Mengen-Strategie umgekehrt auf einen einseitigen Preiswettbewerb ausgerichtet, und zwar unter weitestgehendem Verzicht auf sonstige präferenzpolitische Maßnahmen.
Das akquisitorische Potential preis-mengen-strategisch agierender Unternehmen beruht daher in seiner strengsten Form nahezu ausschließlich auf einem niedrigen Angebotspreis (= eindimensionale Präferenz bzw. unechte Präferenzbildung). Die unternehmenspolitische Bedeutung einer Entscheidung für die Preis-Mengen-Strategie liegt darin begründet, daß sich mit ihr das Unternehmen primär für die Zielgruppe der Preiskäufer entscheidet.
Die Preis-Mengen-Strategie ist dadurch gekennzeichnet, daß sie ganz bewußt und gezielt – mehr oder weniger ausschließlich und vor allem auf Dauer – den „aggressiven" Preiswettbewerb sucht. Die Formen des Preiswettbewerbs sind dabei vielfältig.
Am Extrempol des reinen Preiswettbewerbs (Position x_1 in der Abbildung auf Seite 576 oben) ope-

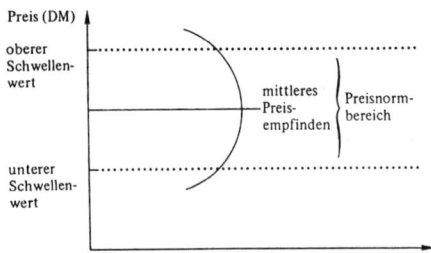

rieren strategisch vor allem preisaggressive Handelsformen wie vor allem die Discounter. Das Spektrum dieser Betriebe reicht etwa vom klassischen Discountgeschäft (speziell in der Elektro- und Lebensmittel-Branche) bis hin zu Verbrauchermärkten und Selbstbedienungswarenhäusern. Am unteren Abschnitt zwischen x_1 und x_2 bewegen sich z.B. die No-Names („Weiße Ware" oder Generics), wie sie von fast allen großen Handelsorganisationen – Filialisten, Einkaufsgenossenschaften bzw. Freiwilligen Ketten – angeboten werden.

Von den No-Names sind jedoch die eigentlichen Handelsmarken der Absatzmittler (Handelsbetriebe) zu unterscheiden. Sie suchen – je nach handelsspezifischem Konzept – ihren Markt eher im unteren Teil des „mittleren Markts" und verstehen sich primär als preiswürdige Alternative zu den Herstellermarken (Markenartikeln). Insofern beruht das Konzept der Handelsmarken ebenfalls auf der Preis-Mengen-Strategie, allerdings unter Berücksichtigung bestimmter qualitativer Wettbewerbselemente.

Ziel von Maßnahmen zur Individualisierung des Leistungsangebots ist es, dem Preiswettbewerb zu entgehen und mit Hilfe von Produktdifferenzierung und Neuproduktpolitik, Zusatzleistungen und vertikalem Marketing (mehrstufigem Marketing) sich von der Konkurrenz abzusetzen, Präferenzen bei den Verwendern zu erzeugen und diese an das eigene Angebot zu binden.

Das Wesen eines hochentwickelten Marketing besteht darin, den Wettbewerb möglichst auf den Nicht-Preiswettbewerb (→ Qualitätswettbewerb) zu verlagern. Das dahinter stehende Ziel besteht darin, mittel- und langfristig Präferenzen, d.h. also Allein- bzw. Vorzugstellungen für das eigene Angebot und/oder Unternehmen aufgrund eigenständiger Imageprofilierung aufzubauen, um so Märkte im Sinne der gewinnorientierten (Ober-)Zielsetzung besser „lenken" zu können. Da der Präferenzbildungsprozeß einen mittel- bis langfristigen Prozeß darstellt, ergeben sich somit auch spezifische Konflikte zwischen Image- und Rentabilitätszielen insofern, als Input und Output beim Präferenzaufbau zeitlich stark auseinanderfallen können.

price concession: Preiszugeständnis *n*
price consolidation: Preisfestigung *f*

price control: Preisüberwachung *f*, Preiskontrolle *f*
price cut: Preisherabsetzung *f*, Preisreduzierung *f*, Verbilligung *f*
price cutting: erhebliche Preissenkung *f*, Unterbieten *n*
price decline: Preisrückgang *m*
price determination: Preisbildung *f*, Preisfestsetzung *f*, Preiskalkulation *f* → pricing
price difference: Preisdifferenz *f*
price differentiation: Preisdifferenzierung *f*
Eine Strategie in der Preispolitik, die in der Bestimmung verschiedener Preise für dasselbe Produkt bzw. dieselbe Dienstleistung auf verschiedenen Märkten bzw. Teilmärkten besteht. Ziel der Preisdifferenzierung ist die Erhöhung der Gewinne durch Abschöpfung der Konsumentenrente (Käuferrente) bei Ausnutzung unterschiedlicher Nachfragereaktionen auf verschiedenen Teilmärkten.

Im allgemeinen werden die folgenden Formen der Preisdifferenzierung unterschieden:

• *Räumliche Preisdifferenzierung*: Auf verschiedenen, regional abgegrenzten Märkten werden unterschiedlich hohe Preise für ein Gut gefordert, wobei die Unterschiedlichkeit der Preise durch unterschiedliche Transportkosten begründet werden kann, aber nicht muß.

• *Zeitliche Preisdifferenzierung*: Die Forderung von Preisen in verschiedener Höhe zu verschiedenen Zeitpunkten (z.B. zu verschiedenen Jahreszeiten, an verschiedenen Wochentagen oder sogar zu unterschiedlichen Tageszeiten).

• *Personelle Preisdifferenzierung*: Je nach der Person des Nachfragers werden verschieden hohe Preise gefordert. Dabei ist Kriterium der Höhe des Preises meist die Zugehörigkeit zu einer bestimmten sozialen Schicht, Berufs-, Standes- oder Altersgruppe.

• *Verwendungsbezogene Preisdifferenzierung*: Festsetzung verschiedener Preise je nach Art der Verwendung einer Ware (z.B. Salz als Viehsalz oder Speisesalz).

• *Mengenbezogene Preisdifferenzierung (gestaffelte Preise)*: Forderung unterschiedlich hoher Preise je nach der Menge die bezogenen Wareneinheiten. Zu dieser Form der Preisdifferenzierung wird jedoch der Mengenrabatt üblicherweise nicht hinzugerechnet.

• *Nebenleistungsbezogene Preisdifferenzierung*: Die Festsetzung unterschiedlich hoher Preise je nach Art und Umfang der mit dem Angebot einer Ware oder Dienstleistung verbundenen Nebenleistungen, wobei wiederum Funktionsrabatte nicht zu den Instrumenten der Preisdifferenzierung gezählt werden.

• *Gestaltungsbezogene Preisdifferenzierung*: Die Forderung verschieden hoher Preise je nach der unterschiedlichen Gestalt des Produkts bzw. der Dienstleistung einschließlich der damit verbundenen Nebenleistungen wie z.B. bei Erstmarken und Zweitmarken.

price discrimination: Preisdiskriminierung f

price-earnings ratio: Preis-Ertrags-Verhältnis n

price elasticity: Preiselastizität f
Der Begriff der Preiselastizität gibt an, um welchen Anteil sich die Mengennachfrage ändert, wenn sich der Preis oder die Preise in bestimmter prozentualer Höhe ändert/ändern. Im Regelfall nimmt die Mengennachfrage mit steigenden Preisen Einkommen ab; die Preiselastizität ist negativ. Eine Nachfrage wird als inelastisch bezeichnet, wenn die Elastizität kleiner als 1 ist. Bei einer Elastizität von Null spricht man von einer „vollkommen inelastischen Nachfrage".
Die Wirtschaftstheorie unterscheidet zwischen direkter Preiselastizität und Kreuzpreiselastizität. Während die direkte Preiselastizität das Verhältnis zwischen der relativen Änderung der Mengennachfrage und der sie bewirkenden Änderung des Preises dieses Gutes angibt, beschreibt die Kreuzpreiselastizität das Verhältnis zwischen der relativen Änderung der Mengennachfrage und der sie bewirkenden relativen Änderung des Preises eines anderen Bedarfsgutes. Ist die Preiselastizität größer als 1, spricht man von elastischer Nachfrage; ist sie kleiner als 1, von inelastischer Nachfrage. Bei einer Preiselastizität von Null liegt vollkommen inelastische Nachfrage vor, d.h. die gleiche Menge wird bei absolut jedem Preis nachgefragt. Bei sinkenden Preisen werden die Haushalte ihre Nachfrage in der Regel erhöhen; theoretisch wird bei einem Preis von Null die Sättigungsnachfrage erreicht. Umgekehrt reagieren die Verbraucher auf Preissteigerungen mit Einschränkungen sowohl in der Menge wie in der Qualität der nachgefragten Erzeugnisse. Beim Höchstpreis wird die Nachfrage gleich Null.
Für die Stärke der Reaktion ist entscheidend, ob es sich um elastische, inelastische oder vollkommen inelastische Nachfrage handelt. Gewisse Grundnahrungsmittel sowie ein Minimum an Wohnung und Kleidung werden mithin sehr wahrscheinlich auch bei stark steigenden Preisen – freilich zu Lasten der übrigen Waren und Dienstleistungen des Warenkorbes – stets nachgefragt.

price estimate: Preisschätzung f, Schätzpreis m

price expectation: Preiserwartung f

price file: Preiskartei f

price fixing: Preisbindung f der zweiten Hand f

price fluctuation: Preisschwankung f

price freeze: Preisstopp m

price hardening: Preis(be)festigung f

price hike: Preiserhöhung f

price increase: Preiserhöhung f, Preisheraufsetzung f, Preissteigerung f

price index: Preisindex m
price lag: Preisschild n, Preiszettel m
price leader: Preisführer m
price leadership: Preisführerschaft f, Preisführungsstellung f
Eine absatz- und preispolitische Marktkonstellation, die dadurch charakterisiert ist, daß ein einziges von mehreren miteinander konkurrierenden Unternehmen den Zeitpunkt und den Umfang von Preisänderungen für die von den verschiedenen Unternehmen angebotenen Güter bestimmt und die Konkurrenten die Änderung nachvollziehen. In der Regel handelt es sich dabei um eine Form der stillschweigenden Preisabsprache. Preisführerschaft ist charakteristisch für Oligopole, in denen ein einzelner Anbieter die anderen an Größe ganz wesentlich übertrifft.

price level change provision: Preissteigerungsrückstellung f

price level: Preisniveau n, Preisstellung f
Das Preisniveau kennzeichnet die Preislage einer Marke in Relation zu allen anderen Mitbewerbern innerhalb eines Produktbereichs.
Die ökonometrische Marktforschung hat sich eingehend mit der am Preisniveau der Produktgruppe gemessenen Preisstellung einer Marke befaßt und veranschaulicht den Zusammenhang zwischen Preisstellung und Markterfolg durch die Graphik auf Seite 578.
Auf der Abszisse ist der Preisindex abgetragen, auf der Ordinate die entsprechende Veränderung des Marktanteils, die durch eine bestimmte Preisstellung bewirkt wird.
Das Preisniveau von Marken verschiedener Produktbereiche läßt sich nur über eine Preisindexbildung vergleichbar und verrechenbar machen:

$$PJ_t = \frac{\frac{\text{Umsatz-Wert der Marke in t}}{\text{Umsatz-Menge der Marke in t}}}{\frac{\text{Umsatz-Wert insgesamt}}{\text{Umsatz-Menge insgesamt}}}$$

Dadurch beträgt das durchschnittliche Preisniveau über alle Marken eines Produktfeldes 1. Um auf den besser vorstellbaren Durchschnittspreis „Null" zu kommen, wird bei allen Berechnungen vom Preisniveau „1" abgezogen.
Die Graphik zeigt, daß der Preis generell einen negativen Einfluß auf den Marktanteil ausübt, der sich mit steigendem Preisindex noch verstärkt. Kurzfristig ist der negative Einfluß des Preises zwar gering, setzt er sich allerdings mittel- oder langfristig fort, ohne daß entsprechende Maßnahmen wie werbliche Aktivitäten ergriffen werden, so tritt er deutlicher hervor. Dennoch ist der Einfluß des Preises auf die langfristige Marktanteilsentwicklung im Vergleich zum Einfluß der Werbung gering.
In diesem Befund kommt zum Ausdruck, daß Marktanteilsgewinne für Markenartikel im allgemeinen nicht durch Niedrigpreispolitik erzielt wer-

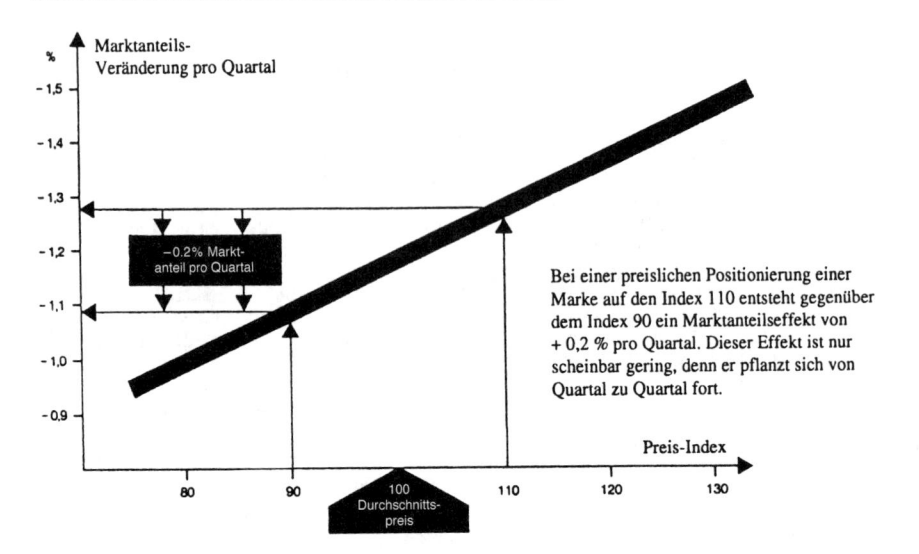

price level

Marktanteils-Veränderung pro Quartal

Bei einer preislichen Positionierung einer Marke auf den Index 110 entsteht gegenüber dem Index 90 ein Marktanteilseffekt von + 0,2 % pro Quartal. Dieser Effekt ist nur scheinbar gering, denn er pflanzt sich von Quartal zu Quartal fort.

−0,2 % Marktanteil pro Quartal

Preis-Index — 80, 90, 100 Durchschnittspreis, 110, 120, 130

Faktor	Variable		Wert
0.984 X	Marktanteil t-1	X $\frac{\text{Distribution t}}{\text{Distribution t}-1}$	0.997
−0.019 X			0.62
−0.904 X	Preisindexveränderung	X $\frac{\text{Marktanteil t}-1}{100}$	
+0.014 X	Promotionanteil		
+0.049 X	Werbeanteil – Zeitschriften	X Distr. t	0.93
+0.041 X	Werbeanteil – Fernsehen	X Distr. t	0.67
+0.045 X	Werbeanteil – Tageszeitg.	X Distr. t	1.00
+0.049 X	Werbeanteil – Funk	X Distr. t	0.96
+0.613	(= Niveaukonstante)		

Marktanteil t

den können. Qualitätsmarken können ihren Marktanteil auf Dauer auch relativ unabhängig von der Preisstellung erhöhen. Daraus schlußfolgerte die ökonometrischen Studie „Markt-Mechanik": „Somit scheint, daß trotz gegenteiliger Meinung das Qualitätsbewußtsein der Käufer höher einzuschätzen ist als ihr Preisbewußtsein."

Allerdings ergab sich auch, daß der Einfluß des Preisniveaus nicht linear verläuft: Der Markteinfluß einer Preisniveau-Differenz zwischen zwei hochpreisigen Marken ist nicht so stark wie die gleiche Preisniveau-Differenz zwischen zwei niedrigpreisigen Marken.

Preisunterschiede zwischen höherpreisigen Marken führen also zu nochmals geringeren Marktkonsequenzen, Preisunterschiede zwischen niedrigpreisigen Marken aber zu größeren Marktkonsequenzen. Mit anderen Worten: innerhalb eines Produktfelds hat eine im Vergleich zu einer ebenfalls hochpreisigen noch teurere Marke einen geringeren Marktnachteil als eine Billigmarke gegenüber einer noch billigeren Billigmarke.

Diese Erkenntnis wurde berücksichtigt, um für den Preisindex einen Exponent zu berechnen. Daraus ergab sich dann schließlich folgende Formulierung des Preisniveaus:

Für alle möglichen Preisstellungen sind die Marktkonsequenzen aus der folgenden Graphik ablesbar:

Der minimale Vorteil, den billigere Marken haben, rührt daher, daß die verschiedenen Marken der einzelnen Produktgruppen aus der Sicht der Mehrzahl der Konsumenten nicht völlig qualitätsgleich sind. Vielmehr sehen die Verbraucher objektive und subjektive Qualitätsunterschiede zwischen vielen Marken, die Unterschiede im Preisniveau rechtfertigen.

Die Verbraucher akzeptieren also Preisniveau-Unterschiede zwischen teuren Marken leichter als zwischen Billigmarken. Das kann entweder darauf zurückzuführen sein, daß die Qualitätsunterschiede zwischen Billigmarken entweder tatsächlich kaum ins Gewicht fallen oder die werbliche Qualitäts-Diskussion bei den Billigmarken so stark zugunsten des Preisaspekts vernachlässigt wird, daß die Konsumenten bei ihnen nicht mehr an Qualitäts-Unterschiede denken.

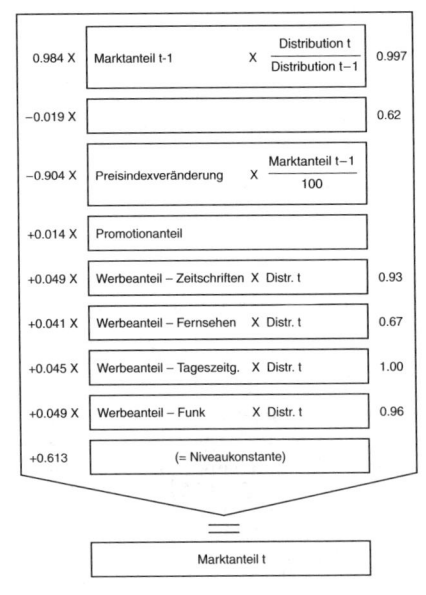

Viele Einzelhandelsbetriebe stehen angesichts des sich verschärfenden Preiswettbewerbs am Markt vor dem Problem, welche relative Bedeutung sie ihrem Preisniveau im Rahmen des gesamten Marketing-Mix zuweisen sollen. Als grund-

Marktkräfte
im Quartal t
(in Marktanteilsprozenten)

ca. 1/10% Marktanteil pro Quartal

Preisindex im Quartal t

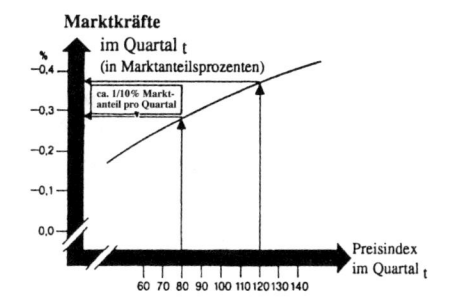

60 70 80 90 100 110 120 130 140

sätzliche strategische Optionen kann man dabei eine preis- und eine leistungsdominante Marktstrategie unterscheiden.

Im Fall einer *preisdominanten Strategie* wird das Leistungsversprechen eines Handelsbetriebs an seine potentiellen Kunden ganz auf die Preisgünstigkeit, d.h. auf ein im Vergleich zu Konkurrenzanbietern niedrigeres Preisniveau konzentriert. *Leistungsdominante Strategien* betonen dagegen die Preiswürdigkeit des Geschäfts.

Im Mittelpunkt dieser Strategien stehen also Handelsleistungen wie der Standort, das Sortiment, die Warenpräsentation, die Beratung und der Service, an die sich das Preisniveau anzupassen hat, während man im Fall der preisdominanten Strategie den niedrigen Preis zum Ausgangspunkt wählt und die Handelsleistungen darauf abstimmt. Zwischen diesen beiden Extremen liegen eine Reihe von Zwischenstrategien.

Eine preisdominante Marktstrategie basiert auf vielfältigen Effekten, die ihren Erfolg bedingen. Diese Effekte wirken teilweise interaktiv und sind schwer quantifizierbar.

Die preispolitischen Instrumente des Einzelhandels müssen im Rahmen einer preisdominanten Strategie in bestimmter Weise kombiniert werden, um die preisstrategischen Ziele der Profilierung, des Umsatzwachstums, der Kostensenkung und der internen (Opportunitäts-)Verlustkompensation von Ausgleichsnehmern zu erreichen und damit wiederum den Unternehmenszielen Gewinn bzw. Rentabilität Rechnung zu tragen. Zur betriebswirtschaftlichen Würdigung preisdominanter Strategien muß man das Hauptaugenmerk auf diese langfristigen und strategischen Effekte richten.

(1) Der *Profilierungseffekt:* Ein Profilierungseffekt setzt im Rahmen preisdominanter Strategien dann ein, wenn man sich durch vergleichsweise niedrige Preise und durch aktives Preisverhalten, d.h. durch vorstoßenden Preiswettbewerb, in den Augen der Abnehmer von anderen Mitbewerbern differenziert. Dieser Effekt beruht zum einen auf einer reinen Aufmerksamkeitswirkung und zum anderen auf einem – meist zeitlich begrenzten – Leistungsvorsprung vor den Konkurrenten, der akquisitorisches Potential verleiht.

Voraussetzungen für das Wirksamwerden des Profilierungseffekts sind bisher unausgenutzte Preisspielräume nach unten und das Ausbleiben schneller Imitatoren, welche die Preise bei den fraglichen Artikeln ebenfalls senken. Vor allem diese letzte Voraussetzung ist in der Praxis kaum zu gewährleisten, weil gerade Preisreduktionen besonders leicht und schnell imitierbar sind. Darüber hinaus erfordert die preisliche Profilierung relativ hohe Werbeaufwendungen, um die Vorreiterrolle des Unternehmens kommunikativ hinreichend deutlich zu machen.

Dies führt zu einem partiellen Zielkonflikt im Hinblick auf das Gewinnziel, wenn die nunmehr verringerte Handelsspanne bei gleichzeitig erhöhten Werbekosten durch höhere Umsätze nicht kompensiert werden kann. Andererseits kann die Rolle der Preisführers aber auch zum positiven Preisimage eines Anbieters beitragen, das dann generelle Präferenzen bei den Abnehmern zu schaffen vermag.

(2) Der *Imageeffekt:* Bei vereinzelten Niedrigpreisen können die Konkurrenten in der Regel noch unverzüglich und ohne Schwierigkeiten reagieren. Gegenüber einem geschlossenen Konzept der Niedrigpreisstrategie mit einer Mehrzahl aufeinander abgestimmter taktischer Instrumente ist dies jedoch weitaus schwieriger. Wenn es tatsächlich gelingt, Preisniveau, Sonderpreise, optisches Erscheinungsbild, Präsentation, Markierung usw. originell und optimal aufeinander abzustimmen und damit ein konsequent auf Preisgünstigkeit ausgerichtetes Image zu schaffen, so läßt sich auf einen Imageeffekt hoffen.

Voraussetzungen für das volle Wirksamwerden des Imageeffekts sind

• ein grundsätzliches Interesse der Kunden am Preisniveau ihrer Einkaufsstätten;
• fehlende Imitatoren;
• ein emotionaler Appeal der Preisstrategie, der den Kunden bewußte oder unbewußte Preiserlebnisse vermittelt, die auf Dauer so intensiv sein müssen, daß sie genügend Aktivierungskraft vermitteln, um auch bei eventuellen Verlockungen von anderer Seite dem jeweiligen Geschäft ausreichend Sympathiepotential zu verleihen;
• ein Niveau an Handels- und Serviceleistungen, das die Mindestansprüche der Kunden an die jeweilige Betriebsform zufriedenstellt;
• eine ganz auf Preisgünstigkeit abgestimmte Mischung preistaktischer Instrumente und
• eine Dominanz der Preiswerbung im Kommunikationsmix des jeweiligen Anbieters.

In der Praxis stoßen diese Bedingungen selbst bei äußersten Anstrengungen oft schnell an die durch das jeweilige Betriebsformenkonzept gezogenen ertragswirtschaftlichen Grenzen. Manche Unternehmen versuchen deshalb, mehrere Betriebsformen sozusagen unter einem Dach zu realisieren, indem sie z.B. discountähnliche Kampfpreissortimente neben „normal" kalkulierten Sortimentsteilen und No-Names neben klassischen Markenartikeln anbieten oder relativ flache Sortimente mit Fachgeschäftsimage, aber niedrigeren Preisen anbieten.

(3) Der *Anlockeffekt:* Emotionale und rationale Sti-

mulierungen, etwa durch Untereinstandspreisofferten, dienen im Rahmen von Preisstrategien auch dazu, unmittelbare Umsatzsteigerungen zu bewirken. Bei stagnierenden Verbrauchsraten auf vielen Konsumgütermärkten und gegebenem Sortiment können solche Umsatzsteigerungen im Einzelhandel im wesentlichen nur noch durch das Anlocken neuer Kunden bewirkt werden.

In der Praxis erweist sich der Anlockeffekt oftmals eher als „Weglockeffekt", weil die neuen Kunden von Mitwettbewerbern abgezogen werden und nicht gänzlich neu in den Markt eintreten. Die Kreuzpreiselastizitäten sind nämlich heute auf vielen Märkten erheblich größer als die Nachfrageelastizitäten. Gleichzeitig zeigt ein Teil der Verbraucher weniger Ladentreue als in früheren Jahren, sondern wechselt – ähnlich wie bei Markenwahlentscheidungen innerhalb des Evoked set – zwischen ganz bestimmten Geschäften („store set").

Bei dieser Gruppe von Kunden handelt es sich oft um Sonderangebotsjäger mit geringer Verbundkaufrate, so daß der dauerhafte Erfolg des Anlockeffekts in hohem Maße in Frage gestellt wird. Eine fühlbare Verbesserung der Kundenfrequenz durch Niedrigpreisangebote ist erst dann zu erwarten, wenn die Profilierung zu Mitwettbewerbern gelungen und ein eigenständiges Preisimage geschaffen ist.

Profilierungs-, Image- und Anlockeffekt stehen also in einem interaktiven Wirkungszusammenhang. Schon die amtliche Statistik des Geschäftsbestands zeigt, daß im Wettbewerb um das demographisch bedingt sinkende Kundenreservoir vor allem selbständige kleinere und mittlere Anbieter weniger gute Chancen besitzen. Auch der Anlockeffekt niedriger Preise kann ihnen hier nur in solchen Regionalmärkten helfen, wo die Anbieterstruktur betriebsformenspezifische Lücken aufweist. Diese Voraussetzung ist in immer weniger Fällen gegeben. Selbst die Einzugsbereiche großer SB-Warenhäuser und Verbrauchermärkte überschneiden sich heute häufig schon sehr stark. In Zukunft wird deshalb ein Anlockeffekt eher über neue Betriebsformenkonzepte als durch das preispolitische Instrumentarium zu erzielen sein.

(4) Der *Mengeneffekt:* Wenn der Nachfragezuwachs durch niedrigere Preise mengenmäßig so groß ausfällt, daß die dadurch erzielten Mehrerlöse jene Mindererlöse ausgleichen, die durch den billigeren Verkauf an Kunden entstehen, die auch zu höhen Preisen gekauft hätten, dann hilft ein Mengeneffekt zur Umsatzsteigerung mit.

Allerdings gilt es hierbei, kurz- und langfristige Wirkungen besonders sorgfältig zu trennen. Insbesondere bei Sonderangeboten ist der preisinduzierte Mehrabsatz der Periode t nämlich gleichzeitig ein Minderabsatz in den Perioden t + n, wenn die Kunden lediglich Einkäufe vorverlagern oder aber Vorratskäufe vornehmen.

Ferner kann ein Umsatzsteigerung nur so lange gewinnerhöhend wirken, wie die Grenzumsätze über den Grenzkosten liegen. Umsatzwachstum steht also in partieller Konkurrenz zum Gewinnstreben.

(5) Der *Machteffekt:* Er stellt einen Zusammenhang zwischen Umsatzwachstum und Kostensituation her: Größere Verkaufsmengen verschaffen nämlich Einkaufsgewicht und Nachfragemacht, so daß die Ware günstiger als bei hohen Verkaufspreisen beschafft bzw. von diversen Nebenleistungen der industriellen Lieferanten profitiert werden kann. Der Machteffekt führt also zu Kostensenkungen, die dann wiederum Spielraum für Preissenkungen liefern oder aber für Gewinnsteigerungen sorgen.

Die Kooperations- und Fusionswelle im institutionellen Handelsgefüge vieler Länder erfuhr durch den Machteffekt eine bisher noch nicht gebremste Eigendynamik. Viele Anbieter fühlen sich zum Umsatzwachstum durch Niedrigpreise verdammt, um kostenmäßig im Wettbewerb bestehen zu können, obwohl ihnen zumindest zum Teil bewußt ist, daß damit langfristig u.U. ein verhängnisvoller Weg eingeschlagen wird. Als Voraussetzung für das Wirksamwerden des Machteffekts sind neben einem professionellen Beschaffungsmarketing nämlich vor allem noch vorhandene Preis- oder Nebenleistungsspielräume bei den Lieferanten bzw. noch nicht ausgeschöpfte Economies of Scale erforderlich, was auf vielen Märkten nicht oder nur noch in relativ geringem Ausmaß der Fall ist. Darüber hinaus besteht bei zunehmender Betriebsgröße stets die Gefahr von Flexibilitätseinbußen.

(6) Der *Rationalisierungseffekt:* Ähnliches gilt für den Rationalisierungseffekt. Er wird insbesondere durch schnelleren Lagerumschlag, aber auch durch andere Größenvorteile bei der Produktion bzw. beim Vertrieb bewirkt. Die atemberaubende Entwicklung der Großbetriebsformen des Einzelhandels in den 1960er und 1970er Jahren, hat die Wucht und die Durchschlagskraft dieses Effekts besonders deutlich gemacht. Wichtige Voraussetzung dafür waren neue Ideen für die Kombination der absatzpolitischen Instrumente im Rahmen einer Preisstrategie sowie beträchtliche Rationalisierungsreserven durch Größenwachstum.

(7) Der *Trading-down-Effekt:* Vor allem dort, wo der Rationalisierungseffekt mangels Größe nicht ausgenutzt werden kann, sowie dort, wo er schon ausgenutzt ist, tritt an seine Stelle oder auch an seine Seite ein Trading-down-Effekt. „Abspecken" im Leistungsbereich, Verzicht auf Service, Qualität und Sortimentstiefe bewirken Kostensenkungen, ohne daß es dabei zu wesentlichen Präferenzverlusten bei den Käufern kommen muß. Scheinbar unverzichtbare Elemente im Marketing-Mix des Einzelhandels, etwa der Heimtransport von Möbeln, die sofortige Abfertigung an der Kasse oder das durchgängige Sortiment eines Bekleidungsgeschäfts, erwiesen sich oft genug als überflüssige Kostenquellen.

Auf die langfristigen Gefahren, die ein solches preispolitisch bedingtes Trading down im Einzelhandel in sich birgt, hat u.a. G. Theuer aufmerk-

sam gemacht: „Hartes und umfassendes Trading Down, verstanden als dominierende Anwendung des Absatzinstrumentes Preis, gräbt einem innovativen Trading Up schon bei der Quelle (an den geistigen Wurzeln im Bereich Forschung und Entwicklung) das Wasser ab. Der permanente Ausverkaufsstil ist daher auch für den Letztverbraucher langfristig ein bedenkliches Danaergeschenk."
In der Tat muß befürchtet werden, daß der Trading-down-Effekt im Rahmen von preisdominanten Strategien überstrapaziert wird und die Verbraucher vordergründige Preisvorteile zu Lasten originärer Handelsleistungen nicht mehr akzeptieren. Eine solche Entwicklung birgt aber auch einen positiven Aspekt für das Preismarketing des Handels in sich, bietet sie doch die Chance für den Beginn einer neuen Runde im „Wheel of retailing" mit seinem ständigen Trading up und down.

(8) Der *Ausgleichseffekt:* Ein letztes tragendes Instrument für preisdominante Strategien im Handel stellt die Mischkalkulation dar, deren Erfolg so lange gewährleistet ist, wie der Ausgleichseffekt funktioniert, also genügend Ausgleichsgeber zur Subventionierung der Ausgleichsnehmer zur Verfügung stehen. Großbetriebe mit breitem Sortiment besitzen hierbei größere Reserven als Kleinbetriebe, Geschäfte für Convenience Goods (Güter des täglichen Bedarfs) wegen der höheren Verbundkaufrate mehr Spielraum als Geschäfte für Güter des aperiodischen Bedarfs. Auch unter den günstigeren Voraussetzungen wird sich aber der Spielraum für den kalkulatorischen Ausgleich in Zukunft tendenziell verringern, weil sich die Preisbereitschaft der Abnehmer bei immer mehr Artikeln auf das Niveau der Sonderangebotspreise einpendeln wird, je häufiger solche Preise am Markt angeboten werden.

price limit: Preisgrenze *f*

price line: Einheitspreis *m*

price list: Preisliste *f*

price management: Preismanagement *n*
Unter dem Druck eines zunehmenden Verdrängungswettbewerbs, wachsender Qualitätsangleichung von Produkten und Dienstleistungen und aggressiv vorgehenden Marktherausforderern wird der Preis als Management- und Marketinginstrument immer wichtiger, während gleichzeitig Preisentscheidungen in der Praxis vielfach auf intuitiver Basis und ohne exakte Kenntnis der komplexen strukturellen Zusammenhänge getroffen werden.
Im Rahmen des Kontrahierungs-Mix als einem der vier Submixbereiche des Marketing-Mix legt ein Wirtschaftsunternehmen die Verkaufspreise für seine Waren und Dienstleistungen fest. Es handelt sich beim Preismanagement um „eines der zahlreichen strategischen Instrumente, das der Unternehmensleitung zur Realisierung der obersten Unternehmensziele zur Verfügung steht. Daraus folgt, daß es unternehmenspolitisch nicht um irgendwie objektiv richtige, sondern um die Festlegung von zweckadäquaten Preisen geht.
„Preispolitik umfaßt mithin zielorientierte Entscheidungen über die Preislage, innerhalb deren das Unternehmen operieren will und über die Preisfixierung für neue Produkte bzw. über Preisänderungen für im Leistungsprogramm enthaltene Güter." (Johannes Bidlingmaier)
Eine fundierte Preisentscheidung verlangt sowohl eine strukturelle Analyse wie ein möglichst präzises Messen oder Abschätzen der quantitativen Preiswirkung.
Nach einer Untersuchung, die Hermann Simon 1985 mit 166 Managern durchführte, stehen aus ihrer Sicht Probleme der Preispolitik an erster Stelle. Diese herausragende, wenn auch weitgehend unerwünschte Rolle des Preises hat sich aus einer Reihe lang anhaltender Entwicklungen ergeben:

• Das Preisbewußtsein ist angesichts jahrelanger Inflation nachhaltig gestiegen.

• Die Verbraucher versuchen, stagnierende Realeinkommen durch Ausweichen auf billigere Produkte auszugleichen.

• In der industriellen Beschaffung zwingt der verschärfte Wettbewerb den Einkäufer, bei Preisverhandlungen das Letzte herauszuholen.

• Die in vielen Märkten auftretenden Sättigungs- und Überkapazitätsphänomene führen fast zwangsläufig zum Verdrängungswettbewerb über den Preis.

• Viele Produkte haben eine qualitative Angleichung erfahren. Bei qualitativer Ähnlichkeit tritt der Preis als Auswahlkriterium in den Vordergrund.

Diese veränderten Wettbewerbsbedingungen zwingen unausweichlich zu einer Feinsteuerung im Preismanagement. Sie wird dadurch erschwert, daß neben kurzfristigen Wirkungen auch die langfristig-strategischen Konsequenzen des Preismanagement zu berücksichtigen sind.
Die preispolitischen Ziele des Unternehmens ergeben sich unmittelbar aus den Marketingzielen, wie sich diese wiederum aus den Unternehmenszielen ableiten lassen.
Zu den Determinanten des Preismanagement zielen vor allem die Marktformen und die Preiselastizität. Zu unterscheiden ist zwischen der Preisstrukturpolitik und der Preisablaufpolitik.
Produktnutzen und Preis bilden die Kernbestandteile jeder wirtschaftlichen Transaktion. Der Preis beeinflußt den Absatz weitaus stärker als jedes andere Instrument. Jede Fehlentscheidung im Preisbereich bewirkt gravierende Gewinneinbußen.
Der Preis läßt sich als Instrument besonders schnell einsetzen, weil Preisänderungen innerhalb weniger Stunden oder Tage realisierbar sind. Die Konkurrenz kann allerdings ebenso schnell reagieren. Die Wirkung von Preismaßnahmen tritt sehr schnell ein. Bei stärkeren Preisdifferenzen lassen sich innerhalb kurzer Zeit radikale Verschiebungen von Marktanteilen feststellen. Der Preis kann somit als das härteste und am schnell-

sten wirkende Wettbewerbsinstrument bezeichnet werden.

Die in der Praxis am weitesten verbreiteten Methoden zur Preisbestimmung sind die Kosten-plus-Methode sowie die Anpassungsmethode. Bei der Kosten-plus-Preisbildung werden zunächst die Kosten ermittelt, auf diese wird ein absoluter oder relativer Gewinn- oder Deckungsbeitragssatz aufgeschlagen. Bei der Anpassungsstrategie orientiert man sich hingegen im wesentlichen an den Konkurrenzpreisen und setzt den eigenen Preis in Relation zu diesen.

Beide Verfahren vernachlässigen die komplexe Struktur der Preis-Gewinn-Beziehung. Die Kenntnis dieser Beziehung ist Voraussetzung für jede rationale Preisentscheidung. Kritischster Bestandteil ist dabei die Wirkung des Preises auf den Absatz.

Ohne die Kenntnis der Preis-Absatz-Funktion kommt ein optimaler Preis allenfalls per Zufall zustande. Mit zunehmendem Preis steigt zwar der Deckungsbeitrag pro Stück, aber gleichzeitig geht die Menge zurück. Irgendwann wird ein Punkt erreicht, an dem der Mengenrückgang prozentual stärker wirkt als der Zuwachs des Deckungsbeitrags. Als Folge sinkt der Gewinn bei weiterer Preiserhöhung. Ein zu hoher Preis ist deshalb genauso gefährlich wie ein zu niedriger Preis. Die in der Praxis verbreitete Vorliebe für eine Kalkulation höherer Preise geht an den Realitäten der Preiswirkung vorbei.

Es gibt heute eine Reihe praxiserprobter Methoden zur Bestimmung der Preis-Absatz-Beziehung. Dazu zählen:

- Expertenbefragungen
- Kundenbefragungen
- die Analyse von Marktdaten, d.h. von realen Preis- und Absatzdaten, die eine zuverlässige Schätzung der Preis-Absatz-Beziehung gestatten.

In dynamischen Märkten spielen für das Preismanagement zusätzlich Aspekte wie der Produktlebenszyklus, Veränderungen in der Preiselastizität und die Kosten sowie die Wettbewerbsdynamik eine Rolle. Unternehmen maximieren zumeist nicht den kurzfristigen Periodengewinn, sondern streben nach langfristiger Gewinnsicherung und -maximierung.

Die gegenwärtige Absatzposition eines Produkts ist auch abhängig von den Unternehmensaktivitäten der Vergangenheit, umgekehrt beeinflussen gegenwärtige Maßnahmen die Absatzchancen in der Zukunft. Das Preismanagement sollte hier strategisch vorgehen, und dabei zum einen die Maximierung des langfristigen Gewinns anstreben und zum anderen die Auswirkungen des jetzigen Preises auf die zukünftige Marktanteils- und Kostenposition antizipieren. Das erforderliche Abwägen zwischen Strategien kurzfristiger Gewinne und langfristiger Gewinnsicherung führt zwangsläufig zu erhöhter Entscheidungskomplexität steigt erheblich. Idealtypische Optionen insbesondere in der Frühphase des Lebenszyklus sind die Skimming-Strategie und die Penetrations-Strategie.

Beim Skimming wird das Produkt zu einem vergleichsweise hohen Preis eingeführt, der im Verlauf des Lebenszyklus in der Regel absinkt. Die Penetrations-Strategie besteht umgekehrt in der Einführung zu einem niedrigen Preis. Die Skimming-Strategie wird insbesondere für Produkte mit hohem Neuheitsgrad sowie bei niedriger kurzfristiger Preiselastizität empfohlen. Umgekehrt wird als wichtigstes Argument für die Penetrations-Strategie eine hohe kurzfristige Preiselastizität genannt. Im Kern geht es bei der Entscheidung zwischen den beiden Strategiealternativen um das klassische Problem der Abwägung zwischen (relativ sicheren) kurzfristigen Erträgen und (relativ unsicheren) langfristigen Ertragschancen. Es versteht sich, daß bei dieser Abwägung die Erwartungen über die zukünftige Kosten- und Wettbewerbssituation, über technologische Risiken sowie die Zeitpräferenz eine ausschlaggebende Rolle spielen.

price manipulation: Preisbeeinflussung *f*
price negotiation: Preisverhandlung *f*
price of farm products: Agrarpreis *m*
price of goods *pl*: Warenpreis *m*
price on a sliding scale: Staffelpreis *m*
price per dozen: Dutzendpreis *m*
price policy: Preispolitik *f*

Die Gesamtheit der absatzpolitischen Maßnahmen zur Bestimmung und Durchsetzung der monetären Gegenleistungen der Käufer für die von einem Unternehmen angebotenen Sach- und Dienstleistungen.

Im Rahmen des Kontrahierungs-Mix als einem der vier Submixbereiche des Marketing-Mix legt ein Wirtschaftsunternehmen die Verkaufspreise für seine Waren und Dienstleistungen fest. Es handelt sich um „eines der zahlreichen strategischen Instrumente, das der Unternehmensleitung zur Realisierung der obersten Unternehmensziele zur Verfügung steht. Daraus folgt, daß es unternehmenspolitisch nicht um irgendwie objektiv richtige, sondern um die Festlegung von zweckadäquaten Preisen geht". Preispolitik umfaßt mithin „zielorientierte Entscheidungen über die Preislage, innerhalb deren das Unternehmen operieren will, und über die Preisfixierung für neue Produkte bzw. über Preisänderungen für im Leistungsprogramm enthaltene Güter" (Johannes Bidlingmaier).

Das Aufspüren attraktiver Preiskonzepte, die Abwägung verschiedener Preise und Preisstrukturen und die Durchsetzung und Kontrolle von Preisentscheidungen erfordern eine Vielzahl verschiedenartiger Informationen über Kostenverläufe, Absatzfunktionen, Marktlücken, Verhaltensweisen der Absatzmittler und Konkurrenten und über gesetzliche Restriktionen. Erst solche Informationen füllen das formale Gerüst des preispolitischen Entscheidungsfelds im konkreten Falle aus und lassen eine rationale Entscheidungsfindung zu.

Die preispolitischen Ziele des Unternehmens ergeben sich unmittelbar aus den Marketingzielen, die sich wiederum aus den Unternehmenszielen ableiten lassen. Planmäßige Entscheidungen über bestimmte Aktionsparameter im Rahmen der Preispolitik setzen ein Zielsystem voraus, das dazu dient, (1) dem Management Entscheidungskriterien an die Hand zu geben, mit deren Hilfe bestimmte Alternativen verglichen werden können (Bewertungsfunktion von Zielen) und (2) die Führung der verschiedenen Organisationseinheiten eines Unternehmens ermöglicht, d.h. die Vorgabe, Koordination und Kontrolle von Handlungsimperativen an die der Unternehmensspitze untergeordneten Entscheidungsträger (Steuerungsfunktion von Zielen).

Bewertungs- und Steuerungsaufgaben können um so besser erfüllt werden, je genauer die preispolitischen Ziele operationalisiert, d.h. hinsichtlich Inhalt, Ausmaß, zeitlichem sowie segmentmäßigem Bezug festgelegt sind. Erst dann nämlich werden Ziele zu umsetzbaren und kontrollierbaren Handlungsanweisungen. Empirische Befunde zeigen, daß gerade in der Preispolitik eine Vielzahl von Zielen praktische Relevanz besitzt.

Es ist zweckmäßig, das preispolitische Zielsystem hierarchisch zu ordnen und Ober-, Zwischen- wie Unterziele zu unterscheiden. Die Zielbeziehungen zwischen diesen Zielebenen können trotz der ihrer Unterteilung zugrundeliegenden Mittel-Zweck-Beziehungen teilweise konfliktär sein.

Nach Alfred R. Oxenfeldt ist zwischen den folgenden Funktionen der Marktpreise eines Unternehmens zu unterscheiden:

1. Der **Dokumentationsfunktion:** Der Preis stellt einen zusammengefaßten Ausdruck einer Leistung dar, durch die sich ein Unternehmen gegenüber seinen Mitbewerbern bei seinen Abnehmern zu behaupten versucht.

2. Der **Signalfunktion:** Ein in bestimmter Höhe bestehender Preis signalisiert, daß gegenüber einem vorher bestehenden Zustand eine erhöhte oder nur eine verringerte Nachfrage befriedigt werden kann.

3. Der **Motivationsfunktion:** Da der erzielte Preis unmittelbar zur Realisierung der Unternehmensziele beiträgt, führen Preisänderungen auch zur Veränderung des Zielbeitrags, z.B. des Gewinns, so daß die über die Preiserwartung abgeleiteten Gewinnerwartungen zur wirtschaftlichen Tätigkeit motivieren.

Zu den Determinanten der Preispolitik zählen vor allem die Marktformen und die Preiselastizität. Zu unterscheiden ist zwischen der Preisstrukturpolitik und der Preisablaufpolitik.

Durch die *Preisstrukturpolitik* wird das Gefüge der Preislagen eines Wirtschaftsunternehmens festgelegt. „Preisstrukturentscheidungen werden sowohl in bezug auf das Basissortiment eines Unternehmens wie in bezug auf Erweiterungen dieses Sortiments durch Aufnahme neuer Produkte bzw. Dienstleistungen getroffen (→ Diversifikation).

Auf der Basis eines gegebenen Preisniveaus, d.h. einer durch die Strukturpolitik gegebenen Bandbreite erfolgt die *Preisablaufpolitik*. Ablauforientierte Preisentscheidungen betreffen

- neu einzuführende Produkte bzw. Dienstleistungen,
- bereits eingeführte Produkte bzw. Dienstleistungen" (Joachim Zentes).

Die Umweltbedingungen der Preispolitik lassen sich definitorisch als Menge all jener Gegebenheiten abgrenzen, die entweder den Einsatz bestimmter preispolitischer Parameter(-ausprägungen) von vornherein einschränken (etwa gesetzliche Verbote) bzw. erst möglich machen (z.B. ein zur → Mischkalkulation geeignetes Sortiment) oder die zielrelevanten Wirkungen dieser Parameter positiv oder negativ beeinflussen, ohne selbst vom Entscheidungsträger beeinflußbar zu sein.

Umweltbedingungen tangieren also sowohl den Aktionsraum wie den Ergebnisraum der Preispolitik. Was als Gegebenheit, also vom Entscheider nicht beeinflußbar angesehen werden muß, hängt auch vom jeweiligen Planungshorizont ab. Der Terminus Gegebenheit darf im übrigen nicht dazu verleiten, Umweltbedingungen nur als Restriktionen für die Preispolitik zu interpretieren. In vielen Fällen beinhalten sie auch Chancen für preispolitisches Handeln. Insofern sind Informationen über relevante Umweltbedingungen nicht nur für die Bewertung, sondern schon für die Generierung von preispolitischen Alternativen überaus wichtig.

Die Menge preispolitisch relevanter Umweltbedingungen konstituiert den situativen Bedingungsrahmen, den ein Entscheidungsträger theoretisch zu berücksichtigen hätte, wollte er alle seine anstehende Entscheidung beeinflussenden Gegebenheiten berücksichtigen. Da dies wegen der Vielzahl von näher oder entfernter liegenden Umweltfaktoren preispolitischer Entscheidungsfelder nie ganz gelingen wird, bemühen sich die betriebswirtschaftliche Preistheorie ebenso wie die Praxis um Modelle zur vereinfachten Abbildung, Strukturierung und theoretischen Durchdringung dieser situativen Bedingungen.

Zur Strukturierung eignet sich vor allem eine systemtheoretische Interpretation des Unternehmens und seiner Umwelt.

Bei einer solchen Betrachtung sieht sich der preispolitische Entscheidungsträger in ein in viele Subsysteme untergliederbares internes Umweltsystem eingebettet, auf das er einerseits selbst Einfluß nimmt, das aber andererseits auch einen internen Bedingungsrahmen für sein Handeln darstellt. Beispiele für derartige interne Umweltbedingungen der Preispolitik sind die gegebene Produktionskapazität, das Verhandlungsgeschick des Außendienstes, die technischen Möglichkeiten zur Differenzierung der Verpackung eines Produkts oder die finanzielle Situation des Unternehmens.

Das Unternehmenssystem interagiert wiederum mit der *externen Umwelt*. Preispolitisch besonders bedeutsam ist hierbei der Absatzmarkt, der mit den konkurrierenden Anbietern, Absatzmittlern, Absatzhelfern und Nachfragern als wichtigsten Elementen seinerseits ein komplexes Marktsy-

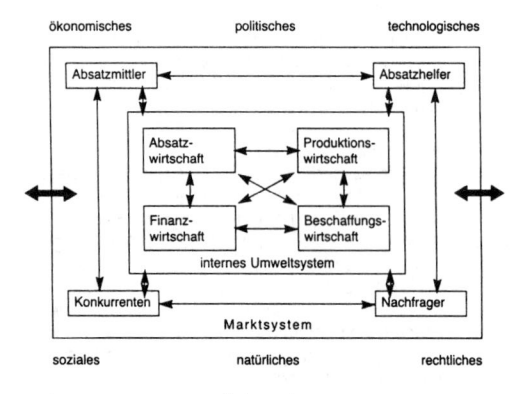

```
ökonomisches        politisches        technologisches

    ┌─────────────┐              ┌─────────────┐
    │ Absatzmittler│◄────────────│ Absatzhelfer │
    └─────────────┘              └─────────────┘
         ┌──────────────┐  ┌──────────────┐
         │  Absatz-     │◄─│ Produktions- │
         │  wirtschaft  │  │ wirtschaft   │
         └──────────────┘  └──────────────┘
         ┌──────────────┐  ┌──────────────┐
         │  Finanz-     │◄─│ Beschaffungs-│
         │  wirtschaft  │  │ wirtschaft   │
         └──────────────┘  └──────────────┘
                    internes Umweltsystem
    ┌─────────────┐              ┌─────────────┐
    │ Konkurrenten│◄────────────│  Nachfrager  │
    └─────────────┘  Marktsystem └─────────────┘

soziales          natürliches         rechtliches

                    Makrosystem
```

Umweltsysteme der Preispolitik
Quelle: Diller, Hermann: Preispolitik. Stuttgart 1985, Seite 42

stem darstellt, das eine Gegebenheit für die Preispolitik darstellt.
Das Marktsystem steht in Interaktion mit ökonomischen, technischen, politischen oder sonstigen Gegebenheiten und Kräften eines Makrosystems, dessen Kenntnis damit indirekt auch für die Preispolitik von Bedeutung ist.
Die verschiedenen Umweltsysteme der Preispolitik enthalten sowohl aktive wie passive Elemente. Aktive Elemente, etwa Konkurrenten oder Nachfrager, zeichnen sich durch autonomes und/oder reaktives Handeln aus. Bei ihnen erweist es sich deshalb im Gegensatz zu den passiven Elementen als erforderlich, über ein Konstatieren hinaus Aktions- und Reaktionshypothesen bzw. -theorien zu entwickeln, um die Wirkungen preispolitischer Aktionen einschätzen zu können. Damit treten neben die Strukturmerkmale Verhaltensmerkmale der preispolitischen Umwelt, deren Prognose mit mehr oder minder großen Unsicherheiten verknüpft ist.
Interne Umweltbedingungen der Preispolitik entspringen zeitlich vorgelagerten oder strategisch übergeordneten Entscheidungen des Unternehmens; denn ein Unternehmen kann grundsätzlich selbst bestimmen, welche Produktionsfaktoren es in welcher Menge und in welcher Verknüpfung einsetzen will. Zum Teil werden solche Entscheidungen auch unter preispolitischen Zielsetzungen getroffen. Insofern zählen bestimmte innerbetriebliche Tatbestände mal zu den Entscheidungsparametern und mal zu den Umweltbedingungen preispolitischer Entscheidungen.
Unterscheidet man mit dem Produktions-, dem Absatz-, dem Finanz- und dem Beschaffungsbereich vier Subsysteme eines Unternehmens, kann der Einfluß der wichtigsten Randbedingungen der Preispolitik beispielhaft verdeutlicht werden.
Die *produktionswirtschaftlichen Entscheidungen* über die Ausstattung des Unternehmens mit Potentialfaktoren (Gebäuden, Anlagen, Maschinen, Arbeitskräften usw.), die Fertigungsbreite und -tiefe sowie den Prozeßablauf nehmen z.b. Einfluß darauf,
• bei welchem Preis die Nachfrage aus Kapazitätsgründen nicht mehr befriedigt werden kann,
• welche Grenzkosten bei preisbedingten Absatzveränderungen auftreten und wie weit die Unternehmung vom Betriebsoptimum entfernt ist,
• wie flexibel die Produktion zu Zwecken der Preisdifferenzierung umgestellt werden kann,
• welche Produktvarianten zur Preisdifferenzierung technisch entwickelt werden können,
• ob genügend Lagerraum zur Verfügung steht, um durch kürzere Lieferzeiten Preisspielräume gewinnen zu können.
Absatzwirtschaftliche Entscheidungen über die Art und Form der abzusetzenden Leistungen und die dafür zur Verfügung stehenden Ressourcen können u.a. ausschlaggebend dafür sein,
• ob und inwieweit eine sortimentsübergreifende Preispolitik und insbesondere eine Mischkalkulation möglich ist,
• inwieweit die Rabattpolitik zur Absatzförderung eingesetzt werden muß,
• welche Art von Preiswerbung angemessen ist,
• welche vertriebskostenbedingten Preisunterschiede zur Konkurrenz bestehen,
• ob dem Außendienst des Unternehmens Spielraum für Preisverhandlungen gegeben werden kann,
• ob ein Konkurrenzpreis wegen besserer Produkt- oder Serviceleistungen überschritten werden kann.
Dabei ist die Interdependenz der Preispolitik mit anderen Entscheidungsfeldern des Absatzbereichs wegen ihrer Einbindung in das Marketing-Mix besonders groß. Daraus ergibt sich wiederum die Aufgabe, durch koordinierte mittel- und langfristige Veränderungen der Absatzbedingungen eine möglichst günstige Ausgangssituation für die Preispolitik zu schaffen und deren Spielraum zu wahren. Dies verdeutlicht nochmals den ambiva-

lenten Charakter bestimmter Umweltbedingungen.
Finanzwirtschaftliche Gegebenheiten bezüglich Höhe, Struktur und Flexibilität des verfügbaren Kapitals können die Preispolitik ebenfalls mitbestimmen. Z.B.
• erfordern Liquiditätsanspannungen u.U. ein Unterschreiten kostenbedingter Preisuntergrenzen,
• verbietet sich eine zu starke Preiserhöhung, wenn die dadurch verursachten Cash-flow-Einbußen die Finanzierung von Produkt- oder Verfahrens-Innovationen gefährden,
• begrenzt das verfügbare Werbebudget den Spielraum der Preiswerbung,
• verbietet sich der Einsatz der Absatzfinanzierung bei angespannter Finanzlage usw.
Schließlich bestimmen auch beschaffungspolitische Umstände nicht selten den Spielraum der Preispolitik mit, wenn z.B. Mengenrabatte von Seiten der Lieferanten durch eine Qualitäts- oder Verpackungsvariation zu Zwecken der Preisdifferenzierung verlorengehen und der Preisspielraum damit eingeengt wird.
Soweit die internen Umweltbedingungen nicht (nur) die Weite des Aktionsraums der Preispolitik festlegen, sondern (auch) ergebnisbeeinflussend wirken, können sie häufig in Kostenkalkülen quantitativ erfaßt und analysiert werden. Die innerbetriebliche Situation spiegelt sich dann in einer ganz bestimmten Kostenstruktur, d.h. in einem bestimmten Kostenniveau, in bestimmten Anteilen verschiedener Kostenarten und in ganz bestimmten Kostenfunktionen, also Abhängigkeiten der Kosten von bestimmten Kosteneinflußgrößen, wider. Nur diese Kostenstruktur ist für den preispolitischen Entscheidungsträger ein Datum, nicht jedoch die absolute Höhe der (Voll-)Kosten.
Eine kostenorientierte Preispolitik kann nicht bedeuten, daß die Preise von der Höhe der Stückkosten eines Produkts abhängig gemacht werden, ganz abgesehen davon, daß dieser Betrag beim Auftreten von Gemeinkosten niemals exakt ermittelbar ist. Eine kostenorientierte Preispolitik ist immer nur insoweit sinnvoll, wie sie die Gewinnwirkungen bestimmter Kostenstrukturen, d.h. Niveaus, Verteilungen und Veränderbarkeiten bzw. Abhängigkeiten der Kosten berücksichtigt. Selbst ein Verkauf unter Selbstkosten, ja sogar unter variablen Kosten kann sinnvoll sein, wenn der Gesamtgewinn des Unternehmens dadurch (z.B. im Wege von Verbunderlösen) positiv beeinflußt wird. Ohne zusätzliche Kriterien sind die Kosten allein deshalb theoretisch also auch als Preisuntergrenzen nicht akzeptierbar.
Jedes Unternehmen, das aktive Preispolitik betreibt, versucht, mit Hilfe des preispolitischen Instrumentariums auf den Absatzmarkt in seinem Sinne einzuwirken. Ob und inwieweit dies gelingt, hängt ganz wesentlich von den Gegebenheiten des jeweiligen Markts ab. Das Absatzmarktsystem, mit dem die Unternehmung interagiert, beinhaltet deshalb eine besonders wichtige Gruppe von Umweltbedingungen der Preispolitik.

Alfred R. Oxenfeldt entwickelte ein Sechs-Stufen-Schema zur Bewältigung preispolitischer Entscheidungen, dessen heuristisches Prinzip darin liegt, das Alternativenfeld durch eine sukzessive Analyse der Entscheidungsdeterminanten einzuengen. Das Preisentscheidungsproblem wird damit in „handhabbare" Teile zerlegt, ohne daß die strategischen Aspekte vernachlässigt werden. Die sechs Stufen sind:
(1) Entwicklung marktbezogener Zielvorstellungen unter Berücksichtigung der gegebenen Möglichkeiten des Unternehmens („Zieltrajektorien").
(2) Entscheidung über die Zielgruppe und die Imageposition des Produkts im Konkurrenzumfeld.
(3) (Grob-)Entwurf des Marketing-Mix.
(4) Entwurf preispolitischer Leitlinien.
(5) Treffen von preispolitischen Grundsatzentscheidungen („Preisstrategie").
(6) Festlegung der spezifischen Preisforderung.
Im Gegensatz zur Betrachtungsweise der traditionellen betriebswirtschaftlichen Preistheorie ist der preispolitische Entscheidungsprozeß eines industriellen Anbieters mit der Bestimmung der Abgabepreise keineswegs abgeschlossen. Vielmehr gilt es im Anschluß daran auch dafür Sorge zu tragen, daß der geforderte Angebotspreis vom Markt tatsächlich akzeptiert wird. Man bezeichnet die unter dieser Zielsetzung stehenden Maßnahmen und die damit verbundenen Entscheidungen auch als das Problemfeld der Preisdurchsetzung. Es resultiert vor allem daraus, daß Preisentscheidungen in der Praxis stets auf der Grundlage eines mehr oder weniger unvollkommenen Informationsstands getroffen werden müssen.
Besonders unsicher ist dabei im allgemeinen die subjektive Beurteilung der Preisgünstigkeit und Preiswürdigkeit der geforderten Preise durch die Abnehmer. Da es sich hierbei um psychische Prozesse handelt, läßt sich darauf jedoch auch von Seiten des Anbieters in gewissem Umfang noch in der Preisdurchsetzungsphase Einfluß nehmen, indem der Preis gegenüber den Abnehmern in ein günstiges Licht gerückt wird.
Preisentscheidungen sind eng mit Distributionsentscheidungen verflochten. Deutlich wird dies an zwei Beispielen:
• Für den Erfolg einer Niedrigpreisstrategie ist ein hoher Distributionsgrad erforderlich.
• Die Motivation der Absatzmittler hängt in der Regel von der Umschlagsgeschwindigkeit und von den Handelsspannen ab.
Will man die Funktionen, die der Preis in Zusammenhang mit der Distribution ausübt, in ein allgemeines Konzept bringen, so erscheint eine Untergliederung in die folgenden vier Bereiche angezeigt:
• Entlohnung der Mitglieder des Absatzkanals für geleistete Dienste
• Preis als Wettbewerbsinstrument
• Preis als Kommunikationsinstrument
• Preis als Instrument zur Steuerung des Absatzkanals.
Aus diesen Funktionen lassen sich die acht wich-

tigsten Richtlinien für eine absatzkanalorientierte Preispolitik ableiten. Sie geben Hinweise darauf, wie Preisstrategien zu formulieren sind. Dies gilt besonders für den Fall, daß es um das Ziel geht, die Kooperation von Mitgliedern des Absatzkanals zu fördern und die Gefahr von Konflikten zu vermindern.
- Effiziente Absatzmittler müssen Wiederverkaufspreise erzielen, die über den Kosten der Ware liegen.
- Die Handelsspanne soll nach Handelsleistungen differenziert gestaltet werden.
- Auf allen Stufen des Absatzkanals muß ein konkurrenzfähiger Preis angestrebt werden.
- Sonderleistungen der Absatzmittler müssen sich in den Konditionen niederschlagen.
- Die Handelsspanne soll dem branchenüblichen Aufschlag entsprechen.
- Lockvogel-Angebote mit niedrigen Spannen sollen – soweit möglich – zu Zwecken der Verkaufsförderung genutzt werden.
- Eventuell vorhandene Referenz- bzw. Schlüsselpreise sind zu beachten.
- Preisdifferenzen in einer Produktlinie sollen mit Unterschieden in der Qualität und der Produktgestaltung in Einklang stehen.

Viele Aspekte der Preispolitik gestalten sich für Konsumgüter anders als für Investitionsgüter. Preisentscheidungen für *Investitionsgüter* sind durch drei zentrale Aspekte charakterisiert:
- den Systemcharakter des Leistungsangebots,
- die Individualität des auf den jeweiligen Bedarf des Nachfragers ausgerichteten Leistungsangebots und
- die Einbindung mehrerer Parteien und Entscheidungsträger auf der Anbieter- wie der Nachfragerseite („multiorganisationaler Transaktionsprozeß").

Investitionsgüter vereinen eine Vielzahl von Leistungsbestandteilen in sich. Sie können deshalb in unterschiedlicher Weise zu komplexen Systemangeboten verknüpft werden. Der Leistungsumfang dieser Angebote kann dabei in verschiedener Richtung differenziert werden, z.B. hinsichtlich Materialqualität, Funktionsbreite, Funktionswirtschaftlichkeit, Integralqualität (Anpassung an vorhandene Anlagen), Kapazität, Projektierung und anderer pre-sales-Serviceleistungen, Lieferkonditionen, Implementierung, Anwendungsberatung, Kundendienst, Garantie- und anderer Nachkauf-Serviceleistungen, Kundenfinanzierung, Leasingkonditionen oder Inzahlungnahme von Altgeräten. Der Preisquotient besteht deshalb aus einer Mehrzahl von Teilquotienten („Preisbaukasten"), ohne daß diese dem Nachfrager im einzelnen immer deutlich gemacht werden müssen. Bestimmte Leistungsmerkmale, z.B. die Betriebskosten einer Anlage, deren Installation oder der Wiederverkaufswert, sind für den Abnehmer unmittelbar kosten- bzw. erlöswirksam. Das Zusatzkostenbewußtsein der Nachfrager ist deshalb in aller Regel sehr viel größer als auf Konsumgütermärkten. Gleichzeitig bieten sich dem Anbieter damit vielerlei Möglichkeiten zur Preisdifferenzierung und zur auftragsinternen Mischkalkulation bei getrenntem Ausweis verschiedener Leistungsbestandteile; z.B. werden Kundendienst- oder Ersatzteilleistungen häufig mit sehr viel höheren Kalkulationsaufschlägen belegt als die Anlagen selbst.

Im Extremfall kann damit sogar eine auftragsbezogene Preislinienpolitik betrieben werden. Spielraum für die Preisgestaltung besteht aber nicht nur hinsichtlich der bzw. des Preisnenner(s), sondern auch hinsichtlich der bzw. des Preiszähler(s). Als Entgelte werden nämlich – bedingt durch Devisenknappheit oder Finanzierungsengpässe bei den Nachfragern – in zunehmendem Maße Waren oder Dienstleistungen statt Geld vereinbart.

„Für das Anlagen-Marketing kann es als typisch angesehen werden, daß Umfang und Inhalt der angebotenen Leistungen nicht ex ante feststehen, sondern erst im Verlauf des Marketing-Prozesses durch Interaktionen von Anbietern und Nachfragern bestimmt werden." (K. Backhaus). Diese kunden- und auftragsspezifische Individualität des Leistungsangebots, die in geringerem Umfang auch bei Seriengütern (z.B. Kopierautomaten, Computer, medizinisch-technischen Geräten), ja sogar für Rohstoffe (z.B. Verpackungsmaterial) durch das sog. Systems Selling erreicht werden kann, reduziert den Markteinfluß oft so erheblich, daß nur noch „isolierte betriebsindividuelle Nachfragemärkte" (K.-H. Strothmann) existieren. Das Marktgeschehen verlagert sich sozusagen in das nachfragende Unternehmen. Dies hat naturgemäß erhebliche Konsequenzen auf die Art und Intensität des Preiswettbewerbs.

1. konkurrieren oft nur wenige Anbieter bzw. Anbieterkoalitionen, was zu einer oligopsonistischen Marktstruktur führt. In solchen Märkten ist die Neigung zu (verbotenen) Preisabsprachen besonders groß.

2. greifen die Nachfrager zur Risikominderung ihrer Beschaffungsentscheidungen in solchen Situationen häufig zum Instrument der Ausschreibung (Submission). Damit soll die Konkurrenzintensität der Anbieter gesteigert werden. Sie werden aufgefordert, für die im Lastenheft spezifizierte Leistungsforderung Preisangebote abzugeben. Für den Anbieter erhöht sich dadurch das Auftragserlangungsrisiko. Eine relativ einfache Möglichkeit zur Handhabung dieses Risikos bieten Submissions-(→ Competitive Bidding-) Modelle.

3. resultiert aus dem reduzierten Marktgeschehen für den Anbieter aber auch die Chance, die Nutzenvorstellungen des Nachfragers relativ genau zu erfassen und damit die Preisobergrenze zu quantifizieren.

4. führt die Individualität des Leistungsumfangs tendenziell zu einer Abschwächung des Preisinteresses bei den Abnehmern. Diese gehen nämlich u.U. ein erhebliches Kaufrisiko hinsichtlich Liefertermintreue, Installation, Gewährleistung, Reklamationsabwicklung, Reparaturservice usw. ein, wenn sie einen zwar preisgünstigen, aber u.U. im Leistungsvermögen schwer einschätzbaren An-

price policy

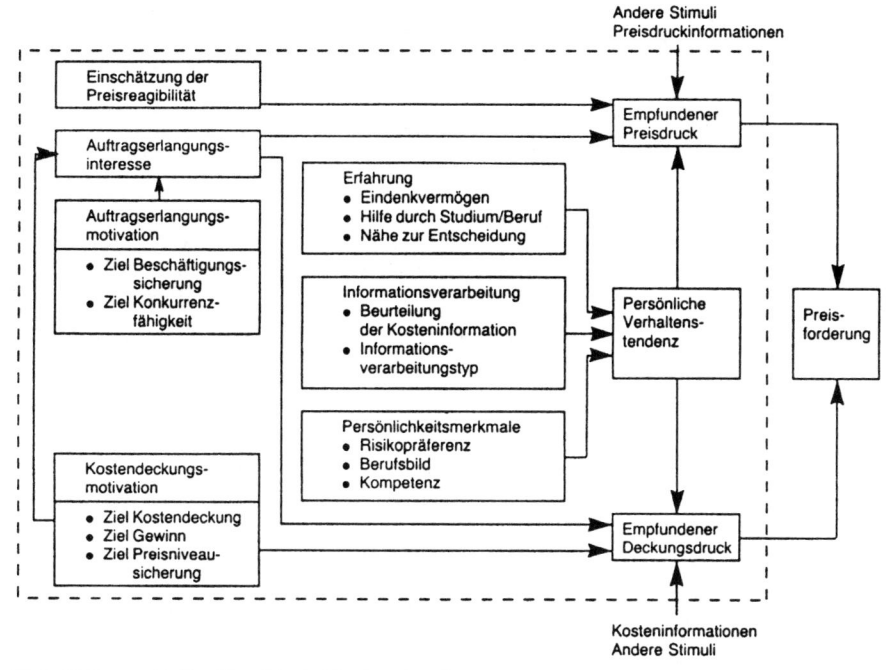

Einflußfaktoren der Konfliktstärke bei Preisverhandlungen

bieter auswählen. Konterkariert wird diese Tendenz allerdings zunehmend durch ein streng budgetorientiertes Einkaufsverhalten der für die Beschaffung zuständigen Entscheidungsträger.

5. führt die Individualität des Leistungsumfangs auch für den Anbieter zu erheblichen finanziellen Risiken: Häufig investiert er schon in der Angebotsphase erhebliche Beträge für die Angebotserstellung. Er bindet mit Großaufträgen häufig hohe Kapazitäten, ohne daß die letztendliche Erfolgsträchtigkeit der Geschäftsabwicklung garantiert ist. Darüber hinaus sind Opportunitätskosten für entgangene Aufträge wegen der zeitlichen Diskontinuität des Auftragsanfalls kaum kalkulierbar.

Kauf- bzw. Verkaufsentscheidungsprozesse für Investitionsgüter spielen sich oft in Form von Kollektiventscheidungen ab. Dem Selling Center auf der Anbieterseite steht dabei das Buying Center auf der Nachfragerseite gegenüber. Dies führt dazu, daß sich die Preisfindung in mehreren Phasen vollzieht. Dabei gilt es für den Anbieter, Preisstrategie und Preistaktik auf die spezifischen Eigenheiten des Buying Centers auszurichten. Und schließlich sind organisatorische Vorkehrungen zur Abstimmung des Preisbildungsprozesses im Selling Center zu treffen.

Unter preispolitischen Gesichtspunkten kann der Verkaufsprozeß von Investitionsgütern in drei Phasen untergliedert werden:

(1) *Die Angebotserstellungsphase:* In der Phase der Angebotserstellung ist eine Ausgangspreisforderung für den nachfolgenden Prozeß der Preisverhandlung festzulegen. Da häufig kein Marktpreis existiert, haben dabei kostenorientierte Preiskalkulationen einen besonderen Stellenwert. Weitere Anhaltspunkte für die Preisfindung liefern Nutzen-Kosten-Analysen aus der Sicht des Nachfragers sowie Risikoanalysen hinsichtlich der Auftragserlangungswahrscheinlichkeit bei verschiedenen Angebotspreisen.

(2) *Die Verhandlungsphase:* In der Verhandlungsphase müssen die Kaufpreisvorstellungen des Nachfragers mit dem Angebotspreis in Übereinstimmung gebracht werden. Der Anbieter gerät dabei in vielen Fällen unter einen Preisdruck, der um so stärker sein wird, je ausgeprägter die relative Machtposition des Nachfragers ist. Dem Preisdruck des Nachfragers steht der aus dem Deckungsbedarf des Anbieters resultierende Deckungsdruck gegenüber. Die folgende Abbildung zeigt ein auf diese Verhandlungssituation zugeschnittenes Strukturmodell von W. Plinke.

Es macht wichtige Einflußfaktoren auf die Stärke des in solchen Konfliktsituationen entstehenden Dilemmas des Verkäufers deutlich, die dann in bestimmten persönlichen Verhaltenstendenzen im Verhandlungsprozeß zum Ausdruck kommt. Auch situative Faktoren, wie die Art des Auftrags, das politische Risiko oder staatlich beeinflußte Vergabebedingungen, beeinflussen den Preis-Verhandlungsspielraum.

Eine Möglichkeit zur Lösung des Dilemmas besteht dann, wenn die angebotene Problemlösung ohne wesentliche Nutzeneinbußen beim Abnehmer „abgemagert" werden kann oder wenn Preiszugeständnisse der Vor- bzw. Unterlieferanten erzielt werden können. Um die negativen Ausstrahlungseffekte auf das Preisniveau der jeweiligen Produktgattung möglichst gering zu halten, werden Preiszugeständnisse häufig durch spezielle Rabatte bzw. Preissenkungen für Nebenleistungen (z.B. Kundenfinanzierung, Transport etc.) nach außen hin verschleiert.

(3) *Die Abwicklungs- und Gewährleistungsphase:* Preispolitische Spielräume in der Phase der Abwicklung und Gewährleistung bestehen nur noch dann, wenn eine Preisveränderung nach bestimmten Preisanpassungsklauseln vertraglich vereinbart wurde oder aus Gründen der Fairness vom Käufer freiwillig zugestanden wird. Da sich die Abwicklung von Investitionsgütergeschäften manchmal über Jahre hin erstreckt, sind Preisanpassungsklauseln hier ein besonders wichtiges preispolitisches Instrument.

Die Preisbildung für Investitionsgüter unterliegt in besonderem Maße dem Einfluß des Makrosystems. Dies gilt vor allem wegen der ausgeprägten Konjunkturabhängigkeit der Nachfrage vieler Investitionsgüter und der dadurch bedingten zyklischen Schwankungen im Absatz. Dies erfordert besondere Informationsaktivitäten, z.B. mittel- bis langfristige Preisprognosen, aber auch gezielte Kaufanreize (z.B. in Form hoher Gebrauchtwarenpreise) und zeitliche Preisdifferenzierungen zur Verstetigung des Absatzverlaufs.

Gelegentlich wird auch ein internationaler kalkulatorischer Ausgleich gesucht, indem die Exportpreise in Ländern mit Hoch-(Niedrig-)konjunktur relativ hoch (niedrig) festgesetzt werden. Die zunehmende internationale Verflechtung vieler Buying Centers sowie die professionelle Steuerung des Reimports durch spezielle Händlerorganisationen beschränken die Möglichkeiten für eine solche Strategie aber immer stärker.

Ein weiterer makroökonomischer Faktor ist die zunehmende Beeinflussung von Investitionsgütermärkten durch konjunkturpolitisch motivierte Eingriffe des Staates, z.B. in Form veränderter Abschreibungssätze, Investitionsprämien oder staatlicher Ausgabenprogramme. Auch die besondere Zinsempfindlichkeit des Investitionsgüterabsatzes führt dazu, daß in Hochzinsphasen die Finanzierungs- und Zahlungsbedingungen für die Preisdurchsetzung oft ausschlaggebende Bedeutung erlangen.

Die hohe Exportabhängigkeit vieler Investitionsgüterhersteller bringt zusätzliche Preisrisiken (z.B. Wechselkursänderungen) mit sich. Und schließlich ist die technologische Entwicklung gerade für die Preisbereitschaft der Nachfrager von Investitionsgütern von besonders großer Bedeutung. Technische Innovationen bieten in diesem Wirtschaftsbereich besonders attraktive preispolitische Spielräume, zumal sie in vielen Fällen durch Patente und Lizenzverträge für einen begrenzten Zeitraum abgesichert werden können.

Vor allem in der Angebotsphase für industrielle Anlagen spielen progressive Kalkulationsverfahren auf Voll- oder Teilkostenbasis eine praktisch unverzichtbare Rolle, weil ein Marktpreis dort oft nicht existiert. Wegen der Individualität des Leistungsumfangs sind aber auch die Kosten eines Auftrags häufig nicht nach den klassischen Verfahren der Kostenträgerrechnung ermittelbar. Die Praxis behilft sich deshalb mit mehr oder minder groben Kalkulationsansätzen, wie der „Kilokostenmethode", der Einflußgrößenkalkulation, dem Grobprojektierungsansatz oder dem Lernansatz.

Bei der *Kilokostenmethode* werden Erfahrungswerte über die Herstellkosten pro kg-Gewicht oder pro Einheit anderer Mengencharakteristika (z.B. m^3 umbauter Raum) einer Anlage zur Kalkulation verwendet.

Im Rahmen der *Einflußgrößenkalkulation* zieht man dagegen bereits Regressionsgleichungen über den Einfluß mehrerer Kostenbestimmungsgrößen heran, wobei technische Merkmale (Motorstärke, Temperaturwiderstand, Rohrmaße etc.) naturgemäß dominieren.

Beide Verfahren verzichten aber auf einen differenzierten Ausweis des Mengengerüsts der zu erwartenden Kosten. Dagegen entwickelt man beim *Grobprojektierungsansatz* zunächst ein technisches Grobkonzept, das die wesentlichen Komponenten der Anlage (Mengengerüst der Kosten) enthält, deren Kostenwerte dann in einem zweiten Schritt unter Heranziehung von Erfahrungswerten und Preisprognosen geschätzt werden müssen. Der sich daraus ergebende Basispreis der Anlage wird schließlich hinsichtlich kundenspezifischer Sondereinzelkosten (vor allem Vertriebssondereinzelkosten wie Transportkosten, Kosten für Montageleistungen, Bankgarantien usw.) modifiziert.

Beim *Lernansatz* greift man auf Lernmodelle zurück. Sie basieren auf dem Grundgedanken, durch eine systematische hierarchische Aufgliederung der Bau- oder Konstruktionselemente jeder gefertigten Anlage eine strukturierte Speicherung bereits abgewickelter Projekte zu ermöglichen, um dann bei der Kalkulation neuer Projekte auf Subsysteme bereits abgewickelter Projekte zurückgreifen zu können.

Neben kostenorientierten Kalkulationsverfahren und konkurrenzorientierten Competitive-Bidding-Modellen bieten sich für Investitionsgüter auch nachfragerorientierte Nutzen-Kosten-Analysen als Planungshilfe für die Preisfindung an. Die grundsätzliche Zielsetzung solcher Analysen ist es, das Preiswürdigkeitsurteil potentieller Kunden zu prognostizieren und/oder zu beeinflussen, indem die Nutzenbeurteilung bestimmter Leistungsangebote aus deren Perspektive heraus vorgenommen wird. Darauf aufbauend kann der Preis so festgelegt werden, daß der Nettonutzen für den Abnehmer groß genug ist, um dessen Preisbereitschaft zu gewährleisten. Das Konzept beinhaltet im Grunde also nichts anderes als eine konsequente Anwendung des Tragfähigkeitsprinzips unter Ausnutzung individueller Qualitätspräferenzen der Nachfrager. Alfred R. Oxenfeldt verknüpft diesen Ansatz noch mit konkurrenzorientierten Aspekten. Er schlägt vor, eine „Überlegenheitsprämie" zu ermitteln. Sie ergibt sich aus den Nutzenvorteilen eigener Leistungsangebote gegenüber jenen der Konkurrenten. Die Anwendung solcher Konzepte erfordert allerdings eine Operationalisierung des Nutzenempfindens der Nachfrager, und zwar möglichst in geldäquivalenten Maßeinheiten. Dazu bieten sich für Investitionsgüter insbesondere Berechnungsverfahren an, die für rationale Beschaffungsentscheidungen gewerblicher Unternehmen entwickelt wurden.

Der Anbieter kann durch statische Kosten-, Gewinn- oder Rentabilitätsvergleiche sowie durch Amortisationsrechnungen die relative Vorteilhaftigkeit seines Angebots für den Abnehmer im Vergleich zu vorhandenen Anlagen oder zu Konkurrenzanlagen ermitteln. Bei dynamischer Analyse sind der Kapitalwert für den Abnehmer bzw. die interne Verzinsung zu bestimmen. Kennt man die Rentabilitätsansprüche des Kunden, kann der Preis darauf abgestimmt werden. Typische Beispiele für derartige Investitionskalküle sind Kostenvergleichsrechnungen für maschinelle Anlagen mit unterschiedlichen Betriebskosten (Rationalisierungsinvestition) oder Kapitalwertrechnungen für Neuanlagen.

Wertanalysen sind systematische Suchverfahren zur Verbesserung der Teilqualitäten von Produkten und/oder zur Senkung der für diese Produkte entstehenden Kosten ohne Beeinträchtigung ihrer erwünschten Funktionalität. Als Instrument zur Operationalisierung des Nutzens eignen sich Wertanalysen (aus der Sicht des Abnehmers) vor allem dann, wenn das angebotene Investitionsgut über Kostenvorteile hinaus qualitative Verbesserungen der Produktion oder der Produkte des Abnehmers leisten kann.

Das Verfahren wird z.B. häufig zur Bestimmung der Vorteilhaftigkeit anderer als der bisher vom potentiellen Kunden eingesetzten Rohmaterialien herangezogen. Hierbei spielen nicht nur Kostenerwägungen, sondern auch die Wertbeständigkeit, Verrottungsfestigkeit oder andere Qualitätseigenschaften eine Rolle.

Zur Quantifizierung der Wertvorteile eigener Angebote kann auch auf die für die Lieferantenanalyse entwickelten Scoring-Modelle zurückgegriffen werden. Solche Modelle veranschaulichen dem Nachfrager den Nutzenbeitrag verschiedener Qualitätskomponenten eigener Leistungsangebote und dienen damit gleichzeitig der „Preiszerlegung", einer für Investitionsgüter häufig angewendeten Methode zur Verbesserung der Preisoptik.

Auch im Marketing-Mix vieler Handelsbetriebe stellt die Preispolitik ein dominantes Marketinginstrument dar. Eine Dominanz der Preispolitik im Rahmen des Marketing-Mix darf allerdings nicht mit Preisaggressivität gleichgesetzt werden. Vorstoßende Preissenkungen sind vielmehr nur eines von vielen preispolitischen Instrumenten, die dem Handel zur Verfügung stehen. Wie bei der industriellen Preispolitik geht es auch beim Preismanagement des Handels darum, diese Instrumente gezielt und in Abstimmung mit anderen Marketingaktivitäten einzusetzen. W. Oehme spricht deshalb in diesem Zusammenhang vom „autonomen Preismarketing" des Einzelhandels. Bei der Preispolitik im Einzelhandel müssen insbesondere vier Besonderheiten berücksichtigt werden:

(1) Die Vielzahl der festzulegenden Einzelpreise,
(2) der Sortimentsverbund und die aus ihm resultierende besondere Bedeutung der Sonderangebotspolitik,
(3) die spezifische Kostenstruktur im Einzelhandel und
(4) das spezifische Preisverhalten der Verbraucher bei der Einkaufsstättenwahl.

Große Einzelhandelsbetriebe führen nicht selten mehr als 100 000 Artikel in ihrem Sortiment. Gleichzeitig stehen sie mit vielen dieser Artikel in unmittelbarem Preiswettbewerb zu anderen Handelsbetrieben. Diese Umstände schaffen für die Preispolitik im Handel ein besonderes organisatorisches Problem. Die Fülle der Einzelhandelspreisentscheidungen bei gleichzeitigem Zwang zur Flexibilität am Markt kann nicht in extensiven Entscheidungsprozessen über jeden einzelnen Angebotspreis bewältigt werden. Man behilft sich deshalb mit

• vereinfachten, u.U. sogar automatisierten Aufschlagskalkulationen;
• mit einer hierarchischen Verteilung der Preiskompetenz; die Unternehmensleitung entscheidet dabei über die Preisstrategie, insbesondere das Preisniveau des gesamten Sortiments, die Filial- oder Marktleiter über standort- und konkurrenzspezifische Preislagen und die Abteilungsleiter über Einzelpreise, insbesondere im Zusammenhang mit Sonderangeboten. Als Planungsinstrument können dabei entsprechend hierarchisch gestufte Deckungsbudgets eingesetzt werden;
• durch Anlehnung an Preisempfehlungen der Lieferanten, insbesondere des Großhandels, der seine Ordersätze in aller Regel mit Handelspreisempfehlungen verbindet;
• mit Beschränkung der aktiven Preispolitik auf jene Artikel, die im Brennpunkt des Preiswettbewerbs stehen. Dabei wird insbesondere auf das Instrument der Sonderangebotspolitik zurückgegriffen.

Eine weitere Besonderheit der Preispolitik im Einzelhandel ist der ausgeprägte absatzbezogene Sortimentsverbund. Er tritt im Einzelhandel vor allem in Form des Einkaufsverbunds auf, wenn Käufer während eines Einkaufs in ein und demselben Geschäft verschiedene Artikel gemeinsam erwerben. Dem kann der Einzelhandel durch eine ausgeprägte Mischkalkulation, insbesondere in Form von Sonderangeboten Rechnung tragen. Das Grundprinzip einer solchen Preispolitik ist der kalkulatorische Ausgleich

Zielsetzung der Mischkalkulation im Einzelhandel ist es, den unterschiedlichen Preisspielräumen bei verschiedenen Artikeln bzw. Artikelgruppen Rechnung zu tragen. Darüber hinaus soll sie einen Anlockeffekt auf die Nachfrager ausüben, indem einzelne Artikel im Vergleich zu Konkurrenzanbietern besonders preisgünstig angeboten werden.

Kaufen die auf diese Weise gewonnenen Kunden beim gleichen Einkauf auch andere, höher kalkulierte Artikel, wird der kalkulatorische Ausgleich unmittelbar sichergestellt (Ausgleichseffekt). Darüber hinaus kann auch ein Ausgleich erfolgen, wenn der Kunde durch den Kontakt mit dem Anbieter ein einkaufsstättentreues Verhalten entwickelt, d.h. weitgehend unabhängig von den jeweiligen Angebotspreisen auch bei nachfolgenden Einkäufen diesen Anbieter präferiert (Imageeffekt).

Voraussetzung für das Funktionieren des Ausgleichseffektes sind also Verbundkäufe der Kunden. Damit ist um so eher zu rechnen, je breiter das Sortiment des Betriebes ist und je stärker die vom Entlastungsstreben motivierte Tendenz der Verbraucher zum „Einkauf unter einem Dach" (→ One-stop-shopping) und zum zeitlich konzentrierten Einkauf bei Gütern des periodischen Bedarfs ausgeprägt ist.

Die Entscheidungsproblematik der Mischkalkulation liegt einerseits darin, die Lockkraft bestimmter Artikel und Artikelpreise zu bestimmen. Dafür ist eine Vielzahl von Einflußfaktoren maßgebend, die teils artikel-, teils kunden- und teils situationsspezifisch sind. Unzweifelhaft ist, daß sich besonders bekannte und qualitativ unzweifelhafte Markenartikel besonders gut als Sonderangebotsartikel eignen, weil sie den Verbrauchern eine Lösung des latenten Preis-Qualitäts-Konflikts anbieten.

Dies führt allerdings insbesondere im Fall von Untereinstandspreisverkäufen zu Konflikten mit den Herstellern, die durch solche Angebote vor allem ihr Markenimage gefährdet sehen und auf längere Sicht einen Preisverfall und Distributionsverlust befürchten. Ein zweites Entscheidungsproblem der Mischkalkulation mit Hilfe von Sonderangeboten liegt in der Festlegung des Umfangs der Preisreduktion.

Ebenso wie im Fall der dauerhaften Mischkalkulation ist hier die Anwendung elastizitätsorientierter Entscheidungsmodelle kaum möglich. Denn diese Modelle bauen auf Kreuzpreiselastizitäten auf, deren Schätzung im Einzelhandel wegen der Vielzahl und Variabilität der Verbundbeziehungen praktisch unmöglich ist.

In der Kostenstruktur des Einzelhandels spielen die Wareneinstandskosten eine dominierende Rolle. Je nach Betriebsform vereinen sie etwa 50 bis 85 % aller Kosten auf sich. Da es sich beim Wareneinstand um variable Kosten handelt, schlägt sich ein preisbedingter Umsatzrückgang also weniger stark im Gewinn nieder als in der Industrie, wo der Fixkostenanteil oft sehr viel höher liegt. Die restlichen Kostenarten, oft auch Handlungskosten genannt (Personal, Raum, Fuhrpark, Werbung, Zinsen, Abschreibungen, Verwaltung usw.), tragen überwiegend Fix- und Gemeinkostencharakter. Sie lassen sich also nicht exakt nach dem Kostenverursachungsprinzip den einzelnen Artikeln zurechnen. Eine fehlerfreie Vollkostenträgerrechnung ist deshalb im Handel ebensowenig möglich, wie in den meisten Industrieunternehmen.

Auch scheinbar verursachungsgerechte Gemeinkostenschlüssel, wie z.B. die Verkaufsfläche als Raumkostenschlüssel, erweisen sich als ungenau, weil sich die Wertigkeit der Verkaufsflächen innerhalb eines Geschäfts u.U. stark unterscheidet und selbst von den innerbetrieblichen Standorten einzelner Sortimentsgruppen und Artikel abhängt.

Der Handel verzichtet deshalb häufig auf eine Vollkostenkalkulation und verwendet statt dessen Teilkostenkalkulationen auf Basis der Wareneinstandskosten. Selbst die Einstandskosten (Nettobezugspreis zuzüglich Transportkosten) sind allerdings einer einzelnen Artikeleinheit dann nicht direkt zurechenbar, wenn die Lieferanten artikelunabhängige Boni oder Prämien leisten bzw. Sach- oder Dienstleistungen erbringen, die man als Gemeinkostenschmälerungen der Einstandskosten interpretieren muß. Nicht zuletzt aus diesem Grunde finden hierarchisch gestufte Deckungsbudgets und darauf aufbauende retrograde Kalkulationsverfahren auch im Einzelhandel zunehmende Verbreitung.

Das Preisverhalten der Verbraucher ist für die Preispolitik im Einzelhandel unter strategischen und taktischen Gesichtspunkten von großer Bedeutung. So bestimmt die Intensität des Preisinteresses bei der Einkaufsstättenwahl weitgehend die Erfolgschancen einer preisdominanten Marketingstrategie, wie sie z.B. mit dem Discountprinzip verfolgt wird. Weiterhin beeinflußt z.B. das Zusatzkostenbewußtsein die Akzeptanz dislozierter Einkaufsstätten, wie z.B. großer SB-Warenhäuser an der Peripherie der Städte.

Schließlich ist der Aufbau eines bestimmten Preisimages bei Geschäftsneueröffnungen ähnlich wichtig wie der Einführungspreis eines neuen Produkts, da es die Einkaufsstättentreue der Kunden beeinflußt und damit positive Carryover-Effekte erzeugt.

Grundsätzlich ist das Preisinteresse der Verbraucher bei der Einkaufsstättenwahl relativ groß. Zu einem nicht unbeträchtlichen Teil ist dieses Preisinteresse vom Preismarketing des Handels selbst aktiviert worden. Trotzdem existieren auf nahezu allen Einzelhandels-Märkten mehrere Verbrauchersegmente mit unterschiedlich ausgeprägter Neigung, den Preis bei der Geschäftswahl in den Vordergrund zu rücken. Maßgebenden Einfluß darauf nehmen

• die individuellen Qualitäts-, Sortiments- und Serviceansprüche,

• die subjektiv empfundenen Risiken beim Einkauf in „billigen" bzw. „teuren" Einkaufsstätten hinsichtlich Qualität, Sozialprestige und finanzieller Übervorteilung (Preisunterschiede zu Konkurrenzan-

pricing

$$K_i = \left\{ \underbrace{\left[EK_M \cdot (1 + \frac{z_M}{100})\right]}_{\text{Materialkosten}} + \underbrace{\left[\sum_{j=1}^{n} EK_{FL_j} \cdot (1 + \frac{z_{FL_j}}{100}) + EK_{FS}\right]}_{\text{Fertigungskosten}} \right\} \cdot \underbrace{\left[(1 + \frac{z_{VW} + z_{VT}}{100})\right]}_{\text{Verwaltungs- und Vertriebskosten}} + EK_{VT}$$

$$\underbrace{\hspace{6cm}}_{\text{Herstellkosten}}$$

bietern), die ihrerseits wieder von der jeweiligen Markttransparenz mitbestimmt werden, und
• die durch individuelle Merkmale der Verbraucher (Einkommen, ökonomische Leistungsmotivation, Sparsamkeitsstreben etc.) bedingte Prädisposition zum preisorientierten Einkauf.
Beim Preisbeurteilungsverhalten gegenüber Einkaufsstätten ist wie bei Produktpreisurteilen mit vereinfachenden Urteilsstrategien zu rechnen, zumal die Beurteilung des durchschnittlichen Preisniveaus eines Geschäfts für einen Außenstehenden angesichts der großen Artikelzahl und der Mischkalkulation schwierig ist. Andererseits sind die Verbraucher auf ein solches Urteil angewiesen, wenn sie ihre Einkaufsstättenwahlentscheidung nicht vor jedem Einkaufsgang neu treffen, sondern habituell vornehmen wollen.

price process policy: Preisablaufpolitik *f*
Eine Entscheidung des Preismanagement, durch die festgelegt wird, welche Produkte oder Dienstleistungen neu einzuführen sind bzw. ob die Preise der bereits eingeführten Produkte und Dienstleistungen geändert oder beibehalten werden sollen.

price quotation: Preisangabe *f*
price range: Preislage *f*
price reduction certificate: Verbilligungsschein *m*
price reduction: Preisermäßigung *f*, Preisherabsetzung *f*, Preisreduzierung *f*, Verbilligung *f*
price reserve: Preisänderungsrücklage *f*
price rigging: illegale Preisbindung *f*
price rise: Preiserhöhung *f*
price settlement: Preisabkommen *n*, Tarifabkommen *n*
price slashing: Preisschleuderei *f*
price spread: Kursschwankung *f* (pro Tag)
price stability: Preisstabilität *f*
price structure: Preisgefüge *n*
price subject to change without notice: Preis *m* freibleibend
price supplement: Preiszuschlag *m*
price support: Preissubvention *f*, Preisstützung *f*
price variance: Preisabweichung *f*
price variation: Preisabweichung *f*
price war: Preiskrieg *m*
priced: ausgepreist, mit Preisangabe *f* versehen
prices *pl* **kept down artificially:** künstlich verbilligt

pricing: Preisauszeichnung *f*, Preisfestsetzung *f*
Das Kalkül der kurzfristigen Preisfindung. Es läßt sich in drei Klassen unterteilen:
(1) *Kostenorientierte Verfahren (progressive Kalkulationsverfahren oder kurz Preiskalkulation):* Sie bauen auf der traditionellen Kostenträgerrechnung auf. Preiskalkulationen auf Vollkostenbasis beruhen auf dem Prinzip eines prozentualen Gewinnzuschlags g auf die im Rahmen der Kostenträgerrechnung ermittelten Stück- oder Selbstkosten k_i eines Produkts i. Es gilt also:

$$p_i = k_i \cdot (1 + \frac{g}{100})$$

Die Verfahren zur Ermittlung der Selbstkosten hängen stark vom jeweiligen Fertigungsprogramm, der Fertigungstiefe und dem Fertigungsverfahren des Unternehmens ab. Das flexibelste Verfahren ist die Zuschlagskalkulation, bei der die Kostenträger-Einzelkosten direkt und die Kostenträger-Gemeinkosten indirekt durch Kostenverteilungsschlüssel einer Produkteinheit zugerechnet werden.
Häufig bedient man sich für die verschiedenen, im Betriebsabrechnungsbogen gesammelten und auf Hauptkostenstellen für Material, Fertigung sowie Verwaltung und Vertrieb verteilten Gemeinkosten folgender Schlüsselgrößen:
Materialgemeinkosten (GK_M): Materialeinzelkosten (EK_M)
Fertigungsgemeinkosten der Fertigungshauptstelle j (GK_{F_j}): Fertigungseinzelkosten (EK_{F_j})
Verwaltungs- und Vertriebsgemeinkosten (GK_{VW} bzw. GK_{VT}): Herstellkosten
Daraus ergibt sich das in der folgenden Abbildung dargestellte Kalkulationsschema.
Demnach gilt für die Selbstkosten K_i die Kalkulationsformel oben auf dieser Seite.
Die prozentualen Zuschlagssätze (z_M, z_{F_j} [j = Index der Fertigungsstelle], z_{VW}, z_{VT}) ergeben sich jeweils aus den mit 100 multiplizierten Quotienten zwischen den jeweiligen Gemeinkosten und Einzelkosten. Zur Ermittlung der Selbstkosten pro Stück (k_i) wird K_i durch die Produktionsmenge der betrachteten Periode (q_i) dividiert.
$k_i = K_i/q_i$
Weitere Kalkulationsverfahren für einfach strukturierte Betriebstypen (Einproduktbetriebe, Sortenfertigung) sind die Divisionskalkulation und die Äquivalenzziffernrechnung.
Bei der *Divisionskalkulation* werden die gesamten Kosten durch die gesamte Produktionsmenge dividiert ($k_i = K_i/q_i$; einstufiges Verfahren) oder die Kosten jeder Produktionsstufe (Kostenstelle) durch

pricing

1	I	EK_M	Fertigungsmaterial (Materialeinzelkosten)	Material-kosten		
2		GK_M	Materialgemeinkosten			
3	II	EK_FL	Fertigungslohn	Fertigungskosten	Herstellkosten	Selbstkosten (K)
4		GK_FL	Fertigungsgemeinkosten der Fertigungshauptstelle A (als prozentualer Zuschlag auf den Fertigungslohn der Fertigungshauptstelle A)			
5			Fertigungsgemeinkosten der Fertigungshauptstelle B (als prozentualer Zuschlag auf den Fertigungslohn der Fertigungshauptstelle B)			
6		EK_FS	Sondereinzelkosten der Fertigung			
7	III	GK_VW	Verwaltungsgemeinkosten (als prozentualer Zuschlag auf die Herstellkosten)			
8	IV	GK_VT	Vertriebsgemeinkosten (als prozentualer Zuschlag auf die Herstellkosten)			
9		EK_VT	Sondereinzelkosten des Vertriebs			

Schema der Zuschlagskalkulation

die Zahl der dort jeweils bearbeiteten Produkteinheiten dividiert und anschließend über alle Produktionsstufen j aufsummiert ($k_i = \Sigma\, K_{ij}/q_{ij}$).
Beim vor allem für die Sortenfertigung geeigneten *Äquivalenzziffernverfahren* werden die Produktionsmengen jeder Sorte mittels Äquivalenzziffern in eine rein rechnerische Gesamtproduktionsmenge – bezogen auf einen „Einheitskostenträger" umgerechnet. Die Division der Gesamtkosten durch diese Einheitsmenge ergibt die Stückkosten pro Einheitskostenträger, die durch Multiplikation mit der jeweiligen Äquivalenzziffer wieder auf die tatsächlichen Stückkosten der Sorten umgerechnet werden können.
Die Bestimmungsgleichungen lauten:
$ÄZ_i \cdot q_i = RE_i$
Darin bedeuten:
$ÄZ_i$ = Äquivalenzziffer für Sorte i,
RE_i = Rechnungseinheiten für die produzierte Menge der Sorte i.

$$\frac{K}{\sum_{i=1}^{I} RE_i} = k_{RE}$$

$$k_i = \frac{k_{RE} \cdot RE_i}{x_i} = k_{RE} \cdot ÄZ_i$$

Die Äquivalenzziffern bringen dabei das Verhältnis der Stückkosten zwischen den verschiedenen Sorten zum Ausdruck. Sie müssen bei unveränderten Produktionsverfahren nur einmal ermittelt werden, weil sie unabhängig von der Produktionsmenge sind.
Preiskalkulationen auf Vollkostenbasis können auf der Grundlage von Plankosten („Vorkalkulation") oder auf der Basis von Ist-Kosten („Nachkalkulation") erfolgen. Die Berechnung der Ist-Kosten dient vor allem zur Kontrolle der Zuschlagssätze, die in der Praxis oft über längere Zeiträume konstant gehalten werden, um das Kalkulationsverfahren möglichst einfach zu gestalten.
Das ist zulässig, wenn das anteilige Mengengerüst der Einzel- und Gemeinkosten konstant bleibt und sich lediglich die Kostenwerte im Zeitlauf verändern. Allerdings muß auch diese Kostenwertveränderung bei den Einzel- wie den Gemeinkosten proportional verlaufen, damit die alten Zuschlagssätze weiterhin gültig bleiben. Jeder zusätzliche Auftrag kann dann sofort auf Basis der in Stück- und Beschaffungspreislisten schnell ermittelbaren Einzelkosten eines Auftrags kalkuliert werden. Als Kostenwerte kommen grundsätzlich in Betracht:
• pagatorische Beschaffungspreise der in t-1 in der Produktion eingesetzten Produktionsfaktoren (tatsächlich geleistete Zahlungen);
• durchschnittliche Beschaffungspreise in t-1 (bei Preisschwankungen am Beschaffungsmarkt);
• geplante Beschaffungspreise;
• geplante Wiederbeschaffungspreise;
• Opportunitätskostenwerte.
Wiederbeschaffungspreise sichern z.B. die Substanzerhaltung, Opportunitätskostenwerte berücksichtigen Kapazitätsengpässe oder drohende Verluste (sunk costs) aufgrund von Warenverderb oder modischer Obsoleszenz, und geplante Beschaffungspreise verhindern Planabweichungen des Betriebsergebnisses infolge von Preisabweichungen.
Insbesondere bei Einzelfertigung (z.B. im Handwerksgewerbe) ist die „Kosten-plus-Kalkulation" auf Vollkostenbasis weit verbreitet. Empirische Untersuchungen belegen die große praktische Bedeutung dieses Preisbildungsverfahrens auch für andere Wirtschaftsbereiche. Offenkundig bietet die kostenorientierte Preiskalkulation der Praxis besondere Vorteile.
(2) *Marktbezogene Verfahren (retrograde Kalkulationen)*: Sie greifen insbesondere auf die Deckungsbeitragsrechnung zurück. Grundprinzip der marktorientierten Preisstellungsverfahren ist es, aus dem Marktgeschehen ableitbare Preise als kalkulatorischen Ausgangspunkt zu wählen und diese in einer Rückrechnung auf ihre Erfolgswirkungen hin zu überprüfen: daher die Bezeichnung „retrograde" Kalkulation.
Aus dem Marktgeschehen ableitbar sind z.B.

pricing

- die Preise unmittelbarer Konkurrenzprodukte;
- Preise, die sich aus den Nutzenvorstellungen oder der Preisbereitschaft der Nachfrager ergeben und die man im Rahmen von Preistests ermittelt;
- Preise, die dem Management aufgrund seiner subjektiven Marktkenntnisse als „realistisch", d.h. am Markt durchsetzbar, erscheinen;
- Preise, die im engeren Preisbereich des bisher geforderten Entgelts für das Produkt liegen, oder
- Preise, die dem Qualitäts- oder Imageunterschied des eigenen Produkts zu den Konkurrenzprodukten entsprechen.

Mit dieser Marktorientierung wird die retrograde Kalkulation dem Grundprinzip des Marketing (Orientierung aller Aktivitäten am Markt) schon im Denkansatz besser gerecht als die progressiven Kalkulationsverfahren.

In die retrograde Kalkulation einbezogen werden können aber auch solche Preise, die im Hinblick auf den Gewinn oder andere Unternehmensziele als erwünscht gelten. Der Marktbezug geht dadurch nicht verloren, weil in einem zweiten Schritt explizit geprüft wird, welche Absatz- bzw. Umsatzwirkungen der jeweilige Preis nach sich zieht. Darauf aufbauend errechnet man in einem dritten Schritt die dabei jeweils zu erwartenden Kosten und Gewinne, um schließlich viertens eine Entscheidung über die Vertretbarkeit des Preises auf Grundlage der ermittelten Gewinne (oder anderer Zielgrößen) zu fällen. Dazu bedarf es allerdings eines im voraus fixierten Zielanspruchniveaus.

Der Kostenrechnung kommt auch im Rahmen retrograder Kalkulationen eine wichtige Funktion zu. Nur mit ihrer Hilfe kann nämlich ein ins Auge gefaßter Preis auf seine Auskömmlichkeit hin überprüft und der Spielraum für den weiteren Suchprozeß ausgelotet werden.

Dazu wird allerdings grundsätzlich auf Teilkostenrechnungen zurückgegriffen, bei denen entweder fixe und variable Kosten und/oder relative Einzel- und Gemeinkosten unterschieden werden. Dadurch vermeidet man beim Vergleich mehrerer Preisalternativen mit unterschiedlichen Absatzmengen den verzerrenden Einfluß des Fixkostendegressionseffekts. Darüber hinaus erhöht sich bei Mehrproduktbetrieben der preispolitische Spielraum, weil einzelne Artikel des Produktionsprogramms dann auch zu einem Preis unterhalb der vollen Stückkosten angeboten werden können, wenn dadurch z.B. der Beschäftigungsgrad und der Gesamtdeckungsbeitrag in der Planperiode verbessert werden.

(2.1.) *Die Break-even-Analyse:* Die Deckungsbeitragsanalyse kann beim retrograden Kalkulationsverfahren unterschiedlich fein ausgestaltet werden. Eine erste, relativ grobe Berechnung ermöglicht die Break-even-Analyse. Ihr Hauptaugenmerk richtet sich auf jene Absatzmenge x^*_r, die bei dem zu überprüfenden Preis p_r erreicht werden muß, um Vollkostendeckung zu erzielen. Diese Gewinnschwelle (Break-even-Point) ist nach der Nettogewinnbetrachtung dann erreicht, wenn Kosten und Erlöse gleich sind, d.h. wenn gilt:

$$K_f + k_v \cdot x_i = p_r \cdot x_i$$

Die Break-even-Menge beim Preis p_r ist somit x^*_r:

$$x^*_r = \frac{K_f}{p_r - k_v}$$

Unterstellt man lineare Kostenfunktionen, kann mit Hilfe dieser Formel im Rahmen der retrograden Kalkulation sehr rasch überprüft werden, welcher Absatz beim Preis p_r erzielt werden muß, damit kein Verlust im Sinne der Vollkostenrechnung entsteht.

Über die Höhe des beim Preis p_r zu erwartenden Gewinns wird allerdings damit noch nichts ausgesagt. Die Break-even-Analyse ist deshalb in erster Linie ein Sicherheitskalkül. Es sensibilisiert aber den Anwender gleichzeitig für die Preisabhängigkeit des Absatzes, weil er selbst zu beurteilen hat, ob beim gegebenen Preis die Break-even-Menge absetzbar ist.

(2.2.) *Deckungsbeitragsrate:* Der Deckungsbeitrag läßt sich in Form der Deckungsbeitragsrate relativieren. Er lautet dann für den Preis p_r:

$$DR_r = \frac{p_r - k_v}{p_r} = \frac{U_r - K_{vr}}{U_r}$$

Die Deckungsbeitragsrate kann zunächst zur Ermittlung des Break-Even-Umsatzes U^*_r beim Preis r herangezogen werden. Es gilt nämlich:

$$U^*_r = x^*_r \cdot p_r = \frac{K_f}{p_r - k_v} \cdot p_r = \frac{K_f}{DR_r}$$

Bei Kenntnis der Deckungsbeitragsrate läßt sich sofort angeben, wieviel Mehrgewinn ein Zusatzauftrag zum bestehenden Preis erbringt. Die Deckungsbeitragsrate macht damit auch die Gewinnwirkung von Mischkalkulationen schnell und einfach deutlich. Schließlich ermöglicht die Deckungsbeitragsrate auch eine gewinnorientierte Bewertung unterschiedlicher Preise bzw. Preis-Qualitäts-Kombinationen mit verschiedenen Kostenstrukturen.

Die Deckungsbeitragsrate ermöglicht es also, die notwendigen Absatzmengen, Umsätze bzw. Preise zu verdeutlichen, die zur Überschreitung der Gewinnschwelle oder zur Erzielung eines bestimmten Gewinns realisiert werden müssen. Ein auch nur annähernd gewinnoptimaler Preis läßt sich daraus allerdings nicht ableiten. Dazu muß die Deckungsbeitragsanalyse vielmehr zu einer prospektiven Erfolgsrechnung für verschiedene Preisalternativen ausgestaltet und in Deckungsbudgets eingebunden werden.

(2.3.) *Deckungsbudgets und Preisuntergrenzen:* Für eine retrograde Erfolgsrechnung in Mehrproduktunternehmen reicht das Direct Costing nicht aus, weil es die Problematik der Gemeinkostenverrechnung völlig unberücksichtigt läßt. Gemeinkosten sind nicht identisch mit fixen Kosten. Es gibt vielmehr sowohl eine große Zahl variabler Gemeinkosten (z.B. Rohstoffe bei → Kuppelproduktion, Abschreibung von Mehrzweckmaschinen) wie

pricing

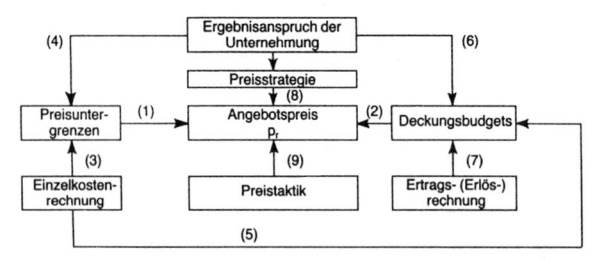

```
                    ┌─────────────────────┐
                    │ Ergebnisanspruch der│
         (4) ┌──────│    Unternehmung     │──────┐ (6)
             │      └─────────────────────┘      │
             │      ┌─────────────────────┐      │
             │      │    Preisstrategie   │      │
             │      │         (8)         │      │
    ┌────────┴──┐(1)│         ▼           │(2)┌──┴──────────┐
    │Preisunter-│──▶│    Angebotspreis    │◀──│Deckungsbudgets│◀─
    │ grenzen   │   │         p_r         │   └─────────────┘
    └───────────┘   └─────────────────────┘      ▲
         (3)                 (9)                 (7)
    ┌───────────┐   ┌─────────────────────┐   ┌─────────────┐
    │Einzelkosten-│ │    Preistaktik      │   │ Ertrags-(Erlös-)│
    │ rechnung   │  │                     │   │   rechnung    │
    └───────────┘   └─────────────────────┘   └─────────────┘
                            (5)
```

Preisbestimmung mit Hilfe relativer Einzelkosten und Deckungsbudgets

fixer Einzelkosten (z.B. Werbekosten für ein Produkt).
Da es letztlich keine Möglichkeit gibt, echte Gemeinkosten – seien sie fix oder variabel – einzelnen Leistungseinheiten eines Produkts objektiv zuzurechnen, ergibt sich für den Versuch, Preise zu kalkulieren, d.h. rechnerisch nach einem bestimmten einheitlichen Schema zu bestimmen, ein Dilemma. Denn Ziel einer solchen Kalkulation soll es sein, einen Preis pro Leistungseinheit zu bestimmen, der auch die Gemeinkosten und den Gewinn abdeckt. Dies aber ist angesichts der Unverrechenbarkeit von Gemeinkosten gerade nicht möglich.
Man kann aus diesem Dilemma zwei verschiedene Konsequenzen ziehen: Einmal besteht die Möglichkeit, sich über die Unzulänglichkeit von Gemeinkostenverrechnungen einfach hinwegzusetzen und zu versuchen, dabei zumindest grobe Fehler zu vermeiden. Die stufenweise Fixkostendeckungsrechnung ist ein Beispiel für diesen Weg. Ein anderer Weg besteht darin, auf den Anspruch einer formelhaften Preiskalkulation zu verzichten und statt dessen stückbezogene Preisuntergrenzen einerseits und Deckungsbudgets andererseits zu bestimmen, die dem Entscheider einen Preisspielraum belassen.
P. Riebel hat dafür einen auf dem System der relativen Einzelkostenrechnung basierenden Vorschlag gemacht, dessen grundlegender Denkansatz in der folgenden Abbildung schematisch veranschaulicht ist.
Dieser Ansatz weist folgende Charakteristika auf:
• Für den Angebotspreis p_r gibt es keinen zwingenden Wert, sondern einen Spielraum. Dieser wird nach unten durch zweckmäßige Preisuntergrenzen und nach oben durch Deckungsbudgets begrenzt (Pfeile 1 und 2).
• Preisuntergrenzen lassen sich mit Hilfe der Einzelkostenrechnung nach dem Prinzip entscheidungsrelevanter Kosten bestimmen. Dabei brauchen weder Gemeinkosten geschlüsselt noch situativ bedingte Ergebnisansprüche des Unternehmens hinsichtlich Gewinn, Liquidität, Kapazitätsauslastung oder anderer preispolitischer Ziele vernachlässigt zu werden (Pfeile 3 und 4).
• Deckungsbudgets sind deckungsbeitragsbezogene Zielvorgaben für die Preisbestimmung, die sicherstellen sollen, daß die Erlöse ausreichen, um die bei der Bestimmung von Preisuntergrenzen noch nicht berücksichtigten Gemeinkosten zu decken (Pfeil 5) und um darüber hinaus dem unternehmenspolitischen Ergebnisanspruch (Pfeil 6) zu genügen. Sie sind nicht zuletzt auch unter ertragswirtschaftlichen Gesichtspunkten festzulegen, also vom Markt her zu bestimmen (Pfeil 7). Deckungsbudgets sind jedoch keine Sollaufschläge auf die Preisuntergrenze. Sie lassen den Entscheidungsträgern vielmehr preispolitische Spielräume, indem sie hierarchisch nach bestimmten Ertragsbereichen ausgestaltet werden.
• Durch die damit gegebene Flexibilität bei der Preissetzung wird es möglich, preisstrategische (Pfeil 8) und preistaktische (Pfeil 9) Überlegungen in den Preisbildungsprozeß einzubringen.
Preisuntergrenzen stellen Stückpreise dar, deren Unterschreitung einen bestimmten Zielerreichungsgrad des Unternehmens nicht mehr gewährleisten würde.
Wenn durch die Annahme des Auftrags keinerlei Kapazitätsengpässe entstehen, liegt die kurzfristige, kostenwirtschaftliche Preisuntergrenze für einen Zusatzauftrag in Höhe von x_z Einheiten (PUG_z) bei der durch x_z dividierten Summe der diesem Auftrag zurechenbaren Einzelkosten EK_z.

$$PUG_z^1 = \frac{EK_z}{x_z}$$

Zu den zurechenbaren Kosten gehören dabei insbesondere die kurzfristig variablen Kosten der Erzeugung, soweit sie nicht sunk costs darstellen (z.B. verderbliche Rohstoffe, die bereits auf Lager liegen), direkte Versandkosten (Verpackungen, Porti etc.) und umsatzabhängige Kosten (z.B. Vertreterprovisionen). Die Gleichung entspricht damit im wesentlichen den – allerdings auf Basis anderer Kostenkategorisierungen entwickelten – Grenzkosten K'_x. Verursacht der Zusatzauftrag zusätzliche Fixkosten (z.B. durch kurzfristige Anmietung von Lagerräumen), sind diese also in vollem Umfang dem Auftrag zuzurechnen.
Führt ein Zusatzauftrag zu einer intensitätsmäßigen oder zeitlichen Erhöhung der Kapazitätsauslastung oder zu kapazitätsumgehenden Anpassungsprozessen, sind die dadurch bedingten positiven (z.B. wirtschaftlicheren Losgrößen) oder negativen (z.B. Überstundenzuschläge, erhöhter Fremdbezug von Halbfabrikaten) Kostenwirkungen bei der Preisuntergrenzenbestimmung zu

berücksichtigen und voll dem Auftrag zuzurechnen. Verdrängt der Auftrag die Fertigung anderer Produkte, weil partielle Engpässe bestehen, sind PUG^1_z die engpaßbezogenen Deckungsbeiträge als Opportunitätskosten zuzuschlagen. Dann gilt:

$$PUG^2_z = PUG^1_z + \Sigma \, d_{Qi} \cdot q_i x_i$$

Darin bedeuten:
x_i = Menge des durch Engpaßbelastungen verdrängten Produkts i,
q_i = beanspruchte Engpaßeinheiten pro Mengeneinheit von i.

Ist bei Nichtannahme eines Preisgebots die zeitweilige Stillegung von Kapazitäten erforderlich, sind neben den Grenzkosten die zeitweilig abbaufähigen Fixkosten (F_i) sowie die Stillegungs- und Wiederanlaufkosten der Produktion (St, Al) zu berücksichtigen. Es gilt dann:

$$PUG^3_z = PUG^1_z + \frac{F_i}{x_{it}} - \frac{St + Al}{x_{it}}$$

Darin bedeutet:
x_{it} = hypothetisch realisierbare Absatzmenge während der Stillegungsphase.
Bei langfristig wirkenden Entscheidungen empfiehlt sich ein Investitionskalkül. Die Preisuntergrenze ergibt sich dann z.B. als jener Preis, bei dem die einem Kalkulationsobjekt (z.B. neues Produkt, neuer Kunde) in den Planungsperioden zurechenbare Differenz der Einzahlungen und Auszahlungen abdiskontiert einen Kapitalwert von 0 ergeben. Wenngleich eine solche Rechnung Informationsprobleme aufwirft, ist sie dem oft vorgeschlagenen Ansatz voller Stückkosten vorzuziehen, deren Ermittlung weder genau möglich ist noch Ertragsinterdependenzen berücksichtigt.
Bei zeitweiligen Preiseinbrüchen am Markt sind die zu einem späteren Zeitpunkt erwarteten Preise und die durch eine zwischenzeitliche Lagerung entstehenden Zusatzkosten in ein Ertragserwartungskalkül einzubringen. Es kann sich dann nämlich als sinnvoll erweisen, die langfristige Preisuntergrenze nicht zu unterschreiten, sondern auf eine bessere Absatzsituation zu warten.
Bei kurzfristigen Liquiditätsengpässen müssen ausgabenwirksame und nicht ausgabenwirksame Einzelkosten unterschieden werden. Die Preisuntergrenze liegt dann dort, wo der einnahmewirksame Stückerlös den ausgabenwirksamen Kosten pro Stück des Auftrags entspricht.
Im Gegensatz zu den Preisuntergrenzen werden Deckungsbudgets im Rahmen der retrograden Preisbestimmung nicht (nur) stückbezogen, sondern hinsichtlich mehrerer hierarchisch gestufter Ergebnis- oder Leistungsbereiche des Unternehmens aufgestellt. Eine für die Bestimmung von Produktpreisen geeignete Hierarchie lautet z.B. Leistungseinheit (Stück) – Produkt – Produktgruppe – Gesamtumsatz des Unternehmens.
Auf jeder Hierarchiestufe werden dabei Deckungsbeiträge im Sinne der relativen Einzelkostenrechnung festgelegt, die sicherstellen, daß die bei der Preisuntergrenzenbestimmung noch nicht verrechneten Gemeinkosten gedeckt und die Gewinnansprüche des Unternehmens befriedigt werden.
Es handelt sich dabei also letztlich um hierarchisch gestufte Zielvorgaben. Damit soll einmal der organisatorischen Aufteilung der Preisentscheidungsprozesse (Lenkungs- und Kontrollfunktion) und andererseits der notwendigen Flexibilität bei der Preisfindung (Bewertungsfunktion) Rechnung getragen werden. Informationsgrundlagen für die Ableitung von Deckungsbudgets sind

• der Deckungsbedarf für eine bestimmte Planperiode,
• subjektive Erfahrungen und objektive Marktforschungsergebnisse über die preispolitische Tragfähigkeit bestimmter Produkte und Produktbereiche und
• unternehmenspolitische, insbesondere preisstrategische Zielvorgaben.

Der Deckungsbedarf ergibt sich rein formal aus der Differenz der zur Nettogewinnerzielung in Höhe von G_t erforderlichen Umsatzerlöse in Periode t und der bei einem bestimmten Planabsatz entstehenden Summe der Einzelkosten aller Erzeugniseinheiten in t. Da der Planabsatz von den Preisen abhängt, die man im Wege von Deckungsbudgets ermitteln möchte, ist diese formale Definition allerdings nicht sehr hilfreich. Sie verdeutlicht aber die Vorgehensweise: Stünde der Absatz für t fest, könnte man auf jeder Hierarchiestufe der Budgetierung ermitteln, welcher Deckungsbedarf dort entsteht. Die folgende Abbildung soll dies in graphischer Form verdeutlichen.
Dabei wird angenommen, daß unternehmenspolitische Zielvorgaben über den Periodennettogewinn vorliegen. Betrachtet man als Bezugsobjekt nur die einzelne Leistungseinheit (unterste Hierarchiestufe), lassen sich dort nur die stückbezogenen Einzelkosten aller j produzierten und abgesetzten Produkteinheiten zurechnen. Sie betragen folglich $\Sigma \, PUG_j \cdot x_j$.
Der Rest der Kosten zuzüglich des angestrebten Gewinns ist der periodenbezogene Deckungsbedarf (schraffiert). Ein weiterer Teil der Gesamtkosten läßt sich auf der zweiten Hierarchieebene als Einzelkosten einzelnen Produkten zurechnen (z.B. Abschreibungen für Spezialmaschinen, produktspezifische Werbekosten etc.).
Analog wird auf den nächsten Stufen der Hierarchie verfahren. Dort lassen sich die weiteren noch nicht verrechneten Kostenanteile als Einzelkosten für Produktgruppen und schließlich für die Gesamtunternehmung bestimmen. Für die Verteilung des gesamten Deckungsbedarfs auf die verschiedenen Ebenen besteht nunmehr ein erster – allerdings nicht zwingender – Anhaltspunkt. Es liegt nämlich nahe, den auf der zweiten Ebene jeweils noch nicht verrechneten Anteil an Einzelkosten für das Produkt i auf alle j Einheiten von i zu verrechnen. Dazu können durchaus flexible Vorgehensweisen gewählt werden. Nicht jede Einheit muß also etwa den gleichen anteiligen Deckungsbedarf tragen; z.B. können zeitliche (Saisonaufschläge)

595

pricing

Hierarchie-stufe	Gesamtkosten in t			angestrebter Nettogewinn in t
Unternehmung	verrechnet	EK	nicht verrechnet	
Produktgruppen	verrechnet EK_e	nicht verrechnet	GK	
Produkte	verrechnet	nicht verrechnet EK_i	GK	
Produkteinheiten (Stück)	EK_j		GK	

Schema des periodenbezogenen Deckungsbedarfs bei gegebenem Nettogewinn und bekannten Einzel- bzw. Gemeinkosten (EK bzw. GK)
Quelle: Diller, Hermann: Preispolitik. Stuttgart 1985, Seite 168

oder kundenbezogene Differenzierungen (Großabnehmerrabatte) vorgenommen werden.
Es bleibt also Spielraum für die Berücksichtigung von Markterfordernissen oder preisstrategischen Vorgaben. Dies gilt auch für die „Aufteilung" der noch nicht verrechneten Einzelkosten der Produktgruppen. Denn hier ergibt sich die Möglichkeit, einzelne Produkte innerhalb der Produktgruppe mehr oder weniger stark zu belasten, also einen kalkulatorischen Ausgleich zwischen den Produkten zu suchen. Analog kann schließlich mit den noch nicht verrechneten Einzelkosten und der Gewinnvorgabe auf der Unternehmensebene verfahren werden. Es bleibt im Grunde also zunächst offen, welcher (doppelt schraffiert gekennzeichnete) Anteil des gesamten Deckungsbedarfs einer Periode von einer Leistungseinheit getragen werden soll. Entschieden werden kann dies erst, wenn die Tragfähigkeit des Preises, d.h. seine Akzeptanz am Markt im Umfang der geplanten Mengen, überprüft ist.
Das Argument der Flexibilität gilt nicht nur hinsichtlich des kalkulatorischen Ausgleichs, sondern auch hinsichtlich der Berücksichtigung preisstrategischer Aspekte oder preistaktischer Erfordernisse (Unterschreitung von Preisschwellen, kurzfristige Preisnachlässe, Bündelung von Leistungen in Preispaketen etc.). Auch hier zeigt sich, daß retrograde Kalkulationsverfahren keine starren Rechenschemata, sondern heuristische Problemlösungsmuster darstellen.
Als Hilfsmittel zur ständigen Kontrolle, Diagnose und Prognose dafür, ob der gewählte Weg richtig ist, kann der bereits erwirtschaftete Deckungsbedarf über die Zeit kumuliert, graphisch dargestellt und mit dem erfahrungsgemäß erwarteten Verlauf verglichen werden.
(2.4.) *Risikopolitische Kalküle:* Die Reaktion der Konkurrenten, Absatzmittler und Endabnehmer ist selten genau vorhersagbar. Zur Bewältigung der Ungewißheit wurde in der betriebswirtschaftlichen Entscheidungstheorie eine Vielzahl von Konzepten und Regeln entwickelt, die sich grundsätzlich auch zur Lösung preispolitischer Probleme eignen.
Für den Fall von Entscheidungen unter Risiko besteht Ungewißheit zunächst darüber, wie die Konkurrenten auf diese Preise reagieren. Weiterhin besteht Ungewißheit darüber, wie die Abnehmer auf die Angebotspreise reagieren. In Abhängigkeit von den beiden jeweils möglichen Konkurrenzpreisen können hier jeweils drei Zustände eintreten, die ihren Niederschlag in unterschiedlichen Absatzmengen (x) finden. Die zugehörigen bedingten Wahrscheinlichkeiten W (x/p_j) sind den jeweiligen Ereignisästen des Entscheidungsbaums zugeordnet.
Zielkriterium für die Auswahlentscheidung sei zunächst die Absatzmenge. Man erkennt, daß sich die Ergebnisverteilungen der beiden Preisalternativen überlappen und unterschiedliche Absatzrisiken und -chancen beinhalten. Bei p_1 lassen sich bestenfalls 1000 und schlechtestenfalls 300 Einheiten absetzen, bei p_2 besteht die Chance auf 1500 verkaufte Einheiten; schlechtestenfalls setzt man aber auch nur 200 Einheiten, d.h. weniger als im schlechtesten Fall bei p_1 ab. Dieses Risiko läßt sich zwar nicht mindern, aber bei der Entscheidung berücksichtigen, wenn sich der Entscheidungsträger seine Risikopräferenzen verdeutlicht und entsprechende Risikokalküle zur „Verdichtung" der Ergebnisverteilung heranzieht. Dafür stehen verschiedene Möglichkeiten zu Verfügung.
(a) *Erwartungswertmaximierung:* Ist der Entscheider risikoneutral, gewichtet er also die Ergebnisse mit den ihnen zugemessenen Wahrscheinlichkeiten, so kann er die Erwartungswertmaximierung als Entscheidungsregel heranziehen. Es gilt dann:

$$p_r^* = \max E(r) = \max_r \sum_{j=1}^{J} e_{rj} \cdot W_j$$

Darin bedeuten:
p_r^* = optimaler Preis unter r (r = 1 ... R) Preisalternativen;

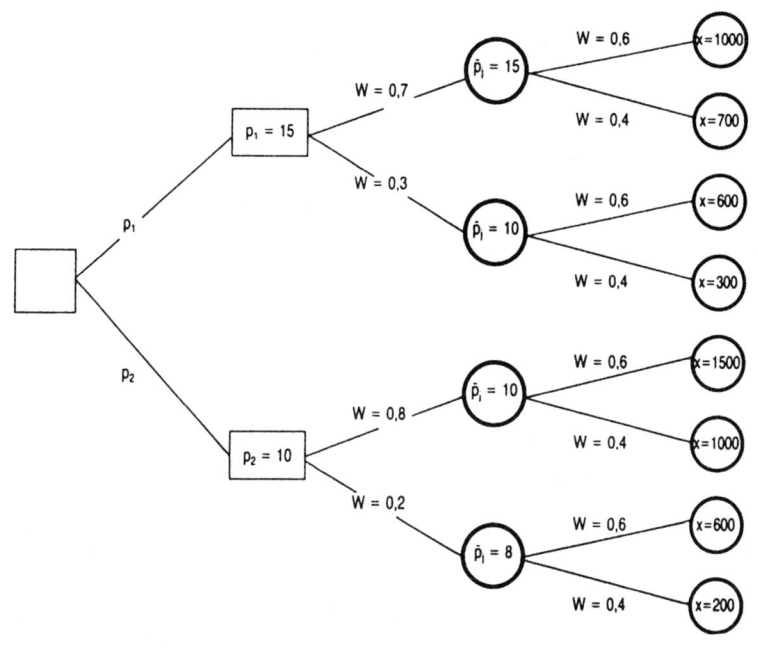

Preispolitische Entscheidung unter Risiko

E (r)) Erwartungswert der Ergebnisverteilung beim Preis r;
e_{rj} = Ergebnisausprägung der Zielgröße bei Preisalternative r und Eintritt des Umweltzustandes j (j = 1 ... J);
W_j = Wahrscheinlichkeit des Auftretens des Umweltzustands j.

(b) Die μ-σ-*Regel:* Im Gegensatz zur Erwartungswertmaximierung wird bei der μ-σ-Regel die Streuung der Ergebnisse berücksichtigt. Dazu wird bei risikoscheuer(-freudiger) Haltung des Entscheiders ein Vielfaches der Standardabweichung σ der Ergebnisverteilung vom Erwartungswert abgezogen (dazugezählt). Je höher der Multiplikator gewählt wird, desto risikoscheuer bzw. risikofreudiger entscheidet der Manager. Es gilt also:

$p^*_r = \max [E(r) + \alpha \cdot \mu_r]$

Darin bedeuten:
E (r) = Erwartungswert der Ergebnisverteilung beim Preis r;
μ_r = Standardabweichung der Ergebnisverteilung beim

$$\text{Preis } r = \sqrt{\sum_j (e_{rj} - \mu_r)^2 \cdot W_j}$$

α = Risikoparameter (α < 0 bei Risikoscheu; α > bei Risikofreude)

(c) Das *Bernouilli-Prinzip:* Das Risiko von Entscheidungssituationen läßt sich nach dem Bernouilli-Prinzip auch dadurch handhaben, daß alle Werte der Ergebnisverteilung durch eine Nutzenfunktion U (e) in Nutzenwerte überführt werden.

Durch den Verlauf der Nutzenfunktion kann die Risikoeinstellung des Entscheiders abgebildet werden. Nutzenfunktionen risikoneutraler Entscheider weisen einen linearen, solche risikofreudiger Entscheider einen progressiven und solche risikoscheuer Entscheider einen degressiven Verlauf auf. Auch Unstetigkeiten der Nutzenbewertung lassen sich berücksichtigen. Als Entscheidungsregel gilt:

$$p^*_r = \max_r \sum_j U(e_{rj}) \cdot W_j$$

(d) Die *Risikoanalyse:* Bei Preisentscheidungen, in denen eine größere Zahl von stochastisch verteilten Umweltvariablen zu berücksichtigen ist, kann auch auf die Risikoanalyse zurückgegriffen werden. Dabei werden die relevanten Umweltgrößen modellhaft mit einer Zielgröße verknüpft, deren Werte dann bei allen möglichen Kombinationen der Ausprägungen der Umweltgrößen zu ermitteln sind.

Die Eintrittswahrscheinlichkeiten dieser Ergebnisse sind unterschiedlich und nach dem Multiplikationssatz für stochastische Größen zu berechnen. Ordnet man die Ergebnisse der Höhe nach, lassen sich kumulative Wahrscheinlichkeiten für die Mindesterreichung bestimmter Zielgrößen ermitteln und graphisch in Risikoprofilen darstellen. Damit werden das Risiko und die Chancen der zur Auswahl stehenden Alternativen verdeutlicht.

Aus den Risikoprofilen läßt sich unmittelbar ableiten, welche Mindestwahrscheinlichkeiten für bestimmte Deckungsbeiträge zu erwarten sind. Dem Entscheider werden damit Chancen und Risiken der Entscheidungsalternativen plastisch vor Augen geführt.

(3) *Marginalanalytische Optimierungsmodelle* nutzen die Differentialrechnung zur Ableitung des Maximums einer vorgegebenen Zielfunktion: Sie setzen die genaue Kenntnis der funktionalen Zusammenhänge zwischen dem Preis und der Zielgröße voraus.

Marginalanalytische Optimierungsmodelle basieren auf der Preis-Gewinn-Funktion und lösen das Preisfindungsproblem mit Hilfe der Differentialrechnung. Deshalb erlauben solche Methoden nicht nur eine numerische Ableitung der günstigsten Preisalternativen, sondern die analytisch exakte Bestimmung von Optimalpreisen im Hinblick auf Absatz-, Umsatz- und Gewinnziele eines Unternehmens. Darüber hinaus lassen sich aus diesen Modellen einige einfache allgemeingültige Entscheidungsregeln für die Praxis ableiten.

Voraussetzung für die Anwendung marginalanalytischer Optimierungsmodelle ist die Kenntnis der konjekturalen Preis-Absatz-Funktion und der Kostenfunktion für die nächste Planperiode.

Das Grundprinzip der marginalanalytischen Ableitung von Optimalpreisen besteht in der Maximierung einer vorgegebenen Zielfunktion.

Nach den Regeln der Differentialrechnung erreicht eine Funktion dort ihr Maximum, wo ihre erste Ableitung den Wert Null und ihre zweite Ableitung einen Wert kleiner Null annimmt. Für die Zielfunktion der Umsatzmaximierung liegt dieses Maximum also z.B. bei $\partial U/\partial p = 0$, d.h. dort, wo eine infinitesimale Preisänderung keine Umsatzveränderung hervorruft. Im Fall der Gewinnmaximierung ergibt sich der optimale Preis dagegen beim Schnittpunkt der Grenzerlöse ($\partial U/\partial p$) und der Grenzkosten bezüglich des Preises ($\partial K_p/\partial p$). Es gilt nämlich:

$$\frac{\partial G}{\partial p} = \frac{\partial U}{\partial p} - \frac{\partial K_x}{\partial p}$$

Beim optimalen Preis p^* muß also gelten:

$$\frac{\partial U}{\partial p} = \frac{\partial K_p}{\partial p}$$

Diese Bedingung für den optimalen Preis leuchtet ein: Wären die Grenzerlöse größer als die Grenzkosten, würde sich eine Preissenkung lohnen, da die Erlöszuwächse den Kostenanstieg überkompensieren, also den Gewinn erhöhen. Übersteigen die Grenzkosten dagegen den Grenzerlös, so sinkt der Gewinn im Vergleich zur Ausgangssituation, eine Preissenkung wirkt also gewinnmindernd. Analoges gilt für den Fall von Preissteigerungen. Auch sie lohnen sich nur so lange, wie die Kosteneinsparungen aufgrund des sinkenden Absatzes nicht von den Erlöseinbußen überkompensiert werden.

Die Optimumbedingung läßt sich zur Amoroso-Robinson-Relation umformen. Man erhält dann den optimalen Preis p^* als elastizitätsabhängigen Aufschlagsfaktor auf die Grenzkosten bezüglich der Menge ($\partial K_x/\partial x$):

$$\frac{K}{\sum_{i=1}^{I} RE_i} = k_{RE}$$

Da ε üblicherweise negative Werte annimmt, kann der gewinnoptimale Preis nur im Bereich $|\varepsilon| \geq 1$ bzw. $\varepsilon \leq -1$ liegen und wird bei gegebenen Grenzkosten um so niedriger sein, je absolut größer die Absatzelastizität ist. Der umsatzmaximale Preis wird dagegen genau dort realisiert, wo $|\varepsilon|$ den Wert 1 annimmt.

Das Grundprinzip der marginalanalytischen Ableitung von Optimalpreisen läßt sich auch geometrisch verdeutlichen: Da die Grenzerlöse der jeweiligen Steigerung der Umsatzfunktion und die Grenzkosten der Steigerung der Kostenfunktion entsprechen, liegt der optimale Preis dort, wo sich Grenzkosten- und Grenzerlöskurve schneiden bzw. dort, wo die positive Distanz zwischen der Gewinnfunktion und der Gesamtkostenfunktion maximal wird.

Für die Ableitung des gewinnoptimalen Preises p^* im Monopolfall und bei linearer Kosten- und Preis-Absatz-Funktion findet das Cournot-Modell Verwendung. p^* ergibt sich dabei nach folgender Bestimmungsgleichung:

$$p^* = -\frac{\alpha}{2\beta} + \frac{k_v}{2} = \frac{1}{2}(-\frac{\alpha}{\beta} + k_v)$$

Der umsatzmaximale Preis liegt dagegen genau bei der Hälfte des Sättigungspreises (β ist negativ):

$$p_U^* = \frac{\alpha}{2\beta} = \frac{1}{2} \cdot \frac{\alpha}{|\beta|}$$

Der gewinnmaximale Preis beträgt also genau die Hälfte der Summe aus Sättigungspreis und variablen Stückkosten. Anders formuliert hat der Monopolist auf den umsatzmaximalen Preis die halben variablen Stückkosten aufzuschlagen, um das Gewinnmaximum zu erreichen.

Veränderungen der variablen Stückkosten k_v schlagen sich damit nur zur Hälfte im gewinnoptimalen Preis nieder. Ein Monopolist gibt also zweckmäßigerweise eine Erhöhung der variablen Kosten (z.B. aufgrund gestiegener Beschaffungspreise) ebenso wie eine Kostensenkung jeweils nur zur Hälfte weiter.

Der rentabilitätsmaximale Preis ergibt sich bei Ableitung der Gleichung

$$R = \frac{G}{C} = \frac{U(p) - K(p)}{C(p)}$$
$$= \frac{(\alpha + \beta \cdot p) \cdot p - K_f - (\alpha + \beta \cdot p) \cdot k_v}{\gamma + \delta(\alpha + \beta \cdot p)}$$

nach dem Preis genau dort, wo die Gewinnelastizität bezüglich der Absatzmenge gleich der Elastizität des Kapitalbedarfs bezüglich der Absatzmenge ist, also gilt:

$$\frac{\partial G}{\partial x} \cdot \frac{x}{G} = \frac{\partial C}{\partial x} \cdot \frac{x}{C}$$

Da hierin der Nettogewinn enthalten ist, spielen für die Rentabilitätsmaximierung auch die Fixkosten eine Rolle. Der rentabilitätsmaximale Gewinn ist deshalb auch stets kleiner als der Gewinn bei p^*.
Bei einer multiplikativen Preis-Absatz-Funktion besitzt die Grenzerlösfunktion nur eine Nullstelle bei p = 0. Die Absatzelastizität beträgt über dem gesamten Bereich der Preis-Absatz-Funktion β.
Ein Maximalpreis existiert nicht. Der umsatzmaximale Preis ist deshalb nicht allgemein, sondern nur für den Fall preiselastischer Nachfrage (β < -1,0) bestimmbar. Für β > -1 bewirkt jede Preiserhöhung einen Umsatz- und Gewinnzuwachs, so daß der gewinnmaximale Preis gegen ∞ geht. Für den realistischen Fall β < -1 ist der Grenzerlös negativ, außer den Grenzkosten gibt es hier also keine Preisuntergrenze. Allerdings hängt der gewinnmaximale Preis p^* damit bei konstanten Grenzkosten (lineare Kostenfunktion) weder von β noch von k_v ab, so daß für diesen Fall die Amoroso-Robinson-Relation als Bestimmungsgleichung herangezogen werden kann. Es gilt dann:

$$p^* = \frac{\beta}{1+\beta} \cdot k_v$$

Der gewinnoptimale Preis läßt sich damit – wie bei einer Aufschlagskalkulation auf Teilkostenbasis – durch einen konstanten, jedoch elastizitätsabhängigen Aufschlagssatz (β/1 + β) ermitteln. Je elastischer der Absatz auf Preisveränderungen reagiert, desto niedriger liegt bei multiplikativen Preis-Absatz-Funktionen also der gewinnmaximale Preis.
In einem Polypol werden realistischerweise unvollkommene Märkte vorliegen. Das geeignete Modell zur Abbildung der Marktsituation für diesen Fall des heterogenen Polypols oder des monopolistischen Konkurrenz ist die doppelt geknickte Preis-Absatz-Funktion. Bei dieser Funktion entwickeln sich weder die Grenzerlöse noch die Grenzkosten bezüglich des Preises linear. So einfache Entscheidungsregeln wie im Fall des Monopols lassen sich deshalb hier nicht mehr ableiten.
Grundsätzlich gilt jedoch weiter die Optimumbedingung Grenzerlöse = Grenzkosten. Diese Bedingung erweist sich aber nicht mehr als hinreichend, weil sich Grenzerlös- und Grenzkostenfunktionen bei gekrümmten Verläufen mehrfach schneiden können. Daraus ergeben sich dann zwangsläufig mehrere Gewinn(sub)maxima, die miteinander zu vergleichen sind, um das absolute Gewinnmaximum bestimmen zu können.
Am einfachsten gestaltet sich der Fall einer doppelt geknickten Preis-Absatz-Funktion (keine kontinuierlichen Übergänge), mit drei jeweils linearen Abschnitten unterschiedlicher Elastizität. Diese drei Abschnitte können dann jeweils separat wie im Monopolfall behandelt und die sich daraus ergebenden partiellen Optimalpreise miteinander verglichen werden.
Bei der geometrischen Ableitung der Optimalpreise empfiehlt es sich, auf eine andere Darstellungsweise als bisher überzugehen. Bei linearer Gesamtkostenfunktion sind hier nämlich nur die Grenzkosten bezüglich der Menge, nicht aber die bezüglich des Preises konstant. Man stellt den Preis als Funktion der Menge dar. Der gewinnoptimale Preis ergibt sich dann im Schnittpunkt der Grenzerlöskurve und der Kurve der Grenzkosten bezüglich der Menge. Letztere sind nunmehr stets ≥ 0.
Wie die folgende Abbildung zeigt, können sich je nach Elastizität der einzelnen Abschnitte der Preis-Absatz-Funktion und je nach Höhe der Grenzkosten mehrere Schnittpunkte ergeben.

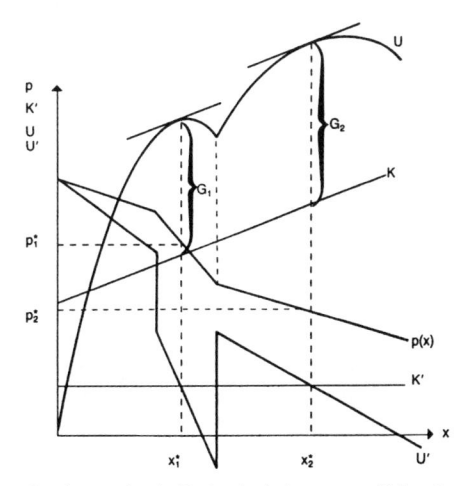

Gewinnmaximale Preise im heterogenen Polypol

In der Abbildung sind es zwei mit den Optimalpreisen p^*_1 und p^*_2. Der Schnittpunkt an der unteren Knickstelle der Funktion stellt dagegen ein lokales Gewinnminimum dar, weil hier die Grenzerlöskurve die Grenzkostenkurve von unten kommend schneidet, d.h. daß bei höheren (niedrigeren) Preisen die Grenzerlöse steigen (sinken), was bei konstanten Grenzkosten in jedem Fall zu höheren Gewinnen führt.
Bei graphischer Interpretation ergeben sich hier lokale Gewinnmaxima also nur dort, wo die Grenzerlöskurve die Grenzkostenkurve von oben kommend schneidet. Wie der Vergleich der Distanzen zwischen den Tangentialpunkten an die Erlösfunktion und den zugehörigen Punkten auf der Gesamtkostenfunktion zeigt, erbringt p^*_2 hier einen höheren Gewinn als p^*_1. Das absolute Gewinnmaximum wird also beim höheren Preis p^*_2 erreicht.
Die Ableitung der Maxima bei gekrümmtem Verlauf der Preis-Absatz-Funktion (z.B. Sinus-Hyperbolicus-Funktion) geschieht völlig analog. Wichtig

ist die Erkenntnis, daß ein zweites Gewinnmaximum im unteren Preisbereich um so eher existiert, je stärker gekrümmt die Preis-Absatz-Funktion verläuft; die Grenzerlöse an der unteren Knickstelle liegen dann im Vergleich zu den Grenzkosten relativ hoch. Damit steigt die Wahrscheinlichkeit für einen Schnittpunkt im unteren Preisbereich. Mit abnehmender Krümmung nähert sich die Funktion dagegen immer mehr dem linearen Funktionsverlauf an. Auch für den Fall des heterogenen Polypols gilt deshalb zumindest tendenziell der Grundsatz, daß der gewinnoptimale Preis bei hoher Preiselastizität niedriger liegt als bei geringer.

Relativ niedrige Grenzkosten begünstigen diese Tendenz, weil damit ebenfalls die Wahrscheinlichkeit dafür steigt, daß die Grenzerlöskurve die Grenzkostenkurve im unteren Preisbereich nochmals von oben kommend schneidet. Bei hohen oder progressiv wachsenden Grenzkosten wird dagegen im allgemeinen ein relativ hoher Preis im monopolistischen Bereich der Preis-Absatz-Funktion optimal.

Bei dieser Interpretation ist unter Anwendungsgesichtspunkten allerdings zu beachten, daß ein Unternehmen selten über hinreichende Erfahrungen hinsichtlich der Preiselastizitäten im Preisbereich unterhalb der unteren Knickstelle verfügt und deshalb mit der Niedrigpreisstrategie ein höheres Risiko verbunden sein wird, zumal bei einer (u.U. in der Vergangenheit schon einmal realisierten) schrittweisen Senkung des Preises im monopolistischen Bereich unterhalb p^*_1 zunächst eine Gewinnverschlechterung eintritt. „Diese Gewinnminderungen stellen eine Art Barriere dar, die erst übersprungen werden muß, wenn Unternehmen mit Hilfe von Preissenkungen ihre Gewinnsituation verbessern wollen." (Erich Gutenberg)

Darüber hinaus können u.U. auch die vorhandenen Kapazitäten zur Realisierung der Menge x^*_2 nicht ausreichen, so daß Erweiterungsinvestitionen erforderlich wären, die zusätzliche Fixkosten schaffen und die Gesamtkostenfunktion nach oben verschieben, d.h. das Gewinnpotential mindern würden. Insofern ist die Scheu vieler Unternehmen, mit besonders niedrigen Preisen ihren Erfolg zu suchen, nur allzu verständlich.

Auch für die marginalanalytische Behandlung des Oligopols unterstellt man meist unvollkommene Märkte („heterogenes Oligopol") sowie lineare Kostenfunktionen. Die wenigen Anbieter besitzen also auch hier einen monopolistischen Spielraum und sehen sich vor Einbeziehung von Konkurrenzreaktionen in einer ähnlichen Absatzsituation wie Polypolisten. Auch für sie ist deshalb eine doppelt geknickte bzw. gekrümmte Preis-Absatz-Funktion ein plausibles Modell zur Abbildung der Nachfragerreaktion.

Im Fall eines Oligopols muß aber mit Konkurrenzreaktionen auf eigene Preisveränderungen hin gerechnet werden. Es besteht also eine Reaktionsverbundenheit der Preise, die bei der Ableitung von Optimalpreisen zu berücksichtigen ist. In allgemeiner Form, d.h. ohne bestimmte Reaktionsannahmen, reichen dafür die Optimalitätsbedingungen für ein Polypol aus. Allerdings enthält die Preis-Absatz-Funktion zusätzlich die Konkurrenzpreise p_j bzw. den gewichteten Durchschnittspreis aller Konkurrenten $\bar{p}_j$. Aus der ersten Ableitung und Nullsetzung der Gewinnfunktion ergibt sich dann nach einigen Umformungen folgende Amoroso-Robinson-Relation:

$$p^* = \frac{\varepsilon + \rho \cdot \varepsilon_{ij}}{1 + \varepsilon + \rho \cdot \varepsilon_{ij}} \cdot K'_x$$

Darin bedeuten:

$\varepsilon = \dfrac{\delta x_i \cdot p}{\delta p \cdot x}$ = direkte Preiselastizität des Absatzes von i

$\varepsilon_{ij} = \dfrac{\delta x_i \cdot \bar{p}_j}{\delta \bar{p}_j \cdot x_i}$ = Kreuzpreiselastizität der Marke i bezüglich des durchschnittlichen Konkurrenzpreises $\bar{p}_j$

$\rho = \dfrac{\delta \bar{p}_j \cdot p_i}{\delta p_i \cdot \bar{p}_j}$ = Reaktionselastizität des durchschnittlichen Konkurrenzpreises $\bar{p}_j$ bezüglich des Preises der Marke i

Zusätzlich zur direkten Preiselastizität des Absatzes wird der gewinnoptimale Preis im heterogenen Oligopol also auch von der Kreuzpreis- und Reaktionselastizität bestimmt. Erstere ist üblicherweise positiv, so daß der gewinnoptimale Aufschlag auf die Grenzkosten ceteris paribus (bei $\rho > 0$) um so geringer wird, je höher die Kreuzpreiselastizität ausfällt. Ebenso verändern sich Aufschlagssatz und optimaler Preis in gleicher Richtung wie die Reaktionselastizität.

Allerdings gilt es zu berücksichtigen, daß die Reaktionselastizität in der Realität selten eine konstante Größe darstellen wird. Vielmehr ist davon auszugehen, daß die Konkurrenten stets in verschiedener Weise und u.U. nicht nur mit dem Instrumentarium der Preispolitik reagieren können. Die klassische Oligopoltheorie versucht dieses Problem entweder durch ganz bestimmte, meist recht restriktive Annahmen über die Reaktion der Konkurrenz („heuristische Oligopoltheorien") oder durch Ableitung optimaler Reaktionen der Konkurrenz unter Annahme bestimmter Zielfunktionen auf Seiten aller Marktgegenspieler („normative Oligopoltheorie") zu lösen.

Als weitere Möglichkeit bietet sich eine ökonometrische Schätzung konjekturaler Preis-Absatz-Funktionen (Absatz nach Konkurrenzreaktion) an, die in der Praxis allerdings mit erheblichen datentechnischen und methodischen Problemen verbunden ist; z.B. kann ein in einem ökonometrischen Modell scheinbar bestätigter kausaler Reaktionszusammenhang zwischen Preis- und Absatzveränderungen verschiedener Anbieter tatsächlich gar nicht existieren, sondern auf exogenen Faktoren wie einer gleichläufigen Kostenentwicklung bei allen Anbietern beruhen. Insofern ist man auch bei ökonometrischen Modellen der Reaktionsverbundenheit der Angebotspreise stets

auf ökonomisch plausible Reaktionshypothesen angewiesen.
Erich Gutenberg (1897-1984) unterstellt im Oligopol einen reaktionsfreien mittleren Bereich und reaktionsgebundene obere und untere Abschnitte der Preis-Absatz-Funktion. Dies führt nach Konkurrenzreaktionen zu einer linearen Gleitkurve HH' als Preis-Absatz-Funktion. Dem Modell liegt also die Hypothese zugrunde, daß alle Konkurrenten auf die Preisänderung eines Mitanbieters stets so reagieren werden, daß es zu keinen nennenswerten Käuferfluktuationen kommt.
Marginalanalytisch läßt sich mit dieser Funktion HH'(p) der Optimalpreis wie im Monopolfall nach dem Cournot-Modell ableiten. Verschlechtert sich die Kostensituation eines Anbieters und versucht dieser deshalb seinen Preis zu erhöhen, wird dies jenseits des monopolistischen Bereichs der Preis-Absatz-Funktion (vor Konkurrenzreaktion) nur dann möglich sein, wenn die Konkurrenten diesem Schritt folgen, etwa weil sie ähnliche Kostenentwicklungen und Gleitkurven aufweisen.
Das Modell der doppelt geknickten Preis-Absatz-Funktion im Oligopol kann auch durch andere theoretische Konzepte gestützt werden. H. Albach greift z.B. auf die „Kosten des Lieferantenwechsels" zurück, die er als entscheidend für die „Beweglichkeit der Nachfrage", d.h. die Bereitschaft der Nachfrager, den Lieferanten bzw. die Marke zu wechseln, ansieht. Albach leitet dann aus den individuellen Preis-Absatz-Funktionen zweier Oligopolisten (Dyopolfall) auf analytischem Wege preispolitische Lösungsgebiete ab, die unterschiedliche Konkurrenzreaktionen berücksichtigen.
Dabei zeigt sich, daß bei hinreichend beweglicher Nachfrage und endlicher Anpassungsgeschwindigkeit der Konkurrenten eine Politik der schrittweisen gezielten Preisunterbietung bei einzelnen Kunden („Preisschnibbeln") kurzfristige Gewinnvorteile erbringt. Andererseits führt eine solche Politik jedoch auf längere Sicht zwangsläufig zu einem Preis- und Gewinnverfall, der dann nur durch eine gleichzeitige und gleichmäßige Preiserhöhung aller Anbieter rückgängig gemacht werden kann, „und sei es nur, um [dann] die Preispolitik des Schnibbelns fortsetzen zu können" (H. Albach).
Folgen die Konkurrenten eines Oligopolisten nur dessen Preissenkungen, sobald sie den monopolistischen Spielraum unterschreiten, nicht aber Preiserhöhungen, führt dies zu einer einfach geknickten konjekturalen Preis-Absatz-Funktion (Modell von Sweezy). Sie kann marginalanalytisch wie der Fall des Polypols behandelt werden.
Eine besonders ausgeprägte Konkurrenzorientierung der Preispolitik liegt im Fall der Preisführerschaft vor. Hier orientieren sich alle Anbieter in ihrer Preisstellung am Preis eines Preisführers, verzichten also auf eine aktive Preispolitik. Ihre Preise müssen dabei nicht unbedingt mit jenem des Preisführers identisch sein, sondern können – je nach Höhe des akquisitorischen Potentials – auch mehr oder minder davon abweichen.

Der Preis des Preisführers gilt dann als Leitpreis, der von den Konkurrenten jeweils um einen bestimmten Prozentsatz über- oder unterschritten wird. Da dies ohne unmittelbaren Bezug zur Kosten- und Nachfragesituation geschieht, liegt eine reine Anpassungsstrategie vor, bei der zwischen Preisen, Kosten und Absatzmengen keine feste Relation mehr besteht.
G. J. Stigler unterscheidet zur besseren Begründung eines solchen Verhaltens eine dominante und barometrische Preisführerschaft, je nachdem, ob der Preisführer gleichzeitig eine dominierende Marktstellung hat (Teiloligopol) oder ob es kein beherrschendes Unternehmen gibt, sondern alle Anbieter etwa gleich große Marktanteile besitzen. Im Fall der barometrischen Preisführung resultiert die Preisführerschaft – bei u.U. wechselnden Preisführern – aus der Furcht vor Preiskämpfen, die letztlich allen Anbietern Gewinneinbußen bescheren könnten. Nach außen wirkt eine solche Preispolitik oft wie ein abgestimmtes oder gar kartellmäßiges Verhalten, obwohl es in Wirklichkeit auf ökonomischen Sachzwängen beruht. In ähnlicher Weise läßt sich auch die häufige Preisstarrheit auf vielen Oligopol-Märkten modelltheoretisch erklären.
Für die Preisfindung in der Praxis bieten diese heuristischen Oligopolmodelle, ebenso wie die auf Isogewinnlinienanalysen sowie auf spieltheoretischen Konzepten aufbauenden normativen Modelle, nur selten eine echte Hilfestellung. Sie scheitern im allgemeinen an der analytisch exakten Ermittlung konjekturaler Preis-Absatz-Funktionen. Subjektive Schätzungen der Funktionskoeffizienten als Ausweg aus diesem Dilemma sind zwar denkbar, finden aber besser in enumerativen Modellen der retrograden Preisfindung ihren Niederschlag, weil subjektive Schätzungen in aller Regel ebenfalls auf solchen diskreten Denkmodellen beruhen.
Der praktische Aussagewert von marginalanalytischen Optimierungsmodellen in komplexen Marktsituationen wie dem Oligopol beschränkt sich damit auf die Ableitung allgemeiner Einsichten in die Marktmechanik, die mit Hilfe von Simulationsmodellen und Sensitivitätsanalysen hinsichtlich der Absatz-, Gewinn- oder Preisentwicklung bei Veränderung bestimmter Funktionsparameter durchgeführt werden können.

pricing policy: Preispolitik $f \rightarrow$ price policy
prima facie evidence: Augenscheinbeweis m, widerlegbarer Beweis m
primarily liable debtor: Selbstschuldner m
primary: primär
primary account: Hauptbuchkonto n
primary boycott: Verweigerung f von Tarifverhandlungen f/pl durch Arbeitnehmer m/pl
primary condition: Grundbedingung f
primary demand: Bedarf m, vordringlicher Hauptbedarf m
primary evidence: direkter Beweis m

primary insurer: Erstversicherer *m*
primary master control: primäre Federführung *f*, Primärfederführung *f*
Die ursprüngliche Federführung, die z.B. im Falle der Auftragserteilung für den Inhalt des übernommenen Teilauftrags und für die Dauer seiner Erledigung an den auftragnehmenden Bereich übergeht (Sekundärfederführung), mit Abschluß des Auftrags jedoch wieder an den Auftraggeber zurückfällt.
primary material: Grundstoff *m*
primary process: Fertigung *f*
primary production: Urproduktion *f* (Landwirtschaft und Bergbau)
prime : erstklassig
prime bill: erstklassiger Wechsel *m*
prime cost: Einzelkosten *pl* (Fertigungsmaterial und Lohn)
prime cost burden rate: Gemeinkostenzuschlag *m* auf Basis *f* der Einzelkosten *pl*
prime quality: Spitzenqualität *f*, Primaqualität *f*
principal: hauptsächlich, Auftraggeber *m*, Dienstberechtigter *m*, Dienstherr *m*, Geschäftsherr *m*, Kapital *n*, Mandant *m*, Prinzipal *m*, Vollmachtgeber *m*
principal amount: Kapitalbetrag *m*
principal debtor: Hauptschuldner *m*
principal office: Hauptbüro *n*
principal payment date: Hauptzahlungstermin *m*
principal place of business: Firmensitz *m*, Geschäftssitz *m*, Sitz *m* einer Firma
principle: Grundregel *f*, Grundsatz *m*, Maxime *f*, Prinzip *n*
principle of selling: Verkaufsgrundsatz *m*
principle of supportive relationships: Prinzip *n* der unterstützenden Beziehungen
Das Prinzip, das in Rensis Likerts Partizipationsmodell die Interaktionen zwischen den Organisationsmitgliedern beherrscht. Es besagt, daß fruchtbare zwischenmenschliche Beziehungen auf gegenseitigem Vertrauen und gegenseitiger Unterstützung beruhen, die in den Organisationsmitgliedern stets das Gefühl für den Wert des einzelnen Menschen wachhalten. Diese Interaktionen finden im partizipativen Modell nicht in einer straffen Hierarchie statt, sondern in einem Netz vermaschter Arbeitsgruppen, die das Rückgrat der Organisation bilden.
principles *pl* **of conscientious and faithful accounting:** Grundsätze *m/pl* gewissenhafter und getreuer Rechenschaftlegung *f*
principles *pl* **of management:** Managementprinzipien *n/pl*, Führungsgrundsätze *m/pl*, Leitungsgrundsätze *m/pl*
print: Druck *m* (Schrift), drucken
print position: Druckstelle *f (EDV)*

printed form: Vordruck *m*
printer: Drucker *m*, Schreibeinheit *f (EDV)*
printing: Druck *m*, Drucken *n*
printing order: Druckauftrag *m*
printing plant: Druckerei *f*
printing position: Schreibstelle *f (EDV)*
prior: früher, vorhergehend
prior decision: Vorentscheidung *f*
prior holder: Vorbesitzer *m*
prior possessor: Vorbesitzer *m*
prior rank: Vorrang *m*
prior years' loss: periodenfremder Verlust *m*
prior years' profit and loss: periodenfremde Gewinne *m/pl* und Verluste *m/pl*
prior years' profit: periodenfremder Gewinn *m*
priority: Priorität *f*, Vorrang *m*, Vorrecht *n*, Vorzug *m*
priority control: Vorrangsteuerung *f (EDV)*
priority list: Präferenzliste *f*
priority schedule: Dringlichkeitsliste *f*
prison: Gefängnis *n*, Gewahrsam *n*
prisoner: Gefangener *m*
prisoner's dilemma: Häftlingsdilemma *n*
prisoner's dilemma game (PDG): Häftlingsdilemma *n*
In der Spieltheorie ein partiell wettbewerbliches Nicht-Nullsummen-Spiel, das in der symmetrischen Form für zwei Personen durch folgende Auszahlungs-Matrix repräsentiert werden kann:

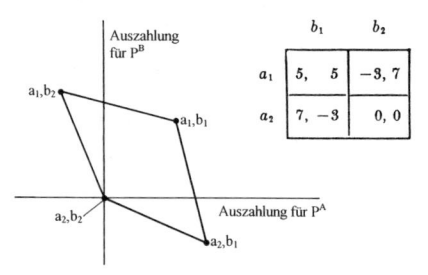

	b_1	b_2
a_1	5, 5	−3, 7
a_2	7, −3	0, 0

Häftlings-Dilemma

Dieses Spiel hat folgende Charakteristika: (1) Alternative a_1 dominiert Alternative a_2 und Alternative b_2 dominiert Alternative b_1; (2) die Summe der Auszahlungen für das Strategienpaar $a_1 b_1$ ist größer als die Summe für irgendein anderes Strategienpaar. Da nach dem Dominanz-Prinzip eine dominierte Alternative nie gewählt werden sollte, stellt das Paar $a_2 b_2$ das angemessene Strategienpaar für das Häftlingsdilemma dar.
Die Haltung dazu, was eine angemessene Strategie im Häftlingsdilemma ist, hängt weitgehend davon ab, ob nur ein einzelnes Spiel vorgesehen ist oder ob das Spiel mehrfach wiederholt werden soll. Bei einem einzelnen Spiel ist gegen das Stra-

tegienpaar a_2b_2 kaum etwas einzuwenden, weil P^A im Falle einer Dominanz von a_2 gegenüber a_1 mit der Alternative a_2 unabhängig davon, welche Strategie P^B spielt, besser davonkäme.
Das Strategienpaar a_1b_1 stellt kein Gleichgewichtspaar dar, und jeder Spieler könnte daher bei einem bevorstehenden Spiel seine Auszahlung verbessern, indem er auf die zweite Alternative überwechselt. Aber dann könnte der Opponent ihn bestrafen, indem er dies ebenfalls tut. Versucht ein Spieler, den anderen zum Kooperieren zu zwingen, so kann dieser sich querlegen und auf Kosten des anderen den Gewinn einstreichen.
Wenn beiden Spielern klar ist, daß das gesamte Spiel 20 Durchgänge umfaßt, dann könnte doch P^A 19mal die Alternative a_1 wählen, um keine Vergeltungsmaßnahmen auf sich zu ziehen, aber beim 20. Durchgang die Strategie ändern, um dadurch seine Auszahlung zu erhöhen? Das Spiel wäre dann zu Ende und P^B könnte sich nicht mehr rächen. Wenn aber P^A solche Überlegungen anstellen kann, kann es auch P^B – und sich entschließen, P^A eins auszuwischen, indem er im 19. Durchgang bereits die Alternative a_2 wählt. Dies vorausahnend, könnte P^A erwägen, seine Strategie schon im 18. Durchgang zu ändern usw. – bis zurück zum ersten Durchgang.
Wenn das Paar a_2b_2 also aus logischen Gründen als angemessen für ein einzelnes Spiel anzusehen ist, so müßte es auch für jeden einzelnen Durchgang einer Spielpartie als angemessen gelten, deren Länge festgelegt und bekannt ist. Wenn allerdings das Ende des Spiels stochastisch determiniert ist und also keiner der Spieler genau weiß, wann die Partie zu Ende ist, kann unter Umständen das kooperative Strategienpaar logisch gerechtfertigt sein, d.h. a_1b_1 kann ein Gleichgewichtspaar darstellen.
private accountant: unselbständig tätiger Buchhaltungsfachmann *m*
private bank: Privatbank *f*
private casualty insurance: private Unfallversicherung *f*
private contract: bürgerlich-rechtlicher Vertrag *m*
private household: Privathaushalt *m*
private law: Privatrecht *n*
private ledger: Geheimbuch *n*, Geheimhauptbuch *n*
private line: Privat(telefon)leitung *f*
private property: Privateigentum *n*, Privatvermögen *n*
private property insurance: Hausratsversicherung *f*
private sale: freihändiger Verkauf *m*
private settlement: außergerichtlicher Vergleich *m*
privately owned bank: Privatbank *f*
privately owned residence: Eigenheim *n*
privatization: Privatisierung *f*

privilege: bevorrechtigen, Gerechtsame *f*, Privileg *n*, Recht *n*, Vergünstigung *f*, Vorrecht *n*
privileged: bevorrechtigt
privity: gemeinsame Interessenbeziehung *f*
privity of contract: gegenseitiges Vertragsinteresse *n*
prize: hochschätzen, Preis *m* (Auszeichnung), Prise *f* (naut.)
prize contest: Preisausschreiben *n*
pro memoria amount: Merkposten *m*
pro memoria figure: Merkposten *m*
pro rata: anteilig, anteilmäßig, im Verhältnis *n* von, verhältnismäßig
probability: Wahrscheinlichkeit *f*
In der mathematischen Wahrscheinlichkeitstheorie ist die Wahrscheinlichkeit definiert als das Verhältnis der günstigen zu den möglichen Ereignissen, also:

$$\Pr = \frac{\text{Zahl der günstigen Fälle}}{\text{Zahl der möglichen Fälle}}.$$

Dieser auf Pierre Simon de Laplace zurückgehende Wahrscheinlichkeitsbegriff setzt voraus, daß die Ereignisse gleichwahrscheinlich sind. Das ist jedoch bei zahlreichen Problemen nicht vorauszusetzen. Der auf Alexander N. Kolmogorov zurückgehende statistische Wahrscheinlichkeitsbegriff setzt demgegenüber ausgehend vom Gesetz der großen Zahlen voraus, daß sich die relative Häufigkeit eines Ereignisses mit wachsender Zahl der Fälle ergibt, die dieses Ereignis herbeiführen können. Die Wahrscheinlichkeit eines Ereignisses gilt danach also als eine theoretische Größe, für die als empirisch ermittelbarer Schätzwert die relative Häufigkeit eingesetzt wird. Die beiden grundlegenden Theoreme der Wahrscheinlichkeitstheorie sind der Additionssatz und der Multiplikationssatz. Das Additionstheorem besagt, daß die Wahrscheinlichkeit des Eintretens von mindestens einem von zwei oder mehreren, einander ausschließenden (unabhängigen) Ereignissen gleich der Summe der Einzelwahrscheinlichkeiten ist, also $\Pr(A + B) = \Pr(A) + \Pr(B)$. Sind A und B beliebige Ereignisse so gilt $\Pr(A + B) = \Pr(A) + \Pr(B)$ + Pr(B) Pr(A).
Das Multiplikationstheorem besagt
1. daß die Wahrscheinlichkeit für das gleichzeitige Eintreten von zwei stochastisch unabhängigen Ereignissen gleich dem Produkt der Einzelwahrscheinlichkeiten ist, also $\Pr(AB) = \Pr(A) \Pr(B)$ und
2. daß für den Fall des Nichtvorliegens stochastischer Unabhängigkeit $\Pr(AB) = \Pr(A) \Pr(B|A)$ gilt. Sowohl der Additions- wie der Multiplikationssatz haben in der Wahrscheinlichkeitstheorie den Charakter von Axiomen oder Definitionen. Die Wahrscheinlichkeit ist die Grundlage der Wahrscheinlichkeitsverteilungen und der Inferenzstatistik.

probability distribution: Wahrscheinlichkeitsverteilung *f*
probability of loss: Schadenswahrscheinlichkeit *f*
probability range: Wahrscheinlichkeitsstreuung *f*
probability sample: Wahrscheinlichkeitsauswahl *f*
probability theory: Wahrscheinlichkeitsrechnung *f*, Wahrscheinlichkeitstheorie *f*
→ probability
probable: wahrscheinlich
probate: gerichtliche Bestätigung *f* eines Testaments *n*, Beweis *m*, Erblegitimation *f*
probate court: Nachlaßgericht *n*
probate duty: Erbschaftssteuer *f*
probate judge: Nachlaßrichter *m*
probate of will: Testamentseröffnung *f*
probate ratification: Bestätigung *f*
probation: Bewährungsfrist *f*
probation time: Probezeit *f*
probationary rate: Lohnsatz *m* während der Probezeit
probationary time: Bewährungsfrist *f*, Probezeit *f*
probe: nachprüfen, Nachprüfung *f*, Sonde *f*, sondieren
probing: Sondierung *f*
problem: Problem *n*
Probleme ergeben sich, wenn bestimmte Ziele angestrebt werden, die Wege zum Erreichen der Ziele aber unbekannt oder durch Barrieren blockiert sind. Das Problem besteht darin, Mittel und Wege zu finden, um eine gegebene, als unerwünscht erachtete Situation (S_0) in eine erwünschte Situation (S_1) zu überführen. Ein Problem ist durch folgende drei Komponenten gekennzeichnet:
1. ein unerwünschter Ausgangszustand S_0
2. ein erwünschter Endzustand S_1
3. Barrieren, die die Transformation von S_0 in S_1 im Moment verhindern.
Je nach Art der Barrieren lassen sich unterschiedliche Problemtypen unterscheiden:
• Interpolationsproblem
• Syntheseproblem
• dialektisches Problem.
Nach D. Dörner gilt: „Wenn man in einer Problemsituation weiß, was man will und auch die Mittel kennt, mit denen der angestrebte Zielzustand erreichbar ist, dann liegt das Problem in der richtigen Kombination der Mittel. Man hat eine Interpolationsbarriere vor sich. Weiß man was man will, kennt aber die Mittel nicht, so hat man eine Synthesebarriere, und weiß man gar nicht, was man eigentlich genau will, so hat man eine dialektische Barriere."
Solche Problemtypen sind nicht objektiv zu definieren, sondern nur in Abhängigkeit vom jeweiligen Problemlöser. Was für den einen ein Syntheseproblem ist, mag für den anderen lediglich ein Interpolationsproblem sein.
Den Endzustand, der durch die Anwendung einer Informationsverarbeitungsmethode erreicht werden soll, bezeichnet man als Problemlösung. Problemlösen besteht darin, die Kluft zwischen der bestehenden und der erstrebten Situation zu überbrücken. Sind als Problemlösung bestimmte Aktivitäten ausgewählt und durchgeführt worden, und stellt es sich heraus, daß dabei (S_1) nicht erreicht wurde, sondern z.B. (S_2), so treten neue Probleme auf. Bei der Lösung dieser Probleme, die durch Soll-Ist-Vergleiche festgestellt werden, richten sich die Aktivitäten darauf, die Abweichung zu beseitigen.
Ein Aspekt von Problemen, der sich als Unsicherheitsfaktor äußert, ist die Zeitdimension. Problemsituationen weisen einen Vergangenheits- (z.B. Ursachen), Gegenwarts- (z.B. Wahrnehmung einer Störung) und Zukunftsbezug (z.B. Prognose der Auswirkungen) auf, wobei sowohl Analyse- wie Prognose-Unsicherheiten auftreten.
Ferner sind Probleme durch ihre Mehrdimensionalität gekennzeichnet. Bei Problemen spielen z.B. soziale, psychologische, technische oder politische Dimensionen als Komponenten der Problemsituation eine Rolle. Folglich sollten bei Problemlösungsaktivitäten Erkenntnisse all jener wissenschaftlichen Disziplinen herangezogen werden, die sich mit der jeweiligen Dimension befassen.
Die Tatsache, daß sich fast alle realen Probleme in mehr oder weniger kleine Teilprobleme bis hin zu Elementarproblemen aufspalten lassen, hat zur Formulierung einer Vielzahl von Phasengliederungen des Problemlösungsprozesses geführt.
Unter einem Problemlösungsprozeß wird die Abwicklung sämtlicher Aktivitäten verstanden, die vom Entstehen eines Problems bis zu dessen Lösung durchgeführt werden.
Alle Aktivitäten des Problemlösungsprozesses haben gemeinsam, daß sie einen Vorgang darstellen, der aus dem Verarbeiten von Informationen besteht. Jede Problemlösungsaktivität bedeutet Finden und Auswerten von Informationen.
Von den beteiligten Personen hängt es ab, ob sie Problemorientierung zeigen, dadurch Probleme wahrnehmen und einen Lösungsprozeß einleiten. Diese Aktivität enthält als wesentliche kognitive Komponente das Bewußtwerden eines Problems. Probleme, für deren Lösung sichere, eindeutige und zwingend zum Ziel führende Lösungen zur Verfügung stehen oder allgemein bekannt sind, bezeichnet man gemeinhin als Routine-Probleme oder als wohlstrukturierte Probleme. Sinnvoller wäre es, von Aufgaben zu sprechen; denn es handelt sich im engeren Sinne gar nicht um Probleme. Probleme, die man alleine mit logischen Mitteln nicht bewältigen kann, und bei denen sich aus der Problemsituation selbst keine eindeutigen Schlüsse ziehen lassen, die zur optimalen Lösung führen würden, bezeichnet man als schlechtstrukturierte Probleme. Ihre Lösung erfordert neue Ant-

worten, die dem Bearbeiter eine originäre, schöpferische Lösungsfähigkeit abverlangen. Sie können nicht ausschließlich mit Routine und Logik oder Intelligenz gelöst werden. Zu dieser Kategorie zählen alle Innovationsprobleme. Die Struktureigenschaften von Innovationsproblemen setzen dem lediglich auf formaler Intelligenz beruhenden Denken klare Grenzen und verlangen Kreativität von einem Problemlöser.

problem employee: nicht anpassungsfähiger Mitarbeiter *m*

problem of outcomes: Konsequenzenproblem *n*
Im Bereich der Problemlösung lassen sich je nach der gedanklichen Anforderungsqualität, die ein Problem stellen kann, fünf Problemtypen abgrenzen. Konsequenzprobleme sind durch die logische Befolgung erkannter Gesetzmäßigkeiten im Problemlösungsprozeß charakterisiert. Es handelt sich bei ihnen um wohlstrukturierte Probleme, die deshalb mit Methoden der Ideenfindung nicht sinnvoll gelöst werden können.

problem-oriented language: problemorientierte Programmiersprache *f (EDV)*

problem solver: Problemlöser *m*
In seiner Managertypologie hat H. Mintzberg die Management-Tätigkeiten als Ausdruck der Erfüllung von zehn Rollen im Sinne generalisierter Verhaltenserwartungen interpretiert, die er als Kern jeder Managementaufgabe begreift. Der Manager als Problemlöser bezeichnet darin die Managementaufgabe der Schlichtung von Konflikten und der Beseitigung unerwarteter Probleme und Störungen, die zur Handlung zwingen.

problem solving: Problemlösung *f*, Problemlösen *n*

problem solving tree: Problemlösungsbaum *m*
Ein systemanalytisches Verfahren der Ideenfindung, das alle sich zu einer Fragestellung anbietenden Alternativen erfaßt und in geordneter Form darstellt. Das Verfahren ähnelt der morphologischen Analyse. Typisch für das äußere Erscheinungsbild der Methode ist die sich hierarchisch verästelnde Struktur, bei der jede Verästelung unter einem bestimmten Gesichtspunkt erfolgt, d.h. nach einem bestimmten Kriterium zur Differenzierung des untersuchten Bereichs.
Dabei versucht man, zunächst Unterscheidungskriterien anzuwenden, die eine elementare, grundlegende Aufgliederung bewirken. Erst in späteren Folgeverästelungen wählt man solche, die weniger entscheidende Unterschiede zwischen den Alternativen beschreiben.
Eine Aussage darüber, welche Gliederungskriterien wichtig und welche weniger wichtig sind, ergibt sich erst aus den besonderen Bedingungen des Anwendungsfalls. Bei der Ausarbeitung vieler Problemlösungsbäume läßt sich jedoch die hierarchische Über- oder Unterordnung der Gliederungskriterien nicht eindeutig definieren. Die Abbildung auf Seite 606 zeigt das Aufbauprinzip eines Problemlösungsbaums.
Problemlösungsbäume lassen sich auch mit einem Bewertungsverfahren koppeln. In diesem Falle werden den einzelnen Verzweigungen Werte zugeordnet, z.B. im Hinblick auf die Bedarfshäufigkeit einer Alternative, ihre technische Realisierbarkeit oder Realisierungsproblematik, ihre Wirtschaftlichkeit etc. Mit integriertem Bewertungsverfahren findet man für die Methode die Bezeichnung Relevanz-Baum.

procedural review: Organisationsprüfung *f* mit Schwerpunkt *m* auf der internen Kontrolle

procedure: Verfahren *n*, Verfahrensweise *f*, Prozedur *f*, Vorgang *m*, Methode *f*, gerichtliches Verfahren *n*

procedure short-cut: Verfahrensvereinfachung *f*

procedure simplification: Verfahrensvereinfachung *f*

procedures manual: Arbeitsanweisungshandbuch *n*, Verfahrenshandbuch *n*

proceed: fortfahren, verfahren, vorgehen

proceed against: belangen

proceeding: Prozeß *m*, Verfahren *n* (gerichtlich), Verhandlung *f*, Vorgang *m*

proceedings *pl*: Akten *f/pl*, Sitzungsbericht *m*

proceedings *pl* **in bankruptcy:** Konkursverfahren *n*

proceeds *pl*: Erlös *m*, Ertrag *m*

process: aufbereiten, bearbeiten, Operationsfolgen *f/pl (EDV)*, Prozeß *m* (Verfahren), verarbeiten, Verfahren *n* (gerichtlich)

process account: Fabrikationskonto *n*

process chart: Arbeitsablaufbogen *m*, Arbeitsablaufdiagramm *n*, Durchlaufdiagramm *n*

process chart symbol: Arbeitsablaufsymbol *n*

process control: Prozeßsteuerung *f*, Prozeßkontrolle *f*, laufende Kontrolle *f*
Bei Kontrollzyklen unterscheidet man laufende Kontrollen, bei denen ständig alle Abweichungen vom Zielwert auf Kontrolldaten gespeichert und in Form von Überwachungsprotokollen zur Verfügung gestellt werden, und periodische Kontrollen, die kalendarisch erfolgen, z.B. als monatliche, vierteljährliche und jährliche Kontrolle von Ergebnissen.

process cost accounting: Kostenrechnung *f* für Massenfertigung *f*

process cost system: Kostenrechnung *f* für Serien- oder Massenfertigung *f*

process costing: Kostenrechnung *f* für Serien- oder Massenfertigung *f*

process engineer

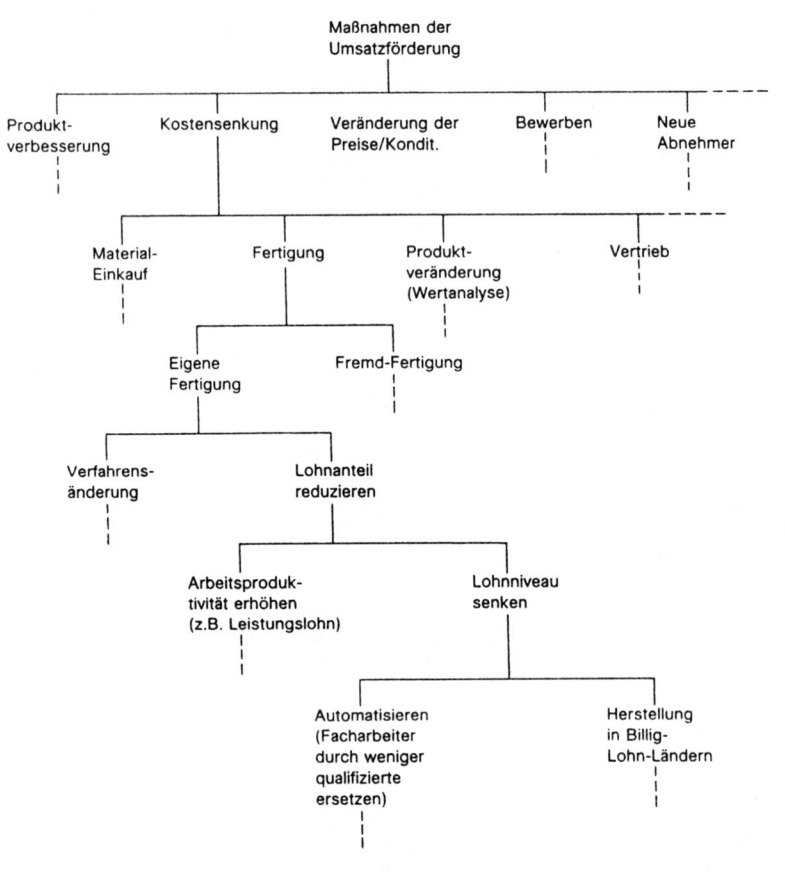

```
                    Maßnahmen der
                    Umsatzförderung
    ┌──────┬────────────┼──────────────┬──────────┬─────────┐
 Produkt-  Kostensenkung  Veränderung der  Bewerben   Neue
 verbesserung             Preise/Kondit.              Abnehmer
           │
    ┌──────┼──────────────┬──────────────┐
 Material-  Fertigung   Produkt-        Vertrieb
 Einkauf                veränderung
                        (Wertanalyse)
            │
      ┌─────┴──────┐
   Eigene        Fremd-Fertigung
   Fertigung
      │
  ┌───┴──────────┐
 Verfahrens-   Lohnanteil
 änderung      reduzieren
                   │
           ┌───────┴────────┐
      Arbeitsproduk-    Lohnniveau
      tivität erhöhen    senken
      (z.B. Leistungslohn)
                              │
                      ┌───────┴────────┐
                 Automatisieren     Herstellung
                 (Facharbeiter      in Billig-
                 durch weniger      Lohn-Ländern
                 qualifizierte
                 ersetzen)
```

process engineer: Arbeitsmethodeningenieur *m*
process engineering: Verfahrenstechnik *f*
process layout: Betriebsanlage *f* nach Arbeitsfolgenprinzip *n*, Betriebsanlage *f* nach Werkstattprinzip *n*, Betriebsanlage nach Gruppenprinzip *n*
process organization: Ablauforganisation *f*, Prozeßorganisation *f*
Die Struktur einer Organisation, auf eine Folge miteinander zusammenhängender, auf ein gemeinsames Endergebnis ausgerichteter Entscheidungen und Handlungen aufbaut.
process planning: Ablaufplanung *f*, Prozeßplanung *f*
Eine Grundform der Unternehmensorganisation, die sich in erster Linie mit der organisatorischen Gestaltung des Ablaufs einzelner Arbeitsprozesse in der Unternehmensorganisation beschäftigt, d.h. mit dem Vollzug aller Aufgaben im Unternehmen. Die Zweiteilung von Zustands- bzw. Beziehungsstrukturen (Aufbauorganisation) auf der einen und Prozeßstrukturen (Ablauforganisation) auf der anderen Seite spielt in der betriebswirtschaftlichen Organisationslehre traditionell eine große Rolle. „Der Aufbau stellt den statischen Teil der Organisation dar, wogegen bei der Ablauforganisation Raum und insbesondere die Zeit eine Rolle spielen, so daß sich diese als dynamischer Anteil bezeichnen läßt" (M. Gaitanides)
Die Ablauforganisation hat im wesentlichen folgende Aufgaben:
• Ordnung der Funktionsabläufe in und zwischen den Funktionsbereichen einschließlich ihrer Voraussetzungen und Auswirkungen.
• Schaffung benötigter Planungs-, Steuerungs-, Dispositions- und Kontrollsysteme und Regelung der Entscheidungsbefugnisse zur Ordnung des Betriebsgeschehens einschließlich der zugehörigen Unterlagen, Informationsflüsse und Regelsysteme.
• Einsatz der geeignetsten und rationellsten technischen Hilfsmittel hierfür.
Die Ablauforganisation geht von der durch die Funktionsorganisation festgelegten Unternehmensstruktur aus und regelt die Vorgänge, die sich in und zwischen den Funktionsbereichen abspielen. Insofern hat die Funktionsgliederung grundlegende Bedeutung für die Ordnung des Betriebsge-

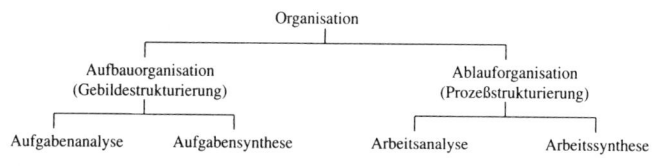

procurement policy

```
                        Organisation
         ┌──────────────────┴──────────────────┐
   Aufbauorganisation                   Ablauforganisation
   (Gebildestrukturierung)              (Prozeßstrukturierung)
    ┌─────────┴─────────┐                ┌─────────┴─────────┐
Aufgabenanalyse   Aufgabensynthese   Arbeitsanalyse   Arbeitssynthese
```

Der Ansatz der klassischen Organisationslehre

schehens. Stellen-, Instanzen- und Kommunikationsbeschreibungen regeln die Ablauforganisation. Die Wahl der richtigen Aufbauorganisation beeinflußt daher auch die Güte und Effektivität der Ablauforganisation.
Die Funktionsorganisation muß darüber hinaus so beschaffen sein, daß sie günstige formale Voraussetzungen für die Führung der Mitarbeiter zu optimaler Leistungsentfaltung bietet. Die Leistungsentfaltung wird maßgebend durch die Aufgabenteilung zwischen Vorgesetzten und Mitarbeitern und durch die Art ihres Zusammenwirkens bestimmt. Beides ist durch den Führungsstil bedingt. Die Funktionsorganisation muß deshalb Rücksicht nehmen auf den praktizierten oder angestrebten Führungsstil.
Eine erste Kritik der traditionellen Trennung von Aufbau- und Ablauforganisation formulierte 1968 Niklas Luhmann: „Unvermeidlich kommt es zu Widersprüchen, wenn man nach wie vor Aufbau- und Ablaufgestaltung je für sich aus dem Betriebszweck ableitet und erst nachträglich einen Kompromiß erstrebt. Das Dominieren des Aufgabenbegriffs führt zusammen mit der Trennung von Aufbau und Ablauf notwendig in dieses Dilemma. Deshalb gewinnt in Theorie und Praxis und nicht zuletzt unter dem Einfluß der zunehmenden Automation ein Organisationsdenken an Raum, das nicht von einem durch Zweckzerlegung gewonnenen Abteilungsschema ausgeht, sondern vom Arbeitsfluß, und das die Systemstruktur wie noch als einen Komplex von ‚Entscheidungsprämissen' behandelt, die den Arbeitsfluß ‚programmieren.'" Gegen die klassische Unterscheidung zwischen Aufbau- und Ablauforganisation wird ferner vielfach eingewendet, sie sei lediglich gedanklich zu leisten und folglich von geringem Nutzen für die praktische Organisationsarbeit.

process style: Verfahrensstil *m*, 1.1-Stil *m*
Ein Führungsstil, der durch eine unterdurchschnittlicher Beziehungs- und Aufgabenorientierung charakterisiert ist. Er entspricht dem 1.1-Stil beim Verhaltensgitter.

process theory: Prozeßtheorie *f*
Prozeßtheorien der Motivation versuchen, formal den Prozeß der Entstehung, Ausrichtung und Energieladung von Verhaltensweisen zu erklären. Sie führen dazu Variablenklassen relativ hohen Allgemeinheitsgrads (Belohnung, Anreiz, Trieb etc.) ein und zeigen, wie durch das Zusammenwirken der Variablen Motivation entsteht.
Im Gegensatz dazu beschäftigen sich inhaltliche Theorien mit konkreten Motiven (z.B. Bedürfnis nach Sicherheit, Anerkennung, gerechter Entlohnung), die das Verhalten eines Indiviuums bestimmen. Inhaltliche Theorien wollen zeigen, welche tieferliegenden Motive Menschen bewegen, und stellen den Bezug zu organisatorischen Aktivitäten her. Sie beantworten in direkterer Art und Weise, wie eine Organisation oder ein Vorgesetzter positiv „motivieren" kann.

process time: Bearbeitungszeit *f*
processed: bearbeitet, verarbeitet
processing: Arbeitsablauf *m*, Aufbereitung *f*, Bearbeitung *f*, Verarbeitung *f*
processing cost: Fertigungskosten *pl*, Verarbeitungskosten *pl*
processing mark-on: Bearbeitungsaufschlag *m*, Verarbeitungsaufschlag *m*
processing master card: ArbeitsablaufMatrizenkarte *f (EDV)*
processing plant: Bearbeitungsbetrieb *m*, Verarbeitungsbetrieb *m*
processing time: Durchlaufzeit *f (EDV)*
proclaim: bekanntmachen, verkünden, öffentlich verkünden
proclamation: Aufruf *m* (öffentlicher), Bekanntmachung *f*, öffentliche Verkündigung *f*
procura payment: das Inkasso *n* ausüben
procuration: Prokura *f*
procurator: Bevollmächtigter *m*, Prokurist *m*
procure: anschaffen, beschaffen
procure payment: das Inkasso *n* ausüben
procurement: Beschaffung *f*, Einkauf *m*
Die Gesamtheit der betrieblichen Aktivitäten, deren Ziel es ist, einem Wirtschaftsunternehmen von seinen Beschaffungsmärkten Güter zu besorgen, die es benötigt, aber nicht selbst herstellt. Es handelt sich dabei um Güter, Dienstleistungen, Informationen, Geld und Personal, die für den reibungslosen Ablauf des Betriebs erforderlich sind. Mitunter wird der Begriff der Beschaffung nur auf die Bereitstellung der kontinuierlich benötigten Güter, Leistungen usw. wie Werk-, Hilfs- und Betriebsstoffe angewandt und für die einmalige Beschaffung von Anlagen der Begriff Anschaffung verwendet. Im weiteren Sinne ist Beschaffung neben dem Absatz eine der zwei Grundfunktionen, durch die ein Unternehmen mit den ihm vor- bzw. nachgelagerten Märkten verbunden ist.

procurement policy: Beschaffungspolitik *f*, Einkaufspolitik *f*

produce: erzeugen, landwirtschaftliches Erzeugnis *n*, herstellen, produzieren, vorzeigen
produce evidence: beibringen (von Beweisen), Beweis *m* antreten
produce market: Agrarwarenmarkt *m*, Markt *m* für Agrarerzeugnisse, Warenmarkt *m*
producer: Hersteller *m*, Produzent *m*
producer advertising: Herstellerwerbung *f*
producer cooperative: landwirtschaftliche Absatzgenossenschaft *f*, Produktionsgenossenschaft *f*, Produktivgenossenschaft *f*
Als Genossenschaften bezeichnet man Gesellschaften von nicht geschlossener Mitgliederzahl, welche die Förderung des Erwerbs oder der Wirtschaft ihrer Mitglieder mittels gemeinschaftlichen Geschäftsbetriebs bezwecken.
Historisch entwickelte sich die Idee der Produktivgenossenschaften als eine Utopie der französischen Frühsozialisten Buchez und Blanc, die jedoch erst wirtschaftliche Bedeutung durch eine Reihe von Experimenten mit produktivgenossenschaftlichem Charakter erlangte. 1831 entstand in Paris die erste Tischler-Produktivgenossenschaft. In Deutschland setzte sich vor allem der Liberale Hermann Schulze-Delitzsch (1808-1883) für ein genossenschaftliches System ein. Der Sozialist Ferdinand Lassalle betonte die Bedeutung, die das Identitätsprinzip bei Produktivgenossenschaft hat, d.h. die Arbeiter in einem Betrieb sind dessen Eigentümer und umgekehrt die Eigentümer gleichzeitig auch die Arbeiter. Kapital und Arbeit sind damit in einer Person vereint. Es besteht Rollenidentität.
Während für andere Unternehmen die Kapitalverwertung im Vordergrund steht, gilt für Produktivgenossenschaften das Förderungsprinzip, d.h. ausschlaggebend sind die Bedürfnisse und Interessen der dort arbeitenden Genossen. Menschengerechte Arbeitsbedingungen, sinnvolle Arbeitsinhalte sowie solidarische Interaktionsformen haben einen übergeordneten Stellenwert. Seine spezielle Ausformung erhält das Förderungsprinzip durch das Demokratiepostulat. Indem jedes Genossenschaftsmitglied unabhängig von der Höhe seiner Kapitaleinlage, nur eine Stimme hat, sind die Chancen, individuelle Bedürfnisse einzubringen, gleich verteilt.
Ein kritischer theoretischer Beitrag über Produktivgenossenschaften kam von dem Soziologen Franz Oppenheimer in seiner Schrift „Die Siedlungsgenossenschaft" (1896). Darin formulierte er sein Transformationsgesetz, das besagt, Produktivgenossenschaften könnten auf Dauer nicht existieren. Sie müßten entweder scheitern oder sich zu „normalen" Unternehmen umwandeln. Auf betrieblicher Ebene erklärt er dies über den Mangel an Kapital, Absatz und Disziplin. Auf gesamtwirtschaftlicher Ebene betont er, daß Produktivgenossenschaften als sogenannte Verkäufergenossenschaften mit anderen Betrieben im Wettbewerb stehen. Sie unterliegen damit letztlich dem Zwang, gegen andere Verkäufergenossenschaften, die auf dem gleichen Markt anbieten, zur Sicherung der eigenen Existenz zu konkurrieren. Da sie jedoch das bestehende Wirtschaftssystem nicht aufheben können, bleibt ihnen nur übrig, sich ihm anzupassen. Dies geschieht z.B. durch Anstellung von Lohnarbeitern, die nicht als vollwertige Mitglieder in die Genossenschaft aufgenommen werden. Dadurch erhalten Produktivgenossenschaften die Möglichkeit, bei Absatzschwierigkeiten Arbeiter zu entlassen. Ihre Nichtbeteiligung am Gewinn verbessert die Möglichkeit einer existenzabsichernden Kapitalakkumulation. Aufgrund dieses Zwangs zur Transformation sind Produktivgenossenschaften zur Lösung der sozialen Frage, also für die ihnen ursprünglich zugedachte Aufgabe, ungeeignet.
Ihren Höhepunkt erreichte die Produktivgenossenschaftsbewegung in den frühen 1920er Jahren. Laut offiziellen Zahlen der Genossenschaftsverbände gab es damals in Deutschland ungefähr 500 Produktivgenossenschaften. Inoffizielle Statistiken nannten sogar 1159 Betriebe dieser Art allein im gewerblichen Bereich.
producer goods *pl*: Produktionsgüter *n/pl*
Produktionsgüter sind gewerbliche Verbrauchsgüter d.h. solche Produktivgüter, die anders als die Investitionsgüter beim Produktionsprozeß verbraucht werden, indem sie unverändert, bearbeitet oder verarbeitet zur Herstellung von anderen Gütern verwendet werden und in diese direkt oder indirekt eingehen (Rohstoffe, Vorprodukte Einbauteile oder Einbauaggregate) oder zu deren Produktion verbraucht werden (Hilfsstoffe, Betriebsstoffe, Schmierstoffe wie z.B. Heizöl, Kohle, elektrische Energie).
producers' behavior: Produzentenverhalten *n*
producers' cooperative: Produktionsgenossenschaft *f*
producers' price: Erzeugerpreis *m*
Der Preis, zu dem ein Erzeuger der Land- und Ernährungswirtschaft eines seiner Erzeugnisse weiterverkauft.
producer's risk: Produzentenrisiko *f*
In der Operationscharakteristik wird bei Verfahren der statistischen Qualitätskontrolle das Risiko eines Herstellers, daß ein Los durch einen Auswahlplan zurückgewiesen wird, obwohl es den Anforderungen entspricht. In der statistischen Hypothesenprüfung ist das Produzentenrisiko also nichts anderes als die Wahrscheinlichkeit der Zurückweisung einer zutreffenden Hypothese, Fehler 1. Art, in der Operationscharakteristik also der oberhalb der OC-Kurve gelegene Bereich.
producer's surplus: Produzentenrente *f*
Der nach Alfred Marshall im Gegensatz zum rein psychologischen Gewinn der Konsumentenrente aus dem Umstand resultierende Gewinn, daß einige Anbieter bereit wären, ein Gut auch zu einem

product differentiation

unter dem Gleichgewichtspreis liegenden Preis anzubieten, weil sie geringere Kosten haben:

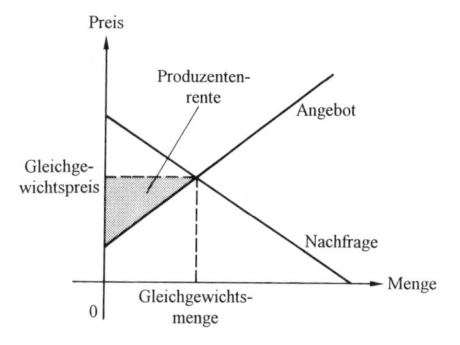

[Diagramm: Preis-Mengen-Diagramm mit Angebots- und Nachfragekurven, Gleichgewichtspreis, Gleichgewichtsmenge und Produzentenrente]

product: Produkt *n*, Erzeugnis *n*, Fabrikat *n*
Nach der Definition von Franz Böcker/Lutz Thomas ist ein Produkt „eine Objektmenge ..., die zur Befriedigung eines bestimmten Bedarfs bzw. Bedürfnisses geeignet ist". In absatzwirtschaftlicher Sicht definieren dieselben Autoren ein Produkt als „eine absatzwirtschaftliche Leistung ..., deren Beurteilung anhand von Nutzenerwartungen vorgenommen wird". Das Produkt ist durch das komplette kundenspezifische Leistungsangebot eines Unternehmens und damit durch eine Kombination von Hardware, Software und Serviceleistung charakterisiert.
product advertising: Erzeugniswerbung *f*, Produktwerbung *f*
product competition: Warenwettbewerb *m*, Wettbewerb *m* von Erzeugnissen *n/pl*
product cost: Erzeugniskosten *pl*, Erzeugnisstückkosten *pl*
Die Kosten der Erstellung einer betrieblichen Leistungseinheit. In der Preis- bzw. Kostenpolitik lassen sich niedrige Stückkosten vor allem durch eine kostenorientierte Standardisierung von Produkten, hohe Stückzahlen und die Rationalisierung und Automatisierung von Produktionsprozessen erreichen. Mit steigendem Marktanteil bzw. steigender Absatzmenge sinken die Stückkosten im Sinne der Erfahrungskurve.
Die langfristige Preisuntergrenze für ein Produkt wird durch einen Preis charakterisiert, der gerade noch die gesamten Stückkosten dieses Produkts deckt. Dabei ist der Gewinn gleich Null. Diese Festlegung resultiert aus der Überlegung, daß ein Unternehmen in marktwirtschaftlichen Ordnungen auf Dauer nur überleben kann, wenn für ein bestimmtes Produkt, zumindest jedoch für das gesamte Produktionsprogramm, vollkostendeckende Preise erzielbar sind. Diese Preisuntergrenze stellt somit einen unteren Schwellenwert dar, der langfristig unter gar keinen Umständen unterschritten werden darf.
„Im marktwirtschaftlichen System hat ein Unternehmen auf die Dauer nur dann eine Existenzberechtigung, wenn die am Markt erzielbaren Preise die Produktions- und Verkaufskosten decken. Wird eine Vollkostendeckung nicht bei jedem Umsatzakt erzielt, so müssen in Kauf genommene Teilkostendeckungen auf lange Sicht durch anderweitige oder zu anderer Zeit erzielte Gewinne ausgeglichen werden" (Heribert Meffert).
product cost card: Stückkalkulationskarte *f*, Vorkalkulationskarte *f*
product costing: Bewertung *f* selbsthergestellter Erzeugnisse *n/pl* zu Kosten *pl*, Ermittlung *f* der Erzeugniskosten *pl*, kalkulieren zu Kosten *pl*
product development: Produktentwicklung *f*
Der Prozeß der planmäßigen Verbesserung und Modernisierung bestehender sowie der systematischen Konzipierung und Herstellung neuer Produkte innerhalb eines Wirtschaftsunternehmens. Es handelt sich um den unmittelbaren Umsetzungsprozeß, der sich an die Phase der Entwicklung von Produktideen und die Phase der Produktbewertung (Screening-Phase) anschließt und die Entwicklung von Produktkonzeptionen, Produktbeschreibungen und Prototypen beinhaltet. Ihr schließt sich die Testphase mit Produkttests und schließlich die Phase der Einführung neuer Produkte (Markteinführung) an.
product differentiation: Produktdifferenzierung *f*, Erzeugnis-Differenzierung *f*
In der Produktpolitik steht einem Wirtschaftsunternehmen neben der Politik der Produktvariation und der Produktelimination unter den Möglichkeiten der Produktinnovation, Innovation, entweder die Möglichkeit der Diversifikation oder der Produktdifferenzierung zur Verfügung.
Ebenso wie die Politik der Preisdifferenzierung ist die Produktdifferenzierung eine Strategie der Marktspaltung. Sie besteht in der Veränderung von Einzelmerkmalen eines Produkts wie z.B. seiner Konstruktion, seines Design, seiner Verpackung, seiner Aufmachung oder Ausstattung, seiner Qualität oder auch seiner Werbung mit dem Ziel, das aufgrund dieser Veränderungen entstehende neue Produkt sowohl von dem bis vor Eintritt dieser Veränderungen bestehenden Produkt wie auch von anderen Produkten klar abzuheben. Aus diesem Grund erscheint es auch gerechtfertigt, die Politik der Preisdifferenzierung als einen Teilbereich der Produktinnovation und weniger der Produktvariation aufzufassen. Es läßt sich generell zwischen stofflich-technischer Differenzierung auf der einen und psychologischer (emotionaler) Differenzierung auf der anderen Seite unterscheiden, wobei unter letzterer „die Profilierung eines Produkts mit Hilfe der Werbung, gestützt auf kleinere Modifikationen hinsichtlich Formgebung, Farbe, Finish" (R. Nieschlag/E. Dichtl/H. Hörschgen) zu verstehen ist, bei der der Produktkern erhalten bleibt.
In aller Regel vollzieht sich die Produktdifferenzierung vorwiegend im stofflich-technischen Bereich,

product elimination

Einflußbereiche	A Relatives Gewicht	B Produktwirkungskoeffizienten 0,0 0,1 0,2 0,3 0,4 0,5 0,6 0,7 0,8 0,9 1,0	A × B Wert- zahlen
Eigenart und Ruf des Unternehmens	0,20	x (bei 0,6)	0,120
Marketing	0,20	x (bei 0,9)	0,180
Forschung und Entwicklung	0,20	x (bei 0,7)	0,140
Personal	0,15	x	0,900
Finanzen	0,10		0,090
Produktion	0,05	x	0,040
Standort u. Ausrüstung	0,05	x	0,015
Einkauf u. Belieferung	0,05	x	0,045
	1,00		0,720

Quelle: E. E. Scheuing, Das Marketing neuer Produkte, Wiesbaden 1977, S. 122
Bewertungsskala: 0,00 bis 0,40 schlecht
0,41 bis 0,75 mittel
0,76 bis 1,00 gut

d.h. es handelt sich vor allem um Variationen des Materials und der technischen Funktion.
Im Rahmen der Produktpolitik ergibt sich für ein Wirtschaftsunternehmen neben der Politik der Innovation (Produktinnovation) und der Produktvariation die Möglichkeit des völligen Verzichts auf die Herstellung und Distribution bisheriger Einzelprodukte, Produktvarianten oder Produktlinien. Dabei ist es eine einigermaßen müßige Frage, ob man die Herausnahme bereits existierender Produkte, Produktvarianten oder -gruppen allein oder darüber hinaus auch die bewußte Unterlassung von notwendigen oder wünschenswerten Produktvariationen als Produktelimination auffaßt. Im Normalfall sind es Rationalisierungsbestrebungen in der Folge von Rentabilitäts- und Strukturanalysen, die zur Elimination von Produkten oder Produktlinien, zur Bereinigung des Produktangebots eines Unternehmens führen.

product elimination: Produktelimination *f*, Produkte-Elimininierung *f*

product engineering: Fertigungsreifmachen *n* des Erzeugnisses

product evaluation: Produktbewertung *f*
Während es in der Phase der Entwicklung von neuen Produktideen z.B. unter Einsatz von Kreativitätstechniken bei absichtlicher Ausschaltung von Machbarkeits- und Wirtschaftlichkeitserwägungen vorerst vorwiegend um die Sammlung der ganzen Bandbreite aller nur denkbaren Ideen und Konzeptionen geht, kommt es im nächsten Schritt der Produktbewertung darauf an, diejenigen Konzeptionen und Ideen herauszukristallisieren; die mit den Möglichkeiten und Zielen des Wirtschaftsunternehmens in Übereinklang stehen, technisch und finanziell machbar sind und am Markt erfolgreich zu sein versprechen.

Zur Bewertung von Produkten bzw. Produktideen in der Auswahlphase dienen dabei vor allen Dingen die folgenden vier Verfahren:
1. Das Prüflistenverfahren;
2. Die Produktbewertungsmatrix;
3. Das Wertskala-Verfahren;
4. Das Punktwertesystem (Punktbewertungsverfahren, Scoring-Modell).

product evaluation matrix: Produktbewertungsmatrix *f*
Eine Form der Produktbewertung, die versucht, mögliche Wirkungen der Ausführung einer Produktidee auf relevante betriebliche Einflußbereiche quantitativ darzustellen, wobei die einzelnen Unternehmensbereiche entsprechend ihrer unterschiedlichen Bedeutung für den Gesamterfolg des Unternehmens gewichtet, Gewichtung, werden (Spalte A). Diesen Bereichsgewichten werden Produktwirkungskoeffizienten als Ausdruck der Vereinbarkeit einer Produktidee mit den Eigenarten der einzelnen Unternehmensbereiche gegenübergestellt (Spalte B) (siehe die Abbildung oben auf dieser Seite).

product family: Produktfamilie *f*, Erzeugnisfamilie *f*, Erzeugnisgruppe *f*, Gruppe *f* ähnlicher Erzeugnisse *n/pl*

product group: Produktgruppe *f*
Eine Anzahl von Produkten, die aufgrund von absatzrelevanten Kriterien wie z.B. dem Bestehen eines Bedarfszusammenhangs oder auch eines produktionstechnischen Zusammenhangs in einer engen Beziehung zueinander stehen und im Absatz miteinander verflochten sind. Dabei können die zur Produktfamilie zu rechnenden Einzelprodukte im Verhältnis zueinander Komplementärgüter oder Substitutionsgüter sein.

product improvement: Erzeugnisverbesserung *f*, Verbesserung *f* der Erzeugnisse *n/pl*

product innovation: Produktinnovation *f*
Im weitesten Sinne kann als innovativ alles Neue verstanden werden, ob es nun neue Gedanken, Theorien, Verfahren oder Produkte sind. In diesem Sinne definieren auch Everett M. Rogers und F. Floyd Shoemaker: „Eine Innovation ist eine Idee, eine Handlung oder ein Objekt, das von einem Individuum als neu wahrgenommen wird." B. Ghiselin formuliert demgegenüber die Anforderung, daß eine Produktinnovation „ohne Vorläufer ist. Jedes Produkt muß in allen seinen Bestandteilen neu sein."
Zwischen diesen beiden Extrempositionen bewegen sich die meisten der in der Fachliteratur anzutreffenden Definitionen. Nach Alfred Kieser ist von Produktinnovation dann zu sprechen, „wenn ein Unternehmen ein Produkt auf den Markt bringt, das bisher nicht im Produktionsprogramm dieses Unternehmens enthalten war; wird das betreffende oder ein ähnliches Produkt von der Konkurrenz bereits auf dem Markt angeboten, so ist zwar die Lösung einiger Teilprobleme der Produktinnovation für das Unternehmen einfacher, es müssen aber im Prinzip dieselben Phasen des Innovationsprozesses durchlaufen werden wie bei einer völligen Neuentwicklung."

product introduction: Produkteinführung *f*
Diejenige Phase im Produktlebenszyklus, die mit der Lancierung eines neuen Produkts beginnt und mit dem Erreichen der Gewinnschwelle endet. Es ist die Phase, die sich an das Stadium der Produktentwicklung und der Erprobung eines neuen Produkts, Produktbewertung, Produkttests, anschließt und der die Wachstumsphase, die Reifephase, die Phase der Marktsättigung, die Degenerationsphase und ggf. auch die Produktversteinerungsphase folgen.
Im Modell der Produktlebenszyklen ist die Einführungsphase durch wachsende Umsätze und negative Deckungsbeiträge charakterisiert, was – auch zusammen mit der Vorstellung, die Einführungsphase ende mit Erreichen der Gewinnschwelle – deutlich macht, daß es sich hierbei um ein der wirtschaftlichen Realität durchaus nicht immer entsprechendes Modell der erfolgreichen Einführung neuer Produkte handelt. In preispolitischer Hinsicht bieten sich verschiedene Alternativen der Gestaltung des Einführungspreises an.

product layout: Betriebsanlage *f* nach Werkstattprinzip *n* (Flußprinzip)

product leadership: Erzeugnisführerschaft *f*, Führung *f* in Qualität *f* und technischer Ausstattung *f* eines Erzeugnisses *n*

product life cycle: Produktlebenszyklus *m*
Der Vorstellung von Lebenszyklen für Produkte liegt die Erkenntnis zugrunde, daß alle Produkte ganz unabhängig von der Länge ihrer Gesamtlebensdauer bestimmte charakteristische Phasen durchlaufen, die in grober Analogie zum menschlichen Lebenszyklus aufgefaßt werden können: Sie werden geplant und gewissermaßen gezeugt (Produktplantung und -realisierung), geboren (Markteinführung), sie wachsen Wachstumsphase), reifen heran (Reifephase), werden alt (Sättigungsphase) und sterben (Degenerationsphase), manchmal sehr lange (Produktversteinerung). Die einzelnen Phasen des Produktlebenszyklus werden in der Literatur meist wie folgt gekennzeichnet:
1. *Einführungsphase*: Sie beginnt mit der Auslieferung des Produkts und endet mit dem Erreichen der Gewinnschwelle.
2. *Wachstumsphase*: Sie beginnt nach Erreichen der Gewinnschwelle und endet an dem Punkt, an dem die Grenzumsätze zu sinken beginnen.
3. *Reifephase*: Die Reifephase endet an dem Punkt, an dem die absoluten Umsatzzuwächse enden.
4. *Marktsättigung* (Sättigungsphase): In der Phase der Marktsättigung erreicht die Umsatzkurve ihr Maximum, die Grenzumsätze werden negativ.
5. *Degenerationsphase* (Rückgangsphase): Die Umsätze fallen stark ab, die Gewinnrate nähert sich Null.
6. *Produktversteinerung*: In dieser Phase verläuft die Absatzkurve fast parallel zur Abszisse.
Für ein Unternehmen bestehen vor allem die folgenden Ansatzpunkte, über die sie den Verlauf des Lebenszyklus und damit auch die Lebensdauer ihres Produkts zu beeinflussen vermögen:
„1. Verkürzung der Einführungsphase
2. Verlängerung der Anstiegsphasen (Wachstums- und Reifephase)
3. Streckung der Sättigungsphase
4. (a) Wiederbelebung oder (b) Abkürzung der Rückbildungsphase."(Axel Bänsch).

product line: Produktlinie *f*, Erzeugnisgruppe *f*
Eine Gruppe von Produkten, die aufgrund von absatzrelevanten Kriterien wie z.B. dem Bestehen eines Bedarfszusammenhangs oder auch eines produktionstechnischen Zusammenhangs in einer engen Beziehung zueinander stehen und im Absatz miteinander verflochten sind.
Produkte, zwischen denen relativ starke kosten- und/oder nachfragemäßige Interdependenzen bestehen, bilden *Produktlinien* im Produktionsprogramm eines Unternehmens. Bei der Preisstellung für jeden Artikel einer Produktlinie müssen diese Interdependenzen derart berücksichtigt werden, daß die Produktlinie insgesamt die Zielfunktion optimal erfüllt. Dieser Entscheidungsprozeß wird als Preislinienpolitik („price lining") bezeichnet.
Dabei können die zur Produktfamilie zu rechnenden Einzelprodukte im Verhältnis zueinander Komplementärgüter oder Substitutionsgüter sein.
Die meisten Unternehmen bieten nicht nur ein Produkt an. Ebenso wie beim Sortiment wird auch beim Produktprogramm je nach der Zahl der Produktlinien, die das Unternehmen anbietet, von der *Breite* und je nach der Zahl der in den einzelnen Produktlinien enthaltenen Artikel von der *Tiefe des*

product management

Produktionsprogramm ←——— Tiefe ———→

Produktlinie 1	1A	1B	1C	1D	
Produktlinie 2	2A	2B			
Produktlinie 3	3A	3B	3C	3D	3E
Produktlinie 4	4A	4B	4C		

Breite

Zahl der Produkteinheiten: 14
Zahl der Produktlinien: 4
Durchschnittliche Tiefe: 3,5

Produktprogramms gesprochen. Die Breite des Produktprogramms manifestiert sich in der Zahl der Produktgruppen (oder Produktlinien) innerhalb des gesamten Programms. Die Tiefe des Produktprogramms ergibt sich aus der Zahl der in den einzelnen Produktgruppen enthaltenen Artikel bzw. Artikelgruppen.

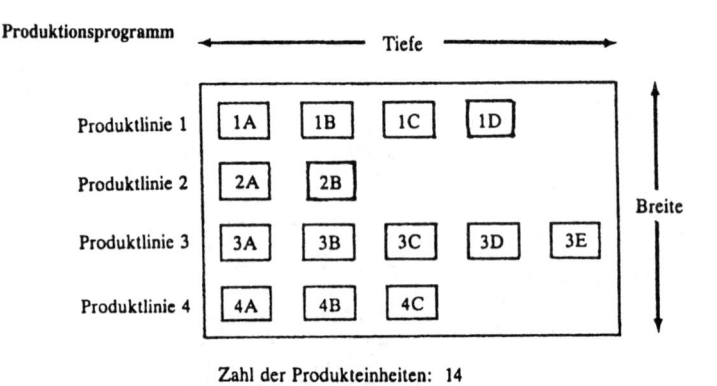

product management: Produktmanagement *n*, Produktmanager-System *n*, Integrationssystem *n*

Das Produktmanagement ist eine spezifische Form der Managementorganisation, die „eine besondere, organisatorisch institutionalisierte Form der produktbezogenen Steuerung und Koordination betrieblicher Aktivitäten durch Produktmanager" (Jürgen Wild) darstellt.

Das Produktmanagement ist eine dem Projektmanagement analoge Organisationsform. Während jedoch der Auftrag des Projektmanagers damit endet, daß er ein funktionsfähiges Produkt bereitstellt, hat der Produktmanager darüber hinaus auch die Aufgabe der Vermarktung und Sicherstellung der Profitabilität des Produkts zu erfüllen. Der Produktmanager hat eine Gewinnverantwortung (und ist in der Regel auch eine Gewinnbeteiligung). Der Produktmanager ist somit von der ersten Zielorientierung und technischen Realisationsplanung eines Produkts bis zu dessen Absatz und Erlössteuerung verantwortlich.

Das Produktmanagement ist produktorientiert, d.h. bei einer Vielzahl von Produkten oder Produktgruppen sind demnach innerhalb eines Unternehmens auch entsprechende Produktmanager verantwortlich. Dies erfordert einen hohen Koordinationsaufwand bezüglich der Nutzung der für die Erstellung und Vermarktung notwendigen Ressourcen. Daraus leitet sich eine Produktorganisation des Unternehmens ab, die zur Sparten- oder Profit-Center-Organisation führt: Das Profit-Center ist eine ergebnisverantwortliche Funktion im Unternehmen, die in sich wiederum alle „klassischen" Funktionen (z.B. Finanzen, Personal, Vertrieb) vereinigt. Im Extremfall besteht die Gesamtorganisation des Unternehmens aus einer Reihe von Profit-Centers, die insgesamt die Produktpalette des Unternehmens ergebnisorientiert entwickeln, produzieren und vertreiben. Eine solche Organisation ist immer dann erforderlich, wenn das Unternehmen sehr stark diversifiziert ist.

Bei diesem Organisationstypus sind die Produktmanager für die Koordinierung aller Funktionen und Aktivitäten von der Produktentwicklung bis zur Vermarktung eines Produkts bzw. einer Produktlinie (Produktgruppe) zuständig. Der Produktmanager fungiert also als das institutionalisierte Bindeglied zwischen dem Produktmarkt und den innerbetrieblichen Funktionsbereichen, wobei die Verantwortungen und Zuständigkeitsbereiche vorwiegend auf das Produkt bzw. die Produktlinie bezogen sind. Ziele der produktorientierten Steuerung und Koordination sind im einzelnen:

• die organisatorische Verwirklichung der Marketingkonzeption;

• die Sicherstellung einer marktgerechten Synthese funktionaler Teilleistungen und einer einheitlichen Marketingstrategie je Produkt bzw. Produktlinie (Integrationseffekt);

• die Verbesserung der Wirksamkeit der innerbetrieblichen Steuerung, Koordination und Kooperation über mehrere Funktionsbereiche hinweg (Steuerungs- und Koordinationseffekt);

• die Ermöglichung schnellerer und marktgerechter Produktinnovationen und sonstiger Innovationsimpulse (Innovationseffekt);

• die Schaffung eines betrieblichen Informationszentrums und die laufende Informationsversorgung über den Markt- und das Produkt bzw. die Produktlinie (Spezialisierungseffekt);

• und schließlich die Entlastung des Management (nach Jürgen Wild).

Der Produktmanager hat so vor allem die Aufgabe, die in reinen Liniensystemen überhaupt nicht vorgesehene horizontale Dimension der Organisation herzustellen und ihr ein Gewicht im Entscheidungsprozeß zu verleihen. Der Produktmanager „soll im Gegensatz zum Ressortdenken der Funk-

tionsmanager die Aufmerksamkeit allen für sein Produkt notwendigen Aktivitäten im Beschaffungs-, Absatz- und Funktionsbereich widmen. Als Produktspezialist und Funktionsgeneralist ist er die Informationszentrale für alle sein Produkt betreffenden Fragestellungen" (Heribert Meffert).
Das Produktmanagement-System wird ebenso wie das Stab-Linien-System zu den modifizierten Liniensystemen gerechnet. Varianten des Systems des Produktmanagement sind sowohl als Linienorganisation wie als Matrixorganisation möglich. Ist ein Produktmanager für eine ganze Produktlinie zuständig, so spricht man meist von Produktgruppenmanagement.

product-market combination: Produkt-Markt-Kombination f
Eine abgrenzbare Gruppe von Produkten, die auf einem bestimmten Markt abgesetzt werden. Der Begriff ist praktisch gleichbedeutend mit dem der strategischen Geschäftseinheit. Für diese Geschäftseinheit lassen sich im Rahmen des Gesamtunternehmens eigenständige Planungsüberlegungen anstellen.

product mix: Produkt-Mix m, Fertigungsmix m → product policy

product planning: Produktplanung f
Generell lassen sich beim Prozeß der Planung und Verwirklichung von neuen Produkten von der Ideenfindung bis zur Markteinführung die folgenden Phasen unterscheiden:
1. Die Entwicklung von Produktideen.
2. Die Überprüfung der Produktideen (Screening-Phase) in Form der Produktbewertung.
3. Die Wirtschaftlichkeitsanalyse der bewerteten Produktideen z.B. durch Ermittlung des Barwerts, des internen Zinsfußes oder der Gain-and-Loss-Analyse mit Hilfe der Deckungsbeitragsrechnung und der Break-Even-Analyse.
4. Die Produktentwicklung.
5. Die Testphase, in der Produkttests Storetests oder Markttests auf Testmärkten zur Prüfung der Akzeptanz der Neuprodukte durch die Konsumenten durchgeführt werden.
6. Schließlich die Phase der Markteinführung, Einführung neuer Produkte, Einführungsphase.

product policy (product mix): Produktpolitik f, Produkt-Mix n
Die Produktpolitik ist das eigentliche Herzstück des Marketing-Mix; denn der Güter und Dienstleistungen wegen, die von den Herstellern und Händlern angeboten werden, werden die übrigen Submixbereiche, das Distributions-Mix, das Kontrahierungs-Mix und das Kommunikations-Mix, überhaupt ins Spiel gebracht. Allerdings sind die Maßnahmen und Grundsätze der Produktpolitik nicht Selbstzweck, sondern müssen sich nach dem Marketingkonzept an den Unternehmenszielen und an den aus diesem abgeleiteten Marketingzielen orientieren.
Schwerpunkte des Produkt-Mix sind vor allem die Produktgestaltung und insbesondere die Produktqualität, die Gestaltung der Packung und die Namensgebung, Markenname, die Sortimentspolitik und der Kundendienst.

product positioning: Produktpositionierung f → Positionierung

product quality: Produktqualität f, Ausführung f, Erzeugnisqualität f
Die aktive und bewußte Gestaltung sowohl der stofflich-technischen wie der absatzwirtschaftlichen Merkmale eines auf dem Markt angebotenen Gutes, also eines Produkts oder einer Dienstleistung durch einen Anbieter, d.h. einen Hersteller oder Absatzmittler ist das zentrale Element seiner Qualitätspolitik. „Jedes Produkt hat einen Grundnutzen, der den stofflich technischen Gebrauchswert kennzeichnet. Der Zusatznutzen mißt den Geltungsnutzen, z.B. als Statussymbol. Die Qualität umfaßt den Grund- und den Zusatznutzen" (Bruno Tietz).
Produkt- und/oder Dienstleistungs-Qualität ist eine Größe, die in PIMS-Studien z.B. wie folgt gemessen wird: Man gefragt, welchen Prozentsatz des eigenen Umsatzes eines Unternehmens auf Güter (Produkte oder Dienstleistungen) entfallen, die jenen der Mitbewerber a) überlegen, b) unterlegen sind. Die Differenz zwischen den Prozentsätzen a) und b) dient als Maß für die Produkt-Dienstleistungs-Qualität. Diese Größe ist sowohl mit dem Return on Investment (ROI) wie dem Cash-flow positiv korreliert.
Bei der Gestaltung seiner Qualitätspolitik hat jeder Anbieter einen eigenen, teils größeren, teils kleineren Spielraum. Voraussetzung für eine erfolgreiche Qualitätspolitik ist das Vorliegen möglichst verläßlicher Informationen sowohl über die Qualitätsanforderungen der Nachfrage wie über die Qualitätselastizität.
Im einzelnen bedeutet das, daß über die verschiedenen Stufen hinweg Attribute und Relationen einschließlich evtl. auftretender irradierender Faktoren bekannt sind. Diese zu ermitteln ist Aufgabe der Marktforschung im weitesten Sinne. Ihr obliegt es, für die verschiedenen Zielgruppen (d.h. meist zugleich für eine bestimmte Preisklasse) die Bedürfniskonstellation festzustellen, wobei es besonders darauf ankommen mt, dem Entscheidungsgewicht der Attribute sowie – sofern es sich um abstufbare Merkmale handelt – ihre Struktur zu analysieren. Ziel ist die Aufstellung einer Bedürfnismatrix, die auf ein bestimmtes Marktsegment und damit auf eine bestimmte Zielgruppe bezogen ist (Marktsegmentierung). Von mindestens gleichrangiger Bedeutung ist die Ermittlung der Elastizität der Nachfrage in bezug auf Qualitätsänderungen. Diese Elastizität ist gleich unendlich, sofern Teilqualitäten gar nicht wegfallen bzw. hinzutreten dürfen, ohne daß die Nachfrage entfällt. Sie zu kennen, ist von entscheidender Bedeutung. Ihre Ermittlung stößt insbesondere dann auf Schwierigkeiten, wenn es sich um Bestandteile des Zusatznutzen handelt, deren Wegfall die Funktionalqualitäten nicht beeinträchtigt" (Werner Hans Engelhardt). Gerade das Prinzip der Entwicklung von Marken-

artikeln ist es ja, durch Erzeugung eines Meinungsvorteils der Qualität die Preiselastizitäten zwischen Gütern zu senken.
product selection: Produktauswahl *f*
product simplification: Produktvereinfachung *f*, Erzeugnisvereinfachung *f* (durch Typenbeschränkung, geringere Farbauswahl usw.)
product technology: Warenkunde *f*
production: Produktion *f*, Herstellung *f*, Erzeugung *f*, Gewinnung *f*
production bonus: Leistungszulage *f*, Mehrleistungszulage *f*
production budget: Produktionsbudget *n*, Produktionsplan *m*
Ein Budget, das der Ermittlung der Standardfertigungskosten bzw. – unter Einbeziehung des Fertigungsmaterials – der Standardherstellkosten für ein ausgewähltes Produktionsprogramm dient. Aus diesem nach Produktarten und Produktmengen aufgegliederten Produktionsprogramm ergibt sich für die Planperiode das Mengengerüst der Kosten (z.B. in Fertigungsstunden); dieses Mengengerüst der Kosten wird je nach zu belegender Kostenstelle mit spezifischen Kostensätzen multipliziert, um die budgetierten Standardfertigungskosten zu ermitteln.
Soweit das Fertigungsmaterial in die Budgets aufgenommen wird, wird der Materialverbrauch über die Stücklistenauflösung ermittelt. Da der Materialverbrauch in der Regel einen bedeutenden Kostenfaktor darstellt, ist es notwendig, hier die wesentlichen Materialverbräuche einzeln zu erfassen. Die Bewertung der Verbrauchsmengen erfolgt auf der Basis von Standardpreisen, was in der Regel der erwartete Einstandspreis sein wird. Die Fertigungskosten werden traditionell in leistungsabhängige (variable) und leistungsunabhängige (fixe) Kosten unterschieden. An dieser Stelle kann die Kostenbudgetierung ggf. unmittelbar die Ergebnisse der Plankostenrechnung übernehmen. Da die Budgetierung von der Idee der Kostenverantwortlichkeit ausgeht, gilt auch hier, daß die Kostenzurechnung auf Verantwortungsbereiche unter dem Gesichtspunkt der Beeinflußbarkeit der Kostenhöhe erfolgen sollte.
production capacity: Produktionskapazität *f*
production cartel: Produktionskartell *n*
production center: Fertigungsstelle *f*, Hauptkostenstelle *f*, Kostenstelle *f*
production combination: Produktionskartell *n*
production control: Fertigungssteuerung *f*, Fertigungsüberwachung *f*
production cooperative: Produktionsgenossenschaft *f*
production cost: Fertigungskosten *pl*, Herstellungskosten *pl*, Herstellkosten *pl*

production cost center: Fertigungskostenstelle *f*
production cutback: Produktionskürzung *f*
production cycle: Produktionskreislauf *m*
production department: Fertigungsabteilung *f*, Fertigungskostenstelle *f*, Fertigungsstelle *f*, Hauptkostenstelle *f*
production dropoff: Produktionsabfall *m*, Produktionsrückgang *m*
production engineer: Betriebsingenieur *m* (EDV), Fertigungsingenieur *m*
production engineering: Ausarbeiten *n* der technischen Fertigungsunterlagen *f/pl*
production facilities *pl*: Produktionsmittel *n/pl*
production facility: Fabrikationsanlage *f*
production flow: Fertigungsablauf *m*, Produktionsablauf *m*
production index: Produktionskennziffer *f*
production level: Ausstoßniveau *n*, Produktionsausstoßmenge *f*, Produktionshöhe *f*, Produktionsniveau *n*
production license: Herstellungslizenz *f*
Eine Lizenz, durch die der Lizenznehmer lediglich das Recht erhält, die geschützte Ware zu produzieren. Alle übrigen Rechte, vor allem das des Verkaufs, bleiben beim Lizenzgeber.
production line: Arbeitsstrecke *f*, Fließband *n*
production load: Auslastung *f* der Fertigung *f*
production management: Produktionsmanagement *n*, Produktionsleitung *f*
Gegenstand des Produktionsmanagements ist der Funktionsbereich „Fertigungswirtschaft", dem vor allem in Industriebetrieben eine zentrale Stellung zukommt. Dem Produktionssystem als Abbild sämtlicher technischer Transformationsprozeße im Betrieb gilt deshalb das besondere Augenmerk des Managements, weil in diesem Bereich das meiste Kapital gebunden ist und Störungen des Produktionsprozeßes unmittelbar auf den Outputbereich durchschlagen.
Zu den sporadischen Entscheidungen, die teils über die Kompetenz des Produktionsmanagements hinausgehen, gehören im Bereich der Fabrikplanung der Standortwahl der Fertigungsstätten, das Layout der Fabrik sowie die Ausstattung mit Maschinen, Transporteinrichtungen und Arbeitsplätzen.
Des weiteren fallen Entscheidungen an über Auftragstyp (die Verbindung Produktion – Absatz), Auftragsfertigung, Lagerfertigung Organisationsform der Fertigung (Abstimmung der Maschinen und Arbeitsplätze), Baustellen-, Werkstatt-, Fließfertigung, Produktionstyp der Fertigung (Menge und Art der gefertigten Produkte: Einzel-, Serien-, Sorten-, Massenfertigung.
Zum Aufgabenbereich des Produktionsmanage-

ments zählen im einzelnen: Entwurf und Realisierung aller technischen Einrichtungen zur Durchführung der Transformationsprozesse, exakte Spezifikation des benötigten Inputs (Ressourcen) aufgrund der Produktionsplanung, Entwurf eines Systems der Arbeitsorganisation einschließlich Arbeitsvorbereitung und Lohnfindung, Produktdesign und Produktentwicklung.

Dieser letzte Bereich wird häufig als Forschung und Entwicklung organisatorisch aus dem Fertigungsbereich ausgegliedert und einem eigenen Management unterstellt. Produktentwicklung heißt nicht nur die Entwicklung neuer Erzeugnisse, sondern umfaßt auch die Modifikation und Weiterentwicklung bestehender Produkte die Entwicklung neuer Anwendungsbereiche für laufende Produkte (Anwendungstechnische Abteilung) sowie die Änderung des Designs und/oder der Verpackung alter Produkte. Dem F & E-Management fallen die zentralen Aufgaben zu, das technische Transformationssystem an veränderte Umweltverhältnisse anzupassen und durch eigene Entwicklungen neue Marktleistungen zu ermöglichen. Der Bereich Produktentwicklung bezieht dabei Ideen und Informationen vor allem aus den benachbarten Bereichen Grundlagenforschung, Marketing (vor allem Marktforschung) und Konstruktion/Produktion.

Von der Produktionsseite ergeben sich für die Produktentwicklung Möglichkeiten, vorhandenen Bedarf durch Produktmodifikationen besser zu befriedigen. Dies kann beispielsweise durch die Verwendung neuer Materialien oder neuer Technologien geschehen welche die Qualität von Produkten verbessern oder die Verwendungsfähigkeit von Produkten vergrößern.

Aus dem Absatzbereich ergeben sich für die Produktentwicklung Möglichkeiten, neuen, bisher lediglich latent vorhandenen Bedarf zu erkennen und zu befriedigen.

Zur Erledigung der operativen Aufgaben bedient sich das Produktionsmanagement einer Vielzahl von Arbeitsmethoden wie Arbeitsablaufstudien, Bewegungsstudien, Arbeitszeitstudien und Arbeitswertstudien. Letztere dienen vor allem der Ermittlung eines anforderungsgerechten Lohnes. Auch die Bestimmung der geeigneten Lohnform (Zeitlohn, Stücklohn, Prämienlohn) gehört zum Aufgabenbereich des Produktions- und des Personalmanagements.

production manager: Produktionsmanager *m*, Betriebsleiter *m*

production method of depreciation: produktionsabhängiges Abschreibungsverfahren *n*, Abschreibung *f* auf Basis *f* der Ist-Leistung *f* als Teil *m* der Gesamtleistung *f*, Abschreibung *f*, ausstoßmengenabhängige Mengenabschreibung *f*

production method: Fertigungsverfahren *n*

production order: Produktionsauftrag *m*

production plan: Fertigungsplan *m*, produktionsplan *m*

production planning department: Fertigungsplanungsabteilung *f*, Produktionsplanungsabteilung *f*

production planning: Auftragsplanung *f* und -steuerung *f*, Fertigungsplanung *f* und -steuerung *f*

production program: Fertigungsplan *m*, Fertigungsprogramm *n*, Produktionsplan *m*, Produktionsprogramm *n*

production readiness: Produktionsbereitschaft *f*

production report: Fabrikationsmeldung *f*

production schedule: Fertigungsplan *m*, Fertigungsprogramm *n*

production scheduler: Produktionsprogrammierer *m*

production scheduling: Aktionsfolgenplan *m*, Fertigungsplanung *f*, Produktions(ablauf)planung *f*, Produktionsplanung *f*, Prozeßstrukturierung *f*

production standard: Mengenvorgabe *f*

production statement: Produktionsbericht *m*

production target: Produktionsziel *n*

production unit: Arbeits- oder Maschinengruppe *f* in der Fertigung, produzierte Einheit *f*

production volume: Beschäftigungsgrad *m*, Produktionsumfang *m*

productive: ertragreich, ertragsfähig, leistungsfähig, produktiv

productive assets *pl*: werbende Aktiva *pl*

productive capacity: Produktionskapazität *f*

productive capacity reserve: Produktionsreserve *f*, Reservekapazität *f*

productive center: Fertigungskostenstelle *f*

productive department: Fertigungsabteilung *f*, Fertigungskostenstelle *f*, Hauptkostenstelle *f*

productive labor: Fertigungslöhne *m/pl*

productive labor: Fertigungslöhne *m/pl*

productive time: Stückzeit *f*

productivity: Ergiebigkeit *f*, Ertragsfähigkeit *f*, Produktivität *f*

productivity increase: Produktivitätssteigerung *f*

productivity relationship: Produktivitätsbeziehung *f*

In Erich Gutenbergs Produktionstheorie werden die produktiven Faktoren *menschliche Arbeitsleistung*, *Betriebsmittel* und *Werkstoffe* so miteinander kombiniert, daß ein optimales Verhältnis von

615

Faktoreinsatz zu Faktorertrag. Dies bezeichnet Gutenberg als ihre Produktivitätsbeziehung.

profession: Beruf *m*, Berufsgruppe *f*, Gewerbe *n*

professional: beruflich, fachfachkundig, Fachmann *m*, Akademiker *m*, gehobener Beruf *m*

professional aptitude: Berufseignung *f*

professional aptitude test: Berufseignungsprüfung *f*

professional education: Berufsausbildung *f*

professional employee: Arbeitnehmer *m*, der eine vorwiegend geistige Arbeit *f* verrichtet und eine entsprechende Ausbildung *f* haben muß

professional ethics: Berufsethos *n*

professional expenses *pl*: Werbungkosten *pl*

professional group: Berufsgruppe *f*

professional insurance association: Berufsgenossenschaft *f*

professional journal: Fachzeitschrift *f*

professional magazine: Fachzeitschrift *f*

professional organization: Berufsverband *m*, Berufsvereinigung *f*

professional partnership: Sozietät *f*

professional secrecy: berufliche Schweigepflicht *f*

professional secret: Berufsgeheimnis *n*

professional society: Berufsverband *m*

professional training: Fachausbildung *f*, Berufsausbildung *f*

professionalization of management: Professionalisierung *f* des Managements

Die Vorstellung, daß die Aufgabe, ein (Groß-)Unternehmen zu führen, in hochentwickelten und stark arbeitsteiligen Industriegesellschaften längst zum „Beruf" geworden ist in dem Sinne, daß zu ihrer erfolgreichen Wahrnehmung eine systematisch angelegte Ausbildung und ein spezieller beruflicher Werdegang erforderlich sind. Der Kapitalbesitz allein reicht demnach als Qualifikationsnachweis für die Führung großer Unternehmungen nicht mehr aus. Diese Vorstellung stellt auch die traditionelle Legitimationsbasis der kapitalistischen Unternehmensordnung in Frage: in dem Maße, wie die Berechtigung zur Unternehmensführung durch Hinweis auf die berufliche Eignung erbracht werden muß, verliert das Eigentum allein als legitimatorische Grundlage an Kraft. Damit ist zugleich auch der rein private Charakter der Großunternehmung in Frage gestellt.

proficiency: Sachkenntnis *f*, Sachkunde *f*, Tüchtigkeit *f*

proficiency test: Prüfung *f* der Sachkenntnis *f*, Sachkenntnisprüfung *f*

proficient: tüchtig

profit: Gewinn *m*, Profit *m*, Nutzen *m*, gewinnen, Nutzen *m* ziehen, verdienen, Verdienst *m*

Die Differenz zwischen Output (Betriebsleistung bzw. → Umsatz) und Output (→ Kosten). Das Streben nach Gewinn ist nach den Worten von Edmund Heinen „Ausdruck des Einkommensmotivs, des Strebens nach höherem Wohlstand... jener Personen, die der Unternehmung Eigenkapital oder residualentlohnte Unternehmerleistung zur Verfügung stellen".

Der Gewinn entspricht damit dem *erwerbswirtschaftlichen Prinzip*. Darüber hinaus entspricht der Gewinn aber auch dem *ökonomischen Prinzip (Ergiebigkeitsprinzip)*, weil er als Differenz von Umsatz und Kosten implizit sowohl die Erlös- wie die Kostenkonsequenzen unterschiedlicher Preissetzungen berücksichtigt.

„Zur Erfüllung aller gesellschaftlichen Aufgaben ist der Gewinn nicht nur eine notwendige Stabilitätsbedingung für die Unternehmen, sondern auch für den Bestand und den Fortschritt der Gesellschaft selbst..." (Aloys Gälweiler). Wenn man dieser marktwirtschaftlich orientierten Grundauffassung folgt, so bedeutet das überhaupt die Notwendigkeit der Verfolgung monetärer Ziele im Unternehmen, deren „oberste Spitze" der Gewinn darstellt. In der Vergangenheit ist immer wieder versucht worden – von dem obersten Gewinnziel (in seiner Spannweite vom theoretischen Gewinnmaximum bis zum befriedigenden Gewinn) bzw. von der für marktwirtschaftliche Systeme typischen Kapitalrentabilität ausgehend –, konsistente Ziel- bzw. Planungssysteme zu entwerfen. Das in dieser Hinsicht wohl bekannteste System ist das Dupont-System.

Für eine realitätsnahe Analyse müssen für den absoluten Gewinnbegriff mehrere verschiedene Ausprägungen unterschieden, werden:

• *pagatorischer Gewinn:* Gewinn aus Zahlungsvorgängen (Finanzbuchhaltung) abgeleitet,

• *Kapitalgewinn:* Ertrag des gesamten in der Unternehmung investierten Kapitals, d.h. pagatorischer Gewinn zuzüglich Fremdkapitalzinsen,

• *kalkulatorischer Gewinn:* Gewinn aus Sicht der Kostenrechnung, d.h. Eigenkapitalzinsen und Unternehmerlohn werden als Kostenkomponenten betrachtet.

Da absolute Größen allein wenig aussagefähig sind, ist der Gewinn vor allem in Relation zu bestimmten Größen von Bedeutung (Rentabilität). Dabei müssen für die Praxis eine Reihe verschiedener Rentabilitätsbegriffe unterschieden werden:

(1) Eigenkapital-Rentabilität: = $\dfrac{\text{pagatorischer Gewinn}}{\text{Eigenkapital}}$

(2) Gesamtkapital-Rentabilität: = $\dfrac{\text{Kapitalgewinn (incl. Schuldzinsen)}}{\text{Gesamtkapital}}$

(3) Umsatz-Rentabilität:
$$= \frac{\text{Gewinn (nach dem Umsatzkostenverfahren)}}{\text{Umsatz}}$$

(4) Return-On-Investment:
$$= \frac{\text{Gewinn}}{\text{Umsatz}} \times \frac{\text{Umsatz}}{\text{Kapital}} = \frac{\text{Gewinn}}{\text{Kapital}}$$

Unterschiedlich interpretiert wird vor allem die Kostenseite des Gewinns. Bei den Gewinnzielen müssen absolute relative Gewinngrößen unterschieden werden. Bezüglich der absoluten Gewinngrößen können je nach den berücksichtigten Gewinnkomponenten (Gewinn = Differenz zwischen positiven und negativen Gewinnkomponenten; positive Komponenten: Einnahmen, Erträge bzw. Leistungen; negative Komponenten: Ausgaben, Aufwendungen bzw. Kosten) unterschiedliche Gewinnkriterien als Zielinhalt zugrundegelegt werden.

Je nachdem, welche der negativen Gewinnkomponenten in Ansatz gebracht wird, ergibt sich eine kalkulatorische oder pagatorische Gewinngröße. Die Abweichungen beider Gewinngrößen beruhen dabei insbesondere auf der unterschiedlichen Behandlung der Eigenkapitalzinsen. Während sie beim kalkulatorischen Gewinn als gewinnmindernde Kostenbestandteile behandelt werden, geschieht dies beim pagatorischen Gewinn nicht.

Beim *wertmäßigen Kostenbegriff* werden Kosten als jeglicher bewerteter leistungsbezogener Güterverzehr definiert. Darunter fallen also auch kalkulatorische Zusatzkosten wie der kalkulatorische Unternehmerlohn oder die Eigenkapitalzinsen, die beim *pagatorischen Kostenbegriff* nicht explizit erfaßt, sondern als Gewinnbestandteil angesehen werden. Da der pagatorische Kostenbegriff generell an Ausgaben gebunden ist, läßt er als Wertansatz für fremdbezogene Potentialfaktoren darüber hinaus nur Anschaffungspreise zu, während beim kalkulatorischen Kostenbegriff auch andere Bewertungen des Güterverzehrs (z.B. → Opportunitätskosten oder Wiederbeschaffungspreise) möglich sind.

Eine weitere Einengung erfährt der Kostenbegriff schließlich dann, wenn auch Fremdkapitalzinsen als Gewinnbestandteil und nicht als Kosten gesehen werden. Der entsprechend definierte Gewinn wird dann als Kapitalgewinn bezeichnet, während der pagatorische Kostenbegriff zum pagatorischen Gewinn und der wertmäßige Kostenbegriff zum kalkulatorischen Gewinn führt:

Kapitalgewinn		
pagatorischer Gewinn		Fremdkapitalzinsen
kalkulatorischer Gewinn	Eigenkapitalzinsen	

Verschiedene Gewinnbegriffe

Strittig ist, ob Eigenkapitalzinsen Kostenbestandteile (und damit gewinnmindernd) sind oder aber als Gewinnbestandteile anzusehen sind. Zum Teil wird sogar die Auffassung vertreten, daß nicht nur die Eigenkapitalzinsen, sondern auch die Fremdkapitalzinsen Gewinnbestandteile darstellen (= „Kapitalgewinn").

Je nachdem, ob lediglich das Eigenkapital oder das gesamte eingesetzte Kapital als Bezugsgröße des Gewinns gewählt wird, kann im übrigen zwischen

$$\text{Eigenkapitalrentabilität} = \frac{\text{Gewinn} \times 100}{\text{Eigenkapital}}$$

und

$$\text{Gesamtkapital-Rentabilität} = \frac{\text{Gewinn} \times 100}{\text{Gesamtkapital}}$$

unterschieden werden. Für die Preispolitik erweist sich der kalkulatorische Gewinn unter diesen drei Gewinnbegriffen aus zwei Gründen als zweckmäßig: (1) läßt er im Rahmen einer kostenorientierten Preiskalkulation Spielraum für den Ansatz von Wiederbeschaffungspreisen, was insbesondere im Hinblick auf die (reale) Substanzerhaltung bei inflationärer Umwelt von Bedeutung ist; (2) ist mit verschiedenen preispolitischen Alternativen häufig ein unterschiedlicher Kapitaleinsatz verbunden, was beim kalkulatorischen Kostenbegriff über entsprechende kalkulatorische Zinskosten unmittelbar berücksichtigt werden kann.

Ein anderer Weg zur Berücksichtigung unterschiedlich hohen Kapitalbedarfs bei preispolitischen Alternativen besteht in der relativen Operationalisierung des Gewinns im Hinblick auf das eingesetzte Kapital. An die Stelle des Strebens nach absolutem Gewinn tritt dann das Rentabilitätsstreben.

Neben der Unterscheidung von absoluten und relativen Gewinngrößen läßt sich der Gewinnbegriff auch danach differenzieren, ob er auf einer Voll- oder Teilkostenbetrachtung aufbaut. Zieht man zur Definition den Nettogewinns jeglichen Güterverzehr zur Gewinnberechnung heran, so entstehen erhebliche Probleme der Verrechnung echter Gemeinkosten, die durch eine mehr oder minder willkürliche Gemeinkostenschlüsselung nur unbefriedigend gelöst werden können.

Darüber hinaus erweisen sich die Fixkosten bei vielen preispolitischen Fragen nicht als entscheidungsrelevant. So führt zum Beispiel die Berücksichtigung der Fixkosten bei einer streng kostenorientierten Preiskalkulation zu steigenden Preisen, wenn die Auslastung des Unternehmens sinkt, da jedes verkaufte Stück dann auch einen größeren Anteil der Fixkosten tragen muß. Das kann zu weiteren Absatzeinbußen führen, die bei einer Preissenkung vermieden werden könnten, ohne das Periodenergebnis dadurch zu beeinträchtigen.

Statt Nettogewinnen verwendet man deshalb vor allem in kurzfristig orientierten preispolitischen Kalkülen Bruttogewinne (Deckungsbeiträge). Sie

profit

```
                        Gewinn
                    (Erwerbsstreben)
                   /                \
              absolut              relativ
             /       \            /       \
      auf Voll-   auf Teil-   auf Voll-   auf Teil-
      kostenbasis kostenbasis kostenbasis kostenbasis
```

- Kapitalgewinn
- pagatorischer Gewinn
- kalkulatorischer Gewinn

- Deckungsbeitrag nach Direct Costing
- Deckungsbeitrag nach Einzelkostenrechnung

- Umsatzrentabilität
- Eigenkapitalrentabilität
- Gesamtkapitalrentabilität

- Deckungsbeitragsrate nach Direct Costing
- Deckungsbeitragsrate nach Einzelkostenrechnung
- engpaßbezogene Deckungsbeiträge

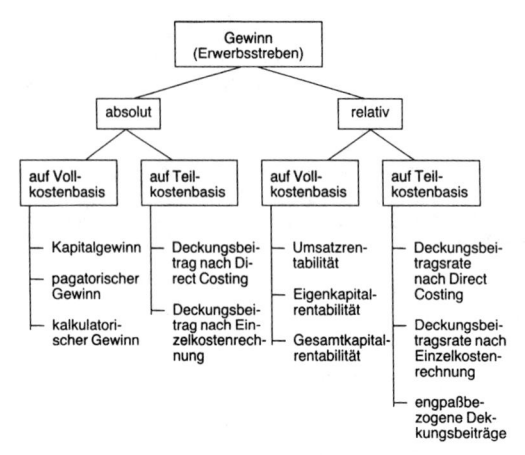

Preispolitisch relevante Gewinngrößen

können wiederum auf unterschiedlichen Teilkostenrechnungssystemen aufbauen. Für die Preispolitik am attraktivsten sind hierbei das Direct Costing und das System der relativen Einzelkostenrechnung.

Der Gewinn als preispolitisches Oberziel kann grundsätzlich entweder durch eine Erhöhung der Umsatzerlöse oder durch eine Senkung der Kosten verbessert werden. Die Preispolitik bietet auf beiden Seiten Ansatzpunkte. Heribert Meffert spricht in diesem Zusammenhang von marktgerichteten und betriebsgerichteten Zielen der Preispolitik. *Marktgerichtete (absatzwirtschaftliche) Ziele* der Preispolitik sind insbesondere

- die Absatzmenge des jeweiligen Produkts (x_i), kurz auch Absatz genannt, und
- der Umsatz U_i, auch Umsatzerlös oder einfach Erlös genannt. Der Absatz kann seinerseits in zwei multiplikativ verknüpfte Zielgrößen aufgelöst werden, nämlich
- das Kundenaufkommen (Anzahl der Kunden, Distributionsdichte) und
- die durchschnittliche Auftragssumme (durchschnittlicher Einkaufsbetrag).

Die differenzierte Betrachtung des Kundenaufkommens einerseits und der Einkaufsmengen pro Kunde andererseits hat vor allem bei Gütern des periodischen Bedarfs große praktische Bedeutung. Unterschiedliche Kombinationen dieser Größen können nämlich zwar zu gleichen Absatzmengen, aber zu sehr unterschiedlichen Kosten führen.

Intensivkäufer genießen deshalb z.B. bei vielen Unternehmen besondere Aufmerksamkeit und u.U. auch preispolitische Vorzüge. Darüber hinaus erreicht man bei Preissenkungen u.U. nur durch den Zulauf qualitativ „schlechterer" z.B. illoyalerer, kreditunwürdigerer oder kritischerer Kunden einen Absatzzuwachs, was vor allem unter Sicherheitsaspekten langfristig problematisch sein kann. Andererseits sind hohe Einkaufsmengen pro Kunde manchmal konjunkturanfälliger, wenn rezessionsbedingte Einsparungen der Käufer, wie etwa am Reisemarkt, bevorzugt bei den Einkaufsmengen bzw. der Kaufhäufigkeit ansetzen.

Der Einfluß der Preishöhe auf den Absatz wird als „Preisresponse" bezeichnet und in Preis-Absatz-Funktionen quantitativ dargestellt. Die unmittelbare Wirkung der Preishöhe auf den Absatz begründet die Bedeutung dieses Ziels im Rahmen der Bemühungen um eine optimale Preispolitik. Darüber hinaus ist die Absatzmenge eine wichtige Ausgangsgröße für eine Reihe betrieblicher Teilpläne, z.B. die Produktions-, Investitions- und Personalplanung.

Unter realen Bedingungen treten leicht Konfliktsituationen zwischen Gewinn und Umsatz auf. Das läßt sich leicht am Beispiel eines S-förmigen (= ertragsgesetzlichen) Kostenverlaufs und einer linearen Umsatzerlöskurve:

Die Betriebswirtschaftslehre hat bisher drei Produktionsfunktionen „identifiziert", nämlich die ertragsgesetzliche (Produktionsfunktion vom Typ A), die lineare (Typ B) und quasi als synthetische (= aus Typ A und Typ B) die Produktionsfunktion vom Typ C. Allerdings ist es noch nicht gelungen, den befriedigenden empirischen Nachweis für diese Produktionsfunktionen zu erbringen. Nach wie vor kann man aber davon ausgehen, daß die ertragsgesetzliche Produktionsfunktion hohen Plausibilitätscharakter hat.

Eine lineare Umsatzerlöskurve besagt andererseits, daß über den gesamten Kapazitätsbereich alle Absatzmengen zum gleichen Preis abgesetzt werden können, d.h. also Marktwiderstände, die preislich „gebrochen" werden müssen, nicht vorhanden sind. Eine nichtlineare Umsatzerlöskurve ergibt sich anderseits dann, wenn die Absatzmenge von der jeweiligen Preishöhe abhängt.

Unterstellt man einen ertragsgesetzlichen Kostenverlauf und eine lineare Erlöskurve, so ergeben sich wechselnde Konflikt- und Harmoniezonen im

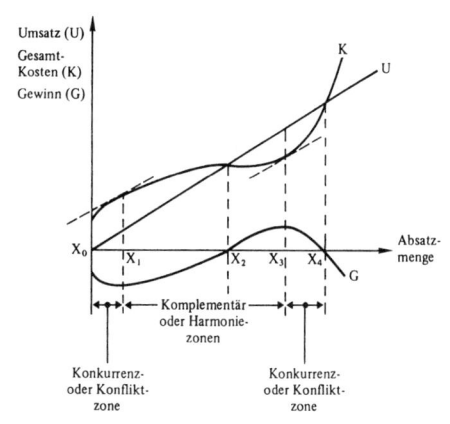

Konkurrenz- Komplementaritätsbeziehungen zwischen Umsatz und Gewinn
Quelle: Jochen Becker: Grundlagen der Marketing-Konzeption. Marketingziele, Marketingstrategien, Marketingmix, Verlag Franz Vahlen München 1983, Seite 49

Hinblick auf die Realisierung von Umsatz- und Gewinnzielen. Aber auch bei linearem Kostenverlauf, den Erich Gutenberg (1897-1984) speziell für Industriebetriebe als typisch ansah, und nicht-linearer Erlöskurve kommt es zu entsprechenden Zielkonflikten.
Lediglich bei linearem Kosten- und linearer Umsatzerlöskurve gibt es zwischen Umsatz und Gewinn keine Konkurrenz- oder Rivalitätszonen. Die Maximalwerte beider Ziele werden in diesem Fall durch die Kapazitätsgrenze determiniert.
Die ertragsorientierte Zielbildung in des Unternehmens setzt demnach die genaue Kenntnis sowohl des Kosten- wie des Erlösverlaufs voraus (was in der Unternehmenspraxis jedoch nur bedingt gegeben ist, vor allem was den Erlösverlauf angeht).
Am Beispiel der Beziehungen zwischen Umsatz und Gewinn läßt sich nachweisen, wie innerhalb des gegebenen Entscheidungsrahmens (= unterschiedliche Absatzmengen) die Zielbeziehungsstruktur also die Komplementarität bzw. Konkurrenz der Unternehmensziele an sich sowie ihre jeweilige Stärke abschnittsweise wechselt.
Die Kurvenverläufe (speziell die Gewinnkurve als Differenzkurve zwischen Umsatz- und Kostenkurve) zeigen, daß es sowohl am Anfang wie am Ende des Kurvenverlaufs konfliktäre Zonen gibt. Zwischen den Kurvenabschnitten X_0 und X_1 bzw. X_3 und X_4 rivalisieren nämlich Umsatz- und Gewinnziel insofern, als in diesen Kurvenabschnitten der Umsatz mit zunehmender Absatzmenge zwar steigt, der Gewinn jedoch aufgrund überproportional steigender Kosten fällt. Demgegenüber repräsentieren die Kurvenabschnitte X_1 bis X_2 bzw. X_2 bis X_3 Harmoniezonen, d.h. in diesen Abschnitten steigt sowohl der Umsatz wie der Gewinn bzw. im Abschnitt X_1 bis X_2

nimmt genau genommen der Verlust laufend ab. Beide Ziele, nämlich Umsatz und Gewinn, verhalten sich in dem Bereich X_1 bis X_3 demnach komplementär.
Das Unternehmen muß daher unterschiedliche Absatzmengen-Entscheidungen treffen, je nachdem welches Ziel es dominant zu realisieren sucht. Würde es nach dem Gewinnmaximierungsprinzip handeln, müßte es sich für die Ausbringungs- bzw. Absatzmenge X_3 entscheiden, da in diesem Punkt der Abstand zwischen Erlös- und Kostenkurve am größten ist. Wäre es dagegen das primäre Ziel des Unternehmens, den maximalen Umsatzerlös zu realisieren, müßte es die vollständige Kapazitätsauslastung anstreben (= Ausbringungsmenge X_4).
Aus dem Beispiel geht auch hervor, daß Unternehmen über „weite Strecken" – d.h. hier über einen großen Absatzmengenbereich – auch dann Gewinnziele mitverfolgen, wenn sie dominant Umsatzziele zu realisieren suchen. Es zeigt sich aber auch umgekehrt, wie gefährlich es ist, Umsatz um jeden Preis (= Umsatzmaximum) anzustreben, weil das bei Kurvenverläufen, wie im obigen Beispiel unterstellt, zwangsläufig zu Gewinneinbußen führt.

profit a prendre: Wegnahmerecht *n* (z.B. Äpfel vom Nachbargrundstück)
profit analysis: Gewinnanalyse *f*
profit and loss: Gewinn *m* und Verlust *m*
profit and loss account: Gewinn- und Verlust-Konto *n*, Gewinn- und Verlustrechnung *f*
profit and loss accounting: Erfolgskontrolle *f*, betriebliche Erfolgskontrolle *f*, Gewinn- und Verlustrechnung *f*, Gewinn- und Verlustkontrolle *f*
Allgemein die Gesamtheit der Analysen und Untersuchungen, mit denen festzustellen versucht wird, ob die mit Hilfe von bestimmten Maßnahmen, Programmen oder Strategien angestrebten Ziele wie z.B. Absatz-, Umsatz-, Werbe- oder Marketingziele tatsächlich erreicht wurden, einschließlich der Untersuchung der Gründe, die dazu geführt haben, daß die angestrebten Ziele nicht erreicht wurden. Es handelt sich also um die Untersuchung von Ist-Größen und Soll-Größen einschließlich der Untersuchung der Ursachen ihres Auseinanderfallens.
profit and loss forecast: Jahresbudget *n* (Aufwands- und Ertragsplan)
profit and loss sharing ratio: Gewinn- und Verlustverteilungsschlüssel *m*
profit and loss statement: Erfolgsrechnung *f*
profit and loss transaction: Erfolgsvorgang *m*
profit available for distribution: ausschüttungsfähiger Gewinn *m*
profit carried forward: Gewinnvortrag *m*

profit center: Profit Center *n*, Ertragszentrum *n*, Bilanzeinheit *f*, kleinere Erfolgsstelle *f*

In der Unternehmensorganisation ein dezentralisierter, weitgehend autonomer Unternehmensbereich, dessen Erträge im Gegensatz zum Kostenzentrum (Cost Center) für eine Planperiode separat ausgewiesen werden. Voraussetzung für die Bildung divisionaler Organisationsformen, Divisionalisierung, innerhalb eines Unternehmens ist es, daß die autonomen Geschäftsbereiche Erfolgsverantwortung tragen. Der ihrer Bildung zugrundeliegende Gedanke ist es, durch Schaffung von Geschäftsbereichen, die auf Ertragsmaximierung orientiert sind, das Gesamtunternehmen nach dem Ziel der marktorientierten Ertragsmaximierung hin auszurichten. Ist das Ertragszentrum zusätzlich auch noch berechtigt, über Investitionen autonom zu entscheiden, bezeichnet man es als Investitionszentrum (Investment Center).

An der Spitze eines jeden Profit Center steht ein Manager oder ein Team von Managern, der bzw. das die Unternehmung in der Unternehmung weitgehend eigenverantwortlich leitet, weshalb häufig die Bezeichnung „Responsibility Center" verwendet wird.

Abteilungen werden nach dem Profit-Center-Konzept als quasiautonome Geschäftsbereiche gebildet, die produktspezifisch administrative und auch strategische Aufgaben übernehmen und damit das oberste Führungsorgan entlasten. Diese Unternehmungsbereiche verfügen über alle zur unmittelbaren Aufgabenerfüllung notwendigen Funktionen.

Zentral werden in der Regel nur noch die Funktionen Einkauf (aus Wirtschaftlichkeitsüberlegungen), Finanzierung (aus rechtlichen Gründen) und Grundlagenforschung (Konzentration von Ressourcen) ausgeübt. Daneben existieren einige Koordinationsabteilungen mit Rahmenrichtlinienkompetenz (z.B. Planung, Personal).

Wie die Bezeichnung Profit Center erkennen läßt, wird als primäres Ziel der Managementtätigkeit eines Centers die Erzielung eines bereichsspezifischen Gewinns oder Deckungsbeitrages angesehen. Bei der Konzeption von Profit-Center-Systemen wird jedoch in der Regel davon ausgegangen, daß nicht die Maximierung des Gewinns als absoluten Größe, oberstes Ziel der Unternehmung sowie aller Teilbereiche ist, sondern die Maximierung einer relativen Größe, des Return on Investment (ROI), d.h. das Verhältnis von Gewinn zu investiertem Kapital. Der ROI wird dann als die entscheidende Kennzahl zur Beurteilung der gesamten Unternehmung sowie ihrer dezentralisierten Teilbereiche angesehen.

Der Manager kann aber nur dann für die Rentabilität seines Profit Centers verantwortlich gemacht werden, wenn er fremde Leistungen von anderen Abteilungen bzw. Unternehmungen beziehen und eigene Erzeugnisse an andere verkaufen darf und zwar zu Preisen, die das Ergebnis einer selbständigen Kalkulation seines Bereichs sind und somit auch seine eigene Leistung als Manager widerspiegeln.

Die Organisationsform mit den nach Produkt/Markt-Beziehungen organisierten autonomen Geschäftsbereichen in Verbindung mit dem Profit-Center-Konzept galt lange Zeit als ideale Lösung der Strukturprobleme industrieller Großunternehmungen. Im Laufe der Jahre zeigte sich jedoch eine ganze Reihe gravierender Mängel, wie unzureichende organisationsweite Koordination (unerwünschte Suboptimierung), kurzfristige Gewinnorientierung (verhindert Investitionen in Produkt- und Verfahrensinnovationen), einseitige Ausrichtung auf eine Steuerungsgröße (Gewinn bzw. ROI).

Mit der Entwicklung der Portfolio-Management-Konzeption sollen diese Nachteile überwunden werden, ohne auf die Vorteile der dezentralen Unternehmungsorganisation verzichten zu müssen.

profit center model (profit center concept): Profit-Center-Modell *n*, Profit-Center-Konzept *n*

Eine Form der horizontalen Abteilungsbildung, bei der die einzelnen Abteilungen einer Unternehmung weitgehend autonome Einheiten mit einer bestimmten Produktgruppe, eigenem Ein- und Verkaufsmarkt sowie eigener Erfolgsrechnung darstellen. Diese selbständigen Geschäftsbereiche werden dann als Profit Centers (Ertragszentrum), bezeichnet.

profit computation: Erfolgsrechnung *f*, Gewinnberechnung *f*

profit contribution: Deckungsbeitrag *m*, Erfolgsbeitrag *m*, Überschuß *m* des Erlöses *m* über die Grenzkosten *pl*

profit distribution: Gewinnverteilung *f*

profit expectation: Gewinnerwartung *f*

profit for the year: Jahresüberschuß *m*

profit from lapses: Stornogewinn *m*

profit function: Gewinnfunktion *f*

Diejenige Funktion, mit der die Abhängigkeit des Unternehmensgewinns von den jeweiligen Absatzmengen oder Erlösen ausgedrückt wird und die für jeden Preis oder jede Absatzmenge den erzielbaren Gewinn oder Verlust für das Unternehmen angibt: Gewinn = Erlös − Kosten.

profit goal: Erfolgsziel *n*, Gewinnziel *n*

In der strategischen Planung muß die Zielkonzeption eines Unternehmens neben Produkt- und Wachstumszielen auch ein Erfolgs- und Liquiditätsziel erfassen. Das Erfolgsziel gibt den von der Unternehmung für einen bestimmten Zeitraum angestrebten Gewinn an. Er soll vor allem die Kapitalversorgung der Unternehmung gewährleisten. Das Liquiditätsziel beinhaltet die Aufrechterhaltung der jederzeitigen Zahlungsbereitschaft der Unternehmung. Erfolgs- und Liquiditätsziel, zweckmäßigerweise ergänzt um Zielvorstellungen zur Kapitalstruktur der Unternehmung, stellen den

finanziellen Rahmen der strategischen Planung dar.
Profit Impact of Market Strategies: → PIMS
profit incentive: Anreiz *m* durch Gewinnchancen *f/pl*
profit influencing potential: Erfolgswirksamkeit *f*
profit margin: Gewinnmarge *f*, Verdienstspanne *f*
profit mark-on: Gewinnaufschlag *m*
profit maximization: Gewinnmaximierung *f*
Unter Verhältnissen des marktwirtschaftlichen Wettbewerbs wird generell davon ausgegangen, daß die Erreichung des Gewinnmaximums das herausragende marktpolitische Ziel eines Wirtschaftsunternehmens ist, dem auf der Seite der Verbraucherhaushalte als Korrelat das Ziel der Nutzenmaximierung gegenübersteht. Bei der Verwirklichung des Ziels nach Gewinnmaximierung ist zwischen zwei Möglichkeiten zu unterscheiden:
1. Bei *polypolistischer Konkurrenz auf einem vollkommenen Markt* hat der einzelne Anbieter keine Möglichkeit, einen anderen als den sich Markt als Resultat von Angebot und Nachfrage ergebenden Preis festzusetzen, er muß mithin bei gegebener Kostenstruktur seine Absatzmenge so festlegen, daß in der Gewinnfunktion die Differenz zwischen Gesamterlös und Gesamtkosten maximiert wird, so daß das Gewinnmaximum bei der Absatzmenge erreicht ist, bei der der Preis gleich den Grenzkosten ist.
2. Bei *polypolistischer Konkurrenz auf einem unvollkommenen Markt* ist der Preis von der Absatzmenge abhängig, so daß der Anbieter aufgrund seines akquisitorischen Potentials den Preis und mit ihm seine Absatzmengen beeinflussen kann und daher die Gewinnmaximierungsbedingung Preis = Grenzkosten nicht mehr gilt. Das Gewinnmaximum liegt dann dort, wo der Grenzumsatz gleich den Grenzkosten ist.
profit maximum: Gewinnmaximum *n*
profit mark-up: Gewinnaufschlag *m*
profit measurement: Erfolgsmessung *f*
profit planning: Gewinnplanung *f*
profit rate: Gewinnrate *f*, Gewinnquote *f*
Der Anteil der Gewinne am Zuwachs des Bruttosozialprodukts. Nach dem von Kaldor entwickelten nachfragetheoretischen Ansatz in der Theorie der Einkommensverteilung gilt als Mindesthöhe der Gewinnquote jener Anteil, den die Unternehmer als eine ausreichende Mindestverzinsung des Kapitals betrachten. Die äußerste Grenze der Gewinnquote sei das Existenzminimum der Arbeitnehmer. Lohnsteigerungen steigern danach den Reallohn so lange, wie die Unternehmen bei einer Verminderung der Gewinnquote diese Kostensteigerungen nicht auf die Preise abwälzen.
profit pool: Gewinngemeinschaft *f*
profit sharing: Gewinnbeteiligung *f*

profit-sharing plan: Arbeitnehmer-Gewinnbeteiligungsplan *m*, Gewinnbeteiligungsplan *m*
profit taking: Gewinnrealisierung *f* durch Verkauf *m* (Börse)
profitability: Ertragskraft *f*, Rentabilität *f*, Wirtschaftlichkeit *f*
profitable: einträglich, ertragreich, gewinnbringend, lukrativ, rentabel
profiteer: Geschäftemacher *m*, Profiteur *m*, Konjunkturritter *m*
profiteering: Preistreiberei *f*, Wuchergeschäfte *n/pl* machen
profitgraph: Gewinnschwellen-Diagramm *n*, graphische Darstellung *f* des „Toten Punkts"
profits *pl*: Ertrag *m*, Nutzungen *f/pl*
proforma: proforma
proforma balance sheet: Bilanz *f* mit hypothetischen Zahlen *f/pl*, Proformabilanz *f*
proforma invoice: ProformaRechnung *f*
proforma sale: Scheinverkauf *m*
prognosis: Prognose *f*
Im allgemeinsten Sinne bezeichnet man in den empirischen Wissenschaften als Prognosen begründete Aussagen über mögliche oder wahrscheinliche zukünftige Ereignisse oder Sachverhalte. Im Gegensatz zur Hochrechnung sind Prognosen quantitative Aussagen über voraussichtliche Entwicklungen in der Zukunft.
Im Mittelpunkt des Interesses im Management stehen vor allem Markt- und Absatzprognosen. Dabei handelt es sich nach der Formulierung von Heribert Meffert um „eine auf die Empirie gestützte Vorhersage des zukünftigen Absatzes von bestimmten Produkten oder Leistungen einer Unternehmung an ausgewählte Käuferschichten (Abnehmer) in einem bestimmten Zeitabschnitt und bei einer bestimmten absatzpolitischen Mittelkombination".
Gegenstand der Prognose sind vor allem der künftige Zustand bzw. die Entwicklung des Marktpotentials, des Absatzpotentials, des Marktvolumens und des Marktanteils eines Unternehmens Ziel der Prognose ist es entweder, mögliche Differenzen zwischen Umsatzzielen und -erwartungen bei Beibehaltung bisher angewandter Strategien aufzudecken (und somit den Boden für die mögliche Entwicklung notwendig gewordener neuer Strategien zu bereiten), oder die Wirkungen möglicher alternativer Absatzstrategien abzuschätzen um herauszufinden, ob mit Ihnen bessere Umsätze zu erzielen sind, oder zu untersuchen, welche Rückwirkungen die künftige Gesamtentwicklung des Absatzes auf die mengenmäßigen Dispositionen in nachgelagerten Bereichen wie z.B. Fertigläger, Herstellung oder Einkauf hat. Die Bandbreite der Prognoseverfahren reicht von der auf bloßer Intuition beruhenden Entwicklung hoffnungsfroher Erwartungen der Geschäftsleitung ei-

621

nes Unternehmens über Trendexpolationen bis hin zu vielschichtigen Befragungsmethoden.

prognosis model: Prognosemodell *n*
Entscheidungsträger verfolgen mit der Anwendung von Modellen unterschiedliche Zwecke. Aufgabe der Modellanalyse kann eine Vorhersage oder aber die Beeinflussung realer Phänomene sein. Nach ihrer Zwecksetzung im Entscheidungsprozeß werden deshalb Prognose- und Entscheidungsmodelle unterschieden.

Mit Prognosemodellen lassen sich Informationen darüber ableiten, was in der Zukunft sein wird. Prognosemodelle transformieren in bestimmten Schritten Informationen in Vorhersagen über zukünftige Zustände und Ereignisse. Für eine wissenschaftlich fundierte Prognose werden dabei Informationen über die konkret gegebenen Bedingungen (Ausgangsdaten) sowie Gesetzeshypothesen oder zumindest Quuasigesetze über Elemente und Beziehungen im realen System benötigt. Output des Prognosemodells sind Vorhersagen über das zukünftige Verhalten bestimmter Größen, die für die Entscheidung als wichtig erachtet werden.

Entscheidungsmodelle dienen dagegen der Bewertung und Ordnung von Alternativen. Sie bezwecken die Bestimmung einer befriedigenden oder optimalen Alternative und stellen damit Handlungsvorschriften für den Entscheidungsträger bereit. Ihre Ergebnisse sagen also nicht, was sein wird, sondern was sein soll. In Entscheidungsmodelle müssen daher neben Tatsachenaussagen auch Informationen über die zu berücksichtigenden Ziele und Werte eingehen.

program: Programm *n*, programmieren *(EDV)*
Die symbolische Beschreibung der einzelnen Schritte einer Methode zur Lösung einer bestimmten Klasse von Aufgaben. Wenn eine Maschine (ein Computer) die einzelnen Schritte einer Methode abarbeitet, spricht man davon, daß sie das Programm interpretiert. Formal gesehen ist eine solche Methode nichts weiter als eine Folge von Symbolen oder eine Symbolstruktur. Das Designatum dieser Symbolstruktur, d.h. das, worauf sie sich bezieht, ist aber kein Gegenstand der Außenwelt, sondern ein Prozeß. Von den Symbolstrukturen zur Beschreibung der Methode sind die Daten zu unterscheiden. Daten sind Symbolstrukturen, die sich auf bestimmte Gegenstände oder Phänomene der Außenwelt beziehen. Bei der Interpretation des Programms verarbeitet die Maschine die eingegebenen oder gar selbst gewonnenen Daten gemäß den Prozeßvorschriften der Methode und gibt das Ergebnis in geeigneter Form, etwa auf einem Drucker oder einem Bildschirm, an den Entscheider aus. In bestimmten Fällen, wie beispielsweise bei Prozeßrechnern kann die Maschine auch die Entscheidungen selbst ausführen. Nicht jede Methode, die grundsätzlich automatisierbar wäre, wird auch tatsächlich einem Computer übertragen.

program branch: Programmverzweigung *f (EDV)*
program branch-off: Programmverzweigung *f (EDV)*
program check: Programmprüfung *f (EDV)*
program control: Programmateuerung *f (EDV)*
program evaluation and review technique (PERT): Netzplantechnik *f*
program flow: Programmablauf *m (EDV)*
program flow chart: Programmablaufplan *m (EDV)*
program for action: Aktionsprogramm *n*
Das die Durchführung einer Managementstrategie im einzelnen beschreibende Programm einschließlich seiner Aufgliederung auf die einzelnen Bestandteile.
program generator: Programmgenerator *m (EDV)*
program identification: Programmbezeichnung *f (EDV)*
program load card: Programmladekarte *f (EDV)*
program loop: Programmschleife *f (EDV)*
program manual: Programmhandbuch *n (EDV)*
program name: Programmname *m (EDV)*
program objective: Programmziel *n (EDV)*
program register: Befehlsregister *n (EDV)*
program repeat: Programmwiederholung *f (EDV)*
program skip: Programmsprung *m (EDV)*
program step: Programmschritt *m (EDV)*
program unit: Leitungseinheit *f*
Im Kolleagialmodell eine Gruppe, deren Aufgabe die Ausrichtung auf die Organisationsziele ist.
program wage: Programmlohn *m*
Eine Form des Pensumlohns, die bei der Erfüllung einer klar umrissenen Arbeitsaufgabe (Programm) einen festen Lohn für eine bestimmte Zeiteinheit vorsieht.
programmed book: Lehrbuch *n* für programmierten Unterricht *m*
programmed instruction: programmierter Unterricht *m*
programmer: Programmierer *m (EDV)*
programming: Programmierung *f*
programming language: Programmiersprache *f (EDV)*
progress: Fortschritt *m*
progress chart: Entwicklungsdiagramm *n*, Fortschrittsdiagramm *n*
progress chaser: Arbeitsflußüberwacher *m*
progress report: Fortschrittsbericht *m*, Tätigkeitsbericht *m*

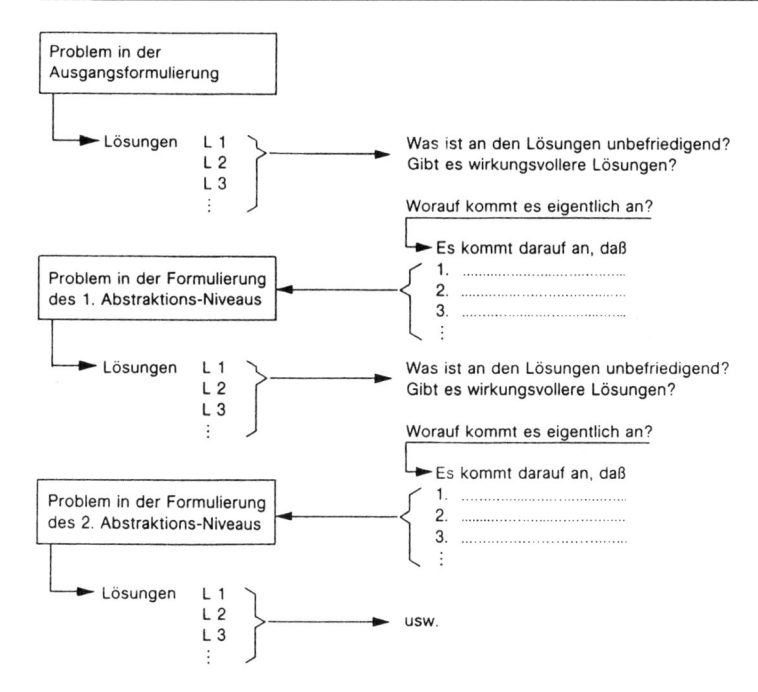

```
┌─────────────────────┐
│ Problem in der      │
│ Ausgangsformulierung│
└─────────────────────┘
    │
    └──▶ Lösungen  L 1 ⎫
                   L 2 ⎬──▶ Was ist an den Lösungen unbefriedigend?
                   L 3 ⎭    Gibt es wirkungsvollere Lösungen?
                   ⋮
                             Worauf kommt es eigentlich an?
                              └▶ Es kommt darauf an, daß
┌─────────────────────┐      ⎰ 1. ............
│ Problem in der      │◀─────⎱ 2. ............
│ Formulierung        │        3. ............
│ des 1. Abstraktions-│        ⋮
│ Niveaus             │
└─────────────────────┘
    │
    └──▶ Lösungen  L 1 ⎫
                   L 2 ⎬──▶ Was ist an den Lösungen unbefriedigend?
                   L 3 ⎭    Gibt es wirkungsvollere Lösungen?
                   ⋮
                             Worauf kommt es eigentlich an?
                              └▶ Es kommt darauf an, daß
┌─────────────────────┐      ⎰ 1. ............
│ Problem in der      │◀─────⎱ 2. ............
│ Formulierung        │        3. ............
│ des 2. Abstraktions-│        ⋮
│ Niveaus             │
└─────────────────────┘
    │
    └──▶ Lösungen  L 1 ⎫
                   L 2 ⎬──▶ usw.
                   L 3 ⎭
                   ⋮
```

progressive abstraction: Progressive Abstraktion *f*
Eine Methode der Ideenfindung und Problemanalyse, die darauf angelegt ist, Kernfragen in problematischen Sachverhalten und Gefügezusammenhänge von Problemstrukturen aufzudecken. Die Konzeption der Progressiven Abstraktion geht auf H. Geschka zurück. Sie verfolgt im wesentlichen zwei Erkenntnisziele:
(1) Die Beziehungen zwischen einem gegebenen Problem und dem Zielsystem des Problemlösenden herauszuarbeiten, und
(2) die Maßnahmenebene aufzuzeigen, auf der Lösungen die wirkungsvollsten Beiträge zur Zielerreichung leisten.
Auf diese Weise läuft das Verfahren darauf hinaus zu überprüfen, ob die vorläufige Problemdefinition den wirklich wesentlichen problematischen Tatbestand erfaßt, oder ob nicht Problemauffassungen gefunden werden können, die grundsätzlichere und weiterreichende Lösungen anregen.
Dabei wird in mehreren Formulierungsstufen versucht, von möglicherweise oberflächlichen und ungenauen Problemauffassungen zu exakteren, zielbezogenen „Kerndefinitionen" vorzustoßen.
In der einfachsten Form sieht die Progressive Abstraktion vor, auf ein gegebenes Problem die Fragestellung „Worauf kommt es eigentlich an?" wiederholt anzuwenden und sich dabei jedesmal um Antworten grundsätzlicher Richtigkeit zu bemühen. Aus diesen Antworten wird das Problem der jeweils nächsthöheren Abstraktionsstufe formuliert. Hierzu werden dann Lösungsmöglichkeiten erarbeitet und der Prozeß solange weitergeführt, bis man zu denjenigen Lösungsansätzen vorgedrungen ist, die den Gegebenheiten des Problems am besten entsprechen. Die graphische Darstellung oben auf dieser Seite veranschaulicht das Vorgehen.

progressive depreciation: progressive Abschreibung *f*
progressive tax: progressive Steuer *f*
progressive taxation: progressive Besteuerung *f*
prohibit: untersagen, verbieten
prohibit clause: Negativklausel *f*
prohibited issue of shares: verbotene Aktienausgabe *f*
prohibition: Untersagung *f*, Verbot *n*, Prohibition *f*
prohibition of importation: Einfuhrverbot *n*
prohibition to compete: Wettbewerbsverbot *n*
prohibitive clause: Negativklausel *f*, Verbotsklausel *f*
prohibitive duty: Sperrzoll *m*
prohibitive measure: Sperrmaßnahme *f*
prohibitive price: Ablehnungspreis *m*
Ein besonders hoch angesetzter Einführungspreis für ein neues Produkt, den ein Innovationsunternehmen entweder aus Risikoscheu oder aus Kapitalmangel festlegt, damit es zunächst mit geringer Kapazität die Produktion und den Absatz in Angriff

nehmen und später im Wege der Selbstfinanzierung die Kapazitäten ausbauen kann.
project: Plan *m*, planen, Programm *n*, Projekt *n*, Vorhaben *n*
project analysis: Projektanalyse *f*
project budget: Projektbudget *n*
Ein operatives Budget für Sonderaufgaben.
project management: Projektmanagement *n*
Die Notwendigkeit für ein spezielles Projektmanagement ergibt sich aus den Eigenschaften eines Projekts: Es handelt sich um eine Aufgabe, die außerhalb der Routine-Aufgaben des Unternehmens steht und die ein klares, abgrenzbares und bewertetes Ziel verfolgt. Diese Aufgabe ist zeitlich begrenzt, d.h. es gibt einen Start- und Endtermin. Sie kann im Rahmen der bestehenden organisatorischen Gliederung nicht gelöst werden, da mehrere Funktionen und Instanzen betroffen sind. Daher sind besondere Organisationsformen für die Realisierung des Projekts erforderlich. Das Ergebnis des Projekts steht in einem unmittelbaren Zusammenhang mit den übrigen Prozessen des Unternehmens, da der erfolgreiche Abschluß der Aufgabe einen Einfluß auf die Wirtschaftlichkeit, das Wachstum, den Erfolg und auf den Gewinn des Unternehmens ausüben kann.
Projekte erfordern besondere Methoden der Planung, Steuerung und Kontrolle sowie spezielle Organisationsformen des Projektmanagements. Von der Projektarbeit sind mehrere Bereiche, Aufgabenträger und Instanzen betroffen: Das Management, die Fachabteilungen und die Funktionen der Projektentwicklung. Projekte werden üblicherweise in bestimmte, logisch abgrenzbare Teilaufgaben (Phasen) gegliedert. Das ermöglicht eine korrigierende Steuerung, führt zur Reduzierung projektspezifischer Risiken und erlaubt eine Einflußnahme des Managements auf den Projektfortschritt und auf die Projektkontrolle.
Ebenso wie bei der Gremien-Organisation geht man bei der Einrichtung von Projekt-Teams von einer bestehenden Hierarchie aus, von der man annimmt, daß sie zur Lösung von repetitiven Routineaufgaben gut geeignet sei. Dagegen erfordere die Lösung innovativer, komplexer, zeitlich terminierter Aufgaben eine andere Koordinationsform.
Projekt-Teams sind temporäre Arbeitsgruppen mit begrenzter Weisungsbefugnis zur Lösung zeitlich begrenzter Aufgaben. Die Teammitglieder rekrutieren sich aus allen für das Problem bedeutsamen Bereichen der Unternehmung, arbeiten hauptamtlich im Team und kehren nach Erfüllung der Aufgabe in ihre ursprüngliche (oder eine neue) Position in der Hierarchie zurück. Somit repräsentieren die Teammitglieder unterschiedliche hierarchische Ebenen, unterschiedliches Wissen (von der Ausbildung und der Erfahrung her) und unterschiedliche Abteilungen.
Die Teammitglieder arbeiten im Gegensatz zu den Gremienmitgliedern „full time" und verfügen als Team in aller Regel über Macht, die auf den Grundlagen Information und Expertentum beruht. Darüber hinaus erhöht sich der Status des Projekt-Teams dadurch, daß es in der Regel vom Top Management eingesetzt worden ist.
Eine für die Realisierung eines Projekts häufig benutzte Organisationsform ist das Matrix-Management. In Abhängigkeit von der Größe und Dauer der Aufgabe sind dabei folgende Abstufungen möglich:
(1) *Beobachter und Berichterstatter*: Dem Projektleiter werden beratende, koordinierende und berichterstattende Funktionen zugeordnet. Die am Projekt beteiligten Mitarbeiter bleiben ihren bisherigen Vorgesetzten disziplinarisch unterstellt, denen auch die Disposition und Verfügung der Mittel und die zeitliche Planung obliegt. Nachteil: Der Projektleiter ist in seiner Planung von der Bereitwilligkeit und Zustimmung der Fachmanager abhängig.
(2) *Koordinator*: Der Projektleiter nimmt den Rang eines Koordinators ein und erhält ein eigenes Budget sowie delegierte Mitarbeiter, die jedoch weiterhin dem Management ihrer Ursprungsbereiche unterstellt sind. Diese recht problematische Organisationsform wird auch als Matrix-Projektmanagement bezeichnet. Nachteil: Potentielle Zielkonflikte der beteiligten Mitarbeiter durch die Trennung von fachlichem Management (der Projektleiter fungiert als Fachvorgesetzter) und personellem Management (Ursprungsbereich).
(3) *Projektmanager*: Bei dieser Organisationsform erhält der Projektleiter die disziplinarische und die direktoriale Funktion eines Managers mit Personal-, Gewinn- und Einsatzmittelverantwortung. Das Projektteam kann in diesem Fall als temporäre Abteilung oder Funktion aufgefaßt werden, das eine spezielle Zielsetzung verfolgt und eigene Arbeitsorganisationen und Planungen erstellt.
Neben dem Matrix-Management ist auch bei der Gestaltung von Projekten das Klientenprinzip anzutreffen: Hierbei erfolgt eine starre Trennung zwischen Fachabteilungen, die als Auftraggeber fungieren, und Expertenteam. Eine gegenseitige Durchdringung von Erfahrungen und Wissen im Rahmen des Teams ist nicht gegeben, statt dessen sind umfangreiche Formalismen erforderlich, um Aufträge und Erfolge (Realisierungsphasen) abzustimmen.
Um zu verhindern, daß das Projektteam eine isolierte, quasi außerhalb der etablierten Strukturorganisation stehende Gruppe bildet, erhält das Projektmanagement durch besondere Befehls- und Weisungswege eine eigene Hierarchie: der Projektmanager berichtet – bedingt durch die Komplexität seiner Aufgabenstellung- an mehrere Funktionsbereichsleiter. Sie alle sind auf eine einheitliche Lösung, auf einen akzeptablen Einführungstermin und auf eine Vielzahl detaillierter Einzelaktivitäten abzustimmen.
Es bilden sich für diese Koordinations- und Entscheidungsaufgaben in der Praxis besondere Entscheidungsgremien (Kollegien, Komitees, Decision Groups), die folgende Aufgaben wahrnehmen:

Das Entscheidungsgremium ist dadurch gekennzeichnet, daß die Funktionsbereichsleiter des Unternehmens (also die Leiter Finanzbereich, Personal, Produktion etc.), temporär Konferenzentscheidungen bezüglich der Projektplanung und -entwicklung treffen und bei besonderen Situationen (d.h. beim Vorliegen von Problemen) steuernd eingreifen. Als Ganzes berichten sie an die Geschäftsleitung. Der Vorteil besteht darin, daß die Funktionsbereichsleiter gezwungen sind, sich intensiv um das Projekt und seine Schwierigkeiten zu kümmern. Der Projektleiter berichtet an das Entscheidungsgremium und erhält von diesem die Zuweisung seines Budgets, des benötigten Personals und die Genehmigung des Projektplans und Projektinhalts.

Die Aufgaben und Pflichten des Projektleiters lassen sich wie folgt beschreiben:

1. *Organisatorische Zuordnung*: Der Projektleiter untersteht sachlich und personell dem Entscheidungsgremium oder einem dominierenden Funktionsbereichsleiter. Ihm gegenüber ist er weisungsgebunden.

2. *Verantwortungen*: Der Projektleiter trägt prinzipiell die Verantwortung für das Erreichen des Projektziels (Ergebnisverantwortung) entsprechend dem Ziel (inhaltliche Erfüllung), den Terminen (zeitliche Erfüllung) und dem finanziellen und personellen Aufwand.

Die Ziele stammen in der Regel von „außen", d.h. dem Entscheidungsgremium, den Fachbereichen oder der Geschäftsleitung. Daraus resultieren folgende Teilaufgaben: Überprüfung der Ziele nach Integration mit den bisherigen Prozessen, technische Realisierungsmöglichkeiten, ökonomische Realisierung (Aufwand/Nutzen-Analyse) und Festlegung der sachlichen und personellen Anforderungen für die Zielerreichung.

Der Projektleiter führt entsprechend den Projektphasen die Planung durch (Grobplan, Teilpläne, Detail- und Aufgabenpläne) und ist für die Abstimmung mit anderen Plänen (anderer Projektleiter, finanzielle Vorgaben, personelle Restriktionen) verantwortlich.

Der Projektleiter führt bei Planabweichungen Problemanalysen durch; ist eine Korrektur innerhalb der eigenen Kontrollspanne nicht möglich, berichtet er diese Situation mit entsprechenden Lösungsalternativen an das Entscheidungsgremium beziehungsweise an seinen Vorgesetzten.

Der Projektleiter ist für den Projektfortschritt zuständig; er beeinflußt die Arbeitsverteilung innerhalb seines Teams, reguliert den Mitarbeitereinsatz und legt gemeinsam mit den Teammitgliedern -Termine und Tätigkeiten fest, die er überwacht.

Der Projektleiter verfügt über ein projektbezogenes Budget; er stellt die Budget-Anforderungen auf (z.B. Personal, Überstunden, Sachmittel), kontrolliert die Einhaltung der Vorgaben und begründet Abweichungen.

Soweit es sich um die vom Projekt beeinflußbaren Aufwandsarten handelt, ist der Projektleiter für die Wirtschaftlichkeit des Projekts verantwortlich.

Der Projektleiter führt als disziplinarischer Vorgesetzter ein Team qualifizierter Mitarbeiter. Er ist daher auch zuständig für die Motivation und Förderung der Mitarbeiter, für Konfliktlösung und für eine ausgewogene Arbeitsverteilung.

Der Projektleiter pflegt intensive Kommunikation mit Auftraggebern, Fachbereichen, Nachbarabteilungen, Entscheidungsgremium und mit den Mitgliedern oder Stellen des Projekts.

Insgesamt treffen für den Projektleiter alle Anforderungen und Kriterien des Managements zu, bezogen jeweils auf die besondere Situation, die durch die herausragende Stellung der Projektaufgabe gegeben ist.

project planning: Projektplanung *f*
Soweit es bei der operativen Planung um den Vollzug der Strategie geht, wird meist zwischen Standard- und Projektplanung unterschieden. Unterscheidungskriterium ist die Frage, ob eine gegenwärtig verfolgte Strategie beibehalten werden soll oder – zur Sicherung des Erfolgspotentials – mehr oder weniger langfristige Änderungen des Produkt-Markt-Konzeptes beabsichtigt werden. Soweit letzteres der Fall ist, müssen – unabhängig von der laufenden Strategie – rechtzeitig Aktivitäten in Gang gesetzt werden, mit deren Hilfe strategische Umsteuerungen vollzogen werden können.

Alle derartigen Aktivitäten zur Umsteuerung der laufenden Strategie werden im operativen System in Form von (strategischen) Projektplänen aufgenommen und bis zur Handlungsreife konkretisiert. Alle anderen Pläne, die der Verwirklichung der laufenden Strategie (des gegebenen Produkt-Markt-Konzeptes) und der Aufrechterhaltung der Systemfunktionen gewidmet sind, gehören zur operativen Standardplanung.

projection: Hochrechnung *f*
Der rechnerische Vorgang der Transformation von Stichprobenwerten in Parameter der Grundgesamtheit. Die Hochrechnung stellt also gewissermaßen die Umkehrung der Stichprobenbildung dar, d.h. der Hochrechnungsfaktor ist der reziproke Wert des Auswahlsatzes. Bei der Hochrechnung müssen alle bei den Auswahlverfahren getanen Schritte rechnerisch in umgekehrter Richtung wiederholt werden. Es wird zwischen der freien und der gebundenen Hochrechnung unterschieden.

prolong: prolongieren, verlängern
prolongation: Prolongation *f*, Verlängerung *f*
prolongation of payment: Moratorium *n*
prolonged bill: Prolongationswechsel *m*
prolonged note: Prolongationswechsel *m*
promise: versprechen, Versprechen *n*, Zusage *f*, zusagen, zusichern, Zusicherung *f*
promise a reward: austoben
promise of marriage: Eheversprechen *n*

promise of reward: Auslobung *f*
promise to pay upon improvement of debtor's financial circumatances: Besserungsschein *m*
promisee: Versprechensempfänger *m*
promising: vielversprechend
promisor: Versprechensgeber *m*
promissory: verpflichtend
promissory note: eigener Wechsel *m*, Eigenwechsel *m*, Obligation *f*, Promesse *f*, Schuldschein *m*, Solawechsel *m*, wechselmäßiges Schuldversprechen *n*
promotable: für Beförderung *f* geeignet, beförderungsbereit
promote: befördern (Mitarbeiter), fördern, gründen, unterstützen (fördern)
promoted, be: avancieren
promoter: Förderer *m*, Gründer *m*, Gründer *m* einer juristischen Person *f*, Kapitalgeber *m*, Propagandist *m*
promotion: Avancement *n*, Beförderung *f* (Mitarbeiter), Förderung *f*, Gründung *f*
promotion by seniority: Beförderung *f* nach Dienstalter *n*
promotion of the economy: Wirtschaftsförderung *f*
promotion policy: Beförderungspolitik *f*
promotion rate: Beförderungsrate *f*
promotion(al) expenses *pl*: Gründungsaufwand *m*
promulgate: bekanntmachen, bekanntmachen, öffentlich verkünden (Gesetz)
promulgate a law: veröffentlichen
promulgation: Bekanntmachung *f*, Veröffentlichung *f*
pronounce: aussprechen, verkünden (Urteil)
pronouncement: Ankündigung *f*, Verkündung *f*
pronouncement of judgment: Urteilseröffnung *f*
pronouncement of sentence: Urteilseröffnung *f*
proof: Begründung *f*, Beweis *m*, Nachweis *m*
proof of claim: Forderungsnachweis *m*
proof of guilt: Schuldbeweis *m*
proof of identity: Identitätenachweis *m*, Nämlichkeitszeugnis *n*
proof of loss: formelle Schadensanzeige *f* (an den Versicherer *m*), Schadensnachweis *m*
proof sheet: Abstimmungsbogen *m*
propagate: ausbreiten, propagieren
propensity: Neigung *f*, Tendenz *f*

propensity to consume: Konsumneigung *f*
Unter der Bezeichnung Konsumneigung bzw. Sparneigung werden die von dem britischen Wirtschaftswissenschaftler John Maynard Keynes (1883-1946) 1936 entwickelten theoretischen Bemühungen zusammengefaßt, deren Ziel die Bestimmung des gesamtwirtschaftlichen Verbrauchs ist. In der Wirtschaftstheorie ist die Konsumfunktion der Ausdruck für die funktionale Abhängigkeit des Konsums (C) von den ihn determinierenden Einflußfaktoren insbesondere vom Einkommen. In der einfachsten Form stellt die Konsumfunktion den totalen Konsum in Abhängigkeit vom verfügbaren Einkommen dar:

$$C = \frac{C}{Y}$$

Während in der Neoklassik die Ersparnisse S (und somit auch der Konsum C, da das Einkommen nur konsumiert oder gespart werden kann) eine Funktion des Zinssatzes ist, kommt Keynes zu dem Ergebnis, daß die Konsumgüternachfrage hauptsächlich eine Funktion des (laufenden) Einkommens sei. Mit a als sog. absolutem Konsum, c als marginaler Konsumneigung, Y als Einkommen und C als Konsum, jeweils bezogen auf die laufende Periode, lautet die einfachste Keynessche Konsumfunktion
$$C = a + CY$$
und kann in der folgenden Abbildung dargestellt werden:

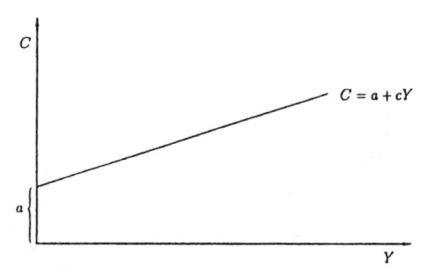

Die Keynessche Konsumfunktion

Da die marginale Konsumneigung c konstant ist, weist die lineare Konsumfunktion aufgrund des positiven Achsenabschnitts a zwar einen bei steigendem Einkommen absolut steigenden Konsum C auf, der Durchschnittskonsum C/Y sinkt aber mit steigendem Y.
Das folgende vereinfachende Modell (Einkommen-Ausgaben-Modell) zeigt nun, daß die Keynessche Ersetzung der zinselastischen durch die einkommensabhängige Spar- und Konsumfunktion erhebliche Konsequenzen für die Interpretation der makroökonomischen Funktionsmechanismen einer Marktwirtschaft hat. Ein Gleichgewicht auf dem Gütermarkt besteht nach Keynes, sofern das geplante Güterangebot (das bei gegebener Produktionsfunktion und ebenfalls gegebe-

ner Arbeitsbereitschaft maximal produzierbare Sozialprodukt Y_s) der geplanten Güternachfrage Y_d entspricht. Verzichtet man in der einfachsten Modellierung auf die Berücksichtigung von Staat und Außenhandel, so setzt sich die gesamtwirtschaftliche Nachfrage aus der Konsumgüternachfrage C und der Investitionsgüternachfrage I zusammen. Die Gleichgewichtsbedingung lautet demnach
$Y_s = Y_d = C + I$.
Da im Gleichgewicht Angebot und Nachfrage definitionsgemäß identisch sind, kann auf die Indizes verzichtet werden und – mit einem Stern als Symbol für Gleichgewichtswerte – einfach
$Y^* = C + I$
geschrieben werden. Setzt man in diese Gleichung die Keynessche Konsumfunktion ein, so folgt
$Y^* = a + cY^* + I$.
Daraus ergibt sich
$Y^* - cY^* = a + I$
und schließlich
$$Y^* = \frac{a+I}{1-c}$$
Da die marginale Konsumneigung c – die von einer marginalen Veränderung des Einkommens hervorgerufene Konsumänderung – komplementär zur marginalen Sparneigung s ist (jede zusätzliche Einheit des Einkommens muß entweder konsumiert oder gespart werden), gilt c + s = 1 bzw. 1 – c = s. Die obige Gleichung geht in
$$Y^* = (a+I) \cdot \frac{1}{s}$$
über. Dieses Ergebnis bringt die nächste Abbildung zum Ausdruck. Sie zeigt auf der Abszisse das Güterangebot Y_s und auf der Ordinate die Nachfragekomponenten Konsum (C) und Investitionen (I) sowie die gesamte Nachfrage Y_d.

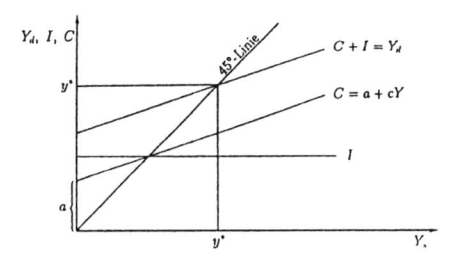

Das Keynessche Einkommen-Ausgaben-Modell

Auf der 45°-Achse sind Güterangebot und Güternachfrage identisch, so daß es nur ein einziges Nachfrageniveau Y_d gibt, bei dem $Y_d = Y_s = Y^*$ gilt. Betrachtet man den autonomen Konsum sowie die marginale Konsumneigung und damit die Konsumfunktion als gegeben, so wird das gleichgewichtige Sozialprodukt Y^* eindeutig von der Investitionsgüternachfrage bestimmt. Jede Erhöhung der Investitionen führt zu einer Erhöhung des gleichgewichtigen Sozialprodukts und umgekehrt.
Auf dem Arbeitsmarkt erfordert ein Dispositionsgleichgewicht der Haushalte, daß das Grenzleid der Arbeit dem Reallohn entspricht. Im Dispositionsgleichgewicht der Unternehmen entspricht der Reallohn der Grenzproduktivität der Arbeit. Beim Reallohnsatz $(w/p)^*$ sind die Dispositionsgleichgewichte der Haushalte und der Unternehmen miteinander vereinbar und es kommt zur Gleichgewichtsbeschäftigung A^*. Da die Grenzproduktivität der Arbeit die erste Ableitung der Produktionsfunktion unter Konstanz der Mengen aller anderen Produktionsfaktoren – d.h. in der aggregierten Version: unter Konstanz des Kapitalstocks – ist, kann über die Produktionsfunktion jeder Arbeitsmenge eindeutig ein bestimmtes Sozialprodukt zugeordnet werden. Die Bedeutung des Kapitalmarkts liegt dann darin, daß der Zinsmechanismus dafür sorgt, daß die bei der gleichgewichtigen Beschäftigungsmenge A^* produzierte Gütermenge Y^* auch abgesetzt werden kann, weil jeder durch eine Erhöhung der Sparneigung hervorgerufene Nachfrageausfall von einer Erhöhung der Investitionsgüternachfrage begleitet wird. Vereinfachend kann man sagen, daß die neoklassische Argumentation vom Arbeitsmarkt zum Gütermarkt führt.
Im Keynesschen Einkommen-Ausgaben-Modell gibt es dagegen nicht beliebig viele, von den Präferenzen der Arbeitsanbieter determinierte Gütermarktgleichgewichte, sondern nur noch ein einziges, das von der Konsumfunktion und der Investitionsgüternachfrage und somit von der gesamten effektiven Nachfrage bestimmt wird. Ob dieses Sozialprodukt ausreicht, um für ein Gleichgewicht auf dem Arbeitsmarkt zu sorgen, ist nach Keynesscher Überzeugung fraglich. Wenn man z.B. annimmt, daß das gleichgewichtige Sozialprodukt Y^* in der obigen Abbildung bei gegebener Produktionsfunktion nur die Arbeitsmenge A_1 in der nächsten Abbildung erfordert, so kommt es zur unfreiwilligen Arbeitslosigkeit, weil die Arbeitsnachfrage der Unternehmen nicht von der Grenzproduktivität der Arbeit, sondern von der effektiven Nachfrage limitiert wird.

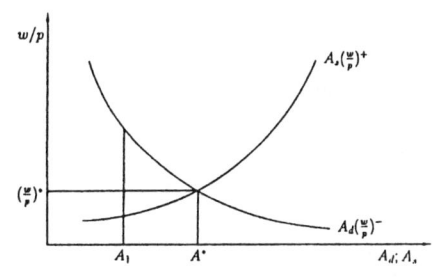

Neoklassischer Arbeitsmarkt

Die Ersetzung der zinselastischen durch die einkommensabhängige Spar- und Konsumfunktion verkehrt daher die Kausalbeziehung von Arbeits-

und Gütermarkt ins Gegenteil: Während in der Neoklassik vor Keynes die Grenzproduktivität der Arbeit die Beschäftigung und die Güterproduktion bestimmt und der Kapitalmarkt die Aufteilung der Produktion auf Konsum- und Investitionsgüter regelte, bestimmt nach Keynes die Güternachfrage die Faktornachfrage.

Die lange Zeit dominierende Stellung der Keynesschen Theorie in der Wirtschaftspolitik erklärt sich aber nicht nur aus dieser dringend erforderlichen Begründung langfristiger Arbeitslosigkeit, sondern stärker noch daraus, daß mit Gleichung

$$Y^* = \frac{a+I}{1-c}$$

gleichzeitig der Weg zur Steigerung des Sozialprodukts und der Beschäftigung gewiesen wurde. Nach der obigen Abbildung ist das Sozialprodukt eine Funktion der Investitionen, so daß zur Erhöhung des Sozialprodukts offensichtlich eine Erhöhung der Investitionsgüternachfrage herbeigeführt werden muß. Das Ausmaß der erforderlichen Steigerung der Investitionsgüternachfrage wird vom Multiplikator M angegeben, der die Veränderung des Sozialprodukts bei einer marginalen Veränderung der Investitionen mißt und somit der ersten Ableitung des Sozialprodukts nach den Investitionen in der obigen Gleichung entspricht:

$$M = \frac{dY}{dI} = \frac{1}{1-c} = \frac{1}{s}$$

Die Reaktion des Sozialprodukts auf eine Erhöhung der Investitionen ist demnach um so stärker, je geringer die marginale Sparneigung s bzw. je höher die marginale Konsumneigung c ist, und eine Erhöhung der Investitionen um eine Einheit führt zu einer Erhöhung des Sozialprodukts um fünf Einheiten. Der Ausgleich der Investitionen und der Ersparnisse vollzieht sich nicht simultan durch den Zinssatz auf der Grundlage der Grenzproduktivität des Kapitals und dem Grenzleid des Konsumverzichts, sondern sequentiell: Die Investitionen bestimmen als exogene Variable das Sozialprodukt und das Sozialprodukt determiniert über die Konsum- bzw. Sparfunktion die Höhe der Ersparnisse.

Der Keynessche Multiplikator begründete die Phase der keynesianischen Fiscal Policy in den 1950er und 1960er Jahren, die davon ausging, daß in Zeiten des konjunkturellen Abschwungs eine Steigerung des Sozialprodukts und der Beschäftigung direkt durch eine Erhöhung der Staatsnachfrage oder indirekt durch eine Unterstützung privater Investitionen herbeigeführt werden solle.

Der einfache Zusammenhang zwischen der Investitionsgüternachfrage und dem Sozialprodukt im Einkommen-Ausgaben-Modell ist allerdings an einige restriktive Prämissen gebunden, von denen insbesondere die exogene Vorgabe der Investitionen kritikwürdig erscheint. Diese bedeutet zwar nicht, daß die Investitionen als vollständig autonom betrachtet werden müssen – sie können ohne weiteres als abhängige Variable von Einflußfaktoren interpretiert werden, die im Einkommen-Ausgaben-Modell nicht vorkommen. Doch enthält die exogene Vorgabe zwingend die Hypothese, daß die Investitionen weder direkt noch indirekt von einer der Größen beeinflußt werden, die im Modell selbst auftreten (Konsumneigung, Gesamtkonsum, Sozialprodukt, Grenzproduktivität der Arbeit usw.).

Andernfalls wäre die schlichte Ermittlung der Gesamtnachfrage aus der Addition von Konsum und Investitionen und die Bestimmung des maximalen Güterangebots und der Beschäftigung aus der Gesamtnachfrage methodisch unzulässig, weil Interdependenzen zwischen Konsum und Investitionen vernachlässigt werden würden.

Neben der allgemeinen Konsumfunktion gibt es zahlreiche spezielle Konsumfunktionen, die nur bestimmte Güter wie z.B. Nahrungsmittel, Wohnen usw. betreffen. Auf der Grundlage des makroökonomischen Zusammenhangs zwischen Konsum und Volkseinkommen formulierte John Maynard Keynes das „psychologische Konsumgesetz" über die Höhe der marginalen Konsumneigung: „Die Menschen werden in der Regel und im Durchschnitt willens sein, ihren Konsum zu vermehren, wenn ihr Einkommen steigt, aber nicht so viel wie die Einkommenssteigerung beträgt."

Diese Tendenz wird durch die Gewohnheit der Menschen nahegelegt, einen erreichten Konsumstandard zu halten. Die Angleichung an einen höheren Lebensstandard aufgrund von Einkommenserhöhungen vollzieht sich nur langsam. Das Festhalten an der gewohnten Lebenshaltung äußert sich bei Einkommenseinbußen in einer verstärkten Abnahme der Ersparnis.

Langfristig geht Keynes von einem Sinken der durchschnittlichen Konsumquote – dem Verhältnis von Konsum (C) zu Einkommen (Y) – bei steigendem Einkommen aus. Die marginale Konsumquote wird als positiv konstant aber kleiner 1 angenommen. Dies folgt aus dem „psychologischen Gesetz". Die marginale Konsumquote (Grenzneigung zum Konsum), die jenen Teil des zusätzlichen Einkommens bestimmt, der für Konsumzwecke verwendet wird, stellt nach Keynes „nichts anderes als ein globales Bedürfnissättigungsgesetz dar".

Bei der Formulierung der Konsumfunktion ging es Keynes um einen makroökonomischen Durchschnitt. Er verstand seine Annahmen nie als individualpsychologische Gesetzmäßigkeiten. Als Formel läßt sich die Keynes'sche Konsumhypothese in der folgenden Gleichung darstellen:

C = a + bY;
a > 0; 0 < b < 1

Daß die Bedingungen erfüllt sind, zeigen folgende Ableitungen:

$$\frac{dC}{dY} = b < 1$$

Die im „grundlegenden Gesetz" zum Ausdruck gebrachte Grenzneigung zum Konsum (marginal propensity to consume) ist positiv, aber kleiner als 1.

$$\frac{d^2C}{d^2Y} = 0$$

Konstanz der marginalen Konsumquote.

$$\frac{d\left(\frac{C}{Y}\right)}{dY} = \frac{-a}{Y^2}$$

Sinkende Tendenz der Konsumquote bei steigendem Einkommen.

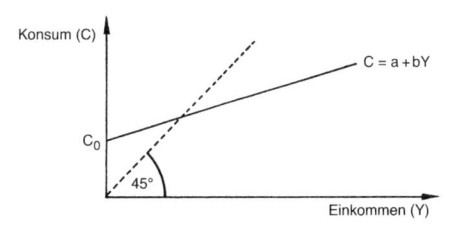

Der Zusammenhang von Einkommen und Konsum nach Keynes

Die bei Punkt C_0 = a (dem Existenzminimum, das nicht unterschritten wird und den autonomen von der Höhe des Einkommens unabhängigen Konsum darstellt) beginnende Gerade zeigt die Zunahme des Konsums in Abhängigkeit vom Volkseinkommen. Ihre Steigung (> 45° zeigt, daß die Zunahme des Konsums hinter der des Volkseinkommens zurückbleibt. Die Restgröße, die sich als Differenz Y – C ergibt, ist die gesamtwirtschaftliche Ersparnis. Das Sparen wird nicht von bestimmten „Sparmotiven" abhängig betrachtet, ist bei Keynes also kein motiviertes Verhalten. Analytisch ergibt sich das Sparen, aus:
Y = C + S;
S = Y – C. Die Sparneigung (sY) ergibt sich als reziproker Wert aus der Konsumneigung (s = 1 – b).

Während die klassische Nationalökonomie gelehrt hatte, daß Sparen und Investieren einander im allgemeinen auf den Kapitalmärkten durch die Zinsbewegungen ausglichen und ihre Änderungen deshalb nicht zu Veränderungen der Nachfrage führten, und darum auch für die Beschäftigung indifferent seien, postulierte Keynes, daß Sparen und Investieren einander im allgemeinen nicht ausgleichen. Ihre Veränderungen führen zu Inflation und Deflation, mithin zu Schwankungen der Beschäftigung im Einklang mit der Nachfrage nach Arbeit. Diese wiederum schwankt mit der Geldmenge, mit der „Liquiditätsvorliebe", mit der marginalen Konsumneigung, mit der marginalen Produktivität des Kapitals. Keynes zufolge kann die Beschäftigung nur steigen, wenn die Reallöhne sinken; dieses werde durch die „Geldillusion" der Arbeiter ermöglicht.

Als einen der Störenfriede im System identifizierte Keynes den Sparer: „Je tugendhafter, je entschlossener sparsam, je hartnäckiger orthodox wir in unserer staatlichen und persönlichen Geldgebarung sind, desto mehr werden unsere Einkommen fallen müssen, wenn der Zinsfuß im Verhältnis zur Grenzleistungsfähigkeit des Kapitals steigt."

Keynes behauptete, der klassische Fall der Vollbeschäftigung, bei dem Sparen gleich Investieren ist, sei nur ein besonderer Glücksfall: Entgegen der klassischen Theorie verschwinde Unterbeschäftigung nicht durch das freie Spiel von Preisen, Löhnen und Zinsen. Der Staat müsse deshalb die Vollbeschäftigung vor allem durch eine expansive Finanzpolitik garantieren.

Keynes bestritt ebenfalls, daß der Sparanteil der bei einer Produktionsausdehnung verdienten Mehreinnahmen automatisch zu einer mit der Einkommenssteigerung korrespondierenden Mehrnachfrage nach Kapitalgütern führe. Er unterschied grundsätzlich zwischen Nachfrage nach Konsumgütern und Nachfrage nach Kapitalgütern. Die Nachfrage nach Konsumgütern variiere mit dem Produktions- und Einkommensvolumen, während die Nachfrage nach Kapitalgütern von der allgemeinen ökonomischen Situation einschließlich des technischen Fortschritts, der Bevölkerungsentwicklung u.dgl. bestimmt werde.

Die Nachfrage nahm Keynes zum Ausgangspunkt seiner Beschäftigungstheorie in Gestalt der Multiplikatoranalyse: Er untersuchte die Wirkungen zusätzlicher Nachfrage nach Kapitalgütern auf die Höhe des Volkseinkommens. Die aufgrund überschüssiger Ersparnis nicht abgesetzten Güter stellte er einer unfreiwilligen Investition gleich. Sie führen über den Nachfrageausfall zu Beschäftigungseinschränkungen, bis die de-facto-Investition gleich der geplanten Investition und damit das System im Gleichgewicht ist.

Da Arbeitslosigkeit aus fehlender effektiver Nachfrage entsteht, hielt Keynes das klassische Mittel der Lohnsenkung für ineffizient, da bei gleichbleibender Nachfrage nach Kapitalgütern und gleichbleibender Konsumquote lediglich eine korrespondierende Preissenkung die Folge wäre, ohne daß die Gewinnspanne der Investoren dabei wachs. Entgegen der klassischen Auffassung verneinte er die Wirksamkeit des Zinsmechanismus als Stimulans der Investitionstätigkeit, weil der Zins abhängig von der Liquiditätspräferenz der Wirtschaftssubjekte sei.

Die Zinspolitik müsse deshalb unter Berücksichtigung der Konsumneigung durch finanzpolitische Maßnahmen der Investititionssteigerung beispielsweise dadurch unterstützt werden, daß in Zeiten der Depression öffentliche Aufträge vergeben werden. Keynes behauptete, es bestehe stets die Gefahr, daß die effektive Nachfrage nicht stark genug ist, um die für die Vollbeschäftigung notwendigen Investitionen anzuregen. Aus diesem Grunde sprach er sich für öffentliche Arbeitsbe-

schaffungsprogramme, für Investitionslenkung und für eine Veränderung der Einkommensverteilung aus.
Der Konsum fördert nach Keynes die Produktion, neue Investitionen schaffen neue Einkommen, zusätzliche Einkommen bedeuten höhere Ersparnisse. Eine Politik des billigen Geldes und der Staatsinvestitionen könne daher die Wirtschaft im Zustand einer dauerhaften Vollbeschäftigung halten. Die Rolle der Geldpolitik besteht ausschließlich darin, die Zinssätze niedrig zu halten.
Bislang haben sich drei Konsumfunktionen entwickelt, die nach den ihnen zugrundeliegenden Annahmen als absolute, relative und permanente Einkommenshypothese bezeichnet werden:
(1) *Absolute Einkommenshypothese:* Nach der absoluten Einkommenshypothese ist die Beschäftigung eine abhängige Variable der gesamtwirtschaftlichen Nachfrage, und die Beschäftigungshöhe determiniert die Produktion, d.h. das Sozialprodukt bzw. Volkseinkommen.
(2) *Relative Einkommenshypothese:* Im Gegensatz dazu berücksichtigt die relative Einkommenshypothese das „Trägheitsmoment" der Konsumgewohnheit. Darüber gelten zwei Hypothesen:
(a) Die Konsumentscheidungen der Haushalte sind nicht voneinander unabhängig, sondern hängen voneinander ab.
(b) Die Konsumrelationen sind nicht oder höchstens äußerst langsam reversibel.
Die Konsumentscheidungen werden von der relativen Position in der Einkommenspyramide als abhängig gesehen. Als Erklärung führt J. S. Duesenberry (1948) den sozialen Nachahmungstrieb an, der den Konsumenten dazu veranlasse, es den Mitgliedern seiner Einkommensgruppe gleichzutun. Einkommensverbesserungen geben dem Konsumenten das Gefühl, in eine höhere Einkommensposition aufgerückt zu sein. Folglich wird kurzfristig mit einer Angleichung an die Konsumstandards der nächsthöheren Einkommensposition gerechnet, die sich durch eine vergleichsweise geringere: durchschnittliche Konsumquote auszeichnet.
Als kurzfristiger Effekt ergibt sich nach der relativen Einkommenshypothese ein Sinken der durchschnittlichen Konsumquote. Langfristig wird eine Rückkehr zu den alten Konsumgewohnheiten (alte Konsumquote) unterstellt, die sich in der Bevölkerung die Erkenntnis durchsetzt, daß sich ihre relative Einkommensposition nicht geändert habe. Langfristig bleibt die durchschnittliche Konsumquote also konstant.
Kurzfristige, konjunkturell bedingte Einkommenssenkungen können den Konsumenten nur schwer aus der Macht seiner Gewohnheiten reißen. Der Konsument wird in diesem Fall versuchen, durch Erhöhung der durchschnittlichen Konsumquote seine Konsumgewohnheiten aufrechtzuerhalten, wobei er sich am Verhältnis des gegenwärtigen Einkommens zum höchsten während desselben Konjunkturzyklus erreichten Einkommen (Maximaleinkommen) orientiert.

Der Konsument wird also mindestens den höchsten in der Vergangenheit erreichten Lebensstandard aufrechtzuerhalten suchen. Die Orientierung am Konsum der letzten Vorperiode als Variable heranzuziehen, scheint sinnvoller, da die Gewohnheitsbildung vom Konsum ausgeht und nicht vom Einkommen.
Die Erweiterung der Keynes'schen Konsumhypothese durch Duesenberry beschränkt die Gültigkeit der von Keynes aufgestellten Annahmen auf das einzelne Wirtschaftsobjekt (mikroökonomische Basis) und seine relative Veränderung in der Einkommenspyramide. Für die gesamtwirtschaftliche Konsumentwicklung bei gleichmäßiger Erhöhung aller Einkommen gelten sie nicht.
(3) *Dauereinkommenshypothese:* Diese von Milton Friedman (1957) und F. Modigliani und R. E. Brumberg (1954) formulierte Hypothese stellt den letzten bedeutenden theoretischen Beitrag innerhalb der makroökonomischen Konsumtheorien dar. Der Grundgedanke dieses Ansatzes ist die Abhängigkeit des Konsums nicht nur vom gegenwärtigen Einkommen, sondern von einem langfristigen Durchschnittseinkommen, das aus dem gegenwärtigen und dem voraussehbaren Einkommen ermittelt wird.
Diese Überlegung geht von der empirischen Beobachtung aus, daß die Konsumausgaben auch bei variierendem Einkommen relativ stabil bleiben. Nach Modigliani und A. Ando (1957) wird der Konsum von den Mitteln abhängig gemacht, die in der Erwartung des Konsumenten im Laufe seines Lebens erreichbar erscheinen („life cycle hypothesis").
Aufgrund dieses großen Planungshorizonts werden kleinere Einkommensschwankungen die Konsumentscheidungen nicht ändern. Nur als bleibend erwartete Einkommensänderungen werden zur Anpassung des Konsums zwingen.
Friedman zerlegt das Einkommen in ein permanentes, sicher erwartetes und ein transitorisches, dem Zufall unterworfenes Einkommen. Dementsprechend setzt sich der Konsum aus dem permanenten oder Normalkonsum (C_p), der in seiner Entwicklung vom permanenten bzw. Normaleinkommen abhängt, und dem transitorischen Konsum (C_{tr}) zusammen.
$$C = C_p + C_{tr}$$
$$Y = Y_p + Y_{tr}$$
Das permanente Einkommen Y_p wird aus dem Produkt zweier Faktoren gebildet, dem Vermögen der Konsumeinheit, das als Strom zukünftig erwarteter, auf den gegenwärtigen Zeitpunkt diskontierter Einkünfte aufgefaßt wird, und der entsprechenden Diskontrate. Der permanente Konsum C_p ist eine Proportion k des permanenten Einkommens:
$$C_p = kY_p,$$
wobei k als unabhängig vom permanenten Einkommen betrachtet wird; k bestimmt sich aus dem Zinssatz i, der Quote aus nichthumanem und totalem (Nichthuman- und Humanvermögen, z.B. Kenntnisse, Ausbildung) Vermögen (wealth) w und einem „catch-all-Faktor" u, in den Alter, Ge-

schmack, etc. eingehen: k = f (i, w, u). „Es sollte beachtet werden, daß der Konsum hier eher in einem physischen als in einem monetären Sinne definiert ist, d.h. als physischer Verbrauch von Gütern und Dienstleistungen." (R. Ferber). Schließlich wird angenommen, daß folgende korrelative Beziehung zwischen den einzelnen Komponenten besteht:

$r_{YtYp} = 0; r_{CtCp} = 0; r_{YtCt} = 0.$

Aus der „permanent income"-Hypothese können folgende Aussagen abgeleitet werden: Der Lebensstandard einer Konsumeinheit (Haushalt) orientiert sich an den Einkünften, die über die ganze Lebenszeit hinweg aufgrund der vorhandenen Ressourcen zu erwarten sind. Sie werden als von Jahr zu Jahr konstante Größen erwartet. Die Ausgaben werden als konstante Proportion k des permanenten Einkommensniveaus gesetzt, wobei k in Abhängigkeit von unterschiedlichen Konsumententypen und geschmacklicher Richtung variieren kann.

Im Gegensatz zu Duesenberry nimmt Friedman eine Konstanz der Konsumneigung über größere soziale Schichten an. Sobald transitorische Komponenten ins Spiel kommen, werden tatsächlicher Konsum und tatsächliches Einkommen von den entsprechenden permanenten Beträgen abweichen. „Die transitorischen Faktoren sind jedoch im wesentlichen zufällig verteilt und unabhängig voneinander und dienen eher dazu, die tatsächliche zugrundeliegende Beziehung zwischen den permanenten Komponenten des Einkommens und des Konsums zu verschleiern." (Ferber)

George Katona akzeptierte zwar die Grundthese von Keynes, daß „die Konsumneigung eine sehr stabile Funktion ist", so daß die „Höhe des Gesamtkonsums in der Regel von der Höhe des Gesamteinkommens abhängt", bezeichnete sie aber als für die Analyse der Haushaltsentscheidungen über die Einkommensverwendung nicht ausreichend. Es bedürfe der Berücksichtigung weiterer Variablen, die Informationen über die individuelle Kaufbeteitschaft liefern können. Dazu entwickelte er zwei Arbeitshypothesen, die Bedeutung für die individuellen Konsumentenentscheidungen haben, aber auch Folgerungen für die Beziehungen von Aggregatgrößen zulassen:

(1) Eine Familie wird eine höhere Ersparnis aufweisen, wenn sie über ein höheres Einkommen verfügt, die Ersparnis wird um so niedriger sein, je weniger sie verdient. Dies gilt für die absolute Höhe wie für den relativen Anteil der Ersparnis am Einkommen. Die höchste Sparrate ist bei denjenigen anzunehmen, die ein hohes Einkommen besitzen und nach Abzug der Einkommensbestandteile, die für die Befriedigung der meisten Bedürfnisse verwandt werden, noch über beträchtliche Geldbeträge verfügen.

Die Auflösung von z.B. angesparten Vermögen oder die Kreditaufnahme (Entsparen, negatives Sparen) wird dort zu vermuten sein, wo das laufende Einkommen aufgrund seiner geringen Höhe nicht ausreicht. Auf den Makrobereich übertragen lassen sich folgende Aussagen formulieren: Bei höherem Volkseinkommen wird eine höhere gesamtwirtschaftliche Ersparnis zu erwarten sein. Der Anteil der Gesamtersparnis am Volkseinkommen, die Sparquote, wird entsprechend höher sein. Demnach ist in Phasen der Prosperität mit größeren (absoluten und relativen) Sparsummen zu rechnen als in der Depression. Im internationalen Vergleich werden sich reiche Länder durch größere Ersparnis gegenüber armen Ländern auszeichnen.

(2) Erfährt eine Familie eine Einkommenssteigerung, wird von dem höheren Einkommen relativ (und natürlich absolut) mehr gespart als von dem vorherigen; hierin zeigt sich die Tatsache der verzögerten Anpassung an das neue Einkommensniveau. Entsprechend wird nach einer Einkommensminderung der Sparanteil reduziert. Auf aggregierte Größen bezogen, ergibt sich eine gleichgerichtete Tendenz zwischen der Änderung des Volkseinkommens und der volkswirtschaftlichen Ersparnis.

Es ist anzunehmen, daß eine Erhöhung oder Verminderung des Einkommens anders erlebt wird, wenn dieser Änderung eine Steigerung oder Verringerung des Einkommens vorausgegangen ist oder ob ein Trend fortgesetzt wird; schließlich ob die aktuelle Änderung nur als vorübergehend oder als Indiz für weitere Änderungen in gleicher Richtung wahrgenommen wird. Schon bei der Betrachtung eines Zeitraums von zwei Jahren ergeben sich aufgrund dieser Überlegungen 6 Kombinationen:

(1)++, (2)+ =, (3)+ −, (4) −,(5) − =, (6)-+

Das erste Zeichen markiert die erfolgte Einkommensänderung, das zweite gibt die Richtung der erwarteten Einkommensänderungen an. Katona gibt dazu folgende Interpretation: „Fall 1 und Fall 4 stellen gleichbleibende Trends zu höherem oder niedrigerem Einkommen dar; Fall 2 und 5 sind (einmalige) Einkommensänderungen auf ein höheres oder ein niedrigeres Niveau hin; Fall 3 und 6 werden subjektiv als nur zeitweilige Veränderungen angesehen."

Es ist zu vermuten, daß aufgrund der unterschiedlichen Abschätzung der zukünftigen Einkommensentwicklung, die auch von der Erfahrung der unmittelbaren Vergangenheit gefärbt ist, das Konsum- und Sparverhalten beeinflußt wird. Dem Einwand, daß diese Erwartungen einander per saldo ausgleichen und daher vernachlässigt werden können, hält Katona entgegen, „daß die Menschen... (nicht)... immer genauso handeln wie unter ähnlichen Umständen vorher und daß die Menschen ... (nicht) ... immer das gleiche erwarten, das ihnen auch vorher unter ähnlichen Umständen widerfahren ist".

„Erwartungen sind nicht bloß Projektionen kürzlicher Entwicklungen, sondern komplexe Einstellungen, die auf einer Vielzahl von Faktoren aufruhen. In dem Maße, in dem Erwartungen andere Umstände und Informationen widerspiegeln, dienen sie als Kanal, durch den bestimmte Umwelt-

faktoren das Verbraucher- und Sparverhalten beeinflussen können" (Katona und E. Mueller).
In den Kreis der Faktoren, welche die Erwartungen in starkem Maße beeinflussen, gehören Vermutungen über die zukünftige Preisentwicklung und die Einschätzung der allgemeinen wirtschaftlichen Entwicklung. Die Bedeutung dieser Faktoren, die bis dahin vorwiegend für den Unternehmer reserviert zu sein schienen, kann auch für das Verhalten der Konsumenten, deren Erwartungsbildung häufig aufgrund derartiger Verlautbarungen determiniert wird, als erheblich veranschlagt werden.
Eine weitere psychologische Überlegung im Zusammenhang mit der Konsumentenreaktion auf Einkommensänderungen betrifft die qualitative Asymmetrie in der Anpassung an Verbesserungen bzw. Verschlechterungen der persönlichen Einkommensituation. John Maynard Keynes postulierte eine nur allmähliche Änderung des „gewohnten Lebensstandards" nach erfahrener Einkommensänderung, und zwar sowohl nach einer Erhöhung wie nach einer Verringerung.
Diese Auffassung läßt sich nach Katona allenfalls mit der Vermutung stützen, daß „das Sparen unser größter Wunsch wäre und wir sehr darunter litten, daß wir nicht sparen konnten…". Als bedeutungsvolle Größe erwiesen sich die Erwartungen der Konsumenten bezüglich ihrer finanziellen Situation und der wirtschaftlichen Entwicklung. Es war Katonas Verdienst, die Erwartungen (Einstellungen) als Erklärungs- und Vorhersagevariablen in die empirische Konsum- bzw. Konjunkturforschung eingebracht zu haben.

propensity to save: Sparneigung *f*
proper: angemessen, geeignet, gehörig, ordnungsmäßig, sachgemäß, tauglich
property: Anwesen *n*, Besitz *m*, Eigenbesitz *m*, Eigenschaft *f*, Eigentum *n*, Grundbesitz *m*, Gut *n*, Habe *f*, Vermögen *n*
property account: Anlagenkonto *n*
property accounting department: Anlagenbuchhaltung *f*
property cards *pl*: Anlagenkartei *f*
property developer: Bauträgergesellschaft *f*
property insurance: Sachversicherung *f*
property law: Vermögensrecht *n*
property ledger: Anlagenbuch *n*
property levy: Vermögensabgabe *f*
property management: Anlagenverwaltung *f*
property market: Grundstücksmarkt *m*
property register: Anlagenverzeichnis *n*
property reserve: Wertberichtigung *f* auf das Anlagevermögen *n*
property right: Eigentumsrecht *n*
property tax: Besitzsteuer *f*, Vermögensteuer *f*

proportion: Anteil *m*, Verhältnis *n*, verhältnismäßig umlegen
proportional: anteilig, proportional, verhältnismäßig
proportional tax: proportionale Steuer *f*
proportional taxation: Proportionalbesteuerung *f*
proposal: Antrag *m*, Offerte *f*, Vorschlag *m*
proportionate: anteilig, verhältnismäßig
proposal for a settlement: Vermittlungsvorschlag *m*
propose: vorschlagen
proposer: Antragsteller *m*
proprietary: eigentümlich (Eigentum), gesetzlich geschützt
proprietary account: Eigenkapitalkonto *n*
proprietary article *(brit)*: Markenartikel *m*
proprietary capital: Eigenkapital *n*
proprietary interest: Eigenkapital *n*
proprietor: Besitzer *m*, Eigentümer *m*, Inhaber *m*
proprietor's drawing account: Privatentnahmekonto *n*, Privatkonto *n*
proprietorship: Eigentum *n*, Eigentumsrecht *n*, Einzelunternehmung *f*
proprietory possession: Eigenbesitz *m*
proprietory possessor: Eigenbesitzer *m*
proprietory right: Eigentumsrecht *n*
proprietress: Eigentümerin *f*, Inhaberin *f*
propulsion: Antrieb *m*
prorate: aufteilen, umlegen
prorated expense(s) *(pl)*: umgelegte Gemeinkosten *pl*, Schlüssel(gemein)kosten *pl*
prosecute: belangen, Strafverfolgung *f* betreiben, verfolgen, verklagen
prosecution: Strafverfolgung *f*, Verfolgung *f*
prosecution witness: Belastungszeuge *m*
prosecutor: Anklagevertreter *m*
prospect: Aussicht *f*, Erzlagerstätte *f*, Übersicht *f*
prospecting license: Schürfrecht *n*
prospective: bevorstehend, voraussichtlich
prospective buyer: potentieller Käufer *m*, Kauflustiger *m*, prospektiver Käufer *m*
prospective purchaser: potentieller Käufer *m*, Kauflustiger *m*
prospectus: Ankündigung *f*, Börseneinführungsprospekt *m*, Prospekt *m*, Voranzeige *f*
prospectus on formation of company: Gründungsprospekt *m*
prosperity: Prosperität *f*, Wohlstand *m*
protect: beschützen, schützen
protect from damage: vor Schaden *m* bewahren
protected: geschützt

protection: Beistand *m*, Deckung *f*, Schutz *m*
protection of creditors: Gläubigerschutz *m*
protection of patent(s) *(pl)*: Patentschutz *m*
protection of registered design: Gebrauchsmusterschutz *m*
protection of youth: Jugendschutz *m*
protection symbol: Schutzsymbol *n* *(EDV)*
protectionism: Protektionismus *m*, Schutzzollsystem *n*
protective coating: Schutzanstrich *m*
protective custody: Schutzhaft *f*
protective duty: Schutzzoll *m*
Eine zollpolitische Maßnahme der Außenhandelspolitik, die darauf zielt, einen Binnenmarkt oder bestimmte Wirtschaftszweige vor ausländischer Konkurrenz abzuschirmen. Bei Schutzzöllen unterscheidet man mitunter zwischen Erhaltungs-, Entwicklungs- und Anpassungszöllen. Grundsätzlich wirken alle Zölle auf den Außenhandel wie Transportkosten: je höher sie angesetzt werden, desto stärker schmälern sie das Volumen des internationalen Warenaustauschs.
protective glasses *pl*: Schutzbrille *f*
protective goggles *pl*: Schutzbrille *f*
protective labor legislation: Arbeitsschutzgesetzgebung *f*
protective rights *pl*: Schutzrechte *n/pl*
protective tariff: Schutztarif *m*, Schutzzoll *m*
protectograph: Scheckschriftschutzmaschine *f*
protest: Einspruch *m*, Einspruch *m* erheben, Protest *m*, protestieren, Wechselprotest *m*, widersprechen, Widerspruch *m*
protest a bill: einen Wechsel *m* protestieren
protest a draft: einen Wechsel *m* protestieren
protest a note: einen Wechsel *m* protestieren
protest cost: Protestkosten *pl* (Wechsel)
protest fees *pl*: Protestkosten *f/pl*
protest for nonpayment: Protest *m* mangels Zahlung *f*, Zahlungsprotest *m*
protest strike: Proteststreik *m*
protocol: Niederschrift *f*, Protokoll *n*
prototype: Prototyp *m*, Vorbild *n*
protract: hinziehen, verschleppen
provable: beweisbar, im Konkurs *m* anmeldbar
prove: belegen, beweisen, nachweisen
prove by documents: dokumentieren
prove one's identity: sich ausweisen, sich legitimieren
prove unsuccessful: mißlingen
provide: beistellen, beschaffen, versehen (mit)
provide for: versorgen
provide for contingencies *pl*: Vorkehrungen *f/pl* treffen
provided: unter der Bedingung *f*
provision: Bestimmung *f* (im Gesetz), Deckung *f*, Rückstellung *f*, Rückstellungsaufwand *m*, Verfügung *f*, Vorkehrung *f*, Vorschrift *f*
provision clause: Vorbehaltsklausel *f*
provision for contingencies *pl*: Rückstellung *f* für Risiken *n/pl*
provision for extraordinary risks *pl*: Rückstellung *f* für außerordentliche Risiken *n/pl*
provision of law: Gesetzesbestimmung *f*, Rechtsvorschrift *f*
provision of work for unemployed: Arbeitsbeschaffung *f*
provisional: behelfsmäßig, einstweilig, provisorisch, vorläufig
provisional arrangement: Übergangsregelung *f*
provisional decree: Zwischenbescheid *m*
provisional retirement: Wartestand *m*
provisions *pl*: Eßwaren *f/pl*, Vorräte *m/pl* (Lebensmittel)
proviso: Abrede *f*, Klausel *f*, Vorbehalt *m*
proviso clause: Vorbehaltsklausel *f*
provocation: Herausforderung *f*, Reizung *f*
provoke: herausfordern, reizen
prox. (the next month): im nächsten Monat *m*
proximate: nächstliegend
proximate cause: unmittelbare Ursache *f*
proximity: Nähe *f*
proximo: im nächsten Monat *m*
proxy: Bevollmächtigter *m*, Stellvertreter *m*, Stellvertretung *f*, Vertreter *m*, Vertretungsbefugnis *f*, Vollmacht *f*, schriftliche Vollmacht *f* des Aktionärs *m* für seinen Stellvertreter *m* auf der Hauptversammlung *f*
prudence: Umsicht *f*
prudent: umsichtig
P.S. (postscript): Nachsatz *m*, Nachschrift *f*
pseudo delegation: einseitige Delegation *f*, Pseudo-Delegation *f*
Eine Form der Delegation, die dadurch gekennzeichnet ist, daß lediglich die Verantwortung an die nachfolgende Stelle bzw. Person weitergegeben wird, nicht aber die Entscheidungskompetenz und Dispositionsgewalt über die Einsatzfaktoren. Die einseitige Delegation führt beim Empfänger zu ei-

633

nem Ziel-Mittel-Konflikt. Sie findet sich vornehmlich in Organisationen, die eine umfangreiche hierarchische Gliederung aufweisen.
Das Delegationsprinzip mündet in der Praxis sehr oft in die einseitige Delegation. Die Delegation wird als Alibifunktion vom Management mißbraucht, und lediglich Routine-Arbeiten werden delegiert, die keine Identifikation mit den Zielsetzungen zulassen. Die Mitarbeiter werden vom eigentlichen Zielfindungs- und Entscheidungsprozeß ausgeschlossen, nur Teile der Gesamtaufgaben werden an sie übertragen. Dadurch entstehen Informationsverluste. Dies erklärt auch die zu beobachtende Tatsache, daß einmal delegierte Aufgaben nach kurzer Zeit wieder re-delegiert werden. Damit aber ist die beabsichtigte Wirkung – Förderung mündiger und engagierter Mitarbeiter – nicht zu erreichen. Die Diskrepanz zwischen Verantwortung und Kompetenz führt zum Gegenteil, nämlich zu resignierenden, nur noch auf Anweisung und Drohung aktiv werdenden Mitarbeitern, die das System der Pseudo-Delegation durchschaut haben.

psychological law of consumption: psychologisches Konsumgesetz *n*
Das von John Maynard Keynes auf der Grundlage des makroökonomischen Zusammenhangs zwischen Konsum und Volkseinkommen formulierte Gesetz über die Höhe der marginalen Konsumneigung: „Die Menschen werden in der Regel und im Durchschnitt willens sein, ihren Konsum zu vermehren, wenn ihr Einkommen steigt, aber nicht so viel wie die Einkommenssteigerung beträgt."
Diese Tendenz wird durch die Gewohnheit der Menschen nahegelegt, einen erreichten Konsumstandard zu halten. Die Angleichung an einen höheren Lebensstandard aufgrund von Einkömmenserhöhungen vollzieht sich nur langsam. Das Festhalten an der gewohnten Lebenshaltung äußert sich bei Einkommenseinbußen in einer verstärkten Abnahme der Ersparnis.
Langfristig geht Keynes von einem Sinken der durchschnittlichen Konsumquote – dem Verhältnis von Konsum (C) zu Einkommen (Y) – bei steigendem Einkommen aus. Die marginale Konsumquote wird als positiv konstant aber kleiner 1 angenommen. Hieraus folgt aus dem „psychologischen Gesetz". Die marginale Konsumquote (Grenzneigung zum Konsum), die jenen Teil des zusätzlichen Einkommens bestimmt, der für Konsumzwecke verwendet wird, stellt „nichts anderes als ein globales Bedürfnissättigungsgesetz dar".
Bei der Formulierung der Konsumfunktion ging es Keynes um einen makroökonomischen Durchschnitt. Er verstand seine Annahmen nie als individualpsychologische Gesetzmäßigkeiten.

psychological maturity: psychische Reife *f*
Die auf dem 3-D Führungsmodell von William J. Reddin aufbauende Theorie der Führung, die Paul Hersey und Kenneth Blanchard entwickelten, unterscheiden sie zwischen Funktionsreife und psych(olo)gischer Reife der Untergebenen. Die psychische Reife ist eine Art Motivationsdimension, die auf Selbstvertrauen und achtung abstellt und Leistungsorientierung und Verantwortungsbereitschaft signalisieren soll. Funktionsreife bezeichnet die Fähigkeiten, das Wissen und die Erfahrung, die ein Mitarbeiter zur Erfüllung seiner Aufgabe mitbringt.

p.t.o. (please turn over): bitte wenden
public: öffentlich, gemeinnützig, Öffentlichkeit *f*, Publikum *n*
public accountant: Buchsachverständiger *m*
public administration: Staatsverwaltung *f*, öffentliche Verwaltung *f*
public affairs *pl*: Public Affairs *f*
Seit den frühen 1970er Jahren hat sich in den USA zusätzlich zu und neben dem Begriff der Public Relations, Öffentlichkeitsarbeit, der Begriff der Public Affairs zur Bezeichnung der Gestaltung der betrieblichen Beziehungen zur sozialen und politischen Umwelt, zur Verbreitung gesellschaftspolitischer Informationen nach außen und innen usw. entwickelt. Kurz und bündig kann so Public Affairs als bffentlichkeitsarbeit für das Gemeinwohl und im Dienste gesellschaftlicher Problemlösungen, als der kommunikative Aspekt des Sozio-Marketing bezeichnet werden. „Public Affairs zeichnen sich demnach durch eine ganz besondere Aufgabenstellung aus, da sie stets und ausschließlich die Bestärkung oder Veränderung sozialer, gesellschaftlicher Verhaltensweisen oder Zustände intendieren. Auch wenn sie dabei weitgehend auf Methoden und Instrumente des Marketing oder klassischer Public Relations zurückgreifen, ändert das nichts an der Eigenständigkeit dieser Aufgabe, die aus der Andersartigkeit der anzugehenden Probleme resultiert" (Attilla Kopàcsy/Herbert Takors).

public announcement: öffentliche Ankündigung *f*, öffentliche Bekanntmachung *f*, Veröffentlichung *f*
public auction: öffentliche Versteigerung *f*, Zwangsversteigerung *f*
public auctioning: Verkauf *m* durch Versteigerung *f*
public carrier: öffentlicher Frachtführer *m*
public company: öffentliches Unternehmen *n*
Eine Organisation, die sich im Auftrag des Staates (Öffentlichkeit) der Erfüllung einzelner, aus gesellschaftlichen Funktionen ableitbaren Bedürfnissen widmet und dabei nicht nach Gewinn, sondern allenfalls nach Kostendeckung strebt. Dazu zählen auch alle Anstalten, Körperschaften und Vereine, die ein Produkt erstellen oder eine Dienstleistung erbringen und hierfür einen Preis oder eine Gebühr in Rechnung stellen.

public concept: Verkehrsanschauung *f*, Verkehrsauffassung *f*

public enterprise

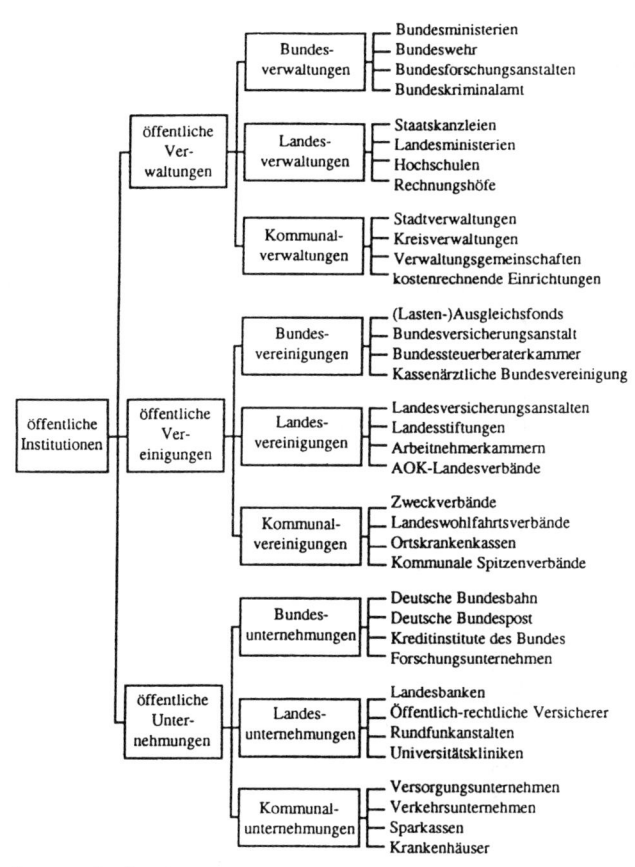

```
öffentliche Institutionen
├── öffentliche Verwaltungen
│   ├── Bundesverwaltungen
│   │   ├── Bundesministerien
│   │   ├── Bundeswehr
│   │   ├── Bundesforschungsanstalten
│   │   └── Bundeskriminalamt
│   ├── Landesverwaltungen
│   │   ├── Staatskanzleien
│   │   ├── Landesministerien
│   │   ├── Hochschulen
│   │   └── Rechnungshöfe
│   └── Kommunalverwaltungen
│       ├── Stadtverwaltungen
│       ├── Kreisverwaltungen
│       ├── Verwaltungsgemeinschaften
│       └── kostenrechnende Einrichtungen
├── öffentliche Vereinigungen
│   ├── Bundesvereinigungen
│   │   ├── (Lasten-)Ausgleichsfonds
│   │   ├── Bundesversicherungsanstalt
│   │   ├── Bundessteuerberaterkammer
│   │   └── Kassenärztliche Bundesvereinigung
│   ├── Landesvereinigungen
│   │   ├── Landesversicherungsanstalten
│   │   ├── Landesstiftungen
│   │   ├── Arbeitnehmerkammern
│   │   └── AOK-Landesverbände
│   └── Kommunalvereinigungen
│       ├── Zweckverbände
│       ├── Landeswohlfahrtsverbände
│       ├── Ortskrankenkassen
│       └── Kommunale Spitzenverbände
└── öffentliche Unternehmungen
    ├── Bundesunternehmungen
    │   ├── Deutsche Bundesbahn
    │   ├── Deutsche Bundespost
    │   ├── Kreditinstitute des Bundes
    │   └── Forschungsunternehmen
    ├── Landesunternehmungen
    │   ├── Landesbanken
    │   ├── Öffentlich-rechtliche Versicherer
    │   ├── Rundfunkanstalten
    │   └── Universitätskliniken
    └── Kommunalunternehmungen
        ├── Versorgungsunternehmen
        ├── Verkehrsunternehmen
        ├── Sparkassen
        └── Krankenhäuser
```

Systematik öffentlicher Institutionen (mit Beispielen)

public construction: öffentlicher Bau *m*
public corporation: Körperschaft *f* des öffentlichen Rechts *n*
public credit: öffentlicher Kredit *m*, Staatskredit *m*
public debt: öffentliche Schuld *f*, Staatsschuld *f*, Staatsverschuldung *f*
public dues *pl*: öffentliche Abgaben *f/pl*
public economy: Staatswirtschaft *f*
public enterprise: öffentlicher Betrieb *m*
Nach einer Begriffsbestimmung von P. Eichhorn stellen öffentliche Betriebe „wirtschaftlich-technisch-soziale Einheiten dar, in denen Produktionsfaktoren auf der Grundlage öffentlichen Eigentums kombiniert werden".
Diese allgemein gehaltene Definition erstreckt sich auf zwei große Gruppen von Institutionen: Zum einen auf die öffentlichen Bruttobetriebe oder öffentlichen Verwaltungen (im engeren Sinne) und zum anderen auf die öffentlichen Nettobetriebe oder öffentlichen Unternehmen, die manchmal auch als öffentliche Verwaltungen im weiteren Sinne bezeichnet werden.
Zwischen diesen beiden Gruppen ordnet Eichhorn die öffentlichen Vereinigungen ein, d.h. jene „Wirtschaftssubjekte in öffentlich-rechtlicher Rechtsform, die mittels Beiträgen und Umlagen ihrer Mitglieder primär deren Gruppenbedürfnisse befriedigen" (P. Eichhorn). Beispiele öffentlicher Verwaltungen, Vereinigungen und Unternehmen finden sich in der Abbildung oben auf dieser Seite.

Öffentliche Verwaltungen im engeren Sinne (Bruttobetriebe) stellen Institutionen dar, die mit ihren Einnahmen und Ausgaben in den öffentlichen Haushalt einer Gebietskörperschaft vollständig eingebunden sind („Bruttoetatisierung") und Allgemeinbedürfnisse decken. Dazu zählen Ämter, Behörden und Ministerien.

Öffentliche Unternehmen (Nettobetriebe) sind dagegen nur über den abzuführenden Gewinn oder den zu deckenden Verlust mit dem betreffenden öffentlichen Haushalt verbunden („Nettoetatisierung"). Diese Betriebe verfügen über ein „marktmäßig wenigstens partiell reproduzierbares

public enterprise

	öffentliche Unternehmen	öffentliche Verwaltungen
Ziele	Erwerbs- und bedarfswirtschaftliche Ziele: "Gewinn" und "Allgemeinwohl"	Bedarfswirtschaftliche Ziele: "Allgemeinwohl"
Leistungsart	Individualgüter (Abgabe gegen Entgelt. Ausschlußprinzip gilt: Nutzung wird abhängig gemacht von der Entrichtung eines entsprechenden Entgelts.) a) private Individualgüter (Entgelt kommt dem Marktpreis gleich) b) öffentliche Individualgüter (Entgelt i.d.R. nicht kostendeckend, weil höheres öffentliches Interesse besteht = meritorische Güter)	Kollektivgüter Merkmale: * Nicht-Ausschluß * Nicht-Rivalität
Einnahmen	überwiegend aus Umsatzerlösen	überwiegend aus Steuern, Gebühren und Beiträgen
Staatsanteil	51% - 100%	100%
Etatisierung	netto	brutto

Unterschiede zwischen öffentlichen Unternehmen und öffentlichen Verwaltungen

Eigenkapital" (P. Eichhorn), d.h. über ein eigenes, aus der Haushalts- und Rechnungsführung der Gebietskörperschaft ausgegliedertes Vermögen. Öffentliche Unternehmen besitzen darüber hinaus einen eigenverantwortlichen Entscheidungs- und Handlungsspielraum. Dies schließt ein Absatzmarktrisiko für die abzusetzenden Leistungen ein. Die Finanzierung öffentlicher Unternehmen kann bis zu hundert Prozent aus Markteinnahmen (Umsätzen) erfolgen. Vielfach nimmt aber die Finanzierung über Subventionen einen breiten Raum ein. Öffentliche Verwaltungen finanzieren sich dagegen ganz überwiegend aus Steuereinnahmen. Weitere Unterscheidungsmerkmale lassen sich aus der Abbildung oben ablesen.

In diesem Zusammenhang sind drei weitere begriffliche Unterscheidungen zu treffen:

(1) *Gemischtöffentliche Unternehmen* haben mehrere öffentliche Anteilseigner, z.B. Bund und Länder oder Länder und Gemeinden. Diese Unternehmen stellen öffentliche Gemeinschaftsunternehmen dar. Insgesamt etwa ein Drittel aller öffentlichen Unternehmen sind derartige Gemeinschaftsunternehmen.

(2) *Gemischtwirtschaftliche Unternehmen* haben öffentliche und private Anteilseigner und repräsentieren insofern einen Übergangsfall zwischen privaten und öffentlichen Unternehmen. Bei gemischtwirtschaftlichen Unternehmen taucht das Problem auf, ab welchem Beteiligungsverhältnis diese Unternehmen zu den öffentlichen oder zu den privaten Unternehmen gezählt werden sollen. Nach der Amtlichen Statistik, insbesondere der Finanzstatistik und der Statistik des Europäischen Zentralverbands der öffentlichen Wirtschaft (CEEP), werden gemischtwirtschaftliche Unternehmen zu den öffentlichen Unternehmen gezählt, wenn ein Eigenkapital oder Stimmanteil der Öffentlichen Hand von mehr als 50 % vorliegt, d.h. wenn die Öffentliche Hand die absolute Mehrheit besitzt.

(3) *Gemeinwirtschaftliche Unternehmen* stellen jene Teilklasse der öffentlichen und auch privaten Unternehmen dar, die primär bedarfs- oder gemeinwirtschaftliche Ziele verfolgen, bei der somit erwerbswirtschaftliche Ziele nicht dominieren (z.B. das Gewinnziel). Gemeint sind damit Unternehmen, deren primäre Zielsetzung in irgendeiner Weise am Allgemeinwohl ausgerichtet ist (Non-Profit-Organizations). Dazu zählen etwa gemeinnützige Wohnungsbauunternehmen, an denen einzelne Gemeinden beteiligt sind.

Allerdings gibt es auch die *freigemeinwirtschaftlichen Unternehmen*, die sich nicht in der Trägerschaft des Staates, sondern im Eigentum freier gesellschaftlicher Gruppen befinden und insofern keine öffentlichen Unternehmen darstellen. Dazu werden oftmals Gewerkschaftsunternehmen, Genossenschaftsunternehmen, kirchliche Unternehmen und Unternehmen der politischen Parteien

public enterprise

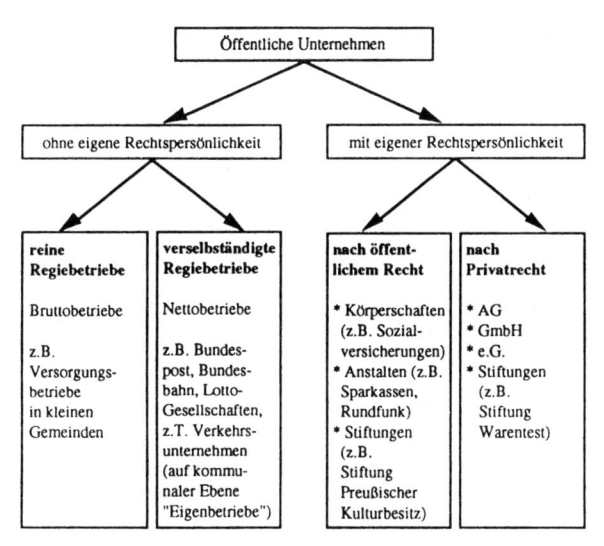

	Öffentliche Unternehmen			
ohne eigene Rechtspersönlichkeit		mit eigener Rechtspersönlichkeit		
reine Regiebetriebe	verselbständigte Regiebetriebe	nach öffentlichem Recht		nach Privatrecht
Bruttobetriebe z.B. Versorgungsbetriebe in kleinen Gemeinden	Nettobetriebe z.B. Bundespost, Bundesbahn, Lotto-Gesellschaften, z.T. Verkehrsunternehmen (auf kommunaler Ebene "Eigenbetriebe")	* Körperschaften (z.B. Sozialversicherungen) * Anstalten (z.B. Sparkassen, Rundfunk) * Stiftungen (z.B. Stiftung Preußischer Kulturbesitz)		* AG * GmbH * e.G. * Stiftungen (z.B. Stiftung Warentest)

Typologie öffentlicher Unternehmen

gezählt. Zuweilen werden auch staatlich regulierte Privatunternehmen dazu gerechnet.

Will man öffentliche Verwaltungen und öffentliche Unternehmungen weiter differenzieren, so bieten sich dafür folgende Merkmale an: Öffentliche Verwaltungen können nach der zugehörigen Gebietskörperschaft gegliedert werden. So gibt es öffentliche Verwaltungen des Bundes (z.B. Bundesministerien, Oberfinanzdirektionen, Botschaften), der Länder (z.B. Landesministerien, Regierungspräsidien, Gesundheitsverwaltungen), der Gemeindeverbände (z.B. Landkreise, Verbandsgemeinden, Landeswohlfahrtsverbände; zum Teil auch als öffentliche Vereinigungen bezeichnet) und der Gemeinden (z.B. städtische Ämter, Grundschulen, Bibliotheken).

In öffentlichen Verwaltungen dominiert häufig der Behördencharakter über den Betriebscharakter, d.h. es herrschen planende, gesetzesvorbereitende und gesetzesvollziehende Aufgaben vor.

Öffentliche Unternehmen lassen sich u.a. nach dem Kriterium der Rechtspersönlichkeit klassifizieren.

Eine Rechtspersönlichkeit weisen rechtlich verselbständigte Institutionen mit eigenem Vermögen auf, die Träger eigener Verbindlichkeiten und Forderungen sein sowie selbständig klagen und verklagt werden können. Öffentliche Unternehmen mit eigener Rechtspersönlichkeit können in Rechtsformen des Privatrechts als Aktiengesellschaft (AG), Gesellschaft mit beschränkter Haftung (GmbH), eingetragene Genossenschaft (e.G.), eingetragener Verein (e.V.) oder als Stiftung geführt werden.

Häufig weisen öffentliche Unternehmen jedoch eine Rechtspersönlichkeit nach öffentlichem Recht auf. Dazu zählen die öffentlichen Körperschaften, für die in der Regel ein genossenschaftsartiges Mitgliedschaftsverhältnis typisch ist. Beispiele dafür sind die Industrie- und Handelskammern, die Handwerkskammern, die gesetzlichen Krankenkassen, die Sozialversicherungen, die Bundesärztekammer und die Bundesanwaltskammer. Diese Institutionen werden manchmal auch zur Gruppe der öffentlichen Vereinigungen gezählt.

Bei öffentlichen Anstalten hingegen liegt kein Mitgliedschaftsverhältnis vor; denn diese werden nicht von ihren Mitgliedern, sondern von ihrer Mutterkörperschaft getragen. Sie haben dementsprechend auch keine Mitglieder, sondern lediglich Benutzer. Beispiele dafür sind die Sparkassen und Landesbanken sowie die Rundfunkanstalten. Zu den öffentlichen Unternehmen, die in einer Rechtsform des öffentlichen Rechts geführt werden, zählen auch die öffentlichen Stiftungen. Beispiele dafür sind die Stiftung Preußischer Kulturbesitz und die Stiftung Wissenschaft und Politik.

Zahlreiche öffentliche Unternehmen besitzen dagegen keine eigene Rechtspersönlichkeit. Zu den öffentlichen Unternehmen ohne eigene Rechtspersönlichkeit gehören die *verselbständigten Regiebetriebe*, die auf der Gemeindeebene auch als *Eigenbetriebe* bezeichnet werden, etwa kommunale Versorgung- und Verkehrsbetriebe, die z.B. nicht in einer Rechtsform des Privatrechts betrieben werden.

Von diesen verselbständigten Regiebetrieben unterscheidet man die *reinen Regiebetriebe*. Diese Betriebe sind nicht verselbständigte Teile einer übergeordneten Verwaltung und haben daher weder eigene Organe noch ein eigenes Rechnungswesen. Sie sind in die öffentliche Verwaltung integriert und insofern als Bruttobetriebe, d.h. ebenfalls als Verwaltungsbetriebe aufzufassen. Auf der Gemeindeebene zählen zu diesen reinen Regiebetrieben z.B. Kämmerei- und Versorgungsbetriebe in kleineren Gemeinden (mit weniger als 10 000 Einwohnern). Regiebetriebe des Bundes und der Länder dagegen sind in höherem Maße verselbständigt und oft als Nettobetriebe anzusehen. Dazu zählen etwa die Bundesdruckerei, Lotteriegesellschaften und Staatsbäder. Insgesamt sind reine Regiebetriebe für die Wirtschaftstätigkeit öffentlicher Betriebe heute kaum noch von Bedeutung, da sie als zu wenig flexibel gelten.

Die öffentliche Wirtschaft stellt ein wesentliches Element der sozialen Marktwirtschaft dar. Die wirtschaftspolitische Bedeutung öffentlicher Betriebe wird durch die *Instrumentalthese* hervorgehoben: Danach sind öffentliche Unternehmen sowie viele (jedoch nicht alle) Verwaltungen als Instrumente der staatlichen oder kommunalen Wirtschaftspolitik anzusehen. So dienen im Rahmen der Wettbewerbspolitik öffentliche Unternehmen einer gewünschten Monopolisierung oder Monopolkontrolle sensibler Wirtschaftsbereiche.

Durch die Errichtung staatlicher Monopole in bestimmten Bereichen soll ein befürchteter Monopolmißbrauch durch private Unternehmen vermieden werden. Darüber hinaus gilt es, unwirtschaftliche Parallelangebote zu unterbinden, etwa in den Bereichen der Versorgung und des Verkehrs. Außerdem sollen durch Schulen, Gesundheitsverwaltungen oder Versicherungen Angebote jeweils vereinheitlicht werden, um die Interessen des Staates mit denen der Wirtschaftssubjekte zu vereinbaren.

Neben dieser Monopolisierung bzw. Monopolkontrolle dienen öffentliche Betriebe aber auch der Wettbewerbsintensivierung. Dies ist dann der Fall, wenn z.B. in einem engen Oligopol ein öffentlicher Mit-Oligopolist auftritt, wodurch der Wettbewerb intensiviert bzw. dessen Funktionsfähigkeit erhöht werden soll. In der Geld- und Währungspolitik beeinflußt die Deutsche Bundesbank als öffentliches Unternehmen mit Hilfe der währungspolitischen Befugnisse den Geldumlauf und die Kreditversorgung der Wirtschaft, wobei es darum geht, die Währung zu sichern und die bankmäßige Abwicklung des Zahlungsverkehrs im Inland und mit dem Ausland zu gewährleisten (§ 3 Bundesbankgesetz).

Umweltpolitischen Zielsetzungen, denen auch im Rahmen der Wirtschaftspolitik immer größere Bedeutung zukommt, dienen die Umweltverwaltungen, d.h. Institutionen, die sich mit Umweltschutzaufgaben befassen, z.B. mit Gewässer- und Lärmschutz, mit der Luftreinhaltung, der Abfallwirtschaft, dem Naturschutz, dem Strahlenschutz. Hierzu zählen das Bundesministerium für Umwelt, Naturschutz und Reaktorsicherheit, das Umweltbundesamt und das Bundesgesundheitsamt. Auch in der Verbraucherpolitik spielen öffentliche Betriebe eine bedeutende Rolle, etwa die Stiftung Warentest, Berlin, oder die Stiftung Verbraucherinstitut, ebenfalls Berlin, die beide öffentliche Unternehmen sind. In der Forschungs- und Entwicklungspolitik tragen Großforschungseinrichtungen des Bundes und der Länder zur Erreichung übergeordneter Zielvorstellungen bei. Diese öffentlichen Unternehmen werden vielfach in der Rechtsform einer GmbH geführt, aber auch in der eines eingetragenen Vereins (e.V.).

Die wesentlichen Merkmale öffentlicher Betriebe, die unter einzelwirtschaftlichem Aspekt Besonderheiten im Vergleich zu privaten Unternehmen darstellen, lassen sich nach *Gütereigenarten* und *Anbietereigenarten* unterscheiden.

(1) *Gütereigenarten:* Die Leistungen, die öffentliche Betriebe anbieten, umfassen ein Spektrum, das von Individualgütern bis hin zu Kollektivgütern reicht.

Individualgüter werden von öffentlichen Unternehmen erzeugt und in der Regel gegen ein Entgelt abgegeben. Man kann dabei private und öffentliche Individualgüter unterscheiden. *Private Individualgüter* werden zu Marktpreisen abgesetzt, während *öffentliche Individualgüter* – auch als *meritorische Güter* bezeichnet – zu einem nicht kostendeckenden Entgelt angeboten werden.

Die partielle Subventionierung meritorischer Güter zu Lasten eines öffentlichen Budgets geschieht deshalb, weil das Angebot solcher Güter im öffentlichen Interesse liegt. Beispiele für private Individualgüter sind etwa die von öffentlichen Luftverkehrsgesellschaften erbrachten Transportleistungen; ein Beispiel für ein öffentliches Individualgut bzw. meritorisches Gut sind die Informations- und Bildungsangebote der Stiftung Verbraucherinstitut, Berlin.

Während an Individualgütern somit individuelle Eigentumsrechte bestehen können, stehen *Kollektivgüter*, die von öffentlichen Verwaltungen erstellt und angeboten werden, der Allgemeinheit zur Verfügung. Sie sind gekennzeichnet durch die Prinzipien des Nicht-Ausschlusses und der Nicht-Rivalität im Konsum.

Das *Prinzip des Nicht-Ausschlusses* bedeutet, daß es entweder technisch nicht möglich oder aus Kostengründen unzweckmäßig ist, jemanden von der Nutzung dieser Güter auszuschließen. Umgekehrt kann sich niemand der Nutzung dieser Güter entziehen (Prinzip der Nicht-Ausschließbarkeit). Das *Prinzip der Nicht-Rivalität im Konsum* besagt, daß die Nachfrage durch einen einzelnen nicht den Konsum eines anderen Individuums beeinträchtigt.

Aus beiden Prinzipien ergibt sich, daß Marktpreise für Kollektivgüter nicht existieren können. Beispiele für derartige Güter sind die Landesverteidigung, die Rechtssicherheit und die Stabilität der Währung.

In der Realität sind die beiden Prinzipien der Nicht-Ausschließbarkeit sowie der Nicht-Rivalität im Konsum jedoch nur selten vollständig erfüllt. Güter, für die dies gilt, werden als *unvollkommene öffentliche Güter* oder *Mischgüter*, d.h. als unvollkommene Kollektivgüter bezeichnet. Ein Beispiel für ein Gut, von dessen Nutzung zwar prinzipiell niemand ausgeschlossen werden kann, dessen Nutzungsmöglichkeit aber nicht für alle Teilnehmer gleich ist, stellt eine Bundesstraße dar, die aufgrund ihrer geographischen Lage von bestimmten Teilnehmern besser genutzt werden kann als von anderen. Ein weiteres Beispiel für ein unvollkommenes Kollektivgut ist der Schulunterricht, dessen Qualität mit steigender Schülerzahl abnimmt. Gerade das Angebot von Kollektivgütern ist eine Besonderheit, die sich im Bereich der öffentlichen Wirtschaft findet, nicht jedoch im Bereich privater Unternehmen, da diese lediglich Individualgüter anbieten.

Das Angebot von Kollektivgütern stellt auch das Marketing öffentlicher Betriebe vor besondere Herausforderungen. So ist die These weit verbreitet, daß der Anwendung des Marketingkonzepts mit zunehmendem Kollektivgutcharakter der zu erbringenden Leistungen echte Hindernisse erwachsen.

Eine weitere Besonderheit ergibt sich daraus, daß die Güter, die von öffentlichen Betrieben angeboten werden, primär Dienstleistungen darstellen, die besondere Rahmenbedingungen für das Marketing setzen. Zu diesen Dienstleistungen zählen u.a. Gewährleistungen (z.B. äußere und innere Sicherheit, Rechtssicherheit), die Bereitstellung von Sachnutzungen (Straßen, Kanäle, Parks, Museen), persönliche Dienste (z.B. im Gesundheitswesen oder in der Ausbildung) sowie Nachrichten (z.B. über Gesetze und Verordnungen oder die Publikationen statistischer Ämter sowie verbraucherpolitischer Institutionen).

Neben diesen Dienstleistungen umfaßt das Leistungsangebot öffentlicher Betriebe aber auch Geldleistungen (z.B. Ausgleichszahlungen, Beihilfen, Unterstützungen, Zuschüsse usw.) sowie Sachleistungen (z.B. Verkauf von Betriebsmitteln, Schulspeisung). Insgesamt sind diese Güter im Vergleich zu den erwähnten Dienstleistungen jedoch von eher untergeordneter Bedeutung.

Dienstleistungen erfordern vielfach die Mitwirkung der Abnehmer. Dies gilt stets bei der Erbringung persönlicher Dienste, etwa im Rahmen der Gesundheitsvorsorge. Produktion und Absatz von Dienstleistungen fallen in vielen Fällen zusammen (Uno-Actu-Prinzip). Dienstleistungen können daher in der Regel nicht gelagert oder aufbewahrt werden.

Im Gegensatz zu den üblichen Dienstleistungen, die vielfach individualisiert erbracht werden, stellen öffentliche Dienstleistungen häufiger Massenprodukte dar, die sich an einen anonymen Markt richten und dabei nicht unbeträchtlich standardisiert sind. Dies gilt z.B. für die Kollektivgüter aufgrund des Nicht-Ausschluß-Prinzips (z.B. innere und äußere Sicherheit), aber auch für eine Reihe von Individualgütern (z.B. bestimmte Transportleistungen, Stromversorgung).

Ein weiteres Merkmal der Güter öffentlicher Betriebe stellt die für die Leistungsabnehmer meist eingeschränkte Preis- und Qualitätstransparenz dar. Hinzu kommt, daß der Leistungsabnehmer aufgrund der Monopolstellung zahlreicher öffentlicher Betriebe häufig kaum in der Lage ist, Vergleiche des Angebots durchzuführen. Insbesondere auch bei den Leistungen öffentlicher Verwaltungen ergeben sich für den Kunden zudem erhebliche Schwierigkeiten der Qualitätsmessung bzw. -kontrolle. Die Qualität variiert je nachdem, wer die Dienstleistung ausführt und wer sie empfängt. Eine vergleichende Qualitätsbewertung ist dem Leistungsabnehmer nur in Ausnahmefällen möglich, da die meisten Verwaltungen keinem Wettbewerb ausgesetzt sind.

(2) *Anbietereigenarten:* Daß öffentliche Betriebe häufig über eine monopolistische oder monopolähnliche Marktstellung verfügen, trifft auch für zahlreiche öffentliche Unternehmen zu, obwohl ähnliche Leistungen auch anders erbracht werden können. Insofern sind viele öffentliche Unternehmen zumindest einer Substitutionskonkurrenz ausgesetzt.

Monopolstellungen von Unternehmen bergen grundsätzlich die Gefahr eines Monopolmißbrauchs in sich. Damit ist insbesondere das Risiko überhöhter Preisfestsetzungen im Interesse der Gewinnmaximierung gemeint, d.h. des preislichen Ausnutzens der monopolistischen Marktmacht. Um der Gefahr eines solchen Monopolmißbrauchs zu begegnen, sind diese öffentlichen Unternehmen spezifischen Rechtsvorschriften unterworfen und einer staatlichen Aufsicht unterstellt, d.h. sie sind regulierte Unternehmen.

Die unternehmerische Entscheidungsautonomie ist insbesondere im Hinblick auf die Preispolitik eingeschränkt, von der die größte Gefahr des Monopolmißbrauchs ausgeht. Diese Einschränkung erfolgt z.B. durch Tarifordnungen oder durch Gebührenordnungen der verschiedensten Art. Änderungen der Tarife oder Gebühren unterliegen in der Regel einer Genehmigungspflicht durch die Aufsichtsbehörden.

Der Gefahr eines Monopolmißbrauchs soll auch der Kontrahierungszwang entgegenwirken, der manchem öffentlichen Unternehmen auferlegt ist. Ein solcher Kontrahierungszwang verpflichtet den öffentlichen Anbieter, jeden Nachfrager zu bedienen, insbesondere dann, wenn für den Nachfrager keine ausreichenden oder zumutbaren Möglichkeiten gegeben sind, auf andere Anbieter auszuweichen.

In der öffentlichen Wirtschaft existiert aber nicht nur ein Kontrahierungszwang für die öffentlichen Anbieter, sondern z.T. auch einer für Nachfrager im Sinne einer Leistungsabnahmepflicht, die bestimmte Personen und/oder Betriebe trifft. Dazu zählen z.B. der Anschlußzwang an das Kanalisationsnetz, der Benutzungszwang der Schule (Schulpflicht) sowie eine allgemeine Impfpflicht bei Seuchen.

Gegenüber privaten Unternehmen weisen öffentliche Betriebe Unterschiede in ihrem betrieblichen Zielsystem auf; denn sie haben eine öffentliche Aufgabe zu erfüllen. Diese steht im Mittelpunkt der Betriebspolitik öffentlicher Verwaltungen, jedoch auch für bestimmte öffentliche Unternehmen ist die öffentliche Aufgabe von zentraler Bedeutung. So wird beispielsweise die Unternehmenspolitik

der Deutschen Bundesbank oder die eines gemeinnützigen Wohnungsbauunternehmens im öffentlichen Eigentum ganz erheblich durch die öffentliche Aufgabe geprägt.
Bei anderen öffentlichen Unternehmen kann sie aber auch von einer wesentlich geringeren Bedeutung sein, etwa bei gemischtwirtschaftlichen Unternehmen, die sich mehrheitlich in öffentlichem Eigentum befinden. Dennoch verbleibt bei öffentlichen Unternehmen meist ein Zieldualismus von erwerbs- und bedarfswirtschaftlichen Zielen als Besonderheit gegenüber privaten Unternehmen.
Erhebliche Unterschiede zu privaten Unternehmen bestehen bei öffentlichen Betrieben auch im Personalwesen und der betrieblichen Finanzwirtschaft. So nimmt etwa das Berufsbeamtentum in öffentlichen Verwaltungen und Unternehmen eine wichtige Rolle ein. Ferner erfolgt die Besoldung der Angestellten nach festgesetzten überbetrieblichen Tarifen (BAT). Außerdem nehmen viele öffentliche Betriebe eine finanzwirtschaftliche Sonderstellung insofern ein, als die finanziellen Mittel, die ihnen für die Leistungserstellung zur Verfügung stehen, nicht oder nur zu einem geringen Teil durch die Leistungsverwertung zufließen.
In beträchtlichem, im Einzelfall jedoch unterschiedlichem Maße werden öffentliche Betriebe aus Subventionen zu Lasten eines öffentlichen Budgets finanziert, d.h. letztlich durch Steuergelder. Schließlich ergibt sich durch die Eigentümerschaft der öffentlichen Hand eine hohe Bestandsgarantie der öffentlichen Institution, so daß mit einem nur geringen oder gar keinem Insolvenzrisiko des öffentlichen Betriebs gerechnet werden muß.
Die Autonomie öffentlicher Betriebe ist schließlich durch das politische System begrenzt. Auf der politischen Ebene werden durch die Festlegung der Verfassung öffentlicher Betriebe und aufgrund von Ressourcenentscheidungen der Aktionsrahmen und oft auch die Ziel- und Aktionsinhalte abgesteckt, die für die öffentlichen Betriebe maßgeblich sind. Zwar sind solche Rahmenbedingungen prinzipiell veränderbar; je nach politischem Entscheidungsträger ergeben sich jedoch Beeinflussungsgrenzen, an denen auch das Management der jeweiligen Institution nur wenig zu verändern vermag. Öffentliche Verwaltungen sind diesem politischen Einfluß tendenziell noch stärker ausgesetzt als öffentliche Unternehmen.
Es sind bisher nur wenige Versuche unternommen worden, Marketingkonzeptionen zu entwickeln, die der besonderen Situation öffentlicher Betriebe Rechnung tragen. Soweit überhaupt solche Konzeptionen skizziert worden sind, beziehen sie sich primär auf öffentliche Unternehmen. Bis auf ganz wenige Ausnahmen sind öffentliche Verwaltungen weitgehend vernachlässigt worden.
Die Preispolitik öffentlicher Betriebe weist im Vergleich zu den privaten Unternehmen erhebliche Unterschiede auf.
(1) *Öffentliche Verwaltungen:* Es gibt eine Reihe von Verwaltungsleistungen, die gegen ein wenigstens annähernd leistungsadäquates, d.h. direkt zugemessenes monetäres Entgelt veräußert werden. Ein Beispiel dafür stellen Straßen- und Kanalisationsanschlüsse dar, für die Anliegerbeiträge erhoben werden.
Leistungsadäquate monetäre Gegenleistungen für Verwaltungsleistungen sind jedoch selten. Die meisten dieser Leistungen werden nicht gegen ein direktes Entgelt, sondern – scheinbar – unentgeltlich oder gegen eine nicht kostendeckende monetäre Gegenleistung abgegeben. Dies gilt insbesondere für jene Güter, die einen allgemeinen Nutzen stiften und von deren Nutzung niemand ausgeschlossen werden kann, also für Kollektivgüter wie z.B. die Landesverteidigung oder die Stabilität der Währung.
Die Finanzierung solcher Leistungen erfolgt indirekt über Steuern und Abgaben. Die Festlegung dieser indirekten Gegenleistungen bestimmt nicht die Verwaltung als Teil der Exekutive, sondern die Legislative (Bundestag, Landtag, Kreistag, Gemeinderat). Die Gegenleistungspolitik ist also dem Handlungsspielraum der Verwaltung weitgehend entzogen. Allerdings kann sie versuchen, den jeweiligen Entscheidungsträger in ihrem Sinne zu beeinflussen und damit eine indirekte Gegenleistungspolitik zu betreiben. Jedoch kommt dem Instrumentalbereich der indirekten monetären Entgeltpolitik bei öffentlichen Verwaltungen faktisch eine nur geringe Bedeutung zu.
Im Vergleich zum monetären Entgelt haben die nichtmonetären immateriellen Gegenleistungen im Verwaltungsbereich ein größeres Gewicht. So kann z.B. eine öffentliche Verwaltung die Form der physischen und psychischen Mitwirkung des Leistungsabnehmers bei der Leistungserstellung festlegen und damit die physischen bzw. psychischen Kosten erhöhen oder senken, die dieser bei der Leistungsabnahme zu tragen hat. Gemeint sind damit z.B. die Wartezeiten, die ein Bürger bei einer Amtsstelle in Kauf nehmen muß, sowie die Mühen, denen er sich beim Ausfüllen der Formulare zu unterziehen hat.
Durch eine entsprechende Gestaltung der Verwaltungsleistungen kann die öffentliche Verwaltung diese Kosten des Leistungsabnehmers verändern und damit die Nachfrage nach den Verwaltungsleistungen erhöhen oder dämpfen.
(2) *Öffentliche Unternehmen:* Für öffentliche Unternehmen gelten vor allem folgende Ansätze der kostenorientierten Preisbildung:
• Die *Grenzkostenpreisregel:* Die Preise, die ein öffentliches Unternehmen für seine Leistungen erhebt, sollten den Grenzkosten der Leistungserstellung entsprechen. Begründet wird dies wohlfahrtstheoretisch: Es läßt sich mikroökonomisch zeigen, daß unter bestimmten Bedingungen Grenzkostenpreise den Zustand eines Pareto-Optimums signalisieren, womit eine Situation angesprochen ist, in der durch eine Ressourcenumlenkung kein Individuum besser gestellt werden kann, ohne daß sich die Lage eines anderen verschlechtert.
• *Peak Load-Pricing:* Dieses kostenorientierte Prinzip stellt auf die Optimierung der Preispolitik

public enterprise

unter Berücksichtigung von Nachfrageschwankungen ab. So soll der Bezug einer Leistung in Zeiten extrem hoher Nachfrage verteuert und in Zeiträumen nur schwacher Nachfrage verbilligt werden. Eine solche Orientierung der Preispolitik an Spitzen- bzw. Schwachlastzeiten ist z.B. ebenfalls in der Elektrizitätsversorgungsindustrie realisiert.

• Die *Durchschnittskostenpreisregel:* In Deutschland gilt für öffentliche Unternehmen traditionell die Empfehlung, die Preise so zu gestalten, daß die gesamten Kosten gedeckt sind, so z.B. im Gebührenrecht als Kostendeckungsprinzip. Dieses Kostendeckungsprinzip betont die Notwendigkeit entsprechend hoher Erträge, die durch öffentliche Unternehmen zu erwirtschaften sind. Dies kann aber unter Umständen mit ihrem gemeinwirtschaftlichen Auftrag in Konflikt geraten.

In der Praxis werden diese Ansätze allerdings nicht in reiner Form realisiert; denn die Preise öffentlicher Unternehmen weisen nicht allein eine Kostenorientierung auf, sondern haben auch eine ausgeprägte politische Komponente. Deutlich wird dieses Spannungsfeld zwischen Kostendeckung einerseits und politischer Preissetzung andererseits etwa beim öffentlichen Personennahverkehr, bei dem sozial progressive Gruppen für niedrige Tarife bis hin zum Nulltarif eintreten, während die Betreiber eher kostendeckende Tarife durchsetzen wollen.

Im Extremfall kann sich sogar ein „politischer Preis" bilden. Damit ist ein Preis gemeint, dessen „Höhe durch staatliche Intervention mit dem Ziel festgelegt wird, per Saldo Wählerstimmen zu gewinnen" (D. Schmidtchen). Dies ist nicht zuletzt deshalb möglich, weil der preispolitische Spielraum öffentlicher Unternehmen durch eine Reihe von Preisvorschriften wie z.B. Gebühren- und Tarifordnungen eingeschränkt ist, deren Änderung der Genehmigungspflicht durch die Trägerinstanzen auf Bundes-, Landes- oder Gemeindeebene unterliegt. Die Preispolitik öffentlicher Unternehmen ist somit in beträchtlichem Maße extern festgelegt und verbleibt damit grundsätzlich auch im politischen Einflußbereich.

Bei der Marketingorganisation öffentlicher Betriebe lassen sich vier Arten unterscheiden:

(1) *Organisationen ohne explizite Marketingstellen:* In diesen Betrieben werden Marketingaktivitäten von anderen Stellen, die z.B. Kundenkontakte aufweisen, wahrgenommen. Häufig ist es den Stelleninhabern nicht bewußt, daß Marketingaufgaben durchzuführen sind.

(2) *Organisationen mit einer Stelle für Öffentlichkeitsarbeit:* Die Aktivitäten dieser Stelle betreffen lediglich einen Teil der Kommunikationspolitik. Andere Marketingaufgaben sind strukturell nicht organisiert.

(3) *Organisationen mit einer speziellen Marketingabteilung,* die z.B. für Marktforschung, Werbung und Kundenbetreuung zuständig ist.

(4) *Organisationen mit einem Marketingmanager in der Führungsspitze.*

Nur wenige öffentliche Betriebe haben überhaupt eine Marketingposition auf höchster Ebene, deren Inhaber dafür verantwortlich ist, das Marketingkonzept in vollem Umfang zu realisieren. Für viele, insbesondere kleinere öffentliche Betriebe dürfte es kennzeichnend sein, daß sie höchstens über eine Abteilung für Öffentlichkeitsarbeit verfügen. Innerhalb der öffentliche Betriebe gibt es sehr unterschiedliche Möglichkeiten einer organisatorischen Verankerung des Marketingkonzepts.

(A) *Öffentliche Verwaltungen:* Den *Hoheitsverwaltungen* liegt die Vorstellung eines Über-/Unterordnungsverhältnisses zwischen Staat und Staatsbürgern zugrunde. Dies gilt insbesondere für die *Eingriffsverwaltungen,* mit deren Hilfe der Staat durch Befehls- und Zwangsgewalt tätig wird, d.h. seine Ordnungsfunktion ausübt (z.B. Finanzverwaltungen, Bau- und Raumordnungsverwaltungen, Verkehrsverwaltungen, Umweltverwaltungen, Polizei).

Das Handlungsinstrumentarium der Eingriffsverwaltungen ist vielfältig und beweglich. Manches Ge- und Verbot wird durch Information, Aufklärung oder Werbung unnötig, also durch Maßnahmen, die dem Marketing zugehören. Dennoch sind im Bereich der Eingriffsverwaltungen der Spielraum und die Bereitschaft für mehr Bürgernähe und eine organisatorische Entfaltung des Marketing strukturell begrenzt.

Das verhält sich anders in den *Leistungsverwaltungen,* die Dienstleistungsfunktionen ausüben. Dazu zählen z.B. Schulen, Universitäten, Kinder-, Jugend- und Altenpflegeheime sowie Krankenhäuser und Theater, um nur einige Beispiele zu nennen. Dienstleistungsverwaltungen dieser Art bieten dem Marketing einen größeren Realisierungsspielraum. Dies liegt nicht zuletzt daran, daß das Haushaltsrecht für derartige öffentliche Betriebe ein großes Spektrum von Rechtsformen bis hin zur Gründung privatrechtlicher Unternehmen anbietet, das auch ein rechtliches Gleichordnungsverhältnis zwischen dem Bürger und der Verwaltung ermöglicht.

Die interne Organisation einer Verwaltungsbehörde folgt in Deutschland prinzipiell dem hierarchisch-pyramidenförmigen Aufbau und läßt sich auch heute noch als überwiegend bürokratisch bezeichnen. Jedoch wird der hierarchische Behördenaufbau durch die Einrichtung von Ausschüssen, Beiräten, Arbeits- und Projektgruppen, Kommissionen und Stäben unterbrochen.

Neuere Verwaltungsreformen stellen u.a. auf die Entbürokratisierung der Verwaltung im Sinne einer Aufhebung überflüssiger Vorschriften, einer Verwaltungsvereinfachung und Dezentralisierung von Funktionen ab, wobei den einzelnen dezentralen Einheiten der Verwaltung auch eine größere Entscheidungskompetenz zugeordnet werden soll. Damit zielen die neueren Verwaltungsreformen auch auf eine Vergrößerung der Bürgernähe der öffentlichen Verwaltung. Diese Tendenzen zur Reorganisation der öffentlichen Verwaltung enthalten somit prinzipiell auch verbesserte Chancen für die

641

Entfaltung des modernen Marketingkonzepts und die Schaffung einer entsprechenden Marketingorganisation.
Auf der Ebene der Kommunalverwaltungen ist ein ausgeprägtes Interesse an Konzepten des Stadt- bzw. City-Marketing entstanden. Vor diesem Hintergrund sind auch neue Formen der Organisation von Marketingaktivitäten auf kommunaler Ebene entstanden.
(B) *Öffentliche Unternehmen:* Auch im Bereich der öffentlichen Unternehmen bestehen unterschiedlich große Spielräume für die Etablierung des Marketing.

public expenditures *pl*: öffentliche Ausgaben *f/pl*, Staatsausgaben *f/pl*
public expenses *pl*: öffentliche Ausgaben *f/pl*
public floatation: öffentliche Emission *f*
public holiday: gesetzlicher Feiertag *m*
public indebtedness: Schuld *f* der öffentlichen Hand *f*
public institution: gemeinnütziges Unternehmen *n*, öffentliche Institution *f*, öffentliche Einrichtung *f*
public interest: öffentliches Interesse *n*
public law: öffentliches Recht *n*
public liability (P.L.): Schuld *f* der öffentlichen Hand *f*
public liability insurance: Haftpflichtversicherung *f*
public market: offener Markt *m*
public money: Gemeindegelder *n/pl*, Staatsgelder *n/pl*
public mortgage bank: öffentlich-rechtliches Kreditinstitut *n*
public notice: Aufgebot *n*
public opinion: öffentliche Meinung *f*, Verkehrsanschauung *f*
public peace: Landfrieden *m*
public property: öffentliches Eigentum *n*, Staatseigentum *n*
public prosecutor: Anklagevertreter *m*, Staatsanwalt *m*
public receipts *pl*: öffentliche Einnahmen *f/pl*, Staatseinnahmen *f/pl*
public relations *pl*: Beziehungen *f/pl* zur Öffentlichkeit *f*, Interessenvertretung *f* und Repräsentation *f*, Kontaktpflege *f* zur Öffentlichkeit *f*, Öffentlichkeitsarbeit *f*, Öffentlichkeitsbeziehungen *f/pl*, Repräsentation *f*, Interessenvertretung *f*
Eine unternehmerische Autonomiestrategie, die in der Vermittlung und Verbreitung von Meinungen, Werten und Normen (z.B. über Privateigentum, freie Marktwirtschaft, Kernenergie) besteht, die im Einklang mit den Interessen einer Unternehmung stehen, damit jene in der Umwelt eine positive Aufnahme finden.

Die Funktion und Wirkungsweise von Öffentlichkeitsarbeit wird auf ebenso amüsante wie treffende Art durch die vielzitierte Formulierung von Alwin Münchmeyer illustriert: „Wenn ein junger Mann ein Mädchen kennenlernt und ihr sagt, was für ein großartiger Kerl er sei, so ist das Reklame. Wenn er ihr sagt, wie reizend sie aussehe, dann ist das Werbung. Wenn das Mädchen sich aber für ihn entscheidet, weil sie von anderen gehört hat, für ein prima Kerl er wäre, dann ist das Public Relations." Nach Albert Oeckl ist Öffentlichkeitsarbeit das Phänomen, das „Arbeit mit der Öffentlichkeit, Arbeit in der Öffentlichkeit und Arbeit für die Öffentlichkeit" bedeutet und konkret heißt:
• Information aller relevanten Öffentlichkeiten über die wesentlichen Ereignisse, Ergebnisse und Planungen einer Organisation nach innen und nach außen;
• Anpassung der Verhaltensweise und Zielsetzung des Auftraggebers an die Anregungen, Kritik und Forderungen der Umwelt im Rahmen des politisch, wirtschaftlich und moralisch Vertretbaren in dem Bemühen um die Gewinnung der öffentlichen Meinung und deren teilweise oder völlige Umstimmung;
• Integration, d.h. die Philosophie der Organisation darauf ausrichten, mit den zu ergreifenden Maßnahmen das Verständnis der Öffentlichkeit zu erringen. Öffentlichkeitsarbeit heißt mit anderen Worten:
• die entscheidenden Entwicklungen der öffentlichen Meinung wie ein Seismograph registrieren, in angemessener Form antworten und wo es notwendig erscheint, Anpassungsmöglichkeiten suchen und realisieren. Öffentlichkeitsarbeit führt im Bedarfsfall auch zum Kompromiß und erstrebt als Endziel den Konsens, d.h. die Integration in die Gesellschaft. Öffentlichkeitsarbeit hat eine demokratische Funktion und kann auf die Kurzformel gebracht werden: Information + Anpassung + Integration."
Nach einer Definition der Deutschen Public Relations-Gesellschaft e.V. (dprg) ist unter Public Relations das methodische Bemühen eines Unternehmens, Verbands, einer Institution, Gruppe oder Person um Verständnis sowie um Aufbau und Pflege von Vertrauen in der Öffentlichkeit auf der Grundlage systematischer Erforschung zu verstehen.
„Die Methodik der PR bedient sich der wissenschaftlichen Instrumente der Demoskopie und Kommunikationsforschung, um zunächst durch Situationsanalyse und Kommunikationsanalyse des Kontaktfeldes der Human Relations und Kontaktfeldes der Public Relations die Ausgangssituation zu erforschen. An dieser Situation orientierte PR-Aktivitäten dienen dem Ziel, über eine systematische Verbesserung der Kommunikation und des Informationsaustausches im Bereich der Human Relations zugleich auch die Kommunikation im Bereich der PR durch sachlichen, verständlichen und überprüfbaren Informationsaustausch zu optimieren. Im Gegensatz zur Propaganda zielen

PR-Aktivitäten also nicht auf die einseitige Übermittlung zweckbestimmter Informationsinhalte ab, die das Denken und Handeln der Öffentlichkeit beeinflussen oder manipulieren sollen. PR streben den Interessenausgleich zwischen einander zugeordneten Gesellschaftsbereichen durch Verbesserung der Informations- und Kommunikationsbasis an." (Kleines ABC der Public Relations) Ergebnis von erfolgreichen PR-Aktivitäten ist Goodwill. Von Werbung unterscheidet sich Öffentlichkeitsarbeit dadurch, daß sie einen Prozeß der organisierten Interaktion zwischen der sie betreibenden Institution und der Öffentlichkeit darstellt. In diesem Sinne ist auch die Formulierung von Edward L. Bernays zu verstehen, der PR-Arbeit als einen Two-way-street-Job bezeichnete.

Historisch tauchte der Begriff der Public Relations erstmals um die Jahrhundertwende zum 20. Jahrhundert in den USA auf. Die berufsethischen Grundsätze der Öffentlichkeitsarbeit sind international im Code d'Athènes niedergelegt, den auch die Deutsche Public Relations-Gesellschaft anerkennt.

public responsibilities *pl*: öffentliche Verantwortung *f*
public revenues *pl*: Staatseinkünfte *pl*
public safety: öffentliche Sicherheit *f*
public sale: öffentliche Versteigerung *f*
public scandal: öffentliches Ärgernis *n*
public securities *pl*: Staatspapiere *n/pl*
public service: öffentlicher Dienst *m*, öffentliche Hand *f*
public service company: öffentlicher Versorgungsbetrieb *m*
public subsidy: staatliche Subvention *f*
public utility: Versorgungsgesellschaft *f*, öffentlicher Versorgungsbetrieb *m*
public welfare: Gemeinwohl *n*, öffentliche Wohlfahrt *f*
public work order: öffentlicher Auftrag *m*
publication of annual financial statement report: Bekanntgabe *f* des Jahresabschlusses *m*
publication of annual financial statement: Veröffentlichung *f* des Jahresabschlusses *m*
publication: Bekanntgabe *f*, Bekanntmachung *f*, Veröffentlichung *f*
publicity department: Presseabteilung *f*, Pressestelle *f*, Abteilung *f* für Öffentlichkeitsarbeit
publicity expert: Fachmann *m* für Öffentlichkeitsarbeit
publicity: Öffentlichkeit *f*, Publizität *f*
publicly controlled sector of economy: Wirtschaftssektor *m* der öffentlichen Hand *f*
publicly held (owned) corporation: Gesellschaft *f* in der Hand *f* der Allgemeinheit *f*
publicly planned economy: Staatswirtschaft *f*, staatlich gelenkte Wirtschaft *f* → government controlled economy
publish: bekanntgeben, bekanntmachen, herausgeben (von Büchern), verlegen (Bücher), veröffentlichen
publish the annual accounts: den Jahresabschluß *m* veröffentlichen
published balance sheet: Handelsbilanz *f* (Betrieb)
publisher: Herausgeber *m*, Verleger *m*, Verlag *m*
publishing house: Verlag *m*
pull down: niederreißen (Gebäude)
pull from the tray: aus dem Karteikasten *m* ziehen
pull in the cash: Außenstände *m/pl* eintreiben
pump-priming: Konjunkturspritze *f*
punctual: fristgerecht, pünktlich, termingerecht
punctuality: Pünktlichkeit *f*
punish: bestrafen, strafen
punishable: strafbar
punishable offense: strafbare Handlung *f*
punishableness: Strafbarkeit *f*
punishment: Bestrafung *f*, Strafe *f*
punitive arrest: Strafhaft *f*
punitive damages *pl*: Geldbuße *f*, Strafe einschließender Schadenersatz *m*
purchase: Einkauf *m*, Kauf *m*, Ankauf *m*, Anschaffung *f*, Besorgung *f*, kaufen, ankaufen, anschaffen, beschaffen, erwerben
purchase account: Wareneinkaufskonto *n*
purchase agreement: Kaufvereinbarung *f*
purchase authorization: Beschaffungsgenehmigung *f*
purchase book: Einkaufsbuch *n*
purchase budget: Einkaufsbudget *n*
purchase by description: Kauf *m* nach Angabe *f*
purchase by sample: Kauf *m* nach Probe *f*
purchase commitment: Einkaufsverpflichtung *f*
purchase contract register: Bestellstand *m*
purchase cost: Gestehungskosten *pl*
purchase day book: Wareneingangsbuch *n*
purchase discount: Einkaufsskonto *m*
purchase in bulk: Aufkauf *m*, aufkaufen
purchase invoice: Lieferantenrechnung *f*
purchase journal: Einkaufsbuch *n*, Einkaufsjournal *n*, Wareneingangsbuch *n*, Kreditorenjournal *n*

purchase ledger: Kreditorenbuch *n*, Wareneingangsbuch *n*
purchase ledger clerk: Kreditorenbuchhalter *m*
purchase money mortgage: Restkaufgeldhypothek *f*
purchase money obligation: Restkaufgeldobligation *f*
purchase notice: Bedarfsmeldung *f*
purchase on account: Kauf *m* auf Ziel *n*, Kreditkauf *m*, Zielkauf *m*
purchase on approval: Kauf *m* auf Probe *f*
purchase on credit: Zielkauf *m*
purchase order: Bestellung *f*, Kaufauftrag *m*
purchase planning: Einkaufsplanung *f*
purchase price: Anschaffungspreis *m*, Anschaffungswert *m*, Einkaufspreis *m*, Kaufpreis *m*
purchase privilege: Kaufrecht *n* alter Kunden *m/pl*, Mehrkaufrecht *n* (alter Kunden)
purchase register: Kreditorenjournal *n*
purchase requisition: innerbetrieblicher Bestellschein *m*
purchase requisition order: Bedarfsmeldung *f*
purchase returns book: Rückwarenbuch *n*
purchase tax: Erwerbssteuer *f*, Kaufsteuer *f (brit)*
purchased parts *pl*: Kaufteile *n/pl*
purchaser: Abnehmer *m*, Erwerber *m*, Käufer *m*
purchasing: Beschaffung *f*, Einkauf *m*, Einkaufsfunktion *f* (im Betrieb), Warenbeschaffung *f* (Einkaufsfunktion im Betrieb)
Die Bereitstellung von Sachgütern des Anlagevermögens eines Betriebs, die notwendig der langfristigen Planung und investitionspolitischer Überlegungen bedarf.
purchasing agent: Einkäufer *m*, Einkaufsagent *m*
purchasing budget: Beschaffungsplan *m*
purchasing cooperative: Einkaufsgenossenschaft *f*
Eine Genossenschaft, zu der sich eine Reihe von kleineren oder mittleren Einzelhandelsunternehmen zusammengeschlossen haben, um durch den Zusammenschluß in den Genuß der günstigeren Konditionen für Großeinkäufer beim Einkauf von Waren zu gelangen.
Während historisch am Anfang der Gründung von Einkaufsgenossenschaften allein der Gedanke der Verbesserung der Wettbewerbsfähigkeit durch den gemeinsamen Einkauf stand, nehmen die meisten heute bestehenden Einkaufsgenossenschaften eine Vielzahl unternehmerischer Funktionen, insbesondere auf dem Beschaffungsmarkt für die Genossen wahr (z.B. Werbung, Finanzierung, Buchführung usw.).
In vielen der modernen Genossenschaften des Handels ist das Eigengewicht der sie tragenden Einzelhandelsbetriebe bereits so reduziert, daß sie von normalen Großhandelsbetrieben überhaupt nicht mehr zu unterscheiden sind. Sie organisieren nicht allein die Gemeinschaftswerbung der Genossen, sondern den Ladenbau und die Ladenausstattung ebenso wie ggf. den Umbau, die Innen- und Außengestaltung, geben Neu-, Um- und Erweiterungsbauhilfen, gewähren Kredite, führen Standortuntersuchungen, Marktanalysen und Betriebsvergleiche durch, schulen das Verkaufspersonal, organisieren die Rechts-und die Steuerberatung für die Einzelbetriebe usw.
Wegen dieser Entwicklung hat sich für diesen Typ der Einkaufsgenossenschaft der Begriff Full-Service-Genossenschaft eingebürgert. „Es ist daher sachlich richtiger, von förderungswirtschaftlich strukturierten Großhandels- und Dienstleistungsunternehmen zu sprechen, deren Eigenkapital in der Hand der Mitglieder (Aktionäre, Gesellschafter) liegt und die die Aufgabe haben, diesem Kreis ein Optimum an Leistung (Waren- und Dienstleistungen) zu vermitteln." (Erich Diederichs).
Einkaufsgenossenschaften sind eine rechtliche Sonderform und zugleich die am weitesten verbreitete Erscheinungsform der Einkaufsvereinigungen.

purchasing department: Einkaufsabteilung *f*
Die für die Beschaffung von Rohstoffen und Hilfsmitteln, die ein Wirtschaftsunternehmen für seine Produktion und den laufenden Betrieb benötigt, zuständige Abteilung eines Industrie- oder Handelsbetriebes bzw. die Funktion, die diese Abteilung erfüllt. Als Funktion des Einkaufs bezeichnet man die Beschaffung von Materialien oder (Vor-) Produkten mit der Absicht der Weiterveräußerung (Handel) oder Ver- und Bearbeitung (Produktion). Sofern die Rationalisierungsreserven einer Unternehmung im Produktionsbereich weitgehend ausgeschöpft sind und der Wettbewerb auf den Absatzmärkten keine Erlössteigerung zuläßt, gilt die Materialwirtschaft (vor allem der Einkauf) als bevorzugter Ansatzpunkt für Kostensenkungsprogramme.
Der Einkauf von Materialien (Güter und Stoffe) stellt lediglich einen Teil des Beschaffungsmanagements dar. Die Beschaffung von Finanzmitteln und Investitionsgütern untersteht der Verantwortung des Finanz- bzw. Produktionsmanagements und die von Mitarbeitern der des Personalmanagement.

purchasing group: Einkaufsgruppe *f*, Einkaufsring *m*
Eine Form der Einkaufskooperation, bei der mehrere Handelsunternehmen ihren gemeinsamen Einkauf so organisieren, daß ein einziges von ihnen für alle im Ring zusammengeschlossenen Unternehmen zusammen einkauft und daher ge-

genüber den Lieferanten als alleiniger Einkäufer auftritt. Das einkaufende Unternehmen kann dabei entweder im eigenen Namen und für eigene Rechnung oder im Namen und für Rechnung der Ringunternehmen einkaufen.

purchasing manager: Einkaufsleiter m

purchasing office: Einkaufsabteilung f

purchasing policy: Beschaffungspolitik f, Einkaufspolitik f
Die sich aus der gesamten Unternehmenspolitik ergebende Konfiguration von Zielentscheidungen über den Einsatz des absatzpolitischen Instrumentariums bei der Auswahl der sich im Bereich der Beschaffung ergebenden Handlungsalternativen. Dabei hängt die konkrete Gestalt der beschaffungspolitischen Ziele direkt von den Unternehmenszielen ebenso wie von den Marktseitenverhältnissen ab, unter denen das Unternehmen auf dem Beschaffungsmarkt tätig wird.

purchasing power: Kaufkraft f
Im weitesten Sinne bezeichnet Kaufkraft denjenigen Geldbetrag, der einem Wirtschaftssubjekt oder einer Mehrzahl von Wirtschaftssubjekten in einem festgelegten Zeitraum für den Kauf von Konsumgütern oder Produktivgütern zur Verfügung steht. Das ist diejenige Geldmenge bezeichnet, die einem Verbraucherhaushalt oder einer genau bezeichneten Mehrzahl von Verbraucherhaushalten in einem festgelegten Zeitraum und in einem festumgrenzten geographischen Gebiet für den Konsum zur Verfügung steht. Es ist also diejenige Kraft, die den Bedürfnissen Konsumpotenz verleiht und sie als Bedarf zur treibenden Kraft des Konsums der privaten Haushalte am Markt auftreten läßt.
Der wichtigste Indikator für die Kaufkraft privater Haushalte ist ihr verfügbares Einkommen:
verfügbares Einkommen = Bruttoeinkommen + Vermögensverzehr + Kredite – Steuern – Sparbeträge – Schuldentilgung.
Da dies in der Realität oft nur mit erheblichem Aufwand und unverhältnismäßigen Kosten ermittelbare Größen sind, begnügt man sich in der Praxis oft mit der Gleichsetzung von Kaufkraft und Nettoeinkommen:
Kaufkraft = Bruttoeinkommen – direkte Steuern.
Bei der Analyse der Kaufkraft privater Haushalte interessieren:
1. die Zusammenhänge zwischen der Höhe der Kaufkraft und der Höhe der Güternachfrage,
2. die zeitliche Entwicklung der Kaufkraft
3. die regionale Entwicklung der Kaufkraft
4. die gruppenspezifische Entwicklung der Kaufkraft.

purchasing power elasticity: Kaufkraftelastizität f
Das Verhältnis der relativen Änderung der nachgefragten Menge nach einem Gut und der Änderung der Kaufkraft. Es drückt aus, in welchem Maße sich die mengenmäßige Nachfrage nach einem Gut als Folge der Änderung der Kaufkraft der Nachfrager verändert.

purchasing power index: Kaufkraftkennziffer f, Kaufkraftkennzahl f
Kaufkraftkennziffern sind Gliederungszahlen, mit deren Hilfe geographische Unterschiede der Kaufkraft vergleichbar gemacht werden können. Ihre Berechnung erfolgt vorwiegend auf der Grundlage von Unterlagen der amtlichen Statistik, im wesentlichen der Finanzstatistik. Als Absatzkennziffern werden Kaufkraftkennzahlen von marketingorientierten Unternehmen vor allem als Indikatoren ihres Absatzpotentials und damit zur Disposition des Einsatzes ihrer Werbe- und Verkaufsförderungsmittel und ihrer Standortplanung verwendet. Inzwischen ist allerdings in der Marktforschung die Einsicht gewachsen, daß Kaufkraft allein ein grober Indikator der Absatzchancen von Herstellern und Händlern ist.
Neben den allgemein anerkannten GfK-Kaufkraftkennziffern haben auch das Ifo-Institut in München („Das regionale Marktpotential für industrielle Investitionsgüter"), das Institut für Demoskopie Allensbach („Kaufkraftrichtwerte"), die Gesellschaft für Marktforschung (GFM) in Hamburg (Einzelhandelsumsätze je Einwohner) und das DIVO-Institut in Frankfurt („Der westdeutsche Markt in Zahlen") Kaufkraft- bzw. Absatzkennziffern veröffentlicht.
In den USA hat der von der Zeitschrift „Sales & Marketing Management" (S & MM) entwickelte Buying Power Index (BPI) weite Verbreitung gefunden. Er wird nach der folgenden Formel berechnet:

$$BPI = \frac{5I_i + 3R_i + 2P_i}{10}$$

Dabei bedeuten:

I_i = Anteil (Prozentsatz) des Gebiets i am verfügbaren Einkommen im Gesamtgebiet der USA (I steht für income – Einkommen);

R_i = Anteil (Prozentsatz) des Gebiets i an den Einzelhandelsumsätzen im Gesamtbereich der USA (R steht für retail sales – Einzelhandelsumsätze);

P_i = Anteil (Prozentsatz) des Gebiets i an der Gesamtbevölkerung in den USA (P steht für population – Bevölkerung).

Die Zahlen 5, 3 und 2 sind Gewichtszahlen, die die relative Bedeutung der drei Faktoren in der Formel wiedergeben.

purchasing power parity: Kaufkraftparität f
Der intervalutarische Kurs, bei dem die Kaufkraft in zwei verschiedenen Ländern gleich ist. Dabei spricht man bei Bezug der Kaufkraft von Fremdwährungen auf die eigene Landeswährung zum gegenwärtigen Zeitpunkt von absoluter Kaufkraftparität, beim Bezug auf die im Zeitverlauf eintretenden Veränderungen von relativer Kaufkraftparität.

Das Problem der Vergleichbarkeit unterschiedlicher Währungen in bezug auf ihre Kaufkraft, für die der Wechselkurs natürlich kein geeigneter Indikator ist, stellt sich vor allem bei internationalen Kaufkraftvergleichen.

purchasing power threshold: Kaufkraftschwelle *f*
Die durch eine bestimmte Höhe der Kaufkraft oder auch des Nettoeinkommens als Ersatzgröße bestimmte Schwelle, durch die Nichtkäufer eines Produkts von Käufern getrennt werden. Da die Schwelle meist empirisch aus der durchschnittlichen Einkommenshöhe ermittelt wird und Käufer des Produkts auch unterhalb dieser Schwelle anzutreffen sind, wird als Schwelle oft die Einkommenshöhe genommen, die von 95 Prozent aller Käufer erreicht wird.

pure: rein

pure competition: vollkommene Konkurrenz *f*, vollständige Konkurrenz *f*
Eine Marktform, die dadurch charakterisiert ist, daß eine Ware von so vielen Käufern angeboten wird, daß der Anteil des einzelnen Anbieters am Gesamtangebot zu gering ist, um den Absatz der anderen merklich zu beeinflussen. Da die Konkurrenten die Auswirkungen von Handlungen einzelner Wettbewerber nicht spüren, brauchen diese auch nicht mit Reaktionen zu rechnen. Jeder Anbieter nimmt den Preis als gegeben an; zu diesem Preis kann er jede beliebige Menge absetzen. Er kann seine Ausbringung steigern oder senken, ohne dadurch den Preis zu beeinflussen. Bei Heinrich von Stackelberg ergibt sich vollständige Konkurrenz dann, wenn – nach der Zahl der Marktteilnehmer – viele Anbieter und viele Nachfrager einander gegenüberstehen. Bei Walter Eucken nehmen die Marktteilnehmer in ihren Wirtschaftsplänen den Preis als Datum. Sie rechnen nicht mit den Reaktionen der Konkurrenten.

pure conflict game: strikt wettbewerbliches Spiel *n*
In der Spieltheorie ein Spiel, bei dem jeder Gewinn des einen Spielers jeweils für wenigstens einen der anderen Spieler einen Verlust impliziert. Diese Spiele werden auch als Nullsummenspiele bezeichnet, doch muß es nicht in einem strengen Sinne gelten, daß sich die Nutzenwerte der Spieler rechnerisch zu Null addieren; es ist hinreichend, wenn mittels linearer Transformationen der Nutzenwerte aller Spieler ein Nullsummenspiel im wörtlichen Sinne erzeugt werden kann. So ist also ein Spiel mit konstanter Summe ein strikt wettbewerbliches Spiel, und die Begriffe „konstante Summe" und „Nullsumme" sind strategisch äquivalent.

pure monopoly: vollkommenes Monopol *n*
Als vollkommenes Monopol bezeichnet man in der Wettbewerbstheorie nach Fritz Machlup eine Marktform, in der der Gewinn dann am höchsten ist, wenn die Grenzkosten der verkauften Menge gleich dem Grenzerlös ist. Bei einem unvollkommenen Monopol wird unterstellt, daß die Aktionsfreiheit des Monopolisten beschränkt ist; Preis- und Absatzpolitik werden von Verboten, Folgeandrohungen oder Befürchtungen verschiedener Art mitbestimmt. Ein Teilmonopol liegt vor, wenn sich ein Großer und mehrere Kleine den Markt teilen: Die Kleinen akzeptieren für sich den Verkaufspreis des Großen und rechnen damit, zum festgesetzten Preis jede Menge, die sie auf den Markt bringen, absetzen zu können. Bei einem Arbeits-Monopol liegt z.B. eine künstliche Verknappung des Arbeitsangebots vor. Goetz Briefs spricht von der Gewerkschaft „als Preiskartell mit der Tendenz zur Angebotskontingentierung und Konditionen-Normierung".

pure premium: reine Versicherungsprämie *f*
Die Versicherungsprämie nach Abzug des darin enthaltenen Unkostenanteils des Versicherers.

pure strategy: reine Strategie *f*
In der mathematischen Entscheidungstheorie die ursprünglichen, nicht durch Wahrscheinlichkeiten näher spezifizierten Optionen $a_1, a_2,..., a_n$. Das Symbol a_i wird auch bei der Behandlung gemischter Strategien zur Bezeichnung einer beliebigen Strategie aus der Gesamtmenge reiner und gemischter Strategien benutzt.
Wenn man alle überhaupt möglichen gemischten Strategien in Betracht zieht, so gibt es eine unendlich große Anzahl möglicher Strategien, aus denen P^A wählen kann; sogar bei nur zwei reinen Strategien a_1 und a_2 gibt es bereits unendlich viele Werte für p_1 bzw. p_2.
Die Mengen der reinen und der gemischten Strategien eines Zwei-Personen-Spiels können mit einer graphischen Darstellung illustriert werden. Die folgende Abbildung zeigt eine Auszahlungsmatrix sowie die graphische Darstellung der ihr entsprechenden Strategiemengen in einem Strategie-Mengen-Diagramm.
Die Strategiemenge besteht aus den Punkten auf den Grenzen und innerhalb der Grenzen des Dreiecks. Jeder Punkt in der Darstellung repräsentiert eine mögliche Strategie für P^A – rein oder gemischt. Die Abszisse g_1 zeigt die erwartete Auszahlung für P^A bei einer bestimmten Strategie, wenn P^B die Alternative b_1 wählt; die Ordinate g_2 zeigt die erwartete Auszahlung für P^A, wenn P^B die Alternative b_2 wählt. Eine erwartete Auszahlung ist die durchschnittliche Auszahlung pro Durchgang, die sich ergibt, wenn sehr viele Durchgänge des Spiels abgewickelt werden. Die Berechnung von g_1 erfolgt unter der Annahme, P^B habe b_1 gewählt, die Berechnung von g_2 demgegenüber unter der Annahme, P^B habe b_2 gewählt. Für eine reine Strategie ergibt sich die erwartete Auszahlung durch den Eintrag in der Auszahlungsmatrix; jeder Durchgang bringt P^A – bei konstanter Strategie a_i und konstantem b_j – die gleiche Auszahlung. In unserem Beispiel würde P^A mit der Strategie a gegen b_1 jeweils 2 DM gewinnen.
Jede der drei reinen Strategien ist in dem Strategie-Mengen-Diagramm in der Abbildung oben dargestellt. Die durch Mischung von je zwei reinen Strategien sich ergebenden möglichen Strategien werden durch die Punkte auf der geraden Linie zwischen den zwei Punkten abgebildet, die diese zwei reinen Strategien repräsentieren. Jeder Punkt innerhalb des durch die drei reinen Strategi-

	b_1	b_2
a_1	2	1
a_2	3	2,5
a_3	2	4

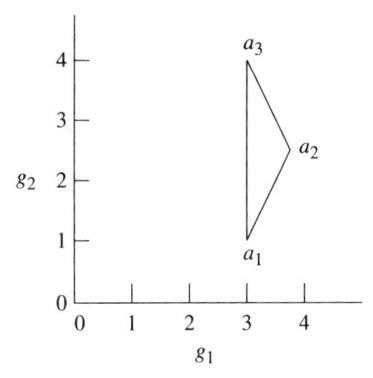

Strategie-Mengen-Diagramm

en gebildeten Dreiecks stellt eine zumindest denkbare Strategie dar. Alle überhaupt möglichen Strategien liegen innerhalb des Dreiecks oder auf seinen Grenzlinien.

Die gesamte P^A verfügbare Menge an Strategien heißt eine konvexe Menge; damit ist gemeint, daß alle Punkte auf der geraden Linie zwischen jeweils zwei reine Strategien repräsentierenden Punkten ebenfalls in der Strategiemenge enthalten sind. Die Menge der reinen und gemischten Strategien bildet immer eine konvexe Menge, ganz unabhängig von der Anzahl der für P^A bzw. P^B verfügbaren Handlungsalternativen und von den Auszahlungen bei den verschiedenen Konsequenzen. Graphisch dargestellt braucht die Strategiemenge übrigens kein Dreieck zu bilden. Einige andere konvexe Mengen zeigen die folgenden Abbildungen:

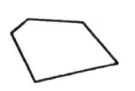

Wenn P^B mehr als zwei Optionen zur Verfügung stehen, kann die Strategiemenge graphisch nicht mehr in zwei Dimensionen dargestellt werden, da jede Option b eine eigene Dimension erfordert. Im Falle dreier Optionen ja$_{nn}$ die Menge der für P^A möglichen reinen und gemischten Strategien als ein dreidimensionaler Körper vorgestellt werden. Wenn es um mehr als drei Optionen geht, wird die anschauliche Vorstellung etwas schwierig; aber zumindest mathematisch läßt sich die Strategiemenge von P^A als ein n-dimensionaler konvexer Körper beschreiben, wenn P^B über n reine Strategien verfügt.

purify: reinigen, veredeln
purity: Goldgehalt m
purpose of enterprise: Gegenstand m des Unternehmens n, Unternehmenszweck m
purposeful: zielbewußt
purposeful behavior: Zielstrebigkeit f
purser: Kassierer m (bei der Bank)
push: drängen, Stoß m
push button: Druckknopf m, Drucktaste f (EDV)
push button factory: vollautomatische Fabrik f
push money (P.M.): Verkaufsprämie f für Ladenhüter m, Prämie f für den Verkauf m von Ladenhütern m/pl
push up prices: überteuern, verteuern
pusher-tug unit: Schubeinheit f (EDV)
put and call option: Verkaufs- und Kaufoption f
put and/or call: Nachgeschäft n
put ashore: anlegen (Schiff), ausschiffen
put away: ablegen, zurücklegen (Geld)
put into an account: einzahlen (Bank)
put into one's account: einzahlen
put into operation: in Betrieb m setzen, in Betrieb m nehmen, in Kraft f setzen
put option: Verkaufsoption f
put right: richtigstellen
put to one's account: anrechnen
put to the hammer: versteigern
put under arrest: mit Beschlag m belegen, verhaften
put under tutelage: entmündigen
putative: vermeintlich
PX (post exchange): Warenhaus n für Armeeangehörige m/pl
pyramid selling scheme: Schneeball-Verkaufssystem n
pyramiding: Lohnsteigerung f durch gleichzeitiges Anhäufen n mehrerer Zulagen f/pl

Q

qualification: Befähigung *f*, Eignung *f*, Einschränkung *f*, Erfordernis *n*, Qualifikation *f*, Tauglichkeit *f*
Die Gesamtheit an individuellen Fähigkeiten, Fertigkeiten und Kenntnissen im Berufsleben, die zur Erledigung arbeitsplatzspezifischer Tätigkeiten befähigt.
Vielfach unterscheidet man zwischen funktionalen und extrafunktionalen Qualifikationen. Als funktional werden die spezifisch technisch-fachlichen Qualifikationen bezeichnet. Extrafunktionale Qualifikationen beziehen sich auf normative Orientierungen wie etwa Verantwortungsbereitschaft, Arbeitsdisziplin, Anpassungsbereitschaft, Identifikation mit den jeweiligen Organisationszielen und der betrieblichen Herrschaftsordnung, die einen störungsfreien Arbeitsablauf gewährleisten. Sie können in aller Regel nicht in gleicher Weise wie funktionale Qualifikationen gelehrt und gelernt werden.
In der Qualifikationsforschung werden folgende Thesen zur längerfristigen Qualifikationsentwicklung diskutiert:
1. *Höherqualifizierungs-These*: Langfristige Analysen der Berufsstrukturen in westlichen Industrieländern haben einen kontinuierlichen Trend zur Höherqualifikation erkennen lassen. Diese Tendenz zur Höherqualifizierung läßt sich heute für die Gruppen der schon Hochqualifizierten belegen. Sie geht jedoch einher mit einer tendenziellen Dequalifizierung der nicht oder falsch Qualifizierten.
2. *Dequalifizierungs-These*: Nach dieser These steigen bei zunehmender Mechanisierung die Qualifikationsanforderungen zunächst an, sinken dann aber wieder, da die prozeßgebundenen Qualifikationen, wie handwerkliche Fertigkeiten, Materialgefühl, immer stärker entwertet werden.
3. *Polarisierungs-These*: Nach dieser These kommt es bei zunehmender Automatisierung sowohl zu Höherqualifizierungs- wie Dequalifizierungstendenzen (eben zu einer Polarisierung). Die Arbeit an (teil)automatisierten Aggregaten erfordert demnach sowohl einfache Allerwelttätigkeiten wie hochqualifizierte Anlerntätigkeiten. Die Analyse wird erleichtert durch eine Differenzierung von Qualifikationen in prozeßgebundene bzw. prozeßabhängige (auf die technischen Erfordernisse des konkreten Arbeitsplatzes ausgerichtet) und prozeßunabhängige (auf andere Arbeitsplätze transferierbare) Qualifikationen. Während erstere durch technologischen Wandel laufend entwertet werden, steigt die Bedeutung prozeßunabhängiger Qualifikationen (wie Flexibilität, technische Intelligenz und Sensibilität, Verantwortung).
Neben diesen drei Standard-Thesen wird auch die Meinung von der langfristigen Konstanz des Qualifikationsniveaus vertreten *(Status-quo-These)*, die zwar auch von einem Trend zur Höherqualifikation ausgeht, der aber durch entsprechende arbeitsorganisatorische Veränderungen wieder rückgängig gemacht werde.
qualification shares *pl*: Pflichtaktien *f*
qualified: eingeschränkt, geeignet
qualified accountant: sachverständiger Buchprüfer *m*
qualified certificate: eingeschränkter Bestätigungsvermerk *m* des Wirtschaftsprüfers *m*, eingeschränktes Testat *n*
qualified endorsement: Angstindossament *n*, Indossament *n* ohne Obligo *n*
qualified indorsement: Angstindossament *n*, Indossament *n* ohne Obligo *n*
qualified operator: qualifizierter Arbeiter *m*
qualified to inherit: erbfähig
qualified worker: qualifizierter Arbeiter *m*
qualify: befähigen, befähigt sein, einschränken, einschränkend, mildern, qualifizieren
qualifying distributions *pl*: berücksichtigungsfähige Ausschüttungen *f/pl*
qualifying examination: Zulassungsprüfung *f*
qualifying market share: maßgebender Marktanteil *m*
qualifying reserve: Wertberichtigung *f* (für Wertänderung *f*)
qualitative analysis: qualitative Untersuchung *f*
quality: Beschaffenheit *f*, Eigenschaft *f*, Güte *f*, Qualität *f*
quality bonus: Qualitätsbonus *m*
quality circle: Qualitätszirkel *m*
Ziel und Grundgedanke von Qualitätszirkeln ist es, die produzierenden Mitarbeiter eines Unternehmens in den Prozeß der Planung und Kontrolle der eigenen Leistung einzubeziehen. Mit Hilfe von Qualitätszirkeln sollen konkrete sachbezogene Probleme gelöst und zugleich Motivation und Loyalität der Mitarbeiter gestärkt werden.
Die konstituierenden Merkmale eines Qualitätszirkel lassen sich nach Walter Bungard und Gerd Wiendieck wie folgt beschreiben:
(1) Es handelt es sich um Gesprächsrunden von ca. 5 bis 10 Mitarbeitern aus unteren Hierarchieebenen.
(2) Sie stammen in der Regel aus einem Arbeitsbereich.
(3) Sie versuchen auf freiwilliger Basis, regelmäßig (alle 2 bis 4 Wochen) arbeitsbezogene Probleme im weiteren Sinn zu besprechen und möglichst eigenverantwortlich zu lösen.

quality circle

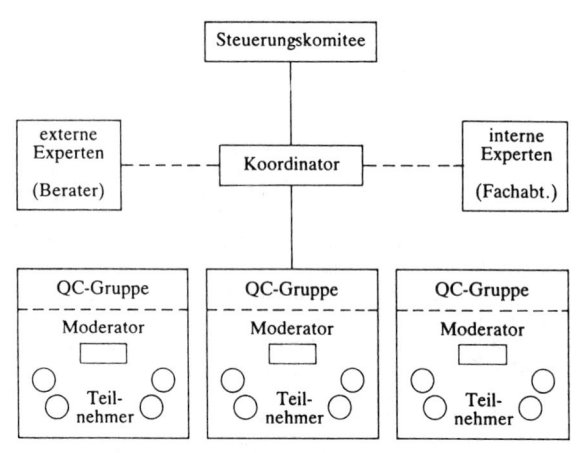

```
                    ┌─────────────────────┐
                    │  Steuerungskomitee  │
                    └──────────┬──────────┘
                               │
  ┌───────────┐         ┌──────┴──────┐        ┌───────────┐
  │ externe   │         │             │        │ interne   │
  │ Experten  │─ ─ ─ ─ ─│ Koordinator │─ ─ ─ ─ │ Experten  │
  │ (Berater) │         │             │        │ (Fachabt.)│
  └───────────┘         └──────┬──────┘        └───────────┘
```

QC-Gruppe / Moderator / Teilnehmer (drei Gruppen)

Der dreidimensionale Handlungsspielraum

(4) Die Gruppe wählt sich ihre (im weitesten Sinn qualitätsbezogenen) Themen selbst aus; sie werden in der Regel nicht von „oben" vorgegeben.

(5) Die Moderation im Sinne der Diskussionsleitung übernimmt entweder der direkte Vorgesetzte der Mitarbeiter, also z.B. der Vorarbeiter oder Meister oder ein „externer" Qualitätsgruppenbetreuer bzw. Moderator.

(6) Die Produktqualität (z.B. im Sinne von weniger Ausschuß usw.) ist dabei nur ein, wenn auch sehr wichtiger Teilaspekt, daneben werden Fragen der Arbeitssicherheit, der Arbeitsplatzgestaltung bezüglich der Arbeitsabläufe und -verrichtungen und der Zusammenarbeit mit den Vorgesetzten diskutiert.

(7) Die Gesprächsrunden finden während der Arbeitszeit oder insbesondere bei taktgebundener Fließbandarbeit vor oder nach der Schicht gegen Überstundenbezahlung statt. Dauer: jeweils ein bis zwei Stunden.

(8) Die Gesprächsleiter bzw. Moderatoren berichten regelmäßig (anhand eines Ergebnisprotokolls) einem Koordinator über die besprochenen Themen.

(9) Von der Gruppe ausgearbeitete Problemlösungsvorschläge können im Rahmen des betrieblichen Vorschlagswesens honoriert werden und/oder sie werden mit Hilfe eines eigenen Belohnungssystems prämiert.

Kernelemente der Qualitätszirkel sind Qualitätszirkelgruppen mit ihren Teilnehmern und Zirkelleitern, dem Koordinator bzw. Facilitator der einzelnen Qualitätszirkel und die Steuerungsgruppe, die für die unternehmensweite Planung und Durchführung des Programms verantwortlich ist. Die Leitung der Qualitätszirkel übernimmt gewöhnlich der unmittelbare Vorgesetzte, das ist häufig der Meister.

Walter Bungard und Gerd Wiendieck haben vorgeschlagen, die Mitwirkungsmöglichkeiten von Mitarbeitern innerhalb eines dreidimensionalen Handlungsspielraums abzubilden, der durch die Dimension

(a) Umfang und Variabilität der Tätigkeiten,
(b) Grad der Entscheidungsbefugnisse und Verantwortlichkeiten sowie
(c) Grad der sozialen Kontaktmöglichkeiten
beschrieben wird:

In diesem Modell lassen sich Werkstattzirkel im wesentlichen durch eine horizontale Erweiterung des Tätigkeitsspielraums, bei nur geringfügiger Ausdehnung des Entscheidungs- und Kooperationsspielraums kennzeichnen. Qualitätszirkel lassen sich durch eine Erweiterung des Tätigkeits- und Entscheidungsspielraums bei geringfügiger Erweiterung des Kooperationsspielraums beschreiben. Dagegen streben Lernstattkonzepte eine Erweiterung auf allen drei Dimensionen an.

Qualitätszirkel entwickelten sich Anfang der 1960er Jahre in Japan, finden jedoch in der Bundesrepublik Deutschland seit Anfang der 1980er Jahre zunehmende Beachtung.

In Japan entstanden sie, weil die Japaner große Probleme bei der Qualitätssicherung hatten. Das Herkunftszeichen „Made in Japan" stand für Billigware mit schlechter Qualität. Daher versuchten die Japaner, Anschluß an westliche Qualitätsstandards zu finden und übernahmen die hochentwickelten, amerikanischen Methoden der Qualitätskontrolle. Es erfolgte ein Technologietransfer, der Japan auf den gleichen Stand der Qualitätssicherung wie die USA und Westeuropa gebracht hätte, wären diese Methoden der Qualitätskontrolle nicht den japanischen Verhältnissen angepaßt und entsprechend weiterentwickelt worden.

Im Gegensatz zu den USA und Westdeutschland gelang es in Japan, die Qualitätssicherung zur Aufgabe jedes Mitarbeiters zu machen. Viele Unternehmen schulten ihre Mitarbeiter in den Methoden der Qualitätskontrolle und boten ihnen die Gelegenheit, in kleinen Arbeitsgruppen – eben den Qualitätskontrollzirkeln – über Verbesserungen

QZ-Konzept und Handlungsspielraumerweiterung			
	Werkstatt-zirkel	Qualitäts-zirkel	Lern-statt
horizontal: Tätigkeitsspielraum	++	++	++
vertikal: Entscheidungsspielraum	+	++	++
sozial: Kooperationsspielraum	+	+	++

der Produktqualität der Arbeitsabläufe, des Arbeitsplatzes und der Arbeitsbedingungen zu diskutieren. Die Teilnahme an den Qualitätszirkeln ist in Japan den Mitarbeitern freigestellt, wird von ihnen aber als Selbstverständlichkeit empfunden.
Qualitätszirkel ähneln in vielen Aspekten den teilautonomen Arbeitsgruppen, vor allem in dem Anspruch, die Mitarbeiter wieder näher an die betrieblichen Prozesse heranzuführen und ihrem besonderen Stellenwert in der Arbeit mehr Rechnung zu tragen.
In Inhalt und Ausmaß der Strukturierung unterscheiden sich die in Deutschland verbreiteten Qualitätszirkel teils recht stark voneinander. Die Zielsetzung mancher lediglich Qualitätszirkel beschränkt sich darauf, Lösungsvorschläge für ein bestimmtes, vorgegebenes Qualitätsproblem zu erarbeiten, ohne selbst mit dessen Lösung betraut zu sein. Anderere Qualitätszirkel verfügen hingegen über den notwendigen Handlungsspielraum, Problemstellungen anzupacken, Lösungsvorschläge auszuarbeiten, und einen davon auszuwählen und nach Absprache mit dem Management zu realisieren.
Die in Qualitätszirkeln verwendeten Methoden stammen hauptsächlich aus dem Bereich der Qualitätssicherung. Zu den bekanntesten Verfahren gehören die Pareto-Analyse, Ursachen-Wirkungs-(Ishikawa-)Diagramme, Brainstorming sowie verschiedene Verfahren zur Datenerfassung und Datendarstellung, wie Datenerhebungsbögen, Checklisten, Erfolgskontrolldiagramme und Protokolle auf standardisierten Formblättern.

quality classification: Güteklasse f
quality control: Qualitätskontrolle f
quality description: Qualitätsbeschreibung f
quality group: Güteklasse f
quality label: Gütezeichen n
Ein Instrument der Qualitätspolitik und des Gemeinschaftsmarketing mehrerer zu einer Gütegemeinschaft zusammengeschlossener Anbieter, das in der gemeinschaftlichen Benutzung eines eingetragenen Zeichens aller Anbieter eines bestimmten Erzeugnisses (oder mehrerer Erzeugnisse) oder einer bestimmten Leistung (oder mehrerer Leistungen) besteht und den Eindruck einer besonders hochstehenden Qualität dieser Erzeugnisse bzw. Leistungen zu vermitteln versucht. Die Gütesicherung dient der qualitativen Standardisierung von Waren und Leistungen.
„Unter Güte- oder Qualitätszeichen versteht man Wort- oder Bildzeichen, die als überbetrieblich vereinbarte Gemeinschaftszeichen Warengruppen kennzeichnen, die nach bestimmten festgelegten Normen hergestellt sind. Die Zeichen garantieren eine spezielle, an objektiven Maßstäben gemessene und nach allgemeiner Verkehrsauffassung anzustrebende Material- und Verarbeitungsgüte. Die der Beurteilung zugrundeliegenden Qualitätsmerkmale und Prüfungsbestimmungen sind jedermann zugänglich. Die Träger der Zeichen sind Gütegemeinschaften (Firmengemeinschaften, Verbände, Kammern), die privatrechtliche halbstaatliche Institutionen sein können. Die Zeichen werden jedem Hersteller verliehen, der für die Einhaltung der Gütebedingungen verbindliche Gewähr bietet. Zudem wird das Einhalten der Qualitätsbedingungen durch die Zeichengemeinschaften überwacht, Verstöße und Mißbräuche werden verfolgt." (Robert Purtschert)
In der Regel verpflichten sich die Verwender des Gütezeichens, bestimmte Mindesttarifforderungen an die Qualität des Materials, der Verarbeitung oder der Leistungsfähigkeit zu erfüllen. Voraussetzung für die Einführung solcher Zeichen sind also verbandsmäßige Zusammenschlüsse aller oder eines Teils der Hersteller einer Ware (Gütezeichengemeinschaft). In der Praxis erfüllt das Gütezeichen allerdings oft keine andere Funktion als die, sich von den Nichtmitgliedern der Gütegemeinschaft erkennbar abzugrenzen.
Gütezeichen sind deutlich von Marken und Warenzeichen zu unterscheiden.
Zu den ältesten und bekanntesten Gütezeichen zählt der Gold- und Silberstempel. Vorläufer der heutigen Gütezeichen sind die „Schwurhand" und das „Fadenkreuz" der Leinenindustrie für reinleinene und halbleinene Gewebe und das Indanthren-Warenzeichen für echte Farben. Im Jahre 1887 erließ die englische Regierung ein Gesetz, nach dem jede deutsche Ware das Zeichen „Made in Germany" zu tragen hatte. Dadurch sollten die Bürger des Commonwealth vor Schlechtkäufen geschützt werden. Bereits einige Jahrzehnte später war die Kennzeichnung ein Qualitätssymbol geworden. In neuer Zeit haben sich das Deut-

sche Wollsiegel, das Wollsiegel (des Internationalen Wollsekretariats, eine von den Wollerzeugern getragene Institution zur Förderung des Absatzes von Schurwolle) sowie Kennzeichen für chemische Textilrohstoffe (und der Mischungen mit Naturfasern) durchgesetzt.
Die Festlegung von Gütezeichen erfolgt durch Wirtschaftsverbände wie z.B. den RAL Ausschuß für Lieferbedingungen und Gütesicherung, die DLG Deutsche Landwirtschaftliche Gesellschaft, den TÜV Technischer Überwachungsverein oder den VDE Verband Deutscher Elektrotechniker.
Der RAL ist ein Selbstverwaltungsorgan der deutschen Wirtschaft, das 1954 gegründet wurde und zu dessen Mitgliedern Spitzenverbände und Dachorganisation der Wirtschaft wie der Bundesverband der Deutschen Industrie (BDI), der Deutsche Industrie- und Handelstag (DIHT) oder der Zentralverband deutscher Handwerker (ZdH) sowie einige Bundesministerien zählen.
In Deutschland vergibt vor allem der Ausschuß für Lieferbedingungen und Gütesicherung (RAL) Gütezeichen. RAL-Gütezeichen müssen vom Ausschuß für Lieferbedingungen und Gütesicherung (RAL) beim Deutschen Normenausschuß anerkannt sein. Die Mitglieder der Gütezeichengemeinschaft unterwerfen sich Kontrollvorschriften und Kontrollprüfungen, die teilweise von öffentlichen Warenprüfungsämtern durchgeführt werden.
Nach der RAL-Definition sind Gütezeichen als Wort- oder Bildzeichen mit einer Qualitätsgarantie für Waren oder Leistungen definiert. Die Qualitätsgarantie, auf die das Symbol hinweist, bezieht sich auf das zur Herstellung verwandte Material und auf die Art der Verarbeitung im Produktionsprozeß.
Die Gütegemeinschaft Deutsche Möbel e.V., Nürnberg, erteilt in Zusammenarbeit mit dem RAL die Berechtigung zum Führen des Gütezeichens „M – Gütezeichen RAL Deutsche Möbel". Einzelmarken, Gemeinschaftsmarken, Gemeinschaftszeichen und Gütezeichen oder Gütesiegel werden kumulativ verwandt. Voraussetzung dafür ist jedoch ein hoher Grad an Typisierung und Standardisierung.
Einzelne Unternehmen entwickeln neuerdings eigene Gütezeichenprogramme. In den technischen Laboratorien führen Ingenieure, Techniker und Warenspezialisten Langzeit- und Falltests, Zugfestigkeitsversuche und Korrosionstests durch, untersuchen neue Artikel oder entnehmen Proben aus den laufenden Wareneingängen. Auch Hersteller im In- und Ausland unterliegen bereits strengen Qualitätsvorschriften.
Grundlage für die Warenkennzeichnung in der Bundesrepublik Deutschland sind die „Richtlinien für Produktinformation in der Bundesrepublik Deutschland", die auf Anregung des Bundesministeriums für Wirtschaft zusammen mit Vertretern der Arbeitsgemeinschaft der Verbraucher, der Stiftung Warentest, der Industrie, des Handels, des RAL (Ausschuß für Lieferbedingungen und Gütesicherung), des Deutschen Instituts für Normung (DIN) und der Bundesanstalt für Materialprüfung (BAM) erarbeitet und gebilligt wurden.
Das Druckschriftenverzeichnis des RAL ist erhältlich beim Rationalisierungs-Kuratorium der Deutschen Wirtschaft e.V. in Frankfurt am Main.
In Deutschland werden keine Gütezeichen vergeben, die den Gebrauchsnutzen eines Gutes festlegen.
Nach § 27 des Gesetzes gegen Wettbewerbsbeschränkungen (GWB) kann das Bundeskartellamt anordnen, daß ein einzelnes Unternehmen auch gegen deren Willen in eine Gütegemeinschaft aufgenommen werden muß, wenn die Ablehnung der Aufnahme eine sachlich nicht gerechtfertigte ungleiche Behandlung darstellt und zu einer unbilligen Benachteiligung des Unternehmens im Wettbewerb führt. Eine Pflicht zur Einhaltung der gemeinschaftlichen Gütebedingungen besteht allerdings nicht. wiewohl die Mitglieder der Gütegemeinschaft dazu gehalten sind.

quality of life: Lebensqualität *f*
Ein im Zuge des Wertewandels und der komplexen Krise der modernen Industriegesellschaft vor allem seit den 1960er Jahren verstärkt verwendeter Begriff zur Bezeichnung der in bewußtem Gegensatz zur wachstumsorientierten, auf die Steigerung des Bruttosozialprodukts zielenden Werte und Wertvorstellungen, die anstelle der bloß materiellen Steigerung des Lebensstandards auf die Verbesserung der allgemeinen Lebensbedingungen auch in Bereichen wie z.B. dem Gesundheitswesen, der Bildung und Erziehung, der Arbeitswelt, der Freizeitmöglichkeiten und -bedingungen der landschaftlichen und sozialen Umwelt der persönlichen Sicherheit und Wohlfahrt usw. zielen.
quality premium: Qualitätsbonus *m*
quality workmanship: Wertarbeit *f*
quantitative analysis: quantitative Analyse *f*, quantitative Untersuchung *f*
quantitative: quantitativ, mengenmäßig
quantities issued *pl*: Materialausgang *m*
quantities received *pl*: Materialeingang *m*
quantity: Anzahl *f*, mathematische Größe *f*, Menge *f*, Quantität *f*
quantity bonus: Mengenprämie *f*
quantity boom: Mengenkonjunktur *f*
quantity check: buchmäßige Mengenkontrolle *f* (z.B. Stück, Gewicht usw.)
quantity discount: Mengenbonus *m*, Mengenrabatt *m*
quantity equation: Mengengleichung *f*
quantity of money (in circulation): Geldmenge *f*
quantity-oriented price differentiation: mengenbezogene Preisdifferenzierung *f*
Eine Form der Preisdifferenzierung, bei der unterschiedlich hohe Preise je nach der Menge die bezogenen Wareneinheiten gefordert werden. Zu dieser Form der Preisdifferenzierung wird übli-

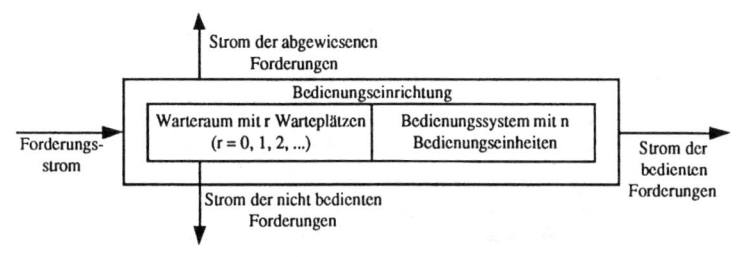

```
                    Strom der abgewiesenen
                    Forderungen
                    ┌─────────────────────────────────────────────┐
                    │           Bedienungseinrichtung             │
                    │  ┌──────────────────┐  ┌─────────────────┐ │
 Forderungs-        │  │ Warteraum mit r  │  │ Bedienungssystem│ │      Strom der
 strom       ──────▶│  │ Warteplätzen     │  │ mit n           │ │ ───▶ bedienten
                    │  │ (r = 0, 1, 2, …) │  │ Bedienungseinh. │ │      Forderungen
                    │  └──────────────────┘  └─────────────────┘ │
                    └─────────────────────────────────────────────┘
                    Strom der nicht bedienten
                    Forderungen
```

Hauptbestandteile eines Bedienungssystems

cherweise nicht der Mengenrabatt hinzugerechnet.

quantity policy: Mengenpolitik *f*
Die Gesamtheit der in der Marktpolitik eines Wirtschaftsunternehmens zu treffenden Entscheidungen über die anzubietenden Quantitäten der Güter, d.h. die Entscheidungen über die „Mengen je Umsatzakt, je Lieferung oder auch je Periode" (Bruno Tietz). Die dabei zu treffenden Entscheidungen können Mindest- oder Höchstmengen betreffen und sie werden in der Regel in Form von Festlegungen der Verpackungseinheiten getroffen.

quantity restriction: Mengenbeschränkung *f*
quantity shipped: versandte Menge *f*
quantity standard: Mengenstandard *m*, Mengenvorgabe *f*
quantity theory of money: Quantitätstheorie *f* des Geldes
Eine vor allem von Irving Fisher in seinem Buch „Appreciation and Interest" (1896) formulierte Theorie der Geldpolitik. Sie basiert auf Fishers Quantitätsgleichung: Geldmenge mal Umlaufgeschwindigkeit des Geldes ist gleich Handelsvolumen mal Preisniveau: M x U = H x P.

quantity variance: Mengenabweichung *f* gegenüber Standard *m*
quantity variation: Mengenabweichung *f*
quarrel: Meinungsverschiedenheit *f*, Streit *m*, Streitigkeit *f*, streiten
quarrying industry: Industrie *f* der Steine und Erden
quart (qt.): Viertelgallone (0.946 1)
quarter: Quartal *n*, Viertel *n*, Vierteljahr *n*, vierteln
quarter-day: Termintag *m*
quarterly: vierteljährlich, Vierteljahresschrift *f*
quarterly balance sheet: Quartalsabschluß *m*, Quartalsbilanz *f*, Vierteljahresabschluß *m*, Vierteljahresbilanz *f*
quarterly financial statement: Vierteljahresabschluß *m*
quarters *pl*: Quartier *n*, Unterbringung *f*

quash: aufheben (Urteil), niederschlagen (von Verfahren), verwerfen
quasi: gleichkommend, gewissermaßen, quasi
quasi-delict: unerlaubte Handlung *f*
quasi-public corporation: private Gesellschaft *f*, die überwiegend öffentliche Aufgaben *f/pl* erfüllt, quasiöffentlicher Betrieb *m*
quasi-public enterprise: quasi-öffentlicher Betrieb *m*
quay: Kai *m*
quay dues *pl*: Kaigebühren *f/pl*, Liegegeld *n*
quayage: Kaigebühren *f/pl*, Liegegeld *n*
querulous person: Querulant *m*
query: Rückfrage *f*
question: befragen, Frage *f*, Streitfrage *f*, Untersuchung *f*, verhören, Zweifel *m*
question of authority: Zuständigkeitsfrage *f*
question of jurisdiction: Kompetenzfrage *f*
question of principle: Prinzipienfrage *f*
questioning: Befragung *f*, Verhör *n*
questionnaire: Fragebogen *m*
queue: Reihe *f*, Schlange *f*, Warteschlange *f*
queue up: anstehen (Warteschlange)
queuing model: Warteschlangenmodell *n*
queuing theory: Warteschlangentheorie *f*
Die Theorie der Probleme, die im Zusammenhang mit Bedienungseinrichtungen auftreten. Die prinzipielle Struktur einer Bedienungseinrichtung ist der Abbildung oben auf dieser Seite zu entnehmen. Ein Forderungsstrom tritt in eine Bedienungseinrichtung ein, um eine Bedienung anzufordern. Diese Bedienungseinrichtung besteht aus dem Warteraum und dem eigentlichen Bedienungssystem, das die Abfertigung vornimmt.
Sind alle Bedienungseinheiten besetzt und ist außerdem kein freier Platz im Warteraum verfügbar, so werden die eintreffenden Forderungen abgewiesen. Im anderen Fall erfolgt eine Aufnahme dieser Forderungen in die Bedienungseinrichtung, wobei zwei Möglichkeiten zu unterscheiden sind: Sind eine oder mehrere geeignete Bedienungseinheiten frei, so erfolgt sofortige Bedienung. Ist dies dagegen nicht der Fall, d.h. sind alle in Frage kom-

menden Bedienungseinheiten besetzt, so reihen sich die Forderungen in eine bereits bestehende bzw. neu zu bildende Warteschlange ein. Sie warten entweder auf Bedienung oder verlassen nach Ablauf einer bestimmten Wartezeit (die auch Null sein kann) bei Überschreiten eines bestimmten Stadiums der Ungeduld die Bedienungseinrichtung ohne Bedienung. Abgewiesene wie aus Ungeduld ausgeschiedene Forderungen sind für das betreffende Bedienungssystem gleichermaßen verloren.

Praktische Warteschlangenprobleme erfordern in der Regel ein mathematisch anspruchsvolles Lösungsinstrumentarium. Zur Gewinnung praktisch verwertbarer Ergebnisse bedient man sich daher häufig des relativ einfach zu handhabenden Verfahrens der Monte-Carlo-Methode.

quick access storage: Schnellspeicher *m* (EDV)
quick assets *pl*: Bargeld *n* sowie sonstige jederzeit realisierbare Vermögensteile *m/pl*, flüssige Mittel *n/pl* (Kasse, Schecks und Bankguthaben), Mittel *n/pl*, verfügbare liquide Mittel *n/pl*
quick at repartee: schlagfertig
quick reorganization: Sanierung *f* (ohne Zuführung neuer Mittel)
quick return: schneller Gewinn *m*, schneller Umsatz *m*
quick sale: schneller Absatz *m*, schneller Verkauf *m*
quick-witted: schlagfertig
quickie strike: Kurz-Streik *m*, kurzfristiger Streik *m*, spontaner Streik, meist ohne Zustimmung *f* der Gewerkschaft *f*
quickness of repartee: Schlagfertigkeit *f*
quickness: Schnelligkeit *f*
quiet: still
quiet enjoyment of possession: ungestörter Besitz *m*
quit: aufgeben, aufhören, räumen, verlassen, verzichten, kündigen
quit claim: Verzicht *m* leisten, verzichten, Verzichtleistung *f*
quit law: Verzicht *m* (rechtlich)
quit rate: Kündigungsprozentsatz *m*
quit ratio: Kündigungsquote *f*
quit working: Arbeit *f* niederlegen
quits *pl*: Arbeitnehmer *m/pl*, die die Firma *f* (mit und ohne formale Kündigung) verlassen, Kündigungsfälle *m/pl*
quorum: Mindestzahl *f* zur Beschlußfähigkeit, beschlußfähige Versammlung *f*, Quorum *n*
quorum, be a: beschlußfähig sein
quota: 1. Kennzahl *f*, Kennziffer *f*, Anteil *m*
Es gibt wohl kaum einen zweiten Terminus der Statistik, der in der Literatur umstrittener und unklarer als der Begriff der Kennzahl ist. Einige Autoren subsumieren Kennzahlen zusammen mit Kennziffern unter den Oberbegriff der Meßzahl, andere gebrauchen Kennzahl und Kennziffer als Synonyme, wieder andere lehnen die Differenzierung zwischen Kennzahl und Kennziffer ab und nennen beides Kennzahl und noch andere verwenden weder Kennzahl noch Kennziffer, sondern sprechen nur von Verhältniszahlen.

Die Tendenz in der allgemeinen Statistik geht dahin, auf den Begriff ganz zu verzichten, während er im Bereich der Wirtschaftsstatistik, des Management, des Marketing und der Marktforschung noch weite Verbreitung findet, z.B. in Form von Absatzkennziffern. Nach Hermann Sieberts sind Kennzahlen „Verhältniszahlen, in denen statistische Massen in Form von absoluten Zahlen zueinander in Beziehung gesetzt werden".

Voraussetzung für die Arbeit mit Kennzahlen ist ihre Vergleichbarkeit. Da das jedoch bei unabhängig voneinander gewonnenen einzelnen Kennzahlen vielfach nicht möglich ist, ist es sinnvoll, mehr oder minder zusammenhanglose Kennzahlen zu Kennzahlensystemen zu verknüpfen. Dieser Verknüpfungsvorgang besteht in der Entwicklung einer Spitzenkennzahl und ihrer Zerlegung. Spitzenkennzahlen wie z.B. Eigenkapitalrentabilität, Kapitalumschlag oder Deckungsbeitrag sind die Schlüsselkennzahlen eines Kennzahlensystems und werden daher nicht zur Erklärung anderer Kennzahlen herangezogen. Durch ihre Zerlegung lassen sich die Haupteinflußfaktoren und die Schwachstellen der Spitzenzahl analysieren und gegebenenfalls korrigierende Maßnahmen in die Wege leiten.

2. Kontingent *n*, Quote *f*, Zuteilung *f*
quota cartel: Quotenkartell *n*
quota restriction: Kontingentierung *f*
quota share reinsurance: Quotenrückversicherung *f*
quotation: Anführung *f*, Angebot *n*, Kurs *m*, Kursnotierung *f*, Notierung *f*, Preisnotierung *f*, Quotierung *f*, Zitat *n*
quotation of exchange rates *pl*: Kursnotierung *f*
quotation of price(s) *(pl)*: Preisangabe *f*
quote: anführen, notieren, ein Preisangebot *n* machen, quotieren, zitieren
quote board: Kursanzeigetafel *f*
quoted: notiert
quoted at the exchange: an der Börse *f* gehandelt, börsengängig (sein)
quoted at the stock exchange: an der Börse *f* notiert
quoted investment: notierte Beteiligung *f*
quoted price: Kurswert *m*
quotient: Quotient *m*
Eine statistische Verhältniszahl, die zwei ungleichartige Massen in eine inhaltlich vernünftige Beziehung zueinander setzt (z.B. die Zahl der Bewohner

pro Fläche als Maß der Bevölkerungsdichte oder der auf die Verkaufsfläche eines Geschäfts bezogene Umsatz). Dabei lassen sich drei Arten unterscheiden:
1. *Häufigkeitsziffern* durch die eine Ereignismasse zu ihrer korrespondierenden Bestandsmasse in Beziehung gesetzt wird (zum Beispiel: Geburtenziffer = Zahl der Lebendgeborenen zur Wohnbevölkerung).
2. *Dichteziffern*, durch die eine Masse zu der Masse in Beziehung gesetzt wird, die ihr Umfeld charakterisiert (zum Beispiel: Bevölkerungsdichte = Zahl der Einwohner eines Gebiets zur Fläche dieses Gebiets).
3. *Verursachungsziffern*, durch die eine Masse zu der Masse in Beziehung gesetzt wird, die sie verursacht (zum Beispiel: Bruttoinlandsprodukt pro Erwerbstätiger).

R

race: Rasse *f*, Wettlauf *m*
race differential: rassisch bedingter Lohnunterschied *m*
rack jobber: Regal-Großhändler *m*, Rack Jobber *m*
rack rent: Wuchermiete *f* (Wucherpacht)
radar screen: Radarschirm *m*
In seiner Managertypologie hat H. Mintzberg die Management-Tätigkeiten als Ausdruck der Erfüllung von zehn Rollen im Sinne generalisierter Verhaltenserwartungen interpretiert, die er als Kern jeder Managementaufgabe begreift. Der Manager als Radarschirm bezeichnet darin die Managementaufgabe der kontinuierlichen Sammlung und Aufnahme von Informationen über interne und externe Entwicklungen, insbesondere über das selbst aufgebaute „Netzwerk".
radius: Radius *m*, Halbmesser *m*
radius clause: „Radius"-Klausel *f*
Eine Vertragsklausel, die einem Arbeitnehmer nach Teilnahme an einem Ausbildungsprogramm für eine bestimmte Zeit die Betätigung in einem Konkurrenzbetrieb untersagt.
rag fair: Trödelmarkt *m*
rail: Eisenbahn *f*, Schiene *f*
rail and water terminal: Schiff-Eisenbahn-Umladeplatz *m*
rail system: Eisenbahnnetz *n*
rail traffic: Eisenbahnverkehr *m*, Schienenverkehr *m*
railroad: Bahn *f*, Eisenbahn *f*
railroad, be collected at: bahnlagernd
railroad station: Bahnhof *m*
railroad system: Eisenbahnnetz *n*, Schienennetz *f*
railroad terminal: Bahnhof *m* (Endstation)
railway: Bahn *f*, Eisenbahn *f*
railway station: Bahnof *m*
railway station, be collected at: bahnlagernd
railway system: Eisenbahnnetz *n*, Schienennetz *f*
railway terminal: Bahnhof *m*
railway traffic: Eisenbahnverkehr *m*, Zugverkehr *m*
rain check: Gutschein *m*
rain insurance: Regenversicherung *f*
raise a loan: ein Darlehen *n* aufnehmen
raise: aufbringen (Geld), aufnehmen (Geld), erheben (Steuern), erhöhen, Gehaltsaufbesserung *f*, Gehaltserhöhung *f*, Lohnerhöhung *f*, steigern
raise a protest: Einspruch *m* erheben

raise an objection: einen Einwand *m* erheben
raise in price: Preisanstieg *m*, Teuerung *f*
raise prices *pl*: verteuern
raising of funds *pl*: Aufbringung *f* von Geldern *n/pl*
rally: Auftrieb *m*, sammeln, sich sammeln
rally shop: Ratenzahlungsgeschäft *n*
RAMAC (= random access memory accounting): Simultanabrechnungsanlage *f* *(EDV)*
random access: Zugriff *m* in stochastischer Reihenfolge *f (EDV)*, wahlfreier Zugriff *m (EDV)*
random access device: Einrichtung *f* für stochastischen Zugriff *m (EDV)*
random access storage: Speicher *m* für Simultanverarbeitung *f (EDV)*, Speicher *m* mit stochastischem Zugriff *m (EDV)*
random error: Zufallsfehler *m*
random mixed strategy: zufallsgesteuerte gemischte Strategie *f*
In der mathematischen Entscheidungstheorie empfiehlt es sich für einen Protagonisten P^A oft, einen Zufallsmechanismus bestimmen zu lassen, welche Alternative gewählt werden soll. P^A kann sich z.B. vornehmen, a_1 zu wählen, wenn bei einem Münzwurf die Zahl oben liegt, und a_3 zu wählen, wenn die Münze den Adler zeigt. Ein solches Vorgehen stellt entscheidungstheoretisch eine zufallsgesteuerte oder randomisierte gemischte Strategie dar.
random sample: Zufallsauswahl *f*, Zufalls-Stichprobe *f*
random sampling: Zufallsstichproben-Untersuchung *f*
random sampling error: Zufallsauswahlfehler *m*
randomized mixed strategy: randomisierte gemischte Strategie *f*
In der mathematischen Entscheidungstheorie empfiehlt es sich für einen Protagonisten P^A oft, einen Zufallsmechanismus bestimmen zu lassen, welche Alternative gewählt werden soll. P^A kann sich z.B. vornehmen, a_1 zu wählen, wenn bei einem Münzwurf die Zahl oben liegt, und a_3 zu wählen, wenn die Münze den Adler zeigt. Ein solches Vorgehen stellt entscheidungstheoretisch eine zufallsgesteuerte oder randomisierte gemischte Strategie dar.
randomly distributed: zufallsverteilt
R & D (= refer to drawer): nicht gedeckt,

„zurück zum Aussteller" *m* (Vermerk auf ungedecktem Scheck)
R & D expense(s) *(pl)*: Forschungs- und Entwicklungskosten *pl*
range: Bereich *m*, erstrecken, sich Steuerungsbereich *m (EDV)*, Streuung *f*, Umfang *m*, Zone *f*
range of dispersion: Streubereich *m*
rank: einordnen, einstufen, Rang *m*, rangieren, Stand *m*
ranking: rangmäßige Einordnung *f*
rank order procedure: Rangfolgeverfahren *n*
Ein summarisches Verfahren der Arbeitsbewertung, bei dem die im Unternehmen anfallenden Arbeiten in einem ersten Schritt anhand von Arbeitsbeschreibungen aufgelistet werden. Anschließend werden diese Arbeiten durch paarweise Gegenüberstellung miteinander verglichen und nach der Arbeitsschwierigkeit geordnet. Diese Rangordnung bildet die Grundlage für die Lohnsatzdifferenzierung.
Dabei werden die Arbeitsplätze, die nach ihrer Arbeitsschwierigkeit als gleichwertig eingeschätzt werden, in einer Lohn- und Gehaltsgruppe zusammengefaßt. Den Vorteilen der einfachen Handhabbarkeit und leichten Verständlichkeit stehen allerdings auch gravierende Nachteile gegenüber. So ist das Rangfolgeverfahren allenfalls in kleinen, überschaubaren Betrieben oder einzelnen Abteilungen mit vertretbarem Aufwand durchführbar; ferner bleibt die Größe der Rangabstände zwischen den einzelnen Tätigkeiten unberücksichtigt, und es fehlt eine exakte Bezugsgröße für die Transformation der Arbeitswerte in Lohnsätze. An den Beurteiler werden damit sehr hohe Anforderungen gestellt, was einen breiten Raum für subjektive Einflüsse eröffnet und die Gefahr von Fehlurteilen erhöht. In der Praxis findet das Rangfolgeverfahren aus diesen Gründen nur selten Anwendung.
rank series procedure: Rangreihenverfahren *n*
Ein analytisches Verfahren der Arbeitsbewertung, bei dem in Analogie zum Rangfolgeverfahren eine Rangordnung der Verrichtungen vorgenommen wird, und zwar für jede Anforderungsart getrennt. Zur Ermittlung des Arbeitswerts werden die ordinalen Ränge bzw. Platzziffern in addierbare Zahlenwerte (meist Prozentzahlen) überführt. Darüber hinaus ist eine Gewichtung erforderlich, die die Relation der einzelnen Anforderungsarten zur Gesamtanforderung festlegt.
rapid transit system: Schnellverkehrsnetz *n*
rapidity: Schnelligkeit *f*
ratable: abschätzbar
rate: 1. abschätzen, Anteil *m*, beurteilen, bewerten, einschätzen, Lohnsatz *m*, Rate *f*, schätzen, taxieren, veranschlagen

2. Beziehungszahl *f*
Eine statistische Verhältniszahl, die zwei ungleichartige Massen in eine inhaltlich vernünftige Beziehung zueinander setzt (z.B. die Zahl der Bewohner pro Fläche als Maß der Bevölkerungsdichte oder der auf die Verkaufsfläche eines Geschäfts bezogene Umsatz). Dabei lassen sich drei Arten unterscheiden:
(1) *Häufigkeitsziffern*, durch die eine Ereignismasse zu ihrer korrespondierenden Bestandsmasse in Beziehung gesetzt wird (z.B. Geburtenziffer = Zahl der Lebendgeborenen zur Wohnbevölkerung).
(2) *Dichteziffern*, durch die eine Masse zu der Masse in Beziehung gesetzt wird, die ihr Umfeld charakterisiert (z.B. Bevölkerungsdichte = Zahl der Einwohner eines Gebiets zur Fläche dieses Gebiets).
(3) *Verursachungsziffern*, durch die eine Masse zu der Masse in Beziehung gesetzt wird, die sie verursacht (z.B. Bruttoinlandsprodukt pro Erwerbstätiger).
rate change: Lohnänderung *f*, Lohnberichtigung *f*
rate check: Prüfung *f* von (Fracht-)Rechnungen *f/pl*
rate cutting: Lohnratenkürzung *f*, Lohnsatzminderung *f*, Tarifkürzung *f*, Tarifminderung *f*
rate fixing: Kursfestsetzung *f*
rate for advances on securities: Lombardsatz *m*
rate for assessment: Hebesatz *m*
rate for central bank lending on securities: Lombardsatz *m*
rate of composition: Vergleichsrate *f* (gerichtlich oder außergerichtlich)
rate of consideration: Prämiensatz *m*
rate of consumption: Konsumrate *f*, Verbrauchsrate *f*
rate of depreciation: Abschreibungsrate *f*, Abschreibungssatz *m*
rate of discount: Diskontsatz *m*
rate of exchange: Devisenkurs *m*, Kurs *m*, Kursstand *m*, Umrechnungskurs *m*, Valuta *f*, Wechselkurs *m*
rate of growth: Wachstumsrate *f*
rate of increase: Zuwachsrate *f*
rate of increment: Zuwachsrate *f*
rate of indebtedness: Verschuldungsrate *f*
rate of interest borne: Zinsausstattung *f*
rate of interest: Zinsfuß *m*
rate of investment: Investitionsquote *f*, Investitionsrate *f*
rate of mark-up: Zuschlagsatz *m*
rate of mortality: Sterblichkeitsrate *f*
rate of return: Gewinnmarge *f*, Kapitalverzinsung *f*, Rendite *f*, Rentabilität *f*, Verzinsung *f*

rate of saving: Sparrate f
rate of turnover: Umschlagsgeschwindigkeit f
rate of waste: Schwundsatz m
rate range: Lohnbereich m (von Minimal- bis Maximallohn für dieselbe Arbeit)
rate scale: Frachttarif m (meist Staffeltarif)
rate schedule: Tarif m (z.B. Zoll, Eisenbahn, Luftfracht usw.)
rate setting: Festsetzung f der Lohnsätze m/pl mittels Arbeitsbewertung f, Zeit- und Bewegungsstudien f/pl
rate variance: Preisabweichung f (Löhne)
rate variation: Tarifabweichung f
rate war: Preiskampf m, Preiskrieg m
rateable: einschätzbar, verhältnismäßig, steuerbar
rates pl: Tarif m
ratification: Billigung f, Genehmigung f, Ratifizierung f, Validierung f
ratify: bestätigen, billigen, genehmigen, ratifizieren
rating: Beurteilung f, Bonitätsprüfung f, Einstufung f, Einstufung f (der Mitarbeiter) nach Leistung
rating scale: Ratingskala f, Beurteilungsskala f
rating sheet: Beurteilungsbogen m
rating system: Beurteilungsverfahren n
ratio: Gliederungszahl f, Anteilzahl f, Quote f
Eine statistische Kennzahl, deren Funktion es ist, die Struktur einer statistischen Masse dadurch deutlich zu machen, daß in ihr Teilmassen (als Anteilswerte meist in %) in Beziehung zur Gesamtmasse gebracht werden. „Die Gliederungszahlen messen gewissermaßen das bedeutungsmäßige Gewicht, das eine Teilgruppe im Rahmen des Ganzen hat." (Paul Flaskämper). Dabei wird im Normalfall die Teilmasse auf die Gesamtmasse bezogen und, als Prozentwert, mit 100 multipliziert:

$$\frac{T}{G} \cdot 100$$

ratio analysis: Analyse f der Bilanzverhältniszahlen f/pl (z.B. Rentabilität, Deckungsgrad, Liquiditätsgrad)
ratio of distribution: Verteilungsschlüssel m
ration: bewirtschaften, kontingentieren, rationieren, zuteilen
rational competition: rationaler Wettbewerb m
In der Entscheidungstheorie sagt man, ein Protagonist P^A treffe seine Entscheidung unter der Bedingung rationalen Wettbewerbs, wenn sein Konkurrent P^B ein „rationales Wesen" ist, das also jede dem eigenen Interesse entsprechende Strategie wählen kann und wird. In der Entscheidungstheorie wird davon ausgegangen, daß jede für einen völlig rationalen Protagonisten akzeptable Strategie für den rationalen Konkurrenten gleichermaßen akzeptabel und evident ist. Das für eine solche Situation empfohlene Entscheidungskriterium basiert auf dieser Annahme. In einem wirklichen Spiel zwischen zwei Personen mag die Annahme allerdings unrealistisch sein, die Versuchsperson in der Rolle von P^B sei ein rationaler Konkurrent.
rationalization: Rationalisierung f
rationalization investment: Rationalisierungsinvestition f
Eine Investition, deren Ziel die Steigerung der Effizienz der Leistungserstellung im investierenden Unternehmen ist.
rationalize: rationalisieren, vereinfachen, vernunftmäßig erklären
rationing: Bewirtschaftung f, Rationierung f, Zuteilung f
raw: roh, unbearbeitet, unverarbeitet
raw data pl: unverarbeitete Daten n/pl, Ursprungsdaten n/pl (EDV)
raw material: Rohstoff m, Werkstoff m
raw product: Roherzeugnis n
re: betrifft (betr.), in Sachen
reacquird stock: eigene Aktien f/pl, die zurückerworben wurden
reacquire: wiedererwerben, zurückerwerben
reacquired share: zurückerworbene Vorratsaktie f
reacquired stock: eigene Aktien f/pl, die zurückerworben wurden
react: reagieren
reaction: Gegenmaßnahme f
reactivation: Reaktivierung f, Wiederaktivierung f
read: abtasten (EDV), lesen
read unit: Abfühleinheit f (EDV)
read-write head: Magnetkopf m (EDV)
reading brush: Abfühlbürste f (EDV)
reading station: Abfühlstation f (EDV)
ready: bereit, fertig, reif
ready for mailing: postfertig
ready for occupancy: bezugsfertig, schlüsselfertig
ready for production: produktionsreif
ready for promotion: beförderungsfähig
ready for shipment: versandfertig
ready for shipping: versandbereit, versandfertig
ready for use: betriebsfertig, gebrauchsfertig
ready-made clothes pl: Konfektion f

ready market: guter Absatz *m*
ready money: Bargeld *n*
ready reckoner: Rechentabelle *f*
ready to use: gebrauchsfertig, schlüsselfertig
ready to wear: Konfektion *f*
ready to wear clothes *pl*: Konfektion *f*
ready wit: Schlagfertigkeit *f*
real account: Bestandskonto *n*, Bilanzkonto *n*, Hauptbuchkonto *n*, Sachkonto *n*
real earnings *pl*: Realeinkommen *n*
real estate: Anwesen *n*, Grundbesitz *m*, Grundstück *n*, Grundvermögen *n*, Immobilien *f/pl*, Land *n*, Landbesitz *m*, unbewegliche Sachen *f/pl*
real estate acquisition tax: Grunderwerbssteuer *f*
real estate agent: Grundstücksmakler *m*, Immobilienmakler *m*
real estate and property: tax Realsteuer *f*
real estate appraiser: Grundstückschätzer *m*
real estate broker: Grundstücksmakler *m*, Immobilienmakler *m*
real estate credit bank: Bodenkreditbank *f*
real estate lawyer: Anwalt *m* für Grundstückssachen *f/pl* (in der Regel Notar)
real estate mortgage: Hypothek *f*
real estate property: Liegenschaften *f/pl*
real estate record: Grundbuch *n* (bei Grundstücken)
real estate speculation: Bodenspekulation *f*
real estate tax: Grundsteuer *f*, Vermögensteuer *f*
real income: Realeinkommen *n*
Während das Nominaleinkommen durch progressive Einkommensteuern und Geldtransfers an bedürftige Haushaltungen verändert werden kann, läßt sich das Realeinkommen durch Subventionen zur Verbilligung von Massenverbrauchsgütern zugunsten der Einkommensschwachen verändern. Eine progressive, die höheren Einkommen stärker belastende Gestaltung des Tarifs z.B. der Einkommensteuer auch gefordert, um die Regressionswirkungen der indirekten Steuern und Zölle – relativ zum Einkommen werden die einkommensschwächeren Schichten durch sie stärker belastet – auszugleichen.
real property: Grundbesitz *m*, Grundstück *n*, Immobilien *f/pl*, unbewegliche Sache *f*
real property tax: Grundsteuer *f*
real right: dingliches Recht *n*
real servitude Grunddienstbarkeit: *f*
real time: Echtzeit *f (EDV)*
real time clock: Echtzeituhr *f (EDV)*

real time processing: Echtzeitverarbeitung *f (EDV)*
real time system: Echtzeitsystem *n*, Simultanrechnung *f*, Simultansystem *n (EDV)*
real value: Sachwert *m*
real wage(s) *(pl)*: Realeinkommen *n*, Reallöhne *m/pl*
real: dinglich, echt, effektiv
reality: Wirklichkeit *f*
realizable: eintreibbar, realisierbar, verwertbar
realization: Verwirklichung *f*, Realisierung *f*, Erkenntnis *f*, Versilberung *f*, Verwertung *f*
realization and liquidation statement: Konkursabwicklungsbilanz *f*, Konkursbilanz *f*
realization function: Realisierungsfunktion *f*
Die Realisierungsfunktion umfaßt alle Aufgaben, die im Zusammenhang mit dem Vollzug der durch die Plan- und Steuerungsgrößen bestimmten Aufgabenstellungen im Managementprozeß stehen. Das Ergebnis der Durchführungsaufgaben sind Regelgrößen.
realize: einsehen (verstehen), eintreiben, erkennen, erlösen (kfm.), realisieren (verkaufen), veräußern, versilbern (zu Geld machen), verwerten, verwirklichen
realized profit: realisierter Gewinn *m*
realized revenue: realisierter Gewinn *m*
realtor: Grundstücksmakler *m*, Immobilienmakler *m*
realty: Grundstück *n*, Immobilien *f/pl*, Liegenschaften *f/pl*, unbewegliche Sachen *f/pl*
realty transfer tax: Grunderwerbssteuer *f*
reappraisal: Neuschätzung *f*
reappraise: bewerten, wiederholt neubewerten, überprüfen
rearrange: umgruppieren
rearrangement: Umgruppierung *f*
rearrangement expense(s) *(pl)*: innerbetriebliche Umzugskosten *pl*
reason: Begründung *f*, Grund *m*, Sinn *m*, urteilen, vernünftig denken, Vernunft *f*
reason for judgment: Urteilsgrund *m*
reason-why advertising: begründende Werbung *f*, rationale Werbung *f*
reasonable: angemessen, billig, gemäßigt, vernünftig
reasonable appreciation: verständige Würdigung *f*
reasonable hour: angemessene Zeit *f*, angemessene Stunde *f*
reasonable time: angemessene Zeit *f*
reasonableness: Angemessenheit *f*, Vernünftigkeit *f*

reasoning: Beweisführung f, Gedankengang m, Räsonnement n
reasoning power: Scharfsinn m
reassess: neueinschätzen, neuveranlagen
reassessment: Neuveranlagung f
reassign: rückzedieren
reassignment: Rückzession f
reassurance: Beruhigung f, Bestätigung f, Rückversicherung f
reassure: versichern (bestätigen)
rebate: Nachlaß m (vom Verkaufspreis), Preisnachlaß m, Rabatt m, zurückvergüten
rebear: erneut untersuchen, erneut verhandeln
rebuild: umbauen, wiederaufbauen
rebuilding: Umbau m
rebuke: Verweis m, zurechtweisen, Zurechtweisung f
rebut: entkräften, widerlegen
rebuttable presumption: widerlegbare Rechtsvermutung f
rebuttable: widerlegbar
rebuttal: Entkräftung f, Widerlegung f
recall: abberufen, Abberufung f, erinnern, sich zurücknehmen, zurückrufen (an den Arbeitsplatz), Produkte n/pl wegen Produktfehler zurückrufen
recapitalize: refinanzieren
recapitulate: rekapitulieren, zusammenfassen
recapitulation sheet: Sammelbogen m (für Kontierungen usw.)
recapitulation: Wiederholung f, kurze Zusammenfassung f
recede: zurücktreten
receipt: Empfang m, Empfangsbescheinigung f, Erhalt m, Quittung f
receipt of delivery: Ablieferungsschein m, Lieferquittung f, Lieferschein m, Lieferungsschein m
receipt of goods pl: Warenempfang m
receipt of payment: Eingang m (Kasse), Kasseneingang m, Zahlungseingang m
receipted bill: quittierte Rechnung f
receipts pl: Einkünfte f/pl, Einnahme f
receivable: offen (Forderung), Außenstand m
receivable claim: Forderung f (in der Bilanz)
receivables pl: Außenstände m/pl (Bilanzposten m), Debitoren m/pl in der Bilanz f, Forderungen f/pl
receivables pl **and payables** pl: Forderungen f/pl und Verbindlichkeiten f/pl
receivables turnover: Umschlagsgeschwindigkeit f der Forderungen f/pl

receivables turnover ratio: Forderungsumschlagsziffer f
receive: einnehmen, in Empfang m nehmen, empfangen, erhalten, vereinnahmen
receive unemployment benefits pl: Arbeitslosenunterstützung f beziehen, stempeln
receive unemployment compensation: Arbeitslosenunterstützung f beziehen, stempeln
receiver: Einnehmer m, Empfänger m, Übernehmer m, Vergleichsverwalter m, Zwangsverwalter m
receivership: Konkursverwaltung f, Zwangsverwaltung f
receiving: Annahme f, Empfang m, Warenannahme f
receiving clerk: Warenannehmer m
receiving department: Warenannahme f
receiving inspection: Wareneingangsinspektion f
receiving order: Konkurseröffnungsbeschluß m
receiving report: Eingangsmeldung f
receptive: aufnahmefähig, rezeptiv
receptivity: Aufnahmebereitschaft f, Aufnahmefähigkeit f
recession: Rezession f, Rückgang m
recipient: Empfänger m, Geldempfänger m, Überweisungsempfänger m
reciprocal: beiderseitig, gegenseitig, reziprok, wechselseitig, zweiseitig
reciprocal account: Spiegelbildkonto n
reciprocal agreement: gegenseitiger Vertrag m, wechselseitiger Vertrag m
reciprocal bond: Revers m
reciprocal cost distribution: gegenseitige Kostenstellenverrechnung f
reciprocal insurance: Versicherung f auf Gegenseitigkeit f
reciprocal service: Gegenleistung f
reciprocal trade agreement: Handelsabkommen n mit Meistbegünstigungsklausel f
reciprocity: Gegenseitigkeit f, Wechselseitigkeit f
recission: Rückgängigmachung f
reck rent: Wuchermiete f, Wucherpacht f
reckless: grob fahrlässig, rücksichtslos
reckless damage: grob fahrlässige Schädigung f
recklessness: grobe Fahrlässigkeit f
reckon: kalkulieren, rechnen
reckon back: zurückrechnen
reckon up: aufrechnen
reclaim: zurückfordern, zurückgewinnen

reclamation: Rückforderung f, Rückgewinnung f
reclassification: Umgruppierung f
reclassify: umgruppieren
recognition: Anerkennung f, persönliche Anerkennung f, Auszeichnung f
recognition strike: Anerkennungsstreik m
recognizance: Anerkenntnis n
recognize: anerkennen, erkennen, wiedererkennen
recommend: befürworten, empfehlen
recommendation: Befürwortung f, Empfehlung f
recommendation of dividends: Dividendenempfehlung f
recommended price: Richtpreis m, empfohlener Preis m

Seit dem Wegfall der Preisbindung der zweiten Hand für Markenartikel ist es Anbietern in Deutschland nur noch möglich, dem Handel unverbindliche Preisempfehlungen für den Wiederverkaufspreis auszusprechen. Das kann sowohl in Form von unverbindlichen Preislisten oder in Form von auf die Ware selbst bzw. ihrer Verpackung angebrachten Richtpreisen geschehen.

„Im Ergebnis kann die Preisempfehlung der Preisbindung praktisch gleichkommen, wenn der Hersteller ihr Nachdruck verleiht, indem er für ihre Befolgung Vergünstigungen verspricht oder für ihre Mißachtung Nachteile androht. Mit Preisempfehlungen, die sowohl rechtlich wie faktisch unverbindlich sind, lassen sich hingegen nur zum Teil die gleichen Wirkungen erzielen wie mit der Preisbindung."

In Fällen, in denen der Handel selbst an der Ausschaltung eines Preiswettbewerbs interessiert ist, führen vertikale Preisempfehlungen zu einer Art Quasi-Kartell, ohne daß es zu seiner Entstehung einer ausdrücklichen Preisabsprache bedürfte.

„Der Hersteller kann dem Handel günstige Spannen sichern, um ihn dadurch zur Förderung seines Artikels und zur Verbesserung des Kundendienstes zu veranlassen. Die Entlastung des Handels von den technischen Arbeiten der Preissetzung und Preisauszeichnung, die für kleinere Betriebe mit tiefem Sortiment sehr wichtig sein kann, wird durch Preisempfehlung ebenso erreicht wie durch Preisbindung. Preisempfehlungen sind überdies leichter zu handhaben und weniger kostspielig als Preisbindungen, insbesondere weil die Notwendigkeit entfällt, die Lückenlosigkeit des Systems zu sichern." (Herbert Hax)

Werden Preisempfehlungen absichtlich so hoch angesetzt, daß der Handel sie leicht unterschreiten kann, um auf diese Weise bei den Käufern den Eindruck besonders preisgünstiger Angebote entstehen zu lassen, spricht man von Mondpreisen.

Über die Wirkung von Preisbindungen und Preisempfehlungen lassen sich folgende Erkenntnisse festhalten:

HERSTELLER

● Sicherung der Preis-Qualitäts-Relation
 - Irradiation des Preises auf die Qualität
 (Bsp.: Schleuderverkäufe)

● Marktsegmentierung über den Preis
 - unterschiedliche Qualitätslage →
 unterschiedliche Preislage

● Harmonische Produktreihenpreise
 - Preise von Ergänzungsprodukten beeinflussen Image des Hauptproduktes

● Stabilisierung und Steuerung der Absatzmenge bei Push- und Pull-Strategien

● Erleichterung der Absatz- und Ertragsplanung
 - Verbrauchernachfrage ist von Preisen abhängig

● Hohe Gewinnerzielung

● Minderung des Preiswettbewerbs zwischen den Herstellern

● Informative Verbraucherwerbung

HANDEL

● Hilfestellung bei der Kalkulation

● Minderung der Kosten
 - Vorauszeichnung der Produkte

● Schutz des Mittelstandes im Handel vor ruinösem Wettbewerb von Großunternehmen

● Minderung der Preiskonkurrenz

● Hilfestellung für Verbraucherwerbung
 - Prospekte mit Preisangabe vergrößern Angebot des Handels, ohne daß alle Waren bevorratet werden müssen

Argumente für eine Einführung vertikaler Preisempfehlungen bei Herstellern und Handel

(1) Eine Verbesserung des allen Anbietern im Absatzkanal zur Verfügung stehenden Gewinnpotentials durch hohe Verbraucherpreisempfehlungen wird durch den gerade bei bekannten Markenartikeln heftigen horizontalen Preiswettbewerb auf der Einzelhandelsstufe meist vereitelt.

(2) Ein einheitliches Preisniveau für alle Betriebsformen des Handels läßt sich wegen der differenzierten Kostenpolitik dieser Betriebsformen und der teilweise stark gestiegenen Preistransparenz beim Verbraucher kaum mehr durchsetzen. Eines der Hauptziele der Preisempfehlung, eine breite Distribution mit homogenem Preisniveau am Markt, wird damit unerreichbar. Die Hersteller müssen vielmehr selektive Vertriebsstrategien anwenden, um den „Mißbrauch" der Preisempfehlung durch gezielte Unterbietungen seitens preisaggressiver Betriebsformen des Handels zu verhindern. Wegen der scharfen wettbewerbsrechtlichen Überwachung von Preisempfehlungen steht

aber auch dieser Weg zur Absicherung der Preise nach unten nicht immer offen.
(3) Im Gegensatz dazu ist der faktische Höchstpreischarakter von Verbraucherpreisempfehlungen unbestritten. Die Verbraucher empfinden Überschreitungen des empfohlenen Preises durch den Handel nämlich in aller Regel als unfaire Überteuerung. Insofern kann sich ein Markenartikelproduzent durch eine marktpreisgerechte Preisempfehlung dagegen schützen, daß sein Absatz unter zu hohen Preisen des Handels leidet.
(4) Die vom Handel in früheren Jahren häufig begrüßte Entlastung von Kalkulations- und Preisauszeichnungsaufgaben durch Verbraucherpreisempfehlungen verliert angesichts eines professionelleren Managements im Handel, zunehmenden Einsatzes von Computern und stärkerer Einbindung herstellereigenen Personals in das Merchandising an Bedeutung. Lediglich bei kleinpreisigen Massenartikeln und bei listenmäßigem Verkauf der Ware bleibt das Argument der Rationalisierungswirkung von Preisempfehlungen für den Handel deshalb stichhaltig.
(5) Der Imageeffekt stabiler Markenartikelpreise, der häufig von Herstellerseite als Argument für die Preisbindung bzw. Preisempfehlung herangezogen wurde, war von jeher fraglich. Nur für prestigebetonte Waren, für die ein hoher Preis zum Qualitätsbestandteil wird, kann eine (hohe) Preisempfehlung positive Imagewirkungen entfalten. Darüber hinaus ist die Preisempfehlung auch für neue Marken, deren Verkehrsgeltung erst geschaffen werden muß, nützlich; denn hier rundet die Preisinformation das vom Hersteller in der Werbung vermittelte Qualitätsbild ab und weckt u.U. erst das Produktinteresse der Verbraucher.
(6) Eine Eindämmung des horizontalen Preiswettbewerbs auf der Herstellerebene kann von Preisempfehlungen heute ebenfalls kaum noch erwartet werden. Dafür ist nämlich die Verbreitung der Preisempfehlung auf vielen Märkten zu lückenhaft und außerdem wird die mit einer Preisempfehlung einhergehende Inflexibilität der Preispolitik der Produzenten zunehmend durch Sonderpreisaktionen kompensiert, mit denen bestimmte Anbieter auch bei bestehender Preisempfehlung eine konkurrenzbezogene Preispolitik betreiben können.
Insgesamt erweist sich die unverbindliche Preisempfehlung also nur in sehr begrenzten Marktbereichen bzw. -situationen, etwa bei homogener Vertriebsstruktur oder bei Kleinpreisartikeln, als ein wirksames Instrument der Preisdurchsetzung. Es kann deshalb nicht verwundern, daß immer mehr Hersteller auf dieses Instrument verzichten und statt dessen indirekt Einfluß auf den Endverbraucherpreis zu nehmen versuchen.

recomputation: Neuberechnung *f*
recompute: neuberechnen
reconcile: abstimmen (Konten), versöhnen
reconcilable: vereinbar
reconcile balances *pl*: Salden *m/pl* abstimmen

reconciliation: Abstimmung *f* (Zahlen), Schlichtung *f*, Vermittlung *f*, Versöhnung *f*
reconciliation of accounts: Kontenvergleich *m*, Kontoabstimmung *f*
reconciliator: Vermittler *m*
recondition: aufarbeiten, wiederinstandsetzen
reconditioning: Generalüberholung *f*, Instandsetzung *f*
reconstruct: umbauen, wiederaufbauen
reconstruction: Umbau *m*, Wiederaufbau *m*
reconvey: rückübereignen
reconveyance: Rückübereignung *f*
record: Spitzen-, Akte *f*, aufzeichnen, Aufzeichnung *f*, beurkunden, eintragen, Eintragung *f*, Niederschrift *f*, Protokoll *n*, protokollieren, Register *n*, verbuchen
record gap: Satzlücke *f (EDV)*
record inventory: Buchinventur *f*
record mark control: Satzmarkensteuerung *f (EDV)*
record mark: Satzmarke *f (EDV)*
record of quotations: Preisstellungsverzeichnis *n*
recordable: eintragungsfähig
recorded debt: Buchschuld *f*
recorded time value: festgelegter Zeitfaktor *m* (bei Leistungs- oder Prämienlohnsystem)
recorded: eingetragen
recorder: Ausnahmegerät *n*
recording: Aufzeichnung *f*, Beurkundung *f*, Erfassung *f*
recording fee: Kosten *f/pl* für Vertragsausfertigung *f*
recording medium: Buchungsunterlage *f* (z.B. Beleg, Rechnung usw.)
recording of orders: Auftragserfassung *f*
recording tape: Tonband *n*
records *pl*: Archiv *n*, Unterlagen *f/pl*
records card: Karteikarte *f*
records chaser: Arbeitsflußüberwacher *m*
recoup: sich schadlos halten
recoupment: Entschädigung *f*, Schadloshaltung *f*
recourse: Regreß *m*, Rückanspruch *m*, Rückgriff *m*, Rückgriffsforderung *f*
recourse in case of non-payment: Zahlungsregreß *m*
recover: beitreiben, eintreiben, einziehen (Inkasso), sich erholen, ersetzen, nachholen, wiedererlangen
recoverability: Beitreibbarkeit *f*
recoverable: beitreibbar, eintreibbar, einziehbar, ersetzbar

recoverable debt: beitreibbare Forderung *f*, eintreibbare Forderung *f*
recovery: Beitreibung *f*, Eintreibung *f*, Einziehung *f*, Genesung *f*, Wiedererlangung *f*, Erholung *f* im Anschluß an eine Depression *f*
recovery of pledge: Pfandeinlösung *f*
recovery value: voraussichtlicher Erlös *m* beim Verkauf *m* einer Sachanlage *f*, Ersatzwert *m*
recreation: Erholung *f*
recreation program: Erholungsprogramm *n*, betriebliches Erholungsprogramm *n* (z.B. Sportplätze usw.)
recruit: anwerben, beschaffen (von Arbeitskräften)
recruiting practice: Anwerbungsmethode *f*
recruiting: Anwerbung *f*, Personalanwerbung *f*
recruitment: Anwerbung *f*, Beschaffung *f* neuer Arbeitskräfte *f/pl*
recruitment advertisement: Stellenangebot *n*
recruitment advertising: Stellenangebotswerbung *f*
rectification: Berichtigung *f*, Richtigstellung *f*, Verbesserung *f*
rectification of price: Preisberichtigung *f*
rectify: berichtigen, richtigstellen, verbessern
recur: sich wiederholen
recurrence: Wiederholung *f*
recurring: sich wiederholend
red herring: Ablenkungsmanöver *n*
red herring prospectus: nicht genehmigter Börseneinführungsprospekt *m*
red-ink entry: Buchung *f* in roter Tinte *f*
red tape: Bürokratismus *m*, Papierkrieg *m*
redeem: ablösen (Schuld), amortisieren, einlösen, tilgen
redeem a pledge: ein Pfand *n* einlösen
redeem a security: eine Sicherheit *f* einlösen
redeem in gold: in Gold *n* einlösen
redeemability: Einlösbarkeit *f*
redeemable: ablösbar, einlösbar, kündbar, rückzahlbar, tilgbar
redeemable loan: Tilgungsdarlehen *n*
redelegate (responsibility): (Verantwortung *f*) weiterübertragen
redemption: Ablösung *f*, Auslösung *f*, Einlösung *f*, Rückzahlung *f*, Tilgung *f*
redemption agreement: Tilgungsabkommen *n*
redemption date: Einlösungstag *m*, Einlösungstermin *m*

redemption fund: Tilgungsfonds *m*, Tilgungsrücklage *f*
redemption of pledge: Pfandeinlösung *f*
redemption of stock: Rückkauf *m* von Aktien *f/pl* oder Anteilspapieren *n/pl* durch Gesellschaft *f*
redemption plan: Schuldentilgungsplan *m*, Schuldtilgungsplan *m*, Tilgungsplan *m*
redemption price: Einlösungspreis *m*
redemption reserve: Tilgungsrücklage *f*
redemption sum: Ablösungsbetrag *m*, Ablösungssumme *f*
redemption value: Rückkaufswert *m*
redemption yield: Effektivverzinsung *f*
redeployment: Umstrukturierung *f*
redetermination: erneute Festsetzung *f*, Wiederfestsetzung *f*
redetermine: erneut festsetzen, wiederfestsetzen
redirect: umadressieren
rediscount: abzinsen, Abzinsung *f*, Rediskont *m*, rediskontieren
rediscount quota: Rediskont-Kontingent *n*
rediscount rate: Rediskontsatz *m*
Der amtliche Diskontsatz der Notenbank, der in aller Regel unter dem Diskontsatz der Geschäftsbanken liegt.
redistribute: umverteilen
redistribution: Umverteilung *f*
redraft: neuentwerfen, Rücktratte *f*, Rückwechsel *m*
redress: abhelfen, Abhilfe *f*, abstellen (Übelstand), Behebung *f*, Entschädigung *f*, Wiedergutmachung *f*
reduce: abnehmen, einschränken, ermäßigen, herabsetzen, kürzen, reduzieren, verkleinern, vermindern, verringern
reduce in price: verbilligen
reduce in value: entwerten
reducing balance form: Bilanz *f*, in Staffelform *f*, Gewinn- und Verlustrechnung *f* in Staffelform *f*
reduction: Abnahme *f*, Ermäßigung *f*, Herabsetzung *f*, Kürzung *f*, Minderung *f* (Preis, Menge), Reduzierung *f*, Verminderung *f*, Verringerung *f*
reduction in pay: Gehaltskürzung *f*
reduction in price: Verbilligung *f*
reduction in value: Entwertung *f*, Wertminderung *f*
reduction into types: Typisierung *f*
reduction of capital: Kapitalherabsetzung *f*
reduction of insurance term: Verkürzung *f* der Versicherungslaufzeit *f*
reduction of interest: Zinssenkung *f*
reduction of inventories: Vorräteabbau *m*

reduction of premium: Prämienermäßigung *f*
reduction of price: Preisabschlag *m*, Preisermäßigung *f*, Preisherabsetzung *f*
reduction of provisions *pl*: Auflösung *f* von Wertberichtigungen *f/pl* und Rückstellungen *f/pl*
reduction of sentence: Strafnachlaß *m*
redundancy: Redundanz *f*
redundancy check: Gültigkeitsprüfung *f (EDV)*, Prüfung *f* auf richtige Anzahl *f* von Bitsignalen *n/pl* pro Zeichen *n* oder Satz *m (EDV)*, Redundanzprüfung *f (EDV)*
redundant: redundant, überflüssig, überzählig
redundant character: redundantes Zeichen *n (EDV)*, selbstprüfendes Zeichen *n (EDV)*
re-educate: umschulen
re-education: Umschulung *f*
reel number: Spulennummer *f (EDV)*
reel: Bandspule *f (EDV)*
re-employ: wiedereinstellen
re-employment: Wiedereinstellung *f*
re-engagement: Wiedereinstellung *f*
re-examine: erneut prüfen
re-export: wiederausführen, Wiederausfuhr *f*
refer back: rückverweisen
refer to: sich berufen, sich beziehen (auf), verweisen (Hinweis)
referee: Richter *m*, Schiedsrichter *m*
referee in bankruptcy: Konkursrichter *m*
referee in bankruptcy proceedings: Konkursrichter *m*
reference: Aktenzeichen *n*, Berufung *f* (Bezugnahme), Betreff *m*, Bezugnahme *f*, Empfehlung *f*, Hinweis *m*, Quelle *f*, Referenz *f*, Verweis *m* (Hinweis)
reference figure: Bezugsgröße *f*
reference group: Bezugsgruppe *f*
Ein von Herbert H. Hyman in die Soziologie und Sozialpsychologie eingeführter Begriff zur Bezeichnung von Sozialkategorien (und nicht bloß Gruppen), an deren Verhalten, Einstellungen, Normen und Werten ein Individuum sein eigenes Verhalten, seine eigenen Einstellungen und seine eigenen Normen und Werte orientiert, indem es sie entweder als ein positives Vorbild (normative Bezugsgruppe) oder als ein abschreckendes Beispiel (negative Bezugsgruppe) begreift.
Bezugsgruppe kann sowohl die eigene Sozialkategorie (Mitgliedschaftsgruppe, Eigengruppe) wie eine fremde Gruppe (Nichtmitgliedschaftsgruppe, Fremdgruppe) sein. Diejenigen Gruppen, die ein Individuum als den Maßstab seiner eigenen Befriedigung oder Nichtbefriedigung (relative Deprivation) nimmt, heißen komparative Bezugsgruppen.
Insbesondere die Neuinterpretation der von Samuel A. Stouffer et al. durchgeführten Untersuchung „The American Soldier" und des in ihr enthaltenen Materials zur relativen Deprivation durch Robert K. Merton sowie seine Betonung der komparativen gegenüber der normativen Funktion von Bezugsgruppen haben das Konzept der Bezugsgruppentheorie in einem Maße popularisiert, daß Merton vielfach als ihr Schöpfer gilt.
Die Beziehungen des Managements zu den Bezugsgruppen im Umfeld der Unternehmung sind Ausdruck der Art und Weise, wie die Handlungen der Akteure aufeinander bezogen und koordiniert werden. Jede arbeitsteilige Wirtschaft und Gesellschaft steht vor diesem grundlegenden Problem der Handlungskoordination, für dessen Lösung im Prinzip zwei Handlungstypen zur Verfügung stehen, das verständigungsorientierte Handeln einerseits und das erfolgsorientierte Handeln andererseits.
Das Verhältnis des Managements zu den Bezugsgruppen läßt sich unter diese beide Handlungstypen subsumieren. Dabei ist das erfolgsorientierte Handeln der dominante Koordinationstyp in einer über Preise gesteuerten Geld- und Wettbewerbswirtschaft. Er liegt der Konstruktionslogik der Marktwirtschaft zugrunde und legt eine systemtheoretische Deutung, Systemtheorie, der Rolle von Unternehmung und Management nahe.
Breite Anwendung hat das Bezugsgruppenkonzept, erweitert um die durch Leon Festinger entwickelte Theorie der sozialen Vergleichsprozesse, vor allem auch in Theorien des Konsumentenverhaltens, und hier vor allem zur Beurteilung von Gruppeneinflüssen auf Konsumentenurteile und -verhalten sowie auf Konsumnormen, und in der Werbeforschung gefunden. Untersuchungen über den Einfluß komparativer Bezugsgruppen auf das Konsumentenverhalten haben ergeben, daß Urteile über Qualität und Präferenzen bei Produkten davon beeinflußt werden, wie andere Personen darüber denken, und daß einheitliche Urteile einer Vergleichsgruppe zu einer stärkeren Urteilsangleichung führen. In der Werbung werden diese Befunde meist durch den mehr oder minder offen vertretenen Anspruch auf die Überzeugungen und Meinungen der Mehrheit nutzbar gemacht.
Bezugsgruppen fungieren als Vermittler von Konsumnormen und sanktionieren die Einhaltung der Normen durch Bestrafung von abweichendem und Belohnung von konformem Verhalten. Bezugsgruppen sind umgekehrt aber auch „Adressat für Verhalten des Konsumenten, das dieser demonstriert, um Gruppennormen gerecht zu werden oder um den Anschluß an neue Bezugsgruppen zu finden." (H. Mayer/U. Däumer/H. Rühle)
Um seiner Bezugsgruppe imponieren zu können, braucht ein Konsument sozial auffällige Produkte. Nach Francis S. Bourne muß ein solcher Artikel zunächst „auffällig im gebräuchlichen Sinne des Wortes sein, d.h. er muß von anderen gesehen

und identifiziert werden können. Zweitens muß er in dem Sinne auffällig sein, daß er hervorsticht und beachtet wird. Mit anderen Worten, ungeachtet dessen, wie gut ein Produkt sichtbar ist: im zweiten Sinn des Wortes ist es nicht auffällig, wenn es praktisch jeder besitzt."

reference group advocate: Bezugsgruppen-Anwalt *m*
In seiner nach den Gründen für ihre Anwesenheit in der Leitung von Großunternehmen gebildeten Managertypologie hat Siegfried Cassier den Typ des Bezugsgruppen-Anwalts als einen Manager gekennzeichnet, dessen Legitimation die Interessenvertretung, sei es als Bankenvertreter, Marktpartner (Abnehmer, Lieferanten), Eigentümervertreter, Arbeitnehmervertreter oder als Öffentlichkeitsvertreter ist.

reference library: Nachschlagebibliothek *f*
reference number: Aktenzeichen *n*, Geschäftsnummer *f*, Geschäftszeichen *n*
reference person: Bezugsperson *f*
In der Wirtschafts- und Sozialstatistik war und ist die Festlegung, wer *Haushaltsvorstand* ist, problematisch. Während traditionell stets der Ehemann als Haushaltsvorstand galt, ging man in den 1970er Jahren dazu über, denjenigen oder diejenige so zu bezeichnen, der/die in einer Erhebung angab, Haushaltsvorstand zu sein oder von anderen als solcher bezeichnet wurde. Seit 1983 hat das Statistische Bundesamt die Bezeichnung ganz durch die der Bezugsperson ersetzt. Als Bezugsperson gilt dabei diejenige, die sich selbst bei einer Erhebung als solche bezeichnet.

referent power: Beziehungsmacht *f*
Eine Form der Macht, die sich nach einer Klassifikation von John R. P. French und Bertram Raven von Belohnungsmacht darin unterscheidet, daß sie in Macht durch Persönlichkeitswirkung überführt werden kann. Beziehungsmacht gründet sich auf Identifikation oder den Wunsch, dem Vorgesetzten zu gefallen. Belohnung ist allerdings nur eine der vielen möglichen Determinanten der Identifikation.
Eine mögliche Erklärung für die Transformation von Belohnungs- in Beziehungsmacht ist, daß die Autorität, Belohnungen zu gewähren, eine Person attraktiv macht und daß diese Attraktivität zur Identifikation anregt.

refinance: refinanzieren, umschulden
refinancing: Refinanzierung *f*, Umschuldung *f*
refine: veredeln
refine oil: Öl raffinieren
refinery: Raffinerie *f*
reflect on: durchdenken
reflection: Überlegung *f*, Widerspiegelung *f*
reformatory: Besserungsanstalt *f*
refrain from: Abstand nehmen, sich enthalten
refraining from: Enthaltung *f*

refrigerated warehouse: Kühlhaus *n*
refugee: Flüchtling *m*
refugee enterprise: Flüchtlingsbetrieb *m*
refund: Rückerstattung *f*, Rückvergütung *f*, rückzahlen, Rückzahlung *f*, vergüten, Vergütung *f*, zurückerstatten, zurückvergüten, zurückzahlen, Zurückzahlung *f*
refunding: Refinanzierung *f* zur Ablösung *f* einer Schuld *f*
refunding bond: Tilgungsanleihe *f*
refusal: Ablehnung *f*, Absage *f*, Verweigerung *f*, Weigerung *f*, Zurückweisung *f*
refusal of payment: Zahlungsverweigerung *f*
refusal to fulfill obligations (from employment contract): Arbeitsverweigerung *f*
refusal to pay: Zahlungsverweigerung *f*
refusal to pay tax(es): Steuerverweigerung *f*
refusal to work: Arbeitsverweigerung *f*
refuse: ablehnen, absagen, abweisen, verweigern, weigern, sich zurückweisen
refuse to pay: Zahlung *f* verweigern, nicht honorieren
refutable: widerlegbar
refutation: Widerlegung *f*
refute: widerlegen
regard: ansehen, beachten, Beachtung *f*, berücksichtigen, Betreff *m*, Rücksicht *f*
regime: Leitung *f*, Regierungsform *f*, Verfahren *n*
region: Gegend *f*
regional: regional, Gebiets-, Bezirks-
regional cartel: Gebietskartell *n*
regional corporation: Gebietskörperschaft *f*
regional court of appeals: Oberlandesgericht *n*
regional differential (in wages *pl*): regionaler Unterschied *m* im Lohnniveau *n*
regional manager: Bezirksleiter *m*, Bezirksmanager *m*, Distriktsmanager *m*
regional model: Regionalmodell *n*
Eine Form der horizontalen Abteilungsbildung, bei der Stellen nach dem Prinzip der lokalen Dezentralisation gebildet werden. Typischerweise werden Abteilungen auf der 2. Ebene nach Absatzgebieten und auf der 3. Ebene nach Produktgruppen (Produktionsstätten) geschaffen. Alle Funktionsbereiche sind regional dezentralisiert.
Das Regionalmodell findet sich in großen internationalen Unternehmungen, die als Folge einer Strategie der räumlichen Expansion auf dem Weltmarkt tätig sind. In einer solchen Situation erleichtert das Regionalmodell eine gebietsspezifische Anpassung an die jeweiligen Marktchancen sowie die Entwicklung länderspezifischer Produktstrate-

gien (Produkt-, Preisdifferenzierung, unterschiedliche Lebenszyklen).
regional office: Bezirksdirektion f
regional organization: regionale Gliederung f
Eine Form der Gliederung im Rahmen der objektorientierten Organisation, bei der die Objekte nach dem Prinzip der lokalen Bündelung zusammengefaßt werden. Eine Stellen- und Abteilungsbildung unter dem regionalen Gesichtspunkt wird häufig im Zuge einer Expansionsstrategie gewählt. In vielen Fällen ist aber auch das Bestreben, die Transportkosten zu minimieren, für die Entscheidung zugunsten einer lokal dezentralisierten Gliederung der Aktivitäten ausschlaggebend.
regional policy: Regionalpolitik f
regional price differentiation: räumliche Preisdifferenzierung f, regionale Preisdifferenzierung f
Eine Form der Preisdifferenzierung, bei der auf verschiedenen, regional abgegrenzten Märkten unterschiedlich hohe Preise für ein Gut gefordert werden, wobei die Unterschiedlichkeit der Preise durch unterschiedliche Transportkosten begründet werden kann, aber nicht muß.
regional wage differential: regionales Lohngefälle f
register: einschreiben (Brief), eintragen, Register n, verzeichnen, Verzeichnis n
register of commerce: Handelsregister n
register of landed property: Grundbuch n
register of membership corporations: Vereinsregister n
register of real property: Grundbuch n
registered: eingetragen, vinkuliert
registered bond: Namensobligation f, eingetragene Obligation f
registered company: eingetragene Aktiengesellschaft f
registered cooperative: eingetragene Genossenschaft f
registered cooperative with limited liability: eingetragene Genossenschaft f mit beschränkter Haftung f, eGmbH
registered cooperative with unlimited liability: eingetragene Genossenschaft f mit unbeschränkter Haftung f, eGmuH
registered debenture: Namensschuldverschreibung f
registered design: eingetragenes Gebrauchsmuster n
registered letter: eingeschriebener Brief m, Einschreibebrief m, Einschreiben n
registered office: eingetragene Niederlassung f, eingetragener Sitz m
registered parcel with valuable content: Wertpaket n

registered place of business: eingetragener Sitz m
registered proprietor: eingetragener Eigentümer m
registered security: Namensobligation f, Namenspapier n
registered share: Namensaktie f
registered share with restrictions on transfer: vinkulierte Namensaktie f
registered share with transfer restrictions: vinkulierte Namensaktie f
registered stock: Namensaktie f
registered stock with transfer restrictions: vinkulierte Namensaktie f
registered trade mark: eingetragenes Warenzeichen n
registered value: deklarierter Wert m
registrar: Urkundsbeamter m
registration: Eintragung f, Immatrikulation f
registration form: Meldezettel m
registration label: Einschreibezettel m
registration statement: Börsenzulassungsprospekt m, Börsenzulassungsunterlagen f/pl, besondere Übersicht f, die der S.E.C. bei Beantragung f der Börsenzulassung f einzureichen ist
registry court: Registergericht f
regress: Rückgang m, Rückgriff m, Schadloshaltung f
regression: Regression f, Rückläufigkeit f
regression analysis: Regressionsanalyse f, Regressionsrechnung f
Während es bei der Korrelationsanalyse um die Messung der Intensität des Zusammenhangs zwischen zwei oder mehreren Datenreihen geht, geht es bei der Regressionsanalyse um die Untersuchung der stochastischen Abhängigkeiten zwischen Variablen und der Möglichkeiten ihrer funktionalen Beschreibung durch statistische Analyse der funktionalen Abhängigkeit einer Zielvariablen (Kriteriumsvariablen) und einer oder mehreren erklärenden Variablen (Prädiktorvariablen).
Aufgabe der Regressionsanalyse ist es mithin, die genaue Struktur der die Datenreihen verknüpfenden Beziehung in Form einer Gleichung darzustellen. Die Regressionsanalyse stellt also den Versuch der Beantwortung zweier Aspekte des Zusammenhangs zwischen der abhängigen Zielvariablen und der oder den unabhängigen Prädiktorvariablen dar, nämlich erstens Frage nach der Art der Veränderung der Zielvariablen und zweitens nach der Größe der Veränderung.
Das Prinzip aller Verfahren der Regressionsanalyse besteht in der möglichst genauen Anpassung einer theoretischen Funktion an die empirischen Wertepaare, wie sie in einem Streuungsdiagramm dargestellt werden können. Neben der Freihandmethode nach Augenmaß, wird dazu in der Stati-

stik meist die Methode der kleinsten Quadrate gewählt.
In der Regressionsrechnung ist zwischen vier Fällen zu unterscheiden: 1. der linearen Einfachregression, 2. der linearen Mehrfachregression, 3. der nichtlinearen Einfachregression und 4. der nichtlinearen Mehrfachregression:
1. Die *lineare Einfachregression*: Die allgemeine Gleichung für eine lineare Beziehung zwischen der erklärenden Variablen X und der Zielvariablen Y lautet: Y = a + bX die Formel für die Regressionsgerade. Darin ist a die Regressionskonstante und b der Regressionskoeffizient. Sie werden nach der Methode der kleinsten Quadrate so bestimmt, daß die Regressionsgerade den beobachteten Wertepaaren optimal angepaßt ist.

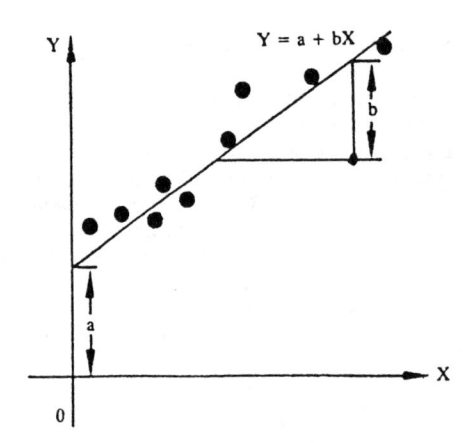

Lineare Einfachregression

2. Die *lineare Mehrfachregression*: Die allgemeine Gleichung für eine lineare Beziehung zwischen mehreren erklärenden Variablen x_i (i = 1, 2, ..., n) und einer Zielvariablen Y lautet:
$Y = a + b_1X_1 + b_2x_2 + ... b_n X_n + e_i$.
Darin bezeichnet e_i eine additive Zufallsvariable. Auch in diesem Fall lassen sich die Werte a und b berechnen.
3. Die *nichtlineare Einfachregression*: sie hat die Gleichung
$Y = aX^b$.
4. Die *nichtlineare Mehrfachregression*: Ihre Gleichung lautet
$Y = a + b_1X + b_2x^2$.
regressive: rückläufig regroup umgruppieren, umschichten
regrouping: Umgruppierung f, Umschichtung f
regular: gleichmäßig, ordentlich, ordnungsmäßig, regelmäßig, uniform
regular budget: ordentlicher Etat m, ordentlicher Haushalt m

regular capital decrease: ordentliche Kapitalherabsetzung f
regular mortgage: Verkehrshypothek f
regular pay: Normallohn m (ohne Überstundenvergütung)
regular rate: durchschnittlicher Lohnsatz m bei wechselnden Tätigkeiten f/pl, häufigster Lohnsatz m bei wechselnder Tätigkeit, üblicher Lohnsatz m
regular time: Normalarbeitszeit f
regularity: Ordnungsmäßigkeit f, Regelmäßigkeit f, Uniformität f
regulate: ordnen, regeln, regulieren, verfügen
regulated price: regulierter Preis m
Ein durch behördliche Verordnung in einer bestimmten Höhe gesetzter gebundener Preis.
regulation: Ordnung f, Regel f, Richtlinie f, Statut n, Verfügung f, Vorschrift f
regulation of court costs pl: Gerichtskostenordnung f
regulation variable: Stallgröße f (Operations Research)
regulations pl: Dienstvorschrift f, Satzung f, Vorschriften f/pl
regulative approach of income distribution: ordnungspolitischer Ansatz m der Einkommensverteilung
Der neoliberale Wirtschaftstheoretiker Walter Eucken hat die Verteilung der Einkommen vor allem als Ergebnis der jeweils vorherrschenden Marktform beschrieben. Dort wo der Wettbewerb auf monopolistischen und teilmonopolistischen Märkten beschränkt sei, werde der Arbeiter in der Regel weniger als das Grenzprodukt seiner Arbeit erhalten. Eine gerechte Einkommensverteilung sei somit nicht von den Eigentumsverhältnissen, sondern von der Marktform auf den Arbeitsmärkten abhängig.
Eucken warnte davor, die Lösung der sozialen Frage von einer Transformation der verkehrswirtschaftlichen Ordnung in ein zentralverwaltungswirtschaftliches System zu erwarten. Das Sozialprodukt werde durch die Preismechanik der vollständigen Konkurrenz auf jeden Fall besser verteilt als durch willkürliche Entscheidungen privater und öffentlicher Machtkörper. Wie Eucken ist auch der Sachverständigenrat zur Begutachtung der gesamtwirtschaftlichen Entwicklung der Ansicht, daß ein verbesserter Wettbewerb auf den Gütermärkten wesentlich dazu beitragen könne, den Verteilungskampf zu entschärfen. Für die Lohnfindung hat der Rat das „kostenniveauneutrale Konzept" entworfen: Die Löhne sollten nicht stärker steigen als die Produktivität, erhöht um einen Zuschlag für die als unvermeidlich angesehene Preissteigerung. Um den Verteilungsstreit auf ein gesamtwirtschaftlich vertretbares Ausmaß zu reduzieren, hat der Rat ferner eine Gewinnbe-

teiligung der Arbeitnehmer bei begrenzter Haftung (Vermögensbildung) empfohlen. Die Grenzen der Umverteilung lägen um so näher, je weiter mit den Unterschieden in der Einkommensverteilung auch die Leistungsanreize abgebaut würden, die den Markt funktionsfähig hielten.

regulator: Regler *m*
regulatory: regelnd
regulatory agency: Aufsichtsbehörde *f*
regulatory body: Aufsichtsbehörde *f*
rehabilitate: rehabilitieren, wiedereinsetzen, in den vorigen Stand setzen
rehabilitate a debtor: einen Schuldner *m* bei der Tilgung *f* seiner Schuld *f* durch Änderung *f* der Bedingungen *pl* unterstützen
rehabilitation: Rehabilitierung *f*, Wiedereinsetzung *f* in den vorigen Stand *m*
rehearing: Verhandlung *f*, erneute Wiederverhandlung *f*
rehire: wiedereinstellen
reimburse: entschädigen, ersetzen, erstatten, rückzahlen, vergüten, zurückerstatten, zurückvergüten, zurückzahlen
reimbursement: Auslagenersatz *m*, Entschädigung *f*, Ersatz *m*, Erstattung *f*, Rückerstattung *f*, Rückvergütung *f*, Rückzahlung *f*, Vergütung *f*, Zurückerstattung *f*, Zurückzahlung *f*
reimbursement claim: Erstattungsanspruch *m*, Vergütungsanspruch *m*
reindorse: reindossieren
reinstate: in den vorigen Stand *m* wiedereinsetzen
reinstate a lapsed policy: eine abgelaufene Versicherung *f* erneuern
reinstatement: Wiedereinsetzung *f*, Wiedereinsetzung *f* in den vorigen Stand *m*
reinsurance: Rückversicherung *f*
reinsurance carrier: Rückversicherer *m*
reinsurance company: Rückversicherer *m*
reinsure: rückversichern
reinsurer: Rückversicherer *m*
reinvest: wiederanlegen
reinvestment: Wiederanlage *f*
reject: ablehnen, abweisen, ausmustern, ausrangieren, beanstanden, verweigern, verwerfen, zurückweisen
reject pocket: Restfach *n (EDV)*
rejected material: verworfenes Material *n*
rejection: Beanstandung *f*, Zurückweisung *f*
rejection region: Ablehnungsbereich *m*
rejection slip: Verwertungsschein *m*
rejects *pl*: Ausschuß *m*, fehlerhafte Stücke *n/pl*

rejoinder: Entgegnung *f*, Erwiderung *f*, Replik *f*
relapse: Rückfall *m*, Rückschritt *m*, Rückgang *m*
related: verwandt
related company: Konzerngesellschaft *f*, Schwestergesellschaft *f*
related to industry or trade: gewerblich
relating to consumption: konsumptiv
relation: Beziehung *f*, Relation *f*, Verhältnis *n*, Verwandte *m/pl*
relation between prime cost and product price: Preisschere *f*
relational style: Beziehungsstil *m*, 1.9-Stil *m*
Ein Führungsstil, der durch eine überdurchschnittliche Beziehungsorientierung und eine unterdurchschnittliche Aufgabenorientierung charakterisiert ist. Er entspricht dem 1.9-Stil beim Verhaltensgitter.
relations *pl*: Verwandte *m/pl*, Beziehungen *f/pl*
relationship: Beziehung *f*
relative: entsprechend, verhältnismäßig, Verwandter *m*
relative income hypothesis: relative Einkommenshypothese *f*
In der im Rahmen seiner Theorie des Konsumentenverhaltens entwickelten relativen Einkommenshypothese geht J. S. Duesenberry in Analogie zur Theorie der relativen Deprivation davon aus, daß die Konsumquote weniger von der absoluten Höhe als von der relativen Position des einzelnen in der Einkommenspyramide und der Höhe seines zuvor bezogenen Einkommens ist.
Bei Einkommensveränderungen und insbesondere bei sinkendem relativem Einkommen tritt danach ein Gewohnheitseffekt ein, der in einem Einklinken der bisherigen Konsumquote an dem durch das höchste letzte Einkommen ermöglichten Niveau besteht (Einklinkeffekt).
Dieser Vorstellung liegt die Hypothese zugrunde, daß die Konsumquote nicht allein von der absoluten Höhe des Einkommens, sondern stärker noch von der Stellung des einzelnen in der sozialen Einkommensstufenleiter und von der Höhe des zuvor bezogenen Einkommens und den dadurch eingetretenen Gewohnheiten bestimmt wird. Die Menschen richten ihre Lebenshaltung also sowohl an der Lebenshaltung von Vergleichspersonen wie an ihrer eigenen gewohnten Lebenshaltung aus.
„Die relative Einkommenshypothese setzt voraus, daß die Person ihren Konsumstandard aus dem in der Gesellschaft verbreiteten bezieht sowie etablierte Konsumgewohnheiten als Norm internalisiert". (Burkhard Strümpel/George Katona)
relative buying power parity: relative Kaufkraftparität *f*
Kaufkraftparität bezeichnet den intervalutarischen Kurs, bei dem die Kaufkraft in zwei verschiedenen

669

Ländern gleich ist. Dabei spricht man bei Bezug der Kaufkraft von Fremdwährungen auf die eigene Landeswährung zum gegenwärtigen Zeitpunkt von *absoluter Kaufkraftparität*, beim Bezug auf die im Zeitverlauf eintretenden Veränderungen von *relativer Kaufkraftparität*.
Das Problem der Vergleichbarkeit unterschiedlicher Währungen in bezug auf ihre Kaufkraft, für die der Wechselkurs natürlich kein geeigneter Indikator ist, stellt sich vor allem bei internationalen Kaufkraftvergleichen.

relative market share: relativer Marktanteil *m*
Der Marktanteil, den eine Unternehmung im Vergleich zu ihrem Hauptkonkurrenten hat. Er ist in PIMS-Studien definiert als der Quotient aus eigenem Marktanteil und der Summe der Marktanteile der drei größten Konkurrenten. Dem Marktanteils-Wachstums-Portfolio liegen die folgenden Hypothesen zugrunde: Je höher der relative Marktanteil eines Produkts ist, um so höher ist sein Absatz im Vergleich zu den Konkurrenzprodukten und um so geringer ist das Marktrisiko einzuschätzen. Je höher der relative Marktanteil, um so eher ist die Unternehmung in der Lage, den Lebenszyklus eines Produkts in seinem Sinne zu beeinflussen. Ein höherer relativer Marktanteil ermöglicht gegenüber der Konkurrenz eine höhere Gewinnspanne und auch einen höheren Cash-flow. Bei starkem Marktwachstum sind zur Aufrechterhaltung des relativen Marktanteils entsprechende Investitionen notwendig. Der erzielbare Cash-flow hängt wesentlich von der ggf. durch entsprechende Marktinvestitionen erreichten Marktstellung ab. Das strategische Ziel eines Unternehmens, das sich gegen Marktrisiken absichern will, muß es sein, in einem expansiven Markt mit einem hohen Marktanteil vertreten zu sein. Zur langfristigen Sicherung des Erfolgspotentials ist daher die Orientierung am relativen Marktanteil von besonderer Bedeutung.

relative value: Vergleichswert *m*
relaunch: Produktvariation *f*, Relaunch *m*
Die Variation von Produkten ist eine von drei alternativen Strategien der Produktpolitik neben der Produktelimination und der Produktinnovation, Innovation. Sie stellt die einfachste und bei weitem am wenigsten aufwendige Verhaltensmöglichkeit für ein Wirtschaftsunternehmen dar und beinhaltet die Änderung physikalischer, funktionaler, ästhetischer und/oder symbolischer Eigenschaften bzw. die Änderung der mit einem Produkt verknüpften Zusatzleistungen. Im konkreten Fall mag der Übergang zwischen Produktinnovation und -variation fließend erscheinen, zumal aus der Sicht des Markts ein Produkt bereits eine Innovation darstellen kann, das aus der Sicht des Unternehmens lediglich eine Variation eines bisher hergestellten Produkts darstellt. „Im Mittelpunkt der Produktvariation steht die Strategie der ‚Vorteilsmehrung" d.h. eine Erhöhung der Zahl der objektiven oder eingebildeten Vorteile, welche das Produkt dem Verwender bringt. Stets ist dabei jedoch im Sinne ‚optimaler' Produktmodifikation das Kostennutzenverhältnis aus der Sicht der Unternehmung zu beachten" (Heribert Meffert).

relax: entspannen, sich erholen
relaxation: Entspannung *f*, Ausspannen *n*, Erholung *f*
relaxation allowance: Erholungszuschlag *m*
relaxation time: Erholungspause *f*, Erholungszeit *f* (bei bestimmter Arbeit in der Vorgabezeit enthalten)
release: Abfindungserklärung *f*, befreien, Befreiung *f*, entbinden, Entbindung *f* (Schuld), entlasten, Entlastung *f*, Erlaß *m* (von Schulden), Freigabe *f*, freigeben, freilassen, Freilassung *f*, Verzicht *m*, verzichten, Verzichturkunde *f*
release from: entbinden (Verpflichtung)
release key: Auslösetaste *f (EDV)*
release lever: Auslösehebel *m (EDV)*
release of a mortgage: Hypotheken-Löschungsbescheinigung *f*
relentless: rücksichtslos relevant anwendbar, einschlägig, erheblich, relevant, sachgemäß
relevant cost: relevante Kosten *pl*
relevant costing: Rechnen *n* mit relevanten Kosten *pl*
reliability: Sicherheitsgrenze *f* (Statistik), Zuverlässigkeit *f*
reliable: sicher, vertrauenswürdig, zuverlässig
reliance: Verlaß *m*, Vertrauen *n*
relief: Abhilfe *f*, Erleichterung *f*, Erwerbslosenunterstützung *f*, Fürsorge *f*, öffentliche Klagebegehren *f*, Unterstützung *f*, Wohlfahrtsunterstützung *f*
relief fund: Unterstützungsfond *m*, Unterstützungskasse *f*
relief measure: Abhilfemaßnahme *f*
relief works *pl*: Notstandsarbeiten *f/pl*
relieve: abhelfen, befreien, entlasten, sanieren, unterstützen
relinquish: aufgeben, überlassen, verzichten
relinquishment: die vollständige Aufgabe *f* eines Wirtschaftsguts, z.B. Stillegung eines Rüstungswerkes, Überlassung *f*, Verzicht *m*
reloading: Umladen *n*, Umladung *f*
reloading charges *pl*: Umladungskosten *pl*
reloading point: Umschlagshafen *m*, Umschlagsplatz *m*
reloading station: Umladebahnhof *m*
relocate: verlagern, versetzen
relocation: Verlagerung *f*, Versetzung *f*

relocation cost: Versetzungskosten *pl*, Verlagerungskosten
relocation expense: Versetzungskosten *pl* (eines Angestellten, z.B. Umzugskosten)
relocation expenses *pl*: Versetzungskosten *pl* (eines Angestellten, z.B. Umzugskosten)
rely: sich stützen, sich verlassen
rely on: vertrauen auf
remain: übrig bleiben, bleiben
remain behind: nachbleiben
remain unpaid: offenstehen
remain unsettled: offenstehen
remainder: Anwartschaft *f* (Grundbesitz), Rest *m*
remainder value: Restbuchwert *m*, Restwert *m*
remainderman: Nacherbe *m*
remainders *pl*: Restbestände *m/pl*
remaining life: Restnutzungsdauer *f*
remaining margin: Restspanne *f*, Spitze *f* (Betrag)
remaining useful life: Restnutzungsdauer *f*
remains *pl*: Nachbleibsel *n*
remand: in die Untersuchungshaft *f* zurückschicken, zurückstellen
remark: Äußerung *f*, bemerken, Bemerkung *f*
remedy: abhelfen, Abhilfe *f*, Regreß *m*
remedy a deficiency: einen Mangel *m* beheben
remember: sich erinnern
remind: erinnern, mahnen
reminder: Erinnerung *f*, Mahnung *f*
reminder advertising: Erinnerungswerbung *f*
reminder value: Erinnerungswert *m*
remise: aufgeben, überlassen
remiss: nachlässig, säumig
remission: Erlaß *m*, Ermäßigung *f*, Nachlaß *m* (Schulden)
remission of debt: Schulderlaß *m*
remission of indebtedness: Schulderlaß *m*
remission of punishment: Straferlaß *m*
remission of tax(es) *(pl)*: Steuernachlaß *m*
remit: nachlassen (von Schulden), remittieren, schicken (Geld), übermitteln (von Geld), überweisen
remittance: Geldsendung *f*, Rimesse *f*, Übermittlung *f* (von Geld), Überschreibung *f*, Übersendung *f* (von Geld), Überweisung *f*
remittance advice: Überweisungsanzeige *f*
remittance slip: Überweisungsanzeige *f*
remittee: Empfänger *m*, Geldempfänger *m*, Remittent *m*, Überweisungsempfänger *m*
remitter: Sender *m* (Geld)
remittor: Geldübersendet *m*
remnant: Rest *m*, Überbleibsel *n*
remnants *pl*: Restbestand *m*
remodel: umarbeiten, umbauen
remodeling: Umbau *m*, Umgestaltung *f*
remote: entfernt, entlegen
remote batch processing: Stapelfernverarbeitung *f (EDV)*
remote computing: Datenfernverarbeitung *f (EDV)*
remote control: Fernsteuerung *f*
remote data processing: Datenfernverarbeitung *f*, Teleprocessing *n (EDV)*
Die Verarbeitung von Daten, die an einem vom Verarbeitungszentrum geographisch entfernten Ort erfaßt und im Wege der Datenfernübertragung an ein Rechenzentrum weitergegeben wurden, in dem sie dann endgültig verarbeitet werden.
remote data transmission: Datenfernübertragung (DFÜ) *f (EDV)*
Sammelbezeichnung für die vielfältigen Techniken und Mittel, durch die Daten über Fernmeldewege übertragen werden.
remote multiplexer: entfernt aufgestellter Geschwindigkeitsumsetzer *m (EDV)*, Konzentrator *m* mit Geschwindigkeitsumsetzer *m (EDV)*
remoteness: Entlegenheit *f*, Ferne *f*
removal: Abtransport *m*, Beseitigung *f*, Entfernung *f* (von Sachen), Entlassung *f*, Räumung *f*, Verlegung *f*, Versetzung *f*
removal cost: Abbruchkosten *pl*
removal expense: Abbruchkosten *pl*
removal expenses *pl*: Abbruchkosten *pl*
remove: beiseite schaffen, beseitigen, entfernen, entlassen, räumen, verlegen, versetzen
remove doubt: Zweifel *m* zerstreuen
remunerate: belohnen, vergüten
remuneration: Belohnung *f*, Entgelt *n*, Gehalt *n*, Vergütung *f*
render: leisten, übergeben, übertragen, zurückerstatten
render a service: einen Dienst *m* leisten
render account: Rechenschaft *f* ablegen, Rechnung *f* ablegen, Rechnung *f* legen
render an expert opinion: begutachten
render unnecessary: überflüssig machen
renew: erneuern, prolongieren, verlängern
renewal: Erneuerung *f*, Prolongation *f*, Verlängerung *f*
renewal coupon: Erneuerungsschein *m*
renewal fee: Prolongationsgebühr *f*
renewal fund: Erneuerungsfond *m* (in Form von Bankguthaben und Wertpapieren),

Heimfallkapital n, Preissteigerungsrücklage f
renewal premium: Folgeprämie f
renewal reserve: Erneuerungsrücklage f
renounce: aufgeben, verzichten, zurücktreten
renovate: aufarbeiten, erneuern, renovieren
renovation: Erneuerung f
renowned: namhaft
rent: Miete f, mieten, Mietpreis m, Mietsumme f, Pacht f, pachten, Pachtgeld n, Pachtsumme f, vermieten, verpachten
rent control: Mietpreisbindung f, Mietpreisüberwachung f
rent-free: mietfrei, pachtfrei
rent from: abmieten
rent in arrears pl: rückständige Miete f
rent restriction: Mietpreiskontrolle f
rent subsidy: Wohnungshilfe f
rent value insurance: Mieteinnahmen-Versicherung f
rentable: pachtbar, vermietbar, verpachtbar
rental: Miete f, Miet(Pacht)einkommen n, Miet(Pacht)zins m, Mietpreis m, Pachteinkommen n, Pachtzins m
rental agency: Wohnungsnachweis m
rental property: Mietobjekt n, vermietbarer Vermögensgegenstand m
rental revenue: Mietertrag m
rental value: Mietwert m, Pachtwert m
rental value of owner-occupied home: Mietwert m der vom Eigentümer m genutzten Wohnung f
renting: Pachtung f
renunciation: Absage f, Entsagung f, Rücktritt m, Verzicht m
renunciation of inheritance: Erbausschlagung f, Erbverzicht m
reopen: wiederbeginnen, wiedereröffnen
reopening: Wiederbeginn m, Wiedereröffnung f
reopening clause: Kündigungsklausel f, die die Kündigung f und Neuverhandlung f eines Teiles m von Tarifverträgen m/pl erlaubt, ohne daß der Gesamtvertrag m hinfällig wird, Wiedereröffnungsklausel f
reopening entry: Eröffnungsbuchung f, Wiedereröffnungsbuchung f
reoperating cost: Nacharbeitskosten pl
reoperation: Nacharbeit f
reorder: nachbestellen, Nachbestellung f
reorder point: Bestellpunkt m
In der betrieblichen Lagerhaltungspolitik derjenige Punkt, der erreicht ist, wenn der Lagerbestand so klein geworden ist, daß neue Bestellungen erforderlich werden. Der Bestellpunkt (BP) ist dadurch determiniert, daß der vorhandene Vorrat bei normalem Verbrauch und bei Einhaltung aller Lieferfristen bis auf eine Sicherheitsreserve abgesunken ist, die nicht aufgebraucht wird, wenn die Bestellungen rechtzeitig eintreffen:
BP = Sicherheitsreserve + Normallieferfrist x Normalverbrauch.
reorder point system: Bestellpunktverfahren n
Ein Verfahren der betrieblichen Lagerhaltungspolitik, bei dem Neubestellungen aufgrund von vorher festgelegten Bestellpunkten ausgelöst werden. Die Nachbestellung erfolgt, wenn der mengenmäßige Lagerbestand einen bestimmten Tiefpunkt erreicht hat.
reorder privilege: Nachbestellungsrecht n (alter Kunden)
reorder system: Bestellverfahren n
reorganization: Neugestaltung f, Umgestaltung f, Uniorganisation f
reorganize financially: sanieren
reorganize: umorganisieren
repack: umpacken, wiederverpacken
repair cost: Reparaturkosten pl
repair: ausbessern, Ausbesserung f, instandsetzen, Instandsetzung f, Reparatur f, reparieren, wiederherstellen, Wiederherstellung f
repair crew: Reparatur-Kolonne f
repair department: Reparaturabteilung f
repair order: Reparaturauftrag m
repair shop: Reparaturwerkstätte f
repairing: Wiederherstellung f
repay: abdecken, erstatten, rückzahlen, zurückerstatten, zurückzahlen repayable rückzahlbar repayment Abdeckung f (von Krediten), Erstattung f, Rückerstattung f, Rückvergütung f, Rückzahlung f, Tilgung f, Zurückerstattung f, Zurückzahlung f
repay of credit: Kreditablösung f
repeal: abschaffen, aufheben, Aufhebung f, außer Kraft setzen f, Gesetzesaufhebung f, Widerruf m, widerrufen
repeat: wiederholen, Wiederholung f
repeat order: Nachbestellung f, Wiederholungsauftrag m
repeat the order: nachbestellen
repetition: Wiederholung f
repetition of a criminal offense: Rückfall m (im Strafrecht)
repetitive: sich wiederholend, wiederkehrend
repetitive printing: Folgekartenbeschriftung f (EDV)
repetitive work: regelmäßig wiederkehrende Arbeit f, Routine-Arbeit f

replace: erneuern, ersetzen, substituieren
replaceable: ersetzbar, substituierbar
replacement: Einstellung *f* eines neuen Mitarbeiters *m* für freigewordenen Posten *m*, Erneuerung *f*, Ersatz *m* (abgenutzter Anlagegegenstände), Ersatzbeschaffung *f*, Stellenwiederbesetzung *f*, Substitution *f*, Wiederbeschaffung *f*
replacement cost: Wiederbeschaffungskosten *pl*
replacement demand: Erneuerungsbedarf *m*, Ersatzbedarf *m*, Ersatznachfrage *f*, Erneuerungsnachfrage *f*
Die vor allen Dingen bei längerlebigen Gebrauchs- und Investitionsgütern sich infolge der allmählichen Abnutzung des Gutes oder einzelner seiner Teile einstellende Nachfrage, die zusätzlich zum Neubedarf (Erstausstattungs- und Erweiterungsbedarf) eintritt. Da sich der Ersatzbedarf, aus der durchschnittlichen Lebens- bzw. Verwendungsdauer der Produkte ergibt, können Prognosen der Entwicklung und der Schwankungen des Ersatzbedarfs auf der Grundlage der Absterbetafeln für Gebrauchs- und Investitionsgüter erstellt werden.
replacement expenditure: Ausgabe *f* für Ersatzinvestition *f*
replacement fund: Erneuerungsfond *m* (in Form von Bankguthaben und Wertpapieren), Heimfallkapital *n*
replacement investment: Ersatzinvestition *f*
Eine Investition, deren Ziel die Erhaltung der vorhandenen Kapazität des investierenden Unternehmens ist.
replacement liability: Ersatzpflicht *f*
replacement method of depreciation: Abschreibung *f* auf Basis der Wiederbeschaffungskosten *pl*
replacement pari: Ersatzteil *n*, Reserveteil *n*
replacement price: Wiederbeschaffungspreis *m*
replacement rate: Wiederbeschaffungsrate *f*, Wiederbesetzungsrate *f*, Wiedereinstellungsrate *f*
replacement reserve: Erneuerungsrücklage *f*
replacement value: Wiederbeschaffungswert *m*
replenish: auffüllen, vervollständigen
replenishment: Auffüllung *f*
replevin: Eigentumsklage *f*, Vindikationsklage *f*
replevy: Eigentumsklage *f* erheben
reply: Antwort *f*, antworten, beantworten, Entgegnung *f*
reply card: Antwort(Bestell)karte *f*

reply coupon: Antwort(Bestell)karte *f*, Antwortschein *m*
reply post card: Rückantwortkarte *f*
report: anmelden, Anmeldung *f*, Bericht *m*, berichten, Berichterstattung *f*, Liste *f*, Meldebogen *m*, melden, Meldung *f*, Protokoll *n*, verzeichnen
report file: Listendatei *f (EDV)*
report form: Berichtsform *f* (im Gegensatz zur kontenförmigen Darstellung der Gewinn- und Verlustrechnung), Bilanz *f* in Staffelform *f*, Meldebogen *m*, Staffelform *f*
report name: Listenbezeichnung *f (EDV)*, Listenname *m (EDV)*
report of financial condition: Befundrechnung *f*
report of financial position: Befundrechnung *f*
reporter: Berichterstatter *m*
reporting: Erfassung *f*
reporting by exception: Ausnahmeberichterstattung *f*, Berichterstattung *f* nach dem Prinzip *n* der Ausnahme *f*
reporting deadline: Meldeschluß *m*
reporting form: Gewinn- und Verlustrechnung *f* in Staffelform *f*
reporting of financial condition (or position): Befundrechnung *f*
reporting of financial condition(s) *(pl)*: Finanzstatus *m*, Verlustzeitmeldung *f*
reporting of manufacturing delay: Verlustzeitmeldung *f*
reporting of orders: Auftragserfassung *f*
reporting pay: Mindestlohn *m* für Erscheinen (wenn keine rechtzeitige Benachrichtigung über Arbeitsmangel erfolgt), garantierter Minimallohn *m*
reporting program generator: Listenprogrammgenerator *m (EDV)*
reporting program: Listenprogramm *n (EDV)*
reporting regulation: Meldevorschrift *f*
reporting system: Berichtswesen *n*, Berichtssystem
Ein System in Management-Informations-System (MIS), das aufbauend auf den repräsentativen Daten der Führungsgrößendatenbank spezielle Berichtsgeneratoren und Datenverknüpfungssysteme als Bestandteil des Betriebssystems einsetzt, die eine standardisierte Informationsaufbereitung in Abhängigkeit von der vom Benutzer definierten Berichtsstruktur durchführen.
reporting to: unterstehen, unterstellt sein
reporting writing: Berichtsabfassung *f*
repository: Verwahrungsort *m* (Schiff, Lager usw.)

repossess: wieder in Besitz m nehmen
represent: darstellen, vertreten
representation: Repräsentation f, Angabe f, Darstellung f, Stellvertretung f, Substitution f, Vertretung f
Eine unternehmerische Autonomiestrategie, bei der Unternehmungen die Mitgliedschaft in anderen einflußreichen Organisationen (Verbänden) anstreben, um dort ihre eigenen Interessen, zu vertreten.
representative: bezeichnend, repräsentativ, Beauftragter m, Bevollmächtigter m, Handelsagent m, Handlungsagent m, Stellvertreter m, Vertreter m
representatives' account: Vertreterkonto n
reprieve: Aussetzung f der Vollziehung f, Strafaufschub m, Strafaufschub m gewähren
reprimand: Rüge f, eine Rüge f erteilen, rügen, Tadel m, tadeln, verwarnen, Verwarnung f, Verweis m, verweisen
reprint: abdrucken, Nachdruck m (Buch)
reproduce: doppeln *(EDV)*, Muster n, nach Muster n arbeiten, nacharbeiten (nach Muster n), vervielfältigen
reproducer: Kartendoppler m *(EDV)*
reproduction: Fortpflanzung f, Nachbildung f, Nachdruck m (Buch), Vervielfältigung f
reproduction cost: Wiederbeschaffungskosten pl
reproduction price: Wiederbeschaffungspreis m
reproduction value: Wiederbeschaffungswert m
reproof: Tadel m, Verweis m
repudiate: verwerfen, verzichten, widerrufen, zurückweisen
repudiation: Nichtanerkennung f, Widerruf m, Zurückweisung f
repurchase: Rückkauf m, wiedererwerben, Wiederkauf m, wiederkaufen, zurückerwerben, zurückkaufen
repurchase cost: Wiederbeschaffungskosten pl
repurchaser: Wiederkäufer m
reputation: Ansehen n, Ruf m, Status m (Ruf)
reputed: angesehen
request: Ansuchen n, auffordern, Aufforderung f, Bitte f, bitten, ersuchen, Ersuchen n, Gesuch n, Verlangen n
request for a loan: Kreditantrag m (Kreditansuchen n)
request for check: Scheckanforderung f

request for judgment: Klageantrag m
request for overtime: Überstundenanforderung f
request for quotation: Aufforderung f zur Preisabgabe f
request stop: Bedarfshaltestelle f
request the Court: beantragen (vor Gericht)
require: benötigen, brauchen, erfordern, verlangen
required idle time: unvermeidbare Verlustzeit f (technisch bedingt)
required quantity of delivery: Ablieferungs-Soll n
requirement: Bedarf m, Bedingung f, Bedürfnis n, Erfordernis n
requirement for admission: Zulassungsbedingung f
requiring: notification meldepflichtig
requisite: erforderlich, Bedarfsartikel m, Bedarfsgegenstand m
requisition: Anforderung f, Ansuchen n, Bedarfsmeldung f (Einkauf), beschlagnahmen, Bestellung f, Requisition f
rerun: wiederholen *(EDV)*
rerun point: Wiederanlaufpunkt m *(EDV)*, Wiederholpunkt m *(EDV)*
rerun routine: Wiederholungsprogramm n *(EDV)*
res nullius: herrenloses Gut n
resale: Weiterveräußerung f, Wiederverkauf m
resale price: Wiederverkaufspreis m
resale price maintenance (rpm): Preisbindung f der zweiten Hand f, vertikale Preisbindung f
Die bindende Verpflichtung für einen als Wiederverkäufer auftretenden Abnehmer, beim Wiederverkauf einen vom Anbieter festgesetzten Preis zu verlangen. Bis Ende 1973 war in der Bundesrepublik eine solche Preisbindung für Markenwaren und für Verlagserzeugnisse zulässig und auch weitverbreitet. Durch die Novelle zum Gesetz gegen Wettbewerbsbeschränkungen (GWB) vom 3. August 1974 ist seit dem 1. Januar 1974 die vertikale Preisbindung für Markenwaren unzulässig. Lediglich für bestimmte Verlagserzeugnisse, vor allem Bücher, Zeitschriften und Zeitungen, nicht jedoch Schallplatten, ist sie weiterhin zulässig und auch üblich. Auch diese sind jedoch einer strengen Mißbrauchsaufsicht durch das Bundeskartellamt unterworfen (§ 17 GWB). Zulässig sind seither nur noch vertikale Preisempfehlungen, deren rechtliche Unverbindlichkeit eindeutig und unmißverständlich zum Ausdruck gebracht werden muß. Mit dem Verbot der vertikalen Preisbindung für Markenartikel wurde in diesem Bereich einem Grund-

prinzip der Marktwirtschaft wieder Geltung verschafft.

rescind: anfechten, annullieren, aufheben (Vertrag, Urteil), rückgängig machen, vernichten, zurücktreten

rescindable: anfechtbar, vernichtbar rescission Anfechtung f, Annullierung f, Aufhebung f, Rückgängigmachen n, Rücktritt m (vom Vertrag)

research: Ermittlung f, forschen, Forschung f

research & development (R & D): Forschung f und Entwicklung f

Zum Aufgabenbereich des Produktionsmanagements zählen im einzelnen: Entwurf und Realisierung aller technischen Einrichtungen zur Durchführung der Transformationsprozesse, exakte Spezifikation des benötigten Inputs (Ressourcen) aufgrund der Produktionsplanung, Entwurf eines Systems der Arbeitsorganisation einschließlich Arbeitsvorbereitung und Lohnfindung, Produktdesign und Produktentwicklung.

Dieser letzte Bereich wird häufig als *Forschung und Entwicklung* organisatorisch aus dem Fertigungsbereich ausgegliedert und einem eigenen Management unterstellt. Produktentwicklung heißt nicht nur die Entwicklung neuer Erzeugnisse, sondern umfaßt auch die Modifikation und Weiterentwicklung bestehender Produkte die Entwicklung neuer Anwendungsbereiche für laufende Produkte (Anwendungstechnische Abteilung) sowie die Änderung des Designs und/oder der Verpackung alter Produkte. Dem F & E-Management fallen die zentralen Aufgaben zu, das technische Transformationssystem an veränderte Umweltverhältnisse anzupassen und durch eigene Entwicklungen neue Marktleistungen zu ermöglichen. Der Bereich Produktentwicklung bezieht dabei Ideen und Informationen vor allem aus den benachbarten Bereichen Grundlagenforschung, Marketing (vor allem Marktforschung) und Konstruktion/Produktion.

Von der Produktionsseite ergeben sich für die Produktentwicklung Möglichkeiten, vorhandenen Bedarf durch Produktmodifikationen besser zu befriedigen. Dies kann beispielsweise durch die Verwendung neuer Materialien oder neuer Technologien geschehen welche die Qualität von Produkten verbessern oder die Verwendungsfähigkeit von Produkten vergrößern. Aus dem Absatzbereich ergeben sich für die Produktentwicklung Möglichkeiten, neuen, bisher lediglich latent vorhandenen Bedarf zu erkennen und zu befriedigen.

research and development (R & D) department: Forschungs- und Entwicklungsabteilung f

research and development (R & D) cost: Forschungs- und Entwicklungskosten pl

research and development expense(s) *(pl)* **(R & D expenses):** Forschungs- und Entwicklungsaufwand m

Der Aufwand zur Verbesserung der Produktionsverfahren, insbesondere aber auch zur Entwicklung und Einführung neuer Produkte und ihrer speziellen Gestaltung, um sie von ähnlichen Erzeugnissen der Konkurrenz abzuheben. PIMS-Studien haben ergeben, daß diese Größe sowohl mit dem Return on Investment (ROI) wie dem Cash-flow positiv korreliert ist.

research cost: Forschungsausgaben f/pl, Forschungsaufwand m, Forschungsaufwendungen f/pl, Forschungskosten f/pl

research department: Forschungsabteilung f

research expenditure: Forschungsausgaben f/pl

research expenditures pl: Forschungsausgaben f/pl, Forschungsaufwand m, Forschungsaufwendungen f/pl

research expenses pl: Forschungsaufwendungen f/pl, Forschungsaufwand m

research staff: Forschungspersonal n

resell: weiterveräußern, weiter verkaufen, wiederverkaufen

reseller: Wiederverkäufer m

reservation: Ausbedingung f, Belegung f (von Plätzen), Reservierung f, Vorbehalt m

reservation clause: Vorbehaltsklausel f

reservation of title: Eigentumsvorbehalt m

reserve: aufheben, ausbedingen, Reserve f, reservieren, Rücklage f, Rückstellung f, vorbehalten

reserve account: Wertberichtigungskonto n

reserve capacity: betriebsnotwendige Reserve-Kapazität f

reserve currency: Leitwährung f

reserve for bad debts pl: Delkredere n

reserve for contingencies: Rücklage f für unvorhergesehene Verluste, Rückstellung f für unvorhergesehene Risiken n/pl

reserve for contingent liabilities pl: Rücklage f für Eventualverbindlichkeiten f/pl, Rückstellung f für unvorhergesehene Risiken n/pl

reserve for depletion: Wertberichtigung f für Substanzverzehr m

reserve for depreciation: aufgelaufene Abschreibung f, Wertberichtigung f auf das Anlagevermögen n, Wertberichtigung f auf Posten des Sachanlagevermögens n

reserve for payment of future dividends: Dividendengarantierückstellung f, Dividendengarantierücklage f

reserve for redemption: Tilgungsrücklage f
reserve for sinking fund: Tilgungsrücklage f
reserve for wear and tear: Wertberichtigung f auf das Anlagevermögen n
reserve strength: Überschuß m der Aktiva n/pl über laufende Verbindlichkeiten f/pl
reserve underwriting reserve: Schadensreserve f
reserved material: bereitgestelltes Material n, für innerbetriebliche Aufträge m/pl bereitgestelltes Material n, nicht mehr frei verfügbares Material n
reserved surplus: zweckgebundene Rücklage f
reside: wohnen, seinen Wohnsitz m haben
residence insurance: Gebäude (Wohnhaus)-Versicherung f
residence: Aufenthalt m, Wohnort m, Wohnsitz m, Eigenheim n
resident: ansässig, wohnhaft, Bewohner m, Deviseninländer m, Einwohner m
resident taxpayer: unbeschränkt Steuerpflichtiger m
residential area: Wohngebiet n, Wohnviertel n
residential district: Villenviertel n, Wohnsiedlung f
residual: restlich
residual check: Restprüfung f (EDV)
residual cost: Erinnerungswert m, Restbuchwert m, Restwert m
residual debt: Restschuld f
residual item: Restposten m
residual margin: Spitze f (Betrag)
residual value: Restbuchwert m, Restwert m
residue: Rest m, Restbetrag m, Rückstand m, Spitze f (Betrag)
residuum: Residuum n, Rest m, Rückstand m
resign: abtreten (vom Amt), demissionieren, entsagen, resignieren, zurücktreten
resignation: Demission f, Entsagung f, Kündigung f (eigene), Resignation f, Rücktritt m
resilience: Widerstandsfähigkeit f
resilient: elastisch
resistance: Widerstand m
resistance level: Maximum n oder Minimum n, bis zu dem Kurse m/pl erwartungsgemäß fallen oder steigen können, theoretischer Punkt m, bis zu dem Kurse m/pl erwartungsgemäß fallen oder steigen können, Widerstandspunkt m (Börse)

resistance to change: Beharrungsvermögen n, Widerstand m, (menschlicher) gegen Wandel m
resolute: entschlossen resoluteness Zielstrebigkeit f
resolution: Beschluß m, Entschlossenheit f
resolution of shareholders' meeting: Hauptversammlungsbeschluß m
resolve: beheben (Zweifel), beschließen (durch Versammlung)
resolve a problem: ein Problem n lösen
resource: Finanzierungsquelle f, Hilfsquelle f, Produktionsfaktor m, Vermögenswert m
resource allocator: Ressourcenzuteiler m
In seiner Managertypologie hat H. Mintzberg die Management-Tätigkeiten als Ausdruck der Erfüllung von zehn Rollen im Sinne generalisierter Verhaltenserwartungen interpretiert, die er als Kern jeder Managementaufgabe begreift. Der Manager als Ressourcenzuteiler bezeichnet darin die Managementaufgaben dreier Zuteilungsbereiche:
• die Verteilung der eigenen Zeit und damit die Bestimmung dessen, was wichtig und unwichtig ist;
• die Verteilung von Aufgaben und generellen Kompetenzen (Organisation); die selektive Autorisierung von Handlungsvorschlägen und damit zugleich die Zuteilung finanzieller Ressourcen.
resource analysis: Ressourcenanalyse f
Die Unternehmensanalyse besteht aus zwei Elementen: der Ressourcenanalyse, d.h. der Analyse der Unternehmenspotentiale und ihrer Nutzung, und der Konkurrenzanalyse, d.h. der Einschätzung der eigenen Potentiale im Lichte der Konkurrenz.
In dem von C. W. Hofer und D. Schendel entwickelten Analyseschema werden fünf Arten von Ressourcen unterschieden: finanzielle Ressourcen (Cash-flow, Kreditwürdigkeit etc.), physische Ressourcen (Gebäude, Anlagen, Servicestationen usw.), Human-Ressourcen (Facharbeiter, Ingenieure, Führungskräfte usw.), organisatorische Ressourcen (Informationssysteme, Integrationsabteilungen usw.) und technologische Ressourcen (Qualitätsstandard, Markennamen, Forschungs-Know-how usw.).
Die finanziellen Ressourcen werden als Basisressourcen betrachtet, weil sie in einer Marktwirtschaft Voraussetzung für den Einsatz der anderen Ressourcen sind und das Ende der Transformationskette bilden. Während ihre Analyse allgemein nach den gängigen finanzwirtschaftlichen Kriterien (Eigenkapitalrentabilität, Kapitalumschlag, Cash-flow, Verschuldungsgrad, Liquidität etc.) erfolgen kann, werden die anderen Ressourcen auf dem Hintergrund der betrieblichen Sach- und Führungsfunktionen analysiert.
Jüngere Systematisierungsvorschläge stellen den Wertschöpfungsprozeß deutlicher in den Vordergrund. Hier ist insbesondere die Wertketten-Analyse (value chain analysis) von M. E. Porter zu nennen. Nach einer Rekonstruktion des betrieblichen

Wertschöpfungsprozesses sind in einem nächsten Schritt alle strategisch mutmaßlich relevanten Wertaktivitäten im einzelnen zu analysieren.

resource dependency theorem: Ressourcen-Abhängigkeits-Theorem *n*
Ein Theorem, das den weitläufigen Systemumweltbezug des Unternehmens auf ein zentrales Problem, nämlich die Abhängigkeit von externen Ressourcen verdichtet. Das Unternehmen benötigt zur Leistungserstellung Ressourcen verschiedener Art, über die es in der Regel nicht selbst, sondern externe Organisationen verfügen. Es steht damit zwangsläufig in zahlreichen engen Austauschbeziehungen zu anderen Organisationen (vertikaler Leistungsverbund). Der Grad, in dem dieser Leistungsaustausch zur Ressourcenabhängigkeit wird, hängt ab von dem Ausmaß, in dem die Unternehmung Ressourcen benötigt, die eine andere Organisation besitzt, und inwieweit auch andere Organisationen der Unternehmensumwelt die benötigten Ressourcen anbieten (oder Substitute verfügbar sind).
Ressourcenabhängigkeit, die bei einem Vorhandensein von Großabnehmern analog auch zur Outputseite hin entsteht, zieht eine Reihe von Unwägbarkeiten nach sich, die die Effizienz des täglichen Leistungsvollzugs bedrohen und die Planung zukünftiger Aktivitäten behindern. Neben internen Vorkehrungen (Abpufferung, Flexibilisierung usw.) kommt dazu primär der Aufbau kooperativer Beziehungen zu den vorgelagerten Systemen in Frage. Der Ressourcenabhängigkeitsansatz zeigt eine ganze Skala solcher Kooperationsstrategien zur Steigerung der Umweltkontrolle auf. Sie reichen von der Kooptation über den Abschluß langfristiger Verträge bis hin zum Joint-venture.

resource management: Ressource-Management *n*
Bei der Mitwirkung des Managers an der Realisierung von Teilzielen des Unternehmens aufgrund seiner Verfügungsgewalt (Macht) über Personen und Sachmittel spricht man von der Disposition über Ressourcen bzw. Ressource-Management und umschreibt damit die Verfügung über einen Teil der betrieblichen Produktionsfaktoren. Als solche gelten: Betriebsmittel, Kapital, Information (d.h. Zugriffsermächtigung zu Informationsspeichern) und menschliche Arbeitskraft. Mit der Verfügungsgewalt einher geht ein bestimmtes Maß an Verantwortung, die sich darin ausdrückt, daß mit den zur Verfügung gestellten Ressourcen entsprechend dem ökonomischen Prinzip umzugehen ist.

resource scheduling: Faktoreinsatzplanung *f*
resourceful: einfallsreich, findig, schlau
resourcefulness: Einfallsreichtum *m*, Findigkeit *f*, Schlauheit *f*
resources *pl*: Aktiva *n/pl* in der Bankbilanz, Deckungsmittel *n/pl*, Hilfsmittel *n/pl*, Mittel *n/pl*

respect: berücksichtigen, respektieren, Rücksicht(nahme) *f*
respectable: seriös
respected: angesehen
respite: Moratorium *n*, Nachfrist *f*, stunden, Stundung *f*, Zahlungsaufschub *m*
respited freight: gestundete Fracht *f*
respond: beantworten
respondent: Antragsgegner *m*, Antwortender *m*, Beklagter *m*
response: Antwort *f*, Aufnahme *f* (eines Projekts), Beantwortung *f*
response time: Antwortzeit *f (EDV)*
responsibility: Verantwortlichkeit *f*, Verantwortung *f*, Verantwortungsbereich *m*, Haftbarkeit *f*, Haftung *f*
Verantwortung entsteht mit dem Entscheiden, Handeln bzw. Nichthandeln oder Verhalten von Personen. Sie erstreckt sich auf das Entscheiden, Handeln und Verhalten selbst ebsnso wie auf deren Auswirkungen und Folgen innerhalb und außerhalb des Unternehmens und innerhalb des Unternehmens auf allen hierarchischen Ebenen. Verantwortung beinhaltet die Verpflichtung einer Person, stets so zu entscheiden, zu handeln und sich zu verhalten, daß diese Vorgänge und deren Folgen unter geltenden Maßstäben vertretbar sind. Die Verantwortung verpflichtet eine Person darüber hinaus mit ihrem Entscheiden, Handeln und Verhalten in ihrem Wirkungsbereich sicherzustellen bzw. nach Maßgabe gegebener Möglichkeiten darauf hinzuwirken, daß Personen, Dinge, Zustände, Handlungen und Geschehnisse, für die sie unmittelbar oder mittelbar zuständig ist oder die von ihr abhängig sind oder die ihrem Einfluß unterliegen, den Anforderungen genügen, die sich aus geltenden Richtlinien, Normen, Aufgabenstellungen, Ziel- oder Wertsetzungen ableiten. Verantwortung kann zur Schuld dieser Person werden, wenn durch Versäumnis oder Mißachtung ihrer Verpflichtung den Anforderungen nicht entsprochen wird.
Alleinverantwortung liegt dann vor, wenn jemand bestimmte Entscheidungen oder Handlungen allein und selbständig und ohne Einflußnahme oder Mitwirkung anderer Stellen oder Personen vornimmt oder unterläßt.
Mitverantwortung ist dann gegeben, wenn eine Einflußnahme, Mitentscheidung oder sonstige Einwirkung von seiten anderer Personen vorliegt. Sowohl diese einwirkenden Personen wie der von der Einwirkung Betroffene tragen dann Mitverantwortung für das Ergebnis. Es entsteht eine gemeinsame Verantwortung.
Unmittelbare Verantwortung trägt jemand für sein eigenes Verhalten, für das, was er persönlich tut, unterläßt, sagt, schreibt, entscheidet oder anordnet, und dessen Folgen, unabhängig davon, ob andere Personen eingewirkt haben oder nicht. Haben andere Personen auf seine Handlungsweise eingewirkt, dann ist er für sein Tun insoweit unmit-

677

telbar mitverantwortlich. Ist seine Handlung nur Teil einer gemeinsamen Handlung, dann ist er auch für diese gemeinsame Handlung unmittelbar verantwortlich. Die unmittelbare Verantwortung erstreckt sich auf alle Einzelheiten des eigenen Tuns.
Mittelbare Verantwortung entsteht, wenn jemand bestimmte Tätigkeiten oder Entscheidungen nicht selbst vornimmt, sondern die Möglichkeit hat, auf das Verhalten, die Leistungen, Überlegungen, Entscheidungen, Handlungen oder Argumente anderer oder auf deren Ergebnisse Einfluß zu nehmen, und Einfluß nimmt, ohne jedoch diese Aktivitäten in allen Einzelheiten bestimmen zu können. Die Alleinverantwortung ist immer zugleich unmittelbare Verantwortung. Die unmittelbare Verantwortung kann sowohl Allein- wie Mitverantwortung sein. Die mittelbare Verantwortung ist stets eine Mitverantwortung gegenüber und mit anderen, die ihrerseits entweder unmittelbar oder auch mittelbar verantwortlich sind. Die Mitverantwortung kann sowohl mittelbare wie unmittelbare Verantwortung sein. Es sind demnach drei Verantwortungsarten zu unterscheiden:
(1) Alleinverantwortung (= unmittelbare Alleinverantwortung)
(2) unmittelbare Mitverantwortung
(3) mittelbare Verantwortung (= mittelbare Mitverantwortung).

responsibility accounting: Verantwortungsbereiche *m/pl*, Erfassung *f* und Abrechnung *f* von Kosten *pl* und Leistungen *f/pl*, Erfassung *f* und Abrechnung *f* von Kosten *pl* und Leistungen *f/pl* zwecks Kontrolle *f* der Wirtschaftlichkeit *f*
responsibility basis: Verantwortungsbereich *m* (Kostenstellenrechnung)
responsibility center: Verantwortungsbereich *m*
responsibility costing: Kostenrechnung *f* nach Verantwortungsbereichen *m/pl*, Kostenzurechnung *f* nach Verantwortungsbereichen *m/pl*
responsible: haftbar, haftpflichtig, kompetent, verantwortlich
responsible, be: haften
responsible for dependents *pl*: unterhaltspflichtig
responsible for maintenance: unterhaltspflichtig
responsive: reagibel
rest: ausruhen, Rechnungssaldo *m*, Rest *m*
rest delay: Erholungszeit *f*
rest factor: Erholungszuschlag *m*
rest pause: Erholungspause *f*
rest period to overcome fatigue: Erholungspause *f*, Pause *f* (Arbeitsrest)
rest to overcome fatigue: Erholungszeit *f*

restart: Wiederanlauf *m (EDV)*, Wiederbeginn *m*, wiederbeginnen
restitute: zurückgewähren
restitution: Ersatz *m*, Erstattung *f*, Wiedergutmachung *f*
restoration: Restauration *f*, Wiederherstellung *f*
restore: wiederherstellen, zurückgeben (gewähren)
restrain: beschränken, hindern, unterdrücken, verbieten, zurückhalten
restraint: Beherrschung, Selbstbeherrschung *f*, Beschränkung *f*, Einschränkung *f*, Nebenbedingung *f* (Operations Research), Zurückhaltung *f*, Zwang *m*
restraint of trade: Beschränkung *f* der Gewerbe- oder Handelsfreiheit *f*, Gewerbebeschränkung *f*, Konkurrenzunterdrückung *f*, Wettbewerbsbeschränkung *f*
restrict: beschränken, einschränken
restricted: beschränkt, nur für den Dienstgebrauch *m* (Vermerk), gesperrt
restricted area: Sperrgebiet *n*
restricted element: Arbeitsgang *m*, dessen Geschwindigkeit *f* der Arbeitnehmer *m* nicht beeinflussen kann, zeitlich nicht beeinflußbarer Arbeitsgang *m*
restricted job: zeitlich nicht beeinflußbare Arbeit *f*, gebundene Tätigkeit *f* (nicht vom Arbeiter beeinflußbar)
restricted registered stock: vinkulierte Namensaktie *f*
restriction on cultivation: Anbaubeschränkung *f* (Landw.)
restriction: Beschränkung *f*, einschränkende Bedingung *f*, Einschränkung *f*, Restriktion *f*
restrictive: einschränkend
restrictive indorsement: Indossament *n* mit Weitergabeverbot *n*
restrictive injunction: Verbot *n* einer bestimmten Handlung *f*
Restrictive Trade Practices Act of 1956 *(brit)*: Antikartellgesetz *n*
restructure: umschichten
restructuring: Umschichtung *f*
restudy: Kontrollstudie *f*, erneut untersuchen, Wiederholungsstudie *f*
result: Erfolg *m*, Ergebnis *n*, Folge *f*, Resultat *n*, Wirkung *f*
resultant amount: Restbetrag *m*
results *pl* **from operations:** Betriebsergebnis *n*
resume: wiederaufnehmen
resumé: Lebenslauf *m*, Zusammenfassung *f*

resumption: Wiederaufnahme *f*
retail: Einzelverkauf *m*, Kleinhandel *m*, Stückverkauf *m*, verkaufen, einzeln wiederverkaufen
retail advertising: Einzelhandelswerbung *f*
retail agglomeration: Agglomeration *f* im Einzelhandel
Die Konzentration von Einzelhandelsunternehmen auf engem Raum. Es wird unterschieden zwischen branchengleicher Agglomeration, bei der eine große Zahl von konkurrierenden Einzelhandelsbetrieben an einem Ort vorhanden ist und branchenungleicher Agglomeration, Einkaufszentren, bei der eine Vielzahl von verschiedenen Einzelhandelsgeschäften räumlich konzentriert ist und der Verbraucher auf konzentriertem Raum im Prinzip alle Bedürfnisse befriedigen kann bzw. alle Sorten von verschiedenen Waren und Leistungen kaufen kann.
retail business: Einzelhandel *m*, Kleinhandel *m*, Kleinverkauf *m* → retail trade
retail dealer: Kleinhändler *m*
retail enterprise: Einzelhandelsbetrieb *m*
retail establishment: Einzelhandelsbetrieb *m*
retail method (of inventory) *(Am)*: Kleinhandelsmethode *f*, Bestandsermittlung durch retrograde Kalkulation *f*
Ein marktbezogenes Kalkulationsverfahren. Es greift insbesondere auf die Deckungsbeitragsrechnung zurück. Grundprinzip der retrograden Preisstellungsverfahren ist es, aus dem Marktgeschehen ableitbare Preise als kalkulatorischen Ausgangspunkt zu wählen und diese in einer Rückrechnung auf ihre Erfolgswirkungen hin zu überprüfen: daher die Bezeichnung „retrograde" Kalkulation.
Aus dem Marktgeschehen ableitbar sind z.B.
• die Preise unmittelbarer Konkurrenzprodukte;
• Preise, die sich aus den Nutzenvorstellungen oder der Preisbereitschaft der Nachfrager ergeben und die man im Rahmen von Preistests ermittelt;
• Preise, die dem Management aufgrund seiner subjektiven Marktkenntnisse als „realistisch", d.h. am Markt durchsetzbar, erscheinen;
• Preise, die im engeren Preisbereich des bisher geforderten Entgelts für das Produkt liegen, oder
• Preise, die dem Qualitäts- oder Imageunterschied des eigenen Produkts zu den Konkurrenzprodukten entsprechen.
Mit dieser Marktorientierung wird die retrograde Kalkulation dem Grundprinzip des Marketing (Orientierung aller Aktivitäten am Markt) schon im Denkansatz besser gerecht als die progressiven Kalkulationsverfahren.
In die retrograde Kalkulation einbezogen werden können aber auch solche Preise, die im Hinblick auf den Gewinn oder andere Unternehmensziele als erwünscht gelten. Der Marktbezug geht dadurch nicht verloren, weil in einem zweiten Schritt explizit geprüft wird, welche Absatz- bzw. Umsatzwirkungen der jeweilige Preis nach sich zieht. Darauf aufbauend errechnet man in einem dritten Schritt die dabei jeweils zu erwartenden Kosten und Gewinne, um schließlich viertens eine Entscheidung über die Vertretbarkeit des Preises auf Grundlage der ermittelten Gewinne (oder anderer Zielgrößen) zu fällen. Dazu bedarf es allerdings eines im voraus fixierten Zielanspruchniveaus.
Der Kostenrechnung kommt auch im Rahmen retrograder Kalkulationen eine wichtige Funktion zu. Nur mit ihrer Hilfe kann nämlich ein ins Auge gefaßter Preis auf seine Auskömmlichkeit hin überprüft und der Spielraum für den weiteren Suchprozeß ausgelotet werden.
Dazu wird allerdings grundsätzlich auf Teilkostenrechnungen zurückgegriffen, bei denen entweder fixe und variable Kosten und/oder relative Einzel- und Gemeinkosten unterschieden werden. Dadurch vermeidet man beim Vergleich mehrerer Preisalternativen mit unterschiedlichen Absatzmengen den verzerrenden Einfluß des Fixkostendegressionseffekts. Darüber hinaus erhöht sich bei Mehrproduktbetrieben der preispolitische Spielraum, weil einzelne Artikel des Produktionsprogramms dann auch zu einem Preis unterhalb der vollen Stückkosten angeboten werden können, wenn dadurch z.B. der Beschäftigungsgrad und der Gesamtdeckungsbeitrag in der Planperiode verbessert werden.

Die *Break-even-Analyse:* Die Deckungsbeitragsanalyse kann beim retrograden Kalkulationsverfahren unterschiedlich fein ausgestaltet werden. Eine erste, relativ grobe Berechnung ermöglicht die Break-even-Analyse. Ihr Hauptaugenmerk richtet sich auf jene Absatzmenge x^*_r, die beim zu überprüfenden Preis p_r erreicht werden muß, um Vollkostendeckung zu erzielen. Diese Gewinnschwelle (Break-even-Point) ist nach der Nettogewinnbetrachtung dann erreicht, wenn Kosten und Erlöse gleich sind, d.h. wenn gilt:
$$K_f + k_v \cdot x_i = p_r \cdot x_i$$
Die Break-even-Menge beim Preis p_r ist somit x^*_r

$$x^*_r = \frac{K_f}{p_r - k_v}$$

Unterstellt man lineare Kostenfunktionen, kann mit Hilfe dieser Formel im Rahmen der retrograden Kalkulation sehr rasch überprüft werden, welcher Absatz beim Preis p_r erzielt werden muß, damit kein Verlust im Sinne der Vollkostenrechnung entsteht.
Über die Höhe des beim Preis p_r zu erwartenden Gewinns wird allerdings damit noch nichts ausgesagt. Die Break-even-Analyse ist deshalb in erster Linie ein Sicherheitskalkül. Es sensibilisiert aber den Anwender gleichzeitig für die Preisabhängigkeit des Absatzes, weil er selbst zu beurteilen hat, ob beim gegebenen Preis die Break-even-Menge absetzbar ist.
Deckungsbeitragsrate: Der Deckungsbeitrag läßt sich in Form der Deckungsbeitragsrate relativieren. Er lautet dann für den Preis p_r:

retail method (of inventory)

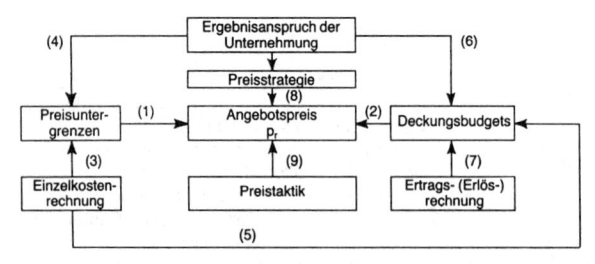

```
(4) ──────┐   ┌─ Ergebnisanspruch der ─┐   ┌───── (6)
          │   │     Unternehmung       │   │
          │   └────────────┬───────────┘   │
          │        ┌─ Preisstrategie ─┐    │
          │        │        (8)       │    │
 Preisunter- (1)   │   Angebotspreis  │ (2)│
  grenzen ─────────┤        p_r       ├────┤ Deckungsbudgets ◄─┐
          │        └────────┬─────────┘    │                    │
     (3)  │            (9)  │          (7) │                    │
 ┌────────┴──────┐   ┌──────┴──────┐   ┌───┴─────────────┐     │
 │ Einzelkosten- │   │  Preistaktik│   │Ertrags-(Erlös-) │     │
 │  rechnung     │   │             │   │   rechnung      │     │
 └───────────────┘   └─────────────┘   └─────────────────┘     │
                            (5)                                 │
                             └──────────────────────────────────┘
```

Preisbestimmung mit Hilfe relativer Einzelkosten und Deckungsbudgets

$$DR_r = \frac{p_r - k_v}{p_r} = \frac{U_r - K_{vr}}{U_r}$$

Die Deckungsbeitragsrate kann zunächst zur Ermittlung des Break-Even-Umsatzes U_r^* beim Preis r herangezogen werden. Es gilt nämlich:

$$U_r^* = x_r^* \cdot p_r = \frac{K_f}{p_r - k_v} \cdot p_r = \frac{K_f}{DR_r}$$

Bei Kenntnis der Deckungsbeitragsrate läßt sich sofort angeben, wieviel Mehrgewinn ein Zusatzauftrag zum bestehenden Preis erbringt. Die Deckungsbeitragsrate macht damit auch die Gewinnwirkung von Mischkalkulationen schnell und einfach deutlich. Schließlich ermöglicht die Deckungsbeitragsrate auch eine gewinnorientierte Bewertung unterschiedlicher Preise bzw. Preis-Qualitäts-Kombinationen mit verschiedenen Kostenstrukturen.

Die Deckungsbeitragsrate ermöglicht es also, die notwendigen Absatzmengen, Umsätze bzw. Preise zu verdeutlichen, die zur Überschreitung der Gewinnschwelle oder zur Erzielung eines bestimmten Gewinns realisiert werden müssen. Ein auch nur annähernd gewinnoptimaler Preis läßt sich daraus allerdings nicht ableiten. Dazu muß die Deckungsbeitragsanalyse vielmehr zu einer prospektiven Erfolgsrechnung für verschiedene Preisalternativen ausgestaltet und in Deckungsbudgets eingebunden werden.

Deckungsbudgets und Preisuntergrenzen: Für eine retrograde Erfolgsrechnung in Mehrproduktunternehmen reicht das Direct Costing nicht aus, weil es die Problematik der Gemeinkostenverrechnung völlig unberücksichtigt läßt. Gemeinkosten sind nicht identisch mit fixen Kosten. Es gibt vielmehr sowohl eine große Zahl variabler Gemeinkosten (z.B. Rohstoffe bei → Kuppelproduktion, Abschreibung von Mehrzweckmaschinen) wie fixer Einzelkosten (z.B. Werbekosten für ein Produkt).
Da es letztlich keine Möglichkeit gibt, echte Gemeinkosten – seien sie fix oder variabel – einzelnen Leistungseinheiten eines Produkts objektiv zuzurechnen, ergibt sich für den Versuch, Preise zu kalkulieren, d.h. rechnerisch nach einem bestimmten einheitlichen Schema zu bestimmen, ein Dilemma. Denn Ziel einer solchen Kalkulation soll es sein, einen Preis pro Leistungseinheit zu bestimmen, der auch die Gemeinkosten und den Gewinn abdeckt. Dies aber ist angesichts der Unverrechenbarkeit von Gemeinkosten gerade nicht möglich.

Man kann aus diesem Dilemma zwei verschiedene Konsequenzen ziehen: Einmal besteht die Möglichkeit, sich über die Unzulänglichkeit von Gemeinkostenverrechnungen einfach hinwegzusetzen und zu versuchen, dabei zumindest grobe Fehler zu vermeiden. Die stufenweise Fixkostendeckungsrechnung ist ein Beispiel für diesen Weg. Ein anderer Weg besteht darin, auf den Anspruch einer formelhaften Preiskalkulation zu verzichten und statt dessen stückbezogene Preisuntergrenzen einerseits und Deckungsbudgets andererseits zu bestimmen, die dem Entscheider einen Preisspielraum belassen.

P. Riebel hat dafür einen auf dem System der relativen Einzelkostenrechnung basierenden Vorschlag gemacht, dessen grundlegender Denkansatz in der Abbildung oben auf dieser Seite schematisch veranschaulicht ist.

Dieser Ansatz weist folgende Charakteristika auf:
• Für den Angebotspreis p_r gibt es keinen zwingenden Wert, sondern einen Spielraum. Dieser wird nach unten durch zweckmäßige Preisuntergrenzen und nach oben durch Deckungsbudgets begrenzt (Pfeile 1 und 2).
• Preisuntergrenzen lassen sich mit Hilfe der Einzelkostenrechnung nach dem Prinzip entscheidungsrelevanter Kosten bestimmen. Dabei brauchen weder Gemeinkosten geschlüsselt noch situativ bedingte Ergebnisansprüche des Unternehmens hinsichtlich Gewinn, Liquidität, Kapazitätsauslastung oder anderer preispolitischer Ziele vernachlässigt zu werden (Pfeile 3 und 4).
• Deckungsbudgets sind deckungsbeitragsbezogene Zielvorgaben für die Preisbestimmung, die sicherstellen sollen, daß die Erlöse ausreichen, um die bei der Bestimmung von Preisuntergrenzen noch nicht berücksichtigten Gemeinkosten zu decken (Pfeil 5) und um darüber hinaus dem unternehmenspolitischen Ergebnisanspruch (Pfeil 6) zu genügen. Sie sind nicht zuletzt auch unter ertragswirtschaftlichen Gesichtspunkten festzulegen, also vom Markt her zu bestimmen (Pfeil 7). Deckungsbudgets sind jedoch keine Sollaufschläge auf die Preisuntergrenze. Sie lassen den Entscheidungsträgern vielmehr preispolitische Spielräume, indem sie hierarchisch nach bestimmten Ertragsbereichen ausgestaltet werden.
• Durch die damit gegebene Flexibilität bei der

Preissetzung wird es möglich, preisstrategische (Pfeil 8) und preistaktische (Pfeil 9) Überlegungen in den Preisbildungsprozeß einzubringen.

Preisuntergrenzen stellen Stückpreise dar, deren Unterschreitung einen bestimmten Zielerreichungsgrad des Unternehmens nicht mehr gewährleisten würde.

Wenn durch die Annahme des Auftrags keinerlei Kapazitätsengpässe entstehen, liegt die kurzfristige, kostenwirtschaftliche Preisuntergrenze für einen Zusatzauftrag in Höhe von x_z Einheiten (PUG_z) bei der durch x_z dividierten Summe der diesem Auftrag zurechenbaren Einzelkosten EK_z.

$$PUG_z^1 = \frac{EK_z}{x_z}$$

Zu den zurechenbaren Kosten gehören dabei insbesondere die kurzfristig variablen Kosten der Erzeugung, soweit sie nicht sunk costs darstellen (z.B. verderbliche Rohstoffe, die bereits auf Lager liegen), direkte Versandkosten (Verpackungen, Porti etc.) und umsatzabhängige Kosten (z.B. Vertreterprovisionen). Die Gleichung entspricht damit im wesentlichen den – allerdings auf Basis anderer Kostenkategorisierungen entwickelten – Grenzkosten K'_x. Verursacht der Zusatzauftrag zusätzliche Fixkosten (z.B. durch kurzfristige Anmietung von Lagerräumen), sind diese also in vollem Umfang dem Auftrag zuzurechnen.

Führt ein Zusatzauftrag zu einer intensitätsmäßigen oder zeitlichen Erhöhung der Kapazitätsauslastung oder zu kapazitätsumgehenden Anpassungsprozessen, sind die dadurch bedingten positiven (z.B. wirtschaftlicheren Losgrößen) oder negativen (z.B. Überstundenzuschläge, erhöhter Fremdbezug von Halbfabrikaten) Kostenwirkungen bei der Preisuntergrenzenbestimmung zu berücksichtigen und voll dem Auftrag zuzurechnen. Verdrängt der Auftrag die Fertigung anderer Produkte, weil partielle Engpässe bestehen, sind PUG_z^1 die engpaßbezogenen Deckungsbeiträge als Opportunitätskosten zuzuschlagen. Dann gilt:

$$PUG_z^2 = PUG_z^1 + \Sigma\, d_{Qi} \cdot q_i x_i$$

Darin bedeuten:
x_i = Menge des durch Engpaßbelastungen verdrängten Produkts i,
q_i = beanspruchte Engpaßeinheiten pro Mengeneinheit von i.

Ist bei Nichtannahme eines Preisgebots die zeitweilige Stillegung von Kapazitäten erforderlich, sind neben den Grenzkosten die zeitweilig abbaufähigen Fixkosten (F_i) sowie die Stillegungs- und Wiederanlaufkosten der Produktion (St, Al) zu berücksichtigen. Es gilt dann:

$$PUG_z^3 = PUG_z^1 + \frac{F_i}{x_{it}} - \frac{St + Al}{x_{it}}$$

Darin bedeutet:
x_{it} = hypothetisch realisierbare Absatzmenge während der Stillegungsphase.

Bei langfristig wirkenden Entscheidungen empfiehlt sich ein Investitionskalkül. Die Preisuntergrenze ergibt sich dann z.b. als jener Preis, bei dem die einem Kalkulationsobjekt (z.B. neues Produkt, neuer Kunde) in den Planungsperioden zurechenbare Differenz der Einzahlungen und Auszahlungen abdiskontiert einen Kapitalwert von 0 ergeben. Wenngleich eine solche Rechnung Informationsprobleme aufwirft, ist sie dem vorgeschlagenen Ansatz voller Stückkosten vorzuziehen, deren Ermittlung weder genau möglich ist noch Ertragsinterdependenzen berücksichtigt.

Bei zeitweiligen Preiseinbrüchen am Markt sind die zu einem späteren Zeitpunkt erwarteten Preise und die durch eine zwischenzeitliche Lagerung entstehenden Zusatzkosten in ein Ertragserwartungskalkül einzubringen. Es kann sich dann nämlich als sinnvoll erweisen, die langfristige Preisuntergrenze nicht zu unterschreiten, sondern auf eine bessere Absatzsituation zu warten.

Bei kurzfristigen Liquiditätsengpässen müssen ausgabenwirksame und nicht ausgabenwirksame Einzelkosten unterschieden werden. Die Preisuntergrenze liegt dann dort, wo der einnahmewirksame Stückerlös den ausgabenwirksamen Kosten pro Stück des Auftrags entspricht.

Im Gegensatz zu den Preisuntergrenzen werden Deckungsbudgets im Rahmen der retrograden Preisbestimmung nicht (nur) stückbezogen, sondern hinsichtlich mehrerer hierarchisch gestufter Ergebnis- oder Leistungsbereiche des Unternehmens aufgestellt. Eine für die Bestimmung von Produktpreisen geeignete Hierarchie lautet z.B. Leistungseinheit (Stück) – Produkt – Produktgruppe – Gesamtumsatz des Unternehmens.

Auf jeder Hierarchiestufe werden dabei Deckungsbeiträge im Sinne der relativen Einzelkostenrechnung festgelegt, die sicherstellen, daß die bei der Preisuntergrenzenbestimmung noch nicht verrechneten Gemeinkosten gedeckt und die Gewinnansprüche des Unternehmens befriedigt werden.

Es handelt sich dabei also letztlich um hierarchisch gestufte Zielvorgaben. Damit soll einmal der organisatorischen Aufteilung der Preisentscheidungsprozesse (Lenkungs- und Kontrollfunktion) und andererseits der notwendigen Flexibilität bei der Preisfindung (Bewertungsfunktion) Rechnung getragen werden. Informationsgrundlagen für die Ableitung von Deckungsbudgets sind

- der Deckungsbedarf für eine bestimmte Planperiode,
- subjektive Erfahrungen und objektive Marktforschungsergebnisse über die preispolitische Tragfähigkeit bestimmter Produkte und Produktbereiche und
- unternehmenspolitische, insbesondere preisstrategische Zielvorgaben.

Der Deckungsbedarf ergibt sich rein formal aus der Differenz der zur Nettogewinnzielung in Höhe von G_t erforderlichen Umsatzerlöse in Periode t und der bei einem bestimmten Planabsatz entstehenden Summe der Einzelkosten aller Erzeugniseinheiten in t. Da der Planabsatz von den Preisen abhängt, die man im Wege von Deckungs-

retail method (of inventory)

Hierarchie-stufe	Gesamtkosten in t			angestrebter Nettogewinn in t
Unternehmung	verrechnet	EK	nicht verrechnet	
Produktgruppen	verrechnet EK_e		nicht verrechnet	
Produkte	verrechnet	nicht verrechnet EK_i		
Produkteinheiten (Stück)	EK_j			

Schema des periodenbezogenen Deckungsbedarfs bei gegebenem Nettogewinn und bekannten Einzel- bzw. Gemeinkosten (EK bzw. GK)
Quelle: Diller, Hermann: Preispolitik. Stuttgart 1985, Seite 168

budgets ermitteln möchte, ist diese formale Definition allerdings nicht sehr hilfreich. Sie verdeutlicht aber die Vorgehensweise: Stünde der Absatz für t fest, könnte man auf jeder Hierarchiestufe der Budgetierung ermitteln, welcher Deckungsbedarf dort entsteht. Die folgende Abbildung soll dies in graphischer Form verdeutlichen.

Dabei wird angenommen, daß unternehmenspolitische Zielvorgaben über den Periodennettogewinn vorliegen. Betrachtet man als Bezugsobjekt nur die einzelne Leistungseinheit (unterste Hierarchiestufe), lassen sich dort nur die stückbezogenen Einzelkosten aller j produzierten und abgesetzten Produkteinheiten zurechnen. Sie betragen folglich $\Sigma \, PUG_j \cdot x_j$.

Der Rest der Kosten zuzüglich des angestrebten Gewinns ist der periodenbezogene Deckungsbedarf (schraffiert). Ein weiterer Teil der Gesamtkosten läßt sich auf der zweiten Hierarchieebene als Einzelkosten einzelnen Produkten zurechnen (z.B. Abschreibungen für Spezialmaschinen, produktspezifische Werbekosten etc.).

Analog wird auf den nächsten Stufen der Hierarchie verfahren. Dort lassen sich die weiteren noch nicht verrechneten Kostenanteile als Einzelkosten für Produktgruppen und schließlich für die Gesamtunternehmung bestimmen. Für die Verteilung des gesamten Deckungsbedarfs auf die verschiedenen Ebenen besteht nunmehr ein erster – allerdings nicht zwingender – Anhaltspunkt. Es liegt nämlich nahe, den auf der zweiten Ebene jeweils noch nicht verrechneten Anteil an Einzelkosten für das Produkt i auf alle j Einheiten von i zu verrechnen. Dazu können durchaus flexible Vorgehensweisen gewählt werden. Nicht jede Einheit muß also etwa den gleichen anteiligen Deckungsbedarf tragen; z.B. können zeitliche (Saisonaufschläge) oder kundenbezogene Differenzierungen (Großabnehmerrabatte) vorgenommen werden.

Es bleibt also Spielraum für die Berücksichtigung von Markterfordernissen oder preisstrategischen Vorgaben. Dies gilt auch für die „Aufteilung" der noch nicht verrechneten Einzelkosten der Produktgruppen. Denn hier ergibt sich die Möglichkeit, einzelne Produkte innerhalb der Produktgruppe mehr oder weniger stark zu belasten, also einen kalkulatorischen Ausgleich zwischen den Produkten zu suchen. Analog kann schließlich mit den noch nicht verrechneten Einzelkosten und der Gewinnvorgabe auf der Unternehmensebene verfahren werden. Es bleibt im Grunde also zunächst offen, welcher (doppelt schraffiert gekennzeichnete) Anteil des gesamten Deckungsbedarfs einer Periode von einer Leistungseinheit getragen werden soll. Entschieden werden kann dies erst, wenn die Tragfähigkeit des Preises, d.h. seine Akzeptanz am Markt im Umfang der geplanten Mengen, überprüft ist.

Das Argument der Flexibilität gilt nicht nur hinsichtlich des kalkulatorischen Ausgleichs, sondern auch hinsichtlich der Berücksichtigung preisstrategischer Aspekte oder preistaktischer Erfordernisse (Unterschreitung von Preisschwellen kurzfristige Preisnachlässe, Bündelung von Leistungen in Preispaketen etc.). Auch hier zeigt sich, daß retrograde Kalkulationsverfahren keine starren Rechenschemata, sondern heuristische Problemlösungsmuster darstellen.

Als Hilfsmittel zur ständigen Kontrolle, Diagnose und Prognose dafür, ob der gewählte Weg richtig ist, kann der bereits erwirtschaftete Deckungsbedarf über die Zeit kumuliert, graphisch dargestellt und mit dem erfahrungsgemäß erwarteten Verlauf verglichen werden.

Risikopolitische Kalküle: Die Reaktion der Konkurrenten, Absatzmittler und Endabnehmer ist selten genau vorhersagbar. Zur Bewältigung der Ungewißheit wurde in der betriebswirtschaftlichen Entscheidungstheorie eine Vielzahl von Konzepten und Regeln entwickelt, die sich grundsätzlich auch zur Lösung preispolitischer Probleme eignen.

Für den Fall von Entscheidungen unter Risiko besteht Ungewißheit zunächst darüber, wie die Konkurrenten auf diese Preise reagieren. Weiterhin besteht Ungewißheit darüber, wie die Abnehmer auf die Angebotspreise reagieren. In Abhängigkeit

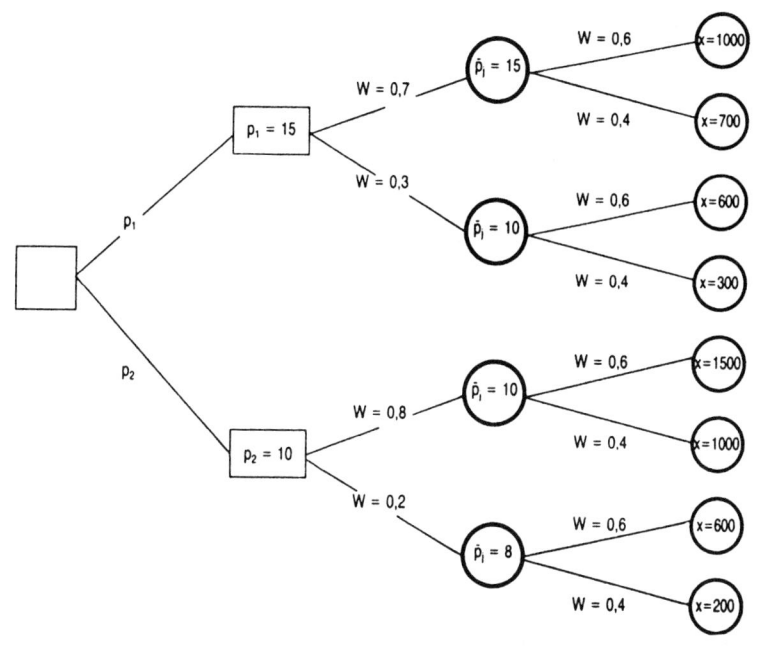

Preispolitische Entscheidung unter Risiko

von den beiden jeweils möglichen Konkurrenzpreisen können hier jeweils drei Zustände eintreten, die ihren Niederschlag in unterschiedlichen Absatzmengen (x) finden. Die zugehörigen bedingten Wahrscheinlichkeiten W (x/p_j) sind den jeweiligen Ereignisästen des Entscheidungsbaums zugeordnet.

Zielkriterium für die Auswahlentscheidung sei zunächst die Absatzmaximierung. Man erkennt, daß sich die Ergebnisverteilungen der beiden Preisalternativen überlappen und unterschiedliche Absatzrisiken und -chancen beinhalten. Bei p_1 lassen sich bestenfalls 1000 und schlechtestenfalls 300 Einheiten absetzen, bei p_2 besteht die Chance auf 1500 verkaufte Einheiten; schlechtestenfalls setzt man aber auch nur 200 Einheiten, d.h. weniger als im schlechtesten Fall bei p_1 ab. Dieses Risiko läßt sich zwar nicht mindern, aber bei der Entscheidung berücksichtigen, wenn sich der Entscheidungsträger seine Risikopräferenzen verdeutlicht und entsprechende Risikokalküle zur „Verdichtung" der Ergebnisverteilung heranzieht. Dafür stehen verschiedene Möglichkeiten zu Verfügung.

(1) *Erwartungswertmaximierung:* Ist der Entscheider risikoneutral, gewichtet er also die Ergebnisse mit den ihnen zugemessenen Wahrscheinlichkeiten, so kann er die Erwartungswertmaximierung als Entscheidungsregel heranziehen. Es gilt dann:

$$p_r^* = \max E(r) = \max_r \sum_{j=1}^{J} e_{rj} \cdot W_j$$

Darin bedeuten:
p_r^* = optimaler Preis unter r (r = 1 ... R) Preisalternativen;
E (r)) Erwartungswert der Ergebnisverteilung beim Preis r;
e_{rj} = Ergebnisausprägung der Zielgröße bei Preisalternative r und Eintritt des Umweltzustandes j (j = 1 ... J);
W_j = Wahrscheinlichkeit des Auftretens des Umweltzustands j.

(2) Die *μ-σ-Regel:* Im Gegensatz zur Erwartungswertmaximierung wird bei der μ-σ-Regel die Streuung der Ergebnisse berücksichtigt. Dazu wird bei risikoscheuer(-freudiger) Haltung des Entscheiders ein Vielfaches der Standardabweichung σ der Ergebnisverteilung vom Erwartungswert abgezogen (dazugezählt). Je höher der Multiplikator gewählt wird, desto risikoscheuer bzw. risikofreudiger entscheidet der Manager. Es gilt also:

$$p_r^* = \max [E(r) + \alpha \cdot \mu_r]$$

Darin bedeuten:
E (r) = Erwartungswert der Ergebnisverteilung beim Preis r;
μ_r = Standardabweichung der Ergebnisverteilung beim

$$\text{Preis r} = \sqrt{\sum_j (e_{rj} - \mu_r)^2 \cdot W_j}$$

α = Risikoparameter (α < 0 bei Risikoscheu; α > bei Risikofreude)

(3) *Das Bernouilli-Prinzip:* Das Risiko von Entscheidungssituationen läßt sich nach dem Ber-

nouilli-Prinzip auch dadurch handhaben, daß alle Werte der Ergebnisverteilung durch eine Nutzenfunktion U (e) in Nutzenwerte überführt werden. Durch den Verlauf der Nutzenfunktion kann die Risikoeinstellung des Entscheiders abgebildet werden. Nutzenfunktionen risikoneutraler Entscheider weisen einen linearen, solche risikofreudiger Entscheider einen progressiven und solche risikoscheuer Entscheider einen degressiven Verlauf auf. Auch Unstetigkeiten der Nutzenbewertung lassen sich berücksichtigen. Als Entscheidungsregel gilt:

$$p_r^* = \max_r \sum_j U(e_{rj}) \cdot W_j$$

(4) Die *Risikoanalyse:* Bei Preisentscheidungen, in denen eine größere Zahl von stochastisch verteilten Umweltvariablen zu berücksichtigen ist, kann auch auf die Risikoanalyse zurückgegriffen werden. Dabei werden die relevanten Umweltgrößen modellhaft mit einer Zielgröße verknüpft, deren Werte dann bei allen möglichen Kombinationen der Ausprägungen der Umweltgrößen zu ermitteln sind.

Die Eintrittswahrscheinlichkeiten dieser Ergebnisse sind unterschiedlich und nach dem Multiplikationssatz für stochastische Größen zu berechnen. Ordnet man die Ergebnisse der Höhe nach, lassen sich kumulative Wahrscheinlichkeiten für die Mindesterreichung bestimmter Zielgrößen ermitteln und graphisch in Risikoprofilen darstellen. Damit werden das Risiko und die Chancen der zur Auswahl stehenden Alternativen verdeutlicht.

Aus den Risikoprofilen läßt sich unmittelbar ableiten, welche Mindestwahrscheinlichkeiten für bestimmte Deckungsbeiträge zu erwarten sind. Dem Entscheider werden damit Chancen und Risiken der Entscheidungsalternativen plastisch vor Augen geführt.

retail method of valuation: Vorratsbewertung *f* durch retograde Kalkulation *f* mit Hilfe *f* des Rohgewinns *m*

retail price: Einzelhandelspreis *m*, Kleinverkaufspreis *m*, Ladenpreis *m*, Verbraucherpreis *m*, Wiederverkaufspreis *m*

retail sales *pl*: Einzelhandelsverkäufe *m/pl*

retail sales tax: Einzelhandelsumsatzsteuer *f*

retail store: Einzelhandelsgeschäft *n*

retail trade: Einzelhandel *m*, Kleinhandel *m*, Kleinverkauf *m*

Der Begriff Einzelhandel bezeichnet sowohl die *Funktion* wie die *Institution* des Einzelhandels. Die Funktion, das ist die gewerbsmäßige Beschaffung und Bereithaltung von Waren in einer oder mehreren Verkaufsstellen für Letztverbraucher, d.h. private Haushalte. Funktionell ist Einzelhandel also eine Kombination von Beschaffungs- bzw. Sortimentsfunktion (Beschaffung und Vorratshaltung eines angemessenen Warenangebots) und Verteilungsfunktion (Abgabe der nachgefragten Waren in kleinen Mengen an die privaten Haushalte). Institutionell gehört zum Einzelhandel, wer gewerbsmäßig Waren anschafft und sie unverändert oder nach im Einzelhandel üblicher Bearbeitung oder Verarbeitung an jedermann feilhält. Im System der Absatzwege ist der institutionelle Einzelhandel also das letzte Zwischenglied zwischen der Herstellung von Erzeugnissen und ihrem Endverbrauch. Institutionell wird auch der Versandhandel zum Einzelhandel gerechnet. Dabei ist zu berücksichtigen, daß Unternehmen, die institutionell nicht dem Einzelhandel zuzurechnen sind, oft in erheblichem Umfange funktionell Einzelhandel betreiben, indem sie Waren und Dienstleistungen an Endverbraucher absetzen.

Objektive Merkmale zur Charakterisierung der allgemeinen Leistungsfähigkeit von Einzelhandelsunternehmen werden zur Definition der Betriebsformen des Einzelhandels herangezogen. Die dabei verwendeten Dimensionen wie z.B. Breite und Tiefe des Sortiments, Verkaufsfläche, Bedienungsform, Art und Umfang der Nebenleistungen wie Kundendienst usw. unterliegen in der Kombination ihrer Ausprägungen im 20. Jahrhundert einem raschen Wandel, für den der deutsche Betriebswirtschaftler Robert Nieschlag den Begriff Dynamik der Betriebsformen des Einzelhandels und die amerikanische Marktforschung den entsprechenden Begriff Wheel of Retailing geprägt hat.

retail trading area: → trading area

retail turnover: Einzelhandelsumsatz *m*

retailer: Detaillist *m*, Einzelhändler *m*, Kleinhändler *m*, Wiederverkäufer *m*

retailer cooperative: EinzelhändlerEinkaufsgenossenschaft *f*

retain: aufbewahren, einbehalten, zurückbehalten

retain income: thesaurieren

retained earnings *pl*: thesaurierte Gewinne *m/pl*, die nicht zweckgebunden sind und daher für Dividendenausschüttungen *f/pl* in Anspruch *m* genommen werden können

retained income: nicht ausgeschütteter Gewinn *m*, thesaurierter Gewinn *m*

retainer: Gebührenvorschuß *m* (z.B. bei Anwälten)

retaliatory tariff: Vergeltungszoll *m*, Vergeltungstarif *m*

retard: verlangsamen

retardation: Verlangsamung *f*

retention: Rückhaltung *f*, Selbstbehalt *m*, Zurückbehaltung *f*

retention cycle: Sperrzeit *f (EDV)*

retention manual: Aufbewahrungsfristen *f/pl*, Handbuch *n* für Handbuch *n* über Aufbewahrungspflichten *f/pl*

retention period: Aufbewahrungsfrist *f*, Aufbewahrungszeitraum *m*

retention rate: Erhaltungsrate *f*
retime: erneut austakten, Zeitvorgabe *f* neu festsetzen
retire: aus dem Betrieb *m* nehmen (Anlagegegenstände), ausscheiden, austreten, in Pension *f* gehen, in den Ruhestand *m* versetzen, aus dem Verkehr *m* ziehen, zurücktreten, zurückziehen
retired: außer Dienst *m*, inaktiv, im Ruhestand *m*
retiree: Pensionär *m*
retirement: Austritt *m*, Löschung *f* (von Schulden), Pensionierung *f*, Ruhestand *m*, Zurückziehung *f*
retirement allowance: Pension *f*
retirement benefits *pl*: Pension *f*, Ruhegeld *n*
retirement crisis: Ruhestandskrise *f*
Ein besonderes Problem, das in der Karriereplanung vor allem bei älteren Mitarbeitern auftritt. Die Bewältigung des für viele bedrohlichen Näherrückens des Ruhestands führt zu Angst vor dem Verlust sozialer Kontakte, der gewohnten Ordnung, der Möglichkeit zur Selbstverwirklichung in der Arbeit und vor finanziellen Einbußen sowie dem Gefühl der Nutzlosigkeit. Mit Pre-Retirement-Seminaren, Ruhestands-Workshops, Seniorenclubs und einer Vielzahl von Modellen des gleitenden Übergangs vom Erwerbsleben in den Ruhestand versucht die Karriereplanung, diese schwierige Phase überbrücken zu helfen.
retirement income: Pension *f*
retirement income insurance: Pensionsversicherung *f*
retirement of a debt: Löschung *f* einer Schuld *f*
retirement of assets *pl*: buchmäßiger Abgang *m* eines Anlageguts *n*
retirement plan: Pensionsplan *m*
retool: umrüsten
retooling: Umrüsten *n*
retooling cost: Betriebsumatellungskosten *pl*, Umrüstkosten *pl*
retooling expense(s) *(pl)*: Umrüstkosten *pl*, Umatellungskosten *pl*
retooling time: Umrüstzeit *f*, Umatellungszeit *f*
retrain: umschulen
retraining: Umschulung *f*
retrial: Wiederaufnahmeverfahren *n*
retrieval: Wiederauffinden *n* (von Daten *pl*) *(EDV)*
retrieve: auffinden, nachholen, wiedererlangen
retroactive: rückwirkend
retroactive increase: rückwirkende Erhöhung *f*

retroactive pay increase: rückwirkende Lohnerhöhung *f*
retroactive retrocession: Risikoübertragung *f* des 1. auf den 2. Rückversicherer *m*, Rückübertragung *f*
retrograde: rückläufig, rückschreitend, retrograd
retrogression: Rückgang *m*, Rückläufigkeit *f*, Rückschritt *m*
retrogressive: rückläufig
retrospect: Rückschau *f*
return: Ausbeute *f*, Ausweis *m* (Bank), Ertrag *m*, Herausgabe *f*, Rückgabe *f*, Rückgewähr *f*, Rückkehr *f*, Rücklieferung *f*, Verzinsung *f*, herausgeben, zurückgeben (gewähren)
return account: Rückrechnung *f*
return address: Absenderangabe *f* (Post), Rücksprungadresse *f (EDV)*
return analysis: Rentabilitätsanalyse *f*
return merchandise: Retoure *f*
return of empties *pl*: Rücksendung *f* von Leergut *n*
return on assets *pl* **employed:** Verzinsung *f* der eingesetzten Aktiva *pl*
return on capital employed: Kapitalverzinsung *f*, Verzinsung *f* des investierten Kapitals *n*, Kapitalzins *m*, Rendite *f*, Rentabilität *f*
return on capital: Verzinsung *f* des Betriebskapitals *n*
return on investment (ROI): Kapitalertrag *m*, Einkünfte *f/pl* aus Kapitalvermögen *n*, Kapitalverzinsung *f*, Verzinsung *f* des investierten Kapitals *n*
Return on Investment ist definiert als der Betriebsgewinn vor Steuern, bezogen auf das durchschnittlich gebundene Kapital, d.h. er bezeichnet das Verhältnis von Gewinn zu investiertem Kapital. Beträge, die für die Inanspruchnahme unternehmenseigener Einrichtungen durch die betreffende strategische Unternehmens-Einheit (SUE) gezahlt werden müssen, sind vom Gewinn abgezogen, während Fremdkapitalzinsen nicht berücksichtigt werden. Als durchschnittlich gebundenes Kapital wird die Summe der Buchwerte der im Anlagevermögen enthaltenen Gegenstände zuzüglich des Umlaufvermögens und vermindert um die kurzfristigen Verbindlichkeiten angesehen.
return on sales *pl*: Umsatzgewinn *m*, Umsatzrentabilität *f*
Die Umsatzerlöse aller Anbieter einer Güterart ergeben das Umsatz- oder Marktvolumen. Die Umsatzerlöse eines Unternehmens werden üblicherweise durch Aufsummierung aller in einer bestimmten Periode fakturierten, d.h. den Abnehmern in Rechnung gestellten und auf den Verkaufskonten gebuchten Rechnungsbeträge ermittelt.

return on sales profile: Umsatzrentabilitätsprofil *n*
Zur Ermittlung der Umsatzrentabilität wird für jedes Produkt (oder jede homogene Produktgruppe) der Bruttogewinn (Produkterlöse – direkt zurechenbare Kosten) ermittelt und als Anteil (in Prozent) des Produkterlöses ausgedrückt (Bruttoumsatzgewinnrate). Nach Klassifizierung der Bruttoumsatzgewinnrate wird der Umsatz ermittelt, der den einzelnen Klassen zuzuordnen ist.
Daraus läßt sich ein Umsatzrentabilitätsprofil entwickeln, das auf mögliche Ungleichgewichte hinweist und zur Konkurrenzanalyse verwendet werden kann. Die Informationen aus den Umsatzrentabilitätsprofilen können Aufschluß darüber geben, ob und mit welchem Schwerpunkt das Produktprogramm neu zu gestalten ist.
return postage: Rückporto *n*
return receipt: Rückschein *m*
return shipping order: Rücklieferungsauftrag *m*
return ticket: Rückfahrkarte *f*
return to zero: Rückkehr *f* auf Null *f (EDV)*
returned note: Rückwechsel *m*
returned notes account: Rückwechselkonto *n*
returned stores report: Lagerrückgabemeldung *f*
returns *pl*: Retourwaren *f/pl* (Retouren)
reusable container: weiterverwendungsfähige Verpackung *f* (für andere Zwecke)
reusable package: weiterverwendungsfähige Verpackung *f* (für andere Zwecke)
reuse: verwenden, wieder Wiederverwendung *f*
reuse revalorization upward: Aufwertung *f*
revalorize: aufwerten
revalorized mortgage: Aufwertungshypothek *f*
revaluation: Aufwertung *f*, Revaluation *f*, Umwertung *f*, erneute Wertbestimmung *f*
Eine Aufwertung hat in der Währungspolitik den Zweck, einen Überschuß zu vermindern oder gar zu beseitigen, während eine Abwertung ein Defizit ausgleichen soll. Einer Aufwertung liegt der Gedanke zugrunde, daß dies die Währung des aufwertenden Landes – und damit dessen Güterangebot auf den internationalen Märkten – verteuert und die Einfuhr gleichzeitig verbilligt und folglich zu einer sinkenden Auslandsnachfrage, einer steigenden Inlandsnachfrage und einer Abnahme des Überschusses führt. Dagegen verbilligt eine Abwertung die Währung des abwertenden Landes, damit dessen Güterangebot auf den Weltmärkten – und verteuert gleichzeitig den Import.
In einem System freier Wechselkurse werden automatische Auf- und Abwertungen zum Ausgleich der Zahlungsbilanz erwartet. Die Wirkung einer Änderung des Wechselkurses auf die Zahlungsbilanz hängt davon ab, wie der Wert des Exports und des Imports von der Wechselkursänderung beeinflußt wird.
revaluation reserve: Neubewertungsrücklage *f*
revaluation surplus: Kapitalzuwachs *m* aus Werterhöhungen *f/pl* (Bilanzposten)
revalue: aufwerten, umwerten reveal aufdecken, offenbaren, offenlegen
revelation: Offenbarung *f*
revenue: Erlös *m*, Einkommen *n*, Einnahme *f*, Ertrag *m*
Der für die Veräußerung eines Wirtschaftsguts erzielte Gegenwert, aus dem sich nach Abzug der Kosten der Rohgewinn ergibt. Den Gesamterlös erhält man durch Multiplikation der Menge der abgesetzten Güter mit dem Einzelpreis.
revenues *pl*: Einkünfte *f/pl*, Erlös *m*, Erträge *m/pl*
revenue account: Ertragskonto *n*
Revenue Act *(Am)*: Steuergesetz *n*
revenue and expense: Ertrag *m* und Aufwand *m*
revenue expenditure(s) *(pl)*: erfolgswirksamer Aufwand *m*
revenue officer: Steuerbeamter *m*
revenue ruling: interne Anweisung *f*, [Richtlinien der Finanzverwaltung *(Am)*]
revenue stamp *(Am)*: Steuermarke *f*
reversal: Aufhebung *f*, Storno *n*, Umkehrung *f*, Urteilsaufhebung *f*
reverse: umgekehrt, Rück-, aufheben, im Rückwärtsgang *m* fahren, stornieren
reverse a judgment: Urteil *n* aufheben
reverse gear: Rückwärtsgang *m*
reverse side: Rückseite *f*
reverse splitup: Aktienzusammenlegung *f*, Zusammenlegung *f* von Aktien *f/pl*
reversing entry: Stornobuchung *f*
reversion: Anwartschaft *f*, Heimfall *m*, Rückfall *m* (von Grundstücken)
reversioner: Anwärter *m*
revert: heimfallen
revert to: zufallen, zurückfallen in, zurückgreifen auf
review: nachprüfen, Nachprüfung *f*, Pressestimme *f*, Rückschau *f*, überprüfen, Überprüfung *f*
revise: durchrechnen, durchsehen (verbessern), revidieren, überarbeiten, umarbeiten, verbessern
revision: Neubearbeitung *f*, Überarbeitung *f*
revocable: widerruflich
revocable credit: widerrufliches Akkreditiv *n*
revocable order: widerruflicher Auftrag *m*

revocation: Aufhebung f, Widerruf m
revoke: absagen, annullieren, aufheben, rückgängig machen, widerrufen, zurücknehmen
revolt: Aufruhr m
revolve: rotieren, umlaufen
revolving credit: laufender Kredit m
revolving fund: Erneuerungsfond m, Fond m, dem Geld n laufend entnommen und wieder zugeführt wird (z.B. Bargeldkasse), revolvierender Fond m
reward: belohnen, Belohnung f
reward capacity: Belohnungskapazität f
Eine Determinante des Status in der Organisation, die dadurch charakterisiert ist, daß Personen in dem Maße hoher Status zuerkannt wird, in dem ihre Attribute geeignet sind, für jedes einzelne Gruppenmitglied oder die Gruppe als ganzes belohnend zu wirken. Dazu müssen diese Attribute knapp verteilt sein. Attribute bzw. Aktivitäten, die von jedem Gruppenmitglied in gleicher Weise erreichbar sind oder erbracht werden, erbringen keinen höheren Status.
reward power: Belohnungsmacht f
Eine Form der Macht, die nach einer Klassifikation von John R. P. French und Bertram Raven auf der Wahrnehmung einer Person B basiert, daß eine Person A die Möglichkeit hat, sie zu belohnen. Ein Vorgesetzter hat dann Macht über einen Untergebenen, wenn der Untergebene weiß, daß der Vorgesetzte Lohnerhöhungen oder Förderungsmaßnahmen für ihn empfehlen kann und wenn der Untergebene diese Anreize begehrenswert findet.
Belohungsmacht ist zu unterscheiden von der bloßen Existenz eines Belohnungsinstrumentariums. Verhaltensbeeinflussend wirkt lediglich die wahrgenommene – und positiv bewertete – Aussicht auf erhöhte Bedürfnisbefriedigung bei konformem Verhalten. Für die Erhaltung dieser Machtgrundlage ist die tatsächliche Gewährung der in Aussicht gestellten Belohnung notwendig. Bei wiederholter Nichtgewährung der Belohnung, trotz konformen Verhaltens, wird diese Machtgrundlage verloren gehen.
rewind: rückspulen *(EDV)*
rework: aufarbeiten, Nacharbeit f, nacharbeiten, umarbeiten
rework cost: Nacharbeitskosten pl
rework expenses pl: Nacharbeitskosten pl
rich: reich
riches pl: Reichtum m
richness: Reichtum m
ride merchandise: Kauf m zur Ansicht f
rider: Allonge f, Reiter m, Verlängerungszettel m (am Wechsel), Zusatzklausel f
riff-raff: Gesindel n, Ramsch m
right: richtig, Anrecht n, Anspruch m, Befugnis f, Berechtigung f, Recht n (einer Person)
right in rem: dinglicher Anspruch m

right of action: Klagerecht n
right of appeal: Berufungsrecht n
right of association: Koalitionsrecht n
right of avoidance: Anfechtungsrecht n
right of coinage: Münzrecht n, Prägerecht f
right of detention: Zurückbehaltungsrecht n
right of disposal: Dispositionsrecht n, Verfügungsrecht n
right of eminent domain: Enteignungsrecht n
right of entry: Besitzrecht n
right of exploitation: Abbaurecht n (Bergwerk)
right of first refusal: Vorkaufsrecht n
right of immediate (and complete) depreciation: Bewertungsfreiheit f
right of lien: Pfandrecht n
right of pledge: Pfandrecht n
right of possession: Besitzrecht n
right of preemption: Vorkaufsrecht n
right of recourse: Regreßanspruch m, Regreßrecht n
right of redemption: Ablösungsrecht n, Rückkaufsrecht n
right of rescission: Rücktrittsrecht n
right of retention: Rückbehaltungsrecht n
right of search: Durchsuchungsrecht n
right of self-determination: Selbstbestimmungsrecht n
right of stoppage in transit(u): Recht n, im Transit m befindliche Ware f wegen Zahlungsunfähigkeit f des Käufers m zurückzubeordern
right of sublease: Untervermietungsrecht n, Weitervermietungsrecht n
right of termination: Kündigungsrecht n
right of use: Nutznießung f, Nutzungsrecht n
right of usufruct: Genußrecht n, Nießbrauch m, Nutzungsrecht n
right of way: Vorfahrt f (Verkehr), Wegerecht n (Bahnkörper)
right to a pension: Pensionsberechtigung f
right to bring suit: Aktivlegitimation f
right to collect bills: Inkassovollmacht f
right to compensation: Regreßanspruch m (rightrecht)
right to demand disclosure: Auskunftsrecht n, Informationsrecht n
right to demand information: Auskunftsrecht n, Informationsrecht n
right to privileged satisfaction: Absonderungsrecht n
right to recovery: Regreßanspruch m, Regreßrecht n

right to vote: Wahlrecht *n*
rightful owner: rechtmäßiger Eigentümer *m*
rightful: rechtmäßig
rightfulness: Rechtmäßigkeit *f*
ring binder: Einlegeheft *n*, Ringbuch *n*
ring counter: Ringzähler *m (EDV)*, Zählerschleife *f (EDV)*
Ringi Seido: Ringi-System *n*, Umlaufverfahren *n*
Eine für viele japanische Unternehmen typische Form der institutionalisierten Kooperation und Kommunikation. Nach M. Y Yoshino ist das *Ringi Seido* „a basic philosophy of management, deeply rooted in Japanese tradition". *Ringi* besteht aus den beiden Teilen *rin* („seinem Vorgesetzten einen Vorschlag unterbreiten und seine Billigung abwarten") und *gi* („abwägen und eine Sache entscheiden"). Die starke Betonung der Rolle der Gruppe gegenüber der des einzelnen führt im Ringi-System dazu, daß die Willensdurchsetzung immanenter Bestandteil des Entscheidungsfindungs- und Problemlösungsprozesses wird, da alle leitenden Personen und Organisationsbereiche, die an der Willensbildung beteiligt waren und zum konkreten Entscheidungsfall ihre Meinung geäußert haben, mit ihrer Unterschrift bzw. einem Stempel unter dem Ringi-Dokument bekunden, daß sie eine reibungslose Durchsetzung der Willensentscheidung unterstützen werden. Dadurch, daß sich alle an der Beschlußfassung Beteiligten mit dem Endresultat identifizieren, muß sich der einzelne in der Realisierungsphase kooperativ verhalten, will er nicht sein Gesicht verlieren.
Somit benötigen bis zur Verabschiedung die Entscheidungsprozesse ein Mehrfaches an Zeit in diesem System. Die Umsetzung der einmal gefaßten Beschlüsse wird allerdings auch in einem für westliche Verhältnisse ungewöhnlichen Tempo verwirklicht.
Dem Top-Management ist mit dem Ringi-System die Möglichkeit gegeben, eine Fülle produktiver Beiträge – oft in Form von Vorschlägen und Plänen aus dem mittleren und unteren Management „herauszuholen".
Treten Meinungsverschiedenheiten auf, werden sie meist auf horizontaler Ebene ausgeräumt, die Koordination der Beteiligten vollzieht sich also zwischen Entscheidern gleicher Hierarchiestufen. Dieses Vorgehen ist nicht allein Gegenstand des Ringi-Konzepts sondern elementar auch für die meisten japanischen Lebens- und Arbeitsbereiche als „Harmonie" fixiert. Das Top-Management kann sich häufig auf die Rolle des „unabhängigen Dritten" zurückziehen und wird nicht mit einer Unzahl von Ringi-Akten belastet, sondern erhält quasi „stempelfertige" Ringi-Akten zur Bewilligung vorgelegt.
Kommt es zu gravierenden Meinungsverschiedenheiten, die durch die Beteiligten selbst nicht mehr beigelegt werden können, wird die Angelegenheit unter Beifügung der Ringi-Akte dem *shacho*, also dem Präsidenten vorgelegt.
Charakteristische Merkmale und Schritte des Ringi-Systems sind also:
• Das mittlere und/oder untere Management eines Unternehmens stellt eines Plan auf.
• Die horizontale Zusammenarbeit wird beachtet.
• Die vertikale Zusammenarbeit wird beachtet.
• Die Entscheidungsträger nahmen den Plan durch Bestätigung und Zustimmung an.
• Über die Zuständigkeiten und Verantwortungsbereiche herrscht Unsicherheit.
rise: ansteigen, anwachsen, Erhöhung *f*, steigen
rising: steigend
risk: Gefahr *f*, Risiko *n*, riskieren, Wagnis *n*
risk bearer: Risikoträger *m*
risk of injury: Gefahrenrisiko *n*
risk of loss: Verlustrisiko *n*
Die Summe der mit ihren Eintrittswahrscheinlichkeiten gewichteten möglichen Verluste einer strategischen Unternehmens-Einheit oder eines Unternehmens.
risk premium: Gefahrenzulage *f*, Risikoprämie *f*
risk taker: Risikoträger *m*
risk taking: Risikobereitschaft *f*
Risikobereitschaft bedeutet die Übernahme von Verantwortung im Falle einer Fehlentscheidung bzw. die Akzeptanz eines Plans trotz mangelhafter Operationalitätsbedingungen. Hierin liegt auch das unternehmerische Risiko begründet. wobei das Gegenteil des Risikos – die Wahrnehmung der Chance – erfolgreiche Unternehmen und Manager kennzeichnet. Zögernde und sich absichernde Manager werden daher geringere Chancen wahrnehmen können als vergleichsweise risikobereite Menschen. Entscheidend für den Erfolg eines Unternehmens ist die Wahrnehmungsbereitschaft von Chancen durch die Führungskräfte.
Michael Wallach & Nathan Kogan (1961) entwarfen den „Choice-Dilemmas Questionnaire" zur Messung der Risikobereitschaft. Der Fragebogen besteht aus 12 hypothetischen Situationen, in denen ein A jeweils eine Entscheidung zu treffen hat, beispielsweise ob er in seinem momentanen Arbeitsverhältnis bleiben oder eine andere, möglicherweise bessere Stellung annehmen soll. Jede Versuchsperson muß angeben, wie hoch die Wahrscheinlichkeit für einen Erfolg in der neuen Stellung – bzw. für die ungewissen Alternativen bei den anderen Situationen – mindestens sein müsse, bevor A die Stellung annehmen sollte. Zwar müssen die Versuchspersonen in dem Fragebogen einem Herrn A einen Rat geben, doch dürfte sich in diesen Ratschlägen, so wurde angenommen, die eigene Tendenz der Versuchspersonen zu riskantem Verhalten niederschlagen. Die Angabe eines niedrigen Wahrscheinlichkeitswertes (z.B. 0,10) wurde als hohe Risikobereitschaft („risikofreudig"), die Forderung eines hohen Wahr-

scheinlichkeitswertes (z.B. 0,80) als geringe Risikobereitschaft („konservativ") gewertet. Derjenige gilt also nach diesem Test als der Risikofreudigste, der bei der niedrigsten Erfolgswahrscheinlichkeit eine Entscheidung für die ungewisse Alternative mit einem bestimmten potentiellen Gewinn empfiehlt.
Der Gesamtwert für einen Versuchsperson ergibt sich aus seiner durchschnittlichen Antwort. Mit diesem „Choice-Dilemmas Questionnaire" wurden verschiedene Gruppen untersucht. Dabei erwiesen sich beispielsweise ältere Versuchspersonen im Vergleich zu jüngeren als „konservativer"; der Unterschied ließ sich auf diejenigen Items zurückführen, in denen eine finanziell sichere Situation mit einer riskanten, wenn auch gewinnträchtigen Situation zu vergleichen war. Man fand auch, daß die von Gruppen nach einer Diskussion gemeinsam festgelegten Wahrscheinlichkeitswerte geringer waren als die durchschnittlichen Werte der individuellen Antworten; die Gruppen zeigten also eine höhere Risikobereitschaft. Dieses Phänomen ist Risikoschub (risky shift) genannt worden.
Pruitt & Teger zeigten 1969, daß eine auf die Erzielung eines Gruppen-Konsensus ausgerichtete Gruppendiskussion zur Präferenz riskanterer Spiele führen kann.

risky: bedenklich

risky shift: Risikoschub *m*, Risikoschub-Phänomen *n*
Der vor allem in Laboratoriumsexperimenten beobachtete Effekt, daß Gruppeninteraktion die Risikobereitschaft der Gruppe auf eine höhere Ebene hebt, als dies dem Mittelwert der individuellen Risikobereitschaft aller einzelnen Gruppenmitglieder entspricht. Als Erklärung dieses Phänomens wird meist die durch die Gruppenentscheidungssituation reduzierte Verantwortung des einzelnen und die Abwesenheit einer individuellen Zurechenbarkeit bei Fehlentscheidungen angeführt.

risky undertaking: Wagnis *n*
risky venture: Wagnis *n*
rival: konkurrierend, Konkurrent *m*, Mitbewerber *m*, Rivale *m*, nacheifern, rivalisieren
rival bid: Konkurrenzangebot *n*, Gegenangebot *n*
road building: Straßenbau *m*
road construction: Straßenbau *m*
road system: Straßennetz *n*
road toll: Straßenbenutzungsgebühr *f*
road traffic: Straßenverkehr *m*
robbery insurance: Beraubungsversicherung *f*
rock-bottom: Tiefpunkt *m*, tiefst
role: Rolle *f*
Ein Bündel von Verhaltenserwartungen, die von anderen an eine Position herangetragen werden. Diese Verhaltenserwartungen stellen generelle, d.h. vom einzelnen Positionsinhaber prinzipiell unabhängige Verhaltensvorschriften dar, die dem Einzelnen mit einer gewissen Verbindlichkeit begegnen.
Obschon zu jeder Position (mindestens) eine Rolle gehört, ist doch zwischen Position und Rolle zu trennen. Positionen bezeichnen Stellen (Orte) im Gefüge sozialer Interaktionen, die von Personen innegehabt, erworben und verloren werden können, während die Rolle die Art der Beziehungen zwischen den Trägern von Positionen bestimmt bzw. angibt, wie sich der Träger einer Position verhalten soll. Die Rollenanalyse zeigt, wie das Individuum mit dem Sozialgefüge (Gruppe, Organisation etc.) verknüpft wird; die Rolle ist das Bindeglied zwischen Individuum und Gemeinschaft.
Rollenerwartungen sind mit Sanktionen verbunden; je nachdem, wie stark die angedrohten Sanktionen bei Abweichung sind, kann in Muß-, Soll-, und Kann-Erwartungen unterschieden werden. Rollenerwartungen beziehen sich nicht nur auf beobachtbares Verhalten, sondern auch auf innere Einstellungen und Überzeugungen.

role conflict: Rollenkonflikt *m*
Rollenerwartungen können miteinander in Konflikt geraten. Die hieraus resultierenden Rollenkonflikte sind für das Verhalten in Organisationen von großer Bedeutung. Im wesentlichen wird zwischen Intra- und Inter-Rollenkonflikten unterschieden.
1. *Intra-Rollen-Konflikt*: Hier lassen sich folgende Fälle unterscheiden.
• *Intra-Sender-Konflikt*: Die Instruktionen und Erwartungen eines Senders sind widersprüchlich und schließen einander aus (Vorgesetzter erwartet einmal absoluten Gehorsam, ermuntert dann aber wieder zu Kritik an seinen Anordnungen).
• *Inter-Sender-Konflikt*: Die Erwartungen, die ein Sender kommuniziert, sind mit den Erwartungen anderer Sender nicht kompatibel. Der Rollenempfänger steht im Kräftefeld sich widersprechender Erwartungen.
2. *Inter-Rollen-Konflikt*: Sie entstehen, wenn die Erwartungen unterschiedlicher Rollen einer Person miteinander kollidieren, d.h. sich ganz oder teilweise ausschließen.
Eine spezielle Form des Inter-Rollen-Konflikts ist die *Rollenüberladung (role overload)*. Die Rollen sind dann zwar dem Inhalte nach miteinander verträglich, aber der zeitlichen Anforderung nach. Der Rollenempfänger kann nicht alle Rollen gleichzeitig bewältigen.
Als Sonderfall ist der *Person-Rollen-Konflikt* anzusprechen. Hier steht die Rollenerwartung der Sender im Widerspruch zu den Werten und Orientierungen des Rollenempfängers.
Eine ganz ähnliche Thematik umreißt der Begriff *Rollendistanz*. Er verweist auf die Möglichkeit, sich von der Rolle zu distanzieren (emanzipieren) und kritisch zu prüfen, ob und inwieweit die Rolle den eigenen Ansichten und Werten entspricht.
Rollenkonflikte verlangen vom Rollenempfänger eine Entscheidung; er muß zusehen, wie er die Widersprüche auflöst, um handeln zu können. Rol-

lenkonflikte lassen sich grundsätzlich durch Hierarchisierung der Erwartungen, durch kompromißartige Annäherung oder durch Rückzug lösen.
Welcher Lösungsweg gewählt wird, hängt von unterschiedlichen Bedingungen ab: der Legitimität, dem Sanktionspotential, den Einstellungen des Empfängers (Prinzipientreue, Vermeidungstendenz, Konfliktscheu usw.).

role episode: Rollenepisode *f*
Der Prozeß der Rollenübernahme wird mit dem Konzept der Rollenepisode veranschaulicht: Rollenerwartungen führen zur gesendeten Rolle, diese führt zur empfangenen Rolle, und die Antwort darauf drückt sich im Rollenverhalten aus.
Organisationsmitglieder richten in Interaktion und Kommunikation Erwartungen an das Verhalten des Rollenempfängers. Sie beobachten ihr Verhalten und bewerten es in Relation zu ihren Erwartungen.
Erwartungen und Bewertungen werden an die fokale Person kommuniziert, diese Informationen erreichen die fokale Person als sozialer Einfluß-Versuch.
Der Rollenempfänger nimmt die gesendete Rolle wahr und entschlüsselt sie bzw. ihre Rollensegmente. Es ist wichtig zu sehen, daß das Organisationsmitglied seine Rolle nur indirekt erschließen, nicht jedoch direkt erlernen kann. Der Rollenempfänger muß über einen Satz von Interpretationsregeln und über ein hinreichendes Situationswissen verfügen, um die Erwartungen überhaupt entschlüsseln zu können. Tritt jemand neu in eine Organisation ein, so muß er erst nach und nach erlernen, die Rollenanforderungen zu begreifen, er muß sich erst mit den Sinnstrukturen und dem über Jahre gesammelten Erfahrungswissen der neuen Institution vertraut machen (sekundäre Sozialisation).
Die Antwort des Rollenempfängers auf die gesendeten Informationen ist sein (beobachtbares) Rollenverhalten. Es kann den Erwartungen entsprechen oder davon abweichend sein. Inwieweit das Verhalten den Erwartungen entspricht, ist zunächst einmal eine Frage der Sanktionen negativer und positiver Art, die mit den Erwartungen verknüpft sind. Nonkonformes Rollenverhalten kann aber auch in Kommunikationsschwierigkeiten, Mißverständnissen und Fehlinterpretationen, bedingt durch personale und/oder interpersonale Faktoren, sowohl was die Rollensender als auch die -empfänger anbelangt, seine Ursache haben. Die Abweichung ist dann unbeabsichtigt. Sie kann aber auch beabsichtigt sein, z.B. dann, wenn der Rolleninhaber aus ethischen Gründen den Erwartungen nicht entsprechen will.
Im Zyklus der Rollenepisode wird das gezeigte Rollenverhalten wiederum von den Rollensendern registriert und mit den gehegten Rollenerwartungen verglichen. Die Rolle wird dann erneut gesendet usw.
Die Rollenepisode wird von Kontextfaktoren überlagert. So können Elemente der Organisationsumwelt, wie die Technologie, die Organisationsstruktur oder – das Anreizsystem, die Rollenübernahme erleichtern oder erschweren. Persönlichkeitsmerkmale der (des) Sender(s) sowie des Empfängers beeinflussen die Art der Rollensendung und auch die Fähigkeit und Bereitschaft der Wahrnehmung und Umsetzung. Eine große Bedeutung kommt ferner den interpersonalen Beziehungen zu, die zwischen dem Sender und Empfänger, aber auch gegebenenfalls zwischen den Sendern bestehen. So beschleunigt z.B. Sympathie zwischen den Akteuren für gewöhnlich die Episode.
Die Rollenepisode gibt einen guten Eindruck von dem komplexen sozialen Prozeß des Rollenverhaltens. Der Prozeß wird allerdings, was das einzelne Individuum betrifft, im wesentlichen reaktiv beschrieben; das betreffende Organisations- und Gruppenmitglied hat lediglich die Entscheidung, ob es mit den Erwartungen konform gehen will oder nicht (was seinerseits wesentlich über Anreize steuerbar gedacht wird).

role expectation: Rollenerwartung *f*
role playing: Rollenspiel *n* (Ausbildungsmethode)
role set: Rollenmenge *f*, Rollen-Set *m*
Mit einer bestimmten Position in einer Organisation ist in der Regel ein Komplex von Verhaltenserwartungen verbunden, der eine Reihe unterschiedlicher Rollensender umgreift. Rollen setzen sich also meist aus einer Mehrzahl von Teileinheiten, von Rollensegmenten zusammen („role set"). Unter Rollen-Set versteht man die für eine Rolle relevanten Rollensegmente. Die Erwartungen der verschiedenen Segmente bzw. Sender sind oft unterschiedlich und geraten zueinander in Widerspruch.
Von dem Rollen-Set zu trennen ist die Tatsache, daß Individuen häufig mehrere Rollen spielen. Ebenso wie die Segmente einer Rolle, so können auch die verschiedenen Rollen zueinander in Konflikt geraten.

roll: Namensregister *n*
rolling annual planning: rollende Jahresplanung *f*
Die systematische Fortschreibung bzw. Konkretisierung des Jahresplan eines Unternehmens durch eine monatliche Aktualisierung der Planvorgaben für die jeweils nächsten 12 Monate.
roll-on/roll-off service: Huckepack-Verkehr *m*
Roman law: Römisches Recht *n*
room: Raum *m*, Zimmer *n*
room and board: Kost *f* und Logis *n*
rope, twine and net industry: Seil-, Bindfaden- und Netzindustrie *f*
roster: Tabelle *f*, Verzeichnis *n*
roster of participants: Teilnehmerverzeichnis *n*
roster of stocks: Aktientabelle *f*

rotate: rotieren, wechseln
rotating shift: Wechselschicht *f*
rotation: Amtswechsel *m*, turnusgemäßes Ausscheiden *n*
rough: grob, roh, überschlägig
rough calculation: überschlägige Berechnung *f*, Überschlag(srechnung *f*) *m*
rough estimate: grobe Schätzung *f*
rough notebook: Kladde *f*, Strazze *f*
roughly: circa, ungefähr
round amount: runder Betrag *m*
round lot: Aktienpaket *n* (100 oder ein Vielfaches davon)
round off: abrunden
round sum: auf- (oder ab)gerundeter Betrag *m*
round up: aufrunden
roundabout exchange: Ringtausch *m*
rounded amount: abgerundeter Betrag *m*
route card: Arbeitsablaufkarte *f*, Laufkarte *f*
route: Straße *f*, Strecke *f*
route sheet: Arbeitsoperationsfolgenplan *m* für Auftrag *m*, Arbeitsplan *m* pro Auftrag *m*, Operationsfolgenplan *m* für einen Auftrag *m*, Operationsplan *m* für Auftrag *m*
route planning: Routenplanung *f*, Tourenplanung *f*
Die systematische Planung von Verkaufsrouten durch das Verkaufsmanagement eines Unternehmens. Die Planung der Verkaufsrouten umfaßt die Festlegung der Besuchsreihenfolge innerhalb der einzelnen Verkaufsbezirke, die ein Verkaufsrepräsentant bei der Durchführung der Verkaufsreisen einzuhalten hat.
Gegenstand der Routenplanung ist die Ermittlung einer optimalen (kostenminimalen) Reiseroute von einem vorgegebenen Standort aus über eine Anzahl vorgegebener Orte (Kundenstandorte) zurück zum Ausgangsstandort. Dabei sollen alle Kundenstandorte genau einmal besucht werden.
Die Besuchsreihenfolge kann mittels einer Liste, aber auch auf einer Bezirkskarte festgelegt werden. Teilweise wird die Routenplanung auch an die Verkaufsrepräsentanten selbst delegiert. Dagegen sprechen indes zwei Gründe:
(1) Durch eine sinnvolle Routenplanung können die Fahrtkosten in nicht unerheblichem Maße reduziert und das Verhältnis von Kontakt- und Reisezeit kann verbessert werden. So wurde empirisch festgestellt, daß bis zu einem Drittel der Gesamtarbeitszeit des Verkaufsaußendienstes bei der Distanzüberbrückung zwischen den einzelnen Kunden verlorengeht. Die Routenplanung ist ein geeignetes Instrument, die Reisezeiten zu verkürzen und dadurch die effektive Verkaufszeit zu erhöhen.
(2) Viele Verkaufsrepräsentanten sind, da sie neben den Unternehmenszielen auch und insbesondere persönliche Zielsetzungen verfolgen, nicht in der Lage, eine sinnvolle Routenplanung durchzuführen. So ist es möglich, daß Außendienstmitarbeiter, die ihre Routenpläne selbst erstellen, Kunden, die am Rand ihres Verkaufsbezirks liegen, vernachlässigen, um möglichst oft abends ihren Wohnort wieder erreichen zu können.
Vor der Planung der Reiserouten muß das Verkaufsmanagement Überlegungen bezüglich der zu verkaufenden Produkte und der spezifischen Verkaufsaufgaben anstellen. Sofern die Besuchsfrequenzen regelmäßig sind und die Verkaufsaufgaben keine kundenspezifischen Unterschiede aufweisen, ist eine Routenplanung durch das Verkaufsmanagement möglich. Sofern jedoch die Kunden in unregelmäßigen Abständen aufgesucht werden müssen, bestehen erhebliche Probleme bei der Routenplanung.
Auch das Stadium des Produkt- bzw. Unternehmenslebenszyklus hat einen Einfluß auf die Routenplanung. Je länger ein Unternehmen und je länger das zu vertreibende Produkt in einem Verkaufsbezirk präsent sind, desto eher wird eine Routenplanung möglich sein, da in einem solchen Fall die Kunden hinreichend bekannt sind und aus den Verkaufsberichten die notwendigen Besuchsfrequenzen und die Kontaktdauer ermittelt werden können.
Für die Durchführung der Routenplanung müssen dem Verkaufsmanagement die folgenden Daten bekannt sein:
• Die Orte, an denen aktuelle und potentielle Kunden ansässig sind,
• die tägliche Arbeitszeit des Verkaufsrepräsentanten,
• der Wohnort des Verkaufsrepräsentanten,
• die vom Verkaufsrepräsentanten genutzten Transportmittel,
• die Besuchshäufigkeiten, differenziert nach den einzelnen Kunden,
• die notwendigen Kontaktzeiten.
Sofern diese Informationen vorliegen, kann der optimale Routenplan ermittelt werden. Sofern die optimale Besuchsfrequenz nicht für alle Kunden identisch ist, müssen Alternativpläne erarbeitet werden. Sobald das Verkaufsmanagement einen optimalen Routenplan erarbeitet hat, muß die Einhaltung dieses Planes überprüft werden. Hierzu eignen sich Verkaufsberichte, Reiselisten und evtl. eine persönliche Überwachung.
Das Problem der Routenplanung läßt sich mit Hilfe eines Graphen visualisieren, bei dem die Knoten die einzelnen Kunden, die Kanten die Wege zwischen den Kunden repräsentieren.
Die Kosten der Fahrten zwischen den einzelnen Kunden werden in Matrixform erfaßt. Bei den verschiedenen Lösungsansätzen zur Routenplanung lassen sich Optimierungsverfahren und heuristische Verfahren unterscheiden.
Als Optimierungsverfahren können beispielsweise Ansätze der mathematischen Programmierung herangezogen werden. Die Zielfunktion lautet:

route slip

Graph der Routenplanung

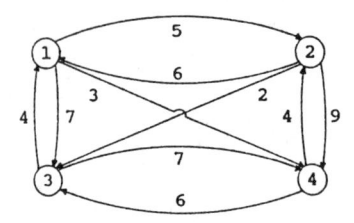

$$C = \begin{pmatrix} \infty & 5 & 7 & 3 \\ 6 & \infty & 2 & 9 \\ 4 & \infty & \infty & 7 \\ \infty & 4 & 6 & \infty \end{pmatrix}$$

$$Z = \sum_i \sum_j c_{ij} \cdot x_{ij} \longrightarrow \text{Min!}$$

Darin bedeuten:
c_{ij} = Kosten der Fahrt zwischen Kunde i und Kunde j;
x_{ij} = 0-1-Variable, die zum Ausdruck bringt, ob die Strecke ij in der Rundreise enthalten ist.
Zu beachten sind folgende Nebenbedingungen:
• Jeder Kunde soll bei einer Rundreise nur einmal besucht werden:

$$\sum_i x_{ij} = 1 \quad \text{für alle j;}$$

• von jedem Kunden aus kann nur eine Strecke gewählt werden, d.h. jeder Kunde kann nur einmal verlassen werden:

$$\sum_j x_{ij} = 1 \quad \text{für alle i;}$$

• Ganzzahligkeitsbedingung:

$x_{ij} \in \{0; 1\}$ für alle i, j.

• Bedingungen zur Verhinderung von Kurzzyklen: Diese Bedingungen sollen gewährleisten, daß der optimale Zyklus sämtliche Kunden enthält.
Zu den heuristischen Verfahren zählen insbesondere das Verfahren des besten Nachfolgers sowie das r-optimale Verfahren. Beim *Verfahren des besten Nachfolgers* wird, ausgehend vom Reisendenstandort (Startknoten), derjenige Kundenstandort ausgewählt, der die niedrigsten Reisekosten verursacht. Es wird dann nach demselben Kriterium ein weiterer Kundenstandort hinzugefügt, sofern er bisher noch nicht berücksichtigt wurde, bis alle n Kunden genau einmal berücksichtigt sind und der Startknoten wieder erreicht ist. Die sich dadurch ergebende Rundreise kann noch im Rahmen eines Verbesserungsverfahrens – z.B. des r-optimalen Verfahrens – weiter optimiert werden.
Beim *r-optimalen Verfahren* wird versucht, durch Austauschen von r Kanten gegen r andere Kanten die Kosten der Rundreise zu verringern. Gebräuchlich sind dabei r = 2 oder r = 3.

Wird eine Verbesserungsmöglichkeit gefunden, so wird der Austausch der Kanten vollzogen und nach neuen Verbesserungsmöglichkeiten gesucht. Das Verfahren wird solange fortgesetzt, bis ein weiterer Austausch der Kanten keine weitere Verbesserung der Rundreise herbeiführt.
route slip: Laufkarte *f*
routine: üblich, Routine-, Programmablauf *m (EDV)*
routine decision: Routine-Entscheidung *f*
Eine wiederkehrende, gleichartig ausführbare Entscheidung, die nach einem festen Schema entsprechend einem einmal eingeübten Entscheidungsprozeß (Programm) vollzogen wird. Routine-Entscheidungen werden lediglich aufgrund der definierten Verfügungsgewalt und Verantwortung vom Manager erledigt. Es sind gleichartige, sich über einen längeren Zeitraum hinziehende und wiederkehrende Entscheidungen, z.B. die Genehmigung von Urlaub, die Inanspruchnahme von Spesenvorschüssen, die Entscheidung über Sonderschichten. Routineentscheidungen sind durch ein Netz von Verwaltungsvorschriften geregelt, man spricht daher auch von strukturierten Entscheidungen: Es besteht ein genau definierter Ablauf des Entscheidungsvollzugs.
routine innovation: Routine-innovation *f*
Nach K. E. Knight ist zwischen Routine- und Nicht-Routine-Innovationen zu unterscheiden. Zu den Routine-Innovationen zählen die in regelmäßigen Abständen durchgeführten, oft saisonalen Produkt-, Mode-, Form- und Designänderungen, während die Nicht-Routine-Innovationen vollkommene Neuentwicklungen sind. „Je mehr die Innovationsaktivitäten des Unternehmens Nicht-Routine-Charakter aufweisen, um so weniger reicht die Hierarchie als Koordinationsinstrument zur Sicherung der notwendigen Zusammenarbeit der verschiedenen Abteilungen aus." (Alfred Kieser)
Generell hat sich in diesem Jahrhundert zweifellos eine Routinisierung der Entwicklung von Innovationen ergeben. In vielen Bereichen scheinen Innovationen planbar geworden zu sein und mehr oder minder ausschließlich von der Größe der jeweiligen Forschungs- und Entwicklungsabteilung abzuhängen.
routine name: Bezeichnung *f* der Routine *m (EDV)*
routine word: Routinewort *n (EDV)*
routine work: regelmäßig wiederkehrende Arbeit *f*, Routine-Arbeit *f*
routing: Festlegung *f* der Reihenfolge *f* einzelner Arbeitsgänge *m/pl*
routing sheet: Arbeitsfolgenplan *m (EDV)*
routing slip: Laufzettel *m*
royalty: Abgabe *f*, Lizenzgebühr *f*, Patentabgabe *f*, Patentgebühr *f*
rubber cement: Klebstoff *m*
rubber industry: Gummiindustrie *f*
rubbish: Plunder *m*, Schund *m*, Unsinn *m*

rubric: Rubrik *f*
ruin by bad management: herunterwirtschaften
rule: Regel *f*, Bestimmung *f* (im Gesetz), Grundsatz *m*, Vorschrift *f*, entscheiden, herrschen, regeln
rule of conduct: Verhaltensmaßregel *f*
rule of court: Gerichtsverordnung *f*
rule of law: Rechtsgrundsatz *m*, Rechtsvorschrift *f*
rule of procedure: Verfahrensvorschrift *f*, Verfahrensregel *f*
rule of thumb: Erfahrungsregel *f*, Faustregel *f*
rule off: Konten *n/pl* abschließen
rule off accounts: Konten *n/pl* abschließen
rule out: ausschließen
ruled: liniert
rules *pl* **of the game:** Spielregeln *f/pl*
ruling: Entscheidung *f* des Gerichts *n*, Linierung *f*
rumor: Gerücht *n*, Tratsch *m*
run: panikartiger Ansturm *m* (Börse), Durchlauf *m*, laufen, plötzliche starke Nachfrage *f*
run-about: Kleinauto *n*
run a risk: ein Wagnis *n* eingehen
run-down: vernachlässigt
run idle: leerlaufen
run in (engine): einfahren (Motor)
run into debt: in Schulden *pl* geraten
run low: knapp werden, zur Neige *f* gehen
run off (copies): (Kopien) durchlaufen lassen
run out of: ausverkauft sein, zu Ende *n* gehen
run the blockade: die Blockade *f* brechen

run the risk: Gefahr *f* laufen
run time: Durchlaufzeit *f (EDV)*
run up: in die Höhe *f* treiben, steigern, schnell zunehmen
run up debts *pl*: leichtsinnig Schulden *f/pl* machen
runaway inflation: galoppierende Inflation *f*
runaway rate: überhöhter Akkordsatz *m*
runaway shop: Betrieb *m*, der ständig seinen Standort *m* wechselt, um einem Tarifvertrag *m* auszuweichen
rundown: Resumee *n*
running: laufend
running cost: laufende Kosten *pl*
running down clause: Kollisionsklausel *f*
running form: Bilanz *f* in Staffelform *f*, Gewinn- und Verlustrechnung *f* in Staffelform *f*
running program: betriebsfertiges Programm *n (EDV)*
running yield: laufende Rendite *f*
runout: Kartenauslauf *m (EDV)*
rural: ländlich, Land-
rural cooperative: landwirtschaftliche Genossenschaft *f*
rural district: Landbezirk *m*
rush: lebhafte Nachfrage *f*
rush hour: Hauptgeschäftszeit *f*, Hauptverkehrszeit *f*
rush order: vordringlicher Auftrag *m*, Eilauftrag *m*
rush time: Hauptgeschäftszeit *f*
ruthless: rücksichtslos

S

sack: abfüllen (in Säcke); (Slang) jemanden hinauswerfen

saddle point: Sattelpunkt m

In der Spieltheorie wird versucht, für jeden der beiden rationalen Spieler eine rationale Strategie zu spezifizieren. Dabei wird angenommen, daß jeder Spieler die Auszahlungen kennt und auch weiß, daß sein Mitspieler ebenso rational ist wie er selbst. Jeder Spieler muß sich also überlegen, daß jede Strategie, die er selbst als in seinem Sinne rational rechtfertigen kann, von seinem Mitspieler antizipiert werden kann, der dieses Wissen bei der Planung einer eigenen Strategie auszunutzen suchen wird. Im Falle von Nullsummenspielen empfiehlt die Spieltheorie eine reine Maximin-Strategie, in anderen Fällen eine gemischte Maximin-Strategie.

Es ist leicht feststellbar, ob eine Lösung akzeptabel ist. Man suche die reine Maximin-Strategie für jeden Spieler; dies seien a_i und b_j. Angenommen, beide Spieler würden a_i bzw. b_j wählen – dann bestimme man sich die schlechteste Konsequenz, die es dabei für P^A geben kann, sowie die schlechteste Konsequenz, die es für P^B geben kann. Wenn die schlechteste Konsequenz für beide Spieler die gleiche Konsequenz o_{ij} ist, dann ist für P^A die Strategie a und für P^B die Strategie b die Lösung. Die Konsequenz o_{ij} heißt in einem solchen Fall der Sattelpunkt des Spieles.

In Tabelle (a) ist für P^A die reine Maximin-Strategie a_2, da sie im schlechtesten Fall – der Konsequenz o_{21} – 4 DM liefert; für P^B ist die reine Maximin-Strategie b_1, denn sie bringt im schlechtesten Fall – ebenfalls der Konsequenz o_{21} – eine Auszahlung von -4 DM. Die Konsequenz o_{21} stellt also einen Sattelpunkt des Spieles dar; die Lösung ist das Strategiepaar a_2b_1. Eine Matrix kann übrigens mehrere Sattelpunkte haben – der Spieler kann dann irgendeine der Sattelpunktstrategien wählen, vorausgesetzt, er wählt keine dominierte Strategie; alle diese Strategien bringen beiden Spielern die gleichen Auszahlungen.

In Tabelle (b) ist für P^A die reine Maximin-Strategie a_2, denn sie bringt im schlechtesten Fall – der Konsequenz o_{22} – 2 DM, während für P^B die reine Maximin-Strategie b_1 ist, die im schlechtesten Fall – der Konsequenz o_{21} – die Auszahlung -4 DM bringt. Wenn demnach P^A und P^B beide jeweils ihre reine Maximin-Strategie spielen, führt dies zu unterschiedlichen schlechtesten Konsequenzen (o_{22} bzw. o_{21}). Es gibt also keinen Sattelpunkt; das Strategiepaar a_2b_1 stellt spieltheoretisch keine Lösung dar. Der Grund läßt sich schnell erkennen: Beide Spieler sind in gleicher Weise rational. Wenn dann P^A die Strategie a_2 als für ihn am günstigsten ermittelt, da sie ihm im schlimmsten Fall noch 2 DM bringt, würde P^B am besten die Strategie b_2 wählen, da sein Verlust dann nur -2 DM beträgt. Aber P^A – ebenso rational wie P^B – kann diese Überlegungen antizipieren und würde dann am besten die Strategie a_1 wählen, die ihm 8 DM eintrüge, was wiederum P^B dazu veranlassen würde, Strategie b_3 zu wählen, die ihm 5 DM bringt, etc. – ein endloser Zyklus. Eine solche zyklische Argumentation kann sich dann nicht ergeben, wenn es – wie bei der in Tabelle (a) gezeigten Auszahlungsmatrix – einen Sattelpunkt gibt. Hier stellen a_2 und b_1 die reinen Maximin-Strategien dar. Selbst wenn P^A in diesem Fall die Wahl von b_1 durch P^B antizipiert, gibt es für ihn keinen Anlaß zur Änderung seiner Entscheidung, da er sich bei einer anderen Strategie nur schlechter stehen kann. Ebenso gibt es für P^B auch bei Antizipation der Wahl von a_2 durch P^A keinen Grund zum Wechsel der Strategie.

Wenn es für keinen Spieler – auch wenn er die Wahl des Opponenten kennt und sicher ist, daß dieser seine Richtung nicht ändern würde – einen Grund gibt, die eigene Entscheidung zu ändern, dann ist a_ib_j ein Gleichgewichtspaar. Sattelpunktstrategien bilden stets ein Gleichgewichtspaar; aber auch wenn kein Sattelpunkt existiert, kann immer ein Gleichgewichtspaar gemischter Strategien gefunden werden, nämlich gemischter Maximin-Strategien. Das Konzept des Gleichgewichts ist für die Rechtfertigung der Maximinlösung bei Nullsummenspielen zwischen rationalen Spielern entscheidend, da ohne die Möglichkeit eines Gleichgewichts die Festlegung eines rationalen Spielers auf eine bestimmte Strategie schwer zu begründen wäre.

Mit Hilfe gemischter Maximin-Strategien läßt sich die Lösung für die Matrix in Tabelle (b) ableiten. Sie ist nicht schwer zu finden, da es nur zwei Strategien a_i gibt. Bei nur zwei a_i's müssen alle für P^A möglichen gemischten Strategien die Form (p_1a_1, p_2a_2) haben; dabei sind p_1 und p_2 in diesem Zusammenhang allerdings p_i's und nicht p_j's. Da $p_2 = 1 - p_2$ ist, kann durch Festlegung von p_1 jede gemischte Strategie erhalten werden. Es sei g der Erwartungswert einer Strategie für P^A bei einer gegebenen Wahl von b_j durch P^B; dann ist

$$g_j = p_1v_{1j} + p_2v_{2j}$$
$$= p_1v_{1j} + (1 - p)v_{2j}$$
$$= p_1(v_{1j} - v_{2j}) + v_{2j}$$

Die Gleichung zeigt, daß der Erwartungswert g_j bei einer gegebenen Auszahlungsmatrix eine lineare Funktion von p_1 ist.

Der Erwartungswert g_j einer gemischten Strategie (p_1B_1, p_2B_2) für den Protagonisten, wenn der Opponent die Strategie b_j wählt. Die Darstellung bezieht sich auf die Auszahlungsmatrix in Tabelle (b).

Für jede gemischte Strategie – also für jede Wahrscheinlichkeit p_1 – existiert ein niedrigster Erwartungswert für P^A bei den drei Wahlen von b durch

P^B. Wenn p_1 gering ist, ist der kleinste EV mit b_2 gegeben; für mittlere p_1 ist er mit b_1 gegeben; und für die höheren p_1 ist er mit b_3 gegeben. In der Abbildung kennzeichnet eine stärkere Linie den geringsten EV als eine Funktion von p_1; sie zeigt den niedrigsten EV für e_i jeder von ihm gewählten Strategie. Die Linie repräsentiert die Sicherheitsniveaus bezüglich der gemischten Strategien". Der Pfeil weist auf das maximale Sicherheitsniveau; die entsprechende Wahrscheinlichkeit p_1 kann auf der Abszisse abgelesen werden. Es kann auch analytisch eine Lösung gefunden werden, wenn man weiß, daß die Lösung bei $g_1 = g_2$ liegt; dann kann man schreiben:
$$p_1 (v_{11} - v_{21} + v_{21}) = p_1 (v_{12} - v_{22}) + v22$$
Bei bekannten Werten für v_{ij} hat die Gleichung eine Unbekannte, nämlich p_1; im Beispiel errechnet sich p_1 als 1/6. Mit Bekannter p_1 kann man dann den Erwartungswert des Spieles für P mit Hilfe von Gleichung für g_1 oder g_2 berechnen und erhält g = 3. Das gleiche graphische und analytische Verfahren kann bei der Auszahlungsmatrix in Tabelle (a) – einer Sattelpunktmatrix also – angewandt werden, die das Sicherheitsniveau repräsentierende Linie wäre maximal bei $p_1 = 0$, d.h. bei der reinen Strategie a_2.
Aus der obigen Graphik kann man entnehmen, daß eine Strategie die Form ($p_1 b_1$, $p_2 b_2$) haben muß, da nur die Strategien b_1 und b_2 die Auszahlung für P^A so gering wie möglich halten können – bei einem Nullsummenspiel stehen ja die Auszahlungen für P^B in umgekehrter Beziehung zu den Auszahlungen für P^A; in diesem Fall sind p_1 und p_2 wieder p's. Da es nur um eine einzige Variable, die Wahrscheinlichkeit p_1 zu tun haben, kann man die Lösung für P^B in der gleichen Weise wie für P^A ermitteln; allerdings muß man als P^B's Werte v die ij Einträge in der Matrix mit negativen Vorzeichen versehen.
Die Maximin-Strategien für P^A und P^B bilden bei Nullsummen-Spielen stets ein Gleichgewichtspaar; selbst wenn also ein Spieler die Maximin-Strategie seines Opponenten antizipiert, gibt es für ihn keinen Grund, von seiner eigenen Maximin-Strategie abzuweichen. Natürlich, wenn das Spiel wirklich losgeht, muß P^A sich für a_1 oder a_2 und muß P^B sich für b_1 oder b_2 entscheiden; aber da jede Wahl ja nur mit einer gewissen Wahrscheinlichkeit getroffen wird, kann ein Spieler die Entscheidungen seines Opponenten nie mit Sicherheit antizipieren. Allerdings kann er, wenn er seinen Opponenten für rational hält, die Wahrscheinlichkeiten von dessen Entscheidungen abschätzen.

safe: geschützt, sicher, unversehrt, Geldschrank m, Safe m, Stahlkammer f
safe custody: Wertpapierdepot n
safe custody security: Depotstück n
safe deposit box: Safe m, Schließfach n, Stahlfach n
safe deposit company: Gesellschaft f, die Schließfächer n/pl vermietet

safeguard: garantieren, schützen, Schutz m, Sicherheitsklausel f, sichern, verwahren, in Verwahrung f nehmen
safeguarding: Sicherstellung f
safekeeping: Aufbewahrung f
safety: Sicherheit f
safety bond: Sicherheitsleistung f
safety deposit box: Stahlkammer f
safety deposit vault: Stahlkammer f
safety device: Schutzvorrichtung f
safety education: Unfallverhütungstraining n
safety engineer: Sicherheitsingenieur m
safety factor: Sicherheitsfaktor m
safety loading: Sicherheitszuschlag m
safety lock: Sicherheitsschloß n
safety program: Unfallschutzprogramm n
safety regulation: Unfallverhütungsvorschrift f
safety supervisor: Leiter m des betrieblichen Unfallschutzes m
sail: auslaufen (Schiff), Segel n
sailor: Matrose m
salability: Verkäuflichkeit f
salable: gängig, marktfähig, veräußerlich, verkäuflich
salable product: Endprodukt n
salaried employee: Angestellter m, Gehaltsempfänger m
Salaried Employees Insurance Act: Angestellten-Versicherungsgesetz n
salaried personnel: Gehaltsempfänger m/pl
salary: Arbeitsentgelt n, Besoldung f, Gehalt n, Salär n
salary ceiling: Gehaltsgrenze f
salary change: Gehaltsänderung f
salary deduction: Gehaltsabzug m
salary increase: Gehaltsaufbesserung f, Gehaltserhöhung f, Gehaltszulage f
salary roll: Gehaltsabrechnung f
sale: Absatz m, Ausverkauf m, Begebung f, Veräußerung f, Verkauf m, Verwertung f (Wertpapiere)
sale by vending machine: Verkauf m mittels Automaten m
sale in consignment: Kommissionsverkauf m
sale on account: Verkauf m auf Rechnung, Verkauf m auf Ziel n, Verkauf m auf Probe
sale on the spot: Platzverkauf m
sale or return: Kommission f, in Verkauf m mit Rückgaberecht n
sale-priced goods pl: Ramschware f, Ware f zu Ausverkaufspreisen m/pl
sales pl: Absatz m, Absatzvolumen n, Um-

satz *m*, Umsatzerträge *m/pl*, Verkaufserlös *m*

1. Die Gesamtmenge der von einem Anbieter innerhalb eines bestimmten Zeitraums gegen Entgelt veräußerten Güter bzw. Dienstleistungen. Deren Gesamtwert ist der Umsatz.
2. Die dem Beschaffungs- und Produktionsprozeß zeitlich folgende Schlußphase des innerbetrieblichen Leistungsprozesses.
3. Die Gesamtheit der auf den Verkauf von Betriebsleistungen zielenden Tätigkeiten eines Unternehmens.

sales account: Verkaufskonto *n*, Warenverkaufskonto *n*

sales accounting: Verkaufsabrechnung *f*

sales act *(Am)*: Verkaufsgesetz *n*

sales agent: Verkäufer *m*

sales agreement: Verkaufskontrakt *m* (bei Grundstücken)

sales allowance: Erlösschmälerung *f*, Nachlaß *m* (vom Verkaufspreis)

sales analysis: Absatzanalyse *f*, Absatzuntersuchung *f*, Umsatzanalyse *f*, Verkaufsanalyse *f*

Die Untersuchung der den Absatz in Vergangenheit, Gegenwart und Zukunft beeinflussenden Marktdaten mit dem Ziel, Eckdaten für die Absatzplanung und den Vertrieb zu gewinnen. Vielfach wird darunter auch nur die statische Analyse des Absatzes zu bestimmten Zeitpunkten im Gegensatz zur dynamischen Absatzbeobachtung verstanden.

sales analysis board: absatzwirtschaftlicher Ausschuß *m*

sales angle: Verkaufsgesichtspunkt *m*

sales approach: Verkaufsgesichtspunkt *m*

sales area: Absatzgebiet *n*, Verkaufsgebiet *n*

sales argument: Verkaufsargument *n*

sales audit: Absatzrevision *f*

Die der finanziellen Revision ähnliche, gründlichtiefgreifende Überprüfung der Absatz-und Marktverhältnisse für ein Unternehmen in Vergangenheit und Gegenwart – durchgeführt vor allem in Krisenlagen – mit dem Ziel, eine objektivierte Beurteilung absatzpolitischer Maßnahmen und etwaiger Fehlleistungen zu ermöglichen.

sales base pay: Vertreter-Fixum *n*

sales book: Verkaufsbuch *n*

sales branch: Verkaufsbüro *n*, Verkaufsniederlassung *f*

sales budget: Absatzbudget *n*, Verkaufsbudget *n*

Ein auf der Grundlage von Daten der Absatzstatistik, Verkaufsbuchhaltung oder Marktforschung und von einem darauf basierenden Absatzplan festgesetztes Budget des gegenwärtigen und künftigen Absatzes eines Unternehmens.

Das Absatzbudget basiert auf den Ergebnissen der Absatzprognose und Absatzplanung. Es enthält auf der Leistungsseite als wichtige Information die geplanten Umsätze, ggf. differenziert nach Produkten, Absatzgebieten und Kundengruppen. Diese Leistungsziele werden den Verkaufsorganen für die Planungsperiode als Umsatzvorgaben zugewiesen. Für die Leistung erforderlicher Ressourcen werden dann in Form verschiedener Kostenbudgets den Verkaufsorganen nach Maßgabe der budgetierten Leistung gegenübergestellt. Diese Umsatzkostenbudgets beziehen sich auf alle Aktivitäten, die mit dem Verkauf im weitesten Sinne verbunden sind.

Bei dieser Kostenbudgetierung treten mitunter Zuordnungsprobleme auf, weil eine unmittelbare Beziehung im Sinne des Vernrsachungsprinzips zwischen Kosten und Leistungen nicht immer auszumachen ist. Gleichwohl kann – wenn die Budgetierung ihr Ziel der Verhaltenssteuerung durch Zuordnung von Erfolgsverantwortung erreichen will – auf eine Zuordnung von Kosten zu den budgetierten Leistungen nicht verzichtet werden.

Im einzelnen werden im Absatzbudget die Kosten des Umsatzes z.B. als Kosten der Akquisition (insbesondere der Werbung und Absatzförderung), der physischen Verkaufsabwicklung (direkte Verkaufskosten, Transportkosten, Lagerkosten) und der Leitung und Verwaltung (Planung, Statistik, Marktforschung) budgetiert.

sales cartel: Absatzkartell *n*

sales chain: Absatzkette *f*

Die Folge von verschiedenen Absatzorganen, über die ein Erzeugnis regelmäßig oder wenigstens mit einer gewissen Regelmäßigkeit von einem Hersteller bis hin zu den Endverbrauchern gebracht wird. In der Praxis überwiegen dabei mehrstufige Absatzketten (z.B. Hersteller Grossist Sortimenter Verbraucher).

sales channel(s) *(pl)*: Absatzweg(e)

Der Weg, den Güter von ihrer Herstellung bis hin zu ihrer Verwendung durchlaufen. Gemeinhin wird unterschieden zwischen direkten Absatzwegen, bei denen der Hersteller seine Erzeugnisse unmittelbar und ohne Zwischenträger beim Bedarfsträger absetzt, und indirekten Absatzwegen, bei denen das Erzeugnis über Händler (Groß- Zwischen- oder Einzelhandel) abgesetzt wird.

Die Entscheidung über konkret einzuschlagende Absatzwege setzt eine Entscheidung über Absatzwegalternativen voraus. Ihrer Natur nach ist eine solche Entscheidung Bestandteil einer langfristigen Unternehmenspolitik, weil durch die Wahl der Absatzwege zugleich auch die Bandbreite der verfügbaren absatzpolitischen Instrumente eingeengt und damit auch Vorentscheidungen über Bereiche wie z.B. Preispolitik, Werbe- und Verkaufsförderungsmaßnahmen oder Kundendienst oder Entscheidungen über das Produktimage getroffen werden (etwa durch die Wahl eines Systems der Massendistribution durch Kaufhausketten oder Billigläden im Gegensatz zu einer Distri-

bution über Fachgeschäfte und exklusive Boutiquen).
Nach der Anzahl der Absatzwege, die ein einzelnes Wirtschaftsunternehmen einschaltet, ist zwischen Mono-, Dual- und Polydistribution zu unterscheiden. Im Fall der Monodistribution durchläuft das von dem Unternehmen vertriebene Gut einen einzigen Absatzweg (z.B. vom Hersteller über den Großhandel zum Einzelhandel). Im Fall der Dualdistribution sind gleichzeitig zwei, im Fall der Polydistribution gleichzeitig mehr als zwei Absatzwege eingeschaltet.

sales charge(s) *(pl)*: Verkaufsgebühr *f*

sales check: Verkaufsquittung *f* (Menge, Preis und Beschreibung der Ware enthaltend)

sales commission: Umsatzprovision *f*, Verkaufskommission *f*, Verkaufsprovision *f*
Eine Variante des Provisionssystems der Entlohnung, bei dem die Höhe des Entgelts von dem erzielten Umsatz abhängt. Dabei sind entweder lineare, degressive oder progressive Umsatzprovisionen möglich.

sales compensation: Enlohnung *f* im Außendienst
Die Wahl des für die Mitarbeiters im Außendienst anzuwendenden Entlohnungssystems ist nicht nur eines der grundlegenden Steuerungsinstrumente des Vertriebs, sondern zugleich ein Mittel der Institutionalisierung von Leistungsanreizen und der Gestaltung der Verkaufskosten. Dabei kann man prinzipiell zwischen Festgehalts- und Provisionssystemen unterscheiden.
Bei *Festgehaltssystemen* ist zwischen der ausschließlichen Zahlung eines reinen Festgehalts und der Koppelung des Festgehalts mit einer Prämie bei Erreichung einer festgelegten Leistungsgrenze (einer bestimmten Anzahl vermittelter Verkäufe) zu unterscheiden. Bei *Provisionssystemen* wird allgemein unterschieden zwischen *Umsatzprovisionen*, wobei entweder lineare, degressive oder progressive Umsatzprovisionen möglich sind oder zwischen *Deckungsbeitragsprovisionen*, *konditionsgebundenen Provisionen*, *Prämien*, *Prämienfonds* oder *Verkaufswettbewerben* unterschieden wird.

sales confirmation: Schlußschein *m*

sales contract: Kaufvertrag *m*

sales cooperation: Absatzkooperation *f*, Absatzverbund *m*
Die Gesamtheit der in der Wirtschaftspraxis vorkommenden Formen zwischenbetrieblicher Zusammenarbeit in bezug auf Absatzvorbereitung oder Absatzpolitik.

sales cooperative: Absatzgenossenschaft *f*

sales cost: Absatzkosten *pl*, Umsatzkosten *pl*
Die bei der Erfüllung der Absatzfunktionen verursachten Aufwendungen, die sich aus den indirekten Kosten des Absatzbereichs (Absatzgemeinkosten) als fixen Größen und den variablen Größen der von den Absatzmengen abhängigen Kosten zusammensetzen.

sales cost budget: Umsatzkostenbudget *n*
Im Absatzbudget werden die Leistungsziele eines Unternehmens als wichtige Information die geplanten Umsätze, ggf. differenziert nach Produkten, Absatzgebieten und Kundengruppen, aufgeführt, die wiederum den Verkaufsorganen für die Planungsperiode als Umsatzvorgaben zugewiesen. Für die Leistung erforderliche Ressourcen werden dann in Form verschiedener Kostenbudgets den Verkaufsorganen nach Maßgabe der budgetierten Leistung gegenübergestellt. Diese Umsatzkostenbudgets beziehen sich auf alle Aktivitäten, die mit dem Verkauf im weitesten Sinne verbunden sind.

sales credit (sales credit policy): Absatzkredit *m*, Absatzkreditpolitik *f*
Die Gesamtheit der verschiedenen Maßnahmen, mit denen Unternehmen entweder durch Vermittlung oder durch Gewährung von Krediten potentiellen Kunden den Kauf der eigenen Erzeugnisse ermöglichen oder erleichtern. Dieses Marketinginstrument richtet sich vorwiegend an kaufwillige, aber im Augenblick mit geringer Kaufkraft ausgestattete Käufer. Dabei wird nach der Form des Kredits zwischen Absatzgeldkrediten und Absatzgüterkrediten unterschieden.

sales day book: Warenverkaufsbuch *n*

sales department: Verkaufsabteilung *f*, Vertriebskostenstelle *f*

sales discount: Verkaufsskonto *m*

sales district: Absatzbezirk *m*
Ein innerhalb eines Gesamtmarkts gebildeter Teilmarkt, der in aller Regel charakterisiert ist durch die Alleinvertriebsrechte eines Handelsbetriebs oder die entsprechenden Vertretungsrechte eines Handelsvertreters.

sales elasticity: Absatzelastizität *f*
Das Verhältnis der relativen Veränderung des mengenmäßigen Absatzes eines Produkts oder einer Dienstleistung und der sie auslösenden relativen Preisänderung. Dabei ist die Nachfrage elastisch, wenn eine kleine Preisänderung zu verhältnismäßig großen Veränderungen des mengenmäßigen Absatzes führt, sie ist inelastisch, wenn eine Preisänderung überhaupt keine Veränderungen der abgesetzten Menge bewirkt.

sales expectation(s) *(pl)*: Absatzerwartung(en) *f(pl)*, Verkaufserwartung(en) *f(pl)*
Eine aufgrund von Marktanalysen oder auch bloßen Vermutungen ermittelte Plangröße für das wahrscheinliche künftige Absatzvolumen eines Unternehmens, aufgrund deren die Erzeugnisplanung und die Produktpolitik festgelegt werden.

sales figures *pl*: Verkaufszahlen *f/pl*

sales finance company: Verkaufsfinanzierungsgesellschaft *f*

sales financing: Absatzfinanzierung *f*
Die Gesamtheit der Maßnahmen, mit denen Un-

ternehmen den Absatz ihrer eigenen Produkte oder Leistungen durch Finanzierungshilfen, durch firmeneigene oder -angeschlossene Kreditunternehmen oder auch durch außenstehende Kreditinstitute erleichtern.

sales fluctuation: Absatzschwankung *f*

sales focus: Umsatzschwerpunkt *m*
Eine Kennzahl, die über das Verhältnis der Produktgruppenumsätze eines Wirtschaftsunternehmens zum Gesamtumsatz der Kundengruppen informiert. Die Formel lautet:

$$\text{Umsatzschwerpunkte} = \frac{\text{Produktgruppenumsätze der Kundengruppen}}{\text{Gesamtsätze der Kundengruppen}} \cdot 100.$$

sales force: Absatzaußenorganisation *f*, Verkaufsstab *m*, Vertreterstab *m*
Die Gesamtheit der unternehmensfremden Organe, die als Bestandteile der betrieblichen Absatzorganisation absatzbezogene Aufgaben und Tätigkeiten erfüllen.

sales forecast: Absatzplan *m*, Absatzprognose *f*, Absatzvorausschätzung *f*, Verkaufsvorschätzung *f*
Eine nach der Formulierung von Heribert Meffert „auf die Empirie gestützte Vorhersage des zukünftigen Absatzes von bestimmten Produkten oder Leistungen einer Unternehmung an ausgewählte Käuferschichten (Abnehmer) in einem bestimmten Zeitabschnitt und bei einer bestimmten absatzpolitischen Mittelkombination".
Gegenstand der Prognose sind vor allem der künftige Zustand bzw. die Entwicklung des Marktpotentials, des Absatzpotentials, des Marktvolumens und die Marktanteils eines Unternehmens.
Ziel der Prognose ist entweder, mögliche Differenzen zwischen Umsatzzielen und -erwartungen bei Beibehaltung bisher angewandter Strategien aufzudecken (und somit den Boden für die mögliche Entwicklung notwendig gewordener neuer Strategien zu bereiten), oder die Wirkungen möglicher alternativer Absatzstrategien abzuschätzen um herauszufinden, ob mit ihnen bessere Umsätze zu erzielen sind, oder zu untersuchen, welche Rückwirkungen die künftige Gesamtentwicklung des Absatzes auf die mengenmäßigen Dispositionen in nachgelagerten Bereichen wie z.B. Fertiglager, Herstellung oder Einkauf hat.
Die Bandbreite der Prognoseverfahren reicht von der auf bloßer Intuition beruhenden Entwicklung hoffnungsfroher Erwartungen der Geschäftsleitung eines Unternehmens über Trendexpolationen bis hin zu vielschichtigen Befragungsmethoden. Dabei wird vielfach zwischen quantitativen und qualitativen Verfahren unterschieden:
1. quantitative Verfahren: Hierzu zählen insbesondere
a) direkte Trendexpolationen, bei denen die von zyklischen und Zufallsschwankungen bereinigten Zeitreihenwerte über vergangene Entwicklungen aufgrund der Annahme, daß die vergangene Entwicklung sich in die Zukunft fortsetzt, hochgerechnet werden wie z.B. bei der Methode der kleinsten Quadrate, der Berechnung gleitender Durchschnitte oder der exponentiellen Glättung;
b) indirekte Trendexpolationen (Indikatormethoden), bei denen bestimmte wirtschaftliche Daten als Indikatoren für die zu erwartende Absatzentwicklung des eigenen Unternehmens verwendet werden, wie z.B. beim Analogverfahren, beim Leitreihenverfahren, bei der Konjunkturindikatorenmethode oder der Barometertechnik.
c) Regressionsverfahren.
d) ökonometrische Techniken, bei denen eine zu prognostizierende Veränderliche durch mehrere unabhängige Variable bestimmt wird.
2. qualitative Verfahren: Dazu zählen alle Methoden, die der Vielschichtigkeit der wirtschaftlichen Wirklichkeit dadurch gerecht zu werden versuchen, daß sie erst gar nicht den Versuch unternehmen, die Wirkungszusammenhänge bei der künftigen Absatzentwicklung in starre mathematische Formeln zu bringen.
Alle qualitativen Methoden sind im weitesten Sinne Befragungsverfahren, durch die Versuch unternommen wird, durch die unmittelbare Befragung von Herstellern, Händlern oder/und Verbrauchern über ihre geplanten Investitionen, Einkäufe oder Gebrauchsgüterkäufe Anhaltspunkte für die künftige Entwicklung des Absatzes zu erhalten. Zu den bekanntesten Techniken zählen die Delphi-Methode und die Graswurzelmethode.

sales function(s) *(pl)*: Absatzfunktion(en) *f(pl)*
Ausgehend von der Lehre von den Handelsfunktionen ist seit den 1920er Jahren eine ganze Reihe von Gliederungsschemata der Absatzfunktionen entwickelt worden, von denen die Gliederung nach Erich Schäfer in die folgenden Grund- und Unterfunktionen wohl am bekanntesten ist:
A. Absatzvorbereitung
1. Markterkundung
2. Auswertung bisheriger Absatzerfahrungen
3. Absatzplanung
B. Absatzanbahnung
1. Werbung (= generelles Angebot)
2. Individuelles Angebot (z.B. Bemusterung, Vorführung)
C. Vorratshaltung für den Verkauf
1. Lagerhaltung im Werk
2. Lagerhaltung in Auslieferungslagern
3. Unterhaltung von Konsignationslagern
D. Absatzdurchführung
1. Verkaufsabschluß
2. Verkaufsdurchführung
a) Auftragsbearbeitung
b) Auftragsabwicklung
c) Verpackung
d) Versand
e) Übergabe
f) Behandlung von Reklamationen

E. Finanzielle Durchführung des Absatzes
1. Rechnungsstellung
2. Absatzfinanzierung
3. Inkasso

F. Erhaltung der Absatzbeziehungen
1. Kundendienst
2. Kundenpflege

Handelsfunktionen

Absatzgebiet
Der gesamte geographische Bereich, in dem ein Gut oder eine Dienstleistung Absatz findet.

sales guarantee: Absatzgarantie *f*

sales index (sales index number): Absatzkennzahl *f*, Absatzkennziffer *f*
Eine Gliederungs- oder Verhältniszahl, die als Indikator absatzwirtschaftlich relevante Informationen für betriebswirtschaftliche Dispositionen in bezug auf bestimmte Absatzmärkte enthält und mit deren Hilfe es Unternehmen ermöglicht werden soll, ihre Absatzfunktionen zu erfüllen. Anbsatzkennzahlen geben Informationen sowohl über das disponierende Unternehmen wie über das wirtschaftliche Umfeld, also andere konkurrierende und nichtkonkurrierende Unternehmen.

In der volkswirtschaftlichen Literatur werden die Begriffe Kennzahl und Kennziffer allgemein synonym verwendet, wobei unterschieden wird zwischen Gliederungszahlen, die Teilmassen zu Gesamtmassen in Beziehung setzen (z.B. den Absatz eines bestimmten Filialbetriebs zum Gesamtabsatz aller Filialbetriebe), und Verhältniszahlen, durch die gleichrangige Massen zueinander in Beziehung gesetzt werden entweder in Form von Beziehungszahlen (z.B. Ist-Kosten im Verhältnis zu Soll-Kosten) oder in Form von Indizes (z.B. Umsatz des laufenden Jahres im Verhältnis zum Umsatz des zurückliegenden Jahres). Absatzkennzahlen sind ein wichtiges Instrument sowohl der Absatzplanung wie der betrieblichen Erfolgskontrolle.

Generell unterscheidet man zwischen Kennzahlen der Absatzkontrolle und zwischen Umsatzziffern. Über die Anteile einer Kundengruppe am Gesamtumsatz informiert z.B. diese Kennzahl:

$$\text{Absatzstruktur} = \frac{\text{Umsätze einer Kundengruppe}}{\text{Gesamtumsatz}} \cdot 100.$$

Über die Anteile einzelner Kundengruppen an den Umsätzen einzelner Produktgruppen informiert die Kennzahl:

$$\text{Umsatzstruktur} = \frac{\text{Produktgruppenumsätze der Kundengruppen}}{\text{Gesamtumsätze der Produktgruppen}} \cdot 100.$$

Die folgende Kennzahl gibt das Verhältnis der jeweiligen Produktgruppenumsätze zum Gesamtumsatz der Kundengruppen wieder:

$$\text{Umsatzschwerpunkte} = \frac{\text{Produktgruppenumsätze der Kundengruppen}}{\text{Gesamtumsätze der Kundengruppen}} \cdot 100.$$

Die Beziehung zwischen dem Gesamtumsatz als einer marktabhängigen Größe und der Anzahl der Beschäftigten als Ausdruck eines entscheidenden betrieblichen Kostenfaktors, der eine Kennzahl für die Produktivität eines gesamten Unternehmens darstellt, wird durch den Beschäftigtenumsatz wiedergegeben:

$$\text{Beschäftigtenumsatz} = \frac{\text{Gesamtumsatz}}{\text{durchschnittlicher Belegschaftsbestand}}.$$

Eine weitere wichtige Umsatzziffer ist der durchschnittliche Umsatz pro Kunde:

$$\text{Kundenumsatz} = \frac{\text{Gesamtumsatz}}{\text{Anzahl der Kunden}}.$$

sales invoice: Verkaufsrechnung *f*
sales journal: Debitorenjournal *n*, Verkaufsjournal *n*, Warenverkaufsbuch *n*
sales lady: Verkäuferin *f*
sales ledger: Debitorenbuch *n*, Kundenbuch *n*
sales ledger clerk: Debitorenbuchhalter *m*
sales letter: Werbebrief *m*
sales manager: Verkaufsleiter *m*, Vertriebsleiter *m*
sales market: Absatzmarkt *m*
„Der Absatzmarkt einer Unternehmung ... ist ... zu verstehen als die Gesamtheit jener Bedarfsträger, an die sich die Unternehmung als potentielle Abnehmer ihrer Leistungen wendet, um sie durch die Gestaltung ihres Angebots und den aktiven Einsatz ihrer Absatzinstrumente zum Kauf ihrer Leistungen zu veranlassen. Der Markt einer Unternehmung ist deshalb nicht eine von vornherein gegebene Größe, ein Datum, sondern muß von ihr gesucht und bestimmt und durch aktive Maßnahmen vom potentiellen in einen realen Markt verwandelt werden." (Wilhelm Hill) Es handelt sich mithin um die Gesamtheit der tatsächlichen und der potentiellen Abnehmer eines Produkts oder einer Leistung. Dabei gilt, daß der Absatzmarkt eines Anbieters der Beschaffungsmarkt seiner Abnehmer ist.

sales market research: Absatzmarktforschung *f*
Derjenige Bereich der betrieblichen Marktforschung, dessen Aufgabe die Analyse und Beobachtung der äußeren Bedingungen des Absatzes der Güter oder Leistungen eines Herstellers oder Händlers ist. Da in der Praxis die betriebliche Marktforschung vor allem der Industrie Absatzmarktforschung ist, wird sie vielfach als Synonym für Marktforschung überhaupt verstanden. Sie um-

schließt im einzelnen die Erforschung der Nachfrage (des Bedarfs), der Marktkonkurrenz und der Absatzmittler (Absatzwege).

sales marketing: Absatzmarketing *n*
Derjenige Bereich des betrieblichen Marketing, dessen Inhalt und Gegenstand die Bestimmung des Leistungsprogramms des Unternehmens der geplanten Absatzmengen sowie ihrer Qualität und Preise ist.

sales mix: Verkaufs-Mix *n*, Umsatzmischung *f*

sales note: Schlußnote *f*

sales objective: Verkaufs(plan)ziel *n*

sales observation: Absatzbeobachtung *f*
Jener Bereich der betrieblichen Marktforschung, der die Entwicklung des Absatzes eines Erzeugnisses im Zeitverlauf mit dem Ziel verfolgt, Entwicklungstendenzen zu erkennen und ggf. Kurskorrekturen vornehmen zu können.

sales office: Verkaufsbüro *n*

sales opportunities *pl*: Absatzmöglichkeiten *f/pl*, Absatzverhältnisse *n/pl*

sales order register: Verkaufsauftragsbuch *n*

sales organization: Absatzorganisation *f*, Verkaufsorganisation *f*
Im allgemeinen wird unterschieden zwischen Absatz mit Hilfe unternehmenseigener Verkaufsorgane und Absatz mit Hilfe unternehmensfremder Verkaufsorgane sowie Absatz mit Hilfe von Marktveranstaltungen. Dabei ergeben sich für jede der drei Absatzformen im einzelnen folgende Möglichkeiten:

Absatz mit Hilfe unternehmenseigener Verkaufsorgane	Absatz mit Hilfe unternehmensfremder Verkaufsorgane	Absatz mit Hilfe von Marktveranstaltungen
Verkauf in Läden	Verkauf durch Kommissionäre	Messen
Verkauf durch eigene Reisende	Verkauf durch Handelsvertreter	Warenbörsen
Verkauf durch Mitglieder der eigenen Geschäftsführung (vor allem im Investitionsgüterbereich)	Verkauf durch Makler	Auktionen
Verkauf aufgrund von Abnehmeranfragen		Ausschreibungen

sales outlet: Laden *m*, Verkaufsstelle *f*

sales per number of employees: Beschäftigtenumsatz *m*
Eine Kennzahl, die über die Beziehung zwischen dem Gesamtumsatz eines Wirtschaftsunternehmens als einer marktabhängigen Größe und der Anzahl der Beschäftigten als Ausdruck eines entscheidenden betrieblichen Kostenfaktors informiert, der eine Kennzahl für die Produktivität eines gesamten Unternehmens darstellt. Die Formel lautet:

$$\text{Beschäftigtenumsatz} = \frac{\text{Gesamtumsatz}}{\text{durchschnittlicher Belegschaftsbestand}}.$$

sales performance: Verkaufsleistung *f*

sales personnel: Verkaufspersonal *n*, Verkaufsstab *m*

sales *pl* **to external customers:** Außenumsatz *m*

sales plan: Absatzplan *m*
Der auf der Grundlage von Absatzerwartungen und -zielen festgelegte schriftliche Plan, in dem die einzelnen für den Absatz einer Ware in der Planperiode relevanten Maßnahmen niedergelegt sind und mit dem alle anderen Planungen eines Unternehmens abgestimmt und verknüpft sind. Durch den Absatzplan werden die für die Absatzziele erforderlichen Maßnahmen in den Bereichen von Kapazitäts- und Investitionsplanung, Produktplanung und Produktforschung, Einkaufsplanung, Finanzplanung, Marktforschung, Werbung, Vertriebsplanung, Personalplanung sowie Kosten-, Ertrags- und Gewinnplanung koordiniert. Vielfach wird zwischen einem langfristigen (strategischen), einem mittelfristigen (taktischen) und einem kurzfristigen (operativen) Absatzplan unterschieden, Absatzplanung, wobei in aller Regel davon auszugehen ist, daß die im langfristigen Plan niedergelegten Richtgrößen in den mittelfristigen und kurzfristigen Plänen zunehmend konkretisiert werden.

sales planning: Absatzplanung *f*
Die Entwicklung von strategischen, taktischen und operativen Absatzplänen auf der Grundlage von Prognosen der in künftigen Planperioden möglichen Absätze (oder auch Umsätze) eines Unternehmens. Die Absatzplanung ist in die allgemeine Geschäftspolitik des Unternehmens eingebettet. Wiewohl in der Realität Absatzplanung vielfach auf der Basis von Intuition durchgeführt wird, hat die Betriebswirtschaftslehre eine ganze Reihe von Techniken der Objektivierung und Systematisierung betrieblicher Absatzplanung entwickelt. Grundvoraussetzung für die Absatzplanung sind einigermaßen verläßliche Prognosen über die allgemeine Wirtschaftsentwicklung, die Entwicklung der Branche, dem ein Unternehmen angehört, und über die Entwicklung des eigenen Absatzmarkts.

sales policy: Verkaufspolitik *f*
Die Festlegung der grundlegenden Orientierungsrichtlinien für den Absatz der Produkte und Dienstleistungen eines Unternehmens, nach Hermann Sabel „die Gesamtheit der planenden, realisierenden und kontrollierenden Aktivitäten deren Inhalt die zielentsprechende Gestaltung des gegenwärtigen und zukünftigen Absatzes des Betriebes ist". Als solche ist sie Bestandteil der langfristigen Unternehmenspolitik, die in den Absatzplänen eines Unternehmens konkretisiert wird.

Ziel aller Absatzpolitik ist die Schaffung günstiger Voraussetzungen für den Absatz von Erzeugnissen, Waren oder Leistungen. Insbesondere ist die Absatzpolitik die „Entwicklung (Definition), Abwägung (Vergleich), Auswahl (Entscheidung) und Durchsetzung der auf den Absatzmarkt gerichteten Handlungs- oder Entscheidungsalternativen (Absatzprogramme)" (Heribert Meffert). Zur Realisierung seiner Absatzpolitik setzt das Unternehmen das absatzpolitische Instrumentarium ein.

sales potential: Absatzpotential *n*
Die höchstmögliche Absatzmenge, die ein Unternehmen in seinem Absatzmarkt mit einem konkreten Erzeugnis erzielen kann bzw. zu erzielen hofft, so daß ein Auseinanderfallen zwischen Sollwerten (möglichen oder erhofften Absätzen) und Istwerten (tatsächlichen Absätzen) möglicherweise Absatzreserven, möglicherweise aber auch bloß eine Überschätzung des wirklichen Absatzpotentials indiziert.

sales premium: Verkaufsprämie *f*

sales prognosis: Absatzprognose *f*
→ sales forecast

sales price: Verkaufspreis *m*
Der Preis, den der Endverbraucher tatsächlich für ein Gut oder eine Dienstleistung bezahlt.

sales price variation: Verkaufspreisabweichung *f*

sales proceeds *pl*: Umsatz *m*, Verkaufserlös *m*

sales profit and loss statement: Absatzerfolgsrechnung *f*
Die in der Praxis meist nach dem Ist-Kosten-Verfahren vorgenommene Ermittlung des pro Absatzelement erzielten Ergebnisses und der Vergleich dieses Ist-Ergebnisses mit dem Soll-Ergebnis. Anstelle dieser alten Form der Erfolgsrechnung setzen sich in neuer Zeit andere Formen wie z.B. die Erfolgsrechnung nach dem Prinzip der Deckungsbeitragsrechnung oder des Responsibility Accounting durch.

sales promotion: Absatzförderung *f*, Verkaufsförderung *f*, Vertriebsförderung *f*
Der Begriff Verkaufsförderung wird unterschiedlich definiert. Die Abgrenzung von Merchandising und Absatzförderung ist mindestens problematisch, wenn nicht unmöglich. Nach der Begriffsbestimmung von Peter Cristofolini ist Verkaufsförderung „ein zeitlich gezielt und marktsegmentspezifisch einsetzbares Kommunikationsinstrument des Marketing-Mix von Industrie-, Handels- und Dienstleistungsunternehmen. Sie informiert und beeinflußt kurzfristig und langfristig Verkaufsorganisationen, Absatzmittler und Verbraucher/Verwender durch personen- und sachbezogene, stationäre und variable erweiterte Leistungen zum Angebot".

sales quota: Absatzquote *f*, Verkaufsquote *f*
Eine Verhältniszahl, durch die die Relation der am Markt absetzbaren Warenmenge oder Produktionskapazität eines Unternehmens angegeben wird.

sales radius: Absatzradius *m*
Die geographische Reichweite der internationalen nationalen, regionalen oder lokalen Absatzgebiete eines Unternehmens.

sales rate at the point of sale: Abverkaufsgeschwindigkeit *f*
Die Geschwindigkeit (d.h. die Zahl der Artikel pro Zeiteinheit), mit der eine Ware am Verkaufspunkt (point of sale) verkauft wird.

sales register: Debitorenjournal *n*

sales representative: Reisender *m*, Vertreter *m*, Handelsvertreter *m*

sales research: Absatzforschung *f*
Die systematische Beschaffung und Verarbeitung von Informationen, die für die Marketingentscheidungen eines Unternehmens relevant sind und sich unmittelbar auf den Absatz von Gütern und Dienstleistungen beziehen. Absatzforschung schließt die Gewinnung und Verarbeitung unternehmensexterner Daten ebenso wie unternehmensinterner Daten ein, beschränkt jedoch den Bereich der Untersuchung und Analyse auf die Absatzmärkte des Unternehmens. Gegenstand der Absatzforschung sind insbesondere die Produkt- und Sortimentspolitik, die Absatzorganisation und die Wahl der Absatzwege, Preis- und Rabattpolitik, Werbung, Verkaufs- und Absatzprognosen.

sales restriction: Verkaufsbeschränkung *f*, Verwertungssperre *f* (Wertpapiere)

sales returns *pl*: Absatzertrag *m*, Absatzerträge *m/pl*
Der aus tatsächlich abgesetzten Gütern und Diensten resultierende Ertrag eines Unternehmens („realisierter Ertrag") im Gegensatz zum „unrealisierten Ertrag" von Gütern, die auf Lager genommen wurden.

sales revenue(s) *(pl)*: Umsatzerträge *m/pl*, Verkaufserlös *m*

sales risk: Absatzrisiko *n*
Die unabhängig von der Produktqualität für jeden Anbieter bestehende Ungewißheit, ob ein Erzeugnis absetzbar ist. Die Minimierung des Absatzrisikos ist auslösendes Moment der Marktforschung. Besonders stark ist die Motivation zur Verringerung des Absatzrisikos für Anbieter in Optionsmärkten.

sales segment: Absatzsegment *n*
Sammelbezeichnung für diejenigen absatzpolitischen Einzelbereiche wie 1. Auftragsgrößen, 2. Abnehmer, 3. Absatzgebiete, 4. Produktgruppen und 5. Absatzmethoden, die entscheidend zum wirtschaftlichen Erfolg eines Unternehmens beitragen.

sales segmentation: Absatzsegmentrechnung *f*
Die rechnerischen Operationen durch die der ökonomische Erfolg einzelner Teil-Absatzsegmente ermittelt und zugleich festgestellt wird, wie

relativ wirksam die Absatzbemühungen in den einzelnen Teil-Absatzsegmenten für den wirtschaftlichen Erfolg eines Unternehmens sind. Dabei werden die einzelnen Absatzsegmente nach absatzpolitischen Gesichtspunkten unterteilt (nämlich in Teil-Absatzsegmente). So führt z.B. die unterschiedliche Behandlung der Absatzgebiete zu einer selektiven Absatzpolitik, bei der die auszuscheidenden Absatzgebiete diskriminiert und die bevorzugten Gebiete selektiert werden. Die beiden einzelnen Teilmassen, also die diskriminierten und die selektierten Gebiete, sind die Teil-Absatzsegmente. Da jedes Teil-Absatzsegment sowohl Umsatz- wie Kosten- und Erfolgsträger ist, zielt die Absatzsegmentrechnung darauf, den Nettoerfolg der Absatzsegmente zu ermitteln.

sales slip: Kassenzettel *m*

sales statistics: Absatzstatistik *f*, Verkaufsstatistik *f*
Die aufgrund der betrieblichen Buchführung eines Unternehmens durchgeführte systematische Erfassung, Verarbeitung und Auswertung der nach Mengen oder Preisen, Abnehmern, Abnehmerkategorien oder Verkaufsbezirken sowie nach Warengattungen gegliederten quantitativen Daten über die Absatzaktivitäten eines Wirtschaftsunternehmens. Sie ist ein Instrument sowohl der Planung wie der Kontrolle der Unternehmenstätigkeit.

sales strategy: Verkaufsstrategie *f*
Die langfristige Planung des Vorgehens eines Wirtschaftsunternehmens auf seinem Absatzmarkt auf der Grundlage der in Gestalt von Wachstums-, Produkt- und Marktzielen definierten Unternehmenspolitik.

sales structure: Umsatzstruktur *f*
Eine Kennzahl, die über die Anteile einzelner Kundengruppen an den Umsätzen einzelner Produktgruppen eines Wirtschaftsunternehmens informiert. Die Formel lautet:

$$\text{Umsatzstruktur} = \frac{\text{Produktgruppenumsätze der Kundengruppen}}{\text{Gesamtumsätze der Produktgruppen}} \cdot 100.$$

sales structure analysis: Umsatzstrukturanalyse *f*
Die strategische Analyse des Absatzbereichs beginnt mit einer Umsatzstruktur-Analyse. Für diesen Zweck haben sich u.a. die folgenden Analyseinstrumente als nützlich erwiesen:
(1) *Rentabilitätsprofil des Umsatzes*: Zur Ermittlung des Umsatzrentabilitätsprofils wird für jedes Produkt (oder jede homogene Produktgruppe) der Bruttogewinn ermittelt und als Anteil des Produkterlöses ausgedrückt.
(2) *Altersprofil der Produkte*: Analog dazu kann ein Altersprofil der Produkte aufgestellt werden.
(3) *Produktrentabilität in Abhängigkeit vom Alter der Produkte*: Faßt man die Produkte nach Altersklassen zusammen und bestimmt man fürjede Al-

tersklasse die durchschnittliche Bruttoumsatzgewinnrate, als gewogenes arithmetisches Mittel der Umsätze der einzelnen Produkte und ihrer Bruttoumsatzgewinnraten, so erhält man das Profil der Produktrentabilität in Abhängigkeit vom Alter der Produkte.
(4) *Verteilung des Umsatzes nach Produkten*, ABC-Analyse: Der Ansatz einer ABC-Analyse gibt Aufschluß über die dominierenden Umsatzträger des Produktprogramms. Die Produkte bzw. homogenen Produktgruppen werden in absteigender Folge ihrer Umsätze geordnet. Je nach dem angestrebten Differenzierungsgrad der Informationen faßt man einzelne Produkte gemäß ihrem prozentualen Anteil an der Gesamtproduktzahl zu Klassen zusammen. Für die Umsätze der gebildeten Produktklassen wird ebenfalls der prozentuale Anteil am Gesamtumsatz ermittelt.
(5) *Sonstige Analysen*: Weitere Analysen im Absatzbereich beziehen sich auf die Kundenstruktur, die Absatzwege (Veränderungen in der Zeit), die Preisbildung, die Produktgestaltung und die Werbung, d.h. auf alle absatzpolitischen Instrumente. Zeitvergleiche und Vergleiche mit Gesamtbranchengrößen können hier Hinweise auf wichtige Entwicklungen von strategischer Bedeutung liefern.

sales tactics: Absatztaktik *f*, Verkaufstaktik *f*
Die mittelfristige Planung des Vorgehens eines Wirtschaftsunternehmens auf seinem Absatzmarkt.

sales target: Absatzsollziffer *f*, Absatzsoll-Kennziffer *f*
Der für einen einzelnen Verkaufsbereich oder Verkaufsbezirk für den angestrebten oder zu erzielenden Absatz festgesetzte Richtsatz.

sales tax: Einzelhandelsumsatzsteuer *f*, Umsatzsteuer *f*

sales tax refund: Umsatzsteuervergütung *f*

sales tax return: Umsatzsteuererklärung *f*

sales term: Verkaufsbedingung *f*

sales territory: Absatzgebiet *n*, Verkaufsgebiet *n*

sales ticket: Kassenzettel *m*, Quittung *f*

sales turnover: Umsatzgeschwindigkeit *f*, Absatzgeschwindigkeit *f*
Die Zahl der pro Zeiteinheit abgesetzten Wareneinheiten.

sales turnover tax: Einzelhandelsumsatzsteuer *f*, Verkaufssteuer *f*

sales unit: Umsatzeinheit *f*

sales value: Verkaufswert *m*

sales volume: Absatzvolumen *n*, Umsatzvolumen *n*, Verkaufsvolumen *n*
Die Gesamtheit der von einem Wirtschaftsunternehmen innerhalb eines bestimmten Zeitraums tatsächlich abgesetzten Mengen eines Erzeugnisses.

sales volume plan: Absatzmengenplan *m* Der innerhalb der betrieblichen Absatzplanung aufgestellte Plan der Absatzmengen der Betriebserzeugnisse für eine Planperiode.

sales volume variation: Verkaufsmengenabweichung *f*, Verkaufsvolumenabweichung *f*

salesman: Reisender *m*, Handelsreisender *m*
Ein im Gegensatz zum selbständigen Handelsvertreter in einem festen Angestelltenverhältnis stehender Vertriebsmitarbeiter eines Hersteller- oder mitunter auch eines Großhandelsunternehmens, der im übrigen dieselben Funktionen wie ein Handelsvertreter wahrnimmt, allerdings anders als der selbständige Handelsvertreter auch an Weisungen des ihn anstellenden Unternehmens gebunden ist.
Gemäß § 59 des Handelsgesetzbuchs (HGB) gehört der Reisende juristisch zu den *Handlungsgehilfen*. Er wird in der Regel durch ein festes Gehalt entlohnt, oftmals erhält er neben diesem Fixum eine Umsatzprovision. Eine indirekte Entlohnung besteht auch meist in der Art der Spesenvergütung, in der Ausstattung mit einem Firmenfahrzeug, in Gewinnbeteiligungen oder in Gratifikationen.
Je nachdem, wie umfangreich die Vollmachten eines Reisenden sind, schließt er entweder im Namen seines Unternehmens selbst Geschäfte ab (Abschlußvollmacht) oder bahnt sie lediglich an (Vermittlungsvollmacht).
Reisende haben weiterhin Inkassorecht und können Lieferungs- und Zahlungsvereinbarungen treffen. Die Rechte können nach § 54 HGB erweitert oder beschränkt werden, was den Käufern gegenüber allerdings bekannt gegeben werden muß, damit die Erweiterung bzw. Beschränkung Rechtswirksamkeit erlangt. Als Angestellter ist der Reisende an die Weisungen der Unternehmensleitung bzw. des Verkaufsmanagements gebunden.
Die Kernfunktion des Reisenden ist in der Erfüllung der ihm übertragenen Verkaufstätigkeit zu sehen. Daneben können dem Reisenden weitere Aufgaben wie Inventurarbeiten, Regalpflege etc. übertragen werden, die allerdings nicht als spezifische Tätigkeitsmerkmale eines Reisenden anzusehen sind.
Die Unternehmensleitung oder das Verkaufsmanagement kann neben den Aufgaben auch den Zeitpunkt ihrer Durchführung, die Art und Weise ihrer Durchführung, die dabei anzuwendenden Mittel und meist sogar die Intensität des Arbeitseinsatzes bestimmen. Die Aktivitäten des Reisenden sind somit in umfangreichem Ausmaß durch die Geschäftsleitung oder das Verkaufsmanagement steuerbar.

salesman base pay: Vertreter-Fixum *n*

salesman's severance pay: Ausgleichsanspruch *m*, Handelsvertreterausgleich *m*
Der einem Handelsvertreter bei Beendigung seines Vertragsverhältnisses dafür zustehende finanzielle Ausgleich, daß dem von ihm vertretenen Unternehmen durch seine Tätigkeit über die unmittelbaren Verkaufsabschlüsse hinaus Vorteile erwachsen sind, die auch nach dem Erlöschen seiner Tätigkeit für das Unternehmen weiterhin wirksam sind (z.B. der von ihm aufgebaute und gepflegte Kundenkreis).

salesmanship: Verkaufsgewandtheit *f*, Verkaufskunst *f*, Verkaufstalent *n*, Verkaufstüchtigkeit *f*

saleswoman: Verkäuferin *f*

salvage: bergen, Bergung *f*, Gut *n*, geborgenes Rückgewinnung *f*

salvage charge(s) *(pl)*: Bergungskosten *pl*

salvage money: Bergelohn *m*

salvage office: Bergungsamt *n*

salvage value: Bergungswert *m*, Restwert *m* (eines genutzten Anlagegegenstandes), Schrottwert *m*

sample: Ausstellungsstück *n*, Muster *n*, ein Muster *n* nehmen, Probe *f*, probieren, Schaustück *n*, Stichprobe *f*, Stichproben *f/pl* machen, Warenprobe *f*

sample sent on approval: Probesendung *f*

sample signature: Unterschriftsprobe *f*

sample without value: Muster *n* ohne Wert *m*

sampling: stichprobenweise Prüfung *f*, Stichprobenuntersuchung *f*, Untersuchung *f* des Gesamtmarkts *m* durch Studium *n* einer repräsentativen Käufergruppe *f*, Verkaufsförderung *f* durch Verschenken von Miniaturpackungen, Ziehen *n* von Mustern *n/pl*

sanitary: gesundheitlich

sans recourse: ohne Obligo *n* (beim Wechselindossament)

satellite city: Trabantenstadt *f*

satiate: saturieren, übersättigen

satiation: Sättigung *f*

satisfaction: Befriedigung *f*, Bezahlung *f*, Löschung *f* (von Schulden), löschungsfähige Quittung *f*

satisfaction of needs *pl*: Bedürfnisbefriedigung *f*

satisfy: befriedigen, bezahlen

satisfy a creditor: Gläubiger *m* befriedigen

saturate: sättigen

saturation: Sättigung *f*

saturation curve: Sättigungskurve *f*

saturation function: Sättigungsfunktion *f*, Wachstumsfunktion *f*
Für viele wirtschaftliche Probleme sind neben den Prozessen mit konstanten Zuwachsraten z.B. bei der Untersuchung von Produktlebenszyklen die Phänomene der Marktsättigung und des Verlaufs der Sättigung, d.h. die Höhe des Marktpotentials

und der Weg zu seiner Ausschöpfung von zentralem Interesse. Insbesondere für mittel- und langfristige Prognosen der Nachfrageentwicklung werden Funktionen mit einem nach oben begrenzten Wertebereich, dem Sättigungsniveau oder der Wachstumsgrenze verwendet. Zu den wichtigsten Sättigungsfunktionen, die für Absatz- und Nachfrageprognosen verwendet werden, zählen exponentielle und logarithmische Trendfunktionen, logistische Funktionen, die Gompertzfunktion und die parabolische Trendfunktion.

saturation point: Sättigungspunkt *m*
save: bergen, sparen
save up: zusammensparen
saver: Sparer *m*
saving: Sparen *n*, Konsumverzicht *m*
saving account: Sparkonto *n*
saving activity: Spartätigkeit *f*
saving agreement: Sparvertrag *m*
saving and loan: association Spar- und Darlehenskasse *f*
saving bank: Sparkasse *f*
saving bank book: Sparbuch *n*
saving bank depositor: Spareinleger *m*
saving contract: Sparvertrag *m*
saving deposit: Spareinlage *f*
saving group: Sparverein *m*
saving of time: Zeitersparnis *f*
saving on accounts: Kontensparen *n*
saving put into securities *pl*: Effektensparen *n*
saving rate: Sparquote *f*, Sparrate *f*
Der Anteil der Ersparnis am verfügbaren Einkommen. Die Sparquote ist in der Regel um so höher, je höher das verfügbare Einkommen ist. Bezieher von höheren und sehr hohen Einkommen sparen erfahrungsgemäß sowohl absolut wie relativ mehr als die Bezieher kleinerer und geringer Einkommen. In diesen Haushalten kommt es daher nicht selten zu einem Entsparungs-(Verschuldungs-)Effekt: Die Ausgaben übersteigen die Einnahmen. Diese Zusammenhänge sind mit der jeweiligen Höhe des Einkommens leicht erklärbar: Je mehr ein Haushalt verdient, je besser also seine Einkommenslage ist, desto weniger hat er (prozentual vom Gesamteinkommen) für Grundbedürfnisse (Nahrungsmittel, Wohnung, Heizung, Kleidung) aufzuwenden. Ihm bleibt ein entsprechend höherer Anteil für höherwertige Gebrauchsgüter und Dienstleistungen und für die Ersparnis.
Während die moderne Theorie die Höhe der Ersparnis vor allem mit dem Einkommen erklärt, ist in der älteren Theorie der Zinssatz ein weiterer wichtiger Bestimmungsfaktor gewesen. Jedoch ist die Zinshöhe immer nur eine mögliche Erklärungsvariable für die Höhe der Ersparnis. In Zeiten steigender Zinssätze kann durchaus weniger gespart werden, wenn nämlich in Erwartung stark steigender Preise vorgezogene Käufe getätigt werden. Außer dem Einkommen wird das Sparen von so unterschiedlichen Motiven wie Notgroschen, Ausbildungsrücklage, Zweck- oder Prestigeakkumulation bestimmt.

saving stamp: Rabattmarke *f*, Sparmarke *f*
savings *pl*: Ersparnisse *f/pl*, Spareinlage *f*
savings bank: Sparkasse *f*
savings bank book: Sparbuch *n*
Say's theorem: Saysches Theorem *n*
Das von Jean Baptiste Say in seiner Theorie der Absatzwege formulierte, von David Ricardo übernommene und heute ganz ähnlich für die Überflußgesellschaft von John Kenneth Galbraith angewandte Theorem, demzufolge eine Überproduktion in einer Volkswirtschaft nicht möglich sei, weil sich jedes Produktionsniveau das ihm entsprechende Bedürfnis- und Nachfrageniveau schaffe, so daß die Funktion des Geldes im wesentlichen in der Verschleierung des Umstands besteht, daß Produkte immer mit Produkten gekauft werden können.

scab: Streikbrecher *m*
scaffolding: Gerüst *n* (Bau)
scale: Skala *f*, staffeln, Waage *f*
scale down: heruntersetzen, repartieren
scale of cost: Taxordnung *f*
scale of discounts: Rabattstaffel *f*
scale of fees: Taxordnung *f*
scale of wage(s) *(pl)*: Lohnskala *f*
scale ticket: Wiegekarte *f*
scaling position: Skalenstelle *f (EDV)*
scan: abtasten *(EDV)*
scan figures *pl*: Zahlen prüfen
scanner: Scanner *m*
Ein Scanner (Abtaster) ist ein optisches Lesegerät, das in der Lage ist, mit einer speziell ausgerüsteten Maschine geschriebene Manuskripte abzutasten und die Zeichen in elektronische Daten umzusetzen die ein Computer weiterverarbeiten kann.
Im Management werden mit Hilfe von Scannern vor allem Verkäufe und Preise, Artikel und Zeit genau erfaßt, so daß eine präzise Zuordnung von Preisen und Absatzmenge möglich wird. Scanning ist ein System der Verkaufsdatenerfassung mit Hilfe elektronischer Kassenterminals im Einzel- und Großhandel, das die artikelspezifische Erfassung am Verkaufspunkt ermöglicht. Grundlage ist ein Artikelnumerierungssystem, bei dem die Numerierung meist bereits vom Hersteller auf den Waren angebracht wird. In Europa wird durchgehend das EAN-System verwendet, in den USA der UPC-Code.

scanning: Scanning *n*
scape goat: Sündenbock *m*
scarcity of money: Geldknappheit *f*
scarcity-oriented setoff price: knappheitsorientierter Verrechnungspreis *m*
Eine Form der Koordination der Entscheidungen dezentraler Abteilungen auf das Gewinnziel der Unternehmung hin, die sich anbietet, wenn geprüft

scatter chart

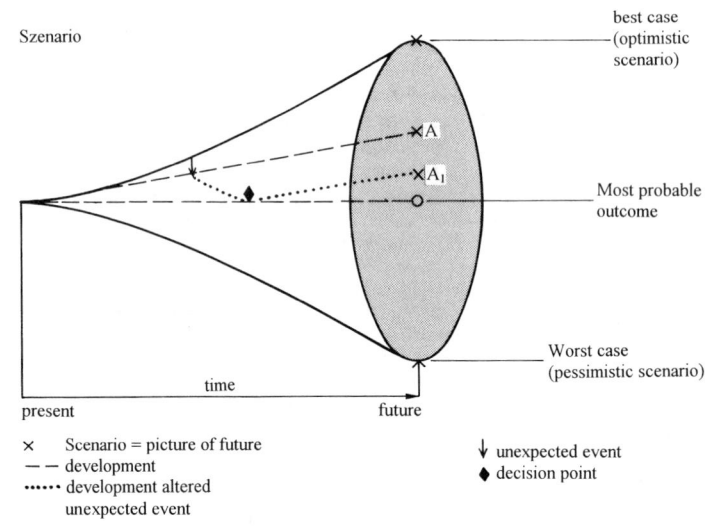

Szenario-Trichter

- × Scenario = picture of future
- — — development
- ····· development altered
- ↓ unexpected event
- ♦ decision point

(Diagram labels: Szenario; best case (optimistic scenario); Most probable outcome; Worst case (pessimistic scenario); present; time; future; A, A₁)

werden soll, ob unter der Prämisse knapper Mittel die Leistung oder Teile davon überhaupt notwendig ist, ob sie die angefallenen Kosten rechtfertigt und/oder ob nicht kostengünstigere externe Leistungen angefordert werden können. Vor allem in Zeiten der Rezession wurden zu diesem Problembereich neue Bewertungsverfahren wie die Gemeinkosten-Wertanalyse, das Zero Base Budgeting und die Administrative Wertanalyse entwickelt.

scatter chart: Streuungsdiagramm *n*
scatter diagram: Streuungsdiagramm *n*
scattering: Streuung *f*
scenario: Szenario *n*
scenario technique: Szenariotechnik *f*, Szenariomethode *f*
Ein in der Futurologie entwickeltes systematisches, mehrstufiges Verfahren zur Erarbeitung alternativer möglicher Zukunftsbilder auf der Grundlage einer Analyse der gegenwärtigen Situation mit dem Ziel der Ableitung von Maßnahmen und Planungen aus plausiblen Annahmen über die Haupteinflußfaktoren unter Berücksichtigung möglicher Störereignisse. Das Szenario oder Szenarium ist dabei die Darstellung oder Beschreibung einer hypothetischen Abfolge künftiger Ereignisse, in der zugleich die Entscheidungsalternativen mit ihren geschätzten Eintrittswahrscheinlichkeiten aufgezeigt sind.
Das methodische Vorgehen der Szenariomethode wird häufig in Form des Denkmodells des Trichters illustriert (siehe Abbildung oben).
„Der Trichter verdeutlicht, daß man aus heutiger Sicht nicht von einer einzigen Zukunftsprognose ausgehen kann, sondern daß aufgrund der Bandbreite der Einflußfaktorenentwicklung viele unterschiedliche Zukunftsbilder denkbar sind. Durch das Erarbeiten alternativer Zukunftsbilder soll die Spannweite der möglichen Zukünfte, transparent gemacht werden" (Horst Geschka/Ute von Reibnitz).
Dabei sind acht Schritte zu durchlaufen:
1. Schritt, *Analyse des Untersuchungsfelds*: Die Strukturierung und Definition des Untersuchungsfeldes.
2. Schritt, *Umfeldanalyse*: Die Identifizierung und Strukturierung der wichtigsten Einflußbereiche auf das Untersuchungsfeld.
3. Schritt, *Trendprojektionen*: Die Ermittlung von Entwicklungstendenzen und kritischer Deskriptoren für die Umfelder.
4. Schritt, *Annahmenbündelung*: Die Bildung und Auswahl konsistenter Annahmenbündel.
5. Schritt, *Szenariointerpretation*: Die Interpretation der ausgewählten Umfeldszenaren.
6. Schritt, *Störfallanalyse*: Die Einführung und Auswirkungsanalyse signifikanter Störereignisse.
7. Schritt, *Auswirkungsanalyse*: Die Ausarbeitung der Szenarien bzw. die Ableitung der Konsequenzen für das Untersuchungsfeld.
8. Schritt, *Maßnahmenplanung*: Die Konzipierung von Maßnahmen und Planungen.

schedule: ansetzen, Aufstellung *f*, Liste *f*, Plan *m*, planen, Tabelle *f*, Verzeichnis *n*, Zeitplan *m*
scheduled: festgesetzt, planmäßig
scheduled airline: Fluglinie *f* mit fahrplanmäßigem Dienst *m*
scheduled cost: Plankosten *pl*, Standardkosten *pl*
scheduled shipping lines *pl*: Linienschiffahrt *f*
scheduling: Planung *f*

scheme: Intrige *f*, Plan *m*, planen, Ränke *f* schmieden, Schema *n*
scholar: Gelehrte *m*
scholarship: Stipendium *n*
science: Naturwissenschaft *f*
scientific: naturwissenschaftlich
scientific management: Taylorismus *m*, wissenschaftliche Betriebsführung *f*
Eine frühe Schule der Managementlehre – des „Scientific Management" –, deren geistiger Vater Frederick W. Taylor (1856-1915), ein Praktiker mit ingenieurwissenschaftlicher Vorbildung, war.
Es ging Taylor vor allem um exakte Prinzipien zum rationellen Einsatz von Menschen und Maschinen im Produktionsprozeß. Taylor revolutionierte die bis dahin übliche traditionelle Art und Weise, die industriellen Arbeitsvollzüge zu gestalten, indem er die Einheit von Planung und Ausführung der Arbeit auflöste. Unter dem alten System bereitete der (Vor-)Arbeiter auf der Grundlage seiner gesammelten Erfahrungen fast alle Arbeitsvollzüge selbst gedanklich vor, führte dann die notwendigen Arbeiten aus und kontrollierte schließlich die Ergebnisse. Er war „Planer", „Gestalter" und „Kontrolleur" in einem. Indem diese Einheit aufgebrochen und damit die Planung und Kontrolle von der Bindung an die Person des Arbeiters gelöst wurde, entstand zuallererst die Möglichkeit, die Arbeitsplanung systematisch zu gestalten und zu entwickeln. Auf diese Weise sollten Spezialisierungsvorteile geschaffen und genutzt werden: Das Management wurde Träger der Arbeitsplanung und -kontrolle, der Arbeiter soll sich auf die Ausführung der (für ihn) vorgeplanten (einfachen) Arbeitsverrichtungen konzentrieren.
Damit war Platz geschaffen für die systematische Anwendung wissenschaftlich angeleiteter Methoden bei der Arbeitsplanung. Die Analyse der Arbeitsvorgänge, die Zerlegung der Arbeit in möglichst kleine Arbeitselemente (Arbeitsteilung) mit der Möglichkeit der Spezialisierung der Arbeiter, die Messung der Zeit für deren bestmögliche Ausführung (Best-Arbeiter), kurz: die Methoden- und Zeitstudien (Industrial Engineering) konnten nun entwickelt und eingesetzt werden, um durch die Planung der Arbeit die Voraussetzungen für hohe Arbeitseffizienz zu schaffen. Zur Nutzung dieses so geschaffenen Potentials sollten dann geeignete Arbeiter ausgewählt, (kurz) angelernt und durch finanzielle Anreize hoch motiviert werden; hier taten sich neue Aufgaben für das Personalmanagement auf. Schließlich bedurfte es systematischer Kontrollanstrengungen, um die Arbeitsergebnisse zu prüfen und zu überwachen.
Wissenschaftliche Betriebsführung hatte also eine beachtliche Ausweitung der Managementaufgaben mit entsprechender Erweiterung und Differenzierung der Managementhierarchie zur Folge. Viele Planungs- und Kontrollaufgaben, die vorher von Vorarbeitern und Arbeitern erledigt wurden, wurden jetzt Spezialisten im Einkauf, in der Produktion, in der Qualitätskontrolle, im Personalwesen etc. übertragen. Die wissenschaftliche Betriebsführung ließ damit die Kosten des Managements beachtlich steigen; da gleichzeitig die Arbeitskosten pro Leistungseinheit aber durch weitgehende Arbeitsteilung und hohe Spezialisierung der Arbeiter auf einfache Verrichtungen noch stärker gesenkt werden sollten, erwartete man insgesamt einen hohen positiven Netto-Effekt auf die ökonomische Effizienz des Betriebes.
Die Kerngedanken des „Scientific Management" hat Taylor in Management-Prinzipien niedergelegt. Danach erfordert ein effizientes Management:
• die Trennung von Planung und Ausführung und die weitgehende Teilung der Arbeit,
• die Kontrolle der Ausführung durch das Management,
• die leistungsgerechte Differenzierung finanzieller Anreize (Akkordsätze) nach Maßgabe von Zeitstudien und
• eine funktionale Gliederung der Organisation und der Vorgesetztenaufgaben (Funktionsmeistersystem).
Das Fließband galt und gilt bis heute als letzte Steigerung des Taylor-Systems. Die Ideen von Taylor wurden von seinen Schülern F.B. Gilbreth (1868-1924) und L. Gilbreth (1878-1972) durch Bewegungsstudien, die der Elimination unzweckmäßiger oder überflüssiger Bewegungsabläufe bei der Ausführung der Arbeit dienen sollten.
Henry L. Gantt (1861-1919) entwarf ein Lohnanreizsystem, das dem von Taylor überlegen war, und schuf vor allem mit dem Gantt-Chart eine einfache und effiziente Planungs- und Kontrolltechnik, die die Produktionsplanung systematisieren sollte; sie findet bis heute in der Praxis Verwendung.
Das Taylor-System war von Anfang an umstritten. Man sah schon früh die negativen Konsequenzen des „Scientific Management" für den arbeitenden Menschen in Form der Entfremdung von seiner Arbeit (Teilung und dadurch Sinnentleerung der Arbeit, Disziplinierung und Überwachung der Arbeiter mit der Folge der Fremd- statt Selbstbestimmung etc.). Als es schließlich zu Streiks und massiver Opposition gegen das Taylor-System kam, entschloß sich der U.S.-Kongreß, ein Hearing zu veranstalten, das klären sollte, ob das System ethisch vertretbar sei und ob es den Arbeiter ausbeute.
Vor dem Kongreß argumentierte Taylor, sein System funktioniere nur dann, wenn Kapital und Arbeit sich den Produktivitätszuwachs teilten. Er ging von der Voraussetzung aus, daß jeder Arbeiter bzw. jede Arbeiterin in der Arbeit letztlich nach hohen Löhnen strebt, also als „economic man" an finanziellen Anreizen in Konkurrenz zu den anderen Arbeitern interessiert ist. Er versuchte deshalb auch, zwischenmenschliche Beziehungen (human relations) in der Arbeit abzubauen, weil er sie als leistungshindernd betrachtete, und durch arbeitsorganisatorische Lösungen zu ersetzen, die dem

einzelnen Arbeiter gestatteten, sich isoliert von anderen ganz auf den Leistungsvollzug zu konzentrieren.
scope: Bereich *m*, Geltungsbereich *m*, Rahmen *m*, Umfang *m*
scope of authority: Führungsbereich *m*
scope of duties: Aufgabenkreis *m*
scope of negotiation(s) *(pl)*: Verhandlungsrahmen *m*
scope of planning: Planungsausmaß *n*
Ein Begriff, der im Zusammenhang mit der Hypothese von Bedeutung ist, mit zunehmender Komplexität und Dynamik der externen Umwelt nehme das Ausmaß an Planung zu. Diese Hypothese wurde in einer Reihe von empirischen Untersuchungen bestätigt: die Manager vor allem großer Unternehmungen versuchen, ihre langfristige Planung an die wahrgenommenen Umweltbedingungen anzupassen. Dagegen hat die interne Planungsumwelt offenbar keinen Einfluß auf das Planungsausmaß.
Zwei Gründe werden als hierfür verantwortlich angeführt: 1. interne Zustände werden bei der Langfristplanung eher ignoriert, 2. Zugang und Verfügbarkeit von Informationen über die interne Umwelt gelten als leicht und werden deshalb in ihrer Bedeutung für die Strategie unterschätzt.
Im Rahmen eines Projekts zur empirischen Entscheidungsforschung entwickelten W. Keppler et al. einen einfachen Bezugsrahmen für eine situative Theorie der Planungsorganisation.
Die Auswertung ergab, daß bei Existenz einer Geschäftsbereichsorganisation eher langfristig geplant wird und eher zentrale Planungsabteilungen gebildet werden als bei Vorliegen einer anderen Organisationsform. Zunehmende Unternehmungsgröße und Kapitalintensität wirken sich positiv darauf aus, daß langfristig geplant wird; die Unvorhersehbarkeit von Umweltveränderungen wirkt sich dagegen negativ aus.
M. Hadaschik knüpfte mit einer eigenen empirischen Untersuchung an diesen Ansatz an und untersuchte, wie sich die Planungsintensität der Unternehmungen als Folge unterschiedlicher bzw. unterschiedlich wahrgenommener Kontext-Anforderungen verändert. Die Planungsintensität (gemessen am Ausmaß der Planungsdifferenzierung und -integration sowie am Prognosegrad der Planung) fand er in seiner Untersuchung beeinflußt durch
• *externe Umweltfaktoren*: So weisen z.B. Industrieunternehmungen eine höhere Planungsintensität auf als Handels- und Dienstleistungsunternehmungen. Unterschiedliche Absatzmärkte erfordern unterschiedliche Planungssysteme und -prozesse.
• *interne Kontextfaktoren*: So hat z.B. die Unternehmungsgröße einen deutlich erkennbaren Einfluß auf die Planungsintensität, ebenso die Organisationsstruktur. Divisionalisierte Unternehmungen, Divisionalisierung, weisen höhere Planungsintensität auf als funktional organisierte.

scope of strategy: Rahmen *m* der Strategie *f*, strategischer Rahmen *m*
scope of supervision: Führungsbereich *m*, Leitungsbereich *m*
scot-free: ungestraft
scotch tape: Tesafilm *m*
scrambled book: in programmierte Lernschritte *m/pl* unterteiltes Buch *n*, Lehrbuch *n* für programmierten Unterricht *m*
scrap: Abfall *m*, Altmaterial *n*, Ausschuß *m*, Schrott *m*, verschrotten
scrap book: Tagebuch *n*
scrap factor: geplanter Ausschuß *m*, Abfallprozentsatz *m*, Ausschußprozentsatz *m*
scrap report: Abfallmeldung *f*, Ausschußmeldung *f*
scrap reporting: Abfallmeldung *f*, Ausschußmeldung *f*
scrap sale: Schrottverkauf *m*
scrap value: Abbruchwert *m*, Schrottwert *m*
scratch: streichen
scratch pad: Notizblock *m*
scratch paper: Notizpapier *n*
screen advertising: Filmwerbung *f*, Kinowerbung *f*
screening: Aussieben *n* (ungeeigneter Bewerber), Aussortieren *n* von Bewerbern *m/pl*
scribbling pad: Notizblock *m*
scrip: Interimsaktie *f*, Interimsschein *m*, Notgeld *n*, Zwischenschein *m*
scruple: Bedenken *n*
scrutinize: prüfen (eingehend), überprüfen
scrutiny: genaue Prüfung *f*
seagoing: seefähig
seagoing vessel: Seeschiff *n*
seal: Plombe *f*, Seehund *m*, Siegel *n*, siegeln, versiegeln
sealed: versiegelt
sealed bidding: Einschreibung *f*
Eine Sonderform der Auktion, bei der ein Anbieter die Interessenten auffordert, innerhalb einer festgelegten Frist schriftliche Angebote in verschlossenem Umschlag zu unterbreiten. Den Zuschlag erhält der Käufer, der das höchste Preisangebot macht. Die dem Verfahren zugrundeliegende Überlegung ist es, daß so Preisabsprachen der verschiedenen Kaufinteressenten verhindert werden können. Für den Anbieter hat dieses Vorgehen den Nachteil, daß die verschiedenen Interessenten einander nicht wie bei einer offenen Auktion hochbieten.
sealing wax: Siegellack *m*
seaport: Seehafen *m*
search: durchsuchen, Durchsuchung *f*, forschen, suchen
search for a job: Stellungssuche *f*
search for employment: Stellungssuche *f*

search problem: Suchproblem *n*
Ein Problem, dessen Lösung in einem kognitiven Suchvorgang besteht, bei dem die Suchkriterien durch die Problemdefinition vorgegeben sind. Die Suche erstreckt sich auf das Auffinden bereits existierender Problemlösungen.

search warrant: Durchsuchungsbefehl *m*
season: Saison *f*
season ticket: Dauerkarte *f*, Zeitkarte *f*
seasonal: jahreszeitlich
seasonal adjustment: Saisonbereinigung *f*
Die in vielen ökonomischen Zeitreihen auftretenden saisonalen Schwankungen verstellen oft den Blick auf den Trend der Reihe in einem solchen Maße, daß nur durch Ausschaltung der irregulären und saisonalen Komponente der Zeitreihe der Grundtrend erkennbar wird. Zur Bereinigung der die Saisonschwankungen determinierenden Komponenten von Zeitreihen ist in der Statistik eine Reihe von Techniken entwickelt worden, von denen die bekanntesten das Verfahren der gleitenden Durchschnitte, die exponentielle Glättung und das Phasendurchschnittsverfahren sind.

seasonal business: Saisongeschäft *n*
seasonal employment: saisonale Beschäftigung *f*
seasonal fluctuation: saisonale Schwankung *f*, Saisonschwankung *f*
seasonal good: Saisonartikel *m*
sesonal index: Saisonindex *m*, Saisonindexziffer *f*
In der Zeitreihenanalyse sind Saisonindices Indexziffern zur Darstellung der typischen saisonalen Schwankungen innerhalb eines Jahres in Form der relativen Abweichung vom Jahresmittel. Sie können entweder als auf den Jahresdurchschnitt als 100 bezogene Indexzahl oder als Prozentsatz an dem mit 100 gleichgesetzten Jahresganzen dargestellt werden. Je nach der Berechnungsweise lassen sich starre und variable Saisonindices unterscheiden. „Als starre Indices sind solche anzusehen, die in Abhängigkeit von der Zeit berechnet werden, bei denen also auf ein Ursachenkomplex in der Zeit wirkend angenommen wird. Variable Indices dagegen sind solche bei denen der Ursachenkomplex in die einzelnen Faktoren aufgespaltet und dann mittels Regressionstechnik der Zusammenhang zwischen dem jeweiligen Faktor und dem Saisonergebnis geprüft wird." (Manfred Hüttner)

seasonal price increase: Saisonaufschlag *m*
seasonal price reduction: Saisonabschlag *m*
seasonal recession: saisonaler Rückgang *m*
seasonal sale: Saisonausverkauf *m*
seasonal trade: Saisongewerbe *n*
seasonal unemployment: saisonale Arbeitslosigkeit *f*, Saisonarbeitslosigkeit *f*

seasonal variation: Saisonabweichung *f*, saisonale Schwankung *f*
seasonal worker: Saisonarbeiter *m*
seasonally adjusted: saisonberichtigt, unter Berücksichtigung saisonaler Einflüsse *m/pl*
seaway: Wasserstraße *f*
seaworthy: seefähig
second: zweite, zweiter, zweites, Erzeugnis *n* schlechterer Qualität, Sekunde *f*
second account: Nebenbuchkonto *n*
second aim: Nebenzweck *m*
second-best: Nächstbeste *m*, Zweitbeste *m*
second boycott: Ausübung *f* von Zwang *m* auf Arbeitgeber *m* durch von den Arbeitnehmern *m/pl* dazu veranlaßte Dritte *m/pl*
second condition: Nebenbedingung *f*
second effect: Nachwirkung *f*, Nebenwirkung *f*
second evidence: in zweiter Ordnung *f* zulässiges Beweismittel *n*
second in command: zweiter Mann *m*
second job: Nebenerwerb *m*
second liability: Haftungsschuld *f*
second mortgage: zweitstellige Hypothek *f*
second objective: Nebenzweck *m*
second storage: äußerer Speicher *m* (EDV)
second use package: weiterverwendungsfähige Verpackung *f* (für andere Zwecke)
secondary: Hilfs-, untergeordnet
secondary master control: sekundäre Federführung *f*, Sekundärfederführung *f*
Die bei der Auftragserteilung im Falle lateraler Kooperation vom Auftraggeber an den Auftragnehmer übertragene, für den Inhalt des übernommenen Teilauftrags und für die Dauer seiner Erledigung an den auftragnehmenden Bereich übergegangene Federführung. Mit Abschluß des Auftrags geht die Federführung an den primärfederführenden Auftraggeber zurück.

secondhand: gebraucht, aus zweiter Hand *f*
secondhand asset: gebraucht erworbenes Wirtschaftsgut *n*
secondhand dealer: Altwarenhändler *m*
secondhand goods *pl*: Altwaren *pl f*, Gebrauchtwaren *f/pl*
secondhand market: Trödelmarkt *m*
seconds *pl*: fehlerhafte Erzeugnisse *n/pl* (2. Wahl), zweite Wahl *f* (Qualitätsstufe)
secrecy: Verschwiegenheit *f*
secret: geheim, stillschweigend, Geheimnis *n*

secret ballot: geheime Wahl f
secret journal: Geheimbuch n, Geheimjournal n
secret ledger: Geheimbuch n, Geheimhauptbuch n
secret reserve: stille Reserve f
secret voting: geheime Wahl f
secretary: Minister m, Sekretärin f
secrete: absondern, verheimlichen
section: Abschnitt m, Gesetzesabschnitt m, Paragraph m
sector: Sektor m
sector of economy: Wirtschaftsbereich m
secure: sicher, decken, schützen, sichern, sicherstellen
secured account: gesichertes Konto n
secured creditor: gesicherter Gläubiger m
securities pl: Börsenpapiere n/pl, Effekten pl
Securities and Exchange Commission (S.E.C.): Börsenaufsichtsbehörde f (Am)
securities broker: Effektenmakler m
securities business: Effektengeschäft n
securities exchange: Wertpapierbörse f
securities fund: Rentenfond m
securities pl **owned:** Wertpapierportefeuille n
securities quotation: Rentenkurs m
securities tax: Wertpapiersteuer f
securities transaction: Effektengeschäft n
securities validation law: Wertpapierbereinigungsgesetz n
security: Bürgschaft f, Deckung f, Gewähr f, Kaution f, Pfand n, Rentenwert m (Wertpapier), Sicherheit f, Sicherheitsleistung f, Wertpapier n
security and commodity exchange: Wertpapier- und Warenbörse f
security bond: Kautionsvertrag m
security deposit: Sicherheitshinterlegung f
security floatation company: Emissionsbank f oder -gesellschaft f
security market: Rentenmarkt m
security of tenure: Mieterschutz m
security savings pl: Effektensporen n
segment: Segment n
segregate: absondern, abtrennen, trennen
segregation: Absonderung f, Rassentrennung f, Trennung f
segregation of markets: Aufteilung f der Märkte m/pl
seize: mit Beschlag m belegen, beschlagnahmen, pfänden
seizin: Besitz m verbunden mit Eigentumsvermutung f an Grundstücken n/pl
seizure: Arrest m, Aufbringung f (bei Schiffen), Beschlagnahme f, Besitznahme f, Pfändung f
select: erlesen, auswählen
selection: Auslese f, Auswahl f
selection check: Ansteuerungskontrolle f (EDV), Auswahlprüfung f (EDV)
selection for management: Auswahl f von Führungskräften f/pl
selection method: Auswahlmethode f
selection of personnel: Personalauslese f
selection problem: Auswahlproblem f
Im Bereich der Problemlösung lassen sich je nach der gedanklichen Anforderungsqualität, die ein Problem stellen kann, fünf Problemtypen abgrenzen. Auswahlprobleme betreffen Vorgänge der Unterscheidung von Alternativen nach dem Gesichtspunkt ihres Nutzens für ein vorgegebenes Ziel. Der Prozeß der Auswahl ist in der Regel dadurch gekennzeichnet, daß aus dem Ziel Kriterien zur Bewertung abgeleitet werden, an denen die Qualität der in Frage stehenden Alternativen gemessen wird. Auswahlprobleme sind ihrer Natur nach wohlstrukturierte Probleme und können deshalb mit Methoden der Ideenfindung nicht sinnvoll bearbeitet werden.
selection procedure: Auswahlverfahren n
selection sequence calculator: Rechengerät n mit steuerbarer Rechenfolge f (EDV)
selective distribution: selektiver Vertrieb m, Selektivvertrieb m
Selektiver Vertrieb ist die von einem Hersteller ausgehende systematische Beschränkung des Absatzmittlerkreises in einem umgrenzten Marktraum allein auf die seinen Selektionskriterien genügenden Händler. Der Begriff „selektiver Vertrieb" stammt aus dem anglo-amerikanischen Sprachraum. Der Absatz über selektierte Wiederverkäufer hat dort schon früh eine Rolle gespielt. Ihm liegt der amerikanische Begriff des „selective selling" zugrunde. Im Gegensatz zur „intensive distribution" – Verkauf durch die größtmögliche Zahl an Wiederverkäufen – ist es Anliegen der „selective distribution", nur eine begrenzte Anzahl ausgewählter Absatzmittler zu bedienen. Die Limitierung auf einen einzelnen Händler – zuständig für ein gewisses Gebiet – ist die extremste Form hiervon und wird mit „exclusive distribution" bezeichnet, Exklusivvertrieb, Alleinvertrieb
selective selling: selektiver Vertrieb m
→ selective distribution
selector channel: Selektorkanal m (EDV)
self-acting: selbsttätig
self-adjusting: selbstregulierend
self-assessment: Selbsteinschätzung f
self-assured: persönlichkeitsbewußt, selbstbewußt
self-audit: Selbstkontrolle f, Selbstüberwachung f

self-checking code: selbstprüfender Code *m (EDV)*
self-confidence: Selbstbewußtsein *n*, Selbstvertrauen *n*
self-confident: selbstbewußt
self-control: Selbstbeherrschung *f*
self-deception: Selbsttäuschung *f*
self-determination: Selbstbestimmung *f*
self-employed: selbständig
self-esteem: Selbstachtung *f*
self-financing: Selbstfinanzierung *f*
self-help: Selbsthilfe *f*
self-insurance: Selbstversicherung *f*
self-mutilation: Selbstverstümmelung *f*
self-preservation: Selbsterhaltung *f*
self-reliance: Selbständigkeit *f*
self-reliant: selbständig
self-respect: Selbstachtung *f*
self-service store: Selbstbedienungskaufhaus *n*, Selbstbedienungsladen *m* oder -geschäft *n*
self-service: Selbstbedienung *f*
self-supporting: unabhängig
sell: verkaufen, vertreiben, begeben, feilhalten, realisieren, veräußern, verwerten (Wertpapiere)
sell at auction: versteigern, meistbietend versteigern
sell by auction: verauktionieren
sell dirt: cheap verramschen
sell off: verschachern
sell on commission: im Auftrag *m* oder für Rechnung *f* eines Anderen *m* verkaufen
sell on credit: auf Kredit verkaufen
sell out: ausverkaufen
sell under price: verschleudern
seller: Veräußerer *m*, Verkäufer *m*
seller of insurance policies: Versicherer *m*
sellers *pl* **over bidders** *pl*: Brief *m* (Börsenausdruck)
sellers' market: Verkäufermarkt *m*
Ein Markt, der dadurch charakterisiert ist, daß die Anbieter (die Hersteller, die Verkäufer) im Vergleich zu den Nachfragern (den Konsumenten, den Käufern) sich in einer Vormachtstellung befinden und einen starken Einfluß auf die Preise der von ihnen angebotenen Güter und Leistungen ausüben können, weil die Nachfrage das Angebot übersteigt. Verkäufermärkte sind typisch für Knappheitswirtschaften, in denen der Bedarf an Gütern und Leistungen größer als das Leistungsangebot ist, während Käufermärkte eine typische Erscheinung der Überflußgesellschaft sind.
selling: Verkauf *m*, VErkaufen *n*
selling ability: Verkaufstalent *n*
selling agent: Verkaufskommissionär *m*

selling budget: Verkaufsbudget *n*
selling center: Selling Center *n*, Verkaufszentrum *n*
Im Investitionsgütermarketing das auf der Anbieterseite dem Buying Center (Einkaufsgremium) analoge Entscheidungsgremium, an dem die für Verkaufsentscheidungen verantwortlichen Entscheidungsträger eines Unternehmens beteiligt sind.
selling cost: Verkaufskosten *pl*, Vertriebskosten *pl*
selling expense(s) *(pl)*: Verkaufskosten *pl*, Vertriebskosten *pl*
selling price: Ausgabepreis *m*, Verkaufspreis *m*
selling scheme: Verkaufsplan *m*
selling territory: Verkaufsgebiet *n*
selling value: Verkaufswert *m*
selling wave: Verkaufswelle *f*
selling with premiums: Verkauf *m* mit Zugaben *f/pl*, Zugabeverkauf *m*
sellout: Ausverkauf *m*
semantic intuition: semantische Intuition *f*
Eine Methode der systematischen Ideenfindung, die ähnlich wie das Brainstorming auf der wechselseitigen Anregung der Teilnehmer einer Ideenfindungssitzung zielt. Die Wirkungsweise dieser Methode basiert auf dem Phänomen, daß sprachliche Begriffe gleichzeitig und intuitiv eine mehr oder weniger plastische gedankliche Vorstellung über das Wesen dieses Begriffs hervorruft, Semantik. Die Folgewirkung „Begriff wahrnehmen – bildhafte Vorstellung entwickeln" tritt auch bei neuartigen Begriffen ein. Sie führen zu neuartigen Vorstellungen, zu neuen Gedanken, neuen Möglichkeiten. Je nach der gegebenen Problemstellung werden bei der semantischen Intuition Begriffe aus einem oder mehreren Gegenstandsbereichen miteinander zufällig kombiniert. Gar nicht selten erkennt man intuitiv aus solchen Zufallskombinationen überraschende neue Bedeutungen, die zu konkreten Ideen ausgebaut werden können. Die Methode eignet sich besonders für die Neuproduktentwicklung
semi: halb, Sattelschlepper *m*
semiannual(ly): halbjährlich
semidurable consumers' goods *pl*: Konsumgüter *n/pl* (mit einer Lebensdauer von mehr als 6 Monaten, z.B. Schuhe)
semifinished goods *pl*: Halbfabrikate *n/pl*
Im Investitionsgütermarketing sind Halbfabrikate Fertigprodukte, die im Produktionsprozeß eines Abnehmers verarbeitet werden. Halbfabrikate sind auf Anlagegüter bezogen und diesen in der Verarbeitungsstufe vorgelagert. Sie können fremdbezogen oder selbstgefertigt sein. Im Falle der Eigenfertigung kann über die Verwendung im Herstellerbetrieb hinaus auch der Markt beliefert werden. Die wesentliche Unterscheidung zwischen Bauteilen und Halbfabrikaten liegt in der Veränderung im

Produktionsprozeß, in den sie eingehen. Bauteile werden eingebaut, Halbfabrikate (z.B. Metallprofile, Schaumstoffrollen bzw. -platten, Stahlblech-Coils, Werkzeug-Rohlinge usw.) verarbeitet.
semifinished goods *pl* **inventory:** Halbfabrikate-Bestand *m*
semifinished products *pl*: Halbfabrikaate *n/pl*, unfertige Erzeugnisse *n/pl*
semifixed cost: Mischkosten *pl*, Sprungkosten *pl*
semimonthly: halbmonatlich
semiofficial: offiziös
semiskilled labor: angelernte Arbeitskräfte *f/pl*
semiskilled worker: angelernter Arbeiter *m*
semistructured decision: teilstrukturierte Entscheidung *f*
Ein Entscheidungstyp, bei dem zwar eine Kenntnis der grundsätzlichen Entscheidungsparameter vorhanden ist, aber keine exakte Vorschrift für das Entscheidungsprogramm.
semitrailer truck: Sattelschlepper *m*
semivariable cost: Mischkosten *pl*, Sprungkosten *pl*
send: schicken, senden, übersenden, verfrachten, verschicken, versenden, zusenden
send after: nachschicken, nachsenden
send back: zurückschicken
send off: abschicken, absenden, versenden
send on: weiterbefördern
sender: Sender *m*, Absender *m*, Übersender *m*
In seiner Managertypologie hat H. Mintzberg die Management-Tätigkeiten als Ausdruck der Erfüllung von zehn Rollen im Sinne generalisierter Verhaltenserwartungen interpretiert, die er als Kern jeder Managementaufgabe begreift. Der Manager als Sender bezeichnet darin die Managementaufgabe der Übermittlung und Interpretation relevanter Informationen und handlungsleitender Werte an die Mitarbeiter und andere Organisationsmitglieder.
senior: älter, mit höherem Dienstalter *n*, Hauptsenior *m*, Vorgesetzter *m*
In seiner Managertypologie hat H. Mintzberg die Management-Tätigkeiten als Ausdruck der Erfüllung von zehn Rollen im Sinne generalisierter Verhaltenserwartungen interpretiert, die er als Kern jeder Managementaufgabe begreift. Der Manager als Vorgesetzter bezeichnet darin die Managementaufgabe der Anleitung und Motivierung der unterstellten Mitarbeiter sowie deren Auswahl und Beurteilung.
senior accountant: Hauptbuchhalter *m*, Oberbuchhalter *m*
senior bookkeeper: erster Buchhalter *m*

senior mortgage: erststellige Hypothek *f*, Prioritätsanleihe *f*, Vorzugsobligation *f*
senior partner: geschäftsführender Partner *m*
senior securities *pl*: Effekten *m/pl* mit Vorzugsrechten *n/pl* bei Gewinnverteilung *f* und Liquidation *f*, Obligationen *f/pl* mit Vorzugsrechten *n/pl* (Gewinnverteilung oder Liquidation), Vorzugsobligationen *f/pl*
senior steward: Seniorbetriebsobmann *m*
seniority: Ancienität *f*, Dienstalter *n*
seniority (in office): Amtsalter *n*, Dienstalter *m*
sense: abfühlen *(EDV)*, abtasten *(EDV)*, Gefühl *n*, Sinn *m*, Vernunft *f*, Verständnis *n*
sense byte: Abfühlbyte *m (EDV)*, Fehlerbyte *m (EDV)*, Prüfbyte *m (EDV)*
sense of belonging: Zugehörigkeitsgefühl *n*
sense of duty: Pflichtgefühl *n*
sense of responsibility: Verantwortungsbewußtsein *n*
Eine ethische Haltung, die sich in der bewußten Bejahung und Vertretbarkeit des eigenen Handelns und Verhaltens und ihrer Auswirkungen unter dem Maßstab geltender Richtlinien, Normen, Aufgabenstellungen, Ziel- oder Wertsetzungen sowie die Bereitschaft, für dieses Handeln und seine Auswirkungen einzustehen, manifestiert.
Verantwortung ist an die Person gebunden. Nicht Funktionsbereiche tragen Verantwortung, sondern die darin tätigen Personen. Anonyme Verantwortung kann es nicht geben.
sense of workmanship: Qualitätsbewußtsein *n* (bei der Arbeit)
sensible: einsichtig, wahrnehmbar
sensitive: empfindlich, reagibel
sensitivity: Einfühlungsvermögen *n*, Empfindlichkeit *f*, Reagibilität *f*, Sensitivität *f*
sensitivity analysis: Sensitivitätsanalyse *f*
Generell ein Verfahren, durch das Entscheidungsparameter unter sich (prognostizierbar) verändernden Umweltbedingungen auf ihre Festigkeit (Robustheit) hin überprüft werden. Mit Hilfe der Sensitivitätsanalyse kann z.B. eine Rangfolge von Strategiealternativen auf ihre Robustheit gegenüber Veränderungen in den Erwartungen und in sehr unsicheren Schlüsselvariablen untersucht werden. Damit vermag sie auch die Bandbreite der Unsicherheit, der Strategieentwürfe nicht unterliegen, deutlich zu machen.
Im Idealfall bietet eine Sensitivitätsanalyse eine quantitative Grundlage des Aktionsgewinns für unterschiedliche Werte von Reaktionsparametern.
sentence: Rechtsspruch *m*, Satz *m*, Strafe *f*, Strafurteil *n*, Urteil *n* (des Gerichts), Verurteilung *f*, urteilen, verurteilen
sentence demanded: Strafantrag *m*

separable: teilbar, trennbar
separate: abgrenzen, abtrennen, auseinandergehen, aussondern, aussortieren, trennen, gesondert, getrennt
separate maintenance: Sonderunterhalt *m*
separate return: getrennte Steuererklärung *f*, getrennte Veranlagung *f*
separate vote: gesonderte Abstimmung *f*
separate voting: gesonderte Abstimmung *f*
separated: abgesondert
separation: Aussonderung *f*, Entlassung *f*, Sonderung *f*, Trennung *f*
separation allowance: Abfindung *f*, Trennungsgeld *n*
separation notice: Entlassungsanzeige *f*
separation of functions: Funktionsabgrenzung *f*
separation of property: Gütertrennung *f*
separation pay: Trennungsentschädigung *f*
separation rate: Fluktuationskennzahl *f*
sequence: Anordnung *f*, Folge *f*, Reihe *f*, Reihenfolge *f*, Sequenz *f*
sequence check: Folgekontrolle *f (EDV)*, Folgeprüfung *f (EDV)*
sequence control: Folgekontrolle *f (EDV)*, Folgeregelung *f*
sequence schedule: Laufkarte *f*
sequenced: geordnet (Reihenfolge)
sequencing: Fertigungsreihenfolgenplanung *f*
sequential access: serieller Zugriff *m (EDV)*
sequential circuit: Schaltwerk *n (EDV)*
sequential morphology: Sequentielle Morphologie *f*
Eine Variante der morphologischen Analyse, die als Kreatitivitätstechnik der Ideenfindung ein Bewertungsverfahren in den Aufbau eines morphologischen Kastens koppelt. Dadurch gewinnt der morphologische Kasten als Problemlösungsinstrument einige zusätzliche Vorteile:
• Die Bestimmungen der wesentlichen Parameter können dadurch sicherer und eindeutiger vorgenommen werden.
• Die Schwierigkeit, aus der Fülle der morphologisch aufgezeigten Lösungen die im Hinblick auf das Problem geeignetsten Alternativen zu identifizieren wird abgebaut.
Voraussetzung für die Anwendung der sequentiellen Morphologie ist eine klare Definition des angestrebten Problemlösungsziels, aus dem die in die Morphologie einzuarbeitenden Bewertungskriterien abzuleiten sind.
Die sequentielle Morphologie erfolgt in mehreren Stufen:
(1) Analyse und Definition des Problems: Die Skizzierung aller Parameter, die potentielle Lösungen bestimmen.
(2) Ableitung der Bewertungskriterien, nach denen die Qualität aufzufindender Lösungen zu beurteilen ist, aus der Aufgabenstellung.
(3) Gewichtung der Bewertungskriterien entsprechends ihrer relativen Bedeutung innerhalb des Zielsystems. Dabei wird üblicherweise dem gewichtigsten Kriterium der Wert 1,0 zugeordnet, den anderen entsprechend niedrigere Werte.
(4) Dann wird der qualitätsgestaltende Einfluß der Parameter abgeschätzt und in einer Wertziffer ausgedrückt. Jeder Parameter definiert einen bestimmten Lösungsbestandteil, der sich auch in der Bewertung einer Lösung mehr oder weniger stark niederschlägt. Daher kann über jeden einzelnen Parameter eine Aussage darüber gemacht werden, welche konzeptionelle Bedeutung er innerhalb einer potentiellen Gesamtlösung hat.
Sind alle Parameter in eine Rangreihe gebracht worden, beginnt der Aufbau eines morphologischen Kastens mit den beiden wichtigsten Parametern (Sequenz). Für beide werden alle denkbaren Ausprägungen angeführt.
Dann wird die optimale Ausprägungskombination der beiden Hauptparameter unter Einbeziehung der Bewertungskriterien ermittelt, die hoch mit diesen Parametern korrelieren. Die Ausprägungskombination der Hauptparameter stellt die Kernstruktur der Lösung dar, die nun noch weiter auszubauen ist.
Sequentiell wird dann jeweils der nächstwichtige Parameter angekoppelt und seine günstigste Ausprägung der Kernstruktur hinzugefügt, bis alle Parameter verarbeitet sind. Parameter mit sehr niedrigen Wertziffern können unbeachtet bleiben; sie sind für die Lösungsfindung irrelevant.
Die sequentielle Morphologie hat sich vor allem bei der Bearbeitung hochkomplexer Probleme als nützliches Instrument bewährt.
sequential number check: Folgenummernprüfung *f (EDV)*
sequential process: Werkstattfertigung *f* nach Flußprinzip *n*
sequester: sequestrieren, zwangsverwalten
sequestration: Sequester *n*, Zwangsverwaltung *f*
sequestrator: Zwangsverwalter *m*
serial: hintereinander, serienmäßig, Serien-, Reihen-
serial access: serieller Zugriff *m (EDV)*
serial bond: Tilgungsanleihe *f*, die serienweise getilgt wird
serial manufacturing: Reihen(Serien)fertigung *f*, Serienfertigung *f*
serial number: laufende Nummer *f*
serially numbered: fortlaufend numeriert
series: Reihe *f*, Reihenfolge *f*, Serie *f*
series discount: Wiederholungsrabatt *m*, Malrabatt *m*
series of lectures: Vortragsfolge *f*

series of tests: Versuchsreihe f
serious: ernst, schwerwiegend
servants pl: Diener m/pl, Gesinde n
serve for: von Nutzen m sein für
serve upon: zustellen
serve: dienen
service: 1. Dienstleistung f, Dienst m, Leistung f
Im weitesten Sinne eine entweder körperliche oder geistige Tätigkeit, durch die im wirtschaftlichen Sinne ein Bedürfnis befriedigt wird, ohne daß dabei ein Sachgut hergestellt wird.
Als Wirtschaftszweig machen die Dienstleistungsbetriebe den tertiären Sektor der Unternehmen des Handels, des Verkehrs, des Banken- und Versicherungswesens und sonstiger Dienstleistungen aus.
Gemeinhin wird zwischen physischen und geistigen, dispositiv-führenden und ausführenden, isolierten und an Sachleistungen gekoppelten sowie zwischen persönlichen (direkten) und unpersönlichen (indirekten) Dienstleistungen zwischen einem Mensch und einem Wirtschaftsunternehmen unterschieden.
2. Kundendienst m, innerbetriebliche Sonderleistung f (des Verkäufers für den Kunden)
service area: Ladezone f, Liefergebiet n (eines Elektrizitäts- oder Gaswerkes), Zulieferzone f
service by publication: öffentliche Zustellung f
service center: Gemeinkostenstelle f, Hilfskostenstelle f, allgemeine Kostenstelle f
service charge: Dienstleistungsgebühr f
service contract: Dienstvertrag m
service cost center: Gemeinkostenstelle f, Hilfskostenstelle f, allgemeine Kostenstelle f
service department: Dienstleistungsabteilung f, Gemeinkostenstelle f, Hilfsabteilung f, Hilfsbetrieb m, Hilfskostenstelle f, Hilfsstelle f, Kundendienstabteilung f
service fee: Beratungskosten pl, Dienstleistungsgebühr f
service function: Dienstleistungsfunktion f
Nach Heinrich Fromm nimmt die Ordnungsfunktion im Unternehmen interne Dienstleistungen gegenüber den anderen Bereichen des Unternehmens wahr. Sie ist dadurch charakterisiert, daß sie für erforderliche direkte Einwirkungen auf andere Bereiche weder auf unverbindliche Beratung beschränkt ist, noch fachliche Weisungsrechte besitzt, sondern sich auf Beteiligungspflicht und Vetorecht abstützt. Dafür verwendet Fromm die Bezeichnung Dienstleistungsfunktion. Fromm: „Der Begriff Ordnungsfunktion ist der allgemeinere und bringt zum Ausdruck, daß diese Funktionsart auf ihrem jeweiligen Fachgebiet die Aufgabe hat, auf alle anderen Bereiche, in denen dieses Fachgebiet auftritt, nach einheitlichen Gesichtspunkten unmittelbar fachlich ordnend einzuwirken."
service in kind: Naturalleistung f
service industry: Dienstleistungsgewerbe n, Dienstleistungssektor m
service life: Nutzungsdauer f
service of process: Zustellung f von Gerichtsmandaten n/pl
service part: Ersatzteil n
service part supply: Ersatzteilvorrat m
service program: Dienstprogramm n (EDV)
service rating: Beurteilen n der Leistung f (von Mitarbeitern)
service routine: Dienstprogramm n (EDV)
service station: Tankstelle f
service trade: Dienstleistungsgewerbe n
service value: Eignungswert m, Gebrauchswert m
service yield basis of depreciation: Abschreibung f auf Basis f der betriebsgewöhnlichen Nutzungsdauer f und des geschätzten Nutzens m, Abschreibung f auf Basis f der Ist-Leistung f als Teil m der Gesamtleistung f
serviceability: Servicegrad m, Lieferbereitschaft f
Im Bestandsmanagement das Maß der durchschnittlichen Lieferfähigkeit eines Lagers in einer bestimmten Zeit, das in Form einer Kennziffer angegeben wird. Sie wird ganz allgemein gemessen als der Quotient von befriedigter Nachfrage und Gesamtnachfrage:
L = Gesamtzahl der befriedigten Nachfragen/Gesamtzahl der Nachfragen x 100.
Ein hoher Grad der Lieferbereitschaft bedeutet für das Wirtschaftsunternehmen beträchtliche Kapitalbindungen, während ein niedriger Grad der Lieferbereitschaft mögliche Gewinneinbußen bedeutet. Zu den Haupteinflußgrößen bei der Bestimmung der optimalen Lieferbereitschaft zählen insbesondere der Grad der Substituierbarkeit der angebotenen Erzeugnisse (mit wachsender Substituierbarkeit wächst auch die Notwendigkeit eines hohen Grades der Lieferbereitschaft), die Länge des Produktlebenszyklus (je kürzer, desto höher muß die Lieferbereitschaft sein und Nachfrageschwankungen (je höher die Schwankungen der Nachfrage, desto stärker die Notwendigkeit des Bestehens hoher Sicherheitsbestände) ausgleichen. Bei der Festsetzung des Lieferbereitschaftsgrads spielen auch die von dem Wirtschaftsunternehmen angesetzten Fehlmengenkosten eine entscheidende Rolle. Es sind also die Lagerhaltungskosten gegen die Fehlmengenkosten abzuwägen.
serviceable: brauchbar, gebrauchsfähig
servient tenement: dienendes Grundstück n, mit Servituden f/pl belastetes Grundstück n

servitude: Dienstbarkeit *f*
servomechanism: automatischer Regelkreis *m*
session: Gerichtsverhandlung *f*, Sitzung *f*, Sitzungsperiode *f*, Tagung *f*
set a date: terminieren
set a day: einen Termin *m* anberaumen
set a hearing: eine Anhörung *f* anberaumen, einen Gerichtstermin *m* anberaumen
set a price: einen Preis *m* festsetzen
set aside: aussortieren, außer Kraft *f* setzen
set forth: darlegen, darstellen, dartun
set free: entbinden, freigeben
set in operation: in Betrieb *m* nehmen
set in production: Produktionsrückgang *m*
set of numbers: Nummernserie *f*
set off: absetzen, anrechnen, aufrechnen, Aufrechnung *f*, ausgleichen, auslösen, kontrastieren, verrechnen (der Kosten), Verrechnung *f*
set theory: Mengenlehre *f*
Eine Menge ist eine abgegrenzte Ansammlung von Objekten oder Elementen. Abgegrenzt ist eine Menge, wenn zweifelsfrei angegeben werden kann, ob ein gegebenes Objekt zu dieser Menge gehört oder nicht. Es gibt zwei Möglichkeiten, eine Menge zu definieren:
(1) indem man alle Elemente der Menge aufzählt und
(2) indem man eine Regel angibt, die festlegt, ob ein Objekt zu der Menge gehört oder nicht.
Im ersten Fall handelt es sich um eine „Listen"-Definition, im zweiten um eine „Regel"-Definition. In der Forschung wird gewöhnlich die Regeldefinition verwendet, obwohl es Fälle gibt, in denen alle Elemente einer Menge aufgeführt werden.
Teilmengen ergeben sich, wenn man Mengen aus einer Grundmenge auswählt. Eine Menge B ist Teilmenge einer Menge A, wenn alle Elemente von B auch Elemente von A sind. Mengen werden mit Großbuchstaben bezeichnet. Wenn B eine Teilmenge von A ist, schreibt man B $\subset$ A, was bedeutet, „B ist eine Teilmenge von A" oder „Alle Elemente von B sind auch Elemente von A".
Es gibt zwei grundlegende Mengenoperationen: die Bildung von Schnittmengen und Vereinigungsmengen. Mit Mengen werden Schnitt- und Vereinigungsmengen gebildet. Die *Schnittmenge* bedeutet, daß zwei oder mehr Mengen einander überlappen; sie besteht aus den Elementen von zwei oder mehr Mengen, die diese zwei oder mehr Mengen gemeinsam haben. Das Symbol für die Schnittmenge ist $\cap$. Die Schnittmenge der Mengen A und B wird A $\cap$ B geschrieben (gelesen auch: A geschnitten B), wobei A $\cap$ B selbst eine Menge ist. Genauer gesagt ist es die Menge, die jene Elemente von A und B enthält, die sowohl zu A wie zu B gehören.
In dem Ausmaß, in dem die Quotienten von A und B dieselben oder nahezu dieselben sind, kann man sagen, daß A und B in Beziehung zueinander stehen, d.h. A $\cap$ B kann als Mengenbezeichnung einer Beziehung aufgefaßt werden. Die *Vereinigung* von zwei Mengen wird A $\cup$ B geschrieben (gelesen: A vereinigt B). A $\cup$ B ist eine Menge, die alle Elemente von A und alle Elemente von B enthält. Mathematiker definieren A $\cup$ B als eine Menge, die jene Elemente enthält, die entweder zu A oder zu B oder zu beiden gehören. Mit anderen Worten, die Elemente von A werden mit denen von B zusammengefaßt, um eine neue Menge A $\cup$ B zu bilden.
Die Vereinigung von A und B wird in der folgenden Abbildung von der gesamten Fläche der zwei Kreise dargestellt:

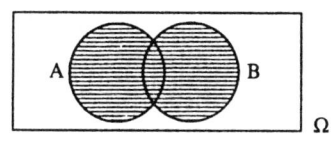

$A \cup B = \{x : x \in A \text{ oder } x \in B\}$

Die Elemente von A $\cap$ B, {2,3} zählen also nicht doppelt.
Die Universalmenge (auch: Universum oder Allmenge), mit U bezeichnet, ist die Menge aller Elemente. Wenn A $\cup$ B = U ist, dann ist U = {0,1,2,3,4,5}. Die Leermenge (oder Nullmenge) ist die Menge, die keine Elemente enthält. Bezeichnet wird sie mit $\emptyset$. Um zu zeigen, daß es keine Beziehung zwischen zwei Mengen von Daten gibt, kann man die Mengengleichung A $\cap$ B = $\emptyset$ schreiben, was besagt, daß die Schnittmenge der Mengen A und B leer ist. Das bedeutet, daß kein Element von A auch Element von B ist und umgekehrt.
Die Negation oder Ergänzung (Komplement) der Menge A wird $\bar{A}$ geschrieben. Sie bezeichnet alle Elemente von U, die nicht in A sind. Eine wichtige Eigenschaft von Mengen und ihrer Negation wird in der Mengengleichung A $\cup$ $\bar{A}$ = U ausgedrückt. Ebenso ist die Gleichung A $\cap$ $\bar{A}$ = $\emptyset$ richtig.
Die grundlegenden Mengenvorstellungen lassen sich graphisch in Form von Venn-Diagrammen darstellen.
Die Universalmenge U kann auch in Teilmengen eingeteilt werden, die nicht das ganze U erschöpfen. Andererseits kann U in Teilmengen eingeteilt werden, die einander nicht überschneiden und das ganze U erschöpfen. Dieses Vorgehen bezeichnet man als *Einteilen in Klassen* oder *Aufteilen*. Aufteilungen werden gewöhnlich durch eckige Klammern [ ], Mengen und Teilmengen durch geschweifte Klammern { } hervorgehoben.
Bei der Klasseneinteilung wird eine Universalmenge in Teilmengen zerlegt, die *disjunkt* sind und die Universalmenge erschöpfen. Bei einer gegebenen Universalmenge U und den Teilmengen A (A_1, A_2, ..., A_k) und B (B_1, B_2, ..., B_k) sind z.B. [A_1, A_2] und [B_1, B_2] Aufteilungen, wenn:

$A_1 \cup A_2 = U$ und $A_1 \cap A_2 = U$
$B_1 \cup B_2 = U$ und $B_1 \cap B_2 = \emptyset$

Dies verdeutlichen die Diagramme in der folgenden Abbildung, wobei ein Rechteck in die Teilmengen A_1 und A_2 und getrennt davon in B_1 und B_2 aufgeteilt ist. Beide Aufteilungen wurden also am selben U durchgeführt.

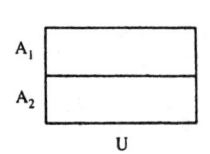

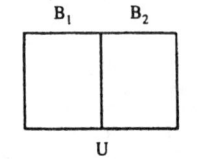

Es ist möglich, die beiden Aufteilungen in einer Überkreuzaufteilung zusammenzubringen. Eine Überkreuzaufteilung ist eine weitere Aufteilung, die dadurch entsteht, daß man dasselbe U sukzessiv aufteilt, indem man alle Teilmengen der Art AB bildet. Man führt also die A-Aufteilung und dann die B-Aufteilung beim selben U oder beim selben Rechteck durch. Das zeigt die folgende Abbildung:

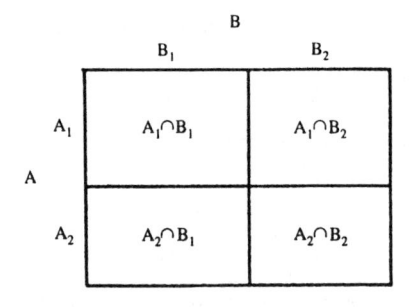

Jedes Feld der Aufteilung ist eine Schnittmenge der Teilmengen von A und B.

Die Mengentheorie wurde von Georg Cantor (1845-1918) in den Jahren zwischen 1874 und 1895 entwickelt. Sie ist ein grundlegendes mathematisches Instrument, das in verschiedenen Zweigen der Mathematik, in der Wahrscheinlichkeitstheorie, Infinitesimalrechnung und Geometrie verwendet wird. Cantor wurde 1845 in Rußland geboren und übersiedelte 1856 nach Deutschland.

set up: aufstellen, eröffnen (ein Geschäft), gründen, montieren, sich niederlassen
set up a liability: passivieren (betr. nicht Wertberichtigungen, da diese in USA auf der Aktivseite abgesetzt werden)
set up a provision: Rückstellung f bilden
set up a reserve: Rückstellung f bilden
set up an account: ein Konto n eröffnen
set up an asset: aktivieren
set(ting) up cost: Aufstellungskosten pl (von Maschinen usw.)
setback: Mißerfolg m, Rückschlag m
setoff: Gegengewicht n

setoff account: Gegenrechnung f
setoff claim: Gegenanspruch m, Gegenforderung f
setoff item: Gegenposten m
setting: Festsetzung f, Hintergrund m (fig.), Rahmen m (fig.)
setting time: Anlaufzeit f, Einrichtezeit f, Umstellungszeit f
setting up cost: Aufstellungskosten pl (von Maschinen usw.)
setting up: Montage f
settle: abfinden, auseinandersetzen (sich), ausgleichen, begleichen, beilegen, bezahlen, erledigen, festsetzen, liquidieren, regeln, saldieren, schlichten, vergleichen
settle an account: abrechnen, ein Konto n ausgleichen
settle by arbitration: durch Schiedsspruch m beilegen
settlement: Abfindung f, Auseinandersetzung f, Ausgleich m, Begleichung f, Beilegung f, Bezahlung f, Erledigung f, Gründung f, Niederlassung f, Regelung f, Saldierung f, Saldozahlung f, Schlichtung f, Vergleich m
settlement account: Abwicklungskonto n
settlement date: Abrechnungstermin m, Vergleichstermin m
settlement day: Abrechnungstag m, Skontierungstag m, Skontrotag m, Zahltag m
settlement of accounts: Abrechnung f
settlement on dismissal: Entlassungsabfindung f
settling day: Abrechnungstag m
setup: Anordnung f (Organisation), Arrangement n, organisatorische Gestaltung f
setup cost: Aufstellungskosten pl, Rüstkosten pl
setup of machines: Maschinenaufstellung f (Montage)
setup time: Anlaufzeit f, Einrichtezeit f, Einrichtzeit f, Umstellungszeit f, Vorbereitungszeit f, um eine Maschine f oder ein sonstiges Produktionsmittel n einsatzbereit zu machen
7-C model: 7-C-Modell n
Ein von Robert H. Waterman als Variante zum 7-S-Modell formulierter Bezugsrahmen zur Erklärung der Managementplanung innovativer Unternehmen:
Im Mittelpunkt steht das Wort capability (Fähigkeit). Der Zweck der Planung besteht wie der Zweck der Organisation und der meisten Manager-Arbeit darin, ohne Unterlaß Qualifikation aufzubauen, etwas zu schaffen, was die Theoretiker ausgeprägte Kompetenz oder haltbaren Wettbewerbsvorteil nennen. Am unteren Rand der Skala gilt es die organisatorische Entropie zu bekämp-

7-C model

Der 7-C-Bezugsrahmen

```
                    Chance &
                    Information
Culture                                 Communi-
                                         cation
                    Capability
                    (Fähigkeit)
Control                                 Issues, Causes
                                        & Commitment
                                        (Fragen, Anliegen
                                        & Engagement)
                    Crisis Points
                    (Krisenpunkte)
```

fen. Um den Mittelpunkt (Qualifikation) sind sechs Faktoren gruppiert, die jene Mehrzweck-Tätigkeit darstellen, die auch Planung oder Strategie genannt wird.

- *Communication*: Das Leben in den Organisationen dreht sich im ganzen darum, Aufgaben aufzuteilen und dann wieder zu integrieren. Planung als Kommunikation ist eine starke Kraft der Integration. Die Leute können Pläne benutzen, um einander wissen zu lassen, was sie zu tun beabsichtigen. Bestehen potentielle Probleme, kann man sich ihnen eher nähern, und wenn eine Möglichkeit für nützliche Koordination besteht, kann man diese eher umsetzen. Planung als Kommunikation ermöglicht es der großen Organisation, sich mit komplizierten Fragen der Integration zu befassen, ohne zu der gefürchteten Matrix-Struktur Zuflucht zu nehmen. Für kleine Organisationen liegt der Wert der Planung als Kommunikation darin, daß sie die Mitarbeiter zwingt, sich klar zu äußern; kleine Organisationen nehmen gute Kommunikation an, weil jeder jeden kennt und die Manager einander ständig sehen. Das hilft, ist aber keine Gewähr dafür, daß über wirklich knifflige Dinge auch gesprochen wird.
- *Chance und Information*: Chance und Information erinnern den Manager daran, daß einige der größten strategischen Entscheidungen, die er trifft, nicht vorherzusehen sind. Manager, die die herausragende Rolle der Chance erkannt haben, betrachten Prognosen zu Recht mit Argwohn; ihre eigenen Pläne machen sie nicht blind gegenüber Gelegenheiten. Dieser Faktor ist wenig oder gar nicht zu beeinflussen
- *Causes, Commitment, and the Issues (Anliegen, Engagement und die Probleme)*: Planung kann eine Art Trocken-Übung sein, garniert mit ermüdenden Zahlenfolgen, wenn sie sich nicht auf ein System stützt, das regelmäßig die wichtigen Fragen streift, Prioritäten setzt und daraus Anliegen destilliert, für die sich die Leute engagieren können. Obwohl die Fragen Gegenstand von Analysen sind, sind sie selten deren Quelle. Sie ergeben sich vielmehr aus dem subjektiven, informierten, aber manchmal offenbar oder scheinbar schiefen Urteil der Unternehmensführer. Aus einem institutionalisierten, aber beweglichen Fragenkatalog kann hier ein wichtiges innovatives Instrumentarium geschöpft werden: das der Anliegen und des Engagements. Die Liste der Fragen und Anliegen muß flexibel sein, weil sich die Umwelt ändert. Wer für Planung zuständig ist, sollte als „Tabubrecher" wirken. Es ist seine Aufgabe, sicherzustellen, daß die wichtigen Fragen erörtert werden und Antworten ausgearbeitet werden.
- *Crisis Points (Kritische Punkte)*: Durch Planung erhält man die Sicherheit, daß ein Unternehmen wirtschaftlich gesund in die Zukunft geht. Aber Planung kann mehr: Eine Szenenfolge von „Was wäre, wenn"-Konstellationen kann dazu verhelfen, Krisen ebenso wie ungewöhnliche Gelegenheiten durchzuspielen. Mit Hilfe eines Computers kann man bestehende Trends innerhalb einer Branche für die nächsten drei, fünf oder zehn Jahre hochrechnen. Wenn man alle Variablen des Modells einander immer wieder neu zuordnet, erhält man gewöhnlich eine Antwort auf die Frage, warum das Ergebnis nicht zufriedenstellend ist. Man entdeckt die kritischen Punkte und kann nun Fragen stellen. Allmählich werden die Probleme eingekreist, mit Hilfe einer Richtungsänderung kann das Unternehmen der Krise ausweichen. Die Krise birgt durchaus revolutionäre Momente, aber sie ist unangenehm, und man denkt dabei allzuviel ans Überleben.
- *Control (Kontrolle)*: Wie die Aufstellung eines Haushaltsplans ist langfristiges Planen teilweise ein kongeniales Kontrollverfahren. An Innovation orientierte Unternehmer fordern ihre Manager auf, sich für ein fünf Jahre vorausliegendes Ziel bezüglich Wachstum, Erträge und Marktanteil einzusetzen. Angesichts der Ungewißheiten von Prognosen weiß niemand sicher, was so weit in der Zukunft geschehen wird. In innovativen Unternehmen gilt Zahlenprognosen ein gesundes Mißtrauen. Sie erhalten ihre Flexibilität, indem sie alljährlich das Fünfjahresziel überprüfen und neu stecken. Dieser Teil der Planung ist eine Form kongenialer Kontrolle.
- *Culture (Wertesystem)*: Es hat eine ähnliche Bedeutung wie die geteilten Werte im 7-S-Bezugsrahmen. Viele Unternehmen setzen ihre Planung so ein, daß sie jene Aspekte in ihrem Wertesystem verstärken, für die sie sich aktiv engagieren. Das alljährlich wiederkehrende Ritual der langfristigen Planung ist ein hübscher Anlaß, nun gemeinsam ein neues Wertesystem, neue Visionen und übergreifende Ziele zu formulieren.

Der 7-C-Bezugsrahmen soll helfen, die Planung der innovativen Unternehmen rückblickend besser zu verstehen. Damit eine Organisation über gut entwickelte Fähigkeiten verfügt, müssen alle Teile des Bezugsrahmens auf sie eingestellt sein. Um neue Qualifikation zu schaffen, müssen alle Teile des Bezugsrahmens neu zusammengestellt werden. So ist es leichter zu verstehen, warum Innovation ein komplexes System von Prozessen bündelt. Der Bezugsrahmen legt es auch nahe, Planung und Organisation anhand der Realität zu überprüfen und ihr gegebenenfalls anzupassen. Wenn die erstrebte Qualifikation sich allzu sehr von der gegenwärtigen unterscheidet – wenn also eine einschneidende Veränderung – aller stützenden Variablen im Bezugsrahmen nötig ist, sind Planung und Organisation anhand dieser Rahmen nicht zu verwirklichen.

Beide Bezugsrahmen 7-S und 7-C können miteinander in Verbindung stehen, Fähigkeit (skill) im ersten Rahmen ist dasselbe wie capability im zweiten; shared values (gemeinsame Werte) im ersten Rahmen sind identisch mit culture im zweiten.

Legt man beide Bezugsrahmen zusammen, so erhält man nach den Worten von Waterman den „Erneuerungsring". Er vermittelt ein Bild davon, wie Organisation und Planungsprozesse im Einklang zusammenwirken können, um Qualifikation, Kompetenz und Wertesystem aufzubauen und die Organisationen stark zu machen.

Der Erneuerungsring

	Structure	Communication	
Systems	Skills/ Capability		Control & Crisis Points
	ORGANISATION	PLANUNG	
Staff	Shared Values/ Culture		Issues, Causes & Commitment
	Symbolic Behavior	Chance & Information	

Der Erneuerungsring

Wie der 7-S-Bezugsrahmen zwingt auch der „Erneuerungsring" immer wieder dazu, auf die Fragen nach Qualifikation und Wertesystem zurückzukommen.

7-S model: 7-S-Modell n

Ein von der Unternehmensberatungsfirma McKinsey & Company, Inc. entwickeltes Modell des erfolgreichen Management, das aus den Vorarbeiten der damaligen McKinsey-Berater Thomas J. Peters und Robert H. Waterman entstand: „Unsere Vorarbeiten hatten uns gezeigt, daß jede intelligente Behandlung des Organisationsproblems wenigstens sieben Variablen einbeziehen und als voneinander abhängig betrachten muß: die Struktur, die Strategie, die Menschen, den Führungsstil, die Systeme und Verfahren, die Leitmotive und das Wertsystem (d.h. die Firmenkultur) sowie die vorhandenen oder angestrebten Stärken oder Spezialkenntnisse des Unternehmens".

In ihrem Buch „In Search of Excellence" (1982) (deutsch: „Auf der Suche nach Spitzenleistungen", 1983) haben Peters und Waterman dieses Modell eingehend beschrieben. Es faßt 7 Faktoren als Bedingungen für Unternehmenserfolg zusammen. Im Zentrum befinden sich die übergeordneten Unternehmensziele, die den Kern der unverwechselbaren Unternehmenskultur bilden. Die Ziele prägen die anderen „harten" und „weichen" Faktoren und werden von ihnen geprägt. Die drei „harten" der sieben Faktoren sollen für das amerikanische Management typisch sein: Structure, Strategies, Systems. Das japanische Management dagegen basiert stärker auf den drei weichen Faktoren: Staffing, Skills, Style.

Die weichen Faktoren unterscheiden sich im wesentlichen von den harten dadurch, daß sie quantitativ nicht erfaßbar, technologisch nicht machbar und rational nicht restlos aufklärbar sind.

Im Mittelpunkt steht die abhängige Variable: Qualifikation (Skills). Dem liegt die Idee zugrunde, eine Organisation in ihrer Gesamtheit so zu strukturieren, daß hinsichtlich irgendeines Zieles das eine S von den anderen sechs S unterstützt wird. Die übrigen „S" aus dem 7-S-Rahmen haben folgende Bedeutung:

- *Struktur*: Organisationsschema, Arbeitsplatzbeschreibung u.dgl.. Arten der Darstellung, wer wem Bericht erstattet und wie die Aufgaben verteilt und integriert werden.
- *Systeme*: Die formalen und nicht formalen Prozesse und Ströme innerhalb einer Organisation. Wie die Dinge Tag für Tag erledigt werden. Die gesamte Bandbreite von Systemen zur Leistungssteigerung bis zu Produktionssystemen, Systemen der Buchhaltung, der Qualitätskontrolle und der Leistungsbewertung.
- *Symbolisches Verhalten*: Normalerweise wird dies mit dem Wort „Stil" beschrieben. Es ist die Dimension der Aufmerksamkeit. Es ist der greifbare Beweis dafür, was das Management für wichtig hält; insbesondere, wie es durch nonverbale Kommunikation dargestellt wird; wie die Manager ihre Zeit verbringen, welche Ergebnisse sie belohnen und wie sie in Krisensituationen reagieren.
- *Mitarbeiterstab*: Die Struktur der Belegschaft und ihre demographischen Merkmale. Ihre Erfahrung, ihre Schul- und Fachausbildung. Die Abstimmung, wieweit die zu erledigenden Arbeiten und die Fähigkeiten derjenigen, die diese Arbeitsplätze ausfüllen, einander entsprechen.
- *Shared Values (gemeinsame Werte)*: Wofür das Unternehmen steht, explizit und implizit, gut und schlecht. Worauf ein Unternehmen stolz ist oder gerne stolz wäre. Gemeinsame Werte gehen über schlichte Zielfeststellungen hinaus, können sie aber abschließen. Wie sich ein Unternehmen in rauhen Zeiten verhält, mag ein guter Indikator für das Wertsystem sein.
- *Strategie*: Eng definiert, der Plan eines Unternehmens für die Zuweisung der Ressourcen und die Erreichung eines haltbaren Wettbewerbsvorteils.

Das 7-S-Modell versteht sich nach den Worten von Peters und Waterman „als sinnvoller Rahmen für das Durchdenken von Organisationsproblemen" und bietet „einen äußerst wirksamen Anreiz..., systematisch nicht nur über die organisatorische Hardware – Strategie und Struktur – nachzudenken, sondern auch über die entsprechende Soft-

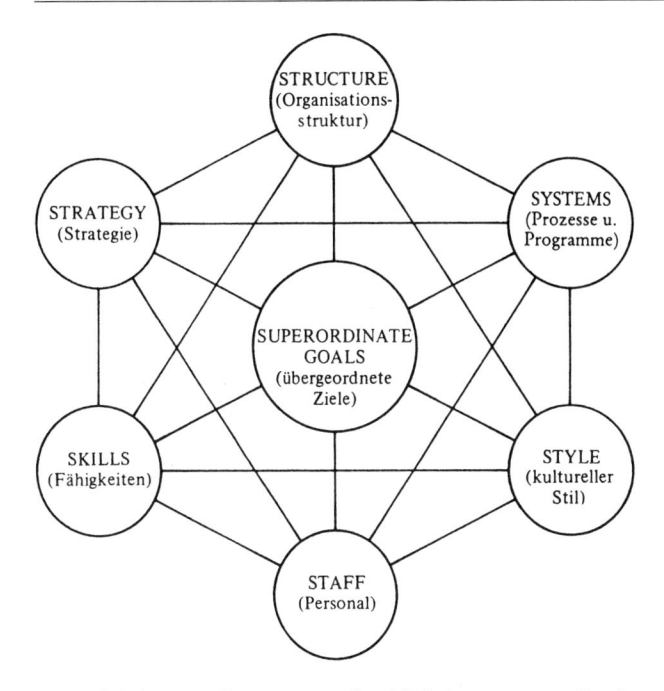

```
         ┌─────────────┐
         │  STRUCTURE  │
         │(Organisations-│
         │   struktur) │
         └─────────────┘
   ┌──────────┐       ┌──────────┐
   │ STRATEGY │       │  SYSTEMS │
   │(Strategie)│      │(Prozesse u.│
   │          │       │ Programme)│
   └──────────┘       └──────────┘
         ┌─────────────┐
         │SUPERORDINATE│
         │    GOALS    │
         │(übergeordnete│
         │    Ziele)   │
         └─────────────┘
   ┌──────────┐       ┌──────────┐
   │  SKILLS  │       │   STYLE  │
   │(Fähigkeiten)│    │(kultureller│
   │          │       │   Stil)  │
   └──────────┘       └──────────┘
         ┌─────────────┐
         │    STAFF    │
         │  (Personal) │
         └─────────────┘
```

ware – Stil, Systeme, Stammpersonal und Selbstverständnis".

Auf der Basis ihrer Untersuchungsergebnisse formulieren sie drei Prinzipien, auf denen die Unternehmensstruktur basieren sollte. Mit diesen Prinzipien sollen drei Hauptanforderungen an die Unternehmensstruktur erfüllt werden, nämlich „effiziente Wahrnehmung der Grundaufgaben, laufende Innovation und ein Mindestmaß an Reaktionsfähigkeit bei großen Veränderungen", wobei jedes Prinzip „einer dieser drei Anforderungen gerecht wird: Das Prinzip der Stabilität für das effiziente Wahrnehmen der Grundaufgaben, das Prinzip des Unternehmertums für regelmäßige Innovation und schließlich das Prinzip der Mobilität für Reaktionsfähigkeit und das Vermeiden von Verkrustungen".

Vor allem betonen Peters und Waterman, daß die allzuoft vernachlässigten weichen Faktoren für den Unternehmenserfolg von zentraler Bedeutung sind: Nicht die rationalen Pläne und Strategien, die ausgeklügelten technischen Systeme und die differenzierten Strukturen sind es, die ein Unternehmen groß werden lassen, sondern das Unwägbare, Irrationale, Kreative, Spontane, Dynamische, Menschliche – die spezifische und ausgeprägte Unternehmenskultur.

severable: teilbar
severally: einzeln, gesondert
severance pay: Abfindung f (bei Entlassung), Entlassungsabfindung f, Kündigungsgeld n
sewage: Abwässer pl
sewer: Abwässerungsanlage f
shadowboxing: Spiegelfechterei f
sham: Schein-, vortäuschen
sham bid: Scheingebot n
sham contract: Scheingeschäft n, Scheinvertrag m
sham proof: Scheinbeweis m shape Form f
share: Aktie f, Anteil m, Anteil m haben, Quote f, Teil m, teilen, teilhaben, teilhaben lassen, verteilen, Wertpapier n
share after repayment of face value: Genußaktie f
share and share alike: zu gleichen Teilen n/pl
share capital: Aktienkapital n, gesetzliches Stamm- oder Grundkapital n
share certificate: Aktienmantel m, Aktienurkunde f, Mantel m (Aktie)
share deposited as security: Garantieaktie f
share founders' share: Gründeraktie f, ausgestattet mit Privilegien n/pl oder Bedingungen f/pl
share holding: Aktienbesitz m
share in equity: Geschäftsanteil m
share in profit: Gewinnanteil m
share in profits pl: am Gewinn m beteiligt sein
share in the loss: Anteil m am Verlust m, am Verlust m beteiligt sein, Verlustanteil m

share in the profit: Anteil m am Gewinn m
share of guilt: Mitschuld f
share the ownership of: mitbesitzen
share-the-work plan: Abkommen n, das on Stelle f von Entlassungen f/pl Kurzarbeit vorsieht, Arbeitsstreckungsmaßnahme f, Kurzarbeitsabkommen n
share warrant: Bezugsschein m (Aktien)
share without par value: nennwertlose Aktie f
shareholder in limited corporation: Kommanditaktionär m
shareholder: Aktionär m
shareholders meeting: Hauptversammlung f
shareownership: Aktienbesitz m
sharing of work: Arbeitsstreckung f (geplant)
sharing responsibility: mitverantwortlich
sheet: Blatt n, Bogen m (Papier)
sheet metal: Walzblech n
shelter: Bunker m, schützen, Schutz m, unterbringen
shift: Schicht f, schiffen (EDV), stellenversetzen (EDV), umschichten, Umschichtung f, verschieben, versetzen (EDV)
shift allowance: Schichtzuschlag m
shift differential: Schichtzuschlag m
shift foreman: Schichtmeister m
shift gear: schalten (Gang)
shift premium: Schichtzuschlag m
shift work: Schichtarbeit f
shifting: Verlagerung f
ship: Schiff n, senden, transportieren, übersenden, verfrachten, verladen, verschiffen, versenden
ship broker: Schiffsmakler m
ship building: Schiff(s)bau m
ship-building yard: Werft f
ship hoist: Schiffshebewerk n
ship mortgage bank: Schiffshypothekenbank f
ship mortgage: Bodmerei f, Schiffshypothek f
ship owner: Reeder m, Schiffseigner m
ship wreck: Schiffbruch m
shipment: Menge f, versandte Sendung f, Transport m, Übersendung f, Verfrachtung f, Verladung, Versand m, Verschiffung f, Versendung f
shipment for approval: Ansichtssendung f
shipment of goods pl: Warensendung f
shipper: Ablader m, Versender m
shipping: Absendung f, Schiffahrt f, Versand m
shipping advice: Versandanzeige f

shipping business: Speditionsgeschäft n
shipping charge(s) (pl): Verladegebühr f, Versandkosten pl; (or cost or expenses pl) Frachtkosten pl, Transportkosten pl, Verladekosten pl
shipping clerk: Expedient m
shipping company: Reederei f
shipping cost: Frachtkosten pl, Versandkosten pl
shipping date: Versandtag m
shipping department: Versandabteilung f
shipping documents pl: Verladepapiere n/pl
shipping expenses pl: Frachtkosten pl
shipping intelligence: Schiffahrtsberichte m/pl
shipping lane: Schiffahrtsweg m
shipping line: Reederei f, Schiffahrtslinie f
shipping notice: Versandanzeige f
shipping order: Versandauftrag m
shipping papers pl: Verladepapiere n/pl, Versandpapiere n/pl
shipping register: Schiffsverzeichnis n
shipping report: Versandanzeige f
shipping route: Schiffahrtsweg m
shipping share: Schiffahrtsaktie f, Schiffsaktie f
shipping space: Schiffsraum m
shipping ticket: Lieferschein m, Versandschein m
shipping trade: Seehandel m
shipping traffic: Schiffsverkehr m
shipping weight: Abladegewicht n
shipyard: Werft f
shock: erschüttern, Erschütterung f, Stoß m
shock effect: Stoßwirkung f
shop: einkaufen, Laden m, Ladengeschäft n, Werkstätte f
shop chairman: Betriebsratsmitglied n
shop committee: Arbeitnehmerausschuß m (entspricht etwa dem Betriebsrat), Betriebsrat m
shop equipment: Ladenausstattung f
shop fittings pl: Ladeneinrichtung f
shop keeper: Einzelhändler m, Kaufmann m
shop laborer: Werkstatthilfsarbeiter m
shop order: innerbetrieblicher Auftrag m
shop progress man: Arbeitsflußüberwacher m
shop steward: Arbeitnehmervertreter m (Betriebsratsmitglied)
shop window: Schaufenster n
shopkeeper: Ladenbesitzer m
shoplifter: Ladendieb m
shoplifting: Ladendiebstahl m

shopping: Einkaufen *n*
shopping area: Geschäftsviertel *n*
shopping basket: Warenkorb *m* (Lebenshaltungskosten)
shopping center: Einkaufsviertel *n*, Einkaufszentrum *n*, Geschäftszentrum *n*
shopping goods *pl*: Shopping Goods *pl*, Güter *n/pl* des Großbedarfs
Bei den Konsumgütern wird je nach dem für sie aufgewendeten Anteil des Haushaltsbudgets und dem mit ihrem Einkauf verbundenen Aufwand zwischen Convenience Goods (Güter des täglichen Bedarfs), Specialty Goods (Güter des Spezialbedarfs) und Shopping Goods unterschieden.
Kennzeichen der Shopping Goods ist es, daß sie meist in längeren Zeitabständen eingekauft werden und daß die Konsumenten zu ihrer Beschaffung gesondert Einkaufen gehen, längere Einkaufswege zurücklegen und daß sie sich dabei die Kaufentscheidung meist einigermaßen gründlich überlegen. Die meisten Shopping Goods sind also tendenziell eher High-Interest-Produkte und fast alle Gebrauchsgüter, vor allem die längerlebigen, zählen in der Regel dazu.

shopping magazine: Kundenzeitung *f*
shopping radius: Einzugsgebiet *n*, Einzugsbereich *m*, Absatzgebiet *n*, Verkaufsgebiet *n*
Ein aus der Raumordnung und Raumplanung in die Standortforschung des Einzelhandels übernommener Schlüsselbegriff zur Bezeichnung desjenigen geographischen Gebiets, „aus dem ein Geschäft bzw. eine Agglomeration von Geschäften seine Kunden zieht." (Erich Batzer).
Zu den Umweltparametern, durch die vor allen Dingen die Größe des Einzugsgebiets eines Wirtschaftsunternehmens bestimmt wird, zählen u.a. sozioökonomische Merkmale (wie z.B. die Bevölkerungszahl und -dichte, die Höhe und Struktur des Einkommens oder die Struktur des Konsums usw.), die Besitzmerkmale der privaten Haushalte, die Zahl, Größe und Struktur der Konkurrenzunternehmen, wobei gerade durch eine Agglomeration von Konkurrenzunternehmen im Einzelhandel das Einzugsgebiet vergrößert wird, die Verkehrslage (Zufahrtsstraßen und Verkehrsbedingungen des Standorts selbst).

shopping news: Kundenzeitung *f*
short: knapp, kurz, kurzfristig
short amount: Manko *n*, Minderbetrag *m*
short bill: Wechsel *m* auf kurze Sicht *f*
short covering: Deckungskauf *m*
short delivery: Minderlieferung *f*
short-distance hauling: Güternahverkehr *m*
short draft: Zeitsichtwechsel *m*
short-handed: knapp an
short list: Bedarfsliste *f*, Fehlliste *f* (benötigte, aber nicht vorhandene Teile)

short-lived asset: kurzfristig abnutzbares Wirtschaftsgut *n*, kurzlebiges Wirtschaftsgut *n*
short-range budget: kurzfristiges Budget *n*
short-range plan: kurzfristiger Plan *m*
short-range planning: kurzfristige Planung *f*
short run: kurze Sicht *f*
short sale: Blankoverkauf *m*, Terminverkauf *m*
short supply: Unterversorgung *f*
short-term: kurzfristig
short-term credit: kurzfristiger Kredit *m*
short-term finance planning: kurzfristige Finanzplanung *f*
Die kurzfristige Finanzplanung hat zum Ziel, das finanzielle Gleichgewicht der Unternehmung in jeder Teilperiode des Planungszeitraums sicherzustellen. Zu diesem Zweck muß sie zunächst alle Einnahmen und Ausgaben prognostizieren, wie sie sich aus der operativen Planung des Realgüterprozesses auf der Basis des fixierten Produktprogramms ergeben. Sie muß also z.B. die Einnahmen aus Umsatzerlösen und Zinserträgen erfassen und sie muß die Ausgaben für Löhne und Gehälter, den Einkauf von Roh-, Hilfs- und Betriebsstoffen, Mieten etc. abschätzen. Darüber hinaus muß sie aus der strategischen Planung resultierenden Einnahmen und Ausgaben für die betrachtete Periode zusammenstellen.
Alle diese Einnahmen- und Ausgabenströme müssen für die Teilperioden des Planungszeitraums gegenübergestellt und die entsprechenden Finanzüberschüsse und Finanzdefizite registriert werden. Die Anlage von Finanzüberschüssen und die Deckung von Finanzdefiziten ist dann Aufgabe der kurzfristigen Finanzplanung im engeren Sinne. Es müssen die nach Zeitdauer und allen übrigen Konditionen geeigneten Anlage- und Finanzierungsmöglichkeiten eruiert werden. Aus diesem Handlungspotential sind dann solche Alternativen auszuwählen, die einerseits den kurzfristigen Finanzgewinn (Differenz von kurzfristigen Finanzerträgen und kurzfristigen Finanzaufwendungen) optimieren und andererseits das finanzielle Gleichgewicht für jede Teilperiode des Zahlungszeitraums sicherstellen.

short-term investment: kurzfristige Investition *f*
short-term liability: kurzfristige Schuld *f*, kurzfristige Verbindlichkeit *f* (innerhalb eines Jahres vom Bilanzstichtag fällig)
short-term loan: kurzfristiger Kredit *m*, kurzfristige Anleihe *f*
short-term objective: Nahziel *n*
short-term paper: kurzfristiges Papier *n*
short-term plan: kurzfristiger Plan *m*
short-term profit and loss statement: kurzfristige Erfolgsrechnung *f*

short-term target: kurzfristiges Ziel *n*
shortage: Abgang *m*, Fehlbetrag *m*, Gewichtsverlust *m*, Mangel *m*, Manko *n*, Verknappung *f*
shortage of money: Geldknappheit *f*
shorten: abkürzen, kürzen, verkürzen
shortfall: Defizit *n*, Unterschuß *m*
shortfall in receipts *pl*: Mindereinnahme *f*
shorthand: Kurzschrift *f*, Stenographie *f*
shorthand note: Stenogramm *n*
shorthand pad: Stenoblock *m*
shortlist: Bedarfsliste *f*, Fehlliste *f* (benötigte, aber nicht vorhandene Teile)
shorts *pl*: Mankoposten *m*
shortsighted: kurzsichtig
shortweight: Mindergewicht *n*, Untergewicht *n*
show: Ausstellung *f*, Schau *f*, vorzeigen, zeigen
show room: Ausstellungsraum *m*, Musterlager *n*
show store: Ausstellungsraum *m*, Musterlager *n*
show-window: Ladenfenster *n*
showcase: Ausstellungsvitrine *f*, Ladenfenster *n*, Schaufenster *n*
showpiece: Ausstellungsstück *n*, Schaustück *n*
shrink: schrumpfen, vermindern, zusammenschrumpfen
shrinkage: Einlaufen *n* (Textilien), Schrumpfprozeß *m*, Verminderung *f*, Zusammenschrumpfung *f*
shrinking process: Schrumpfprozeß *m*
shut down: den Betrieb *m* einstellen
shutdown: Stillegung *f*
sick: krank
sick benefit: Krankengeld *n*
sick benefits insurance: Krankenversicherung *f*
sick insurance: Krankenversicherung *f*
sick leave: Krankenurlaub *m*, Krankheitsurlaub *m*
sick pay: Krankengeld *n*
sickness: Erkrankung *f*, Krankheit *f*
sickness benefit: Krankengeld *n*
sickness insurance: Krankenversicherung *f*
side: Neben-, Seite *f*
side condition: Nebenbedingung *f*
side effect: Nebenwirkung *f*
side-line job: Nebenbeschäftigung *f*
side-street: Nebenstraße *f*
side track: Abstellgleis *n*, Nebenanschlußgleis *n*, Nebengleis *n*, totes Gleis *n*
sidestep: ausweichen

sidetrack: ablenken
siding: Abstellgleis *n*, Anschlußgleis *n*, Nebenanschlußgleis *n*, Nebengleis *n*, Rangiergleis *n*, totes Gleis *n*
sift: sieben, sortieren
sight: Anblick *m*, Sehvermögen *n*, Sicht *f*
sight bill: Sichtwechsel *m*
sight deposit: Sichteinlage *f*
sight draft: Sichttratte *f*, Sichtwechsel *m*
sign: signieren, unterschreiben, unterzeichnen, Vorzeichen *n*, Zeichen *n*, zeichnen (Unterschrift)
sign card: Unterschriftskarte *f*
sign control: Vorzeichensteuerung *f (EDV)*
sign personally: eigenhändig unterzeichnen
signal: Signal *n*, Zeichen *n*
signaling system: Signalsystem *n*
Ein aktives System in Management-Informations-System (MIS), bei dem der periodische oder laufende Vergleich zwischen Istdaten und Sollwerten zur automatischen Ausgabe entsprechender Führungsinformationen führt.
signatory: Signalar *m*, Unterzeichneter *m*
signature: Unterschrift *f*
signed, sealed and delivered: unterzeichnet, gesiegelt und ausgehändigt
signer: Unterzeichneter *m*
significance: Bedeutung *f*
significant: bedeutend, bezeichnend, signifikant, statistisch gesichert
significant amount: wesentlicher (abgerundeter) Betrag *m*
significant deviation: wesentliche Abweichung *f*
silent: still
silent partner: stiller Gesellschafter *m*
silent partnership: stille Gesellschaft *f*
silver: silbern, Silber *n*
silver coin: Silbermünze *f*
silver currency: Silberwährung *f*
similar: ähnlich, verwandt
similarity: Ähnlichkeit *f*
simple: anspruchslos, einfach
simple average: einfacher Durchschnitt *m*
simple contract: nicht gesiegelter Vertrag *m*
simple interest: einfacher Zins *m*
simple journal: einfaches Journal *n* (nur eine Soll- und Habenspalte)
simple larceny: einfacher Diebstahl *m*
simple majority of votes: einfache Stimmenmehrheit *f*
simplex channel: Simplexkanal *m (EDV)*
simplex method: Simplex-Methode *f* (Operations Research)

simplification: Vereinfachung *f*
simplification and systematization: Rationalisierung *f*
simplified capital decrease: vereinfachte Kapitalherabsetzung *f*
simplify: vereinfachen
simulation: Simulation *f*
Als Simulation bezeichnet man die modellhafte Nachbildung eines Prozesses, Ereignisses oder anderen Phänomens bzw. seiner in einem gegebenen (Untersuchungs-)Zusammenhang relevanten Merkmale und das zielgerichtete Experimentieren anhand der möglichst realitätsgetreuen Abbildung des Prozeßablaufs in allen wesentlichen Einzelheiten, die in ihrem vollständigen Umfang in der Realität nicht beobachtbar sind. Die Simulation besteht so aus zwei Teilen: 1. Der wirklichkeitsgetreuen oder wenigstens wirklichkeitsnahen Nachbildung in Form eines Modells und 2. dem Durchspielen der Bedingungen dieses Modells in ebenfalls realitätsgetreuer bzw. realitätsnaher Weise (Simulationsspiel).
Dementsprechend eignen sich Simulationsmodelle sowohl für die modellhafte Untersuchung bereits bestehender Systeme wie für die Entwicklung und Planung von neuen Systemen auf der Grundlage der Kenntnis ihrer wichtigsten Aktionsparameter. In jedem Fall stellt jedes Simulationsmodell ein künstliches Abbild der Wirklichkeit dar, das ihr im besten Fall sehr nahe kommen kann, aber mit ihr nicht identisch ist und daher in der Interpretation und Analyse auch nicht mit ihr verwechselt werden sollte.
Generell dienen Simulationsmodelle in der Betriebswirtschaft vor allem der Auffindung von relativ günstigen Kombinationen, also der Optimierung, beim Einsatz von Instrumenten.
Im Gegensatz zu den bis zur Entwicklung der Computersimulation vorherrschenden statischen Modellen werden durch Simulation dynamische Modelle geschaffen. Dabei lassen sich diskrete (unstetige) und kontinuierliche (stetige) Simulationsmodelle unterscheiden: „Bei diskreten Modellen erfolgen die Zustandsänderungen zu diskreten Zeitpunkten. Der Zeitpunkt eines Ereignisses kann dabei einem festen Zeitwert zugeordnet werden. Die Änderung der Modellvariablen in Abhängigkeit der Zeit vollzieht sich daher sprunghaft (Ankunft eines Auftrags, Beginn einer Werbekampagne usw.). Bei kontinuierlichen Modellen erfolgt eine Änderung der Systemvariablen kontinuierlich über der Zeit über den gesamten Betrachtungszeitraum" (Hans W. Edlinger).
Eine weitere Unterscheidung ist die zwischen deterministischer und stochastischer Simulation, wobei bei der deterministischen Simulation alle Prozeß- bzw. Ablaufdaten eindeutig festgelegt sind, während bei der stochastischen Simulation wie z.B. der Monte-Carlo-Methode entweder ein Teil der Daten oder alle Daten Wahrscheinlichkeitsverteilungen sind.
Simulationsmodelle haben, wenn ihre Entwicklung selbst nicht zu aufwendig ist, gegenüber Feldexperimenten den Vorzug, daß sie mit geringeren Kosten verbunden sind.
In den empirischen Wissenschaften unterscheidet man in der Regel zwischen Analogiemodellen, Simulationsmodellen Symbolmodellen, Modellen als interpretierenden Bezugssystemen und theoretischen Modellen.
simulation model: Simulationsmodell *n*
simulation language: Simulationsprogrammiersprache *f (EDV)*
simulation program: Simulationsprogramm *n (EDV)*
simulator: Simulator *m (EDV)*
simultaneous: gleichzeitig
sincere: redlich, treu
sincerity: Redlichkeit *f*, Treue *f*
sine die (without a day certain): auf unbestimmte Zeit *f*
single: Einzel-, ledig
single bill: Solawechsel *m*
single-capital-structure company: Gesellschaft *f*, die nur eine Aktiengattung *f* besitzt
single card checking: Einzelkartenprüfung *f (EDV)*
single-entry bookkeeping: einfache Buchführung *f*, Einnahme-Ausgaberechnung *f*
single item ejection: Einzelpostenvorschub *m (EDV)*
single-line store: Fachgeschäft *n*, Spezialgeschäft *n*
single merchant: Einzelkaufmann *m*
single out for: für etwas bestimmen
single out: auswählen
single price plan: Einheitspreissystem *n*
single purpose computer: Einzweckrechenautomat *m (EDV)*
single residence: Einfamilienhaus *n*
single signature: Einzelunterschrift *f*
single standard: Monometallismus *m*
single-step income statement: Gewinn- und Verlustrechnung *f* in Staffelform *f* (ohne Untergliederung)
single tax: Universalsteuer *f*
single-unit costing: Einzelkalkulation *f*
single-unit production: Einzelfertigung *f*
sink: absinken, amortisieren, sinken, tilgen
sinking fund: Ablösungsfond *m*, Amortisationsfonds *m*, Schuldentilgungsfonds *m*, Schuldtilgungsfonds *m*, Tilgungsfonds *m*
sinking fund bond: Tilgungsobligation *f*
sinking fund reserve: Tilgungsrücklage *f*
sister institution: Schwesterinstitution *f*
sit-down strike: Sitzstreik *m*

site: Standort *m,* Grundstück *n,* Lage *f* (geogr.), Platz *m*
Die volkswirtschaftliche Standorttheorie bezeichnet als Standort den geographischen Ort, an dem ein Wirtschaftsunternehmen Produktionsfaktoren einsetzt, um wirtschaftliche Leistungen zu erbringen. Die Theorie unterscheidet zwischen dem innerbetrieblichen Standort, d.h. der räumlichen Plazierung und Zuordnung der einzelnen Teile eines Unternehmens zueinander, und dem außerbetrieblichen Standort, d.h. dem geographischen Ort, an dem ein Wirtschaftsunternehmen und/oder seine Filialbetriebe niedergelassen sind bzw. angesiedelt werden. Während die industriellen Standortentscheidungen in einem größeren volks- und betriebswirtschaftlichen Zusammenhang zu sehen sind, haben die Standortentscheidungen des Handels und vor allem des Einzelhandels auch als absatzpolitische Instrumente Bedeutung.
Angelpunkt für Standortentscheidungen derjenigen Wirtschaftszweige, die ihr Angebot unmittelbar an die Endverbraucher richten, ist der Absatz.
„Betroffen davon sind nicht nur der Einzelhandel, die mit ihm eng verwandten konsumorientierten Handwerkszweige (wie Bäcker und Fleischer) und das Gastgewerbe, sondern auch z.B. Kreditinstitute und Reisebüros. Die Unternehmungen sind gezwungen, sich an vorhandene Passantenströme zu halten, wenn sie nicht, wie etwa Warenhäuser, die Kraft haben, neue Standortbedingungen in dem Sinne zu schaffen, daß andere Betriebe folgen und ein neues Markt- und Einkaufszentrum entsteht." (R. Nieschlag/E. Dichtl/H. Hörschgen)
Voraussetzung für die Standortplanung ist zunächst einmal die Abgrenzung möglicher Einzugsgebiete auf der Grundlage von Ermittlungen des Marktpotentials für ein Unternehmen. Wichtige Indikatoren des Absatzpotentials eines Unternehmens sind Kaufkraftkennziffern. Zu den wichtigsten Verfahren der Standortbewertung zählen neben der Verwendung von Prüflisten (Checklists) die Gravitationsmethode und die Analogmethode.
Bevor Standortentscheidungen fallen, bedarf es einer sorgfältigen Konkurrenzanalyse.

sites *pl*: unbebaute Grundstücke *n/pl*

situated: gelegen (Lage)

situation: Lage *f,* Posten *m,* Situation *f,* Stelle *f,* Stellung *f*

situation offers *pl*: offene Stellen *f/pl*, Stellenangebote *n/pl*

situations *pl* **required:** Stellengesuche *n/pl*

situations *pl* **vacant:** offene Stellen *f/pl*, Stellenangebote *n/pl*

situations *pl* **wanted:** Stellengesuche *n/pl*

situative leadership theory: situative Führungstheorie *f*
Das Grundprinzip der situativen Führungslehre ist eine Entbürokratisierung, d.h. der Team-Gedanke (Manager und Mitarbeiter agieren als geschlossene Gruppe) und die starke Bezugnahme auf personale, kreative Situationsleistungen („effectiveness").
Bekannt geworden ist die situative Führungslehre von William J. Reddin, der ein dreidimensionales Führungsverhalten mit den Dimensionen Beziehungsorientierung, Aufgabenorientierung und Effektivität postulierte. In seinem Buch „The 3-D-Management Style Theory" (1968) geht Reddin vom „Ohio State Leadership Quadranten" aus, dem er eine dritte Dimension hinzufügt: die Effektivität des Managers. Darunter versteht er „das Ausmaß, in dem eine Führungskraft die Leistungsvorgaben erreicht, die sie aufgrund ihrer Position erbringen muß." Die Quadranten beinhalten vier Grundstil-Formen:
• den Verfahrensstil (entspricht dem 1.1-Stil beim Verhaltensgitter),
• den Beziehungsstil (1.9-Stil),
• den Aufgabenstil (9.1-Stil) und
• den Integrationsstil (9.9-Stil).
Diese 4 Grundstilformen sind in der Mitte der folgenden Abbildung dargestellt.
Im Gegensatz zur Ohio-Schule und zum Verhaltensgitter, die den Integrationsstil bevorzugen, postuliert Reddin, „daß jeder einzelne dieser vier Grundstile in bestimmten Situationen effektiv, in anderen wiederum ineffektiv sein kann. Kein Stil ist an sich mehr oder weniger effektiv. Die Effektivität hängt von der Situation ab, in der der Grundstil eingesetzt wird."
Deshalb formuliert Reddin für jeden Grundstil als gegensätzliche Ausprägungen je einen Führungsstil mit niedriger und einen mit höherer Effektivität: In der Abbildung wird der dreidimensionale Charakter dieser Betrachtungsweise veranschaulicht.
Auch für Reddin ist Effektivität die einzige, zentrale Aufgabe einer Führungskraft. Jeder Führungsstil kann effektiv oder weniger effektiv sein, je nach den spezifischen Anforderungen. Reddin veranschaulichte die Führungssituation an einem Würfel mit den drei Dimensionen „Beziehungsorientierung", „Aufgabenorientierung" und „Effektivität" und nannte seine Theorie aus diesem Grund „3-D-Konzept". Im einzelnen unterschied er den „Verfahrensstil" (mit unterdurchschnittlicher Beziehungs- und Aufgabenorientierung), den „Beziehungsstil" (überdurchschnittliche Beziehungsorientierung, unterdurchschnittliche Aufgabenorientierung), den „Aufgabenstil" (starker, direkter Eingriff durch den Vorgesetzten) und „Integrationsstil" (partizipatives Management in Projektteams).
Zur Veranschaulichung seiner Ideen wählte Reddin bildhafte Ausdrücke: Ein Manager mit stark beziehungsorientiertem Stil beispielsweise gleicht in einer Situation, in der dieser Stil nicht zur Effektivität führt, einem „Gefälligkeitsapostel"; in effektiver Situation ist der Manager jedoch ein „Förderer". Der aufgabenorientierte Stil führt in weniger effektiver Situation zum „Autokraten", in der effektiven Situation zum „Macher".
Der gravierende Unterschied zur Philosophie des „managerial grid" liegt darin, daß Reddin nicht einen bestimmten Stil (9.9) propagiert, sondern

situative leadership theory

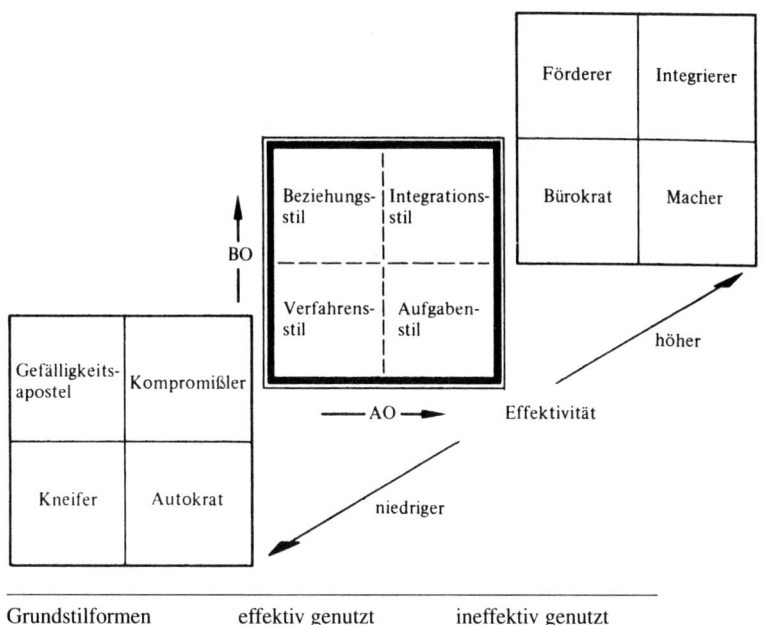

		Beziehungs-stil	Integrations-stil	Förderer	Integrierer
	BO ↑			Bürokrat	Macher
		Verfahrens-stil	Aufgaben-stil		
Gefälligkeits-apostel	Kompromißler				höher ↗
		—— AO ——▶		Effektivität	
Kneifer	Autokrat		niedriger ↘		

Grundstilformen (latent vorhanden)	effektiv genutzt	ineffektiv genutzt
Verfahrensstil	Bürokrat	Kneifer
Beziehungsstil	Förderer	Gefälligkeitsapostel
Aufgabenstil	Macher	Autokrat
Integrationsstil	Integrierer	Kompromißler

sich die Schulung darauf ausrichtet, wie man eine Situation analysiert und richtig einschätzt.

Kritisch wird zur dreidimensionalen Theorie angeführt, daß die Unabhängigkeit von Mitarbeiterorientierung und Aufgabenorientierung nicht belegt wird. Wie die Führungsstil-Bezeichnungen „Kneifer", „Kompromißler" usw. erkennen lassen, ist das Modell normativ.

Dem Reddin-Modell stellten Kenneth Blanchard und Paul Hersey in dem Buch „Management of Organizational Behavior" (1969), ihre komplexe Theorie des „situational leadership" gegenüber. Es handelt sich dabei um eine Verhaltenslehre, nach der jeder Manager, dem „Reifegrad" seiner Mitarbeiter entsprechend, den adäquaten Führungsstil wählen kann – von der autoritären Unterweisung bis zur Delegation von Entscheidung und Verantwortung. Ein handliches Instrumentarium mit Tests und Fragebögen soll ihm den rechten Weg weisen.

Den situativen Aspekt betont auch Horst Dreyer in seinem zukunftsorientierten Modell, das jedoch den drei Dimensionen Person, Aufgabe, Situation noch eine vierte Dimension, den Zukunftsbezug, hinzufügt. Zukunftsorientierte Unternehmensführung bedeutet für ihn Gestaltung der Zukunft. Das bedeutet: Die Optimierung oder gar Maximierung einer jetzigen Situation muß nicht zwangsläufig auch ein Optimum für die Zukunft bedeuten, oder: zugunsten zukünftiger Optima muß u.U. ein gegenwärtiges Minimum (im Sinne eines Suboptimums) entschieden werden.

Bedeutsam für das Führungsverhalten ist das Selbstverständnis der Manager, d.h. die Rolle, die sie als „Führer" in einer soziotechnischen Organisation einzunehmen gewillt sind. Hierfür dienen verschiedene Erklärungsansätze des Führungsverhaltens:

Bei der situativen Erklärung des Führungsverhaltens wird die Führungsposition je nach Aufgaben- und Problemstellung besetzt. Das bedeutet, daß lediglich die Art der Aufgabenstellung darüber entscheidet, welche „Sorte" von Managern in Frage kommt. Besondere Anwendung dieses Prinzips findet sich bei Unternehmungen, die in einer Krisensituation sind und die sich nach durchsetzungsfähigen Problemlösern („Management by breakthrough") umsehen. Dies hat zur Folge, daß Management-Positionen häufig wechseln.

Aus der Erkenntnis heraus, daß es keinen Führungsstil gibt, der in allen Situationen erfolgreich wäre, entwickelte auch Victor H. Vroom in seinem Buch „Leadership und Decision Making" (1973) ein Modell, das dem Manager vorschreibt, wann er

size

sich wie zu verhalten hat. Er lieferte einen Entscheidungsbaum mit.
Zu den Modellen, die situative Aspekte des Führungsverhaltens betonen, gehört auch Fred E. Fiedlers Kontingenzmodell.

size: Abmessung *f*, Ausmaß *n*, Format *n*, Größe *f*, größenmäßig verteilen, Kleidungsgröße *f*, Maß *n*, Schuhgröße *f*, Umfang *m*
size of order: Auftragsgröße *f*
size up: einschätzen
skeleton: Entwurf *m*, Rahmen *m*, Rohbau *m*, Skelett *n*, Umriß *m*
skeleton agreement: Rahmenvertrag *m*
skeleton contract: Mantelvertrag *m*
skeleton crew: Minimalbelegschaft *f*
skeleton law: Mantelgesetz *n*, Rahmengesetz *n*
sketch: entwerfen, Entwurf *m*, umreißen, Umriß *m*
skilful: fähig, tüchtig
skill rating: Bewertung *f* des Könnens *n*
skill: Fähigkeit *f*, Fertigkeit *f*, Kenntnis *f*
skilled labor: Facharbeiter *m/pl*, gelernte Arbeitskräfte *f/pl*
skilled manpower: Facharbeiter *m/pl*, gelernte Arbeitskräfte *f/pl*
skilled operator: Facharbeiter *m*
skilled worker: Facharbeiter *m*
skim off: abschöpfen
skimming off: Abschöpfung *f*
skip: auslassen, Schuldner *m*, der ohne Angabe *f* des neuen Wohnortes *m* verzogen ist, Sprung *m (EDV)*, überspringen, Vorschub *m (EDV)*
skip instruction: Leerbefehl *m (EDV)*
skyrocket: in die Höhe *f* schnellen
slack: Puffer *m* (PERT, CPM), Schlupf *m* (PERT, CPM), Spielraum *m*
slack season: Sauregurkenzeit *f*
slack time: 1. Schlupfzeit *f*, Pufferzeit *f*
Bei komplexen Plänen, insbesondere bei Neueinführungen oder bei einem Relaunch, weniger jedoch bei der Jahresplanung, wird als Hilfsmittel die Netzplantechnik eingesetzt. Dabei wird ein Projekt systematisch in einzelne Teilkomplexe zerlegt, deren Zeitbedarf sich schätzen läßt und deren Zuordnung zueinander in Gestalt eines Netzwerks dargestellt wird.
Zunächst ist die *Ablaufplanung* vorzunehmen, das heißt die einzelnen Tätigkeiten eines Planungsprojekts werden ermittelt. Anschließend erfolgt die *Zeitplanung*; hier wird für jede Aktivität der Zeitbedarf geschätzt. Ziel ist es, die frühesten und spätesten Anfangs- und Endtermine einer jeden Tätigkeit festzulegen. Sofern diese beiden Termine abweichen, steht eine sog. *Pufferzeit* (oder *Schlupfzeit*) zur Verfügung. Um diese Zeit kann der Beginn der Tätigkeit verschoben werden, ohne

daß die folgende Tätigkeit mit Zeitverzögerung begonnen werden muß.
Vorgänge, die nicht auf dem kritischen Pfad liegen, verfügen also über Zeitreserven (Pufferzeiten). Die Gesamt-Pufferzeit eines Vorgangs V_{ij} ist definiert als
$GP_{ij} = SZ_j - FZ_i - D_{ij}$.
Sie gibt an, um wieviele Zeiteinheiten sich ein Vorgang bestenfalls verschieben läßt.
2. Flaute *f*, flaue Zeit *f*
slack variable: Schlupfvariable *f*, Puffervariable (Operations Research)
slacken: nachlassen (bei Nachfrage), verlangsamen, verringern
slander: beleidigen (durch Wort), Beleidigung *f* (durch Wort), Ehrenkränkung *f* (mündlich), Nachrede *f*, üble Verbalbeleidigung *f*, verleumden (mündlich), Verleumdung *f* (mündlich)
slander of title: Behauptung *f*, den Rechtstitel *m* von beweglichen oder unbeweglichen Sachen *f/pl* schmälernde oder in Zweifel *m* ziehende Rechtstitelschmälerung *f*
slanderer: Beleidigender *m*, Verleumder *m*
slanderous: verleumderisch
slapdash: unsorgfältig
slapdash work: Schluderarbeit *f*
sleeper: Schlafwagen *m*
sleeping car: Schlafwagen *m*
slide: gleiten, Objektträger *m* (Mikroskopie), Rutsche *f*
sliding: gleitend, veränderlich
sliding budget: gleitendes Budget *n*, veränderliches Budget *n*
sliding scale price: Staffelpreis *m*
sliding scale: Gleitskala *f*, gleitende Skala *f*
sliding scale rates *pl*: Staffeltarif *m*
sliding scale tariff: Gleitskalentarif *m*, Gleittarif *m*
sliding wage scale: gleitende Lohnskala *f*
slip: Zettel *m*
slogan: Schlagwort *n*, Werbespruch *m*
slope: Steigungsmaß *n*
slow down: verlangsamen
slow moving goods *pl*: Waren *f/pl* mit geringer Umschlagsgeschwindigkeit *f*
slow sale: schleppender Absatz *m*
slow strike: Bummelstreik *m*
slowdown: Bummelstreik *m*, Arbeitsverlangsamung *f*, Verlangsamung *f* der Arbeit *f*
slowness: Langsamkeit *f*, Säumigkeit *f*, Säumnis *n*, Schwerfälligkeit *f*, Trägheit *f*
slump: Baisse *f*, Kurs- oder Preissturz *m*, Preissturz *m*
sly: schlau
slyness: Schlauheit *f*
small: geringfügig, klein

small business: Kleinbetrieb *m*
small business credit: Mittelstandskredit *m*
small business loan: Mittelstandskredit *m*
small change: Scheidemünze *f*
small coin: Scheidemünze *f*
small farming: Bauernwirtschaft *f*
small loan: Kleinkredit *m*
small lot: kleinerer Posten *m*
small-scale operation: Kleinbetrieb *m*
small tool: Handwerkszeug *n*
smaller demand: Minderbedarf *m*
smelt: schmelzen
smelt down: einschmelzen
smokestack: Schornstein *m*
smuggle: einschmuggeln, schmuggeln
smuggler: Schleichhändler *m*, Schmuggler *m*
smuggling: Schleichhandel *m*, Schmuggel *m*
snack bar: Schnellbuffet *n*, Schnellimbiß *m*
snag: unerwartetes Hindernis *n* („Haken")
snail's pace: Schneckentempo *n*
snap: Druckknopf *m* (Kleidung), entzweibrechen, reißen
snoopervision: Schnüffelei *f*, heimliche Überwachung *f*
snowball: lawinenartig anwachsen
snowball system: Schneeballsystem *n*
soak: durchtränken, einweichen; (slang) schröpfen
soar: emporschnellen
social: gesellschaftlich, sozial
social adaptation: soziale Anpassung *f*
social adjustment: soziale Anpassung *f*
social aid: Unterstützung *f*
social assistance: Fürsorge *f*
social balance sheet: Sozialbilanz *f*
social class: Sozialschicht *f*, soziale Schicht *f*
Nach M. Rainer Lepsius sind soziale Schichten „Kategorien von Inhabern privilegierter oder unterprivilegierter Positionen, zwischen denen typischerweise eine nicht aufhebbare Positionsgleichheit besteht". Ganz ähnlich versteht Helmut Schelsky als soziale Schicht „eine willkürliche schichtenmäßige Gliederung jeder größeren Bevölkerung aufgrund objektiver Positionsmerkmale (Beruf, Wohnung, Bildungsgrad, größere Besitzgegenstände usw.) ..., bei der subjektive, vom Schichtangehörigen erlebbare Aspekte wie Prestige und Klassenbewußtsein keine Rolle spielen müssen". Ein einheitliches Schema der Kategorisierung sozialer Schichten hat sich in der empirischen Sozialforschung und in der Marktforschung nicht durchsetzen können. Das hängt unmittelbar mit dem Umstand zusammen, daß in den modernen Industriegesellschaften die Statusverteilung „ein Kontinuum ohne sichtbare Brüche" ist und die durch die Aufteilung eines solchen Kontinuums zustandekommenden Schichten „eigentlich nur statistische Kategorien und damit als soziale Gruppen fiktiv" sind. „Die Grenzziehung zwischen den einzelnen Schichten ist mehr oder weniger beliebig und kann je nach dem Untersuchungszweck eine andere sein" (Renate Mayntz).
social cost: soziale Kosten *pl*, Sozialkosten *f/pl*
social court: Sozialgericht *n*
social distance: sozialer Abstand *m*
social exchange: sozialer Austausch *m*
Grundgedanke der austauschtheoretischen Konzeptionen ist es, der Mensch strebe danach, daß sich das, was er gibt, mit dem, was er bekommt, in einem Gleichgewicht befindet. Die bekannteste austauschtheoretische Konzeption ist die Equity-Theorie.
In Fortentwicklung des integrativen Verständnisses der Transaktionen von Marktpartnern als ein sozialer Prozeß, Marketingkonzeption, von Anbieter-Nachfrager-Interaktionen unterscheidet Richard P. Bagozzi drei Arten des sozialen Austausches bei Markttransaktionen:
• der *elementare Austausch*: Er vollzieht sich auf der Basis von Relationen in der Form A ↔ B (wobei A und B verschiedene Marktpartner und der Doppelpfeil den Vorgang „gibt an..." „...erhält von" darstellt);
• der *generalisierte Austausch*: er vollzieht sich auf der Basis von Relationen der Form A B C A (d.h. in den Vorgang des Gebens und Nehmens sind mindestens drei Marktpartner einbezogen, untereinander jedoch nur eine indirekte wechselseitige Einflußnahme statt);
• der *komplexe Austausch*: er vollzieht sich auf der Basis von Relationen in der Form A ↔ B ↔ C (d.h. in den Vorgang des Gebens und Nehmens sind mindestens drei Marktpartner einbezogen, wobei dann ein System elementarer Austauschbeziehungen mit mindestens zwei direkt interagierenden Dyaden eingeschlossen ist).
Zusätzlich unterscheidet Bagozzi die Austauscharten auch nach ihrer unterschiedlichen inhaltlichen Qualität:
• *utilitaristischer Austausch*: eine Transaktion auf der Basis materieller Ressourcen mit dem Ziel diese Ressourcen zu nutzen (Geld gegen Waren, Waren gegen Waren);
• *symbolischer Austausch*: eine Transaktion von entweder materiellen oder immateriellen Ressourcen, die nicht ökonomisch bestimmt ist und daher auch kerne eindeutig quantifizierbare Gewinn- und Nutzenkalkulation zuläßt;
• *gemischter Austausch*: eine Transaktion, die aus Elementen des utilitaristischen und des symbolischen Austauschs gemischt ist. Die Interaktionspartner betrachten dabei also eine Transaktion

sowohl unter ökonomischen wie unter symbolischen Gesichtspunkten. Daher erscheint es sinnvoll den rein utilitaristischen und rein symbolischen Austausch als Endpunkte eines Kontinuums anzusehen, zwischen denen sich ... der überwiegende Teil von Anbieter-Nachfrager-Interaktionen lokalisieren läßt." (Günter F. Müller).

Zwei Arten von Tauschbeziehungen werden unterschieden: Bei der *direkten Tauschbeziehung* vergleicht sich die Person unmittelbar mit dem (die) Anderen. Bei der *indirekten Tauschbeziehung* vergleicht sich die Person mit einer anderen, wobei beide – die „Person" und der „Andere" – in einer Austauschbeziehung zu einem Dritten stehen.

Sämtliche Bewertungen erfolgen ausschließlich aus der Sicht der „Person" und nicht des „Anderen" bzw. eines objektiven Beobachters.

Es muß eine Vergleichsperson vorhanden sein. Es bleibt offen, nach welchen Erwägungen diese Vergleichsperson ausgewählt wird. Deshalb hat Richard D. Pritchard ein alternatives Konzept vorgelegt, nach dem statt von einer konkreten Person auch von einer „verinnerlichten Vergleichsperson" ausgegangen werden kann: Durch Erfahrungen und soziale Normen bilden sich „innere Standards" als Vergleichsmaßstab heraus.

Die Bildung eines Quotienten zwischen Ertrag und Einsatz stellt höhere Anforderungen an Maßskala und Meßwerte, als etwa Summen- oder Differenzbildung. Hinzu kommt, daß Erträge und Einsätze jeweils als Summen von sehr unterschiedlich dimensionierten Merkmalen anfallen, also in eine gemeinsame Einheit transformiert werden müssen.

Die Equity-Theorie kann zwar grundsätzlich für alle Arten von Belohnungen herangezogen werden, sie wird jedoch im wesentlichen nur auf die Beziehung zwischen Leistung und finanzieller Belohnung angewendet.

social facility: soziale Einrichtung *f*

social free market economy: soziale Marktwirtschaft *f*

social group: soziale Gruppe *f*

social insurance: Sozialversicherung *f* (in den USA durch die Social Security Act von 1935 eingeführt)

social insurance contribution: Sozialversicherungsbeitrag *m*

social interaction: soziale Interaktion *f*
Ein Ansatz in der Managementlehre, der Führung vorwiegend als einen sozialen Interaktionsprozeß zwischen Vorgesetzten und Mitarbeitern versteht. Dementsprechend spezifisch sind die für das Führungsverhalten betrachteten Eigenschaften: Kooperations- und Kommunikationsverhalten, die Fähigkeit, auf andere einzugehen und deren Argumente kritisch zu verarbeiten, die Art und Weise der Problemlösung und gruppendynamische Fähigkeiten im Problemlösungsprozeß werden als dominierende Eigenschaften eines Managers angesehen.

social learning: soziales Lernen *n*
Eine Form des Lernens, durch das der Mensch an die Normvorstellungen, Tabus und die Erwartungen seiner Umwelt angepaßt wird. Lernen ist das Erweitern der Erfahrungen, das Vertiefen der Einsicht, der Erwerb von Kenntnissen oder das Hineinwachsen in die spezifisch menschliche Wertwelt, geistig-körperlicher Entfaltungsvorgang.

Soziales Lernen ereignet sich im Prozeß der Sozialisation, der alle Vorgänge umfaßt, die den Menschen zum Mitglied einer Gruppe, einer Gesellschaft und eines Kulturkreises machen. Psychologische Interpretationen verweisen auf drei Möglichkeiten des sozialen Lernens:

• die unverbindliche Übereinstimmung des Handelns eines Menschen mit den sozialen Erwartungen, eine Konformität, um z.B. persönliche Vorteile zu erreichen;

• die Verinnerlichung von und Identifikation mit Normen und Bedürfnisstrukturen;

• die kritische Auseinandersetzung mit allem Überkommenen und das Gewinnen eigener Persönlichkeit.

Lerntheorien definieren die Entwicklung der soziokulturellen Persönlichkeit eines Menschen. Sie beschreiben auch die berufliche Sozialisation.

Vor allem behavioristische und kognitiven Theorien befassen sich mit den Prozessen des Lernens. Der Behaviorismus geht von beobachtbaren Reizen (Stimuli) und verbundenen Reaktionen (Reflexen) aus und interpretiert Lernen als meßbare Veränderung in den S-R-Beziehungen. Kognitive Theorien behaupten demgegenüber, daß Lernen nur durch Einsicht, Orientierung und Verhalten zustandekommt.

Nach der behavioristischen Theorie vollzieht Lernen sich als Übung, als Auswendiglernen. Der Psychologe Hermann Ebbinghaus untersuchte Phänomene des Behaltens und Vergessens verbaler Materialien und brachte sie quantitativ in einer Vergessenskurve zum Ausdruck.

Im Sinne Iwan Pawlows vollzieht Lernen sich als Reizsubstitution. Pawlow führte hauptsächlich Experimente zur klassischen Konditionierung an Hunden durch. Die Reaktion, ein unbedingter oder angeborener Reflex (Speichelbildung), wird durch einen unbedingten Reiz (Stimulus) hervorgerufen. Das Lernen besteht darin, daß ein neutraler Reiz (Sirene), der mit dem unbedingten Reiz regelmäßig zusammen auftritt, sich mit dem Reflex koppelt, so daß eine Assoziation zwischen dem nunmehr bedingten Reiz und dem nunmehr bedingten Reflex entsteht.

Nach Edward L. Thorndike und B. F. Skinner vollzieht sich Lernen als Verhaltensselektion. Thorndikes Effektgesetz (law of effect) legt fest, daß nicht bloße Wiederholung die Wahrscheinlichkeit eines bestimmten Handelns erhöht, sondern ein Zustand der Bedürfnisentspannung (satisfying state of affairs). Lernen geschieht durch die Verstärkung von Reaktionstendenzen, selektiert

durch den eintretenden Erfolg (instrumentelles Konditionieren).
Nach der kognitiven Lerntheorie oder der Erwartungstheorie von Edward C. Tolman vollzieht sich Lernen als Überprüfung von Erwartungen. Es werden nicht Handlungen internalisiert, sondern es wird gelernt, die Resultate dieser Handlungen zu antizipieren.
Charles H. Cooley, Emile Durkheim, Herbert Mead, Talcott Parsons und andere definierten unter diesen Gesichtspunkten Lernen als Internalisierung von Werten und Normen einer Gesellschaft und als Aufbau der soziokulturellen Persönlichkeit eines Menschen.

social legislation: Sozialgesetzgebung *f*

social market economy: soziale Marktwirtschaft *f*
Eine Form der Verkehrswirtschaft, die als Leitbild der Wirtschaftsordnung in der Bundesrepublik Deutschland zugrundeliegt. Die geistigen Vater dieser Wirtschaftsordnung haben stets die soziale Idee in den Vordergrund gestellt. So schrieb Alfred Müller-Armack: „Die marktwirtschaftliche Ordnung setzt, sofern sie von Dauer sein soll, gewisse Elemente einer zentralen Steuerung geradezu voraus. Es sind dies staatliche Maßnahmen zur Schaffung und Sicherung des Wettbewerbswirtschaft. Auch die Schaffung eines sozialen Rechts ist geradezu eine Voraussetzung für das Funktionieren der Marktwirtschaft ... So schädlich ein direkter Eingriff in den Preisapparat meist ist, so wenig Einwendungen erheben sich gegen eine sozialpolitische Einkommensumleitung, sofern die Besteuerung jene Grenzen einhält, in denen Marktanreize noch hinlänglich erhalten bleiben. In einer Synthese der marktwirtschaftlichen Kräfte und einer sozialen Ordnung liegt viel für das Schicksal unserer Zivilisation beschlossen. In der Wahl des Wirtschaftssystems sind wir in einem bestimmten Sinne ja gar nicht frei".
Die soziale Marktwirtschaft stellt eine Sonderform kapitalistischer Wirtschaftsordnung dar, die sich von nichtkapitalistischen Wirtschaftsordnungen vor allem in der gesetzlich abgesicherten Form des Privateigentums an Produktionsmitteln und dessen ungleicher Verteilung unterscheidet. Artikel 14 (Abs. I) des Grundgesetzes (GG) gewährleistet das Eigentum und das Erbrecht. Nach Abs. 2 verpflichtet Eigentum; sein Gebrauch soll zugleich dem Wohle der Allgemeinheit dienen. Die eine solche Wirtschaftsordnung konstituierenden Merkmale sind die aus dem Eigentum an Produktionsmitteln abgeleitete Verfügungsmacht über die zur Leistungserstellung und -verwertung notwendigen Ressourcen, die Art und Weise, wie die Informationen über die individuellen und kollektiven Bedürfnisse in der Gesellschaft beschafft werden, und die Form, in der die Koordination der Entscheidungen von Konsumenten und Produzenten abläuft, d.h. der Markt.

social order: Gesellschaftsordnung *f*, soziale Ordnung *f*

Social Pension and Disability Insurance: Sozialversicherung *f* (in den USA durch die Social Security Act von 1935 eingeführt)

social relief: Sozialfürsorge(unterstützung) *f*

social reporting: Sozialberichterstattung *f*

social science: Gesellschaftswissenschaft *f*

social sciences *pl*: Sozialwissenschaften *f/pl*

social security: Sozialversicherung *f* (in USA durch die Social Security Act von 1935 eingeführt)

social security authority: Sozialversicherungsbehörde *f*, Sozialversicherungsträger *m*

social security benefits *pl*: Sozialversicherungsbezüge *m/pl*, Sozialversicherungsrente *f*

social security institution: Sozialversicherung *f* (in USA durch die Social Security Act von 1935 eingeführt)

social security insurance law: Rentenversicherungsgesetz *n*

social security tax withholding *(Am)*: Abzug *m* für Alters- und Hinterbliebenen-Versicherung *f*

social security tax: Arbeitnehmeranteil *m* an der SozialVersicherungsprämie *f*, Sozialversicherungsbeitrag *m*

social service: Sozialeinrichtung *f*, Sozialleistung *f*

social skills *pl*: soziale Kompetenz *f*
Eine von drei Schlüsselkompetenzen („skills"), die nach einer Aufstellung von R. L. Katz als Voraussetzungen für eine erfolgreiche Erfüllung der Managementfunktionen anzusehen sind. Soziale Kompetenz ist die Fähigkeit, mit anderen Menschen effektiv zusammenzuarbeiten, sowohl als Mitglied wie als Leiter einer Gruppe. Dazu gehört nicht nur eine grundsätzliche Kooperationsbereitschaft, sondern auch die Fähigkeit, das Handeln anderer Menschen zu verstehen und sich in sie hineinzuversetzen („Empathie"). Der soziale Aktionsradius eines Managers ist groß, und ebenso groß ist die Anforderung an seine soziale Kompetenz. Sie ist auf mindestens vier Ebenen gefordert, auf der Ebene der Kollegen, der unterstellten Mitarbeiter, der Vorgesetzten und der Bezugsgruppen aus der Umwelt.

social services budget: Sozialetat *m*

social welfare: (Volks)Wohlfahrt *f*, Wohlfahrt *f*, Sozialfürsorge *f*

social welfare expenditures *pl*: Soziallasten *f/pl*

social worker: Sozialfürsorger *m*, Sozialreferent *m*

socialism: Sozialismus *m*
socialization: Sozialisation *f*
Der soziale Prozeß, durch den ein Mensch zum Mitglied einer Gruppe, einer Gesellschaft und eines Kulturkreises wird und seine Identität als handlungsfähige Persönlichkeit in der Gesellschaft erlangt. Zum einen ist es der Prozeß seiner Vergesellschaftung, durch den der Mensch als Individuum in eine Gruppe oder Gesellschaft aufgenommen und integriert wird. Er macht sich Fähigkeiten und Fertigkeiten zu eigen, um die Normen und Rollenerwartungen zu erfüllen, und er gewinnt Überzeugungen und Werte, die zur Kultur der Gruppe gehören. Zum anderen ist es der Prozeß der Personalisation eines Menschen, der sich mit den Angeboten und Einflüssen seiner Gruppe, seiner Gesellschaft und seines Kulturkreises innerlich auseinandersetzt und dadurch Persönlichkeit gewinnt.

Die Rollentheorie sieht Sozialisation als einen Vorgang der Integration des Menschen in das bestehende soziale Rollensystem einer Gruppe oder Gesellschaft an. Rollenlernen, -übernahme und -internalisierung vollziehen sich in einem System, in dem die an der *Sozialisation* beteiligten Personen unterschiedliche Persönlichkeitsstrukturen aufweisen. In den Prozessen der *Personalisation* bildet sich die eigene Persönlichkeit des lernenden Menschen heraus. Das Zusammentreffen dieser Vorgänge verursacht Spannungen und Konflikte zwischen den sozialen Verhaltenserwartungen und den institutionalisierten Wertorientierungen einerseits und den individuellen Bedürfnissen andererseits.

Betrachtet man Lernen als Prozeß der Reifung und Persönlichkeitsprägung, so lassen sich primäre, sekundäre und tertiäre Sozialisationsphasen unterscheiden. In der ersten Stufe lernt ein junger Mensch, kulturelle Werte und Kontrollen zu verinnerlichen und soziale Rollen zu übernehmen und sich als soziokulturelle Persönlichkeit zu entwickeln. In der zweiten Phase, der Bildung der Grund-Persönlichkeitsstruktur, übernimmt er neue Rollen in der Schule oder durch den Eintritt in das Berufsleben. Es ist die individuelle Ausrichtung, die seine Einstellung und Wertung der Lebensumwelt jetzt und für später prägt, allerdings auch begrenzt. Besondere Bedeutung haben hier Verhaltensweisen und Erziehungspraktiken der Eltern und Lehrherren. Im dritten Abschnitt der Sozialisation, der nach dem Abschluß der Jugendphase beginnt, gewinnt bei Berufsbeginn oder während der Berufsausübung die Weiterbildung (Erwachsenenbildung) durch eigene Studien oder durch massenkommunikative Übermittlung immer mehr an Bedeutung. Significant ist, daß sich in modernen hochindustrialisierten Gesellschaften mit beschleunigtem strukturellen und sozialen Wandel die berufliche Sozialisation für die meisten in lebenslangen Lernprozessen vollzieht.

Nach Max Weber ist Beruf Grundlage für eine kontinuierliche Versorgungs- und Erwerbschance. Darüber hinaus gilt er als Voraussetzung und wird als Rechtfertigung einer gesellschaftlichen Position angesehen. Lernen in diesem Zusammenhang bedeutet die Internalisierung von Arbeitsstrukturen, die dem technischen Wandel unterliegen. Faßt man Arbeit als Führung auf, so wird neben hoher Sachkompetenz im Zuge sozialen Wandels auch eine erhöhte Verantwortung für die Mitarbeiter gefordert. Ein so verstandener Beruf ist die Lebensbestätigung eines Menschen als Person im Dienste eines Gemeinschaftszweckes.

Arbeitsteilung, weitgehende Spezialisierung, unübersichtliche Arbeitsabläufe in den modernen Leistungsprozessen bedeuten eine fast beliebige Auswechselbarkeit des arbeitenden Menschen als Funktionsträger sowie die Abnahme von Arbeitsethos, Minderung beruflichen Bewußtseins und den Abbau beruflicher Solidarität der arbeitenden Menschen.

Der Pluralismus der Industriegesellschaft stellt den Berufsbegriff als Ordnungselement gesellschaftlichen Lebens in Frage. Alte Bindungen werden aufgegeben, neue Gruppierungen geschaffen, ohne daß sich das Neue verfestigen könnte. Die Mehrheit der Menschen sieht berufliche Arbeit zwar nach wie vor als unerläßlich für die Entfaltung ihrer Persönlichkeit an, die ausschließliche Erfüllung und den Sinn ihres Lebens erkennen sie hierin nicht mehr. Fortschreitende Bürokratisierung, die sintflutartige Zunahme gesetzlicher Vorschriften, prozessuale Umschichtungen, fortwährendes Lernen, Klagen über Streß und Leistungsdruck zeigen an, daß der Einfluß und die Gestaltungsmöglichkeiten einzelner immer mehr schwinden und die Wertschätzung von Beruf und Arbeit immer weiter abnimmt. Weite Teile der Arbeitnehmerschaft neigen einer eher instrumentellen Auffassung von Arbeit zu. Abgesehen von einer Verlagerung der Wertprioritäten vieler Menschen im privaten Bereich, wird berufliche Arbeit häufig als Mittel angesehen, das einzig den persönlichen Lebensunterhalt und persönliche Bedürfnisse befriedigt.

socially just wage(s) *(pl)*: Soziallohn *m*
socially unwarranted dismissal: sozial nicht gerechtfertigte Kündigung *f*
society: Gemeinschaft *f*, Gesellschaft *f*, Verein *m*
sociology: Soziologie *f*
soft coal: Braunkohle *f*
soft currency: welche Währung *f*
soft drink: alkoholfreies Getränk *n*
soft drinks industry: alkoholfreie Getränke-Industrie *f*
soft goods *pl*: Textilien *pl*
soft money: schwache Währung *f*
soften: entkräften, mildern
soften water: enthärten
software: Software *f*, maschinenabhängige Programme *n/pl (EDV)*

soil: beschmutzen, Boden *m*, Land *n*
sojourn: Aufenthalt *m*
sold at auction: versteigert
sold out: ausverkauft
soldiering: faulenzen (während der Arbeitszeit)
sole: Allein-, Einzel-
sole agent: Alleinvertreter *m*
sole corporation: Einmanngesellschaft *f*
sole distributor: Alleinvertreter *m*
sole heir: Alleinerbe *m*, Gesamterbe *m*
sole owner of business: Einzelkaufmann *m*
sole owner: Alleineigentümer *m*
sole proprietorship: Einzelfirma *f*
sole right to sell: Alleinverkaufsrecht *n*
sole trader: Einzelunternehmen *n*
sole tradership: Einzelunternehmen *n*
solicit: ansuchen, werben
solicitation: Ansuchen *n*
soliciting: Hausieren *n*
solicitor: Anwalt *m*, nicht plädierender Rechtsanwalt *m*
solid: fest, hart
solid line: durchgezogene Linie *f*
solid state: Festkörper *m (EDV)*
solidarity: Solidarität *f*
solidity: Solidität *f*
solvency: Bonität *f*, Kreditfähigkeit *f*, Solvenz *f*, Zahlungsfähigkeit *f*
solvent: kreditfähig, zahlungsfähig
sort: Art *f*, ordnen, Sorte *f*, sortieren
sort file: Sortierdatei *f (EDV)*
sort generator: Sortiergenerator *m (EDV)*, Sortierprogrammgenerator *n (EDV)*
sort out: aussortieren
sorter: Sortiermaschine *f (EDV)*
sorting: Sortierung *f*
sorting machine: Sortiermaschine *f (EDV)*
sound: fehlerfrei, gesund, kreditfähig, sicher, vernünftig
sound accounting practice: Grundsätze *m/pl* ordnungsmäßiger Buchführung *f*
soundness: Bonität *f*, Solidität *f*
source: Provenienz *f*, Quelle *f*
source-and-disposition statement: Bewegungsbilanz *f*
source-and-uses statement: Bewegungsbilanz *f*
source deck: Ursprungsprogrammkartensatz *m (EDV)*
source of energy: Energiequelle *f*
source of funds: Kapitalquelle *f*
source of information: Informationsquelle *f*
source of power: Energiequelle *f*

source of profit: Gewinnquelle *f*
source of supply: Bezugsquelle *f*
source program: Übersetzungsprogramm *n (EDV)*, Ursprungsprogramm *n (EDV)*
souvenir: Andenken *n*
sovereignty: Landeshoheit *f*, Souveränität *f*, höchste Staatsgewalt *f*
space: Raum *m*, Zwischenraum *m (EDV)*, Anzeigenfläche *m*, Werbefläche *f*
space age: Raumfahrtzeitalter *n*
space bar: Leertaste *f*
space order: Anzeigenauftrag *m*
spade: Spaten *m*
span: Spanne *f*, überbrücken
span of control: Kontrollspanne *f*, Aufsichtsspanne *f*
Die Zahl der Stellen, die innerhalb der Management-Pyramide eines Unternehmens jeweils an eine nächst höhere Instanz berichten. Das ist also die Zahl der Mitarbeiter, die einer Instanz direkt unterstellt sind. Die Kontrollspanne ist abhängig vom Umfang und von der Differenzierung der zu lenkenden Aufgaben sowie vom Umfang der Direktionsgewalt des Stelleninhabers gegenüber den untergeordneten Einheiten.
Die Kontrollspanne und die Anzahl der Kontakte bestimmen den Aufwand und die Intensität für die Information. Daneben kommt es zu informeller Kommunikation. Sie bezieht sich auf den Bereich, der durch die formelle Information nicht geregelt ist, z.B. Ad-hoc-Abstimmungen und Absprachen bei besonderen Problemen, Sammlung von Zusatzinformationen oder außerbetriebliche Kontakte.
Die Zahl der einem Vorgesetzten unmittelbar unterstellten Mitarbeiter muß so bemessen sein, daß der Vorgesetzte mit der Führung dieses Kreises ausgelastet, aber nicht überlastet ist. Ist diese Zahl zu groß, dann leidet die Intensität der Führung und die Kooperation zwischen Vorgesetztem und Mitarbeitern. Der Vorgesetzte hat für den einzelnen nicht genügend Zeit, der Mitarbeiterkreis wird zur Gruppenbildung zu groß, der Vorgesetzte hat seine Gruppe nicht mehr voll in der Hand. Es bilden sich informelle Unterteilungen mit informellen Gruppenführern. Formelle und informelle Organisation müssen weitgehend deckungsgleich sein.
Ist die Mitarbeiterzahl zu klein, dann leidet die Selbständigkeit der Mitarbeiter. Der Vorgesetzte ist nicht ausgelastet, nimmt den Mitarbeitern die Arbeit weg und schafft sich eigene Sachzuständigkeiten. Damit ist er nicht mehr neutraler Vorgesetzter, sondern Konkurrent der Mitarbeiter. Außerdem wird der Kreis zu spannungsarm, um gruppenpädagogisch wirken zu können.
Die optimale Kontrollspanne ist abhängig vom Schwierigkeitsgrad der Aufgabe des Bereichs, von Selbständigkeitsgrad und Qualität der Mitarbeiter, von der Schwierigkeit der Führungsaufgabe, der erforderlichen Überwachungsintensität, den Entfernungen zwischen den Tätigkeitsorten der Mitar-

beiter, der Übersichtlichkeit der räumlichen Verhältnisse und vom Format der beteiligten Personen. Sie kann in unteren Ebenen größer sein als in oberen, in denen es sich um schwierigere Aufgaben und stärkere Persönlichkeiten handelt. Als günstige Zahlen gelten in oberen Ebenen 3 bis 7, auf unterster Ebene 8 bis 20 Mitarbeiter. In Extremfällen sind auch andere Zahlen möglich. Ein Vorgesetzter mit nur 2 direkt nachgeordneten Mitarbeitern ist grundsätzlich zu vermeiden.
Bei diesen Zahlen ist vorausgesetzt, daß der Vorgesetzte möglichst keine eigenen Sachzuständigkeiten übernimmt, um die Neutralität seiner Vorgesetztenfunktion gegenüber seinen Mitarbeitern zu wahren. Der Vorgesetzte soll mit der Wahrnehmung seiner Führungsaufgabe gegenüber seinen Mitarbeitern und mit seiner Mitarbeiterfunktion gegenüber seinem Vorgesetzten möglichst voll ausgelastet sein, so daß ihm keine Möglichkeit zur Übernahme eigener Sachzuständigkeiten, die delegiert werden sollten, bleibt. Ausnahmen können auf unterster Ebene bei kleinen Aufsichtsspannen und gruppenmäßiger Arbeitsweise angebracht sein.
Von den Kontrollspannen hängt die Zahl der Ebenen in der Unternehmenshierarchie ab. Je kleiner die Zahl dieser Instanzenebenen ist, desto kürzer ist der Informationsweg zwischen oben und unten. Zu lange Instanzenwege erschweren den Führungseinfluß der Spitze und den Informationsfluß in beiden Richtungen. Die Rücksicht auf wenige Instanzenebenen kann dazu zwingen, mit den Kontrollspannen an die obere Grenze zu gehen.
Der Umfang der optimalen Kontrollspanne war eines der großen Themen der klassischen Organisationslehre. Sie ging von einer starken Anleitungs- und Kontrollbedürftigkeit der Mitarbeiter aus und empfahl daher, die Kontrollspanne verhältnismäßig klein zu halten. Die als optimal betrachteten Spannen schwanken zwischen 3 und 10.
Den wohl ersten Versuch, die Optimierung der Kontrollspanne nicht nur auf der Basis von Alltagserfahrungen abzuhandeln, sondern einer gründlicheren Analyse zu unterziehen, unternahm der Franzose V. A. Graicunas. Danach ist die Zahl der maximal möglichen Beziehungen zwischen Vorgesezten und Untergebenen der ausschlaggebende Faktor für die Dimensionierung der Kontrollspanne.
Graicunas unterscheidet drei Typen von Beziehungen zwischen Vorgesetzten und Untergebenen, um den Umfang einer Leitungsaufgabe zu messen:
(1) *Unmittelbare Beziehungen* zwischen dem Vorgesetzten und jedem einzelnen seiner Untergebenen: Die Zahl der möglichen direkten Einzelbeziehungen entspricht der Zahl der Untergebenen (= n);
(2) *Beziehungen zwischen dem Vorgesetzten und verschiedenen Gruppen von Untergebenen*: Zur Bestimmung der Anzahl der direkten Gruppenbeziehungen geht Graicunas davon aus, daß bei Kontakten zwischen dem Vorgesetzten und einer Gruppe von Untergebenen immer ein Mitglied dieser Gruppe im Vordergrund steht. Bei zwei Untergebenen A und B wäre z.B. zwischen der Gruppe AB und der Gruppe BA zu unterscheiden. Die Gesamtzahl der Gruppenbeziehungen errechnet sich dem Gruppenbeziehungen errechnet sich dementsprechend:
$X = (2^{n-1} - 1)$.
(3) *wechselseitige Beziehungen zwischen den Untergebenen*: Zur Ermittlung der möglichen Anzahl der wechselseitigen Beziehungen zwischen den Untergebenen, berücksichtigt Graicunas nur Zweiergruppen, wobei allerdings jeweils ein Mitglied Initiator ist, so daß AB und BA zwei Gruppierungen darstellen. Die Gesamtzahl errechnet sich demnach:
$Y = n (n-1)$.
Werden alle drei Beziehungsgruppen zusammengefaßt, so ergibt sich die Zahl der insgesamt möglichen Beziehungen (z) aus der Formel:
$Z = n + n (2^{n-1} - 1) + n (n - 1)$
$= n (2^{n-1} + n - 1)$.
Eine Erhöhung der Zahl der Untergebenen führt nach dieser Formel zu einem überproportionalen Anstieg der möglichen Beziehungen zwischen Vorgesetztem und Untergebenen und damit zu einer überproportionalen Zunahme des Leitungsumfangs; die Kapazitätsgrenze ist schnell erreicht.

span of management: Kontrollspanne *f*, Aufsichtsspanne *f* → span of control
span of supervision: Kontrollspanne *f*, Aufsichtsspanne *f* → span of control
spare: Reserve-, frei, übrig, erübrigen
spare capacity: freie Kapazität *f*, ungenutzte Kapazität *f*
spare part: Ersatzteil *n*, Reserveteil *n*
spare-time job: Freizeitarbeit *f*
special account: Sonderkonto *n*
special advantage: Sondervorteil *m*
special audit: Sonderprüfung *f*
special auditor: Sonderprüfer *m*
special bonus: Sonderzulage *f*
special case: Sonderfall *m*
special character: Sonderzeichen *n (EDV)*
special charge: Sonderabgabe *f*
special committee: Sonderausschuß *m*
special court: Ausnahmegericht *n*
special delivery: per Eilboten
special delivery letter: Eilbrief *m*
special department: Sonderabteilung *f*
special device: Zusatzeinrichtung *f (EDV)*
special drawing rights: *pl*: Sonderziehungsrechte *n/pl*
special expenditure: Sonderausgabe *f*
special fund: Sonderfond *m*
special fund(s) *(pl)*: Sondervermögen *n*
special journal: Hilfsbuch *n*, Nebenbuch *n*
special knowledge: Fachkenntnis *f*

special leave: Sonderurlaub *m*
special levy: Sonderabgabe *f*
special meeting: außerordentliche Versammlung *f*
special number: Sondernummer *f*
special offer: Sonderangebot *n*
special partner: Kommanditist *m*, stiller Gesellschafter *m*
special personal expense(s) *(pl)*: Sonderausgaben *f/pl*
special pleading: Sonderbehandlung *f* beanspruchen
special position: Sonderstellung *f*
special power of attorney: Spezialvollmacht *f*
special price for lot: Partiepreis *m*
special price: Vorzugspreis *m*
special privilege: Sonderrecht *n*
special proxy: Sondervertretungsvollmacht *f*
special purpose financial statement: Sonderbilanz *f* und Gewinn- und Verlustrechnung *f*
special quota: Sonderkontingent *n*
special resolution: Sonderbeschluß *m*
special revaluation provision: Neubewertungssonderrücklage *f*
special revaluation reserve: Neubewertungsrücklage *f*, Neubewertungssonderrücklage *f*
special risk charge: Wagniszuschlag *m*
special risk policy: kurzfristige Versicherungspolice *f* für besonderes Risiko *n* (z.B. Reisegepäck, Flugversicherung, Verkauf durch Automaten)
special risk provision: Gefahren(sonder)rücklage *f* (oder -rückstellung *f*)
special risk reserve: Gefahren(sonder)rücklage *f* (oder -rückstellung *f*)
special sale: Ausverkauf *m*, Sonderverkauf *m*
special time allowance: Sonderzeitzuschlag *m* für schwer meßbare Tätigkeit *f*, zusätzliche Zeitvorgabe *f* für besondere Arbeitsoperation *f*
special worker: Facharbeiter *m*
special: Sonder-
specialist: Fachmann *m*, Spezialist *m*
specialization: Spezialisierung *f*
specialize: spezialisieren
specialized education: Fachausbildung *f*
specialty: Spezialität *f*, Vertrag *m* unter Siegel *n*, Wertpapier *n*, dem vorübergehend an der Börse *f* besondere Aufmerksamkeit *f* gewidmet wird

specialty goods *pl*: Spezialerzeugnisse *n/pl*, Güter *n/pl* des Spezialbedarfs
Bei den Konsumgütern wird je nach dem für sie aufgewendeten Anteil des Haushaltsbudgets und dem mit ihrem Einkauf verbundenen Aufwand zwischen Convenience Goods (Güter des täglichen Bedarfs), Shopping Goods (Güter des Großbedarfs) und Specialty Goods unterschieden. Kennzeichen der Specialty Goods ist es, daß sie ebenso wie die Shopping Goods relativ selten und in großen Zeitabständen gekauft werden, einen beachtlichen Kaufaufwand durch die Konsumenten rechtfertigen und zusätzlich ganz spezielle Bedürfnisse der Käufer befriedigen (Film- und Photoausrüstungen, Skiausrüstungen, modische Kleidung, Stereoanlagen usw.).
specialty shop: Spezialgeschäft *n*
specialty store: Fachgeschäft *n*
specie: Hartgeld *n*
specie account: Sortenkonto *n*, Sortenkonto *n* in bar
specie point: Goldpunkt *m*
species: Art *f*, Gattung *f*, Sorte *f*
specific duty: Stückzoll *m*
specific value: spezifischer Wert *m*
specification: Angabe *f*, nähere Aufstellung *f*, Aufteilung *f*, Beschreibung *f* Einzelaufstellung *f*, Spezifikation *f*
specification cost: Plankosten *pl*, Standardkosten *pl*
specified majority of votes: qualifizierte Stimmenmehrheit *f*
specified reserve requirement: Einlageverpflichtung *f*
specify: spezifizieren
specimen: Ausstellungsstück *n*, Muster *n*, Probe *f*, Probestück *n*, Schaustück *n*
specimen copy: Freiexemplar *n*, Gratisexemplar *n*, Probeexemplar *n*
specimen sign: Unterschriftsprobe *f*
specimen signature: Unterschriftsprobe *f*
spectator: Zuschauer *m*
speculate: spekulieren
speculation: Spekulation *f*
speculation in futures: Differenzgeschäft *n*, Spekulationsgeschäft *n*
speculative: spekulativ
speculative production: Produktion *f* vor Auftragseingang
speculative purchase: Spekulationskauf *m*
speculative stock: Spekulationspapier *n*, Spekulationsvorrat *m*
speculative transaction: Spekulationsgeschäft *n*
speculator: Spekulant *m*
speech: Rede *f*, Sprache *f*

speed: Geschwindigkeit f, Schnelligkeit f, Tempo n
speed boss: Geschwindigkeitsmeister m
speed up: Akkord m drücken, beschleunigen
speeding: Schnellfahren n, Überschreiten n der Geschwindigkeitsbegrenzung f
speedup: Akkorddrücken n, Beschleunigung f
spend: aufwenden, ausgeben (Geld), verausgaben, verauslagen, verwenden
spend recklessly: draufloswirtschaften
spendable earnings pl: Nettoeinkommen n (nach Abzug von Steuern und Pflichtbeiträgen)
spending: Ausgaben f/pl
spending decision: Ausgabenentscheidung f
spending habits pl: Ausgabegewohnheiten f/pl
spending money: Taschengeld n
sphere: Bereich m, Ressort n, Sphäre f
sphere of influence: Einflußbereich m (spheresphäre), Machtbereich m
sphere of interest: Interessensphäre f
sphere of responsibility: Verantwortungsbereich m
spin out: in die Länge f ziehen
spinning mill: Spinnerei f
spinoff: teilweise Übertragung f des Vermögens n einer Gesellschaft f auf eine neugegründete Gesellschaft f gegen Beteiligung f on deren Grundkapital n, Vermögensübertragung f gegen Aktien f/pl
spiral of inflation: Inflationsspirale f
split: aufteilen, Aufteilung f (z.B. Einkommen, Aktienbesitz usw.), bersten
split bill of lading: Teilkonnossement n
split-off point: Trennpunkt m (bei Koppelproduktion)
split rate of exchange: gespaltener Wechselkurs m
split shift: unterbrochene Schicht f
splitback: Aktienzusammenlegung f, Zusammenlegung f von Aktien f/pl
splitdown: Aktienzusammenlegung f, Zusammenlegung f von Aktien f/pl
splitoff: Ausgabe f von Aktien f/pl einer neugegründeten Tochtergesellschaft f an die Aktionäre m/pl der Muttergesellschaft f im Austausch m gegen Aktien der Muttergesellschaft
spoil: verderben, verschlechtern
spoilage: Ausschuß m, Verderb m
spoilage accounting: Ausschußverrechnung f

spoiled goods pl: verdorbene Ware f
spoiled work: Ausschuß m
spoilt: schadhaft
spokesman: Sprecher m, Sprachrohr n
In seiner Managertypologie hat H. Mintzberg die Management-Tätigkeiten als Ausdruck der Erfüllung von zehn Rollen im Sinne generalisierter Verhaltenserwartungen interpretiert, die er als Kern jeder Managementaufgabe begreift. Der Manager als Vernetzer bezeichnet darin die Managementaufgabe der Information externer Gruppen und der Vertretung der Organisation in der Öffentlichkeit.
sponsor: Bürge m, Förderer m, Pate m
sponsor system: Tutoren-System n, Patensystem n
Ein Instrument der Personalentwicklung (PE), das vor allem in der frühen Phase der Karriereplanung sinnvoll eingesetzt wird, in der ein Berufsanfänger, der mit hohen Erwartungen an eine anspruchsvolle Tätigkeit in die Organisation eintritt, mit einer in aller Regel restriktiven, kompetenzarmen Arbeitssituation konfrontiert, in der Lern- und Anpassungsverhalten erwartet wird. Die subjektiv wahrgenommene Diskrepanz zwischen Anspruch und Wirklichkeit führt oft zu einem Praxis- oder Realitätsschock.
In dieser Phase hat die Karriereplanung die Aufgabe, im Rahmen einer systematischen Personaleinführung Informationen über das Unternehmung, die Abteilung und den Arbeitsplatz (Stellen- und Positionsbeschreibungen) zur Verfügung zu stellen und dem neuen Mitarbeiter zur Betreuung im Rahmen des Patensystems einen erfahrenen Mitarbeiter zur Seite zu stellen.
sponsor training: Tutorensystem n, Patensystem n
spool: Bandspule f (EDV)
sporting good: Sportartikel m
spot: ausfindig machen, bemerken, Geschäftsreklame f (Werbespot), Platz m, Stelle f
spot business: Lokogeschäft n, Lieferungsgeschäft n
Eine Form des Effektivgeschäfts an Warenbörsen, bei dem die den Geschäftsgegenstand bildenden Waren entweder sofort oder wenige Tage nach dem Abschluß zur Verfügung stehen müssen.
spot cash: Barmittel n/pl, ungebundene liquide Mittel n/pl, sofort verfügbare liquide Mittel n/pl
spot check: Prüfung f an Ort m und Stelle f, Stichprobe f (Prüfung), stichprobenweise Prüfung f
spot commodity cash market: Lokomarkt m
spot deal: Kassageschäft n
spot dollar: Kassadollar m

spot market: Kassamarkt *m*
Eine Form des Börsenhandels, bei der im Gegensatz zum Terminmarkt das getätigte Geschäft sofort wirksam werden soll, was in der Börsenpraxis bedeutet, daß die Kontrahenten ihre vertraglichen Leistungen bis spätestens zum zweiten Werktag nach Geschäftsabschluß zu erbringen haben.
spot price: Kassapreis *m*
spot quotation: Platznotierung *f*
spot rate: Kassakurs *m*
spot transaction: Kassageschäft *n*
spouse: Ehefrau *f*, Ehegatte *m* oder Ehegattin *f*, Ehemann *m*, Gatte *m*, Gattin *f*
spouses *pl*: Eheleute *pl*
spread: ausbreiten, sich ausbreiten, Differenz *f*, Streubereich *m*, verbreiten, sich verbreiten, Verbreitung *f*, sich verteilen
spread over: verteilen über
spread sheet: Matrixbilanz *f*, Schachbrettbilanz *f*, Verteilungsbogen *m*
spread sheet accounting: Matrix-Buchhaltung *f*
spread the cost of an asset over its useful life: die Anschaffungskosten *pl* eines Wirtschaftsguts *n* auf die Nutzungsdauer verteilen
spread the risk: Risiko *n* verteilen
spurious: unecht
spurious conflict: Scheinkonflikt *m*
Ein Konflikt, der entstehen kann, wenn bei der Konfliktwahrnehmung zwischen dem objektiven Vorhandensein eines Konflikts und der subjektiven Wahrnehmung keine Identität besteht und eine starke subjektive Sensibilisierung eintritt, obwohl faktisch keine oder nur geringe Konflikte vorliegen.
spurious note: Kellerwechsel *m*
squander (through mismanagement): verwirtschaften
square: ausgleichen, glattsteilen, quadratisch
square a position: Position *f* glattsteilen
square with: in Einklang *m* bringen
squeeze: auspressen, Druck *m*, Klemme *f*
stability: Permanenz *f*, Solidität *f*, Stabilität *f*
stability fund: Ausgleichsfonds *m*
stability levy: Stabilitätsabgabe *f*
stability loan: Stabilisierungsanleihe *f*
stability of value: Wertbeständigkeit *f*
stability policy: Konjunkturpolitik *f*, Stabilitätspolitik *f*
stabilization: Stabilisierung *f*
stabilization fund: Ausgleichsfonds *m*
stabilization levy: Stabilitätsabgabe *f*
stabilize: stabilisieren
stable: beständig, fest, stabil, wertbeständig
stable currency: stabile Währung *f*

stable in value: wertbeständig
stable money: stabile Währung *f*
stable prices *pl*: stabile Preise *m/pl*
stable rate of exchange: stabiler Wechselkurs *m*
stable value clause: Wertsicherungsklausel *f*
stable value clause loan: Indexanleihe *f*
stack: ablegen, aufschichten *m*, Stapel *m*
stacker: Ablage *f (EDV)*, Kartenmagazin *n (EDV)*
staff: Stab *m*, Stabsabteilung *f*, Stabsstelle *f*, Belegschaft *f*, (Betriebs)personal *n*, Mitarbeiterstab *m*, Personal *n*
In der klassischen Organisationslehre alle vornehmlich inneren Organisationszwecken dienenden Funktionsarten, die mit der Aufgabe der Informationssammlung und der Leistung von Vorarbeiten für die Entscheidungen der mit der Entscheidungsfindung beauftragten Funktionsträger betraut sind. Sie haben gegenüber anderen Bereichen kein Weisungsrecht, sondern nur ein Informations- und Beratungsrecht. Im Unternehmen liegt ihre Hauptaufgabe in vorbereitenden Arbeiten für die Entscheidungen ihres Vorgesetzten.
Historisch geht die Unterscheidung zwischen Stab und Linie ins frühe 19. Jahrhundert zurück. In Kleinbetrieben gab es zunächst nur einen Vorgesetzten und eine geringe Zahl ausführender Kräfte, die Linie. Alle nicht im eigentlichen Sinne Linienaufgaben, wie Einkauf, technische Planung, Personalfragen, Organisation, Buchhaltung, Kalkulation, Arbeitseinteilung, machten entweder der Vorgesetzte oder die Ausführungskräfte in Selbsthilfe. Es gab hierfür zunächst keine besonderen Instanzen.
Mit der Industrialisierung und dem Wachstum von Unternehmungen wurden zahlreiche dieser Nicht-Linienaufgaben ausgegliedert und eigens hierfür geschaffenen Stellen übertragen. Dabei bestand die Vorstellung, daß dies Hilfsorgane des Vorgesetzten seien, da sie vornehmlich Aufgaben übernahmen, die der Vorgesetzte bisher selbst wahrgenommen hatte und nun ausgliederte, um der Überlastung zu entgehen. So entstand der Stab, gedacht als Führungshilfe des Vorgesetzten. Die Ausgliederung erfolgte schrittweise.
Alle noch nicht ausgegliederten Aufgaben blieben nach wie vor Sachfunktionen des Vorgesetzten oder Selbsthilfe der Nachgeordneten. Aus dieser Entstehung ergab sich, daß der Stab lediglich als verlängerte Hand oder verlängertes Gehirn des Vorgesetzten gedacht war, nur für ihn gewisse Sondertätigkeiten ausübte und im übrigen Betrieb keinerlei Einflußmöglichkeiten oder Rechte benötigte, außer vielleicht dem Recht der Informationseinholung und äußerstenfalls der Beratung. Alle weitergehenden Einwirkungen auf die nachgeordneten Bereiche waren dem übergeordneten gemeinsamen Vorgesetzten vorbehalten, der dazu mit dem Weisungs- bzw. Befehlsrecht ausgestat-

tet war. Dessen alleinige übergeordnete Gesamtverantwortung für das Geschehen in den nachgeordneten Bereichen wurde dadurch gewahrt. Gegenüber seinem Vorgesetzten hatte der Stab eine beratende Funktion. So entstand, zunächst im militärischen Bereich, das Denkmodell der Stab-Linien-Organisation. Erst später übernahm die Industrie die Begriffe. Im militärischen Bild unterstanden also jedem höheren Truppenführer nicht nur die Truppenführer der nachgeordneten Einheiten, sondern außerdem ein „Stab" aus mehreren fachlich spezialisierten Offizieren mit einem „Stabschef" an der Spitze. Die Stellen dieses Stabs konnten mit den entsprechenden Stabsstellen nachgeordneter Einheiten in Verbindung treten, aber nur, um sich Informationen über die dortige Lage geben zu lassen. Diese wurden zu Plänen verarbeitet und über den Stabschef dem vorgesetzten Kommandeur beratend zur Entscheidung vorgetragen. Den der Entscheidung folgenden Befehl arbeitete der Stab aus, der Kommandeur unterschrieb. Die Kommandeure der nachgeordneten Einheiten gaben diesen Befehl ihrerseits mit Hilfe ihrer Stäbe, die die Durchführung des Befehls in Alternativen planten. Wieder entschied der jeweilige Kommandeur und unterschrieb die zugehörigen Befehle. Die Koordinierung unter den Teilen des Stabs war Sache des Stabschefs, unter den nachgeordneten Einheiten Sache des Kommandeurs.

staff assistant: Stabsassistent *m*
staff department: Stabsabteilung *f*
staff discussion: Mitarbeiterbesprechung *f*
Ein in gewisser Regelmäßigkeit stattfindendes Dienstgespräch, das dazu beitragen soll, auch im Dienstverhältnis eines Unternehmens das menschliche Element zur Geltung zu bringen. Mitarbeiterbesprechungen sollen keine Befehlsausgabe oder reine Information von oben, sondern ein echtes Gruppengespräch sein. Neben dem Erlebnis gemeinsamer Arbeit gelten Mitarbeiterbesprechungen vielfach als eines der wichtigsten Mittel, um praktische Fragen der täglichen Arbeit zu lösen und Gesamtzusammenhänge im Unternehmen zu erörtern. Mitarbeiterbesprechungen sind Voraussetzung der Gruppenintegration, durch den das Zusammengehörigkeitsbewußtsein der Gruppe entsteht. Mit Hilfe von Mitarbeiterbesprechungen wird die Funktionsorganisation ein System sich überlappender Führungsgruppen anstelle eines Systems von Weisungslinien.
Die Mitarbeiterbesprechungen rationalisieren die wechselseitigen vertikalen und horizontalen Informationen. Sie sorgen für das unerläßliche Verständnis jedes Mitarbeiters für die Sorgen und Aufgaben aller anderen Mitarbeiter.

staff function: Stabsaufgabe *f*, Stabsfunktion *f*, Stabsstelle *f*
staff involvement: Mitarbeiterbeteiligung *f*
Eine ökonomisch und sozial begründete innerbetriebliche Innovationsstrategie, mit der sowohl die betriebliche Effizienz, die Arbeitszufriedenheit der Mitarbeiter wie auch eine gesellschaftspolitische Zielvorstellung – die Stabilisierung des Systems der sozialen Marktwirtschaft – erreicht werden sollen.
Unter Mitarbeiterbeteiligung, Partizipation oder betrieblicher Partnerschaft werden ganz allgemein Beteiligungsmöglichkeiten der Mitarbeiter am Betriebsablauf verstanden, die über die gesetzlich vorgeschriebenen Anhörungs-, Informations-, Mitwirkungs- und Mitbestimmungsrechte der Arbeitnehmer und ihrer Repräsentanten hinausgehen. Betriebliche Partnerschaft ist damit eine vertraglich vereinbarte Form der Zusammenarbeit zwischen Unternehmensleitung und Mitarbeitern. Sie soll allen Beteiligten ein Höchstmaß an Selbstentfaltung ermöglichen und durch verschiedene Formen der Mitwirkung und Mitbestimmung bei entsprechender Mitverantwortung einer Fremdbestimmung entgegenwirken. Abzugrenzen sind diese Begriffe von dem traditionellen Mitbestimmungsbegriff des Betriebsverfassungsgesetzes, der den Sachverhalt der gesetzlichen Fixierung eines Machtgleichgewichtes von Kapital und Arbeit im Rahmen einer wirtschaftsdemokratischen Neuordnung kennzeichnet.
Die Beteiligung der Mitarbeiter an Erfolg, Vermögen, Kapital, aber auch an den Entscheidungsprozessen im Unternehmen gilt vielfach als die humanste und sinnvollste Form der Rationalisierung. Dabei spricht man von innerbetrieblicher Rationalisierung, um ein optimales betriebliches Anpassungsverhalten an sich verändernde Umweltbedingungen zu kennzeichnen, das nicht nur die mit diesem Begriff oft assoziierte technische oder technologische Rationalisierung umfaßt, d.h. den Ersatz von arbeitsintensiven durch kapital- und technologieintensive Prozesse, sondern auch neue Formen der innerbetrieblichen Koordination und Organisation der Arbeitsprozesse selbst. Dazu gehören neue Formen von Entscheidungsprozessen, neue Führungs- und Managementverfahren, der Abbau innerbetrieblicher Hierarchien sowie die Verlagerung und Verteilung von Kompetenzen und Handlungsspielräumen auf untergeordnete Ebenen.
Darüber hinaus soll die Mitarbeiterbeteiligung die Selbstentfaltungsmöglichkeiten aller Beteiligten verbessern und die Motivations- und Identifikationsbereitschaft der Mitarbeiter erhöhen. So entstanden mannigfaltige Formen der innerbetrieblichen Partizipation:
• Erfolgs-, Vermögens- und Kapitalbeteiligungsmodelle,
• Mitwirkungs- und Mitbestimmungsmodelle,
• Stiftungsunternehmen,
• Alternativbetriebe,
• Arbeitnehmergesellschaften.
Diese Beteiligungsmodelle unterscheiden sich von einer traditionellen Betriebsorganisation dadurch, daß herkömmliche Formen eines zentralisierten, hierarchischen Betriebsablaufs zugunsten einer materiellen und/oder immateriellen Beteiligung der Arbeitnehmer am Betriebsgeschehen aufgebrochen wurden. Die „Alternativbetriebe" unterschei-

den sich von den konventionellen Beteiligungsmodellen noch insofern, als hier eine sozial- und gesellschaftspolitische Vision oder Zielvorstellung die Grundlage für das wirtschaftliche Handeln und die Struktur der innerbetrieblichen Organisation darstellt; eine Zielvorstellung, die explizit über die bestehenden Formen der Arbeits- und Lebensgestaltung hinausgeht. In den „traditionellen" Betrieben mit Mitarbeiterbeteiligung steht demgegenüber die ökonomische Effizienz des Betriebsablaufs im Vordergrund, die gerade durch erweiterte Beteiligungsmöglichkeiten aller Arbeitnehmer erhöht werden soll. Partizipation ist in diesem Fall ein Mittel zur Stabilisierung der bestehenden gesellschaftlichen Strukturen und der Wirtschaftsordnung.

„Mitarbeiterbeteiligung" läßt sich grundsätzlich in materielle und immaterielle Beteiligungsrechte differenzieren. Während die materielle Form der Partizipation die Vermögensbeteiligung in Arbeitnehmerhand sowie die Erfolgs- bzw. Kapitalbeteiligung im Rahmen einer Beteiligung der Arbeitnehmer am Produktivvermögen der Wirtschaft umfaßt, ermöglicht die immaterielle Beteiligung den Mitarbeitern eine Einflußnahme auf betriebliche Entscheidungsprozesse. Sie beinhaltet damit zusätzliche Informations-, Anhörungs- und Einwirkungsmöglichkeiten und hat in der Regel eine Dezentralisierung und Verlagerung der Entscheidungsprozesse „nach unten" zur Folge. In diesem Sinne soll Mitarbeiterbeteiligung drei Ziele verwirklichen:
• Die Motivation und die Leistungsbereitschaft der Beschäftigten sowie deren Selbstentfaltungsmöglichkeiten sollen durch Förderung der Identifikation mit den Zielen der Unternehmung verbessert werden.
• Die Eigenkapitalbasis, d.h. Ertragskraft und Effizienz, sollen durch eine Kombination von materiellen und immateriellen Elementen der Mitarbeiterbeteiligung nachhaltig gestärkt werden.
• Sie soll das System der sozialen Marktwirtschaft stabilisieren.

Mitarbeiterbeteiligung wird von den Initiatoren der Beteiligungsmodelle als neuer, wirtschaftlich effizienter und sozial verpflichtender Führungsstil bezeichnet, der im Rahmen der bestehenden Eigentumsverhältnisse Entscheidungsprozesse modifiziert und dezentralisiert, das Letztentscheidungsrecht jedoch auf seiten der Kapitaleigner beläßt. Ökonomisch ausgedrückt heißt das: Durch betriebliche Partnerschaft werden die hohen Kosten einer streng hierarchischen Betriebsorganisation durch die Einführung dezentraler Entscheidungsstrukturen gesenkt, ohne vollständig auf die Vorteile einer betrieblichen Hierarchie zu verzichten.

Neben die ideelle Form der Begründung der Mitarbeiterbeteiligung treten oft reale gesellschaftspolitische Motive. Danach macht eine materielle Mitarbeiterführung die Arbeitnehmer zu Miteigentümern des Unternehmens. In der in diesem Zusammenhang geäußerten Erwartung, auf diese Weise den Gegensatz zwischen Kapital und Arbeit verringern oder gar aufheben zu können, spiegelt sich offensichtlich die Idee der betrieblichen Partnerschaft besonders deutlich wider.

staff-line organization: Stab-Linien-Organisation f
Eine Form der Unternehmensorganisation, die ebenso wie das Produktmanagement als eine Variante des modifizierten Liniensystems anzusehen ist. Ihr Prinzip besteht in der Einrichtung von Stabsstellen mit der Aufgabe der Informationssammlung und der Leistung von Vorarbeiten für die Entscheidungen der mit der Entscheidungsfindung beauftragten Organisationen.

Die Stab-Linien-Organisation stellt einen Versuch dar, die Vorteile des Ein-Linien-Systems mit den Vorteilen der funktionalen Spezialisierung zu kombinieren. Seinen Ursprung hat dieser Koordinationsmechanismus im militärischen Bereich. Zentrale Aufgabe des Stabes ist die Entscheidungsvorbereitung (Informationssammlung und -auswertung, Planung, Beratung, Unterstützung).

Um das klassische Prinzip der Einheit der Auftragserteilung zu retten, wurde die Stabsstelle nicht mit Weisungsbefugnis ausgestattet, und zwar u.a. mit der Begründung, eine Stabsstelle sei eine Hilfsstelle ohne eigene (originäre) Aufgabe und könne folglich auch keine eigene Anweisungsbefugnis gegenüber Linienstellen besitzen. Allein bei Sonderaufträgen könne der Stabsstelle ein zeitlich begrenztes Weisungsrecht (funktionales Weisungsrecht) eingeräumt werden. Vor allem die Tatsache, daß der Stab selbst keine Weisungsbefugnis besitzt (lediglich funktionale Autorität), obwohl er in der Regel über hochqualifiziertes Wissen verfügt, führt zu erheblichen Konflikten.

Um die Kooperation zwischen den in der Funktionsorganisation festgelegten Funktionsbereichen ordnen zu können, müssen die Beziehungen der Funktionsbereiche untereinander geklärt werden. Dazu ist jedem Bereich ein bestimmter Funktionscharakter zuzuordnen, der Stellung und Verhältnis zu den anderen Bereichen regelt. In der klassischen Organisationslehre wird dabei zwischen den zwei Funktionsarten Stab und Linie unterschieden.

Als Linie bezeichnet man die Bereiche, die unmittelbar an der Erfüllung des Unternehmenszwecks arbeiten, die also unmittelbar die operativen Außenleistungen des Unternehmens erbringen. Das sind beim Industriebetrieb z.B. Entwicklung, Fertigung und Vertrieb, bei der Armee die kämpfende Truppe.

Alle übrigen Bereiche, die vornehmlich inneren Zwecken dienen, werden Stab genannt. Sie haben gegenüber anderen Bereichen kein Weisungsrecht, sondern nur ein Informations- und Beratungsrecht. Ihre Hauptaufgabe liegt in vorbereitenden Arbeiten für die Entscheidungen ihres Vorgesetzten.

Die entscheidende Funktion der Stab-Linien-Organisation ist es, die Entscheidungsinstanzen der Linie zu entlasten und damit die gravierend-

staff magazine

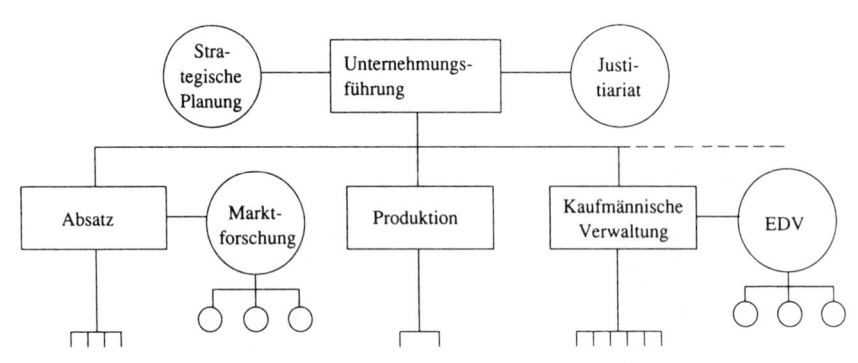

```
        ┌──────────┐   ┌──────────────┐   ┌──────────┐
        │  Stra-   │   │Unternehmungs-│   │  Justi-  │
        │ tegische ├───┤   führung    ├───┤ tiariat  │
        │ Planung  │   │              │   │          │
        └──────────┘   └──────┬───────┘   └──────────┘
                              │
   ┌──────────┬───────────────┼──────────────┬──────────┐
┌──┴───┐ ┌────┴────┐ ┌────────┴────┐ ┌───────┴──────┐ ┌─┴─┐
│Absatz│ │ Markt-  │ │  Produktion │ │ Kaufmännische│ │EDV│
│      │ │forschung│ │             │ │  Verwaltung  │ │   │
└──────┘ └─────────┘ └─────────────┘ └──────────────┘ └───┘
```

Stab-Linien-Organisation

sten Mängel des reinen Liniensystems zu beseitigen. Das Stab-Linien-System vereint in sich so Elemente des reinen Funktionssystems und des Liniensystems, d.h. sowohl die Einheitlichkeit des Instanzenwegs wie die Beteiligung von Experten. Dabei wird entweder allen oder bestimmten Instanzen der Linie ein Experten- und Spezialistenstab mit ausschließlich beratender Funktion beigegeben.

Als Folge der Komplexität der Leitungsaufgaben und der intensiven Belastung durch Information und Kommunikation kommt es in der Leitungsfunktion zu arbeitsteiligen Prozessen: Bestimmte Leitungsaufgaben werden an spezialisierte Instanzen, die Stabsstellen, delegiert.

Echte Stabsstellen üben beratende Funktionen aus und haben keine Weisungsbefugnisse. Sie dienen der Unterstützung und Entlastung des weisungsbefugten Managements. Man unterteilt in Linienmanagement (weisungsbefugt) und Stabsmanagement (beratungsbefugt). Ein eigenes Stabsmanagement ist erforderlich, wenn die Stabsaufgaben eines Unternehmens insgesamt koordiniert werden und eine eigene Stabsfunktion entsteht.

Typische Stabsaufgaben können sein:
• Markt- und Konsumentenanalysen.
• Rechtsberatung (Vertragsgestaltung).
• Werbung und Public Relations.
• Planung (Vorbereitung des Unternehmensplans).
• Finanzielle Steuerung und Budgetierung.
• Verwaltungsorganisation und Datenverarbeitung.
• Innerbetriebliche Servicefunktionen: z.B. Gebäudeplanung, Verkehrswege, Archive, Patentabteilung, Versicherungen und Steuern, Dienstleistungsfunktionen wie Sekretariatsdienste, Schreibbüros, Reprographie, Instandhaltung etc.

staff magazine: Mitarbeiterzeitschrift f, Werkszeitung f
staff management: Stabsmanagement n
Das Stabsmanagement arbeitet vorwiegend im Vorfeld der Entscheidungsprozesse. Zu seinen Aufgaben gehören:

• Entscheidungsvorbereitung (Absicherung von Entscheidungen);
• Risikoanalysen;
• Informationsbereitstellung für die Linie;
• Koordination der Gesamtplanung;
• Planungsintegration;
• Planzerlegung nach der Genehmigung des Unternehmensplanes durch die Geschäftsleitung;
• Ergebniszusammenführung: Periodische Integration aller Teilergebnisse zum Unternehmungsergebnis und Ableitung von Kontroll- und Meßwerten.
• Koordination und Integration aller Serviceleistungen (indirekte Arbeiten) zur Unterstützung des Linienmanagements.

Durch die Arbeitsteilung in der Leitungsfunktion kommt es in aller Regel zur Bildung von „unechten Stäben". Sie sind dadurch gekennzeichnet, daß sie Weisungsrechte oder Vorgabebefugnisse gegenüber dem Linienmanagement besitzen: Anweisungen gegenüber der Linie, z.B. in Form von Budgetvorgaben, Geschäftsanweisungen (Richtlinienkompetenz des Stabes), Planvorgaben und Kontrolle. Unechte Stäbe werden oftmals zu Steuerungsfunktionen des Unternehmens zusammengefaßt.

Die Aufteilung der Leitungsfunktion in Linien-, Stabs- und Steuerungsfunktionen führt zu einem planungs- und kontrollintensiven Managementsystem. Dieses Management-System folgt dem theoretischen Modell des Management-Zyklus. Empirische Untersuchungen haben gezeigt, daß die in der Theorie geforderte klare Trennung der Aufgaben von Stab und Linie in der Realität fast nie anzutreffen ist. In vielen Fällen beraten die Stabsmitglieder nicht nur, sondern sie üben beträchtlichen informellen Einfluß auf die Entscheidung aus.

staff organization: Stabsorganisation f
→ staff, staff management
staff position: Stabsstelle f
staff record: Mitarbeiterkartei f
staff responsibility: Verantwortung f der Stabsstelle f, Verantwortungsbereich m einer Stabsstelle f

staff schedule: Stellenbesetzungsplan *m*
staffing: Besetzung *f* von Stellen *f/pl*, Stellenbesetzung *f*
staffing schedule: Stellenbesetzungsplan *m*
stage: Etappe *f*, Gerüst *n*, Gestell *n*, Grad *m*, Periode *f*, Stadium *n*, Stufe *f*
stages *pl* of appeal: Instanzenweg *m*
stagger: Schwanken *n* (z.B. Kurse, Preise usw.), staffeln
staggered price: Staffelpreis *m*
Eine Form der Preisdifferenzierung, bei der unterschiedlich hohe Preise je nach der Menge die bezogenen Wareneinheiten gefordert werden. Zu dieser Form der Preisdifferenzierung wird üblicherweise nicht der Mengenrabatt hinzugerechnet.
staggering (price): extrem hoch (Preis)
staggering shift: Sonderschicht *f*, um Arbeitslosigkeit *f* zu vermindern, Wechselschicht *f*
stagnant: stillstehend
stagnate: stocken
stagnation: Stagnation *f*, Stillstand *m*, Stockung *f*
stake: Einsatz *m* (Spiel etc.)
stakeholder appproach: Stakeholder-Ansatz *m*
Eine Richtung der amerikanischen Managementlehre, die den Gruppenbezug des Managements ausgebaut und ins Zentrum der strategischen Managementlehre gerückt hat.
Als „stakeholder" (Interessenträger) werden dabei Gruppen oder Individuen angesehen, die entweder aktiv Einfluß auf Entscheidungen des Unternehmens nehmen können oder passiv durch dessen Entscheidungen betroffen sind. Die folgende Abbildung gibt einen Einblick in die Vielfalt von Bezugsgruppen, die in dieser Theorie als (potentiell) relevant bei der Wahrnehmung der Managementaufgaben angesehen werden. Dabei wird regelmäßig betont, daß natürlich eine solche Liste von Bezugsgruppen niemals abgeschlossen sein kann, weil im Wirtschaftsleben immer wieder neue „stakeholder" bzw. Gruppierungen mit je spezifischen situationsbedingten Bezügen zum Management auftauchen (und verschwinden) können.
stamp: Briefmarke *f*, Stempel *m*, stempeln
stamp duty on bills: Wechselsteuer *f*
stamp duty: Stempelgebühr *f*
stamp fee: Stempelgebühr *f*
stamp tax: Stempelsteuer *f*
stand: Gerüst *n*, Gestell *n*, Stand *m*, stehen
stand out: ausstehen, hervorragen (auch fig.)
stand security: avalieren, Bürgschaft *f* übernehmen
stand still: stillstehen

stand the test: sich bewähren
standard: normal, üblich, Leistungsvorgabe *f*, Maßstab *m*, Niveau *n*, Norm *f*, Soll *n* (Ziel), Standard *m*, Vorbild *n*, Vorgabe *f*
standard burden: Standardgemeinkosten *pl*
standard capacity: Normalkapazität *f* des Betriebs *m*
standard chart of accounts: Kontenrahmen *m*
standard conditions *pl*: normale Arbeitsbedingungen *f/pl*, normale Bedingungen *f/pl*
standard cost: Plankosten *pl*, Sollkosten *pl*, Standardkosten *pl*, Standardgemeinkosten *pl* (Vergleichsmittel zu den tatsächlichen Kosten)
standard cost system: Normalkostenrechnung *f*, Plankostenrechnung *f*, Standardkostenrechnung *f*
Eine Form der Kostenrechnung, die sich auf Plankosten im Sinne zukunftsorientierter Planzahlen stützt. Preiskalkulationen auf Vollkostenbasis können auf der Grundlage von Plankosten („Vorkalkulation") oder auf der Basis von Ist-Kosten („Nachkalkulation") erfolgen.
Aufgrund ihrer Zukunftsbezogenheit ist die Plankostenrechnung mehr als die Ist- oder Normalkostenrechnung geeignet, Informationen für die Marketingplanung und Marketingkontrolle bereitzustellen. Allerdings hängt ihr Informationswert sehr davon ab, ob sie auf Vollkostenbasis oder auf Teilkostenbasis durchgeführt wird.
Da Entscheidungen immer zukunftgerichtet sind, kommen für Entscheidungskalküle der Preispolitik immer nur Plankosten, d.h. der im voraus bestimmte, bewertete und leistungsbezogene Mittelverzehr in Betracht. Dies wird deutlich, wenn man sich vor Augen hält, daß die Mengenkomponente des Leistungsverzehrs über den Preis-Absatz-Zusammenhang stark vom zukünftigen Preis der abgesetzten Güter abhängt und auch die Wertkomponente durch inflatorische und andere ökonomische Entwicklungen (z.B. Ressourcenverknappung) ständigen Veränderungen unterliegt.
standard currency: Landeswährung *f*
standard deduction: Werbungskostenpauschale *f*, Sonderausgabenpauschale *f*
standard deviation: Standardabweichung *f*
standard gauge: Richtmaß *n*
standard hour: Vorgabestunde *f*
standard hour plan: Stückzeitakkord *m*
standard hours *pl*: Standardmaschinen- und -arbeitszeit *f* für bestimmte Operationen *f/pl*
standard label: Standardkennsatz *m* (EDV)
standard labor: Standardlohn *m*

standard labor cost: Standardlohnkosten *pl*
standard labor rate: Soll-Lohnrate *f*, Standardlohnrate *f*
standard labor time: Soll-Fertigungszeit *f*
standard material: Standardmaterial *n*
standard material price: Standardmaterialpreis *m*
standard measure: Normalmaß *n*
standard media rate: Standard-Werbetarif *m*
standard of currency: Münzeinheit *f*
standard of living: Lebensstandard *m*, Lebenshaltungsstandard *m*
Die Gesamtheit der subjektiv und sozial determinierten Vorstellungen der Mitglieder einer Gesellschaft über die für ihren Lebensunterhalt angemessenen materiellen und immateriellen Güter und Dienstleistungen, durch die sich ihre Vorstellungen darüber ausdrücken, was ihre Bedürfnisse ausmachen soll. Als eine dem gesellschaftlichen Wandel unterworfene Größe bestimmt der Lebensstandard die Bedürfnisse und die Motivationen der Individuen ebenso wie die quantitative und qualitative Struktur ihrer materiellen und sozialen Daseinsgestaltung.
standard of performance: Leistungsstandard *m*, Leistungsvorgabe *f*, Soll-Leistung *f*
standard of value: Wertausdruckmittel *n*, Wertmesser *m*
standard overhead: Standardgemeinkosten *pl*
standard overhead burden: Standardgemeinkosten *pl*
standard overhead cost: Standardgemeinkosten *pl*
standard planning: Standardplanung *f*
Soweit es bei der operativen Planung um den Vollzug der Strategie geht, unterscheidet man zwischen Standard- und Projektplanung. Unterscheidungskriterium ist die Frage, ob eine gegenwärtig verfolgte Strategie beibehalten werden soll oder mehr oder weniger langfristige Änderungen des Produkt-Markt-Konzepts beabsichtigt werden. Soweit letzteres der Fall ist, müssen – unabhängig von der laufenden Strategie – rechtzeitig Aktivitäten in Gang gesetzt werden, mit deren Hilfe strategische Umsteuerungen vollzogen werden können.
Alle derartigen Aktivitäten zur Umsteuerung der laufenden Strategie werden im operativen System in Form von (strategischen) Projektplänen aufgenommen und bis zur Handlungsreife konkretisiert.
Alle Pläne, die der Verwirklichung der laufenden Strategie (des gegebenen Produkt-Markt-Konzeptes) und der Aufrechterhaltung der Systemfunktionen gewidmet sind, gehören zur operativen Standardplanung. Sie beziehen sich vor allem auf die Planung des Realgüterprozesses (des Produktprogramms und seiner Konsequenzen für die betrieblichen Funktionsbereiche) und andererseits des Wertumlaufprozesses (der monetären Konsequenzen der Handlungsprogramme im Realgüterprozeß).
standard practice: übliches Verfahren *n*
standard price: Einheitspreis *m*, Richtpreis *m*, Verrechnungspreis *m*
standard profit: Durchschnittsgewinn *m*
standard quotation: Einheitskurs *m*
standard rate: Standardrate *f*
standard ratio: Anteilzahl *f*, Kennzahl *f*, Kennziffer *f* → ratio
standard run quantity: wirtschaftliche Losgröße *f*, optimale Losgröße *f*
standard sample: Typenmuster *n*
standard size: Normalformat *n*, Normalgröße *f*
standard time: Normal(vorgabe)zeit *f*, Normalzeit *f* für eine Arbeitsoperation
standard type: Standardtype *f*
standard value: Normalwert *m*, Richtwert *m*
standard volume: geplante Beschäftigung *f*, Durchschnittsbeschäftigung *f*, Standardbeschäftigung *f*
standard wages *pl*: Tariflohn *m*
standard weight: Normalgewicht *n*
standardization: Standardisierung *f*, Normung *f*, Vereinheitlichung *f*
Die Vereinheitlichung von Produkten, Verfahren und Prozessen mit dem Ziel, Serien- und Massenfertigung zu erleichtern. Standardisierte Produkte stärken die Verhandlungsposition des Abnehmers am Markt. Er kann sich immer sicher sein, einen alternativen Lieferanten zu finden, und gewinnt dadurch Verhandlungsspielraum. Umgekehrt verhält es sich bei stark differenzierten Produkten. In solchen Fällen sind allein die Umstellungskosten der Abnehmer bei einem Lieferantenwechsel gewöhnlich so hoch, daß nur eine stark abgeschwächte Preiselastizität der Abnehmer vorliegt (Quasi-Monopol bei Produktdifferenzierung). Umstellungskosten senken generell die Verhandlungsmacht der Abnehmer.
standardize: eichen, normieren, standardisieren, typisieren, vereinheitlichen
standardized cost accounting systems cartel: Kalkulationskartell *n*
standards engineering: Normung *f*
standby: Hilfs-, Reserve-, Helfer *m*
standby agreement: Stillhalteabkommen *n*
standby arrangement: Beistandsabkommen *n*, Stillhaltevereinbarung *f*
standby charges *pl*: Bereitschaftskosten *pl*
standby computer: ReserveDatenverarbeitungsanlage *f (EDV)*

standby cost: Bereitschaftskosten *pl*, Kosten *pl* der Betriebsbereitschaft *f*
standby credit: Kreditzusage *f*
standby equipment: Reserve-Ausrüstung *f* (z.B. Maschinen usw.)
standby facilities *pl*: Reserve-Ausrüstung *f* (z.B. Maschinen usw.)
standby facility: Reserveeinrichtung *f*
standby time: Wartezeit *f*
standing: Dauer-, Ruf *m*, Status *m* (Ruf)
standing banker's order: Dauerauftrag *m*
standing committee: ständiger Ausschuß *m*
standing cost: fixe Kosten *pl*, Fixkosten *pl*
standing expense(s) *(pl)*: fixe Kosten *pl*, Fixkosten *pl*
standing order: Dauerauftrag *m*
standing out: ausstehend
standing timber: Nutzholz *n*
standpoint: Standpunkt *m*
standstill: Stillstand *m*
standstill agreement: Stillhalteabkommen *n*
staple: Haupt-, Haupterzeugnis *n* (eines Landes)
staple commodities *pl*: Stapelwaren *f/pl*
staple food: Grundnahrungsmittel *n(pl)*, Hauptnahrungsmittel *n*
staple goods *pl*: Stapelwaren *f/pl*
stapler: Heftmaschine *f*
stapling: Heften *n*
stare decisis: nach herrschender Rechtsprechung *f*
start: anlaufen, Beginn *m*, in Betrieb *m* nehmen, eröffnen (ein Geschäft), in Gang setzen, starten
start a price (at auctions): anbieten
start button: Startknopf *m*
start-up cost: Anfangskosten *pl*, Anlaufkosten *pl*
starting: Start(en *n*) *m*
starting base: Ausgangsbasis *f*
starting date: Einstellungstermin *m*
starting-load cost: Anlaufkosten *pl*, Kosten *f/pl* für den ersten Fertigungsdurchlauf *m*
starting point: Ansatzpunkt *m*
starting rate: Einstell-Lohn *m*
starting wage rate: Anfangslohn *m*
state: staatlich, aussagen, berichten, Beschaffenheit *f*, darlegen, erklären, Staat *m*, Zustand *m*, Bundesland *n*
state administration of justice: Landesjustizverwaltung *f*
state controlled economic system: staatlich gesteuertes Wirtschaftssystem *n* → government-controlled economy

state controlled economy: staatlich gelenkte Wirtschaft *f* → government-controlled economy
state court of appeals: Oberlandesgericht *n*
state courts *pl (Am)*: Gerichte *n/pl* der Einzelstaaten *m/pl*
State Department *(Am)*: Auswärtiges Amt *n*, Außenministerium *n*
state law: Landesrecht *n*, Landesgesetz *n*
state of affairs: Sachlage *f*
state of distress: Notstand *m*
state of emergency: Ausnahmezustand *m*
state of market: Marktlage *f*
state of mind: Geisteszustand *m*
state of nature: Zustand *m* der Natur
Die Grundkonfiguration der statistischen oder mathematischen Entscheidungstheorie ist eine Situation, in der zwei Personen jeweils eine Entscheidung treffen und in der diese beiden Entscheidungen zu einer bestimmten Konsequenz führen. In der Spieltheorie werden die Personen in einer solchen Situation Spieler (players) genannt, in der Entscheidungstheorie spricht man von Entscheidern (decision makers) oder Aktoren (actors). Manchmal wird die entscheidende Person als ein komplexes, vielfältige Interessen verkörperndes Gebilde verstanden, etwa als eine Nation oder eine Gesellschaft, meist jedoch als reales oder ideales Individuum. Die Personen werden oft mit P^A und P^B bezeichnet. P^A ist der Protagonist, P^B der Mitspieler (coplayer), Konkurrent (competitor) oder Opponent (opponent) von P^A.
Es seien $a_1, a_2, ..., a_m$ Alternativen für P^A und $b_1, b_2, ..., b_n$ die möglichen Handlungsalterungsalternativen für P^B. P^A kann eine – und nur eine – der m Möglichkeiten wählen und ebenso kann P^B eine und nur eine der n Möglichkeiten wählen, wobei jede der möglichen Entscheidungen mit der gleichen Leichtigkeit getroffen werden kann. Unterschiede der Anstrengung und Mühe bei der Entscheidung bzw. der Realisierung einer Entscheidung können als Aspekt der sich ergebenden Konsequenz in die Formalisierung der Situation miteinbezogen werden.
Man bezieht sich auf die a_i als potentielle Wahlen von P^A und bezeichnet sie als Optionen (options) oder Alternativen (alternatives). Spricht man von Entscheidung (decision) oder Wahl (choice) des P^A, so meint man das Ergebnis eines Wahlakts, d.h. eine speziell gewählte a_i. Spricht man von möglichen, potentielen oder verfügbaren Entscheidungen oder Wahlen, so bezieht man sich stets auf Optionen bzw. Alternativen.
Wird P^B als Natur interpretiert, so werden die Optionen üblicherweise Zustände der Natur (states of nature, Zustände der Welt (states of the world) oder auch Hypothesen (hypotheses) genannt. Das sozusagen als Folge einer Wahl der Natur eintretende Ereignis wird als der wahre Zustand der Na-

tur der wahre Zustand der Welt bzw. die wahre Hypothese oder aber als das Ergebnis bezeichnet.
state tax: Landessteuer *f*
state undertaking: Regiebetrieb *m*
state's attorney: öffentlicher Ankläger *m*, Staatsanwalt *m*
stated: bestimmt, festgesetzt
stated capital: ausgewiesenes Grundkapital *n*
stated liability: Buchschuld *f*
stated value: erklärter Wert *m*
statement: Angabe *f*, Aufstellung *f*, Ausführung *f* (Erklärung), Aussage *f*, Ausweis *m* (Bank), Auszug *m* (Bank), Bericht *m*, Darlegung *f*, Erklärung *f*, Feststellung *f*, Übersicht *f*, Verzeichnis *n*
statement form: Bilanz *f* in Staffelform *f*, Gewinn- und Verlustrechnung *f* in Kontoform *f*
statement heading: Bilanzkopf *m*
statement of account: Kontoauszug *m*, Rechenschaftsbericht *m*
statement of affairs *pl*: Konkursstatus *m*
statement of application of funds *pl*: Bewegungsbilanz *f*, finanzwirtschaftliche Bilanz *f*
statement of cash receipts *pl* **and disbursements** *pl*: Finanzflußrechnung *f*
statement of earnings *pl*: Gewinn- und Verlustrechnung *f*
statement of fact: Darstellung *f* des Sachverhalts *m*, Tatbestand *m*
statement of financial condition(s) *(pl)*: Finanzstatus *m*
statement of funds *pl* **provided and funds applied:** Bewegungsbilanz *f*
statement of income: Gewinn- und Verlustrechnung *f*
statement of net worth: Erklärung *f* über Entwicklung *f* des Eigenkapitals *n*
statement of open items: Liste *f* der offenen Posten *m/pl*, Offene-Posten-Auszug *m*
statement of operating results: Betriebsergebnisrechnung *f*
statement of particulars: nähere Angabe *f*
statement of provision and application of funds: Bewegungsbilanz *f*
statement of realization and liquidation: Liquidationsschlußbilanz *f*
statement of resources *pl* **and their application**: Bewegungsbilanz *f*
statement of stockholders' equity: Erklärung *f* über Entwicklung *f* des Eigenkapitals *n*
statement testimony: Aussage *f*
static: statisch, starr

static budget: starres Budget *n*, statisches Budget *n*
static economy: stationäre Wirtschaft *f*
static ratio: statische Verhältnisziffer *f*
statical: statisch, starr
station: Posten *m*, Station *f*
stationary: stagnierend, stationär
stationary economy: stationäre Volkswirtschaft *f*
Eine Volkswirtschaft, die keine Veränderung ihres Kapitalbestands und keinen technischen Fortschritt erfährt. Sie ist eine Wirtschaft ohne Wachstum.
stationer: Papierhändler *m*, Schreibwarenhändler *m*
stationery: Briefpapier *n*, Bürobedarf *m*, Papierwaren *f/pl*
statistic: statistische Maßzahl *f*, (einzelne) Statistik *f*
Als Maßzahl bezeichnet man in der Statistik jedwede reellwertige Funktion einer Datenmenge, durch die eine Vielzahl von statistischen Einzeldaten zusammenfassend abgebildet werden kann. Zu den wichtigsten statistischen Maßzahlen zählen die Mittelwerte (Maße der zentralen Tendenz), Streuungsmaße, die Momente, die Maßzahlen der Schiefe, die Konzentrationsmaße, die Maßzahlen der Wölbung und die Verhältniszahlen, Kennzahlen.
statistical: statistisch
statistical compilation: statistische Zusammenstellung *f*
statistical error: Erhebungsfehler *m*
statistical inference: statistischer Rückschluß *m*
statistical quality control: statistische Qualitätskontrolle *f*
statistician: Statistikar *m*
statistics: Statistik *f*
Eine wissenschaftliche Disziplin, deren Ziel es ist, eine Theorie und Methode zur quantitativen Analyse der aus Stichproben von Beobachtungen gewonnenen Daten zur Verfügung zu stellen. Eine solche Analyse verfolgt im Prinzip die Absicht, Ursachen für die Varianz natürlicher Phänomene zu bestimmen und Entscheidungen darüber zu fällen, ob Hypothesen über die Beziehungen zwischen beobachteten Daten angenommen oder verworfen werden dürfen. Damit erweist sich die Statistik als Hilfsmittel mit dessen Hilfe, sich Schlußfolgerungen aus empirischen Beobachtungen gewinnen lassen. Damit erfüllt die Statistik vier Aufgaben:
(1) *Datenreduktion*: Sie dient dazu, große Datenmengen auf eine handhabbare und verständliche Form zu reduzieren. Ein statistischer Kennwert ist ein Maß, das aus einer Stichprobe errechnet wurde.
(2) Die Untersuchung von Grundgesamtheiten und Stichproben zu erleichtern.

(3) Die Entscheidungsfindung zu erleichtern. Einer Entscheidung liegen Informationen über (a) eine Menge möglicher Handlungsalternativen, (b) eine Menge damit zusammenhängender Ergebnisse, (c) eine Menge von Wahrscheinlichkeiten dieser Ergebnisse und (d) die Wünschbarkeit der Ergebnisse zugrunde.

(4) Die Schlußfolgerungen aus beobachteten Daten auf eine verläßliche Grundlage zu stellen. Allgemein gesprochen ist eine Schlußfolgerung eine Aussage, zu der man durch logische Überlegungen gelangt. In der Statistik kann eine Reihe solcher Schlußfolgerungen aus der Überprüfung statistischer Hypothesen gezogen werden. Statistische Schlußfolgerungen besitzen zwei Charakteristika. Zum einen werden in der Regel von Stichproben Schlüsse auf Grundgesamtheiten gezogen. Eine zweite Art von Schlüssen wird dann gezogen, wenn der Forscher überhaupt nicht oder nur in zweiter Linie an Grundgesamtheiten interessiert ist.

status: Stand m, Status m, soziale Stellung f, Zustand m

Durch den Begriff „Status" wird die Position eines Individuums in der Rangordnung eines sozialen Systems definiert. Während die Position eines Menschen neutral die Stellung bezeichnet, die er innerhalb einer Organisation bekleidet, ist der Status die sozial bewertete Stellung, d.h. die relative Stellung, die eine Person in einem Sozialsystem aus der Sicht der Mitglieder einnimmt. Wohl richtet sich der Status u.a. nach den Kennzeichen der Position; er ist jedoch im Unterschied zur Position nichts formal Angeordnetes, sondern spontanen Ursprungs.

In Betrieben bestehen z.T. auch verschiedene Status-Systeme nebeneinander wie z.B. das der Arbeiter im Vergleich zu dem der leitenden Angestellten.

Durch diese soziale Bewertung ergibt sich nicht nur eine mögliche Abweichung vom formellen Organisationsplan, sondern es entsteht häufig darüber hinaus eine stärker differenzierte Struktur, die auf zusätzlichen Merkmalen aufbaut. So weiß man z.B., daß gleichartige Positionen einen durchaus unterschiedlichen Status haben können.

Status ist ein interpersonelles Phänomen, es hängt von den Personen ab, die die Statuseinschätzung (Rangeinstufung) vornehmen. Welche Merkmale den Status bestimmen, kann von Gruppe zu Gruppe und von Organisation zu Organisation unterschiedlich sein; in jedem Falle können es allerdings nur solche Merkmale sein, die die Gruppe auf dem Hintergrund ihres Normsystems für bedeutsam hält.

Mit jedem Status gehen bestimmte Privilegien und Verpflichtungen einher, die die Gruppe bestimmt. Der Status legt z.B. fest, was sich der einzelne erlauben darf, wie er angesprochen werden darf usw. Der Status ist somit eine wichtige Determinante des Verhaltens von Gruppenmitgliedern.

Generell lassen sich drei Klassen von Determinanten des Status in der Organisation unterscheiden:

1. *Belohnungskapazität*: Personen wird in dem Maße hoher Status zuerkannt, in dem ihre Attribute geeignet sind, für jedes einzelne Gruppenmitglied oder die Gruppe als ganzes belohnend zu wirken. Hinzu muß allerdings kommen, daß diese Attribute knapp verteilt sind. Attribute bzw. Aktivitäten, die von jedem Gruppenmitglied in gleicher Weise erreichbar sind oder erbracht werden, erbringen keinen höheren Status.

2. *Höhe der empfangenen Belohnungen*: Status ist weiterhin abhängig von dem Ausmaß, in dem Personen als Belohnungsempfänger wahrgenommen werden. In dem Maße, in dem eine Person Empfänger von Belohnungen ist, die in der jeweiligen Kultur hoch geschätzt werden, wird ihr ein hoher Status zuerkannt. Ähnlich werden „Kosten" honoriert, die aufgebracht wurden, um hochgeschätzte Gruppenziele zu erreichen, dies allerdings nur dann, wenn die Kosten überdurchschnittlich hoch sind, selten aufgebracht und von der Gruppe als nützlich betrachtet werden.

3. *Persönlichkeitsmerkmale („investments")*: Das Personenmerkmale, die die Biographie und den Hintergrund der Personen reflektieren (Alter, Religionszugehörigkeit etc.). Diese Faktoren gestatten den Statuserwerb nicht aufgrund damit verbundener Belohnungen für den Interaktionspartner, sondern aufgrund traditioneller Übereinkunft, daß Personen, die diese Merkmale aufweisen, das Recht auf einen bestimmten Status haben.

status congruity: Statuskongruenz f

Von Statuskongruenz spricht man, wenn alle Statusattribute einer Person auf der gleichen Ebene gesehen werden, d.h. wenn die Attribute alle höher, gleich oder niedriger als die einer anderen Person eingeschätzt werden. Wird diese Gleichrichtung aus der Sicht der Referenzgruppe nicht erreicht, spricht man von Statusinkongruenz.

Es wird gemeinhin angenommen, daß Personen bestrebt sind, ein Höchstmaß an Statuskongruenz zu erreichen. Statusinkongruenz verunsichert die Interaktionspartner und hat feindliche, zumindest aber uneinheitliche Reaktionsweisen zur Folge. Die betroffenen Personen fühlen sich unwohl und verunsichert, wie auf die ambivalenten Signale der Statusinkongruenz zu reagieren sei.

In einer Reihe von Untersuchungen konnte gezeigt werden, daß Status und Statuskongruenz von beträchtlichem Einfluß auf das Verhalten in Gruppen sind:

• Gruppenmitglieder mit hohem Status und hoher Statuskongruenz zeigen einen höheren Zufriedenheitsgrad und verhalten sich in höherem Maße normkonform.

• Gruppenmitglieder mit hohem Status verhalten sich zwar einerseits in höherem Maße normkonform als Individuen mit geringem Status, haben aber paradoxerweise auch einen größeren Spielraum, sanktionsfrei von der Gruppennorm abzuweichen, Idiosynkrasie-Kredit.

- Von Gruppenmitgliedern mit hohem Status werden mehr Aktivitäten initiiert als von solchen mit niedrigem Status.
- Gruppenmitglieder mit niedrigem Status kommunizieren mehr aufgabenirrelevante Informationen als Mitglieder mit hohem Status.
- Der Kommunikationsfluß ist tendenziell (status-)hierarchieaufwärts gerichtet. Inhalte, die sich kritisch mit dem Verhalten statushöherer Personen auseinandersetzen, werden in diesem Kommunikationsfluß stark gefiltert („Schönfärberei").

status quo thesis: Status-quo-These f
Eine in der Qualifikationsforschung diskutierte Thesen zur längerfristigen Qualifikationsentwicklung, die zwar von einem Trend zur Höherqualifikation ausgeht, aber postuliert, dieser werde durch entsprechende arbeitsorganisatorische Veränderungen wieder rückgängig gemacht.

status symbol: Statussymbol n
Um einen Status nach außen hin kenntlich zu machen, verwenden Individuen eine Reihe unterschiedlicher Symbole die den Status anzeigen, ihn jedoch nicht konstituieren. Es handelt sich bei ihnen um Insignien von Macht und Status. Die große Bedeutung von Statussymbolen für die Unternehmenskultur offenbart sich für jeden, der sich den Gedanken vor Augen führt, daß Wirtschaftsunternehmen nicht bloß Veranstaltungen zur rationalen Produktion von Leistungen sind. Sie stellen neben Diensten und Gütern auch Herrschaft, Sinn, Kontakt her. Diese Ziele können sich verabsolutieren, so daß leistungsirrelevante Statussymbole plötzlich zur Demonstration von Macht, Überlegenheit, Beziehungen begehrt und genutzt werden – und oft genug mit dem Leistungsziel kollidieren.
Statussymbole erfüllen eine Reihe sozialer Funktionen:
- Sie zeichnen aus, sie heben einen Menschen aus der Masse heraus und befriedigen; sie sind „Ich-Motive" der Selbstdarstellung, Anerkennung, Bewunderung.
- Sie grenzen ab: Zumindest jeder Insider weiß, mit wem er es zu tun hat. Das legt das richtige Verhalten fest und erspart unnötige Rangkämpfe.
- Sie motivieren: Wenn ihre Vergabe an bestimmte Voraussetzungen geknüpft ist (Umsatz, Leistung, Loyalität), dann werden diese Bedingungen erfüllt, um in den Genuß der Belohnung zu kommen. Vor allem aber werden die Erfolgreichsten den anderen als leuchtendes Vorbild vor Augen geführt.
- Sie akzentuieren und strukturieren: In vielen Fällen sind Leistungen oder Beiträge nicht eindeutig sichtbar oder zurechenbar; Statussymbole markieren Entscheidungen und gültige Festlegungen.
- Sie sind tragen zur Selbstvergewisserung bei und stiften Identität.

status test: Zustandsprüfung f (EDV)
statute: Gesetz n, kodifiziertes Recht n, Satzung f, Statut n

statute law: Gesetzesrecht n, kodifiziertes Recht n
statute of frauds: Gesetz n zur Vermeidung f von Arglist f und Betrug m (Am)
statute of limitations (Am): Verjährungsgesetz n
statutes pl at large (Am): offizielle Sammlung f der Bundesgesetze n/pl
statutory: gesetzlich, satzungsgemäß, satzungsmäßig, statutarisch
statutory agent: gesetzlicher Vertreter m
statutory attorney: gesetzlicher Vertreter m
statutory condition: gesetzliche Bedingung f
statutory declaration: eidesstattliche Erklärung f
statutory guardian: gesetzlicher Vormund m
statutory heir: gesetzlicher Erbe m
statutory law: Gesetzesrecht n, gesetztes Recht n
statutory lien: gesetzliches Pfandrecht n
statutory order: Rechtsverordnung f
statutory regime: gesetzliches Güterrecht n
statutory reserve: gesetzliche Rücklage f, statutorische Rücklage f (satzungsgemäße)
statutory retirement age: gesetzliches Rentenalter n
statutory social contribution: Sozialabgaben f/pl
stay: bleiben, (das Verfahren) aussetzen
stay a proceeding: ein Verfahren n aussetzen
stay at: sich aufhalten
stay of execution: Vollstreckungsaufschub m
stay of proceedings pl: Aussetzung f (des Verfahrens)
stay-out price: Abwehrpreis m
Ein relativ niedrig angesetzter Preis, den ein Monopolist oder Quasimonopolist für sein Produkt ansetzt, um dadurch potentielle Konkurrenten aus dem Kreis der Anbieter auf seinem Markt abzuschrecken.
steady: beständig, fest, gleichbleibend, stabil, stabilisieren
steamship (S.S.): Dampfer m
steel industry: Eisen- und Stahlindustrie f
steel vault: Stahlkammer f
steep: steil
steer: lenken
steering: Lenkung f
stencil: Matrize f, Schablone f
stencil drawing: Schablonenzeichnung f

stenographer: Stenotypist(in) *m(f)*
stenography: Kurzschrift *f*, Stenographie *f*
stenotype machine: Stenographiermaschine *f*
step: Maßregel *f*, Stufe *f*, Schritt *m*
step bonus: Stufenakkord *m*
sterling area: Sterlingraum *m*
sterling area countries *pl*: Sterlingraum *m*, Länder *n/pl* des Sterlingraums
stickler for principles: Prinzipienreiter *m*
stimulate: anreizen, stimulieren
stimulate the economy: die Wirtschaft *f* ankurbeln
stimulating: anregend
stimulation: Anregung *f*, Anreizung *f*
stimulus: Anreiz *m*
stimulus-contribution theory: Anreiz-Beitrags-Theorie *f*
1. Die Theorie, derzufolge eine Organisation, um zu überleben, immer wieder genug Anreize bereitstellen können muß, um die Individuen zu Leistungen für die gemeinsame Zielerreichung zu veranlassen. Dieser Theorie der Organisation ist die Unterscheidung von Effizienz und Effektivität von Organisationen inhärent.
Eine Organisation ist *effizient* in dem Maße, in dem ihr gelingt, die individuellen Kooperationsmotive zu erfüllen. Sie ist *effektiv* in dem Maße, in dem der gemeinsame Organisationszweck erreicht wird. Wenn eine Organisation ineffizient ist, kann sie nicht effektiv sein und geht unter, weil die Kooperation zerbricht. Und umgekehrt ist Effektivität der Organisation notwendig, um effizient zu sein und die erwarteten Leistungen für die Organisationsmitglieder bereitzustellen. Erforderlich ist also für das Überleben von Organisationen gleichsam ein langfristiger Gleichgewichtszustand zwischen Anreizen und Beiträgen, d.h. das Anreiz-Beitrags-Gleichgewicht.
Im Rahmen der Koalitionstheorie ist eine Organisation ein offenes soziales System aller an ihr partizipierenden Individuen und Gruppen. Im Mittelpunkt dieser Theorie stehen die Teilnahmeentscheidung der Organisationsmitglieder (decision to participate) und die Gleichgewichtsbedingungen zwischen Anreizen und Beiträgen (inducement-contribution balance). Zusätzlich stellten J. G. March und Herbert A. Simon die Entscheidung zur produktiven Beitragsleistung (decision to produce) in den Mittelpunkt ihrer erweiterten Anreiz-Beitrags-Theorie und analysierten drei Entscheidungstypen von Organisationsteilnehmern:
• Entscheidung zur Teilnahme an der Organisation,
• Entscheidung zur Leistung eines Beitrags zum Erreichen der Organisationsziele,
• Entscheidung zum Verlassen der Organisation.
Zwischen den Anreizen zur Beitritts- und Beitragsentscheidung und den Beiträgen der Teilnehmer muß nach der Anreiz-Beitrags-Theorie ein Gleichgewichtszustand hergestellt und aufrechterhalten werden. Ein individueller (partieller) Gleichgewichtszustand ist dann erreicht, wenn die dem Organisationsteilnehmer gebotenen Anreize (materieller und immaterieller Art) größer oder mindestens gleich den von ihm dafür geleisteten Beiträgen zur Aufgabenerfüllung des Systems sind. Hierbei werden die gebotenen Anreize in Größen gemessen, die den Ausdruck für den diesen vom Individuum zuerkannten subjektiven Nutzen darstellen, und die Beiträge in Größen, die den Ausdruck für das von ihm empfundene Opfer darstellen, gemessen an dem subjektiven Wert, den ein Individuum den Alternativen beimißt, auf die es verzichtet, wenn es seine Leistung der Organisation A und nicht B zur Verfügung stellt.
2. Die Theorie, daß Konsumenten in ihrem Konsumverhalten subjektiv eine formale Rationalität in Gestalt einer günstigen Anreiz-Beitrags-Relation selbst dann anstreben, wenn diese fehlerhaft ist und eine objektiv-formale Rationalität nicht darstellt. Ein solchermaßen subjektiv-rationales Verhalten liegt z.B. vor, wenn ein Verbraucher es vorzieht, ein Produkt zu einem höheren Preis in einem Fachgeschäft in seiner unmittelbaren Nachbarschaft zu kaufen, weil der Anreiz eines niedrigeren Preises in einem weiter entfernten Niedrig-Preis-Laden den höheren Aufwand der längeren Anfahrt nicht rechtfertigt.
stinginess: Geiz *m*, Pfennigfuchserei *f*
stipend: Stipendium *n*
stipulate: abmachen, eine Abrede *f* treffen, ausbedingen, bedingen, einigen, sich festlegen (im Vertrag), übereinkommen, vereinbaren, verklausulieren, eine Bedingung *f* vorschlagen
stipulated: vertraglich, vertragsmäßig
stipulation: Abmachung *f*, Abrede *f*, Ausbedingung *f*, Bedingung *f*, Bestimmung *f* (in Verträgen), Übereinkunft *f*, Vereinbarung *f*, Verklausulierung *f*
stochastic: stochastisch
stochastics: Stochastik *f*
Der Bereich der Wahrscheinlichkeitstheorie und mathematischen Statistik, der sich mit der Darstellung und Deutung von zufallsgesteuerten Ereignissen und Vorgängen befaßt.
Der Begriff wurde von L. von Bortkiewicz geprägt und von Jakob Bernouilli für zufallsgesteuerte Prozesse im mathematisch-statistischen Sinne angewandt. Stochastische Beziehungen sind Abhängigkeitsverhältnisse mit zufälligen Unregelmäßigkeiten.
stock: Aktie *f*, Bestand *m*, führen (Waren), Inventar *n*, auf Lager *n* haben, Lagerbestand *m*, Vorrat *m*, Wertpapier *n*
stock account: Materialkonto *n*
stock broker: Effektenmakler *m*
stock business: Effektengeschäft *n*
stock card: Lagerkarte *f*

stock certificate

stock certificate: Aktie f, Aktienmantel m
stock check: Bestandskontrolle f
stock clearing corporation: Abwicklungsstelle f für Wertpapierhandel m
stock clerk: Materialausgeber m
stock code: Materialschlüssel m
stock company: Aktiengesellschaft f
stock control department: Lagerverwaltung f
stock control: Bestandsüberwachung f
stock corporation: Aktiengesellschaft f
stock dividend: Aktiendividende f, Berichtigungsaktie f, Gratisaktie f
stock evaluation: Vorratsbewertung f
stock exchange: Aktienbörse f, Börse f, Effektenbörse f, Wertpapierbörse f
Eine Börse für den Handel mit Aktien, Obligationen, Rentenpapieren, Kuxen, Bezugsrechten usw.
Stock Exchange Act: Börsengesetz n
stock exchange admission fee: Börseneinführungsgebühr f
stock exchange index: Börsenindex m
stock exchange jargon: Börsensprache f, Börsenjargon m
stock exchange list: Börsenkursblatt n
stock exchange news: Börsenbericht m
stock exchange price list: Kurszettel m
stock exchange price: Börsenpreis m
stock exchange profit: Kursgewinn m
stock exchange quotation: Börsenkurs m
stock exchange regulations pl: Börsenbestimmungen f/pl, Börsenordnung f
stock exchange rules pl: Börsenbestimmungen f/pl
stock exchange transaction: Börsengeschäft n
stock forward transaction: Effektentermingeschäft n
stock holding: Aktienbesitz m
stock in trade: Handelswarenbestand m, Warenlager n
stock jobber: Agiateur m, Aktienhändler m, Jobber m
stock jobbing: Aktienhandel m
stock ledger card: Lagerbestandskarte f
stock ledger: Aktienbuch n
stock list: Kurszettel m
stock management: Bestandsmanagement n
Die Planung und Organisation der Verfügbarkeit von Waren und Artikeln zu bestimmten Terminen und festgelegten Lagerorten mit dem Ziel, ihre Lieferbereitschaft zu möglichst niedrigen Kosten und ohne mehr als unbedingt notwendige Kapitalbindung zu erreichen.

stock market: Aktienmarkt m, Effektenbörse f
stock not fully paid: nicht voll eingezahlte Aktie f
stock on hand: Bestand m, Lagerbestand m, Vorräte m/pl (Roh-, Hilfs- und Betriebsstoffe, Halbfabrikate, Fertigerzeugnisse, Waren), Vorrat m
stock option: Bezugsrecht n auf Aktien f/pl, das Angestellten m/pl usw. eingeräumt wird
stock-out cost: Verlust m durch unzureichende Bestände m/pl
stock price: Aktienkurs m
stock-purchase warrant: Bezugsrecht n des Aktionärs m
stock quotation: Aktienkurs m, Effektenkurs m
stock rebate: Lagerrabatt m
stock receipt: Wareneingang m
stock record division: Lagerbuchhaltung f
stock record: Lagerkarte f
stock register: Aktienbuch n
stock-split: Ausgabe f von Freiaktien f/pl
stock status report: Lagerbestandsbericht m
stock subscription right: Bezugsrecht n des Aktionärs m
stock subscription: Aktienzeichnung f
stock taking: Inventur f
stock transfer and records department: Aktionärsbüro n
stock transfer tax: Börsenumsatzsteuer f
stock turnover: Lagerumschlag m
stock up: bevorraten
stock yield: Aktienrendite f
stockbroker firm: Börsenmaklerfirma f
stockbroker: Aktienmakler m, Börsenmakler m, Wertpapierhändler m, Wertpapiermakler m
stockchaser: Bestandsprüfer m
stockholder: Aktionär m
stockholder of record: eingetragener Aktionär m
stockholder relations pl: Beziehungspflege f zu Aktionären m/pl
stockholders' equity: Eigenkapital n einer Aktiengesellschaft f, Reinvermögen n der Aktionäre m/pl
stockholders' funds pl: Reinvermögen n der Aktionäre m/pl
stockholders' interest: Reinvermögen n der Aktionäre m/pl
stockholders' meeting: Generalversammlung f, Hauptversammlung f
stockholders' protective association: Schutzvereinigung f für Wertpapierbesitz m

stockholders' report: Geschäftsbericht *m*
stockholders' rights *pl*: Rechte *n/pl* der Aktionäre *m/pl*
stockholdings *pl*: Aktienbesitz *m*
stockpiling: Vorratswirtschaft *f*
stockpiling purchase: Vorratskauf *m*
stockroom: Vorratsraum *m*, Warenlager *n*
stocks *pl* **and bonds** *pl*: Effekten *pl*
stocktaking: Bestandsaufnahme *f*
stolen goods *pl*: Diebesgut *n*
stolen property: Diebesgut *n*
stop: anhalten, aufhören, Haltepunkt *m* oder -stelle *f*, niederschlagen (von Verfahren), sperren, Station *f*, Stillstand *m*
stop-loss order: limitierter Kaufauftrag *m* zur Verlustminderung *f* bei fallendem Kurs *m*, limitierter Verkaufsauftrag *m* zur Verlustminderung *f* bei fallendem Kurs *m*
stop-loss purchase: Verlustminderungskauf *m*
stop payment order: Schecksperre *f*
stop payment: sperren (bei Schecks)
stop price: Stopp-Preis *m*
stopgap: Notbehelf *m*
stopgap action: Sofortmaßnahme *f*
stopgap program: dringliches Programm *n*
stopgap project: Dringlichkeitsprojekt *n*, Notlösung *f*
stoppage: Stockung *f*, Sperre *f*, Sperrung *f*
stoppage for payment: Zahlungssperre *f*
stoppage of letters: Briefsperre *f*
stoppage of payment: Zahlungseinstellung *f*
stopping: Stockung *f*
stopwatch: Stoppuhr *f*
storage: Lagerhaltung *f*, Lagerung *f*, Aufbewahrung *f*, Lager *n* (Raum), Lagermiete *f*, Lagerraum *m*
Die Gesamtheit der grundsätzlich-strategischen Entscheidungen darüber, ob ein Unternehmen überhaupt ein Lager unterhalten oder Streckenhandel betreiben soll, der ökonomisch-dispositiven Entscheidungen über den optimalen Lagerumfang und dessen Finanzierung sowie der technisch-organisatorischen Entscheidungen über die Durchführung und Abwicklung der Lagerhaltung und der dafür erforderlichen Bauten.
Die Lagerhaltung dient grundsätzlich der Überbrückung (zeitlich und räumlich) von Diskontinuitäten im Input-Transformation-Output-Prozeß. Sie regelt den Zufluß und Abfluß von Materialien und erlaubt durch Pufferbildung die Entkopplung kontinuierlich angelegter Fertigungsverfahren.
storage capacity: Speicherkapazität *f* *(EDV)*
storage charge: Lagergeld *n*

storage cost: Kosten *pl* der Lagerhaltung *f*, Lagergebühr *f*, Lagerhaltungskosten *pl*
storage counter: Speicherzähler *m (EDV)*
storage cycle: Speicherzyklus *m (EDV)*
storage expense: Lagerkosten *pl*
storage interest: Lagerzinsen *m/pl*
storage location: Speicherplatz *m*, Speicherzelle *f (EDV)*
storage rank: Tanklager *n*
storage space: Lager *n* (Raum), Lagermöglichkeit *f*, Lagerraum *m*
storage techniques *pl*: Lagertechnik *f*
Die Gesamtheit der technisch-organisatorischen Entscheidungen des Materialmanagement eines Unternehmens über die Durchführung und Abwicklung der Lagerhaltung sowie die dafür erforderlichen Bauten.
storage tube: Speicherröhre *f (EDV)*
storage unit: Magnetplatteneinheit *f*, Speicher *m (EDV)*
store: aufbewahren, aufspeichern, Geschäft *n*, Laden *m*, Ladengeschäft *n*, Lager *n*, lagern, Materiallager *n*, speichern, Vorrat *m*
store chain: Ladenkette *f*
store control: Lagerkontrolle *f*
store credit note: Materialrückgabeschein *m*
store ledger: Lagerbuch *n*
store ledger card: Lagerkarte *f*
store ledger clerk: Lagerbuchhalter *m*
store price: Ladenpreis *m*
Der Endverkaufspreis, zu dem der Einzelhandel eine Ware an den Letztverbraucher verkauft.
store requisition: Materialanforderung *f*, Materialbezugschein *m*, Materialentnahmeschein *m*
storekeeper: Lagerhalter *m*, Ladenbesitzer *m*
storeroom: Lager *n* (Raum), Lagerraum *m*, Vorratsraum *m*
stores *pl*: Hilfs- und Rohmaterial *n*
stores control: Lagerkontrolle *f*
stores credit note: Materialrückgabeschein *m*
stores ledger: Lagerbuch *n*
stores requisition: Materialanforderung *f*, Materialbezugschein *m*, Materialentnahmeschein *m*
storing: Lagerhaltung *f* → storage
storm damage: Wetterschaden *m*
story: Stockwerk *n*
straddle: Stellage *f* (Geschäft)
straddle the market: Stellagegeschäft *n*
straight: direkt, unmittelbar
straight bill of lading: nicht übertragbarer

747

straight life insurance

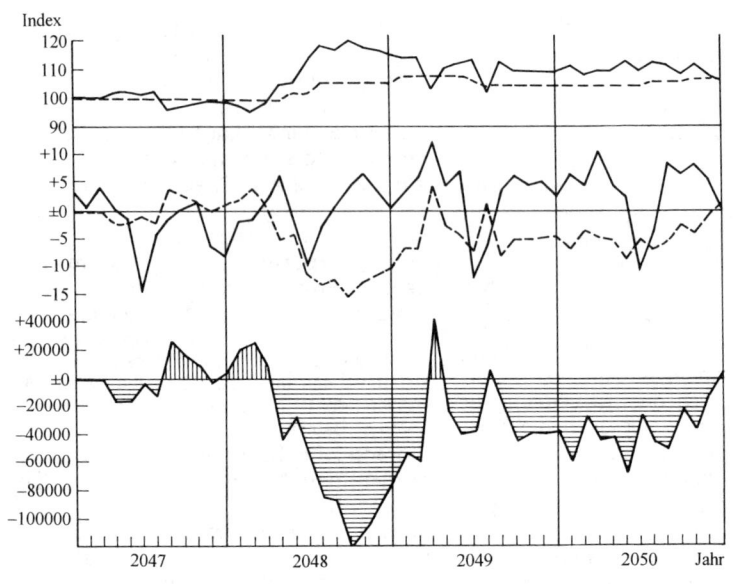

Schichtenkarte

Frachtbrief m, **Konnossement** n, nicht übertragbarer Ladeschein m, nicht übertragbarer Seefrachtbrief m
straight life insurance: Lebensversicherung f (die keinerlei andere Risiken mit einschließt), Todesfallversicherung f
straight-line method of depreciation: lineare Abschreibung f
straight-line rate: linearer Abschreibungssatz m
straight piece rate: reiner Stücklohn m
straight salary: Monats- oder Wochenlohn m, zahlbar ohne Rücksicht f auf tatsächlich geleistete Stunden f/pl
straight time pay: reiner Zeitlohn m
strain: Anspannung f, überanstrengen
strange: fremd strenger Fremder m
strata chart: Schichtenkarte f
Eine Form der graphischen Darstellung von zwei oder mehreren Zeitreihen, bei der die Ordinate so angeordnet ist, daß sich die einzelnen, dann dargestellten Zeitreihen nicht überschneiden und so in ihrem Verlauf miteinander verglichen werden können (siehe Abbildung oben).
strategic budget: strategisches Budget n
Strategische Budgets implizieren langfristige Wirkungen, weil sie an die strategische Planung anknüpfen. Umgekehrt muß langfristigen Budgets aber nicht unbedingt eine strategische Bedeutung zukommen. Die Unterscheidung zwischen strategischen und operativen Budgets nimmt vor der zeitlichen primär eine sachliche Konkretisierung vor. Dabei findet die operative Budgetierung ihren Bezugspunkt in der Ressourcenallokation für das bestehende Produkt-Markt-Konzept (Leistungsprogramm).
Hingegen ist im Rahmen der strategischen Budgetierung die Ressourcenzuteilung auf die Erreichung strategischer Ziele gerichtet. Im Rahmen strategischer Budgets muß also zu den jeweiligen Budgetierungszeitpunkten geklärt werden, welche Implementationsaspekte strategischen Vorrang haben und deswegen durch entsprechend hohe strategische Budgets gefördert werden sollen. Strategische und operative Budgets sind jedoch nicht überschneidungsfrei. Strategische Projekte führen häufig sehr rasch zu Auszahlungen und sind deshalb im kurzfristigen Finanzbudget zu berücksichtigen.
Strategische Budgets werden häufig zunächst als globale Rahmenbudgets konzipiert, d.h. in diesen Budgets werden lediglich die wesentlichen Zielgrößen und groben Ressourcenbindungen fixiert, ohne daß die zu ihrer Erreichung notwendigen Handlungsschritte schon im einzelnen festgelegt sind. In dem Maße, in dem sich die strategischen Planungen konkretisieren, müssen diese Rahmenbudgets aber dann in Teilschritte zerlegt und für die Budgetperioden Maßnahmen und Ressourcen konkretisiert und terminiert werden. Die strategischen Rahmenbudgets werden so in weiteren Iterationsschritten zunehmend detailliert.

strategic business unit (SBU): strategische Geschäftseinheit (SGE) f
Grundlage für die Definition einer strategischen Geschäftseinheit bilden die Abgrenzungsmerkmale Produkt und Markt. Die strategische Geschäftseinheit orientiert sich an einer Produkt-Markt-Kom-

bination, die durch einheitliche und zu anderen Geschäftseinheiten unterschiedliche Merkmale in den Produkten (z.B. Technologie, Anwendung), in den Abnehmern (z.B. Industrie, Großhandel) und Kundenbedürfnissen (z.B. Qualitätsanforderung) oder in den Marktverhältnissen (z.B. Größe, Vertriebsweg, Wettbewerbsstruktur), eventuell auch in der Kostenstruktur eindeutig festgelegt sind. Für eine strategische Geschäftseinheit lassen sich dementsprechend weitgehend unabhängig von den Strategien anderer Geschäftseinheiten eigenständige Strategieplanungen durchführen. Externe und unternehmensinterne Veränderungen erfordern eine regelmäßige Überprüfung der einmal definierten strategischen Geschäftseinheiten.

Der aus dem finanziellen Rahmen und dem für die Aufrechterhaltung des laufenden Geschäfts notwendigen Kapitalbedarf ermittelte finanzielle Spielraum gibt an, welche finanziellen Mittel zur Verwirklichung geplanter Strategien zur Verfügung stehen. Die Spielraumrechnung ist damit ein wichtiges Instrument zur Planung und Steuerung von strategischen Geschäftseinheiten. Die Unternehmensleitung muß entsprechend ihrer Verantwortung für das Gesamtunternehmen eine betriebswirtschaftlich optimale Kombination der Strategien bzw. strategischen Geschäftseinheiten realisieren. Dementsprechend liegt der finanziellen Spielraumrechnung ein zentrales Finanzmanagement zugrunde. Die Verteilung der finanziellen Mittel auf die strategischen Geschäftseinheiten erfolgt prinzipiell unabhängig von ihrer Quelle.

Eine strategische Geschäftseinheit (SGE) ist jede organisatorische Einheit, die eine genau definierte Unternehmensstrategie und einen Manager mit Verkaufs- und Gewinnverantwortung besitzt (oder besitzen sollte). Im Idealfall sollte eine SGE ihren eigenen Betrieb mit Herstellung, Verkauf, Vertrieb, Technik, Buchhaltung usw. haben. In der Praxis fordert jedoch die Effizienz, daß SGEs zumindest einen Teil dieser Einrichtungen und Funktionen teilen.

strategic change: strategischer Wandel *m*
Bei der Verwirklichung strategischer Veränderungen in Unternehmungen wird vielfach unterschieden zwischen:

1. *Vorgehen unter Zwang*: Das neue strategische Verhalten wird dem Unternehmen schnell aufgezwungen. Es wird massiver Druck ausgeübt, um mögliche Widerstände zu brechen.
2. *Lernansatz*: Mit der Einführung der neuen Strategie wird so lange gewartet, bis das Management die dazu notwendigen Fähigkeiten in einem allmählichen Lernprozeß, Lernen, entwickelt hat.
3. *Krisenansatz*: Die Angst vor der Krise wird ausgenutzt, um die notwendigen strategischen Veränderungen durchzusetzen.

Außer diesen drei „historischen" Vorgehensweisen, die in der Regel nicht optimal sind, sind zwei neuere Lösungsvorschläge zu nennen:
4. der *Flexibilitätsansatz*: Ein weites Spektrum von Fähigkeiten wird entwickelt, um möglichen Herausforderungen gegenüber gewappnet zu sein.
5. Der *Lern-Aktions-Ansatz*: Die Entwicklung der Management-Fähigkeiten und die Einführung der Strategie werden mehr oder weniger zeitlich parallel vorgenommen.

Die erfolgreiche Änderung der Strategie kann zu den folgenden Veränderungen führen:
• Es ergeben sich Veränderungen in den bisherigen Produkt-Markt-Beziehungen der Unternehmung. Im Bereich der Produktion können neue Technologien erforderlich werden. Neue Wettbewerbsstrategien sind zu entwickeln.
• Die zur Verfolgung der neuen Strategie erforderlichen Managementfähigkeiten und -hilfsmittel werden entwickelt und eingeführt. Dazu gehören z.B. bestimmte Kenntnisse, Informationssysteme, organisatorische Strukturen, Anreiz- und Belohnungssysteme u.ä.

Durch geeignete Verhaltensweisen und Politiken werden die Grundlagen dafür geschaffen, die Abläufe im Rahmen der neuen Strategie zu fixieren und damit zu institutionalisieren.

Die Ausgangsplattform (launching platform) umfaßt dabei zwei Gruppen von Komponenten: Die Gruppe der Verhaltenskomponenten und die Gruppe der Systemkomponenten.

Im Rahmen der Gruppe der Verhaltenskomponenten geht es darum, durch geeignete Maßnahmen die Abneigung gegen die geplante Strategie-Änderung möglichst klein zu halten, das Verständnis für die Notwendigkeit der neuen Strategie und ihrer Wirkung zu fördern und Unterstützung zu sichern.

Ferner sind betriebspolitische Maßnahmen vorzusehen, durch die eine Einmischung solcher Führungskräfte, von denen Opposition zu erwarten ist, möglichst gering gehalten wird, und zugleich eine Koalition zugunsten der angestrebten Strategieänderung aufgebaut wird, die stark genug ist, mögliche Widerstände zu überwinden.

Im Rahmen der Gruppe der Systemkomponenten ist dafür zu sorgen, daß
• den mit der Einführung der neuen Strategie befaßten Führungskräften die dazu erforderliche Zeit zur Verfügung steht,
• diese Zeit so abgeschirmt wird, daß sie durch operative Aktivitäten nicht beeinträchtigt werden kann und
• die Führungskräfte herausgefunden und beauftragt werden, die über die nötige Qualifikation verfügen und der angestrebten neuen Strategie positiv gegenüberstehen.

Beim Aufbau der Ausgangsplattform lassen sich folgende Schritte unterscheiden:
(1) Eine strategische Diagnose der zu lösenden strategischen Probleme und ihrer Dringlichkeit;
(2) eine Verhaltensdiagnose zur Aufdeckung des zu erwartenden Widerstands gegen die Strategieänderung und der zu erwartenden Unterstützung;
(3) Maßnahmen zur Verringerung des Widerstands und zur Sammlung der Unterstützung;

strategic choice

(4) Entwurf eines ad hoc Planungs- und Implementierungsprozesses zur Lösung der vordringlichsten Probleme.

Es ist allgemeine Praxis, sich bei Entscheidungsprozessen auf die Betrachtung der mit der Entscheidung verbundenen Vor- und Nachteile zu konzentrieren, hingegen wenig Mühe darauf zu verwenden, den Betroffenen die Notwendigkeit der Entscheidung klarzumachen und die Folgen aufzuzeigen, die für sie – auch in ihrer täglichen Arbeit – damit verbunden sind.

Durch Einbau von Implementierbarkeit soll hier Abhilfe geschaffen und damit daraus gegebenenfalls resultierende negative Konsequenzen vermieden werden.

Geeignete Maßnahmen, mit deren Hilfe sich die Implementierbarkeit der Strategie-Änderung vergrößern läßt, sind:
1. die partizipative Gestaltung des Planungsprozesses;
2. die ständige Information über die Gründe für die Planung, den Planungsfortschritt, die damit verbundenen Erwartungen usw. sowie ihre Diskussion;
3. die Information der Beteiligten mit den Konzeptionen und den Techniken der Planung;
4. Die Konzentration des Planungsprozesses auf die Probleme zu konzentrieren, die durch die strategische Diagnose identifiziert wurden.
5. die Einfachheit der Problemlösungsprozeduren. Sie müssen kompatibel sein mit dem Kenntnisstand und den Fähigkeiten der Beteiligten. Nachdruck zu legen ist auf das Verstehen und die Logik der Probleme, nicht auf technische Einzelheiten der Lösung.
6. die Mitarbeit jeder Gruppe an solchen Teilen des Gesamtproblems, die unmittelbaren Einfluß auf ihre Tätigkeit haben;
7. die Zugänglichkeit aller verfügbaren strategischen Informationen für die Planungsgruppen;
8. die frühe Inangriffnahme der Verwirklichung der Strategieänderung.

Institutionalisierung einer neuen Strategie bedeutet, alle Komponenten des Managementsystems, von denen die Management-Fähigkeiten abhängen, voll auf die neue Strategie auszurichten.

Um weiterbestehen zu können, muß ein Unternehmen zum einen Gewinne erzielen, zum anderen sein Gewinnpotential laufend erneuern. Das hier zu lösende Problem besteht darin, die richtige Balance zwischen diesen beiden Aufgabenstellungen zu halten, ihnen das jeweils „richtige" relative Gewicht beizumessen.

Die Methode, die sich hier anbietet, ist die Lückenanalyse (Gap Analysis). Die zugrunde liegende Idee ist die, sowohl die künftigen Budgets als auch die in Zukunft erwarteten Gewinnströme nach der Verursachung in strategische und operative Komponenten zu zerlegen.

strategic choice: strategische Wahl f
Der Prozeß der strategischen Planung gliedert sich in fünf Hauptelemente Umweltanalyse, Unternehmensanalyse, strategische Optionen, strategische Wahl und strategische Programme. Im Prozeß der strategischen Wahl wird aus dem aufgespannten Raum der Alternativen in einem Bewertungsprozeß die Strategie ausgewählt, die in Anbetracht der Stärken und Schwächen der Unternehmung und der zu erwartenden Bedrohungen und/oder Chancen aus der Umwelt den größten Erfolg verspricht. In diesem Auswahlprozeß gehen aber als Auswahlkriterien nicht nur Erfolgsdimensionen wie Umsatz und Rentabilität ein, sondern hier auch Fragen der Managementphilosophie, der gesellschaftlichen Vertretbarkeit und der Ethik von zentraler Bedeutung.

strategic combine planning: strategische Konzernplanung f
Die Grundlagen der strategischen Planung gelten grundsätzlich auch für die strategische Planung von Konzernen. Anstelle der Einzelunternehmung tritt die wirtschaftliche Einheit Konzern. Auch die strategischen Zielsetzungen von Konzernen sind auf Produkt-Markt-Kombinationen ausgerichtet. Selbst wenn die Konzernobergesellschaft nicht selbst unmittelbar am Markt auftritt, sondern allein die einzelnen Konzernunternehmen am Markt tätig werden, kann es aus Konzernsicht unternehmensübergreifende strategische Zielsetzungen geben, die am Markt durchzusetzen sind.

Da die Konzernleitung wenig unmittelbaren Marktkontakt hält, wird sie sich bezüglich der zu planenden Produkt-Markt-Kombination weitgehend auf die Festlegung bestimmter Produktgruppen, Branchen und regionaler Märkte beschränken, in denen der Konzern tätig sein soll, damit sich die Unternehmensgruppe entsprechend ihren besonderen Stärken (Erfahrung, Marktstellung, Know-how) auf bestimmte erfolgversprechende Produktarten und Märkte konzentriert. Darüber hinaus wird die Konzernstrategie auf die Ausnutzung von Synergieffekten ausgerichtet sein, die sich durch die Koordination der Konzernunternehmen in den verschiedenen Markt- oder Funktionsbereichen verwirklichen lassen.

Abgesehen von der Zuteilung der finanziellen Mittel wird die Auswahl der Ressourcen und Verfahren primär von den einzelnen Konzernunternehmen festzulegen sein, da sie über spezifische Erfahrungen und Möglichkeiten verfügen.

Der Hauptbeitrag der Konzernleitung zu den Konzernstrategien besteht in der Zuteilung knapper Ressourcen an die Unternehmen, in der Bestimmung von Kriterien zur Beurteilung der Zielvorstellungen der Tochtergesellschaften, der darauf beruhenden Zielvorgaben für die Tochtergesellschaften sowie in der Festlegung von Maßstäben zur Überwachung der Zielverwirklichung.

Die Konzernleitung wird sich insbesondere für diejenigen Zielsetzungen und Strategien der Konzernunternehmen interessieren haben, die das Konzernganze oder mehrere Konzernunternehmen berühren. Das sind alle Maßnahmen, die

strategic combine planning

nachhaltig die Vermögens-, Finanz- und Ertragslage des Konzerns beeinflussen, also Maßnahmen, die einen erheblichen Mitteleinsatz erfordern, die mit besonderen Risiken verbunden sind oder die über einen erheblichen Zeitraum keine ausreichende Rendite erwarten lassen.

Neben der Festlegung der Teilziele für die Konzernunternehmen und des Rahmens für deren strategische Planung hat die Konzernleitung die Aufgabe, die strategischen Planungen der einzelnen Konzernunternehmen auf ihre Übereinstimmung mit dem gesetzten Planungsrahmen zu überprüfen und die strategischen Planungen der einzelnen Unternehmen aufeinander abzustimmen.

Jede Unternehmensstrategie ist durch folgende Elemente gekennzeichnet:

1. *Produkt-Markt-Kombination*: Bestimmung der Märkte, in denen die Unternehmung tätig sein soll sowie die Produkte und Dienstleistungen, die für diese Märkte zu erbringen sind.
2. *Auswahl der Ressourcen und Verfahren*, mit denen die Produkte oder Dienstleistungen möglichst unter Erzielung von Wettbewerbsvorteilen geschaffen und abgesetzt werden können.
3. *Zuteilung der Ressourcen und Festlegung der wesentlichen Schritte*, um die Zielvorstellungen zu realisieren.
4. *Bestimmung von Kriterien und Maßstäben zur wirtschaftlichen Beurteilung der Zielsetzung* und zur Überwachung ihrer Verwirklichung.

Wichtige Bestandteile der konzernspezifischen strategischen Planung sind ferner alle Planvorhaben eines Konzernunternehmens, die das Interesse anderer konzernverbundener Unternehmen beeinflussen können, außerdem Veränderungen des Konzernkreises durch Akquisition von neuen Unternehmen, durch Veräußerung von Konzernunternehmen sowie alle Fragen, die mit Diversifikation zusammenhängen.

Darüber hinaus gehören zu den wichtigen Aufgaben der Konzernleitung im Rahmen der strategischen Planung:
- Definition der strategischen Geschäftseinheiten im Konzern;
- Zielsetzung für den Gesamtkonzern und für seine strategischen Geschäftseinheiten;
- Festlegung des finanziellen Rahmens für die strategische Planung des Konzerns und der Konzernunternehmen.

Bei der Festlegung der strategischen Geschäftseinheiten handelt es sich um voneinander weitgehend unabhängige Produkt-Markt-Kombinationen, für die sich spezifische unternehmens- und umweltbezogene Erfolgskomponenten erheben, aus denen sich individuelle strategische Überlegungen ableiten lassen. Je nach Umfang und Verflechtung im Konzern können einzelne Konzernunternehmen, Teile von Konzernunternehmen oder auch mehrere Konzernunternehmen eine solche strategische Geschäftseinheit bilden. Dies schließt nicht aus, daß in den einzelnen Unternehmen weitere Untereinheiten für die strategische Planung definiert werden.

Grundlage für die Definition einer strategischen Geschäftseinheit bilden die Abgrenzungsmerkmale Produkt und Markt. Das Produkt ist durch das komplette kundenspezifische Leistungsangebot des Unternehmens und damit durch eine Kombination von Hardware, Software und Serviceleistung charakterisiert.

Hauptmerkmale des Marktes sind die Abnehmergruppen und die geographischen Absatzgebiete. Die Abnehmergruppen sind durch Branchen, Größenklassen, Vertriebsweg u.ä. beschrieben. Die gegenwärtig vom Unternehmen bedienten Märkte werden als „direkte Märkte" bezeichnet. Demgegenüber ist der für die strategische Geschäftseinheit „relevante Markt" durch die Abnehmergruppen und/oder Regionen gekennzeichnet, die nicht nur von der Unternehmung selbst, sondern auch von den derzeitigen oder potentiellen Wettbewerbern bedient werden. Nur durch die Analyse der relevanten Märkte können Chancen (Erschließung neuer Absatzgebiete) wie auch Bedrohung (Marktstellung und Strategie der Hauptkonkurrenten) realistisch beurteilt werden.

Die strategische Geschäftseinheit orientiert sich an einer Produkt-Markt-Kombination, die durch einheitliche und zu anderen Geschäftseinheiten unterschiedliche Merkmale in den Produkten (z.B. Technologie, Anwendung), in den Abnehmern (z.B. Industrie, Großhandel) und Kundenbedürfnissen (z.B. Qualitätsanforderung) oder in den Marktverhältnissen (z.B. Größe, Vertriebsweg, Wettbewerbsstruktur), eventuell auch in der Kostenstruktur eindeutig festgelegt sind. Für eine strategische Geschäftseinheit lassen sich dementsprechend weitgehend unabhängig von den Strategien anderer Geschäftseinheiten eigenständige Strategieplanungen durchführen. Externe und unternehmensinterne Veränderungen erfordern eine regelmäßige Überprüfung der einmal definierten strategischen Geschäftseinheiten.

Bei der praktischen Abgrenzung empfiehlt es sich, zunächst von den einzelnen Konzernunternehmen auszugehen. Es ist dann zu untersuchen, ob einerseits mehrere Konzernunternehmen wegen verwandter Produkt-Markt-Kombinationen zu einer Geschäftseinheit zusammengefaßt werden sollten, oder ob andererseits größere Konzernunternehmen mit einem vielfältigen Leistungsangebot in mehrere Geschäftseinheiten aufzuteilen sind.

Grundsätzlich ist das gesamte Leistungsangebot der Konzernunternehmen anhand von produkt- und marktbezogenen Abgrenzungsmerkmalen schrittweise aufzugliedern, so daß zugleich sinnvolle und handhabbare Planungs- und Managementeinheiten entstehen, für die gesondert die Stärken und Schwächen analysiert und Strategien zur Durchsetzung und Behauptung am Markt entwickelt und umgesetzt werden können.

Die strategische Aufgabe der Konzernleitung liegt in der Realisierung einer auf Dauer wirtschaftlich tragfähigen Kombination verschiedener strategischer Geschäftseinheiten, die in den einzelnen Konzernunternehmen konkretisiert sind. Für die dezentrale Leitung der Konzernunternehmen bzw. der strategischen Geschäftseinheiten liegen die strategischen Planungsaufgaben auf einer tieferen Detaillierungsebene, nämlich in der Ableitung unternehmens- bzw. geschäftsfeldspezifischer Vorstellungen und alternativer Strategien und Maßnahmen-Kombinationen.

Da von der rechtlichen Selbständigkeit der Konzernunternehmen und damit auch von der entsprechenden Verantwortung der Geschäftsführung der Konzernunternehmen auszugehen ist, empfiehlt sich grundsätzlich, die Rechtsstruktur und Aufbauorganisation des Konzerns mit den strategischen Geschäftseinheiten abzustimmen. Wenn das nicht möglich ist – dafür kann es verschiedene Gründe geben wie Eigentumverhältnisse oder steuerliche Probleme – ergeben sich für die Konzernleitung besondere Koordinierungsaufgaben.

In einer komplexen Unternehmensorganisation kommt es auf eine klare Zielhierarchie an, die durch zunehmende Konkretisierung und Detaillierung einerseits und durch abnehmende Fristen zur Zielerreichung andererseits gekennzeichnet ist. Eine übersichtliche Zielhierarchie gewährleistet, daß die Einzelziele insgesamt auf die übergeordneten Zielsetzungen ausgerichtet sind. Zugleich motiviert sie die nachgeordneten Planungs- und Entscheidungsebenen, die ihre Teilziele damit im Rahmen der Gesamtzielsetzung identifizieren können.

Die für die Konzernunternehmen gesetzten Ziele müssen unter den für sie gegebenen Umständen (verfügbare Ressourcen, Entwicklung der Umwelt, Verhalten der Konkurrenz) erreichbar sein. Sie sollen andererseits eine Herausforderung für die Unternehmung, ihr Management und ihre Mitarbeiter darstellen. Die Ziele müssen ferner hinreichend spezifiziert und meßbar sein, damit ihre Verwirklichung überwacht werden kann. Schließlich müssen die verschiedenen Unternehmensziele miteinander vereinbar sein.

Da letztlich ausreichende Gewinnerzielung über die Existenz der Unternehmung entscheidet, sind die Wachstums- und Produktziele keine allein dominierenden Zielsetzungen. So wie eine sinnvolle Planung eine Kombination von Top-down- und Bottom-up-Approach darstellt, sind auch die verschiedenen Planziele miteinander zu verknüpfen.

Diejenigen Planziele, mit denen sich die Konzernleitung spezifisch zu befassen hat, sind dadurch gekennzeichnet, daß sie keine unmittelbaren Produkt-Markt-Beziehungen voraussetzen. Soweit die Konzernobergesellschaft nicht selbst mit eigenen Produkten unmittelbar am Markt auftritt, wird sie sich mit Zielsetzungen für Produkt-Markt-Kombinationen nur global befassen und sich stärker auf die finanzwirtschaftlich ausgerichteten Ziele Rendite und Verschuldungsgrad konzentrieren. Sie stellen wichtige Vorgaben für die weitergehende strategische Planung der Konzernunternehmen dar.

Es ist Aufgabe der Konzernleitung, die Unternehmensphilosophie und das unternehmenspolitische Leitbild für den Konzern zu definieren. Die Konzernpolitik legt allgemeingültige, zeitlich meist unbeschränkte, übergeordnete Zielsetzungen für den Konzern fest, die ihren Niederschlag im Unternehmenszweck der Konzernobergesellschaft und der übrigen Konzernunternehmen sowie in unternehmenspolitischen Leitsätzen für den Konzern finden. Derartige Unternehmensgrundsätze, die nicht direkt auf konkrete Situationen bezogen sind, sollen für die Geschäftspolitik und damit auch für die Planung Orientierungshilfen darstellen.

Ausgangspunkt zur Formulierung der Konzernpolitik und der Konzernstrategie bilden eine Analyse des sozialen Umfelds, der gesellschaftspolitischen Rahmenbedingungen und die Wertvorstellungen der Mitglieder der Konzernleitung. Dabei spielen die rechtlichen Einschränkungen, die sich aus dem Konzernrecht und dem Mitbestimmungsrecht ergeben, eine besondere Rolle. Handelt es sich um die Leitung eines Teilkonzerns, so sind ferner die von der Gesamtkonzernleitung gesetzten Teil-Konzernziele zusätzlich zu berücksichtigen.

Während die Produktziele weitgehend in die Zuständigkeit der operativen Unternehmung fallen, hat sich die Konzernleitung stärker bei den Wachstumszielen einzuschalten. Aus Konzernsicht erscheint Wachstum notwendig, damit zur nachhaltigen Absicherung eines ausreichenden Ertragspotentials der Konzern im Rahmen des zu erwartenden Wirtschafts- und Marktwachstums seine Marktstellung behauptet oder sogar ausbaut. Die Marktstellung des Konzerns läßt sich bei stark diversifizierten Konzernen nur unzureichend aus der Addition der Marktposition der Konzernunternehmen in ihren relevanten Märkten ableiten. Von besonderer Bedeutung sind in diesem Zusammenhang das finanzielle Standing des Konzerns und seine relative Bedeutung auf den relevanten Finanzmärkten.

Bei den Wachstumszielen geht es im einzelnen um die Diversifikation durch Erwerb von Unternehmen oder Teilbetrieben, die Aufnahme neuer Produktgruppen, die Erschließung neuer Märkte und die Erzielung höherer Marktanteile. Von der Konzernleitung vorzugebende Wachstumsziele können darüber hinaus auch durch entsprechend steigende Renditeziele definiert werden.

Im weiteren Ablauf sind aus Konzernsicht die finanzwirksamen Strategien besonders interessant, nämlich alle Ziele und Maßnahmen im Zusammenhang mit Investitionen, Kapitalausstattung und Liquidität. Die von der Konzernleitung in jedem Fall festzulegenden Zielsetzungen für die strategische Planung betreffen die für den Gesamtkonzern und die einzelnen Konzernunternehmen anzustrebende Rendite und die Vorgabe für einen einzuhaltenden Finanzierungsrahmen. Da die Konzernunternehmen in aller Regel ihre Kapitalausstattung nicht selbst bestimmen können,

strategic combine planning

sondern dies weitgehend Angelegenheit der Konzernobergesellschaft ist, empfiehlt sich als Renditeziel der Konzernunternehmen eine Gesamtkapitalrendite vorzugeben.

Aus der Finanzpolitik und den Finanzzielen der Konzernleitung leiten sich die finanziellen Restriktionen für die Konzernunternehmen ab. Der ebenfalls für die Konzernunternehmen vorzuschreibende finanzielle Rahmen bezieht sich auf die Einhaltung einer bestimmten Kapitalstruktur, wobei neben rein stichtagsbezogenen Kennziffern zweckmäßigerweise eine Verbindung zu dem in den Planungsperioden erwirtschafteten Cash-flow hergestellt wird.

Planung gehört zu den wichtigsten Führungsaufgaben. Die strategische Planung für den Konzern obliegt daher der Konzernleitung. Sämtliche Mitglieder der Konzernleitung sind gleichermaßen und insgesamt für die strategische Planung verantwortlich, auch wenn im Sinne einer Arbeitsteilung entsprechend der Geschäftsverteilung im Vorstand Erarbeitungsschwerpunkte gegeben sind. Stabsstellen mit spezieller Zuständigkeit für strategische Planung können lediglich technische Hilfestellungen für die Abwicklung geben, d.h. Informationen und Daten aufbereiten, Planungsschritte koordinieren und Planungssysteme entwickeln.

Wegen des Zusammenhangs zwischen strategischer und operativer Planung wird vielfach der Konzern-Controller federführend mit der Planungskoordination innerhalb des Konzerns zu beauftragt, Controlling.

Die unternehmerischen Zielsetzungen lassen sich auf die Variablen Wachstum, Rendite und Finanzierungsrisiko zurückführen. Unternehmerisches Wachstum äußert sich meist im Streben nach höherem Marktanteil über höheren Umsatz. Reales Umsatzwachstum bedeutet in bezug auf das Kapital einen höheren Kapitalumschlag oder zusätzlichen Kapitaleinsatz. Eine ausreichende Rendite soll durch angemessene Verzinsung des Eigenkapitals die Risikokapitalbasis der Unternehmen absichern und zugleich eine angemessene Finanzierung ermöglichen.

Das Finanzierungsrisiko besteht im Prinzip darin, daß zur Zielerreichung in der Gegenwart Kapital investiert werden muß, um in der Zukunft liegende und daher unsichere Gewinnchancen nutzen zu können. Insbesondere im Verschuldungsgrad des Unternehmens kommt seine Bereitschaft zum Ausdruck, ein bestimmtes Finanzierungsrisiko zu übernehmen. Art und Umfang der Finanzierung sollen die ständige Zahlungsbereitschaft der Unternehmung und eine der Entwicklung der Unternehmensrisiken adäquate Finanzierung gewährleisten.

Der finanzielle Rahmen wird wesentlich davon bestimmt, welches Finanzierungsrisiko eingegangen werden soll und kann. Hierbei ist das „Soll" eine Frage der Unternehmenspolitik, das „Kann" eine Frage der Kreditwürdigkeit und der Finanzierungsmöglichkeiten des Unternehmens. Ein hohes Finanzierungsrisiko drückt sich in einem hohen Verschuldungsgrad aus, während umgekehrt bei einem niedrigen Verschuldungsgrad ein geringeres Finanzierungsrisiko gegeben ist. Eine zusätzliche Meßlatte für das Finanzierungsrisiko stellt die fristenkongruente Finanzierung der Vermögensposten, also die fristenmäßig gegliederte Finanzstruktur dar.

Der finanzielle Rahmen läßt sich damit durch eine bestimmte Bilanzstruktur darstellen, wobei die Veränderung von Vermögensaufbau und Kapitalstruktur für die strategische Planung eine bedeutsame Rolle spielen. Dabei sind folgende Faktoren bestimmend:
• Eigenkapitalausstattung des Unternehmens
• Möglichkeiten zusätzlicher Eigenkapitalbeschaffung, im Weg der Selbstfinanzierung (Gewinnthesaurierung) oder durch Kapitaleinlagen
• Fremdkapitalausstattung und Fremdkapitalstruktur (Art, Laufzeit und Konditionen für das Fremdkapital)
• Möglichkeiten zusätzlicher Kreditaufnahmen, vertragliche Kredittilgung oder sonstige Notwendigkeiten von Kreditreduzierungen.

Die künftigen Kapitalbeschaffungsmöglichkeiten hängen von der langfristigen Renditeentwicklung des Unternehmens, den Verhältnissen der Eigenkapitalgeber (z.B. Familienunternehmen oder Kapitalgesellschaften mit kapitalkräftigen Großaktionären) sowie den besonderen Anforderungen der Kapitalgeber ab. Die Anforderungen der Kreditgeber sind stark von den in der (nationalen) Kreditwirtschaft geltenden Konventionen hinsichtlich Bilanzkennziffern, Sicherheiten u.ä. geprägt.

Der finanzielle Rahmen und seine Entwicklung werden durch folgende Größen bestimmt:
• Rendite des Gesamtkapitals: Diese Rendite ist Ausdruck des spezifischen unternehmerischen Risikos und nur indirekt abhängig von der Kapitalausstattung der einzelnen Unternehmens. Ziel ist eine angemessene Verzinsung des Fremd- und Risikokapitals.
• Der Verschuldungsgrad, ausgedrückt z.B. durch das Verhältnis von Netto-Verschuldung zu Cashflow sowie durch eine Mindest-Eigenkapitalausstattung (Finanzierungsrahmen im engeren Sinn)
• Gewinnausschüttung: Die danach mögliche Gewinnthesaurierung erhöht das Eigenkapital und damit den Finanzierungsrahmen im engeren Sinn. Der so definierte finanzielle Rahmen ist nicht nur stichtagsbezogen zu betrachten. Es sind insbesondere auch die Veränderungen seiner Bestimmungsgrößen im Planungszeitraum und ihre Übereinstimmung mit den entwickelten Zielvorstellungen anzusehen.

Unter Berücksichtigung der Eckdaten ist im Rahmen der strategischen Planung eine Zielvorstellung für den dynamisch definierten Finanzierungsrahmen zu bestimmen, der die Unternehmung finanziell nachhaltig absichert und zugleich eine optimale Finanzierung gewährleistet. Damit sollen ein überhöhtes Finanzierungsrisiko vermieden, die Finanzierungskosten optimiert und eine weitge-

753

hende Unabhängigkeit von bestimmten Fremdkapitalgebern gewährleistet werden. Wegen des Finanzierungsverbunds der Konzernunternehmen gehört es zu den wichtigsten Aufgaben der Konzernleitung, den finanziellen Rahmen für den Konzern und daraus abgeleitet für die einzelnen Konzernunternehmen festzulegen.

Im vorgegebenen Finanzierungsrahmen ist zunächst das laufende Geschäft zu finanzieren. Das ist dann gewährleistet, wenn bei Ausschöpfung bzw. Einhaltung des vorgegebenen Verschuldungsgrades der Cash-flow die Zahlungsverpflichtungen des laufenden Geschäfts, die Dividenden und produktionsnotwendigen Investitionen im Anlage- und Umlaufvermögen deckt. Das danach verbleibende Finanzierungspotential stellt den Finanzierungsspielraum für strategische Investitionen dar. Dabei genügt es in der Regel, wenn der finanzielle Rahmen im engeren Sinn mittelfristig, d.h. innerhalb von zwei bis drei jahren eingehalten wird. Damit sollen „normale" Finanzierungsverhältnisse bewahrt werden, die ein ausreichendes Widerstandsvermögen gegen die raschen Umweltveränderungen garantieren.

Reicht der finanzielle Spielraum nicht aus, um strategische Investitionen zu finanzieren, die für eine marktgerechte Unternehmensentwicklung und damit zur Absicherung der Kontinuität der Unternehmung notwendig sind, so ist zu entscheiden, ob dazu ein höheres Finanzierungsrisiko akzeptiert werden kann. Wenn nicht, ist das Unternehmen auf die Zuführung weiteren Risikokapitals oder auf eine Reduzierung seines Geschäftsvolumens angewiesen. Die Entscheidung darüber, ob für den Konzern oder für ein einzelnes Konzernunternehmen ein höheres Finanzierungsrisiko akzeptiert werden soll, obliegt der Konzernleitung.

Der aus dem finanziellen Rahmen und dem für die Aufrechterhaltung des laufenden Geschäfts notwendigen Kapitalbedarf ermittelte finanzielle Spielraum soll angeben, welche finanziellen Mittel zur Verwirklichung geplanter Strategien zur Verfügung stehen. Die Spielraumrechnung wird damit ein wichtiges Instrument zur Planung und Steuerung von strategischen Geschäftseinheiten aus der Gesamtsicht des Konzerns. Die Konzernleitung muß entsprechend ihrer Verantwortung für den Gesamtkonzern eine betriebswirtschaftlich optimale Kombination der Strategien der einzelnen Konzernunternehmen bzw. strategischen Geschäftseinheiten realisieren. Dementsprechend liegt der finanziellen Spielraumrechnung ein zentrales Finanzmanagement zugrunde. Die Verteilung der finanziellen Mittel auf die strategischen Geschäftseinheiten erfolgt prinzipiell unabhängig von ihrer Quelle.

Aus dem Finanzierungsrahmen und dem Finanzierungsspielraum des Konzerns leiten sich für die Konzernunternehmen entsprechende Rahmenbedingungen und Gestaltungsspielräume ab. Ausgangspunkt bildet dabei der Mittelbedarf zur Aufrechterhaltung des vorhandenen Geschäfts der Konzernunternehmen sowie zur Finanzierung von notwendigen strategischen Investitionen zur „Gesunderhaltung" der bestehenden Aktivitäten der Konzernunternehmen.

Kritisch und konkurrierend mit entsprechenden Investitionen anderer Konzernunternehmen sind die darüber hinausgehenden strategischen Investitionen zu betrachten, die sich im Sinn einer Expansion auf die Erschließung neuer Märkte für vorhandene Produktgruppen, die Entwicklung neuer Produkte für bestehende Märkte oder auf die Entwicklung neuer Tätigkeitsgebiete für das Unternehmen (Diversifikation) erstrecken.

Die Grenzen zwischen notwendigen und zusätzlichen strategischen Investitionen sind naturgemäß fließend.

Übersteigt der Finanzbedarf die mit dem Finanzierungsrahmen und -spielraum abgesteckten Finanzierungsmöglichkeiten, so konkurrieren die einzelnen Konzernunternehmen oder deren strategische Projekte miteinander. Die nachhaltige Rendite und die spezifischen Risiken bilden die Entscheidungskriterien im Dialog zwischen Konzernleitung und Konzernunternehmen.

Grundsätzlich obliegt es der Konzernleitung, den Finanzierungsrahmen eines Konzernunternehmens zu erweitern und den für ein anderes Konzernunternehmen einzuengen. Da auch für den Gesamtkonzern ein Finanzierungsrahmen gesetzt ist, bedeutet die Erweiterung des Finanzierungsspielraums bei einem Konzernunternehmen eine entsprechende Einschränkung bei anderen Unternehmen. Dabei dürfen jedoch die Mittel keinem Bereich entzogen werden, der bei vergleichbarem Risiko nachhaltig eine höhere Rendite aufzuweisen hat und durch den Mittelentzug in seiner Entwicklung beeinträchtigt werden würde.

Eine Einengung des Finanzierungsrahmens kann für einzelne Konzernunternehmen in Betracht kommen, wenn mit einer nachhaltigen Verschlechterung der Rendite unter dem Konzerndurchschnitt bzw. unter der realistischen Konzernzielsetzung oder mit einem starken Anstieg des unternehmerischen Risikos zu rechnen ist und wenn gleichzeitig bei anderweitigem Mitteleinsatz langfristig bessere Renditemöglichkeiten für den Konzern erschlossen werden können. Bei nachhaltig unbefriedigenden Renditeaussichten wird das dazu führen, daß ein bestimmter Geschäftszweig ganz aufgegeben und unter Umständen ein Konzernunternehmen ganz oder teilweise verkauft oder liquidiert wird.

Es wird nicht verkannt, daß bei derartigen Desinvestitionsüberlegungen insbesondere auch die Interessen der betroffenen Mitarbeiter zu sehen und angemessen zu berücksichtigen sind. Andererseits können derartige Maßnahmen unabdingbar sein, um den Gesamtkonzern und die übrigen Konzernunternehmen sowie deren Arbeitsplätze nachhaltig abzusichern.

Um Aufbau und Inhalt der strategischen Konzernplanung deutlich zu machen, kann die Gliederung für eine strategische Planung eines hinsichtlich

strategic control

seiner Produkte konsumorientierten inländischen Konzerns dargestellt werden:
1. Unternehmenskonzept, Leitbild des Konzerns, Unternehmensphilosophie, Einstellung zur Umwelt
2. Umweltbedingungen
- Gesamtwirtschaftliche Entwicklung in der Bundesrepublik und in den wichtigsten Ländern, in denen die Gruppe tätig ist.
- Politische und gesellschaftspolitische Entwicklung.
- Rechtliche, insbesondere gesellschaft-, kartell- und steuerrechtliche Entwicklung.
- Trends in der Verbraucherentwicklung (Kunden) und im Verbraucherverhalten.
- Entwicklung auf den relevanten Finanzmärkten.
- Planungsprämissen und -annahmen, Szenarien.
- Restriktionen für den Konzern und einzelne Konzernunternehmen.
3. Konzernziele
a) Rendite für die Unternehmensgruppe insgesamt (Gesamtkapitalrendite)
b) Verschuldungsgrad, Anlagendeckung
c) Dividendenpolitik
Ableitung von Teilzielen für die einzelnen Konzernunternehmen
4. Analyse und Strategien für den Gesamtkonzern
a) Stärken und Schwächen der Unternehmensgruppe
b) Unternehmensübergreifende Strategien in bezug auf
- Märkte, Produktgruppen
- Kooperation, Beteiligungen
- Investitionen, Desinvestitionen, Finanzanlagen
- Finanzierung
- Managementwicklung
- Öffentlichkeitsarbeit
c) Strategien der Konzernleitung
- Konzernstruktur
- Finanzpolitik
- Bilanz- und Steuerpolitik
- Personalpolitik
5. Analysen und Strategien der einzelnen Konzernunternehmen (Unternehmensbereiche, Geschäftsbereiche)
a) Grundlagen
- Basisdaten zu den Märkten (Marktvolumen, Marktstruktur, Teilmärkte u.ä.)
- Konkurrenzanalyse
- Stärken und Schwächen des Unternehmens und seiner Produkte (Lebenszyklus der Produkte, Neuentwicklung)
- Prämissen einschließlich Zielvorgaben der Konzernleitung (u.a. Rendite, Verschuldungsgrad, Gewinnausschüttung)
- (ergänzende) eigene Unternehmensziele
b) Strategien für das bestehende Geschäft (Geschäftsentwicklung auf der Basis der gegenwärtigen Aktivitäten)
- Erfolgsfaktoren zur Verbesserung der Entwicklung, zur Umkehrung bisher negativer Trends oder zur Stabilisierung erfolgreicher Aktivitäten)
- Risikoprofil für die Erfolgsfaktoren

- Zahlenmäßige Entwicklung wichtiger Eckwerte (Absatz, Umsatz, Marktanteil, Ergebnis)
- Cash-flow-Entwicklung, Investitionen, Mittelbedarf oder -überschuß
c) Optionen zur weiteren Verbesserung der langfristigen Aussichten der Unternehmung, insbesondere Diversifikation
6. Zahlenteil
10-Jahresvorschau mit den wichtigsten Kennzahlen für die langfristige Entwicklung des Konzerns und seiner wichtigsten Konzernunternehmen unter Berücksichtigung der gesetzten Ziele, Restriktionen und Prämissen sowie der oben aufgeführten Strategien.
Umsatz
Ergebnis vor Zinsen und Ertragsteuern
Gewinn nach Steuern
Cash-flow, sonstige Mittelherkunft und Mittelverwendung/Kapitalbedarf oder -überschuß
Kennzahlen, insbesondere Rendite, Verschuldungsgrad.
Die Gliederung zeigt, daß sich die strategische Planung eines Konzerns aus der Planung für den Gesamtkonzern und den Planungen der einzelnen Konzernunternehmen zusammensetzt, wobei die Pläne der Einzelunternehmen integrierter Bestandteil der Gesamtplanung des Konzerns sind.

strategic control: strategische Kontrolle f
Die strategische Kontrolle soll ein Gegengewicht zur Selektivität der Planung bilden. Daraus folgt, daß sie selbst zumindest von der Intention her nicht selektiv angelegt werden darf. Ihre Kompensationsfunktion ist insofern globaler und ungerichteter Natur. Es lassen sich jedoch Spezialisierungsvorteile erzielen, wenn die globale Kompensationsfunktion teilweise ausdifferenziert wird. Folgt man dieser Spezialisierungsidee, so kommt man zu drei Kontrolltypen: Neben die strategische Überwachung als globale Kernfunktion treten die beiden Spezialfunktionen
- Strategische Durchführungskontrolle
und
- Strategische Prämissenkontrolle.
Während sich die Prämissenkontrolle auf die bewußt gesetzten Annahmen im Planungsprozeß konzentriert, ist es Aufgabe der Durchführungskontrolle, alle diejenigen Informationen zu sammeln, die sich im Zuge der Strategiedurchführung ergeben und die auf Gefahren bei der Realisierung der gewählten Strategie hindeuten könnten.
Im strategischen Planungsprozeß, der in t_0 beginnt, ist das Setzen von Prämissen (t_1) das wesentliche Mittel, um die Entscheidungssituation zu strukturieren. Nachdem mit der Setzung von Prämissen immer zugleich eine Großzahl möglicher anderer Zustände ausgeblendet wird, konstituiert sich mit ihr ein hohes Risiko. Daraus leitet sich das erste spezielle Kontrollfeld ab, nämlich die (explizit gemachten) strategischen Prämissen fortlaufend daraufhin zu überwachen, ob sie weiterhin Gültigkeit beanspruchen können.
Die Setzung von Prämissen kann niemals voll-

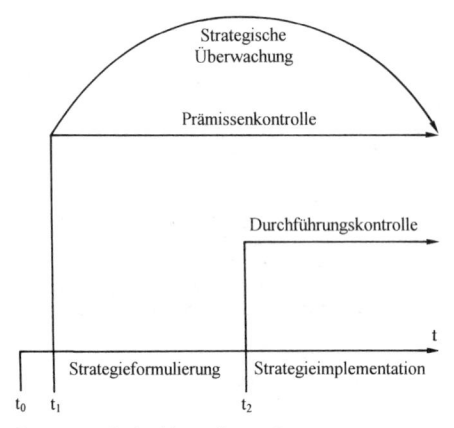

strategic decision

```
          Strategische
          Überwachung

        Prämissenkontrolle

                  Durchführungskontrolle

                                              t
   Strategieformulierung  Strategieimplementation
t₀  t₁                    t₂
```
Der strategische Kontrollprozeß

ständig in dem Sinne sein, daß alle relevanten Entwicklungen erkannt und/oder alle neuen Entwicklungen vorhergesehen werden. Die strategische Kontrolle muß deshalb darauf bedacht sein, diesen bei der Prämissensetzung ausgeblendeten, aber für den strategischen Kurs möglicherweise bedrohlichen Bereich ebenfalls mit abzudecken, um auch insoweit das Risiko zu begrenzen. Hierfür kann man sich die Einsicht zunutze machen, daß sich diese unbekannten oder unerkannten Entwicklungen im Zuge der Strategieimplementation nach und nach als Störungen bemerkbar machen, indem sie nämlich Handlungen behindern und/oder erwartete Ergebnisse verfälschen.

Sobald die Umsetzung der Strategie beginnt (t_2), muß auch die Sammlung derartiger Informationen einsetzen. Dies ist die genuine Aufgabe der strategischen Durchführungskontrolle. Sie hat anhand von Störungen wie auch prognostizierter Abweichungen von ausgewiesenen strategischen Zwischenzielen (Meilensteinen) festzustellen, ob der gewählte strategische Kurs gefährdet ist oder nicht.

Diese beiden spezialisierten und damit selektiven Kontrollaktivitäten müssen eingebettet werden in eine spezialisierte und insofern globale strategische Überwachung als Auffangnetz. Sie trägt der Einsicht Rechnung, daß es in der Regel zahlreiche kritische Ereignisse gibt, die einerseits im Rahmen der Prämissensetzung übersehen oder auch falsch eingeschätzt werden, andererseits aber ihren Niederschlag noch nicht in den Wirkungen und Resultaten der implementierten strategischen Teilschritte gefunden haben.

Die strategischen Kontrolltypen haben unterschiedliche Kontrollobjekte und können auch in einem unterschiedlichen Maße vorstrukturiert (= organisiert) werden.

Von den drei genannten Kontrolltypen kann die strategische Durchführungskontrolle noch am ehesten aus einer Formalisierung der Informationsaufnahme Nutzen ziehen, weil die Kontrollobjekte relativ gut definiert sind.

Die Informationsaufnahme im Rahmen der Prämissenkontrolle kann ebenfalls bis zu einem gewissen Grade von einer Formalisierung profitieren.

Teile der strategischen Kontrolle entziehen sich weitgehend einer organisatorischen Reglementierung. Eine organisatorische Strukturierung kann nur den allgemeinen Rahmen für die strategische Kontrolle grob abstecken, der Kern der Aufgabe, die kompensierende Informationsaufnahme und -verarbeitung, muß im wesentlichen fallweise bewältigt werden. Die organisatorischen Maßnahmen zur Sicherstellung dieser Funktion müssen daher im Prinzip auf einer anderen Ebene als der der generellen Regelungen angesiedelt werden, nämlich auf der Ebene der Verhaltenspotentiale von Subsystemen. Man muß die Subsysteme und ihre Mitglieder motivieren und befähigen, eigeninitiativ tätig zu werden.

Auf der individuellen Ebene setzt erfolgreiche strategische Kontrolle zweierlei voraus: Wissen und Fähigkeiten einerseits und bestimmte Verhaltensqualitäten andererseits. Ersteres stellt darauf ab, daß die Subsysteme ihre Kontrollaufgabe nur wahrnehmen können, wenn sie mit der Strategie und ihren Voraussetzungen hinreichend vertraut sind. nur dann können sie strategische Implikationen immer mitdenken. Um selbststeuernd den richtigen Informationsanschluß im strategischen Kontrollsystem zu finden, müssen die Subsysteme ferner einen Überblick über die wichtigsten Zusammenhänge im Leistungsprozeß haben.

strategic decision: strategische Entscheidung *f*
Das Treffen von Entscheidungen gilt als das hervorragende Kriterium eines Managers. Man unterscheidet Routine-Entscheidungen als wiederkehrende, gleichartig ausführbare Entscheidungen und Führungsentscheidungen.

Führungsentscheidungen entstehen dort, wo durch eine neue Kombination der Produktionsfaktoren völlig neue Möglichkeiten der Zielerreichung eröffnet werden. Führungsentscheidungen in diesem Sinne beziehen sich auf Innovation. Strategische Entscheidungen beziehen sich auf den Einsatz von Strategien als Mittel der Unternehmenspolitik. Sie werden überall dort angewandt, wo neue Methoden und Mittelkombinationen für die Durchsetzung der unternehmerischen Ziele eingesetzt werden.

strategic gap: strategische Lücke *f*
Im Rahmen der Lückenanalyse wird die langfristige Entwicklung einer Zielgröße (wie Umsatz, Gewinn etc.) einer Unternehmung auf der Grundlage des gegenwärtigen Produktprogramms der langfristigen Zielplanung für das Unternehmen gegenübergestellt. Weichen beide Entwicklungen voneinander ab, so spricht man von der strategischen Lücke. Dabei läßt sich die Aussage dadurch differenzieren, daß zusätzlich dargestellt wird, wie

sich die Zielgröße unter Berücksichtigung laufender Produktverbesserungen entwickelt. Man unterscheidet dann die gedeckte und die ungedeckte Lücke.

Die strategische Lücke erklärt sich aus dem begrenzten Wachstum der gegenwärtigen Produkt-Markt-Kombinationen der Unternehmung, die sich insbesondere aus dem Produkt-Lebenszyklus ergibt.

strategic management: strategisches Management *n*
Die Managementebene der Unternehmensleitung, mit den Aufgaben der Festlegung der Unternehmenspolitik und der Zielkonzeption. Das strategische Management bestimmt die langfristige Unternehmenspolitik und legt die Zielkonzeption fest. Es genehmigt den langfristigen Unternehmensplan und haftet gegenüber den Kapitaleignern (Aktionäre, Gesellschafter) für die Sicherung und das Wachstum des Kapitals.

strategic management capability: strategische Managementfähigkeit *f*
Die Summe der Komponenten, die das Management zur strategischen Planung und strategischen Entscheidung befähigen. Dazu zählen vor allem:
1. Das *Management*: Talente, Geschicklichkeiten im Hinblick auf Analytik und Menschenführung, Kenntnisse und Erfahrungen, „Denkweise" (z.B. Produktions- oder Marketingdenken, Denken in strategischen Kategorien).
2. *Strategisch relevante Ansichten* und Vorstellungen: Normen und Werte, herrschende Ansichten darüber, wie das Unternehmen arbeitet und was in seinem Umfeld vorgeht.
3. Das *Belohnungs- und Ansporsystem*: Ergebnisarten; welches Risikoverhalten wird belohnt, welches bestraft.
4. Das *strategische Informationssystem* (formell und informell): Externe und interne Überwachungsmethoden, die Datenbasis, die Art der Datenanalyse, die Präsentation und Distribution von Informationen.
5. Das *Planungs- und Kontrollsystem*: Logik und Methoden der Problemlösung, formale und informale Vorkehrungen zur Problemlösung, der Planungsprozeß, der Entscheidungsprozeß, der Implementierungsprozeß.
6. Die *organisatorische Struktur*: Autorität und Verantwortlichkeit für strategische Entscheidungen, Definition und Umfang der „Rollen", Aufgabenbereich der Einzelnen, Beziehungen zwischen den Rollen.
7. Die *Machtstruktur*: die Verteilung von Macht und Einfluß innerhalb der Unternehmung, der Prozeß der Einflußausübung.
8. Die *Kapazität des Gesamtmanagements*: die Arbeitskapazität der Linie, der unterstützenden Stäbe, der verschiedenen Managementebenen.
9. Die genutzten *Managementtechnologien*: Modelle, Problemlösungs- und Diagnostizierungsverfahren, Computermodelle, Simulation usw.

strategic option: strategische Option *f*
Der Prozeß der strategischen Planung gliedert sich in fünf Hauptelemente Umweltanalyse, Unternehmensanalyse, strategische Optionen, strategische Wahl und strategische Programme. Dabei werden die Informationen der strategischen Analyse im Rahmen der Gegebenheiten zu sinnvollen Strategiealternativen verdichtet. Es soll der Raum der grundsätzlich denkbaren Strategien aufgerissen und durchdacht werden.

strategic planning: strategische Planung *f*
Das fundamentale Dilemma der strategischen Planung besteht darin, einerseits heute Entscheidungen treffen zu müssen, die weit in die Zukunft hineinwirken, andererseits aber die künftigen Datenkonstellationen, die für den Erfolg dieser Entscheidungen von wesentlicher Bedeutung sind, nur sehr vage vorhersehen zu können. Dieses Dilemma war und ist der Anlaß dafür, nach besonderen Wegen und Methoden zu suchen, die es erlauben, auch unter den Bedingungen, unter denen die strategische Planung steht, die notwendigen Entscheidungen zieladäquat treffen zu können. Entscheidungen zieladäquat zu treffen, heißt, aus einer Menge möglicher Maßnahmen, diejenigen herauszufinden, die der Zielsetzung des Unternehmens am dienlichsten sind.

Die unternehmerische Tätigkeit besteht in der Umwandlung der der Unternehmung zur Verfügung stehenden Ressourcen wie Arbeit, Kapital, Ideen und Rohstoffe in Güter und Dienstleistungen, die am Markt ihre Abnehmer finden, sowie in attraktiven Arbeitsplätzen und anderen Leistungen (Löhne, Zinsen, Steuern, Dividende), die den Vorstellungen derjenigen entsprechen, die die Ressourcen bereitstellen. Im Kapitalismus bildet letztlich der Gewinn den Maßstab für den effizienten Einsatz der verfügbaren Ressourcen der Unternehmung.

Die Herausforderung an das Unternehmensmanagement besteht darin, in ausreichendem Maße Gewinne zu erwirtschaften und den Anforderungen von Mitarbeitern, Lieferanten, Kapitalgebern sowie Staat und Gesellschaft Rechnung zu tragen. In Zeiten kontinuierlicher Entwicklung reicht eine kurzfristige, von Jahr zu Jahr fortgeschriebene Planung im allgemeinen aus, um Überleben und Weiterentwicklung der Unternehmung zu gewährleisten. Demgegenüber hat sich ein Wandel zu rascheren und tiefgreifenden Veränderungen der für die Unternehmung maßgeblichen Umwelt, Unternehmensumwelt, vollzogen. Aus der Tatsache, daß auch in der ferneren Zukunft liegende Ereignisse für heutige Entscheidungen wichtig sind und diese Ereignisse sich diskontinuierlich entwickeln können, ergibt sich die Notwendigkeit einer langfristgen Unternehmensplanung.

Die langfristige Unternehmensplanung wird wesentlich von der Grundeinstellung der Unternehmung zum Wandel ihrer Umwelt bestimmt. Stellt die Unternehmensplanung primär auf die Bereitstellung von Ressourcen ab, um erwartete Chancen im Zeitpunkt ihres Eintritts nutzen zu können, so liegt dieser Planung eine statische, reagierende Unternehmensphilosophie zugrunde. Die Unternehmung ist wenig auf rasche Wandlung der Umwelt eingestellt. Bei einer dynamischen, agierenden Einstellung werden dagegen in der Planung eigenständige Maßnahmen festgelegt, um eine eigene Konzeption am Markt durchzusetzen. Es wird versucht, die künftige Entwicklung von Umwelt und Unternehmen möglichst langfristig gedanklich vorwegzunehmen und für das Unternehmen entsprechende Strategien zur Erreichung bestimmter Ziele zu erarbeiten.

Nur bei einer solchen dynamischen, agierenden Einstellung kann man von einer strategischen Planung sprechen.

Mit der strategischen Planung werden die unternehmenspolitischen Grundsätze und die langfristigen Unternehmensziele festgelegt und die zu ihrer Erreichung notwendigen Ressourcen und Verfahren bestimmt. Bei der Formulierung der Strategien konzentriert man sich auf wenige wesentliche Zusammenhänge. Es wird global vorgegangen.

Strategische Entscheidungen betreffen die Unternehmung als Ganzes und sind deshalb nicht delegierbare Entscheidungen der Unternehmensführung. Grundlagen der strategischen Planung sind eine systematische Erfassung und Beurteilung der Risiken und Chancen der Unternehmung im Markt sowie ihrer eigenen Stärken und Schwächen. Aber auch die gesellschaftlichen Verpflichtungen der Unternehmung sowie die Wertvorstellungen der Unternehmensführung sollen in der Analyse der strategischen Ausgangssituation ihren Niederschlag finden.

Der strategische Planungsprozeß gliedert sich in fünf Hauptelemente: Umweltanalyse, Unternehmensanalyse, strategische Optionen, strategische Wahl und strategische Programme. Die mitunter getrennt genannte Realisation der Strategie und die strategische Kontrolle sind Bestandteil des gesamten strategischen Managementprozesses, nicht aber Elemente der strategischen Planung im engeren Sinne.

(1) *Umweltanalyse*: Die strategische Analyse ist das Herzstück jedes strategischen Planungsprozesses, weil sie die informatorischen Voraussetzungen für eine erfolgreiche Strategieformulierung schafft. Sie setzt sich aus zwei gleich bedeutsamen Teilen zusammen, der Umweltanalyse und der Unternehmensanalyse. Aufgabe der Umweltanalyse ist es, das externe Umfeld der Unternehmung daraufhin zu erkunden, ob sich Anzeichen für eine Bedrohung des gegenwärtigen Geschäftes und/oder für neue Chancen und Möglichkeiten erkennen lassen. Die Umweltanalyse kann sich nicht nur auf das nähere Geschäftsumfeld der jeweiligen Unternehmung beschränken, sondern hat auch globalere Entwicklungen und Trends zu berücksichtigen, die möglicherweise für Diskontinuitäten und Überraschungen im engeren Geschäftsumfeld sorgen.

Zur globalen Umwelt gehört die allgemeine technologische Entwicklung, gesellschaftliche Strömungen und Veränderungen wie z.B. der Wertewandel, politische Strukturen und ähnliche Faktoren, während für die engere Geschäftsumwelt die jeweiligen Wettbewerbskräfte maßgeblich sind.

(2) *Unternehmensanalyse*: Das Gegenstück der Umweltanalyse ist die Unternehmensanalyse. Sie ist auf die interne Ressourcensituation („interne Umwelt") gerichtet. Hier wird geprüft, welchen strategischen Spielraum die Unternehmung hat und ob sie im Vergleich zu den wichtigsten Konkurrenten spezifische Stärken oder Schwächen aufweist, die einen Wettbewerbsvorteil/-nachteil begründen (können). Sowohl die Umweltanalyse als auch die Unternehmensanalyse müssen wegen der Komplexität und Dynamik der Analysefelder als selektive Informationsverarbeitungsprozesse betrachtet werden, können also immer nur unvollständig und damit risikobehaftet sein.

(3) *strategische Optionen*: Die Informationen der strategischen Analyse werden im nächsten Schritt zu möglichen, im Rahmen der Gegebenheiten sinnvollen Strategiealternativen verdichtet. Es soll der Raum der grundsätzlich denkbaren Strategien aufgerissen und durchdacht werden.

(4) *strategische Wahl*: Aus dem aufgespannten Raum der Alternativen ist schließlich dann in einem Bewertungsprozeß die Strategie auszuwählen, die in Anbetracht der Stärken und Schwächen der Unternehmung und der zu erwartenden Bedrohungen und/oder Chancen aus der Umwelt den größten Erfolg verspricht. In diesem Auswahlprozeß gehen aber als Auswahlkriterien nicht nur Erfolgsdimensionen wie Umsatz und Rentabilität ein, sondern hier sind auch Fragen der Managementphilosophie, der gesellschaftlichen Vertretbarkeit und der Ethik von zentraler Bedeutung.

(5) *strategische Programme*: Im letzten Element des strategischen Planungsprozesses geht es darum, die praktische Umsetzung der analytisch gewonnenen Handlungsorientierung planerisch vorzubereiten. Dabei kann es bei komplexen Systemen prinzipiell nicht um eine vollständige planerische Durchdringung des Aktionsfeldes gehen, sondern nur darum, Maßnahmen, die für die Umsetzung und den Erfolg der festgelegten Unternehmensstrategie kritisch erscheinen, zu konkretisieren. Auf der Basis der für eine Strategie geltenden Erfolgsfaktoren werden schwerpunktartig strategische Programme entwickelt, die eine strategische (Neu-)Orientierung des Handlungsgerüsts ermöglichen sollen. Die strategischen Programme setzen Orientierungspunkte für den operativen Planungs- und Handlungsbereich.

(6) *Realisation*: Nicht mehr Gegenstand der strategischen Planung, wohl aber für ihren Erfolg von ausschlaggebender Bedeutung ist der Realisierungsprozeß. Diese sich oft über Jahre erstreckende Planumsetzung ist von vielen Unwägbarkeiten und Barrieren begleitet. Um trotz aller dieser Schwierigkeiten einen strategischen Erfolg sicher-

stellen zu können, kam die Forderung nach einem Strategie-Management auf. Damit ist eine Ausdehnung der strategischen Aktivitäten über den reinen Planungsprozeß hinaus gemeint mit dem Ziel, die (neue) strategische Orientierung im Tagesgeschäft nachhaltig zu verankern. Dementsprechend wird dann auch erweiternd von strategischem Management oder strategischer Unternehmensführung gesprochen.

(7) *Strategische Kontrolle*: Gegenstand eines so verstandenen strategischen Managements wäre dann auch die strategische Kontrolle. Mitunter wird Kontrolle als selbständiges Steuerungsinstrument, das den Planungsprozeß kritisch absichernd begleitet.

Die Beurteilung der Umweltbedingungen und der Ressourcen der Unternehmung, die Wertvorstellungen der Unternehmensführung sowie die Identifizierung von gesellschaftlichen Verpflichtungen der Unternehmung dienen als Grundlage für die Definition von Leitsätzen für die Unternehmensentwicklung. Sie legen den allgemeinen Kurs für die Unternehmung in seinen Beziehungen zu den Umweltgruppen fest und begrenzen insoweit den Planungs- und Entscheidungsspielraum.

Aus dem Leitbild der Unternehmung leiten sich die strategischen Zielsetzungen ab, die primär in Produkt-Markt-Kombinationen ausgedrückt werden. Es ist zu entscheiden, welche Güter und Dienstleistungen die Unternehmung in einem bestimmten Zeitraum auf zu bestimmenden Märkten anbieten soll.

Neben diesem Produkt-Markt-Ziel wird ein bestimmtes Wachstum angestrebt. Wachstum bedeutet die marktgerechte Fortentwicklung der unternehmerischen Aktivitäten. Es äußert sich in zunehmenden Absatzmengen pro Planperiode, in wachsenden Marktanteilen oder steigenden Gewinnen pro Zeitraum oder Kapitaleinsatz. Wachstum wird als wesentliche Voraussetzung für das Überleben einer Unternehmung angesehen.

Das Wachstumsziel läßt sich wie folgt begründen: Letztlich entscheidend für den Bestand der Unternehmung ist die Erzielung einer angemessenen Rendite. Die damit notwendige Aufrechterhaltung und Stärkung des Ertragspotentials hängt wesentlich von der Marktstellung des Unternehmens ab. Um diese zumindest zu erhalten, erscheint es notwendig, daß die Unternehmung am Wachstum ihrer Branche und relevanten Märkte oder der Gesamtwirtschaft teilnimmt. Darüber hinaus kann Wachstum notwendig sein, um eine für das Unternehmen und seinen Bestand notwendige Kostendegression zu halten oder sicherzustellen.

Allgemein formuliert ist Wachstum der Unternehmung dann und in dem Ausmaß notwendig, in dem sichergestellt ist, daß die Unternehmung für ihre Kunden und Lieferanten im weitesten Sinne sowie für ihre Mitarbeiter und Kapitalgeber attraktiv bleibt und sich damit im Markt nachhaltig behaupten kann. Nur dann nämlich werden dem Unternehmen die notwendigen Ressourcen zur Verfügung stehen und seine Produkte am Markt erfolgreich absetzbar sein.

Die Zielkonzeption der Unternehmung muß aber neben den Produkt- und Wachstumszielen auch ein Erfolgs- und Liquiditätsziel erfassen. Das Erfolgsziel gibt den von der Unternehmung für einen bestimmten Zeitraum angestrebten Gewinn an. Er soll vor allem die Kapitalversorgung der Unternehmung gewährleisten. Das Liquiditätsziel beinhaltet die Aufrechterhaltung der jederzeitigen Zahlungsbereitschaft der Unternehmung. Erfolgs- und Liquiditätsziel, zweckmäßigerweise ergänzt um Zielvorstellungen zur Kapitalstruktur der Unternehmung, stellen den finanziellen Rahmen der strategischen Planung dar.

Im Rahmen der Lückenanalyse wird die langfristige Entwicklung einer Zielgröße (wie Umsatz, Gewinn etc.) der Unternehmung auf der Grundlage des gegenwärtigen Produktprogramms der langfristigen Zielplanung für das Unternehmen gegenübergestellt. Weichen beide Entwicklungen voneinander ab, so spricht man von der strategischen Lücke.

Da sich die Aktivitäten der Unternehmung in der Regel auf verschiedene, voneinander trennbare und weitgehend unabhängige Produkt-Markt-Kombinationen beziehen, für die individuelle strategische Überlegungen anzustellen sind, empfiehlt es sich, die unternehmerischen Tätigkeiten in sinnvolle Geschäftseinheiten aufzuteilen, für die sich spezifische unternehmens- und umweltbezogene Erfolgskomponenten erheben lassen.

Die strategischen Überlegungen der Unternehmung können mit einer Unternehmenskomponente (Stärken und Schwächen der Unternehmung und seiner Produkte) und einer Umweltkomponente (Risiken und Chancen der relativen Umwelteinflüsse, insbesondere der Markteinflüsse) beschrieben werden. Zur Darstellung der strategischen Erfolgskomponenten von Produkt-Markt-Kombinationen werden daher beide Komponenten in zweidimensionalen Matrixdarstellungen miteinander verknüpft.

In der einfachsten Form der Portfolio-Analyse wird die Position der Produkte einer strategischen Geschäftseinheit anhand des relativen Marktanteils (Unternehmenskomponente) und des Wachstums des relevanten Marktes (Umweltkomponente) festgelegt. Als relativer Marktanteil gilt der Marktanteil, den die Unternehmung im Vergleich zu ihrem Hauptkonkurrenten hat.

Dem Marktanteils-Wachstums-Portfolio liegen folgende Hypothesen zugrunde: Je höher der relative Marktanteil eines Produkts ist, um so höher ist sein Absatz im Vergleich zu den Konkurrenzprodukten und um so geringer ist das Marktrisiko einzuschätzen. Je höher der relative Marktanteil, um so eher ist die Unternehmung in der Lage, den Lebenszyklus eines Produkts in seinem Sinne zu beeinflussen. Ein höherer relativer Marktanteil ermöglicht gegenüber der Konkurrenz eine höhere Gewinnspanne und auch einen höheren Cashflow. Bei starkem Marktwachstum sind zur Auf-

rechterhaltung des relativen Marktanteils entsprechende Investitionen notwendig. Der erzielbare Cash-flow hängt wesentlich von der ggf. durch entsprechende Marktinvestitionen erreichten Marktstellung ab.
Das strategische Ziel eines Unternehmens, das sich gegen Marktrisiken absichern will, muß es sein, in einem expansiven Markt mit einem hohen Marktanteil vertreten zu sein. Zur langfristigen Sicherung des Erfolgspotentials ist daher die Orientierung am relativen Marktanteil von besonderer Bedeutung.
Das vorhandene Produktsortiment einer strategischen Geschäftseinheit läßt sich aufgrund seiner Positionen im Markt sowie entsprechend der Entwicklung der relevanten Märkte in die Marktanteils-Wachstums-Matrix einordnen. Daran anschließend können ein anzustrebendes Zielsortiment und die zu seiner Verwirklichung notwendigen Strategien formuliert werden.
Die Portfolio-Analyse erleichtert durch die ihr zugrundeliegende Systematisierung und die daraus abgeleiteten Normstrategien die strategische Planung. Sie läßt sich unter Hervorhebung weiterer strategischer Erfolgsfaktoren verfeinern.
In einem umfassenden Planungssystem vollzieht sich die Planung in drei Stufen: Strategische, taktische und operative Planung. Die strategische Planung befaßt sich mit den langfristigen Entwicklungszielen der Unternehmung. Die taktische Planung dient der Konkretisierung der strategischen Planung durch längerfristige Bedarfs- und Beschaffungsplanung, während die operative Planung eine kurzfristige, ablauforientierte Aktionsplanung darstellt.
Strategische und operative Planung unterscheiden sich nach zeitlichem Planungshorizont, Detaillierungsgrad, Häufigkeit und den Planungsorganen, vor allem aber auch nach dem Planungsansatz und der Fragestellung. Aus der strategischen Planung leiten sich die Ziele für die operative Planung ab.
Es ist wichtig, daß beide Planungsstufen als Einheit gesehen werden. Strategische Planung bedarf der Ergänzung durch einen operativen Plan, damit sie nicht nutzloses Papierwerk bleibt. Umgekehrt sollte jede operative Planung in einer strategischen Planung oder zumindest in strategischen Überlegungen eingebettet sein, damit die nachhaltige Sicherung des Unternehmens als oberstes Ziel gewährleistet bleibt.
Das fundamentale Dilemma der strategischen Planung liegt darin, daß in der Gegenwart Entscheidungen getroffen werden müssen, die weit in die Zukunft hineinwirken, obwohl die für den Erfolg dieser Maßnahmen letztlich entscheidenden künftigen Datenentwicklungen nur sehr vage und nur innerhalb sehr weiter Grenzen vorausgesehen werden können. Viele Verfahren wie die Portfolio-Technik oder die PIMS-Methode bemühen sich, dieses Dilemma dadurch zu mindern, daß sie Wege aufzeigen, trotz der Datenunsicherheit die Maßnahmen herauszufinden, die für das weitere Wohlergehen des Unternehmens am förderlichsten sind.

Hängt der Erfolg einer Maßnahme entscheidend von den künftigen Daten ab, dann lassen sich prinzipiell drei Möglichkeiten erkennen, dem daraus resultierenden Risiko entgegenzuwirken.
1) Es muß versucht werden, möglichst zutreffende Prognosen zu erstellen. Diesem Bemühen sind enge Grenzen gesetzt.
2) Es sind solche Maßnahmen zu ergreifen, die sich bei zunächst nicht vorhergesehener Datenentwicklung korrigieren und den jeweils neuen Daten möglichst gut anpassen lassen.
3) Das Gesamtunternehmen ist so aufzubauen, daß es gegenüber nicht vorhergesehenen Datenentwicklungen ein ausreichendes Maß an Stabilität besitzt. Das heißt: Verläuft die Datenentwicklung anders als vorhergesehen, so wird dadurch die Gesamtsituation des Unternehmens, – z.B. seine Gewinnsituation – dennoch nicht über Gebühr beeinträchtigt.

strategic price management: strategisches Preismanagement *n*

strategic program: strategisches Programm *n*
Der Prozeß der strategischen Planung gliedert sich in fünf Hauptelemente Umweltanalyse, Unternehmensanalyse, strategische Optionen, strategische Wahl und strategische Programme. Bei den strategischen Programmen geht es darum, die praktische Umsetzung der analytisch gewonnenen Handlungsorientierung planerisch vorzubereiten. Dabei kann es nicht um eine vollständige planerische Durchdringung des Aktionsfelds gehen, sondern darum, Maßnahmen zukonkretisieren, die für die Umsetzung und den Erfolg der festgelegten Unternehmensstrategie kritisch erscheinen.
Auf der Basis der für eine Strategie geltenden Erfolgsfaktoren werden schwerpunktartig strategische Programme entwickelt, die eine strategische (Neu-)Orientierung des Handlungsgerüsts ermöglichen sollen. Die strategischen Programme setzen Orientierungspunkte für den operativen Planungs- und Handlungsbereich.
Aufgabe der strategischen Programmplanung ist es, die Strategie(n) für die betrieblichen Funktionen über die Zeit auf die Gegenwart hin zu konkretisieren. Mit anderen Worten, es wird konkretisiert, welche Maßnahmen von den einzelnen betrieblichen Funktionsbereichen ergriffen werden müssen, damit die geplante Strategie realisiert werden kann.

strategic project: strategisches Projekt *n*
In der operativen Planung wird meist zwischen Standard- und Projektplanung unterschieden. Unterscheidungskriterium ist die Frage, ob eine gegenwärtig verfolgte Strategie beibehalten werden soll oder – zur Sicherung des Erfolgspotentials – mehr oder weniger langfristige Änderungen des Produkt-Markt-Konzeptes beabsichtigt werden.
Alle derartigen Aktivitäten zur Umsteuerung der laufenden Strategie werden im operativen System

in Form von (strategischen) Projektplänen aufgenommen und bis zur Handlungsreife konkretisiert.

Als strategische Projekte werden darüber hinaus solche Vorhaben bezeichnet, die zwar der Realisierung der gewählten Strategie dienen, denen aber ex ante eine für diese Realisierung bedeutsame Rolle zuerkannt wird. Zu berücksichtigen ist ferner, daß es neben strategischen auch operative Projekte gibt, die nicht unmittelbar der Umsteuerung der gegebenen Strategie dienen, sondern die Voraussetzungen für die Realisierung der laufenden Strategie verbessern sollen oder kurzfristig gebotene Maßnahmen zur Existenzsicherung des Unternehmens betreffen.

strategies of embedding: Einbindungsstrategien *f/pl*

In Situationen, in denen die Stabilität des Systems der freien Marktwirtschaft bedroht erscheint, versuchen die Unternehmungen durch Strategien auf verschiedenen Ebenen, die einmal erzielte (Teil-)Autonomie gegenüber den individuellen und gesellschaftlichen Ansprüchen und Forderungen zumindest zu bewahren, und zwar nach außen durch Autonomiestrategien und nach innen durch Einbindungsstrategien. Beide werden flankiert durch Legitimationsstrategien.

Zu den Einbindungsstrategien gehören vor allem:
(1) Die *hierarchische Machtausübung* (Zwang): Die Aufrechterhaltung asymmetrischer Machtverhältnisse und die Konservierung sozialer Distanz zwischen den einzelnen Stufen der Hierarchie (von Stellen, von Qualifikationen von Statussymbolen) u.a. mit dem Ziel, eine Gegenmacht der Arbeitnehmer zu verhindern, um Solidarität zu behindern und den Konkurrenzkampf um gut bezahlte Arbeitsplätze, hohe Positionen, Arbeitsplätze mit guten Arbeitsbedingungen zu etablieren.

(2) *Motivation und Führung*: Die Beeinflussung der Erwartungen, des Handelns und Verhaltens im Hinblick auf die Unternehmungsziele durch das Anbieten von Leistungsanreizen und Identifikationsmöglichkeiten.

(3) *Selektion und Sozialisation*: Um Ziele der Unternehmung zu handlungsrelevanten operativen Zielen werden zu lassen, müssen sie als solche von Handlungsträgern akzeptiert werden, auch wenn diese von den eigenen persönlichen Zielvorstellungen (Motiven) abweichen.

strategy: Strategie *f*

In der Entscheidungstheorie wird der Begriff der Strategie (strategy) unterschiedlich verwendet. Manchmal wird er synonym mit Option oder Entscheidung gebraucht. Häufig meint er auch einen Plan für eine terminale Entscheidung; wenn beispielsweise eine Option die Form eines Plans für je nach möglichen Kontingenzen unterschiedliche terminale Entscheidungen hat, nennt man sie meist eine Strategie. Schließlich wird der Begriff auch synonym mit dem Begriff Entscheidungsprinzip oder Entscheidungsregel verwendet, der eine Regel für die Wahl unter Optionen bezeichnet.

strategy sets *pl*: Strategiemengen *f/pl*

In der Entscheidungstheorie die Mengen der reinen und der gemischten Strategien eines Zwei-Personen-Spiels.

strategy sets diagram: Strategie-Mengen-Diagramm *n*

Die Mengen der reinen und der gemischten Strategien eines Zwei-Personen-Spiels können mit einer graphischen Darstellung illustriert werden. Die folgende Abbildung zeigt eine Auszahlungsmatrix sowie die graphische Darstellung der ihr entsprechenden Strategiemengen in einem Strategie-Mengen-Diagramm.

	b_1	b_2
a_1	2	1
a_2	3	2,5
a_3	2	4

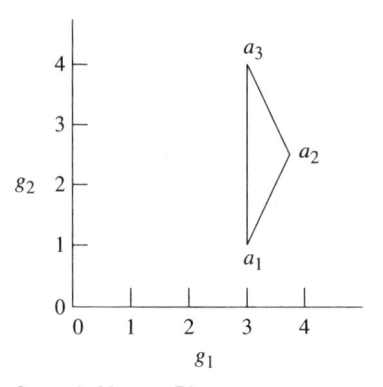

Strategie-Mengen-Diagramm

Die Strategiemenge besteht aus den Punkten auf den Grenzen und innerhalb der Grenzen des Dreiecks. Jeder Punkt in der Darstellung repräsentiert eine mögliche Strategie für P^A – rein oder gemischt. Die Abszisse g_1 zeigt die erwartete Auszahlung für P^A bei einer bestimmten Strategie, wenn P^B die Alternative b_1 wählt; die Ordinate g_2 zeigt die erwartete Auszahlung für P^A, wenn P^B die Alternative b_2 wählt. Eine erwartete Auszahlung ist die durchschnittliche Auszahlung pro Durchgang, die sich also ergibt, wenn sehr viele Durchgänge des Spiels abgewickelt werden. Die Berechnung von g_1 erfolgt unter der Annahme, P^B habe b_1 gewählt, die Berechnung von g_2 demgegenüber unter der Annahme, P^B habe b_2 gewählt. Für eine reine Strategie ergibt sich die erwartete Auszahlung durch den Eintrag in der Auszahlungsmatrix; jeder Durchgang bringt P^A – bei konstanter Strategie a_i und konstantem b_j – die gleiche Auszahlung. Für eine gemischte Strategie ist die erwartete Aus-

zahlung der Durchschnitt der mit den Wahrscheinlichkeiten der Strategienwahl gewichteten Auszahlung.
Jede der drei reinen Strategien ist in dem Strategie-Mengen-Diagramm in der Abbildung oben dargestellt. Die durch Mischung von je zwei reinen Strategien sich ergebenden möglichen Strategien werden durch die Punkte auf der geraden Linie zwischen den zwei Punkten abgebildet, die diese zwei reinen Strategien repräsentieren. Jeder Punkt innerhalb des durch die drei reinen Strategien gebildeten Dreiecks stellt eine zumindest denkbare Strategie dar. Alle überhaupt möglichen Strategien liegen innerhalb des Dreiecks oder auf seinen Grenzlinien.
Die gesamte P^A verfügbare Menge an Strategien heißt eine konvexe Menge; damit ist gemeint, daß alle Punkte auf der geraden Linie zwischen jeweils zwei reine Strategien repräsentierenden Punkten ebenfalls in der Strategiemenge enthalten sind. Die Menge der reinen und gemischten Strategien bildet immer eine konvexe Menge, ganz unabhängig von der Anzahl der für P^A bzw. P^B verfügbaren Handlungsalternativen und den Auszahlungen bei den verschiedenen Konsequenzen. Graphisch dargestellt braucht die Strategiemenge übrigens kein Dreieck zu bilden. Einige andere konvexe bzw. nicht-konvexe Mengen zeigen die Abbildungen (a) und (b):

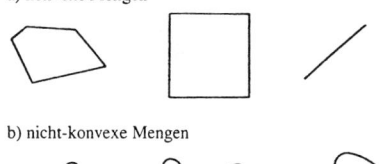

a) konvexe Mengen

b) nicht-konvexe Mengen

konvexe Mengen

Wenn P^B mehr als zwei Optionen zur Verfügung stehen, kann die Strategiemenge graphisch nicht mehr in zwei Dimensionen dargestellt werden, da jede Option b eine eigene Dimension erfordert. Im Falle dreier Optionen kann die Menge der für P^A möglichen reinen und gemischten Strategien als ein dreidimensionaler Körper vorgestellt werden. Wenn es um mehr als drei Optionen geht, wird die anschauliche Vorstellung etwas schwierig; aber zumindest mathematisch läßt sich die Strategiemenge von P^A als ein n-dimensionaler konvexer Körper beschreiben, wenn P^B über n reine Strategien verfügt.

straw boss: Gruppenführer *m*, Hilfsvorarbeiter *m*
street hawker: Hausierer *m*, ambulanter Händler *m*, Straßenhändler *m*
strenuous: anstrengend

stress: Beanspruchung *f*, betonen, Nachdruck *m*, Stress *m*
stretch-out (of work): Verlangsamung *f* der Arbeit *f*
strictures *pl*: scharfe Kritik *f*
strike: Arbeit *f* niederlegen, Arbeitseinstellung *f* (Niederlegung), Streik *m*, streiken, in Streik *m* treten
strike benefits *pl*: Streikgelder *n/pl*, Zahlung *f* der Gewerkschaft *f* an die Streikenden *m/pl*
strike-bound: bestreikt
strike breaker: Streikbrecher *m*
strike fund: Streikfonds *m* (der Gewerkschaft), Streikkasse *f*
strike notice: offizielle Benachrichtigung *f* von geplantem Streik *m*, Streikanzeige *f*
strike pay: Streikgelder *n/pl*, Zahlung *f* der Gewerkschaft *f* an die Streikenden *m/pl*, Streiklohn *m*
strike vote: Streikurabstimmung *f*
striker: Ausständiger *m*, Streikender *m*
string of characters: Zeichenfolge *f (EDV)*
strive: streben, sich bemühen
strong evidence: schwerwiegender Beweis *m*
strongroom: Stahlkammer *f*
structural change: Strukturwandel *m*
structural crisis: Strukturkrise *f*
structural diversification: strukturelle Diversifizierung *f*, strukturelle Diversifikation *f*
Eine Form der Diversifikation, genauer der horizontalen Diversifikation, die dadurch charakterisiert ist, daß „ein bestehendes Bedürfnis durch Produkte eines anderen Industriezweiges befriedigt wird" (Edwin Borschberg).

structural functionalism: Strukturfunktionalismus *m*
Eine Orientierung in der Soziologie, deren Bezugspunkt das soziale System und seine funktionalen Erfordernisse wie Selbsterhaltung, Zielerreichung, Umweltanpassung sind. Der Strukturfunktionalismus befaßt sich mit strukturellen Problemlösungen, d.h. überpersönlichen dauerhaften Ordnungen. Analog sieht die betriebswirtschaftliche Organisationslehre den Aspekt der Zielerreichung als die zentrale funktionelle Aufgabe eines Unternehmens an. Alle Elemente einer Organisation werden auf das Ziel der ökonomisch effizienten Produktion von Gütern und Dienstleistungen abgestimmt. Um dieses Ziel zu erreichen, sind formale Strukturen wie Hierarchie, Standardisierung und Spezialisierung erforderlich.
Betriebspsychologische Studien haben jedoch belegt, daß oft Entfremdung, Unpersönlichkeit und verminderte Leistung als Folgen dieser formalen Strukturen für die Betriebsangehörigen auftreten.

Objekt der Attribution \ Subjekt der Attribution	Führer	Geführter
Führer	[1] Leistungsverhalten des Führers	[2] **Führung als attributierte Eigenschaft**
Geführter	[3] **Führung als Attributionsreaktion**	[4] Leistungsverhalten des Geführten, Identitätsbildung

Der Ansatz der klassischen Organisationslehre

Aus dieser Erkenntnis entwickelte sich die Human-Relations-Schule der Unternehmensführung.

structural improvement: strukturelle Verbesserung f

structural organization: Strukturorganisation f, Aufbauorganisation f
Die Strukturierung von Systemen. „Der Aufbau stellt den statischen Teil der Organisation dar, wogegen bei der Ablauforganisation Raum und insbesondere die Zeit eine Rolle spielen, so daß sich diese als dynamischer Anteil bezeichnen läßt" (M. Gaitanides).
Die Aufbauorganisation hat im wesentlichen folgende Aufgaben:
• Festlegung der Arbeitsteilung durch lückenlose Aufteilung aller im Unternehmen wahrzunehmenden Aufgaben.
• Zusammenfassung der Teilfunktionen in Funktionsbereiche von führungsmäßig praktikabler Größenordnung und deren Einordnung in einen gestuften hierarchischen Aufbau.
• Kooperationsgerechte Gestaltung der Unternehmensstruktur, die es ermöglicht, die aufgeteilten Funktionen zur angestrebten Gesamtleistung zusammenzuführen.
• Regelung der Beziehungen und Ordnung des Zusammenwirkens der Funktionsbereiche.
An der klassischen Trennung in Aufbau- und Ablauforganisation ist kritisiert worden, sie sei lediglich gedanklich zu leisten und stifte daher für die praktische Organisationsarbeit wenig Nutzen.
In der organisatorischen Gliederung des Unternehmens findet die Legitimation der Machtverhältnisse des Managements findet ihren sichtbaren Ausdruck. Die Aufbauorganisation eines Unternehmens ist hierarchisch gegliedert: Beginnend von ausführenden (operativen) Tätigkeiten bis zur Unternehmensspitze zeigt das Unternehmen einen pyramidenförmigen Aufbau in den Kompetenzverhältnissen. Man spricht auch von der Management-Pyramide. Innerhalb des Unternehmens sind die Grundlagen der Macht durch die Aufbauorganisation geregelt oder werden informell durch stillschweigende Übereinkunft und Duldung ausgeübt.

structural unemployment: strukturelle Arbeitslosigkeit f

structural variable: Strukturvariable f
In der Organisationstheorie die objektiven, rational planbaren Aspekte der Organisation.

structure: bauliche Anlage f, Aufbau m, Bau m, Bauwerk n, Gebäude n, Struktur f

structure of farm prices: Agrarpreisgefüge n

structured decision: strukturierte Entscheidung f
Ein Entscheidungstyp, der durch ein Netz von Verwaltungsvorschriften geregelt ist. Es besteht ein genau definierter Ablauf des Entscheidungsvollzugs.

struggle: Kampf m, ringen, Streit m

stub: Abschnitt m, Kontrollabschnitt m, Stammabschnitt m

stub card: Abschnittkarte f (EDV)

stub filing card: perforierte Karte f (EDV)

study group: Arbeitsgemeinschaft f, Studiengruppe f, Studienkommission f

study of business cycles: Konjunkturforschung f

study of economic cycles: Konjunkturforschung f

study of references: Quellenforschung f

study of sources: Quellenforschung f

stuff: Rohstoff m, Stoff m, Zeug n

styling: Formgebung f, industrielle Formgebung f

stylish: modisch, stilvoll

subaccount: Unterkonto n

subagency: Nebenstelle f

subagent: Untervertreter m

subassembly: Aggregat n, Teilmontage f, Untergruppe f

subcontract: Lohnarbeitsvertrag m abschließen, Untervertrag m abschließen

subcontract work: Lohnarbeit f, Lohnauftrag m

subcontracted work: auswärtige Bearbeitung f

subcontractor: Unterlieferant m, Subkontraktor m, Sublieferant m

subdepartment: Unterabteilung f

subdivide: aufteilen, parzellieren, unterteilen
subdivision: Aufteilung *f* (größerer Grundstücke in Bauplätze), Parzellierung *f*, Siedlungsgelände *n*, Unterteilung *f*, Wohnsiedlung *f*
subgroup: Untergruppe *f*
subhastation: Zwangsversteigerung *f*
subinfeudation: Afterbelehnung *f*
subitem: Unterposten *m*
subject: Gegenstand *m*, Person *f*, Sache *f*, Sachgebiet *n*
subject matter: Gegenstand *m*, Lehrstoff *m*
subject of instruction: Lehrstoff *m*
subject to: vorbehaltlich
subject to authorization: genehmigungspflichtig
subject to charge: gebührenpflichtig
subject to notice: aufkündbar, kündbar
subject to postage: portopflichtig
subject to six month notice: mit halbjährlicher Kündigung *f*
subject to taxation: steuerpflichtig
subjective: subjektiv, unsachlich
subjective information demand: subjektive Informationsnachfrage *f*
Die Management-Informationen, die ein Entscheider für die Lösung seines Problems verlangt.
subjective probability: subjektive Wahrscheinlichkeit *f*
Die auf Ansichten, Meinungen, Vermutungen, Schätzungen, Expertisen usw. beruhende Schätzung der Eintrittswahrscheinlichkeit von Auswirkungen.
subjective value: subjektiver Wert *m*
subjective value of an outcome: subjektiver Wert *m* einer Konsequenz
Der Nutzen, den eine Konsequenz für eine Person hat. In der Entscheidungstheorie ist bei Entscheidungen unter Risiko jede reine Strategie definitionsgemäß a_i ein Spiel. Die erwartete Auszahlung bei einem Spiel kann man sich als die durchschnittliche Auszahlung an den Protagonisten P^A vorstellen, wenn er dieses Spiel in einer prinzipiell unendlich großen Anzahl von Durchgängen wählen und jeweils die entsprechende Auszahlung erhalten würde. Man kann natürlich nicht wirklich „erwarten", in jedem einzelnen Durchgang die „erwartete Auszahlung" zu bekommen: Wenn z.B. P^A ein Spiel zu wählen hat, bei dem $p_1 = 1/3$, $p_2 = 2/3$, $v_1 = +1$ DM und $v_2 = -1$ DM ist, beträgt die erwartete Auszahlung 1/3 DM; doch im einzelnen Durchgang beträgt sie entweder +1 DM oder -1 DM, sie kann nicht 1/3 DM betragen.
Das Erwartungswert-Prinzip steht in Einklang mit dem Dominanzprinzip, d.h. die nach dem Erwartungswert-Prinzip optimale Strategie ist stets auch zulässig. Welche der zulässigen Strategien im Einzelfall jedoch gewählt wird, hängt von den Werten der Wahrscheinlichkeiten p_j ab. Durch entsprechende Spezifikation der p kann jede zulässige Strategie optimal im Sinne des Erwartungswert-Prinzips gewählt werden, d.h. die Menge der zulässigen Strategien und die Menge der nach dem Erwartungswert-Prinzip optimalen Strategien sind identisch.
Das Erwartungswert-Prinzip besteht im Grunde aus einer Gruppe von Prinzipien, die sich in der Interpretation der Werte v_i und der Wahrscheinlichkeiten p unterscheiden. Sowohl die Werte v_{ij} wie die Wahrscheinlichkeiten p_j können entweder als „objektiv" oder als subjektiv verstanden werden. Mit einem „objektiven" Wert ist im allgemeinen ein Geldbetrag oder irgendein anderes Gut gemeint; der „subjektive" Wert einer Konsequenz für eine Person wird als Nutzen bezeichnet. Und ebenso kann es sich bei der Wahrscheinlichkeit eines Ereignisses um eine „objektive" oder um eine „subjektive", personenspezifische Größe handeln.

sublease: Aftervermietung *f*, Untermiete *f*, untermieten, untervermieten, Untervermietung *f*, Unterverpachtung *f*
sublessee: Untermieter *m*, Unterpächter *m*
sublessor: Untervermieter *m*, Unterverpächter *m*
sublet: untermieten, untervermieten, unterverpachten
subletting: Untermiete *f*, Unterpacht *f*
subminimum rate: Lohnsatz *m* unter dem festgesetzten Minimum *n* (für Lehr- und Anlernzeit)
submission: 1. Submission *f*, Unterbreitung *f*
Eine Marktveranstaltung des Beschaffungsmarketing, die vor allem durch die folgenden Merkmale charakterisiert ist:
• Ein Nachfrager richtet eine schriftliche Aufforderung an Anbieter, schriftliche Angebote für eine zu erbringende Leistung an ihn zu richten, an die die Anbieter innerhalb der Zuschlagfreies gebunden sind;
• vertrauliche Behandlung des Inhalts, der Zahl und der Absender von Angeboten während der Anbietungsfrist (d.h. mindestens bis zum Eröffnungstermin);
• Verzicht auf Zusatz- oder Nachverhandlungen mit den Anbietern während der Zuschlagfreies;
• Zuschlag wird an denjenigen Anbieter erteilt, der das günstigste Angebot unterbreitet hat.
Unterschieden wird zwischen öffentlichen Ausschreibungen, bei denen freier Zugang aller Anbieter herrscht, die die Bedingungen der Ausschreibung zu erfüllen in der Lage sind, und beschränkten Ausschreibungen, bei denen die Aufforderung zur Unterbreitung von Angeboten an eine begrenzte Zahl von Anbietern gerichtet wird.
Daneben wird auch die freihändige Vergabe im weitesten Sinne zu den Ausschreibungen gerech-

net. Bei dieser Vergabeform herrscht weitgehende Formfreiheit, so daß der Nachfrager dabei auch die Möglichkeit zu Preisverhandlungen oder zu Verhandlungen über Zusatzleistungen und andere Modalitäten hat. In der Regel sind Ausschreibungen Einkaufsverfahren wiewohl es auch Verkaufsausschreibungen, Einschreibungen, gibt. Besonders verbreitet sind Ausschreibungen bei der Vergabe öffentlicher Aufträge im Baugewerbe.
2. Unterwerfung f
submission of account: Rechnungsvorlage f
submit: anheimstellen, unterbreiten, vorlegen
submit to: nachgeben, sich unterwerfen
suboffice: Nebenstelle f
subordinate: nachstehend, untergeordnet, nachordnen, Untergebener m, unterordnen
subordinate mortgage: nachstellige Hypothek f
subordinate statement: Nebenabrechnung f, Nebenbilanz f
subordinated debt: nachgeordnete Schuld f
subordinated to, be: unterstehen
subordination: Unterordnung f, Subordination f
subordination combination: Unterordnungskonzern m
Ein Konzern, bei dem die einheitliche Leitung aufgrund eines Beherrschungsverhältnisses vom Management der Konzernobergesellschaft wahrgenommen wird. Das Beherrschungsverhältnis kann auf vertraglichen Grundlagen beruhen, Vertragskonzern, oder aufgrund einer absoluten oder relativen Mehrheitsbeteiligung gegeben sein, faktischer Konzern.
Die einheitliche Leitung wird durch die Geschäftsführung oder den Vorstand der Konzernobergesellschaft wahrgenommen. Bei dem relativ seltenen Gleichordnungskonzern erfolgt die einheitliche Leitung durch ein vertragliches Gemeinschaftsorgan oder durch eine anderweitige personelle Verflechtung der Geschäftsführung der beteiligten Unternehmen.
subordination quotient: Subordniationsquotient m
Im Zusammenhang mit der Kontrollspanne spricht man auch vom Subordinationsquotienten und bezeichnet damit den reziproken Wert der an eine Instanz berichtenden Mitarbeiter bzw. Stellen oder rangniedrigeren Instanzen.
suborn: zum Meineid m anstiften
subornation of perjury: Anstiftung f zum Meineid m
subpoena (under penalty): Zeugenvorladung f unter Strafandrohung f
subrogation: Recht n des Versicherers m, sich an einem Dritten m schadlos zu halten, Subrogation f, Unterschiebung f
subroutine: Unterprogramm n (EDV)
subscribe: abonnieren, zeichnen (Wertpapiere)
subscribed bond: gezeichnete Anleihe f
subscribed capital: gezeichnetes Kapital n
subscribed capital stock: ausstehende Einlagen f/pl auf das Grundkapital n
subscriber: Abonnent m, Zeichner m (von Wertpapieren)
subscribers' insurance: Abonnentenversicherung f
subscription: Abonnement n, Subskription f, Zeichnung f (Wertpapiere)
subscription agent: Bezieher-Werber m
subscription certificate: Zeichnungsschein m
subscription ledger: Aktienzeichnungsbuch n
subscription list: Zeichnungsliste f
subscription of new shares pl: Zeichnung f neuer Aktien f/pl
subscription of shares pl: Aktienzeichnung f
subscription offer: Zeichnungsangebot n
subscription right: Bezugsrecht n des Aktionärs m
subscription warrant: Bezugsrecht n
subscriptions pl **receivable:** ausstehende Einlagen f/pl auf das Grundkapital n
subsection: Absatz m, Abschnitt m, Unterabschnitt m
subsequent: Folge-
subsequent bid: Nachgebot n
subsequent claim: Nachforderung f
subsequent condition: auflösende Bedingung f
subsequent delivery: Nachlieferung f
subsequent endorser: Nachmann m (Wechsel)
subsequent impossibility of performance: nachträgliche Unmöglichkeit f der Leistung f
subsequent impossibility: nachträgliche Unmöglichkeit f
subsequent payment: Nachschuß m, Nachzahlung f, Zuzahlung f
subsidiary: abhängiges Unternehmen n, Konzerngesellschaft f, Nebenbetrieb m, Schwestergesellschaft f, Hilfs-, Neben-
subsidiary account: Hilfskonto n, Unterkonto n
subsidiary appointment: Nebenamt n
subsidiary company: Schwestergesellschaft f, Tochtergesellschaft f

765

subsidiary journal: Hilfsbuch *n*, Hilfsjournal *n*, Nebenbuch *n*
subsidiary ledger: Hilfsbuch *n*, Nebenbuch *n*
subsidiary ledger account: Nebenbuchkonto *n*
subsidiary record: Hilfsbuch *n*
subsidiary result: Nebenergebnis *n*
subsidies *pl*: Subventionen *f/pl*, Unterstützungsgelder *n/pl*
subsidize: subventionieren, zuschießen
subsidized time: Zeitzuschlag *m* (um Mindestlohn zu erreichen)
subsidized undertaking: Zuschußbetrieb *m*
subsidy: Hilfsgeld *n*, Staatszuschuß *m*, Subvention *f*
subsistence: Auskommen *n*, Lebensunterhalt *m*, Unterhalt *m*
subsistence allowance: Lebenshaltungskostenzuschuß *m*, Unterhaltszuschuß *m*
subsistence minimum: Existenzminimum *n*
subsistence theory of labor supply: ehernes Lohngesetz *n*
subsistence theory of wages *pl*: ehernes Lohngesetz *n* (David Ricardo)
subsistence wage(s) *(pl)*: Subsistenzlohn *m*
substance: Kern *m*, Stoff *m*, Wesentliche *n*
substantial: erheblich, wesentlich
substantiate by prima facie evidence: glaubhaft machen
substantiate: begründen, erhärten, nachweisen
substantiation: Begründung *f*, Erhärtung *f*
substantive law: materielles Recht *n*
substantive matters *pl*: substantielle Probleme *n/pl*
Im Kollegialmodell Probleme, für die es keine generelle Lösung gibt und die von Fall zu Fall aus der Problemsicht einer ganzen Gruppe im Unternehmen gelöst werden müssen.
substitute: stellvertretend, Austauschmaterial *n*, Ersatz *m*, Ersatzmann *m*, Ersatzstoff *m*, ersetzen, Stellvertreter *m*, substituieren, Surrogat *n*, unterbevollmächtigen, Unterbevollmächtigter *m*, Untervertreter *m*, vertauschen, Vertreter *m* (Stellvertreter)
substitute power of attorney: Untervollmacht *f*
substitution: Ersetzen *n*, Stellvertretung *f*, Substitution *f*, Untervollmacht *f*
substitution effect: Substitutionseffekt *m*
Einer von drei Arten von Absatzeffekten, mit denen nach Axel Bänsch der Produktdifferenzierung generell zu rechnen ist. Er besteht darin, daß es aufgrund der Produktdifferenzierung zu Absatzverschiebungen bei den Käufern des Unternehmens kommt, die eine bisher gekaufte Variante eines Produkts nicht mehr oder nicht mehr im selben Umfang wie bisher kaufen.
„Während Partizipationseffekte und Bedarfssteigerungseffekte in jedem Fall erwünscht sind, kann der Substitutionseffekt in so nachteiliger Weise auftreten, daß eine entsprechende Produktdifferenzierung unrational erscheinen mag" (Axel Bänsch).

substitution of capital: Kapitalablösung *f*
substitutional goods *pl*: Substitutionsgüter *n/pl*
Eine Nachfragebeziehung zwischen zwei oder mehr Gütern ist durch Substitutionalität gekennzeichnet, wenn die Mindernachfrage nach dem einen Gut durch eine entsprechende Mehrnachfrage nach dem anderen Gut ersetzt (substituiert) wird. Das genaue Austauschverhältnis für infinitesimal kleine Mengenverschiebungen der Güter 1 und 2, die einen gleichbleibenden Nutzen stiften, wird als Grenzrate der Substitution bezeichnet, die in der graphischen Darstellung durch die Steigung der Indifferenzkurve angegeben wird.
Substitutionsgüter (substitutive Güter) sind folglich solche Güter, die wie z.B. Butter und Margarine, Heizöl und elektrische Energie usw., die in einer Substitutionsbeziehung zueinander stehen. Die Substitutionalität verschiedener Produkte kann sehr unterschiedliche Grade haben.
Der Grad der Substitutionalität zwischen zwei Gütern wird durch den Kreuzpreiselastizitätskoeffizienten (Triffinscher Koeffizient) angegeben. Entsprechend dem Identitätsgrad zwischen verschiedenen Produkten ist die Substitutionskonkurrenz zwischen ihnen unterschiedlich ausgeprägt. „Je ähnlicher die Produkte einander sind, je gleichartiger sie den gewünschten Verwendungszweck erfüllen, je gleichartiger die Qualität und je günstiger das Preisverhältnis ist, um so intensiver werden sich die Wettbewerbsbeziehungen gestalten. Eine gewisse Hemmung dieser Intensität des Substitutionswettbewerbs kann eintreten, wenn eine Substitution nur schwer reversibel gemacht werden kann" (Peter Schaal).
In der mikroökonomischen Haushaltstheorie werden alle Mengenkombinationen zweier substituierbarer Güter, die nach Einschätzung des Konsumenten denselben Nutzen stiften, in sog. Indifferenzkurven graphisch dargestellt.
Die Darstellung in Form von Isonutzenkurven geht auf Theorien und Überlegungen Vilfredo Paretos zur Ophelimität zurück. Es wird davon ausgegangen, daß jeder Haushalt eine je nach der Struktur seines Bedarfs unterschiedliche Schar von Indifferenzkurven hat. Dabei wird jeweils durch die Grenzrate der Substitution angegeben, auf welche Menge eines Gutes verzichtet werden muß, um durch eine infinitesimale Erhöhung einer anderen Menge dasselbe Nutzenniveau zu behalten. Eine

Erfolg organisatorischer Regelungen

E_{max} — Optimum

Unterorganisation | Überorganisation

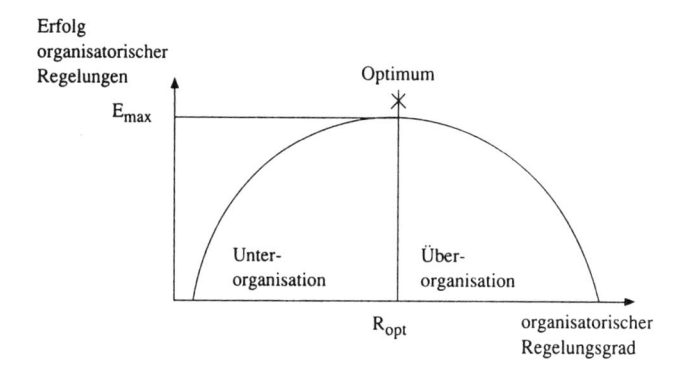

R_{opt} — organisatorischer Regelungsgrad

der Schwachstellen dieser und ähnlicher, auf der Grundannahme eines sich vollkommen rational verhaltenden homo oeconomicus basierenden Theorien ist die Unterstellung einer weitgehenden Substituierbarkeit von Gütern. E. Carell hat in diesem Zusammenhang die Frage aufgeworfen, was wohl der Gast eines Restaurants sagen würde, wenn ihm der Ober eröffnete, Schnitzel seien leider ausgegangen, dafür bekäme er aber die zehnfache Menge Kartoffeln. Günther Wiswede antwortete: „Es ist wohl zu vermuten, daß dieser Gast kopfschüttelnd das Lokal verlassen wird, es sei denn, er wäre zufällig Volkswirt."

substitutional competition: Substitutionskonkurrenz *f*
Die Gesamtzahl der Mitbewerber eines Anbieters, auf deren Produkte und Dienstleistungen sich die Nachfrage in einem Markt grundsätzlich verlagern kann, Substitutionsgüter. Ein geeignetes Instrument zur Messung und Beurteilung einer Substitutionsbeziehung zwischen den Angeboten verschiedener Firmen stellt die Kreuzpreiselastizität (Substitutionselastizität, Triffinscher Koeffizient) dar.

substitutional principle of organization: Substitutionsprinzip *n* der Organisation
Aufgabe des Substitutionsprinzips der Organisation nach Erich Gutenberg ist die Bestimmung des Optimums an fallweiser und genereller Regelung für betriebliche Tatbestände. Das Substitutionsprinzip fordert dazu auf, fallweise durch generelle Regelungen solange zu ersetzen, bis ein Gleichgewicht zwischen Variabilität der betrieblichen Gegenstände und dem Ausmaß gebundener Regelungen erreicht ist. Je mehr variable betriebliche Tatbestände vorfindbar sind, um so weniger kann die Substitution fallweiser durch generelle Regelungen erfolgen. Eine Überorganisation liegt demnach vor, wenn variable Tatbestände generell geregelt sind, eine Unterorganisation dagegen dann, wenn Wiederholungsvorgänge nicht generell geregelt sind. Schematisch läßt sich der Zusammenhang wie in der Abbildung oben darstellen.

subtenant: Untermieter *m*, Unterpächter *m*
subtotal: Zwischensumme *f*
subtract: abziehen, subtrahieren
subtraction: Abzug *m*, Subtraktion *f*
subunit: Untergruppe *f*
subvention: Subvention *f*, Unterstützung *f*
subway: Untergrundbahn *f*
succeed: beerben, erfolgreich sein, nachfolgen, obsiegen, sukzedieren
succeed one another: aufeinanderfolgen
succeeding: nachfolgend
success: Erfolg *m*
success-oriented action: erfolgsorientiertes Handeln *n*
Das erfolgsorientierte Handeln läßt sich als Gegenstück zum verständigungsorientierten Handeln in dem Sinne verstehen, daß hier Sprache und Argumentation nicht Zentrum und Basis der Handlungskoordination bilden, sondern andere Koordinationsmedien (Macht, Geld und Markt etc.) die Koordination bewirken (sollen). Unternehmensführung ist in der Marktwirtschaft der Grundidee nach als rein erfolgsorientiertes Handeln verfaßt.
Den Kern erfolgsorientierten Handelns bildet das, was man in der ökonomischen Theorie als subjektive Handlungsrationalität zu bezeichnen pflegt: Der einzelne Aktor maximiert nach Maßgabe seiner eigenen Präferenzfunktion und seines Mittelwissens seinen Nutzen dadurch, daß er in einer gegebenen Handlungssituation die Wirkungen der möglichen Mittelwahlen abschätzt und dann die geeigneten optimalen Mittel auswählt.
Diese – im Hinblick auf die vorzunehmende Mittelwahl für gegebene Zwecke auch als Zweckrationalität (Max Weber) bezeichnete – Rationalitätsidee liegt u.a. der (normativen) betriebswirtschaftlichen Entscheidungstheorie zugrunde. Sie versteht das Individuum als rationales Wesen, homo oeconomicus, dessen Rationalität sich nicht wie beim verständigungsorientierten Handeln erst in einem Prozeß gemeinsamer Begründungsanstrengungen und den daraus resultierenden „guten Gründen" manifestiert. Die so verstandene subjektive Handlungsrationalität kann auch – weil die Präferenzfunktion der Individuen als gegeben vorausgesetzt wird – niemals (wie die kommunikative Rationalität des verständigungsorientierten Han-

delns) die Ebene der konfligierenden Zwecke explizit thematisieren.
Beim erfolgsorientierten Handeln interessiert der andere Mensch eigentlich nur insoweit, wie er als Mittel für die Erreichung der eigenen Zwecke, des eigenen Vorteils, geeignet ist und gebraucht wird. Wenn sich dabei nicht von vornherein zufällig ein faktischer Interessengleichklang ergibt, wie etwa bei Marktpartnern, die zu einem gegebenen Marktpreis ein für beide Teile profitables Geschäft machen können, muß der andere durch Belohnungen oder Bestrafungen oder durch Überredung, also letztlich durch Machtgebrauch, so beeinflußt werden, daß er bereit ist, sich in das intendierte Handlungsprogramm zu fügen.
Die wechselseitige Beeinflussung und nicht die Argumentation zur Gewinnung gemeinsam begründeter Handlungsorientierungen steht im Zentrum erfolgsorientierten Handelns der einzelnen Akteure. Alle Partner behalten letztlich ihre individuellen Ansprüche und Interessenpositionen bei und verschränken sie für den Augenblick durch strategische Konzessionen nur insoweit, wie es aufgrund der Machtverteilung und der Einflußbemühungen geboten und subjektiv vorteilhaft ist; insofern ist erfolgsorientiertes Handeln von vorherein auf den Kompromiß und nicht auf den Konsens angelegt.

succession: Beerbung *f*, Erbfall *m*, Nachfolge *f*, Reihe *f*, Sukzession *f*
succession in title: Rechtsnachfolge *f*
successive: folgend, sukzessiv
successive per capita: Erbfolge *f* nach Köpfen
successive per stirpes: Erbfolge *f* nach Familienzweigen *m/pl*
successive to a business: Geschäftsübernahme *f*
successor: Nachfolger *m*, Rechtsnachfolger *m*
successor in the business: Geschäftsnachfolger *m*
successor in title: Nachmann *m*, Rechtsnachfolger *m*
successor planning: Nachfolgeplanung *f*
Eine Form der Karriereplanung bzw. Personalbedarfsplanung, bei der Bedarf sich aus Vakanzen bei gleichbleibender Belegschaftsstärke ergibt.
sue: anstrengen, eine Klage *f* belangen, betreiben, einen Rechtsstreit *m* klagen, prozessieren, verklagen
sue for an injunction: auf Unterlassung *f* klagen
sue in forma pauperis: unter Armenrecht *n* klagen
suffer: dulden, leiden, zulassen
sufferance: Duldung *f*
suffix: anhängen, suggestanregen, suggerieren, vorschlagen

suggestion: Anregung *f*, Vorschlag *m*
suggestion plan: betriebliches Vorschlagswesen *n*
suggestion scheme: betriebliches Vorschlagswesen (BVW) *n*
Eine betriebliche Einrichtung zur Förderung, Begutachtung, Anerkennung und Verwirklichung von Verbesserungsvorschlägen der Arbeitnehmer. Das betriebliche Vorschlagswesen bietet einzelnen Mitarbeitern ebenso wie Mitarbeitergruppen die Möglichkeit, eigene Ideen zu äußern und durch konkrete Vorschläge ökonomische, technische und soziale Bedingungen und Wirkungen der Betriebsprozesse zu verbessern. An einen Verbesserungsvorschlag werden folgende Anforderungen gestellt:
• Er soll eine möglichst präzise dargestellte Lösung zur Verbesserung eines gegenwärtigen Zustands enthalten und dabei konkret beschreiben, was verbesserungsbedürftig ist sowie konstruktiv aufzeigen, wie die Verbesserung vorgenommen werden kann.
• Er muß zumindest für den vorgesehenen betrieblichen Anwendungsbereich eine nutzbringende (z.B. kostenreduzierende, sicherheitsverbessernde, umweltschützende, unfallverhütende, prestigesteigernde) Neuerung darstellen.
• Er wird nur dann prämiiert, wenn er nicht unmittelbares Ergebnis aus der Erfüllung der zugewiesenen Stellenaufgabe des Einreichers ist, sondern eine über den Rahmen des Arbeitsvertrags hinausgehende freiwillige Sonderleistung darstellt.
Inhaltlich können sich Verbesserungsvorschläge auf sämtliche Aspekte der Leistungserstellung und -verwertung, der betrieblichen Sicherheit sowie auf Sozialleistungen erstrecken. Die Grundsätze des betrieblichen Vorschlagswesen sind nach § 87, Absatz 1, Ziffer 12 des Betriebsverfassungsgesetzes dem Mitbestimmungsrecht des Betriebsrates zuzurechnen.
Zu den wichtigsten Zielen des betrieblichen Vorschlagswesen gehören neben der vorrangigen Steigerung von Produktivität und Wirtschaftlichkeit, die Erhöhung der Arbeitssicherheit, Arbeitserleichterungen, die Verbesserung der Konkurrenzfähigkeit, die Erweiterung des Personalführungsinstrumentariums und die Ausgestaltung von Möglichkeiten zur Persönlichkeitsentfaltung. Die wichtigsten Kennzahlen (Effizienzkriterien) zur Einschätzung des Erfolgs sind die Beteiligungs- und Annahmequoten sowie die Prämienarten und -höhen.
Um höchste Effizienz zu erreichen, stehen folgende Gestaltungsinstrumente zur Verfügung:
(1) Durch eine systematische Werbung sollen alle Betriebsangehörigen über die Funktionsweise des betrieblichen Vorschlagswesen informiert und zur Beteiligung am betrieblichen Vorschlagswesen angeregt werden.
(2) Im Rahmen eines Anreizsystems wird ein Bewertungsverfahren benötigt, mit dem der Nutzen eines Verbesserungsvorschlags für die Unterneh-

mung so präzise wie möglich zu ermitteln ist, um den Einreicher daran partizipieren zu lassen bzw. äquivalente Formen der Belohnung auswählen zu können. Mehrere Bewertungskriterien sind in ausgewogener Weise gleichzeitig zu berücksichtigen. Hierzu zählen der geschätzte Nutzen für den Betrieb, der Fleiß (das Engagement) des Einreichers, die Originalität (der Neuigkeitsgehalt) seines Verbesserungsvorschlags, die Vergleichbarkeit mit bereits prämiierten Verbesserungsvorschlägen (Prinzip der relativen Gerechtigkeit) sowie die Werbewirksamkeit und Anreizwirkung für potentielle Teilnehmer am betrieblichen Vorschlagswesen.

(3) Bei der Wahrnehmung einer längerfristigen Aufgabe sind Effizienzverbesserungen zu erwarten, wenn sie organisatorisch gestaltet wird. Innerhalb der Organisation des BVW können ablauf- und aufbauorganisatorische Aspekte gedanklich unterschieden werden. Im Rahmen der Ablauforganisation sind die Vorschlagswege (Dienstweg und/oder Sonderwege), die Vorschlagsformen (schriftlich oder mündlich, mit oder ohne Namensnennung) und die Vorschlagsbearbeitung zu regeln. Innerhalb der Aufbauorganisation werden Aufgaben, Kompetenzen und Verantwortung der am betrieblichen Vorschlagswesen beteiligten Aufgabenträger (Organe) festgelegt. Neben dem Unternehmer bzw. dem Management sind die wichtigsten Aufgabenträger der Betriebsrat, der BVW-Beauftragte, die Gutachter, die BVW-Kommission und evtl. ein besonderer Berufungsausschuß (Einigungsstelle).

(4) Die Kombination des betrieblichen Vorschlagswesens mit anderen Instrumenten wie Rationalisierung, Innovation und Personalentwicklung.

Die Ursprünge des heutigen betrieblichen Vorschlagswesens reichen in Deutschland bis ins 19. Jahrhundert zurück. Während des Zweiten Weltkriegs sah der Staat im betrieblichen Vorschlagswesen eine willkommene Einrichtung zur Steigerung der Arbeitsleistung bei gleichzeitiger Kostensenkung durch Einsparung von Material, Arbeitskräften und Zeit.

Der nach dem Zweiten Weltkrieg in der Bundesrepublik Deutschland einsetzende wirtschaftliche Aufschwung führte auch zum Wiedereinsatz an das betrieblichen Vorschlagswesen.

suggestion selling: Kundenbeeinflussung f
suggestive selling: Kundenbeeinflussung f
suit: Klage f, Prozeß m
suitability: Eignung f
suitable: angemessen, geeignet, zweckdienlich
suitable to be discounted: diskontfähig
suitor: Kläger m, Prozeßpartei f
sum: Betrag m, Endsumme f, Summe f
sum-of-the-years digit method of depreciation: digitale Abschreibung f, Jahressummenabschreibung f
sum total of account: Rechnungsbetrag m
sum up: addieren, resümieren, summieren, zusammenfassen
summarize: zusammenfassen
summarizing: Summierung f
summary: summarisch, zusammenfassende Darstellung f, Resümee n, Überblick m, Übersicht f, Zusammenfassung f
summary balance sheet: zusammengefaßte Bilanz f
summary card: Summenkarte f (EDV)
summary of evidence: Tatbericht m
summary procedure: beschleunigtes Verfahren n
summary proceeding: summarisches Verfahren n
summation check: Summenkontrolle f (EDV)
summation: Summierung f
summing up: Summierung f, Zusammenfassung f
summit: Spitze f
summon: auffordern, einberufen, laden (vor Gericht), vorladen, zusammenrufen
summons: Aufforderung f, Gerichtstermin m, Ladung f (vor Gericht), Termin m, Gerichtstermin m, gerichtliche Vorladung f
sundry: sonstige, verschiedene
sundry accounts pl: verschiedene Konten n/pl
sunk cost: irrelevante Kosten pl
Im Bemühen um den Ausbau der Kostenrechnung vom reinen Abrechnungs- zu einem Entscheidungsinstrument wird in modernen Kostenrechnungssytemen der Begriff der Einzelkosten relativiert, indem als Zurechnungsobjekt nicht nur einzelne Leistungseinheiten, sondern auch andere Kalkulationsobjekte zugelassen werden. Als Kalkulationsobjekt kommen dabei alle denkbaren Entscheidungsgegenstände, etwa Produkte, Kostenstellen, Produktgruppen, Absatzwege, Absatzregionen oder Kundengruppen in Frage, denen man bestimmte Kosten unmittelbar zurechnen kann. Man spricht wegen dieser Relativierung des Einzelkostenbegriffs von relativen Einzel- bzw. relativen Gemeinkosten. Die Notwendigkeit einer segmentspezifischen Preispolitik macht eine solche relative Einzelkosten- und Deckungsbeitragsrechnung zu einem nützlichen Informations- und Steuerungssystem. Insbesondere wird es dadurch möglich, die Kosten des Marketing (Verkauf, Werbung, Produktentwicklung, Verkaufsförderung etc.) in differenzierter Form in eine gewinnorientierte Preispolitik einzubeziehen.

Steht z.B. zur Debatte, ob eine neue Maschine angeschafft werden soll, um zwei preislich differenzierte Produktvarianten anbieten zu können, sind die dafür notwendigen Investitionskosten relevante, u.U. auf Teilabschnitte des Planungszeitraums zu periodisierende Kosten. Erweist sich die Produktvariante nach ihrer Markteinführung entgegen den Erwartungen als nicht absetzbar, so sind für eine dann u.U. anstehende Preissenkungsentscheidung – soweit es keine anderen Einsatzmöglichkeiten der Maschine gibt – die kalkulatorischen Abschreibungen auf diese Maschine irrelevante Kosten (sog. sunk costs), weil sie sich durch eine solche Preissenkung nicht mehr verändern lassen. Bestehen hohe „sunk costs", liegt also der Liquidationswert des Unternehmens weit unter den buchmäßigen Aktiva, und ist der Bestand an nichtaktivierbaren immateriellen Vermögenswerten groß, dann besteht ein großer preispolitischer Spielraum nach unten, und damit wird ein Preiskampf wahrscheinlicher.

Neben den sunk costs als Spezialfall irrelevanter Kosten spielen im Rahmen der Preispolitik auch Opportunitätskosten als Spezialfall der relevanten Kosten eine Rolle. Sie stellen den „entgehenden Nutzen dar, den man in der besten aller nicht realisierten Alternativen hätte erzielen können" (S. Hummel/W. Männel). Solche Entscheidungssituationen treten vor allem bei der Preislinienpolitik sowie bei der Bestimmung von Preisuntergrenzen auf.

superannuate: verjähren
superannuated: veraltet
superannuated rate: Lohnsatz *m* unter dem üblichen Niveau *n* einer bestimmten Altersgruppe *f*
superannuation: Überalterung *f*
superfluity: Überfluß *m*, Übermaß *n*
superfluous: überflüssig, überschüssig
superintend: beaufsichtigen
superintendence: Aufsicht *f*, Betriebsleitung *f*, Oberaufsicht *f*
superintendent: Aufsichtsperson *f*, Betriebsleiter *m*, Leiter *m* des Betriebes *m*, Oberaufseher *m*
superior: höherrangig, überlegen, Dienstvorgesetzter *m*, Vorgesetzter *m*
In seiner Managertypologie hat H. Mintzberg die Management-Tätigkeiten als Ausdruck der Erfüllung von zehn Rollen im Sinne generalisierter Verhaltenserwartungen interpretiert, die er als Kern jeder Managementaufgabe begreift. Der Manager als Vorgesetzter bezeichnet darin die Managementaufgabe der Anleitung und Motivierung der unterstellten Mitarbeiter sowie deren Auswahl und Beurteilung.
superior court: höhere Instanz *f*
superior good(s) *(pl)*: superiore Güter *n/pl*
Im Gegensatz zu den inferioren Gütern sind superiore Güter solche Waren und Leistungen, nach denen die Nachfrage bei steigendem Preis sinkt und bei sinkendem Preis steigt. Bei wachsendem Einkommen fragt ein Konsument mehr, bei sinkendem Einkommen fragt er weniger superiore Güter nach.

superiority: Überlegenheit *f*, Vorrang *m*
supermarket: Supermarkt *m*
supernumerary clerk: Volontär *m*
supersaturate: übersättigen
supersaturation: Übersättigung *f*
supersede: aufheben, aussetzen, ersetzen, an die Stelle *f* von ... treten, überflüssig machen
superstore: Hypermarkt *m*
supervise: beaufsichtigen, überwachen
supervising authority: Aufsichtsbehörde *f*
supervision: Aufsicht *f*, Beaufsichtigung *f*, Oberaufsicht *f*, Überwachung *f*
supervisor: Aufsichtsperson *f*, Dienstvorgesetzter *m*, Vorgesetzter *m*
supervisory board: Aufsichtsrat *m*
supervisory competence: übergeordnete Zuständigkeit *f*
Die auf übergeordneter Ebene zusammengefaßte mittelbare Zuständigkeit eines Vorgesetzten für die Aufgaben und das Geschehen in den ihm nachgeordneten Bereichen. Die übergeordnete Zuständigkeit besteht aus den Vorgesetztenfunktionen und erstreckt sich auf die Summe der Aufgabenfelder aller nachgeordneten Bereiche. Darüber hinaus können einem Vorgesetzten in gewissem Umfang zusätzlich persönliche Sachaufgaben zugewiesen werden, die seine übergeordnete Zuständigkeit nicht zu berühren brauchen.
supervisory control desk: Überwachungspult *n (EDV)*
supervisory control printer: Überwachungsdrucker *m (EDV)*
supervisory training: Vorgesetztenschulung *f*
supper money: Essenszulage *f* bei Überstunden *f/pl*, Essenszulage *f*
supplement: Anhang *m*, ergänzen, Ergänzung *f*, Nachtrag *m*, nachtragen, Zeitungsbeilage *f*, Zugabe *f*, Zusatz *m*
supplemental compensation: Bonus *m*, Zusatzvergütung *f*
supplementary: Ergänzungs-, zusätzlich
supplementary agreement: Zusatzabkommen *n*, Zusatzvertrag *m*
supplementary budget: Nachtragsbudget *n*, Nachtragsetat *m*, Nachtragshaushalt *m*, außerordentlicher Etat *m*, außerordentlicher Haushalt *m*
Eine Form der Budgetierung, die eine Anpassung des Budgets erst im Rahmen der Budgetkontrolle vorsieht. Bei Nachtragsbudgets werden unvorhergesehene Ausgaben oder fehlkalkulierte Kosten in ein separates Budget eingebracht und dem Ursprungsbudget hinzugefügt. Da mögliche Korrekturen erst nach dem Vollzug einsetzen, kann diese Anpassungsformen allerdings keine Steuerungswirkung entfalten, sondern

nur eine sachgerechtere Beurteilung bewirken. Deshalb wird häufig vorgeschlagen, die Budgetvorgaben nicht nur am Ende, sondern bereits während des Budgetjahres fortlaufend oder in kurzen Intervallen an veränderte Entwicklungen anzupassen.
Ein derartiges Vorgehen erhöht allerdings die zeitliche Belastung und den formalen Aufwand für die Budgetverantwortlichen und kann auch Verwirrung stiften, da ständige Revisionen die Eindeutigkeit der Handlungsorientierung beeinträchtigen können.

supplementary contract: Zusatzabkommen n, Zusatzvertrag m

supplementary cost: Sondereinzelkosten pl, Zusatzkosten pl

supplementary payment: Nachzahlung f

supplementary regulation: Ergänzungsanweisung f

supplementary tax: Nachsteuer f, Zusatzsteuer f

supplements pl **to wages** pl **and salaries** pl: Lohnzusatzkosten pl, Zahlungen f/pl des Arbeitgebers m zugunsten der Arbeitnehmer m/pl, die nicht eindeutig Lohn m oder Gehalt n sind (z.B. Arbeitgeberanteil zur Sozialversicherung, freiwillige Zahlungen)

supplier: Auftragnehmer m, Lieferant m, Lieferar m, Lieferfirma f

supplier analysis: Lieferantenanalyse f
Analog zur Abnehmeranalyse erfolgt im Rahmen der strategischen Analyse die Untersuchung der Verhandlungsstärke der Lieferanten. Starke Lieferanten können durch überhöhte Preise oder durch verminderten Service die Attraktivität eines Markts erheblich beeinträchtigen. Dies gilt vor allem dann, wenn die Nachfrager nicht in der Lage sind, die ungünstigen Einstandskosten voll in ihren eigenen Preisen weiterzugeben.

supplier consultancy: Anbieterberatung f
Die Gesamtheit der beratenden Tätigkeiten, deren Ziel es ist, einem Anbieter von Waren oder Leistungen Lösungsmöglichkeiten aufzuzeigen, durch die er die Nachfrage nach den von ihm angebotenen Gütern erhöhen kann.

supplier number: Lieferantennummer f

supplier's account: Lieferantenkonto n

supplies pl: Betriebsstoffe m/pl, Gemeinkostenmaterial n, Hilfsmaterial n, Hilfsstoffe m/pl
Gewerbliche Verbrauchsgüter, die beim Produktionsprozeß verbraucht werden, indem sie unverändert, bearbeitet oder verarbeitet zur Herstellung von anderen Gütern verwendet werden und in diese direkt oder indirekt eingehen (Rohstoffe, Vorprodukte, Einbauteile oder Einbauaggregate) oder zu deren Produktion verbraucht werden (Hilfsstoffe, Betriebsstoffe, Schmierstoffe wie z.B. Heizöl, Kohle, elektrische Energie).

supplies pl **reaching the market:** Marktbeschickung f

supply: Angebot n (im Markt), Einsatz m, Hilfsmaterial n, liefern, Lieferung f, versorgen, Versorgung f, Vorrat m, zuschießen
Die Menge einzelner oder mehrerer Güter oder Leistungen, die auf einem Markt zum Verkauf stehen bzw. die Zahl der Verkäufer, die als Anbieter von Gütern und Leistungen auf einem Markt auftreten.

supply and demand: Angebot n und Nachfrage f

supply bottleneck: Versorgungsengpaß m

supply channel: Beschaffungsweg m
Der Weg, über den ein Wirtschaftssubjekt ein Gut bezieht, d.h. die Beschaffungsmittler, über die es beschafft wird. Die Entscheidung über den Beschaffungsweg ist in Analogie zur Entscheidung von Herstellern oder Händlern über den Absatzweg die Entscheidung eines Wirtschaftssubjekts über die Stufen der Handelskette, über die Güter zu beschaffen sind (z.B. von Herstellern direkt oder über Zwischenhändler usw.) über die Marktveranstaltungen, auf denen Waren bezogen werden sollen, über die Art, die Zahl und den Sitz der Lieferanten und über den Einsatz von Beschaffungshelfern (wie z.B. Makler, Kommissionäre, Agenten, Spediteure usw.).

supply competition: Angebotskonkurrenz f
Die Zahl und die Marktanteile der Mitbewerber eines Anbieters, die im wesentlichen dieselben Güter und Leistungen anbieten.

supply curve: Angebotskurve f

supply function: Angebotsfunktion f
Die Abhängigkeit der Verkäufe eines Unternehmens von den eigenen sowie den Maßnahmen anderer Unternehmen am Markt (Preis, Qualität, Lieferungs- und Zahlungsbedingungen).

supply of money: Geldversorgung f

supply market: Beschaffungsmarkt m
Der einem Wirtschaftsunternehmen, einer Organisation oder Institution vorgelagerte Markt, von dem es/sie seine/ihre betrieblichen Ressourcen wie Kapital, Rohstoffe und andere Produktionsfaktoren bezieht. Der Beschaffungsmarkt des Nachfragers ist der Absatzmarkt des Anbieters.

supply marketing: Beschaffungsmarketing n
Die Gesamtheit der Maßnahmen, durch die Wirtschaftsunternehmen, Organisationen und Institutionen auf Beschaffungsmärkten tätig werden und durch effiziente Gestaltung der Austauschbeziehungen mit Anbietern auf diesen Märkten (Lieferanten, Kapitalgebern usw.) und den Einsatz eines beschaffungspolitischen Instrumentariums zieladäquat für die Bereitstellung betrieblicher Ressourcen wie Kapital, Rohstoffe, Personal usw. sorgen.
Aufgabe des Beschaffungsmarketing ist es nach den Worten von W. Irrgang, „auf dem Beschaf-

fungsmarkt im Hinblick auf den Absatz optimale Lösungen zu finden". Dabei wird meist unterschieden zwischen Beschaffungsforschung, d.h. der Beschaffung von für den Beschaffungssektor relevanten Informationen durch Beschaffungsmarktanalysen, Konkurrenzanalysen, Wertanalysen usw., und der Beschaffungspolitik, deren Aufgabe die Gestaltung des Geschehens auf dem Beschaffungsmarkt im Interesse eines reibungslosen Ablaufs aller übrigen Betriebsprozesse ist.

supply monopoly: Angebotsmonopol *n*
Eine Form des Monopols, bei dem ein einzelner Anbieter vielen kleinen, gleichwertigen Nachfragern gegenübersteht, die Ware oder Leistung dieses Anbieters nur von diesem bezogen werden kann und folglich wegen des Fehlens jeder Konkurrenz auf der Angebotsseite – die Kreuzpreiselastizität (Triffinischer Koeffizient) ist gleich Null – der Anbieter in der Preispolitik völlig autonom ist.

supply oligopoly: Angebotsoligopol *n*
Eine Form des Oligopols, bei dem eine kleine Anzahl von Anbietern einer großen Zahl von kleinen gleichwertigen Nachfragern gegenübersteht und daher jeder Oligopolist sowohl die Reaktionen der Nachfrager wie die der anderen Oligopolisten berücksichtigen muß, da die Veränderungen der Angebotsmengen oder der Preise bei einem Anbieter sich sofort auf den Absatz der anderen Anbieter auswirken (Konkurrenzgebundenheit des Oligopolisten).
Der Oligopolist kann daher seine Preise nur aufgrund von Hypothesen über die Reaktionen der anderen Oligopolisten festsetzen (Analyse der Reaktionsverbundenheit). Ein Sonderfall des Angebotsoligopols ist das Angebotsdyopol.

supply period: Angebotsperiode *f*
Die Zeitspanne, während derer ein Produkt in der Regel auf dem Markt angeboten wird.

supply plan: Beschaffungsplan *m*

supply planning: Beschaffungsplanung *f*
Die in die Gesamtplanung eines Wirtschaftsunternehmens und insbesondere in ihre Absatzplanung integrierte, an Absatzerwartungen oder -planungen orientierte Planung der am Beschaffungsmarkt zu besorgenden betrieblichen Ressourcen wie z.B. Rohstoffe und Halbfabrikate usw., in der Mengen-, Wert- und Zeitdaten enthalten sein müssen.

supply policy: Beschaffungspolitik *f*
Die sich aus der gesamten Unternehmenspolitik ergebende Konfiguration von Zielentscheidungen über den Einsatz des absatzpolitischen Instrumentariums bei der Auswahl der sich im Bereich der Beschaffung ergebenden Handlungsalternativen. Dabei hängt die konkrete Gestalt der beschaffungspolitischen Ziele direkt von den Unternehmenszielen ebenso wie von den Marktseitenverhältnissen ab, unter denen das Unternehmen auf dem Beschaffungsmarkt tätig wird.

supply power: Angebotsmacht *f*
Die Fähigkeit eines Anbieters, die wirtschaftlichen Dispositionen sowohl seiner Mitanbieter wie der Nachfrager gegen deren Willen und zu seinem eigenen Vorteil einzuengen und sie zu einem Verhalten zu veranlassen, das sie allein aufgrund der Macht des stärkeren Anbieters zeigen und ohne diese nicht zeigen würden.

supply price: Angebotspreis *m*

supply shortage: Versorgungslücke *f*

supply situation: Versorgungslage *f*

supply theory: Angebotstheorie *f*, angebotstheoretischer Ansatz *m*
Ein Ansatz in der Theorie der Einkommensverteilung, der im wesentlichen die Theorie der Grenzproduktivität umfaßt, die gegen des 19. Jahrhunderts von Alfred Marshall und J. B. Clark entwickelt wurde. Danach bestimmt die Konkurrenz der Unternehmer um die seltenen Produktionsfaktoren deren Preise und damit die Verteilung des Nettosozialprodukts an Arbeiter, Boden- und Kapitalbesitzer und Unternehmer. Der Unternehmer, der nach maximalem Gewinn strebe, werde bei gegebenen Faktor- und Endproduktpreisen soviel von einem Produktionsfaktor nachfragen, daß der Preis dieses Faktors gleich dem Wert seines Grenzprodukts, d.h. dem Zuwachs zum Gesamtprodukt, der sich bei Vermehrung der Einsatzmenge eines Faktors und Konstanz aller anderen Faktoren ergibt, werde. Je höher das Grenzprodukt eines Faktors relativ zu den anderen sei, desto höher falle bei gleichen eingesetzten Faktormengen sein Anteil am Gesamtprodukt aus.

supply with: beliefern

supplying industry: Zulieferindustrie *f*

support: begünstigen, erhalten, subventionieren, Unterhalt *m*, unterhalten, unterstützen, Unterstützung *f*, versorgen

support principle: Förderungsprinzip *n*
Während für Unternehmen normalerweise die Kapitalverwertung im Vordergrund ihrer wirtschaftlichen Betätigung steht, gilt für Produktivgenossenschaften das Förderungsprinzip, d.h. ausschlaggebend sind die Bedürfnisse und Interessen der dort arbeitenden Genossen. Menschengerechte Arbeitsbedingungen, sinnvolle Arbeitsinhalte sowie solidarische Interaktionsformen haben einen übergeordneten Stellenwert. Seine spezielle Ausformung erhält das Förderungsprinzip durch das Demokratiepostulat. Indem jedes Genossenschaftsmitglied unabhängig von der Höhe seiner Kapitaleinlage, nur eine Stimme hat, sind die Chancen, individuelle Bedürfnisse einzubringen, gleich verteilt.

support payment: Sozialleistung *f*, Unterstützung *f*

supported price: gestützter Preis *m*, Stützungspreis *m*

suppose: vermuten, voraussetzen

supposition: Voraussetzung *f*

suppress: unterdrücken, verschweigen

suppressed demand: Nachholbedarf *m*

sure-thing principle

	b_1	b_2
a_1	4	6
a_2	2	7
a_3	4	2
a_4	1	1

Auszahlungs-Matrix

Strategiemengen-Diagramm

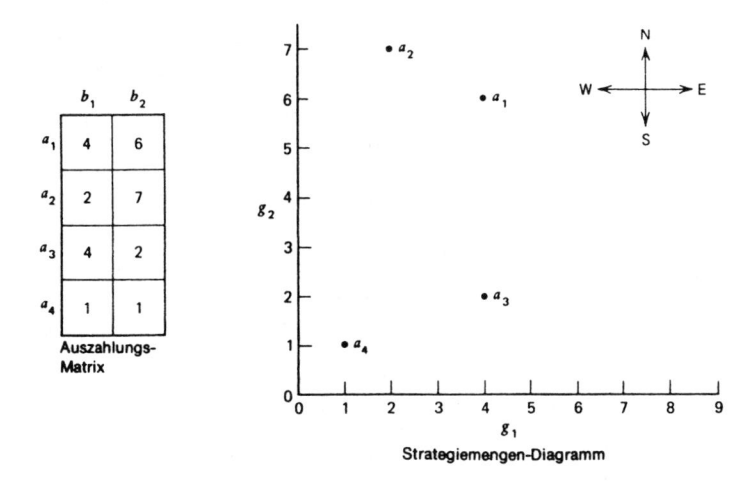

suppression: Abschaffung *f*, Unterdrückung *f*, Verschweigen *n*
supreme authority: oberste Behörde *f*
supreme court: oberstes Gericht *n*, Oberster Gerichtshof *m*
Supreme Federal Fiscal Court: Bundesfinanzhof *m* (BFH)
surcharge: Aufschlag *m*, aufschlagen
sure-thing principle: Dominanz *f*, Sure-thing-Prinzip *n*

In der Spieltheorie ist eine Kombination strategischer Aktivitäten dann dominant, wenn sie bei einem bestimmten Gewinnerwartungswert verglichen mit allen anderen Kombinationen, die zum gleichen Gewinnerwartungswert führen, das niedrigste Verlustrisiko aufweist oder bei einem bestimmten Verlustrisiko gegenüber allen Kombinationen mit gleichem Verlustrisiko den höchsten Gewinnerwartungswert erbringt.

Ausgehend von einem bestimmten verfügbaren Kapital lassen sich die dann zulässigen dominanten Kombinationen mit Hilfe eines geeigneten Branch- und Bound-Algorithmus bestimmen. Aus der Menge der dominanten Kombinationen kann das Management diejenige auswählen, die ihrer Zielsetzung – und ihrer darin enthaltenen subjektiven Risiko-Einstellung – zieladäquat ist.

Wenn eine Strategie a_i' für den Protagonisten P^A mindestens bei einer Option von P^B eine höhere Auszahlung bietet als Strategie a_i und eine ebenso hohe oder höhere Auszahlung bei allen anderen Optionen, so dominiert Strategie a_i' die Strategie a_i schwach. Von strenger Dominanz spricht man, wenn Strategie a_i' bei jeder Option von P^B eine höhere Auszahlung bietet als Strategie a_i.

Ohne weitere Spezifikation wird der Begriff Dominanz meist im Sinne schwacher Dominanz verstanden, d.h. für Strategie a_i' und Strategie a_i kann die Auszahlung bei mindestens einer Option b_j gleich sein – muß es aber nicht. Strenge Dominanz ist ein Spezialfall der (schwachen) Dominanz – wenn also eine Strategie a_i' eine andere Strategie a_i streng dominiert, dann muß sie a_i auch (schwach) dominieren – aber umgekehrt trifft das nicht zwangsläufig zu.

Dominanz kann in der graphischen Darstellung einer Strategiemenge leicht illustriert werden. Es seien in der Darstellung die Richtungen „nach oben" als „Norden", „nach rechts" als „Osten" usw. interpretiert. Strategie a_i' dominiert Strategie a_i, wenn in der Darstellung a_i' nordöstlich – oder direkt nördlich oder direkt östlich – von a_i liegt. Strenge Dominanz liegt bei dominierenden Strategien vor, die in nordöstlicher, nicht aber in direkt östlicher bzw. nördlicher Richtung liegen.

Die Abbildung oben illustriert die vier reinen Strategien einer Auszahlungsmatrix, wobei Strategie a_1 die Strategien a_3 und a_4 dominiert, Strategie a_3 die Strategie a_4 dominiert, Strategie a_2 die Strategie a_4 dominiert und die beiden Strategien a_1 und a_2 die Strategie a_4 streng dominieren.

Das Konzept der Dominanz ist sowohl im Fall reiner wie im Fall gemischter Strategien anwendbar. Darüber hinaus kann man davon sprechen, eine gemischte Strategie dominiere eine reine Strategie bzw. umgekehrt. Das Konzept gilt auch für den Fall, daß es für P^B mehr als zwei Optionen gibt; es hieße dann lediglich nicht mehr „nordöstlich", sondern „positiver auf jeder Dimension".

Das Dominanzprizip stellt die erste Regel für die Auswahl einer rationalen Strategie dar. Es besagt, daß nur eine zulässige, d.h. nicht dominierte Strategie als rational gelten kann. Diese Regel erscheint zwingend, denn jeder möglichen unzulässigen Strategie könnte eine alternative zulässige Strategie gegenübergestellt werden, die P^A – unabhängig von der Entscheidung des Konkurrenten – eine höhere Auszahlung bringt. Allerdings reicht das Dominanzprinzip in diesem Beispiel noch nicht, eine bestimmte Option als empfehlenswert hervorzuheben, denn die Strategien a_1, a_2 sowie alle möglichen randomisierten Mischungen dieser beiden Strategien sind zulässig –

und zwischen ihnen kann mit Hilfe des Dominanzprinzips nicht unterschieden werden.
surety: Aval *n*, Bürge *m*, Bürgschaft *f*, Sicherheit *f*
surety company: Bürgschafts- und Kreditversicherungsgesellschaft *f*
surety draft: Avalwechsel *m*
suretyship: Aval *n*, Bürgschaft *f*
surmise: vermuten, Vermutung *f*
surname: Familienname *m*
surpass: überbieten, übersteigen, übertreffen
surplus: Exzedent *m*, Gewinn *m*, Mehrbetrag *m*, Nachbleibsel *n*, Reingewinne *m/pl* (die weder für Dividendenausschüttungen noch für Verlustausgleiche in Anspruch genommen worden sind), Überschuß *m*
surplus capacity: Überkapazität *f*
surplus from consolidation: Fusionsgewinn *m*, Konsolidierungsgewinn *m*, Überschuß *m* der Fusions-Buchwerte *m/pl* über die Anschaffungskosten *pl*, die von der Muttergesellschaft *f* zum Erwerb der Tochtergesellschaft *f* aufgewandt wurden
surplus production: Überproduktion *f*
surplus profit: frei verfügbarer Gewinn *m*
surplus receipts *pl*: Mehreinnahme *f*
surplus reserve: zweckgebundene Rücklage *f*
surplus value: Mehrwert *m*, Rückkaufswert *m* einer Versicherungspolice *f*
surrender: die vollständige Aufgabe *f* eines Wirtschaftsguts, z.B. Stillegung eines Rüstungswerkes, aufgeben, ausliefern (übergeben), Auslieferung *f* (Übergabe), einliefern, Einlieferung *f*, Herausgabe *f* von Sachen *f/pl*, herausgeben, Preisgabe *f*, preisgeben, Übergabe *f*, übergeben, überlassen, wiedergeben, zurückgeben (gewähren)
surrender value: Rückkaufswert *m* einer Versicherungspolice *f*
surrogate competition: Surrogatkonkurrenz *f*
Der Wettbewerb zwischen Anbietern von Gütern, die denselben konsumtiven und Produktiven Zwecken dienen können, ohne gleichartig zu sein. Es besteht ein gewisses Maß an Substitutionalität zwischen diesen Gütern. Wegen der ausgeprägten Präferenzen der Nachfrager für bestimmte Typen dieser Güter (charakteristisches Beispiel sind verschiedene Automarken), besteht zwischen den Anbietern ein heterogener (oder monopolistischer) Wettbewerb, aufgrund dessen jeder einzelne Anbieter in seiner Marketingpolitik das Marktverhalten seiner Konkurrenten genau beobachten und berücksichtigen muß.

surtax: Steuerzuschlag *m*, Zusatzsteuer *f*
surveillance: Aufsicht *f*, Überwachung *f*
survey: besichtigen, Besichtigung *f*, Erhebung *f*, Überblick *m*, überblicken, übersehen, Übersicht *f*, überwachen, Untersuchung *f*, Umfrage *f*
survey sheet: Erhebungsbogen *m*, Fragebogen *m*
surveyor: Gutachter *m* (Grundstück), Landvermesser *m*
survive: überleben
surviving spouse: überlebender Ehegatte *m*
survivor: Überlebender *m*
survivor('s) benefit: Zuwendung *f* an Hinterbliebene *m/pl*, Hinterbliebenenrente *f*
survivor('s) insurance: Hinterbliebenenversicherung *f*
suspect: verdächtig, vermuten
suspend: aufschieben, aussetzen (das Verfahren), einstellen, entlassen, suspendieren
suspend account: Auffangkonto *n*, Durchgangskonto *n*, schwebendes Konto *n* (bis zur endgültigen Entscheidung)
suspend file: Terminmappe *f*
suspend payments *pl*: Zahlung *f* einstellen
suspense: Schwebe *f* (Zustand), Zweifel *m*
suspense account: Auffangkonto *n*, Durchgangskonto *n*, schwebendes Konto *n* (bis zur endgültigen Entscheidung)
suspense file: Terminmappe *f*
suspension: Aufschiebung *f*, Suspendierung *f*
suspension credit: Überbrückungskredit *m*
suspension of payment: Zahlungsaussetzung *f*, Zahlungseinstellung *f*
sustain a loss: einen Verlust *m* erleiden
sustaining unit: Erhaltungseinheit *f*
Im Kollegialmodell eine Gruppe, die für die Bereitstellung aller Ressourcen zur Aufgabenerfüllung verantwortlich ist.
swamp: überschwemmen *(fig.)*
swap: austauschen, tauschen, vertauschen
swap policy: Swap-Politik *f*
Ein Kurssicherungs- und Devisentermingeschäft, bei dem man fremde Währung kauft und gleichzeitig zu einem späteren Termin (z.B. in drei Monaten) den Rückkauf vereinbart. Seinem Wesen nach ist das Swap-Geschäft ein Spekulationsgeschäft; man spekuliert à la hausse oder à la baisse. Die Notenbank kann Swap-Politik betreiben, indem sie Geldimporte oder -exporte der Geschäftsbanken zu verhindern oder zu fördern versucht. Geldexport bedeutet, daß eine inländische Bank Geld im Ausland anlegt oder eine ausländische Bank im Inland angelegtes Geld zurückruft.

Umgekehrt bedeutet Geldimport, ausländische Banken legen Geld im Inland an oder inländisches Geld wird aus dem Ausland repatriiert.
Der von der Bundesbank autonom gesetzte Report ist eine Prämie, die einen Anreiz für den Geldexport schafft. Der Deport ist eine Gebühr, die den Geldexport bestraft. Voraussetzung für die Swap-Politik ist:
• Die Liquiditätssituation muß den Geschäftsbanken einen Anreiz zum Austausch bieten.
• Die Währungen müssen frei konvertibel sein.
• Das Risiko der Auslandsanlage darf nicht zu groß sein.
• Die Rentabilität einer Anlage im Ausland muß gewährleistet sein.
Bei der Swap-Politik bestimmt die Bundesbank die Währungen, in denen geswapt werden kann, die Richtung des Kurssicherungsgeschäfts (Geldexport oder -import), die Swap-Sätze (Gebühr oder Prämie) sowie die Swap-Fristen, die zwischen einem Monat und sechs Monaten variieren können. Dafür gelten unterschiedliche Sätze.

swapping: Tauschgeschäft *n* (Devisenreportgeschäft)

swaps *pl*: wechselseitiges Einräumen *n* neuer Kreditlinien *f/pl* durch Notenbanken *f/pl*

swear: beeidigen, schwören

swear in: vereidigen

sweat shop: Betrieb *m*, der Arbeiter *m/pl* aussaugt, der einen Hungerlohn zahlt

sweepstakes *pl*: Auslobung *f*, Auslobungspreisausschreiben *n*
Das öffentlich bekanntgemachte Versprechen, eine Belohnung für die Vornahme einer Handlung, insbesondere die Herbeiführung eines Erfolgs (§ 657 BGB) zu entrichten.

sweetheart agreement: Tarifvertrag *m*, bei dem geheimes Einverständnis *n* zwischen Management *n* und Gewerkschaft *f* besteht

sweets *pl*: Süßwaren *pl*

swiftness: Schnelligkeit *f*

swindle: betrügen, Betrug *m*, Schwindel *m*

swindler: Betrüger *m*, Schwindler *m*

swindling: Betrügerei *f*, Gaunerei *f*

switch: schalten *(EDV)*, Schalter *m* (Licht), Umschichtung *f*, umstellen, Weiche *f*

switch business: Switch-Geschäft *n*

switch gear: Schaltanlage *f (EDV)*

switch transaction: Switch-Geschäft *n*

switchboard: Schalttafel *f*, Telefonzentrale *f*

switching: Abwickeln *n* eines Außenhandelsgeschäfts *n* über ein drittes Land *n*

switching network: Wählnetz *n (EDV)*

sworn on oath: eidlich

symbol: Symbol *n*
Im weitesten Sinne umfaßt Kommunikation alle Prozesse der Informationsübertragung. Im engeren Sinne ist Kommunikation eine spezifische Form der sozialen Interaktion zwischen zwei oder mehr Individuen bzw. zwischen Individuen und Institutionen (nach diesem Verständnis werden hier also sowohl Prozesse der Maschine-Maschine-Kommunikation bzw. der Mensch-Maschine-Kommunikation wie Prozesse der intrapersonalen Kommunikation nicht zu den Kommunikationsprozessen gerechnet). Da der Prozeß der Übermittlung von Bedeutung oder Sinngehalten zwischen den Kommunikationspartnern durch Symbole oder Zeichen geschieht, kann Kommunikation auch als die Verständigung durch Symbole und Zeichen definiert werden, die primär Mitteilungsfunktion hat. Die für die zwischenmenschliche Kommunikation wichtigsten Zeichen- und Symbolsysteme sind die Sprache, bildliche Darstellungen, optische und akustische Signalsysteme sowie der mimische und pantomimische Ausdruck (die Körpersprache).
Im Anschluß an Charles Morris werden drei Funktionen der Zeichen und Symbole unterschieden:
• *Syntaktik*: die Dimension der Regelhaftigkeit und Ordnung von Zeichen und Zeichenverbindungen innerhalb einer Nachricht;
• *Semiotik*: die Dimension der Bedeutung und des Inhalts eines Zeichens oder einer Aussage.
• *Pragmatik*: die Dimension der Bedeutsamkeit von Zeichen und Bezeichnetem für Zeichengeber und/oder Zeichenempfänger. Als Subfunktion lassen sich dabei die Symbolfunktion (die im Zeichen enthaltenen kognitiven Elemente), die Symptomfunktion (die emotional-affektive Komponente von Zeichen, die der Mitteilung von Emotionen an andere bzw. ihrer Hervorrufung bei anderen dient) und die Signalfunktion (die das Verhältnis von Abbildung, Handeln und Praxis betreffende Handlungskomponenten von Zeichen) unterscheiden, die übrigens den drei Komponenten der Einstellung (der kognitiven, der affektiven und der Handlungskomponente) entsprechen.
Das Zeichen und das Objekt, das sie bezeichnen, können entweder in einer Ähnlichkeits- oder in keiner Ähnlichkeitsbeziehung stehen. Zeichen, die in einer Ähnlichkeitsbeziehung stehen (Bilder, Zeichnungen, Photographien, Skulpturen usw.) heißen Ikone (ikonische Zeichen), solche, bei denen zwischen dem Zeichen und dem Objekt keinerlei Ähnlichkeitsbeziehung besteht und die auf einer willkürlichen Festlegung der sie benützenden Personen beruhen, werden konventionelle Zeichen genannt.

symbol printing: Zeichenschreibung *f (EDV)*

symbolic instruction: symbolischer Befehl *m (EDV)*

symbolic language: symbolische Programmiersprache *f (EDV)*

symbolic model: symbolisches Modell *n*
Ein Modell, in dem Zeichen wie Figuren, Buchstaben oder Zahlen die Eigenschaften der Elemente, deren Beziehungen oder sonstige Aspekte des ab-

zubildenden realen Systems, repräsentieren. Symbolische Modelle haben für eine Unterstützung wirtschaftlicher Entscheidungen die größte Bedeutung.
Zu den symbolischen Modellen rechnet man die mathematischen Modelle, die zur Unterstützung wirtschaftlicher Entscheidungen entwickelt wurden. Mathematische Modelle haben gegenüber verbalen Modellen den Vorteil, exakt formulierbar zu sein.

symbolic program: symbolisches Programm *n (EDV)*
sympathy strike: Sympathiestreik *m*
symptom: Symptom *n*
symptomatic: symptomatisch
synchronize: synchronisieren
synchronized: synchron
syndic: Syndikus *m*
syndicate: Interessengemeinschaft *f*, Pool *m*, Syndikat *n*
syndicate credit: Konsortialkredit *m*
synectics: Synektik *f*

Eine Kreativitätstechnik, die der Amerikaner William J. J. Gordon auf der Grundlage intensiver Studien über Denk- und Problemlösungsprozesse entwickelte und 1961 erstmals vorstellte. Sie wird seither mitunter als die kreativste unter den Methoden der Ideenfindung bezeichnet.
Synektik leitet sich aus dem Griechischen „synechein" ab und bedeutet „etwas miteinander in Verbindung bringen; verknüpfen". Synektik bedeutet die Verknüpfung von verschiedenartigen, nicht miteinander zusammenhängenden Elementen. Demgemäß ist ihr Grundprinzip eine durch laufende Analogien aus anderen Lebensbereichen vollzogene schrittweise Verfremdung des zu lösenden Ausgangsproblems, bei der dann nach mehreren Stufen der Analogienbildung am Ende durch den sog. „force fit" eine nachgerade gewaltsame Rückbesinnung auf das Ausgangsproblem erfolgt. Der Technik liegt die Erkenntnis zugrunde, daß vertraute Problemstellungen wegen vorherrschender Betriebsblindheit oft unlösbar erscheinen. Durch verfremdete Metaphern soll der für die Problemlösung erforderliche Abstand vom Problem geschaffen werden.
Mit der Methode Synektik werden kreative Prozesse in zweierlei Hinsicht simuliert:
(1) Die Schritte folgen dem Phasenverlauf natürlich ablaufender kreativer Prozesse, und zwar genau in der Reihenfolge
• Vorbereitungsphase
• Inkubationsphase
• Illuminationsphase
• Verifikationsphase.
(2) Die grundlegende Heuristik der Ideengenerierung mit Synektik ist die der Übertragung problemfremder Strukturen bzw. die Kombination sachlich nicht zusammenhängender Wissenselemente. Dieses heuristische Prinzip ist formal identisch mit der verbreiteten Auffassung über das Wesen der Kreativität, d.h. der Reorganisation von unterschiedlichem Wissen zu neuen Mustern.
Insgesamt differenziert Gordon zwischen vier Analogietypen, die im Lauf der Lösungsfindung angewendet werden sollen:
1. *Phantastische Analogie*: Die Realität wird ignoriert, und man stellt sich vor, wie das Problem in einer Phantasiewelt gelöst werden könnte.
2. *Personale Analogie*: Durch „empathische Identifikation" erfolgt eine Einfühlung in ein Objekt und eine Zuschreibung menschlicher Empfindungen und Gedanken. Das Objekt wird als ein menschliches Lebewesen begriffen.
3. *Direkte Analogie*: Die Übertragung eines bekannten Zusammenhangs auf eine neue Situation.
4. *Symbolische Analogie*: Sie haben den Charakter von Metaphern, durch die ein Sachverhalt, ein Objekt oder ein Problem in bildhafter Verdichtung anschaulich gemacht wird.
Während die 2. und 3. Analogien im Verfremdungsprozeß der Synektik, also die persönlichen und symbolischen Analogien, regelmäßig unverändert durchgeführt werden, kann man die Gegenstandsbereiche der 1. und 4. Analogien – der „direkten" Analogien – ohne weiteres und vorteilhaft problemabhängig variieren. Hier ist man keinesfalls an die Abfolge „erst Natur – dann Technik" gebunden.
Die Methode Synektik sollte in Gruppen angewandt werden, deren Zusammensetzung etwa mit Gruppen beim Brainstorming identisch ist. Die Methode stößt wegen ihres skurrilen Verlaufs in der Praxis mitunter auf Skepsis.
Diese Vorbehalte betreffen insbesondere die Verfremdungsphase, die im natürlichen kreativen Prozeß der Inkubationsphase entspricht. Ausgehend vom Problem spielt die Gruppe dabei eine Stufenfolge von Analogiebildungen durch, über die man sich sachlich immer weiter vom Problem entfernt. Die am Schluß dieser Kette gefundenen Begriffe dienen als Ausgangspunkte der Ideenfindung.
Synektik zielt darauf, Denkansätze zu provozieren, durch die sachlich entfernte Wissenselemente zu neuen Denkprodukten hoher Originalität rekombiniert werden. Es handelt sich ausdrücklich nicht um „naheliegende" Denkschlüsse, sondern um seltene und ungewöhnliche Gedankenverbindungen. Dies erreicht die Methode, indem sie den Problemlöser über den Verfremdungsprozeß vom Problem weg in völlig andere Sachbereiche führt und ihn auffordert, Wissen aus diesen Sachbereichen mit dem Problem in Verbindung zu bringen und daraus kreative Lösungsmöglichkeiten abzuleiten. Diesen Übertragungsschritt bezeichnet man auf Englisch als „force fit". Der Problemlöser soll gewissermaßen auf Biegen und Brechen versuchen, die Eignung einer problemfremden Struktur als Lösungsanalogie zu einem gestellten Problem nachzuweisen. Die eigentliche Ideenfindungsphase des force fit, in der die letzten direkten Analogien mit dem Problem in Verbindung gebracht werden, verläuft meist nach den Regeln des Brainstorming.

Phasen des kreativen Prozesses	Ablauf der Methode „Synektik"
Intensive Beschäftigung mit dem Problem - Strukturierung - Informations-Suche - Problemverständnis erhöhen - Bemühen um Lösungen	1. Problemanalyse und -definition 2. Spontane Lösungen 3. Neu-Formulierung des Problems
Entfernung vom Problem - örtliche und zeitliche Verfremdung - Wechsel der Tätigkeiten - körperliche Entspannung	4. Bildung direkter Analogien, z.B. aus der Natur 5. Persönliche Analogien, „Identifikationen" 6. Symbolische Analogien, „Kontradiktionen" 7. Direkte Analogien, z.B. aus der Technik
Herstellung von Denkverbindungen - unterbewußte, ungehemmte Denkprozesse - Assoziationen - Strukturübertragungen	8. Analyse der direkten Analogien 9. Übertragung auf das Problem – „Force-Fit"
Spontane Lösungsideen - Illuminationen - Geistesblitz **Verifikation** - Überprüfen und Ausgestalten der Idee	10. Entwicklung von Lösungsansätzen

Die tabellarische Übersicht oben auf dieser Seite macht deutlich, wie genau durch Synektik natürliche kreative Prozesse simuliert werden. In der Tabelle werden die Phasen eines kreativen Prozesses den Ablaufschritten von Synektik gegenübergestellt.

synopsis: Übersicht *f*, zusammenfassende Übersichtstafel *f*
synthesis: Synthese *f*
synthesis problem: Syntheseproblem *n*
Eine Problemsituation, in der ein Aktor weiß, was er will, aber nicht die Mittel kennt, um es zu lösen.
synthetic product: Kunststoff *m*
synthetic time standard: aus Sollelementen *n/pl* zusammengesetzte Zeitvorgabe *f*
synthetics *pl*: Kunststoff *m*
system of levies: Abgabensystem *n*
system of overlapping groups: System *n* der überlappenden Gruppen
In der Teamorganisation gehört jedes Mitglied der Organisation zwei oder mehreren Teams an. Rensis Likert, der ehemalige Direktor am Institute for Social Research (Ann Arbor), prägte für diesen Organisationstypus die Bezeichnung „System überlappender Gruppen" (system of overlapping groups). Dabei versuchte er, seine Vorstellungen von der direkten (eigenen Gruppe) und indirekten (über linking pins) Partizipation aller Organisationsmitglieder an den Entscheidungen der Organisation institutionell durch dieses System überlappender Gruppen zu realisieren. Dabei ging er aus vom Prinzip der Integration.

system of productive factors: System *n* der produktiven Faktoren

Das in Erich Gutenbergs Produktionstheorie beschriebene System der produktiven Faktoren *menschliche Arbeitsleistung, Betriebsmittel* und *Werkstoffe*. Als Wirtschaftstheoretiker nahm Gutenberg einen konsequent produktionstheoretischen Standpunkt ein, von dem aus er alle anderen betrieblichen Funktionsbereiche erklärte. Im Gutenbergschen System der produktiven Faktoren werden diese so miteinander kombiniert, daß ein optimales Verhältnis von Faktoreinsatz zu Faktorertrag (Produktivitätsbeziehung) erzielt wird.

Da dieser Kombinationsprozeß der drei Faktoren jedoch nicht von selbst abläuft, unterteilte Gutenberg den Elementarfaktor „menschliche Arbeitsleistung" in die objektbezogene, nicht anordnende Arbeit und in die dispositive Arbeitsleistung, die als Geschäfts- und Betriebsleitung den vierten Faktor im System bildet: „Unter objektbezogener Arbeitsleistung werden alle diejenigen Tätigkeiten verstanden, die unmittelbar mit der Leistungserstellung, der Leistungsverwertung und mit finanziellen Aufgaben im Zusammenhang stehen, ohne dispositiv-anordnender Natur zu sein ... Dispositive Arbeitsleistungen liegen dagegen vor, wenn es sich um Arbeiten handelt, die mit der Leitung und Lenkung der betrieblichen Vorgänge im Zusammenhang stehen."

Der arbeitende Mensch wird danach also einmal als Manager zum Subjekt, d.h. zum Träger des dispositiven Faktors, und zum anderen als Arbeiter zu einem im Hinblick auf eine optimale Ergiebigkeit manipulierbaren Objekt des vom dispositiven Faktor beherrschten Kombinationsprozesses. Der dispositive Faktor steuert den Prozeß der Kombination der produktiven Faktoren nach dem Wirtschaftlichkeitsprinzip. Da sich der dispositive Faktor nach Ansicht Gutenbergs in kein rationales Schema einfangen läßt und damit quantifizierenden Methoden nur begrenzt zugänglich ist, wird er aus der produktionstheoretischen Analyse ausgeschlossen. Mit der Ausklammerung des dispositiven Faktors aus den produktionstheoretischen Überlegungen rücken Fragen der Geschäfts- und Betriebsleitung mehr und mehr in den Vordergrund eigenständiger wissenschaftlicher Untersuchungen.

systematic: systematisch
systematize: systematisieren
systematizer: Organisator *m*, Systematiker *m*
systems *pl*: System *n*
systems analysis: Systemanalyse *f*, Systemuntersuchung *f*

Die allgemeine Systemtheorie betrachtet soziale Phänomene als aus vielen Teilen zusammengesetzte Ganzheiten, die durch eine Vielzahl von Variablen beschrieben werden können, miteinander in wechselseitiger Beziehung stehen (Konnektivität) und als Ganzes gegenüber ihrer Umwelt abgrenzbar sind. Jedes Wirkungssystem wird in Analogie zu den Systemen der Kybernetik und Informationstheorie interpretiert.

Gegenstand der Analyse von Managementsystemen wie vor allen anderen Systemen auch ist die Analyse der Zielsetzungen, der Elemente, der Beziehungen und des Verhaltens eines gegebenen Systems.

Zwischen System und Umwelt besteht notwendigerweise immer ein Komplexitätsgefälle, die Grenze ist die Differenz. Die Systemleistung, der Nutzen der Systembildung, ist abstrakt gesprochen die Reduktion und nicht die Abbildung von Umweltkomplexität. Durch Reduktion wird Orientierung in einer überwältigend komplexen Umwelt möglich. Eine Punkt-für-Punkt-Entsprechung zwischen System und Umwelt kann es definitionsgemäß nicht geben, sie käme einer Auflösung des Systems gleich.

Reduktion von Umweltkomplexität heißt in erster Linie Selektion, d.h. das System nimmt nur bestimmte Aspekte aus der Umwelt wahr, beschäftigt sich nur mit bestimmten Fragestellungen, läßt nur bestimmte Perspektiven zu. Selektiv zu sein, ist keine freie Entscheidung in dem Sinne, daß Systeme auch nicht selektiv sein könnten. Es gilt zu sehen, daß Komplexität Selektion erzwingt. Selektivität ist aber nicht folgenlos; im Gegenteil, sie bringt für das System eine fortwährende Schwierigkeit mit sich. Selektion zieht zwangsläufig Kontingenz in Sinne von Unbestimmtheit nach sich.

Dort, wo Selektion unvermeidlich ist, ist auch keine Sicherheit mehr möglich, das Ausgeblendete bleibt unerkannt und seine Wirkungen werden für das System zu potentiellen Überraschungen, die jederzeit auftreten können. Für die Entscheidungsträger eines Handlungssystems heißt Kontingenz zuallererst, daß die Sicherheit fehlt. Das Risiko wird folglich zum konstituierenden Merkmal des Steuerungsprozesses.

Das System gewinnt einerseits Freiheit und Autonomie durch Beschränkung auf bestimmte Teile und Beziehungen der Umwelt und gegebenenfalls durch aktive Einwirkung auf diese. Andererseits bedeutet die mehr oder weniger pauschale Ausblendung und Ignorierung der „Restumwelt" nun allerdings nicht, daß dieser Bereich tatsächlich irrelevant ist. Die Ausblendung hat ihren Preis; ausgeblendete Beziehungen machen sich später potentiell als bestandsgefährdende Probleme oder Krisen aufdringlich bemerkbar. Die Reduzierung der Umweltkomplexität bringt zwar die Probleme für das System in ein bearbeitbares Format, ändert jedoch an dem Faktum der Umweltkomplexität nichts. Die Umwelt bleibt daher schon deshalb permanent eine potentielle Quelle der Bedrohung. Darüber hinaus ergeben sich innerhalb der Umwelt immer wieder (unerwartete) Veränderungen, die die einmal gefundenen Bearbeitungsmuster und Routinen obsolet werden lassen. Die Bestandserhaltung (Differenzstabilisierung) ist also ein permanentes Problem, das sich nicht definitiv lösen läßt.

Dieses Muster der sinnverarbeitenden Systembildung, wie sie sich in der Systemtheorie darstellt, gibt zugleich ein instruktives Leitmotiv für eine (Neu-)Konzeptionalisierung des Management-Prozesses:

Der Selektionszwang als Konsequenz der (Umwelt-)Komplexität und das daraus resultierende Risiko der Ausblendung (Unsicherheit) umreißen zwei Eckpfeiler des Spannungsfeldes der Unternehmenssteuerung. Ein System kann sich nur durch Selektion konstituieren und es kann seinen Bestand nur bewahren, wenn es gelingt, die durch Selektion geschaffene Differenz (das Komplexitätsgefälle) aufrecht zu erhalten.

Die Vorstellung vom Komplexitätsgefälle zwischen System und Umwelt und seiner Aufrechterhaltung setzt keineswegs voraus, daß Art und Umfang des Gefälles immer gleich bliebe. Im Gegenteil, das System hat im Prinzip immer die Möglichkeit, die Grenzen (die Differenz) neu zu bestimmen oder zu modifizieren, sich neue Umweltkontakte zu ermöglichen und neue Strategien der Abgrenzung zu wählen. Es ist aber nicht selten eine Veränderung der Umwelt selbst, die eine Neubestimmung der Differenz erforderlich macht.

Die Bestimmung (oder die Erfindung) von stabilisierungsfähigen Grenzen ist eine steigerbare, optimierbare Leistung. Oder anders ausgedrückt: Systeme sind lernfähig, sie können durch Erfahrung, Vergleich mit anderen Systemen, Analogien etc. ihr Problemlösungspotential steigern und ihre Position zur Umwelt verbessern. Die Veränderung und Neubestimmung der Grenzen, oder kurz die Systementwicklung, ist deshalb neben Selektion und Risiko(-Kompensation) der dritte Eckpfeiler eines systemtheoretisch geleiteten Konzeptes des Management-Prozesses.

Die Reduktion von Komplexität setzt ein hinreichendes Maß an Differenziertheit bezüglich des Problemfassungsvermögens voraus. Die Relationen der Umwelt müssen durch das System mit weniger Relationen vereinfachend, aber dennoch effektiv rekonstruierbar sein. Wird die Komplexität zu stark reduziert, so besteht die Gefahr, daß das System nicht mehr adäquat mit der Umwelt in Interaktion treten kann, es verliert seine „Lebensfähigkeit".

Die grenzkonstituierende und identitätsstiftende Differenz ist eine Differenz von Komplexitäten, nicht eine Differenz zwischen Komplexität und Eindeutigkeit.

Wirtschaftliche Handlungssysteme, insbesondere Unternehmungen, sind Systeme, die für die Absorption der Umweltkomplexität zuallererst den Mechanismus der Zwecksetzung verwenden. Die Strategie der Zwecksetzung ermöglicht eine Teilverlagerung der Bestandsproblematik von „außen nach innen", d.h. das amorphe Bestandsproblem wird durch Definition erstrebenswerter Wirkungen in eine bearbeitbare Fassung transformiert, die zum Gegenstand konkreter Pläne und systeminterner Verständigungsprozesse gemacht werden kann. Die Setzung von Zwecken und ihre kalkulierende planerische Umsetzung in Pläne und Strukturen reicht aber nicht aus, den Systembestand zu sichern.

systems analyst: Systemanalytiker *m*
systems and procedures department: Organisationsabteilung *f*
systems approach: Systemansatz *m*
In der Managementlehre unterscheidet man bei der Diskussion von Effizienz im Unternehmen zwischen der Perspektive des Zielansatzes und der des Systemansatzes.

Der Systemansatz geht davon aus, daß innerhalb einer Organisation unterschiedliche Interessengruppen mit teils schwer vereinbaren Zielvorstellungen existieren, daß innerhalb solcher Interessengruppen verschiedene Vorstellungen mit unterschiedlichen Prioritäten anzutreffen sind und daß auch von außen allgemeine Wertvorstellungen, Vorschriften und konkrete Erwartungen an die Organisation herangetragen werden.

Nach dieser Perspektive sind Organisationen komplexe soziale Systeme, deren Effizienz sich nicht danach bemißt, wie gut einzelne Ziele einzelner Interessenträger erreicht wurden, sondern danach, wie weit die Überlebenspotential dieser Organisation innerhalb einer sich wandelnden Umwelt gestärkt wurde. Effizienz wird damit zu einem abstrakten, mehrdimensionalen Konstrukt, das sich der direkten Erfassung entzieht. Dem hohen Grad theoretischer Adäquanz steht der niedrige Grad empirischer Meßbarkeit entgegen.

Um diesen Effizienzbegriff dennoch handhabbar zu machen, sind einzelne Indikatoren zu bestimmen, die einen Hinweis auf das organisatorische Überlebenspotential gestatten. Der wesentliche Unterschied zum Zielansatz besteht darin, daß nicht von subjektiven Zielvorstellungen einzelner, sondern von objektiven Kriterien einer langfristigen Funktionsfähigkeit der Organisation ausgegangen wird. Dabei lassen sich drei Gruppen solcher Kriterien unterscheiden:
(1) ökonomisch-technische
(2) individual- soziale und
(3) flexibilitätsorientierte Kriterien.
Diese Kriterien sind nicht additiv unabhängig, sondern multiplikativ abhängig zu verstehen, d.h. sie stellen ein System dynamischer Balance dar.

systems breakdown: Betriebsstörung *f*
systems check: Systemprüfung *f (EDV)*
systems design: Systementwurf *m*, Systemgestaltung *f*, Systemerarbeitung *f*
systems implementation: Systemeinführung *f*
systems installation: Systemeinführung *f*
systems operator: Steuerpultbediener *m (EDV)*
systems pl and procedures pl: Methoden *f/pl* und Verfahren *n/pl*
systems planning: Systemplanung *f*
systems program: Systemrahmenprogramm *n (EDV)*
systems survey: Systematudie *f*
systems theory: Systemtheorie *f*
Die Entwicklungslinien der systemtheoretischen Ansätze in der Managementlehre reichen einerseits in die Soziologie und soziologische Organisationstheorie mit den Arbeiten von Talcott Parsons zurück; andererseits haben sie ihre Wurzeln in der Biologie, der Kybernetik und der Informationstheorie – zu erwähnen sind hier insbesondere die Arbeiten des österreichischen Biologen Ludwig von Bertalanffy, der eine Allgemeine Systemtheorie entwickelte.

Besondere Beachtung fand einerseits die Idee des kybernetischen Regelkreises und seine Anwendung für die Unternehmenssteuerung und -kontrolle. Das zentrale, daraus abgeleitete Managementproblem ist die Erhaltung und Stabilisierung eines Systemgleichgewichts. Der Kontrolle als Quelle der bestandskritischen Rückkoppelung fällt dabei unter den Managementfunktionen eine Schlüsselrolle zu.

Mit dem systemtheoretischen Ansatz gelang es erstmals, die Außenbezüge der Unternehmung systematisch zu erfassen und zum Gegenstand der Theorienbildung zu machen. Ausgangspunkt der Überlegungen ist eine komplexe und veränderliche Umwelt, in der zu handeln ohne eine signifikante (Komplexitäts-) Reduktionsleistung nicht möglich ist. Systeme werden als Handlungseinheiten begriffen, die die Probleme einer komplexen und veränderlichen Umwelt in einem kollektiven arbeitsteiligen Leistungsprozeß bewältigen, wenn sie ihren Erhalt gewährleisten wollen. Systeme, die die Umwelt unbeantwortet lassen, also kein Komplexitätsgefälle zwischen System und Umwelt aufbauen und erhalten, können nicht bestehen. Dies bedeutet, daß Systeme fortwährend vom Zerfall bedroht sind, Entropie.

Die Komplexität der Umwelt beantworten, heißt zunächst einmal, daß Systeme in sich Strukturen schaffen müssen, die eine Bewältigung der Umweltbezüge ermöglichen. Eine komplexe Umwelt erfordert eine entsprechend komplexe Binnenstruktur, um die vielfältigen Umweltbezüge erfassen und aufarbeiten zu können (law of requisite variety).

Das bekannteste Muster der Verarbeitung komplexer Umwelten ist die Herausbildung von Subsystemen, die eine Spezialisierung auf bestimmte Systemfunktionen ermöglichen, z.B. stabilisierende Subsysteme, innovierende Subsysteme, außenbezogene Subsysteme, integrierende Subsysteme. System bzw. Umweltbezug heißt aber auch, daß Veränderungen in der Umwelt immer wieder neue Probleme für das System stellen und damit in aller Regel eine Veränderung des Systems nach sich ziehen. Die Bestandserhaltung stellt sich daher als permanentes Problem, sie wird durch die einmal gefundene Selektionsleistung nicht definitiv gelöst.

In der Theorie offener Systeme wird das System nicht nur als Anpasser konzeptualisiert, sondern man geht vielmehr davon aus, daß das System/Umweltverhältnis interaktionaler Natur ist, d.h. eine Unternehmung (= System) steht unter starkem Umwelteinfluß, hat aber auch selbst die Möglichkeit, gestaltend auf die Umwelt einzuwirken. Systeme besitzen eine begrenzte Autonomie, in deren Rahmen sie regelmäßig zwischen verschiedenen Handlungsalternativen wählen können.

Für die Managementlehre ist die Systemtheorie von nachhaltigem Einfluß gewesen. Viele Themen und Probleme, die von der Systemtheorie formuliert wurden, sind heute zum Standard geworden. Wiederum ist es die Organisationstheorie gewesen, die als erste die Impulse aus der Systemtheorie in Konzepte umgesetzt hat. Herausragende Anwendungen sind die Studien zum Einfluß der Umwelt auf die Organisation und zur Interaktion von Organisation und Umwelt. Zwei Strömungen haben dabei eine besondere Aufmerksamkeit gefunden:

• Das *Ressourcen-Abhängigkeits-Theorem*: Es verdichtet den weitläufigen Systemumweltbezug auf ein zentrales Problem, nämlich die Abhängigkeit von externen Ressourcen. Das Unternehmen benötigt zur Leistungserstellung Ressourcen verschiedener Art, über die es in der Regel nicht selbst, sondern externe Organisationen verfügen. Es steht damit zwangsläufig in zahlreichen engen Austauschbeziehungen zu anderen Organisationen (vertikaler Leistungsverbund). Der Grad, in dem dieser Leistungsaustausch zur Ressourcenabhängigkeit wird, hängt ab von dem Ausmaß, in dem die Unternehmung Ressourcen benötigt, die eine andere Organisation besitzt, und inwieweit auch andere Organisationen der Unternehmensumwelt die benötigten Ressourcen anbieten (oder Substitute verfügbar sind).

Ressourcenabhängigkeit, die bei einem Vorhandensein von Großabnehmern analog auch zur Outputseite hin entsteht, zieht eine Reihe von Unwägbarkeiten, also Ungewißheit nach sich, die die Effizienz des täglichen Leistungsvollzugs bedrohen und die Planung zukünftiger Aktivitäten behindern. Das Unternehmen muß daher – um seinen Bestand zu sichern – bestrebt sein, diese Unwägbarkeiten soweit als möglich beherrschbar zu machen. Neben internen Vorkehrungen (Abpufferung, Flexibilisierung usw.) kommt dazu primär der Aufbau kooperativer Beziehungen zu den vorgelagerten Systemen in Frage. Der Ressourcen-Abhängigkeits-Ansatz zeigt eine ganze Skala solcher Kooperationsstrategien zur Steigerung der Umweltkontrolle auf. Sie reichen von der Kooptation über den Abschluß langfristiger Verträge bis hin zum Joint-venture.

• Der *ökologische Ansatz*: Eine andere neuere Strömung in der Managementlehre, die an Themen der Systemtheorie anschließt, ist der ökologische oder evolutionstheoretische Ansatz. Dieser insgesamt stark an der Biologie orientierte Ansatz interessiert sich primär für den evolutionären Ausleseprozeß und versucht die Frage zu beantworten, weshalb bestimmte Systeme ihr Überleben sichern können, andere dagegen nicht. Die Idee ist, daß die Umwelt wie in der Natur aus der Vielfalt der Systeme diejenigen ausfiltert, die sich an die speziellen externen Gegebenheiten nicht oder eben nicht hinreichend angepaßt haben. Unangepaßte Systeme werden ausgelesen, neue Systeme entstehen, der evolutorische Prozeß formt die Entwicklung und Zusammensetzung der Systempopulation nach seiner Dynamik.

Vom Ergebnis her führt der evolutionstheoretische Ansatz in ein Paradox – zumindest für die Managementlehre. Die Bedeutung der betrieblichen Steuerungsleistung und antiziplerenden Systemgestaltung tritt zurück zugunsten eines unbeherrschbaren Ausleseprozesses, der noch nicht einmal seine zukünftige Auslesclogik freigibt. In der Konsequenz treten auf einzelwirtschaftlicher Ebene Glück und Zufall als zentrale Erklärungsfaktoren für den Erfolg in den Vordergrund.

Beim systemtheoretischen Ansatz orientiert sich das Führungsverhalten am Zusammenspiel aller Komponenten des Führungsprozesses. Der Manager muß systemtheoretisch und praktisch denken können und logistische Prozesse analysieren und steuern.

Der systemtheoretisch definierte Managementprozeß hat vier thematische Schwerpunkte:
(1) Selektion
(2) Kontingenz bzw. Risikokompensation
(3) Entwicklung (Suche nach neuen Grenzbestimmungen)
(4) die Eigenkomplexität des Handlungssystems Unternehmung.

Diese vier Themen sind nur auf dem Hintergrund

systems theory

der Basisrelation von System und Umwelt begreiflich, die deshalb auch die Basisfigur eines systemtheoretisch geleiteten Konzepts des Managementprozesses ist. Die klassischen Managementfunktionen können im Sinne formaler Aufgabenkategorien weiter Verwendung finden, jedoch mit geänderter Bedeutung und Ordnung. Der Zusammenhang der Managementfunktionen und ihre Steuerungslogik werden im wesentlichen bestimmt durch den zuletzt genannten vierten Gesichtspunkt, die Eigenkomplexität des Handlungssystems Unternehmung.

Der Managementprozeß wird definiert durch die Abfolge der drei abstrakten Systemfunktionen Selektion, Kompensation und Entwicklung. Alle fünf Managementfunktionen tragen zu diesen generellen Funktionen bei, wenn auch mit unterschiedlichem Gewicht. Die Planung hat ihren Schwerpunkt bei der Selektion, die Kontrolle in der Kompensation. Die Organisation ist ihrem Wesen nach eher ein Instrument der Selektion, trägt aber auch wesentlich zur Öffnung des Systems bei. Führung und Personaleinsatz sind für alle Systemfunktionen gleichermaßen bedeutsam.

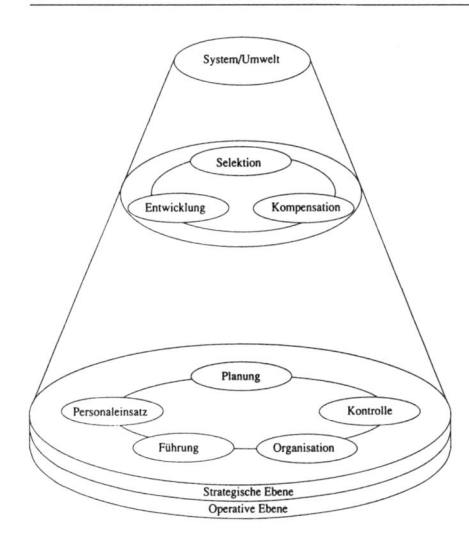

Der Managementprozeß als Systemsteuerung

T

T-account: T-Konto *n*
table: Schema *n*, Tabelle *f*
table a motion: einen Antrag *m* vertagen
table lookup: Tabellensuchen *n* (EDV)
table of contents: Disposition *f*, Inhaltsverzeichnis *n*
table of depreciation rates: Abschreibungstabelle *f*
table summary: Übersichtstabelle *f*
tabular: tabellarisch
tabulate: tabellieren
tabulated: tabellarisch
tabulating equipment: Tabelliermaschine *f* (EDV)
tabulation: Tabellierung *f*
tacit: stillschweigend
tacit agreement: stillschweigend geschlossener Vertrag *m*
tacit consent: stillschweigende Zustimmung *f*
tactical: taktisch
tactical corporate planning: taktische Unternehmensplanung *f*
In einem umfassenden Planungssystem vollzieht sich die Unternehmensplanung in drei Stufen: Strategische, taktische und operative Planung. Die strategische Planung befaßt sich mit den langfristigen Entwicklungszielen der Unternehmung. Die taktische Planung dient der Konkretisierung der strategischen Planung durch längerfristige Bedarfs- und Beschaffungsplanung, während die operative Planung eine kurzfristige, ablauforientierte Aktionsplanung darstellt.
tactical management: taktisches Management *n*
Die Managementebene der Bereichs- oder Funktionsleitung mit den Aufgaben der Planung, Mittelzuweisung und Umsetzung der Unternehmensziele in funktionale, operable Teilziele. Das taktische Management ist für die Zerlegung des Gesamtplans in funktionale Teilpläne, für die ökonomische Zuteilung der Ressourcen und für die Einhaltung der Zielsetzungen verantwortlich (Steuerungsverantwortung).
tactical planning: taktische Planung *f*
tactics: Taktik *f*
Taft-Hartley Act of 1947: Taft-Hartley-Gesetz *n*
Das amerikanische Gesetz, das die Beziehungen zwischen Arbeitgebern, Arbeitnehmern und Gewerkschaften regelt.
tag: Anhängezettel *m*, Etikett *n*, etikettieren
tailer: kleiner Spekulant *m*, der größere nachahmt

take: erwerben, nehmen, niederschreiben
take a note: aufschreiben, Notiz *f* machen
take a position: einen Standpunkt *m* vertreten
take a share: einen Anteil *m* übernehmen
take advantage of: ausnutzen (Patente usw.), übervorteilen
take an oath: beeiden, einen Eid *m* ablegen, schwören
take an oath of office: einen Diensteid *m* leisten
take apart: auseinandernehmen
take away: abholen, abtransportieren
take bid: Übernahmeangebot *n*
take care of: besorgen
take discount: Diskont *m* in Anspruch nehmen
take effect: in Kraft *f* treten
take evidence: Beweis(e) *m* aufnehmen
take exception to: beanstanden
take exception: Anstoß *m* nehmen
take file: zu den Akten *f/pl* nehmen
take-home pay: Nettolohn *m* (nach Abzug von Steuern, Versicherung und Gewerkschaftsbeiträgen)
take in: übervorteilen
take into account: berücksichtigen
take into consideration: in Betracht ziehen
take inventory: aufnehmen (die Bestände *m/pl*), Bestände *m/pl* aufnehmen, inventarisieren
take legal steps: gerichtlich einschreiten
take measures: Maßnahmen *f/pl* ergreifen (treffen), Schritte *m/pl* unternehmen
take minutes: protokollieren
take notice: beachten, vermerken *m*
take of inventory: Inventur *f*, körperliche Bestandsaufnahme *f*
take of possession: Besitzergreifung *f*, Besitznahme *f*
take of stock: Inventur *f*
take out a patent: patentieren
take out a policy: eine Versicherung *f* abschließen
take over: übernehmen
take part: teilhaben, sich beteiligen
take part in: mitbeteiligt sein, mitmachen
take physical inventory: Inventur *f* machen, den Bestand körperlich aufnehmen
take possession of: Besitz *m* greifen, Besitz *m*

783

take precautions: Vorkehrungen *f* treffen, vorsorgen
take responsibility: verantworten, Verantwortung übernehmen
take risk: Gefahr *f* laufen, Risiko *n* übernehmen
take steps: Maßnahmen *f/pl* ergreifen (treffen), Schritte *m/pl* unternehmen
take stock: Inventur machen, inventarisieren
take up (office): (Amt) antreten
take up again: wiederaufnehmen
take up employment: Stellung *f* antreten
takeover: Übernahme *f*
taker of bill: Wechselnehmer *m*
taking effect: Inkrafttreten *n*
talent: Begabung *f*, Talent *n*
talent scout: Anwerber *m*, Talentagentur *f*
talented: begabt
talk over: besprechen, durchsprechen, Rücksprache *f* nehmen
tally: Kupon *m*, Marke *f (EDV)*, Rechnung *f*, Schein *m* registrieren, Strichliste *f* anfertigen, auszählen
tally sheet: Zählbogen *m*
tally shop: Abzahlungsgeschäft *n*
tally system: Abzahlungssystem *n*
tally trade: Abzahlungsgeschäft *n*
tally with: entsprechen
talon: Erneuerungsschein *m*, Talon *m*, Zinskupon *m*
tampering with witnesses: Zeugenbeeinflussung *f*
tangible: körperlich, materiell
tangible asset: körperliche (materielle) Anlage *f*, materielles Anlagegut *n*
tangible assets *pl*: körperliches Anlagevermögen *n*, Sachanlagevermögen *n*, materielles Vermögen *n*
tangible property: Sachvermögen *n*
tangible value: Teilwert *m* der Aktiva *n/pl*, ausgenommen immaterielle Werte *m/pl*
tangibles *pl*: materielles Vermögen *n*
tangle: Verwicklung *f*, verwirren
tank lorry: Tankwagen *m*
tank truck: Tankwagen *m*
tap the capital market: den Kapitalmarkt *m* anzapfen
tape recorder: Tonbandgerät *n*
tape recording: Tonbandaufnahme *f*
taper point: Lohnskala *f*, Punkt auf der bei dessen Überschreitung *f* eine Reduzierung *f* der Überstundenvergütung *f* eintritt
tapewatcher: kleiner Börsenhändler *m*, der ängstlich die Kursentwicklung verfolgt

tardiness: Langsamkeit *f*, Säumigkeit *f* (Saumseligkeit)
tardiness rate: Verspätungsprozentsatz *m* Der Prozentsatz der Arbeitnehmer, die zu spät zur Arbeit erscheinen.
tardy: säumig, saumselig
tare: Tara *f*, Verpackungsgewicht *n*
tare account: Tararechnung *f*
tare weight: Taragewicht *n*
target: Mengenvorgabe *f*, Planziel *n*, wirtschaftliches Soll *n*, Vorgabe *f*, Ziel *n*
target cost: Plankosten *pl*, Sollkosten *pl*, Standardkosten *pl*
target inventory: Planbestand *m*, Sollbestand *m*
target price: Richtpreis *m*
tariff: Tarif *m* (z.B. Zoll, Eisenbahn, Luftfracht usw.)
tariff act: Zollgesetz *n*
tariff agreement: Zollabkommen *n*
tariff cut: Zollsenkung *f*
tariff legislation: Zollgesetzgebung *f*
tariff policy: Zollpolitik *f*
tariff rate: Zollsatz *m*
tariff union: Zollunion *f*
tariff wall: Zollmauer *f*
task: 1. Arbeit *f*, Aufgabe *f*, Arbeitsaufgabe *f*
In der klassischen Betriebswirtschaftslehre werden Aufgaben in routinisierbare und nicht routinisierbare dichotomisiert. Nach Litwak unterscheiden sich die Abteilungen einer Organisation vor allem im Hinblick auf die zu erfüllende Aufgabe (task), die zusammen zwei Gruppen von Subsystemen darstellen. Die erste Gruppe umfaßt Subsysteme, die es mit gleichförmigen, routinisierbaren Aufgaben (type I tasks) zu tun haben, und die zweite Gruppe solche, die ungleichförmige, nicht routinisierbare Aufgaben (type II tasks) zu bewältigen haben. Die folgende Illustration stellt die beiden gegensätzlichen Aufgabentypen gegenüber. Litwak ist der Auffassung, daß zur Erklärung des Verhaltens der Menschen, die mit dem einen oder anderen Aufgabentyp konfrontiert sind, auch unterschiedliche Organisations- und Managementsysteme herangezogen bzw. entwickelt werden müssen. Für Subsysteme mit Aufgaben vom Typ I sieht er als geeignetes Erklärungsmodell Max Webers Modell der Bürokratie und für Subsysteme mit Aufgaben vom Typ II das Human Relations Modell. Für Subsysteme, die in gleicher Weise Aufgaben vom Typ I und II zu bewältigen haben, schlägt er ein drittes Modell, das „professional model" vor, das Elemente der beiden ersten Modelle in mehr oder weniger starker Ausprägung enthält. Gemeinsame Züge mit der Einteilung in Aufgaben vom Typ I und II hat Herbert A. Simons Klassifizierung von Entscheidungen in zwei polare Entscheidungstypen, nämlich in programmierte und nicht programmierte Entscheidungen. Nach dem Grad

task analysis

Entscheidungssituation	Organisationsstruktur	wesentliche Merkmale
Erreichen eines klar definierten, allgemein akzeptierten Ziels (Routineaufgabe), Entscheidung unter Zeitdruck	Formale Organisationsstruktur	klassische Organisationsprinzipien; mechanistisches Modell
Nicht-Routineangelegenheiten, verfügbare Zeit reicht nicht, um alle Beteiligten einzubeziehen	Modifiziert formale Organisationsstruktur	straffe Hierarchie wird durch ein Netz vermaschter Arbeitsgruppen abgelöst; *Likert*-Modell
komplexe, langfristige Entscheidungen, die über die Grenzen einer Abteilung oder eines Wissensbereiches hinausgehen	Flexible Organisation auf der Basis funktionaler Machtverteilung	Projekt- und Planungsgruppen; Machtausübung auf der Basis des funktionalen Beitrags zur Zielerreichung
Entscheidungen, die primär die soziale und wirtschaftliche Stellung des Einzelnen in der Organisation betreffen (Einstellung, Gehalt, Führungsstil, Ziele)	Flexible Organisation auf der Basis symmetrischer Machtverteilung	jedes Organisationsmitglied hat gleiche Macht und Verantwortung

der Programmierbarkeit unterscheidet Gore zwischen routinemäßigen (Ausführungsprogramm direkt zuordenbar), adaptiven (Ausführungsprogramm mit Hilfe eines Algorithmus auffindbar) und innovativen Entscheidungen (weder Ausführungsprogramm noch Such-Algorithmus bekannt).
2. Pensum *n*, Tagewerk *n* (beim Leistungslohn die Mindestleistung, die erforderlich ist, um das garantierte Lohnminimum zu erreichen)
task analysis: Aufgabenanalyse *f*
Methodisch gesehen setzt die Verteilung der Aktivitäten in einer Organisation wie einem Unternehmen die systematische Durchdringung der Aufgaben voraus. In der deutschen Organisationslehre hat Erich Kosiol hierfür die wohl bekannteste Systematik entwickelt, die er als Aufgabenanalyse bezeichnet. Aufgaben sind nach Kosiol „Zielsetzungen für zweckbezogene menschliche Handlungen". Ein vorgegebenes oder selbstgesetztes Soll gilt es durch zweckbezogene Aktivitäten zu verwirklichen.
Nach dieser Konzeption soll eine Gesamtaufgabe mit Hilfe von fünf Dimensionen gedanklich in Elementarteile, also Teilaufgaben, zerlegt werden:
(1) nach den *Verrichtungen*
(2) nach den *Objekten*
(3) nach dem *Rang*, d.h. nach Entscheidungs- und Ausführungsaufgaben
(4) nach der *Phase*, d.h. nach Planungs-, Realisierungs- und Kontrollaufgaben
(5) nach der *Zweckbeziehung*, d.h. nach unmittelbar oder mittelbar auf die Erfüllung der Hauptaufgabe gerichteten Teilaufgaben.

In Kosiols Gestaltungslehre werden dann in einem zweiten Schritt, der *Aufgabensynthese*, aus Teilaufgaben (Elementarteilen) nach bestimmten leitenden Prinzipien organisatorische Einheiten gebildet. Die erste zu bildende Verteilungseinheit heißt Stelle. Der Leitungsaufbau stellt eine hierarchische Verknüpfung der Stellen durch ihre rangmäßige Zuordnung her.
Die Basis-Leitungseinheit heißt Instanz. Das ist eine Stelle mit Weisungsbefugnis. Die Zusammenfassung mehrerer Stellen unter der Leitung einer Instanz heißt Abteilung. Darüber hinaus werden dann Abteilungen zu Hauptabteilungen usw. zusammengefaßt, bis das gesamte Strukturgefüge errichtet ist. Es läßt sich mit Hilfe eines Organigramms abbilden:
Die Auffassung, daß Spezialisierung und Koordination die Hauptprinzipien formaler Organisation darstellen, herrschte bereits in der klassischen betriebswirtschaftlichen Organisationslehre und der frühen Managementlehre vor. Kosiol sprach von Analyse und Synthese. Analyse- und Syntheseprobleme ergeben sich sowohl bei der Strukturierung von Systemen, d.h. der Aufbauorganisation, wie von Prozessen, d.h. der Ablauforganisation.
Neuere Ansätze stellen konkretere Merkmale der Aufgaben in den Vordergrund. Häufig genannte Kriterien der Aufgaben- und Entscheidungsanalyse sind hierbei:
• *Aufgabenvariabilität*: Die Unterschiedlichkeit der Bedingungen der Aufgabenerfüllung.
• *Aufgabeninterdependenz*: Wie stark ist die Aufgabenerfüllung von vor- und nachgelagerten Stellen abhängig?
• *Eindeutigkeit*: Analysierbarkeit der Aufgaben

task analysis

AUFGABENANALYSE ⟶   AUFGABENSYNTHESE ⟶

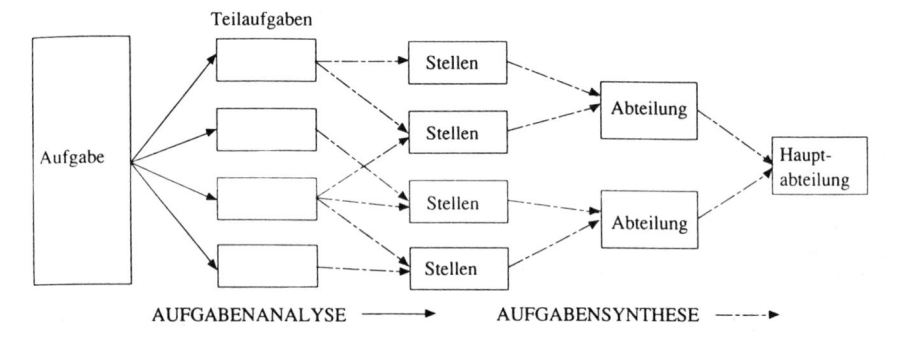

und das Ausmaß, in dem die Korrektheit einer Aufgabenerfüllung nachgeprüft werden kann.
• *Zahl möglicher Lösungswege* und/oder Zahl der richtigen Lösungen.
Die gestaltungsorientierte Aufgabenanalyse gerät sehr leicht in einen Zirkel, weil sich eine Aufgabe in der Regel nicht abstrakt, sondern nur im Rahmen eines schon bestehenden Leistungsprozesses erfassen und analysieren läßt. Dieser setzt jedoch ein Mindestmaß an Organisation schon voraus, d.h. die Aufgabe spiegelt zumindest teilweise schon das Ergebnis organisatorischer Gestaltung wider. Eine völlige Trennung von Aufgabe und Organisation ist daher nicht möglich.
Jüngere arbeitspsychologische Arbeiten zur Beschreibung von Aufgaben sowie deren Wahrnehmung durch den Ausführenden stellen nicht die objektive Aufgabe, sondern die subjektiv wahrgenommene als handlungsrelevant in den Mittelpunkt. So betrachtet Hackman die Aufgabe nicht nur unter dem Gesichtspunkt der Eignungsvoraussetzung (Definition der Aufgabe nach erforderlichen Eignungsmerkmalen) bzw. Verhaltensbeschreibung (Beschreibung des tatsächlichen Verhaltens bei der Bearbeitung einer Aufgabe), sondern geht von der Aufgabe als einer Verhaltensanforderung aus. Unter Verwendung des S-O-R-Paradigmas kommt er zu folgender Aufgabendefinition: „Eine Aufgabe kann einer Person (oder einer Gruppe) durch einen Außenstehenden übertragen werden oder sich selbst gestellt sein. Eine Aufgabe besteht aus einem Reiz-Komplex und einer Reihe von Anweisungen, die spezifizieren, was gegenüber den Reizen zu tun ist. Die Instruktionen geben an, welche Operationen durch den (oder die) Handelnden im Hinblick auf die Reize durchgeführt werden müssen und/oder welche Ziele zu erreichen sind".
Reizmaterial bezeichnet dabei das materielle oder soziale Objekt, mit dem eine oder mehrere Personen konfrontiert werden (Maschine, Problem, Konflikt usw.). Dimensionen dieses Reizmaterials sind beispielsweise der Bekanntheitsgrad des Aufgabenobjekts, die Art/Klarheit/Deutlichkeit/Intensität der Reize und die Komplexität, zeitliche Dauer und Überraschungseffekt der Reize. Die Aufforderung „Denke" oder die Konfrontation mit einer Maschine ist noch keine Aufgabe im definitorischen, d.h. hier

verhaltensrelevantem Sinn, da nicht gesagt wird, worüber nachgedacht bzw. was mit der Maschine getan (bedient, zerlegt, gesäubert etc.) werden soll. Erst diese Anweisungen präzisieren den Aufgabeninhalt. Dimensionen dieser Handlungsanweisungen sind beispielsweise Regeln der Bearbeitung, Kooperationshinweise, Entscheidungsfindungs- oder kreative Aufgabe und Arten der Informationsverarbeitung.
Darüber hinaus müssen die Aufgabenziele erfaßt werden. Dimensionen sind hier beispielsweise die Zielart der Aufgabe, die Anzahl der Lösungsmöglichkeiten, Zielklarheit, Leistungsvorgaben.
Jede Aufgabenstellung löst ein bestimmtes Verhalten bei den Aufgabenträgern aus; es gilt dann zu untersuchen, ob die Aufgabeneigenschaften und/oder die Persönlichkeits- bzw. Gruppenfaktoren dafür ursächlich sind. Man nimmt an, daß die objektiv gestellte Aufgabe in irgendeiner Weise vom Individuum oder der Gruppe entsprechend den Werten, Einstellungen, Bedürfnissen, Erfahrungen, Fähigkeiten, Gruppennormen, etc. umformuliert bzw. neu definiert wird.
Für Hackman ist dieser Redefinitionsprozeß der erste Schritt des Bearbeitungsprozesses einer Aufgabe. Die wahrgenommene Aufgabe als ein Element der Arbeitssituation unterscheidet sich also von der objektiven Aufgabenstellung, sofern nicht durch Androhung erheblicher Sanktionen, durch eine extrem detaillierte Arbeitsanweisung oder technologisch bedingte Zwänge den Individuen keine Wahrnehmungsspielräume ermöglicht werden.
Der Wahrnehmungsprozeß wird nach Hackman von vier Faktoren beeinflußt:
• dem Verständnis der Aufgabe durch den Bearbeiter,
• dem Ausmaß der Akzeptierung der Aufgabe und der Bereitschaft, sich ihren Anforderungen zu stellen,
• den Bedürfnissen und Werten, die von dem Bearbeiter in die Arbeitssituation eingebracht werden, und
• der Bedeutung früherer Erfahrungen mit ähnlichen Aufgaben.
Ohne die Antinomien der Aufgabenanalyse aufzulösen, orientiert sich die Organisationspraxis in ihren Hauptgestaltungsmustern pragmatisch an

den Grundthemen der klassischen Aufgabenanalyse, insbesondere den Verrichtungen und Objekten, und zieht zur Feingliederung konkretere Aufgabenmerkmale, wie z.B. Variabilität und Eindeutigkeit, heran.

task contracting: Aufgabenauslagerung *f*
Die Übertragung betrieblicher Aufgaben oder Teilaufgaben auf betriebsfremde Organisationen oder Institutionen.

task cooperation: Aufgabenkooperation *f*
Die gemeinschaftliche Erfüllung betrieblicher Aufgaben durch mehrere selbständige Unternehmen.

task environment: Aufgabenumwelt *f*, externe Umwelt *f*
Vielfach unterteilt man die Umwelt einer Organisation oder eines Unternehmens eine externe Aufgabenumwelt (task environment) und eine interne Umwelt. Zur Aufgabenumwelt einer Unternehmung gehören vor allem folgende vier großen Umweltsysteme:
• Kunden (customers, clients)
• Lieferanten (suppliers)
• Konkurrenten (competitors)
• Verwaltung, Behörden (regulatory agencies)
Die interne Umwelt ist der organisatorische Kontext, in dem die Planung abläuft. Eine Reihe von Untersuchungen hat die Hypothese bestätigt, wonach mit zunehmender Komplexität und Dynamik der Aufgabenumwelt das Ausmaß der Planung zunimmt. Die Manager vor allem von großen Unternehmungen versuchen, den Prozeß ihrer Langfristplanung an die wahrgenommenen Umweltbedingungen anzupassen.

task exception(s) *(pl)*: Aufgabenausnahme(n) *f(pl)*
Aufgaben, die über die Bedeutung und Komplexität normaler Betriebsabläufe im Unternehmen hinausgehen, bezeichnet man in der Managementlehre als Aufgabenausnahmen. Sie spielen eine Rolle im Management nach Ausnahmeprinzipien (Management by Exception), bei dem die mittleren und unteren Entscheidungsebenen im Normalfall selbständig operieren und das Management nur in Ausnahmefällen tätig wird, d.h. Voraussetzung für das Funktionieren ist eine weitgehende Arbeitsteilung und Verantwortungsdelegation bei gleichzeitiger Konzentration der Unternehmensleitung auf Kontrollaufgaben.

task force: Projekt-Team *n*, Arbeitsausschuß *m*, Arbeitsgruppe *f*
Eine Form des Teams. Es besteht aus einer Gruppe von Personen, die während einer begrenzten Zeitspanne hauptamtlich in einem Team arbeiten. Die Mitglieder kommen häufig aus all den Bereichen, die mit der zu lösenden Aufgabe zu tun haben. Es können auch externe Berater Mitglieder eines solchen Teams sein.

task fulfillment: Aufgabenerledigung *f*
Eine Aufgabe des Personal-Management, die in der richtigen Arbeitsverteilung an eine Gruppe von Mitarbeitern und in der Steuerung und Koordination der Teilaufgaben besteht. Ein wichtiges Kriterium ist die personenbezogene Aufgabenerledigung, die die Fähigkeiten, das individuelle Arbeitstempo, die Ausbildung und Erfahrung sowie die persönlichen Neigungen der Mitarbeiter berücksichtigt.
Die operativen Aufgaben sind von den Führungskräften so zu planen, daß sie von den Mitarbeitern entsprechend ihrem fachlichen Können und Wissen innerhalb vernünftiger Zeitspannen erledigt werden können. Weder Über- noch Unterbeschäftigung sollte durch die Arbeitszuweisung entstehen. Das setzt voraus, daß eine abgestimmte Arbeitsplanung erstellt wird, insbesondere für Arbeitsplätze, bei denen mit Spitzenbelastungen zu rechnen ist. Zur Aufgabenerledigung gehört auch die Zielvorgabe gegenüber den Mitarbeitern, die Definition ihres Entscheidungsspielraumes, die Vorgabe von Zeiten und Einsatzmitteln sowie die Gewährung individueller Erholungspausen.

task integration: Aufgabenintegration *f*
Die Bewältigung betrieblicher Aufgaben im eigenen Unternehmen.

task of arbitrator: Vermittlerrolle *f*
task of conciliator: Schlichterrolle *f*
task-oriented style: Aufgabenstil *m*, 9.1-Stil *m*
Ein Führungsstil, der durch starke, direkte Eingriffe durch den Vorgesetzen charakterisiert ist.

task planning: Aufgabenplanung *f*, Arbeitsplanung *f*
Die Abstimmung der verrichtungsorientierten Teilaufgaben im Management auf die Erfüllung der operativen und strategischen Planung.

task sequence: Arbeitsfolge *f*
task structure: Aufgabenstruktur *f*
Das Ausmaß, in dem Ziele, Lösungswege und Handlungsanweisungen in einer Aufgabe vorhanden bzw. bekannt und im einzelnen bestimmt sind.

task system: Bezahlung *f* eines Reisenden *m* auf Basis *f* der Kundenbesuche *m/pl*
task variability: Aufgabenvariabilität *f*
Die Unterschiedlichkeit der Bedingungen der Aufgabenerfüllung.

task wage system: Reisendenbezahlung *f* nach Kundenbesuchen *m/pl*
tax: Steuer *f*, Abgabe *f*, Auflage *f*, belasten (mit Steuern), besteuern, taxieren, Steuer-, steuerlich
tax abatement: Ermäßigung *f* oder Erlaß *m* einer veranlagten Steuer *f*, Steuererlaß *m*, Steuerherabsetzung *f*, Steuernachlaß *m*
tax accounting: Steuerbuchhaltung *f*
tax adaptation law: Steueranpassungsgesetz *n* (StAnpGes.)
tax advantage: Steuervorteil *m*
tax adviser: Steuerberater *m*
tax allowance for children: Kinderermäßigung *f* (Steuer)

tax appeal: Steuereinspruch m
tax assessment: Steuerbescheid m, Steuerfestsetzung f, Steuerveranlagung f
tax assessment notice: Steuerfeststellungsbescheid m
tax attorney: Fachanwalt m für Steuerrecht n, Steueranwalt m
tax audit: Betriebsprüfung f, Steuerprüfung f
tax auditor: Betriebsprüfer m
tax authorities pl: Finanzamt n
tax authority: Steuerbehörde f
tax avoidance: Steuerumgehung f
tax balance sheet: Steuerbilanz f
tax base: Steuerbemessungsgrundlage f
tax bill: Steuerbescheid m
tax burden: Steuerlast f, steuerliche Belastung f
tax charges pl: steuerliche Belastung f
tax class: Steuergruppe f
tax collection: Steuereintreibung f
tax collection department: Finanzkasse f
tax collection office: Finanzkasse f
tax collector: Steuereinnehmer m
tax collector's office: Steuerkasse f
tax computation: Steuerberechnung f
tax concession: Steuererleichterung f, Steuervergünstigung f
tax consultant: Steuerberater m
tax costs pl: Gerichtskosten f/pl festsetzen, Kosten f/pl festsetzen
tax court: Steuergericht n
tax court judge: Finanzrichter m
tax credit: Steuergutschrift f
tax cut: Steuersenkung f
tax deducted at source: Quellensteuer f
tax deduction card: Lohnsteuerkarte f
tax deferral: Steuerstundung f
tax delinquency: Steuervergehen n
tax demand: Steuerzettel m
tax department: Steuerabteilung f, Steuerreferat n
tax due date: Steuerzahlungstermin m
tax evasion: Steuerhinterziehung f
tax examiner: Betriebsprüfer m
tax-exempt amount: Steuerfreibetrag m
tax exemption: Freibetrag m (Steuer), Steuerbefreiung f, Steuerfreibetrag m (z.B. für Familienangehörige), Steuerfreiheit f
tax expert: Steuersachverständiger m
tax-filing date: Steuererklärungstermin m
tax foreclosure: Pfändung f von Gegenständen m/pl zur Eintreibung f der Steuerschuld f, Steuerpfändung f
tax form: Steuererklärungsvordruck m
tax fraud section: Steuerfahndung f

tax free: abgabefrei, steuerfrei
tax haven: Steueroase f
tax incentives pl: steuerliche Förderungsmaßnahmen f/pl
tax increase: Steuererhöhung f
tax journal: Steuerzeitschrift f
tax law: Steuergesetz n
tax liability: Steuerpflicht f, Steuerschuld f
tax lien: Haftung f des Grundbesitzers für Grundsteuern
tax loss carryover: steuerlicher Verlustvortrag m
tax loss carry forward: steuerlicher Verlustvortrag m
tax notice: Steuerzettel m
tax on business capital: Gewerbekapitalsteuer f
tax on business profits pl: Gewerbeertragsteuer f
tax on input: Vorsteuer f
tax on issue of securities pl other than stock: Wertpapiersteuer f
tax on issue of stock: Gesellschaftssteuer f
tax on notes and other evidences of debt: Wechselsteuer f
tax on property values: Realsteuer f
tax on transaction: Verkehrssteuer f
tax on transfer of securities pl: Börsenumsatzsteuer f
tax paid: versteuert
tax participation clause: Vertragsklausel f, die den Mieter m anteilig on Erhöhungen f/pl der Grundsteuer f teilnehmen läßt
tax payment date: Steuerzahlungstermin m
tax penalty: Steuersäumniszuschlag m, Steuerstrafe f
tax privilege: Steuerbegünstigung f, Steuervergünstigung f
tax privileged: steuerbegünstigt
tax proceeds pl: Steuereinkünfte f/pl, Steuermittel pl
tax progression: Steuerprogression f
tax protest: Steuereinspruch m
tax rate: Steuersatz m
tax receipts pl: Steuereinnahmen f/pl
tax redemption: Wiedererlangung f (eines gepfändeten Gegenstandes durch Zahlung der Steuer und Strafe)
tax reduction: Erlaß m (von Steuern), Steuerabzug m, Steuernachlaß m, Steuersenkung f
tax reform: Steuerreform f
tax reform bill: Steuerreformvorlage f

tax relief: Steuererlaß *m*, Steuerermäßigung *f*
tax return: Steuererklärung *f*
tax revenue: Steueraufkommen *n*, Steuerertrag *m*
tax roll: Liste *f* der Steuerpflichtigen *m/pl*, Steuer-Soll *n*
tax sale: Versteigerung *f* zur Eintreibung *f* der Steuerschuld *f*
tax saving: Steuerersparnis *f*
tax shelter: Steueroase *f*
tax sovereignty: Steuerhoheit *f*
tax system: Steuerwesen *n*
tax table: Steuertabelle *f*
tax treaty: Doppelbesteuerungsabkommen *n*
tax unity: Organschaft *f*
tax withholding: Steuerabzug *m* an der Quelle (z.B. Lohnsteuer), Steuereinbehaltung *f*
tax-wise: steuerlich
tax withholding card: Lohnsteuerkarte *f*
tax yield: Steueraufkommen *n*
taxability: Einkommensteuerpflicht *f*, Steuerbarkeit *f*
taxable: steuerbar, steuerpflichtig
taxable entity: Steuersubjekt *n*
taxable income: steuerpflichtiges Einkommen *n*
taxable revenue: steuerbarer Umsatz *m*
taxable revenues *pl*: steuerbarer Umsatz *m*
taxable sales *pl*: steuerbarer Umsatz *m*
taxable transaction(s) *(pl)*: steuerbarer Umsatz *m*
taxable year: Steuerjahr *n*, Veranlagungszeitraum *m*
taxation: Besteuerung *f*, Steuerwesen *n*
taxation-exempt: steuerfrei
taxation at source: Quellenbesteuerung *f*
taxation-exempt amount: Steuerfreibetrag *m*
taxation-exempt bond: steuerbefreites Wertpapier *n* (nur Staats- oder Kommunalanleihen in USA)
taxation-exempt income: steuerfreie Einkünfte *f/pl*
taxation-exempt loan: steuerbefreite Anleihe *f*
taxation-exempt transactions *pl*: steuerfreie Lieferungen *f/pl* und Leistungen *f/pl*
taxation-filing date: Steuererklärungstermin *m*
taxation-free: steuerfrei taxi Taxe *f*
taxation imposed on natural or legal persons: Personalsteuern *f/pl*

taxation-loss carry-over: steuerlicher Verlustvortrag *m*
taxation-loss forward: steuerlicher Verlustvortrag *m*
taxation on expenditure: Aufwandssteuer *f*
taxation on income averaging: Durchschnittsbesteuerung *f*
taxation on property and income: Besitzsteuern *f/pl*
taxpayer: Steuerpflichtiger *m*, Steuerzahler *m*
Taylor differential piece-rate system: Prämiensystem *n* nach Taylor
Taylorism: Taylorismus *m*, wissenschaftliche Betriebsführung *f* → scientific management
TC (tax court decision) *(Am)*: Steuergerichtsentscheidung *f*
TCM (memorandum decision) *(Am)*: nicht veröffentlichte Steuergerichtsentscheidung *f*
teacher: Lehrer *m*
teaching machine: Lehrgerät *n*
teaching method: Lehrmethode *f*
teaching program: Lehrprogramm *n*, programmierte Lektion *f*
teaching: Lehre *f* (Theorie)
team: Team *n*, Arbeitsgruppe *f*, Mannschaft *f*
Eine weitgehend autonome, leistungsorientierte Gruppe, der von außen Aufgaben gestellt werden. Zu den bekannteren Teamformen gehören:
(1) *Gremium (Komitee, Kommission)*: Eine Gruppe von Personen, die nur für die Zeit der Gremienarbeit von ihrer hauptamtlichen Tätigkeit befreit sind. Dabei kann es sich um ein ständiges Gremium zur Bewältigung von Daueraufgaben handeln, das in regelmäßigen Abständen tagt. Geht es dagegen um die Lösung einer zeitlich begrenzten Aufgabe, spricht man von einem ad hoc Gremium.
(2) *Projekt-Team (Task Force)*: Eine Gruppe von Personen, die während einer begrenzten Zeitspanne hauptamtlich in einem Team arbeiten. Die Mitglieder kommen häufig aus all den Bereichen, die mit der zu lösenden Aufgabe zu tun haben. Es können auch externe Berater Mitglieder eines solchen Teams sein.
(3) *Vermaschte Teams*: Bestehen mehrere Teams, so kann die Koordination zwischen ihnen dadurch erfolgen, daß je ein Teammitglied gleichzeitig Mitglied eines anderen Teams ist.
(4) *Teilautonome Arbeitsgruppen*: Hier handelt es sich darum, daß auf der Ebene der überwiegend ausführenden Tätigkeiten Arbeitsgruppen gebildet werden, die bestimmte dispositive Tätigkeiten selbst wahrnehmen. Dazu gehören z.B. die zeitliche Einteilung und Verteilung der Arbeitsaufgaben, die Einrichtung und Wartung der Arbeits-

geräte sowie die Kontrolle der Arbeitsergebnisse. Der Grad an Autonomie kann sehr unterschiedlich sein. Mit der Bildung teilautonomer Arbeitsgruppen wird versucht, der Entstehung von zu monotonen Arbeitssituationen aufgrund hochspezialisierter Fertigungsverfahren entgegenzuwirken.

team organization: Teamorganisation *f*, teamorientierte Organisation *f*
Eine Sonderform der modifizierten Liniensysteme des Management, bei der jedes Mitglied der Organisation zwei oder mehreren Teams angehört. In seinem Buch „The Human Organization" (1963) prägte Rensis Likert, der ehemalige Direktor am Institute for Social Research (Ann Arbor), für diesen Organisationstypus die Bezeichnung „System überlappender Gruppen" (system of overlapping groups). Dabei koppelte seine Motivlehre, die davon ausging, daß sogenannte Bedingungsvariablen, intervenierende Variablen und Output-Variablen das menschliche Verhalten determinieren, mit organisatorischen Konzept der überlappenden Gruppen.
Likert versuchte, seine Vorstellungen von der direkten (eigenen Gruppe) und indirekten (über linking pins) Partizipation aller Organisationsmitglieder an den Entscheidungen der Organisation institutionell durch dieses System überlappender Gruppen zu realisieren. Dabei ging er aus von Prinzip der Integration.
In der von Likert vorgeschlagenen Organisationsform ist jedes ranghohe Mitglied einer Gruppe als „Verbindungsglied" rangniedriges Mitglied einer hierarchisch höheren Gruppe. Nach Auffassung Likerts gewährleistet das Prinzip der überlappenden Gruppen „bessere und ungefilterte Information über hierarchische Ebenen hinweg, läßt individuelle Initiativen in die relevanten Entscheidungen eingehen, fördert somit Kreativität, führt zu kooperativer Führung, läßt allen die Stärken und Schwächen der Organisation bewußter werden". Die Frage, wie denn nun der Vorgesetzte mit seinen Untergebenen tagtäglich umgehen soll, war allerdings damit nicht beantwortet.
„Als schwierig erweisen sich beim Teamkonzept die zeitliche Koordination einzelner, ansonsten mit Funktionsaufgaben betrauter Mitglieder sowie mögliche Beeinträchtigungen der Effizenz der Gesamtorganisation (zu viele und zu große Teams, langwierige Diskussionen). Insgesamt überwiegen jedoch wegen der integrativen Anlage und der besonderen Flexibilität die Vorteile dieses Konzepts" (Heribert Meffert).

teamwork: Gemeinschaftsarbeit *f*, Gruppenarbeit *f*

teaser: Anzeige *f*, die lediglich auf eine später folgende Anzeige hinweist, Hinweisanzeige *f*

technical committee: Fachausschuß *m*

technical innovation risk: technisches Innovationsrisiko *n*
Innovationen treten überall dort auf, wo sich Marktnischen (Marktlücken) ergeben. Der Innovationsprozeß steht dabei in engem Zusammenhang mit dem Assimilationsprozeß. Für das den Innovationsprozeß systematisch organisierende Unternehmen ist damit ein erhebliches Innovationsrisiko verbunden. Das Risiko kann technischer Art sein, d.h. darin bestehen, daß eine Produkt- oder Leistungsidee technisch nicht realisierbar ist. Es kann planerischer Art sein, indem es einen unangemessen hohen Aufwand an Zeit und Kosten erfordert. Es kann ökonomischer Art sein, wenn die realisierte Innovation wirtschaftlich nicht verwertet werden kann (Verwertungsrisiko), z.B. weil fremde gewerbliche Schutzrechte dem entgegenstehen, zu hohe Fertigungskosten die Verwertung vereiteln, oder auch die Innovation am Markt keine Akzeptanz findet (Markteinführungsrisiko).

technical knowledge: Fachkenntnis *f*

technical progress: technischer Fortschritt *m*
Im technischen Fortschritt sieht die Wachstumstheorie die wichtigste Ursache für das Wirtschaftswachstum. Er besteht darin, daß bei konstantem Einsatz der Produktionsfaktoren die Produktionsmenge (der „output") gesteigert wird oder daß die gleiche Produktmenge bei geringerem Faktoreinsatz erzeugt wird.
Technischer Fortschritt ist nur dann möglich, wenn sich das technische und organisatorische Wissen vermehrt. Nach den Thesen von Kaldor und Arrow gehen zwei produktionssteigernde Wirkungen von neuen Bruttoinvestitionen aus: Einmal vergrößern sie den Realkapitalbestand und damit die Produktionsmenge. Zum anderen erhöhen sich durch den Einsatz neuer Produktionsanlagen Erfahrung und Fertigkeiten der Arbeitskräfte. Auf diese Weise wächst das ökonomisch relevante technische Wissen, das seinerseits wiederum produktionssteigernd wirkt.
In der Wirtschaftswissenschaft wird unterschieden zwischen neutralem, arbeitssparendem und kapitalsparendem technischen Fortschritt. Neutraler technischer Fortschritt liegt vor, wenn Arbeit und Kapital im gleichen Ausmaß freigesetzt werden.

technical skills *pl*: technische Kompetenz *f*
Eine von drei Schlüsselkompetenzen („skills"), die nach einer Aufstellung von R. L. Katz als Voraussetzungen für die erfolgreiche Erfüllung der Managementfunktionen anzusehen sind. Technische Kompetenz bezeichnet die Sachkenntnis des Managers und die Fähigkeit, Methoden und theoretisches Wissen auf den konkreten Einzelfall anzuwenden. Dies ist die am einfachsten zu vermittelnde Kompetenz, auf die sich die Managementlehre lange konzentriert hat.

technical term: Fachausdruck *m*

technical unemployment: technisch bedingte Arbeitslosigkeit *f*

technical: Fach-, technisch

technician: Techniker *m*

technocracy: Technokratie *f*

technological change: technologischer Wandel m
technological know-how: technologisches Wissen n, technisches Wissen n
technological unemployment: technisch bedingte Arbeitslosigkeit f
technology: Technologie f
technology assessment: Technologiefolgenbewertung f
Technology Assessment beinhaltet die Analyse sekundärer und tertiärer Effekte von neuen Technologien und technologischen Entwicklungen auf alle Bereiche der Gesellschaft. Damit soll zur Umwelt- und Gesellschaftsfreundlichkeit von Verfahren und Produkten beigetragen und zu einer kritischen Einstellung gegenüber technischem Fortschritt überhaupt aufgerufen werden.
telecommunication: Fernmeldewesen n
telegram: Telegramm n
telegram form: Telegrammformular n
telephone connection: Fernsprechanschluß m, Telefonverbindung f
telephone directory: Telefonverzeichnis n
telephone exchange: Fernsprechamt n
telephone extension: Fernsprech(neben)-anschluß m, Telefonanschluß m
telephone service: Telefondienst m
teleprinter: Fernschreiber m
teleprocessing: Datenfernübertragung f (EDV)
televise: durch Fernsehen n übertragen
television advertising: Fernsehwerbung f
television rental: Fernsehgerätmiete f
television set: Fernsehgerät n
teller: Bankkassierer m, Schalterbeamter m (Bank)
temperate: gemäßigt, maßhaltend
template: Schablone f
temporal coordination: zeitliche Koordination f
Als Koordination bezeichnet man die Zusammenfassung von Teilaktivitäten einer Aufgabe zu einem Ganzen, wobei das Ganze durch die Zielvorgabe der Aufgabe bestimmt ist. Koordination ist die Abstimmung einer Menge von Teilaktivitäten im Hinblick auf die Erreichung eines vereinbarten Ergebnisses.
Zeitliche Koordination ist dabei die Beeinflussung von Zeitspannen und Terminen vieler Einzeltätigkeiten im Hinblick auf einen fixierten (geplanten) Endtermin der Gesamtaufgabe.
temporal price differentiation: zeitliche Preisdifferenzierung f
Eine Form der Preisdifferenzierung, bei der auf Preise in verschiedener Höhe zu verschiedenen Zeitpunkten (z.B. zu verschiedenen Jahreszeiten, an verschiedenen Wochentagen oder sogar zu unterschiedlichen Tageszeiten) gefordert werden.

temporary: behelfsmäßig, einstweilig, provisorisch, vorläufig, vorübergehend, zeitweilig
temporary account: Erfolgskonto n
temporary annuity: Annuität f, zeitlich begrenzte befristete Annuität f, Rente f nur für bestimmte Zeit f zahlbar
temporary arrangement: Übergangsregelung f
temporary balance sheet: vorläufige Bilanz f
temporary disability: vorübergehende Arbeitsunfähigkeit f
temporary employee: Aushilfe f (Kraft)
temporary employees pl: Aushilfspersonal n
temporary financing: Zwischenfinanzierung f
temporary investment: vorübergehende Kapitalanlage f
temporary job: Aushilfsstellung f
temporary joint venture: Gelegenheitegesellschaft f
temporary life assurance: kurzfristige Todesfallversicherung f
temporary money squeeze: vorübergehende Geldknappheit f
temporary personnel: Aushilfspersonal n
temporary plant shutdown: vorübergehende Betriebsstillegung f
temporary post: Aushilfsstellung f
temporary rate: vorübergehend gültiger Lohnsatz m (z.B. während der Fertigungsumstellung auf ein neues Modell)
temporary receivership: Vergleichsverfahren n
temporary restraining order: einstweilige Verfügung f
temporary standard: vorübergehend gültige Vorgabe f
temporary storage: Arbeitsspeicher m (EDV), Zwischenspeicher m (EDV)
tenancy: Mietbesitz m, Mietverhältnis n, Pachtbesitz m, Pachtverhältnis n
tenancy in common: Miteigentum n nach Bruchteilen m/pl
tenant: Mieter m, Miteigentümer m, Pächter m
tenant, be a: zur Miete f wohnen
tenant in common: Bruchteilseigentümer m
tenant protection: Mieterschutz m
tenanted property: Grundstück n im Besitz m eines Mieters m
tendency: Entwicklungsrichtung f, Neigung f, Tendenz f

tender: anbieten, anbieten, eine Leistung f Angebot n, offerieren, Offerte f, Submission f
Die schriftlich oder mündlich formulierte Einladung einer Partei an eine andere zum Vertragsabschluß in der Weise, daß möglichst alle Elemente des endgültigen Vertrags in der Einladung enthalten sind und somit der Vertrag durch die Zusage der anderen Partei zustandekommt.
tenderer: Bieter m
tenement: Grundbesitz m, Miethaus n, Mietskaserne f, Mietwohngrundstück n
tens position: Zehnerstelle f (EDV)
tension: Anspannung f, Spannung f
tensor organization: Tensor-Organisation f
Eine Form der Matrix-Organisation, bei der die Kompetenzteilung aufgrund von mehr als zwei Differenzierungsmerkmalen erfolgt. Wird in der Matrix-Organisation in Anknüpfung an das Mehr-Linien-System simultan zwei Aspekten eines Problembereichs Aufmerksamkeit geschenkt (z.B. Verrichtung und Objekt), so gilt die Aufmerksamkeit bei der Tensor-Organisation sogar drei Aspekten (Verrichtung, Objekt und Region).
tentative: versuchsweise, vorläufig
tentative balance sheet: Probebilanz f, vorläufige Bilanz f
tentative budget: vorläufiges Budget n
tenure: Amtsdauer f, Besitz m, Besitztitel m, Dienstalter n, Innehaben n
term: Ausdruck m, Bestimmung f (in Verträgen), bezeichnen, Dauer f, Frist f, Glied n (math.), Termin m, Wechselverfallzeit f, Wort n
term account: Terminkonto n
term bill: Zeitwechsel m
term deposit: Termineinlage f
term insurance: Terminversicherung f, Versicherung f auf Zeit f, befristete Versicherung f, zeitlich begrenzter Versicherungsvertrag m
term of delivery: Lieferbedingung f, Lieferfrist f
term of exclusion: Ausschlußfrist f
term of insurance: Versicherungszeit f
term of lease: Mietzeit f, Pachtzeit f
term of notice: Kündigungsfrist f
term of office: Amtsdauer f, Amtszeit f
term of preclusion: Ausschlußfrist f
term of sale: Verkaufsbedingung f
term of trade: Handelsusance f
term share: Festanteil m
terminable: kündbar
terminal, be collected at: bahnlagernd
terminal bonus: Schlußüberschußbeteiligung f

terminal building: Abfertigungsgebäude n
terminal: Ein- und Ausgabeeinheit f mit angeschlossener Schreibmaschine f (EDV)
terminate a contract: einen Vertrag m beenden
terminate for causa without observing a notice period: aus wichtigem Grunde m fristlos kündigen
terminate: aufheben, beenden, enden, kündigen, vollenden
termination: Aufhebung f, Beendigung f, Ende n, Kündigung f
In der Karriereplanung ein Positionswechsel außerhalb eines Unternehmens.
termination of contract: Beendigung f eines Vertrages m
termination pay: Abfindung f (bei Entlassung), Trennungsabfindung f
terminology: Terminologie f
terms pl: Ausstattung f (Anleihe), Bedingungen f/pl, Vertragsbedingungen f/pl
terms pl **of a contract:** Vertragsbestimmungen f/pl
terms pl **of delivery:** Bezugsbedingungen f/pl
terms pl **of employment:** Anstellungsbedingungen f/pl
terms pl **of hire:** Mietbedingungen f/pl
terms pl **of lease:** Mietbedingungen f/pl
terms pl **of payment:** Zahlungsbedingung f, Zahlungsmodalität f
terms pl **of purchase:** Bezugsbedingungen f/pl, Einkaufsbedingungen f/pl
terms pl **of redemption:** Rückzahlungsbedingungen f/pl
terms pl **of rent:** Mietbedingungen f/pl
territory: Gebiet n
test: erproben, Probe f, prüfen, Prüfung f, untersuchen, Untersuchung f, Versuch m, versuchen
test audit: stichprobenweise Prüfung f
test bench: Prüfstand m
test case: Probefall m
test check: stichprobenweise Prüfung f
test data pl: Testdaten n/pl (EDV)
test deck: Prüfkartensatz m (EDV)
test load: Probebelastung f
test market: Versuchsmarkt m
test program: Prüfprogramm n (EDV)
test series: Versuchsreihe f, Versuchsserie f
test shop: Prüfwerkstatt f
test subject: Versuchsperson f
testament: letztwillige Verfügung f, Testament n, Verfügung f von Todes wegen
testamentary: testamentarisch

testamentary capacity: Testierfähigkeit f
testator: Erblasser m
testatrix: Erblasserin f
testify: aussagen, bezeugen, testieren, zeugen
testimonial: Attest n, Zeugnis n testimony Beweis m, Zeugenaussage f, Zeugnis n
testing: Prüfung f, Testen n
testing laboratory: Materialprüfamt n
textiles pl: Textilien f/pl
textile goods pl: Textilien f/pl
textile machinery: Textilmaschine f
textiles industry: Textilindustrie f
theft: Diebstahl m, Entwendung f
theft insurance: Diebstahlversicherung f
theoretical: theoretisch
theory: Theorie f
theory of comparative advantages: Theorie f der komparativen Kosten pl
Die von David Ricardo (1772-1823) formulierte Theorie, nach der im Außenhandel nicht die absoluten, sondern die relativen Kosten entscheidend, mit denen zwei oder mehrere Güter im Inland und Ausland hergestellt werden können. Der Vorteil, den ein Land aus dem Außenhandel ziehen kann, ist daher größer als er es wäre, wenn nur absolute Kostendifferenzen den internationalen Austausch auslösen würden. Eine Volkswirtschaft kann folglich auch dann exportieren, wenn es kein Gut mit geringeren Kosten herstellen kann als andere oder wenn es alle Güter nur mit höheren Kosten herstellt. Umgekehrt kann eine Volkswirtschaft, die alle Güter zu niedrigeren Kosten herstellen könnte als andere, einen vorteilhaften Außenhandel treiben, wenn es Güter herstellt, die es zu geringeren Kosten herstellen kann, und andere, die es zwar auch mit absolut niedrigeren Kosten, aber mit weniger großen Minderkosten herstellen könnte, gegen jene vom Ausland eintauscht. Es wird mithin jene Güter importieren, bei denen die absoluten Kostennachteile des anderen Landes vergleichsweise am geringsten ausfallen.
In ausdrücklichem Gegensatz zur Arbeitswertlehre vertrat Ricardo die Position, daß der Wert der international ausgetauschten Güter nicht, wie der der heimischen Güter, durch die relativen Arbeitsmengen bestimmt wird die zu ihrer Herstellung notwendig sind.

theory of games: Spieltheorie f
Der Begriff Spieltheorie wird im allgemeinen allein zur Bezeichnung solcher Situationen verwendet, in denen mehr als ein einzelner rationaler Spieler bzw. ein einzelnes Interesse eine Rolle spielen. Er wird mitunter umfassender zur Bezeichnung der mathematischen Entscheidungstheorie insgesamt verwendet.
Eine wichtige Unterscheidung in der Spieltheorie ist die Unterscheidung zwischen Zwei-Personen-Spielen und N-Personen-Spielen (N > 2). Weiter wird häufig unterschieden zwischen strikt wettbewerblichen Spielen, Koordinations-Spielen und partiell wettbewerblichen Spielen.
Bei strikt wettbewerblichen Spielen (pure conflict games) impliziert jeder Gewinn des einen Spielers jeweils für wenigstens einen der anderen Spieler einen Verlust. Diese Spiele werden auch als Nullsummenspiele bezeichnet, doch muß es nicht in einem strengen Sinne gelten, daß sich die Nutzenwerte der Spieler in einem „Nullsummen"-Spiel rechnerisch zu Null addieren; es ist hinreichend, wenn mittels linearer Transformationen der Nutzenwerte aller Spieler ein Nullsummenspiel im wörtlichen Sinne erzeugt werden kann. So ist also ein Spiel mit konstanter Summe ein strikt wettbewerbliches Spiel, und die Begriffe „konstante Summe" und „Nullsumme" sind strategisch äquivalent.
Bei Koordinations-Spielen (coordination games) befinden sich die Spieler hinsichtlich des gewünschten Spielausgangs in keinem Interessengegensatz, doch können bei der Verfolgung des gewünschten Zieles Probleme strategischer Art entstehen. Partiell wettbewerbliche Spiele (mixed-motive games) beinhalten einen Konflikt der Art, daß der von einem Spieler erstrebte Spielausgang sich zwar nicht mit dem von anderen Spielern angestrebten Spielausgang deckt, ohne daß es sich aber um ein strikt wettbewerbliches Spiel handelt; partiell wettbewerbliche Spiele enthalten sowohl kooperative als auch kompetitive Elemente.
Für Zwei-Personen-Nullsummenspiele mit Sattelpunkt besteht die Lösung für P^A darin, die Alternative a_i zu wählen, und für P^B darin, die Alternative b_j zu wählen, wenn für das Spiel ein Sattelpunkt o_{ij} existiert. Die Lösung besteht also in einer reinen Strategie, und zwar vom Maximin-Typ. Wenn das Spiel keinen Sattelpunkt besitzt, kann immer eine randomisierte gemischte Strategie gefunden werden, die ebenfalls vom Maximin-Typ ist. Für beide Fälle basieren die Lösungen auf der Annahme, daß der Mitspieler P^B rational im Sinne der Strategie ist. Wenn der Protagonist guten Grund hat zu glauben, daß sich sein Mitspieler nicht entsprechend verhält, verliert die Logik der Lösung einiges von ihrer Überzeugungskraft.
Für Nullsummenspiele ohne Sattelpunkt empfiehlt sich eine zufallsgesteuerte gemischte Strategie, also eine auf die Erwartungswerte bezogene Maximin-Strategie.
Die Nicht-Nullsummenspiele sind idealtypisch in verhandelbare und nichtverhandelbare Spiele unterteilt worden; der Unterschied liegt in der Art der Spieldurchführung: Bei verhandelbaren Spielen ist vor dem Spiel eine Verständigung der Kontrahenten miteinander zulässig, in deren Verlauf die Spieler vielleicht zu einer Einigung über ihr jeweiliges Verhalten – die dann bindend ist – kommen. Die Vereinbarung ist einer geschäftlichen Abmachung oder einem Vertrag vergleichbar, nur daß im normalen Leben die Nichteinhaltung solcher Abmachungen mit unterschiedlichen Folgen verknüpft ist. Bei nichtverhandelbaren Spielen muß der Spieler seine Entscheidung ohne vorherige

Abmachung mit dem Mitspieler oder vorherige Kenntnis von dessen Absichten treffen.

Im Strategienpaar-Diagramm kann jedes Strategienpaar $a_i b_j$ als Punkt dargestellt werden: Die Abszisse repräsentiert die Auszahlung bzw. erwartete Auszahlung für P^A bei diesem Strategienpaar, die Ordinate stellt die entsprechende Konsequenz für P^B dar.

Jede gemischte Strategie, die in einem nichtverhandelbaren Spiel gewählt werden kann, ist auch in einem verhandelbaren Spiel verfügbar – die Spieler können sich darauf einigen, jedes reine oder gemischte Strategienpaar zu spielen, das sie auch ohne Absprache hätten spielen können. Darüber hinaus ermöglicht das Verhandeln die Berücksichtigung von Strategienpaaren, die unter der Bedingung der Nicht- Verhandelbarkeit unmöglich wären. Diese Strategienpaare stellen korrelierte gemischte Strategien dar. Sie sind insofern gemischt, als die Strategie eines Spielers die Wahl von mehr als einer Alternative als Möglichkeit einschließt, und sie sind insofern korreliert, als die Entscheidungen beider Spieler in einem Durchgang nicht unabhängig voneinander getroffen werden.

Das partiell wettbewerbliche Spiel, das die meiste Beachtung und experimentelle Untersuchung erfahren hat, ist das Häftlingsdilemma-Spiel (Prisoner's Dilemma Game – PDG).

Es gibt eine Vielzahl von Zwei-Personen-Spielen partiell wettbewerblicher Art, die in der einfachen Normalform nicht beschrieben werden können, die jedoch zur Untersuchung von Kooperation und Wettbewerb verwendet worden sind. Diese Spiele bieten sämtlich den beiden Spielern die Möglichkeit, sich gegenseitig an der Erreichung des Ziels zu hindern. Man bezeichnet sie daher als Blockierungs-Spiele (blocking games). Prototyp dieser Spiele ist das „Fernfahrerspiel". Ein anderes Modell sind Spiele für „panisches" Verhalten in Gruppen, wie z.B. das Zapfen-in-der-Flasche-Spiel.

theory of international values: Theorie f der internationalen Werte

Die von John Stuart Mill (1806-1873) formulierte Theorie des Außenhandels, nach der das endgültige Niveau der Austauschrelationen von zwei Gütern vom Verhältnis von Weltangebot und Weltnachfrage nach beiden Gütern abhängt. Der Gleichgewichtssatz liegt jedoch nicht genau in der Mitte zwischen den Kostenniveaus der warenaustauschenden Länder. Mills Gleichung der internationalen Nachfrage besagt vielmehr, daß ärmere Länder am meisten durch den freien Güteraustausch gewinnen. Der allgemeine Vorteil des Außenhandels sei ein wirkungsvollerer Einsatz der weltweiten Produktionsfaktoren.

theory of purchasing power parity: Theorie f der Kaufkraftparität

Eine auf der quantitätstheoretischen Deutung der Inflation aufbauende Theorie, der die Erkenntnis zu verdanken ist, daß die innere Geldentwertung eine ausschlaggebende Ursache der Wechselkursentwicklung ist.

Bei internationalen Kaufkraftvergleichen stellt sich das Problem der Vergleichbarkeit unterschiedlicher Währungen in bezug auf ihre Kaufkraft, für die der Wechselkurs natürlich kein geeigneter Indikator ist. Parität bezeichnet dabei den intervalutarischen Kurs, bei dem die Kaufkraft in zwei verschiedenen Ländern gleich ist. Dabei spricht man bei Bezug der Kaufkraft von Fremdwährungen auf die eigene Landeswährung zum gegenwärtigen Zeitpunkt von absoluter Kaufkraftparität, beim Bezug auf die im Zeitverlauf eintretenden Veränderungen von relativer Kaufkraftparität.

Historisch wurde die Kaufkraftparitätentheorie z.B. im Jahr 1797 von David Ricardo zur Erklärung des Verfalls des Pfundkurses nach Suspension der Geldeinlösung durch die Bank von England verwendet. Ein prominenter Verfechter der Kaufkraftparitätentheorie in Österreich war Ludwig von Mises, in Deutschland nach 1914 Gustav Cassel.

theory of surplus value: Mehrwerttheorie f

theory of the firm: Theorie f des Unternehmens n, mikroökonomische Theorie f

theory X: Theorie X f

Eine Ende der 1950er Jahre von Douglas McGregor entwickelte und in seinem Buch „The Human Enterprise" (1960) beschriebene Theorie, die sich primär mit Hypothesen über das menschliche Verhalten in komplexen Organisationen befaßte. McGregors Grundthese lautet, der Durchschnittsmensch habe eine generelle Abneigung gegen Arbeit und versuche daher, sie zu vermeiden, wann und wo immer es möglich ist. Zudem möchte er sich „vor Verantwortung drücken" und besitze „verhältnismäßig wenig Ehrgeiz". Daher muß er getrieben oder gar mit Sanktionen bzw. in Aussicht gestellte Belohnungen „zur Arbeit gezwungen" werden.

Diesem Menschenbild stellte McGregor die „Theorie Y" entgegen: Arbeitsscheu sei dem Menschen nicht angeboren, und die Flucht vor Verantwortung und Mangel an Ehrgeiz seien das Resultat schlechter Erfahrungen. Fremdkontrolle und Androhung von Sanktionen seien keineswegs „das einzige Mittel, jemanden zu bewegen, sich für die Ziele des Unternehmens einzusetzen." Auch „Flucht vor Verantwortung, Mangel an Ehrgeiz und Drang nach Sicherheit sind im allgemeinen Folgen schlechter Erfahrungen, nicht angeborene menschliche Eigenschaften".

McGregor kam zu dem Schluß: „Leute, die von der Möglichkeit ausgeschlossen sind, bei ihrer Arbeit ihre Bedürfnisse zu befriedigen, die in ihnen wach sind, verhalten sich genauso, wie wir es wohl voraussagen möchten: in Trägheit, Passivität, Verantwortungsscheu; sie sträuben sich gegen Veränderungen, sind anfällig für Demagogen und stellen geradezu absurde Ansprüche nach ökonomischen Vorteilen."

Analog zu McGregor kam auch der Sozialpsychologe Chris Argyris in seinem Buch „Interpersonal

Typ A	Typ B
kurzfristige Beschäftigung	lebenslange Beschäftigung
Häufige Leistungsbewertung und schnelle Beförderung	seltene Leistungsbewertung und langsame Beförderung
spezialisierte Karrierewege, Professionalismus	breite Karrierewege, ‚wandering around'
explizite Kontrollmechanismen	implizite Kontrollmechanismen
individuelle Entscheidungfindung und Verantwortung	kollektive Entscheidungfindung und Verantwortung
segmentierte Mitarbeiterorientierung	ganzhafte Mitarbeiterorientierung

Competence and Organizational Effectiveness" (1962) zu dem Ergebnis, passives Verhalten sei die Folge bürokratischer Dressate. Er stellte daher der Theorie Y eine humanistisch-demokratische Unternehmensorganisation gegenüber, die er Muster B nannte.
Rensis Likert versuchte, diesen Ansätzen konkreten Praxisbezug zu geben und schlug als geeignete Organisationsform sich überlappende Gruppen vor: Jedes ranghohe Mitglied einer Gruppe fungiert zugleich als rangniedriges Mitglied einer hierarchisch höheren Gruppe. Damit werde der Informations-, Kommunikations- und Entscheidungsprozeß transparenter und von einer größeren Mehrheit getragen (Demokratisierung).

theory X: Theorie X *f*
theory Y: Theorie Y *f*
theory Z: Theorie Z *f*
Ein normatives Führungsmodell, das W. G. Ouchi aufgrund vergleichender Untersuchungen in amerikanischen und japanischen Unternehmen und ihrer Managementmethoden entwickelte. Ouchi geht von der Annahme aus, daß sich die nordamerikanische und japanische Gesellschaft und ihre Organisationen signifikant unterscheiden, obwohl sie im wesentlichen vergleichbare Aufgaben erfüllen. Die kulturelle Umwelt amerikanischer Organisationen beschreibt Ouchi als heterogen, mobil und individualistisch orientiert, die japanische Gesellschaft hingegen als eher homogen, stabil und kollektivistisch. Die signifikanten Merkmalsunterschiede nordamerikanischer, bürokratischer Organisationen (Typ A) und japanischer Organisationen (Typ J) sind für Ouchi:
Diese Merkmale ergänzen einander. So setzt beispielsweise ein Verzicht auf Professionalisierung, der eine verstärkte persönliche Abhängigkeit von der Organisation zur Folge hat, die Garantie einer lebenslangen Beschäftigung voraus, wenn eine Identifikation mit den Organisationszielen nicht gefährdet werden soll.
Ouchi legte amerikanischen Managern eine auf den Merkmalen des Typs J basierende Liste vor, ohne ihnen Informationen über die Herkunft dieser Merkmale zu geben. Die befragten Manager erkannten in dem ihnen vorgelegten Merkmalsprofil die weitaus erfolgreichsten amerikanischen Unternehmungen, wie IBM, Procter & Gamble, Hewlett-Packard und Kodak, aber auch die U.S.-Armee wieder. Gleichzeitig bezeichneten die Manager Organisationen, die ein derartiges Profil aufweisen, als karrierepolitisch günstigen Berufseinstieg für Jung-Manager. Diese amerikanischen Organisationen mit japanischem Profil bezeichnet Ouchi als Typ Z.
Z-Organisationen sind originär amerikanisch und haben niemals versucht, japanische Organisationen zu kopieren. Tatsächlich unterscheiden sich Organisationen vom Typ Z in einigen Merkmalen von Organisationen des Typs J:
• eine lebenslange Beschäftigung erfolgt in der Regel zwar faktisch, ist jedoch nicht formal geregelt;
• eine wegen der Bedingungen auf dem nordamerikanischen Arbeitsmarkt zwar häufige Leistungsbewertung und schnelle Beförderung, die sich jedoch vergleichsweise seltener bzw. langsamer vollzieht als in Organisationen vom Typ A;
• Einsatz traditioneller Management Techniken wie Management durch Zielvorgaben (MbO), formale Planungs- und Informationssysteme, die aber als Hilfe begriffen werden und nicht menschliche Entscheidungen dominieren;
• eine Balance von impliziten und expliziten Kontrollmechanismen;
• eine geringere Homogenität der Belegschaft als in Organisationen des Typs J, in denen z.B. auf die Beschäftigung von Minoritäten teils ganz verzichtet wird.
Insgesamt zeichnen sich Organisationen vom Typ Z durch eine stark ausgeprägte, homogene Organisationskultur aus. Ouchi vergleicht die Form der sozialen Struktur von Z-Organisationen mit denen von Clans und begreift sie als Alternative zu den traditionellen Formen sozialer Kontrolle durch Markt und Hierarchie. Die Beeinflussung und Steuerung des Verhaltens von Organisationsmitgliedern erfolgt in diesen Organisationen nicht durch Ziele und formale Kontrollen, sondern durch eine Veränderung der gesamten Organisationskultur.
Ouchi schlägt ein 13-Stufen-Entwicklungsmodell vor, nach dem A-Organisationen in erfolgreichere Z-Organisationen umgewandelt werden sollten. Wesentlicher Bestandteil dieses Entwicklungsmo-

dells ist die Implementation einer partizipativ-kooperativen Management-Philosphie als Voraussetzung der Entwicklung.
thief: Dieb *m*
thin market: schwacher Markt *m*
thing: Sache *f*
third: Erzeugnis *n* schlechterer Qualität
third countries *pl*: Drittländer *n/pl*
third party: Dritter *m*
third party beneficiary contract: Vertrag *m* zugunsten Dritter *m/pl*
third party insurance: Versicherungsvertrag *m* zugunsten Dritter *m/pl*, Haftpflichtversicherung *f*
thirds *pl*: Dritte Wahl *f* (Erzeugnisse mit erheblichen Fehlern)
thorough: gründlich
thorough overhaul: Wiederinstandsetzung *f*
thoroughness: Sorgfalt *f*
thoughtful: rücksichtsvoll
thoughtfulness: Bedachtsamkeit *f*
thoughtlessness: Gedankenlosigkeit *f*
threat: Bedrohung *f*, Drohung *f*
threat system: Drohsystem *n*
Jedes Unternehmen besitzt ein System von Anreizen und Drohungen. Die Anreizsysteme beziehen sich auf die Motive der Mitarbeiter, die Drohsysteme stellen jeweils die Negation der Anreize dar. Die dominierenden Leistungsmotive (Anreize) sind Macht, Status und materieller Zugewinn. Dementsprechend sind die Anreizsysteme auf diese Motive abgestellt. Die Drohungen bestehen in der Reduktion erreichter Machtkompetenz, Statussymbole und materieller Zulagen (Rückstufungen) und reichen in der massivsten Form bis zur Entlassung.
threaten: androhen, bedrohen, drohen
threatening: drohend
three-address instruction: Dreiadreßbefehl *m (EDV)*
3-D-management concept: 3-D-Management-Konzept *n*
Das von William J. Reddin formulierte Prinzip der situativen Führungslehre, dessen Ausgangspunkt ein dreidimensionales Führungsverhalten mit den Dimensionen *Beziehungsorientierung, Aufgabenorientierung* und *Effektivität* ist.
In seinem Buch „The 3-D-Management Style Theory" (1968) geht Reddin vom „Ohio State Leadership Quadranten" aus, dem er eine dritte Dimension hinzufügt: die Effektivität des Managers. Darunter versteht er „das Ausmaß, in dem eine Führungskraft die Leistungsvorgaben erreicht, die sie aufgrund ihrer Position erbringen muß."
Für Reddin ist Effektivität die einzige, zentrale Aufgabe einer Führungskraft. Jeder Führungsstil kann effektiv oder weniger effektiv sein, je nach den spezifischen Anforderungen. Reddin veranschaulicht die Führungssituation an einem Würfel mit den drei Dimensionen „Beziehungsorientierung", „Aufgabenorientierung" und „Effektivität" und nennt seine Theorie aus diesem Grund „3-D-Konzept". Im einzelnen unterscheidet er:
• den „Verfahrensstil": mit unterdurchschnittlicher Beziehungs- und Aufgabenorientierung; er entspricht dem 1.1-Stil beim Verhaltensgitter;
• den „Beziehungsstil": überdurchschnittliche Beziehungsorientierung, unterdurchschnittliche Aufgabenorientierung; entspricht dem 1.9-Stil;
• den „Aufgabenstil": starker, direkter Eingriff durch den Vorgesetzten (9.1-Stil) und
• den „Integrationsstil": partizipatives Management in Projektteams (9.9-Stil).
Diese 4 Grundstilformen sind in der Mitte der folgenden Abbildung dargestellt.
Im Gegensatz zur Ohio-Schule und dem Verhaltensgitter von Robert Blake und Jane Mouton, die den Integrationsstil bevorzugen, postuliert Reddin, „daß jeder einzelne dieser vier Grundstile in bestimmten Situationen effektiv, in anderen wiederum ineffektiv sein kann. Kein Stil ist an sich mehr oder weniger effektiv. Die Effektivität hängt von der Situation ab, in der der Grundstil eingesetzt wird."
Deshalb formuliert Reddin für jeden Grundstil als gegensätzliche Ausprägungen je einen Führungsstil mit niedriger und einen mit höherer Effektivität: Zur Veranschaulichung seiner Ideen wählte Reddin bildhafte Ausdrücke: Ein Manager mit stark beziehungsorientiertem Stil beispielsweise gleicht in Situation, in der dieser Stil nicht zu Effektivität führt, einem „Gefälligkeitsapostel"; in effektiver Situation ist der Manager jedoch ein „Förderer". Der aufgabenorientierte Stil führt in weniger effektiver Situation zum „Autokraten", in der effektiven Situation zum „Macher".
three-dimensional management model: → 3-D management
three-dimensional space of action: dreidimensionaler Handlungsspielraum *m*
Walter Bungard und Gerd Wiendieck haben vorgeschlagen, die Mitwirkungsmöglichkeiten von Mitarbeitern im Unternehmen innerhalb eines dreidimensionalen Handlungsspielraums abzubilden, der durch die Dimensionen
(1) Umfang und Variabilität der Tätigkeiten,
(2) Grad der Entscheidungsbefugnisse und Verantwortlichkeiten sowie
(3) Grad der sozialen Kontaktmöglichkeiten
beschrieben wird:
In diesem Modell lassen sich Werkstattzirkel im wesentlichen durch eine horizontale Erweiterung des Tätigkeitsspielraums, bei nur geringfügiger Ausdehnung des Entscheidungs- und Kooperationsspielraums kennzeichnen. Qualitätszirkel lassen sich durch eine Erweiterung des Tätigkeits- und Entscheidungsspielraums bei geringfügiger Erweiterung des Kooperationsspielraums beschreiben. Dagegen streben Lernstattkonzepte eine Erweiterung auf allen drei Dimensionen an.

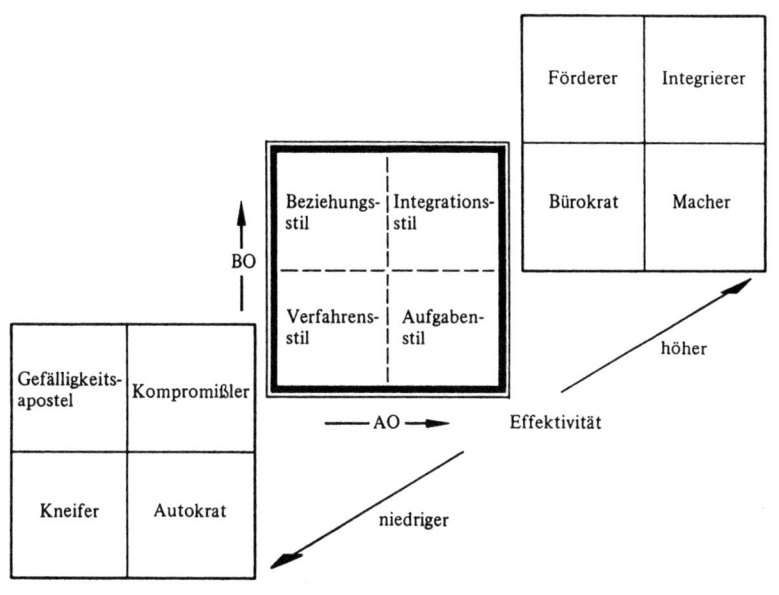

Grundstilformen (latent vorhanden)	effektiv genutzt	ineffektiv genutzt
Verfahrensstil	Bürokrat	Kneifer
Beziehungsstil	Förderer	Gefälligkeitsapostel
Aufgabenstil	Macher	Autokrat
Integrationsstil	Integrierer	Kompromißler

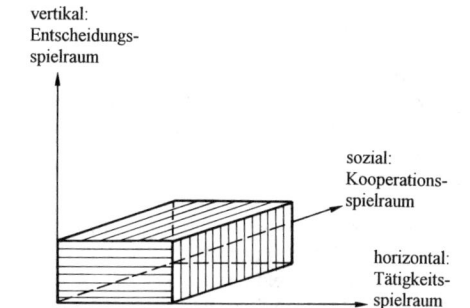

Der dreidimensionale Handlungsspielraum

three-level model: Drei-Ebenen-Modell n
Die Legitimation der Machtverhältnisse des Managements findet ihren sichtbaren Ausdruck in der organisatorischen Gliederung des Unternehmens. Die Struktur- oder Aufbauorganisation eines Unternehmens ist hierarchisch gegliedert: Beginnend von ausführenden (operativen) Tätigkeiten bis zur Unternehmensspitze zeigt das Unternehmen einen pyramidenförmigen Aufbau in den Kompetenzverhältnissen.
In einer vereinfachten Form wird die Management-Pyramide in drei Ebenen unterteilt. Man spricht von Rängen, Kompetenzstufen, Machtpositionen, Verantwortungsebenen, Levels, Hierarchie-Ebenen.
Die einzelnen Managementebenen lassen sich kennzeichnen durch:
• Eine jeweils höhere Machtbefugnis (Anordnungs- und Weisungsgewalt) gegenüber der nächst tieferen Ebene.
• Weitergehende Entscheidungsbefugnisse und Verantwortungen (z.B. durch Zeichnungsbefugnisse).
• Größeres Maß an Verfügungsgewalt über betriebliche Einsatzfaktoren.
• Höhere rechtliche Befugnisse.
• Größerer Umfang der Vertretungsbefugnisse nach außen.
• Größere Anzahl der zu beeinflussenden Instanzen und Personen.
Mit der horizontalen Einteilung geht auch eine spezifische Art der Arbeitsteilung sowie der Informations- und Dispositionscharakteristik einher.
Neben der horizontalen Gliederung läßt die Management-Pyramide auch eine vertikale Unterteilung zu: Diese zeigt die funktionale Gliederung des Unternehmens auf. Als betriebliche Grundfunktionen können etwa definiert werden: Produktion, Ver-

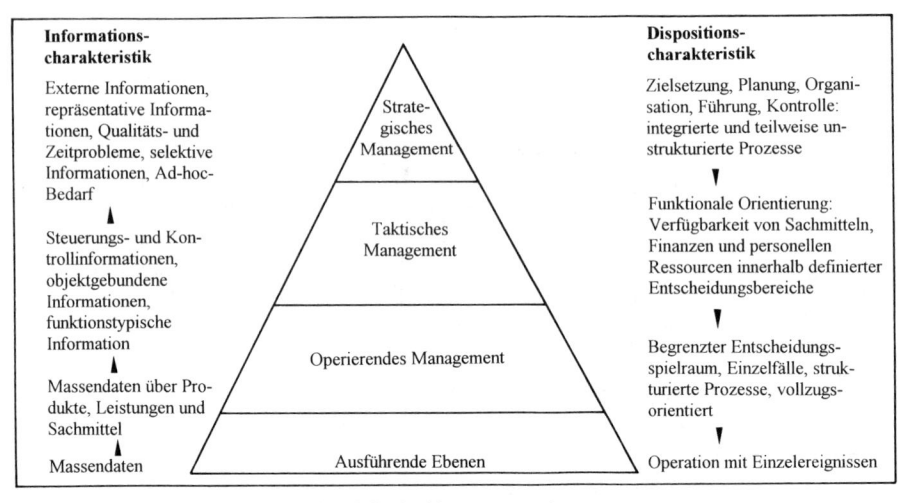

Informations- und Dispositionscharakteristik der Managementebenen

Informationscharakteristik

Externe Informationen, repräsentative Informationen, Qualitäts- und Zeitprobleme, selektive Informationen, Ad-hoc-Bedarf
▲
Steuerungs- und Kontrollinformationen, objektgebundene Informationen, funktionstypische Information
▲
Massendaten über Produkte, Leistungen und Sachmittel
▲
Massendaten

Management-Pyramide:
- Strategisches Management
- Taktisches Management
- Operierendes Management
- Ausführende Ebenen

Dispositionscharakteristik

Zielsetzung, Planung, Organisation, Führung, Kontrolle: integrierte und teilweise unstrukturierte Prozesse
▼
Funktionale Orientierung: Verfügbarkeit von Sachmitteln, Finanzen und personellen Ressourcen innerhalb definierter Entscheidungsbereiche
▼
Begrenzter Entscheidungsspielraum, Einzelfälle, strukturierte Prozesse, vollzugsorientiert
▼
Operation mit Einzelereignissen

---

trieb, Beschaffung, Personal, Finanzen, Organisation und Verwaltung, Technik (Arbeitsplanung und -vorbereitung), Forschung und Entwicklung.
Jede Unternehmensfunktion ist dadurch gekennzeichnet, daß sie sich über alle Managementebenen hinweg mit einer speziellen Aufgabe, einer besonderen Zielsetzung, mit besonderen Methoden und mit einem speziellen Unternehmensobjekt befaßt.
Die Kombination von Funktion und Hierarchie zeigt Kompetenzen und Aufgaben innerhalb der Management-Pyramide auf und weist auf die arbeitsteiligen Prozesse der Sach- und Personalaufgaben hin.

three to one majority: Dreiviertelmehrheit *f*
three-months notice: Quartalskündigung *f*
three-quarters majority: Dreiviertelmehrheit *f*
threshold agreement: Schwellenvereinbarung *f*
threshold price: Schwellenpreis *m*
threshold worker: unerfahrener Arbeiter *m*, Grenzarbeiter *m*
thrift(iness): Sparsamkeit *f*
thrifty: sparsam
thrifty, be: sparsam sein, sparen
thrifty person: Sparer *m*
through B/L: Durchkonnossement *n*
through bill of lading: Durchkonnossement *n*
through official channels *pl*: auf dem Dienstweg *m*
through traffic: Durchgangsverkehr *m*, Transitverkehr *m*
throughput: Durchsatz *m*
throw on the market: verschleudern
throwaway: Flugblatt *n*
throwaway leaflet: Werbeflugblatt *n*, Werbezettel *m*
thrust: Stoß *m*, Stoßrichtung *f*
ticker: Börsenfernschreiber *m*, Kursanzeigetafel *f*
ticker firm: Börsenmaklerfirma *f*
ticker service: Börsenfernschreibdienst *m*, Börsenfernschreiber *m (Am)*
ticket: Etikett *n*, Fahrschein *m*, Preiszettel *m*, Schein *m*, Strafzettel *m*, Zettel *m*
ticket clerk: Schalterbeamter *m*
ticket day: dritter Tag *m* der neuen Börsenhandelsperiode *f*
ticket office: Schalterraum *m* (Eisenbahn)
ticket office duty: Schalterdienst *m*
tickler: Mahnkennzeichen *n*, Verfallbuch *n*
tie: binden
tie-in sale: Koppelungsverkauf *m* (Verkauf eines Erzeugnisses nur bei gleichzeitiger Abnahme eines anderen)
tie up money: Geld *n* festlegen
tie vote: Stimmengleichheit *f*
tight: knapp
tight job: Tätigkeit *f*, bei der der Akkordsatz *m* zu niedrig liegt
tight money: knappes Geld *n*, Kreditverknappung *f*
tight standard: knappe Vorgabe *f*
tight wage rate: knapp bemessener Lohnsatz *m*
tightening: Anspannung *f*
tightness of money: Geldknappheit *f*
time: Zeit *f*, Termin *m*, terminieren, eine Zeit *f* wählen

time account: Terminkonto n
time allowance: Vorgabezeit f, Zeitvorgabe f
time analysis sheet: Lohnverrechnungsblatt n
time and motion study: Arbeitsstudium n, Zeit- und Bewegungsstudium n
time bargain: Differenzgeschäft n, Lieferungsgeschäft n
time bill: Zeitwechsel m
time charter: Zeitcharter f
time clock: Kontrolluhr f, Stechuhr f
time-clock card: Stechkarte f, Zeitnehmer m, Zeitkarte f
time comparison: Zeitvergleich m
Generell die Gegenüberstellung von Kennzahlen zu verschiedenen Zeitpunkten. Im Rahmen von innerbetrieblichen Zeitvergleichen werden im Wege der Ex-post- und der Ex-ante-Betrachtung Aktivitäten bzw. Funktionsbereiche eines Unternehmens in ihrer Entwicklung im Zeitverlauf analysiert, wie z.B. Unternehmungsziele und -politik, Unternehmungsziele, Unternehmungsstrategien und -politik, Public Relations, Unternehmungsphilosophie, Organisation und Management, langfristige Analyse der Wettbewerbsfähigkeit, Wirtschaftliche Entwicklung, Markt, Kapital, Arbeit, vorherrschende Branchen-Charakteristiken, politische Einflüsse und Trends.
time cost: zeitabhängige Kosten pl
time credit: Zeitschuld f
time deposit: befristete Einlage f, Kündigungsgeld n, Termineinlage f, Zeitguthaben n
time discount: Zeit-Rabatt m (Preisnachlaß für Anzeigen, die längere Zeit erscheinen)
time draft: Zeitwechsel m
time for appealing: Berufungsfrist f
time for consideration: Bedenkzeit f
time for protest: Protestfrist f
time key: Zeitschlüssel m
time limit: Frist f
time of delivery: Lieferzeit f
time pay: Zeitlohn m
Eine von vier Lohnformen, bei der die Arbeitszeit (Stunden, Tage, Wochen, Monate, Jahre) vergütet, die der Beschäftigte im Rahmen des Arbeits-(Dienst-)Vertrags dem Unternehmen zur Verfügung stellt. Der Verdienst des Arbeitnehmers verläuft damit proportional zur Arbeitszeit, da der Lohnsatz pro Zeiteinheit konstant ist. Der häufig vorgebrachte Vorwurf, der Zeitlohn sei ergebnisunabhängig, ist insoweit nicht richtig, als in der Praxis mit der Zahlung von Zeitlöhnen oder festem Gehalt auch eine, teilweise recht konkrete, Vorstellung über die zu erwartenden Arbeitsergebnisse verbunden ist. Daher liegt zumindestens eine mittelbare Beziehung zwischen Entgelthöhe und erbrachter Leistung vor.
Angewendet wird der Zeitlohn überall dort, wo die Vielgestaltigkeit und mangelnde Quantifizierkeit der geforderten Arbeitsleistung eine im Sinne der analytischen Arbeitsbewertung exakte Leistungsbewertung unmöglich macht, der Qualität der Arbeitsleistung ein besonderer Stellenwert zukommt oder der Leistungsspielraum weitgehend durch die technologischen Bedingungen vorgegeben ist und damit nicht der individuellen Einflußnahme unterliegt.
Die Vorteile des Zeitlohns liegen auf der Hand. Der Beschäftigte hat sein festes Einkommen garantiert, weder wird durch überhastetes Arbeiten die Gesundheit gefährdet, noch droht bei vorübergehenden Schwächen ein empfindlicher Lohnverlust. Die Entwicklung und Pflege sozialer Beziehungen wird durch diese egalisierende Lohnform erleichtert. Daneben ist die einfache Lohnbemessung und verwaltung als Vorteil zu nennen.

time piece work pay: Zeitakkordlohn m, Zeitakkord m
Eine Form des Akkordlohns, die heute den Geldakkord weitgehend verdrängt hat. Beim Zeitakkord verzichtet man auf die Berechnung des Stücklohns; statt dessen wird eine (Vorgabe-)Zeit pro Leistungseinheit festgelegt, und die Division des Akkordrichtsatzes durch 60 (Minuten) ergibt den sog. Geldfaktor. Der Verdienst pro Zeiteinheit errechnet sich dann aus dem Produkt der erzielten Leistungseinheiten, der Vorgabezeit und dem Geldfaktor:

$$\frac{\text{Verdienst}}{\text{Zeiteinheit}} = \frac{\text{Menge (Stückzahl)}}{\text{Zeiteinheit}} \cdot$$

$$\text{Vorgabezeit} \left(\frac{\text{Minuten}}{\text{Stück}}\right) \cdot \text{Geldfaktor}.$$

Im finanziellen Ergebnis unterscheiden sich Geld- und Zeitakkord nicht, da sich der Ausdruck (Minuten/Stück) x (DM/Minuten) zu (DM/Stück) kürzen läßt. Der Zeitakkord stellt damit letztlich eine Ausdifferenzierung des Geldakkords dar. Der Vorteil dieser Ausdifferenzierung liegt darin, daß der Zeitakkord bei Tarifänderungen schnell und einfach angepaßt werden kann. Es muß lediglich ein neuer Geldfaktor vereinbart werden, während beim Geldakkord neue Akkordsätze bestimmt werden müssen.

time policy: Zeitpolice f
time-rack: Zeitzählgerät n
time rate: Zeitlohn m
time-record clock: Stechuhr f
time-record sheet: Arbeitszettel m
time-recording system: Zeitüberwachungssystem n
time schedule: Terminplan m
time series: Zeitreihe f
Eine Anordnung von Merkmalsausprägungen einer Variablen im Zeitverlauf, deren Reihenfolge

sich ausschließlich aus der zeitlichen Abfolge ihres Auftretens ergibt, wird in der Statistik als Zeitreihe bezeichnet. Je nachdem ob es sich um eine Bestands- oder eine Bewegungsmasse handelt, ist jede Merkmalsausprägung einem Zeitpunkt oder einem Zeitraum zugeordnet. Gewöhnlich sind die Zeitintervalle einer Zeitreihe äquidistant, d.h. der zeitliche Abstand zwischen den einzelnen Beobachtungswerten ist gleich groß. Die graphische Darstellung von Zeitreihen erfolgt im kartesischen Koordinatensystem, in Fällen, in denen mehrere Zeitreihen miteinander verglichen werden sollen, auch in Form einer Schichtenkarte. Die Glieder von Zeitreihen können Grundzahlen, Verhältniszahlen, Mittelwerte bzw. Indexzahlen sein.

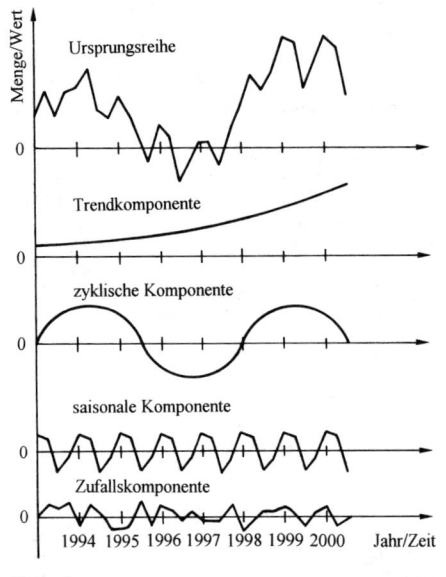

Zeitreihe

Seit Warren M. Persons (1919) wird in der Zeitreihenanalyse zwischen vier Komponenten unterschieden, die in der Zeitreihenzerlegung isoliert werden:
1. Der *Trend* (T): die langfristige Entwicklungsrichtung der Zeitreihe.
2. Die *zyklische Komponente* (C), bei wirtschaftlicher Zeitreihen auch als Konjunkturschwankung bezeichnet: die mittelfristige Entwicklungsrichtung, durch die vor allem die konjunkturellen Einflüsse auf eine Zeitreihe wiedergegeben werden. Sie schwankt mit unterschiedlicher Periodizität um die Trendkomponente, ihre Schwankungen haben einen längerwelligen Zyklus als die Saisonschwankungen.
3. Die *Saisonkomponente* (S): die jahreszeitlich bedingten Schwankungen der Zeitreihe. Saisonhereinigung, Saisonindices.

4. Die *Zufallskomponente* (Z): Sie hat den Charakter einer Residualkategorie, die als Zusammenfassung aller unregelmäßig wirkenden Einflußgrößen keiner der oben erwähnten Komponenten zugerechnet werden kann.
Bei Zeitreihenmodellen unterscheidet man zwei Grundformen:
• das additive Modell: $Y = T + C + S + Z$
• das multiplikative Modell: $Y = T \times C \times S \times Z$.
Die graphische Darstellung der Zeitreihenkomponenten ist eine Darstellung des additiven Modells. Zeitreihenanalysen spielen, vorwiegend als Trendanalysen, eine besonders wichtige Rolle für Prognosen.

time-series forecast: Zeitreihenprognose *f*, Entwicklungsprognose *f*
Bei Prognosen allgemein und bei Absatzprognosen insbesondere unterscheidet man zwischen Wirkungsprognosen und Entwicklungsprognosen. Entwicklungsprognosen sind Vorausschätzungen der künftigen Veränderung von Größen, die von nicht direkt kontrollierbaren Variablen abhängen. Für ein Wirtschaftsunternehmen zeigen solche in Form von Zeitreihen darstellbaren Prognosen Entwicklungstendenzen auf, die als Daten für die Marketingplanung von großer Wichtigkeit sein können, weil sie Potentiale und Lücken für die langfristige Zielplanung des Unternehmens aufzeigen können.

time-series prognosis: Zeitreihenprognose *f*, Entwicklungsprognose *f*
time-shared: Zeitmultiplexverfahren *n* *(EDV)*
time spent: Zeitaufwand *m*
time standard: Vorgabezeit *f*
time study: Zeitstudie *f*
time study engineer: REFA-Ingenieur *m*, Zeitstudieningenieur *m*
time taken: Arbeitszeit *f*, für einen Auftrag *m* tatsächlich aufgewandte Arbeitszeit *f*, tatsächliche Arbeitszeit *f* (mit Stoppuhr *f* ermittelt), Istzeit *f*
time-taking: Zeitnahme *f*
time to consider: Bedenkzeit *f*
time to interpose an answer: Einlassungsfrist *f*
time used: Arbeitszeit *f*, für einen Auftrag *m* tatsächlich aufgewandte Arbeitszeit *f*, tatsächliche Arbeitszeit *f* (mit Stoppuhr *f* ermittelt), Istzeit *f*
time wage(s) *(pl)*: Zeitlohn *m*
timecard: Stechkarte *f*
timekeeping: Zeitkontrolle *f*, Zeitnahme *f*
timekeeping department: Zeitkontrollabteilung *f*
timekeeping department: Zeitkontrollabteilung *f*
timekeeping equipment: Zeitzählgerät *n*

timekeeping system: Zeitüberwachungssystem *n*
timely: fristgerecht, termingerecht
timesharing: Datengemeinschaftsverarbeitung *f (EDV)*, gemeinschaftliche Nutzung *f* einer Rechenanlage *f (EDV)*
timetable: Fahrplan *m*, Kursbuch *n*, Stundenplan *m*, Zeitplan *m* (Projekt)
timework: Zeitlohnarbeit *f*
timing: Terminierung *f*, Zeitnahme *f*
tinned food: Konserve *f*
tip: Hinweis *m*, Trinkgeld *n*, Trinkgeld *n* geben
tire industry: Reifenindustrie *f*
tiring: anstrengend
title: Anrecht *n*, Anspruch *m* (dinglich), Besitzurkunde *f*, Eigentumsrechtstitel *m*, Recht *n* (einer Person), Titel *m*, Überschrift *f*, verbrieftes Recht *n*
title abstract company: Firma *f*, die sich mit der Suche *f*, Kontrolle *f* und Registrierung *f* von Grundstückrechten *n/pl* beschäftigt
title deed: Besitztitel *m*, Erwerbsurkunde *f*, Traditionspapier *n*
title holder: Berechtigter *m*
title insurance *(Am)*: Versicherung *f* gegen Rechtsmängel *m/pl* an Grundstückstiteln *m/pl*
title of account: Kontenbezeichnung *f*
title search: Rechtstitelüberprüfung *f*
title to property: Anspruch *m* an eine Sache *f*, Eigentumsanspruch *m*
title to shares *pl*: Anspruch *m* auf Anteile *m/pl*
title to stocks *pl*: Anspruch *m* auf Anteile *m/pl*
to and including: bis einschließlich
to the best of my knowledge and belief: nach bestem Wissen *n* und Gewissen *n*
to the disadvantage of: zu ungunsten
to the disadvantage of: zu ungunsten
to whom it may concern: an alle, die es betrifft
tobacco tax: Tabaksteuer *f*
token: symbolisch, Andenken *n*, Beweis *m*, Zeichen *n*
token money: Scheidemünze *f*
token payment: symbolische Zahlung *f*
token strike: Warnstreik *m*
tolerance: Duldsamkeit *f*, Spielraum *m*, Toleranz *f*
tolerate: dulden, tolerieren
toleration: Duldung *f*
toll: Abgabe *f*, Benutzungsgebühr *f* (Straßen, Brücken etc.), Chausseegeld *n*, Gebühr *f*, Maut *f*, Steuer *f*, Wegegeld *n*, Wegezoll *m*, Zoll *m*
ton: Tonne *f*
ton gross: Bruttotonne *f*
tonnage: Schiffsraum *m*, Tonnengehalt *m*
tonnage rate: Lohnsatz *m* pro Tonne (im Bergbau)
tons *pl* **deadweight:** Tonnen-Tragfähigkeit *f*
tool: Vorrichtung *f*, betriebliche Werkzeug *n*
tool allowance: Werkzeugzuschlag *m*
tool engineering: Werkzeug- und Vorrichtungsgestaltung *f*
tool steel: Diamantstahl *m*, Werkzeugstahl *m*
tooling: Planung *f* und Bereitstellung *f* der erforderlichen Werkzeuge *n/pl*, Werkzeugausrüstung *f*
tools *pl*: Handwerkszeuge *n/pl*, Werkzeuge *n/pl*
top: Spitzen-, Top-, Spitze *f*, übersteigen, übertreffen
top-down budgeting: Top-down-Budgetierung *f*
Bei der Top-down-Budgetierung, die auch als retrograde Budgetierung bezeichnet wird, leiten das Top-Management bzw. die vom Top-Management autorisierten Budgetierungsorgane aus den strategischen Plänen und Budgets die Rahmendaten für die Budgeterstellung der nächsten Periode ab. Aufgabe der nachgeordneten Führungsebenen ist es dann, gemäß den zugeteilten Ressourcen Budgets für ihren Verantwortungsbereich zu erstellen und die nachgeordneten Organisationseinheiten darauf zu verpflichten.
Diese Vorgehensweise lebt von der Idee einer vollständig integrierten Budgetierung aller Ebenen und Ziele.

top executive: leitender Angestellter *m* (Mitglied der obersten Betriebsführung)
top-level function: Spitzenfunktion *f*
top-level official: Spitzenfunktionär *m*
top management: Top-Management *n*, Spitzenmanagement *n*, oberes Management *n*, obere Führungskräfte *f/pl*, Führungsspitze *f*, oberste Betriebsführung *f* (z.B. Vorstand, Geschäftsleitung)
Die in der Management-Pyramide an der Spitze stehende obere Führungsebene einer Organisation oder eines Unternehmens. Häufig wird der Begriff verwendet, um die *Institution* des obersten Leitungsorgans in einem Unternehmen zu bezeichnen. Dabei wird der Begriff meist synonym zu Unternehmensleitung oder Geschäftsführung gebraucht. Zum anderen versteht man unter Top-Management auch die *Funktion* der Leitungsorganisation, d.h. die Summe bestimmter Leitungsaktivitäten.

top managerial employee: leitender Angestellter *m* (nur oberste Leitung)
top quality: Spitzenqualität *f*
top rate: Spitzenlohnsatz *m*
top salary: Spitzengehalt *n*
top-secret: streng geheim
top tax rate: Spitzensteuersatz *m*
tort: Delikt *n* (Zivilrecht), unerlaubte Handlung *f*, widerrechtliche Handlung *f*
tort feaser: Missetäter *m*, Übeltäter *m*
total: gesamt, addieren, sich belaufen auf, Betrag *m*, Endsumme *f*, Gesamtbetrag *m*, Gesamtsumme *f*, Gesamtwert *m*, Summe *f*, summieren, total
total acceptances *pl* in circulation: Akzeptumlauf *m*
total amount: Gesamtsumme *f*
total amount of bank borrowing: Kreditengagement *n*
total amount of bank lending: Kreditengagement *n*
total amount of borrowing: Kreditengagement *n*
total amount of lending: Kreditengagement *n*
total and permanent disability: vollständige und dauernde Arbeitsunfähigkeit *f*
total cost: Gesamtkosten *pl*
total demand: Gesamtnachfrage *f*
total deposit: Einlegebestand *m* (Bank)
total direct control: Alleinkontrolle *f*
total employment: Beschäftigtenzahl *f*, Gesamtzahl *f* der Beschäftigten
total exit counter: Summenwerk-Ausgang *m* (EDV)
total face value: Gesamtnennbetrag *m*
total float: Maximalschlupf *m*, maximale Pufferzeit *f* (PERT)
total foreign trade: Außenhandelsvolumen *n*
total insolvency: Überschuldung *f*
total management information system: integriertes Führungsinformationssystem *n*, gesamtunternehmerisches Führungsinformationssystem *n*
total market: akquisitorisches Potential *n*, Marktkapital *n*
Ein von Erich Gutenberg eingeführter Begriff zur Bezeichnung der Fähigkeit eines Wirtschaftsunternehmens, Abnehmer für seine Güter und/oder Leistungen sowohl anzuziehen wie festzuhalten. Der Begriff entstand im Zusammenhang mit Gutenbergs Analyse der Preispolitik polypolistischer Anbieter auf unvollkommenen Märkten. Ein einzelnes Unternehmen hat danach ein spezifisches, von dem anderer Unternehmen unterschiedenes Potential, mit dessen Hilfe es den eigenen Absatzmarkt zu individualisieren und sich so einen eigenen Stamm von Abnehmern zu schaffen vermag.

geknickte Nachfragekurve

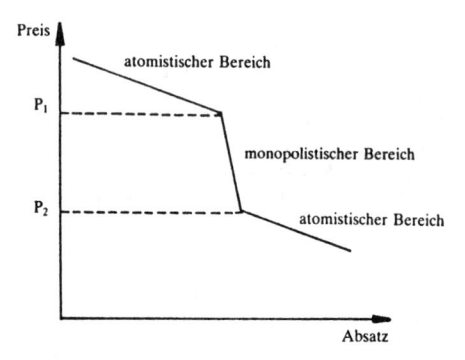

Aufgrund des Bestehens solcher Präferenzen auf der Nachfragerseite können verschiedene Preise für gleichwertige Güter nebeneinander existieren, so daß ein Unternehmen in der Lage ist, innerhalb eines mehr oder minder großen Intervalls seiner individuellen Absatzkurve autonom den optimalen Preis zu bestimmen. In diesem durch einen oberen und unteren Grenzpreis begrenzten monopolistischen Bereich kann das Unternehmen den Preis relativ frei variieren. Mit wachsendem akquisitorischen Potential wächst zugleich der monopolistische Bereich. Herbert Gross verwendet dafür den Begriff Marktkapital.
total of digits of a number: Quersumme *f*
total risk: Gesamtrisiko *n*
Der Verlust, der bei ungünstiger Entwicklung eines Unternehmens bzw. einer strategischen Unternehmens-Einheit (SUE) befürchtet werden muß. Durch Erhöhung der Flexibilität kann dieser mögliche Verlust reduziert werden.
Entspricht das ohne Erhöhung der Flexibilität bestehende Verlustrisiko dem gerade noch für tragbar erachteten Gesamtrisiko, so kann durch die Erhöhung der Flexibilität ein „Risikospielraum" gewonnen werden. Das Unternehmen kann dann zusätzliche Aktionen ins Auge fassen, durch die zwar der insgesamt bei ungünstiger Entwicklung zu erwartende Verlust erhöht wird, die aber andererseits gute Gewinnchancen bieten.
Ohne erhöhte Flexibilität würde durch solche Aktionen die zulässige Grenze des Gesamtrisikos überschritten werden, sie müßten also unterbleiben, um die Existenz der SUE nicht zu gefährden.
total sale: Totalveräußerung *f*
total system: Ganzheitssystem *n*, Gesamtsystem *n*, System *n*, ganzheitliches total
totality: Gesamtheit *f*, Vollständigkeit *f*
touch up: nacharbeiten, nachbessern
tough: robust, rücksichtslos, knallhart
tour operator: Reiseunternehmer *m*
tourism: Fremdenverkehr *m*

tourist: Tourist *m*
tourist class: Touristenklasse *f* (im Flugverkehr *m*)
tourist season: Ferienzeit *f*, Reisezeit *f*
tourist traffic: Reiseverkehr *m*, Touristenverkehr *m*
towage: Schlepplohn *m*
town house: Reihenhaus *n*, Stadthaus *n*
toy industry: Spielwaren-Industrie *f*
trace: auffinden, ausfindigmachen, nachspüren, Spur *f*, suchen, zurückverfolgen
tracing card: Suchkarte *f (EDV)*
track: Spur *f*
track element: Spurelement *n (EDV)*
tract of land: Gelände *n*, Parzelle *f*, Trakt *m* (Land), Grundstück *n*
trade: Beruf *m*, Berufsgruppe *f*, Beschäftigung *f*, Gewerbe *n*, Handel *m*, Handel *m* treiben, handeln, Verkehr *m*, Warenverkehr *m*
trade acceptance: Handelsakzept *m*, Warenwechsel *m*
trade acceptances *pl* **in circulation:** Akzeptumlauf *m*
trade agreement: Handelsabkommen *n*, Handelsvertrag *m*
trade allowance: Wiederverkäuferrabatt *m*
trade association: Berufsvertretung *f*, Wirtschaftsverband *m*
trade barometer: Konjunkturbarometer *n*
trade barrier: Handelshindernis *n*
trade bill: Handelsakzept *m*, Handelswechsel *m*
trade branch margin of profit: Branchenspanne *f*, Branchen-Handelsspanne *f*
Die durchschnittlich in den Betrieben einer Branche erzielte Handelsspanne, die auf der Grundlage aller mit dem Umsatz gewogenen Betriebsspannen der Branchenbetriebe errechnet wird.
trade capital: Gewerbekapital *n*
trade capital tax: Gewerbekapitalsteuer *f*
trade channel: Handelsweg *m*
trade class: Handelsklasse *f*
trade concession: handelspolitisches Zugeständnis *n*
trade cooperative: Handwerksgenossenschaft *f*
trade credit: Anschreibkredit *m*
trade creditor: Lieferant *m*, Warengläubiger *m*
trade custom: Geschäftsbrauch *m*, Handelsbrauch *m*, Handelsusance *f*
trade cycle: Konjunktur *f*, Konjunkturzyklus *m* → business cycle
trade directory: Branchenadreßbuch *n*, Firmenverzeichnis *n*

trade discount: Händlerrabatt *m*, Wiederverkäuferrabatt *m*
trade embargo: Handelsembargo *n*
trade establishment: Handelsbetrieb *m*, Handelsniederlassung *f*, Handwerksbetrieb *m*
trade fair: Fachmesse *f*, Messe *f*
trade for: austauschen für
trade group: Branchengruppe *f*
trade in: in Zahlung geben
trade-in: Gegenwert *m* (in Zahlung genommen oder gegeben)
trade in produce: Produktenhandel *m*
trade-in transaction: Koppelungsgeschäft *n*
trade-in value: Handelswert *m*, Verkehrswert *m*
trade investment: Beteiligung *f*
trade journal: Wirtschaftszeitung *f*
trade license: Gewerbegenehmigung *f*, Gewerbeschein *m*
trade margin: Handelsspanne *f*
Derjenige Bestandteil des Preises, der als Resultat von Handelstätigkeiten sowohl des institutionellen wie des funktionellen Handels entsteht und als Differenz zwischen dem Einstandspreis und dem Verkaufspreis für ein oder mehrere Handelsunternehmen berechnet werden kann. Je nachdem, ob die Spanne pro Stück oder die Gesamtspanne eines Handelsunternehmens berechnet wird, unterscheidet man zwischen Stückspanne und Betriebsspanne. Darüber hinaus wird auch zwischen Artikelgruppen- und Branchenspannen sowie Großhandels- und Einzelhandelsspannen unterschieden. Die Handelsspanne ist das Entgelt für die Leistung des Handels und dient sowohl zur Deckung der Handelskosten wie der Erzielung eines Gewinns.
trade mark: Handelsmarke *f*
trade name: Firma *f*, Firmenname *m*, Geschäftename *m*, Handelsbezeichnung *f* einer Ware
trade paper: Handelszeitung *f*
trade performance test: Eignungsprüfung *f* (stellt Kenntnisse und Arbeitsgeschwindigkeit fest)
trade policy: Handelspolitik *f*
trade practice: Geschäftsgebaren *n*, Wettbewerbsverhalten *n*
trade premium: Händlerrabatt *m*
trade price: Großhandelspreis *m*
trade profit tax: Gewerbeertragsteuer *f*
trade protection society: Kreditschutzvereinigung *f*
trade receivables *pl*: Forderungen *f/pl* aufgrund *m* von Warenlieferungen *f/pl* und Leistungen *f/pl*

trade register: Handelsregister n, Warenzeichenregister n, Warenzeichenrolle f
trade registration: Markenschutz m, Warenzeicheneintragung f, Warenzeichenschutz m
trade relations pl: Handelsbeziehungen f/pl
trade restriction: Handelsbeschränkung f
trade school: Berufsfachschule f, Berufsschule f, berufsbildende Schule f
trade secret: Betriebsgeheimnis n, Geschäftsgeheimnis n
trade surplus: Handelsbilanzüberschuß m
trade tax: Gewerbesteuer f
trade triangular: Dreieckshandel m
trade turnover: Handelsumsatz m
trade union: Gewerkschaft f
trade union membership: Gewerkschaftsmitgliedschaft f
trade union movement: Gewerkschaftsbewegung f
trade union recognition: Anerkennung f der Gewerkschaft f
trade unionism: Gewerkschaftsbewegung f
Trade Unions Congress (TUC) (brit): Gewerkschaftsbund m
trade-up: Heraufsetzung f, Preisheraufsetzung f
trade usage: Handelsbrauch m
trade value: Handelswert m
trademark: Fabrikzeichen n, Marke f, Schutzmarke f, Warenzeichen n
trader: Händler m, Handelsschiff n, Makler m, Spekulant m (der nicht Börsenmitglied ist)
tradesmen pl: Kaufleute m/pl
trading: handeltreibend, Handel m, Handel m treiben, Handeln n
trading account: Betriebskonto n
trading area: Einzugsgebiet n, Einzugsbereich m, Absatzgebiet n, Verkaufsgebiet n
Ein aus der Raumordnung und Raumplanung in die Standortforschung des Einzelhandels übernommener Schlüsselbegriff zur Bezeichnung desjenigen geographischen Gebiets, „aus dem ein Geschäft bzw. eine Agglomeration von Geschäften seine Kunden zieht." (Erich Batzer).
Zu den Umweltparametern, durch die vor allen Dingen die Größe des Einzugsgebiets eines Wirtschaftsunternehmens bestimmt wird, zählen u.a. sozioökonomische Merkmale (wie z.B. die Bevölkerungszahl und -dichte, die Höhe und Struktur des Einkommens oder die Struktur des Konsums usw.), die Besitzmerkmale der privaten Haushalte, die Zahl, Größe und Struktur der Konkurrenzunternehmen, wobei gerade durch eine Agglomeration von Konkurrenzunternehmen im Einzelhandel das Einzugsgebiet vergrößert wird, die Verkehrslage (Zufahrtsstraßen und Verkehrsbedingungen des Standorts selbst).
trading capital: Betriebskapital n
trading center: Stapelplatz m
trading company: Handelsgesellschaft f, tätige Gesellschaft f
trading concern: Handelsbetrieb m, Handelsunternehmen n
trading cooperative: Handelsgenossenschaft f
trading day: Handelstag m
trading floor: Börsensaal m
trading in futures: Terminhandel m
trading period: Rechnungsperiode f
trading port: Handelshafen m
trading position: Geschäftslage f
trading post: Handelsniederlassung f
trading profit(s) (pl): Geschäftsgewinn m, Rohertrag m, Rohgewinn m abzüglich der direkten Vertriebs- und sonstigen Gemeinkosten pl
trading receipt(s) (pl): Betriebseinnahme(n) f(pl)
trading results pl: Rohertrag m
trading stamp: Rabattmarke f
trading vessel: Handelsschiff n
trading zone: → trading area
tradings pl: Börsenhandel m
tradition: Brauch m
traditional: althergebracht
traffic: Geschäftsverkehr m, Handel m, Verkehr m
traffic department: Transportabteilung f, Verkehrsabteilung f
traffic equation: Verkehrsgleichung f
Eine von Irving Fisher entwickelte Gleichung, die den Zusammenhang zwischen der Umlaufgeschwindigkeit des Geldes und Geldmenge darstellt. Danach sind Geldmenge mal Umlaufgeschwindigkeit gleich dem Produkt von Kaufkraft und Preisniveau: G x U = K x P.
traffic junction: Verkehrsknotenpunkt m
traffic regulations pl: Straßenverkehrsordnung f
trail consignment note: Frachtbrief m
trail note: Frachtbrief m
trailer card: Folgekarte f (EDV)
train: anleiten, anlernen, ausbilden, unterweisen, Zug m (auch fig.)
train crew: Zugpersonal n
trainee: Anlernling m, Auszubildender m, Azubi m
training: Anlernen m, Ausbildung f, Schulung f (Ausbildung), Unterweisung f, Vorbildung f

training computer: Ausbildungs(elektronen)rechner *m*
training conference: Lehrkonferenz *f*
training course: Schulungskurs *m*
training director: Ausbildungsleiter *m*
training film: Lehrfilm *m*
training in apprentice shop: Schulung *f* in der Lehrwerkstatt
training method: Ausbildungsmethode *f*, Lehrmethode *f*
training needs *pl*: Ausbildungsbedarf *m*
training policy: Ausbildungspolitik *f*
training result: Ausbildungserfolg *m*
training subsidy: Ausbildungsbeihilfe *f*
training workshop: Lehrwerkstatt *f*
trait approach: Eigenschaftsansatz *m*

Dem Eigenschaftsansatz der Führung liegt die Vorstellung zugrunde, daß sich Führerschaft durch die Person des Führers erklären läßt. Maßgebend ist die Idee, daß bestimmte Persönlichkeitseigenschaften zum Führer prädestinieren und daß verhältnismäßig wenige Menschen über solche Eigenschaften verfügen. Häufig verbindet sich diese Perspektive noch mit der Überzeugung, die Führungseigenschaften seien in bestimmten sozialen Klassen, nämlich den höheren, häufiger vertreten sind als in den unteren Klassen.

Die Forschung richtete demgemäß ihr Hauptaugenmerk auf die Suche und Entdeckung relevanter Eigenschaften, die den Führer von den Geführten unterscheiden. Dabei wird vielfach angenommen, die Führungsqualitäten seien angeboren, mitunter aber auch, sie seien erworben.

Die verbreiteten Kataloge von Führungseigenschaften verwenden die unterschiedlichsten Eigenschaften. Sie werden manchmal intuitiv-introspektiv, manchmal aber auch empirisch-statistisch gewonnen.

• In den vorwiegend *intuitiv-introspektiven Katalogen* tauchen vor allem die Eigenschaften wie Selbstvertrauen, Entschlußkraft, Fähigkeit zur richtigen Entschlußfassung, Willensstärke, breites Wissen, Überzeugungskraft und Selbstgenügsamkeit auf. Häufig genannt wird auch Intelligenz. Die Frage nach der Beziehung der Eigenschaften untereinander, inwieweit z.B. Intelligenz und Wissen hohe Entscheidungsfreudigkeit ausschließen oder begünstigen, bleibt dabei oft unberücksichtigt.

• Die *empirisch-statistischen Kataloge* versuchen, diejenigen Eigenschaftsmerkmale von Führern herauszukristallisieren, die universell Führer von Geführten unterscheiden. Der Grad der Übereinstimmung ist auch hier gering geblieben. So analysierte R. Stogdill z.B. eine Vielzahl einschlägiger Untersuchungen und fand nur wenige Eigenschaften, die in mehreren Untersuchungen bei Führern häufiger auftraten als bei Geführten. Das waren namentlich: höhere Intelligenz, bessere Schulleistungen und stärkere Teilnahme an Gruppenaktivitäten.

Eine Neubelebung erfuhr die Eigenschaftstheorie durch die Attributionstheorie, speziell durch den eigenschaftsorientierten Ansatz, den B. Calder 1977 formulierte. Calder geht von der phänomenologischen Vorstellung aus, Führung stelle eine Persönlichkeitsdisposition dar, die nicht unabhängig von den Geführten existiert: „Führung existiert nur als Wahrnehmung". Die Geführten beobachten das Verhalten ihres Vorgesetzten direkt oder erschließen es über die Wirkungen, die es gehabt hat. Auf der Grundlage dieser Informationen attribuieren sie anderen Personen Führereigenschaften. Ob Führungseigenschaften existieren oder nicht, spielt nach diesem Ansatz keine Rolle. Entscheidend ist vielmehr, daß einer Person von ihrer Bezugsgruppe Führungseigenschaften zugeschrieben werden und daß diese Person daher als Führer akzeptiert wird. Natürlich spielen bei diesem Wahrnehmungs- und Zuweisungsprozeß Alltagstheorien der Führung eine herausragende Rolle, und diese sind im wesentlichen Eigenschaftstheorien.

Wesentliche Grundlage der dann erfolgenden Attribution sind die Erwartungen des Geführten an Führer, d.h. ihre implizite Führungstheorie. Diese wiederum bildet sich im Rahmen vielschichtiger Sozialisationsprozesse heraus und ist nach Ansicht Calders insbesondere von der Sozialschicht der Geführten den Beobachtungen des Führungsverhaltens anderer Vorgesetzter abhängig.

Heute wird im allgemeinen die Auffassung akzeptiert, daß es im wesentlichen die Zuschreibung der Geführten ist, die das Charisma generiert. Die Geführten bzw. die Einflußadressaten beobachten das Verhalten des Führers und weisen in bestimmten Fällen Charisma zu. Diese Zuweisung wird besonders häufig dann vorgenommen, wenn Führer 1. prägnante Visionen entwickeln, die vom Status quo stark abweichen, ohne allerdings die Vorstellungswelt der Geführten zu verlassen, 2. ein selbstaufopferndes Engagement zeigen, 3. ihre Ideen mit hohem persönlichem Risiko verfolgen, 4. ihre Ideen erfolgreich realisieren und 5. ihre Führungsmotivation klar zum Ausdruck bringen.

Die Merkmale und Wahrnehmungsprozesse, aufgrund derer Charisma attribuiert wird, sind historisch und kulturell beeinflußt, so daß diese Erklärung letztlich auf die gesellschaftlichen Bedingungen verweist, die bestimmte Merkmale für den Attributionsprozeß hervortreten lassen.

trait approach in personnel evaluation: Eigenschaftsansatz *m* in der Personalbeurteilung

Eine von drei Grundkonzeptionen zur Personalbeurteilung, in deren Mittelpunkt die Beurteilung der Persönlichkeit des Mitarbeiters steht. Es interessiert vor allem das Vorhandensein bestimmter, für relevant erachteter Eigenschaften (z.B. Loyalität, Dominanz, Intelligenz, Kreativität). Eigenschaften werden dabei als universelle und generelle Verhaltensdispositionen betrachtet.

trait list method: Merkmalslistenmethode *f*
Eine von R. P. Crawford 1959 entwickelte Technik der kreativen Ideenfindung, die vor allem bei der Lösung von Problemen geeignet ist, die in der Verbesserung bereits vorhandener Produkte oder anderer Objekte bestehen. Es wird eine Liste mit den relevanten Merkmalsdimensionen des Produkts oder Objekts angefertigt. Anschließend wird diese Liste Dimension für Dimension nach möglichen Alternativen durchgegangen.

transaction: Geschäft *n*, Transaktion *f*, Verhandlung *f*, Vorgang *m*

transactional analysis: Transaktionsanalyse (TA) *f*
Die Bezeichnung für die durch Eric Berne in seinem Buch „Spiele der Erwachsenen" (1980) vorgenommene Popularisierung des Instanzenmodells der Psychoanalyse und seine Übertragung auf Sozialbeziehungen. Jeder Mensch besteht danach aus drei Ich-Zuständen: dem Eltern-, Erwachsenen- und Kindheits-Ich, die in groben Zügen Sigmund Freuds Unterteilung der Persönlichkeit in ein Über-Ich, ein Ich und ein Es entsprechen.
Transaktionen finden stets dann statt, wenn Menschen in Beziehung treten. Sie tauschen Worte, Taten oder Dinge aus, treten in eine Austauschbeziehung. Alles, was sich zwischen Menschen abspielt, läßt sich als Transaktion auffassen. Berne ging davon aus, daß es verschiedene Arten von Transaktionen gibt:
(1) *Komplementär-Transaktion*: Sie findet statt, wenn jemand das bekommt, was er erwartet hat, so ist das eine Komplementär-TA oder Parallel-TA.
(2) *Überkreuz-Transaktionen*: Die Erwartungen werden enttäuscht, die Synchronisation ist gestört.
In jedem Fall stehen bei einer Transaktion also zwei Personen jeweils mit Eltern-, Erwachsenen- und Kindheits-Ichzustand einander gegenüber. Verlaufen die Beziehungen parallel, handelt es sich um Komplementär-TA, kreuzen sich die Beziehungslinien um „Überkreuz-TA":
Eine Komplikation entsteht durch die „verdeckten" TA, bei denen mehr als zwei Ich-Zustände gleichzeitig wirksam werden. Diese Kategorie bildet die Grundlage für die verschiedenen „Spiele".
Berne führt dazu das Beispiel eines Verkäufers an, der zu einer Kundin sagt: „Dieser Apparat hier ist besser, aber den können Sie sich nicht leisten."
Sie: „Genau den werde ich nehmen!"
Auf der „Sozialebene" sagt der Verkäufer scheinbar rein sachlich: „Dieser ist besser" und „Für Sie zu teuer". Rein von den Inhalten her müßte die Kundin beiden Aussagen zustimmen und sagen: „Sie haben recht!" Auf der „psychologischen Ebene" dagegen sagt er: „So etwas Schönes und Gutes bleibt für Sie immer unerreichbar, nicht wahr?"
Die Kundin rebelliert gegen den arroganten Verkäufer und erfüllt sich ihre Wünsche nach Status, Anerkennung und Selbstverwöhnung: „Den nehme ich!"

Spiele in Organisationen sind nach Berne eine Reihe von aufeinanderfolgenden Austauschbeziehungen, die auf den ersten Blick Komplementär-TA zu sein scheinen, aber in Wirklichkeit verdeckte TA sind, in denen die eigentliche Botschaft des Spiels steckt. Diese Transaktionen werden fortgesetzt und stets wiederholt, weil sie einen psychologischen Nutzeffekt haben.
Der Ansatz der Transaktionsanalyse ist in der Managementlehre auch zur Typisierung von Unternehmenskulturen genutzt worden.

transactional leadership: transaktionale Führung *f*
Transaktionale Führung basiert ähnlich wie das Einflußprozeßmodell auf dem Austauschprinzip, d.h. Führung klärt die Rollen und die Anforderungen, die die unterstellten Mitarbeiter erfüllen müssen, um ihre persönlichen Ziele zu erreichen. Der Führer bietet Anreize (z.B. Überstundenzuschläge) oder droht mit Sanktionen, um bestimmte Verhaltensweisen der Geführten zu erreichen. Er muß dabei ihre Wünsche, Erwartungen, Befürchtungen usw. berücksichtigen, sonst sind seine Ziele nicht erreichbar. Führung wird im wesentlichen als Austauschprozeß verstanden.

transaction data *pl*: Bewegungsdaten *n/pl* (EDV)

transaction episode: Transaktionsepisode *f*
Anders als im Bereich des Konsumgütermarketing konzentrieren sich alle Marketingaktivitäten beim Investitionsgütermarketing auf die Phase der Transaktion zwischen Anbieter und Nachfrager eines Investitionsgutes. Diese Phase ist durch einen intensiven Kontakt zwischen den Marktpartnern gekennzeichnet, während dessen beide miteinander verhandeln. Auch die meisten Entscheidungen über den Einsatz der absatzpolitischen Instrumente fallen in dieser Phase.
„Der Begriff der Transaktionsepisode bietet die Möglichkeit einer geschlossenen Betrachtungsweise all derjenigen Prozesse beim Ein- und Verkauf von Investitionsobjekten, die in einer Organisation bzw. zwischen den beteiligten Organisationen ablaufen, und die mit der Anbahnung, Vereinbarung und Realisation einer Investitionsentscheidung verbunden sind. Eine Transaktionsepisode umfaßt also eine Menge von Teilprozessen, die erst in ihrem Zusammenwirken über die Zeit die gesuchte Erklärung und Verlaufsbeschreibung komplexer Investitionstransaktionen ermöglichen.
Transaktionsepisoden können entweder vollständig oder unvollständig sein. Nur im ersten Fall kommt es zum Austausch von Leistung und Gegenleistung. Die meisten Episoden sind in diesem Sinne unvollständig. Dabei ist es für die Teilnehmer in Episoden des Investitionsgütermarketing typisch, daß ständig Entscheidungen zu treffen sind, ob eine Transaktionsepisode weiterverfolgt werden soll oder nicht. Gerade für den Anbieter wird es in der Regel darum gehen, weitere Entwicklungskosten, die Ausarbeitung von Angeboten

Komplementär- (oder Parallel-) Transaktionen

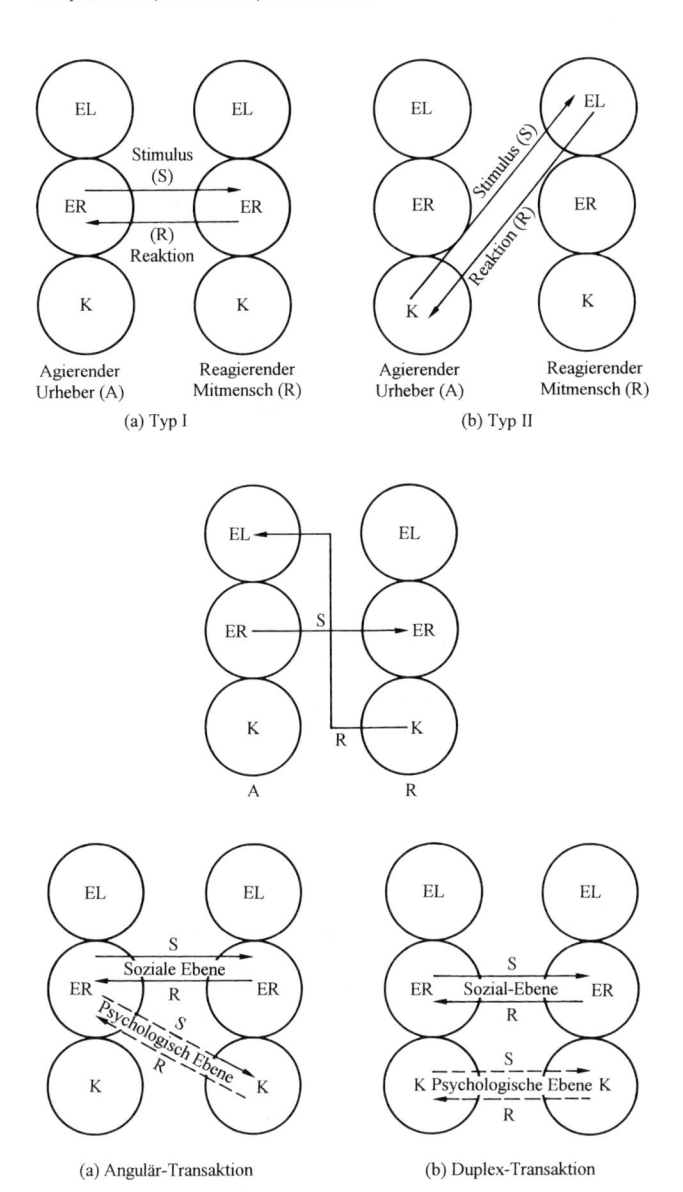

```
    EL         EL              EL         EL
                               
    ER ──S──► ER              ER ╲Stim╲  ER
       ◄──R──                    ╲(S)╲
                                  ╲Reak╲
    K          K               K   (R)   K
                                  
Agierender  Reagierender    Agierender  Reagierender
Urheber (A) Mitmensch (R)   Urheber (A) Mitmensch (R)
   (a) Typ I                   (b) Typ II
```

```
        EL ◄──────┐   EL
                  │
        ER ──S────┼──► ER
                  │
        K         └──  K
                    R
        A              R
```

```
    EL         EL              EL         EL
       ──S──►                     ──S──►
    ER Soziale Ebene ER        ER Sozial-Ebene ER
       ◄──R──                     ◄──R──
       ╲Psych╲ S                  ─ ─S─ ─►
    K   ologisch Ebene K       K Psychologische Ebene K
       ◄──R──                     ◄──R──
   (a) Angulär-Transaktion    (b) Duplex-Transaktion
```

und sonstige Vorleistungen erbringen zu müssen, ohne sich eines endgültigen Vertragsabschlusses sicher sein zu können" (Werner Kirsch/Jürgen Schneider).

Historisch gesehen wurde das Marketingkonzept zunächst ausschließlich mit dem Konsumgütermarketing in Verbindung gebracht, was sich durch den Umstand erklärt, daß der Wandel vom Verkäufermarkt zum Käufermarkt zuerst bei den Konsumgütern zutagetrat. Erst nachdem dieser Wandel auch bei Dienstleistungen und Investitionsgütern eingetreten war, wurden Dienstleistungs- und Investitionsgütermarketing zu geläufigen Begriffen, Industriemarketing.

Investitionsgütermarketing ist die „Gesamtheit aller Maßnahmen, die darauf zielen, daß die Investitionsentscheidungen der Verwender zugunsten des eigenen Erzeugnisses ausfallen."

"Das Absatz-Entscheidungsfeld eines Investitionsgüterherstellers umfaßt dabei die Gesamtheit aller Tatbestände, die beim Hersteller selbst, also innerhalb seines eigenen soziotechnischen Systems, und in der Umwelt, d.h. außerhalb des Systems für den Absatz der von ihm produzierten Investitionsgüter relevant sind." (Werner Pfeiffer/Peter Bischof)
Daher ist es in der Regel eine unzulässige Vereinfachung, Aussagen über das Verhalten industrieller Verwender und Anbieter auf die Verkäufer-Käufer-Dyade zu beschränken, ohne den intraorganisationalen und interorganisationalen Entscheidungsprozessen je nach Typ des Investitionsguts eine wechselnde Zahl von Repräsentanten aus allen Hierarchieebenen der beteiligten Organisationen teilnimmt. "Marketing ist in diesen Fällen keineswegs mehr mit dem aus dem Konsumgüterbereich bekannten Marketinginstrumentarium bewältigbar. Marketing heißt hier im wesentlichen, in der drrekten Interaktion mit dem Verwender dessen technische, wirtschaftliche und organisatorische Probleme zu erfassen, an seiner Problemdefinition mitzuwirken und durch direkte und indirekte Einflußnahme auf die relevanten Entscheider, diese von der angebotenen Problemlösung zu überzeugen." (Werner Kirsch/Michael Kutschker)
Dabei hat sich eine Klassifikation der Investitionsgüter nach der Kaufsituation in drei unterschiedliche Typen von Marketing- und Beschaffungsentscheidungen bewährt.
Charakteristikum des Investitionsgütermarketing ist es, daß es sich nicht einem anonymen, sich vorwiegend reaktiv verhaltenden Markt wie beim Konsumgütermarketing handelt, bei dem üblicherweise kein direkter Kontakt zwischen Hersteller und Konsument stattfindet, sondern daß die Absatz-, Beschaffungs- und Investitionsentscheidungen sich in direkter Interaktion zwischen Anbietern und Verwendern von Investitionsgütern während der Transaktionsepisode ergeben, interaktionistische Marktverhaltensanalyse (Interaktionsansatz). Als Transaktionsepisode werden die mehr oder weniger komplexen Kommunikationsbeziehungen zwischen zwei oder mehr Wirtschaftsunternehmen oder Organisationen verstanden, die mit der Anbahnung, der Vereinbarung und Realisation einer Transaktion verbunden sind. Investitionsgütermarketing findet sowohl innerhalb wie außerhalb der Transaktionsepisode statt. Beim Marketing steht außerhalb der Transaktionsepisode der Aufbau und die Pflege von Potentialen, beim Marketing innerhalb der Transaktionsepisode die Aktivierung und Nutzung von vorher aufgebauten Potentialen im Mittelpunkt der Bemühungen. Die dem Aufbau und der Pflege von Transaktionspotentialen dienenden Aktivitäten lassen sich wiederum in zwei Klassen einteilen:
• *Promotion*: die auf Elemente der Umwelt einer Organisation gerichteten Aktivitäten zur Förderung ganzer Klassen von Transaktionen, die in dieser Umwelt Veränderungen hervorrufen, die für die betrachtete Betriebswirtschaft Potentiale darstellen.
• *Adaption*: Marketingaktivitäten, die innerhalb einer betrachteten Organisation Veränderungen hervorrufen, deren fördernde Wirkung auf der Schaffung der innerbetrieblichen Basis zum Schutz und zur Vorstrukturierung künftiger Transaktionsepisoden beruht.
„Die Marketingaktivitäten zum Aufbau, zur Pflege und zur Aktivierung von Transaktionspotentialen sind also in ein Geflecht von Adaptions-, Promotions- und Transaktionsepisoden eingebettet. Es ist dann die Aufgabe des Investitionsgütermarketing, die ‚richtige' Mischung von Marketingaktivitäten aufzufinden und diese zu koordinieren. Anders als im Konsumgütermarketing sind im Investitionsgüterbereich nicht nur Promotions- und Adaptionsepisoden, sondern auch die einzelnen Transaktionsepisoden untereinander zu koordinieren, da die Ergebnisse der einen Episode Ausstrahlungseffekte auf nachfolgende Transaktionen hervorrufen." (Michael Kirsch/Werner Kutschker)
transaction in goods *pl*: Effektivgeschäft *n* An Warenbörsen ein Geschäft mit Waren, die dem Käufer tatsächlich, und zwar entweder sofort oder wenige Tage danach, Loko- oder Lieferungsgeschäft, zur Verfügung stehen bzw. gestellt werden.

transaction in stocks *pl*: Effektivgeschäft *n*
transactions *pl*: Sitzungsbericht *m*
transactions *pl* passing through hands of various middlemen: Kettenhandel *m*
transatlantic: überseeisch, transatlantisch
transcribe: abschreiben, umschreiben
transcript: Abschrift *f*, Nachschrift *f*
transcription: Umschrift *f*
transfer: 1. Versetzung *f*
In der Karriereplanung ein Positionswechsel innerhalb eines Unternehmens.
2. abtreten, Abtretung *f*, begeben, Begebung *f*, transferieren, transportieren, übereignen, Übereignung *f*, überlassen, Überlassung *f*, überschreiben, Überschreibung *f*, Übertrag *m*, übertragen, Übertragung *f*, überweisen, Überweisung *f*, umbuchen, Unibuchung *f*, umschreiben, Umschreibung *f*, Umschrift *f*, verlegen, versetzen, Versetzung *f*, Verzweigung *f (EDV)*, zedieren, Zession *f*
transfer a load: umladen
transfer check: Übertragungskontrolle *f (EDV)*, Überweisungsscheck *m*
transfer command: Verzweigungsbefehl *m (EDV)*
transfer cost: Versetzungskosten *pl*, Verlagerungskosten
transfer deed: Erwerbsurkunde *f*, Übertragungsurkunde *f*

transfer financial statement: Übertragungsbilanz *f*
transfer for disciplinary reasons: Strafversetzung *f*
transfer of assets *pl* **and liabilities** *pl*: Vermögensübertragung *f*
transfer of balance: Saldoübertrag *m*
transfer of funds *pl* **for tax evasion:** Steuerflucht *f*
transfer of ownership: Eigentumsübergang *m*
transfer of title: Eigentumsübergang *m*, Eigentumsübertragung *f*
transfer order: Überweisungsauftrag *m*
transfer payment: Transferzahlung *f*
Die Gesamtheit der finanzpolitischen Maßnahmen in Form staatlicher Subventionen und Sozialleistungen.
transfer price: innerbetrieblicher Verrechnungspreis *m*, Übernahmepreis *m*, Übernahmekurs *m*, Verrechnungspreis *m*
transfer rate: Versetzungsquote *f*, Versetzungsrate *f*
transfer risk: Konvertierungsrisiko *n*
transfer tax on stocks: Kapitalverkehrssteuer *f*
transfer ticket: Umsteigefahrschein *m*
transfer to legal reserve: Einstellung *f* in die gesetzliche Rücklage *f*
transferability: Übertragbarkeit *f*, Zedierbarkeit *f*
transferable credit: übertragbares Akkreditiv *n*, übertragbarer Kredit *m*
transferable stock: zum Handel *m* freigegebene übertragbare Aktie *f*
transferable: übertragbar, zedierbar
transferee: Erwerber *m*, Übernehmer *m*, Zessionar *m*
transferor: Übertragender *m*, Zedent *m*
transform: umwandeln
transformable: umwandelbar
transformation: Umwandlung *f*
transformation law: Transformationsgesetz *n*
Das von dem Soziologen Franz Oppenheimer in seiner Schrift „Die Siedlungsgenossenschaft" (1896) formulierte „Gesetz", das besagt, Produktivgenossenschaften könnten auf Dauer nicht existieren. Sie müßten entweder scheitern oder sich zu „normalen" Unternehmen umwandeln. Auf betrieblicher Ebene erklärte Oppenheimer dies über den Mangel an Kapital, Absatz und Disziplin. Auf gesamtwirtschaftlicher Ebene betonte er, daß Produktivgenossenschaften als Verkäufergenossenschaften mit anderen Betrieben im Wettbewerb stehen. Sie unterliegen damit letztlich dem Zwang, gegen andere Verkäufergenossenschaften, die auf demselben Markt anbieten, zur Sicherung der eigenen Existenz zu konkurrieren. Da sie jedoch das bestehende Wirtschaftssystem nicht aufheben können, bleibt ihnen nur übrig, sich ihm anzupassen. Dies geschieht z.B. durch Anstellung von Lohnarbeitern, die nicht als vollwertige Mitglieder in die Genossenschaft aufgenommen werden. Dadurch erhalten Produktivgenossenschaften die Möglichkeit, bei Absatzschwierigkeiten Arbeiter zu entlassen. Ihre Nichtbeteiligung am Gewinn verbessert die Möglichkeit einer existenzabsichernden Kapitalakkumulation. Aufgrund dieses Zwangs zur *Transformation* sind Produktivgenossenschaften zur Lösung der sozialen Frage, also für die ihnen ursprünglich zugedachte Aufgabe, ungeeignet.
transformative leadership: transformative Führung *f*
Ein Prozeß der Führung, in dessen Verlauf sich die Einstellungen, die Wünsche und die Vorstellungen der Geführten verändern. Der transformative Führer agiert aus tiefer Überzeugung, aus dem Glauben an bestimmte Werte und Ideen. Er überzeugt und reißt mit; er motiviert dazu, Dinge völlig neu zu sehen. Seine Überzeugungen können nicht Gegenstand von Verhandlungen oder Austauschprozessen werden, man kann sie allenfalls ablehnen oder übernehmen.
Mit der Vorstellung der transformativen Führung verbindet sich die These, daß nur dieser Typ der Führung herausragende Leistungen erzielen kann. Mit transaktionaler Führung könnten hingegen nur durchschnittliche Leistungen erzielt werden.
transgress: überschreiten, übertreten, verletzen
transgression: Ausschreitung *f*, Rechtsübertretung *f*, Rechtsverletzung *f*, Überschreitung *f* (Gebot)
transgressor: Rechtsübertreter *m*, Rechtsverletzer *m*
transit: Durchfahren *n*, Durchfuhr *f*, Durchgang *m*, Durchgangsverkehr *m*, Transit *m*, Übergang *m*
transit duty: Durchfuhrzoll *m*, Durchgangszoll *m*
transit merchant: Transiteur *m*
transit trade: Durchfuhrhandel *m*, Durchgangshandel *m*, Transithandel *m*
transit traffic: Durchgangsverkehr *m*, Transitverkehr *m*
transition: Übergang *m*
transition card: Startkarte *f (EDV)*
transition period: Übergangszeit *f*
transition stage: Übergangszustand *m*, Übergangsstadium *n*
transitional budget: Übergangsbudget *n*
transitory: vorübergehend
transitory credit: durchlaufender Kredit *m*

transitory item: durchlaufender Posten *m*, Durchlaufposten *m*
transitory provision: Übergangsvorschrift *f*
translate: übersetzen, umrechnen
translater: Übersetzer *m (EDV)*
translation: Übersetzung *f*, Umrechnung *f*
translator: Übersetzer *m*
translocation cost: Translokationskosten *pl*
Die Gesamtheit der Transport- und Zollkosten.
transmission: Sendung *f* (Funk), Übermittlung *f*, (mech.) Getriebe *n*
transmit: senden, überbringen, übermitteln, übersenden
transmittal: Übermittlung *f*
transmittal letter: Begleitbrief *m*
transmitter: Sender *m* (Rundfunk), Übersender *m*
transoceanic: überseeisch, transozeanisch
transport: befördern, Transport *m*, transportieren, Versendung *f*
transport charge(s) *(pl)*: Fracht *f*, Transportkosten *pl*, Transportpreis *m*
transport equipment: Verkehrsanlage *f*
transport installation and equipment: Verkehrsanlage *f*
transport insurance group manager: Leiter *m* der Abteilung *f* Transportversicherung *f*
transport insurance: Transportversicherung *f*
transportable: beweglich, transportfähig, versendungsfähig
transportation: Transport *m*, Transportpolitik *f*, Beförderung *f*, Versendung *f*
Die Gesamtheit der innerbetrieblichen und außerbetrieblichen Aktivitäten eines Wirtschaftsunternehmens, die eine Antwort auf die Frage zu finden versuchen, ob und wie Außenlager oder Kunden von herstellereigenen Fabriklagern oder zentralen, regionalen oder lokalen Außenlagern mit Gütern versorgt werden sollen.
Gegenstand der Transportproblematik ist die Bestimmung der optimalen (in der Regel: kostenminimalen) Transportzuordnungen eines homogenen Guts von einer Menge Angebotsorte (Lieferorte) zu einer Menge Nachfrageorte (Bedarfsorte).
Daraus resultiert sowohl die Frage nach den geeigneten Transportmitteln als auch die nach dem Träger der Transportleistung (Eigen- oder Fremdtransport). Schließlich stellt sich die Frage nach den Planungs-, Steuerungs- und Organisationsinstrumenten für eine zweckmäßige Transportdurchführung.
Bei der Wahl der Transportvariante (Transportmittel und -träger) sind z.B. folgende Kriterien wichtig:
(1) *Kostenkriterien* (Vollkosten oder Teilkosten), und zwar: die Transportkosten plus die Kostenauswirkungen in sonstigen Bereichen der Marketinglogistik plus die Kostenauswirkungen außerhalb der Marketinglogistik;
(2) *Leistungskriterien*, und zwar: Transportzeit, Transportfrequenz, quantitative und qualitative Eignung der Transportvariante in technischer Hinsicht, Vernetzungsfähigkeit, Elastizität und Flexibilität der Transportvariante, Anfangs- und Endpunkte der Transportvariante (z.B. Bahnhof oder Kundengrundstück), Zuverlässigkeit des Transports, Nebenleistungen der Transportvariante (z.B. Leergutrücknahme, akquisitorische Eignung).
Verfahren zur Lösung von Transportproblemen sind nur dann praktisch relevant, wenn sie Kosten- und Leistungsaspekte ausreichend beachten. Dies können durchaus auch isolierte Kostenvergleichsrechnungen sein, sofern die Leistungen ähnlich sind.
Unter Berücksichtigung versender-, transport- und empfängerspezifischer sowie außerbetrieblicher Merkmale hat das Transport-Management vor allem zwei Aufgaben zu erfüllen:
• *Transportmittelbereitstellung:* Neben der Ermittlung von speziellen – auftragsabhängigen – Ausrüstungsbedürfnissen, der Auswahl von Spediteuren und allen anderen operativen Tätigkeiten ist der Transportmittelpark zu planen (→ Fuhrparkpolitik).
• *Transportplanung:* Bei der Routenplanung sind deterministische und stochastische Probleme zu unterscheiden. Deterministische Probleme werden z.B. mit dem Saving-Algorithmus von Clarke/Wright (Ein-Lager-Lieferplanproblem) oder mit dem Verfahren von Fisher/Jaikumar (Mehr-Lager-Lieferplanproblem) formal gelöst. Zur Transportmengenplanung steht z.B. die Stepping-Stone-Methode von Neumann zur Verfügung.
Transportentscheidungen weisen zahlreiche Interdependenzen mit anderen Entscheidungen auf. So gibt es z.B. Ausstrahlungseffekte auf die Verpackung, die Lagerhäuser, die Auftragsabwicklung, das Kommissionieren, die Lagerhaltung und auf außerlogistische Bereiche.
Die grundlegenden technologischen Alternativen im Transport ergeben sich aus der Nutzung unterschiedlicher Verkehrswege für die Erstellung von Transportleistungen, wobei deren natürliche bzw. technische Merkmale den Charakter der Leistungen bestimmen. Es kann im Güterverkehr unterschieden werden zwischen Straßentransport, Schienentransport, Luftverkehr, Binnenschiffahrt, Seeverkehr und Leitungstransport (Rohrleitungsverkehr).
Unter kombiniertem Verkehr versteht man die Bildung von Transportketten mit dem Zweck, die Vorteile der verschiedenen Verkehrsträger zu kombinieren. Die logistischen Einheiten (Paletten, Container) werden nicht aufgelöst. Dadurch können die Lager-, Transport- und Umschlagsarbeiten leichter mechanisiert werden. Eine Koppelung

Straße-Schiene ist durch den „Huckepack-Verkehr" (Sattelauflieger) möglich. Roll-On/Roll-Off-Verkehr verknüpft landgebundenen Oberflächenverkehr (Straße, Schiene) mit dem Seeverkehr. Die Verkehrsträger Binnenschiffahrt und Seeschiffahrt werden durch den Einsatz spezieller Leichter (LASH – Lighter Aboard-Ship) miteinander kombiniert.

Diese technologischen Alternativen stehen grundsätzlich miteinander im Wettbewerb. Die Grenzen verkehrsträgerübergreifender Wettbewerbsbeziehungen sind dort gezogen, wo Wege und Stationen technisch eine Bedienung des Markts durch bestimmte Verkehrsträger unmöglich machen. Die Art der Wettbewerbsbeziehungen läßt sich damit nur im Kontext mit den anderen Marktdimensionen analysieren und in der Definition des Gesamtmarkts berücksichtigen. Diese grundlegenden Technologiedimensionen müssen in zwei Richtungen weiter analysiert und ergänzt werden.

Technologische Alternativen in der Gestaltung der Transportkette sind dann zu berücksichtigen, wenn mehrgliedrige Transportketten aufgrund natürlicher bzw. technischer oder rechtlicher Notwendigkeiten aufgebaut werden. Es haben vor allem die Erscheinungsformen des kombinierten Verkehrs mit dessen vielfältigen technologischen Kombinationen Bedeutung erlangt.

Basieren die mehrgliedrigen Transportketten auf natürlich/technischen Zwängen, dann ist die technologische Alternative nicht grundsätzlich in Frage gestellt, sondern steht im Wettbewerb mit möglicherweise besseren Lösungen. Wird die Transportkette hingegen auf der Basis wirtschaftlicher Zweckmäßigkeiten gebildet, indem die technologischen Vorteile von an inflexible Wege gebundenen Verkehrsträgern durch geeignete Kombinationen mit flexiblen Verkehrsträgern genutzt werden, dann stehen diese ebenfalls im Wettbewerb mit eingliedrigen Transportketten.

Die technologischen Alternativen eines Verkehrsträgers zeigen die Einsatzmöglichkeiten der Technologien zur Durchführung bestimmter Funktionen auf. Je spezialisierter die Technologie ist, desto enger sind die Einsatzmöglichkeiten bei der Erfüllung von Transportfunktionen. Je spezialisierte Funktionsanforderungen an den Transport gestellt werden, desto begrenzter sind die Einsatzmöglichkeiten technologischer Alternativen. So sind Stückguttransporte mit Tankfahrzeugen nicht denkbar und der Transport von unterschiedlichen Flüssigkeiten mitunter nur unter Inkaufnahme von hohen Umrüstkosten (Kosten für Reinigung der Behälter, Beschichtung der Innenwände etc.) möglich. Die Anforderungen der Güter an die Transporttechnologie zur Erfüllung der Transportfunktion bestimmen damit über Substitutionsbeziehungen zwischen Transporttechnologien wesentlich mit.

transportation advertising: Verkehrsmittelwerbung *f*
transportation business: Transportgewerbe *n*, Verkehrsbetrieb *m*
transportation cost: Transportkosten *pl*, Versandkosten *pl*
transportation department: Transportabteilung *f*, Verkehrsabteilung *f*
transportation equipment: Transporteinrichtung *f*
transportation expenses *pl*: Frachtkosten *pl*
transportation-in: Eingangsfracht *f*
transportation industry: Verkehrsgewerbe *n*
transportation insurance: Transportversicherung *f*
transportation method: Transport-Methode *f* (Operations Research)
transportation tax: Beförderungssteuer *f*
transportation worker: Transportarbeiter *m*
transposition: Umstellen *n*, Umstellung *f* (Zahlen), Verstellung *f* (Ziffern), Zahlenverdrehung *f*
transscript: Kopie *f*
transscription: Übertragung *f*
trash: Plunder *m*, Schund *m*
trashy goods *pl*: Schund *m*
travel: reisen
travel advance: Reisespesenvorschuß *m*
travel agency: Reisebüro *n*
travel expense report: Reisespesenabrechnung *f*
travel expense(s) *(pl)*: Reisespesen *pl*
travel time: Reisezeit *f*, Wegzeit *f*
traveling display: Wanderausstellungsstück *n*
traveling exhibition: Wanderausstellung *f*
traveling purchase notice: Pendel-Bedarfsmeldung *f*
traveling salesman: Handelsreisender *m*, Reisender *m*
traveller: Handelsvertreter *m*, Reisender *m*
traveller's check: Reisescheck *m*
travelling auditor: Außenprüfer *m*, Reiserevisor *m*
travelling purchase notice: Pendel-Bedarfsmeldung *f*
traverse: durchqueren, Rechtseinwand *m*
tray: Ablagekorb *m*
treadmill: Tretmühle *f* (auch *fig.*)
treasurer: Kassierer *m* (bei der Bank), Leiter *m* der Finanzabteilung *f*, Schatzmeister *m*, Zahlmeister *m*
treasury: Finanzverwaltung *f*, Fiskus *m*, Staatskasse *f*
Treasury *(brit)*: Finanzministerium *n*

treasury bill: Kassenanweisung *f*, (unverzinslicher) Schatzwechsel *m*
treasury bond: Obligation *f*, rückerworbene eigene Schatzanweisung *f*, Schatzanleihe *f*
Treasury Department *(Am)*: Finanzministerium *n*
treasury loan: Schatzanleihe *f*
treasury note: Staatswechsel *m*
treasury share: Vorratsaktie *f*
treasury shares *pl*: eigene Aktien *f/pl*, die von der Gesellschaft *f* zurückerworben wurden, eigene Aktien *f/pl*, die zurückerworben wurden
treasury stock: Vorratsaktie *f*, eigene Aktien *f/pl*, die von der Gesellschaft *f* zurückerworben wurden
treasury warrant: Schatzanweisung *f*
treat: behandeln
treat with distinction: auszeichnen
treatment: Behandlung *f*
treaty: Abkommen *n*, Vertrag *m*
treaty of commerce: Handelsabkommen *n*, Handelsvertrag *m*
treaty of navigation: Schiffahrtsabkommen *n*
trend: Trend *m*, Tendenz *f*, Entwicklungsrichtung *f*
In der statistischen Zeitreihenanalyse ist der Trend die von Zufallsschwankungen unabhängige Grundrichtung einer Zeitreihe. Nach Joseph Schumpeter weist eine Zeitreihe einen Trend auf, „wenn es möglich ist, den ganzen durch sie erfaßten Zeitintervall so in Unterintervalle zu teilen, daß die Mittelwerte der Zeitintegrale über diese Unterintervalle in Abhängigkeit von der Zeit monoton zunehmen oder abnehmen, oder daß sie nur einmal die Wiederkehr der gleichen Zahlen aufweisen".
Nach einer Formulierung von Paul Flaskämper ist der Trend „gewissermaßen ein dynamischer Mittelwert, an dem sich der empirische Verlauf mehr oder weniger eng anschmiegt". Zur Trendbestimmung stehen in der Statistik graphische Verfahren wie z.B. die Freihandmethode die zwar rechnerische, aber in ihrer Genauigkeit der Freihandmethode sehr ähnliche Methode der Halbreihenmittelwerte (Methode der halben Durchschnitte) sowie rechnerische Verfahren wie das Verfahren der gleitenden Durchschnitte und die Methode der kleinsten Quadrate zur Verfügung.
Je nach der Wahl der für die Trendbestimmung verwendeten Gleichung lassen sich die folgenden Grundtypen von Trends unterscheiden:
1. *linearer Trend*: Ein Trend mit der Gleichung $T(t) = a_0 + a_1 t$.
2. *logarithmischer Trend*: $T(t) = \lg a_0 + x \lg a_1$.
3. *hyperbolischer Trend*:
$$T(t) = \frac{1}{a_0} + a_1 x$$
4. *logistischer Trend*, logistische Funktionen: $T(t) = a(1 + e^{b-ct})^{-1}$ (a > 0, c > 0)
5. *polynomialer Trend (parabolische Trends)*:
2. Grades: $T(t) = a_0 + a_1 t + a_2 t^2$
3. Grades: $T(t) = a_0 + a_1 t + a_2 t^2 + a_3 t^3$
6. *exponentieller Trend*, Exponentialfunktion: $T(t) = ae^{bt}$.
Zur Trendbereinigung einer Zeitreihe bestimmt man die Abweichung jedes einzelnen Beobachtungswerts von dem ihm zugehörigen Trendwert, exponentielle Glättung.

trend research: Trendforschung *f*
Über das rein statistische Verständnis des Begriffes Trend hinaus bezeichnet man in der Sozialforschung und insbesondere in der Futurologie als Trend eine erkannte gesellschaftliche Entwicklung, deren allgemeine Richtung bekannt ist und in der sich mehrere Abläufe bündeln, die zusammen einen charakteristischen Aspekt der sozialen Wirklichkeit ausmachen. Dementsprechend und im Zuge des seit den 1960er Jahren in den westlichen Industriegesellschaften voranschreitenden Wertewandels befassen sich vielfältige Trenduntersuchungen der empirischen Sozialforschung mit psychologischen und sozialpsychologischen Entwicklungstendenzen und Strukturen, mit Werthaltungen und Grundeinstellungen und deren Auswirkungen für die allgemeine Lebensführung und damit auch das Konsumentenverhalten. Zielsetzung dieser Trenduntersuchungen ist es, mit Hilfe von Langzeituntersuchungen Entscheidungshilfen für Wirtschaft und Politik zu liefern. Im einzelnen soll sie nach einer Aufstellung von Carmen Lakaschus Erkenntnisse ermitteln über:
• die Stärke eines Trends
• seine Entwicklungsdynamik
• die Zielgruppen, die ihn tragen
• seine Ausdrucksformen
• die Verlaufsstruktur des Trends
• die Reaktionen der Trendverläufe auf verschiedene, auf sie einwirkende Einflüsse
• die Bedingungsgefüge und Interaktionen zwischen verschiedenen Trends.
trespass: Besitzstörung *f*, betreten, unbefugt fremdes Eigentum *n* übertreten, Übertretung *f*, unerlaubte Handlung *f*, ungesetzlich (gewalttätig) handeln, zuwiderhandeln
trespass quare clausum fregit: Friedensstörung *f*
trespass upon land: Landfrevel *m*
trespass upon property: Eigentumsfrevel *m*
tri-level flatcar: Dreistockwaggon *m*
trial: Bewährung(sprobe) *f*, Gerichtsverhandlung *f*, mündliche Verhandlung *f*, Probe *f*, Sitzung *f* (des Gerichts), Versuch *m*
trial balance: Probebilanz *f*, Saldenbilanz *f*, Rohbilanz *f*

trial balance before closing: Rohbilanz f
trial balance of subsidiary ledger: Saldenliste f (der Nebenbücher)
trial balance sheet: vorläufige Bilanz f
trial balance work sheet: Hauptabschlußübersicht f
trial date: Verhandlungstermin m
trial model: Versuchsmuster n
trial order: Probeauftrag m, Probebestellung f
trial period: Bewährungsfrist f, Probezeit f
trial rate: Anlernlohn m, Lohnsatz m während der Probezeit
trial run: Probelauf m
trial statement: Voranschlag m
triangular trade: Dreieckshandel m
tribunal: Gericht n, Gerichtshof m, Tribunal n
trick: Manöver n, Trick m
triple: dreifach
triplicate: in Drittschrift f, dreifach
trivial: trivial, unbedeutend
trouble: Ärger m, Schwierigkeit f
troublemaker: Querulant m, Streithahn m
trousseau: Aussteuer f
trover: Schadensersatzklage f wegen widerrechtlicher Aneignung f beweglicher Sachen f/pl
truck: Lastwagen m, Lkw m
truckage: Rollgeld n
truck and trailer: Lastzug m
truck driver game: Fernfahrerspiel n
In der Spieltheorie der Prototyp eines Blockierungsspiel, das als Zwei-Personen-Spiel den beiden Spielern die Möglichkeit bietet, einander gegenseitig an der Erreichung des Ziels zu hindern. Das Fernfahrerspiel ist in der Abbildung oben in der rechten Spalte illustriert.
Die beiden Spieler agieren als LkW-Fahrer, die in jedem Durchgang versuchen müssen, ihr Fahrzeug vom Start zum Ziel zu bringen. Für jeden Fahrer gibt es zwei Strecken, eine „langsame" und eine „schnelle". Die Auszahlung für jeden Spieler ist in jedem Durchgang der Zeit umgekehrt proportional, die er zur Erreichung des Ziels benötigt. Jeder von ihnen würde natürlich lieber die schnelle Strecke fahren, doch ist diese nur einspurig befahrbar – wenn also beide Fahrer die Straße gleichzeitig zu benutzen versuchen, stehen sie einander irgendwann gegenüber und können nicht weiterfahren, bevor nicht einer von ihnen rückwärts wieder herausfährt und die Strecke dadurch freigibt. Jeder Fahrer kann auch eine separate langsame Strecke nehmen, auf der er nicht blockiert werden kann, doch dauert sie länger und die Auszahlung ist folglich geringer.
Manchmal haben einer oder beide Spieler auf der schnellen Strecke ein Tor unter ihrer Kontrolle. Man versteht diese Tore als potentielle „Drohungen". Wenn nur einer der Spieler ein Tor kontrollieren kann, handelt es sich um eine Situation „unilateraler Drohung", und wenn beide Spieler ein solches Tor unter Kontrolle haben, handelt es sich um eine Situation „bilateraler Drohung". Das Tor kann von einem Spieler nur geschlossen werden, wenn er sich selbst auf der schnellen Route befindet. Wenn er das Tor geschlossen hat, kann er jedoch die schnelle Strecke wieder zurückfahren und die lange Strecke nehmen, wobei er die kurze Strecke für den Opponenten blockiert läßt.
Ein Spieler ist jederzeit darüber informiert, ob er durch ein Tor blockiert wird, d.h. er muß nicht erst bis zum Tor fahren, um dies festzustellen. Zu jedem Zeitpunkt kennt ferner jeder Spieler nur seine eigene Position – mit Ausnahme des Falles natürlich, in dem sich beide auf der schnellen Strecke gegenüber stehen. In jedem Spieldurchgang beginnen die Spieler wieder an ihrem Startpunkt.
true: echt, wahr
true bill: Anerkennung f des Belastungsmaterials n durch die Grandjury (Grundlage der Anklageerhebung)
true reserve: echte Rücklage f
trust: Kredit m, Treuhandverhältnis n, Trust m, vertrauen, Vertrauen n
trust company: Treuhandgesellschaft f, Wertpapierverwaltungsgesellschaft f
trust deed: Treuhanderrichtungsurkunde f
trust estate: Treuhandvermögen n
trust fund: Treuhandfonds m
trust money: Depositeneinlage f, Depositengelder n/pl, Mündelgeld n
trust property: Treuhandvermögen n
trust receipt: Hinterlegungsschein m, Verwahrschein m, Warenpapier n, das anstelle

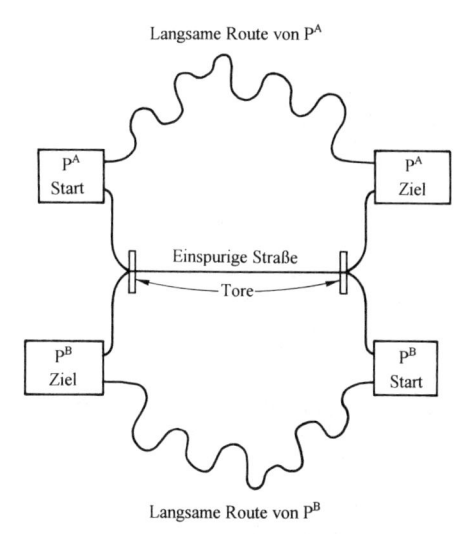

Langsame Route von P^A

Fernfahrerspiel

gelagerter Waren *f/pl* als Verkaufunterlage *f* dient (Orderlagerschein)
trust relationship: Treuhandverhältnis *n*
trust with: anvertrauen
trustee: Betrauter *m*, Syndikus *m*, Treuhänder *m*, Vermögensverwalter *m*, Vertrauensmann *m*
trustee in bankruptcy: Konkursverwalter *m*
trusteeship: Treuhänderschaft *f* trustworthiness Bonität *f*, Solidität *f*, Verläßlichkeit *f*, Vertrauenswürdigkeit *f*, Zuverlässigkeit *f*
trustworthy: sicher, verläßlich, vertrauenswürdig, zuverlässig
try: erproben, ausprobieren, versuchen
try out: ausprobieren, versuchen
T-square form: T-förmig
tub file: Ziehkartei *f (EDV)*
tune up (engine): (Motor *m*) einstellen
turn into cash: verflüssigen
turn out: herausbringen, produzieren
turn over: abführen (Gelder), ausfolgen
turn to money: versilbern, zu Geld machen
turnover: Umschlag *m*, Umsatz *m*
turnover commission: Umsatzprovision *f* (Bank)
turnover in stock: Umschlagsgeschwindigkeit *f* der Bestände *m/pl*
turnover of stock: Lagerumschlag *m*
turnover ratio: Umschlagsgeschwindigkeit *f*, Umschlagshäufigkeit *f*, Umschlagskennzahl *f*
turnover ratio of money: Umlaufgeschwindigkeit *f* des Geldes
Die Geschwindigkeit, mit der eine gegebene Geldmenge umläuft. Die Umlaufgeschwindigkeit des Geldes bestimmt unter anderem die Liquidität der Banken. In Zeiten rascher Geldentwertung steigt die Umlaufgeschwindigkeit des Geldes. Nach der Verkehrsgleichung von Irving Fisher sind Geldmenge mal Umlaufgeschwindigkeit gleich dem Produkt von Kaufkraft und Preisniveau:
G x U = K x P.
turnover tax refund: Umsatzsteuervergütung *f*
turnover tax: Umsatzsteuer *f*
turnover tax return: Umsatzsteuererklärung *f*
turnover variance: Umsatzabweichung *f*
turnover variation: Umsatzabweichung *f*
two-factor theory: Zwei-Faktoren-Theorie *f*
Die von Frederick Herzberg in seinem Buch „The Motivation to Work" (1959) entwickelte Theorie zur Erklärung des Arbeitsverhaltens und zur Motivation mit Mitarbeitern. Sie basiert im Gegensatz zu Abraham Maslows Theorie der Bedürfnishierarchie, die mehr auf unsystematischer Beobachtung

und intuitiver Einsicht beruht, auf empirischen Untersuchungen.
Kern der Theorie von Herzberg ist die Unterscheidung in zwei Arten von Faktoren, welche Zufriedenheit bzw. Unzufriedenheit bei der Arbeit bewirken: Hygiene-Faktoren und Motivatoren.
Die Hygiene-Faktoren hängen nicht mit der Arbeit selbst zusammen, sondern mit Bedingungen, die die Ausführung der Arbeit lediglich umgeben. Sie sind also extrinsischer Art. Sie erhielten ihre Bezeichnung, weil sie analog wirken wie die Prinzipien den medizinischen Hygiene: Hygiene heilt nicht, sondern vermag lediglich Gesundheitsrisiken aus der Umwelt des Menschen zu beseitigen. Entsprechend vermögen diese Faktoren lediglich zu vermeiden, daß Unzufriedenheit entsteht; sie vermögen aber keine Zufriedenheit zu erzeugen.
Die wichtigsten Hygiene-Faktoren sind nach Herzberg:
• Gehalt,
• Beziehungen zu Untergebenen, Vorgesetzten und Gleichgestellten,
• Status,
• Technische Aspekte der Führung,
• Unternehmenspolitik und -organisation,
• Physische Arbeitsbedingungen,
• Persönliche berufsbezogene Lebensbedingungen,
• Arbeitsplatzsicherheit.
Die Motivatoren sind Faktoren, die mit der Arbeit selbst zusammenhängen, also intrinsischer Art sind. Da sie das Bedürfnis nach Selbstverwirklichung in der Arbeit zu befriedigen vermögen, können sie zu positiver Arbeitseinstellung, also zu Zufriedenheit führen.
Als die wichtigsten Motivatoren nennt Herzberg
• Leistungserfolg,
• Anerkennung der eigenen Leistung,
• Arbeit selbst,
• Verantwortung,
• Aufstieg,
• Entfaltungsmöglichkeiten.
Sowohl die Motivatoren als auch die Hygiene-Faktoren erfüllen Bedürfnisse des Arbeitenden. Was ihre unterschiedliche Wirkung anbelangt, wird eine Differenzierung vorgenommen, die auf den ersten Blick ungewöhnlich erscheint. Als Gegenteil von Zufriedenheit wird nämlich nicht etwa die Unzufriedenheit genannt, sondern es wird wie folgt differenziert:
• Als Gegenteil von Zufriedenheit wird die Nicht-Zufriedenheit genannt;
• als Gegenteil von Unzufriedenheit wird die Nicht-Unzufriedenheit genannt.
Hygiene-Faktoren vermögen lediglich Nicht-Unzufriedenheit zu bewirken; Motivatoren dagegen Zufriedenheit. Man nennt die Hygiene-Faktoren daher auch die „Dissatisfaktoren" („dissatisfiers") und die Motivatoren die „Satisfaktoren" („satisfiers"). Hygiene-Faktoren befriedigen Defizitmotive, d.h. sie kommen dem Bedürfnis entgegen, unangenehme Situationen zu vermeiden. Motivatoren befriedigen demgegenüber Wachstumsmotive, d.h.

sie haben keine Vermeidungs- sondern eine Annäherungswirkung.
Herzberg und seine Mitarbeiter nahmen ihre Befragungen nach der Methode der kritischen Ereignisse vor: Die befragte Person wird gebeten, über Situationen der eigenen beruflichen Tätigkeit zu berichten, die sie als ungewöhnlich angenehm oder ungewöhnlich unangenehm in Erinnerung hat. Es werden also nicht typische oder repräsentative, sondern extreme Ereignisse erhoben.
Die Kritik an der Theorie Herzbergs richtet sich sowohl auf den Inhalt der Theorie als auch auf die Erhebungsmethode. Im einzelnen richtet sich die Kritik auf folgende Punkte:
• Die ermittelten Unterschiede zwischen den geäußerten Gründen für Zufriedenheit und Unzufriedenheit könnten möglicherweise einfach darauf beruhen, daß die Befragten die Gründe für die Zufriedenheit mehr bei sich selbst suchen, die Gründe für Unzufriedenheit dagegen eher anderen „in die Schuhe schieben" möchten.
• Herzberg erfaßt nur Spitzenerlebnisse. Schlußfolgerungen, die für extreme Erfahrungen berechtigt sind, müssen aber nicht auch für die Zwischenbereiche gelten. Auf einer Skala der (Un-)Zufriedenheit wird also nur eine Aussage über den jeweiligen Extrempunkt gemacht. Für die behauptete Kausalbeziehung wäre jedoch die Skala als kontinuierliche zu betrachten und nachzuweisen, daß auf der Zufriedenheitsskala ein höherer Wert erreicht wird, wenn ein Motivator eingeführt wird, nicht dagegen, wenn ein Hygiene-Faktor eingeführt wird; und daß auf der Unzufriedenheitsskala ein höherer Wert erreicht wird, wenn ein Hygiene-Faktor weggenommen wird, nicht dagegen, wenn ein Motivator weggenommen wird. Ein solcher Nachweis ist jedoch noch nicht erbracht worden.
• Im Zusammenhang damit wird die Theorie als unpräzise und global bezeichnet. Dementsprechend hat King ausgeführt, hinter der von Herzberg formulierten Theorie würden im Grunde fünf verschiedene Theorien unterschieden:
(1) Alle Motivatoren zusammen tragen mehr zur Zufriedenheit als zur Unzufriedenheit bei und alle Hygiene-Faktoren zusammen tragen mehr zur Unzufriedenheit als zur Zufriedenheit bei. Diese Theorie wird durch die Ergebnisse der sog. Pittsburgh-Studie, bei der 203 Techniker und Verwaltungsbeamte befragt wurden, bestätigt.
(2) Alle Motivatoren zusammen tragen mehr zur Zufriedenheit bei als alle Hygiene-Faktoren zusammen und alle Hygiene-Faktoren zusammen tragen mehr zur Unzufriedenheit bei als alle Motivatoren zusammen. Auch diese Theorie findet in der Pittsburgh-Studie Bestätigung.
(3) Jeder einzelne Motivator trägt mehr zur Zufriedenheit bei als zur Unzufriedenheit und jeder einzelne Hygiene-Faktor trägt mehr zur Unzufriedenheit bei als zur Zufriedenheit.
(4) Es gilt (3) und zusätzlich: Jeder hauptsächliche Motivator trägt mehr zur Zufriedenheit bei als irgendein Hygiene-Faktor und jeder hauptsächliche Hygiene-Faktor trägt mehr zur Unzufriedenheit bei als irgendein Motivator.
(5) Nur Motivatoren determinieren Zufriedenheit und nur Hygiene-Faktoren determinieren Unzufriedenheit.

two-person zero-sum game: Zwei-Personen-Nullsummenspiel *n*
In der Spieltheorie wird versucht, für jeden der beiden Spieler eine rationale Strategie zu spezifizieren. Dabei wird angenommen, daß jeder Spieler die Auszahlungen kennt und auch weiß, daß sein Mitspieler ebenso rational ist wie er selbst; jeder Spieler muß sich also überlegen, daß jede Strategie, die er selbst als in seinem Sinne rational rechtfertigen kann, von seinem Mitspieler antizipiert werden kann, der dieses Wissen bei der Planung einer eigenen Strategie auszunutzen suchen wird. Im Falle von Nullsummenspielen empfiehlt die Spieltheorie eine reine Maximin-Strategie, in anderen Fällen eine gemischte Maximin-Strategie. Nullsummenspiele eignen sich ähnlich wie eine Reihe anderer Modelle der Spieltheorie für die Analyse verschiedener Wettbewerbssituationen, speziell für die Situation des Kampfes mehrerer Unternehmen um Marktanteile.
• Für *Zwei-Personen-Nullsummenspiele mit Sattelpunkt* besteht die Lösung für P^A darin, die Alternative a_i zu wählen, und für P^B darin, die Alternative b_j zu wählen, wenn für das Spiel ein Sattelpunkt o_{ij} existiert. Die Lösung besteht also in einer reinen Maximin-Strategie. Wenn das Spiel keinen Sattelpunkt besitzt, kann immer eine randomisierte gemischte Strategie gefunden werden, die ebenfalls vom Maximin-Typ ist. Für beide Fälle basieren die Lösungen auf der Annahme, daß der Mitspieler P^B rational im Sinne der Strategie ist. Wenn der Protagonist Grund zu glauben hat, daß sich sein Mitspieler nicht entsprechend verhält, verliert die Logik der Lösung einige Überzeugungskraft.
• Für *Nullsummenspiele ohne Sattelpunkt* empfiehlt sich eine zufallsgesteuerte gemischte Strategie, die auch auf die Erwartungswerte bezogene Maximin-Strategie.

two-stage plan: Zweistufenplan
two-thirds majority: Zweidrittelmehrheit *f*
two-tier system for exchange rates: gespaltener Wechselkurs *m*
two-way agreement: Austauschabkommen *n*
tying contract: Koppelungsvertrag *m*
tying-in sale: Koppelungsverkauf *m*
type: Schrift *f*, Schriftzeichen *n*, Typ *m*, Typus *m*, Zeichen *n*
type bar: Typenstange *n (EDV)*
type of customers: Kundengruppe *f*
type of expense(s): *(pl)*: Aufwandsart *f*
type of order: Auftragsart *f*
type-spacing program: Ausschlußprogramm *n (EDV)*
types *pl* **of income:** Einkunftsarten *f/pl*

types *pl* **of communication:** Kommunikationsarten *f/pl*
Die wichtigste Art der Kommunikation im Unternehmen ist der persönliche Dialog mit dem betreffenden Kommunikationspartner. Hierzu dienen Einzelgespräche, Seminare und Konferenzen. Daraus folgt, daß die Führungskraft ständigen Kontakt mit den Mitarbeitern pflegen muß. Alle übrigen Kommunikationsarten – z.B. Schriftwechsel, Protokolle, Formulare – sind formeller Natur und sollten daher auch nur für formelle Absichten benutzt werden.

typesetter: Schriftsetzer *m*
typewriter: Schreibmaschine *f*
typical: typisch
typify: typisieren
typifying: Typisierung *f*
typing agency: Schreibbüro *n*
typing error: Schreibfehler *m*, Tippfehler *m*
typing office: Schreibbüro *n*
typing pool: zentraler Schreibdienst *m*
typist: Stenotypist(in) *m(f)*
typo: Tippfehler *m*

U

ultimate consumer: Endverbraucher *m*, Letztverbraucher *m*
Wiewohl im strengen Sinne ein Pleonasmus, weil wer immer ein Produkt verbraucht, am Ende der Entwicklungsstufen des Produkts steht, wird der Begriff zur Bezeichnung derjenigen Personen verwendet, die eine Ware in der Absicht kaufen, sie zu konsumieren, im Gegensatz zu Wirtschaftsunternehmen, die Erzeugnisse kaufen, um sie weiterzuverarbeiten oder zu bearbeiten, und auch im Gegensatz zu Groß-, Zwischen- oder Einzelhändlern, die sie kaufen, um sie unverändert weiterzuverkaufen.

ultra vires: Überschreitung *f* der Rechte *n/pl* einer juristischen Person *f*
umpire: Schiedsmann *m*, Schiedsrichter *m* (für Arbeitsstreitigkeiten), Schlichter *m*, Vertrauensmann *m*, unparteiischer Schlichter *m* (bei Arbeitsstreitigkeiten, von Gewerkschaften und Arbeitgebern gemeinsam gewählt)
unable to pay: illiquid, zahlungsunfähig
unaddressed mailing: Postwurfsendung *f*
unanimity: Einmütigkeit *f*, Einstimmigkeit *f*
unanimous: einstimmig
unappropriated earned surplus: thesaurierte Gewinne *m/pl*, die nicht zweckgebunden sind und daher für Dividendenausschüttungen *f/pl* in Anspruch *m* genommen werden können
unappropriated earnings *pl*: freie Rücklage *f* einschließlich Gewinn- oder Verlustvortrag *m*
unappropriated profit: frei verfügbarer Gewinn *m*
unappropriated surplus: freie Rücklage *f*, nicht zweckgebundener Gewinn *m*
unascertained goods *pl*: Gattungssachen *f/pl*, Gattungswaren *f/pl*
unassignable: unabtretbar
unassuming: anspruchslos
unattainable: unerreichbar
unaudited: ungeprüft
unaudited invoice: ungeprüfte Lieferantenrechnung *f*, ungeprüfte Rechnung *f*
unaudited voucher: ungeprüfte Lieferantenrechnung *f*, ungeprüfte Rechnung *f*
unauthorized: nicht berechtigt, unbefugt, unberechtigt, unerlaubt
unauthorized strike: wilder Streik *m*, von der Gewerkschaft *f* nicht genehmigter Streik *m*

unavoidable: unanfechtbar (Recht), unumstößlich (Recht), unvermeidbar
unavoidable cost: fixe Kosten *pl*, Fixkosten *pl*
unavoidable delay: unvermeidbare Verzögerung *f*, unvermeidbarer Zeitverlust *m*
unbalanced: ausgeglichen, nicht schlecht sortiert, unausgeglichen
unbiased: sachlich, unbeeinflußt, unvoreingenommen
unbiasedness: Erwartungstreue *f*, Unverzerrtheit *f*, Konsistenz *f*
In der statistischen Schätztheorie wird als erwartungstreu eine Schätzfunktion bezeichnet, wenn der Erwartungswert gleich dem Parameter der Grundgesamtheit ist. Ist also der Wert des zu schätzenden Parameters θ und die Schätzfunktion ¿, so ist die Schätzfunktion erwartungstreu wenn der Erwartungswert E(¿) = θ gilt. Erwartungstreue ist nicht in allen Fällen ein unverzichtbares Erfordernis von Schätzfunktionen. In vielen Fällen der angewandten Statistik sind verzerrte Schätzfunktionen durchaus hinreichend.

unblock: freigeben
unbound: broschiert
unburdened: lastenfrei
uncashed check: noch nicht eingelöster Scheck *m*
uncertain: schwankend, unsicher
uncertainty: Ungewißheit *f*, Unsicherheit *f*
unchanging: stagnierend, unveränderlich
unchanging situation: unveränderte Lage *f*, unveränderte Stagnation *f*
unclaimed: abgehoben, nicht abgenommen, nicht beansprucht, nicht unzustellbar
unclaimed dividend: nicht eingelöste Dividende *f*, verfallene Dividende *f*
unclaimed wages *pl*: nicht abgeholte Löhne *m/pl*
uncollectibility: Uneinbringlichkeit *f*
uncollectible: uneinbringlich
uncollectible debt: uneinbringliche Forderung *f*
uncollectible receivable: dubiose Forderung *f*, zweifelhafte Forderung *f*, uneinbringliche Forderung *f*
uncollectible receivables *pl*: Dubiose *f/pl*, zweifelhafte Forderungen *f/pl*
uncompromising: unnachgiebig, nicht zum Vergleich *m* bereit

unconditional: Bedingung f, ohne bedingungslos, unbedingt, vorbehaltlos
unconditional branch: unbedingte Verzweigung f (EDV)
unconditional jump: bedingungsloser Programmsprung m (EDV)
unconditional transfer: bedingungsloser Programmsprung m (EDV)
unconditionally: ohne Vorbehalt m
unconfirmed: unbestätigt, unverbürgt
unconstitutional: verfassungswidrig
uncontested: unangefochten, unbestritten
uncontrollable: unkontrollierbar
uncontrollable expense(s) (pl): von der Kostenstelle f nicht beeinflußbare Kosten pl
uncooperative: nicht kooperativ, unkollegial
uncover: aufdecken
uncovered: ungedeckt
undated: datiert, nicht undatiert
undecided: unentschieden, unentschlossen
undecisiveness: Unentschlossenheit f
under age: minderjährig
under coercion: unter Zwang m
under construction: im Bau m befindlich
under duress: unter Zwang m, unter Stress m
under oath: eidlich
under seal: versiegelt
underabsorbed cost: Kostenunterdeckung f
underabsorbed indirect cost: Fertigungsgemeinkostenmehranfall m gegenüber Standard m, Gemeinkostenunterdeckung f
underabsorbed product costs pl: Fertigungsgemeinkostenunterdeckung f
underapplied product costs pl: Fertigungsgemeinkostenunterdeckung f
underbid: unterbieten
underbudget: Budgetunterschreitung f
undercharge: zu gering berechnen
underconsumption: Unterkonsumption f, Unterverbrauch m
undercut: unterbieten, unterschreiten
undercutting business: Schleudergeschäft n
undercutting trade: Schleudergeschäft n
underdeveloped country: Entwicklungsland n
underdeveloped: unterentwickelt
underemployment: Unterbeschäftigung f
underground mining: Untertagebetrieb m
underground railroad: Untergrundbahn f
underground railway: Untergrundbahn f
underinsure: unterversichern

underlying security: Wertpapieremission f der Tochtergesellschaft f, für die die Muttergesellschaft f die Bürgschaft f leistet
underlying transaction: Grundgeschäft n
underpayment: Minderzahlung f
underrate: unterbewerten, unterschätzen
underrating: Unterbewertung f
underrun: Unterschreitung f
undersign: unterfertigen, unterzeichnen
understaffed: unterbesetzt (Personal)
understaffed, be: personell unterbesetzt sein
understaffed profession: Mangelberuf m
understand: einsehen, verstehen
understanding: Abrede f, Übereinkommen n, Verständigung f
undertake: übernehmen, unternehmen, sich verpflichten
undertaker: Beerdigungsunternehmer m
undertaking: Betrieb m, Projekt n, Unternehmen n, Verpflichtung f, Vorhaben n, Wirtschaftsbetrieb m
undervaluation: Unterbewertung f
undervalue: Minderwert m, unterbewerten, unterschätzen
undervalued currency: unterbewertete Währung f
underweight: Fehlgewicht n, Mindergewicht n
underwrite: unterschreiben, versichern, eine Wertpapieremission f garantieren
underwriter: Assekurant m, Garant m einer Wertpapieremission f, Unterzeichner m, Unterzeichneter m, Versicherer m, Wertpapiermakler m
underwriters pl: Emissionsfirma f
underwriting: Sicherheitsleistung f, Versicherungsgeschäft n
underwriting banks pl: Bank(en)konsortium n
underwriting business: Wertpapieremissionsgeschäft n
underwriting commission: Garantieprovision f
underwriting company: Versicherer m
underwriting consortium: Emissionskonsortium n
underwriting contract: Emissionsvertrag m
underwriting deposit: Kapital n für Versicherungsgeschäft n
underwriting guarantee: Emissionsgarantie f
underwriting office: Versicherer m
underwriting reserve: Schadensreserve f
underwriting risk: Versicherungsrisiko n

underwriting syndicate: Garantiekonsortium *n*
undeserved: ohne eigene Schuld *f*, unverdient, unverschuldet
undischarged bankrupt: nicht entlasteter Gemeinschuldner *m*
undisclosed partner: stiller Gesellschafter *m*
undistributed profits *pl*: nicht ausgeschütteter Gewinn *m*
undistributed profits tax: Steuer *f* auf unverteilte Gewinne *m/pl*
undue hardship: unbillige Härte *f*
undue: unbillig
undue influence: ungehörige Beeinflussung *f*
undutiful: pflichtvergessen
unearned: realisiert, nicht unrealisiert, nicht realisiert, unverdient
unearned income: unverdientes Einkommen *n*, Einkünfte *f/pl* aus Kapitalvermögen *n*, Kapitalrente *f*, Renten *f/pl*, ökonomische transitorische Passiva *n/pl*
unearned increment: nicht realisierter Wertzuwachs *m*
unearned interest: transitorische Zinserträge *m/pl*
unearned premium: nicht verdiente Prämie *f*
unearned revenues *pl*: transitorische Passiva *n/pl*
uneconomic: unwirtschaftlich
unemployable: verwendungsunfähig (Arbeitssuchende), ständig Unbeschäftigter *m*
unemployables *pl*: verwendungsunfähige Arbeitssuchende *m/pl*
unemployed: arbeitslos, erwerbslos, stellungslos, unbenutzt, unbeschäftigt, Arbeitsloser *m*
unemployment: Arbeitslosigkeit *f*, Erwerbslosigkeit *f*
unemployment benefits *pl*: Arbeitslosenunterstützung *f*, Erwerbslosenunterstützung *f*
unemployment compensation: Arbeitslosenunterstützung *f*
unemployment compensation insurance: Arbeitslosenversicherung *f*, Erwerbslosenversicherung *f*
unemployment insurance: Arbeitslosenversicherung *f*, Erwerbslosenversicherung *f*
unemployment insurance tax *(Am)*: Arbeitslosenversicherungsbeitrag *m*
unemployment rate: Arbeitslosenquote *f*
unemployment relief: Arbeitslosenfürsorge *f*, Arbeitslosenunterstützung *f*

unemployment relief work: Notstandsarbeit *f*
unencumbered: schuldenfrei, unbelastet, unverschuldet (Besitz)
unendorsable note: Rektapapier *n*
unenforceable: unerzwingbar, unvollstreckbar
unessential: unwesentlich
unexpected: unerwartet, unvorhergesehen
unexpected gain: unerwarteter (unkontrollierter) Gewinn *m*
unexpired: noch nicht abgelaufen
unexpired cost: Restbuchwert *m*, Restwert *m*, transitorische Aktiva *n/pl*
unexpired expense(s) *(pl)*: transitorische Aktiva *n/pl* (vorausbezahlte Miete, Steuern, Versicherungsprämien usw.)
unexpired risk: nicht abgelaufenes Risiko *n*
unfair: unbillig, ungerecht
unfair competition: unlauterer Wettbewerb *m*
unfair dismissal: ungerechtfertigte Entlassung *f*
unfair industrial action: unfaires Verhalten *n* im Arbeitsleben *n*
unfair labor practices *pl*: unlautere Praktiken *f/pl* auf dem Arbeitsmarkt *m*, unlautere Beschäftigungspraktiken *f/pl*
unfair trade practice(s) *(pl)*: unlauteres Geschäftsgebaren *n*, unlauteres Wettbewerbsverhalten *n*
unfair trade practices law: Gesetz *n* gegen den unlauteren Wettbewerb, Robinson-Patman Act *(Am)*
unfairness: Ungerechtigkeit *f*
unfaithful: pflichtvergessen, untreu
unfit: ungeeignet
unforseen: unvorhergesehen
unfounded: unbegründet
unfunded debt: unfundierte Schuld *f*
unhealthy competition: ungesunder Wettbewerb *m*
unidentifiable item: nicht identifizierbarer Posten *m*
uniform: einheitlich, gleichmäßig, regelmäßig, uniform
uniform chart of accounts *pl*: Kontenplan *m*
uniform negotiable instruments law: Wechselrecht *n*, Wechselgesetz *n*
uniform pension: Einheitsrente *f*
uniform system of accounts *pl*: Kontenrahmen *m*
uniformity: Einheitlichkeit *f*, Regelmäßigkeit *f*, Uniformität *f*

unilateral: einseitig
unilateral agreement: einseitige Verpflichtung f
unilateral contract: einseitiger Vertrag m
unimpeachable: unanfechtbar
unimportant: belanglos, nebensächlich, unbedeutend, unwesentlich
unincorporated enterprise: Unternehmen n ohne eigene Rechtspersönlichkeit f
unincorporated organization: Unternehmen n ohne eigene Rechtspersönlichkeit f
uninsurable: nicht versicherbar
uninsurable risk: nicht versicherungsfähiges Risiko n
uninsured: unversichert
unintentional: unbeabsichtigt
union: Arbeitnehmerverband m, Gewerkschaft f (im Arbeitsrecht), Union f, Verband m, Vereinigung f
union activity: gewerkschaftliche Tätigkeit f
union agreement: Tarifvertrag m
union committeeman: Betriebsratsmitglied n
union contract: Kollektivvertrag m, Tarifvertrag m
union dues pl: Gewerkschaftsbeitrag m
union label: Etikett n, das bescheinigt, daß Gegenstand m von organisierten Arbeitern m/pl hergestellt ist, Gewerkschaftsetikett n
union labor: gewerkschaftlich organisierte Arbeitskräfte f/pl
union-management contract: Kollektivvertrag m, Tarifvertrag m
union member: Gewerkschaftsmitglied n
union membership: Gewerkschaftsmitgliedschaft f
union official: Gewerkschaftsreferent m
union rate: im Tarifvertrag m festgelegter Mindestlohnsatz m
union representative: Vertrauensmann m (Gewerkschaftsunion)
union shop: Betrieb m, der bei Einstellungen f/pl Gewerkschaftsmitglieder n/pl gegenüber Nichtmitgliedern n/pl bevorzugt, Betrieb m, der Eintritt m in die Gewerkschaft f von allen Mitarbeitern m/pl innerhalb eines bestimmten Zeitpunkts m verlangt, Betrieb m, der nur Gewerkschaftsmitglieder n/pl beschäftigt
union shop system: Gewerkschaftszwang m (Beitrittszwang nach vereinbarter Zeitspanne)
union steward: Betriebsratsmitglied n
unionism: Gewerkschaftswesen n

unissued capital stock: genehmigtes, noch nicht begebenes Grundkapital n
unit: Einheit f, Stück n
unit amount: Betrag m pro Einheit, Stückbetrag m
unit control: buchmäßige Mengenkontrolle f (z.B. Stück, Gewicht usw.)
unit cost: Stückkosten pl
unit-linked: fondgebunden
unit margin: Stückspanne f, Artikelspanne f
Die Differenz zwischen dem Einkaufs- und dem Einstands- bzw. Verkaufspreis eines einzelnen Artikels. Je nachdem, ob eine Handelsspanne pro Stück oder die Gesamtspanne eines Handelsunternehmens berechnet wird, unterscheidet man zwischen Stückspanne und Betriebsspanne. Die Handelsspanne ist das Entgelt für die Leistung des Handels und dient sowohl zur Deckung der Handelskosten wie der Erzielung eines Gewinns.
unit of measure(ment): Maßeinheit f
unit of production: Produktionseinheit f
unit of value: Wertausdruckmittel n
unit price: Stückpreis m
unit pricing: Einheitspreispolitik f
Mit der Praxis des Unit Pricing wird die Übung bzw. das Postulat bezeichnet, Preise für Einheitsmengen festzusetzen und die Produktpackungen mit diesen Preisen auszuzeichnen. Als Forderung des Konsumerismus geht das Unit Pricing auf die Erfahrung zurück, daß die Hersteller solcher Produkte, die in der Lage sind, ihre Packungseinheiten zu variieren, unterschiedliche Packungsgrößen oder Füllmengen häufig dazu verwenden, einen direkten Preisvergleich mit Konkurrenzprodukten zu verhindern oder mindestens zu erschweren, weil die Verbraucher selbst oft nicht in der Lage sind den Preis auf eine Einheitsmenge umzurechnen. Die Forderung nach Unit Pricing richtet sich so auch gegen die Praxis der Mogelpackungen.
unit product costing: Kostenträgerrechnung f
unit production: Einzelfertigung f
unit records pl: Einheitsunterlagen f/pl (EDV)
unit trust: Investmentfond m
unite: verbinden, vereinigen, vergesellschaften, zusammenschließen
United States Bankruptcy Act (Am): Konkursordnung f
unitized load: Einheitsladung f
units position: Einerstelle f
universal: universal
universal bank: Universalbank f
Universal Postal Union: Weltpostverein m
unjust enrichment: ungerechtfertigte Bereicherung f
unjust: unbillig, ungerecht

unjustifiable: ungerechtfertigt, unverantwortlich, unvertretbar
unjustified: ungerechtfertigt
unknowingly: unwissentlich
unlawful: gesetzwidrig, rechtswidrig, ungesetzlich, widerrechtlich
unlawful act: unerlaubte Handlung *f*, widerrechtliche Handlung *f*
unlawful interference: Eigenmacht *f*, verbotene unlawful
unlawful possession: unrechtmäßiger Besitz *m*
unlawfulness: Gesetzwidrigkeit *f*, Rechtswidrigkeit *f*, Ungesetzlichkeit *f*
unlevied: unerhoben
unlimited: unbeschränkt, uneingeschränkt, unumschränkt
unlimited credit: Blankokredit *m*
unlimited liability company: Gesellschaft *f* mit unbeschränkter Haftung *f*
unlimited liability: unbeschränkte Schuld *f*, unbeschränkte Haftpflicht *f*, unbeschränkte Haftung *f*
unlimited partner: Komplementär *m*
unlimited power: Blankovollmacht *f*
unlimited tax liability: unbeschränkte Steuerpflicht *f*
unlisted: nicht eingetragen
unlisted bond: unnotierte Schuldverschreibung *f*
unlisted number Geheimnummer: *f*
unlisted security: nicht notiertes Wertpapier *n*, unnotiertes Wertpapier *n*
unlisted share: unnotierte Aktie *f* (Wertpapier *n*)
unlisted stock: Freiverkehrs(wert)papier *n*
unlisted telephone number: Geheimnummer *f*
unload: abladen, ausladen, entladen, löschen (von Ladungen)
unloading charges *pl*: Entladekosten *pl*
unloading: Löschung *f* (von Ladungen)
unmarried: ledig, unverheiratet
unmatched: unerreicht, unpaarig
unobtainable: erhältlich, nicht unerreichbar
unoccupied: bewohnt, nicht leerstehend, unbeschäftigt, unbewohnt
unoccupied time: Wartezeit *f*
unofficial: inoffiziell, nichtamtlich
unofficial stock exchange transactions *pl*: Freiverkehr *m*
unorganized labor: gewerkschaftlich nicht organisierte Arbeitskräfte *f/pl*
unpack: auspacken
unpaid: rückständig, unbezahlt

unpaid dividend: erklärte, noch nicht ausgezahlte Dividende *f*
unpaid leave of absence: unbezahlter Urlaub *m*
unpaid note: Rückwechsel *m*
unpaid vacation: unbezahlter Urlaub *m*
unproductive: unergiebig, unproduktiv
unproductive capital: totes Kapital *n*
unproductive consumption: unproduktiver Verbrauch *m*
unproductive wage(s) *(pl)*: Hilfslohn *m*, Gemeinkostenlohn *m*
unprofitable: unergiebig, unproduktiv, unrentabel
unprofitable business: Zusatzgeschäft *n* (Verlust)
unpunished: straflos
unqualified: unberechtigt, uneingeschränkt, ungeeignet
unqualified certificate: uneingeschränkter Bestätigungsvermerk *m*
unquoted: nicht notiert
unrealized: unrealisiert, nicht realisiert
unrealized profit: nicht realisierter Ertrag *m*, nicht realisierter Gewinn *m*
unrealized revenue(s) *(pl)*: nicht realisierter Ertrag *m*
unreasonable: unbillig, unvernünftig
unreasonable demand: Zumutung *f*
unreasonable expectation: übersteigerte Erwartung *f*, Zumutung *f*
unrebuttable: unwiderlegbar
unrecoverable cost: nicht versicherter Schaden *m*
unrecoverable loss: nicht versicherter Schaden *m*
unrecovered cost: Restwert *m*
unregistered bond: Inhaberobligation *f*
unreliability: Unzuverlässigkeit *f*
unreliable: unzuverlässig
unresolved: ungelöst
unrestricted: unbeschränkt, uneingeschränkt
unrestricted job: beeinflußbare Arbeit *f*, zeitlich beeinflußbare Arbeit *f*
unsalable: unveräußerlich, unverkäuflich
unsalable article: Ladenhüter *m*
unsatisfactory: unzulänglich
unsatisfactory goods *pl*: schlechte Ware *f*
unscheduled airline: Fluglinie *f* mit Gelegenheitsverkehr *m*
unscheduled shipping lines *pl*: Trampschiffahrt *f*
unseal: entsiegeln
unsecured: ungesichert, unverbrieft

unsecured account: ungesichertes Konto *n*
unsecured claim: ungesicherte Forderung *f*
unsecured credit: unverbriefter Kredit *m*, ungesicherter Kredit *m*
unskilled labor: Hilfsarbeiter *m/pl* ungelernte Arbeit *f*, ungelernte Arbeitskräfte *f/pl*
unskilled manpower: Hilfsarbeiter *m/pl*, ungelernte Arbeitskräfte *f/pl*
unskilled worker: ungelernter Arbeiter *m*, Hilfsarbeiter *m*
unsolicited mailing: unbestellte Postsendung *f* (Ware), Zusendung *f* einer Sache *f* ohne Aufforderung *f* des Empfängers *m*
unstamped: unfrankiert, unfrei
unsteady: schwankend, veränderlich
unstructured decision: unstrukturierte Entscheidung *f*
Eine Entscheidung, bei der kein genau definierter Ablauf des Entscheidungsvollzugs vorliegt. Es liegt ganz bei den kreativen Fähigkeiten des Entscheiders, eine solche Entscheidung zu treffen. Man spricht deshalb auch von Problemlösungsentscheidungen.
unsuccessful: erfolglos, fruchtlos
unsuitable: ungeeignet
unsuspecting: arglos
unthinkable: undenkbar
untrue: falsch
untrustworthiness: Unzuverlässigkeit *f*
untrustworthy: unzuverlässig
unused: unbenutzt
unused capacity: freie Kapazität *f*, ungenutzte Kapazität *f*
unused capital: totes Kapital *n*, ungenutztes Kapital *n*
unvalued policy: untaxierte Police *f*
unverifiable: unkontrollierbar, unüberprüfbar
unwarranted: ungerechtfertigt, unverbürgt
unwieldy: schwerfällig
unwittingly: unwissentlich
unwrap: auspacken
update: auf den neuesten Stand *m* bringen
upgrade: befördern
upgrading: Ausbildung *f*, Förderung *f*, Höhereinstufung *f* wegen Arbeitermangel *m*
upkeep: Instandhaltung *f*
upon application: auf Antrag *m*
upon demand: auf Verlangen *n*
upon expiration: mit Ablauf *m*
upon sight: auf Sicht *f*, bei Sicht *f*
upper: ober
upper bound: obere Grenze *f*

upper intervention point: oberer Interventionspunkt *m*
upper limit: obere Grenze *f*
upper management level: obere Leitungsebene *f*
upset: stören, umwerfen, vereiteln
upset price: niedrigster Preis *m* bei Beginn *m* einer Auktion *f*, Preisuntergrenze *f* des Verkäufers *m*
upshot: Resultat *n*, Schlußergebnis *n*
up-to-date: auf dem Laufenden *n*, modern, tagfertig, zeitnah
uptrend: Aufwärtsbewegung *f*, steigende Tendenz *f*
urban: städtisch
urban area: Stadtgebiet *n*
urban district: Stadtkreis *m*
urban transit system: Stadtbahn *f*
urbanization: Verstädterung *f*
urbanize: verstädtern
urge: drängen
urgency: Dringlichkeit *f*
urgent: dringend, eilig, unaufschiebbar, vordringlich
urgent motion: Dringlichkeitsantrag *m*
US Secretary of the Treasury *(Am)*: Finanzminister *m*
usable: gebrauchsfähig, verwendbar
usage: Brauch *m*, Gebrauch *m*, Nutzung *f*, Üblichkeit *f*, Usance *f*, Verbrauch *m*
usage of trade: Handelsbrauch *m*
usage value: Eignungswert *m*, Gebrauchswert *m*, Nutzungswert *m*
usage variance: Ausnutzungsabweichung *f*, Leistungsabweichung *f*, verbrauchsbedingte Verbrauchsabweichung *f*
usance bill: Wechsel *m*, dessen Verfallzeit *f* sich nach Handelsbrauch *m* ergibt
usance: Handelsbrauch *m*
use: anwenden, Anwendung *f*, benutzen, Benutzung *f*, Brauch *m*, brauchen, Gebrauch *m*, gebrauchen, Genuß *m*, Nutzen *m*, nutzen, Verbrauch *m*, verbrauchen, verwenden, Verwendung *f*, Verwertung *f*
use-and-occupancy insurance: Betriebsunterbrechungsversicherung *f*
use, be of: nützen, von Nutzen *m* sein
use of capital: Kapitaleinsatz *m*
use of free gifts: Zugabewesen *n*
use up: verschleißen
use value: Nutzungswert *m*, Nutzwert *m*
use variance: Verbrauchsabweichung *f*
used: gebraucht
used car: Gebrauchtwagen *m*
used up: aufgebraucht

useful: brauchbar, nützlich, nutzbar, praktisch, zweckdienlich, zweckmäßig
useful life: Lebensdauer *f*, betriebsgewöhnliche Nutzungsdauer *f*, wirtschaftliche Lebensdauer *f*
useful load: Nutzlast *f*, Zuladegewicht *n*
usefulness: Brauchbarkeit *f*, Nützlichkeit *f*, Nutzbarkeit *f*, Tauglichkeit *f*, Zweckmäßigkeit *f*
usefulness of an innovation: Nützlichkeit *f* einer Innovation
Ein Kriterium für das Vorhandensein einer Innovation, das für gegeben gilt, wenn sich durch ein Produkt im Vergleich zum bis dahin bestehenden Zustand eine Verbesserung ergibt.
useless: unbrauchbar
user: Benutzer *m*, Gebraucher *m*, Verbraucher *m*
user terminal: Benutzerstation *f (EDV)*
using large shares *pl* of capital: kapitalintensiv
usual: gang und gäbe, gebräuchlich, gewöhnlich, üblich
usufruct: Nießbrauch *m* an einem Grundstück *n*, Nutznießung *f*, Nutzungsrecht *n*
usufructuary: Nutznießer *m*
usurer: Wucherer *m*
usurious interest: Wucherzinsen *m/pl*
usurious terms *pl*: Wucherbedingungen *f/pl*
usury: Geldwucher *m*, Wucher *m*
utilities *pl*: sonstige Energiekosten *pl*, Gas *n*, Wasser *n*, Strom *m* usw., sonstige Raumkosten *pl* (Strom, Gas, Wasser usw.)
utility: 1. Nutzen *m*
Der Grad der Befriedigung von Bedürfnissen, den ein Konsument aus einem Gut zieht. Auf Wilhelm Vershofen geht die grundsätzliche Unterscheidung zwischen Grundnutzen und Zusatznutzen und bei letzterem wiederum zwischen Geltungsnutzen und Erbauungsnutzen zurück. Nach der von Vershofen formulierten, auch als Nürnberger Regel bekannten Hypothese wiegt immer dann, wenn neben dem Grundnutzen oder an seiner Stelle Zusatznutzen auftritt, letzterer um so schwerer, je geringer sein Grad von Allgemeinheit ist.
Das Interesse an Theorie und Messung von Nutzen in der Nationalökonomie hat eine lange Geschichte. Im 19. Jahrhundert hofften viele Ökonomen, ihre Wissenschaft von der Basis der Präferenzen individueller Konsumenten her aufbauen zu können, und den Nutzen zu messen, der ein Gut für einen Konsumenten hat.
Einigkeit herrschte darüber, daß Personen Güter gemäß ihrer Präferenz in eine Rangordnung bringen können. Das ermöglichte die Messung von Nutzen auf einer Ordinalskala. Aber man konnte keine Einigkeit über eine Methode zur Nutzenmessung von auf einer Intervallskala, also über ein kardinales Nutzenmaß, erzielen.
Anfang dieses Jahrhunderts ebbte die Auseinandersetzung über dieses Problem schließlich ab, weil die meisten Ökonomen zu der Überzeugung gelangt waren, daß ihre Theorien nicht wesentlich von der kardinalen Meßbarkeit des Nutzens abhängig seien.
Die Nutzenlehre wird in der heutigen Volkswirtschaftstheorie bestenfalls noch als erste Orientierungs- und erste Hypothesenformulierungshilfe angesehen.
2. Brauchbarkeit *f*, Nützlichkeit *f*, Nutzbarkeit *f*
3. Elektrizitätswerk *n*, Gaswerk *n*, Wasserwerk *n*
utility company: Versorgungsbetrieb *m*
utility department: Kraftstation *f*
utility matrix: Nutzenmatrix *f*
Die mathematische Analyse rationalen Entscheidungsverhaltens erfordert die quantitative Bewertung der Konsequenzen für jeden Entscheider. In der Entscheidungstheorie wird im allgemeinen davon ausgegangen, daß der Wert einer Konsequenz für eine Person durch einen einzelnen Nutzen (utility) repräsentiert werden kann; manchmal werden auch multidimensionale Nutzenwerte in Betracht gezogen.
Die Nutzenmatrix (utility matrix) ist der Spielmatrix ähnlich, nur enthält sie Nutzenwerte anstelle von Konsequenzen. Der Nutzen einer Konsequenz wird im allgemeinen bei zwei Personen, P^A und P^B unterschiedlich sein, so daß man für jede Konsequenz zwei Nutzenwerte benötigt. Der Nutzen einer Konsequenz o_{ij} für P^A wird mit $u_{ij}A$ symbolisiert und der Nutzen dieser Konsequenz für P^B mit $u_{ij}B$. In der folgenden Tabelle ist die Nutzenmatrix dargestellt.

	b_1	b_2	b_3
a_1	u_{11}^A, u_{11}^B	u_{12}^A, u_{12}^B	u_{13}^A, u_{13}^B
a_2	u_{21}^A, u_{21}^B	u_{22}^A, u_{22}^B	u_{23}^A, u_{23}^B
a_3	u_{31}^A, u_{31}^B	u_{32}^A, u_{32}^B	u_{33}^A, u_{33}^B

Nutzenmatrix

Im Falle nur einer einzelnen entscheidenden Person wäre in jede Zelle der Matrix nur ein einzelner Wert u_iA erforderlich, da davon ausgegangen wird, da, die Natur weder die Konsequenzen bewertet noch bei ihrer ‚Wahl' solche Werte berücksichtigt; hier ist daher das Superskript A bzw. B überflüssig und es genügt zur Repräsentation des Nutzens einer Konsequenz das Symbol u_{ij}.
Häufig ist die Art, in der Zahlen in eine Nutzenmatrix eingesetzt werden, nutzentheoretisch eigent-

lich nicht zu rechtfertigen. Oft handelt es sich um Geldbeträge, die eine Person je nach der sich ergebenden Konsequenz erhalten oder verlieren wird; aber man kann im allgemeinen nicht einfach voraussetzen, daß die quantitative Menge an Geld als solche genau dem Nutzen dieser Geldmenge für eine Person entspricht. Dennoch wird oft mit Geldbeträgen anstelle von Nutzenwerten gearbeitet, da Geldbeträge jedem vertraut sind und zudem vermutlich innerhalb des Bereiches der Beträge, um die es normalerweise geht, den Nutzenwerten in etwa entsprechen.

Man spricht deshalb häufig auch von Auszahlungsmatrix (payoff matrix). Desgleichen spricht man vom Wert (value) einer Konsequenz, symbolisiert durch v_{ij}; bei einem Wert mag es sich um einen Nutzen oder nur um ein anerkanntermaßen vergleichbares Surrogat handeln.

utility squad: fliegende Kolonne *f*
utility theory of value: Nutzwerttheorie *f*
utilization: Ausnutzung *f*, Auswertung *f*, Nutzanwendung *f*, Nutzung *f*, Verwendung *f*, Verwertung *f*
utilization of capacity: Beschäftigungsgrad *m*, Kapazitätsausnutzung *f*
utilization of capital: Kapitalnutzung *f*
utilization variance: Beschäftigungsabweichung *f*
utilize: auslasten, ausnutzen, auswerten, nutzen, verwenden, verwerten
utmost good faith: höchster guter Glaube *m*
Utopian socialism: utopischer Sozialismus *m*
utter: äußern
utterance: Äußerung *f*

V

vacancies *pl*: offene Stellen *f/pl*
vacancies *pl* **offered**: Stellenangebote *n/pl*
vacancies *pl* **wanted**: Stellengesuche *n/pl*
vacancy: offene Stelle *f*, Zimmer *n* frei (Beherbergungsgewerbe)
vacate: annullieren, aufgeben, räumen
vacation: Urlaub *m*
vacation allowance: Urlaubsabgeltung *f*, Urlaubsgeld *n*
vacation arrangements *pl*: Urlaubsregelung *f*
vacation pay: Urlaubsgeld *n*
vacation schedule: Urlaubsplan *m*
vacation shut-down: Werkferien *pl*
vacation with pay: bezahlter Urlaub *m*
valence: Aufforderungscharakter *m*, Valenz *f*

1. In seinem Erwartungs-Valenz-Modell der Motivation modelliert Victor H. Vroom menschliches Verhalten grundsätzlich als Entscheidungsverhalten. Das Individuum hat sich jeweils zwischen mehreren Handlungsalternativen zu entscheiden. Er definiert Motivation dementsprechend „als Prozeß, der die Wahl zwischen verschiedenen (freiwilligen) Aktivitäten bestimmt."

Um die Präferenz für eine Handlungsalternative genau bestimmen zu können, führt Vroom zwei Konzepte ein: Valenz und Instrumentalität. Valenz bezieht sich ganz allgemein darauf, wie sehr das Individuum eine bestimmte Handlungsalternative bzw. deren Ergebnis („first level outcome") schätzt. Die Instrumentalität dagegen zeigt an, welche Eignung das Individuum einem „Ergebnis erster Stufe" zuspricht, ein „Ergebnis zweiter Stufe" ("second level outcome") herzustellen. Die Instrumentalität kann positiv, neutral oder negativ sein; es gibt Handlungsalternativen, die der Erreichung der Persönlichen Ziele nicht nur nicht förderlich, sondern sogar abträglich sind.

Die Valenz (der „Nutzen") eines „Ergebnisses erster Stufe" bestimmt sich dann auf dem Hintergrund seiner Instrumentalität, bestimmte Zielzustände herzustellen und dem Wert (Valenz*), den das Individuum diesen Zielzuständen (Ergebnisse zweiter Stufe) beimißt. Mathematisch wird die Valenz eines Ergebnisses erster Stufe von Vroom als eine monoton steigende Funktion der algebraischen Summe der Produkte aus den Valenzen* aller „second level outcomes" und der kognizierten Instrumentalität, diese zu erreichen, ausgedrückt:

$$V_j = f_j\left[\sum_{k=1}^{n}(V_k^* I_{jk})\right] \quad j = 1,\ldots,n$$

Darin bedeuten:
V_j = Valenz des first level outcome j;
V_k^* = Valenz des second level outcome k k;
I_{jk} = die kognizierte Instrumentalität von first level outcome j zur Erreichung von second level outcome k.

Die zugrundeliegende Mittel-Zweck-Beziehung, die auf dem Gedanken der externen Belohnung aufbaut (extrinsische Motivation), kann nicht die gesamte Varianz der Valenz einer Handlungsalternative erklären. Manche (first level) outcomes werden als Zwecke für sich gesehen. So sind z.B. manche Individuen bestrebt, eine gute Arbeitsleistung zu erbringen, unabhängig davon, ob sie dafür mit anderen Dingen belohnt werden (d.h. bestimmte „second level outcomes" erreichen). Man spricht dann von intrinsischer Motivation oder „ego involvement". Die herausragende Arbeitsleistung selbst wird als belohnend empfunden. Galbraith & Cummings haben daher vorgeschlagen, die Vroomsche Valenzbestimmung um die intrinsischen Faktoren so zu erweitern, daß sich die Gesamtvalenz aus der Summe der extrinsischen $\sum V_k^* I$ und der intrinsischen Faktoren errechnet.

$$V_j = f_0(V_0) + f_j(\sum_{k=1}^{n} V_k^* I_{jk})$$

V_0 = Valenz, die durch ego involvement bestimmt wird.

Um die Motivation bzw. die treibende Kraft, eine Handlung auszuführen (force to act), bestimmen zu können, postuliert das Vroom-Modell, unter der Annahme subjektiver Rationalität, einen multiplikativen Zusammenhang zwischen subjektiver Wahrscheinlichkeit und Valenz.

Die Motivation, eine Handlung auszuführen, ist demnach eine monoton steigende Funktion der algebraischen Summe der Produkte aus den Valenzen aller Handlungsergebnisse (erster Stufe) und der Höhe der kognizierten Wahrscheinlichkeit, daß die Handlungsausführung die vorgestellten Ergebnisse (erster Stufe) tatsächlich bewirken kann:

$$F_i = f_i\left[\sum_{j=1}^{n}(E_{ij} V_j)\right]$$

$$f_i' > 0$$

F_i = die treibende Kraft (Motivation), eine Handlung i auszuführen (force);
E_i = die Höhe der Wahrscheinlichkeit ($0 < E_{ij} < 1$), daß einer Handlung i das Ergebnis (first level outcome) j folgt;
V_j = Valenz des Ergebnisses (first level outcome) j.
Das Individuum wird sich demnach für jene Alternative entscheiden, den den höchsten positiven (bzw. kleinsten negativen) Motivationswert hat.

2. Der Begriff der Valenz (valence) bzw. der Ambi-

valence gradient

valenz stammt aus der von Kurt Lewin aus der Gestalttheorie (gestalt psychology) entwickelten Feldtheorie (field psychology), derzufolge individuelles Verhalten eine Funktion von Persönlichkeits- und Umweltvariablen ist, die in einem mathematisch rekonstruierbaren Lebensraum (life space) lokalisiert werden können. Unter Feld wird dabei das Ergebnis von Kräften verstanden, durch das der sie umgebende Raum eine bestimmte dynamische Beschaffenheit erhält; alles Verhalten und Handeln ist ein Handeln innerhalb eines ganzheitlichen Kraftfelds, in dem persönliche Variablen und Umweltvariablen interagieren.

Valenz ist danach die Fähigkeit eines Objekts, ein Individuum durch Auslösung einer bestimmten Bedürfnisdisposition zum Handeln zu aktivieren, indem sie es entweder anzieht (positive Valenz) oder abstößt (negative Valenz) oder teilweise anzieht und teilweise abstößt (Ambivalenz). Ambivalenz bezeichnet mithin doppelwertige, in entgegengensetzte Richtungen weisende, d.h. teils positive (Appetenz), teils negative Komponenten (Aversion) der Einstellung gegenüber einem Einstellungsobjekt.

Der zentrale Begriff der Feldtheorie ist der des Lebensraums, d.h. die Konstellation treibender Kräfte innerhalb des Individuums und seiner Umwelt. Das Verhalten eines Individuums (B) ist danach eine Funktion (f) des Lebensraums (LS), der sowohl die Person (P) wie die Kräfte der Umwelt (E) umfaßt:

B = f(LS).

Dabei besteht der Lebensraum aus verschiedenen Regionen oder Lebenssphären (life spheres) wie z.B. der Familie oder dem Beruf. Der Lebensraum stellt ein Kräftefeld dar, d.h. die Gesamtheit der koexistierenden und interdependenten Faktoren. Verhalten ist diejenige Bewegung innerhalb des Lebensraums, die sich aus den treibenden Kräften ergibt.

Eine positive Valenz bedeutet eine vorbewußte, emotionale Hinstimmung, die auch die spätere rationale Erfassung und Verarbeitung des Wahrnehmungsobjekts färbt, wohingegen eine negative Valenz eine emotionale Barriere aufbaut und bei einer neutralen Valenz anzunehmen ist, daß der Wahrnehmungsgegenstand eine Aktivierung oder Motivierung nicht zu bewirken vermag. Meist ist von Valenz im Sinne von positiver Valenz die Rede. Dabei wird das Wahrnehmungsfeld eines Individuums durch seine konkrete Bedürfnissituation so strukturiert, daß Objekte mit einem dieser Situation entsprechenden Aufforderungscharakter Aufmerksamkeit auf sich ziehen, weil sie für das Individuum als eine Möglichkeit zur Bedürfnisbefriedigung Bedeutung erhalten.

Die Entstehung ambivalenter Wahrnehmungen, Einstellungen oder Beziehungen setzt in der Regel eine starke Affektivität gegenüber dem Objekt voraus, was erklärt, warum ambivalente Bindungen entgegen der vorschnellen Annahme es möge die Tendenz bestehen, die darin liegende Dissonanz der Einstellungen zu beseitigen, meist relativ dauerhaft sind.

Lewin definierte Konflikt als eine Situation, in der die auf eine Person einwirkenden Kräfte ungefähr gleich stark in entgegensetzte Richtungen wirken. Antriebskräfte können folglich drei Formen des Konflikts bewirken:

(1) *Appetenzkonflikt* (approach-approach conflict): Eine Person steht zwischen zwei positiven Valenzen oder Zielen.

(2) *Vermeidungskonflikt* (avoidance-avoidance conflict): Eine Person steht zwischen zwei negativen Valenzen.

(3) *Appetenz-Aversions-Konflikt* (approach-avoidance conflict): Eine Person steht zwischen einer positiven und einer negativen Valenz, die beide dieselbe Richtung im Lebensraum haben.

Die Ansätze der Produktpositionierung gehen durchweg auf die Feldtheorie zurück. So versucht das psychologische Marktmodell, die Struktur der Meinungsverteilung im sozialen Feld darzustellen und zu erklären. Grundlage dieser Konzeption des Image ist die Vorstellung, daß dieses nicht Ausdruck zweier Realitäten, einer subjektiven und einer objektiven Wirklichkeit ist, sondern daß die objektiven Gegebenheiten im subjektiven Vorstellungsbild enthalten seien.

In Anwendung des feldtheoretischen Ansatzes auf die Marktpsychologie liegt die Wirksamkeit von Marktkommunikation weniger in der Weckung oder Steigerung von Bedürfnissen, sondern in der neuartigen Zusammenschau von Bereichen und Tätigkeiten, die bis dahin nicht als zusammengehörig empfunden wurden. Danach ist die manifeste oder latente „Nische", die zu finden Ziel der Suche nach neuen Abnehmerkreisen ist, eine Art Windschatten in der Zugluft polarer Meinungsfelder, ein „unbestrichenes" Feld mit besonders flachem Aufforderungsgradienten, das gerade durch die noch unbestimmte Absättigung seiner Bedürfnisvakanzen gekennzeichnet ist.

valence gradient: Aufforderungsgradient *m*
Das Verhältnis der Aufforderungsgröße eines Objekts (wie z.B. eines Produkts) zur Distanz (D). Die Aufforderungsgröße ist gegeben durch die Summe des vom Konsumenten erlebten Bedarfs, seiner produktspezifischen Bedürfnisse, d.h. durch den primären Aufforderungscharakter des Objekts (B), und die werbliche Verstärkung von B, also den über den Bedarf hinausgehenden zusätzlichen Aufforderungswert (den speziellen Zusatzaufforderungswert). Ist somit der Gesamtaufforderungswert aus der Höhe des Bedürfnisses B der Person E nach dem Produkt P und aus dem durch Werbung hinzugefügten Zusatz-Aufforderungswert W zusammengesetzt, so ergibt sich der Aufforderungsgradient als Tangens des Winkels α. Je größer dieser Wert, desto größer ist die Attraktivität des Produkts in den Augen der Person E:

$$\tan\alpha = \frac{B+W}{D}.$$

Insgesamt sind also für den Aufforderungscharakter eines Produkts sowohl die Distanz zwischen dem Konsumenten und dem Produkt (der Marke) wie die aus primärem Aufforderungswert und Zusatzaufforderungswert zusammengesetzte Aufforderungsgröße bestimmend.

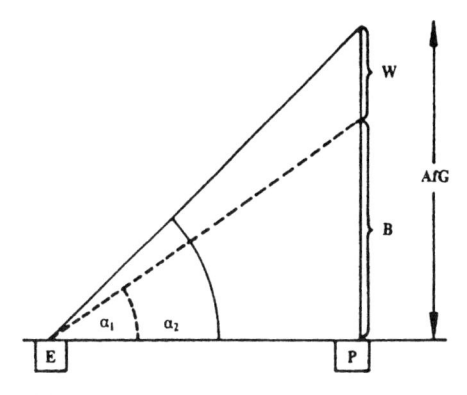

Sind mehrere Produkte vorhanden, so ist zu erwarten, daß eine Person sich für dasjenige Produkt mit dem für sie größten Aufforderungsgradienten entscheidet. Um den Aufforderungsgradienten zu erhöhen, gibt es daher prinzipiell zwei Möglichkeiten: entweder die Konsumenten psychologisch näher zum Produkt oder das Image des Produkts näher zu den Personen zu bringen.

valid: bindend, gültig, in Kraft *f*, rechtsgültig, rechtskräftig, wirksam
valid, be: gelten, in Kraft *f* sein
valid reason: triftiger Grund *m*
validate: in Kraft *f* setzen, validieren, für wirksam, für rechtsgültig erklären
validation: Gültigkeitserklärung *f*, Validierung *f*
validity: Gültigkeit *f*, Validität *f*, Rechtskraft *f*, Statthaftigkeit *f*, Wirksamkeit *f*
validity check: Durchführbarkeitsprüfung *f (EDV)*, Gültigkeitsprüfung *f (EDV)*, Plausibilitätskontrolle *f (EDV)*
valorization: Valorisation *f*
valorization upward: Aufwertung *f*
valorize: aufwerten
valuable: wertvoll
valuable consideration: Entgelt *n* in Geld *n* oder Geldeswert *m*, Gegenleistung *f* in Geld *n* oder Geldeswert *m*
valuables *pl*: Wertsachen *n/pl*
valuate: valutieren
valuation: Abschätzung *f*, Bewertung *f*, Schätzung *f*, Taxe *f*, Wertbestimmung *f*, Wertermittlung *f*, Würdigung *f*
valuation account: Wertberichtigungskonto *n*

valuation charge: Wertzuschlag *m* für erhöhte Haftung *f* bei Luftfracht *f*
valuation concept: Bewertungsprinzip *n*
valuation of balance sheet items: Bilanzbewertung *f*
valuation principle: Bewertungsprinzip *n*
valuation reserve: Preisänderungsrücklage *f*, Wertberichtigung *f*
valuation rule: Bewertungsprinzip *n*
valuation scale: Bewertungsskala *f*
valuation sheet: Bewertungsbogen *m*
value: Wert *m*, abschätzen, bewerten, schätzen, taxieren, valutieren, veranschlagen, würdigen
In der Spieltheorie ist die Art, in der Zahlen in eine Nutzenmatrix eingesetzt werden, nutzentheoretisch eigentlich nicht zu rechtfertigen. Oft handelt es sich um Geldbeträge, die eine Person je nach der sich ergebenden Konsequenz erhalten oder verlieren wird; aber man kann im allgemeinen nicht einfach voraussetzen, daß die quantitative Menge an Geld als solche genau dem Nutzen dieser Geldmenge für eine Person entspricht. Dennoch wird oft mit Geldbeträgen anstelle von Nutzenwerten gearbeitet, da Geldbeträge jedem vertraut sind und zudem vermutlich innerhalb des Bereiches der Beträge, um die es normalerweise geht, den Nutzenwerten in etwa entsprechen. Man spricht deshalb häufig auch vom Wert (value) einer Konsequenz, symbolisiert durch v_{ij}; bei einem Wert mag es sich um einen Nutzen oder nur um ein anerkanntermaßen vergleichbares Surrogat handeln.
value added (by manufacture): Mehrwert *m*, Wertzuwachs *m*
value added tax: Mehrwertsteuer *f*
value added taxation: Mehrwertbesteuerung *f*
value analysis: Wertanalyse *f*, Nutzwertanalyse *f*
Eine Methode der mehrdimensionalen Bewertung von Alternativen. Mit der Alternativenwahl im Entscheidungsprozeß verbunden ist stets die Alternativenbewertung, d.h. die Berechnung von Eintrittswahrscheinlichkeiten eines gewünschten Erfolgs im Verhältnis zum Aufwand seiner Realisierung. Die Nutzwertanalyse basiert auf folgender Vorgehensweise:
1. Aufstellen eines Zielkatalogs.
2. Bewertung dieser Ziele: Dabei handelt es sich um eine relative (ordinale) Bewertung, indem die Summe der Zielwerte einen konstanten Betrag ergehen muß.
3. Auswahl relevanter Alternativen.
4. Bewertung der Alternativen nach Maßgabe der Zielerfüllung: Entweder in Form einer prozentualen Zielerfüllungswahrscheinlichkeit je Ziel oder als Vergleich aller Alternativen, wobei dann die Summe der Zielerfüllungsgrade jeweils einen konstanten Wert ergeben muß.

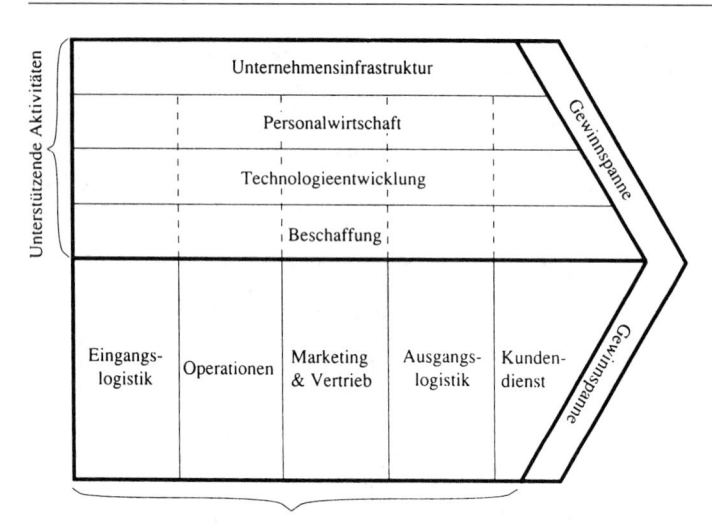

value as security for a loan

```
Unterstützende Aktivitäten {
    Unternehmensinfrastruktur
    Personalwirtschaft
    Technologieentwicklung
    Beschaffung
}                                                    Gewinnspanne

Eingangs-  | Operationen | Marketing  | Ausgangs- | Kunden-
logistik   |             | & Vertrieb | logistik  | dienst     Gewinnspanne

                    Primäre Aktivitäten
```

5. Messende Bewertung: Die Multiplikation des Zielwerts mit dem Zielerfüllungsgrad ergibt den Wert je Ziel, die Summe der Werte für alle Ziele den Wert der Alternative.

value as security for a loan: Beleihungswert m (z.b. Lebensversicherungspolice)

value assessed: beigemessener Wert m

value by earnings pl: Ertragswert m

value chain analysis: Wertketten-Analyse f
In der Ressourcenanalyse werden die finanziellen Ressourcen als Basisressourcen betrachtet, weil sie in einer Marktwirtschaft Voraussetzung für den Einsatz der anderen Ressourcen sind und das Ende der Transformationskette bilden. Während ihre Analyse allgemein nach den gängigen finanzwirtschaftlichen Kriterien (Eigenkapitalrentabilität, Kapitalumschlag, Cash-flow, Verschuldungsgrad, Liquidität etc.) erfolgen kann, werden die anderen Ressourcen auf dem Hintergrund der betrieblichen Sach- und Führungsfunktionen analysiert werden. Die Wertketten-Analyse von E. M. Porter stellt demgegenüber den Wertschöpfungsprozeß deutlicher in den Vordergrund. Dabei wird zwischen „primären" Aktivitäten, die unmittelbar mit Herstellung und Vertrieb eines Produktes verbunden sind, und „unterstützenden" Aktivitäten unterschieden, die Versorgungs- und Steuerungs-Leistungen für die primären Aktivitäten erbringen. Wichtig für diese Art von Wertschöpfungsanalyse ist, daß sie zusätzlich die Nahtstelle zu vor- und nachgelagerten Wertketten herausarbeiten will. Dies ist für die Ermittlung des strategischen Handlungsspielraumes von großer Bedeutung, weil neue Strategien oft auch eine „grenzüberschreitende" Neuordnung der Wertaktivitäten verlangen oder aber, weil in dieser Neuordnung eine herausragende Chance liegen kann.
Die Konkurrentenanalyse verlangt dementsprechend eine Kenntnis der Wertketten der wichtigsten Konkurrenten, um Unterschiede im Sinne von Stärken und Schwächen identifizieren zu können. Bedient ein Unternehmen mehrere Geschäftsfelder, so erfolgt die Wertkettenanalyse zunächst getrennt für die einzelnen Geschäftsfelder, um dann in einem nächsten Schritt die interne Verschränkung der Wertketten mit ihren realisierten und potentiellen Synergien zu ermitteln.
Porter ordnet kritische Wertaktivitäten den primären und sekundären (unterstützenden) Aktivitäten zu und formt daraus ein allgemeines Wertketten-Modell:
(1) Primäre Aktivitäten:
Unter „Eingangslogistik" werden alle Aktivitäten verstanden, die den eingang, die Lagerung und Bereitstellung von Betriebsmitteln und Werkstoffen (Roh-, Hilfs- und Betriebsstoffen) betreffen.
Unter „Operationen" sind alle Tätigkeiten der Produktion zusammengefaßt (Materialumformung, Zwischenlager, Qualitätskontrolle, Verpackung usw.).
Unter „Marketing und Vertrieb" sind alle Aktivitäten der Werbung, Verkaufsförderung, Außendienst, Preisbestimmung, Wahl der Vertriebswege etc. zusammengefaßt.
„Ausgangslogistik" bezieht sich auf alle Aktivitäten zur Auslieferung der Produkte (Fertiglager, Transport, Auftragsabwicklung usw.).
„Kundendienst" faßt schließlich alle Tätigkeiten zusammen, die ein Unternehmen anbietet zur Förderung des Einsatzes und der Werterhaltung der verkauften Produkte.
(2) Sekundäre Aktivitäten
„Beschaffung" bezeichnet alle Einkaufsaktivitäten; jede der primären Wertaktivitäten benötigt Inputs, deshalb ist die Beschaffung als Querschnittsaktivität ausgewiesen.
Auch für die „Technologieentwicklung" gilt, daß je-

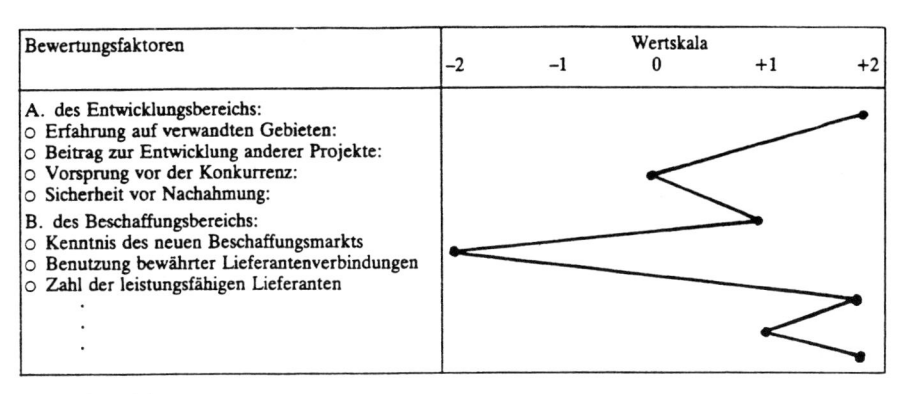

Bewertungsfaktoren	Wertskala
	-2 -1 0 +1 +2
A. des Entwicklungsbereichs: ○ Erfahrung auf verwandten Gebieten: ○ Beitrag zur Entwicklung anderer Projekte: ○ Vorsprung vor der Konkurrenz: ○ Sicherheit vor Nachahmung: B. des Beschaffungsbereichs: ○ Kenntnis des neuen Beschaffungsmarkts ○ Benutzung bewährter Lieferantenverbindungen ○ Zahl der leistungsfähigen Lieferanten ⋮	

Wertskalaverfahren

de primäre Wertaktivität an eine bestimmte Technologie gebunden ist. Zur Technologieentwicklung zählt Porter Forschung & Entwicklung, Bürokommunikation, Instandhaltungsverfahren, Mediaforschung, Transportmittel oder -paletten usw.

Zur „Personalwirtschaft" gehören schließlich alle Aktivitäten, die den Produktionsfaktor „Arbeit" betreffen, also Personalbeschaffung, Einstellung, Weiterbildung, Beurteilung, Entlohnung usw.

Der alles übergreifende Faktor ist die „Unternehmensinfrastruktur". Dazu zählt Porter alle Aktivitäten der Gesamtgeschäftsführung, das Rechnungswesen, die Finanzwirtschaft, Außenkontakte, Informationssysteme usw. Diese Aktivitäten lassen sich im Unterschied zu den anderen sekundären Aufgaben in der Regel nicht weiter aufspalten und den einzelnen primären Wertaktivitäten zuweisen, sie gelten für eine ganze Kette (= Gemeinkosten).

Jedes Geschäftsfeld hat typische, von anderen Geschäftsfeldern differente Wertketten. Es unterscheiden sich aber auch − zumindest potentiell, denn diese Möglichkeit macht ja die strategische Substanz aus − die Wertketten der einzelnen Anbieter innerhalb eines Geschäftsfelds.

value contributed: Wertzuwachs m
value data pl: Valuta f (Wertstellung), Wertstellung f
value declared: Wertangabe f
value decrease: Wertminderung f
value diminuation: Wertminderung f
value in money: Geldwert m
value in use: Gebrauchswert m
value increase: Werterhöhung f
value judgment: Werturteil n
value of an asset to a going business: Teilwert m
value of an asset to a going concern: Teilwert m
value of matter in dispute: Streitwert m
value of money: Geldwert m
value of product: Verkaufswert m eines Erzeugnisses n
value of the land: Bodenwert m
value received in goods pl: Wert m in Waren f/pl erhalten
value received: Betrag m erhalten
value-scale procedure: Wertskala-Verfahren n, Profilskala-Verfahren n
Ein von Helmut Freudenmann entwickeltes Verfahren der Produktbewertung, bei dem für jeden einzelnen Bewertungsfaktor in der Prüfliste ein Skalenwert auf einer meist von -2 bis +2 reichenden Skala bestimmt und daraus ein graphisches Profil entwickelt wird. Es könnte sich also im Einzelfall ein Bild wie in der Bewertungstafel mit der Wertskala oben auf dieser Seite ergeben.
value surcharge: Wertzuschlag m für erhöhte Haftung bei Luftfracht
value variance: Wertänderung f, Wertschwankung f
value variation: Wertänderung f, Wertschwankung f
value when due: Wert m bei Verfall m
valued at: bewertet zu
valued policy: taxierte Versicherungspolice f
valueless: wertlos
valuer: Taxator m von Lastwagen m
values pl: Werte m/pl
Während Bedürfnisse und Motive Motive sowohl angeboren als auch gelernt sein können, sind Werte in jedem Fall erlernt. Das individuelle Wertsystem und die Einstellungen eines Menschen prägen ganz entscheidend die Wahrnehmung seiner Umwelt, von Handlungsalternativen und von Handlungsfolgen, und somit sein Entscheidungsverhalten und seinen Lebensstil.

Der amerikanische Soziologen Clyde H. Kluckhohn formulierte: „Ein Wert ist eine Auffassung (explizit oder implizit), die ein Individuum oder eine Gruppe vom Wünschenswerten hegt, und die die

Wahl möglicher Verhaltensweisen, Handlungsalternativen und -ziele beeinflußt".
Während Werte das umfassende, situationsübergreifende Konzept darstellen und lediglich als genereller Wegweiser von Verhalten angesehen werden können, sind Einstellungen ganz konkret auf bestimmte Objekte, Personen oder Situationen gerichtet. Werte sind also den Einstellungen und teilweise auch den Motiven gedanklich vorgelagert. Diese Fassung beider Konstrukte zeigt bereits, daß es sich hierbei um die grundlegensten Konzepte der Sozialwissenschaft handelt.
Werte werden verstärkt auch im Sinne von individuellen Wertorientierungen untersucht. Viele Sozialpsychologen setzen Werte als generelle Prädispositionen des Handelns voraus, wenn sie Einstellungen im wesentlichen als erfahrungsbegründete wertende Stellungnahme, gegenüber Gegebenheiten der Außenwelt sowie Aspekten der eigenen Person auffassen.

van: Lieferwagen *m*, Lkw *m*
vandalism: vorsätzliche Sachbeschädigung *f*
variable: schwankend, variabel, veränderlich, Variable *f*
variable budget: veränderliches Budget *n*, bewegliches Budget *n*
variable capital: variables Kapital *n*
variable cost: Kosten *pl*, veränderliche leistungsabhängige Kosten *pl*, proportionale Kosten *pl*, variable Kosten *pl*
variable deductions *pl*: variable Lohnabzüge *m/pl* (in Prozent auf den Bruttolohn berechnet)
variable gross margin: Erlösüberschuß *m* in der Grenzkostenrechnung *f* (Differenz zwischen Erlös und Grenzkosten)
variable interest: variabler Zins *m*
variable word length: variable Wortlänge *f* (EDV)
variance: Abweichung *f*, Varianz *f*, Veränderung *f*
variance analysis: Varianzanalyse *f*
variate-difference method: Differenzmethode *f*
Ein Verfahren der Trendbereinigung in statistischen Zeitreihen, das darin besteht, die glatte Komponente durch wiederholte Bildung der Differenzen zwischen jeweils zwei aufeinanderfolgenden Reihengliedern in Zeitreihen auszuschalten, die aus einer glatten und einer Zufallskomponente bestehen, sofern die glatte Komponente durch eine monotone Funktion darstellbar ist.
variation: Abweichung *f*, Schwankung *f*, Varianz *f*, Veränderung *f*
variation from standard: Abweichung *f* vom Standard *m*
variety store: Gemischtwarenladen *m*, Kaufhaus *n* (mit großem und gemischtem Sortiment)
vary: schwanken, verändern
vehicle: Fahrzeug *n*
veiling: Veiling *n*
Eine Sonderform der Auktion auf Abstrich, bei der an einer Art Versteigerungsuhr die ständig sinkende Preisanzeige erfolgt und jeder Auktionsteilnehmer die Möglichkeit hat, einen Kontakt zum Stillstand des Preisanzeigers auszulösen. Die Annahme des Angebots erfolgt dann zum angezeigten Preis. Das Verfahren ist nicht sehr verbreitet und wird vorwiegend in den Niederlanden praktiziert.
velocity: Geschwindigkeit *f*, Schnelligkeit *f*
velocity of circulation: Umlaufgeschwindigkeit *f*
velocity of money circulation: Umschlagsgeschwindigkeit *f* des Geldes *n*
velocity ratio: Häufigkeitsverhältnis *n*
vend: verkaufen
vendee: Erwerber *m*, Käufer *m*
vending machine: Verkaufsautomat *m*
vendor: Lieferant *m*, Veräußerer *m*, Verkäufer *m*
vendor credit: Lieferantenkredit *m*
venire (to come): Geschworenvorladung *f*
venture: unternehmen, Unternehmen *n*, Wagnis *n*
Ein Verfahren der Mananagementplanung, das in den 1960er Jahren von David B. Hertz entwickelt wurde und es möglich macht, die Verteilung einer Zielgröße unter Berücksichtigung verschiedener Umweltfaktoren mit spezifischen Zustandsverteilungen zu ermitteln und graphisch darzustellen. Es besteht in drei Arbeitsschritten: 1. der Entwicklung eines Entscheidungsmodells mit Festlegung der Komponenten der jeweiligen Zielgröße und ihrer funktionalen Verknüpfung mit den Zielkomponenten, 2. der Ermittlung oder Schätzung einer Wahrscheinlichkeitsverteilung für jeden einzelnen Umweltfaktor und 3. der Ermittlung, Ordnung und graphischen Darstellung der Wahrscheinlichkeiten für alle möglichen Kombinationen von Umweltzuständen sowie der dazugehörigen Zielerreichungsgrade.
venture analysis: Risikoanalyse *f*
Ein quantitatives Verfahren der Managementplanung, das in den 1960er Jahren von David B. Hertz entwickelt wurde und es möglich macht, die Verteilung einer Zielgröße unter Berücksichtigung verschiedener Umweltfaktoren mit spezifischen Zustandsverteilungen zu ermitteln und graphisch darzustellen.
Risikoanalyse ist der Oberbegriff für Verfahren, mit deren Hilfe – ausgehend von zufallsabhängigen Inputgrößen – die Wahrscheinlichkeitsverteilung einer Zielgröße ermittelt wird. Der Zweck einer Risikoanalyse besteht darin, das mit einem Produkt verbundene Risiko aufzuzeigen. Dabei wird vom

venture analysis

Risiko im Sinne einer Verlustgefahr, allgemein im Sinne einer negativen Abweichung der tatsächlichen Ergebnisrealisation von der angestrebten Ergebnisrealisation, ausgegangen.

Typischerweise besteht eine Risikoanalyse aus drei Arbeitsschritten:

1. der Entwicklung eines Entscheidungsmodells mit Festlegung der Komponenten der jeweiligen Zielgröße und ihrer funktionalen Verknüpfung mit den Zielkomponenten;
2. der Ermittlung oder Schätzung einer Wahrscheinlichkeitsverteilung für jeden einzelnen Umweltfaktor und
3. der Ermittlung, Ordnung und graphischen Darstellung der Wahrscheinlichkeiten für alle möglichen Kombinationen von Umweltzuständen sowie der dazugehörigen Zielerreichungsgrade.

„Das Verfahren leistet rechentechnisch also nicht mehr und nicht weniger als die Bestimmung der Wahrscheinlichkeiten für alle logisch denkbaren Kombinationen von Zuständen der verschiedenen Umweltfaktoren (bei 6 Faktoren mit jeweils 4 Ausprägungen sind dies bereits 4^6 oder 4096 Fälle) und die Ermittlung des jeweils dazugehörigen Zielerreichungsgrades unter Zugrundelegung des vom Planungsträger vorgegebenen Entscheidungsmodells.

Die Risikoanalyse erleichtert dem Marketingplaner seine Aufgabe also insofern, als dieser (unter der Voraussetzung voneinander unabhängiger Umweltfaktoren) nicht mehr gezwungen ist, separate Ergebnisschätzungen für jede mögliche Umweltsituation abzugeben, sondern lediglich dazu, ein Entscheidungsmodell zu formulieren und für jeden Umweltfaktor isolierte Wahrscheinlichkeitsverteilungen zu entwickeln.

Damit bietet sich ihm insbesondere die Möglichkeit die größere Zahl von Umweltfaktoren und/oder Zielkomponenten in die Analyse einzubeziehen und das Modell dadurch der realen Komplexität anzupassen ohne die Datenerfordernisse in unbewältigbare Dimensionen steigen zu lassen." (Hermann Diller)

Für die Risikoanalyse stehen drei grundsätzliche Verfahren zur Verfügung: das analytische Verfahren, die Vollenumeration und die Monte-Carlo-Simulation.

Ausgangspunkt des *analytischen Verfahrens* ist das Erklärungsmodell; mit Hilfe wahrscheinlichkeitstheoretischer Zusammenhänge wird die Verteilung der zu erklärenden Größe auf analytischem Weg hergeleitet.

Auch die *Vollenumeration* geht von dem Erklärungsmodell aus. Für jede denkbare Kombination der Inputgrößen berechnet man die zu erklärende Größe und konstruiert die zugehörige Wahrscheinlichkeitsverteilung.

Bei der *Monte-Carlo-Simulation* schließlich werden Zufallsprozesse nachgeahmt, indem Stichprobenziehungen auf der Basis gegebener statistischer Verteilungen der Inputgrößen erfolgen. Eine Verarbeitung der Stichprobenwerte führt zur Häufigkeitsverteilung der Zielgröße. Da das analytische Verfahren nur in sehr einfachen Fällen möglich ist und die Vollenumeration sehr aufwendig ist, wird im folgenden nur die Monte-Carlo-Simulation näher betrachtet. Die Abbildung auf Seite 832 zeigt die graphische Darstellung der auf der Monte-Carlo-Methode beruhenden Risiko-Simulation für die Investitionsplanung.

Gesucht ist die Verteilung des Kapitalwerts eines neuen Projekts; der Kapitalwert ist allgemein definiert als

Beispielhaft wird im folgenden angenommen, daß die Preise p_t und die Marketingkosten KM_t für die einzelnen Perioden zuvor festgelegt sind. Deterministisch, d.h. mit Sicherheit gegeben seien der Planungszeitraum T, die Abzinsungsfaktoren q_t und die Kosten für Forschung und Entwicklung. Nicht mit Sicherheit bekannt seien die variablen Stückkosten, Fixkosten und Absatzmengen der einzelnen Perioden. Für jede dieser Zufallsvariablen ist für jede Periode eine Häufigkeitsverteilung zu schätzen; sie können jeweils in die zugehörigen Verteilungsfunktionen transformiert werden. In der Abbildung auf Seite 833 finden sich drei beispielhafte Dichtefunktionen und die zugehörigen Verteilungsfunktionen.

Das grundlegende Prinzip der Monte-Carlo-Simulation besteht nun darin, daß aus den geschätzten Verteilungen der Zufallsvariablen jeweils Stichproben gezogen werden. Den gezogenen Zufallszahlen wird dann jeweils ein bestimmter numerischer Wert einer (stochastischen) Inputgröße zugeordnet.

Die Zuordnung von gezogenen Zufallszahlen zu den zugehörigen Werten der Inputgröße kann auch anhand der folgenden Abbildung veranschaulicht werden. In diesem Fall ist von einer stetigen Zufallsvariablen ausgegangen worden.

Die Ziehung einer Zufallszahl und Zuordnung eines bestimmten Werts der Inputgröße erfolgt nun jeweils für jede Zufallsvariable. Aus dem gefundenen Wert für jede stochastische Inputgröße und den deterministischen Werten der anderen Inputgrößen folgt dann jeweils ein bestimmter numerischer Wert für den Kapitalwert. Wenn diese Vorgehensweise häufig wiederholt wird, so können die resultierenden absoluten Häufigkeiten der verschiedenen numerischen Werte des Kapitalwerts ermittelt werden. Die zugehörigen relativen Häufigkeiten liefern eine Häufigkeitsverteilung (Dichtefunktion) für den Kapitalwert. Hieraus kann die zugehörige Verteilungsfunktion bestimmt werden.

Während die Dichtefunktion die Eintrittswahrscheinlichkeiten für alternative Werte der Zielgröße angibt, zeigt die Verteilungsfunktion des Kapitalwerts die kumulierten Wahrscheinlichkeiten für Werte kleiner bzw. gleich einem bestimmten Wert der Zielgröße. Falls ein bestimmter Mindestwert der Zielgröße erreicht werden soll, so ist hiermit ein Risikoprofil gegeben.

In einem letzten Schritt kann noch zusätzlich die Komplementärfunktion der Verteilungsfunktion, also die Funktion $1 - F(C)$, betrachtet werden.

venture capital

Risiko-Simulation für die Investitionsplanung

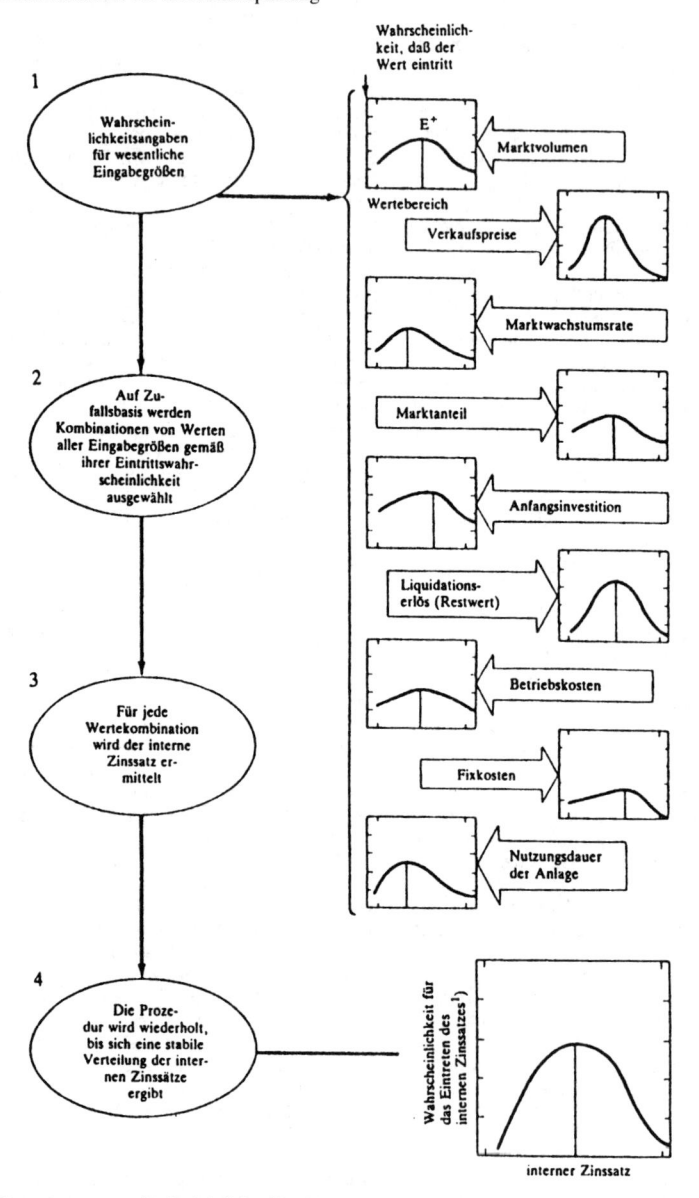

1 Wahrscheinlichkeitsangaben für wesentliche Eingabegrößen

Wahrscheinlichkeit, daß der Wert eintritt

- E^+ — Marktvolumen
- Wertebereich — Verkaufspreise
- Marktwachstumsrate

2 Auf Zufallsbasis werden Kombinationen von Werten aller Eingabegrößen gemäß ihrer Eintrittswahrscheinlichkeit ausgewählt

- Marktanteil
- Anfangsinvestition
- Liquidationserlös (Restwert)

3 Für jede Wertekombination wird der interne Zinssatz ermittelt

- Betriebskosten
- Fixkosten
- Nutzungsdauer der Anlage

4 Die Prozedur wird wiederholt, bis sich eine stabile Verteilung der internen Zinssätze ergibt

Wahrscheinlichkeit für das Eintreten des internen Zinssatzes[1])

interner Zinssatz

E^+ = Erwartungswert = durchschnittlicher Wert**

Quelle: Übernommen aus D. B. Hertz: Risk Analysis in Capital Investment. In: Harvard Business Review, 42. Jg. Januar-Februar 1964, S. 95–106.

venture capital: Risikokapital *n*, Spekulationskapital *n*

venue: Gerichtsstand *m*, zuständiges Gericht *n*

verbal: mündlich, verbal

verbal agreement: mündliche Vereinbarung *f*, mündlicher Vertrag *m*

verdict: Geschworenenspruch *m*, Rechts-

Dichtefunktionen:

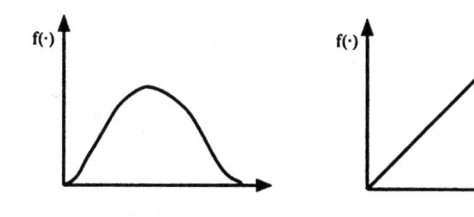

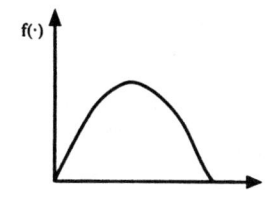

Zugehörige Verteilungsfunktionen:

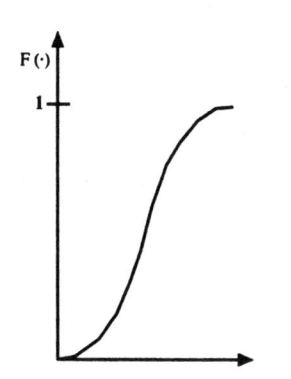

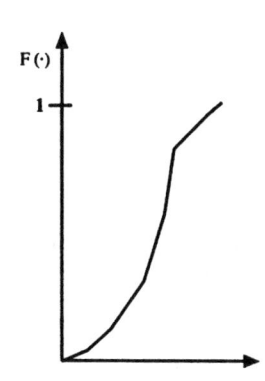

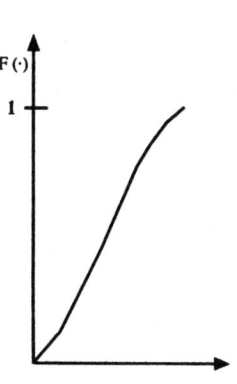

Dichtefunktionen und zugehörige Verteilungsfunktionen

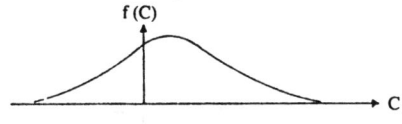

Dichtefunktion des Kapitalwerts:
f (C)

Verteilungsfunktion des Kapitalwerts:
F (C)

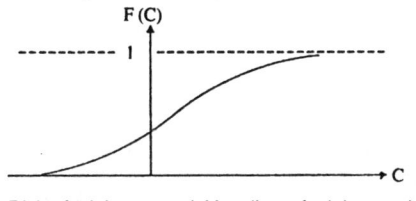

Dichtefunktionen und Verteilungsfunktionen des Kapitalwerts

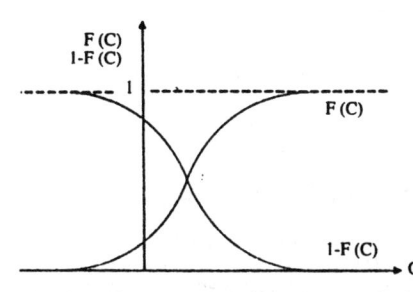

Verteilungsfunktion und Komplementärfunktion des Kapitalwerts

spruch m, Spruch m, Urteil n (der Geschworenen)
verifiable: nachweisbar
verification: Beglaubigung f, Bestätigung f, Beurkundung f, Bewährung f, Nachprüfung f, Prüfung f, Überprüfung f, Verifizierung f
verification phase: Verifizierungsphase f
Bei Kreativitätsprozessen die Phase, in der die endgültig entwickelte Idee an den Kriterien der Neuigkeit, Durchführbarkeit und Brauchbarkeit geprüft wird, ob sie den Gegebenheiten und Anforderungen an die Problemsituation auch gerecht wird. Besteht sie die Prüfung, so folgt die Innovation.
verify: beglaubigen, bestätigen, beurkunden, nachprüfen, nachrechnen, nachweisen, prüfen, überprüfen, verifizieren
versatile: vielseitig, geschickt, gewandt
versatile man: vielseitiger Mann m

versatility: Vielseitigkeit *f*
versus: im Vergleich *m* zu, im Gegensatz *m* zu
vertical combination: Vertikalkonzern *m*
vertical concentration: Vertikalkonzentration *f*
vertical contact: vertikaler Kontakt *m*
Vertikale Kontakte entstehen in einer Organisation wie z.B. einem Unternehmen durch die Kommunikation von oben nach unten. Sie stellen die Befehls- und Berichtswege dar.

vertical cooperation: vertikale Kooperation *f*
Eine Kooperationsbeziehung innerhalb von Unternehmen, die das Verhältnis zwischen Vorgesetztem und Mitarbeiter bezeichnet. Ein hierarchisch gestuftes Führungssystem ordnet jeden Mitarbeiter einem bestimmten Vorgesetzten zu, der für dessen optimale Leistungsentfaltung sorgt, indem er die sachliche und personelle Führung gegenüber diesem Mitarbeiter wahrnimmt.

vertical diversification: vertikale Diversifikation *f*, Vor- oder/und Nachstufendiversifikation *f*
Eine Form der Diversifikation, durch die ein Unternehmen seine Angebots- und Leistungstiefe in bisher vor- oder nachgelagerte Wirtschaftsstufen erweitert. Dadurch gliedert es sich entweder vorgeschaltete Wirtschaftsstufen (z.B. Rohstoffe oder Produktionsmittel) an, um so von Zulieferern unabhängig zu werden (Rückwärtsintegration) oder es gliedert sich nachgelagerte Wirtschaftsstufen (z.B. den Absatz der bisher produzierten Waren) ein, um Marktkenntnis zur Senkung von Kosten zu nutzen (Vorwärtsintegration).

vertical division of labor: vertikale Arbeitsteilung *f*
Diejenige Arbeitsteilung, aus der sich die verschiedenen Positionen innerhalb einer Hierarchie ergeben.

vertical dyad: vertikale Dyade *f*
In der Managementorganisation die Beziehung zwischen einem Vorgesetzten und einem Untergebenen. Nach G. Graen et al. ist „die vertikale Dyade ... die geeignete Untersuchungseinheit, um Führungsprozesse zu analysieren, weil die vertikale Dyade die Prozesse enthält, die Untergebene und Vorgesetzte miteinander verbinden."
Das von Graen et al. formulierte Führungsdyaden-Modell versucht, die Frage zu beantworten, unter welchen Bedingungen und in welcher Form es dazu kommt, daß der Führer sich in einigen Dyaden im Extremfall darauf beschränkt, die Einhaltung des Arbeitsvertrags zu überwachen, während in anderen Dyaden ein weit darüber hinausgehender intensiver sozialer Austausch stattfindet. Da zu erwarten ist, daß eine vertikale Dyade bereits unmittelbar nach ihrer Entstehung ausgeformt wird, untersuchen Graen et al. Dyaden kurz nach ihrer Entstehung, aber auch zu späteren Zeitpunkten, um etwaige Veränderungen und deren Folgen zu erfassen. Zum Zeitpunkt der Entstehung einer Dyade komme es wesentlich darauf an, ob der Vorgesetzte es seinem Mitarbeiter ermöglicht, aufgabenbezogene Angelegenheiten mit ihm auszuhandeln. Je mehr Verhandlungsspielraum dem Geführten von Anfang an eingeräumt wird, desto größer ist die Wahrscheinlichkeit, daß der Vorgesetzte tatsächlich führt (im Sinne von leadership) und nicht nur seine formale Autorität einsetzt.

vertical formation of departments: vertikale Abteilungsbildung *f*
Eine Form der Abteilungsbildung, bei der nach dem Kriterium Machtverteilung Grundmodelle hierarchischer Verknüpfung unterschieden werden. Die folgenden Modelle stellen Kombinationen zwischen horizontaler und vertikaler Abteilungsbildung dar und können als Ansätze zur Überwindung einiger Schwächen hierarchischer Koordination verstanden werden:
• *Ein-Linien-System*: Ist eine hierarchisch niedrige Stelle nur durch eine Linie mit jeweils einer hierarchisch höheren Stelle verbunden, spricht man von einem Ein-Linien-System. Die in einer Hierarchie von oben nach unten laufenden Linien werden als Befehlslinien bezeichnet (Instanzenweg), und die von unten nach oben laufenden Linien sind für Meldungen, Mitteilungen oder Beschwerden vorgesehen (Dienstweg).

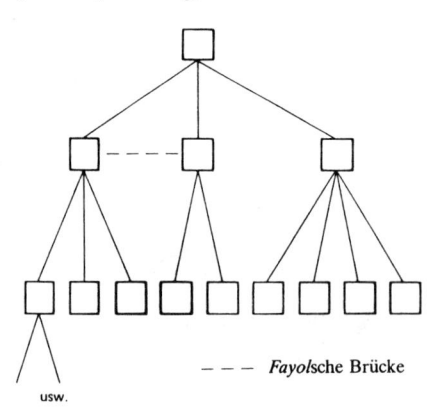

*– – – Fayol*sche Brücke

usw.

Ein-Linien-System

Das Ein-Linien-System folgt dem klassischen Prinzip der Einheit der Auftragserteilung, d.h. jeder Untergebene hat nur einen einzigen Vorgesetzten, ein Vorgesetzter hat jedoch mehrere Untergebene. Konflikte können bei diesem Modell, zumindest nach Ansicht seiner Befürworter, kaum auftreten. Sollte dies dennoch der Fall sein, wird das Problem innerhalb der Pyramide bis zu der hierarchischen Ebene weitergereicht, auf der sich der gemeinsame Vorgesetzte der betroffenen Parteien befindet. Dieser muß ex definitione über mehr Autorität und überlegenes Wissen verfügen, so daß er den Konflikt durch entsprechende Anweisungen lösen kann.

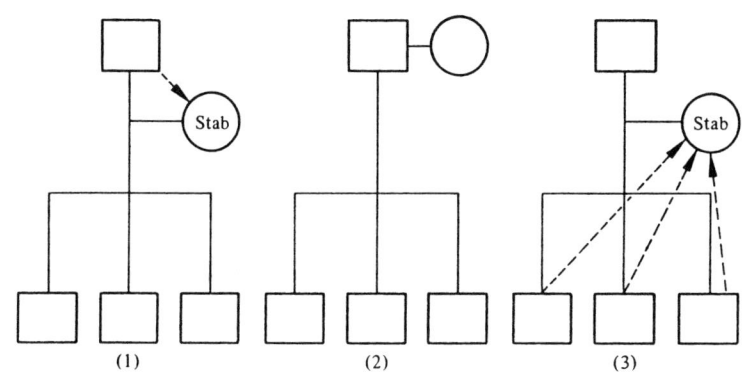

vertical formation of departments

Stab-Linien-Organisation (1) (2) (3)

- *Mehr-Linien-System*: Im Mehr-Linien-System ist eine hierarchisch niedrigere Stelle durch mehrere Linien mit mehreren hierarchisch höheren Stellen verbunden (Mehrfachunterstellung). Dies bedeutet eine Abkehr vom Prinzip der Einheit der Auftragserteilung und eine Koordination von Mitarbeitern nach dem Funktionsprinzip, d.h. der auf eine bestimmte Funktion spezialisierte Vorgesetzte erteilt nur für diesen Bereich Weisungen. Wenn die Aufgabenerfüllung mehrere Funktionsbereiche tangiert, erhält der Ausführende auch von mehreren Vorgesetzten Anweisungen.

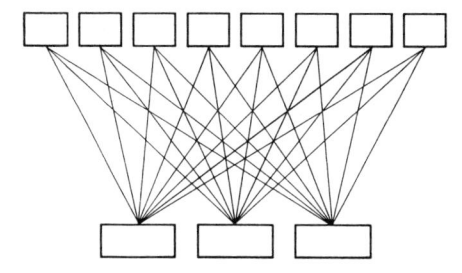

Mehr-Linien-System

- *Stab-Linien-Organisation*: Die Stab-Linien-Organisation stellt einen Versuch dar, die Vorteile des Ein-Linien-Systems mit den Vorteilen der funktionalen Spezialisierung zu kombinieren. Seinen Ursprung hat dieser Koordinationsmechanismus im militärischen Bereich. Zentrale Aufgabe des Stabes ist die Entscheidungsvorbereitung (Informationssammlung und -auswertung, Planung, Beratung, Unterstützung).
Um das klassische Prinzip der Einheit der Auftragserteilung zu retten, wurde die Stabsstelle nicht mit Weisungsbefugnis ausgestattet, und zwar u.a. mit der Begründung, eine Stabsstelle sei eine Hilfsstelle ohne eigene (originäre) Aufgabe und könne folglich auch keine eigene Anweisungsbefugnis gegenüber Linienstellen besitzen. Allein bei Sonderaufträgen könne der Stabsstelle ein zeitlich begrenztes Weisungsrecht (funktionales Weisungsrecht) eingeräumt werden. Vor allem die Tatsache, daß der Stab selbst keine Weisungsbefugnis besitzt (lediglich funktionale Autorität), obwohl er in der Regel über hochqualifiziertes Wissen verfügt, führt zu erheblichen Konflikten.
Empirische Untersuchungen haben gezeigt, daß die in der Theorie geforderte klare Trennung der Aufgaben von Stab und Linie in der Realität fast nie anzutreffen ist. In vielen Fällen beraten die Stabsmitglieder nicht nur, sondern sie üben beträchtlichen informellen Einfluß auf die Entscheidung aus.

- *Matrix-Organisation*: In der Matrix-Organisation wird dagegen in Anknüpfung an das Mehr-Linien-System simultan zwei Aspekten eines Problembereichs Aufmerksamkeit geschenkt (z.B. Verrichtung und Objekt) und bei der Tensor-Organisation sogar drei Aspekten (Verrichtung, Objekt und Region).
Damit stellt die Matrix-Organisation eine Kombination zweier Hierarchiesysteme dar. Die traditionelle, nach Funktionen gegliederte Organisationsstruktur (vertikale Linien) wird von einer projekt- oder produktorientierten Struktur (horizontale Linien) überlagert. Damit kreuzen sich zwei Kompetenzsysteme, so daß man von einem kombinierten Zwei-Linien-System sprechen kann. Im Schnittpunkt beider Linien befinden sich eine oder mehrere Stellen, die von einem Mitarbeiter bis hin zu einer Gruppe besetzt werden kann.

- *Gremien-Organisation*: Gremien (Komitees, Kommissionen) sind Personenmehrheiten, denen bestimmte Aufgaben zur Lösung übertragen werden. Handelt es sich um Daueraufgaben wird ein ständiges Gremium eingerichtet, das in regelmäßigen Abständen tagt. Geht es um die Lösung einer zeitlich begrenzten Aufgabe, kann ein ad hoc Gremium eingesetzt werden. In beiden Fällen sind die Gremienmitglieder nur für die Zeit der Gremienarbeit von ihrer hauptamtlichen Tätigkeit in der Organisation befreit (Teilzeit-Mitgliedschaft).
Je nachdem, aus welchen Positionen der Hierarchie sich die Gremienmitglieder zusammensetzen, kann man Pluralinstanzen, d.h. die Zusammenfas-

vertical integration

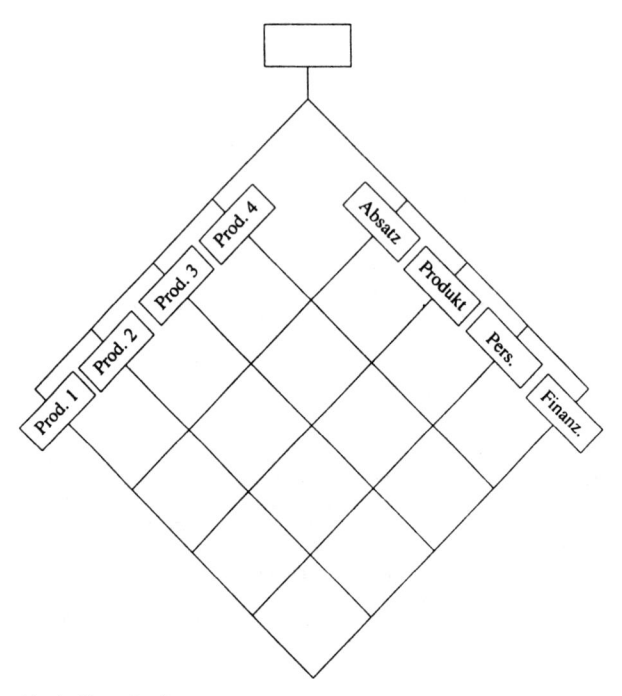

Matrix-Organisation

sung gleichrangiger Instanzen und Gremien aus hierarchisch verbundenen (Mitglieder einer Abteilung) oder unverbundenen Stellen (Mitglieder aus unterschiedlichen Abteilungen) unterscheiden. Fällt die vom Gremium zu leistende Arbeit schwerpunktartig in eine bestimmte Phase des Entscheidungsprozesses einer Abteilung bzw. Organisation, wird das Gremium entsprechend bezeichnet als

(1) *Informationsgremium*, dessen Aufgabe die Gewinnung und der Austausch von Informationen zur Entscheidungsvorbereitung ist;
(2) *Beratungsgremium*, dessen Aufgabe die entscheidungsreife Bearbeitung eines Problems ist;
(3) *Entscheidungsgremium*, dessen Aufgabe die Alternativendiskussion und Entscheidung ist; oder als
(4) *Ausführungsgremium*, dessen Aufgabe die Einleitung und Überwachung der Durchführung beschlossener Maßnahmen ist.

• *Projekt-Organisation*: Ebenso wie bei der Gremien-Organisation geht man bei der Einrichtung von Projekt-Teams von einer bestehenden Hierarchie aus, von der man annimmt, daß sie zur Lösung von repetitiven Routineaufgaben gut geeignet sei. Dagegen erfordere die Lösung innovativer, komplexer, zeitlich terminierter Aufgaben eine andere Koordinationsform. Projekt-Teams sind temporäre Arbeitsgruppen mit begrenzter Weisungsbefugnis zur Lösung zeitlich begrenzter Aufgaben. Die Teammitglieder rekrutieren sich aus allen für das Problem bedeutsamen Bereichen der Unternehmung, arbeiten hauptamtlich im Team und kehren nach Erfüllung der Aufgabe in ihre ursprüngliche (oder eine neue) Position in der Hierarchie zurück. Somit repräsentieren die Teammitglieder unterschiedliche hierarchische Ebenen, unterschiedliches Wissen (von der Ausbildung und der Erfahrung her) und unterschiedliche Abteilungen.

Die Teammitglieder arbeiten im Gegensatz zu den Gremienmitgliedern „full time" und verfügen als Team in aller Regel über Macht, die auf den Grundlagen Information und Expertentum beruht. Darüber hinaus erhöht sich der Status des Projekt-Teams dadurch, daß es in der Regel vom Top Management eingesetzt worden ist.

vertical integration: vertikale Integration *f*, vertikale Verflechtung *f*
Der Quotient zwischen der eigenen Wertschöpfung und dem Umsatz eines Unternehmens. Der Einfluß dieser Größe auf Return on Investment (ROI) und Cash-flow ist unterschiedlich je nachdem, ob es sich um einen rasch wachsenden, schrumpfenden oder auch oszillierenden Markt auf der einen Seite oder einen relativ umsatzstabilen Markt auf der anderen Seite handelt. In den erstgenannten Fällen ist die Korrelation negativ, im zweitgenannten positiv.

vertical loading: vertikale Ladung *f*
Die Erweiterung des Entscheidungs- und Kontrollspielraum von Mitarbeitern, die sich bei der Ar-

beitsanreicherung (Job Enrichment) durch die qualitative Bereicherung des Arbeitsinhalts erreicht wird. Damit hebt die Arbeitsanreicherung am unteren Ende der Management-Hierarchie die traditionelle Trennung von leitender und ausführender Tätigkeit ansatzweise auf.

vertical performance network: vertikaler Leistungsverbund *m*
Die Gesamtheit der Austauschbeziehungen eines Unternehmens mit externen Organisationen, die ihm die zur Leistungserstellung benötigten Ressourcen verschiedener Art zur bereitstellen, über die es in der Regel nicht selbst verfügt.
Der Grad, in dem dieser Leistungsaustausch zur Ressourcenabhängigkeit wird, hängt ab von dem Ausmaß, in dem das Unternehmen Ressourcen benötigt, die eine andere Organisation besitzt, und inwieweit auch andere Organisationen der Unternehmensumwelt die benötigten Ressourcen anbieten oder Substitute verfügbar sind.
Ressourcenabhängigkeit, die bei einem Vorhandensein von Großabnehmern analog auch zur Outputseite hin entsteht, zieht eine Reihe von Unwägbarkeiten nach sich, die die Effizienz des täglichen Leistungsvollzugs bedrohen und die Planung zukünftiger Aktivitäten behindern. Neben internen Vorkehrungen (Abpufferung, Flexibilisierung usw.) kommt dazu primär der Aufbau kooperativer Beziehungen zu den vorgelagerten Systemen in Frage.

vertical price recommendation: vertikale Preisempfehlung *f*
Seit dem Wegfall der vertikalen Preisbindung für Markenartikel ist es Anbietern in der Bundesrepublik nur noch möglich, dem Handel unverbindliche Preisempfehlungen für den Wiederverkaufspreis auszusprechen. Das kann sowohl in Form von unverbindlichen Preislisten oder in Form von auf der Ware selbst bzw. ihrer Verpackung angebrachten Richtpreisen geschehen.
„Im Ergebnis kann die Preisempfehlung der Preisbindung praktisch gleichkommen, wenn der Hersteller ihr Nachdruck verleiht, indem er für ihre Befolgung Vergünstigungen verspricht oder für ihre Mißachtung Nachteile androht. Mit Preisempfehlungen, die sowohl rechtlich als auch faktisch unverbindlich sind, lassen sich hingegen nur zum Teil die gleichen Wirkungen erzielen wie mit der Preisbindung." In Fällen, in denen der Handel selbst an der Ausschaltung eines Preiswettbewerbs interessiert ist, führen vertikale Preisempfehlungen zu einer Art Quasi-Kartell, ohne daß es zu seiner Entstehung einer ausdrücklichen Preisabsprache bedürfte. „Der Hersteller kann dem Handel günstige Spannen sichern, um ihn dadurch zur Förderung seines Artikels und zur Verbesserung des Kundendienstes zu veranlassen. Die Entlastung des Handels von den technischen Arbeiten der Preissetzung und Preisauszeichnung, die für kleinere Betriebe mit tiefem Sortiment sehr wichtig sein kann, wird durch Preisempfehlung ebenso erreicht wie durch Preisbindung. Preisempfehlungen sind

überdies leichter zu handhaben und weniger kostspielig als Preisbindungen, insbesondere weil die Notwendigkeit entfällt, die Lückenlosigkeit des Systems zu sichern" (Herbert Hax). Werden Preisempfehlungen absichtlich so hoch angesetzt, daß der Handel sie leicht unterschreiten kann, um auf diese Weise bei den Käufern den Eindruck besonders preisgünstiger Angebote entstehen zu lassen, spricht man von Mondpreisen.

vertical product differentiation: vertikale Produktdifferenzierung *f*
Charakteristikum der vertikalen Produktdifferenzierung hingegen ist „eine mehr oder minder auffallende Änderung der stofflich-technischen Grundstruktur und/oder akzidentieller Produkteigenschaften" (H. Wilhelm). „Die vertikale Abhebung der Produkte hat besondere Auswirkungen auf Marktform und Marktverhalten zur Folge, wesentlich einschneidender als bei der horizontalen Abhebung. Während bei der horizontalen Produktdifferenzierung kaum Anlaß besteht, die übrigen Komponenten der Absatzpolitik zu verändern, damit sie mit der horizontalen Abhebung korrespondieren, verlangt die vertikale Produktdifferenzierung in der Regel eine flankierende Unterstützung durch die übrigen absatzpolitischen Instrumente, insbesondere durch Preisgestaltung und Werbung" (H. Wilhelm).

vessel: Schiff *n*

vest: übergeben, übertragen, verleihen

vest in: übergehen auf

vested interest: wohlerworbene Rechte *n/pl*, rechtmäßige Interessen *n/pl*

vested: verbrieft

vestibule school: Lehrwerkstatt *f*, Lernstatt *f*
Eine Einrichtung in Produktionsbetrieben, in der die Mitarbeiter zusammenkommen, um ihr Grundwissen über betriebliche Zusammenhänge zu erweitern, betriebliche Erfahrungen auszutauschen und zu vertiefen, die Kommunikation und Kooperation im Betrieb zu fördern, die Verbundenheit mit der eigenen Arbeit zu stärken, und Eigeninitiative zu wecken. Charakteristisch für Lernstätten ist ihre Offenheit für unterschiedliche Fragestellungen, eine weitgehende Abwesenheit von Erfolgsdruck sowie die Betonung des Aspekts der Persönlichkeitsentfaltung durch einen hohen Grad an Mitwirkungsmöglichkeiten.
Zur Zielsetzung der Lernstatt gehört auch die allgemeine persönliche Entwicklung des Mitarbeiters und nicht allein die Entfaltung seiner fachlichen Kompetenz und seine Einbeziehung in die betriebliche Problemlösung: Ihr übergreifendes Ziel ist es, ein gemeinsames Lernen und Zusammenarbeiten in Kleingruppen zu ermöglichen, das auf der Basis freiwilliger Teilnahme der Weiterentwicklung der fachlichen und sozialen Kompetenz der Teilnehmer und der Bewältigung anstehender betrieblicher Probleme dient. Die Lernstatt sieht also die

Förderung der sozialen Kompetenz gleichrangig mit der Förderung der Fachkompetenz.

Dem Konzept der Lernstatt liegt die Idee zugrunde, daß Probleme vor Ort, also dort wo sie auftreten, von den Betroffenen selbst durch Zusammenarbeit in Kleingruppen und mit Hilfe angemessener Problemlösungstechniken wie Metaplanmethoden angegangen und gelöst werden sollen. Dementsprechend werden deutsche Meister, Vorarbeiter und Werker ausgewählt und zu Laienpädagogen (Sprachmeister) ausgebildet. Sie vermitteln ihren ausländischen Kollegen die Fach- und Umgangssprache, die diese zur Bewältigung ihres betrieblichen und außerbetrieblichen Alltags benötigen. Kleingehaltene Lerngruppen – zwei Sprachmeister betreuen jeweils sechs bis acht ausländische Arbeitnehmer – ermöglichten es, die von den Teilnehmern vorgebrachten Probleme in Rollenspielen zu simulieren und in Diskussionen aufzuarbeiten. Da die Sprachvermittlung am Beispiel konkreter betrieblicher und außerbetrieblicher Abläufe und Probleme erfolgt, erwerben die ausländischen Arbeitnehmer zugleich ein Verständnis für betriebliche Zusammenhänge. Die Vermittlung sprachlicher Kompetenz ist somit unmittelbar verbunden mit der Erhöhung fachlicher und sozialer Kompetenz. Da andererseits die deutschen Kollegen und Vorgesetzten als Sprachmeister auch lernen, die Probleme der ausländischen Arbeitnehmer besser zu verstehen, trägt der Sprachunterricht in der Lernstatt insbesondere bei den unmittelbar Beteiligten auch zu einem besseren gegenseitigen sprachlichen und sozialen Verständnis und Auskommen bei. Die Lernstatt führt daher auch zu einer Verbesserung der betrieblichen Zusammenarbeit.

Kernelemente der Lernstatt sind die Lernstattgruppen, die von Moderatoren betreut werden, Moderatorenrunden, Situationsberater bzw. Experten, Lernstatt-Arbeitskreise für mittlere und untere Führungskräfte, Beraterkreise, bestehend aus oberen Führungskräften und eine Lernstattzentrale.

Lernstattgruppen werden nicht geleitet, sondern moderiert. In der Regel sind pro Gruppe zwei Moderatoren vorhanden. Die freiwilligen Teilnehmer rekrutieren sich meistens aus einer Arbeitsgruppe, sie können aber auch aus unterschiedlichen Meistereien oder Abteilungen stammen, wenn dies die Problembearbeitung erfordert. Benötigt eine Lernstattgruppe Fachinformationen zur Problemlösung, will sie Probleme oder Vorschläge zu deren Lösung mit Experten diskutieren, so kann sie einen Situationsberater als Gesprächspartner einladen. Neben Spezialisten in den verschiedensten Fachgebieten, kann dies aber auch der Abteilungsleiter der Lernstattgruppe sein. Mit ihm kann die Gruppe beispielsweise Problemlösungen diskutieren, oder die Bereitstellung notwendiger Ressourcen besprechen.

In der Moderatorenrunde tauschen die Moderatoren der verschiedenen Lernstattgruppen ihre Erfahrungen aus, bilden sich methodisch weiter und holen Hilfe bei der Lösung aufgetretener Probleme bei Kollegen oder Mitarbeitern der Lernstattzentrale ein. Die Mitarbeiter der Lernstattzentrale entsprechen in der Funktion den „change agents" bei der Organisationsentwicklung. Sie sind verantwortlich für die Planung, Ein- und Durchführung, Kontrolle und Weiterentwicklung des Lernstattprogramms. Als Ansprechpartner der Fachstellen stimmen sie mit ihnen das Gesamtkonzept eines Lernstattprojekts ab. Sie führen die Feldarbeiten zur Problem- und Datenerhebung durch, die die Grundlage der Projektplanung bilden und versuchen, Mitarbeiter und Führungskräfte für das Lernstattkonzept zu gewinnen. Zu ihren Aufgaben gehört auch die Ausbildung der Moderatoren sowie ihre spätere Beratung in den Moderatorenrunden und ihre Unterstützung bei auftretenden Problemen. Die Mitarbeiterzahl der Lernstattzentrale hängt von der Größe des Unternehmens bzw. des Lernstattprogramms ab. Für die Durchführung eines Projekts sollten aber zumindest zwei Personen als Team zur Verfügung stehen. Dabei können neben internen auch erfahrene externe Berater hinzugezogen werden.

Der Ausdruck Lernstatt ist eine Wortschöpfung aus „Lernen" und „Werkstatt". Das Konzept entstand Anfang der 1970er Jahre, um die Kommunikationsprobleme ausländischer Arbeitnehmer im Betrieb zu lösen. Insbesondere in den Produktionsabteilungen der Automobilindustrie erreichte der Anteil der ausländischen, meist türkischen Arbeitnehmer, damals bisweilen 90 Prozent der gewerblichen Arbeitnehmer. Hohe Fluktuation, hohe Fehlzeiten, Qualitätsprobleme und Verständigungsschwierigkeiten aller Art kennzeichneten die damalige Situation großer Teile der deutschen Industrie. Nachdem jahrelang Versuche gescheitert waren, durch konventionellen Deutschunterricht an Volkshochschulen und im werkseigenen Sprachlabor diese Verständigungsprobleme zu lösen, entwickelten Helga Cloyd und Waldemar Kasprzyk von der Berliner Arbeitsgruppe „cooperative arbeitsdidaktik" (cad) im Auftrag der Firma BMW zusammen mit den dortigen Personalreferenten für ausländische Arbeitnehmer, Jürgen Laber, 1973 das Konzept der Lernstatt.

Später erfolgte die Umorientierung des Lernstatt-Konzepts vom reinen Sprachmodell zum allgemeinen Kommunikations- und Problemlösungsmodell einer basisorientierten Organisationsentwicklung. Das im weiteren Verlauf bei BMW entwickelte differenzierte Modell unterscheidet drei Arten von Lernstattgruppen, die jeweils unterschiedlichen Anforderungen genügen sollen:

(1) *Lerngruppen*: Sie sollen die fachliche und soziale Kompetenz der Mitarbeiter, ihre Zusammenarbeit und Identifkation mit betrieblichen Problemen fördern und selbstausgewählte betriebliche und Mitarbeiterprobleme bearbeiten. Angeregt werden sie durch Vorgesetzte Moderatoren oder interessierte Mitarbeiter. Sie werden arbeitsgruppenbezogen, ohne zeitliche Begrenzung gebildet, setzen sich aus Zeitlöhnern zusammen und werden vornehmlich von Meistern und Einstellern, bis-

weilen aber auch von qualifizierten Werkern, moderiert.
(2) *Fachgruppen*: Bei ihnen steht die Wissensvermittlung, die Information und der Erfahrungsaustausch und die Bearbeitung fachbezogener Probleme, die nach einer gemeinsamen Schwachstellenanalyse ausgewählt wurden, im Vordergrund. Sie werden ins Leben gerufen, wenn Defizite bei fachlichen Kenntnissen und Fertigkeiten entdeckt werden. Ihre Zusammensetzung ergibt sich aus der jeweiligen Problemlage, Mitarbeiter und Meister können also auch aus verschiedenen Meistereien kommen. Gleich den Lerngruppen werden sie von Meistern, Einstellern aber auch Werkern moderiert und sind zeitlich unbegrenzt.
(3) *Aktionsgruppen*: Ihr Ziel liegt in der Lösung aktueller, komplexer und in der Regel bereichsübergreifender Probleme (z.B. Qualitätsverbesserungen, Verbesserung der Arbeitsabläufe etc.). Zu deren Bearbeitung werden sie abteilungsübergreifend gebildet und nach deren Bewältigung wieder aufgelöst. Die Teilnehmerstruktur ist problemspezifisch, die Moderation übernehmen meist untere Führungskräfte.

vestibule training: kurze Schulung *f* in der Lehrwerkstatt *f*
vesting order: Beschlagnahme *f*, Verfügung *f*
veteran: *(fig)* erfahren (erprobt)
veterans *pl*: Kriegsteilnehmer *m/pl*, entlassene Soldaten *m/pl*
veto: Veto *n*
Grundlage für die von Heinrich Fromm vorgeschlagene Einführung der Ordnungsfunktion zur Ergänzung der Unterscheidung zwischen den Funktionen der Linie und des Stabs ist die Vorstellung, daß zwischen allen Stellen eine gegenseitige Beteiligungs- und Mitwirkungspflicht und das gegenseitige Vetorecht festgelegt wird. Fromm: „Dann kann keine Stelle im Unternehmen mehr organisieren, ohne die Organisationsstelle zu beteiligen. Diese ist zur Mitwirkung verpflichtet. Zur fachlichen Einwirkung auf andere Bereiche steht ihr das Vetorecht zur Verfügung. Da es beide Partner besitzen, kann auch die Organisationsstelle nicht organisieren, ohne die Zustimmung der jeweils betroffenen Stelle."
Danach kann nun die Organisationsstelle durchaus für die Brauchbarkeit der Gesamtorganisation im Unternehmen verantwortlich gemacht werden. Denn es kann nirgends organisiert werden ohne ihre Mitwirkung und Zustimmung. Nur kann sie nicht allein verantwortlich sein, weil die jeweils Betroffenen ebenfalls mitwirken oder mindestens zustimmen müssen und damit mitverantwortlich sind. Umgekehrt bleibt die umfassende Verantwortung aller anderen Bereichsleiter für das gesamte Geschehen in ihrem jeweiligen Bereich bestehen, da auch in ihrem Bereich nicht gegen ihren Willen organisiert werden kann. Diese Stellen haben nunmehr mit Hilfe des Vetorechtes auch die Möglichkeit, die Einwirkungswünsche anderer stabsähnlicher Stellen auf ihren Bereich nach Maßgabe der speziellen Belange ihres Bereichs selbst zu koordinieren ohne Inanspruchnahme höherer Vorgesetzter.
Der Sinn des Vetorechts liegt weniger in seinem Gebrauch als in seiner Existenz. Es soll die Kooperation in Form von Beteiligung und Verständigung sicherstellen. Hierzu konstituiert es die gegenseitige Zustimmungsabhängigkeit mit dem Ziel des Einvernehmens. Die Zustimmungsabhängigkeit bedeutet Mitentscheidung und Mitverantwortung des Beteiligten. Fromm: „Das Gelingen von Kooperation und Verständigung ist jedoch in erster Linie eine Frage kooperativer Haltung der Partner, der Bereitschaft, den anderen ernst zu nehmen, mit ihm einen sachlich vertretbaren Ausgleich und eine helfende Ergänzung zu suchen und auf Rechthaberei und Prestige zu verzichten. Das Vetorecht hat die Aufgabe, dem unausweichlichen Erfordernis der Kooperation in den Fällen einen zwingenden Nachdruck verleihen zu können, in denen vielleicht noch die nötige Bereitschaft fehlt. Das Veto ist das Rechtsmittel, das hinter dem Kooperationsgebot steht. Es sollte so selten wie möglich in Anspruch genommen werden. Ein leichtfertiger Gebrauch dieses Rechtsmittels würde die Kooperation sicher nicht verbessern. Muß es in Ausnahmefällen tatsächlich eingelegt werden, dann ist es ein Alarmzeichen dafür, daß die Kooperation noch nicht befriedigt. Handelt ein Partner einmal ohne das gebotene Einvernehmen mit dem anderen, dann dürfte es in der Regel genügen, wenn der Betroffene ihn auf das fehlende Einverständnis hinweist, um die Verständigung auch ohne formelles Veto herbeizuführen. Jedes Veto bedarf einer triftigen Begründung, die vor dem Maßstab der allgemeinen Zielsetzung des Unternehmens bestehen kann."

vexation: Ärger *m*, Schikane *f*
vexatious: schikanös
vice chairman: stellvertretender Vorsitzender *m*
vice president: Vizepräsident *m*
vice president labor: Arbeitsdirektor *m*
victimization: Drangsalierung *f*
victuals *pl*: Eßwaren *f/pl*, Lebensmittel *n/pl*, Nahrungsmittel *n/pl*
video display: Datensichtgerät *n (EDV)*
vie probable: Lebenserwartung *f* → life expectation
view: Anblick *m*, ansehen, Ansicht *f*, auffassen, Auffassung *f*, besichtigen, Besichtigung *f*, betrachten, Meinung *f*
vindicate: rechtfertigen
vindicate rights *pl*: vindizieren
vindication: Rechtfertigung *f*
violate: brechen (Vertrag), übertreten, verletzen, zuwiderhandeln
violate the law: das Gesetz *n* verletzen

violation: Bruch *m*, Übertretung *f*, Verletzung *f*, Verstoß *m*, Zuwiderhandlung *f*
violation of contract: Kontraktbruch *m*, Vertragsverletzung *f*
violation of professional standards: Berufsvergehen *n*
violator: Verletzer *m*
violence: Gewalt *f*, Gewalttätigkeit *f*, Tätlichkeit *f*
visible envelope: Fensterumschlag *m*
visible trade: „sichtbarer Handel" *m*, d h. Außenhandel *m* mit Gütern *f* (im Gegensatz zu Dienstleistungen)
visitor to fair: Messebesucher *m*
visual aid: optisches Lehrhilfsmittel *n*
visual merchandising: Kaufanreiz *m* durch das Auge *n*, Verkaufsförderung *f* durch Ausstellung *f*
visual synectics: Visuelle Synektik *f*
Eine Methode der systematischen Ideenfindung, die ähnlich wie das Brainstorming auf der wechselseitigen Anregung der Teilnehmer einer Ideenfindungssitzung zielt. Ausgangspunkt ist die Erkenntnis, daß kreative Gedankengänge durch verschiedenste Stimulusqualitäten angeregt werden können. Die visuelle Synektik versucht, optische Wahrnehmungen bewußt in kreative Problemlösungsprozesse einzubeziehen.
Es sind eine Reihe von Vorgehensweisen möglich, wie visuelle Reize in Ideenfindungsprozessen genutzt werden können. So kann man eine Bildmappe zusammenstellen, in der unterschiedlichste Motive gesammelt sind. Im Problemlösungsprozeß werden diese Motive mit der inneren Bewußtseinsspannung aufmerksam durchgesehen, die wahrgenommenen Bildelemente als mögliche Ideenauslöser zu interpretieren. Dieser Vorgang entspricht im Prinzip dem „force fit" bei der Methode Synektik.
Während die Bildmappen-Variante eher auf den einzelnen Problemlöser zugeschnitten ist, läßt sich visuelle Synektik in einer Gruppe praktizieren, wenn man eine heterogene, zufällig zusammengestellte Dia-Kollektion Bild für Bild an die Wand projiziert, die Bilder einwirken läßt und dann gemeinsam versucht, die Bildelemente in direkter oder interpretierter Form in Ideen zum gestellten Problem umzusetzen.
vita: Lebenslauf *m*
vital: lebenswichtig
vocation: Beruf *m*
vocational: beruflich, berufsmäßig
vocational counseling: Berufsberatung *f*
vocational counselor: Berufsberater *m*
vocational education: Berufsausbildung *f*
vocational guidance: Berufsberatung *f*
vocational interest: berufliches Interesse *n*
vocational school: Berufsschule *f*, berufsbildende Schule *f*

vocational training: Berufsausbildung *f*, Fachausbildung *f*, Berufserziehung *f*
void: kraftlos, nichtig, ungültig, unwirksam, vernichten
voidable: anfechtbar, vernichtbar
voidable resolution: anfechtbarer Beschluß *m*
voidness: Ungültigkeit *f*
volume: Geschäftsumfang *m*, Umfang *m*, Volumen *n*
volume cost: fixe Kosten *pl*, Fixkosten *pl*, Volumenkosten *pl*
volume discount: Mengenbonus *m*, Mengenrabatt *m*
volume estimate: Volumenvorausschätzung *f*
volume of business: Beschäftigung *f*, Beschäftigungsgrad *m*
volume of production: Produktionsvolumen *n*
volume of transactions: Umsatzvolumen *n*
volume of turnover: Umsatzvolumen *n*
volume variance: Kapazitätsabweichung *f*, Kostenabweichung *f* infolge Nichtausnutzung *f* der Produktionsmittel, Mengenabweichung *f* gegenüber Standard
volume variation: Beschäftigungsabweichung *f*, Mengenabweichung *f* gegenüber Standard
voluntary: freiwillig
voluntary arbitration: freiwilliges Schiedsverfahren *n*
voluntary chain of retailers: Einkaufsring *m* (freiwilliger) der Einzelhändler *m/pl*, freiwillige Kette *f*
voluntary insurance: freiwillige Versicherung *f*
voluntary liquidation: freiwillige Abwicklung *f*
voluntary sale: Freiverkauf *m*
voluntary social services *pl*: freiwillige soziale Leistungen *f/pl*, freiwillige soziale Abgaben *f/pl*, freiwillige Sozialleistungen *f/pl*
voluntary winding up: freiwillige Abwicklung *f*
volunteer: unentgeltlicher Erwerber *m* sich freiwillig melden, etwas Freiwillige *m*, Volontär *m*
vote: abstimmen (namentlich), Abstimmung *f* (Wahl), beschließen (durch Versammlung), Stimmabgabe *f*, stimmen, wählen, Wahl *f*
vote by all members: Urabstimmung *f*
vote of confidence: Vertrauensvotum *n*
vote of no confidence: Mißtrauensvotum *n*
voter: Wähler *m*

votes *pl*: Stimmen *f/pl*
voting: Stimmabgabe *f*, Wahl *f*
voting card: Stimmzettel *m*
voting power: Stimmrecht *n*
voting right: Stimmrecht *n*, Wahlrecht *n*
voting share: stimmberechtigte Aktie *f*
voting stock: stimmberechtigte Aktie *f*
voting system: Wahlverfahren *n*
voting trust: Stimmrechtsübertragung *f* auf Treuhänder *m*
vouch: belegen
vouch (for): gewährleisten
voucher: Buchungsunterlage *f* (z.B. Beleg, Rechnung usw.), Beleg *m*
voucher audit: Prüfung *f* und Genehmigung *f* einer Ausgabe *f*
voucher bookkeeping: Belegbuchhaltung *f*

voucher check: Scheck *m* mit Zahlungsanzeige *m* (z.B. Betrag, Skonto, Rechnungsnummer usw.)
voucher clerk: Kreditorenbuchhalter *m*
voucher index: alphabetische Liste *f* der Zahlungsempfänger
voucher number: Belegnummer *f*
voucher payable register: Einkaufsbuch *n*, Zahlungsnachweisbuch *n*
voucher register: Einkaufsbuch *n*, Zahlungsnachweisbuch *n*
voucher system: Belegsystem *n*
vouchers *pl*: Unterlagen *f/pl*
voyage charter: Reisecharter *f*
voyage policy: Reisepolice *f*
vs. (against): im Gegensatz zu, im Vergleich *m* zu

W

W-2 form *(Am)*: Lohnsteuerbescheinigung *f*
wage: Arbeitsentgelt *n*, Arbeitslohn *m*
wage advance: Lohnvorschuß *m*, Vorschuß *m*
wage agreement: Tarifabkommen *n*
wage and salary administration: Lohnbüro *n* (auch für betriebliche Lohnpolitik *f* zuständig)
wage and salary structure: Lohn- und Gehaltsstruktur *f*
wage arbitration: Schlichtung *f* im Lohnstreit *m*
wage assignment: Verfügung *f* über Lohn *m* (z.B. für Gewerkschaftsbeiträge, Versicherung usw.)
wage bargaining: Lohnverhandlung *f*
wage bracket: Gehaltsgruppe *f*, Gehaltsklasse *f*, Lohngruppe *f*, Lohnklasse *f*
wage ceilings *pl*: Höchstlöhne *m/pl*
wage claim: Lohnanspruch *m*, Lohnforderung *f*
wage continuation payment: Lohnfortzahlung *f* im Krankheitsfall *m*
wage control: Lohnstopp *m*
wage curve: Lohnkurve *f* (innerbetrieblich)
wage demand: Lohnforderung *f*
wage determination: Lohnbestimmung *f*, Lohnfestlegung *f* (wagefestsetzung), Lohnfestsetzung *f* a) durch Tarifverhandlungen *f/pl*, b) durch Regierung *f*
wage differential: Lohnunterschied *m* (zwischen Tätigkeiten, örtlich usw.)
wage discrimination: Lohndiskriminierung *f*
wage dispute: Lohnstreitigkeit *f*
wage distribution sheet: Lohnverrechnungsblatt *n*
wage dumping: Lohndumping *n*
wage earner: Lohnempfänger *m*
wage equity: Lohnangemessenheit *f*
wage freeze: Lohnstopp *m*
wage fund theory: Lohnfondstheorie *f*
Die von John Stuart Mill (1806-1873) formulierte Theorie, wonach der Lohnsatz vom Verhältnis des umlaufenden Kapitals zur Zahl der Lohnarbeiter bestimmt wird.
wage form differentiation: Lohnformdifferenzierung *f*
Die Differenzierung der Entlohnung nach den individuellen Leistungen, die eine Arbeitskraft erbringt. Die leistungsbezogene Entgeltdifferenzierung wird dabei durch die Wahl und den Einsatz einer bestimmten Lohnform herbeigeführt.
wage garnishment: Lohnpfändung *f*
wage group method: Lohngruppenverfahren *n*
Ein summarisches Verfahren der Arbeitsbewertung, bei dem die Vorgehensweise des Rangfolgeverfahrens umgedreht wird. Zuerst bildet man einen Katalog von Lohngruppen, der unterschiedliche Schwierigkeitsgrade der verschiedenen Arbeitsplätze darstellt. Um die Einstufung in die einzelnen Lohngruppen zu erleichtern, ergänzt man die summarische Beschreibung der einzelnen Schwierigkeitsstufen durch Richtbeispiele. Im zweiten Schritt werden dann die einzelnen Arbeitsplätze den Lohn-bzw. Gehaltsgruppen zugeordnet. Das Lohngruppenverfahren liegt häufig Tarifverträgen zugrunde. Je nach Tarifgebiet und dem gewünschten Genauigkeitsgrad werden dabei zwischen acht und vierzehn Lohngruppen gebildet. Die Vorzüge des Lohngruppenverfahrens liegen in der einfachen und verständlichen Handhabung. Problematisch ist die hinreichend klare und aussagekräftige Abgrenzung der einzelnen Entgeltgruppen. Außerdem werden die spezifischen Arbeitsbedingungen nur unzureichend berücksichtigt.
wage incentive: Lohnanreiz *m* → incentive
wage incentive system: Leistungslohnsystem *n*
wage increase: Lohnerhöhung *f*
wage inequality: Lohnungleichheit *f*
wage inequity: Lohnunangemessenheit *f*, Lohnungerechtigkeit *f*, Unangemessenheit *f* des Lohnes *m*
wage-intensive: lohnintensiv
wage issue: Lohnfrage *f*
wage leadership: Lohnführerschaft *f* (Einfluß einer Firma oder des Staates auf die Lohnentwicklung)
wage level: Lohnniveau *n*
wage line: Lohnkurve *f* (innerbetrieblich)
wage negotiation: Lohnverhandlung *f*
wage on a piece-work basis: Stücklohn *m*
wage packet: Lohntüte *f*
wage payment for time lost for sickness: Lohnzahlung *f* im Krankheitsfall
wage payroll: Lohnabrechnung *f*
wage policy: Lohnpolitik *f*
wage-price-spiral: Lohn-Preis-Spirale *f*
wage-push inflation: Lohninflation *f*
wage raise: Lohnerhöhung *f*
wage rate: Lohnsatz *m*, Stundensatz *m*, üblicher Mindestlohnsatz *m*

wage rate differentiation

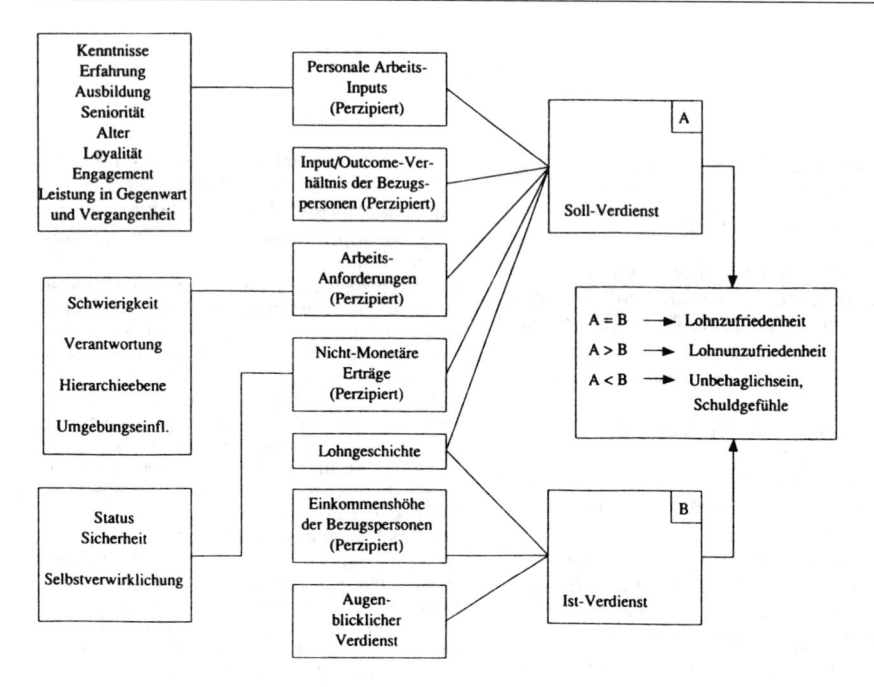

wage rate differentiation: Lohnsatzdifferenzierung *f*
Die Differenzierung der Entlohnung nach personenunabhängigen Anforderungen, die eine Arbeitsaufgabe an die Arbeitskraft stellt.

wage rate variance: Lohnabweichung *f* (Differenz zwischen durchschnittlicher Abteilungslohnrate und effektiver Lohnrate)

wage ratio: Lohnquote *f*
Der Anteil der Arbeitnehmereinkommen am gesamten Volkseinkommen.

wage-related scheme: lohnbezogenes System *n*

wage reopening clause: Wiederaufnahmeklausel *f* für Lohnverhandlungen *f/pl* (ohne Kündigung anderer Teile des Tarifvertrages)

wage restriction: Lohnbeschränkung *f*

wage review: periodische wage Lohnüberprüfung *f* (auf Leistungszulagen hin)

wage satisfaction: Lohnzufriedenheit *f*
Ein von E. E. Lawler entwickeltes Modell, das auf den Diskrepanzansatz zurückgreift und ihn mit der Equity-Theorie verknüpft, um „Lohnzufriedenheit" zu spezifizieren. Die Equity Theorie postuliert, daß Individuen ihr eigenes Verhalten und das Maß ihrer Zufriedenheit an der perzipierten Relation von Aufwand und Ertrag bei einer Bezugsperson orientieren. Positive oder negative Abweichungen von diesem Gleichgewicht führen zu Spannungen. Der Diskrepanzansatz erklärt Zufriedenheit auf der Grundlage der Theorie des Anspruchsniveaus aus der Differenz zwischen dem, was eine Person berechtigter Weise glaubt, fordern zu können, und dem, was sie tatsächlich erhält. Diesem Muster entsprechen die zwei Basiselemente des Lohnzufriedenheitsmodells:

(1) *Soll-Verdienst*: Der Verdienst, den eine Person nach Abwägung der Umstände für sich berechtigterweise glaubt, fordern zu können.

(2) *Ist-Verdienst*: Der tatsächlich empfangene Verdienst, wie ihn das Individuum perzipiert.

Je nach Ausprägung dieser Beziehung zwischen den Basiselementen sind daher prinzipiell drei Zufriedenheitszustände als Folge möglich:

- Der Soll-Verdienst entspricht dem Ist-Verdienst. Ergebnis: Lohnzufriedenheit.
- Der Ist-Verdienst liegt unter dem Soll-Verdienst; Ergebnis: Lohnunzufriedenheit.
- Der Ist-Verdienst liegt über dem Soll-Verdienst. Ergebnis: Unbehaglichkeit, Schuldgefühle.

Die folgenden Faktoren bestimmen den Soll-Verdienst bzw. den Ist-Verdienst:

(1) *Perzipierter Ist-Verdienst*: Der faktische Verdienst einer Person ist der wesentliche, wenn auch nicht der allein entscheidende Bestimmungsfaktor für den „perzipierten Ist-Verdienst". Weitere Determinanten sind die „Lohngeschichte" (die Zahlungsreihen der in der Vergangenheit empfangenen Löhne) und das perzipierte Einkommen von Bezugspersonen. Dabei gelten folgende Zusammenhänge:

- Je höher der in der Vergangenheit bezogene Verdienst war, um so geringer erscheint der gegenwärtige Verdienst.
- Je höher das Einkommen der Bezugspersonen

liegt, desto geringer erscheint die eigene Lohnhöhe. Dieselbe Menge Geld kann daher von verschiedenen Personen als unterschiedlich hoch empfunden werden.

(2) Perzipierter Soll-Verdienst: Zu den Faktoren, die den perzipierten Soll-Verdienst bestimmen, zählen:

- Der *personale Arbeits-Input*: Der wichtigste Einflußfaktor ist der Arbeits-Input, wie er sich aus der Sicht des Individuums darstellt. Neben den eingebrachten Fähigkeiten und Fertigkeiten zählen dazu arbeitsrelevante Verhaltensweisen wie in Gegenwart und Vergangenheit erbrachte Leistung, Loyalität, Dauer der Betriebszugehörigkeit, Alter, Geschlecht, in der Vergangenheit erworbene Verdienste, Besuch von Weiterbildungsveranstaltungen, Ausbildung, Schulabschluß usw. Die Faktoren überlappen einander zum Teil, haben aber dennoch alle ihre eigenständige Bedeutung. Insgesamt gilt: Je höher eine Person ihren Arbeits-Input veranschlagt, um so höher liegt auch der erwartete Lohn.
- Die *perzipierten Arbeitsanforderungen*: Geläufige Anforderungsarten sind Schwierigkeit, körperliche und geistige Belastung, Verantwortung, Umgebungseinflüsse. Arbeitswerte, wie sie sich nach der analytischen Arbeitsbewertung ergeben, oder Lohnstufen, wie sie sich in der summarischen Arbeitsbewertung finden, müssen sich keineswegs mit den von dem Individuum wahrgenommenen Arbeitsanforderungen decken. Als weitere Anforderungskriterien kommen z.B. in Frage: hierarchische Ebene oder Zeitspanne der Rückkoppelung der Arbeitsergebnisse: Je höher eine Person ihre Arbeitsanforderungen veranschlagt, um so höher liegen ihre Lohnerwartungen. Berücksichtigt das Lohnsystem die Arbeitsanforderungen nicht oder nur geringfügig, dann werden diejenigen, die sich mit hohen Anforderungen konfrontiert sehen, unzufriedener sein als jene, die ihre Arbeitsanforderungen gering veranschlagen.
- Die *Lohngeschichte*: Dieser Einflußgröße liegt die Annahme zugrunde, daß Personen im Laufe ihrer Entwicklung, als Teil ihres Selbstbilds Vorstellungen darüber entwickeln, was sie „wert" sind. Personen, die auf eine Geschichte hoher Löhne zurückblicken, veranschlagen ihren „Wert" hoch und erwarten einen relativ hohen Verdienst.
- *Nichtmonetäre Erträge*: Das sind z.B. die Möglichkeit zur Entfaltung und zu personalem Wachstum oder Aspekte wie Sicherheit, Status und Sozialprestige. Nichtmonetäre Erträge können partiell als Substitute für monetäre Erträge angesehen werden. Je mehr nichtmonetäre Möglichkeiten der Bedürfnisbefriedigung eine Arbeit bietet, desto geringer wird die Höhe des Soll-Verdienstes veranschlagt. So kann erklärt werden, warum manche Personen trotz relativ geringer Bezahlung und hoher Arbeitsbelastung dennoch mit ihrem Verdienst zufrieden sind.
- Der *soziale Vergleich*: Zur Bestimmung des Soll-Verdienstes ziehen die Individuen auch das Aufwands- und Ertragsverhältnis von Bezugspersonen heran. Je höher die Erträge der Bezugspersonen in Relation zu ihren Inputs stehen, um so höher veranschlagt das Individuum seinen Soll-Verdienst. Bleibt die eigene Relation hinter der einer Bezugsperson zurück, so entsteht Lohnunzufriedenheit.
- *soziale Faktoren*: Dazu zählen etwa Familienstand, Zahl der Kinder, Alter etc. Frauen sind in der Regel mit ihrer Entlohnung zufriedener als Männer. Die höchste Zufriedenheitsrate bei Frauen zeigt sich dort, wo Frauen und Männer gleichen Lohn für gleiche Arbeit erhalten. Eine Reihe von Untersuchungen stützt die Annahme, daß mit steigender hierarchischer Stufe die Unzufriedenheit mit der Entlohnung steigt. Personen, die eine Reihe positiver nichtmonetärer Outcomes, Nutzen, empfangen, sind mit ihrer Bezahlung zufriedener als Personen mit nur geringen nichtmonetären Outcomes. Je mehr Autonomie im Arbeitsvollzug möglich ist, desto besser sind die Beziehungen zu den Vorgesetzten und je großzügiger die Förderungsmaßnahmen, desto größer ist die Zufriedenheit mit der Entlohnung.

Vergleiche führen dann zur Unzufriedenheit, wenn die „Input-Outcome"-Relation bei Bezugsperson(en) günstiger zu sein scheint. Dieser Aspekt ist auch im Hinblick auf die Praxis der Lohngeheimhaltung von Bedeutung. Bei geheimgehaltenen Löhnen fehlen genaue Informationen für den Vergleich. Lawler darauf hin, daß die Vergleichspersonen seh nach einem bestimmten Muster falsch eingeschätzt werden. Zum einen wird den (externen und internen) Vergleichspersonen meist ein zu hoher Verdienst zugesprochen, was die Unzufriedenheit mit dem eigenen Verdienst fördert. Zum anderen wird die Leistung anderer Personen gerne unterschätzt, so daß die Individuen ihre eigenen Leistungen vergleichswelse höher einstufen und somit eine höhere Bezahlung erwarten. Zu den Folgen hoher Lohnunzufriedenheit zählen vor allem hohe Arbeitsplatzfluktuation, hohe Fehlzeiten, geringe Arbeitsleistung, Arbeitsunzufriedenheit, hohe Streikneigung und hohe Beschwerderaten.

wage scale: Lohnskala *f*
wage slip: Lohnstreifen *m*
Nach Werner Hicks besitzt jedes Wirtschaftssystem einen „Lohnstandard", und das Preisniveau ist durch die durchschnittliche Lohnhöhe bestimmt.
wage standard: Lohnstandard *m*
wage structure: Lohnstruktur *f*
wage talk: Lohnverhandlung *f*
wage tax certificate: Lohnsteuerbescheinigung *f*
wage tax: Lohnsteuer *f*
wage(s) *(pl)*: Gehalt *n*, Lohn *m*, Salär *n*
wage(s) *(pl)* **in kind:** Deputat *n* (z.B. Landarbeiter), Naturallohn *m*
wage(s) according to agreement: Tariflohn *m*

wage(s) account: Lohnkonto *n*
wage(s) clerk: Lohnbuchhalter *m*
wage(s) department: Lohnbuchhaltung *f*
wage(s) sheet: Lohnkarte *f*
wage(s) statement: Lohnkarte *f*
wager: Wette *f*
wagering tax: Wettsteuer *f*
wages account: Lohnkonto *n*
wages department: Lohnbuchhaltung *f*
wages *pl* and salaries *pl*: Löhne *m/pl* und Gehälter *n/pl*
wages *pl* statement: Lohnkarte *f*
wages sheet: Lohnkarte *f*
Wagner-Connery Act: Gesetz *n* zur Verminderung der Arbeitsstreitigkeiten *(Am)*
wait: warten
waiting line: Warteschlange *f* → queuing
waiting line model: Warteschlangenmodell *n* → queuing
waiting line theory: Warteschlangentheorie *f* → queuing
waiting list: Warteliste *f*
waiting period: Wartezeit *f*
waiting time: Verlustzeit *f*, Wartezeit *f*, anrechenbare Zeit *f* für Sozialversicherung *f*
waive: aufgeben, ausschlagen, entsagen, verzichten
waive a claim: auf einen Anspruch *m* verzichten
waiver: Aufgabe *f* (Verzicht), Aufgabeerklärung *f*, Ausschlagung *f*, Entsagung *f*, Verzicht *m*, Verzichterklärung *f*, Verzichtleistung *f*
waiver clause: Verzichtsklausel *f*
waiver of dividend: Verzicht *n* auf Dividendenanspruch *m*
walk out: Arbeit *f* niederlegen, in Streik *m* treten
walkout: Arbeitsniederlegung *f* (ohne offizielle Streikverkündung), Streik *m*
wall calender: Wandkalender *m*
want: Bedarf *m*, Bedürfnis *n*, benötigen, brauchen, Mangel *m* (Knappheit), Not *f*
want ad: Kleinanzeige *f*
wanton: absichtlich, mutwillig
war damages *pl*: Kriegsschaden *m*
war legislation: Kriegsgesetzgebung *f*
war loan: Kriegsanleihe *f*
war pension: Kriegsopferrente *f*
war plant: Rüstungswerk *n*
ward: Mündel *n*, Station *f* (Krankenhaus)
warehouse: Lager *n* (Raum), Lagerhaus *n*, Lagerraum *m*, Materiallager *n*, speichern, Warenlager *n*
warehouse charge(s) *(pl)*: Lagergeld *n*, Lagerkosten *pl*

warehouse keeper: Lagerhalter *m*
warehouse manager: Leiter *m* eines Lagerhauses *n*
warehouse receipt: Lagerschein *m*
warehouse to warehouse: von Lager *n* zu Lager *n*
warehouse warrant: Lagerschein *m*
warehouseman: Lagerhausarbeiter *m*
warehousing company: Lagerhausgesellschaft *f*
warehousing: Lagerhaltung *f*, Lagerhaus-Gewerbe *n*
warming-up time: Anlaufzeit *f* (bei menschlicher Arbeit)
warn: verwarnen, warnen
warn of: androhen
warning: Androhung *f*, Verwarnung *f*, Warnung *f*
warning of discharge: Kündigungsandrohung *f*
warning strike: Warnstreik *m*
warrant: Befugnis *f*, Bezugsrecht *n* des Aktionärs *m*, bürgen, garantieren, gewährleisten, kurzfristige Kommunalanleihe *f*, Lagerschein *m*, Pfandschein *m*, verbürgen, Vollmacht *f*, zusichern, Zusicherung *f*
warrant holder: Optionsberechtigter *m*
warrant of arrest(ment): Haftbefehl *m*
warrant of arrest: Arrestbefehl *m*, Verhaftungsbefehl *m*
warrant of distraint: Vollstreckungsbefehl *m*
warrant right: Optionsrecht *n*
warrantee: Bürgschaftsempfänger *m*, Sicherheitsempfänger *m*
warrantor: Bürge *m*, Sicherheitsgeber *m*
warranty: Garantie *f*, Gewähr *f*, Gewährleistung *f*, Qualitätsgewähr *f*, Zusicherung *f*
warranty of legality: Zusicherung *f* der Gesetzmäßigkeit *f*
warranty of seaworthiness of ship: Zusicherung *f* der Seetüchtigkeit *f* des Schiffes *n*
warranty of title: Gewährleistung *f* für Rechtsmangel *m*
warranty period: Garantiezeit *f*
warranty reserve: Garantierücklage *f*
warranty reserve: Garantierücklage *f*
wash sale: Hedge-Geschäft *n*, Simultankauf *m* und Verkauf *m* von Wertpapieren *n/pl*
wastage: Materialschwund *m*
waste: Abfall *m*, Verderb *m*, Verschwendung *f*, Wertverlust *m*, verschleudern, verschwenden
waste accounting: Abfallverrechnung *f*
waste away: dahinschwinden, verfallen

waste book: Kladde *f*
waste of time: Zeitverschwendung *f*
waste reduction: Abfallverminderung *f*
waste utilization: Abfallverwertung *f*
wasteful: unrationell, verschwenderisch
wasteful exploitation: Raubbau *m*
wastepaper: Makulatur *f*
wastepaper basket: Papierkorb *m*
wasting asset: kurzfristig abnutzbares Wirtschaftsgut *n*, kurzlebiges Wirtschaftsgut *n*
water-cooled: wassergekühlt
water damage: Wasserschaden *m*
water damage insurance: Wasserschaden-Versicherung *f*
water down: verwässern
water gauge: Wasserstandsmesser *m*
water meter: Wasseruhr *f*
water right: Wassernutzungsrecht *n*
water supply: Wasserversorgung *f*
water table: Grundwasserspiegel *m*
watered (down) capital: verwässertes Grundkapital *n* (verursacht durch Unterpari-Emission *f*)
waterpower: Wasserkraft *f*
waterproof: imprägnieren
waterproof: imprägniert, wasserdicht
waterway: Wasserstraße *f*
wave damage insurance: Hochwasserversicherung *f*
waybill: Frachtbrief *m*, Begleitzettel *m*
weak currency: weiche Währung *f*
weaken: abschwächen, schwächen
weakening: Abschwächung *f*, Schwächung *f*
weakness: Schwäche *f*
wealth: Wohlstand *m*, Reichtum *m*
wealth tax: Vermögensteuer *f*
wealthy: reich, wohlhabend
wear and tear: Abnutzung *f*, Abnutzung *f* durch Gebrauch *m*, Gebrauchsabnutzung *f*, Strapazieren *n*, Verschleiß *m*
wear and tear allowance: Absetzung *f* für Abnutzung *f*
wear hard: strapazieren
wear out: abnutzen, verschleißen
weaving mill: Weberei *f*
weeding (out): Auskämmen *n* durch Entlassungen *f/pl*
weeding-out process: Bereinigungsprozess *m*
weekly: wöchentlich, Wochen-, Wochenzeitschrift *f*
weekly hours *pl*: Wochenstunden *f/pl*
weekly wage basis: Wochenlohnbasis *f*

weekly working hours *pl*: Wochenarbeitszeit *f*
weigh: wiegen
weight: Gewicht *n*, Last *f*
weighted average: gewogener Durchschnitt *m*
weighted average price: gewichteter Durchschnittspreis *m*
weighty: schwerwiegend
welfare: Sozialfürsorge *f*, Wohlfahrt *f*
welfare benefits *pl*: Wohlfahrtsunterstützung *f*
welfare department: Sozialabteilung *f*
welfare fund: Unterstützungsfond *m*, Unterstützungskasse *f*
welfare management: patriarchalische Betriebsführung *f* mit freiwilligen sozialen Zuwendungen *f/pl*
welfare officer: Sozialreferent *m*
welfare service: Wohlfahrtsdienst *m*
welfare state: Wohlfahrtsstaat *m*
well off: bemittelt
well provided with capital: kapitalkräftig
well-to-do: reich, wohlhabend
well versed: erfahren, routiniert, versiert
wharf: Kai *m*, Werft *f*
wharfage: Kaigebühren *f/pl*
wheel of retailing: Dynamik *f* der Betriebsformen
Ein zur Kennzeichnung des ständigen Wandlungsprozesses verwendeter Begriff, dem die Betriebsformen des Handels in den letzten einhundert Jahren unterworfen waren und noch sind. Die Dynamik des Prozesses liegt darin, daß sich unter dem Einfluß der allgemeinen Preiswettbewerbs neue Betriebsformen, die von den herkömmlichen Formen markant abweichen und Ausdruck eigener Marketing-Konzeptionen unternehmerischer Pioniere sind, auftreten und sich vor allem durch eine aggressive Preispolitik gegenüber dem traditionellen Handel durchsetzen. Das löst einen wechselseitigen Anpassungsprozeß aus, in dessen Verlauf zunächst die klassischen Betriebsformen Elemente der neuen Betriebsformen übernehmen und sich ihnen ganz allmählich annähern, während gleichzeitig die neuen Betriebsformen ihre ausschließlich preispolitisch orientierte Strategie erweitern und auch das übrige absatzpolitische Instrumentarium wie z.B. eine bessere Ausstattung ihrer Verkaufsstellen und ein breiteres und tieferes Sortiment zur Erhöhung der Anziehungskraft ihrer Unternehmen heranzuziehen beginnen.
wheelage: Rollgeld *n*
whereabouts: Aufenthalt *m*
whichever is lower: Bewertung *f* zum Niederstwertprinzip *n*
white-collar employee: Angestellter *m*

white-collar employees union: Angestelltengewerkschaft *f*
white-collar union: Angestelltengewerkschaft *f*
white-collar worker: Angestellter *m*, Gehaltsempfänger *m*
white-printing: Lichtpause *f*
whizz-kid: Wunderkind *n*
whole: Ganzheit *f*
Eine Ganzheit ist ein komplexes Gebilde, das andere Eigenschaften als seine einzelnen Komponenten hat, die zusammengenommen nicht die Eigenschaften des Ganzen ausmachen. Vielmehr bedingen die Komponenten der Ganzheit einander gegenseitig in ihrer Eigenart, so daß sich mit der Veränderung einer Komponente die anderen Komponenten und mit diesen auch die Ganzheit verändert.
whole life insurance: Todesfallversicherung *f*
wholesale: en gros, Großhandels-
wholesale article: Dutzendware *f*, Massenartikel *m*
wholesale business: Großhandel *m*
wholesale company: Großhandelsgesellschaft *f*
wholesale dealer: Großhändler *m*, Grossist *m*
wholesale discount: Großhandelsrabatt *m*
wholesale enterprise: Großhandelsbetrieb *m*
wholesale establishment: Großhandelsbetrieb *m*, Großhandelsunternehmung *f*
wholesale merchant: Großhändler *m*, Großhandelskaufmann *m*
wholesale price: Großhandelspreis *m*
Normalerweise wird unter dem Großhandelspreis derjenige Preis verstanden, für den ein Großhändler ein Gut an Wiederverkäufer weiterverkauft, also der Großhandelsverkaufspreis. Mitunter wird jedoch auch der zwischen einem Hersteller und einem Großhändler vereinbarte Preis für den Erwerb eines Gutes des Herstellers, also der Großhandelseinkaufspreis, als Großhandelspreis bezeichnet.
wholesale price index: Großhandelspreisindex *m*
wholesale purchase: Pauschalkauf *m*
wholesale store: Großhandelsgeschäft *n*
wholesale trade: Großhandel *m*
Der Begriff Großhandel bezeichnet sowohl die *Funktion* wie die *Institution* des Großhandels. Die Funktion des Großhandels ist der Handel unter Kaufleuten, d.h. der Einkauf von Waren auf eigene oder fremde Rechnung und ihr unveränderter oder bestenfalls durch handelsübliche Manipulationen leicht veränderter Weiterverkauf an andere Handelsunternehmen, Weiterverarbeiter, gewerbliche Verbraucher oder behördliche Großverbraucher.
Zum institutionellen Großhandel hingegen sind alle Wirtschaftsunternehmen zu rechnen, deren wirtschaftliche Tätigkeit ausschließlich oder überwiegend in der Erfüllung der Großhandelsfunktion besteht.
wholesale turnover: Großhandelsumsatz *m*
wholesaler: Großhändler *m*, Großhandelskaufmann *m*, Grossist *m*
wholesaler's brand: Handelsmarke *f*
widow: Witwe *f*
widow's allowance: Witwenzuschuß *m*
widow's pension: Witwengeld *n*
widow-and-orphan stock: Wertpapier *n* mit besonders hoher Sicherheit *f* (z.B. American Telefon & Telegraph)
widower: Witwer *m*
width: Breite *f*, Spielraum *m*
width of lines: Strichstärke *f*
wife: Ehefrau *f*
wife's separate estate: eheliches Vorbehaltsgut *n*
wild cats *pl*: Wildstreikende *m/pl*
wildcat strike: wilder Streik *m*, von der Gewerkschaft *f* nicht genehmigter Streik *m*
will: Wille *m*, letzter Wille *m*, Willensäußerung *f*, Willensvermögen *n*
willful: absichtlich, vorsätzlich
willful deceit: arglistige Täuschung *f*, vorsätzliche Täuschung *f*
willful default: vorsätzliches Versäumnis *n*
willing to accept: responsibility verantwortungsfreudig
win: gewinnen, obsiegen, verdienen
wind up: abwickeln, auflösen, beenden, erledigen, liquidieren
windfall: Glückszufall *m*, Glücks-
windfall earnings *pl*: unverhofft anfallende Erträge *m/pl*
windfall profits *pl*: unerwarteter (unkontrollierter) Gewinn *m*, unverhofft anfallende Gewinne *m/pl*
winding-up: Abwicklung *f*, Auflösung *f*, Liquidation *f*
winding-up order: Beschluß *m* auf Eröffnung *f* des Liquidationsverfahrens *n*
winding-up petition: Antrag *m* auf Liquidation *f*
window card: Schaufensterplakat *n*
window display material: Dekorationsgegenstände *m/pl*
window display: Schaufensterausstellung *f*
window-dressing: Schaufenstergestaltung *f*; *(fig.)* Bilanzfrisur *f* (auch in betrügerischer Absicht), Bilanzverschleierung *f*
window envelope: Fensterumschlag *m*

winter stockpiling: Winterlagerhaltung *f*, Winterbevorratung *f*
wire: drahten, schalten *(EDV)*, Schaltkabel *n*, Schaltschnur *f*, Telegramm *n*, telegraphieren, verdrahten
wired programm computer: Schalttafelprogrammierte Rechenanlage *f (EDV)*
wireless: drahtlos
wiring: Schaltung *f (EDV)*
wiring diagram: Schaltschema *n (EDV)*
wiring panel: Schalttafel *f*
wish: Verlangen *n*, wünschen
with a view to: mit der Absicht *f*
with aforethought malice: in böser Absicht *f*, böswillig und mit Vorbedacht *m*, vorsätzlich
with costs *pl*: kostenpflichtig
with full particulars *pl*: mit allen Einzelheiten *f/pl*
with guarantee of a bank: bankgarantiert
with hereditary title to: erbberechtigt
with impunity: straflos
with insufficient capital: kapitalschwach
with malice aforethought: in böser Absicht *f*, böswillig und mit Vorbedacht *m*, vorsätzlich
with particular average: Police *f*, die Teilschäden *pl/m* einschließt
with regard to: mit Rücksicht *f* auf
with reservation: unter Vorbehalt *m*, vorbehaltlich
with sufficient capital: kapitalkräftig
with tax privilege: steuerbegünstigt
with-profits *pl* **policy:** Police *f* mit Gewinnbeteiligung *f*
withdraw: abberufen, abheben, ausscheiden, entnehmen, kündigen (Kredit), stornieren, zurückziehen
withdraw from the bank: von der Bank *f* abheben
withdraw from: austreten, zurücktreten
withdrawal: Abhebung *f*, Austritt *m*, Entziehung *f*, Privatentnahme *f*, Storno *n*, Zurückziehung *f*
withdrawal arrangement: Kündigungsvereinbarung *f*
withdrawal from the disclosed reserve: Entnahme *f* aus der offenen Rücklage *f*
withdrawal notice: Austrittserklärung *f*
withdrawal of a partner: Ausscheiden *n* eines Teilhabers *m*
withdrawal of confidence: Vertrauensentzug *m*
withdrawal of material: Materialentnahme *f*
withdrawing: Abberufung *f*

withering: Schwund *m*
withheld tax: einbehaltene Steuer *f*
withhold: einbehalten, vorenthalten
withholding: Vorenthaltung *f*
withholding certificate: Lohnsteuerbescheinigung *f*
withholding tax: Abzugssteuer *f*, einbehaltene Steuer *f*, Lohnsteuer *f*, Quellensteuer *f*
withholding tax on dividends: einbehaltene Kapitalertragsteuer *f*
withholding tax table: Lohnsteuertabelle *f*
within a month: innerhalb eines Monats *m*, Monatsfrist *f*,
without authority: unbefugt
without charge: unentgeltlich
without condition: bedingungslos
without consideration: unentgeltlich
without delay: unverzüglich
without engagement: freibleibend, ohne Verpflichtung *f*
without extra charge: ohne Aufschlag *m*
without guarantee: unverbindlich, ohne Verpflichtung *f*
without interest: unverzinslich
without limitation: unbeschränkt
without means *pl*: mittellos, unversorgt
without obligation: ohne Gewährleistung *f*, ohne Verpflichtung *f*, unverbindlich
without obligation or guarantee: bindend, nicht without
without obligation to purchase: ohne Kaufzwang *m*
without owner: herrenlos
without prejudice: ohne Obligo *n*, unbeschadet, ohne Vorurteil *n*
without-profits *pl* **policy:** Police *f* ohne Gewinnbeteiligung *f*
without prospects *pl*: ohne Aussicht *f*, aussichtslos
without recourse: ohne Obligo *n* (im Wechselrecht), ohne Gewährleistung *f*, ohne Regress *m*, ohne Vorbehalt *m*
without reservation: vorbehaltslos
without respect of persons: ohne Ansehen *n* der Person *f*
without undue delay: unverzüglich
without without heir: erblos
witness: bezeugen, Zeuge *m*, zeugen
women workers *pl*: weibliche Arbeitskräfte *f/pl*
woodworking machine: Holzbearbeitungsmaschine *f*
woollen and worsted industry: Woll- und Kammgarnindustrie *f*
woollen industry: Wollindustrie *f*
word: formulieren, Wort *n*

word of honor: Ehrenwort *n*
word size: Wortlänge *f (EDV)*
word-time: Wortzeit *f (EDV)*
wording: Fassung *f*, Formulierung *f*, Wortlaut *m*
work: Arbeit *f*, arbeiten, bemühen, sich tätig sein
work activity: Arbeitsaktivität *f*
work activity analysis: Arbeitsaktivitätsanalyse *f*, Arbeitsaktivitätsstudie *f*
Eine empirischen Analyse der Arbeit von Managern. Arbeitsaktivitäts-Studien haben meist das Ziel, unvoreingenommen zu registrieren, was Manager konkret tun. Dazu wurden verschiedene Methoden wie z.B. Tagebuchstudien eingesetzt, bei denen Manager gebeten werden, über einen bestimmten Zeitraum hinweg ihre einzelnen Aktivitäten chronologisch aufzuzeichnen. Verbreitet sind auch Beobachtungen des alltäglichen Verhaltens von Managern.
work area: Arbeitsbereich *m* (räumlich)
work attention: Anspannung *f*, Arbeitsaufmerksamkeit *f*
work attitude: Arbeitseinstellung *f* (Haltung)
work, be at: arbeiten
work breakdown structure: Arbeitszerlegungsdiagramm *n* (PERT)
work carelessly: schludern
work cycle: Arbeitsgang *m*
work done to order: Bestellarbeit *f*
work experience: Arbeitserfahrung *f*
work file: Arbeitsdatei *f (EDV)*
work flow: Arbeitsablauf *m*
work force: Arbeitskräfte *f/pl*, Belegschaft *f*
work from a pattern: nach Muster *n* arbeiten
work-in-process: Halbfabrikate *n/pl*
work in process inventory: Halbfabrikate-Bestand *m*
work in process labor: Halbfabrikate-Löhne *m/pl*
work in process ledger: Halbfabrikatebuch *n*
work in process material: Halbfabrikate-Material *m*
work in process overhead: Halbfabrikate-Gemeinkosten *pl*
work load: Arbeitsbelastung *f*
work off: abarbeiten
work off a debt: abarbeiten, Schuld *f* abverdienen
work on: bearbeiten
work on bond: Auftragsbestand *m*
work order: innerbetrieblicher Arbeitsauftrag *m*, Auftrag *m*
work over again: umarbeiten

work permit: Arbeitserlaubnis *f*, (Genehmigung der Gewerkschaft, ein Nichtmitglied zu den Bedingungen des Tarifvertrags zu beschäftigen)
work place: Arbeitsplatz *m*
work-place layout: Arbeitsplatzgestaltung *f*
work program: Arbeitsprogramm *n*
work report: Arbeitsbericht *m*
work sampling study: Multimomentaufnahme *f*
work satisfaction: Arbeitsbefriedigung *f*, Arbeitszufriedenheit *f*, Befriedigung *f* durch die Arbeit *f*
work satisfaction: Arbeitszufriedenheit *f*
Im Zuge der Untersuchungen zur Arbeitsmotivation schob sich immer deutlicher die Arbeitszufriedenheit als zentrales Konzept in den Vordergrund. Arbeitszufriedenheit wird dabei meist als Indikator für eine hohe Arbeitsmotivation verstanden, als ein positiver Zustand, in dem die arbeitsrelevanten Bedürfnisse in einem hohen Maße befriedigt werden. Bisweilen wird Arbeitszufriedenheit auch als eine positive Einstellung zur Arbeit und zur Organisation verstanden.
Im Unterschied zu Frederick Herzbergs Zwei-Faktoren-Theorie gehen die meisten Ansätze von einer eindimensionalen Vorstellung aus, d.h. Arbeitszufriedenheit wird meist als das Ergebnis eines sozialen Vergleichs zwischen dem, was man an Bedürfnisbefriedigung von einem Arbeitsplatz erwartet (Soll) und den tatsächlich vorfindbaren Bedürfnisbefriedigungsmöglichkeiten (Ist), betrachtet.
Die Bildung eines Anspruchsniveaus ist im wesentlichen durch Sozialisation und gesellschaftliche Entwicklungen bestimmt. Die Standards für die Bewertung des Soll/Ist-Vergleichs werden ihrerseits in der Regel wieder aus sozialen Vergleichen gewonnen.
Zur Messung der Arbeitszufriedenheit ist eine Vielzahl von Instrumenten entwickelt worden. Im wesentlichen kann man zwischen individuellen qualitativen Instrumenten unterscheiden, die auf den speziellen Befragungskontext eingehen, und standardisierten quantitativen Skalen, die von generell gültigen Ansprüchen an die Arbeit ausgehen.
Die von Herzberg verwendete Methode der kritischen Ereignisse gehört zu den qualitativen Instrumenten. Bei den quantitativen Skalen hat der „Job Description Index" am meisten Prominenz erlangt, der auch in einer deutschen Version als ABB (Arbeits-Beschreibungs-Bogen) vorliegt.
Empirische Untersuchungen haben auf eine Reihe von Handlungskonsequenzen der Arbeitszufriedenheit erkannt:
(1) *Fluktuation*: Je zufriedener eine Person mit ihrer Arbeit ist, desto weniger ist sie geneigt, ihren Arbeitsplatz zu wechseln, d.h. mit steigender Arbeitszufriedenheit nimmt die Fluktuationsrate tendenziell ab. Eine Differenzierung und bessere Erklärungsmöglichkeit ergibt sich, wenn man Fluk-

tuation nicht nur als Funktion der Arbeitszufriedenheit, sondern auch möglicher Alternativen und erwarteter Änderungen begreift. Die Entscheidung über den Verbleib in einer Organisation wird dann auch davon abhängen, ob ein Individuum überhaupt günstigere Alternativen zur Verfügung hat.
(2) *Fehlzeiten*: Untersuchungen bestätigen, daß eine inverse Beziehung von Arbeitszufriedenheit und Häufigkeit der Fehlzeiten besteht. Der Zusammenhang ist indes nicht so eindeutig wie bei der Fluktuation. Ein wesentlicher Grund dafür muß darin gesehen werden, daß Fehlzeiten auch eine Reihe objektiver Ursachen haben, wie Krankheit, Verkehr usw., und nicht nur Folgeerscheinungen sind, die durch unbefriedigende Arbeit hervorgerufen werden.
(3) *Unfallhäufigkeit*: Eine inverse Beziehung zwischen Arbeitszufriedenheit und Unfallhäufigkeit konnte mehrmals in empirischen Untersuchungen bestätigt werden. Eine Erklärung könnte so lauten, daß mit geringerer Arbeitszufriedenheit ein geringeres Interesse an der Arbeit und damit ein weniger sorgfältiger und damit unfallträchtigerer Arbeitsvollzug einhergeht. Eine umgekehrte Erklärung ist ebenso plausibel. Erhöhte Unfallgefahr hat eine geringere Arbeitszufriedenheit zur Folge.
(4) *Arbeitsproduktivität*: Die insbesondere von der Human-Relations-Bewegung vertretene Hypothese, daß Arbeitszufriedenheit in jedem Fall zu erhöhter Arbeitsproduktivität führen würde, läßt sich so generell empirisch nicht bestätigen. Die Ergebnisse von Felduntersuchungen, die Victor H. Vroom zu einer Sekundäranalyse zusammengetragen hat, sind widersprüchlich; die Korrelationen variieren zwischen 0,86 und 0,31, der Mittelwert liegt bei 0,14. Eine Erklärung dieser Resultate muß in den mannigfachen Einflußfaktoren wie unterschiedlichen Interessen von Individuum und Organisation, Ausbildung, Fähigkeit gesucht werden, die hier ebenfalls wirksam sind. Die Haupterklärung wird aber in der mangelnden instrumentellen Verknüpfung von Produktivität und Arbeitszufriedenheit zu suchen sein; die Erwartungs-Valenz-Theorie macht deutlich, daß nur unter solchen Umständen ein Zusammenhang zu erwarten ist.
(5) *Lebenszufriedenheit*: Die Arbeitszufriedenheit erwies sich als bedeutsamer Faktor für die Lebenszufriedenheit insgesamt. Dieser positive Bezug unterstreicht die Bedeutung der Arbeitssituation für das Lebensglück schlechthin und steht zu der Kompensationsthese im scharfen Widerspruch, wonach Arbeitsleid durch attraktive Freizeit wettgemacht wird.
Die häufig bestätigte Beziehung zwischen einem höheren Grad an Abwechslung (Variation der eigenen Handlungen, steigender Komplexitätsgrad der Aufgabe, und Arbeitszufriedenheit muß allerdings relativiert werden: Die Abwechslung muß als dynamischer Prozeß gesehen werden; d.h. nach gewisser Zeit tritt ein neuer Gewöhnungseffekt ein, und die Erwartungen richten sich auf neue Änderungen.

Je weniger ein Individuum die Entscheidungen über seine Arbeitsbedingungen und Arbeitsablauf beeinflussen kann, d.h. je machtloser es ist, desto geringer ist gewöhnlich die Arbeitszufriedenheit und umgekehrt.
Stark zergliederte Arbeitsprozesse, die eine Einordnung der Tätigkeit in einen Gesamtprozeß schwer nachvollziehbar machen, wurden als unbefriedigend empfunden, selbst dann, wenn Wünsche und Erwartungen an die Arbeit eng begrenzt waren. Die Möglichkeit, intensive Sozialkontakte bei der Arbeit zu pflegen, und die Mitgliedschaft in einer kohäsiven Gruppe erhöht in der Mehrzahl der Fälle die Arbeitszufriedenheit. Je mehr die Arbeitsverhältnisse eine Selbstverwirklichung und Persönlichkeitsentwicklung gestatten, desto höher ist in der Regel die Arbeitszufriedenheit.
Es konnte bisher kein eindeutiger Bezug zwischen absoluter Lohnhöhe und Zufriedenheit festgestellt werden, der soziale Vergleich spielt hier die entscheidende Rolle.
Relativ häufig und konsistent konnte die Annahme bestätigt werden, daß freundliches, unterstützendes Vorgesetztenverhalten die Arbeitszufriedenheit erhöht.
In mehreren Untersuchungen konnte eine positive Beziehung zwischen Positionshöhe und Zufriedenheit konsistent bestätigt werden. Der Hauptgrund ist wohl in den anspruchsvolleren Arbeitsinhalten, wie sie mit steigender Positionshöhe einhergehen, zu sehen.
Ausgehend von der Überlegung, daß Frauen in unserer Gesellschaft aus ihrer spezifischen Rollendefinition heraus ein geringeres Anspruchsniveau haben, was die Bedürfnisbefriedigungsmöglichkeiten am Arbeitsplatz anbelangt, wird für sie häufig eine höhere Zufriedenheit vermutet. Tendenzen in dieser Richtung ließen sich öfter bestätigen. Die Unterschiede (Männer/Frauen) waren jedoch in der Regel nicht sehr deutlich ausgeprägt.

work schedule: Arbeitsplan *m*, Maschinenauslastungsplan *m*
work sharing: Aufteilung *f* der Arbeit *f*
work sheet: Arbeitsbogen *m*, Arbeitsunterlage *f*
work shifter: Werkstatthilfsarbeiter *m*
work shortage: Arbeitsmangel *m*
work-shy: arbeitsscheu
work simplification: Arbeitsvereinfachung *f*
work station: Arbeitsplatz *m*
work station layout: Arbeitsplatzgestaltung *f*
work stoppage: Arbeitsunterbrechung *f*, Einstellung *f* der Arbeit *f*
work terms *pl*: Arbeitsbedingungen *f/pl*
work ticket: Arbeitskarte *f*
work time: Arbeitszeit *f*

work time analysis: Arbeitszeitstudie *f*, Arbeitszeitanalyse *f*
Eine Methode der Beobachtung des Arbeitsverhaltens von Akkordarbeitern, deren Zweck es ist, Aussagen über die prozentuale Häufigkeit bzw. Dauer von Abweichungen mit einer hinreichenden statistischen Genauigkeit zu gewinnen.
work to rule: Arbeit *f* nach Vorschrift *f*
workbench: Werkbank *f*
workday: Arbeitstag *m*
worker: Arbeiter *m*, Werktätiger *m*
worker director: Arbeitsdirektor *m*
workers council: Betriebsrat *m*
workers housing: Arbeiterwohnung *f*
workers *pl*: Belegschaft *f*
workers' representative: Arbeitnehmervertreter *m*
workers' rights *pl*: Arbeitnehmerrechte *n/pl*
workhouse: Arbeitshaus *n*
working: berufstätig
working ability: Arbeitskraft *f*
working accident: Betriebsunfall *m*
working area: Griffbereich *m*
working assets *pl*: Umlaufvermögen *n*
working budget: Arbeitsbudget *n*
Das im Gegensatz zum Eventual- und Nachtragsbudget der normalen Arbeitsplanung zugrundeliegende Budget, durch das den Aufgabenträgern, insbesondere dem Management in einer Organisation wie z.B. einem Unternehmen für einen abgegrenzten Zeitraum fixierte Sollgrößen im Sinne von Soll-Ergebnissen geplanter Aktivitäten in wertmäßiger und mitunter auch mengenmäßiger Form vorgegeben werden.
working capital: arbeitendes Kapital *n*, Umlaufvermögen *n*, Betriebskapital *n* (= Überschuß der current assets *pl* über die current liabilities *pl*)
working capital credit: Betriebsmittelkredit *m*
working capital ratio: Verhältnis *n* der kurzfristigen Aktiva *pl* zu den kurzfristigen Passiva *pl*
working capital turnover: Betriebskapitalumschlag *m*, Verhältnis *n* von Nettoumsatz *m* zum Betriebskapital *n*, Verhältnis *n* von Nettoumsatz *m* zum Umlaufvermögen *n*
working class: arbeitende Klasse *f*, werktätige Bevölkerung *f*
working climate: Arbeitsklima *n*, Betriebsklima *n*
In den 1930er Jahren entstanden unabhängig voneinander in den USA die psychologisch orientierte Organisationsklima-Forschung und in Deutschland eine soziologisch orientierte Betriebsklima-Forschung.
In Deutschland beschäftigte sich als erster Goetz Briefs (1934) unter dem Stichwort „Betriebsatmosphäre" mit dem Betriebsklima. Nach dem 2. Weltkrieg wandte sich die Industriesoziologie unter dem Einfluß der Human-Relations-Bewegung wieder verstärkt den sozialen Beziehungen im Betrieb zu. Am Frankfurter Institut für Sozialforschung leitete Ludwig von Friedeburg (1963) eine bedeutende Untersuchung über Betriebsklima. In der betrieblichen Praxis wurde das Betriebsklima-Konzept eher als Human-Relations-Technik und weniger als Konzept der empirischen Organisationsforschung angesehen.
working clothes *pl*: Arbeitskleidung *f*, Arbeitszeug *n*, Berufskleidung *f*
working conditions *pl*: Arbeitsbedingungen *f/pl*, Betriebsverhältnisse *n/pl*, Umwelteinflüsse *m/pl* am Arbeitsplatz
Von der Gestaltungsart her kann man technologische, technisch-physiologische (ergonomische) und organisatorische Arbeitsbedingungen unterscheiden. Vom Gestaltungsergebnis her äußern sich die Arbeitsbedingungen insbesondere in den Arbeitsverfahren, der Arbeitsgruppe, der Arbeitszeit und des Arbeitsraums.
working cycle: Arbeitsvorgang *m*
working day: Arbeitstag *m*
working force: Beschäftigtenzahl *f*
working funds *pl*: Betriebsmittel *n/pl*
working group: Arbeitsgemeinschaft *f*, Arbeitsgruppe *f*
working hours *pl*: Arbeitszeit *f*
working hypothesis: Arbeitshypothese *f*
working instructions *pl*: Dienstanweisung *f*
working life: Arbeitsleben *n*
working morale: Dienstauffassung *f*
working papers *pl*: Arbeitspapiere *n/pl*, Arbeitsunterlagen *f/pl*
working population: Erwerbsbevölkerung *f*
working power: Arbeitskraft *f*
working regulations *pl*: Arbeitsordnung *f*
working storage: Arbeitsspeicher *m* *(EDV)*, Zwischenspeicher *m* *(EDV)*
workman: Arbeiter *m*
Workman's Compensation Act: Gesetz *n* betreffend Unfallentschädigung *f* der Arbeiter *m/pl*
workmanship: Art *f* der Ausführung *f*, Ausführung *f*, Kunstfertigkeit *f*
workmen's compensation contribution: Berufsgenossenschaftsbeitrag *m*
workmen's compensation insurance: Betriebsunfallversicherung *f*
workmen's compensation insurance premium: Berufsgenossenschaftsbeitrag *m*
workpiece: Werkstück *n*
works *pl*: Betrieb *m*, Hütte *f*
works accountant: Betriebsbuchhalter *m*, der die Buchhaltung *f* eines selbständigen

Abrechnungsbereichs *m* (Teilbetrieb, Werk *n*) leitet
Works Constitution Act (Law): Betriebsverfassungsgesetz *n* (BetrVerfG)
works council: Betriebsrat *m*
works council member: Betriebsratsmitglied *n*
works holidays *pl*: Betriebsferien *pl*
works manager: Werkleiter *m*
works meeting: Betriebsversammlung *f*
works order: Werkstattauftrag *m*
works overhead *(brit)*: Fertigungsgemeinkosten *pl*
works program(me) *(brit)*: Fertigungsprogramm *n*
works program: Arbeitsbeschaffungsprogramm *n*
works studies *pl*: Arbeitsstudien *f/pl*
works vacation: Betriebsferien *pl*
worksheet: Arbeitsbericht *m*
workshop: Arbeitsgemeinschaft *f*, Werkstätte *f*, Werkstatt *f*
worktable: Arbeitstisch *m*
workweek: Arbeitswoche *f*
World Bank: Weltbank *f*
world economy: Weltwirtschaft *f*
world fair: Weltausstellung *f*
World Federation of Trade Unions: Weltgewerkschaftsbund *m*
world market: Weltmarkt *m*
world market price: Weltmarktpreis *m*
world market value: Weltmarktpreis *m*
world trade: Welthandel *m*
World Trade Conference: Welthandelskonferenz *f*
worldwide economic crisis: Weltwirtschaftskrise *f*
worn out: abgenutzt, schrottreif
worsted industry: Kammgarnindustrie *f*
worth levy: Vermögensabgabe *f*
worth the money: preiswert
worthless: wertlos
worthy of credit: kreditwürdig
would-be: vorgeblich
would-be-be buyer: Kauflustiger *m*
wrap: verpacken
wrapper: Hülle *f*, Streifband *n*

wrapping: Einwicklung *f*
wrapping material: Einwickelmaterial *n*
wrapping paper: Einwickelpapier *n*
wreck: Wrack *n*, zerstören
wreckage: Strandgut *n*
writ: Gerichtsbefehl *m*, Zustellungsurkunde *f*
writ of attachment: Verhaftungsbefehl *m*
writ of capias: Haftbefehl *m*
writ of execution: Vollstreckungsbefehl *m*, Zahlungsbefehl *m*
writ of habeas corpus: Vorführungsbefehl *m*
write down: abschreiben (Anlagen), aufschreiben, niederschreiben, verzeichnen
write off: abbuchen, abschreiben
write-off: Abbuchung *f*
write up: aufwerten, nachtragen, zuschreiben
write-up: Zuschreibung *f*
write: schreiben
writedown: Abwertung *f* (von Vorräten) auf niedrigeren Marktpreis *m*
writing: Schreiben *n*, Schriftstück *n*
writing materials *pl*: Schreibbedarf *m*, Schreibmaterial *n*
writing pad: Schreibblock *m*
writing up: Zuschreibung *f*
written: schriftlich
written agreement: schriftlicher Vertrag *m*
written authority: schriftliche Vollmacht *f*
written complaint: Beschwerdeschrift *f*
written-down value: Buchwert *m*
written notice: Aufkündigungsbrief *m*, schriftliche Kündigung *f*, Kündigungsbrief *m*
written reply: Antwortschreiben *n*
wrong: falsch, unrecht, unrichtig, schädigen, Schädigung *f*, Ungerechtigkeit *f*, Unrecht *n*, widerrechtliche Handlung *f*
wrongdoer: Missetäter *m*, Übeltäter *m*
wrongdoing: Verbrechen *n*, Vergehen *n*
wrongful: unerlaubt, ungerecht, widerrechtlich
wrongful act: unerlaubte Handlung *f*
wrongfully: zu Unrecht *n*
wt: Gewicht *n*

Y

yard: Hof *m*, Yard *n* (0.914 *m*)
yard goods *pl*: Schnittwaren *f/pl*
yardstick: Maßstab *m*
yd: Elle *f*
year-end closing: Jahresabschluß *m*
year-end entry: Abschlußbuchung *f*
year under report: Berichtsjahr *n*
years annuity certain: Annuität *f*, die für *n* Jahre gezahlt wird
yellow dog contract: Gewerkschaftsausschlußvertrag *m*, Vertrag *m*, in dem sich der Arbeitnehmer *m* dem Arbeitgeber *m* gegenüber verpflichtet, keiner Gewerkschaft *f* beizutreten
yellow pages *pl*: Gelbe Seiten *f/pl*, Branchenadreßbuch *n*, Branchentelefonbuch *n*
yes man: Ja-Sager *m*
yield: Aufkommen *n*, Ausbeute *f*, Verzinsung *f*, Effektivverzinsung *f*, Ertrag *m*, Gewinn *m*, Kapitalrendite *f*, Rendite *f*, einbringen, erbringen, nachgeben, überlassen
yield a profit: einen Gewinn abwerfen
yield crop: Ernte tragen
yield mix: Durchschnittsverzinsung *f*, Ertragsmischung *f*
yield per share: Aktienrendite *f*
youth: Jugendlicher *m*

Z

zeal: Eifer *m*, Pflichteifer *m*, Strebsamkeit *f*
zealous: fleißig, strebsam
zero: Null *f*
zero-address instruction: adressenfreier Befehl *m (EDV)*
zero balancing: Nullkontrolle *f (EDV)*
zero-base budgeting: Zero-Base-Budgeting (ZBB) *n*
Ein Analyse- und Planungsinstrument, das vor allem den Fortschreibungscharakter und die Inputorientierung der traditionellen Budgetierung überwinden will. Das Fortschreibungsdenken führt häufig zu ausufernden Budgets, in die neue Programme aufgenommen werden, ohne daß man alte Programme streicht.
Um diese Vorgehensweise aus der Budgetierung zu verbannen, startet der Budgetierungsprozeß jeweils bei Null, d.h. ungeachtet der vormals erstellten Budgets werden alle Gemeinkostenbereiche jeweils neu auf ihre Notwendigkeit, auf Art und Umfang ihrer Leistungen sowie die Wirtschaftlichkeit der Leistungserstellung untersucht. Das Bestehende wird bewußt in Frage gestellt, um routinisierte, aber nicht mehr länger begründbare Ressourcenallokationen zu vermeiden.
Ferner strebt das ZBB eine Abkehr von der Inputorientierung an. Dies zeigt sich darin, daß die Ressourcenzuteilung nicht nach Kostenarten und stellen, sondern auf der Grundlige von Entscheidungspaketen erfolgt, wobei Entscheidungspakete Bündel von Aktivitäten mit gleicher Zielsetzung darstellen. Diese einzelnen Bündel werden im ZBB-Prozeß miteinander verglichen und gemäß ihrer Dringlichkeit gruppiert. Danach werden – dieser Reihenfolge entsprechend – soviele „decision packages" bewilligt, wie die vorhandenen Ressourcen zulassen.
Zielsetzung des ZBB ist es, die Gemeinkosten zu senken und die verfügbaren Ressourcen im Gemeinkostenbereich wirtschaftlicher einzusetzen, d.h. es verfolgt gleichzeitig ein Kostensenkungs- und ein Reallokationsziel.
Die wichtigsten Verfahrensschritte dieses mehrstufen Prozesses sind:
• Die *Bildung von Entscheidungseinheiten*: Entscheidungseinheiten als Bündel inhaltlich zusammenhängender Aktivitäten müssen so gebildet werden, daß sie unabhängig von anderen analysiert werden können. Sie müssen analog zu den strategischen Geschäftseinheiten nicht unbedingt der Aufbauorganisation entsprechen. Jedoch muß jeder Entscheidungseinheit ein Leiter zugeordnet werden, der die unter seiner Verantwortung stehenden Aktivitäten und Arbeitsergebnisse zu analysieren, zu beschreiben und zu bewerten hat.
• Die *Festlegung von Leistungsniveaus*: Das Leistungsniveau ist das gesamte qualitative und quantitative Arbeitsergebnis, das die Mitglieder einer Entscheidungseinheit erzielen sollen. Üblicherweise werden für jede Entscheidungseinheit drei Leistungsniveaus vorgegeben. Leistungsniveau 1 umfaßt die Arbeitsergebnisse, die zu einem geordneten Arbeitsvollzug unbedingt erforderlich sind, während Leistungsniveau 2 die durch Arbeitsanweisungen geregelten Ist-Abläufe, und Leistungsniveau 3 höhere, langfristig wünschenswerte Leistungen beinhaltet.
• *Bestimmung alternativer Verfahren*: Aufgabe dieses Verfahrensschrittes ist es, durch Suche nach Alternativen für jedes Leistungsniveau das wirtschaftlichste Verfahren zu ermitteln (z.B. maschinelle vs. manuelle Erstellung von Leistungen).
• Die *Zusammenfassung in Entscheidungspaketen*: Entscheidungspakete fassen die wichtigsten Informationen über ein Leistungsniveau einer Entscheidungseinheit zusammen und bilden die Grundlage für die Ressourcenzuteilung.
• Die *Bildung einer Rangordnung der Entscheidungseinheiten durch die übergeordnete Leistungsebene*: Die Rangordnung wird gebildet, indem die Kosten und Nutzen eines Entscheidungspaketes gegenüber anderen abgewogen werden. Dies mündet im Ergebnis in eine Prioritätenfolge sämtlicher Entscheidungspakete im Hinblick auf die Unternehmensziele.
• *Ermittlung der genehmigten Pakete durch den „Budgetschnitt"*: Mit dem „Budgetschnitt" legt die Unternehmensleitung endgültig die Rangordnung fest und bestimmt, welchen Entscheidungseinheiten in welchen Höhen Ressourcen zugeführt werden.
Die entscheidenden Vorzüge des ZBB liegen darin, daß die Budgetverantwortlichen gezwungen werden, sich Klarheit zu verschaffen über die Verflechtung ihrer Entscheidungspakete mit denen anderer Entscheidungseinheiten. Kosten und Nutzen alternativer Aufgabenerfüllungen sind explizit gegeneinander abzuwägen, und im Falle beschränkter Ressourcen sind diese auf Programme mit höherer Priorität auszurichten.
Dem stehen als Nachteile neben Problemen auf der Verfahrensebene (z.B. die Eruierung adäquater Skalierungen zur Bewertung einzelner Entscheidungspakete) der hohe formale Aufwand sowie der hohe zeitliche Mehraufwand gegenüber. So werden z.B. für die Phase 1 ca. 14 Wochen, für die Phase 2 ca. 11 Wochen und für die Phase 3 1½ bis 2 Jahre veranschlagt.
zero-delay access storage: Schnellspeicher *m (EDV)*
zero-rating: Nulltarifierung *f*
zero-sum game: Nullsummenspiel *n*
In der Spieltheorie ein Spiel, bei dem die Summe der Gewinne aller Spieler bei jedem möglichen

Spielausgang gleich Null ist, so daß ein Spieler nur dann gewinnt, wenn ein anderer Spieler (oder mehrere andere Spieler) im selben Maße verliert (bzw. alle übrigen zusammengenommen im selben Maße verlieren). Technisch ausgedrückt handelt es sich dabei um Planspiele, bei denen die Summe aller Einzahlungen und Auszahlungen gleich Null ist.
Wörtlich bedeutet „Nullsumme", daß die Auszahlungen für P^A und P^B sich bei jeder Konsequenz o_{ij} zu Null summieren: wenn bei einer Konsequenz o_{ij} P^A als Auszahlung 1 DM bekommt, verliert P^B 1 DM. Allgemeiner wird „Nullsumme" so verstanden, daß eine Verbesserung der Position des einen Spielers im Verlaufe des Spieles eine proportionale Verschlechterung der Position des anderen Spielers impliziert. In einem Nullsummenspiel sind die Interessen der Spieler einander streng entgegengesetzt: Was immer ein Spieler erhält, geht zu Lasten seines Konkurrenten. Die meisten realen Entscheidungsprobleme lassen sich nicht sehr gut als Nullsummenspiele charakterisieren.
Trotzdem können Situationen durch Nullsummenspiele repräsentiert werden, in denen die Konsequenz der Entscheidungen einen Gewinn für die eine Seite und einen Verlust vergleichbarer Größenordnung für die andere Seite bedeutet: Glücksspiele unter Freunden dürften im wesentlichen Nullsummenspiele sein; sie sind normalerweise bezüglich der monetären Beträge Nullsummenspiele, möglicherweise allerdings nicht bezüglich der Nutzenwerte. Schach- oder Damespiel können wohl ebenfalls als Nullsummenspiele interpretiert werden.
Obgleich sich die Auszahlungen für die Personen in einem Nullsummenspiel nicht wirklich genau zu Null summieren müssen, läßt sich dies zur Erleichterung der Darstellung annehmen. Die folgende Tabelle (a) zeigt eine Nullsummenmatrix, in der die Einträge die Auszahlungen für beide Spieler darstellen. Tabelle (b) zeigt die vereinfachte Form der Matrix, mit der üblicherweise gearbeitet wird; hier sind nur die Auszahlungen für P^A eingetragen, während auf den Eintrag der Auszahlungen für P^B verzichtet wird, da sie sich ja als die negativen Beträge von P^A ergeben.
Die Einträge in einer vereinfachten Matrix können ebensogut als Gewinne für P^A wie als Verluste für P^B betrachtet werden. Manche Autoren sprechen daher auch vom Maximin-Prinzip aus der Perspektive von P^A, vom Minimax-Prinzip aus der Perspektive von P^B.
In der Spieltheorie wird versucht, für jeden der beiden Spieler eine rationale Strategie zu spezifizieren. Dabei wird angenommen, daß jeder Spieler die Auszahlungen kennt und auch weiß, daß sein Mitspieler ebenso rational ist wie er selbst; jeder Spieler muß sich also überlegen, daß jede Strategie, die er selbst als in seinem Sinne rational rechtfertigen kann, von seinem Mitspieler antizipiert werden kann, der dieses Wissen bei der Planung einer eigenen Strategie auszunutzen suchen wird. Im Falle von Nullsummenspielen empfiehlt die

(a)

	b_1	b_2
a_1	2, −2	4, −4
a_2	−8, 8	3, −3
a_3	1, −1	6, −6
a_4	−3, 3	−1, 1

(b)

	b_1	b_2
a_1	2	4
a_2	−8	3
a_3	1	6
a_4	−3	−1

Nullsummenmatrix

Spieltheorie eine reine Maximin-Strategie, in anderen Fällen eine gemischte Maximin-Strategie.
Nullsummenspiele eignen sich ähnlich wie eine Reihe anderer Modelle der Spieltheorie für die Analyse verschiedener Wettbewerbssituationen, speziell für die Situation des Kampfes mehrerer Unternehmen um Marktanteile.
• Für *Zwei-Personen-Nullsummenspiele mit Sattelpunkt* besteht die Lösung für P^A darin, die Alternative a_i zu wählen, und für P^B darin, die Alternative b_j zu wählen, wenn für das Spiel ein Sattelpunkt o_{ij} existiert. Die Lösung besteht also in einer reinen Maximin-Strategie. Wenn das Spiel keinen Sattelpunkt besitzt, kann immer eine randomisierte gemischte Strategie gefunden werden, die ebenfalls vom Maximin-Typ ist. Für beide Fälle basieren die Lösungen auf der Annahme, daß der Mitspieler P^B rational im Sinne der Strategie ist. Wenn der Protagonist Grund zu glauben hat, daß sich sein Mitspieler nicht entsprechend verhält, verliert die Logik der Lösung einige Überzeugungskraft.
• Für *Nullsummenspiele ohne Sattelpunkt* empfiehlt sich eine zufallsgesteuerte gemischte Strategie, also eine auf die Erwartungswerte bezogene Maximin-Strategie.

zero suppression: Nullenunterdrückung *f (EDV)*
zip code: Postbezirksnummer *f*, Postleitzahl *f*
zone: Gebiet *n*, Zone *f*
zone of dispersion: Streuungsbereich *m*
zone-price plan: Preisstaffel *f*, nach Zonen *f/pl* gegliedert, Zonen-Preissystem *n*
zone-price tariff: Staffeltarif *m*, Zonenpreis *m*
zone score technique: Stufenwertzahlverfahren *n*
Ein analytisches Verfahren der Arbeitsbewertung, bei dem jeder einzelnen Anforderungsart Stufen vorgegeben werden, die unterschiedliche Belastungen durch die jeweilige Anforderungsart widerspiegeln sollen. Jede dieser Bewertungsstufen wird definiert, durch Richtbeispiele erläutert und mit einer Punktzahl (Wertzahl) versehen. Der jeweils höchste Wert der gebildeten Stufen ergibt die maximal erreichbare Punktzahl für eine Anforderungsart. Gewichten lassen sich die einzelnen An-

forderungsarten zueinander, indem man je nach Bedeutung der Anforderungsart jeweils unterschiedlich viele Stufen wählt.
zone tariff: Staffeltarif *m*, Zonentarif *m*

zoned format: ungepacktes Format *n* *(EDV)*